INCLUS : Profitez dès maintenant des versions numériques de votre Mémento

Sur tablette ou smartphone :
Téléchargez l'application «iMemento»
sur l'Apple Store
(iPhone & iPad)
ou sur Google Play
(Androïd)

Sur votre ordinateur :
RDV sur abonnes.efl.fr

W0369835

Les avantages des versions numériques :

> Un contenu actualisé en permanence à chaque connexion.
> Des fonctionnalités pratiques : moteur de recherche, copier-coller, marque-page, notes, favoris...

?

COMMENT ÇA MARCHE

Vous disposez déjà de votre login et mot de passe ?

Votre login et votre mot de passe restent identiques.

Si vous avez perdu vos codes d'accès, vous pouvez contacter notre Service Relation Clients au **01 83 10 10 10** (du lundi au vendredi, de 9h à 18h).

Vous n'avez pas d'identifiant ?

Rendez-vous sur :
www.efl.fr/activation

Et utilisez le code personnel d'activation ci-dessous :
1633046QAM5

MFA

Cet ouvrage a été réalisé
par la **Rédaction des Éditions Francis Lefebvre**
en collaboration avec :

Serge ANOUCHIAN
Expert-comptable
Président d'honneur de la Fédération
Experts-comptables de France
pour le rôle de l'expert-comptable dans la gestion du patrimoine familial

Laurent DESMOULIÈRE
Directeur de l'ingénierie patrimoniale
chez Meeschaert
pour la mise à jour du rôle du family officer dans la gestion du patrimoine familial

Olivier PACCALIN, Arnaud PROMSY et Franklin WERNERT
SG Private Banking, Groupe Société Générale
pour le rôle du banquier privé dans la gestion du patrimoine familial

Axelle DUPIRE
Avocat au sein du département
droit du patrimoine
CMS Francis Lefebvre avocats
pour les règles communes aux libéralités, les donations et les legs

Sophie GONSARD
Notaire au Vésinet
Spécialiste stratégie patrimoniale
du Groupe Althémis, réseau notarial
pour l'assurance-vie individuelle (avec Pascal Julien Saint-Amand) et les familles recomposées

Bruno GOUTHIÈRE
Avocat associé CMS Francis Lefebvre avocats
Ancien élève de l'ENA
pour le trust, la fiducie et l'optimisation fiscale internationale de la gestion du patrimoine familial

Patrice HILT
Professeur à l'Université de Strasbourg
Directeur du Master Droit de la famille interne, international et comparé
Directeur du Master Droit notarial
pour la procréation médicalement assistée et la mise à jour de la filiation ordinaire

Pascal JULIEN SAINT-AMAND
Notaire à Paris
Ancien avocat fiscaliste
Président du Groupe Althémis, réseau notarial
Docteur en droit français
et Docteur en droit européen
pour l'assurance-vie individuelle (avec Sophie Gonsard), le démembrement de propriété et le rôle du notaire dans la gestion du patrimoine familial

Vanessa JULIENNE
Juri-Editing
pour la mise à jour de la fiscalité des sociétés civiles et du rôle du CGPI dans la gestion du patrimoine familial

David LAMBERT
Avocat à Paris
pour la protection des adultes, le couple, les enfants, les obligations alimentaires et les successions en droit international privé

Hélène MAZERON-GABRIEL
Diplômée notaire
Chargée d'enseignement
pour la mise à jour des développements sur le régime primaire, les régimes matrimoniaux et la protection du conjoint survivant et la création des cas pratiques de liquidation de régimes matrimoniaux

Gilles RAOUL-CORMEIL
Professeur de droit privé à l'Université de Caen
Directeur du M2 Droit civil – protection des personnes vulnérables, Université de Caen
pour les développements sur les mandataires judiciaires à la protection des majeurs

Muriel SUQUET-COZIC
Diplômée notaire
Chargée d'enseignement notarial
pour les développements sur la publicité foncière

ont participé aux premières éditions

Bernard CAMBLAIN

Fondateur, administrateur et président d'honneur de l'Association française du family office
pour le rôle du family officer dans la gestion du patrimoine familial

Olivier COLLIN

Conseil en gestion de patrimoine indépendant, Cabinet Perspectives
pour la mise à jour du rôle du CGPI dans la gestion du patrimoine familial

Sylvie LEROND

Avocat spécialisé en droit du patrimoine et fiscalité du patrimoine
pour le rôle de l'avocat dans la gestion du patrimoine

Nathalie PETERKA

Professeur à la faculté de droit Paris-Est (UPEC)
Directrice du Master Droit privé
Directrice du M2 Protection de la personne vulnérable et du M2 Droit privé des personnes et des patrimoines
Codirectrice du DIU d'Expertise médicale dans le cadre de la protection des majeurs
pour la création des développements sur le régime primaire et les régimes matrimoniaux

SOCIÉTÉ DES ÉDITIONS FRANCIS LEFEBVRE
TOUR LEFEBVRE DALLOZ - 10, PLACE DES VOSGES - CS 80357 - 92072 PARIS LA DÉFENSE CEDEX

ISBN 978-2-36893-690-0 © Éditions Francis Lefebvre 2024

MÉMENTO PRATIQUE

DROIT DE LA FAMILLE

24-25

À jour au 15 mars 2024

EDITIONS
FRANCIS LEFEBVRE

LA RÉDACTION DES ÉDITIONS FRANCIS LEFEBVRE

Responsabilité éditoriale

Dominique CHAMINADE

Florence GALL-KIESMANN

Rédacteurs

Brigitte BROM

Caroline CROS

Caroline DANCOISNE

Sophie DIDIER

Astrid ETIENNE

Rémy FOSSET

Grégory HENRIOT

Julie LABASSE

Emmanuel de LOTH

Marie PONSOT

Guilhem POSSAMAI

Présentation et mode d'emploi

Conçu pour aider les professionnels (notaires, avocats, experts-comptables, CGPI, family officers, etc.) à conseiller au mieux leurs clients, ce Mémento des Éditions Francis Lefebvre aborde le droit de la famille dans toutes ses **composantes civiles, fiscales, patrimoniales, pénales et sociales.**

Seul ouvrage réellement **pluridisciplinaire consacré** à cette matière, il étudie notamment :

– le couple marié, pacsé ou en union libre dans les différentes configurations possibles, union, désunion, recomposition familiale, décès, etc. ;
– les enfants, et notamment les questions de filiation, de nom, de capacité, d'autorité parentale et de procréation médicalement assistée ;
– les obligations alimentaires, y compris les questions pratiques de recouvrement ;
– les majeurs protégés et les différents statuts possibles ;
– le droit international privé de la famille (protection des adultes, couples, enfants, obligations alimentaires, successions) ;
– la gestion et la transmission du patrimoine familial avec tous les outils d'anticipation et d'optimisation possibles, aux plans national et international.

Comme tous les Mémentos Francis Lefebvre, le Mémento Droit de la famille fait une présentation **synthétique** mais **exhaustive** de toutes les thématiques abordées. Il propose des solutions pratiques, appuyées sur de nombreux exemples tirés de la jurisprudence. Les développements peuvent être complétés d'éléments graphiques permettant une lecture rapide tels que des tableaux récapitulatifs ou comparatifs. Les recherches sont facilitées par :

– un sommaire analytique détaillé au début de l'ouvrage ;
– un sommaire en tête de tous les chapitres ;
– des paragraphes numérotés auxquels renvoie notamment la table alphabétique ;
– des mots repères en caractères gras et une différenciation typographique, certains passages étant imprimés en petits caractères ;
– une table alphabétique à la fin de l'ouvrage.

À jour au 15 mars 2024, le Mémento tient compte de tous les textes (lois, ordonnances, décrets, instructions et circulaires administratives) parus jusqu'à cette date, ainsi que des décisions de jurisprudence à connaître, également publiées à cette date.

Le Mémento Droit de la Famille est assorti d'une version numérique (pour web, tablette et mobile). Muni de votre code d'accès (directement transmis par courriel ou après l'activation de ce code sur le site www.efl.fr), il vous suffit de télécharger l'application « iMemento » sur votre tablette/mobile ou de vous rendre sur « mémento.efl.fr ».

Plan général

Les chiffres renvoient aux paragraphes

PARTIE II

Les enfants

TITRE I

Établissement de la filiation

CHAPITRE 1

Filiation « ordinaire »

CHAPITRE 2

Filiation par adoption

TITRE II

Nom et prénom de l'enfant

TITRE III

Incapacité du mineur

CHAPITRE 1

Règles générales

CHAPITRE 2

Émancipation

TITRE IV

Autorité parentale

CHAPITRE 1

Droits et devoirs des parents

Principales nouveautés

depuis la précédente édition

Nos

LE COUPLE

Couples mariés

5075 et 5095 Participation aux acquêts : prise en compte de l'industrie personnelle pour calculer la créance de participation.

5500 Cas pratique de liquidation d'une communauté réduite aux acquêts avec attribution intégrale au survivant et une clause de prélèvement moyennant indemnités.

7310 Application de plein droit d'un taux individualisé de prélèvement à la source pour les couples mariés à compter du 1er septembre 2025.

10332 Conditions d'application du droit de partage au taux réduit précisées pour les cas de séparation de corps, de divorce ou de rupture de Pacs.

13322 Positions divergentes concernant l'exigibilité du droit de partage en cas d'exercice d'une clause de préciput.

Partenaires de Pacs

16214 Modèles de clauses relatives à l'aide matérielle entre partenaires de Pacs.

Concubins

23000 s. Nouveaux développements sur les conventions de concubinage.

Violences intra-familiales

26600 s. Nouveau chapitre.

LES ENFANTS

Établissement de la filiation

27043 Parents transgenres : inscription à l'état civil du lien de filiation selon la réalité biologique et non l'identité de genre.

27140 Définition jurisprudentielle de la reconnaissance, reposant expressément sur une présomption de réalité biologique.

28030 Définition jurisprudentielle de la possession d'état, fondée sur l'apparence d'une réalité biologique et correspondant à une réalité affective, matérielle et sociale.

29610 Adoption de l'enfant du conjoint : non rétracté dans le délai légal, le consentement du parent biologique reste valable même en cas de séparation du couple.

Nom et prénom de l'enfant

31660 s. Nouveaux développements relatifs au nom d'usage.

31810 s. Nouveaux développements sur la procédure simplifiée de changement de nom.

Autorité parentale

35717 Nouveaux développements sur l'activité d'influenceur du mineur.

36200 s. Intégration de la loi visant à garantir le respect du droit à l'image de l'enfant.

38722 Assistance éducative : amélioration de la représentation du mineur.

38460 s. et 39020 s. Régime de délégation et de retrait de l'autorité parentale issu de la loi du 18 mars 2024 visant à mieux protéger les enfants victimes et covictimes de violences intrafamiliales.

39700 s. Nouveaux développements en matière de délaissement parental.

39800 s. Nouveaux développements relatifs à la mesure d'aide à la gestion du budget.

43000 s. Nouveaux développements sur la tutelle des pupilles de l'État et la tutelle départementale.

OBLIGATIONS ALIMENTAIRES

45040 Tableau synthétisant les rapports de réciprocité entre obligés alimentaires.

LES MAJEURS PROTÉGÉS

49068 Précisions sur l'action en nullité pour insanité d'esprit exercée par les héritiers.

GESTION ET TRANSMISSION DU PATRIMOINE FAMILIAL

Société civile

61117 Intérêt de l'apport d'un bien par des partenaires de Pacs.

Successions et libéralités

63172 Constitutionnalité de l'incapacité du patient de disposer à titre gratuit au profit du professionnel de santé.

63416 Incidences de la réforme de l'adoption sur la révocation des donations pour survenance d'enfant.

64124 Détermination de l'émolument net rapportable en présence d'une donation avec charge.

64154 Réduction des libéralités : l'action se rattache aux actes patrimoniaux à caractère personnel.

64380 s. Dutreil-transmission : dernières nouveautés relatives notamment aux activités commerciales éligibles, à l'exercice de la fonction de direction et aux impacts d'une cession de titres reçus pendant la phase d'engagement collectif de conservation.

64778 Paiement différé ou fractionné des droits de succession : aménagements relatifs aux délais de traitement et à la constitution des garanties.

64860 Abattement en cas de donation d'entreprise aux salariés porté de 300 000 à 500 000 €.

Assurance-vie

65240 s. Extension de la réduction d'impôt applicable aux contrats de « rente-survie ».

65362 s. Nouveaux développements relatifs aux modes de désignation du bénéficiaire.

65519 Précisions sur la déductibilité de la créance de restitution dans le cadre d'une clause bénéficiaire démembrée.

Démembrement de propriété

67157 Fin de la déductibilité de l'actif successoral des dettes de restitution portant sur une somme d'argent dont le défunt s'était réservé l'usufruit.

Indivision et partage

69480 Méthode pour calculer le montant de l'indemnité en présence de travaux d'amélioration et de conservation sur un bien indivis.

70765 Appréciation de la lésion en tenant compte de la liquidation et du règlement d'ensemble des droits des copartageants.

70870 Pas de taux réduit de 1,10 % pour les licitations faisant suite à une séparation de corps, un divorce ou une rupture de Pacs.

ASPECTS INTERNATIONAUX

Droit international privé

72977 Désignation de l'autorité compétente pour délivrer le certificat permettant la circulation du divorce dans l'UE.

73030 Filiation internationale : la règle de conflit spéciale sur la reconnaissance déroge à la règle de conflit générale.

73150 s. Responsabilité parentale : refonte et enrichissements des développements sur le règlement Bruxelles II ter.

73311 s. Responsabilité parentale : désignation de l'autorité compétente pour délivrer le certificatb permettant la circulation des décisions et des actes ou accords dans l'UE.

73500 s. Successions internationales : refonte du chapitre.

73955 Nécessité d'enregistrer en France le testament étranger malgré la délivrance d'un certificat successoral européen.

DOSSIERS

Procréation médicalement assistée

80125 Nouvelle réglementation sur les droits d'accès aux origines en fonction de la date du don.

80125 Fin des dons anonymes à compter du 31 mars 2025.

Principales abréviations utilisées

AJ fam.	Actualité juridique famille.
AN	Assemblée nationale (Journal officiel).
Bofip (BOI)	Bulletin officiel des finances publiques – Impôts.
BPAT	Bulletin du patrimoine et des sociétés civiles Francis Lefebvre.
BPIM	Bulletin pratique immobilier Francis Lefebvre.
Bull. civ.	Bulletin des arrêts de la Cour de cassation (chambres civiles).
Bull. crim.	Bulletin des arrêts de la Cour de cassation (chambre criminelle).
CASF	Code de l'action sociale et des familles.
C. ass.	Code des assurances.
C. civ.	Code civil.
C. com.	Code de commerce.
C. exécution	Code des procédures civiles d'exécution.
CGCT	Code général des collectivités territoriales.
CGI	Code général des impôts.
Circ.	Circulaire.
CJUE	Cour de justice de l'Union européenne.
C. mon. fin.	Code monétaire et financier.
Cons. const.	Conseil constitutionnel.
C. org. jud.	Code de l'organisation judiciaire.
CPC	Code de procédure civile.
C. pén.	Code pénal.
CPP	Code de procédure pénale.
CRPA	Code des relations entre le public et l'administration.
C. rur.	Code rural et de la pêche maritime.
CSP	Code de la santé publique.
CSS	Code de la sécurité sociale.
C. trav.	Code du travail.
C. urb.	Code de l'urbanisme.
D. (DA, DC, DH ou DP)	Recueil Dalloz (analytique, critique, hebdomadaire ou périodique).
DACS	Direction des affaires civiles et du Sceau.
Déb.	Débats parlementaires.
Defrénois	Répertoire du Notariat Defrénois.
Dr. et patrimoine	Droit et patrimoine.
Dr. famille	Revue de droit de la famille.
Dr. fisc.	Droit fiscal.
Gaz. Pal.	Gazette du Palais.
J.-Cl.	Juris-Classeur (civil, notarial, sociétés).
JCP	Juris-Classeur périodique ou Semaine juridique.
J. not.	Journal des notaires.
JO	Journal officiel.
JOUE	Journal officiel de l'Union européenne.
Lebon	Recueil du Conseil d'État (T. : tables).
LEFP	L'Essentiel Droit de la famille et des personnes.
LPF	Livre des procédures fiscales.
Ord.	Ordonnance.
Règl.	Règlement.

Rép.	Réponse ministérielle.
Rev. crit. DIP	Revue critique de droit international privé.
RJDA	Revue de jurisprudence de droit des affaires, Francis Lefebvre.
RJF	Revue de jurisprudence fiscale, Francis Lefebvre.
RJPF	Revue juridique Personnes et famille.
RTD civ.	Revue trimestrielle de droit civil.
S.	Recueil Sirey.
Sén.	Sénat (Journal officiel).
SNH	Solution Notaire Hebdo, Francis Lefebvre Notaires.
Sol. Not.	Solution Notaires, Francis Lefebvre Notaires.

PARTIE 1

Le couple

TITRE

I

Couples mariés

CHAPITRE 1

FORMATION DU MARIAGE

SOMMAIRE

SECTION 1

CONDITIONS DE VALIDITÉ DU MARIAGE

A. Conditions de fond du mariage

Nous exposons ci-après les conditions de fond liées au mariage, à l'exception des règles spécifiques : **100**
– aux **majeurs sous tutelle, curatelle, habilitation familiale** ou **mandat de protection future** : voir respectivement n°s 53300, 53825, 54039 ou 55135 ;
– aux mariages comportant un **élément d'extranéité** (mariages impliquant un étranger ou célébrés à l'étranger) : voir n°s 72500 s.
La convention de New York du 10 décembre 1962 sur le consentement au mariage, l'âge minimum du mariage et l'enregistrement des mariages a été ratifiée par la France le 14 octobre 2010 (Décret 2010-1520 du 9-12-2010). L'état du droit français n'en a pas été modifié puisque le Code civil s'y conformait déjà.

1. ÂGE ET SEXE DES FUTURS ÉPOUX

CONDITION D'ÂGE

L'homme et la femme peuvent se marier **à partir de** 18 ans (C. civ. art. 144). Il n'existe pas d'âge **maximum.** **102**
Peu importe la **différence d'âge** entre les époux (CA Aix-en-Provence 22-11-1993, 1e ch. civ. : JCP G 1994 IV n° 627).
Par exception, un **mineur** émancipé ou non (C. civ. art. 413-6) peut se marier à deux conditions :
– obtenir une dispense du procureur de la République du lieu de célébration du mariage (C. civ. art. 145). La dispense n'est accordée que pour des motifs graves que le procureur apprécie librement, par exemple la grossesse de la future épouse. La sanction du défaut de dispense est la nullité absolue du mariage du mineur (n°s 370 s.) ;

– recevoir l'autorisation de ses parents (C. civ. art. 148 s.). Le désaccord entre les parents emporte le consentement. Si l'un des parents est décédé ou hors d'état de manifester sa volonté, l'autorisation du survivant suffit. Si les deux parents sont dans l'incapacité de manifester leur volonté, l'autorisation des ascendants dans chaque lignée doit être recueillie, le désaccord entre eux valant également consentement. En l'absence d'ascendant, c'est le conseil de famille qui doit se prononcer. Le défaut d'autorisation des parents, des ascendants ou du conseil de famille est sanctionné par la nullité relative du mariage des mineurs (n° 350).
À noter, le mariage entraîne l'**émancipation** immédiate du mineur (n°s 35830 s.).

SEXES

105 Le mariage est ouvert à tous les **couples, hétérosexuels** ou **homosexuels** (C. civ. art. 143 ; Circ. 29-5-2013 JUSC1312445C : BOMJ 2013-05 du 31-5-2013). La différence de sexe dans le couple n'est pas un principe fondamental protégé par les textes constitutionnels (Cons. const. 17-5-2013 n° 2013-669 DC : JO 18 p. 8281).
Sur la validité et l'opposabilité des mariages homosexuels conclus à l'étranger avant l'entrée en vigueur de la loi du 17 mai 2013, voir n° 72578.
Une différence de sexe n'étant pas exigée pour le mariage, celui qui subit une opération de **conversion sexuelle** peut se marier avec une personne de son sexe d'origine ou non, qu'il ait ou non changé son état civil.

> **Précisions Avant l'entrée en vigueur du mariage homosexuel**, le 19 mai 2013, bien qu'aucun texte ne l'interdisait expressément, il avait été jugé que le mariage était l'union d'un homme et d'une femme et que ce principe n'était contredit par aucune des dispositions de la convention européenne des droits de l'Homme (Cass. 1e civ. 13-3-2007 n° 05-16.627 : Bull. civ. I n° 113). Exiger une différence de sexe entre les deux époux n'avait été jugé contraire ni à la liberté du mariage, ni au droit de mener une vie familiale normale, ni au principe d'égalité (Cons. const. 28-1-2011 n° 2010-92 QPC, Corinne C.). Le mariage homosexuel était donc nul de nullité absolue. En outre, celui régulièrement contracté à l'étranger avec un Français ne pouvait pas produire d'effets en France (au contraire des mariages homosexuels d'étrangers régulièrement célébrés).
> Par ailleurs, avant l'autorisation du mariage homosexuel, un transsexuel pouvait se marier (CEDH 11-7-2002 n° 28957-95, Goodwin : Droit de la famille 2002 n° 133). Mais il devait avoir changé d'état civil pour s'unir avec une personne du même sexe biologique que lui. Pour un exemple de difficulté de mise en œuvre, voir CA Rennes 16-10-2012 n° 11/08743, 6e ch. A : BPAT 6/12 inf. 282.

2. CONSENTEMENT

EXISTENCE DU CONSENTEMENT

120 Il n'y a pas de mariage sans consentement (C. civ. art. 146).
Un consentement implique que les **facultés mentales** des époux ne soient pas altérées au moment de la célébration du mariage.
L'appréciation de l'état mental des intéressés relève du pouvoir souverain des juges du fond (Cass. 1e civ. 29-1-1975 n° 72-13.326 : Bull. civ. I n° 42 ; Cass. 1e civ. 4-5-2011 n° 09-68.983 : BPAT 3/11 inf. 175).
Le défaut de consentement est **sanctionné** par la nullité absolue du mariage (n°s 370 s.).

ILLUSTRATIONS

L'**absence de consentement** a été retenue dans les cas suivants :
– les attitudes, gestes et expressions du futur époux au cours de la cérémonie n'ont pas permis de considérer qu'il en saisissait le sens et la portée, un psychiatre expert a affirmé que ses facultés de compréhension étaient à peu près nulles deux mois auparavant et rien n'établit que son état s'est amélioré (CA Aix-en-Provence 23-4-1996 : Dr. famille 1996 comm. 17) ;
– l'époux se trouve, de notoriété publique, dans un état de démence sénile le rendant irresponsable de ses actes (Cass. 1e civ. 28-5-1980 n° 79-12.784 : Bull. civ. I n° 159) ;
– des témoignages et des expertises médicales établissent que le marié souffrait de lourdes déficiences mentales qui lui interdisaient d'apprécier la portée de son engagement le jour de la célébration du mariage (Cass. 1e civ. 4-5-2011 n° 09-68.983 : BPAT 3/11 inf. 175).
En revanche a été reconnu valable le **consentement** au mariage donné par :
– une personne qui souffrait, depuis sa naissance, d'un état d'infantilisme cérébral la mettant dans l'impossibilité de gérer ses affaires, cet état ne l'empêchant pas d'exprimer son consentement au mariage (Cass. 1e civ. 2-12-1992 n° 91-11.428 : Bull. civ. I n° 299) ;
– une personne atteinte de schizophrénie dès lors que les crises graves ne sont survenues que plusieurs années après le mariage (Cass. 1e civ. 28-6-1977 n° 75-10.366 : Bull. civ. I n° 299) ;

– une personne ayant été précédemment soignée en milieu psychiatrique, dès lors qu'un certificat médical récent ne relevait aucun indice de pathologie susceptible d'altérer ses capacités à effectuer les actes de la vie civile (CA Limoges 19-12-1996, 1e ch. : BICC 1-4-1997 n° 401) ;
– un homme en phase terminale d'une maladie, deux jours avant son décès, l'ensemble des témoins directs de la cérémonie ayant interprété le râle émis par lui comme une volonté d'épouser sa compagne, conformément au souhait qu'il avait déjà exprimé à plusieurs reprises devant le personnel soignant lors de sa sortie de l'hôpital (Cass. 1e civ. 31-1-2006 n° 02-19.398 P).

Les **fiançailles** et les **promesses de mariage** ne font pas présumer un consentement au mariage. En effet, « toute promesse de mariage est nulle en soi, comme portant atteinte à la liberté illimitée qui doit exister dans le mariage » ; il s'en déduit que la seule rupture de la promesse ne saurait entraîner la condamnation à des **dommages-intérêts** (Cass. civ. 30-5-1838 : s. 1838 I p. 492). Ceux-ci ne sont dus qu'en cas de rupture unilatérale fautive (brutale, tardive et dépourvue de motifs légitimes) ayant entraîné un préjudice matériel (comme les dépenses faites en vue du mariage) ou moral en lien avec la faute, conformément au droit commun de la responsabilité civile. **122**

> **Précisions** Les **donations** effectuées en vue du mariage sont caduques si le mariage ne s'ensuit pas (C. civ. art 1088). Les fiancés peuvent toutefois conserver les **présents d'usage**, qui échappent au régime des donations.
Un présent d'usage est un cadeau qui répond à un usage (cas notamment du cadeau de fiançailles, mais également des cadeaux de mariage, de Noël, etc.) et qui est d'une valeur modique par rapport à la situation de fortune de son auteur. Il en résulte par exemple que, sauf s'il s'agit d'un souvenir de famille ou si sa valeur est importante par rapport à la fortune du fiancé, la bague de fiançailles n'a pas à être restituée.

INTENTION MATRIMONIALE

Les époux doivent être animés d'une véritable intention matrimoniale, sous peine de nullité absolue du mariage (C. civ. art. 146 ; nos 370 s.). **125**
La détermination des buts véritables poursuivis par les époux relève de l'**appréciation** souveraine des juges du fond (Cass. 1e civ. 22-11-2005 nos 03-10.385 et 03-18.209 : Bull. civ. I n° 441 et n° 442 ; Cass. 1e civ. 19-9-2019 n° 18-19.665 FS-PB : BPAT 6/19 inf. 235). La Cour de cassation contrôle la motivation (Cass. 1e civ. 12-10-2011 n° 10-21.914 : BPAT 6/11 inf. 329 ; Cass. 1e civ. 19-12-2012 n° 09-15.606 : BPAT 1/13 inf. 4, Bull. inf. C. cass. 1-4-2013 n° 533). Elle a précisé qu'un mariage purement fictif ne relève pas de la protection de la vie privée et familiale ou du droit au mariage (Conv. EDH art. 8 et 12), en l'absence de toute intention matrimoniale et de toute vie familiale effective (Cass. 1e civ. 1-6-2017 n° 16-13.441 FS-PBI : BPAT 4/17 inf. 137).
Les **critères** d'appréciation de cette intention s'articulent autour des devoirs d'entretien et de communauté de vie et de la contribution aux charges du mariage (C. civ. art. 212, 214 et 215). Mais un mariage peut être valable sans comprendre tout ce qu'implique la vie de couple ou de famille. Le principal critère est la communauté de vie (Cass. 1e civ. 9-7-2008 n° 07-19.079 : Bull. civ. I n° 193). Ceci dit, avoir des domiciles distincts ne porte pas nécessairement atteinte à la communauté de la vie (C. civ. art. 108). L'absence de cohabitation peut être justifiée par des motifs légitimes (Cass. 1e civ. 12-10-2011 n° 10-21.914 : BPAT 6/11 inf. 329).
L'intention matrimoniale ne se limite pas à la volonté de fonder une famille. Elle peut être constituée par la volonté des époux de se porter mutuellement assistance.
L'intention doit exister au **moment** du mariage, peu important que les relations se dégradent rapidement par la suite.
À titre d'exemple, ont été **jugés valables** :
– le mariage entre une femme homosexuelle et un homme impuissant car les époux avaient la volonté de se porter mutuellement assistance (CA Caen 11-1-2007 n° 04-2529 : Dr. famille. 2007 comm. 101 obs. V. Larribau-Terneyre) ;
– le mariage qualifié par l'épouse elle-même « de raison », celle-ci s'étant engagée à s'occuper de son mari, de 30 ans son aîné, et lui à la protéger financièrement dès lors que les époux ont connu une communauté de vie effective et que rien ne permet de penser qu'au moment de la célébration l'épouse n'avait pas eu l'intention d'honorer ses engagements (Cass. 1e civ. 13-1-2021 nos 19-16.703 et 19-16.874 F-D : BPAT 2/21 inf. 55) ;
– l'union des parents pour légitimer un enfant (Cass. 1e civ. 20-11-1963 n° 62-12.722 : Bull. civ. I n° 506).

Il y a mariage simulé ou **mariage blanc** lorsque les époux se prêtent à la cérémonie du mariage en vue d'atteindre un but étranger à l'union matrimoniale (en ce sens, par exemple Cass. 1e civ. 28-10-2003 n° 01-12.574 : Bull. civ. I n° 215). Il en va de même lorsque les ou l'un des époux recherchent un but qui n'est pas étranger au mariage, telle la protection patrimoniale du conjoint, mais sans avoir l'intention de se soumettre à toutes les obligations du mariage ; ainsi jugé dans **126** un cas où la volonté de l'épouse d'appréhender le patrimoine de son mari est caractérisée (Cass. 1e civ. 19-12-2012 n° 09-15.606 : BPAT 1/13 inf. 4, Bull. civ. I n° 267) ; dans le même sens, à propos d'un mariage contracté à des fins successorales (Cass. 1e civ. 1-6-2017 n° 16-13.441 FS-PBI : BPAT 4/17 inf. 137).

Le défaut d'intention matrimoniale a par **exemple** été retenu dans les cas suivants :

– le mariage est célébré dans le seul but d'obtenir un titre de séjour (Cass. 1e civ. 6-7-2000 n° 98-10.462 ; CA Paris 28-2-2008 n° 06-7273). Dans le même sens, les juges relevant que les époux n'ont jamais habité ensemble et que l'union n'a jamais été consommée (Cass. 1e civ. 6-3-2013 n° 12-12.910 : D. 2013 pan. p. 1093 obs. J.-J. Lemouland et D. Vigneau) ;

– le mariage vise à acquérir la nationalité française (CA Grenoble 3-11-1998 : D. 1999 som. p. 373) ;

– le mariage est consenti « par amitié » pour l'oncle de l'épouse et non consommé (CA Pau 6-3-2006 : Dr. famille 2006 comm. 182) ;

– le mariage est effectué à des fins uniquement patrimoniales (Cass. 1e civ. 28-10-2003 n° 01-12.574 : Bull. civ. I n° 215) ;

– le mariage célébré confidentiellement, n'a pas été précédé ni suivi d'une cohabitation, n'a pas été consommé, ne s'est matérialisé par aucune collaboration matérielle ou morale et pour lequel les époux ont souhaité procéder à la dissolution (Cass. 1e civ. 14-3-2006 n° 04-20.046) ;

– l'épouse est retournée en Algérie dès la célébration du mariage et n'est revenue que deux ans plus tard en s'étant mariée entre temps en Algérie avec le père de son enfant (CA Paris 26-5-2011 n° 10/16116, Pôle 1 ch. 01) ;

– l'épouse qui a assassiné son mari trois semaines après l'union, s'est mariée dans le but exclusif de bénéficier du devoir de secours et de la vocation successorale du conjoint survivant (Cass. 1e civ. 19-12-2012 n° 09-15.606 : BPAT 1/13 inf. 4, Bull. inf. C. cass. 1-4-2013 n° 533) ; voir aussi (Cass. 1e civ. 1-6-2017 n° 16-13.441 FS-PBI : BPAT 4/17 inf. 137) ;

– le mariage de deux Français a été célébré à Las Vegas, l'épouse ayant présenté la cérémonie comme un rite sans conséquences, les bans n'ayant pas été publiés, les mariés n'ayant pas cherché à le transcrire en France et ceux-ci ayant reconnu leur enfant sans aucune allusion à leur mariage dans l'acte de naissance. Ils ont en outre tous deux contracté des unions en France après ce mariage (Cass. 1e civ. 19-9-2019 n° 18-19.665 FS-PB : BPAT 6/19 inf. 235).

CONSENTEMENT LIBRE

130 Le consentement ne doit pas avoir été donné sous l'effet de **menaces** ou de **contraintes** (C. civ. art. 180, al. 1). Celles-ci sont essentiellement d'ordre moral, dans la mesure où il est difficile d'imaginer une contrainte physique au moment de la cérémonie du mariage. La crainte révérencielle envers un ascendant est expressément visée.

Les juges apprécient souverainement la réalité de la violence invoquée (Cass. 1e civ. 17-12-1968 n° 67-11.701 : Bull. civ. I n° 325). Ils prennent notamment en considération l'âge, le sexe et la condition de l'époux.

La **sanction** est la nullité relative du mariage (nos 345 s.).

Pour prévenir un mariage forcé, la personne majeure menacée peut obtenir en urgence, du juge aux affaires familiales, une **ordonnance de protection** (voir nos 26610 s.). Ce dernier fait, le cas échéant, interdiction aux mis en cause d'entrer en contact avec les personnes qu'il désigne, autorise le demandeur à dissimuler son domicile ou ordonne son interdiction temporaire de sortie du territoire (C. civ. art. 515-13).

ILLUSTRATIONS

Jugé que **constituent une contrainte** :

– des menaces verbales exercées sur le futur époux, tant par ses parents que par son supérieur hiérarchique, de nature à faire impression sur lui alors qu'il était physiquement et moralement affaibli (T. civ. Montpellier 16-7-1946, 1e ch. : Gaz. Pal. 1946 p. 183) ;

– des pressions violentes et des menaces de mort proférées contre le futur époux par son futur beau-père (CA Bastia 27-6-1949 : D. 1949 p. 417) ;

– l'insistance du père du futur époux, ce dernier, soucieux de ne pas nuire à la renommée de sa famille qui avait invité près de 700 personnes et plusieurs personnalités importantes qu'il était matériellement impossible de décommander, ayant laissé se dérouler la cérémonie alors qu'il venait d'apprendre que son épouse avait une liaison et qu'il était dans un état de dépression établi (TGI Versailles 25-4-1979, 1e ch. : Gaz. Pal. 1979 p. 532) ;

– les menaces de représailles proférées à l'encontre de la future épouse, corroborées notamment par le témoignage de l'officier d'état civil ayant célébré le mariage, des rapports de police et des certificats médicaux (Cass. 1e civ. 2-12-1997 n° 96-12.324) ;

– les pressions familiales subies par la future épouse qui est partie se réfugier chez son oncle quelques jours après la célébration du mariage, sans que celui-ci ait été consommé (CA Colmar 28-4-2005 : Dr. famille 2006 comm. 1).

CONSENTEMENT ÉCLAIRÉ

L'**erreur** sur la personne ou sur les qualités essentielles de l'un des futurs époux constitue un vice du consentement de l'autre justifiant l'annulation du mariage (C. civ. art. 180, al. 2 ; nos 345 s.). 132

L'erreur **sur la personne** porte aussi bien sur la personne physique elle-même (hypothèse d'école de la substitution d'une personne à une autre) que sur l'identité civile du futur époux : sa nationalité, son nom ou encore son appartenance familiale.

L'erreur **sur les qualités essentielles déterminantes** est appréciée au regard de l'intention (subjective) de l'époux trompé et des finalités (objectives) du mariage, avec un contrôle de l'ordre public par le juge. Ainsi, le mensonge de la fiancée sur sa virginité, « qualité » qui ne peut être considérée comme déterminante car elle est sans incidence sur la vie matrimoniale, ne permet pas l'annulation du mariage (CA Douai 17-11-2008 n° 08-3786 : D. 2008 act. p. 2938 note V. Egéa, JCP G 2009 II n° 10005 note P. Malaurie, Bull. inf. C. Cass. avril 2009 p. 55, décision ayant réformé le jugement qui avait considéré cette qualité comme déterminante parce que admise comme telle par les époux ; TGI Lille 1-4-2008 n° 07-8458, ch. 1 : JCP G 2008 act. 439 obs. F. Terré, act. n° 440 obs. P. Malaurie). Notons qu'il est fait interdiction aux professionnels de santé, sous peine de sanctions pénales, d'établir un certificat de virginité (CSP art. L 1110-2-1 et L 1115-3 nouveaux issus de loi 2021-1109 du 24-8-2021).

ILLUSTRATIONS

L'**erreur** a été **admise** lorsque l'un des époux a caché à son conjoint l'une des informations suivantes :

– existence d'une liaison à laquelle il n'a nullement l'intention de mettre fin (CA Rennes 11-12-2000 : Dr. famille 2001 n° 67 ; TGI Le Mans 7-12-1981 : JCP G 1986 II n° 20573) ; mais le seul fait qu'il ait caché une liaison passée ne suffit pas, s'il n'est pas démontré qu'il a eu l'intention de la poursuivre après le mariage (Cass. 1e civ. 13-12-2005 n° 02-21.259 : Bull. civ. I n° 495) ;

– qualité de divorcé (Cass. 1e civ. 2-12-1997 n° 96-10.498 : Dr. famille 1998 n° 35), de condamné de droit commun (TGI Paris 8-2-1971 : JCP G 1972 II n° 17244 ; TGI Paris 23-3-1982 : Defrénois 1983 p. 313) ou de prostituée (TGI Paris 13-2-2001 : Dr. famille 2002 n° 1) ;

– défaut de la qualité d'avocat revendiquée, utilisation frauduleuse d'une particule et condamnation passée pour abus de faiblesse (CA Pau 18-9-2006 : JurisData n° 2006-326667) ;

– inaptitude à avoir des relations sexuelles normales (CA Paris 26-3-1982 : Gaz. Pal. 1982 p. 519 ; CA Rouen 6-3-2008 n° 06-3312, ch. de la famille) ou à procréer (TGI Avranches 10-7-1973 : D. 1974 p. 174) ;

– défaut d'intégrité mentale (TGI Rennes 9-11-1976, 3e ch. : D. 1977 p. 539) ou mise en curatelle (TGI Vesoul 28-11-1989 : D. 1990 p. 590) ;

– séropositivité (TGI Dinan 4-4-2006 : D. 2007 act. n° 1510) ;

– refus d'un époux musulman de se soumettre, à l'issue de la cérémonie civile, au mariage religieux alors que le consentement au mariage d'époux musulmans s'entend du consentement donné pour les cérémonies tant civile que religieuse (CA Aix-en-Provence 15-11-2005 n° 04/20848, 6e ch. A).

Tout mariage étant un pari sur l'**avenir**, l'erreur de prévision sur l'évolution de la personnalité du conjoint ne saurait fonder une action en nullité pour erreur sur les qualités essentielles de la personne (CA Aix-en-Provence 31-3-2005, 6e ch. B : Dr. famille 2005 comm. 176, à propos d'un mari devenu un père incestueux). 133

PREUVE DU CONSENTEMENT

C'est à celui qui conteste la **réalité ou la qualité** du consentement de rapporter la preuve de ses allégations. Cette preuve se fait par tous moyens : témoignages, circonstances de fait (par exemple, absence de cohabitation), etc. 137

En cas de **contestation**, les juges du fond apprécient souverainement la valeur et la portée des éléments de preuve qui leur sont présentés. Ils peuvent par exemple décider que l'homme qui a répondu à la question posée par l'officier d'état civil par un râle a donné un consentement valable (Cass. 1e civ. 31-1-2006 n° 02-19.398 : Bull. civ. I n° 47).

3. MONOGAMIE

Sous peine de nullité absolue (nos 370 s.), les époux doivent être libres de tout lien matrimonial antérieur pour pouvoir se marier (C. civ. art. 147). 140

La **seconde union** est nulle si elle est contractée avant dissolution du premier mariage. Il en va ainsi même si les deux mariages ont été contractés entre les mêmes époux, qui se sont « remariés » ensemble alors que leur union n'était pas dissoute (Cass. 1e civ. 3-2-2004 n° 00-19.838 : Bull. civ. I n° 33).

En revanche, il n'y a pas bigamie si le **premier mariage** est lui-même frappé de nullité ou s'il est dissous au jour de la célébration de la seconde union. D'ailleurs, si les nouveaux époux opposent la nullité du premier mariage, la validité ou la nullité de ce mariage doit être jugée préalablement (C. civ. art. 189 ; voir n° 390).

En pratique, la question de la polygamie se pose surtout lorsque la célébration du mariage ou sa dissolution sont intervenues à l'étranger (sur ces questions, voir nos 72550 s.).

> **Précisions** La polygamie est un délit (voir n° 79200). La **relaxe** interdit l'annulation, au civil, du second mariage car le juge pénal a nécessairement porté une appréciation sur ce mariage et le pénal a autorité sur le civil (Cass. 1e civ. 23-5-2012 n° 11-16.305 : D. 2013 pan. p. 1094 obs. J.-J. Lemouland et D. Vigneau).

4. ABSENCE D'EMPÊCHEMENT À MARIAGE

MARIAGES INTERDITS

150 La loi interdit sous peine de **nullité absolue** (nos 370 s.) certaines unions entre membres d'une même famille :
– entre ascendants et descendants en ligne directe : père et fils ou fille, mère et fils ou fille, grands-parents et petits-enfants, etc. (C. civ. art. 161). Si un enfant a fait l'objet d'une adoption plénière, ces interdictions s'appliquent aussi bien à sa famille par le sang qu'à sa famille adoptive (C. civ. art. 356, al. 1). S'il y a eu adoption simple, le mariage est interdit entre l'adoptant et l'adopté ou ses descendants, entre l'adoptant et le conjoint de l'adopté et réciproquement (adopté et conjoint de l'adoptant) et entre l'adopté et les autres enfants, adoptifs ou non, de l'adoptant (C. civ. art. 366) ;
– entre frères, entre sœurs et entre frère et sœur (C. civ. art. 162) ;
– entre l'oncle et la nièce ou le neveu, la tante et le neveu ou la nièce (C. civ. art. 163) ;
– entre les alliés en ligne directe : beau-père et belle-fille, bru, beau-fils ou gendre ; belle-mère et beau-fils, gendre, belle-fille ou bru, etc. (C. civ. art. 161). Ces interdictions subsistent en principe au-delà de la dissolution du lien d'alliance ayant créé l'empêchement.
Le jugement qui alloue des subsides (n° 28440) interdit le mariage entre le débiteur des subsides et l'enfant et entre chacun d'eux et les parents ou le conjoint de l'autre, c'est-à-dire notamment entre les « possibles » grand-père ou grand-mère de l'enfant et l'enfant ou sa « possible » belle-mère (C. civ. art. 342-7).
Toutefois, ces interdictions à mariage, à tout le moins celles entre alliés en ligne directe, sont à apprécier in concreto au regard du **droit au respect de la vie privée et familiale** (Conv. EDH art. 8). Sur ce fondement, la Cour de cassation a refusé d'annuler l'union entre un homme et son ex-bru car le mariage avait été célébré sans opposition et avait duré plus de 20 ans (Cass. 1e civ. 4-12-2013 n° 12-26.066 : BPAT 1/14 inf. 4). Dans une autre situation, elle a confirmé l'annulation du mariage d'un homme avec son ex-belle-fille (fille de son ex-femme) car l'atteinte à la vie privée et familiale était proportionnée au but poursuivi : l'union avait été relativement courte (huit ans) ; aucun enfant n'en était issu et le mariage était symboliquement incestueux, l'homme ayant participé à l'éducation de son épouse lorsque celle-ci était mineure (Cass. 1e civ. 8-12-2016 n° 15-27.201 FS-PBRI : BPAT 1/17 inf. 5).
Pour contrer les interdictions précitées, le **droit au mariage** est également invoqué (Conv. EDH art. 12). Il a été jugé que si le mariage peut être réglementé, il ne doit pas être porté atteinte à sa substance ; une telle atteinte est constituée par le refus du mariage entre un homme et son ex-bru qui vivaient ensemble depuis près de dix ans et élevaient le fils de la femme qui était aussi le petit-fils de l'homme (CEDH 13-9-2005 n° 36536/02, B et L c/ Royaume-Uni). Il en va de même en cas d'annulation d'un mariage entre deux ex-alliés collatéraux – mariage entre un homme et la sœur de son ex-femme – (CEDH 5-9-2019 n° 57854/15, T. c/ Grèce) ; dans cette affaire, la Cour européenne souligne qu'une telle interdiction est contraire au consensus européen puisqu'elle a disparu de la législation de la majorité des États membres et que son application n'avait pas, en l'espèce, pour effet de protéger la stabilité affective de l'enfant née du premier mariage ni d'éviter une confusion éventuelle du lien ou degré de parenté puisque le mariage a duré dix ans et que les intéressés ont continué à vivre ensemble après l'annulation de leur union. Pour l'heure, la Cour de cassation ne s'est pas prononcée sur ce fondement.
Enfin, le **mariage** est **autorisé** entre les autres membres de la famille, notamment entre cousins germains, entre beaux-frères et belles-sœurs ou entre oncle et nièce par alliance.
Le lien créé par un concubinage ou un Pacs n'entraîne pas d'empêchement à mariage.

DISPENSES

152 Sur autorisation du **Président de la République**, trois catégories de mariage peuvent exceptionnellement être autorisées :
– le mariage entre **alliés** à condition que la personne qui créait l'alliance soit décédée (notamment beau-père et belle-fille, bru, beau-fils ou gendre ou belle-mère et gendre, beau-fils, bru ou belle-fille et, dans le cadre de l'adoption simple, adopté et conjoint de l'adoptant ou adoptant et conjoint de l'adopté) (C. civ. art. 164 et 366, dernier al.) ;

– le mariage entre un **oncle et sa nièce** ou son neveu ou entre une tante et son neveu ou sa nièce (C. civ. art. 164) ;
– dans le cadre de l'**adoption simple**, le mariage entre l'adopté et les autres enfants, adoptifs ou non, de l'adoptant (C. civ. art. 366, al. 7).

Pour obtenir une levée de la prohibition, les futurs époux doivent adresser une **demande** de dispense soit au ministre de la justice, soit au procureur près le tribunal de grande instance du lieu où doit se dérouler le mariage (en ce sens, Instruction générale relative à l'état civil du 11-5-1999 n° 342-2, b). 153
Ils doivent justifier de **circonstances graves**, telles qu'un enfant à naître.
Pour être efficace, la dispense doit intervenir **avant la célébration du mariage**. Obtenue après, elle ne peut pas valider rétroactivement l'union.
Le silence de l'administration durant six mois vaut rejet de la demande (Décret 2014-1279 du 23-10-2014).

> **Précisions** La décision du Président de la République peut-elle faire l'objet d'un **recours** ? La question n'est pas tranchée, le Conseil d'État, saisi d'une demande d'annulation de la décision du Président de la République, ayant seulement décidé qu'il appartenait aux tribunaux civils de se prononcer (CE 12-10-2005, 2e et 7e ch. réunies : D. 2006 p. 1418 note J.-J. Lemouland et D. Vigneau).

B. Formalités du mariage

1. CONSTITUTION DU DOSSIER DE MARIAGE

L'officier de l'état civil, c'est-à-dire le maire ou son représentant, doit s'assurer que les conditions posées par la loi sont remplies. Pour ce faire, les futurs époux doivent lui remettre un certain nombre de pièces qui vont constituer le dossier de mariage (C. civ. art. 63, 1° ; Instruction générale relative à l'état civil du 11-5-1999 n° 347). 180

INFORMATION PRÉALABLE

Lors du retrait des documents nécessaires à l'accomplissement des formalités du mariage, la mairie remet aux futurs époux une information sur les droits de la famille. Celle-ci porte notamment sur les droits et devoirs respectifs des conjoints, les différents régimes matrimoniaux, les droits du conjoint survivant, l'autorité parentale et les droits successoraux des enfants (Décret 74-449 du 15-5-1974 art. 19-1). 181

PIÈCES À FOURNIR

Les futurs conjoints **doivent remettre** les pièces suivantes (C. civ. art. 63, 1° ; Décret 2007-773 du 10-5-2007 art. 4) : 182
– un extrait d'acte de naissance avec indication de la filiation. Il doit dater de moins de trois mois s'il est délivré par l'état civil français ; de moins de six mois ou sans condition de « fraîcheur », selon le cas, s'il est détenu par un état civil étranger (C. civ. art. 70 sur renvoi de l'art. 63, 1°). Faute de pouvoir se procurer un acte de naissance, un acte de notoriété est admis (C. civ. art. 71). Les pièces d'état civil n'ont pas à être produites lorsqu'elles sont détenues par la mairie où sera célébré le mariage (Instruction générale relative à l'état civil du 11-5-1999 n° 353) ou lorsque l'officier d'état civil se charge de vérifier les données à caractère personnel de façon dématérialisée via le Comedec (système de communication électronique des données de l'état civil) ;
– une pièce d'identité (carte nationale d'identité, passeport, etc.) ;
– un justificatif de domicile (quittance de loyer, facture EDF, facture de téléphone, etc.) (Instruction générale relative à l'état civil du 11-5-1999 n° 361-5) ;
– la liste des témoins, avec l'indication de leurs domicile et profession, accompagnée de la copie de leur pièce d'identité.

Selon les cas, doivent être ajoutés : 183
– un certificat du notaire si les futurs mariés ont conclu un contrat de mariage (C. civ. art. 1394, al. 2) ;
– pour les veufs ou les veuves, l'acte de décès du précédent conjoint ou un acte de naissance ou le livret de famille portant mention du décès (Instruction générale relative à l'état civil du 11-5-1999 n° 375 F) ;
– pour les personnes divorcées, l'extrait de l'acte de naissance ou de mariage mentionnant le divorce (Instruction précitée n° 375 F) ;

– pour les mineurs, une autorisation de leurs parents ou du conseil de famille et une dispense d'âge délivrée par le procureur de la République (C. civ. art. 73 ; Instruction précitée n° 363 B) ;
– pour les personnes sous tutelle ou curatelle, la justification de l'information de la personne chargée de la mesure de protection (C. civ. art. 63 et 460 ; voir nos 53300 et 53825).

> **Précisions** Si l'un des futurs **époux** est de **nationalité étrangère**, il doit présenter un certificat de coutume ou de capacité matrimoniale (Instruction précitée nos 545 et 546). Par ailleurs, les **pièces établies à l'étranger** (acte de naissance, certificat médical) doivent être légalisées (Instruction précitée n° 543). Des délais de plusieurs semaines peuvent être nécessaires pour la délivrance de ces pièces.

RÔLE DE L'OFFICIER D'ÉTAT CIVIL

185 L'officier de l'état civil (ou le fonctionnaire délégué) procède à l'**audition commune** des futurs époux, sauf en cas d'impossibilité ou si, au vu des pièces fournies, il n'a aucun doute sur la réalité de leur consentement au mariage (C. civ. art. 63, 2°).
Si, au contraire, il suspecte un consentement faisant défaut ou donné sous l'effet de menaces ou de contraintes, il procède à des **entretiens individuels** avec chacun des futurs époux. Ses craintes sur la validité du mariage peuvent résulter des pièces fournies par les intéressés, des éléments recueillis au cours de leur audition commune ou des éléments circonstanciés extérieurs reçus, dès lors qu'ils ne sont pas anonymes (C. civ. art. 63, al. 4). Ces « éléments circonstanciés extérieurs reçus » visent les signalements des associations qui viennent en aide aux femmes. Pour ne pas autoriser une culture de la délation, le non-anonymat des signalements est exigé. Ainsi, les personnes de l'entourage familial ou amical d'une jeune fille menacée de mariage forcé doivent, soit alerter elles-mêmes en dévoilant leur identité, soit le faire via une association.
L'**impossibilité d'auditionner** les futurs époux n'autorise pas l'officier d'état civil à refuser le dossier de mariage et la publication des bans (Cass. 1e civ. 9-1-2007 n° 05-14.720 : Bull. civ. I n° 7, à propos d'une épouse de nationalité étrangère qui s'était vu refuser son visa d'entrée en France).

186 L'officier de l'état civil ne peut pas s'opposer au mariage. Mais il **saisit le procureur de la République** s'il relève, à l'occasion de la constitution du dossier, des indices sérieux laissant présumer que le mariage envisagé est susceptible d'être annulé pour défaut ou vice de consentement (C. civ. art. 175-2 modifié par loi 2021-1109 du 24-8-2021 ; sur le rôle du procureur, voir n° 286).
Avant la loi d'août 2021, la saisine du procureur n'était qu'une faculté pour l'officier d'état civil. Désormais, il en a l'obligation.
Il en informe les intéressés.

ILLUSTRATIONS

Laissent supposer que le consentement ne serait pas réel (Instruction précitée n° 347) :
– des retards répétés pour produire les pièces du dossier de mariage (retard qui suscite le doute quant à la volonté réelle des futurs époux de se marier) ;
– la présentation du dossier de mariage et l'accomplissement des diverses formalités par un tiers servant d'interprète entre les époux, ou par un seul des époux sans que l'autre y soit jamais associé (ce qui laisse envisager un mariage simulé) ;
– des projets de mariage de couples différents comportant toujours les mêmes témoins (ce qui permet de supposer l'existence de mariages arrangés) ;
– la déclaration, même rétractée, du futur conjoint sur les pressions qu'il subit, ou l'existence de traces récentes de coups constatées lors du dépôt du dossier (faits qui peuvent laisser penser que le conjoint n'exprimera pas son consentement au mariage en toute liberté) ;
– le fait que l'un des époux réside dans une structure pour handicapés mentaux (ce qui conduit à s'interroger sur la capacité du futur époux à consentir au mariage en toute connaissance de cause).

188 Si le procureur ne s'est pas opposé au mariage à la suite de sa saisine par l'officier d'état civil, ce dernier peut effectuer une **seconde saisine** s'il a recueilli des indices nouveaux laissant présumer une absence de consentement au mariage. Cependant, il ne peut pas refuser de célébrer le mariage à la date fixée en l'absence d'opposition ou de décision de sursis du procureur de la République (Cass. 1e civ. 6-2-2007 n° 06-10.403 : Bull. civ. I n° 49).

189 L'officier d'état civil qui **refuse de célébrer un mariage** alors que le procureur de la République n'a formé aucune opposition commet une voie de fait (Circ. JUSC1312445C du 29-5-2013 et Circ. INTK 1300195C du 13-6-2013). Il encourt des poursuites pénales pour refus d'appliquer la loi (C. pén. art. 432-1) ou discrimination, notamment si le refus concerne un mariage homosexuel (C. pén. art. 432-7). Il peut également faire l'objet de sanctions administratives.

› Précisions Les textes d'application du mariage homosexuel (Décret 2013-429 du 24-5-2013 ; Arrêté du 24-5-2013 ; Circ. du 29-5-2013 précitée) ont été validés. Il a notamment été jugé que l'obligation faite aux officiers d'état-civil de célébrer les mariages homosexuels se justifie par l'intérêt général qui s'attache au bon fonctionnement et à la neutralité du service public de l'état-civil ; elle ne porte atteinte ni à leur liberté de conscience ni à leur liberté de pensée et de religion (CE 18-12-2015 n° 369834 ; CE 18-12-2015 n° 370459, 370468, 370583 et 370697 ; Cons. const. 18-10-2013 n° 2013-353 QPC).

2. PUBLICATION DES BANS

PUBLICATION PAR VOIE D'AFFICHAGE

La publication des bans permet de porter à la connaissance du public le projet de mariage et aux personnes qui pourraient s'y opposer de faire part de leur opposition (sur l'opposition, voir n°s 280 s.). **190**
La publication est faite à la **demande** des futurs époux. Elle intervient après la communication orale ou par écrit des éléments devant être portés sur les affiches de publication (Instruction générale relative à l'état civil du 11-5-1999 n° 330 A) et, le cas échéant, audition des intéressés.

La publication des bans est réalisée par une **affiche** qui porte **mention** des noms, prénoms, professions et résidences des futurs époux, ainsi que le lieu où sera célébré le mariage (C. civ. art. 63, al. 1). Aucune autre indication ne doit être portée sur l'affiche (Instruction précitée n° 335 C). **191**
Celle-ci est apposée à la porte de la mairie du **lieu** de la célébration du mariage et, le cas échéant, de la mairie du domicile des époux s'ils sont domiciliés dans une autre commune (C. civ. art. 166).
Elle doit être apposée pendant un **délai** de dix jours (C. civ. art. 64, al. 1) qui, lorsque la publication a lieu dans plusieurs communes, court à compter de la date du dernier affichage (Instruction précitée n° 338). Le mariage peut être célébré à compter du 11e jour de la publication (C. civ. art. 64, al. 2).
À défaut de célébration dans l'année qui suit le 10e jour d'affichage, une nouvelle publication doit être faite (C. civ. art. 65).

Dispense de publication Le procureur de la République dans le ressort duquel est célébré le mariage peut, pour des **causes graves**, dispenser de la publication et de tout délai (C. civ. art. 169). **193**
Il appartient aux futurs conjoints ou à l'un d'eux de faire la demande de dispense et de l'adresser au parquet directement ou par l'intermédiaire du maire (Instruction précitée n° 340 E).
Par **exemple**, une dispense peut être accordée :
– lorsque la célébration du mariage présente un caractère d'urgence : mariage in extremis (n° 210), grossesse, appel sous les drapeaux, nécessité d'un déplacement immédiat, etc. ;
– pour des raisons de convenance sociale : cas de concubins qui passent pour déjà mariés.

SANCTIONS

Le défaut de publication des bans ou le non-respect du délai de dix jours sont seulement sanctionnés par une amende pour les époux (montant proportionné à leur fortune) et pour l'officier d'état civil (4,50 € maximum) (C. civ art 192). **194**

3. CÉLÉBRATION DU MARIAGE

LIEU DE LA CÉRÉMONIE

Le mariage est célébré au **choix** des futurs époux (C. civ. art. 74 et 165) : **200**
– dans la commune où l'un d'eux a son domicile ou sa résidence établie par un mois au moins d'habitation continue à la date de la publication des bans. La résidence peut être temporaire : rien ne s'oppose à ce qu'elle soit choisie uniquement en vue du mariage (Instruction générale relative à l'état civil du 11-5-1999 n° 392) ;
– dans la commune où l'un de leurs parents a son domicile ou sa résidence.
Une règle particulière est prévue pour les couples homosexuels dont l'un des futurs époux est français et qui résident dans un pays prohibant le mariage entre personnes de même sexe et dans lequel les autorités diplomatiques ou consulaires françaises ne peuvent pas procéder à sa célébration. Dans ce cas, le mariage est célébré dans la commune de naissance ou de dernière résidence de l'un des époux ou dans la commune dans laquelle l'un de leurs parents a son

domicile ou sa résidence. À défaut, le mariage est célébré dans la commune de leur choix. Les futurs époux doivent alors déposer un dossier de mariage auprès de cette commune au moins un mois avant la publication des bans et l'officier de l'état civil peut demander à l'autorité diplomatique ou consulaire territorialement compétente de procéder à l'audition des intéressés (C. civ. art. 171-9).

En principe, la cérémonie se déroule à la **mairie** ou dans un autre **bâtiment communal** adapté (C. civ. art. 75, al. 1 ; CGCT art. L 2121-3-1 et R 2122-11). Toutefois, en cas d'**empêchement grave** attesté par un certificat médical (époux alité, par exemple), le procureur de la République peut demander à l'officier de l'état civil de se déplacer au domicile ou à la résidence de l'une des parties pour célébrer le mariage (C. civ. art. 75, al. 2). Le mariage peut donc se dérouler à l'hôpital ou dans une maison de retraite.

DATE DE LA CÉRÉMONIE

202 Le **jour** de la cérémonie est choisi par les futurs époux (en fonction des possibilités de la mairie) sous réserve des impératifs de délais de publication des bans (n° 191).

L'**heure** de la cérémonie est fixée par l'officier de l'état civil qui tient compte, dans la mesure du possible, des vœux des futurs époux.

> **Précisions** Les personnes qui souhaitent un **mariage religieux** doivent d'abord se marier civilement. Sous peine de sanction pénale, les autorités religieuses ne peuvent célébrer le mariage qu'après présentation par les époux d'un certificat établi par la mairie attestant qu'ils sont mariés civilement (C. pén. art. 433-21).

DÉROULEMENT DE LA CÉRÉMONIE

205 Le mariage par procuration étant interdit, la **présence des époux** est indispensable (C. civ. art 146-1). Cette condition garantit la réalité et la qualité du consentement des intéressés.

L'absence de l'un d'eux lors de la célébration entraîne la nullité absolue du mariage (n°s 370 s.), même en l'absence d'intention frauduleuse. Par exemple, le mariage est nul lorsque le consentement a été donné par le frère de la future épouse, sans que celle-ci soit présente lors de la célébration (Cass. 1e civ. 20-2-2008 n° 07-13.320).

206 La célébration, lors d'une cérémonie républicaine, doit être **publique** sous peine de nullité absolue du mariage (n° 400). Les portes de la mairie doivent rester ouvertes pendant toute la durée de la célébration (Instruction précitée n° 393).

Le mariage doit avoir lieu en présence de deux à quatre **témoins** majeurs et jouissant de leurs droits civiques (C. civ. art. 37 et 75, al. 1). Les témoins peuvent être français ou de nationalité étrangère. Ils peuvent être choisis parmi les membres de la famille des futurs mariés (C. civ. art. 75, al. 1), sauf si leur consentement au mariage est requis (cas des parents d'un mineur, notamment : Instruction générale relative à l'état civil du 11-5-1999 n° 362-1).

207 Exception faite des mariages au consulat, seuls les **maires**, leurs **adjoints** ou les **conseillers municipaux** peuvent procéder à la cérémonie du mariage.

L'officier d'état civil fait lecture des articles du Code civil relatifs aux obligations du mariage et à l'autorité parentale. Il interroge les époux sur l'existence d'un éventuel contrat de mariage, recueille leurs consentements, les déclare unis par les liens du mariage et en dresse acte sur-le-champ (C. civ. art. 75).

Sur les mentions de l'acte de mariage, voir l'article 76 du Code civil.

MARIAGE IN EXTREMIS

210 En cas de **péril imminent de mort** de l'un des futurs époux, l'officier de l'état civil peut se rendre chez le mourant sans attendre l'autorisation du procureur de la République. Mais il doit l'en informer dans les plus brefs délais (C. civ. art. 75, al. 2).

La cérémonie peut avoir lieu un dimanche ou un jour férié (Instruction générale relative à l'état civil du 11-5-1999 n° 395).

La publication des bans n'est pas exigée (C. civ. art. 169, al. 1).

La production d'un acte de naissance est obligatoire (Instruction précitée n° 373 D). Si elle est impossible, l'officier de l'état civil peut toutefois célébrer le mariage après présentation d'une pièce d'identité ou de tout autre document attestant de l'identité des époux (livret de famille de leurs parents, par exemple).

L'officier de l'état civil doit recueillir le consentement des futurs époux.

MARIAGE POSTHUME

Lorsque l'un des futurs époux est **décédé**, le Président de la République peut néanmoins autoriser la célébration du mariage pour des motifs graves dès lors qu'une réunion suffisante de faits établit sans équivoque son consentement (C. civ. art. 171, al. 1) ; il n'est plus exigé qu'au moins une des formalités du mariage ait été accomplie avant le décès. 213

La **décision du Président** prend, s'il autorise le mariage, la forme d'un décret qui est remis à l'officier de l'état civil. Le silence de l'administration durant six mois vaut rejet de la demande (Décret 2014-1279 du 23-10-2014). Mais un tel rejet implicite peut être contesté devant le juge judiciaire. En effet, si le Président de la République est souverain pour apprécier l'existence et la gravité des motifs soulevés, sa décision doit être motivée (CRPA art. L 211-2 et L 211-5 ; Cass. 1e civ. 17-10-2007 n° 06-11.887 : Bull. civ. I n° 324, Defrénois 2008 art. 38732 note J. Massip ; CA Nancy 15-1-2016 n° 15/00048). Tel est bien le cas si elle se réfère à l'avis du garde des Sceaux, joint en annexe, donnant les motifs de rejet (voir Cass. 1e civ. 17-10-2007 précité).

La publication des bans ou l'établissement du certificat médical prénuptial (exigé jusqu'au 21-12-2007 pour la constitution du dossier de mariage) ont été considérés comme suffisants pour établir le consentement du défunt au moment où les formalités ont été effectuées.

Au nombre des **motifs graves** de nature à autoriser le mariage posthume figure en premier lieu la grossesse de la future épouse. À l'inverse, un intérêt purement pécuniaire ne suffit pas.

Au cours de la **cérémonie**, l'officier de l'état civil ne lit pas les articles du Code civil énumérant les obligations réciproques des époux et définissant l'autorité parentale (Instruction générale relative à l'état civil du 11-5-1999 n° 374-1).

Le **mariage prend fin** par le décès d'un époux (C. civ. art 227, 1°), par conséquent le mariage posthume est dissous dès sa célébration. Le conjoint survivant acquiert immédiatement le statut de veuf(ve).

Effets du mariage posthume Ils remontent à la **veille du décès** (C. civ. art. 171, al. 2). Notamment, la présomption de **paternité** du mari (n° 27105) joue à l'égard du père prédécédé. 215

Le conjoint survivant peut prétendre à des **droits sociaux** :

– une allocation veuvage (Cass. soc. 15-2-2001 n° 99-17.199 : Bull. civ. V n° 57, RJS 4/01 n° 507) ;

– le capital décès de la sécurité sociale (Cass. 1e civ. 22-5-2007 n° 05-18.582 : Bull. civ. I n° 206) ;

– le cas échéant, une pension de réversion. Toutefois, en cas de mariage posthume plus d'un an après le décès, suivi d'une demande de pension de réversion, la pension est versée à compter du mois suivant le dépôt de la demande et non à compter du décès. Et ce, en dépit de l'effet rétroactif de ce type de mariage, qui est donc neutralisé (Cass. 2e civ. 12-11-2020 n° 19-21.812 F-PBI : BPAT 1/21 n° 6) ;

– des dommages et intérêts, en cas d'accident du travail mortel, en réparation de son préjudice moral (Cass. 2e civ. 8-1-2009 n° 07-15.390 : RJS 3/09 n° 281).

Le mariage posthume n'entraîne en revanche aucun **droit patrimonial** : l'époux survivant n'a pas de vocation successorale et aucun régime matrimonial n'est réputé avoir existé entre les époux (C. civ. art 171, al. 3).

Toutefois, le défunt a pu rédiger un testament ou souscrire une assurance-vie en cas de décès en faveur du survivant. Dans ce cas, le **legs** consenti au profit du conjoint avant le mariage posthume relève du **régime fiscal** des transmissions entre époux (BOI-ENR-DMTG-10-50-30 n° 40) et est donc exonéré de droits de succession. Bien que l'administration ne l'ait pas expressément indiqué, le conjoint bénéficiaire d'un contrat d'**assurance-vie** en cas de décès devrait pareillement être exonéré.

SECTION 2 PREUVE DU MARIAGE

ACTE DE MARIAGE

L'acte de mariage permet aux époux de prouver leur lien matrimonial (C. civ. art. 194). 250

Il **fait preuve jusqu'à** inscription de faux pour les mentions qui ont été personnellement constatées par l'officier d'état civil et jusqu'à preuve contraire pour celles qui renvoient à des déclarations des parties que l'officier d'état civil n'a pas pu constater personnellement.

L'existence de **mentions erronées** n'entraîne pas la nullité du mariage. Une procédure en rectification de l'acte devra être engagée.

> **Précisions** Toute personne peut, sans avoir à justifier sa demande ou sa qualité, **obtenir un extrait d'acte de mariage** sans indication de la filiation (Décret 2017-890 du 6-5-2017 art. 33).
> L'extrait avec filiation et la **copie intégrale de l'acte de mariage**, qui mentionnent la filiation peuvent être demandés notamment par la personne à laquelle l'acte se rapporte, ses ascendants, ses descendants, son conjoint, son partenaire de Pacs, son représentant légal, celui qui justifie d'un mandat ou d'une habilitation familiale ainsi que par les avocats et les généalogistes, sous certaines conditions. Les autres personnes ne peuvent l'obtenir qu'en vertu d'une autorisation du procureur de la République (Décret 2017-890 du 6-5-2017 art. 29 et 30).

LIVRET DE FAMILLE

252 À l'issue de la célébration, un livret de famille est remis gratuitement aux époux par l'officier de l'état civil. Ceux-ci doivent en assurer la conservation et le faire tenir à jour (Décret 74-449 du 15-5-1974 art. 10), notamment en le faisant ultérieurement compléter par les extraits des actes de naissance des enfants issus de leur mariage.

Le livret de famille permet de prouver la filiation, c'est-à-dire le lien juridique existant entre les parents et les enfants (Décret du 15-5-1974 art. 13). La présentation ou la remise du livret de famille régulièrement tenu à jour tient lieu de remise ou de présentation (Décret 2000-1277 du 26-12-2000) :

- de l'extrait d'acte de mariage des parents ;
- de l'extrait d'acte de naissance des parents ou des enfants ;
- de l'extrait d'acte de décès des parents ou des enfants morts avant leur majorité.

AUTRES MODES DE PREUVE

255 Seuls l'acte de mariage et le livret de famille peuvent en principe faire la preuve du mariage.

Par exception, en l'absence de registre d'état civil (détruit ou inexistant), le mariage peut être prouvé par tout autre **document** ou par **témoignage** (C. civ. art. 194 et 46, al. 1), par exemple un document d'une caisse de retraite mentionnant la qualité d'époux (Cass. 1e civ. 24-10-2000 n° 98-19.962 : Dr. famille 2001 comm. 37 obs. H. Lecuyer), un passeport, un acte notarié, etc.

Mais surtout, la preuve du mariage peut résulter d'un **acte de notoriété**, établi par un notaire. En effet, jusqu'à la reconstitution ou la restitution des registres d'état civil, il peut être suppléé par de tels actes à tous les actes de l'état civil dont les originaux ont été détruits ou sont disparus par suite d'un sinistre ou de faits de guerre. L'acte de notoriété est établi sur la foi des déclarations d'au moins trois témoins et de tout autre document produit qui attestent de l'état civil de l'intéressé. Il est signé par le notaire et par les témoins (C. civ. art. 46, al. 2).

Pour mémoire, il existe, à titre résiduel, une **procédure en reconstitution** d'acte détruit qui doit être engagée devant le tribunal judiciaire (CPC art. 1431 s.).

256 En cas de destruction, soustraction, falsification de l'acte de mariage (voir notamment C. pén. art. 432-15 et 432-16), la preuve du mariage résulte de la **décision pénale** sanctionnant l'atteinte (C. civ. art. 198 s.). L'inscription du jugement sur les registres de l'état civil assure au mariage, à compter du jour de sa célébration, tous ses effets civils, tant à l'égard des époux qu'à l'égard des enfants issus de ce mariage.

Peuvent agir au plan pénal les époux et, s'ils sont décédés sans avoir découvert la fraude, toute personne qui a intérêt à faire déclarer le mariage valable, ainsi que le procureur de la République (C. civ. art. 199).

Si l'officier public est décédé lors de la découverte de la fraude, l'action sera dirigée au civil contre ses héritiers par le procureur de la République, en présence des parties intéressées, et sur leur dénonciation (C. civ. art. 200).

257 La **possession d'état d'époux**, c'est-à-dire le fait de vivre comme mari et femme après la célébration ne permet pas de faire la preuve du mariage. En revanche, elle consolide la célébration ou le titre irrégulier puisqu'elle interdit aux époux (mais pas aux tiers) de la (le) contester (C. civ. art. 196 ; voir n° 410).

Signalons enfin que la légitimité des enfants issus d'un couple décédé ayant vécu comme mari et femme ne peut pas être contestée en dépit de l'absence d'acte de mariage des parents dès lors que cette légitimité est prouvée par une possession d'état qui n'est point contredite par l'acte de naissance (C. civ. art. 197 s.).

SECTION 3

CONTESTATIONS DU MARIAGE

A. Contestation du mariage avant sa célébration : opposition à mariage

MOTIFS D'OPPOSITION

Les seuls motifs qui peuvent être invoqués pour former une opposition sont les faits pouvant entraîner la **nullité** du mariage (nos 340 s.) : par exemple, l'altération des facultés mentales de l'un des futurs époux (TGI Aurillac 6-4-1988 : Gaz. Pal. 1989 som. p. 301) ou le caractère fictif de l'union projetée dont le seul but est de permettre au futur mari de régulariser son séjour en France (CA Versailles 15-6-1990, 14e ch. : D. 1991 p. 268). 280

C'est à celui qui s'oppose au mariage d'apporter la **preuve** des faits qu'il invoque (CA Versailles 15-6-1990, 14e ch. : D. 1991 p. 268 ; CA Colmar 24-6-1994, 2e ch. civ. : JCP G 1995 II no 22462). Cette preuve peut être faite par tous moyens.

PERSONNES AUTORISÉES À FORMER OPPOSITION

Les personnes pouvant s'opposer à un mariage sont limitativement énumérées. 286

Il s'agit en premier lieu du **procureur de la République**. Le contrôle du consentement et de l'intention des époux par le parquet est conforme à la Constitution dès lors que la liberté du mariage ne confère pas le droit de se marier à des fins étrangères à l'union matrimoniale et que la procédure d'opposition est entourée de garanties (Cons. const. 22-6-2012 no 2012-261 QPC).

Le procureur de la République dispose d'un droit général d'opposition, qu'il peut faire valoir dans les cas où il peut demander la nullité du mariage (C. civ. art. 175-1).

Il peut également former opposition lorsqu'il est saisi par l'officier d'état civil sur la base d'indices sérieux laissant présumer que le mariage envisagé est susceptible d'être annulé pour défaut d'intention matrimoniale ou vice de consentement (C. civ. art. 175-2). Dans ce cas, il dispose d'un délai de 15 jours à compter de sa saisine pour laisser procéder au mariage, y faire opposition ou décider qu'il sera sursis à sa célébration, dans l'attente des résultats de l'enquête à laquelle il fait procéder (en cas de mariage à l'étranger, le délai est de deux mois : C. civ. art. 171-4). Il fait connaître sa décision motivée à l'officier de l'état civil et aux intéressés. Interrogé sur l'obligation de motiver qui en pratique est rarement respectée, le ministre de la justice a rappelé qu'elle ne souffre aucune exception et qu'elle doit être respectée quelle que soit la décision du ministère public (Rép. Joulaud : AN 16-6-2006 p. 5927 no 5626).

Le défaut d'opposition ou de décision de sursis dans le délai précité vaut autorisation à mariage (CA Paris 14-3-2003 no 03-2149 : D. 2003 som. p. 1937 obs. J.-J. Lemouland).

La durée du sursis décidé par le procureur de la République ne peut excéder un mois renouvelable une fois par décision spécialement motivée. À l'expiration du sursis, le procureur de la République fait connaître par une décision motivée à l'officier d'état civil s'il laisse procéder au mariage ou s'il s'oppose à sa célébration.

L'un ou l'autre des futurs époux, même mineur, peut contester la décision de sursis ou son renouvellement devant le président du tribunal de grande instance, qui statue dans les dix jours. La décision du président du tribunal de grande instance peut être déférée à la cour d'appel qui statue dans le même délai.

Peuvent également faire opposition le **père ou la mère** des époux ou, si tous les deux sont décédés, les **grands-parents** ou arrière-grands-parents (C. civ. art. 173, al. 1). Ils peuvent invoquer tout manquement à une condition de fond ou de forme du mariage, que leur descendant soit mineur ou majeur. 288

Si leur droit d'opposition est général, il ne peut être exercé qu'une fois : après mainlevée judiciaire d'une opposition au mariage formée par un ascendant, aucune nouvelle opposition formée par un ascendant n'est recevable ni ne peut retarder la célébration (C. civ. art. 173, al. 2). Peu importe que la seconde opposition soit formée pour un autre motif et/ou par un ascendant différent.

Le **curateur ou tuteur** d'une personne protégée, informé du projet de mariage de celle-ci, peut former une opposition dans les mêmes conditions qu'un ascendant (C. civ. art. 175). Il peut donc invoquer tout manquement à une condition de fond ou de forme du mariage sans toutefois bénéficier de l'immunité des ascendants en cas d'opposition abusive ; voir nos 53300 et 53825. 290

291 À défaut d'ascendant, les **frères, sœurs, oncles, tantes et cousins germains** peuvent former opposition, mais seulement dans deux cas (C. civ. art. 174) :
– si l'autorisation du conseil de famille pour le mariage d'un mineur n'a pas été obtenue ;
– si l'opposition est fondée sur l'altération des facultés personnelles du futur époux. L'opposant doit alors provoquer ou faire provoquer l'ouverture d'une mesure de protection juridique.

292 Enfin, l'**époux** d'un des futurs conjoints peut former opposition (C. civ. art. 172). Il n'en va pas ainsi du conjoint divorcé (Cass. civ. 14-4-1902 : DP 1903. 1. p. 380) ni du concubin, même pacsé.

FORME DE L'OPPOSITION

295 L'opposition, quel qu'en soit l'auteur, doit prendre la forme d'un **acte d'huissier** signé par l'huissier et l'opposant (C. civ. art. 66 ; CA Paris 23-4-2003 : D. 2003 p. 2716). À peine de nullité, elle doit notamment indiquer le nom et la qualité de l'opposant, les motifs de l'opposition ainsi que le texte de loi sur lequel est fondée l'opposition (C. civ. art. 176, al. 1 et 2).
Elle est **signifiée aux** futurs époux et à l'officier de l'état civil, qui doit la mentionner sur le registre des mariages (C. civ. art. 66 et 67).

EFFETS DE L'OPPOSITION

297 Si l'opposition est régulière, elle **empêche** la célébration du mariage (C. civ. art. 68). L'officier d'état civil ne dispose d'aucun pouvoir d'appréciation quant à son bien-fondé.
Celui qui célèbre un mariage au mépris d'une opposition encourt des sanctions. Le mariage n'est pas nul de plein droit. Mais le ministère public est en droit d'engager une action en nullité (Cass. 1e civ. 13-3-2007 n° 05-16.627 : Bull. civ. I n° 113).
L'opposition **cesse** automatiquement de produire effet au bout d'un an si elle n'a pas été renouvelée (C. civ. art 176, al. 3). Par dérogation, dans le cas où elle émane du ministère public, seule une décision judiciaire peut ordonner la mainlevée (C. civ. art 176, al. 4).
L'opposant peut **renouveler** son opposition pour éviter sa caducité. Il doit notamment y veiller lorsqu'une instance en mainlevée est en cours : si, faute d'avoir été renouvelée, l'opposition devient caduque, elle cesse de produire effet et les juges n'ont plus à statuer (Cass. 1e civ. 11-7-2019 n° 15-17.718 FS-PB : BPAT 5/19 inf. 170 dans un cas où la caducité est intervenue en appel). La possibilité de renouvellement est exclue en cas de mainlevée de l'opposition formée par les ascendants (C. civ. art. 176, al. 3 qui renvoie à art. 173, al. 2 ; n° 288).

MAINLEVÉE DE L'OPPOSITION

300 La mainlevée peut être **volontaire**, c'est-à-dire qu'elle émane de l'**opposant** lui-même. N'étant soumise à aucun formalisme particulier, elle peut résulter d'un acte notarié dont une copie est remise à l'officier de l'état civil, d'un acte d'huissier signifié à ce dernier ou simplement d'une déclaration verbale au moment de la cérémonie (Instruction générale relative à l'état civil du 11-5-1999 n° 346).

301 La mainlevée peut aussi être **judiciaire**. Le futur époux concerné par l'opposition agissant seul ou conjointement avec son futur conjoint saisit le tribunal judiciaire du lieu où l'opposant a élu domicile. Le tribunal doit en principe se prononcer dans les dix jours (C. civ. art 177). Aucune sanction n'est prévue en cas de non-respect de ce délai. D'ailleurs en pratique, il prend souvent une décision de sursis à statuer dans l'attente de rassembler l'ensemble des éléments dont il a besoin pour se forger une opinion.
Le jugement peut faire l'objet d'un appel mais avec la réserve suivante : le délai d'appel n'étant pas suspensif, si le jugement a levé l'opposition et si la célébration du mariage a lieu avant l'appel, celui-ci devient irrecevable. Dans les instances introduites depuis le 1er janvier 2020, les décisions de mainlevée sont, conformément au droit commun, de droit exécutoire (CPC art. 514 et 514-1). En conséquence, si le jugement n'a pas écarté son exécution provisoire et si la célébration a lieu au cours de l'instance d'appel, il n'y aura plus lieu à statuer.
La cour d'appel doit statuer dans un délai de dix jours (C. civ. art 178). Elle doit statuer d'office si le jugement a donné mainlevée de l'opposition, c'est-à-dire même en l'absence de conclusion du défendeur. Le pourvoi en cassation est possible avec la même réserve qu'énoncée pour l'appel.
Les jugements et arrêts par défaut rejetant les oppositions à mariage ne sont pas susceptibles d'opposition (C. civ. art 179).

302 Si l'opposition est levée, l'officier doit **célébrer le mariage** dès que les futurs époux lui en font la demande (Instruction générale relative à l'état civil du 11-5-1999 n° 346).
L'opposant, sauf s'il est un ascendant, peut être condamné à des **dommages et intérêts** (C. civ. art. 179). Pour cela, l'abus de droit doit être caractérisé, il ne suffit pas que l'opposition soit infondée (Cass. 1e civ. 11-7-2019 n° 15-17.718 FS-PB : BPAT 5/19 inf. 170).

B. Actions en nullité du mariage

Les actions en nullité relative ou absolue relèvent de la **compétence** du tribunal judiciaire. 340

1. NULLITÉ RELATIVE

Conçues pour protéger les intéressés, leur mise en œuvre est réservée à **certaines personnes** et doit intervenir dans des **délais** relativement brefs. 342

NULLITÉ POUR VICES DE CONSENTEMENT

Qui peut agir ? L'action en nullité du mariage pour vice de consentement ne peut être engagée que par le ou les **époux** dont le consentement a été vicié (C. civ. art. 180). 345

Étant exclusivement attachée à la personne, l'action s'éteint au décès des intéressés. Leurs héritiers ne peuvent pas agir (Cass. 1e civ. 4-7-1995 n° 93-15.005 : Bull. civ. I n° 291). On peut toutefois penser qu'ils sont autorisés à poursuivre l'action engagée par leur auteur.

Le **ministère public** peut demander la nullité du mariage pour vice de consentement (C. civ. art. 180). Bien que le texte ne prévoie aucune restriction, son action semble réservée au cas de violence. En effet, cette possibilité a été ajoutée par la loi 2006-399 du 4 avril 2006 renforçant la prévention et la répression des violences au sein du couple. En outre, seule la violation de l'ordre public autorise le ministère public à agir. 346
Sur la conformité de son action à la Constitution, voir n° 378.

Dans quel délai ? À peine d'irrecevabilité, la demande doit être engagée dans les cinq ans qui suivent le mariage (C. civ. art. 181). Le point de départ de la prescription est fixe, sans possibilité de report à la date de la découverte ou de la cessation du vice. Il en va ainsi même pour le cas de violence. 348

NULLITÉ POUR DÉFAUT D'AUTORISATION DU MARIAGE D'UN MINEUR

Qui peut agir ? Le mariage d'un mineur contracté sans le consentement des parents et autres ascendants (n° 102) peut être attaqué par (C. civ. art. 182) : 350
– les ascendants dont le consentement était requis (père, mère, autres ascendants ou conseil de famille selon le cas) ;
– le mineur lui-même.
Le caractère personnel de l'action implique qu'elle ne se transmet pas aux héritiers des titulaires. Il semble toutefois qu'ils puissent poursuivre l'action déjà engagée par leur auteur.
En pratique, de telles actions sont très rares puisque l'accord d'un seul parent ou ascendant dans une ligne suffit à autoriser le mariage. En outre, l'accord peut être donné après la célébration et notamment en cours d'instance.

Fin de non-recevoir Le mariage est consolidé s'il est approuvé a posteriori par ceux dont l'autorisation était requise (C. civ. art. 183). 352

L'**approbation** peut être expresse, par exemple à l'occasion d'un acte authentique ou sous signature privée ou encore dans des conclusions prises dans le cadre de l'action en nullité.
Elle est le plus souvent tacite. Elle résulte des circonstances de fait souverainement appréciées par les juges du fond. Le fait d'héberger le couple, de lui apporter une aide financière, de l'inviter à participer aux fêtes de famille, de s'occuper de leur enfant, etc., sont des éléments de nature à établir l'acceptation du mariage.
L'approbation des parents (ou autres ascendants) **valide le mariage**. L'action en nullité ne peut donc plus être intentée ni par l'époux mineur ni par le parent dont le consentement était requis. Si une telle action était déjà engagée, elle devient sans objet.
En revanche, le décès d'un des époux, le divorce ou la majorité de l'époux concerné ne fait pas obstacle à l'action en nullité.

Prescription L'action en nullité pour défaut d'autorisation se prescrit par cinq ans (C. civ. art. 183). Pour les parents ou autres ascendants, le délai commence à courir le jour où ils ont eu connaissance du mariage. Pour ce qui est du conjoint mineur, il court à compter du jour de ses 18 ans. 355

2. NULLITÉ ABSOLUE

a. Nullités tenant aux époux

370 Certaines **causes de nullité absolue** tiennent aux époux. Sont **expressément visés** (C. civ. art. 184) :
– la minorité d'un époux en l'absence de dispense du procureur de la République ;
– l'absence de consentement des époux ou leur défaut d'intention matrimoniale ;
– l'absence d'un des époux à la cérémonie ;
– la polygamie ;
– le mariage incestueux à défaut de dispense du président de la République. Les articles 366 et 342-7 du Code civil qui prévoient les interdictions à mariage en cas d'adoption simple et d'allocation de subsides ne sont pas visés. Faut-il en déduire que leur non-respect n'est pas sanctionné par la nullité ? Nous ne le pensons pas, mais la jurisprudence ne s'est pas encore prononcée.

Autre cause de nullité avant la légalisation du mariage homosexuel : l'identité de sexe des mariés (Cass. 1e civ. 13-3-2007 n° 05-16.627 : Bull. civ. I n° 113).

QUI PEUT AGIR ?

375 **Les époux** Les deux époux peuvent agir en nullité, même celui qui est à l'origine de la nullité (C. civ. art. 184). La qualité d'époux dispense le demandeur d'avoir à justifier d'un intérêt. Cette qualité s'apprécie au moment de l'action.

La **dissolution du mariage** n'interdit pas aux ex-conjoints d'en demander la nullité (par exemple, CA Paris 12-6-1957 : D. 1957 p. 571 en cas de divorce ; TGI Paris 8-2-1971 : RTD civ. 1972 p. 381 obs. R. Nerson, Gaz. Pal. 1972 I p. 156 en cas de décès). Mais alors, celui qui agit doit justifier d'un intérêt comme n'importe quel tiers (Cass. 1e civ. 12-4-2012 n° 11-11.116 : BPAT 3/12 inf. 151, Bull. civ. I n° 93). Il peut par exemple s'agir d'échapper au régime matrimonial.

Au décès d'un époux, ses **héritiers** non réservataires sont admis, même en présence d'un légataire universel, à poursuivre l'action engagée par leur auteur (Cass. 1e civ. 12-10-2011 n° 10-21.914 : BPAT 6/11 inf. 329 à propos de parents au 5e degré qui avaient repris la demande d'annulation pour défaut d'intention matrimoniale).

376 **L'époux au préjudice duquel a été contracté un second mariage** L'**époux en premières noces** peut demander la nullité de la seconde union (C. civ. art. 188). Son intérêt à agir est présumé ; il n'a pas à l'établir.

Il peut agir du vivant même de l'époux qui était engagé avec lui. Peu importe que la seconde union ait été dissoute par divorce (Cass. 1e civ. 10-3-1998 n° 95-21.491 : Dr. famille 1998 comm. 147 obs. H. Lecuyer) ou par décès.

S'il est lui-même **divorcé**, il ne peut pas agir sur le fondement de l'article 188 du Code civil (même si son divorce est intervenu après la célébration du second mariage). Mais il reste recevable sur le fondement de l'article 184 s'il prouve un intérêt moral ou pécuniaire (Cass. 1e civ. 31-1-1990 n° 88-16.497 : Bull. civ. I n° 30).

L'**époux en secondes noces** qui découvre que le premier mariage de son conjoint n'était pas dissous lors de la cérémonie peut aussi solliciter la nullité de sa propre union (Cass. 1e civ. 26-10-2011 n° 10-25.285 : BPAT 6/11 inf. 330). Il peut agir, même s'il est divorcé, en justifiant d'un intérêt au moins moral.

377 **Tous ceux qui y ont intérêt** Sont notamment recevables à agir les **ascendants** et autres membres de la famille des époux (C. civ. art. 187).

Les **parents collatéraux** et les **enfants nés d'un autre mariage** peuvent agir en nullité du vivant des deux époux s'ils justifient d'un intérêt né et actuel (C. civ. art. 187 ; Cass. 1e civ. 4-5-2011 n° 09-68.983 F-PBI : D. 2012 p. 971 obs. J.-J. Lemouland et D. Vigneau). L'intérêt moral de contester le mariage ne leur étant pas reconnu, ils doivent justifier d'un intérêt pécuniaire (Cass. civ. 9-11-1887 : DP 1888 I p. 161 note T. Poncet). Il peut s'agir de leur vocation successorale en l'absence de conjoint survivant (Cass. 1e civ. 4-5-2011 n° 09-68.983 précité). Cette décision semble clarifier la lecture qu'il convient de faire de l'article 187. La rédaction sibylline de ce texte a pu laisser penser qu'elle interdisait d'agir du vivant des époux. L'arrêt de 2011 comporte néanmoins une ambiguïté car l'intérêt né et actuel résultant de la vocation successorale est apprécié à la date où la cour d'appel a statué... époque à laquelle l'époux était décédé.

La mise en cause de la constitutionnalité de l'article 187 au regard du droit au respect de la vie familiale et à la liberté du mariage n'a pas été jugée une question sérieuse aux motifs que l'annulation du mariage demandée par des enfants nés d'une première union, après le décès de l'un des époux, n'empêche pas les membres d'une même famille de vivre ensemble et que

l'article 187 n'instaure aucune restriction à la célébration du mariage (Cass. 1e civ. QPC 4-5-2017 n° 17-40.026 FS-PB).
Les **créanciers** de l'un des époux peuvent demander la nullité du mariage, par exemple si le régime matrimonial choisi porte atteinte à leurs droits.
Il en va de même de tout **autre intéressé**. À l'époque où le droit à indemnisation n'était reconnu qu'au conjoint, le responsable d'un accident de circulation avait été admis à contester la validité du mariage afin d'éviter d'avoir à indemniser ce conjoint.

Ministère public Le procureur de la République peut et doit demander la nullité du mariage dans les cas visés au n° 370 (C. civ. art. 190). Mais il ne peut agir que du vivant des époux. **378**
Une telle action est conforme à la Constitution : le parquet est en droit de contrôler le consentement des époux et leur intention matrimoniale car la liberté du mariage ne confère pas le droit de se marier à des fins étrangères à l'union matrimoniale (Cons. const. 22-6-2012 n° 2012-261 QPC).
Dans le cas d'un **mariage célébré à l'étranger**, si le ministère public ne peut demander la nullité d'un acte public établi par une autorité étrangère, il est recevable à requérir l'inopposabilité en France des effets du mariage pour défaut d'intention matrimoniale (Cass. 1e civ. 6-5-2009 n° 07-21.826 : JCP G 2009 n° 274).

CONDITIONS DE L'ACTION

L'action en nullité doit être engagée dans le **délai** de trente ans suivant la célébration du mariage (C. civ. art. 184). **390**
Les deux époux doivent être **mis en cause**, sous peine d'irrecevabilité de la demande (Cass. 1e civ. 6-5-2009 n° 07-21.826 : JCP G 2009 n° 274).
Contrairement aux cas de nullité pour vices de forme, la possession d'état d'époux ne peut pas constituer une **fin de non-recevoir** à une action fondée sur un vice de fond.
Dans le cas particulier de l'action en nullité pour **bigamie**, si les nouveaux époux opposent la nullité de la première union, la validité ou la nullité de ce mariage doit être jugée préalablement (C. civ. art. 189). L'auteur de la bigamie est autorisé à invoquer seul et même contre son nouveau conjoint ce moyen de défense. Les juges doivent alors surseoir à statuer sur la nullité du deuxième mariage jusqu'à ce que la validité de la première union soit tranchée (Cass. 1e civ. 26-10-2011 n° 10-25.285 : BPAT 6/11 inf. 330 ; Cass. 1e civ. 11-4-2018 n° 17-17.530 F-PB : BPAT 3/18 inf. 99). L'annulation de celle-ci entraînant sa disparition rétroactive, le second mariage est valable quand bien même, au jour de sa célébration, la nullité du premier n'aurait pas encore été prononcée (Cass. 1e civ. 25-9-2013 n° 12-26.041 : Bull. civ. I n° 184).

> **Précisions** Avant la **réforme de la prescription** (Loi 2008-561 du 17-6-2008), le délai des actions en nullité absolue d'un mariage n'était pas expressément prévu. Mais la Cour de cassation considère qu'il était aussi de trente ans (Cass. 1e civ. 29-5-2013 n° 12-15.001 : BPAT 4/13 inf. 134).
> Avant comme après la réforme, la prescription ne court pas ou est suspendue **en cas d'impossibilité d'agir** résultant de la loi, de la convention ou de la force majeure (Cass. Req. 10-12-1855 : DP 1856 I p. 304 ; Cass. 1e civ. 22-12-1959 : JCP 1960 II n° 11494 ; C. civ. art. 2234 actuel). Mais, cette règle ne s'applique pas lorsque le titulaire de l'action dispose encore, au moment où l'empêchement prend fin, du temps nécessaire pour agir avant l'expiration de la prescription (Cass. com. 11-1-1994 n° 92-10.241 : RJDA 6/94 n° 652 ; Cass. 1e civ. 29-5-2013 n° 12-15.001 : BPAT 4/13 inf. 134).

b. Nullités tenant aux conditions de célébration du mariage

Le mariage qui n'a **pas** été **contracté publiquement** est nul (C. civ. art. 191). Le juge dispose d'un large pouvoir d'appréciation, le défaut de publicité étant sanctionné uniquement s'il traduit l'intention des époux de faire fraude à la loi (Cass. 1e civ. 13-2-1961 n° 59-10.903 : D. 1961 p. 349 note G. Holleaux). L'absence de publication des bans, un témoin manquant, une célébration dans un lieu autre que la mairie, une célébration de nuit ou sans la présence d'invités au mariage n'est donc pas suffisant. En revanche, la réunion de plusieurs de ces éléments peut justifier la nullité si elle traduit l'intention frauduleuse des intéressés. **400**

Le mariage célébré par un **officier d'état civil incompétent** encourt également la nullité (C. civ. art. 191). L'incompétence sanctionnée est aussi bien géographique que fonctionnelle. Cela dit, la jurisprudence fait preuve d'une grande souplesse et ne sanctionne que lorsqu'il y a fraude (Cass. civ. 7-8-1883 : DP 1884 I p. 5 note T. Ducrocq). **402**
La nullité a par exemple été refusée contre un mariage célébré avec l'autorisation du parquet par un maire d'arrondissement à l'hôpital sis dans un autre arrondissement (TGI Paris 10-11-1992 :

D. 1993 p. 467 note B. Beignier). De la même façon, l'incompétence d'un adjoint résultant de l'absence de délégation valable du maire n'entraîne pas nécessairement la nullité des mariages célébrés par cet adjoint.

405 Le non-respect des **autres conditions de forme** n'entraîne pas la nullité. Ainsi, un mariage reste valable en dépit :
– d'une opposition (voir toutefois n° 297) ;
– d'un dossier de mariage incomplet ;
– d'une erreur dans les textes lus par l'officier d'état civil lors de la célébration ;
– du défaut de transcription du mariage d'un Français à l'étranger (Cass. 1e civ. 9-12-1963 n° 62-13.798 : RTD civ. 1965 p. 93 obs. H. Desbois, Bull. civ. I n° 542).

RÉGIME DE LA NULLITÉ

410 **Peuvent agir** en nullité les époux eux-mêmes, les père et mère, les ascendants, tous ceux qui y ont un intérêt né et actuel, ainsi que le ministère public (C. civ. art. 191).
Toutefois, lorsqu'ils ont la **possession d'état** de mari et femme, les époux ne peuvent plus contester le mariage (C. civ. art. 196). Cette fin de non-recevoir est opposable à toute action en nullité fondée sur un vice de forme de la célébration (Cass. civ. 1-8-1930 : DP 1931 I p. 169 note H. Lalou). Encore faut-il que la possession d'état soit continue et exempte de vice. Tel n'est pas le cas si la vie commune n'a jamais existé ou si elle a cessé depuis plusieurs années.
La possession d'état est sans effet à l'égard des autres personnes susceptibles d'agir.
Le **délai d'action** est de trente ans à compter de la célébration du mariage (C. civ. art. 191).

3. EFFETS DE LA NULLITÉ

PRINCIPE

430 En principe, que la nullité soit relative ou absolue, elle entraîne l'**anéantissement rétroactif** du mariage. Celui-ci est censé n'avoir jamais existé.
En conséquence, un conjoint ne peut pas reprocher à l'autre un manquement aux obligations du mariage, la nationalité française obtenue en raison du mariage tombe, le mineur perd le bénéfice de son émancipation automatique, les interdictions à mariage en raison du lien d'alliance ne valent plus, etc.
Sur le plan patrimonial, les donations au dernier vivant et avantages matrimoniaux consentis sont annulés ; s'ils ont pris effet, son bénéficiaire en doit restitution. Il en va de même de la vocation successorale liée à la qualité de conjoint survivant, etc.
En pratique, le champ d'application de ce principe est réduit car la jurisprudence admet largement la notion de mariage putatif qui n'emporte annulation du mariage que pour l'avenir.

EXCEPTION : LE MARIAGE PUTATIF

440 **Conditions du mariage putatif** Le mariage ne peut être considéré comme putatif qu'à l'égard du ou des époux de bonne foi (C. civ. art. 201, al. 1). Celle-ci résulte du fait qu'il(s) a (ont) cru valablement se marier.
La **bonne foi** est présumée exister, à charge pour celui qui la conteste de rapporter la preuve contraire (Cass. 1e civ. 25-6-1991 n° 90-10.507). Les tribunaux apprécient souverainement les circonstances de chaque espèce. Ils peuvent admettre le mariage putatif quelle que soit la gravité ou la nature du vice sous réserve que l'irrégularité ne révèle pas par elle-même la mauvaise foi du ou des époux. Par exemple, un Français ne pourra pas prétendre ignorer l'interdiction de la bigamie en France, à l'inverse d'un étranger originaire d'un pays qui l'admet.
La bonne foi doit avoir existé au **moment** de la cérémonie. Que l'époux découvre l'irrégularité par la suite ne lui interdit pas d'invoquer le mariage putatif (CA Paris 13-4-1999 n° 97-20611 : JurisData 024891).

ILLUSTRATIONS

Le **bénéfice du mariage putatif a été reconnu** à :
– l'épouse bigame qui croyait son mari décédé (CA Paris 8-6-1990 n° 89-4877 : JurisData 022183) ou qui s'est trouvée bigame suite à l'annulation de son jugement de divorce (CA Aix-en-Provence 19-5-2005 n° 03-18649 : JurisData 277862) ;
– l'époux bigame originaire d'un pays à forte tradition polygame et qui a pu de bonne foi ignorer la législation française en la matière (CA Paris 8-3-1994 n° 92-8797 : JurisData 020825, D. 1994 IR p. 87).

441 Le mariage putatif **peut être revendiqué** soit à l'occasion de l'action en nullité du mariage, soit postérieurement (Cass. 1e civ. 28-5-1991 n° 89-13.742 : Bull. civ. I n° 169), par exemple à l'occasion d'un litige successoral.

À l'égard des enfants du couple, le mariage de leurs parents est toujours considéré comme putatif (C. civ. art. 202). Il en va ainsi quelle que soit la bonne ou mauvaise foi des intéressés. 442

Effets du mariage putatif Le mariage admis comme putatif n'est annulé que pour l'avenir. 445

Entre les époux, si les deux sont considérés de bonne foi, tous les effets du mariage qui se sont déjà produits sont maintenus à l'égard de chacun d'eux. Si un seul époux est reconnu comme tel, il garde le bénéfice des effets du mariage déjà produits tandis que le mariage est rétroactivement annulé à l'égard de l'autre.

Ainsi, selon les cas, le bénéfice des avantages matrimoniaux peut être conservé pour l'un et perdu pour l'autre, il en va de même des droits à succession, etc.

Il est expressément prévu que l'époux de bonne foi qui voit son mariage annulé conserve le bénéfice de sa déclaration de la nationalité française (C. civ. art. 21-5).

Le mariage putatif s'impose aux **tiers**, tels que les caisses de retraite (n° 11409).

Le mariage cesse de produire effet **pour l'avenir**. La jurisprudence a cependant admis que l'épouse pouvait continuer de porter le nom de son « ex-mari » si elle justifiait d'un intérêt particulier (CA Paris 24-11-1988 n° 87-20064). 450

Elle a également admis le versement d'une prestation compensatoire (Cass. 1e civ. 23-10-1990 n° 89-10.250 : Bull. civ. I n° 221).

CHAPITRE 2

EFFETS PERSONNELS DU MARIAGE ET RÉGIME PRIMAIRE

SOMMAIRE

SECTION 1

DROITS ET DEVOIRS PERSONNELS DES ÉPOUX

ÉGALITÉ DE TRAITEMENT DE TOUS LES COUPLES MARIÉS

1500 Le mariage (et la filiation adoptive) emporte(nt) les **mêmes effets**, droits et obligations que les époux ou les parents soient de sexe différent ou de même sexe (C. civ. art. 6-1). En conséquence, tous les couples mariés, hétérosexuels ou homosexuels, sont soumis aux mêmes règles du Code civil s'agissant notamment :
– des obligations du mariage tant personnelles que patrimoniales ;
– des régimes matrimoniaux ;
– des obligations alimentaires réciproques entre ascendants et descendants, voire entre beaux-parents et gendres ou belles-filles ;
– de l'acquisition de la nationalité française par mariage ;
– du divorce et de la séparation de corps ;
– du statut de conjoint survivant.
Une **exception** est expressément prévue : les règles relatives à la filiation prévues aux articles 310-1 à 342-8 du Code civil (présomptions de paternité ou de maternité notamment) ne sont pas applicables aux couples homosexuels (C. civ. art. 6-1).

A. Devoirs de respect, fidélité, secours, assistance

1502 Les époux se doivent respect, fidélité, secours et assistance (C. civ. art. 212). Le manquement à l'une de ces obligations peut conduire au prononcé du divorce pour faute.
L'obligation de **fidélité** ne vaut qu'entre les époux : l'amant, complice de l'adultère, ne peut pas être condamné à des dommages et intérêts au profit du conjoint bafoué (Cass. 2e civ. 4-5-2000 n° 95-21.567 : JCP G 2000 II n° 10356 ; Cass. 2e civ. 5-7-2001 n° 99-21.445 : JCP G 2002 II n° 10139).

L'obligation de **respect** implique que chacun fasse preuve d'un comportement respectueux de la pensée, de la dignité et bien évidemment, de l'intégrité physique ou psychologique de l'autre. En cas de **violence**, l'époux victime peut obtenir, en urgence, des mesures de protection et notamment l'attribution de la jouissance du logement familial (voir n° 26650). 1505

L'obligation de **secours et** d'**assistance** a un double sens. Elle implique : 1508
– une solidarité financière qui se traduit le cas échéant par une pension alimentaire au titre d'une contribution aux charges du mariage (nos 1960 s.) ou des mesures provisoires ordonnées dans le cadre d'un divorce ;
– un soutien moral qui recouvre notamment l'obligation morale et matérielle de prodiguer des soins au conjoint malade ou âgé.

B. Devoir de communauté de vie

Les époux s'obligent mutuellement à une communauté de vie (C. civ. art. 215, al. 1). 1510
Mais il est admis qu'ils puissent avoir des **domiciles distincts** (C. civ. art. 108, al. 1). Dès lors, la communauté de vie est plutôt prise dans sa **dimension affective** et intellectuelle (CA Paris 25-3-1999 n° 98-10003, 1e ch. C : Dr. famille 1999 comm. 110). Il peut y avoir communauté de vie sans partage du quotidien. C'est le cas lorsqu'un époux est hospitalisé pour une longue durée ou lorsque les conjoints vivent séparés en raison de leurs contraintes professionnelles respectives (pour un exemple où l'un était au Canada et l'autre en France : CE 19-1-1998 n° 126809, Lamonica : D. 1998, 521, note G. Tixier et T. Lamulle).
La communauté de vie suppose toutefois une **résidence pour la famille** choisie d'un commun accord (C. civ. art. 215, al. 2). C'est le lieu désigné par les deux époux pour, sinon y vivre ensemble au quotidien, au moins y installer la famille. La modification unilatérale de la résidence ou le refus de suivre son conjoint dans la nouvelle résidence sont des motifs pouvant justifier un divorce pour faute.
Le logement de la famille fait l'objet d'une protection particulière qui s'applique quel que soit le régime matrimonial des époux (nos 1750 s.).
Enfin, la communauté de vie suppose l'obligation d'avoir des **relations sexuelles** avec son conjoint (F. Terré et D. Fenouillet, Droit civil. Les personnes, la famille, les incapacités, Précis Dalloz, 7e éd. n° 432 ; A. Karm : J.-Cl. civ. art. 212 à 215 fasc. 20 n° 39).

L'obligation de communauté de vie connaît des **limites**. 1515
D'une part, en cas de séparation, l'époux abandonné ne peut pas contraindre judiciairement son conjoint à reprendre la vie commune (CA Aix-en-Provence 22-6-1978, 6e ch. civ. : D. 1979 p. 192), la seule sanction étant le divorce.
D'autre part, un époux peut être autorisé à résider séparément de son conjoint lorsque :
– les violences exercées par l'un des époux mettent en danger son conjoint ou un ou plusieurs enfants (C. civ. art. 515-11 ; n° 26650) ;
– le juge prend des mesures urgentes dès la requête initiale en divorce (voir n° 9134) ;
– le magistrat conciliateur autorise les époux à résider séparément à la suite d'une requête en divorce (C. civ. art. 255 ; n° 9178) ;
– après le rejet définitif d'une demande en divorce, le juge organise la vie séparée des époux (n° 9244) ;
– un jugement de séparation de corps est rendu (C. civ. art. 299 ; n° 10622).

C. Nom des époux

Le mariage n'entraîne aucune modification du **nom de famille** de chacun des époux : l'un et l'autre conservent celui indiqué sur leur acte de naissance. 1520
C'est ce nom qui doit être utilisé pour les identifier dans les actes officiels. Mais la désignation sous le nom d'usage au lieu du nom de famille n'est pas sanctionnée par la nullité de l'acte. Ainsi jugé à propos d'un avis de mise en recouvrement d'impôts (Cass. com. 17-3-2004 n° 02-19.276 : RJF 7/04 n° 812) ou d'une saisie conservatoire diligentée par une trésorerie (Cass. 1e civ. 6-3-2007 n° 05-18.898 : Bull. civ. I n° 97).
Par ailleurs, une personne est en droit de demander que les correspondances de l'administration lui soient adressées avec son nom d'usage (CRPA art. L 111-3).

Chacun des époux peut porter, à titre d'usage, le **nom de son conjoint**, par substitution ou adjonction à son propre nom, dans l'ordre qu'il choisit, et à compter du 1er juillet 2022, dans la limite d'un nom de famille pour chacun d'eux (C. civ. art. 225-1 modifié par loi 2022-301 du 2-3-2022 art. 1). 1525

Utiliser un nom d'usage est une simple faculté et non une obligation (CEDH 16-11-2004 n° 29865/96, Unal Tekeli c/ Turquie : JCP G 12005 I n° 103 § 14 obs. F. Sudre). Refuser de porter le nom de son mari ne constitue pas une faute sanctionnée par le divorce.
Porter le nom de son conjoint est un droit réservé aux personnes mariées : une femme qui portait le nom de son amant avec l'accord de celui-ci a été condamnée à indemniser l'épouse bafouée, étant précisé que le mari a également été condamné (TGI Briey 30-6-1966 : JCP 1967 II n° 15130 note J. Carbonnier).
Mais une épouse peut se voir privée du nom de son mari si elle en fait un usage abusif ou déshonorant.
En outre, elle ne peut pas continuer d'utiliser le nom de son conjoint si lui-même a perdu le droit de le porter (Cass. 1e civ. 6-11-1985 n° 84-12.874 : Bull. civ. I n° 291).
Sur l'incidence du divorce sur le nom des époux, voir n° 9502.

SECTION 2 RÉGIME PRIMAIRE

ORDRE PUBLIC

1550 Le régime primaire ou statut fondamental impératif est composé de règles **d'ordre public** (C. civ. art. 214 à 226). Il fixe les droits et obligations minimales applicables, en tant qu'effets directs du mariage, à tous les couples mariés, quel que soit leur régime matrimonial.

A. Pouvoirs des époux sur leurs biens personnels

1560 « Chacun des époux administre, oblige et aliène seul ses biens personnels » (C. civ. art. 225). La règle garantit à chaque époux la pleine **autonomie** de gestion de ses biens personnels. Celle-ci ne peut pas être écartée par une disposition contraire du contrat de mariage et notamment par la stipulation d'une clause d'unité d'administration par laquelle un époux attribuerait l'administration de ses biens personnels à son conjoint.

1565 La règle de la gestion exclusive n'en tolère pas moins des assouplissements.
D'une part, chaque époux est libre de confier à son conjoint un **mandat** pour la gestion de ses biens. Le mandat entre époux revêt une originalité par rapport au droit commun : il est librement révocable (C. civ. art. 218).
D'autre part, chaque époux peut se faire **habiliter en justice**, sous certaines conditions, à représenter son conjoint dans l'exercice des pouvoirs résultant du régime matrimonial (C. civ. art. 219, al. 1 ; nos 2070 s.).
Enfin, le recours à la **gestion d'affaires** est susceptible de sauver de la nullité l'acte effectué par un époux, dénué de pouvoir, sur les biens de son conjoint (C. civ. art. 219, al. 2).

B. Pouvoirs en matière professionnelle

LIBRE DISPOSITION DES GAINS ET SALAIRES

1570 **Principe** « Chaque époux peut librement exercer une profession, percevoir ses gains et salaires et en disposer après s'être acquitté des charges du mariage » (C. civ. art. 223). Sous la réserve de participer aux dépenses entraînées par le train de vie du ménage (nos 1960 s.), le principe de la libre perception et de la libre disposition est **absolu**. Quel que soit son régime matrimonial, chaque conjoint peut utiliser à sa guise, que ce soit à titre onéreux ou à titre gratuit, ses revenus professionnels.
Il lui est loisible, par **exemple**, de les employer pour effectuer une donation au profit d'un(e) concubin(e) adultère (Cass. 1e civ. 25-1-2005 n° 96-19.878 : Bull. civ. I n° 35 ; Cass. 1e civ. 14-11-2007 n° 06-21.691 : BPAT 1/08 inf. 7). Sur la limite posée par les gains et salaires économisés, voir n° 1585.

Les **« salaires »** s'entendent très largement. Ils comprennent l'ensemble des revenus résultant d'une activité salariée, ce qui vise non seulement les salaires au sens strict mais aussi les primes et les substituts de salaires : indemnités de licenciement, de chômage, de départ à la retraite, de préavis, de congé, indemnités et rentes pour accident du travail rémunérant un préjudice économique. La notion s'étend aux arrérages d'une pension de retraite (Cass. 1e civ. 8-7-2009 n° 08-16.364 : BPAT 5/09 inf. 180). 1575

Les stock-options (options donnant droit à la souscription ou à l'achat d'actions) ne s'analysent pas comme des salaires. Pour leur qualification dans un régime de communauté, voir n° 3195.

Les **« gains »** recouvrent les rémunérations résultant d'une activité non salariée telles que les dividendes, les bénéfices, les honoraires des professions libérales, les droits d'auteur. 1580

Il a été jugé qu'une somme d'argent gagnée au loto s'analyse comme un gain (TGI Créteil 18-1-1988 : JCP 1989 II n° 21385 note P. Simler, Defrénois 1988 art. 34337 p. 1244 obs. G. Champenois). La solution est contestable car une telle somme ne provient pas d'une activité professionnelle. Or, ce sont les revenus professionnels, et ceux-là seuls, que le régime primaire entend protéger.

Gains et salaires économisés L'exclusivité du pouvoir de chaque époux sur ses gains et salaires se heurte à la notion de bien commun et à celle d'économie. 1585

Sous les **régimes communautaires**, les gains et salaires cessent de bénéficier des dispositions du régime primaire dès lors qu'ayant été économisés, placés ou investis, ils se sont transformés en acquêts ordinaires. Les époux ne peuvent plus en disposer en toute liberté. Il en est ainsi en matière de donation. Si chacun peut librement consentir, en vertu de l'article 223 du Code civil, une donation de gains ou salaires au bénéficiaire de son choix, sans avoir à en référer à son conjoint, le consentement de ce dernier est nécessaire, à peine de nullité, pour effectuer une donation ayant pour objet des biens communs ordinaires (n° 3495).

L'imprécision de la **notion d'économie** ne facilite pas l'application de l'article 223 du Code civil. À quelles conditions les gains et salaires doivent-ils être considérés comme économies ? La jurisprudence a apporté des éléments de réponse. Si les revenus versés sur un compte de dépôt conservent la qualification de gains et salaires, ils deviennent des acquêts ordinaires lorsqu'ils sont placés : 1588

– sur un plan d'épargne logement (Cass. 1e civ. 14-1-2003 n° 00-16.078 : BPAT 3/03 inf. 53 rendu à propos d'une mesure de saisie en vertu d'un cautionnement) ;

– sur un compte-titres. A ainsi été annulée dans l'affaire de 2010 une donation faite à une concubine avec des salaires économisés et placés sur un compte-titres (CA Douai 26-1-2010 n° 09-134, 1e ch. sect. 2 : BPAT 5/10 inf. 263). Sont aussi considérés comme des acquêts ordinaires les gains et salaires placés ;

– sur un contrat d'assurance-vie. Ont été annulées deux donations de 120 000 € et 200 000 € faites par un homme à sa maîtresse au moyen de deux chèques tirés sur ses comptes personnels, alimentés par des virements provenant du rachat d'un contrat d'assurance-vie et de la liquidation d'un compte-titres (Cass. 1e civ. 20-11-2019 n° 16-15.867 FS-PBI : BPAT 1/20 inf. 26 ; RJPF 2020 1/17 obs. J. Dubarry, E. Fragu).

C'est ainsi la **nature du compte** qui déterminerait celle des revenus qui y sont portés, sans égard pour la durée de l'inscription en compte. L'opération de banque change en quelque sorte la nature des gains perçus en leur substituant des produits de placement. On peut toutefois s'interroger sur le sort des revenus placés sur un compte courant durant une longue durée : pourraient-ils être considérés comme des économies et si oui, à quel moment ? (voir, sur ce point, M. Nicod : RTD. civ. 2020 p. 173).

DISPOSITIFS APPLICABLES À CERTAINES PROFESSIONS

Outre les règles précitées qui relèvent du régime primaire, d'autres dispositifs facilitent la gestion des entreprises familiales dans lesquelles les époux collaborent ou, au contraire, limitent la liberté d'action du propriétaire de l'entreprise. 1590

Conjoint d'agriculteur Une **présomption de mandat** est prévue au profit des époux agriculteurs qui travaillent pour leur compte dans la même exploitation (C. rur. art. L 321-1). Chacun d'eux peut librement accomplir, grâce à cette présomption, l'ensemble des actes d'administration concernant les besoins de l'exploitation sans qu'il y ait à tenir compte de la nature propre ou commune de celle-ci. 1595

Lorsque les époux sont coexploitants, ils sont présumés s'être donné réciproquement mandat pour accomplir ces actes. Lorsque l'un d'eux collabore à la profession de l'autre, la présomption joue unilatéralement au profit du conjoint collaborateur.

La présomption **cesse** de plein droit en cas d'absence présumée de l'un des époux, de séparation de corps ou de séparation de biens judiciaire, ou en cas de disparition d'une condition d'application de la présomption (C. rur. art. L 321-2).

Elle cesse également par la volonté du mandant, laquelle doit s'exprimer à peine de nullité en la forme notariée en présence du mandataire ou après la convocation de ce dernier. La révocation devient opposable aux tiers trois mois après sa publication en marge de l'acte de mariage, à moins qu'il ne soit établi qu'ils en ont eu connaissance (C. rur. art. L 321-3).

1600 **Conjoint d'artisan, de commerçant et de membre d'une profession libérale** Le conjoint du chef d'une entreprise artisanale, commerciale ou libérale ayant opté pour le statut de collaborateur bénéficie, s'il est mentionné au registre du commerce et des sociétés ou au répertoire des métiers, d'une **présomption de mandat** unilatéral qui couvre les actes d'administration concernant les besoins de l'entreprise (C. com. art. L 121-6 et R 121-5). Ces actes accomplis par le collaborateur sont réputés l'être pour le compte du chef d'entreprise et n'entraînent à la charge du collaborateur aucune obligation personnelle (C. com. art. L 121-7). Ce dernier est ainsi à l'abri du passif contracté à l'occasion de la gestion de l'entreprise.
La présomption **cesse** pour les mêmes causes qu'en matière rurale (C. com. art. L 121-6).

1605 Lorsque le conjoint participe de manière régulière à l'activité d'une entreprise dépendant de la communauté, le chef d'entreprise doit lui demander son **accord exprès pour** (C. com. art. L 121-5) :
– conclure un acte de disposition portant sur un élément qui, par sa nature et son importance, est nécessaire à l'exploitation de l'entreprise ;
– recevoir des capitaux provenant de ces opérations ;
– donner en location-gérance le fonds de commerce.
Le conjoint dont le consentement n'a pas été requis peut demander l'annulation de l'acte pendant deux ans à compter du jour où il en a eu connaissance, sans pouvoir jamais agir plus de deux ans après la dissolution de la communauté.

1610 **Entrepreneur individuel à responsabilité limitée (EIRL)** Pour **affecter des biens communs ou indivis à son patrimoine professionnel**, l'entrepreneur doit obtenir, à peine d'inopposabilité de l'affectation, l'accord exprès de son conjoint (ou de son coïndivisaire) et l'informer sur les droits des créanciers professionnels sur le patrimoine affecté. Un même bien commun ou indivis ne peut entrer dans la composition que d'un seul patrimoine affecté (C. com. art. L 526-11). Les modèles types d'accords sont publiés (C. com. art. A. 526-1 et A. 526-2 ann. 5-1, II et III issus de arrêté du 29-12-2010 : JO 31 p. 23464, modifiés par arrêté ECOI1926180A du 25-9-2019 art. 3). Le régime de l'EIRL a toutefois vocation à s'éteindre du fait de la création du statut de l'entrepreneur individuel (voir n° 1615).

1615 **Entrepreneur individuel** La loi 2022-172 du 14 février 2022 en faveur de l'activité professionnelle indépendante a créé un nouveau statut de l'entrepreneur individuel qui devrait significativement limiter l'intérêt du régime de l'EIRL, dont la mise en extinction est de ce fait organisée, à défaut d'être imposée (voir sur ce point X. Delpech, Consécration du patrimoine professionnel de l'entrepreneur individuel : Dalloz Actualité 1-3-2022). Ce statut d'entrepreneur individuel emporte notamment la séparation de droit des patrimoines personnel et professionnel. Ce dernier est composé des biens, droits, obligations et sûretés dont l'entrepreneur individuel est titulaire et qui sont utiles à son activité ou à ses activités professionnelles indépendantes (C. com. art. L 526-22, al. 2).
Sur le sort des **biens mixtes**, c'est-à-dire les biens utilisés à des fins personnelles et professionnelles, seul le cas particulier de la **résidence principale** à usage mixte a été spécifiquement envisagé (Décret 2022-725 du 28-4-2022 : JO 29 texte n° 11) : la « partie » de la résidence principale de l'entrepreneur individuel utilisée pour un usage professionnel intégrera son patrimoine professionnel. Le texte semble donc autoriser que cette partie uniquement soit soumise au gage des « créanciers professionnels ». Cette disposition peut être rapprochée de l'article L 526-1 du Code de commerce, selon lequel la partie de la résidence principale non utilisée pour un usage professionnel est de droit insaisissable, sans qu'un état descriptif de division soit nécessaire.
Si les dispositions relatives à la scission du patrimoine de l'entrepreneur individuel s'entendent sans préjudice des pouvoirs reconnus aux époux pour administrer leurs biens communs et en disposer (C. com. art. L 526-26), aucune précision complémentaire n'a été apportée par décret sur le sort des **biens communs** ou **indivis**.

C. Pouvoirs en matière mobilière

PRÉSOMPTION DE POUVOIRS

1620 À l'égard des tiers de bonne foi, chaque époux est réputé pouvoir faire seul tout acte d'administration, de jouissance ou de disposition sur un bien meuble qu'il détient individuellement (C. civ. art. 222). La règle garantit la sécurité juridique du tiers contractant et promeut l'indépendance de chaque époux en matière mobilière.

MEUBLES CONCERNÉS

La présomption **s'applique** aux meubles par nature tels qu'une somme d'argent ou un véhicule automobile. Suivant une partie de la doctrine, elle vaut également pour les meubles incorporels, du moins lorsqu'ils sont susceptibles de détention. C'est le cas des biens scripturaux (CA Paris 2-5-2001 : JCP G 2002 I n° 103 obs. G. Wiederkehr pour des parts de Sicav). L'esprit de la loi, qui entend protéger celui qui contracte avec un époux doté d'une apparence de pouvoir, y est favorable. 1625
En revanche, la présomption est **exclue** lorsque l'acte porte sur :
– les meubles meublants qui garnissent le logement de la famille. Ceux-ci sont soumis à la règle de la cogestion (n° 1760). La présomption redevient applicable dès lors que les meubles ne garnissent plus le logement familial ;
– les biens propres par nature, visés sous le régime de la communauté, par l'article 1404 du Code civil (n°s 3105 s.). Justifiée par le caractère personnel marqué de ces biens, l'exclusion joue sous tous les régimes et non pas seulement sous les régimes communautaires, dès lors que le meuble répond à la définition de l'article 1404.

La présomption mobilière est-elle applicable aux **meubles immatriculés** ainsi qu'aux **fonds de commerce** ? La question résulte de l'article 1424 du Code civil qui, sous le régime de la communauté, exige le double consentement des époux pour la cession des meubles corporels dont le transfert est soumis à publicité (aéronef, navire de mer et bateau des rivières) et celle des fonds de commerce relevant de la communauté. Or, l'application de la présomption conduit à neutraliser la règle de la cogestion et, par suite, la protection des époux recherchée par le législateur. C'est pourquoi une partie de la doctrine y est hostile (J. Flour, G. Champenois, Les Régimes matrimoniaux, Armand Colin, 2e éd., coll. « U », 2001 n° 109). D'autres auteurs, majoritaires, font primer au contraire la présomption mobilière sur la cogestion au motif que le régime primaire doit prévaloir sur les dispositions des régimes matrimoniaux (F. Terré et P. Simler, Droit civil. Les Régimes matrimoniaux, Précis Dalloz, 2011, n° 102). 1630
En pratique, la présomption de pouvoirs pourra être écartée, notamment sur le fondement de la mauvaise foi du tiers (n° 1640).

ACTES CONCERNÉS

La présomption mobilière bénéficie à tous les actes juridiques. Elle recouvre non seulement les actes d'administration et les actes de jouissance mais aussi les actes de disposition, seraient-ils gratuits, encore que cette dernière solution soit controversée en doctrine (CA Paris 2-5-2001 : JCP G 2002 I n° 103 obs. G. Wiederkehr validant un don manuel portant sur des parts de Sicav). L'application de l'article 222 du Code civil aux donations entre vifs conduit à faire échec à la cogestion exigée pour les donations de biens communs (C. civ. art. 1422). 1635

CONDITIONS DE LA PRÉSOMPTION

La présomption de pouvoirs ne joue qu'à deux conditions : 1640
– le tiers qui invoque le bénéfice de la présomption doit être de **bonne foi**. C'est à l'époux victime de l'excès de pouvoir de démontrer par tous moyens la mauvaise foi du tiers, c'est-à-dire sa connaissance du défaut de pouvoir du conjoint (CA Bordeaux 14-11-2002 : Dr. famille 2003 comm. 149, obs. B. Beignier pour la donation d'une automobile). L'opposition à l'acte, notifiée au tiers avant sa conclusion, suffit à constituer celui-ci de mauvaise foi. Peu importe la forme de l'opposition ;
– le conjoint contractant doit avoir la **détention individuelle** du meuble, serait-ce par l'intermédiaire d'un tiers. Une détention commune ou équivoque interdit à la présomption de déployer ses effets. Il en serait ainsi, par exemple, des meubles meublants garnissant une résidence secondaire.
Ces conditions limitent **en pratique** le risque de dépassement de pouvoirs par un conjoint indélicat. Elles interdisent l'application de l'article 222 du Code civil notamment aux cessions de titres ou de meubles immatriculés puisque l'époux cédant ne pourra pas être considéré comme détenant « individuellement » les biens inscrits au nom de son conjoint et que le tiers pourra difficilement invoquer sa bonne foi, le véritable propriétaire étant facilement identifiable.

EFFETS DE LA PRÉSOMPTION

La présomption a pour effet de dispenser le **tiers** de réclamer à l'époux cocontractant la justification de ses pouvoirs sur le meuble. L'acte passé est valable même s'il porte sur un bien appartenant au conjoint. 1645
Si les conditions en sont remplies, la présomption est irréfragable. À l'égard du tiers, l'**époux étranger à la transaction** n'est pas autorisé à la renverser en démontrant l'absence de pouvoir de son conjoint. En revanche, dans les relations entre les époux, le **conjoint indélicat** qui a outrepassé ses pouvoirs engage sa responsabilité civile à l'égard de l'autre conjoint et peut, dès lors, être condamné à lui verser des dommages et intérêts.

DÉFAILLANCE D'UNE CONDITION

1650 Le défaut d'une de ces conditions autorise l'époux victime à agir contre le **tiers contractant**. Selon que l'acte a porté sur un meuble propre ou un bien commun soumis à la cogestion, il peut exercer l'action en revendication ou en nullité.
L'époux victime peut se contenter d'agir en indemnisation contre son **conjoint**.
L'acte est inattaquable, à moins qu'il n'ait été fait en fraude des droits du conjoint non contractant, s'il a porté sur un meuble relevant de la sphère de la gestion concurrente (C. civ. art. 1421, al. 1).

D. Pouvoirs sur les comptes bancaires

INDÉPENDANCE DES ÉPOUX

1680 L'indépendance bancaire des époux est garantie par une double règle (C. civ. art. 221) :
– **chacun des époux** peut se faire ouvrir, sans le consentement de l'autre, tout compte de dépôt et tout compte de titres en son nom personnel ;
– **à l'égard du dépositaire**, le titulaire du compte est réputé avoir la libre disposition des fonds ou des titres en dépôt.

CHAMP D'APPLICATION

1685 Les **comptes concernés** sont :
– les comptes de dépôt, ce qui recouvre les comptes chèques, postaux ou bancaires, les comptes spéciaux sur livret (livret de caisse d'épargne) et les comptes à terme (plan d'épargne logement) ;
– les comptes de titres, sans qu'il y ait lieu de distinguer suivant la nature de ces derniers (titres au porteur ou titres nominatifs) (voir, pour des parts de Sicav, Cass. 1e civ. 3-7-2001 no 99-19.868 : Bull. civ. I no 198). Peu importe qu'il s'agisse d'un compte personnel, d'un compte joint entre les époux ou d'un compte ouvert avec un tiers (compte joint ou compte en démembrement de propriété).

1690 Les **opérations visées** par l'article 221 du Code civil sont :
– l'ouverture du compte et le premier dépôt, et cela malgré les termes de l'article 221, alinéa 2 visant « les fonds ou titres en dépôt » ;
– toutes les opérations postérieures telles que dépôt, virement de compte, paiement, vente et acquisition de titres, retrait de fonds.

1695 La présomption bancaire joue dans les relations entre le déposant et tout **dépositaire** apte à recevoir des fonds du public : banques, établissements financiers, sociétés financières, Banque de France, Banque postale, Trésor public. Sont également concernés, pour les comptes-titres, les sociétés émettrices ainsi que les intermédiaires financiers habilités.
En revanche, les notaires et les simples particuliers ne sont pas concernés par l'article 221 du Code civil. C'est la présomption mobilière qui leur est applicable (voir nos 1620 s.).

INCIDENCES PRATIQUES

1700 Le banquier et le prestataire d'investissements n'ont pas à tenir compte du régime matrimonial de leur client pour l'ouverture et le fonctionnement du compte.
Ils ne peuvent pas exiger de justification quant à l'origine des fonds ou des titres déposés, le **titulaire du compte** étant réputé en avoir la libre disposition. Ainsi, une épouse a le pouvoir d'encaisser seule, sur son compte personnel, le montant d'un chèque établi au nom des deux époux et endossé par chacun d'eux (Cass. com. 21-11-2000 no 97-18.187 : RJDA 2/01 no 220). Le crédit porté à son compte dans ces conditions n'étant pas indu, la banque ne peut pas lui demander restitution de la moitié (Cass. 1e civ. 16-5-2013 no 12-12.207 : BPAT 4/13 inf. 134). Observons que le double endossement que les juges prennent toujours soin de relever n'est pas une condition d'application de l'article 221 du Code civil. Mais valant mandat, pour la banque, d'encaisser, il permet d'écarter la complicité de celle-ci à une éventuelle fraude qui, elle, interdirait le jeu de cette disposition.
Seul l'époux titulaire du compte peut administrer les fonds ou les titres ou en disposer, même si ceux-ci sont des biens communs. La banque ne reçoit ses ordres que de lui : elle ne peut pas refuser une opération au motif qu'elle a reçu une opposition du conjoint ; elle ne doit restituer les fonds déposés sur le compte qu'à celui au nom duquel le dépôt a été fait ou à celui qui est muni d'une procuration (Cass. 1e civ. 3-7-2001 no 99-19.868 : RJDA 1/02 no 76 ; Cass. com. 11-3-2003 no 00-20.866 : RJDA 10/03 no 988 ; Cass. 1e civ. 29-6-2011 no 10-11.683 : RJDA 11/11 no 954). Par exemple, la banque engage sa responsabilité en virant sur le compte de l'un des époux et à la demande de celui-ci des parts de Sicav inscrites sur le compte-titres personnel de son conjoint (Cass. 1e civ.

3-7-2001 précité). La même solution a été adoptée à propos des retraits effectués à la demande de l'épouse sur le compte épargne ouvert au nom du mari (Cass. 1e civ. 8-7-2009 n° 08-17.300 : BPAT 5/09 inf. 179).
Il n'y a pas de représentation mutuelle des époux dans leurs rapports avec les tiers, et notamment avec le banquier dépositaire, lequel ne peut pas utilement se prévaloir de l'existence d'un mandat tacite entre époux (Cass. com. 11-3-2003 n° 00-20.866 et Cass. 1e civ. 29-6-2011 n° 10-11.683 précités). Mais rien n'interdit à un époux de ratifier l'exécution par la banque d'un ordre donné sans pouvoir par son conjoint (Cass. 1e civ. 6-5-2003 n° 00-18.891 : RJDA 11/03 n° 1107).

ATTENTION

La **banque** qui a commis une faute en autorisant des prélèvements ordonnés par l'époux non titulaire du compte et qui a indemnisé le conjoint victime **peut se retourner** contre l'auteur des prélèvements par subrogation dans les droits de l'époux victime (Cass. 1e civ. 8-7-2009 n° 08-17.300 : BPAT 5/09 inf. 179).

La présomption bancaire interdit au **conjoint du titulaire du compte** de rechercher la responsabilité civile de la banque en invoquant l'excès de pouvoir du déposant. La preuve d'un tel excès ne permet pas davantage d'obtenir l'anéantissement des opérations effectuées par le titulaire. **1705**
L'époux victime d'un comportement abusif de son conjoint n'est toutefois pas sans recours.
Il peut bloquer le fonctionnement du compte, par exemple en se faisant autoriser à pratiquer une saisie conservatoire (A. Colomer, Les Régimes matrimoniaux, Litec, 10e éd. n° 253 ; J. Flour et G. Champenois, Les Régimes matrimoniaux, Armand Colin, 2e éd. n° 118).
Il peut revendiquer la propriété des valeurs inscrites sur le compte. S'agissant de titres, il dispose de l'action en revendication s'il prouve qu'ils lui appartiennent personnellement. S'agissant de fonds, il peut exercer une saisie-attribution dans les conditions du droit commun. Mais l'efficacité de celle-ci est réduite dès lors qu'elle ne met pas obstacle à l'exécution des chèques et des ordres de virement émis ou ordonnés avant la saisie et que les paiements postérieurs au blocage du compte peuvent être couverts par la présomption mobilière de l'article 222.
Enfin, l'époux du déposant peut rechercher la responsabilité civile de la banque en démontrant sa complicité de la fraude du titulaire du compte ou sa mauvaise foi manifeste.

DURÉE DE LA PRÉSOMPTION

La présomption bancaire survit à la dissolution du mariage (C. civ. art. 221, al. 2). Le législateur vise ici, au premier chef, l'hypothèse du **décès** du conjoint du titulaire du compte. Les héritiers de l'époux prédécédé se trouvent dans la même situation que ce dernier. Ils sont renvoyés à la revendication et à la saisie-attribution s'ils entendent s'opposer au fonctionnement du compte. La généralité des termes de la loi justifie pareillement la survie de la présomption au **divorce**. **1710**

E. Pouvoirs sur le logement familial

PRINCIPE DE COGESTION

Les époux ne peuvent l'un sans l'autre disposer des droits par lesquels est assuré le logement de la famille, ni des meubles meublants dont il est garni (C. civ. art. 215, al. 3). **1750**
Il s'agit d'une **règle d'ordre public** qui s'applique quel que soit le régime matrimonial du couple.

> **Précisions** D'autres dispositifs spécifiques permettent de protéger le logement familial. Ainsi, celui d'un **entrepreneur individuel** (artisan, commerçant, travailleur indépendant, etc.) est de droit insaisissable par les créanciers professionnels dont la créance est née depuis le 8 août 2015 (C. com. art. L 526-1 à L 526-5 issus de loi 2015-990 du 6-8-2015 art. 206 et modifiés par ord. 2021-1189 du 15-9-2021). Ce dispositif a été maintenu par la loi du 14 février 2022 en faveur de l'activité professionnelle indépendante (voir n° 1615). Antérieurement, l'entrepreneur devait effectuer une déclaration d'insaisissabilité publiée au service de la publicité foncière. Les déclarations qui ont été publiées avant le 8 août 2015 continuent de produire leurs effets, la protection valant contre les créanciers dont les droits sont nés après la publication.

ÉTENDUE DE LA PROTECTION

Le logement de la famille s'entend de la **résidence principale** de la famille, c'est-à-dire de son lieu d'habitation effective. Les résidences secondaires sont exclues de la protection (Cass. 1e civ. 19-10-1999 n° 97-21.466 : Bull. civ. I n° 284). **1755**
Le **logement de fonction** est assujetti à la cogestion lorsqu'il abrite la résidence principale et effective de la famille. Le titulaire des fonctions ne peut alors pas en disposer seul. Il conserve

toutefois son indépendance professionnelle en demeurant libre de démissionner ou de changer de poste, même si cette décision entraîne la perte du logement (Cass. 1e civ. 4-10-1983 : Defrénois 1983 art. 33181).

En cas de **bail mixte**, l'époux preneur conserve la possibilité de disposer librement des droits sur le local affecté à l'exercice de sa profession dès lors qu'il ne remet pas en cause la stabilité du logement familial.

Lorsque les **époux vivent séparés de fait ou sur autorisation judiciaire**, le logement correspond à la résidence originairement choisie par les deux époux. Il peut même s'agir de la nouvelle résidence choisie par les époux d'un commun accord, où demeure l'un des conjoints avec les enfants (CA Paris 29-9-1972 : D. 1975 jurispr. p. 540 note J.-Cl.-I. Foulon-Piganiol, JCP 1974 II 1762260 note R. Théry).

1760 Les **meubles meublant** le logement familial bénéficient, en principe, de la protection. En pratique, celle-ci a peu l'occasion de s'appliquer puisque les époux ont tout pouvoir sur les biens meubles qu'ils ont entre les mains. Ils peuvent donc valablement vendre les meubles de leur domicile pour peu que leur acheteur soit de bonne foi, c'est-à-dire ignore que ces biens viennent du logement familial (n° 1640).

1765 Tous les **droits qui assurent le logement** sont protégés : droit de propriété, peu important que le bien soit commun ou indivis, propre ou personnel, droit d'usufruit ou droit d'usage.

Il est indifférent que le droit porte sur le bien lui-même ou sur des parts sociales autorisant la jouissance ou l'attribution du logement.

Mais attention, lorsque le logement appartient à une société dont l'un des époux au moins est associé, le consentement du conjoint à la vente du bien par la société n'est requis que si l'époux associé est autorisé à occuper le bien en raison d'un droit d'associé ou d'une décision prise à l'unanimité des associés. Dans le cas contraire, la société peut librement vendre le bien. Pour un exemple où une telle vente a été validée, l'épouse ne justifiant pas d'un bail, d'un droit d'habitation ou d'une convention de mise à disposition de l'appartement par la SCI au profit du mari, associé détenant 99 parts sur 100 (Cass. 1e civ. 14-3-2018 n° 17-16.482 F-PB : BPAT 3/18 inf. 101). Pour un exemple où, au contraire, la vente a été annulée car le mari, associé, avait reçu l'autorisation expresse d'occuper le bien avec ses enfants en vertu d'un droit d'associé conférant à celui-ci la jouissance des locaux (Cass. 1e civ. 11-3-1986 n° 84-12.489 : Bull. civ. I n° 62).

Le droit au bail est également concerné par l'article 215 du Code civil. En ce domaine, le régime primaire fait double emploi avec l'article 1751, alinéa 1er du même Code posant le principe de la cotitularité du bail servant à l'habitation des deux époux. Les deux textes ne se confondent pas pour autant. Le domaine de l'article 215 qui désigne « les droits par lesquels est assuré le logement » est plus vaste que celui de l'article 1751 qui exclut de son champ d'application les baux mixtes.

> **Précisions** La troisième commission du 119e Congrès des notaires a proposé de **reformuler l'article 215, alinéa 3** du Code civil. Il s'agirait de préciser que les époux ne peuvent l'un sans l'autre disposer des droits « de toute nature » par lesquels est assuré le logement de la famille (119e Congrès des notaires de France : Le logement, Deauville 2023, 3e commission). Cet ajout permettrait d'intégrer les biens mobiliers (péniches, tiny-house, etc.) et les droits sociaux lorsque le logement est détenu en société, sans distinguer si la société a autorisé ou non l'associé à occuper le bien, ce qui pose parfois des difficultés en pratique.

ACTES SOUMIS À LA COGESTION

1770 Les actes soumis à cogestion sont tous ceux qui **risquent de priver** la famille de sa résidence principale et donc, en premier lieu, les actes de disposition au sens strict du terme : vente ou promesse de vente, donation, échange, apport en société, cession de parts sociales donnant vocation à occuper le logement.

Mais sont aussi **concernées** :

– la mise en location du logement familial (Cass. 1e civ. 16-5-2000 n° 98-13.441 : Bull. civ. I n° 144) ;

– la résiliation du contrat d'assurance garantissant le logement familial (Cass. 2e civ. 10-3-2004 n° 02-20.275 : Bull. civ. II n° 100 ; Cass. 1e civ. 14-11-2006 n° 05-19.402 : Bull. civ. I n° 482) ;

– la constitution d'une hypothèque conventionnelle. Dans un cas où un époux avait constitué une hypothèque en nue-propriété, l'usufruit de l'immeuble appartenant à sa mère, qui lui en concédait la jouissance ainsi qu'à sa famille, la Cour de cassation a considéré qu'en présence d'un droit d'usage de l'époux sur l'immeuble, il devait y avoir application de l'article 215 du Code civil (Cass. 1e civ. 20-1-2004 n° 02-12.130 : Bull. civ. I n° 21, D. 2004 jur. p. 2178 note F. Bicheron).

Ne sont en revanche **pas soumis à la règle de cogestion** : 1772
– une promesse d'affectation hypothécaire qui ne constitue pas un acte de disposition (Cass. 3e civ. 29-5-2002 n° 99-21.018 : RJDA 10/02 n° 1086) ;
– la vente ou la donation du logement avec réserve d'usufruit qu'il soit ou non stipulé réversible sur la tête du conjoint survivant.
En cas de réversion d'usufruit, il va de soi que la cogestion n'est pas requise, une telle stipulation étant de nature à garantir à l'époux bénéficiaire la jouissance du logement familial : seule la nue-propriété est vendue ou donnée et l'usufruit bénéficie à son titulaire sa vie durant puis à son conjoint (pour une illustration, TGI Paris 16-12-1970 : Gaz. Pal. 1971 p. 115). En revanche, en l'absence de réversion, on peut se poser la question de la cogestion dès lors que l'extinction de l'usufruit prive le conjoint du droit d'occuper le logement familial. Pour autant, la Cour de cassation estime que la cogestion n'est pas non plus requise dès lors qu'il n'est pas porté atteinte à l'usage et à la jouissance du logement familial durant le mariage (Cass. 1e civ. 22-5-2019 n° 18-16.666 FS-PB : BPAT 4/19 inf. 135 obs. N. Mouligner-Baud, RTD civ. 2019 p. 641 obs. B. Vareille, Dr. famille 2019 comm. 16 obs. D. Sadi, RJPF 2019 n° 9 p. 38 note G. Drouot, JCPN 2019 p. 1272 note V. Bouchard, Cass. 1e civ. 22-6-2022 n° 20-20.387 F-D : BPAT 5/22 inf. 234, à propos de donations, a priori transposables aux ventes).
Sur les dispositions à cause de mort, voir n° 1790.

> **Précisions a.** La décision de 2019, confirmée en 2022, met fin à la **jurisprudence antérieure** qui semblait favorable à l'application de l'article 215, alinéa 3 à la vente ou à la donation du logement avec réserve d'usufruit au profit du seul époux vendeur ou donateur (Cass. 1e civ. 16-6-1992 n° 89-17.305 : Bull. civ. I n° 185, arrêt toutefois ambigu dans la mesure où une fraude manifeste aux droits du conjoint survivant expliquait a priori la décision ; CA Limoges 9-11-2004 n° 03/01677, prononçant la nullité d'une telle donation).
> **b.** La solution susvisée de 2019 est sévère pour le conjoint survivant, qui se voit privé de tout droit sur le logement familial au décès de son époux, l'usufruit réservé par ce dernier à son seul profit disparaissant avec lui. Une sévérité d'autant plus grande que, le logement ne faisant plus partie de la succession du donateur, son conjoint survivant ne peut pas se voir accorder de **droit au logement**, que ce soit **à titre temporaire** (C. civ. art. 763) **ou viager** (C. civ. art. 764). Pour ces raisons, le 119e Congrès des notaires de France a formulé la proposition suivante : étendre le droit temporaire du conjoint survivant (C. civ. art. 763) au logement ayant fait l'objet d'une vente ou donation de la nue-propriété sans réversion d'usufruit (119e Congrès des notaires de France : Le logement, Deauville 2023, 3e commission). Cela lui donnerait en quelque sorte un temps minimum pour se retourner.

1774

Protection du logement familial et créanciers des époux

La protection du logement familial n'interdit pas aux créanciers des époux de prendre des **mesures d'exécution**, comme provoquer le partage du bien s'il est indivis, demander l'inscription d'une hypothèque judiciaire ou la vente forcée du logement.
Toutefois, en cas d'action en partage et licitation menée par le **liquidateur** de l'époux débiteur, l'efficacité de l'action dépendra de son fondement. Si le liquidateur judiciaire agit sur le fondement de l'article 815 du Code civil, donc au lieu et place du débiteur dont il exerce les droits et actions, il se verra opposer le dispositif protecteur de l'article 215, alinéa 3 (Cass. 1e civ. 3-4-2019 n° 18-15.177 FS-PB : BPAT 3/19 inf. 112). En revanche, s'il agit sur le fondement de l'article 815-17, c'est-à-dire en tant que représentant des créanciers de l'indivisaire en liquidation, l'article 215, alinéa 3 ne s'applique pas (Cass. 1e civ. 3-12-1991 n° 90-13.311 F-D : Defrénois 1992 p. 396 obs. G. Champenois ; Cass. 1e civ. 16-9-2020 n° 19-15.939 FS-PB : BPAT 6/20 inf. 182).
La solution s'explique : rendre l'article 215, alinéa 3 du Code civil opposable aux créanciers conduirait à l'insaisissabilité du logement familial, ce qui est contraire à la loi (Cass. 1e civ. 4-7-1978 n° 76-15.253 : Bull. civ. I n° 256, D. 1979 p. 479). Il faut toutefois réserver le cas particulier de l'entrepreneur individuel, pour lequel existe un régime d'insaisissabilité de la résidence principale par ses créanciers professionnels (voir n° 1750, précisions).

MISE EN ŒUVRE DE LA COGESTION

Les deux époux doivent consentir à l'acte relatif au logement de la famille. Le **double consentement** doit porter tout à la fois sur le principe de l'acte et sur ses conditions, par exemple le prix de vente (Cass. 1e civ. 16-6-1985 n° 83-17.393 : Bull. civ. I n° 223, JCP N 1986 II p. 71). 1780
La cogestion n'impose pas que les deux conjoints concourent à l'acte. Le consentement de l'un peut résulter d'un acte distinct, tel qu'un mandat spécial ou la signature du mandat de vente confié à l'agent immobilier. Il peut aussi se manifester a posteriori par la ratification de l'acte litigieux. Il n'est pas nécessaire que le consentement soit donné par écrit dès lors qu'il est certain.

En revanche, le recours à la théorie du mandat apparent ne peut pas valider un acte conclu par un époux seul (Cass. 1e civ. 24-3-1981 n° 79-14.965 : JCP G 1982, II n° 19746 note R. Le Guidec).
Signalons que si un époux est hors d'état de manifester sa volonté ou s'il refuse de consentir à un acte contre les intérêts de la famille, son conjoint peut se faire autoriser en justice à agir seul soit en vertu du régime primaire (nos 2050 s.), soit en application des dispositions spécifiques du régime matrimonial des époux.

SANCTION

1785 L'**époux qui n'a pas consenti** à l'acte peut en demander l'annulation (C. civ. art. 215, al. 3). Encore faut-il qu'il justifie d'un intérêt actuel à agir, ce qui relève de l'appréciation souveraine des juges du fond. Il a ainsi été jugé qu'une femme divorcée qui, à la date de son assignation, ne résidait plus dans l'immeuble qu'elle avait quitté au cours de l'instance en divorce ne justifiait pas d'intérêt actuel à agir (Cass. 1e civ. 3-3-2010 n° 08-13.500 : BPAT 2/10 inf. 79). À l'inverse, l'intérêt à agir a été reconnu à une épouse qui avait abandonné le domicile conjugal puis engagé une procédure en divorce et qui n'était pas encore divorcée au jour de sa demande (Cass. 1e civ. 16-5-2000 n° 98-13.441 : Bull. civ. I n° 144).
S'agissant d'une **nullité relative**, le conjoint qui a passé l'acte ne peut pas s'en prévaloir. La nullité, si elle est prononcée, produit néanmoins ses effets à l'égard des deux membres du couple et libère ainsi l'époux qui a contracté (Cass. 1e civ. 11-10-1989 n° 88-13.631 : Bull. civ. I n° 315 ; Cass. 1e civ. 3-3-2010 n° 08-18.947 : BPAT 2/10 inf. 80).
Le **délai d'action** est d'un an à compter du jour où l'époux victime a eu connaissance de l'acte, sans pouvoir agir plus d'un an après la dissolution du régime matrimonial (C. civ. art. 215, al. 3). Ce dernier terme ne peut pas être dépassé : le conjoint qui découvre l'acte litigieux plus d'un an après la dissolution du régime matrimonial ne peut plus le remettre en cause, même s'il agit dans l'année de sa découverte (Cass. 1e civ. 12-1-2011 n° 09-15.631 : BPAT 1/11 inf. 8).
Sous le régime de communauté, le délai d'un an est évincé par celui de deux ans prévu par l'article 1427 du Code civil lorsque le logement de la famille est un bien commun et qu'il fait l'objet d'un des actes soumis à la cogestion (nos 3565 s.).
La prescription de l'action n'interdit pas d'invoquer la nullité par **voie d'exception** (Cass. 1e civ. 8-2-2000 n° 98-10.836 : JCP G 2000, I n° 245 n° 2). Par exemple, si une banque agit pour faire vendre le logement familial en vertu d'une hypothèque signée par un époux, son conjoint pourra toujours s'opposer à la vente en invoquant la nullité de l'hypothèque.
La nullité prive l'acte de tout effet, y compris dans les **rapports entre l'auteur de l'acte et son cocontractant**. Elle conduit à la réintégration du logement familial dans le patrimoine de l'époux ou des époux propriétaire(s).

ATTENTION

La sanction prévue par l'article 215, alinéa 3 diffère de celle applicable à la **cotitularité du bail** servant effectivement à l'habitation des deux époux (C. civ. art. 1751, al. 1), laquelle est sanctionnée par l'inopposabilité.

DURÉE DE LA PROTECTION

1790 La protection dure tant que le **mariage** existe, même si aucun des deux époux n'habite plus dans les lieux, sous réserve de justifier d'un intérêt actuel à agir (n° 1785). L'attributaire du logement pour la durée de l'instance en divorce n'est pas autorisé à en disposer (Cass. 1e civ. 26-1-2011 n° 09-13.138 : BPAT 2/11 inf. 101 qui annule une vente intervenue durant la procédure de divorce bien que le divorce soit par la suite définitivement acquis à une date antérieure à la vente). Sur la possibilité d'obtenir une autorisation judiciaire de vendre le logement dont la jouissance a été attribuée à un époux pour la durée de la procédure de divorce, voir n° 2145.
La cogestion prend fin avec le prononcé définitif du **divorce** ou de la séparation de corps.
Elle cesse pareillement avec le **décès** d'un époux. L'article 215, alinéa 3 n'interdit pas à un conjoint de léguer, par testament, le logement de la famille à un tiers (Cass. 1e civ. 22-10-1974 : D. 1975 jur. p. 645 note J.-Cl. Foulon-Piganiol, RTD civ. 1975 p. 266 obs. R. Nerson, JCP 1975 II 18041 note Y. Chartier). Mais les droits au logement reconnus au conjoint survivant, et au premier chef celui de l'article 763 qui est d'ordre public, complètent puissamment la protection du logement familial (voir nos 11100 s.).

> **Précisions** Notons qu'à la différence de la cogestion de l'article 215, alinéa 3, la **cotitularité du bail** (C. civ. art. 1751, al. 1) ne s'éteint qu'à la transcription du jugement de divorce ou de séparation de corps en marge des registres de l'état civil (Cass. 3e civ. 31-5-2006 n° 04-16.920 : Bull. civ. III n° 135).

F. Solidarité pour les dettes ménagères

PRINCIPE

Quel que soit le régime matrimonial choisi par les époux, chacun d'eux peut passer seul les contrats qui ont pour objet l'entretien du ménage ou l'éducation des enfants ; les dettes ainsi contractées (dettes dites ménagères) obligent l'autre solidairement envers le créancier (C. civ. art. 220, al. 1). 1850

L'autonomie ménagère édictée sur le terrain des **pouvoirs** se prolonge, sur le terrain du **passif**, par une solidarité entre les époux à l'égard des créanciers. L'article 220 délaisse en revanche la question de la contribution aux dettes.

DETTES DE LA VIE COURANTE

Les dettes ménagères sont celles qui ont pour objet l'entretien du ménage ou l'éducation des enfants. 1855

Sont concernées les dépenses ordinaires de la vie courante : dépenses de nourriture et d'habillement, loyer ou indemnité d'occupation postérieure à la résiliation du bail, factures de téléphone, d'eau, d'électricité du logement familial (arriérés compris), frais médicaux, loisirs familiaux.

Il peut s'agir de toute dette même non contractuelle (par exemple, cotisation à un régime de protection légale) ayant pour objet l'entretien du ménage ou l'éducation des enfants, sans qu'il y ait lieu de distinguer entre l'entretien actuel ou futur du ménage (Cass. 1e civ. 9-10-1991 n° 89-16.111 : Bull. civ. I n° 255 ; Cass. 1e civ. 17-5-1993 n° 91-17.144 : Bull. civ. I n° 178).

À l'inverse, **ne constituent pas des dettes ménagères** :

– les dettes qui n'ont aucune utilité familiale, par exemple la constitution d'une rente personnelle sans réversion au profit du conjoint ;

– les dépenses d'investissement telles que les acquisitions immobilières et les dépenses de construction du logement de la famille ;

– les dettes professionnelles d'un conjoint.

Dette	Caractère ménager	Référence jurisprudentielle
Logement familial		
Loyers résultant du bail du logement familial des époux	Oui	Cass. 2e civ. 3-10-1990 n° 88-18.453 : Bull. civ. II n° 177 ; CA Rennes 10-1-2013 n° 11/02756, ch. 4
Charges de copropriété afférentes à un lot propre à l'un des époux lorsque ce lot est affecté au logement de la famille	Oui	Cass. 3e civ. 1-12-1999 n° 98-11.726 : JCP N 2000 p. 643 ; CA Grenoble 25-10-2011 n° 10/04957, 2e ch. civ.
Loyers résultant d'un contrat de location-attribution assurant le logement de la famille et prévoyant que le signataire du contrat a, jusqu'au paiement de la totalité des mensualités dues, la seule qualité de locataire du logement	Oui	Cass. 1e civ. 9-10-1990 n° 89-10.924 : Bull. civ. I n° 210
Indemnités d'occupation dues suite à la résiliation du contrat de bail affecté au logement de la famille	Oui	Cass. 1e civ. 24-9-2008 n° 06-21.193 : BPAT 6/08 inf. 193
Loyers résultant du bail conclu par un époux seul pour son usage exclusif après l'ordonnance de non-conciliation ayant autorisé les époux à résider séparément	Non	Cass. 1e civ. 27-4-2004 n° 02-13.025 : Dr. famille 2004 comm. 94
Dettes résultant de la conclusion d'un marché de travaux portant sur la construction d'une maison individuelle destinée au logement de la famille	Non	Cass. 1e civ. 4-7-2006 n° 03-13.936 : Bull. civ. I n° 351
Abonnement téléphonique souscrit par un époux à son seul nom alors que les époux étaient séparés de fait	Non	Cass. 1e civ. 15-11-1995 n° 93-12.332 : Bull. civ. I n° 333
Travaux de déblaiement suite à l'incendie ayant dévasté l'immeuble commun assurant le logement de la famille	Oui	CA Metz 17-1-2013 n° 11/03422, ch. 1

1855 (suite)

Dette	Caractère ménager	Référence jurisprudentielle
Cotisations sociales		
Cotisations d'assurance vieillesse ayant pour but de permettre au titulaire de la pension d'assurer l'entretien du ménage, après cessation de son activité professionnelle, le régime devant admettre le principe d'un droit à réversion au profit du conjoint survivant	Oui	Cass. 1e civ. 12-5-2004 nº 02-30.716 : RJDA 10/04 nº 1160 ; Cass. 1e civ. 4-6-2009 : BPAT 4/09 inf. 144 ; Cass. 1e civ. 17-11-2010 nº 09-11.979 : BPAT 1/11 inf. 9
Arriéré de cotisations obligatoires d'assurance maternité dont l'objet est de satisfaire les besoins ordinaires du ménage en cas de réalisation des risques que l'assurance couvre	Oui	Cass. 1e civ. 18-2-1992 nº 90-17.360 : Bull. civ. I nº 53 ; Cass. 1e civ. 20-11-2001 nº 99-17.329 : Bull. civ. I nº 284
Adhésion libre à une société mutuelle de retraite, les cotisations ayant pour objet la constitution d'une rente personnelle au titulaire, écartant le conjoint de la réversion de cet avantage en cas de décès du souscripteur	Non	Cass. 1e civ. 16-4-1996 nº 813 : Bull. civ. I nº 180
Santé		
Toute dette de santé qui n'est pas manifestement excessive – En l'espèce, frais d'hospitalisation	Oui	Cass. 1e civ. 17-12-2014 nº 13-25.117 : BPAT 1/15 inf. 4
Soins d'hospitalisation d'un enfant	Oui	Cass. 2e civ. 10-7-1996 nº 94-19.388 : Bull. civ. II nº 204
Soins dentaires d'un époux	Oui	Cass. 1e civ. 10-5-2006 nº 03-16.593 : Bull. civ. I nº 235
Frais de séjour en maison de retraite pour personne dépendante	Oui	CA Agen 11-10-2011 nº 10/01364 ch. civ.
Loisirs		
Voyage d'agrément en Guadeloupe	Oui	CA Paris 5-7-1996 nº 94-26926 : Dr. famille 1997 comm. 50.
Voyage d'agrément réservé et effectué par un seul époux	Non	CA Paris 11-10-1989 nº 88-013448
Autres		
Dettes résultant du contrat de travail d'une employée de maison	Oui	Cass. soc. 8-6-2005 nº 02-47.689 : RJS 8-9/05 nº 918 ; Cass. soc. 11-3-2009 nº 07-43.977 : JCP G 2009 II nº 10098 note V. Larribau-Terneyre
Remboursement d'un emprunt contracté par un époux pour assurer le fonctionnement de son entreprise	Non	Cass. 1e civ. 10-5-1995 nº 90-21.365 D
Dettes résultant d'un contrat entre un époux producteur d'œufs et une entreprise de commercialisation	Non, même si les revenus tirés de l'exécution du contrat sont destinés à l'entretien de la famille	CA Nancy 2-5-2005 nº 99-03374
Loyers dus pour la location d'un immeuble destiné à l'exercice de la profession d'avocat de l'époux	Non, même si les fruits que le mari retire de son travail constituent une source de revenus du ménage	CA Bourges 7-12-1999 nº 98-01711
Dettes résultant de contrats assurant l'activité commerciale d'un époux	Non, même si les revenus de l'époux contribuent indirectement à l'entretien du ménage ou à l'éducation des enfants	CA Poitiers 22-1-2002 nº 01-920
Opérations d'investissement d'un ménage dans le but de se constituer un patrimoine immobilier	Non	Cass. 1e civ. 11-1-1984 nº 82-15.461 : Bull. civ. I nº 13
Dommages-intérêts dus par un époux qui a détourné des fonds de son employeur	Non	Cass. 1e civ. 9-1-2008 nº 06-21.095 : D. 2008 pan. p. 1792 obs. J.-J. Lemouland et D. Vigneau

DETTES NÉES PENDANT LE MARIAGE

À l'égard des tiers, la solidarité s'applique à l'ensemble des dettes ménagères nées pendant le mariage. Peu importe que la dette ait pris naissance pendant la procédure de divorce ou de séparation de corps (Cass. 1e civ. 10-3-1998 n° 96-15.829 : Bull. civ. I n° 101). Seules les dettes nées après la transcription du jugement de divorce ou de séparation de corps sur les registres de l'état civil y échappent (Cass. 1e civ. 7-6-1989 : D. 1990 jur. p. 21 ; Cass. 1e civ. 13-10-1992 : JCP G 1993 II n° 22047). 1860

Toutefois, la séparation des époux de fait ou autorisée judiciairement peut avoir une incidence sur la qualification de la dette : lorsque la dépense est engagée par un époux à son seul profit, les juges considèrent que la dette ne peut pas être tenue pour une dette ménagère (voir les exemples ci-dessus). Ainsi, l'indemnité d'occupation due après la résiliation du bail ne revêt un caractère ménager, en cas de séparation de fait des époux, que si le juge constate que la dette était destinée à l'entretien du ménage ou à l'éducation des enfants (Cass. 3e civ. 4-3-2009 n° 08-10.156 : Dr. famille 2009 comm. 34 note V. Larribau-Terneyre).

Dans les **rapports entre époux**, la solidarité ménagère prend fin à la date à laquelle le divorce prend effet entre eux, à savoir :

– dans un divorce par consentement mutuel, à la date de dépôt de la convention de divorce au rang des minutes d'un notaire ou à celle de l'homologation de la convention par le juge (sauf, dans les deux cas, disposition contraire de la convention) ;

– dans les autres divorces dont la requête initiale a été présentée avant le 1er septembre 2020, à la date de l'ordonnance de non-conciliation sauf report à la date à laquelle les époux ont cessé de cohabiter et de collaborer. Pour ceux initiés à compter du 1er septembre 2020, à la date de la demande en divorce.

SOLIDARITÉ DES ÉPOUX

Les dettes ménagères engagent solidairement les deux époux même si elles ont été souscrites par un seul d'entre eux. 1865

Le créancier **peut se prévaloir** de cette règle pour réclamer l'intégralité de ce qui lui est dû à l'un ou l'autre des conjoints et exercer ses poursuites sur tous les biens du couple.

Un époux peut aussi revendiquer la solidarité de son conjoint afin qu'il soit condamné avec lui, même si le créancier concerné y a, pour sa part, renoncé (Cass. 1e civ. 17-6-2015 n° 14-17.906 : BPAT 5/15 inf. 163).

Si les époux sont mariés sous le **régime de la communauté** légale, le créancier peut saisir les biens communs (C. civ. art. 1413), y compris les gains et salaires du conjoint qui n'a pas contracté la dette (C. civ. art. 1414, al. 1) et les biens propres de celui-ci (C. civ. art. 1418, al. 2).

La contribution à la dette incombe à la masse commune (C. civ. art. 1409), de sorte que si la dette a été payée au moyen de fonds propres, la communauté doit une récompense.

Si les époux sont mariés sous le régime de la **séparation des biens**, le créancier peut saisir les biens personnels de chacun des époux (C. civ. art. 1536, al. 2).

Dans les rapports entre les époux, la contribution de chacun est réglée selon les règles de l'article 214 du Code civil concernant la contribution aux charges du ménage (Cass. 1e civ. 17-6-2003 n° 01-14.468 : RJDA 11/03 n° 1110 ; voir nos 1970 s.).

EXCEPTIONS À LA SOLIDARITÉ MÉNAGÈRE

La solidarité passive ne couvre pas l'ensemble des dettes ménagères. Trois catégories de dettes, quand bien même elles ont pour objet l'entretien du ménage ou l'éducation des enfants, n'engagent pas solidairement les deux époux. 1870

Dépense manifestement excessive Sont exclues de la solidarité les dépenses manifestement excessives. Le caractère excessif s'apprécie au regard de **trois critères** (C. civ. art. 220, al. 2) : 1875

– le train de vie du ménage. Par exemple une dépense de plus de 190 000 F (environ 29 000 €) pour un voyage d'agrément en Guadeloupe en 1991 n'a pas été jugée excessive, compte tenu du train de vie des époux et de leur situation de fortune (CA Paris 5-7-1996 n° 94-26926 : Dr. famille 1997 comm. 50) ;

– l'utilité ou l'inutilité de l'opération. Des frais médicaux importants ne sont pas excessifs s'ils sont indispensables ;

– la bonne ou mauvaise foi du tiers contractant. Il y a mauvaise foi du tiers lorsque, par exemple, le vendeur sait que le prix dépasse les capacités financières du couple ou que le conjoint s'oppose à l'achat projeté.

En outre, la jurisprudence tient compte, pour écarter le caractère excessif de la dépense, du comportement fautif des époux lorsqu'ils se trouvent à l'origine de la naissance et du montant de la dette (CA Toulouse 23-4-2009 et CA Nîmes 10-3-2009 : JCP 2009 p. 391 n° 2, obs. G. Wiederkehr).

1880 **Achat à tempérament** La **solidarité** est **exclue** lorsqu'un époux seul procède à un achat à tempérament, c'est-à-dire un achat à crédit consenti par le vendeur. Il en va ainsi quelle que soit l'importance de la dépense par rapport au train de vie du ménage (Cass. 1e civ. 12-7-1994 n° 92-16.659 : Bull. civ. I n° 252).

Les achats à tempérament ménagers conclus du consentement exprès des deux époux les **engagent solidairement** (C. civ. art. 220, al. 3).

1885 **Emprunt** L'emprunt à caractère ménager souscrit par un époux seul **n'engage pas** le conjoint **sauf** s'il porte sur des sommes modestes nécessaires aux besoins de la vie courante (C. civ. art. 220, al. 3).

Les juges du fond disposent d'un pouvoir souverain pour apprécier la **modestie** des sommes empruntées et leur **nécessité** pour satisfaire aux besoins de la vie courante. Ils doivent caractériser l'existence de ces deux conditions (Cass. 1e civ. 5-10-2016 n° 15-24.616 FS-PB : BPAT 6/16 inf. 218, à propos d'un découvert bancaire, celui-ci devant n'avoir porté que sur de telles sommes). Celles-ci sont distinctes et cumulatives (Cass. 1e civ. 3-6-2003 n° 00-21.984 : RJDA 12/03 n° 1228 ; Cass. 1e civ. 6-12-2005 nos 02-17.819 et 02-18.059 : RJDA 8-9/06 n° 942). La condition de nécessité s'applique à l'affectation des sommes empruntées (besoins de la vie courante) et non à la souscription de l'emprunt (Cass. 1e civ. 4-6-2007 n° 05-15.351 : BPAT 4/07 inf. 105).

Aucune autre circonstance ne permet de retenir la solidarité des époux. Il est notamment indifférent que celui qui n'a pas signé ait participé au remboursement ou que le taux de l'emprunt soit très avantageux (Cass. 1e civ. 4-5-2011 n° 09-72.262 ; Cass. 1e civ. 18-5-2011 n° 09-11.036 : BPAT 4/11 inf. 223).

En cas de **pluralité d'emprunts** et même si chacun porte sur des sommes modestes et nécessaires aux besoins de la vie courante, la solidarité entre époux est exclue lorsque le montant cumulé de ces sommes est manifestement excessif eu égard au train de vie du ménage (C. civ. art. 220, al. 3).

L'appréciation de ce caractère excessif semble ainsi devoir se faire en cumulant uniquement les sommes modestes pour la vie courante, ce qui exclut notamment des emprunts immobiliers. Il semble aussi qu'il faille prendre en compte tous les emprunts existants au jour du litige et pas uniquement ceux qui existaient lors de la signature de l'emprunt litigieux. Enfin, si le caractère excessif du cumul est retenu, la solidarité disparaîtrait pour tous les emprunts existants.

ATTENTION

La **charge de la preuve** de la solidarité des époux incombe à celui qui s'en prévaut. Il appartient donc au créancier de prouver que l'emprunt conclu par un seul époux a un objet ménager (Cass. 1e iv. 17-1-1990 n° 87-19.462 : Bull. civ. I n° 18), que les sommes empruntées sont modestes et qu'elles sont nécessaires aux besoins de la vie courante (Cass. 1e civ. 27-11-2001 n° 99-20.546 : Bull. civ. I n° 294 ; Cass. 1e civ. 28-2-2006 n° 03-12.540 : Bull. civ. I n° 122).

1890 Les tribunaux se livrent à une appréciation au cas par cas. Il n'est pas possible, par exemple, de poser en principe que l'achat d'une automobile répond aux **besoins de la vie courante**. Le juge doit dans chaque situation vérifier si l'acquisition était nécessaire aux besoins de la vie courante (Cass. 1e civ. 27-11-2001 n° 99-20.546 : Bull. civ. I n° 294 ; Cass. 1e civ. 3-6-2003 n° 00-21.984 : RJDA 12/03 n° 1228). Ainsi, si l'achat d'un véhicule de collection n'est sans doute pas une dépense nécessaire aux besoins de la vie courante, l'achat d'une voiture pour conduire les enfants à l'école y correspond.

Le **caractère modeste de l'emprunt** est apprécié en fonction des revenus du couple. Ainsi, des emprunts de 95 000 F (environ 14 500 €) pour l'achat d'une cuisine équipée et de 80 000 F (environ 12 200 €) pour l'achat d'un véhicule automobile ont été jugés modestes (Cass. 1e civ. 3-1-2006 n° 03-14.542 : RJDA 8-9/06 n° 942) alors que les crédits à la consommation d'un montant de 25 000 F (environ 3 800 €) (CA Bordeaux 7-10-2004 n° 03-1256) ou l'ouverture de crédit consentie pour une somme de 6 000 € pouvant aller jusqu'à 15 000 € alors que les revenus des époux s'élevaient à 3 253 € par mois (CA Paris 14-2-2008 n° 05/18221, 8e ch. sect.) n'ont pas été considérés comme tels.

1895 Le **consentement des deux époux** à l'emprunt suffit pour mettre en œuvre la solidarité. Il importe peu que cet emprunt ne porte pas sur des sommes modestes nécessaires aux besoins de la vie courante, dès lors que la dépense est conforme au train de vie du ménage (Cass. 1e civ. 3-6-2003 n° 00-20.370 : RJDA 12/03 n° 1228).

Le consentement des époux doit être exprès (Cass. 1e civ. 6-12-2005 n° 1688 : RJDA 8-9/06 n° 942 ; Cass. 1e civ. 13-11-2008 n° 07-19.284 : JCP G 2009 I n° 140 § 4 note A. Tisserand-Martin). Par exemple, le seul fait que les échéances de l'emprunteur soient prélevées sur un compte joint ne suffit pas à prouver que l'époux non signataire de l'emprunt y a consenti.
Si l'un des époux contracte un emprunt à caractère ménager en imitant la signature de son conjoint, il va de soi que cet emprunt est considéré comme souscrit par un seul époux (CA Besançon 29-5-2002 : Dr. famille 2002 comm. 129 ; CA Aix-en-Provence 7-3-2002 : Dr. famille 2002 comm. 129).
Mais attention, à défaut de consentement, la solidarité peut néanmoins jouer si le créancier a légitimement pu croire à l'existence d'un **mandat** entre les époux (Cass. 1e civ. 28-9-2004 n° 02-17.469 : RJDA 2/05 n° 188).

Distinction des emprunts et des achats à tempérament La distinction des emprunts et des achats à tempérament se révèle d'un maniement délicat, notamment lorsque l'achat est financé au moyen d'un crédit consenti, non par le vendeur mais par un organisme de crédit lui étant rattaché. **1900**
Les **juges** du fond oscillent entre la qualification d'achat à tempérament et celle d'emprunt (CA Paris 2-9-1997 : Dr. famille 1998 comm. 70 : emprunt ; CA Nîmes 21-3-2002, M. c/ Cofinoga : achat à tempérament ; CA Grenoble 11-9-1996 n° 95-1002 : Dr. famille 1997 comm. 51 note B. Beignier rejetant la qualification d'achat à tempérament pour l'achat par crédit-bail d'une automobile). La Cour de cassation n'a pas été saisie de cette question. Dans un arrêt, elle a soumis l'achat à crédit effectué par un époux avec la carte de son conjoint au régime des emprunts (Cass. 1e civ. 16-4-1996 n° 94-13.289 D). Mais il ne peut pas en être déduit que la Cour de cassation a pris position sur la qualification de cet achat car la question ne lui avait pas été posée.
La **doctrine** est elle aussi divisée (voir notamment, N. Rzepecki, Les opérations de crédit et la solidarité ménagère de l'article 220 du Code civil : JCP G 1999 I n° 148). Certains estiment qu'il s'agit d'un achat à tempérament car le prix de l'achat est payable à crédit (F. Terré et P. Simler, Droit civil. Les Régimes matrimoniaux, Précis Dalloz, 6e éd. n° 84). Il reste que l'opération fait intervenir trois personnes : le vendeur qui ne consent aucun crédit ; l'acheteur et l'établissement de crédit qui s'engage, au moment de la délivrance de la carte, à faire crédit si le titulaire de la carte procède à un achat. Des auteurs en ont déduit que les versements effectués par l'acheteur entre les mains de l'établissement de crédit ne peuvent pas s'analyser comme le paiement du prix d'achat mais constituent bien le remboursement d'un emprunt (C. Alleaume, Achats à crédit et solidarité ménagère : Dr. famille 1999 comm. 5).

Paiement des dettes ménagères non solidaires Les dettes souscrites par un époux pour lesquelles la solidarité est écartée parce qu'elles sont excessives, inutiles, ou correspondent à des achats à tempérament ou à des emprunts ne portant pas sur des sommes modestes nécessaires aux besoins de la vie courante relèvent du **droit commun des dettes**. Leur régime varie donc en fonction du régime matrimonial des époux (nos 3300 s. pour les époux communs en biens et nos 4715 s. pour les époux séparés de biens). **1905**
Une difficulté particulière mérite d'être signalée pour les **époux communs en biens**. En effet, la possibilité de **saisir les gains et salaires** de celui qui ne s'est pas engagé est discutée. Aux termes de l'article 1414, alinéa 1 du Code civil, les gains et salaires d'un époux ne peuvent être saisis par les créanciers de son conjoint que si l'obligation a été contractée pour l'entretien du ménage ou l'éducation des enfants, « conformément à l'article 220 ». Cet article renvoie-t-il à toutes les dettes ménagères ou uniquement à celles qui sont solidaires ? Pour la Cour de cassation, les dettes ménagères non solidaires n'autorisent pas la saisie des gains et salaires du conjoint (Cass. 2e civ. 28-10-1999 n° 97-20.071 : Bull. civ. II n° 163, RTD civ. 2000 p. 386 obs. B. Vareille). La doctrine demeure cependant divisée sur l'interprétation de ce renvoi, certains adhèrent à la solution de la Cour de cassation (J. Flour et G. Champenois, Les Régimes matrimoniaux, Armand Colin, 2e éd., coll. « U », 2001 n° 482 ; P. Malaurie et L. Aynès, Les Régimes matrimoniaux, Defrénois, éd. 2004 nos 511 et 521), d'autres considèrent que toutes les dettes ménagères, solidaires ou non, autorisent la saisie des gains et salaires du conjoint (F. Terré et P. Simler, Droit civil. Les Régimes matrimoniaux, Précis Dalloz, 6e éd., 2011 n° 402). **1910**
La détermination de la **contribution des époux à la dette** fait également l'objet d'une controverse : l'article 1409, alinéa 1 du Code civil prévoit que le passif définitif comprend les dettes contractées par les époux pour l'entretien du ménage et l'éducation des enfants, conformément à l'article 220. La question de savoir ce que recouvre ce renvoi se pose dans les mêmes termes qu'à l'article 1414, alinéa 1 précité. Vise-t-il toutes les dettes ménagères (en ce sens, P. Malaurie et L. Aynès, Les Régimes matrimoniaux, Defrénois, éd. 2004 n° 521 ; F. Terré et P. Simler, Droit civil.

Les Régimes matrimoniaux, Précis Dalloz, 5e éd. n° 400) ? Ou vise-t-il seulement celles qui entraînent la solidarité ? Si la jurisprudence n'a pas encore été saisie de cette question, le caractère ménager de la dépense fournit un puissant argument en faveur de son inscription au passif commun définitif, sans distinction entre les dettes solidaires et celles qui ne le sont pas.

G. Solidarité fiscale

1920 La solidarité des époux au regard de l'impôt ne résulte pas du régime primaire mais de dispositions spécifiques, qui s'appliquent à tous les couples mariés quel que soit leur régime matrimonial dès lors qu'ils font l'objet d'une imposition commune.

Cette solidarité s'impose pour le paiement de l'**impôt sur le revenu** (CGI art. 1691 bis, I-1°) et de l'**impôt sur la fortune immobilière** (IFI) (CGI art. 1723 ter-00 B) établi au nom du couple. À défaut de paiement spontané de l'impôt, l'administration peut poursuivre, pour le tout, l'un quelconque des époux.

La même obligation solidaire s'applique en matière de **taxe d'habitation** sur les résidences secondaires et autres locaux meublés non affectés à l'habitation principale, mais uniquement si les époux vivent ensemble (CGI art. 1691 bis, I-2°).

La solidarité joue également pour les **pénalités** : voir notamment CAA Versailles 28-5-2015 nos 14VE00794 et 14VE02166 : RJF 10/15 n° 810.

En revanche, en l'absence de texte la prévoyant, les juges considèrent qu'il n'y a pas de solidarité des époux pour le paiement des **prélèvements sociaux** afférents aux revenus de l'un d'entre eux (CE 10-7-2012 n° 336492 : BPAT 6/12 inf. 283 ; CAA Bordeaux 7-5-2015 n° 13BX01712 : RJF 8-9/15 n° 733). Cette position est toutefois contraire à la doctrine administrative (BOI-CTX-DRS-10 n° 30).

Sur le plan civil, la **répartition définitive de la dette** d'impôt entre les époux dépend du régime matrimonial, voir nos 3390 s. pour la communauté et n° 4715 pour la séparation de biens.

> **Précisions** Après **divorce**, séparation de corps, abandon du domicile conjugal ou autorisation du juge d'avoir des résidences séparées, les époux peuvent sous certaines conditions obtenir une **décharge de solidarité** pour le paiement des impôts afférents à leur période d'imposition commune (voir nos 9552 s.). Attention, les époux encore mariés ne peuvent pas demander la décharge en application de l'article 1691 bis du CGI, ou à titre gracieux (CE 16-2-2015 nos 373976 et 373977 : RJF 5/15 n° 441).

H. Contribution aux charges du mariage

NATURE DE L'OBLIGATION

1960 Quel que soit leur régime matrimonial, les époux se doivent mutuellement secours et ils doivent contribuer aux charges du mariage (C. civ. art. 212 et 214).

L'obligation de contribuer aux charges du mariage **se distingue du devoir de secours** entre les époux (nos 45014 s.). Elle n'est pas une obligation strictement alimentaire (Cass. 1e civ. 27-10-1976 n° 74-15.079 : Bull. civ. I n° 314 ; Cass. 1e civ. 20-5-1981 n° 79-17.171 P : Bull. civ. I n° 176). Elle se trouve, en conséquence, déconnectée de l'état de besoin de l'époux qui en fait la demande (Cass. 1e civ. 23-6-1970 n° 68-13.491 : D. 1971 jur. p. 162 note C. Larroumet, RTD civ. 1971 p. 822 obs. R. Nerson ; Cass. 1e civ. 24-10-1977 n° 75-13.103 : Bull. civ. I n° 383 ; CA Douai 8-1-2009 : JCP 2009 actu 81 obs. P. Labbée dans un cas où l'épouse avait regagné le domicile de ses parents).

En pratique, elle est invoquée en cas de séparation de fait des époux.

CONTENU DES CHARGES DU MARIAGE

1965 **Dépenses courantes** Les charges du mariage **comprennent** l'ensemble des dépenses liées au train de vie du ménage, à savoir notamment :

- les dépenses de loyer, de nourriture, de vêtements, de transport et de santé ;
- les frais d'entretien et d'éducation des enfants (Cass. 1e civ. 6-4-1994 n° 93-12.976) ;
- les dépenses d'agrément (Cass. 1e civ. 20-5-1981 n° 79-17.171 : Bull. civ. I n° 176) ;
- les « dépenses de poche » d'un époux (CA Bordeaux 6e ch. 14-6-2000 n° 99-03897 : BPAT 2/01 inf. 27).

En revanche, **ne relève pas** des charges du ménage l'impôt sur le revenu d'un époux (Cass. 1e civ. 22-2-1978 : D. 1978 jur. p. 602 note D. Martin ; Cass. 1e civ. 19-3-2002 n° 00-11.238 : Bull. civ. I n° 99 ; Cass. 1e civ. 15-4-2015 n° 13-25.446 F-D).

Investissement immobilier S'agissant des dépenses d'investissement, il faut les distinguer selon leur finalité et leur mode de financement. Le débat se pose spécialement pour les **époux séparés de biens**, pour l'application de la clause de leur contrat les réputant avoir fourni leur part contributive (n° 1976 s.). 1966

Selon le critère de la **finalité de l'investissement**, entrent dans les charges du mariage :

– les dépenses d'acquisition, de construction ou d'entretien du logement familial (Cass. 1e civ. 14-3-2006 n° 05-15.980 : Bull. civ. I n° 160 ; Cass. 1e civ. 15-5-2013 n° 11-26.933 et Cass. 1e civ. 12-6-2013 n° 11-26.748 : BPAT 4/13 inf. 136 ; Cass. 1e civ. 1-4-2015 n° 14-14.349 : BPAT 3/15 inf. 78 ; Cass. 1e civ. 11-4-2018 n° 17-17.457 F-D ; voir en sens contraire un arrêt ancien et isolé Cass. 1e civ. 18-5-2011 n° 10-11.990 : BPAT 4/11 inf. 227) ;

– les dépenses d'acquisition d'une résidence secondaire considérées comme des dépenses pour l'agrément et les loisirs du ménage (Cass. 1e civ. 20-5-1981 n° 79-17.171 : Bull. civ. I n° 176, JCP G 1981 II n° 19665 note R. Jambu-Merlin ; Cass. 1e civ. 18-12-2013 n° 12-17.420 : BPAT 2/14 inf. 54, Bull. civ. I n° 249).

En revanche, n'entre pas dans cette catégorie la constitution d'une épargne via l'acquisition d'un appartement destiné à la location (Cass. 1e civ. 5-10-2016 n° 15-25.944 F-PB : BPAT 6/16 inf. 217).

Le **mode de financement** de l'investissement immobilier est le second critère permettant de circonscrire les dépenses relevant des charges du mariage. 1967

Si le financement provient d'un apport en capital de fonds personnels de l'un des époux, il ne relève pas de la contribution aux charges du mariage, sauf convention contraire des époux (voir n° 1973). Tout apport en capital est concerné : fonds provenant de la vente de biens personnels ou provenant d'un compte courant d'associé et d'un compte bancaire, par exemple. Autrement dit, tout revenu économisé est susceptible de constituer un apport.

Peu importe la finalité de l'investissement dès lors que le bien est à usage familial :

– acquisition d'une résidence secondaire (Cass. 1e civ. 3-10-2019 n° 18-20.828 FS-PBI : BPAT 6/19 inf. 229 obs. A. Chamoulaud-Trapiers, AJ fam. 2019 p. 604 obs. J. Casey, D. 2020 p. 906 obs. J.-J. Lemouland et D. Vigneau) ou du logement familial (Cass. 1e civ. 17-3-2021 n° 19-21.463 FS-P : BPAT 3/21 inf. 105, Defrénois 2021 n° 40 p. 43 note B. Vareille et A. Chamoulaud-Trapiers ; Cass. 1e civ. 9-2-2022 n° 20-14.272 F-D : BPAT 3/22 inf. 172-9) ;

– construction et amélioration d'une résidence principale ou secondaire (Cass. 1e civ. 9-6-2022 n° 20-21.277 F-B : BPAT 4/22 inf. 176, à propos d'une maison secondaire).

Peu importe que le bien à usage familial soit indivis (arrêts précités) ou un bien personnel du conjoint, par exemple par l'effet de l'accession : construction sur un bien personnel (Cass. 1e civ. 5-4-2023 n° 21-22.296 FS-B : BPAT 3/23 inf. 111).

Ainsi, l'époux qui finance l'achat voire les travaux de construction d'un bien à usage familial au moyen d'un apport en capital peut revendiquer une créance contre son conjoint sans qu'une clause instituant une présomption de contribution aux charges du mariage (n° 1976) y fasse obstacle. En effet, l'apport est hors du champ d'application de la contribution.

À l'inverse, le financement via des mensualités d'un emprunt est considéré comme relevant des charges du mariage (Cass. 1e civ. 14-3-2006 n° 05-15.980 : Bull. civ. I n° 160 ; Cass. 1e civ. 15-5-2013 n° 11-26.933 et Cass. 1e civ. 12-6-2013 n° 11-26.748 : BPAT 4/13 inf. 136 ; Cass. 1e civ. 1-4-2015 n° 14-14.349 : BPAT 3/15 inf. 78 ; Cass. 1e civ. 11-4-2018 n° 17-17.457 F-D). En conséquence, la clause du contrat de mariage a vocation à s'appliquer (n° 1976).

Il en résulte que, pour un époux séparé de biens, constituer capital en épargnant au fil des mois puis l'investir dans l'achat d'un bien à usage familial n'équivaut pas à rembourser au fil des mois un emprunt pour ce même type d'achat.

RÉPARTITION DES CHARGES

Principe légal En principe, les époux sont tenus de contribuer aux charges du mariage à hauteur de leurs **facultés respectives** (C. civ. art. 214, al. 1). Ces facultés sont déterminées en fonction : 1970

– des ressources pécuniaires de chacun ;

– des revenus susceptibles d'être perçus au titre du patrimoine propre de chacun (Cass. 1e civ. 27-10-1992 n° 91-12.793 : Bull. civ. I n° 266) ;

– de l'ensemble des charges correspondant à des dépenses utiles ou nécessaires (Cass. 1e civ. 15-11-1989 n° 88-13.259 : Bull. civ. I n° 351), étant précisé que la nature de ces dépenses est appréciée au cas par cas.

Les facultés respectives des époux sont appréciées au jour où le juge statue (Cass. 1e civ. 18-2-1976 n° 74-14.288 : Bull. civ. I n° 77).

1973 **Dérogation conventionnelle** Les époux peuvent convenir d'un **autre mode** de répartition des charges du mariage. L'article 214 du Code civil, bien que relevant du régime primaire, est en effet un texte supplétif. Une limite toutefois : un conjoint n'est pas autorisé à se dispenser de toute contribution (C. civ. art. 1388).
S'agissant du **formalisme**, le mode de répartition convenu est, le plus souvent, prévu dans le contrat de mariage. Mais il peut aussi résulter d'un engagement extérieur à celui-ci (Cass. 1e civ. 3-2-1987 n° 84-14.612 : JCP N 1988 II p. 65 note P. Simler, Gaz. Pal. 1987 2 p. 384 note J. M.). Dans le premier cas, il ne peut être modifié qu'en se soumettant aux règles relatives à la modification du contrat de mariage (nos 5250 s.). Dans le second cas, il peut être changé à tout moment si les époux en sont d'accord.

1976 **Clause de présomption de contribution dans les séparations de biens**
En présence d'époux **séparés de biens**, il est fréquent que celui qui a financé seul ou presque l'acquisition ou l'amélioration du logement familial, bien indivis, voire personnel au conjoint, fasse valoir une créance contre ce dernier (n° 4785).
La jurisprudence rejette une telle prétention dès lors que :
– ce financement entre dans le champ de la contribution aux charges du mariage (voir n° 1967) ;
– le contrat de mariage comprend une clause de présomption de contribution aux charges selon laquelle les époux sont réputés avoir fourni leur part contributive au jour le jour en sorte qu'ils ne seront assujettis à aucun compte entre eux.
Par l'**effet** de cette disposition contractuelle, l'époux qui assume à titre principal les charges du mariage ne peut revendiquer une créance que s'il établit la sous-contribution de son conjoint aux charges du mariage et, par suite, sa sur-contribution (Cass. 1e civ. 14-3-2006 n° 05-15.980 : Bull. civ. I n° 160 ; Cass. 1e civ. 15-5-2013 n° 11-26.933 et Cass. 1e civ. 12-6-2013 n° 11-26.748 : BPAT 4/13 inf. 136 ; Cass. 1e civ. 1-4-2015 n° 14-14.349 : BPAT 3/15 inf. 78 ; Cass. 1e civ. 11-4-2018 n° 17-17.457 F-D).

1977 La preuve de la sur-contribution aux charges du mariage n'est pas toujours admise, selon que la **présomption** est jugée **simple ou irréfragable**.
Cette nature relevant de la volonté des époux, la Cour de cassation s'en remet à l'appréciation souveraine des juges du fond et admet qu'ils la qualifient d'irréfragable ; dans ce cas, l'époux qui a financé l'acquisition se trouve ainsi interdit de rapporter la preuve de la sous-contribution de son conjoint (Cass. 1e civ. 1-10-1996 n° 94-19.625 : Bull. civ. I n° 336 ; Cass. 1e civ. 1-4-2015 n° 14-14.349 : BPAT 3/15 inf. 78 ; Cass. 1e civ. 11-4-2018 n° 17-17.457 F-D ; Cass. 1e civ. 5-12-2018 n° 18-10.488 F-D ; Cass. 1e civ. 18-11-2020 n° 19-15.353 FS-PB : BPAT 1/21 Inf. 3), pas plus que l'excès de sa propre contribution (Cass. 1e civ. 21-6-2023 n° 21-25.326 F-D : BPAT 5/23 inf. 210). Certains auteurs et praticiens relèvent toutefois que depuis la réforme du droit des contrats, le caractère irréfragable de la clause ne devrait plus pouvoir être retenu, les parties au contrat ne pouvant établir au profit de l'un ou l'autre contractant une présomption irréfragable (C. civ. art. 1356, al. 2 ; M. Cottet, La double nature de l'obligation de contribuer aux charges du mariage : RTD civ. 2021 p. 1).
Lorsqu'elle revêt le caractère d'une présomption simple, les juges doivent veiller à ne pas inverser la charge de la preuve. Posant une présomption simple de paiement, la clause impose à chaque époux d'établir sa sur-contribution aux charges du mariage et la sous-contribution de son conjoint (Cass. 1e civ. 3-3-2010 n° 09-11.005 : BPAT 3/10 inf. 150 ; D. Autem, La fonction duale de la clause usuelle relative à la contribution aux charges du mariage des époux séparés de biens : Defrénois 2010 p. 1336). Ainsi, s'il est prouvé que l'époux le plus fortuné n'a pas contribué à hauteur de ses revenus, les juges peuvent admettre que la contribution de l'autre conjoint a excédé ses facultés contributives et, en conséquence, sans inverser la charge de la preuve, décider que les règlements de l'époux concernant le logement de la famille participent de l'exécution de son obligation de contribuer aux charges du mariage (Cass. 1e civ. 26-10-2011 n° 10-24.214 : BPAT 6/11 inf. 331).

ATTENTION

La clause de présomption de contribution aux charges du mariage n'interdit pas, pendant le mariage, une action en justice par un époux pour contraindre son conjoint défaillant. Ce droit est expressément prévu si l'un d'eux ne remplit pas ses obligations (C. civ. art. 214, al. 2 ; nos 1990 s.). Mais cette action ne vaut que pour **l'avenir** puisque, pour le passé, les époux sont présumés avoir contribué au jour le jour en raison de la clause (dès lors que la présomption est reconnue comme irréfragable) (Cass. 1e civ. 13-5-2020 n° 19-11.444 FS-PB : BPAT 4/20 inf. 116).

1979 **Conseil pratique** Il est indispensable d'attirer l'attention des futurs époux sur les conséquences d'une **clause du contrat de mariage** instituant une présomption de contribution aux charges du mariage.
La clause usuellement utilisée est formulée ainsi : « Les époux contribueront aux charges du ménage en proportion de leurs revenus et gains respectifs. Chacun d'eux sera réputé avoir

fourni au jour le jour sa part contributive, en sorte qu'ils ne seront assujettis à aucun compte entre eux, ni à retirer à ce sujet aucune quittance l'un de l'autre. »

À défaut de précisions supplémentaires, cette clause emportera, en cas de litige, une présomption simple ou irréfragable de contribution aux charges du mariage selon l'interprétation qu'en feront souverainement les juges. Il est donc conseillé d'adapter ou de compléter cette clause de style pour en **préciser la portée** et répondre au mieux à la réelle intention des époux. Pour sécuriser ces aménagements conventionnels, les notaires ont d'ailleurs émis le souhait que cette contractualisation du périmètre des charges du mariage soit expressément autorisée par le législateur (Le conseil au cœur du 118e Congrès des notaires de France : SNH 35/22 inf. 12). Certains praticiens ne sont toutefois pas convaincus par cette proposition : mieux vaut préciser l'importance et les modalités des contributions de chaque époux plutôt que retoucher le contour des charges du mariage (N. Duchange, Charges du mariage : comment préserver la séparation de biens : SNH 8/23 inf. 10).

Parmi les aménagements possibles, les époux peuvent notamment opter pour une présomption simple.

Il leur est aussi loisible de stipuler expressément que la participation d'un époux à l'acquisition du logement familial (ou d'un bien immobilier) au-delà de sa quotité dans l'indivision est irréfragablement considérée comme une modalité de la contribution aux charges du mariage et qu'elle ne pourra pas donner lieu à créance en fin de régime (travaux du 107e Congrès des notaires de France : JCP N 2011, hors série 24-6-2011 P. 13 ; voir aussi dans le même sens A. Depondt, Pour un renouvellement des contrats de séparation de biens ou comment simplifier le divorce par le contrat de mariage : Rev. Lamy Droit civil décembre 2012 suppl. n° 4918 p. 16 ; J. Casey, Financement du logement : comment adapter son contrat de mariage : AJ fam. juin 2015 p. 332). Pour une formule sans reddition de comptes, que l'achat immobilier ait été financé ou non par un prêt, voir celle proposée par S. David : Comment anticiper (éviter) le contentieux liquidatif des époux séparés de biens : SNH 29/18 inf. 9.

Tout à l'inverse, ils peuvent exclure du champ de la présomption de contribution les investissements immobiliers y compris ceux relatifs au logement familial. Dans ce cas, la charge de la preuve est renversée : l'époux qui finance l'acquisition au-delà de la proportion de ses droits sur le bien peut revendiquer une créance sauf si son conjoint prouve qu'il n'a pas contribué aux charges du mariage autrement et à hauteur de ses possibilités. Pour une formule de clause avec reddition de comptes, voir notamment celle proposée par S. David, SNH 29/18 inf. 9 précité.

Ces **difficultés** peuvent-elles être évitées par une clause du contrat de mariage réduisant la notion de charges du mariage aux seules dépenses de consommation et en excluant toutes les dépenses d'acquisition ou d'amélioration d'un bien immobilier, y compris du domicile familial (en ce sens, G. Champenois et N. Couzigou-Suhas, Contrat de mariage, charges du mariage et acquisitions indivises : Defrénois 2015. 367) ? L'article 214, qui autorise seulement les époux à modifier la répartition de leur contribution aux charges du mariage, paraît toutefois s'y opposer.

Enfin, la clause usuelle peut être purement et simplement **supprimée** du contrat de mariage, ce qui permettra à l'un et l'autre des époux ou ex-époux de prouver sa sur-contribution et la sous-contribution de l'autre.

MODÈLE

Clause de présomption simple ou irréfragable de contribution aux charges du mariage 1980

« Conformément aux dispositions de l'article 214 du Code civil, les époux contribueront aux charges du mariage en proportion de leurs facultés respectives.

Par principe, chacun d'eux sera réputé, sauf preuve contraire (ou de façon irréfragable), avoir fourni au jour le jour sa part contributive. »

Complément pour le cas des dépenses d'investissement

Formule sans reddition de comptes

« Les époux déclarent expressément que les dépenses relatives à l'acquisition, à la construction, à la conservation et à l'amélioration du logement de la famille [et le cas échéant d'une résidence secondaire], quel qu'en soit le propriétaire, seront considérées comme participant de leur obligation de contribuer aux charges du mariage, et ne donneront lieu en conséquence à aucun compte entre elles, que ces dépenses aient été ou non financées au moyen d'un prêt. »

Formule avec reddition de comptes

« Toutefois et par exception, les époux déclarent expressément que les dépenses relatives à l'acquisition, à la construction, à la conservation et à l'amélioration du logement de la famille [et le cas échéant d'une résidence secondaire], quel qu'en soit le propriétaire, ne seront pas couvertes par la présomption de contribution instaurée et qu'elles donneront lieu en conséquence à des comptes entre elles, que ces dépenses aient été ou non financées au moyen d'un prêt. »

DURÉE DE L'OBLIGATION

1982 L'obligation de contribuer aux charges du mariage dure aussi longtemps que le mariage. Peu importe si les époux vivent **séparés de fait** (Cass. 1e civ. 6-1-1981 n° 79-14.105 : Bull. civ. I n° 6). Le seul fait pour un époux de refuser de cohabiter avec son conjoint ne suffit pas à lui interdire le bénéfice d'une contribution aux charges du mariage, car le refus de reprendre la vie commune peut être justifié (Cass. 1e civ. 18-12-1978 n° 77-11.699 P : Bull. civ. I n° 393). Tout dépend des circonstances (Cass. 1e civ. 1-7-1980 n° 78-16.258 : Bull. civ. I n° 206). Par exemple, une épouse séparée de fait ne peut pas demander à son mari de contribuer aux charges du mariage alors qu'elle vit depuis 32 ans avec son amant et que son mari n'a pas abandonné le domicile et ne lui en a pas interdit l'accès (Cass. 1e civ. 8-5-1979 n° 77-15.822 P : Bull. civ. I n° 135). Il appartient au conjoint qui refuse de contribuer aux charges du mariage de rapporter la preuve des circonstances qui l'en dispensent (Cass. 1e civ. 17-7-1985 : Gaz. Pal. 1986 jur. p. 127).

Lorsqu'une **procédure de divorce** est engagée, l'obligation de contribution disparaît au profit des mesures provisoires prononcées par le juge dès le prononcé de l'ordonnance de non-conciliation (Cass. 2e civ. 30-11-1994 n° 92-20.656 : Bull. civ. II n° 245) ou dès le début de la procédure pour les demandes de divorces initiées à compter du 1er septembre 2020.

Que se passe-t-il lorsque les effets du divorce entre les époux sont reportés au moment où ils ont cessé de cohabiter et de collaborer ? Il nous semble que l'obligation de contribuer aux charges ne cesse pas rétroactivement à cette date, car ce report concerne les biens tandis que l'obligation aux charges est personnelle. Mais la solution est discutée.

Sur les modalités de déduction de la contribution aux charges du mariage des revenus de celui qui la verse, voir n° 45305.

MODALITÉS DE LA CONTRIBUTION

1985 La contribution aux charges du mariage est généralement acquittée en **argent** mais elle peut également être fournie en **nature**.

L'époux qui a contribué aux charges du mariage au-delà de ce qu'il devait peut obtenir une indemnité. Il en est ainsi de celui qui, marié sous le régime de la séparation de biens, a collaboré gratuitement à l'activité professionnelle de son conjoint dans la mesure où son travail fourni sans rémunération l'a appauvri tout en enrichissant son conjoint (voir nos 4790 s.).

EXEMPLE

Contribue valablement aux charges du mariage l'époux qui :
– a laissé son conjoint et ses enfants occuper gratuitement le domicile conjugal pendant plusieurs années après l'avoir quitté (Cass. 1e civ. 6-3-1990 n° 88-17.555 : Bull. civ. I n° 61). Dans le même sens dans un cas où le mari logeait son épouse tout en assumant les charges de ce logement (Cass. 1e civ. 11-9-2013 n° 12-23.232 F-D) ;
– a payé des échéances d'emprunt ayant financé partiellement l'acquisition par son épouse du logement familial (voir n° 1980) ;
– assume les tâches ménagères et l'éducation des enfants ou apporte sa collaboration à l'activité professionnelle de l'autre.

EN CAS DE REFUS DE CONTRIBUER AUX CHARGES DU MARIAGE

1990 Si l'un des époux refuse de contribuer aux charges du mariage, ce qui est souvent le cas en cas de séparation de fait, l'époux resté seul peut bien entendu demander le divorce pour faute. Il peut également saisir le juge aux affaires familiales de son domicile pour lui demander de fixer le montant de la contribution due par son conjoint (C. civ. art. 214, al. 2 ; CPC art. 1070). Le recours à un avocat n'est pas obligatoire (CPC art. 1139). La **requête** doit être soit déposée au tribunal, soit envoyée par courrier simple ou recommandé (CPC art. 1137). Sauf urgence, elle doit notamment préciser les diligences entreprises en vue de parvenir à une résolution amiable du litige (CPC art. 58).

Le juge aux affaires familiales peut également être conduit à statuer sur la contribution aux charges du mariage lorsqu'il rejette une demande en divorce (C. civ. art. 253).

1995 Dans la limite de la prescription quinquennale, la demande peut porter sur une **période antérieure à la requête** puisque la règle « aliments ne s'arréragent pas » ne s'applique pas aux demandes de contribution aux charges du mariage (Cass. 1e civ. 8-11-1989 n° 87-19.768 : Bull. civ. I n° 341).

Si le juge **fait droit à la demande**, il fixe le montant de la contribution qui prend, le plus souvent, la forme d'une pension alimentaire. Celle-ci est généralement **indexée** sur l'indice Insee des prix à la consommation (Cass. 1e civ. 16-7-1986 n° 85-11.720 : Bull. civ. I n° 208 ; Cass. 2e civ. 13-1-1988 n° 86-18.634 : Bull. civ. II n° 21). 2000

La décision peut faire l'objet d'un **appel** mais elle est exécutoire de droit à titre provisoire (CPC art. 1074-1).

La répartition des charges fixée judiciairement peut être **modifiée** en cas de circonstances nouvelles (Cass. 1e civ. 19-3-2002 n° 99-14.571 : Bull. civ. I n° 93). 2005

Si le **débiteur ne s'exécute pas**, l'époux victime peut recourir au paiement direct ou au recouvrement public pour se faire payer. Il peut également porter plainte avec constitution de partie civile pour abandon de famille (C. pén. art. 227-3), voire pour organisation frauduleuse de l'insolvabilité (C. pén. art. 314-9).

I. Mesures de crise

Le régime primaire prévoit deux séries de mesures destinées à sortir des situations de crise qui peuvent tenir soit à l'empêchement d'un époux, soit à l'existence de conflits au sein du couple. 2050

1. EMPÊCHEMENT D'UN ÉPOUX

Il est permis de passer outre à l'empêchement d'un époux grâce aux mécanismes de la représentation judiciaire et de l'autorisation judiciaire. Ces dispositifs s'appliquent quel que soit le régime matrimonial des intéressés. 2060

NOTION D'EMPÊCHEMENT

Un époux est empêché s'il se trouve hors d'état de manifester sa volonté (C. civ. art. 217 et 219). La cause de cette incapacité importe peu : maladie (maladie d'Alzheimer, par exemple), éloignement, incarcération, absence. 2065

REPRÉSENTATION JUDICIAIRE

Lorsqu'un époux est empêché, l'autre peut se faire habiliter par justice à le représenter dans l'exercice des pouvoirs résultant du régime matrimonial (C. civ. art. 219, al. 1). 2070

Le juge se détermine en considération de l'**intérêt** de l'époux représenté (Cass. 1e civ. 11-10-1985 n° 84-12.476 : JCP N 1986, p. 249 note P. Simler pour la séparation de biens).

L'habilitation est envisageable pour tous types d'**actes**. Elle peut être donnée d'une manière générale ou pour certains actes particuliers, les conditions et l'étendue de cette représentation étant fixées par le juge. La représentation générale est cantonnée, en l'absence de précision du juge, à la sphère des actes d'administration.

Un époux peut donc se faire habiliter en justice pour agir sur les **biens propres ou personnels** de son conjoint empêché (Cass. 1e civ. 11-10-1985 n° 84-12.476 : JCP N 1986 p. 249 note P. Simler pour la séparation de biens). C'est d'ailleurs pour ces biens, qui relèvent de la gestion exclusive de leur propriétaire, que la représentation judiciaire offre un véritable intérêt.

En présence de **biens indivis**, les époux bénéficient d'un système de représentation judiciaire qui s'applique concurremment à celui du régime primaire (C. civ. art. 815-4).

Quant aux **biens communs**, ils relèvent en principe de la gestion concurrente, de telle sorte que chaque époux dispose d'un pouvoir de gestion autonome sur ces biens. La représentation judiciaire n'a d'intérêt véritable, s'agissant de la communauté, que pour les seuls biens communs assujettis à la gestion exclusive. L'époux qui entend passer un acte engageant un bien commun soumis à la cogestion recourra généralement à l'article 217 du Code civil (n° 2080). Néanmoins, dans le cas particulier du logement de la famille appartenant en propre au conjoint empêché, l'époux valide devra saisir le juge des tutelles sur le fondement de l'article 219 s'il souhaite procéder à la vente de ce bien (sur ce dernier point, voir CA Paris 16-12-1999 n° 99-16101 ch. 2 : JCP G 2000 I 309 n° 1 obs. G. Wiederkehr).

EXEMPLE

Une épouse a été **autorisée** à vendre au nom de son conjoint de 85 ans, qui était hors d'état de manifester sa volonté, une maison appartenant en propre à celui-ci dès lors que cette maison était une résidence secondaire inhabitée depuis plusieurs années et dont la remise en état nécessitait des frais auxquels le conjoint propriétaire ne pouvait pas faire face (Cass. 1e civ. 1-10-1985 n° 84-12.476 : Bull. civ. I n° 237).

2075 Les **effets** de l'article 219, alinéa 1 sont ceux de la représentation parfaite : l'acte est effectué par le représentant au nom et pour le compte du représenté, qui est seul engagé par l'acte. L'époux représenté perd le pouvoir d'accomplir les actes confiés au conjoint valide (C. civ. art. 1159, al. 1).

Lorsqu'il suffit à préserver les intérêts du conjoint empêché, le recours à la représentation judiciaire doit être préféré à l'ouverture d'un régime de protection des majeurs ou d'un régime d'absence (C. civ. art. 428, al. 1 et 121, al. 2). Le recours à la représentation judiciaire demeure, par ailleurs, possible alors même qu'une mesure de protection juridique des majeurs serait déjà ouverte à l'égard d'un époux (Cass. 1e civ. 18-2-1981 : JCP N 1981 p. 155 note P. Rémy).

AUTORISATION JUDICIAIRE

2080 « Un époux peut être autorisé par justice à passer seul un acte pour lequel le concours ou le consentement de son conjoint serait nécessaire, si celui-ci est hors d'état de manifester sa volonté » (C. civ. art. 217).

L'autorisation judiciaire ne peut être mise en œuvre que pour les **biens soumis à la cogestion**, au contraire de la représentation judiciaire. Les **biens propres ou personnels** ne sont en principe pas concernés puisque, pour être éligible à l'autorisation judiciaire, le demandeur doit avoir sur le bien un demi-pouvoir.

Le **logement de la famille** est un cas particulier. Il relève de la cogestion même lorsqu'il est la propriété personnelle de l'un des époux (n° 1765). Pour autant, dans ce dernier cas, l'article 217 ne permet pas au conjoint valide de solliciter l'autorisation d'agir seul. En effet, lorsque le logement familial appartient en propre à un époux, le conjoint dispose d'un droit de veto sur le sort du bien mais il n'a aucun pouvoir sur lui, de sorte que l'article 217 est inapplicable. L'époux valide doit se tourner vers l'article 219, alinéa 1 et demander au juge l'autorisation de représenter son conjoint pour l'aliénation du logement. Il doit en outre y consentir en son nom personnel (CA Paris 16-12-1999 n° 99-16101, 2e ch. : JCP G 2000 I 309 n° 1 obs. G. Wiederkehr).

2085 L'autorisation judiciaire ne peut être donnée que pour un **acte déterminé**. Elle doit en préciser les conditions.

L'acte autorisé est passé au nom du conjoint valide. Il n'entraîne aucune **obligation** personnelle pour l'époux empêché qui y demeure étranger. Il lui est cependant opposable. Ainsi, un prêt hypothécaire passé au nom du conjoint valide avec l'autorisation du juge n'engage pas le mari empêché sur ses biens personnels mais la garantie prise sur les biens communs lui est opposable : il en résulte que le créancier peut saisir ces biens communs, devenus indivis à la suite du divorce du couple (Cass. 1e civ. 24-5-2018 n° 16-26.378 FS-PB : BPAT 4/18 inf. 150).

MAGISTRAT COMPÉTENT

2090 Le magistrat compétent pour accorder la représentation et l'autorisation judiciaires lorsque le conjoint est hors d'état de manifester sa volonté est le **juge des contentieux de la protection** exerçant les fonctions de juge des tutelles des majeurs (CPC art. 1286, al. 2 et 1289 à 1289-2 ; C. org. jud. art. L 213-4-2).

TABLEAU RÉCAPITULATIF

2095

	C. civ. art. 217	C. civ. art. 219, alinéa 1
Nature de l'empêchement de l'époux	Hors d'état de manifester sa volonté	
Nature de la mesure	Autorisation judiciaire	Représentation judiciaire
Acte autorisé	Un seul acte déterminé passé au nom du conjoint valide	Tous types d'actes possibles De manière générale ou pour certains actes suivant les conditions fixées par le juge
Intérêt de la mesure	Limitée aux biens soumis à cogestion des époux Sauf le logement de la famille	Pour les biens qui relèvent de la gestion exclusive de leur propriétaire Logement de la famille même s'il est indivis ou commun
Effets de la mesure	Aucune obligation personnelle pour l'époux empêché. L'acte lui demeure opposable	Représentation parfaite
Magistrat compétent	Juge des contentieux de la protection exerçant les fonctions de juge des tutelles des majeurs	

2. CONFLITS ENTRE ÉPOUX

Le régime primaire fournit deux séries de mesures qui permettent, d'une part, de passer outre au **refus d'un époux** lorsqu'il n'est pas justifié par l'**intérêt de la famille** et, d'autre part, de sauvegarder cet intérêt. 2140

AUTORISATION JUDICIAIRE

Chaque époux peut se faire autoriser à agir seul lorsque son conjoint oppose un refus non justifié par l'intérêt de la famille à un **acte qui requiert**, en principe, **le consentement des deux époux** (C. civ. art. 217). 2145

Il ne fait pas de doute que cette disposition peut être utilisée lorsque les époux sont en procédure de divorce. Au demeurant, l'attribution de la jouissance du logement familial au titre des mesures provisoires à l'un d'eux n'interdit pas à l'autre d'obtenir une telle autorisation (Cass. 1e civ. 30-9-2009 n° 08-13.220 : BPAT 6/09 inf. 220).

Le caractère justifié ou non du refus au regard de l'**intérêt de la famille** est souverainement apprécié par les juges du fond et tient compte de l'utilité familiale de l'opération envisagée (Cass. 1e civ. 19-10-1999 n° 97-21.466 : Bull. civ. I n° 284, Defrénois 2000 art. 37145 p. 437 obs. G. Champenois).

EXEMPLE

Un époux a été **autorisé** :

– à vendre une maison de campagne commune afin de solder une partie des dettes communes en dépit de l'opposition du conjoint qui invoquait l'intérêt moral de la famille (Cass. 1e civ. 31-1-1974 n° 71-14.700 : Bull. civ. I n° 37) ; dans le même sens à propos du logement familial (Cass. 1e civ. 30-9-2009 n° 08-13.220 : BPAT 6/09 inf. 220) ;

– à apporter à une SARL un fonds de commerce commun, le conjoint ne justifiant son opposition que par ses intérêts personnels alors que l'apport présentait un avantage fiscal et permettait d'établir l'enfant commun du couple (CA Besançon 2-12-2009 n° 07/02348).

En revanche, un époux n'a **pas** été **autorisé** à :

– vendre le logement familial lui appartenant en propre, son seul but étant manifestement de nuire à son conjoint (CA Paris 29-9-1972, 1e ch. : D. 1975 p. 540 note C.-L. Foulon-Piganiol) ;

– vendre une officine de pharmacie qu'il exploitait seul mais qui faisait partie du patrimoine commun dès lors que cette vente aurait exposé les époux au remboursement immédiat du prêt contracté lors de l'achat de l'officine et que, si l'époux ne pouvait plus exercer sa profession pour des raisons médicales, des solutions autres que la vente étaient envisageables (CA Grenoble 7-11-1972, 1e ch. : Gaz. Pal. 1973 jur. p. 286).

Le **régime de l'autorisation** est le même que celui précédemment indiqué (nos 2080 s.), à ceci près que le magistrat compétent est le juge aux affaires familiales (CPC art. 1286, al. 1). 2150

En présence de biens indivis, l'article 217 du Code civil fait double emploi avec l'article 815-5. Néanmoins, l'intérêt de la famille visé par l'article 217 est plus large que l'intérêt commun des indivisaires visés à l'article 815-5, alinéa 1er du Code civil.

MESURES URGENTES

« Si l'un des époux manque gravement à ces devoirs et met ainsi en péril les intérêts de la famille, le juge aux affaires familiales peut prescrire toutes les mesures urgentes que requièrent ces intérêts » (C. civ. art. 220-1). Cette disposition fournit le moyen de sauvegarder les intérêts de la famille en réorganisant les pouvoirs des époux lorsque ces intérêts sont menacés, généralement pendant une période de séparation de fait ou une procédure de divorce ou de séparation de corps (CA Nancy 12-12-1968 : D. 1969 jur. p. 300 note C. I. Foulon-Piganiol ; TGI Digne-les-Bains 1-7-1972 réf. : D. 1973 jur. p. 259 note C. I. Foulon-Piganiol, JCP G 1973 II 17443 note D. Mayer, RTD civ. 1974 p. 391 obs. R. Nerson). L'article 220-1 fait souvent figure de préambule au divorce. 2155

Conditions Le prononcé des mesures urgentes est subordonné au **manquement grave** d'un époux **aux devoirs du mariage**. Sont ici visés tous les devoirs pécuniaires ou personnels, tels que : 2160

– le manquement d'un mari alcoolique à un devoir de tempérance (TGI Saint-Brieuc 1-6-1967 réf. : D. 1967 somm. p. 89) ;

– la dilapidation de la communauté par un époux (TGI Digne-les-Bains 1-7-1972, précité ; TGI Chambéry 16-3-1967 : JCP N 1967 II 15184 bis ; CA Orléans 25-3-1987 : JCP N 1988 II 66 note P. Simler) ;

– la souscription de nombreux emprunts à la consommation pour payer des dettes de jeux.

Ce manquement doit entraîner la **mise en péril des intérêts de la famille**. La seule probabilité du péril légitime le prononcé de mesures judiciaires dès lors qu'il y a urgence à conjurer le danger qui guette les intérêts de la famille.

L'**urgence** signifie qu'il n'est pas possible d'attendre le temps nécessaire à la mise en place des autres mesures de crise prévues par le régime primaire ou le régime matrimonial (C. civ. art. 219, 217, 1426 et 1429). Elle se prolonge sur le terrain procédural. Les mesures urgentes prévues à l'article 220-1 sont prescrites par le juge aux affaires familiales statuant en référé ou, en cas de besoin, par ordonnance sur requête (CPC art. 1290).

2165 **Contenu des mesures urgentes** Le juge aux affaires familiales peut prescrire toutes les mesures urgentes que requiert la sauvegarde des intérêts de la famille (C. civ. art. 220-1). Une liste non limitative de ces mesures est proposée.

Le **juge peut** ainsi :

– retirer à un époux tout ou partie de ses pouvoirs sur les biens communs ou sur ses biens propres ou personnels. Il importe peu qu'il s'agisse de meubles ou d'immeubles ;

– assujettir au double consentement des conjoints les actes qui relèvent en principe de la gestion concurrente ou de la gestion exclusive ;

– interdire le déplacement des meubles, sauf à spécifier ceux dont il attribue l'usage exclusif à l'un ou à l'autre des époux ;

– ordonner l'immatriculation de la moitié des actions du couple au nom de l'épouse ;

– nommer un administrateur provisoire de la communauté (Cass. 1e civ. 5-11-1996 n° 94-14.160 : Bull. civ. I n° 374) ou de la société constituée entre les époux (CA Bordeaux 9-12-2010 n° 10/00100 : Dr. famille 2011 comm. 92 obs. Larribau-Terneyre).

ATTENTION

La décision du juge doit faire l'objet de **mesures de publicité** particulières notamment lorsqu'elle fait interdiction de vendre des biens immobiliers. Elle doit être adressée au conjoint concerné par voie d'huissier si elle fait interdiction de disposer des biens meubles (C. civ. art. 220-2).

2170 **Durée des mesures urgentes** Le juge qui ordonne des mesures urgentes doit en fixer la durée qui, prolongation comprise, ne peut **pas dépasser** trois ans (C. civ. art. 220-1, al. 3).

Les mesures urgentes présentent un caractère **provisoire**. Le juge est libre d'y mettre un terme ou de les modifier, à tout moment, même avant l'expiration du délai pour lequel elles ont été prononcées.

2175 **Sanction des mesures urgentes** L'époux qui ne respecte pas les mesures urgentes s'expose à des **sanctions civiles**. Celles-ci consistent en la nullité relative de l'acte, à l'initiative du conjoint requérant.

L'action lui est ouverte dans un **délai** de deux ans à compter du jour où il a eu connaissance de l'acte, sans pouvoir jamais être intentée plus de deux ans après la publication de l'acte si ce dernier est sujet à publicité (C. civ. art. 220-3, al. 2).

Les **conditions** de la nullité diffèrent suivant que l'acte a été passé sur un bien dont l'aliénation est ou non soumise à publicité. Dans le premier cas, l'acte est annulable dès lors qu'il a été accompli après la publication de l'ordonnance. Dans le second cas, il n'est annulable qu'à la condition d'avoir été passé avec un tiers de mauvaise foi (C. civ. art. 220-3, al. 1). La signification au tiers de l'ordonnance portant interdiction de disposer ou de déplacer les meubles corporels constitue le tiers de mauvaise foi (C. civ. art. 220-2, al. 2).

2180 Le conjoint fautif encourt également des **sanctions pénales** pour abus de confiance s'il détruit, détourne ou tente de détruire les objets après que lui aura été signifiée l'ordonnance du juge aux affaires familiales (C. pén. art. 314-1). Toutefois, les poursuites pénales pour abus de confiance entre époux ne sont possibles qu'en cas de séparation de corps ou d'autorisation à résider séparément (C. pén. art. 314-4 et 311-12).

CHAPITRE 3

RÉGIMES MATRIMONIAUX

SOMMAIRE

OBJET DU RÉGIME MATRIMONIAL

3000 Le régime est légal lorsque les époux n'ont pas fait le choix d'un régime matrimonial conventionnel. Les régimes matrimoniaux organisent les **relations financières et patrimoniales** des époux entre eux et celles de chaque époux avec les tiers.
Il existe deux grandes variétés de régimes matrimoniaux :
– les **régimes communautaires**, qui associent les deux époux à la constitution d'une masse commune activement et passivement ;
– les **régimes séparatistes**, dans lesquels chaque époux conserve en principe un patrimoine personnel séparé activement et passivement.

3005 Les époux peuvent **choisir leur régime matrimonial** en passant un contrat de mariage devant un notaire avant la célébration civile du mariage ou en modifiant ou changeant leur régime matrimonial en cours d'union. S'ils ne le font pas, la loi décide pour eux : ils sont automatiquement mariés sous le régime de la communauté de biens réduite aux acquêts.

SECTION 1 COMMUNAUTÉ LÉGALE

CHAMP D'APPLICATION

3010 La communauté légale correspond au régime de la communauté réduite aux acquêts (Loi 65-570 du 13-7-1965).
Depuis le 1er février 1966, elle s'applique aux époux n'ayant pas opté, par contrat de mariage, pour un autre régime matrimonial ou ayant déclaré, sans plus de précision, se marier sous le régime de la communauté (C. civ. art. 1400). Elle concerne aussi ceux qui se sont mariés **avant le 1er février 1966** et ont opté pour ce régime par déclaration conjointe (Loi 65-570 du 13-7-1965 art. 16, al. 1), ayant entre époux un effet rétroactif (Loi précitée art. 18) ou qui l'ont choisi par convention matrimoniale.

AVANTAGES ET INCONVÉNIENTS

3015 Le principal **avantage** de la communauté réduite aux acquêts est que l'enrichissement provenant des revenus et des acquêts de l'un profite à l'autre. Ce régime protège en conséquence celui dont les revenus sont les plus faibles, celui qui renonce à son emploi pour s'occuper de sa famille ou celui qui collabore gratuitement à l'activité professionnelle de l'autre.
Réciproquement, les risques pris par l'un sont supportés par l'autre. C'est la raison pour laquelle la communauté réduite aux acquêts est **déconseillée** aux couples dont l'un des membres exerce une activité indépendante (libérale, par exemple). L'inconvénient peut être pallié si le conjoint exerce son activité dans le cadre d'une société à risque limité ou avec le statut d'entrepreneur individuel à responsabilité limitée. Mais il ne faut pas, alors, garantir à titre personnel ses dettes professionnelles. Récemment, les activités professionnelles indépendantes ont bénéficié de plus de protection. Depuis le 14 mai 2022, pour les entrepreneurs individuels (hors EIRL, appelée à disparaître), seul le patrimoine personnel constitue le gage général des créanciers non professionnels. Toutefois, si le patrimoine personnel est insuffisant, le droit de gage général des créanciers peut s'exercer sur le patrimoine professionnel, dans la limite du montant du bénéfice réalisé lors du dernier exercice (C. com. art. L 526-22, al. 6 créé par loi 2022-172 du 14-2-2022 art. 1). La séparation des patrimoines est automatique, sans démarche administrative.
Le choix de la communauté est à réfléchir pour les personnes qui possèdent un patrimoine propre important car les investissements pour développer ou améliorer les biens propres, même financés avec les revenus de ce patrimoine, donneront lieu à récompense au profit de la communauté. Cette règle, généralement méconnue par les intéressés, est souvent vécue comme injuste. Prenant en compte cette réalité, le 106e Congrès des notaires de France a proposé un aménagement du régime pour exclure les revenus des biens propres de la communauté.
En cas de **remariage**, le choix du régime légal est aussi à peser : son mode de fonctionnement implique presque nécessairement qu'il soit fait, lors de la dissolution du mariage, des comptes entre le patrimoine commun et le patrimoine propre de chacun des conjoints. En cas de décès d'un époux, ces comptes peuvent être source de tensions entre le conjoint survivant et les enfants du défunt nés d'une première union.

I. COMPOSITION DE LA MASSE COMMUNE ET DES MASSES PROPRES

A. Composition active

1. ACTIF COMMUN

PRINCIPE

« La communauté se compose activement des **acquêts** faits par les époux ensemble ou séparément durant le mariage, et provenant tant de leur **industrie personnelle** que des économies faites sur les **fruits et** les **revenus** de leurs **biens propres** » (C. civ. art. 1401). 3020
Constituent donc des biens communs les acquêts de communauté, les gains et salaires de chaque époux ainsi que les fruits et les revenus des biens propres.

ACQUÊTS DE COMMUNAUTÉ

Constituent des acquêts tous les **biens créés ou acquis** pendant le mariage, **autrement que** par succession ou par donation. Il peut s'agir de biens meubles ou immeubles, corporels ou incorporels ou bien encore de droits réels ou de créances. 3025

Acquisition à titre onéreux La notion d'acquêt de communauté suppose que le bien ait été acquis à titre onéreux. 3030
L'opération peut être réalisée par **un époux** seul **ou** par **les deux** époux conjointement. En revanche, une acquisition faite au nom d'une société n'intègre pas la communauté, même si l'un des époux en est l'unique associé (Cass. 1e civ. 1-2-2012 n° 10-27.166 F-D). Toutefois, la société encourt l'annulation si elle a été constituée pour faire fraude aux droits du conjoint ; pour un exemple dans un cas où la société avait été constituée entre un mari et sa concubine (CA Grenoble 26-3-2012 n° 11-02714, 1e ch. civ.).
Peu importe le **mode d'entrée** de l'acquêt **dans le patrimoine**. L'acquêt peut être un bien :
– acheté ou acquis par tout autre mode dérivé d'acquisition tel que l'échange (sauf exception : voir n° 3135). Dans ce dernier cas, la solution trouve un puissant soutien dans le mécanisme de la subrogation réelle, lequel reçoit de nombreuses applications sous le régime de la communauté. C'est ainsi qu'intègrent cette dernière les indemnités versées en réparation de la perte d'un bien commun telles que les indemnités d'assurance, d'expropriation, d'éviction ;
– créé durant le fonctionnement du régime matrimonial, tel que la création d'un fonds de commerce (n° 3190) ;
– qui s'unit ou s'incorpore à un autre bien commun. Il intègre alors la communauté en vertu du mécanisme de l'accession (C. civ. art. 546). Il en est ainsi, par exemple, de la construction d'un immeuble sur un terrain dépendant de la communauté.

L'**origine des fonds** ayant servi au financement de l'acquisition est indifférente. Il peut s'agir de deniers communs ou de fonds propres à l'un des époux, à charge, dans ce dernier cas, de récompense (nos 3885 s.). 3035
Enfin, le **mode de paiement** du prix est pareillement indifférent : paiement comptant d'une somme d'argent, souscription d'un emprunt, remise d'un autre bien.

ATTENTION

Si l'acte d'achat contient une déclaration de remploi et si le financement propre est majoritaire, le bien reste propre (C. civ. art. 1434 et 1436). Sur l'emploi ou le remploi, voir nos 3140 s.

Acquisition pendant le mariage La notion d'acquêt de communauté suppose que le bien ait été acquis pendant la durée du mariage (C. civ. art. 1401). Peu importe qu'une procédure de divorce soit en cours (Cass. 1e civ. 28-9-2011 n° 10-18.290 F-D : BPAT 6/11 inf. 332). Sauf à tenir compte dans les rapports entre époux de la rétroactivité des effets du divorce (C. civ. art. 262-1). 3040
Le moment de l'acquisition doit donc être précisément fixé.
La valeur des parts sociales acquises à l'occasion de la **constitution d'une société** est commune si l'immatriculation de cette société et donc l'acquisition de la personnalité morale intervient après le mariage, peu important que les statuts aient été signés antérieurement (Cass. 1e civ. 8-10-2014 n° 13-21.879 FS-PBI : RJDA 1/15 inf. 16).
En cas de **promesse de vente**, une distinction s'impose. Si la promesse est unilatérale, la vente n'étant formée qu'à la levée de l'option, le bien est commun si celle-ci est intervenue après la célébration du mariage ; pour un exemple de promesse jugée unilatérale en dépit du versement d'un dépôt de garantie presque égal au prix (Cass. 1e civ. 1-12-2010 n° 09-65.673 F-PBI : BPAT 1/11 inf. 10). Si la promesse est synallagmatique, la vente étant conclue dès la signature de la promesse, le bien est commun si celle-ci est intervenue après la célébration du mariage.

En présence d'une **vente sous condition suspensive**, le bien n'est commun que si la vente a été conclue pendant le mariage. La réalisation de la condition pendant le mariage ne permet, à elle seule, de qualifier le bien d'acquêt de communauté que si la rétroactivité de la condition a été stipulée dans l'acte.

La **stipulation d'un terme** est indifférente car la vente est, en ce cas, ferme et définitive dès sa conclusion.

Lorsqu'un bien est acquis par voie d'**usucapion**, la communauté en est privée si le délai a commencé à courir avant la célébration du mariage, même s'il n'a pris fin qu'après celle-ci (C. civ. art. 1405, al. 1).

3045 **Compte bancaire et placement à terme** Les sommes déposées sur un **compte bancaire ouvert au nom d'un seul époux** sont des biens communs dès lors que le compte ou le livret est alimenté par les revenus de son titulaire (Cass. 1e civ. 14-1-2003 nº 00-16.078 : RJDA 6/03 nº 640).

Plus généralement, ces sommes sont considérées communes en vertu de la présomption de communauté, dès lors que la preuve du caractère propre des deniers n'est pas rapportée (Cass. 1e civ. 9-7-2008 nº 07-16.545 : JCP N 2008 nº 1339 § 7 note P. Simler).

3050 La qualification des placements à terme tels que les placements sur un **compte d'épargne** a suscité des hésitations. Certains auteurs proposent d'établir une distinction entre les placements à long terme, seuls constitutifs d'acquêts, et les placements à court terme, échappant à la communauté (F. Terré et P. Simler : Droit civil. Régimes matrimoniaux, Précis Dalloz, 5e éd., 2008, nº 281).

Le versement de **fonds propres** sur un compte d'épargne ne s'analyse pas comme une acquisition (Cass. 1e civ. 3-11-1983 nº 82-13.221 : Bull. civ. I nº 250, Defrénois 1984 p. 1081 obs. G. Champenois).

En revanche, les acquisitions de titres résultant de versements effectués sur un compte-titres correspondent à des acquêts de communauté (Cass. 1e civ. 14-1-2003 nº 00-16.078 FS-PB : RJDA 6/03 nº 640). À moins que le portefeuille ait été créé avant le mariage, auquel cas il conserve son caractère de bien propre car il est une universalité de fait et sauf récompense (voir nº 3130).

GAINS, SALAIRES ET PRODUITS DE L'INDUSTRIE PERSONNELLE DES ÉPOUX

3055 L'article 1401 du Code civil règle expressément le sort des biens acquis à l'aide des gains et salaires des époux, en les qualifiant d'acquêts de communauté. C'est, en revanche, à la jurisprudence qu'il est revenu de trancher la qualification des gains et salaires eux-mêmes.

Pour la Cour de cassation, tous les revenus retirés, directement ou indirectement, d'une **activité professionnelle** sont communs, tels que les salaires, les commissions, les primes et les gratifications exceptionnelles, les honoraires, les revenus commerciaux ou agricoles, les droits d'auteur. Les revenus professionnels tombent en communauté même s'ils proviennent de l'exploitation d'un fonds propre (Cass. 1e civ. 14-11-2007 nº 05-18.570 : BPAT 1/08 inf. 5).

3057 Alimentent également la communauté les indemnités perçues à l'occasion de la **rupture du contrat de travail** en réparation du préjudice tant moral que matériel, seules celles exclusivement attachées à la personne du créancier étant exclues (Cass. 1e civ. 3-2-2010 nº 09-65.345 : BPAT 2/10 inf. 81 ; Cass. 1e civ. 29-6-2011 nº 10-23.373 : BPAT 5/11 inf. 272). Sont donc communs :

– l'indemnité de licenciement (Cass. 1e civ. 14-5-1996 nº 94-11.644 : Bull. civ. I nº 200 ; Cass. 1e civ. 28-11-2006 nº 04-17.147 : Bull. civ. I nº 515) ;

– l'indemnité de départ à la retraite (Cass. 1e civ. 31-3-1992 nº 90-16.343 : Bull. civ. I nº 95) ;

– les dommages et intérêts transactionnels versés en sus des indemnités légales, quel que soit leur libellé (Cass. 1e civ. 3-2-2010 nº 09-65.345 : BPAT 2/10 inf. 81 ; Cass. 1e civ. 29-6-2011 nº 10-23.373 : BPAT 5/11 inf. 272) ;

– les sommes versées au titre de l'assurance perte d'emploi (Cass. 1e civ. 3-2-2010 nº 08-21.054 : BPAT 2/10 inf. 81).

3060 Sont communs les **revenus de remplacement** tels que :

– les arrérages d'une pension de retraite (Cass. 1e civ. 8-7-2009 nº 08-16.364 : BPAT 5/09 inf. 180, à propos d'une pension de retraite militaire) ;

– le capital versé par un régime de prévoyance professionnelle obligatoire (Cass. 1e civ. 3-3-2010 nº 08-15.832 : BPAT 2/10 inf. 81) ;

– les indemnités journalières de maladie ;

– les sommes qui compensent une baisse du commissionnement d'un agent d'assurances commun en biens exploitant un portefeuille propre (Cass. 1e civ. 17-4-2019 nº 18-15.486 FS-PB : BPAT 3/19 inf. 87) ;

– les allocations personnalisées au logement (APL) versées à un époux commun en biens (Cass. 1e civ. 1-12-2021 nº 20-10.956 F-B : BPAT 1/22 inf. 5). L'APL est censée compenser une insuffisance de revenus et alléger les frais de logement, qui constituent une charge du mariage. Elle correspond donc à un substitut de revenus et doit à ce titre tomber en communauté.

En présence d'une **indemnité** versée en raison d'une invalidité, il faut distinguer les sommes qui réparent exclusivement le préjudice personnel de la victime, qui sont des biens propres (voir n° 3105), de celles qui constituent un revenu de substitution, qui sont des biens communs (en ce sens, notamment, Cass. 1e civ. 28-11-2006 n° 04-17.147 : D. 2006 somm. p. 3010, AJDI 2007 p. 562 obs. C. Denizot, Bull. civ. I n° 515 ; Cass. 1e civ. 26-9-2007 n° 06-13.827 : Bull. civ. I n° 302). Ont ainsi été considérées comme des biens communs :

– l'indemnité versée par une assurance invalidité garantissant le paiement des échéances d'un prêt dès lors que cette indemnité a pour cause non la réparation du préjudice résultant des séquelles mais la perte de revenus consécutive (Cass. 1e civ. 14-12-2004 n° 02-16.110 : Bull. civ. I n° 309 qui envisage le cas, rare en pratique, où l'indemnité est effectivement versée à l'époux concerné et non directement à l'organisme prêteur) ;

– l'indemnité destinée à compenser la perte de revenus résultant de l'incapacité à reprendre un emploi (Cass. 1e civ. 5-4-2005 n° 02-13.402 : Bull. civ. I n° 164).

Pour entrer en communauté, les gains et salaires doivent rémunérer un **travail effectué pendant** **3065**
le fonctionnement du régime matrimonial (Cass. 1e civ. 26-9-2007 n° 06-13.827 : Bull. civ. I n° 302 ; Cass. 1e civ. 5-3-2008 n° 07-14.729 : Bull. civ. I n° 65, BPAT 2/08 inf. 58). Plus précisément, il faut que la créance de salaire naisse durant le mariage. C'est le cas de :

– l'indemnité de licenciement si la rupture du contrat est notifiée durant le mariage, peu important qu'elle soit calculée en fonction d'une ancienneté acquise antérieurement (Cass. 1e civ. 3-2-2010 n° 09-65.345 : Bull. civ. I n° 33, BPAT 2/10 inf. 81) ;

– du pécule d'incitation au départ alloué avant le divorce, qui trouve sa cause non dans la compensation de la perte de revenus à venir mais dans l'activité professionnelle exercée au cours du mariage (Cass. 1e civ. 29-6-2011 n° 10-20.322 : Bull. civ. I n° 136, BPAT 5/11 inf. 273).

Peu importe si les revenus ne sont perçus qu'après sa dissolution (Cass. 1e civ. 13-10-1993 n° 91-19.234 : JCP G 1994 I 3785 III n° 2 obs. P. Simler).

ATTENTION

S'ils sont des biens communs, les gains et salaires obéissent à des **règles de pouvoirs** spécifiques. Le régime primaire confère à chaque époux, sous réserve de l'acquittement des charges du mariage, un pouvoir de libre perception et de libre disposition de ses gains et salaires qui l'emporte sur les dispositions du régime de communauté (voir n° 1570).

Le stock d'une entreprise propre a été jugé comme étant un **produit de l'industrie de l'époux** **3068**
exploitant et relevant, en conséquence, de la communauté (Cass. 1e civ. 19-12-2012 n° 11-25.264 : BPAT 1/13 inf. 5). Cette qualification est discutable. Les juges du fond avaient estimé que les stocks appartenaient à l'universalité de fait constituée par l'exploitation (sur la notion retenue notamment pour un portefeuille de titres et la subrogation réelle qu'elle permet, voir n° 3130) et qu'ils ne deviendraient des fruits et revenus qu'avec leur commercialisation.

Sur la possibilité de considérer que les stocks sont l'accessoire de l'exploitation, voir n° 3115.

FRUITS ET REVENUS DES BIENS PROPRES

La communauté a droit aux fruits perçus et non consommés (C. civ. art. 1403). La formulation est confuse. Elle laisse entendre qu'ils s'analysent tantôt comme des biens propres, tantôt comme des biens communs (C. civ. art. 1401, qui se réfère aux économies faites sur les fruits et revenus de leurs biens propres). **3070**

La Cour de cassation a tranché la controverse en faveur de la communauté (Cass. 1e civ. 31-3-1992 n° 90-17.212 : RTD civ. 1993 p. 401, obs. F. Lucet et B. Vareille ; Cass. 1e civ. 20-2-2007 n° 05-18.066 : BPAT 3/07 inf. 78 ; Cass. 1e civ. 15-5-2008 n° 07-11.460 : JCP G 2008 I n° 202, § 12).

EXEMPLE

Sont des **biens communs** :

– des revenus d'une exploitation agricole, bien propre de l'époux (Cass. 1e civ. 4-1-1995 n° 92-20.013 : Bull. civ. I n° 4), étant précisé que sont pris en compte les revenus bruts, c'est-à-dire avant le paiement des charges afférentes à l'exploitation, et non les revenus nets (Cass. 1e civ. 14-11-2007 n° 05-18.570 : BPAT 1/08 inf. 5 à propos d'un fonds artisanal) ;

– des dividendes reçus en vertu d'actions appartenant à un époux (Cass. 1e civ. 12-12-2006 n° 04-20.663 : BPAT 1/07 n° 5).

À l'inverse, à défaut d'avoir été perçus, **ne tombent pas en communauté** :

– un compte courant d'un Gaec bloqué au profit d'un organisme bancaire en garantie d'un emprunt (Cass. 1e civ. 14-6-2000 n° 98-16.702 : BPAT 5/00 inf. 132) ;

– les bénéfices d'une société inscrits au compte de report à nouveau (Cass. 1e civ. 12-12-2006 n° 04-20.663 : BPAT 1/07 inf. 5).

2. ACTIF PROPRE

BIEN ACQUIS AVANT LE MARIAGE

3090 L'actif propre recouvre, en premier lieu, les « biens dont les époux avaient la propriété ou la possession au jour de la célébration du mariage », quels qu'en soient le mode d'acquisition et la nature, mobilière ou immobilière (C. civ. art. 1405, al. 1).
Le transfert de propriété doit intervenir avant la célébration de l'union (n° 3040).

BIEN ACQUIS À TITRE GRATUIT

3095 Figurent, en second lieu, à l'actif propre de chaque époux les biens acquis **pendant le mariage** à titre gratuit. Les biens qu'un conjoint reçoit pendant le fonctionnement du régime par succession, donation ou legs sont ainsi exclus de la masse commune (C. civ. art. 1405, al. 1). Peu importe que les fonds ainsi reçus soient portés au crédit du compte joint du couple (Cass. 1e civ. 4-5-2011 n° 10-11.576 : BPAT 4/11 inf. 224).
L'exclusion vaut quelle que soit la forme de la donation ou du testament (Cass. 1e civ. 5-11-2008 n° 07-19.433 : JCP G 2009 I 140 n° 8 obs. P. Simler, pour des dons manuels par chèque). Elle joue aussi bien pour les successions légales que pour les successions testamentaires.
Toutefois, dans le cas des libéralités, l'exclusion de l'actif commun peut être contredite par une **clause d'entrée en communauté** par laquelle le donateur ou le testateur stipule que le bien intégrera la masse commune (C. civ. art. 1405, al. 2 ; pour un exemple : Cass. 1e civ. 4-6-2009 n° 08-16.584 : Bull. civ. I n° 120, D. 9/2009 p. 351).

ATTENTION

Lorsque la **donation** ou le legs est **adressé aux deux époux conjointement**, le bien tombe dans la masse commune, sauf stipulation contraire (C. civ. art. 1405, al. 2). Il pourrait en être ainsi, par exemple, dans le cas d'une somme d'argent transmise au moyen d'un don manuel par chèque libellé au nom des deux époux. Une donation authentique est également concevable, mais elle sera en pratique écartée pour des raisons fiscales (exigibilité immédiate des droits de donation, avec un taux de 60 % pour l'époux qui n'a pas de lien de parenté avec le donateur).

3100 Les biens abandonnés ou cédés par père, mère ou autre ascendant à l'un des époux, soit pour le remplir de ce qu'il lui doit, soit à charge de payer les dettes du donateur à l'égard des étrangers, restent propres, sauf récompense (C. civ. art. 1405, al. 3). La formule recouvre les **libéralités rémunératoires** et les **libéralités avec charges** consenties par ses parents à l'un des conjoints, ce qui justifie l'exclusion des biens ainsi donnés ou légués de la communauté.

BIEN PROPRE PAR NATURE

3105 Les biens propres par nature ont vocation à enrichir le patrimoine propre d'un des époux quoiqu'ils aient été acquis à titre onéreux pendant le mariage (C. civ. art. 1404). L'exclusion de la communauté repose sur le caractère personnel marqué du bien ou du droit : le lien qui l'unit à un époux est si étroit qu'il est inconcevable de le faire figurer à l'actif commun.
Le Code civil cite expressément (C. civ. art. 1404) :
– les **vêtements et linges à l'usage personnel** de l'un des époux ;
– les actions en **réparation d'un dommage corporel ou moral**. Par extension, l'indemnité versée au titre d'un contrat d'assurance-invalidité ayant pour objet de réparer un dommage corporel est propre par nature (Cass. 1e civ. 6-6-1990 n° 88-20.137 : JCP N 1991 II 61 note P. Simler, Bull. civ. I n° 133 ; Cass. 1e civ. 26-9-2007 n° 06-13.827 : Bull. civ. I n° 302). Que ce capital soit calculé en fonction des salaires et de la situation de famille de l'assuré n'y change rien (Cass. 1e civ. 17-11-2010 n° 09-72.316 : BPAT 1/11 inf. 11). Dans le même sens pour une indemnité versée au titre d'une incapacité permanente partielle (Cass. 1e civ. 28-2-2006 n° 03-11.767 : Bull. civ. I n° 107) ou pour une pension de guerre (Cass. 1e civ. 8-7-2009 n° 08-16.364 : BPAT 5/09 inf. 180). L'indemnité tombe en revanche en communauté si elle a pour finalité de réparer un dommage économique ou professionnel (n° 3060). Il en va de même d'une indemnité mixte, c'est-à-dire qui a aussi pour objet de réparer un dommage affectant la personne du créancier (Cass. 1e civ. 29-6-2011 n° 10-23.373 : BPAT 5/11 inf. 272). Seules sont propres par nature les indemnités qui ont pour seul objet de réparer un dommage affectant uniquement la personne d'un époux (pour une illustration, Cass. 1e civ. 23-6-2021 n° 19-23.614 FS-B : BPAT 5/21 inf. 203). Cette dernière condition doit être caractérisée et strictement appliquée ;
– les **créances et pensions incessibles**, ce qui vise les pensions d'invalidité (Cass. 1e civ. 6-2-2001 n° 98-17.132 : JCP G 2002 I 103 n° 10 obs. P. Simler ; Cass. 1e civ. 14-1-2003 n° 00-21.108 : Bull. civ. I n° 4) et les pensions alimentaires. Les contrats qui ouvrent droit à une retraite complémentaire constituent des propres par nature (Cass. 1e civ. 30-4-2014 n° 12-21.484 : BPAT 3/14 inf. 110, Bull. civ. I n° 75 ;

Cass. 1e civ. 28-2-2018 n° 17-13.392 F-D : BPAT 2/18 inf. 55). Mais, si le titre d'une pension de retraite est un bien propre par nature, les arrérages versés en exécution de celle-ci s'analysent comme des biens communs, car ils constituent un revenu de substitution ; même solution pour les droits résultant d'un régime de prévoyance professionnelle obligatoire (n° 3060). De même, constitue un bien propre le droit à l'allocation compensatrice pour tierce personne dont bénéficie un époux commun en biens pour financer l'aide effective d'une tierce personne pour les actes essentiels de l'existence nécessitée par son état d'incapacité ; en revanche, les sommes versées pendant le mariage en exécution de ce droit tendent à compenser l'une des conséquences matérielles et financières de l'invalidité ; elles ne présentent pas un caractère exclusivement personnel et sont destinées à contribuer au financement d'une dépense commune à titre définitif, de sorte qu'elles entrent en communauté (Cass. 1e civ. 26-1-2022 n° 20-10.115 FS-D) ;
– les **instruments de travail** nécessaires à la profession de l'un des époux, sauf récompense s'il y a lieu. Par exemple, ont été qualifiés comme tels les tonneaux et fûts acquis pour les besoins d'une exploitation viticole (Cass. 1e civ. 19-12-2012 n° 11-25.264 : BPAT 1/13 inf. 5). Les instruments de travail réintègrent la communauté lorsqu'ils sont les accessoires d'un fonds de commerce ou d'une exploitation faisant partie de la communauté (C. civ. art. 1404, al. 2 ; Cass. 1e civ. 14-3-2006 n° 03-19.728 : Bull. civ. I n° 148).

La liste du Code civil n'est pas limitative. D'une façon générale, sont des propres par nature **3110**
« tous les biens qui ont un **caractère personnel** et tous les **droits exclusivement attachés à la personne** » (C. civ. art. 1404) tels que :
– les diplômes et les décorations ;
– les bijoux et les souvenirs de famille ;
– les rentes viagères ;
– la créance de salaire différé (C. rur. art. L 321-14) ;
– l'indemnité à laquelle un preneur rural a droit en fin de bail s'il a apporté des améliorations au bien loué (Cass. 1e civ. 8-4-2009 n° 07-14.227 : BPAT 3/09 inf. 94) ;
– les dotations d'installation attribuées à un jeune agriculteur (prévues par C. rur. art. D 343-3, 1°), peu important que l'exploitation agricole créée constitue un acquêt (Cass. 1e civ. 15-4-2015 n° 13-26.467 FS-PB : BPAT 3/15 inf. 79) ;
– le droit conféré par les stock-options de souscrire ou acquérir des actions (à ne pas confondre avec les actions acquises ou souscrites dont la nature diffère selon les situations : voir n° 3195).
Sur le cas particulier de l'**assurance-vie**, voir nos 65260 s.

BIEN PROPRE PAR ACCESSOIRE OU ACCESSION

Les biens, même acquis pendant le mariage, qui se rattachent à d'autres biens propres par un **3115**
lien soit matériel, soit économique, constituent des biens propres (C. civ. art. 1406). L'inverse n'est toutefois pas vrai : un bien propre ne peut pas devenir commun par accessoire (Cass. 1e civ. 18-12-1990 n° 89-10.188 : Bull. civ. I n° 192).
Le **lien matériel** résulte de l'accession (C. civ. art. 546 s.). Constitue un bien propre par accession tout ce qui s'unit et s'incorpore à un bien propre. En revanche, la proximité ou la contiguïté de deux fonds ne permet pas de retenir la qualification de bien propre par accession (Cass. 1e civ. 4-1-1995 n° 92-20.013 : Bull. civ. I n° 4 à propos de l'acquisition par l'épouse d'une parcelle de terre en remploi de fonds propres alors que le mari était propriétaire d'une exploitation agricole ; Cass. 1e civ. 11-1-2005 n° 02-11.875 F-D : AJ fam. 2005 p. 108 ; Cass. 1e civ. 11-7-2019 n° 18-20.235 F-D : BPAT 5/19 inf. 171).
Le **lien économique** existe lorsqu'un bien est affecté au service d'un bien principal et qu'il est nécessaire à l'exploitation économique de ce dernier. On parle de bien par accessoire. Il en est ainsi lorsqu'un époux acquiert un bien pour les besoins d'une activité propre.
Les stocks d'une entreprise propre peuvent être qualifiés de biens propres par accessoire. Mais c'est à la condition que l'utilité du bien accessoire pour l'exploitation économique du bien principal soit effectivement caractérisée. La Cour de cassation a déjà décidé qu'une telle affectation ne se vérifiait pas à propos d'un stock de cognac produit par un domaine viticole au motif que ce stock était destiné à être vendu et n'était donc pas « affecté spécialement à l'exploitation du domaine » (Cass. 1e civ. 1-12-1976 n° 75-14.882 : Bull. civ. I n° 382, JCP 1977. II. 18735 concl. Gulphe, RTD civ. 1978 p. 158 obs. C. Giverdon).
Cela étant, en présence d'une entreprise propre, la distinction entre, d'une part, le bien propre par accessoire et, d'autre part, le bien commun résultant du travail de l'entrepreneur n'est pas toujours aisée. Il semble que le premier soit acquis pour l'entreprise tandis que le second est produit par elle, peu important, dans ce dernier cas, que la richesse ainsi créée ne soit pas commercialisée.

EXEMPLE

Constituent des **biens propres par accessoire** :
– le droit au bail qui se rattache à un fonds de commerce propre ;
– le pas-de-porte acquis pendant le mariage pour les besoins d'un cabinet d'assurances, bien propre (Cass. 1e civ. 19-12-2012 no 11-21.957 : Gaz. Pal. 31 mai, 1er juin 2013 jur. p. 14) ;
– une automobile affectée à un cabinet d'assurance (Cass. 1e civ. 8-11-1989 no 87-12.698 : Bull. civ. I no 340 ; Cass. 1e civ. 22-11-2005 no 02-14.927 : Bull. civ. I no 428) ;
– les biens et droits affectés à une exploitation agricole propre tels que des corps de fermes (Cass 1e civ. 21-7-1980 no 79-12.535 : Defrénois 1980 art. 32503 p. 1551 obs. G. Champenois, Bull. civ. I no 227) ; du matériel (Cass. 1e civ. 4-1-1995 no 92-20.013 : Bull. civ. I no 4) ; des droits de plantation (Cass. 1e civ. 19-12-2012 no 11-25.264 : BPAT 1/13 inf. 5) ;
– le cheptel et le stock d'une exploitation propre (Cass. 1e civ. 17-2-2004 no 98-16.852). Mais en sens contraire (Cass. 1e civ. 1-12-1976 no 75-14.882 : Bull. civ. I no 382) ; plus récemment, le stock a été qualifié de produit de l'industrie de l'exploitant (voir no 3068) ;
– les plus-values d'un bien propre (Cass. 1e civ. 3-11-1983 no 82-13.221 : Bull. civ. I no 250).

Constitue un **bien propre par accession** une construction édifiée sur un terrain propre de l'un des époux (Cass. 1e civ. 26-9-2012 no 11-20.196 : Bull. civ. I no 183).

3120 Forment des biens propres les **valeurs nouvelles** et autres accroissements se rattachant à des valeurs mobilières propres (C. civ. art. 1406, al. 1). Sont visées :
– les actions acquises grâce à un droit préférentiel de souscription attaché à des actions propres ;
– les actions attribuées gratuitement à un époux en vertu d'actions propres déjà détenues ;
– les actions attribuées après incorporation de réserves lorsque les nouveaux titres se rattachent à des titres propres à un époux (Cass. 1e civ. 12-12-2006 no 04-20.663 : BPAT 1/07 inf. 5) ;
– les valeurs nouvelles qui se rattachent aux valeurs d'un portefeuille de titres propre, voir no 3130.

3125 Par ailleurs, l'acquisition faite à titre de licitation, ou autrement, de portion d'un bien dont l'un des époux était propriétaire par indivis ne forme pas un acquêt, sauf la récompense due à la communauté pour la somme qu'elle a pu fournir (C. civ. art. 1408).

Ainsi, la **quote-part indivise** d'un bien, acquise par un époux qui se trouve déjà en indivision sur ce bien avec d'autres personnes, n'intègre pas la masse commune. Dérogeant à l'article 1401, la règle vise à écarter la superposition d'indivisions qui résulterait de l'entrée des droits indivis acquis dans la masse commune. Elle est impérative et ne peut être écartée par les époux qu'au moyen d'une convention liquidative conclue pendant l'instance en divorce ou après la dissolution de la communauté (Cass. 1e civ. 13-10-1993 no 91-21.132 : Bull. civ. I no 276 ; Cass. 1e civ. 11-6-2003 no 99-14.612 : Bull. civ. I no 141).

BIEN PROPRE PAR SUBROGATION RÉELLE

3130 La subrogation réelle consiste à appliquer à un bien le statut de celui qu'il remplace. En vertu de ce mécanisme, constituent des biens propres (C. civ. art. 1406, al. 2) :
– les **titres de société** rémunérant l'apport en nature d'un bien propre. Ainsi jugé à propos d'actions (Cass. 1e civ. 21-11-1978 no 76-13.275 : Bull. civ. I no 353 ; Cass. 1e civ. 27-5-2010 no 09-11.894 : RJDA 10/10 no 955) ; même solution pour des parts sociales remises contre l'apport d'un immeuble (Cass. 1e civ. 10-7-1996 no 94-17.471 : Bull. civ. I no 314) ou l'apport d'une clientèle propre (Cass. 1e civ. 28-11-2006 no 05-11.586 : JCP G 2007 I no 142 p. 23 note P. Simler ; contra, Cass. 1e civ. 9-7-1991 no 89-18.504 : Defrénois 1992 art. 35200 note M. Vion). Même solution encore pour les parts d'une société nouvellement formée qui remplacent celles détenues par un associé dans l'une des sociétés qui a été fusionnée (Cass. 1e civ. 13-12-2017 no 16-24.772 F-D : BPAT 2/18 inf. 54 qui relève que le capital de la nouvelle société n'est composé que des apports faits aux structures fusionnées) ;
– les **créances et indemnités** qui remplacent un bien propre telles que l'indemnité versée en réparation de sa perte ou bien encore la créance de prix provenant de sa vente. Dans ce dernier cas, le prix est considéré dans sa globalité, y compris la plus-value réalisée (Cass. 1e civ. 5-12-2018 no 18-11.794 FS-PB : BPAT 1/19 inf. 4). Peu importe la cause de cette plus-value : évolution du marché, modification de l'environnement ou des règles d'urbanisme, améliorations dues à l'industrie d'un des époux ou à des travaux financés par des deniers communs. Dans cette dernière hypothèse toutefois, la plus-value demeure propre, mais à charge de récompense pour la communauté (C. civ. art. 1437 ; nos 3905 s.).

Un **portefeuille de valeurs mobilières** est considéré comme une universalité de fait, de sorte que les valeurs acquises pendant le mariage avec des fonds provenant de la vente de titres présents dans le portefeuille constitué avant le mariage restent des biens propres, sans qu'il soit nécessaire de faire une déclaration de remploi (Cass. 1e civ. 2-6-1993 no 91-16.370 : D. 1993 p. 613 ; Cass. 1e civ. 12-11-1998 no 96-18.041 : Bull. civ. I no 315). Les valeurs acquises par échange ou achat avec le prix de cession d'autres valeurs du portefeuille sont aussi qualifiées de biens propres par accessoires dont le compte-titres n'est que le support (Cass. 1e civ. 22-10-2014 n° 12-29.265 : BPAT 6/14 inf. 230, Bull. civ. I n° 176). En cas de portefeuille propre confondu avec d'autres comptes-titres communs, voir n° 3220.

ATTENTION

Jouant au détriment de la masse commune, le **périmètre de la subrogation réelle** de plein droit s'arrête là où intervient la monnaie. Ainsi, les actions versées à la suite d'un apport en numéraire de fonds propres ou celles acquises à l'aide de fonds résultant de la vente d'un bien propre accroissent la communauté, sauf recours au mécanisme de l'emploi ou du remploi des biens propres (Cass. 1e civ. 5-3-1991 n° 87-18.298 : D. 1991 jur. p. 565 note R. Le Guidec). Même solution à propos de parts sociales d'une SCI acquises avec le prix de vente d'un bien propre, mais sans déclaration de remploi (Cass. 1e civ. 8-10-2014 n° 13-21.879 : RJDA 1/15 n° 16 ; Cass. 1e civ. 8-10-2014 n° 13-24.546 : RJDA 4/15 n° 272, Bull. civ. I n° 162).

Dans le cas de l'**échange** effectué à l'aide d'un bien propre, le bien acquis est pareillement un propre de l'acquéreur par le jeu de la subrogation réelle (C. civ. art. 1407). **3135**
Toutefois, lorsque l'échange n'a pu être effectué qu'au moyen d'une **soulte** versée par la communauté, celle-ci bénéficie, lors de la liquidation du régime, d'un droit à récompense (C. civ. art. 1407, al. 1). Lorsque la soulte supportée par la communauté (à laquelle sont ajoutés, par analogie avec la règle de l'article 1436, les divers frais exposés par la communauté) est supérieure à la valeur du bien cédé, le bien acquis intègre la masse commune, sauf récompense au profit de l'époux acquéreur (C. civ. art. 1407, al. 2).

BIEN PROPRE PAR EMPLOI OU REMPLOI

Le mécanisme de l'« **emploi** » joue dans l'hypothèse où un époux utilise des fonds propres pour les investir dans l'acquisition d'un bien. Celui du « **remploi** » s'applique lorsqu'un époux cède un bien propre pour en réinvestir le prix dans l'achat d'un autre bien. Dans les deux cas, le bien acquis devient la propriété de l'époux qui a financé l'opération. Mais, attention, le jeu de la subrogation réelle n'est pas automatique, il implique le respect de plusieurs conditions. **3140**

Financement L'achat doit être financé avec des **fonds propres**. Pour un remploi, il n'est pas nécessaire que les fonds utilisés soient effectivement ceux perçus lors de la vente du bien (Cass. 1e civ. 5-1-1999 n° 96-11.512 : Bull. civ. I n° 3). Il suffit de prouver que l'époux détient des fonds propres provenant, par exemple, de la vente d'un bien, d'une succession ou d'une libéralité. **3145**
Le financement de l'opération (prix et frais d'acquisition) doit résulter **majoritairement** de fonds propres, sauf récompense au profit de la communauté (C. civ. art. 1436). Il n'est pas exigé que les fonds propres financent la totalité de l'acquisition (Cass. 1e civ. 20-6-2012 n° 11-18.504 : Bull. civ. I n° 138, BPAT 4/12 inf. 205). Mais si la contribution de la communauté est supérieure à celle de l'époux acquéreur, le bien acquis tombe en communauté sauf récompense due à l'époux (Cass. 1e civ. 15-6-1994 n° 92-20.201 : Bull. civ. I n° 210).
La **contribution de la communauté** est calculée en tenant compte des sommes ayant servi à régler une partie du prix et des frais d'acquisition, mais à l'exclusion des intérêts de l'emprunt souscrit pour le financement de cette acquisition qui sont une charge de jouissance supportée par la communauté (Cass. 1e civ. 5-3-2008 n° 07-12.392 : BPAT 2/08 inf. 49). L'indemnité de remboursement anticipé du prêt est aussi exclue pour les mêmes raisons (Cass. 1e civ. 7-11-2018 n° 17-25.965 F-PB : BPAT 1/19 inf. 5). Le paiement de ces sommes étant qualifié de charge de jouissance, il faut en conclure qu'il n'ouvre pas droit à récompense au profit de la communauté.
En présence d'un **double emploi**, c'est-à-dire lorsque chacun des époux apporte des fonds propres, seul l'époux qui a contribué plus que la communauté est propriétaire en propre du bien. En effet, l'emploi impose que des fonds propres soient utilisés pour un montant supérieur à la somme dépensée par la communauté (pour une illustration, Cass. 1e civ. 7-11-2018 n° 17-25.965 F-PB précité).

Déclaration d'emploi ou de remploi L'**acte d'acquisition** doit comporter une déclaration d'emploi ou de remploi. Aucun formalisme particulier ne s'impose mais la déclaration doit être faite dans l'acte d'achat : pour une acquisition immobilière, elle est insérée dans l'acte notarié ; pour l'acquisition de parts sociales, une mention inscrite dans les statuts de la société est valable. **3150**
La déclaration porte d'abord sur l'**origine des fonds**. L'époux doit indiquer que l'acquisition est faite avec des deniers propres ou provenant de la vente d'un bien propre. Cette affirmation a valeur de présomption simple et peut être combattue par tous moyens (Cass. 1e civ. 9-10-1984 n° 83-14.668 : Bull. civ. I n° 249 ; Cass. 1e civ. 5-3-2008 n° 07-12.392 : BPAT 2/08 inf. 49).

La déclaration manifeste aussi la **volonté** de l'intéressé de faire du bien acquis un bien propre. L'acquéreur doit préciser qu'il utilise des fonds propres ou provenant de la vente d'un bien propre, afin de leur tenir lieu d'emploi ou de remploi (C. civ. art. 1434). L'intervention de l'autre époux n'est pas obligatoire mais elle est utile pour constater l'origine propre des deniers utilisés.

ATTENTION

En l'absence de déclaration d'emploi ou de remploi, **ou lorsque celle-ci est incomplète**, il est interdit à l'acquéreur de démontrer qu'il a utilisé des fonds propres avec l'intention implicite d'en faire le remploi (C. civ. art. 1434). Cette déclaration constitue ainsi une véritable condition de validité du remploi et non pas seulement une règle de preuve (en ce sens, notamment, Cass. 1e civ. 20-9-2006 nº 04-18.384 : Bull. civ. I nº 404 ; Cass. 1e civ. 27-2-2013 nº 11-23.833 : BPAT 2/13 inf. 45). Mais cette règle ne vaut qu'à l'égard des tiers.

Dans les rapports entre époux, il y a emploi ou remploi, malgré l'absence de déclaration conforme dans l'acte d'acquisition, dès lors que les intéressés ont cette volonté (voir nº 3160).

3155 Le **conjoint** ne peut pas s'opposer à cette déclaration (Cass. 1e civ. 19-5-1998 nº 95-22.083 : Bull. civ. I nº 175). Il peut en revanche en contester la validité en démontrant, par exemple, que les fonds employés appartenaient à la communauté.

3160 **Emploi et remploi a posteriori** À défaut de déclaration d'emploi ou de remploi dans l'acte d'acquisition, les **époux peuvent convenir** d'un remploi a posteriori, comme le rappelle régulièrement la Cour de cassation, par exemple à propos de parts sociales de SCI (Cass. 1e civ. 8-10-2014 nº 13-21.879 : RJDA 1/15 inf. 16 ; Cass. 1e civ. 8-10-2014 nº 13-24.546 : RJDA 4/15 inf. 272, Bull. civ. I nº 162).

Un remploi peut être décidé jusqu'à la dissolution de la communauté (Cass. 1e civ. 3-11-1983 nº 82-13.221 : Bull. civ. I nº 250, Defrénois 1984, p. 1081 obs. G. Champenois).

Mais son **efficacité** est **limitée**. Inopposable aux tiers, il ne produit ses effets que dans les rapports entre les époux. Autrement dit, le bien concerné conserve sa nature de bien commun sur lequel les créanciers de la communauté peuvent exercer leur droit de poursuite. Mais les époux peuvent convenir de le considérer entre eux comme un bien propre qui pourra être repris par celui qui l'a financé lors de la dissolution de la communauté. L'emploi ou le remploi convenu entre les époux s'impose à leurs héritiers qui n'ont pas, à cet égard, la qualité de tiers (Cass. 1e civ. 25-9-2013 nº 12-21.280 : BPAT 6/13 inf. 211).

3165 **Emploi et remploi par anticipation** Il arrive que l'acquisition précède la vente du bien destiné à financer l'opération, de telle sorte que la communauté avance les fonds permettant d'y procéder.

Le remploi par anticipation est subordonné à la **condition** que les sommes attendues du patrimoine propre soient payées à la communauté dans les cinq ans de la date de l'acte (C. civ. art. 1435). En revanche, le consentement du conjoint n'est pas nécessaire (Cass. 1e civ. 27-3-2007 nº 05-16.434). Il suffit de constater que les fonds propres annoncés ont bien été versés à la communauté.

Ce versement s'analyse comme une condition suspensive, le bien étant regardé comme un acquêt tant qu'elle est pendante. Lorsque la condition se réalise, la rétroactivité est écartée à l'égard des tiers, ce qui diminue de manière sensible l'intérêt du recours au remploi par anticipation.

3. BIENS MIXTES

DISTINCTION DU TITRE ET DE LA FINANCE

3180 La notion de bien mixte présente un point commun avec la catégorie des biens propres par nature, celui de ne pas tomber en communauté en raison de l'étroitesse du lien unissant le bien à la personne d'un époux. Toutefois, dans le cas des biens mixtes, l'exclusion de la communauté est limitée à la fonction attachée au bien. La valeur de ce dernier intègre, en revanche, la communauté.

Ainsi, la jurisprudence distingue deux éléments :

– un **élément personnel** (le « titre »), qui est toujours propre parce qu'attaché à la personne de l'époux concerné ;

– un **élément patrimonial** (la « finance »), qui peut être commun si le bien a été acquis ou créé pendant le mariage. Par exemple, la valeur du fonds de commerce d'une pharmacie entre en communauté si l'ouverture au public a eu lieu après le mariage car seule cette ouverture entraîne la création d'une clientèle réelle et certaine ; peu importe que l'autorisation préfectorale d'ouverture ait été délivrée avant le mariage (Cass. 1e civ. 4-12-2013 nº 12-28.076 : Bull. civ. I nº 238, BPAT 1/14 inf. 5).

Le **domaine d'élection** de la distinction recouvre les professions dont l'exercice est subordonné à une autorisation personnelle tels que les offices ministériels (études de notaires, d'huissiers, etc.) et les fonds d'exercice libéral. Encore faut-il qu'une clientèle existe. Tel n'est pas le cas d'une étude d'administrateur judiciaire qui est dépourvue de caractère patrimonial et n'a donc pas vocation à entrer dans l'actif commun (Cass. 1e civ. 28-5-2014 n° 13-14.884 : BPAT 4/14 inf. 158).
Sont aussi concernées les pensions et allocations attachées à la personne pour lesquelles le droit à pension est propre en raison de son caractère strictement personnel tandis que les sommes ou le capital perçus tombent en communauté en raison de leur affectation familiale ou de leur origine professionnelle (n° 3105).

EXEMPLE

Constituent des **biens mixtes** :
– des parts d'une SCP titulaire d'une charge d'huissier (Cass. 1e civ. 10-2-1998 n° 96-16.735 : Bull. civ. I n° 47) ;
– une clientèle de chirurgien-dentiste (Cass. 1e civ. 12-1-1994 : Bull. civ. I nos 10 et 11 ; dans le même sens, Cass. 1e civ. 2-5-2001 n° 99-11.336 : Bull. civ. I n° 110) ;
– une exploitation de conchyliculture (Cass. 1e civ. 8-12-1987 : JCP N 1989 II p. 221 ; Cass. 1e civ. 14-3-2006 n° 03-19.728 : Bull. civ. I n° 148) ;
– une officine de pharmacie (Cass. 1e civ. 18-10-2005 n° 02-20.329 : Bull. civ. I n° 373) ;
– une licence de taxi (Cass. 1e civ. 16-4-2008 n° 07-16.105 : BPAT 3/08 inf. 88) ;
– l'allocation d'accession à la propriété versée aux rapatriés d'Algérie (Cass. 1e civ. 9-6-2010 n° 08-16.528 : BPAT 4/10 inf. 208) ;
– les droits acquis au titre d'un régime de prévoyance professionnelle obligatoire (Cass. 1e civ. 3-3-2010 n° 08-15.832 : BPAT 2/10 inf. 81).

La **distinction** du titre et de la finance **permet** de préserver le caractère personnel du bien à l'égard des tiers en respectant l'investiture par l'autorité publique ou en protégeant la clientèle civile attachée au professionnel. Mais, il est vrai que, dans ce dernier cas, la cessibilité du fonds d'exercice libéral affaiblit, sans pour autant la priver de justification, la qualification de bien mixte. 3185

FONDS DE COMMERCE ET ASSIMILÉS

La notion de bien mixte ne s'applique pas, en principe, au fonds de commerce. Lorsqu'il est créé ou acquis à titre onéreux pendant le mariage, ce dernier bascule en **communauté** en nature, et non pas seulement pour sa valeur (Cass. 1e civ. 18-4-1989 n° 87-19.348 : Bull. civ. I n° 153). 3190
Il n'en va autrement que lorsque son exploitation nécessite l'obtention personnelle d'un **diplôme**, ce qui est le cas des officines de pharmacie (voir n° 3180).
Sont également des biens communs :
– une exploitation artisanale ;
– une exploitation agricole, et ce, même si le bail à ferme appartient à titre exclusif à un époux (Cass. 1e civ. 28-11-2007 n° 06-15.443).

STOCK-OPTIONS

Quand une société distribue des stock-options, l'opération comprend deux temps : 3195
– l'attribution des options, c'est-à-dire la promesse de l'employeur de vendre ou d'ouvrir à souscription des actions dans un délai déterminé et moyennant un prix définitivement fixé ;
– la levée ou l'exercice des options, c'est-à-dire l'achat ou la souscription des actions par le bénéficiaire au prix indiqué.
Pour la Cour de cassation, il faut distinguer les stock-options des actions acquises ou souscrites en vertu de ces premières (Cass. 1e civ. 9-7-2014 n° 13-15.948 FS-PBI : BPAT 5/14 inf. 191, RJDA 10/14 n° 774 ; Cass. 1e civ. 25-10-2023 n° 21-23.139 FS-B : BPAT 1/23 inf. 5) :
– les **stock-options** et les droits qui en résultent (ceux d'acquérir ou souscrire des actions) forment des biens propres par nature en raison de leur caractère personnel marqué (C. civ. art. 1404). Les options sont certes attribuées en raison de l'activité professionnelle de leur bénéficiaire, mais les droits qui en résultent sont incessibles jusqu'à ce que l'option soit exercée (C. com. art. L 225-183). Cette caractéristique justifie la qualification de propre par nature. Cette qualification évite au notaire liquidateur d'avoir à valoriser les options, exercice bien délicat ;
– les **actions** levées durant la communauté intègrent celle-ci, en nature et en valeur. Celles achetées ou souscrites après la dissolution du régime matrimonial restent hors de l'actif commun.
Est ainsi balayée l'idée de distinction du titre et de la finance, soutenue par une partie de la doctrine après la décision de 2014 (E. Naudin : JCP N 2014 n° 1318, approuvée par R. Mortier : Dr. sociétés 2015, admise avec des réserves : S. Schiller et H. Fabre, Le sort des rémunérations des dirigeants face au régime matrimonial de la communauté : BRDA 3/16 inf. 31). Il s'agirait d'accorder aux stock-options une valeur patrimoniale si, au jour de la dissolution du régime, elles peuvent être levées. L'époux titulaire

aurait alors le choix : soit lever effectivement ces options, les actions intégrant la communauté, soit ne pas les lever mais la valeur des actions serait à inscrire à l'actif commun.
Sur la valeur patrimoniale des actions communes lorsqu'elles sont vendues pendant l'indivision postcommunautaire, voir n° 70227.

> **Précisions** Une autre voie resterait néanmoins possible pour les couples souhaitant réserver un autre sort aux stock-options : prévoir par **contrat de mariage** que si, au jour de la dissolution, l'option peut être levée, la plus-value virtuelle entrera en communauté ; l'époux attributaire pourrait à son choix, soit lever l'option à cette date, soit verser à son conjoint la moitié de cette plus-value virtuelle et conserver pour lui l'option qu'il serait libre d'exercer ou non (en ce sens, G. Champenois : Defrénois 2015 p. 678).

PLAN D'ATTRIBUTION GRATUITE D'ACTIONS

3197 La solution donnée pour les stock-options nous paraît transposable, par identité de situations, au cas où l'un des conjoints communs en biens bénéficie d'un plan d'attribution gratuite d'actions. En effet, l'attribution des actions n'est définitive qu'au terme d'une période d'acquisition (C. com. art. L 225-197-1, I-al. 5). Pendant cette période, les bénéficiaires ne sont pas propriétaires des actions et les droits résultant de l'attribution gratuite sont incessibles jusqu'au terme de cette période (C. com. art. L 225-197-3, I-al. 1). Les titulaires disposent donc alors, selon nous, d'un droit qui constitue un bien propre par nature comme l'option de souscription ou d'achat d'actions.
À l'issue de la période d'acquisition, le bénéficiaire devient actionnaire. À notre avis, les actions qui lui sont attribuées entrent alors dans l'actif de la communauté (sauf dissolution de celle-ci), même si ces actions doivent encore être conservées pendant une certaine période (C. com. art. L 225-197-1, I-al. 6).

PARTS SOCIALES NON NÉGOCIABLES

3200 Les droits sociaux non négociables forment des biens mixtes (Cass. 1e civ. 9-7-1991 n° 90-12.503 : Bull. civ. I n° 232 ; Cass. 1e civ. 10-2-1998 n° 96-16.735 : Bull. civ. I n° 47). Acquis durant le mariage (avec des fonds communs ou des fonds propres sans déclaration d'emploi), ils intègrent la communauté mais uniquement **en valeur**, la qualité d'associé et les parts sociales, considérées **en nature**, demeurant personnelles à l'époux qui en est titulaire (Cass. 1e civ. 4-7-2012 n° 11-13.384 : BPAT 5/12 inf. 246). Pour une application dans laquelle il est réaffirmé que l'attribution de parts sociales nominativement à l'un des époux n'en fait pas un bien propre (Cass. 1e civ. 4-6-2009 n° 08-15.228).
Cette solution trouve sa justification dans l'article 1832-2 du Code civil, qui prévoit qu'un époux ne peut employer des biens communs pour faire un apport à une société ou acquérir des parts sociales non négociables sans que son conjoint en ait été averti et sans qu'il en soit justifié dans l'acte et que la qualité d'associé est reconnue à celui des deux qui fait l'apport ou réalise l'acquisition.
Lorsque les époux font ensemble un apport en numéraire, ils reçoivent chacun la qualité d'associé pour la moitié des parts (Cass. com. 15-5-2012 n° 11-13.240 : RJDA 12/12 n° 1071).

ATTENTION

Les parts sociales naissent, non pas à la signature des statuts, mais lors de l'immatriculation de la société : dès lors, si cette immatriculation intervient après dissolution de la communauté (par divorce ou décès), les parts sociales souscrites par un époux antérieurement n'entrent pas en communauté (Cass. 1e civ. 17-1-2024 n° 22-11.303 F-B : BPAT 2/24 inf. 61, BRDA 5/24 inf. 1).

3202 La nature mixte des parts sociales acquises durant le mariage emporte des **conséquences** particulières, spécialement **lors du partage**. Après la dissolution de la communauté, le conjoint associé peut céder ses parts sans recueillir l'accord de son ou ses coïndivisaires puisque seule leur valeur est tombée en communauté (Cass. 1e civ. 12-6-2014 n° 13-16.309 : BPAT 4/14 inf. 157, RJDA 10/14 n° 755). Sur la cession des parts durant le mariage, n° 3510.
S'il les vend, les parts doivent être portées à l'actif de la communauté pour leur valeur au jour du partage et non pour leur prix de cession (Cass. 1e civ. 22-10-2014 n° 12-29.265 : BPAT 6/14 inf. 230, RJDA 1/15 n° 15). La valeur des parts (la « finance ») restant intégrée à l'indivision postcommunautaire, les bénéfices et dividendes, autrement dit les fruits et revenus des parts, suivent le même régime que la finance et accroissent l'indivision (Cass. 1e civ. 28-3-2018 n° 17-16.198 F-PB : BPAT 3/18 inf. 102).

> **Précisions** La solution retenue en matière de parts sociales contraste avec celle gouvernant les **actions**. L'aliénation de ces dernières pendant l'indivision postcommunautaire est assujettie à la règle de l'unanimité, sous la sanction de l'inopposabilité à l'autre conjoint, de sorte que doit être portée à l'actif de la masse à partager la valeur des actions au jour du partage (Cass. 1e civ. 7-10-2015 n° 14-22.224 : BPAT 6/15 inf. 234).

CRÉATION LITTÉRAIRE OU ARTISTIQUE

Les créations littéraires ou artistiques connaissent un régime particulier (CPI art. L 121-9). Le **droit de divulgation** et le monopole d'**exploitation** demeurent propres à l'auteur ou à celui des époux qui en a été investi. 3205

Seuls tombent en communauté les **produits pécuniaires** résultant de l'exploitation de l'œuvre dès lors qu'ils ont été acquis ou économisés pendant le mariage.

4. PRÉSOMPTION DE COMMUNAUTÉ

DOMAINE

« Tout bien, meuble ou immeuble, est réputé acquêt de communauté si l'on ne prouve qu'il est propre à l'un des époux par application d'une disposition de la loi » (C. civ. art. 1402, al. 1). Dans les **relations entre époux**, la présomption de communauté conditionne, pendant le fonctionnement du régime, leurs pouvoirs sur les biens en favorisant, sous réserve des dispositions du régime primaire, la gestion concurrente. 3220

À la dissolution de la communauté, la présomption a pour effet d'inclure à l'actif commun, puis dans le partage de l'indivision postcommunautaire, tous les biens dont la nature propre n'est pas démontrée. Ce sera à l'époux qui prétend reprendre tel bien déterminé de démontrer son caractère propre (Cass. 1e civ. 17-10-2018 n° 17-26.713 F-PB : BPAT 6/18 inf. 225). Ainsi, celui qui revendique le caractère propre d'un portefeuille de titres doit être en mesure de rapporter la preuve de l'origine des valeurs. À défaut, et si le portefeuille s'est confondu avec d'autres comptes-titres communs, le caractère commun l'emporte (Cass. 1e civ. 30-4-2014 nos 13-13.579 et 13-14.234 : Bull. civ. I n° 74).

La présomption de communauté est également favorable à la naissance de récompenses au profit de la communauté puisque les deniers utilisés par un époux sont présumés communs jusqu'à preuve contraire.

Dans les **relations des époux et des tiers**, la présomption est en principe favorable aux créanciers communs puisqu'elle les autorise à saisir n'importe quel bien du ménage (C. civ. art. 1413). C'est à l'époux qui veut échapper à la mesure d'exécution forcée de prouver qu'il s'agit d'un bien propre. Réciproquement, le créancier personnel d'un époux devra, pour justifier sa saisie, prouver que la mesure porte sur un bien propre de son débiteur. 3221

RENVERSEMENT

Le renversement de la présomption de communauté doit se plier aux **modes de preuve** énumérés par l'article 1402, alinéa 2 du Code civil. 3225

La preuve contraire peut être **intrinsèque**. C'est le cas lorsque le bien porte en lui-même la preuve ou la marque de son origine (cas notamment des biens propres par nature).

À défaut, la preuve du caractère propre du bien doit résulter d'un **écrit**. La preuve littérale n'est toutefois exigée qu'en cas de contestation. Elle n'est pas requise lorsque les époux conviennent amiablement de la nature propre d'un bien, à l'occasion d'une convention liquidative. Dans les autres cas, la preuve littérale pourra résulter, par exemple, d'une déclaration de remploi insérée dans l'acte d'acquisition d'un bien. À défaut d'inventaire ou autre preuve préconstituée, le juge est autorisé à prendre en considération « tous écrits, notamment titres de famille, registres et papiers domestiques, ainsi que documents de banque et factures ». Il peut même admettre, à défaut de tout écrit, la preuve par **témoignage ou présomption**, s'il constate qu'un époux a été dans l'impossibilité matérielle ou morale de se procurer un écrit (C. civ. art. 1402, al. 2).

B. Composition passive

1. PRINCIPES DIRECTEURS

La composition du passif de la communauté légale obéit à un **double principe**, celui de la corrélation de l'actif et du passif et celui de la corrélation entre le pouvoir de gérer les biens et celui de les engager sur le plan du passif. 3250

Le pouvoir de gestion des biens communs étant reconnu à chaque époux, chacun d'eux peut en principe engager passivement la communauté. Le paiement des dettes nées pour quelque cause que ce soit pendant le régime, du fait d'un époux, peut être poursuivi sur les biens communs sous réserve d'exceptions importantes.

L'**obligation à la dette**, également désignée sous le nom de « passif commun provisoire », concerne les relations entre les époux et les tiers. Elle définit les biens sur lesquels un créancier peut exercer son droit de poursuite. 3255

Elle est organisée pendant le mariage par les articles 1411, 1413 à 1415 du Code civil, et après dissolution du mariage par les articles 1482 à 1489 du même Code. Si, pendant le mariage, une distinction est faite entre biens propres et biens communs, cette distinction disparaît après le partage de la communauté.
La question de la **contribution à la dette**, c'est-à-dire du « passif définitif », consiste à déterminer le patrimoine qui doit en supporter la charge définitive et donc l'existence éventuelle d'un droit à récompense. Elle surgit lors de la dissolution de la communauté pour la liquidation du régime matrimonial.

2. PASSIF PROPRE

PASSIF ANTÉRIEUR AU MARIAGE ET PASSIF LIÉ AUX LIBÉRALITÉS ET SUCCESSIONS

3270 « Les dettes dont les époux étaient tenus au jour de la célébration du mariage ou dont se trouvent grevées les successions et libéralités qui leur échoient pendant le mariage leur demeurent personnelles, tant en capitaux qu'en arrérages ou intérêts » (C. civ. art. 1410).

3271 Pour déterminer les **dettes antérieures au mariage**, il faut se reporter à la date du fait générateur. Peu importe la date de l'échéance de la dette, dès lors qu'elle a pris naissance avant la célébration du mariage.

EXEMPLE

Constituent des **dettes personnelles** :
– la dette résultant du versement d'une prestation compensatoire sous forme de rente, y compris pour les arrérages échus après le remariage ;
– les dommages-intérêts auxquels est condamné un époux après le mariage pour une faute commise avant ;
– la dette née d'un engagement affecté d'une condition pris avant le mariage, même si la condition se réalise après, dès lors qu'elle a été stipulée rétroactive.

3275 Les **dettes liées aux biens reçus par succession ou libéralité** font partie du passif propre de l'héritier ou du gratifié. Tel est le cas, par exemple, du passif successoral incombant à l'héritier acceptant pur et simple, des charges grevant une libéralité, des frais funéraires ou encore droits de mutation liés à une libéralité sauf si elles prennent la forme d'une rentre viagère (voir n° 3275), des frais funéraires ou encore des droits de mutation liés à une libéralité. Tel n'est pas le cas, en revanche, d'une **dette de recel successoral** (condamnation d'un époux au paiement d'une somme au titre d'un recel successoral) ; elle est de nature délictuelle et ne grève pas la succession au sens des articles 1410 et 1411 du Code civil (Cass. 2e civ. 8-12-2022 n° 20-14.302 F-B : BPAT 1/23 inf. 3).

ÉTENDUE DU DROIT DE POURSUITE

3280 Le paiement de dettes propres ne peut être, en principe, poursuivi que sur les **biens propres** de l'époux débiteur.
La règle connaît toutefois un double tempérament (C. civ. art. 1411).
En premier lieu, le droit de poursuite des créanciers s'étend aux **revenus du débiteur** qui s'entendent comme ses gains et salaires et les fruits et revenus de ses biens propres. Or, ces revenus s'analysent comme des biens communs (nos 3055 s. et 3070).
En second lieu, les créanciers sont autorisés à saisir les **biens de la communauté** quand le mobilier qui appartient à leur débiteur a été confondu dans le patrimoine commun et ne peut plus être identifié. C'est à l'époux débiteur, qui entend éviter la saisie des biens communs, de prouver l'existence du mobilier lui appartenant en propre (Cass. 1e civ. 16-5-2000 n° 98-17.409 : Bull. civ. I n° 141).

CONTRIBUTION À LA DETTE

3285 Une dette propre à un époux reste à sa charge définitive. Si la communauté l'a réglée, elle bénéficie d'un droit à **récompense** à la dissolution du régime (C. civ. art. 1412). Si la dette reste due à la dissolution de la communauté, elle incombe exclusivement à cet époux et ne grève pas la masse commune. Sur les récompenses, voir nos 3885 s.

3. PASSIF COMMUN

a. Passif commun sur le plan de l'obligation à la dette

PRINCIPE DE L'ENGAGEMENT DES BIENS COMMUNS

« Le paiement des dettes dont chaque époux est tenu, pour quelque cause que ce soit, **pendant la communauté**, peut toujours être poursuivi sur les biens communs, à moins qu'il n'y ait eu fraude de l'époux débiteur et mauvaise foi du créancier, et sauf la récompense due à la communauté s'il y a lieu » (C. civ. art. 1413). **3300**

La **communauté** est engagée quelle que soit la nature – contractuelle ou extracontractuelle – ainsi que l'origine – professionnelle ou privée – de la dette.

Mais si la dette née pendant le régime engage la communauté, elle oblige aussi l'**époux qui l'a souscrite** (C. civ. art. 1418, al. 1 et 2284). C'est pourquoi son paiement peut être poursuivi, non seulement sur les acquêts, mais encore sur les biens propres du conjoint qui l'a fait entrer en communauté.

ATTENTION

Dans le cas d'une **dette solidaire**, « elle est réputée entrée en communauté du chef des deux époux », de telle sorte que le droit de gage du créancier s'étend à l'ensemble du patrimoine du ménage et que le paiement de la totalité de la créance peut être réclamé à l'un ou à l'autre des époux sur les biens communs ou les biens propres (C. civ. art. 1418, al. 2).

Lorsque la dette est simplement **conjointe**, ce qui est le cas si elle résulte d'un acte assujetti à la cogestion, le créancier ne peut poursuivre chacun des époux qu'à hauteur de la moitié de la dette.

COLLUSION FRAUDULEUSE

Aucune poursuite sur les biens communs n'est possible en cas d'**engagement frauduleux** de l'époux (il s'est endetté avec l'intention de nuire à son conjoint en faisant supporter la dette par la communauté) et de **mauvaise foi du créancier** (il avait connaissance de la fraude) (C. civ. art. 1413). Ces deux conditions sont cumulatives (Cass. com. 20-2-1980 n° 78-14.278 : Bull. civ. I V n° 87 ; Cass. 1e civ. 28-3-1984 n° 82-15.538 : Bull. civ. I n° 120). **3305**

PROTECTION DES GAINS ET SALAIRES

En **principe**, les gains et salaires d'un époux, même s'ils constituent des biens communs, ne peuvent pas être saisis par les créanciers de son conjoint (C. civ. art. 1414). Ce principe est doublement limité. **3310**

D'une part, les **dettes ménagères solidaires** engagent les deux époux. Sur la question de savoir si les gains et salaires d'un époux peuvent aussi être saisis pour le paiement des dettes ménagères non solidaires souscrites par le conjoint, voir n° 1910.

D'autre part, « lorsque les **gains et salaires sont versés à un compte courant ou de dépôt**, ceux-ci ne peuvent être saisis que dans les conditions définies par décret » (C. civ. art. 1414, al. 2). Ils sont insaisissables mais uniquement dans un certain plafond qui est égal, au choix du conjoint non débiteur :

– soit au montant du salaire versé le mois précédant la saisie ;
– soit à la moyenne des gains et salaires versés dans l'année qui la précède.

La règle s'applique à tous les comptes alimentés par les gains et salaires du conjoint non débiteur, qu'il s'agisse d'un compte personnel de ce dernier ou d'un compte joint (C. proc. exécution art. R 162-9).

Au-delà de ce plafond, les gains et salaires du conjoint du débiteur sont saisissables par les créanciers communs.

PROTECTION CONTRE L'EMPRUNT ET LE CAUTIONNEMENT

« Chacun des époux ne peut **engager** que ses **biens propres** et ses **revenus**, par un cautionnement ou un emprunt, à moins que ceux-ci n'aient été contractés avec le consentement exprès de l'autre conjoint qui, dans ce cas, n'engage pas ses biens propres » (C. civ. art. 1415). Autrement dit, les biens communs ne peuvent être engagés qu'avec l'accord du conjoint. **3315**

Champ d'application de la protection L'article 1415 du Code civil est une disposition impérative qui s'applique à tous les **régimes de communauté**, qu'il s'agisse de la communauté légale ou d'une communauté conventionnelle (Cass. 1e civ. 3-5-2000 n° 97-21.592 : Bull. civ. I n° 125 ; Cass. 1e civ. 28-1-2003 n° 01-01.807 F-D : RJDA 8-9/03 n° 880 ; Cass. 1e civ. 5-10-2016 n° 15-24.616 FS-PB : BPAT 6/16 inf. 218). Il s'applique même à une société d'acquêts adjointe à un régime de séparation de biens (Cass. 1e civ. 25-11-2003 n° 1591 : RJDA 7/04 n° 889). **3320**

Toutefois, il semble que cette protection se limite à l'obligation de la dette (par opposition à la contribution à la dette) et ne s'appliquerait donc que durant la vie de la communauté (voir n° 3391).

Dès lors qu'il est applicable, les deux époux **peuvent se prévaloir** de l'article 1415 du Code civil pour faire obstacle à une voie d'exécution sur un bien commun : celui qui s'est porté caution ou emprunteur, ou son conjoint (Cass. 1e civ. 15-5-2002 n° 99-21.464 : RJDA 11/02 n° 1189 et Cass. 1e civ. 15-5-2002 n° 00-15.298 : RJDA 11/02 n° 1194). En revanche, l'action n'est pas ouverte aux tiers (Cass. 1e civ. 14-1-2003 n° 00-12.295 : RJDA 6/03 n° 639).

3325 La protection vaut pour les **emprunts** (immobiliers, à la consommation, etc.) et toutes les opérations assimilées, tels que les découverts bancaires sur un compte personnel (Cass. 1e civ. 6-7-1999 n° 97-15.005 : RJDA 11/99 n° 1245 ; Cass. 1e civ. 5-10-2016 n° 15-24.616 FS-PB : BPAT 6/16 inf. 218) ou sur un compte joint des époux (Cass. 1e civ. 19-11-2002 n° 00-21.083 : BPAT 2/03 inf. 29, Bull. civ. I n° 274). L'entrepreneur qui souscrit un emprunt bénéficie de la protection même s'il a déclaré agir pour le compte d'une société en cours de formation (Cass. 1e civ. 9-7-2014 n° 13-20.356 : RJDA 10/14 n° 763, dans un cas où la société n'avait pas repris l'engagement).

Échappent **en revanche** à l'article 1415 du Code civil :

– les emprunts contractés pour l'entretien du ménage ou l'éducation des enfants dès lors qu'ils portent sur des sommes modestes nécessaires aux besoins de la vie courante et, en cas de pluralité d'emprunts, que leur montant cumulé n'est pas manifestement excessif eu égard au train de vie du ménage. Ces emprunts relèvent de la solidarité ménagère organisée par le régime primaire (nos 1885 s.) ;

– les opérations qui ne peuvent pas être assimilées à un emprunt ; par exemple une clause de révision du prix de cession d'actions (Cass. 1e civ. 22-3-2017 n° 16-13.365 FS-PB : D. 2017 p. 2122 obs. V. Brémond).

> **Précisions** La règle de l'article 1415 du Code civil peut fragiliser les **sûretés** garantissant l'emprunt immobilier et, notamment, le privilège de prêteur de deniers, désormais qualifié d'hypothèque légale spéciale (C. civ. art. 2404). Celle-ci échappe en effet au créancier en l'absence de consentement exprès du conjoint de l'emprunteur quand bien même l'acte de prêt, souscrit par un seul époux, n'est pas inefficace (Cass. 1e civ. 5-5-2021 n° 19-15.072 FS-P : SNH 17/21 inf. 1).

3330 Enfin, l'article 1415 du Code civil s'applique aux **cautionnements et aux opérations qui s'en approchent**, tels que l'aval (Cass. 1e civ. 3-5-2000 n° 764 : Bull. civ. I n° 125 ; Cass. 1e civ. 4-6-2009 n° 08-15.228) et la garantie à première demande (Cass. 1e civ. 20-6-2006 n° 04-11.037 : RJDA 2/07 n° 196).

Sont en revanche **exclus** de la protection :

– la garantie des dettes sociales due par l'associé d'une SCI à proportion de ses apports (Cass. 1e civ. 17-1-2006 n° 02-16.595 : RJDA 4/06 n° 423) ;

– la convention de garantie de passif intégrée à une cession de parts ou d'actions (Cass. 1e civ. 20-9-2012 n° 11-13.144 : RJDA 1/13 n° 41) ;

– le nantissement consenti unilatéralement par un époux sur un bien commun en garantie du paiement de la dette d'un tiers (Cass. ch. mixte 2-12-2005 n° 03-18.210 : RJDA 2/06 n° 197). Depuis l'ordonnance 2006-346 du 23 mars 2006, la validité de cet acte est assujettie au double consentement des époux (C. civ. art. 1422, al. 2). Mais s'il a été consenti avant l'entrée en vigueur de ce texte, soit le 25 mars 2006, il demeure soumis à la jurisprudence antérieure. Cet acte est valablement consenti par un époux agissant seul et l'article 1415, n'étant pas applicable, ne met pas obstacle à la réalisation du nantissement (Cass. 1e civ. 20-2-2007 n° 06-10.217 : RJDA 8-9/07 n° 894) ;

– l'engagement de l'acquéreur d'une société de payer l'emprunt souscrit par celle-ci et de garantir les cédants des sommes dont ils devraient s'acquitter en leur qualité de caution du prêt (Cass. 1e civ. 27-2-2013 n° 10-27.519 : RJDA 6/13 n° 523).

3335 **Principe : droit de poursuite limité du créancier** Lorsque l'emprunt ou le cautionnement est consenti par un époux sans le consentement exprès de son conjoint, l'**assiette du droit de gage** général du créancier se limite aux biens propres et aux revenus de la caution ou de l'emprunteur. Les revenus englobent les gains et salaires et les fruits et les revenus des biens propres.

3340 L'article 1415 interdit la prise d'une mesure conservatoire sur un **bien commun** (Cass. 1e civ. 29-5-1996 n° 94-16.615 : RJDA 11/96 n° 1361), par exemple une inscription d'hypothèque judiciaire (Cass. 1e civ. 15-5-2002 n° 99-21.464 : RJDA 11/02 n° 1189). Une telle hypothèque est impossible même limitée à la moitié du bien, les droits des époux sur un bien n'étant susceptibles d'être individualisés que dans le cadre de la liquidation de la communauté (Cass. 1e civ. 11-3-2003 n° 00-22.208 : RJDA 8-9/03 n° 881).

Même après la dissolution de la communauté, la saisie d'un bien qui était commun aux époux lors de l'engagement de l'un d'eux est impossible (Cass. 1e civ. 22-11-2005 n° 03-12.180 : Bull. civ. I n° 427 ; Cass. 1e civ. 28-3-2008 n° 07-13.388 : BPAT 3/08 inf. 89). Les biens communs inclus dans l'indivision postcommunautaire et ceux attribués, dans le cadre du partage, à l'un des époux continuent ainsi de bénéficier de la protection.

S'agissant des revenus du débiteur, la règle organisée par l'article 1415 s'avère, en pratique, d'une mise en œuvre délicate. **3345**

La première difficulté tient à la fluidité de la notion de **revenus**, ces derniers se transformant en des biens communs ordinaires dès lors qu'ils sont **économisés**, placés ou investis. Il convient donc de déterminer à partir de quel instant les revenus changent de qualification pour échapper au droit de poursuite du créancier, voir n° 1588.

En cas de saisie d'un compte alimenté par les revenus des deux époux, le cantonnement prévu par l'article 1414, alinéa 2 limitant la saisissabilité des gains et salaires du conjoint non débiteur (voir n° 3310) n'est pas applicable aux revenus de la caution ou de l'emprunteur, l'article 1415 organisant la protection de la communauté (Cass. 1e civ. 17-2-2004 n° 02-11.039 : Bull. civ. I n° 45, BPAT 2/04 inf. 37).

La seconde difficulté surgit au stade de la mise en œuvre du droit de poursuite du créancier, celle-ci nécessitant l'**identification des revenus** du débiteur. C'est au poursuivant de démontrer que les sommes qu'il entend saisir correspondent à des biens propres ou à des revenus du débiteur (Cass. 1e civ. 17-1-2006 n° 02-20.636 : RJDA 10/06 n° 1069). À cet égard, il est indifférent que les fonds soient inscrits sur un compte personnel du débiteur (Cass. 1e civ. 17-1-2006 n° 02-20.636 : RJDA 10/06 n° 1069) ou sur un compte joint (Cass. 1e civ. 3-4-2001 n° 99-13.733 : Bull. civ. I n° 92 ; Cass. 1e civ. 17-2-2004 n° 02-11.039 : RJDA 7/04 n° 899 ; Cass. 1e civ. 15-6-2017 n° 16-20.739 F-D). La voie la plus aisée pour le créancier sera ainsi de pratiquer une saisie des rémunérations de la caution ou de l'emprunteur entre les mains de son employeur ou de sa caisse de retraite. **3350**

Précisons que l'obligation d'identifier les revenus s'applique même en **cas d'exécution volontaire** de son obligation par le débiteur, ce qui conduit à faire primer la protection de l'article 1415 sur l'indépendance bancaire organisée par le régime primaire (Cass. 1e civ. 18-2-2003 n° 00-21.362 : BPAT 3/03 inf. 53). Dans cet arrêt de 2003, la Cour de cassation considère que l'autorisation donnée par l'époux caution pour des prélèvements mensuels sur son compte personnel n'est valable que s'il est établi que ce compte est alimenté par ses seuls revenus.

Extension du droit de poursuite Le consentement exprès d'un époux au cautionnement ou à l'emprunt contracté par son conjoint a pour effet d'élargir le droit de poursuite du créancier à l'ensemble des biens communs. **3355**

Ne sont alors **exclus du droit de gage** général du créancier que :

– les gains et salaires du conjoint de la caution ou de l'emprunteur conformément à la règle de l'insaisissabilité de ces derniers (voir n° 3310) ;

– les biens propres du conjoint car le consentement exprès de ce dernier vaut seulement autorisation mais ne le rend pas partie à l'acte.

Le **consentement du conjoint** du débiteur n'obéit à aucun formalisme pourvu qu'il soit exprès et donné lors de la souscription de l'emprunt ou du cautionnement (Cass. 1e civ. 29-6-2011 n° 10-11.012 : BPAT 5/11 inf. 274). Dans la mesure où ce consentement s'analyse comme une autorisation par laquelle le conjoint ne s'engage pas lui-même, il échappe aux règles de preuve requises pour les actes sous signature privée (C. civ. art. 1376). Pour autant, le consentement n'en doit pas moins être certain. **3360**

La seule connaissance de l'acte par l'intéressé ne suffit pas pour le caractériser. De la même façon, ne vaut pas consentement exprès et concomitant :

– l'hypothèque consentie par les deux époux en garantie du remboursement de l'emprunt contracté par l'un deux (Cass. 1e civ. 19-11-2002 n° 00-16.683 : Bull. civ. I n° 273). L'hypothèque contractée dans ces conditions ne permet donc pas de remédier à l'inefficacité de l'hypothèque spéciale du prêteur de deniers due au défaut de consentement exprès du conjoint lors de la conclusion de l'emprunt (voir n° 3325, précisions) ;

– la fiche de renseignements remplie par un époux lors de la constitution du dossier de prêt souscrit par son conjoint faisant mention de l'état civil, des revenus et du patrimoine du ménage (Cass. 1e civ. 28-11-2006 n° 04-19.725 : BPAT 1/07 inf. 6) ;

– le fait que l'engagement de la femme, gérante de société, soit subordonné à la caution de son mari (Cass. 1e civ. 1-12-2010 n° 09-15.669 : BPAT 1/11 inf. 12) ;

– l'accord d'un époux au plan de surendettement incluant le prêt litigieux souscrit par son conjoint (Cass. 1e civ. 29-6-2011 n° 10-11.012 : BPAT 5/11 inf. 274).

3365 Dans l'hypothèse où les époux **se portent garants de la même dette**, il convient de distinguer deux situations :
– si les engagements résultent de plusieurs actes distincts établis le même jour, il y a deux cautionnements unilatéraux, si bien que chaque époux n'engage que son patrimoine propre et ses revenus (Cass. 1e civ. 15-2-2002, 3 arrêts nos 00-13.527, 00-15.298 et 99-21.464 : D. 2002, p. 1780 note C. Barberot ; Cass. 1e civ. 8-3-2005 n° 01-12.734 : RJDA 8-9/05 n° 1041 ; Cass. 1e civ. 13-6-2019 n° 18-13.524 F-D : BPAT 4/19 inf. 166-10 ; RTD civ. 2019 p. 645 obs. M. Nicod). Dans le même sens pour des nantissements consentis unilatéralement par chaque époux (Cass. 1e civ. 15-5-2002 n° 745 : RJDA 11/02 n° 1193) ;
– si les engagements sont souscrits en termes identiques, dans un acte unique, l'article 1415 ne s'applique pas, de sorte que chaque époux engage non seulement ses biens propres et ses revenus mais aussi l'intégralité du patrimoine commun (C. civ. art. 1413 ; Cass. 1e civ. 13-10-1999 n° 96-19.126 : Bull. civ. I n° 273 ; Cass. com. 5-2-2013 n° 11-18.644 : BPAT 2/13 inf. 46). L'article 1415 du Code civil est purement et simplement écarté ; il ne s'agit pas d'apprécier si le conjoint a donné ou non son consentement. L'éviction de l'article 1415 se heurte toutefois à une limite lorsque l'engagement de caution d'un époux est annulé pour défaut de mention manuscrite. En pareil cas, la présence de sa signature au pied de l'acte unique ne vaut pas consentement exprès du cautionnement consenti par l'autre conjoint (Cass. com. 29-9-2021 n° 20-14.213 FS-B : SNH 34/21 inf. 1, rendue sous l'empire du droit antérieur à la réforme du droit des sûretés). Il s'ensuit que le créancier ne peut poursuivre son paiement que sur les biens propres et les revenus de ce dernier.

b. Contribution à la dette ou passif commun définitif

DETTES RELEVANT DU PASSIF DÉFINITIF

3380 **Aliments** Relèvent du passif définitif de la communauté les aliments dus par les époux (C. civ. art. 1409, al. 1).
Sont **notamment** concernées les pensions alimentaires dues pendant le mariage par les deux époux ou par l'un d'eux seulement par exemple à leurs parents ou à leurs enfants nés d'un premier mariage (Cass. 1e civ. 8-11-2005 n° 03-14.831 : Bull. civ. I n° 403).

3385 **Entretien du ménage** Restent également à la charge définitive de la communauté les dettes contractées par les époux pour l'entretien du ménage et l'éducation des enfants, « conformément à l'article 220 » (C. civ. art. 1409, al. 1). Le renvoi à ce texte est ici généralement interprété comme visant l'ensemble des dettes ménagères, qu'elles soient **solidaires ou non** (sur la discussion, voir nos 1905 s.).

3390 **Autres dettes** Deux conditions doivent être réunies pour qu'un passif soit définitivement commun au plan de la contribution, c'est-à-dire dans les rapports entre époux. La dette doit :
– être née pendant le mariage (voir n° 3392) ;
– avoir été souscrite dans l'intérêt de la masse commune puisque l'article 1409, alinéa 2 du Code civil réserve l'hypothèse des dettes qui auraient fait naître un droit à récompense : voir n° 3395.
Est ainsi définitivement commune la dette d'**impôt**, sauf en ce qui concerne les pénalités (Cass. 1e civ. 19-2-1991 : Bull. civ. I n° 64 ; Cass. 1e civ. 17-9-2003 n° 02-11.532 : RTD civ. 2004 p. 134 obs. B. Vareille ; Cass. 1e civ. 17-10-2018 n° 17-22.282 F-D : BPAT 6/18 inf. 267-1). À noter toutefois une décision de la cour d'appel de Paris qui a jugé que l'impôt sur le revenu constitue la charge directe des revenus personnels d'un époux, étrangère aux besoins de la vie familiale, et qui ne figure pas au nombre des charges du mariage auxquelles les deux époux doivent contribuer (CA Paris 1e ch. section A 16-10-2001 n° 00-8673 : BPAT 2/02 inf. 131).
Les dettes liées à la **jouissance d'un bien propre** restent à la charge définitive de la communauté. Sont considérées comme telles :
– les dépenses de remplacement ou d'entretien d'un matériel agricole dépendant d'une exploitation propre (Cass. 1e civ. 13-10-2021 n° 19-24.008 FS-B : BPAT 6/21 inf. 251). Il en résulte notamment qu'aucune récompense n'est due à la communauté pour de telles dépenses résultant de la gestion courante de l'entreprise propre d'un époux. L'achat de matériel nouveau est en revanche exclu des charges de jouissance. Seul le solde des emprunts afférents au remplacement d'un matériel amorti d'une exploitation propre doit donc être supporté à titre définitif par la communauté, celui relatif à l'achat de nouveau matériel devant être supporté par l'époux propriétaire de l'exploitation (sur ces points, voir notamment G. Yildirim, Achat de matériel nécessaire à une exploitation propre : attention aux distinctions : SNH 4/22 inf. 12) ;

– les intérêts payés par la communauté au titre d'un emprunt souscrit pour l'acquisition ou l'amélioration d'un bien propre (Cass. 1e civ. 31-3-1992 n° 90-17.212 : Defrénois 1992 art. 35348 note G. Champenois ; Cass. 1e civ. 24-10-2000 n° 98-19.767 : Dr. famille 2000 comm. n° 145 note B. Beignier ; Cass. 1e civ. 3-2-2010 n° 08-21.054 : BPAT 2/10 inf. 81 1e espèce). Encore faut-il que le bien soit effectivement la propriété d'un époux, ce qui n'est pas le cas de celui qui appartient à une SCI dont les parts sont des biens propres à un époux (Cass. 1e civ. 8-10-2014 n° 13-21.879 : BPAT 6/14 inf. 231 qui décide que la communauté n'a pas à supporter la charge des intérêts) ;
– l'indemnité de remboursement d'un anticipé d'un prêt relatif à un bien propre (Cass. 1e civ. 7-11-2018 n° 17-25.965 : AJ fam. 2019 p. 46 obs. P. Hilt, RTD civ. 2019 p. 168 obs. B. Vareille, Defrénois 2019 n° 147h7 p. 29 obs. G. Champenois) ;
– la rente viagère due par l'épouse à ses parents en vertu de la donation-partage que ceux-ci lui ont consentie (Cass. 1e civ. 15-5-2008 n° 07-11.460 : JCP G 2008 I n° 202 § 12). La solution n'est pas contestable car le service d'une rente viagère constitue une charge de la donation pesant sur les revenus.

Les **emprunts et cautionnements unilatéraux** relèvent aussi du passif commun définitif, sauf s'ils ont été contractés dans l'intérêt exclusif du débiteur (Cass. 1e civ. 19-9-2007 n° 05-15.940 : Bull. civ. I n° 278 : D. 2007 p. 3112 note V. Barabé-Bouchard ; AJ fam. 2007 p. 438 obs. P. Hilt ; Cass. 1e civ. 8-7-2010 n° 09-14.230 : BPAT 5/10 inf. 264 à propos du découvert du compte bancaire professionnel d'un époux ; Cass. 1e civ. 17-10-2018 n° 17-26.713 F-PB : BPAT 6/18 inf. 225, à propos d'un crédit à la consommation). **3391**

Par un arrêt très remarqué de 2018, la Cour de cassation a indiqué que, dans le cas d'une **communauté universelle** avec clause d'attribution intégrale au conjoint survivant, l'épouse qui reçoit toute la communauté au décès de son mari doit payer l'emprunt contracté par le défunt dès lors qu'il n'est pas démontré que ce dernier l'avait souscrit dans son intérêt exclusif (Cass. 1e civ. 5-12-2018 n° 16-13.323 FS-PBI : BPAT 1/19 inf. 6 ; D. 2019 p. 627 obs. V. Bouchard, RTD civ. 2019 p. 173, JCPN 2019 art. 1217 note Q. Prim). La décision, fondée sur les articles 1409 et 1524 du Code civil (voir nos 13200 s.), met ainsi fin à la jurisprudence antérieure selon laquelle, par application de l'article 1415 du Code civil, le conjoint survivant, attributaire de l'intégralité de la communauté, ne pouvait pas être tenu de payer, sur les biens communs, l'emprunt ou la caution souscrits par le défunt (Cass. 1e civ. 3-5-2000 n° 97-21.592 : Bull. civ. I n° 125 ; Cass. 1e civ. 28-1-2003 n° 01-01.807 F-D : RJDA 8-9/03 n° 880 ; Cass. 1e civ. 5-10-2016 n° 15-24.616 FS-PB : BPAT 6/16 inf. 218). Dans ces dernières jurisprudences, les magistrats avaient raisonné en se plaçant au stade de l'obligation à la dette, tandis que dans l'affaire de 2018, ils se situent au plan de la contribution. Cette solution semble attachée à la spécificité de l'attribution intégrale de communauté qui implique d'en acquitter toutes les dettes. Elle devrait donc s'appliquer que la communauté soit universelle, réduite aux acquêts, de meubles et acquêts ou qu'il s'agisse d'une société d'acquêts. Pour certains auteurs, la solution de 2018 s'appliquerait même à toutes les communautés, avec ou sans attribution intégrale (en ce sens, notamment, V. Bouchard, Les créanciers de l'emprunteur peuvent poursuivre son conjoint survivant attributaire de la communauté : D. 2019 p. 627). Pareille solution remettrait en cause la jurisprudence qui interdit au créancier de poursuivre, après le partage, le paiement de sa créance sur un immeuble qui était commun et qui a été attribué au conjoint de la caution (voir n° 3340).

En tout état de cause, les dettes ne sont communes que si elles sont **nées durant** la communauté (C. civ. art. 1409). Comme pour les dettes propres (n° 3271), c'est le fait générateur de la dette qui détermine sa naissance. **3392**

Constitue donc une dette commune celle découlant de la condamnation prononcée contre un époux après la dissolution de la communauté pour des faits commis durant le mariage (Cass. 1e civ. 25-2-2003 n° 00-22.672 : Bull. civ. I n° 53).

À l'inverse, est exclu du passif commun l'impôt sur les plus-values latentes relatives à des actions communes attribuées à un époux dans le cadre du partage : même si les actions ont pris de la valeur durant la communauté, la dette d'impôt ne naîtra qu'au jour de la cession des actions, c'est-à-dire après la dissolution de la communauté (Cass. 1e civ. 14-5-2014 n° 13-16.302 : BPAT 4/14 inf. 159).

DETTES EXCLUES DU PASSIF DÉFINITIF

Trois séries de dettes sont écartées, par la loi, du passif commun définitif. Elles ouvrent donc droit à récompense au profit de la communauté si celle-ci les a acquittées (nos 3885 s.). Il s'agit : **3395**
– des dettes contractées dans l'**intérêt personnel** de l'un des époux telles que celles contractées pour « l'acquisition, la conservation ou l'amélioration d'un bien propre » (C. civ. art. 1416) ;
– des « **amendes** encourues par un époux, en raison d'infractions pénales, ou les réparations et dépens auxquels il a été condamné pour des délits ou quasi-délits civils » (C. civ. art. 1417, al. 1). Ainsi, pour des pénalités pour fraude fiscale (Cass. 1e civ. 20-1-2004 n° 01-17.124 : Bull. civ. I n° 20)

ou pour l'astreinte qui est l'accessoire d'une condamnation pénale (Cass. 1e civ. 12-11-2009 n° 08-19.443 : BPAT 1/10 inf. 5), ou bien encore pour une infraction commise par un époux sanctionnée par la confiscation d'un bien commun (Cass. crim. 9-9-2020 n° 18-84.619 FS-PBI : BPAT 6/20 inf. 183). La récompense due à la communauté sera toutefois diminuée, le cas échéant, du profit retiré par elle du fait délictueux (C. civ. art. 1417, al. 1) ;
– des dettes contractées par l'un des époux au mépris des devoirs que lui imposait le mariage (C. civ. art. 1417, al. 2). Sont ici visés tous les **devoirs du mariage**, tant patrimoniaux qu'extrapatrimoniaux. Ainsi, la location d'un appartement par un mari pour y loger sa maîtresse fait naître un droit à récompense au profit de la communauté.

La jurisprudence admet qu'une dette soit exclue du passif définitif de la communauté à titre de sanction d'une **faute de gestion** commise par un époux. Ainsi jugé par exemple pour :
– l'utilisation d'une somme empruntée non pour financer la scolarité de l'enfant mais pour se livrer, à l'insu de son épouse, à des opérations boursières déficitaires et contraires à l'intérêt commun (Cass. 1e civ. 28-9-2011 n° 10-21.565 : BPAT 6/11 inf. 333) ;
– la souscription à l'insu du conjoint et en imitant sa signature de 25 prêts à la consommation (Cass. 1e civ. 14-3-2012 n° 11-15.369 : Bull. civ. I n° 59).

4. TABLEAU RÉCAPITULANT LE RÈGLEMENT DES DETTES DES ÉPOUX

3400

Dettes	Obligation à la dette			Contribution à la dette
	Biens communs	Biens propres de l'auteur de la dette	Biens propres du conjoint	
Dettes faites par les deux époux	oui	oui	oui	communauté
Dettes ménagères faites par un seul époux	oui (1)	oui	oui (1)	communauté (1)
Autres dettes faites par un époux	oui, sauf les salaires du conjoint dans un certain plafond	oui	non	communauté en principe auteur de la dette si elle a été faite dans son intérêt personnel ou si elle résulte d'une faute commise par lui
Cas particuliers : emprunts, cautions par un époux sans le consentement de l'autre (et opérations assimilées)	non, sauf les salaires et revenus des biens propres de l'auteur de la dette (2)	oui	non	communauté en principe auteur de la dette si elle a été faite dans son intérêt personnel
Dettes antérieures au mariage ou liées à une donation, un legs ou une succession	non, sauf les salaires et revenus des biens propres de l'auteur de la dette (3)	oui	non	auteur de la dette

(1) Les dettes ménagères qui sont manifestement excessives ou payées par voie d'achat à tempérament ou encore par voie d'emprunt relèvent du régime de droit commun. Toutefois, la possibilité de saisir les salaires du conjoint est discutée, comme l'inscription de ces dettes au passif définitif de la communauté (n° 1910).
(2) Tous les biens communs sont saisissables si le conjoint consent à l'opération. S'il se porte lui-même emprunteur ou caution, ses biens propres sont aussi engagés au même titre que ceux de son conjoint.
(3) Les biens communs deviennent saisissables si les biens propres de l'époux débiteur se sont confondus avec le patrimoine commun et ne sont plus identifiables.

II. GESTION DE LA MASSE COMMUNE ET DES MASSES PROPRES

A. Pouvoirs sur les biens communs

1. GESTION CONCURRENTE

PRINCIPE

« Chacun des époux a le **pouvoir** d'administrer seul les biens communs et d'en disposer, sauf à répondre des fautes qu'il aurait commises dans sa gestion. Les actes accomplis sans fraude par un conjoint sont opposables à l'autre » (C. civ. art. 1421, al. 1). 3450

Erigée en principe, cette règle de gestion confère à chaque époux le pouvoir d'agir sur les biens communs, sans requérir le consentement de l'autre.

L'époux agissant est seul **partie à l'acte**. Ce dernier est seulement opposable à son conjoint, sous réserve de la fraude. Par l'effet relatif des conventions, cette différence de positionnement juridique justifie que les époux ne disposent pas des mêmes pouvoirs dans les rapports créés par l'acte. L'article 1421 du Code civil « n'assoit aucun droit propre et donc concurrent, à chacun des époux d'obtenir ce qui est dû à la communauté en vertu d'une convention conclue par l'un d'entre eux » (M.-L. Coquelet, Compte-courant d'associé et régime de communauté, l'épouse peut-elle agir en remboursement des sommes inscrites au crédit du compte du mari ? : Gaz. Pal. 31-3-2011 p. 12 s.).

ACTE À TITRE ONÉREUX

Relèvent du principe de la gestion concurrente, dès lors qu'ils ne sont pas l'objet de dispositions dérogatoires, les actes à titre onéreux. 3455

C'est le cas des **actes conservatoires**.

C'est aussi celui des **actes d'administration**, parmi lesquels on peut citer :

– les actes relatifs aux baux d'habitation (conclusion d'un bail, perception des loyers, etc.) sauf ceux concernant le logement de la famille (n°s 1750 s.) ;

– la perception des capitaux communs. Ainsi, est opposable le remboursement entre les mains d'un époux d'un prêt de sommes communes consenti par le conjoint (Cass. 1e civ. 31-1-2006 n° 03-19.630 : BPAT 2/06 inf. 41). Des exceptions toutefois. La première est en faveur de la cogestion puisque celle-ci s'impose pour percevoir des fonds provenant d'opérations soumises elles-mêmes à la cogestion (n° 3520). D'autres sont au profit de la gestion exclusive en raison de la particularité de certains biens. Ainsi, l'époux titulaire de parts sociales a seul qualité pour percevoir les dividendes auxquels ses titres lui donnent droit (Cass. 1e civ. 5-11-2014 n° 13-25.820 : BPAT 1/15 inf. 5) ;

– la gestion des lots de copropriété dépendant de la communauté. Conséquence des pouvoirs concurrents des époux : la convocation à l'assemblée générale des copropriétaires doit, à peine de nullité, leur être notifiée à tous les deux (Cass. 3e civ. 23-5-2007 n° 06-14.974 : D. 2007 p. 1595 et p. 2184 obs. P. Capoulade et C. Attias, BPIM 4/07 inf. 289).

Enfin, la gestion concurrente s'applique aux **actes de disposition** relatifs aux biens meubles. Elle trouve, à cet égard, un puissant soutien dans la présomption mobilière du régime primaire (n°s 1620 s.).

Elle vaut, par exemple, pour la cession d'actions (Cass. 1e civ. 27-5-2010 n° 09-11.894 : RJDA 10/10 n° 955).

ACTION EN JUSTICE

L'**exercice des actions** en justice obéit pareillement à la gestion concurrente. Chaque époux peut exercer seul, en demande ou en défense, les actions relatives aux biens communs. Ainsi par exemple pour l'action en nullité d'une vente immobilière (Cass. 1e civ. 19-3-1991 n° 88-18.488 : Bull. civ. I n° 91) ou d'une assemblée générale de copropriétaires s'agissant d'un lot dépendant de la communauté (Cass. 1e civ. 4-7-2007 n° 06-16.702 : JCP G 2007 chron. n° 208 § 14 2e esp.). 3460

La gestion concurrente connaît toutefois des **limites** tenant, d'une part, à l'effet relatif des conventions qui prive de qualité à agir le conjoint non contractant et, d'autre part, à l'intuitu personae qui marque certaines actions. C'est ainsi que :

– l'époux non signataire du contrat d'acquisition du véhicule familial ne peut pas exercer, sur le fondement de la convention, les actions en réparation d'un dommage corporel ou moral qui lui demeurent personnelles (Cass. 2e civ. 13-12-1989 n° 87-14.990 : Bull. civ. II n° 222) ;

– seul l'époux ayant la qualité d'héritier peut exercer l'action en partage d'une succession même si les biens reçus constituent des biens communs (Cass. 1e civ. 2-4-2008 n° 07-11.254 : Bull. civ. I n° 103, à propos d'une communauté universelle) ;
– seul le titulaire d'un compte courant d'associé peut agir en remboursement du solde de ce compte, même si les sommes appartiennent à la communauté (Cass. 1e civ. 9-2-2011 n° 09-68.659 : BPAT 2/11 inf. 160).

3462 En corollaire à l'autonomie des époux pour agir au nom de la communauté, les **décisions** relatives à un bien commun rendues à l'encontre de l'un sont **opposables** à l'autre. Elles ont autorité de chose jugée à l'égard des deux époux (Cass. 2e civ. 21-1-2010 n° 08-17.707 : BPAT 2/10 inf. 82, à propos d'un bail). Celui qui n'a pas été partie à l'action ne peut pas former tierce opposition.
Cette règle connaît une **exception** : la saisie des immeubles communs doit être poursuivie contre les deux époux (C. exécution art. L 311-7). Ce tempérament, formalisé par l'ordonnance 2006-461 du 21 avril 2006, était déjà appliqué par la jurisprudence aux actions qui tendaient à la privation d'un bien commun, mais avec un certain flou. Ainsi, il a été jugé que la décision d'expulsion à la suite d'une procédure d'adjudication n'était pas revêtue de l'autorité de la chose jugée à l'égard des époux qui n'avait pas été attrait dans la procédure, celui-ci pouvant, dès lors, faire tierce opposition (Cass. 2e civ. 21-9-2000 n° 97-21.905 : Bull. civ. II n° 132 ; Cass. 2e civ. 8-4-2004 n° 02-14.746 : Bull. civ. II n° 187). En sens inverse, la tierce opposition du conjoint non attrait à la procédure a été refusée à propos d'actions relatives à la vente d'un bien commun à la suite de la liquidation judiciaire d'un époux (Cass. com. 28-4-2009 n° 08-10.368 : RJDA 10/09 n° 878) ; à la démolition d'un bien commun (Cass. 2e civ. 2-12-2010 n° 09-68.094 : Bull. civ. II n° 200).

LEGS DE BIENS COMMUNS

3465 Chaque époux peut librement procéder, par testament, au legs d'un bien commun.
Mais, d'une part, le legs ne peut pas dépasser la part du testateur dans la communauté ; d'autre part, lorsqu'il a pour objet un ou plusieurs biens déterminés, le legs ne s'exécute en nature que si les biens concernés sont placés dans le lot du conjoint prédécédé. S'ils sont attribués au conjoint survivant, le legs s'exécute par équivalent au moyen d'une indemnité prélevée sur la part du testateur dans la communauté et sur ses biens propres (C. civ. art. 1423).

2. GESTION EXCLUSIVE

3480 « L'époux qui exerce une profession séparée a seul le pouvoir d'accomplir les actes d'administration et de disposition nécessaires à celle-ci » (C. civ. art. 1421, al. 2). Destinée à garantir l'indépendance professionnelle de chaque époux, la règle de la gestion exclusive est liée à l'existence d'une **profession séparée**. Toutefois, en ce dernier cas, les dispositions reconnaissant aux conjoints collaborateurs une présomption de mandat unilatéral pour accomplir les actes d'administration nécessaires aux besoins de l'exploitation viennent faire échec à la règle du Code civil (nos 1590 s.).

3481 La gestion exclusive **s'applique** aux « **actes** d'administration et de disposition nécessaires à l'exercice d'une profession séparée ». Maladroite, la formule recouvre non seulement l'ensemble des opérations de gestion courante à finalité professionnelle (paiement de factures, souscription d'une assurance, achat et vente de matériels ou marchandises), mais aussi les actes relatifs aux biens communs affectés à l'exercice de la profession (cession d'actions, par exemple). C'est d'ailleurs en ce dernier domaine qu'elle présente véritablement un intérêt. L'autonomie du professionnel est toutefois limitée lorsque l'exploitation ou le fonds de commerce appartient à la communauté (n° 3510).

3. GESTION CONJOINTE

3490 La gestion conjointe ou cogestion déroge tout à la fois à la gestion concurrente et à la gestion exclusive (C. civ. art. 1421, al. 3). Son **domaine** recouvre les actes à titre gratuit, à l'exception du legs, et certains actes à titre onéreux ayant pour objet un bien commun (C. civ. art. 1422, 1424 et 1425). La gravité de ces actes et l'importance des biens sur lesquels ils portent justifient l'exigence du double consentement des époux.

ACTES À TITRE GRATUIT

3495 La cogestion s'applique, en premier lieu, aux **donations** de biens communs quelle qu'en soit la forme (C. civ. art. 1422, al. 1 ; Cass. 1e civ. 5-7-1988 n° 87-11.116 : JCP G 1989 II 21337 note P. Simler, pour un bail sans stipulation de loyers). Sur le cas de la donation-partage consentie à un enfant commun, voir n° 63796.

Y échappent toutefois les dons modiques et les présents d'usage ainsi que les opérations qui, bien que portant sur des valeurs importantes, ne s'analysent pas d'un point de vue technique comme des donations entre vifs (sur le cas particulier de l'assurance-vie, voir nos 65250 s.).
Enfin, le régime primaire vient contrecarrer la règle de la gestion conjointe lorsque la donation porte sur des gains et salaires et, plus généralement, sur des biens meubles (nos 1570 s. et 1620 s.).
Sur le cas particulier des gains et salaires économisés, voir n° 1585 s.

La cogestion recouvre, ensuite, les opérations de **nantissement d'un bien commun en garantie de la dette d'un tiers**, souscrites après l'entrée en vigueur de l'ordonnance du 23 mars 2006, soit le 25 mars 2006 (C. civ. art. 1422, al. 2 ; Cass. 1e civ. 20-2-2007 n° 06-10.217 : RJDA 8-9/07 n° 894). 3500

ACTES À TITRE ONÉREUX

Biens soumis à la cogestion Le périmètre de la cogestion dépend ici tout à la fois de la nature des biens et de celle de l'acte dont ils sont l'objet (C. civ. art. 1424). 3510
S'agissant des biens, sont soumis à la règle du double consentement des époux :
– les **immeubles** ;
– les **parts sociales non négociables**, c'est-à-dire les parts de sociétés de personnes, SNC, SCI, les parts de SARL. Pour une application à des parts de SCI (Cass. 1e civ. 9-11-2011 n° 10-12.123 : BPAT 6/11 inf. 334, AJ fam. 2012 p. 55, D. 2012 p. 483 note V. Barabé-Bouchard). On peut s'interroger sur la conciliation entre cette exigence légale de cogestion et les jurisprudences selon lesquelles la qualité d'associé ne tombe ni en communauté ni dans l'indivision postcommunautaire, période durant laquelle l'époux associé peut en conséquence librement céder ses parts (nos 3200 s.). Elle tient, en réalité, à l'effet déclaratif du partage et à l'exclusion de la qualité d'associé et des parts sociales non négociables des opérations de partage ;
– les **meubles corporels dont l'aliénation est soumise à publicité**, c'est-à-dire les navires et les aéronefs dont le transfert de propriété est subordonné à l'accomplissement de formalités de publicité ;
– les **fonds de commerce** dépendant de la communauté. La cogestion s'applique non seulement au fonds de commerce envisagé en tant qu'universalité, mais aussi à ses différents éléments qui, par leur importance ou par leur nature, sont nécessaires à l'exploitation de l'entreprise. La règle est expressément prévue par le Code de commerce dans l'hypothèse où un des époux participe à l'activité professionnelle de son conjoint (C. com. art. L 121-5) ;
– les **exploitations** dépendant de la communauté. L'expression désigne, de façon certaine, les exploitations agricoles et artisanales. Elle prête, en revanche, à controverse pour le fonds d'exercice libéral. Ce dernier s'analyse, on le sait, comme un bien mixte tombant en communauté pour sa seule valeur, de telle sorte que sa soumission à la cogestion demeure incertaine (TGI Paris 19-11-1987 : Defrénois 1988 art. 34289 p. 931 obs. G. Champenois, qui écarte la cogestion pour la cession d'un office notarial ; comp. Cass. 1e civ. 15-5-1974 n° 72-14.668 : Bull. civ. I n° 148, qui soumet à la cogestion la cession de la moitié d'un cabinet dentaire relevant d'une société d'acquêts). Il reste que l'esprit de la loi, qui fait ici prévaloir la protection de la communauté sur l'indépendance professionnelle des époux, fournit un argument en faveur de la soumission du fonds d'exercice libéral à la cogestion.
Sur l'articulation entre l'article 1424 du Code civil et la présomption de pouvoirs en matière mobilière du régime primaire, voir n° 1630.

Actes soumis à la cogestion S'agissant des actes, tombent dans le champ de la cogestion les **actes de disposition** portant sur les biens précités, c'est-à-dire les aliénations volontaires (vente, apport en société, échange, par exemple) et les constitutions de droit réel (usufruit, servitude, hypothèque, par exemple). 3515

EXEMPLE

Constituent des actes de disposition **soumis à la cogestion** :
– la notification à une Safer d'une déclaration d'intention d'aliéner (Cass. 3e civ. 22-4-1976 n° 75-11.920 : Bull. civ. I II n° 157) ;
– la signature d'un compromis relatif au partage de biens communs (Cass. 1e civ. 8-2-2000 n° 97-19.920 : Bull. civ. I n° 37) ;
– la réalisation d'un bornage amiable qui prive la communauté d'une parcelle de terre (Cass. 3e civ. 4-3-2009 : n° 07-17.991 : Bull. civ. I II n° 57, AJ fam. 2009 p. 226 obs. P. Hilt).
En revanche, l'exigence de cogestion **n'interdit pas** :
– la conversion, par un seul époux, d'une vente forcée en une vente volontaire (Cass. 1e civ. 31-5-1989 n° 87-10.647 : Bull. civ. I n° 220 ; Cass. 2e civ. 11-1-2007 n° 04-18.792 : Bull. civ. II n° 1) ;
– l'acquisition d'un immeuble par un époux en tontine avec un tiers (Cass. 1e civ. 11-1-1983 n° 81-16.307 : Bull. civ. I n° 15) ;

– la résiliation d'un bail commercial sur les locaux dans lesquels un époux exerce son activité professionnelle, une telle résiliation n'étant pas assimilable à la vente du fonds (Cass. 1e civ. 18-12-2002 n° 01-03.539 : RJDA 3/03 n° 236 ; la solution est toutefois discutée, voir obs. P. Simler : JCP G 2008 I 144 n° 15 à propos de Cass. 3e civ. 14-11-2007 n° 06-13.818 qui déclare le preneur irrecevable à invoquer cette nullité ; JCP N 2008. 1233, note V. Brémond ; CA Paris 14-11-2008 : JCP G 2009 I 140 n° 13, obs P. Simler). Mais la conclusion d'un bail commercial portant sur un bien commun est soumise à la cogestion ;

– la signature d'un mandat, par un époux seul, portant sur la recherche d'acquéreurs pour un bien immobilier et non sur l'aliénation du bien (Cass. 1e civ. 20-11-2013 n° 12-26.128 : Bull. civ. I n° 228, BPAT 1/14 inf. 6, qui valide en conséquence la clause pénale prévue au bénéfice de l'agent immobilier en cas de refus de signer la promesse de vente établie par lui).

3520 Relèvent également de la gestion conjointe :

– la **perception des capitaux** provenant des opérations qui y sont assujetties. L'irrespect de la règle permet au conjoint de réclamer un second paiement au débiteur, sauf à ce dernier d'établir que la communauté a profité du paiement (Cass. 1e civ. 30-10-2006 n° 03-20.589 : BPAT 6/06 inf. 148). Cette preuve pourra résulter de l'encaissement des deniers par la communauté, ce qui se produira en cas de versement sur un compte bancaire, fût-il ouvert au nom d'un seul époux (Cass. 1e civ. 8-2-2005 n° 03-13.456 : Bull. civ. I n° 65 rendu à propos d'une demande de récompense) ;

– la **conclusion d'un bail rural ou commercial** (C. civ. art. 1425 ; C. rur. art. L 411-68 ; C. com. art. L 121-5) ;

– l'**apport d'un bien commun à un patrimoine fiduciaire** (C. civ. art. 1424, al. 2). La protection du patrimoine conjugal déborde ici les contours traditionnels de la cogestion pour négliger la nature du bien objet de la fiducie et s'appliquer à tout « bien de la communauté ». La règle de la cogestion est renforcée par la forme imposée au contrat de fiducie. Ce dernier doit être établi par acte notarié, à peine de nullité absolue, si les biens, droits ou sûretés transférés dans le patrimoine fiduciaire dépendent de la communauté existant entre les époux ou d'une indivision (C. civ. art. 2012, al. 2). Le formalisme notarié est requis afin que le notaire délivre aux constituants les informations nécessaires quant aux conséquences de la fiducie, notamment lorsque la communauté ou l'indivision prend fin avant son terme (Rapport au Président de la République relatif à l'ordonnance 2009-112 du 30-1-2009 portant diverses mesures relatives à la fiducie : JO 31 p. 1851).

MANIFESTATION DU DOUBLE CONSENTEMENT

3525 La cogestion impose à chaque époux de consentir expressément ou tacitement à l'acte. Il semble, pour autant, qu'aucun **formalisme** obligatoire ne soit requis, mais la solution n'a pas été explicitement tranchée par la jurisprudence. La présence physique des conjoints lors de la conclusion de l'acte n'est pas exigée, l'un d'eux pouvant confier à l'autre un mandat spécial pour consentir à l'opération. Le mandat apparent, quant à lui, ne peut pas être déduit de l'attitude purement passive d'un époux assistant aux pourparlers entre son conjoint et l'acquéreur (Cass. 1e civ. 24-3-1981 n° 79-14.965 : JCP G 1982 II 19746 note R. Le Guidec ; Cass. 1e civ. 31-3-2010 n° 08-19.649 : BPAT 3/10 inf. 151).

Après la conclusion de l'acte, il est loisible à l'époux victime du dépassement de pouvoir de ratifier l'acte nul (C. civ. art. 1427).

Les époux ont en principe chacun la **qualité de contractant**, à moins qu'il ne soit stipulé que le consentement de l'un d'eux vaut seulement autorisation donnée à l'autre de passer l'acte. Cela arrive par exemple lorsque l'un des époux se porte seul donateur d'un bien commun à un enfant non commun avec le consentement de l'autre qui ne se porte pas co-donateur.

4. SANCTIONS DES RÈGLES DE GESTION

FAUTE DE GESTION

3550 La gestion concurrente étant la règle, l'époux qui commet une faute de gestion doit en répondre (C. civ. art. 1421).

Il engage sa **responsabilité** envers la communauté et non envers son conjoint puisque sa faute a causé un dommage au patrimoine commun. En conséquence, les dommages-intérêts alloués en réparation du préjudice constituent une créance commune et non une créance personnelle du conjoint (Cass. 1e civ. 1-2-2012 n° 11-17.050 : Bull. civ. I n° 21). Ils sont exclus du passif définitif de la communauté puisqu'il s'agit d'une condamnation pour un quasi-délit civil (C. civ. art. 1417, al. 1). Rappelons que la dette souscrite par l'époux fautif à l'égard du tiers contractant est également exclue du passif commun définitif (voir n° 3395).

Le conjoint dispose d'un **délai** de cinq ans à compter de la dissolution du mariage pour agir.

Les tribunaux apprécient au cas par cas l'existence d'une telle faute. La responsabilité d'un époux est, par **exemple**, engagée s'il achète une voiture ne correspondant ni aux besoins ni aux

capacités financières du couple ou s'il met en location un appartement à un prix bien inférieur à celui du marché.
L'acte fautif, tout en engageant la responsabilité de l'époux qui en est à l'origine, reste valable. Il est à distinguer de l'acte frauduleux.

ATTENTION

L'emploi que chaque époux fait des deniers communs est présumé avoir été fait dans l'intérêt de la communauté. Toutefois, celui qui a utilisé les fonds est tenu, lors de la liquidation du régime matrimonial, d'informer son conjoint de l'affectation des sommes importantes qu'il soutient avoir employées dans l'intérêt commun. À défaut, les deniers prélevés doivent être réintégrés dans l'actif communautaire (Cass. 1e civ. 14-2-2006 n° 03-20.082 : Bull. civ. I n° 66 ; Cass. 1e civ. 13-7-2016 n° 15-14.178 F-D ; Cass. 1e civ. 11-7-2019 n° 18-21.574 F-D : BPAT 5/19 inf. 172). Se trouve ainsi consacrée une **obligation d'information** du conjoint, si ce dernier en fait la demande.

ACTE FRAUDULEUX

Il y a fraude lorsque l'époux a agi dans le cadre de ses pouvoirs mais dans l'intention de nuire à la communauté. **3560**
La sanction est l'**inopposabilité** de l'acte au conjoint qui en a été victime (Cass. 1e civ. 23-3-2011 n° 09-66.512 : BPAT 2/11 inf. 102). Bien qu'étant moins sévère que la nullité puisque l'acte est maintenu, elle présente deux intérêts. D'une part, elle protège le tiers de bonne foi qui a passé le contrat avec le conjoint. D'autre part, elle peut être plus favorable au conjoint victime, parce que le délai pour agir est le délai de droit commun de cinq ans à compter de la dissolution du mariage (et non pas celui de deux ans pour demander la nullité de l'acte pour dépassement de pouvoirs).
Le conjoint victime de la fraude est libre de mettre en œuvre la **responsabilité civile** de son époux sans être tenu d'invoquer la nullité ou l'inopposabilité de l'acte.

DÉPASSEMENT DE POUVOIR

« Si l'un des époux a outrepassé ses pouvoirs sur les biens communs, l'autre, à moins qu'il n'ait ratifié l'acte, peut en demander l'annulation » (C. civ. art. 1427, al. 1). **3565**
La **nullité** sanctionne tous les dépassements de pouvoir sur un bien commun, qu'il s'agisse de l'irrespect de la cogestion, de la gestion exclusive ou des limites d'un mandat ou d'une habilitation judiciaire.
Il s'agit d'une nullité relative réservée à l'époux victime du dépassement de pouvoir ou à ses héritiers (Cass. 1e civ. 4-7-2007 n° 04-10.494 : BPAT 5/07 inf. 131 ; Cass. 3e civ. 14-11-2007 n° 06-13.818 : RJDA 4/08 n° 385, D. 2008 p. 2247 § 3 obs. J. Revel). Elle est susceptible de ratification.

L'action en nullité est ouverte dans un délai de **prescription** de deux ans « à partir du jour où il a eu connaissance de l'acte ». Dans un souci de sécurité juridique, le législateur lui impose un délai butoir. L'action en nullité « ne peut jamais être intentée plus de deux ans après la dissolution de la communauté » (C. civ. art. 1427, al. 2). **3570**
Toutefois, la jurisprudence écarte ce délai butoir lorsque ce dernier aurait pour effet de priver le conjoint du droit d'agir dans les deux ans qui suivent la réalisation de l'acte. Il en est ainsi, par exemple, lorsque la levée de l'option d'une promesse unilatérale de vente ou la réalisation d'une condition suspensive intervient plus de deux ans après la dissolution du régime (Cass. 1e civ. 2-6-1981 n° 79-14.396 : Bull. civ. I n° 187 ; Cass. 1e civ. 15-7-1993 n° 91-18.368 : Bull. civ. I n° 255).
En outre, l'exception de nullité est perpétuelle (Cass. 1e civ. 28-11-2006 n° 04-19.058 : RTD civ. 2007 p. 379 obs. B. Vareille ; Cass. 3e civ. 4-3-2009 n° 07-17.991 : JCP G 2009 I 140 n° 12 obs. P. Simler, D. 2009 AJ p. 872).

ATTENTION

En cas de dépassement de pouvoir, la **fraude** ne peut pas être invoquée pour échapper au délai de prescription de deux ans (Cass. 1e civ. 4-12-2001 n° 99-15.629 : Bull. civ. I n° 303). C'est l'action en nullité et non en inopposabilité qui doit être actionnée, l'article 1421 du Code civil qui sanctionne les actes frauduleux ne trouvant à s'appliquer qu'à défaut d'autre sanction (Cass. 1e civ. 23-3-2011 n° 09-66.512 : BPAT 2/11 inf. 102).

L'auteur du dépassement de pouvoir engage sa responsabilité civile à l'égard de son **conjoint**. Il est ainsi tenu de réparer le préjudice que laisserait subsister le prononcé de la nullité. L'époux victime peut aussi limiter sa demande au seul terrain de la responsabilité civile. **3575**
Le **tiers contractant** n'est, en revanche, pas autorisé à rechercher la responsabilité civile de l'auteur du dépassement de pouvoir (Cass. 1e civ. 24-3-1981 n° 79-14.965 : JCP G 1982 II 19746 note R. Le Guidec).

5. RETRAIT ET TRANSFERT DE POUVOIRS

CONDITIONS ALTERNATIVES

3600 « Si un des époux se trouve d'une manière durable hors d'état de manifester sa volonté, ou si sa gestion de la communauté atteste l'inaptitude ou la fraude, l'autre conjoint peut demander en justice à lui être substitué dans l'exercice de ses pouvoirs » (C. civ. art. 1426). L'**empêchement** d'un époux recouvre les mêmes hypothèses que celles visées par le régime primaire (C. civ. art. 217 et 219 ; voir n° 2065). Mais l'article 1426 du Code civil vise, à la différence de ce dernier, à faire face à un empêchement durable en permettant une réorganisation des pouvoirs des époux sur les biens communs.

Celle-ci est également permise pour protéger le patrimoine commun contre les **fautes** de gestion résultant de la négligence ou de l'incompétence d'un époux ou contre la **fraude** ; pour des exemples (CA Paris 17-4-1996 n° 95-19209 : JCP G 1997 I 4008 n° 15 obs. P. Simler ; Cass. 1e civ. 31-1-1984 n° 82-15.044 : Bull. civ. I n° 38, pour un cas d'accumulation des dettes par un époux).

SUBSTITUTION DE POUVOIRS

3605 Le remède à l'empêchement, l'inaptitude ou la fraude d'un époux consiste ici à lui retirer ses pouvoirs sur les biens communs pour les transférer à son conjoint (C. civ. art. 1426, al. 2).

Le transfert est, à dire vrai, superflu dans le domaine de la **gestion concurrente**.

Il revêt, au contraire, un intérêt tout particulier dans celui de la **gestion exclusive** liée à l'exercice d'une profession séparée de l'époux défaillant ou fautif. Le conjoint habilité par justice dispose alors des mêmes pouvoirs qu'aurait eus l'époux qu'il remplace.

Pour ce qui est des actes soumis à la **cogestion**, le conjoint habilité doit obtenir une autorisation de justice pour les passer.

Dans tous les cas, le conjoint habilité est seul engagé par l'acte.

L'époux interdit est autorisé à réclamer la **restitution de ses pouvoirs** en démontrant que leur retrait n'est plus justifié.

3610 Sur le **plan procédural**, la demande est formée par requête devant le juge aux affaires familiales (CPC art. 1286). La substitution de pouvoirs est assujettie aux dispositions relatives à la procédure de séparation de biens judiciaire (C. civ. art. 1445 à 1447 ; nos 3815 s.). La demande est soumise à publicité, afin de protéger les tiers contre la rétroactivité de la décision prononçant la substitution de pouvoirs.

B. Pouvoirs sur les biens propres

GESTION EXCLUSIVE

3650 « Chaque époux a l'administration et la jouissance de ses propres et peut en disposer librement » (C. civ. art. 1428). Ce principe d'exclusivité des pouvoirs sur les biens propres puise son **fondement** dans le régime primaire (n° 1560), ce qui explique qu'il se retrouve dans les régimes conventionnels, qu'ils soient séparatistes ou mixtes (C. civ. art. 1536 et 1569).

Il connaît toutefois une double **limite**.

FRUITS ET REVENUS DES BIENS PROPRES

3655 Si chaque époux est libre de faire fructifier ses propres, d'en percevoir les fruits et de les consommer alors qu'ils correspondent à des biens communs, il doit récompense à la communauté pour les fruits qu'il a **négligé de percevoir ou consommés frauduleusement**.

Aucune recherche ne peut cependant être effectuée au-delà des cinq dernières années précédant la dissolution de la communauté (C. civ. art. 1403).

RETRAIT DE POUVOIRS

3660 Un époux peut être privé de ses pouvoirs sur ses biens propres dans **deux cas** (C. civ. art. 1429) :

– il se trouve, d'une manière durable, hors d'état de manifester sa volonté (sur ce point, voir n° 3600) ;

– il met en péril les intérêts de la famille, soit en laissant dépérir ses propres, soit en dissipant ou détournant les revenus qu'il en retire.

3665 La **demande de retrait** de pouvoirs obéit à la procédure de séparation de biens judiciaire (C. civ. art. 1445 à 1447 ; nos 3830 s.).

Elle a pour **effet**, lorsqu'elle aboutit, de priver le conjoint défaillant ou fautif de ses pouvoirs d'administration et de jouissance sur ses biens propres. Ceux-ci sont alors confiés à l'autre conjoint, à moins que les circonstances ne justifient la nomination d'un administrateur judiciaire, qui agit en représentation du conjoint dessaisi.

Les fruits doivent être affectés, par l'époux habilité, en priorité aux charges du mariage et l'excédent employé au profit de la communauté (C. civ. art. 1429, al. 2).

AMÉNAGEMENTS CONVENTIONNELS

Chaque époux est autorisé à confier à son conjoint un **mandat exprès** pour la gestion de ses biens propres (C. civ. art. 1431). Les règles du mandat sont ici applicables, sous une double réserve : 3670
– le régime primaire interdit de stipuler le mandat irrévocable (C. civ. art. 218) ;
– le mandataire est dispensé de rendre compte des fruits de sa gestion, sauf si le mandat l'y oblige expressément.

« Quand l'un des époux prend en main la gestion des biens propres de l'autre, au su de celui-ci, et néanmoins sans opposition de sa part, il est censé avoir reçu un **mandat tacite** couvrant les actes d'administration et de jouissance, mais non les actes de disposition » (C. civ. art. 1432). 3675
Le texte édicte une présomption irréfragable, dont le domaine exclut les actes de disposition tels que la conclusion d'un bail rural (Cass. 3e civ. 16-9-2009 n° 08-16.769 : JCP N 2009 act. n° 626, D. 2009 p. 2344 obs. G. Forest). Ces derniers sont entachés de nullité lorsqu'ils sont effectués par un époux dénué de pouvoirs sur les biens propres de son conjoint, sauf ratification de l'acte par celui-ci. La ratification doit en principe être expresse (voir cependant Cass. 1e civ. 17-5-1993 n° 91-20.112 : D. 1994 jur. p. 25 note G. Paisant). À défaut de ratification, la nullité peut être écartée par le biais des présomptions de pouvoirs du régime primaire (sur les meubles : nos 1620 s. ; sur les comptes bancaires : nos 1680 s.) ou du recours à la gestion d'affaires.
La théorie de l'apparence n'est admise ici que de manière très restrictive (voir Cass. 1e civ. 6-7-1976 n° 73-13.182 : JCP 1978 II 18845 note R. Le Guidec).
La **responsabilité de l'époux mandataire** est limitée (C. civ. art. 1432, al. 2). D'une part, il n'est comptable que des fruits existants, à l'exclusion des fruits consommés. D'autre part, pour ceux qu'il aurait négligé de percevoir ou consommés frauduleusement, sa responsabilité ne peut être recherchée que dans la limite des cinq dernières années.

Lorsqu'un **époux s'est immiscé dans la gestion** des biens propres de son conjoint, malgré son opposition ou à son insu, l'acte est entaché de nullité, sous réserve du jeu des présomptions de pouvoirs du régime primaire. 3680
L'époux gérant est alors « responsable de toutes les suites de son immixtion et comptable sans limitation de tous les fruits qu'il a perçus, négligé de percevoir ou consommés frauduleusement » (C. civ. art. 1432, al. 3).

III. DISSOLUTION ET LIQUIDATION DE LA COMMUNAUTÉ

A. Causes de dissolution

PRINCIPES GÉNÉRAUX

La dissolution de la communauté intervient en raison de l'une des **causes** limitativement énumérées par l'article 1441 du Code civil : 3800
– le décès ;
– l'absence déclarée (C. civ. art. 127 et 128) ;
– le divorce (nos 9000 s.) ;
– la séparation de corps (nos 10600 s.) ;
– la séparation de biens judiciaire (nos 3815 s.) ;
– le changement de régime matrimonial (nos 5250 s.).

Il ne peut y avoir lieu à la continuation de la communauté au-delà, malgré toutes conventions contraires. En revanche, les époux ont la possibilité de demander, s'il y a lieu, que, dans leurs rapports mutuels, l'**effet de la dissolution** soit **reporté** à la date où ils ont cessé de cohabiter et de collaborer (C. civ. art. 1442). Cette disposition est largement utilisée en cas de divorce ou séparation de corps. En cas de dissolution par décès, elle peut être invoquée par les héritiers ou le conjoint survivant (Cass. 2e civ. 25-6-1998 n° 96-19.375 : Bull. civ. II n° 234 ; Cass. 1e civ. 14-5-2014 n° 13-14.095 : BPAT 4/14 inf. 160). 3805

La dissolution de la communauté laisse place à l'ouverture d'une **indivision postcommunautaire** régie par le droit commun de l'indivision puis aux opérations de liquidation et de partage. 3810

Celles-ci se déroulent en deux étapes : la formation de la masse partageable puis le partage de la communauté.

CAS DE LA SÉPARATION DE BIENS JUDICIAIRE

3815 La séparation de biens judiciaire permet à un époux d'obtenir la dissolution de la communauté sans rupture ni même relâchement du lien matrimonial. C'est la mesure la plus radicale de protection patrimoniale puisqu'elle conduit à un changement complet de régime matrimonial alors que les mesures de crise prévues par le régime primaire (nos 2050 s.) ou le régime de communauté (nos 3600 s.) maintiennent la communauté.

3820 **Conditions** Un époux peut demander la séparation de biens judiciaire si le maintien de la communauté met en péril ses intérêts en raison du désordre des affaires de son conjoint, de sa mauvaise administration ou de son inconduite (C. civ. art. 1443).

La **mise en péril** des intérêts du demandeur tient, par exemple, à :

– l'accumulation de dettes à charge de la communauté risquant non seulement de le priver de sa part de communauté mais aussi l'obligeant à assumer un passif dont il n'est pas l'auteur (sous réserve du bénéfice d'émolument) ;

– la dissipation des biens communs par le conjoint et notamment des biens meubles (numéraire, titres, meubles corporels, etc.).

Le **péril** doit être **certain**, mais le demandeur n'a pas à attendre que la situation soit totalement obérée, auquel cas la démarche perdrait tout son intérêt.

3825 La mise en péril doit provenir du **désordre des affaires du conjoint**, de sa mauvaise administration ou de son inconduite. Il importe peu que ce désordre résulte de son comportement fautif, de sa négligence ou de son incompétence ou encore d'un simple retournement de conjoncture économique indépendant de sa volonté.

Le désordre des affaires d'un époux implique que ce dernier soit en état d'insolvabilité.

3830 **Procédure** La **demande** doit être portée devant le juge aux affaires familiales de la résidence de la famille (CPC art. 1292). Mais elle reste soumise aux règles de la procédure en matière contentieuse applicable devant le tribunal judiciaire, c'est-à-dire notamment avec l'application de la représentation obligatoire et de la procédure écrite (CPC art. 1136-1).

La demande doit faire l'objet de **mesures de publicité** et d'inscription au répertoire civil (C. civ. art. 1445 ; CPC art. 1292).

Les **créanciers** d'un époux ne sont pas autorisés à prendre l'initiative d'une demande en séparation de biens judiciaire (C. civ. art. 1446). Ils peuvent en revanche sommer les époux de leur communiquer la demande et les pièces justificatives et même intervenir à l'instance pour la conservation de leurs droits (C. civ. art. 1447).

3835 Le **jugement** ne peut être rendu qu'un mois après l'inscription de la demande en marge de l'acte de naissance de chacun des époux (CPC art. 1293). Il fait lui-même l'objet de mesures de publicité à la diligence du demandeur (C. civ. art. 1445 ; CPC art. 1294 à 1297).

La décision est susceptible de **recours**, à savoir :

– l'appel et le pourvoi en cassation pour les parties à l'action (époux et créanciers intervenants) ;

– la tierce opposition pour les créanciers non intervenants s'il a été fait fraude à leurs droits (C. civ. art. 1447, al. 2). Ils disposent d'un délai d'un an à compter des mesures de publicité (CPC art. 1298). C'est à eux qu'incombe la charge de la preuve de la fraude (Cass. 1e civ. 19-3-2014 no 11-22.194 : BPAT 3/14 inf. 111). S'ils obtiennent gain de cause, la séparation de biens judiciaire ordonnée leur est inopposable.

3840 La mise à **exécution du jugement** est enfermée dans certains délais.

D'une part, elle ne peut pas commencer avant que le jugement ait fait l'objet des mesures de publicité précitées sauf à être inopposable aux créanciers des époux (CPC art. 1297).

D'autre part, sous peine de nullité de la séparation de biens judiciairement ordonnée, les **opérations de liquidation et de partage** doivent commencer dans les trois mois du jugement passé en force de chose jugée et le règlement définitif doit intervenir dans l'année de l'ouverture des opérations de liquidation (C. civ. art. 1444).

Le délai d'un an peut être prorogé par le président du tribunal statuant sur requête (C. civ. art. 1444). Encore faut-il justifier de justes motifs, par exemple une expertise en cours pour évaluer l'actif commun.

La nullité pour non-respect des délais précités peut être invoquée par tout intéressé : les créanciers des époux et les conjoints eux-mêmes. L'action est ouverte à l'époux qui a sollicité la séparation de biens dès lors que le dépassement des délais ne lui est pas exclusivement imputable (Cass. 1e civ. 4-6-2009 no 07-21.702 : D. 2009 AJ p. 1696 note V. Egéa).

Effets Le jugement qui prononce la séparation de biens emporte dissolution de la communauté **au jour de la demande** (C. civ. art. 1445). Cette rétroactivité vaut aussi bien entre époux qu'à l'égard des tiers (d'où l'exigence des mesures de publicité). 3845

Les époux se trouvent placés sous le régime de la **séparation de biens** telle que prévue par le Code civil (C. civ. art. 1449). Ils ne peuvent pas y apporter d'aménagements conventionnels et par exemple y adjoindre une société d'acquêts. 3850

Le mariage continuant de produire ses effets, l'époux qui a obtenu la séparation de biens n'est pas dégagé de toute solidarité financière avec son conjoint. Il doit contribuer aux **charges du mariage**, proportionnellement à ses facultés et à celles de son conjoint, comme c'est la règle en cas de séparation de biens (C. civ. art. 1448). Même victime des agissements de son conjoint, il doit supporter entièrement ces frais, s'il ne reste rien à l'autre. 3855
Afin de protéger la famille de la persistance du désordre des affaires d'un époux, le tribunal peut ordonner que celui-ci versera sa contribution entre les mains de son conjoint, lequel assumera seul à l'égard des tiers le règlement de toutes les charges du mariage (C. civ. art. 1449).

B. Formation de la masse partageable

Pour liquider une communauté, il convient de : 3870
– reconstituer activement et passivement les masses communes et propres ;
– présenter le compte des récompenses éventuellement exigibles ;
– vérifier s'il peut exister des créances entre les époux.
Pour un cas liquidatif complet, voir n° 5505.

1. REPRISE DES PROPRES

« La communauté dissoute, chacun des époux reprend ceux des biens qui n'étaient point entrés en communauté, s'ils existent en nature, ou les biens qui y ont été subrogés. Il y a lieu ensuite à la liquidation de la masse commune, active et passive » (C. civ. art. 1467). 3875
Les biens propres sont ainsi exclus de la masse partageable. Chaque époux en effectue la reprise **en nature**, sous réserve de renverser, en cas de contestation, la présomption de communauté (n° 3225).

2. COMPTE DES RÉCOMPENSES

La formation de la masse partageable implique la liquidation des récompenses. « Il est établi au nom de chaque époux un compte des récompenses que la communauté lui doit et qu'il doit à la communauté » (C. civ. art. 1468). 3885
Les récompenses dues par la communauté figurent au crédit du compte de récompense, cependant que celles dues à la communauté sont à son débit.
Les récompenses incarnent les éléments d'un **compte unique et indivisible** dont seul le solde donne lieu à règlement. Cette indivisibilité fait obstacle à ce que le paiement des récompenses soit exigé pendant la durée du régime (Cass. 1e civ. 14-3-1984 n° 82-16.638 : Bull. civ. I n° 96). Elle n'interdit pas, en revanche, à un époux de consentir pendant le fonctionnement de la communauté une donation de récompense au profit de ses héritiers présomptifs (Cass. 1e civ. 6-2-2007 n° 04-13.282 : Bull. civ. I n° 54, JCP G 2007 II n° 10113 F. Sauvage).

Les **dispositions** du Code civil gouvernant les récompenses, et en particulier leurs règles d'évaluation, sont **supplétives de volonté**. Leur application peut être écartée par le contrat de mariage ou une convention passée pendant l'instance en divorce. 3890
Elles **s'imposent**, en revanche, pendant la durée du régime en vertu du principe d'immutabilité des conventions matrimoniales (Cass. 1e civ. 28-6-1983 n° 82-12.926 : Bull. civ. I n° 190).
Elles **cessent de s'appliquer** dès que la communauté est dissoute (Cass. 1e civ. 11-5-2012 n° 11-17.497 : BPAT 4/12 inf. 231 ; Cass. 1e civ. 29-5-2013 n° 11-25.444 : Bull. civ. I n° 114, Sol. Not. 8-9/13 inf. 203), les règles de l'indivision prenant alors le relais (Cass. 1e civ. 13-9-2017 n° 16-22.821 F-D : BPAT 6/17 inf. 216 ; nos 69480 s.).

a. Faits générateurs de récompenses

RÉCOMPENSE DUE PAR LA COMMUNAUTÉ

« La communauté doit récompense à l'époux propriétaire toutes les fois qu'elle a tiré **profit de biens propres**. Il en est ainsi, notamment, quand elle a encaissé des deniers propres ou provenant de la vente d'un bien propre, sans qu'il en ait été fait emploi ou remploi » (C. civ. art. 1433). 3900

Le profit doit être **direct** et il doit résulter d'un **transfert de valeurs** d'un patrimoine propre en direction de la communauté. En conséquence, cette dernière ne doit rien lorsque :
– un époux règle la dette d'une société, même si les deux conjoints en sont les seuls associés et si ce paiement évite la saisie de biens communs (Cass. 1e civ. 6-3-2013 n° 11-24.557 : Bull. civ. I n° 32) ;
– un époux a apporté à la communauté un bien propre conformément aux stipulations de son contrat de mariage (Cass. 1e civ. 3-10-2019 n° 18-20.430 FS-PBI : BPAT 6/19 inf. 230). Aucun mouvement de valeur entre la masse propre et la masse commune n'étant intervenu au cours du régime matrimonial, l'apport n'ouvre donc pas droit à récompense à l'époux apporteur ;
– un époux loge sa famille dans un bien qui lui est propre. Outre l'absence de mouvement de fonds, l'absence de récompense est aussi justifiée par le fait que les époux sont tenus de contribuer aux charges du mariage (et le logement est un besoin essentiel), la communauté a droit à la jouissance des biens propres (elle en assume en contrepartie les charges), l'indemnité due au titre de l'occupation du bien serait commune puisque les revenus des biens propres tombent en communauté.
En dehors de ces conditions, la communauté doit une récompense toutes les fois qu'elle s'est enrichie au détriment du patrimoine propre d'un époux, afin de compenser la perte subie par ce patrimoine.
Une **déclaration d'emploi** ou de remploi n'est pas requise (Cass. 1e civ. 20-6-2012 n° 11-18.504 : Bull. civ. I n° 138, BPAT 4/12 inf. 205 ; Cass. 1e civ. 25-5-2016 n° 15-18.573 F-PB : BPAT 4/16 inf. 146), ce mécanisme ayant un tout autre objet que celui des récompenses. Il en va notamment ainsi en cas d'**acquisitions successives par la communauté**, lorsque le prix du premier achat, partiellement financé avec des fonds propres, a été réinvesti dans une seconde acquisition. L'époux conserve son droit à récompense car ses deniers propres ont servi à acquérir un bien commun qui, par subrogation, se retrouve lors de la liquidation dans la masse commune (Cass. 1e civ. 20-3-2013 n° 11-20.212 : Bull. civ. I n° 55).
Si ce sont des **tiers** qui financent des biens communs (par exemple les parents d'un des époux), pour qu'une récompense soit envisageable, il faut que ces fonds aient intégré le patrimoine propre de l'époux concerné ; les juges doivent vérifier si non seulement ces sommes ont transité sur le compte de l'époux mais aussi si ces sommes correspondaient bien à des donations (Cass. 1e civ. 11-5-2023 n° 21-19.381 F-D : BPAT 4/23 inf. 167).
Signalons enfin que la mise de fonds de départ ne donne lieu qu'à une récompense, le profit étant évalué sur le nouveau bien (Cass. 1e civ. 20-6-2012 n° 11-18.504 précité ; n° 3940).

RÉCOMPENSE DUE À LA COMMUNAUTÉ

3905 « Toutes les fois que l'un des époux a tiré un profit personnel des biens de la communauté, il en doit récompense » (C. civ. art. 1437).
Le **profit personnel** résulte de la prise en charge par la communauté des dettes incombant à titre définitif à l'un ou l'autre des époux (n° 3395) telles que les dettes contractées dans un intérêt personnel, celles résultant d'une faute commise par un époux (amende ou infraction) ou encore celles relatives à l'amélioration, la conservation ou l'acquisition d'un bien propre. S'agissant de ces dernières, rappelons que si le remboursement du capital d'un emprunt souscrit pour l'acquisition d'un bien propre donne lieu à récompense, il en va autrement du paiement des intérêts (n° 3390).
Sur le cas particulier de la souscription d'un contrat d'assurance-vie alimenté à l'aide de fonds communs, voir nos 65260 s.
Il faut aussi que le profit résulte d'un **transfert de valeurs**, c'est-à-dire d'une somme prise sur la communauté au profit du patrimoine propre de l'un des époux. Tel n'est pas le cas si :
– la plus-value apportée à un bien propre résulte de l'activité non rémunérée d'un époux (Cass. 1e civ. 18-5-1994 n° 92-14.747 : Bull. civ. I n° 172 ; Cass. 1e civ. 26-10-2011 n° 10-23.994 : BPAT 6/11 inf. 335 ; Cass. 1e civ. 29-5-2013 n° 11-25.444 : Bull. civ. I n° 114, Sol. Not. 8-9/13 inf. 203) ;
– l'assurance invalidité d'un époux rembourse l'emprunt souscrit pour l'acquisition ou l'amélioration d'un bien propre car le mouvement de fonds se fait entre l'assureur et l'organisme prêteur (Cass. 1e civ. 14-12-2004 n° 02-16.110 : BPAT 3/05 inf. 74 ; Cass. 1e civ. 12-4-2012 n° 11-14.653 : BPAT 3/12 inf. 152). Une solution inverse a été retenue pour une assurance perte d'emploi (Cass. 1e civ. 3-2-2010 n° 08-21.054 : BPAT 2/10 inf. 81, 1e espèce), mais elle nous paraît avoir été remise en cause par l'arrêt d'avril 2012 précité ;
– des fonds communs bénéficient à une tierce personne. La communauté n'a pas droit à récompense lorsqu'elle finance des travaux sur un immeuble appartenant aux parents de l'épouse même si, par la suite, ceux-ci donnent l'immeuble à leur fille (Cass. 1e civ. 5-3-2002 n° 99-20.018 : Bull. civ. I n° 73 ; dans le même sens, Cass. 1e civ. 12-2-2014 n° 13-10.654).

EXEMPLE

Un époux **doit récompense à la communauté** s'il :
– construit, sur un terrain lui appartenant, une maison financée avec les économies du couple (Cass. 1e civ. 6-6-1990 n° 88-10.532 : Bull. civ. I n° 134) ;
– rembourse un emprunt souscrit avant son mariage avec ses salaires perçus pendant son mariage ;
– finance des travaux d'amélioration ou de conservation d'un bien propre avec les revenus de ce bien propre (Cass. 1e civ. 20-2-2007 n° 05-18.066 : BPAT 3/07 inf. 78) ;
– rembourse avec les revenus de l'entreprise lui appartenant en propre le capital d'emprunts souscrits pour l'acquisition de matériels nécessaires à l'exploitation de cette entreprise (Cass. 1e civ. 14-11-2007 n° 05-18.570 : BPAT 1/08 inf. 5) ;
– paye la prestation compensatoire qu'il doit à sa première épouse avec des fonds communs (Cass. 1e civ. 28-3-2006 n° 03-11.671 : Bull. civ. I n° 175) ;
– règle avec des fonds communs l'impôt sur la plus-value réalisée lors de la vente d'un bien propre, une soulte résultant d'un acte de partage successoral ou des dommages et intérêts auxquels il a été condamné ;
– finance l'achat de points de retraite auprès d'un fonds de pension sans clause de réversion au profit de l'épouse (Cass. 1e civ. 31-10-2007 n° 06-18.572 : BPAT 6/07 inf. 164) ;
– finance un contrat de retraite complémentaire, même lorsque le conjoint est désigné comme bénéficiaire en cas de décès de l'assuré. Ainsi jugé à l'occasion d'une liquidation après divorce puisque, par l'effet de celui-ci, l'ex-conjoint ne peut plus être considérée comme l'épouse bénéficiaire et que la désignation du bénéficiaire en cas de décès est révocable par l'ex-mari souscripteur (Cass. 1e civ. 1-2-2017 n° 16-11.599 FS-PB : BPAT 2/17 inf. 68 ; dans le même sens, Cass. 1e civ. 28-2-2018 n° 17-13.392 F-D : BPAT 2/18 inf. 55) ;
– règle avec des fonds communs les dettes d'une société qu'il a été condamné à supporter à titre personnel en raison de ses fautes de gestion (Cass. 1e civ. 25-2-2009 n° 08-11.238 : BPAT 2/09 inf. 48) ;
– finance avec des deniers communs une intervention chirurgicale (augmentation mammaire) à visée uniquement esthétique et non thérapeutique (CA Lyon 2e ch. 16-1-2012 n° 11/00532) ;
– finance avec des deniers communs l'achat de nouveaux matériels de son exploitation propre (Cass. 1e civ. 13-10-2021 n° 19-24.008 FS-B : BPAT 6/21 inf. 251). Tel n'est pas le cas en revanche des dépenses de remplacement ou d'entretien du matériel nécessaire à l'exploitation propre, qui restent à la charge définitive de la communauté (voir n° 3390) ;
– finance l'achat d'un logement familial propre au moyen des aides personnalisées au logement, qui sont des substituts de revenus, peu important qu'elles aient été versées directement au prêteur (Cass. 1e civ. 1-12-2021 n° 20-10.956 F-B)..

Cas particulier des donations de biens communs Plusieurs situations sont à distinguer. 3907

Lorsque le **donataire** de biens communs ordinaires n'est **pas un enfant commun** du couple, l'époux donateur doit récompense à la communauté (rappelons que, pour la validité de la libéralité, il doit en principe avoir obtenu le consentement de son conjoint, n° 3495). Si les deux sont donateurs, ils doivent l'un et l'autre une récompense de la moitié de la valeur du bien donné.

Si le donataire est un **enfant commun**, il est prévu que :
– la « dot constituée à l'enfant commun en biens de la communauté est la charge de celle-ci ; elle doit être supportée pour moitié par chaque époux, à la dissolution de la communauté, à moins que l'un d'eux, en la constituant, n'ait déclaré expressément qu'il s'en chargerait pour le tout ou pour une part supérieure à la moitié » (C. civ. art. 1439) ;
– si les deux parents ont doté conjointement leur enfant commun sans préciser la proportion de leur contribution respective, ils sont censés avoir doté chacun pour moitié. Si la dot a été fournie avec des biens personnels d'un des époux, celui-ci a, sur les biens de l'autre, une action en indemnité pour la moitié de ladite dot, eu égard à la valeur du bien donné au temps de la dotation (C. civ. art. 1438).

Il résulte de ces textes que lorsque deux époux conjointement, ou l'un d'eux avec le consentement de l'autre, ont fait une donation à un enfant commun, à l'aide de biens communs, la charge définitive de la libéralité incombe à la communauté, sauf clause particulière stipulant que l'un des époux se chargerait personnellement de la libéralité (Cass. 1e civ. 22-6-2004 n° 01-18.030 : RTD civ. 2005 p. 171 obs. B. Vareille, Dr. famille. 2004 comm. 205 B. Beignier). Une partie de la doctrine considère qu'une récompense égale à la moitié de la donation serait due par chacun des époux (en ce sens, C. Brenner, La donation de biens communs, Mélanges en l'honneur du Professeur Champenois : Defrénois 2012 p. 110 ; F. Terré et P. Simler : Droit civil. Les régimes matrimoniaux, Dalloz 7e éd., 2015 n° 662 ; A. Karm, donation et régime de communauté : la question des récompenses : JCP N 2017 n° 1324). Cette dernière solution n'est toutefois pas appliquée par la pratique notariale. De plus, si l'on raisonne sur une récompense à hauteur de la moitié, on réalise que la démarche suivie ne change pas le résultat en ce qu'elle est neutre (Mémento Successions Libéralités 2024 n° 7520). Sur les conséquences à l'égard de la donation, quant à son rapport et son traitement fiscal, voir n°s 63580 s.

Le consentement donné pour la validité de la donation vaut-il consentement pour que celle-ci soit mise à la charge de la communauté ? Les juges du fond répondent par l'affirmative (CA Besançon 30-10-2013 n° 12/00372 ; CA Caen 14-1-2014 n° 10/02753).

Lorsque l'un des époux s'engage à prendre la donation à sa charge, il doit une récompense. Les conjoints peuvent aussi convenir d'imputer toute la donation sur la succession du prémourant, mais une telle disposition ne va pas sans poser de difficultés en cas de divorce : elle empêche une liquidation définitive du régime matrimonial puisque l'imputation de la récompense ne peut se déterminer qu'au premier décès.

Enfin, un époux doit récompense s'il fait donation de biens communs sans l'accord de son conjoint (et si ce dernier n'a pas agi dans les délais pour en demander la nullité).

En **résumé**, les conséquences liquidatives, en termes de récompense, de la donation de bien commun en l'absence d'aménagement conventionnel peuvent être schématisées comme suit (extrait de « La donation de bien commun : quelles conséquences liquidatives ? », par S. Torricelli-Chrifi : SNH 5/22 inf. 9) :

Donation de bien commun	Consentie par les deux époux	Consentie par un époux avec l'intervention du conjoint	Consentie par un seul époux
À un enfant commun	Jurisprudence : absence de récompense Doctrine : récompense à hauteur de la moitié	Jurisprudence : absence de récompense Doctrine : récompense pour le tout due par l'époux donateur ou sa succession	Récompense pour le tout due par l'époux donateur ou sa succession
À un enfant non commun	Récompense à hauteur de la moitié due par chacun des époux	Récompense pour le tout due par l'époux donateur ou sa succession	Récompense pour le tout due par l'époux donateur ou sa succession

3908 Si un époux donne ses **gains et salaires**, on sait que l'accord du conjoint n'est pas nécessaire à la validité de l'opération (n° 1570). Mais la libre disposition de ses revenus (après paiement des charges du mariage) n'impacte pas les règles propres aux récompenses. Les solutions ci-dessus données pour les biens communs ordinaires sont donc applicables :

– les revenus d'activité étant des acquêts, l'époux donateur doit, en **principe**, récompense à la communauté ;

– il en va autrement si le donataire est un **enfant du couple** et si le conjoint a donné son consentement. Un consentement tacite a été admis et jugé constitué par la présence du conjoint lors de l'acte notarié de donation et son absence d'opposition (Cass. 1e civ. 1-2-2017 n° 16-11.599 FS-PB : BPAT 2/17 inf. 50, JCP N n° 1180). Cette solution est critiquée : seul un consentement exprès du conjoint pourrait exclure toute récompense, car le pouvoir de disposition exclusif d'un époux sur ses gains et salaires priverait de toute signification l'attitude simplement passive de son conjoint (B. Vareille : Rép. civ. Dalloz, v. Communauté légale 5° Liquidation et partage, n° 201 et RTD civ. 2017 p. 714).

b. Preuve des récompenses

3910 L'époux qui invoque une récompense à son bénéfice ou à celui de la communauté est tenu de rapporter la preuve de l'appauvrissement d'un patrimoine et du profit retiré par un autre patrimoine.

La preuve de l'**appauvrissement** est aisée toutes les fois qu'une récompense est invoquée au bénéfice de la communauté. Celle-ci est en effet présumée, jusqu'à preuve contraire, avoir financé l'opération (C. civ. art. 1402). La récompense invoquée au profit d'un patrimoine propre implique, en revanche, le renversement de la présomption de communauté conformément aux modes de preuve tolérés en ce domaine (n° 3225).

S'agissant de la preuve du **profit** que la communauté a tiré de biens propres, elle peut être administrée par tous les moyens, même par témoignage et présomptions (C. civ. art. 1433, al. 3). Nul besoin d'une clause de remploi pour faire la preuve des fonds investis (n° 3900).

ATTENTION

L'**encaissement de deniers propres** par la communauté fait présumer l'existence d'un profit retiré par elle et l'encaissement sur un compte joint vaut encaissement par la communauté (Cass. 1e civ. 14-1-2003 n° 00-21.108 : Bull. civ. I n° 4 ; Cass. 1e civ. 8-2-2005 n° 03-13.456 : Bull. civ. I n° 65, BPAT 2/05 inf. 36 ; Cass. 1e civ. 28-11-2006 n° 04-17.147 : Bull. civ. I n° 515).
C'est, en ce cas, à l'autre époux de démontrer l'absence de profit retiré par la communauté des deniers encaissés. Cette preuve peut résulter de l'absence, lors de la liquidation du régime, de toute trace de la somme encaissée.
La présomption d'un profit tiré par la communauté ne joue pas lorsque des deniers propres à un époux sont portés au crédit d'un compte bancaire ouvert au nom de cet époux (Cass. 1e civ. 8-11-2005 n° 03-14.831 : Bull. civ. I n° 403 ; Cass. 1e civ. 15-2-2012 n° 11-10.182 : BPAT 2/12 inf. 74).

c. Évaluation des récompenses

RÈGLE GÉNÉRALE

« La récompense est, en général, égale à la plus faible des deux sommes que représente la dépense faite et le profit subsistant » (C. civ. art. 1469, al 1). **3915**

La **dépense faite** correspond à la somme d'argent dont s'est appauvri le patrimoine créancier de la récompense.

Le **profit subsistant** désigne l'enrichissement du patrimoine débiteur. Il est évalué à la liquidation de la communauté, c'est-à-dire à l'époque du partage.

La récompense n'est, en principe, pas supérieure à la **plus petite des deux sommes** entre la valeur nominale de la dépense faite et le profit subsistant. En application de ce double plafond, la récompense devrait être nulle lorsqu'il n'y a pas eu d'enrichissement. C'est par exemple le cas lorsque la communauté règle des dommages et intérêts auxquels un époux a été condamné. En pratique, une telle conséquence n'est pas admise ; le profit subsistant est alors entendu comme l'économie faite par l'époux qui n'a pas payé sa dette.

DÉPENSES NÉCESSAIRES

La récompense « ne peut être moindre que la dépense faite quand celle-ci était nécessaire » (C. civ. art. 1469, al. 2). La notion de dépense nécessaire est très vaste. **Sont** ici **visées** les dépenses effectuées pour les besoins du ménage, telles que : **3920**

– les dépenses de conservation d'un bien, par exemple l'apurement des soldes débiteurs des comptes professionnels d'un époux afin d'éviter la disparition de son fonds artisanal (Cass. 1e civ. 14-11-2007 n° 05-18.570 : BPAT 1/08 inf. 5) ;

– les dépenses finançant les travaux d'habitabilité d'un immeuble, par exemple l'installation de chauffage ou de sanitaires (Cass. 1e civ. 25-1-2000 n° 98-10.747 : BPAT 4/00 inf. 102 ; Cass. 1e civ. 11-9-2013 n° 12-15.917) ;

– les dépenses relatives au logement de la famille. Ainsi jugé pour la construction du logement de la famille (Cass. 1e civ. 6-3-2001 n° 98-17.723 : JCP N 2002 n° 1719 § 11) et l'aménagement d'une salle de bains et d'une cuisine (CA Paris 16-3-1978 : Defrénois 1979 p. 1518 n° 32141 (2e esp.) note G. Morin) ;

– les dépenses d'acquisition des instruments de travail nécessaires à la profession d'un époux (Cass. 1e civ. 14-11-2007 n° 05-18.570 : BPAT 1/08 inf. 5), ce qui insuffle à la notion de dépense nécessaire une dimension économique. Voir toutefois n° 3390.

DÉPENSES D'ACQUISITION, DE CONSERVATION ET D'AMÉLIORATION

La récompense « ne peut être moindre que le profit subsistant, quand la valeur empruntée a servi à acquérir, à conserver ou à améliorer un bien qui se retrouve, au jour de la liquidation de la communauté, dans le patrimoine emprunteur » (C. civ. art. 1469, al. 3). **3925**

Le **mode d'acquisition** du bien, direct ou indirect, importe peu pourvu que le patrimoine emprunteur se trouve propriétaire du bien au jour de la liquidation de la communauté. Dans un cas où un époux avait fait l'acquisition d'un immeuble via une SCI et l'avait financée en alimentant son compte courant, la récompense due a été jugée égale, non à la créance en compte courant, mais au profit subsistant calculé sur le prix de l'immeuble car, suite à la dissolution de la SCI, le bien est entré dans le patrimoine propre de l'époux avant la liquidation de la communauté (Cass. 1e civ. 8-10-2014 n° 13-21.879 : BPAT 6/14 inf. 231).

Les **dépenses concernées** sont de plusieurs ordres. Celles de conservation et d'amélioration recoupent largement les dépenses nécessaires. C'est ainsi que la dépense conservatoire se dilue toujours dans la notion de dépense nécessaire, cependant que la dépense d'amélioration s'en distingue lorsqu'elle n'est pas effectuée pour les besoins du ménage.

Le remboursement de l'emprunt souscrit pour l'acquisition d'un bien propre et financé au moyen de deniers communs est assimilé à une dépense d'acquisition (Cass. 1e civ. 5-11-1985 n° 84-12.572 : Bull. civ. I n° 284). Le remboursement de l'emprunt est ici assimilé au paiement du prix.
Fait aussi partie des dépenses d'acquisition la prise en charge des frais d'acquisition. Ainsi jugé par exemple pour :
– des frais de licitation et de partage pris en charge par une communauté et qui ont permis l'attribution, à l'un des conjoints, d'un immeuble dépendant de la succession de ses parents (Cass. 1e civ. 8-2-2005 n° 02-12.103 : Bull. civ. I n° 80) ;
– des frais d'enregistrement d'un acte de donation, l'article 1469, alinéa 3 ne distinguant pas selon que l'acquisition est effectuée à titre onéreux ou à titre gratuit (Cass. 1e civ. 4-7-1995 n° 93-12.347 : Bull. civ. I n° 290).
L'époux qui finance l'achat d'un bien commun et ses frais n'a droit qu'à une seule récompense, calculée selon le profit subsistant (Cass. 1e civ. 19-10-2016 n° 15-27.387 F-PB : BPAT 6/16 inf. 219, qui censure l'attribution de deux récompenses, l'une égale au profit subsistant pour l'acquisition du bien et l'autre calculée selon la dépense faite pour les frais).
L'évaluation de la récompense en fonction du profit subsistant est en principe **favorable** au patrimoine créancier puisqu'elle lui évite de subir l'érosion monétaire et lui permet de bénéficier des plus-values fortuites du bien. Elle est, en revanche, **défavorable** en cas de moins-value. Lorsque le profit subsistant est inférieur à la dépense engagée, il doit être retenu pour évaluer le montant de la récompense par application du principe du double plafond (Cass. 1e civ. 26-6-2001 n° 99-14.910).

ATTENTION

Les **dépenses mixtes**, c'est-à-dire les dépenses à la fois nécessaires et d'investissement (dépenses conservatoires ainsi que les dépenses d'amélioration nécessaires) donnent lieu à une récompense qui est égale à la plus élevée des deux sommes que représentent la dépense faite et le profit subsistant (Cass. 1e civ. 15-12-2010 n° 09-17.217 : BPAT 1/11 inf. 13).

3930 **Méthodes de calcul** Dans le cas où l'acquisition ou la construction est financée tout à la fois par un patrimoine propre et le patrimoine commun, la récompense, égale au profit subsistant, est limitée à la proportion dans laquelle le patrimoine créancier a contribué au financement de l'acquisition ou de la construction.
Lorsque la somme apportée par un époux est indivise avec un tiers, le profit subsistant doit être déterminé non pas sur toute la somme mais selon la proportion des droits de cet époux (Cass. 1e civ. 18-1-2017 n° 16-12.391 FS-PB : BPAT 2/17 inf. 51, solution rendue à propos d'une créance entre époux séparés de biens mais transposable).

EXEMPLE

Une maison commune est acquise au prix de 100 000 € en 2000. Elle vaut 160 000 € en 2018, année de dissolution du mariage.
1. Si l'acquisition a été **intégralement financée par des fonds propres**, la communauté doit à l'époux l'intégralité du prix de la maison au jour de la liquidation, soit 160 000 €.
2. Si l'acquisition a été **financée par** des **fonds propres** à hauteur de 60 000 € et par des **fonds communs** pour le reste, la récompense est de :

$$\frac{\text{Somme empruntée} \times \text{valeur du bien à la liquidation}}{\text{Valeur d'acquisition + frais (pour mémoire)}} \text{ soit } = \frac{60\,000\text{ €} \times 160\,000\text{ €}}{100\,000\text{ €}} = 96\,000\text{ €}$$

3935 La même méthode s'applique en cas de **construction édifiée sur un terrain propre** mais financée par des fonds communs (ou réciproquement). La récompense, égale au profit subsistant, doit être calculée au prorata des fonds empruntés dans le financement. Ainsi, il n'est pas correct de calculer la récompense :
– en revalorisant, en fonction de l'indice du coût de la construction, la dépense (Cass. 1e civ. 13-2-2013 n° 11-24.825 : BPAT 2/13 inf. 47) ;
– en retranchant du prix de vente de la maison la valeur du terrain ainsi que, le cas échéant, celle des travaux réalisés par l'époux (Cass. 1e civ 11-3-2009 n° 07-21.356 : BPAT 3/09 inf. 96).
Le profit subsistant s'élève à la valeur du bien au jour de la liquidation diminuée de celle qu'il aurait eue, à la même époque, si la dépense n'avait pas été faite. Pour déterminer l'avantage réellement procuré au patrimoine débiteur de la récompense, il convient (Cass. 1e civ. 4-11-2010 n° 09-15.838 : BPAT 6/10 inf. 320 ; Cass. 1e civ. 26-10-2011 n° 10-23.994 : BPAT 6/11 inf. 335 ; Cass. 1e civ. 10-10-2012 n° 11-20.585 : Bull. civ. I n° 198 ; Cass. 1e civ. 30-11-2022 n° 21-13.662 F-D : BPAT 1/23 inf. 4) :
– d'abord, de chiffrer la plus-value procurée à l'immeuble par les travaux de construction et d'amélioration en déduisant de la valeur actuelle du bien celle qu'il aurait eue à la même date sans les travaux réalisés ;

– ensuite, de déterminer le profit subsistant d'après la proportion dans laquelle les fonds empruntés ont contribué aux travaux de construction ou d'amélioration.
Si les travaux sont réalisés gratuitement par les époux, seul l'achat des matériaux étant financé par la communauté, la récompense ne peut pas être égale à la plus-value procurée par la construction. Il faut rechercher la proportion dans laquelle les fonds communs ont contribué au financement des travaux (Cass. 1e civ. 26-10-2011 n° 10-23.994 : BPAT 6/11 inf. 335 ; Cass. 1e civ. 29-5-2013 n° 11-25.444 : Bull. civ. I n° 114, Sol. Not. 8-9/13 inf. 203). Il faut donc identifier, dans la valeur actuelle de l'immeuble, ce qui résulte de l'achat des matériaux.
Lorsque la **dépense d'amélioration** est **consécutive à une dépense d'acquisition**, il convient de procéder de la même manière, c'est-à-dire, dans un premier temps, de chiffrer la plus-value procurée à cet immeuble en déduisant de la valeur actuelle du bien la valeur qu'il aurait eue à la même date sans les travaux ; puis, dans un second temps, d'appliquer à la somme ainsi obtenue le coefficient de la contribution du patrimoine créancier à l'amélioration. S'il a contribué pour le tiers à cette dernière, le profit subsistant représente un tiers de la somme résultant de la soustraction de la valeur qu'aurait eue le bien à la liquidation sans les travaux de sa valeur à cette époque (Cass. 1e civ. 5-11-2008 n° 07-14.379 : RTD civ. 2009 p. 164, AJ fam. 2009 p. 38 obs. P. Hilt).

ATTENTION

1. En cas de construction édifiée sur un terrain commun mais financée par des fonds propres ou inversement, les règles d'évaluation des récompenses prévalent sur celles applicables au **propriétaire par accession** du bien qui a été construit par un tiers sur son fonds (Cass. 1e civ. 25-4-2006 n° 04-11.359 : Bull. civ. I n° 204 ; Cass. 1e civ. 8-4-2009 n° 07-20.029 : Dr. famille 2009 comm. 60 note B. Beignier, BPAT 3/09 inf. 94).

2. Toujours dans le cas d'une construction sur un terrain propre à l'un des époux, si la communauté finance 100 % de la construction, il ne faut pas retenir la valeur vénale de la construction seule, correspondant à la différence entre la valeur actuelle de l'immeuble et la valeur actuelle du terrain seul. Un tel raisonnement reviendrait à dire que le profit subsistant correspond à la valeur du bien construit alors qu'en réalité il faut déterminer la plus-value procurée par la construction au terrain.

En **cas d'aliénation du bien** avant la liquidation, le profit subsistant est évalué au jour de l'aliénation. 3940

$$\text{Profit subsistant} = \frac{\text{somme empruntée} \times \text{valeur du bien au jour de l'aliénation}}{\text{valeur d'acquisition + frais}}$$

Si le **prix a servi à acquérir un nouveau** bien, la récompense tient compte de la valeur du bien subrogé au jour de la liquidation (C. civ. art. 1469, al. 3).

$$\text{Profit subsistant} = \frac{\text{somme empruntée} \times \text{valeur du bien au jour de la liquidation}}{\text{valeur d'acquisition du bien subrogé + frais}}$$

Lorsque la communauté contribue à l'achat d'un bien propre, **partiellement cédé** avant la liquidation, le profit subsistant se calcule en appliquant le taux de contribution de la communauté au prix de la partie du bien cédé et à la valeur de l'autre partie au jour de la liquidation. 3942

EXEMPLE

Un époux achète un immeuble propre au prix de 240 000 €, financé pour un tiers par la communauté (80 000 €). Ce bien fait l'objet d'une division en deux lots de copropriété, dont l'un est vendu au prix de 150 000 €. Le propriétaire, marié sous la communauté, décède. Le lot non vendu est évalué à 180 000 €. La récompense due à la communauté est ici égale au profit subsistant, qui se détermine d'après le taux de contribution de la communauté au financement du bien propre, soit 1/3. Le profit subsistant est évalué en appliquant cette proportion au prix de vente du lot aliéné d'une part, à la valeur au jour de la liquidation du lot conservé d'autre part. Ce qui donne :
– pour le lot vendu : 1/3 × 150 000 = 50 000 €
soit : (somme empruntée × valeur du bien au jour de la vente)/valeur d'achat, soit (80 000 × 150 000)/240 000 ;
– pour le lot non vendu : 1/3 × 180 000 = 60 000 €
soit : (somme empruntée × valeur du bien au jour de la liquidation)/valeur d'achat, soit (80 000 × 180 000)/240 000 ;
Le montant total de la récompense due à la communauté est ici de 110 000 € (50 000 + 60 000 ou 330 000/3).

3945 Lorsque la communauté a financé l'**acquisition d'un bien propre en nue-propriété** qui se retrouve en pleine propriété à la liquidation, le profit subsistant doit être évalué (Cass. 1e civ. 7-11-2018 n° 17-26.149 FS-PB : BPAT 1/19 inf. 7, Gaz. Pal. 2-4-2019 p. 64 note S. Deville) :
– en recherchant, d'abord, à quelle proportion la masse créancière a participé à l'achat de la seule nue-propriété ;
– pour, ensuite, appliquer cette proportion à la valeur de la pleine propriété du bien au jour de la liquidation.
Ainsi, lorsqu'un époux reçoit, par donation-partage, la nue-propriété d'un bien, paye à ce titre une soulte avec des deniers communs, puis en devient plein propriétaire à la suite du décès du donateur, la méthode à retenir pour le calcul de la récompense due à la communauté est la suivante :
Contribution (C) = (Somme empruntée à la communauté/Valeur du bien en nue-propriété au jour de la donation-partage) x 100 ;
Profit subsistant = C % × Valeur PP au jour de la liquidation, soit :

$$\text{Profit subsistant} = \frac{\text{somme empruntée} \times \text{valeur du bien en pleine propriété au jour de la liquidation}}{\text{valeur d'acquisition en nue-propriété au jour de l'achat}}$$

3946 Lorsque la communauté finance des travaux d'**amélioration d'un bien propre en nue-propriété** qui se retrouve en pleine propriété à la liquidation, il faut, pour déterminer la récompense (Cass. 1e civ. 25-10-2023 n° 21-23.139 FS-B : BPAT 1/23 inf. 6, SNH 39/23 inf. 10 obs. G. Yildirim) :
– calculer d'abord la proportion de la contribution du patrimoine créancier à l'amélioration de ce bien ;
– puis appliquer cette fraction à la différence entre la valeur du bien en pleine propriété au jour de la liquidation et celle qu'il aurait eue en pleine propriété à la même date sans les améliorations apportées.

d. Règlement des récompenses

RAPPORT EN MOINS PRENANT

3950 Le rapport en moins prenant **consiste** à ajouter à la masse commune le montant de la récompense puis à allotir l'époux débiteur de sa part dans l'actif diminuée de la récompense (C. civ. art. 1470, al. 1).
Permettant de prémunir le créancier de la récompense contre le risque d'insolvabilité du débiteur, cette technique **joue chaque fois que** :
– un époux est débiteur d'une récompense au profit de la communauté ;
– les conjoints ne s'accordent pas sur un autre mode de règlement des récompenses ;
– le montant de la récompense est inférieur ou égal à la part d'actif commun revenant au débiteur.

PRÉLÈVEMENT

3955 L'époux créancier d'une récompense a le choix d'en exiger le paiement ou de prélever des biens communs jusqu'à due concurrence (C. civ. art. 1470, al. 2). En pratique, la récompense est ajoutée à la part ou enlevée.
Par la technique du prélèvement, la masse commune est diminuée du montant de la récompense. Le procédé consiste à opérer le prélèvement avant tout partage (C. civ. art. 1475, al. 1). Mais il est aussi possible d'ajouter le montant de la récompense au montant de la part de l'époux créancier et donc de déterminer des lots inégaux en vertu desquels sera effectué le partage.
Si la récompense est **au profit d'un des époux**, celui-ci opère le prélèvement. Venant en concours avec les autres créanciers de la communauté, il n'a aucun droit de priorité, sauf la préférence résultant, le cas échéant, de l'hypothèque légale (C. civ. art. 1474). Cet époux bénéficie en revanche d'un droit de préférence sur les créanciers personnels de son conjoint. Relevons que l'article 1474 mentionne toujours l'hypothèque légale. Or, depuis le 1er janvier 2022, date d'entrée en vigueur de la réforme des sûretés, l'hypothèque légale des époux n'est conservée que dans le cas où ils sont mariés sous le régime de participation aux acquêts pour garantir la créance de participation (C. civ. art. 2394 dans sa rédaction issue de l'ord. 2021-1192 du 15-9-2021).
Si la récompense est **au profit de la communauté**, le prélèvement est effectué par le conjoint du débiteur.

3960 L'**ordre des prélèvements** est déterminé. Ceux-ci s'exercent d'abord sur l'argent comptant, ensuite sur les meubles et subsidiairement sur les immeubles de la communauté. L'époux qui opère le prélèvement a le droit de choisir les meubles et les immeubles qu'il prélèvera. Son choix

ne peut toutefois préjudicier au droit de son conjoint de demander le maintien dans l'indivision ou l'attribution préférentielle de certains biens (C. civ. art. 1471, al. 1).
Si les époux veulent prélever le même bien, il est procédé par voie de tirage au sort (C. civ. art. 1471, al. 3).

En **cas d'insuffisance de la communauté**, les prélèvements de chaque époux sont proportionnels au montant des récompenses qui lui sont dues. Toutefois, si l'insuffisance de la communauté est imputable à la faute de l'un des époux, l'autre conjoint peut exercer ses prélèvements avant lui sur l'ensemble des biens communs ; il peut les exercer subsidiairement sur les biens propres de l'époux responsable (C. civ. art. 1472). 3965

Le règlement par prélèvement correspond à un règlement en nature (C. civ. art. 1471). Il s'analyse comme une **opération de partage** soumise au régime juridique et fiscal du partage. 3970

RÈGLEMENT EN NUMÉRAIRE

Le créancier de la récompense est autorisé à en exiger le paiement en argent (C. civ. art. 1470, al. 2). Ce mode de règlement demeure peu utilisé **en pratique** car il est susceptible de conduire à la licitation des biens indivis en l'absence de liquidité suffisante pour payer la récompense. 3975
Le paiement en espèces est **exclu** en cas de récompense due par un époux à la communauté (C. civ. art. 1470, al. 1).

INTÉRÊTS

Les récompenses dues par la communauté ou à la communauté portent intérêts de **plein droit** (C. civ. art. 1473). 3980
Ceux-ci **courent** en principe **à compter** du jour de la dissolution.
Toutefois, lorsque la récompense est égale au profit subsistant, les intérêts courent du jour de la liquidation. Lorsque le bien concerné a été aliéné, le profit subsistant est égal au profit réalisé à la date de la vente. Pour autant, les intérêts ne courent pas à compter de cette vente mais bien à compter de la liquidation de la communauté (Cass. 1e civ. 26-9-2007 n° 06-15.954 : Bull. civ. I n° 306). La solution opposée a été retenue à propos d'époux séparés de biens : en cas d'aliénation du bien, les intérêts courent à compter de la vente, voir n° 4789. Cette solution est-elle propre aux créances entre époux dont l'exigibilité est indépendante de la dissolution du régime matrimonial ou est-ce un revirement de jurisprudence applicable aux récompenses (voir, en ce sens, B. Beignier et S. Torricelli-Chrifi, Dr. famille, décembre 2015 n° 219). La Cour de cassation devra préciser la portée de sa décision.
La pratique n'est pas unifiée quant au **mode de calcul** de ces intérêts. Certains les calculent sur le solde des comptes, d'autres les calculent sur chaque poste de récompense et les incluent dans la balance pour établir le solde final.

3. CRÉANCES ENTRE ÉPOUX

RÉGIME

Durant la communauté, les époux peuvent devenir créanciers l'un de l'autre pour diverses raisons : faits générateurs de responsabilité civile, paiement par le patrimoine propre d'un époux d'une dette incombant à titre définitif à son conjoint, etc. 4000
Les créances sont **exigibles** dès avant la dissolution de la communauté. Une fois la liquidation du régime matrimonial ordonnée par une décision passée en force de chose jugée, cette liquidation doit englober tous les rapports pécuniaires entre les époux, y compris les créances entre eux (Cass. 1e civ. 11-12-2001 n° 99-21.851 F-D). Le juge doit donc intégrer aux opérations de liquidation la demande de recouvrement d'une créance formée par un époux à l'encontre de l'autre. Les créances nées avant le mariage sont aussi concernées (Cass. 1e civ. 30-1-2019 n° 18-14.150 F-PB : BPAT 2/19 inf. 46 ; Cass. 1e civ. 26-5-2021 n° 19-23.723 FS-P : BPAT 4/21 inf. 164).

ATTENTION

Si les époux peuvent faire valoir leurs créances **jusqu'au prononcé définitif du divorce** dans le cadre d'une instance autonome (Cass. 1e civ. 22-5-2007 n° 05-12.017 FS-PB : AJ fam. 2007 p. 360 obs. P. Hilt), il en va différemment **après cette date** : toute action en recouvrement intentée dans le cadre d'une action distincte des opérations liquidatives du régime matrimonial est irrecevable (Cass. 1e civ. 23-11-2016 n° 15-27.497 F-PB : BPAT 1/17 inf. 6, à propos d'époux séparés de biens mais transposable aux régimes de communauté).

Pendant la durée du régime matrimonial, le **droit de poursuite** de l'époux créancier est cantonné aux biens propres de l'époux débiteur. Après sa dissolution, ce droit s'étend aux biens attribués au débiteur dans le cadre du partage de l'actif commun (C. civ. art. 1478). 4002

Le **paiement** par prélèvement est ici banni (C. civ. art. 1479, al. 1). Les **intérêts** courent, en principe, à compter de la sommation de payer (C. civ. art. 1479, al. 1, 1231-6 et 1344-1).
La règle de droit commun est toutefois écartée au profit de l'article 1469 alinéa 3 du Code civil lorsque la créance est évaluée au profit subsistant. Pour les créances liées à une dépense d'investissement (acquisition, conservation, amélioration), les intérêts courent alors du jour de la liquidation de la créance, si le bien se retrouve dans le patrimoine de l'époux au jour de cette liquidation (C. civ. art. 1479, al. 2). En cas d'aliénation du bien, les intérêts devraient courir à compter de la vente (Cass. 1e civ. 23-9-2015 n° 14-15.428 : BPAT 6/15 inf. 206 rendu à propos d'époux séparés de biens mais qui est, à notre avis, transposable).

ATTENTION

La collaboration bénévole de l'épouse commune en biens à l'activité professionnelle de son mari ne lui ouvre pas droit à une **créance d'enrichissement sans cause** (Cass. 1e civ. 17-4-2019 n° 18-15.486 FS-PB : BPAT 3/19 inf. 87, RTD civ. 2019 p. 643 note M. Nicod). La Cour de cassation a déjà, par le passé, jugé que l'enrichissement sans cause, devenu « injustifié » depuis l'ordonnance 2016-131 du 10 février 2016 (C. civ. art. 1303 s.), n'avait pas cours pour les époux communs en biens (pour les époux séparés de biens, voir en revanche n° 4790). Elle a ainsi expliqué que le travail accompli par l'épouse au sein de l'entreprise de son mari dépendant de la communauté conjugale profite à la communauté ; dans ces conditions, l'enrichissement de la communauté, qui trouve son origine dans l'application des dispositions relatives à la composition de l'actif communautaire, n'est donc pas sans cause (Cass. 1e civ. 18-11-1997 n° 96-10.990 : Dr. famille 1998 comm. 11 obs. B. Beignier).

ÉVALUATION

4005 En **principe**, l'époux débiteur ne doit que le montant déboursé par son conjoint, sans qu'il y ait lieu à réévaluation. C'est le principe du nominalisme monétaire.
Toutefois, si l'avance de fonds a permis d'**acquérir**, de **conserver** ou d'**améliorer un de ses biens propres**, il doit une indemnité au moins égale à la plus-value apportée à son patrimoine (C. civ. art. 1479 qui renvoie à art. 1469, al. 3 ; voir nos 3925 s.). C'est la règle de la dette de valeur qui s'applique pour ces dépenses d'investissement. Dans ce cas, lorsque le profit subsistant est inférieur à la dépense faite, la règle générale fixant le montant de la récompense à la plus faible des deux sommes que représente la dépense faite et le profit subsistant n'est pas applicable en raison de l'absence de renvoi aux dispositions de l'article 1469, alinéa 1er. L'époux débiteur doit au moins la somme nominale apportée par son conjoint (Cass. 1e civ. 24-9-2008 n° 07-19.710 : BPAT 6/08 inf. 194, RTD civ. 2009 p. 162 obs. B. Vareille, rendu à propos de dettes entre conjoints séparés de biens mais transposable).
En présence de dépenses d'acquisition et d'amélioration du bien personnel de l'un des époux, la créance réclamée par le conjoint au titre des dépenses d'acquisition du bien doit être évaluée distinctement de celle réclamée au titre des dépenses d'amélioration (Cass. 1e civ. 22-6-2022 n° 20-20.202 F-B : BPAT 5/22 inf. 220 note G. Yildirim).
En pratique, l'application de ces règles, empruntées à celles des récompenses, peut s'avérer complexe. Le notaire peut éventuellement rappeler le caractère supplétif de la valorisation des créances entre époux (C. civ. art. 1479, al. 2 ; n° 4010). Dans l'hypothèse d'un divorce conflictuel, l'accord des époux risque toutefois d'être très aléatoire.

4010 Les époux sont **autorisés à déroger** aux règles d'évaluation du Code civil (C. civ. art. 1479, al. 2). Une convention en ce sens peut être stipulée dans le contrat de mariage ou passée en cours de régime. Elle n'est soumise à aucun formalisme particulier mais doit préciser le montant de la créance ou ses modalités d'évaluation. Constitue ainsi une convention dérogatoire :
– un contrat de prêt entre les époux, qui prévoit ses modalités d'exécution (Cass. 1e civ. 20-2-1996 n° 93-20.044 : Bull. civ. I n° 100 rendu à propos d'époux séparés de biens, mais transposable puisque C. civ. art. 1543 renvoie à art. 1479) ;
– le montant de la dette indiquée dans la déclaration de succession établie par les héritiers de l'époux, y compris sa veuve (Cass. 1e civ. 4-3-2015 n° 14-10.660 : BPAT 2/15 inf. 37, RTD civ. 2015. p. 690 obs. B. Vareille).
À l'inverse, l'accord pour mettre en gage des biens n'écarte pas l'article 1469 alinéa 3, car il constitue une garantie et non une modalité d'exécution du prêt convenu entre époux (Cass. 1e civ. 10-5-2006 n° 04-11.899 : Bull. civ. I n° 219).

C. Partage de la communauté

1. PARTAGE DES BIENS

PRINCIPES GÉNÉRAUX

Le partage des biens communs obéit, en **principe**, aux règles gouvernant le partage successoral (C. civ. art. 1476 ; nos 70000 s.), avec **quelques spécificités** lorsque la communauté est dissoute par le divorce, la séparation de corps ou la séparation de biens judiciaire, notamment pour l'attribution préférentielle (n° 10278). 4100

Le partage de la communauté se fait **par moitié** (C. civ. art. 1475, al. 1). Les époux peuvent toutefois convenir, dans le contrat de mariage ou une convention liquidative, d'un partage inégal.

RECEL DE COMMUNAUTÉ

Définition Le recel de communauté consiste pour un époux à rompre l'égalité du partage en détournant ou en recelant un bien commun au préjudice de son conjoint (C. civ. art. 1477, al. 1). 4105

L'existence d'un partage est une **condition préalable** pour qu'un recel soit possible. Ce dernier n'existe donc pas dans le cadre d'une communauté universelle avec attribution intégrale au survivant.

Pour le reste, le recel est caractérisé par deux éléments.

D'une part, un **élément matériel** qui correspond à tout procédé de nature à priver l'autre époux de sa part dans la communauté, tel que :

– l'imputation d'une dette personnelle au passif définitif de la communauté (Cass. 1e civ. 9-1-2008 n° 05-15.491 : Bull. civ. I n° 10) ;

– la non-déclaration, dans l'actif à partager, d'un portefeuille de titres acquis durant le mariage ;

– la conclusion d'une vente fictive, faisant ainsi sortir le bien « vendu » de l'actif à partager.

L'époux qui dissimule l'existence d'une dette commune se rend également responsable de recel (C. civ. art. 1477, al. 2).

D'autre part, un **élément intentionnel** qui résulte de la volonté de l'auteur du recel de rompre, en sa faveur, l'égalité du partage. L'utilisation d'une partie des fonds communs postérieurement à l'assignation en divorce ne caractérise pas, à elle seule, une telle intention (Cass. 1e civ. 12-12-2007 n° 07-10.338 ; Cass. 1e civ. 9-1-2008 n° 05-15.491 : Bull. civ. I n° 10). De même, la constatation matérielle du détournement par un mari du prix de vente de placements financiers communs aux époux est insuffisante à le déclarer coupable de recel de communauté (Cass. 1e civ. 15-12-2021 n° 20-15.693 F-D). L'intention frauduleuse est en revanche caractérisée lorsqu'un mari, au cours de la procédure de divorce et à l'insu de sa femme, transfère une partie du patrimoine sur des comptes monégasques, sans les déclarer lors de l'expertise, contraignant son ex-épouse à procéder à de nombreuses diligences judiciaires pour en connaître l'existence et les soldes (Cass. 1e civ. 12-6-2018 n° 17-17.243 F-D : BPAT 4/18 inf. 167).

La **restitution** des biens divertis fait disparaître le recel. Mais il faut qu'elle intervienne spontanément et avant l'engagement des poursuites (Cass. 1e civ. 14-6-2005 n° 04-10.755 : Bull. civ. I n° 266 rendu à propos d'un recel successoral mais transposable) ; et même, avant que le recel ne soit découvert (Cass. 1e civ. 17-1-2006 n° 04-17.675 : Bull. civ. I n° 25 également rendu à propos d'un recel successoral).

La **charge de la preuve** du recel revient à celui qui s'en plaint. L'obligation d'information qui pèse sur les époux relative à l'affectation des sommes et biens communs dont ils ont usé facilite l'administration de cette preuve (n° 3550) : le conjoint interpellé sur le sort de telle valeur doit s'expliquer (Cass. 1e civ. 1-6-2011 n° 10-30.205 : BPAT 4/11 inf. 225). Mais elle n'en renverse pas la charge (Cass. 1e civ. 21-9-2016 n° 15-20.744 F-D).

ATTENTION

Le recel peut être commis avant ou après la dissolution de la communauté, jusqu'au partage (Cass. 1e civ. 16-4-2008 n° 07-12.224 : Bull. civ. I n° 122).

Mais il doit porter sur un **bien commun**. Il n'y a donc pas recel si un époux s'approprie, pendant l'indivision postcommunautaire, les loyers versés au titre de la location d'une maison qui était un bien commun (Cass. 1e civ. 17-6-2003 n° 01-13.228 : Bull. civ. I n° 142 ; Cass. 1e civ. 9-1-2008 nos 05-15.491 et 05-16.313 : Bull. civ. I n° 10). Pas de recel de communauté non plus si un époux achète des parts sociales avant la dissolution de la communauté, dès lors que ces parts souscrites ne naissent qu'à l'immatriculation de la société, laquelle intervient postérieurement à la dissolution de la communauté (Cass. 1e civ. 17-1-2024 n° 22-11.303 F-B).

Sur la non-application du recel aux époux mariés sous le régime de la participation aux acquêts, voir n° 5090 ; pour ceux en indivision, voir n° 4780.

4110 **Sanction : situation de l'époux victime** Celui des époux qui aurait détourné ou recelé quelques effets de la communauté est privé de sa portion dans lesdits effets (C. civ. art. 1477, al. 1).

L'époux victime du recel reçoit ainsi l'intégralité du **bien recelé** ou sa valeur s'il ne se trouve plus dans le patrimoine de l'époux receleur (Cass. 1e civ. 20-2-1996 n° 93-13.467 : Bull. civ. I n° 89).

Si le détournement a financé l'acquisition d'un bien, la valeur à restituer est celle du bien ou son prix de vente s'il a été cédé avant le partage. Ainsi, lorsque des fonds communs sont employés à libérer le capital social d'une SCI qui acquiert un bien, la restitution porte sur la valeur des parts sociales et non sur celle du bien (Cass. 1e civ. 7-10-2015 n° 14-18.124 F-PB, qui retient la valeur des parts au jour de la vente de l'immeuble).

Au prix de vente du bien financé avec des fonds détournés durant la communauté s'ajoutent, à compter de la dissolution de celle-ci, des **intérêts** au taux légal (même arrêt).

Signalons toutefois que le receleur peut exercer sur le bien recelé ou sur sa valeur son droit de prélèvement pour cause de reprise ou de récompense (Cass. 1e civ. 23-1-2007 n° 04-10.526 : Bull. civ. I n° 27).

Les **modalités d'une restitution** en valeur sont les suivantes. Si elle a lieu avant le partage, le conjoint victime prélève sur la masse à partager le double de la valeur recelée. S'il ne prélevait que le montant recelé, il ne recevrait que la moitié de sa valeur. Par exemple, si le bien recelé vaut 100 et l'actif existant est de 1 000, l'époux victime a droit à 200. Il reste 800 à partager, soit 400 pour chacun. L'époux victime reçoit donc au total 200 + 400 = 600 tandis que l'époux receleur reçoit 400. Jugé toutefois que la victime du recel a droit non seulement à la valeur des biens recelés mais encore à la moitié de la communauté déterminée en incluant dans l'actif la valeur de ces biens (Cass. 1e civ. 20-2-1996 n° 93-13.467 : Bull. civ. I n° 89). La solution est troublante car l'époux victime reçoit le bien plus la moitié du bien donc plus que ce que le texte lui accorde et plus que ce que contient la masse commune.

Si la restitution se fait après le partage, l'ex-époux fautif doit une indemnité égale au montant de son recel.

4111 L'époux victime a également droit aux **fruits et revenus** produits par le bien recelé depuis la date de la dissolution de la communauté ou, si le recel a été commis postérieurement, depuis la date de l'appropriation injustifiée (Cass. 1e civ. 31-10-2007 n° 06-10.348 : Bull. civ. I n° 334).

Enfin, il peut, le cas échéant, prétendre à des **dommages et intérêts**.

4115 **Sanction : situation de l'époux fautif** Celui-ci n'a droit qu'à la moitié des biens communs qu'il n'a pas détournés. Il reste, en revanche, tenu de la moitié des dettes de la communauté.

Quant au recel de dette, l'époux qui a dissimulé sciemment l'existence d'un passif commun doit l'assumer définitivement.

2. SORT DU PASSIF

DROIT DE POURSUITE DES CRÉANCIERS

4130 Après la dissolution du régime matrimonial, le créancier de la communauté peut se payer sur les biens relevant de l'indivision postcommunautaire (nos 69640 s.).

Il peut aussi réclamer le paiement de ce qui lui est dû à l'un ou l'autre des époux, sans avoir à respecter d'ordre. En pratique, il agira contre les deux époux mais pas de la même façon (C. civ. art. 1482 et 1483) :

– l'**époux responsable de la dette** peut se voir réclamer la totalité du paiement ;

– l'époux qui n'est **pas l'auteur de la dette** ne peut se voir réclamer que la moitié du paiement (C. civ. art. 1483, al. 1 ; pour des applications, Cass. 1e civ. 10-5-2006 n° 03-17.675 : RJDA 11/06 n° 1170 ; Cass. com. 11-10-2016 n° 14-20.581 F-D). Par exception, il peut être poursuivi pour le tout s'il reçoit, au titre du partage, un bien commun grevé d'une hypothèque prise par un créancier de son conjoint sauf son recours contre son conjoint (C. civ. art. 1489 ; Cass. 1e civ. 1-7-2009 n° 08-15.331 : Bull. civ. I n° 153).

Le paiement des **emprunts** et des **cautionnements** unilatéraux relevant de l'article 1415 du Code civil ne peut être poursuivi, après la dissolution de la communauté, qu'à l'encontre de l'époux qui les a souscrits. La saisie d'un bien qui était commun est impossible (voir n° 3340). Sur les réserves émises par certains auteurs, voir toutefois n° 3391.

En cas de **dette solidaire**, les deux époux peuvent être poursuivis pour le tout sur l'ensemble de leurs biens.

Ces règles s'appliquent aux dettes contractées pendant la durée de la communauté, l'adoption ultérieure d'une séparation de biens n'en modifie pas le régime (Cass. 1e civ. 22-3-2017 nº 16-13.365 FS-PB : BPAT 3/17 inf. 91).

› **Précisions** Il faut distinguer avec soin les dettes nées **avant la dissolution** de la communauté, qui sont les dettes communes dont le sort est exposé ci-dessus, de celles nées **après** la dissolution qui relèvent, le cas échéant, du régime de l'indivision postcommunautaire.

BÉNÉFICE D'ÉMOLUMENT

Après le partage, un époux peut se protéger des créanciers de son conjoint en invoquant le bénéfice d'émolument à **trois conditions** (C. civ. art. 1483, al. 2 et 1484) : **4135**
– ne pas avoir commis un recel de communauté ;
– faire dresser un inventaire notarié des biens reçus dans le partage, en présence de son conjoint, dans les neuf mois du jour où la dissolution de la communauté a pris effet à l'égard des tiers. Ce délai peut être prolongé sur autorisation du juge ;
– tenir un compte des dettes qu'il a déjà acquittées.

Par l'**effet** du bénéfice d'émolument, un époux n'est tenu des dettes de son conjoint que jusqu'à concurrence de son émolument, c'est-à-dire à hauteur de la valeur de l'actif reçu au titre du partage, à l'exclusion de ce qui est reçu en règlement d'éventuelles récompenses. **4140**
Il ne protège pas les biens qui étaient propres contre une mesure de saisie. Il limite simplement le montant pour lequel la saisie peut être pratiquée.

CONSEIL

Les époux qui changent de régime matrimonial pour adopter une séparation de biens ont intérêt à procéder à un inventaire notarié des biens reçus dans le partage. Cette précaution permet d'aller jusqu'au bout de la logique du nouveau régime : la protection du patrimoine de l'un par rapport aux dettes souscrites par l'autre.

CHARGE DÉFINITIVE DES DETTES COMMUNES

Les dettes qui relèvent du **passif définitif de la communauté** incombent à chacun des époux pour moitié. Il en est de même des frais de scellés, inventaire, vente de mobilier, liquidation, licitation et partage (C. civ. art. 1485, al 1). Celui qui a payé plus que sa part dispose d'un recours contre son conjoint. **4145**
Un sort particulier peut être réservé aux **dettes professionnelles en cas de divorce**, voir nº 10320.

SECTION 2 COMMUNAUTÉS CONVENTIONNELLES

LIBERTÉ DES CONVENTIONS MATRIMONIALES

« Les époux peuvent, dans leur contrat de mariage, modifier la communauté légale » (C. civ. art. 1497). **4500**
La liste des aménagements conventionnels donnée par l'article précité n'a qu'une valeur indicative. Le principe de la liberté des conventions matrimoniales autorise les époux à insérer dans leur contrat de mariage des clauses non prévues par le Code civil, dès lors qu'ils respectent l'ordre public et les bonnes mœurs, les droits et les devoirs résultant pour eux du mariage, les règles de l'autorité parentale, de l'administration légale et de la tutelle, ainsi que l'ordre légal des successions (C. civ. art. 1497, 1387, 1388 et 1389).
Il leur permet, sous cette réserve, de stipuler des clauses relatives à la composition de la communauté, à la gestion des biens ainsi qu'à la liquidation et au partage.

ATTENTION

Le régime de la **communauté légale** reste le régime applicable **par défaut** : ses règles restent applicables en tous les points qui n'ont pas fait l'objet de la convention des parties (C. civ. art. 1497).

I. CLAUSES RELATIVES À LA COMPOSITION DE LA COMMUNAUTÉ

A. Communauté des meubles et des acquêts

ACTIF COMMUN

4510 Les époux sont autorisés à étendre, dans leur contrat de mariage, la **masse commune** non seulement aux acquêts mais aussi à l'ensemble de leur patrimoine mobilier, quel que soit le mode ou la date de son acquisition (C. civ. art. 1498). Ainsi, des tableaux reçus en héritage appartiennent à la communauté (Cass. 1e civ. 12-5-2011 n° 10-15.667 : BPAT 4/11 inf. 226).

Restent des **biens propres** (C. civ. art. 1498) :

– les meubles donnés ou légués à l'un des époux si le disposant a pris soin de stipuler dans la libéralité une clause d'exclusion de la communauté ;

– les biens correspondant à la définition des biens propres par nature ;

– les immeubles acquis avant le mariage ou reçus par donation ou héritage durant le mariage.

Attention, le jeu de la **subrogation** peut brouiller les règles énoncées ci-dessus. Ainsi, les parts de société remises en contrepartie de l'apport à cette société d'un immeuble qui appartient en propre à un époux restent des biens propres par subrogation.

Réciproquement, les parts d'une SCI d'attribution héritées par un époux pendant le mariage tombent en communauté et les immeubles reçus en contrepartie de ces parts sont des biens communs (Cass. 1e civ. 9-7-1991 n° 89-18.504 : Bull. civ. I n° 233).

> **Précisions** Rappelons que la communauté des meubles et acquêts était le régime légal en vigueur jusqu'au 1er février 1966. Il **continue de s'appliquer** aux personnes mariées :
> – avant cette date sans contrat de mariage et qui n'ont pas opté durant la période transitoire pour le régime légal actuel (voir n° 3010) ;
> – qui l'ont choisi postérieurement par contrat de mariage.

PASSIF COMMUN

4515 « Entrent dans le passif commun, outre les dettes qui en feraient partie sous le régime légal, une fraction de celles dont les époux étaient déjà grevés quand ils se sont mariés, ou dont se trouvent chargées des successions et libéralités qui leur échoient durant le mariage » (C. civ. art. 1499, al. 1).

La fraction du passif incombant à la communauté est proportionnelle à la fraction de l'actif qu'elle recueille soit dans le patrimoine de l'époux au jour du mariage, soit dans l'ensemble des biens qui font l'objet de succession ou libéralité (C. civ. art. 1499, al. 2). Pour ne pas les pénaliser, les créanciers dont le droit est antérieur à la célébration du mariage ainsi que les créanciers successoraux sont autorisés à **poursuivre le paiement de leur créance** sur :

– les biens qui formaient auparavant leur gage, ce qui inclut notamment les biens propres et les revenus de leur débiteur (C. civ. art. 1501) ;

– les biens communs, à hauteur de la fraction de leur créance correspondant à la fraction de l'actif tombé en communauté. Tous les meubles communs peuvent être poursuivis, à l'exception des gains et salaires du conjoint non débiteur (C. civ. art. 1414). La confusion du mobilier propre dans le patrimoine commun permet aux créanciers présents ainsi qu'aux créanciers successoraux d'écarter la règle de la proportionnalité en réclamant l'intégralité de leur paiement sur l'intégralité de l'actif commun (C. civ. art. 1501).

4520 Les dettes dont la communauté est tenue en contrepartie des biens qu'elle recueille sont à sa charge définitive (C. civ. art. 1500). Aucune **récompense** ne lui est due si elle acquitte la fraction du passif présent ou grevant les successions et les libéralités correspondant à la fraction d'actif recueillie par la communauté.

B. Communauté universelle

ACTIF COMMUN

4530 L'adoption du régime de la communauté universelle consiste à intégrer dans la **masse commune** tous les biens « tant meubles qu'immeubles, présents et à venir » (C. civ. art. 1526). En conséquence, les biens reçus par un époux par succession ou libéralité sont communs sauf clause d'exclusion de la communauté. Les clauses de droit de retour et d'interdiction d'aliéner n'empêchent pas l'entrée en communauté d'un bien (Cass. 1e civ. 18-3-2015 n° 13-16.567 FS-PB : BPAT 3/15 inf. 100).

Demeurent **exclus** de la communauté, sauf stipulation contraire du contrat de mariage, les biens propres par nature. Observons que seule l'inclusion de ces biens propres permet une

véritable communauté universelle et écarte l'éventualité d'avoir à calculer des récompenses lors de la liquidation du régime.
Une proposition de loi visant à assurer une justice patrimoniale au sein des familles prévoit d'instaurer un inventaire des biens de la communauté au décès de l'un des époux ; cet inventaire permettrait d'avoir une vision précise des biens détenus par la communauté lors du décès d'un des époux (Proposition AN n° 228 du 18-1-2024 adoptée en première lecture). Le Sénat a toutefois rejeté ce dispositif du texte lors de son vote en première lecture le 20 mars 2024.

CONSEIL

La communauté universelle est à conseiller pour les époux âgés et sans enfant ou dont les enfants sont adultes et autonomes. Elle permet de répartir les richesses puisque, par la mise en commun de tous les biens, le plus argenté transfère la moitié de son patrimoine propre ou personnel à son conjoint. L'adoption d'une communauté universelle par des époux inégalement fortunés constitue donc un **avantage matrimonial** (nos 13010 s.). Pour l'accroître, la communauté universelle s'accompagne le plus souvent d'une **clause d'attribution intégrale** de la communauté au profit du conjoint survivant (nos 13200 s.).

PASSIF COMMUN

« La communauté universelle supporte définitivement toutes les dettes des époux, présentes et futures » (C. civ. art. 1526, al. 2). À l'exception du passif pouvant grever les éventuels biens propres, le passif est ici commun sur le terrain de l'**obligation aux dettes** et sur celui de la **contribution** à celles-ci. Sur le plan de l'obligation, leur paiement peut toujours être poursuivi sur les biens communs et ce dernier n'ouvre pas droit à récompense au profit de la communauté (C. civ. art. 1413). Sur le plan de la contribution, par exemple, la dette de salaires différés d'un exploitant agricole en communauté universelle est une dette commune future que la communauté supporte définitivement (Cass. 1e civ. 18-1-2012 n° 10-24.892 : Bull. civ. I n° 10). 4535
L'article 1415 du Code civil qui cantonne l'assiette des poursuites en cas **d'emprunt** ou de **cautionnement** unilatéraux aux biens propres et aux revenus du débiteur s'applique sous le régime de la communauté universelle, durant la vie de la communauté (obligation à la dette) (n° 3320). En conséquence, durant le mariage, le droit de gage général du créancier d'un époux marié sous la communauté universelle est limité aux seuls revenus du débiteur (Cass. 1e civ. 3-5-2000 n° 97-21.592 : Bull. civ. I n° 125, D. 2000 jur. p. 546 note J. Thierry). Mais lorsque le conjoint reçoit l'intégralité de la communauté au décès de son époux, l'on se place sur le plan de la contribution à la dette : il doit prendre en charge, à titre définitif, tout le passif commun, y compris, donc, la dette d'emprunt du défunt, sauf s'il l'avait souscrit dans son intérêt exclusif (Cass. 1e civ. 5-12-2018 n° 16-13.323 FS-PBI : BPAT 1/19 inf. 6 ; voir n° 3391). En outre, l'attributaire de la communauté universelle ne peut se prévaloir du bénéfice d'émolument qui permet de cantonner son engagement à la hauteur de l'actif reçu (Cass. 1e civ. 16-3-2004 n° 01-17.292 : Bull. civ. I n° 84).
Un tiers débiteur du mari et créancier de l'épouse ne peut pas revendiquer la **compensation** de ses obligations. En effet, que le patrimoine d'un époux puisse être affecté par la dette de son conjoint ne suffit pas à la délivrance d'un titre de paiement contre lui (Cass. 1e civ. 25-11-2015 n° 14-14.003 : BPAT 1/16 inf. 6).

C. Autres modifications du périmètre des biens communs

CLAUSE D'ENTRÉE EN COMMUNAUTÉ

Les époux peuvent « faire entrer » en communauté **un bien** qui constituerait un bien propre selon les règles normalement applicables ; cette clause peut porter sur un bien particulier (immeuble, fonds de commerce industriel ou artisanal, etc.) ou une **catégorie de biens** (actions ou parts d'une société, etc.). 4540
L'entrée en communauté peut porter sur l'entière **propriété**, sur le seul **usufruit** du bien concerné ou encore sur sa **valeur**. Dans ce dernier cas, l'époux propriétaire reste maître des biens qu'il apporte à la communauté mais, à la dissolution du mariage, la valeur de ces biens devra être comptabilisée pour évaluer la masse à partager.
L'entrée en communauté d'un bien peut ou non donner lieu à **dédommagement** pour l'époux initialement propriétaire du bien.
La clause dite d'entrée en communauté est aussi appelée « clause d'ameublissement » puisque dans l'ancien régime légal de meubles et acquêts, les époux pouvaient conférer à un bien le caractère juridique de meuble afin de le faire entrer dans la masse commune.

CLAUSE D'EXCLUSION DE LA COMMUNAUTÉ

4545 La question s'est posée de savoir si les époux pouvaient, conventionnellement, **exclure de la communauté** un bien ou une catégorie de biens.

Sans aucun doute s'il s'agit de soustraire d'une communauté universelle tel ou tel bien particulier.

La réponse est moins évidente si la clause réduit le « noyau dur » des biens communs tel que défini par la communauté légale. Les notaires y semblent favorables ainsi que la Cour de cassation. Saisie de la qualification d'avantage matrimonial ou non d'une clause excluant de la communauté la pharmacie que pourrait créer le mari au cours du mariage, la Haute Juridiction n'a pas censuré cette clause (Cass. 1e civ. 7-7-1971 n° 69-14.760 : Bull. civ. I n° 230). Dans les faits, une telle disposition est très rare. Elle pourrait cependant être utile pour soustraire de la communauté réduite aux acquêts les revenus des biens propres à condition de respecter le parallélisme actif/passif.

AUTRES AMÉNAGEMENTS

4550 D'**autres clauses** sont **possibles**, telles celles qui :

– précisent le sort des fruits et revenus de biens propres et notamment le moment auquel ils entrent en communauté ;

– règlent les conditions d'entrée en communauté et d'évaluation des stock-options ;

– modifient les règles de preuve, par exemple pour écarter la présomption de biens communs.

En revanche, bien que critiquée par nombre d'auteurs, la jurisprudence a considéré que les époux **ne pouvaient pas** écarter :

– les règles de l'emploi et du remploi, qui sont d'ordre public (n° 3150) ;

– le caractère propre des quotes-parts d'un bien indivis dont un époux est déjà co-propriétaire (Cass. 1e civ. 13-10-1993 n° 91-21.132 : RTD civ. 1994 p. 408).

II. CLAUSES RELATIVES À LA GESTION DES BIENS

CLAUSE D'ADMINISTRATION CONJOINTE

4570 « Les époux peuvent convenir qu'ils administreront conjointement la communauté » (C. civ. art. 1503, al. 1). La clause d'administration conjointe consiste à étendre le domaine de la cogestion à tous les biens communs ou à certains d'entre eux seulement.

Lorsqu'une telle clause est stipulée, les **actes d'administration et de disposition** des biens communs sont faits sous la signature conjointe des deux époux (C. civ. art. 1503, al. 2), sous la réserve des dispositions du régime primaire autorisant chaque époux à agir seul ou de manière exclusive (nos 1550 s.). Les **actes conservatoires** peuvent être faits séparément par chaque époux (C. civ. art. 1503, al. 3).

Les actes effectués conjointement par les époux emportent de plein droit **solidarité** des obligations (C. civ. art. 1503, al. 2).

La **sanction** de l'administration conjointe réside dans la nullité relative des dépassements de pouvoir, laquelle tolère la ratification de l'acte nul (C. civ. art. 1427).

COMMUNAUTÉ UNIVERSELLE

4575 La stipulation d'une communauté universelle conduit à étendre les règles de gestion des biens communs à l'ensemble du patrimoine des époux.

La **gestion concurrente** est le principe et s'applique très largement.

Le domaine de la **cogestion** se trouve pareillement élargi. Les époux ne peuvent consentir, à défaut de patrimoine propre, de donations sans le concours de l'autre conjoint (C. civ. art. 1422). La règle trouve cependant un tempérament dans les dispositions du régime primaire pour les donations mobilières et celles de gains et salaires (nos 1620 s. et 1570 s.). La présomption mobilière permettra, de manière plus générale, de valider les dépassements de pouvoirs.

Notons enfin qu'il reste des cas de **gestion exclusive** par l'un ou l'autre des époux. Ainsi, seul l'époux héritier appelé à une succession a qualité pour agir en partage, et ce, bien que l'actif successoral ait vocation à intégrer l'actif de communauté (Cass. 1e civ. 2-4-2008 n° 07-11.254 : Bull. civ. I n° 103).

CLAUSE DE GESTION EXCLUSIVE

4580 Les époux peuvent se réserver des pouvoirs exclusifs sur certains biens communs. Mais une telle clause n'est **valable** que **si** elle n'ampute pas le domaine de la cogestion prévue par la communauté légale.

Ainsi, des époux mariés sous un régime de communauté universelle peuvent valablement prévoir que chacun gérera seul les biens dont il héritera alors même que ces biens seront communs. Ils ne pourraient pas, en revanche, autoriser l'un d'eux à vendre les immeubles acquis à titre onéreux durant le mariage.

CLAUSES INTERDITES

D'une façon générale, sont interdites les clauses du contrat de mariage qui : **4585**
– écarteraient les règles du régime primaire ;
– écarteraient les règles de gestion de la communauté légale sur les biens communs ou les biens propres. Par exemple, un époux ne peut pas accepter de cogérer ses biens propres ou renoncer à la libre disposition de ses salaires ;
– donneraient à un époux un mandat irrévocable de représenter son conjoint dans l'exercice des pouvoirs que le régime matrimonial lui attribue (C. civ. art. 218). C'est notamment le cas de la **clause de représentation mutuelle** autorisant chaque époux à représenter son conjoint dans la gestion des biens communs.

> **Précisions** La **clause d'unité d'administration**, dont l'objet était de confier au mari l'administration des biens propres de sa femme et de restituer à la communauté l'usufruit des propres, est aujourd'hui interdite par le régime primaire qui imprime à l'administration et à la disposition de ses biens propres par chaque époux un caractère d'ordre public (C. civ. art. 218 et 225).

III. CLAUSES RELATIVES À LA LIQUIDATION ET AU PARTAGE

AVANTAGES MATRIMONIAUX

Le Code civil propose **trois séries de clauses** dérogeant aux règles de liquidation et du partage de la communauté : **4600**
– la clause de prélèvement moyennant indemnité (nos 13240 s.) ;
– la clause de préciput (nos 13300 s.) ;
– la stipulation de parts inégales (nos 13150 s.).

CLAUSE DE LIQUIDATION ALTERNATIVE

Les époux peuvent, dans leur contrat de mariage, prévoir des modes de liquidation et de partage de la communauté différents selon la cause de la dissolution de la communauté. **4605**

Pour le cas de dissolution par divorce ou pour celui où une instance en divorce serait en cours au jour du décès, il est prudent, lors de la mise en place d'une communauté conventionnelle et notamment d'une communauté universelle, de prévoir une « **clause de reprise des apports** » ou « **clause alsacienne** » (C. civ. art. 265, al. 3). Elle permet à chacun des époux de reprendre les biens tombés en communauté de son chef et non constitutifs d'acquêts, c'est-à-dire les biens qui auraient été propres dans un régime de communauté légale. Elle est très utile puisque l'avantage matrimonial résultant de l'adoption d'une communauté universelle est en principe maintenu en cas de divorce (n° 10255).

La clause de reprise des apports ne confère aucun avantage matrimonial (Cass. 1e civ. 17-11-2010 n° 09-68.292 : BPAT 1/11 inf. 20 qui refuse en conséquence qu'elle soit automatiquement révoquée dans un divorce aux torts exclusifs prononcé avant la réforme du divorce de 2004).

Rappelons que la validité de la clause, un temps mise en doute, a été confirmée par la jurisprudence (Cass. 1e civ. 17-1-2006 n° 02-18.794) puis par la loi (C. civ. art. 265 dans sa rédaction issue de la loi 2006-728 du 23-6-2006).

> **Précisions** **a.** La clause de reprise d'apport n'a pas pour effet de modifier la **qualification du bien** apporté à la communauté mais seulement de permettre à l'époux bénéficiaire de **reprendre son apport** (Cass. 1e civ. 5-3-2008 n° 06-18.187 : Bull. civ. I n° 62, décision rendue en application des dispositions antérieures à la réforme du divorce du 26 mai 2004 mais transposable sur ce point). Ce dernier reprend donc les biens qui auraient été propres dans une communauté légale et le partage ne porte que sur le reste.
> **b.** En cas de changement de régime au profit d'une communauté universelle, le **notaire** n'est pas tenu d'informer les époux de la possibilité d'insérer une clause de reprise des apports en cas de divorce si les éléments d'actif apportés et déclarés par chacun semblent équilibrés (Cass. 1e civ. 3-3-2021 n° 19-16.065 F-D : BPAT 3/21 inf. 107). Mais dans toute autre circonstance, le devoir de conseil du notaire s'impose.

SECTION 3

RÉGIMES SÉPARATISTES ET RÉGIMES HYBRIDES

I. SÉPARATION DE BIENS

CHAMP D'APPLICATION

4650 La séparation de biens est le régime matrimonial le plus fréquemment adopté par **contrat de mariage**. C'est aussi le régime qui s'applique aux époux qui obtiennent un **jugement** de séparation de corps ou de séparation de biens.
Pour un cas pratique de liquidation d'une séparation de biens pure et simple, voir nº 5520.

AVANTAGES ET INCONVÉNIENTS

4655 La séparation de biens est particulièrement **adaptée** :
– aux couples dont l'un des membres exerce une activité professionnelle indépendante (profession libérale, commerçant, etc.), ce régime matrimonial mettant en principe le conjoint à l'abri des créanciers professionnels ;
– à ceux qui ont des enfants d'un premier mariage, pour éviter des problèmes de partage entre les enfants et leur beau-père ou belle-mère ;
– à ceux qui disposent d'un patrimoine important et qui souhaitent pouvoir disposer librement des revenus de ce patrimoine sans avoir à rendre de comptes.

4660 Les **inconvénients** de la séparation de biens sont de trois ordres :
– l'enrichissement de l'un ne profitant pas à l'autre, ce régime fragilise l'époux qui collabore gratuitement à l'activité de son conjoint ou qui renonce à une activité professionnelle pour élever les enfants ;
– le bon fonctionnement du régime exige une certaine rigueur des époux qui doivent conserver une gestion séparée de leurs affaires. À défaut, ils risquent d'être moins bien protégés que dans un régime communautaire. Par exemple, si un époux se porte coemprunteur avec son conjoint, tous ses biens personnels entrent dans le gage du créancier. Dans un régime de communauté, s'il consent à l'emprunt souscrit par son conjoint, les biens communs sont engagés mais pas ses biens propres, qui restent hors de portée du créancier ;
– les époux ne peuvent pas se consentir d'avantages matrimoniaux, possibles uniquement dans le cadre des régimes communautaires. Or ces mécanismes permettent d'assurer une excellente protection du conjoint survivant.

A. Composition des patrimoines

BIENS PERSONNELS

4670 **Principe** Chaque époux détient en principe la **propriété** individuelle et **exclusive** de ses biens quels que soient la date, le mode d'acquisition et l'origine des deniers ayant servi à celle-ci. Les mécanismes de la subrogation réelle et de l'accession sont ici applicables.
Si le principe est simple, la **difficulté** porte sur la **preuve** de la propriété. En effet, « les biens sur lesquels aucun des époux ne peut justifier d'une propriété exclusive sont réputés leur appartenir indivisément, à chacun pour moitié » (C. civ. art. 1538, al. 3).
Cette présomption légale en faveur de l'indivision est simple, c'est-à-dire que la preuve contraire peut être rapportée. L'époux qui veut faire valoir son droit de propriété exclusif sur un bien doit donc penser à se ménager une preuve de ce droit.

4675 **Preuve du caractère personnel d'un bien** Les époux peuvent établir leur droit de propriété par **trois moyens** :
– un inventaire inséré dans le contrat de mariage listant les biens dont chacun est propriétaire au jour de l'union ;
– des présomptions de propriété stipulées dans le contrat de mariage ;
– les titres de propriété.
Revenons sur les deux dernières catégories de preuve.

Le Code civil autorise les époux à stipuler dans le contrat de mariage des **présomptions** de propriété ayant effet, sauf clause contraire, à l'égard des tiers et de l'autre conjoint. Par exemple, une clause du contrat de mariage peut préciser que : 4680

– les éléments du stock d'un fonds de commerce sont la propriété présumée de l'époux qui exploite ce fonds ;

– les meubles du domicile conjugal seront réputés appartenir au dernier vivant.

Cependant, l'**efficacité** de telles présomptions est **relative** puisqu'elles peuvent être renversées par les époux, leurs héritiers, voire leurs créanciers qui sont autorisés à les combattre par « tous moyens propres à établir que les biens n'appartiennent pas à l'époux que la présomption désigne, ou même, s'ils lui appartiennent, qu'il les a acquis par une libéralité de l'autre époux » (C. civ. art. 1538, al. 2).

Ainsi, la présomption de propriété sur les meubles garnissant le domicile conjugal peut être anéantie par la preuve que son bénéficiaire n'a jamais disposé de revenus personnels. De même, la présomption prévue pour des valeurs mobilières peut tomber en raison de la confusion des patrimoines (Cass. 1e civ. 5-10-1994 nº 92-19.169 : Bull. civ. I nº 273). À l'inverse, la présomption de propriété en faveur d'une épouse a trouvé application dès lors que la preuve de propriété d'une collection d'étains au profit de l'époux ne pouvait être rapportée faute de facture ou d'acte d'achat ; des articles de presse décrivant l'époux comme propriétaire ont été jugés insuffisants (Cass. 1e civ. 23-6-2021 nº 19-21.784 F-D : BPAT 5/21 inf. 204).

Les époux peuvent décider d'écarter ponctuellement le jeu de ces présomptions ; pour une espèce où l'épouse avait reconnu par acte sous seing privé qu'un lot de parfumerie se trouvant dans son salon d'esthétique était la propriété de son mari (Cass. 1e civ. 30-6-1993 nº 90-17.602 : Bull. civ. I nº 239).

Si rien n'a été prévu dans le contrat de mariage, le bien appartient en principe à celui dont le **titre** (acte de vente, bon de capitalisation, part sociale, etc.) établit la propriété, quelle que soit la façon dont l'acquisition du bien a été financée. Bien qu'il soit prévu que « tant à l'égard de son conjoint que des tiers, un époux peut prouver par tous les moyens qu'il a la propriété exclusive d'un bien » (C. civ. art. 1538), les tribunaux n'admettent pas que le mode de **financement** puisse aller contre les mentions portées dans l'acte d'acquisition (Cass. 1e civ. 31-5-2005 nº 02-20.553 : BPAT 4/05 inf. 109 ; Cass. 1e civ. 23-1-2007 nº 05-14.311 : BPAT 2/07 inf. 45). 4685

La preuve du caractère personnel d'un bien dépend de la nature de ce bien. 4690

Certains biens, comme les **immeubles**, ne posent aucune difficulté de preuve : le propriétaire est l'époux désigné dans l'acte d'achat (pour un exemple, Cass.1e civ. 15-12-2011 nº 10-27.654 : BPAT 1/12 inf. 4 dans lequel l'épouse n'avait pas signé l'acte d'achat et n'était donc pas propriétaire). Si le conjoint en a financé une partie, il peut faire valoir une créance, mais il n'est pas propriétaire. Notons que si un époux met au nom de son conjoint un immeuble dont il paye le prix, il peut y avoir donation indirecte ou déguisée, sous réserve de la démonstration de l'intention libérale.

Il n'y a pas non plus de difficulté de preuve lorsqu'une maison est construite sur un terrain appartenant à l'un des époux : le propriétaire du terrain devient, par accession, propriétaire de la maison au fur et à mesure de sa construction, même si c'est le conjoint qui finance les travaux (Cass. 1e civ. 6-7-2005 nº 02-20.546 : RJDA 12/05 nº 1385).

Dans un cas où un immeuble avait été édifié à cheval sur deux terrains, l'un appartenant à l'épouse, l'autre au mari, l'immeuble n'a pas été déclaré indivis mais propriété exclusive de l'épouse, l'emprise des constructions étant majoritairement sur son terrain (Cass. 1e civ. 17-12-2002 nº 00-16.790 : Bull. civ. I nº 308).

S'agissant d'un **fonds de commerce**, l'époux nommé dans l'acte d'achat est le propriétaire, sans considération de l'origine des fonds qui financent l'opération. 4695

Si un époux crée un fonds de commerce et l'exploite, il en est le propriétaire. Un des indices de cette création est l'immatriculation de l'intéressé au registre du commerce et des sociétés.

Attention cependant : le conjoint qui participe à l'exploitation peut être reconnu copropriétaire indivis du fonds. Les tribunaux apprécient chaque cas en fonction de l'investissement respectif des époux dans le développement de la clientèle, des responsabilités assumées par chacun, des mentions portées au registre du commerce, du titulaire du bail commercial, etc.

En cas d'exercice d'une profession libérale, les questions à trancher sont les mêmes. Le conjoint du titulaire du cabinet a des droits sur la valeur de la clientèle s'il a participé de façon active à son développement.

Pour ce qui est des **autres biens meubles**, les époux rencontrent souvent des difficultés à prouver leur droit de propriété. Outre l'application d'éventuelles présomptions conventionnelles de propriété, les tribunaux se déterminent en fonction des éléments de preuve qui leur sont fournis. 4700

La facture établie au nom d'un époux fait présumer sa propriété (Cass. 1e civ. 10-3-1993 n° 91-13.923 : Bull. civ. I n° 107). D'autres éléments sont également retenus : preuve de l'origine des fonds qui ont financé l'achat, destination du bien, usage qui en est fait, etc.

La possession du bien par un époux est un indice parmi les autres. Mais la règle selon laquelle « en fait de meubles, possession vaut titre » (C. civ. art. 2276) ne s'applique pas entre les époux, même lorsqu'ils vivent séparément (Cass. 1e civ. 27-11-2001 n° 99-10.633 : Bull. civ. I n° 297 qui s'est prononcé sur l'ancien article 2279 du Code civil ; Cass. 1e civ. 8-10-2014 n° 13-22.938 : Bull. civ. I n° 163) : celui qui revendique la propriété d'un bien doit être en mesure de fournir un acte d'achat, une facture, etc. À défaut, c'est la présomption d'indivision de l'article 1538 du Code civil qui prévaut.

À l'égard des tiers, la possession d'un bien par un époux vaut présomption simple de propriété. Celui qui saisit peut s'en prévaloir, à charge pour l'époux qui revendique la propriété de la prouver.

ATTENTION

Les **fonds et les titres** déposés sur un compte bancaire ouvert au nom d'un seul époux sont présumés être ses biens personnels. Il importe peu que son conjoint ait une procuration sur ce compte, qu'il y verse ses propres revenus ou y effectue des retraits.

Des fonds ou titres déposés sur un compte joint sont présumés appartenir aux deux époux, même si le compte n'est alimenté que par un seul d'entre eux, mais les époux sont autorisés à prouver par tous moyens qu'il s'agit de fonds qui leur appartiennent à titre personnel (Cass. 1e civ. 2-4-2008 n° 07-13.509 : Bull. civ. I n° 102).

Les sommes déposées sur un compte joint sont présumées avoir été affectées aux charges du mariage, si bien qu'elles ne donnent pas lieu à restitution en l'absence de preuve contraire (Cass. 1e civ. 25-1-2005 n° 97-20.308 : JCP G 2005 I 128 n° 19 obs. MM. Storck).

BIENS INDIVIS

4705 Il n'est pas rare que les époux mariés sous la séparation de biens soient propriétaires en indivision d'un ou de plusieurs biens. C'est le cas lorsqu'ils en font l'**acquisition en commun**. Si l'acte ne précise pas la répartition prévue (par exemple 1/4 – 3/4 ou 1/3 – 2/3), les époux sont considérés propriétaires pour moitié chacun.

Le degré de participation de chacun des époux dans le financement de l'acquisition n'est pas de nature à modifier leur quote-part respective de propriété indiquée dans l'acte (Cass. 1e civ. 10-1-2018 n° 16-25.190 F-PB : BPAT 2/18 inf. 58 ; Cass. 1e civ. 13-2-2019 n° 17-26.712 F-D : BPAT 2/19 inf. 64, à propos de deux concubins indivisaires mais transposable). Le partage de l'actif doit donc se faire dans les proportions indiquées dans l'acte d'achat et non selon la participation effective des indivisaires au financement de l'achat. Le jeu des créances entre époux permettra dans un second temps de tenir compte des financements effectifs, dans les limites exposées nos 4785 s.

CONSEIL

Les époux ont intérêt à limiter les achats de biens en indivision. En effet, les créanciers de l'un peuvent, pour se payer, demander le partage des biens indivis, ce qui peut obliger les époux à vendre ces biens.

4710 Certains biens sont indivis **indépendamment de la volonté des conjoints**. C'est le cas :
– du contrat de location du logement familial (C. civ. art. 1751) ;
– des biens sur lesquels les époux sont incapables de prouver leur propriété exclusive par l'effet de la présomption légale (C. civ. art. 1538 ; n° 4670) ;
– des revenus tirés des biens indivis, sauf si les époux conviennent d'un partage provisionnel de ces revenus ou si, par convention, ils décident d'écarter cette règle (C. civ. art. 815-10, al. 2) ;
– des immeubles construits sur des terrains indivis en application du mécanisme de l'accession. Il en va ainsi quel que soit le mode de financement des travaux.

BIENS EN TONTINE

4712 Les époux qui acquièrent ensemble un bien peuvent prévoir une **clause d'accroissement** (c'est l'achat en tontine, voir nos 26010 s.) : le premier mourant est réputé n'avoir jamais eu droit à la propriété du bien qui revient en totalité au survivant. Ce dernier est réputé avoir toujours eu la propriété du bien. Elle permet la transmission du bien hors succession, mais n'est pas sans risques. Une telle clause étant exclusive de l'indivision et donc de tout partage, les époux ne peuvent pas se désengager, même en cas de séparation. Tant que la condition tenant au prédécès de l'un d'eux n'est pas réalisée, les époux ont des droits concurrents, notamment de jouissance du bien.

PASSIF PERSONNEL

Chaque époux est seul tenu de ses **dettes personnelles**, quelle que soit leur date de naissance (C. civ. art. 1536, al. 2). Notamment, chaque époux supporte l'impôt résultant de ses revenus (en ce sens, notamment, Cass. 1e civ. 19-3-2002 n° 00-11.238 : Bull. civ. I n° 99). Cette solution se fonde sur le fait que l'impôt est une charge directe des revenus de l'époux et ne peut constituer une charge du mariage à laquelle les époux doivent contribuer. La contribution de chacun est déterminée au prorata de l'impôt qu'il aurait dû s'il avait été seul, en tenant compte par conséquent des avantages fiscaux qui lui sont personnels (Cass. 1e civ. 30-10-2006 n° 03-19.317 : Bull. civ. I n° 454, BPAT 1/07 inf. 4 ; Cass. 1e civ. 26-10-2011 n° 10-24.214 : Bull. civ. I n° 188, BPAT 6/11 inf. 336). 4715

Les **créanciers** d'un époux ne **peuvent poursuivre** le paiement de leurs créances que sur le patrimoine personnel de leur débiteur. 4720

Ils ne peuvent pas saisir les biens indivis mais ils peuvent en provoquer le partage (nos 69680 s.).

ATTENTION

En cas de **saisie d'un compte joint**, il appartient au créancier saisissant d'identifier les fonds personnels de son débiteur et, par suite, de renverser la présomption d'indivision, ce qui rend, en pratique, très difficile la saisie d'un compte joint pour une dette personnelle d'un époux (Cass. 1e civ. 20-5-2009 n° 08-12.922 : BPAT 4/09 inf. 145).

PASSIF SOLIDAIRE

Par exception, certaines dettes engagent les deux époux. Il s'agit notamment : 4725

– des **dettes ménagères solidaires** (C. civ. art. 1536 ; nos 1850 s.) ;

– des dettes liées à un **bien indivis**. Celles-ci obéissent aux dispositions de l'article 815-17 du Code civil (nos 69635 s.). Lorsqu'elles résultent de la conservation ou de la gestion d'un bien indivis, elles sont payées par prélèvement sur l'actif indivis avant le partage. Le créancier peut, s'agissant de ces dettes, poursuivre la saisie et la vente des biens indivis (C. civ. art. 815-17, al. 1) ;

– des dettes **souscrites par les deux époux** ou par l'un seulement mais avec le cautionnement de l'autre, qui est donc engagé pour le cas où le premier serait défaillant conformément au droit commun du cautionnement.

B. Règles de gestion des patrimoines

GESTION DES BIENS PERSONNELS

Par **principe**, chaque époux conserve l'administration, la jouissance et la libre disposition de ses biens personnels (C. civ. art. 1536, al. 1), sous réserve de contribuer aux charges du mariage dans les proportions fixées par le contrat de mariage ou, à défaut, par le Code civil (C. civ. art. 1537 et 214 ; nos 1970 s.). 4750

Le Code civil ne précise pas la **sanction** d'un défaut ou d'un abus de pouvoir par un époux. Il semble que les tribunaux retiennent la nullité. Il faut toutefois réserver les cas où l'acte peut être validé notamment par l'effet du régime primaire (nos 1550 s.).

Conformément au principe d'autonomie, il est prévu qu'un époux n'est pas garant du **défaut d'emploi ou de remploi** des biens de l'autre (C. civ. art. 1541). Autrement dit, il appartient à chacun de veiller à la préservation et à l'individualisation de son patrimoine. Un époux ne peut rien réclamer à son conjoint s'il a permis des transferts de valeurs ou s'il a laissé son patrimoine se confondre avec les biens indivis. 4755

Il en va autrement lorsqu'un **époux s'est ingéré** dans les opérations d'aliénation ou d'encaissement concernant son conjoint ou qu'il est prouvé que les deniers ont été reçus par lui, ou ont tourné à son profit (C. civ. art. 1541).

Par exemple, celui qui a incité son conjoint à vendre un de ses biens ou qui a pesé pour la réalisation d'un partage et qui perçoit le prix de vente ou le produit du partage doit le restituer à son conjoint. Il engage sa responsabilité s'il conserve ces sommes ou s'il les utilise dans son propre intérêt. Mais encore doit-il, selon la jurisprudence, avoir agi à l'insu de son conjoint (Cass. 1e civ. 5-11-1991 n° 90-12.853 : JCP N 1992, II p. 383 note MM. Storck). Si ces conditions sont réunies, l'époux fautif peut être condamné non seulement à restituer les sommes détournées mais aussi à payer des dommages et intérêts en application de l'article 1540 du Code civil (n° 4760).

L'indépendance de principe des époux trouve ses **limites** dans : 4760

– les dispositions du régime primaire qui peut entraîner une modification de la répartition des pouvoirs pour le logement (C. civ. art. 215), pour les biens meubles (C. civ. art. 222) et en cas de crise (C. civ. art. 219 et 220-1) ;

– le statut du conjoint collaborateur d'un commerçant, artisan ou agriculteur (nos 1590 s.) ;
– la possibilité pour chaque époux de confier à son conjoint mandat pour gérer ses biens personnels (C. civ. art. 1539) et surtout la présomption irréfragable de mandat tacite lorsqu'un des époux prend en main la gestion des biens de l'autre, au su de celui-ci et sans opposition de sa part (C. civ. art. 1540). Les conditions de cette présomption sont calquées sur celles de la présomption édictée sous le régime de communauté (C. civ. art. 1540 et 1432 ; n° 3675).

GESTION DES BIENS INDIVIS

4765 La gestion des biens indivis obéit au droit commun de l'indivision.
Les **actes de disposition** relatifs aux biens indivis demeurent soumis à la règle de l'unanimité (C. civ. art. 815-3). Pour les **actes d'administration**, la règle de la majorité des deux tiers des droits indivis suppose une indivision inégalitaire entre les époux (C. civ. art. 815-3 et 815-5-1). Elle est exclue, par hypothèse, pour les biens indivis en vertu de la présomption légale énoncée par l'article 1538, alinéa 3 (voir n° 4670).

C. Liquidation du régime

REPRISE DES BIENS PERSONNELS

4775 Chaque époux reprend ses biens personnels, ceux-ci ayant pu se confondre avec ceux du conjoint durant la vie commune. Pour **prouver leur droit propriété** sur les biens qu'ils revendiquent, les époux peuvent faire appel à l'ensemble des éléments de preuve admis (nos 4675 s.). Rappelons qu'à défaut de rapporter cette preuve, les biens sont considérés comme étant indivis (n° 4670).
Le contrat de mariage peut autoriser l'**époux survivant** à acquérir ou se faire attribuer dans le partage certains biens personnels du prédécédé (nos 13350 s.).

PARTAGE DES BIENS INDIVIS

4780 Nul n'étant contraint de rester en indivision, le partage peut être **demandé pendant** la durée du mariage soit par un époux, soit par ses créanciers (nos 70050 s.).
Les époux séparés de biens sont soumis aux règles du **partage successoral** (C. civ. art. 1542, al. 1). Néanmoins, en cas de divorce ou de séparation de corps, l'attribution préférentielle n'est jamais de droit et il peut être décidé que la totalité de la soulte éventuellement due sera payable au comptant (n° 10278).

ATTENTION

Les sanctions prévues pour le recel de communauté ne peuvent pas trouver application en cas de détournement ou dissimulation de biens indivis entre époux séparés de biens (Cass. 1e civ. 19-3-2008 n° 06-16.346 : Bull. civ. I n° 86).

LIQUIDATION DES CRÉANCES ENTRE ÉPOUX

4785 Un transfert de valeurs est insuffisant, en tant que tel, à justifier une créance entre époux (à l'inverse des récompenses) (Cass. 1e civ. 17-11-2010 n° 09-16.964 : Bull. civ. I n° 239, à propos du financement d'une assurance-vie). En effet, la preuve d'une remise de fonds n'établit pas l'obligation de les rembourser.
L'époux qui revendique une créance doit **qualifier le paiement** qu'il a réalisé. C'est le financement, hors intention libérale, d'une dette du conjoint qui ouvre une créance contre celui-ci.
À cet égard, une difficulté existe lorsque le bien financé constitue le **logement familial**. Sauf lorsqu'il provient d'un apport en capital de fonds personnels, les juges considèrent généralement que ce financement est une modalité de règlement de la contribution aux charges du mariage, ce qui, combiné avec la présomption de règlement de cette contribution prévue dans la plupart des contrats de séparation de biens, exclut la possibilité de revendiquer une créance contre le conjoint (nos 1976 s.).
En dehors de ce cas particulier, peu importe l'**affectation des fonds**. Par exemple, l'époux qui finance l'acquisition d'un bien personnel de son conjoint peut revendiquer une créance y compris au titre des frais d'acquisition qu'il prend en charge (Cass. 1e civ. 26-6-2013 n° 12-13.757 : RJDA 11/13 n° 959).

4787 Les créances entre époux sont **exigibles** sans attendre la dissolution du régime. En effet, leur règlement ne constitue par une opération de partage (Cass. 1e civ. 26-9-2012 n° 11-22.929 : BPAT 6/12 inf. 286, Bull. civ. I n° 184). Les créances ne rentrent donc pas dans un compte de liquidation-partage dont seul le solde serait dû.

Pour les créances entre époux, la **prescription** est celle du droit commun, qui correspond au délai de cinq ans à compter du jour où le titulaire du droit a connu les faits lui permettant de l'exercer (C. civ. art. 2224). Mais, durant le mariage, elle ne court pas ou est suspendue (C. civ. art. 2236). Le point de départ de la prescription de la créance correspond donc au jour de la dissolution du mariage, plus précisément, pour des époux divorcés, à la date à laquelle le divorce a acquis force de chose jugée (Cass. 1e civ. 18-5-2022 n° 20-20.725 F-B : BPAT 4/22 inf. 177).
Ainsi, même en **cas de procédure de divorce** pendante, l'un d'eux peut solliciter, indépendamment de l'instance en cours et en dehors de la liquidation globale du régime matrimonial, diverses mesures liquidatives telles que :
– l'expulsion de son conjoint qui occupe un de ses biens propres et sa condamnation à une indemnité d'occupation (Cass. 1e civ. 23-1-2007 n° 05-14.311) ;
– le remboursement d'une somme qu'il soutient avoir prêtée à son conjoint pour l'achat d'un appartement (Cass. 1e civ. 22-5-2007 n° 05-12.017 : Bull. civ. I n° 201).
En revanche, lorsque le **divorce** et la liquidation des intérêts patrimoniaux des époux ont été ordonnés par une **décision irrévocable**, tous les rapports pécuniaires entre époux doivent être envisagés dans le cadre de la liquidation (Cass. 1e civ. 5-4-1993 n° 91-10.648, solution rendue en application des dispositions antérieures à la loi de 2004, mais transposable). Le procès-verbal de difficultés établi dans ce cadre et qui fait état de réclamations concernant une créance entre époux interrompt la prescription, peu important que cette demande ne relève pas, strictement parlant, d'une opération de partage (Cass. 1e civ. 23-11-2016 n° 15-27.497 F-PB : BPAT 1/17 inf. 6).

Le **régime de la créance** est celui des créances entre époux mariés sous le régime de la communauté (C. civ. art. 1543 ; nos 4000 s.). Il en va ainsi : **4789**
– même dans le cas où un époux finance la construction d'une maison sur le terrain appartenant à son conjoint, le droit commun de l'accession étant écarté (Cass. 1e civ. 25-4-2006 n° 04-11.359 : Bull. civ. I n° 204) ;
– même lorsque l'un des époux finance l'acquisition d'un bien indivis au-delà de sa quotité (Cass. 1e civ. 26-6-2013 n° 12-13.757 FS-PBI : BPAT 5/13 inf. 167, Petites Affiches 24-7-2013 p. 15 obs. J. G. Mahinga, AJ fam. 9-2013 p. 518 obs. S. Blanc-Pelissier) ou lorsqu'un époux, entre-temps décédé et représenté par ses héritiers, a financé l'achat d'un bien indivis avec son conjoint (Cass. 1e civ. 26-5-2021 n° 19-21.302 FS-P : SNH 21/21 inf. 14 obs. A. Chamoulaud-Trapiers, D. 2021 p. 2065 S. Godechot-Patris). Il s'agit bien d'une créance entre époux et non d'une créance entre indivisaires : elle doit donc être **évaluée** selon l'article 1543 et non selon l'article 815-13 de Code civil. La raison est que l'article 815-13 du Code civil s'applique aux seules dépenses d'amélioration et de conservation mais non d'acquisition. La jurisprudence qui jugeait l'article 815-13 applicable n'est donc plus d'actualité (Cass. 1e civ. 14-10-2009 n° 08-17.943 : AJ fam. 2010 p. 90 obs. P. Hilt ; Cass. 1e civ. 26-9-2012 n° 11-22.929 : BPAT 6/12 inf. 286).
Sauf convention contraire, le **montant** d'une créance entre époux ne peut être moindre que le profit subsistant quand la valeur empruntée a servi à acquérir, à conserver ou à améliorer un bien (C. civ. art. 1543 qui renvoie à l'art. 1479 qui renvoie à l'art. 1469, al. 3 ; n° 4005).
Les créances portent **intérêt** du jour de la sommation ; toutefois, celles qui sont évaluées selon le profit subsistant portent intérêt, sauf convention contraire, au jour de la liquidation (C. civ. art. 1479 sur renvoi de art. 1543). En réalité, ce dernier cas vaut si le bien se trouve dans le patrimoine de l'époux au jour de la liquidation. S'il a été vendu antérieurement, les intérêts courent à compter de l'aliénation, le prix déterminant le profit subsistant (Cass. 1e civ. 23-9-2015 n° 14-15.428 : BPAT 6/15 inf. 206, D. 2016 p. 583 obs. T. Douville), sous réserve d'une sommation ou d'un acte équivalent qui, en l'espèce, était le PV de difficulté.
Les époux doivent **régler** leurs dettes en argent. Sauf accord du conjoint, celui qui est créancier n'est pas autorisé à se rembourser en nature, par exemple en prenant plus que sa part des biens indivis.

RÉMUNÉRATION DE L'ACTIVITÉ D'UN ÉPOUX

Le régime de la séparation de biens se révèle préjudiciable aux intérêts d'un époux lorsqu'il a consenti le sacrifice de son activité professionnelle au profit de celle de son conjoint, soit en collaborant à la profession de ce dernier sans percevoir de rémunération, soit en se consacrant au foyer. En effet, lors de la dissolution du régime, cet époux ne participe pas à l'enrichissement de son conjoint, cependant qu'il ne s'est pas constitué de patrimoine personnel pendant la durée du mariage. Afin de remédier à cette solution inique, la jurisprudence fait traditionnellement jouer, dans les relations entre époux séparés de biens, la théorie de l'**enrichissement sans cause**, devenu « injustifié » depuis l'ordonnance 2016-131 du 10 février 2016 (C. civ. art. 1303 s.). Celle-ci s'applique toutes les fois que le sacrifice de la vie professionnelle a excédé les devoirs de contribution aux charges du mariage et d'assistance entre époux (C. civ. art. 214 et 212 ; Cass. 1e civ. **4790**

14-1-2003 n° 29 : BPAT 5/03 n° 83). Pour un exemple où le mari qui a participé à l'exploitation de la pharmacie de son épouse n'est pas allé au-delà de son obligation de contribuer aux charges du mariage (Cass. 1e civ. 23-1-2001 n° 98-22.697 : BPAT 4/01 n° 63).

Les tribunaux décident librement du montant de l'indemnité en fonction de ce que représente l'enrichissement procuré au conjoint, d'une part, et l'appauvrissement du requérant, d'autre part. Ils tiennent notamment compte :

– du salaire auquel le conjoint aurait pu prétendre, compte tenu du poste qu'il occupait dans l'entreprise de son époux ;

– des salaires qu'il percevait lorsqu'il a arrêté de travailler ;

– des salaires qu'il aurait fallu payer à une employée de maison si le conjoint n'avait pas assumé les tâches ménagères.

L'indemnité est égale à la moindre des deux valeurs de l'enrichissement et de l'appauvrissement (C. civ. art. 1303), sauf mauvaise foi de l'enrichi (C. civ. art. 1303-4).

4795 La théorie de l'enrichissement sans cause subit aujourd'hui la concurrence des règles relatives aux créances entre époux. Celles-ci jouent toutes les fois qu'un « époux séparé de biens, dont la collaboration à l'activité professionnelle de l'autre a servi à acquérir, conserver ou améliorer un bien figurant dans le patrimoine de ce dernier au jour de la liquidation du régime matrimonial, réclame une partie de la **plus-value réalisée par le bien** » (Cass. 1e civ. 12-12-2007 n° 06-15.547 : BPAT 1/08 inf. 6).

Les règles d'évaluation des créances entre époux conduisent alors à attribuer au conjoint une indemnité déterminée, non pas suivant la plus faible des sommes entre son appauvrissement et l'enrichissement de son époux, mais suivant le profit subsistant ou la dépense faite si celle-ci lui est supérieure (C. civ. art. 1469, al. 3 ; n° 4005). Les dispositions relatives au profit subsistant sont exclusives de la mise en œuvre de l'enrichissement sans cause (Cass. 1e civ. 23-2-2011 n° 09-70.745 : BPAT 2/11 inf. 103, qui rappelle que le profit subsistant résulte de la différence entre la valeur actuelle du bien que la valeur empruntée a servi à acquérir ou à améliorer, qui se retrouve, au jour de la liquidation, dans le patrimoine emprunteur, et celle qu'il aurait eue si la dépense n'avait pas été faite).

La Cour de cassation admet ainsi que le transfert de valeur, générateur d'une créance entre époux, peut être indirect et découler de l'économie procurée par l'absence de rémunération du conjoint.

ATTENTION

Les juges ne peuvent **pas indemniser deux fois** l'époux qui est allé au-delà de sa contribution aux charges du mariage, par exemple en allouant une indemnité fondée sur l'enrichissement sans cause tout en :

– attribuant au conjoint une fraction de la plus-value du fonds (Cass. 1e civ. 29-5-2001 n° 98-21.991) ;

– constatant qu'un époux avait rémunéré son conjoint en finançant seul l'acquisition en indivision de plusieurs immeubles (Cass. 1e civ. 21-10-1997 n° 93-19.090 : JCP G 1998, I n° 135 obs. MM. Storck).

DONATION RÉMUNÉRATOIRE

4800 La **qualification** de donation rémunératoire est **retenue** toutes les fois que le transfert de valeurs consenti par un époux au profit de son conjoint est destiné à rétribuer la collaboration de ce dernier ou son activité au foyer, celles-ci ayant dépassé la mesure de la contribution aux charges du mariage et du devoir d'assistance entre époux. Il appartient à l'époux qui invoque le caractère rémunératoire de la donation de prouver qu'il est allé au-delà de ses obligations (Cass. 1e civ. 6-2-2008 n° 07-11.030 ; dans le même sens, Cass. 1e civ. 19-10-2016 n° 15-25.879 FS-PBI : BPAT 6/16 inf. 217).

Ont été considérés comme des donations rémunératoires :

– la prise en charge des frais d'acte et des intérêts d'emprunt compensant pour l'épouse la renonciation à l'exercice de sa profession de journaliste « grand reporter » qui n'était pas compatible avec les projets familiaux du couple (Cass. 2e civ. 23-5-2001 n° 00-16.777) ;

– le remboursement par le mari des crédits pour l'achat d'un terrain et la construction d'une maison indivise, l'épouse ayant abandonné l'emploi salarié qu'elle occupait pour le seconder dans l'exploitation de son commerce (Cass. 1e civ. 25-6-2002 n° 98-22.882 : Bull. civ. I n° 173) ;

– le financement par le mari de la quote-part indivise de son épouse dans l'acquisition de cinq immeubles de rapport, celle-ci ayant assumé seule, durant plusieurs années et sans rétribution, la gérance d'une société constituée par le couple (Cass. 1e civ. 18-12-2013 n° 12-17.420 : Sol. Not. 3/14 inf. 60) ;

– la remise par le mari à son épouse séparée de biens de la somme de 457 000 € pour l'indemniser de ses sacrifices et de son activité intense au foyer qui ont outrepassé sa contribution aux

charges du ménage (Cass. 1e civ. 9-2-2022 no 20-14.272 F-D : BPAT 3/22 inf. 172-9) : en effet, malgré ses qualification et expérience professionnelle lui permettant de faire carrière dans la publicité et de créer son propre cabinet, elle a cessé toute activité professionnelle pour se consacrer à son mari et leurs enfants, autorisant celui-là à gérer ses affaires. Elle a ainsi perdu des revenus conséquents et des droits à la retraite.
La donation rémunératoire s'analyse comme un **acte à titre onéreux**, dès lors que sa valeur correspond au service antérieurement rendu par l'époux/se qui en est le/la bénéficiaire. La donation rémunératoire est donc exclusive de toute demande en rapport ou en réduction des libéralités. Cette qualification permet, dans un souci d'équité, de soustraire l'acte à la nullité des donations déguisées entre époux antérieures au 1er janvier 2005, ainsi qu'à la règle de la révocabilité discrétionnaire des donations conjugales de biens présents à effet après la dissolution du mariage (C. civ. art. 1099 ancien et 1096 a contrario).

II. SÉPARATION DE BIENS AVEC SOCIÉTÉ D'ACQUÊTS

NOTION

La stipulation de la séparation de biens avec société d'acquêts conduit à mettre en place un régime hybride : à côté des patrimoines personnels de chaque époux, une masse d'acquêts qui leur appartient conjointement est créée. **4900**
Le contrat de mariage doit déterminer avec précision les **biens qui entrent en communauté**. Il peut s'agir des biens acquis ou créés avant ou après l'adoption du régime, d'un ou plusieurs biens particuliers ou d'une catégorie de biens. Selon l'objectif recherché, la société d'acquêts peut, par exemple, comprendre :
– la résidence principale des époux, étant précisé que désigner, dans le contrat de mariage, l'immeuble selon sa seule affectation est contestable car le caractère variable de celle-ci s'oppose au principe d'immutabilité du régime matrimonial. Si les époux sont déjà propriétaires lorsqu'ils optent pour une société d'acquêts, ils peuvent donner la description cadastrale du bien. Une clause prévoyant le jeu de la subrogation réelle en cas de vente de l'immeuble et plus particulièrement en cas d'achat financé avec son prix de vente est utile pour permettre l'évolution de la société d'acquêts au fil du temps ;
– tous les biens immobiliers des époux ou seulement ceux acquis durant le mariage à titre onéreux ;
– le fonds de commerce que les époux exploitent ensemble (pour un exemple, Cass. 1e civ. 29-11-2017 no 16-29.056 F-D : JCP N 1/18 no 1002 note B. Beignier et F. Collard) ou au contraire tous les biens acquis à titre onéreux pendant le mariage exception faite des biens professionnels de chacun des époux ;
– tout ou partie des revenus des époux. Attention, déclarer communs tous les revenus est contraire à l'esprit de la séparation de biens puisque cela prive les époux d'une part importante de leur liberté d'action. Ils devront, en effet, une récompense au titre de tous les investissements sur leurs biens personnels qu'ils auront financés avec leurs revenus ;
– des biens acquis par les époux avant leur mariage. Les époux peuvent inclure dans la société d'acquêts des biens qui, dans le régime de communauté réduite aux acquêts, ne seraient pas communs (Cass. 1e civ. 25-11-2003 no 02-12.942 : RJDA 7/04 no 889 ; Cass. 1e civ. 29-11-2017 no 16-29.056 F-D précité).
L'apport dans la société d'acquêts d'une somme d'argent est admis, mais pas celui d'un compte bancaire car la possibilité d'y créditer des fonds ou d'en retirer ferait varier la qualification des sommes en contradiction avec le principe d'immutabilité du régime matrimonial.
Le formalisme du remploi des propres trouve à s'appliquer. Ainsi jugé dans un cas où la société d'acquêts comprenait les biens acquis au nom de l'un ou de l'autre des époux « à l'exception des acquisitions faites à titre de remploi des biens aliénés » (Cass. 1e civ. 5-2-1985 no 83-15.895 : Bull. civ. I no 54). Au contraire, il peut être expressément exclu par les époux afin de conforter l'esprit séparatiste du régime. Il peut encore être prévu, mais au profit de la masse commune pour préserver la consistance de la société d'acquêts.
En cas de litige sur la qualification d'un bien, les juges doivent rechercher la commune intention des parties. Par exemple, ils ont pu considérer qu'une officine « créée » pendant le mariage était un bien personnel de l'épouse dès lors que la société d'acquêts devait être composée des biens « acquis » pendant le mariage.

AVANTAGES ET INCONVÉNIENTS

4905 Les **avantages** d'une société d'acquêts sont de deux ordres. Les époux peuvent :
– atténuer la rigueur de la séparation de biens pour l'époux qui a peu ou pas de revenus tout en conservant une grande autonomie ;
– se consentir des avantages matrimoniaux, instrument particulièrement efficace pour protéger le conjoint survivant (nos 13010 s.).
En outre, la société d'acquêts, comparée à l'indivision, donne aux époux plus d'autonomie dans la gestion des biens concernés et elle assure une certaine stabilité puisque le partage n'interviendra qu'à la dissolution du mariage.
Les **inconvénients** sont ceux des régimes communautaires ; notamment la possibilité qu'ont les créanciers d'un époux de saisir les biens qui sont en société d'acquêts.

RÉGIME

4910 Les règles de **gestion des patrimoines** sont doubles. Chaque époux gère son patrimoine personnel conformément aux règles de la séparation de biens. La société d'acquêts suit les règles du régime légal.
Les biens communs sont gérés selon les règles de la communauté réduite aux acquêts (Cass. 1e civ. 15-5-1974 no 72-14.668 : Bull. civ. I no 148) : certains actes relèvent de la gestion concurrente, voire exclusive des époux, d'autres exigent une cogestion (nos 3450 s.). Le contrat de mariage peut toutefois écarter ces règles et, par exemple, donner des pouvoirs exclusifs à l'un des époux sur tel ou tel bien commun.
Au plan du passif, la dette d'un époux oblige ses biens personnels. Cette dette est aussi payable sur la société d'acquêts dans les mêmes conditions que celles applicables au régime de communauté. Ainsi par exemple, l'article 1415 du Code civil a vocation à s'appliquer (no 3320). Le contrat de mariage peut-il exclure du gage des créanciers la société d'acquêts ? Nous ne le pensons pas car les droits des créanciers ne peuvent pas varier au gré de la volonté des époux.
S'agissant de la contribution au passif, les époux ont plus de latitude pour la mettre à la charge de tel ou tel suivant la nature de la dette ou son auteur. Mais il faut respecter le parallélisme actif/passif.
La société d'acquêts est **liquidée** comme une communauté légale (par exemple, Cass. 1e civ. 21-3-2000 no 98-14.163 F-D). Il peut toutefois en aller autrement en présence d'une clause particulière du contrat de mariage, par exemple pour une attribution intégrale, en usufruit ou en propriété, au conjoint survivant. Il est utile de préciser le régime applicable aux récompenses, voire de les exclure notamment si la société d'acquêts comprend des éléments de patrimoine sans inclure les revenus des époux, cette dispense pouvant être réservée au cas de dissolution du régime par décès. À défaut, la clause constitue un avantage matrimonial susceptible d'être révoqué en cas de divorce.

III. PARTICIPATION AUX ACQUÊTS

PRÉSENTATION GÉNÉRALE

5000 La participation aux acquêts est un **régime hybride** : pendant la durée du mariage, il fonctionne comme si les époux étaient mariés sous le régime de la séparation de biens ; à la dissolution du régime, chacun des époux a le droit de participer pour moitié en valeur aux acquêts nets constatés dans le patrimoine de l'autre, et mesurés par la double estimation du patrimoine originaire et du patrimoine final (C. civ. art. 1569, al. 1).
Le régime tel que prévu par le Code civil peut être aménagé par des clauses particulières. Il semble que les époux puissent se consentir des **avantages matrimoniaux** par un aménagement des règles de liquidation (voir nos 13040 s.).
Au plan **fiscal**, les époux mariés sous le régime conventionnel de la participation aux acquêts et qui ne vivent pas sous le même toit sont, au même titre que ceux mariés sous le régime de la séparation de biens, imposés séparément de plein droit (BOI-IR-CHAMP-20-20-10 no 67).

AVANTAGES ET INCONVÉNIENTS

5005 La participation aux acquêts est **conseillée** aux couples dont l'un au moins des époux exerce une profession libérale indépendante ou à risques professionnels. À la dissolution du régime (par décès ou divorce), l'époux qui ne travaille pas ou a cessé de travailler bénéficiera de l'accroissement du patrimoine réalisé par l'activité de son conjoint.
Son fonctionnement peut toutefois poser **problème** dans la mesure où, durant le mariage, l'indépendance des époux n'est pas totale et où les opérations de liquidation sont relativement complexes.

A. Fonctionnement

COMPOSITION DES PATRIMOINES

La composition active et passive des patrimoines des époux mariés sous le régime de la participation aux acquêts est déterminée suivant les règles de la séparation de biens. 5010

Chaque époux détient la **propriété exclusive** de ses biens, sous réserve des présomptions d'indivision découlant de la loi ou du contrat de mariage (nos 4670 s.).

Chaque époux est en principe seul tenu de ses **dettes**. La contribution aux charges du mariage s'effectue, sauf stipulation contraire, à proportion des facultés respectives de chaque époux (C. civ. art. 214, 1537 et 1569).

GESTION DES BIENS

Les époux bénéficient, en **principe**, d'une totale indépendance pour la gestion de leurs biens personnels. Chacun d'eux conserve l'administration, la jouissance et la libre disposition de ceux-ci, sans distinguer entre ceux qui leur appartenaient au jour du mariage ou leur sont advenus depuis par succession ou libéralité et ceux qu'ils ont acquis pendant le mariage à titre onéreux (C. civ. art. 1469, al. 1). 5015

Les biens indivis entre les époux sont assujettis aux règles de gestion des articles 815-2 et suivants du Code civil sauf acquisition indivise inégale.

Le principe d'indépendance connaît une triple **limite** tenant, comme pour une séparation de biens, aux dispositions du régime primaire (nos 1550 s.), au recours au mandat entre époux (n° 4760) et au régime spécifique applicable aux époux agriculteurs, commerçants, artisans ou membres d'une profession libérale (nos 1590 s.). 5020

En outre, deux infléchissements sont spécifiques au régime de la participation aux acquêts et se justifient par la protection de la créance de participation de chaque époux. Il s'agit de la nécessaire cogestion pour certains actes (voir ci-dessous) et de la possibilité de demander la liquidation anticipée du régime en cas de gestion hasardeuse d'un époux (n° 5030).

PROTECTION ANTICIPÉE DE LA CRÉANCE DE PARTICIPATION

La protection de la créance de participation passe par quatre moyens. 5025

En premier lieu, le Code civil impose, il est vrai de manière indirecte, de recueillir le **consentement de l'autre conjoint** pour effectuer une donation ou une aliénation à charge de rente viagère ou à fonds perdus dès lors que ces actes portent sur un bien qui ne figure pas dans le patrimoine d'origine, c'est-à-dire sur un acquêt.

En effet, de telles donations effectuées sans le consentement du conjoint ainsi que les biens aliénés frauduleusement sont intégrés au patrimoine final du cédant, étant précisé que les aliénations à charge de rente viagère ou à fonds perdus sont présumées faites en fraude des droits du conjoint, si celui n'y a pas consenti (C. civ. art. 1573).

Le consentement du conjoint est une garantie entre les époux puisqu'il vaut renonciation à demander la réintégration du bien lors du calcul de la créance de participation. Il n'est pas une condition de validité de l'acte à l'égard du tiers concerné, encore que le paiement de la créance de participation du conjoint pourra être poursuivi, si les biens disponibles dans le patrimoine de l'époux débiteur n'y suffisent pas, sur les biens aliénés sans son consentement ou en fraude de ses droits (C. civ. art. 1577).

En deuxième lieu, chaque époux est autorisé à demander la **liquidation anticipée de la créance** de participation si le désordre des affaires de son conjoint, sa mauvaise administration ou son inconduite donnent à craindre que la continuation du régime matrimonial ne compromette ses intérêts (C. civ. art. 1580). 5030

Les conditions de la liquidation anticipée et la procédure à suivre sont les mêmes que celles exigées pour la mise en place d'une séparation de biens judiciaire (C. civ. art. 1580 et 1444 à 1449 ; nos 3815 s.).

En troisième lieu, la créance de participation est frappée d'**incessibilité** tant que le régime matrimonial n'est pas dissous (C. civ. art. 1569, al. 2). 5035

Enfin, les **conventions liquidatives** qui auraient pour objet de priver un époux de sa créance éventuelle de participation sont illicites comme altérant l'économie du régime de la participation aux acquêts (Cass. 1e civ. 8-4-2009 n° 07-15.945, dont les termes sont ambigus : BPAT 3/09 inf. 97, LEFP juin 2009 p. 1 obs. N. Peterka). 5040

B. Dissolution

CAUSES ET DATE D'EFFET DE LA DISSOLUTION

5050 La dissolution de la participation aux acquêts résulte des **causes** ordinaires de dissolution du mariage (décès, absence, divorce, séparation de corps ou changement de régime matrimonial) et aussi de la liquidation anticipée de la créance de participation (n° 5030).

5055 Elle **prend effet** au jour du décès ou du jugement de déclaration d'absence.
S'il y a divorce, séparation de corps ou liquidation anticipée des acquêts, le régime matrimonial est réputé dissous au jour de la demande (C. civ. art. 1572, al. 1), sans préjudice des dispositions de l'article 262-1 (nos 10300 s.) dans les deux premiers cas.

1. LIQUIDATION DE LA CRÉANCE DE PARTICIPATION

5060 La liquidation de la créance de participation implique de **déterminer les acquêts** faits par chaque époux pendant le fonctionnement du régime. Cette détermination suppose que soient fixés, au préalable, le patrimoine originaire puis le patrimoine final de chaque époux. Pour un **cas pratique** de liquidation d'un régime de participation aux acquêts, voir n° 5530.
L'**action** en liquidation se **prescrit** par un délai de trois ans à compter de la dissolution du régime matrimonial (C. civ. art. 1578, al. 4). L'action en paiement des créances entre époux, dont le règlement participe à la liquidation du régime, est soumise au même délai de prescription (Cass. 1e civ. 2-12-2015 n° 14-25.756 : BPAT 1/16 inf. 7, à propos d'un époux qui revendiquait une créance pour avoir financé l'acquisition du domicile conjugal).

COMPOSITION DU PATRIMOINE ORIGINAIRE

5065 Le patrimoine originaire **comprend** des biens qui auraient reçu la qualification de biens propres sous le régime légal de communauté, c'est-à-dire (C. civ. art. 1570) :
– les biens qui appartenaient à l'époux au jour du mariage. Une créance entre dans le patrimoine d'un époux au jour où elle naît ; s'agissant d'une indemnité de licenciement, elle naît à la date de notification de la rupture du contrat de travail (Cass. 1e civ. 15-11-2017 n° 16-25.023 F-PB : BPAT 1/18 inf. 6) ;
– les biens qu'il a acquis depuis par succession ou libéralité ;
– les biens qui, dans le régime de la communauté légale, forment des propres par nature (nos 3105 s.), sous la condition qu'ils n'auraient pas donné lieu sous ce régime à récompense au profit de la communauté. Sont notamment concernées les actions et indemnités en réparation d'un dommage corporel ou moral ainsi que les créances et pensions incessibles (C. civ. art. 1404). Ce n'est pas le cas des droits indivis acquis par un époux auprès de ses cohéritiers, qui sont des propres par accessoire ; en outre, ils ouvrent droit à récompense si l'acquisition est financée avec de l'argent commun. En conséquence, le bien qui est entré dans le patrimoine d'un époux par voie successorale pour une quote-part des droits indivis et par l'acquisition du solde des droits auprès des cohéritiers ne figure au patrimoine d'origine que pour la quote-part successorale (Cass. 1e civ. 31-3-2016 n° 14-24.556 FS-PBI : BPAT 3/16 inf. 97) ;
– les biens subrogés à ceux précédemment énumérés.
Sont exclus de ce patrimoine (C. civ. art. 1570) :
– les fruits des biens compris dans le patrimoine originaire ;
– les biens ayant le caractère de fruits ;
– les biens du patrimoine originaire dont l'époux a disposé par donation entre vifs pendant le mariage.

5070 La **preuve du contenu du patrimoine originaire** incombe à l'époux qui allègue qu'un bien en fait partie.
Elle résulte, en principe, d'un état descriptif établi en présence de l'autre conjoint et signé par lui (C. civ. art. 1570, al. 2). Ce document qui peut être établi lors du mariage ou postérieurement, prend la forme d'un acte sous seing privé ou d'un acte notarié. Il peut notamment être inséré dans le contrat de mariage ou résulter d'un acte de donation ou de partage successoral contresigné par le conjoint.
En l'absence d'état descriptif ou si ce dernier est incomplet, la démonstration du patrimoine originaire répond aux modes de preuve énumérés par l'article 1402 du Code civil. Elle peut donc se faire par tout autre écrit ou, le cas, échéant, par témoignage ou présomption (n° 3225).
À défaut de preuve d'appartenance au patrimoine originaire, un bien est présumé être un acquêt.

ÉVALUATION DE L'ACTIF NET ORIGINAIRE

Évaluation des biens La fixation de l'actif net, qui sera déduit du patrimoine final, implique l'évaluation des biens et celle des dettes originaires. 5075
Les biens originaires sont estimés d'après leur **état** au jour du mariage ou de l'acquisition et d'après leur **valeur** au jour où le régime matrimonial est liquidé. S'ils ont été aliénés, on prend en considération leur valeur au jour de l'aliénation. Si de nouveaux biens ont été subrogés aux biens aliénés, on prend en considération la valeur de ces nouveaux biens (C. civ. art. 1571, al. 1).
Les améliorations et les plus-values imputables à l'époux propriétaire sont considérées comme des acquêts. C'est pourquoi elles sont inscrites au patrimoine final de ce dernier (à moins qu'il ait été prouvé qu'elles ont été financées avec des deniers originaires). Les plus-values naturelles ou fortuites intègrent, en revanche, le patrimoine originaire.
Un époux peut demander à ce qu'il soit **dérogé à ces règles** d'évaluation, lorsque leur application conduirait à un résultat manifestement contraire à l'équité (C. civ. art. 1579).

Évaluation des dettes De l'actif originaire sont déduites les dettes dont il se trouvait grevé (C. civ. art. 1571, al. 2). Leur montant est évalué, s'il y a lieu, conformément aux règles de l'article 1469, troisième alinéa du Code civil. Autrement dit, le montant ne peut être moindre que le profit subsistant quand la valeur empruntée a servi à acquérir, à conserver ou à améliorer un bien (n° 3925). 5080
Lorsque les dettes dépassent l'actif, le montant de l'excédent est fictivement ajouté au patrimoine final (C. civ. art. 1571, al. 2). Cette opération permet de compenser la perte résultant du paiement de ces dettes à partir des acquêts.

COMPOSITION DU PATRIMOINE FINAL

Figurent à l'**actif** du patrimoine final de chaque époux : 5085
– tous les biens qui lui appartiennent au jour où le régime matrimonial est dissous, c'est-à-dire les biens originaires, les biens acquis à titre onéreux pendant la durée du régime, les fruits existants et les biens dont l'époux aurait disposé à cause de mort (C. civ. art. 1572, al. 1). Pour un entrepreneur individuel, doit par exemple figurer à l'actif de son patrimoine final le solde créditeur de son compte d'exploitant (Cass. 1e civ. 7-11-2018 n° 17-26.222 F-PB : BPAT 1/19 inf. 8). Pour une application à un contrat de retraite présent dans le patrimoine d'un époux (Cass. 1e civ. 15-11-2017 n° 16-25.023 F-PB : BPAT 1/18 inf. 6) ;
– les créances qu'il détient sur son conjoint (C. civ. art. 1572, al. 1) ;
– la valeur des biens qui ne figurent pas dans le patrimoine originaire, c'est-à-dire les acquêts, qui ont été donnés sans le consentement de son conjoint ou qui ont été aliénés frauduleusement (C. civ. art. 1573 ; voir n° 5025) ;
– la valeur, au jour de l'aliénation, des améliorations apportées pendant le mariage à des biens originaires donnés par un époux sans le consentement de l'autre avant la dissolution du régime matrimonial (C. civ. art. 1574, al. 3). Autrement dit, si un époux donne durant le mariage un bien qui figurait dans son patrimoine d'origine sans l'accord de son conjoint, il n'est pas tenu d'en réintégrer la valeur dans son patrimoine final (contrairement au cas d'une donation d'un acquêt) mais il doit réintégrer la plus-value apportée à ce bien durant le mariage ;
– la fraction du passif originaire qui excède l'actif originaire (voir n° 5080).
S'il existe des biens indivis entre les époux, ils figurent dans le patrimoine final de chaque époux pour la quote-part lui revenant.

La **preuve de la consistance du patrimoine final** est rapportée par un état descriptif établi par l'époux ou ses héritiers en présence de l'autre conjoint ou de ses héritiers dûment appelés. Cet état doit être dressé dans un délai de neuf mois à compter de la dissolution du régime matrimonial, sauf prorogation par le président du tribunal statuant sur requête (C. civ. art. 1572, al. 2). La preuve du caractère incomplet de l'état descriptif est libre (C. civ. art. 1572, al. 3). 5090
Les **peines du recel** de communauté ne sont pas applicables à l'époux qui, intentionnellement, omet d'établir l'état descriptif ou produit un état incomplet. En effet, cette sanction n'est applicable qu'en cas de détournement ou dissimulation de biens communs alors qu'en participation aux acquêts les biens acquis par chacun des époux sont des biens personnels et chacun d'eux n'a droit, lors de la liquidation, qu'à une créance de participation (Cass. 1e civ. 4-5-2011 n° 10-15.787 : BPAT 3/11 inf. 176 ; Cass. 1e civ. 6-3-2013 n° 11-25.159). La solution n'en est pas moins critiquable dès lors que l'omission d'un bien influe sur le calcul de la créance de participation du conjoint.

ÉVALUATION DE L'ACTIF NET FINAL

Les biens composant le patrimoine final sont évalués, à l'instar des biens originaires, à la **date** de la liquidation du régime matrimonial. 5095

En revanche, c'est ici l'**état du bien** à l'époque de la dissolution qui est pris en compte (et non au jour du mariage) (C. civ. art. 1574, al. 1). Il en résulte que, lorsque l'état d'un bien a été amélioré, fût-ce par l'industrie personnelle d'un époux, il doit être estimé, dans le patrimoine originaire, dans son état initial et, dans le patrimoine final, selon son état à la date de dissolution du régime, en tenant compte des améliorations apportées, la plus-value ainsi mesurée venant accroître les acquêts nets de l'époux propriétaire (Cass. 1e civ. 13-12-2023 no 21-25.554 FS-P : BPAT 1/24 inf. 7)

Les acquêts qui ont été aliénés par un époux par donation entre vifs ou en fraude des droits du conjoint sont estimés d'après leur état au jour de l'aliénation et la valeur qu'ils auraient eue, s'ils avaient été conservés, au jour de la liquidation (C. civ. art. 1574, al. 1).

Le bien qui a été cédé après la dissolution du régime est inscrit au patrimoine final à hauteur de son prix de vente (Cass. 1e civ. 31-3-2016 no 14-24.556 FS-PBI : BPAT 3/16 inf. 97).

L'application de ces règles légales peut être écartée lorsqu'elle serait contraire à l'équité (C. civ. art. 1579).

5100 De l'actif reconstitué on déduit toutes les **dettes** qui n'ont pas encore été acquittées, y compris les sommes qui pourraient être dues au conjoint (C. civ. art. 1574, al. 2). Ces dettes sont prises en compte pour leur valeur nominale.

Une **difficulté** se pose lorsqu'une dette ayant permis l'amélioration d'un bien figurant au patrimoine originaire n'a pas été soldée lors de la liquidation du régime et se retrouve dans le patrimoine final. En effet, la dette doit être évaluée selon le profit subsistant dans le patrimoine originaire (no 5080), tandis qu'elle doit l'être à sa valeur nominale dans le patrimoine final. La doctrine s'accorde pour considérer que cette dette doit être évaluée de la même façon... mais certains auteurs retiennent le profit subsistant et d'autres sa valeur nominale.

CALCUL DE LA CRÉANCE DE PARTICIPATION

5105 Le calcul de la créance de participation consiste à procéder, pour chaque époux, à l'opération suivante : actif net final – actif net originaire = enrichissement net.

Si le résultat de cette opération est négatif pour l'un des époux, le **déficit** est supporté entièrement par cet époux.

En cas de résultat positif, il y a lieu à créance de participation. Lorsque **seul un époux présente un solde positif**, son conjoint bénéficie d'une créance de participation d'un montant égal à la moitié de ses acquêts nets.

Lorsque **les deux époux se sont enrichis** pendant la durée du régime, leurs créances réciproques sont éteintes par voie de compensation à hauteur du plus faible des deux montants. La créance de participation est alors égale à la moitié de la différence entre le montant des acquêts nets de chaque époux (C. civ. art. 1575, al. 2).

Les époux sont libres d'écarter, par leur contrat de mariage, la règle du partage par moitié de l'excédent des acquêts nets en stipulant une **clause de partage inégal** ou d'attribution intégrale de cet excédent au dernier vivant (C. civ. art. 1581, al. 2).

5110 À la créance de participation on ajoute, pour les soumettre au même règlement, les sommes dont l'époux peut être créancier envers son conjoint, pour valeurs fournies pendant le mariage et autres indemnités, déduction faite, s'il y a lieu, de ce dont il peut être débiteur envers lui (C. civ. art. 1575, al. 3). Les **créances et dettes entre époux** qui ont été prises en compte pour la détermination des patrimoines de chacun doivent être payées. Elles se compensent, seul le solde restant dû. En cas de solde positif au profit d'un époux, la créance s'ajoute à la créance de participation de celui-ci. En cas de solde négatif, il est déduit de sa créance de participation.

2. PAIEMENT DE LA CRÉANCE DE PARTICIPATION

PRINCIPE DU PAIEMENT EN ARGENT

5130 La créance de participation donne lieu à un paiement en argent (C. civ. art. 1576).

Celui-ci est **exigible** dès la clôture des opérations de liquidation.

Toutefois, si l'époux débiteur rencontre des difficultés graves à s'en acquitter entièrement dès la clôture de la liquidation, les juges peuvent lui accorder des **délais** qui ne dépasseront pas cinq ans, à charge de fournir des sûretés et de verser des intérêts.

Au titre des **sûretés** figure notamment l'hypothèque légale des époux que le créancier peut faire inscrire sur les immeubles de son conjoint (C. civ. art. 2394 nouveau issu de l'ord. 2021-1192 du 15-9-2021). Soulignons que la réforme du droit des sûretés du 15 septembre 2021 n'a maintenu l'hypothèque légale des époux que dans le cas de la participation aux acquêts. Sur les innovations apportées par la réforme en matière de sûretés réelles immobilières, voir notamment BPAT 6/21 inf. 250.

Le **paiement** de la créance de participation peut être **poursuivi** non seulement **sur** les biens figurant dans le patrimoine du débiteur mais aussi, de façon subsidiaire en cas d'insolvabilité de ce dernier, sur les acquêts qu'il a aliénés par donations entre vifs, sans le consentement du créancier, ou en fraude de ses droits (C. civ. art. 1577). 5135

ATTENTION

L'action en recouvrement de la créance de participation contre les tiers qui ont bénéficié d'une donation ou d'une aliénation frauduleuse (n° 5025) se **prescrit** par deux ans à compter de la clôture de la liquidation (C. civ. art. 1578, al. 4).

EXCEPTION DU PAIEMENT EN NATURE

Le paiement en nature de la créance de participation peut résulter d'un **accord entre les époux** soit lors de la liquidation du régime matrimonial, soit dans leur contrat de mariage (C. civ. art. 1576, al. 2). 5140

Dans ce dernier cas, le Code civil précise que les époux peuvent prévoir que celui d'entre eux qui, lors de la liquidation du régime, aura envers l'autre une créance de participation pourra exiger la dation en paiement de certains biens de son conjoint, s'il établit qu'il a un intérêt essentiel à se les faire attribuer (C. civ. art. 1581, al. 3). Mais il n'est pas interdit de stipuler, dans le contrat de mariage, que le créancier pourra réclamer le paiement en nature, en toute hypothèse, sans avoir à établir un tel intérêt.

En tout état de cause, les biens susceptibles d'être revendiqués doivent être identifiés, au moins par genre (logement familial, biens mobiliers, etc.).

La créance de participation peut donner lieu à un paiement en nature, en vertu d'une **décision du juge**, si l'époux débiteur justifie de difficultés graves qui l'empêchent de s'acquitter en argent (C. civ. art. 1576, al. 2). 5145

Le paiement en nature s'analyse comme une **opération de partage** toutes les fois que les biens attribués n'étaient pas compris dans le patrimoine originaire du débiteur ou que l'époux attributaire vient à la succession de ce dernier (C. civ. art. 1576, al. 3). Le droit de partage est alors dû dans les conditions de droit commun. 5150

Il reçoit, en dehors de ces hypothèses, la qualification de **dation en paiement**, les biens attribués étant imposables aux droits de mutation à titre onéreux.

La liquidation n'est pas opposable aux **créanciers des époux**. Les créanciers du conjoint débiteur conservent le droit de saisir, dans le patrimoine de l'époux créancier, les biens qui lui ont été attribués en règlement de la créance de participation (C. civ. art. 1576, al. 4). 5155

C. Régime de participation aux acquêts franco-allemand

Un régime optionnel de participation aux acquêts a été institué par un accord franco-allemand ratifié et publié (Accord du 4-2-2010 ; Loi 2013-98 du 28-1-2013 autorisant sa ratification ; Décret 2013-488 du 10-6-2013). Il s'ajoute aux autres régimes de notre droit interne. Il est entré en vigueur le premier jour du mois suivant l'échange des instruments de ratification, soit le 1er mai 2013. Tout autre État membre de l'Union européenne peut y adhérer. 5170

Ce régime est **ouvert aux couples** franco-allemands ainsi qu'aux couples de Français ou d'Allemands qui vivent en Allemagne ou en France ou encore à ceux auxquels le droit matrimonial allemand ou français est applicable quoiqu'ils vivent dans un pays tiers. Pour l'adopter, les intéressés doivent passer un contrat de mariage. Le choix peut intervenir sans avoir à passer par une désignation de la loi applicable au régime matrimonial, même si une telle désignation paraît préférable (R. Crône, Le nouveau régime matrimonial franco-allemand : Sol. Not 3/13 p. 12).

Les règles adoptées s'inspirent de la participation aux acquêts existant dans les deux pays et réalisent sur certains points un compromis entre les deux systèmes (P. Simler, Le nouveau régime matrimonial optionnel franco-allemand de participation aux acquêts : Dr. famille 2010 étude 8 n° 3).

Durant le mariage, le régime fonctionne comme une séparation de biens. Mais des règles proches de notre régime primaire ont été introduites pour protéger le domicile conjugal tout en évitant les situations de blocage et assurer une solidarité au sein du couple : 5175

– les actes de disposition sur les objets du ménage ou les droits par lesquels est assuré le logement de la famille passés par un époux agissant seul sont nuls, sauf ratification du conjoint ou autorisation judiciaire (art. 5) ;

– les époux sont solidairement responsables des dettes engagées dans l'intérêt du ménage sauf si elles sont excessives au regard notamment du train de vie du ménage (art. 6).

5180 Lors de la **dissolution** du régime, il y a lieu de calculer une créance de participation qui résulte de la comparaison entre les patrimoines originaire et final de chaque époux. Le régime opère une synthèse entre les deux systèmes français (liquidation en valeur) et allemand (liquidation en nature), les époux pouvant en outre modifier les règles de calcul de cette créance.

Pour la composition et l'évaluation du **patrimoine final**, l'on se place en principe au jour de la dissolution du régime (art. 11), sauf cas de divorce ou de dissolution du régime par une autre décision judiciaire (art. 13).

Le patrimoine final comprend les biens appartenant à l'époux à la date de la dissolution du régime, déduction faite de toutes les dettes, ce qui peut aboutir à un résultat négatif. On ajoute fictivement les biens que l'époux a pu donner, sauf si la donation n'est pas excessive au regard du train de vie du couple ou si, portant sur un bien du patrimoine originaire, elle a été faite à des parents en ligne directe. Doivent encore être ajoutés les biens aliénés frauduleusement ou dissipés.

Quant au **patrimoine originaire**, il inclut les dettes au jour du début du régime et peut donc être lui aussi négatif. Les fruits des biens qui le composent n'en font pas partie (art. 8).

Le patrimoine originaire est évalué comme suit (art. 9) :

– les biens existants au jour de la prise d'effet du régime sont évalués à cette date ;

– les biens acquis après la date d'effet du régime par donation ou succession ou les indemnités perçues en réparation d'un dommage corporel ou moral sont évalués à la date de leur acquisition.

Une règle particulière est toutefois prévue pour les immeubles ou droits réels immobiliers : ils sont évalués à la date de la dissolution du régime (sauf aliénation en cours de mariage, la date de cession étant alors retenue).

Enfin, l'évaluation des biens effectuée à une date antérieure à la dissolution du régime donne lieu à une indexation sur l'indice des prix à la consommation des États contractants.

La **créance de participation** est plafonnée à la moitié de la valeur du patrimoine final de l'époux débiteur (art. 14). Elle se **prescrit** par trois ans à compter de la date à laquelle l'époux a connaissance de la dissolution du régime matrimonial et au plus tard dix ans après la dissolution (art. 15).

En principe, elle donne lieu au **paiement** d'une somme d'argent. Le tribunal peut cependant, à la demande de l'un des époux, autoriser un paiement en nature (art. 12).

SECTION 4 CHANGEMENT DE RÉGIME MATRIMONIAL

I. IMMUTABILITÉ DU RÉGIME MATRIMONIAL

PRINCIPE

5200 Le mariage célébré, les époux ne peuvent pas apporter de changements à leur régime matrimonial en dehors des conditions prévues par le Code civil (C. civ. art. 1396, al. 3). Peu importe, à cet égard, qu'ils soient mariés sous la communauté légale ou sous un régime conventionnel.

Ainsi, toute **convention** entre époux passée durant le fonctionnement du régime ayant pour objet ou pour effet de modifier les règles du régime adopté est **nulle**. Tel est, par exemple, le cas de :

– la convention par laquelle les époux décideraient de qualifier de bien propre un bien qui, en application du régime matrimonial, serait un bien commun (Cass. 1e civ. 31-1-2006 n° 02-21.121 : BPAT 2/06 inf. 62) ;

– la convention qui vise à priver un époux marié sous le régime de la participation aux acquêts de sa créance de participation (Cass. 1e civ. 8-4-2009 n° 07-15.945 : BPAT 3/09 inf. 97, LEFP juin 2009 p. 1 obs. N. Peterka, Defrénois 2009 art. 38978 note G. Champenois).

ATTÉNUATION DU PRINCIPE

5205 Outre la possibilité de changer de régime matrimonial et celle d'exiger une séparation de biens judiciaire ou la liquidation anticipée de la créance de participation, le principe d'immutabilité du régime matrimonial connaît deux nuances.

D'une part, il n'interdit pas les **contrats entre époux**. Ils peuvent notamment se constituer en société, conclure une vente entre eux ou se consentir une donation. Par exemple, a été déclarée

valable la donation d'une récompense consentie durant le mariage (Cass. 1e civ. 6-2-2007 n° 04-13.282 : Defrénois 2008 art. 38854 note G. Champenois).
Ces actes modifient de façon indirecte le régime matrimonial, soit par l'attribution à un époux de pouvoirs sur un bien relevant de la gestion exclusive de son conjoint, soit par le passage d'un bien du patrimoine d'un époux à celui de son conjoint.

D'autre part, les époux sont en droit, **lors de la liquidation** de leur régime matrimonial, de modifier les règles normalement applicables en vertu de ce dernier. Ils peuvent, par exemple, qualifier de commun un bien qui en réalité était propre, à condition qu'il ne soit pas porté atteinte aux droits de tierces personnes (Cass. 1e civ. 11-6-2003 n° 99-14.612 : Bull. civ. I n° 141). Le bien reste alors propre à l'égard des tiers, mais il est traité comme un bien commun entre les époux (Cass. 1e civ. 23-9-2015 n° 14-20.168 : BPAT 6/15 inf. 205-1). **5210**
Ces conventions peuvent être conclues avant la dissolution de leur régime matrimonial, dans le cadre d'un divorce (n° 9222).

II. MUTABILITÉ ENCADRÉE DU RÉGIME MATRIMONIAL

Les époux sont autorisés à modifier leur régime matrimonial pendant la durée du mariage conformément aux dispositions prévues par l'article 1397 du Code civil. **5250**

A. Conditions

DÉLAI

Les époux peuvent modifier leur régime matrimonial ou même en changer entièrement à **tout moment**, sans condition de délai entre le précédent et le nouveau régime adopté (C. civ. art. 1397, al. 1). **5255**

> **Précisions** **Avant le 25 mars 2019**, les époux ne pouvaient procéder au changement de leur régime matrimonial qu'après deux années d'application du régime (deux années après le mariage ou après un précédent changement de régime) (C. civ. art. 1397 dans sa rédaction antérieure à la loi Réforme pour la justice 2019-222 du 23-3-2019).

INTÉRÊT DE LA FAMILLE

La décision des époux doit intervenir dans l'intérêt de la famille (C. civ. art. 1397, al. 1). Sont visés tant les **intérêts patrimoniaux** qu'**extrapatrimoniaux**. **5260**
Par ailleurs, l'intérêt de la famille fait l'objet d'une **appréciation d'ensemble**. Le seul fait que l'un des membres de la famille risquerait de se trouver lésé n'interdit pas nécessairement la modification ou le changement envisagé (Cass. 1e civ. 6-1-1976 n° 74-12.212 : D. 1976, jur. p. 253, note A. Ponsard).
La solution conduit à valider le changement de régime matrimonial vers la communauté universelle assortie d'une clause d'attribution intégrale de la communauté au dernier vivant, même en présence d'enfants non communs dès lors que l'action en retranchement leur est ouverte et que ces derniers sont autorisés à en différer l'exercice (C. civ. art. 1527, al. 2 et 3).
De la même façon, l'intérêt de la famille peut justifier le passage d'une communauté à une séparation de biens afin de :
– préserver le patrimoine familial du passif professionnel d'un époux (encore qu'en pareil cas la protection serait limitée puisque les créanciers antérieurs au changement de régime matrimonial peuvent exercer leurs poursuites, avant le partage, sur les anciens biens communs devenus indivis puis, après sa réalisation, sur ceux attribués à l'autre époux ainsi que sur les biens propres de ce dernier dans la double limite de la moitié de la dette et de son émolument (C. civ. art. 815-17, al. 1 et 1483) ;
– identifier et séparer le patrimoine de chacun des époux en présence d'une enfant naturelle du mari (Cass. 1e civ. 17-2-2010 n° 08-14.441 : BPAT 2/10 inf. 84).
Les cas où le projet de modification heurterait l'intérêt de la famille se réduisent, à vrai dire, aujourd'hui à une coquille vide. Il pourrait toutefois se présenter dans l'hypothèse où les intérêts d'un enfant majeur protégé seraient insuffisamment préservés (notamment dans le cas d'un passage vers la communauté universelle avec clause d'attribution intégrale de la communauté au dernier vivant).

FORME ET CONTENU DE LA CONVENTION MODIFICATIVE

5265 La convention modificative prend nécessairement la forme **notariée**.
Elle doit contenir, à peine de nullité, la **liquidation du régime matrimonial** modifié « si elle est nécessaire » (C. civ. art. 1397, al. 1). Deux écoles coexistent. La première préconise de liquider uniquement lorsque l'adoption du nouveau régime implique que les comptes soient définitivement soldés au titre du précédent régime. La seconde, au contraire, invite à déterminer les droits des époux dans tous les cas et donc à toujours liquider, sauf si les intéressés n'ont aucun patrimoine (M. Dagot : JCP N 2008 n° 1217).
Le passage d'une communauté à la séparation de biens nécessite, sans aucun doute, la liquidation de la communauté.
Selon la première école, la liquidation n'est en revanche pas nécessaire lorsque des époux communs en biens décident d'adopter une clause de préciput permettant au survivant de prélever un bien avant le partage ou une clause de partage inégal. En cas de passage de la communauté légale à une communauté conventionnelle élargie, la liquidation ne s'impose pas puisque le périmètre des biens communs est agrandi. Cette analyse est contestée par les tenants de la seconde école. En effet, des récompenses ont pu naître durant le fonctionnement du régime modifié et celles-ci doivent être calculées, sauf à insérer au contrat de mariage une clause par laquelle les époux renoncent aux récompenses qu'ils peuvent se devoir. Il a été par ailleurs jugé que la liquidation s'impose en cas d'adoption d'un régime créant un avantage matrimonial exposé à l'action en retranchement, en l'espèce une communauté universelle avec attribution intégrale de la propriété au survivant (CA Versailles 28-1-2010 n° 09/05089). La Cour de cassation ne s'est pas, à ce jour, prononcée.

5270 Si le **partage** n'est pas nécessaire pour que la modification prenne légalement effet, il n'en demeure pas moins qu'il conditionne largement l'efficacité du changement de régime matrimonial à l'égard des créanciers postérieurs (Rép. Calvet : AN 23-12-2008 n° 28464 p. 11172 : BPAT 1/09 inf. 4). Pour un exemple de difficulté en l'absence de partage (Cass. 1e civ. 14-1-2009 n° 07-17.191 : BPAT 2/09 inf. 47).

INFORMATION DES TIERS

5275 **Parties au contrat initial et enfants majeurs** Les personnes qui avaient été parties dans le contrat modifié et les enfants majeurs de chaque époux sont informés personnellement de la modification envisagée (C. civ. art. 1397, al. 2). L'information se fait ici par voie de **notification** (CPC art. 1300). En cas de prédécès de l'enfant majeur, la notification doit être faite à l'administrateur légal des petits-enfants mineurs, appelés à venir, au décès de leur grand-parent, à la succession de ce dernier par voie de représentation (CA Dijon 2-12-2010 n° 10/00071 : Defrénois 2011 p. 821 note J. Massip, RTD civ. 2011 p. 510 obs. J. Hauser).
Dans le cas d'un **enfant majeur** qui **refuse** de donner son adresse et **de recevoir les lettres recommandées**, une distinction est à faire :
– si l'adresse de cet enfant est connue et exacte, son refus de retirer la lettre recommandée ne saurait être considéré comme un manquement des époux à leur devoir d'information ;
– si l'adresse de l'enfant est inconnue, il peut être procédé par voie de signification, l'huissier instrumentaire étant tenu d'effectuer certaines vérifications (Rép. Julia : AN 11-8-2009 n° 48031 p. 7951).

5277 En présence d'un **enfant majeur faisant l'objet d'une mesure de protection juridique**, l'information est délivrée à son représentant (C. civ. art. 1397, al. 2). Toutefois, toutes les mesures de protection n'impliquent pas la représentation. Le terme « représentation » invite à écarter la sauvegarde de justice sans mandat spécial. Dans ce cas, l'information sera délivrée à l'enfant majeur sous sauvegarde de justice, en vertu de l'article 435 du Code civil. En présence d'un mandat spécial, le mandataire peut saisir le juge des tutelles afin qu'il étende sa mission si cette dernière n'inclut pas la représentation du majeur dans le cadre du changement de régime matrimonial de ses parents. Sous la curatelle et l'habilitation familiale à assister, l'information est délivrée à l'enfant majeur, ces deux dispositifs étant des mesures d'assistance et non de représentation. Sous la curatelle, une représentation ponctuelle de l'enfant majeur par le curateur peut toutefois être mise en place par le juge des tutelles (C. civ. art. 469, al. 2). En cas d'habilitation familiale à représenter ou de mise en œuvre d'un mandat de protection future, l'information est délivrée à la personne protégée, dès lors qu'elle est apte à prendre sa décision. Si tel n'est pas le cas, le juge des tutelles peut autoriser la représentation de l'enfant majeur par la personne habilitée lors du prononcé de l'habilitation familiale ou postérieurement à celui-ci (C. civ. art. 494-6 et 494-10). Dans le cas du mandat de protection future, à défaut de clause autorisant le mandataire à représenter le mandant pour recevoir l'information, le mandataire peut saisir le juge des tutelles afin qu'il l'autorise à représenter le mandant ou désigne un mandataire ad hoc

(C. civ. art. 485, al. 2). Enfin, en cas de tutelle, l'information est transmise au tuteur, sauf allégement de la mesure (C. civ. art. 473, al. 2).

Les parties au contrat et les enfants majeurs peuvent **s'opposer à la modification** (C. civ. art. 1397, al. 2). Ils disposent pour ce faire de trois mois à compter de la réception de la lettre d'information que le notaire aura été prudent de leur adresser par courrier recommandé avec demande d'avis de réception. 5280

L'opposition doit être notifiée au notaire qui a établi l'acte (CPC art. 1300-1), par lettre recommandée avec demande d'avis de réception ou par exploit d'huissier.

Le notaire informe les époux qui devront alors faire homologuer l'acte notarié (n° 5320).

Si l'enfant majeur est sous protection juridique, son représentant peut s'opposer au changement de régime matrimonial sans autorisation préalable du conseil de famille ou du juge des tutelles (C. civ. art. 1397, al. 2). En pratique, pour les raisons exposées n° 5275, ce droit d'opposition ne sera pas nécessairement exercé par le représentant et pourra, selon la mesure de protection, l'être par l'enfant majeur personnellement.

Parties au contrat initial et enfants mineurs En présence d'un enfant **mineur sous tutelle**, l'information relative au changement de régime matrimonial des époux est délivrée à son représentant, qui agit sans autorisation préalable du conseil de famille ou du juge des tutelles (C. civ. art. 1397, al. 2). L'information se fait par voie de notification (CPC art. 1300). Le tuteur de l'enfant mineur peut s'opposer au changement de régime matrimonial dans les formes et délais indiqués n° 5280. 5288

En présence d'un **mineur sous administration légale**, le notaire peut saisir le juge des tutelles, s'il estime que le projet de convention modificative compromet manifestement et substantiellement les intérêts du mineur ou est de nature à porter un préjudice grave à ceux-ci, afin qu'il soumette la signature de la convention à son autorisation (C. civ. art. 1937, al. 5 et sur renvoi art. 387-3, al. 2). Cette règle, issue de la loi 2019-222 du 23 mars 2019, suscite des critiques en doctrine en ce qu'elle pourrait faire dépendre la conformité du changement de régime matrimonial à l'intérêt de la famille du respect de l'intérêt de l'enfant mineur (en ce sens, E. Rousseau, La conformité du changement de régime matrimonial à l'intérêt de la famille après le 25 mars 2019 : D. 2019 n° 41). À vrai dire, le notaire dissuadera en pratique les parents de signer un acte heurtant les intérêts de l'enfant. La saisine du juge des tutelles par le notaire devrait donc rester marginale.

Créanciers Les créanciers sont informés, quant à eux, de la modification envisagée par la **publication** d'un avis dans un support habilité à recevoir les annonces légales dans l'arrondissement ou le département du domicile des époux (C. civ. art. 1397, al. 3). 5290

Cette publication leur ouvre un délai de trois mois pour **s'opposer au changement** projeté.

Contenu de l'information Que l'information s'adresse aux parties au contrat de mariage modifié, aux enfants majeurs ou aux créanciers, son contenu se borne à désigner le régime matrimonial modifié ainsi que la modification opérée (Arrêté 23-12-2006 : JO 31-12-2006 ; Defrénois 2007 p. 87). Elle n'implique pas la délivrance du projet de convention modificative. 5295

Le **changement** de régime matrimonial est **acquis** si les tiers dûment informés n'ont pas manifesté d'opposition.

ÉPOUX SOUS PROTECTION JURIDIQUE

Le changement de régime matrimonial d'un époux placé sous un régime de protection juridique pose deux questions. 5300

La première question porte sur la nécessité ou non d'une **autorisation préalable** du juge des tutelles ou du conseil de famille s'il a été constitué.

Une telle autorisation est requise « lorsque l'un ou l'autre des époux fait l'objet d'une mesure de protection juridique dans les conditions prévues au titre XI du livre Ier » (C. civ. art. 1397, al. 7). Cette rédaction paraît, à première vue, englober l'ensemble des mesures de protection juridique et non pas seulement celles dotées d'une vertu incapacitante. Mais, selon les travaux parlementaires sur la réforme de 2007 sur la protection des majeurs, l'intention du législateur a été ici de lever l'incertitude juridique résultant de ce que le changement de régime matrimonial n'entrait pas dans les catégories générales des actes d'administration ou de disposition (Rapport H. de Richemont, Doc. Sénat, n° 212, 2006-2007, p. 439). Depuis, la modification du régime matrimonial a expressément été classée dans les actes de disposition (Décret 2008-1484 du 22-12-2008 ann. 1). Notons enfin que la loi de réforme pour la justice du 23 mars 2019, qui a retouché certaines règles du changement de régime matrimonial, n'a pas modifié ou précisé la rédaction de l'article 1397, alinéa 7 du Code civil.

Que faut-il donc en penser ?

Il est certain que le recours au juge des tutelles ou au conseil de famille s'impose en cas de tutelle ou de curatelle. À défaut, la nullité de la convention matrimoniale pourra être demandée (C. civ. art. 465, al. 1, 4°).

En cas de sauvegarde de justice, la convention modificative devrait à notre avis être soumise au contrôle du juge des tutelles dès lors que le changement de régime matrimonial a été expressément inclus dans le mandat spécial. Dans le cas contraire et sauf à avoir une lecture littérale de l'article 1397, alinéa 7, le majeur devrait à notre sens pouvoir agir seul, celui-ci ayant conservé l'exercice de ses droits (C. civ. art. 435).

En cas d'habilitation familiale générale, le représentant de la personne protégée doit aussi soumettre le changement projeté à l'autorisation du juge des tutelles (C. civ. art. 494-6, al. 4). À défaut, la nullité est encourue (C. civ. art. 494-1 et 494-9, al. 4). En cas d'habilitation spéciale, le majeur conservant l'exercice de ses droits pour tous les actes qui n'ont pas été confiés à la personne habilitée (C. civ. art. 494-8), il devrait pouvoir, à l'instar du majeur sous sauvegarde de justice, agir sans avoir à solliciter l'autorisation du juge des tutelles.

Enfin, le mandat de protection future, même activé, n'étant pas une mesure incapacitante, il devrait pouvoir agir seul, sauf à avoir ici encore une interprétation littérale de l'article 1397, alinéa 7, auquel cas le mandataire de protection future doit soumettre le projet de changement de régime matrimonial au juge afin qu'il l'autorise.

La seconde question concerne l'**assistance du majeur pour signer** la convention modificative. Celle-ci s'impose, à peine de nullité, en cas de tutelle et de curatelle (C. civ. art. 1399). Il n'existe aucune disposition spécifique pour les trois autres régimes de protection juridique. Ce sont donc leurs règles de fonctionnement habituelles qui devraient s'appliquer ; pour l'habilitation familiale (n° 54054), la sauvegarde de justice (n°s 51050 s.) et le mandat de protection future (n° 55130).

B. Cas d'homologation judiciaire

5320 **La saisine du juge aux affaires familiales**, afin qu'il homologue la convention modificative, s'impose lorsqu'il y a eu opposition d'une partie au contrat initial, d'un enfant majeur, de son représentant en cas de protection juridique, du tuteur de l'enfant mineur sous tutelle ou d'un créancier (C. civ. art. 1397, al. 4). Sur la demande d'autorisation présentée par le notaire au juge des tutelles en présence d'un enfant mineur sous administration légale, quand ses intérêts semblent menacés, voir n° 5288.

La loi ne prévoit pas l'homologation de la convention modificative en présence de petits-enfants mineurs destinés à venir à la succession de leur(s) grand(s)-parent(s) par le jeu de la représentation successorale. Mais la chancellerie s'est prononcée en faveur de cette homologation, sous réserve de l'interprétation souveraine des juridictions, afin de permettre au tribunal d'apprécier l'intérêt de la famille dans son ensemble (en ce sens, notamment, Rép. Huyghe : AN 2-6-2009 p. 5390 n° 39265).

> **Précisions** Depuis la **déjudiciarisation partielle** des changements de régime matrimonial entrée en vigueur le 1er janvier 2007, le nombre de demandes d'homologation a chuté considérablement. De l'ordre de 25 500 en 2004, 2005 et 2006, ce nombre est passé à 2 000 demandes environ en 2008 et 2009 (Rép. Dassault : Sén. 15-7-2010 p. 1870 n° 13524). Il est amené à baisser encore davantage avec la déjudiciarisation opérée par la loi de réforme pour la justice du 23 mars 2019, qui a supprimé, à compter du 25 mars 2019, l'homologation judiciaire systématique en présence d'**enfants mineurs**.

5325 Les époux doivent porter, par voie de **requête**, leur demande devant le juge aux affaires familiales de la résidence de la famille (C. org. jud. art. L 213-3 ; CPC art. 1300-4).

La procédure d'homologation relève toujours de la **matière gracieuse**. C'est le cas même en présence de l'opposition d'un enfant majeur ou d'un tiers (Cass. 1e civ. 19-3-2008 n° 05-21.924 : Bull. civ. I n° 87, Defrénois 2008 art. 38854 note G. Champenois). Elle obéit aux règles applicables à cette procédure devant le tribunal judiciaire (CPC art. 1301). Elle donne lieu à une inscription au répertoire civil (CPC art. 1300-4 et 1060).

5330 En vue d'exercer leur contrôle sur les changements de régimes matrimoniaux, les **magistrats demandent** à être complètement informés sur la situation personnelle et patrimoniale des époux (nombre, âge et, le cas échéant, état de santé des enfants, existence d'enfants nés d'une précédente union, composition du patrimoine, existence de dettes, sources de revenus, etc.). La plupart de ces renseignements figurent dans l'acte notarié s'il comprend la liquidation du régime matrimonial modifié.

C. Les suites du changement

PUBLICITÉ DU CHANGEMENT DE RÉGIME MATRIMONIAL

Plusieurs formalités de publicité s'imposent. La modification doit être mentionnée sur la minute du **contrat de mariage** modifié et en marge de l'**acte de mariage** des époux (C. civ. art. 1397, al. 8). **5350**
Il y a également lieu de procéder, le cas échéant, aux formalités de **publicité foncière** (CPC art. 1303). Cette publicité est nécessaire si un bien immobilier change de statut et que la répartition des droits de propriété des deux époux sur le bien s'en trouve modifiée, par exemple en cas d'apport en communauté d'un bien propre à l'un des époux ou de transformation d'un bien indivis à 40/60 en bien indivis à 50/50 entre époux séparés de biens. En revanche, aucune publicité n'est requise si les proportions de propriété sur le bien demeurent inchangées, en cas par exemple d'apport en communauté d'un bien autrefois indivis à 50/50. Pas de publicité non plus si le changement de régime porte sur les modalités de liquidation du régime matrimonial, avec l'adjonction d'une clause d'attribution intégrale au survivant par exemple (en ce sens, M. Suquet-Cozic, Société d'acquêts ajoutée à une séparation de biens : un changement de régime à publier ? : SNH 17/18 inf. 9).

PRISE D'EFFET DU CHANGEMENT DE RÉGIME MATRIMONIAL

Le changement de régime matrimonial prend effet, **entre les époux**, à la date de la convention modificative ou, lorsque le recours au juge s'impose, à celle du jugement d'homologation (C. civ. art. 1397, al. 6). Plus précisément, il s'agit de la date à laquelle le jugement passe en force de chose jugée. L'existence de dates différentes selon que le changement est soumis ou non à l'homologation judiciaire ne constitue pas une différence de traitement contraire à la Constitution (Cons. const. QPC 8-9-2016 n° 2016-560). Le Code civil ne précise pas si la date de la convention correspond à celle de sa signature ou, au contraire, à celle de l'expiration du délai d'opposition. **5355**
Le changement est opposable aux **tiers** à l'expiration d'un délai de trois mois après que mention en a été portée en marge de l'acte de mariage. Toutefois, en l'absence de cette mention, le changement n'en est pas moins opposable aux tiers si, dans les actes passés avec eux, les époux ont déclaré avoir modifié leur régime matrimonial (C. civ. art. 1397, al. 6). Une telle déclaration ne peut être sous-entendue ou déduite de certains éléments de fait ; elle doit être expresse et figurer dans un acte passé directement avec le tiers (Cass. 1e civ. 11-5-2023 n° 21-14.557 F-D : BPAT 4/23 inf. 168). La publicité foncière ne conditionne pas l'opposabilité du changement aux tiers (Cass. 1e civ. 12-4-2012 n° 11-13.456 : Sol. Not. 7/12 inf. 184, Bull. civ. I n° 91 à propos d'un partage homologué dans le cadre d'un divorce mais, à notre avis, transposable).

SORT DES DONATIONS CONSENTIES DANS LE CONTRAT DE MARIAGE MODIFIÉ

Le changement de régime matrimonial n'entraîne pas, par lui-même, la caducité des donations consenties avant le changement. **5360**
À propos d'une **donation entre époux** prévue dans le contrat de mariage initial, il a été jugé qu'en l'absence de dispositions du nouveau contrat les mettant à néant, ces libéralités étaient maintenues (Cass. 1e civ. 29-10-1974 n° 72-12.823 : Bull. civ. I n° 288, Defrénois 1975 art. 30879 p. 363). En cas de préciput limité, ces donations conservent tout leur intérêt naturellement.
Bien que la question soit plus délicate, il en est de même, semble-t-il, lorsqu'il s'agit de **donation consentie** aux époux **par des tiers** en considération d'un régime matrimonial. La donation serait maintenue même si, par exemple, le bien donné à un époux séparé de biens devenait commun par l'effet de l'adoption ultérieure d'un régime communautaire (F. Terré et P. Simler : Droit civil. Les Régimes matrimoniaux, Précis Dalloz, 5e éd., 2008, n° 261).

RECOURS DES ÉPOUX

Les époux peuvent exercer contre le **jugement refusant l'homologation** l'appel et le pourvoi en cassation. **5365**
Un époux peut aussi faire appel du **jugement d'homologation** s'il y a intérêt, ce dernier devant être apprécié au jour de l'appel. Tel est le cas si, depuis la décision d'homologation, l'époux s'oppose au changement en raison de la volonté de son conjoint de divorcer (Cass. 1e civ. 14-4-2010 n° 09-11.218 : BPAT 3/10 inf. 152).

Par ailleurs, un recours en révision contre le jugement d'homologation est ouvert aux époux en cas de fraude. Par exemple si l'un d'eux a dissimulé l'existence d'un enfant naturel, alors qu'il s'agit d'un élément essentiel pour apprécier l'intérêt de la famille. En effet, dans ce cas, l'homologation du changement peut, en cas de prédécès de la femme, conférer à l'enfant naturel du mari des droits sur le patrimoine de son épouse, et ce, en violation des règles légales de succession (Cass. 1e civ. 5-1-1999 n° 96-22.914 : Dr. famille février 1999 comm. n° 17). En l'espèce, le recours en révision a pu être exercé par les enfants légitimes agissant en qualité d'ayants cause à titre universel de leur mère décédée.

5370 La demande d'un époux tendant à l'**annulation de la convention** pour **vice du consentement** pourrait prospérer. Cependant, l'époux qui invoque le dol de son conjoint doit établir l'existence de manœuvres telles que, sans elles, il n'aurait pas consenti au changement de régime. S'il ne rapporte pas cette preuve, sa demande est rejetée (Cass. 1e civ. 2-11-1977 n° 75-15.539 : Bull. civ. I n° 397).

L'annulation de la convention pour **non-conformité à l'intérêt familial** n'est pas recevable dès lors que le changement de régime matrimonial a d'ores et déjà pris effet (Cass. 1e civ. 29-5-2013 n° 12-10.027 : BPAT 5/13 inf. 168). L'appréciation de cet intérêt doit intervenir antérieurement et elle relève soit du juge lorsqu'il homologue le nouveau régime matrimonial choisi, soit des époux aidés de leur notaire.

RECOURS DES ENFANTS

5375 La voie de l'**appel** contre le jugement d'homologation est ouverte à toute partie qui y a intérêt et, en matière gracieuse, aux tiers auxquels le jugement a été notifié (CPC art. 546). On peut donc penser que ce recours est accessible aux enfants majeurs qui (en ce sens, J. Revel : Rép. Dalloz civil, Régimes matrimoniaux n° 104) :

– sont intervenus à l'instance, de leur propre chef ou à la demande du juge ou des époux ;

– ont reçu notification du jugement. Il peut être intéressant de procéder à une telle notification lorsqu'ils ont fait connaître leur opposition au notaire afin que le délai d'appel coure et expire au plus tôt.

Réciproquement, l'enfant qui n'est pas intervenu à l'instance et qui n'a pas été destinataire d'une notification de la décision ne semble pas pouvoir faire appel.

Dispose-t-il de la **tierce opposition** dans les conditions de droit commun (CPC art. 583) ? La doctrine majoritaire l'exclut (Changement de régime matrimonial : J.-Cl. N, formulaire fasc. 30 n° 54 ; Le changement de régime matrimonial depuis le 1er janvier 2007 ; B. Beignier, JCP N 2007 n° 1163 ; J. Revel ; Rép. Dalloz civil, Régimes matrimoniaux n° 104). Il reste qu'en l'absence de dispositions écartant l'enfant du bénéfice de cette voie de recours, rien ne semble mettre obstacle à ce qu'elle lui reste ouverte dans les conditions du droit commun. La Cour de cassation ne s'est pas, à ce jour, prononcée.

Les enfants disposent du **recours en révision**, en qualité d'ayants cause à titre universel de leur auteur (voir n° 5365).

Enfin, tous les enfants disposent en principe de l'**action en reprise des apports** et capitaux tombés en communauté du chef de leur auteur, visée par l'article 1525 du Code civil. Cette protection est illusoire, la disposition étant toujours conventionnellement écartée.

5380 Pour remettre en cause un changement de régime matrimonial, il est aussi possible d'attaquer la convention des époux par le biais d'une **action en nullité**. L'homologation judiciaire laisse en effet subsister le caractère contractuel du changement de régime matrimonial, de sorte que la convention des parties peut être annulée pour des causes qui lui sont propres (Cass. 1e civ. 14-1-1997 n° 94-20.276 : Bull. civ. I n° 20). En réalité, ce sont les causes de nullité du droit commun des obligations qui ont vocation à s'appliquer : erreur, dol, violence et fraude. Toutefois, la nullité n'est pas si aisée à obtenir. Par exemple, la dissimulation d'un enfant naturel n'est pas nécessairement frauduleuse. C'est ainsi qu'une fille naturelle dont l'existence avait été dissimulée dans le cadre de la procédure d'homologation a vu sa demande d'annulation rejetée, car cette dissimulation n'avait pas eu pour but de faire échec à ses droits successoraux (Cass. 1e civ. 17-2-2010 n° 08-14.441 : BPAT 2/10 inf. 84 dans un cas où les époux, adoptant une séparation de biens, avaient réalisé un partage égalitaire ; dans le même sens, Cass. 1e civ. 19-12-2012 nos 11-25.197 et 11-25.288 : BPAT 1/13 inf. 6). Récemment encore, un enfant non commun dont l'existence avait été omise lors du changement de régime s'est vu rejeter sa demande d'annulation pour fraude : l'adoption d'un régime de séparation de biens n'induisant aucun avantage pour l'un ou l'autre époux, un tel changement n'implique aucun amoindrissement du patrimoine de l'époux défunt, de sorte que la dissimulation de l'existence de ses enfants non communs ne nuit pas à leurs droits successoraux (Cass. 1e civ. 26-1-2022 n° 20-18.726 F-D).

> **Précisions** À l'époque où l'**action en retranchement** était refusée aux enfants naturels, il a été jugé que l'action en nullité leur était ouverte même si leur filiation n'avait été établie qu'après le changement de régime matrimonial (Cass. 1e civ. 12-12-2000 no 98-19.147 : BPAT 3/01 inf. 43). Cette dernière solution est-elle toujours d'actualité, alors que l'action en retranchement est désormais ouverte aux enfants naturels ? Ce n'est pas certain. Si elle était admise, cette solution poserait de sérieux problèmes pratiques : les époux doivent-ils indiquer dans leur requête en homologation du changement de régime matrimonial l'existence d'un enfant naturel non reconnu ? Quelles conséquences en tirer ? Une homologation sous condition résolutoire ? Une révision judiciaire après la reconnaissance ?

RECOURS DES CRÉANCIERS

Lorsque l'homologation judiciaire était systématiquement nécessaire, il était prévu que les créanciers pouvaient, en cas de fraude à leurs droits, former **tierce opposition** (C. civ. art. 1397 ancien). Ils devaient, pour cela, faire la démonstration d'une fraude à leurs droits, étant précisé qu'un changement de régime matrimonial contraire à leurs intérêts n'est pas forcément frauduleux (Cass. 1e civ. 7-11-1978 no 77-12.409 ; Bull. civ. I no 333 ; CA Versailles 17-3-1994 no 96/06910 ; D. 1994 IR 168). 5385

En pratique, la fraude se réalisant souvent dans le partage de la communauté, la jurisprudence admettait d'étendre la tierce opposition dans cette hypothèse (Cass. 1e civ. 2-3-1982 no 81-10.049 ; Bull. civ. I no 93, JCP G 1983 II 20012).

Désormais, la loi vise uniquement le recours des créanciers non opposants pour « fraude à leurs droits », dans les conditions de l'action paulienne (C. civ. art. 1397, al. 9). La doctrine considère en conséquence que la tierce opposition n'est plus possible pour les créanciers, opposants ou non. Elle le justifie par la possibilité de faire opposition auprès du notaire (Changement de régime matrimonial : J.-Cl. N. formulaire fasc. 30 no 52 ; Le changement de régime matrimonial depuis le 1er janvier 2007 : B. Beignier. JCP N 2007 no 1163). Selon cette analyse, le créancier opposant épuise ses recours par son opposition auprès du notaire tandis que celui qui n'a pas fait opposition peut exercer l'action paulienne. Il reste que s'il ne mentionne plus expressément la tierce opposition, l'article 1397 ne prive pas les créanciers non opposants du bénéfice de voie de recours exceptionnelle. En cas d'homologation judiciaire, ces derniers disposent donc, sous réserve des délais de prescription propres à chaque action, d'une option. Ils peuvent exercer soit la tierce opposition contre le jugement d'homologation, soit l'action paulienne contre la convention homologuée ou le partage consécutif (N. Peterka, Le changement de régime matrimonial à l'heure du jubilé de la réforme du 13 juillet 1965 : JCP N 2015 no 1126 ; E. Naudin, Du Code civil au Code de procédure civile : la procédure de changement de régime matrimonial et les tiers. Mélanges en l'honneur de G. Wiederkehr, Dalloz 2009, p. 561).

Par ailleurs, comme les enfants majeurs, les créanciers devraient disposer de l'**appel** s'ils sont intervenus en la cause ou si la décision d'homologation leur a été notifiée (no 5375).

L'**acte de partage** peut être attaqué par la voie de l'action paulienne (no 70805) par les créanciers non opposants.

D. Coût du changement

COÛT LORS DU CHANGEMENT

Le changement de régime matrimonial entraîne des **frais divers** : 5400

– l'établissement de l'acte notarié coûte environ 460 €, mais l'analyse patrimoniale préalable donne lieu à des honoraires libres dont le montant dépend de la complexité du dossier (de 500 € à 6 000 €, voire plus). Des émoluments sont dus aussi en cas de changement de statut d'un bien ou sur la valeur des biens dont la propriété est déclarée (liquidation effectuée dans l'acte, état du patrimoine joint à l'acte par exemple) ;

– le cas échéant, la procédure d'homologation de l'acte notarié requiert l'assistance d'un avocat dont les honoraires s'élèvent à environ 2 500 € en région parisienne ;

– le coût de la publicité dans un support d'annonces légales est d'environ 200 € ;

– le coût de la liquidation du régime matrimonial lorsqu'elle est nécessaire et, parfois, l'établissement d'un acte de partage. Les frais correspondants sont de l'ordre de 3,50 % de l'actif partagé ;

– les émoluments dus sur l'attestation immobilière constatant le changement de statut d'un bien en vue de son opposabilité aux tiers (C. com. art. R 444-3 ann. 4-7 tableau 5 et art. A 444-59).

Après l'exécution de l'ensemble des formalités (dont l'homologation quand elle est nécessaire), d'autres frais sont exposés pour le dépôt par le notaire au rang de ses minutes des pièces justificatives de l'exécution des formalités et, en cas d'homologation, de la copie exécutoire du jugement d'homologation. Cet acte de dépôt a un coût d'environ 250 €.

5401 Grossièrement, le **coût global** d'un changement de régime matrimonial comprend :
– un coût fixe de l'ordre de 2 500 € TVA comprise auxquels il faut ajouter environ 600 € de frais (annonce légale, notifications auprès des enfants majeurs et du service de l'état civil) ;
– un coût variable déterminé en fonction de la nature et de la valeur des biens concernés par le changement de régime matrimonial. Il est d'environ 0,35 % TVA comprise pour les actifs mobiliers et 0,45 % pour les actifs immobiliers.
Si le changement de régime matrimonial se traduit par un partage, il faut encore compter le coût du partage (notamment le droit de partage de 2,50 %).

5405 L'acte notarié portant changement de régime matrimonial, ainsi que les actes éventuellement rédigés en vue de l'accomplissement des formalités consécutives au changement de régime doivent être **enregistrés**.
Si l'acte de changement de régime constate une **mutation immobilière**, c'est-à-dire une transmission de droits réels immobiliers d'un patrimoine à l'autre ou à la communauté entraînant une modification dans les proportions de propriété des biens, celle-ci doit en outre être publiée au fichier immobilier.
Les actes portant changement de régime matrimonial sont enregistrés gratuitement (CGI art. 847, I). Ils sont soumis à la taxe de publicité foncière de 0,70 % et à la contribution de sécurité immobilière en cas de mutation immobilière calculées sur la valeur des droits réels immobiliers transférés.

COÛT AU DÉCÈS DU PREMIER DES ÉPOUX

5410 Le décès du premier des époux entraîne, le cas échéant, la nécessité de constater la propriété des immeubles au nom du(es) nouveau(x) propriétaire(s) (le conjoint survivant seul dans le cas d'une communauté universelle avec clause d'attribution intégrale à son profit). Il faut alors établir une **attestation immobilière** notariée dont le coût est d'environ 0,53 % HT de la valeur des immeubles concernés, outre les frais de publicité foncière.

SECTION 5 CAS PRATIQUES

5500 Sont ici proposés trois cas de liquidation des trois régimes matrimoniaux classiques, l'un concerne une communauté de biens réduite aux acquêts, l'autre une séparation de biens pure et simple, le dernier une participation aux acquêts. Des exemples de calculs de récompenses, de créances entre époux ou encore de créance de participation y sont notamment présentés.
Un quatrième cas pratique illustre l'intérêt d'une communauté réduite aux acquêts avec attribution intégrale au survivant et une clause de prélèvement moyennant indemnités. Il met également en œuvre l'action en retranchement.

5505 CAS PRATIQUE

Liquidation d'une communauté de biens réduite aux acquêts

Énoncé

Monsieur Jean Signoret, viticulteur, et Madame Jeanne Monteau, médecin, tous deux de nationalité française, ayant toujours vécu en France, se sont mariés à Brossac (Charentes Maritimes) le 18 mai 2004 sans faire précéder leur union d'un contrat de mariage.
Ils ont eu trois enfants de leur mariage.
Au jour de leur mariage, Jean possédait sur son **livret** de Caisse d'Epargne une somme de 13 000 € et Jeanne sur son propre livret de caisse d'Epargne une somme de 8 000 €.
Monsieur Jean Signoret est décédé brutalement le 2 avril 2021, laissant son épouse et ses trois enfants.
Il était propriétaire d'une **exploitation viticole** à Brossac, comprenant maison d'habitation, constituant le domicile des époux, bâtiments d'exploitation, et vignes pour 15 hectares. Il avait reçu cette exploitation par donation-partage en pleine propriété, le 24 décembre 2003, pour une valeur de 250 000 €, à charge par lui de payer à sa sœur, Nadine, une soulte de 80 000 €. Cette soulte était

payable au décès du donateur, survenu le 3 août 2011. Jean s'est acquitté de cette soulte, non revalorisée, en prélevant les sommes nécessaires sur le livret de caisse d'épargne ouvert à son nom. Le matériel a été acquis en cours d'union pour un montant total de 140 000 € et financé au moyen des revenus professionnels de Jean. **5505 (suite)**

L'ensemble représente une valeur au jour du décès de 850 000 € répartis comme suit :

– 400 000 € pour les bâtiments (200 000 pour la maison, 200 000 € pour les bâtiments d'exploitation) ;

– 100 000 € pour le matériel ;

– 350 000 € pour les vignes.

Certains **fûts de chêne** sont remplis de liqueur de cognac non encore commercialisée (valeur estimée 40 000 €). Pendant le mariage certaines **vignes** qui avaient vieilli ont dû être arrachées. D'autres ont été replantées. La communauté a financé ces nouvelles plantations pour 60 000 €. Ces vignes dans leur état au jour du décès représentent une valeur de 100 000 € et n'en vaudraient que 30 000 € si elles n'avaient pas été replantées. Ces différentes valeurs n'ont pas changé au jour du partage.

Son épouse avait elle-même hérité de son oncle, d'un **vignoble** sur la même commune, jouxtant les vignes de son époux pour 3 hectares, lesquelles sont évaluées au décès comme au jour du partage à 100 000 €. Les droits de succession d'un montant de 12 000 € ont été payés avec les revenus professionnels de Madame (la vigne valait alors 55 000 €).

Jeanne avait acquis son **cabinet médical** avant son mariage, et a bien développé sa clientèle en cours d'union qui vaut 90 000 € au jour du décès de son mari, et 100 000 € au jour du partage. Elle a dû moderniser son équipement médical (appareil radiologique, scanner) en souscrivant un emprunt de 200 000 € le 25 septembre 2008. Cet emprunt a été totalement remboursé pour 200 000 € de capital et 35 000 € d'intérêts, grâce à ses revenus professionnels. Au jour du décès le matériel médical ne vaut plus rien et doit être changé. Elle a acquis grâce à ses économies, en cours d'union un véhicule de marque Mercedes moyennant le prix de 50 000 € qui a toujours été utilisé exclusivement pour ses déplacements professionnels dont la valeur au décès était de 20 000 € et à la date du partage de 16 000 €.

Le couple avait acquis le 3 mars 2013 une **résidence secondaire** dans les Landes moyennant le prix de 300 000 €, laquelle vaut au décès 400 000 € et 450 000 € au jour du partage. Les dépenses d'entretien de cette maison ont été systématiquement financées par Jean, sur des sommes d'argent qu'il avait reçues de son père en vertu d'un contrat d'assurance-vie dont il était le bénéficiaire. Le capital reçu, entièrement dépensé pour l'entretien de la maison des Landes, représentait 45 000 €. Le prix de l'acquisition 300 000 € et les frais d'un montant de 32 000 € ont été payés au moyen d'un prêt souscrit solidairement par les deux époux au crédit agricole. Le capital restant dû était de 80 000 € au décès et de 64 000 € au jour du partage. C'est Jeanne qui a assuré seule le remboursement des échéances d'emprunt (1 600 € de capital et 400 € d'intérêts), le paiement de la taxe foncière (4 000 €) et de la taxe d'habitation (2 500 €) depuis lors. Pendant le même temps, elle a joui exclusivement de ce bien dont la valeur locative mensuelle peut être estimée à 800 €.

Madame a également reçu par donation de sa mère un **immeuble de rapport** à Bordeaux. Cet immeuble a été entièrement rénové grâce aux loyers des différents appartements le composant, représentant une somme de 130 000 €. Au jour du décès, l'immeuble vaut 600 000 €. Il n'en vaudrait que 400 000 € sans les travaux réalisés. Au jour du partage, cet immeuble vaut 680 000 € dans le même état qu'au jour du décès. Au jour du décès, les différents locataires doivent encore à Madame des loyers pour un montant total de 6 000 €.

Jeanne a dû assurer la **prise en charge**, pendant cinq ans, **de sa mère** dont elle était la fille unique. En effet Madame Marie Monteau était veuve, et sa modeste pension de réversion de 800 € ne permettait pas de couvrir les frais de la maison de retraite dans laquelle elle a fini ses jours. Les sommes versées par Jeanne et prélevées sur ses revenus professionnels se sont élevées à la somme de 35 000 €.

Au décès, les **liquidités** du couple sont soit déposées sur un compte-joint régulièrement alimenté à égalité par les époux dont le montant au décès est de 30 000 €, soit déposées au nom personnel de chacun sur un livret de Caisse d'Épargne au nom de Monsieur pour 20 000 € et de Madame pour 10 000 €.

Le **mobilier** peut être évalué à 40 000 € au décès sans changement de valeur au partage.

En vue de parvenir à la **liquidation de la communauté**, **puis de la succession**, il conviendra de :

1° reconstituer activement et passivement les masses communes et propres ;

2° présenter le compte des récompenses éventuellement exigibles ;

3° vérifier s'il peut exister des créances entre les époux.

Le partage est envisagé avec une date de jouissance divise au 1er novembre 2021. Vous expliquerez s'il y a lieu de présenter un compte d'indivision et en démontrerez l'utilité ou non au cas présent.

Il vous est précisé à toutes fins utiles :

– que Jean n'a laissé aucune disposition de dernières volontés, et n'a consenti aucune libéralité entre vifs ;

– que les revenus de Jean et de Jeanne étaient au cours de leur mariage sensiblement équivalents.

5505 (suite)

Solution

Les époux Signoret-Monteau se sont mariés sans contrat le 18 mai 2004. Ces ressortissants français n'ayant jamais vécu à l'étranger et n'y possédant aucun bien, le cas pratique sera envisagé exclusivement sous l'angle du droit interne français, le dossier ne présentant aucun élément d'extranéité.

Les époux n'ayant pas fait précéder leur union d'un contrat de mariage, se sont donc trouvés soumis au régime matrimonial légal de la communauté réduite aux acquêts.

Pour liquider le régime matrimonial il faut reconstituer les masses en nature (I) avant d'établir les comptes de récompenses (II) détecter d'éventuelles créances entre époux (III) et de présenter, si nécessaire, le compte d'indivision.

À l'issue de ce travail, la masse à partager pourra être présentée, et les droits des intéressés seront déterminés tant au regard de la liquidation du régime matrimonial, qu'au regard de leurs droits successoraux respectifs.

Le partage pourra alors être envisagé, dans le meilleur des cas à l'amiable, à défaut d'accord entre les indivisaires, par la voie judiciaire.

I. Reconstitution des masses en nature

Liquider un régime matrimonial de communauté, c'est d'abord appliquer les règles de qualification afin de dissocier biens propres et biens communs.

Les biens propres de chaque époux sont repris en nature : la communauté dissoute, chacun des époux reprend ceux des biens qui n'étaient point entrés en communauté, s'ils existent en nature, ou les biens qui y ont été subrogés (C. civ. art. 1467). Pour ces reprises, on négligera les questions de preuve, qui ne se posent qu'en cas de contestation (C. civ. art. 1402) ce que thème n'évoque pas.

La masse commune pourra être ensuite dégagée.

La consistance de ces masses sera appréciée à la date du décès, date de dissolution de la communauté dans les rapports entre époux (C. civ. art. 1441).

L'évaluation des biens doit, quant à elle, se faire à la date de jouissance divise, qui est, en principe, la plus proche possible du partage (C. civ. art. 829 par renvoi de l'art. 1476) que l'on envisage dans l'énoncé au 1er novembre 2021.

Toutefois, une liquidation en valeur décès s'impose d'abord, car dans le règlement successoral, tous les calculs doivent se faire en valeur décès (C. civ. art. 922 et 758-5 par exemple). C'est pourquoi les calculs seront faits à chacune de ces dates dans notre liquidation.

Reprises des propres

Dans l'énoncé, nous apprenons que les deux époux étaient chacun titulaires au jour de leur mariage d'un livret de caisse d'Epargne, sur lequel était déposés 13 000 € pour Jean et 8 000 € pour Jeanne. Ces sommes ne pourront pas faire l'objet d'une véritable reprise, car la monnaie étant fongible, elles se sont mélangées en cours d'union avec d'autre sommes ayant la qualification de bien commun (présomption de communauté : C. civ. art. 1402, al. 1). Une véritable reprise de ces sommes ne serait possible que si l'on prouvait l'absence totale de mouvement comptable sur le compte au cours du mariage (ce qui est rare, d'autant plus que ces sommes ont produit des intérêts en cours d'union, lesquels sont communs, en tant que fruits de bien propre (C. civ. art. 1403, al. 2). C'est finalement par le compte de récompenses que sera rétabli l'équilibre concernant ces sommes (voir infra).

Les reprises portent :

1° au profit de la succession de Jean Signoret :

– sur l'exploitation agricole, comprenant maison d'habitation, bâtiments, et vignes, en raison de leur origine (bien appartenant à l'époux au jour du mariage, C. civ. art. 1405, al. 1).

– sur le matériel, même s'il a été acquis en cours d'union, car il forme un accessoire de bien propre (C. civ. art. 1406, al. 1) sauf récompense (voir infra).

– quant au stock de Cognac, il ne peut être assimilé à un accessoire de l'exploitation. Il a été jugé que « le stock d'eau de vie et de pineau était le produit de l'industrie de l'époux, donc un bien commun » (Cass. 1e civ. 19-12-2012 n° 11-25.264 F-PBI : BPAT 1/13 inf. 5). Il en sera de même ici du stock de Cognac produit en cours de vie commune.

2° au profit de Jeanne Signoret née Monteau :

– sur le vignoble dont elle avait hérité de son oncle, jouxtant la propriété de son mari. Cette parcelle ne peut être assimilée à un accessoire de l'exploitation viticole de son mari (l'accessoire ne peut concerner que le patrimoine du même époux : Cass. 1e civ. 4-1-1995 n° 92-20.013).

– sur son cabinet médical (bien appartenant à Jeanne au jour du mariage, C. civ. art. 1405) ainsi que sur le matériel médical, même acquis en cours de mariage, qui constitue l'accessoire de ce cabinet médical (C. civ. art. 1406) sauf récompense s'il y a lieu (voir infra). Il en est de même du véhicule automobile, qui a été affecté exclusivement au cabinet médical (Cass. 1e civ. 8-11-1989 JCP N 1991 II p. 61) sauf récompense (voir infra).

– sur l'immeuble de Bordeaux que lui a donné sa mère (C. civ. art. 1405), ainsi que la créance de loyers due par ses locataires au jour du décès de Jean pour 6 000 €. En effet si la communauté s'enrichit des fruits et revenus des biens propres (C. civ. art. 1401) encore faut-il que ceux-ci aient été perçus (C. civ. art. 1403, al. 2) en cours d'union. La créance de loyers reste donc un bien propre. **5505** (suite)

Détermination de l'actif net de communauté

ACTIF DE COMMUNAUTE	Valeur décès	Valeur partage
La maison des Landes	400 000	450 000
Stock de Cognac	40 000	40 000
Compte joint	30 000	30 000
Livret CE Jean	20 000	20 000
Livret CE Jeanne	10 000	10 000
Mobilier	40 000	40 000
TOTAL	540 000	590 000
Auquel s'ajoutent : (voir infra)		
La récompense due par Jeanne à la masse commune (voir infra)	233 818,18	309 818,18
La récompense due par la succession De Jean à la masse commune (voir infra)	329 200,00	329 200,00
Total actif brut de communauté	1 103 018,18	1 229 018,18
PASSIF DE COMMUNAUTE		
Le solde en capital de l'emprunt souscrit solidairement par les deux époux pour financer la maison dans les Landes d'un montant au décès de	80 000,00	
Et au partage de		64 000,00
Seul le capital restant dû doit être retenu ici (les intérêts que produira ce passif à l'avenir devront être supportés par l'attributaire du bien, car ces intérêts représentent le coût à venir du crédit)		
	Valeur décès	Valeur partage
Soit ACTIF NET	1 023 018,18	1 165 018,18

Les échéances d'emprunt payées entre le décès et le partage par Jeanne lui seront remboursées par son compte d'indivision ainsi que la taxe foncière et d'habitation qu'elle a supportée seule pendant la même période (voir infra).

En pratique, les notaires présentent en premier le compte de récompenses afin de pouvoir les intégrer à la communauté en actif ou passif. Si nous avons inversé ce processus, c'est pour des raisons pédagogiques, pour pouvoir régler d'abord les questions de qualification des biens, avant de comprendre les rectifications comptables qu'impliquent les comptes de récompenses, de créances et d'indivision.

II. Reconstitution des masses en valeur

A. Comptes de récompenses

1. Compte de récompenses de Jeanne

Récompense dues par Jeanne à la communauté :

La communauté a supporté les **droits de mutation** par décès lors de la succession de son oncle. La dépense, assimilée à une dépense d'acquisition (Cass. 1e civ. 4-7-1995 n° 93-12.347), doit être revalorisée au profit subsistant s'il est supérieur au montant de la dépense faite (C. civ. art. 1469 al. 1 et 3 combinés). La dépense a été de 12 000 € alors que la valeur de la vigne était de 55 000 €. Le profit subsistant est la valeur des mêmes vignes au jour du décès (ou du partage) soit 100 000 €. La récompense est égale à 12 000/55 000 × 100 000 € = 21 818, 18 € tant au jour du décès que du partage.

La communauté a supporté le **coût du matériel médical** acquis en cours de mariage (200 000 €) qui est un accessoire de bien propre mais n'a plus aucune valeur au jour de la liquidation. Cette dépense d'acquisition est aussi une dépense nécessaire à l'exploitation de ce cabinet médical (art. 1469 al. 2 et 3 combinés). Mais, pour les raisons exposées ci-après, nous ne ferons apparaître aucune récompense de ce chef dans notre liquidation.

5505 (suite)

Attention : La Cour de cassation a jugé dans un premier temps que les revenus bruts des biens propres tombent en communauté, de sorte qu'une récompense, évaluée à la dépense faite, doit être accordée à la communauté qui a financé (par recours à l'emprunt) des instruments de travail propres, nécessaires à la profession d'un époux (activité artisanale individuelle) (Cass. 1e civ. 14-11-2007 n° 05-18.570 FS-PB : JCP N 2008 n° 144 p. 25). Dans cette affaire, le mari a donc été redevable d'une récompense égale au capital des emprunts ayant servi à l'acquisition de ce matériel. La Cour de cassation admettait en outre, que la récompense doit être égale à la dépense faite (C. civ. art. 1469, al. 2) même si le matériel n'a plus aucune valeur à la liquidation. Toutefois, cette solution semble totalement remise en cause par un arrêt du 13 octobre 2021 dans lequel la Cour de cassation juge que « n'ouvre pas droit à récompense au profit de la communauté le paiement, au moyen des revenus bruts d'une exploitation agricole propre à un époux, des dépenses résultant de la gestion courante de celle-ci » et que « le solde des emprunts afférents au remplacement d'un matériel amorti devait être supporté à titre définitif par la communauté à compter de sa dissolution », seul « le solde relatif à l'acquisition du nouveau matériel devant être supporté » par l'époux propriétaire en propre de l'exploitation agricole (Cass. 1e civ. 13-10-2021 n° 19-24.008 FS-B). Cette solution, totalement conforme à l'arrêt Authier (Cass. 1e civ. 31-3-1992 n° 90-17.212), se justifie par l'idée que le financement d'un matériel amorti relève d'une dépense liée à la jouissance de l'exploitation, et doit donc, en tant que tel, rester à la charge définitive de la masse commune. C'est le principe même du droit à récompense qui est ici remis en cause.

La communauté a supporté le coût d'acquisition du **véhicule automobile** Mercédès qui est un accessoire de bien propre. Cette dépense d'acquisition est également une dépense nécessaire à l'exploitation du cabinet médical. Contrairement au matériel médical, ce véhicule a encore une valeur à la liquidation et n'est donc pas totalement amorti. C'est pourquoi nous liquiderons ici une récompense mais seulement à la valeur du profit subsistant et non de la dépense faite, car, en raison de l'arrêt du 13 octobre 2021 visé ci-dessus, seule la fraction du matériel non amorti peut justifier un droit à récompense. Dans notre cas, le profit subsistant est de 20 000 € au décès et de 16 000 € au partage. La récompense sera donc de 20 000 € au jour du décès et de 16 000 au jour du partage.

La communauté a supporté les **dépenses d'amélioration de l'immeuble de Bordeaux**, puisque ces dépenses d'un montant de 130 000 € ont été prélevées sur les loyers que générait l'immeuble. Il a bien été confirmé en jurisprudence qu'une dépense d'amélioration financée avec les revenus du bien propre génère un droit à récompense (Cass. 1e civ. 20-2-2007 n° 05-18.066 FS-PB : BPAT 3/07 inf. 78). S'agissant d'une dépense d'amélioration (C. civ. art. 1469, al. 3) elle doit être valorisée au profit subsistant s'il est supérieur à la dépense faite (art. 1469 al. 1er et 3 combinés). Le profit subsistant est ici de 200 000 € en valeur décès et de 280 000 € en valeur partage, supérieur au montant de la dépense. La récompense sera égale à 200 000 € au décès et 280 000 € au jour du partage.

La communauté ne sera pas récompensée pour les 35 000 € réglés par Jeanne sur ses revenus pour subvenir aux **besoins de sa mère**. En effet, les aliments dus par les époux au cours du mariage constituent une dépense définitive de la masse commune (C. civ. art. 1409).

Total récompense due par Jeanne à Communauté :
En valeur décès 241 818,18 €
En valeur partage 317 818,18 €

Récompenses dues par la communauté à Jeanne :
Pour les sommes qui figuraient sur son **livret de CE** au jour de son mariage soit un montant nominal de 8 000 € tant au jour du décès qu'au jour du partage.

Balance du compte de récompenses de Jeanne :
En valeur décès 241 818,18 − 8 000 = 233 818,18 € en faveur de la masse commune
En valeur partage 317 818,18 − 8 000 = 309 818,18 € en faveur de la masse commune
À porter à l'actif de communauté.

2. Compte de récompenses de la succession de Jean

Récompenses due par la communauté à Jean :
Pour les 13 000 € qui figuraient sur son livret de CE au jour du mariage, récompense égale au montant nominal de ces sommes 13 000 € en valeur décès et en valeur partage.

Pour les 45 000 € correspondant à des dépenses d'entretien de la résidence secondaire commune (dépenses liées à la jouissance du bien, donc définitivement commune) payée au moyen d'un capital reçu par Jean d'une assurance-vie souscrite à son profit (laquelle est propre en tant qu'elle est assimilée ou peut être assimilée à une donation indirecte à son profit, C. civ. art. 1405). Toutefois la récompense pourrait être contestée si on peut y voir, pour Jean, une modalité de sa contribution aux charges du mariage. Nous ne retiendrons pas cette hypothèse, puisque le thème précise que cette contribution égalitaire des époux était régulièrement versée sur le compte-joint. Il en résulte une récompense au profit de la masse commune égale à la dépense faite (C. civ. art. 1469, al. 1)

dans la mesure ou une dépense d'entretien ne laisse en principe aucun profit subsistant. Ce montant sera identique au jour du décès et du partage soit 45 000 €. **5505** (suite)
Total récompenses dues par la communauté à Jean : 58 000 € en valeur décès et en valeur partage

Récompenses dues par Jean à la communauté :
Pour le **financement de la soulte** de donation-partage (passif personnel de Jean : C. civ. art. 1410) au moyen de deniers communs (sommes prélevées sur son livret de caisse d'Epargne en cours de mariage, présumées communes : C. civ. art. 1402, al. 2). Cette soulte est assimilée à une dépense d'acquisition (Cass. 1e civ. 14-5-1996 : JCP 1996 I p. 3962), la récompense se revalorise sur le profit subsistant s'il est supérieur à la dépensa faite (C. civ. art. 1469, al. 1er et 3 combinés) ; la dépense est de 80 000 €.
Quel est le profit subsistant (valeur qui subsiste dans le patrimoine emprunteur au jour de la liquidation) ? On serait tenté de le chiffrer à 750 000 € (850 000 € moins la valeur du matériel acquis en cours d'union (voir infra). Toutefois une difficulté apparaît ici. Les vignes valent 350 000 € au jour du décès, dont 100 000 € représentent les vignes replantées. Quel aurait été le profit subsistant si elles ne l'avaient pas été ? Il ne doit être tenu compte ici que du seul profit résultant de la donation-partage et non de celui résultant de la plantation de nouvelles vignes (qui sera pris en compte dans une autre récompense). Il ne serait alors que de 250 000 € (vignes non replantées) plus 30 000 € (valeur qu'aurait eu les autres vignes au décès si elles n'avaient pas été replantées) soit 280 000 €. Le profit subsistant est donc de 400 000 (valeur maison et bâtiments) plus 280 000 € (valeur au décès des vignes dans leur état d'origine).
La récompense est de 80 000/250 000 (valeur des biens reçus au jour de la donation-partage × 680 000 (valeur des biens reçus au jour du décès) laquelle doit être reportée sur 680 000 (profit subsistant) = 217 200 €
On rappellera que le **matériel** a été acquis en cours de mariage (même s'il est propre par accessoire) et donne lieu à récompense au profit de la masse commun (voir infra). C'est pourquoi il n'est pas pris en compte dans le profit subsistant car cet enrichissement ne provient pas de la donation-partage.
On soulignera aussi que, quand un seul patrimoine participe au financement (dans notre cas seule la masse commune a financé) il n'est pas tenu compte des frais au dénominateur (250 000 €) pour la liquidation de la récompense (voir Liquidation des régimes matrimoniaux, Dalloz référence par S. David et A. Jault, n° 112.171).
Si la récompense est liquidée au jour de la jouissance divise, son montant sera identique puisque la valeur des biens reçus dans la donation-partage n'a pas changé entre le décès et le partage, soit 217 200 €
Pour le **financement du prix d'acquisition du matériel de son exploitation** (bien propre par accessoire) au moyen de deniers communs (les revenus professionnels de Jean). Cette dépense est une dépense mixte, d'acquisition et nécessaire (puisqu'elle est exposée pour financer du matériel nécessaire à l'exploitation agricole : C. civ. art. 1469, al. 2). Elle devrait être valorisée à la plus fortedes deux sommes que représente le prix d'acquisition (140 000 €) ou le profit subsistant (100 000 € valeur du matériel au jour du décès) (valeur inchangée au jour du partage). Mais en raison de ce qui a été expliqué plus haut et suite à l'arrêt du 13 octobre 2021, la récompense ne sera liquidée qu'à la valeur du profit subsistant (représentant la valeur du matériel non amorti).
La récompense est donc au décès de 100 000 €
Comme au jour du partage 100 000 €
Pour les **frais de plantations des vignes** acquittés par la communauté pour un montant de 60 000 €. Il a été jugé que sont propres les droits de plantation en application de l'article 1406 sauf récompense s'il est démontré que la communauté en a supporté la dépense (Cass. 1e civ. 19-12-2012 n° 11-25.264 F-PBI : BPAT 1/13 inf. 5), ce qui est notre cas. Cette dépense étant une dépense d'amélioration (C. civ. art. 1469, al. 3) doit être fixée à la valeur du profit subsistant s'il est supérieur à la dépense faite, laquelle peut être par ailleurs une dépense nécessaire (C. civ. art. 1469, al. 2). La dépense a été de 60 000 € et le profit subsistant de 70 000 € La récompense est donc égale à 70 000 € tant au décès qu'au partage.
Total récompenses dues par la succession de Jean à la communauté en valeur décès et en valeur partage : 387 200 €.
Balance du compte de récompenses de la succession de Jean :
387 200 € − 58 000 € = 329 200 € en valeur décès et en valeur partage.

Intérêts des récompenses
Les récompenses dues par la communauté ou à la communauté portent intérêts de plein droit du jour de la dissolution. Toutefois, lorsque la récompense est égale au profit subsistant, les intérêts courent du jour de la liquidation (C. civ. art. 1473).
Dans le compte de récompense, seules les récompenses égales à la dépense faite donnent lieu au calcul des intérêts au taux légal depuis le jour de la dissolution.
Les récompenses correspondant au profit subsistant ne produiront intérêts au taux légal que si elles ne sont pas acquittées et seulement à compter de leur liquidation (Cass. 1e civ. 17-7-1984 : Bull. civ. I n° 233).

5505 (suite)

Règlement des récompenses

Lorsque le solde du compte de récompense est en faveur de la communauté, l'époux en rapporte le montant à la masse commune (C. civ. art. 1470, al. 1).

Lorsque le solde du compte de récompense est en faveur de l'un des époux, celui-ci a le choix ou d'en exiger le paiement (éventuellement après vente des biens) ou de prélever des biens communs jusqu'à due concurrence (C. civ. art. 1470, al. 2).

L'article 1471 du Code civil précise dans quel ordre s'exercent les prélèvements : l'époux qui opère le prélèvement a le droit de choisir les meubles et les immeubles qu'il prélèvera (sauf possibilité pour l'autre de demander le maintien de l'indivision ou un droit d'attribution préférentielle).

Si les époux sont tous deux créanciers d'une récompense et veulent prélever le même bien, l'article 1471, alinéa 2 prévoit qu'il est procédé par voie de tirage au sort.

Si la communauté est insuffisante pour permettre tous les prélèvements, ils sont alors proportionnels au montant des récompenses dues à chaque époux (C. civ. art. 1472, al. 2) Si cette insuffisance est imputable à la faute d'un époux, l'autre peut prélever avant lui sur l'ensemble des biens communs, voire même sur les biens propres de l'époux responsable (C. civ. art. 1472, al. 2).

Dans la pratique notariale, les récompenses sont prises en compte pour déterminer les droits de chaque époux.

Si l'époux est créancier d'une récompense, cette dernière est ajoutée à ses droits. Si l'époux est débiteur d'une récompense, elle est soustraite de ses droits.

Si la récompense excède les droits de l'époux dans la masse commune, l'époux débiteur doit payer à l'autre l'excédent de sa récompense.

B. Créances entre époux

Les créances personnelles que les époux ont à exercer l'un contre l'autre, ne donnent pas lieu à prélèvement et ne portent intérêt que du jour de la sommation. Sauf convention contraires des parties, elles sont évaluées selon les règles de l'article 1469, troisième alinéa, dans les cas prévus par celui-ci ; les intérêts courent du jour de la liquidation (C. civ. art. 1479).

Ces créances doivent être intégrées à la liquidation car, après dissolution de la communauté, elles se prescrivent par cinq ans. L'époux créancier a donc tout intérêt à en connaître l'existence, et éventuellement à en obtenir le règlement à l'occasion de la liquidation et du partage de la communauté. D'autant plus que le fait de ne pas les réclamer, peut être interprété comme une renonciation à s'en prévaloir.

Dans notre cas, il n'apparaît pas qu'un patrimoine propre se soit appauvri au profit de l'autre patrimoine propre.

Les transferts de sommes entre patrimoines propres peuvent aussi toujours poser un problème de qualification : s'agit-il d'une donation irrévocable, d'une créance dont la preuve incombe à celui qui en réclame remboursement, d'une modalité de l'un à la contribution aux charges du mariage ?

Si ces transferts de valeur étaient intervenus avant le mariage, ou après dissolution de celui-ci, la créance obéirait, sauf meilleur accord, au principe du nominalisme monétaire (puisque les textes spécifiques aux relations entre époux n'auraient plus vocation à s'appliquer) sauf à concerner un bien indivis (voir infra).

C. Compte d'indivision

À compter de la date à laquelle la communauté est dissoute dans les rapports entre époux, elle laisse place à une indivision post-communautaire soumise au droit de l'indivision (C. civ. art. 815 s.).

Bien entendu, l'indivision n'est pas figée dans sa consistance. Elle s'accroît des fruits et revenus, des biens subrogés (C. civ. art. 825) ainsi que des plus-values dégagées pendant l'indivision (Cass. 1e civ. 23-6-2010 : Bull. civ. I n° 651).

D'autre part, des transferts financiers sont inévitables entre chaque indivisaire et la masse indivise qui, bien que ne possédant pas la personnalité morale, est traitée dans le partage comme une entité autonome.

Les mouvements de valeur qui peuvent intervenir pendant cette période entre la masse indivise et le patrimoine de chaque indivisaire doivent être pris en compte à travers le compte d'indivision établi pour chacun d'eux (C. civ. art. 867).

L'indivisaire y fera figure de créancier ou de débiteur de l'indivision.

Au sein de ce compte d'indivision joue la compensation.

Seul le solde créditeur ou débiteur de ce compte est à prendre en considération dans la liquidation.

Le solde en faveur d'un indivisaire constitue un passif de la masse indivise (donc le l'indivision post-communautaire)

Le solde en faveur de l'indivision constitue un actif de la masse indivise (donc de l'indivision post-communautaire).

L'article 864, alinéa 1er du Code civil dispose « Lorsque la masse partageable comprend une créance à l'encontre de l'un des copartageants, exigible ou non, ce dernier en est alloti dans le partage à concurrence de ses droits dans la masse ».

L'alinéa 2 du même article précise « A due concurrence, la dette s'éteint par confusion. Si son montant excède les droits du débiteur dans cette masse, il doit le paiement du solde, sous les conditions et délais qui affectaient l'obligation ». **5505 (suite)**

UN INDIVISAIRE PEUT ÊTRE CRÉANCIER DE L'INDIVISION
– pour avoir financé à ses frais des mesures conservatoires, par exemple réparations urgentes (C. civ. art. 815-2) ;
– pour avoir acquitté de ses deniers une dette exécutoire sur les biens indivis, par exemple les impôts fonciers (C. civ. art. 815-17) ;
– pour avoir amélioré à ses frais un bien indivis (C. civ. art. 815-13, al. 1). En tel cas, la créance de l'indivisaire est évaluée « eu égard à ce dont la valeur du bien se trouve augmentée au temps du partage ». S'il s'agit d'une dépense de conservation, la créance est égale à la plus forte des deux sommes que représente la dépense faite ou le profit subsistant. La jurisprudence admet que le remboursement d'un emprunt concernant un bien (commun) devenu indivis constitue « une mesure nécessaire à la conservation de l'immeuble » (Cass. 1e civ. 7-6-2006 n° 04-11.524 F-PB). La créance est donc réévaluée sous la seule réserve du pouvoir modérateur du juge (selon l'équité) (C. civ. art. 815-13).
UN INDIVISAIRE PEUT ÊTRE DÉBITEUR DE L'INDIVISION
– pour avoir dégradé ou détruit par sa faute des biens indivis (C. civ. art. 815-13, al. 2) ;
– pour avoir perçu une avance en capital (C. civ. art. 815-11, al. 4) ;
– pour avoir encaissé les fruits et revenus des biens indivis (C. civ. art. 815-10) dans la limite de la prescription quinquennale ;
– pour avoir joui exclusivement du bien indivis (C. civ. art. 815-9).

Qu'en est-il dans notre cas pratique ?
L'indivision s'étend du jour du décès, le 2 avril 2021 jusqu'au jour de la jouissance divise fixée dans notre cas d'un commun accord au 1er novembre 2021 soit pendant sept mois.
Pendant cette période, Jeanne a assuré seule le remboursement des échéances d'emprunt (1 600 € de capital et 400 € d'intérêts) le paiement de la taxe foncière 2021 (4 000 €) et de la taxe d'habitation (2 500 €).
Comment se présente son compte d'indivision ?

COMPTE D'INDIVISION de Jeanne :
Au titre des **créances**, Jeanne peut se prévaloir d'un droit à remboursement des échéances du prêt commun, devenu indivis (C. civ. art. 815-13) tant en capital qu'en intérêts, ce qui représente un total de 1 600 + 400 × 7 = 14 000 €.
Au titre des créances, Jeanne peut se prévaloir d'un droit à remboursement de la taxe foncière, taxe qui grève la propriété indivise jusqu'au jour de la jouissance divise, soit un montant de 4 000 €.
Qu'en est-il pour la taxe d'habitation ? Très curieusement, la Cour de cassation a jugé que la taxe d'habitation incombe à l'indivision dans la mesure où elle constitue une dépense de conservation (Cass. 1e civ. 5-12-2018 n° 17-31.189 F-PB : BPAT 1/19 inf. 31). Cette réponse nous paraît anachronique, car cette dépense n'a pas été engagée dans l'intérêt de l'indivision, mais dans celui de l'occupant, qui est le seul que l'administration fiscale peut poursuivre en paiement. Toutefois la loi fiscale mettant la taxe d'habitation à la charge de l'occupant au 1er janvier de l'année considérée, dans notre cas cette taxe incombait bien à la communauté, et nous admettrons, pour cette raison, de la faire figurer dans le compte d'indivision et à titre de créance due à Jeanne pour 2 500 €.

Total créances Jeanne contre l'indivision : 20 500 €
D'autre part, Jeanne a joui exclusivement de la résidence secondaire ayant dépendu de la communauté. Elle pourrait à ce titre être redevable d'une indemnité d'occupation de ce bien (C. civ. art. 815-9). Toutefois, il faut tenir compte des droits auxquels elle peut prétendre en tant qu'héritière (infra) qui peuvent venir neutraliser cette indemnité si elle a la qualité d'usufruitière (hypothèse que nous retiendrons voir infra).

Total dettes de Jeanne envers l'indivision : Néant
Balance faite, le compte d'indivision de Jeanne est créancier de 20 500 €.
Ce solde créditeur figurera au passif de l'indivision post-communautaire, et sera ensuite ajouté aux droits de Jeanne dans la détermination des droits de chacun.

COMPTE D'INDIVISION de la succession de Jean :
D'après l'énoncé, la succession de Jean ne semble être ni créancière, ni débitrice de l'indivision.
Total créances de la succession de Jean contre l'indivision : Néant
Total dettes de la succession de Jean contre l'indivision : Néant
Balance : Néant

5505 (suite)

III. Dévolution successorale

Le partage envisagé doit, bien entendu, tenir compte des droits de chacun dans la succession de Jean.

Le thème, à ce sujet, ne présente pas de difficultés particulières.

Jeanne, conjoint successible au sens de l'article 732 du Code civil, recueille en présence de descendants issus exclusivement des deux époux, à son choix soit l'usufruit des biens existants (C. civ. art. 757) soit la pleine propriété du quart des biens, déterminée conformément aux règles de l'article 758-5, le tout sous réserve de l'imputation des libéralités que le conjoint successible a pu recevoir du défunt (C. civ. art. 758-6).

Nous poserons l'hypothèse (la plus fréquente en pratique) d'une option du conjoint successible pour l'usufruit des biens existants.

Les trois enfants du défunt recueillent donc la nue-propriété, pour un tiers indivis chacun.

IV. Liquidation (de l'indivision post-communautaire et successorale) et détermination des droits des parties

Ce travail liquidatif se fera pour la valeur des biens et droits au jour de la jouissance divise, fixée dans notre cas au 1er novembre 2021.

ACTIF DE LA MASSE A PARTAGER (indivision post-communautaire et successorale)

Actif de l'indivision post-communautaire	1 229 018,18
Passif de l'indivision post-communautaire	– 64 000,00
Moins la somme due à Jeanne par l'indivision	– 20 500,00
Actif net de l'indivision post-communautaire	1 144 518,18
Droits de Jean dans l'indivision post-communautaire	572 259,09
Moins la récompense qu'il doit	– 329 200,00
Soit net un montant de	243 059,09
Auquel s'ajoute :	
Les biens propres de Jean :	
L'exploitation agricole, vignes et matériel	850 000,00
Ensemble	
Duquel se déduit le passif successoral	Mémoire
Soit un actif net successoral de	1 093 059,09

DROIT DES PARTIES

Droits du conjoint survivant :

Elle a droit :	
Au titre de ses droits dans l'indivision post-communautaire :	
à la moitié de l'actif net de l'indivision	
Post-communautaire	572 259,09
Moins la récompense qu'elle doit	– 309 818,18
Soi net un montant de	265 440,91
Plus la somme que l'indivision lui doit	+ 20 500,00
Soit un total de	282 940,91
Au titre de ses droits dans la succession :	
à l'usufruit de l'actif existant	1 093 059,09

Droits de chaque enfant :

Chaque enfant reçoit la nue-propriété d'un tiers	
De l'actif net successoral soit une assiette de NP	364 353,03
X 3 total égal à 1 093 059,09	

TOTAL DROIT DES PARTIES

282 940,91 PP + 1093 059,09 US + 1 093 059,09 NP = 1 376 000 PP

Ce qui est égal à l'actif réel à partager (590 000 + 850 000 = 1 440 000) moins le passif restant dû (64 000) = 1 376 000.

Les enfants ne sont en indivision avec leur mère que pour la nue-propriété. Ils disposent d'un droit au partage de cette nue-propriété (C. civ. art. 818). Cependant ils attendront vraisemblablement le décès de leur mère pour provoquer ce partage et devront, quoi qu'il arrive, supporter l'usufruit viager de leur mère, sauf à mettre en œuvre les garanties légales accordées aux nus-propriétaires (C. civ. art. 600 s.).

Jeanne pourrait provoquer le partage de la pleine propriété (C. civ. art. 819) puisqu'elle est pour partie en indivision pour la pleine propriété (181 940,91) et pour le surplus usufruitière (pour une assiette de 1 194 059,09).

CAS PRATIQUE Liquidation d'une séparation de biens pure et simple 5520

Énoncé

Monsieur Olivier Pernaud, pilote de course, et Mademoiselle Amélie Pralin, esthéticienne, se sont mariés le 21 mai 2001 à Chamonix.

Leur mariage a été précédé d'un contrat de séparation de biens pure et simple, reçu par Me Montagne, notaire à Chamonix, contenant une **clause** selon laquelle en ce qui concerne l'obligation de contribution aux charges du mariage « chacun des époux sera réputé avoir fourni au jour le jour sa part contributive, de sorte qu'ils ne seront assujettis à aucun compte entre eux, ni à retirer à ce sujet aucune quittance l'un de l'autre ».

Olivier avait alors **deux enfants issus d'un précédent mariage** Martin et Camélia. Le couple n'a pas eu d'enfant.

Avant de se marier, Olivier et Amélie ont vécu **cinq ans en concubinage**. Au cours de cette période, ils ont acquis, le 26 juin 1998, chacun pour moitié, un appartement à Lyon, 56 quai Sarrail, moyennant le prix de 280 000 € auquel se sont ajoutés 30 000 € de frais et 15 000 € de commission d'agence. Pour se libérer de ce prix et de ces frais, Olivier a versé 80 000 € à titre d'apport personnel, le surplus ayant été financé au moyen d'un prêt de 245 000 € contracté solidairement par les acquéreurs auprès de la Caisse d'Epargne Rhône Alpes sur 20 ans. Ce prêt est remboursé définitivement depuis le 1er juillet 2008.

Olivier est **décédé** au cours d'un entraînement le 1er septembre 2021.

Amélie est aujourd'hui confrontée aux beaux-enfants avec lesquels elle n'est pas en bon termes. Leur conflit porte, essentiellement, sur la liquidation des intérêts patrimoniaux du couple.

Olivier laisse le **patrimoine** suivant :

– une maison de campagne dans l'Ardèche, reçue par donation de sa mère le 3 avril 2000, d'une valeur au décès de 140 000 €. L'état de ce bien est inchangé depuis la donation ;

– sa quote-part de moitié dans l'appartement Lyonnais, lequel est évalué au jour du décès à 420 000 € ;

– dix voitures de courses, qu'il a acquises en cours de mariage, en y investissant toutes ses économies et qui représentent aujourd'hui une somme globale de 500 000 € ;

– un compte bancaire personnel à la Banque Populaire Auvergne-Rhône-Alpes pour un solde créditeur au jour du décès de 40 000 € ;

– ses droits dans un compte-joint avec Amélie ouvert à la Caisse d'Épargne d'un montant global au jour du décès de 6 000 € ;

– sa part dans le mobilier garnissant l'appartement lyonnais d'une valeur de 20 000 €.

Au jour du décès, Olivier faisait l'objet d'un **contrôle fiscal** ayant abouti à un redressement de 80 000 €.

Les enfants invoquent le fait que leur père aurait payé outre la somme de 80 000 € montant de son apport personnel, la majorité des échéances de l'emprunt ayant permis de financer l'appartement de Lyon. Ils ont réclamé à la Caisse d'Épargne l'historique des comptes de leur père pour le prouver. Olivier aurait également, selon eux, financé pendant le mariage exclusivement les travaux effectués dans cet appartement, qui se sont élevés à la somme de 100 000 €.

Sans contester ces faits dans leur principe, Amélie vous demande conseils, pour savoir comment elle peut répondre à ces revendications.

Elle souligne également le fait que pendant le mariage, les dépenses quotidiennes du couple ont pesé essentiellement sur elle, puisque son mari, qui ne jurait que par son travail, investissait tous ses revenus dans l'achat de ses voitures.

Amélie vous précise qu'elle ne possède personnellement que sa quote-part dans l'appartement Lyonnais, un studio à Tassin La Demi-Lune acquis en 2018 en l'état futur d'achèvement, d'une valeur actuelle de 110 000 €, dont le prêt souscrit à son nom personnel a été depuis lors payé au moyen des loyers de ce logement et ses droits dans le compte-joint ouvert avec Olivier à la caisse d'épargne. Elle vous précise que c'est par ce compte-joint qu'ont été effectués les remboursements de l'emprunt souscrit pour financer l'appartement de Lyon et d'autre part, assurer la contribution de chacun aux charges du mariage.

Ses revenus professionnels étaient variables d'une année à l'autre mais représentaient en moyenne un quart de ceux de son époux.

Vous lui répondez.

Solution

Ce cas pratique est assez caractéristique des difficultés que peut susciter la liquidation des intérêts patrimoniaux des époux qui ont choisi un régime matrimonial de séparation de biens pure et simple.

5520 (suite) Ce régime pourrait pourtant sembler très simple, puisque chaque époux conserve l'administration, la jouissance et la libre disposition de ses biens personnels et n'engage, par ses dettes, que ses biens personnels (C. civ. art 1536), sauf solidarité résultant de l'article 220 du Code civil. On pourrait le résumer ainsi : à chacun ses biens, à chacun ses dettes. Il répond ainsi à merveille à l'esprit d'autonomie de chaque membre du couple à l'heure où, le plus souvent, chacun d'eux exerce une activité professionnelle.

Mais cette simplicité n'est qu'apparente. Car il faut compter avec les obligations du régime matrimonial primaire qui ont, pour la plupart, un caractère impératif, et qui viennent rapidement troubler ce tableau trop simpliste.

D'autre part, il est fréquent que les couples séparés de biens recourent à des acquisitions indivises, soit avant même de se marier, comme c'est notre cas, soit en cours d'union. Les règles de l'indivision vont donc venir s'inviter et se confronter à celles du mariage et du régime matrimonial. Cette question épineuse a fait l'objet, depuis longtemps, des recherches les plus attentives sans que la matière s'en trouve pour autant aujourd'hui épuisée (à ce sujet, P. Catala, L'indivision entre époux, in. Mél. Offerts à Pierre Hébraud, université des Sciences sociales de Toulouse, 1961, p. 185 s. ; plus récemment, A. Karm, Logique de l'indivision et logique de la séparation de biens : à propos des créances en cas d'acquisitions indivises entre époux séparés de biens : JCP N 2021 n° 1356 ; du même auteur, Financement du logement de la famille et contribution des époux séparés de biens aux charges du mariage : Mél. Le Guidec LexisNexis 2014 p. 89 s. ; E. Rousseau, L'apport personnel, l'acquisition indivise et la contribution aux charges du mariage : D. 2021 n° 30 p. 1615 s., Defrénois 27-6-2019 art. 149n8 obs. X. Guédé).

Avant de répondre aux préoccupations d'Amélie, nous expliquerons en quoi consiste la liquidation des intérêts patrimoniaux des époux séparés de biens (I) puis nous aborderons les questions que suscite le présent dossier (II).

I. Liquidation des intérêts patrimoniaux des époux séparés de biens

La simplicité apparente du régime de séparation de biens pure et simple n'exclut pas pour autant l'étape de la liquidation. Même s'il n'existe pas de masse commune à partager, les intérêts patrimoniaux des époux se mélangent fréquemment en cours d'union comme a pu le montrer un auteur (Lipinski, La liquidation dans le régime de séparation de biens : bibl. dr. privé n° 367 éd. 2002 LGDJ, préf. Champenois). En effet, la présence de biens acquis en indivision par des époux séparés de biens, ainsi que de ceux présumés indivis, faute pour l'un des époux de rapporter la preuve d'un droit exclusif de propriété (C. civ. art. 1538) est fréquente. Or elle soulève des difficultés de partage ou de maintien en indivision comparables à celles régissant des biens communs. Il en est de même de l'évaluation et du règlement des créances entre époux.

D'autres fois, ce sont des mécanismes juridiques de droit commun qui seront invoqués pour rétablir les équilibres économiques : enrichissement injustifié (C. civ. art. 1303 s.), construction sur sol d'autrui (C. civ. art. 555) par exemple. Mais l'on sait que ces mécanismes ont été tenus en échec dans le régime de la séparation de biens dans lequel les dettes de valeur sont consacrées (C. civ. art. 1543 renvoyant aux art. 1479 et 1469, al. 3) Il a ainsi été jugé que la créance d'une épouse séparée de biens au titre de sa collaboration bénévole doit être évaluée selon les règles de l'article 1543 (Cass. 1e civ. 23-2-2011 n° 09-70.745 FS-PBI : BPAT 2/11 inf. 103) et non sur le fondement de l'enrichissement injustifié. De même, la construction sur sol d'autrui entre époux séparés de biens ne donne pas lieu à application de l'article 555 du Code civil mais à celle de l'article 1543 (Cass. 1e civ. 25-4-2006 n° 04-11.359 F-PB). D'autres fois, un époux pourra invoquer l'existence d'une société créée de fait.

En outre, lorsque la séparation de biens est d'origine conventionnelle, le contrat de mariage doit être soigneusement lu. Il peut contenir des clauses facilitant la preuve du droit de propriété, des clauses posant des présomptions, des clauses exorbitantes de droit commun comme celle qui pourront permettre au survivant des époux d'acquérir certains biens personnels du prédécédé ou se le faire attribuer dans le partage. On le voit, ces clauses auront une incidence sur les raisonnements juridiques à tenir à la dissolution du régime matrimonial.

A. Propriété des biens

La dissolution du régime matrimonial ne remet pas en cause le principe selon lequel, en séparation de biens, chacun conserve la propriété de ses biens, y compris celle de ses revenus.

Aux termes de l'article 1538, alinéa 1 du Code civil, un époux peut prouver par tous les moyens qu'il a la propriété exclusive d'un bien. Cette règle concerne tant les rapports entre époux que les rapports avec les tiers.

Mais des revendications peuvent être soulevées au sujet du droit de propriété, lorsque tout ou partie du bien a été financé par l'autre. Sur cette question, une jurisprudence bien établie rappelle que le droit de propriété résulte du titre d'acquisition, quelles que soient, par ailleurs, les modalités de financement (Cass. 1e civ. 9-10-1991 n° 15.073 ; Cass. 1e civ. 17-12-1991 n° 89-20.219). Cette jurisprudence s'applique également aux acquisitions indivises. Il a ainsi été jugé que les époux qui ont acquis un bien en indivision en ont acquis la propriété, sans qu'il y ait lieu d'avoir égard à la façon dont cette acquisition a été financée (Cass. 1e civ. 5-10-1994 n° 92-19.169). **5520 (suite)**

Il s'ensuit que le paiement pour autrui ne remet pas en cause le droit de propriété de l'acquéreur.

En cas de contestation sur un droit de propriété, l'acquéreur invoquera l'existence d'un titre d'acquisition. S'il n'en existe pas il pourra, ensuite, se prévaloir des clauses du contrat de mariage qui ont pu poser des présomptions de propriété (assez fréquentes pour la propriété des biens meubles, comme les meubles meublants, les liquidités, etc.) Certes ces présomptions sont simples et peuvent être combattues par la preuve contraire (C. civ. art. 1538, al. 2), mais tant qu'elles ne sont pas combattues elles suppléent à la preuve et elles ont aussi pour effet d'inverser la charge de la preuve puisqu'il incombe à celui qui conteste la présomption de prouver qu'elle ne correspond pas à la réalité. Il a été montré qu'il est bien difficile de renverser ces présomptions (M. Nicod, Séparation de biens : de la difficulté de renverser une présomption de propriété en l'absence de facture : RTD civ. 2021 p. 694 note sous Cass. 1e civ. 23-6-2021 n° 19-21.784 F-D, AJ fam. 2021 p. 502 obs. J. Casey). On rappelle que la preuve contraire peut résulter d'un acte établi au cours du mariage entre époux pour reconnaître la propriété exclusive de l'un d'eux. Cet acte ne constitue pas une modification du régime matrimonial mais un simple moyen de preuve destiné à écarter les présomptions énoncées au contrat de mariage (Cass. 1e civ. 30-6-1993 : D. 1994 obs. R. Le Guidec).

S'agissant de la propriété des biens meubles, les règles de preuve édictées par l'article 1538 du Code civil excluent l'application de l'article 2276 du même Code (Cass. 1e civ. 8-10-2014 n° 13-22.938 F-PB).

En revanche, les biens sur lesquels aucun des époux ne peut justifier d'une propriété exclusive sont réputés leur appartenir indivisément chacun pour moitié (C. civ. art. 1538, al. 3).

B. Partage de l'indivision

Pour le partage des biens indivis entre époux séparés de biens, l'article 1542, alinéa 1er du Code civil, renvoie, après la dissolution du mariage par le décès de l'un des conjoints, aux règles établies au titre « Des successions » pour les partages entre cohéritiers. Le second alinéa du même texte précise, toutefois, qu'après divorce ou séparations de corps, les mêmes règles s'appliquent mais que l'attribution préférentielle n'est jamais de droit et qu'il peut toujours être décidé que la totalité de la soulte éventuellement due sera payable comptant. On rappellera qu'en séparation de biens le droit de demander le partage peut être mise en œuvre à tout moment et sans attendre la dissolution du mariage (Cass. 1e civ. 14-11-2000 n° 98-22.936 P).

En séparation de biens le partage consistera à former la masse indivise à partager, établir d'éventuelles comptes d'indivision, et fixer les droits de chacun dans la masse à partager, avant de mettre fin à l'indivision par des attributions divises.

C. Créances entre époux séparés de biens

Les créances entre époux séparés de biens sont exigibles à tout moment, sans qu'il soit nécessaire d'attendre la dissolution du régime matrimonial. Tant que le mariage n'est pas dissous la prescription ne court pas entre époux (C. civ. art. 2236).

Après dissolution du mariage, la nature mobilière de ces créances les soumet à la prescription quinquennale de l'article 2224 du Code civil.

Pour leur montant, elles obéissent aux règles de l'article 1469, alinéa 3, puisque l'article 1543 du Code civil renvoie à l'article 1479 du même Code, qui renvoie lui-même sauf convention contraire des parties à l'article 1469, alinéa 3.

Contrairement à ce qui se passe pour les récompenses, ces créances ne donnent pas lieu à prélèvement (C. civ. art. 1479, al. 1) : autrement dit, il n'est pas possible de prélever l'un des biens personnels du débiteur. D'autre part, elles ne portent intérêts que du jour de la sommation de payer (C. civ. art. 1479, al. 1). Toutefois, si la créance est liquidée au profit subsistant, les intérêts ne courent qu'à compter du jour de la liquidation (C. civ. art. 1479, al. 2).

La jurisprudence a donné au sujet des créances entre époux séparés de biens d'importantes précisions :

– d'une part, en l'absence de profit subsistant, la créance est égale au montant nominal de la dépense faite (Cass. 1e civ. 24-9-2008 n° 07-19.710 P) ;

– d'autre part, le règlement des créances entre époux ne constitue pas une opération de partage (Cass. 1e civ. 26-9-2012 n° 11-22.929 F-PBI : BPAT 6/12 inf. 286).

II. Les questions soulevées par le thème

Le conflit qui oppose Amélie aux enfants nous oblige à :

– faire le point sur les droits de propriété de chacun ;

– analyser qui doit supporter la charge du redressement fiscal ;

– rechercher d'éventuelles créances entre époux, avant de former la masse indivise à partager.

5520 (suite)

A. Les droits de propriété de chacun des époux

En application des principes qui ont été exposés plus haut, le patrimoine d'Olivier est composé des biens suivants :
– la **maison dans l'Ardèche** pour sa valeur actuelle de 140 000 €, Olivier disposant d'un titre d'acquisition ;
– sa **quote-part indivise** de moitié dans l'**appartement de Lyon** soit une valeur de 210 000 € et ce, Olivier disposant d'un titre d'acquisition à concurrence de moitié, indépendamment des modalités de financement. (voir infra sur la question d'une éventuelle créance) ;
– les **dix voitures de courses** qu'il a acquises en cours d'union, d'une valeur de 500 000 € dans la mesure où nous supposerons qu'Olivier disposait bien des factures à son nom concernant ces acquisitions. Si tel n'est pas le cas, on sait que la carte grise, qui n'est qu'un titre de circulation, ne vaut pas titre de propriété. À défaut de preuve de la propriété exclusive, il faudra alors voir si le contrat de mariage pose une présomption de propriété pour de tels biens. À défaut, la présomption de propriété de l'article 1538, alinéa 2 s'appliquerait ;
– les sommes déposées sur son **compte bancaire personnel**, soit 40 000 €, sauf clause de présomption de propriété contraire du contrat de mariage ;
– pour les sommes déposées sur le **compte-joint**, on sait que la solidarité active qui permet à chaque cotitulaire de faire fonctionner le compte en dépôt comme en retrait, ne préjuge pas de la propriété des sommes dans les rapports entre cotitulaires. Chacun peut prouver par tous moyens qu'il est l'unique propriétaire des sommes déposées, où qu'elles lui appartiennent dans une autre proportion que moitié. À défaut d'une telle preuve, la présomption d'indivision de l'article 1538, alinéa 2 s'appliquera et nous la ferons jouer ici pour la moitié des sommes déposées soit 6 000 € : 2 = 3 000 € ;
– la même règle s'appliquera pour le **mobilier** garnissant l'appartement de Lyon. À défaut de factures au nom de l'un ou l'autre des époux, il y aura lieu de faire application de la clause de présomption de propriété des meubles meublants fréquemment contenue dans le contrat de mariage. Si cette clause n'existe pas, la présomption de l'article 1538, alinéa 2 du Code civil aurait de nouveau vocation à s'appliquer pour moitié, soit 10 000 €.

Quant à Amélie, elle dispose également d'un titre d'acquisition pour le studio de Tassin la Demi-Lune, d'une valeur de 110 000 € qui a été entièrement financé au moyen de revenus locatifs qui lui appartiennent personnellement.

B. L'incidence du régime primaire

1. Régime primaire et droit de créance

Comme tous les époux, Olivier et Amélie ont été assujettis aux règles du régime matrimonial primaire, et plus spécialement à l'obligation de contribuer aux charges du mariage (C. civ. art. 214). On sait qu'aux termes de cet article, « si les conventions matrimoniales ne règlent pas la contribution des époux aux charges du mariage, ils y contribuent à proportion de leurs facultés respectives ».
Cette obligation peut-elle venir contredire la demande de créance présentée par les enfants d'Olivier ? Quelle est la portée de la clause réputant que chaque époux a contribué au jour le jour à cette obligation ?
Tout d'abord il faut remarquer que, dans notre cas, le mariage n'a été célébré que le 21 mai 2001 alors que l'acquisition date du 26 juin 1998.
Il faudra donc considérer distinctement deux périodes :
– celle qui est antérieure au mariage, ou ce seront les règles relatives à l'indivision et au concubinage qui seront susceptibles de s'appliquer, tant pour le paiement d'une partie du prix d'acquisition (80 000 €) que pour le remboursement des échéances d'emprunt par Olivier seul ;
– et celle qui est postérieure au mariage, pour laquelle l'article 214 du Code civil pourrait éventuellement être invoqué par Amélie pour le paiement pour autrui des échéances d'emprunt et des améliorations apportés au bien indivis.

a) La période antérieure au mariage

Qu'en est-il lorsque des concubins réalisent une **acquisition indivise** qui n'est pas financée proportionnellement aux quotités acquises ? Y a-t-il à distinguer selon que le financement s'effectue en capital ou au moyen du remboursement déchéances d'emprunt ? Sur quel texte fonder un droit à remboursement ?
Reprenons notre exemple : Olivier et Amélie acquièrent pour moitié chacun un bien dont le prix et les frais représentent ensemble 325 000 €. Pour ce faire, Olivier verse 80 000 € d'apport personnel et en outre, les acquéreurs empruntent solidairement le surplus soit 245 000 €.
Une première difficulté apparaît ici : Olivier paie-t-il pour lui-même ou pour autrui ? On ne peut le savoir a priori, puisque tout va dépendre de l'accord des emprunteurs quant à la charge définitive de l'emprunt. Il est, en effet, très fréquent que des apports personnels inégaux soient compensés par une prise en charge inégale de l'emprunt pour les compenser. Si les parties ne se sont pas expliquées clairement dans l'acte sur les **modalités de remboursement de l'emprunt** dans leurs rapports mutuels, nul ne peut savoir si le paiement a lieu pour soi-même ou pour autrui. Par suite,

5520 (suite)

la qualification du paiement est divinatoire. Comment caractériser une intention libérale, ou un rapport d'obligation si on ne sait pas qui paie quoi ? Dans les années 1990, il était très fréquent que les actes d'acquisition entre concubins soient totalement muets sur ces questions pourtant déterminantes au jour de la liquidation.

Souvent, les concubins veulent compter quand ils se séparent, alors qu'ils ont été silencieux au moment de l'acquisition. Comment s'y retrouver !

C'est sans doute la raison qui a conduit la jurisprudence à évoluer sur ces questions. Pendant de nombreuses années, elle s'est contentée de rappeler qu'« aucune disposition légale ne règle la contribution des concubins aux charges de la vie commune, de sorte que chacun d'eux doit, en l'absence de volonté exprimée à cet égard, supporter les dépenses de la vie courante qu'il a engagées » (Cass. 1e civ. 28-11-2006 : Dr. famille février 2007 p. 29 ; Cass. 1e civ. 19-12-2018 n° 18-12.311 F-PB : SNH 3/18 inf. 9).

Elle a, au contraire, brusquement admis qu'il a pu y avoir, entre concubins, une volonté implicite de **partager les dépenses de la vie courante**, au nombre desquelles figure le financement de la résidence principale.

Dans un arrêt remarqué de 2016, deux concubins avaient acquis un terrain en indivision, sur lequel ils avaient fait construire une maison. À la rupture, Monsieur revendiqua une créance envers l'indivision (180 188 €) au titre du remboursement d'un prêt immobilier financé par lui seul entre 1990 et 2006.

La Cour de cassation approuva la cour d'appel de l'avoir débouté de sa demande, au motif qu'elle avait pu souverainement déduire du fait que l'emprunt avait été contracté par les deux concubins, que l'immeuble constituait le logement du couple et de leur enfant commun, que Monsieur remboursait les échéances d'emprunt et d'autres charges, mais que ces revenus étaient insuffisants pour faire face à l'ensemble de ces dépenses, Madame disposant d'un salaire, payait également les frais de nourriture et d'habillement, une volonté commune de partager les dépenses de la vie courante, justifiant que Monsieur conservât la charge des échéances du crédit immobilier (Cass. 1e civ. 13-1-2016 n° 14-29.746 F-D).

La solution a ensuite été reprise dans un autre arrêt (Cass. 1e civ. 2-9-2020 n° 19-10.477 F-PB : BPAT 5/20 inf. 147). Dans cette affaire, deux concubins avaient souscrit des prêts pour financer des travaux d'amélioration de la maison appartenant à Madame. À la rupture Monsieur réclamait une créance pour avoir participé aux remboursements des échéances de ces prêts. Il fut débouté de sa demande au motif qu'il avait participé au financement des travaux de l'immeuble au titre de sa contribution aux dépenses de la vie courante et non en qualité de possesseur des travaux au sens de l'article 555 du Code civil, de sorte de ces dépenses devaient rester à sa charge.

Ces arrêts montrent bien que les chances de succès des revendications des enfants d'Olivier sont assez réduites.

b) La période postérieure au mariage

Pour comprendre comment raisonner au sujet de cette seconde période, il faut rappeler l'évolution de la jurisprudence à ce sujet.

Malgré les critiques renouvelées de la doctrine, la jurisprudence a une conception extensive des dettes qui doivent relever de l'article 214 du Code civil. Elle y fait rentrer les **dépenses d'acquisition et d'amélioration de la résidence principale** (Cass. 1e civ. 15-5-2013 n° 11-26.933 FS-PBI) et **secondaire** (Cass. 1e civ. 20-5-1981 : Bull. civ. I n° 176), même si elle en exclut les investissements locatifs (Cass. 1e civ. 5-10-2016 n° 15-25.944 F-PB).

Un arrêt récent exclut toutefois l'application de ce texte lorsque la dépense a été financée par un apport en capital (Cass. 1e civ. 3-10-2019 n° 18-20.828 FS-PBI : BPAT 6/19 inf. 229 ; Cass. 1e civ. 17-3-2021 n° 19-21.463 FS-P : BPAT 3/21 inf. 105). Les commentateurs y ont vu une distinction fondée sur les **modalités du financement**. L'article 214 serait écarté en cas d'apport en capital, mais applicable au contraire lorsque le paiement résulte de revenus (notamment pour le remboursement d'échéances d'emprunt). Il est assez anachronique de définir la charge définitive d'une dette par ses modalités de paiement, mais cette distinction semble avoir été bel et bien confirmée (Cass. 1e civ. 18-11-2020 n° 19-15.353).

Dans tous les cas, l'article 214 du Code civil ne pourra pas être invoqué si l'autre époux prouve, qu'il a, par ailleurs, contribué aux charges du mariage proportionnellement à ses facultés. Par exemple, la Cour de cassation a pu relever que l'époux avait contribué aux charges du mariage par des dépôts réguliers sur les comptes gérés par les deux époux, cette contribution étant proportionnée à ses facultés contributives, de sorte que le financement du bien immobilier appartenant à son épouse excédait sa contribution aux charges du mariage (Cass. 1e civ. 11-4-2018 n° 17-17.45). Toutefois, la preuve de l'excès de contribution pèse sur l'époux solvens (Cass. 1e civ. 20-3-2019 n° 18-14.571 F-D). Et elle n'est pas facile, lorsque, comme dans notre cas, un même compte a servi au paiement des dépenses quotidiennes et des échéances d'emprunt.

La question la plus délicate a été celle de la **portée des clauses présumant une contribution au jour le jour**, comme dans notre hypothèse. Ces clauses privent-elles l'époux solvens du droit d'invoquer l'article 214 du Code civil ?

5520 (suite) Après avoir admis que cette clause puisse, selon l'interprétation souveraine des juges du fond de la volonté des époux, avoir un caractère irréfragable (Cass. 1e civ. 3-10-2018 n° 17-25.858 F-D), les juges du fonds avaient considéré que le caractère irréfragable de la présomption n'interdisait pas à l'époux solvens de faire la démonstration de ce que sa participation avait excédé ses facultés contributives. La Cour de cassation ne l'a pas entendu ainsi (Cass. 1e civ. 18-11-2020 n° 19-15.353 FS-PB).

S'il appartient au juge du fond de dire clairement, si selon son interprétation souveraine, la clause a ou non un caractère irréfragable dans l'intention des époux, une fois ce caractère reconnu, il ne sera donc plus possible d'accueillir une quelconque demande de remboursement. En résumé, soit la présomption tirée de la clause est simple et la démonstration d'une sur-contribution ou d'une sous-contribution est possible, soit elle est irréfragable et elle prive alors les époux de tout recours et de toute discussion sur l'étendue de leur contribution, ce qui neutralise toute demande de créance de l'époux contributeur contre le conjoint.

On peut donc dire à Amélie que si le juge saisi confère un caractère irréfragable à la clause, cela aura pour conséquences de couper court à toutes les revendications des enfants d'Olivier, tant pour le financement en cours de mariage par leur père des échéances d'emprunt que pour le financement des travaux d'amélioration de l'appartement. En ce sens, les règles du régime matrimonial primaire peuvent tenir en échec les règles du droit de l'indivision, et notamment s'agissant de dépenses d'amélioration, l'application de l'article 815-13 du Code civil.

Cette situation serait également préjudiciable à Amélie, qui aurait elle aussi, pu se prévaloir d'une surcontribution. N'a-t-elle pas assumé seule les dépenses quotidiennes, pendant que son époux faisait des économies qui ont été investies dans l'acquisition de ses voitures de courses ? On lui rappellera simplement qu'elle aurait pu et aurait dû agir à temps : en effet il a été jugé, que la clause de contribution au jour le jour ne fait pas obstacle à la saisine du JAF afin de fixer pour l'avenir la part contributive d'un époux (Cass. 1e civ. 13-5-2020 n° 19-11.444 FS-PB : BPAT 3/20 inf. 116).

Le contentieux risque donc de se concentrer sur le caractère simple ou irréfragable de la clause, et pour l'avenir les notaires seront bien avisés d'exprimer le plus clairement possible la volonté de leurs clients afin d'avoir une plus grande prévisibilité de ce contentieux. Ils peuvent :

– soit conférer à ces clauses un caractère irréfragable si telle est bien la volonté des époux (après avis de conseil donné circonstancié) (les contrats établissant des présomptions irréfragables sont permis pourvu que la présomption ne soit pas établie au profit de l'une des parties seulement (C. civ. art. 1356) ;
– soit autoriser la preuve contraire ;
– soit enfin de renoncer purement et simplement à ces clauses de contribution au jour le jour dans leur contrat de mariage.

En revanche, il ne semble pas possible de prévoir, dans le contrat de mariage, que le financement des résidences principales et secondaires ne relèvera pas de l'obligation de contribution aux charges du mariage. Le régime primaire nous semble impératif dans son contenu, seules ses modalités (c'est-à-dire la proportion de contribution) peuvent être aménagées par convention. Seul un revirement de jurisprudence pourrait exclure les dépenses d'acquisition du champ de la contribution aux charges du mariage.

2. Régime primaire et charge du redressement fiscal

Pour la Cour de cassation, la dette d'impôt ne figure pas au nombre des charges du mariage de l'article 214 du Code civil. Chaque époux séparé de biens doit contribuer personnellement à l'impôt sur le revenu, c'est-à-dire au prorata de l'impôt dont ils auraient été redevables s'ils avaient fait l'objet d'une imposition séparée (Cass. 1e civ. 30-10-2006 n° 03-19.317 FS-PB : BPAT 1/07 inf. 4). En outre, dans notre cas, si le redressement concerne exclusivement les revenus d'Olivier, ce passif ne concernera en rien Amélie. Attention, cette règle ne s'applique que dans les **rapports entre époux**. À l'égard des **tiers**, donc de l'administration fiscale, les époux restent solidaires pour l'acquittement de l'impôt sur le revenu, tant qu'ils n'ont pas été autorisés à résider séparément (CGI art. 1491 bis et art. 6, 4°). Dans notre cas, le redressement concerne une période antérieure au processus du divorce, ce qui conduire Amélie à être solidaire de ce redressement.

C. Le partage du bien indivis

Il reste enfin à envisager le partage de l'**appartement de Lyon**.

Des **comptes d'indivision** peuvent être établis retraçant les mouvements comptables intervenus entre chaque indivisaire et la masse indivise considérée comme une entité autonome. Chaque indivisaire peut y faire figure de créancier (C. civ. art. 815-2, 815-12, 815-13 et 815-17) ou de débiteur de la masse indivise (C. civ. art. 815-1 et 815-9). À l'intérieur du compte d'indivision, une compensation s'opère entre les créances et les dettes pour ne laisser subsister qu'un reliquat destiné à être ajouté à la masse indivise (solde du compte débiteur) ou déduit de la masse indivise (solde du compte créditeur).

Si l'on écarte toute source d'indemnisation fondée sur les dispositions de l'article 815-13 du Code civil, pour les dépenses d'améliorations de l'appartement pendant le mariage, il restera à vérifier si un indivisaire a pu acquitter, de ses propres deniers, des dépenses d'amélioration ou de conservation après la dissolution du mariage, et jusqu'au jour du partage. On sait que la jurisprudence a une conception assez (et sans doute trop) extensive des dépenses de conservation, puisqu'elle y inclut l'assurance habitation (Cass. 1e civ. 20-1-2004 no 01-17.124 F-P), l'impôt foncier (Cass. 1e civ. 13-1-2016 no 14-24.767 P) et les charges de copropriétés pesant sur le propriétaire (Cass. 1e civ. 16-4-2008 : JCP N 2008 II p. 194 obs. H. Périnet-Marquet), et sans doute à tort, plus récemment la taxe d'habitation (Cass. 1e civ. 5-12-2018 no 17-31.189 F-PB).

Mais ce partage n'intéresse pas seulement les intérêts patrimoniaux du couple mais aujourd'hui la succession d'Olivier, à laquelle Amélie est, en principe, appelé à recueillir le quart en pleine propriété (C. civ. art. 757) déterminé conformément aux règles de l'article 758-5 du Code civil, et les deux enfants le surplus, sauf l'effet d'éventuelles dispositions de dernières volontés qu'Olivier aurait pu prendre.

Mais ce n'est plus alors une question de liquidation du régime matrimonial.

CAS PRATIQUE

Liquidation d'un régime de participation aux acquêts 5530

Énoncé

Monsieur Hubert Renon, violoniste, et Mademoiselle Marguerite Marson, infirmière libérale, se sont mariés le 10 mai 1982 à la mairie de Toulon (Var).

Ils ont fait précéder leur mariage d'un contrat reçu par Maître Lafleur, notaire à Hyères, par lequel ils ont adopté le régime matrimonial de la participation aux acquêts, sans aménagement particulier.

Hubert a un enfant d'un précédent lit, Franck. Le couple n'a pas eu d'enfant.

Ils divorcent aujourd'hui à l'amiable et Maître Printemps, notaire à Marseille, est chargé de rédiger l'état liquidatif du régime matrimonial qui sera annexé à la convention sous signature privée contresignée par avocats.

Les époux ont **cessé de vivre ensemble** le 1er août 2019. Marguerite a continué à occuper leur résidence principale, située à Hyères, 3 allée des Platanes. Hubert a pris un appartement en location à Marseille.

Les avocats respectifs des époux sont convenus, pour les besoins de la liquidation, de fixer :

– la date des effets du divorce dans les rapports entre époux (C. civ. art. 262-1, al. 1) au 1er août 2019 ;

– et la date de jouissance divise (C. civ. art. 829) au 1er janvier 2022.

Ils sont également convenus qu'il n'y aura pas lieu à prestation compensatoire.

Les époux apportent à Maitre Printemps les informations suivantes.

Leur contrat de mariage n'indique pas les biens que chacun des époux possédait au **jour du mariage**.

Toutefois, Marguerite prétend, ce qu'Hubert ne semble pas contester, qu'elle possédait au jour du mariage :

– du mobilier de famille ;

– une somme de 30 000 € qu'elle avait économisée sur ses revenus professionnels antérieurs au mariage ;

– une voiture de collection que lui avait donnée son oncle Marcel.

Marguerite se demande à quelle date ces biens doivent être évalués pour les besoins de la liquidation, et, pour le cas où l'avocat d'Hubert soulèverait une difficulté sur les questions de preuve, comment elle peut prouver qu'elle possédait ces biens au jour de son mariage ?

Hubert de son côté, possédait au jour du mariage, ce que Marguerite ne conteste pas :

– un appartement à La Seyne-sur-Mer (Var), 3 rue des Écoles, qui lui appartient toujours aujourd'hui et qui est donné en location. Il a fait rénover entièrement cet appartement en 1995 en faisant refaire la salle de bains et en faisant installer un chauffage central. Le coût de ces travaux s'est élevé à 18 000 € payés sur les économies qu'il avait réalisées pendant le mariage grâce aux loyers de cet appartement ;

– un studio à Paris, 3 place de la Bastille. Ce studio a été donné à Franck, en nue-propriété, suivant acte reçu par Maître Metro, notaire à Paris, le 2 avril 2000, en avancement de part. Au jour de la donation ce studio valait 240 000 € en pleine propriété. Hubert, né le 10 septembre 1950, avait alors 49 ans. Aucune clause de réversion de l'usufruit ne figure dans l'acte de donation. Hubert avait fait refaire le coin cuisine juste avant la donation, moyennant une somme de 20 000 € prélevée sur ses revenus professionnels.

Au 1er août 2019 le patrimoine du couple se présente comme suit :

Biens de Marguerite

Marguerite possède les biens suivants :

– son mobilier de famille, qui garnit aujourd'hui la résidence principale du couple d'une valeur au 1er janvier 2022 de 40 000 € ;

5530 (suite) – la voiture de collection que lui a donnée son oncle Marcel, d'une valeur à la même date de 50 000 € ;

– son cabinet libéral évalué au 1er janvier 2022 à 130 000 € ;

– la moitié indivise de la maison de Hyères, acquise le 30 juillet 1993 moyennant un prix de 430 000 €, auquel se sont ajoutés 20 000 € de frais. Lesquels prix et frais ont été payés à concurrence de 50 000 € par un apport personnel d'Hubert (somme qu'il avait reçue en tant que bénéficiaire d'un contrat d'assurance-vie souscrit par sa mère), et à concurrence de 400 000 € par un prêt souscrit solidairement par Marguerite et Hubert auprès de la Banque Populaire de Provence. Les échéances de ce prêt ont été remboursées régulièrement par les deux époux par moitié jusqu'au mois d'août 2019, et depuis lors exclusivement par Marguerite. Elles représentent mensuellement 1 300 € de capital et 40 € d'intérêts. Ce prêt est totalement remboursé depuis le 1er décembre 2021. C'est également Marguerite qui a payé seule la taxe foncière d'un montant de 4 000 € chaque année depuis le départ d'Hubert, ainsi que la taxe d'habitation d'un montant de 3 400 €.

La maison de Hyères vaut au 1er janvier 2022 dans son état inchangé depuis l'acquisition 620 000 €. Elle n'en valait que 580 000 € au 1er août 2019 ;

– des liquidités sur un compte joint au nom des deux époux, ouvert à la Banque postale. Ce compte présente un solde créditeur de 65 000 € au 1er aout 2019.

Biens d'Hubert

Hubert possède les biens suivants :

– un violon de prix, acquis en cours de mariage, qui lui sert pour son activité professionnelle, évalué à 150 000 € ;

– la moitié indivise de la maison de Hyères, acquise comme il a été précisé ci-dessus ;

– un portefeuille de valeurs mobilières acquis en cours de mariage évalué au 1er janvier 2022 à la somme de 80 000 € dans son état au 1er août 2019 ;

– les liquidités déposées sur le compte-joint ouvert à la Banque Postale ;

– l'appartement de la Seyne-sur-Mer évalué au 1er janvier 2022 compte tenu de sa situation locative à la somme de 98 000 €. Sans les travaux de rénovation effectués en cours d'union ce bien ne vaudrait que 85 000 € ;

– l'usufruit du studio parisien, donné en nue-propriété à Franck. Ce studio vaut au 1er janvier 2022 200 000 €. Il n'en vaudrait que 190 000 € sans l'aménagement du coin cuisine. Hubert a 71 ans au 1er janvier 2022.

Il est redevable au 1er août 2019 d'une somme 30 000 € au titre d'une réparation de son violon.

Marguerite fait savoir qu'elle souhaite se voir attribuer la maison d'Hyères.

Questions

Veuillez répondre à la question soulevée par Marguerite en ce qui concerne la preuve de la consistance du patrimoine originaire de chacun des époux. Qu'en est-il de la preuve de la consistance du patrimoine final ?

Comment la liquidation du régime matrimonial doit-elle se présenter et quelles sont les questions juridiques suscitées par cette liquidation ?

Les époux doivent-ils régler le sort de la maison de Hyères et dans l'affirmative, pourquoi ?

Quel est le montant de la créance de participation et à quel époux profite-t-elle ?

Leur régime matrimonial a-t-il généré un avantage matrimonial et dans l'affirmative, quel est le sort de cet avantage matrimonial dans le cadre du divorce ?

Solution

Comme beaucoup de couples avant eux, Hubert et Marguerite ont fait le choix d'adopter un régime matrimonial original, alliant les avantages d'un régime séparatiste (chacun ses biens, chacun ses dettes) à celui d'un régime communautaire (partage de l'enrichissement acquis en cours de mariage), mais sans créer de masse commune.

Certains praticiens ont redouté les difficultés liquidatives de ce régime matrimonial atypique, mais nous verrons qu'elles peuvent être maîtrisées assez facilement si l'on s'imprègne bien de ses spécificités.

La liquidation du régime matrimonial, à laquelle Maître Printemps doit faire face, présente également des particularités dans la mesure où elle s'inscrit dans le processus du divorce par consentement mutuel sans juge, mis en place par la loi du 18 novembre 2016.

Pour faciliter le travail de Maître Printemps et éclairer les époux, nous répondrons successivement aux différentes questions soulevées par ce thème. Cependant, nous exposerons tout d'abord la méthodologie à suivre pour liquider un régime matrimonial de participation aux acquêts et soulignerons les particularités d'une liquidation intervenant dans le cadre d'un divorce par consentement mutuel sans juge.

I. Méthode pour liquider un régime conventionnel de participation aux acquêts

5530 (suite)

A. Comparer patrimoine final et patrimoine originaire

En cours de mariage, le régime de la participation aux acquêts fonctionne comme un régime de séparation de biens (C. civ. art. 1569, al. 1). Sur le plan de la propriété, il n'y a donc pas de distinction à faire entre biens présents et biens futurs. Cette distinction n'apparaîtra qu'à la liquidation et sera purement comptable.

À la dissolution du régime, chacun des époux a le droit de participer en valeur, en principe pour moitié, aux acquêts nets constatés dans le patrimoine de l'autre, et mesurés par la double estimation du patrimoine originaire et du patrimoine final (C. civ. art. 1569, al. 2). Concrètement, les acquêts nets de chaque époux se compensent, pour ne laisser apparaître qu'un excédent d'enrichissement qui donnera sa mesure à la créance de participation. Celui des époux qui se sera le plus enrichi devra à l'autre une somme d'argent égale à la moitié de cet excédent.

La participation ne joue que pour l'enrichissement acquis en cours d'union. Si les dettes sont plus importantes que les acquêts, aucune participation au passif né du chef de l'autre époux n'apparaît (sauf solidarité conventionnelle ou légale, ce qui est une tout autre question).

La consistance du **patrimoine originaire** est définie par l'article 1570 du Code civil ; on y trouve les biens qui appartenaient à l'époux au jour du mariage, ceux qu'il a acquis en cours de mariage par succession ou libéralité, les biens qui, dans un régime de communauté forment des propres par nature sans donner lieu à récompense (C. civ. art. 1404, al. 1).

S'agissant des fruits de ces biens, ou de ceux de ces biens qui auraient eu le caractère de fruit, l'article 1570, alinéa premier, précise qu'il n'y a pas lieu d'en tenir compte, même si l'époux en a disposé par donation entre vifs pendant le mariage. Cela signifie que si ces fruits ont été économisés ils ne figureront qu'au patrimoine final de l'intéressé et forment ainsi des acquêts. En revanche, si ces fruits ont été donnés, ils ne se retrouveront ni dans le patrimoine originaire ni dans le patrimoine final. Sous le régime légal de la communauté réduite aux acquêts, la donation des revenus de biens propres aurait généré un droit à récompense. Le résultat liquidatif est différent en participation aux acquêts puisque la donation des fruits est totalement neutre. Ils disparaissent et n'ont aucune incidence sur le patrimoine final. Certains auteurs comparent le résultat liquidatif d'un régime de participation aux acquêts à celui d'une communauté légale. Or, il existe entre ces deux régimes de nombreuses différences, comme on le voit ici.

Pour les besoins de la liquidation, les biens originaires sont estimés d'après leur état au jour du mariage ou de l'acquisition et d'après leur valeur au jour où le régime matrimonial est liquidé (C. civ. art. 1571). En cas d'aliénation, il faut retenir la valeur au jour de l'aliénation. Toutefois, si de nouveaux biens ont été subrogés aux biens aliénés, il faut prendre en considération la valeur de ces nouveaux biens (C. civ. art. 1571, al. 2).

On ne soulignera jamais assez l'importance de conserver la preuve qu'un bien acquis en cours de mariage a été, en tout ou partie, financé grâce à des deniers originaires. Certes, il n'existe en ce domaine aucune exigence formelle comparable à celle de l'article 1434 du Code civil. Néanmoins, si la preuve de cette subrogation est contestée et non rapportée, l'acquêt profite tout entier au patrimoine final, ce qui déséquilibre la liquidation en dégageant un acquêt fictif (à concurrence de la fraction du bien acquis grâce aux deniers originaires).

De l'actif originaire sont déduites les dettes dont le patrimoine originaire se trouvait grevé, réévaluées, s'il y a lieu, selon les règles de l'article 1469, troisième alinéa (C. civ. art. 1571, al. 2). Il en résulte que si la dette a été acquittée en cours d'union, elle n'apparaît plus dans le patrimoine final alors qu'elle grève le patrimoine originaire. Payer une dette originaire en cours d'union génère donc un acquêt, à moins de prouver que la dette a été payée avec des deniers originaires. Dans ce cas, les deniers originaires ayant servi à éteindre la dette seront inscrits à l'actif du patrimoine originaire, pour le même montant réévalué que la dette à laquelle elle se sera substituée. En définitive, l'écriture s'annulera.

Si le passif du patrimoine originaire excède l'actif, cet excédent est fictivement réuni à l'actif patrimoine final (C. civ. art. 1571, al. 2). Là encore cet excès de passif constituera un acquêt s'il a été acquitté en cours d'union.

Quant au **patrimoine final**, il est constitué de tous les biens qui appartiennent à l'époux au jour où le régime est dissous, sans en exclure les sommes dont il peut être créancier envers son conjoint (C. civ. art. 1572, al. 1).

Si des biens indivis ont été acquis en cours d'union, comme c'est le cas de la maison de Hyères, ils figurent dans le patrimoine final de chaque époux pour la quote-part lui revenant. Toutefois, il est fréquent que la liquidation de l'indivision provoque des comptes d'indivision entre chaque indivisaire et la masse indivise, considérée ici comme une entité autonome, bien qu'elle n'ait pas la personnalité morale (C. civ. art. 864, 865 et 867). Ces comptes d'indivision devront être établis avant liquidation de la créance de participation puisqu'ils vont influer sur les droits de chaque indivisaire dans la masse indivise à partager. C'est pourquoi la détermination des droits de chaque

5530 (suite) époux dans la masse indivise à partager doit précéder la liquidation du régime matrimonial lui-même.

Certains biens doivent en outre être réunis fictivement au patrimoine final. Il s'agit des acquêts donnés sans le consentement du conjoint (C. civ. art. 1573), de la valeur des améliorations apportées pendant le mariage à des biens originaires donnés par un époux sans le consentement de son conjoint (C. civ. art. 1574, al. 3) et plus exceptionnellement de la valeur des biens que l'époux aurait frauduleusement aliénés (C. civ. art. 1573). Étant ici précisé que l'aliénation à charge de rente viagère ou à fonds perdus est présumée faite en fraude des droits du conjoint, si celui-ci n'y a consenti (C. civ. art. 1573).

L'actif du patrimoine final comprend également la fraction du passif originaire qui excède l'actif originaire (art. 1571, dernier al.). Cette solution peut être préjudiciable si le passif originaire réglé en cours d'union excède de beaucoup la valeur des autres acquêts. Dans ce cas, la créance de participation peut être supérieure à la valeur des biens existants dans le patrimoine du débiteur.

Dans le patrimoine final, les biens existants sont estimés d'après leur état à l'époque de la dissolution du régime matrimonial et d'après leur valeur au jour de la liquidation (C. civ. art. 1574, al. 1). Les biens réunis fictivement sont estimés d'après leur état au jour de l'aliénation et la valeur qu'ils auraient eue, s'ils avaient été conservés, au jour de la liquidation (art. 1574, al. 1 in fine). En cas d'améliorations apportées à un bien originaire pendant le mariage, puis ayant fait l'objet d'une donation sans le consentement du conjoint, la réunion fictive porte sur la valeur des améliorations au jour de l'aliénation (C. civ. art. 1574, al. 3).

Enfin, toutes les dettes non acquittées sont déduites, en ce compris les sommes dues au conjoint (C. civ. art. 1574, al. 2).

B. Déterminer les acquêts nets et la créance de participation

Les acquêts nets de chaque époux se déterminent par soustraction. Le patrimoine originaire est soustrait du patrimoine final.

Si le patrimoine final est supérieur au patrimoine originaire, l'accroissement représente les acquêts nets (C. civ. art. 1575, al. 1). S'il lui est inférieur, le déficit est entièrement supporté par l'époux (art. 1575, al. 1).

Si les deux patrimoines sont déficitaires, chaque époux conserve la charge, même inégale, de son propre déficit (art. 1575, al. 1).

Si un patrimoine est déficitaire et l'autre bénéficiaire, la créance de participation n'est calculée qu'à partir du patrimoine bénéficiaire.

S'il y a des acquêts nets de part et d'autre, ils doivent d'abord être compensés. Seul l'excédent est pris en considération pour déterminer la créance de participation égale, en principe, à la moitié de cet excédent (C. civ. art. 1575, al. 2). La créance de participation profite à celui des époux qui s'est le moins enrichi en cours de mariage.

À la créance de participation s'ajoute les créances entre époux, après compensation de celle dont le bénéficiaire de la créance de participation peut être lui-même débiteur (C. civ. art. 1573, al. 2).

On notera que les créances entre époux sont prises en compte à l'actif ou au passif du patrimoine final comme on l'a vu. La loi du 23 décembre 1985 n'a pas prévu la revalorisation des créances des époux mariés sous le régime de la participation aux acquêts. Pour Le Professeur Michel Grimaldi, ce silence est volontaire, puisque l'époux prêteur bénéficie des plus-values réalisées par son conjoint emprunteur. La revalorisation semble ainsi inutile.

C. Délai de l'action en liquidation

L'article 1578 du Code civil prévoit qu'en cas de difficultés de liquidation, les parties peuvent saisir le tribunal en suivant les règles prescrites pour le partage judiciaire des successions et communautés.

Attention : L'action en liquidation se prescrit par trois ans à compter de la dissolution du régime matrimonial (C. civ. art. 1578, al. 3). Dans notre cas, la date de dissolution du régime matrimonial est celle que les avocats ont fixée dans la convention sous signature privée contresignée, c'est-à-dire la date à laquelle ils ont fixé les effets du divorce dans les rapports entre époux, dans notre cas la date du 1er août 2019. À défaut d'une telle précision, cette date aurait été celle du dépôt de la convention SSP contresignée au rang des minutes du notaire (C. civ. art. 262-1, al. 1). Toutefois ce texte admet que la convention puisse en stipuler autrement, ce qui a été fait dans notre cas, car la date du dépôt au rang des minutes du notaire est impraticable car trop tardive dans la mesure où il faut nécessairement travailler en amont de cette date dans l'état liquidatif notarié.

Attention : L'action paulienne quant à elle se prescrit par deux ans à compter de la clôture de la liquidation (C. civ. art. 1578, al. 3 in fine).

II. Le contexte de la présente liquidation : processus du divorce sans juge

L'article 1572, alinéa 1er in fine précise que « s'il y a divorce, séparations de corps ou liquidation anticipée des acquêts, le régime matrimonial est réputé dissous au jour de la demande ».

Quid dans le cas qui nous est soumis, lorsque le divorce intervient sans juge, donc par définition sans qu'une quelconque demande en divorce soit déposée ? On rappellera ici qu'est nulle une liquidation anticipée d'un régime matrimonial signée avant l'assignation en divorce, dans un divorce contentieux (Cass. 1e civ. 27-9-2017 n° 16-23.531 FS-PBI : BPAT 6/17 inf. 217). Il est certain que, dans le nouveau divorce sans juge, le notaire peut liquider la créance de participation dans l'état liquidatif notarié qu'il établit conformément aux dispositions de l'article 1091 du Code de procédure civile, lorsqu'il existe, comme c'est notre cas, des biens soumis à publicité foncière. **5530 (suite)**

Aux termes de l'article 229-1 du Code civil, « lorsque les époux s'entendent sur la rupture du mariage et ses effets, ils constatent, assistés chacun par un avocat, leur accord dans une convention prenant la forme d'un acte sous signature privée contresigné par leurs avocats et établi dans les conditions prévues à l'article 1374 ». Un projet de l'état liquidatif notarié, lorsqu'il existe, est alors annexé à la convention sous signature privées contresignée par avocats (Rep. Viry : AN du 24-12-2019 n° 19958).

Cette convention, adressée par chaque avocat au client qu'il assiste sous forme de projet, est soumise à un délai de réflexion de quinze jours (C. civ. art. 229-4).

Comme par le passé, la convention contient les modalités du règlement complet des effets du divorce (C. civ. art. 229-3, al. 2, 4°). L'acte notarié contenant liquidation du régime matrimonial se doit d'être exhaustif. Il doit, non seulement chiffrer les droits de chacun (liquidation) mais également régler le sort des biens (voir S. David et R. Brunet : AJ fam. 2017 p. 28 s.), sauf à mettre en place une convention d'indivision. C'est pourquoi dans notre cas, l'état liquidatif notarié devra contenir liquidation du régime matrimonial de la participation aux acquêts, c'est-à-dire la liquidation de la créance de participation, mais aussi régler le sort des biens indivis entre les époux (dans notre cas la maison de Hyères) après avoir déterminé les droits de chaque indivisaire dans la masse à partager. C'est la raison pour laquelle, pour répondre à la question de Marguerite, le sort de la maison de Hyères devra être clairement réglé et ne pourra pas être laissé de côté.

Aux termes de l'article 229-1, alinéa 2 du Code civil la convention est « déposée au rang des minutes d'un notaire, qui contrôle le respect des exigences formelles prévues aux 1 à 6° de l'article 229-3. Il s'assure également que le projet de convention n'a pas été signé avant l'expiration du délai de réflexion prévu à l'article 229-4 ». Le divorce n'acquiert date certaine et force exécutoire qu'au jour de ce dépôt (C. civ. art. 229-1 al. 3).

III. Les questions soulevées par le thème

A. Preuve de la consistance des patrimoines

1. S'agissant du patrimoine originaire

Il appartient à l'époux qui soutient qu'un bien doit être inscrit dans son patrimoine originaire de supporter la charge de cette preuve. L'article 1570, alinéa 2, dispose : « La consistance du patrimoine originaire est prouvée par un état descriptif, même sous seing privé, établi en présence de l'autre conjoint et signé par luil [...] À défaut d'état descriptif ou s'il est incomplet, la preuve de la consistance du patrimoine originaire ne peut être rapportée que par les moyens de l'article 1402 ».

Le recours aux modes de preuve de l'article 1402 est ouvert non seulement dans l'hypothèse où l'état descriptif est incomplet, mais aussi lorsqu'il fait défaut, comme c'est notre cas. C'est pourquoi les époux, par un commun accord, peuvent à tout moment, dresser un état descriptif.

On rappellera que l'article 1402 évoque une preuve par écrit, titres de famille, registres et papiers domestiques, ainsi que document de banque et factures mais il autorise également, la preuve par témoins ou présomptions lorsqu'un époux a été dans l'impossibilité matérielle ou morale de se procurer un écrit.

Dans notre cas, soit Hubert reconnaît la consistance du patrimoine originaire de Marguerite dans l'état liquidatif notarié, soit les époux signent un état descriptif préalable qui pourra ensuite être annexé à l'état liquidatif notarié.

2. S'agissant du patrimoine final

La preuve de la consistance du patrimoine final est facilitée.

Aux termes de l'article 1572 du Code civil, « la consistance du patrimoine final est prouvée par un état descriptif, même sous seing privé, que l'époux ou ses héritiers doivent établir en présence de l'autre conjoint ou de ses héritiers, ou eux dûment appelés. Cet état doit être dressé dans les neuf mois de la dissolution du régime matrimonial, sauf prorogation par le président du tribunal statuant sur requête ».

La preuve que le patrimoine final aurait compris d'autres biens peut être rapportée par tous les moyens, même par témoignages et présomptions.

B. Liquidation du régime matrimonial et des intérêts patrimoniaux des époux

Comme on l'a rappelé plus haut, la liquidation s'inscrivant dans le processus du divorce sans juge, le notaire doit d'abord liquider les droits des époux dans l'indivision conventionnelle portant sur la maison de Hyères (1), évoquer l'existence d'éventuelles créances entre époux (2) avant

5530 (suite) de reconstituer pour chaque époux son patrimoine originaire et son patrimoine final afin de dégager les acquêts nets de chacun et de chiffrer la créance de participation (3).

Il nous restera ensuite à vérifier si la convention de mariage a pu générer un avantage matrimonial afin d'envisager le sort de celui-ci dans le divorce (4), puis enfin à déterminer le sort des biens (5).

1. Droits des époux dans l'indivision conventionnelle

Hubert et Marguerite ont acquis en cours d'union, chacun pour moitié, la villa de Hyères pendant le mariage. On le sait, en séparation de biens (ce qu'est la participation aux acquêts en cours de mariage), c'est le titre d'acquisition qui compte pour fixer les quotités acquises, indépendamment des modalités de financement (Cass. 1e civ. 9-10-1991 n° 90.073 ; Cass. 1e civ. 17-12-1991 n° 89-20.219). Cette solution est très classique.

La quote-part indivise de moitié portant sur cette maison figurera donc au patrimoine final de chacun des époux, pour sa valeur au jour de la liquidation, dans l'état qui était le sien au jour de l'acquisition (C. civ. art. 1574, al. 1). La maison de Hyères n'ayant pas changé d'état, sa valeur sera retenue pour 620 000 € dont moitié est de 310 000 €.

Le financement de l'acquisition a été réalisé par un apport personnel d'Hubert à hauteur de 50 000 € (sur l'éventualité d'une créance, voir infra) et par un emprunt pour le surplus. Lequel emprunt a été régulièrement payé par chacun des emprunteurs jusqu'au 1er août 2019. Entre le 1er août 2019 et le 1er décembre 2021, c'est Marguerite qui a assumé seule le paiement des échéances tant en capital qu'en intérêt. Elle a également acquitté seule la taxe foncière d'un montant de 4 000 € et la taxe d'habitation d'un montant de 3 400 €.

Dans la mesure où il ne fait pas de doute que, dans les rapports entre emprunteurs, les échéances de l'emprunt incombaient à chacun d'eux pour moitié (accord express ou implicite des époux compte tenu des modalités de remboursements antérieurs au 1-8-2019), le fait que Marguerite en ait assumé seule le remboursement pendant 28 mois lui ouvre droit à une indemnité fondée sur les dispositions de l'article 815-13 du Code civil. C'est dans l'intérêt de la masse indivise que ces remboursements ont été effectués puisqu'ils ont permis d'éviter la saisie du bien. C'est pourquoi la jurisprudence assimile de tels remboursements à une dépense de conservation du bien indivis. Il s'ensuit que l'indemnité sera déterminée à la plus forte des deux sommes que représentent la dépense faite (montant nominal de toutes les échéances en capital de l'emprunt) ou le profit subsistant (Cass. 1e civ. 1-2-2017 n° 16-11.599 FS-PB). Pour la Cour de cassation, le profit subsistant devrait être calculé à la date d'acquisition du bien. Cette solution est étrange et il a été préconisé de tenir compte de la valeur du bien au jour où le remboursement a débuté (en ce sens, S. David et A. Jault, Liquidation des régimes matrimoniaux, Dalloz référence 2018/2019 n° 715). C'est la solution que nous retiendrons.

Quant aux intérêts de l'emprunt, nous considérons qu'ils ne participent pas du profit subsistant (ils sont le prix de l'emprunt et non de l'acquisition) et nous les rembourserons à Marguerite pour leur montant nominal seulement (en ce sens, P.-J. Claux et S. David, Droit et pratique du divorce, Dalloz 5e éd. n° 233.42).

Au crédit (ou colonne créances) **du compte d'indivision de Marguerite** figureront donc plusieurs sommes :

– les intérêts qu'elle a réglés pendant 28 mois pour le compte de l'indivision non revalorisés, soit : 40 € × 28 = 1 120 € ;

– le capital revalorisé des échéances en capital réglées par elle pendant 28 mois soit : 1 300 × 28 × 630 000 = 39 537,93 € laquelle somme est supérieure à la dépense faite 36 400 € ;

– les taxes foncières qu'elle a payées pendant quatre ans pour le compte de l'indivision (Cass. 1e civ. 27-1-2016 n° 15-11.151) : 4 000 × 4 = 16 000 € ;

– pour les taxes d'habitation, bien que la Cour de cassation ait pu y voir une dépense à la charge de l'indivision alors même que le bien serait occupé exclusivement par l'un des indivisaires (Cass. 1e civ. 5-12-2018 n° 17-31.189 F-PB), cette solution clairement critiquée en doctrine (voir Droit et pratique du divorce, J.-P. Claux et S. David, Dalloz 5e éd. n° 233.50) ne peut être retenue. C'est l'occupant et lui seul qui, fiscalement, est le redevable légal de cette taxe. L'indivision n'est donc en rien concernée. C'est pourquoi nous ne retiendrons pas la taxe d'habitation dans le compte d'indivision créditeur de Marguerite.

Total des créances de Marguerite contre l'indivision

1 120 + 39 537,93 + 16 000 = 56 657,93 €

Au débit (ou colonne dettes) **du compte d'indivision de Marguerite** pourraient figurer les sommes qu'elle doit à l'indivision pour la jouissance exclusive de la maison de Hyères (C. civ. art. 815-9) entre le 1er août 2019 et le 1er janvier 2022. Cependant, l'avocat de Marguerite pourrait faire valoir les dispositions de l'article 262-1, alinéa 2, in fine, selon lesquelles « la jouissance du logement conjugal conserve un caractère gratuit jusqu'à la demande en divorce, sauf décision contraire du juge ». L'accord des époux, dans le processus du divorce par consentement mutuel sans juge, pourrait donc conduire à écarter toute indemnité de ce chef, solution que nous retiendrons ici.

Le **solde du compte d'indivision de Marguerite** est donc créditeur de 56 657,93 € somme qui apparaîtra dans la liquidation au passif de la masse indivise, et sera ensuite ajoutée aux droits de Marguerite dans l'indivision. **5530** (suite)

Le **compte d'indivision d'Hubert** ne peut faire apparaître ni créance ni dette à l'égard de l'indivision.

Masse indivise à partager :

La maison de Hyères pour sa valeur au jour de la jouissance divise (C. civ. art. 829). Cette date est la plus proche possible du partage	630 000,00 €
Moins le passif restant dû :	
Le solde créditeur du compte d'indivision de Marguerite	56 657,93 €
Soit un actif net de	573 342,07 €

Revenant :

À Marguerite pour moitié 286 671,04 € à laquelle s'ajoute 56 657,93 €, ensemble 343 328,97 €.

À Hubert pour moitié 286 671,04 €

2. Éventuelles créances entre époux

En cours de mariage, des créances peuvent naître entre les époux.

Dans notre cas, la maison de Hyères a été financée au moyen d'un emprunt, pris en charge par chacun des époux pour moitié, mais aussi, au moyen d'un apport personnel d'Hubert à concurrence de 50 000 €. Peut-on voir dans ce financement une source de créance à l'encontre de Marguerite pour la moitié de cette somme ?

On sait que la question est complexe. Le financement pour autrui peut revêtir bien des qualifications.

Il peut s'agir, pour Hubert, s'il dispose de revenus plus importants que Marguerite, d'une modalité de sa contribution aux charges du mariage s'il n'est pas en mesure de prouver qu'il a satisfait par ailleurs et proportionnellement à ses facultés contributives, à ses obligations (voir Cass. 1e civ. 14-3-2006 n° 05-15.980 F-PB ; Cass. 1e civ. 15-5-2013 n° 11-26.933 : Bull. civ. I n° 94, D. 2013 p. 2242 obs. V. Bremond). Toutefois, la Cour de cassation est venue modérer cette jurisprudence lorsque la somme a été prélevée sur un capital et non sur des revenus (Cass. 1e civ. 3-10-2019 n° 18-20.828 FS-PBI), ce qui est le cas pour Hubert.

Il peut s'agir d'une donation indirecte si Marguerite prétend et prouve qu'il avait à son égard une intention libérale. Cette donation de bien présent entre époux, on le sait, est alors irrévocable (C. civ. art. 1096, al. 2).

Les chances de remboursement d'Hubert sont donc minces, sauf à avoir préconstitué la preuve d'un rapport d'obligation, ou sauf si Marguerite confirme et reconnaît l'existence d'une telle créance.

Si le principe d'une telle créance était admis, elle aurait une influence sur le patrimoine final de chacun des époux. Elle viendrait s'ajouter à l'actif du patrimoine final de l'époux créancier et se déduire de l'actif du patrimoine final de l'époux débiteur. C'est la raison pour laquelle les créances entre époux doivent être évoquées avant même la liquidation du régime matrimonial (et ce même si l'on n'est pas, comme c'est notre cas, dans un processus de divorce par consentement mutuel dans lequel la convention doit régler toutes les conséquences du divorce, y compris le sort des créances entre époux (C. civ. art. 229-3, 4°).

Une question subsiste sur la valorisation de la créance : faut-il appliquer les règles ordinaires de la séparation de biens (C. civ. art. 1543 renvoyant aux art. 1479 et 1469, al. 3) ou bien ces créances sont-elles liquidées à leur montant nominal en raison du silence de l'article 1572 du Code civil ? (voir à ce sujet Rép. civ. Dalloz, V° participation aux acquêts par S. David n° 251).

S'agissant de liquider la créance de participation, la réponse à cette question est indifférente. En effet, puisque la créance s'ajoute à un patrimoine pour se déduire de l'autre les deux écritures s'annulent sur le plan comptable. Que la créance soit ou non revalorisée, la créance de participation ne s'en trouvera pas modifiée.

Mais la réponse n'est pas neutre sur le montant de la créance exigible entre époux.

Dans notre cas, nous tiendrons cette créance pour inexistante compte tenu des obstacles de preuve qu'Hubert n'aura pas forcément les moyens de surmonter.

3. Reconstitution pour chaque époux de son patrimoine originaire et final afin de dégager ses acquêts nets et de chiffrer la créance de participation

a) S'agissant de Marguerite

Son **patrimoine originaire** se présente comme suit :

– son mobilier de famille, pour sa valeur au jour de la liquidation (1-1-2022) dans son état au jour du mariage (C. civ. art. art. 1571) soit 40 000 € (on considérera que cette estimation a bien tenu compte de l'état de ce mobilier au jour du mariage ou que cet état ne s'est pas modifié) ;

5530 (suite) – qu'en est-il pour les 30 000 € qu'elle possédait au jour du mariage et qu'elle avait économisés sur ses revenus professionnels antérieurs au mariage ? On a rappelé plus haut que, pour reconstituer le patrimoine originaire d'un époux, il n'est pas tenu compte des fruits de ses biens originaires ou de ceux de ces biens qui auraient le caractère de fruits. Le texte vise les fruits perçus avant le mariage et qui auraient conservé cette nature à ce moment-là. Ces revenus avaient vocation à être dépensés et on ne souhaite pas faire de compte à leur sujet. Cette dispense légale de compte équivaudrait à une présomption légale de consommation des fruits » (en ce sens, G. Cornu, Les régimes matrimoniaux, 9e éd. 1997 PUF p. 785 cité dans Rép. civ. Dalloz, V° Participation aux acquêts par S. David n° 139). Toutefois, il est également admis que cette exclusion ne touche pas le solde des comptes bancaires alimentés avant le mariage, même avec des revenus. Ces deniers doivent donc bien figurer à l'actif du patrimoine originaire de Marguerite pour 30 000 € (Dalloz précité n° 141). Cette solution peut toutefois être critiquée si les sommes ont été dépensées en cours d'union. Dans la mesure où elles n'apparaîtront plus dans le patrimoine final, alors qu'elles figureront à l'actif du patrimoine originaire, elles viendront diminuer fictivement les acquêts nets de l'intéressé. Une totale neutralité exigerait que la somme ne figure pas à l'actif du patrimoine originaire ;

– la voiture de collection donnée par son oncle Marcel, pour sa valeur au jour de la liquidation dans son état au jour du mariage. Là encore, nous supposerons que l'état du bien n'a pas changé, ou que l'évaluation qui a été faite a bien tenu compte de cet état. Nous retenons donc la somme de 50 000 €.

Total de l'actif du patrimoine originaire de Marguerite 40 000 + 30 000 + 50 000 = 120 000 €

Passif : le thème n'indique pas l'existence d'un passif au jour du mariage.

Le **patrimoine final de Marguerite** se présente comme suit :

– son mobilier de famille, pour sa valeur au jour de la liquidation (1-1-2022) dans son état au jour de la dissolution (1-8-2019) (art. 1574, al. 1) soit 40 000 € ;

– la voiture de collection donnée par son oncle Marcel, évaluée de même, à la somme de 50 000 € ;

– son cabinet libéral évalué de même à la somme de 130 000 € ;

– ses droits dans le partage de l'indivision (évalués dans l'état des biens au jour de la dissolution à leur valeur au jour de la liquidation (C. civ. art. 1574, al. 1). Cette règle ne nous paraît pas exclure le compte d'indivision qui a couru jusqu'à la liquidation) 343 328,97 € ;

– la moitié des liquidités figurant à la date de dissolution (1-8-2019) sur le compte-joint du couple à la banque postale soit 65 000 : 2 = 32 500 € (sauf à prouver qu'il a été alimenté par chaque époux dans d'autres proportions).

Total actif du patrimoine final de Marguerite 595 828,97 €.

Passif du patrimoine final de Marguerite : le thème n'indique pas que le patrimoine de Marguerite serait grevé d'un passif.

Les acquêts nets de Marguerite sont donc de 595 828,97 € − 120 000 € = 475 828,97 €.

b) S'agissant d'Hubert

Son **patrimoine originaire** se présente comme suit :

– l'appartement de la Seyne-sur-Mer qui lui appartient toujours, pour sa valeur au jour de la liquidation (1-1-2022) dans son état au jour du mariage (C. civ. art. 1571) soit 85 000 € (abstraction faite des travaux qu'il a fait réaliser en cours d'union) ;

– l'usufruit du studio parisien pour sa valeur au jour de la liquidation (1-1-2022) dans son état au jour du mariage. Si l'on retient, avec l'accord des époux, une valorisation fiscale de l'usufruit (CGI art. 669) (qui n'est pas en soi un mode légal d'évaluation), il représente au 1er janvier 2022 30 % de la valeur du bien, laquelle valeur doit être fixée sans l'aménagement du coin cuisine réalisé en cours d'union soit 190 000 € × 30 % = 57 000 € ;

– en outre le bien donné ayant été amélioré par Hubert pendant le mariage, la valeur des améliorations qui lui ont été apportées en cours de mariage (20 000 €) doit être réunie fictivement au patrimoine final d'Hubert (art. 1574, al. 3 CC) sauf si le consentement du conjoint a été donné au moment de la donation. Nous supposerons que tel n'a pas été le cas ;

– le violon n'apparaîtra pas à l'actif du patrimoine originaire d'Hubert, car, s'il rentre dans la catégorie des biens propres par nature, c'est à charge de récompense (C. civ. art. 1404, al. 2). Ce bien n'apparaîtra donc qu'au patrimoine final d'Hubert (C. civ. art. 1570).

Total actif du patrimoine originaire d'Hubert 85 000 + 57 000 = 142 000 €

Passif du patrimoine originaire d'Hubert : le thème ne signale pas l'existence de dette grevant le patrimoine originaire d'Hubert.

Son **patrimoine final** se présente comme suit :

– l'appartement de la Seyne-sur-Mer évalué dans son état au jour de la dissolution (1-8-2019) pour sa valeur au jour de la liquidation (1-1-2022) soit 98 000 € ;

– l'usufruit du studio parisien évalué de même à 30 % × 200 000 € = 60 000 € ;

– ses droits dans le partage de l'indivision évalué de même, soit 286 671,04 € ;

– son portefeuille de valeur mobilière évalué de même soit 80 000 € ;

– la moitié des liquidités figurant à la date de dissolution (1-8-2019) sur le compte-joint du couple à la banque postale soit 65 000 : 2 = 32 500 € (sauf à prouver qu'il a été alimenté par chaque époux dans d'autres proportions). **5530 (suite)**

Auxquels il y a lieu de réunir fictivement la valeur au jour de la donation des améliorations apportées en cours de mariage au studio donné à Franck soit 20 000 €.

Total de l'actif du patrimoine final d'Hubert :

98 000 + 60 000 + 286 671,04 + 80 000 + 20 000 = 544 671,04 €

Passif du patrimoine final d'Hubert :

Il doit au 1er août 2019 une somme de 30 000 € pour la réparation de son violon

Soit un actif net du patrimoine final d'Hubert de :

544 671,04 – 30 000 = 514 671,04 €

Les acquêts nets d'Hubert sont de 514 671,04 € – 142 000 € = 372 671,04 €

Montant de la créance de participation

Les acquêts des époux se compensent, comme on l'a rappelé. L'excédent d'acquêts net de l'époux qui s'est le plus enrichi donne la mesure de la créance de participation qui est de la moitié.

Dans notre cas, les acquêts nets de Marguerite 475 828,97 € se compensent avec les acquêts nets d'Hubert 372 671,04 €.

L'excédent, soit 103 157,93 €, se divise par moitié pour donner le chiffre de la créance de participation, soit 51 578,97 €.

Cette créance de 51 578,97 € est due par Marguerite à Hubert.

4. L'avantage matrimonial en participation aux acquêts

On sait qu'**en cas de divorce**, le sort des avantages matrimoniaux résulte des dispositions de l'article 265 du Code civil, issu de la loi du 24 mai 2006.

Dans son alinéa 1er ce texte précise que le divorce est sans incidence sur les avantages matrimoniaux qui prennent effet au cours de mariage. Il faut donc comprendre qu'ils vont déployer leurs conséquences dans la liquidation du régime matrimonial.

Au contraire, l'alinéa 2 du même texte dispose que le divorce emporte révocation de plein droit des avantages matrimoniaux qui ne prennent effet qu'à la dissolution du régime matrimonial, sauf volonté contraire de l'époux qui les a consentis, laquelle volonté est soit constatée dans la convention signée par les époux et contresignée par avocats (divorce par consentement mutuel sans juge) ou par le juge au moment du prononcé du divorce (divorce contentieux). Dans tous les cas, cette volonté contraire confère à l'avantage matrimonial un caractère irrévocable.

La notion même d'avantage matrimonial est difficile à cerner. L'article 1527 du Code civil, qui traite des conséquences successorales de ces avantages, ne les envisage que dans les communautés conventionnelles.

La **doctrine** a donc débattu de la question de savoir si de tels avantages pouvaient se rencontrer dans les régimes séparatistes et notamment en participation aux acquêts (voir notamment F. Letellier, La clause d'exclusion des biens professionnels sous le régime de la participation aux acquêts à l'épreuve du divorce : JCP N. 2008 art. 1150).

Il a d'abord été **jugé** qu'un fonds de commerce créé avant le mariage et apporté ensuite à une société d'acquêts constitue un avantage matrimonial susceptible de faire l'objet d'une action en retranchement de la part des enfants nés d'une précédente union (Cass. 1e civ. 29-11-2017 no 16-29.056 F-D). Puis ensuite que « les profits que l'un ou l'autre des époux mariés sous le régime de la participation aux acquêts peut retirer des clauses aménageant le dispositif légal de liquidation de la créance de participation constituent des avantages matrimoniaux prenant effet à la dissolution du régime matrimonial et révoqués de plein droit par le divorce. Il en résulte qu'une clause excluant du calcul de la créance de participation des biens professionnels des époux constitue un avantage matrimonial en cas de divorce (Cass. 1e civ. 18-12-2019 no 18-26.337 FS-PBI : BPAT 2/20 inf. 53, Defrénois 2020 no 9 p. 23 note F. Letellier).

La difficulté reste de savoir avec quel régime matrimonial le résultat liquidatif du régime conventionnel devra être comparé ? Et si le fait même de participer à l'enrichissement de l'autre peut constituer, en soi, un tel avantage ? Comme l'avait écrit F. Letellier (art. précité) « assimiler l'exclusion des biens professionnels sous la participation aux acquêts à un avantage matrimonial reviendrait à considérer que la séparation de biens serait, elle-même, un avantage matrimonial, l'exclusion des acquêts étant étendue à son maximum ».

Pour ce qui concerne la participation aux acquêts adoptée selon le modèle proposé par le Code civil (que l'on ne saurait qualifier de légal puisqu'il est, par définition, un modèle conventionnel) peut-on y voir un avantage matrimonial (le droit à participation) qui serait alors perdu au moment même où il avait une utilité, à la dissolution du régime matrimonial ? Ces questions ne connaissent pas à ce jour de réponse certaine et laissent subsister un certain malaise. N'est-ce pas l'article 265 du Code civil qui serait à repenser sérieusement ? Voir sur ce point no 10256.

On essaiera de se rassurer en relevant que l'arrêt du 18 décembre 2019 ne semble viser que les clauses « aménageant le dispositif légal » et on considérera que n'ayant pas aménagé leur régime de participation aux acquêts, les époux n'ont pu se consentir aucun avantage matrimonial susceptible d'être remis en cause par le divorce. Il serait en outre souhaitable que la convention sous signature privée contresignée par avocat contienne l'adhésion des deux époux à cette analyse. C'est seulement alors que le notaire pourra, dans son état liquidatif, tenir compte du plein effet du régime matrimonial adopté.

5. Sort des biens

La divorce par consentement mutuel doit régler le régime matrimonial, c'est-à-dire mettre fin à tous les intérêts enchevêtrés des époux (indivision, créance de participation, créance entre époux).

Dans notre cas il faut régler le sort de la **maison d'Hyères**, remplir chaque époux de ses droits dans l'indivision, régler la créance de participation due par Hubert à Marguerite.

On peut envisager d'attribuer à Marguerite la maison d'Hyères, comme elle le souhaite, pour sa valeur au jour de la jouissance divise soit pour 630 000 €, au titre de ses droits dans l'indivision (343 328,97 €) et moyennant une soulte due à Hubert pour le surplus (286 671,03 €). Cette somme correspond bien aux droits d'Hubert dans la masse indivise : 286 671,04 (à 0,01 € près). Marguerite devra en outre payer à Hubert la créance de participation qu'elle lui doit soit 51 578,97 €.

En conclusion, Hubert reçoit de Marguerite une somme de 286 671,03 + 51 578,97 = 338 250 €.

5540 CAS PRATIQUE

Liquidation d'une communauté de biens réduite aux acquêts avec attribution intégrale au survivant et clause de prélèvement moyennant indemnité

Énoncé

Monsieur Marc Malterre et Madame Florence Andreaud ont conclu, préalablement à leur union, un contrat de mariage, devant Maître Sophie Mathieu, notaire associée à Grenoble en date du 24 février 2002, aux termes duquel les époux ont adopté un régime conventionnel de la communauté réduite aux acquêts.

Aux termes de ce contrat il a été prévu :

– qu'en cas de décès de l'un des époux, la communauté serait intégralement attribuée au survivant ;
– que les héritiers du prédécédé ne pourraient se prévaloir du droit de reprise des apports et capitaux tombés dans la communauté du chef de leur auteur.

Le contrat de mariage prévoyait également qu'à la dissolution du mariage par la mort de l'un des époux, le survivant aurait la faculté d'acquérir ou le cas échéant de se faire attribuer dans le partage certains biens personnels du prédécédé, à charge d'en tenir compte à la succession et notamment tout bien constitutif au jour du décès d'une résidence secondaire.

Monsieur Malterre avait été marié en premières noces avec Madame Annie Longue, dont il a eu deux fils, Joseph, né le 8 mai 1990, et Max, né le 23 novembre 1994. Il a divorcé d'Annie Longue par décision du tribunal de grande instance de Nantes le 4 septembre 1999. Cette dernière, qui a aujourd'hui 55 ans, a bénéficié d'une prestation compensatoire prenant la forme d'une rente viagère d'un montant annuel de 5 000 €, revalorisée au décès à 7 900 €. Monsieur Malterre s'est régulièrement acquitté de cette prestation compensatoire grâce aux loyers de la maison de Grenoble.

Monsieur Malterre est décédé accidentellement le 4 décembre 2023, laissant outre son épouse, ses trois enfants, à savoir ses deux fils Joseph et Max, nés de son premier mariage et Aimée, née de son union avec Florence. Il n'a laissé aucune disposition de dernières volontés.

Il avait consenti **deux donations** en avancement de part, l'une à Joseph le 3 octobre 2004, l'autre à Max le 6 juillet 2005, de biens lui appartenant en propre. Les biens donnés ont, au jour du décès, une valeur respective de 140 000 € pour la donation à Joseph, et de 210 000 € pour la donation à Max. Ces biens n'ont pas changé d'état entre la donation et le décès.

Marc Malterre possédait **en propre** :

– une maison à Grenoble qu'il avait reçue dans le partage des biens dépendant de la communauté ayant existé entre lui et Annie Longue, lequel partage avait été régularisé le 12 juin 2003. Cette attribution avait été faite à charge de verser à Annie Longue une soulte de 50 000 € payable en dix annuités sans intérêts alors que le bien valait dans le partage 270 000 €. Il s'est acquitté de cette soulte en prélevant ces sommes sur les économies réalisées sur ses gains et salaires. Ce bien vaut au décès 340 000 €. Il est loué pour un loyer mensuel de 1 300 € hors charges ;
– une résidence secondaire en Vendée que lui a léguée sa grand-mère maternelle, le legs a été consenti net de frais et droits. Ce bien a fait l'objet de travaux d'agrandissement réalisés en cours d'union et payés par des deniers communs pour un montant de 60 000 €. Ce bien vaut au décès 530 000 €, il n'en vaudrait que 460 000 € sans les travaux effectués.

Florence est propriétaire **en propre** d'une maison dans l'Allier que lui a léguée sa sœur Armelle, décédée le 30 juin 2019. Les droits de mutation par décès d'un montant de 141 557 € ont été acquittés avec des deniers communs. Elle valait 350 000 € au jour du décès d'Armelle, et 420 000 € au jour du décès de Marc. Elle n'a pas changé d'état depuis le décès d'Armelle.

Au jour du décès de Monsieur Malterre, la **communauté** est composée : **5540** **(suite)**
– d'un appartement à Nantes sis 3 avenue de la Gare, acquis à titre onéreux pendant le mariage, constituant la résidence principale de Marc et de Florence, d'une valeur au décès de 420 000 €. Le solde du prêt ayant totalement financé l'acquisition a été pris en charge par l'assurance décès souscrite sur la tête de Marc ;
– un compte-titres à la BNP ouvert en cours de mariage, qui vaut au décès 90 000 € ;
– un compte joint à la BNP d'un montant au jour du décès de 14 000 € ;
– les meubles garnissant l'appartement de Nantes, évalués à 6 000 € ;
– deux véhicules de marque Peugeot, l'un immatriculé au nom de Marc, valeur argus au jour du décès de 34 000 €, un autre immatriculé au nom de Florence, valeur argus au jour du décès de 23 000 €.

Florence vous consulte et vous explique :
– qu'elle s'entend très bien avec Joseph mais a très peu de contacts avec Max ;
– qu'elle tient absolument à conserver la maison de Vendée, dans laquelle elle passe les vacances avec sa fille Aimée.

Elle voudrait savoir quels sont les droits dont elle peut se prévaloir, compte tenu de son contrat de mariage et de ses droits successoraux ? Lui permettront-ils de garder l'appartement de Nantes et la maison de Vendée ? Est-elle obligée de dédommager immédiatement Joseph et Max ? Que devient la prestation compensatoire due à Annie Longue ?

Elle attend d'être informée le plus précisément possible de ses droits dans la liquidation de son régime matrimonial et dans la succession, et de comprendre concrètement comment ses droits se coordonnent avec ceux des trois enfants.

Elle vous précise que Joseph, qui est passionné de bourse, aurait aimé recevoir le portefeuille de valeurs mobilières du couple, et qu'elle n'y voit pas d'inconvénients.

Vous lui répondez.

Solution

Ce cas nous met en présence d'une situation de recomposition familiale. Il en résulte que si le régime matrimonial conventionnel a avantagé le conjoint successible, les deux enfants non communs, Joseph et Max pourront exercer l'action en retranchement (C. civ. art. 1527, al. 2). Sachant que, s'ils ont seuls qualité pour engager cette action, elle profitera aux trois enfants à égalité.

Ce qui est moins classique est le choix du régime matrimonial conventionnel : un régime de communauté réduite aux acquêts, assorti d'une clause d'attribution intégrale de la communauté au conjoint survivant.

Ce régime matrimonial doit être tout d'abord liquidé, même si la communauté a vocation à revenir en totalité à l'épouse survivante, puisqu'elle laissera subsister les biens restés propres aux deux époux, et donc la succession de Marc.

De même, des récompenses devront être liquidées pour rétablir l'équilibre entre patrimoines propres et masse commune, pour tous les mouvements de fonds intervenus entre ces masses en cours de mariage (contrairement à ce qui se passerait en régime de communauté universelle avec attribution au survivant, où il n'y pas lieu de liquider les récompenses).

Le résultat liquidatif de ce régime matrimonial conventionnel sera ensuite comparé à celui qui aurait été obtenu si les époux avaient été mariés sous le régime légal de la communauté réduite aux acquêts. La différence entre ces deux liquidations permettra de chiffrer l'avantage que Florence, épouse survivante, a pu retirer de son régime matrimonial conventionnel (voir n° 13010).

Enfin, le contrat de mariage prévoit une possibilité pour l'épouse de prélever moyennant indemnités, ou de se faire attribuer dans le partage, certains biens propres du défunt, et notamment les biens à usage de résidence secondaire. Nous verrons quelles peuvent être les conséquences d'une telle clause.

La liquidation de la succession de Marc permettra ensuite de chiffrer les droits de chacun dans le partage successoral compte tenu des libéralités consenties par le défunt et de la présence d'un avantage matrimonial.

Ce n'est qu'à l'issue de ces opérations (liquidation du régime matrimonial conventionnel, liquidation fictive d'un régime légal, chiffrage de l'avantage matrimonial, liquidation de la succession) que Florence saura ce qu'elle peut devoir aux enfants et quelle est l'importance de ses propres droits et de ceux de sa fille.

I. Le chiffrage de l'avantage matrimonial

Pour apprécier l'impact d'une éventuelle action en retranchement, il est nécessaire de chiffrer le montant de l'avantage matrimonial que le régime conventionnel adopté est susceptible d'avoir conféré à Florence, comme on l'a rappelé ci-dessus.

La succession de Marc étant ouverte, Joseph et Max pourraient toutefois renoncer à exercer cette action, ou simplement en reporter l'exercice au décès de Florence (C. civ. art. 1527, al. 3) dans la forme d'une RAAR.

Cependant, Florence ayant peu de contact avec Max, cette solution ne peut être envisagée a priori, sauf à la mettre en œuvre seulement pour Joseph (l'action en retranchement comme toute action en réduction est personnelle et divisible).

5540 (suite)

1. Liquidation du régime conventionnel adopté

Le régime conventionnel adopté étant un régime de communauté réduite aux acquêts, le contrat de mariage n'a pas dérogé à la consistance de la masse commune et des patrimoines propres, telle qu'elle est organisée dans le régime légal, masses qui doivent être reconstituées pour leur valeur au jour du décès, éventuellement revalorisée au jour du partage selon le délai qui s'écoulera entre ces deux dates.

a) Patrimoines propres activement et passivement

L'article 1467 du Code civil prévoit que « la communauté dissoute, chacun des époux reprend ceux des biens qui n'étaient point entrés en communauté, s'ils existent en nature, ou les biens qui y ont été subrogés ». Pour ces reprises, on négligera les questions de preuve, qui ne se posent qu'en cas de contestation (C. civ. art. 1402), ce que ce thème n'évoque pas.

À ces patrimoines doivent être imputées les dettes restées propres à chacun des époux et non encore acquittées au jour du décès.

Reprises de Florence

Florence exerce la reprise de la maison dans l'Allier, en raison de son origine, bien reçu par legs (C. civ. art. 1405). Elle devra une récompense à la communauté qui a financé les droits de mutation par décès (dette propre de Florence, C. civ. art. 1410). Cette dépense étant assimilée à une dépense d'acquisition sera revalorisée au profit subsistant (C. civ. art. 1469, al. 3). La valeur du bien repris au jour du décès est de 420 000 €. Elle était seulement de 350 000 € au jour du décès d'Armelle.

Reprises de la succession de Marc

La succession de Marc exerce la reprise de ses biens propres, à savoir :

– la maison de Grenoble dont Marc a été attributaire soit dans le partage de communauté, soit par voie de licitation. Dans les deux cas, ce bien appartient entièrement à Marc, comme le précise l'article 1408 du Code civil. Il importe peu que le partage soit intervenu au cours de la seconde union (effet déclaratif du partage), ou que la soulte ait été entièrement payée au moyen de deniers communs (Cass. 1e civ. 20-2-2007 n° 05-18.066) sauf la récompense due à la communauté. Cette maison a, au jour du décès une valeur de 340 000 €. Elle valait au jour du partage ou de la licitation 270 000 € ;

– la résidence secondaire en Vendée pour l'avoir reçue par legs (C. civ. art. 1405). Ce bien vaut au jour du décès 530 000 €. Une récompense sera due à la communauté pour les travaux d'amélioration qu'elle a financés (voir infra).

Ce patrimoine propre répondra du paiement de la prestation compensatoire due à Annie Longue, première épouse de Marc, car cette dette est personnelle à l'époux débiteur selon la jurisprudence car antérieure au mariage (Cass. 1e civ. 3-11-1988 : Bull. civ. I n° 299).

Et l'on sait que la prestation compensatoire ne s'éteint pas au décès de son débiteur. Elle est au contraire, quelle que soit sa forme, prélevée sur la succession. Le paiement est supporté par tous les héritiers, qui n'y sont pas tenus personnellement, dans la limite de l'actif successoral (C. civ. art. 280).

Lorsque, comme c'est notre cas, la prestation compensatoire a pris la forme d'une rente viagère il lui est substitué un capital immédiatement exigible (C. civ. art. 280, al. 3). C'est le décret 2004-1157 du 29 octobre 2004 qui détermine les modalités de calcul de ce capital (voir infra).

En raison du caractère personnel de cette dette, elle génèrera une récompense due par la succession de Marc à la communauté pour les arrérages versés en cours de mariage et payés avec des deniers communs (voir infra).

Comptes de récompenses

1. Compte de Florence

Récompenses dues par Florence à la communauté

Pour le financement des droits de mutation par décès en raison du legs de la maison de l'Allier

Soit 141 557 €/350 000 € × 420 000 = 169 868,40 €

Récompenses dues par la communauté à Florence : Néant

Solde en faveur de la communauté **169 868,40 €**

2. Compte de la succession de Marc

Récompenses dues par (la succession de) Marc à la communauté :

– pour le financement de la soulte de partage de la maison de Grenoble soit :

50 000 €/270 000 × 340 000 € = 62 962,96 €

(Le chiffrage pourrait en être affiné si l'on connaissait l'évolution de la valeur du bien au cours des dix années de paiement de la soulte, chaque échéance annuelle faisant l'objet de sa propre revalorisation compte tenu de l'évolution de la valeur du bien année par année) ;

– pour les travaux d'amélioration de la maison de Vendée compte tenu du profit subsistant (supérieure à la dépense faite : C. civ. art. 1469, al. 3) de 70 000 € ;

– pour les arrérages de la prestation compensatoire versés en cours de mariage et prélevés sur les revenus communs (il faudrait connaître l'évolution de ces arrérages, année après année.

Faute de mieux on comptabilisera le nombre d'années de ces arrérages soit depuis le mariage et jusqu'au jour du décès 20 ans et 9 mois × 6 450 € (moyenne des arrérages connus) = 133 837,50 €. **5540 (suite)**
Ensemble 266 800,46 €
Récompenses dues par la communauté à succession de Marc : Néant
Solde en faveur de la communauté **266 800,46 €**

b) Masse commune activement et passivement

La masse commune est composée des acquêts et des revenus des époux (C. civ. art. 1401).
Elle se présente ACTIVEMENT comme suit :
– l'appartement de Nantes acquis à titre onéreux pendant le mariage d'une valeur au décès de 420 000 € ;
– un compte-titres à la BNP ouvert au cours du mariage (acquêts de communauté) d'une valeur au décès de 90 000 € ;
– un compte joint à la BNP d'un montant au jour du décès de 14 000 € (présumé commun – C. civ. art. 1402, sauf preuve contraire) ;
– les meubles garnissant l'appartement de Nantes évalués à 6 000 € (présumés communs) ;
– deux véhicules (acquêts de communauté) l'un d'une valeur de 34 000 € l'autre d'une valeur de 23 000 € au jour du décès (l'immatriculation du véhicule au nom d'un seul des époux n'ayant aucune incidence sur sa qualification sauf remploi).
Le thème ne donne pas d'indication sur la consistance passive de cette masse commune. Au plan de la contribution à la dette (dans les rapports entre époux), c'est l'article 409 qui définit le passif commun définitif.

TOTAL MASSE COMMUNE	587 000,00 €
Récompenses dues à la communauté	
Par la succession de Marc	266 800,46 €
Par Florence	169 868,40 €
ENSEMBLE	**1 023 668,86 €**
PASSIF	Mémoire

Le prêt souscrit pour l'acquisition de l'appartement de Nantes était un passif définitif (C. civ. art. 1409) puisqu'il a été engagé dans l'intérêt de la communauté et pour l'acquisition d'un bien commun. Il a été pris en charge par l'assurance décès souscrite sur la tête de Marc. Ce passif commun est donc éteint tant à l'égard de l'établissement financier (obligation à la dette) que dans les rapports entre époux (contribution à la dette).
Aucune autre dette n'étant signalée au jour du décès, le passif sera porté ici pour MÉMOIRE

Par l'effet de la clause d'attribution intégrale de la communauté, la totalité de la masse commune revient à Florence, soit	**1 023 668,86 €**

2. Liquidation du régime légal

En l'absence de clause d'attribution intégrale de la communauté au survivant, la masse commune aurait eu vocation à se partager par moitié entre les époux, soit 511 834,43 € à chacun sous déduction des récompenses dues à la masse commune.
Soit pour la succession de Monsieur 511 834,43 € − 266 800,46 € = 245 033,97 €
Et pour Florence 511 834,43 € − 169 868,40 € = 341 966,03 €

3. Chiffrage de l'avantage matrimonial

Il est pour Florence de :
1 023 668,86 € − 341 966,03 € = 681 702,83 €.

4. Mise en œuvre du droit de prélèvement moyennant indemnités de la maison de Vendée

Florence peut se prévaloir de son droit de prélèvement moyennant indemnités pour conserver la maison de Vendée. Cette clause du contrat de mariage la protège en ce sens qu'elle n'a pas besoin de subir un partage (amiable ou judiciaire) puisque cette clause lui donne la priorité de cette attribution.
Cependant, comme on le verra, elle ne disposera d'aucun droit dans la succession (voir infra). De ce fait, cette opération sera assimilée à une cession à titre onéreux, génératrice d'un droit de vente (voir n° 13360).
La notification de sa volonté aux enfants formera vente (C. civ. art. 1392, al. 2). Elle devra aux enfants une somme équivalente à la valeur de ce bien, soit 530 000 € (supposée inchangée au jour du prélèvement). C'est pourquoi ce droit ne générera pas un avantage matrimonial pour Florence.

5540 (suite) Pour se libérer de cette somme, Florence pourra leur remettre des biens communs en règlement de cette somme.

Cette opération ne sera pas une opération de partage (car les enfants ne sont pas en indivision avec elle sur les biens communs, ni même sur la maison de Vendée si elle la prélève) mais une dation en paiement. Cette modalité de paiement devra être acceptée par les enfants, à moins qu'elle n'ait été prévue par le contrat de mariage.

II. Liquidation de la succession

La succession de Marc est composée :

Activement :

De ses biens propres :

Maison de Grenoble valeur au décès	340 000 €
Résidence secondaire en Vendée valeur au décès	530 000 €
Ensemble	**870 000 €**

Passif :	
Récompense due à la communauté	266 800,46 €
Prestation compensatoire convertie en Capital (Annie, première épouse, a 55 ans. Pour 1 € de rente viagère il faut 16,980 € de capital soit 7 900 € × 16,980 € = 134 142,00 €	134 142,00 €
Soit un actif net de	**469 057,54 €**

LES DROITS DE CHACUN DANS LA SUCCESSION

Droits de Florence, conjoint successible

Elle recueille un quart en pleine propriété des biens, déterminés conformément aux dispositions de l'article 758-5, alinéas 1 et 2 du Code civil (C. civ. art. 757).

Calcul de la quotité disponible et de la réserve (C. civ. art. 922)

Les biens existant au décès moins le passif net,

soit	469 057,54 €

Auxquels il y a lieu de réunir fictivement :

Les donations entre vifs soit :

– donation Joseph	140 000,00 €
– donation Max	210 000,00 €
– et l'avantage matrimonial	681 702,83 €
TOTAL égal à	1 500 760,37 €, dont un quart représente la quotité disponible ordinaire et la réserve de chaque enfant soit **375 190,09 €**

Dont un quart soit **375 190,09 €** représente la fraction en pleine propriété de la quotité disponible spéciale entre époux et trois quarts la fraction en usufruit de la quotité disponible spéciale entre époux soit 1 125 570,27 € et la fraction en nue-propriété de la réserve des trois enfants (C. civ. art. 1094-1) (valeur d'assiette).

Imputation des libéralités

L'avantage matrimonial d'un montant de 681 702,83 € s'impute à la date du mariage, c'est-à-dire en tout premier.

Il s'impute sur la quotité disponible en propriété à concurrence de 375 190,09 € et pour le surplus sur l'usufruit de la réserve pour 306 514,74 € (valeur d'assiette). Il est réduit en nue-propriété pour une assiette de 306 514,74 € soit une valeur en capital (Florence est âgée de 59 ans au décès, si on applique, avec l'accord des intéressés le barème fiscal de 50 % = 153 256,37 €). Cette réduction est encourue en valeur, comme l'a jugé à plusieurs reprises la Cour de cassation (Cass. 1e civ. 7-12-2016 n° 16-12.216 P ; Cass. 1e civ. 19-12-2018 n° 18-10.244), mais Florence pourrait opter pour une réduction en nature restituant ainsi aux enfants la nue-propriété de 306 512,74/3 = 102 170,80 € pour chacun.

Imputation des donations (C. civ. art. 919-1 s.) :

– la donation de Joseph de 140 000 € s'impute sur sa réserve sans la dépasser ;

– la donation de Max de 210 000 € s'impute sur sa réserve sans la dépasser.

Masse de calcul des droits légaux théoriques du conjoint (C. civ. art. 758-5, al. 1) **5540** (suite)

Biens existant au décès moins passif soit net	469 057,54 €
Auxquels il y a lieu de réunir fictivement	
Les donations rapportables, soit :	
– donation Joseph	140 000,00 €
– donation Max	210 000,00 €
Ensemble	819 057,54 €
	Dont un quart est **204 764,38 €**

On pourrait hésiter ici à ajouter aux libéralités réunies fictivement l'avantage matrimonial. Si une action en retranchement est exercée, ce dernier sera traité comme s'il était une libéralité. Faut-il alors le réunir à la masse de calcul des droits théoriques du conjoint, pour le retrancher ensuite de la masse d'exercice ? La solution n'étant pas acquise à ce jour. Il ne nous a pas semblé pertinent de le faire.

Masse d'exercice des droits légaux du conjoint (C. civ. art. 758-5, al. 2)

Il faut repartir de la masse de calcul	819 057,54 €
Moins réserve des 3 enfants	– 1 125 570,27 €
Reste	0

Ce résultat est logique, puisque l'avantage matrimonial de Florence a complètement absorbé la quotité disponible.

De ce fait, les droits successoraux légaux de Florence sont vides, puisqu'elle ne peut exercer ses droits que sur ce qui reste de la quotité disponible (C. civ. art. 758-5, al. 2), soit 0.

RÉCAPITULATIF DES DROITS DE CHACUN

Florence a droit :

à la totalité de la masse commune **1 023 668,86 €** (qui comprend la récompense que la succession de Marc lui doit, et la récompense qu'elle doit à la communauté, cette dernière s'éteignant par confusion).

À charge par elle de verser aux enfants une indemnité de retranchement de 153 256,37 € ou de leur restituer en nature la nue-propriété de 306 512,74 €, soit chacun 102 204,24 €.

Nous retiendrons l'hypothèse d'une réduction en nature afin de vérifier l'exactitude de nos raisonnements et calculs.

Reste 717 156,12 € (moins sa récompense 169 868,40 € = 547 287,72 € en pleine propriété et 306 512,74 € en usufruit soit une assiette de 853 800,46 €).

Elle pourra sans difficulté conserver l'appartement de Nantes et prélever moyennant indemnités la maison de Vendée, sauf à s'entendre avec les enfants sur les modalités de paiement.

Sa vocation successorale est vide et elle échappe de ce fait au paiement de la prestation compensatoire restant due à Annie, qui n'incombera qu'aux trois enfants

Elle ne pourrait pas exercer ses droits viagers sur le logement de Nantes et le mobilier le garnissant puisqu'ils ne dépendent pas de la succession. Mais elle n'en a pas besoin puisqu'elle recueille ces biens en pleine propriété avec la masse commune.

Droits des enfants :

Un partage doit intervenir entre les enfants sur les biens dépendant de la succession, auxquels s'ajouteront les libéralités rapportables.

MASSE À PARTAGER (valeur au jour du partage, supposée inchangée)

Les biens existant au décès moins le passif soit net	469 057,54 €
+ Les rapports des libéralités	
+ donation Joseph	140 000,00 €
+ donation Max	210 000,00 €
Ensemble	819 057,54 €
	dont le tiers est de **273 019,18 €**

en pleine propriété à laquelle s'ajoute (en cas de réduction en nature) la nue-propriété de 101 499,03 € au titre du retranchement.

La question de savoir si les indemnités de réduction ou de retranchement doivent faire partie de la masse à partager reste discutée.

5540 (suite) C'est que l'action en réduction (ou retranchement) est une action personnelle et divisible, chacun l'exerce pour sa propre part. Toutefois ici, il y a une particularité : le retranchement profite à tous les enfants, même ceux qui n'étaient pas titulaires de l'action. Reste que, si l'un de ceux qui pouvaient l'exercer décide de ne pas le faire (RAAR) il est logique que la fraction de l'indemnité lui revenant disparaisse.

C'est pourquoi nous prenons le parti de faire apparaître les indemnités de retranchement non dans la masse à partager, mais dans le calcul des droits revenant à chacun des enfants, ce qui devrait logiquement les faire échapper au droit de partage (tout au moins lorsque la réduction intervient en valeur).

DROITS DE CHACUN DANS LA MASSE À PARTAGER

Joseph a droit à	273 019,18 €
Moins son rapport	140 000,00 €
Reste à recevoir	133 019,18 €
Max a droit à	273 019,18 €
Moins son rapport	210 000,00 €
Reste à recevoir	63 019,18 €
Aimée a droit à	273 019,18 €

Les droits des parties sont les suivants :

Florence

Ses droits en pleine propriété dans la masse commune (déduction faite de sa récompense qui s'éteint par confusion) 1 023 668,86 € − 169 868,40 € = **853 800,46 €**

Lesquels 547 287,72 € s'exercent en pleine propriété et 306 512,74 € en usufruit = Soit une assiette totale de 853 800,46 €.

Joseph	**133 019,18 €**
Ses droits dans l'actif successoral	(en PP et 102 170,80 en NP)
Max	**63 019,18 €**
Ses droits dans l'actif successoral	(en PP et 102 170,80 en NP)
Aimée	**273 019,18 €**
Ses droits dans l'actif successoral	(en PP et 102 170,80 en NP)

Ensemble 1 016 345,30 € en pleine propriété et 306 512,74 € revenant en usufruit à Florence et en nue-propriété aux trois enfants = **1 322 858,00 €**

Sont égaux à l'actif à partager

(Biens communs 587 000 € + actif successoral 870 000 € = 1 457 000 € moins le passif restant du (le capital revenant à Annie au titre de la prestation compensatoire) 134 142 € = 1 322 858 €

III. L'intérêt du contrat de mariage pour Florence

On peut dire que le contrat de mariage a protégé Florence de manière très importante et très efficace, à la fois civilement et fiscalement :

1° l'avantage matrimonial généré par la clause d'attribution intégrale de communauté s'impute à la date du mariage et non au décès, ce qui le rend plus solide qu'une libéralité de biens à venir s'imputant après les donations entre vifs (C. civ. art. 919-1 s.) ;

2° l'attribution intégrale de la communauté l'a exonérée du paiement de la récompense qu'elle devait à la communauté (mais cet avantage a été pris en compte pour apprécier l'importance de l'avantage matrimonial) ;

3° l'attribution intégrale de la communauté au survivant a évité l'exigibilité d'un droit de partage sur l'actif commun soit, dans notre cas, 1 023 668,86 € × 2,50 % soit une économie de 25 592 € ;

4° le maintien d'un patrimoine propre (donc de la succession de Marc) a évité que les donations à Joseph et Max ne se trouvent réductibles (inconvénient fréquent d'une communauté universelle avec attribution intégrale au survivant, qui vide la succession du prémourant) ;

5° le prélèvement moyennant indemnités évite au conjoint successible toutes les difficultés qu'un partage pourrait susciter notamment sur les attributions. Reste que la question de la valeur du bien peut être discutée, mais souvent le contrat de mariage précise les modalités d'évaluation pour couper court à ces difficultés ; **5540** (suite)

6° le bien prélevé n'est pas en indivision avec les enfants, ce qui évite, là encore de payer un droit de partage sur 530 000 € × 2,50 % soit 13 250 €.

Cependant, l'attribution intégrale de la communauté à Florence présente aussi des inconvénients :

1° l'attribution éventuelle aux enfants de biens communs (par exemple le portefeuille de valeurs mobilières que Joseph souhaite se voir attribuer) est une dation en paiement générant un droit de vente. Pour éviter cet inconvénient, il pourrait être convenu d'une réduction partielle en nature de l'avantage matrimonial, le partage des biens restitués ne générant plus qu'un droit de partage ;

2° la remise des biens propres de Marc (si les enfants ne peuvent s'en acquitter en espèces) en paiement de la récompense due à la masse commune (donc à Florence qui en est la seule attributaire) est également susceptible de générer un droit de vente.

Malgré tout, le contrat qui a été mis en place a atteint son but, s'il s'agissait de protéger Florence d'éventuelles mésententes familiales.

IV. Paiement de la prestation compensatoire d'Annie

Annie est créancière de la succession.

Les enfants lui doivent un capital de 134 142 € sauf à s'entendre pour maintenir le paiement de la rente (C. civ. art. 280-1). S'ils le décident à l'unanimité par acte devant notaire (C. civ. art. 280-1), ils resteront tenus de ce passif, sans que son montant ne soit limité à l'actif recueilli.

CHAPITRE 4

INCIDENCES SOCIALES DU MARIAGE

SOMMAIRE

SECTION 1

PROTECTION SOCIALE DES ÉPOUX

6000 Chacun des conjoints est susceptible de bénéficier d'une couverture, de base ou complémentaire, de ses « risques sociaux ».
Sur les droits à réversion dont peut bénéficier le conjoint en matière de **retraite,** voir nos 11300 s.
L'ensemble des dispositions s'appliquent aux couples mariés, qu'ils soient hétérosexuels ou **homosexuels.**

A. Assurance maladie-maternité

LES DEUX ÉPOUX TRAVAILLENT

6005 Si les deux membres du couple travaillent, chacun est **affilié à titre personnel** au régime obligatoire de sécurité sociale correspondant à son activité, salariée ou non. L'un et l'autre ont droit, à ce titre, au remboursement de frais médicaux et aux indemnités journalières.
Sur le cas particulier du **conjoint d'un chef d'entreprise,** voir nos 6030 s.

UN SEUL DES ÉPOUX A UNE ACTIVITÉ PROFESSIONNELLE

6006 Toute personne résidant en France de manière stable et régulière bénéficie de la prise en charge des **frais de santé** dans le cadre de la protection universelle maladie (Puma) (CSS art. L 160-1, D 160-2 et R 111-3 s.). À ce titre, le conjoint n'exerçant pas d'activité professionnelle est **affilié à titre personnel,** soit au régime dont il relevait au titre de sa dernière activité professionnelle, soit au régime général s'il n'a jamais travaillé (CSS art. D 160-14, 4°). Cette affiliation est généralement gratuite (sur le paiement éventuel d'une cotisation, voir n° 10410).
N'ayant pas d'activité professionnelle personnelle, le conjoint ne peut pas en revanche prétendre à des **indemnités journalières,** notamment en cas de maternité.

PROTECTION SOCIALE COMPLÉMENTAIRE

6007 La protection sociale complémentaire dont bénéficient les salariés par le biais de la mutuelle de leur entreprise ou les commerçants, artisans et professions libérales par le biais du contrat qu'ils ont personnellement souscrit peut couvrir leur conjoint, dans des conditions qui diffèrent selon les régimes. Il convient de se renseigner auprès du service des ressources humaines de l'entreprise ou de l'organisme gestionnaire de la mutuelle.

B. Prestations familiales

Le mariage n'a par lui-même aucune incidence en matière de prestations familiales : elles sont attribuées aux personnes qui, quelle que soit leur situation matrimoniale, assument la **charge effective et permanente d'enfants** résidant en France (CSS art. L 512-1). 6020

Signalons seulement que :

– les **revenus des deux conjoints** doivent être pris en compte pour toutes les prestations dont l'octroi est subordonné à des conditions de ressources, cas par exemple de la prime à la naissance ou du complément familial ;

– une seule personne pouvant avoir la **qualité d'allocataire** pour un même enfant, les époux doivent désigner celui d'entre eux qui percevra les allocations (voir toutefois n° 37305) ;

– en **cas de séparation de fait** des époux, celui qui assume seul la charge effective et permanente d'un ou de plusieurs enfants peut, le cas échéant, prétendre aux prestations familiales ainsi qu'à l'allocation de soutien familial et au revenu de solidarité active majoré (voir n°s 37300 s.).

C. Conjoint d'un chef d'entreprise

ENTREPRISE ARTISANALE, COMMERCIALE OU LIBÉRALE

Le conjoint du chef d'une entreprise artisanale, commerciale ou libérale qui y **exerce de manière régulière une activité professionnelle** est tenu de **choisir entre trois statuts** : conjoint collaborateur, conjoint salarié ou conjoint associé (C. com. art. L 121-4, I). 6030

Le conjoint qui **exerce par ailleurs** une activité salariée au moins à mi-temps ou une activité non salariée est présumé ne pas exercer dans l'entreprise une activité régulière (C. com. art. R 121-2). Cette présomption peut toutefois être renversée par la preuve contraire (Circ. RSI 13 du 23-1-2007).

> **Précisions a.** Ces dispositions sont applicables au partenaire de **Pacs** et au **concubin** du chef d'entreprise (C. com. art. L 121-8).
> **b.** Le chef d'entreprise **déclare l'activité professionnelle et le statut choisi** par son conjoint auprès du guichet électronique unique pour les formalités des entreprises. La déclaration, accompagnée d'une attestation sur l'honneur du conjoint, doit être faite dans les deux mois qui suivent la création de l'entreprise ou l'activité professionnelle du conjoint puis dans les deux mois suivant chaque changement de situation (C. com. art. R 121-5 ; Arrêté ECOI2122714A du 6-8-2021 modifié). À défaut de déclaration, le conjoint est réputé salarié.

Conjoint collaborateur Le conjoint peut opter pour le statut de collaborateur à **condition** d'exercer une activité professionnelle régulière dans l'entreprise sans percevoir de rémunération et sans avoir la qualité d'associé (C. com. art. R 121-1). 6032

Le chef d'entreprise doit exercer son activité en entreprise individuelle (travailleur indépendant ou micro-entrepreneur) ou sous certaines formes de sociétés. Plus précisément, le statut de conjoint collaborateur est autorisé au conjoint (non associé) du gérant associé unique d'EURL ou du gérant associé majoritaire d'une SARL ou d'une Selarl (société d'exercice libéral à responsabilité limitée), quel que soit l'effectif de l'entreprise (C. com. art. L 121-4, II).

Depuis le 1er janvier 2022, le conjoint ne peut pas rester collaborateur pendant une **durée** supérieure à cinq ans. Au-delà, le conjoint continuant à exercer une activité professionnelle de manière régulière dans l'entreprise doit choisir entre le statut de conjoint associé et celui de conjoint salarié. À défaut, il est réputé avoir opté pour celui de salarié (C. com. art. L 121-4, IV bis). Par exception, le conjoint collaborateur qui atteint au plus tard le 31 décembre 2031 l'âge de 67 ans peut conserver son statut jusqu'à la liquidation de ses droits à pension.

Les conjoints collaborateurs sont **affiliés** au même régime de sécurité sociale que le chef d'entreprise et bénéficient à ce titre de **prestations** sociales.

En matière d'assurance **maladie-maternité,** le conjoint collaborateur est affilié à titre personnel au titre de la protection maladie universelle et bénéficie, de ce fait, du remboursement des frais de santé (n° 6006).

Les conjointes collaboratrices bénéficient, à l'occasion de leurs maternités, d'une allocation forfaitaire de repos maternel ainsi que d'une indemnité de remplacement lorsqu'elles font appel à du personnel salarié pour se faire remplacer dans les travaux, professionnels ou ménagers, qu'elles effectuent habituellement (CSS art. L 663-1 et D 663-1 s.). Ces allocations peuvent également être versées en cas de paternité ou d'accueil de l'enfant. En cas d'adoption, le conjoint collaborateur (quel que soit son sexe et celui de l'autre parent) bénéficie des mêmes allocations mais pour une durée égale aux trois quarts du congé maternité, étant précisé que l'allocation de remplacement peut faire l'objet d'une répartition entre les parents adoptants (la durée de versement est alors majorée).

Les conjoints collaborateurs ont droit, en cas d'arrêt maladie, au versement d'indemnités journalières, à condition de justifier d'au moins 12 mois d'affiliation continue.

En matière d'**assurance vieillesse** de base et complémentaire, les conjoints collaborateurs sont obligatoirement affiliés à titre personnel, ce qui leur permet de se constituer des droits propres (CSS art. L 661-1). De même, ils sont affiliés en propre au régime **invalidité-décès.**

Le conjoint peut aussi souscrire une assurance volontaire **accident du travail** auprès de la caisse primaire d'assurance maladie.

Les conjoints collaborateurs doivent payer, en propre, des **cotisations sociales.** Dans le cas général, l'assiette des cotisations retraite et invalidité-décès est, au choix du conjoint collaborateur, soit forfaitaire, soit fonction des revenus du chef d'entreprise, avec ou sans partage d'assiette entre les époux (CSS art. L 662-1). Le partage d'assiette requiert l'accord du chef d'entreprise. Une cotisation forfaitaire maladie est également due.

Si le chef d'entreprise est micro-entrepreneur, les cotisations sont calculées sur une base forfaitaire ou sur les revenus du chef d'entreprise.

Enfin, signalons qu'une cotisation spécifique est prévue pour les conjoints collaborateurs d'avocats (CSS art. D 652-3 s.).

> **Précisions a.** Le conjoint collaborateur fait l'objet d'une mention dans les **registres de publicité légale** à caractère professionnel, selon le cas, au registre du commerce et des sociétés (C. com. art. R 123-37) ou au registre national des entreprises (C. com. art. R 123-243). S'agissant du conjoint du gérant associé majoritaire, l'option prise est portée à la connaissance des associés lors de la première assemblée générale suivant la mention de ce statut auprès des organismes précités.
> **b.** Pour les personnes qui étaient **déjà conjoints collaborateurs au 1er janvier 2022,** le délai maximal de cinq ans démarre à compter de cette date. Elles peuvent donc conserver ce statut jusqu'au 31 décembre 2026.

6035 **Conjoint salarié** Le conjoint peut opter pour le statut de salarié à **condition** qu'il participe effectivement à l'activité à titre professionnel et habituel et qu'il perçoive un salaire correspondant au salaire normal de sa catégorie professionnelle. S'il exerce au sein de l'entreprise des activités diverses ou une activité non définie par une convention collective, sa rémunération horaire minimale doit être égale au Smic. Les personnes satisfaisant à ces conditions sont affiliées au **régime général** de la sécurité sociale en tant que salariés (CSS art. L 311-6).

Elles peuvent prétendre aux allocations de chômage sous réserve de l'appréciation par France Travail de la réalité de leur contrat de travail.

6037 **Conjoint associé** Le conjoint peut avoir le statut de conjoint associé à **condition** de travailler régulièrement dans l'entreprise et d'être détenteur de parts sociales. Ce statut n'est ouvert que lorsque l'entreprise est constituée, ou l'activité exercée, en société.

En cas de participation à l'**activité commerciale ou artisanale** de l'époux (ou épouse), la possibilité d'opter pour ce statut est ouverte au conjoint du dirigeant d'une SARL, d'une SNC ou d'une SAS (Fiche pratique « Statut du conjoint du chef d'entreprise » à jour au 1-5-2023 ; service-public.fr). Au cas particulier de la SARL, l'option pour ce statut est ouverte au conjoint du gérant majoritaire ou membre d'un collège majoritaire (Circ. Organic 124 du 12-10-1982).

Le conjoint est personnellement affilié à titre obligatoire au régime des travailleurs indépendants non agricoles, sous réserve de participer à l'activité de l'entreprise et de ne pas relever du régime général des salariés (CSS art. L 611-1 et L 661-1). Dans les SNC, le conjoint détenteur de parts, ayant la qualité juridique de commerçant, est affilié de droit, sans possibilité d'opter pour un autre statut, même s'il ne participe pas effectivement à l'activité ; la solution est la même pour le conjoint associé commandité de société en commandite simple ou par actions.

Lorsque l'activité est exercée en société et que le conjoint participe à l'**activité libérale** de l'époux (ou épouse) en qualité d'associé, les règles de droit commun des associés lui sont applicables.

6038

Entraide familiale

Une autre modalité de « travail » au sein du couple (mariés, pacsés ou concubins) est l'entraide familiale. Une telle situation **se caractérise par** une aide ou une assistance apportée à une personne proche de manière occasionnelle et spontanée, en dehors de toute rémunération et de toute contrainte (Lettre-circulaire Acoss 2003-121 du 24-7-2003).

L'aide doit donc être ponctuelle, non rémunérée et en dehors de tout élément caractéristique du lien de subordination. Dans ce cadre, les membres de la même famille apparaissent sur un pied d'égalité, ce qui est incompatible avec le rapport hiérarchique. En outre, dès lors que le travail du conjoint est régulier, le chef d'entreprise est tenu de déclarer son activité, comme indiqué n° 6030.

L'entraide familiale n'est que présumée. Si ses conditions d'exercice ne sont pas réunies, la relation pourra être requalifiée en salariat et le chef d'entreprise condamné pour **travail dissimulé.**

La problématique de l'entraide familiale ne se limite pas au couple. Peuvent aussi être **concernés** les ascendants ou descendants directs ainsi que les frères et sœurs (Lettre-circulaire Acoss 2003-121 du 24-7-2003).

Par **exemple,** les tribunaux ont retenu que l'**entraide familiale était caractérisée dans les cas suivants** :

– la concubine d'un gérant d'EURL qui lui apporte une aide ponctuelle et bénévole consistant principalement à classer des papiers et factures pour les apporter chez le comptable, relevant d'une simple collaboration inévitable dans une communauté de vie d'une dizaine d'années (CA Toulouse 26-1-2018 n° 14/06647 : BPAT 3/18 n° 105) ;

– l'épouse d'un salarié associé d'une société qui exploitait un bar-restaurant à proximité de leur domicile, la présence quotidienne et fréquente de l'épouse s'expliquant par l'organisation de la vie familiale tournée vers l'exploitation du fonds de commerce. L'aide occasionnelle apportée relevait de l'assistance entre époux et n'a pas excédé le cadre des services rendus relevant de l'entraide familiale (CA Montpellier 19-12-2000 n° 99/0820) ;

– le père qui a fait donation de son salon de coiffure à son fils et qui continue d'y travailler de façon très ponctuelle et en contrepartie d'une rémunération modique, cette aide étant la manifestation d'une entraide familiale intermittente (Cass. soc. 21-6-1972 n° 70-13.060).

À l'inverse, les juges ont considéré que les **situations suivantes relevaient du salariat** :

– l'épouse du dirigeant d'une agence d'écrivain public qui réalise des traductions contre rémunération, ne bénéficie d'aucune couverture sociale et pour laquelle son mari n'a jamais effectué de déclaration fiscale ou sociale (Cass. crim. 14-4-2021 n° 20-83.021 F-D : RJS 7/21 n° 400) ;

– la conjointe d'un gérant de boulangerie dont le contrat de travail prévoit une durée de travail hebdomadaire de 30 heures et qui effectue en réalité 56 heures par semaine, les 26 heures excédentaires n'étant pas rémunérées (Cass. crim. 26-5-2021 n° 20-85.118 F-P : RJS 8-9/21 n° 475) ;

– l'épouse d'un restaurateur qui apporte son aide deux à quatre heures par jour six jours par semaine de façon régulière sous l'autorité de son mari, sa contribution excédant l'entraide familiale et le devoir d'assistance entre époux (Cass. crim. 22-10-2002 n° 02-81.859).

ENTREPRISE OU EXPLOITATION AGRICOLE

6040 Le conjoint du chef d'exploitation ou d'entreprise agricole exerçant sur l'exploitation ou au sein de l'entreprise une activité professionnelle régulière est tenu d'opter entre trois statuts : collaborateur du chef d'exploitation ou d'entreprise agricole, salarié de l'exploitation ou de l'entreprise agricole, ou chef d'exploitation ou d'entreprise agricole (C. rur. art. L 321-5, également applicable au partenaire de Pacs et au simple concubin du chef d'exploitation).

Le chef d'entreprise ou d'exploitation **déclare** l'activité professionnelle et le statut de son conjoint auprès du guichet électronique unique pour les formalités des entreprises. La déclaration est effectuée, accompagnée d'une déclaration sur l'honneur du conjoint, lors de la création de l'entreprise ou dans les deux mois qui suivent le début d'activité du conjoint ainsi que dans les deux mois qui suivent toute modification (C. rur. art. D 321-1-1 ; Arrêté ECOI2122679A du 6-8-2021 modifié). À défaut de déclaration, le conjoint est réputé salarié.

6042 Le conjoint qui participe habituellement et effectivement à l'activité agricole de son époux sans percevoir de rémunération peut opter pour le statut de **conjoint collaborateur.**

Ce statut est ouvert :

– au conjoint du chef d'une exploitation agricole non constituée sous forme de société ou d'une coexploitation entre conjoints ;

– au conjoint de l'associé d'une exploitation constituée sous forme de société, à condition de n'être pas associé de ladite société.

Depuis le 1er janvier 2022, ce statut est limité à cinq ans (C. rur. art. L 321-5). Pour les personnes qui bénéficiaient de ce statut au 1er janvier 2022, la période de cinq ans débute à cette date (Loi 2021-1679 du 17-12-2021 art. 3, III). Elles peuvent donc conserver ce statut jusqu'au 31 décembre 2026.

L'option doit être notifiée à la caisse de mutualité sociale agricole, la caisse générale de sécurité sociale ou la caisse de la mutualité sociale à Mayotte (C. rur. art. D 321-1). Le conjoint collaborateur bénéficie alors de droits en matière d'assurance vieillesse, d'une pension en cas d'invalidité, de prestations en cas d'accident du travail.

6044 Le conjoint peut opter pour le statut de **conjoint salarié** à condition de participer effectivement à l'activité à titre professionnel et habituel et de percevoir une rémunération horaire minimale au moins égale au Smic. L'option résulte de la déclaration préalable à l'embauche souscrite par le chef d'exploitation ou d'entreprise agricole. Le conjoint salarié bénéficie alors de la protection sociale des salariés agricoles.

6045 L'option du conjoint pour le statut de **conjoint chef d'exploitation** résulte de son affiliation en cette qualité au régime de protection sociale des personnes non salariées des professions agricoles. Elle n'est possible que s'il exerce une activité professionnelle régulière au sein de l'entreprise ou de l'exploitation.

SECTION 2

EFFETS DU MARIAGE SUR LA VIE PROFESSIONNELLE

6060 Chaque époux peut librement exercer la **profession de son choix** (C. civ. art. 223). Il peut donc choisir une profession salariée, créer une société, s'installer en qualité de commerçant, etc.

CONGÉS ET REPRÉSENTATION DU CONJOINT

6065 Les conjoints travaillant dans une même entreprise ont droit à un **congé payé** simultané. S'ils sont employés dans des entreprises différentes, ils peuvent demander que leur situation soit prise en compte pour l'établissement de l'ordre des départs, sauf accord collectif contraire (C. trav. art. L 3141-14 et L 3141-16, également applicables aux partenaires de Pacs).

6067 Sous réserve des dispositions plus favorables que peut prévoir la convention collective, tout salarié bénéficie, sur justification, d'une **autorisation d'absence** de (C. trav. art. L 3142-1 s.) :

– quatre jours pour son propre mariage (y compris s'il s'agit d'un remariage : Rép. Morisset : AN 7-8-1995 n° 27388 p. 3476), sans distinguer entre mariage civil et religieux (CA Douai 14-9-1990 n° 89-3031 : RJS 7/91 n° 929), ces dispositions s'appliquant également pour la conclusion d'un Pacs ;

– trois jours pour le décès de son conjoint (ou partenaire de Pacs ou concubin) ou de ses beaux-parents (entendus comme les parents du conjoint : Cass. soc. 27-9-2006 n° 04-46.708 : RJS 12/06 n° 1289).

Le(a) salarié(e) marié(e), pacsé(e) ou vivant maritalement avec une femme enceinte ou bénéficiant d'une aide médicale à la procréation bénéficie, de ce fait, d'autorisations d'absence : voir n° 28460 pour la grossesse et n° 80280 pour la PMA.

6069 Dans le cadre d'un **litige prud'homal,** un époux peut assister ou représenter son conjoint à l'instance (C. trav. art. R 1453-2, également applicable au partenaire de Pacs et au concubin).

DÉBLOCAGE ANTICIPÉ DE L'ÉPARGNE SALARIALE

6080 Dans les six mois de son mariage, le salarié peut demander le **déblocage anticipé** de tout ou partie des droits acquis au titre de sa participation ou de son plan épargne entreprise (C. trav. art. R 3324-22, 1°, également applicable en cas de conclusion d'un Pacs).

Les sommes débloquées sont exonérées d'**impôt** sur le revenu (CGI art. 163 bis AA).

CHAPITRE 5

LE COUPLE MARIÉ ET LES IMPÔTS

SOMMAIRE

SECTION 1

IMPÔT SUR LE REVENU

A. Imposition par foyer fiscal

ENJEUX

7000 La règle de l'imposition par foyer consiste à cumuler, pour les soumettre à une imposition unique, l'ensemble des bénéfices et revenus de toutes catégories réalisés par les membres du foyer fiscal. L'**impôt sur le revenu** étant un impôt **global et progressif**, seul ce total permet en effet d'apprécier la faculté contributive de la collectivité familiale (le mécanisme du quotient familial permettant de limiter les effets de la progressivité).

ATTENTION

Pour les contribuables les plus aisés, une **contribution exceptionnelle** s'ajoute à l'impôt sur le revenu (CGI art. 223 sexies). Pour les couples soumis à imposition commune, la contribution est calculée au taux de 3 % sur la fraction du revenu fiscal de référence du foyer fiscal comprise entre 500 000 € et 1 000 000 € et au taux de 4 % sur la fraction de ce revenu supérieure à 1 000 000 €. Ces limites sont fixées en fonction de la situation matrimoniale (et non familiale) des contribuables. Elles ne font l'objet d'aucune majoration pour personnes à charge alors même que le revenu fiscal de référence à prendre en compte est celui du foyer fiscal (incluant donc les revenus des personnes rattachées au foyer de droit ou sur option).

SITUATION DES ÉPOUX

7003 Quel que soit leur régime matrimonial, les époux sont soumis à une **imposition commune** à raison des bénéfices et revenus réalisés par chacun d'eux, ainsi que, le cas échéant, par leurs enfants et autres personnes à charge (CGI art. 6, 1). Ce principe d'imposition commune des époux s'applique également aux prélèvements sociaux sur les revenus du patrimoine (CE 9-6-2022 n° 456544 : RJF 10/22 n° 911).

7005 Par exception, les époux font l'objet d'**impositions distinctes** lorsque (CGI art. 6, 4) :
– ils sont séparés de biens (ou mariés sous le régime de la participation aux acquêts : BOI-IR-CHAMP-20-20-10 n° 67) et ne vivent pas sous le même toit ;
– en cas d'abandon du domicile conjugal par l'un ou l'autre des époux, chacun dispose de revenus distincts ;

– étant en instance de séparation de corps ou de divorce, ils ont été autorisés à avoir des résidences séparées.
Dans les trois cas visés ci-dessus, l'imposition distincte des époux est applicable de **plein droit**. Inversement, en dehors de ces cas, les revenus des conjoints sont obligatoirement cumulés dans le cadre de l'imposition par foyer, sans possibilité de demander une imposition séparée.

> **Précisions a.** Dans le **premier cas** visé ci-dessus, les conditions – séparation de biens, ou régimes équivalents, et vie séparée – doivent être remplies simultanément ; mais lorsque tel est le cas, il n'y a pas lieu de rechercher si la rupture de la vie commune provient de dissentiment entre les intéressés ou d'une cause indépendante de leur volonté (BOI-IR-CHAMP-20-20-10 n°s 40 et 50). Dans le **deuxième cas**, les deux conditions – rupture du foyer, disposition de revenus distincts (professionnels ou patrimoniaux) – doivent être également remplies simultanément. L'habitation séparée des époux doit résulter d'une rupture effective du foyer et non de l'éloignement temporaire et accidentel des intéressés (BOI précité n° 80).
> **b.** L'imposition séparée s'applique dès l'année (et pour l'ensemble de l'année) où se réalise l'une des conditions susvisées. Inversement, si l'une de ces **conditions cesse d'être remplie** en cours d'année, les époux sont soumis à une imposition commune sur l'ensemble de leurs revenus depuis le 1er janvier.

7010 La **déclaration** souscrite par voie électronique est, en pratique, signée par un seul des époux mais chacun d'entre eux peut, à partir de son espace fiscal personnel en ligne, consulter en temps réel la déclaration transmise à l'administration et souscrire une déclaration rectificative, le cas échéant. En cas de déclaration « papier », la déclaration d'ensemble des revenus du foyer doit être signée conjointement par les époux (CGI art. 170, 1 bis). Lorsqu'elle est signée par un seul des époux, la déclaration est opposable à l'autre.
L'**imposition** est établie au nom des époux (CGI art. 6, 1).
De même, chacun des époux a qualité pour suivre les **procédures** relatives à l'impôt dû à raison de l'ensemble des revenus du foyer. Les déclarations, les réponses aux demandes de l'administration ou aux diverses notifications, les actes de procédure dans leur ensemble, faits par l'un des conjoints ou notifiés à l'un d'eux, sont opposables de plein droit à l'autre (LPF art. L 54 A). Toutefois, en cas d'imposition distincte des intéressés à la date de la notification des cotisations supplémentaires relatives à la période d'imposition commune (divorce, séparation), celui qui n'a pas été destinataire de l'avis d'imposition et qui a informé l'administration de son changement de situation dispose d'un délai propre de réclamation qui court à compter du premier acte de recouvrement forcé qui lui est adressé (Cons. const. 4-12-2015 n° 2015-503 QPC : RJF 2/16 n° 174).

ENFANTS À CHARGE

7020 **Enfants du contribuable** Sont considérés comme étant à la charge fiscale de leurs parents :
– les **enfants célibataires mineurs**, à condition, lorsqu'ils disposent de revenus personnels, que les parents ajoutent ces revenus à leurs revenus imposables (CGI art. 196, 1°). Les parents peuvent demander l'imposition distincte des enfants lorsque ceux-ci tirent un revenu de leur travail ou d'une fortune indépendante (CGI art. 6, 2), mais en ce cas, ces enfants ne peuvent plus être comptés à charge ;
– les **enfants célibataires infirmes**, c'est-à-dire hors d'état de subvenir à leurs besoins en raison de leur infirmité, qu'ils soient ou non titulaires d'une carte d'invalidité, quel que soit leur âge et sauf déclaration personnelle (CGI art. 196, 1°) ;
– les **enfants célibataires majeurs** et les **enfants mariés, liés par un Pacs ou chargés de famille** ayant demandé leur rattachement au foyer fiscal de leurs parents (ou des parents de leur conjoint ou partenaire). Ce rattachement est possible si l'enfant (ou son conjoint ou partenaire) est âgé de moins de 21 ans, ou de moins de 25 ans s'il justifie de la poursuite de ses études (CGI art. 6, 3). Peu importe que l'enfant vive ou non au domicile des parents.
Pour les enfants célibataires majeurs, le rattachement permet aux parents de compter l'enfant à charge pour l'application du **quotient familial**. Pour les enfants mariés, liés par un Pacs ou chargés de famille, le rattachement ne se traduit pas par une majoration du quotient familial mais par un **abattement sur le revenu** net global du foyer fiscal de rattachement (pour l'imposition des revenus de 2023, cet abattement est fixé à 6 674 € par personne à charge) (CGI art. 196 B). Ces enfants étant considérés comme enfants à charge, leur foyer fiscal de rattachement peut bénéficier des majorations prévues pour les plafonds de certaines réductions ou crédits d'impôt (n°s 7200 s.) ou de la réduction d'impôt pour frais de scolarité examinée n° 7250. Dans tous les cas, les parents bénéficiant du rattachement doivent ajouter à leurs propres revenus imposables les revenus perçus par les enfants rattachés.

> **Précisions a.** L'année du **décès de l'un de ses parents**, un enfant majeur ne peut être rattaché pour l'année entière qu'à un seul foyer fiscal : le foyer commun de ses parents ou celui du parent survivant (CE 28-3-2014 n° 351408 : RJF 6/14 n° 537).
b. L'option pour l'imposition distincte des revenus d'un **enfant mineur** possédant une **fortune personnelle** n'est possible que si ses parents ne disposent d'aucun droit sur son patrimoine et n'ont aucune possibilité, en dépit de leur qualité d'administrateurs légaux, de disposer des revenus en question (CE 12-10-2011 n° 325173 : RJF 1/12 n° 3).
c. Dans le cas où l'enfant majeur **souscrit par erreur** mais de bonne foi, dans le délai de déclaration, une déclaration de revenus séparée alors que son rattachement est par ailleurs demandé, il ne peut pas être considéré comme ayant révoqué sa demande antérieure de rattachement (CE 21-6-2022 n°s 439846 et 439848 : RJF 10/22 n° 819). À noter que ce risque d'erreur n'existe pas lorsque les déclarations sont souscrites en ligne, une alerte informatique ayant été mise en place pour empêcher les doubles déclarations.
d. Un enfant majeur, âgé de moins de 25 ans, qui n'a **pas demandé expressément le rattachement** au foyer fiscal de ses parents, doit être considéré comme étant rattaché dès lors que ces derniers ont rempli, dans leur déclaration de revenus, la **case du rattachement** de l'enfant ainsi que celle permettant de bénéficier de la **réduction d'impôt au titre des frais de scolarisation** de leur enfant dans l'enseignement supérieur (CAA Paris 17-2-2023 n° 22PA01802 ; CE (na) 21-11-2023 n° 473360 : RJF 2/24 n° 103).

Enfants recueillis Les **enfants mineurs** recueillis par le contribuable sont considérés comme à sa charge dans les mêmes conditions que ses propres enfants (CGI art. 196, 2°), qu'ils aient ou non avec lui un lien de parenté (BOI-IR-LIQ-10-10-10-10 n° 280). Ces enfants doivent être à la charge exclusive ou principale du contribuable. Ce dernier pourvoit seul à la satisfaction de la totalité ou de la majorité des besoins de l'enfant du triple point de vue matériel, intellectuel et moral (BOI précité n° 330). 7022

Comme les enfants majeurs, les **personnes majeures** recueillies peuvent donner lieu à rattachement si elles sont âgées de moins de 21 ans, ou de moins de 25 ans et poursuivent des études, à condition d'avoir été recueillies avant l'âge de 18 ans par le foyer auquel le rattachement est demandé. Par exception, les personnes majeures devenues orphelines de père et de mère après leur majorité peuvent être rattachées au foyer fiscal les ayant recueillis après le décès de leurs parents, à condition, selon l'administration, que les contribuables qui les ont recueillies assument de manière effective, exclusive ou principale l'ensemble de leurs besoins matériels et incluent dans leurs revenus imposables les revenus perçus pendant l'année entière par ces personnes (BOI-IR-LIQ-10-10-10-20 n° 30).

Quel que soit son âge, la personne recueillie doit vivre sous le même toit que le contribuable pour être considérée comme à sa charge (BOI-IR-LIQ-10-10-10-10 n° 310).

ATTENTION

L'année du **décès du dernier parent vivant**, l'enfant majeur recueilli par un contribuable ne peut demander son rattachement qu'à un foyer fiscal pour l'année entière : celui de son ascendant décédé en cours d'année ou celui du contribuable qui l'a recueilli (BOI-IR-LIQ-10-10-10-20 n° 30).

Enfant atteignant sa majorité en cours d'année L'année où un enfant atteint l'âge de 18 ans, les parents peuvent : 7025

– soit continuer à le **compter à charge** en qualité d'enfant mineur. Ils incluent alors dans leur déclaration les éventuels revenus perçus par l'enfant du 1er janvier à la date de sa majorité ; de son côté, l'enfant déclare les revenus perçus depuis sa majorité. L'enfant peut toutefois demander son rattachement au foyer fiscal de ses parents pour la période postérieure à sa majorité. Les parents doivent alors inclure dans leur déclaration les revenus perçus par l'enfant durant l'année entière. Si l'enfant est scolarisé au 31 décembre, ils peuvent bénéficier de la réduction d'impôt pour frais de scolarisation (voir n° 7250) ;

– soit, s'ils y ont intérêt, renoncer à prendre en compte cet enfant dans leur quotient familial et **déduire** de leur revenu imposable, dans les conditions et limites indiquées n°s 45311 et 45312, le montant des dépenses ayant le caractère d'une **pension alimentaire**. Cette déduction ne peut porter que sur les dépenses exposées au cours de la période de l'année postérieure à la majorité de l'enfant et entraîne la perte du bénéfice de la majoration du quotient familial pour l'année entière.

Éléments du choix du rattachement Quels sont les éléments d'appréciation à retenir pour décider du rattachement d'un enfant ? 7030

Si l'enfant ne dispose d'aucun revenu et si le foyer auquel le rattachement est envisagé ne lui verse pas de pension alimentaire, ce foyer aura toujours avantage à le rattacher.

Si l'enfant dispose de **revenus personnels**, il convient de comparer :
– d'une part, le montant total des impôts qui seraient dus par les parents et par l'enfant en cas de déclarations distinctes de leurs revenus ;
– d'autre part, le montant de l'impôt calculé en cumulant les revenus des parents et de l'enfant, mais compte tenu d'un quotient familial incluant l'enfant.

Lorsque le foyer auquel le rattachement est envisagé pourvoit en tout ou partie aux besoins de l'enfant en lui versant une **pension alimentaire**, la comparaison porte sur :
– le montant de l'impôt dû par les parents en l'absence de rattachement de l'enfant au foyer fiscal, mais compte tenu de la déduction de la pension alimentaire versée (dans la limite indiquée n° 45311) ;
– et le montant de l'impôt calculé sur la base d'un quotient familial incluant l'enfant, mais sans déduction au titre de la pension.

CONSEIL

Pour décider du rattachement d'un enfant, il convient également de considérer les éléments suivants : en cas de rattachement, l'enfant ouvre droit aux majorations prévues pour les **plafonds de certaines réductions ou crédits d'impôt** (dépenses afférentes à l'habitation principale, emploi d'un salarié à domicile, par exemple) et s'il est scolarisé, il donne droit à la réduction d'impôt pour **frais de scolarité** examinée n° 7250.

PERSONNES À CHARGE AUTRES QUE LES ENFANTS

7035 Les contribuables vivant sous le même toit qu'une personne, quel que soit son âge, **titulaire de la carte « mobilité inclusion »** portant la mention **« invalidité »** prévue à l'article L 241-3 du Code de l'action sociale et des familles peuvent compter cette personne à charge pour la détermination de leur quotient familial (CGI art. 196 A bis), quels que soient les liens de parenté existant entre ces contribuables et la personne invalide (qui peut être un ascendant, un collatéral, etc.) et même en l'absence de tels liens (BOI-IR-LIQ-10-10-10-30 n° 30). Bien entendu, les revenus de l'invalide compté à charge doivent être ajoutés à ceux du foyer fiscal. S'agissant par hypothèse d'une personne titulaire de la carte « mobilité inclusion » mention « invalidité » (ou de la carte d'invalidité), elle ouvre droit à une part entière de **quotient familial** (CGI art. 195, 2).

> **Précisions a.** Les personnes invalides ne peuvent être prises en compte que si elles sont à la **charge exclusive ou principale** des contribuables. Selon l'administration, ces personnes doivent vivre en permanence sous le même toit (BOI-IR-LIQ-10-10-10-30 n° 40). Toutefois, il a été jugé qu'un contribuable peut compter à sa charge un invalide résidant dans sa résidence secondaire dès lors qu'il existe une **communauté de vie** suffisante entre eux (CAA Lyon 9-3-2006 n° 01-1880 : RJF 10/06 n° 1142).
b. Les **personnes mariées** vivant sous le toit des contribuables peuvent être comptées à charge à condition que chacun des époux soit titulaire de la carte « mobilité inclusion » mention « invalidité » (BOI-IR-LIQ-10-10-10-30 n° 30). Lorsque cette condition n'est remplie que par un seul des époux, celui-ci peut être pris en compte s'il est imposé séparément de son conjoint (CE 26-10-2001 n° 224141 : RJF 1/02 n° 5).
c. La prise en compte de la personne invalide constitue une **simple faculté** pour les contribuables : ceux-ci peuvent **y renoncer**, auquel cas la personne invalide est imposable séparément. Lorsque le titulaire de la carte « mobilité inclusion » mention « invalidité » est un ascendant, cette renonciation permet, si cet ascendant est dans le besoin, de déduire une **pension alimentaire** (BOI-IR-LIQ-10-10-10-30 n° 60).

QUOTIENT FAMILIAL

7040 **Nombre de parts à retenir** Le foyer fiscal formé par les conjoints bénéficie de deux parts de quotient familial, auxquelles s'ajoutent (CGI art. 194) :
– une demi-part pour chacune des deux premières personnes à charge ;
– une part entière pour chaque personne à charge à compter de la troisième.

Par exemple, un couple marié avec deux personnes à charge bénéficie d'un quotient familial de trois parts ; un couple marié avec trois personnes à charge bénéficie d'un quotient familial de quatre parts.

La date à retenir pour apprécier la situation familiale et les charges dont il doit être tenu compte s'entend en principe du 1er janvier de l'année de l'imposition, c'est-à-dire de l'année de réalisation des revenus. Toutefois, en cas d'**augmentation des charges en cours d'année**, il est fait état de la situation au 31 décembre. Il est également tenu compte de la situation au 31 décembre en cas de mariage, de conclusion ou de dissolution d'un Pacs, de divorce ou de réalisation d'un évènement conduisant à l'imposition séparée d'un couple marié (voir n° 7005) en cours d'année (CGI art. 196 bis).

> **Précisions a.** Une **majoration supplémentaire** d'une demi-part de quotient familial est accordée :
> – en cas d'**invalidité** d'un des conjoints (CGI art. 195, 3). Lorsque les deux conjoints sont invalides, la majoration est d'une part entière (CGI art. 195, 4). Chaque personne à charge titulaire de la carte « mobilité inclusion » mention « invalidité » ouvre également droit à une demi-part supplémentaire (CGI art. 195, 2) ;
> – lorsqu'un conjoint est âgé de plus de 74 ans et titulaire de la carte du combattant ou d'une **pension militaire** (CGI art. 195, 6).
> La demi-part supplémentaire bénéficie également aux **conjoints survivants** de plus de 74 ans dont le conjoint était titulaire de la carte du **combattant** au moment de son décès ou pensionné de guerre et bénéficiait de son vivant de la demi-part supplémentaire (CGI art. 195, 1-f modifié par loi 2022-1726 du 30-12-2022 art. 8).
> **b.** Lorsque parmi les personnes prises en compte au titre du quotient familial figurent un ou plusieurs **enfants mineurs issus d'une précédente union** et dont la charge est réputée partagée de manière égale avec l'autre parent dans le cadre d'une **résidence alternée**, les majorations accordées au titre des personnes à charge sont partagées par moitié entre les deux parents.

Plafonnement des effets du quotient familial L'avantage fiscal résultant de l'application du quotient familial est limité pour chaque demi-part qui s'ajoute aux deux parts dont bénéficie le couple marié (CGI art. 197, I-2). 7045

Le plafonnement ne concerne que les contribuables dont le revenu excède un certain montant. Pour déterminer si le plafonnement est applicable, il convient de comparer deux termes :
– 1er terme : impôt calculé en fonction du quotient familial réel, sans plafonnement ;
– 2e terme : impôt calculé sur la base d'un quotient familial de deux parts, la somme obtenue étant ensuite diminuée du montant du plafond correspondant à l'ensemble des demi-parts additionnelles.

Si le premier terme est inférieur au second, le plafonnement est applicable et l'impôt à retenir est celui correspondant au second terme. Dans le cas contraire, le plafonnement n'est pas applicable et le montant de l'impôt à retenir est celui correspondant au premier terme.

Pour l'imposition des revenus de 2023, le plafond de l'avantage en impôt est fixé à 1 759 € pour chaque demi-part additionnelle (880 € pour chaque quart de part additionnel).

> **Précisions** Lorsque le foyer fiscal bénéficie d'une **majoration supplémentaire pour invalidité ou** qualité de **pensionné de guerre** ou de combattant (voir n° 7040, précisions), l'avantage en impôt procuré par cette majoration supplémentaire bénéficie d'un plafonnement spécifique (3 512 € par demi-part pour l'imposition des revenus de 2023). Ainsi, pour un couple marié ayant à charge un enfant invalide (quotient familial = 3 parts, soit deux demi-parts additionnelles), l'avantage maximal en impôt susceptible de s'appliquer est de 5 271 € (1 759 € au titre du plafonnement général pour la première demi-part additionnelle, augmentés de 3 512 € au titre du plafonnement spécifique pour la seconde demi-part additionnelle liée à l'invalidité).

IMPOSITION DES REVENUS DE L'ANNÉE DU MARIAGE

L'imposition des revenus réalisés l'année du mariage obéit à des modalités particulières : l'année du mariage, les époux sont soumis à une **imposition commune** pour l'année entière (CGI art. 6, 5). 7060

Ils souscrivent une déclaration commune pour l'ensemble des revenus dont ils ont disposé pendant l'année. L'imposition correspondante est établie en tenant compte de leur situation de famille au 31 décembre (couple marié) et de leurs charges de famille au 1er janvier (ou au 31 décembre si ces charges ont augmenté en cours d'année).

Ils peuvent toutefois **opter** pour l'imposition séparée de leurs revenus. Chacun des époux souscrit une déclaration dans laquelle il fait état des revenus dont il a personnellement disposé pendant l'année ainsi que de la quote-part justifiée des revenus communs lui revenant (ou, à défaut de justification, de la moitié des revenus communs). En dépit de sa situation juridique au 31 décembre, chacun des intéressés est fiscalement assimilé à un contribuable célibataire pour la détermination de son quotient familial. S'il a un ou plusieurs enfants à charge, il ne peut bénéficier d'une majoration de son quotient familial que s'il vit seul au 31 décembre ; en pratique, cette condition n'est, sauf cas exceptionnel, pas remplie pour ces contribuables en raison de leur mariage (BOI-IR-CHAMP-20-10 n° 50).

ATTENTION

L'option est **irrévocable**. Elle est exercée sur la déclaration d'ensemble initiale adressée à chaque époux. Elle n'est pas ouverte aux **partenaires d'un Pacs**, conclu au titre d'une année antérieure, qui se marient entre eux, ni aux **enfants mariés qui demandent le rattachement** au foyer d'un des parents (BOI-IR-CHAMP-20-20-20 n° 30).

IMPOSITION DES REVENUS DE L'ANNÉE DU DÉCÈS DE L'UN DES ÉPOUX

7110 **Principe** Les revenus de l'année du décès font l'objet de deux impositions distinctes :

– une **imposition commune** est établie sur l'ensemble des revenus du couple pour la période allant du 1er janvier à la date du décès. La déclaration de ces revenus est souscrite par les ayants droit du défunt dans le délai normal. La situation et les charges de famille à retenir pour l'application du quotient familial sont celles existant soit au 1er janvier de l'année du décès, soit à la date du décès lorsque cette seconde solution est plus avantageuse ;

– une **imposition personnelle** est établie **au nom du conjoint survivant** à raison de ses revenus propres pour la période allant de la date du décès au 31 décembre. La déclaration de ces revenus personnels est à souscrire dans le délai normal. La situation de famille du conjoint survivant est appréciée au 1er janvier de l'année d'imposition : il conserve ainsi pour l'établissement de son imposition personnelle le bénéfice du quotient familial appliqué au couple avant le décès, y compris s'il y a lieu la demi-part supplémentaire attachée à la situation d'invalidité ou à la qualité de combattant ou de pensionné de guerre du défunt (n° 7040, précisions). Les charges de famille retenues sont celles existant au 1er janvier de l'année d'imposition, ou au 31 décembre lorsque cette solution est plus avantageuse.

CONSEIL

L'imposition commune porte, en principe, non seulement sur les revenus dont le défunt a disposé pendant l'année de son décès, mais aussi sur les revenus dont le versement résulte du décès, s'ils n'ont pas déjà été imposés, et sur ceux que le contribuable a acquis sans en avoir eu la disposition avant son décès (CGI art. 204, 1-al. 1). Cette mesure conduit à imposer l'année du décès des revenus qui, normalement, n'auraient été taxables qu'ultérieurement. Pour tempérer (compte tenu du caractère progressif de l'impôt) la rigueur de cette règle, le conjoint a intérêt, comme la loi l'y autorise, à demander l'établissement d'une imposition distincte pour les **revenus qui ne devaient normalement échoir qu'au cours d'une année postérieure à celle du décès** (CGI art. 204, 1-al. 2).

7115 **Répartition des revenus et des charges** La répartition des revenus entre période d'imposition commune et période d'imposition personnelle du conjoint survivant s'effectue en fonction de la date de mise à disposition de ces revenus entre les mains de leurs titulaires :

– pour les **revenus fonciers ou mobiliers**, les **salaires**, **pensions** ou rentes, la répartition s'effectue en fonction de la date d'encaissement des revenus ;

– pour les **plus-values** de cession de biens ou droits de toute nature, la répartition s'effectue en fonction de la date du fait générateur de l'imposition, c'est-à-dire, en général, la date de la cession ;

– les **bénéfices industriels et commerciaux**, **non commerciaux** et **agricoles** doivent en principe être rattachés en totalité à la période comprenant la date de leur mise à disposition, c'est-à-dire la date de clôture de l'exercice (BIC réel, BA réel), ou le 31 décembre dans les autres cas. Toutefois, l'administration admet, sur demande, que les revenus en question mis à la disposition de leur titulaire après la date du décès soient répartis prorata temporis, en fonction de la date du décès (le mois du décès étant rattaché à la période d'imposition commune).

Les **charges** qui sont déductibles du revenu global ou qui ouvrent droit à une réduction ou à un crédit d'impôt sont réparties en tenant compte de leur date de paiement. La taxe foncière est admise en déduction dans son intégralité des revenus fonciers acquis par le défunt.

Les **plafonds annuels** qui limitent l'application de différentes mesures d'allégement s'appliquent distinctement à chaque période d'imposition (commune et distincte).

B. Réductions d'impôt, crédits d'impôt et déductions du revenu global

7200 Il n'est pas question ici de faire une étude exhaustive des différents dispositifs ouvrant droit à réduction d'impôt, crédit d'impôt ou déduction du revenu global, mais seulement d'exposer les mécanismes de certains **avantages à caractère « familial »**.

Notons que, même lorsqu'ils ont d'autres finalités (orienter les investissements des particuliers, favoriser les économies d'énergie, etc.), de nombreux mécanismes tiennent compte de la situation de famille du contribuable, en prévoyant le plus souvent que l'assiette de l'avantage fiscal qu'ils instituent est doublée pour les couples faisant l'objet d'une imposition commune et, parfois, qu'elle est majorée en fonction des enfants (ou autres personnes) à charge.

Les **charges déductibles du revenu global** sont celles dont la loi prévoit l'imputation sur le « revenu brut global » qui correspond au total des revenus nets catégoriels de l'ensemble des membres du foyer fiscal, éventuellement diminués des déficits déductibles ou reportables. On obtient ainsi le « revenu net global ». Parmi les charges déductibles du revenu global figurent notamment les pensions alimentaires. **7205**

Certaines charges, au lieu d'être déductibles du revenu global, donnent droit à une **réduction d'impôt**, c'est-à-dire à une déduction qui s'exerce sur le montant de l'impôt brut calculé par application du barème progressif par tranches de l'impôt sur le revenu. Avec le système de la réduction d'impôt, l'avantage fiscal est, à charge égale, le même pour tous les contribuables quel que soit leur taux d'imposition (alors que le système de la déduction du revenu global proportionne l'avantage fiscal au taux d'impôt applicable à la plus haute tranche de revenu du contribuable). Parmi les charges ouvrant droit à réduction d'impôt figurent notamment les frais de scolarité des enfants à charge (n° 7250).

Enfin, l'avantage fiscal peut prendre la forme d'un **crédit d'impôt**, système qui, à la différence de la réduction d'impôt, est susceptible d'entraîner un versement effectif du Trésor au contribuable dont l'impôt n'atteint pas le montant du crédit (à hauteur de la différence). Parmi les charges ouvrant droit à crédit d'impôt figurent notamment les frais de garde des jeunes enfants (n° 7240), ainsi que, sous certaines conditions, les dépenses engagées pour l'emploi d'un salarié à domicile (n°s 7210 s.).

> **› Précisions** Les particuliers employeurs (utilisateurs du chèque emploi-service universel ou clients d'une association ou entreprise de services à la personne) peuvent bénéficier de l'**avance immédiate** du crédit d'impôt pour les services à la personne éligibles (ménage et entretien de la maison, petits travaux de jardinage et bricolage, soutien scolaire, garde d'enfants de plus de six ans et activités qui s'exercent en dehors du domicile mais dans son prolongement).

PLAFONNEMENT GLOBAL DE CERTAINS AVANTAGES FISCAUX

Le montant cumulé de certains avantages fiscaux (déductions, réductions ou crédits d'impôt) dont bénéficie le foyer fiscal ne peut pas procurer une réduction du montant de l'impôt sur le revenu excédant 10 000 € (sauf pour les réductions d'impôt liées aux investissements outre-mer – y compris les investissements « Duflot-Pinel » outre-mer – et aux souscriptions au capital de Sofica qui bénéficient d'un plafond de 18 000 €) (CGI art. 200-0 A). On parle de « plafonnement des **niches fiscales** ». **7208**

Les **avantages soumis au plafonnement** sont ceux accordés en contrepartie d'une prestation dont bénéficie le contribuable ou d'un investissement qu'il réalise. Sont notamment visés les avantages fiscaux accordés au titre de l'emploi d'un salarié à domicile, des frais de garde des jeunes enfants, etc.

Les **avantages exclus** du plafonnement sont ceux liés à la situation personnelle du contribuable (application du quotient familial, avantages liés à une situation de handicap ou de dépendance, déduction des pensions alimentaires, réduction d'impôt pour frais de scolarité des enfants à charge, etc.) ou à la poursuite d'un objectif d'intérêt général (dons aux associations notamment).

Les **modalités de calcul du plafonnement** sont les suivantes :

– le montant de l'impôt sur le revenu du foyer fiscal est d'abord calculé selon les modalités habituelles, tous avantages fiscaux pris en compte ;

– puis l'administration procède au calcul d'une cotisation théorique d'impôt, ne prenant pas en compte les avantages fiscaux entrant dans le champ du plafonnement.

La différence entre les deux cotisations fait apparaître l'économie totale d'impôt résultant des avantages fiscaux susceptibles d'être plafonnés. La part d'économie excédant le plafond de 10 000 € est ajoutée à la cotisation d'impôt qui aurait dû être versée en l'absence de plafonnement.

Ces modalités de calcul sont aménagées lorsque le foyer fiscal bénéficie simultanément, au titre d'une année d'imposition, d'avantages fiscaux relevant du plafond de 10 000 € et d'autres pour lesquels le plafond de 18 000 € est applicable (BOI-IR-LIQ-20-20-10-30 n°s 120 et 130).

EMPLOI D'UN SALARIÉ À DOMICILE

7210 Les particuliers qui utilisent à domicile les services d'employés déclarés peuvent bénéficier d'un **crédit d'impôt** (CGI art. 199 sexdecies). Aucune condition d'âge, d'état de santé, de niveau de revenu ou d'activité professionnelle n'est exigée.

7215 **Services ouvrant droit à l'avantage fiscal** Les services concernés sont ceux qui correspondent aux **besoins courants** des personnes et des familles (à l'exclusion des services relatifs à la réfection ou à l'aménagement des locaux, l'installation ou le dépannage d'équipements ménagers et des actes résultant d'une prescription médicale). Il s'agit notamment des activités de garde d'enfants, soutien scolaire, assistance aux personnes âgées ou handicapées, garde-malade (à l'exclusion des soins), entretien de la maison et travaux ménagers, petits travaux de jardinage (limités à 5 000 € par an et par foyer fiscal), travaux de petit bricolage (dans la limite de 500 € par an et par foyer fiscal), prestations d'assistance informatique et internet (limitées à 3 000 € par an et par foyer fiscal), livraison de repas ou de courses à domicile, etc.

Ces services peuvent être rendus à la **résidence personnelle du contribuable** (principale ou secondaire) ou **à l'extérieur** du domicile lorsqu'ils sont compris dans un ensemble de services incluant des activités effectuées à cette même résidence. Les contribuables habitant une résidence du troisième âge ou une résidence-services peuvent en bénéficier s'ils ont la qualité d'employeur ou sont personnellement débiteurs de l'organisme agréé prestataire et que les travaux effectués ont un objet strictement personnel (BOI-IR-RICI-150-10 n° 70). Les contribuables qui rémunèrent un salarié au **domicile d'un ascendant** peuvent bénéficier de la réduction d'impôt si cet ascendant remplit les conditions d'octroi de l'allocation personnalisée d'autonomie (APA) ; ils doivent alors renoncer, pour l'année d'imposition concernée, à toute déduction d'une pension alimentaire versée à l'ascendant.

Les services doivent être **rendus par** :

– un salarié dont le contribuable est l'employeur direct ;

– une association, une entreprise ou un organisme déclaré auprès du préfet du département et qui, sauf dérogation, rend exclusivement des services à la personne (associations intermédiaires, régies de quartier, centres communaux ou intercommunaux d'action sociale, entreprises privées prestataires de services aux personnes et entreprises d'insertion assurant ce type de services) ;

– ou un organisme à but non lucratif ayant pour objet l'aide à domicile et habilité au titre de l'aide sociale ou conventionné par un organisme de sécurité sociale (associations d'aide à domicile conventionnées, établissements ou services d'aide par le travail, etc.).

> **Précisions** **a.** Les prestations de **téléassistance** et de **visioassistance** souscrites au profit de **personnes âgées**, handicapées ou ayant besoin d'une aide personnelle à leur domicile ou d'une aide à la mobilité dans l'environnement de proximité et qui se matérialisent par la détection d'un accident potentiel ou avéré à domicile et son signalement à une tierce personne ou au corps médical sont considérées comme exercées à la résidence du contribuable. Elles n'ont pas à être comprises dans un ensemble de services pour bénéficier du crédit d'impôt.
> **b.** Les services rendus par les **jeunes étrangers placés au pair** n'ouvrent pas droit à l'avantage fiscal s'ils n'exercent pas leur activité dans le cadre d'un contrat de travail relevant de la convention collective nationale des salariés du particulier employeur (BOI-IR-RICI-150-10 n° 180).
> **c.** L'entretien d'une **sépulture** n'est pas assimilable à des travaux de jardinage ouvrant droit au crédit d'impôt (Rép. Rauch : AN 13-12-2019 n° 13519).

7220 **Montant du crédit d'impôt** Le crédit d'impôt est égal à **50 %** du montant des dépenses effectivement supportées, retenues dans la **limite** de :

– 12 000 € dans le **cas général**. Cette limite est majorée de 1 500 € par enfant à charge et par membre du foyer fiscal âgé de plus de 65 ans, sans toutefois pouvoir excéder 15 000 € (soit un avantage maximal de 7 500 €). Ces plafonds de dépenses sont respectivement portés à 15 000 € et 18 000 € pour l'année au cours de laquelle le contribuable emploie pour la **première fois** à titre direct un salarié à son domicile ;

– 20 000 € (soit un avantage maximal de 10 000 €) pour les contribuables qui, étant eux-mêmes **invalides** ou ayant à leur charge une personne invalide, sont dans l'obligation d'avoir recours à l'assistance d'une tierce personne. Cette limite ne peut faire l'objet d'aucune majoration.

Au sein de ces plafonds, certaines dépenses (jardinage, bricolage et assistance informatique) sont prises en compte dans des limites particulières (voir n° 7215).

La **base de calcul** de l'avantage fiscal comprend le salaire net ainsi que les cotisations sociales salariales et patronales effectivement versées par l'employeur, ou, s'il s'agit d'un emploi indirect, le montant des sommes facturées par l'organisme au titre de la prestation de services, à l'exclusion de celles, prépayées, qui ne correspondent pas à des prestations réellement effectuées. Doivent être déduites du montant à retenir les aides, allocations ou indemnités de toute origine versées au contribuable pour l'aider à supporter les frais d'emploi d'un salarié.

> **Précisions a.** Les **enfants à charge** donnant droit à la majoration de 1 500 € sont ceux visés n° 7020, y compris donc les enfants majeurs, mariés, pacsés ou chargés de famille rattachés au foyer fiscal. Lorsque parmi les enfants pris en compte au titre du quotient familial figurent un ou plusieurs enfants mineurs issus d'une précédente union et dont la charge est partagée de manière égale avec l'autre parent dans le cadre d'une résidence alternée, la majoration est divisée par deux. La majoration est également applicable lorsque le contribuable rémunère un salarié au domicile d'un ascendant âgé de plus de 65 ans et bénéficiaire de l'allocation personnalisée d'autonomie (APA).
> **b.** Le montant de l'avantage fiscal est pris en compte pour le calcul du **plafonnement global des « niches fiscales »** exposé n° 7208.

FRAIS DE GARDE DES JEUNES ENFANTS

7240 Les dépenses exposées par les contribuables pour la garde, **à l'extérieur de leur domicile**, de leurs **enfants âgés de moins de six ans** au 1er janvier de l'année d'imposition (soit, pour l'imposition des revenus de 2023, les enfants nés entre le 1-1-2017 et le 31-12-2022) ouvrent droit à un crédit d'impôt sur le revenu (CGI art. 200 quater B modifié par loi 2022-1726 du 30-12-2022 art. 20).
La garde doit être assurée :
– soit par un **assistant maternel agréé** en application de l'article L 421-3 du Code de l'action sociale et des familles ;
– soit par un établissement relevant du contrôle sanitaire prévu à l'article L 2324-1 du Code de la santé publique : **crèches, garderies** (y compris les garderies scolaires assurant la garde des enfants en dehors des heures de classe), **haltes-garderies, centres de loisirs** sans hébergement, **syndicats interscolaires**, etc. ;
– soit par une personne ou un établissement situé dans un autre État membre de l'**Union européenne** ou de l'Espace économique européen, en Suisse ou à Monaco, qui satisfont à des réglementations équivalentes (BOI-IR-RICI-300 nos 90 s.).
Le **crédit d'impôt** est **égal à 50 %** des dépenses effectivement supportées, retenues dans la **limite** annuelle de 3 500 € par enfant (soit un crédit d'impôt maximal de 1 750 € par enfant).
Lorsque la garde est assurée par un assistant maternel, l'**assiette** du crédit d'impôt est constituée par le salaire net de l'intéressé et les charges sociales, salariales et patronales, payés par le contribuable, auxquels s'ajoutent les indemnités d'entretien dans la limite de 2,65 € par jour (BOI-IR-RICI-300 n° 150).
Doivent être déduites du montant à retenir les aides reçues des organismes publics ou privés (prestation partagée d'éducation de l'enfant) ainsi que, le cas échéant, de l'employeur ou du comité social et économique (chèque emploi-service universel).

> **Précisions a.** Les **enfants** qui ouvrent droit au crédit d'impôt sont ceux comptés **à charge** par le foyer fiscal. Lorsque parmi les enfants pris en compte au titre du quotient familial figurent un ou plusieurs enfants issus d'une précédente union et dont la charge est partagée de manière égale avec l'autre parent dans le cadre d'une résidence alternée, la limite de prise en compte des dépenses est divisée par deux (1 750 € au lieu de 3 500 €).
> **b.** La limite de 3 500 € n'est pas réduite prorata temporis lorsque l'enfant est né ou atteint l'âge de **six ans en cours d'année** ou n'a été donné en garde **qu'une partie de l'année**.
> **c.** Lorsque la **garde** est **assurée au foyer du contribuable**, les dépenses sont prises en compte, quel que soit l'âge de l'enfant, dans le cadre de l'aide à l'emploi d'un salarié à domicile (nos 7210 s.).
> **d.** Le crédit d'impôt est pris en compte pour le calcul du **plafonnement global des « niches fiscales »** exposé n° 7208.

FRAIS DE SCOLARISATION DES ENFANTS À CHARGE

7250 Les contribuables bénéficient d'une **réduction** de leur impôt sur le revenu lorsque leurs enfants à charge poursuivent des études secondaires ou supérieures durant l'année scolaire en cours au 31 décembre de l'année d'imposition (CGI art. 199 quater F).
Le montant de la réduction d'impôt est fixé forfaitairement à :
– 61 € par enfant fréquentant un **collège** ;
– 153 € par enfant fréquentant un **lycée** d'enseignement général et technologique ou un lycée professionnel ;
– 183 € par enfant suivant une formation d'**enseignement supérieur**.

› Précisions a. Les **enfants** qui ouvrent droit à la réduction d'impôt sont ceux **comptés à charge** au sens exposé n° 7020, y compris donc les enfants majeurs, mariés, liés par un Pacs ou chargés de famille rattachés au foyer fiscal des parents au 31 décembre de l'année d'imposition. Lorsque parmi les enfants pris en compte au titre du quotient familial figurent un ou plusieurs enfants mineurs issus d'une précédente union et dont la charge est partagée de manière égale avec l'autre parent dans le cadre d'une résidence alternée, le montant de la réduction d'impôt est, pour chacun de ceux-ci, divisé par deux.
b. La réduction d'impôt est subordonnée à la condition que, dans le cadre de leurs études, les élèves ne soient ni rémunérés ni liés par un contrat de travail et qu'ils soient libres de tout engagement pendant et à la fin de ces études. Ainsi, la réduction n'est pas accordée pour les enfants en **apprentissage**, en **congé formation** ou en **contrat d'étude** avec leur employeur (BOI-IR-RICI-30 n° 50).
c. L'**enseignement par correspondance** dispensé par le centre national d'enseignement à distance (Cned) entre dans le champ de l'avantage fiscal mais à raison seulement de la poursuite, en formation initiale, d'études supérieures ou secondaires (BOI-IR-RICI-30 n° 50).
d. La réduction d'impôt pour frais de scolarité des enfants à charge n'est pas concernée par le mécanisme de **plafonnement global des « niches fiscales »** exposé n° 7208.

C. Prélèvement à la source de l'impôt

PRÉSENTATION

7300 Le prélèvement à la source constitue le régime de droit commun du paiement de l'impôt sur le revenu.
Les revenus concernés sont les **revenus d'activité et de remplacement** ainsi que les **revenus fonciers**. Les revenus bénéficiant d'une exonération d'impôt ne sont pas soumis au prélèvement.
Le prélèvement prend la forme soit d'une **retenue à la source** réalisée par le tiers versant les revenus sur la base d'un taux fourni par l'administration, soit d'un **acompte** prélevé directement sur le compte bancaire du contribuable.

TAUX DU PRÉLÈVEMENT

7310 **Choix du taux** En principe, un **même taux** est appliqué à l'ensemble des revenus perçus par tous les membres du foyer fiscal.
Les conjoints et les partenaires de Pacs soumis à imposition commune ont toutefois la possibilité d'opter pour un **taux individualisé** qui s'applique exclusivement aux revenus dont ils disposent personnellement.
Dans certaines situations particulières, il est appliqué un **taux par défaut**.

ATTENTION
À partir du 1er **septembre 2025,** les couples mariés ou pacsés seront par défaut soumis à un taux individualisé sur leurs revenus propres. L'application d'un taux unique à l'ensemble des revenus du foyer deviendra ainsi optionnelle (Loi 2023-1322 du 29-12-2023 art. 19).

7320 **Taux déterminé pour le foyer fiscal** Le taux du prélèvement est en principe calculé pour chaque foyer fiscal par l'administration fiscale sur la base des **dernières déclarations** de revenus (CGI art. 204 H). Cette imposition commune à un taux unique par défaut prendra fin à compter du **1er septembre 2025** et ne sera alors applicable que **sur option** des contribuables. Cette option pourra être exercée et dénoncée à tout moment et sera reconduite tacitement. L'option, ou sa dénonciation, prendra effet au plus tard le troisième mois suivant la demande.
Un **taux nul** est appliqué lorsque l'impôt sur le revenu mis en recouvrement au titre des revenus des deux dernières années d'imposition est égal à zéro et que le montant du revenu fiscal de référence de la dernière année d'imposition connue est inférieur à 27 473 € par part de quotient familial (montant applicable pour bénéficier d'un taux nul entre le 1-1 et le 31-8-2024) et à 28 792 € par part de quotient familial (montant applicable pour bénéficier d'un taux nul entre le 1-9 et le 31-12-2024).

7325 **Taux individualisé** Sur **option** des conjoints (ou des partenaires de Pacs), le taux de prélèvement du foyer peut être individualisé pour chaque membre du couple (CGI art. 204 E).
Cette pratique présente un intérêt lorsque les conjoints disposent de **revenus disparates** afin de ne pas pénaliser celui qui dispose des revenus les plus faibles, l'option lui permettant de minorer son taux. Corrélativement, le taux applicable à celui dont les revenus sont les plus élevés est majoré.

À compter du **1er septembre 2025**, chacun des membres du couple disposera d'office d'un taux individualisé calculé par l'administration et qui s'appliquera à ses revenus personnels, sauf option pour un taux unique au foyer.

Taux par défaut Lorsque le débiteur ne **dispose pas** d'un taux transmis par l'administration fiscale, il applique un taux proportionnel déterminé au moyen de grilles tenant compte du montant et de la périodicité du versement, de la durée du contrat et de la domiciliation du contribuable. 7330
Ce taux par défaut **s'applique obligatoirement à** l'enfant majeur rattaché au foyer fiscal de ses parents (CGI art. 204 H, III-2°).
Le contribuable peut également **opter** pour ce taux par défaut à tout moment, notamment lorsqu'il ne souhaite pas que ce taux soit communiqué à son employeur.
L'application du taux par défaut donne nécessairement lieu à **régularisation**.

ACTUALISATION DU PRÉLÈVEMENT

Changement de situation Les changements de situation du foyer fiscal déclarés dans un délai de **60 jours** à l'administration fiscale entraînent une modification du taux du prélèvement ou du montant de l'acompte (CGI art. 204 I, 1 et 2). 7340
Ces évènements sont le **mariage** du contribuable ou la conclusion d'un Pacs, l'**arrivée d'un enfant** (naissance, adoption ou recueil d'un enfant mineur), le **décès** d'un des conjoints ou des partenaires pacsés soumis à imposition commune et le **divorce**, la rupture du Pacs ou tout évènement entraînant une imposition distincte des époux.
Les conjoints qui sont déjà liés par un Pacs au 1er janvier de l'année du mariage sont **dispensés de l'obligation de déclarer leur mariage** à l'administration. Il en va de même des contribuables qui se marient sous le régime de la séparation de biens et ne vivent pas sous le même toit dès lors qu'ils continuent à faire l'objet d'une imposition séparée après leur changement de situation.

Modulation du taux Afin de tenir compte d'une évolution de ses revenus ou de sa situation, le contribuable peut demander une hausse ou une baisse de son taux de prélèvement. 7345
La modulation **à la baisse** est subordonnée à l'existence d'un écart de plus de 5 % entre, d'une part, le montant du prélèvement résultant de la situation et des revenus estimés par le contribuable pour l'année en cours et, d'autre part, le montant du prélèvement qu'il supporterait en l'absence de modulation (CGI art. 204 J, III modifié par loi 2022-1726 du 30-12-2022 art. 3).
La modulation **à la hausse** n'est pas subordonnée à cette condition d'écart (BOI-IR-PAS-20-30-20-10 n° 10).

D. Solidarité pour le paiement de l'impôt

Quel que soit leur régime matrimonial, les **époux soumis à imposition commune** sont solidairement responsables du paiement de l'impôt sur le revenu (CGI art. 1691 bis, I-1°). À défaut de paiement spontané des cotisations, le Trésor peut donc poursuivre chacun des conjoints pour la totalité de l'impôt sans être tenu de répartir entre eux la dette fiscale du foyer. Pour les juges, la solidarité ne joue pas en matière de prélèvements sociaux (CE 10-7-2012 n° 336492 : RJF 11/12 n° 1072 ; CAA Bordeaux 7-5-2015 n° 13BX01712 : RJF 8-9/15 n° 733) mais cette position est contraire à la doctrine administrative (BOI-CTX-DRS-10 n° 30). 7400
En cas de **séparation**, les époux peuvent obtenir, sous conditions, la décharge de leur obligation au paiement (voir nos 9552 s.).

SECTION 2

IMPÔT SUR LA FORTUNE IMMOBILIÈRE (IFI)

CHAMP D'APPLICATION

L'impôt sur la fortune immobilière est dû par les particuliers dont la valeur réelle du patrimoine immobilier, appréciée au 1er janvier de l'année d'imposition, excède un certain seuil. Le patrimoine imposable englobe l'ensemble des **biens ou droits immobiliers** appartenant directement 7500 ou indirectement aux membres du foyer fiscal, sous déduction de certaines dettes et sous réserve de certaines exonérations.

Tous les biens et droits immobiliers appartenant au contribuable entrent dans le champ d'application de l'IFI. Sont visés tous les **immeubles bâtis** (quelle qu'en soit l'affectation, privée ou professionnelle) ou **non bâtis** ainsi que tous les **droits réels immobiliers** (usufruit et droit d'usage, notamment).

Il convient de déclarer les immeubles pour leur **valeur vénale réelle** au 1er janvier de l'année d'imposition. Par dérogation, la loi autorise un **abattement** de 30 % sur la valeur vénale de la résidence principale détenue directement par les contribuables (CGI art. 973).

Les **parts ou actions de sociétés** sont imposables à hauteur de la fraction de leur valeur représentative de biens ou droits immobiliers détenus directement ou indirectement (quel que soit le nombre de niveaux d'interposition) par la société.

ATTENTION

Les époux mariés faisant l'objet d'une imposition distincte pour leurs revenus mais commune pour l'IFI ne peuvent désigner qu'un immeuble comme **résidence principale**. S'ils font l'objet d'impositions séparées à l'IFI, dans les conditions prévues n° 7510, l'abattement de 30 % s'applique à la résidence principale de chacun d'eux.

DETTES DÉDUCTIBLES

7501 **Principes** Les dettes contractées peuvent être déduites de l'actif imposable lorsqu'elles **existent au 1er janvier** de l'année d'imposition et qu'elles sont **effectivement supportées** par le contribuable (CGI art. 974, I). Les dettes déductibles sont celles à la charge des époux et de leurs enfants mineurs dont ils ont l'administration légale des biens (BOI-PAT-IFI-20-40-10 n° 120).

Seules peuvent être déduites les dettes **afférentes à des actifs imposables**, le cas échéant, **à proportion** de la fraction de leur valeur imposable (cas des biens partiellement exonérés tels que les bois et forêts, par exemple).

S'agissant de la **résidence principale**, dont la valeur vénale bénéficie d'un abattement de 30 %, l'administration précise que les dettes y afférentes sont totalement déductibles dans la limite de sa valeur imposable (BOI-PAT-IFI-20-40-10 n° 160). Par **exemple**, pour un immeuble d'une valeur de 900 000 €, pour lequel le contribuable doit rembourser 700 000 € d'emprunt au 1er janvier, le montant de la dette déductible s'élève à 630 000 €.

La loi énumère les dettes admises en déduction. Il s'agit de dettes contractées pour le financement de l'**acquisition** des immeubles ou des titres ou pour le financement de **travaux**. Sont ainsi visés les emprunts bancaires, les sommes restant dues aux prestataires de services ou aux entrepreneurs de travaux ou le capital constitutif de la rente viagère en cas d'acquisition moyennant le paiement d'une rente viagère.

Sont également déductibles les **impositions** dues à raison des propriétés, autres que celles incombant normalement à l'occupant, dont le fait générateur se situe au plus tard le 1er janvier de l'année d'imposition et qui restent à payer à cette date. Le contribuable ne peut pas, en revanche, déduire les impositions dues à raison des revenus générés par son patrimoine immobilier. Sont ainsi **déductibles** la taxe foncière, éventuellement la taxe sur les locaux vacants, la taxe annuelle sur les bureaux en Île-de-France et Provence-Côte d'Azur, les droits de mutation en instance de paiement au 1er janvier. En revanche, ne sont **pas déductibles** la taxe d'habitation, l'impôt sur le revenu (revenus fonciers ou BIC) et les prélèvements sociaux grevant le revenu foncier du propriétaire bailleur.

Lorsque la **valeur vénale du patrimoine taxable** est **supérieure à 5 millions d'euros** et que le montant des dettes excède 60 % de cette valeur, le montant des dettes excédant ce seuil n'est déductible qu'à hauteur de 50 % de cet excédent. Ce plafonnement ne s'applique pas aux dettes dont le redevable justifie qu'elles n'ont pas été contractées dans un objectif principalement fiscal.

EXEMPLE

Un redevable détient un patrimoine taxable de 8 000 000 € grevé d'un passif de 6 000 000 €.
Le plafond de dettes admis en déduction est de 8 M€ × 60 % = 4,8 M€.
Le montant des dettes excédent ce seuil est de 6 − 4,8 = 1,2 M€, dont 50 % seulement seront admis en déduction au-delà du plafond précédemment calculé, soit 600 000 €.
Le montant total des dettes déductibles s'élève à 4,8 M€ + 600 000 € = 5,4 M€.

7502 **Cas particulier des prêts in fine ou sans terme** Lorsque le redevable a contracté un prêt in fine (prêt prévoyant le remboursement du capital au terme du contrat), la **déduction** est **limitée** à la somme des annuités théoriques restant à courir jusqu'au terme prévu. Ce montant est obtenu comme suit : montant total de l'emprunt – (montant total de l'emprunt × nombre d'années écoulées depuis le versement du prêt/nombre d'années total de l'emprunt).

S'il a contracté un prêt sans terme, la dette n'est déductible qu'à hauteur du montant total de l'emprunt diminué d'une somme égale à un vingtième de son montant par année écoulée depuis le versement du prêt (CGI art. 974, II).

Exclusion des emprunts familiaux La loi interdit la déduction des prêts contractés directement, ou indirectement par l'intermédiaire d'une ou plusieurs sociétés ou organismes interposés, **auprès du redevable ou d'un membre de son foyer fiscal** (CGI art. 974, III). 7503

Sauf à justifier du caractère normal des conditions du prêt, notamment du respect du terme des échéances, du montant et du caractère effectif des remboursements, la déduction est également écartée pour les dettes suivantes :

– prêts contractés directement, ou indirectement par l'intermédiaire d'une ou de plusieurs sociétés ou organismes interposés, auprès d'un **proche** (descendant, ascendant ou frère ou sœur du couple) ;

– prêts contractés par le redevable ou un membre de son foyer fiscal auprès d'une **société contrôlée** par le groupe familial (au sens de l'article 150-0 B ter, III-2° du CGI).

ATTENTION

Le schéma qui consisterait pour l'un des époux à souscrire un **emprunt auprès de son conjoint** (ou d'un enfant mineur disposant des fonds) en vue de financer l'acquisition d'un immeuble ne permet pas de réduire l'assiette taxable à l'IFI du foyer fiscal.

CALCUL

Le **seuil** d'imposition est fixé à 1 300 000 € (CGI art. 964). Les détenteurs d'un patrimoine immobilier net taxable inférieur ou égal à cette somme ne sont pas soumis à l'IFI. Ceux dont le patrimoine immobilier net taxable excède 1 300 000 € sont imposés au **tarif** ci-après (CGI art. 977). 7504

Fraction de la valeur nette taxable du patrimoine immobilier	Tarif applicable
N'excédant pas 800 000 €	0 %
Supérieure à 800 000 € et inférieure ou égale à 1 300 000 €	0,50 %
Supérieure à 1 300 000 € et inférieure ou égale à 2 570 000 €	0,70 %
Supérieure à 2 570 000 € et inférieure ou égale 5 000 000 €	1 %
Supérieure à 5 000 000 € et inférieure ou égale à 10 000 000 €	1,25 %
Supérieure à 10 000 000 €	1,50 %

EXEMPLE

Soit un patrimoine immobilier taxable dont la valeur nette s'élève à 6 800 000 € au 1er janvier. L'impôt est liquidé comme suit :

– sur 800 000 € à 0 %	0 €
– sur 500 000 € × 0,50 %	2 500 €
– sur 1 270 000 € × 0,70 %	8 890 €
– sur 2 430 000 € × 1 %	24 300 €
– sur 1 800 000 € × 1,25 %	22 500 €
Total	58 190 €

> **Précisions** Un système de **décote** est prévu pour les contribuables dont le patrimoine immobilier a une valeur nette taxable supérieure à 1 300 000 € et inférieure à 1 400 000 €, le montant de l'impôt calculé selon le barème est réduit d'une somme égale à [17 500 € – 1,25 % P] où P est la valeur nette taxable du patrimoine immobilier.

OBLIGATIONS DÉCLARATIVES ET PAIEMENT

Les époux dont la valeur nette taxable du patrimoine immobilier est supérieure à 1 300 000 € indiquent le détail et la valeur des biens composant leur patrimoine taxable ainsi que les dettes y afférentes sur une **déclaration spécifique** jointe à leur déclaration de revenus n° 2042. Ils reportent le montant de la valeur brute et de la valeur nette de leur patrimoine immobilier taxable sur leur déclaration de revenus (CGI art. 982). 7505

L'IFI est recouvré par voie de rôle (CGI art. 1679 ter), distinct de l'impôt sur le revenu. La date de paiement est, en principe, fixée mi-septembre. Les époux peuvent opter pour un paiement par

prélèvements mensuels dans les mêmes conditions que pour l'impôt sur le revenu. Si son montant excède 300 €, l'IFI doit être acquitté par **prélèvement automatique** ou par **télérèglement**. L'IFI peut être acquitté par remise d'œuvres d'art ou d'immeuble, sous conditions.

ATTENTION

En cas de **décès** du contribuable, les héritiers disposent d'un délai de six mois à compter du décès pour souscrire la déclaration correspondante (CGI art. 982, I-3). Ils sont solidaires pour le paiement de l'IFI établi au nom de l'indivision successorale (CGI art. 1709).

A. Imposition par foyer fiscal

COMPOSITION DU FOYER FISCAL

7510 L'assiette de l'impôt est déterminée au niveau du foyer fiscal.

Le foyer fiscal au sens de l'IFI se compose des **époux** et de leurs **enfants mineurs**, à l'exclusion des enfants majeurs, même rattachés. La notion de foyer fiscal au sens de l'IFI est donc différente de celle retenue pour l'impôt sur le revenu.

Quel que soit leur régime matrimonial, les époux sont soumis à une **imposition commune** au titre de l'IFI (CGI art. 964 renvoyant à l'article 6, 4-a et b du même Code).

Par exception, les époux font l'objet d'impositions séparées dans les deux cas suivants :

– lorsqu'ils sont séparés de biens et ne vivent pas sous le même toit. Le dépôt de déclarations communes d'impôt sur le revenu est sans incidence si les contribuables sont en mesure de prouver la réalité d'une vie séparée (CA Aix-en-Provence 31-8-2021 n° 18/18315 : BPAT 6/21 inf. 285-4) ;

– lorsque, en instance de divorce ou de séparation de corps, ils ont été autorisés à avoir des domiciles séparés.

L'IFI est un impôt annuel dont le fait générateur se situe au **1er janvier** de chaque année. Dès lors, la composition du foyer fiscal doit s'apprécier au 1er janvier de l'année d'imposition, sans tenir compte des éventuels changements intervenant en cours d'année.

7515 **Impact de la formation du couple sur l'IFI** L'imposition à l'IFI et les taux applicables étant fonction du franchissement de seuils (n° 7504), l'**addition des patrimoines immobiliers** des deux membres du couple est pénalisante par rapport à la situation d'une imposition séparée. En effet, il n'existe pas pour le calcul de l'IFI de mécanisme analogue au quotient familial applicable en matière d'impôt sur le revenu, qui permettrait d'aménager la progressivité de l'impôt en fonction du nombre de personnes comprises au foyer. Le cumul des deux patrimoines peut entraîner la **perte de l'exonération** par dépassement du seuil de 1 300 000 € (seuil de déclenchement de l'imposition) et au-delà, un surcroît d'imposition, d'autant plus important lorsque l'addition des patrimoines entraîne le franchissement des seuils des différentes tranches.

EXEMPLE 1

M. Dupond dispose d'un patrimoine immobilier net taxable de 1 200 000 € et n'est donc pas soumis à l'IFI. Mme Durand dispose d'un patrimoine immobilier de 500 000 €, inférieur lui aussi au seuil de taxation.

L'année civile suivant celle de la formation du couple, qu'il s'agisse d'un mariage, d'un Pacs ou même d'un simple concubinage, M. Dupond et Mme Durand seront soumis à une obligation de déclaration commune de leurs actifs immobiliers, soit une base imposable de 1 700 000 €, correspondant à une cotisation d'IFI de 5 300 €.

EXEMPLE 2

M. Dupond dispose d'un patrimoine immobilier net taxable de 2 000 000 € (cotisation d'IFI de 7 400 €) et Mme Durand est pour sa part propriétaire d'un immeuble taxable valorisé à 1 500 000 € (cotisation d'IFI de 3 900 €).

La formation du couple se traduit par l'addition des deux patrimoines pour le calcul de l'IFI, soit une base imposable de 3 500 000 € et une cotisation de 20 690 €, contre 11 300 € antérieurement (7 400 € + 3 900 €), soit une augmentation de 83 % de leur imposition.

7520 **Impact sur l'IFI du patrimoine détenu par les enfants mineurs** Les biens immobiliers appartenant aux **enfants mineurs** sont imposés avec ceux de leurs parents lorsque ceux-ci en ont l'administration légale (CGI art. 965).

La règle de l'imposition des biens des enfants mineurs avec ceux de leurs parents s'applique même si ces enfants ou l'un d'eux font l'objet, en application des dispositions de l'article 6, 2 du CGI, d'une imposition séparée au titre de l'impôt sur le revenu, ce qui est possible lorsque ceux-ci tirent un revenu de leur travail ou d'une fortune indépendante de celle de leurs parents (n° 7020, précisions, b).

Lorsque les parents sont imposés séparément à l'IFI tout en exerçant conjointement l'autorité parentale, les biens immobiliers de leurs enfants sont répartis entre eux par moitié (BOI-PAT-IFI-20-10 n° 150).
Inversement, les biens immobiliers appartenant aux **enfants majeurs** n'ont pas à être déclarés par leurs parents, même s'ils sont rattachés au foyer fiscal de ces derniers pour l'impôt sur le revenu (réserve faite des biens immobiliers transmis en nue-propriété aux enfants, que les parents usufruitiers doivent déclarer à l'IFI pour leur valeur en pleine propriété : voir n°s 68500 s.).

Les **biens légués à un enfant mineur** sous la condition qu'ils seront **gérés par un tiers** désigné par le testateur ne sont pas soumis à l'administration légale (C. civ. art. 384). **7525**
Deux cas de figure peuvent se présenter :
– l'**administration** de ces biens est **confiée à un seul des parents** (volonté d'éviter un conflit entre les deux parents titulaires conjointement de l'autorité parentale) et dans ce cas, c'est celui qui en a l'administration qui les intègre pour l'établissement de la base imposable à l'IFI ;
– l'administration de ces biens est **confiée à une autre personne que l'un des parents** de l'enfant (par exemple un grand-parent et/ou un oncle et une tante, ou encore un tiers) et dans ce cas la lettre du texte de l'article 965 du CGI précise que seuls les biens des enfants mineurs dont les parents ont l'administration légale doivent être pris en compte. En revanche, il ne semble pas possible d'en déduire que le patrimoine en cause est taxable au niveau du foyer fiscal de celui qui a l'administration du patrimoine du mineur, puisqu'il ne remplit pas la condition prévue au même article, à savoir avoir la qualité de parent de l'enfant concerné.
Le seul cas similaire envisagé par l'administration est celui des biens des **enfants sous tutelle**, qui font l'objet d'une déclaration séparée souscrite par le tuteur (BOI-PAT-IFI-20-10 n° 140).

Impact sur l'IFI de la majorité ou de l'émancipation des enfants L'appréciation du foyer fiscal s'effectuant au **1er janvier** de l'année d'imposition, l'année suivant celle au cours de laquelle les enfants ont atteint leur majorité (ou sont émancipés) les biens immobiliers dont ils détiennent la pleine propriété ou l'usufruit ne doivent plus être intégrés dans le patrimoine des parents, et ce même si ces enfants ont demandé leur rattachement au foyer fiscal parental en matière d'impôt sur le revenu. **7530**

STRATÉGIES FAMILIALES D'OPTIMISATION

Enjeux Les réflexions autour de l'optimisation de l'IFI peuvent s'inscrire dans une **logique familiale**, c'est-à-dire en intégrant dans l'analyse des stratégies envisagées (qu'elles visent directement à diminuer l'IFI ou qu'elles aient prioritairement d'autres objectifs, par exemple transmissifs) leur impact sur les différents foyers fiscaux des différentes générations qui composent la famille (grands-parents, parents, petits-enfants, voire arrière-petits-enfants). La pertinence de cette approche est renforcée lorsque la famille partage la propriété d'un même bien. **7535**
En tout état de cause, il convient de tenir compte de l'**instabilité fiscale** qui entoure l'imposition de la fortune qui doit inciter à privilégier des schémas à forte cohérence patrimoniale, c'est-à-dire pour lesquels l'avantage fiscal n'est pas un moteur mais un simple bénéfice complémentaire.
Les stratégies visant à réduire ou limiter le montant de l'IFI s'articulent autour de la **diminution de la base imposable**, qu'il s'agisse de remplacer des actifs imposables par des actifs partiellement ou totalement exonérés, ou de transférer la base imposable dans un autre patrimoine.
Le **transfert d'actifs taxables** d'un foyer imposable à l'IFI vers un autre foyer moins lourdement imposé (relevant de tranches d'imposition plus basses) ou exonéré (n'atteignant pas le seuil d'imposition) s'effectue généralement au moyen d'une **transmission à titre gratuit**.

Donation en pleine propriété Différentes configurations peuvent s'envisager, parmi lesquelles : **7540**
– la donation par des **parents à leurs enfants majeurs**, ou la donation par des **grands-parents à leurs petits-enfants majeurs** : la taxation à l'IFI s'effectue dans le patrimoine des donataires dès l'année suivant la donation ;
– la donation par des **parents à leurs enfants mineurs** : dans ce cas, l'économie d'IFI ne sera constatée qu'au fur et à mesure de la majorité de chacun des enfants ;
– la donation par des **grands-parents à leurs petits-enfants mineurs** : le patrimoine taxable est alors transféré au niveau du foyer fiscal des parents, ce qui peut entraîner pour ceux-ci un surcoût d'IFI, à comparer avec l'économie réalisée par les grands-parents. Si les parents sont imposés dans une tranche supérieure à celle des grands-parents, il peut s'avérer préférable de différer la transmission à la majorité des petits-enfants, ou de la limiter jusqu'à cette date à la nue-propriété, l'usufruit (et corrélativement l'obligation de déclarer le bien pour sa valeur en pleine propriété) étant conservé par les grands-parents.

EXEMPLE

M. Durand donne le quart indivis d'un studio d'une valeur globale de 100 000 € à chacun des quatre enfants mineurs de sa fille unique. Le montant transmis à chacun (25 000 €) étant inférieur à l'abattement de 31 865 € prévu en matière de droits de donation entre grands-parents et petits-enfants, cette transmission ne donne lieu à aucune imposition au titre des droits de mutation.

1ᵉ **hypothèse** : M. Durand n'est pas soumis à l'IFI, alors que sa fille y est soumise dans la tranche à 0,7 %. En supposant que la durée moyenne restant à courir avant la majorité des quatre enfants soit de six ans, le supplément d'IFI s'établira pour elle à 700 € par an, soit 4 200 € sur la période, c'est-à-dire 4,2 % de la somme transmise. Bien évidemment, cet aspect n'est pas décisionnel : ce qui importe, c'est la volonté de donner ou non. Si M. Durand la diffère, cette transmission pourrait ne pas se réaliser (dans l'hypothèse où son décès interviendrait préalablement) ou se réaliser dans des conditions fiscales moins favorables (durcissement de la fiscalité des donations entre grands-parents et petits-enfants, par exemple).

2ᵉ **hypothèse** : M. Durand est soumis à l'IFI dans la tranche à 1 % et sa fille dans la tranche à 0,5 %. Dans ce cas, le gain au niveau familial s'établit à 0,5 % pendant six ans (soit 500 € par an) et à 1 % au-delà de cette période (soit 1 000 €/an), si les petits-enfants devenus majeurs demeurent titulaires d'un patrimoine immobilier inférieur au seuil d'imposition.

7545 **Transmission en démembrement** En cas de démembrement de propriété, les actifs immobiliers sont, sauf exceptions, intégrés pour leur valeur en pleine propriété au patrimoine de l'usufruitier : voir n° 7550 et pour un exposé plus complet nᵒˢ 68500 s.

La **donation** d'un immeuble **en usufruit** peut s'envisager dans une logique familiale pour tirer parti de cette règle, en combinant la réalisation d'un objectif patrimonial à un gain d'IFI lié au rattachement de la base imposable (correspondant à la valeur en pleine propriété de l'immeuble dont l'usufruit est transmis) à un patrimoine moins imposé ou non imposé après transfert, voir nᵒˢ 68600 s.

ATTENTION

Une **donation en nue-propriété** ne permet pas de transférer la charge de l'IFI, le donateur devenu usufruitier restant imposable sur la valeur en pleine propriété des immeubles donnés.

7550 Plusieurs exceptions au principe de l'imposition de l'usufruitier sur la valeur en pleine propriété de l'immeuble existent (CGI art. 968). Il en est ainsi du démembrement de propriété résultant de l'article 757 du Code civil relatif à l'**usufruit légal du conjoint survivant** applicable aux successions ouvertes depuis le 1ᵉʳ juillet 2002. Dans la mesure où le texte de l'article 968 du CGI continue de viser également l'article 767 du Code civil dans sa version antérieure au 3 décembre 2001 (usufruit légal résultant de successions ouvertes avant le 1-7-2002), le contribuable qui détient l'usufruit d'un immeuble à la suite du décès de son conjoint est imposé sur la seule valeur de cet usufruit lorsqu'il tient ce droit de la loi, quelle que soit la date du décès.

Sont également visés l'usufruit légal des ascendants survivants après donation entre époux de la partie réservataire en nue-propriété prévu par l'article 1094 du Code civil dans sa rédaction antérieure au 23 juin 2006 et l'usufruit forcé du second conjoint en présence d'enfants d'un premier lit résultant des dispositions de l'article 1098 du Code civil.

Dans ces hypothèses, usufruitier et nu-propriétaire se répartissent la **charge de l'imposition** : chacun est imposé sur la valeur de son droit, déterminé en fonction de l'âge de l'usufruitier, conformément au barème de l'article 669 du CGI.

Le conjoint survivant bénéficiaire d'un **usufruit conventionnel** accordé par testament ou donation au dernier vivant est imposable sur la valeur de la pleine propriété des biens dont il est usufruitier.

Origine de l'usufruit du conjoint survivant	Imposition à l'IFI
Article 757 du Code civil (successions ouvertes depuis le 1ᵉʳ juillet 2002)	Répartition de l'imposition entre le conjoint survivant (usufruitier) et les enfants (nus-propriétaires) en fonction du barème de l'article 669 du CGI
Ancien article 767 du Code civil (successions ouvertes avant le 1ᵉʳ juillet 2002)	
Testament ou donation au dernier vivant	Imposition du conjoint survivant (usufruitier) sur la valeur en pleine propriété

› **Précisions** La charge de l'imposition est également répartie entre nu-propriétaire et usufruitier lorsque le démembrement résulte de la **vente** d'un bien dont le vendeur s'est réservé l'usufruit, à condition que l'acquéreur ne soit pas l'une des personnes visées par l'article 751 du CGI (voir n° 64320).

B. Plafonnement de l'IFI

OBJECTIF DU PLAFONNEMENT

Un système de plafonnement en fonction des revenus permet de **réduire**, dans certains cas, le **montant de l'impôt** à payer. Ce système a en principe pour but d'éviter que le total formé par l'IFI et l'impôt sur le revenu dû au titre de l'année précédente n'excède 75 % des revenus nets de cette même année : en cas d'excédent, celui-ci vient en diminution de l'IFI à payer (CGI art. 979). 7580

IMPÔTS À PRENDRE EN COMPTE POUR LE CALCUL DU PLAFONNEMENT

Le montant des impôts à prendre en compte s'entend du total formé par l'**IFI** et les **impôts dus** en France et à l'étranger **au titre des revenus** et produits de l'année précédant celle de l'exigibilité de l'IFI, calculés avant imputation des crédits d'impôt représentatifs d'une imposition acquittée à l'étranger et des retenues non libératoires. Il y a lieu d'ajouter à l'IFI l'impôt sur le revenu calculé non seulement d'après le barème progressif mais aussi à un taux proportionnel, les **prélèvements et les contributions additionnels** à l'impôt sur le revenu (prélèvements sociaux et contribution exceptionnelle sur les hauts revenus) ainsi que les prélèvements libératoires de l'IR. Il y a lieu également de tenir compte notamment de la taxe sur les plus-values immobilières élevées et des taxes sur les cessions de terrains nus devenus constructibles (BOI-PAT-IFI-40-30-10 n° 140). 7585

Il s'agit des impôts dus à raison de l'ensemble des revenus des membres du foyer fiscal qui sont soumis à une imposition commune au titre de l'IFI, à l'exclusion des autres impositions telles les **taxes foncières et d'habitation** (Cass. com. 25-1-2005 n° 199 FS-PBI : RJF 4/05 n° 405 ; solution rendue sous l'empire de l'ancien ISF mais qui conserve, à notre avis, sa pertinence).

Il y a lieu de tenir compte de l'impôt sur le revenu dû à raison des revenus perçus par **chaque membre du foyer fiscal au sens de l'IFI**, ayant son domicile fiscal en France. Il s'agit donc des cotisations établies d'après les revenus du couple imposable à l'IFI et, le cas échéant, de leurs enfants mineurs dont ils ont l'administration légale des biens (BOI-PAT-IFI-40-30-10 n° 60).

Le montant d'impôt sur le revenu est celui obtenu après application, s'il y a lieu, du **plafonnement des effets du quotient familial**, de la décote et des réductions et crédits d'impôt non représentatifs d'une imposition acquittée à l'étranger.

> **Précisions** Au regard du **prélèvement à la source**, l'impôt pris en considération pour apprécier le seuil de 75 % est celui afférent aux revenus de l'année précédente et dont le montant est définitivement arrêté au moment de la déclaration de régularisation souscrite l'année suivante (BOI-PAT-IFI-40-30-10 n° 130).

Cas particulier des personnes dont les biens n'entrent pas dans l'assiette de l'IFI Lorsque l'impôt sur le revenu a porté sur des revenus de personnes dont les biens n'entrent pas dans l'assiette de l'IFI du redevable, la cotisation d'impôt sur le revenu est réduite, pour l'application du plafonnement, suivant le pourcentage du revenu de ces personnes par rapport au revenu total (CGI art. 979, II-al. 2). Cette disposition permet de tenir compte du fait que les membres du foyer fiscal peuvent ne pas être les mêmes en matière d'IFI et d'impôt sur le revenu, en raison des définitions différentes du foyer fiscal et des dates auxquelles il convient de se placer pour apprécier sa composition. Il en est ainsi notamment dans les cas suivants : 7588

– **enfants majeurs** rattachés : le rattachement d'enfants majeurs au foyer fiscal de leurs parents pour le calcul de l'impôt sur le revenu n'a aucune conséquence en matière d'IFI. Le patrimoine immobilier de ces enfants n'est pas pris en compte pour le calcul de la base imposable et leurs revenus sont exclus pour le calcul du plafonnement de l'IFI ;

– personne **invalide** comptée à charge : le contribuable inclut dans son revenu imposable les revenus de la personne invalide mais pas les biens immobiliers de celle-ci dans sa base imposable à l'IFI ;

– **mariage** l'année précédant celle de l'imposition à l'IFI : la cotisation d'impôt sur le revenu à retenir correspond, en cas d'imposition commune, à celle établie au nom du couple ou, en cas d'option pour l'imposition séparée, à la somme des impositions établies au nom de chaque futur conjoint ;

– **divorce** ou séparation de corps : en application de l'article 6, 6 du CGI, une imposition au nom de chacun des ex-conjoints pour ses revenus propres et pour la quote-part des revenus communs lui revenant est établie ;

– **décès** de l'un des conjoints : au regard de l'impôt sur le revenu, deux impositions sont établies (l'une au nom du couple pour les revenus perçus par les deux conjoints du 1er janvier à la date du décès ; l'autre au nom du conjoint survivant pour les revenus propres dont il a disposé de la date du décès au 31 décembre). Une imposition commune à l'impôt sur le revenu est ainsi établie au titre d'une partie de l'année du décès. Or, l'IFI dû au titre de l'année qui suit cet évènement ne concerne que le conjoint survivant (BOI-PAT-IFI-40-30-10 n° 90).

REVENUS SERVANT AU CALCUL DU PLAFONNEMENT

7590 Il s'agit de la somme algébrique :

– des **revenus mondiaux** (plus-values incluses) nets de frais professionnels de l'année précédente après déduction des seuls déficits catégoriels dont l'imputation est autorisée pour l'impôt sur le revenu ;

– des **revenus exonérés** d'impôt sur le revenu, réalisés en France ou hors de France, au cours de l'année précédant l'imposition à l'IFI ;

– et des **produits soumis à prélèvement libératoire** de l'impôt sur le revenu, réalisés en France ou hors de France, au cours de l'année précédant l'imposition à l'IFI.

Les revenus et produits pris en considération sont ceux **réalisés par les membres du foyer fiscal** qui sont soumis à imposition commune **au titre de l'IFI** et non pas de l'impôt sur le revenu.

> **Précisions a.** Les revenus des **bons et contrats de capitalisation** et placements de même nature, notamment des contrats d'assurance-vie, ne doivent pas être pris en compte tant que le contrat n'est pas racheté ou dénoué, s'agissant de revenus latents (BOI-PAT-IFI-40-30-10 n° 180). En revanche, les **revenus réalisés** mais **pas** nécessairement **appréhendés** sont pris en compte pour le calcul du plafonnement. Il en est ainsi des plus-values de cession de titres maintenues dans un PEE ouvert depuis plus de cinq ans dans la mesure où ces fonds demeurent disponibles (Cass. com. 27-1-2021 n° 18-22.113 F-D : RJF 5/21 n° 532, solution rendue à propos de l'ISF mais à notre avis transposable à l'IFI).
>
> **b.** L'appréciation du total des revenus s'effectue avant déduction, le cas échéant, des charges du revenu global, de l'abattement en faveur des **personnes âgées ou invalides** et de l'abattement pour **enfants mariés ou chargés de famille** (BOI précité).
>
> **c.** Sont réintégrés dans les revenus à prendre en compte les **revenus distribués à une société** passible de l'IS **contrôlée par le redevable** (parfois appelée « cash box »), si l'existence de cette société et le choix d'y recourir ont pour **objet principal d'éluder tout ou partie de l'IFI** en bénéficiant d'un avantage fiscal allant à l'encontre de l'objet ou de la finalité du plafonnement. Seule est réintégrée la part correspondant à une diminution artificielle des revenus retenus dans le calcul du plafonnement (CGI art. 979, I-al. 2). La réintégration implique toutefois que l'administration démontre que les dépenses ou les revenus du redevable sont, au cours de l'année de référence du plafonnement et à hauteur de cette réintégration, assurés, directement ou indirectement, par la société de manière artificielle (BOI-PAT-IFI-40-30-20 n° 40).

STRATÉGIES FAMILIALES SUR LA BASE DU PLAFONNEMENT

7600 L'objectif consiste à **minimiser les revenus** par restructuration des actifs patrimoniaux. Parmi les techniques les plus couramment employées, sont notamment envisageables dans une perspective familiale : la transmission de l'usufruit (en général temporaire) de biens immobiliers générant des revenus fonciers conséquents ou encore la donation d'un immeuble opérée avant cession permettant d'éviter la constatation de plus-values (taxables ou exonérées) au niveau du patrimoine des redevables de l'IFI.

C. Solidarité pour le paiement de l'impôt

7650 Quel que soit leur régime matrimonial, les **époux soumis à imposition commune** sont solidairement responsables du paiement de l'IFI (CGI art. 1723 ter-00 B).

En cas de **séparation**, les époux peuvent obtenir, sous conditions, la décharge de leur obligation au paiement (voir nos 9568 s.).

SECTION 3

IMPÔTS LOCAUX

A. Taxe d'habitation

LOCAUX IMPOSABLES

Depuis le 1er janvier 2023, la taxe d'habitation ne porte plus que sur les **résidences secondaires** et les **autres locaux meublés** non affectés à l'habitation principale ainsi que leurs dépendances (CGI art. 1407). 7700

Les immeubles meublés affectés à l'**habitation principale** de l'occupant ne sont plus soumis à la taxe d'habitation depuis la même date. Les logements occupés à titre de résidence principale dans le cadre d'une colocation étudiante sont également dans le périmètre de l'exclusion (Rép. Le Fur : AN 11-4-2023 nº 289 : BPAT 4/23 inf. 179).

REDEVABLE DE LA TAXE

La taxe est établie au nom des personnes qui ont la disposition ou la jouissance des locaux imposables, que ce soit en qualité de propriétaire, de locataire ou à tout autre titre (CGI art. 1407 et 1408). La taxe est établie, pour l'année entière, d'après la situation existant au 1er janvier de l'année d'imposition (CGI art. 1415). 7705

SOLIDARITÉ POUR LE PAIEMENT DE LA TAXE

Tant que les époux vivent ensemble, ils sont solidairement tenus du paiement de la taxe d'habitation (CGI art. 1691 bis, I-2°). 7720

En cas de **séparation**, les époux peuvent obtenir, sous conditions, la décharge de leur obligation au paiement (voir nº 9575).

B. Taxe foncière

La taxe foncière sur les propriétés bâties ou non bâties est établie au nom du **propriétaire** du bien au 1er janvier de l'année d'imposition (CGI art. 1400). 7740

La taxe est donc établie au nom des deux époux si l'immeuble concerné est un bien commun ou indivis. Elle est établie au seul nom de l'époux propriétaire s'il s'agit d'un bien propre ou personnel.

En tout état de cause, il n'est prévu **aucune solidarité** entre époux au titre des taxes foncières.

SECTION 4

DROITS DE DONATION ET DE SUCCESSION

Rappelons pour mémoire que : 8000

– les **successions entre époux** sont totalement exonérées de droits (CGI art. 796-0 bis) ;

– les **donations entre époux** donnent lieu à la perception de droits calculés sur la valeur réelle des biens donnés, après déduction d'un abattement de 80 724 € (CGI art. 790 E) et par application d'un tarif progressif (CGI art. 777 tableau II).

CHAPITRE 6

DIVORCE ET SÉPARATION DE CORPS

SOMMAIRE

ÉVOLUTIONS RÉCENTES DU DIVORCE

Le divorce a été très largement réformé ces dernières années pour, d'une part, le déjudiciariser, d'autre part, accélérer les procédures. 9000

Ainsi, le divorce par **consentement mutuel** est devenu, pour l'essentiel, contractuel. La réforme qui l'a modifié en ce sens est entrée en vigueur le 1er janvier 2017. Les procédures en cours à cette date restent judiciaires, dès lors que la requête en divorce par consentement mutuel a été déposée avant le 1er janvier 2017 (Loi 2016-1547 du 18-11-2016 art. 114 V). Le nombre de divorce contractuel augmente chaque année ; 71 000 conventions ont été déposées au rang des minutes de notaires en 2021 pour 51 000 en 2019 (Communiqué de presse CSN du 12-9-2022, Rapport CSN sur le divorce par consentement mutuel 5 ans après, juillet 2022).

La procédure des **divorces contentieux** introduits depuis le 1er janvier 2021 a également été profondément modifiée (Lois 2019-222 du 23-3-2019 et 2020-734 du 17-6-2020 ; Décrets 2019-1380 du 17-12-2019 et 2020-950 du 30-7-2020). Les requêtes en divorce ou en séparation de corps introduites avant cette date sont traitées selon le régime antérieur (Décrets 2019-1419 du 20-12-2019 art. 22 et 2020-950 du 30-7-2020 art. 4).

Le mariage emportant les mêmes effets, droits et obligations, que les époux soient **de sexe différent ou de même sexe** (C. civ. art. 6-1), ceux-ci ont accès au divorce et à la séparation de corps dans les mêmes conditions.

> **Précisions** Rappelons que les **dispositions transitoires de la loi de 2004** prévoient que :
> – la loi ancienne continue de s'appliquer, dans les divorces autres que par consentement mutuel, lorsque l'assignation a été délivrée avant le 1er janvier 2005 (et, pour les divorces par consentement mutuel, lorsque la convention temporaire a été homologuée avant le 1-1-2005) ;
> – l'appel et le pourvoi en cassation sont formés, instruits et jugés selon les règles applicables lors du prononcé de la décision de première instance.

SECTION 1 LES PROCÉDURES DE DIVORCE

CHOIX DE LA PROCÉDURE

Il existe quatre divorces différents (C. civ. art. 229) : 9003

– le divorce par **consentement mutuel** suppose que les deux époux s'entendent sur le principe du divorce et sur ses conséquences. Depuis le 1er janvier 2017, la procédure est soit purement **contractuelle**, soit **judiciaire**. Dans ce dernier cas, le divorce peut être prononcé dès la première audience ;

– le divorce **accepté** est ouvert aux époux qui sont d'accord sur le principe du divorce mais non sur ses effets, qui seront décidés par le juge ;

– le divorce pour **faute** peut être demandé lorsqu'un époux a des fautes à reprocher à son conjoint ou lorsque les deux se reprochent mutuellement un comportement fautif ;

– le divorce pour **altération définitive du lien conjugal** permet un véritable droit au divorce. Il suffit que le juge constate que la communauté de vie entre les époux a cessé depuis un certain temps.

Des règles particulières s'appliquent aux **majeurs protégés** : voir n° 51055 pour les majeurs sous sauvegarde de justice, nos 53305 s. pour les majeurs sous tutelle, n° 53835 pour les majeurs sous curatelle, n° 54039 pour les majeurs sous habilitation familiale et n° 55040 pour le majeur sous mandat de protection future.

CONSEIL

Même lorsque les époux sont d'accord sur tout, il peut être judicieux de préférer un **divorce accepté** plutôt qu'un consentement mutuel conventionnel compte tenu de certaines incertitudes. La première tient aux conditions dans lesquelles il peut être contesté (voir n° 9078). La seconde réside dans la reconnaissance de ce divorce à l'étranger en présence d'un élément d'extranéité. Certes, la difficulté n'apparaît plus au sein de l'Union européenne depuis l'entrée en vigueur du règlement Bruxelles II ter le 1er août 2022 qui permet la reconnaissance du divorce par consentement mutuel non judiciaire et sa circulation après certification (voir nos 72903 et 72938). Elle demeure toutefois pour la reconnaissance hors UE. Par conséquent, la voie judiciaire n'interdisant pas la prise en compte des accords et ne ralentissant pas significativement le processus, elle peut sembler plus sûre.

TRIBUNAL COMPÉTENT

9005 Les procédures de divorce se déroulent devant le **juge aux affaires familiales** (JAF), qui siège au tribunal judiciaire.
Le juge aux affaires familiales est également compétent, après le prononcé du divorce, pour statuer sur (C. org. jud. art. L 213-3) :
– les modalités d'exercice de l'autorité parentale ;
– la modification de la contribution à l'entretien et l'éducation des enfants ;
– la révision de la prestation compensatoire ou de ses modalités de paiement ;
– la liquidation et le partage des intérêts patrimoniaux des époux.

9006 Dans les divorces contentieux, le juge aux affaires familiales **territorialement compétent** est celui du lieu où se trouve la résidence de la famille si les époux vivent encore ensemble (CPC art. 1070).
Si les époux vivent séparément, c'est le juge du lieu de résidence :
– du parent avec lequel résident habituellement les enfants mineurs en cas d'exercice conjoint de l'autorité parentale ;
– du parent qui exerce seul l'autorité parentale.
Dans les autres cas (par exemple, si les conjoints n'ont pas d'enfant mineur, si les enfants ne résident pas chez leurs parents ou si certains sont chez leur père et d'autres chez leur mère), le juge compétent est celui du lieu où réside le défendeur.
Dans un divorce par consentement mutuel judiciaire, les époux saisissent, au choix, le juge aux affaires familiales du domicile de l'un ou de l'autre d'entre eux.

9007 La **résidence habituelle** est définie comme le lieu où l'intéressé a fixé, avec la volonté de lui conférer un caractère stable, le centre permanent ou habituel de ses intérêts. Ainsi, le fait de s'installer pour un séjour de 18 mois en France où l'enfant est scolarisé ne suffit pas nécessairement à fixer la résidence habituelle en France (Cass. 1e civ. 14-12-2005 n° 05-10.951 : Bull. civ. I n° 506).
La résidence d'un époux ne permet pas de déterminer la compétence du tribunal si elle a été fixée en **fraude** des droits du conjoint. Par exemple, un père vivant en Nouvelle-Calédonie qui prend ses enfants un samedi pour aller faire des courses et part s'installer en métropole ne peut pas valablement saisir le juge métropolitain (Cass. 1e civ. 3-2-2004 n° 02-20.223). En sens contraire, pour une femme qui quitte la Guyane pour se protéger des violences de son mari (CA Rennes 25-4-2000 n° 99-8251).

PROCÉDURE PARTICIPATIVE

9008 La procédure participative permet de préparer le divorce dans un cadre sécurisé (C. civ. art. 2062 s. ; CPC art. 1542 s.). Le recours à cette procédure est expressément autorisé en matière de divorce ou de séparation de corps (C. civ. art. 2067).
Les intéressés, assistés de leurs avocats, s'engagent dans une convention écrite, conclue pour une durée déterminée, à œuvrer conjointement et de bonne foi à la résolution de leur conflit.
La procédure participative peut se dérouler **avant toute saisine d'un juge** (C. civ. art. 2062 ; CPC art. 1543).
Dans ce cas, tant que la procédure est en cours, le recours au juge pour statuer au fond est, sauf urgence ou inexécution de la convention, irrecevable (C. civ. art. 2065). À l'issue de la procédure participative, les parties peuvent, selon le cas, soumettre leur accord à l'homologation du juge ou lui demander de trancher le différend selon l'une des procédures de divorce précitées (C. civ. art. 2067).
Il n'est pas prévu que les avocats doivent se dessaisir du dossier en cas d'échec de la procédure.
Les intéressés peuvent également y avoir recours **une fois le juge saisi**, aux fins de mise en état ; une telle convention peut intervenir à tout moment de l'instance (C. civ. art. 2062 et 2063 ; CPC art. 1546-1 s.).
Pour un exposé plus complet, voir Mémento Procédure civile nos 55700 s.

HONORAIRES D'AVOCAT

9009 Sauf exceptions, notamment s'ils interviennent au titre de l'aide juridictionnelle totale, les avocats sont tenus de conclure avec leur client une **convention** d'honoraires pour toutes les procédures de divorce (Loi 71-1130 du 31-12-1971 art. 10, al. 3). Des modèles, à adapter, sont proposés par le Conseil national des barreaux.

I. DIVORCE PAR CONSENTEMENT MUTUEL

9010 Le divorce par consentement mutuel est ouvert aux époux qui sont d'**accord** tant sur le principe de la rupture du mariage que sur ses conséquences (C. civ. art. 230).
Les **majeurs protégés** en sont exclus, que la procédure soit contractuelle ou judiciaire (C. civ. art. 249-4). Cela vise les personnes sous tutelle, curatelle, sauvegarde de justice, mandat de protection future entré en application ou habilitation familiale.

A. Procédure contractuelle

1. CHAMP D'APPLICATION ET PRINCIPES GÉNÉRAUX

CHAMP D'APPLICATION

Le divorce par consentement mutuel sans juge est **ouvert** à tous les époux, quelle qu'ait été la durée de leur mariage, pourvu qu'ils s'accordent sur le principe et les conséquences de la rupture. **9012**
Par **exception**, outre le cas des majeurs protégés précité, le divorce contractuel est exclu lorsque l'un des enfants mineurs du couple exerce son droit de demander à être entendu par le juge. Un consentement mutuel reste alors possible, mais selon la procédure judiciaire (C. civ. art. 229-2).
La procédure de divorce sans juge a été validée par le Conseil constitutionnel (Cons. const. 17-11-2016 n° 2016-739).
Sur les règles applicables en présence d'un élément d'extranéité ou d'exécution à l'étranger d'un divorce par consentement mutuel non judiciaire, voir n°s 72903 et 72938.
Le CSN soulève toutefois que la procédure contractuelle ne permet pas de prendre suffisamment en considération les enfants mineurs. En leur présence et à défaut de circuit court, il recommande de faire homologuer la convention par le JAF (Communiqué de presse CSN du 12-9-2022).

Il est possible de **passer** d'un divorce contractuel **à un divorce judiciaire** : les intéressés peuvent demander un consentement mutuel judiciaire dès qu'un enfant mineur manifeste son souhait d'être entendu par le juge (CPC art. 1148-2). Ils forment une requête conjointe en ce sens. **9013**
L'un ou l'autre des époux peut aussi, à tout moment et jusqu'au dépôt de la convention de divorce au rang des minutes d'un notaire, saisir le juge en vue d'un divorce contentieux ou d'une séparation de corps (CPC art. 1148-2, 1106 et 1107).

DIVORCE RÉGI PAR LE DROIT COMMUN DES CONTRATS

Pour aboutir au divorce, les avocats établissent une convention que les époux signent et qu'un notaire dépose au rang de ses minutes. En l'absence de toute intervention du juge, le processus est soumis au droit commun des contrats (C. civ. art. 1101 s.). **9014**
Ont ainsi vocation à s'appliquer les règles relatives à la **formation** du contrat (C. civ. 1112 s.).
On peut donc penser que les époux sont notamment tenus de négocier de bonne foi et, par exemple, de communiquer les informations déterminantes pour le consentement de l'autre (C. civ. art. 1112-1, al. 1) : éléments de patrimoine ou de revenus ; situation personnelle, etc.
Sont-ils aussi tenus au devoir de confidentialité (C. civ. art. 1112-2) ? Pourraient-ils divulguer, dans le cadre d'un divorce contentieux, des informations obtenues lors des négociations du divorce contractuel ? Sur ce point, les auteurs sont partagés (notamment J. Casey, Le nouveau divorce par consentement mutuel, une réforme en clair-obscur : AJ fam. 2016 n° 14).
En tout état de cause, un manquement à leurs obligations serait de nature à engager leur responsabilité.
Cela dit, la convention de divorce, déposée au rang des minutes d'un notaire est un **contrat particulier**, par son formalisme mais surtout par son objet. Aussi se détache-t-il du droit commun des contrats en raison de son caractère familial (Circ. JUSC1638274C du 26-1-2017 fiche 2).
Il en est notamment ainsi des conditions dans lesquelles il pourrait être contesté (n°s 9078 s.).

2. ASSISTANCE DES ÉPOUX

Chacun des époux doit avoir son **propre conseil** (C. civ. art. 229-1). Cette obligation a été instaurée pour garantir l'équilibre des conventions, celui-ci n'étant pas contrôlé par le juge. **9015**
Chaque avocat doit donc avoir un **rôle** actif dans la négociation et l'élaboration de la convention ; il doit aussi assurer la complète information de son client afin que celui-ci soit en état de donner un consentement libre et éclairé sur les solutions finalement retenues.
Pour que les avocats présentent toutes les **garanties d'indépendance** nécessaires et afin de prévenir tout risque de conflit d'intérêts, ils ne doivent pas appartenir à la même structure professionnelle (Circ. JUSC1638274C du 26-1-2017 ; Décret 2023-552 du 30-6-2023 art. 7). L'interdiction s'applique aux avocats liés par un contrat de collaboration ou à ceux membres d'un même groupement d'exercice, société civile de moyens, etc.
Notons en revanche que le barreau d'appartenance des avocats importe peu puisqu'il n'y pas d'intervention judiciaire.
L'avocat qui signe la convention doit impérativement en être le rédacteur : l'avocat rédacteur ne peut se faire remplacer par un confrère lors de la signature de la convention (Charte commune CSN-CNB du 23-12-2020).

> **Précisions** En leur qualité de rédacteurs d'acte, les avocats ont l'obligation d'assurer la **validité** de la convention de divorce et sa pleine efficacité selon les prévisions des parties ; ils doivent refuser de participer à la rédaction d'une convention manifestement illicite ou frauduleuse (Décret 2023-552 du 30-6-2023 art. 9).

3. CONVENTION DE DIVORCE

MENTIONS OBLIGATOIRES

9016 La convention comprend certaines mentions obligatoires (C. civ. art. 229-3). Elles sont requises à peine de nullité et leur défaut doit conduire tout notaire à refuser d'enregistrer l'acte.
D'autres doivent être indiquées sans qu'aucune sanction ne soit prévue (CPC art. 1144-1 s.).

CONSEIL

Les avocats auront intérêt à solliciter rapidement un **notaire**, non seulement pour la liquidation des intérêts patrimoniaux des époux, mais aussi pour lui soumettre le projet de convention en amont. En effet, le notaire devant opérer un contrôle de la convention (n° 9058), mieux vaut qu'il fasse part de ses observations avant l'envoi du projet aux parties.

IDENTITÉ DES PARTIES ET DES INTERVENANTS

9017 Sont requises, à peine de nullité, les mentions suivantes :
– l'**état civil** complet des **époux** et de leurs **enfants** : nom, prénoms, profession, résidence, nationalité, date et lieu de naissance de chacun des époux, date et lieu de mariage ainsi que les mêmes indications pour chacun des enfants (C. civ. art. 229-3, 1°). Les conseils doivent donc s'enquérir des actes d'état civil de tous les intéressés. Ils pourront les annexer à la convention bien que cela ne soit pas expressément requis par les textes. Selon la Chancellerie, s'agissant des enfants, seules les mentions pertinentes doivent être détaillées. Elles n'ont donc pas à être exhaustives, surtout lorsque les enfants sont majeurs. Pour ceux-ci, la mention de leur existence et de leur date de naissance permet de s'assurer de la composition de la famille et du caractère complet ou non de la convention. L'indication de leur profession, leur nationalité ou leur date de mariage n'est pas utile car sans conséquences dans le divorce des parents (Rép. Capus : Sén. 20-12-2018 n° 4908 : BPAT 1/19 inf. 9) ;
– l'identité des **avocats** ainsi que la structure dans laquelle ils exercent (C. civ. art. 229-3, 2°). Cette précision a vocation à rendre apparent l'éventuel conflit d'intérêts qui existerait s'ils appartenaient à la même structure d'exercice (n° 9015).
Ces indications doivent être complétées, sans qu'aucune sanction particulière ne soit prévue, par le nom du **notaire** ou de la personne morale titulaire de l'office notarial chargé de recevoir la convention de divorce en dépôt au rang de ses minutes (CPC art. 1144-1).

ACCORD DES ÉPOUX

9018 Sous peine de nullité, la convention doit mentionner l'accord des époux sur la **rupture** du mariage et sur ses **effets** tels que définis dans leur convention (C. civ. art. 229-3, 3°). En effet, ce consentement ne se présume pas.

EFFETS DU DIVORCE

9019 Toujours à peine de nullité, la convention doit préciser « les modalités du règlement complet des effets du divorce conformément au chapitre « Des conséquences du divorce », notamment s'il y a lieu au versement d'une prestation compensatoire » (C. civ. art. 229-3, 4°).
La **liberté contractuelle** des époux est grande mais pas sans limites. D'une part, les questions visées au chapitre « Des conséquences du divorce » doivent être traitées. D'autre part, les époux ne peuvent pas aller contre l'ordre public. Il paraît notamment impossible de :
– renoncer au droit de visite et d'hébergement en échange d'une dispense de contribution à l'entretien et l'éducation des enfants ;
– prévoir une clause résolutoire portant sur le principe du divorce en cas d'inexécution des modalités prévues par la convention.

CONSEIL

Pour **justifier du respect des règles** tout comme de la **pleine information** des parties et ainsi limiter les risques de contestation ultérieure, il sera prudent :
– d'indiquer dans la convention les éléments et critères qui ont conduit aux choix des parties ;
– et d'envisager expressément l'ensemble des conséquences, même celles qui à défaut de précision sont régies par la loi.

9020 La convention doit prévoir la possibilité ou non pour la femme de porter le **nom** de son mari une fois divorcée, ou inversement (C. civ. art. 264).

Les intéressés précisent leur **lieu de résidence** et le sort du logement familial avec, le cas échéant, son attribution à l'un des époux. 9021

La convention définit les conditions d'exercice de l'**autorité parentale** sur les enfants et notamment : 9022
– la résidence de ceux-ci ;
– le montant et les modalités de paiement de la contribution à leur entretien et leur éducation ou la justification du non-versement, en cas de résidence alternée notamment. L'intermédiation de la CAF ou de la MSA pour la part en numéraire des contributions étant de principe, la convention doit l'écarter expressément si les parents ne souhaitent pas qu'elle soit mise en place (C. civ. art. 373-2-2 ; n°s 47112 s.) ;
– la prise en charge, financière et matérielle, des trajets entre les domiciles des parents ;
– en cas de résidence alternée des enfants, il est utile de désigner le parent qui sera attributaire des prestations familiales.

La convention indique s'il y a lieu à versement ou non d'une **prestation compensatoire** entre conjoints, les conditions de sa révision, la constitution le cas échéant de garanties de paiement et le sort de la prestation en cas de décès de son débiteur. 9024
Il est recommandé de rappeler les dispositions qui s'appliquent d'office en l'absence de disposition contraire des époux, tel le paiement de la prestation sur la succession (C. civ. art. 280).
Afin de justifier du principe de la prestation compensatoire et de son montant, il est aussi conseillé de détailler, dans la convention, les revenus, patrimoine, conditions de vie et perspectives dans un avenir prévisible de chacun des époux. Les avocats pourront utilement demander à leur client respectif une attestation sur l'honneur sur ces points bien que ce document ne soit prévu qu'au cas de divorce judiciaire (C. civ. art. 272).
Pour le reste, les époux sont libres de choisir un capital, une rente à durée déterminée ou non, ou encore un panachage (C. civ. art. 278).
Si la prestation est versée par l'attribution de biens ou de droits, la valeur de ceux-ci doit être indiquée (CPC art. 1144-3).
Si ces biens ou droits sont soumis à la publicité foncière, l'attribution est opérée par acte notarié annexé à la convention (CPC art. 1144-3).

Lorsque la convention fixe une pension alimentaire ou une prestation compensatoire sous forme de rente viagère, elle rappelle les **éléments d'information** relatifs au recouvrement et à la révision de la créance ainsi qu'aux sanctions pénales encourues en cas de défaillance (CPC art. 1144-4). Plus précisément, les dispositions à rappeler portent sur les modalités d'un paiement direct, de la saisie des rémunérations, du recouvrement par le Trésor public, de l'intervention de l'organisme débiteur de prestations familiales, de calcul de l'indexation et sur les délits d'abandon de famille et de déménagement sans notifier sa nouvelle adresse (Circ. JUSC1638274C du 26-1-2017 ann. 2). Bien que ce ne soit pas expressément prévu par les textes et pour assurer une information complète, l'avocat pourra préciser les modalités de l'intermédiation financière des pensions alimentaires. 9025
La circulaire admet que ces mentions soient indiquées dans une annexe de la convention (Circ. précitée fiche 4). Ce n'est pas la recommandation du Conseil national des barreaux (CNB), qui les prévoit dans la convention (CNB : Divorce par consentement mutuel par acte d'avocats, mode d'emploi, octobre 2017 ; modèle actualisé pour tenir compte de l'IFPA, Communiqué de presse CNB du 20-12-2022).

Si la convention de divorce prévoit que la pension alimentaire donnera lieu à **paiement direct** (les intéressés pouvant convenir d'une telle modalité), l'identité du tiers débiteur chargé du paiement et ses coordonnées sont indiquées dans la convention ; un extrait de cette convention constatant l'accord des parties est notifié au tiers (C. exécution art. R 213-9-1). 9027
Ces mentions ne sont pas requises à peine de nullité.

La convention précise le sort des **donations et avantages matrimoniaux** qu'ont pu se consentir les époux. À défaut de stipulation particulière, la loi prévoit le maintien des donations de biens présents et des avantages matrimoniaux ayant pris effet au cours du mariage et la révocation automatique des dispositions à cause de mort et des avantages matrimoniaux qui ne prennent effet qu'à la dissolution du régime matrimonial. Mais, comme déjà signalé à propos de la prestation compensatoire, l'indication des modalités du règlement des effets du divorce est exigée à peine de nullité (C. civ. art. 229-3). Il est donc prudent, même si les époux entendent appliquer le droit commun, de le préciser. 9028

La convention indique la **prise d'effet du divorce**. Elle précise que le mariage est dissous à la date à laquelle elle sera déposée au rang des minutes du notaire (C. civ. art. 260). 9030
Elle mentionne également la date d'effet, dans les rapports entre les époux, en ce qui concerne leurs biens, spécialement s'ils entendent déroger au principe posé par l'article 262-1 du Code civil.

9031 La convention peut également préciser la prise en charge des impôts entre les époux et toute **autre disposition** de nature à organiser les conséquences du divorce.

INFORMATION DES ENFANTS MINEURS

9032 La convention de divorce doit mentionner, à peine de nullité, que le mineur a été informé de son **droit à être entendu** par le juge et qu'il ne souhaite pas faire usage de cette faculté (C. civ. art. 229-3, 6°). Il s'agit de s'assurer que la contractualisation du divorce ne se fait pas au détriment du droit des enfants (dans le divorce par consentement mutuel judiciaire, le juge « peut refuser l'homologation et ne pas prononcer le divorce s'il constate que la convention préserve insuffisamment les intérêts des enfants ou de l'un des époux »).

L'information est mise **à la charge** des parents qui doivent attester, dans la convention, avoir rempli leur obligation. Même si cette information n'incombe pas légalement aux avocats, ceux-ci, en leur qualité de conseils, doivent veiller à ce qu'elle ait été effectivement délivrée. Il avait été proposé au cours des débats parlementaires qu'ils se chargent eux-mêmes de recevoir et d'éclairer les enfants et qu'ils en établissent un procès-verbal. Cette solution a été écartée, mais rien n'interdit d'organiser un rendez-vous réunissant les parties et leurs enfants pour procéder à cette information.

Les **mineurs concernés** sont les enfants communs aux deux époux. Ceux issus d'une précédente union ne semblent pas devoir être informés, même s'ils vivent avec le couple. En outre, les enfants communs doivent être capables de discernement.

9033 **Enfants capables de discernement** En présence d'enfants capables de discernement, il est remis à chacun d'eux un **formulaire** dont le modèle a été fixé par arrêté ; ce document mentionne le droit à être entendu par le juge et les conséquences du choix sur les suites de la procédure (CPC art. 1144 ; Arrêté JUSC1633188A du 28-12-2016). Les mineurs le remplissent, le datent et le signent. Leur signature n'est toutefois pas prévue à peine de nullité et n'a pas de force probante quant à la capacité de discernement qui reste soumise à l'appréciation du juge.

Dans le cas particulier où l'enfant serait capable de discernement mais **incapable physiquement de signer**, les deux parents signent le formulaire en indiquant que leur enfant est dans l'incapacité physique de le faire (Circ. JUSC1638274C du 26-1-2017).

Ces documents sont joints à la convention, qui mentionne que les enfants ont été informés (CPC art. 1145).

9034 **Enfants incapables de discernement** Si des enfants ne sont pas capables de discernement, la convention le précise et indique qu'ils n'ont, en conséquence, pas été informés (CPC art. 1144-2). Le défaut de cette **mention** n'est pas expressément sanctionné par la nullité, contrairement à celle visant l'information des enfants (C. civ. art. 229-3, 6°).

Aucune indication n'est donnée pour **apprécier la capacité de discernement**, cette évaluation incombant aux parents et à leurs conseils selon les critères habituels : âge et maturité notamment. La convention qui précise qu'un enfant n'est pas informé doit, selon nous, préciser les motifs qui ont conduit les parties à considérer qu'il n'était pas capable de discernement.

> **Précisions** Certains praticiens procèdent de la manière suivante : ils estiment qu'un enfant entre **zéro et six ans** est dépourvu de discernement et qu'un enfant **au-delà de neuf ans** est en principe, sauf raison médicale particulière, capable de discerner. Entre **sept et neuf ans**, ils considèrent qu'il faut apprécier la maturité de l'enfant – critère à prendre en compte dans tous les cas.

9035 **Demande d'audition du mineur** La demande peut être formée à **tout moment** de la procédure, jusqu'au dépôt de la convention de divorce au rang des minutes d'un notaire (CPC art. 1148-2, al. 1 ; Circ. JUSC 1638274C du 26-1-2017). Autrement dit, l'enfant qui a indiqué renoncer à être entendu dans le formulaire qu'il a signé peut revenir sur sa décision et ce, même après que ses parents ont signé la convention de divorce.

La **conséquence** d'une telle demande est l'arrêt nécessaire et immédiat de la procédure contractuelle ; le divorce doit prendre une forme judiciaire (Circ. JUSC 1638274C du 26-1-2017). Il reste judiciaire même si l'enfant revient par la suite sur sa demande.

ÉTAT LIQUIDATIF

9037 La convention comporte, à peine de nullité, l'état liquidatif du régime matrimonial ou la déclaration qu'il n'y a pas lieu à liquidation (C. civ. art. 229-3, 5°).

La liquidation prend la forme authentique devant notaire lorsqu'elle « porte sur des **biens soumis à publicité foncière** » (C. civ. art. 229-3, 5°). À cet égard, on peut se demander si la forme notariée s'impose dès lors que la liquidation porte sur des biens immobiliers ou uniquement si elle contient une opération entrant dans le champ de la publicité foncière. La Charte commune signée par le Conseil supérieur du notariat et le Conseil national des barreaux indique que l'état liquidatif doit être notarié lorsqu'il est accompagné d'un acte réglant le sort d'un droit réel, par exemple en présence d'une liquidation-partage avec transfert ou démembrement de biens immobiliers ou convention d'indivision sur des biens immobiliers. En revanche, lorsque l'acte effectue des comptes affectés par la présence d'un bien immobilier ou d'un droit réel mais n'aboutit pas à un partage ou à une convention d'indivision (par exemple, un calcul de récompenses), l'état liquidatif peut être fait par acte sous signature privée (Charte commune CSN-CNB du 23-12-2020).

En présence d'un acte liquidatif authentique, la convention de divorce ne le reprend pas in extenso ; il est joint en annexe et la convention se contente d'y faire un renvoi explicite (Circ. JUSC1638274C du 26-1-2017 fiche 4).

Lorsqu'il n'y a que des **biens mobiliers**, la liquidation peut être faite par les avocats et être inscrite directement dans la convention. Mais les époux ont, bien sûr, la possibilité de solliciter un notaire. L'intervention de ce professionnel, sans être obligatoire, peut en effet s'avérer pertinente si la complexité des opérations le justifie.

On rappellera que l'**absence de bien** à partager au jour du divorce ne signifie pas qu'il n'y a pas d'opérations liquidatives à faire puisqu'il peut être dû des récompenses ou des créances entre époux. Aussi, plutôt que de déclarer qu'il n'y a pas lieu à liquidation, mieux vaut préciser que, au terme des opérations de liquidation-partage, les époux ne se doivent rien et n'ont pas de bien à partager.

Date de signature de l'état liquidatif notarié Il est une pratique selon laquelle les époux signent, chez leur notaire, l'état liquidatif de leur régime matrimonial **en amont du processus**, c'est-à-dire avant la finalisation de leur convention de divorce. L'acte liquidatif est alors établi sous la condition suspensive du dépôt de celle-ci au rang des minutes d'un notaire. 9038
Cette façon de faire reproduit celle en vigueur dans le cadre d'un divorce par consentement mutuel judiciaire, alors que le processus est radicalement différent. Ses partisans la justifient en prenant appui sur l'article 229-3, 5° du Code civil, qui prévoit que « la convention comporte expressément [...] l'état liquidatif du régime matrimonial, le cas échéant en la forme authentique devant notaire ».

Elle est pourtant **critiquable**.

D'abord, elle contredit le droit à réflexion des époux, qui pourtant est impératif (n° 9045). En effet, dès lors que les intéressés signent l'acte liquidatif chez leur notaire, on peut penser qu'ils se sentent irrémédiablement liés et qu'ils s'interdisent, en conséquence, de mobiliser le délai qui leur est ouvert pour revenir sur les modalités convenues (en ce sens, voir N. Couzigou-Suhas, État liquidatif notarié et divorce sans juge : retour d'expérience d'un praticien : SNH 11/18 inf. 9). Celui qui se considérera a posteriori lésé par le divorce pourrait en tirer argument pour rechercher la nullité de la convention, voire la responsabilité des avocats et notaires n'ayant pas assuré l'efficacité de l'acte (L.-F. Pignarre, Délai de réflexion et divorce sans juge : du bon usage de la condition : Dalloz 2018 p. 32).

Ensuite, le recours au mécanisme de la condition paraît discutable. Une condition ne peut pas porter sur un élément essentiel de la convention. Or le consentement au divorce est bien un élément essentiel de l'acte liquidatif, celui-ci « absorbant » le consentement donné à la liquidation (L.-F. Pignarre art. précité).

Enfin, l'argument textuel peine à convaincre car l'article vise le contenu de la convention définitive et non celui du projet transmis aux parties pour faire courir leur délai de réflexion ; lorsque le législateur a voulu mentionner le « projet de convention », il l'a fait expressément, comme dans l'article 229-4 du Code civil (en ce sens, J. Casey et S. David, Divorce sans juge : plaidoyer pour un circuit court : AJ fam. 2017 p. 539).

Pour sa part, la garde des Sceaux considère clairement que l'acte liquidatif authentique doit être signé après le délai de réflexion afin que ce délai « s'applique tant au principe qu'aux conséquences pécuniaires du divorce » (Rép. Viry : AN 24-12-2019 n° 19958 : BPAT 1/20 inf. 5). Dernièrement, les représentants des avocats et des notaires ont rejoint cette recommandation de la Chancellerie (Charte commune CSN-CNB du 23-12-2020).

FRAIS

La convention fixe la **répartition**, entre les époux, des frais engagés pour le divorce (CPC art. 1144-5). Elle ne peut en mettre plus de la moitié à la charge de celui qui bénéficie de l'aide juridictionnelle. À défaut d'indication, la répartition se fait par moitié. 9040
Il est conseillé de détailler les différents postes de dépenses.

ANNEXES DE LA CONVENTION

9042 La convention de divorce comporte, le cas échéant, les annexes suivantes (CPC art. 1145) :
– le formulaire signé et daté de chacun des enfants. À défaut, le notaire ne peut procéder au dépôt de la convention ;
– l'état liquidatif en la forme authentique, sous peine de nullité (n° 9037) ;
– l'acte authentique en cas d'attribution à titre de prestation compensatoire de biens ou droits soumis à la publicité foncière (n° 9024).
Sont aussi annexés :
– si elle n'est pas reproduite dans la convention, l'information sur le paiement des pensions et prestation compensatoire sous forme de rente viagère (n° 9025) ;
– les avis de réception du projet de convention, signés par chacun des époux. Ces annexes permettent au notaire de s'assurer que les époux ont effectivement bénéficié du délai de réflexion obligatoire (voir n°s 9044 s. ; Circ. JUSC 1638274C du 26-1-2017 fiche 4) ;
– l'attestation sur l'honneur, de chaque époux, certifiant l'exactitude de leurs ressources, patrimoine et conditions de vie, si elle a été demandée (n° 9024) ;
– les actes d'état civil des intéressés, bien que cela ne soit pas obligatoire ;
– le cas échéant, la traduction de la convention et de ses annexes par un traducteur habilité (CPC art. 1146).

4. DÉLAI DE RÉFLEXION

9044 Une fois les modalités du divorce finalisées, les époux disposent d'un temps de réflexion (C. civ. art. 229-4). Pour **le faire courir**, chaque avocat adresse à son client le projet de convention par lettre recommandée avec demande d'avis de réception. L'avis de réception doit être signé personnellement par son destinataire, la signature de l'un des époux ne valant pas réception de la convention par l'autre (Circ. JUSC 1638274C du 26-1-2017).
Le délai se décompte selon le droit commun : il commence à courir le lendemain de la date de la remise de la convention à zéro heure ; il expire le dernier jour à vingt-quatre heures. Si le dernier jour est un samedi, un dimanche, un jour férié ou chômé, le délai est prolongé jusqu'au premier jour ouvrable suivant (CPC art. 641 et 642).

9045 Le délai de réflexion est d'une **durée** de 15 jours incompressibles, durant lesquels les époux ne peuvent pas s'engager (C. civ. art. 229-4). Le rendez-vous de signature est donc fixé au plus tôt 15 jours après la réception du dernier courrier recommandé.
En **cas de modification** du projet de convention, il convient de faire courir un nouveau délai de réflexion, du moins s'il s'agit d'une modification substantielle.
Faute de respecter le délai de 15 jours, la convention est nulle.

9047 La question se pose de savoir si les annexes doivent être envoyées aux époux en même temps que le projet de convention. Elles ne sont pas expressément visées (C. civ. art. 229-4).
Cependant, leur communication nous paraît nécessaire pour que les parties puissent mettre à profit leur temps de réflexion en étant parfaitement éclairées (voir en ce sens notamment C. Blanchard, Le contrôle par le notaire lors du dépôt de la convention de divorce : Bull. Cridon Paris n° 10-11).

5. FORME ET SIGNATURE DE LA CONVENTION

9050 La convention peut être valablement rédigée en **langue** étrangère (CE 14-6-2018 n° 408261 : BPAT 5/18 inf. 187). Sa traduction en français, qui doit alors être jointe en annexe (n° 9042), ne s'impose que pour son dépôt.
Si l'un des deux époux ne maîtrise pas la langue dans laquelle la convention est rédigée, un interprète doit être présent lors de la signature.
La convention prend nécessairement la **forme** d'un acte sous signature privée contresigné par avocats (C. civ. art. 229-1). Elle ne peut pas être passée en la forme notariée.
La convention peut être **signée** par voie électronique (C. civ. art. 1175). Il s'agit d'une dérogation à la règle qui interdit la signature électronique pour les actes sous signature privée relatifs au droit de la famille et des successions. Cela dit, il est expressément requis que la convention soit signée par les époux et leurs avocats ensemble à l'occasion d'un rendez-vous les réunissant physiquement tous les quatre (CPC art. 1145).
La convention et ses annexes sont signées en trois **exemplaires** (CPC art. 1145). Chaque époux conserve un original avec ses annexes, le troisième étant déposé au rang des minutes d'un notaire. Un quatrième original est établi, dans les mêmes conditions, pour permettre, si nécessaire, l'enregistrement.
Le cas échéant, un original supplémentaire est établi aux fins de mise en place de l'intermédiation de la CAF ou de la MSA pour le paiement de la contribution à l'entretien et l'éducation des

enfants. C'est le cas lorsque la convention de divorce fixe une telle contribution sous la forme d'une pension alimentaire en tout ou partie en numéraire et qu'elle ne mentionne pas le refus des deux parents de mettre en place cette intermédiation (CPC art. 1145, al. 5 ; voir n° 47112 s.). L'original est transmis à la CAF ou à la MSA par l'avocat du parent créancier accompagné d'une attestation de dépôt délivrée par le notaire (CSS art. R 582-4-1).
Les avocats ne sont pas tenus de conserver la convention et ses annexes, l'archivage de ces documents étant assuré par leur dépôt au rang des minutes d'un notaire.

> **Précisions** Depuis le 23 juillet 2023, le recours à l'**e-DCM** est obligatoire pour toute convention de divorce signée et déposée électroniquement. Cette application intégrée à la plateforme e-Actes d'avocat permet de réaliser des actes d'avocat natifs électroniques garantissant la concomitance des signatures et la localisation des parties et de leurs avocats. Une fois finalisée, la e-convention de divorce est envoyée au notaire par la voie électronique directement depuis la plateforme e-Actes d'avocat (Avenant à la charte commune CSN-CNB du 15-6-2022).

PORTÉE DE LA SIGNATURE

La portée de la signature des époux pose question car ces derniers peuvent **mettre fin au processus contractuel** postérieurement. En effet, ils sont autorisés, jusqu'au dépôt de la convention de divorce au rang des minutes d'un notaire, à saisir la juridiction d'une demande de séparation de corps ou de divorce judiciaire dans les conditions prévues aux articles 1106 et 1107, c'est-à-dire par une requête ou une assignation en vue d'un divorce contentieux (CPC art. 1148-2). On peut déduire de cette rédaction que la signature n'engage pas définitivement les époux. La convention de divorce serait, dès lors, conclue sous la condition de son dépôt. 9051

En application des règles du contrat, pourrait-il y avoir **rupture abusive** des négociations ou du contrat en cas de saisine d'un juge, spécialement après signature de la convention ? La rupture du processus ne saurait, en elle-même, être abusive puisqu'elle est autorisée par la loi. Il pourrait toutefois en aller autrement s'il était démontré que l'époux s'est engagé dans la voie contractuelle uniquement dans le but de gagner du temps et sans intention d'aboutir. Par conséquent, il pourrait être condamné aux frais engagés ou être condamné à réparer les autres dommages qui pourraient être prouvés. 9052

La circulaire du 26 janvier 2017 propose une autre analyse. La convention de divorce serait un **contrat à terme** (au sens de l'article 1305 du Code civil) qui engage les parties de manière irrévocable sauf les deux hypothèses prévues par le droit commun des contrats (C. civ. art. 1193). La convention ne pourrait donc être révoquée que si : 9053
– les conjoints sont d'accord pour y renoncer. Pourtant, on a vu que l'article 1148-2 du Code de procédure civile autorise à saisir le juge par une requête unilatérale ;
– la loi l'autorise. C'est le cas de la demande d'audition par un enfant qui peut intervenir jusqu'au dépôt de la convention.
Selon cette interprétation, qui nous semble contestable, « seuls les effets de la convention, et donc l'exigibilité des obligations de chacun des époux, sont différés jusqu'au dépôt de l'acte au rang des minutes du notaire, mais la force obligatoire de la convention s'impose aux parties dès la signature. En conséquence, il serait interdit à un seul des époux de faire blocage et de bénéficier de ce fait d'une faculté de rétraction non prévue par la loi » (Circ. JUSC 1638274C du 26-1-2017). Le notaire, pour sa part, aurait l'obligation de procéder au dépôt de la convention (voir n° 9057).

ATTENTION

Cette analyse ne peut qu'encourager les professionnels à organiser un **rendez-vous commun** au cours duquel la convention sera signée et déposée au rang des minutes du notaire : le risque de rétraction sera ainsi écarté.

6. DÉPÔT AU RANG DES MINUTES D'UN NOTAIRE

La convention et ses annexes sont déposées au rang des minutes d'un notaire. Le dépôt est **obligatoire** dans tous les cas, même en l'absence d'immeuble (C. civ. art. 229-1 et 229-4). 9054
La loi n'interdit pas que le **même professionnel** dresse l'état liquidatif et enregistre l'acte de divorce, ce que la circulaire confirme (Circ. JUSC 1638274C du 26-1-2017 fiche 6 n° 201).
Les notaires ne sont pas assujettis à des règles de **compétence territoriale** pour recevoir les conventions de divorce. Dès lors que le divorce est soumis au droit français, tout notaire français est donc compétent quels que soient la nationalité et/ou le domicile des parties (Circ. JUSC 1638274C du 26-1-2017 fiche 6 n° 201).

Les **agents diplomatiques et consulaires** qui ont des attributions notariales ne sont pas compétents pour recevoir en dépôt, au rang des minutes, les conventions de divorce contractuel (Décret 91-152 du 7-2-1991 art. 2).

DÉLAI POUR LE DÉPÔT

9056 Le dépôt doit se réaliser dans les délais suivants (CPC art. 1146) : dans les sept jours de la signature de la convention, l'avocat le plus diligent, à la requête des parties, transmet les documents originaux au notaire (l'envoi ne peut pas être dématérialisé sauf la e-convention de divorce envoyée directement depuis la plateforme e-Actes d'avocat). Dans les 15 jours de leur réception, le notaire procède au dépôt.

Le décret n'exige pas de forme particulière pour cet envoi, mais un courrier recommandé permettra de **justifier** du respect des délais.

Aucune **sanction** n'est prévue en cas de retard dans le dépôt de la convention. Ce retard n'implique notamment pas la caducité de l'acte (Circ. JUSC 1638274C du 26-1-2017 fiche 6). Il peut en revanche engager la responsabilité des professionnels.

Les délais précédemment indiqués sont des **maxima** et non des minima. Il peut donc être procédé, le même jour, à la signature de la convention et à son dépôt au rang des minutes d'un notaire.

MODALITÉS DU DÉPÔT

9057 Le dépôt au rang des minutes d'un notaire ne requiert pas la **présence des époux** et de leurs **avocats**.

Cela dit, il peut utilement être envisagé de signer la convention de divorce et de procéder à son dépôt au rang des minutes d'un notaire **le même jour**. En effet, cette modalité évite de procéder au dépôt d'une convention qui aurait entretemps été remise en cause par la saisine d'un juge (voir, sur ce point, le circuit mi-long, n° 9075). Selon le Conseil supérieur du notariat (CSN), le notaire n'a pas à vérifier si les époux ont abandonné la voie du divorce par consentement mutuel (CSN fiche du 23-2-2017).

Dans l'hypothèse où l'un des époux se serait **rétracté entre la signature** de la convention **et** son **dépôt** au rang des minutes d'un notaire, la circulaire préconise que le notaire procède néanmoins à cet enregistrement puisqu'il s'agit d'un « contrat à terme » qui engage les parties de manière irrévocable. Cette solution nous paraît très contestable : à notre avis, tant que la convention n'est pas déposée au rang des minutes du notaire, elle n'a pas date certaine ni force exécutoire et les époux peuvent donc décider de renoncer au divorce.

RÔLE DU NOTAIRE

9058 Le notaire **vérifie** (C. civ. art. 229-1) :

– la présence, dans la convention, de toutes les mentions prescrites à peine de nullité, c'est-à-dire l'identité des parties et de leurs avocats, l'accord exprès des époux, les modalités de règlement des conséquences du divorce y compris le cas échéant le versement d'une prestation compensatoire, l'état liquidatif et la mention sur l'information des mineurs ;
– le respect du délai de réflexion.

Il s'assure aussi que toutes les annexes nécessaires sont jointes.

À défaut, il doit refuser de procéder au dépôt de la convention. Dans ce cas, une nouvelle convention avec les mentions manquantes doit être signée et un nouveau délai de réflexion de 15 jours respecté.

Le notaire ne reçoit pas les époux ni leurs avocats ; il ne vérifie pas leur consentement, l'équilibre de la convention, l'opportunité des solutions et le discernement des enfants. Ces missions sont assurées par l'avocat. Il n'est tenu que d'un **contrôle formel**.

Mais en sa qualité d'officier public et ministériel, le notaire doit refuser de procéder au dépôt d'une convention qui serait contraire à l'**ordre public familial**, par exemple une clause de non-remariage conditionnant une prestation compensatoire ou une renonciation à tout droit de visite et d'hébergement sur les enfants (en ce sens, voir CSN, Divorce par consentement mutuel, note pratique du 11-5-2017). La circulaire ne vise que les atteintes « manifestes » à l'ordre public et invite alors le notaire à alerter les avocats sur la difficulté ; elle ne précise pas qu'il doit résister à une éventuelle injonction de dépôt (Circ. JUSC 1638274C du 26-1-2017 fiche 6). Sans la restriction tenant à la visibilité de la violation, les règles professionnelles des notaires, elles, stipulent que ceux-ci doivent refuser leur concours pour l'élaboration de conventions contraires à la loi, frauduleuses ou qu'ils savent inefficaces ou inutiles (Décret 2023-1297 du 28-12-2023 art. 5).

Le notaire doit adopter la même position s'il a connaissance d'une **fraude fiscale**. L'hypothèse peut se présenter dans le cas où des époux, préparant leur divorce, vendent leur bien immobilier mais ne déclarent pas le prix de vente dans la liquidation pour échapper au droit de partage. Si le notaire qui s'est chargé de la vente est aussi celui qui reçoit la convention de divorce, il ne pourra pas procéder au dépôt qui entérinerait une fraude fiscale dont il a personnellement connaissance.

SUITES ET COÛT DU DÉPÔT

Le dépôt effectué, le notaire délivre aux époux une **attestation** mentionnant l'identité des intéressés et la date du dépôt (CPC art. 1147). 9060
Le cas échéant, il en délivre une à l'avocat désigné au titre de l'aide juridictionnelle pour que celui-ci puisse solliciter le paiement de l'État.
Le coût du dépôt est de 41,20 € HT (C. com. art. A 444-173-1).

EFFET DU DÉPÔT

Le dépôt au rang des minutes donne ses effets à la convention en lui conférant **date certaine et force exécutoire** (C. civ. art. 229-1). 9062
La convention ainsi déposée est expressément désignée comme un titre exécutoire (C. exécution art. L 111-2 4° bis). L'ex-époux créancier, d'une pension alimentaire par exemple, peut ainsi obtenir le paiement forcé de son dû sur la base de ce document accompagné de l'attestation de dépôt.

Ce dispositif créé une **situation inédite** car, en principe, la force exécutoire découle de l'authenticité de l'acte. Or, le dépôt, ici, est un dépôt simple. Il n'est pas authentifiant puisque le notaire ne procède pas à la reconnaissance d'écriture et de signature, c'est-à-dire au contrôle des faits, du consentement des parties et de la légalité de l'acte (Circ. JUSC 1638274C du 26-1-2017 fiche 6 ; S. David et R. Brunet, Le rôle du notaire dans le nouveau divorce par consentement mutuel : AJ fam. 2017 p. 31). Le législateur a confié le contrôle des consentements aux avocats, la force probante de l'acte découlant de la forme d'acte d'avocat. En effet, ce type d'acte fait foi de l'écriture et de la signature des intéressés (C. civ. art. 1374). En outre, en contresignant l'acte, l'avocat atteste avoir éclairé pleinement la partie qu'il conseille sur les conséquences juridiques de cet acte. 9063
Il semble donc que la convention déposée au rang des minutes relève d'une nouvelle catégorie juridique, dont la force exécutoire découle directement de la loi.
Mais certains auteurs considèrent que cette solution ne correspond pas à la volonté des pouvoirs publics. Ils estiment peu réaliste d'admettre que la convention, déposée au rang des minutes du notaire se suffit à elle-même (en ce sens, J. Casey et S. David, Divorce sans juge : plaidoyer pour un circuit court : AJ fam. 2017 p. 539).

CONSEIL

Prévoir la **reconnaissance d'écriture** et de **signature par** le notaire permet de « se prémunir d'une jurisprudence qui pourrait l'exiger en considérant qu'il s'agit d'une condition nécessairement sous-entendue par le texte » (Muriel Suquet-Cozic : Sol. Not 2/17 inf. 46).
À cet égard, mettre en place un circuit court est intéressant (n° 9073).

Le **notaire conserve l'acte** pendant 75 ans ; il est en droit d'en délivrer des copies exécutoires et des copies authentiques (Circ. JUSC 1638274C du 26-1-2017 fiche 6). 9064

7. ENREGISTREMENT ET PUBLICITÉ FONCIÈRE

La loi étant muette concernant l'exécution des formalités d'enregistrement et de publicité foncière, il y a lieu de se référer au droit commun pour trouver les solutions en la matière. À défaut de texte normatif, on notera l'existence d'une circulaire du ministère de la justice (Circ. JUSC 1638274C du 26-1-2017 fiche 8) et d'une note interne du bureau chargé de la publicité foncière de la DGFiP (Note interne DGFiP 2016-12-2894, bureau GF-3B du 1-2-2017). Le sujet est également évoqué par le Conseil supérieur du notariat et par le Conseil national des barreaux dans leurs publications. 9068
L'attention du lecteur est attirée sur le fait que l'enregistrement des actes du divorce sans juge prête à discussion et fait l'objet de divergences entre les praticiens. On constate également des usages variés au sein des différents services de publicité foncière. Les solutions, parfois incertaines, sont susceptibles d'évoluer et méritent d'être confirmées par l'administration fiscale dans une prochaine publication au Bofip.
À notre avis, l'**état liquidatif** en tant que tel (qui est chronologiquement le premier acte dressé et signé par les futurs ex-époux) n'a pas à être enregistré dans la mesure où chacun des époux peut se rétracter jusqu'au dépôt de la convention. Une partie de la doctrine propose toutefois son enregistrement (droit fixe de 125 €).
L'enregistrement ou la publication de la **convention** à laquelle est elle-même annexée la copie de l'état liquidatif est effectué par (CGI art. 635 ; Circ. JUSC 1638274C précitée) :
– le notaire en présence d'un acte authentique (acte liquidatif portant sur des biens soumis à publicité foncière) ;
– le notaire ou les avocats lorsque la convention, acte sous signature privée, comporte un état liquidatif ou une prestation compensatoire soumise à l'enregistrement.

9068 (suite) Le délai d'un mois pour y procéder court à compter du dépôt au rang des minutes du notaire puisque c'est ce dépôt qui rend la convention exécutoire.

La circulaire du ministère de la justice et la note interne de la DGFiP susvisées s'accordent à dire que l'**acte de dépôt** de la convention de divorce n'est pas un acte notarié au sens de l'article 635 du CGI. Il n'est donc pas soumis à la formalité de l'enregistrement et ne donne lieu au paiement d'aucun droit. Cela étant, dans la mesure où tous les actes notariés doivent être enregistrés (CGI art. 635) et que seul un texte de nature législative peut déroger à cette exigence, une partie de la doctrine recommande l'enregistrement sur état de l'acte de dépôt de la convention en mentionnant une exonération de droits (en ce sens, M. Suquet-Cozic, Le point sur les formalités d'enregistrement et de publicité foncière : SNH 4/17 inf. 15 ; S. Lamiaux, Flash du Cridon Nord-Est n° 7/2017 p. 7).

En pratique, c'est obligatoirement le notaire qui se charge des formalités d'enregistrement lorsque l'état liquidatif est dressé sous la forme authentique (biens soumis à publicité foncière). L'avocat de l'un ou l'autre des époux peut s'en charger lorsque l'état liquidatif est un acte sous signature privée.

Le tableau ci-après, sans prétendre à l'exhaustivité, propose une synthèse des formalités d'enregistrement et de publicité foncière.

	Convention avec état liquidatif en l'absence de biens soumis à publicité foncière réalisant : – un partage (biens mobiliers, fonds de commerce, etc.) – ou le paiement de prestation compensatoire par remise de biens mobiliers – ou toute autre opération soumise à enregistrement	**Convention avec état liquidatif notarié portant sur des biens soumis à publicité foncière**	**Acte de dépôt de la convention au rang des minutes****
Formalité	Enregistrement obligatoire	Formalité fusionnée*	Ni enregistrement ni formalité de publicité foncière
Effectuée par	Notaire ou avocats	Notaire	
Délai	1 mois à compter du dépôt au rang des minutes du notaire		
Service compétent	Service des impôts des entreprises	Service de la publicité foncière	
Fiscalité	Droit de partage *** ou droit fixe de 125 € en cas de prestation compensatoire en capital	Droit de partage *** + contribution de sécurité immobilière de 0,10 %	Aucun droit

* La question se pose de savoir si c'est l'état liquidatif ou l'acte de dépôt (comportant en annexe la convention de divorce à laquelle est elle-même annexée la copie de l'état liquidatif notarié) qui doit être présenté au SPF (en faveur de la publication de l'acte de dépôt : M. Suquet-Cozic, Le point sur les formalités d'enregistrement et de publicité foncière : SNH 4/17 inf. 15 ; voir également BF 4/17 n° 430). La DGFiP est en faveur d'une publication de l'état liquidatif et distingue deux cas.

L'acte liquidatif est établi sous la condition suspensive du dépôt de la convention au rang des minutes d'un notaire (voir n° 9038) : il est alors publié avec la mention en pied d'acte de la date de l'acte de dépôt de la convention de divorce au rang des minutes.

En présence d'une condition suspensive, une partie du notariat estime qu'un acte constatant la réalisation de ladite condition (acte non prévu par la loi, parfois appelé « quatrième acte ») devrait être publié, accompagné du paiement des droits, le plus souvent un droit de partage. À notre avis, ce « quatrième acte » n'est pas pertinent et nous semble contraire à l'esprit de la loi, pourtant certains SPF l'exigent !

En l'absence de condition suspensive, l'état liquidatif est le seul acte publiable et donne ouverture au droit de partage ; l'administration admet de différer le point de départ du délai de publication de l'état liquidatif et le paiement des droits à l'acte de dépôt au rang des minutes.

** Selon la Chancellerie et l'administration fiscale, l'acte de dépôt au rang des minutes n'est pas un acte notarié et n'est pas soumis à l'enregistrement. Mais une partie de la doctrine incite par précaution à enregistrer cet acte sur état en exonération de droits (en ce sens, M. Suquet-Cozic, Le point sur les formalités d'enregistrement et de publicité foncière : SNH 4/17 inf. 15 ; S. Lamiaux, Flash du Cridon Nord-Est n° 7/2017 p. 7).

*** Le droit de partage est fixé à 1,10 % depuis le 1-1-2022 (Loi 2019-1479 du 28-12-2019 art. 108). Il ne s'applique qu'aux partages de l'article 746 du CGI et pas aux licitations visées à l'article 750 du même Code (Rép. Renaud-Garabedian : Sén. 22-12-2022 n° 00356).

8. PUBLICITÉ ET PREUVE DU DIVORCE

Le divorce est inscrit en marge des **actes d'état civil** des époux (acte de mariage et actes de naissance), à la requête de l'intéressé ou de son avocat, au vu de l'attestation de dépôt délivrée par le notaire (CPC art. 1147). 9070
Si le mariage a été célébré à l'étranger et en l'absence d'acte de mariage conservé par un officier de l'état civil français, mention du divorce est portée en marge de l'acte de naissance de chaque époux. À défaut, l'attestation de dépôt est conservée au répertoire civil annexe détenu au service central d'état civil à Nantes. Toutefois, si le mariage a été célébré à compter du 1er mars 2007, sa transcription sur les registres de l'état civil français est nécessaire avant de pouvoir inscrire la mention du divorce sur l'acte de naissance d'un Français.

La **preuve** du divorce, à l'égard des tiers, est apportée par l'attestation de dépôt délivrée par le notaire ou une copie de celle-ci (CPC art. 1148). 9071
La production, par tout intéressé, d'une copie certifiée conforme de la convention de divorce et, le cas échéant, de ses annexes ou d'un de leurs extraits permet les mainlevées, radiations de sûretés, mentions, transcriptions ou publications rendues nécessaires par le divorce (CPC art. 1148-1).

9. DÉROULEMENT DES OPÉRATIONS : TROIS CIRCUITS PRATIQUÉS

CIRCUIT LONG

Le déroulement du divorce par consentement mutuel sans juge est sujet à discussion et fait l'objet de divergences entre les praticiens. 9072
Certains préconisent le respect d'un « circuit long », qui est celui **décrit par le Code civil** :
– les avocats établissent le projet de convention de divorce et, en parallèle, au moins lorsque les époux possèdent un patrimoine immobilier, le notaire prépare un projet d'état liquidatif. Une collaboration entre les professionnels s'impose notamment parce que le montant et le règlement de la prestation compensatoire sont souvent en lien avec la liquidation du régime matrimonial ;
– le projet de convention est envoyé à chaque époux pour faire courir le délai de réflexion. Il est recommandé d'y joindre l'état liquidatif à l'état de projet (sur la discussion, voir n° 9038) ;
– au terme des 15 jours de réflexion, les époux, s'ils ne l'ont pas déjà fait, signent l'état liquidatif chez leur notaire. Puis ils signent, en présence de leurs avocats, la convention ;
– l'avocat le plus diligent transmet au notaire la convention et ses annexes dans les sept jours de la signature ;
– à réception, le notaire a 15 jours pour procéder au dépôt. Il ne reçoit pas les époux, avec les incertitudes évoquées (nos 9057 et 9063).

CIRCUIT COURT

Il commence comme le circuit long pour la préparation des projets d'actes et le respect du délai de réflexion. Mais le tout est finalisé en un seul rendez-vous chez le notaire. À cette occasion, les époux signent l'acte liquidatif définitif ; ils signent, ainsi que leurs avocats, la convention de divorce et, enfin, le notaire procède au dépôt en présence des époux. 9073
Ce mode opératoire présente de nombreux **avantages** (notamment J. Casey et S. David, Divorce sans juge : plaidoyer pour un circuit court : AJ fam. 2017 p. 539 ; J.-F. Sagaut, État liquidatif notarié : projet ou copie ? Soyons d'abord pragmatiques ! : SNH 4/18 p. 20). Il est rapide. Il évite la multiplication des rendez-vous. Il fait disparaître l'insécurité liée au décalage temporel entre la signature de la convention et son dépôt : la persistance de la volonté des époux et l'absence de demande d'audition par un enfant mineur peuvent être vérifiées. Enfin, il permet au notaire de procéder à la reconnaissance d'écriture et de signature (S. David et R. Brunet, Le rôle du notaire dans le nouveau divorce par consentement mutuel : AJ fam. 2017 p. 31).
Une telle façon de procéder n'est pas interdite par les textes puisque les délais donnés ne sont pas des minima (n° 9056). Elle est pratiquée par certains notaires et avocats. Elle est jugée « pertinente » par la garde des Sceaux qui, pour autant, ne condamne pas la façon de faire avec deux rendez-vous (Rép. Viry : AN 24-12-2019 n° 19958 : BPAT 1/20 inf. 5). Cette position de la Chancellerie est partagée par le Conseil supérieur du notariat et le Conseil national des barreaux (Charte commune CSN-CNB du 23-12-2020). Le CSN appelle même à sa généralisation (Communiqué de presse CSN du 12-9-2022).

CIRCUIT « MI-LONG »

Dans ce schéma, l'acte liquidatif est signé en amont chez le notaire, comme dans le circuit long. 9075
Mais, comme dans le circuit court, il est procédé, à l'occasion d'un rendez-vous chez le notaire, à la signature de la convention de divorce et à son dépôt (CSN, Divorce par consentement mutuel, note pratique du 11-5-2017).

UN QUATRIÈME ACTE ?

9076 Certains praticiens préconisent de dresser un quatrième acte, à la toute fin des opérations. Un tel acte n'est pas prévu par le dispositif légal. Il a pour **objet** de :
– constater la réalisation de la condition suspensive stipulée dans l'acte de liquidation-partage (le dépôt de la convention de divorce) ;
– constater la finalisation du partage, à savoir le paiement de la soulte éventuellement prévue, les mutations d'immeubles, etc. ;
– procéder, le cas échéant, aux inscriptions exigées par l'établissement de crédit pour le financement de la soulte ou le rachat du prêt en cours (hypothèques, etc.).
Les praticiens sont partagés sur l'**intérêt** d'un tel acte. Certains l'estiment nécessaire pour assurer la sécurité et l'efficacité du partage intervenu entre les parties (en ce sens, X. Fromentin et F. Chassé, Finaliser le divorce et les règlements financiers entre époux en un rendez-vous : pistes et contraintes : SNH 4/18 inf. 14). Pour d'autres, il est contraire à l'esprit de la loi, qui ne l'a pas prévu (en ce sens, M. Suquet-Cozic, Le point sur les formalités d'enregistrement et de publicité foncière : SNH 4/18 inf. 15). De même, la note interne de la DGFiP incite à accepter de publier les mutations immobilières engendrées par le divorce sur la seule présentation de l'état liquidatif (Note interne DGFiP 2016-12-2894, bureau GF-3B du 1-2-2017). Cette note ne suggère pas l'élaboration d'un quatrième acte.

10. CONTESTATION DU DIVORCE

RECOURS DES ÉPOUX

9078 Le Code civil n'évoque pas la question des recours ouverts aux époux. Mais il est certain que la convention de divorce ne bénéficie pas de la même force que celle prévue dans un consentement mutuel judiciaire, puisqu'elle n'est pas homologuée par le juge.
Le caractère purement conventionnel du divorce rend applicables les **règles relatives aux contrats** (C. civ. art. 1101 s. ; Circ. JUSC 1638274C du 26-1-2017 fiche 2 ; P. Peltsman, Rappel : le caractère indivisible de la convention et du jugement de divorce : Gaz. Pal. 2017 n° 14 p. 42). L'acte d'avocat n'interdit pas les contestations. Certes, « en contresignant un acte sous seing privé, l'avocat atteste avoir éclairé pleinement la ou les parties qu'il conseille sur les conséquences juridiques de cet acte » (Loi 71-1130 du 31-12-1971 art. 66-3-1). « Mais le but de cette règle est de renverser la charge de la preuve du devoir de conseil, non de rendre inattaquable l'acte d'avocat » (S. Piedelièvre, La remise en cause de la convention de divorce dans le nouveau divorce par consentement mutuel : BPAT 2/17 inf. 48).
Quant au notaire, son rôle étant purement formel, le dépôt au rang de ses minutes n'opère pas purge des vices éventuels.
Les actions devraient relever de la **compétence** du tribunal judiciaire.
Elles sont mises en œuvre selon les règles du droit commun, notamment la prescription de droit commun (C. civ. art. 2224).

9080 **Action en nullité** Les **causes** de nullité, relative ou absolue, sont multiples.
Cette sanction est prévue en l'absence de certaines mentions dans la convention ou du respect du délai de réflexion.
Elle devrait aussi être encourue en présence d'une clause contraire à l'ordre public, d'un défaut de capacité ou d'un vice de consentement (Circ. JUSC 1638274C du 26-1-2017 fiche 2). Mais de telles occurrences devraient rester des hypothèses d'école du fait de l'intervention de deux avocats et du contrôle du notaire.
Le risque est plus sérieux si la capacité de discernement d'un enfant a été écartée à tort ou si un ex-époux invoque un défaut de capacité ou un vice de consentement.
L'erreur sur les qualités essentielles du contrat ou du contractant est assez improbable. En revanche, le dol est potentiellement le vice qui pourrait être le plus fréquemment invoqué en cas de dissimulation d'éléments de patrimoine déterminants pour la prestation compensatoire.
En tout état de cause, les **conséquences de la nullité** ne peuvent qu'être limitées. On ne peut pas imaginer l'anéantissement du divorce lui-même. Plus probablement, la sanction portera sur telle ou telle conséquence du divorce, qui sera alors décidée par le juge.

9081 **Autres recours possibles** Une **clause** pourra être **réputée non écrite** si elle prive de sa substance l'obligation essentielle d'un époux (C. civ. art. 1170). Ce serait le cas, par exemple, pour une clause qui exonérerait l'époux débiteur d'une pension de toute responsabilité (Circ. JUSC 1638274C du 26-1-2017).
Un ex-époux pourra-t-il invoquer l'**exception d'inexécution** pour s'exonérer de ses propres obligations (C. civ. art. 1219) ? Peut-être mais de façon limitée. Il est évidemment exclu que le débiteur d'une contribution à l'entretien et l'éducation d'un enfant invoque une quelconque inexécution

et, spécialement, le refus de son ex-conjoint de lui confier l'enfant, pour se dispenser de ce qu'il doit (Circ. JUSC 1638274C du 26-1-2017 fiche 9).
La même solution paraît devoir s'appliquer à la prestation compensatoire qui a une nature partiellement alimentaire.
Par ailleurs, une **action en résolution** du divorce pour inexécution grave (C. civ. art. 1224 s.) paraît impossible puisque le divorce lui-même ne peut pas être remis en cause (en ce sens, Circ. JUSC 1638274C du 26-1-2017 fiche 1).
Enfin, s'agissant du **partage**, comme cela a été admis sous l'empire d'un consentement mutuel judiciaire, l'omission d'un bien ou d'une dette peut donner lieu à un partage complémentaire.
En cas de lésion, une action en complément de part devient possible puisque l'homologation judiciaire disparaît.

RECOURS DES TIERS

Faute d'homologation judiciaire, la tierce opposition n'a pas lieu d'être. En revanche, l'action paulienne d'un créancier paraît pouvoir être admise en cas de fraude à ses droits (C. civ. art. 1341-2). **9082**

11. MODIFICATION DE LA CONVENTION

Les ex-époux ne peuvent pas revenir sur le principe du divorce, sinon en se remariant ! **9083**
En revanche, selon le droit commun, les **mesures concernant les enfants** peuvent toujours être modifiées par le juge (C. civ. art. 373-2-13). Si les ex-époux sont d'accord, ils peuvent faire homologuer leur convention sans avoir à comparaître (C. civ. art. 373-2-7 ; CPC art. 1143 s.). Dans le cas contraire, ils demandent au juge de trancher.
Sur les conditions de révision de la **prestation compensatoire**, voir nos 9960 s. Cette révision étant prévue par des dispositions spéciales, les règles contractuelles sur l'imprévision (C. civ. art. 1195) nous paraissent devoir être écartées.

B. Procédure judiciaire

1. DÉROULEMENT DE LA PROCÉDURE

CHAMP D'APPLICATION

Depuis l'entrée en vigueur du divorce par consentement mutuel purement contractuel, le consentement mutuel par voie judiciaire n'est possible qu'en présence d'un **enfant mineur** qui demande à être entendu (C. civ. art. 230). Autrement dit, les époux n'ont pas de choix : s'ils veulent divorcer par consentement mutuel, c'est nécessairement sans juge dès lors qu'ils n'ont pas d'enfant mineur ou que ceux-ci ne demandent pas à être entendus. **9084**
En revanche, dès qu'un enfant mineur demande à être entendu, ils peuvent entamer une procédure judiciaire selon le droit commun (CPC art. 1148-2), étant rappelé que l'enfant peut formuler son souhait jusqu'au dépôt de la convention au rang des minutes d'un notaire.
La procédure reste judiciaire même si l'enfant renonce par la suite à son audition (Circ. JUSC 1638274C du 26-1-2017).

SAISINE DU TRIBUNAL

Requête en divorce Les époux saisissent ensemble le tribunal par une requête en divorce établie au nom des deux époux (CPC art. 1089). À peine d'irrecevabilité, la requête **doit notamment** (CPC art. 1090) : **9085**
– identifier les époux et leurs enfants, la juridiction saisie et le(s) avocat(s) chargé(s) de la procédure ;
– mentionner la caisse d'assurance maladie à laquelle ils sont affiliés ainsi que l'organisme qui sert les prestations familiales et pensions de retraite ;
– être datée et signée par chacun des époux et leur(s) avocat(s).
La requête doit, toujours à peine d'irrecevabilité, être accompagnée (CPC art. 1091) :
– du formulaire d'information de l'enfant demandant à être entendu, daté et signé par lui ;
– d'une convention réglant les conséquences du divorce datée et signée par les deux époux et leur(s) avocat(s) ;
– d'un acte liquidatif ou d'une déclaration qu'il n'y a pas lieu à liquidation.

Les conjoints peuvent se faire représenter par le **même avocat** ou par des **avocats différents** (C. civ. art. 250). **9086**
Le choix d'un avocat unique n'est pas forcément **conseillé** : si le consentement mutuel échoue et qu'une autre procédure est engagée (par exemple, pour faute), l'avocat initialement choisi ne

pourra pas devenir le conseil d'un des époux sauf à encourir des sanctions professionnelles. Il en va ainsi même si l'autre conjoint a donné son accord (Cass. 1e civ. 20-1-1993 n° 91-15.548).
Le choix d'un avocat unique peut même être dangereux : ce peut être pour un époux calculateur un moyen commode pour priver son conjoint d'un conseil.

9087 **Convention** La convention réglant les conséquences du divorce doit être précise et **prévoir notamment** :
– la possibilité ou non pour la femme, une fois divorcée, de porter le nom de son mari (ou réciproquement) ;
– le lieu de résidence de chacun et l'attribution définitive du logement familial ;
– les conditions d'exercice de l'autorité parentale sur les enfants et notamment la résidence de ceux-ci. En cas de résidence alternée des enfants, il est utile de désigner le parent qui sera attributaire des prestations familiales ;
– le montant et les modalités de paiement des pensions alimentaires dues pour les enfants (notamment la mise en place ou non de l'intermédiation financière) ;
– le versement ou non d'une prestation compensatoire entre conjoints, les conditions de sa révision et, le cas échéant, la constitution d'éventuelles garanties de paiement ;
– le sort des donations et avantages matrimoniaux qu'ont pu se consentir les époux et qui n'ont pas pris effet pendant le mariage ainsi que celui des donations de biens présents consenties avant le 1er janvier 2005 (voir nos 10250 s.) ;
– la liquidation du régime matrimonial et les conditions du partage ;
– les conditions de prise en charge des impôts ;
– la répartition entre les conjoints du coût de la procédure.

9088 Les époux disposent d'une grande **liberté** pour décider des conséquences de leur divorce et donc du contenu de leur convention. Ils décident de l'organisation relative aux enfants et des conséquences financières et patrimoniales du divorce. La seule limite est que la convention doit respecter les intérêts des enfants et de chacun des époux.

ILLUSTRATIONS

Les époux peuvent **valablement convenir** que :
– la prestation compensatoire sera versée avant le prononcé du divorce (Cass. 2e civ. 28-1-1998 n° 96-13.940, décision rendue en application des textes antérieurs mais transposable) ;
– la prestation compensatoire cessera d'être due si son bénéficiaire se remarie ou vit en concubinage notoire (CA Aix-en-Provence 20-6-1995 n° 93/18497, décision rendue en application des textes antérieurs mais transposable).

En revanche, un époux ne peut pas renoncer définitivement à percevoir une pension pour l'entretien et l'éducation des enfants en échange de l'engagement de son conjoint de payer certaines dettes de la communauté et de renoncer à exercer son autorité parentale (Cass. 2e civ. 2-5-2001 n° 99-15.714).

Quant à l'arrangement qui, pour mettre les comptes à zéro, attribue à l'époux débiteur d'une soulte une prestation compensatoire de même montant, il risque d'être censuré si cet époux dispose de meilleurs revenus. De la même façon, une prestation compensatoire sous forme d'attribution du logement familial peut être refusée si elle constitue, au regard des situations respectives des époux, une atteinte excessive au droit de propriété du débiteur de la prestation.

AUDIENCE

9089 Après avoir enregistré la demande de divorce, le juge aux affaires familiales entend le mineur selon les modalités de droit commun. Il peut aussi refuser de l'entendre en l'absence de discernement (CPC art. 1092).
Puis il **convoque les conjoints** à une audience au moins 15 jours à l'avance (CPC art. 1092). Les époux doivent s'y présenter.
Le **juge** examine la demande avec chacun des époux, puis les réunit. Il appelle ensuite le ou les avocats (C. civ. art. 250).
Il s'assure que la volonté de chacun des époux est réelle et que leur consentement est libre et éclairé. Il attire l'attention des conjoints sur l'importance des engagements pris par eux, notamment quant à l'exercice de l'autorité parentale (CPC art. 1099). Il veille aussi à ce que les intérêts des enfants et de chacun des époux soient suffisamment préservés (C. civ. art. 232). Dans le cas contraire, le juge refuse d'homologuer la convention et de prononcer le divorce.

PRONONCÉ DU DIVORCE

9090 S'il constate que la volonté des époux est réelle et que les intérêts de chacun sont suffisamment protégés, le juge rend **sur-le-champ** un jugement qui prononce le divorce et homologue la convention (C. civ. art. 232 et 250-1 ; CPC art. 1099).

En présence de **clauses contraires à l'intérêt des enfants ou de l'un des époux**, le juge peut, avec l'accord des époux, en présence du ou des avocats, les faire supprimer ou modifier (CPC art. 1099). Puis il rend sur-le-champ un jugement par lequel il homologue la convention et prononce le divorce. 9091

Notons que si les modifications demandées nécessitent la mise en conformité de l'acte liquidatif et si celui-ci est notarié, le juge devra, avant d'homologuer la convention, laisser un délai aux époux pour faire modifier l'acte par le notaire.

Une fois devenu définitif, le jugement doit faire l'objet d'une **publication** en marge de l'acte de mariage et des actes de naissance des conjoints (CPC art. 1082). 9093

REFUS D'HOMOLOGATION DE LA CONVENTION

Si la convention ne préserve pas suffisamment les intérêts des enfants ou de l'un des époux, le juge refuse de l'homologuer (C. civ. art. 232). Dans ce cas, il rend une ordonnance d'**ajournement** qui précise les conditions ou garanties auxquelles seront subordonnés l'homologation de la nouvelle convention et le prononcé du divorce (CPC art. 1100). 9094

L'ordonnance comprend également, le cas échéant, les **mesures provisoires** sur lesquelles les époux s'accordent, à condition que ces dispositions soient conformes à l'intérêt des enfants (C. civ. art. 250-2 ; CPC art. 1100). Pour permettre la mise au point de ces mesures, le juge accorde, si besoin, une suspension d'audience, le temps que les époux et leurs(s) avocat(s) rédigent une convention. Le juge peut faire supprimer ou modifier certaines mesures provisoires qui lui paraissent contraires à l'intérêt de l'enfant. 9096

À défaut d'accord des époux sur les mesures provisoires, le juge n'a pas qualité pour se substituer à eux. Il ne peut pas ordonner de mesures provisoires. À notre avis, la question des mesures provisoires n'est pas de nature à bloquer la procédure de divorce puisqu'elles ne sont pas obligatoires.

Les époux disposent d'un **délai** maximal de six mois pour présenter une **nouvelle convention** (C. civ. art. 250-2). Ce délai est rappelé dans l'ordonnance d'ajournement (CPC art. 1100). Il est suspendu en cas d'appel (CPC art. 1101). 9098

Lorsque les époux présentent leur nouvelle convention, ils sont **convoqués** dans les mêmes formes et délais que la première fois.

S'ils ne respectent pas le délai de six mois ou si le juge refuse d'homologuer la nouvelle convention présentée, la demande en divorce est **caduque** (C. civ. art. 250-3 ; CPC art. 1101). Un second ajournement n'est pas possible.

LIQUIDATION DU RÉGIME MATRIMONIAL

Les époux doivent organiser la liquidation de leur régime matrimonial avant le prononcé de leur divorce. 9099

S'ils possèdent des **biens communs ou indivis**, ils doivent produire un état liquidatif ; s'ils n'ont aucun bien commun ou indivis, ni aucune dette entre eux ou récompense due, ils font la déclaration qu'il n'y a pas lieu à liquidation (CPC art. 1091).

Forme de l'état liquidatif Le document doit prendre la forme d'un acte notarié si la liquidation porte sur des biens soumis à publicité foncière, ce qui vise principalement les **immeubles** et droits immobiliers, sous peine d'irrecevabilité de la requête (CPC art. 1091 ; Cass. 2e civ. 28-3-1979 n° 77-15.598). Voir également n° 9037. 9100

S'il n'y a que des **meubles**, la convention définitive se borne souvent à indiquer que le partage des biens a déjà été fait. Elle précise alors la valeur de ces biens, qui sert de base au calcul du droit de partage (nos 10330 s.).

Seule la **convention homologuée** par le juge aux affaires familiales est valable. Ainsi, une convention sous seing privé non soumise à l'homologation du juge ne peut avoir aucun effet (Cass. 1e civ. 10-3-1998 n° 95-19.692 ; Cass. 2e civ. 11-10-1989 n° 88-14.802). 9102

Contenu de l'état liquidatif La liquidation doit porter sur l'ensemble des **biens communs ou indivis** (Cass. 2e civ. 11-7-1985 n° 84-14.220). Même les époux mariés sous le régime de la séparation de biens doivent faire homologuer leur convention par le juge aux affaires familiales (Cass. 1e civ. 10-3-1998 n° 95-19.692). À défaut, le divorce ne peut pas être prononcé. 9103

En revanche, la liquidation n'emporte pas nécessairement le **partage des biens**. Les époux peuvent décider de rester en indivision et conclure, le cas échéant, une convention d'indivision.

9104 En cas d'**omission d'un bien ou d'une dette** dans l'état liquidatif, les ex-époux peuvent procéder à un partage amiable complémentaire. Dans ce cas, le partage, même non formalisé par une nouvelle convention homologuée, ne pourra plus être contesté par les époux (Cass. 2e civ. 27-1-2000 nº 97-14.657, pour un arrangement prévu dans la convention temporaire et non repris dans la convention définitive).

En l'absence d'accord, un ex-époux peut saisir le tribunal d'une demande en partage complémentaire de biens communs ou de dettes communes omis dans l'état liquidatif homologué (Cass. 1e civ. 22-2-2005 nº 02-13.745 ; Cass. 1e civ. 30-9-2009 nº 07-12.592 : Bull. civ. I nº 195, à propos de l'omission d'une dette ; Cass. 1e civ. 13-12-2012 nº 11-19.098 : Bull. civ. I nº 258, à propos de l'omission de récompenses dues à la communauté).

Il semble également possible de prévoir, dans l'état liquidatif, une clause précisant que s'il apparaît qu'un bien a été involontairement omis, il sera partagé par moitié. Une telle clause devrait être admise par la Cour de cassation puisqu'elle permet d'assurer un partage complet des biens communs ou indivis.

En cas d'**omission volontaire**, la Cour de cassation autorise l'application de la sanction du recel (Cass. 1e civ. 26-1-1994 nº 92-10.513).

2. RECOURS

RECOURS DES ÉPOUX

9105 La décision qui prononce le divorce par consentement mutuel n'est pas susceptible d'**appel**. En revanche, peuvent faire l'objet d'un appel :
– l'ordonnance d'ajournement ou de caducité ;
– le jugement qui refuse le divorce.

Le délai d'appel est de 15 jours à compter de la date de la décision (CPC art. 1102).

9108 Les décisions du juge aux affaires familiales qui homologuent les conventions des époux et prononcent le divorce peuvent faire l'objet d'un **pourvoi en cassation**. Le délai pour agir est de 15 jours à compter du prononcé de la décision (CPC art. 1103). Durant le délai de pourvoi et la procédure devant la Cour de cassation, l'effet du jugement de divorce est suspendu, sauf pour les dispositions de la convention homologuée portant sur la contribution à l'entretien et l'éducation des enfants et l'exercice de l'autorité parentale (CPC art. 1087).

9110 Le prononcé du divorce et l'homologation de la convention ont un caractère indissociable. La convention ne peut donc plus être remise en cause une fois le divorce définitif, c'est-à-dire une fois le délai de pourvoi en cassation expiré : elle revêt la même force exécutoire qu'une décision de justice. Ce principe d'indivisibilité a pour effet de purger les vices ou irrégularités contenus dans la convention, qui fait corps avec le jugement et perd ainsi son caractère conventionnel.

L'**intangibilité de la convention homologuée** a été énoncée à l'occasion d'une demande en rescision pour lésion (Cass. 2e civ. 6-5-1987 nº 86-10.107). Elle est rappelée par une jurisprudence constante (Cass. 1e civ. 18-10-1994 nº 92-21.823 ; Cass. 1e civ. 9-11-2016 nº 15-26.911).

Pour la même raison, sont également irrecevables :
– une demande en paiement d'une somme au titre de la moitié du prix de vente d'un pavillon commun non compris dans la convention (Cass. 2e civ. 24-6-1998 nº 96-19.463) ;
– une demande en nullité de la convention, quel que soit le motif invoqué, par exemple vice de consentement (Cass. 2e civ. 13-11-1991 nº 90-17.840) ou atteinte à la vie privée (Cass. 2e civ. 2-4-1997 nº 93-16.995) ;
– une demande en rectification d'erreur matérielle (Cass. 2e civ. 6-2-2003 nº 01-14.806, pour une erreur de calcul contenue dans la convention) ;
– un recours en révision partielle du jugement de divorce sur les seules dispositions relatives au partage des biens (Cass. 1e civ. 5-11-2008 nº 07-14.439).

L'intangibilité de la convention homologuée interdit même l'action en rescision pour lésion contre l'accord non homologué conclu par les époux en marge de la convention et dont le contenu est conforme à celle-ci (Cass. 1e civ. 3-3-2010 nº 08-70.214 : Dr. famille comm. 100 note V. Larribau-Terneyre).

RECOURS DES TIERS

9112 Les créanciers de chacun des époux peuvent faire déclarer que la convention homologuée leur est inopposable en formant **tierce opposition** contre la décision d'homologation (CPC art. 1104). S'ils se placent sur le terrain de la fraude, ils doivent établir une collusion frauduleuse des époux (Cass. 1e civ. 13-5-2015 nº 14-10.501 : Bull. inf. C. cass. 1-11-2015 nº 1035). Le délai pour agir est d'un an à compter du jour où les formalités de mention en marge des actes d'état civil des époux ont été accomplies.

L'**action paulienne** est irrecevable : après son homologation par le jugement de divorce, la convention revêt la même force exécutoire qu'une décision de justice (Cass. 2e civ. 25-11-1999 n° 97-16.488 ; Cass. 1e civ. du 23-11-2011 n° 10-26.802 : BPAT 1/12 inf. 6, à propos d'une action en inopposabilité pour fraude intentée par les héritières d'un époux).

Le créancier qui n'a pas formé tierce opposition dans le délai d'un an a toujours la possibilité d'invoquer l'**inopposabilité de la convention homologuée** à son égard. En effet, la convention n'a de force obligatoire qu'entre les époux et elle ne peut avoir pour effet d'éteindre la dette d'un conjoint à l'égard d'un créancier si ce dernier n'a pas donné son accord (Cass. 1e civ. 2-6-1992 n° 90-17.499). **9114**

Plus particulièrement, le représentant des créanciers peut invoquer l'inopposabilité de la convention conclue après l'ouverture de la procédure collective (Cass. com. 26-4-2000 n° 97-10.335 : RJDA 7-8/00 n° 783).

Le représentant des créanciers d'un époux mis en redressement judiciaire peut aussi demander la **nullité de la convention** homologuée par le jugement de divorce transcrit après la date de cessation des paiements (Cass. 1e civ. 25-1-2000 n° 97-21.119). Dans le même sens, l'acte liquidatif de communauté compris dans la convention définitive homologuée conclue après la date de cessation des paiements de l'un des époux encourt la nullité même si cet acte contient des dispositions relatives aux créances alimentaires ou à la prestation compensatoire (Cass. com. 7-11-2006 n° 04-18.650 : RJDA 8-9/07 n° 872). Ces actions relèvent de la compétence du tribunal de commerce. **9116**

La nullité atteint-elle toute la convention ou seulement les dispositions préjudiciables aux créanciers ? La Cour de cassation ne s'est pas encore prononcée.

3. RÉVISION

En principe, seule une **nouvelle convention** décidée par les ex-époux et homologuée par le juge aux affaires familiales peut modifier la convention (C. civ. art. 279, al. 2 ; Cass. 2e civ. 26-6-1996 n° 94-17.991). **9118**

Cependant, les **mesures concernant les enfants** peuvent toujours être modifiées par le juge. C'est le cas par exemple pour la révision des modalités d'exercice de l'autorité parentale. Il en va de même pour les pensions alimentaires (Cass. 2e civ. 18-12-1996 n° 93-16.173).

Il suffit de rapporter la preuve d'un élément nouveau, sans qu'il soit nécessairement grave (C. civ. art. 373-2-13).

II. DIVORCES CONTENTIEUX

A. Dispositions communes

1. DEMANDE EN DIVORCE : PROCÉDURES INTRODUITES DEPUIS LE 1er JANVIER 2021

UN SEUL TEMPS PROCÉDURAL

Depuis le 1er janvier 2021 (n° 9000), la procédure de divorce n'est plus structurée en deux phases distinctes : conciliation/instance, la première ayant été supprimée. L'instance s'ouvre d'emblée mais, dans son déroulement, il reste deux temps structurants : l'audience d'orientation et sur mesures provisoires (AOMP) puis l'audience au fond. **9120**

a. Acte introductif d'instance

FORMALISME DE DROIT COMMUN

La demande en divorce est formée par une assignation ou une requête conjointe. **9122**

Selon le droit commun, elle doit, à peine de **nullité**, contenir certaines mentions (CPC art. 1107 et 54 ; CPC art. 56 et 752 pour les assignations ; CPC art. 57 et 757 pour les requêtes conjointes), **notamment** :

– la juridiction devant laquelle la demande est portée ;
– l'état civil complet et le domicile du (ou des) demandeurs ;
– la liste des pièces sur lesquelles la demande est fondée ;
– la constitution d'avocat et le délai dans lequel le défendeur est tenu de constituer avocat ;
– le cas échéant, les mentions relatives à la désignation des immeubles exigées pour la publication au fichier immobilier.

L'assignation comme la requête peut, le cas échéant, comporter l'accord du/des demandeur(s) pour que la procédure se déroule sans audience.

AOMP ET MESURES PROVISOIRES

9124 La demande doit indiquer, à peine de nullité, les **lieu, jour et heure de l'audience** d'orientation et sur mesures provisoires (AOMP) (CPC art. 1107, al. 1) ; sur cette audience, voir n°s 9136 s.
Cette date est communiquée par la juridiction au demandeur selon des modalités définies par arrêté du garde des Sceaux (CPC art. 1107, al. 2 ; Arrêté JUSC2001176A du 9-3-2020 modifié en dernier lieu par arrêté JUSC2124299A du 9-8-2021). Elle est sollicitée au moyen du Réseau privé virtuel des avocats (RPVA).

> **Précisions** Le tribunal judiciaire de Paris a diffusé une note présentant les modalités de placement des assignations en divorce par RPVA depuis le 1er janvier 2021 (note TJ Paris 15-12-2020). La prise de date se déroule en trois temps :
> – envoi par RPVA du projet d'assignation au BO JAF ;
> – traitement par le greffe de la demande et enregistrement avec attribution d'un numéro provisoire ;
> – envoi par bulletin RPVA d'une date d'audience.

9125 L'acte introductif d'instance doit aussi comporter les **mesures provisoires sollicitées** (sur ces mesures, voir n°s 9164 s.). Ces prétentions doivent être présentées, sous peine d'irrecevabilité, dans une partie distincte des demandes au fond (C. civ. art. 1117, al. 1). Cette irrecevabilité n'affecte que les mesures provisoires sollicitées et non la demande en divorce elle-même.
Les parties, dans leur requête conjointe, comme le demandeur, dans son assignation, peuvent, renoncer à solliciter des mesures provisoires. Mais ils peuvent revenir sur cette décision (CPC art. 1117 ; voir n° 9146).

MENTIONS SPÉCIFIQUES D'INFORMATION

9126 La demande introductive d'instance doit également comporter :
– un rappel des **dispositions favorisant les accords**, à savoir celles relatives à la médiation familiale et à la procédure participative ainsi qu'à l'homologation des accords partiels ou complets sur les modalités d'exercice de l'autorité parentale et les conséquences du divorce (C. civ. art. 252) ;
– les **organismes de prestations sociales** dont le(s) demandeur(s) relève(nt), soit la caisse d'assurance maladie, celle qui sert les prestations familiales et les caisses de retraite (CPC art. 1075). En application de la loi de 1975, il a été jugé que le défaut d'indication de ces organismes constitue un vice de forme qui ne conduit à la nullité de la requête que si l'époux qui l'invoque justifie d'un grief, c'est-à-dire d'un préjudice résultant de cette lacune (Cass. 2e civ. 4-2-1981 n° 79-12.670).
Par exemple, une requête qui indique la caisse d'assurance maladie et le numéro d'immatriculation de sécurité sociale du demandeur est valable même si elle ne mentionne pas l'organisme de retraite : les renseignements donnés sont suffisants pour retrouver la caisse de retraite concernée. Cette jurisprudence nous paraît rester d'actualité ;
– l'existence, le cas échéant, d'une **ordonnance de protection** en cours d'exécution, et ce, afin d'assurer la coordination de cette décision avec l'ordonnance sur mesures provisoires à venir (CPC art. 1078 et 1180-3) ; voir n° 26610 ;
– à peine d'irrecevabilité, une **proposition de règlement des intérêts pécuniaires et patrimoniaux** des époux (C. civ. art. 252 ; CPC art. 1115). Celui qui dépose la demande doit donner un descriptif sommaire du patrimoine des époux, en actif comme en passif. Le descriptif doit viser les biens communs, indivis et propres des conjoints. Le demandeur doit également préciser ses intentions quant à la liquidation de la communauté ou de l'indivision et, le cas échéant, à la répartition des biens. Il ne s'agit pas à ce stade de prétentions, et le juge n'a à statuer ni sur les intentions du demandeur ni sur les développements en réponse du défendeur. L'objectif de cette disposition est d'inciter les époux à concevoir les conséquences patrimoniales de leur divorce comme un tout et, par exemple, à envisager ensemble le paiement d'une prestation compensatoire et la liquidation du régime matrimonial. En pratique, nombre d'assignations contiennent des propositions de règlement des intérêts pécuniaires plus que sommaires, qui sont bien loin de correspondre à l'esprit de la loi.
L'irrecevabilité de la requête en l'absence d'une proposition de règlement des intérêts pécuniaires des époux doit être invoquée avant toute défense au fond (CPC art. 1115). Ne constituant pas une exception d'ordre public, elle ne peut pas être soulevée d'office par le juge. Elle peut en outre être régularisée par le dépôt, jusqu'au jour où le juge statue, de conclusions (Cass. 2e civ. 6-1-2012 n° 10-17.824 : Bull. civ. II n° 6).

DEMANDES AU FOND

Fondement juridique du divorce Le type de divorce sollicité n'a pas à être indiqué dans l'acte introductif d'instance. 9128
Il peut l'être, mais uniquement si l'époux sollicite un divorce accepté ou pour altération du lien conjugal (C. civ. art. 251). Si l'acceptation du principe du divorce a été constatée par acte d'avocat, cet acte est annexé à la requête conjointe (voir n° 9407).
La demande qui vise un divorce pour faute ou qui énonce les faits à l'origine de celui-ci est irrecevable (CPC art. 1107, al. 3). Ce motif doit être donné dans les premières conclusions au fond (C. civ. art. 251 ; n° 9210).
En pratique, dans la majorité des cas, mieux vaut indiquer le divorce sollicité dans les premières conclusions au fond plutôt que dans l'assignation. L'époux qui entend solliciter un divorce pour altération définitive du lien conjugal peut ainsi raccourcir au maximum les délais, voir n° 9451. Celui qui souhaite un divorce accepté laissera la porte des discussions ouverte tandis que les époux qui auront accepté le principe du divorce en amont saisiront le juge par requête conjointe.
En tout état de cause, **un seul motif** de divorce doit être visé, toute demande à titre subsidiaire sur un autre cas étant irrecevable (CPC art. 1077).

Autres demandes au fond Quelle que soit la procédure engagée, le(s) requérant(s) formulent leurs demandes accessoires dans l'assignation ou la requête conjointe. Bien sûr, celles-ci pourront évoluer en fonction des demandes qui seront faites ultérieurement. 9129

b. Saisine du JAF

Le juge aux affaires familiales (JAF), **territorialement compétent**, est celui de la résidence de la famille ou des enfants (n° 9006) au jour de la demande (CPC art. 1070). 9130
La saisine du JAF intervient **à la diligence de** l'une ou l'autre partie et se fait par la remise au greffe d'une copie de l'acte introductif d'instance (CPC art. 1108, al. 1). Autrement dit, le défendeur peut placer l'assignation si le demandeur n'y procède pas.
Le **délai** pour cette remise est d'au moins 15 jours avant l'AOMP, sous réserve que la date de cette audience ait été communiquée plus de 15 jours à l'avance (CPC art. 1108, al. 2). Dans le cas contraire, on peut penser, bien que le texte ne l'indique pas expressément, que le placement peut intervenir jusqu'à l'audience.
Le non-respect de ce délai est sanctionné par la caducité de la demande constatée d'office par le juge ou, à défaut, à la requête d'une partie (CPC art. 1108, al. 3).

La procédure de divorce relève de la **procédure écrite ordinaire** (CPC art. 1106). Il faut toutefois réserver le cas de l'audience d'orientation et sur mesures provisoires (voir n° 9136). 9132
Les parties doivent être **représentées par avocat** et le défendeur est tenu de constituer avocat dans le délai de 15 jours à compter de l'assignation. Mais il peut le faire jusqu'à l'audience si l'assignation a été délivrée 15 jours ou moins avant (CPC art. 1108, al. 4). Cela dit, comme antérieurement, le non-respect du délai n'est pas sanctionné sauf par le risque que des décisions soient prises sans que le demandeur ait pu s'exprimer.
Dès le dépôt de la requête formée conjointement par les parties, de la constitution du défendeur ou, à défaut, à l'expiration du délai qui lui est imparti pour constituer avocat, le juge aux affaires familiales exerce les fonctions de **juge de la mise en état** (CPC art. 1108, al. 5 et 780 s.).

c. En cas d'urgence

Le JAF, saisi par requête, peut autoriser l'un des époux à assigner son conjoint en divorce et à une audience d'orientation et sur mesures provisoires fixée à bref délai (CPC art. 1109, al. 1). Le juge est saisi dans les conditions d'une **procédure à jour fixe** (CPC art. 840 al. 2 et 3 et 841). 9134
La remise au greffe d'une copie de l'assignation ainsi que la constitution du défendeur doivent intervenir au plus tard la veille de l'audience. À défaut, la caducité sera constatée d'office par le juge (CPC art. 1109, al. 2).
Le jour de l'audience, le juge de la mise en état doit s'assurer qu'il s'est écoulé un temps suffisant depuis l'assignation pour que l'autre partie ait pu préparer sa défense (CPC art. 1109, al. 3).
Si le juge n'autorise pas l'époux à assigner à bref délai, le demandeur devra recourir à la procédure ordinaire.

> **Précisions** Avant la saisine du juge du divorce, rappelons que d'**autres dispositions** permettent de gérer les situations d'urgence. Ainsi, en cas de violences familiales, la victime peut solliciter une ordonnance de protection (C. civ. art. 515-9 ; nos 26610 s.). En matière patrimoniale, il est possible de faire application des règles relatives au régime primaire (C. civ. art. 220-1 ; CPC art. 1290).

d. Orientation de l'affaire et mesures provisoires

AUDIENCE D'ORIENTATION ET SUR MESURES PROVISOIRES (AOMP)

9136 Une audience d'orientation et sur mesures provisoires est **nécessairement prévue** dans l'acte introductif d'instance (n° 9122).

Comme son nom l'indique, son premier objet est l'**orientation de la procédure** (CPC art. 776 s., sous réserve des spécificités de la procédure de divorce). Le JAF exerce en effet les fonctions de juge de la mise en état (n° 9132). Il interroge notamment les avocats sur l'existence éventuelle d'une convention de procédure participative aux fins de mise en état et, selon le cas, fixe la date de clôture de l'instruction et de plaidoirie ou ordonne le retrait du rôle (CPC art. 1546-1 s. modifiés).

Surtout, l'audience porte sur les **mesures provisoires** sollicitées. Rappelons que le demandeur doit formuler ses demandes dans une partie distincte des demandes au fond (C. civ. art. 1117, al. 1 ; voir n° 9125).

Lors de l'AOMP, la ou les parties constituées peuvent renoncer à solliciter des mesures provisoires. Mais, comme au cas de renonciation énoncée dans l'acte introductif d'instance, elles peuvent en demander ultérieurement par voie de conclusions adressées au JAF en qualité de juge de la mise en état (CPC art. 1117 ; voir n° 9146).

9138 Lors de l'audience, la **procédure** est aménagée pour être partiellement **orale**.

Les époux peuvent comparaître en personne et les parties peuvent présenter oralement des prétentions et des moyens à leur soutien (CPC art. 1117 qui renvoie à art. 446-1, al. 1).

Toutefois, la constitution d'avocat est nécessaire pour cette audience car il est prévu que les « parties comparaissent assistées de leur avocat ». Autrement dit, le défendeur ne peut pas se présenter seul.

Les époux peuvent ne pas assister à l'audience et se faire représenter par leurs conseils.

Lors de l'audience sur mesures provisoires, il n'est plus prévu que le juge cherche à concilier les époux. Cela dit, le JAF peut décider d'office d'entendre les parties et constater la conciliation des parties (CPC art. 784 et 785). Il peut aussi, comme auparavant, prendre en considération les accords que les époux ont conclus entre eux (C. civ. art. 254 ; CPC art. 1117).

CONSEIL

L'audience OMP est la seule occasion, pour les époux, de **s'adresser personnellement au juge**. Il paraît donc utile d'attirer leur attention sur ce point et de les inciter, le cas échéant, à comparaître même s'il leur sera plus difficile de s'exprimer que dans le cadre des procédures engagées avant le 1er janvier 2021. En effet, il n'est plus prévu que le juge les entende séparément avant de les réunir.

9140 On peut s'interroger sur la possibilité du JAF de renvoyer les parties à une **audience de règlement amiable** (ARA) dès l'AOMP ou ultérieurement. Cette possibilité est admise par la circulaire présentant ce dispositif mais avec des restrictions qui font douter de son opportunité (Circ. JUSC2324682C du 17-10-2023 fiche 1 p. 5 s.). Une ARA n'est possible que pour les droits dont les parties ont la libre disposition (CPC art. 785 modifié et 774-1 nouveau issus du décret 2023-686 du 29-7-2023). Or, dans le cas d'un divorce contentieux, certains droits sont disponibles, d'autres non. Aussi, selon la circulaire, l'établissement d'un procès-verbal d'accord ne serait possible que sur les droits disponibles et à la condition qu'ils puissent faire l'objet d'un titre exécutoire distinct et antérieur au jugement à intervenir sur les droits non disponibles. Autrement dit, les époux pourraient être orientés vers une ARA pour rechercher un accord sur les effets du divorce entre eux mais leur accord ne pourrait pas être formalisé par un PV, ce titre ne pouvant exister indépendamment du prononcé du divorce par jugement. Les parties devraient alors formaliser leur accord via des conclusions concordantes. Pour conclure, ce dispositif ne permet ni de solder l'intégralité du contentieux ni d'aller plus vite, ce qui relativise son intérêt. D'autant que, pour aider à la recherche d'un accord, le JAF dispose d'un arsenal de mesures spécifiques qui vont de la médiation à la désignation d'un notaire pour élaborer un projet de liquidation du régime matrimonial.

9144 L'ordonnance est susceptible d'**appel** dans les 15 jours à compter de sa signification puisqu'il s'agit de la décision d'un juge de la mise en état (CPC art. 795). Par exception, la mesure faisant injonction aux époux de rencontrer un médiateur n'est pas susceptible de recours (C. civ. art. 255).

AUTRES AUDIENCES SUR MESURES PROVISOIRES

9146 L'une ou l'autre partie est en droit de former, jusqu'à la clôture des débats, une « **première demande** » de mesures provisoires lorsque aucune mesure n'a été fixée à l'audience OMP parce que les époux (ou le seul constitué à l'époque) ont renoncé à en demander (CPC art. 1117, al. 2).

Celui qui forme une telle demande n'a pas à justifier de la raison pour laquelle il se manifeste seulement en cours de procédure. Notons que si des mesures provisoires ont été ordonnées lors de l'audience OMP en l'absence du défendeur qui n'était pas constitué, ce dernier n'est pas autorisé à former une « première demande ».
Par ailleurs, à condition de justifier de la survenance d'un **fait nouveau** (n° 9170), une partie peut demander de supprimer, modifier ou compléter les mesures provisoires prescrites ; une telle demande peut être présentée jusqu'au dessaisissement de la juridiction (CPC art. 1118, al. 1).
En cours d'instance, les demandes sont formulées dans les conditions requises devant le **juge de la mise en état** notamment pour la « première demande » (CPC art. 1117, al. 2 qui renvoie à art. 791). Elles sont donc formées par conclusions. Notons que la présence des époux est possible. Selon le droit commun, le juge de la mise en état peut les entendre, même d'office (CPC art. 784). Leur comparution est en outre admise pour constater leur accord sur le principe du divorce (n° 9408).

2. DEMANDE EN DIVORCE : PROCÉDURES ENGAGÉES AVANT LE 1er JANVIER 2021

Les requêtes en divorce ou en séparation de corps introduites avant le 1er janvier 2021 sont traitées selon les règles en vigueur avant cette date (Décrets 2019-1419 du 20-12-2019 art. 22 et 2020-950 du 30-7-2020 art. 4) : **9148**
Pour rappel, la procédure est marquée par deux phases :
– la tentative de conciliation qui débute avec la requête en divorce et se poursuit avec l'ordonnance de conciliation ;
– puis l'instance proprement dite qui commence avec l'assignation en divorce.
Concernant le contenu de la requête initiale ou l'audience de conciliation, voir Mémento Droit de la famille 2020-2021 nos 9130 s.

ORDONNANCE DE NON-CONCILIATION

À défaut de conciliation des époux, le juge rend une ordonnance de non-conciliation qui **9150**
(CPC art. 1111 ancien) :
– autorise le demandeur à assigner ;
– fixe les mesures provisoires ;
– demande aux époux de présenter pour l'audience de jugement un projet de règlement des effets du divorce (C. civ. art. 252-3 ancien). Il faut entendre par « effets du divorce » les conséquences à l'égard des enfants et celles qui intéressent les époux (prestation compensatoire, dommages et intérêts, liquidation du régime matrimonial ou sort d'un bien particulier) ;
– constate éventuellement l'acceptation de la rupture du mariage par les époux (n° 9412).
Il est possible de faire **appel** de l'ordonnance de non-conciliation, dans les 15 jours de sa notification. L'appel ne peut porter que sur la compétence du juge et sur les mesures provisoires (CPC art. 1112 ancien).
Sur les mesures provisoires pouvant être ordonnées par le juge, voir n° 9178.

ASSIGNATION

Dans les trois mois du prononcé de l'ordonnance de non-conciliation, l'**initiative de la procédure** **9152**
est réservée à l'époux qui a présenté la requête initiale (CPC art. 1113, al. 1 ancien). S'il n'a pas assigné dans ce délai, son conjoint peut poursuivre la procédure. Cette règle ne s'applique pas en cas de requête conjointe, celle-ci pouvant être présentée par les époux immédiatement après l'ordonnance de non-conciliation.
Sur la recevabilité d'une assignation en divorce délivrée à la suite d'une requête en séparation de corps, voir n° 10606.

C'est au moment de l'introduction de l'instance en divorce que l'époux qui souhaite poursuivre **9154**
la procédure doit **choisir le divorce** demandé : divorce accepté, divorce pour altération définitive du lien conjugal ou pour faute (C. civ. art. 257-1 ancien). Un seul fondement doit être visé. Toute demande formée à titre subsidiaire sur un autre cas de divorce est irrecevable (CPC art. 1077).
Le principe de libre choix de la procédure connaît une **exception** : si, à l'audience de conciliation, les époux ont déclaré accepter le principe de la rupture du mariage, l'instance ne peut être engagée que sur le fondement du divorce accepté (n° 9412).

Quelle que soit la procédure engagée, la demande en divorce n'est recevable que si elle **9156**
comporte une proposition de **règlement des intérêts pécuniaires et patrimoniaux des époux** (C. civ. art. 257-2 ancien).

Sur la nécessité de formuler les demandes de **liquidation-partage** au moment de l'introduction de l'instance, voir n° 10275.

9158 L'instance doit être introduite dans un **délai de 30 mois** à compter du prononcé de l'ordonnance de non-conciliation. À défaut, toutes les dispositions de cette dernière sont caduques, y compris l'autorisation d'assigner (CPC art. 1113, al. 2 ancien).

Lorsqu'une demande en divorce est présentée par assignation, la date d'introduction de l'instance s'entend de la date de cette assignation, à condition qu'elle soit remise au secrétariat-greffe (Avis Cass. 4-5-2010 n° 010-2P : BPAT 4/10 inf. 209 ; Cass. 1e civ. 28-5-2015 n° 14-13.544 : BPAT 4/15 inf. 128). Ainsi, l'assignation doit être délivrée dans le délai de 30 mois tandis qu'elle peut être placée postérieurement.

Le délai de 30 mois n'est pas prolongé en cas d'appel de l'ordonnance de non-conciliation.

9160 L'assignation est délivrée par la voie d'un huissier. Elle **contient** à peine de nullité les mentions requises selon le droit commun (CPC art. 54, 56 et 752 dans leur version en vigueur avant le 1-1-2021), dont notamment :
– l'indication de la juridiction devant laquelle est portée la demande ;
– l'objet de la demande ;
– les modalités de comparution et les conséquences d'un défaut de comparution ;
– les dispositions relatives à la constitution d'avocat ;
– le cas échéant, les mentions relatives à la désignation des immeubles exigées pour la publication au fichier immobilier ;
– la liste des pièces sur lesquelles la demande est formée ;
– le cas échéant, l'accord du demandeur pour que la procédure se déroule sans audience.

En règle générale, l'ordonnance de non-conciliation est annexée en tête de l'assignation et donc signifiée par le même acte d'huissier. Ce n'est qu'une pratique qui n'a rien d'obligatoire.

9162 Dans les 15 jours de l'assignation, l'époux qui n'a pas introduit l'instance doit « **constituer avocat** », c'est-à-dire choisir un avocat qui le représentera dans la procédure (CPC art. 763 s.). Toutefois, si l'assignation lui est délivrée dans un délai inférieur ou égal à 15 jours avant la date de l'audience, il peut constituer avocat jusqu'à l'audience.

L'absence d'avocat en défense n'arrête pas la procédure : elle expose le défendeur à voir le juge statuer sur la foi des seuls arguments de son conjoint.

L'acte de constitution comporte, le cas échéant, l'accord du défendeur pour que la procédure se déroule sans audience (CPC art. 764 ; C. org. jud. art. L 212-5-1).

Sur la suite de la procédure et le jugement, voir nos 9208 s.

3. MESURES PROVISOIRES

9164 Avant comme après le 1er janvier 2021, les mesures provisoires sont celles nécessaires pour assurer l'existence des époux et des enfants. Pour ce faire, le juge tient compte des accords éventuels des époux (C. civ. art. 254).

Le juge **statue notamment sur** (liste non limitative) l'autorisation de résidence séparée des époux, l'attribution de la jouissance du logement familial, la désignation de la résidence habituelle des enfants, la définition du droit de visite et d'hébergement du parent qui n'habite pas avec les enfants et la fixation du montant des pensions alimentaires (C. civ. art. 255).

a. Durée d'application des mesures provisoires

9166 Les mesures provisoires sont **exécutoires** de plein droit (CPC art. 1074-1). La signification de l'ordonnance n'est nécessaire que pour permettre leur exécution forcée (en ce sens, notamment, Cass. 1e civ. 11-1-2005 n° 02-31.011 : Bull. civ. I n° 15). Elles se substituent d'office à la contribution aux charges du mariage décidée, le cas échéant, par un jugement antérieur – dont les effets sont, de ce fait, suspendus (Cass. ch. mixte 12-5-2000 n° 96-80.077 : Bull. ch. mixte 2000 n° 2) – et aussi aux mesures relatives à la résidence des époux, l'exercice de l'autorité parentale et les pensions alimentaires fixées par une ordonnance de protection (nos 26650 s.).

DATE DE PRISE D'EFFET DES MESURES PROVISOIRES

9167 « Le **juge** précise la date d'effet des mesures provisoires » (CPC art. 1117, dernier al.). Cette règle vaut pour les procédures introduites depuis le 1er janvier 2021. Dans celles introduites antérieurement, les mesures provisoires ont pris effet à la date de l'ordonnance de non-conciliation.

Il est désormais prévu que le juge prend ces mesures pour assurer l'existence des époux et des enfants depuis « l'**introduction de la demande** » (C. civ. art. 254). Il faut donc comprendre que la décision du juge a vocation à s'appliquer rétroactivement. En effet, la date de l'introduction de l'instance s'entend comme la date de l'assignation si celle-ci est placée.

Le juge peut-il faire remonter les effets des mesures provisoires à une date antérieure et notamment à la séparation de fait des époux ? L'article 254 précité semble l'interdire.
Peut-il **retarder la mise en place** des mesures provisoires et les faire commencer à la date de son ordonnance ? La réponse semble affirmative.
Mais le juge peut-il retarder leur point de départ plus encore ? Ne serait-ce pas, alors, contradictoire avec l'exécution provisoire de droit des mesures provisoires et l'interdiction faite au juge d'écarter cette exécution provisoire (CPC art. 1074-1 et 514-1), à moins qu'il ne s'agisse seulement de prendre en compte un changement de situation dans l'avenir d'ores et déjà connu au moment où le juge statue ?
Des **dates d'effet différentes** peuvent-elles être fixées selon les mesures ? C'est ce que semble admettre la Chancellerie : « par exemple, pour une même famille, le juge pourrait décider de fixer la jouissance gratuite du logement conjugal au titre du devoir de secours à compter de la demande en divorce tout en organisant les modalités d'exercice de l'autorité parentale à compter de l'ordonnance sur les mesures provisoires » (Fiche technique 3 : autres incidences procédurales).
Enfin, se pose la question de la **date** à laquelle le juge doit se placer **pour statuer**. On peut penser qu'il doive se placer au(x) jour(s) où il fait commencer les mesures.

CONSEIL

Les avocats ont intérêt, comme le recommande la Chancellerie, de « **préciser** dans leurs demandes, **pour chaque mesure**, si elle doit porter effet à compter de l'ordonnance sur mesures provisoires ou à la date de la demande en divorce (ou à toute autre date fixée entre celles-ci) ».

TERME DES MESURES PROVISOIRES

Les mesures provisoires s'appliquent jusqu'à la date à laquelle le divorce prend force de chose jugée (C. civ. art. 254 ; n° 9258). Plusieurs points méritent d'être soulignés. **9168**
Dans un **divorce accepté**, l'accord du principe de la rupture ne met pas fin aux mesures provisoires car la décision n'acquiert pas de ce seul fait force de chose jugée (n° 9410).
Lorsque l'**appel** est **limité** aux conséquences financières de la rupture, le divorce devient irrévocable et les mesures provisoires prennent fin nonobstant la procédure d'appel. Notamment, la pension alimentaire entre époux cesse d'être due (Cass. 2e civ. 18-5-2000 n° 98-17.801 ; Cass. 2e civ. 30-11-2000 n° 98-23.435). Pour éviter que son bénéficiaire ne se trouve alors dans une situation financière délicate faute de prestation compensatoire due, il est possible, le cas échéant, de demander au tribunal l'exécution provisoire de la prestation compensatoire ou, au conseiller de la mise en état devant la cour d'appel, une provision à valoir sur celle-ci (nos 9606 s.). Il est en revanche exclu qu'un époux, pour maintenir les mesures provisoires durant la procédure d'appel, fasse :
– un appel général, l'intérêt à former appel s'appréciant pour chacun des chefs de jugement attaqués ;
– appel du prononcé du divorce si celui-ci est conforme à ses prétentions, l'intérêt de faire appel ne pouvant pas s'entendre de l'intérêt à ce que le divorce n'acquière force de chose jugée qu'à la date à laquelle les conséquences du divorce acquièrent elles-mêmes force de chose jugée (Cass. 1e civ. 20-4-2022 n° 22-70.001 B : BPAT 4/22 inf. 217-13).
L'effet suspensif du **pourvoi** et de son délai (CPC art. 1086) ne s'applique pas lorsque le pourvoi est exercé contre une décision qui a refusé le divorce. Dans ce dernier cas, l'arrêt est exécutoire dès son prononcé et les mesures provisoires sont alors caduques (Cass. 1e civ. 25-1-2005 n° 03-16.943 : Bull. civ. I n° 38).
Enfin, le caractère suspensif du pourvoi et de son délai ne s'applique pas aux mesures relatives aux pensions, à la contribution à l'entretien et l'éducation des enfants et à l'exercice de l'autorité parentale (CPC art. 1087). En conséquence, les mesures prévues au dispositif de l'arrêt d'appel prévalent. Les mesures provisoires redeviendront applicables devant la cour de renvoi si l'arrêt prononçant le divorce est cassé.

> **Précisions** Pour les **procédures introduites avant le 1er janvier 2021**, les mesures provisoires sont **caduques** si l'assignation en divorce n'intervient pas au bout d'un certain délai : voir n° 9158. Toutefois, sauf dispositions contraires, la caducité de l'ordonnance ne la prive pas d'efficacité pour la période antérieure (Cass. 1e civ. 9-2-2011 n° 09-72.653 : BPAT 2/11 inf. 104, à propos de l'indemnité d'occupation du logement familial).

b. Modification des mesures provisoires

9170 Les mesures provisoires peuvent être modifiées si un **fait nouveau** le justifie (CPC art. 1118). Il peut s'agir d'éléments tenant :
– à l'enfant, par exemple s'il exprime la volonté d'aller vivre chez son autre parent, si les conditions de sa scolarité changent, s'il subit des problèmes de santé importants, etc. ;
– aux époux, par exemple si l'un d'eux perd son emploi, s'il vit en concubinage, etc.

9172 Le **juge compétent** pour statuer sur cette demande est :
– le juge de la mise en état pour les demandes en divorce introduites depuis le 1er janvier 2021. C'est aussi le cas pour les demandes introduites antérieurement si le débat sur le fond est pendant devant le juge aux affaires familiales (CPC art. 1118). Il en va ainsi même s'il a été fait appel de l'ordonnance de non-conciliation, dès lors que le juge de la mise en état est saisi de demandes nouvelles sur lesquelles l'ordonnance n'a pas statué (Cass. 1e civ. 4-10-2005 n° 03-20.548 : Bull. civ. I n° 356). Le juge est saisi par voie de conclusions d'incidents ;
– le juge conciliateur s'il s'agit d'un divorce introduit avant le 1er janvier 2021 et si la demande est formée entre l'ordonnance de non-conciliation et l'assignation. Le juge est saisi en la forme des référés ou par requête ;
– le premier président de la cour d'appel ou le conseiller de la mise en état, notamment lorsqu'il a été fait appel de l'ordonnance du juge de la mise en état (CPC art. 1119) ou lorsque le débat sur le fond est pendant devant la cour d'appel.
La cour d'appel elle-même peut être compétente si l'incident est joint au fond (Cass. 1e civ. 4-10-2005 n° 04-13.463 : Bull. civ. I n° 354).

c. Recours contre les mesures provisoires

9174 L'ordonnance prononçant les mesures provisoires est susceptible d'**appel** dans les 15 jours de sa notification (CPC art. 795). Cependant, les mesures provisoires étant exécutoires de plein droit (CPC art. 1074-1), elles s'appliquent en dépit de l'appel interjeté.
La décision d'appel se substitue rétroactivement à la décision de première instance. Il en résulte que le conjoint qui a bénéficié d'un devoir de secours réduit en cause d'appel sera obligé de restituer le trop-perçu. Cela n'est pas satisfaisant, car la cour d'appel se prononce sur le devoir de secours en l'état du dossier au jour où elle statue, et non au jour de l'ordonnance de non-conciliation. Cette discordance est d'autant plus choquante que le devoir de secours présente pour partie un caractère alimentaire, ce qui devrait interdire toute répétition.

9176 L'arrêt statuant sur l'appel des mesures provisoires peut faire l'objet d'un **pourvoi en cassation** s'il est formé en même temps que le pourvoi contre la décision statuant sur le fond (CPC art. 606 et 608). Cela signifie qu'il n'est pas possible de former immédiatement un pourvoi contre l'arrêt d'appel statuant sur les mesures provisoires (notamment Cass. 1e civ. 20-3-2013 n° 12-19.835 FS-PBI : RTD civ. 2013, 355, obs. J. Hauser).

9177 Le recours en **révision** n'est pas ouvert contre les décisions ayant prescrit les mesures provisoires puisqu'elles sont susceptibles, jusqu'au dessaisissement de la juridiction, d'être supprimées, modifiées ou complétées en cas de survenance d'un fait nouveau (Cass. 1e civ. 26-1-2022 n° 20-14.214 F-D).

d. Contenu des mesures provisoires

RÉSIDENCE DES ÉPOUX ET JOUISSANCE DU LOGEMENT FAMILIAL

9178 Le juge statue sur les modalités de la résidence séparée des époux et sur l'attribution de la jouissance du logement familial et de son mobilier (C. civ. art. 255).
Le juge statue en fonction des circonstances de la cause. Très **généralement**, le logement est attribué au conjoint qui réside avec les enfants ou à celui qui y exerce sa profession. Mais sa jouissance peut être partagée entre les deux époux.
Dans le cas où les époux vivent encore ensemble à la date de l'ordonnance de non-conciliation ou de l'ordonnance sur mesures provisoires, le juge donne à l'époux qui ne bénéficie pas de la jouissance du logement familial un **délai pour quitter les lieux** (délai généralement fixé à trois mois). À l'issue de ce délai et à condition que le juge ait clairement autorisé ce procédé, l'époux à qui le logement a été attribué peut faire appel aux forces de police pour expulser son conjoint.

9180 Le juge a l'obligation de préciser le **caractère gratuit ou non de l'occupation** du logement de la famille (C. civ. art. 255). À défaut de précision, l'occupation est présumée onéreuse.

Il n'a pas compétence pour fixer le **montant** de l'indemnité d'occupation. Il peut simplement constater, le cas échéant, l'accord des époux sur ce montant (C. civ. art. 255). Sur le régime de l'indemnité d'occupation, voir nos 10217 s.
Pour l'**impôt sur le revenu**, la mise à disposition du logement est assimilée à une rente si elle est gratuite : voir n° 9192.

9182 L'attribution de la jouissance du domicile conjugal à l'un des époux n'est pas opposable aux **créanciers de son conjoint**. Ainsi, le mandataire liquidateur de ce dernier peut poursuivre la vente de l'immeuble sans avoir égard à son occupation (Cass. 1e civ. 12-12-2006 n° 04-19.364).

9184 **Si le logement est loué** Tant que le divorce n'a pas été prononcé, le bail **appartient** aux deux époux, même si l'un seulement a signé le contrat (C. civ. art. 1751, al. 1).
En conséquence, aucun des époux ne peut **résilier** seul le contrat de location : ils doivent agir ensemble pour donner valablement congé. Réciproquement, le congé du propriétaire doit être notifié à chacun des époux.
Jusqu'à la transcription du divorce en marge des registres d'état civil, les **loyers** constituent des dettes ménagères et les deux conjoints sont solidairement responsables de leur paiement, même si le propriétaire a été averti de la résidence séparée (Cass. 3e civ. 31-5-2006 n° 04-16.920 : RJDA 8-9/06 n° 869) et même si une ordonnance de non-conciliation a attribué la jouissance du logement à un des époux. Le propriétaire peut donc parfaitement réclamer son dû à l'époux qui n'habite plus dans les lieux, sauf en cas de départ du logement en raison de violences, voir n° 26720.
En revanche, l'indemnité d'occupation due après résiliation du bail n'est pas, en principe, une dette ménagère si un seul époux est resté dans les lieux. En conséquence, lorsque l'épouse quitte les lieux et en avertit le bailleur avant la résiliation du bail, seul le mari est redevable de l'indemnité d'occupation due après résiliation (Cass. 1e civ. 17-5-2017 n° 16-16.732 F-PB : BPAT 4/17 inf. 138).

9186 **Si le logement est la propriété de l'un des deux époux** Jusqu'au divorce, les époux ne peuvent pas **disposer l'un sans l'autre** des droits par lesquels le logement de la famille est assuré (C. civ. art. 215 ; nos 1750 s.). Cela dit, l'attribution à titre provisoire de la jouissance du domicile conjugal à l'un des époux par le juge du divorce ne fait pas obstacle à une autorisation judiciaire de vente du logement à la demande de l'autre époux, en application de l'article 217 du Code civil : voir n° 2145.
Le divorce met **fin à la protection du logement familial** de l'article 215 du Code civil.

MESURES CONCERNANT LES ENFANTS

9188 Le juge décide (C. civ. art. 256 qui renvoie aux art. 371 s.) :
– de l'attribution de l'exercice de l'**autorité parentale**. Elle est par principe exercée conjointement par les deux parents. Il faut des motifs graves pour qu'il en aille autrement : violence, alcoolisme, désintérêt, etc. ;
– du lieu de la **résidence** des enfants. Ces derniers peuvent résider chez leur père ou leur mère ou en alternance au domicile de chacun des parents (C. civ. art. 373-2-9).
S'il y a plusieurs enfants, le principe est que les **frères et sœurs** ne soient pas séparés (C. civ. art. 371-5). Mais le juge peut en décider autrement en fonction des intérêts en présence.
Sur l'exercice de l'autorité parentale, la résidence des enfants et la **pension alimentaire** due pour leur entretien et leur éducation, voir nos 36650 s.

PENSION ALIMENTAIRE ENTRE CONJOINTS

9190 Le juge fixe, le cas échéant, le montant de la pension due entre conjoints (C. civ. art. 255). Celle-ci a pour **objet** d'assurer à son bénéficiaire le maintien de son niveau de vie antérieur, dans la mesure des possibilités de celui qui la doit. Elle peut bénéficier au demandeur en divorce ou au défendeur, mari ou femme.
Son **montant** est librement décidé par les époux ; à défaut d'accord, il est fixé par le juge en fonction des revenus (salaires, pensions de retraite ou d'invalidité, revenus mobiliers ou fonciers, etc.) et des charges de chacun (endettement, vie courante, impôts, etc.). Le concubinage d'un époux est également une circonstance dont le juge tient compte.
Habituellement, la pension entre conjoints est payée sous la **forme** d'une rente mensuelle. Elle peut aussi être exécutée par l'attribution gratuite de la jouissance du logement familial. Ces deux éléments peuvent être combinés, le devoir de secours prenant alors la forme d'une jouissance gratuite et d'une rente mensuelle.

9192 **Traitement fiscal de la pension alimentaire** À condition qu'elle résulte d'une décision de justice, la **rente** versée est déductible des revenus de l'époux débiteur, déduction majorée de 25 % lorsque la décision judiciaire qui en a fixé le montant est devenue définitive avant 2006 (CGI art. 158, 7-3°). L'époux bénéficiaire est de son côté imposable dans la catégorie des pensions, selon les règles exposées n° 9891.

Si la pension est exécutée par l'**attribution gratuite de la jouissance du logement familial**, l'intéressé peut déduire de son revenu global l'avantage en nature correspondant, égal à la valeur locative du logement (CE 8-12-1986 n° 56882 : RJF 2/87 n° 129) ou, en cas d'indivision, égal à une fraction de la valeur locative, à proportion des droits de propriété de l'intéressé (CE 27-7-1988 n° 79333). La déduction de cet avantage en nature (réduit, le cas échéant, au prorata des droits détenus sur le logement) est cumulable avec la déduction des pensions alimentaires versées en espèces pour le conjoint ou les enfants (CE 18-12-1992 n° 74860 : RJF 2/93 n° 173). La **prise en charge**, ordonnée par le juge dans le cadre d'une ordonnance de non-conciliation, du remboursement par l'époux bénéficiant de la jouissance du domicile conjugal de la quote-part incombant à son conjoint d'un **prêt contracté en commun pour l'acquisition du logement conjugal** équivaut au paiement d'une pension alimentaire. Ce remboursement est déductible du revenu de l'époux qui acquitte les échéances de l'emprunt à hauteur du seul montant de la quote-part prise en charge pour le compte de l'autre conjoint. Corrélativement, cette somme constitue pour ce dernier un revenu imposable dans la catégorie des pensions (Rép. Vidal : AN 3-5-2022 n° 11918 : BPAT 4/22 inf. 217-4).

L'époux bénéficiaire de la mise à disposition du logement est de son côté imposable selon les règles applicables aux pensions alimentaires (pour une illustration, CAA Nancy 16-12-2004 n° 00-1246). Le fait que le conjoint débiteur de la pension ne déduise pas de son revenu imposable l'avantage correspondant à l'attribution gratuite du logement est sans incidence sur l'imposition du bénéficiaire (CAA Paris 23-1-2008 n° 06-961 : RJF 6/08 n° 668). Le montant imposable correspond à la valeur locative du logement mis à disposition réduite, le cas échéant au prorata des droits détenus par l'ex-conjoint débiteur (même arrêt).

En cas de mise à **disposition** du logement à **titre onéreux**, l'occupant verse une indemnité d'occupation constitutive d'un revenu foncier pour celui qui la reçoit. Ce versement d'une indemnité d'occupation ne résulte pas de l'exécution d'une obligation alimentaire et représente la contrepartie de la jouissance privative du bien. Par suite, l'ex-conjoint qui la verse ne peut la déduire de son revenu global (Rép. de la Raudière : AN 3-12-2019 n° 21788).

> **Précisions** **a.** Il est nécessaire, pour qu'il y ait lieu à déduction, que les conjoints fassent l'objet d'**impositions distinctes**. Il en est ainsi lorsque le juge a autorisé les époux à résider séparément (BOI-IR-BASE-20-30-20-30 n° 130).

b. Les **sommes versées spontanément** pendant la procédure ne sont pas déductibles, mais elles le deviennent si elles sont ensuite homologuées par le juge (en ce sens, BOI-IR-RICI-160-20 n° 10, à propos de sommes versées spontanément entre époux dans le cadre d'un divorce par consentement mutuel).

INTÉRÊTS PÉCUNIAIRES DES ÉPOUX

9194 **Dettes des époux** Le juge peut désigner le conjoint qui devra assurer le règlement provisoire de tout ou partie des dettes ou répartir la charge des dettes sur les deux époux (C. civ. art. 255). Par **exemple**, il peut confier à un époux la charge du paiement des impôts du couple ou du remboursement des emprunts liés à l'acquisition du logement familial (même si l'époux en question ne bénéficie pas de la jouissance de ce logement).

La décision du juge ne vaut que dans les rapports entre époux. Elle n'est pas opposable aux tiers et notamment aux **créanciers**, qui conservent les deux époux comme débiteurs.

9196 En l'absence de précision particulière du juge, la prise en charge d'une dette commune n'est que « **provisoire** », c'est-à-dire qu'elle n'interdit pas à l'époux concerné de solliciter une **récompense** lors de la liquidation du régime matrimonial.

Il en va autrement si la décision prévoit que les règlements sont effectués au titre du **devoir de secours** (Cass. 2e civ. 16-1-1976 n° 75-12.415 : Bull. civ. II n° 247 ; Circ. du 23-11-2004). La possibilité d'une telle prise en charge au titre du devoir de secours est discutée puisque le texte ne prévoit qu'une prise en charge « provisoire ». En tout état de cause, si elle est prévue, elle doit l'être de façon explicite : la mention qu'un époux ne demande pas de pension alimentaire du fait que son conjoint rembourse les crédits immobiliers n'impose pas à ce dernier d'en supporter la charge définitive (Cass. 1e civ. 26-10-2011 n° 10-21.802 : Bull. civ. I n° 183).

Lorsque le montant de la pension alimentaire a été expressément fixé pour permettre à son créancier de prendre seul en charge le remboursement des échéances d'un emprunt commun, cet époux ne peut pas se prévaloir d'un droit à récompense puisque le débiteur de la pension a indirectement participé au remboursement de l'emprunt (Cass. 1e civ. 23-1-2008 n° 07-10.753 : RJDA 5/08 n° 589, Gaz. Pal. 2008 n° 326 p. 60 note J. Casey). Cette jurisprudence trouvera à s'appliquer lorsque le remboursement de l'emprunt est directement mis à la charge de l'époux débiteur du devoir de secours par la décision du juge.

Attribution ou gestion des biens des époux Le juge peut statuer sur l'attribution de la jouissance ou de la gestion des biens communs ou indivis **autres que le logement familial et son mobilier** (C. civ. art. 255). Il peut s'agir de la jouissance d'une résidence secondaire ou de la gestion d'un bien mis en location (perception des loyers, engagement des dépenses d'entretien, etc.), sous réserve bien sûr des droits de chaque époux dans la liquidation du régime matrimonial. 9198

La question est ouverte de savoir si le juge peut accorder la jouissance gratuite d'une résidence secondaire au titre du devoir de secours. Certains juges l'accordent, d'autres estiment qu'une telle décision n'entre pas dans leurs pouvoirs. Ce serait pourtant utile lorsque le conjoint le moins fortuné s'installe dans la résidence secondaire en attendant la fin de la procédure.

Régime matrimonial : désignation et préparation de la liquidation Le magistrat qui ordonne les mesures provisoires est compétent pour **se prononcer sur le régime** matrimonial des époux (Cass. 1e civ. 24-2-2016 n° 15-14.887 FS-PBI : Sol. Not. 5/16 inf. 102, RTD civ. 2016 p. 326 note J. Hauser). En effet, il peut avoir à trancher cette question pour prendre les mesures provisoires adéquates. 9200

Par ailleurs, il peut désigner un **notaire** pour élaborer un projet de liquidation du régime matrimonial et de formation des lots à partager (C. civ. art. 255, 10°).

À ce stade, le notaire ne procède pas, bien évidemment, au partage effectif des biens. Mais la connaissance des lots est de nature à permettre plus tard au juge de décider de manière pertinente du principe d'une prestation compensatoire et, le cas échéant, de son montant et de ses modalités de versement. Cette disposition, combinée avec celles qui autorisent le juge qui prononce le divorce à statuer notamment sur les demandes de liquidation et de partage (nos 10275 s.), est essentielle. Elle permet d'intégrer véritablement la liquidation du régime matrimonial à la procédure de divorce.

Le magistrat peut aussi désigner un notaire ou tout autre professionnel qualifié pour dresser un **inventaire estimatif** et faire des propositions quant au **règlement des intérêts pécuniaires** des époux (C. civ. art. 255, 9°). Le professionnel désigné peut être, selon les nécessités, un notaire, un expert-comptable, un commissaire-priseur, etc. Il peut aussi être un avocat, les règles professionnelles de celui-ci n'interdisant pas sa désignation et le fait qu'il n'ait pas prêté serment en qualité d'expert ne rendant pas son rapport nul (Cass. 1e civ. 19-10-2016 n° 15-25.879 FS-PBI : BPAT 6/16 inf. 220). 9202

Dans le cadre de sa mission, le professionnel désigné sera amené à :
– estimer un fonds de commerce ou un immeuble ;
– déterminer les patrimoines propres ou communs ;
– travailler sur l'estimation de la prestation compensatoire ou la définition de ses modalités de paiement, etc.

Le juge n'est pas compétent pour **anticiper le partage**. C'est donc à tort s'il attribue à un époux sa part sur le prix de vente d'un bien commun ou indivis (Cass. 1e civ. 24-2-2016 n° 15-14.887 : Sol. Not. 5/16 inf. 102). 9204

Il peut en revanche accorder si nécessaire à un conjoint une **provision à valoir** sur ses droits dans la liquidation du régime matrimonial (C. civ. art. 255, 7°). Cette provision peut prendre la forme d'une rente mensuelle ou d'un capital. Cette disposition est applicable quel que soit le régime matrimonial des époux.

AUTRES MESURES PROVISOIRES

Le juge peut également : 9206
– autoriser des **mesures conservatoires**, par exemple s'il existe un risque de disparition d'une partie du patrimoine commun (CPC art. 789). Une mesure de saisie ou l'apposition de scellés peuvent ainsi être ordonnées ;
– fixer la **provision pour frais d'instance** que doit verser un époux à son conjoint, demandeur ou défendeur à l'instance, qui manque de ressources. Un époux, même admis au titre de l'aide juridictionnelle, peut demander une provision pour frais d'instance (C. civ. art. 255, 6°).

MÉDIATION

9207 Dans le cadre des mesures provisoires, le juge peut (C. civ. art. 255, 1° et 2°) :
– proposer aux époux une mesure de médiation, et, après avoir recueilli leur accord, désigner un médiateur familial pour y procéder ;
– imposer aux époux de rencontrer un médiateur familial qui les informera sur l'objet et le déroulement de la médiation. Cette décision n'est pas susceptible d'appel (CPC art. 1071).
De telles mesures ne peuvent toutefois pas être mises en œuvre en cas de violences alléguées par l'un des conjoints sur l'autre ou sur l'enfant, ou en cas d'emprise manifeste de l'un des époux sur son conjoint (voir n° 26720).
L'objectif de la médiation est de permettre aux époux de rechercher, en dehors du débat judiciaire, une solution aux conflits qui les opposent. De nombreux tribunaux y sont très favorables, parce qu'un arrangement accepté par les deux conjoints est souvent mieux respecté qu'une décision qui leur a été imposée.
La médiation peut porter sur tout ou partie des aspects de la séparation. En pratique, les enfants sont très souvent au cœur du débat.

4. DÉROULEMENT DE LA PROCÉDURE DE DIVORCE

MISE EN ÉTAT DU DOSSIER

9208 Une fois l'instance nouée, il convient d'instruire le dossier : chaque partie fait valoir ses arguments par voie de **conclusions**, communique ses pièces, etc.
La mise en état peut être **conventionnelle**. Elle est organisée par les parties dans le cadre d'une procédure participative qui peut être décidée dès l'AOMP (n° 9136) ou à tout autre moment (CPC art. 1546-1 s.) : voir n° 9008.
Lorsque les parties et leurs avocats ont conclu une convention de procédure participative aux fins de mise en état, le juge peut, à leur demande, fixer la date de l'audience de clôture de l'instruction et la date de l'audience de plaidoiries.
En l'absence de procédure participative (ou en cas d'échec de cette procédure), la mise en état est **judiciaire**. Le juge aux affaires familiales, en sa qualité de juge de la mise en état (CPC art. 1108 al. 4), veille au déroulement loyal de la procédure et fixe le calendrier des échanges (CPC art. 780 s.). Il peut notamment :
– modifier les mesures provisoires, désigner un expert ou ordonner une enquête sociale (CPC art. 1072) ;
– désigner un médiateur, constater la conciliation, même partielle, des parties (CPC art. 1071) ;
– convoquer les époux, d'office ou à la demande de l'un d'eux, à une audience de règlement amiable avec des effets toutefois contraints (n° 9140) ;
– statuer sur les fins de non-recevoir.
Lorsque le dossier est en état d'être jugé, le juge fixe une date de plaidoirie ou de dépôt de dossier si les parties sont d'accord pour que la procédure se déroule sans audience.

9210 Pour les procédures de divorce engagées depuis le 1er janvier 2021, le demandeur qui sollicite un divorce pour faute doit le faire dans ses **premières conclusions au fond** (C. civ. art. 251). S'agissant d'un divorce accepté ou pour altération du lien conjugal, c'est aussi à ce stade qu'il fait connaître son intention s'il ne l'a pas fait dans son assignation.
Lorsque le demandeur n'a pas indiqué le fondement de sa demande dans l'acte introductif d'instance, le défendeur ne peut lui-même indiquer le fondement de la demande en divorce avant les premières conclusions au fond du demandeur ou, à défaut, avant l'expiration du délai fixé par le juge de la mise en état par injonction de conclure (CPC art. 1107, al. 4 modifié par décret 2023-25 du 23-1-2023 : BPAT 2/23 inf. 107-1).

> **Précisions** Il n'est pas expressément dit que les premières conclusions au fond doivent intervenir après l'audience sur mesures provisoires. C'est néanmoins l'esprit des textes qui, dans un souci d'apaisement des procédures, ont transposé la règle existant dans les procédures engagées avant le 1er janvier 2021, tenant à l'indication du fondement du divorce seulement dans l'assignation, soit après l'audience de non-conciliation.

9212 Le défendeur forme, le cas échéant, des **demandes reconventionnelles**.
Comme c'était déjà le cas, les parties ne peuvent pas, en cours d'instance, modifier le fondement de leur demande en divorce, sauf le cas des **passerelles** autorisées (CPC art. 1077).

PASSERELLES ENTRE LES DIFFÉRENTS DIVORCES

Le passage d'un divorce conflictuel à un divorce d'accord est favorisé. Les époux peuvent ainsi : **9214**
– transformer en **consentement mutuel contractuel ou judiciaire** une procédure de divorce pour faute, pour altération définitive du lien conjugal ou par acceptation du principe de la rupture. Ils doivent, selon le cas, conclure un acte sous signature privée contresigné par avocats, déposé au rang des minutes d'un notaire, ou présenter au juge une convention réglant les conséquences de leur divorce (C. civ. art. 247) ;
– transformer en **divorce accepté** une procédure de divorce pour faute ou pour altération définitive du lien conjugal. Ils demandent alors au juge de constater leur accord sur le principe du divorce (C. civ. art. 247-1). Leur demande doit être formulée de façon expresse et concordante dans leurs conclusions, chacun des époux devant y annexer sa déclaration d'acceptation (CPC art. 1123). À peine de nullité, la déclaration écrite doit rappeler qu'elle ne peut pas être rétractée, même par voie d'appel.
Sur la possibilité de passer d'un divorce par consentement mutuel contractuel à un consentement mutuel judiciaire, voir n° 9013.

L'époux qui a introduit une procédure pour altération définitive du lien conjugal peut changer le fondement de son action et demander le divorce pour **faute** si son conjoint présente une demande reconventionnelle pour faute (C. civ. art. 247-2). Il s'agit de ne pas laisser le demandeur, qui a voulu tenter une procédure moins contentieuse, démuni devant une riposte en faute de son conjoint. **9216**
Ce faisant, l'époux est en droit de maintenir sa demande principale pour altération du lien conjugal sans que sa demande pour faute soit regardée comme subsidiaire et donc irrecevable au sens de l'article 1077 du Code de procédure civile : il peut solliciter un divorce pour faute pour le cas où la demande reconventionnelle pour faute de son conjoint serait admise et un divorce pour altération du lien conjugal pour le cas où cette demande reconventionnelle serait rejetée (Cass. 1e civ. 11-9-2013 n° 11-26.751 : Bull. civ. I n° 163).

Les passerelles précitées sont les **seules possibles** (CPC art. 1077). Ainsi, un divorce pour faute ne peut pas être transformé en divorce pour altération définitive du lien conjugal (Cass. 1e civ. 19-3-2014 n° 12-17.646 : BPAT 3/14 inf. 112). **9218**
Dans le cadre des passerelles autorisées, les parties peuvent choisir de changer de procédure à **tout moment de la procédure**. Le changement peut donc intervenir en première instance ou en appel.

CONVENTIONS ENTRE ÉPOUX

Convention en vue de la liquidation du régime matrimonial S'ils le souhaitent, les époux peuvent conclure **pendant l'instance en divorce** une convention de liquidation de leur régime matrimonial, communauté ou séparation de biens (C. civ. art. 265-2). L'instance commençant par l'assignation, il est de jurisprudence constante qu'une convention conclue antérieurement est nulle (Cass. 1e civ. 19-1-1982 n° 80-17.149, à propos de l'ancien article 1450 repris et étendu à tous les régimes matrimoniaux dans l'article 265-2 ; Cass. 1e civ. 8-4-2009 n° 07-15.945 FS-PBI : Bull. civ. I n° 80). **9220**
Le **contenu** des conventions est très variable. Elles peuvent organiser la liquidation et le partage global des intérêts des époux ou porter sur des points limités. Les époux sont notamment autorisés à fixer la date de la jouissance divise à une date qui se situe durant l'instance en divorce, réduisant (voire supprimant) ainsi la période d'indivision postcommunautaire et le paiement éventuel d'une indemnité d'occupation (JCP N 2014 n° 1346). Ils peuvent aussi s'accorder sur l'attribution préférentielle d'un bien ou son évaluation.
Un accord sur la prestation compensatoire étant possible, les époux peuvent envisager les questions patrimoniales dans leur ensemble. En pratique, le règlement de la prestation compensatoire est très souvent lié à la liquidation du régime matrimonial.

La **forme** de la convention dépend non pas du régime matrimonial des époux mais des biens qui en font l'objet. **9222**
La convention doit être notariée si la liquidation porte sur des biens soumis à la publicité foncière, les immeubles et droits immobiliers pour l'essentiel (C. civ. art. 265-2 ; sur le point de savoir si la convention doit être authentique seulement lorsque la liquidation emporte transfert d'un droit réel ou dès lors que le patrimoine considéré comporte des immeubles, voir n° 9037).
Elle peut être faite sous signature privée dans le cas contraire.

Il est même admis qu'elle soit tacite si elle est sans équivoque. Ainsi, invoquer le caractère commun d'un bien pour limiter le montant de la prestation compensatoire due vaut renonciation à se prévaloir du caractère propre de ce bien lors de la liquidation des intérêts patrimoniaux des époux (Cass. 1e civ. 23-9-2015 no 14-20.168 : BPAT 6/15 inf. 205-1).

9224 En principe, les conventions de liquidation ne sont pas soumises au **contrôle du juge** aux affaires familiales. Faute d'homologation, elles n'acquièrent pas l'autorité de la chose jugée et peuvent donc être contestées par la suite, par exemple pour vice de consentement ou lésion. Même si l'homologation n'est pas requise, les parties ont intérêt à informer le juge de leur convention pour que ce dernier puisse, le cas échéant, en tenir compte notamment au regard de la prestation compensatoire. D'ailleurs, un époux peut demander que le jugement de divorce modifie la convention si les conséquences du divorce fixées par ce jugement remettent en cause les bases de la liquidation et du partage (C. civ. art. 1451, al. 2). Par exemple, si les époux conviennent de l'attribution préférentielle d'un bien au mari et qu'ensuite l'épouse demande à titre de prestation compensatoire l'usufruit ou la pleine propriété de ce bien, le mari peut informer le juge par voie de conclusions de la convention de liquidation et lui demander de la modifier s'il entend faire droit à la demande de l'épouse.

Si l'accord porte à la fois sur les conséquences du divorce (et notamment la prestation compensatoire) et sur la liquidation du régime matrimonial, voir no 9232.

9226 La **date d'effet** des conventions de liquidation-partage d'un régime communautaire est suspendue jusqu'au prononcé du divorce ; ces conventions ne peuvent être exécutées, même dans les rapports entre époux, que lorsque le jugement de divorce a pris force de chose jugée (C. civ. art. 1451, al. 1). Mais une fois la condition suspensive tenant au prononcé définitif du divorce réalisée, la convention s'applique rétroactivement à la date prévue par elle (Cass. 1e civ. 26-6-2013 no 12-13.361 : BPAT 5/13 inf. 169).

9228 **Convention réglant les conséquences du divorce** Les époux étant invités par le juge conciliateur à régler les conséquences du divorce à l'amiable, ils sont autorisés, **pendant l'instance**, à soumettre à l'homologation du juge des conventions réglant tout ou partie des conséquences du divorce (C. civ. art. 268).

Ces conventions peuvent notamment **porter sur** la résidence des enfants ou le montant et les modalités de paiement de la prestation compensatoire. Dans ce cas, les époux disposent de la même liberté que ceux qui divorcent par consentement mutuel. Ils peuvent notamment décider d'une prestation compensatoire sous forme de rente à durée déterminée (C. civ. art. 279-1).

9230 Ces conventions sont soumises au **contrôle du juge**, qui vérifie qu'elles préservent les intérêts des enfants et de chacun des époux. Si c'est le cas, il les homologue en prononçant le divorce (C. civ. art. 268).

Encore faut-il qu'il soit en présence de **conclusions concordantes** des parties demandant l'homologation ; à défaut, la demande d'homologation formulée par un seul époux n'est pas irrecevable, mais le juge doit tirer les conséquences de l'absence d'accord de l'autre (Cass. 1e civ. 12-2-2020 no 19-10.088 FS-PBI : AJ fam. 2020 p. 307 obs. Casey). De même, une convention homologuée en première instance ne reflète plus la commune intention des intéressés et doit donc se voir retirer l'homologation par la cour d'appel dès lors qu'un des époux fait valoir devant elle que ladite convention « ne préserve pas suffisamment ses intérêts » (Cass. 1e civ. 9-6-2021 no 19-10.550 FS-P : AJ fam. 2021 p. 492 obs. Casey).

9232 **Convention mixte** Les époux **peuvent** prendre une convention portant à la fois sur les **conséquences de leur divorce et sur la liquidation** de leur régime matrimonial. En effet, les conventions de l' article 268 concernent « les conséquences du divorce », sans restriction.

Mais une convention mixte doit, dès lors qu'elle traite de la liquidation du régime matrimonial, répondre aux conditions de l'article 265-2 du Code civil (Cass. 1e civ. 27-9-2017 no 16-23.531 FS-PBI : BPAT 6/17 inf. 217). Elle doit donc être conclue après l'assignation ou la requête conjointe (même arrêt) et être notariée si elle porte sur des biens soumis à la publicité foncière.

Dans l'arrêt précité, les juges n'ont pas précisé si la convention mixte devait ou non être homologuée en application de l'article 268 ; à notre avis, cette homologation est nécessaire (dans le même sens, Dalloz action Droit de la famille 2023/2024, v. Régimes matrimoniaux et libéralités par F. Hébert et J. Pierrot-Blondeau no 134.211).

JUGEMENT

Prononcé du divorce Le jugement prononce le divorce avec les particularités liées à chaque **motif** de divorce (faute, altération définitive du lien conjugal, acceptation du principe de la rupture du mariage). 9236

Si une **prestation compensatoire** sous forme de somme d'argent est allouée, le prononcé du divorce peut être subordonné à la constitution de garanties de paiement (voir n°s 9930 s.). Il est en revanche impossible de subordonner le prononcé du divorce au paiement de la prestation compensatoire. 9238

En principe, la prestation compensatoire n'est pas assortie de l'exécution provisoire. Cependant, le jugement peut en décider autrement si l'absence d'exécution devait avoir des conséquences manifestement excessives pour le créancier : voir n° 9606.

Le jugement de divorce statue, le cas échéant, sur la **liquidation et** le **partage** des intérêts patrimoniaux des époux (C. civ. art. 267 ; voir n°s 10275 s.). 9240

> **Précisions** Lorsqu'il prononce le divorce, le juge n'est pas compétent pour statuer sur une demande de **contribution aux charges du mariage** pour la période **antérieure** à l'ordonnance de non-conciliation. Il peut néanmoins connaître de cette question dans le cadre de la liquidation des intérêts patrimoniaux des époux s'il en est saisi (Cass. 1e civ. 9-7-2014 n° 13-19.130 : Bull. civ. I n° 133).

Rejet de la demande en divorce Le juge refuse de prononcer le divorce s'il estime que les **motifs** du divorce ne sont pas établis : preuve des fautes invoquées ou de leur degré de gravité non rapportée, séparation des époux d'une durée insuffisante, etc. Les époux restent alors mariés. 9242

Les époux étant généralement séparés à ce stade, le juge peut **réglementer cette séparation** en statuant sur la contribution aux charges du mariage, la résidence de la famille et les modalités de l'exercice de l'autorité parentale (C. civ. art. 258 ancien et 253). Il ne peut pas, en revanche, statuer sur d'autres points (Cass. 1e civ. 19-6-2007 n° 06-16.656). 9244

Les mesures ordonnées prennent effet lorsque le rejet du divorce est devenu définitif.

En l'absence de conclusions des parties en ce sens, le juge peut faire application de l'article 253 du Code civil, mais ce n'est pas une obligation (Cass. 2e civ. 28-10-1992 n° 91-12.786, rendu en application de l'ancien article 258 mais transposable). S'il entend statuer sur la séparation des époux, il doit d'abord les inviter à présenter leurs observations (Cass. 2e civ. 20-6-1984 n° 83-11.021).

> **Précisions** Les mesures ordonnées n'ont pas vocation à organiser la séparation des époux de façon définitive. Il ne s'agit que de **mesures provisoires**. Ainsi, le juge ne peut pas allouer la jouissance du domicile conjugal à un conjoint pour sa vie durant (Cass. 1e civ. 11-7-2006 n° 05-21.132 : Bull. civ. I n° 380).

RECOURS CONTRE LE JUGEMENT

Recours des époux Le jugement qui prononce le divorce ou qui le refuse peut faire l'objet d'un **appel** dans un délai d'un mois à compter de sa signification. 9246

Un époux peut faire appel si le jugement lui fait grief, c'est-à-dire ne lui donne pas entièrement gain de cause. C'est le cas lorsque le jugement a prononcé un divorce aux torts partagés alors que l'époux avait demandé les torts exclusifs, peu important que les parties aient pris des conclusions concordantes visant à la non-énonciation des motifs dans le jugement (en ce sens, par exemple, Cass. 1e civ. 25-4-2007 n° 06-16.380 : Bull. civ. I n° 161). Un époux est également recevable à interjeter appel même s'il a obtenu entière satisfaction en première instance s'il est apparu, après l'audience de plaidoirie, des éléments de nature à affecter tant la teneur des prétentions de l'appelant que l'appréciation de celles-ci par le premier juge. Ainsi jugé dans un cas où il était apparu que le mari percevait des revenus supérieurs à ceux indiqués durant l'instance (Cass. 1e civ. 23-11-2011 n° 10-19.839 : BPAT 1/12 inf. 7).

Si le droit commun prévoit que les décisions de première instance sont de droit exécutoires à titre provisoire (CPC art. 514), il en va autrement du divorce (CPC art. 1074-1).

Sur l'application des **mesures provisoires** durant la procédure d'appel, voir n° 9168.

Les époux peuvent former des **demandes nouvelles** si elles sont l'accessoire de leur demande principale (CPC art. 566). C'est ainsi qu'il est possible de demander pour la première fois en appel des dommages et intérêts ou une prestation compensatoire si le prononcé du divorce n'a pas acquis force de chose jugée (n° 9640).

9248 L'arrêt d'appel peut faire l'objet d'un **pourvoi en cassation** dans les conditions de droit commun, avec toutefois une particularité : le délai de pourvoi et le pourvoi lui-même suspendent l'exécution de l'arrêt prononçant le divorce (CPC art. 1086).

ATTENTION

L'**effet suspensif** ne s'applique pas aux dispositions de la décision concernant les pensions, la contribution à l'entretien et l'éducation de l'enfant et l'exercice de l'autorité parentale (CPC art. 1087). Cet effet s'applique donc essentiellement au prononcé du divorce et aux dispositions relatives à la prestation compensatoire (sauf pour cette dernière si l'exécution provisoire a été ordonnée, voir n° 9606).

9250 Un **recours en révision** du jugement est ouvert dans les conditions de droit commun (CPC art. 595), notamment lorsque la décision a été surprise par la fraude d'une partie.
Un ex-époux peut par exemple agir en révision du jugement qui a mis à sa charge une prestation compensatoire si son épouse a dissimulé qu'elle était propriétaire d'un bien immobilier (Cass. 2e civ. 12-6-2008 n° 07-15.962 : BPAT 1/09 inf. 8) ou si elle a menti sur le montant de ses revenus salariés (Cass. 2e civ. 21-2-2013 n° 12-14.440 : Bull. civ. II n° 40).
Le délai pour agir est de deux mois à compter du jour où l'époux a eu connaissance de la cause de révision qu'il invoque.

9252 **Recours des tiers** Les tiers n'ont, bien sûr, pas qualité pour contester le divorce dans son **principe**.
Ils peuvent en revanche former tierce opposition à l'encontre des dispositions du jugement de divorce portant sur ses **conséquences patrimoniales** dans les rapports entre époux (Cass. 1e civ. 5-11-2008 n° 06-21.256 : Bull. civ. I n° 252). Dans le même sens à propos d'un époux en liquidation judiciaire, la prestation compensatoire ayant pris la forme de l'abandon en propriété d'un bien propre (Cass. com. 16-1-2019 n° 17-16.334 FS-PB : BPAT 2/19 inf. 45 ; Cass. com. 20-10-2021 n° 20-10.710 F-B : BPAT 1/21 inf. 6).

PUBLICITÉ DU JUGEMENT

9254 Une fois définitif, le divorce doit faire l'objet d'une mention en marge de l'acte de mariage et de l'acte de naissance de chacun des époux (CPC art. 1082).

EXTINCTION DE L'INSTANCE

9256 Les **cas de droit commun** d'extinction d'instance (péremption, caducité, désistement) s'appliquent.
En outre, tant que le jugement de divorce n'a pas acquis force de chose jugée, le **décès de l'un des époux** éteint l'instance et interdit le prononcé du divorce (Cass. 1e civ. 15-9-2021 n° 20-19.593 ; Cass. 1e civ. 15-3-2023 n° 21-17.033 F-D : BPAT 3/23 inf. 112). C'est le cas lorsque le décès survient en cours de procédure, en cours de délibéré et même avant l'expiration des délais de recours d'appel ou de cassation. Par exemple, dans un cas où une cour d'appel avait prononcé le divorce et accordé une prestation compensatoire à l'épouse décédée quelques jours plus tard, le pourvoi entre-temps formé par le mari a empêché le divorce d'acquérir force de chose jugée et l'action s'est trouvée éteinte par le décès de la femme (Cass. 1e civ. 20-6-2006 n° 05-16.150 : Bull. civ. I n° 317).

CONSEIL

Le décès en cours d'instance interdisant le prononcé du divorce et laissant par conséquent subsister les droits successoraux du conjoint, un époux qui divorce a intérêt à établir le plus rapidement possible un **testament** pour déshériter son conjoint. Sur l'étendue possible de cette exhérédation, voir n° 11005.

DATE À LAQUELLE LE DIVORCE PASSE EN FORCE DE CHOSE JUGÉE

9258 La date à laquelle le divorce passe en force de chose jugée, c'est-à-dire devient irrévocable, varie selon les recours exercés (voir tableau ci-après). C'est notamment à ce moment que les mesures provisoires cessent de produire effet (n° 9168) et que, s'agissant d'une prestation compensatoire, la disparité dans les conditions de vie des époux s'apprécie (n° 9617), une demande ne peut plus être présentée (n° 9640) et les intérêts moratoires commencent à courir (n° 9934).

Situation	Date à laquelle le divorce passe en force de chose jugée
Jugement prononçant un divorce contentieux	– expiration du délai pour faire appel, soit 1 mois après la notification du jugement (CPC art. 538) – ou date des actes d'acquiescement simultanés – ou date du dernier acquiescement (Cass. 1e civ. 31-3-2010 nº 09-12.770 : BPAT 3/10 inf. 153 (1) ; Cass. 1e civ. 15-2-2023 nº 21-22.134 F-D : BPAT 3/23 inf. 164-19)
Appel général (2) ou appel limité au principe du divorce, y compris en cas de divorce sur demande acceptée (nº 9408)	– date de signification des conclusions de désistement – ou expiration du délai de pourvoi (Cass. 1e civ. 15-5-2013 nº 12-11.516 : Bull. civ. I nº 90), soit 2 mois à compter de la notification de l'arrêt (CPC art. 612) – ou date du dernier acquiescement – ou date du prononcé de l'arrêt par la cour d'appel (Cass. 1e civ. 14-3-2012 nº 11-13.954 FS-PBI : BPAT 2/12 inf. 79 ; Cass. 1e civ. 20-11-2013 nº 12-27.726 F-D ; Cass. 1e civ. 15-12-2021 nº 20-18.457 F-D)
Appel limité aux conséquences financières du divorce	– date de l'appel incident également limité (Cass. 1e civ. 23-5-2012 nº 11-12.813 : Bull. civ. I nº 111) – ou date des conclusions de l'intimé sollicitant la confirmation du jugement (Cass. 1e civ. 15-12-2010 nº 09-15.235 : BPAT 1/11 inf. 18), qui est celle du dépôt de ses premières conclusions (Cass. 1e civ. 9-6-2022 nº 20-22.793 F-B) – ou dates indiquées ci-dessus en cas d'appel incident général (Cass. 1e civ. 4-7-2007 nº 06-18.423)
Pourvoi général	– date de signification des conclusions de désistement (Cass. 1e civ. 27-1-2016 nº 15-11.151 : Bull. civ. I nº 20, AJ fam. 2016 p. 207 obs. S. Thouret) – ou date du rejet du pourvoi (Cass. 2e civ. 4-7-2002 nº 00-18.092) – ou date de l'arrêt ne cassant que sur les conséquences pécuniaires du divorce (Cass. 2e civ. 11-7-2002 nº 00-20.639 : Bull. civ. II nº 165) – ou date de la notification de l'arrêt de renvoi en cas de cassation complète (Cass. 1e civ. 1-12-2010 nº 08-22.010 : Bull. civ. I nº 249)
Pourvoi limité aux conséquences financières du divorce	– expiration du délai de pourvoi incident (Cass. 1e civ. 19-4-2005 nº 03-13.078 : Bull. civ. I nº 192 ; Cass. 1e civ. 25-10-2005 nº 04-15.573 : Bull. civ. I nº 382 ; Cass. 1e civ. 11-5-2012 nº 11-10.677) – ou date de signification du pourvoi incident, également limité (Cass. 2e civ. 18-5-2000 nº 98-17.801 : Bull. civ. II nº 81).
1. En l'espèce, il a été jugé que la pension alimentaire restait due à son bénéficiaire même si ce dernier avait acquiescé en premier. 2. Un appel général emporte dévolution pour le tout, peu important que les conclusions des parties ne critiquent que certains chefs de la décision, cette limitation des chefs critiqués du jugement ne valant pas acquiescement (Cass. 2e civ. 31-5-2000 nº 97-16.589 ; Cass. 2e civ. 31-1-2013 nº 11-29.004 : Bull. civ. II nº 17).	

B. Divorce pour faute

1. CAUSES DU DIVORCE

QU'EST-CE QU'UNE FAUTE ?

Une faute est une violation **grave ou renouvelée** des devoirs et obligations du mariage imputable au conjoint et qui rend intolérable le maintien de la vie commune (C. civ. art. 242). La faute peut être unique si elle est grave, elle peut être légère si elle est renouvelée (Cass. 2e civ. 8-11-1989 nº 88-18.033). **9300**

Les **juges du fond** doivent s'assurer du caractère fautif des griefs allégués, mais ils ne sont pas tenus, pour motiver leurs décisions, de constater l'existence de la double condition – violation grave ou renouvelée des devoirs du mariage et rendant le maintien de la vie commune intolérable (en ce sens, notamment, Cass. 1e civ. 11-1-2005 nº 02-17.016 : Bull. civ. I nº 14), ni même de faire référence à l'article 242 du Code civil (en ce sens, notamment, Cass. 1e civ. 11-1-2005 nº 03-16.451 : Bull. civ. I nº 10).

9301 Les faits reprochés peuvent être **anciens** (pour un exemple de faits datant de 25 ans, CA Bourges 19-2-1997 n° 95-221). Mais ils doivent en principe être postérieurs au mariage.

Les faits **antérieurs au mariage** ne sont pris en compte que s'ils ont été dissimulés, alors que leur connaissance aurait dissuadé le conjoint de se marier. Il a par exemple été jugé que :

– une épouse qui avait informé son futur conjoint de sa maladie mais pas de l'ensemble des conséquences de celle-ci a fait preuve de déloyauté (CA Pau 7-12-1998 n° 97-1564) ;

– la découverte par le mari, après son mariage, que les lettres reçues de sa future épouse du temps de leurs fiançailles émanaient en réalité de sa future belle-mère constitue une injure justifiant le divorce (Cass. 2e civ. 25-10-1961 n° 59-13.488).

9302 Des **faits postérieurs à l'ordonnance de non-conciliation** ou à l'**assignation en divorce** peuvent être invoqués (Cass. 1e civ. 5-3-2008 n° 07-15.516 : Bull. civ. I n° 63 ; Cass. 1e civ. 20-10-2010 n° 08-21.913 : BPAT 6/10 inf. 321). Jugé en ce sens notamment à propos :

– du comportement méprisant de l'épouse, qui mettait délibérément en danger l'avenir professionnel de son mari avec la volonté de lui nuire (Cass. 1e civ. 20-9-2006 n° 04-17.743 : Bull. civ. I n° 410) ;

– de l'organisation, par le mari, de son insolvabilité (Cass. 2e civ. 15-11-2001 n° 00-11.926) ;

– de l'infidélité d'un des conjoints (voir n° 9305) ;

– du non-respect des modalités d'exercice de l'autorité parentale (n° 9315).

> **Précisions** Une partie de la doctrine considère que retenir des **faits postérieurs** à l'**ordonnance qui autorise la résidence séparée** des époux est contestable. En effet, l'article 242 du Code civil permet de prononcer le divorce pour faute lorsque les obligations du mariage sont violées et que les faits constitutifs de cette violation rendent intolérable le maintien de la vie commune. Or, une fois que le juge aux affaires familiales a autorisé les époux à résider séparément, un comportement, fût-il fautif, peut difficilement rendre intolérable le maintien de la vie commune alors que celle-ci a cessé. Pour certains, la violation des obligations du mariage (qui demeurent, les époux n'étant pas divorcés) pourrait certes être sanctionnée, par exemple sur le fondement de la responsabilité civile, mais pas par la reconnaissance d'une faute justifiant le divorce.

PRINCIPALES FAUTES INVOQUÉES

9305 **Infidélité** Une aventure ponctuelle, un comportement habituellement volage ou le concubinage d'un époux peuvent de la même façon justifier le prononcé du divorce. Il en va de même de l'adultère « virtuel », c'est-à-dire par exemple de l'inscription sur un site de rencontres (CA Riom 2-9-2014 n° 13/02654) ou de l'échange de mails manifestant la recherche de relations multiples (Cass. 1e civ. 30-4-2014 n° 13-16.649).

L'infidélité demeure une faute même si la **procédure de divorce** est déjà engagée (en ce sens, par exemple, Cass. 2e civ. 7-5-2003 n° 01-14.635). Cela dit, il ne s'agit pas d'une cause péremptoire de divorce : les juges du fond apprécient souverainement si l'infidélité reprochée est de nature à justifier un divorce pour faute.

La **séparation de fait** des époux peut ôter le caractère fautif d'une liaison. Par exemple, dans un cas où celle-ci était intervenue huit ans après la séparation, il a été jugé qu'elle ne pouvait pas être considérée comme rendant intolérable le maintien de la vie commune (Cass. 1e civ. 11-9-2013 n° 12-16.862 ; voir aussi Cass. 2e civ. 23-5-2002 n° 00-10.030).

La **tolérance du conjoint** est également prise en compte pour apprécier le caractère fautif de l'infidélité (CA Bordeaux 19-11-1996 n° 95-2280), encore que ce ne soit pas systématique (Cass. 2e civ. 15-1-1997 n° 94-15.332).

Enfin, même si l'adultère n'a pas été consommé, des **relations ambiguës** ou une amitié trop envahissante peuvent être fautives (CA Agen 8-10-1998 n° 95-936).

9307 **Abandon du domicile conjugal** Il peut s'agir du **départ définitif ou temporaire** d'un conjoint.

Le refus d'un époux de réintégrer le domicile conjugal peut être fautif même en présence d'une décision du juge organisant la résidence séparée des conjoints (en ce sens, dans une espèce où le juge avait fixé la résidence de la famille à l'issue d'une précédente procédure de divorce qui avait échoué : Cass. 2e civ. 25-11-1992 n° 91-12.236).

Les **conventions entre époux** par lesquelles ils s'autorisent à vivre séparément ne sont en principe pas valables. En présence de telles conventions, certains tribunaux prononcent le divorce aux torts partagés (CA Nîmes 15-7-1992 n° 91-3750). Cependant, bon nombre de juridictions refusent de prononcer le divorce parce que la séparation résulte d'une décision commune des époux et non de faits imputables à l'un ou à l'autre rendant la vie commune intolérable

(CA Aix-en-Provence 27-10-1998 n° 96-18698 ; CA Bordeaux 19-11-1996 n° 95-2280). Lorsque les époux souscrivent une telle convention mais que l'un d'eux, postérieurement, somme l'autre de réintégrer le domicile puis en réaction au refus introduit une demande en divorce pour faute, le juge ne peut y faire droit sans rechercher si la sommation de réintégrer le domicile traduisait la volonté réelle de l'époux de reprendre une vie commune (Cass. 2e civ. 16-11-1994 n° 93-12.116 P).

Violences Des **coups et blessures** volontairement portés au conjoint (CA Bourges 9-12-1997 n° 96/00341), aux enfants (CA Toulouse 9-1-1996 n° 94-5734) ou à leur entourage proche (CA Metz 25-5-2010 n° 07-1787 : BPAT 1/11 inf. 16 dans un cas où l'épouse avait tué la maîtresse de son mari) justifient le divorce pour faute. Il en est de même de l'agression sexuelle de l'enfant du couple (CA Bourges 1-8-1996 n° 94/01606). 9310

Des **dégradations matérielles** constituent une faute. Ainsi jugé, par exemple, pour le bris de glace du véhicule commun (CA Nîmes 30-8-2000 n° 99-4279), ou pour la crevaison des pneus du véhicule du conjoint et la destruction du mobilier du domicile conjugal (CA Aix-en-Provence 1-12-1987).

Comportement injurieux, humiliations et dénigrements Des propos insultants, grossiers ou blessants, qu'ils soient proférés dans l'intimité ou en public, constituent des fautes susceptibles de justifier le divorce. Il en va de même : 9311

– du mépris manifesté envers son conjoint ou sa famille (CA Paris 12-11-1996 n° 95-20202) ;
– d'un comportement vexatoire, par exemple le fait pour la femme de déclarer l'enfant commun sous son nom de jeune fille (CA Paris 24-9-1998 n° 96-19267) ;
– de l'insistance procédurière de la femme à obtenir le placement de son mari sous un régime de protection des majeurs (Cass. 2e civ. 14-11-2002 n° 01-03.217) ;
– du fait d'imputer faussement à son époux une relation homosexuelle avec un tiers, et de faire courir cette rumeur auprès de sa famille et de ses amis (Cass. 1e civ. 17-3-2010 n° 09-12.483) ;
– ou de l'information tardive de sa grossesse (CA Versailles 22-1-2015 n° 13/09492).

Défaut d'assistance Le défaut de participation à la **vie familiale** (loisirs, réunions de famille, suivi de la scolarité des enfants, etc.) est fautif. Justifient par exemple le prononcé du divorce : 9312

– les longues absences de la femme, le mari ayant dû assumer seul l'ensemble des charges du ménage (CA Paris 15-5-1991 n° 90-9672) ;
– les absences continuelles du mari du fait de la pratique intensive d'un sport (CA Paris 18-6-1991 n° 89-11827).

Il en va de même de l'absence de **participation financière** aux charges du ménage, qui peut, par exemple, se traduire par :

– des dépenses exorbitantes par rapport au niveau de vie du couple (CA Rennes 8-9-1997 n° 96-486) ;
– la dissimulation d'un gros gain au tiercé (CA Grenoble 12-1-1999 n° 98-2299) ;
– l'absence de recherche sérieuse d'un emploi (CA Toulouse 5-7-2005 n° 04-4526 ; Cass. 1e civ. 27-2-2013 n° 12-17.097) ;
– le manquement d'un époux à son devoir de secours durant l'instance en divorce (Cass. 1e civ. 14-3-2006 n° 04-19.527 : Bull. civ. I n° 147).

Défaillance à l'égard des enfants L'époux qui fait preuve d'un comportement **irresponsable**, qui se **désintéresse** de ses enfants ou qui **nuit à leur relation avec l'autre parent** peut voir le divorce prononcé à ses torts. Ainsi jugé à propos du conjoint qui : 9315

– a pris le risque inconsidéré de faire voyager un de ses enfants gravement malade et qui a mis obstacle à tout contact entre le père et un autre des enfants (Cass. 1e civ. 19-6-2007 n° 06-18.904) ;
– s'est opposé à l'exercice du droit de visite et d'hébergement du père fixé par l'ordonnance de non-conciliation (Cass. 1e civ. 3-6-2003 n° 01-16.159) ;
– a soustrait l'enfant du domicile conjugal (Cass. 1e civ. 14-3-2006 n° 04-19.527 : Bull. civ. I n° 147) ;
– a fait baptiser l'enfant commun à l'église orthodoxe sans consulter le père (CA Pau 10-1-2012 n° 10/02720).

Une attitude de rejet vis-à-vis des **enfants du conjoint** peut également justifier le divorce (Cass. 2e civ. 6-6-2002 n° 00-14.757).

Autres fautes Peuvent constituer des fautes (liste non exhaustive) : 9317

– le refus de toute relation sexuelle sans circonstances particulières sur une longue période de temps ; un motif légitime tel que l'adultère, l'inconduite, la violence, l'âge, l'état dépressif de l'un des époux ou la santé pouvant excuser le refus de consommer le mariage (Rép. Rixain : AN 15-2-2022 n° 39826) ;

– la modification autoritaire du domicile conjugal (CA Nancy 24-6-1996) ou le fait de le rendre inhabitable en y abritant de nombreux animaux (Cass. 1e civ. 23-2-2011 n° 09-72.079 : BPAT 2/11 inf. 105) ;
– la cupidité excessive de l'un des conjoints (CA Rennes 15-5-2000). Encore faut-il rapporter la preuve de cette cupidité, ce qui n'est pas évident (pour une illustration, voir CA Paris 16-5-2002 n° 99-9470) ;
– la jalousie maladive d'un conjoint (Cass. 1e civ. 11-2-2009 n° 08-12.032) ;
– le refus, sans motif légitime, de suivre son conjoint à l'étranger (Cass. 2e civ. 12-9-2002 n° 01-01.377) ;
– une pratique religieuse excessive ayant créé dans le foyer une atmosphère pesante de contrainte et de soumission permanente (Cass. 1e civ. 19-6-2007 n° 05-18.735) ;
– des actes de concurrence déloyale dans le cadre des activités professionnelles des conjoints (Cass. 1e civ. 17-10-2007 n° 06-20.701) ;
– la condamnation pénale définitive d'un époux. Notons que la condamnation à une peine criminelle n'est pas une cause péremptoire de divorce.

Il a aussi été admis qu'une désaffection réciproque, un manque de respect mutuel et une volonté de cesser la vie commune imputable aux deux époux justifiait un divorce pour faute (Cass. 1e civ. 9-3-2011 n° 10-10.154 : AJ fam. mai 2011 p. 258).

FAUTE EXCUSÉE PAR LE JUGE

9320 En fonction des **circonstances** et notamment des **fautes commises par le conjoint**, le juge peut excuser un comportement contraire aux obligations du mariage (C. civ. art. 245).

Le juge peut retenir d'office l'existence d'excuses, même en l'absence de conclusions en ce sens (Cass. 2e civ. 11-12-1991 n° 90-13.925).

Le comportement **excusé** par le juge perd son caractère fautif et ne peut plus justifier le prononcé du divorce.

ILLUSTRATIONS

Ont été excusés par le juge :
– la violence d'une femme à l'égard de son mari, du fait des troubles psychiques importants dont elle souffrait (CA Bordeaux 8-1-2002 n° 99-1728) ;
– le refus de la femme d'avoir des relations sexuelles avec son mari coupable d'infidélités à répétition (CA Orléans 18-11-1987) ;
– le concubinage de la femme abandonnée cinq ans plus tôt par son mari, abandon d'autant plus cruel que survenu pendant la maladie à laquelle avait succombé leur enfant (CA Bordeaux 8-9-1987) ;
– l'adultère du mari dont l'épouse est alcoolique (Cass. 1e civ. 28-1-2009 n° 08-11.598) ;
– l'abandon du domicile conjugal par le mari qui a pu croire à une tentative d'empoisonnement par sa femme, en dépit du non-lieu prononcé (CA Bordeaux du 1-12-2011 n° 11/01698).

FAUTE PARDONNÉE PAR LE CONJOINT

9321 Un conjoint est irrecevable à demander le divorce en invoquant des fautes qu'il a pardonnées (C. civ. art. 244). La **réconciliation** est un moyen d'ordre public qui peut être relevé d'office par le juge.

Pour que la réconciliation efface les fautes antérieurement commises, il faut que les époux poursuivent ou reprennent la **vie commune** dans le but de recréer l'union conjugale, c'est-à-dire avec une volonté réelle d'oublier les fautes du conjoint. Tel n'est pas le cas si l'époux ne reste au foyer que par nécessité ou pour les besoins de l'éducation des enfants. Par exemple, des visites régulières d'un conjoint au domicile familial pour voir ses enfants ne sont pas suffisantes pour établir la reprise de la vie commune.

L'existence de la réconciliation relève de l'appréciation souveraine des juges du fond (Cass. 2e civ. 7-10-1987 n° 86-16.014).

9322 Une demande en divorce peut être présentée en raison de **comportements fautifs** survenus ou découverts **après la réconciliation**. Dans ce cas, les faits initialement pardonnés retrouvent leur caractère fautif et peuvent être invoqués à l'appui de la demande (pour un exemple, à propos de l'adultère d'un époux antérieur à la réconciliation, Cass. 1e civ. 11-2-2009 n° 08-14.955).

COMPORTEMENTS NON FAUTIFS

9325 Il s'agit de comportements conformes aux obligations du mariage ou de fautes sans caractère de gravité suffisant, qui ne rendent pas intolérable la poursuite de la vie commune et ne justifient pas le prononcé d'un divorce pour faute. Il en est ainsi, par **exemple**, de la lente dégradation des rapports du couple résultant de l'un comme de l'autre (CA Bordeaux 7-5-2002 n° 00-4546).

En outre, le trouble mental est source d'« irresponsabilité civile » pour celui qui en souffre : les comportements qui résultent des troubles mentaux ne peuvent pas être imputés à titre de faute (Cass. 1e civ. 12-11-2009 n° 08-20.710 : BPAT 1/10 inf. 7).

PREUVE DE LA FAUTE

Les fautes peuvent être prouvées par tous **moyens**. 9327

Le **témoignage** est le mode de preuve de la faute le plus fréquent. 9328
Tout le monde peut témoigner, y compris la famille proche des époux, sauf les descendants qui ne peuvent jamais être entendus sur les griefs invoqués par les époux (C. civ. art. 259 ; CPC art. 205). Cette interdiction s'applique également :
– aux enfants d'un premier lit (CA Paris 16-5-2002 n° 99-9470) ;
– aux conjoints des descendants (Cass. 2e civ. 30-9-1998 n° 96-21.110), même s'ils sont divorcés (Cass. 1e civ. 14-2-2006 n° 05-14.686 : Bull. civ. I n° 71) ;
– aux concubins des descendants (Cass. 2e civ. 10-5-2001 n° 99-13.833).
Équivaut à un témoignage prohibé :
– la déclaration d'un enfant recueillie en dehors de l'instance en divorce, notamment dans une main courante ou lors d'une enquête de police (Cass. 1e civ. 4-5-2011 n° 10-30.706 : Bull. civ. I n° 79 ; Cass. 1e civ. 1-2-2012 n° 10-27.460 : Bull. civ. I n° 16) ;
– la remise par un descendant d'une lettre d'un parent relative aux torts du divorce (Cass. 2e civ. 5-7-2001 n° 99-15.244 : Bull. civ. II n° 129 ; Cass. 2e civ. 23-1-2003 n° 01-12.117) ;
– l'attestation produite par un tiers qui relate les propos tenus par un enfant des époux (Cass. 2e civ. 11-7-2002 n° 00-20.783 ; Cass. 1e civ. 3-11-2004 n° 03-19.079 : Bull. civ. I n° 239).

Pour les faits de violence, les **certificats médicaux** ne sont en général pas considérés comme des preuves suffisantes puisqu'ils ne permettent pas d'identifier l'auteur des coups (CA Grenoble 3-2-1998 n° 96-2857). Cependant, les juges du fond font une appréciation souveraine des éléments de preuve (Cass. 2e civ. 7-6-1989 n° 87-18.512). C'est ainsi que dans certains cas, les certificats médicaux, bien que non accompagnés d'autres éléments, sont jugés probants ; par exemple pour des certificats médicaux faisant état de violences importantes subies par la femme et sur lesquelles le mari ne s'expliquait pas (CA Nancy 3-5-1996 n° 93-818). 9329
Les **mains courantes ou** les **plaintes** ne traduisent que les propos de leur auteur. Elles n'ont pas de valeur probatoire, mais peuvent être utiles si les faits qu'elles relatent sont corroborés par des éléments objectifs concordants.

Peuvent être pris en considération par le juge : 9330
– les lettres et cartes postales (Cass. 2e civ. 2-12-1998 n° 96-22.878) ;
– les e-mails (Cass. 1e civ. 18-5-2005 n° 04-13.745 : Bull. civ. I n° 213) ;
– la publication de pages d'un réseau social (par exemple, CA Versailles 19-1-2012 n° 11/00727) pourvu qu'elles n'aient pas été « piratées » (par exemple, CA Douai 14-3-2013 n° 12/02493) ;
– les photographies ou films vidéo ;
– le journal intime du conjoint. Cependant, certains juges du fond refusent d'en tenir compte au motif que ce type de document est par nature personnel, non destiné à être lu par une personne autre que son auteur et qu'il n'a pu être porté à la connaissance du conjoint que de façon déloyale (CA Paris 9-9-1999) ;
– les messages échangés par le conjoint sur un site de rencontres en ligne (CEDH 7-9-2021 7516/14, M. P. c/ Portugal : AJ fam. 2021 p. 565) ;
– les « sms » reçus sur un téléphone portable ou sur une ligne fixe (Cass. 1e civ. 17-6-2009 n° 07-21.796 : Bull. civ. I n° 132). Ils sont cependant difficiles à conserver durablement, raison pour laquelle il est préférable de les faire constater par un huissier.
Attention, un époux ne peut en aucun cas verser aux débats un élément de preuve qu'il aurait **obtenu par violence** ou **fraude** (C. civ. art. 259-1). C'est à l'époux qui veut écarter un mode de preuve de prouver qu'il a été obtenu par violence ou par fraude. S'agissant par exemple des mails, lorsque la messagerie est protégée par un mot de passe ou un code d'accès, il faut démontrer que le conjoint qui produit les mails a obtenu ce mot de passe de façon frauduleuse.
Cela dit, l'**illicéité ou** la **déloyauté** dans l'obtention ou la production d'une preuve ne conduit pas nécessairement à l'écarter des débats. Une preuve recueillie à l'insu d'une personne grâce à une manœuvre ou un stratagème n'est écartée que si elle porte atteinte au caractère équitable de la procédure dans son ensemble. Pour l'apprécier, le juge doit mettre en balance le droit de la preuve et les droits antinomiques en présence, étant précisé que le droit de la preuve peut justifier une atteinte à ces droits si (Cass. ass. plén. 22-12-2023 n° 20-20.648 BR) :
– la production de cette preuve est indispensable, c'est-à-dire qu'un résultat identique ne peut pas être obtenu par d'autres moyens de preuve ;

– l'atteinte portée aux droits antinomiques (vie privée par exemple) est proportionnée au but poursuivi.
Les enregistrements clandestins, par exemple de conversations téléphoniques, peuvent donc désormais être pris en compte par le juge s'il constate que les conditions de recevabilité sont remplies.

9331 L'**aveu** est un moyen de preuve admis. Cependant, n'ont pas valeur d'aveu les conclusions additionnelles de l'épouse par lesquelles, après avoir nié toute faute de sa part, elle demande à titre subsidiaire le prononcé du divorce aux torts partagés (Cass. 2e civ. 11-2-1998 no 96-19.106).

9332 Les rapports d'**enquête de détective privé** sont valables (Cass. 1e civ. 18-5-2005 no 04-13.745 : Bull. civ. I no 213). Encore faut-il que l'immixtion dans la vie privée résultant de la surveillance par le détective ne soit pas disproportionnée par rapport au but poursuivi ; ainsi jugé à propos d'une surveillance visant à étayer une demande de diminution de prestation compensatoire mais transposable (Cass. 2e civ. 3-6-2004 no 02-19.886).
Les **constats d'adultère** dressés par huissier ne sont possibles que sur autorisation du juge. Ils sont écartés des débats s'il y a eu violation de domicile ou atteinte illicite à l'intimité de la vie privée (C. civ. art. 259-2). Ils sont très rares en pratique.
Des **examens sanguins** établissant que le mari ne pouvait pas être le père de l'enfant du couple ont été admis comme preuve de l'adultère (Cass. 1e civ. 28-2-2006 no 04-12.736 : Bull. civ. I no 113).

9333 Un **rapport d'enquête sociale** ne constitue pas un mode de preuve recevable (Cass. 2e civ. 14-11-2002 no 01-12.160 ; Cass. 1e civ. 13-12-2017 no 16-25.256 F-PB : BPAT 1/18 inf. 9).

2. PROCÉDURE

9350 Les règles, pour les requêtes en divorce introduites depuis le 1er janvier 2021, sont celles indiquées nos 9120 s.
Celles applicables aux demandes engagées avant cette date sont indiquées nos 9148 s.

SITUATION DU DÉFENDEUR

9352 L'époux défendeur peut **invoquer les torts de l'époux demandeur** de deux manières différentes :
– à titre d'**excuse** à son propre comportement (no 9320) ;
– pour fonder une **demande reconventionnelle** en divorce. Une telle demande peut être présentée pour la première fois même en appel (CPC art. 567).
Les demandes principale et reconventionnelle étant indivisibles, le juge doit statuer sur ces demandes par une même décision. Il ne peut pas rejeter l'une et surseoir à statuer sur l'autre (Cass. 2e civ. 26-11-1997 no 96-11.640).

9354 L'époux défendeur **fait** bien évidemment **connaître ses demandes** quant aux conséquences du divorce : sort des enfants, versement ou non d'une prestation compensatoire, de dommages et intérêts, attribution préférentielle d'un bien, etc.

JUGEMENT

9360 **Examen des motifs du divorce** En fonction des demandes des époux et des fautes établies, le juge prononce le divorce aux **torts exclusifs** d'un conjoint ou aux **torts partagés**. Il est tenu d'examiner l'ensemble des griefs invoqués (Cass. 2e civ. 20-6-1996 no 94-21.993).
Le juge peut prononcer un divorce aux torts partagés même en l'absence de demande reconventionnelle (C. civ. art. 245, al. 3). Ce n'est cependant pas une obligation (Cass. 2e civ. 17-3-1986 no 84-17.166).

9361 La répartition des torts a des **incidences financières** particulières entre les époux mais elles sont **limitées** :
– l'époux qui obtient le divorce aux torts exclusifs de son conjoint peut obtenir des dommages et intérêts sur le fondement de l'article 266 du Code civil (nos 10151 s.) ;
– si l'équité le commande, et en fonction des circonstances particulières de la rupture, le juge peut refuser d'allouer une prestation compensatoire à l'époux contre qui le divorce est prononcé aux torts exclusifs (no 9605).
En revanche, la répartition des torts n'a aucun effet sur :
– le sort des donations et avantages matrimoniaux ;
– la date d'effet de la liquidation du régime matrimonial ;
– les droits et devoirs des époux vis-à-vis de leurs enfants.

9362 Si une **demande pour faute** et une **demande pour altération définitive du lien conjugal** sont concurremment présentées, voir no 9468.

Divorce sans énonciation des torts À la demande des époux, le juge peut prononcer le divorce pour faute sans énoncer les torts retenus : le jugement se borne à constater qu'il existe des faits constitutifs d'une cause de divorce, sans indiquer lesquels (C. civ. art. 245-1). La non-énonciation de motifs n'implique pas nécessairement un divorce aux torts partagés (Cass. 2e civ. 1-4-1998 no 96-16.888 : Bull. civ. II no 116). 9365

La **demande** des conjoints doit être formulée de façon expresse et concordante dans leurs conclusions (CPC art. 1128). Tel n'est pas le cas lorsque, en appel d'un jugement ayant prononcé le divorce aux torts partagés sans énonciation des griefs, l'une des parties demande le prononcé du divorce aux torts exclusifs du conjoint sans énonciation des griefs et que l'autre partie conclut seulement à la confirmation du jugement (Cass. 1e civ. 24-9-2008 no 06-20.611). La concordance des écritures ne doit porter que sur l'application de l'article 245-1 du Code civil. Peu importe que, sur le fond, les époux se rejettent la responsabilité de l'échec du mariage.

C. Divorce accepté

CAUSE DU DIVORCE

Le divorce accepté peut être demandé par l'un et/ou l'autre des époux lorsqu'ils s'accordent sur le principe de la rupture du mariage (C. civ. art. 233 dans ses versions en vigueur avant et après le 1-1-2021). Les **faits à l'origine de la séparation** importent peu. Les époux n'ont pas à reconnaître l'existence de faits rendant le maintien de la vie conjugale intolérable. Il suffit qu'ils acceptent de divorcer. 9400

Ce divorce est ouvert aux majeurs protégés (C. civ. art. 249).

PROCÉDURES INTRODUITES DEPUIS LE 1er JANVIER 2021

Les règles applicables à la procédure sont celles indiquées nos 9120 s., avec les **particularités** suivantes, qui tiennent aux conditions dans lesquelles les époux peuvent accepter le principe de leur divorce. 9405

Modalités de l'accord sur le principe du divorce Les époux peuvent accepter le principe de leur divorce **avant la saisine du juge** (C. civ. art. 233, al. 2). Pour cela, chacun doit être assisté d'un avocat et leur accord prend la forme d'un acte sous signature privée contresigné par avocat (C. civ. art. 233, al. 2 ; CPC art. 1123-1). 9407

Les époux devront alors engager la procédure dans les 6 mois qui suivent. Ils saisissent le juge par requête conjointe à laquelle ils annexent l'acte constatant leur accord (CPC art. 1123-1, al. 2).

Les époux peuvent aussi accepter le principe de la rupture à tout moment de la procédure (C. civ. art. 233, al. 3 ; CPC art. 1123 al. 1). 9408

Ils peuvent le faire « lors de toute **audience sur les mesures provisoires** ». Autorisés à être présents à l'audience d'orientation et sur mesures provisoires, les époux, assistés de leurs avocats, peuvent exprimer leur accord devant le juge. Celui-ci le consigne alors dans un procès-verbal signé par les époux et leurs avocats respectifs (CPC art. 1123, al. 2).

L'accord peut être donné **en cours d'instance** avec une passerelle vers cette procédure à tout moment, via des conclusions expresses et concordantes (C. civ. art. 233, al. 3 ; 247-1 ; CPC art. 1123, al. 3). L'acceptation des époux prend la forme soit d'une déclaration de chacun d'eux signée de leur main et annexée à leurs conclusions, soit d'un acte sous signature privée contresigné par avocats transmis au juge de la mise en état.

Comme avant le 1er janvier 2021, l'acceptation en **appel** est possible.

ATTENTION

À peine de nullité, l'**acte constatant l'acceptation** doit mentionner que celle-ci n'est pas susceptible de rétractation, même par la voie de l'appel. Cela vaut tant pour le procès-verbal dressé par le juge et la déclaration écrite que pour l'acte sous signature privée contresigné par avocat (CPC art. 1123 al. 4 et 1123-1 al. 3).

Jugement de divorce Les règles sont les mêmes qu'avant le 1er janvier 2021. S'il acquiert la conviction que les consentements à la rupture ont été donnés librement, le juge prononce le divorce et statue sur ses conséquences (C. civ. art. 234 ; CPC art. 1124). 9410

L'**appel** du jugement ne peut porter que sur les conséquences du divorce et non sur son principe (C. civ. art. 233).

ATTENTION

Si le principe du divorce est définitivement acquis au moment où les époux donnent leur consentement, le **divorce**, lui, ne **devient exécutoire** que du jour où le jugement le prononçant acquiert force de chose jugée (Cass. 1e civ. 19-3-2008 nº 06-21.250) ; dans le même sens à propos de la durée d'application des mesures provisoires (Cass. avis nº 0080004P du 9-6-2008) ; à propos de la date à laquelle la disparité des conditions de vie s'apprécie pour décider d'une prestation compensatoire (Cass. 1e civ. 15-12-2010 nº 09-15.235) ; à propos d'une demande de prestation compensatoire présentée en appel (Cass. 1e civ. 14-3-2012 nº 11-13.954 : BPAT 2/12 inf. 79).

PROCÉDURES INTRODUITES AVANT LE 1er JANVIER 2021

9412 Les **règles** sont celles indiquées nos 9148 s.
Seule particularité, les époux peuvent donner leur **accord** sur le principe du divorce **lors de la conciliation**, à condition d'être tous deux assistés par un avocat (C. civ. art. 253 dans sa version en vigueur avant le 1-1-2021 ; CPC art. 1108). Cet accord est constaté dans un procès-verbal dressé par le juge et signé par les époux et leurs avocats. Ce document est annexé à l'ordonnance de non-conciliation (CPC art. 1123 dans sa version en vigueur avant le 1-1-2021).
L'accord donné sur le principe du divorce est définitif :
– les époux ne peuvent pas se rétracter, même par la voie de l'appel (C. civ. art. 233). À peine de nullité, cette information doit être rappelée dans le procès-verbal ou la déclaration écrite des époux constatant leur accord sur le principe du divorce (CPC art. 1123) ;
– lorsque le magistrat conciliateur a constaté l'accord des époux pour divorcer, ceux-ci ne pourront engager l'instance en divorce que sur le fondement du divorce accepté (C. civ. art. 257-1, al. 2 ancien).

9413 Si les époux n'ont pas formulé leur accord sur la rupture du mariage au moment de la conciliation, ils peuvent le faire **au moment d'introduire l'instance en divorce**. Ils doivent alors annexer à leur requête conjointe introductive d'instance une déclaration écrite et signée en ce sens (CPC art. 1123 dans sa version en vigueur avant le 1-1-2021).
Ils peuvent aussi opter pour un divorce accepté **pendant l'instance** en divorce (CPC art. 1123 dans sa version en vigueur avant le 1-1-2021). Ils doivent alors prendre des conclusions expresses et concordantes et y annexer une déclaration écrite et signée en ce sens. L'acceptation de la rupture du mariage exprimée en cours d'instance est également définitive.
Le principe du divorce étant acquis, le débat ne porte que sur les **conséquences de la séparation**.
Dans tous les cas, la déclaration écrite d'acceptation du principe du divorce doit, à peine de nullité, rappeler que l'accord donné est définitif et qu'il ne peut pas être rétracté par la voie de l'appel (CPC art. 1123).

9415 Si le **juge** acquiert la conviction que chacun des époux a donné librement son accord, il prononce le **divorce** et statue sur ses conséquences (C. civ. art. 234 ; CPC art. 1124).
L'**appel** du jugement ne peut porter que sur les conséquences du divorce et non sur son principe (C. civ. art. 233). Les solutions relatives au moment où le divorce est exécutoire sont transposables (nº 9410).

D. Divorce pour altération définitive du lien conjugal

1. CAUSES DU DIVORCE

SÉPARATION DES ÉPOUX SOUS CONDITION DE DÉLAI

9450 Le divorce peut être demandé lorsque le lien conjugal est définitivement altéré (C. civ. art. 237). Cette altération est caractérisée lorsque la **communauté de vie** entre les époux **a cessé** depuis un certain temps.
Il s'agit de prendre acte d'un état de fait (la séparation irréversible des époux), sans faire assumer par celui qui engage la procédure la responsabilité de cette altération du lien conjugal et sans donner à celui qui subit la procédure la possibilité de s'opposer au divorce.
En pratique, cette procédure permet à un époux de divorcer lorsque son conjoint s'y refuse et que les griefs à son encontre ne sont pas suffisants pour obtenir un divorce pour faute.
Pour la Cour de cassation, ce mode de rupture du mariage n'est contraire ni au droit à la vie privée et familiale (Cass. 1e civ. 15-4-2015 nº 13-27.898 : BPAT 3/15 inf. 82) ni à l'égalité devant la loi (Cass. 1e civ. QPC 6-6-2012 nº 12-40.027).

Dans les procédures engagées **depuis le 1er janvier 2021**, la cessation de la vie commune doit être d'un an à compter (C. civ. art. 238, al. 1) : **9451**
– soit de la demande en divorce si celle-ci vise ce motif de divorce ;
– soit du prononcé du divorce lorsque la demande aura été formée sans indication du cas de divorce et que le choix d'un divorce pour altération aura été fait pendant la procédure. Dans cette hypothèse, il est précisé que la décision statuant sur le principe du divorce ne peut pas intervenir avant l'expiration du délai de 1 an (CPC art. 1126-1). Autrement dit, ce délai est incompressible. Même si l'assignation est délivrée alors que la séparation est très récente et si le juge est en état de statuer très rapidement, il devra attendre. Le cas où il y aurait une demande concurrente en divorce est bien sûr réservé puisqu'il permet de passer outre ce délai minimal de séparation (n° 9460).

S'agissant des procédures engagées **avant le 1er janvier 2021**, il faut une séparation de deux ans à la date de l'assignation en divorce (C. civ. art. 237 et 238, al. 1 dans sa version en vigueur avant le 1-1-2021).

L'époux qui veut divorcer peut ainsi déposer sa requête initiale sans attendre d'être séparé depuis deux ans. Il suffira qu'il le soit au jour de son assignation. Cette durée peut se constituer entièrement entre l'ordonnance de non-conciliation et l'assignation puisque les époux ont 30 mois (soit deux ans et demi) pour engager la seconde phase de la procédure.

Au cas particulier où le défendeur, assigné en séparation de corps pour faute, sollicite par voie de conclusion le divorce pour altération du lien conjugal, le délai de deux ans s'apprécie au jour de la demande reconventionnelle (Cass. 1e civ. 28-5-2015 n° 14-10.868 : Bull. civ. I n° 119 ; BPAT 4/15 inf. 129).

Avant comme après le 1er janvier 2021, le juge ne peut pas relever d'office le moyen tiré du défaut d'expiration du délai requis sauf si le défendeur ne comparaît pas (CPC art. 1126 dans ses versions applicables avant et après le 1-1-2021).

La **séparation des époux** doit être **matérielle**, c'est-à-dire que les époux ne doivent plus vivre ensemble. **9452**

La nécessité de caractériser la rupture d'un point de vue **affectif** est discutée. Pour la Chancellerie, la rupture doit aussi être psychologique, c'est-à-dire résulter d'une volonté de rupture. Cet élément intentionnel se déduit souvent du défaut de cohabitation.

L'appréciation de la situation relève du **pouvoir souverain** des juges du fond. Ils peuvent notamment dater la séparation antérieurement à la convention conclue par les époux en vue de préciser les modalités de cette séparation (Cass. 1e civ. 25-11-2009 n° 08-17.117 : BPAT 1/10 inf. 8).

En tout état de cause, les raisons de la séparation importent peu.

On peut penser que la **reprise de la vie commune** interrompt le délai requis. Les circonstances valant reprise de la vie commune ne sont pas clairement définies : suffit-il que les époux vivent sous le même toit, même sans intention de réconciliation, ou faut-il que la réconciliation des époux soit réelle ? **9453**

Il a été jugé que l'existence de biens immobiliers indivis et de courts séjours d'un époux dans la résidence familiale avec les enfants et petits-enfants sont insuffisants à caractériser une communauté de vie (Cass. 1e civ. 14-4-2010 n° 09-14.672 : BPAT 3/10 inf. 154).

En tout état de cause, en cas de séparation après une réconciliation, le délai repart de zéro.

La **preuve de la réalité de la séparation et de sa durée** peut être apportée par tous moyens : quittances de loyers, témoignages, impositions distinctes, actes de procédure d'une précédente procédure de divorce pour faute qui n'a pas abouti, preuve du concubinage d'un des conjoints, etc. **9455**

SÉPARATION DES ÉPOUX SANS CONDITION DE DÉLAI

Dans les procédures engagées **depuis le 1er janvier 2021**, le divorce est prononcé pour altération définitive du lien conjugal sans que le délai d'un an soit exigé dès lors qu'il y a des demandes en divorce concurrentes, l'une pour altération du lien conjugal, l'autre sur un autre fondement (C. civ. art. 238, al. 3). **9460**

S'agissant des procédures introduites **avant cette date**, le divorce est prononcé si le demandeur principal a été débouté de sa demande en divorce pour faute et si le défendeur a formé une demande reconventionnelle en divorce pour altération définitive du lien conjugal (C. civ. art. 238, al. 2 dans sa version en vigueur avant le 1-1-2021).

Dans ce cas, le juge a l'obligation de prononcer le divorce, même si la séparation des époux date de moins de deux ans (Cass. 1e civ. 5-1-2012 n° 10-16.359 : BPAT 1/12 inf. 8). C'est que, dans ce cas, l'impossibilité de maintenir le lien conjugal est pleinement caractérisée.

2. PROCÉDURE

9465 Les procédures engagées **depuis le 1er janvier 2021** sont soumises aux règles indiquées nos 9120 s.
Pour celles introduites **avant cette date**, les règles sont précisées nos 9148 s.

9466 L'altération définitive du lien conjugal peut être invoquée, dans le cadre de l'instance en divorce, à **titre principal** ou à **titre reconventionnel**.
Rappelons que le demandeur qui introduit une procédure pour altération définitive du lien conjugal peut **changer le fondement de son action** et solliciter le divorce pour faute si son conjoint présente une demande reconventionnelle pour faute (C. civ. art. 247-2 avant et après le 1-1-2021) ; voir n° 9216.

9467 Le défendeur ne peut pas faire **obstacle au divorce**. Tout au plus peut-il demander des dommages et intérêts s'il subit des conséquences d'une particulière gravité du fait de la dissolution du mariage : voir nos 10151 s.

9468 Lorsqu'une demande pour **altération définitive du lien conjugal et** une demande pour **faute** sont **concurremment présentées**, le juge examine en priorité la demande pour faute (C. civ. art. 246 avant et après le 1-1-2021). Il importe peu de savoir s'il s'agit de la demande principale ou de la demande reconventionnelle. De même est-il indifférent que la demande en divorce soit présentée à titre subsidiaire ; elle doit être examinée prioritairement (Cass. 1e civ. 16-12-2015 n° 14-29.322 : BPAT 1/16 inf. 9, dans un cas où la défenderesse avait conclu au rejet de la demande et subsidiairement au divorce pour faute).
Si le juge rejette le divorce pour faute, il statue sur la demande pour altération définitive du lien conjugal.

SECTION 2

CONSÉQUENCES JURIDIQUES ET FISCALES DU DIVORCE ENTRE LES ÉPOUX

A. Disparition du lien matrimonial

DISPARITION DES OBLIGATIONS DU MARIAGE

9500 Le divorce est une cause de dissolution du mariage (C. civ. art. 227, al. 2 et 260). Au titre de ses **conséquences extrapatrimoniales**, on peut **notamment** relever que :
– les ex-époux cessent de se devoir fidélité, secours, assistance et communauté de vie ;
– la présomption de paternité ne trouve plus à s'appliquer aux enfants nés d'une femme divorcée.

USAGE DU NOM

9502 Chaque époux perd l'usage du nom de son conjoint, substitué ou adjoint, sauf accord de ce dernier ou autorisation du juge pour le maintien de cet usage. Cette autorisation peut être limitée, par exemple, à une certaine durée ou à l'activité professionnelle.
Pour que le juge donne son autorisation, l'époux qui la sollicite doit justifier d'un **intérêt particulier** pour lui ou les enfants (C. civ. art. 264). Les juges du fond apprécient souverainement cet intérêt (Cass. 2e civ. 10-12-1998 n° 97-15.252). L'intérêt de l'épouse à conserver le nom de son mari est **en pratique** reconnu :
– lorsque la femme, artiste ou professionnelle libérale, a acquis une certaine notoriété sous son nom d'épouse. Le droit d'user du nom du conjoint peut alors être limité à la sphère professionnelle ;
– lorsque le mariage a été fort long, mais cette circonstance n'est pas toujours suffisante ;
– en présence de très jeunes enfants, encore que ce ne soit pas systématique.
Mais ne justifie pas la conservation du nom du mari le seul fait d'avoir encore à charge un enfant de 13 ans, même scolarisé dans un établissement confessionnel (CA Paris 16-5-2002 n° 01/8491). Encore moins l'absence de contestation de l'ex-mari pendant neuf ans à compter du

terme de l'usage de son nom par son conjoint fixé judiciairement à la majorité du plus jeune de leurs trois enfants (CA Versailles 10-6-2021 n° 20/02830).
Dans un souci d'**égalité des sexes**, la possibilité de conserver le nom de l'autre est ouverte tant aux épouses qu'aux époux.
En cas de **remariage de l'ex-époux** qui a conservé l'usage du nom de l'autre conjoint, la jurisprudence fluctue pour admettre ou non qu'il s'agît là d'une hypothèse de caducité de l'autorisation donnée par ce dernier (en ce sens, TGI Paris 10-2-1981 : D. 1981 p. 443 note Lindon ; en sens contraire, CA Paris 4-3-2004 : RTD civ. 2004 p. 271 note J. Hauser).

> **Précisions** La poursuite de l'usage du nom de son conjoint divorcé n'entraîne pas automatiquement celle de l'usage de son **titre de noblesse**, du fait de l'autonomie du droit nobiliaire. Par conséquent, la demande de l'épouse divorcée pour le maintien de l'usage du titre de duchesse appartenant à son mari et contre son gré doit être refusée (CA Bourges 24-2-1998 : RTD civ. 1998 p. 654 obs. J. Hauser).

QUALITÉ D'HÉRITIER

Le **divorce** fait perdre au conjoint survivant sa qualité d'héritier (C. civ. art. 732) : une fois le divorce définitivement acquis, le conjoint n'a plus aucun droit sur la succession de son ex-époux défunt. **9504**
À l'inverse, lorsque le décès survient en cours de **procédure**, le divorce ne peut plus être prononcé (voir n° 9256) et le conjoint survivant conserve tous les droits attachés à sa qualité d'héritier. En pratique, l'**incidence en matière successorale** est à considérer puisque le conjoint survivant non divorcé est conjoint successible et ses droits légaux, supplétifs, ont largement été révisés à la hausse au début des années 2000 (C. civ. art. 732 ; Loi 2001-1135 du 3-12-2001 retouchée par loi 2006-728 du 23-6-2006) : quart en pleine propriété ou usufruit du tout en présence d'enfants communs, droit viager au logement, notamment.

B. Fin de l'imposition commune et de la solidarité fiscale

1. FIN DE L'IMPOSITION COMMUNE DES ÉPOUX

IMPÔT SUR LE REVENU

Le divorce (ou la séparation de corps) met fin à l'imposition commune des époux à l'impôt sur le revenu. **9520**
Le **point de départ** de l'imposition distincte est le 1er janvier de l'année au cours de laquelle les époux ont été autorisés à avoir des résidences séparées (CGI art. 6, 4-b et 6, 6).
Deux observations :
– cette règle **concerne en pratique** surtout les époux communs en biens ; elle concerne rarement les époux mariés sous le régime de la séparation de biens ou ceux mariés sous le régime de la participation aux acquêts, qui font obligatoirement l'objet d'une imposition distincte dès l'année où ils ont cessé de vivre ensemble, indépendamment de toute procédure de divorce (CGI art. 6, 4-a) ;
– elle **ne s'applique pas** en cas d'abandon du domicile conjugal par l'un des époux, si tous deux disposent de revenus distincts. Dans ce cas également, les époux sont obligatoirement imposés séparément (CGI art. 6, 4-c) et le déclenchement d'une procédure de divorce est fiscalement neutre.

Sous ces réserves, l'imposition distincte démarre : **9521**
– l'année du divorce lui-même, dans un **divorce par consentement mutuel** qui est normalement prononcé dès la première – et unique – comparution devant le juge. Dans le cas d'un divorce par consentement mutuel sans juge, le point de départ de l'imposition séparée se situe au jour du dépôt de la convention de divorce au rang des minutes du notaire ;
– l'année de l'ordonnance de non-conciliation, dans un **divorce autre que par consentement mutuel**. Il en va ainsi même si les époux communs en biens s'étaient séparés au cours d'une année antérieure : le fait que le CGI continue à faire référence à une « autorisation » de résidence séparée alors que, depuis 2005, le juge a en principe seulement à statuer sur les modalités de cette résidence (C. civ. art. 255) n'autorise pas l'administration à faire remonter l'imposition distincte à une année antérieure à celle de l'ordonnance de non-conciliation (TA Dijon 28-12-2010 n° 09/02897, décision rendue pour le dispositif applicable jusqu'en 2010 mais qui nous semble transposable sur ce point).

Ces règles sont impératives : même s'ils ont continué à vivre ensemble, des époux en instance de divorce doivent faire l'objet d'impositions distinctes à partir du moment où ils ont été autorisés à résider séparément (TA Toulouse 16-11-1999 n° 96/2260 : RJF 4/00 n° 444, solution rendue sous le régime antérieur à 2011 mais transposable ; pour le cas particulier d'époux résidant séparément dans deux parties distinctes d'un même immeuble, en l'espèce un château, TA Paris 27-3-2018 n° 1701139 : RJF 11/18 n° 1062).

9522 L'année au cours de laquelle survient l'un des événements entraînant l'imposition séparée, l'imposition commune cesse et chaque époux doit souscrire sa propre **déclaration de revenus**.
Cette déclaration porte sur les revenus personnels dont l'époux a disposé pendant l'année entière, ainsi que sur la quote-part des revenus communs lui revenant au titre de cette même année (CGI art. 6, 6-al. 1). À défaut de justification de cette quote-part, les revenus communs sont partagés par moitié entre les époux (CGI art. 6, 6-al. 1 in fine). Les revenus personnels s'entendent des traitements et salaires, pensions et rentes viagères, rémunérations allouées aux gérants et associés de certaines sociétés, bénéfices non commerciaux, bénéfices industriels et commerciaux et bénéfices agricoles (CGI ann. III art. 43 bis, II ; BOI-IR-CHAMP-20-20-20 n°s 70 et 80).

9525 L'imposition de chaque époux est établie sur la base d'une part de **quotient familial**, les contribuables étant considérés comme divorcés pour l'ensemble de l'année. Pour l'appréciation des **charges de famille**, il est tenu compte de la situation au 1er janvier ou, en cas d'augmentation des charges de famille en cours d'année, au 31 décembre (CGI art. 196 bis).
Chacun peut bénéficier, s'il vit seul au 31 décembre, de la majoration de quotient familial pour parent isolé (BOI-IR-CHAMP-20-20-10 n° 165). Le fait que le contribuable réside à la même adresse qu'une personne majeure n'ayant aucun lien de parenté avec lui ne suffit pas à établir que ce contribuable ne remplit pas la condition de vivre seul (CE 15-4-2016 n° 375682 : RJF 7/16 n° 590).

EXEMPLE

Soit un couple ayant deux enfants dont le divorce par consentement mutuel a été prononcé le 1er juillet 2024, les deux enfants mineurs étant confiés à la mère (qui vit seule et n'est ni remariée ni pacsée au 31-12-2024) :
– le mari sera imposable sur ses revenus 2024 avec un quotient familial de 1 part ;
– l'épouse sera imposable sur ses revenus 2024 avec 2,5 parts.

9530 **Sort des investissements locatifs réalisés pendant le mariage** Si le divorce ou la séparation intervient pendant la **durée de l'engagement de location** souscrit par les époux pour bénéficier d'un régime de faveur en matière de revenus fonciers, l'époux à qui est attribué le logement doit demander la **reprise du régime** à son profit pour continuer à en bénéficier. **À défaut**, les avantages fiscaux précédemment accordés sont remis en cause (en ce sens, pour le régime Scellier, BOI-IR-RICI-230-20-10 n° 100).
Si les ex-époux poursuivent après leur divorce la détention du bien concerné en **indivision**, dans le cadre d'une convention d'indivision, l'avantage fiscal est maintenu, pour la fraction de l'engagement restant à courir (pour le régime Scellier, BOI-IR-RICI-230-20-10 n° 100 ; pour le régime Duflot-Pinel, BOI-IR-RICI-360-60 n° 240).

9532 **Sort des déficits antérieurs** En principe, le déficit constaté au titre d'une année donnée s'impute, à due concurrence, sur le revenu global de la même année. Si ce revenu global est insuffisant, le déficit est reporté successivement sur le revenu global des années suivantes, jusqu'à la sixième année inclusivement (CGI art. 156, I-al. 1).
En cas de divorce ou de séparation de corps, **chacun des époux** devenu imposable séparément **peut déduire** (BOI-IR-CHAMP-20-20-10 n° 165) :
– les déficits catégoriels reportables provenant soit de biens lui appartenant en propre, soit de son entreprise ou de son activité personnelle ;
– et la moitié des autres déficits catégoriels (ou, sur justifications, une quote-part différente) et des déficits globaux afférents aux biens qui dépendaient de la communauté conjugale. Cette règle s'applique, par exemple, aux déficits fonciers subis par une société civile immobilière dont les parts étaient communes, même si l'un des époux a été déclaré attributaire de toutes les parts lors du divorce.

ATTENTION

Jugé que le déficit lié à l'activité d'une **SARL dont le capital appartient à la communauté** conjugale existant entre des conjoints en instance de divorce, mais dont l'**épouse** est **associée unique et seule gérante**, constitue un déficit provenant de l'activité professionnelle de l'épouse, déductible uniquement des revenus de celle-ci (TA Paris 27-3-2018 n° 1701139 : RJF 11/18 n° 1062).

Impositions supplémentaires relatives à la période commune Les déclarations, les réponses et les actes de procédure faits par l'un des conjoints ou notifiés à l'un d'eux à l'occasion des procédures relatives à l'imposition commune due à raison de l'ensemble des revenus du foyer sont opposables à l'autre (LPF art. L 54 A). Toutefois, en cas d'**imposition distincte** des époux **à la date de notification** des cotisations supplémentaires relatives à la période d'imposition commune, le conjoint qui n'a pas été destinataire de l'avis d'imposition et qui a informé l'administration de son changement de situation dispose d'un **délai propre de réclamation** qui court à compter du premier acte de recouvrement forcé qui lui est adressé (Cons. const. 4-12-2015 n° 2015-503 QPC : RJF 2/16 n° 174). 9533

IMPÔT SUR LA FORTUNE IMMOBILIÈRE

L'imposition commune à l'impôt sur la fortune immobilière (IFI) cesse à partir du **1er janvier** suivant la date à laquelle les époux ont été autorisés par le juge à avoir des résidences séparées (ou à partir du 1er janvier suivant la date de dépôt au rang des minutes de la convention de divorce en cas de divorce sans juge). 9535

À partir du moment où ils sont imposables séparément, les parents qui exercent conjointement l'autorité parentale ne comprennent dans leur déclaration que la moitié des **biens de leurs enfants mineurs** (BOI-PAT-IFI-20-10 n° 150). Cette mesure s'applique à notre avis même si un seul des parents est soumis à l'IFI et quelles que soient les modalités de répartition du quotient familial.

TAXE D'HABITATION SUR LES RÉSIDENCES SECONDAIRES ET AUTRES LOCAUX MEUBLÉS NON AFFECTÉS À L'HABITATION PRINCIPALE

Les époux ne font l'objet d'une imposition commune à la taxe d'habitation sur les résidences secondaires que s'ils vivent ensemble. 9538

Après la **séparation**, qu'une instance en divorce ait été ou non engagée, chacun des époux est personnellement imposable sur la résidence secondaire dont il a la jouissance effective au 1er janvier de l'année d'imposition.

TAXE FONCIÈRE

En cas de divorce, les **biens communs** devenus indivis sont imposés au nom des deux ex-époux jusqu'au partage (BOI-IF-TFNB-10-20 n° 430). Si l'un des époux paie la totalité du montant de la taxe, il a une créance sur l'indivision (Cass. 1e civ. 27-1-2016 n° 15-11.151 F-PB : RJF 5/16 n° 442). 9540

2. FIN DE LA SOLIDARITÉ FISCALE ENTRE ÉPOUX

IMPÔT SUR LE REVENU

Quel que soit leur régime matrimonial, les époux sont solidairement responsables du paiement de l'impôt sur le revenu lorsqu'ils font l'objet d'une imposition commune (CGI art. 1691 bis, I-1°). 9550

Pour le juge administratif, cette solidarité fiscale ne s'applique pas aux **prélèvements sociaux** (CE 10-7-2012 n° 336492 : RJF 11/12 n° 1072 ; CAA Bordeaux 7-5-2015 n° 13BX01712 : RJF 8-9/15 n° 733). Mais la doctrine administrative est en sens contraire (BOI-CTX-DRS-10 n° 30).

La solidarité cesse lorsque les **époux ne sont plus soumis à imposition commune**, pour les revenus qui font l'objet d'une imposition distincte.

Par **exemple**, si l'ordonnance de non-conciliation entérine la résidence séparée de deux époux communs en biens le 20 janvier 2024, les époux ne sont pas solidairement tenus au paiement de l'impôt sur les revenus de 2024, que chacun doit déclarer séparément.

Une proposition de loi prévoit que les personnes séparées ou divorcées, tenues solidairement au paiement des impôts dus pendant leur période d'imposition commune, peuvent être considérées par l'administration fiscale comme des tiers, et donc ne pas être redevables de ces impôts (Proposition de loi n° 228 visant à assurer une justice patrimoniale au sein de la famille dans sa version telle qu'adoptée par l'Assemblée nationale le 18-1-2024).

Les époux restent en principe solidairement tenus pour les **périodes antérieures d'imposition** commune, ce qui signifie que l'administration peut poursuivre l'un ou l'autre d'entre eux en paiement de l'intégralité de la dette fiscale du couple (de même qu'il peut reverser l'éventuel excédent d'acomptes à l'un quelconque des époux : CAA Nantes 26-12-2003 n° 02-1139 : RJF 5/04 n° 543, solution rendue en cas de séparation des époux mais transposable au divorce). 9551

Sous certaines conditions, il est cependant possible d'obtenir une décharge de cette obligation solidaire.

> **Précisions** L'administration peut engager la procédure de **recouvrement** en notifiant les actes de poursuites à un seul des débiteurs solidaires de la dette fiscale. Mais cela ne la dispense pas, sous peine de porter atteinte au caractère contradictoire de la procédure, de notifier ensuite ces actes à l'ensemble des personnes susceptibles d'être poursuivies. À défaut, ces actes leur sont inopposables (Cass. com. 25-3-2014 n° 12-27.612 : RJF 6/14 n° 634 ; BPAT 3/14 inf. 115, à propos d'avis à tiers détenteur et de commandements de payer notifiés uniquement à l'un des ex-époux).

9552 **Demande de décharge de responsabilité solidaire** Il existe une **procédure spécifique** de demande en décharge de responsabilité solidaire pour les personnes divorcées ou séparées (CGI art. 1691 bis, II).

La **demande** est à adresser au directeur départemental des finances publiques du lieu d'établissement des impositions concernées (sur le contenu formel de la demande, voir BOI-CTX-DRS-20 n° 10).

Le **délai** de réponse de l'administration est en principe de six mois, mais il peut être prolongé de trois mois par simple lettre de l'administration. Il est suspendu si l'administration demande au contribuable des pièces complémentaires.

S'il n'a pas obtenu satisfaction, ou si l'administration n'a pas répondu à l'issue du délai qui lui était imparti, le contribuable a deux mois pour saisir le **tribunal administratif**. Si celui-ci refuse la décharge, l'ex-époux peut faire appel du jugement (CE 2-7-2014 n° 363734 : RJF 10/14 n° 944).

> **Précisions** Devant le tribunal, le contribuable ne peut présenter aucun **justificatif** ni fait autres que ceux invoqués à l'appui de sa demande de décharge (CGI ann. II art. 382 quater, dont les dispositions sont applicables depuis le 21-4-2012). Un ex-époux peut toutefois fournir des justificatifs nouveaux devant le juge s'il a présenté sa demande en décharge avant le 21 avril 2012 (CE 29-3-2017 n° 394950 : RJF 6/17 n° 629).

9554 **Conditions de la demande** Il faut que, au jour où la demande de décharge est présentée, les conditions suivantes soient réunies :

– une **rupture effective** des époux : ils sont divorcés ou séparés de corps, ils ont été autorisés par le juge à avoir des résidences séparées ou l'un d'entre eux a abandonné le domicile conjugal (CGI art. 1691 bis, II-1). Il appartient à l'époux qui demande la décharge de solidarité de prouver l'abandon du domicile conjugal par l'autre époux (CE (na) 27-10-2022 n° 462570 : RJF 1/23 n° 68) ;

– le respect par le demandeur de ses **obligations déclaratives** en matière d'impôt sur le revenu et, le cas échéant, d'impôt sur la fortune immobilière (IFI) depuis la fin de la période d'imposition commune (CGI art. 1691 bis, II-3-al. 1). Une procédure de relance amiable ne fait cependant pas obstacle à la recevabilité de la demande en décharge (BOI-CTX-DRS-10 n° 110) ;

– l'absence de **manœuvres frauduleuses** menées conjointement par les deux époux dans le but d'éluder l'impôt afférent à l'imposition commune (CGI art. 1691 bis, II-3-al. 2). La condamnation pour fraude fiscale du demandeur, qui porte sur son comportement au regard de l'établissement de l'impôt et non de son recouvrement, ne permet pas d'établir qu'il a frauduleusement tenté, avec son épouse, de se soustraire au paiement de l'impôt. Dès lors, l'administration fiscale ne peut pas rejeter sa demande en décharge (TA Nice 1-12-2022 n° 1906196 : RJF 5/23 n° 414) ;

– l'existence d'une **disproportion marquée** entre le **montant de la dette fiscale** du couple – prélèvements sociaux inclus – et la **situation** financière et patrimoniale nette de charges **du demandeur** appréciée sur une période n'excédant pas trois années (CGI art. 1691 bis, II-2 ; BOI-CTX-DRS-10 n°s 130 s.).

9555 Pour apprécier la **situation financière et patrimoniale** du demandeur et par conséquent ses capacités de remboursement, l'administration fiscale procède de la façon suivante (BOI-CTX-DRS-10 n°s 150 s.).

Elle prend d'abord en compte l'ensemble du patrimoine mobilier et immobilier du demandeur, à l'exclusion de sa résidence principale (BOI précité n° 170). L'ensemble des droits réels immobiliers dont le demandeur dispose, y compris l'usufruit doivent être pris en compte (TA Paris 26-11-2018 n° 1620848 : RJF 2/19 n° 213). Ce patrimoine est évalué à sa valeur vénale nette, c'est-à-dire déduction faite des emprunts et charges. Si la valeur du patrimoine excède le montant de la dette fiscale du demandeur, la décharge de solidarité lui est refusée.

Dans le cas contraire, l'administration établit une **comparaison** entre, d'une part, le montant de la dette fiscale diminué de la valeur du patrimoine du demandeur et, d'autre part, sa situation financière, c'est-à-dire ses ressources (y compris pensions alimentaires et prestation compensatoire) nettes de charges. Sont cependant exclus des ressources les revenus patrimoniaux (revenus fonciers, par exemple), puisque les actifs qui les ont produits ont déjà été pris en compte dans l'évaluation du patrimoine.

La situation financière nette du demandeur est appréciée sur une période n'excédant pas **trois ans** (CGI art. 1691 bis, II). La doctrine administrative (BOI précité n° 200) qui prévoit que la disproportion n'est pas marquée si la situation financière du demandeur lui permet de régler en dix ans au plus la dette fiscale, est ainsi condamnée. Cette position de l'administration avait déjà été contestée par le Conseil d'État, qui a jugé sans incidence le fait que la dette du demandeur puisse être éteinte dans un délai inférieur à cinq ans (CE 16-2-2018 n° 409496 : RJF 6/18 n° 683).
Il y a **disproportion marquée** entre le montant de la dette fiscale du couple et la situation financière et patrimoniale nette de charges du demandeur lorsque la dette fiscale s'élève à plus de deux millions d'euros alors que les revenus du demandeur sont faibles et son patrimoine quasi inexistant, son ex-conjoint l'ayant dilapidé (CAA Paris 11-2-2021 n° 19PA01431 : BPAT 3/21 inf. 108).

L'ex-époux qui ne remplit pas ces conditions peut exercer un **recours gracieux** pour demander la décharge de l'impôt sur le revenu ou de la taxe d'habitation s'il est dans une situation de gêne ou d'indigence, sur le fondement de droit commun de l'article L 247 du LPF. **9558**

Montant de la décharge Il s'agit en principe seulement d'une décharge **partielle** (CGI art. 1691 bis, II-2). Jugé en ce sens que l'application des dispositions de l'article 1691 bis, II-2 du CGI ne saurait conduire à la décharge totale des impositions (CE 27-3-2023 n° 466281 : RJF 7/23 n° 596). **9560**
Pour l'**impôt sur le revenu**, la décharge est égale à la différence entre le montant de l'impôt du couple et celui qui correspondrait aux revenus personnels du demandeur et à la moitié des revenus communs. Reste donc à la charge du conjoint demandeur la fraction d'impôt correspondant à ses propres revenus et à la moitié des revenus communs. L'administration présume que les revenus du patrimoine (revenus fonciers, dividendes, plus-values de cession de valeurs mobilières, etc.) sont des revenus communs, à charge pour le demandeur de prouver qu'il s'agit de revenus de biens propres ou personnels de son ex-conjoint (BOI-CTX-DRS-20 n° 50). Jugé, dans le même sens, que les revenus d'origine indéterminée sont réputés être des revenus communs (CE (na) 10-3-2023 n° 467219 : RJF 6/23 n° 500).
En ce qui concerne les **intérêts de retard et** les **pénalités**, la décharge est totale pour les intérêts et pénalités correspondant aux revenus propres de l'ex-conjoint du demandeur ; elle est de moitié pour ce qui concerne les revenus communs ; aucune décharge n'est accordée pour les intérêts et majorations afférents aux revenus propres du demandeur.
La décharge ne peut jamais aboutir à une **restitution d'impôt** (CGI art. 1691 bis, IV).

> **Précisions a.** Après avoir obtenu la décharge partielle, les **personnes en situation de gêne ou d'indigence** peuvent demander la remise de tout ou partie de l'impôt resté à leur charge (CGI art. 1691 bis, III).
> **b.** L'ex-époux qui remplit les conditions requises et obtient la décharge de solidarité peut demander, à titre gracieux, à être déchargé des **impositions qui restent** à sa **charge** (CAA Lyon 28-3-2017 n° 15LY01713 : RJF 7/17 n° 747).

IMPÔT SUR LA FORTUNE IMMOBILIÈRE

Quel que soit leur régime matrimonial, il y a solidarité des époux pour le paiement de l'IFI (CGI art. 1723 ter-00 B). Cette **solidarité cesse** à partir du moment où les époux font l'objet d'une imposition séparée. Par **exemple**, si l'ordonnance de non-conciliation entérine la résidence séparée de deux époux communs en biens le 20 janvier 2024, les époux cessent d'être solidairement tenus au paiement de l'IFI dû à compter de l'année 2025 (chaque époux déclare son propre patrimoine au 1-1-2025 et est seul redevable de l'impôt correspondant). **9568**
La solidarité demeure pour l'IFI dû au titre des **années antérieures**.

Dans les mêmes conditions que pour l'impôt sur le revenu, il est possible de faire une demande de **décharge de l'obligation solidaire** pour les années d'imposition commune. Cette **demande** est effectuée auprès du directeur départemental des finances publiques du lieu d'imposition et, en cas de recours contre la décision de l'administration, devant le tribunal judiciaire. **9569**
Le **montant** de la décharge est égal à la différence entre le montant de l'IFI du couple et celui correspondant au patrimoine propre du demandeur et à la moitié du patrimoine commun (CGI art. 1691 bis, II-2-c). Le montant de l'IFI afférent à son patrimoine propre ou personnel et à la moitié du patrimoine commun (y compris, le cas échéant, celui des enfants communs) reste à la charge du demandeur.
Pour les intérêts et pénalités, la décharge est de moitié pour ceux afférents aux actifs communs ; elle est totale pour les actifs propres ou personnels au conjoint du demandeur ; aucune décharge n'est accordée pour les intérêts et majorations concernant le patrimoine propre ou personnel du demandeur.

Il n'est pas possible d'obtenir la remise totale de l'IFI pour situation de gêne ou d'indigence (BOI-CTX-DRS-30 n° 30).

TAXE D'HABITATION SUR LES RÉSIDENCES SECONDAIRES ET AUTRES LOCAUX MEUBLÉS NON AFFECTÉS À L'HABITATION PRINCIPALE

9575 Tant qu'ils vivent ensemble et quel que soit leur régime matrimonial, les époux font l'objet d'une responsabilité solidaire pour le paiement de la taxe d'habitation sur leur résidence secondaire (CGI art. 1691 bis, I-2°).

L'administration apprécie la **cohabitation au 1er janvier** de l'année. L'année de la séparation, elle ne réduit pas la responsabilité solidaire des époux au **prorata** de la durée effective de leur cohabitation (BOI-CTX-DRS-10 n° 40). Un arrêt a au contraire jugé que la responsabilité solidaire des époux n'a lieu qu'au prorata de la durée de leur cohabitation (CAA Bordeaux 12-3-2002 n° 98-2086 : RJF 10/02 n° 1184, décision rendue sous le dispositif antérieur mais qui garde à notre avis sa valeur).

Pour les **années antérieures à la séparation**, la solidarité demeure mais peut faire l'objet d'une demande de décharge, comme en matière d'impôt sur le revenu (nos 9552 s.). Si elle est accordée, la décharge de solidarité porte sur la moitié de la taxe (CGI art. 1691 bis, II-2-b).

C. Prestation compensatoire

9600 L'**objet** de la prestation compensatoire est de compenser, autant qu'il est possible, la disparité que la rupture du mariage crée dans les conditions de vie respectives des époux (C. civ. art. 270).

Elle a une **double nature**, alimentaire et indemnitaire (A.-M. Leroyer, La nature alimentaire de la prestation compensatoire se retrouve dans les détails : RTD civ. 2022 p. 873). Elle ne peut donc être **due** qu'**après** le prononcé définitif du divorce (Cass. 2e civ. 11-7-2002 n° 00-20.639 : Bull. civ. II n° 165).

Selon une étude statistique du ministère de la justice effectuée à partir de décisions rendues en 2013, une prestation compensatoire est allouée dans **19 % des divorces** (Infostat Justice n° 144, septembre 2016).

DÉCISION DU JUGE OU CONVENTION DES ÉPOUX

9602 Dans un divorce par **consentement mutuel**, les époux doivent s'entendre dans leur convention sur le principe, le montant et les modalités de la prestation compensatoire (C. civ. art. 278).

Dans les **divorces autres** que par consentement mutuel, la prestation compensatoire est décidée soit par le juge, soit par la convention homologuée des époux. Ceux-ci sont en effet autorisés à soumettre à l'homologation du juge, pendant l'instance, des conventions réglant tout ou partie des conséquences du divorce (C. civ. art. 268). Ils disposent alors de la même liberté que ceux qui divorcent par consentement mutuel. Ces conventions peuvent porter sur le principe, le montant et les modalités de paiement de la prestation compensatoire. Pour plus de précisions, voir nos 9800 s. La convention une fois homologuée obéit au même régime que la convention homologuée dans le cadre d'un divorce par consentement mutuel (C. civ. art. 279-1, qui renvoie aux art. 278 et 279).

1. ATTRIBUTION D'UNE PRESTATION PAR LE JUGE

FORME DU DIVORCE

9605 Une prestation compensatoire est envisageable dans **toutes les procédures** de divorce, au bénéfice de celui qui engage la procédure comme de celui qui la subit et, bien sûr, du mari comme de l'épouse.

Toutefois, le **juge peut refuser** d'accorder une prestation compensatoire si l'**équité** le commande, dans les deux cas suivants (C. civ. art. 270, al. 3).

Premier cas : refus au regard des circonstances particulières de la rupture, lorsque le divorce est prononcé aux torts exclusifs de l'époux qui demande une prestation. Ainsi justifient le refus d'une prestation compensatoire :

– le départ précipité et définitif de l'épouse du domicile conjugal après 24 ans de vie conjugale harmonieuse (CA Dijon 30-9-2010 n° 10/00065) ;

– la relation adultère du mari avec l'employée de maison vivant au domicile, avec laquelle il a eu un enfant (CA Paris 11-3-2014 n° 12/17333). Dans le même sens, en raison de la « vie sexuelle débridée » du mari en dehors du mariage et de son départ pour le Brésil en prévenant tardivement son fils et en laissant ce dernier à la charge principale de la mère (CA Colmar 17-2-2014 n° 12/02147) ;

– le départ de l'épouse pour vivre une relation extraconjugale alors que son mari est atteint d'un cancer et qu'il suit des cures de chimiothérapie qui l'épuisent (CA Montpellier 25-11-2015 n° 14/02879) ;

– la relation adultère régulière du mari et son absence de recherche d'emploi tandis que l'épouse finançait seule l'acquisition en indivision d'une propriété à l'île de Ré et le coût des études de l'enfant (CA Paris 5-6-2014 n° 12/1390) ;
– la mise en danger financière du ménage, l'épouse ayant imité la signature de son conjoint afin d'ouvrir plusieurs comptes en banque et souscrire de nombreux crédits à la consommation à des fins personnelles, son mari ayant par conséquent subi les poursuites judiciaires des créanciers et les inconvénients liés aux nombreux incidents de paiement (Cass. 1e civ. 13-12-2017 n° 16-25.256 F-PB : BPAT 1/18 inf. 8).

Second cas : refus en considération des critères d'attribution d'une prestation compensatoire que sont (C. civ. art. 271) : la durée du mariage, la situation professionnelle de l'époux demandeur, les droits acquis dans la liquidation du régime matrimonial, etc. (voir nos 9650 s.). Ce motif de refus est le seul qui peut être invoqué dans un divorce aux torts partagés (Cass. 1e civ. 28-2-2018 n° 17-11.979 F-D : BPAT 2/18 inf. 56). Il peut également être retenu dans un divorce aux torts exclusifs (Cass. 1e civ. 8-7-2010 n° 09-66.186 : Bull. civ. I n° 165). Ainsi, une épouse de 33 ans qui s'est vu imputer tous les torts du divorce a été privée de prestation compensatoire car elle n'assumait pas la charge des enfants et ne justifiait ni de recherche d'emploi ni de suivi d'une formation (même arrêt).

EXÉCUTION PROVISOIRE

En **principe**, la prestation compensatoire n'est pas assortie de l'exécution provisoire (CPC art. 1079, al. 1). 9606

Toutefois, elle peut l'être en tout ou partie, lorsque l'absence d'exécution aurait des **conséquences manifestement excessives** pour son créancier en cas de recours sur la prestation compensatoire alors que le prononcé du divorce a acquis force de chose jugée (CPC art. 1079, al. 2). En effet, dans ce cas, le créancier ne peut plus prétendre à la pension alimentaire éventuellement ordonnée au titre des mesures provisoires (n° 9168) et, en l'absence d'exécution provisoire, la prestation compensatoire n'est pas encore exigible.

Tout autre motif est irrecevable pour justifier l'exécution provisoire, notamment le fait que le débiteur fasse une offre de prestation compensatoire (Cass. 1e civ. 19-3-2014 n° 12-29.653 F-PB : RTD civ. 2014 p. 350 obs. J. Hauser).

L'exécution provisoire ne **prend effet** qu'au jour où le prononcé du divorce a acquis force de chose jugée (CPC art. 1079, al. 3 ; n° 9258). La prestation compensatoire n'est donc pas exigible pendant le délai de recours.

Sans avoir à relever l'existence de conséquences manifestement excessives, la condamnation au paiement d'une **prestation compensatoire provisionnelle** nous semble toujours possible depuis la réforme de la procédure civile de 2019 (CPC art. 515 et 1074-1, al. 1 modifiés par décret 2019-1333 du 11-12-2019 ; CPC art. 789, 3°). Telle était la solution qui avait été retenue par la Cour de cassation avant son entrée en vigueur (Cass. 1e civ. 28-5-2008 n° 07-14.232 F-PB). 9607

a. Conditions d'attribution de la prestation compensatoire

PRINCIPE COMPENSATOIRE

Pour attribuer une prestation compensatoire à l'un des ex-époux, le **juge doit constater** qu'il existe une disparité entre les conditions de vie respectives des époux et que cette disparité résulte de la rupture du mariage (C. civ. art. 270, al. 2). 9615

> **Précisions** La prestation compensatoire ne heurte pas le **droit de propriété**. L'objectif poursuivi de garantir la protection du conjoint dont la situation économique est la moins favorisée et de limiter, autant que possible, les difficultés et les contentieux postérieurs au prononcé du divorce constitue un motif d'intérêt général (Cons. const. 13-7-2011 n° 2011-151 QPC, à propos de C. civ. art. 274). L'attribution d'une prestation compensatoire ménage un juste équilibre entre le but légitime de protection du conjoint et la protection des biens du débiteur sur lequel elles ne font pas peser par elles-mêmes une charge spéciale et exorbitante (Cass. 1e civ. 30-11-2022 n° 21-12.128 FS-B).

DISPARITÉ DANS LES CONDITIONS DE VIE RESPECTIVES DES ÉPOUX

En pratique, les **critères** pour apprécier l'existence de la disparité dans les conditions de vie des époux sont ceux retenus pour évaluer le montant de la prestation. Nous en faisons une présentation globale nos 9650 s. 9616

La disparité dans les conditions de vie **s'apprécie à la date** à laquelle la décision prononçant le divorce prend force de chose jugée (n° 9258), étant rappelé que dans le cadre d'un divorce 9617 accepté, le caractère définitif de l'accord sur le principe de la rupture ne donne pas force de chose jugée au divorce (n° 9410).

Le juge doit prendre en compte la situation des époux **au moment du divorce** et son évolution dans un avenir prévisible. En fonction des circonstances, une prestation compensatoire peut être accordée à un époux qui dispose, jusqu'à sa retraite, de revenus plus élevés que ceux de son conjoint mais dont la situation doit être moins favorable à compter de son départ en retraite (Cass. 1e civ. 14-3-2006 n° 05-14.945 FS-PBI).

Il n'est pas interdit au juge d'analyser les revenus perçus dans les **années antérieures**, notamment quand il y a suspicion de dissimulation d'une partie des revenus depuis la séparation du couple (Cass. 1e civ. 26-9-2012 n° 10-10.781 F-PBI).

En revanche, il ne peut pas tenir compte de la situation des époux au cours des **années qui ont suivi** le prononcé définitif du divorce (Cass. 2e civ. 10-10-2002 n° 01-01.432 : Bull. civ. II n° 209). Notamment lorsque l'appel est limité aux conséquences financières du divorce, les juges d'appel ne peuvent pas prendre en compte les changements survenus pendant l'instance d'appel. En ce sens, par exemple, pour l'héritage reçu par la créancière deux ans après le prononcé définitif du divorce (Cass. 1e civ. 21-9-2005 n° 04-13.977 FS-PBI : BPAT 6/05 inf. 181).

Le **report des effets du divorce** à la date de la cessation de la cohabitation et de la collaboration est sans incidence sur la date d'appréciation de la disparité dans les conditions de vie des époux. Cassation, par conséquent, de la décision qui a apprécié cette disparité au jour de la séparation de fait, et non à la date à laquelle le divorce a pris force de chose jugée (Cass. 1e civ. 21-9-2005 n° 04-14.830 F-D). Cela dit, la séparation de fait n'est pas indifférente, voir nos 9623 et 9660.

DISPARITÉ RÉSULTANT DE LA RUPTURE DU MARIAGE

9623 La prestation compensatoire n'a pas vocation à gommer toute disparité qui se constate lors du divorce. Les juges distinguent la disparité subie du fait du divorce de celle qui découle des choix des époux.

La **préexistence au mariage d'une inégalité de revenus** ne justifie pas le refus d'une prestation compensatoire car les juges ne peuvent pas se fonder sur des circonstances antérieures au prononcé du divorce pour apprécier le droit à prestation compensatoire (Cass. 1e civ. 12-1-2011 n° 09-72.248 F-D : BPAT 2/11 inf. 106 ; Cass. 1e civ. 18-5-2011 n° 10-17.445 FS-PBI : BPAT 4/11 inf. 228 ; Cass. 1e civ. 10-10-2012 n° 11-10.444 F-D). Le mariage, quel que soit le régime matrimonial choisi, a vocation à compenser les inégalités de revenus via notamment la contribution aux charges du mariage. Le conjoint qui a toujours exercé des fonctions moins rémunératrices peut donc arguer d'une disparité résultant du divorce.

En revanche, une prestation compensatoire peut être refusée en raison des **choix des époux**. Ainsi, elle n'a pas pour objet d'assurer la parité des fortunes et de corriger les effets du régime matrimonial choisi, spécialement de la **séparation de biens** (Cass. 1e civ. 18-12-2013 n° 13-10.170 F-D ; Cass. 1e civ. 8-7-2015 n° 14-20.480 F-PB : BPAT 5/15 inf. 164).

Le choix de **vivre séparément** qui implique la séparation des intérêts patrimoniaux est de nature à priver le conjoint le moins fortuné d'une prestation compensatoire. Tel est le cas :

– des époux, qui disposaient de ressources similaires durant la vie commune et vivaient séparés de fait depuis dix ans ; l'inégalité de revenus est survenue après leur séparation. Seule la durée de la vie commune postérieure au mariage est prise en compte (Cass. 1e civ. 18-12-2013 n° 12-26.541 F-PB : BPAT 1/14 inf. 8) ;

– des époux séparés depuis 20 ans qui ont adopté une séparation de biens et liquidé leur communauté ; l'épouse n'a jamais demandé de contribution aux charges du mariage ni de pension alimentaire (Cass. 1e civ. 24-9-2014 n° 13-20.695 FS-PBI : BPAT 6/14 inf. 232).

Qu'en est-il des **choix professionnels** ? Notamment, l'époux qui, sans l'accord de son conjoint, effectue un choix diminuant ses revenus perd-il son droit à prestation compensatoire ? Non, exiger une décision commune serait ajouter à la loi (Cass. 1e civ. 18-5-2011 n° 10-17.445 FS-PBI : BPAT 4/11 inf. 228). Ainsi, ne suffit pas conclure à une absence de disparité du fait du divorce le fait que :

– un époux refuse le reclassement professionnel qui lui est proposé (Cass. 1e civ. 18-5-2011 n° 10-17.445 FS-PBI : BPAT 4/11 inf. 228) ;

– un époux ne justifie pas de recherche d'emploi effective depuis de nombreuses années (Cass. 1e civ. 25-9-2013 n° 12-29.429 F-D).

Cela dit, l'époux qui choisit de ne pas ou peu travailler, sans justifier de raison particulière, peut se voir refuser une prestation compensatoire (pour une illustration, Cass. 1e civ. 6-3-2007 n° 06-11.364 F-D) ; même situation mais avec d'autres éléments pour conforter la solution (Cass. 1e civ. 18-1-2012 n° 10-27.787 F-D : BPAT 2/12 inf. 80).

Ajoutons qu'en équité, l'oisiveté fautive peut, le cas échéant, justifier le refus d'une prestation compensatoire (n° 9605).

PIÈCES À FOURNIR

Déclaration sur l'honneur Pour permettre l'évaluation de leurs besoins et de leurs ressources, les époux fournissent au juge une déclaration certifiant sur l'honneur l'exactitude de leurs **ressources, revenus, patrimoine et conditions de vie** (C. civ. art. 272 ; CPC art. 1075-1). Cette déclaration doit, semble-t-il, donner une indication chiffrée et précise des conditions de vie actuelles et dans un avenir prévisible (CA Nancy 16-2-2001 n° 01/259). Les juges du fond en apprécient souverainement la valeur (Cass. 1e civ. 22-3-2005 n° 02-13.214 FS-PB). 9625

La Cour de cassation a considérablement réduit la **portée de l'exigence** de la déclaration sur l'honneur puisqu'elle a jugé que : 9626
– les juges du fond n'ont pas à faire spécialement mention, dans leur décision, de la production ou non de la déclaration sur l'honneur (en ce sens, par exemple, Cass. 1e civ. 30-3-2004 n° 03-12.771 F-D) ;
– la partie qui s'est abstenue de produire une pièce ou d'en réclamer la production ne peut ériger sa propre carence en grief (en ce sens, par exemple, Cass. 1e civ. 22-3-2005 n° 02-13.214 FS-PB) ;
– les juges du fond ne sont pas tenus de demander les déclarations sur l'honneur avant de statuer. Il appartient à l'époux qui veut obtenir la déclaration de son conjoint de faire un incident de communication de pièces (Cass. 1e civ. 2-3-2004 n° 02-17.777 FS-PB) ;
– l'absence de déclaration sur l'honneur n'entraîne pas l'irrecevabilité de la demande de prestation compensatoire (Cass. 1e civ. 11-1-2005 n° 02-19.016 FS-PB, en l'espèce, la partie adverse, sans faire d'incident de communication de pièce, avait pris des conclusions soulignant la nécessité de la production de la déclaration ; Cass. 1e civ. 14-4-2010 n° 09-12.459 F-D), pas plus que l'irrecevabilité d'un appel contre une décision accordant une prestation compensatoire (Cass. 1e civ. 23-5-2006 n° 05-17.533 F-PB).

En revanche, la Cour de cassation n'hésite pas à sanctionner une **déclaration sur l'honneur mensongère** en admettant le recours en révision du jugement qui a fixé la prestation compensatoire (CPC art. 595, al. 1 ; Cass. 2e civ. 12-6-2008 n° 07-15.962 FS-PB ; Cass. 1e civ. 11-9-2013 n° 12-17.730 F-D). 9627
La Chancellerie a par ailleurs récemment rappelé que le fait « d'établir une attestation ou un certificat faisant état de faits matériellement inexacts » est **puni** d'un an d'emprisonnement et de 15 000 € d'amende (C. pén. art. 441-7 ; Rép. Descamps : AN 30-6-2020 n° 28640).

Autres pièces En complément de la déclaration sur l'honneur, le juge peut demander aux époux de produire les **pièces justificatives** relatives à leur **patrimoine et** leurs **conditions de vie** (CPC art. 1075-2, al. 2). 9630
Il peut également leur demander de justifier de leurs **charges et ressources**, notamment par la production de leurs avis d'imposition (CPC art. 1075-2, al. 1).
Dans le cadre de son pouvoir souverain d'appréciation, le juge est en droit de tirer toutes les conséquences qui s'imposent d'un défaut de transparence de l'un ou l'autre des époux. Il peut ainsi accorder ou refuser une prestation compensatoire sur la base des seules indications d'une des parties.

b. Procédure d'obtention d'une prestation compensatoire

MOMENT DE LA DEMANDE

La demande de prestation compensatoire doit être présentée à l'occasion de la **procédure de divorce**. Elle ne peut pas l'être dans une procédure ultérieure. 9640
Elle peut être sollicitée pour la première fois en **appel** à titre de demande accessoire, à condition que le divorce n'ait pas acquis l'autorité de la chose jugée (Cass. 1e civ. 8-3-2005 n° 04-10.232 F-D ; Cass. 1e civ. 14-6-2005 n° 04-12.373 F-PB).
Il importe peu que la demande en divorce ait été formée par l'autre partie (Cass. 1e civ. 14-3-2018 n° 17-14.874 F-PB : BPAT 3/18 inf. 103).
Sur le moment où le divorce acquiert force de chose jugée, voir n° 9258.
Rappelons simplement qu'en cas d'appel général, le divorce ne passe pas en force de chose jugée, sauf acquiescement ou désistement avant le prononcé de l'arrêt. De sorte que la demande de prestation compensatoire présentée pour la première fois en appel n'est pas irrecevable (Cass. 2e civ. 11-2-1998 n° 96-12.917 : Bull. civ. II n° 47 ; Cass. 2e civ. 31-5-2000 n° 97-16.589 : Bull. civ. II n° 92). La solution vaut aussi pour le divorce sur demande acceptée, peu important que l'acceptation du principe de la rupture donnée en première instance ne puisse pas être contestée en appel, sauf vice du consentement (n° 9410).
Depuis la réforme de l'appel de 2017, les avocats doivent faire preuve d'une plus grande vigilance concernant les griefs portés en cause d'appel (Décret 2017-891 du 6-5-2017). En effet, à défaut d'appel sur le prononcé du divorce, toute demande accessoire au divorce – comme l'octroi d'une prestation compensatoire – sera considérée comme nouvelle et irrecevable si elle

n'a pas été formulée en première instance (Cass. 1e civ. 11-5-2023 n° 21-17.153 FS-B : RTD civ. 2023 p. 602 obs. A.-M. Leroyer).

La demande de prestation compensatoire présentée après le prononcé du divorce par la cour d'appel mais alors qu'un **pourvoi** est pendant est irrecevable si celui-ci est rejeté (Cass. 1e civ. 23-6-2010 n° 09-13.812 FS-PBI). Il en va différemment si l'arrêt irrévocable qui a prononcé le divorce a renvoyé les parties devant le premier juge pour statuer sur ses conséquences (Cass. 1e civ. 11-9-2013 n° 12-15.013 F-PB).

INVITATION DU JUGE

9642 Lorsqu'**une des parties n'a demandé que** le versement d'une **pension alimentaire** ou d'une **contribution aux charges du mariage**, le juge ne peut pas prononcer le divorce sans avoir invité les époux à s'expliquer sur le versement d'une prestation compensatoire (CPC art. 1076-1 ; Cass. 1e civ. 25-4-2006 n° 05-17.893 F-PB).

En revanche, il n'a pas à inviter les parties à conclure sur la prestation compensatoire si aucune d'elles n'a formulé de demande de pension ou de contribution (Cass. 1e civ. 23-1-2008 n° 07-11.323 F-PB).

POUVOIRS D'APPRÉCIATION DU JUGE

9645 Le juge **doit se prononcer** sur le droit à prestation compensatoire dans le même jugement que celui qui prononce le divorce (Cass. 1e civ. 23-6-2010 n° 09-13.812 FS-PBI). Il ne peut pas prononcer le divorce et surseoir à statuer sur l'existence d'une disparité dans les conditions de vie (Cass. 1e civ. 30-9-2003 n° 01-17.462 FS-PB ; Cass. 1e civ. 15-11-2017 n° 16-25.700 F-PB : BPAT 1/18 inf. 9).

Il peut, en revanche, **surseoir à statuer** sur le prononcé du divorce dans l'attente des éléments nécessaires pour apprécier la disparité des conditions de vie ou statuer sur le principe de la prestation compensatoire et surseoir sur le montant de celle-ci.

c. Montant de la prestation compensatoire

9650 Il n'existe aucun **barème** ni aucune méthode officielle (pour des propositions de méthode de calcul, voir nos 9700 s.).

Le juge fixe le montant de la prestation compensatoire selon les **besoins de son créancier et les ressources de son débiteur** (C. civ. art. 271, al. 1).

À cet effet, le juge prend en considération les **critères** suivants (C. civ. art. 271, al. 2) :

– la durée du mariage (n° 9660) ;

– l'âge et l'état de santé des époux ;

– leurs qualifications et situations professionnelles, ainsi que les conséquences de leurs choix professionnels (n° 9660) ;

– leurs droits existants et prévisibles, y compris en matière de retraite (n° 9670) ;

– le patrimoine estimé ou prévisible de chacun après la liquidation du régime matrimonial (n° 9671).

Ces critères ne sont pas limitatifs (C. civ. art. 271, al. 2). Les **juges du fond**, dans l'exercice de leur **pouvoir** souverain d'appréciation, peuvent donc valablement tenir compte :

– de la durée de la vie commune, qui peut être différente de la durée du mariage (Cass. 1e civ. 14-3-2006 n° 04-20.352 FS-P) ;

– de la participation de l'épouse aux affaires de son mari, même si les époux sont mariés sous le régime de la séparation de biens (Cass. 1e civ. 28-2-2006 n° 04-19.807 F-PB : BPAT 2/06 inf. 42).

Rendues en application de l'ancien article 272 du Code civil devenu l'article 271 après la loi du 26 mai 2004, ces décisions conservent toute leur pertinence.

Cependant, la **Cour de cassation** contrôle la motivation des décisions. Elle s'assure notamment que les juges du fond se sont attachés à déterminer les besoins du créancier de la prestation.

SITUATION PRÉSENTE ET FUTURE DES ÉPOUX

9655 Il est tenu compte de la situation des époux au moment du divorce et de l'évolution de celle-ci dans un **avenir prévisible** (C. civ. art. 271, al. 1).

Le montant d'une prestation compensatoire sous forme de **rente** peut donc **varier sur des périodes successives** (C. civ. art. 276-1). Deux conditions doivent alors être respectées (Cass. 1e civ. 6-7-2005 n° 03-11.685 F-PB : BPAT 6/05 inf. 182) :

– le point de départ de la variation doit être un événement certain aussi bien dans son principe que dans le moment de sa réalisation. Cette exigence conduit les juges qui veulent tenir compte de la baisse de revenus au moment de la retraite à se référer à la date anniversaire de l'intéressé plutôt qu'à son départ en retraite ;

– le montant de la rente doit être déterminé pour chaque période.

Dans le cas d'une prestation compensatoire en **capital** constitué par **versements périodiques**, la loi ne précise pas s'il est possible de prévoir des montants différents sur des périodes successives. Rien ne paraît devoir l'interdire. Une cour d'appel semble d'ailleurs avoir implicitement admis cette possibilité en précisant que le capital alloué serait constitué par versements égaux (CA Rennes 18-9-2000 nº 99/1103). 9656

SITUATION PERSONNELLE ET PROFESSIONNELLE DES ÉPOUX

Les **juges** du fond **tiennent compte** notamment (C. civ. art. 271, al. 2) : 9660
– de l'**âge** et de l'**état de santé** des époux ;
– de la **durée du mariage**. Cette durée ne peut pas être augmentée de la durée de la vie commune antérieure au mariage, qui n'a pas à être prise en compte (Cass. 1e civ. 16-4-2008 nº 07-12.814 FS-PBI : BPAT 3/08 inf. 90 ; Cass. 1e civ. 6-10-2010 nº 09-12.718 F-PBI : BPAT 6/10 inf. 322 ; Cass. 1e civ. 13-1-2016 nº 15-13.602 F-D) ou, en cas de second divorce, de la durée du premier mariage (CA Lyon 25-2-2021 nº 19/05905 : AJ fam. 2021 p. 369 obs. Avena-Robardet). À l'inverse, il est tenu compte de la **séparation de fait** des époux pour mesurer la durée réelle de la vie commune (Cass. 1e civ. 16-4-2008 nº 07-17.652 FS-PBI) et aussi pour vérifier si le divorce est la cause de la disparité des conditions de vie (nº 9623) ;
– de leurs **qualifications et situations professionnelles** ;
– des conséquences des **choix professionnels** faits par l'un des époux pendant la vie commune pour l'éducation des enfants et du temps qu'il faudra encore y consacrer ou pour favoriser la carrière de l'autre au détriment de la sienne (pour une illustration, Cass. 2e civ. 19-11-1997 nº 96-10.995 F-D). Les conséquences de ce choix sont appréciées jusque dans la minoration des droits à retraite qui s'ensuit (nº 9670).

Le **concubinage** de l'un ou l'autre des époux est aussi un élément pris en compte, dès lors qu'il influe sur l'existence d'une disparité des niveaux de vie. Ainsi jugé pour le concubinage de celui qui demande une prestation compensatoire (Cass. 1e civ. 25-4-2006 nº 05-15.706 F-PB ; Cass. 1e civ. 4-7-2018 nº 17-20.281 FS-PBI : BPAT 5/18 inf. 188) comme pour le concubinage de celui qui est susceptible de la devoir (Cass. 1e civ. 17-9-2003 nº 01-16.249 F-D).

> **Précisions** Le principe selon lequel la prestation compensatoire est fixée en tenant compte de la **durée du mariage**, à l'exclusion de la vie commune antérieure, s'applique aussi bien aux époux hétérosexuels qu'homosexuels (C. civ. art. 271, al. 2). Aucune différence n'étant faite par le texte entre les couples mariés, il ne méconnait pas le principe d'égalité et de non-discrimination (Cass. 1e civ. 19-4-2023 nº 23-40.004 FS-D : BPAT 3/23 inf. 113). Il est vrai que, le **mariage homosexuel** n'étant autorisé que depuis 2013, les intéressés ne peuvent se prévaloir, à ce jour, que d'une union de 11 ans maximum. Pour autant, la jurisprudence est constante : il ne peut résulter de la succession de deux régimes juridiques dans le temps une inégalité (Cons. const. 14-8-2003 nº 2003-483 DC ; Cons. const. 13-7-2011 nº 2011-150 QPC ; Cass. 2e civ. QPC 14-2-2013 nº 12-40.097 F-D ; Cass. 2e civ. QPC 18-4-2013 nº 12-28.033 F-D). Le principe de sécurité juridique prime celui d'égalité des personnes.

REVENUS DES ÉPOUX

Revenus pris en compte Il s'agit : 9664
– des revenus du **travail** : salaires, honoraires, droits d'auteur... et même l'indemnité de fonctions perçue en qualité de maire (Cass. 2e civ. 14-1-1999 nº 96-22.150) ;
– des revenus de **substitution** comme les allocations chômage (Cass. 2e civ. 5-11-1986 nº 85-12.860) ou le revenu minimum d'insertion (Cass. 1e civ. 9-3-2011 nº 10-11.053 F-PBI : BPAT 2/11 inf. 107) ;
– des revenus du **capital** : revenus fonciers, dividendes, etc. ;
– des revenus **indemnitaires**, tels que les indemnités versées par la Commission d'indemnisation des victimes d'infractions (Civi) en raison des coups et blessures portés par le mari sur son épouse (Cass. 1e civ. 25-10-2005 nº 04-12.234 F-PB).

Les sommes versées au titre de la réparation d'un **accident de travail** ou au titre d'un **handicap** sont intégralement prises en compte (Cons. const. 2-6-2014 nº 2014-398 QPC : BPAT 4/14 inf. 161). Il en va ainsi que ces sommes aient vocation à assurer un revenu ou qu'elles soient de nature indemnitaire. Sont donc comptabilisées :
– l'allocation aux adultes handicapés (Cass. 1e civ. 28-10-2009 nº 08-17.609 FS-PBI) ;
– la pension d'invalidité (Cass. 1e civ. 9-11-2011 nº 10.15.381 FS-PBI : BPAT 6/11 inf. 337, pour une pension militaire ; Cass. 1e civ. 26-9-2012 nº 10-10.781 F-PBI pour une pension civile).

Sont aussi prises en compte, depuis l'abrogation du second alinéa de l'article 272 du Code civil par le Conseil constitutionnel, avec effet depuis le 4 juin 2014 et application à toutes les affaires non jugées définitivement à cette date (Cons. constit. 2-6-2014 n° 2014-398 QPC) :
– la rente invalidité pour accident du travail (Cass. 1e civ. 22-10-2014 n° 13-24.802 F-PBRI) ;
– la prestation de compensation de handicap. À cet égard, le Code de l'action sociale et des familles (CASF art. L 245-7, al. 4) n'est pas applicable pour le calcul d'une prestation compensatoire ;
– l'indemnité réparant le préjudice corporel consécutif à un accident de la circulation.

9666 **Ressources non prises en compte** Il n'est pas tenu compte des **prestations destinées aux enfants** (Cass. 1e civ. 6-10-2010 n° 09-12.718 F-PBI : BPAT 6/10 inf. 322, 2e esp.) telles que :
– le revenu mensuel servi au titre du congé parental (Cass. 1e civ. 6-10-2010 n° 09-12.718 F-PBI : BPAT 6/10 inf. 322) ;
– les allocations familiales (en ce sens, par exemple, Cass. 1e civ. 15-2-2012 n° 11-11.000 F-PBI ; Cass. 1e civ. 5-11-2014 n° 13-26.860 F-D ; Cass. 1e civ. 3-11-2021 n° 20-16.847 F-D) ;
– les sommes reçues au titre de la contribution à l'entretien et à l'éducation des enfants (en ce sens, par exemple, Cass. 1e civ. 25-1-2005 n° 02-13.376 F-D ; Cass. 1e civ. 6-3-2013 n° 12-16.023 F-D ; Cass. 1e civ. 11-4-2018 n° 17-17.760 F-D) ;
– les indemnités versées par le département à l'épouse, assistante familiale, pour l'entretien de l'enfant placé chez elle (Cass. 1e civ. 5-10-2016 n° 15-22.809 F-D : BPAT 6/16 inf. 254-6) ;
– l'allocation compensatrice tierce personne allouée à l'enfant majeur handicapé du couple : cette allocation, destinée à couvrir les besoins de l'enfant afin de pallier son défaut d'autonomie, ne constitue pas une source de revenus du parent qui en assume la charge (Cass. 1e civ. 7-12-2016 n° 15-28.990 F-PB : BPAT 1/17 inf. 7).

Sont encore exclus les sommes ou avantages perçus par un époux au titre du **devoir de secours** car celui-ci prend fin avec le prononcé du divorce. Ainsi jugé à propos : de loyers dévolus à une épouse pour le temps de la procédure (Cass. 1e civ. 15-2-2012 n° 10-20.018 F-PBI) ; d'une pension alimentaire (Cass. 1e civ. 28-3-2012 n° 11-16.828 F-D ; Cass. 1e civ. 3-4-2019 n° 18-13.631 F-D ; Cass. 1e civ. 12-10-2022 n° 20-20.335 F-D) ; de l'occupation gratuite du logement pour le temps de la procédure de divorce (Cass. 1e civ. 29-11-2017 n° 16-26.726 F-D : BPAT 1/18 inf. 10 ; Cass. 1e civ. 17-4-2019 n° 17-28.301 F-D ; Cass. 1e civ. 30-9-2020 n° 19-19.114 F-D ; Cass. 1e civ. 13-4-2022 n° 20-22.807 F-B) ; ou encore d'une pension alimentaire et de l'occupation gratuite du logement pour la durée de l'instance en divorce (Cass. 1e civ. 29-2-2012 n° 11-14.872 F-D ; Cass. 1e civ. 5-4-2023 n° 21-23.050 F-D).

Enfin, les **revenus tirés d'un bien commun** et perçus par un époux n'ont pas à être pris en compte puisqu'ils accroissent, après la rupture du mariage, l'indivision postcommunautaire (Cass. 1e civ. 15-2-2012 n° 10-20.018 F-PBI : AJ fam. 2012 p. 225 obs. S. David). De même, les **revenus procurés par un bien indivis**, parce qu'ils accroissent l'indivision ne peuvent être pris en compte (Cass. 1e civ. 11-10-2017 n° 16-15.612 F-D : Dr. famille 2017 comm. 7 obs. Berthier ; Cass. 1e civ. 26-5-2021 n° 20-11.855 F-D : BPAT 4/21 Inf. 167).

CHARGES DES ÉPOUX

9668 Il s'agit **notamment** :
– des charges courantes (logement, alimentation, impôts, électricité, etc.) ;
– du taux d'endettement.

Les sommes versées au titre de la contribution à l'entretien et à l'éducation des enfants doivent être comptabilisées dans les charges de celui qui doit la prestation. La jurisprudence est constante (pour des illustrations, Cass. 1e civ. 25-6-2014 n° 13-13.972 F-D ; Cass. 1e civ. 13-5-2015 n° 14-14.207 F-D ; Cass. 1e civ. 4-7-2018 n° 17-20.281 FS-PBI : BPAT 5/18 inf. 188). Peu importe, par ailleurs, que les enfants soient nés d'une relation adultère pendant le mariage. Les dépenses liées à leur entretien doivent venir en déduction des ressources de celui qui doit la prestation (Cass. 1e civ. 13-7-2022 n° 21-12.354 F-D : BPAT 5/22 inf. 221).

PATRIMOINE PRÉSENT ET À VENIR DES ÉPOUX

9670 Il est tenu compte du **patrimoine présent** des époux, qu'il soit mobilier ou immobilier, en capital ou en revenus.

Sont pris en compte les **droits existants et prévisibles** des époux, par exemple, leurs droits à retraite. Le juge se détermine en fonction de la situation des époux à ce sujet en ayant estimé, autant qu'il est possible, la diminution des droits à retraite qui aura pu être causée, pour l'époux créancier de la prestation compensatoire, par les choix professionnels faits pendant la vie commune pour l'éducation des enfants ou pour favoriser la carrière du conjoint (pour une illustration, Cass. 1e civ. 16-11-2022 n° 21-14.185 F-D).

En revanche, ne constituent **pas des droits prévisibles** :
– la simple vocation successorale, même si elle est certaine (Cass. 1e civ. 21-9-2005 n° 04-13.977 FS-PBI : BPAT 6/05 inf. 181 ; Cass. 1e civ. 6-10-2010 n° 09-10.989 F-PBI : BPAT 6/10 inf. 322, 1er arrêt). Seuls des droits successoraux acquis au moment du divorce peuvent être pris en compte (Cass. 1e civ. 28-2-2006 n° 04-17.695 F-D ; Cass. 1e civ. 6-10-2010 n° 09-65.301 F-D). La Cour de cassation a, en application de cette règle, censuré un arrêt d'appel qui avait pris en compte le projet de donation-partage établi par les parents de l'épouse au profit de celle-ci, projet qui n'était pas encore concrétisé lors du prononcé du divorce (Cass. 1e civ. 20-6-2006 n° 05-18.637 F-D) ;
– la perspective de versement d'une pension de réversion en cas de prédécès d'un des époux (Cass. 1e civ. 6-10-2010 n° 09-15.346 F-PBI : BPAT 6/10 inf. 322, 3e arrêt).

> **Précisions** Pour fixer la prestation compensatoire, il est donc tenu compte du patrimoine successoral reçu par un époux à la suite du décès de ses parents au contraire des **droits successoraux** à venir, lorsque les parents sont encore en vie (C. civ. art. 271 ; Cass. 1e civ. 6-10-2010 n° 09-65.301 F-D et Cass. 1e civ. 28-2-2006 n° 04-17.695 F-D). Cette interprétation de l'article 271 entraîne-t-elle une rupture d'égalité des époux devant la loi ? Non, selon la Cour de cassation, qui **refuse de transmettre cette QPC** au Conseil constitutionnel. Il n'existe pas de rupture d'égalité car les époux sont placés dans des situations objectivement différentes (Cass. 1e civ. QPC 16-2-2022 n° 21-20.362 FS-B).

Le **patrimoine** estimé ou prévisible **revenant à chaque époux après la liquidation du régime matrimonial** doit également être pris en considération. Il en va toutefois autrement lorsque la liquidation est égalitaire (Cass. 1e civ. 1-7-2009 n° 08-18.486 F-PB ; Cass. 1e civ. 13-5-2015 n° 14-17.534 F-D). **9671**
Pour connaître ce patrimoine :
– le juge peut, au titre des mesures provisoires, désigner un notaire pour préparer un projet de liquidation et même la composition des lots à partager (C. civ. art. 255) ;
– la demande introductive d'instance doit, sous peine d'irrecevabilité, comporter une proposition de règlement des intérêts pécuniaires et patrimoniaux des époux (C. civ. art. 257-2 jusqu'au 31-12-2020 puis art. 252, dernier al. depuis le 1-1-2021) ;
– le juge qui prononce le divorce peut statuer sur la liquidation et le partage des intérêts patrimoniaux des époux (C. civ. art. 267) ; voir n° 10275 ;
– le sort des donations et avantages matrimoniaux est définitivement réglé au moment du divorce, voir nos 10250 s. ;
– les époux ne peuvent présenter une demande visant à reporter la date d'effet de la dissolution du régime matrimonial que dans le cadre de l'action en divorce (C. civ. art. 262-1).

ILLUSTRATIONS

Marié sans contrat de mariage en 1974, un ex-époux est condamné en 2020 à payer une prestation compensatoire d'un montant de 200 000 €. Il reproche à la cour d'appel de ne pas avoir tenu compte de la **liquidation du régime matrimonial** afin d'apprécier la disparité que la rupture du mariage allait créer dans les conditions de vie respectives des époux (C. civ. art. 270) ; selon lui, la liquidation de l'important patrimoine commun est de nature à réduire sensiblement les besoins de l'épouse. Sur ce point, la Cour de cassation confirme l'arrêt : la liquidation du régime matrimonial des époux étant par définition égalitaire, il n'y a pas lieu de tenir compte de la part de communauté devant revenir à l'épouse pour apprécier cette disparité (Cass. 1e civ. 21-9-2022 n° 21-12.344 F-B).

Le **juge doit** procéder à une **évaluation** au moins sommaire du patrimoine du débiteur. Ainsi, il ne suffit pas de constater que le mari est propriétaire de 92,5 % des actions d'un hypermarché et de divers autres biens (Cass. 1e civ. 17-1-2006 n° 04-19.053 F-PB). **9674**

d. Méthode de calcul de la prestation compensatoire par maître Axel Depondt, notaire à Paris

Il n'existe, à l'heure actuelle, ni méthode officielle ni pratique uniforme de fixation de la prestation compensatoire (PC). Cette situation, que déplorent les époux dont le sort dépend de la juridiction qui connaîtra de leur divorce, donne une mauvaise image de la justice même si elle laisse une grande marge de manœuvre aux conseils et permet tous les espoirs aux plaideurs. **9700**
Très souvent nommé expert pour **apprécier la disparité entre les patrimoines et les revenus des époux** et pour éclairer les juges sur ces données objectives, nous avons fini par dégager de cette pratique une méthode qui est, à ce jour, proposée avec succès aux plaideurs et semble reçue avec intérêt par les juges aux affaires familiales.

9701 Les textes sont en apparence muets sur la question. Les **articles 270 et 271 du Code civil** imposent seulement au juge de constater une disparité causée par le divorce et donnent une liste non exhaustive des critères d'appréciation de cette disparité dont certains sont quantifiables (revenus, patrimoine) et d'autres ne le sont pas (état de santé, sacrifices consentis pour l'éducation des enfants, etc.). Au moyen d'une disposition qui avait un autre objectif, le législateur donne peut-être une clef. C'est cette clef qui sert de fondement légal à notre méthode.

MÉTHODE FONDÉE SUR L'ARTICLE 275 DU CODE CIVIL

9705 **Principe** Lorsque le débiteur n'est pas en mesure de verser le capital [...] le juge fixe les modalités de **paiement du capital, dans la limite de huit années**, sous forme de versements « périodiques » indexés selon les règles applicables aux pensions alimentaires (C. civ. art. 275).
Si le débiteur n'est pas en mesure de verser un capital, c'est qu'il n'a que des revenus. Le juge ne peut exiger de lui qu'il s'acquitte de ses versements sur plus de huit années. De plus, ses revenus ne peuvent pas être prélevés intégralement ; le débiteur doit rester en mesure de subvenir à ses besoins et payer ses impôts.
Cette disposition serait donc une sorte d'**invitation implicite** à fixer le montant de la prestation compensatoire selon la capacité d'épargne du débiteur, appréciée sur huit années et pas une de plus.

9706 Le texte fixe donc le **montant maximum de la prestation compensatoire** à huit fois la capacité d'épargne annuelle du débiteur. Cette disposition n'existe que pour ceux qui n'ont pas, ou pas assez, de capital. Néanmoins, que le débiteur dispose de capital et d'aucun revenu ou de revenus et pas de capital, la prestation compensatoire doit être la même dès lors qu'il est possible de convertir l'un en l'autre.

9707 **Mise en œuvre de la méthode** Dans les faits, la **capacité d'épargne** des débiteurs est **égale à** leurs revenus bruts, déduction faite de la charge fiscale et des dépenses incompressibles assez largement entendues. Dans la plupart des cas, cette capacité ne dépasse pas 20 % des revenus bruts. Cette donnée est toutefois essentiellement variable selon les revenus.
La capacité d'épargne est très dépendante du train de vie d'une personne. Aussi la méthode proposée a-t-elle consisté, à partir du revenu au-dessous duquel il n'y a pas de capacité d'épargne, à calculer ce qu'un citoyen normal (c'est-à-dire celui qui épargnerait la moitié de toute augmentation de revenus, nette de l'augmentation corrélative de l'impôt) mettrait de côté pour épargner.
En appliquant cette démarche statistiquement exacte, on parvient à des capacités d'épargne qui atteignent assez vite 30 % du revenu brut mais ne les dépassent jamais (compte tenu de la progressivité de l'impôt sur le revenu).
Ce pourcentage est donc de :
– zéro jusqu'à 24 000 € de revenu annuel ;
– 21 % de 24 000 à 36 000 € ;
– 28 % de 36 000 à 48 000 € ;
– 29 % de 48 000 à 60 000 € ;
– 30 % au-dessus de 60 000 €.
Pour les plus fortunés il faut en toute rigueur retrancher de la capacité d'épargne le montant de l'IFI, les contributions sociales, ainsi que la contribution exceptionnelle sur les hauts revenus.
La capacité d'épargne qui sert de socle au calcul de la prestation compensatoire est une donnée abstraite. Les dépenses afférentes à l'entretien des enfants ou au paiement de dettes doivent s'imputer sur la partie des revenus qui ne rentre pas dans la capacité d'épargne. En d'autres termes, si le débiteur de la prestation compensatoire a des dettes (qu'il peut rembourser en aliénant des actifs), il faut qu'il sache que le remboursement de ces dettes doit s'imputer sur les dépenses de son train de vie.

9708 On peut admettre que la capacité d'épargne ainsi définie soit entièrement dévolue au paiement de la prestation compensatoire.
Par conséquent, la méthode proposée retient que la prestation compensatoire que peut devoir un époux à l'autre est égale à huit fois sa capacité d'épargne annuelle.
Il ne s'agit pas du montant de la prestation compensatoire, mais seulement de son **montant maximal supportable** pour un débiteur donné. Elle laisse subsister entre ses mains dans le pire des cas (pour lui) 30 % de son revenu brut (100 moins 40 d'impôt au maximum soit 60, dont la moitié représente en théorie le plafond de la prestation compensatoire.

9709 La prestation compensatoire est destinée à compenser (autant que possible) une disparité qu'il faut calculer.
Il suffit pour y parvenir de déterminer la capacité d'épargne de chaque époux. La **disparité des capacités d'épargne** sera le socle de la prestation compensatoire.

Si les deux époux ont des revenus et donc chacun une capacité d'épargne, la différence entre ces deux capacités d'épargne constitue la mesure de la disparité.

Comment **passer du maximum légal au chiffre juste** ? Simplement, en calculant une prestation compensatoire maximale pour chaque époux comme s'il était le seul à avoir des revenus, puis en compensant les deux prestations théoriques. 9710

Mesure de la disparité La disparité ne doit pas s'apprécier uniquement en **termes financiers**. C'est pourquoi la méthode proposée qui ne se fonde, pour l'estimation de la disparité, que sur des critères financiers ne peut prétendre, à ce stade, s'imposer de façon automatique et générale. 9712

La **disparité de revenus** doit s'apprécier sur la durée, à la fois afin de tenir compte des changements possibles de carrière professionnelle, et des revenus de substitution une fois la retraite prise. 9713
S'agissant de l'évolution professionnelle, il convient d'appliquer un coefficient de précarité, pouvant être compris entre 0,9 et 0,7. En effet, un salarié du secteur privé est exposé à un risque de licenciement bien plus élevé que celui auquel pourrait être exposé un salarié du public en fonction des aléas conjoncturels, ce qui justifie une prise en compte de ce risque dans la détermination des revenus.
S'agissant de la prise en compte de la retraite, il convient de calculer le revenu théorique moyen de chaque époux pour la période considérée.
La **période considérée** est celle pendant laquelle le créancier ou la créancière de la prestation compensatoire aurait pensé pouvoir vivre avec le débiteur en l'absence de divorce. En d'autres termes, cette durée est égale à l'espérance de vie du débiteur comptée à partir du divorce. En effet, le jour où l'époux débiteur décède, le mariage est dissous et le créancier ne peut plus prétendre profiter de cette union.
Pendant cette période, le débiteur percevra des revenus annuels qui seront élevés tant qu'il sera en activité puis qui décroîtront sensiblement quand il sera à la retraite, même s'il perçoit des revenus de substitution ou les revenus des placements lui appartenant.

Il convient donc d'établir une **moyenne** et ainsi de lisser les revenus en tenant compte de l'espérance de vie de l'époux débiteur. 9715
Ainsi, si un époux, âgé de 43 ans, perçoit des salaires annuels de 100, prend sa retraite à 65 ans, et perçoit alors une pension annuelle de 40, son revenu théorique sera le suivant :
[100 (revenus) × 12 (nombre d'années avant la retraite) + 40 (retraite) × 15,53 (espérance de vie après la retraite)]/27,53 (espérance de vie à ce jour) = 66,15.
Le même calcul sera effectué pour l'époux créancier. Cependant, si le créancier est une femme, le calcul sera fait en fonction de l'espérance de vie de son époux.
En effet, l'épouse sera présumée percevoir sa retraite entre 65 ans et le décès de son époux intervenant statistiquement en fonction de son espérance de vie à ce jour (27,53 ans dans notre exemple). Il conviendra donc de faire la différence entre l'espérance de vie actuelle de l'époux et les années séparant son épouse de la retraite.
Certes, l'espérance de vie de l'épouse est plus élevée que celle de son mari, mais nous avons démontré que, le décès entraînant dissolution du mariage, il paraissait impossible de fixer la prestation compensatoire en fonction de l'espérance de vie de l'épouse puisque si le mariage avait été dissous par le décès et non par le divorce, l'épouse aurait bien vu son train de vie diminuer du fait de la disparition de son mari.

Plusieurs solutions s'offrent au praticien et au juge pour **apprécier la disparité du capital**. La plus simple en apparence consiste à comparer les patrimoines des deux époux après liquidation de leur régime matrimonial et à chiffrer la différence. 9716
Mais on bute alors sur une difficulté : comment combiner cette différence avec celle des revenus ? Va-t-on fixer deux valeurs et les additionner algébriquement ? Comment fixer ces valeurs ?
C'est pourquoi il nous paraît plus simple et plus exact de **convertir le capital en revenus**.

Lorsque le **capital** est déjà **frugifère**, il est aisé de comptabiliser les revenus nets qu'il génère. 9717
Dans cette hypothèse, les revenus générés sont ajoutés aux revenus de l'activité professionnelle et la valeur de ce patrimoine frugifère ne doit donc pas être retenu pour le calcul de la prestation compensatoire. En effet, tenir compte à la fois de la valeur de ce patrimoine et des revenus qu'il génère reviendrait à comptabiliser deux fois un même et unique bien : une fois en tant que revenus et une seconde fois en tant que capital.
Mais, bien souvent, le capital ou une grande partie de celui-ci n'est **pas frugifère** (soit parce que les revenus sont perçus par un usufruitier, soit parce que les biens qui composent le capital ne sont pas naturellement frugifères, soit parce qu'ils sont réservés à la jouissance de leur propriétaire).

9718 Pour cette raison, un **taux de rendement théorique** peut être fixé pour ces biens, qui varie selon les biens en question. Quand il s'agit d'immeubles, on applique des taux de rendement connus des experts, variables selon la nature des immeubles et leur situation. Le même raisonnement peut être tenu pour chaque catégorie de biens. Il s'avère souvent plus simple de considérer qu'à une époque donnée les taux de rendement moyens (largement dépendants des taux d'intérêt à long terme) sont à peu près connus. Par **exemple**, à ce jour, les placements sûrs, dits « de père de famille », rapportent des revenus de l'ordre de 3,5 % par an (avant impôt) au maximum.

9719 Par conséquent, après avoir calculé la valeur des biens des parties, nous leur affectons un taux de rendement de l'ordre de 3,5 % (aujourd'hui) et nous ajoutons ce **revenu théorique** aux revenus du travail et aux revenus de substitution.

Ces revenus du capital ne subissent **aucune correction avec le temps** (sauf dans les cas bien particuliers où la valeur du capital tend à disparaître avec le temps : usufruit, droit d'auteur, brevets, etc.).

9720 S'agissant des **biens détenus en nue-propriété**, la jurisprudence de la Cour de cassation est relativement bien établie en ce qui concerne leur prise en compte dans le patrimoine des époux pour le calcul de la prestation compensatoire (Cass. 1e civ. 21-11-2012 no 11-14.777 F-D).

Il est donc clair, à ce jour, qu'il faut considérer les éléments de patrimoine détenus en nue-propriété pour déterminer la disparité et chiffrer la prestation compensatoire.

Il est évident que le nu-propriétaire n'est pas dans la même situation qu'un héritier putatif. En effet, à la différence de ce dernier il est déjà propriétaire et il est certain que l'usufruit s'éteindra un jour, même s'il ne connaît pas ce jour (dans le cas d'un usufruit viager).

Afin de déterminer la valeur de la nue-propriété, il suffit de connaître l'espérance de vie statistique de l'usufruitier au jour du divorce du nu-propriétaire pour savoir à partir de quelle date ce dernier aura la jouissance du bien grevé d'usufruit.

Il suffit ensuite d'additionner, à partir de cette date, les revenus annuels attendus de ce ou ces biens et ce, jusqu'à la date statistiquement probable du décès du débiteur de la prestation compensatoire.

Il est alors facile de diviser le total ainsi obtenu par le nombre d'années séparant le divorce du décès du débiteur (nécessairement supérieur au nombre d'années d'espérance de vie de l'usufruitier) pour connaître le revenu théorique reconstitué du débiteur et donc sa capacité d'épargne.

EXEMPLE

Un époux, débiteur d'une prestation compensatoire, âgé de 53 ans, est nu-propriétaire d'un bien sous l'usufruit de sa mère âgée de 78 ans. L'espérance de vie statistique de cette dernière est de 11,90 ans.

Cela signifie donc que l'époux aura, en théorie, et de façon purement statistique, la libre jouissance de ce bien quand il aura 65 ans.

On additionne donc la valeur de ce bien à partir de cette date, et ce jusqu'à son propre décès, également calculé par voie statistique, et ce de la façon suivante : patrimoine « successoral » × 15,53 (date statistique de la jouissance de ce patrimoine)/27,53 (espérance de vie de l'époux à ce jour).

9725 **Prise en compte des besoins** Dans les explications qui précèdent, nous n'avons retenu que les revenus des époux, même reconstitués. On pourrait objecter que la méthode proposée ne tient aucun compte de leurs besoins. Or, la **loi l'impose**.

En réalité, les besoins des époux sont bel et bien pris en compte. La prestation compensatoire est fonction de la capacité d'épargne des époux et non de leurs revenus bruts. Or, la capacité d'épargne est ce qui reste quand on a payé l'essentiel, c'est-à-dire couvert ses besoins.

La capacité d'épargne du débiteur n'est pas seule retenue. À partir du moment où est prise comme base du calcul la différence entre les deux capacités d'épargne, les besoins du créancier sont nécessairement appréhendés.

LES AUTRES CRITÈRES DE FIXATION DE LA PRESTATION COMPENSATOIRE : LES CORRECTIFS

9730 La loi énumère un certain nombre de critères que le juge et les parties doivent retenir pour la fixation de la prestation compensatoire (étude d'ensemble : voir nos 9650 s.).

Les **critères qui ont une influence directe sur la prestation compensatoire** sont l'âge et l'état de santé des époux, la durée du mariage, le nombre d'enfants, le nombre d'années qu'il faudra consacrer à leur éducation (celui qu'il a fallu y consacrer est moins important car il se combine avec les qualifications professionnelles et la durée du mariage).

La prise en compte de l'**âge des époux** ne peut se faire qu'au cas par cas en raison de la difficulté de quantifier les conséquences de l'âge (car elles se confondent souvent avec la durée du mariage). **9732**
Il est possible néanmoins de tenter de l'intégrer dans les calculs en considérant que plus les époux sont âgés, et plus le créancier de la prestation compensatoire est dépendant du débiteur, plus la prestation compensatoire sera majorée.
Il est possible de convenir, par exemple, d'affecter la prestation compensatoire d'un correctif tenant à l'âge. De plus, puisque la prestation compensatoire « légale » doit correspondre peu ou prou à un maximum, il faut envisager que ce maximum corresponde ou doive correspondre à une population d'un certain âge, voire âgée. En toute rigueur, si la loi fixe un maximum et si on introduit un correctif en fonction de l'âge du créancier, il faudrait que ce maximum soit diminué progressivement pour tendre à presque zéro pour une créancière très jeune.
Dans la réalité, on observe qu'une personne âgée sera plus dépendante qu'une plus jeune... mais la mesure reste difficile à définir.

En pratique, les **prestations compensatoires** sont **payées dans l'immense majorité à des femmes**. Certains estiment que ces prestations devraient doubler à partir de 45 ans au regard du « risque » de solitude, supposé plus élevé pour les femmes de cet âge. Peut-être faudrait-il alors fixer l'âge à partir duquel la prestation compensatoire doit être majorée pour compenser ce « risque ». Les femmes en sont peut-être menacées plus jeunes que les hommes. Si l'on considère que le maximum légal devrait décroître en deçà de 45 ans, la difficulté reste de définir dans quelle mesure. Une femme de 25 ans, outre le fait qu'elle n'aura pas été mariée longtemps, sera-t-elle privée de prestation compensatoire sous prétexte qu'elle n'a pas à craindre la solitude ? **9733**
En définitive, dans le cadre de la méthode proposée, on retient de retrancher 1 % au montant de la prestation compensatoire pour chaque année en deçà de 45 ans. De la sorte, la prestation compensatoire serait diminuée de 20 % si la créancière n'a que 25 ans.
Corrélativement, la prestation compensatoire sera augmentée de 1 % par année d'âge au-delà de 45 ans.

Pour la **durée du mariage**, une approche statistique permet de conclure que si « l'espérance de vie d'un mariage » est actuellement de l'ordre de 23 ans, on peut dire qu'un mariage long est un mariage qui a duré 28 ans. **9735**
Si l'on considère que la prestation compensatoire « légale » est un maximum, il va de soi qu'elle est prévue pour une longue union et non pour une union d'une durée moyenne.
Si l'on affecte 28 ans de mariage du coefficient 100, cela fait un coefficient de 3,57 pour une année de mariage et de 103,57 pour 29 années.

Si le **nombre d'enfants** « neutre » est de deux, il faut ajouter 16 % par enfant supplémentaire. **9738**
On ne retranche rien pour les couples n'ayant pas eu d'enfant car on considère que jusqu'à deux enfants, la vie de couple n'a pas été bouleversée et que, si la prestation compensatoire théorique n'est pas augmentée tant qu'il n'y a que deux enfants, il n'y a aucune raison de la diminuer s'il y a moins de deux enfants.
Au surplus, si nous le faisions, nous aboutirions à supprimer toute prestation compensatoire aux épouses n'ayant pas eu d'enfant et dont l'union aurait duré moins de neuf ans, ce qui serait inacceptable. Pourquoi neuf ans ? Si la prestation compensatoire est de 100 et si on devait retrancher 16 × 2 pour absence d'enfant, on n'aurait plus que 68 % de la prestation compensatoire théorique. Or au rythme d'une réduction de 3,57 % par an, on arriverait à une prestation compensatoire de zéro pour peu que le mariage ait duré : 28 ans – (68/3,57) = 8,95 années.
Certes, la présence des enfants explique souvent que la femme ait des revenus moindres que son mari et la méthode proposée prend en considération cette différence pour fixer la prestation compensatoire. Mais il reste que le nombre d'enfants n'impacte pas seulement les revenus de l'épouse. Il représente le plus souvent une responsabilité plus grande et une moins grande liberté dans l'organisation de la vie quotidienne.
Le chiffre de 16 % n'est qu'indicatif et ne repose évidemment pas sur une méthode scientifique. Mais il faut observer que si un couple a eu quatre enfants, le fait de majorer la prestation compensatoire de 32 % ne paraît pas excessif.

L'**âge des enfants** n'a pas, selon la méthode proposée, une grande importance. Soit ils sont jeunes et, si leur garde est attribuée au créancier de la prestation compensatoire, leur charge pèse sur ses facultés professionnelles, soit ils sont adultes et, dans ce cas, leur présence au foyer pendant leur minorité aura pesé sur les possibilités de carrière de l'épouse qui ne pourra jamais rattraper le temps perdu. **9739**

La question est plus délicate quand les enfants sont jeunes et quand les deux parents se partagent leur garde. Dans ce cas, on ne devrait pas compter les enfants dans le calcul de la prestation compensatoire.

CONCLUSION

9745 La prise en compte du nombre d'enfants et de la durée du mariage aboutit à une **augmentation assez sensible du montant maximal de la prestation compensatoire** et à un dépassement des montants déterminés plus haut.

Si seule la capacité d'épargne du débiteur est déterminante et si le montant de la prestation compensatoire dépasse finalement cette capacité, la méthode bute sur une **difficulté conceptuelle**. On peut cependant considérer que, dans les cas extrêmes, la capacité d'épargne peut être portée à des niveaux exceptionnels. Le débiteur de la prestation compensatoire, dans ces cas-là, devra réduire davantage son train de vie que s'il voulait simplement épargner.

9746 Pour **schématiser**, la méthode proposée consiste à :

1° Calculer les revenus théoriques des époux en faisant la moyenne, par époux, des revenus d'activité et des revenus de substitution (retraites), cette moyenne étant faite sur la durée probable de vie du débiteur (espérance de vie statistique) ;

2° Majorer ces revenus des revenus du capital qui n'ont pas déjà été pris en compte dans la première étape, revenus qui sont fixés forfaitairement à 3,5 % de la valeur de ce capital ;

3° Déterminer la capacité d'épargne de chaque époux ;

4° Multiplier par huit la capacité d'épargne théorique de chaque époux, ce qui donne deux prestations compensatoires théoriques ;

5° Faire la différence des prestations compensatoires pour déterminer la prestation compensatoire brute ;

6° Ajouter 3,57 % par année de vie commune au-delà de 28 ou retrancher 3,57 % par année en deçà de 28 ;

7° Ajouter 16 % par enfant au-delà de 2 et retrancher 10 % par enfant en deçà ;

8° Retrancher 1 % par année d'âge de la créancière ou du créancier en-dessous de 45 ans ; ajouter 1 % par année d'âge de la créancière ou du créancier entre 45 et 65 ans ; retrancher 4,7 %/2 par année d'âge de la créancière ou du créancier au-delà de 65 ans. En effet la prestation compensatoire ayant un caractère à la fois indemnitaire et alimentaire, il est logique de faire décroître la prestation compensatoire à partir d'un certain âge. On l'a fixé à 65 ans. On a calculé l'espérance de vie d'une femme de 65 ans et « amorti » sa prestation compensatoire sur cette durée, ce qui fait 4,7 % par an. Mais la prestation compensatoire étant seulement à demi alimentaire et à demi indemnitaire, la diminution annuelle à partir de 65 ans n'est que de la moitié de 4,7 %.

e. Autres méthodes de calcul

9750 M. **Dominique Martin Saint-Léon**, magistrat, invite à (pour un exposé plus complet, voir AJ fam. 2005 p. 95 et AJ fam. 2010 p. 360) :

– déterminer une unité de mesure mensuelle de la disparité. Pour chacun des époux, il faut additionner tous leurs revenus ainsi que le revenu théorique produit par leur capital (revenu évalué en utilisant un taux de placement moyen du marché au moment considéré). Il faut ensuite soustraire à ce résultat une épargne théorique calculée selon le montant du revenu (entre 10 et 30 %) ainsi que les charges fixes incontournables (impôt, contribution à l'entretien, loyer, etc.). L'unité de mesure est égale à la différence entre le résultat obtenu pour chaque époux, divisée par 2 ;

– se reporter aux tables (établies par M. Martin Saint-Léon) relatives à la durée du mariage et à l'âge du créancier, chaque critère allouant un nombre de points ;

– et multiplier l'unité de mesure par le nombre de points ainsi déterminé.

9755 M. **Stéphane David**, notaire à Meudon, maître de conférences et expert près les tribunaux suggère de (pour un exposé plus complet, voir AJ fam. 2013 p. 41) :

– calculer la prestation compensatoire destinée à compenser la disparité en capital de la façon suivante : faire la différence entre la valeur respective des patrimoines des époux ; appliquer à ce résultat un coefficient lié à la durée du mariage (par exemple 28 % pour un mariage de 28 ans) ; calculer, à partir du montant ainsi obtenu, sa valeur en usufruit ou, selon le cas, en droit d'usage et d'habitation à partir des barèmes fiscaux (CGI art. 669 et 762 bis) ;

– calculer la prestation compensatoire destinée à compenser la disparité en revenus. Trois modes de calcul sont possibles : montant de la pension alimentaire mensuelle allouée par l'ordonnance de non-conciliation × 12 mois × 8 ans ; ou alors faire la différence entre les revenus mensuels respectifs des époux, multiplier le résultat obtenu par 20 %, puis multiplier ce

nouveau résultat par 12 puis par 8 ; enfin, troisième mode de calcul, à partir des 20 % de la différence mensuelle de revenus, utiliser le mode de calcul fixant les modalités de substitution d'un capital à une rente allouée à titre de prestation compensatoire (Décret 2004-1157 du 29-10-2004) ;
– additionner les deux montants ainsi obtenus et arrêter le montant final de la prestation compensatoire envisagée.

M. **Stéphane David** a affiné sa méthode, **avec le cabinet d'avocats BWG associés**. Ils proposent une méthode dite par ajustements, qui consiste à (AJ fam. 2014 p. 525) : 9757
– calculer la disparité de revenus en déterminant le revenu net réel de chacun des époux. Il est fait une moyenne des revenus d'activité des trois ou cinq dernières années et, en cas de retraite prochaine, ce résultat est lissé avec la projection des pensions de retraite calculées en fonction de l'espérance de vie de l'époux. Les revenus du patrimoine sont pris en compte s'ils sont cohérents. Il faut ensuite déduire les charges incontournables : impôts (lissés comme les revenus), les pensions alimentaires dues le cas échéant et les charges exceptionnelles telles que le coût d'une maison de retraite d'un ascendant. Ne sont pas déduits comme des charges les emprunts immobiliers et les loyers ;
– calculer la disparité des patrimoines. Seuls sont pris en compte les biens propres, personnels ou indivis entre les époux à parts inégales. Leur valeur est modulée selon que les biens produisent ou non des revenus, que le conjoint a participé ou non à leur acquisition et qu'ils sont disponibles ou non. Ainsi le bien acquis hors mariage ou reçu à titre gratuit, productif de revenus, n'est pas pris en compte ; le bien acquis dans les mêmes conditions mais non productif de revenus est pris en compte pour la valeur de son droit d'usage et d'habitation ; le bien acquis pendant le mariage productif de revenus est pris en compte pour la valeur de sa nue-propriété et celui acquis durant le mariage non productif de revenus l'est pour la valeur de sa pleine propriété sauf s'il est indisponible, auquel cas cette valeur est affectée d'un coefficient minorateur. De l'actif ainsi évalué est déduit le passif propre à chaque patrimoine. Puis la différence entre les patrimoines est calculée. Est retenu 1 % de cette différence par année de mariage vécue ensemble par les époux ;
– ajouter la disparité en revenus à celle en patrimoine. Si l'une est au détriment d'un époux et l'autre au détriment du conjoint, il faut retrancher la moins importante à la plus élevée. Le montant ainsi obtenu peut encore être majoré ou minoré d'un coefficient pouvant aller jusqu'à 20 % pour tenir compte de l'évolution prévisible de la disparité.

Enfin, la méthode « PilotePC » est proposée par un collectif de deux magistrats et deux avocats 9760
Jean-Claude Bardout, Sylvie Truche, Isabelle Lorthios et Nathalie Dupont (AJ fam. 2014 p. 541 ; AJ fam. 2015 p. 479). Selon eux, il faut calculer l'unité de base de la disparité de la façon suivante : évaluer les revenus mensuels nets imposables de chaque époux, en tenant compte notamment de la charge des enfants ; faire la différence et diviser le résultat par deux.

Le montant obtenu est ensuite pondéré par différents éléments :
– les éléments prévisibles dans les huit années à venir, notamment la retraite. La formule est alors : [revenu mensuel moyen prévisible – montant de la contribution ou de la charge d'enfant] × [nombre d'années entre le divorce et la date prévisible de la modification/8] + [revenu mensuel actuel – montant de la contribution ou de la charge d'enfant] × [nombre d'années entre la date de la modification et la 8e année/8] ;
– le capital ou plutôt les revenus nets qu'il procure doivent être ajoutés aux montants calculés ci-dessus. En présence de revenus réels, ils sont intégrés pour leur valeur, déduction faite des charges liées à ce capital ; dans le cas contraire, des revenus théoriques sont calculés sur la base de 3 % de la valeur nette du capital ;
– la durée du mariage. L'unité de base de la disparité est multipliée par la durée de vie commune durant le mariage ;
– l'âge du créancier de la prestation. L'unité de base de la disparité est multipliée par un coefficient progressif jusqu'à l'âge légal de la retraite puis dégressif ;
– la perte des droits à retraite du fait de l'absence d'activité professionnelle pour élever les enfants en calculant le coût des cotisations non versées.

Enfin, il convient de calculer la capacité maximale d'épargne selon la méthode d'Axel Depondt pour s'assurer que la prestation calculée ne dépasse pas les capacités de paiement du débiteur.

2. FORMES DE LA PRESTATION COMPENSATOIRE

PRESTATIONS DÉCIDÉES PAR LA CONVENTION DES ÉPOUX

9800 Dans leur convention, prise dans le cadre d'un divorce par consentement mutuel ou non, les époux peuvent **librement décider** (C. civ. art. 278 et 279-1) :
– du principe même du versement d'une prestation compensatoire ;
– de la forme de la prestation, capital ou rente. Ils peuvent notamment opter pour le versement d'une rente en dehors des critères légaux d'attribution d'une telle rente ;
– de la durée de la prestation. Ils peuvent décider de constituer un capital sur plus de huit ans. Ils peuvent aussi fixer une rente pour une durée limitée ;
– des événements mettant fin à la prestation compensatoire, par exemple le remariage ou le concubinage notoire du bénéficiaire de la prestation, le départ en retraite de celui qui la doit ;
– de l'indexation ou non de la rente.
La seule **limite à la liberté** des époux réside dans le fait que la convention doit fixer équitablement les droits et obligations de chacun, ce que le juge contrôle (C. civ. art. 278 et 279-1).
La convention doit être exempte de toute **ambiguïté** au risque de devoir être interprétée par les juges. Ainsi, la clause qui prévoit que la rente mensuelle « cessera d'être due en cas de remariage ou de concubinage notoire de l'épouse [...] et prendra fin au décès de l'époux... » a été lue comme autorisant, en cas de concubinage notoire, la suspension mais non la suppression de la rente qui est de nouveau due en cas de séparation (Cass. 1e civ. 6-10-2010 n° 09-12.731 F-PBI). En revanche, prévoir dans une même clause une prestation compensatoire et dire qu'il n'y a pas lieu à liquidation faute d'actif et passif communs subsistant ne créé pas une ambiguïté permettant de considérer la prestation déjà payée lors de la liquidation (Cass. 1e civ. 28-2-2018 n° 16-22.467 FD).

PRESTATIONS DÉCIDÉES PAR LE JUGE

9805 Le **principe** est que la prestation compensatoire prend la forme d'un capital (nos 9815 s.). Ce n'est qu'**exceptionnellement** que le juge peut décider de l'octroi d'une rente, qui est alors obligatoirement viagère (nos 9870 s.).

9806 **Données statistiques** Une étude du ministère de la justice a été effectuée à partir de décisions rendues en 2013 (Infostat Justice n° 144, septembre 2016, dernière étude en date).
Elle révèle qu'en 2013 la prestation compensatoire est prévue dans un divorce sur cinq, et au bénéfice de l'épouse dans neuf cas sur dix.
Il en ressort que près de 90 % des prestations compensatoires sont acquittées **en capital**.
Elles sont versées en **espèces** dans plus de 86 % des cas, le paiement intervenant le plus souvent immédiatement (71,5 %). La moitié de ces prestations en argent atteint 25 500 € et 10 % dépassent 100 000 €.
Plus rarement, la prestation compensatoire en capital est acquittée par :
– l'**abandon d'un bien** immobilier (1,5 % des décisions) ;
– la **combinaison de plusieurs formes de capital** (1,5 % des décisions). Les revenus mensuels médians sont de 2 800 € pour le débiteur et 1 300 € pour le bénéficiaire.

9807 Les **rentes** ne représentent que 16 % des prestations compensatoires (contre plus de 60 % en 1994). La moitié d'entre elles ne dépasse pas 305 € mensuels et seules 10 % sont supérieures à 1 040 €. Conformément aux critères légaux, les rentes viagères concernent des couples âgés qui divorcent après plus de 30 ans de mariage. Le revenu moyen est faible : 2 350 € par mois pour le débiteur et surtout 764 € pour le bénéficiaire.

9808 Enfin, 4 % des prestations prennent la forme d'un **capital et** d'une **rente cumulés**. Ce sont les prestations compensatoires les plus élevées. Les couples concernés sont des quinquagénaires dont les revenus mensuels moyens sont de 5 700 € pour le débiteur et de l'ordre de 1 000 € pour le bénéficiaire. Ce type de prestation semble avoir pour objet de rétablir la forte disparité de revenus entre les époux, et non de compenser le trop faible montant de la rente ou du capital.

a. Prestation en capital allouée par le juge

PRINCIPE

9815 **Sauf exception** strictement encadrée (nos 9870 s.), la prestation compensatoire doit prendre la forme d'un capital (C. civ. art. 270).
Si le créancier n'a demandé qu'une rente, le juge ne peut toutefois pas attribuer d'office un capital : il doit inviter les intéressés à prendre parti (Cass. 2e civ. 7-10-1999 n° 98-10.329 ; Cass. 2e civ. 23-1-2003 n° 01-00.857).
Au choix du juge, le capital peut être acquitté sous **plusieurs formes** (C. civ. art. 274).

VERSEMENT D'UNE SOMME D'ARGENT

Le capital prend le plus souvent la forme d'une somme d'argent, dont le montant doit être indiqué dans le dispositif de la décision. S'il n'est précisé que dans les motifs, une rectification d'erreur matérielle est possible (Cass. 2e civ. 18-10-2012 n° 11-24.807 F-PB). 9816

Pour assurer le règlement de ce capital, le prononcé du divorce peut être subordonné à la **constitution de garanties** de paiement (C. civ. art. 274 ; voir nos 9930 s.).

Le **paiement** du capital ne peut pas être **différé** (sur l'exigibilité des intérêts moratoires, voir n° 9934).

Le jugement ne peut pas prévoir que la prestation sera payée au jour de :
– la liquidation du régime matrimonial (Cass. 1e civ. 31-5-2005 n° 04-11.373 F-D) ;
– la vente d'un bien (pour une illustration à propos d'une péniche, Cass. 2e civ. 18-3-1998 n° 94-16.910 : Bull. civ. II n° 90) ;
– la fin de la contribution à l'entretien des enfants (Cass. 1e civ. 6-7-2005 n° 03-18.038 FS-PB).

Si le capital fait l'objet de versements périodiques, le juge ne peut pas non plus différer le règlement de la première mensualité (Cass. 1e civ. 6-7-2005 précité).

ATTRIBUTION D'UN BIEN

Le capital peut être acquitté par l'attribution de biens en pleine **propriété** ou par l'attribution d'un droit d'**usufruit** ou d'un droit d'**usage** et/ou d'**habitation** (C. civ. art. 274). 9820

Une telle attribution **peut concerner des biens** meubles (parts de SCI, par exemple) ou immeubles, des biens communs ou indivis aux deux époux, des biens propres ou personnels du débiteur. Même dans ces derniers cas, l'accord du débiteur n'est pas requis (Cass. 1e civ. 12-11-2009 n° 08-19.166 F-PB : BPAT 1/10 inf. 9) à moins que l'attribution en pleine propriété ne porte sur des biens reçus par succession ou donation.

Les droits d'usage, d'habitation ou d'usufruit peuvent être constitués jusqu'au décès de leur bénéficiaire ou pour une **durée** limitée.

ATTENTION

L'attribution forcée d'un bien n'est pas contraire à la Constitution sous réserve qu'elle constitue une **modalité subsidiaire** d'exécution de la prestation compensatoire en capital : elle ne saurait être ordonnée si les modalités prévues à l'article 274, 1° du Code civil apparaissent suffisante à garantir le paiement de la prestation (Cons. const. n° 2011-151 QPC du 13-7-2011 : BPAT 5/11 inf. 275 ; CEDH 10-7-2014 n° 4944/11 : BPAT 5/14 inf. 197).

Ainsi, pour décider d'une attribution forcée, le juge doit justifier, au regard des circonstances de l'espèce, en quoi une somme d'argent, en subordonnant le cas échéant le prononcé du divorce à la constitution de garanties, n'est pas suffisante pour garantir le versement de la prestation compensatoire (Cass. 1e civ. 28-5-2014 n° 13-15.760 F-PBI : BPAT 4/14 inf. 162 ; Cass. 1e civ. 15-4-2015 n° 14-11.575 FS-PB : BPAT 3/15 inf. 83).

Lorsque des biens ou des droits sont attribués à titre de prestation compensatoire, le jugement de divorce opère une **cession forcée** en faveur du créancier. 9822

La **valeur** de ces biens ou droits ainsi que le montant de la prestation compensatoire doivent être précisés **dans le jugement** de divorce (CPC art. 1080 ; pour des illustrations jurisprudentielles, Cass. 1e civ. 22-3-2005 n° 02-18.648 FS-PB, à propos d'un usufruit ; Cass. 1e civ. 14-11-2006 n° 04-16.997 F-PB et Cass. 1e civ. 15-4-2015 n° 14-11.575 FS-PB : BPAT 3/15 inf. 83, à propos de l'attribution d'un bien en pleine propriété). Mais la Cour de cassation fait preuve de souplesse. À propos d'un arrêt qui avait indiqué dans son dispositif la valeur du bien attribué à titre de prestation compensatoire, elle considère que le montant de celle-ci pouvait se déduire dès lors que la part revenant à chaque époux équivalait à la moitié de cette valeur (Cass. 1e civ. 24-10-2012 n° 11-30.522 F-PB).

En tout état de cause, la demande d'attribution d'un usufruit doit préciser la valeur de cet usufruit (Cass. 1e civ. 19-4-2005 n° 03-19.691 F-PB).

Le jugement de divorce doit également indiquer toutes les mentions nécessaires pour procéder, le cas échéant, aux mesures de **publicité foncière** (CPC art. 1080). Il est donc de la responsabilité de l'avocat de celui qui sollicite l'attribution d'un bien de fournir tous ces renseignements et de procéder à ces formalités.

Les transferts et abandons de biens prévus pour payer la prestation compensatoire sont considérés comme **participant du régime matrimonial**. Ils ne sont pas assimilés à des donations (C. civ. art. 281). Cette disposition a surtout des **incidences fiscales** : lorsque la prestation compensatoire est prélevée sur des biens propres, elle est considérée comme une mutation à titre onéreux, ce qui lui permet d'échapper aux droits de donation (n° 9853) mais peut entraîner la taxation d'une plus-value (n° 9863). 9823

VERSEMENTS PÉRIODIQUES

9825 Lorsque le **débiteur** de la prestation n'est **pas en mesure de verser le capital** sous l'une des formes évoquées, le juge peut l'autoriser à constituer le capital sous forme de versements périodiques (C. civ. art. 275). On parle de versement de la prestation compensatoire en « capital-renté ». Ce peut être le cas si le patrimoine du débiteur est insuffisant, s'il n'a pas la possibilité d'emprunter ou s'il a besoin de délais pour vendre des actifs et disposer de liquidités. Le recours à ces modalités de paiement ne peut toutefois pas être défavorable à l'époux créancier (Cass. 1e civ. 2-3-2022 n° 21-10.026 F-D, le capital-renté ayant en l'espèce pour effet de baisser l'allocation adulte handicapé de la créancière).

Le **juge décide** de la **périodicité des versements** qui peuvent par exemple être mensuels, trimestriels ou semestriels. Il doit impérativement en fixer le montant (Cass. 1e civ. 1-6-2023 n° 21-22.951 F-B : BPAT 4/23 inf. 170). En pratique, les juges du fond accordent fréquemment la possibilité de constituer le capital par versements mensuels.

La **durée maximale des versements** est de huit ans.

Le juge qui autorise le versement périodique ne peut pas accorder de délai pour le versement de la première fraction (Cass. 1e civ. 31-5-2005 n° 04-11.373 ; Cass. 1e civ. 7-12-2016 n° 15-27.900 F-PB : BPAT 1/17 inf. 8 ; Cass. 1e civ. 5-4-2023 n° 21-18.201 F-D).

9826 Les versements sont obligatoirement **indexés**. Ils le sont selon les règles applicables aux pensions alimentaires (voir n° 36885).

9827 L'époux débiteur peut **se libérer** à tout moment du **solde du capital** indexé, même si le jugement de divorce a prévu qu'il serait réglé sur plusieurs années (C. civ. art. 275, al. 3). Le calcul du solde à payer doit s'effectuer à partir du capital indexé.

PANACHAGE DES DIFFÉRENTS MODES DE PAIEMENT DU CAPITAL

9830 Il est possible de panacher différentes formes de capital (C. civ. art. 275-1), par **exemple** : le paiement d'un capital pour partie immédiatement et pour partie par versements mensuels (Cass. 1e civ. 22-3-2005 n° 03-13.842 F-PB, Defrénois 2005 art. 38278 obs. J. Massip) ou l'attribution de l'usufruit du logement familial combinée avec le versement d'un capital sur huit ans.

b. Régime fiscal des prestations compensatoires en capital

IMPÔT SUR LE REVENU

9840 Que le capital ait été décidé par la convention des époux ou fixé par le juge, le régime fiscal de la prestation compensatoire est le même. Il dépend de la **forme du capital** (en argent ou en nature) et du **délai** dans lequel la prestation est exécutée.

9841 **Prestations compensatoires en argent** Deux situations doivent être distinguées, selon la période sur laquelle s'étendent les versements.

Les **versements effectués sur plus de 12 mois** à compter de la date à laquelle le jugement de divorce est passé en force de chose jugée (ou de la date de dépôt au rang des minutes d'un notaire de la convention de divorce sous signature privée) suivent le régime des pensions alimentaires (CGI art. 80 quater). Ils sont par conséquent déductibles des revenus imposables de l'époux débiteur pour le montant fixé par le juge, ou par la convention des époux. Les prestations versées en exécution d'une décision judiciaire antérieure à 2006 sont déductibles pour 125 % de leur montant.

Les versements effectués sur une période supérieure à 12 mois ne peuvent s'entendre que de ceux qui l'ont été conformément aux **modalités de paiement fixées par le juge** (CE 14-10-2020 n° 421028 : RJF 1/21 n° 5 ; confirmé sur renvoi par CAA Lyon 27-5-2021 n° 20LY03017 : BPAT 4/21 inf. 166). Ainsi, les prestations compensatoires en capital versées, en tout ou partie, sur une période supérieure à 12 mois, alors que le jugement ou la convention de divorce prévoyait le versement intégral de celles-ci dans un délai de 12 mois maximum, n'ouvrent pas droit à la réduction d'impôt, y compris les versements partiels intervenus dans le délai de 12 mois.

Le bénéficiaire de la prestation est de son côté imposable à l'impôt sur le revenu selon les règles exposées n° 9891 (pour une illustration, TA Montpellier 9-10-2008 n° 07-4834 : RJF 7/09 n° 639).

Si la prestation est versée en une seule fois au-delà de la période de 12 mois, l'imposition peut bénéficier du système du quotient prévu pour les revenus exceptionnels, sous réserve que la condition de montant prévue à l'article 163-0 A du CGI soit satisfaite (BOI-IR-RICI-160-10 n° 130). Le système du quotient – qui permet d'atténuer les effets de la progressivité de l'impôt sur le revenu – est donc applicable si le montant de la prestation compensatoire est supérieur à la moyenne des revenus nets des trois dernières années.

L'administration considère que les **prestations** qui sont **versées** en tout ou partie **après le délai de 12 mois**, alors que le jugement ou la convention de divorce prévoyait le versement intégral dans les 12 mois, n'offrent aucun avantage fiscal au débiteur (y compris en cas de versement partiel intervenu dans le délai de 12 mois). Les sommes versées ne sont pas déductibles des revenus de l'époux débiteur et corrélativement ne sont pas imposables chez l'époux bénéficiaire (BOI-IR-RICI-160-10 n° 150). Ces dispositions s'appliquent aux **versements effectués depuis le 4 avril 2012**. 9842

Si tout ou partie du **versement** est effectué **plus de 12 mois après** que **le divorce** est passé en force de chose jugée (ou qu'il a acquis force exécutoire par le dépôt au rang des minutes d'un notaire) alors qu'**aucun délai** de paiement n'a été **prévu par le jugement ou la convention** des époux, la jurisprudence majoritaire des juges du fond se prononce en faveur de l'exonération du bénéficiaire (notamment, CAA Lyon 26-1-2012 n° 11LY00932 : RJF 6/12 n° 598 ; CAA Versailles 26-2-2013 n° 11VE02796 et CAA Bordeaux 14-5-2013 n° 11BX01831, 3e ch. : BPAT 1/14 inf. 31 ; pour son imposition, au contraire, TA Montpellier 9-10-2008 n° 07-4834, 2e ch. : RJF 7/09 n° 639). Le Conseil d'État n'a pas encore pris parti sur la question. De son côté, l'administration fait dépendre le régime fiscal de la prestation de son délai effectif de paiement (BOI-IR-RICI-160-10 n° 210), ce qui la conduit à imposer le bénéficiaire en cas de règlement au-delà du délai de 12 mois. 9843

À condition que l'octroi du capital ne s'accompagne pas du versement d'une rente (n° 9901), les **prestations compensatoires versées** en une seule fois ou de façon échelonnée, mais **dans les 12 mois** qui suivent le jugement passé en force de chose jugée (ou le dépôt au rang des minutes d'un notaire en cas de divorce sans juge), ouvrent droit à une réduction d'impôt. La réduction d'impôt est égale à 25 % du montant des versements effectués en application du jugement de divorce ou de la convention des époux, ces versements étant retenus dans la limite de 30 500 €, soit une réduction d'impôt maximale de 7 625 € (CGI art. 199 octodecies). Si les versements sont répartis sur deux années civiles, le plafond applicable au titre de la première année s'obtient en multipliant le plafond global de 30 500 € par le rapport entre le montant des versements effectués cette année et le montant total des versements prévus. 9844

Le bénéficiaire de la prestation n'est pas imposable à l'impôt sur le revenu sur le capital perçu.

EXEMPLE

Un divorce prononcé le 30 novembre N alloue à l'ex-épouse une prestation compensatoire de 50 000 €, à verser en 10 mensualités de 5 000 €. Un premier versement de 5 000 € est effectué en décembre N, les 45 000 € restants étant à verser en N + 1. Le plafond applicable au titre de l'imposition des revenus N est de 3 050 € (soit 30 500 € × 5 000 €/50 000 €). L'ex-mari peut bénéficier d'une réduction d'impôt de 762 € (25 % de 3 050 €) au titre de N et de 6 863 € (25 % de 27 450 €) au titre de N + 1.

Pour le **décompte de la durée de 12 mois**, le délai court à compter de la date à laquelle (CGI art. 80 quater) : 9845
– le jugement de divorce est passé en force de chose jugée ;
– ou la convention de divorce est déposée au rang des minutes d'un notaire (convention de divorce devant notaire).

Il expire la veille du jour du mois de l'année suivant celle au cours de laquelle la décision est passée en force de chose jugée (ou la veille du jour du mois de l'année suivant celle au cours de laquelle la convention est déposée au rang des minutes d'un notaire).

> **Précisions a.** Lorsque la **prestation** est **payée par chèque**, le versement est considéré comme effectué à la date d'émission du chèque (TA Amiens 10-7-2008 n° 06-2804 : RJF 5/09 n° 424).
b. La date à laquelle la **décision judiciaire** est passée en **force de chose jugée** est déterminée de manière différente selon la procédure suivie (BOI-IR-RICI-160-10 n° 50 à 70). En cas de **divorce par consentement mutuel**, la décision du juge homologuant la convention des époux ne passe en force de chose jugée qu'à compter :
– de l'expiration du délai de 15 jours à compter du jour de la décision, ouvert aux époux pour se pourvoir en cassation, en l'absence de pourvoi ;
– en cas de pourvoi, de la date de signification à partie de l'arrêt de rejet de la Cour de cassation ou, en cas de cassation, de la date de signification à partie de l'arrêt de renvoi.
En cas de **divorce à la demande d'une partie**, la date à laquelle la décision judiciaire prononçant le divorce prend force de chose jugée correspond :
• lorsque la décision a été prononcée par un **jugement du tribunal judiciaire** :
– à la date d'acquiescement au jugement ;
– à la date d'expiration du délai d'appel (un mois à compter de la signification du jugement à partie) à défaut d'acquiescement et en l'absence d'appel ;

– à la date du désistement, en cas d'appel puis de désistement.
• lorsque la décision résulte d'un **arrêt d'appel** :
– à la date d'acquiescement à l'arrêt d'appel ;
– à la date d'expiration du délai de pourvoi (deux mois à compter de la signification de l'arrêt à partie) à défaut d'acquiescement et de pourvoi en cassation.
• lorsqu'un **pourvoi en cassation** est formé : à la date de signification à partie de l'arrêt de rejet ou, en cas de cassation, à la date de la signification à partie de l'arrêt de renvoi.

9847 **Prestations compensatoires en nature** Les prestations en nature ouvrent **droit à réduction d'impôt** dans les mêmes conditions et pour le même montant qu'une prestation en argent (CGI art. 199 octodecies). L'assiette de la réduction d'impôt est égale à 25 % du montant des biens ou des droits attribués, retenu pour la valeur fixée par la convention des époux ou par le jugement de divorce (dans la limite de 30 500 €).
Le **bénéficiaire** de la prestation n'est pas imposable.
Lorsque la **prestation en nature ne peut pas bénéficier de la réduction d'impôt** (par exemple, parce que fournie au-delà du délai de 12 mois), elle n'est ni déductible pour son débiteur ni imposable pour son bénéficiaire.

ATTENTION

L'**attribution d'un bien en usufruit** constitue une modalité du versement en capital de la prestation compensatoire. Cet usufruit temporaire ouvre droit à réduction d'impôt à condition que l'attribution de ce droit soit effectuée sur une période au plus égale à 12 mois. L'attribution en usufruit d'un bien immobilier intervient à la date à laquelle le jugement de divorce est passé en force de chose jugée de sorte que le versement n'ouvre droit à la réduction d'impôt que pour l'année d'attribution de l'usufruit, peu importe que le bénéfice de l'usufruit s'étende sur une durée supérieure à 12 mois (TA Cergy-Pontoise 24-1-2019 n° 1606300 : RJF 2/20 n° 88). La doctrine administrative est en ce sens (BOI-IR-RICI-160-20 n° 130).

DROITS D'ENREGISTREMENT

9850 **Droits exigibles** Sauf lorsqu'elles sont assimilables à une rente du fait de leurs modalités de versement, les prestations compensatoires en capital sont soumises aux droits d'enregistrement, selon le cas au **droit fixe** de 125 €, au **droit de partage** de 1,10 % ou (en cas de remise d'un bien immobilier) à la **taxe de publicité foncière**.
Le jugement prévoyant le versement de la prestation compensatoire constitue le fait générateur du droit fixe (BOI-ENR-DG-20-30-30-40 n° 30).

> **Précisions** Les prestations compensatoires échappent à tout droit lorsque le jugement est exonéré de droits d'enregistrement, c'est-à-dire lorsque l'**un des époux bénéficie de l'aide juridictionnelle** (BOI-ENR-DG-20-30-30-40 n° 20). L'exonération s'applique également dans le cadre d'une procédure de divorce par consentement mutuel extra-judiciaire (BOI-ENR-DG-20-40 n° 165).

9852 **Prestations compensatoires en argent** Comme en matière d'impôt sur le revenu, il convient de distinguer si les versements sont opérés sur plus de 12 mois ou au contraire sur une période maximale de 12 mois (décompte de la durée de 12 mois : voir n° 9844).
Lorsque les versements sont échelonnés sur **plus de 12 mois**, aucun droit d'enregistrement n'est dû, en raison de l'assimilation de la prestation à une rente.
Si les versements sont effectués sur **12 mois au plus**, un droit fixe de 125 € est dû (CGI art. 1133 ter), sauf dans l'hypothèse où l'argent est prélevé sur des fonds communs (le droit de partage est alors exigible).

9853 **Prestations compensatoires en nature** Les prestations fournies au moyen de **biens communs ou indivis** entre époux (acquis avant ou pendant le mariage) sont soumises au droit de partage visé à l'article 748 du CGI (CGI art. 1133 ter). Il en va de même des prestations fournies au moyen de biens dépendant d'une **société d'acquêts** accessoire à un régime de séparation de biens ou, de façon plus anecdotique, au moyen de biens apportés lors de l'établissement d'un régime dotal (BOI-ENR-DMTG-20-10-20-20 n° 160). Ces règles s'appliquent, que les biens fournis constituent des meubles ou des immeubles.
Quant aux prestations acquittées par abandon de **biens propres**, elles sont assujetties au droit fixe de 125 €, sauf abandon d'un bien ou droit immobilier (usufruit du logement familial, par exemple). Dans ce dernier cas, c'est la taxe de publicité foncière au taux global de 0,71498 % qui est exigible (CGI art. 1133 ter).

L'**assiette des droits** (droit de partage ou taxe de publicité foncière) est la valeur des biens attribués telle qu'elle a été chiffrée par la convention ou fixée par le juge. 9855
Cependant, dans le cas où la prestation en nature porte sur des **biens en usufruit**, les droits d'enregistrement sont calculés par application du barème fiscal de l'article 669 du CGI (nos 64537 s.). Par exemple, si l'ex-épouse bénéficiaire de l'usufruit viager du logement familial appartenant à son ex-mari a 55 ans, la taxe de publicité foncière sera assise sur la moitié de la valeur de la pleine propriété du logement.
Si la prestation consiste en un **droit d'usage et d'habitation**, l'administration autorise un abattement de 20 % sur l'évaluation résultant du barème fiscal (BOI-ENR-DMTG-20-10-20-20 n° 210). Par exemple, si l'ex-épouse de 55 ans reçoit les droits viagers d'usage et d'habitation du logement familial, ces droits seront évalués à 40 % de la valeur du logement en pleine propriété.

IMPÔT SUR LA FORTUNE IMMOBILIÈRE

Le régime diffère selon que la prestation compensatoire est versée en argent ou fournie en nature au moyen d'un bien immobilier. 9860
Les **prestations compensatoires en argent** ne sont pas imposables à l'impôt sur la fortune immobilière (IFI), compte tenu du champ d'application de cet impôt, restreint aux biens et droits immobiliers.
Lorsque la prestation prend la forme d'un **usufruit ou d'un droit d'usage et d'habitation sur un logement**, l'époux bénéficiaire est imposable à l'IFI sur la valeur de la pleine propriété de l'immeuble (CGI art. 968, al. 1). Lorsque le logement constitue la résidence principale de l'époux bénéficiaire, celui-ci devrait à notre avis pouvoir bénéficier de l'abattement de 30 % prévu par l'article 973 du CGI (BOI-PAT-IFI-20-30-20 n° 70). Corrélativement, l'époux débiteur de la prestation n'est pas du tout imposable sur le logement.

PLUS-VALUES

Selon une analyse contestable de l'administration fiscale, l'**attribution d'un bien propre ou personnel** à titre de prestation compensatoire constitue une mutation à titre onéreux, fait générateur d'imposition de la plus-value pour l'ex-époux débiteur (sauf cas d'exonération, par exemple si le bien attribué est le logement qui constituait la résidence principale des époux). 9863
Seule consolation pour l'époux bénéficiaire de la prestation, c'est un prix réactualisé – valeur retenue par le jugement de divorce ou la convention des époux – qui servira au calcul de la plus-value le jour où lui-même revendra le bien (BOI-RFPI-PVI-10-30 n° 20).
La solution a été confirmée en matière de plus-values de cession de valeurs mobilières (CAA Marseille 23-10-2014 n° 12MA00524).
Lorsque la prestation compensatoire en capital est versée par **attribution d'un bien indivis acquis avant le mariage ou d'un bien de communauté** (ou d'un bien acquis en indivision par des époux séparés de biens pendant la durée du mariage), l'opération est considérée comme une opération de partage intercalaire donc non imposable.

c. Prestation sous forme de rente allouée par le juge

CONDITIONS D'ATTRIBUTION

Seule la **situation du créancier** peut justifier l'attribution d'une rente : il faut que son âge ou son état de santé ne lui permette pas de subvenir à ses besoins. Le créancier doit donc être sans ressources (ou presque) et dans l'impossibilité de s'en procurer parce que trop âgé, gravement malade, invalide ou handicapé. Tel est le cas de l'épouse qui n'a jamais travaillé ou qui a sacrifié sa carrière pour élever les enfants et qui, compte tenu de son âge, ne peut pas (re)trouver d'emploi. 9870
L'époux qui se voit dans l'impossibilité de travailler pour d'autres raisons, telles que de lourdes charges familiales ou une absence de formation professionnelle, ne peut pas prétendre à une rente.
La consistance du patrimoine et des revenus du **débiteur** est indifférente. Ainsi, le fait que celui-ci se trouve contraint d'emprunter pour constituer le capital ou soit sans patrimoine personnel et sans possibilité d'emprunter compte tenu de son âge ne justifie pas une prestation compensatoire sous forme de rente.

Une prestation compensatoire sous forme de rente viagère ne peut être attribuée qu'à la **demande** de son créancier et non à celle de son débiteur (Cass. 1e civ. 23-10-2013 n° 12-17.492 FS-PBI : BPAT 6/13 inf. 214). 9871
Le juge peut-il allouer une rente de sa propre initiative, lorsque le créancier demande un capital ? La Cour de cassation a validé un arrêt ayant attribué une rente alors que le bénéficiaire de la prestation compensatoire sollicitait un capital de 400 000 €, le débiteur proposant un

capital de 45 000 € (Cass. 1e civ. 7-11-2012 nº 11-10.449 FS-PBI). Mais le pourvoi du créancier ne soulevait pas la question. La décision du 23 octobre 2013 précitée fait douter de cette possibilité.

En tout état de cause, le juge qui accorde une rente doit spécialement **motiver sa décision** et préciser en quoi l'âge ou l'état de santé du créancier ne lui permet pas de subvenir à ses besoins (C. civ. art. 276). À défaut, les décisions qui octroient une rente au lieu d'un capital sont systématiquement censurées par la Cour de cassation (pour des illustrations, Cass. 2e civ. 11-7-2002 nº 01-02.690 ; Cass. 2e civ. 23-1-2003 nº 01-01.072).

Même lorsque l'âge ou l'état de santé du créancier sont de nature à justifier l'allocation d'une rente, le juge n'est pas tenu de l'accorder. Il s'agit pour lui d'une simple faculté, dont l'exercice est laissé à son **pouvoir discrétionnaire** (en ce sens, Cass. 1e civ. 30-11-2004 nº 03-11.673 F-D). Il peut donc décider d'allouer un capital.

9872 La **Cour de cassation** veille avec rigueur à ce que l'allocation d'une rente reste exceptionnelle, ainsi, lorsque les circonstances ne suffisent pas à caractériser une situation d'exception (Cass. 1e civ. 16-3-2004 nº 01-17.757 : Bull. civ. I nº 87) ou l'impossibilité pour la créancière de subvenir à ses besoins (Cass. 1e civ. 16-3-2004 nº 02-11.115 F-D).

ILLUSTRATIONS

L'allocation d'une **rente a été refusée** :

– à une femme de 42 ans, sans emploi, sans formation et avec des chances d'insertion professionnelle quasi inexistantes, devant assumer encore pendant de longues années l'éducation des cinq enfants issus du mariage et ayant pour seules ressources des prestations sociales (Cass. 1e civ. 23-4-2003 nº 01-11.108 : Bull. civ. I nº 96) ;

– à une femme employée de restaurant percevant un salaire de 4 702 francs par mois, payant un loyer mensuel de 2 475 francs et souffrant d'une incapacité partielle de travail de 8 % suite aux violences commises par son mari (Cass. 2e civ. 23-1-2003 nº 01-01.072 : Bull. civ. II nº 10).

En revanche, une **rente a été accordée** :

– à une femme de 55 ans dépourvue de toute qualification professionnelle et reconnue par la Cotorep travailleur handicapé de catégorie B (Cass. 2e civ. 28-3-2002 nº 00-20.496 F-D) ;

– à une femme de 58 ans sans profession ni revenu personnel, ne pouvant espérer aucune amélioration compte tenu notamment de son absence de qualification professionnelle et de son âge (Cass. 2e civ. 21-2-2002 nº 00-17.474 F-D) ;

– à une femme âgée seulement de 49 ans mais en arrêt de travail pour longue maladie, se trouvant dans l'impossibilité de retrouver un emploi, percevant seulement les indemnités journalières de la sécurité sociale, ne possédant aucun patrimoine immobilier et ne devant percevoir qu'une pension de retraite incomplète faute d'avoir suffisamment cotisé (Cass. 1e civ. 30-6-2004 nº 02-11.355 F-D).

DURÉE DE LA RENTE

9877 Si le juge opte pour une rente, celle-ci ne peut être que viagère (C. civ. art. 276). Il n'est pas possible de prévoir une rente à durée déterminée, comme une rente mensuelle d'une durée de cinq années (Cass. 2e civ. 13-12-2001 nº 99-16.652 F-D ; Cass. 2e civ. 27-2-2003 nº 01-11.878 F-D), de dix années (Cass. 2e civ. 6-2-2003 nº 01-12.273 F-D), ou de 15 années (Cass. 2e civ. 13-12-2001 nº 99-16.919 F-D).

MONTANT DE LA RENTE

9880 Il est fixé par le juge selon les **critères** exposés nos 9650 s., étant rappelé que le montant de la rente peut varier par **périodes successives** pour tenir compte de l'évolution probable des ressources et des besoins des époux (C. civ. art. 276-1, al. 2).

La rente est **indexée** comme une pension alimentaire (C. civ. art. 276-1, al. 1). L'indexation est obligatoire lorsque la prestation compensatoire est fixée par le juge. Si le juge n'a pas déterminé l'indice applicable, il s'agit d'une simple omission matérielle qui ne donne pas ouverture à cassation (Cass. 2e civ. 8-10-1980 nº 79-14.892 : Bull. civ. II nº 202).

d. Régime fiscal de la rente

IMPÔT SUR LE REVENU

9890 **Pour le débiteur** Les règles sont les mêmes que la rente ait été fixée par le juge ou par la convention des époux.

Le débiteur de la prestation peut déduire la rente qu'il verse de son revenu imposable (CGI art. 156, II-2º).

Le **montant déductible** est celui qui a été fixé par le juge ou par la convention des époux (dans la limite des versements effectifs). Par exception, la rente est déductible pour 125 % de son montant si la décision judiciaire qui en a fixé le montant est devenue définitive avant le 1er janvier 2006 (CGI art. 158, 7-3º).

ATTENTION
Si le **débiteur** d'une rente temporaire **ne paie pas dans les délais** qui lui ont été impartis par le juge, les versements ultérieurement effectués n'ouvrent droit à aucune déduction fiscale en l'absence de nouvelle décision judiciaire ayant autorisé le report ou le rééchelonnement des paiements (TA Toulouse 21-6-2005 n°s 02-453 à 02-455 : RJF 3/06 n° 231).

Pour le bénéficiaire Les sommes déduites par le débiteur sont corrélativement imposables au nom de leur bénéficiaire dans la catégorie des pensions (CGI art. 80 quater). **9891**
Le **montant imposable** est celui effectivement reçu, tel que porté par le débiteur sur sa déclaration de revenus, c'est-à-dire sans tenir compte de la majoration de 25 % applicable lorsque la décision judiciaire ayant fixé la rente est devenue définitive avant le 1er janvier 2006.
L'imposition est effectuée après déduction d'un abattement de 10 %, avec un minimum de 442 € par bénéficiaire et un maximum de 4 321 € par foyer fiscal (rentes perçues en 2023).

DROITS D'ENREGISTREMENT

Les prestations compensatoires sous forme de rente ne donnent pas lieu au paiement de droits d'enregistrement. **9895**

IMPÔT SUR LA FORTUNE IMMOBILIÈRE

Le **bénéficiaire** d'une prestation compensatoire sous forme de rente viagère n'est pas imposable à l'impôt sur la fortune immobilière et les prestations compensatoires ne sont pas déductibles pour leur **débiteur**. **9896**

e. Panachage capital-rente

CONDITIONS ET INTÉRÊT DU PANACHAGE

Lorsque les circonstances l'imposent, le juge peut minorer le montant de la rente par l'attribution d'une fraction en capital (C. civ. art. 276, al. 2). Données statistiques : voir n° 9808. **9900**
Quelles sont les circonstances qui autorisent le panachage ?
Il faut d'abord que les **conditions d'attribution d'une rente** soient réunies. Le créancier doit donc, compte tenu de son âge ou de son état de santé, être dans l'incapacité de subvenir à ses besoins.
Il faut ensuite des **« circonstances imposant » une minoration** de la rente. Ce pourrait être le cas, par exemple, lorsque :
– l'état de santé du créancier de la rente est susceptible de s'améliorer et de lui permettre de subvenir à nouveau à ses besoins ;
– le débiteur dispose d'un capital ou de biens permettant de compenser pour partie en capital la disparité des niveaux de vie.
Le juge pourra alors minorer le montant de la rente et la compléter par l'attribution d'un capital. Le **capital peut prendre la forme** d'une somme d'argent, de l'attribution d'un bien en pleine propriété ou de l'attribution d'un droit d'usage, d'habitation ou d'usufruit.
Il est donc possible de prévoir une rente complétée par l'usufruit du logement familial, ce qui permet d'assurer au créancier de la prestation compensatoire un toit et un revenu minimal.

RÉGIME FISCAL

Pour l'**impôt sur le revenu**, si la prestation compensatoire prend une **forme mixte** (versée pour partie sous forme de **capital** libéré dans les 12 mois du jugement ou de la convention de divorce et pour partie sous forme de **rente**), les versements en capital ouvrent droit à réduction d'impôt (Loi 2020-1721 du 29-12-2020 art. 3, applicable à compter de l'imposition des revenus de 2020). En outre, le débiteur peut déduire de son revenu imposable le montant de la rente versée. **9901**
En ce qui concerne les **droits d'enregistrement** et l'**impôt sur la fortune immobilière**, les règles sont celles exposées n°s 9850 s. pour la part de la prestation versée en capital et n°s 9895 s. pour la part versée sous forme de rente.

3. EXÉCUTION DE LA PRESTATION COMPENSATOIRE

GARANTIES DE PAIEMENT

Le **juge** qui fixe une prestation compensatoire sous forme de capital ou de rente **peut imposer** à celui qui la doit de constituer des garanties de paiement (C. civ. art. 277). **9930**
Il **s'agit** de la prise d'une hypothèque, de la constitution d'un gage ou de l'obtention d'une caution. Le juge peut aussi exiger du débiteur qu'il souscrive un contrat garantissant le paiement de la prestation, par exemple, un contrat d'assurance décès-invalidité ou un contrat d'assurance-cautionnement. Dans ce dernier cas, le débiteur souscrit une garantie sur sa propre insolvabilité

moyennant le versement de primes (mais cette garantie est assez aléatoire puisque l'assurance ne jouera pas si cette insolvabilité a été organisée par le débiteur de la prestation).
En cas d'usufruit, voir n° 9940.
Rappelons que lorsque la prestation compensatoire prend la forme d'un versement d'une somme d'argent, le prononcé du divorce peut être subordonné à la constitution de garanties (C. civ. art. 274). Cette possibilité a été jugée constitutionnelle : elle poursuit un objectif d'intérêt général, celui de garantir le versement à l'époux créancier du capital alloué au titre de la prestation compensatoire (Cons. const. QPC 29-7-2016 n° 2016-557 : BPAT 5/16 inf. 184).

9931 Il semble que les juges du fond disposent d'un pouvoir souverain pour **apprécier la nécessité ou non de telles garanties**. Ainsi, après avoir relevé que l'épouse disposait de ressources régulières provenant de son activité professionnelle et qu'il n'était pas démontré que le mari se serait délibérément soustrait à ses obligations alimentaires et aurait manifesté son désintérêt pour sa famille, une cour d'appel a pu souverainement estimer que rien ne justifiait d'exiger des garanties ni de subordonner le jugement de divorce au versement effectif du capital (Cass. 1e civ. 28-11-2006 n° 05-14.035 F-PB).

INTÉRÊTS MORATOIRES

9934 Conformément au droit commun, la condamnation à une prestation compensatoire emporte intérêts même en l'absence de demande ou de disposition spéciale du jugement (C. civ. art. 1231-7).
En principe, la prestation compensatoire comme les intérêts qu'elle produit sont **dus à compter** de la date à laquelle la décision prononçant le divorce devient irrévocable (Cass. 1e civ. 19-4-2005 n° 03-13.078 F-PB ; Cass. 1e civ. 11-5-2012 n° 11-10.677 F-D : BPAT 4/12 inf. 208 ; Cass. 1e civ. 7-2-2018 n° 17-14.184 F-PB : BPAT 2/18 inf. 57 ; n° 9258).
Que le débiteur soit autorisé à la payer plus tard, par exemple lors de la liquidation du régime matrimonial, ne lui retire pas son caractère exigible, de sorte qu'elle porte intérêts à compter du jour où ils ont été demandés (Cass. 1e civ. 8-7-2010 n° 09-14.230 FS-PBI).
Lorsque le divorce devient irrévocable avant la fixation de la prestation compensatoire, c'est-à-dire notamment lorsque l'appel est limité aux conséquences financières du divorce, les intérêts courent à compter (Cass. 1e civ. 20-2-2007 n° 06-10.763 FS-PB : Defrénois 2007 art. 38595 § 42 chron. J. Massip) :
– du jugement de première instance en cas de confirmation pure et simple par le juge d'appel de la décision allouant la prestation compensatoire ;
– de la décision d'appel dans les autres cas.
Il faut réserver le cas où la prestation compensatoire est exécutoire par provision ou ordonnée à titre provisionnel (nos 9606 s.).
Si le **paiement** de la prestation compensatoire est **fractionné** en plusieurs versements, les intérêts courent distinctement pour chaque échéance (Cass. 2e civ. 15-4-1999 n° 96-20.808).
Le **montant** des intérêts se calcule en application du taux légal en vigueur (C. civ. art. 1231-7). Ce taux est majoré de cinq points à l'expiration d'un délai de deux mois à compter du jour où la décision de justice est devenue exécutoire (C. mon. fin. art. L 313-3). En pratique, la majoration s'applique à l'expiration du délai de deux mois courant à compter de la notification de la décision de justice et non pas à compter de la date où cette dernière est devenue exécutoire (Cass. 2e civ. 4-4-2002 n° 00-19.822 FS-PB, à propos d'un jugement assorti de l'exécution provisoire ; Cass. 2e civ. 12-1-2023 n° 20-20.063 F-B : BPAT 2/23 inf. 71). Le juge a la faculté d'exonérer le débiteur de cette majoration ou, à tout le moins, d'en réduire le montant, à la demande du créancier ou du débiteur, et compte tenu de la situation de ce dernier (C. mon. fin. art. L 313-3, al. 2).
En présence d'une prestation compensatoire sous forme d'**attribution d'un bien**, le jugement opérant la cession forcée, la prestation est réputée réglée au jour du divorce (n° 9822) ; elle ne donne donc pas lieu à intérêt moratoire, même si le débiteur n'a pas justifié de l'abandon de ses droits sur le bien (Cass. 1e civ. 20-11-2013 n° 12-28.353 F-D).

COMPENSATION

9938 Le débiteur d'une prestation compensatoire ne peut pas se libérer de son paiement en invoquant sa compensation avec d'autres sommes qui lui seraient dues, notamment dans le cadre de la liquidation du régime matrimonial. En effet, la prestation compensatoire étant pour partie alimentaire, elle ne peut être compensée avec une dette de nature différente (Cass. 1e civ. 12-11-2009 n° 08-15.558 F-D : BPAT 1/10 inf. 10).
La solution est différente lorsque les ex-époux :
– s'accordent pour faire jouer la compensation ;
– sont réciproquement débiteurs l'un envers l'autre d'aliments car la compensation peut jouer entre deux dettes alimentaires (Cass. 2e civ. 9-7-2009 n° 08-16.894 : Bull. civ. II n° 194, rendu à propos de deux pensions alimentaires mais transposable).

EXÉCUTION FORCÉE

En l'absence de paiement spontané de la prestation compensatoire, son créancier dispose de différentes actions pour en obtenir l'exécution forcée (nos 47000 s.). **9940**

Le caractère mixte de la prestation compensatoire, à la fois alimentaire et indemnitaire, fait obstacle à l'octroi de **délais de paiement** sur le fondement de l'article 1343-5 du Code civil (Cass. 1e civ. 29-6-2011 n° 10-16.096 F-PB : BPAT 5/11 inf. 276). Quel est le recours de l'ex-époux qui ne peut habiter le logement dont il a obtenu l'**usufruit** à titre de prestation compensatoire, faute pour le nu-propriétaire d'effectuer les travaux de réparation nécessaires ? Ne pouvant, sauf clause contraire, contraindre le nu-propriétaire à ces travaux, il ne peut pas plus prétendre à la réparation de son préjudice résultant de leur non-réalisation (Cass. 1e civ. 18-12-2013 n° 12-18.537 F-PB : BPAT 1/14 inf. 27 qui confirme par ailleurs que le bénéficiaire de la prestation compensatoire ne peut pas, pour garantir son usufruit, prendre une inscription hypothécaire sur celui-ci puisque ce droit est un droit réel dont il est pleinement titulaire et non un droit de créance). Sa seule possibilité est donc d'effectuer lui-même les travaux et de réclamer en fin d'usufruit une indemnisation si les grosses réparations effectuées ont apporté une plus-value à l'immeuble et si cette plus-value subsiste encore à la fin de l'usufruit (soit le plus souvent au décès de l'usufruitier). Mieux vaut alors anticiper et demander au juge, lorsqu'il fixe la prestation compensatoire, de faire obligation au nu-propriétaire d'effectuer les grosses réparations nécessaires.

RENONCIATION OU CADUCITÉ

Les époux peuvent **renoncer** en tout ou partie aux effets de la prestation compensatoire judiciairement fixée (Cass. 1e civ. 8-2-2005 n° 03-17.923 F-PB). **9943**

Par ailleurs, le remariage entre eux d'époux divorcés rend **caduque** pour l'avenir la prestation compensatoire (Cass. 1e civ. 17-10-2007 n° 06-20.451 FS-PB).

4. RÉVISION DE LA PRESTATION COMPENSATOIRE

ÉLÉMENTS PROCÉDURAUX

Le **juge compétent** pour connaître des demandes de révision de la prestation compensatoire ou de ses modalités de paiement est le juge aux affaires familiales (C. org. jud. art. L 213-3). La décision est rendue en **chambre du conseil**, et non en audience publique (Cass. 1e civ. 28-10-2009 n° 08-18.488 FS-PBI). Pour les instances introduites depuis le 1er janvier 2020, les parties sont tenues de constituer **avocat** en matière de demande de révision de prestation compensatoire (CPC art. 1139). **9950**

La **révision prend effet** dès la date de la saisine du juge et non seulement à compter du jour où ce dernier statue (en ce sens, Cass. 1e civ. 19-4-2005 n° 03-15.511 FS-PBRI ; Cass. 1e civ. 19-6-2007 n° 06-13.086 F-PB ; Cass. 1e civ. 15-6-2017 n° 15-28.076 F-PB : BPAT 4/17 inf. 139).

DONNÉES STATISTIQUES

Un rapport de la direction des affaires civiles et du Sceau de septembre 2006 établi à partir de **décisions rendues entre le 1er septembre et le 31 décembre 2005** dresse un bilan sur la révision des prestations compensatoires. **9952**

Il montre que le nombre des demandes de révision est faible (1,2 % des prestations révisables en 2005), que le taux de réussite des actions est aléatoire (55 % en 2005), avec un taux d'appel important (45 % en 2005).

Plus de 80 % des **demandes** en révision sont **formées par les débiteurs directs** des prestations et concernent principalement des rentes viagères.

Les demandes en révision effectuées **par les héritiers** ne représentent que 3,7 % des décisions étudiées.

La **durée moyenne des procédures** est de 7,2 mois.

a. Prestation fixée par convention entre époux

RÉGIME DE RÉVISION UNIFIÉ

La révision de la prestation compensatoire est soumise au même régime quelle que soit la **procédure de divorce suivie**, hormis la possibilité de faire homologuer une nouvelle convention qui n'est pas prévue dans le cadre du divorce par consentement mutuel sans juge (n° 9966). **9960**

Sur le régime transitoire applicable lorsque la **convention** a été **homologuée avant le 1er janvier 2005**, voir nos 10000 (prestation sous forme de capital) et 10010 et 10040 (prestation sous forme de rente).

RÉVISION PRÉVUE PAR LA CONVENTION

9961 Quelle que soit la forme de la prestation compensatoire, **capital ou rente**, la convention homologuée peut prévoir que chacun des époux pourra demander au juge de réviser la prestation compensatoire en cas de « changement important dans les ressources et les besoins de l'une ou l'autre des parties » (C. civ. art. 279, al. 3).

La convention par acte d'avocat dans le cadre d'un consentement mutuel contractuel peut, dans les mêmes conditions, prévoir le recours au juge (C. civ. art. 279, al. 5 qui renvoie à l'al. 3).

9962 Il suffit d'un **changement important**. Il peut être prévisible ou non. Les événements peuvent être listés dans la convention, mais ce n'est pas obligatoire. Il peut par **exemple** être prévu que la révision de la prestation compensatoire sera possible en cas de remariage ou de concubinage notoire de son bénéficiaire, en cas de licenciement ou de départ en retraite de son débiteur.

Le changement peut concerner l'**un ou l'autre** des époux. Il n'est pas nécessaire que les deux parties soient affectées.

Enfin, la révision peut intervenir à la **hausse** comme à la **baisse**.

RÉVISION NON PRÉVUE PAR LA CONVENTION

9965 Si les époux n'ont rien prévu dans la convention homologuée, l'un ou l'autre peut présenter une **demande de révision** dans les conditions de droit commun (C. civ. art. 279, al. 4) : voir n°s 10000 s. (prestation sous forme de capital) et n°s 10010 s. (prestation sous forme de rente).

Cette possibilité vaut aussi en présence d'une convention de divorce par acte d'avocat déposé au rang des minutes d'un notaire (C. civ. art. 379, al. 5 qui vise l'al. 4).

Dans le cas d'une prestation en capital, le juge ne peut pas imposer la souscription d'un contrat garantissant le paiement du solde dû, seule la révision des modalités de paiement pouvant être ordonnée (Cass. 1e civ. 11-9-2013 n° 12-25.753 F-PB).

9966 Les ex-époux ont également la possibilité de décider d'une **nouvelle convention** qui doit alors être soumise à **homologation** (C. civ. art. 279, al. 2).

Le juge ne peut refuser l'homologation que s'il constate que la nouvelle convention ne fixe pas équitablement les droits et obligations des époux à la date à laquelle elle a été établie et exécutée. Aussi, il ne peut pas refuser l'homologation au motif que le consentement des parties ne persiste pas au jour où il statue (Cass. 1e civ. 10-5-2006 n° 04-19.883 F-PB).

L'homologation judiciaire d'une nouvelle convention n'est pas prévue lorsque la convention initiale a été prise dans le cadre d'un divorce contractuel (C. civ. art. 279, al 5 qui ne renvoie pas à l'al. 2). De même n'est-il pas prévu qu'une convention modificative sous forme d'un acte d'avocat déposée au rang des minutes d'un notaire constitue un titre exécutoire, seuls les accords par lesquels les époux consentent à leur divorce étant visés (C. exécution art. L 111-3). Il semble donc qu'une convention modificative devra, pour avoir force exécutoire, être passée en la forme d'un acte authentique.

RÉGIME FISCAL DE LA RÉVISION

9970 Les règles sont les mêmes que lorsque la révision de la prestation est décidée par le juge : voir respectivement n° 10005 (rééchelonnement du capital), n°s 10025 s. (substitution d'un capital à une rente) et n° 10045 (révision de la rente).

b. Prestation compensatoire en capital décidée par le juge

MODIFICATION DES MODALITÉS DE PAIEMENT

10000 La prestation compensatoire a un caractère forfaitaire (C. civ. art. 270, al. 2). Elle est déterminée de façon définitive au moment du divorce et son **montant** ne peut jamais être révisé.

Seules ses modalités de **paiement** peuvent l'être. Encore le juge a-t-il un pouvoir restreint : il peut uniquement **rééchelonner** sur plus de huit ans le paiement du capital qui devait faire l'objet de versements périodiques, et seulement par décision spéciale et motivée (C. civ. art. 275, al. 2). Cette possibilité s'applique dans les mêmes conditions au débiteur d'un capital échelonné fixé par le juge ou par convention des époux avant le 1er janvier 2005 (Loi 2004-439 du 26-5-2004 art. 33-VIII).

10002 Seul le **débiteur** a la possibilité de demander la révision de la prestation compensatoire. Pour l'obtenir, il doit prouver un **changement important** dans sa propre situation (C. civ. art. 275, al. 2). L'amélioration de celle du créancier de la prestation compensatoire n'ouvre pas droit à révision. Rappelons par ailleurs que le débiteur peut toujours et à tout moment se libérer du solde du capital indexé (C. civ. art. 275, al. 3).

EXEMPLE

Constituent des changements importants de nature à justifier un rééchelonnement du paiement de la prestation compensatoire :
– le licenciement du débiteur (non prévisible au moment du prononcé du divorce) ;
– la survenance de graves problèmes de santé pour le débiteur ou l'aggravation de problèmes antérieurs ;
– le concubinage ou le remariage du débiteur si ce dernier doit faire face à de nouvelles charges ;
– le départ en retraite du débiteur, lorsque cet événement et la baisse de revenus qui s'ensuit n'ont pas été pris en compte lors du divorce.

Changement survenu dans la situation du créancier Le créancier de la prestation compensatoire n'a pas la possibilité d'en demander la révision, quels que soient les changements survenus dans sa situation. 10003
Il peut uniquement, après la liquidation du régime matrimonial, saisir le juge d'une demande en paiement du solde du capital indexé (C. civ. art. 275).

RÉGIME FISCAL DU RÉÉCHELONNEMENT DU CAPITAL

La modification des modalités de paiement du capital ne peut avoir d'incidence fiscale que si les **versements initialement prévus** devaient être effectués **dans les 12 mois du jugement** passé en force de chose jugée (ou dans les 12 mois du dépôt de la convention au rang des minutes d'un notaire) et sont **rééchelonnés sur une période supérieure**. Dans ce cas, les versements n'ouvrent plus droit à réduction d'impôt pour l'époux débiteur mais deviennent déductibles de son revenu imposable. L'époux bénéficiaire de la prestation compensatoire devient corrélativement imposable sur ces versements dans la catégorie des pensions (n° 9891). 10005

c. Prestation sous forme de rente allouée par le juge

SUBSTITUTION D'UN CAPITAL À UNE RENTE

Le débiteur comme le créancier de la prestation peuvent demander au juge la transformation de la rente viagère en un capital (C. civ. art. 276-4). 10010
S'il refuse de faire droit à cette demande, le **juge** aux affaires familiales doit spécialement motiver sa décision (C. civ. art. 276-4, al. 3).
La possibilité de substituer un capital à une rente s'applique y compris aux **rentes viagères ou temporaires** fixées par le juge ou la convention des époux **avant le 1er janvier 2005** (Loi 2004-439 du 26-5-2004 art. 33-VI, al. 3 et 33-VII, al. 2).

Conditions de la substitution L'**époux débiteur** peut demander la conversion de la rente en capital à tout moment (C. civ. art. 276-4, al. 1). Le juge est tenu d'y faire droit dès lors que le débiteur justifie être en mesure de régler ce capital et que l'âge ou l'état de santé du créancier ne fait pas obstacle à une telle substitution (Cass. 1e civ. 31-5-2005 n° 03-12.217 FS-PB : BPAT 4/05 inf. 110 ; Cass. 1e civ. 10-7-2013 n° 12-13.239 FS-PB). Il importe peu que les ressources ou les besoins des parties soient inchangés ou que la substitution soit défavorable au créancier (mêmes arrêts). La rente peut être convertie en capital, quel que soit sa nature, viagère ou temporaire (Cass. 1e civ. 20-3-2019 n° 18-13.663 FS-PB : BPAT 3/19 inf. 88). 10011

L'**époux créancier**, lui, doit établir qu'une modification de la situation du débiteur permet la substitution (C. civ. art. 276-4, al. 2). 10012
Ce peut être le cas à la liquidation du régime matrimonial ou à l'occasion d'un héritage reçu par le débiteur.
En revanche, le fait que l'ex-mari ait un patrimoine suffisant pour verser un capital et que la créancière éprouve des difficultés pour recouvrer la rente ne justifie pas la substitution d'un capital à une rente (Cass. 1e civ. 12-12-2006 n° 05-11.945 FS-PB : BPAT 2/07 inf. 44).

Que la demande émane du créancier ou du débiteur de la prestation, la substitution peut porter sur **toute la rente** ou seulement sur **une partie** de celle-ci. L'objectif est de favoriser la substitution, qui se heurte en général à l'absence de capital suffisant pour assurer la conversion de l'intégralité de la rente. 10013
S'il est saisi d'une **double demande de révision** de la rente **et de substitution d'un capital** à celle-ci, le juge doit d'abord se prononcer sur le montant de la rente révisée avant de la convertir en capital (Cass. 1e civ. 30-9-2009 n° 08-18.430 F-D).

Mode de calcul du capital substitué Le capital alloué au bénéficiaire de la rente est égal à un montant équivalant à la **valeur actuelle probable de l'ensemble des arrérages** de la rente à la date de la décision du juge opérant cette substitution. 10015

Cette valeur résulte d'un **taux de capitalisation** de 4 % et des **probabilités de décès** du crédirentier, selon son âge et son sexe, établies par les tables de mortalité Insee 98-2000 (C. civ. art. 276-4 ; Décret 2004-1157 du 29-10-2004 et tables de conversion annexées).

EXEMPLE

Dans l'hypothèse de la capitalisation d'une rente viagère annuelle de 1 000 € versée à une femme de 60 ans, il faut :
– se reporter à la table applicable au sexe et au type de rente considérés ;
– puis se reporter au coefficient applicable à une femme de 60 ans, soit 15,478 ;
– puis multiplier ce coefficient avec le montant annuel de la rente, soit 1 000 € ;
– ce qui permet d'obtenir un capital de 15 478 €.

10017 **Paiement du capital** Le capital substitué peut être acquitté selon des modalités très variables (C. civ. art. 276-4 qui renvoie aux art. 274, 275 et 275-1) :
– somme d'argent versée en une ou plusieurs fois ;
– octroi d'un droit de propriété, d'usufruit, d'usage et/ou d'habitation sur un bien ;
– panachage de ces différentes modalités.

10025 **Régime fiscal de la substitution** Si le **capital** doit être **versé sur plus de 12 mois** à compter de la date à laquelle le jugement prononçant la conversion est passé en force de chose jugée (ou de la date à laquelle la convention de divorce est déposée au rang des minutes d'un notaire), la transformation est fiscalement neutre, puisque le capital dont le versement est étalé sur plus d'un an est fiscalement assimilé à une rente. Le débiteur de la prestation continuera à déduire les versements effectués, le créancier restant, de son côté, imposable selon le régime des pensions.

10026 Si le capital doit être versé **sur 12 mois au plus**, il ouvre droit à réduction d'impôt (CGI art. 199 octodecies). Il en est ainsi, que la prestation soit versée en argent ou attribuée en nature, dès lors qu'elle est effectivement fournie sur une période au plus égale à 12 mois à compter de la date à laquelle le jugement prononçant la conversion est passé en force de chose jugée (ou de la date à laquelle la convention de divorce est déposée au rang des minutes d'un notaire) (BOI-IR-RICI-160-20 n° 190).
Des **droits d'enregistrement** seront dus, dans les conditions exposées pour les prestations en capital : voir n°s 9850 s.

10027 L'**assiette de la réduction d'impôt** est limitée, pour tenir compte du fait que la rente antérieurement versée a été déduite des revenus de son débiteur. Le capital dû à la date de la conversion est majoré de la somme des rentes déjà versées, revalorisées en fonction de l'indice moyen annuel des prix à la consommation entre l'année de versement et celle de la conversion (BOI-IR-RICI-160-20 n° 210). L'assiette de la réduction d'impôt est égale au capital « reconstitué » ainsi obtenu, retenu dans la limite de 30 500 €, auquel est appliqué le rapport existant entre le capital dû et le capital reconstitué.
L'administration propose une fiche pratique destinée à faciliter le calcul de la réduction d'impôt (BOI-ANNX-000039).
Exemple : la rente est convertie en un capital de 30 000 €, alors que 5 000 € de rentes (après revalorisation) ont déjà été versés. Capital total reconstitué : 30 000 € + 5 000 € = 35 000 €.
Assiette de la réduction d'impôt : 30 500 € × 30 000 €/35 000 € = 26 143 €.
Montant de la réduction d'impôt : 26 143 € × 25 % = 6 636 €.

CONSEIL

Compte tenu de son mode de calcul, la réduction d'impôt est souvent désavantageuse par rapport à la déduction des versements. Il est donc conseillé à l'époux débiteur de **faire une simulation** pour déterminer la situation la plus intéressante : si la déduction fiscale est plus favorable, mieux vaut proposer de fractionner le versement du capital sur plus de 12 mois.

RÉVISION, SUSPENSION OU SUPPRESSION DE LA RENTE

10035 Le **débiteur comme le créancier** de la rente peuvent demander sa réduction, sa suspension ou sa suppression en cas de changement important dans les ressources ou les besoins de l'un ou de l'autre (C. civ. art. 276-3, al. 1). Chacun peut donc invoquer des changements qui le concernent, comme ceux qui concernent son ex-conjoint.
La révision ne peut pas avoir pour effet de porter la rente à un montant supérieur à celui initialement fixé (C. civ. art. 276-3, al. 2). Le créancier ne peut donc pas demander une augmentation de la rente. L'action du créancier présente un intérêt lorsque le débiteur, qui a obtenu une diminution de la rente, revient à meilleure fortune. Le bénéficiaire de la rente peut alors demander à percevoir à nouveau la rente telle qu'initialement fixée.

> **Précisions a.** La révision de la rente est possible que la **prestation** compensatoire ait été fixée en tout ou **en partie sous forme de rente viagère** (Cass. 1e civ. 19-6-2007 n° 05-21.970 F-PB). Le panachage d'une rente et d'un capital n'interdit donc pas la révision de celle-ci.
> **b.** Il ne faut pas confondre le **recours en révision** qui est ouvert lorsque la décision a été surprise par la fraude d'une partie (n° 9250) et une demande en révision de la prestation compensatoire admise en cas de changements importants survenus depuis la dernière décision (Cass. 1e civ. 4-11-2010 n° 09-14.712 F-PBI : BPAT 6/10 inf. 324 ; Cass. 1e civ. 4-7-2018 n° 17-23.655 F-D : BPAT 5/18 inf. 189).

Changement important dans les ressources ou les besoins Peuvent constituer un tel changement et justifier la révision, la suspension ou la suppression de la rente : **10037**
– le remariage ou le concubinage notoire du créancier avec une personne fortunée (en ce sens, à propos d'un concubinage, Cass. 1e civ. 25-4-2006 n° 05-16.345 FS-PB) ;
– le chômage prolongé du débiteur de la prestation ;
– la naissance d'un enfant à charge (en ce sens, pour le débiteur de la prestation, Cass. 1e civ. 28-6-2005 n° 04-13.527 F-D) ;
– la mise en invalidité du débiteur et la nécessité de faire valoir prématurément ses droits à la retraite (Cass. 1e civ. 19-6-2007 n° 05-21.970 F-PB) ;
– l'absence de liquidation de la communauté dans un délai raisonnable, qui prive le débiteur de la rente d'un patrimoine conséquent correspondant à la part de l'actif communautaire devant lui revenir (Cass. 1e civ. 25-6-2008 n° 07-14.209 F-PB, le conflit relatif à la liquidation durant depuis plus de 20 ans).
En revanche, **ne constituent pas un tel changement** :
– les conséquences prévisibles d'une procédure de licenciement déjà mise en œuvre à l'encontre du débiteur avant le jugement de divorce ;
– la participation du débiteur au paiement d'une pension alimentaire au profit de la mère de sa nouvelle épouse (CA Paris 17-1-2002 n° 02/228) ;
– la mise en retraite de l'ex-mari, cette dernière ayant été prise en compte lors de la fixation de la prestation compensatoire (Cass. 1e civ. 4-7-2018 n° 17-23.655 F-D : BPAT 5/18 inf. 189).

Dispositions transitoires L'article 276-3 du Code civil autorisant la révision en cas de changement important dans la situation de l'une ou l'autre des parties s'applique à la révision des **rentes** viagères ou temporaires fixées, par décision du juge ou convention des parties, **avant le 1er janvier 2005** (Loi 2004-439 du 26-5-2004 art. 33-VI, al. 2). **10040**
La révision des **rentes temporaires** ne peut pas conduire à en prolonger la durée initiale, sauf accord des parties ; elle ne peut pas non plus en augmenter le montant (Loi 2004-439 du 26-5-2004 art. 33-VII, al. 1).

Les **rentes viagères octroyées** par le juge ou par la convention des époux **en application de la loi de 1975** (c'est-à-dire avant la réforme opérée par la loi du 30 juin 2000) font l'objet d'un traitement particulier. Elles peuvent être révisées, suspendues ou supprimées mais à la seule demande du débiteur ou de ses héritiers (Loi 2004-439 du 26-5-2004 art. 33-VI, al. 1). **10042**
Celui qui présente la demande doit démontrer (Cass. 1e civ. 19-9-2007 n° 06-20.193 F-PB) :
– soit un changement important dans les ressources ou les besoins de l'une ou l'autre des parties ;
– soit un avantage manifestement excessif procuré au créancier au regard des capacités de ce dernier de subvenir à ses besoins, en fonction de son âge et de son état de santé. À ce titre, il est tenu compte de la durée du versement de la rente et du montant déjà versé (Loi 2015-177 du 16-2-2015 art. 7 qui consacre la jurisprudence antérieure de la Cour de cassation : Cass. 1e civ. 11-3-2009 n° 08-11.211 F-D). Cela dit, la durée et le montant des versements ne sont ni exclusifs ni déterminants ; ils sont des éléments d'appréciation parmi d'autres. Ainsi, la révision de la rente a été refusée alors que la rente était payée depuis 1980 et représentait un montant total de 586 500 € (Cass. 1e civ. 9-2-2011 n° 09-17.447 F-D : BPAT 2/11 inf. 108). Pour apprécier l'avantage manifestement excessif, les juges doivent notamment prendre en compte le patrimoine estimé ou prévisible des époux, tant en capital qu'en revenu (Cass. 1e civ. 15-12-2021 n° 20-18.058 F-D : cassation de l'arrêt n'ayant pas tenu compte, comme il le lui était demandé, du montant de l'impôt sur le revenu supporté par le débiteur). Ils peuvent ainsi prendre en considération les revenus que pourrait procurer à l'ex-époux créancier une gestion utile de son patrimoine (Cass. 1e civ. 27-6-2018 n° 17-20.181 F-PB : BPAT 5/18 inf. 190).
Ces dispositions ont été jugées conformes à la Constitution (Cons. const. 15-1-2021 n° 2020-871 QPC).

ILLUSTRATIONS

a. Lorsque le débiteur d'une rente fixée avant le 1er juillet 2000 en demande la révision alors qu'il a été débouté d'une même demande sept ans avant, les juges doivent rechercher si la durée et le montant des versements effectués depuis constituent des **faits nouveaux** (Cass. 1e civ. 28-3-2018 n° 17-14.389 FS-PB : BPAT 3/18 inf. 104).

b. Une prestation compensatoire sous forme de rente viagère fixée avant la loi du 30 juin 2000 est révisée selon les dispositions transitoires de la loi du 26 mai 2004 même si les héritiers du débiteur décédé ont, en 2008, décidé de maintenir le versement de cette rente. Autrement dit, la loi applicable se détermine en fonction de la **date de la fixation de la rente viagère**, et non de la date de l'acte notarié qui la maintient (Cass. 1e civ. 29-5-2019 n° 18-17.377 FS-PB : BPAT 4/19 inf. 136).

10045 **Régime fiscal de la rente révisée** Les versements opérés après la révision continuent à relever du régime des pensions exposé nos 9890 s. Seuls le montant déductible (pour l'époux débiteur) et la base imposable (pour le bénéficiaire) sont modifiés par la révision de la rente.

5. SITUATION DES HÉRITIERS DU DÉBITEUR

TRANSMISSION PASSIVE DE LA DETTE DE PRESTATION COMPENSATOIRE

10060 Le décès du débiteur de la prestation compensatoire n'éteint pas son **obligation**, qui est **transmise** à ses héritiers selon des modalités particulières prévues par la loi (C. civ. art. 280 à 280-2).
Les règles ci-après exposées s'appliquent :
– aux prestations qui ont été **fixées par le juge** comme à celles qui ont été décidées par la **convention des époux**, sauf stipulation contraire de la convention (C. civ. art. 279, al. 4) ;
– aux prestations compensatoires fixées par le juge ou la convention des époux avant l'entrée en vigueur de la loi du 26 mai 2004, à condition que le **partage définitif de la succession** soit intervenu **après le 1er janvier 2005** (Loi 2004-439 du 26-5-2004 art. 33, X). Dans le cas inverse, voir n° 10080.

PRINCIPE DU PRÉLÈVEMENT SUR LA SUCCESSION

10062 Quelle que soit la forme de la prestation compensatoire, les héritiers ne sont pas tenus personnellement de son paiement. La prestation est prélevée sur la succession et les héritiers ne sont tenus que dans la limite de l'**actif successoral** (C. civ. art. 280). Le terme d'« héritiers » désigne ici non seulement les héritiers ab intestat mais également les légataires universels et à titre universel.
Si l'actif est insuffisant pour assurer le paiement de la prestation, son paiement est aussi supporté par les légataires particuliers, dont les legs sont tous réduits concurremment (sauf si le testament prévoyait que tel legs devrait être acquitté par préférence aux autres, auquel cas ce legs ne sera réduit que si la suppression totale des autres legs ne suffit pas à payer la prestation compensatoire).

> **Précisions** Si l'**ex-conjoint décédé** s'était **remarié sous le régime de la communauté universelle avec une clause d'attribution intégrale** de la communauté à son conjoint survivant, aucune succession ne s'ouvre à son décès. Le conjoint survivant, qui reçoit l'intégralité de l'actif de la communauté et est corrélativement tenu de l'intégralité du passif, doit poursuivre le paiement de la rente due par son époux défunt (Rép. Calvet : AN 25-11-2008 n° 28461).

10065 **Modalités de paiement** Lorsque la **prestation** compensatoire a été **fixée sous forme d'un capital échelonné**, le solde de ce capital indexé devient immédiatement exigible (C. civ. art. 280, al. 2).
Lorsque la prestation a été fixée sous forme de **rente**, **viagère ou temporaire**, il lui est substitué un capital immédiatement exigible (C. civ. art. 280, al. 3). Si l'ex-conjoint créancier de la prestation a droit à une pension de réversion, cette pension est automatiquement déduite du montant brut de la rente avant la conversion en capital (C. civ. art. 280-2 ; Cass. 1e civ. 5-12-2018 n° 17-27.518 FS-PB : BPAT 1/19 inf. 10).
Les modalités de la substitution du capital à la rente ont été fixées par le décret 2004-1157 du 29 octobre 2004 : voir n° 10015.
Les héritiers qui ne se sont pas engagés personnellement à maintenir la rente (nos 10070 s.) ne peuvent pas en demander la révision ; le capital substitué doit donc être pris sur la succession sans minoration possible (Cass. 1e civ. 4-11-2015 n° 14-20.383 F-PB). Autrement dit, la rente est capitalisée en raison du décès du débiteur, ce dont il se déduit que cette rente ne peut être ni révisée ni supprimée (Cass. 1e civ. 21-6-2023 n° 21-17.077 F-B : BPAT 5/23 inf. 212).

Régime fiscal Pour le calcul des **droits de succession**, les versements en capital effectués par prélèvement sur l'actif successoral sont déductibles dans les conditions de droit commun exposées nos 64560 s. 10067

Les héritiers ne peuvent pas déduire ces versements de leurs revenus imposables ; corrélativement, l'ex-époux bénéficiaire n'est pas imposable à l'**impôt sur le revenu** (BOI-IR-RICI-160-20 n° 270).

En fonction de la nature et de l'origine des biens au moyen desquels le capital est fourni à l'ex-époux créancier, des **droits d'enregistrement** peuvent être dus, selon les règles exposées nos 9850 s.

DÉROGATION CONVENTIONNELLE

Les **héritiers** peuvent décider ensemble du maintien des formes et modalités de règlement de la prestation compensatoire (C. civ. art. 280-1). Ils s'obligent alors personnellement au paiement de cette prestation. Une telle décision exige l'**unanimité**. 10070

À peine de nullité, l'accord doit être constaté par un **acte notarié**. Il est opposable aux tiers à compter de sa notification au bénéficiaire de la prestation lorsque celui-ci n'est pas intervenu à l'acte.

La **pension de réversion** le cas échéant perçue par le créancier de la prestation du chef de l'époux débiteur est déduite de plein droit de la rente maintenue par les héritiers. Sauf décision contraire du juge, cette déduction continue à être opérée si le créancier perd son droit à pension de réversion ou voit ses droits modifiés (C. civ. art. 280-2).

Sur le plan fiscal, la valeur de capitalisation de la rente maintenue par les héritiers ne vient pas en déduction de l'assiette des **droits de succession**. Mais pour l'**impôt sur le revenu**, les héritiers pourront déduire leurs versements qui seront corrélativement imposables chez le bénéficiaire, selon les mêmes modalités que la rente initialement acquittée par l'ex-conjoint (BOI-IR-RICI-160-20 n° 280) : voir nos 9890 s. 10071

Révision de la prestation Les héritiers qui se sont personnellement engagés au paiement de la prestation bénéficient des **actions ouvertes au débiteur de la prestation** (C. civ. art. 280-1) : 10074

– en présence d'un capital échelonné, ils peuvent demander la révision des modalités de paiement du capital en cas de changement important dans leur situation ; ils peuvent aussi se libérer à tout moment du solde du capital indexé (nos 10000 s.) ;

– en cas de rente viagère ou temporaire, ils peuvent demander sa révision, sa suspension ou sa suppression en cas de changement important dans les ressources ou les besoins de l'une ou l'autre des parties (nos 10035 s.) ;

– ils peuvent, à tout moment, demander au juge la substitution d'un capital à tout ou partie de la rente viagère ou temporaire (nos 10010 s.).

CAS PARTICULIER : PARTAGE DÉFINITIF DE LA SUCCESSION DU DÉBITEUR INTERVENU AVANT LE 1er JANVIER 2005

Les héritiers qui ont accepté la succession doivent prendre à leur charge le paiement de la prestation compensatoire. 10080

Si la prestation était sous forme de **rente viagère**, ils peuvent (Loi 2004-439 du 26-5-2004 art. 33, VI- al. 2 et 3, 33, VII et 33, X) :

– demander la substitution à cette rente d'un capital, dans les conditions de l'article 276-4 du Code civil (voir nos 10010 s.) ;

– en demander la révision, la suspension ou la suppression dans les conditions de l'article 276-3 du Code civil (voir nos 10035 s.).

Les règles sont les mêmes s'agissant d'une **rente temporaire**, étant précisé que la révision de la pension ne peut pas conduire à prolonger la durée initiale de la rente, sauf accord des parties, ni à en augmenter le montant.

Pour les prestations compensatoires sous forme de **capital échelonné**, les héritiers peuvent demander la révision de ses modalités de paiement dans les conditions prévues par l'article 275, alinéa 2 du Code civil : voir nos 10000 s. Ils peuvent également se libérer à tout moment du solde du capital (Loi 2004-439 du 26-5-2004 art. 33, VIII et 33, X).

Les **pensions de réversion** versées du chef du conjoint décédé sont déduites automatiquement de la prestation compensatoire si le débiteur de la pension est décédé après l'entrée en vigueur de la loi du 30 juin 2000. Dans le cas contraire, la déduction de la pension ne peut être opérée que sur décision du juge saisi par les héritiers (Loi 2004-439 du 26-5-2004 art. 33, XI).

D. Pensions alimentaires entre époux et ex-époux

PENSIONS ALIMENTAIRES ENTRE ÉPOUX

10100 Une pension alimentaire peut être due, à titre de mesure provisoire, **pendant la procédure de divorce**.
En pratique, sont essentiellement concernées les procédures de divorce accepté, pour faute et pour altération définitive du lien conjugal, la pension étant décidée d'un commun accord par les époux ou sur décision du juge (C. civ. art. 255).
Le divorce par consentement mutuel étant en principe prononcé dès la première audience, aucune pension alimentaire n'a vocation à exister. Toutefois, en cas de report du prononcé du divorce (nos 9030 s.), les époux peuvent convenir du versement d'une pension alimentaire pour le temps de la procédure.
Pour l'étude d'ensemble des pensions alimentaires entre époux, voir nos 9190 s.

PENSIONS ALIMENTAIRES ENTRE EX-ÉPOUX APRÈS LE PRONONCÉ DU DIVORCE

10103 Les divorces prononcés depuis l'entrée en vigueur de la **loi du 26 mai 2004** ne peuvent pas prévoir de pension alimentaire ; seule une prestation compensatoire est susceptible d'être due.
Perdurent en revanche :
– les pensions alimentaires versées en exécution d'un **divorce antérieur à la loi du 11 juillet 1975**. Ces pensions se transmettent aux héritiers du débiteur décédé en raison de leur caractère partiellement indemnitaire (Cass. 1e civ. 4-7-2012 no 11-14.962 FS-PB) ;
– les pensions alimentaires octroyées à la suite d'un **divorce pour rupture de la vie commune** (divorce créé par la loi du 11-7-1975 et supprimé par la loi du 26-5-2004). Nous résumons ci-après les règles applicables à la révision et à la cessation de ces pensions.

10104 La pension allouée en exécution d'un divorce pour rupture de la vie commune est **révisable** à tout moment par le juge qui peut l'augmenter, la diminuer ou la supprimer en fonction de l'évolution des ressources et des besoins respectifs des ex-époux (C. civ. art. 282 ancien). Si le capital initialement fixé devient insuffisant, son créancier peut demander un complément sous forme de pension alimentaire (C. civ. art. 285 ancien). Ce complément ne peut pas prendre la forme d'un capital (Cass. 2e civ. 15-3-2001 no 98-22.494 : Bull. civ. II no 51, pour une pension initialement constituée d'une rente annuelle et d'un usufruit).
La pension **cesse** automatiquement d'être due en cas de remariage de son bénéficiaire (C. civ. art. 283 ancien). Elle cesse également en cas de concubinage notoire du bénéficiaire, mais pas de façon automatique. Il faut le demander au juge aux affaires familiales en prouvant le concubinage (C. civ. art. 283, al. 2 ancien).
En cas de **décès du débiteur**, ses obligations se transmettent à ses héritiers s'ils acceptent la succession.

10107 Au regard de l'**impôt sur le revenu**, les règles applicables aux pensions alimentaires entre ex-époux sont celles exposées no 9192 pour les pensions accordées au titre des mesures provisoires.
Au regard de l'**impôt sur la fortune immobilière**, la pension suit le même régime que les prestations compensatoires (voir no 9896).

E. Dommages et intérêts entre époux

PRINCIPE

10150 À l'occasion d'un divorce, des dommages et intérêts peuvent être demandés sur **deux fondements juridiques** distincts, l'un propre aux conséquences du divorce pour les époux (C. civ. art. 266), l'autre spécifique à la responsabilité délictuelle (C. civ. art. 1240). Les dommages-intérêts prévus par l'article 266 du Code civil réparent le préjudice causé par la rupture du lien conjugal dans le cadre du divorce, tandis que ceux prévus par l'article 1240 (anciennement art. 1382) du même Code indemnisent le préjudice résultant de toute autre circonstance. Aussi, doit être cassé l'arrêt ayant condamné sur le fondement de l'article 266 un époux à verser 3 000 € de dommages-intérêts à son épouse à la suite d'agressions physiques l'ayant contrainte à quitter son lieu de vie habituel, la cour d'appel ayant statué par des motifs impropres à caractériser les conséquences d'une particulière gravité subies par l'épouse du fait de la dissolution du mariage (Cass. 1e civ. 9-6-2022 no 20-22.746 F-D).

Si le demandeur invoque l'article 266 pour un préjudice qui relève de l'article 1240, le juge ne peut pas faire droit à la demande en rectifiant le fondement (Cass. 1e civ. 6-3-2013 n° 12-12.338 F-D). Si le fondement de la demande n'est pas indiqué, le juge doit statuer sur le fondement de la responsabilité délictuelle, c'est-à-dire au regard de l'article 1240 du Code civil (Cass. 1e civ. 26-6-2013 n° 12-14.463 F-D). Dans tous les cas, il doit préciser le fondement en vertu duquel il condamne (Cass. 1e civ. 3-12-2008 n° 07-14.609 F-PB).

Dans les deux cas, en matière d'**impôt sur le revenu**, les dommages et intérêts n'ouvrent droit ni à déduction ni à réduction d'impôt pour l'époux débiteur. Corrélativement, ils ne sont pas imposables entre les mains de l'époux bénéficiaire..

> **Précisions** Concernant les **époux divorcés avant 1975**, le juge pouvait octroyer une pension à titre indemnitaire, le cas échéant versée sous forme de rente viagère, afin de compenser le préjudice résultant de la dissolution du mariage lorsqu'un époux était condamné au divorce pour faute à ses torts exclusifs (C. civ. art. 301, al. 2 dans sa rédaction antérieure à la loi 75-617 du 11-7-1975 portant réforme du divorce). Cette pension était non susceptible de recours. Selon la Cour de cassation, outre que la différence de traitement qui résulte de la succession de deux régimes juridiques dans le temps n'est pas, en elle-même, contraire au principe d'égalité, cette disposition n'introduit pas de différence de traitement au regard de la forme que doivent prendre les dommages-intérêts et de l'impossibilité de révision entre les époux divorcés avant ou après la loi de 1975, l'article 266 du Code civil issu de cette loi prévoyant également l'allocation de dommages-intérêts en réparation du préjudice résultant de la rupture du lien conjugal, sans imposer de forme particulière ni ouvrir de possibilité de révision. Elle ne méconnaît donc pas le principe d'égalité (Cass. 1e civ. 5-9-2023 QPC n° 23-40.011 F-D : RTD civ. 2023 p. 856 obs. A.-M. Leroyer).

ARTICLE 266 DU CODE CIVIL

L'article 266 du Code civil permet d'obtenir des dommages et intérêts spécifiquement liés au divorce. **Peuvent y prétendre** : **10151**

– l'époux défendeur à un divorce pour altération définitive du lien conjugal s'il n'a formé aucune demande reconventionnelle en divorce ;

– l'époux qui obtient (sur demande principale ou reconventionnelle) le divorce aux torts exclusifs de son conjoint.

La **demande** de dommages et intérêts doit nécessairement être présentée à l'occasion du divorce. Elle peut l'être pour la première fois en appel, à condition que le divorce ne soit pas définitivement acquis (Cass. 2e civ. 23-5-2001 n° 99-15.459 ; Cass. 1e civ. 13-2-2013 n° 11-28.671 F-D).

Pour être indemnisé, le **préjudice** doit répondre à une double condition : être particulièrement **10152**
grave et résulter de la dissolution du mariage. La Cour de cassation y veille et rappelle régulièrement que l'article 266 vise à réparer le préjudice résultant de la rupture du lien conjugal tandis que l'article 1240 du même Code permet d'indemniser le préjudice résultant de toute autre circonstance (Cass. 1e civ. 6-7-2005 n° 04-10.081 F-PB), notamment du comportement d'un époux durant le mariage.

L'article 266 du Code civil est **utilement invoqué** lorsque la rupture du mariage s'accompagne de circonstances particulières, par exemple lorsque :

– l'un des époux abandonne son conjoint en lui laissant la charge de leur fille, jeune adulte handicapée (Cass. 1e civ. 17-2-2004 n° 02-13.061 F-D) ou de deux jeunes enfants dont l'un présente des troubles de la personnalité, contraignant celui qui reste à faire des choix professionnels au détriment de sa carrière pour s'en occuper (Cass. 1e civ. 12-9-2012 n° 11-12.140 F-D) ;

– la défection du mari qui travaillait avec son épouse a déséquilibré l'activité du poney club exploité ensemble (Cass. 1e civ. 9-2-2011 n° 10-14.853 F-D) ;

– l'épouse souffre, plusieurs années après le départ de son époux du domicile conjugal, d'un syndrome anxio-dépressif réactionnel, leur vie commune ayant duré 24 ans (Cass. 1e civ. 22-6-2022 n° 20-21.201 F-D) ;

– le conjoint est diminué par la maladie et psychologiquement fragile (CA Paris 9-9-2010 n° 08/20954).

À l'inverse, l'article 266 du Code civil est **exclu** lorsque le préjudice invoqué résulte de la disparité des conditions de vie créée par le divorce, cette disparité étant compensée par l'allocation d'une prestation compensatoire. Il a aussi été exclu dans les cas :

– du départ soudain du domicile conjugal par l'épouse qui a immédiatement entretenu une relation adultère (Cass. 1e civ. 25-1-2005 n° 02-16.255 F-D) ;

– d'abandon après 30 ans de vie commune, en laissant le conjoint avec de très faibles ressources (Cass. 1e civ. 9-1-2007 n° 06-10.871 F-PB), dans le même sens pour un abandon après 39 ans de mariage, le mari recherchant une nouvelle compagne (Cass. 1e civ. 1-7-2009 n° 08-17.825 FS-PB : BPAT 5/09 inf. 183) ;
– de harcèlement moral au cours du mariage, de faux documents produits dans la procédure de divorce et de relation adultère avant le prononcé de l'ordonnance de non-conciliation (Cass. 1e civ. 19-3-2014 n° 13-14.790 F-D) ;
– de l'attitude de dénigrement adoptée par le mari (Cass. 1e civ. 15-5-2019 n° 18-16.055 F-D) ;
– de la naissance d'un enfant adultérin (Cass. 2e civ. 28-9-2000 n° 98-22.952) ;
– de refus du mari de ramener les enfants à l'issue de son droit de visite (Cass. 2e civ. 11-4-2002 n° 00-13.417 F-D) ;
– où l'ex a été privé pendant 11 mois de ses enfants par son épouse du fait de l'installation de celle-ci avec eux en Guadeloupe en dépit d'une ordonnance de non-conciliation fixant leur résidence au domicile conjugal (Cass. 1e civ. 20-9-2023 n° 21-24.787 F-D).

Dans des situations proches, l'article 1240 du Code civil, lui, a pu être efficacement mobilisé (n° 10156).

ILLUSTRATIONS

La Cour de cassation a **admis le jeu de l'article 266** au profit d'une épouse qui :
– avait subi le caractère public de la liaison de son mari, son éviction du magasin qu'elle dirigeait et la scission apparue au sein de la cellule familiale résultant du comportement fautif du père (Cass. 2e civ. 20-6-2002 n° 00-19.027 F-D) ;
– avait été abandonnée au profit d'une nouvelle compagne après 18 années de mariage (Cass. 1e civ. 3-2-2010 n° 09-10.109 F-D : BPAT 2/10 inf. 86 qui applique l'art. 266 dans sa version antérieure à la loi de 2004).

Ces décisions nous paraissent des **exceptions** non significatives au regard de la jurisprudence majoritaire de la Haute Juridiction.

ARTICLE 1240 DU CODE CIVIL

10155 Des dommages et intérêts fondés sur l'article 1240 du Code civil, c'est-à-dire selon les règles de droit commun de la responsabilité civile délictuelle, peuvent être demandés dans toutes les **procédures** de divorce. Des dommages et intérêts peuvent par exemple être alloués à un époux alors même que le divorce est prononcé aux torts partagés (en ce sens, Cass. 1e civ. 22-5-2007 n° 06-18.539 F-D ; Cass. 1e civ. 12-6-2013 n° 12-18.211 F-D).

La **demande** peut être présentée soit à l'occasion du divorce, soit postérieurement.

10156 Le **préjudice réparé** sur le fondement de la responsabilité civile délictuelle est celui qui résulte de toute circonstance autre que la dissolution du mariage. L'objectif est essentiellement ici de réparer les fautes commises par le conjoint pendant le mariage.

ILLUSTRATIONS

Justifient des dommages et intérêts :
– la liaison adultère publiquement affichée par le mari, les coups et blessures portés par lui et le congédiement brutal par le mari de son épouse sans lettre de licenciement (Cass. 1e civ. 22-3-2005 n° 04-11.942 F-PB) ;
– le caractère particulièrement injurieux de la liaison adultère publiquement affichée par l'épouse ainsi que l'internement d'office subi par le mari à la demande de celle-ci (Cass. 1e civ. 11-2-2009 n° 08-12.032 F-D) ;
– le fait d'avoir été privé de ses enfants au cours de la procédure en raison de l'attitude du conjoint (Cass. 1e civ. 14-1-2009 n° 08-10.538 F-D) ;
– l'obstruction d'un époux à la mesure d'expertise visant à l'évaluation de son patrimoine (Cass. 1e civ. 17-3-2010 n° 09-11.511 F-D : BPAT 3/10 inf. 156) ;
– l'absence de relations sexuelles pendant plusieurs années non justifiée par des problèmes de santé (CA Aix-en-Provence 3-5-2011 n° 09/05752, ch. 6 B : BPAT 1/12 inf. 10) ;
– le fait pour l'épouse d'avoir imité la signature de son mari pour ouvrir plusieurs comptes en banque et souscrire de nombreux crédits à la consommation à ses fins personnelles, le mari devant continuer à subir les poursuites judiciaires des créanciers et incidents de paiement (Cass. 1e civ. 13-12-2017 n° 16-25.256 F-PB : BPAT 1/18 inf. 8).

10157 À l'occasion d'un divorce pour faute ou pour altération définitive du lien conjugal, l'article 1240 peut être **invoqué concomitamment avec l'article 266 du Code civil**, à condition que l'époux demandeur prouve l'existence de deux préjudices distincts (en ce sens, Cass. 2e civ. 10-12-1998 n° 97-15.252).

F. Sort du logement familial

DISTINCTION À OPÉRER

Les règles applicables pendant l'**instance en divorce** ont été exposées nos 9178 s. **10200**
Nous exposons ici le sort du logement familial **après le prononcé du divorce**, ainsi que le régime fiscal de faveur applicable à la **plus-value de cession** en cas de vente du logement.

DÉCISION PRISE PAR ACCORD DES ÉPOUX

Dans un **divorce par consentement mutuel**, les époux doivent s'accorder sur le sort du logement familial (no 9021). Celui-ci est précisé : **10208**
– dans la convention signée par les époux et contresignée par avocats dans le cas d'un divorce par consentement mutuel sans juge ;
– soumise au juge dans le cas d'un divorce par consentement mutuel judiciaire ;
– et dans l'acte liquidatif joint s'il s'agit d'un bien commun ou indivis.
Dans les **autres procédures de divorce**, les époux peuvent, s'ils trouvent un arrangement, établir une convention réglant tout ou partie des conséquences du divorce pour fixer le sort du logement familial (nos 9228 s.). S'ils ne le font pas, c'est le juge qui tranche la question.

DÉCISION DU JUGE

Logement loué par les époux Si les époux sont locataires, le jugement de divorce désigne le conjoint **bénéficiaire du droit au bail** en fonction des intérêts sociaux et familiaux en cause (C. civ. art. 1751). Le bail est en général attribué à celui chez qui les enfants vont résider. Le bailleur ne peut pas s'opposer à une telle attribution, ni mettre fin au bail au motif qu'il perd un débiteur. **10210**
La transcription du jugement de divorce met **fin à la cotitularité** du bail, tant légale que conventionnelle (Cass. 3e civ. 22-10-2015 no 14-23.726 FS-PBRI : BPAT 6/15 inf. 208). L'époux qui n'est pas attributaire du bail cesse d'être solidairement tenu du paiement des loyers à compter de cette transcription, sans qu'il ait besoin de délivrer un congé.

Logement commun ou indivis aux époux À défaut d'accord entre les époux, celui qui veut conserver la jouissance du logement familial doit le demander au juge. Plusieurs options sont envisageables. Le jugement de divorce peut : **10212**
– accorder une **prestation compensatoire** sous la forme d'un usufruit, d'un droit d'usage ou d'un droit d'habitation sur le logement familial ou même sous la forme d'une cession du droit de propriété sur ce logement (voir nos 9820 s.) ;
– accorder la jouissance temporaire du logement au titre de la **contribution à l'entretien et à l'éducation des enfants** ;
– statuer sur l'**attribution préférentielle** du logement : voir no 10278 ;
– décider du **maintien** forcé des époux **dans l'indivision** (C. civ. art. 267, al. 1) ; voir no 10276 ;
– accorder à l'époux une **avance sur sa part** de communauté ou des biens indivis (C. civ. art. 267, al. 1), notamment si le notaire éventuellement désigné dans le cadre des mesures provisoires a fait des propositions de lots.

Logement propre ou personnel d'un époux Le fait que le logement soit un bien propre ou un bien personnel de l'un des époux n'interdit pas à son conjoint de demander à en conserver la jouissance après le prononcé du divorce. Trois options lui sont ouvertes. Il peut demander : **10214**
– une **prestation compensatoire**, sous l'une des formes évoquées no 10212 ;
– l'attribution du logement au titre de la **contribution à l'entretien et à l'éducation des enfants** ;
– un **bail**, à condition qu'il exerce (seul ou conjointement) l'autorité parentale, que les enfants résident dans ce logement et que leur intérêt commande d'y rester (C. civ. art. 285-1). Attention, une telle demande ne peut pas être formée après le prononcé du divorce (Cass. 2e civ. 28-3-2002 no 00-18.050 : Bull. civ. II no 59). Le juge fixe la durée du bail et peut le renouveler jusqu'à la majorité du plus jeune des enfants. Le juge peut aussi résilier le bail si des circonstances nouvelles le justifient. En pratique, les juges ont très peu recours à cette possibilité.

Indemnité d'occupation La question de l'exigibilité d'une indemnité d'occupation se pose chaque fois que le logement dont la jouissance est temporairement attribuée à l'un des époux appartient à l'autre ou est un bien commun ou indivis aux deux. L'attribution de la jouissance du logement à l'un des époux ne saurait être à titre onéreux si ce bien lui appartient en propre (Cass. 1e civ. 13-1-2016 no 15-11.398 F-PB). **10217**

Durant la **période antérieure à la demande en divorce** (depuis le 1-1-2021) ou à l'ordonnance de non-conciliation (requête introduite avant le 1-1-2021), la jouissance du logement conjugal par un seul des époux est, par principe, gratuite (C. civ. art. 262-1, al. 4).
Le report des effets du divorce entre les époux à la date à laquelle ils ont cessé de cohabiter et de collaborer ne confère pas à l'occupation du logement conjugal un caractère onéreux avant la date de la demande en divorce (depuis le 1-1-2021) ou de l'ordonnance de non-conciliation (avant le 1-1-2021), sauf disposition en ce sens dans la décision de report (Cass. 1e civ. 23-10-2013 n° 12-21.556 FS-PBI : BPAT 6/13 inf. 215).
Pour la **période allant de la demande en divorce** (depuis le 1-1-2021), ou de l'ordonnance de non-conciliation (requête introduite avant le 1-1-2021) **au jour où le divorce devient définitif**, le juge doit statuer sur le caractère gratuit ou non de l'occupation du logement de la famille (n° 9180). S'il opte pour la gratuité, l'indemnité n'est due qu'à compter de la date à laquelle la décision de divorce acquiert force de chose jugée, le report des effets du divorce entre les époux à la date à laquelle ils ont cessé de cohabiter et de collaborer ne pouvant pas avoir pour effet de faire courir l'indemnité d'occupation à cette date (Cass. 1e civ. 19-9-2007 n° 06-11.955 F-PB). L'époux bénéficiaire de la jouissance gratuite du domicile durant la procédure de divorce doit, pour éviter de devoir une indemnité d'occupation à l'issue de celle-ci, prouver qu'il a bien restitué ce bien à l'indivision (Cass. 1e civ. 4-7-2018 n° 17-23.183 F-D : BPAT 5/18 inf. 191).
Si le juge opte pour une occupation à titre onéreux, l'indemnité n'a pas à être versée en cours de procédure ; elle est inscrite au passif de l'époux débiteur dans les comptes de liquidation.
Du jour où le divorce devient définitif au jour où l'occupation cesse, une indemnité d'occupation est due (Cass. 1e civ. 18-1-1989 n° 87-13.117 ; CA Paris 16-5-2002 n° 01/8491). Il en va toutefois autrement si la jouissance du logement est laissée à titre de prestation compensatoire ou de contribution à l'entretien et à l'éducation des enfants. S'il y est invité, le juge doit rechercher si l'occupation ne constitue pas, au moins pour partie, une des modalités d'exécution de la contribution à l'entretien ou à l'éducation des enfants (Cass. 1e civ. 13-4-1999 n° 96-22.808 : Bull. civ. n° 126 ; Cass. 1e civ. 1-2-2017 n° 16-11.599 FS-PB : BPAT 2/17 inf. 70).

10218 L'indemnité d'occupation étant la contrepartie du droit de jouir privativement d'un bien, elle est due même en l'absence d'**occupation effective** des lieux (en ce sens, notamment, Cass. 1e civ. 14-6-2000 n° 98-19.255 : Bull. civ. n° 186 ; Cass. 1e civ. 23-6-2010 n° 09-13.250 F-PBI ; Cass. 1e civ. 14-6-2015 n° 13-28.069 F-D).
Le **montant** de l'indemnité est, en pratique, fixé en fonction de la valeur locative réelle du bien, c'est-à-dire par référence au loyer que procurerait le logement s'il était loué.

10219 La **prescription** applicable aux demandes en paiement d'une indemnité d'occupation est de cinq ans (C. civ. art. 815-10). La prescription ne courant pas entre époux, le délai ne démarre qu'à compter du jour où le jugement de divorce a acquis force de chose jugée (Cass. 1e civ. 7-6-2006 n° 04-12.331 F-PB : BPAT 6/06 inf. 149 ; Cass. 1e civ. 23-5-2012 n° 11-12.813 FP-PBI : BPAT 4/12 inf. 234).
En conséquence, **deux situations** sont à distinguer :
– si la demande de paiement d'une indemnité d'occupation a été formée dans les cinq ans de la date à laquelle le divorce a acquis force de chose jugée, elle n'est pas limitée aux cinq dernières années mais peut porter sur toute la période postérieure à la prise d'effet du divorce dans les rapports entre époux, puisque la prescription ne court pas entre les époux (Cass. 1e civ. 7-6-2006 n° 04-12.331 F-PB et Cass. 1e civ. 9-12-2009 n° 08-12.176 F-D : BPAT 1/10 inf. 11 ; décisions visant l'assignation en divorce car rendues en application des dispositions antérieures à la loi du 26-5-2004 mais transposables). Cette prise d'effet remonte, dans les divorces contentieux, à la demande en divorce (depuis le 1-1-2021) ou à l'ordonnance de non-conciliation (requête introduite avant le 1-1-2021) ;
– si la demande a été formée plus de cinq ans après que le jugement de divorce a acquis force de chose jugée, elle ne peut porter que sur les cinq dernières années qui précèdent la demande, sauf les cas d'interruption ou de suspension de la prescription (Cass. 1e civ. 15-5-2008 n° 06-20.822 FS-PB ; Cass. 1e civ. 17-11-2021 n° 20-14.914 F-D : BPAT 1/22 inf. 7).

PLUS-VALUE DE CESSION DE LA RÉSIDENCE PRINCIPALE

10225 Lorsque la vente du logement familial intervient du fait du divorce, les époux ne vivent généralement plus ensemble.
Si la vente dégage une plus-value, le **conjoint** ou ex-conjoint qui est **resté dans les lieux** bénéficie de l'exonération prévue par la loi en faveur de la résidence principale (CGI art. 150 U, II-1°).
Bien que le logement ne constitue plus sa résidence principale, le **conjoint qui est parti** est également exonéré dès lors que le logement a été occupé par son ex-conjoint jusqu'à sa mise en vente et que la cession intervient dans les délais normaux de vente (BOI-RFPI-PVI-10-40-10 nos 250 et 260). Le délai de vente correspond à celui entre la mise en vente et la cession dont l'appréciation du caractère normal est une question de fait. Un délai d'environ deux ans a été jugé normal

dans un cas où l'un des époux avait été contraint de quitter le logement en application de l'ordonnance de non-conciliation et que, pour permettre la vente, le logement avait dû faire l'objet d'une division et d'une mise en copropriété (CAA Marseille 9-12-2014 n° 12MA02147 : BPAT 2/15 inf. 51).
Il n'y a aucune condition de délai entre la date de la séparation des époux et celle de la mise en vente. Le fait que l'ex-époux ayant quitté les lieux soit propriétaire du logement qu'il occupe à la date de la vente de l'ancienne résidence commune des époux n'empêche pas l'exonération (BOI précité n° 260).
Ces règles s'appliquent dans les mêmes conditions en cas de **simple séparation** des époux, de même qu'en cas de séparation de partenaires de Pacs ou de simples concubins (BOI précité n° 270).

L'administration applique également l'exonération prévue en faveur de la résidence principale aux **immeubles en construction** cédés par des époux en instance de divorce, sous les deux conditions suivantes (BOI-RFPI-PVI-10-40-10 n° 230) : **10226**

– les époux doivent prouver que l'immeuble était destiné à leur résidence principale (cette preuve peut résulter, par exemple, de l'obtention d'un prêt pour la construction d'une résidence principale) ;
– les époux ne devaient pas être propriétaires du logement qu'ils occupaient pendant la construction.

Cette solution bénéficie de la même façon aux partenaires qui rompent un **Pacs** et aux simples **concubins** qui se séparent (BOI-RFPI-PVI-10-40-10 n° 240).

G. Sort des donations entre époux et des avantages matrimoniaux

PRINCIPE

Le sort des donations et avantages matrimoniaux est totalement déconnecté des éventuels **torts des époux dans la séparation**. **10250**

Pour résumer, les donations et avantages matrimoniaux qui ont produit leurs effets avant le divorce sont maintenus. Ceux qui n'ont pas encore produit leurs effets sont révoqués de plein droit.
Ce dispositif présente un **double avantage** :
– il favorise la pacification des rapports entre les époux, puisque le sort des donations et avantages matrimoniaux est indépendant des éventuels torts des conjoints dans la séparation ;
– il met fin à l'incertitude sur la composition des patrimoines des époux après divorce, le sort des donations et avantages matrimoniaux étant, pour l'essentiel, fixé à ce moment.

> **Précisions a.** Le régime des donations entre époux et avantages matrimoniaux institué par la loi du 26 mai 2004 s'applique aux procédures introduites par une assignation délivrée après le 1er janvier 2005, peu important **la date** à laquelle les avantages matrimoniaux ont été stipulés (Cass. 1e civ. 1-12-2010 n° 09-70.138 F-PBI ; Cass. 1e civ. 18-5-2011 n° 10-17.943 F-PBI : BPAT 4/11 inf. 229). Ces dispositions sont conformes à la Constitution (Cons. const. 29-1-2021 n° 2020-880 QPC).
> **b.** Une **proposition de loi** visant à assurer une justice patrimoniale au sein de la famille propose d'étendre les cas d'ingratitude qui s'appliquent en cas de donation entre vifs (C. civ. art. 955) au droit des régimes matrimoniaux. L'**objectif** est d'empêcher la personne qui a commis des violences sur son conjoint de bénéficier des avantages matrimoniaux qui prennent effet au décès de l'un des époux et que son conjoint a pu lui consentir (Texte n° 266 (2023-2024) transmis au Sénat le 18-1-2024).

DONATIONS ENTRE ÉPOUX

Les règles suivantes s'appliquent aux **donations effectuées depuis le 1er janvier 2005**. **10251**

Le divorce est sans incidence sur les donations de **biens présents** (C. civ. art. 265, al. 1). En conséquence (C. civ. art. 1096) :
– celles qui ont pris effet pendant le mariage sont obligatoirement maintenues ;
– celles qui n'ont pas pris effet pendant le mariage restent librement révocables. Sont concernées au premier chef les donations à terme (le terme étant le décès du donateur), cas en particulier de la réversion d'usufruit sur la tête du conjoint survivant.

Pour plus de précisions, notamment sur la clause de révocation en cas de divorce, voir n°s 13650 s.

Les donations **au dernier vivant** sont révoquées de plein droit par le divorce. Toutefois, l'époux qui a consenti la donation peut renoncer au bénéfice de la révocation automatique (ce qui est franchement déconseillé) ; il doit alors faire constater sa décision dans la convention de divorce dans le cas d'un divorce par consentement mutuel sans juge, ou par le juge au moment du divorce dans les autres cas de divorce (C. civ. art. 265, al. 2).

10252 Le divorce est également sans incidence sur les **donations de biens présents consenties avant le 1er janvier 2005** (Cass. 1e civ. 10-6-2015 n° 14-15.615). En conséquence, elles restent en principe librement révocables (C. civ. art. 1096, dans sa rédaction antérieure aux lois 2004-439 du 26-5-2004 et 2006-728 du 23-6-2006 art. 47, III).

Cependant, dans le cadre d'un divorce par consentement mutuel, elles deviennent irrévocables si :

– elles sont maintenues de façon expresse dans la convention des époux contresignée par avocats ou homologuée par le juge (Cass. 1e civ. 6-2-2008 n° 05-18.745 FS-PB, à propos d'une donation au dernier vivant) ;

– elles ne sont pas expressément révoquées par la convention car, alors, elles ont été nécessairement prises en compte et participent du règlement global des effets du divorce (Cass. 1e civ. 28-2-2006 n° 03-10.245 FS-PB, à propos de dons manuels).

Dans les autres cas de divorce, les donations de biens présents cessent d'être révocables si le donateur a renoncé de façon non équivoque à exercer sa faculté de révocation, notamment lorsque celui-ci met en avant le patrimoine de son conjoint résultant de ces libéralités afin de minorer le montant de la prestation compensatoire qu'il doit (Cass. 1e civ. 4-7-2006 n° 04-14.968 FS-PB ; Cass. 1e civ. 26-10-2011 n° 10-25.078 F-PBI : BPAT 6/11 inf. 338 ; Cass. 1e civ. 10-6-2015 n° 14-15.615 F-D).

Rendues en application des dispositions antérieures à la loi du 26 mai 2004, ces solutions nous paraissent transposables.

AVANTAGES MATRIMONIAUX

10255 Les avantages matrimoniaux **qui ont produit effet au cours du mariage** sont maintenus en dépit du prononcé du divorce (C. civ. art. 265, al. 1). Ce sera le cas, par exemple :

– si les époux ont adopté un régime de communauté universelle, puisque les biens sont tous devenus des biens communs dès l'adoption du régime ;

– s'il a été prévu une clause d'apport en communauté sans contrepartie.

Par exception, les époux peuvent reprendre les biens qu'ils ont apportés à la communauté si le contrat de mariage le prévoit (C. civ. art. 265, al. 3 ; n° 4605) – clause dite « alsacienne », courante en cas de communauté universelle.

10256 Le divorce emporte révocation de plein droit des avantages matrimoniaux qui ne prennent **effet** qu'**à la dissolution du régime matrimonial ou au décès de l'un des époux** (C. civ. art. 265, al. 2). Cette disposition vise tous les avantages matrimoniaux qui n'ont pas commencé à produire effet au moment du divorce. Tel est le cas de la clause de préciput, de la clause de prélèvement moyennant indemnité ou de la clause d'attribution intégrale de la communauté au conjoint survivant (généralement liée à l'adoption d'une communauté universelle). De même, la clause d'exclusion des biens professionnels pour le calcul de la créance de participation ne joue pas en cas de divorce, dès lors qu'elle génère un avantage matrimonial qui prend effet à la dissolution du régime (Cass. 1e civ. 18-12-2019 n° 18-26.337 FS-PBI : BPAT 2/20 inf. 53 note G. Yildirim ; Cass. 1e civ. 31-3-2021 n° 19-25.903 F-D : BPAT 3/21 inf. 106, AJ fam. 2021 p. 442 note P. Hilt ; Cass. 1e civ. 15-12-2021 n° 20-15.693 F-D). Dans cette dernière hypothèse, la solution est néanmoins critiquable en ce qu'elle aboutit à priver d'effet une clause du contrat de mariage censée s'appliquer justement pour le cas du divorce (en ce sens, Q. Guiguet-Schielé, L'avantage matrimonial révocable en participation aux acquêts : Dalloz Actualité 23-1-2020 ; G. Yildirim précitée ; en sens contraire, P. Hilt précité).

Si la révocation opère en principe de plein droit, l'époux qui a consenti l'avantage matrimonial ou la donation peut toutefois **renoncer** au bénéfice de la révocation automatique. Il doit alors faire constater sa décision par le juge au moment du divorce ou, pour le divorce contractuel, dans la convention de divorce (C. civ. art. 265, al. 2). En cas de révocation par divorce de l'avantage matrimonial constitué par la clause d'exclusion des biens professionnels, l'on imagine toutefois difficilement l'époux qui a consenti cet avantage à son ex-conjoint renoncer à cette révocation, même si la Cour de cassation ne manque pas de rappeler cette possibilité (voir Cass. 1e civ. 31-3-2021 n° 19-25.903 F-D et Cass. 1e civ. 15-12-2021 n° 20-15.693 F-D précitées).

> **Précisions** À la suite de la décision du 18 décembre 2019 précitée, des **tentatives de sauvetage** de la clause d'exclusion des biens professionnels ont été amorcées. Un sénateur a demandé de compléter l'article 265 du Code civil pour que les époux puissent décider dans leur contrat de mariage du maintien, en cas de divorce, des avantages matrimoniaux ne prenant effet qu'à la dissolution du régime. La ministre de la justice s'est dit favorable à une clarification de ce texte (Rép. Malhuret : Sén. 28-5-2020 n° 14362). Lors de leur congrès tenu à Paris en octobre 2020, les notaires ont proposé de consacrer dans le Code civil deux clauses : celle d'exclusion des biens professionnels de la liquidation de la créance de participation et celle de son plafonnement, en indiquant qu'elles prendront effet au cas de divorce, nonobstant les dispositions de l'article 265 du Code civil (voir notamment G. Yildirim, Le 116e congrès au secours de l'époux professionnel sous la participation aux acquêts : SNH 38/20 inf. 4). À ce jour, aucun aménagement législatif n'a toutefois été apporté, mais une proposition de loi visant à assurer une justice patrimoniale au sein de la famille se propose d'y remédier en complétant l'article 265 de l'alinéa suivant : « La clause d'exclusion des biens professionnels du calcul de la créance de participation ne constitue pas un avantage matrimonial révoqué de plein droit en cas de divorce » (Texte n° 266 (2023-2024) transmis au Sénat le 18-1-2024).

H. Liquidation du régime matrimonial

NÉCESSAIRE LIQUIDATION DU RÉGIME MATRIMONIAL

Les conjoints mariés sous un **régime de communauté** doivent, bien sûr, liquider leur régime matrimonial. 10270

Mais ceux mariés sous le régime de la **séparation de biens** le doivent aussi, dès lors qu'ils ont acquis des biens ensemble ou que l'un a engagé des dépenses qui ont valorisé le patrimoine de l'autre.

1. OPÉRATIONS DE LIQUIDATION

CONVENTION DES ÉPOUX

Divorce par consentement mutuel Dans le cadre du divorce par consentement mutuel **judiciaire**, les époux doivent prévoir les conditions de la liquidation de leur régime matrimonial avant le dépôt de la requête initiale puisque le divorce est, en principe, prononcé dès la première et unique audience : voir n°s 9050 s. 10271

Lorsqu'il s'agit d'un divorce par consentement mutuel **contractuel**, voir n° 9037.

Autres divorces Le **règlement conventionnel** par les époux de la liquidation de leur régime est largement **encouragé** puisque : 10272

– au titre des mesures provisoires, le juge peut désigner un notaire pour préparer un projet de liquidation et de composition des lots, ou tout professionnel pour établir un inventaire estimatif ou pour faire des propositions quant au règlement des intérêts pécuniaires des époux (C. civ. art. 255, 9° et 10° : voir n°s 9200 s.) ;

– dans son ordonnance de non-conciliation (en cas de requête initiale présentée avant le 1-1-2021), le juge demande aux époux de présenter pour l'audience de jugement un projet de règlement des effets du divorce (C. civ. art. 252-3) ;

– la demande introductive d'instance doit être accompagnée d'une proposition de règlement des intérêts pécuniaires des époux (C. civ. art. 257-2 jusqu'au 31-12-2020 et art. 252, dernier al. depuis le 1-1-2021 ; voir n°s 9126 et 9156) ;

– les époux peuvent passer, pendant l'instance, toute convention pour la liquidation et le partage de leur régime matrimonial, communauté ou séparation de biens (C. civ. art. 265-2 : voir n°s 9220 s.).

À DÉFAUT D'ACCORD DES ÉPOUX

Compétence générale du juge Depuis le **1er janvier 2016**, les pouvoirs du juge du divorce en matière de liquidation partage sont étendus (Ord. 2015-1288 du 15-10-2015). Ce régime s'applique aux requêtes en divorce déjà introduites qui, à cette date, n'ont pas donné lieu à une demande introductive d'instance. 10275

Le juge du divorce possède une compétence générale pour statuer sur les demandes de **liquidation et** de **partage** des intérêts patrimoniaux des époux.

Encore faut-il que ces derniers justifient des **désaccords subsistants** entre eux (C. civ. art. 267 et 267-1 abrogé par ord. précitée).

10275 (suite) Ils en font la **preuve** par tous moyens. Deux d'entre eux sont spécialement signalés, à savoir la production :

– soit d'une déclaration commune d'acceptation marquant les points de désaccord entre eux. Cette déclaration est formulée par écrit et signée par les deux époux et leurs avocats respectifs. Les points de désaccord mentionnés ne constituent pas des prétentions au sens de l'article 4 du Code de procédure civile (CPC art. 1116, al. 2). Les parties sont donc tenues de prendre des conclusions pour faire connaître leurs demandes ;

– soit du projet établi par le notaire désigné au titre des mesures provisoires.

Mais il peut aussi s'agir d'une procédure participative qui n'aurait pas abouti. La preuve à rapporter semble plus exigeante que celle requise dans le cadre d'une assignation en partage ; elle porte sur les « désaccords subsistants » (C. civ. art. 267) et pas seulement sur « les diligences entreprises en vue de parvenir à un partage amiable » (CPC art. 1360). Ainsi, certains juges aux affaires familiales considèrent que sont insuffisants un simple échange de courriers entre avocats ou l'absence de réponse d'un époux sur une proposition de liquidation formulée par son conjoint.

Depuis le 1er janvier 2021, la preuve des désaccords subsistants peut être rapportée **à tout moment de la procédure** (CPC art. 1116, al. 1 modifié par décret 2019-1380 du 17-12-2019).

S'agissant des requêtes en divorce introduites avant le 1er janvier 2021, la preuve des désaccords subsistants doit être rapportée **au moment de l'introduction de l'instance** (CPC art. 1116, al. 1 dans sa version en vigueur avant le 1-1-2021). L'initiative semble donc réservée au demandeur. Toutefois, c'est le moment de l'introduction de l'instance qui est visé et non l'acte introductif d'instance. Cette formulation autorise-t-elle le demandeur à en faire état dans ses premières conclusions reconventionnelles ? La réponse est incertaine.

La preuve des désaccords peut être plus tardive dans deux cas :

– si un notaire a été désigné par le juge au titre des mesures provisoires pour élaborer un projet de liquidation, les parties peuvent attendre ce rapport et le joindre aux conclusions par lesquelles elles formulent leurs demandes de liquidation-partage ;

– les parties peuvent signer la déclaration constatant leurs points de désaccord en cours d'instance et prendre des conclusions en conséquence. Le risque d'une demande liquidative présentée tardivement à des fins purement dilatoires est écarté puisqu'elle ne peut être présentée que si les deux époux en sont d'accord.

La preuve des désaccords subsistant dans les conditions précitées **conditionne la recevabilité** des demandes de liquidation-partage. Cette irrecevabilité peut-elle être soulevée d'office par les juges ? Contre l'avis de la Chancellerie, certains juges du fond semblent vouloir répondre par l'affirmative.

Le juge doit **statuer** sur les demandes dont il est saisi. Il le fait selon les règles applicables au partage judiciaire (CPC art. 1361 à 1378). Il commet, le cas échéant, un notaire qui intervient donc dans le cadre d'une procédure de partage judiciaire.

Ainsi, un divorce n'implique pas nécessairement un partage judiciaire, ces deux questions restant séparées. Néanmoins, s'il apparaît, dès la procédure de divorce, qu'aucun partage amiable ne sera possible, les époux pourront demander au juge du divorce de trancher toute question relative à la liquidation-partage.

Dans ce cadre, le juge du divorce a le pouvoir de statuer même si aucun notaire n'a été désigné pour établir un projet liquidatif. Si un tel projet existe, il constitue un élément important mais nullement limitatif. Le juge peut fonder sa solution sur les autres éléments d'appréciation que lui apportent les parties.

> Précisions Dans le régime en vigueur **avant le 1er janvier 2016**, le juge du divorce ordonne la liquidation et le partage des intérêts patrimoniaux des époux lorsqu'il prononce le divorce (C. civ. art. 267, al. 1 ancien). C'est une obligation pour lui ; il ne peut pas différer l'ouverture de cette liquidation (Cass. 1e civ. 7-11-2012 no 11-10.449 FS-PBI : BPAT 1/13 inf. 7).

Il **désigne**, si un époux le sollicite, **un notaire** chargé des opérations de partage (Cass. 1e civ. 12-4-2012 no 11-20.195 F-D : BPAT 4/12 inf. 209 ; Cass. 1e civ. 7-11-2012 no 12-17.394 FS-PBRI ; Cass. 1e civ. 11-9-2013 no 12-18.512 F-PB). Mais il ne peut pas lui enjoindre de tenir compte du rapport de l'expert désigné lors de la conciliation car le juge du divorce ne peut trancher les désaccords entre les époux que si un projet de liquidation du régime matrimonial contenant des informations suffisantes a été établi par un notaire désigné en conciliation (Cass. 1e civ. 10-2-2016 no 15-14.757 FS-PB).

Par ailleurs, le juge peut statuer, à la demande de l'un ou l'autre des époux, sur les **désaccords qui persistent** entre eux **suite au projet de liquidation** du régime matrimonial établi par le notaire désigné dans le cadre des mesures provisoires (C. civ. art. 267, al. 4). Il faut pour cela que le projet liquidatif contienne des informations suffisantes (Cass. 1e civ. 23-9-2015 no 14-21.525 F-PBI). Notamment, le juge fixe le montant de l'indemnité d'occupation si le rapport du notaire contient des informations suffisantes (Cass. 1e civ. 7-11-2012 no 11-17.377 FS-PBI : BPAT 1/13 inf. 7).

Compétences spécifiques Le juge du divorce est compétent pour **déterminer le régime matrimonial** des époux ; il peut même statuer d'office (C. civ. art. 267, al. 5). Dans le même sens pour la période antérieure au 1er janvier 2016 (Cass. 1e civ. 20-3-2013 n° 11-27.845 FS-PBI : BPAT 3/13 inf. 91, question qui se posait pour apprécier la prestation compensatoire). 10276

Il peut accorder, le cas échéant, à l'un des époux ou aux deux une **avance sur leur part de communauté ou de biens indivis** (C. civ. art. 267, al. 1 ; C. civ. art. 267, al. 3 ancien pour la période antérieure à 2016).

Il statue, s'il y a lieu, sur les demandes de **maintien dans l'indivision** (C. civ. art. 267, al. 1 ; C. civ. art. 267, al. 2 ancien pour la période antérieure à 2016). Pour éviter un partage immédiat des biens qui peut impliquer le démantèlement d'une entreprise, la vente d'un logement, etc., un époux peut solliciter le maintien en indivision de l'entreprise agricole, commerciale, industrielle, artisanale ou libérale qu'il exploite ou du local d'habitation ou à usage professionnel et de son mobilier qui, à l'époque du divorce, est effectivement utilisé pour cet usage professionnel ou cette habitation (C. civ. art. 821 et 821-1).

Pour plus de précisions, voir nos 70135 s.

Le juge statue également sur les demandes d'**attribution préférentielle** (C. civ. art. 267, al. 1 ; C. civ. art. 267, al. 2 ancien pour la période antérieure à 2016). L'attribution préférentielle permet d'allotir un époux, dans le cadre du partage, d'un bien particulier commun ou indivis. L'attribution préférentielle d'un bien propre est impossible (CA Bordeaux 2-2-1999 n° 97/2978, à propos d'un véhicule). 10278

Dans les communautés dissoutes par divorce ou par séparation de corps, l'attribution préférentielle obéit aux règles de droit commun exposées nos 70350 s., sous les deux réserves suivantes (C. civ. art. 1476) :

– elle n'est jamais de droit ;

– et il peut toujours être décidé que la totalité de la soulte éventuellement due sera payable au comptant.

ATTENTION

Si le juge peut exiger un règlement comptant, cela ne l'autorise pas à faire du **paiement de la soulte** une condition de l'attribution préférentielle (Cass. 1e civ. 5-4-2002 n° 02-17.718 : Bull. civ. I n° 163, BPAT 5/05 inf. 133), ni une cause de déchéance (Cass. 1e civ. 20-1-2010 n° 09-65.317 F-PB ; Cass. 1e civ. 7-2-2018 n° 17-12.480 F-PB : BPAT 2/18 inf. 81).

En ce qui concerne le **logement**, son attribution préférentielle suppose qu'il s'agisse de la résidence effective de celui qui s'en prévaut (Cass. 1e civ. 28-2-2018 n° 17-13.392 F-D : BPAT 2/18 inf. 55). Cette condition de résidence doit s'apprécier, non seulement au moment de la dissolution de la communauté, mais également à la date à laquelle le juge statue (Cass. 1e civ. 22-11-2005 n° 02-19.283 F-PB). Mais l'autorisation donnée à un époux de résider dans le logement familial au titre des mesures provisoires n'interdit pas à son conjoint de revendiquer l'attribution préférentielle de ce bien (Cass. 1e civ. 10-5-2006 n° 03-19.001 FS-PB). De la même façon, l'épouse contrainte de quitter le domicile familial en raison de violences conjugales peut en demander l'attribution préférentielle au juge du divorce même si la jouissance du logement a été accordée à l'autre époux par l'ordonnance de non-conciliation (Rép. Descamps : AN 2-6-2020 n° 28635). Jugé également que l'emprisonnement d'un époux qui l'a contraint à quitter son domicile ne le prive pas de la possibilité de solliciter l'attribution préférentielle du logement (Cass. 1e civ. 12-12-2007 n° 07-10.308 F-PB). 10279

L'absence d'évaluation du bien concerné ne fait pas obstacle à son attribution préférentielle par le juge du divorce (Cass. 1e civ. 9-1-2008 n° 06-20.167 F-PB ; Cass. 1e civ. 20-11-2013 n° 12-29.129 F-D ; Cass. 1e civ. 16-3-2016 n° 15-14.822 F-PB : BPAT 3/16 inf. 98), pas plus que l'absence de compte entre les intéressés (Cass. 1e civ. 9-12-2009 n° 08-70.340 F-PB ; Cass. 1e civ. 1-12-2010 n° 09-69.621 F-D : BPAT 1/11 inf. 19 ; Cass. 1e civ. 30-4-2014 n° 12-21.484 FS-PBI).

Obligation de statuer Les juges doivent trancher les contestations qui leurs sont soumises ; ils ne peuvent, sous peine de cassation, **déléguer** leurs pouvoirs au notaire liquidateur, qui ne donne qu'un avis de pur fait notamment sur l'évaluation des créances entre époux (Cass. 1e civ. 31-3-2009 n° 08-12.714 F-D ; dans le même sens Cass. 1e civ. 26-1-2011 n° 09-72.422 F-D, à propos d'une créance sur l'indivision postcommunautaire ; Cass. 1e civ. 26-10-2011 n° 10-24.214 F-PBI, à propos d'une créance entre époux séparés de biens). 10281

Liquidation et partage après divorce Les opérations de liquidation et de partage relèvent de la **compétence** du juge aux affaires familiales, même après le divorce (C. org. jud. art. L 213-3, applicable aux demandes formées depuis le 1-1-2010). 10283

Les demandes obéissent aux règles de la **procédure écrite ordinaire** applicable devant le tribunal judiciaire (CPC art. 1136-1).

> **Précisions** Les demandes formées **avant le 1er janvier 2010** relèvent de la compétence du tribunal judiciaire. Si elles ne sont pas achevées dans le délai d'un an après que le jugement de divorce est passé en force de chose jugée, le notaire transmet au tribunal un procès-verbal de difficultés reprenant les déclarations respectives des parties (C. civ. art. 267-1, dans sa rédaction antérieure à la loi 2009-526 du 12-5-2009).

2. DATE DE LA DISSOLUTION DU RÉGIME MATRIMONIAL

ENTRE LES ÉPOUX

10300 En principe (C. civ. art. 262-1) :
– dans un divorce par **consentement mutuel sans juge**, la date d'effet de la dissolution du régime matrimonial est celle à laquelle la convention acquiert force exécutoire, donc la date à laquelle elle est déposée au rang des minutes du notaire, à moins que la convention n'en dispose autrement ;
– dans un divorce par **consentement mutuel avec homologation judiciaire**, la date d'effet de la dissolution du régime matrimonial est celle du divorce puisque, sauf disposition contraire de la convention, la dissolution du régime prend effet au jour de l'homologation de la convention des époux ;
– dans les **autres divorces**, la dissolution du régime matrimonial produit ses effets à la date de la demande en divorce (depuis le 1-1-2021) ou à la date de l'ordonnance de non-conciliation (requête introduite avant le 1-1-2021), c'est-à-dire à une date antérieure au prononcé du divorce. Il s'agit d'éviter que n'entrent dans la communauté les biens acquis ou les dettes faites par un époux pendant la procédure de divorce. Lorsque le divorce est prononcé, après plusieurs procédures de divorce qui n'ont pas abouti, il prend effet à la date de l'ordonnance de non-conciliation rendue dans la procédure ayant abouti au jugement de divorce (Cass. 1e civ. 25-5-2016 n° 15-18.573 F-PB : BPAT 4/16 inf. 147).

10302 En **conséquence**, pour des **époux communs en biens**, c'est à ce moment que :
– doit être appréciée la consistance des biens communs, les biens acquis postérieurement par un seul époux étant personnels de même que les revenus postérieurs à cette date (étant rappelé que l'appréciation de la valeur des biens se fera au jour le plus proche du partage) ;
– naît l'indivision postcommunautaire. Celui qui occupe privativement un bien devenu indivis doit une indemnité à l'indivision, sous réserve du cas particulier du logement familial (n° 10217).
Les pouvoirs des époux pour gérer et disposer des biens anciennement communs sont ceux des indivisaires et non plus ceux qui découlent du régime matrimonial.

10303 Dans le cas où les époux sont mariés sous le régime de la **participation aux acquêts**, il est prévu, notamment en cas de divorce et de séparation de corps, que le régime matrimonial est réputé dissous au jour de la demande (C. civ. art. 1572, al. 1).

> **Précisions** Cette disposition posait problème **avant l'entrée en vigueur** de la réforme de la procédure des divorces contentieux. Comment en effet articuler cette disposition avec l'article 262-1 du Code civil dans sa rédaction antérieure au 1er janvier 2021 au terme duquel le jugement de divorce prend effet à la date de l'ordonnance de non-conciliation ? Certains auteurs faisaient prévaloir l'article 1572 à titre de disposition spéciale, étant observé qu'il s'applique tant entre les époux qu'à l'égard des tiers. D'autres estimaient que l'article 262-1 a implicitement abrogé l'article 1572. La Cour de cassation ne s'est pas, à notre connaissance, prononcée sur la question.
> **Depuis le 1er janvier 2021**, il n'y a plus de difficultés liées à la date de dissolution du régime matrimonial : c'est à la date de la demande en divorce qu'il convient de se référer.

10304 **Report de la date d'effet** La date d'effet de la dissolution du régime matrimonial peut être modifiée par les époux ou par le tribunal.
Si les **époux** en sont **d'accord** et quelle que soit la procédure suivie pour le divorce, ils peuvent décider d'avancer cette date. Peuvent-ils la retarder avec comme date butoir le jour où le divorce acquiert force de chose jugée ? L'option semblait possible puisque les dispositions relatives au report de la date du divorce n'étaient pas considérées d'ordre public (Cass. 1e civ. 17-10-1973 n° 71-12.053 : Bull. civ. I n° 355). La solution n'est plus certaine car la Cour de cassation a décidé que la dissolution du régime matrimonial ne pouvait pas être fixée par le juge à une date postérieure à l'ordonnance de non-conciliation, ou, depuis le 1er janvier 2021, à la date de la demande en divorce (voir n° 10305).

Les époux peuvent décider d'un report soit au moment des opérations de liquidation et de partage, soit par convention avant le prononcé du divorce en application de l'article 265-2 du Code civil (n°s 9220 s.).

À la demande de l'un des époux, le **tribunal** peut fixer les effets de la dissolution du régime matrimonial au moment où les époux ont cessé de cohabiter et de collaborer (C. civ. art. 262-1 modifié). Cette date ne peut être qu'antérieure à celle de l'ordonnance de non-conciliation (Cass. 1e civ. 18-5-2011 n° 10-17.445 F-PBI : BPAT 4/11 inf. 230), ou depuis le 1er janvier 2021, à celle de la demande en divorce. 10305

La **demande de report** peut être présentée par l'un quelconque des époux, même par celui à qui incomberait à titre principal les torts de la rupture. Il semble que l'époux qui sollicite le report n'a pas à s'expliquer sur les motifs de sa demande.

La demande ne peut être présentée que dans le cadre de l'instance en divorce. Accessoire de la demande en divorce, elle peut être exprimée pour la première fois en appel tant que la décision de divorce n'a pas acquis force de chose jugée (Cass. 1e civ. 14-3-2006 n° 04-20.765 FS-PB).

Si les conditions du report sont remplies, le juge ne peut le **refuser** que par une décision motivée (Cass. 1e civ. 31-3-2010 n° 08-20.729 FS-PBRI). Ce refus sera donc soumis au contrôle de la Cour de cassation.

La **fin de la cohabitation** est une question de pur fait qui ne s'apprécie pas au regard des critères relatifs à la faute. Un époux ne peut donc pas être débouté de sa demande de report au motif que l'abandon du domicile conjugal n'a pas été prouvé (Cass. 1e civ. 12-5-2010 n° 08-70.274 F-PBI : BPAT 4/10 inf. 211, rendu en application des dispositions antérieures à la loi du 26-5-2004 mais transposable). Seule la matérialité de la séparation compte, peu important sa qualification juridique. Elle peut être prouvée par tout moyen : bail en nom propre, factures EDF, etc. 10306

La fin de la cohabitation fait présumer celle **de la collaboration** (Cass. 1e civ. 16-6-2011 n° 10-21.438 F-PBI : AJ fam. 2011 p. 373 obs. S. David ; Cass. 1e civ. 5-4-2023 n° 21-24.202 F-D). C'est donc à l'époux qui prétend que la collaboration s'est poursuivie de le prouver. Il doit justifier d'éléments attestant de la réalité de celle-ci après la date de leur séparation (Cass. 1e civ. 8-7-2010 n° 09-12.238 F-PBI : BPAT 5/10 inf. 267).

La poursuite de la collaboration est caractérisée par l'existence de relations patrimoniales entre les époux, résultant d'une volonté commune, allant au-delà des obligations découlant du mariage ou du régime matrimonial (Cass. 1e civ. 17-11-2010 n° 09-68.292 FS-PBI : BPAT 1/11 inf. 20 ; Cass. 1e civ. 24-10-2012 n° 11-30.522 F-PB : BPAT 6/12 inf. 288 ; Cass. 1e civ. 4-1-2017 n° 14-19.978 F-PB : BPAT 1/17 inf. 44-9).

Si la cohabitation et la collaboration ont **cessé à des dates différentes**, les tribunaux retiennent, pour fixer la date de la dissolution du régime matrimonial, la plus tardive des deux dates, c'est-à-dire le moment où les deux conditions sont réunies.

ILLUSTRATIONS

La **poursuite de la collaboration** n'est **pas établie** par :

– le versement d'une pension alimentaire ou d'une contribution aux charges du mariage (Cass. 1e civ. 28-2-1978 n° 76-13.935 : Bull. civ. n° 79 ; Cass. 1e civ. 6-3-2013 n° 12-12.338 F-D) ;

– le paiement de dettes communes (Cass. 1e civ. 14-3-2006 n° 05-15.613 F-D : BPAT 2/06 inf. 43 ; Cass. 1e civ. 16-6-2011 n° 10-21.438 F-PBI, à propos d'emprunts communs) ;

– des donations réciproques au dernier vivant, le maintien en fonctionnement d'un compte joint et le versement par le mari à son épouse d'une somme mensuelle (Cass. 1e civ. 14-3-2006 n° 05-14.476 F-PB : BPAT 2/06 inf. 43) ;

– des déclarations de revenus communes (Cass. 1e civ. 28-2-2006 n° 04-13.603 F-PB : BPAT 2/06 inf. 43 ; Cass. 1e civ. 4-1-2017 n° 14-19.978 F-PB : BPAT 1/17 inf. 44-9) ;

– la caution solidaire donnée par le mari pour le paiement des loyers et charges dus par l'épouse en sa qualité de locataire (Cass. 1e civ. 14-11-2006 n° 05-21.013 F-PB) ;

– le fait que l'épouse ait conservé le statut de conjoint collaborateur (Cass. 1e civ. 8-7-2010 n° 09-12.238 F-PBI : BPAT 5/10 inf. 267).

En revanche, **il y a poursuite de la collaboration** lorsque :

– après la séparation, l'épouse se porte coemprunteur avec son mari du prêt souscrit pour financer les travaux d'amélioration et d'aménagement de l'appartement que ce dernier vient d'acquérir (Cass. 1e civ. 17-11-2010 n° 09-68.292 FS-PBI : BPAT 1/11 inf. 20) ;

– les époux achètent ensemble trois biens immobiliers et contractent des emprunts (Cass. 1e civ. 24-10-2012 n° 11-30.522 F-PB : BPAT 6/12 inf. 288).

10307 Si le juge décide du **report**, le divorce **prend effet** dans les rapports entre époux, en ce qui concerne leurs biens, à la première heure du jour fixé pour la date où ils ont cessé de cohabiter et de collaborer (Cass. 1e civ. 14-11-2006 nº 05-21.629 FS-PB : BPAT 1/07 inf. 7).

10308 Par le report de la date des effets du divorce, les **conséquences** tenant à la dissolution du régime matrimonial sont avancées. Notamment l'indivision postcommunautaire naît plus tôt et donc le cours, le cas échéant, de l'indemnité due pour l'occupation d'un bien devenu indivis. Encore faut-il, bien entendu, que la prescription quinquennale ait été interrompue dans les cinq ans du jour où le divorce est devenu irrévocable (Cass. 1e civ. 23-5-2012 nº 11-12.813 FP-PBI : BPAT 4/12 inf. 234).

En tout état de cause, une exception est expressément prévue pour le domicile conjugal dont la jouissance « conserve un caractère gratuit » jusqu'à la date de la demande en divorce (depuis le 1-1-2021) ou jusqu'à l'ordonnance de non-conciliation (en cas de requête introduite avant le 1-1-2021) (C. civ. art. 262-1, al. 3) ; voir nº 10217. Cette disposition s'applique, quel que soit le régime matrimonial des époux.

S'agissant du passif, le report n'ayant d'effet qu'entre les époux, il ne concerne que la contribution aux dettes, l'obligation à ces mêmes dettes restant inchangée jusqu'à la transcription du divorce qui le rend opposable aux tiers (Cass. 1e civ. 1-6-1994 nº 92-17.465 : Bull. civ. I nº 193).

ENVERS LES TIERS

10310 La dissolution du régime matrimonial ne prend effet à l'égard des tiers qu'à partir du jour où le divorce est mentionné sur les **actes d'état civil** des ex-époux (C. civ. art. 262).

Un tiers ne peut pas se voir opposer les effets d'un divorce qui n'a pas été transcrit. En revanche, il peut invoquer le divorce même non publié si c'est son intérêt.

Le défaut de **publicité foncière** des actes déclaratifs portant sur des immeubles, tel un acte de partage, n'emporte pas leur inopposabilité aux tiers (Décret 55-22 du 4-1-1955 art. 28 et 30). Ainsi la convention définitive homologuée organisant le partage de la communauté, qui n'a pas été publiée au service chargé de la publicité foncière est opposable aux créanciers des époux dès lors qu'il a été procédé aux formalités de transcription du jugement en marge des actes de l'état civil (Cass. 1e civ. 12-4-2012 nº 11-13.456 F-PBI). Le défaut de publicité foncière ouvre droit à des dommages et intérêts au bénéfice des tiers qui subiraient un préjudice de ce fait. En outre, il interdit la publication de toute opération ultérieure sur les immeubles concernés.

> **Précisions** Conséquences de l'article 262 du Code civil lorsque l'un des **époux** est en **redressement judiciaire** : le divorce d'un époux commun en biens, transcrit sur les actes d'état civil après l'ouverture de la procédure collective, n'est pas opposable au liquidateur qui, en sa qualité de créancier de la communauté, peut faire vendre l'immeuble commun (Cass. com. 27-9-2016 nº 15-10.428 F-PB : BPAT 6/16 inf. 222).

FRAUDE DES ÉPOUX COMMUNS EN BIENS

10315 Avant même la dissolution du régime matrimonial entre les époux, il est prévu que toute obligation à la charge de la communauté et toute aliénation de biens communs contractées par l'un d'eux dans la limite de ses pouvoirs, postérieurement à la **demande en divorce** (depuis le 1-1-2021) ou à la **requête initiale** (si cette dernière est introduite avant le 1-1-2021), est déclarée nulle, s'il est prouvé qu'il y a eu fraude aux droits de l'autre conjoint (C. civ. art. 262-2).

3. SORT DES DETTES PROFESSIONNELLES

10320 Lorsque le divorce est prononcé, le tribunal judiciaire peut mettre à la **charge exclusive du conjoint** qui conserve le patrimoine professionnel ou, à défaut, la qualification professionnelle ayant servi de fondement à l'entreprise les dettes et les sûretés consenties par les époux solidairement ou séparément dans le cadre de la gestion d'une entreprise (C. civ. art. 1387-1 ; pour une illustration, Cass. 1e civ. 5-9-2018 nº 17-23.120 FS-PB : BPAT 6/18 inf. 227).

> **Précisions** Cette disposition de protection du conjoint non exploitant est, en réalité, de **faible portée**. En effet, selon les débats parlementaires, la décision du juge ne peut avoir d'effet qu'entre les époux. Elle n'est pas opposable aux créanciers qui pourront agir contre les deux époux. Autrement dit, l'époux qui ne conserve pas l'entreprise reste tenu des dettes qu'il a contractées. Mais il peut exercer un recours contre son conjoint exploitant pour que ce dernier supporte la charge finale des dettes. Évidemment, ce recours n'aura d'efficacité que pour autant que le conjoint exploitant dispose de revenus saisissables.

4. FISCALITÉ DU PARTAGE

DROIT DE PARTAGE

Le partage des biens des époux donne lieu à la perception du droit de partage selon le **régime de faveur** de l'article 748 du CGI exposé n°s 70850 s. 10330

À noter que si des biens communs ou indivis ont servi à fournir une **prestation compensatoire** et ont de ce fait déjà été taxés au droit de partage, la valeur de ces biens est extournée de la base imposable de façon à éviter une double imposition (BOI-ENR-DMTG-20-10-20-20 n° 220).

La **date d'exigibilité** du droit de partage dépend de la procédure suivie pour le divorce : 10331

– en cas de divorce par consentement mutuel, le droit de partage est dû à raison du jugement de divorce qui homologue la convention des époux (ou à raison du dépôt au rang des minutes d'un notaire en cas de divorce extrajudiciaire) ;

– dans les autres procédures, le droit de partage est dû à raison du jugement de divorce si les époux ont prévu par convention les règles de liquidation et de partage de leur régime matrimonial. Si ce n'est pas le cas, le droit de partage est dû lors de l'acte ultérieur qui prévoit le partage des biens (à défaut d'acte, le droit de partage n'est pas dû).

Si l'un des époux bénéficie de **l'aide juridictionnelle**, le jugement de divorce prévoyant la liquidation du régime matrimonial des époux n'a pas à être présenté à l'enregistrement (BOI-ENR-DG-20-30-10 n° 40). Même si le divorce par consentement mutuel extrajudiciaire ne suppose pas le recours à une instance juridictionnelle, les services fiscaux admettent que l'exonération de droits d'enregistrement s'applique lorsque l'un des époux bénéficie de l'aide juridictionnelle (Rép. Vérien : Sén. 27-6-2019 n° 9026).

Le **taux** du droit de partage en cas de partage des intérêts patrimoniaux consécutifs à une séparation de corps, à un divorce ou à une rupture de Pacs est fixé à 1,10 % depuis le 1er janvier 2022 (CGI art. 746). 10332

Un partage d'intérêts patrimoniaux est regardé comme consécutif à un divorce ou à une rupture de Pacs, non seulement lorsque l'**acte** de partage est **signé postérieurement au divorce** ou à la rupture du Pacs mais également lorsque cet acte ne **prend effet** qu'**avec l'homologation** par le juge **de la convention de divorce** (divorce judiciaire) ou avec le dépôt de cette convention au rang des minutes d'un notaire (divorce extrajudiciaire). Un tel partage bénéficie du taux de 1,10 % lorsque le partage prend effet à compter du 1er janvier 2022, même si le divorce ou la rupture de Pacs est antérieur à cette date. En revanche, les partages prenant effet antérieurement à la rupture du Pacs ou au divorce et les partages entre concubins ne peuvent pas bénéficier du taux réduit (Rép. Renaud-Garabedian : Sén. 22-12-2022 n° 356 : BPAT 1/23 inf. 5).

PLUS-VALUES PRIVÉES

Même réalisé avec une soulte, le partage des biens des ex-époux ne peut pas donner lieu à une plus-value imposable (CGI art. 150 U, IV pour les plus-values immobilières et 150-0 A, IV pour les plus-values sur valeurs mobilières). 10335

En cas de **cession ultérieure du bien** par l'ex-époux qui en a été attributaire, le bien est considéré comme ayant été acquis à la date de son entrée dans la communauté ou l'indivision. Le prix d'acquisition à retenir est la valeur vénale du bien à cette date, sans tenir compte de la soulte éventuellement versée (en ce sens, BOI-RFPI-PVI-10-40-100 n° 80, à propos des plus-values immobilières). Le partage est ainsi une opération intercalaire exclusive de toute taxation au titre des plus-values.

EXEMPLE

Des époux acquièrent pour 200 000 € une résidence secondaire en janvier 2014 (bien commun). Dans le cadre de leur divorce intervenu en 2022, les biens des époux sont partagés et l'immeuble, alors valorisé 300 000 €, est attribué à l'époux moyennant une soulte de 150 000 € à verser à l'épouse.
Lors du partage, l'épouse n'est pas imposable sur la soulte perçue (CGI art. 150 U, IV).
L'ex-époux cède l'immeuble en avril 2024, pour 500 000 €.
Plus-value réalisée : 500 000 € (prix de vente) – 200 000 € (prix d'acquisition) = 300 000 €.
Abattement pour durée de détention pour la détermination du montant imposable à l'impôt sur le revenu (10 ans depuis l'acquisition) : 30 %.

PLUS-VALUES PROFESSIONNELLES

Sort de la plus-value En cas de divorce, le **transfert** d'un actif professionnel (notamment un fonds de commerce ou une clientèle) **dans l'indivision postcommunautaire** ne donne pas lieu à taxation des plus-values (CE 3-9-1997 n° 133408 : RJF 10/97 n° 919). 10340

La taxation intervient en revanche si le **fonds** est **cédé pendant l'indivision**. Par exemple, les sommes perçues par un médecin à raison de la cession, après son divorce, de sa clientèle et des droits incorporels de son cabinet sont imposables entre ses mains au titre des plus-values professionnelles pour moitié (CE 5-3-1993 n° 90123 : RJF 5/93 n° 650). Bien que le Conseil d'État ne se soit pas prononcé sur ce point, il faut à notre avis nécessairement en conclure que la seconde moitié de la plus-value est imposable au nom de l'ex-épouse selon le régime des plus-values professionnelles (en ce sens, CAA Nantes 25-4-2000 n° 97-809 : RJF 11/00 n° 1295).
Dans la logique de la décision précitée de 1993, le Conseil d'État juge que la plus-value réalisée à l'occasion de l'**apport à une SARL de droits indivis**, sur un fonds de commerce détenu dans une société d'acquêts, alors même que l'époux n'exploitait pas personnellement le fonds, a un caractère professionnel (CE 27-9-2017 n° 395159 : RJF 12/17 n° 1161 ; CE 5-6-2020 n° 425113 : RJF 8-9/20 inf. 668).

10342 **Paiement d'une soulte par l'un des conjoints** Le **partage** peut être un **fait générateur d'imposition** des plus-values professionnelles pour l'**ex-époux qui n'exploite pas ou plus le fonds** : il est imposable si des biens figurant à l'actif lui sont attribués et sont transférés à cette occasion dans son patrimoine personnel. S'il abandonne ses droits sur le fonds, même en contrepartie du versement d'une soulte, il n'y a pas de cession imposable à son nom dès lors que son ex-conjoint attributaire du fonds maintient les éléments d'actif au bilan de l'entreprise individuelle (CE 28-7-1999 n° 162756 : RJF 10/99 n° 1216). L'administration s'est ralliée à cette solution et a indiqué, s'agissant du régime de la soulte, que dans la mesure où elle n'est génératrice d'aucune imposition chez l'ex-**époux qui se retire** de l'exploitation, elle ne doit pas être considérée comme un complément du prix de revient des éléments maintenus à l'actif pour l'ex-époux **qui poursuit l'activité**. Interrogée sur les conséquences inéquitables de cette non-prise en compte de la soulte pour l'ex-conjoint qui l'a versée, l'administration indique qu'il appartient aux époux de prendre en compte la fiscalité latente sur la plus-value au moment de la fixation du montant de la soulte (BOI-BIC-PVMV-10-10-20 n° 400).
Lorsque la **cession** du fonds intervient **avant le partage** de la communauté, l'ex-époux qui poursuit l'exploitation supportera seul la totalité de l'impôt sur la plus-value, sans déduction de la soulte, au moment où il cédera les éléments d'actif ou cessera son activité (CE 23-12-2010 n° 307757 : RJF 3/11 n° 325 ; solution rendue dans une espèce où la cession du fonds est intervenue bien avant le partage, donc à une époque où il était impossible de savoir si les sommes versées à l'ex-conjoint à titre d'avance sur le partage excéderont ou non ses droits dans le partage).
En cas de **cession ultérieure au partage** de la communauté, pour le calcul du prix de revient des titres cédés, l'intégralité du montant de la soulte perçue par l'ex-épouse, correspondant à la moitié de la valeur totale des parts attribuées dans leur ensemble à l'ex-époux, doit être regardée comme la contrepartie de la cession à titre onéreux de son actif professionnel. Ce montant peut être pris en compte par l'ex-époux dans le calcul du prix de revient des titres lors de leur cession (CAA Nantes 8-7-2021 n° 19NT03979 : RJF 11/21 n° 1034 ; décision définitive, l'administration ne s'étant pas pourvue en cassation).

SECTION 3

CONSÉQUENCES SOCIALES DU DIVORCE POUR LES ÉPOUX

10400 Nous exposons ici les conséquences sociales du divorce **entre les conjoints**.
Les droits susceptibles d'être ouverts à l'ex-conjoint qui prend en charge les **enfants** sont traités n°s 37300 s.

A. Assurance maladie-maternité

10405 En principe, l'ex-conjoint divorcé est affilié à la sécurité sociale à **titre personnel** et bénéficie de la prise en charge de ses frais de santé du fait de son **activité professionnelle** (CSS art. L 160-1).
Le conjoint divorcé **sans activité professionnelle** est affilié au titre de sa **résidence** stable et régulière en France, dès lors qu'il en remplit les conditions (CSS art. L 160-1, D 160-2 et R 111-3 s.).

L'affiliation est **gratuite** pour les personnes dont les ressources sont inférieures à un plafond réévalué annuellement. Sont redevables d'une **cotisation** annuelle les personnes n'ayant perçu ni retraite, ni rente, ni allocation chômage et dont (CSS art. L 380-2 et D 380-1 s.) : 10410
– les revenus d'activité professionnelle sont inférieurs à 20 % du plafond annuel de la sécurité sociale (soit 9 273,60 € en 2024) ;
– et les revenus du capital, éventuellement majorés d'éléments du train de vie, dépassent 50 % de ce plafond (soit 23 184 € en 2024).
L'affiliation doit être effectuée auprès du **régime** dont l'intéressé relevait au titre de sa dernière activité professionnelle ou du régime général s'il n'a jamais travaillé (CSS art. D 160-14, 4°). Elle doit être effectuée auprès de l'organisme maladie du lieu de résidence et n'a pas à être renouvelée.
Cette affiliation donne droit au bénéfice immédiat des **prestations** (remboursement des frais de santé maladie et maternité) du régime général.

> **Précisions** Sont **exonérées** de la cotisation les personnes mariées ou liées par un Pacs dont le conjoint ou le partenaire perçoit une pension de retraite, une rente ou une allocation chômage ou des revenus supérieurs à 20 % du plafond annuel de la sécurité sociale.

B. Retraites de réversion

Lorsqu'un salarié ou un non-salarié (ou un retraité) décède, son conjoint divorcé a droit, sous certaines conditions, à des retraites de réversion. Le cas échéant, ces pensions sont **partagées** avec le **conjoint survivant** laissé par l'assuré. 10450

> **Précisions** Le conjoint divorcé d'un salarié ou d'un non-salarié peut bénéficier du **capital décès de la sécurité sociale** s'il était à la charge effective, totale et permanente de l'assuré décédé : voir n°s 11306 et 11341. Concernant les professions libérales, il convient de se référer au régime d'assurance décès de chaque section professionnelle.
> En revanche, le conjoint divorcé ne peut pas obtenir une **rente** d'ayant droit en cas d'**accident du travail mortel** : la rente n'est accordée au conjoint divorcé que s'il a obtenu de la victime une pension alimentaire (CSS art. L 434-8 et R 434-11), ce qui n'est plus possible depuis l'entrée en vigueur de la loi du 26 mai 2004 (seule une prestation compensatoire est susceptible d'être versée ; voir Cass. soc. 25-11-1993 n° 91-17.284 PB).

1. PENSIONS DE RÉVERSION DES RÉGIMES DES SALARIÉS

PENSION DE RÉVERSION DU RÉGIME DE BASE

Le conjoint divorcé est assimilé au conjoint survivant (CSS art. L 353-3). Il a droit à la pension du régime de base dans les **conditions** prévues pour ce dernier : voir nos 11402 s. 10455

Le fait que l'ex-conjoint divorcé titulaire du droit à réversion se soit remarié est sans incidence sur le **montant** de sa pension (sur ce montant, voir nos 11410 s.). 10456
En revanche, le **remariage de l'ex-conjoint décédé** a pour effet une diminution de la pension. La pension est en effet partagée entre le conjoint survivant et le ou les précédents conjoints divorcés, au prorata de la durée respective de chaque mariage (CSS art. L 353-3). La proratisation s'impose même si le conjoint survivant ou le conjoint divorcé dispose de revenus trop importants pour avoir droit à la pension de réversion (Cass. 2e civ. 7-4-2011 n° 10-17.222 : RJS 6/11 n° 549).
La durée de chaque mariage est déterminée de date à date et arrondie au nombre de mois inférieur (CSS art. R 353-4).
Le partage est opéré lors de la liquidation des droits du premier d'entre eux qui en fait la demande (CSS art. L 353-3, al. 2).
En revanche, la majoration pour enfant à charge (n° 11411) reste entière pour chaque enfant même si la pension de réversion est partagée.
Au décès de l'un des conjoints – survivant ou divorcé(s) –, sa part augmente celle de l'autre ou, s'il y a lieu, des autres, à compter du premier jour du mois suivant le décès (CSS art. L 353-3, al. 4 et R 353-4, al. 4).

Lorsque le **conjoint survivant et** le ou les précédents conjoints **divorcés ne réunissent pas tous à la même date les conditions d'attribution de la pension de réversion**, les parts de pension de réversion qui leur sont respectivement dues sont déterminées lors de la liquidation des droits du premier d'entre eux qui en fait la demande ; ces parts de pension de réversion sont ensuite liquidées au fur et à mesure que les intéressés justifient qu'ils réunissent les conditions requises (CSS art. R 353-4, al. 2). 10457

La pension de réversion attribuée entière à un premier ayant droit est réduite proportionnellement à la durée des mariages **lorsqu'un second ayant droit se manifeste**.
Cette réduction est effective à compter du premier jour du mois qui suit la manifestation du second ayant droit. Le trop-perçu résultant du paiement de la pension de réversion entière jusqu'à la veille de la date d'effet de sa réduction ne donne pas lieu à remboursement (Lettre min. du 22-5-1980 : BJ-Ucanss 23-80).

PENSION DE RÉVERSION DU RÉGIME COMPLÉMENTAIRE AGIRC-ARRCO

10470 Dans le régime Agirc-Arrco (Accord du 17-11-2017 art. 112 s.), le conjoint divorcé a droit à une pension de réversion dans les mêmes **conditions** (tenant notamment au non-remariage) que le conjoint survivant : voir n°s 11430 s.
Cette pension est **calculée** sur la même base que la pension des veuves ou des veufs (n° 11440), mais elle tient compte de la durée du mariage.

10471 En l'**absence d'un conjoint survivant**, l'allocation de réversion est calculée de la façon suivante :
– pour le **conjoint divorcé unique**, le montant de l'allocation est affecté du rapport entre la durée du mariage dissous par le divorce et la durée d'assurance du participant décédé (plafonnée à un certain nombre de trimestres), sans que ce rapport puisse excéder 1 ;
– en cas de **pluralité de conjoints divorcés**, si la durée totale des mariages est supérieure à la durée d'assurance (le cas échéant plafonnée), l'allocation de réversion de chacun est affectée du rapport entre la durée de son mariage avec le participant décédé et la durée globale des mariages dudit participant. La suppression d'une allocation de réversion est sans effet sur le montant des autres.

EXEMPLE

(Inspiré de ceux présentés dans le guide « pensions de réversion de la retraite complémentaire » disponible sur le site agirc-arrco.fr). M. Martin décède en activité le 3 février 2024. Il laisse une ex-conjointe, Mme Fleur, qui a 52 ans et deux enfants à charge de 17 et 15 ans. Leur mariage a duré 150 mois, aucun des deux ne s'était remarié. La durée d'assurance de M. Martin était de 120 trimestres, soit 360 mois. Il avait acquis 3 200 points Agirc-Arrco.
La pension de réversion de Mme Fleur s'élève à : 3 200 × 60 % x 150/360 × 1,4159 = 1 132,72 € annuels, soit 94,40 € mensuels.

10472 Si le **participant décédé laisse un conjoint survivant**, chacun – conjoint survivant et conjoint(s) divorcé(s) – a droit à une allocation de réversion réduite par application du rapport entre la durée de son propre mariage et la durée globale des mariages de l'assuré décédé en excluant, le cas échéant, les mariages conclus avec des ex-conjoints décédés ou remariés.
La suppression d'une allocation de réversion est sans effet sur le montant des autres.
Par exception, les droits de l'ex-conjoint divorcé ne viennent pas réduire ceux du conjoint survivant marié avant le 13 janvier 1998 à un participant divorcé avant le 1er juillet 1980.

EXEMPLE

(Inspiré de ceux présentés dans le guide « pensions de réversion de la retraite complémentaire » disponible sur le site agirc-arrco.fr). Mme Coquelicot décède le 14 février 2024. Elle était retraitée et avait acquis 10 000 points Agirc-Arrco. Elle laisse un ex-conjoint non remarié, M. Pissenlit (durée du mariage : 150 mois) et un conjoint survivant, M. Coquelicot (durée du mariage : 75 mois). Soit une durée totale des mariages de 225 mois. Le conjoint et l'ex-conjoint ont tous les deux 67 ans.
La pension de réversion de M. Pissenlit est de : 10 000 × 60 % × 150/225 × 1,4159 = 5 663,54 € annuels, soit 471,96 € mensuels.
Celle de M. Coquelicot s'élève à : 10 000 × 60 % × 75/225 × 1,4159 = 2 831,80 € annuels, soit 235,98 € annuels.

2. PENSIONS DE RÉVERSION DES RÉGIMES DES NON-SALARIÉS

NON-SALARIÉS NON AGRICOLES

10475 En cas de décès d'un assuré **artisan, industriel ou commerçant**, l'ex-conjoint survivant peut prétendre à une pension de réversion versée par le régime de base des travailleurs indépendants aux mêmes conditions que pour les salariés (CSS art. L 634-2 ; voir n°s 10455 s.).
Le régime complémentaire obligatoire des indépendants prévoit également le versement d'une pension de réversion à l'ex-conjoint divorcé, qu'il soit remarié ou non, sous condition d'âge et de ressources (voir n° 11460).

Les conjoints divorcés de **professionnels libéraux** décédés peuvent également bénéficier de pensions de réversion versées, d'une part, par le régime de retraite de base des professions libérales dans les mêmes conditions que le régime général de la sécurité sociale (CSS art. L 643-7 ; voir n°s 10455 s.), d'autre part, par les régimes de retraite complémentaire, dans des conditions qui dépendent des règlements des sections professionnelles.

NON-SALARIÉS AGRICOLES

Les ex-conjoints des non-salariés agricoles bénéficient également d'une pension de réversion. 10477
Dans le **régime de base**, la pension est versée sans condition de remariage (C. rur. art. L 732-41 s. et D 732-89 s.). La pension est répartie, le cas échéant, entre le conjoint survivant et les ex-conjoints, proportionnellement à la durée de chaque mariage.
Dans le **régime de retraite complémentaire obligatoire**, le conjoint divorcé remplissant les conditions indiquées n° 11460 peut bénéficier d'une pension de réversion à condition de ne pas se remarier (C. rur. art. L 732-62 et D 732-152). Le cas échéant, la pension est partagée entre le conjoint survivant et les ex-conjoints, au prorata de la durée respective de chaque mariage.

SECTION 4 SÉPARATION DE CORPS

PRÉSENTATION GÉNÉRALE

La séparation de corps autorise les époux à résider séparément, sans mettre fin à leur mariage. 10600
Les points communs avec le divorce sont nombreux, mais le **lien conjugal** n'est pas rompu.
La séparation de corps peut présenter un **intérêt** pour les époux qui sont hostiles au principe même du divorce, souvent pour des raisons religieuses. Elle peut également convenir à ceux qui entendent organiser leur séparation mais qui hésitent à rompre définitivement le lien conjugal, soit parce qu'ils espèrent pouvoir reprendre la vie commune, soit parce que l'un d'entre eux n'a aucune ressource personnelle et veut continuer à bénéficier de la protection offerte par le mariage (solidarité financière entre époux, protection sociale, etc.).
Présentant les mêmes inconvénients que le divorce en matière de procédure et de coût (l'avocat est obligatoire) sans pour autant permettre aux époux de refaire leur vie, elle est **en pratique** peu utilisée.

Il ne faut pas confondre la séparation de corps avec la **séparation de fait**. Uniquement caractérisée par l'absence de vie commune, cette dernière n'a pas d'effet juridique particulier.

A. Conditions de la séparation de corps

CONDITIONS CALQUÉES SUR CELLES DU DIVORCE

La séparation de corps peut être prononcée ou constatée dans les mêmes cas et aux mêmes 10605
conditions que le **divorce judiciaire** (C. civ. art. 296).
Par **consentement mutuel**, elle peut être :
– **conventionnelle**. Elle suit le même schéma procédural que le divorce contractuel (C. civ. art. 298 ; CPC art. 1144 s.) : avocat obligatoire ; projet de convention ; information des enfants mineurs ; projet liquidatif (si les époux sont mariés sous un régime autre que la séparation de biens) ; délai de réflexion ; signature de la convention ; dépôt de la convention au rang des minutes d'un notaire ; le cas échéant, formalité d'enregistrement ;
– **judiciaire**, si un des enfants mineurs demande à être entendu. Les époux saisissent alors le juge aux affaires familiales par requête conjointe.

La séparation de corps peut aussi résulter d'une **procédure contentieuse** et être prononcée pour 10606
acceptation du principe de la séparation, pour faute ou pour altération définitive du lien conjugal. Elle obéit aux règles procédurales du divorce (CPC art. 1129).
Toutefois, il existe les particularités suivantes tenant à la **coexistence de demandes en divorce et en séparation de corps** (C. civ. art. 297 et 297-1) :
– l'époux contre lequel une demande en divorce est présentée peut former une demande reconventionnelle en séparation de corps, sauf lorsque la demande principale est fondée sur l'altération définitive du lien conjugal ;

– réciproquement, l'époux contre lequel est présentée une demande en séparation de corps peut former une demande reconventionnelle en divorce ;
– lorsqu'une demande en divorce et une demande en séparation de corps sont concurremment présentées, le juge examine d'abord la demande en divorce et prononce le divorce si les conditions en sont réunies. Si ce n'est pas le cas, il statue sur la demande en séparation de corps. Par exception, si les deux demandes sont fondées sur la faute, le juge les examine simultanément et, s'il les accueille, prononce à l'égard des deux conjoints le divorce aux torts partagés.

Le demandeur en divorce peut, en cours d'instance (même en appel), **transformer sa demande** en séparation de corps (CPC art. 1076). Il en va ainsi même si la demande en divorce est formée à titre reconventionnel (Cass. 1e civ. 25-9-2013 no 12-22.362 F-PB). L'inverse, c'est-à-dire le passage d'une demande en séparation de corps à une demande en divorce, est interdit (CPC art. 1076 ; Cass. 1e civ. 16-4-2008 no 07-14.891 FS-PBI).

Lorsqu'un époux dépose une **requête en séparation de corps mais n'assigne pas**, dans le délai qui lui est imparti, son conjoint est recevable à faire délivrer une assignation en divorce (Cass. avis 10-2-2014 no 13-70.007 : Bull. avis no 1, AJ fam. 2014 p. 239 obs. S. Thouret).

B. Conséquences de la séparation de corps

PRINCIPE

10620 Sous réserve de certaines **particularités**, les conséquences de la séparation de corps obéissent aux mêmes règles que les conséquences du **divorce** (C. civ. art. 304).

En matière d'exercice de l'autorité parentale, de résidence des **enfants** et de pension alimentaire due pour leur entretien et leur éducation, les règles sont celles exposées nos 36650 s.

1. RAPPORTS PERSONNELS DES ÉPOUX

DEVOIR DE COHABITATION

10622 Le principal effet de la séparation de corps est la disparition du devoir de cohabitation des époux (C. civ. art. 299). Les époux **ne sont plus tenus** à une résidence commune. Ils ne sont pas non plus obligés de se recevoir dans leurs domiciles respectifs.

Cependant, toutes les **notifications** en matière d'état ou de capacité continuent à devoir être faites aux deux époux, à peine de nullité (C. civ. art. 108, al. 2).

Le **sort du logement familial** est déterminé par les époux et, à défaut, par le juge qui statue selon les règles prévues en matière de divorce (C. civ. art. 285-1). Sur ces règles, voir nos 10200 s.

DEVOIR DE FIDÉLITÉ

10625 À la différence du divorce, la séparation de corps ne permet pas aux époux de « refaire » leur vie. Il leur est interdit de se remarier ou de se pacser sous peine de bigamie et ils restent soumis au devoir de fidélité. L'**adultère** commis peut justifier une demande reconventionnelle ou principale en divorce pour faute.

Comme en matière de divorce, la **gravité de la faute** est laissée à l'appréciation du tribunal, l'intensité du devoir de fidélité pouvant être différemment considérée. Ainsi, l'adultère du mari commis neuf ans après le jugement de séparation de corps n'est pas fautif (Cass. 2e civ. 19-2-1997 no 96-10.412).

Malgré la persistance du devoir de fidélité, la **présomption de paternité** du mari ne joue pas (C. civ. art. 313). L'enfant conçu en période de séparation de corps n'a donc pas pour père présumé le mari de sa mère.

NOM DES ÉPOUX

10627 Le mariage n'étant pas dissous, chacun des époux conserve l'usage du nom de l'autre. Toutefois, la convention déposée au rang des minutes d'un notaire, le jugement de séparation de corps ou un jugement postérieur peut, compte tenu de l'intérêt des époux, le leur interdire (C. civ. art. 300).

QUALITÉ D'HÉRITIER

10630 Sur le plan successoral, l'époux séparé de corps conserve sa qualité d'héritier (C. civ. art. 301 et 732).

Toutefois, en cas de séparation par consentement mutuel, les époux peuvent valablement renoncer, dans leur **convention**, à leurs droits successoraux (C. civ. art. 301). Seule limite : il n'est pas possible de renoncer au droit de jouissance temporaire sur le logement ni au droit à pension du conjoint dans le besoin, qui sont d'ordre public.

2. RELATIONS FINANCIÈRES ENTRE ÉPOUX

RÉGIME MATRIMONIAL DES ÉPOUX

La séparation de corps ne permet pas d'éviter le partage du patrimoine des époux car elle entraîne toujours l'application du régime matrimonial de la **séparation de biens** (C. civ. art. 302). 10640
Les époux initialement mariés sous un régime de communauté doivent donc faire un état de leur patrimoine commun et procéder au partage. Ceux mariés sous le régime de la séparation de biens ne sont pas tenus de liquider leur patrimoine, leur régime perdurant alors jusqu'à la dissolution du mariage par divorce ou décès. Toutefois, certaines circonstances peuvent rendre cette liquidation nécessaire : cessation de la collaboration bénévole à l'entreprise d'un époux, existence d'avances ou de prêts entre les époux, contestation de la propriété d'un bien, etc.
Comme en matière de divorce (n°s 10304 s.), la **date d'effet** de la séparation de corps en ce qui concerne les biens peut être reportée, à la demande des époux, à la date à laquelle ils ont cessé de cohabiter et de collaborer (C. civ. art. 262 à 262-2 ; Cass. 1e civ. 12-6-2014 n° 13-16.044 F-PB).
En l'absence de règles particulières, le sort des **donations et avantages matrimoniaux** consentis entre les époux obéit aux mêmes règles qu'en cas de divorce : voir n°s 10250 s.

SURVIE DU DEVOIR DE SECOURS

Versement d'une pension alimentaire Au titre de l'exécution du **devoir de secours** (n° 1508) qui subsiste entre les époux, la séparation de corps peut donner lieu au versement d'une pension alimentaire (C. civ. art. 303). 10645

Critères d'attribution Les juges tiennent compte des **besoins de l'époux demandeur**. 10646
Ces besoins sont appréciés au jour où le juge statue (Cass. 1e civ. 8-2-2005 n° 03-15.441 F-D).
En principe, le montant de la pension alimentaire devrait permettre d'assurer la simple subsistance de l'époux créancier. Toutefois, les juges ont tendance à aller au-delà de cette interprétation stricte du devoir de secours, estimant que la pension alimentaire doit permettre à l'époux débiteur de conserver, autant que possible, son niveau de vie antérieur à la séparation de corps.
Les besoins de l'époux créancier s'apprécient au regard de ses revenus personnels et de sa capacité à faire face lui-même à ses besoins. En revanche, il n'est pas tenu compte des sommes revenant à l'époux à la suite du partage de la communauté.

Le montant de la pension alimentaire est également fixé en fonction des **ressources de l'époux créancier**. Aucune pension alimentaire ne sera due si les époux ont des situations financières identiques. 10678

La pension alimentaire est en principe attribuée sans considération des **torts dans la séparation** (C. civ. art. 303, al. 1). La demande de pension alimentaire formée par l'un des époux ne peut donc pas être rejetée au seul motif que la séparation de corps a été prononcée aux torts partagés des époux. Il en va de même, en principe, lorsque l'époux demandeur s'est vu imputer les torts exclusifs de la séparation de corps. Cependant, s'agissant d'une obligation de nature alimentaire, l'époux tenu au versement de la pension alimentaire peut demander la déchéance de l'**époux créancier** de son droit à aliments si ce dernier **a gravement manqué à ses obligations** (C. civ. art. 303, al. 1 qui renvoie à art. 207, al. 2). Les manquements invoqués sont retenus s'ils sont suffisamment graves. Par exemple, l'obligation du mari a été réduite en raison des nombreux abandons du foyer par sa femme (Cass. 2e civ. 11-2-1981 n° 88-13.211 : Bull. civ. II n° 34). 10680

Révision de la pension alimentaire Comme pour toute pension alimentaire, le jugement ou la convention qui fixe son montant peut prévoir une **clause d'indexation** (C. civ. art. 208, al. 2). 10685
La pension est révisable à la hausse ou à la baisse, à la **demande d'un époux**, au regard de l'évolution des ressources et des charges respectives de chacun d'eux et ce même lorsqu'ils ont eux-mêmes fixé le montant de la pension. Le changement de situation résulte, par exemple, du chômage d'un époux, de son départ en retraite ou au contraire de sa promotion professionnelle.
Le **concubinage** est pris en compte pour le calcul de la pension alimentaire. Le concubinage de l'époux créancier peut emporter décharge totale ou partielle du débiteur au titre du manquement au devoir de fidélité (n° 10625).

Capital Lorsque la consistance des biens de l'époux débiteur s'y prête, la pension alimentaire est remplacée, en tout ou partie, par la constitution d'un capital, selon les règles applicables aux prestations compensatoires (C. civ. art. 303, al. 4). L'attribution d'un capital n'a pas un caractère subsidiaire par rapport à l'attribution d'une pension alimentaire. Ainsi, l'épouse séparée de corps peut se voir attribuer, outre une pension alimentaire, l'usufruit d'un immeuble 10690 commun, au titre de l'obligation de secours, la consistance des biens de l'époux débiteur le permettant (Cass. 2e civ. 21-7-1986 no 84-13.368 : Bull. civ. II no 123). De la même façon, l'épouse séparée de corps peut se voir attribuer une pension alimentaire constituée par l'attribution de l'usufruit d'un bien immobilier, le paiement d'un capital de 300 000 € et le paiement d'une somme mensuelle de 1 000 € (Cass. 1e civ. 18-12-2013 no 12-29.920 F-PB : AJ fam. 2014 p. 242 obs. S. Thouret). Si ce capital devient insuffisant pour couvrir les besoins du créancier, celui-ci peut demander un complément sous forme de pension alimentaire (C. civ. art. 303, al. 4).

INDEMNISATION DES PRÉJUDICES

10693 Comme en matière de divorce, le juge peut accorder des dommages-intérêts à un époux victime d'un préjudice particulier (étude d'ensemble : voir nos 10150 s.) :
– les préjudices réparables au titre l'article 266 du Code civil correspondent aux préjudices tant matériels que moraux, d'une particulière gravité, subis par un époux **du fait du prononcé de la séparation** de corps et du relâchement du lien matrimonial qui en résulte (sur l'admission du fondement de l'art. 266 du C. civ., Cass. 1e civ. 5-1-2012 no 10-21.838 F-D : BPAT 1/12 inf. 11) ;
– l'époux qui subit des préjudices matériels et moraux **annexes à la séparation de corps** peut demander réparation à son conjoint sur le fondement de la responsabilité délictuelle (C. civ. art. 1240).

3. CONSÉQUENCES SOCIALES ET FISCALES DE LA SÉPARATION DE CORPS

CONSÉQUENCES SOCIALES DE LA SÉPARATION DE CORPS

10700 Le mariage n'étant pas dissous, les règles sont celles exposées nos 6000 s. et 11300 s. à propos du conjoint.

CONSÉQUENCES FISCALES DE LA SÉPARATION DE CORPS

10702 La séparation de corps met fin à l'**imposition commune** des époux et à leur **solidarité fiscale**, dans les conditions exposées nos 9520 s.
Si une **pension alimentaire** est accordée à l'un des époux, elle est déductible pour son débiteur et imposable pour son créancier, selon les modalités exposées nos 9890 s.
Enfin, en cas de décès de l'un des conjoints, le survivant reste exonéré de **droits de succession** (CGI art. 796-0 bis).

C. Fin de la séparation de corps

VARIÉTÉ DES SITUATIONS

10750 Plusieurs éléments sont susceptibles de mettre un terme à la séparation de corps. Elle peut prendre fin en même temps que le mariage du fait du **décès** d'un époux ou du **prononcé du divorce** pour des faits autres que ceux retenus par le jugement de séparation de corps.
Plus spécifiquement, les époux peuvent mettre fin à la séparation de corps en reprenant la vie commune ou au contraire décider de sa conversion en divorce.

> **Précisions** Le **défendeur** à une **demande en divorce pour altération définitive de la vie conjugale** peut solliciter reconventionnellement le divorce aux torts exclusifs de son conjoint en invoquant des faits antérieurs au jugement de séparation de corps, eussent-ils été retenus par celui-ci (Cass. 1e civ. 26-10-2011 no 09-70.439 FS-D).

RÉCONCILIATION DES ÉPOUX

10751 La réconciliation des époux met fin à la séparation de corps en cas de **reprise** volontaire de la **vie commune** (C. civ. art. 305, al. 1).
Pour produire effet, elle doit résulter de la **volonté** des deux époux de vivre à nouveau ensemble ; des motivations d'ordre purement matériel ne seraient pas suffisantes. Elle doit également se traduire par le rétablissement de la **cohabitation** ; de simples rapprochements éphémères ne seraient pas probants.

10752 La réconciliation produit ses **effets** de plein droit entre les époux et les rétablit dans la situation antérieure (C. civ. art. 305, al. 1).

Cette règle comporte une exception : le régime matrimonial de la séparation de biens subsiste, sauf si les époux adoptent un nouveau régime matrimonial, dans les conditions de droit commun du changement de régime matrimonial (C. civ. art. 305, al. 3).
Pour être **opposable aux tiers**, la réconciliation doit être constatée par acte notarié ou faire l'objet d'une déclaration à l'officier d'état civil. Mention de la réconciliation est faite en marge de l'acte de mariage et des actes de naissance des époux (C. civ. art. 305, al. 2 ; CPC art. 1130).

CONVERSION EN DIVORCE

Cause du divorce À la demande d'un époux, un jugement de séparation de biens peut être converti en jugement de divorce (C. civ. art. 306). Cette conversion est **de droit** lorsque la séparation de corps a duré deux ans après que le jugement de séparation de corps est devenu définitif. La séparation de corps doit avoir été effective et continue durant cette période. 10755
En cas de séparation de corps par **consentement mutuel**, conventionnelle ou judiciaire, la conversion en divorce ne peut intervenir que par consentement mutuel (C. civ. art. 307, al. 2).
Dans les **autres cas**, la conversion en divorce par consentement mutuel est possible (C. civ. art. 307, al. 1).
Si ce n'est pas le cas, la cause de la séparation de corps devient la cause du divorce ; l'attribution des torts n'est donc pas modifiée (C. civ. art. 308, al. 1). Pour cette raison, certains époux contre lesquels la séparation de corps a été prononcée aux torts exclusifs préfèrent introduire une demande en divorce plutôt qu'en conversion de la séparation de corps : ils espèrent ainsi obtenir un jugement qui leur sera plus favorable.

> **Précisions** Tout **engagement pris à l'avance**, lors de la séparation de corps, de ne pas en demander la conversion ou, au contraire, d'accepter la conversion demandée par l'autre époux (lorsque la séparation de corps a été prononcée sur demande conjointe) est nul.

Demande d'un époux Les époux ayant des résidences séparées, le **juge compétent** est celui du lieu de résidence de l'époux avec lequel habitent les enfants mineurs ou, à défaut, du lieu de résidence de l'époux défendeur (CPC art. 1070). 10756
En cas de séparation de corps par **consentement mutuel**, lorsqu'un mineur demande son audition, les époux saisissent le juge d'une requête en divorce par consentement mutuel, selon les formes requises pour celui-ci (CPC art. 1132). Le juge ne les entend pas nécessairement ; il peut se borner à examiner la convention avec leur avocat (CPC art. 1133).
Dans les **autres cas**, la demande en conversion relève de la procédure écrite ordinaire (CPC art. 1131).

Le **juge** aux affaires familiales **statue** uniquement sur les **conséquences** du divorce (C. civ. art. 308 ; CPC art. 1135). Celles-ci se substituent à celles de la séparation. L'obligation de fidélité disparaît ainsi que le devoir de secours et, partant, la pension alimentaire. Le juge examine la nécessité de fixer une prestation compensatoire, selon les règles du divorce ; avant de prononcer la conversion, il doit inviter les parties à s'expliquer sur le versement d'une prestation compensatoire (Cass. 1e civ. 25-5-2004 n° 02-10.424 FS-PB). 10758

CHAPITRE 7 DÉCÈS D'UN CONJOINT

SOMMAIRE

DOUBLE LIQUIDATION

11000 Le décès d'un conjoint met fin à son régime matrimonial et ouvre sa succession, ce qui oblige à deux **liquidations** successives.

La première porte sur le **régime matrimonial** des époux et permet de déterminer, d'une part, les droits du conjoint survivant au titre de ce régime matrimonial (en tenant compte, s'il en existe, des avantages matrimoniaux) et, d'autre part, les droits du défunt. Ces règles sont exposées nos 3870 s.

La seconde liquidation porte sur la **succession** proprement dite et prend en compte le patrimoine du défunt, déterminé après liquidation de son régime matrimonial. La liquidation de la succession va déterminer les droits des héritiers, dont le conjoint fait partie. Nous exposons ici la **vocation légale du conjoint survivant** sur la succession de son époux prédécédé, c'est-à-dire les droits qui lui sont attribués par la loi en l'absence de donation au dernier vivant ou de testament en sa faveur.

Nous verrons ensuite comment est assurée la **couverture sociale** du conjoint survivant, question qui peut se poser avec acuité lorsque le conjoint n'exerce pas d'activité professionnelle.

SECTION 1

DROITS SUCCESSORAUX DU CONJOINT SURVIVANT

La **loi** offre au conjoint survivant qui a la qualité de successible un **régime de faveur** en matière successorale : 11002
– le conjoint hérite dans toutes les configurations familiales, avec des droits importants puisqu'il reçoit au minimum le quart de la succession de son conjoint, et cela peut aller jusqu'au quart en propriété auquel on ajoute l'usufruit de toute la succession (déterminée après liquidation de son régime matrimonial) ;
– il dispose de droits particuliers sur son logement, dont l'objet est de lui permettre de rester dans les lieux et donc de conserver son cadre de vie ;
– il est totalement exonéré de droits de succession.

> **Précisions a.** Le conjoint a la **qualité de successible** à la seule condition de n'être pas divorcé (C. civ. art. 732). Une **instance en divorce en cours** à la date du décès ne le prive donc pas de ses droits successoraux. L'époux **séparé de corps** conserve également sa qualité d'héritier. Toutefois, en cas de séparation de corps par consentement mutuel, les époux peuvent valablement renoncer, dans leur convention, à leurs droits légaux (C. civ. art. 301). Avec deux limites : il est impossible de renoncer par avance au droit de jouissance temporaire au logement et au droit à pension du conjoint survivant dans le besoin, ces deux droits étant d'ordre public.
> **b.** Un **groupe de travail sur la réserve héréditaire** a remis son rapport au garde des Sceaux le 13 décembre 2019. La suppression de la réserve héréditaire du conjoint survivant et l'amélioration de ses droits sur le logement y étaient notamment proposées (voir propositions 11, 11 bis, 11 ter, 12, 13 et 17).

A. Droits successoraux proprement dits

Les droits du conjoint survivant **dépendent des héritiers** avec lesquels il vient en concours à la succession. Il a toujours vocation à hériter en pleine propriété (selon le cas du quart, de la moitié, des trois quarts ou de la totalité de la succession) et, en présence de descendants tous communs, il peut opter pour l'usufruit de toute la succession. 11005
Comme tout héritier, le conjoint dispose de l'**option successorale** : il peut accepter purement et simplement la succession, l'accepter à concurrence de l'actif net ou y renoncer. En tant qu'héritier ab intestat, il ne dispose pas en revanche de la faculté de **cantonner son émolument**, c'est-à-dire d'en limiter l'étendue. Seul le conjoint bénéficiaire d'une libéralité à cause de mort (testament ou donation au dernier vivant) peut cantonner son émolument, lorsqu'il est en présence de descendants du défunt.

> **Précisions** Les droits successoraux légaux du **conjoint** survivant ne lui sont pas garantis. Exception faite du droit temporaire au logement dont il ne peut pas être privé, le conjoint **peut être déshérité** soit en totalité (en présence de descendants), soit en partie seulement (en l'absence de descendants, auquel cas il est héritier réservataire). Ajoutons que, sauf pour la privation du droit viager au logement qui requiert un testament authentique, l'exhérédation du conjoint survivant est valablement réalisée par un simple testament olographe (Cass. 1e civ. 25-6-2008 n° 07-13.438 : Bull. civ. I n° 186).
> Inversement, les **droits** du conjoint survivant **peuvent être augmentés** par l'effet d'un testament ou d'une donation au dernier vivant. Si la loi de 2001 a considérablement augmenté les droits du conjoint survivant, il n'en demeure donc pas moins que des dispositions conventionnelles gardent un véritable intérêt.

1. EN PRÉSENCE DE DESCENDANTS

QUOTITÉ DE DROITS

Il convient de distinguer deux situations (C. civ. art. 757) : 11007
– si **tous les enfants du défunt sont issus du couple**, peu important qu'ils soient nés avant ou après le mariage, le conjoint a légalement le choix entre la pleine propriété du quart et l'usufruit de la totalité de la succession. En fonction de ce choix, les enfants du défunt hériteront soit des trois quarts de la succession en pleine propriété, soit de la nue-propriété du tout ;

– s'il y a **un ou plusieurs enfants non communs**, le conjoint survivant hérite légalement du quart de la succession en pleine propriété, sans possibilité d'option pour l'usufruit. Les enfants recueillent les trois autres quarts. La présence d'enfants non communs s'apprécie uniquement au regard du défunt, et non globalement au niveau du couple. Le fait que le conjoint survivant ait des enfants d'un autre lit ne le prive donc pas de l'option entre le quart en pleine propriété et l'usufruit universel, pourvu que tous les enfants du défunt soient bien des enfants communs.

> **Précisions** En présence d'enfants communs qui acceptent la succession et d'**enfants non communs** qui **renoncent** tous **à la succession** (sans être représentés par leurs propres descendants), le conjoint a l'option entre la pleine propriété du quart et l'usufruit de la totalité de la succession, en application de la règle selon laquelle un renonçant est censé n'avoir jamais hérité (C. civ. art. 805, al. 1). De même, si tous les enfants à l'origine non communs ont été **adoptés** par le conjoint survivant, l'option est ouverte.

OPTION DU CONJOINT ENTRE USUFRUIT ET PROPRIÉTÉ

11008 Lorsque le défunt ne laisse aucun enfant d'un autre lit, son conjoint a le choix entre l'usufruit du tout et la pleine propriété du quart de la succession.

Le **titulaire de l'option** est le seul conjoint survivant : le choix dont il bénéficie est un droit qui lui est strictement personnel, ce qui interdit par exemple à ses créanciers d'exercer ce droit à sa place (par le jeu de l'action oblique).

11009 Les **critères du choix** du conjoint sont nombreux : étendue et composition du patrimoine laissé par le défunt, ressources propres et besoins du conjoint, âge du conjoint et des enfants, état des relations du conjoint avec ses enfants, etc.

Quelques observations générales peuvent cependant être faites :

– **pour le conjoint**, l'option pour la totalité de la succession en usufruit est toujours la plus avantageuse, puisqu'elle est la seule qui lui permet de conserver la jouissance de l'ensemble des biens de la succession et donc de maintenir son niveau de vie ;

– **pour les enfants**, l'option pour l'usufruit est désavantageuse, puisqu'ils vont être privés de la jouissance de leur part d'héritage – tout en devant en assumer certaines charges – jusqu'au décès du second de leurs parents. Bien sûr, rien n'empêche le conjoint de faire ultérieurement donation aux enfants de l'usufruit de tel ou tel bien de la succession (mais cette donation sera taxable aux droits de donation). L'option pour l'usufruit présente cependant un intérêt pour les enfants du défunt lorsque le conjoint a (ou est encore susceptible d'avoir) des enfants d'un autre lit : ils sont alors assurés de recueillir l'intégralité des biens du défunt au décès de leur second parent, sans le risque – latent en cas d'option pour le quart en pleine propriété – d'en voir une partie dévolue à leurs demi-frères et sœurs. Sur le plan des **droits de succession**, le choix est neutre pour le conjoint qui est totalement exonéré (CGI art. 796-0 bis).

Pour les enfants, l'option pour l'usufruit est globalement la plus économique. Certes, les droits qu'ils doivent acquitter sur la valeur de la nue-propriété peuvent être plus élevés que ceux qui auraient été dus sur trois quarts en pleine propriété (si le conjoint a 81 ans et plus), mais ils récupéreront au décès du conjoint la pleine propriété des biens du prédécédé en franchise de droits de succession (CGI art. 1133).

11010 Le conjoint n'est pas tenu par un **délai d'option** et il est libre d'opter à tout moment.

Cependant, si un héritier l'invite par écrit à exercer son option (par lettre recommandée avec avis de réception : CPC art. 1341), le conjoint a trois mois pour prendre parti, également par écrit ; à défaut, il est réputé avoir opté pour l'usufruit (C. civ. art. 758-3).

Le **conjoint** est également réputé avoir opté pour l'usufruit s'il **décède avant d'avoir exercé son option** (C. civ. art. 758-4).

11011 La loi prévoit l'**incessibilité des droits** avant l'option : lorsque le conjoint a le choix entre l'usufruit et la pleine propriété, ses droits sont incessibles tant qu'il n'a pas exercé son option (C. civ. art. 758-1).

11012 La **preuve de l'option** du conjoint entre l'usufruit et la propriété du quart s'effectue par tout moyen (C. civ. art. 758-2) : ce peut être un écrit adressé au notaire ou à un héritier qui a invité le conjoint à se prononcer, ou encore un choix formulé par le conjoint dans un acte notarié établi à l'occasion du règlement de la succession (l'acte de notoriété, par exemple).

SI LE CONJOINT OPTE POUR L'USUFRUIT

11015 L'usufruit universel du conjoint survivant a pour **assiette** la totalité des biens existants (C. civ. art. 757), c'est-à-dire les biens dont le défunt était propriétaire au jour de son décès, à l'exclusion de ceux qu'il a légués par testament.

Droits et obligations du conjoint usufruitier L'usufruitier ne peut en principe entrer en jouissance des biens de la succession qu'après avoir fait un **inventaire des meubles** et un **état des immeubles** objets de l'usufruit (C. civ. art. 600). Il est en outre tenu de donner **caution** de jouir raisonnablement (C. civ. art. 601). 11016

La question de savoir si le défunt a pu **dispenser** son conjoint survivant de ces obligations n'est pas tranchée, dans la mesure où les règles prévues par la loi (possibilité de dispense pour l'obligation de fournir caution, inefficacité de la dispense de l'obligation de faire inventaire) concernent l'usufruit conventionnel, et non l'usufruit légal du conjoint survivant.

Comme tout usufruitier, le conjoint survivant a un droit d'**usage et** de **jouissance des biens** dont il a l'usufruit : il peut en user et en percevoir les revenus. En revanche, il ne peut pas disposer des biens. 11017

Sur les **liquidités** de la succession, l'usufruitier qui a fourni caution dispose d'un quasi-usufruit : il peut utiliser librement les fonds, à charge de restitution à l'extinction de l'usufruit. Si le nu-propriétaire décède avant l'usufruitier, la naissance de la créance de restitution dans le patrimoine du nu-propriétaire n'est pas pour autant remise en cause ; seule l'exigibilité de la créance dépend de l'arrivée du terme de l'usufruit (Cass. 1e civ. 4-11-2020 n° 19-14.421 F-PB : BPAT 1/21 inf. 31). Si l'usufruitier n'a pas fourni caution (ou une garantie équivalente), l'emploi des liquidités peut être ordonné au conjoint usufruitier afin de garantir aux enfants nus-propriétaires la restitution à laquelle ils ont droit à l'extinction de l'usufruit (C. civ. art. 602 et 603).

L'usufruitier doit **conserver la substance** du bien soumis à son usufruit (C. civ. art. 578). S'agissant des immeubles, il est tenu à leur entretien (C. civ. art. 605, al. 1), les grosses réparations demeurant à la charge du nu-propriétaire sans que celui-ci puisse être contraint par l'usufruitier de les réaliser.

Une convention de quasi-usufruit peut être stipulée entre l'usufruitier et les enfants nus-propriétaires (voir n° 67035).

Extinction de l'usufruit Elle intervient le plus souvent par la mort du conjoint survivant. L'usufruit peut également prendre fin par sa conversion en rente viagère ou en capital, par la réunion sur la tête du conjoint des deux qualités d'usufruitier et de nu-propriétaire, par la perte totale de la chose sur laquelle il est établi (C. civ. art. 617), par l'abus de jouissance sanctionné par le juge (C. civ. art. 618 ; pour une illustration, Cass. 1e civ. 16-6-2011 n° 10-17.898 : RJDA 10/11 n° 814) ou par la renonciation de l'usufruitier à son droit. 11018

Conversion de l'usufruit en rente viagère Tant que le partage définitif de la succession n'est pas intervenu, le droit d'usufruit peut être converti en rente viagère à la **demande du conjoint ou des enfants** nus-propriétaires (C. civ. art. 759). 11020

La faculté de conversion est notamment **utile** lorsque le conjoint usufruitier d'un bien frugifère souhaite continuer à percevoir des revenus équivalents à ceux que lui procurait ce bien, tout en étant déchargé de sa gestion (en ce sens, J. Aulagnier, La conversion d'usufruit en rente : un dispositif avantageux à découvrir : BPAT 6/12 inf. 280).

La faculté de demander la conversion est **d'ordre public**. Elle n'est pas susceptible de renonciation avant l'ouverture de la succession et les cohéritiers ne peuvent pas en avoir été privés par la volonté du prédécédé (C. civ. art. 759-1).

En cas de **désaccord entre les héritiers**, la demande de conversion est soumise au juge qui tranche en fonction des circonstances et des intérêts en cause. Le juge ne peut toutefois pas accorder, contre la volonté du conjoint, la conversion en rente viagère de l'usufruit du logement occupé par le conjoint survivant à titre de résidence principale et de son mobilier (C. civ. art. 760, al. 3). 11021

Le **montant de la rente** doit être fixé de façon à fournir au conjoint survivant un revenu équivalant au revenu net des biens qui seront dégrevés de l'usufruit. S'il est saisi à raison du désaccord entre les héritiers, le juge l'apprécie souverainement (C. civ. art. 760, al. 2 ; Cass. 1e civ. 9-9-2015 n° 14-15.957 : BPAT 6/15 inf. 210). Il choisit en outre un indice propre à assurer au conjoint le maintien de l'équivalence initiale. Enfin, il fixe les **garanties** que devront fournir les cohéritiers débiteurs (C. civ. art. 760, al. 2). Il s'agira par exemple d'une hypothèque si l'opération porte sur un immeuble. 11022

La conversion de l'usufruit en rente viagère est **fiscalement** peu avantageuse pour les nus-propriétaires, qui ne peuvent pas déduire de leurs **revenus imposables** la rente qu'ils versent au conjoint. Celui-ci est de son côté imposable selon le régime des rentes viagères constituées à titre onéreux (BOI-RSA-PENS-10-40 n° 30). L'imposition porte sur une fraction des sommes perçues, 11025 qui dépend de l'âge du conjoint au moment de l'entrée en jouissance de la rente : 70 % s'il a moins de 50 ans, 50 % s'il a de 50 à 59 ans, 40 % s'il a de 60 à 69 ans et 30 % s'il a plus de 69 ans (CGI art. 158, 6).

Pour le calcul des **droits de succession** dus par les enfants, il est tenu compte de la conversion lorsque les parties sont convenues que cette conversion rétroagirait à la date du décès (BOI-ENR-DMTG-10-50-10 n° 130).

Si la conversion avec effet rétroactif est opérée avant le dépôt de la déclaration de succession, les droits dus par les enfants sont calculés en déduisant de l'actif successoral taxable la valeur de capitalisation de la rente.

Si la conversion intervient après le dépôt de la déclaration de succession, elle entraîne une révision des droits et une déclaration complémentaire doit être déposée dans les six mois.

L'opération de conversion elle-même est soumise au **droit fixe** de 125 €.

11030 **Conversion de l'usufruit en capital** La conversion de l'usufruit en capital est possible aussi longtemps que le partage définitif de la succession n'est pas intervenu, mais uniquement sur **accord du conjoint survivant et des enfants** nus-propriétaires (C. civ. art. 761). En l'absence d'accord, il n'appartient pas au juge de procéder à cette conversion (Cass. 1e civ. 6-6-1990 : JCP G 1991 II n° 21686 note J.-F. Pillebout ; Cass. 1e civ. 20-11-2001 : Bull. civ. I n° 287, décisions rendues avant l'entrée en vigueur de la loi 2006-728 du 23-6-2006 mais transposables).

Cette faculté de conversion en capital présente notamment l'intérêt pour les enfants de supprimer l'aléa résultant du caractère viager de l'usufruit ou de la rente viagère.

Au regard des **droits de succession**, la conversion de l'usufruit en capital suit le même régime que la conversion de l'usufruit en rente viagère, les droits de succession dus par les enfants étant calculés déduction faite de la valeur du capital et non de la valeur de capitalisation de la rente.

La conversion de l'usufruit en capital est également soumise au **droit fixe** de 125 €.

> **Précisions** La simple **évaluation judiciaire de l'usufruit** du conjoint survivant ne vaut pas conversion en capital de cet usufruit ; celui-ci subsiste et l'époux survivant ne peut donc être expulsé du logement dépendant de la succession (Cass. 1e civ. 19-9-2018 n° 17-17.604 F-D : BPAT 6/18 inf. 241).

SI LE CONJOINT HÉRITE DU QUART EN PLEINE PROPRIÉTÉ

11032 C'est le cas soit **obligatoirement** lorsque le défunt a eu un ou plusieurs enfants d'un autre lit, soit **sur option** du conjoint en présence uniquement d'enfants communs (C. civ. art. 757).

Si le défunt a consenti des libéralités, le **calcul des droits du conjoint** nécessite plusieurs opérations : il faut déterminer la masse de calcul de ces droits puis leur masse d'exercice. Les droits effectifs du conjoint sont égaux au chiffre le plus faible entre le quart de la masse de calcul et la masse d'exercice.

Si le défunt n'a consenti aucune libéralité, il est inutile de distinguer la masse de calcul de la masse d'exercice : le conjoint survivant a droit à un quart des biens existants.

11033 La **masse de calcul** constitue l'assiette théorique des droits du conjoint survivant. Elle comprend « tous les biens existant au décès de son époux auxquels seront réunis fictivement ceux dont il aurait disposé, soit par acte entre vifs, soit par acte testamentaire, au profit de successibles, sans dispense de rapport » (C. civ. art. 758-5, al. 1). Autrement dit, il convient d'ajouter aux biens laissés par le défunt au jour de son décès :

– les legs effectués à des successibles, dans le cas exceptionnel où ces legs sont rapportables à la succession (legs d'attribution) ;

– les donations en avancement de part successorale consenties à un successible acceptant, y compris le conjoint lui-même. Bien que ces donations ne soient par définition pas rapportables, il convient à notre avis d'ajouter également à la masse de calcul les donations-partages, sauf dans le cas où elles auraient été consenties hors part successorale ;

– et les donations hors part successorale consenties au conjoint survivant (les libéralités reçues par le conjoint s'imputent sur ses droits légaux, qu'elles soient ou non en avancement de part successorale).

La loi ne l'indique pas mais il est admis que de l'actif brut doit être déduit le passif existant au décès.

En résumé, masse de calcul = biens existants (soustraction faite des biens légués) – dettes + libéralités rapportables + libéralités entre époux (Cass. civ. 8-2-1898 : DP 1899, 1. 153 note L. Sarrut).

La **masse d'exercice**, sur laquelle vont pouvoir s'exercer effectivement les droits du conjoint, est beaucoup plus restreinte que la masse de calcul. Elle est définie comme « les biens dont le prédécédé n'aura disposé ni par acte entre vifs, ni par acte testamentaire, et sans préjudicier aux droits de réserve ni aux droits de retour » (C. civ. art. 758-5, al. 2). **11034**
Sont donc exclues de la masse d'exercice toutes les libéralités quelles qu'elles soient : entre vifs, à cause de mort, en avancement de part successorale ou hors part successorale. Par ailleurs, les droits légaux en pleine propriété du conjoint ne peuvent jamais entamer la réserve des descendants.
En d'autres termes, la masse d'exercice est obtenue en déduisant de la masse de calcul le montant de la réserve globale et la fraction des libéralités rapportables imputable sur la quotité disponible.
Masse d'exercice = Masse de calcul – réserve globale – quote-part des rapports qui s'est imputée sur la QD
Les avantages matrimoniaux (qui ne sont pas des libéralités) restent bien entendu acquis au conjoint en plus de son quart en pleine propriété et ne doivent donc pas être imputés.

La **confrontation du quart de la masse de calcul à la masse d'exercice** permet de déterminer les droits effectifs du conjoint. Deux hypothèses peuvent se présenter : **11035**
– la masse d'exercice est supérieure ou égale aux droits théoriques du conjoint, c'est-à-dire au quart de la masse de calcul : les droits du conjoint peuvent s'exercer intégralement ;
– la masse d'exercice est inférieure à ces droits théoriques : les droits du conjoint absorbent à due concurrence la masse d'exercice sans que le conjoint puisse exiger des descendants une restitution au titre de leur rapport.
Autrement dit, les droits du conjoint ne peuvent s'exercer que sur la quotité la plus faible : soit le quart de la masse de calcul, soit la masse d'exercice.
Il résulte des règles de détermination de l'assiette des droits en pleine propriété du conjoint que le défunt peut **facilement déshériter son conjoint** – sans même en avoir forcément conscience – en consentant des libéralités imputables sur la quotité disponible ordinaire (par exemple en consentant un legs à l'un de ses enfants ou une donation à un tiers).

EXEMPLE

Le défunt laisse pour lui succéder trois enfants et son conjoint.
Son patrimoine au jour du décès est estimé à 400 000 €, dont un immeuble valant 100 000 € légué à l'un de ses enfants.
Si le conjoint hérite du quart en pleine propriété, la masse de calcul de ses droits correspond aux biens existants, legs non compris, soit 300 000 €, et ses droits théoriques sont du quart de cette somme, soit 75 000 €.
La masse d'exercice est obtenue en déduisant de la masse de calcul (300 000 €) la réserve globale des descendants. Cette réserve correspond, en présence de trois enfants, aux trois quarts d'une masse composée de la somme des biens existants, y compris les legs, soit en l'espèce (300 000 € + 100 000 €) × 3/4 = 300 000 €.
Ainsi la masse d'exercice est égale à 300 000 € – 300 000 € = 0.
Si le conjoint en a la possibilité (cas où il n'y a que des enfants communs), il a à l'évidence intérêt à opter pour l'usufruit universel !
Sur la méthode liquidative à adopter lorsque le conjoint survivant a bénéficié d'une donation entre vifs ou au dernier vivant, voir M. Nicod, Liquidation des droits légaux du conjoint survivant en présence d'une libéralité entre époux : BPAT 3/18 inf. 97.

2. EN L'ABSENCE DE DESCENDANTS

Les droits successoraux du conjoint survivant sont particulièrement importants lorsque le défunt ne laisse aucune descendance : **11050**
– le conjoint hérite en principe, selon la configuration familiale, de la **moitié**, des **trois quarts ou** de la **totalité de la succession** ;
– sa protection est renforcée par la qualité d'**héritier réservataire** qui lui est reconnue par la loi, à hauteur du quart de la succession (C. civ. art. 914-1). Si le défunt a consenti des libéralités excédant les trois quarts de la succession (la quotité disponible), le conjoint pourra en demander la réduction dans les conditions de droit commun.

a. En présence des père et/ou mère du défunt

La succession est partagée entre le conjoint du défunt et ses père et/ou mère, les autres parents par le sang (notamment les frères et sœurs) étant totalement évincés. **11053**
Si le défunt laisse son **père et** sa **mère**, le conjoint survivant recueille la moitié de la succession en pleine propriété, l'autre moitié étant partagée entre les parents à raison d'un quart chacun (C. civ. art. 757-1).

Si **un seul des parents** du défunt est encore en vie, le conjoint survivant reçoit les trois quarts de la succession en pleine propriété, le quart restant étant dévolu au survivant des parents (C. civ. art. 757-1, al. 2). Cependant, les grands-parents du défunt (ou ses arrière-grands-parents) qui seraient dans le besoin disposent dans cette situation d'une créance d'aliments contre la succession.

11054 Pour le **calcul des droits du conjoint** (moitié ou trois quarts), il faut ajouter aux biens existants au décès ceux qui ont pu être donnés ou légués par le défunt sans dispense de rapport. Mais les droits du conjoint ne s'exercent pas sur ces biens donnés ou légués.

La masse de calcul et la masse d'exercice des droits du conjoint sont déterminées de la même manière que lorsque le conjoint recueille, en présence d'enfants, un quart en pleine propriété de la succession, sous les réserves suivantes :

– la masse d'exercice n'est pas limitée par un droit à réserve, les parents n'ayant pas la qualité d'héritier réservataire ;

– mais la masse de calcul peut être restreinte par l'effet d'un droit de retour au profit des père et mère sur les biens donnés à leur enfant prédécédé, qu'il s'agisse de leur droit de retour légal ou d'un droit de retour conventionnel.

b. En cas de prédécès des père et mère du défunt

11060 Lorsque le défunt ne laisse ni descendant, ni père, ni mère, son conjoint survivant recueille l'**intégralité de la succession** en pleine propriété (C. civ. art. 757-2). Le conjoint évince par conséquent tous les autres membres de la famille du défunt, y compris les collatéraux privilégiés (frères et sœurs et, en cas de prédécès ou de renonciation, leurs descendants) et les ascendants ordinaires (grands-parents et arrière-grands-parents).

Les droits du conjoint survivant à l'intégralité de la succession connaissent néanmoins **deux limites** : la dévolution aux collatéraux privilégiés de la moitié des biens de famille et la créance d'aliments des ascendants ordinaires dans le besoin.

DROIT DE RETOUR LÉGAL DES COLLATÉRAUX PRIVILÉGIÉS SUR LES BIENS DE FAMILLE

11062 Lorsque la succession est intégralement dévolue au conjoint survivant en raison de l'absence de descendants et du prédécès des père et mère du défunt, les **biens** que le défunt avait **reçus de ses ascendants** (privilégiés ou ordinaires) **par succession ou donation** et qui se retrouvent en nature dans la succession sont dévolus **pour moitié** aux frères et sœurs du défunt ou à leurs descendants, eux-mêmes descendants du ou des parents prédécédés à l'origine de la transmission (C. civ. art. 757-3).

Le conjoint recueille l'**autre moitié**, avec les autres biens dépendant de la succession et n'ayant pas cette origine.

Cette dévolution particulière entraîne pour les biens qui en font l'objet une **indivision** entre le conjoint et ses beaux-frères et belles-sœurs (ou neveux et nièces) jusqu'au partage de la succession.

11063 **Biens susceptibles du droit de retour** Pour pouvoir faire l'objet du droit de retour, les biens doivent se trouver **en nature dans la succession** (par exemple, un immeuble ou un portefeuille de valeurs mobilières dont le défunt a hérité de sa mère et dont il est toujours propriétaire à son décès). Si ces biens ont été vendus, donnés ou perdus avant l'ouverture de la succession, le droit de retour ne pourra pas s'exercer. En revanche, si ces biens ont été reçus par le défunt dans un partage successoral à charge de soulte, le droit de retour n'en est pas moins ouvert (Cass. 1e civ. 28-2-2018 n° 17-12.040 FS-PBI : BPAT 2/18 inf. 75).

Compte tenu de l'objet du droit de retour (conservation des biens dans les familles), son application aux **sommes d'argent** est discutée. Selon certains auteurs, la condition que le bien se retrouve en nature dans la succession ne s'accorde pas avec leur fongibilité (en ce sens, notamment, G. Goubeaux, L'inquiétant concours entre collatéraux et conjoint survivant : Defrénois 2002 art. 6 p. 427). La jurisprudence devra trancher. À supposer que l'argent soit un bien au sens du droit de retour, celui-ci ne pourra s'exercer que dans la limite des liquidités existant dans la succession.

> **Précisions** Le droit de retour légal des frères et sœurs ne peut **s'exercer** que **sur** la partie des biens attribués au défunt au titre de ses droits successoraux ; il ne peut pas porter sur les biens attribués en règlement d'une créance de salaire différé (Cass. 1e civ. 1-12-2021 n° 20-12.315 FS-B : BPAT 1/22 inf. 35 note N. Petroni-Maudière). Cette dernière est en effet une créance qui s'exerce contre la succession et non un droit héréditaire qui s'exerce dans la succession (M. Grimaldi : Droit des successions LexisNexis 7e éd. 2017 n° 587 p. 467).

Régime du droit de retour Les collatéraux privilégiés qui bénéficient du droit de retour sur la moitié des biens de famille ont la qualité d'héritiers, d'où les conséquences suivantes : ils supportent le **passif** à concurrence de la fraction de la succession qu'ils recueillent et sont soumis aux **droits de succession** dans les conditions de droit commun. 11064

Les collatéraux ne sont pas réservataires. Le défunt peut donc les **priver du droit de retour** sur les biens de famille, soit explicitement par une exhérédation dans un testament, soit implicitement en léguant ces biens à un tiers ou au conjoint, ou par une donation entre époux universelle (en ce sens, notamment, rectificatif à Rép. Poignant : AN 13-2-2007 p. 1636).

Les biens de famille échappent également à la dévolution au profit des collatéraux privilégiés s'ils sont absorbés par une communauté conventionnelle attribuée à titre d'**avantage matrimonial** au conjoint survivant avec exclusion de la faculté de reprise par les héritiers des biens tombés en communauté du chef de leur auteur (C. civ. art. 1525, al. 2).

> **Précisions** Selon le ministère de la justice, l'application du droit de retour légal des collatéraux privilégiés sur le logement donné ou légué au défunt ne fait pas obstacle à l'exercice par le conjoint survivant de ses **droits viagers d'usage et d'habitation** (Rép. Brunel : AN 14-11-2006 n° 104803 p. 11972). La solution est conforme à l'objectif de la loi qui est d'assurer au conjoint survivant des droits sur son logement, mais elle n'est pas évidente, car les biens faisant l'objet d'un droit de retour (succession dite « anomale ») échappent aux règles de la dévolution successorale (sur ce point, voir notamment O. Penin, L'évolution des droits de retour dans le Code civil depuis les lois de 2001 et 2006 : RTD civ. 2016 p. 49).

CRÉANCE D'ALIMENTS DES ASCENDANTS ORDINAIRES DANS LE BESOIN

Les grands-parents du défunt (ou ses arrière-grands-parents) dans le besoin sont titulaires d'une créance alimentaire contre la succession lorsque le **conjoint survivant a droit à la totalité ou aux trois quarts de la succession** : tel est le cas lorsque le défunt n'a laissé aucun descendant et où il ne laisse, au plus, qu'un seul de ses parents, père ou mère (C. civ. art. 758). Le régime de cette créance alimentaire est le même que celui de la pension alimentaire envisagé pour le conjoint survivant dans le besoin (n° 11220). 11070

Ce droit de créance, qui vise à compenser l'absence de droits légaux des ascendants ordinaires en présence d'un conjoint survivant, est **impératif** et ne peut donc pas leur être retiré par un testament du défunt.

Bien que la loi ne le précise pas, les **ascendants ordinaires qui peuvent prétendre à des aliments** sont à notre avis uniquement ceux qui ont été évincés de la succession par la présence du conjoint. La créance alimentaire est en effet justifiée par le fait que le décès d'un petit-enfant a privé les ascendants d'un débiteur d'aliments. Par **exemple**, si le conjoint recueille les trois quarts de la succession parce que le père du défunt est prédécédé, sa mère étant toujours vivante et recueillant le dernier quart, seuls les grands-parents paternels du défunt pourront selon nous prétendre à des aliments. 11071

La **créance** doit être **réclamée** par les ascendants dans un **délai** d'un an, qui court soit dès le décès, soit à partir du moment où les héritiers (le conjoint et éventuellement le père ou la mère survivant) cessent d'acquitter les prestations qu'ils fournissaient auparavant. En cas d'indivision le délai se prolonge jusqu'à l'achèvement du partage (C. civ. art. 758, al. 2). 11072

La pension est prélevée sur la succession et **supportée par** les héritiers (le conjoint et éventuellement le père ou la mère) et, en cas d'insuffisance, par les légataires particuliers, proportionnellement à ce qu'ils recueillent (C. civ. art. 758, al. 3). Le défunt a la possibilité de modifier par testament cette règle proportionnelle en exprimant la volonté qu'un legs soit acquitté de préférence aux autres (C. civ. art. 758, al. 4).

À **défaut d'accord** entre le débiteur d'aliments et son ou ses créanciers, le montant des aliments est fixé par le juge, qu'il appartient au créancier de saisir.

ATTENTION

Si la **succession** est **de faible importance**, elle risque d'être vidée de sa substance par la créance d'aliments des ascendants.

En présence d'ascendants dans le besoin, le conjoint peut donc avoir intérêt à renoncer à la succession. En cas de renonciation, la succession sera dévolue aux ascendants dans les conditions de droit commun, comme si le conjoint n'avait jamais existé.

B. Droits du conjoint sur son logement

11100 Le conjoint survivant qui a la qualité de successible (au sens indiqué n° 11002) dispose de deux droits successifs destinés à lui assurer la **jouissance de son logement** :
– il a d'abord le droit de rester gratuitement dans les lieux pendant un an et de bénéficier pendant la même durée de la jouissance du mobilier ;
– il peut ensuite bénéficier jusqu'à sa mort d'un droit d'habitation assorti d'un droit d'usage sur le mobilier du logement.
Le conjoint survivant est également privilégié dans l'accès à la **propriété de son logement**. S'il se trouve en indivision avec d'autres héritiers, il a priorité pour se faire attribuer la propriété du logement et de son mobilier au moment du partage de la succession.

1. DROIT TEMPORAIRE AU LOGEMENT

11105 Le droit temporaire offre au conjoint successible la **jouissance gratuite** de son logement et du mobilier de ce logement pendant les 12 mois qui suivent son veuvage (C. civ. art. 763).
Le **logement protégé** est celui qui constituait la résidence principale du conjoint à l'époque à laquelle il est devenu veuf. Trois observations :
– le droit du conjoint n'est pas subordonné à une condition de vie commune des époux. Si les conjoints vivaient séparément, le survivant a droit à la jouissance de sa propre résidence principale, y compris s'il y vivait en concubinage à l'époque du décès ;
– le conjoint ne perd pas son droit s'il se remarie dans les 12 mois du décès (en ce sens, Rép. Jeanjean : AN 2-3-2004 p. 1643 n° 29660) ;
– la résidence secondaire n'est pas protégée, même à titre subsidiaire. Le conjoint ne peut pas obtenir la jouissance gratuite de sa résidence secondaire en remplacement de ses droits sur son habitation.

11106 Si les époux résidaient une partie de l'année dans un logement et le reste de l'année dans un autre, il faut rechercher celui dans lequel les époux passaient effectivement le plus de temps, ce qui peut susciter du **contentieux** entre le conjoint survivant et les autres héritiers du défunt (contestation à porter devant le tribunal judiciaire).
En présence par exemple d'une succession comportant **plusieurs immeubles** de valeurs sensiblement différentes, les cohéritiers du conjoint peuvent être tentés de faire porter les droits de ce dernier sur le logement dont la valeur est la plus faible. De même, si les époux partageaient leur temps entre un **logement loué et un autre dépendant de la succession**, les héritiers peuvent vouloir considérer que c'est l'immeuble loué qui constituait la résidence principale du conjoint survivant, pour échapper au droit viager d'habitation qui succède au droit temporaire.
Le contentieux peut également porter sur l'étendue du bien soumis au droit du conjoint, notamment lorsque le défunt était propriétaire de **lots distincts dans une copropriété**. Dans une affaire où le défunt était propriétaire d'un lot au rez-de-chaussée, qui constituait le logement conjugal, et d'un lot au premier étage occupé par la fille de l'épouse, les enfants du premier lit du mari ont obtenu que les droits de leur belle-mère soient limités au lot du rez-de-chaussée (Cass. 1e civ. 25-9-2013 n° 12-21.569 : Bull. civ. I n° 191, Sol. Not. 11/13 inf. 262, décision rendue à propos du droit viager d'habitation mais valable de la même façon pour le droit temporaire de jouissance).

CARACTÉRISTIQUES DU DROIT TEMPORAIRE

11107 Le droit temporaire emprunte des modalités différentes selon les situations. Mais c'est dans tous les cas un **droit d'ordre public** dont le conjoint ne peut pas être privé (C. civ. art. 763, al. 4).
Le droit temporaire est un **effet direct du mariage**, et non un droit successoral (C. civ. art. 763), ce qui emporte les **conséquences** suivantes :
– le droit temporaire s'applique même si le conjoint renonce à la succession ;
– le fait pour le survivant de se prévaloir de ce droit n'emporte pas acceptation tacite de la succession ;
– la valeur du droit au logement ne s'impute pas sur celle des droits successoraux du conjoint.
Le conjoint n'a pas besoin de demander à bénéficier du droit temporaire, qui s'applique **de plein droit** (C. civ. art. 763, al. 1). Le seul fait de se trouver dans les lieux à l'époque du décès lui permet de s'y maintenir gratuitement pendant un an.

LOGEMENT APPARTENANT AUX ÉPOUX OU DÉPENDANT TOTALEMENT DE LA SUCCESSION

11108 Le conjoint survivant a de plein droit pendant un an la **jouissance gratuite** du **logement** qu'il occupait effectivement à titre d'habitation principale à l'époque du décès de son conjoint, ainsi que du mobilier garnissant ce logement et dépendant de la succession (C. civ. art. 763, al. 1).

Le **mobilier** sur lequel le conjoint exerce son droit temporaire s'entend à notre avis non seulement des meubles meublants, mais également des objets d'art et collections (tableaux, notamment). Seuls sont selon nous exclus les souvenirs de famille et les objets personnels du défunt, ainsi bien sûr que les meubles qui ne dépendent pas de la succession.
Le conjoint peut exercer de manière **divisible** le droit temporaire sur le logement et sur le mobilier : cela peut être, à son choix, l'un ou l'autre ou les deux.

La **condition de propriété**, qui implique que le logement soit un bien commun ou indivis aux époux ou appartienne exclusivement au défunt, a pour effet d'exclure du champ d'application du droit temporaire : 11109
– le logement appartenant à une **personne morale** (société civile immobilière, notamment), y compris selon nous lorsque les époux étaient les seuls associés de la société. Dans une telle situation, le conjoint a seulement droit au remboursement des loyers pendant un an si les époux étaient locataires de la société (en ce sens, notamment, Rép. Jeanjean : AN 25-1-2005 p. 816 n° 39324). À noter toutefois l'opinion contraire de certains auteurs qui estiment que le droit temporaire doit s'appliquer lorsque la totalité des parts de la société appartenait en pleine propriété au prédécédé ou aux époux (en ce sens, notamment, S. Ferré-André, Des droits supplétifs et impératifs du conjoint survivant dans la loi du 3 décembre 2001 : Defrénois février 2002 art. 37572 p. 886) ;
– le logement dont le **défunt** était **seulement usufruitier** : l'usufruit s'éteignant au décès de son titulaire, l'immeuble ne se retrouve pas dans sa succession ;
– le logement détenu en **indivision** par le défunt avec une (ou plusieurs) personne(s) autre(s) que son conjoint. Ce sont alors les règles exposées ci-après qui s'appliquent.

LOGEMENT LOUÉ OU DÉTENU EN INDIVISION PAR LE DÉFUNT AVEC UN TIERS

Logement loué Les **loyers** acquittés par le conjoint survivant lui sont remboursés par la succession pendant un an, au fur et à mesure de leur règlement (C. civ. art. 763, al. 2). 11112
À notre avis, le conjoint ne peut prétendre qu'au remboursement des loyers, à l'exclusion de toutes autres sommes et notamment des **charges locatives** (en ce sens, notamment, Rép. Morange : AN 11-1-2005 p. 373 n° 42589). Le remboursement au conjoint de la taxe d'habitation semble donc exclu, s'agissant d'une charge personnelle de l'occupant quel que soit son titre. Mais ces points n'ont pas été tranchés par les tribunaux.

> **Précisions** Le **conjoint** peut toujours s'il le souhaite se maintenir dans les lieux et **continuer le bail à son profit** sans être inquiété par les autres héritiers du défunt :
> – le conjoint est le plus souvent **cotitulaire du bail**, puisque le droit au bail des locaux constituant le logement de la famille est réputé appartenir aux deux époux quels que soient la date de conclusion du bail et le régime matrimonial des époux (C. civ. art. 1751, al. 1). Lorsqu'il est cotitulaire du bail, le conjoint survivant dispose d'un droit exclusif sur le bail sauf s'il y renonce expressément (C. civ. art. 1751, al. 3), renonciation qui ne peut pas avoir lieu avant l'ouverture de la succession (Cass. 3e civ. 18-5-2011 n° 10-13.853 : RJDA 8-9/11 n° 682, BPAT 4/11 inf. 232) ;
> – **à défaut de cotitularité** du bail, par exemple parce que le logement n'a jamais servi à l'habitation commune des époux ou parce qu'il fait l'objet d'un bail mixte professionnel et d'habitation, le conjoint survivant peut demander le transfert à son profit du droit au bail de son conjoint. En cas de pluralité de demandes, c'est à lui que le juge devra attribuer le bail (Loi 89-462 du 6-7-1989 art. 14). S'il ne demande pas le transfert (et en l'absence d'autres demandes), le bail est résilié par le décès du conjoint (Cass. 3e civ. 10-4-2013 n° 12-13.225 : Bull. civ. III n° 48, BPAT 3/13 inf. 100).

Logement en indivision Le droit temporaire s'applique également lorsque l'habitation du conjoint était la propriété indivise du défunt et d'un tiers (par hypothèse autre que le conjoint survivant), par exemple un enfant du couple. Dans ce cas, l'**indemnité d'occupation** due à l'indivision par le conjoint survivant dans les 12 mois du décès lui est remboursée, au fur et à mesure de son paiement, par la succession (C. civ. art. 763, al. 2). 11113
L'article 763 du Code civil ne proratisant pas le remboursement dû au conjoint en fonction des droits de ses coïndivisaires, le conjoint peut à notre avis prétendre au remboursement de la totalité de l'indemnité d'occupation dont il est redevable, alors même que cette indemnité tombe dans l'indivision.

Jouissance gratuite du mobilier Que le logement soit loué ou détenu en indivision, le conjoint a à notre avis également droit à la jouissance gratuite du mobilier dépendant de la succession pendant un an. Bien que ce droit ne soit expressément prévu par la loi que lorsque le logement appartenait aux époux ou dépend totalement de la succession, il doit selon nous 11115 s'appliquer chaque fois que le conjoint bénéficie du droit temporaire, y compris par conséquent en cas de location ou d'indivision avec un tiers.

TRAITEMENT FISCAL DU DROIT TEMPORAIRE AU LOGEMENT

11120 **Situation du conjoint survivant** Le conjoint étant totalement exonéré de **droits de succession** (CGI art. 796-0 bis), il n'est pas imposable sur la valeur de son droit temporaire. En tout état de cause, le droit temporaire n'est pas un droit de nature successorale.

11121 **Incidence du droit temporaire sur l'évaluation du logement** Au regard des **droits de succession**, lorsque le logement dépend en tout ou partie de la succession, l'abattement légal de 20 % prévu par l'article 764 bis du CGI s'applique de plein droit si les époux vivaient ensemble. Si les deux époux vivaient séparément, il n'existe aucun abattement légal. Il est cependant possible à notre avis de pratiquer une décote, puisque les héritiers recueillent un immeuble occupé dont la valeur vénale est nécessairement moindre que celle d'un immeuble libre.
En matière d'**impôt sur la fortune immobilière (IFI)**, lorsque le logement appartenait au défunt et que ses héritiers sont imposables sur la valeur du logement occupé par le conjoint survivant, l'administration leur accorde l'abattement de 30 % prévu à l'article 973 du CGI en faveur de la résidence principale occupée par son propriétaire (BOI-PAT-IFI-20-30-20 n° 40).

11122 **Incidence du droit temporaire au logement sur le passif successoral** L'administration distingue selon que le droit temporaire est exercé en nature (occupation par le conjoint de l'immeuble appartenant aux époux ou dépendant en totalité de la succession du prédécédé) ou en espèces (remboursement au conjoint des loyers ou de l'indemnité d'occupation).
Lorsque le **droit temporaire** est **exercé en nature**, l'administration s'oppose à ce que sa valeur soit portée au passif de la succession (BOI-ENR-DMTG-10-40-20-10 n° 140). Cette position est selon nous contraire à la règle légale selon laquelle le droit temporaire est un effet du mariage, et non un droit de nature successorale.

11123 Lorsque le **droit temporaire s'exerce en espèces**, le montant des loyers ou de l'indemnité d'occupation effectivement remboursé par la succession au conjoint survivant est déductible de l'actif successoral (CGI art. 775 quater).
La déduction des charges locatives et de la taxe d'habitation est exclue, quand bien même ces dernières seraient prises en charge par la succession (BOI-ENR-DMTG-10-40-20-10 n° 140).
Compte tenu du délai de dépôt de la déclaration de succession (en principe dans les six mois suivant le décès) et de la durée du droit temporaire (un an), les loyers ou l'indemnité d'occupation non encore acquittés lors du dépôt de la déclaration y sont en pratique portés sous forme d'une provision. Une déclaration rectificative est souscrite si, à la suite du décès ou du départ du conjoint avant l'expiration du délai d'un an, ou en raison d'une révision de loyer intervenue dans l'intervalle, les sommes effectivement remboursées diffèrent de la provision portée dans la déclaration.

2. DROIT VIAGER AU LOGEMENT

11140 Le droit viager s'exerce **à la suite du droit temporaire** et sous la même condition d'occupation effective du logement à titre de résidence principale par le conjoint. Jusqu'à son décès, le conjoint survivant bénéficie :
– d'un droit d'habitation sur le **logement** constituant sa résidence principale et **appartenant aux époux ou dépendant totalement de la succession**, ainsi que d'un droit d'usage sur le mobilier le garnissant (C. civ. art. 764) ;
– uniquement d'un droit d'usage viager sur le mobilier du logement, si le logement était **loué** (C. civ. art. 765-2).
Lorsque le logement était **détenu par le défunt en indivision avec un tiers**, le conjoint ne bénéficie pas du droit viager. Si dans une telle situation le conjoint bénéficie du droit temporaire (sous la forme du remboursement de l'indemnité d'occupation), il ne peut pas prétendre au maintien dans les lieux passé le délai d'un an.
Lorsque le logement était la **propriété du défunt par suite d'une donation**, le conjoint survivant ne bénéficie pas du droit viager si un droit de retour conventionnel en cas de prédécès du donataire sans postérité s'applique sur ce logement (pour une illustration, Cass. 1e civ. 23-9-2015 n° 14-18.131 : AJ fam. novembre 2015 p. 618 obs. C. Vernières).
Lorsque le logement était détenu par une **SCI**, le conjoint survivant ne bénéficie pas non plus du droit viager (comme du droit temporaire). Si le couple occupait le logement par le biais de loyers versés à la SCI propriétaire, le droit viager se limite au mobilier.

CARACTÉRISTIQUES DU DROIT VIAGER

Le droit viager est un **droit de nature successorale**, et non un effet direct du mariage. Il en résulte les **conséquences** suivantes : 11142
– le conjoint qui veut bénéficier du droit viager doit accepter la succession ;
– l'acceptation du droit viager emporte acceptation tacite de la succession ;
– la valeur du droit viager s'impute sur les droits successoraux du conjoint survivant.

Le droit viager n'est pas d'ordre public et le **conjoint peut en avoir été privé par le défunt**, mais seulement par testament authentique (C. civ. art. 764 ; Cass. 1e civ. 15-12-2010 n° 09-68.076 : Bull. civ. I n° 269, BPAT 1/11 inf. 38). Une exhérédation par testament olographe ou mystique laisserait subsister le droit au logement. 11143

À noter d'ailleurs que l'**efficacité de l'exhérédation** par testament authentique n'est pas absolue. Par exemple, si le testament se limite à la privation des droits d'habitation et d'usage, alors que le conjoint survivant recueille l'usufruit de tous les biens existants en vertu de la loi (parce que tous les descendants sont communs), les droits d'habitation et d'usage seront absorbés par l'usufruit universel non visé par le testament.

Le legs du logement à un tiers emporte-t-il privation des droits viagers du conjoint ? La question est discutée. Selon certains auteurs, cette exhérédation implicite est efficace si le testament a bien été rédigé en la forme authentique (en ce sens, voir notamment F. Vauvillé, Les droits au logement du conjoint survivant : Defrénois octobre 2002 art. 20 p. 1277). Mais la solution n'a rien d'évident, car le legs du logement n'est pas incompatible avec l'exercice du droit d'habitation et d'usage : le tiers gratifié devra seulement attendre le décès du conjoint pour récupérer le logement dégrevé du droit d'habitation. Dans le doute, il est conseillé de recourir à une disposition explicite, qui évitera toute discussion sur la volonté réelle du disposant.

Sur l'effet du **droit de retour des frères et sœurs** sur le droit viager du conjoint, voir nos 11064 s.

Le droit viager ne s'applique pas de plein droit : le **conjoint survivant doit manifester sa volonté** d'en bénéficier. Il dispose pour cela d'un **délai** d'un an à compter du décès (C. civ. art. 765-1), ce qui correspond à la durée pendant laquelle il bénéficie du droit temporaire. 11145

Les héritiers ne peuvent pas imposer au conjoint de prendre parti. Le conjoint choisit le moment où il exprime sa volonté, pourvu que ce soit pendant le délai d'un an.

Cette manifestation de volonté n'est soumise à aucun **formalisme** particulier. Elle peut donc être tacite et résulter d'un faisceau d'éléments démontrant la volonté du conjoint de conserver le logement. Tel est le cas lorsque la veuve s'est maintenue dans les lieux et a exprimé, dans l'assignation qu'elle a délivré trois mois après le décès, son souhait de conserver l'appartement et a déclaré, dans un projet d'acte de notoriété, avant toute opposition de son cohéritier, confirmer sa volonté de bénéficier de son droit viager au logement (Cass. 1e civ. 13-2-2019 n° 18-106171 FS-PB : BPAT 2/19 inf. 47). En revanche, le seul maintien dans les lieux ne suffit pas à caractériser cette manifestation de volonté (Cass. 1e civ. 2-3-2022 n° 20-16.674 FS-B : BPAT 3/22 inf. 145). Assurer l'entretien du logement et employer un salarié à cet effet sont également insuffisants (Cass. 1e civ. 25-10-2023 n° 21-23.999 F-D : BPAT 1/24 inf. 56-1).

Quoiqu'il en soit, il est conseillé au conjoint survivant de manifester sa volonté par écrit dans l'année du décès.

> **Précisions** En présence d'enfants tous communs, l'existence d'un usufruit universel à son profit peut faire douter de l'**utilité pour le conjoint** de se prévaloir du droit viager au logement. Il en est de même lorsque, faute à la fois de descendant et d'ascendant, le conjoint recueille l'intégralité de la succession en pleine propriété. Effectuer la demande peut cependant présenter un intérêt : prémunir le conjoint contre le risque de découverte tardive d'un enfant d'un autre lit du défunt ou d'un testament le déshéritant.

CONTENU ET INTÉRÊT DU DROIT VIAGER

Le droit viager est **proche du droit d'usage et d'habitation** dont il emprunte en partie le régime, l'article 764, alinéa 3 renvoyant aux articles 627, 631, 634 et 635 du Code civil. 11148

En application de ces textes :
– le conjoint doit exercer ses droits raisonnablement (C. civ. art. 627 modifié par loi 2014-873 du 4-8-2014) ;
– il ne peut ni céder ni louer son droit (C. civ. art. 631 et 634) ;
– il est tenu des réparations d'entretien et du paiement des contributions comme un usufruitier, et ne contribue qu'au prorata s'il n'occupe qu'une partie du logement (C. civ. art. 635).

11149 Cependant, le conjoint est dans une position plus favorable qu'un usager de droit commun, puisqu'il n'a pas à fournir **caution** et qu'il n'est tenu de dresser **inventaire** des meubles et état de l'immeuble soumis à ses droits viagers que si les héritiers l'exigent (C. civ. art. 764, al. 4).
Surtout, si le logement n'est plus adapté à ses besoins, il peut le **donner en location** (à usage autre que commercial ou rural) afin de « dégager les ressources nécessaires à de nouvelles conditions d'hébergement » (C. civ. art. 764, al. 5). Ce sera naturellement le cas si l'état de santé du conjoint l'oblige à déménager. Mais l'état de besoin est à notre avis largement entendu : le conjoint est libre de décider si son logement est ou non encore adapté à ses besoins (pour se rapprocher de ses enfants, revenir dans sa région d'origine, prendre un logement plus petit, s'installer en maison de retraite, etc.), sans que les autres héritiers puissent contester sa décision.

11150 Que le logement dépende en tout ou partie de la succession ou qu'il soit assuré au moyen d'un bail, le conjoint survivant bénéficie d'un **droit d'usage viager sur le mobilier** le garnissant, droit dont l'assiette recouvre celle prévue en matière de droit temporaire. Lorsque le logement était loué, le droit viager du conjoint est réduit à ce seul droit d'usage sur le mobilier (C. civ. art. 765-2).

11152 L'**intérêt** du droit viager au logement est mis en évidence lorsque le conjoint ne reçoit qu'une quote-part en propriété de la succession inférieure à la valeur du logement. L'option pour le droit viager évite ainsi au conjoint de devoir une indemnité d'occupation aux autres héritiers, souvent ses beaux-enfants. Mais même lorsque le conjoint est usufruitier de la succession, le droit viager conserve son intérêt. Tel est le cas par exemple si le conjoint a reçu des libéralités et qu'elles s'imputent sur ses droits successoraux, en l'occurrence son usufruit légal (C. civ. art. 758-6 ; Cass. 1e civ. 6-2-2001 n° 99-10.845 : Bull. civ. I n° 28). Tel serait encore le cas si l'on venait à découvrir après le règlement de la succession du défunt l'existence d'un enfant non commun : le droit légal du conjoint se réduirait rétroactivement au quart en propriété.

CONVERSION DU DROIT VIAGER EN RENTE VIAGÈRE OU EN CAPITAL

11155 Le conjoint et ses cohéritiers peuvent, **par convention**, convertir le droit d'usage et d'habitation en une rente viagère ou en capital (C. civ. art. 766). La conversion suppose un accord entre les parties et ne peut donc pas être imposée au conjoint.
Si, parmi les héritiers, il y a des mineurs ou des majeurs protégés, il faudra l'autorisation du juge (juge des tutelles pour les majeurs protégés, juge aux affaires familiales pour les mineurs).
Pour effectuer la conversion, il est nécessaire d'**évaluer la valeur du droit d'usage et d'habitation**. Il est possible de retenir une valorisation économique, la valeur fiscale des droits d'usage et d'habitation fixée par l'article 762 bis du CGI ne s'imposant que pour la liquidation des droits de succession.

DROIT VIAGER AU LOGEMENT ET ATTRIBUTION PRÉFÉRENTIELLE

11156 Si un **héritier autre que le conjoint se voit attribuer le logement**, le conjoint qui aura demandé à bénéficier de ses droits viagers pourra rester dans les lieux. En effet, les droits résultant de l'attribution préférentielle du logement ne préjudicient pas aux droits viagers d'habitation et d'usage que le conjoint peut exercer (C. civ. art. 831-3).

IMPUTATION DE LA VALEUR DES DROITS VIAGERS DU CONJOINT

11158 La valeur des droits d'habitation et d'usage s'impute sur celle des droits successoraux recueillis par le conjoint (C. civ. art. 765, al. 1).
Ce principe est facile à appliquer lorsque, en présence uniquement d'enfants communs, le **conjoint opte pour l'usufruit universel** : les droits viagers sont alors absorbés par l'usufruit.

11159 La combinaison par imputation avec une **quote-part en toute propriété** (1/4, 1/2 ou 3/4) est plus délicate. La loi dispose que si la valeur des droits d'usage et d'habitation excède celle de la quote-part en propriété, le conjoint survivant ne doit aucune indemnité ou récompense à la succession, les droits viagers d'usage et d'habitation lui restant acquis gratuitement. Si au contraire la valeur des droits d'usage et d'habitation est inférieure à sa vocation successorale en pleine propriété, le conjoint peut – c'est une faculté – réclamer le complément sur les biens existants (C. civ. art. 765, al. 2).

11160 La principale **difficulté** consiste à **évaluer le droit d'usage et d'habitation** pour le comparer aux droits en pleine propriété résultant de la vocation légale. La loi ne propose aucune méthode d'évaluation économique mais la Cour de cassation suggérait, en matière d'imputation des libéralités en propriété sur l'usufruit légal du conjoint avant la loi du 3 décembre 2001, d'utiliser la **méthode d'actualisation des flux futurs**. Cette méthode, qui prend notamment en considération l'espérance de vie de l'usufruitier et la valeur locative du bien démembré, peut être retenue ici, si ce n'est que l'on cherche à évaluer un droit d'habitation dont la valeur est inférieure à celle

d'un usufruit. À défaut de relation fixe entre ces deux droits réels, on peut par simplification retenir, comme le suggère le barème fiscal (CGI art. 762 bis), que le droit d'usage et d'habitation équivaut à 60 % de l'usufruit.
En tout état de cause, l'absence de barème légal impose au conjoint et à ses cohéritiers de s'entendre, faute de quoi le juge devra être saisi pour procéder à l'évaluation.

EXEMPLE

Soit un actif successoral évalué au décès à 400 000 €, y compris le logement estimé à 200 000 € (bien propre du défunt). En concours avec un enfant du premier lit du défunt, le conjoint survivant a droit légalement au quart de la succession en propriété, soit 100 000 €. Il bénéficie par ailleurs du droit viager au logement à la suite de sa demande.
Compte tenu de l'espérance de vie du conjoint et de la valeur locative du logement, l'usufruit est évalué à 100 000 €. Forfaitisée à 60 % de l'usufruit, la valeur du droit d'usage et d'habitation s'élève alors à 60 000 €.
Le conjoint a le droit de prendre sur les biens existants la différence entre son quart en propriété (100 000 €) et la valeur de son droit viager (60 000 €), soit 40 000 €.

TRAITEMENT FISCAL DES DROITS VIAGERS D'USAGE ET D'HABITATION

Droits de succession La **valeur fiscale du droit viager** est forfaitairement fixée à 60 % de celle de l'usufruit viager (CGI art. 762 bis), elle-même fixée par le barème prévu à l'article 669 du CGI. 11170
Le conjoint survivant étant exonéré de droits de succession (CGI art. 796-0 bis), l'évaluation des droits viagers n'a d'**incidence** que lorsque leur valeur fiscale excède celle des droits successoraux du conjoint. Car alors, les droits de succession dus par les autres héritiers sont calculés sur la part qu'ils recueillent effectivement, c'est-à-dire déduction faite du droit viager. Pour l'application du barème, l'administration retient l'âge du conjoint survivant au terme de l'exercice du droit temporaire au logement, soit un an après le décès (BOI-ENR-DMTG-10-40-10-50 n° 90), solution de nature à pénaliser les cohéritiers du conjoint.

EXEMPLE

M. A décède en février 2023 en laissant son épouse, âgée de 50 ans, et un enfant d'un premier mariage.
La succession est exclusivement composée du logement familial appartenant en propre au défunt et estimé à 400 000 €. Mme A demande à exercer ses droits viagers au logement.
Ses droits viagers sont fiscalement évalués à 400 000 € × 50 % × 60 % = 120 000 € (soit 20 000 € de plus que ses droits légaux, fixés au quart de la succession, soit à 100 000 €).
Mme A n'est pas taxable aux droits de succession.
L'enfant est taxable sur 280 000 €, qui correspondent à la part successorale qu'il recueille effectivement dans la succession. Compte tenu de l'abattement personnel de 100 000 €, et à supposer qu'il n'y a pas de donation antérieure soumise à rappel fiscal, il sera imposable sur 180 000 €.

La **déclaration de succession** – à déposer en principe dans les six mois du décès – peut être souscrite avant que le conjoint – qui a un an pour faire connaître son intention de demander ou non le bénéfice de ses droits viagers – ait exercé son option. Pour régler ce problème de compatibilité des délais civils et fiscaux, l'administration applique les règles suivantes. 11171
Si le conjoint a exercé son **option avant le dépôt** de la déclaration de succession, la liquidation des droits en tient naturellement compte.
Dans le **cas contraire**, l'administration considère que le conjoint a renoncé au droit viager (en reprenant l'exemple précédent, l'enfant serait taxable sur 300 000 €, et non sur 280 000 €). Si par la suite (et en tout état de cause avant l'expiration du délai légal d'un an à compter du décès), le conjoint manifeste sa volonté d'en bénéficier, les héritiers doivent souscrire une déclaration de succession complémentaire dans les six mois de cette décision. La différence de droits ainsi déterminée est restituée sur réclamation à effectuer au plus tard le 31 décembre de la deuxième année suivant celle au cours de laquelle le conjoint s'est prononcé en faveur du droit viager (ancienne Inst. 7 G-1-03, dont la solution n'a pas été reprise au Bofip mais qui, à notre avis, est toujours d'actualité).

Les héritiers qui recueillent l'immeuble grevé des droits viagers d'habitation et d'usage du conjoint peuvent bénéficier sur option du **paiement différé des droits de succession**, à hauteur de la fraction des droits correspondant à la valeur imposable de l'immeuble, dans les mêmes conditions que les nus-propriétaires. 11173

En cas de **conversion du droit viager en rente ou en capital**, l'administration estime que le calcul des droits de succession n'est pas remis en cause (BOI-ENR-DMTG-10-50-10 n° 180). Si la conversion 11175

est opérée après le dépôt de la déclaration de succession, aucune déclaration complémentaire n'est donc à effectuer.
L'acte de conversion est soumis au droit fixe des actes innomés, soit 125 €.
Si le paiement différé avait été obtenu, les héritiers ont six mois à compter de la conversion pour s'acquitter des droits encore en suspens (BOI-ENR-DG-50-20-20 n° 135).

11178 **Impôt sur la fortune immobilière** Le conjoint titulaire d'un droit viager d'habitation est imposé à l'IFI sur la valeur du logement en pleine propriété, après application de l'**abattement de 30 %** aussi longtemps que le logement constitue sa résidence principale.

3. ATTRIBUTION PRÉFÉRENTIELLE DU LOGEMENT

11190 À condition qu'il hérite d'une quote-part de la succession en propriété, le conjoint survivant peut demander l'attribution préférentielle de la **propriété ou** du **droit au bail** du local qui lui sert effectivement d'habitation, s'il y avait sa résidence à l'époque du décès, du mobilier le garnissant, ainsi que du véhicule du défunt dès lors qu'il lui est nécessaire pour les besoins de la vie courante (C. civ. art. 831-2, 1°).
Cette règle n'est pas spécifique au conjoint survivant, puisqu'elle bénéficie également à tous les héritiers copropriétaires, que ce soit en pleine ou en nue-propriété (C. civ. art. 831-2). Mais l'attribution préférentielle est **de droit pour le conjoint survivant** (C. civ. art. 831-3, al. 1). En présence de demandes multiples portant sur le même logement, c'est par conséquent en faveur du conjoint que le juge doit se prononcer.

11191 Le conjoint peut exiger de ses copartageants des **délais de paiement** à concurrence de la moitié de la soulte et dans la limite de dix ans, les sommes restant dues portant sauf convention contraire intérêt au taux légal (C. civ. art. 832-4, al. 2). En cas de **vente du logement ou du mobilier** le garnissant, la soulte devient immédiatement exigible ; en cas de vente partielle, le produit de la vente est versé aux copartageants et est imputé sur la fraction de la soulte restant due (C. civ. art. 832-4, al. 3).

C. Droit à pension

11220 Le **conjoint survivant** qui a la qualité de successible au sens indiqué n° 11002 dispose s'il est **dans le besoin** d'une créance alimentaire contre la succession (C. civ. art. 767). Ce droit de créance est **impératif**, et ne peut donc pas être retiré au conjoint par testament.
La créance doit être réclamée dans un **délai** d'un an à compter du décès ou à partir du moment où les héritiers cessent d'acquitter les prestations qu'ils fournissaient auparavant au conjoint.
Il s'agit d'un délai de rigueur : faute d'obtenir la reconnaissance amiable de sa créance, le conjoint doit agir en justice dans le délai d'un an à peine de déchéance (Cass. 1e civ. 27-5-2010 n° 09-67.864 : BPAT 4/10 p. 32, solution rendue pour l'application de l'ancien article 207-1 du Code civil mais transposable sous le régime actuel de l'article 767).
En cas d'indivision, le délai d'un an se prolonge jusqu'à l'achèvement du partage (C. civ. art. 767, al. 1 in fine), à condition toutefois que le conjoint ait lui-même des droits dans l'indivision successorale (Cass. 1e civ. 26-1-2011 n° 09-71.840 : Bull. civ. I n° 18, BPAT 2/11 inf. 110, solution rendue à propos d'un époux séparé de biens qui avait été totalement déshérité par testament).
À **défaut d'accord** entre le conjoint et son ou ses débiteurs, le montant des aliments est fixé par le juge, qu'il appartient au conjoint de saisir.

11221 La **pension** alimentaire est prélevée sur la succession (C. civ. art. 767, al. 2). Autrement dit, elle n'est due que si la succession est bénéficiaire. Dans ce cas, peu importe la nature non liquide des actifs : le fait que l'actif net successoral soit exclusivement composé de biens non liquides, tels que des droits immobiliers indivis, n'exclut pas l'octroi d'aliments au conjoint (Cass. 1e civ. 30-1-2019 n° 18-13.526 FS-PB : BPAT 2/19 inf. 48).
Étant prélevée sur la succession, la pension est définitivement **évaluée au moment** où elle est demandée ; elle ne pourra en aucun cas être augmentée par la suite (sauf en exécution d'une clause d'indexation), même si l'état de besoin du conjoint survivant empire. La diminution ou la suppression de la pension en cas de retour à meilleure fortune du conjoint ne sont pas envisagées par la loi ; mais elle devrait pouvoir être demandée par les héritiers (en ce sens, B. Vareille, Successions, les limites de la volonté unilatérale pour les qualifications et les règlements... : Defrénois 30-3-2012 art. 40419).
La pension est **supportée par** les héritiers et, en cas d'insuffisance, par les légataires particuliers (C. civ. art. 767, al. 2). Les légataires particuliers supportent la pension proportionnellement à ce qu'ils recueillent, sauf si un testament du défunt a prévu une autre répartition (C. civ. art. 767, al. 3).

Bien qu'elle soit prélevée sur la succession, la pension n'est pas déductible pour le calcul des **droits de succession**, car il s'agit d'une dette des héritiers. Mais les héritiers ou légataires qui la payent peuvent déduire les sommes versées de leurs **revenus imposables** (CGI art. 156, II-2°), le conjoint étant corrélativement imposable selon le régime des pensions. 11222

SECTION 2

PROTECTION SOCIALE DU CONJOINT SURVIVANT

Nous exposons ici les garanties minimales assurées par différents **régimes obligatoires** (de base ou complémentaires). 11300
Ces garanties peuvent être considérablement améliorées par la souscription auprès d'une mutuelle, d'une société d'assurances ou d'une institution de retraite et de prévoyance de contrats de **prévoyance complémentaire** assurant au conjoint le versement d'un capital décès supplémentaire, d'une rente de conjoint, d'une rente d'éducation ou d'orphelin au profit des enfants à charge ou encore d'une retraite supplémentaire réversible.

A. Capitaux décès

Les régimes d'**assurances sociales des salariés et** des **non-salariés** comportent une couverture contre le risque décès. Aussi, lorsque le défunt exerçait une activité professionnelle, se trouvait en invalidité ou percevait des allocations de chômage, ses proches ont presque toujours droit à un, voire plusieurs capitaux décès, plus rarement à une rente. Le **bénéficiaire de ces capitaux** n'est cependant pas toujours le conjoint survivant. 11302

1. COUVERTURE DÉCÈS DES SALARIÉS

CAPITAL DÉCÈS DU RÉGIME GÉNÉRAL DE SÉCURITÉ SOCIALE

Les ayants droit d'un salarié ou d'un ex-salarié peuvent prétendre au capital décès de la sécurité sociale à la **condition** suivante (CSS art. L 361-1) : 11305
– moins de trois mois avant son décès, le défunt était salarié ou percevait une pension d'invalidité ou une rente accident du travail correspondant à un taux d'incapacité d'au moins 66,66 % ou l'un des revenus de l'assurance chômage ;
– ou, au moment de son décès, le défunt bénéficiait du maintien de ses droits à l'assurance maladie.
Le **montant** du capital décès, indiqué n° 11510, est revalorisé au 1er avril de chaque année, dans les mêmes conditions que les pensions d'invalidité (CSS art. D 361-1).

> **Précisions** **a.** La **demande** de capital décès doit être effectuée **auprès** de la caisse primaire d'assurance maladie de l'assuré décédé. Le formulaire est disponible dans les caisses ainsi que sur internet (service-public.fr).
> **b.** Ces dispositions sont applicables aux **salariés agricoles** (C. rur. art. L 742-3).

Bénéficiaires du capital décès Il ne s'agit pas nécessairement du conjoint survivant : dans le cadre du régime général, le capital décès est versé par **priorité** aux personnes qui étaient à la charge permanente, totale et effective de l'assuré – autrement dit sans ressources personnelles ou avec des ressources minimes – au moment de son décès (CSS art. L 361-4, al. 1). S'il y a plusieurs bénéficiaires prioritaires, le capital décès est versé dans l'ordre de préférence suivant (CSS art. R 361-3) : 11306
– le conjoint (même séparé de droit ou de fait) ou le partenaire de Pacs ;
– à défaut, les enfants (qu'ils soient nés dans ou hors mariage ou adoptifs) ;
– à défaut, les ascendants ;
– à défaut, toute autre personne à charge totale, effective et permanente de l'assuré (conjoint divorcé, concubin, collatéral, cohabitant).

Un conjoint divorcé à charge (par exemple, dont le seul revenu était la pension alimentaire) peut ainsi supplanter le conjoint survivant disposant de ressources, à défaut d'enfants ou d'ascendants à charge du défunt.
S'il y a plusieurs bénéficiaires de même rang (par exemple plusieurs enfants), le capital décès est partagé entre eux.

11307 En l'**absence de bénéficiaire prioritaire**, c'est-à-dire si aucune priorité n'est invoquée dans le mois du décès par une personne qui était à la charge du défunt, le capital est attribué dans l'ordre de préférence suivant (CSS art. L 361-4, al. 2 et R 361-5) :
– au conjoint survivant non séparé de droit ou de fait, ou au partenaire de Pacs ;
– à défaut, aux descendants ;
– à défaut, aux ascendants.
L'une ou l'autre de ces qualités suffit ; l'intéressé n'a pas à justifier qu'il était à la charge du défunt. Les bénéficiaires non prioritaires disposent d'un délai maximum de deux ans, à compter de la date du décès, pour demander le capital décès.

SOMMES VERSÉES PAR LES RÉGIMES COMPLÉMENTAIRES DE PRÉVOYANCE

11315 **Le défunt était cadre ou assimilé cadre** Les entreprises sont tenues d'assurer à leurs cadres et assimilés une couverture complémentaire contre le risque décès (Accord national interprofessionnel du 17-11-2017).
Le **montant du capital décès** – qui s'ajoute à celui de la sécurité sociale – dépend du contrat souscrit par l'entreprise. Il n'est pas rare qu'il atteigne une fois et demie, voire deux fois la rémunération annuelle du cadre décédé. Le capital de base est souvent majoré en présence d'enfant à charge.
Les contrats prévoient parfois que le capital décès est assorti d'une **rente d'éducation** : les enfants perçoivent jusqu'à leur majorité ou la fin de leurs études une rente représentant un pourcentage du dernier salaire du défunt. L'option peut être laissée au choix du cadre entre un capital « pur » et un capital assorti d'une rente d'éducation. La seconde branche de l'alternative est d'autant plus intéressante que les enfants sont jeunes.
Certains contrats de prévoyance proposent également le versement d'une **rente de conjoint survivant**.
Le **versement** du capital décès complémentaire s'obtient sur demande. Le conjoint du salarié défunt devra se rapprocher du service des ressources humaines de l'entreprise ou saisir directement l'organisme de prévoyance.

> **Précisions** Si l'**entreprise n'a pas conclu de contrat d'assurance** avec un organisme assureur, elle doit verser aux ayants droit du cadre (ou assimilé) décédé une somme égale à trois fois le plafond annuel de la sécurité sociale en vigueur au moment du décès (sur le montant applicable, voir n° 11510). Le versement de cette somme est effectué en priorité au conjoint survivant non séparé de droit ou de fait, à défaut aux descendants et à défaut à la succession.

11317 **Le défunt n'était ni cadre ni assimilé cadre** Une protection sociale complémentaire en cas de décès peut être prévue dans l'entreprise, soit de façon obligatoire (par une convention ou un accord de branche ou professionnel), soit de façon purement facultative.
Il convient d'interroger le service des ressources humaines de l'entreprise sur l'existence ou non de cette couverture complémentaire.

ALLOCATIONS VERSÉES AUX CONJOINTS DE CHÔMEURS

11320 Lorsqu'un demandeur d'emploi indemnisé décède, son **conjoint survivant** a droit à une indemnité spécifique, qui doit être demandée auprès de France Travail (Règl. ass. chômage annexé au décret 2019-797 du 26-7-2019 art. 36).
Le **montant** de l'indemnité est calculé sur la base de l'allocation journalière que percevait le défunt. Il est égal à 120 fois cette allocation journalière, ce qui correspond à environ quatre mois de prestations. Chaque enfant à charge ouvre droit à une majoration égale à 45 fois l'allocation journalière, soit un mois et demi de prestations.
Lorsque le défunt se trouvait encore en période de carence ou de différé d'indemnisation, l'allocation décès est calculée sur la base de l'allocation dont il aurait bénéficié.

2. COUVERTURE DÉCÈS DES NON-SALARIÉS

11340 Le régime de sécurité sociale des travailleurs indépendants, auquel sont affiliés les **industriels, commerçants** et **artisans**, verse un capital décès aux ayants droit aux conditions suivantes (CSS art. L 631-1 ; Règlement du régime d'assurance invalidité-décès des travailleurs indépendants, art. 33 s. ; Arrêté SSAS1835474A du 21-12-2018).

Si l'assuré était **en activité** au moment du décès, il devait :

– être affilié au régime vieillesse et invalidité-décès des travailleurs indépendants et être à jour de ses cotisations. Le droit à capital décès est également ouvert, sous conditions, en cas de dispense de cotisation ;

– et avoir cotisé au régime invalidité-décès au titre des trois dernières années civiles sur un revenu moyen d'au moins 10 % de la moyenne des valeurs annuelles du plafond de la sécurité sociale sur les trois années en cause (sur le montant applicable, voir n° 11510). Si la personne a été affiliée moins de trois ans, le revenu pris en compte est celui des années civiles existantes ;

– lorsque le décès est la conséquence d'une maladie ou d'un accident, ne pas avoir exercé d'activité professionnelle relevant d'un régime autre que celui des travailleurs indépendants pendant la période comprise entre le début de la maladie ou l'accident et le décès ;

– ne pas bénéficier d'un avantage de vieillesse du régime des travailleurs indépendants ou d'un dispositif de solidarité (allocation de solidarité des personnes âgées ou allocation aux vieux travailleurs non salariés).

Le capital décès est également dû en cas de décès d'un bénéficiaire de la pension d'invalidité versée par le régime des travailleurs indépendants.

Si l'assuré était **retraité** au moment du décès, il devait :

– avoir eu une dernière activité professionnelle relevant du régime des travailleurs indépendants ;

– réunir au moins 20 ans (80 trimestres) d'assurance dans le régime d'assurance vieillesse des travailleurs indépendants.

Le capital est versé par priorité **aux personnes** qui, au jour du décès, étaient à la charge effective, totale et permanente de l'assuré (ressources personnelles inférieures au plafond « personne seule » de l'Aspa : voir montant indiqué n° 11510). **11341**

Si aucune priorité n'est invoquée dans le délai d'un mois suivant le décès de l'assuré, le capital décès d'un assuré cotisant ou retraité est attribué :

– au conjoint non séparé de droit ou de fait ;

– à défaut, aux enfants à charge ;

– à défaut, aux autres descendants ;

– à défaut, aux ascendants.

S'il y a plusieurs bénéficiaires qui viennent au même rang, le capital est réparti entre eux par parts égales.

La demande doit intervenir dans un délai de deux ans suivant la date du décès.

Le capital décès est égal à 20 % du plafond annuel de la sécurité sociale (Pass) en cas de décès d'un assuré cotisant et à 8 % du Pass en cas de décès d'un assuré retraité. Un capital supplémentaire de 5 % du Pass peut être versé aux enfants à charge du travailleur indépendant décédé. Pour les **montants applicables**, voir n° 11510.

Les membres des **professions libérales** cotisent pour la plupart à un régime d'assurance décès obligatoire, organisé par sections professionnelles. En cas de décès, leur conjoint a souvent droit à un capital décès et/ou une rente de conjoint survivant, et leurs enfants à une rente éducation. **11342**

Le capital décès représente, selon le cas, un simple secours d'urgence ou une somme plus substantielle.

Pour percevoir ces prestations, il faut en faire la demande au régime d'assurance décès concerné.

Le bénéfice d'un capital décès est ouvert aux ayants droit des **non-salariés agricoles** justifiant d'une durée minimale d'affiliation d'un an dans ce régime (C. rur. art. L 732-9-1 et D 732-12-1). **11345**

Le capital est versé par priorité aux **personnes** qui étaient, au jour du décès, à la charge effective, totale et permanente de l'assuré. Si aucune priorité n'est invoquée dans un délai déterminé, il est attribué :

– au conjoint non séparé de droit ou de fait ;

– au partenaire de Pacs ;

– à défaut, aux descendants ;

– à défaut, aux ascendants.

Le **montant** du capital décès, indiqué n° 11510, est revalorisé au 1er avril de chaque année, dans les mêmes conditions que les pensions d'invalidité (C. rur. art. D 732-12-2).

B. Rente d'ayant droit en cas d'accident mortel du travail

11360 En cas d'accident du travail ou de maladie professionnelle suivi de mort, le **conjoint survivant** du salarié (agricole ou non) ou du non salarié agricole a droit à une rente viagère, à **condition** que le mariage soit antérieur à l'accident ou, à défaut, qu'il ait duré au moins deux ans à la date du décès (conditions non exigées si le couple a eu au moins un enfant) (CSS art. L 434-8, L 434-9 et R 434-10 à R 434-14 ; C. rur. art. L 752-7).

La rente est égale à 40 % du salaire annuel de la victime, **montant** porté à 60 % si le conjoint survivant a au moins 55 ans ou est atteint d'une incapacité de travail générale d'au moins 50 %. Le **cumul** de la rente avec une pension personnelle de vieillesse ou d'invalidité est autorisé.

La rente du conjoint est **viagère**. Elle cesse en cas de **nouvelle union** (mariage, Pacs ou concubinage) ; la rente est alors remplacée par un capital égal à trois fois son montant annuel (sauf s'il y a des enfants, auquel cas le rachat est différé aussi longtemps que l'un d'eux bénéficie lui-même d'une rente d'orphelin). En cas de fin de la nouvelle union, la rente, le cas échéant diminuée du capital versé, est rétablie.

> **Précisions a.** Le **partenaire de Pacs** et le simple **concubin** ont droit, comme le conjoint et sous les mêmes conditions, à la rente d'ayant droit.
> **b.** Le **total des rentes allouées** à l'ensemble des ayants droit (conjoint, enfants et ascendants) ne peut pas dépasser 85 % du salaire annuel de base de la victime. Si ce montant est dépassé, chaque rente est réduite proportionnellement.

C. Retraites de réversion

11400 Lorsqu'un assuré décède, les régimes de retraite des **salariés** (régime général de la sécurité sociale et régime complémentaire Agirc-Arrco) prévoient sous certaines conditions le versement d'une partie de sa retraite, ou de celle à laquelle il aurait pu prétendre, à son **conjoint survivant** : c'est la pension de réversion. Ces droits sont ouverts aux veufs comme aux veuves, qu'ils soient en activité ou retraités.

Sur les pensions de réversion des **non-salariés**, voir n° 11460.

> **Précisions** Le **conjoint survivant invalide** d'un assuré du régime général (salarié) percevant ou susceptible de percevoir lui-même une pension d'invalidité ou de retraite a droit à une pension de veuf ou de veuve, sous conditions (CSS art. L 342-1 s., R 342-1 s. et D 342-1 s.). Son montant est égal à 54 % de la pension dont bénéficiait ou aurait dû bénéficier le défunt. Des majorations pour enfants sont prévues. Elle n'est pas cumulable avec la pension de réversion. Une telle pension est également ouverte pour les conjoints survivants de non-salariés agricoles (C. rur. art. L 732-8 et R 732-12-0-1 s.).

1. PENSIONS DE RÉVERSION DES SALARIÉS

a. Pension de réversion du régime général

CONDITIONS D'OCTROI

11402 Le conjoint survivant peut recevoir la pension de réversion du régime de base quelle qu'ait été la **durée du mariage** avec son conjoint décédé et même s'il se remarie (ou s'est remarié) ou **vit en couple**.

Le versement de la pension de réversion est en revanche subordonné à plusieurs conditions, principalement d'âge et de ressources (CSS art. L 353-1, L 353-2, L 353-3 et R 353-4).

11403 **Âge minimal** Le conjoint survivant doit avoir **55 ans** (CSS art. D 353-3). S'il devient veuf ou veuve avant cet âge, le conjoint ne perd pas son droit à pension, mais celle-ci ne lui sera versée que lorsqu'il aura 55 ans.

Par exception, pour les **personnes devenues veuves avant le 1er janvier 2009**, l'âge requis pour toucher une pension de réversion est fixé à 51 ans (Loi 2008-1330 du 18-12-2008 art. 74).

11404 **Condition de ressources** Les ressources personnelles du conjoint survivant, ou celles de son ménage s'il vit en couple, ne doivent pas dépasser un **plafond** annuel, dont le montant est indiqué n° 11510 (CSS art. D 353-1-1).

Pour **apprécier** si les revenus du conjoint survivant (ou de son ménage) atteignent ou non le plafond de ressources, les caisses de retraite retiennent les ressources des trois mois civils antérieurs à la date d'effet de la pension et les comparent au quart du plafond annuel de ressources. Si elles excèdent ce montant, les caisses procèdent à un nouvel examen en comparant les ressources des 12 mois civils antérieurs à la date d'effet de la pension avec le plafond annuel : si ses ressources sont inférieures au plafond, le conjoint survivant a droit à la pension de réversion (CSS art R 353-1).

Les **ressources** du conjoint survivant (et, le cas échéant, celles de son conjoint ou compagnon) **prises en compte** sont notamment les suivantes : **11406**
– revenus professionnels, salariés et non salariés, après application d'un abattement de 30 % lorsque le conjoint survivant a au moins 55 ans ;
– revenus de remplacement : allocations chômage, indemnités journalières de la sécurité sociale et rentes invalidité ;
– préretraites et retraites, de base et complémentaires ;
– revenus des biens mobiliers (comptes d'épargne, Sicav, valeurs mobilières, etc.) et immobiliers (résidence secondaire, notamment) appartenant en propre au conjoint survivant (ou à son nouveau ménage), forfaitairement évalués à 3 % de la valeur vénale des biens. À noter que les biens qui ont été donnés par le conjoint survivant moins de dix ans avant la date d'effet de la pension de réversion sont également censés produire un revenu fictif (pour les donations aux descendants, 3 % si la donation date de cinq ans ou moins et 1,5 % si elle date de plus de cinq ans et de moins de dix ans).

Ne sont en revanche **pas pris en compte** : **11408**
– les revenus d'activité et de remplacement de l'assuré décédé ;
– le domicile principal et les bâtiments d'exploitation agricole. Ces biens ne produisent pas de revenu fictif ;
– les pensions de réversion servies par les régimes complémentaires obligatoires (de salariés et de non-salariés) ;
– la majoration pour enfants rattachée à la retraite personnelle de base du conjoint survivant et aux pensions de réversion servies par les régimes de base (à l'exclusion du régime des avocats) ;
– l'allocation veuvage ;
– certaines allocations à caractère social, notamment les prestations familiales.

CONSEIL

Pour apprécier le droit à pension de réversion d'un **ex-conjoint divorcé**, la pension alimentaire servie par le défunt est comptabilisée au titre de ses revenus bien que cette pension cesse avec le décès (Cass. 2e civ. 13-10-2011 nº 10-23.826 : BPAT 1/12 inf. 12). L'inconvénient est écarté si la demande de réversion est présentée plus d'un an après le décès puisque les revenus pris en compte sont ceux des trois mois précédant la prise d'effet de la pension de réversion, c'est-à-dire, dans cette hypothèse, les trois mois précédant la demande (et non le décès comme c'est le cas si la demande est présentée dans l'année). Or, sur cette période, le service de la pension alimentaire aura cessé.

La solution est transposable à la prestation compensatoire. Si la rente est capitalisée, elle est censée produire un revenu de 3 % ; si elle est maintenue, elle est comptabilisée dans les revenus de l'ex-conjoint divorcé.

Autres conditions Le conjoint survivant reconnu coupable d'un crime ou d'un délit constitutif de **violences conjugales** envers l'époux défunt encourt la peine complémentaire d'interdiction de recevoir la pension de réversion (C. pén. art. 221-9 et 222-48-3 ; CSS art. L 161-22-3). Plus précisément, les crimes et délits visés concernent les atteintes volontaires à la vie ou à l'intégrité de la personne ainsi que les viols et agressions sexuelles. **11409**

Le mariage doit être **monogame** : le bénéfice de la pension de réversion est limité à un seul conjoint survivant, hors divorce (CSS art. L 161-23-1 A). En cas de pluralité de conjoints, la pension est versée à celui qui s'est marié le premier avec le défunt.

Par **exception**, la pension peut continuer à être partagée lorsque les époux sont ressortissants d'un État ayant conclu une convention internationale avec la France qui autorise un tel partage ou en cas de mariage putatif (CSS art. R 161-19-12).

MONTANT DE LA PENSION

La pension de réversion est égale à **54 % de la retraite de base** du conjoint décédé ou de celle à laquelle il aurait pu prétendre s'il est décédé avant de prendre sa retraite (CSS art. D 353-1). Le calcul est effectué sans tenir compte des éventuelles majorations dont le conjoint bénéficiait : majorations pour enfants à charge, pour tierce personne et/ou pour conjoint à charge ; en revanche, la surcote dont il bénéficiait est prise en compte. **11410**

Si le conjoint décédé avait déjà été marié, la pension de réversion est **partagée** entre le conjoint survivant et le ou les **ex-conjoints divorcés**, même remariés (pour plus de précisions, voir nos 10455 s.).

Quel que soit le montant de la retraite du défunt, le montant de la pension de réversion ne peut pas être inférieur à un **minimum**. Ce minimum est servi entier si l'assuré décédé justifiait de 60 trimestres d'assurance au régime général ; à défaut, il est réduit proportionnellement au nombre de trimestres manquants. En outre, la pension de réversion ne peut pas dépasser un montant **maximum**, majorations pour enfants non comprises. Ces montants sont indiqués n° 11510.

> **Précisions a.** Si l'**assuré** est **décédé avant d'avoir fait liquider ses droits à retraite**, la retraite à laquelle il aurait pu prétendre est calculée au taux de 50 %, même s'il n'avait pas le nombre de trimestres requis pour y avoir droit.
> **b.** Lorsque la **somme** des **ressources du conjoint survivant** (ou de son ménage) **et de la pension de réversion** (hors bonification pour enfants) **dépasse le plafond de ressources** mentionné n° 11404, la pension de réversion est réduite à concurrence du dépassement (CSS art. L 353-1).
> **c.** Les pensions de réversion liquidées entre le 1er juillet 2012 et le 31 décembre 2015 et servies sous forme de versement forfaitaire unique n'ont **pas de minimum garanti** (CSS. art. L 353-1). À noter que pour les pensions liquidées depuis le 1er janvier 2016, le versement forfaitaire unique est remplacé par un remboursement des cotisations de retraite versées par l'assuré ayant validé une durée d'assurance inférieure ou égale à huit trimestres auprès d'un seul régime de retraite de base (CSS art. L 161-22-2 et R 161-9-1). Les textes relatifs à la pension de réversion n'ont pas été modifiés.

11411 **Majorations pour enfants** Si le conjoint survivant remplit personnellement les conditions pour bénéficier de la **bonification** pour enfant (bonification accordée aux personnes qui ont eu ou élevé trois enfants), sa pension de réversion est majorée de 10 %.

S'y ajoute le cas échéant une **majoration forfaitaire** pour enfant à charge, dont le montant est indiqué n° 11510 (CSS art. L 353-5). Pour y prétendre, le conjoint survivant doit avoir moins que l'âge prévu pour une retraite personnelle à taux plein et ne pas percevoir de retraite personnelle d'un régime de base obligatoire. La majoration est maintenue lorsque le conjoint dépasse l'âge du taux plein (67 ans pour les personnes nées à partir de 1956), mais elle est supprimée lorsque le ou les enfants y donnant droit ne sont plus à charge ou lorsque le conjoint fait liquider un avantage de retraite personnel. Si la pension de réversion est diminuée pour raisons de ressources (voir n° 11410, b.), la majoration pour enfant l'est également dans les mêmes proportions.

EXEMPLE

Conjoint survivant de 56 ans, vivant seul et ayant eu trois enfants à charge. Il occupe un emploi lui procurant un revenu mensuel de 1 200 € et ses biens propres sont évalués à 500 € mensuels. La retraite de son conjoint décédé est de 1 350 € par mois.

Application de la condition de ressources :
- salaire abattu : 1 200 – 30 % = 840 € ;
- ressources personnelles sur les 3 derniers mois : (840 + 500) × 3 = 4 020 € ;
- plafond : 24 232/4 = 6 058 €.

Les ressources étant inférieures au plafond, l'intéressé a droit à une pension de réversion.

Montant de la pension de réversion :
- droit à pension : 1 350 × 54 % = 729 € par mois ;
- total des ressources sur 3 mois : 4 020 + (729 × 3) = 6 207 €.

Le total excède le quart du plafond, la pension est donc réduite à due concurrence :
- dépassement : 6 207 – 6 058 = 149 € par mois ;
- pension de réversion réduite : 729 – (149/3) = 679,34 € par mois.

Montant mensuel avec la bonification pour enfant : 679,34 × 110 % = 747,27 €.

11413 **Majoration pour les bénéficiaires qui atteignent l'âge du taux plein** Lorsque le conjoint survivant atteint l'âge du taux plein, il peut bénéficier d'une majoration de sa pension de réversion. Pour y prétendre, **deux conditions** doivent être réunies :
– le conjoint survivant doit avoir fait liquider l'ensemble de ses pensions obligatoires, personnelles et de réversion, auprès des différents régimes de base et complémentaires français et étrangers ainsi que des organisations internationales auxquelles lui et son conjoint décédé ont été affiliés ;
– la somme des pensions servies par l'ensemble de ces régimes ne doit pas dépasser un plafond de ressources trimestriel, dont le montant est indiqué n° 11510.

La majoration est égale à 11,1 % du montant de sa pension de réversion. Mais lorsque le montant de la majoration ajoutée à la somme des pensions de retraite personnelles et de réversion du conjoint survivant dépasse le plafond de ressources, la majoration est réduite à concurrence du dépassement.

EXEMPLE

Un conjoint survivant de 68 ans perçoit 900 € de pension de réversion et de pensions personnelles. Sa pension de réversion est de 600 € par mois. Comme il remplit les conditions d'âge et de ressources, il peut bénéficier d'une majoration de 11,1 %, soit 66,60 €. Ce qui donne un total de 966,60 € (900 + 66,60). Total qui dépasse le plafond de ressources de 39,50 €. La majoration est réduite d'autant et s'élève donc à 27,10 € (66,60 – 39,50).

Révision en cas de variation des ressources Lorsque les ressources du conjoint survivant (ou de son ménage) augmentent ou diminuent après la liquidation de la pension de réversion, la pension de réversion peut être révisée à la hausse ou à la baisse, voire suspendue. 11415
Toutefois, elle ne peut plus être révisée, ni à la baisse ni à la hausse (CSS art. R 353-1-1) :
– trois mois après la date à laquelle le conjoint survivant fait liquider ses propres droits à retraite (de base et complémentaire) ;
– ou, s'il ne peut pas prétendre à des retraites personnelles, à la date à laquelle il atteint l'âge minimal de la retraite.
Les titulaires de pension de réversion doivent déclarer aux caisses de retraite les modifications de leurs ressources, les caisses pouvant effectuer, à tout moment, des contrôles en la matière.

> **Précisions** L'assuré qui n'**informe** pas la caisse qui lui verse sa pension de réversion de la liquidation de ses propres droits à retraite ne peut se prévaloir du délai de trois mois ; sa pension peut être révisée à tout moment (Cass. 2e civ. 21-9-2017 n° 16-21.423 F-D : BPAT 6/17 n° 218).

PAIEMENT DE LA PENSION

11420 La pension n'est pas versée automatiquement. La **demande** peut être effectuée en ligne (info-retraite.fr) ou via un formulaire qui doit être déposé :
– si l'assuré décédé était déjà retraité, auprès de la caisse ayant liquidé sa pension (si le conjoint survivant est lui-même retraité, il peut déposer sa demande à la caisse qui lui verse sa pension) ;
– si l'assuré est décédé avant d'avoir fait liquider sa retraite, auprès de la caisse du lieu de résidence du conjoint survivant, sauf si celui-ci réside à l'étranger : elle est alors adressée à la caisse où le défunt a effectué son dernier versement.
Le **versement** des pensions de réversion est garanti à l'issue d'un délai maximal de quatre mois civils suivant le dépôt de la demande de liquidation dès lors que celle-ci est complète (Décret 2016-1175 du 30-8-2016 : JO 31 texte n° 21).

11421 Le **point de départ** de la pension, c'est-à-dire la date à partir de laquelle elle est due, est le premier jour du mois qui suit le décès de l'assuré, si la demande est faite dans le délai d'un an suivant le décès. Si elle est faite plus tardivement, elle prend effet le premier jour du mois qui suit la date de réception de la demande (CSS art. R 353-7).
En tout état de cause, le point de départ de la pension ne peut pas être antérieur au premier jour du mois qui suit le 55e anniversaire du conjoint survivant (sauf s'il est né le premier jour d'un mois, auquel cas la pension prend effet à cette date).

DROITS DES ORPHELINS

11425 Depuis le 1er septembre 2023, les enfants dont les parents, affiliés au régime général, sont décédés, disparus ou absents ont droit à une **pension d'orphelin** s'ils sont : âgés de moins de 21 ans à la date du décès du dernier parent ; âgés de moins de 25 ans (ou sans limite d'âge si l'orphelin souffre d'un handicap supérieur à 80 % avant ses 21 ans), sous conditions de ressources (CSS art. L 358-1 s., R 358-1 s. et D 358-1 s.).
Le **montant** de la pension correspond à 54 % de la pension principale dont bénéficiait ou aurait bénéficié chaque parent décédé, disparu ou absent au régime général. En cas de **pluralité d'orphelins**, la pension est répartie à parts égales entre eux.
Si le parent est décédé, disparu ou absent **avant d'avoir liquidé sa pension**, la pension d'orphelin est calculée selon les paramètres de la génération applicables à l'assuré, si la date d'effet de sa pension était identique à celle de la pension d'orphelin.

b. Pension de réversion du régime complémentaire Agirc-Arrco

CONDITIONS D'OCTROI

11430 Principales différences de la pension de réversion du régime complémentaire Agirc-Arrco avec le régime de base : le **remariage** fait perdre le droit à pension de réversion mais il n'y a aucune condition de **ressources** (Accord national interprofessionnel de retraite complémentaire du 17-11-2017).

Les **bénéficiaires** d'une telle allocation sont le conjoint survivant et le ou les ex-conjoints divorcés. Sur les droits des orphelins, voir n° 11455.

> **Précisions** **a.** Le régime Agirc-Arrco est issu de la fusion des anciens régimes **Agirc** (pour les cadres) et **Arrco** (pour tous les salariés) au 1er janvier 2019. Il reprend les droits acquis par les assurés dans les deux régimes. Les développements ci-dessous concernent les décès intervenant à compter du 1er janvier 2019. Pour les veuvages ayant débuté avant cette date, les règles Agirc et Arrco sont globalement similaires. Nous vous indiquons les quelques divergences notables.
> **b.** Les conditions relatives à l'absence de condamnation pour **violences conjugales** et au **mariage monogame** s'appliquent comme dans le régime général (voir n° 11409).

11431 **Age minimal** Le conjoint survivant doit avoir 55 ans pour pouvoir toucher la pension de réversion de l'Agirc-Arrco.

Dans tous les cas, le conjoint qui devient veuf ou veuve plus tôt ne perd pas son droit mais sa pension ne lui sera versée que lorsqu'il aura atteint l'âge requis.

Par **exception**, le conjoint survivant peut percevoir les pensions Agirc-Arrco quel que soit son âge s'il est invalide au décès de son conjoint (ou le devient ultérieurement) ou s'il a au moins deux enfants à sa charge à la date du décès.

> **Précisions** **a.** La **définition des enfants à charge** est large ; il peut s'agir, par exemple, d'enfants d'un mariage précédent du conjoint survivant. Sont considérés comme étant à charge à la date du décès :
> – les enfants de moins de 18 ans ;
> – les enfants invalides, quel que soit leur âge, si leur invalidité a été constatée avant leur 21e anniversaire ;
> – les enfants de plus de 18 ans et de moins de 25 ans (moins de 21 ans pour l'Agirc lorsque le décès est intervenu avant le 1er janvier 2012) lorsqu'ils sont étudiants, apprentis, demandeurs d'emploi inscrits à France Travail mais non indemnisés.
> **b.** Pour les personnes devenues **veuves avant le 1er janvier 2019**, la condition d'âge est de 55 ans pour l'Arrco et 60 ans pour l'Agirc. Il est toutefois possible de percevoir la pension Agirc à partir de 55 ans si le conjoint survivant bénéficie de la pension de réversion de la sécurité sociale, ou dans le cas contraire, avec un coefficient d'abattement.

11435 **Non-remariage** À la date de sa demande, le conjoint survivant ne doit pas être remarié. Le remariage après la liquidation de la pension met également fin à celle-ci, de façon définitive (l'intéressé acquiert des droits à une pension de réversion au titre de son nouveau conjoint). Un divorce ou un nouveau veuvage ne rétablit pas la pension.

Ni l'**union libre** ni le **Pacs** n'ont d'incidence sur le versement des pensions de réversion du régime complémentaire.

MONTANT DE LA PENSION

11440 La pension de réversion servie par le régime complémentaire est calculée sur la base de 60 % des **points acquis** par l'assuré décédé.

Pour obtenir le montant de la pension, il suffit de multiplier le nombre de points acquis dans chaque régime par la valeur du point au jour de la liquidation.

Il n'est pas tenu compte des éventuels **coefficients de minoration** (ni des coefficients d'ajournement applicables dans certaines institutions Arrco avant le 1-1-1999) qui ont été appliqués à la retraite de l'assuré. Toutefois, le nombre de points attribué au conjoint ne peut pas excéder celui attribué à l'assuré décédé ; autrement dit, le conjoint survivant ne peut pas percevoir une pension de réversion plus élevée que la retraite que percevait son conjoint décédé.

Si l'assuré décédé bénéficiait de **majorations familiales** (ou pouvait y prétendre), ces majorations sont attribuées au conjoint survivant.

Si l'assuré décédé avait déjà été marié, la pension de réversion doit être **partagée** entre le conjoint survivant et le ou les **ex-conjoints divorcés**, non remariés (pour plus de précisions, voir n° 10472).

EXEMPLE

Un assuré a acquis 4 000 points et fait liquider sa retraite à 63 ans avec un coefficient d'anticipation de 83 %. Sa retraite avait été calculée sur la base de 3 320 points. À son décès, son conjoint survivant a droit à une pension de réversion de 2 400 points (4 000 x 60 %). Le nombre de points étant inférieur à celui qui a servi à déterminer la retraite du défunt, on n'applique pas le coefficient de minoration.
Supposons maintenant que le défunt a fait liquider sa retraite à 58 ans avec un coefficient d'anticipation de 50 % : sa retraite a été calculée sur la base de 2 000 points. Dès lors, le nombre de points auquel pourrait prétendre le conjoint survivant est supérieur à celui de la retraite du conjoint décédé. La pension de réversion sera donc calculée sur la base de cette retraite (et non sur 2 400 points).

PAIEMENT DE LA PENSION

Le conjoint survivant doit faire une demande en ligne (info-retraite.fr) ou par courrier auprès de l'Agirc-Arrco. **11445**

Le **point de départ de la pension** est le suivant : **11450**
– si l'assuré était retraité, la pension prend effet le premier jour du trimestre civil qui suit le décès si le conjoint remplit les conditions pour la percevoir ; dans le cas contraire, elle est due à compter du premier jour du mois civil qui suit la date à laquelle le conjoint atteint l'âge requis ;
– si l'assuré était en activité, la pension est due à compter du premier jour du mois civil qui suit le décès si le conjoint survivant a l'âge ou le nombre d'enfants requis ; dans le cas contraire, elle est due à compter du premier jour du mois civil qui suit la date à laquelle le conjoint atteint l'âge requis.
Les pensions de réversion des régimes complémentaires sont, en principe, versées **mensuellement** d'avance.

DROITS DES ORPHELINS

Si leur père ou leur mère a été salarié ou retraité du secteur privé, les orphelins de leurs deux parents ont droit à une **allocation de réversion** s'ils sont : âgés de moins de 21 ans à la date du décès du dernier parent ; âgés de moins de 25 ans et à la charge du dernier parent au moment de son décès ; reconnus invalides avant 21 ans (quel que soit leur âge au moment du décès du dernier parent). **11455**
Chaque parent salarié donne droit à une allocation de réversion, **égale**, pour chaque orphelin, à 50 % de ses droits sans prise en compte des abattements dont ils ont pu être affectés. Cette allocation est **supprimée** quand l'orphelin, non invalide, atteint 21 ou 25 ans ; si l'enfant invalide reçoit une pension ou une rente d'invalidité, ou si son état d'invalidité cesse ; en cas de décès ou d'adoption plénière de l'enfant.

2. PENSIONS DE RÉVERSION DES NON-SALARIÉS

La sécurité sociale pour les indépendants, qui gère le régime de retraite de base des **artisans, industriels et commerçants**, garantit à leur conjoint survivant le versement d'une pension de réversion. Les conditions d'obtention et le mode de calcul de cette pension sont, sous réserve de quelques particularités, ceux de la pension de réversion du régime général des salariés (CSS art. L 353-1 s. et R 353-1 s. ; voir n°s 11402 s.). **11460**
Au titre du régime de retraite complémentaire obligatoire des artisans, industriels et commerçants, le conjoint survivant a droit au versement d'une pension de réversion égale à 60 % des droits de l'assuré, et ce, sous certaines conditions, notamment d'âge (55 ans) et de ressources (Arrêté ETSS1204055A du 9-2-2012, ann. art. 17). Les ressources du conjoint survivant et, le cas échéant, de son concubin, partenaire de Pacs ou nouveau conjoint, ne doivent pas excéder un plafond égal à deux fois le plafond annuel de la sécurité sociale (sur le montant applicable, voir n° 11510). Si le total des ressources et de la pension de réversion complémentaire dépasse le plafond de ressources, le montant de la pension de réversion complémentaire est diminué.
Il n'y a pas de condition de durée minimum de mariage, ni de non-remariage.
Les veufs et veuves de **professionnels libéraux** peuvent également bénéficier de pensions de réversion versées, d'une part, par le régime de retraite de base des professions libérales dans les mêmes conditions que le régime général de la sécurité sociale (CSS art. L 643-7), d'autre part, par les régimes de retraite complémentaire, dans des conditions qui dépendent des règlements des sections professionnelles.
Enfin, les veufs et veuves des **non-salariés agricoles** bénéficient également d'une pension de réversion. Dans le régime de base, les règles sont globalement les mêmes que dans le régime

général : la pension est attribuée au conjoint survivant d'au moins 55 ans sous condition de ressources (C. rur. art. L 732-41 s. et D 732-89 s.). Elle est égale à 54 % de la retraite forfaitaire et/ou de la retraite proportionnelle dont bénéficiait ou aurait dû bénéficier l'assuré, auxquelles peuvent s'ajouter des majorations. Dans le régime complémentaire obligatoire, la pension de réversion est ouverte au conjoint survivant, non remarié, âgé d'au moins 55 ans à condition d'avoir été marié au moins deux ans ou d'avoir eu au moins un enfant avec le défunt. Elle est égale à 54 % de la retraite complémentaire dont bénéficiait ou aurait dû bénéficier l'assuré à la date de son décès (C. rur. art. L 732-62 et D 732-152).
Signalons que les conditions relatives à l'absence de condamnation pour **violences conjugales** et au mariage **monogame** (n° 11409) s'appliquent à tous les régimes légaux ou rendus légalement obligatoires.

D. Allocation veuvage du régime de base

11470 Le **conjoint survivant sans ressources** et trop **jeune** pour percevoir la pension de réversion du régime général peut bénéficier d'une allocation veuvage qui vise à lui garantir temporairement un revenu minimal (CSS art. L 356-1 s.).
Ni le partenaire de **Pacs** survivant ni le simple **concubin** survivant n'ont droit à l'allocation veuvage.

CONDITIONS D'OCTROI

11472 L'**assuré décédé** doit avoir été affilié à l'assurance vieillesse du régime général de la sécurité sociale pendant au moins trois mois, consécutifs ou non, au cours des 12 mois ayant précédé celui du décès.
Le **conjoint survivant** doit :
– avoir perçu, au cours des trois mois civils précédant le décès du conjoint, des ressources personnelles trimestrielles inférieures à un plafond égal à 3,75 fois le montant mensuel de l'allocation (sur le montant applicable, voir n° 11510) ;
– avoir moins de 55 ans ;
– ne pas vivre en couple (remariage, Pacs ou union libre) ;
– résider en France, sauf si l'assuré décédé était expatrié et cotisait à l'assurance volontaire vieillesse.
L'allocation veuvage est supprimée dès que son bénéficiaire cesse de remplir l'une des conditions requises. En cas de modification de sa situation, il doit avertir l'organisme qui verse l'allocation, qui procède de son côté à des contrôles réguliers de la situation de l'allocataire.

DEMANDE D'ALLOCATION

11473 Elle doit intervenir dans un **délai** de deux ans à compter du premier jour du mois du décès.
La demande est faite sur un **formulaire** spécial et accompagnée des informations nécessaires relatives à l'âge, la situation de famille, les ressources et la résidence de l'intéressé. Elle est en principe **déposée** auprès du Centre national de traitement de l'allocation veuvage ou par voie dématérialisée (lassuranceretraite.fr).

MONTANT ET VERSEMENT

11474 L'allocation veuvage est versée **mensuellement** et à terme échu, pendant une **durée maximale** de deux ans, ou jusqu'aux 55 ans du conjoint survivant s'il avait 50 ans à la date du décès (CSS art. D 356-5). Elle est versée rétroactivement à compter du mois suivant le décès (CSS art. D 356-6).
Son **montant** est indiqué n° 11510. Si les ressources du conjoint, ajoutées à l'allocation, excèdent le plafond de ressources (n° 11472), l'allocation est réduite à due concurrence.

E. Remboursement des frais médicaux

11490 En principe, le conjoint survivant est **affilié personnellement** à l'assurance maladie-maternité et bénéficie du remboursement de ses frais de santé soit au titre de son activité professionnelle, soit au titre de sa résidence stable et régulière en France, dès lors qu'il en remplit les conditions (CSS art. L 160-1, D 160-2 et R 111-3 s.). Le conjoint survivant continue donc à avoir des droits en propre après le décès. S'il n'exerce pas d'activité professionnelle, il bénéficie de cette protection universelle maladie (Puma) soit gratuitement, soit en acquittant des cotisations, en fonction de ses ressources (voir n° 10410).

F. Prestations familiales

La caisse d'allocations familiales (CAF) verse aux personnes ayant des enfants à charge des prestations familiales. Le décès n'entraîne aucune modification des **allocations familiales** à ceci près que la CAF doit être informée du changement d'allocataire si c'est le défunt qui percevait les allocations. La perte de revenus résultant du décès peut justifier que le conjoint survivant bénéficie de certaines **prestations sous conditions de ressources** auxquelles il ne pouvait prétendre antérieurement (revenu de solidarité active majoré, par exemple). Enfin, tout enfant orphelin de père ou de mère ouvre droit à l'**allocation de soutien familial**, sans que le père ou la mère qui en assume la charge effective et permanente ait à justifier de condition de ressources (CSS art. L 523-1 s.). 11500

G. Montants et plafonds de ressources des prestations

Sont récapitulés dans le tableau suivant les montants et les plafonds de ressources applicables aux prestations servies au conjoint survivant à l'occasion du décès de l'assuré. 11510

CAPITAL DÉCÈS	
Régime général des **salariés et salariés agricoles** (n° 11305)	Décès intervenu entre le 1-4-2023 et le 31-3-2024 : 3 738 €
Régime complémentaire des **salariés cadres ou assimilés** (n° 11315)	Décès à partir du 1-1-2024 : montant prévu par le contrat d'assurance ou, en l'absence de contrat, 139 104 € (3 fois le Pass)
Régime des **travailleurs indépendants** (industriels, commerçants, artisans)	Condition de cotisations pour les années 2022 à 2024 (n° 11340) : 4 383,20 € (10 % de la moyenne de la valeur annuelle du Pass sur trois ans)
	Conditions de ressources depuis le 1-1-2024 (n° 11341) : 12 144,27 € (plafond Aspa « personne seule »)
	Décès à partir du 1-1-2024 (n° 11341) : – 9 273,60 € si le travailleur indépendant était non retraité (20 % du Pass) ; – 3 709,44 € si le travailleur indépendant était retraité (8 % du Pass) ; – 2 318,40 € pour les enfants à charge du travailleur indépendant (5 % du Pass)
Régime des **non-salariés agricoles** (n° 11345)	Décès intervenu entre le 1-4-2023 et le 31-3-2024 : 3 738 €
PENSION DE RÉVERSION	
Régime général des **salariés et salariés agricoles**	Conditions de ressources (droit à réversion) depuis le 1-1-2024 (n° 11404) : – 24 232 € pour une personne seule (2 080 fois le Smic horaire) ; – 38 771,20 € pour un ménage (1,6 fois le plafond « personne seule »)
	Montant de la pension depuis le 1-1-2024 (n° 11410) : – minimum : 3 897,55 € par an, soit 324,79 € par mois ; – maximum : 12 519,36 € par an, soit 1 043,28 € par mois
	Majoration pour charge d'enfant depuis le 1-1-2024 (n° 11411) : 110,16 € par enfant
	Condition de ressources (droit à majoration pour âge) depuis le 1-1-2024 (n° 11413) : 2 928,71 € par trimestre
Régime des **travailleurs indépendants** (industriels, commerçants, artisans)	Condition de ressources depuis le 1-1-2024 (n° 11460) : 92 236 € (2 fois le Pass)
ALLOCATION VEUVAGE	
Régime général	Condition de ressources depuis le 1-1-2024 (n° 11472) : 2 616,825 € (3,75 fois le montant de l'allocation)
	Montant de l'allocation depuis le 1-1-2024 (n° 11474) : 697,82 €

CHAPITRE 8

PROTECTION DU CONJOINT SURVIVANT

SOMMAIRE

PROTECTIONS LÉGALE ET CONVENTIONNELLE

13000 La loi organise pour une large part la protection conjugale **lorsque les époux n'ont rien prévu** : le conjoint survivant a droit à la moitié des biens communs (C. civ. art. 1475, al. 1), dispose de droits successoraux importants, y compris sur son logement, et de droits à réversion.
Pour autant, la loi reste une règle générale supposée convenir au plus grand nombre, alors que la protection souhaitée pour le conjoint est fonction de situations individuelles. Les règles légales étant pour l'essentiel supplétives de la volonté des époux, ceux-ci sont dans une très large mesure libres d'aménager ou d'augmenter (ou de réduire) les droits de leur conjoint.
Seront étudiés les deux **outils spécifiquement destinés à la protection du conjoint**, qui peuvent naturellement se combiner : les avantages matrimoniaux et les libéralités entre époux.
D'**autres moyens** peuvent être mis en œuvre. C'est le cas tout spécialement de l'assurance-vie qui sera souscrite au profit du conjoint, en pleine propriété ou en usufruit seulement, et du recours à la société civile, qui donnera au conjoint qui se retrouverait seul le pouvoir de contrôler cette structure.

ÉLÉMENTS À PRENDRE EN COMPTE

13003 Les solutions recherchées doivent être individualisées et tenir compte :
– de la **composition spécifique de la famille** : présence ou non d'enfants, le cas échéant, nombre d'enfants, existence d'enfants d'un premier lit, écart d'âge entre les conjoints, etc. Pour des pistes de réflexion dans les familles recomposées : voir nos 75300 s. ;
– des conditions dans lesquelles est assuré le **logement** de la famille : location, détention en pleine propriété par l'un et/ou l'autre des époux, logement détenu par une société civile, etc. ;
– de la composition et de la consistance du **patrimoine** commun et des patrimoines personnels ou propres à chaque époux. L'existence de biens « sensibles » (entreprise, notamment) et/ou une forte disparité de fortune entre les conjoints appellent par exemple des solutions particulières ;
– des **ressources** respectives de chaque époux, en intégrant les éventuels droits à retraite et/ou à réversion acquis par chacun. S'il s'agit d'un second mariage après divorce, il faut par exemple avoir à l'esprit que la pension de réversion à laquelle aura droit le survivant sera sauf exception réduite (nos 10456 s.).

Tous ces éléments (composition de la famille, patrimoine, etc.) évoluant avec le temps, les **solutions mises en place** doivent être **régulièrement révisées**. Des modifications législatives peuvent également avoir un impact sur les dispositions antérieurement adoptées.
Quelle que soit la situation familiale et patrimoniale, deux éléments doivent être intégrés :
– statistiquement, les **veuves** constituent la grande majorité des conjoints survivants et elles survivent à leur époux une dizaine d'années ;
– le **décès prématuré d'un époux** qui laisse son **conjoint sans** activité professionnelle ni **ressources** propres, mais avec des charges de famille, n'est pas une hypothèse d'école.

L'exonération de **droits de succession** (et de prélèvement, s'agissant de l'assurance-vie) dont bénéficie le conjoint survivant assure la **neutralité fiscale** des outils à mettre en œuvre pour sa protection. Avec toutefois **deux réserves** : **13005**
– si le conjoint survivant est exonéré de droits de succession, il n'en va pas de même des autres héritiers, au premier rang desquels les enfants. Or, les différentes solutions envisagées peuvent être plus ou moins coûteuses pour ces derniers en termes de droits de succession, que ce soit au décès du premier époux ou au décès du conjoint survivant ;
– sauf exception, l'exonération ne concerne pas les donations de biens présents entre époux, qui continuent à supporter des droits de mutation.

SECTION 1

AVANTAGES MATRIMONIAUX

A. Définition et domaine

DÉFINITION

Les avantages matrimoniaux sont les avantages que les époux se consentent, réciproquement ou non, dans leur convention matrimoniale, la notion d'avantage résultant de la **comparaison** avec les règles de la **communauté réduite aux acquêts**, tout au moins pour les régimes communautaires. **13010**
Il y a donc avantage matrimonial lorsqu'il y a **enrichissement** d'un époux grâce au régime matrimonial conventionnellement adopté par rapport à la situation qui aurait été la sienne dans le régime légal. Cet enrichissement s'apprécie au jour du décès s'il y a lieu à retranchement.
Pour le mesurer, il faut procéder à une double liquidation, selon les règles du régime conventionnel adopté d'une part et selon celles du régime légal d'autre part ; il faut ensuite en comparer les résultats.

Seuls les aménagements résultant d'un **contrat de mariage** (initial ou modifié) sont susceptibles de constituer des avantages matrimoniaux. **13015**
Sont donc **exclus** les avantages qui sont indépendants du fonctionnement du régime matrimonial (Cass. 1e civ. 31-1-2006 n° 02-21.121 : Bull. civ. I n° 48), tels que :
– une donation d'usufruit entre époux au profit du survivant (Cass. 1e civ. 31-1-2006 n° 02-21.121 : Bull. civ. I n° 48) ;
– les aménagements mis en œuvre par les intéressés après la dissolution du mariage. Ils sont possibles mais sont traités, le cas échéant, comme des libéralités entre copartageants ;
– les avantages consentis par des tiers, par exemple une donation-partage au profit d'une épouse avec une clause d'entrée en communauté (Cass. 1e civ. 3-12-2008 n° 07-19.348 : BPAT 1/09 inf. 5).

RÉGIME MATRIMONIAL CHOISI

Régimes communautaires La loi n'envisage les avantages matrimoniaux qu'au sein des régimes communautaires (C. civ. art. 1527). Toutefois, la jurisprudence a pu en caractériser en régimes séparatistes (voir n° 13035). **13020**

Le fait qu'en cas de **différence de revenus** entre les époux, l'un alimente plus la masse commune que l'autre ne constitue pas un avantage matrimonial. Les enfants d'un autre lit ne peuvent attaquer, par leur action en retranchement, les bénéfices résultant des travaux communs et les économies faites sur les revenus respectifs des deux époux (C. civ. art. 1527, al. 2). **13025**
Il en va autrement en cas d'attribution intégrale de ces acquêts (Cass. 1e civ. 27-3-2007 n° 05-14.910 : Bull. civ. I n° 136).

13030 **Séparation de biens** Des époux séparés de biens ne peuvent pas se consentir d'avantages matrimoniaux au sens strict du terme.
Ils peuvent convenir d'une **clause commerciale** (nos 13350 s.), qui autorise l'époux survivant à prélever des biens personnels de son conjoint prédécédé mais ne rompt pas l'équilibre du régime matrimonial.

13035 La situation est différente en présence d'une **société d'acquêts** puisque celle-ci fonctionne comme une communauté (n° 4910). Les époux peuvent notamment :
– faire l'apport de biens propres dans la société d'acquêts. Pour un exemple d'apport du fonds de commerce du mari qualifié d'avantage matrimonial (Cass. 1e civ. 29-11-2017 n° 16-29.056 F-D : BPAT 1/18 inf. 7, JCPN 1/18 n° 1002 note B. Beignier et F. Collard) ;
– décider d'un partage inégalitaire de la société d'acquêts ou même de son attribution intégrale au conjoint survivant. Les règles exposées nos 13150 s. et 13200 s. sont applicables ;
– prévoir une clause de préciput sur les biens dépendant de la société d'acquêts (nos 13300 s.). La doctrine majoritaire y semble favorable, mais aucune décision de jurisprudence ne semble avoir été publiée sur cette question.
En tout état de cause, par définition, la société d'acquêts ne comprend qu'une partie des biens des époux, voire un seul bien. L'importance de l'avantage matrimonial reste donc limitée. Sur la question de savoir s'il faut comparer le régime adopté avec la communauté légale ou avec le régime de séparation de biens « de base », voir n° 75188.

13040 **Participation aux acquêts** En présence d'une participation aux acquêts, la liquidation du régime relève de l'esprit communautaire. Le Code civil admet qu'elle peut être aménagée notamment pour convenir d'un **partage inégal**, ou stipuler que le survivant des époux ou l'un d'eux s'il survit aura droit à la totalité des acquêts nets faits par l'autre (C. civ. art. 1581, al. 2). Ces dispositions sont analysées comme des avantages matrimoniaux, qui s'apprécient par rapport au régime de participation aux acquêts prévu par le Code civil (en ce sens, voir Rép. civ. Dalloz, Avantage matrimonial n° 37, par B. Vareille). Des discussions doctrinales subsistent toutefois. Sur le régime de référence à prendre en compte, voir n° 75188.
Contrairement à l'attribution intégrale des acquêts, le partage inégal peut en principe être prévu quelle que soit la cause de dissolution du mariage. En pratique, il est conventionnellement réservé le plus souvent au seul cas de survie d'un époux (nommément désigné ou non).

13041 Le Code civil prévoit que l'**attribution porte sur** les « acquêts faits par l'autre », et non sur la créance de participation. À notre avis, les deux modalités sont possibles mais il est essentiel que le contrat de mariage soit sans ambiguïté. Les effets de ces clauses diffèrent sensiblement : contrairement à l'attribution de la créance de participation, l'attribution des acquêts apporte au conjoint survivant une protection équivalente à celle qui peut être organisée dans un régime communautaire (voir l'exemple ci-après).
Si l'attribution porte sur les acquêts, le contrat doit préciser s'il s'agit d'une attribution en nature ou en valeur. Rappelons que l'attribution en nature des acquêts est une opération de partage (n° 5150).

EXEMPLE

Au décès du mari, les acquêts nets de celui-ci s'élèvent à 100 et ceux de l'épouse à 50.
Si le contrat de mariage prévoit l'attribution au survivant des 3/4 des acquêts du défunt : l'épouse reçoit 100 × 3/4 = 75
Si le contrat de mariage prévoit l'attribution des 3/4 de la créance de participation : l'épouse reçoit (100 – 50) × 3/4 = 37,5
(étant rappelé qu'en application du régime légal de participation, la créance de participation serait de : (100 – 50)/2 = 25).

13045 L'avantage matrimonial peut aussi résulter d'une **modification du patrimoine d'origine ou final** des époux. C'est par exemple le cas de :
– la minoration conventionnelle du patrimoine d'origine d'un époux par l'exclusion de certains biens existant au moment du mariage. Ces biens se retrouvant dans le patrimoine final de l'époux propriétaire, la créance de participation du conjoint est augmentée ;
– la convention selon laquelle l'accord donné par un époux aux donations et aliénations à charge de rente viagère d'un acquêt effectuées par son conjoint ne vaut pas renonciation à la prise en compte de ces biens dans le patrimoine final. Une telle disposition accroît fictivement le patrimoine final de l'époux donateur et donc le montant de la créance de participation de son conjoint.

L'avantage matrimonial peut encore résulter de tout profit retiré par l'un ou l'autre des époux d'un **aménagement du dispositif légal de liquidation de la créance** de participation, tel qu'une clause d'exclusion des biens professionnels du calcul de la créance (Cass. 1e civ. 18-12-2019 n° 18-26.337 FS-PBI : BPAT 2/20 inf. 53 note G. Yildirim). Cet avantage matrimonial prenant effet à la dissolution du régime matrimonial, il perd toutefois tout son intérêt en cas de divorce, sauf volonté contraire de celui qui l'a consenti, exprimée au moment du divorce (voir n° 10256).
Notons enfin que les époux peuvent prévoir une **clause commerciale**, mais il ne s'agit pas d'un avantage matrimonial (nos 13350 s.).

CAUSE DE DISSOLUTION DU MARIAGE

La mise en jeu des avantages matrimoniaux est généralement réservée, par le contrat de mariage, au cas de **décès d'un conjoint**. L'avantage peut être prévu au bénéfice du survivant des époux quel qu'il soit ou au bénéfice de l'un des époux nommément désigné s'il survit : si le mariage prend fin par le décès, l'avantage matrimonial est délivré à l'époux survivant s'il en est bénéficiaire. 13050
Pour l'époux condamné, comme auteur ou complice, à une peine pour avoir donné ou tenté de donner la mort à son conjoint, une proposition de loi visant à assurer une justice patrimoniale au sein des familles prévoit d'instaurer une **déchéance de plein droit** à l'encontre de cet époux du bénéfice des avantages matrimoniaux prenant effet au décès du conjoint (Proposition AN n° 228 du 18-1-2024 adoptée en première lecture, art. 1).

Si le régime matrimonial est dissous par **divorce ou séparation de corps**, le sort des avantages matrimoniaux dépend de leur date d'effet : en principe, ceux qui ont pris effet pendant le mariage sont maintenus, tandis que ceux qui prennent effet à la dissolution du régime matrimonial sont révoqués de plein droit. Pour plus de précisions, voir nos 10255 et 10256. 13055

ATTENTION

Pour certains avantages matrimoniaux, la classification selon leur date d'effet n'est pas évidente. Comment doit-on analyser une clause supprimant un droit à récompense dérogatoire au droit commun de la liquidation des régimes matrimoniaux ? Sachant qu'en régime communautaire, les récompenses ne peuvent être liquidées qu'à la dissolution du régime, on peut penser que les avantages matrimoniaux nés de cette clause seront révoqués de plein droit en cas de divorce.

INTÉRÊT DES AVANTAGES MATRIMONIAUX

Les avantages matrimoniaux constituent l'un des moyens les plus efficaces d'assurer la protection financière de son conjoint. N'étant pas considérés comme des donations (C. civ. art. 1527), les avantages matrimoniaux : 13060
– ne sont **ni rapportables ni réductibles** quel que soit leur montant. L'époux qui en bénéficie est à l'abri des revendications des héritiers de son conjoint. En particulier, les avantages matrimoniaux n'ont pas à être pris en compte pour calculer la réserve des descendants du défunt ;
– sont **en dehors du champ successoral**. Ils peuvent donc se cumuler avec les droits successoraux du conjoint survivant, c'est-à-dire qu'ils viennent en plus de ce que celui-ci peut recevoir au titre de la succession de son époux ou d'une donation au dernier vivant. Les biens reçus en vertu d'un avantage matrimonial ne s'imputent pas sur la quotité disponible spéciale entre époux ;
– ne sont **pas imposables**. Cette non-taxation ne confère pas d'avantage particulier puisque le conjoint survivant est exonéré de droits de succession (CGI art. 796-0 bis).

ATTENTION

Contrairement aux donations au dernier vivant, les avantages matrimoniaux ne sont pas librement **révocables** par les époux. Toutefois, ces avantages ayant surtout pour objectif la protection financière du conjoint survivant, il est généralement prévu dans le contrat de mariage qu'ils ne joueront qu'en cas de décès d'un époux. Si rien n'a été prévu, les avantages matrimoniaux sont, selon le cas, maintenus ou révoqués en cas de divorce.
Signalons aussi que les avantages matrimoniaux ne sont pas susceptibles de déchéance pour cause d'indignité ou de révocation pour ingratitude (Cass. 1e civ. 7-4-1998 n° 96-14.508 : Bull. civ. I n° 146, avantage matrimonial maintenu au mari condamné à dix ans de réclusion criminelle pour avoir tué son épouse).

LIMITES DES AVANTAGES MATRIMONIAUX

Présence d'enfants d'un autre lit L'existence d'enfants non communs n'empêche pas les époux de prévoir des avantages matrimoniaux. Mais à l'égard de ces enfants non communs, les avantages matrimoniaux sont considérés comme des donations et peuvent donc être réduits à la quotité disponible spéciale entre époux : voir nos 75180 s. 13065

13085 **Mise en œuvre des avantages matrimoniaux** La mise en œuvre des avantages matrimoniaux **manque de souplesse**.
Exceptions faites du préciput (nos 13300 s.) et de la clause de prélèvement (nos 13240 s.), les avantages matrimoniaux sont délivrés sans que le conjoint survivant ait le choix. Il ne peut ni renoncer ni n'en prendre qu'une partie. Une libéralité à cause de mort (legs ou donation au dernier vivant) est sur ce point plus intéressante : le conjoint survivant peut y renoncer (tout en conservant ses droits légaux s'il le souhaite) ; il peut aussi cantonner son émolument (no 13612).

13086 Cette absence de choix dans la mise en œuvre de l'avantage matrimonial peut mettre le conjoint survivant en difficulté. En présence d'un **passif de communauté** important, une communauté universelle avec clause d'attribution intégrale contraint le conjoint survivant à assumer des dettes qui peuvent être plus importantes que l'actif reçu (no 13215).
Par comparaison, le conjoint pourrait renoncer à un legs ou à une donation au dernier vivant ; s'il bénéficie d'un legs universel ou à titre universel, il peut aussi ne l'accepter qu'à concurrence de l'actif net. Et même en cas d'acceptation du legs, il est parfois possible d'obtenir une décharge partielle de la dette (en cas de découverte tardive d'un passif important : C. civ. art. 786).

B. Choix d'un régime de communauté élargie

13100 Le choix d'une communauté élargie entre deux **époux inégalement fortunés** constitue un avantage matrimonial puisque, lors de la dissolution du mariage, le moins argenté recevra la moitié d'une masse commune rendue plus importante par l'apport de biens qui seraient propres dans le régime légal.
L'avantage matrimonial peut passer par l'adoption d'une **communauté universelle** ou par l'**apport d'un seul bien** en communauté sans dédommagement.
Généralement, le choix d'une communauté élargie s'accompagne de règles particulières dérogeant à l'égalité du partage qui accroissent l'avantage.

C. Clauses dérogeant à l'égalité du partage

1. CLAUSE DE PARTAGE INÉGAL

MODALITÉS DU PARTAGE

13150 Le Code civil autorise la stipulation de parts inégales dans le partage de la communauté (C. civ. art. 1521). La **liberté contractuelle** est la règle ; les époux peuvent par exemple prévoir que la communauté sera partagée, non par moitié, mais 1/3 – 2/3 ou 1/4 – 3/4 ou encore 2/3 des immeubles et la moitié des meubles pour le conjoint survivant, etc. (C. civ. art. 1521). Les époux peuvent aussi convenir que le survivant pourra recevoir outre sa part de communauté l'usufruit de la part du prédécédé (C. civ. art. 1524, al. 2).
Le **bénéficiaire** d'une telle clause peut être le conjoint survivant (mari ou femme) ou l'un des époux nommément désigné s'il survit. Ce dernier cas vise à corriger des apports inégaux à la communauté. Si l'époux désigné prédécède, la clause est caduque.
La mise en œuvre d'un partage inégal est pratiquement toujours réservée au cas où la communauté se dissout par le **décès** d'un époux. La condition de l'absence d'enfants communs peut aussi être conventionnellement prévue.
Le partage inégal s'applique sur l'**actif net** de la communauté, c'est-à-dire après règlement des récompenses.
Précisons que rien ne s'oppose à ce que la clause de partage inégal soit prévue pour tous les cas de dissolution de la communauté. Les articles 1520 et 1521 du Code civil ne comportent en effet aucune exigence d'une stipulation exclusivement pour le cas de survie, contrairement à ce qui est prévu pour la clause d'attribution intégrale de la communauté. La clause de partage inégal peut donc s'appliquer en cas de **divorce** si les époux renoncent à la révocation automatique de cet avantage. En pratique toutefois, ce cas de figure reste rare.

SORT DU PASSIF

13155 La clause de partage inégal est une disposition à titre universel, c'est-à-dire que la répartition du passif commun suit celle de l'actif : l'époux ou ses héritiers ne supportent les dettes de la communauté que **proportionnellement** à la part qu'ils prennent dans l'actif (C. civ. art. 1521). Toute **convention dérogeant** à cette règle est nulle (C. civ. art. 1521, al. 2). Serait nulle, par exemple, la clause mettant à la charge d'un copartageant une part des dettes inférieure ou supérieure à l'actif reçu, ou le passif afférent aux meubles s'il reçoit les immeubles.

La nullité de la convention implique-t-elle le retour à un partage par moitié ou simplement l'alignement de la contribution au passif sur la proportion d'actif reçu ? La Cour de cassation n'a pas, à notre connaissance, répondu à cette question.
Après le partage, le conjoint survivant peut se protéger des créanciers de son conjoint en se prévalant du **bénéfice d'émolument**, à condition d'en avoir respecté les conditions (n°s 4135 s.).

DROIT DE REPRISE

Le bénéfice du partage inégal de la communauté peut se trouver limité par la mise en œuvre, par les **héritiers** du conjoint prédécédé, de leur droit de reprise. En effet, sauf disposition contraire du contrat de mariage, ceux-ci ont le droit de faire la reprise des apports et capitaux entrés en communauté du chef de leur auteur (C. civ. art. 1525, al. 2). **13160**
En pratique, il est d'usage de **supprimer** le droit de reprise des héritiers dans le contrat de mariage. Ces derniers ne peuvent alors revendiquer les apports et capitaux tombés en communauté du chef de leur auteur, ni en nature ni en valeur (Cass. 1e civ. 25-9-2013 n° 12-23.111 : BPAT 6/13 inf. 213, Bull. civ. I n° 188). La clause suivante peut être ajoutée : « Sans que les héritiers du prédécédé puissent prétendre y avoir aucun droit, même pour les biens entrés en communauté du chef de leur auteur » (P. Malaurie et L. Aynès, Les clauses du contrat de mariage relatives au partage de la communauté : Defrénois 2000 p. 673).

S'il n'a pas été écarté par les époux, le droit de reprise **porte sur les biens** apportés au mariage et ceux acquis au cours de l'union à titre gratuit, par opposition aux acquêts proprement dits. Les héritiers, à qui incombe la charge de la preuve, peuvent établir par tous moyens la consistance des « apports et capitaux entrés en communauté ». **13165**
La reprise **peut s'exécuter** :
– en nature sur les « apports » qui existent encore lors de la dissolution de la communauté (Cass. 1e civ. 15-1-1974 n° 72-10.227 : Bull. civ. I n° 17) ;
– en valeur si les « apports » ont été aliénés durant le mariage, l'indemnité étant calculée en fonction du profit subsistant au jour de l'aliénation du bien.
Si le bien repris a été amélioré, durant le mariage, avec des fonds communs, la communauté a droit à une indemnité calculée conformément aux règles sur les récompenses (Cass. 1e civ. 16-6-1992 n° 91-10.321 : Bull. civ. I n° 181, solution critiquée par une partie de la doctrine).
La reprise ne peut s'exercer que sur la valeur nette de l'apport, c'est-à-dire minorée des dettes grevant cet apport. Toute clause contraire est nulle car le conjoint survivant ne peut être tenu de supporter un passif supérieur à l'actif reçu (C. civ. art. 1521).

Les héritiers agissent en **qualité de copartageants**, et non en qualité de créanciers de l'époux survivant. Ils sont donc censés être propriétaires des biens repris dès la dissolution de la communauté. Les actes d'aliénation conclus par le conjoint survivant durant l'indivision post-communautaire leur sont inopposables. **13170**
La reprise des héritiers est inopposable aux créanciers de la communauté qui conservent le même gage.
Le **conjoint survivant** compte au nombre des héritiers bénéficiant du droit de reprise (Cass. 1e civ. 15-1-1974 n° 72-10.227 : Bull. civ. I n° 17). Il peut donc, à ce titre, retrouver une partie de l'avantage matrimonial minoré. En outre, privé des biens repris dans le cadre du partage de la communauté, le conjoint survivant peut les recevoir en exécution d'une libéralité à cause de mort. Ainsi jugé dans un cas où les héritiers avaient exercé leur droit de reprise mais où le mari prédécédé avait fait une donation au dernier vivant à son épouse de toute la quotité disponible. Les biens repris à la communauté faisant partie de la succession, le défunt a pu en disposer dans la limite de la quotité disponible (Cass. 1e civ. 15-1-1974 n° 72-10.227 : Bull. civ. I n° 17).

2. ATTRIBUTION INTÉGRALE DE LA COMMUNAUTÉ

CONDITIONS D'APPLICATION DE LA CLAUSE

L'attribution intégrale de la communauté est la déclinaison extrême du partage inégal de communauté (C. civ. art. 1524). Elle est prévue au bénéfice soit du survivant des époux quel qu'il soit, soit de l'un d'eux nommément désigné s'il survit (C. civ. art. 1524). Si ce dernier prédécède, la clause est caduque. **13200**
La **condition de survie** est impérative : la communauté ne peut être intégralement attribuée à un époux que lors du décès de son conjoint. L'attribution intégrale de la communauté n'est pas légalement limitée au cas de dissolution du mariage par décès. Mais la condition de survie implique que si la dissolution a lieu pour une raison autre, la délivrance des biens communs sera différée jusqu'au décès (en cas de divorce, encore faut-il que l'avantage matrimonial ait été expressément maintenu : voir n° 10256). Dans ce cas, le bénéficiaire de la clause d'attribution

intégrale peut exiger de son conjoint une caution pour garantir l'exécution différée de l'avantage matrimonial, comme en matière de préciput (C. civ. art. 1518).
L'attribution de la communauté est très souvent subordonnée à l'absence d'**enfants** communs compte tenu des inconvénients qu'une telle clause emporte pour eux (nos 13230 s.). Elle n'est pas pour autant interdite en présence d'enfants, qu'ils soient communs ou non au couple.

OBJET DE L'ATTRIBUTION

13205 La clause d'attribution intégrale est très généralement **associée à une communauté** universelle, son bénéficiaire recevant alors tout le patrimoine des époux. Mais elle peut être adossée à d'autres communautés (légale, meubles et acquêts, etc.), le conjoint survivant ayant alors droit à toute la communauté et les héritiers du défunt recevant les biens propres de leur auteur.
L'attribution de la communauté peut être faite en **pleine propriété** ou en **usufruit** (C. civ. art. 1424, al. 2). Dans cette dernière hypothèse, le conjoint survivant reçoit la pleine propriété d'une moitié de la communauté et l'usufruit du reste. Cette solution est particulièrement intéressante en présence d'enfants communs (nos 13230 s.).
Pour pallier la rigidité propre aux avantages matrimoniaux (n° 13085), il semble possible de prévoir, dans le contrat de mariage, une **stipulation alternative de parts inégales**, le choix étant laissé au conjoint survivant (par exemple, l'attribution du tout en pleine propriété ou l'attribution en pleine propriété pour moitié et en usufruit pour l'autre moitié). La jurisprudence ne s'est, à ce jour, pas prononcée.

13210 L'avantage matrimonial peut se trouver **limité** par :
– l'action en retranchement des enfants nés d'un autre lit (nos 75185 s.) ;
– l'exercice par les héritiers de leur droit de reprise, étant précisé que celui-ci est généralement supprimé par le contrat de mariage (n° 13160).

SORT DU PASSIF

13215 Le conjoint survivant qui reçoit l'intégralité de la communauté doit en assumer tout le passif (C. civ. art. 1524). Mais cette obligation n'a pas pour effet de soustraire le patrimoine propre de l'époux prédécédé, qui s'est personnellement engagé à l'égard du créancier, du **droit de gage** général de ce dernier (C. civ. art. 2284 ; Cass. 1e civ. 3-10-2018 n° 17-21.231 F-D : BPAT 6/18 inf. 226).
Dans le cadre d'une **communauté universelle**, le conjoint survivant est donc redevable de l'intégralité des dettes nées du fait du défunt. Il est par **exemple** tenu de payer :
– la prestation compensatoire que le défunt versait à son ex-conjoint divorcé (Cass. 1e civ. 15-10-1996 n° 94-19.418 : Bull. civ. I n° 350). Le fait que les héritiers ne soient pas personnellement tenus du paiement d'une telle prestation est indifférent puisque l'obligation du conjoint survivant ne résulte pas des règles successorales mais du partage de la communauté (en ce sens, Rép. Calvet : AN 25-11-2008 n° 28461 : BPAT 1/09 n° 6) ;
– le montant des détournements commis par le défunt au préjudice de son employeur (Cass. 1e civ. 16-3-2004 n° 01-17.292 : Bull. civ. I n° 84).
Si le défunt a souscrit un **emprunt ou** une **caution** sans le consentement de son conjoint, ce dernier ne peut pas se prévaloir de la protection de l'article 1415 du Code civil (nos 3315 s.) : attributaire de toute la communauté, il doit honorer cette dette dès lors qu'il n'est pas démontré que le défunt l'avait souscrite dans son intérêt exclusif (Cass. 1e civ. 5-12-2018 n° 16-13.323 FS-PBI : BPAT 1/19 inf. 6 ; voir n° 3390).

ATTENTION

L'instauration d'une communauté universelle avec attribution intégrale au conjoint survivant n'est pas sans **danger pour le conjoint survivant** puisqu'il ne peut pas :
– se prévaloir du bénéfice d'émolument, c'est-à-dire qu'il ne peut pas limiter son obligation de payer le passif constitué par le défunt au montant de ce qu'il a reçu au moment du partage (Cass. 1e civ. 16-3-2004 n° 01-17.292 : Bull. civ. I n° 84) ;
– renoncer à l'avantage matrimonial comme il pourrait refuser une succession ou une donation au dernier vivant. Cependant, il a été proposé des clauses d'attribution intégrale facultative pour le survivant (voir JCPN 2002 art. 1009 note R. Bouquillard).

13220 En cas d'**attribution en usufruit**, le conjoint survivant doit **contribuer aux dettes**, quant à l'usufruit, selon les règles de l'article 612 du Code civil : il n'est tenu que des intérêts, non du capital.
Enfin, précisons que dans le cas d'une **communauté réduite aux acquêts** avec attribution intégrale de la communauté, si une **récompense** est due par la communauté aux héritiers du défunt et si cette récompense est payée en nature avec un bien commun, ce prélèvement ne constitue pas un acte de partage. En effet, la communauté étant intégralement attribuée au conjoint survivant, il n'y a pas de partage et les héritiers ne sont pas des copartageants. Le prélèvement est

donc une dation en paiement (avec imposition aux droits de mutation à titre onéreux, au tarif applicable selon la nature du bien attribué).
La question ne se pose pas en cas de communauté universelle puisque le jeu des récompenses est pratiquement réduit à néant.

AVANTAGES ET INCONVÉNIENTS DE LA COMMUNAUTÉ UNIVERSELLE AVEC ATTRIBUTION INTÉGRALE AU CONJOINT SURVIVANT

La clause est très avantageuse pour le **conjoint survivant** puisque : 13225
– elle le dispense, en principe, des opérations de règlement de la succession du défunt, celle-ci étant vide, et lui évite de venir en concours avec les héritiers. Toutefois, il arrive que la liquidation de la succession s'impose, par exemple lorsque le défunt a consenti une libéralité portant sur un bien qui n'est pas entré dans la communauté universelle, et dont un héritier réservataire en demande le rapport et la réduction (Cass. 1e civ. 19-12-2012 n° 11-23.378 F-D ; Cass. 1e civ. 3-4-2019 n° 18-13.890 F-PB : BPAT 3/19 inf. 108) ;
– elle lui assure le maintien de son train de vie et le pouvoir de disposer des biens sans le concours des héritiers (sauf pour les enfants non communs à renoncer à leur action en retranchement ou à en reporter l'exercice au second décès ; C. civ. art. 1527, al. 2) ;
– elle lui permet de recevoir l'intégralité du patrimoine des époux (et pas uniquement sa part successorale).
Mais on a vu qu'elle n'est pas sans danger en présence de dettes (n° 13215).

L'association communauté universelle + clause d'attribution intégrale est, en revanche, déconseillée aux couples qui ont des **enfants**, pour les raisons suivantes : 13230
– au décès du premier parent, les enfants recevront une succession limitée, voire nulle. Les libéralités que certains enfants auront reçues pourront s'avérer réductibles ;
– les enfants risquent d'être privés de tout héritage si leur parent survivant dilapide le patrimoine commun ou se remarie et transfère les biens à son nouveau conjoint. Pour autant, la Cour de cassation a clairement indiqué que l'adoption d'un régime de communauté universelle avec clause d'attribution intégrale de cette communauté au conjoint survivant, choix expressément prévu et autorisé par les articles 1524 et 1526 du Code civil, n'étant pas réputée donation, une telle convention ne porte pas atteinte à la réserve d'un enfant commun (Cass. 1e civ. 14-5-1996 n° 93-20.703 : Bull. civ. I n° 210, Defrénois 1996 1080 obs. G. Champenois, RTD civ. 1997 p. 207 obs. B. Vareille) ;
– fiscalement, l'héritage risque de coûter beaucoup plus cher aux enfants : ils perdent les abattements dont ils auraient dû bénéficier lors de la première succession et paient des droits plus élevés en raison de la progressivité de l'impôt.

Pour **pallier ces inconvénients**, il est possible : 13231
– de limiter l'attribution préférentielle à l'usufruit. Les enfants conservent la maîtrise des biens communs dont la propriété est démembrée, avec l'assurance de les récupérer au décès de l'usufruitier. Fiscalement, la solution est avantageuse puisque les enfants reçoivent deux héritages et peuvent donc bénéficier deux fois de l'abattement personnel et des premières tranches du barème des droits de succession. En outre, ils ne sont pas imposables sur la valeur de l'usufruit qu'ils récupèrent au décès de leur second parent ;
– d'organiser la transmission d'une partie du patrimoine des époux au profit de leurs enfants avant leur décès, par exemple par une donation-partage.

Exemple Les époux Lerouge ont trois enfants. Ils sont mariés sous le régime de la communauté universelle. L'actif commun s'élève à 1 000 000 € (il n'y a aucun bien propre) au moment du décès du mari en janvier 2009. 13235
La veuve décède en février 2024. La valeur des biens s'est accrue de 10 % entre les deux décès.
Aucun des époux n'a fait de testament.
La mère n'a fait aucune donation à ses enfants et il n'y a aucun bien exonéré de droits de succession.
1e hypothèse : le contrat de mariage ne prévoit **pas de clause d'attribution intégrale** de la communauté au survivant.
Au décès du mari, la veuve a droit à la moitié de la communauté, soit 500 000 €.
On suppose qu'elle opte pour le quart de la succession en pleine propriété, soit 125 000 €.
Les enfants héritent de 375 000 €, soit 125 000 € chacun. Aucun impôt n'est dû puisque le montant reçu est inférieur à celui de l'abattement (156 359 € par enfant).
Au décès de leur mère début 2024, les enfants héritent des biens restants, dont la valeur est passée de 625 000 € à 687 500 € (augmentation de 10 %). Chaque enfant reçoit 229 167 €.

Après abattement (100 000 € par enfant) et application du tarif, chacun doit 24 027 € de droits de succession.

2e hypothèse : le contrat de mariage prévoit une **clause d'attribution intégrale** de la communauté au survivant.

Au décès du mari, la veuve récupère toute la communauté. Ses enfants ne reçoivent rien.

Au décès de leur mère en 2024, les enfants vont hériter de tous les biens (valeur 2024 : 1 100 000 €), soit 366 667 € chacun. Après abattement de 100 000 € par enfant et application du tarif, chacun doit 51 527 € de droits de succession.

3e hypothèse : le contrat de mariage prévoit une clause d'**attribution** intégrale de la communauté au survivant **limitée à l'usufruit**.

Supposons que madame Lerouge a 62 ans au décès de son mari (valeur fiscale de l'usufruit : 4/10e). Madame Lerouge récupère la moitié de la communauté en pleine propriété (500 000 €) et l'autre moitié en usufruit (valeur fiscale : 200 000 €).

Les enfants héritent de la nue-propriété d'une valeur fiscale de 300 000 €, soit 100 000 € chacun. Droits dus : 0.

Au décès de leur mère en 2024, les enfants récupèrent l'usufruit en franchise d'impôt et ils acquittent des droits sur les biens dont leur mère avait la pleine propriété (valeur au second décès : 550 000 €), soit 183 333 € chacun. Après abattement de 100 000 € par enfant et application du tarif, chacun devra payer 14 861 € de droits.

3. CLAUSE DE PRÉLÈVEMENT MOYENNANT INDEMNITÉ

13240 Le contrat de mariage peut autoriser un époux à prélever certains **biens communs** lors de la dissolution de la communauté, à charge pour lui d'indemniser la communauté (C. civ. art. 1511).

Le plus souvent, il est prévu que la clause ne jouera qu'en cas de **décès** :

– soit au bénéfice d'un époux déterminé (la clause est caduque si celui-ci décède avant son conjoint) ;

– soit au bénéfice du conjoint survivant quel qu'il soit.

Il s'agit, en pratique, d'une « **attribution préférentielle conventionnelle** » dont l'objet et les conditions sont librement déterminés par les époux (contrairement à l'attribution préférentielle légale). La clause de prélèvement prévaut sur une demande d'attribution préférentielle formée par un autre héritier.

> **Précisions** Par abus de langage, la clause de prélèvement d'un bien commun moyennant indemnité est parfois dénommée « **clause commerciale** », comme l'est la clause de prélèvement sur les propres, en raison de son utilisation fréquente pour les fonds de commerce.

OPTION DU CONJOINT

13245 La clause n'offre qu'une simple faculté à son bénéficiaire. Le contrat de mariage peut prévoir un **délai** pour exercer l'option.

En l'absence d'une telle clause, les héritiers peuvent **mettre** le conjoint survivant **en demeure** de prendre parti. Cette mise en demeure ne peut intervenir avant l'expiration du délai de quatre mois à compter de l'ouverture de la succession pour faire l'inventaire et délibérer (C. civ. art. 771). À compter de la mise en demeure, le conjoint dispose d'un mois pour faire connaître sa décision (C. civ. art. 1513). À défaut, la clause est caduque.

OBJET DU PRÉLÈVEMENT

13250 Le prélèvement s'exerce nécessairement sur un ou des **biens communs**, présents ou futurs. Il peut porter sur un bien précis ou une catégorie de biens, un bien corporel ou incorporel. Il peut par exemple concerner le fonds de commerce exploité par un ou les deux époux, le domicile conjugal, la résidence secondaire, tous les meubles, etc.

Encore faut-il que les biens prélevés existent **en nature** dans le patrimoine commun. Ainsi, une clientèle civile ou un office ministériel ne peut pas faire l'objet d'un prélèvement puisque le « titre » reste propre, seule la valeur patrimoniale de ces biens tombant en communauté. Par ailleurs, le prélèvement de titres de société et plus spécialement de parts de société de personnes n'est pas toujours possible, les statuts de la société pouvant l'interdire ou soumettre le conjoint survivant à l'agrément des autres associés.

La clause de prélèvement moyennant indemnité est une disposition à titre particulier : son bénéficiaire reçoit le bien sans modification de la répartition du **passif de communauté**.

ATTENTION

Lorsque le prélèvement porte sur une **exploitation**, le contrat de mariage peut prévoir une clause imposant aux héritiers l'obligation de consentir au conjoint survivant un **bail** s'il est nécessaire pour la poursuite de l'activité.

EXERCICE DU PRÉLÈVEMENT

Le prélèvement peut être opéré **dès la dissolution** de la communauté, sans attendre le règlement global des opérations de liquidation et de partage. **13260**

Il constitue une **opération de partage** partiel sans que les formalités du partage s'imposent (C. civ. art. 1514 ; Cass. 1e civ. 17-6-1981 n° 80-11.142 : Bull. civ. I n° 223). Le bien prélevé sort de l'indivision et le conjoint est censé en avoir été propriétaire dès la dissolution du régime matrimonial. Il peut en disposer à sa guise sans devoir attendre le partage définitif de la communauté (Cass. 1e civ. 17-6-1981 précité).

Toutefois, les créanciers de la communauté ont toujours la possibilité d'exercer leur droit de poursuite sur le bien prélevé.

Constituant une opération de partage, le prélèvement est soumis au droit de partage dans les conditions de droit commun.

> **Précisions** La **date d'effet du transfert de propriété** est discutée. Certains auteurs considèrent que l'option n'a d'effet que pour la constitution des lots et que l'attribution privative du ou des biens concernés n'intervient qu'au jour du partage (F. Terré et P. Simler : Droit civil. Les Régimes matrimoniaux, Précis Dalloz, 5e éd. n° 750). D'autres estiment que le transfert s'opère lors du prélèvement (en ce sens Cass. 5-2-1975 Defrénois 1976 art. 31056 p. 318 note G. Morin). Quant à l'évaluation du bien, la question reste discutée de savoir si elle doit se faire au cours du prélèvement ou au jour du partage de communauté. Le contrat de mariage peut régler ces difficultés.

DÉDOMMAGEMENT DE LA COMMUNAUTÉ

La clause de prélèvement ne crée pas, en principe, de déséquilibre financier entre les droits des héritiers et ceux du conjoint survivant, qui doit dédommager la communauté. À défaut, il s'agirait d'un préciput. **13265**

Le **calcul de l'indemnité** due à la communauté se fait en fonction de la valeur des biens prélevés au jour du partage (C. civ. art. 1511). Cette disposition est généralement comprise comme visant le jour du partage global (Cass. 1e civ. 28-4-1971 n° 70-10.664 : Bull. civ. I n° 135) et non le jour du partage partiel que constitue le prélèvement.

Cette règle oblige le conjoint survivant à opter pour le prélèvement d'un bien sans connaître la valeur qu'il aura à payer en contrepartie, le partage pouvant n'intervenir que plusieurs années plus tard.

Pour **pallier cet inconvénient**, les époux peuvent fixer des bases d'évaluation différentes (C. civ. art. 1512). Ils peuvent notamment décider que les biens prélevés seront évalués au jour de la dissolution de la communauté ou de l'exercice de l'option, c'est-à-dire au jour où le prélèvement est effectué. Ces variantes sont doublement avantageuses pour le conjoint survivant :

– au moment où il prélève le bien, il peut évaluer le montant de l'indemnité qu'il devra ;

– il bénéficie de la plus-value prise par le bien jusqu'au partage, sans devoir de contrepartie aux héritiers.

L'indemnité peut aussi être fixée forfaitairement, mais ce n'est pas forcément judicieux compte tenu de l'écart de valeur (au préjudice ou au bénéfice du conjoint) qui risque d'exister au jour du prélèvement entre ce montant et la valeur réelle du bien et l'action en complément de part qui peut en résulter.

Le **paiement de l'indemnité** s'effectue au moment du partage global de la façon suivante : les biens prélevés sont imputés sur la part du bénéficiaire dans la communauté ; si leur valeur excède cette part, il y a lieu au versement d'une soulte. Les époux peuvent décider que l'indemnité due par l'auteur du prélèvement s'imputera subsidiairement sur ses droits dans la succession de l'époux prédécédé (C. civ. art. 1514). Cette option limite le risque de devoir une soulte. **13270**

En tout état de cause, les époux peuvent aménager les règles de paiement de la soulte et notamment prévoir un paiement différé ou échelonné.

Pour résumer, l'**avantage** de la clause de prélèvement moyennant indemnité résulte moins d'un enrichissement du conjoint que de la garantie d'obtenir la propriété d'un bien lors de la dissolution du régime sans l'intervention du juge. Il y a véritablement avantage matrimonial lorsque les modalités conventionnelles d'indemnisation sont favorables au conjoint survivant. **13275**

4. CLAUSE DE PRÉCIPUT

13300 La clause de préciput autorise l'époux survivant, ou l'un des époux s'il survit, à prélever sur la communauté, avant tout partage, un ou plusieurs biens (C. civ. art. 1515). Il s'agit d'un avantage matrimonial (C. civ. art. 1516) qui procure un réel **enrichissement** à l'époux bénéficiaire qui ne doit aucune contrepartie. En présence d'enfants non communs, le préciput peut toutefois être contesté par la voie de l'action en retranchement.

OPTION DU CONJOINT

13305 Le préciput est une simple faculté pour son bénéficiaire.

En l'absence de **délai** précisé dans le contrat de mariage, le conjoint survivant a 30 ans à compter du décès de son conjoint pour exercer l'option (à cet égard, la loi 2008-561 du 17-6-2008 réformant la prescription n'a rien changé puisque la délivrance du préciput s'analyse comme une demande de partage laquelle est toutefois imprescriptible).

OBJET DU PRÉLÈVEMENT

13310 Le préciput concerne nécessairement des **biens communs**. Il peut s'agir de liquidités, d'un bien particulier ou d'une catégorie de biens, meubles ou immeubles, corporels ou incorporels. Il suffit qu'ils soient déterminables.

Il peut porter sur la pleine propriété, l'usufruit ou la nue-propriété des biens.

Disposition à titre particulier, il n'emporte pas un alourdissement du **passif** à charge de son bénéficiaire.

MISE EN ŒUVRE

13315 Le préciput est un « **gain de survie** » : si la communauté se dissout du vivant des époux, il n'y a pas lieu à délivrance immédiate du préciput. Celui-ci ne sera délivré que si son bénéficiaire survit à son ex-conjoint et à la condition, en cas de divorce, que l'avantage n'ait pas été révoqué.

Pour garantir l'exécution différée du préciput, son bénéficiaire peut exiger de son conjoint une caution (C. civ. art. 1518).

13320 La délivrance du préciput ne peut **s'exécuter** que **sur** l'actif net de la communauté. Elle exige, au préalable, la liquidation de cette communauté et le règlement des récompenses. Si le montant et la composition de l'actif net permettent la délivrance du préciput, celui-ci est exécuté dans son intégralité et en nature. Si le solde n'est pas suffisant, le préciput est réduit d'autant. Il est entièrement caduc si le solde est nul. Si le bien ou la catégorie de biens objet du préciput ne font plus partie de l'actif net (parce qu'ils ont été vendus pour payer les créanciers ou prélevés en règlement d'une récompense), le conjoint peut se faire payer sur le reste de la communauté (C. civ. art. 1519). Même après la délivrance du préciput, les créanciers de la communauté peuvent exercer leur droit de poursuite sur les biens concernés.

L'attributaire est censé être le **propriétaire** du bien dès la dissolution du régime matrimonial.

13322 La nature de prélèvement avant tout partage du préciput l'a traditionnellement tenu hors du champ d'application du **droit de partage**. Cette position, longtemps demeurée incontestée, se trouve aujourd'hui remise en cause par l'administration fiscale qui considère que le droit de partage est exigible dans les conditions de droit commun. Celle-ci adopte deux approches pour justifier cette position :

– la première approche repose sur les dispositions de l'article 746 du CGI et consiste à démontrer que le préciput constitue un partage en ce qu'il met fin à une indivision, qu'elle soit conjugale ou successorale ;

– la seconde approche consiste à démontrer que la mise en œuvre de la convention préciputaire constituerait, sinon un partage, a minima une opération de partage, taxable sur le fondement des articles 750 et suivants du CGI.

Plusieurs objections sont toutefois avancées par la doctrine et certaines juridictions (BPAT 6/22 inf. 264 ; TJ Niort 24-1-2022 n° 20/01453 ; TJ Lille 4-4-2022 n° 20/03477 ; CA Poitiers 4-7-2023 n° 22/01034 : RJF 11/23 n° 861 ; CA Rennes 19-3-2024 n° 21/03418). Le préciput a pour objet de permettre au conjoint survivant de prélever des biens communs avant tout partage, biens qui sont réputés lui avoir appartenu dès la dissolution de la communauté, et ce, sans que cette attribution ne s'impute sur ses droits dans le cadre d'un éventuel partage ultérieur. Les biens ainsi prélevés ne feront plus partie de la masse successorale à partager. L'exercice de la clause de préciput n'a donc qu'une fonction de prélèvement par le seul conjoint survivant et non d'allotissement entre plusieurs copartageants.

Dans l'attente d'une position de la chambre commerciale de la Cour de cassation, les praticiens retiendront que la doctrine s'est emparée de la question et tranche majoritairement en faveur de l'absence de taxation (notamment, G. Bonnet et C. Vernières, Préciput et droit de partage, un couple illégitime : Defrénois n° 29/33 du 21-7-2022).

Les **applications pratiques** de la clause de préciput sont nombreuses : 13325
– il s'agit d'un excellent moyen de renforcer les droits du conjoint survivant sur son cadre de vie (logement et meubles meublants). Limitée à certains biens (un contrat d'assurance-vie en cas de décès, par exemple), la clause de préciput permet de réaliser un compromis entre l'objectif de protection du conjoint et le souci de respecter les droits des autres héritiers. Son caractère facultatif lui donne une souplesse dans l'exécution que les clauses de partage inégal ne présentent pas ;
– le préciput peut être utilement stipulé pour éviter une situation d'indivision successorale sur certains biens communs sensibles (parts sociales, fonds de commerce, etc.).

D. Autres clauses

Les époux sont libres de prévoir tout aménagement particulier. Ils peuvent par **exemple** modifier les règles relatives aux **récompenses** et notamment : 13340
– aménager le mode de calcul des récompenses pour avantager l'un des époux ;
– supprimer toute récompense à charge d'un époux soit d'une façon générale, soit pour certaines dettes particulières (par exemple les dettes professionnelles ou les dettes liées à un bien), par exemple pour le cas d'une donation par un époux d'un bien commun à un enfant non commun.

E. Cas particulier de la clause commerciale

Le contrat de mariage peut autoriser l'**époux survivant** à acquérir ou se faire attribuer dans le partage certains biens personnels du prédécédé à charge d'en tenir compte à la succession, d'après la valeur qu'ils ont au jour où cette faculté sera exercée (C. civ. art. 1390, al. 1). La clause commerciale ne peut pas jouer en cas de divorce ou de séparation de corps des époux. 13350

ATTENTION

Une clause commerciale peut être prévue **quel que soit le régime matrimonial** des époux. Elle peut concerner tant les biens propres dans un régime communautaire que les biens personnels dans un régime séparatiste. Elle améliore la situation du conjoint survivant en ce qu'elle lui donne un droit de préférence sur certains biens mais elle ne constitue en aucun cas un **avantage matrimonial** au sens strict du terme.

BIENS CONCERNÉS

La clause commerciale porte en général sur l'**entreprise commerciale**, l'**exploitation** d'un époux (d'où son appellation). Mais elle peut aussi concerner le **logement** des conjoints ou tout autre bien. La clause n'est pas à titre universel mais elle peut s'appliquer à une **catégorie** particulière de biens (Cass. 1e civ. 29-4-1985 n° 83-16.803 : Bull. civ. I n° 132). 13355
Lorsque la clause porte sur une exploitation, elle peut autoriser l'époux survivant à exiger des héritiers qu'ils lui consentent un **bail** portant sur l'immeuble dans lequel l'entreprise attribuée ou acquise est exploitée (C. civ. art. 1390, al. 2).

NATURE DE L'OPÉRATION

L'opération est selon le cas une opération de partage ou une cession. 13360
Si le conjoint survivant intervient au partage successoral, l'opération s'analyse comme une **attribution préférentielle conventionnelle** : l'attribution est toujours en propriété et non en usufruit ; si la valeur du bien excède les droits du conjoint survivant dans la succession, il doit une soulte ; fiscalement, l'opération est soumise au droit de partage dans les conditions de droit commun.
Si le conjoint survivant n'intervient pas à la succession parce qu'il y a renoncé par exemple, il peut « acquérir » le bien. Il s'agit alors d'une **cession** à titre onéreux soumise au régime juridique et fiscal des ventes.

> **Précisions** Dans le cas où un époux choisit de recevoir la totalité de l'**usufruit de la succession** de son conjoint décédé, comment mettre en œuvre la clause commerciale dès lors que l'**attribution** se fait nécessairement **en pleine propriété** ?
>
> Trois conceptions s'opposent :
>
> – ou bien on considère que la clause commerciale ne peut valoir attribution préférentielle et donc partage que si le conjoint a des droits en pleine propriété dans la succession. À défaut, l'opération doit être qualifiée d'acquisition à titre onéreux ;
>
> – ou on admet qu'il puisse y avoir partage, la valeur du bien attribué étant imputée sur une estimation de la valeur de l'usufruit ;
>
> – ou encore l'attribution préférentielle vaut partage pour l'usufruit du bien et acquisition à titre onéreux pour sa nue-propriété.

OPTION DU CONJOINT

13365 Le bénéficiaire de la clause a le choix : il peut exiger ou non l'attribution du bien concerné. Le contrat de mariage peut fixer un **délai** d'option. Si rien n'est prévu, les héritiers du prédécédé peuvent le mettre en demeure de prendre parti, cette mise en demeure ne pouvant pas intervenir avant l'expiration du délai prévu à l'article 771 du Code civil. À défaut d'exercer sa faculté d'attribution dans le mois qui suit la mise en demeure, le conjoint survivant perd le bénéfice de la clause commerciale (C. civ. art. 1392, al. 1).

13370 Si le conjoint décide de mettre en œuvre son droit de prélèvement, la « notification forme vente au jour où la faculté est exercée ou, le cas échéant, constitue une opération de partage » (C. civ. art. 1392, al. 2). Le **transfert de propriété** intervient donc dès la notification de l'option. En conséquence, contrairement à une décision d'attribution préférentielle « légale » qui ne transfère pas immédiatement la propriété du bien, l'option exercée par le conjoint survivant sort le bien de l'indivision successorale (en sens contraire, F. Terré et P. Simler : Droit civil. Les Régimes matrimoniaux, Précis Dalloz, 5e éd. n° 745 qui considèrent que le transfert de propriété intervient au moment du partage).

INDEMNITÉ DUE PAR LE CONJOINT

13375 Le **montant** de l'indemnité est estimé d'après la valeur qu'ont les biens au jour où le conjoint survivant exerce son option (C. civ. art. 1390). Cette règle est impérative (Cass. 1e civ. 24-6-1969 : D. 1969 p. 705 note Breton).

En revanche, le contrat de mariage peut préciser les modalités d'évaluation du bien. Mais si elles constituent un avantage pour le conjoint survivant, cet avantage est traité comme une libéralité susceptible de réduction au profit des héritiers réservataires (C. civ. art. 1391).

L'indemnité est en principe **payable** immédiatement, sauf clause contraire du contrat de mariage qui peut repousser le paiement, par exemple au jour du partage de la succession. Dans ce cas, l'indemnité devra porter intérêts ; à défaut, l'avantage consenti sera le cas échéant réductible.

SECTION 2 LIBÉRALITÉS ENTRE ÉPOUX

UN RÉGIME DÉROGATOIRE AU DROIT COMMUN

13500 Les libéralités que peuvent se consentir les époux dérogent au droit commun sur trois points :

– elles bénéficient d'une **quotité disponible spéciale** qui permet, en présence de descendants, de gratifier son conjoint plus largement qu'une autre personne ;

– entre époux, et seulement entre époux, il est possible d'effectuer des **donations de biens à venir** ;

– certaines **donations de biens présents** entre époux échappent au principe d'irrévocabilité spéciale des donations.

A. Quotité disponible spéciale entre époux

13505 L'existence d'une quotité disponible élargie au profit du conjoint survivant présente un intérêt **en présence de descendants du défunt** : elle permet d'empiéter dans une certaine mesure sur la réserve des enfants et par conséquent de gratifier son conjoint davantage que ne pourrait l'être une autre personne.

Lorsque le **défunt ne laisse pas de descendance**, le conjoint ne peut pas être en concours avec un héritier réservataire (lui seul a alors cette qualité). Il peut donc efficacement être gratifié de la totalité du patrimoine du défunt, sauf le cas échéant application du droit de retour légal de ses père et mère.

> **Précisions** Un legs ne prenant effet qu'au jour du décès du testateur, la veuve bénéficiaire d'un **testament établi avant le mariage** peut recevoir dans la limite de la quotité disponible spéciale entre époux, et non pas seulement dans la limite de la quotité disponible ordinaire (Cass. 1e civ. 26-10-2011 n° 10-20.217 : Bull. civ. I n° 180, BPAT 6/11 inf. 339, décision rendue en application des dispositions antérieures à la loi du 23-6-2006 mais transposable).

MONTANT DE LA QUOTITÉ DISPONIBLE SPÉCIALE ENTRE ÉPOUX

En présence de descendants, un époux peut disposer en faveur de son conjoint dans les limites suivantes (C. civ. art. 1094-1) : **13507**
– soit la pleine propriété de la quotité disponible ordinaire, variable en fonction du nombre d'enfants (la moitié de la succession en présence d'un enfant, le tiers s'il y a deux enfants et le quart s'il y a trois enfants ou plus) ;
– soit un quart en pleine propriété et trois quarts en usufruit ;
– soit la totalité de la succession en usufruit.

TITULAIRE DE L'OPTION

C'est **le plus souvent** le conjoint survivant. Il est fréquemment prévu, en effet, que la libéralité portera sur la quotité disponible la plus large entre époux en vigueur au jour du décès, ce qui revient à laisser le choix au conjoint bénéficiaire. Mais le conjoint donateur (ou testateur) peut aussi préciser dans l'acte la quotité laissée à son époux. **13510**
L'option du conjoint a un **caractère personnel** : elle ne peut pas être exercée par les cohéritiers du conjoint survivant, ni par ses créanciers auxquels l'action oblique n'est pas ouverte.

Si le **conjoint survivant meurt avant d'avoir exercé son choix**, son option est transmise à ses propres héritiers. Chacun d'eux peut exercer séparément, pour la quote-part qui lui revient, l'option entre les différentes quotités disponibles, ce qui conduit le notaire à opérer un calcul distinct pour chaque part de réserve. **13512**
Afin d'éviter cette situation, il est **conseillé de prévoir dans l'acte** que, faute d'avoir exercé l'option, le conjoint sera réputé avoir opté pour telle quotité (le plus souvent, l'usufruit, qui s'éteint à son décès). Il est également possible de prévoir que l'option ne sera pas transmissible, la libéralité étant caduque si le conjoint décède sans avoir opté. Tel est le cas lorsque l'acte de donation prévoit que le choix appartiendra « au survivant seulement », ce qui est une clause très fréquente (Cass. 1e civ. 1-7-2009 n° 08-16.851 : Bull. civ. I n° 147, BPAT 5/09 inf. 181 ; voir également Cass. 1e civ. 10-1-1990 n° 88-10.343 : D. 1991 p. 372 note H. Mazeron, à propos d'un testament).

PARAMÈTRES DE L'OPTION DU CONJOINT

Bien qu'il existe trois quotités différentes, le choix du conjoint survivant s'exerce pratiquement toujours en faveur de la totalité en usufruit ou de la quotité disponible en pleine propriété. **13515**

Option pour la totalité en usufruit Comme pour l'usufruit légal du conjoint survivant, l'option pour la totalité en usufruit est la plus avantageuse pour le conjoint et la plus économique sur le plan fiscal pour les enfants. **13516**
En pratique, l'option pour l'usufruit n'est exercée que lorsque le défunt a eu des enfants d'un autre lit. Lorsque **tous les enfants sont communs**, le conjoint tire de la loi elle-même la faculté d'opter pour l'usufruit de toute la succession (C. civ. art. 757). Mais il ne faudrait pas croire que cet usufruit légal le préserve mieux que l'usufruit conventionnel car cet usufruit légal peut disparaître par l'effet de l'article 758-6 du Code civil alors qu'au contraire l'usufruit conventionnel subsistera toujours dans la limite de l'actif existant. En revanche, l'option pour l'usufruit légal le protège en cas de découverte tardive d'un testament révoquant la donation au dernier vivant. L'option pour l'usufruit conventionnel offre toutefois l'avantage de permettre au conjoint de cantonner son émolument. La bonne solution consiste à tout accepter, les deux vocations se complétant.

Quelques observations sur l'option pour l'usufruit exercée **en présence d'enfants d'un autre lit du défunt** : **13517**
– cela reste l'option la plus avantageuse pour le conjoint. Cela dit, elle va le rendre usufruitier de ses beaux-enfants. Or, tout démembrement de propriété nécessite un minimum d'entente entre

usufruitiers et nus-propriétaires, dont les intérêts sont antagonistes. S'il y a risque de conflits, le conjoint a sans doute intérêt à opter pour des droits en pleine propriété (du moins si un partage amiable est raisonnablement envisageable...) ;
– l'option pour l'usufruit sauvegarde les intérêts des beaux-enfants, qui sont assurés de recueillir leur héritage au décès du conjoint survivant. Mais si ce dernier est beaucoup plus jeune que le défunt, les enfants risquent de n'hériter que très tardivement ;
– la conversion de l'usufruit en rente ou en capital reste possible tant que la succession n'a pas été partagée, dans les mêmes conditions que la conversion de l'usufruit légal (C. civ. art. 759 et 761). Sur ces conditions, voir nos 11020 s.

13520 **Option pour la quotité disponible ordinaire en pleine propriété** Cette option présente surtout un intérêt lorsque le défunt laisse **moins de trois enfants** : au lieu du quart de la succession (vocation légale), le conjoint en recevra la moitié (un enfant) ou le tiers (deux enfants).
Si le défunt laisse **trois enfants ou plus**, ses vocations légale et libérale en pleine propriété sont toujours d'un quart de la succession mais ne se calculent pas de la même façon (voir sur ce point Mémento Successions et Libéralités n° 23470). Cependant, la libéralité peut prévoir les biens sur lesquels porteront les droits du conjoint ou lui donner le choix de ces biens, ce qui reste un avantage. En outre, et sauf clause contraire de la libéralité, le conjoint pourra cantonner son émolument.
Quelques observations :
– si le défunt a des **enfants d'un autre lit**, la fraction de succession accordée en pleine propriété au conjoint échappera définitivement à ces enfants ;
– si le **conjoint survivant se remarie**, les biens qu'il a recueillis au moment de son veuvage pourront ensuite aller à son nouveau conjoint et échapper à ses propres enfants ;
– les enfants et le conjoint vont se trouver dans l'**indivision** jusqu'au partage, situation qui n'est pas toujours facile à gérer mais qui peut être préférable à un usufruit conflictuel.

CONCOURS DE QUOTITÉS DISPONIBLES

13525 La question du concours entre les quotités disponibles ordinaire et spéciale entre époux se pose lorsqu'un époux a consenti des **libéralités** (legs ou donation) **à la fois à son conjoint et à une ou plusieurs personnes autres** que son conjoint.
Il n'est pas possible de cumuler les deux quotités disponibles, car si chaque catégorie de bénéficiaires (conjoint d'une part, autres personnes d'autre part) pouvait être gratifiée à concurrence du maximum autorisé (disponible spécial pour le conjoint, disponible ordinaire pour les autres), les descendants du défunt ne pourraient pas recevoir leur réserve.
Un **cumul partiel** est toutefois autorisé (en ce sens, notamment, Cass. 1e civ. 26-4-1984 n° 83-11.839 : Bull. civ. I n° 140 ; Cass. 1e civ. 20-2-1996 n° 93-17.115 : Bull. civ. I n° 99). La règle du cumul partiel permet au disposant de consentir des libéralités à des tiers dans les limites de la quotité disponible ordinaire et de gratifier son conjoint de l'usufruit de la réserve. Par **exemple**, si le défunt laisse trois enfants ou plus, une ou plusieurs personnes autres que le conjoint peuvent recevoir un quart en toute propriété au titre de la quotité disponible et le conjoint survivant l'usufruit des trois quarts, les enfants recueillant les trois quarts en nue-propriété au titre de leur réserve (pour une illustration, dans laquelle la personne gratifiée était la petite-fille de la défunte, Cass. 1e civ. 12-5-2010 n° 09-11.133 : Bull. civ. I n° 111, BPAT 4/10 inf. 228).

13526 En présence de plusieurs libéralités dont l'une adressée au conjoint, il convient de procéder en respectant les règles suivantes.
Les **imputations** sont faites en suivant l'**ordre** normal : d'abord les donations, dans l'ordre chronologique, puis les legs.
En ce qui concerne le **secteur** d'imputation :
– les libéralités faites à un bénéficiaire autre que le conjoint s'imputent sur le disponible ordinaire, sans pouvoir l'excéder ;
– les libéralités faites au conjoint en pleine propriété s'imputent à due concurrence sur la pleine propriété du disponible ordinaire ; pour l'excédent, elles s'imputent sur ce que le disponible spécial ajoute au disponible ordinaire, c'est-à-dire l'usufruit de la réserve. L'excédent est réduit ;
– si le conjoint est gratifié en usufruit, la libéralité s'impute d'abord sur le disponible spécial, c'est-à-dire sur l'usufruit de la réserve.

B. Libéralités à cause de mort

DONATION AU DERNIER VIVANT

Entre époux, et **seulement entre époux**, il est possible de se consentir une donation de biens à venir, par exception au principe de prohibition des pactes sur succession future, principe qui interdit de renoncer à une succession non ouverte ou de stipuler sur une telle succession, même avec l'accord du futur défunt (C. civ. art. 722). 13600

L'**objet** de la donation de biens à venir, plus couramment appelée donation au dernier vivant, peut être un bien précis ou, plus souvent, une quotité de biens en pleine propriété et/ou en usufruit.

En présence de descendants, c'est en général la **quotité disponible spéciale** entre époux la plus étendue qui est donnée. Il est également possible, et c'est la solution la plus favorable au conjoint, de prévoir que la libéralité portera sur l'**ensemble des biens** de la succession et s'imputera, si la réduction en est demandée par les descendants, sur l'une des quotités disponibles, au choix du survivant. De la sorte, le conjoint recevra tous les biens de la succession si la réduction n'est pas demandée (sachant qu'il pourra sauf clause contraire cantonner son émolument) ; dans le cas contraire, son option servira à déterminer le montant de l'indemnité de réduction due à ses enfants ou beaux-enfants.

Si le conjoint survivant est **à la fois donataire entre époux et légataire universel**, son option pour l'une des quotités disponibles spéciales de l'article 1094-1 du Code civil n'est pas exclusive d'une réduction en valeur (Cass. 1e civ. 13-7-2022 n° 21-10.226 F-D : BPAT 5/22 inf. 218). Il ne peut être ainsi déduit, à propos d'une veuve, instituée légataire universelle, ayant opté pour le quart en propriété et les trois quarts en usufruit, que cette option opère réduction du legs universel à l'une des quotités permises par la loi.

Les donations au dernier vivant présentent la caractéristique d'être **librement révocables** (C. civ. art. 1096, al. 1). Cette révocabilité est dite « ad nutum », c'est-à-dire que le donateur peut révoquer la donation à tout moment sans motif légitime. Il ne peut pas renoncer à son droit de révocation, qui est d'ordre public. 13603

La **révocation** peut être expresse, par acte notarié ou testament. Elle peut également être tacite, et résulter par exemple de l'aliénation du bien objet de la donation au dernier vivant ou de l'incompatibilité des dispositions contenues dans la donation avec celles d'un testament postérieur ou de tout fait ou acte du donateur qui indique d'une manière non équivoque son intention de révoquer la donation. Ce sera le cas, par exemple, si le donateur a fait au profit de son second conjoint une nouvelle donation au dernier vivant portant sur les mêmes biens (Cass. 1e civ. 28-2-2006 n° 03-20.150 : Bull. civ. I n° 114).

La faculté de révocation est **strictement personnelle** à l'époux donateur. Elle ne peut être exercée ni par ses créanciers ni par ses héritiers même réservataires (Cass. 1e civ. 19-4-1988 n° 86-18.028 : Bull. civ. I n° 101 ; Cass. req. 25-2-1878 : DP 1878 I p. 449).

Sur les **conséquences du divorce** sur la donation au dernier vivant, voir nos 10251 s.

CHOIX ENTRE DONATION AU DERNIER VIVANT ET TESTAMENT

La donation de biens à venir est une disposition à cause de mort assimilée à un legs. Pour qui souhaite avantager son conjoint, les deux actes peuvent donc remplir le même objet et produisent les mêmes effets : 13605

– le conjoint dispose dans les deux cas de l'**option successorale** en fonction de la nature du titre qui lui a été conféré (donataire ou légataire à titre particulier, à titre universel ou universel). Sauf stipulation contraire, il peut cantonner son émolument ;

– le maximum qui peut être laissé au conjoint en présence de descendants est le même (la **quotité disponible spéciale** entre époux), avec les mêmes options ;

– si l'époux a fait de nombreuses donations de son vivant, le **risque de réduction** pour atteinte à la réserve est le même, puisque les règles d'imputation et de réduction sont dans les deux cas celles des dispositions testamentaires : imputation après les donations et concurremment avec les legs ;

– la **date d'effet** de la donation au dernier vivant est celle du décès de son auteur, comme celle du legs fait par testament ;

– la **révocation** de l'acte est possible dans les deux cas jusqu'à la mort de son auteur.

Il n'y a donc pas de raison particulière de privilégier l'un des actes par rapport à l'autre. Tout au plus peut-on observer que la **pratique notariale** conseille aux époux de faire une donation au dernier vivant, acte obligatoirement notarié, plus sûr en termes de contenu et de rédaction, et qui est généralement établi de façon réciproque entre les conjoints. Toutefois, le recours au testament authentique s'impose pour priver son conjoint de son droit viager au logement. La forme testamentaire s'impose aussi lorsque l'acte contient des dispositions au profit d'un autre que le conjoint.

ATTENTION

Si un testament peut **déshériter le conjoint**, en totalité ou en partie seulement (en l'absence de descendants), une donation au dernier vivant ne peut être utilisée que pour augmenter les droits du conjoint par rapport à ceux qui résulteraient de la loi. La donation entre époux devra à notre avis être doublée d'un testament – ou remplacée par un testament – pour restreindre ou **aménager les droits légaux** (en ce sens, implicitement, Rép. Bocquet : AN 11-4-2006 p. 3999 n° 76457). Par **exemple**, l'époux qui a des enfants d'un premier lit et qui souhaite laisser à son conjoint l'usufruit de toute la succession, à l'exclusion du quart en pleine propriété que la loi lui accorde, devra faire un testament pour priver son conjoint de ce quart en pleine propriété.

POURQUOI CONSENTIR UNE LIBÉRALITÉ AU DERNIER VIVANT ?

13610 Bien que les droits successoraux légaux du conjoint héritier ne soient pas négligeables, une libéralité entre époux permet dans tous les cas d'**augmenter les droits de son conjoint**.

Avant d'évoquer les différentes situations susceptibles de se présenter, il faut indiquer que la loi n'autorise pas de **cumul des vocations légale et libérale** du conjoint. Les libéralités qu'il reçoit s'imputent sur ses droits dans la succession ; si elles sont inférieures à sa vocation légale, le conjoint peut réclamer le complément, dans la limite de la quotité disponible spéciale entre époux (C. civ. art. 758-6 ; pour une illustration, Cass. 1e civ. 25-10-2017 n° 17-10.633 F-PB : BPAT 6/17 inf. 237, Dr. famille 2018 comm. 15 note M. Nicod).

13611 **En présence de descendants** Par rapport aux droits que le conjoint tirerait de la loi, une libéralité entre époux présente les avantages suivants :

– elle permet à l'époux qui a des **enfants d'un autre lit** de laisser à son conjoint l'usufruit de toute sa succession, ce que la loi ne prévoit que lorsque tous les enfants sont communs ;

– s'il y a **moins de trois enfants**, elle offre au conjoint survivant une quotité en pleine propriété supérieure à celle prévue par la loi, qui est fixée à un quart quel que soit le nombre d'enfants : le conjoint qui opte pour la quotité disponible ordinaire recueille la moitié de la succession s'il n'y a qu'un enfant et les deux tiers s'il y a deux enfants ;

– elle permet de **cumuler** des droits en **propriété et** des droits en **usufruit**, ce que la loi ne prévoit pas ;

– dans le cas le plus fréquent où elle porte sur la quotité disponible spéciale entre époux, et sauf indication contraire de l'acte, elle offre au conjoint survivant le **choix entre les trois quotités** autorisées. Par comparaison, la loi n'offre de choix au conjoint qu'en présence d'enfants communs, et encore cette option est-elle réduite à deux branches (usufruit du tout ou propriété du quart). La libéralité peut même porter sur **toute la succession**, sauf demande en réduction des descendants ;

– toujours sauf indication contraire de l'acte, elle permet au conjoint survivant de cantonner son émolument : voir n° 13612.

13612 En présence de descendants, communs ou non, le conjoint survivant peut **cantonner son émolument** sur une partie des biens dont il a été disposé en sa faveur, sauf indication contraire du testament ou de la donation au dernier vivant (C. civ. art. 1094-1, al. 2). En d'autres termes, il peut limiter la libéralité qui lui est faite (cette possibilité ne lui est pas offerte lorsqu'il est réduit à ses droits légaux). Le conjoint peut par exemple cantonner la libéralité à certains biens ou limiter ses droits à l'usufruit de tout ou partie des biens qui lui ont été laissés en pleine propriété.

L'exercice de la faculté de cantonnement ne constitue pas une libéralité consentie par le conjoint aux autres successibles, au premier rang desquels ses enfants et/ou beaux-enfants (C. civ. art. 1094-1, al. 2 in fine). L'avantage indirectement consenti par le conjoint aux autres successibles n'est pas taxable aux **droits de donation**. Le bénéficiaire indirect du cantonnement effectué par le conjoint est imposable sur ce qu'il reçoit en plus au tarif fixé en fonction de son lien de parenté avec le défunt (CGI art. 788 bis).

ATTENTION

Du fait de l'exonération du conjoint survivant, le **régime fiscal du cantonnement** est désavantageux pour les **enfants communs**. Il est fiscalement préférable que le conjoint recueille les biens (en franchise d'impôt) avant d'en faire à son tour donation aux enfants, avec le bénéfice de l'abattement et des plus basses tranches du barème.

La non-taxation du cantonnement n'est en réalité avantageuse que dans le cas – plus rare – où l'enfant qui en bénéficie n'est pas un descendant du conjoint mais un **enfant d'un autre lit du défunt**. La neutralité fiscale du cantonnement évite alors à l'enfant d'acquitter les droits au taux de 60 % applicable entre personnes non parentes.

En l'absence de descendants En l'absence de descendants et **en présence des père et/ou mère**, une libéralité entre époux permet de déshériter ces derniers pour laisser l'intégralité de la succession à son conjoint. Avec une limite : la libéralité au profit du conjoint ne peut pas à notre avis faire obstacle au droit de retour légal des père et mère du défunt. Mais cette question reste discutée en doctrine. 13615

Les personnes qui ne laissent **ni descendants ni ascendants** n'ont guère de raison de faire une donation au dernier vivant : leur conjoint hérite de la totalité de leur succession par le seul effet de la loi (C. civ. art. 757-2). La libéralité peut toutefois présenter un intérêt si le défunt laisse des frères et sœurs et s'il détient des biens de famille, car ces biens ont vocation à revenir pour moitié aux frères et sœurs du défunt (voir n° 11063). Une donation au dernier vivant permet de faire obstacle au droit de retour des frères et sœurs, le conjoint recevant la pleine propriété de l'intégralité des biens (en ce sens, Rectificatif à la Rép. Poignant : AN 13-2-2007 p. 1636).

Dans les deux cas de figure, le conjoint peut à notre avis **cantonner son émolument** s'il le souhaite, de la même façon qu'en présence de descendants.

Si des dispositions ont déjà été prises en faveur du conjoint Il faut penser à **vérifier régulièrement** que la donation au dernier vivant ou le legs au profit du conjoint est toujours pertinent(e) au regard des objectifs du disposant, de façon à pouvoir **actualiser**, si nécessaire, les dispositions adoptées. 13620

Cette vérification est indispensable si la **libéralité** a été **effectuée avant la loi du 3 décembre 2001** qui a radicalement modifié les droits successoraux du conjoint survivant (loi applicable, pour l'essentiel, aux successions ouvertes depuis le 1-7-2002) et elle est très fortement conseillée si la libéralité, postérieure à la loi de 2001, est antérieure à la réforme des successions opérée par la **loi du 23 juin 2006** (qui concerne les successions ouvertes depuis le 1-1-2007). À défaut, les dispositions adoptées risquent d'être sans effet. En témoignent les contentieux, nombreux, sur l'interprétation des dispositions à cause de mort prises avant ces réformes (ou entre les deux) par des conjoints décédés après leur entrée en vigueur. Or, la recherche de la volonté du testateur, qui relève de l'interprétation souveraine des juges du fond, est nécessairement aléatoire.

EXEMPLE

À propos d'un homme décédé en 2003 et dont les **dispositions à cause de mort** prises en juin 2001 **privaient son épouse de l'usufruit légal** (portant à l'époque sur un quart de la succession) pour ne lui consentir que l'usufruit d'une résidence secondaire, la cour d'appel qui a relevé que le mariage n'avait duré que huit ans a pu décider que le disposant avait souhaité limiter les droits de son épouse pour ne pas pénaliser ses enfants d'un premier lit et par là même exclu qu'elle puisse bénéficier du quart en propriété prévu par la loi du 3 décembre 2001 pour les successions ouvertes à compter du 1er juillet 2002 (Cass. 1e civ. 15-12-2010 n° 09-68.076 : Bull. civ. I n° 269, BPAT 1/11 inf. 38). Jugé à l'inverse, à propos d'un homme décédé en 2004 et qui, ayant des enfants d'un premier lit, avait rédigé un testament en 1987 pour priver son épouse de son usufruit légal, que la veuve bénéficiait du quart en pleine propriété désormais prévu par la loi, car « la volonté du testateur n'avait pas pu être de la priver de droits en pleine propriété que la loi ne lui reconnaissait pas au moment de la rédaction du testament » (Cass. 1e civ. 25-3-2009 n° 08-13.667 : BPAT 3/09 inf. 120). Même solution dans le cas d'un homme décédé en 2007 et dont le testament privant l'épouse de son usufruit légal datait de 1994 : ayant constaté que par son testament, dont les termes étaient clairs et non équivoques, le mari s'était borné à priver son épouse du seul usufruit légal dans sa succession sans l'exhéréder de tout droit dans celle-ci, et relevé qu'il n'avait apporté aucune modification à ses dispositions testamentaires après la loi du 3 décembre 2001 qui a prévu qu'en présence d'un ou plusieurs enfants non issus des deux époux le conjoint survivant recueille la propriété du quart des biens existants, la cour d'appel a exactement décidé que les dispositions de l'article 757 du Code civil, applicables au jour de l'ouverture de la succession, allouaient à l'épouse un quart en pleine propriété de celle-ci (Cass. 1e civ. 5-12-2012 n° 11-14.508 : BPAT 1/13 inf. 21).

PROTECTION DE LA RÉSERVE DES DESCENDANTS

Mesures communes à tous les enfants Sauf s'ils y renoncent, les enfants peuvent demander dans les conditions de droit commun la **réduction** des libéralités consenties au conjoint qui empiéteraient sur leur réserve : voir nos 64140 s. 13625

Mesures spécifiques aux enfants non communs La présence d'enfants d'un autre lit ne modifie pas la **quotité disponible spéciale entre époux**. 13630

Une mesure de protection spécifique existe cependant au profit de ces enfants, lorsque leur beau-père ou belle-mère – dont ils n'ont pas vocation à hériter – a reçu une **libéralité en pleine propriété**. Chaque enfant non commun peut exiger, en ce qui le concerne, que la libéralité en

propriété soit convertie en une libéralité en usufruit, moyennant l'abandon au conjoint de la part d'usufruit qu'il aurait recueillie en son absence (C. civ. art. 1098). Mais cet **usufruit forcé** du conjoint survivant trouve rarement à s'appliquer en pratique :
– le défunt ne doit pas s'y être opposé, même tacitement, dans l'acte de donation (ou dans le testament). Une donation au dernier vivant laissant au conjoint survivant le choix entre les trois quotités autorisées exclut la possibilité d'un usufruit forcé (Cass. 1e civ. 3-12-1996 n° 94-21.799 : Bull. civ. I n° 437) ;
– les enfants ne doivent pas avoir été privés de l'usufruit de leur part d'héritage par la donation (ou le legs) : l'usufruit forcé ne peut se concevoir que s'il reste un usufruit à laisser au conjoint en échange de la libéralité en pleine propriété dont il est privé. Pas d'usufruit forcé, donc, si le conjoint survivant reçoit la quotité disponible spéciale du 1/4 en pleine propriété et des 3/4 en usufruit.

C. Donations de biens présents entre époux

13650 Les **donations directes** (par acte authentique) de biens présents entre époux sont rares. En revanche, il est fréquent que les époux se consentent des **donations indirectes** de biens présents. Ce peut être le cas lorsque, dans une intention libérale, un époux finance le bien acquis au nom de son conjoint séparé de biens ou prévoit en sa faveur une clause de réversion de l'usufruit qu'il s'est réservé dans une vente ou dans une donation.
Selon le cas, ces donations sont librement **révocables ou** au contraire **irrévocables**.

DONATIONS QUI PRENNENT EFFET PENDANT LE MARIAGE

13651 Sauf hypothèses marginales d'inexécution des charges ou d'ingratitude (C. civ. art. 953 à 958), toute donation qui a pris effet pendant le mariage est **irrévocable** (C. civ. art. 1096). L'irrévocabilité concerne toutes les donations quelle que soit leur forme : donations directes (notariées), dons manuels, donations indirectes ou déguisées.
En outre, la donation est obligatoirement maintenue en cas de **divorce** (C. civ. art. 265, al. 1). Cette règle est d'ordre public, ce qui interdit l'insertion dans l'acte de donation d'une clause résolutoire en cas de divorce (Cass. 1e civ. 14-3-2012 n° 11-13.791 : Bull. civ. I n° 56, BPAT 2/12 inf. 116). La solution, largement critiquée par la doctrine, peut paradoxalement être défavorable au donataire : si la condition résolutoire illicite est la cause impulsive et déterminante de la donation, c'est la donation tout entière qui est nulle, et pas seulement la clause illicite (en ce sens, notamment, JCP N 2012 art. 1182 note C. Brenner).

> **Précisions** Les règles exposées ici concernent les **donations consenties depuis le 1er janvier 2005**. Celles effectuées **avant cette date** étaient et demeurent librement révocables (C. civ. art. 1096, dans sa rédaction antérieure à la loi 2004-439 du 26-5-2004 ; Loi 2006-728 du 23-6-2006 art. 47, III). L'époux qui se prévaut d'une donation d'avant 2005, donc révocable, doit toutefois prouver qu'elle n'a pas eu d'autre cause que son intention libérale. En pratique, il lui appartient d'établir que son conjoint n'a en aucune façon surcontribué aux charges du mariage par une activité gracieuse. En effet, dans ce dernier cas, les juges considèrent que la « donation » présente un caractère rémunératoire et demeure ainsi irrévocable. Pour une illustration, Cass. 1e civ. 16-12-2020 n° 19-13.701 FS-P : BPAT 2/21 inf. 56.
> Sur l'incidence du **divorce** sur ces donations, voir n° 10252.

DONATIONS QUI NE PRENNENT PAS EFFET PENDANT LE MARIAGE

13655 Ces donations présentent la particularité d'être **librement révocables**, au même titre que les donations au dernier vivant (C. civ. art. 1096 ; Loi 2006-728 du 23-6-2006 art. 46).
Les **donations concernées** sont au premier chef les donations à terme dont le terme est le décès du donateur, cas en particulier de la réversion d'usufruit sur la tête du conjoint survivant.
Le droit de révoquer la donation est **strictement personnel** au donateur. Il ne peut être transmis à ses créanciers ou à ses héritiers en cas de décès. En revanche, si l'action en révocation a été initiée par le donateur, ses héritiers peuvent la poursuivre (Cass. 1e civ. 4-11-2015 n° 15-10.774 : BPAT 1/16 inf. 27, rendue à propos d'une donation de biens présents consentie avant le 1-1-2005 mais transposable).
Sur l'incidence du **divorce** des époux sur ces donations, voir nos 10251 s.

TITRE

II

Partenaires de Pacs

DÉFINITION DU PACS

Le pacte civil de solidarité (Pacs) est un **contrat** conclu entre deux personnes majeures, de sexe différent ou de même sexe, pour organiser leur vie commune (C. civ. art. 515-1). Le Conseil constitutionnel a affirmé que la notion de vie commune suppose non seulement une résidence commune, mais également une vie de couple (Cons. const. 9-11-1999 n° 99-419 : JO 16 p. 16962). En dépit de cette décision, la Cour de cassation a, au contraire, jugé qu'un Pacs pouvait être conclu en dehors de toute vie de couple (Cass. 1e civ. 8-3-2017 n° 16-18.685 F-D). Dans cette affaire, la Cour a censuré la cour d'appel pour avoir refusé à un majeur sous curatelle renforcée âgé de 90 ans l'autorisation de conclure un Pacs avec un homme de 47 ans avec lequel il vivait depuis 24 ans au motif que la nature de la relation qu'ils avaient déclaré entretenir, celle d'un père et d'un fils, ne correspondait pas à la définition légale du Pacs ; dès lors qu'une communauté de vie existe, la Cour estime que cela suffit pour justifier la conclusion d'un Pacs. 15000

Le Pacs est également un **statut** intermédiaire entre le mariage et le concubinage, qui confère une série de droits et d'obligations aux partenaires.

À QUI S'ADRESSE LE PACS ?

Le Pacs est destiné aux **couples** qui : 15002

– ne veulent pas se marier ;

– recherchent un cadre juridique plus sûr et une fiscalité plus favorable que s'ils vivaient en concubinage ; le Pacs crée en effet des droits et obligations à la charge des partenaires (devoir d'assistance, aide matérielle, etc.) et confère des avantages non négligeables (possibilité de mettre certains biens en commun, droits sur le logement en cas de décès, avantages fiscaux, protection sociale, etc.).

CHAPITRE 1

FORMATION DU PACS

SOMMAIRE

CONCLUSION DU PACS

La conclusion d'un Pacs impose aux futurs partenaires : 15010
– soit d'établir entre eux une convention de Pacs, puis de faire une déclaration conjointe devant l'officier de l'état civil de la commune dans laquelle ils ont fixé leur domicile aux fins d'enregistrement du pacte ;
– soit de faire rédiger et enregistrer une convention de Pacs par le notaire de leur choix.
Une fois enregistré, le pacte est mentionné en marge de leurs actes de naissance.

A. Conditions de fond

Le Pacs étant un contrat de nature civile, il est soumis aux conditions de validité de **droit commun des contrats** : capacité de contracter (avec certaines particularités exposées ci-après), consentement des parties et contenu licite et certain (C. civ. art. 1128). 15015
Il est également soumis à des règles spécifiques d'**empêchement**.

CAPACITÉ

Seules les **personnes majeures** peuvent signer un Pacs (C. civ. art. 515-1). Même émancipé, un **mineur** ne peut pas conclure un Pacs. 15017
En ce qui concerne les **majeurs sous tutelle** ou sous **curatelle**, voir respectivement n°s 53315 s. et 53830.

CONSENTEMENT

Les articles 1130 et suivants du Code civil relatifs au consentement des parties lors de la conclusion d'un contrat sont applicables au pacte civil de solidarité. Ainsi, le Pacs peut être annulé en l'**absence de consentement** de l'un des partenaires ou si le consentement de l'un d'eux a été **vicié**, c'est-à-dire donné par erreur ou obtenu par violence ou par dol (tromperie). 15023
À notre connaissance, il n'existe pas pour l'instant de décision de justice ayant prononcé l'annulation d'un Pacs sur ce fondement. La cour d'appel de Paris s'est prononcée sur une demande d'annulation formulée par un partenaire qui prétendait que son consentement avait été vicié par une erreur déterminante sur les mobiles de son partenaire : selon lui, celui-ci n'avait conclu le Pacs que dans un intérêt financier. Mais le demandeur ne rapportant pas la preuve de la cupidité de son partenaire, la cour d'appel n'a pas fait droit à sa demande (CA Paris 9-11-2006 n° 05/13848, 2e ch. B).

CAS D'EMPÊCHEMENT

Tous les couples ne peuvent pas conclure un pacte civil de solidarité, en raison de l'existence de certains cas d'empêchement. Il ne peut y avoir de Pacs (C. civ. art. 515-2) : 15025
– entre **parents et alliés proches**, c'est-à-dire entre ascendants et descendants en ligne directe (parents et enfants, grands-parents et petits-enfants), entre alliés en ligne directe (beaux-parents et gendres ou belles-filles ; beaux-parents et enfants du conjoint), ainsi qu'entre collatéraux jusqu'au troisième degré inclus (frères et sœurs ; oncles ou tantes et neveux et nièces) ;
– si l'un des intéressés est **déjà marié**, afin d'éviter la « bigamie » ;
– ou si l'un des concubins a **déjà conclu un Pacs** avec une autre personne. En revanche, le Pacs n'est pas interdit à ceux qui vivent en concubinage.

15027 La **sanction** du non-respect des empêchements est la nullité du Pacs. Le Conseil constitutionnel a rappelé « qu'eu égard à la nature des empêchements édictés par l'article 515-2 du Code civil, justifiés notamment par les mêmes motifs que ceux qui font obstacle au mariage, la nullité prévue par cette disposition ne peut être qu'absolue » (Cons. const. 9-11-1999 n° 99-419 : JO 16 p. 16962). Cette nullité absolue est la traduction de la prohibition de l'inceste et du souci de respecter le principe de la monogamie.

NATIONALITÉ

15029 Il n'est posé aucune condition de nationalité. **En France**, le Pacs peut être conclu quelle que soit la nationalité des intéressés. **À l'étranger**, le Pacs ne peut être conclu devant les autorités consulaires françaises que si l'un des deux signataires au moins est français.
Pour plus de précisions, voir n°s 72770 s.

B. Formalités

1. ÉTABLISSEMENT D'UNE CONVENTION

FORME DE LA CONVENTION

15070 Les futurs partenaires doivent établir une convention organisant leur vie commune. Celle-ci peut être établie par acte notarié ou par acte sous signature privée, c'est-à-dire par acte rédigé et signé sans la présence d'un notaire (C. civ. art. 515-3).
L'**acte notarié** présente plusieurs avantages en dépit de son coût. Il assure une meilleure information des partenaires sur la portée de leur engagement. Il évite tout risque de perte, l'original de la convention (la minute) étant conservé par l'office notarial. Il permet la rédaction de la convention en un exemplaire unique dont le notaire délivrera des copies (dites « expéditions »). Il évite enfin aux partenaires de se déplacer devant l'officier de l'état civil, le notaire rédacteur se chargeant de l'enregistrement du Pacs et des formalités de publicité.
Si les partenaires optent pour l'acte **sous signature privée**, la convention doit être établie en au moins deux exemplaires. Le pacte créant des obligations à l'égard des deux partenaires, c'est un contrat synallagmatique qui doit être établi en autant d'originaux que de parties (C. civ. art. 1375). Pour pallier les risques de perte, de destruction ou de modification des deux originaux de la convention, il est prudent de prévoir un exemplaire supplémentaire qui sera déposé au rang des minutes d'un notaire.

> **Précisions a.** Le montant des **émoluments dus au notaire** pour l'établissement d'une convention de **Pacs par acte notarié** (ou d'un acte modificatif de Pacs) s'élève à 84,51 € HT (C. com. art. A 444-81) ; à cette somme, il faut ajouter des émoluments de formalités dus, notamment, pour la fourniture aux partenaires de deux copies notariées de l'acte (compter environ 50 €) et l'accomplissement des démarches de publicité auprès de l'état civil (11,32 € HT).
> **b.** La convention de **Pacs sous signature privée**, qui peut être manuscrite ou dactylographiée, doit être **rédigée** en langue française. Elle doit comporter la **signature** des deux partenaires (Circ. min. justice du 10-5-2017 n° JUSC1711700C).

CONTENU DE LA CONVENTION

15072 **Principe de liberté** Les partenaires définissent librement le contenu de leur convention. Celui-ci peut être réduit au **strict minimum** : « Nous (nom et prénoms, date et lieu de naissance de chaque partenaire, adresse), concluons un pacte civil de solidarité régi par les articles 515-1 et suivants du Code civil ».
Il est toutefois **conseillé de préciser** au moins :
– les modalités de l'assistance mutuelle que se doivent les partenaires pendant la durée du Pacs, ainsi que leur contribution aux charges du ménage. Si les partenaires ne le font pas, l'aide sera proportionnelle à leurs facultés respectives. Les partenaires ont également intérêt à organiser « la sortie du Pacs » en prévoyant ce qu'il adviendra de l'aide en cas de rupture (pour des modèles de clauses voir n° 16214) ;
– le régime adopté pour les biens : régime légal de la séparation des biens ou indivision. Si rien n'est prévu, les partenaires seront automatiquement soumis au régime de la séparation des patrimoines. En cas d'adoption du régime de l'indivision, la convention peut prévoir les modalités de gestion des biens indivis.

Limites à la liberté Les partenaires ne peuvent pas supprimer l'obligation d'**entraide matérielle** qu'ils se doivent pendant la durée du pacte. La clause de la convention qui supprimerait cette aide serait nulle (Cons. const. 9-11-1999 n° 99-419 : JO 16 p. 16962). À notre avis, ils ne peuvent pas non plus écarter le **devoir d'assistance** réciproque mis à leur charge, prévu par l'article 515-4 du Code civil. 15074

Il leur est également impossible de prévoir une clause restreignant leur libre **faculté de révoquer le Pacs** ou leur interdisant l'exercice de leur **droit à réparation** en cas de faute lors de la rupture du pacte (Cons. const. 9-11-1999 n° 99-419 ci-dessus visé).

Enfin, les partenaires ne peuvent pas se consentir de **legs** ou de **donation** dans la convention de Pacs (les libéralités entre partenaires font l'objet d'actes séparés, voir nos 20240 s.).

> **Précisions** Si la convention de Pacs contient des **dispositions manifestement illicites** comme contraires à l'ordre public et susceptibles d'être annulées à ce titre, l'officier de l'état civil chargé d'enregistrer le Pacs informera les partenaires du risque d'annulation. Si les intéressés maintiennent néanmoins ces dispositions, l'officier d'état civil enregistrera le Pacs mais saisira le procureur de la République (Circ. min. justice du 10-5-2017 n° JUSC1711700C point 1.2.3).

2. ENREGISTREMENT DU PACS

PACTE SOUS SIGNATURE PRIVÉE

Lieu d'enregistrement Si les partenaires ont établi leur convention sous signature privée, ils doivent se présenter ensemble et en personne devant l'**officier de l'état civil** de la mairie où se situe leur résidence commune pour déclarer la conclusion du Pacs (C. civ. art. 515-3). 15105

La **résidence commune** s'entend de la résidence principale, quel que soit le mode d'habitation (propriété, location, hébergement par un tiers). Les intéressés n'ont pas besoin de résider déjà ensemble au moment de la déclaration. En revanche, ils doivent déclarer l'adresse qui sera la leur dès l'enregistrement du pacte. En cas d'empêchement grave à la fixation d'une résidence commune (partenaire détenu ou hospitalisé, par exemple), la déclaration conjointe peut se faire devant l'officier de l'état civil de la commune où se trouve la résidence de l'un des partenaires. Si l'un ou l'autre des partenaires **ne peut momentanément se déplacer**, les intéressés doivent revenir ultérieurement. Si l'**empêchement** est **grave**, l'officier de l'état civil se déplace jusqu'au partenaire (C. civ. art. 515-3, al. 2).

> **Précisions a.** Lorsque les **partenaires sont domiciliés à l'étranger**, l'enregistrement de la déclaration conjointe du pacte et les formalités de publicité sont effectués par les agents diplomatiques et consulaires français de la circonscription dans le ressort de laquelle se trouve leur résidence commune (C. civ. art. 515-3, dernier al.).
>
> **b.** En raison de l'obligation faite aux partenaires d'effectuer une déclaration conjointe, il n'est pas possible de procéder à l'enregistrement d'un **Pacs à titre posthume** (Rép. Bachelot-Narquin : AN 21-8-2000 p. 4987 n° 47405).

Documents à fournir Les partenaires doivent présenter à l'officier de l'état civil les pièces ci-après (C. civ. art. 515-3 ; Décret 2006-1806 du 23-12-2006 art. 1 ; Circ. min. justice du 10-5-2017 n° JUSC1711700C) : 15107

– une pièce d'identité en cours de validité (carte nationale d'identité, passeport par exemple) ;
– le formulaire Cerfa n° 15725*03 complété et signé par les deux partenaires contenant la déclaration conjointe de Pacs, une déclaration sur l'honneur fixant l'adresse de la résidence commune et certifiant l'absence entre eux de lien de parenté ou d'alliance qui constituerait un empêchement au pacte civil de solidarité au sens de l'article 515-2 du Code civil ;
– un exemplaire de la convention sous signature privée (ou le formulaire Cerfa n° 15726*02 de convention type de pacte civil de solidarité), qui leur est restitué après avoir été visé et daté par l'officier de l'état civil ;
– un extrait de leur acte de naissance avec indication de la filiation de moins de trois mois (excepté lorsque l'officier de l'état civil peut obtenir auprès de la commune de naissance, par voie dématérialisée, les données qu'il contient grâce à la plate-forme d'échanges Comedec) ; cet acte permet à l'officier de l'état civil de vérifier la capacité des intéressés à conclure un Pacs ainsi que l'absence d'empêchement légal à sa conclusion ;
– pour le partenaire divorcé dont la mention de divorce ne figure pas sur son acte de naissance, le livret de famille relatif à sa dernière union avec mention du divorce ;
– pour le partenaire veuf, le livret de famille portant mention du décès de l'ex-époux ;

– si l'un des partenaires fait l'objet d'un régime de protection (sauvegarde de justice, curatelle, tutelle, habilitation familiale) la décision de placement ou de renouvellement de la mesure de protection ou le mandat de protection future.
Si l'**un des partenaires** est **de nationalité étrangère et né à l'étranger**, il doit fournir en outre : un extrait de son acte de naissance avec l'indication de la filiation (ou une copie intégrale) de moins de six mois, éventuellement légalisé ou revêtu de l'apostille, ainsi que sa traduction par un traducteur assermenté ou par une autorité consulaire ; un certificat de coutume établi par l'ambassade ou le consulat indiquant le contenu de la loi dont il est ressortissant (règles relatives à la majorité, à la qualité de célibataire, aux mesures de protection et à la capacité de conclure un Pacs) ; un certificat datant de moins de trois mois attestant qu'il n'est pas déjà lié par un Pacs (pour les personnes de nationalité française, la copie de l'acte de naissance permet de vérifier ce point) ; s'il réside en France depuis plus d'un an, une attestation de non-inscription au répertoire civil pour vérifier qu'il ne fait pas l'objet d'une mesure de tutelle ou de curatelle et une attestation de non-inscription au répertoire civil annexe permettant de vérifier l'absence de décision de divorce ou d'annulation de mariage.

> **Précisions** **a.** Le **certificat de non-Pacs**, l'**attestation de non-inscription au répertoire civil** et l'attestation de non-inscription au répertoire civil annexe doivent être demandés soit par courrier au service central d'état civil du ministère des affaires étrangères, soit par courrier (Cerfa n° 12819*06) soit en ligne via FranceConnect.
> **b.** Sauf convention bilatérale ou multilatérale, l'**acte de naissance étranger** doit être légalisé ou revêtu de l'apostille. Pour savoir si cette démarche est requise, il faut se reporter au tableau récapitulatif du droit conventionnel en matière de légalisation établi par le ministère des affaires étrangères (service-public.fr/particuliers/vos droits/F1402). Les actes d'état civil délivrés par les autorités d'un État de l'**Union européenne** sont dispensés de toute légalisation ou apostille depuis le 16 février 2019 (Règl. 2016/1191 du 6-7-2016). Signalons que les dispositions prévoyant l'obligation de légalisation ont été jugées contraires à la Constitution, avec effet au 31 décembre 2022 (voir n° 30105, précisions).
> **c.** Certaines communes ont mis en place un **service en ligne de dépôt de dossiers** disponible sur le site services-public.fr permettant aux partenaires de saisir les informations nécessaires à l'enregistrement de leur convention, de télécharger leurs pièces justificatives et de transmettre l'ensemble à la mairie. L'officier de l'état civil peut ainsi instruire le dossier avant de proposer un rendez-vous aux partenaires pour l'enregistrement du pacte.

15109 **Enregistrement par l'officier de l'état civil** L'officier de l'état civil enregistre la déclaration de Pacs sous forme **dématérialisée** au sein de l'application informatique existante dans les communes pour traiter les données d'état civil **ou**, à défaut d'une telle application, dans un **registre dédié** (Décret 2006-1806 du 23-12-2006 art. 10). C'est à compter de cette date que le Pacs prend effet entre les partenaires, l'enregistrement lui conférant **date certaine** (C. civ. art. 515-3-1, al. 2).
Si les conditions d'enregistrement de la convention ne sont pas remplies (constatation d'une incapacité ou d'un empêchement), l'officier de l'état civil **refuse d'enregistrer** le Pacs. Cette décision, qui doit être motivée, est elle-même enregistrée (Décret 2006-1806 du 23-12-2006 art. 1, al. 5). Les partenaires peuvent la contester en exerçant un recours auprès du président du tribunal judiciaire, qui statue selon la procédure accélérée au fond (Décret 2006-1806 du 23-12-2006 art. 1, dernier al.).

> **Précisions** En attendant la transcription du Pacs en marge de leur acte de naissance, les partenaires peuvent **prouver son enregistrement** au moyen du visa apposé sur la convention ou du récépissé d'enregistrement qui leur est remis par l'officier de l'état civil à l'issue de la formalité (Décret 2006-1806 du 23-12-2006 art. 1, al. 4 ; Circ. min. justice du 10-5-2017 n° JUSC1711700C).

PACTE NOTARIÉ

15120 Si les partenaires ont fait établir leur convention par un notaire, c'est le notaire rédacteur qui recueille la déclaration conjointe. Le notaire enregistre le Pacs le jour de sa conclusion dans un **registre spécifique** selon une procédure définie par décret (Décret 2012-966 du 20-8-2012). C'est à partir de cette date que le contrat produit ses effets envers les partenaires, l'enregistrement lui conférant **date certaine** (C. civ. art. 515-3-1, al. 2). Le notaire remet aux partenaires un récépissé d'enregistrement.

3. PUBLICITÉ DU PACS

Les Pacs sont mentionnés **en marge de l'acte de naissance** des intéressés avec l'indication de l'identité de leur partenaire (ou sur un registre tenu par le service central d'état civil du ministère des affaires étrangères pour les personnes de nationalité étrangère nées à l'étranger). C'est l'accomplissement de cette formalité qui rend le Pacs **opposable aux tiers** (C. civ. art. 515-3-1, al. 2). En pratique, la demande d'inscription de la mention est faite par l'officier de l'état civil ou le notaire qui a procédé à l'enregistrement du Pacs (Décret 2006-1806 du 23-12-2006 art. 6). **15140**

Au vu d'un simple acte de naissance (ou d'un document délivré par le service central d'état civil du ministère des affaires étrangères si la personne est de nationalité étrangère et née à l'étranger), les tiers peuvent **savoir si une personne est pacsée** et connaître l'identité de son partenaire. Les tiers sont aussi informés des modifications éventuelles du Pacs ou de sa dissolution, ces informations devant également être portées en marge des actes de naissance des partenaires (C. civ. art. 515-3-1 et 515-7).

> **Précisions** Toute personne peut **obtenir** auprès de l'officier de l'état civil concerné un extrait sans filiation de l'**acte de naissance d'une personne liée par un Pacs** en indiquant ses nom, prénom, date et lieu de naissance (Circ. min. justice du 10-5-2017 n° JUSC1711700C). Lorsque l'un des membres du couple est de nationalité étrangère et né à l'étranger, les tiers peuvent obtenir communication de l'identité du partenaire en en faisant la demande auprès du service central d'état civil du ministère des affaires étrangères.

CHAPITRE 2

EFFETS DU PACS

SOMMAIRE

EFFETS LIMITÉS DU PACS

16200 C'est sur les **plans patrimonial** (notamment sur le régime des biens), **fiscal** et **social** que le Pacs produit ses effets les plus importants.

Si le Pacs emporte également des **effets personnels** pour les partenaires (nos 16210 s.), il ne crée aucun lien familial entre les intéressés ou entre chaque partenaire et la famille de l'autre.

S'agissant des **enfants**, le Pacs n'a pas d'incidence en matière de filiation. La présomption de paternité du mari ne s'applique pas au partenaire de Pacs (sur les modes d'établissement de la filiation, voir nos 27040 s.). Le Pacs n'a pas non plus d'incidence en matière d'autorité parentale (Cons. const. 9-11-1999 n° 99-419 : JO 16 p. 16962).

L'adoption est ouverte à tous les couples, et donc aux partenaires depuis le 23 février 2022 (C. civ. art. 343 modifié par loi 2022-219 du 21-2-2022). L'adoption plénière de l'enfant du partenaire lié par un pacte civil de solidarité est également possible depuis cette même date (C. civ. art. 370-1-3 créé par ord. 2022-1292 du 5-10-2022, anciennement C. civ. art. 345-1 modifié par loi 2022-219 du 21-2-2022) ; voir nos 29500 s.

La procréation médicalement assistée (PMA) est ouverte aux couples formés de deux femmes depuis le 4 août 2021, et donc aux partenaires femmes liées par un Pacs (CSP art. L 2141-2 modifié par loi 2021-1017 du 2-8-2021).

Sur la reconnaissance en France des **partenariats enregistrés à l'étranger**, voir nos 72770 s.

> **Précisions** Les partenaires de Pacs qui **collaborent à la gestion d'une entreprise familiale** peuvent bénéficier de dispositifs applicables aux époux, qu'il s'agisse d'une exploitation agricole (C. rur. art. L 321-5, dernier al.), d'une entreprise artisanale, commerciale ou libérale (C. com. art. L 121-8) ou d'une entreprise individuelle à responsabilité limitée : voir nos 1595 s.

SECTION 1

DROITS ET OBLIGATIONS DES PARTENAIRES

OBLIGATION DE VIE COMMUNE

16210 Les partenaires de Pacs s'engagent à une « vie commune » (C. civ. art. 515-4). La vie commune suppose une **vie de couple**, ce qui implique l'existence ou, à tout le moins, la présomption de rapports sexuels. Un Pacs blanc devrait vraisemblablement être considéré comme frauduleux. Un arrêt de la Cour de cassation a cependant retenu une conception plus souple de la « vie commune » en admettant que deux personnes d'une grande différence d'âge vivant ensemble depuis 24 ans et entretenant une relation de nature filiale en dehors de toute vie de couple pouvaient conclure un Pacs (Cass. 1e civ. 8-3-2017 n° 16-18.685 F-D) ; voir n° 15000.

L'engagement de vie commune implique-t-il une obligation de **fidélité** ? La loi ne le précise pas. La jurisprudence semble répondre par la négative (CA Colmar 2e ch. civ. 5-2-2015 n° 13/00035 ; CA Rennes 6e ch. 5-5-2015 n° 14/01737 ; CA Versailles 1e ch. 10-12-2015 n° 13/07059). Cependant, une ordonnance de référé plus ancienne a fait droit à la requête d'un homme qui demandait de commettre un huissier pour faire constater l'infidélité de son partenaire. Le tribunal a considéré que l'obligation de vie commune, qui doit être exécutée loyalement, commande de sanctionner toute forme d'infidélité entre partenaires (TGI Lille ord. 5-6-2002 n° 854). Il faut toutefois noter la portée relative de cette décision qui est isolée et ne statue pas au fond.

> **Précisions** L'obligation de vie commune implique en principe une **cohabitation** dès la déclaration de Pacs (C. civ. art. 515-3, al. 1). Une dérogation existe en cas d'empêchement grave (partenaire hospitalisé ou détenu par exemple).

AIDE MUTUELLE

Aide matérielle Pendant la durée du Pacs, les partenaires sont tenus l'un vis-à-vis de l'autre à une aide matérielle (C. civ. art. 515-4, al. 1). Cette règle étant d'**ordre public**, toute clause de la convention qui dispenserait les partenaires de fournir cette aide serait nulle, qu'elle soit bilatérale ou unilatérale. 16212

La loi ne précise pas le **contenu de l'aide** matérielle. Il est communément admis qu'elle consiste en une contribution des partenaires aux charges du ménage (dépenses de loyers, d'électricité, de téléphone, de nourriture, de santé, de transport, d'entretien des enfants, etc.), par analogie à l'obligation aux charges du mariage qui pèse sur les époux (nos 1960 s.). Peuvent en relever également les dépenses liées à l'achat du logement des partenaires, dont le remboursement des échéances de prêts ayant servi à son financement. Ainsi, un partenaire ayant assumé seul le financement du logement indivis s'est vu refuser le bénéfice d'une créance contre l'indivision, au motif qu'il n'avait fait que participer à l'aide matérielle en proportion de ses facultés contributives, importantes en l'espèce puisqu'il percevait des revenus quatre à cinq fois supérieurs à ceux de sa partenaire (Cass. 1e civ. 27-1-2021 n° 19-26.140 FS-P : BPAT 2/21 inf. 59). Même solution pour le partenaire qui rembourse les échéances d'emprunts contractés par le couple pour financer l'acquisition indivise du logement familial et paye les impôts locaux, les primes d'assurance, les dépenses d'entretien et les charges de copropriété afférentes à ce bien (CA Paris 26-10-2016 n° 15/14487).

Si les partenaires n'ont pas prévu dans leur convention leur **contribution respective** à l'aide matérielle, elle est proportionnelle à leurs facultés respectives (C. civ. art. 515-4, al. 1).

Pour éviter les litiges, il est souhaitable que la **convention de Pacs précise** la part contributive des deux partenaires à l'aide matérielle, le type de dépenses qu'elle recouvre ainsi que ses modalités pratiques (participation aux dépenses de la vie commune, collaboration au travail de l'autre, hébergement gratuit du partenaire par celui qui est propriétaire du logement, etc.). Les partenaires peuvent notamment exclure du champ de l'aide matérielle les dépenses relatives à l'acquisition de biens immobiliers (résidence principale et/ou secondaire), telles les échéances d'emprunt, et prévoir que ces dépenses feront l'objet d'un compte entre eux à l'issue du Pacs. Ils doivent également s'assurer que la quote-part de leurs droits figurant dans le titre de propriété correspond à la part effectivement financée par chacun d'eux. Si l'acquisition est financée par un emprunt, ces quotes-parts doivent prendre en compte la part des échéances remboursée par chacun d'eux. 16214

Il peut être ainsi utile de stipuler des clauses avec ou sans reddition des comptes pour anticiper la prise en compte de la participation effective des partenaires au financement de l'acquisition du logement familial, par exemple.

MODÈLE

Clause définissant la contribution des partenaires à l'aide matérielle et excluant la reddition des comptes[1]

« Les partenaires se devront aide matérielle et assistance réciproques pendant la durée du pacte.

Chacun des partenaires est tenu de participer à proportion de ses facultés respectives aux charges de la vie commune. Chacun d'eux sera réputé avoir fourni, au jour le jour, sa part contributive.

Toutefois et par exception, les parties déclarent que les dépenses relatives à l'acquisition et à l'amélioration du logement de famille, et le cas échéant, de toute résidence secondaire, quel qu'en soit le propriétaire, seront considérées comme des charges de la vie commune et ne donneront pas lieu à des comptes entre elles, que ces dépenses aient été ou non financées au moyen d'un prêt. »

Clause définissant la contribution des partenaires à l'aide matérielle et prévoyant une reddition des comptes[1]

« Les partenaires se devront aide matérielle et assistance réciproques pendant la durée du pacte.

Chacun des partenaires est tenu de participer, à proportion de ses facultés respectives, aux charges de la vie commune. Chacun d'eux sera réputé avoir fourni, au jour le jour, sa part contributive.

Toutefois et par exception, les parties déclarent que les dépenses relatives à l'acquisition et à l'amélioration du logement de la famille, et le cas échéant, de toute résidence secondaire, quel qu'en soit le propriétaire, ne seront pas considérées comme des charges de la vie commune et donneront lieu à des comptes entre elles, que ces dépenses aient ou non été financées au moyen d'un prêt. »

1. Les modèles de clauses avec et sans reddition des comptes ont été rédigés par S. David, notaire associé chez Alliance Notaires, maître de conférences à l'Upec, directeur de session de formation à l'ENM et membre de l'IEJ du CSN, que nous remercions chaleureusement.

16216 Il n'existe pas, pour les partenaires, d'action similaire à l'**action en contribution** aux charges du mariage (qui permet à un époux de contraindre son conjoint qui ne participe pas aux dépenses de la vie commune à exécuter son obligation : voir n°s 1990 s.).

En cas de désaccord des partenaires ou si l'un d'eux se dérobe à son devoir de participer aux dépenses de la vie commune, le partenaire peut exercer un **recours** devant le juge aux affaires familiales (C. org. jud. art. L 213-3).

16218 **Devoir d'assistance** Les partenaires sont tenus à un devoir général d'assistance réciproque (C. civ. art. 515-4, al. 1). Il s'applique qu'il ait été ou non prévu dans la convention de Pacs. La loi ne précise pas son **contenu**, mais il est possible d'en déterminer le contour en le comparant au devoir d'assistance que se doivent les époux ; on peut dire qu'il s'agit d'un devoir de nature morale qui impose aux partenaires une obligation réciproque générale d'entraide, de soutien et de soins. Aucune sanction n'est prévue en cas de manquement au devoir d'assistance ; le partenaire s'estimant lésé doit intenter une action contre son co-partenaire en inexécution contractuelle et demander l'octroi de dommages et intérêts (Dalloz Action Droit de la famille 2023/2024, v. Vie en Pacs par J. Houssier et M. Saulier n° 153.43).

À notre avis, les partenaires ne peuvent pas **écarter le devoir d'assistance** par une clause de leur convention (n° 15074).

OBLIGATION SOLIDAIRE AUX DETTES

16220 **Champ d'application du principe de solidarité** Les personnes liées par un Pacs sont tenues solidairement à l'égard des tiers des dettes contractées par l'une d'elles **pour les besoins de la vie courante**. Le créancier d'un partenaire peut par conséquent réclamer à l'autre la totalité de la dette du premier. Cette solidarité est toutefois exclue pour les dépenses manifestement excessives : le partenaire qui les a engagées en reste seul débiteur (C. civ. art. 515-4, al. 2). Ne sont pas couverts non plus par le principe de solidarité les achats à tempérament (achats à crédit consenti par le vendeur) et les emprunts conclus par un seul partenaire, sauf si ces derniers portent sur des sommes modestes nécessaires aux besoins de la vie courante et si leur montant cumulé n'est pas manifestement excessif eu égard au train de vie du ménage.

La solidarité ne joue pas pour les **dépenses autres** que celles contractées pour les besoins de la vie courante. Cette règle est affirmée expressément pour les partenaires soumis au régime légal de la séparation des patrimoines (C. civ. art. 515-5, al. 1 in fine).

16222 **Dettes « contractées pour les besoins de la vie courante »** L'article 515-4 du Code civil ne définit pas cette **notion**. En l'absence de jurisprudence, la majorité de la doctrine considère que les solutions dégagées par les tribunaux à propos des **dettes ménagères des époux** (l'article 220 vise les dettes relatives à « l'entretien du ménage ou l'éducation des enfants ») sont transposables aux partenaires de Pacs. Selon cette jurisprudence, constituent par exemple des dépenses de la vie courante engageant solidairement les deux partenaires les dépenses de nourriture et d'habillement, les loyers et charges du logement, les frais de transport, à l'exclusion des dépenses qui ne bénéficient qu'à un seul des deux membres du couple et des dépenses d'investissement (pour plus de précisions, voir n°s 1855 s.).

16224 La solidarité est exclue pour les dettes contractées **par un seul partenaire** pour les besoins de la vie courante qui résultent d'un **achat à tempérament** ou d'un **emprunt** (C. civ. art. 515-4, al. 2 in fine). La jurisprudence relative à l'exclusion de la solidarité pour les époux est transposable aux partenaires de Pacs, la formulation de l'article 220 du Code civil étant identique (voir n°s 1880 s.).

S'agissant des achats à tempérament, la solidarité est écartée y compris pour les achats les plus modiques. Pour les emprunts, la solidarité subsiste si la dépense est à la fois modeste et nécessaire à la vie courante du couple (voir toutefois en cas de pluralité d'emprunts n° 16220). Cette condition est appréciée souverainement par les tribunaux compte tenu des revenus du ménage. Le consentement des **deux partenaires**, quel que soit l'objet de l'achat à tempérament ou de l'emprunt, les rend solidaires du paiement de la dette.

On s'est interrogé sur le point de savoir si les **dépenses relatives à l'éducation des enfants** des partenaires constituaient des dépenses contractées pour les besoins de la vie courante, l'article 515-4 du Code civil n'y faisant pas référence (contrairement à l'article 220 applicable aux époux). Pour la majorité de la doctrine et le rapporteur devant l'Assemblée nationale de la loi du 15 novembre 1999 qui a créé le Pacs, la notion de besoins de la vie courante englobe à la fois l'entretien du ménage et l'éducation des enfants. Il n'existe pas à notre connaissance de décision sur cette question. **16225**

La solidarité des partenaires est écartée pour les **dépenses** de la vie courante **manifestement excessives** (C. civ. art. 515-4, al. 2). La règle est la même pour les époux (C. civ. art. 220, al. 2). **16226**

Les **critères** du caractère manifestement excessif de la dépense ne sont pas fixés par la loi pour les partenaires, alors qu'ils le sont pour les époux : train de vie du ménage, utilité ou inutilité de l'opération, bonne ou mauvaise foi du tiers (C. civ. art. 220, al. 2). Il est vraisemblable que la jurisprudence appliquera ces mêmes critères aux partenaires.

Exclusion de la solidarité pour les dettes personnelles Chaque partenaire est tenu **individuellement** de ses dettes personnelles nées avant ou pendant le Pacs (C. civ. art. 515-5). Les dettes personnelles sont celles qui n'ont pas été contractées pour les besoins de la vie courante (voir n° 16220). **16227**

S'agissant des acquisitions en indivision non contractées pour les besoins de la vie courante, chacun des partenaires est tenu au règlement des dettes à hauteur de sa quote-part indivise. Il en va différemment en présence d'une **disposition contractuelle** contraire, comme la stipulation d'une clause de solidarité.

OBLIGATION ALIMENTAIRE

Contrairement à un époux, une personne liée par un Pacs n'a aucune obligation alimentaire à l'égard des **ascendants de son partenaire**. Réciproquement, ces derniers ne lui doivent pas les aliments. **16228**

L'existence du Pacs peut néanmoins avoir une incidence lorsque l'**un des partenaires est créancier ou débiteur d'aliments**. Les ressources de l'autre peuvent en effet influer sur l'appréciation de son état de besoin (s'il est créancier de l'obligation alimentaire) ou de ses ressources (s'il en est débiteur) : voir n° 23038.

LOGEMENT DES PARTENAIRES

Les règles de protection du logement familial interdisant aux époux de disposer l'un sans l'autre du logement familial (nos 1750 s.) ne sont pas applicables aux partenaires de Pacs. Ces derniers ne sont pas pour autant dans la même situation que de simples concubins. **16240**

Lorsque l'un des partenaires est **seul titulaire du bail**, celui-ci est réputé appartenir aux deux partenaires s'ils en font la demande conjointe au bailleur (C. civ. art. 1751). Ainsi, en cas d'abandon du domicile ou de congé par le partenaire signataire du bail, le partenaire cotitulaire du bail est assuré de pouvoir rester dans les lieux.

Même si les partenaires n'ont pas demandé la cotitularité du bail, le propriétaire peut réclamer le paiement des loyers impayés au partenaire non titulaire du bail au titre de la solidarité instituée pour les dépenses de la vie courante (voir n° 16222). Les partenaires peuvent exiger que les quittances de loyers relatives au logement commun soient établies à leurs deux noms (CA Paris 13-5-2004 n° 03-2302 : Loyers et copr. 2005 comm. n° 89 note B. Vial-Pedroletti).

Si au cours du bail son titulaire informe son bailleur de la conclusion d'un Pacs, le propriétaire doit donner congé aux deux partenaires. À défaut d'information du propriétaire, les notifications et significations de ce dernier seront opposables de plein droit au partenaire du titulaire du bail dont l'existence était inconnue du bailleur (Loi 89-462 du 6-7-1989 art. 9-1).

Lorsque l'un des partenaires est **propriétaire d'un logement loué**, il peut le reprendre au profit de son partenaire, des ascendants ou des descendants de celui-ci (Loi 89-462 du 6-7-1989 art. 15, I-al. 1). Si le logement a été acheté occupé et que le terme du contrat de location intervient moins de deux ans après l'acquisition, le congé pour reprise donné par le bailleur au terme du contrat de location en cours ne prend effet qu'à l'expiration d'une durée de deux ans à compter de l'acquisition (Loi 89-462 du 6-7-1989 art. 15, I-al. 5).

SECTION 2

RÉGIME DES BIENS DES PARTENAIRES

RÉGIME APPLICABLE

16265 La loi du 23 juin 2006 portant réforme des successions et des libéralités a opéré une refonte totale du régime des biens des partenaires en substituant un régime de séparation des patrimoines au régime très contesté de l'indivision qui s'appliquait antérieurement.

Le régime de la séparation de biens s'applique aux Pacs conclus **depuis le 1er janvier 2007**, les partenaires ayant toutefois la possibilité d'opter pour un régime d'indivision très proche du régime légal de communauté des époux mariés sans contrat.

Pour les Pacs conclus **avant** le 1er janvier 2007, les biens des partenaires restent présumés indivis.

A. Pacs conclus depuis le 1er janvier 2007

PRINCIPE DE SÉPARATION DES PATRIMOINES

16267 **Sauf disposition contraire** de la convention, les couples qui concluent un Pacs sont soumis à un régime de séparation des biens (C. civ. art. 515-5). Dans ce régime, proche de celui qui s'applique aux époux mariés sous un régime de séparation de biens, chaque partenaire conserve la propriété des biens qu'il acquiert et les gère en toute indépendance.

16269 **Propriété et gestion des biens** Chaque partenaire est **seul propriétaire** :
- des biens qui lui appartenaient avant l'enregistrement du Pacs ;
- des biens qu'il crée (fonds de commerce, clientèle, etc.) ou acquiert à titre onéreux (acquisition, échange, etc.) au cours du Pacs ;
- des biens qu'il reçoit par donation ou succession ;
- des revenus qu'il perçoit au cours du Pacs (salaires, pensions de retraite, loyers, dividendes, etc.).

Il conserve l'administration, la jouissance et la libre disposition de ces biens.

16271 La séparation des patrimoines n'exclut pas que certains biens soient en **indivision entre les partenaires**.

Si les partenaires achètent des biens en commun, ils en seront propriétaires dans les proportions fixées dans l'acte d'achat (moitié/moitié ; un quart/trois quarts, par exemple). Si rien n'est indiqué, ils seront considérés comme propriétaires pour moitié chacun.

Les biens dont aucun partenaire ne peut prouver qu'il a la propriété exclusive sont réputés appartenir aux deux indivisément pour moitié : voir n° 16273.

16272 Les biens indivis sont en principe soumis à la **cogestion** des partenaires selon les règles de l'indivision légale prévues aux articles 815-2 et suivants du Code civil (nos 69080 s.).

Cependant, afin de faciliter la gestion des **biens mobiliers** (pour lesquels les partenaires n'ont pas forcément de titre de propriété), chaque partenaire est réputé à l'égard des tiers de bonne foi avoir le pouvoir de faire seul tout acte d'administration, de jouissance ou de disposition sur les biens meubles qu'il détient individuellement (C. civ. art. 515-5, al. 3).

Par ailleurs, les partenaires peuvent aménager les règles légales en concluant une **convention d'indivision** en application des articles 1873-2 et suivants du Code civil (nos 69780 s.).

16273 **Preuve de la propriété** Entre partenaires comme à l'égard des tiers, la preuve de la propriété des biens peut se faire par **tous moyens** (titres de propriété, factures, relevés de comptes, etc.).

Lorsque les partenaires ne parviennent pas à prouver qu'ils ont la propriété exclusive d'un bien, celui-ci est présumé leur appartenir indivisément pour moitié chacun (C. civ. art. 515-5, al. 2). Cette **présomption** peut toutefois être combattue par les partenaires, qui peuvent rapporter la preuve qu'ils sont propriétaires dans des proportions différentes. Cette preuve peut être faite par tous moyens.

CONSEIL

Pour **éviter toute contestation sur la propriété des biens**, il est conseillé d'annexer à la convention de Pacs un inventaire des biens dont chaque partenaire est propriétaire. Il est également souhaitable que les partenaires disposent de comptes bancaires séparés et conservent tout au long de leur vie commune la preuve des achats importants effectués par chacun.

OPTION POUR L'INDIVISION

Propriété des biens Les partenaires peuvent opter dans leur **convention** (ou dans une convention modificative, dont les modalités sont exposées nos 18000 s.) pour un régime d'indivision (C. civ. art. 515-5-1). 16275

Les biens qu'ils achètent ensemble ou séparément à compter de l'enregistrement du Pacs (ou de la convention modificative) sont alors **réputés indivis par moitié**. Sauf exceptions mentionnées no 16277, tout bien acquis pendant la durée du Pacs devient la propriété des deux partenaires. À l'issue du Pacs, chaque partenaire aura vocation à recevoir la moitié des biens indivis. En **conséquence**, si l'un des partenaires finance plus de la moitié d'un bien, il ne pourra pas demander à l'autre de lui rembourser l'excédent (C. civ. art. 515-5-1). Il en va ainsi même si le bien réputé indivis a été financé entièrement par l'un des partenaires. Dans ce cas, le transfert de propriété de la moitié du bien au profit de l'autre partenaire ne peut pas, à notre avis, constituer une donation indirecte. Il échappe par conséquent aux règles civiles (rapport à la succession, réduction pour atteinte à la réserve héréditaire) et fiscales (droits de donation) applicables aux donations.

Par exception, restent la **propriété exclusive des partenaires** (C. civ. art. 515-5-2) : 16277
– les biens à caractère personnel. La loi n'en donne pas la liste, mais on peut penser que ces biens sont ceux qui forment des propres par nature pour les époux communs en biens : vêtements, instruments de travail, indemnités en réparation d'un dommage corporel, par exemple (pour plus de précisions, voir nos 3105 s.) ;
– les biens créés au cours du Pacs (fonds de commerce, clientèles, brevets d'invention, œuvres d'art, etc.) et leurs accessoires ;
– les sommes reçues par les partenaires (salaires, pensions de retraite, revenus de biens personnels, etc.) et non utilisées pour acquérir un bien (autrement dit, les revenus épargnés) ;
– les biens acquis avec des fonds qui appartenaient à l'un des partenaires avant l'enregistrement de la convention initiale (ou de la convention modificative par laquelle les partenaires ont adopté le régime de l'indivision) ou avec des fonds reçus par donation ou succession pendant le Pacs, à la condition qu'une déclaration d'emploi des deniers ait été effectuée dans l'acte d'acquisition. À défaut, les biens acquis sont indivis par moitié, mais celui qui investit ses fonds propres dispose d'une créance sur son partenaire ;
– les portions de biens acquises à titre de licitation de tout ou partie d'un bien dont l'un des partenaires était propriétaire au sein d'une indivision successorale ou par suite d'une donation.

Sont également la propriété exclusive des partenaires, bien que l'article 515-5-2 du Code civil ne les mentionne pas, les biens qui leur appartenaient avant la conclusion du Pacs ainsi que ceux qu'ils reçoivent par donation ou succession au cours du pacte. Sur les précautions à prendre pour éviter tout problème de preuve, voir no 16273.

Des **incertitudes** existent **pour certains biens**. 16279

La loi ne prévoit pas, en effet, le cas du partenaire qui achète un bien avec de l'**argent qui lui vient de la vente d'un bien personnel**. Il paraît vraisemblable que le bien lui sera personnel s'il fait une déclaration d'emploi dans l'acte d'acquisition. Dans le cas contraire, le bien devrait être indivis pour moitié, le partenaire pouvant alors prétendre à une créance.

La loi n'envisage pas non plus le sort des **droits attachés à des valeurs mobilières** constituant des biens personnels aux partenaires (droit préférentiel de souscription, attribution gratuite d'actions à l'occasion d'une augmentation de capital, etc.). Les tribunaux pourraient transposer la règle de l'article 1406 du Code civil qui déclare que les valeurs nouvelles et autres accroissements se rattachant à des valeurs mobilières propres aux époux communs en biens constituent des biens propres.

Rien n'est dit enfin sur les créances et indemnités qui remplacent un bien personnel (indemnité d'assurance à la suite de la destruction d'un bien par un sinistre, par exemple). Là encore, les tribunaux pourraient transposer aux partenaires la règle de l'article 1406 du Code civil qui fait de ces créances et indemnités des biens propres aux époux par l'effet de la subrogation (pour plus de précisions, voir nos 3130 s.).

Les partenaires peuvent-ils **étendre l'indivision** ? La doctrine très majoritaire répond par la négative (Dalloz Action Droit patrimonial de la famille 2021/2022, v. Effets patrimoniaux du Pacs par Y. Flour no 521.63 ; Y. Delecraz, Le nouveau régime des biens dans le Pacs : AJ fam. 2007 p. 12 ; M. Lebeau, Brèves remarques sur la nature de l'indivision d'acquêts des partenaires liés par un Pacs : Defrénois 2010 p. 2189). La plupart des auteurs considèrent que l'article 515-5-1 du Code civil est impératif car il organise une indivision dérogatoire au régime légal (indivision nécessairement par moitié, sans recours du partenaire que contribue au-delà de sa quote-part). Une telle dérogation aux modes d'acquisition de la propriété ne peut être fixée que par loi. Les clauses prévoyant une indivision plus large 16280

comme une indivision d'acquêts universelle seraient ainsi prohibées. Pour les mêmes raisons, l'apport d'un bien personnel à l'indivision pacsimoniale au moment de l'option pour le régime indivisaire est impossible. Plutôt qu'un apport à l'indivision pacsimoniale, il faut formaliser une donation de biens présents sur la quote-part indivise du bien que le partenaire souhaite soumettre à l'indivision (en ce sens, A. Depondt, Le pacs : aspects patrimoniaux : Dr. & Patr. n° 173 du 1-9-2008). Cela implique donc la rédaction d'un acte notarié permettant en outre de rendre l'acte opposable aux tiers.
Une doctrine minoritaire fait toutefois prévaloir le principe de liberté conventionnelle (H. Fulchiron, Le nouveau Pacs est arrivé : Defrénois 2006 p. 1621 ; Rép. civ. Dalloz v. Pacte civil de solidarité par M. Lamarche n° 147).
Les clauses ayant pour effet de **restreindre l'indivision** pacsimoniale font également débat, même si elles sont plus largement admises. Certains auteurs considèrent que l'option pour l'indivision n'est pas aménageable et qu'il s'agit d'une adhésion pure et simple (Y. Delecraz, Le nouveau régime des biens dans le Pacs précité ; 106e Congrès des notaires de France, Couples, patrimoine, les défis de la vie à deux, Bordeaux 30 mai au 2 juin 2010, spéc. n° 2092). Pour d'autres, puisque les partenaires disposent d'une option entre la séparation ou l'indivision, « qui peut le plus peut le moins, et il n'y a aucune raison que le choix soit limité au tout ou rien » (Dalloz Action Droit patrimonial de la famille 2021/2022, v. Effets patrimoniaux du Pacs par Y. Flour n° 521.63). De telles clauses n'entraînent pas un transfert de propriété supérieur à la quote-part indivise prévue légalement, soit la moitié de la propriété du bien indivis. En ce sens, elles ne vont pas au-delà de la dérogation légale accordée par l'article 515-5-1 du Code civil. Ainsi les clauses prévoyant l'exclusion de certains biens de l'indivision, comme les biens professionnels, seraient valables.
Pour conclure, ces incertitudes invitent à la prudence avant de se lancer dans de tels aménagements.

16283 **Gestion des biens indivis** Pour administrer leurs droits indivis, les partenaires peuvent conclure une **convention d'indivision** dans les conditions de droit commun exposées nos 69780 s. (C. civ. art. 515-5-3, al. 2). La seule particularité de cette convention est qu'elle est conclue pour la durée du Pacs et que les partenaires peuvent décider, lors de sa dissolution, qu'elle continuera à produire ses effets (C. civ. art. 515-5-3, al. 3). La convention peut prévoir qu'en cas de décès de l'un des partenaires, le survivant pourra acquérir la quote-part du défunt dans les biens indivis.
Si elle porte sur des biens soumis à publicité foncière (un immeuble, par exemple), la convention doit être publiée au service de la publicité foncière pour être opposable aux tiers (C. civ. art. 515-5-3, al. 2).
À défaut d'avoir conclu une convention d'indivision pour l'exercice de leurs droits indivis, ou en l'absence de disposition contraire de la convention, les deux partenaires sont gérants de l'indivision et disposent des pouvoirs reconnus au gérant de l'indivision par les articles 1873-6 à 1873-8 du Code civil (C. civ. art. 515-5-3, al. 1). Sur ces pouvoirs, voir nos 69835 à 69840.

16285 **Conséquences de la présomption d'indivision pour les créanciers des partenaires** En l'absence de disposition légale, les règles de droit commun s'appliquent.
S'agissant des dépenses pour lesquelles les **partenaires** sont **solidaires** (nos 16220 s.) et des créances nées à l'occasion de la gestion de l'indivision (C. civ. art. 815-17, al. 1), les créanciers peuvent saisir les biens indivis pour obtenir le remboursement de leur créance.
S'agissant des dettes pour lesquels les partenaires ne sont **pas solidaires**, les créanciers du partenaire qui a engagé la dépense ne peuvent pas saisir les biens indivis ; ils peuvent seulement provoquer le partage ou intervenir dans ce partage s'il est provoqué par l'un des partenaires (C. civ. art. 815-17, al. 3).
Pour plus de précisions, voir nos 69630 s.

B. Pacs conclus avant le 1er janvier 2007

PRINCIPES

16310 Les biens des couples liés par un Pacs qui était déjà en cours le 1er janvier 2007 restent régis par les règles exposées nos 16312 s., issues de la loi du 15 novembre 1999 qui a créé le Pacs (Loi 99-944 du 15-11-1999).
Les partenaires peuvent toutefois opter par **convention modificative** pour l'un des deux régimes de séparation des patrimoines ou d'indivision conventionnelle décrits nos 16267 s. (Loi 2006-728 du 23-6-2006 art. 47, V-2°). Dans ce cas, le nouveau régime s'applique aux biens futurs des partenaires.

BIENS ACQUIS À TITRE ONÉREUX APRÈS LA CONCLUSION DU PACS

Présomption d'indivision Les **meubles meublants** (mobilier, électroménager, etc.) sont présumés indivis par moitié, sauf si les partenaires ont prévu dans leur convention de les soumettre à un autre régime (C. civ. art. 515-5, al. 1 dans sa rédaction issue de la loi 99-944 du 15-11-1999) : indivision inégalitaire, conservation par chacun de la propriété des meubles meublants qu'il a achetés, régime mixte (tel type de meuble meublant indivis, tel autre type restant la propriété de celui qui l'achète). 16312

La majorité de la doctrine estime que lorsque la convention de Pacs n'a pas fixé le régime des meubles meublants, un partenaire ne peut pas écarter le régime d'indivision par moitié en stipulant dans l'acte d'acquisition d'un bien qu'il lui appartient en propre ou, en cas de litige, en apportant la preuve qu'il a été le seul à financer l'acquisition. Cette question n'a pas encore été tranchée par les tribunaux.

Les **autres biens** (biens immobiliers, meubles autres que meublants tels que fonds de commerce, clientèles, parts sociales, actions, véhicules, etc.) dont les partenaires deviennent propriétaires à titre onéreux après la conclusion du Pacs sont présumés indivis par moitié si l'acte d'acquisition ou de souscription n'en dispose pas autrement (C. civ. art. 515-5, al. 1 dans sa rédaction issue de la loi 99-944 du 15-11-1999). Cette présomption étant selon nous irréfragable, les partenaires qui veulent qu'un bien autre qu'un meuble meublant reste leur propriété exclusive doivent le mentionner dans l'acte d'acquisition ou de souscription. S'ils souhaitent une indivision inégalitaire, ils doivent préciser les proportions dans lesquelles chacun sera propriétaire. Car si l'acte d'acquisition prévoit une répartition par moitié de la propriété, un partenaire ne pourra pas prétendre à une part plus importante dans l'indivision (pour une illustration, s'agissant d'une indivision portant sur un immeuble, Cass. 1e civ. 4-3-2015 n° 14-11.278). 16313

Les revenus économisés et les biens créés par les partenaires après la conclusion du Pacs (fonds de commerce ou artisanal, clientèles, etc.) ne sont pas à notre avis concernés par l'indivision.

> **Précisions** Du fait de la présomption d'indivision, le **notaire** doit vérifier, pour toute **transaction** portant sur un **immeuble** faisant intervenir **une ou plusieurs personnes non mariées**, si le ou les intéressés ne sont pas liés par un Pacs conclu avant le 1er janvier 2007. Il en va de même en cas de **liquidation de la succession** d'une personne non mariée.

Gestion de l'indivision Si **rien n'est prévu dans la convention** de Pacs ou l'acte d'acquisition, ce sont les règles de l'indivision légale prévues aux articles 815-2 et suivants du Code civil qui s'appliquent : voir nos 69080 s. 16314

Conséquences de la présomption d'indivision pour les créanciers des partenaires S'agissant des dépenses pour lesquelles les **partenaires** sont **solidaires**, les créanciers impayés peuvent poursuivre le recouvrement de leur créance sur les revenus et les biens de chacun des partenaires ainsi que sur les biens indivis. 16315

Pour les dépenses pour lesquelles les partenaires ne sont **pas solidaires**, les créanciers peuvent saisir les biens et revenus du partenaire avec lequel ils ont contracté, mais pas la part de leur débiteur dans les biens indivis (C. civ. art. 815-17, al. 2). Ils peuvent demander en justice l'interdiction de déplacer un meuble corporel (C. civ. art. 815-7), provoquer le partage de l'indivision ou intervenir dans ce partage s'il est déclenché par l'un des partenaires (C. civ. art. 815-17, al. 3).

Les créanciers ne peuvent poursuivre les biens et revenus de l'autre partenaire que si celui-ci était également partie au contrat à l'origine de la créance ou s'il s'est porté garant du paiement en donnant, par exemple, son cautionnement.

AUTRES BIENS

La présomption d'indivision de l'article 515-5 ancien du Code civil ne visant que les biens acquis à titre onéreux après la conclusion du Pacs, restent la propriété de chaque partenaire : les biens qui leur **appartenaient avant la conclusion du pacte**, les biens **reçus par donation ou succession** au cours du Pacs et les **biens créés** au cours du Pacs (fonds de commerce ou clientèles, par exemple). Encore faut-il que les partenaires puissent apporter la preuve de l'origine de ces biens. 16317

SECTION 3

PROTECTION SOCIALE DU PARTENAIRE

ASSURANCE MALADIE-MATERNITÉ

16350 En principe, les partenaires de Pacs bénéficient, à titre personnel, de la prise en charge de leurs frais de santé maladie et maternité dans le cadre de la **protection universelle maladie** (Puma) soit au titre de leur activité professionnelle, soit au titre de leur résidence stable et régulière en France (CSS art. L 160-1). Les règles exposées n°s 6005 s. à propos du conjoint sont applicables au partenaire de Pacs.

PRESTATIONS SOCIALES ET FAMILIALES

16351 Les partenaires sont dans la même situation que les concubins : voir n°s 23124 et 23126.

PARTENAIRE DE PACS DU CHEF D'ENTREPRISE

16360 La situation du partenaire est la même que celle du conjoint :
– le partenaire du chef d'une **entreprise commerciale, artisanale ou libérale** qui y exerce une activité professionnelle de manière régulière a l'obligation d'opter pour l'un des trois statuts suivants : conjoint salarié, conjoint collaborateur ou conjoint associé (C. com. art. L 121-8 ; voir n°s 6030 s.) ;
– le partenaire du chef d'exploitation ou d'entreprise **agricole** exerçant sur l'exploitation ou au sein de l'entreprise une activité professionnelle régulière est tenu d'opter entre trois statuts : collaborateur du chef d'exploitation ou d'entreprise agricole, salarié de l'exploitation ou de l'entreprise agricole ou chef d'exploitation ou d'entreprise agricole (voir n°s 6040 s.).

EFFETS DU PACS SUR LA VIE PROFESSIONNELLE

16370 Pour ce qui concerne les **congés** payés, voir n° 6065 ; les congés pour événement familial, voir n° 6067. S'agissant des autorisations d'absence du partenaire d'une femme enceinte, voir n° 28460 ; d'une femme en parcours de PMA, voir n° 80280.
Pour la **représentation** devant le conseil de prud'hommes, voir n° 6069.
Pour le **déblocage anticipé de l'épargne salariale**, voir n° 6080.

SECTION 4

LE COUPLE PACSÉ ET LES IMPÔTS

IMPÔT SUR LE REVENU

16600 **Règles d'imposition** Au regard de l'impôt sur le revenu, les partenaires de Pacs sont soumis aux mêmes règles que les couples mariés (CGI art. 7). Ils font l'objet d'une **imposition commune** à raison des bénéfices et revenus réalisés par chacun d'eux ainsi, le cas échéant, que par leurs enfants et autres personnes à charge (CGI art. 6, 1). Les partenaires souscrivent une **déclaration** commune de revenus, établie à leurs deux noms. Lorsqu'elle est signée par un seul des partenaires, la déclaration est opposable à l'autre (même règle que pour les couples mariés) (BOI-IR-DECLA-20-10-10 n° 40).
Pour l'appréciation de la composition du foyer fiscal et la détermination du quotient familial, les règles exposées n°s 7020 à 7045 applicables aux époux sont en tous points transposables.

16602 Par exception et par analogie avec les règles applicables aux couples mariés, les partenaires restent ou deviennent **imposables séparément** dans deux cas :
– lorsqu'ils résident séparément et sont soumis à un régime de séparation de biens (cas des partenaires ayant conclu un Pacs depuis le 1-1-2007, sauf disposition contraire de la convention) ;
– en cas d'abandon du domicile commun par l'un des partenaires lorsque chacun des partenaires dispose de revenus distincts.
En cas d'imposition séparée, chaque partenaire est considéré comme un célibataire ayant à sa charge les enfants mineurs dont il assume la charge ainsi que les enfants majeurs célibataires qui lui sont « rattachés ».

Imposition des revenus de l'année de conclusion du Pacs Les partenaires de Pacs sont soumis à une **imposition commune** pour l'ensemble des revenus dont ils ont disposé pendant l'année de conclusion du Pacs. Ils peuvent toutefois **opter** pour l'imposition distincte des revenus dont chacun a personnellement disposé pendant l'année et de la quote-part justifiée des revenus communs revenant à chacun ou, à défaut de justification de cette quote-part, sur la moitié des revenus communs (CGI art. 6, 5). 16605
Pour plus de précisions, notamment sur les charges de famille à retenir, voir les explications données n° 7060 à propos des époux, qui sont en tous points transposables aux partenaires de Pacs.

Imposition des revenus de l'année de la séparation, de la rupture du Pacs ou du décès d'un partenaire En cas de **rupture** du Pacs ou de **séparation**, chacun des partenaires est imposé séparément sur l'ensemble des revenus dont il a disposé au cours de l'année (CGI art. 6, 6). 16610
En cas de **décès** de l'un des partenaires en cours d'année, deux impositions sont établies : l'une commune, l'autre personnelle au nom du partenaire de Pacs survivant (CGI art. 6, 8).

Réductions d'impôt, crédits d'impôt et déductions du revenu global Les partenaires sont susceptibles de bénéficier des différents dispositifs dans les mêmes conditions et selon les mêmes modalités que les couples mariés (voir nos 7200 s.). 16615

Prélèvement à la source Les règles exposées nos 7300 s. applicables aux époux sont en tous points transposables aux couples pacsés. 16617

Solidarité pour le paiement de l'impôt sur le revenu Les partenaires soumis à **imposition commune** sont solidairement responsables du paiement de l'impôt sur le revenu (CGI art. 1691 bis, I-1°). À défaut de paiement spontané des cotisations, l'administration fiscale peut donc poursuivre chacun des partenaires pour la totalité de l'impôt sans être tenue de répartir entre eux la dette fiscale du foyer. 16620
En cas de **séparation**, les partenaires peuvent demander une décharge de solidarité (voir nos 9552 s.).

IMPÔT SUR LA FORTUNE IMMOBILIÈRE

Les partenaires liés par un Pacs au 1er janvier de l'année d'imposition font l'objet d'une **imposition commune** à l'impôt sur la fortune immobilière (CGI art. 964). Contrairement à ce qui est prévu pour les couples mariés, la loi ne prévoit pas d'exception au principe de l'imposition commune des partenaires. Sous cette réserve, les règles applicables aux couples mariés sont en tous points transposables (voir nos 7500 s.). 16640
Lorsque la valeur nette de l'ensemble du patrimoine immobilier imposable appartenant à l'un et à l'autre des partenaires ainsi qu'aux enfants mineurs dont ils ont, l'un ou l'autre, l'administration légale des biens est supérieure 1 300 000 €, les partenaires doivent faire figurer le détail et l'estimation de leurs biens imposables (et, le cas échéant, des dettes y afférentes) sur une **déclaration spécifique annexée** à la déclaration d'ensemble de leurs revenus. Ils portent également les valeurs brute et nette de leur patrimoine immobilier taxable sur leur **déclaration commune de revenus** (déclaration d'ensemble n° 2042) (CGI art. 982).

Les partenaires sont solidaires pour le **paiement** de l'IFI (CGI art. 1723 ter-00 B). En cas de **séparation**, ils peuvent demander une décharge de solidarité (voir n° 9569). 16642

IMPÔTS LOCAUX

Taxe d'habitation sur les résidences secondaires Les règles prévues pour les contribuables mariés en matière d'impôts directs locaux s'appliquent aux partenaires de Pacs (CGI art. 1379 bis). La taxe d'habitation est ainsi établie au nom des partenaires au titre de leur résidence secondaire et des autres locaux meublés non affectés à l'habitation principale, le cas échéant. 16660

Tant qu'ils vivent ensemble, les partenaires sont tenus solidairement au **paiement** de la taxe d'habitation (CGI art. 1691 bis, I-2°). En cas de séparation, ils peuvent demander une décharge de solidarité (voir n° 9575). 16662

Taxe foncière Cette taxe étant due à raison de la **propriété des immeubles**, la conclusion d'un Pacs n'emporte pas de conséquence particulière. La taxe est établie au nom des deux partenaires si l'immeuble est un bien indivis. Elle est établie au nom du seul partenaire propriétaire en cas de propriété exclusive de l'un ou de l'autre. 16665
Il n'existe aucune **solidarité** entre partenaires au titre des taxes foncières.

DROITS DE DONATION ET DE SUCCESSION

16690 Les successions entre partenaires de Pacs sont, comme les successions entre époux, totalement exonérées de droits (CGI art. 796-0 bis). Pour un exemple de remise en cause de l'exonération en raison de la fictivité du Pacs, voir n° 64754.

Les donations entre partenaires sont soumises au même régime que les donations entre époux : elles donnent lieu à la perception de droits calculés sur la valeur réelle des biens donnés, après déduction d'un abattement de 80 724 € (CGI art. 790 F) et par application d'un barème progressif (CGI art. 777 tableau II).

ATTENTION

Le bénéfice de l'**abattement** est **remis en cause** lorsque le Pacs prend fin au cours de l'année civile de sa conclusion ou l'année suivante pour un motif autre que le mariage ou le décès de l'un des partenaires.

CHAPITRE 3

MODIFICATION DU PACS

SOMMAIRE

ÉTABLISSEMENT D'UN ACTE MODIFICATIF

Les partenaires peuvent apporter **à tout moment** des aménagements conventionnels au Pacs qu'ils ont conclu. 18000

Les **objectifs** peuvent être très divers : modifier leur contribution respective aux dépenses de la vie commune ; aménager le régime de leurs biens ; clarifier ce régime pour l'avenir en cas de doute ou de perte de la convention initiale, etc.

Il leur suffit d'établir une convention modificative par acte **sous signature privée** ou **notarié** en respectant les règles exposées n°s 15070 s. (C. civ. art. 515-3, al. 6).

À noter qu'une convention initiale conclue par acte sous signature privée peut être modifiée par une convention conclue par acte notarié, et inversement.

ENREGISTREMENT DE L'ACTE MODIFICATIF

Une fois établie, la convention modificative doit être enregistrée **par** l'officier de l'état civil de la commune d'enregistrement du Pacs ou par le notaire qui a reçu la déclaration initiale (C. civ. art. 515-3, al. 6 ; Décret 2006-1806 du 23-12-2006 art. 2). Peu importe la forme retenue par la convention modificative : acte sous signature privée ou notarié. Par exemple, si les partenaires modifient par un acte sous signature privée la convention établie et enregistrée initialement par leur notaire, c'est à ce même notaire qu'il appartient d'enregistrer l'acte modificatif. 18002

La convention modificative prend **effet entre les partenaires** à compter de son enregistrement par l'officier de l'état civil ou le notaire, qui lui confère date certaine (C. civ. art. 515-3-1, al. 2).

ATTENTION

Lorsque le Pacs a été **enregistré avant le 1er novembre 2017** par le greffe d'un tribunal d'instance (tribunal judiciaire depuis le 1-1-2020), c'est l'officier d'état civil de la commune dans laquelle est établi ce tribunal qui est compétent (Circ. min. justice du 10-5-2017 n° JUSC1711700C).

Lorsque la convention initiale a été enregistrée par l'**officier de l'état civil**, les partenaires, ou l'un d'eux, peuvent se présenter en personne à la mairie (ils ne peuvent pas se faire représenter par un mandataire) munis de la convention modificative ou adresser celle-ci à la mairie par lettre recommandée avec demande d'avis de réception. La convention modificative doit être accompagnée du formulaire Cerfa n° 15791*01 de déclaration conjointe de modification d'un pacte civil de solidarité (Circ. min. justice du 10-5-2017 n° JUSC1711700C). Les partenaires doivent également justifier de leur identité, de la date et du numéro d'enregistrement du pacte initial (Décret 2006-1806 du 23-12-2006 art. 2). L'officier de l'état civil enregistre la convention modificative en se reportant au numéro d'enregistrement attribué aux partenaires lors de la déclaration initiale. Il vise et date l'original ou l'expédition de la convention modificative et la restitue aux partenaires, ou la leur retourne par lettre recommandée avec demande d'avis de réception s'ils ne se sont pas déplacés, accompagnée d'un récépissé d'enregistrement (Décret 2006-1806 du 23-12-2006 art. 2). Il ne conserve pas de copie de la convention. 18004

Lorsque la convention initiale a été enregistrée par un **notaire**, les partenaires, ou l'un d'eux, doivent lui remettre ou lui adresser par lettre recommandée avec demande d'avis de réception la convention modificative. S'ils procèdent par correspondance, ils doivent justifier de leur identité. Après l'enregistrement, le notaire remet ou adresse aux intéressés un récépissé (Décret 2012-966 du 20-8-2012 art. 2).

> **Précisions** Si la convention modificative de Pacs contient des **dispositions** manifestement **contraires à l'ordre public**, l'officier de l'état civil informe les partenaires du risque d'annulation de l'acte. Si les intéressés maintiennent ces dispositions, l'officier de l'état civil enregistre la convention modificative mais saisit le procureur de la République (Circ. min. justice du 10-5-2017 nº JUSC1711700C).

PUBLICITÉ DE L'ACTE MODIFICATIF

18006 Les modifications apportées au Pacs font l'objet d'une **mention en marge des actes de naissance** des partenaires (ou sur le registre tenu au service central du ministère des affaires étrangères pour les personnes de nationalité étrangère nées à l'étranger). En pratique, l'officier de l'état civil ou le notaire adresse un avis à l'officier d'état civil du lieu de naissance de chacun des partenaires ou au service central du ministère des affaires étrangères si les intéressés sont de nationalité étrangère et nés à l'étranger (C. civ. art. 515-3, al. 5 ; Décrets 2006-1806 du 23-12-2006 art. 6 et 2012-966 du 20-8-2012 art. 6).

Le Pacs est **opposable aux tiers** une fois les formalités de publicité accomplies (C. civ. art. 515-3-1, al. 2).

CHAPITRE 4 DISSOLUTION DU PACS

SOMMAIRE

SECTION 1 CAUSES DE DISSOLUTION DU PACS ET FORMALITÉS

PRINCIPES RÉGISSANT LA DISSOLUTION DU PACS

Il existe **cinq causes** de dissolution du Pacs (C. civ. art. 515-7). 18500
Trois d'entre elles correspondent à la rupture, plus ou moins consensuelle, entre les partenaires : la dissolution du Pacs par déclaration conjointe, sa dissolution par déclaration unilatérale et le mariage de l'un des partenaires avec une tierce personne.
L'une traduit au contraire le renforcement du couple : il s'agit du mariage des partenaires entre eux.
La dernière est le décès de l'un des partenaires, qui fait l'objet d'une étude d'ensemble aux n°s 19000 s.
Les dispositions relatives aux causes de dissolution du Pacs sont **impératives** : la convention de Pacs ne peut ni restreindre la liberté qu'a chaque partenaire de mettre fin au Pacs, ni prévoir d'autres cas de rupture. Il est par exemple impossible de conclure un Pacs pour une durée déterminée ou encore de stipuler une clause pénale en cas de rupture unilatérale.

A. Rupture du Pacs par déclaration des partenaires

DÉCLARATION CONJOINTE

Lorsqu'ils s'entendent pour mettre fin au Pacs, les partenaires, ou l'un d'eux, doivent remettre ou adresser par lettre recommandée avec demande d'avis de réception une déclaration conjointe de dissolution à l'officier de l'état civil ou au notaire qui a enregistré le Pacs (C. civ. art. 515-7, al. 4 ; Décrets 2006-1806 du 23-12-2006 art. 4 et 2012-966 du 20-8-2012 art. 4). 18504
Si le Pacs a été enregistré avant le 1er novembre 2017 par le greffe d'un tribunal d'instance (tribunal judiciaire depuis le 1-1-2020), c'est l'officier d'état civil de la commune dans laquelle est établi ce tribunal qui est compétent (Circ. min. justice du 10-5-2017 n° JUSC1711700C).
Aucune **forme** particulière n'est requise pour la déclaration ; elle doit être écrite et signée par les deux partenaires et faire apparaître leur volonté commune de mettre fin au Pacs. Lorsqu'elle est effectuée auprès de l'officier de l'état civil, les partenaires peuvent utiliser l'imprimé Cerfa n° 15789*03 de déclaration conjointe de dissolution d'un pacte.

> **Précisions a.** Sur les règles spécifiques aux partenaires placés sous **tutelle ou curatelle**, voir respectivement n°s 53317 et 53830.
> **b.** Si les partenaires **résident à l'étranger**, ce sont les agents diplomatiques ou consulaires français qui sont compétents (C. civ. art. 515-7, al. 9).

DÉCLARATION UNILATÉRALE

18506 Lorsque l'initiative de la rupture est le fait d'un seul des partenaires, il doit faire **signifier** sa décision à l'autre par un commissaire de justice (C. civ. art. 515-7, al. 5).

Une fois la signification effectuée, le commissaire de justice en remet, ou en adresse sans délai par lettre recommandée avec avis de réception, une **copie** à l'officier de l'état civil ou au notaire qui a enregistré la déclaration initiale de Pacs (C. civ. art 515-7, al. 5 ; Décrets 2006-1806 du 23-12-2006 art. 5 et 2012-966 du 20-8-2012 art. 5).

> **Précisions** Sur les règles spécifiques aux partenaires placés sous **tutelle ou curatelle**, voir respectivement n°s 53317 et 53830.

ENREGISTREMENT DE LA RUPTURE

18508 L'officier de l'état civil ou le notaire qui a enregistré le pacte initial enregistre sa dissolution en précisant la date et la cause (C. civ. art. 515-7, al. 6 ; Décrets 2006-1807 du 23-12-2006 art. 4, 6° et 2012-966 du 20-8-2012 art. 12, 6°).

Si le Pacs a été enregistré avant le 1er novembre 2017 par le greffe d'un tribunal d'instance (tribunal judiciaire depuis le 1-1-2020), c'est l'officier d'état civil de la commune dans laquelle est établi ce tribunal qui est compétent (Circ. min. justice du 10-5-2017 n° JUSC1711700C).

Lorsque la rupture résulte de l'**accord des deux partenaires**, l'officier de l'état civil ou le notaire remet ou adresse aux intéressés un récépissé de leur déclaration conjointe de dissolution (Décret 2006-1806 du 23-12-2006 art. 4 et Circ. min. justice du 10-5-2017 n° JUSC1711700C ; Décret 2012-966 du 20-8-2012 art. 4).

Lorsque la rupture est **unilatérale**, l'officier de l'état civil ou le notaire avise les partenaires de l'enregistrement de la dissolution.

PUBLICITÉ DE LA RUPTURE

18510 La dissolution du Pacs fait l'objet d'une **mention en marge de l'acte de naissance** des partenaires. En pratique, l'officier de l'état civil ou le notaire adresse à l'officier d'état civil du lieu de naissance des intéressés un avis aux fins de mention de la dissolution en marge de leurs actes de naissance (C. civ. art. 515-7, al. 6 ; Décrets 2006-1806 du 23-12-2006 art. 6 et 2012-966 du 20-8-2012 art. 6). Pour les partenaires de nationalité étrangère et nés à l'étranger, l'avis est adressé au service central d'état civil du ministère des affaires étrangères.

DATE D'EFFET DE LA RUPTURE

18513 Lorsque le Pacs prend fin par déclaration (unilatérale ou conjointe), la dissolution du pacte ne prend effet, dans les **rapports entre les partenaires**, qu'à la date de son enregistrement et n'est **opposable aux tiers** qu'à partir du jour où les formalités de publicité ont été accomplies (C. civ. art. 515-7, al. 7 et 8).

Les partenaires qui se séparent ont donc **intérêt à effectuer les formalités** de rupture du Pacs. À défaut, le pacte continue à produire ses effets tant entre eux qu'à l'égard des tiers. Le partenaire peut ainsi se voir réclamer des années après la séparation un soutien financier par son ex-compagnon ou le paiement d'une dépense courante par un créancier invoquant la solidarité.

B. Mariage des partenaires ou de l'un d'entre eux

18540 Le mariage de l'un des partenaires avec un tiers ou des partenaires entre eux met **automatiquement** fin au Pacs (C. civ. art. 515-7, al. 1).

On notera que, dans sa rédaction actuelle, l'article 515-7 du Code civil n'impose pas au partenaire qui se marie avec un tiers d'en **informer son partenaire** (avant le 1-1-2007, il devait le faire par acte d'huissier) !

Le pacte prend fin à la **date** du mariage tant entre les partenaires eux-mêmes qu'à l'égard des tiers.

18542 C'est l'**officier d'état civil** chargé d'apposer la mention du mariage en marge de l'acte de naissance du ou des partenaires qui avise du mariage l'officier de l'état civil ou le notaire qui a enregistré la déclaration initiale de Pacs (C. civ. art. 515-7, al. 2 ; Décrets 2006-1806 du 23-12-2006 art. 3 et 2012-966 du 20-8-2012 art. 3).

L'**officier de l'état civil** ou le **notaire** enregistre la dissolution du Pacs en indiquant la date et la cause, puis avise les deux partenaires de cet enregistrement.

La dissolution du Pacs est **mentionnée en marge de l'acte de naissance** des partenaires (ou sur le registre tenu au service central du ministère des affaires étrangères pour les personnes de nationalité étrangère nées à l'étranger) à la diligence de l'officier de l'état civil ou du notaire, selon les règles exposées n° 18510.

SECTION 2

CONSÉQUENCES DE LA DISSOLUTION DU PACS

INTERVENTION SUBSIDIAIRE DU JUGE

Sous réserve des règles spécifiques au décès d'un partenaire (voir n°s 19010 s.), la **loi** contient peu de dispositions relatives aux conséquences de la dissolution du Pacs. Elle prévoit seulement que les partenaires procèdent eux-mêmes à la **liquidation des droits et obligations** résultant pour eux du Pacs et que, en cas de désaccord, le juge statue sur les conséquences patrimoniales de la rupture, sans préjudice de la réparation du **dommage** éventuellement subi (C. civ. art. 515-7, al. 10). **18580**

Le **juge compétent** pour statuer sur les **conséquences de la rupture** du Pacs est le juge aux affaires familiales (C. org. jud. art. L 213-3). Compte tenu de la complexité de ce contentieux, il est obligatoire de se faire représenter par un avocat (CPC art. 1136-1).

Les **demandes en indemnisation** des dommages subis par le partenaire abandonné semblent relever de la compétence du tribunal judiciaire. La jurisprudence tend néanmoins à retenir la compétence du juge aux affaires familiales pour toutes les conséquences pécuniaires de la rupture du mariage ou du concubinage (respectivement, Cass. 1e civ. 26-5-2021 n° 19-23.723 FS-P et Cass. 1e civ. 5-4-2023 n° 21-25.044 FS-BL). Gageons qu'il en sera jugé de même pour les partenaires de Pacs lorsque la Cour de cassation sera saisie de la question.

Si la séparation est liée à des **violences au sein du couple**, le juge aux affaires familiales peut organiser matériellement la séparation en délivrant une ordonnance de protection contre la violence (voir n°s 26610 s.).

A. Droit à indemnisation du partenaire abandonné

Le Pacs étant un contrat, rien n'empêche les partenaires de prévoir à l'avance dans leur **convention** la possibilité d'une indemnisation en cas de rupture et ses modalités de calcul. Ils ne peuvent pas en revanche écarter le droit à réparation, qui est d'ordre public, par une clause de leur convention (Cons. const. 9-11-1999 n° 99-419 : JO 16 p. 16962). **18582**

Si **rien n'a été prévu**, le partenaire abandonné peut demander des dommages et intérêts sur le fondement de la responsabilité civile si la **rupture** a été **fautive** et lui a causé un préjudice (C. civ. art. 515-7, al. 10).

La loi ne précise pas le **type de faute** susceptible de donner lieu à réparation. Un tribunal d'instance (tribunal judiciaire aujourd'hui) a décidé qu'une rupture unilatérale du Pacs n'est pas en elle-même fautive. À défaut de prouver que les circonstances de la rupture ont été abusives (par exemple, caractère brutal du départ ou propos vexatoires tenus par le partenaire), le partenaire délaissé n'a pas droit à indemnisation (TI Lille 7-9-2009 n° 09/002107 : D. 2010 p. 69). Il est probable que les juges adopteront en la matière des solutions analogues à celles dégagées pour le concubinage (voir n° 24507). Toutefois, selon certains auteurs, la mention dans la loi d'une éventuelle réparation du dommage, l'existence d'une obligation d'aide mutuelle et matérielle, ainsi que l'accent mis par le Conseil constitutionnel sur le caractère impératif de ces deux dispositions laissent à penser que les juges pourraient être plus sévères pour le partenaire de Pacs que pour le concubin auteur de la rupture.

B. Liquidation des droits et obligations des partenaires

18610 En pratique, il y a lieu à liquidation des droits et obligations des partenaires en cas de **séparation** (rupture unilatérale ou d'un commun accord, mariage de l'un des partenaires avec un tiers) ou de **décès** de l'un d'eux.
Si les **partenaires se marient ensemble**, et sauf adoption du régime de la communauté universelle (C. civ. art. 1526), le régime juridique des biens qu'ils ont acquis au cours du Pacs n'est pas modifié. Par exemple, le logement acheté en indivision restera indivis aux époux, sauf s'ils décident de l'apporter à la communauté (voir n° 4540). S'il appartenait à un seul des partenaires, il restera sa propriété exclusive après le mariage (avec la qualification de bien propre ou de bien personnel, selon le régime matrimonial choisi).

CRÉANCES ENTRE PARTENAIRES

18612 Il est fréquent qu'au cours de la vie commune un **partenaire prête de l'argent à l'autre** pour lui permettre d'acquérir, de conserver ou d'améliorer un bien personnel. Il dispose alors d'une créance à son encontre.
Ainsi, dans le régime de la séparation des biens (n°s 16267 s.), le **partenaire qui finance** en partie l'acquisition d'un bien au nom de son partenaire ne devient pas propriétaire mais dispose d'une créance à son encontre.
Dans le régime de l'indivision (n° 16277), lorsqu'un partenaire investit des fonds qui lui appartiennent personnellement (par exemple, de l'argent reçu par succession) sans le mentionner dans l'acte d'acquisition, le bien acheté est indivis. Mais il dispose d'une créance contre son partenaire (C. civ. art. 515-5-2).

ATTENTION

Toutefois, la **contribution au titre de l'aide matérielle** peut faire obstacle à la caractérisation d'une créance au profit du partenaire surcontributeur (voir nos 16212 s.).

18614 C'est généralement lorsque le Pacs prend fin que les partenaires se remboursent les sommes qu'ils ont pu s'avancer mutuellement.
Si les partenaires n'ont rien prévu dans leur convention de Pacs, l'**évaluation des créances** nées entre eux s'effectue de la même manière que les récompenses entre époux mariés sous le régime de la communauté de biens réduite aux acquêts (C. civ. art. 1469 sur renvoi de l' art. 515-7, dernier al.). Sur ces règles, voir n° 4005.
Normalement, le **règlement des créances** s'effectue en argent. Mais les créances peuvent être compensées avec les avantages que le partenaire qui en est bénéficiaire a pu retirer de la vie commune, par exemple, en ne contribuant pas à hauteur de ses facultés aux dépenses de la vie courante (C. civ. art. 515-7, dernier al.).
Rappelons que, durant le Pacs, la prescription de droit commun des créances entre partenaires est suspendue (C. civ. art. 2236).

PARTAGE DES BIENS DES PARTENAIRES

18616 **Régime patrimonial du partage** Les partenaires procèdent eux-mêmes au partage de leurs biens en faisant application des dispositions relatives à la propriété des biens figurant dans leur **convention** de Pacs.
Si **rien n'a été prévu**, le partage s'effectue selon le régime patrimonial applicable aux partenaires, selon le cas séparation de biens ou indivision (voir nos 16267 s.). Rappelons que les partenaires qui ont opté pour le régime légal de l'indivision et qui ont conclu une convention d'indivision peuvent décider, au moment de la dissolution du Pacs, qu'elle continuera à produire ses effets (C. civ. art. 515-5-3, dernier al.). Le partage des biens est alors reculé d'autant.

18617 Dans le cas où les partenaires auraient opté pour le régime d'indivision, la convention de Pacs peut-elle **aménager des règles du partage** ?
Permettre à un indivisaire de revendiquer une créance contre l'indivision s'il a contribué au-delà de sa quote-part semble exclu. Ce serait aller contre la lettre de l'article 515-5-1 du Code civil qui écarte tout recours entre partenaires. Or, ce texte est très majoritairement considéré comme étant impératif (n° 16280).
Il paraît tout autant impossible de prévoir que la liquidation relèverait, dans les rapports entre partenaires, du régime séparatiste en cas de séparation et du régime d'indivision d'acquêts en cas de décès. Une telle clause se heurte également au caractère impératif de l'article 515-5-1 du Code civil qui impose que les biens acquis ensemble ou séparément durant le Pacs soient indivis

par moitié et qui, par voie de conséquence, semble exclure la possibilité de requalifier ces biens de personnels, même entre partenaires (voir n° 16280 ; en ce sens également, Dalloz Action Droit de la famille 2023/2024, v. Fin du Pacs par J. Houssier et M. Saulier, n° 154.65).
Enfin, une clause d'attribution intégrale au survivant ou une clause de partage inégal se heurterait à la prohibition des pactes sur succession future (Y. Delecraz, Le nouveau régime des biens dans le Pacs : AJ fam. 2007. 15). Une telle clause traduit en réalité une donation de biens à venir entre les partenaires puisqu'elle porte sur des biens qui n'existent pas au jour de la conclusion du Pacs (en ce sens, A. Depondt, Le pacs : aspects patrimoniaux : Dr. & Patr. n° 173 du 1-9-2008). Or, aucun texte n'autorise les donations de biens à venir entre partenaires, elles sont réservées aux seuls époux (voir n° 13500).

Attribution préférentielle Dans le cadre du partage, l'un ou l'autre des partenaires de Pacs peut demander l'attribution préférentielle de certains biens indivis moyennant, le cas échéant, le paiement d'une somme d'argent appelée soulte (C. civ. art. 515-6 renvoyant aux art. 831, 831-2, 832-3 et 832-4 du même Code). 18618
L'attribution préférentielle **peut jouer** pour les biens suivants :
– la propriété ou le droit au bail du logement et du mobilier le garnissant ;
– la propriété ou le droit au bail du local dans lequel le partenaire exerce sa profession, ainsi que les objets mobiliers nécessaires à l'exercice de sa profession (C. civ. art. 831-2, 2°), ce qui recouvre, notamment, le véhicule nécessaire au partenaire pour l'exercice de sa profession ;
– l'entreprise ou une quote-part indivise de l'entreprise commerciale, industrielle ou artisanale ou libérale, ou agricole dès lors que le demandeur a participé ou participe effectivement à sa mise en valeur.
L'attribution préférentielle faisant l'objet d'une étude d'ensemble (n°s 70350 s.), on rappellera seulement ici que, sauf si elle porte sur le logement du partenaire survivant et le mobilier qui le garnit ou sur le véhicule du défunt nécessaire au partenaire survivant pour les besoins de la vie courante (n°s 19039 et 19010), elle n'est pas de droit. Si les **deux partenaires revendiquent** l'attribution d'un même bien, le juge tranchera en fonction des intérêts en présence.

> **Précisions** Sur la possibilité pour l'un des partenaires de Pacs de se voir **attribuer la jouissance provisoire du logement** de la famille pour une durée de six mois, dans le cadre d'une requête relative aux modalités de l'exercice de l'autorité parentale, voir n° 36705.

Régime fiscal du partage Le partage des biens indivis entre les partenaires donne lieu au **droit de partage**, selon le régime de faveur de l'article 748 du CGI exposé n°s 70850 s. Le taux du droit de partage en cas de rupture d'un Pacs est fixé à 1,1 % depuis le 1er janvier 2022. 18620
Même réalisé avec une soulte, le partage des biens indivis des ex-partenaires ne peut pas donner lieu à taxation d'une **plus-value privée** (CGI art. 150 U, IV pour les plus-values immobilières et 150-0 A, IV pour les plus-values sur valeurs mobilières).
En cas de cession ultérieure du bien par l'ex-partenaire qui en a été attributaire, le bien est considéré comme ayant été acquis à la date de son entrée dans l'indivision. Le prix d'acquisition à retenir est la valeur vénale du bien à cette date, sans tenir compte de la soulte éventuellement versée (en ce sens, notamment, BOI-RFPI-PVI-10-40-100 n° 80, à propos des plus-values immobilières). Pour un exemple, voir n° 10335.
Sur les règles applicables au partage d'une indivision comprenant une **entreprise** ou des actifs professionnels, voir n°s 10340 s., les règles exposées à propos des conjoints étant transposables aux partenaires qui se séparent.

DÉSACCORD DES PARTENAIRES

Les partenaires en désaccord sur le partage de leurs biens peuvent saisir le juge, qui statuera sur les conséquences patrimoniales de la rupture (C. civ. art. 515-7, al. 10). Rien n'empêche a priori le juge de considérer qu'il y a eu une **société de fait** entre les partenaires ou un « **enrichissement injustifié** » (sur ces notions et la jurisprudence rendue à propos des concubins, voir n°s 24550 s.). 18625
La Cour de cassation a précisé que le devoir d'aide matérielle réciproque que se doivent les partenaires au cours de la vie commune (C. civ. art. 515-4) n'empêche pas un partenaire d'obtenir, sur le fondement de l'« enrichissement sans cause » (« enrichissement injustifié » aujourd'hui), le remboursement des sommes qu'il estime avoir versées en sus de l'exécution de son devoir (Cass. 1e civ. 21-11-2018 n° 15-16.331 D). Cette décision favorable au partenaire ne doit pas faire oublier que le succès de l'action est aléatoire, les juges du fond disposant d'un pouvoir souverain pour apprécier les circonstances de chaque affaire. On peut penser que l'obligation d'aide matérielle à laquelle sont tenus les partenaires (n°s 16212 s.) aura une influence sur l'ampleur de l'indemnisation accordée par le juge.

C. Sort du logement des partenaires

18645 En pratique, la question du sort du logement se pose en cas de **séparation** des partenaires (par rupture unilatérale ou d'un commun accord, ou par mariage de l'un des partenaires avec un tiers) ou en cas de **décès** de l'un d'eux (pour le décès, voir nos 19070 s.).
Si les **partenaires se marient ensemble** :
– le mariage n'affecte pas en principe les droits de propriété des partenaires sur le logement (voir no 18610) ;
– si le logement était loué, le principe de la cotitularité du bail s'applique, même si le bail n'avait été consenti qu'à l'un des partenaires.

LOGEMENT LOUÉ

18650 **Bail au nom d'un seul des partenaires** Lorsque le bail est au nom d'un seul des deux partenaires, deux situations doivent être distinguées pour déterminer les droits de l'autre partenaire.
Les partenaires ont pu **demander** au bailleur **à être cotitulaires du bail** (C. civ. art. 1751, al. 1). Le congé donné par le partenaire signataire du bail est alors sans effet à l'égard de l'autre partenaire, qui est assuré de rester dans les lieux.
Si les partenaires n'ont **pas demandé la cotitularité du bail**, le contrat de location est, en cas d'abandon du domicile du locataire en titre, transféré au partenaire sans condition de durée du Pacs, mais en cas de demandes multiples, le juge se prononce en fonction des intérêts en présence (Loi 89-462 du 6-7-1989 art. 14).
Lors de la dissolution du Pacs, l'un des partenaires peut saisir le juge compétent en matière de bail afin de **se faire attribuer le droit au bail** du logement commun, sous réserve des créances ou droits à indemnité au profit de l'autre partenaire. Le bailleur est appelé à l'instance. Le juge apprécie la demande en considération des intérêts sociaux et familiaux en présence (C. civ. art. 1751-1).

18651 **Bail au nom des deux partenaires** Si le bail est au nom des deux partenaires, chacun d'eux a les mêmes droits sur le logement lors de la séparation. À la différence de ce qui se passe pour les concubins, l'un des partenaires peut saisir le juge pour **se faire attribuer le droit au bail** du logement commun dans les conditions exposées no 18650.
Si l'**un des partenaires donne congé** au propriétaire, le bail continue au profit de l'autre. Rappelons cependant que, même si le bail ne contient pas de clause de solidarité, le partenaire qui donne congé reste tenu solidairement du **paiement des loyers** et des charges échus après l'expiration de son préavis jusqu'à ce que les formalités de publicité de la rupture du Pacs (mention en marge des actes de naissance) soient effectuées.
En cas de départ du logement en raison de violences intrafamiliales, voir no 26720.

LOGEMENT DÉTENU EN PROPRIÉTÉ

18656 Lorsque le logement **appartient à l'un seulement des partenaires**, celui qui n'en est pas propriétaire peut être contraint de quitter le logement en cas de séparation.
Lorsque le logement est la **propriété indivise** des deux partenaires, chacun des partenaires peut en demander l'attribution préférentielle (voir no 18618).

18657 En cas de **vente du logement** du fait de la séparation, la **plus-value** réalisée bénéficie de l'exonération attachée à la résidence principale. Il en va ainsi même pour le partenaire qui avait déjà quitté les lieux : voir nos 10225 s.

D. Fin de l'imposition commune et de la solidarité fiscale

RÈGLES GÉNÉRALES

18670 Sont étudiées ici les conséquences de la **rupture entre les partenaires**, qu'elle intervienne par déclaration conjointe, par déclaration unilatérale ou à raison du mariage de l'un des partenaires avec une tierce personne.
S'ils se **marient entre eux**, les partenaires restent imposables ensemble sans pouvoir opter pour l'imposition séparée au titre de l'année du mariage (CGI art. 6, 5).
Enfin, les conséquences fiscales du **décès** d'un partenaire sont exposées no 19100.

IMPÔT SUR LE REVENU

Règles d'imposition La situation des partenaires qui rompent un Pacs est identique à celle des époux qui divorcent. Chaque partenaire est imposé séparément sur l'ensemble des revenus dont il a disposé au cours de l'année de la rupture ainsi que sur la quote-part de revenus communs lui revenant au titre de cette même année (CGI art. 6, 6). 18680
Les **partenaires** sont parfois **imposés séparément avant** même la **dissolution du Pacs**. Dans ce cas, la dissolution du pacte est fiscalement neutre, les deux partenaires restant imposés séparément.

Solidarité fiscale La solidarité des partenaires **cesse** l'année de la rupture du Pacs. 18682
Les partenaires restent en principe solidairement tenus pour les **périodes antérieures d'imposition** commune, ce qui signifie que le Trésor public peut poursuivre l'un ou l'autre d'entre eux en paiement de l'intégralité de la dette fiscale du couple.
Sous certaines conditions, il est toutefois possible d'obtenir une **décharge partielle de l'obligation solidaire**. La demande peut être déposée dès que la déclaration conjointe de dissolution du Pacs ou la signification de la décision unilatérale de dissolution a été enregistrée au greffe du tribunal d'instance, ou après que l'un des partenaires a abandonné la résidence commune (CGI art. 1691 bis, II-1-b et d). Sous cette réserve, le régime applicable est celui exposé n°s 9552 s., qui est commun aux époux et aux partenaires.

IMPÔT SUR LA FORTUNE IMMOBILIÈRE (IFI)

La **séparation** par rupture conjointe ou unilatérale ou par mariage de l'un des partenaires avec une tierce personne met fin à l'imposition commune à compter du **1er janvier qui suit**. Chaque partenaire doit alors déclarer la valeur de son patrimoine immobilier taxable (si celui-ci excède le seuil d'imposition) et est redevable de l'IFI correspondant. 18686
À noter toutefois que si les **partenaires** rompent leur Pacs mais **restent concubins**, ils continuent de faire l'objet d'une imposition commune : voir n° 23302.

La **solidarité** des partenaires (CGI art. 1723 ter-00 B) cesse lorsqu'ils ne sont plus soumis à imposition commune. Par exemple, les partenaires dont la déclaration conjointe de dissolution du Pacs a été mentionnée sur leurs actes de naissance le 16 mars 2024 cessent d'être solidairement tenus au paiement de l'IFI dû à compter de l'année 2025. 18687
La solidarité demeure pour l'IFI dû au titre des **années antérieures à la séparation**. À condition que leur rupture soit effective, ils peuvent toutefois en demander la décharge partielle selon les règles exposées n° 9569 (CGI art. 1691 bis, II).

TAXE D'HABITATION SUR LES RÉSIDENCES SECONDAIRES

Tant qu'ils vivent ensemble, les partenaires sont solidairement responsables pour le **paiement** de la taxe d'habitation sur les résidences secondaires et autres locaux meublés non affectés à l'habitation principale (CGI art. 1691 bis, I-2°). 18688
L'administration apprécie la **cohabitation au 1er janvier** de l'année. L'année de la séparation, elle ne réduit pas la responsabilité solidaire des partenaires au prorata de la durée effective de leur cohabitation (BOI-CTX-DRS-10 n° 40). Cette position est contraire à un arrêt limitant la responsabilité solidaire des époux en proportion de la durée effective de leur cohabitation (CAA Bordeaux 12-3-2002 n° 98-2086 : RJF 10/02 n° 1184, décision rendue sous le dispositif antérieur mais qui garde selon nous sa valeur).
Pour les **années antérieures à la séparation**, la solidarité demeure mais peut faire l'objet d'une demande de décharge, comme en matière d'impôt sur le revenu (n° 18682). Si elle est accordée, la décharge de solidarité porte sur la moitié de la taxe (CGI art. 1691 bis, II-2-b).

CHAPITRE 5

DÉCÈS D'UN PARTENAIRE

SOMMAIRE

FORMALITÉS CONSÉCUTIVES AU DÉCÈS

19000 Le décès d'un partenaire met fin au Pacs, la **dissolution du pacte** prenant effet à la **date** du décès (C. civ. art. 515-7, al. 1).
L'officier d'état civil chargé d'apposer la mention du décès en marge de l'acte de naissance du partenaire décédé avise l'officier de l'état civil du lieu d'enregistrement du pacte ou le notaire qui a reçu la déclaration initiale de Pacs afin que ce dernier **enregistre sa dissolution** (C. civ. art. 515-7, al. 2 ; Décrets 2006-1806 du 23-12-2006 art. 3 et 2012-966 du 23-8-2012 art. 3). L'officier de l'état civil ou le notaire enregistre la dissolution du Pacs en indiquant la date et la cause de la dissolution. Puis il en avise le partenaire survivant.
L'officier de l'état civil ou le notaire informe l'officier d'état civil du lieu de naissance de l'autre partenaire afin que la dissolution soit **mentionnée en marge de son acte de naissance**. Si l'un des partenaires est de nationalité étrangère et né à l'étranger, la dissolution est portée sur le registre tenu par le service central du ministère des affaires étrangères (Décrets 2006-1806 du 23-12-2006 art. 6 et 2012-966 du 23-8-2012 art. 6).

19001 Nous examinerons les **droits** dont bénéficie le **partenaire survivant** en l'absence de disposition particulière (testament, assurance-vie, etc.) prise en sa faveur.

DROITS SUCCESSORAUX

19010 À la différence des conjoints, les partenaires de Pacs ne sont **pas héritiers l'un de l'autre**. Si l'un d'entre eux décède sans avoir fait de testament, ses biens vont à sa famille selon les règles exposées n°s 63000 s.
Le partenaire survivant bénéficie toutefois de certains droits successoraux : il peut se faire attribuer le **véhicule** de son partenaire décédé si celui-ci lui est nécessaire pour les besoins de la vie courante ou l'exercice de sa profession (C. civ. art. 831-2, 1° et 2° par renvoi de 515-6). En cas de pluralité de demandes, c'est le juge qui tranche en fonction des intérêts en présence, sachant toutefois que le partenaire survivant a priorité sur les héritiers pour l'attribution préférentielle du véhicule qui lui est nécessaire pour les besoins de la vie courante, mais uniquement si le défunt l'a prévu par testament (C. civ. art. 515-6, al. 2).
Le partenaire survivant dispose également de certains droits sur son **logement**.

19037 **Droit de jouissance temporaire sur le logement** Au décès de son partenaire, le survivant bénéficie d'un droit de jouissance temporaire sur le logement qu'il occupe à titre de résidence principale à l'époque du décès et sur le mobilier qui s'y trouve (C. civ. art. 515-6, dernier al.). Ce droit lui permet de se maintenir dans les lieux **gratuitement** pendant les **12 mois** consécutifs au décès, que le logement ait été acquis en indivision par les deux partenaires, qu'il appartienne exclusivement au défunt ou soit indivis entre lui et un tiers, ou bien encore qu'il soit loué. Ce droit est toutefois exclu lorsque le partenaire prédécédé n'était qu'usufruitier du bien (Rép. Warsmann : AN 25-12-2007 p. 8254 n° 1375).
Le droit de jouissance temporaire du partenaire de Pacs obéit au même régime que celui du conjoint survivant (voir n°s 11105 s.), sous une réserve : il n'est pas d'ordre public et le partenaire peut donc en être **privé par testament**. Aucune forme particulière de testament n'étant requise,

la privation du droit de jouissance peut valablement résulter d'un testament olographe. Pour être efficace, elle doit cependant être expressément prévue ; il n'est par exemple pas certain que le legs du logement à un tiers emporte par lui-même privation du droit de jouissance.

Attribution préférentielle du logement Le partenaire survivant peut se faire attribuer la propriété du logement qu'il occupe à l'époque du décès et de son mobilier lorsqu'il se retrouve en indivision avec les héritiers de son partenaire décédé. Cette attribution préférentielle est de droit pour le partenaire, mais seulement à la condition que le défunt l'ait **prévue par testament** (C. civ. art. 515-6, al. 2). S'il ne l'a pas fait, et si l'un des héritiers du partenaire décédé demande également l'attribution préférentielle, c'est le juge qui tranchera. 19039

En pratique, le partenaire survivant ne peut demander l'attribution préférentielle que :
– s'il dispose de droits en propriété sur le logement, ce qui suppose que le logement soit indivis entre les partenaires ;
– et s'il a les moyens de désintéresser les héritiers. Contrairement au conjoint survivant, il ne peut pas exiger de délais pour le paiement de la soulte.

LOGEMENT DES PARTENAIRES

Logement loué Lorsque le **bail** était **au seul nom du partenaire décédé**, deux situations sont possibles : 19070
– si les partenaires ont demandé au bailleur à être cotitulaires du bail en application de l'article 1751, alinéa 1 du Code civil, le survivant dispose d'un droit exclusif sur le bail, sauf s'il y renonce expressément (C. civ. art. 1751, al. 3) ;
– si les partenaires n'ont pas demandé la cotitularité du bail, le contrat de location est transféré au survivant sans condition de durée du Pacs, mais en cas de demandes multiples, le juge se prononce en fonction des intérêts en présence (Loi 89-462 du 6-7-1989 art. 14 modifié).

En cas de bail **au nom des deux** partenaires, le contrat de location se poursuit au profit du partenaire survivant.

Que le bail soit au nom des deux partenaires ou d'un seul, le survivant a droit au **remboursement des loyers** pendant un an par la succession, sauf s'il en a été privé par testament (n° 19037).

Logement détenu en propriété Lorsque le logement était la **propriété du partenaire décédé**, le partenaire survivant peut s'y maintenir gratuitement pendant 12 mois (sauf testament contraire du défunt : voir n° 19037). Passé ce délai de 12 mois, le partenaire n'a aucun droit au maintien dans les lieux. 19072

Si le bien était **indivis entre les deux partenaires**, le survivant bénéficie du même droit de jouissance gratuite pendant un an. Lors des opérations de partage, il pourra demander l'attribution préférentielle du logement : voir n° 19039.

Si le bien était **indivis** entre le **partenaire décédé et** un (ou plusieurs) **tiers**, le partenaire survivant bénéficie sauf exception (n° 19037) du maintien dans les lieux pendant un an, l'indemnité d'occupation due au(x) tiers coïndivisaire(s) étant remboursée par la succession. Passé ce délai de 12 mois, le partenaire n'a aucun droit au maintien dans les lieux.

LIQUIDATION DES DROITS ET OBLIGATIONS DES PARTENAIRES

Les règles de liquidation sont celles exposées n°s 18612 s., à propos de la dissolution du Pacs consécutive à la rupture des partenaires. 19080

Pour les **biens** qui étaient **indivis**, l'indivision se poursuit entre le partenaire survivant et les héritiers du défunt. Les biens sont gérés et partagés dans les conditions de droit commun de l'indivision exposées n°s 69000 s., sauf pour l'attribution préférentielle du logement et de son mobilier (voir n° 19039) et du véhicule du défunt (voir n° 19010).

SITUATION FISCALE DU PARTENAIRE SURVIVANT

Les revenus de l'année du décès font l'objet de **deux déclarations** distinctes : 19100
– une déclaration commune au nom des deux partenaires pour l'ensemble de leurs revenus et, éventuellement, ceux des personnes à leur charge perçus entre le 1er janvier et le jour du décès ;
– et une déclaration personnelle au nom du partenaire survivant pour l'ensemble de ses revenus et éventuellement ceux des personnes à sa charge pour la période allant de la date du décès jusqu'à la fin de l'année.

Ces deux déclarations sont établies l'année suivante dans le délai normal de déclaration.

La situation et les charges de famille à retenir pour l'application du **quotient familial** sont les mêmes qu'en cas de décès d'un époux, voir n°s 7110 s.

PROTECTION SOCIALE DU PARTENAIRE SURVIVANT

19140 Le partenaire d'un assuré au régime général de la sécurité sociale est bénéficiaire prioritaire du **capital décès de la sécurité sociale**, au même rang que le conjoint survivant (CSS art. L 361-4).
S'il était à la charge effective, totale et permanente du défunt, son partenaire touchera seul ce capital et primera par conséquent les éventuels enfants à charge de son partenaire.
Dans le cas contraire, il ne percevra le capital que si personne n'était à la charge du défunt.
Pour plus de précisions : voir nos 11305 s.

19142 Si le décès est dû à un **accident mortel du travail**, le partenaire survivant peut sous certaines conditions prétendre au versement d'une rente viagère par la sécurité sociale : voir no 11360.

19150 Sous réserve de résider en France de manière stable et régulière (CSS art. L 160-1, D 160-1 s. et R 111-3 s.), le partenaire de Pacs survivant qui ne travaille pas bénéficie du remboursement des **frais de santé maladie-maternité** soit gratuitement, soit en acquittant des cotisations, en fonction de ses ressources (no 10410).

19170 Les personnes liées par un Pacs à un salarié ou ex-salarié retraité décédé n'ont droit ni à la **pension de réversion de la sécurité sociale**, ni à celle du régime complémentaire **Agirc-Arrco**.
La CJUE a jugé, à propos d'une prestation légale de survivant espagnole, que l'exclusion des concubins de son champ n'était pas contraire au droit de l'**Union européenne** (CJUE 14-10-2021 aff. 244-20 : RJS 2/22 no 115). À l'inverse, elle a considéré, à propos d'une pension attribuée en Allemagne au conjoint survivant par un organisme de prévoyance obligatoire mais refusée à un partenaire survivant, que, pour savoir si cette différence de traitement était discriminatoire, il fallait rechercher si, dans le droit national, un partenaire de vie survivant était dans une situation comparable à celle d'un conjoint survivant bénéficiaire de la prestation de survie (CJCE 1-4-2008 aff. 267/06 : RJS 8-9/08 no 945). Les deux solutions ne sont pas contradictoires. En effet, celle de 2008 visait une pension versée par un organisme de prévoyance et la question portait sur la directive 2000/78 relative à l'égalité de traitement en matière d'emploi et de travail alors que celle de 2021 était relative à une pension mise en place par la loi et la directive 79/7.
En **France**, le Conseil d'État a considéré que partenaires de Pacs et conjoints sont dans des situations juridiques différentes (CE 28-6-2002 nos 220361 et 228325 : AJ fam. 2002 p. 304). Et le Conseil constitutionnel a confirmé cette interprétation, dès lors que le Pacs ne prévoit ni compensation pour perte de revenus au profit de l'un des partenaires en cas de cessation du partenariat, ni vocation successorale au survivant lors du décès d'un partenaire (Cons. const. 29-7-2011 no 2011-155 QPC : BPAT 5/11 inf. 278).
Le partenaire survivant ne bénéficie pas non plus de l'**allocation veuvage** du régime de base de la sécurité sociale ni de **la pension d'invalidité de veuf ou de veuve,** qui sont réservées au conjoint survivant.

> **Précisions a.** Même si la privation du partenaire de Pacs de la pension de réversion est **critiquée** (voir, notamment, Délibération Halde no 2008-107 du 19-5-2008), le Gouvernement a exclu l'hypothèse d'une ouverture de la pension au partenaire de Pacs (Rép. Magnier : AN 28-9-2021 no 39321).
> **b.** Sur l'**autorisation d'absence** en cas de décès d'un partenaire d'un salarié, voir no 6067.

CHAPITRE 6

PROTECTION DU PARTENAIRE SURVIVANT

SOMMAIRE

SITUATION DU PARTENAIRE SURVIVANT

La **loi** offrant peu de droits au survivant (nos 19010 s.), les partenaires de Pacs ont tout intérêt à organiser eux-mêmes leur protection. Contrairement aux époux, ils ne bénéficient d'aucun **outil spécifique** de protection en cas de décès : il n'existe ni avantages matrimoniaux, ni donations au dernier vivant, ni quotité disponible spéciale entre partenaires. 20200
Ils peuvent cependant mettre en œuvre d'**autres moyens**, avec un avantage essentiel sur les simples concubins : ils sont exonérés de toute taxation au décès.
Pour des pistes de réflexion dans les **familles recomposées**, voir nos 75250 s.

CHOIX DU RÉGIME DES BIENS

Pour gérer leurs biens, les partenaires ont le choix entre deux régimes : le régime de la séparation des biens et celui de l'indivision (étude d'ensemble : voir nos 16267 s.). 20205
Le choix de l'**indivision** est naturellement le plus protecteur : les biens achetés au cours du Pacs étant, sauf exception, réputés indivis par moitié, le survivant aura droit à la moitié des biens, même s'il n'a pas participé à leur acquisition.
La seule contre-indication au choix de l'indivision est le cas où l'un des partenaires exerce une activité professionnelle indépendante (commerçant, profession libérale, etc.) sans avoir opté pour l'exercice en EIRL. L'adoption de la **séparation de biens** mettra en principe les biens de son partenaire à l'abri des poursuites des créanciers professionnels.

ACHETER LE LOGEMENT À DEUX

Les règles protectrices du logement familial de l'article 215 du Code civil qui interdit à un époux seul de disposer du logement de la famille n'étant pas applicables aux partenaires de Pacs, les partenaires ont intérêt à acquérir ensemble le logement familial. Ainsi, ils auront les **mêmes droits** sur le bien. 20220
Dans l'acte d'acquisition, ils peuvent insérer des **clauses** qui **permettront au survivant de demeurer dans les lieux** en cas de décès de l'un d'eux.

Acquisition en indivision Lorsque les partenaires de Pacs achètent leur logement en indivision, ils peuvent prévoir dans l'acte une **clause de rachat** au profit du partenaire survivant (C. civ. art. 1873-13). Au décès, ce dernier pourra ainsi acquérir la quote-part indivise du défunt dans le logement en versant à ses héritiers une indemnité égale à la valeur de leurs droits dans le bien. Pour permettre au survivant de désintéresser les héritiers, les partenaires auront intérêt à souscrire chacun un contrat d'assurance-vie l'un au profit de l'autre. 20222

Acquisition par une SCI Si les partenaires créent une société civile immobilière (SCI) pour acheter leur logement, différentes clauses peuvent être insérées **dans les statuts** pour permettre au survivant de se maintenir dans les lieux en cas de décès de l'autre. 20224

Les partenaires peuvent prévoir une **clause d'agrément** aux termes de laquelle les héritiers du partenaire décédé ne pourront devenir associés qu'avec l'accord du partenaire survivant. Ce dernier pourra ainsi écarter les héritiers à condition de leur verser une somme égale à la valeur des parts du défunt (pour plus de précisions, voir n° 62715).

20225 Il est également possible de stipuler une **clause de démembrement de propriété croisé des parts** aux termes de laquelle chaque partenaire souscrit une partie des parts en usufruit (la nue-propriété étant acquise par son partenaire) et l'autre partie en nue-propriété (l'usufruit étant acquis par son partenaire). Le partenaire survivant peut conserver le contrôle de la société et l'usage du logement sa vie durant (pour plus de précisions voir n° 61125).

20226 L'acquisition par le biais d'une SCI présente deux **inconvénients** :
– si les partenaires sont imposables à l'**impôt sur la fortune immobilière** (IFI), elle les prive de l'abattement de 30 % sur la résidence principale (BOI-PAT-IFI-20-30-20 n° 50 ; Cons. const. 17-1-2020 n° 2019-820 QPC, jugeant constitutionnelle la non-application de l'abattement de 30 % : RJF 2/20 n° 166) ;
– au décès du premier partenaire, le survivant ne bénéficiera pas du **droit de jouissance temporaire** offert par l'article 515-6, alinéa 3 du Code civil au survivant.

20228 **Acquisition en tontine** Tout comme les concubins, les partenaires (sous le régime de la séparation des biens) peuvent acheter leur logement en tontine ou avec « clause d'accroissement », c'est-à-dire en indiquant dans l'acte que si l'un d'eux décède, le **survivant** sera **considéré comme ayant toujours été seul propriétaire**. Le partenaire décédé étant censé n'avoir jamais eu la propriété du logement, ses héritiers n'ont aucun droit sur le bien.

La tontine présente toutefois un **inconvénient majeur** : elle ne peut être révoquée qu'avec l'accord des deux partenaires. Si l'un d'eux s'oppose à la révocation (notamment en cas de séparation), le logement ne pourra pas être vendu, même en justice. Pour que la situation se dénoue, il faudra attendre le décès de l'un des deux intéressés...

Pour plus de précisions sur l'acquisition en tontine, voir n°s 26010 s. et, sur la clause de tontine dans une SCI, voir n°s 61130 s.

Au plan fiscal, le transfert de propriété étant soumis aux droits de succession s'opère en franchise d'impôt pour les partenaires (CGI art. 754 A).

CONSENTIR UNE DONATION À SON PARTENAIRE

20240 Sur le **plan civil**, les personnes liées par un Pacs sont dans la même situation que les concubins. Elles peuvent se consentir librement des donations, mais dans les conditions de droit commun :
– les donations consenties au partenaire ne peuvent porter que sur des **biens présents** (et non sur des biens à venir) ;
– elles ne doivent pas dépasser la **quotité disponible** en présence de descendants, sauf à risquer d'être réduites ;
– elles sont **irrévocables**, même en cas de rupture du Pacs.
Pour plus de précisions, voir n°s 26190 s.

20241 **Fiscalement**, les donations entre partenaires sont en revanche traitées comme les donations entre époux : elles bénéficient du même abattement à la base de 80 724 € (CGI art. 790 F, al. 1) et du même tarif progressif (CGI art. 777 tableau II).

Une seule différence subsiste entre partenaires de Pacs et couples mariés : l'abattement à la base (mais non l'application du tarif progressif) est remis en cause si le **Pacs** est **rompu** l'année de sa conclusion ou l'année suivante pour une raison autre que le mariage des partenaires entre eux ou le décès de l'un d'eux (CGI art. 790 F, al. 2).

FAIRE UN TESTAMENT EN FAVEUR DE SON PARTENAIRE

20242 Seul l'établissement d'un testament permet aux partenaires de Pacs d'**hériter l'un de l'autre**. Les possibilités de legs entre partenaires sont multiples : legs universel ou legs particulier, legs en pleine propriété, en usufruit ou legs d'un simple droit d'usage et d'habitation, legs graduel ou résiduel, etc. L'option retenue dépendra de la situation personnelle des partenaires et notamment de l'étendue des droits que le testateur entend accorder au survivant, de l'existence ou non d'enfants, etc.

Cependant, de la même manière que pour les concubins, les règles successorales relatives à la réserve héréditaire et au droit de retour des parents peuvent limiter les effets du testament fait au profit du partenaire survivant (voir n° 26192). Sur la réduction du legs en usufruit, voir n° 26190.

Sur le plan fiscal, le partenaire survivant est totalement exonéré de **droits de succession** (CGI art. 796-0 bis).

Forme du testament Le **testament conjonctif** étant prohibé, chaque partenaire doit rédiger et signer son propre testament. En pratique, les partenaires peuvent recourir aux **testaments croisés**. Ils sont valables même s'ils sont identiques, dès lors qu'ils sont rédigés sur des documents distincts. 20243

MODÈLE

Testament en faveur du partenaire de Pacs

Ceci est mon testament, qui révoque toutes les dispositions à cause de mort antérieures.
Je soussigné *(prénom, nom, domicile)* prends en cas de décès les dispositions suivantes :
J'institue légataire universel mon partenaire de Pacs Monsieur *(prénom, nom, date* et *lieu de naissance, domicile)* ou Madame *(prénom, nom, date* et *lieu de naissance, domicile)* vivant ou représenté.
En conséquence, il/elle deviendra propriétaire de tous les biens meubles et immeubles et droits qui composeront ma succession sans aucune exception ni réserve.

À *(ville)*, le *(date)*
(Signature)

Attribution préférentielle du logement indivis Lorsque les partenaires sont propriétaires indivis de leur logement, l'établissement d'un testament est indispensable pour permettre au survivant de revendiquer l'attribution préférentielle du logement et de son mobilier lorsqu'il se retrouve en indivision avec les héritiers du partenaire décédé (n° 19039). 20244

SOUSCRIRE UN CONTRAT D'ASSURANCE-VIE EN FAVEUR DE SON PARTENAIRE

L'assurance-vie en cas de décès constitue un bon moyen pour les partenaires de se **transmettre un capital** : 20260
– sauf en cas de primes manifestement exagérées (nos 66250 s.), les sommes versées au décès par la compagnie d'assurance le sont hors succession ;
– le partenaire reçoit le capital en franchise d'impôt.
Il est d'ailleurs possible de **démembrer la clause bénéficiaire**, de façon que le partenaire reçoive le capital en usufruit, d'autres bénéficiaires (par exemple, les enfants) étant désignés pour la nue-propriété : voir nos 65500 s.

TITRE III

Concubins

PRÉSENTATION GÉNÉRALE DU CONCUBINAGE

La loi **définit** le concubinage comme « une union de fait, caractérisée par une vie commune présentant un caractère de stabilité et de continuité, entre deux personnes, de sexe différent ou de même sexe, qui vivent en couple » (C. civ. art. 515-8). Le concubinage suppose donc la réunion de **trois éléments** : 23000
– une vie commune, ce qui implique en principe un logement commun (Cass. crim. 5-10-2010 n° 10-81.743 : D. 2011 p. 1040). Il a cependant été jugé qu'il peut y avoir concubinage entre deux personnes qui ne partagent pas à temps complet le même domicile lorsque la relation est ancienne, stable et étroite et procède d'une communauté de vie (CA Douai 12-12-2002 n° 01-3255, ch. 7 sect. 1 : BPAT 1/04 inf. 4). Notons que, dans le cadre des violences intra-familiales, la cohabitation n'est pas déterminante pour caractériser le concubinage (pour l'ordonnance de protection, voir n° 26610 ; pour la circonstance aggravante du concubinage au pénal, voir n° 79427) ;
– une relation stable et continue : aventure ne veut pas dire concubinage ;
– un couple, hétérosexuel ou homosexuel : une mère et une fille ou un frère et une sœur vivant ensemble ne sont pas des concubins.

Sur le plan de la **terminologie**, bien que la loi emploie le terme de concubinage, on parle indifféremment de concubinage ou d'union libre.

S'agissant d'une situation de fait, la **preuve du concubinage** peut être apportée par tous moyens : certificat de concubinage obtenu auprès de la mairie du domicile des concubins (mais les mairies n'ont pas l'obligation de les délivrer), quittances de loyers ou factures (EDF, GDF, téléphone fixe, etc.) établies aux deux noms, relevés de comptes bancaires indiquant la même adresse, etc. 23001
Toutefois, il a été jugé que la preuve du concubinage effectif au jour du décès n'est rapportée ni par les factures d'électricité ni par la mention des noms des deux concubins sur un bail d'habitation signé 13 ans avant le décès et les avis d'échéance postérieurs ne faisant que reproduire l'intitulé du bail (Cass. 1e civ. 3-10-2018 n° 17-13.113 F-PB : BPAT 6/18 inf. 228).

Certains textes prévoient des dispositions spécifiques au concubinage (en matière fiscale par exemple, voir n° 23300). Pour autant, et contrairement à ce qui existe pour le mariage et dans une moindre mesure pour le Pacs, il n'existe pas de **statut légal** de l'union libre. Sur le plan civil, les concubins demeurent juridiquement étrangers l'un à l'autre. Revers de la médaille : ils bénéficient d'une protection juridique limitée. 23003

ORGANISATION CONVENTIONNELLE DU CONCUBINAGE

23005 Relèvent du **champ conventionnel** toutes dispositions organisant les modalités financières de la vie à deux ou anticipant la séparation des concubins ou le décès de l'un deux.

La convention de concubinage est soumise au **droit commun des contrats** (C. civ. art. 1100-1 s.). Les intéressés doivent avoir la capacité de s'engager, leur consentement ne doit pas être vicié et l'objet de la convention doit être licite et ne contrevenir à aucune disposition d'ordre public.

Les concubins peuvent avoir intérêt à identifier les clauses essentielles des autres, la nullité des premières entraînant celle de toute la convention tandis que la nullité des secondes n'affecte que la ou les clause(s) litigieuse(s) (C. civ. art. 1184).

La convention de concubinage peut prendre la **forme** d'un acte notarié, d'un acte d'avocat ou encore d'un acte sous signature privée.

L'acte notarié et l'acte d'avocat sont tous deux gages de fiabilité puisque l'acte fait foi jusqu'à inscription en faux (C. civ. art. 1371). Les deux praticiens sont tenus à une obligation de conseil renforcée sur validité et la licéité de la convention. En revanche, l'acte notarié présente en outre l'avantage d'être revêtu de la force exécutoire et d'être conservé au rang des minutes du notaire.

CHAPITRE 1

EFFETS DE L'UNION LIBRE

SOMMAIRE

A. Droits et obligations des concubins

EN MATIÈRE EXTRAPATRIMONIALE

Droits légaux Le concubinage ne crée pas d'obligation sur le **plan personnel**. Les concubins ne se doivent ni fidélité ni soutien moral ni obligation de prodiguer une aide matérielle tels des soins. 23010

En revanche, ils se doivent respect et, à ce titre, la protection du concubin victime de violences au sein du couple est similaire à celle des époux ou des partenaires de Pacs (C. civ. art. 515-11 ; voir nos 26610 s.).

Le concubinage n'a aucune incidence sur l'**état civil** des concubins. Il n'est pas mentionné en marge de leurs actes de naissance.

S'agissant des **enfants**, l'union libre n'a pas non plus d'effet spécifique en matière d'établissement de la filiation et d'autorité parentale : les règles sont les mêmes quel que soit le statut du couple parental (nos 27000 s. et 36000 s.). Il en va de même de l'accès à la procréation médicalement assistée (PMA) et à l'adoption (CSP art. L 2141-2, no 80290 ; C. civ. art. 343, nos 29500 s.).

Aménagements conventionnels Les devoirs personnels des concubins **ne peuvent pas** faire l'objet d'aménagements conventionnels. De telles dispositions seraient contraires à l'ordre public général ou à l'ordre public du mariage (Cass. 1e civ. 20-6-2006 no 05-17.475 F-PB ; M. Storck, Les contrats de concubinage, LPA 16 mai 1988 p. 75 ; L. Mayaux, Les contrats de concubinage, in Concubinages. Approche sociojuridique, p. 50 ; Y. Favier, Droit de la famille, 2023-2024, Dalloz Action no 143.17). Impossible donc de prévoir, par exemple, une clause : 23015

– régissant l'obligation alimentaire (Cass. 1e civ. 20-6-2006 no 05-17.475 F-PB) ;
– interdisant ou limitant la faculté de rompre librement. Une clause pénale en cas de rupture est à proscrire.

Certains auteurs estiment **toutefois** que les concubins ont un devoir moral de loyauté qui, réitéré conventionnellement, les engagerait à une exécution loyale de la convention et, à défaut, à un dédommagement du concubin lésé (Rép. civ. Dalloz, Concubinage-Effets du concubinage par S. Ben Hadj Yahia no 219).

DEVOIR DE SECOURS ET CONTRIBUTION AUX CHARGES DU MÉNAGE

Principe Les articles 212 et 214 du Code civil relatifs au devoir de secours entre époux et à la contribution aux charges du mariage ne sont pas applicables aux concubins. En conséquence, l'un ne peut pas contraindre judiciairement l'autre à contribuer aux dépenses du ménage à hauteur de ses facultés. 23030

Chacun **supporte définitivement** les dépenses qu'il a engagées (Cass. 1e civ. 17-10-2000 no 98-19.527 F-PB : JCP G 2001 II no 10568 ; Cass. 1e civ. 28-11-2006 no 04-15.480 F-PB : Bull. civ. I no 517 ; Cass. 1e civ. 19-12-2018 no 18-12.311 F-PB). Autrement dit, si l'un a contribué plus que l'autre aux dépenses du ménage, il ne peut pas se faire rembourser les sommes qu'il estime avoir versées en trop.

Par **exemple**, il a été jugé que :
– celui qui a entièrement financé le loyer et les charges d'un emprunt dans le cadre d'un crédit « jeune ménage » n'a pas de recours contre sa concubine (Cass. 1e civ. 11-1-1984 n° 82-16.198 : Bull. civ. I n° 12) ;
– la femme qui a financé le loyer, les charges et l'achat de meubles destinés au logement commun ne peut pas faire valoir une créance contre son compagnon (Cass. 1e civ. 17-10-2000 n° 98-19.527 F-PB : Bull. civ. I n° 244) ;
– la solidarité des concubins, cotitulaires du bail de leur logement, pour le règlement des loyers au bailleur n'implique pas, entre eux, le partage de cette charge : sans convention en ce sens, celui qui a intégralement réglé les loyers est mal fondé à solliciter le remboursement de la moitié à son concubin (Cass. 1e civ. 8-7-2020 n° 19-12.250 F-D : BPAT 5/20 inf. 146) ;
– l'ex-concubine ne peut pas se fonder sur sa participation à la vie du ménage pendant plus de 15 ans pour obtenir lors du partage la moitié du prix de vente de l'immeuble indivis qui a été majoritairement financé par le concubin (Cass. 1e civ. 31-1-2006 n° 02-19.277 : JCP G 2006 I n° 199 note J. Rubellin-Devichi).

23031 **Obligation aux charges reconnue par la jurisprudence** La Cour de cassation met parfois à la charge des concubins une obligation de contribution aux charges du ménage en s'appuyant sur deux fondements.
D'une part, dans le cadre de l'exercice de leur pouvoir souverain d'appréciation, les juges du fond peuvent retenir l'existence d'une **volonté commune implicite** de partager les dépenses de la vie courante. On notera que cette notion a été mobilisée non pas pour ouvrir un recours au sur-contributeur mais au contraire pour neutraliser sa demande et lui laisser la charge définitive d'une dépense. Ainsi, s'est vu refusé toute indemnisation :
– le concubin qui, au cours de la vie commune, a remboursé seul un emprunt contracté avec sa compagne pour l'acquisition indivise de leur logement car « il existait une volonté commune des concubins de partager les dépenses de la vie courante » (Cass. 1e civ. 10-6-2015 n° 14-18.442 F-D ; Cass. 1e civ. 13-1-2016 n° 14-29.746 F-D ; Cass. 1e civ. 7-2-2018 n° 17-13.979 F-D : D. 2018 p. 1114 obs. J.-J. Lemouland et D. Vigneau). Est mise en échec la règle selon laquelle l'indivisaire qui finance des dépenses de conservation d'un bien indivis au-delà de sa quote-part de propriété peut revendiquer une créance à l'égard de son coïndivisaire (C. civ. art. 815-13) ;
– le concubin qui a financé la construction d'une maison sur un terrain appartenant à l'autre au motif que les juges ont déduit des circonstances que, n'ayant pas eu à dépenser d'autres sommes pour loger sa famille, il n'avait fait que participer aux dépenses de la vie courante en finançant les travaux (Cass. 1e civ. 2-9-2020 n° 19-10.477 F-PB : BPAT 5/20 inf. 147). Dans le même sens, où il est demandé aux juges de rechercher si la participation à la construction ne relève pas au moins pour partie de sa contribution aux dépenses de la vie courante (Cass. 1e civ. 9-2-2022 n° 20-22.533 F-D).
D'autre part, un concubin peut être contraint de participer aux charges de la vie commune s'il a pris un **engagement unilatéral** dans ce sens. Encore faut-il que celui qui réclame une indemnisation puisse prouver l'engagement de l'autre. Jugé que cette preuve ne résulte pas de courriers imprécis portant sur l'organisation matérielle de la vie commune et antérieurs à la cohabitation (Cass. 1e civ. 28-6-2005 n° 02-12.767 : Bull. civ. I n° 278).

23032 **Aménagements conventionnels** Par une convention, les concubins **peuvent définir** :
– le champ de la contribution aux charges du concubinage, c'est-à-dire les dépenses qui seront comprises comme telles. La convention peut, à cet égard, régler le sort des dettes contractées antérieurement à sa conclusion ;
– les modalités de contribution à ces dépenses en combinant, le cas échéant, différentes modalités selon le type de dépenses ;
– les modalités de la reddition des comptes. Deux options sont possibles selon que les concubins veulent fermer tout recours au sur-contributeur ou au contraire l'ouvrir. Dans le premier cas, ils pourront convenir que chacun sera réputé de façon irréfragable avoir fourni, au jour le jour, sa part contributive. Dans le second cas, la convention doit préciser le moment de la reddition des comptes. La loi ne prévoyant pas la suspension des prescriptions entre les concubins, ceux-ci doivent la prévoir expressément s'ils envisagent de ne faire les comptes qu'au moment de leur séparation (voir n° 24569). Il faut aussi prévoir le mode d'évaluation de la créance du sur-contributeur.
Les dépenses relatives au **logement familial** méritent d'être spécialement envisagées, s'agissant d'un poste important dans le budget des couples. Les concubins peuvent les qualifier de charges du concubinage et définir librement leur contribution respective si le logement est en location. La situation est plus délicate si le bien est indivis, non pas au plan civil (voir les jurisprudences n° 23031), mais au plan fiscal. En effet, si la répartition de la contribution aux charges

n'est pas conforme aux quotes-parts indivises, l'administration fiscale pourrait y voir une donation indirecte (par exemple si le bien est détenu par moitié chacun et que les concubins conviennent de contribuer aux dépenses de conservation et d'amélioration à concurrence de 3/4 et de 1/4, parce que telle est la proportion des revenus respectifs). Le risque est minime, mais pas nul. Il peut être écarté en précisant dans la convention la contrepartie de cet « avantage ». Pour autant, mieux vaut que chacun finance le bien indivis en fonction de sa quote-part, quitte à mettre très largement la charge des dépenses courantes sur le concubin le plus argenté.

S'agissant de la **contribution à l'entretien et l'éducation des enfants** communs au couple, la convention ne peut pas avoir pour effet de dispenser l'un d'eux de toute participation ; ainsi jugé à propos d'une épouse ayant renoncé au versement d'une pension alimentaire en contrepartie du remboursement par l'ex-époux des dettes contractées pendant le mariage mais transposable sur ce point aux concubins (Cass. 2e civ. 2-5-2001 n° 99-15.714 FP-PB). En revanche, les modalités de contribution peuvent être définies.

MODÈLE

Clause définissant les dépenses relevant des charges du ménage

Les parties précisent que les charges du concubinage sont les dépenses afférentes :
à lister, par exemple :
– au quotidien, telles que la nourriture, l'eau, le gaz, l'électricité ;
– aux vacances familiales ;
– aux meubles meublant le domicile familial ;
– aux loyers et charges locatives du logement familial.

Toutes les autres dépenses ne relèvent pas des charges du concubinage.

Clause définissant la répartition de la contribution aux charges du ménage

Les charges du concubinage seront supportées :
– par moitié chacun ;
ou
– au prorata des revenus respectifs de chacun ;
ou
– intégralement par M./Mme s'agissant des dépenses de (...) et au prorata des revenus respectif de chacun pour le reste.

Au besoin, les parties ouvrent un compte commun sur lequel chacune s'engage à verser chaque mois la quote-part des frais qui lui incombent.

Clause définissant les modalités de reddition des comptes relatifs aux charges du ménage

Chacune des parties sera réputée avoir fourni, au jour le jour, sa part contributive.
ou
Chacune des parties est tenue de participer aux charges du concubinage selon les proportions définies dans la présente convention. La sur-contribution au regard de la répartition fixée par la présente ouvre droit à une créance au moment de la rupture. Cette créance sera du montant au nominal de la sur-contribution.

OBLIGATION AUX DETTES

Dettes ménagères Le **principe** de la solidarité des couples mariés pour leurs dettes ménagères posé par l'article 220 du Code civil ne s'applique pas aux concubins (Cass. 1e civ. 2-5-2001 n° 98-22.836 F-PB : Bull. civ. I n° 3 ; Cass. 1e civ. 7-11-2012 n° 11-25.430 F-PBI : Bull. civ. I n° 236). Les concubins ne sont donc pas tenus solidairement des dépenses contractées pour les besoins de la vie commune. Chacun répond des dettes qu'il a contractées personnellement, son créancier ne pouvant pas en réclamer le paiement à l'autre. 23033

Par **exception**, la solidarité pour le paiement des dettes ménagères peut être retenue lorsque les concubins ont donné aux tiers l'apparence du mariage. Il faut toutefois, selon la formule du professeur Hauser, « une erreur légitime sévèrement appréciée » du créancier. Jugé par exemple que ne peut à elle seule créer mensongèrement un mariage apparent la contresignature de la compagne, en qualité de « conjoint », d'un crédit pour l'équipement mobilier du foyer souscrit par le concubin qui avait indiqué sur le même formulaire vivre en union libre (CA Nancy 20-9-1990 n° 89-2632, 2e ch. ; dans le même sens, pour une ouverture de crédit renouvelable, Cass. 1e civ. 23-3-2011 n° 09-71.261 F-D : BPAT 3/11 inf. 178).

Prestations sociales versées indûment Lorsque des prestations sociales ont été versées indûment à une personne vivant en union libre, l'autre concubin peut-il être contraint de les rembourser ? 23034

Certaines décisions l'admettent. Ainsi, un concubin a été condamné à rembourser à la caisse d'allocations familiales :
– des allocations d'orphelin, de salaire unique et de logement au motif qu'il en avait nécessairement tiré profit soit personnellement, soit par son enfant envers lequel il était tenu de l'obligation alimentaire, puisqu'il avait vécu continuellement avec sa compagne unique attributaire de l'allocation (Cass. soc. 1-7-1981 n° 79-15.206 : Bull. civ. V n° 631) ;
– des prestations familiales indûment perçues par sa concubine au motif qu'il en avait nécessairement profité au titre de son obligation alimentaire envers sa fille (Cass. 2e civ. 14-9-2006 n° 04-30.712 FS-PB : RJS 12/06 n° 1316).
Le Conseil d'État s'est prononcé dans le même sens à propos de l'aide personnalisée au logement (APL) en raison du profit que les concubins en avaient l'un et l'autre retiré (Avis CE 9-7-2003 n° 255110 : Lebon p. 337).
D'autres décisions l'écartent car la solidarité passive ne se présume pas et doit résulter de la convention des parties ou d'une disposition légale. Par exemple, il a été jugé que :
– l'existence du concubinage ne pouvait à elle seule rendre une concubine codébitrice du trop-perçu d'allocation d'orphelin par son concubin (Cass. soc. 26-4-1984 n° 82-15.535 : Bull. civ. V n° 161) ;
– l'action en répétition de l'indu ne peut être engagée qu'à l'encontre de celui qui a reçu le paiement ou pour le compte duquel le paiement a été reçu ; une caisse d'allocations familiales ne peut donc pas exiger d'un concubin le remboursement d'une allocation logement dont sa concubine était attributaire (Cass. 2e civ. 30-11-2017 n° 16-24.021 F-PB).

OBLIGATION ALIMENTAIRE

23038 L'union libre ne crée aucune obligation alimentaire **à l'égard du concubin** ou des **parents** de ce dernier.
Le fait de vivre en concubinage peut cependant avoir une incidence pour le concubin qui est lui-même débiteur ou créancier d'une obligation alimentaire. La question est de savoir si les ressources de l'autre sont prises en compte pour apprécier son état de besoin (s'il est créancier de l'obligation alimentaire) ou ses ressources (s'il en est le débiteur).
Lorsque l'**un des concubins** est **créancier d'aliments** (par exemple, il réclame une pension alimentaire à ses parents), son état de besoin est apprécié en tenant compte des ressources de son concubin si ce dernier participe aux dépenses communes. Si ce n'est pas le cas, il sera fait abstraction du concubinage.
Lorsque l'un des concubins est **débiteur d'aliments** (par exemple, ses parents lui réclament une pension alimentaire), il n'est en principe pas tenu compte des ressources de son concubin, car l'obligation alimentaire a un caractère personnel. Il en résulte par exemple que le débiteur d'aliments qui ne dispose d'aucune ressource propre est dispensé de verser une pension alors même que son concubin perçoit des revenus (Cass. 1e civ. 28-3-2006 n° 04-10.684 : BPAT 6/06 inf. 150).
Cependant, les ressources du concubin sont prises en compte si elles réduisent les charges du débiteur, les juges examinant l'économie réalisée par ce dernier pour fixer le montant de la pension qu'il devra verser (en ce sens, par exemple, Cass. 1e civ. 9-1-2008 n° 06-21.168).
Pour l'étude d'ensemble des obligations alimentaires, voir nos 45000 s.

B. Régime des biens des concubins

PROPRIÉTÉ ET GESTION DES BIENS

23075 Relèvent de la **propriété exclusive** d'un concubin les biens acquis ou créés avant de vivre en couple, ceux acquis ou créés seul au cours de la vie commune et enfin ceux reçus par donation ou héritage. Le concubin assure seul la gestion de ses biens et peut librement les vendre, les donner, les léguer, etc.
Les biens achetés ensemble relèvent du régime de l'**indivision**. Pour leur gestion, ils sont soumis au régime de l'indivision légale, sauf convention d'indivision. Pour l'étude d'ensemble de l'indivision, voir nos 69000 s.

23076 La pleine propriété ou les quotes-parts indivises définies dans l'acte d'acquisition ne peuvent pas être modifiées postérieurement par une **convention de concubinage**. En revanche, la convention peut régler les modalités de gestion de ces biens (sur les indivisions conventionnelles, voir nos 23032 s.). Les concubins peuvent notamment se confier un mandat général ou spécial pour la gestion de certains biens. Le mandat exclut la gestion d'affaires.

PREUVE DE LA PROPRIÉTÉ DES BIENS

Immeubles S'agissant des immeubles, les juges se reportent, en principe, au **titre de propriété**. La répartition des droits entre les coïndivisaires se fait conformément aux quotes-parts indiquées dans l'acte, la participation réelle des concubins au financement de l'acquisition étant sans incidence (Cass. 1e civ. 10-1-2018 no 16-25.190 F-PB : BPAT 2/18 inf. 58 ; Cass. 1e civ. 13-2-2019 no 17-26.712 F-D : BPAT 2/19 inf. 64). 23077

Lorsque le bien est **présumé indivis par moitié** parce que les concubins ont acheté ensemble sans que le titre de propriété ne précise la proportion de chacun, cette présomption peut être écartée si l'un des intéressés apporte la preuve contraire. Jugé qu'un immeuble indivis peut être partagé à concurrence de 3/4 au profit du concubin et de 1/4 au profit de la concubine, alors même que l'acte d'acquisition ne comporte aucune précision sur la répartition de la propriété, le concubin ayant apporté la preuve qu'il avait remboursé avec les revenus provenant de son activité professionnelle l'intégralité de l'emprunt ayant servi à l'acquisition du bien et que la participation initiale de la concubine avait été modeste (Cass. 1e civ. 6-2-2001 no 99-11.252). Cependant, lorsque l'acte mentionne une acquisition en indivision, une cour d'appel ne peut pas remettre en cause la qualité de coïndivisaire du concubin qui a participé à l'acquisition, même s'il est établi que le bien a été financé exclusivement par l'autre (Cass. 1e civ. 19-3-2014 no 13-14.989 F-PB : BPAT 3/14 inf. 116).

La présomption ne peut pas être écartée lorsque les juges relèvent une intention libérale de la part de celui qui a majoritairement contribué à l'acquisition, ce dernier ne peut pas combattre la présomption d'indivision par la preuve contraire. Tel est le cas du concubin qui finance en grande partie la construction d'une maison, pendant que sa compagne l'aide dans l'exercice de son commerce et assure la tenue de leur foyer (Cass. 1e civ. 8-7-2010 no 09-13.991 : BPAT 5/10 inf. 268).

Sur la possibilité pour les concubins de faire reconnaître que l'immeuble a été acquis par une **société créée de fait**, voir nos 24550 s.

Meubles Les biens meubles corporels (mobilier, matériel hifi et vidéo, tableaux, voiture, argent, etc.) sont **présumés** appartenir au concubin qui en a la possession, en application de l'article 2276 du Code civil (« En fait de meubles, la possession vaut titre »). 23081

Lorsque la présomption n'est pas applicable (par exemple, parce que la possession est équivoque : voir no 24546, ou parce que le bien en cause est un meuble incorporel), le droit de propriété se prouve **par tous moyens** (en ce sens, par exemple, Cass. 1e civ. 21-2-2006 no 04-19.667 : Bull. civ. I no 92). Si aucun des concubins ne parvient à prouver qu'il est propriétaire d'un bien, celui-ci est considéré comme indivis, chaque intéressé en possédant la moitié.

ILLUSTRATIONS

Prouve qu'il est propriétaire des biens meubles le concubin qui produit :
– un bon de commande, un crédit établi à son nom et des relevés de compte bancaire (CA Bordeaux 29-10-1997 no 96-2800, 6e ch. : Dr. famille 1998 comm. 131) ;
– des relevés de compte, des photocopies de chèques et des attestations (CA Dijon 7-6-1996 no 95-2768, 1e ch. 2e sect.).
En revanche, la seule production des factures n'est **pas suffisante à établir** la propriété des meubles achetés pendant la vie commune (CA Lyon 20-12-2001 no 99-6949).

Précautions utiles et convention de concubinage Pour **éviter les litiges**, s'agissant des **biens** achetés pendant la vie commune, les concubins ont intérêt à, pour les immeubles, indiquer les contributions réelles de chacun dans le titre de propriété (no 23077) et, pour les autres biens, conserver les documents écrits prouvant leur propriété (notamment facture et preuve du paiement). 23082

S'agissant de leurs **revenus** (salaires, pensions de retraite, loyers, etc.), il est recommandé qu'ils les encaissent sur des comptes bancaires séparés, quitte à ouvrir un compte joint pour y virer les sommes nécessaires au règlement des dépenses du ménage.

Enfin, ils peuvent avoir intérêt à établir une **convention de concubinage** pour :
– faire un inventaire des biens meubles acquis au jour de la convention et en préciser la propriété ;
– régler la propriété des biens meubles à venir, par exemple en décidant que tous les biens ou que tel bien ou catégorie de biens seront présumés indivis par moitié ou selon toute proportion choisie. La règle selon laquelle possession vaut titre peut ainsi être écartée ;
– prévoir que les présomptions de propriété prévues par la loi pourront être écartées par la preuve contraire ou inversement que ces présomptions sont irréfragables.

C. Protection sociale des concubins

23120 Au regard de la protection sociale, la situation des concubins est quasiment identique à celle des **couples mariés**.

ASSURANCE MALADIE-MATERNITÉ

23122 Toute personne peut bénéficier de la prise en charge des frais de santé maladie et maternité dans le cadre de la protection universelle maladie (Puma) soit du fait de son travail, soit au titre de sa résidence stable et régulière en France (CSS art. L 160-1, D 160-2 et R 111-3 s.). À ce titre, le concubin n'exerçant pas d'activité professionnelle est **affilié à titre personnel**, cette affiliation se faisant au régime dont il relevait au titre de sa dernière activité professionnelle ou au régime général s'il n'a jamais travaillé (CSS art. D 160-14, 4°). Elle peut être gratuite ou donner lieu au paiement d'une cotisation, en fonction des ressources (voir n° 10410). À noter que, contrairement au Pacs ou au mariage, les revenus et la situation de l'autre concubin n'ont pas d'incidence sur l'exigibilité de la cotisation (CSS art. L 380-2).

PRESTATIONS SOCIALES

23124 Lorsqu'une personne vivant en couple demande à bénéficier de **prestations sociales versées sous condition de ressources**, les ressources des deux membres du couple sont additionnées et comparées au plafond applicable aux couples. Cette règle s'applique par exemple pour l'octroi du revenu de solidarité active (RSA). Lorsqu'une personne qui perçoit l'**allocation veuvage** (un conjoint survivant) vit en concubinage, l'allocation ne lui est plus versée. En revanche, le concubinage ne fait pas perdre de droit à **pension de réversion** dans les régimes des salariés (régime de base et Agirc-Arrco) et non-salariés.

PRESTATIONS FAMILIALES

23126 Le droit aux prestations familiales (allocations familiales, allocation de rentrée scolaire, etc.) n'est pas lié à la situation matrimoniale mais à la charge d'un ou de plusieurs enfants. Le fait de vivre en concubinage peut cependant avoir une incidence :
– lorsqu'une prestation familiale est versée sous **condition de ressources**, il est tenu compte des ressources des deux concubins ;
– le fait de vivre maritalement met fin aux prestations familiales dont l'octroi est lié à la **situation d'isolement** de leur bénéficiaire (cas par exemple du RSA majoré, voir n° 37330).

CONCUBIN DU CHEF D'ENTREPRISE

23128 Le concubin du chef d'une **entreprise, commerciale, artisanale ou libérale** qui y exerce une activité professionnelle régulière est dans la même situation que le conjoint : il doit opter entre les trois statuts de collaborateur, salarié ou associé (voir n°s 6030 s.).
Il en est de même pour le concubin d'un **chef d'exploitation ou d'entreprise agricole** (voir n°s 6040 s.).

EFFETS DU CONCUBINAGE SUR LA VIE PROFESSIONNELLE

23130 Contrairement aux conjoints et aux partenaires de Pacs, les concubins qui travaillent dans la même entreprise n'ont pas droit à un **congé payé** simultané. S'ils travaillent dans des entreprises différentes, ils n'ont pas droit non plus à ce que leur situation soit prise en compte pour l'établissement de l'ordre des départs en congé.
Le salarié dont le concubin décède bénéficie d'une **autorisation d'absence** d'au moins trois jours (C. trav. art. L 3142-4). En revanche, rien n'est prévu par la loi en cas de décès des parents du concubin. Sur les autorisations d'absence dont bénéficie la personne salariée vivant maritalement avec une femme enceinte, voir n° 28460 ; avec une femme en parcours de PMA, voir n° 80280.
En ce qui concerne la représentation en cas de **litige prud'homal**, voir n° 6069.

D. Les concubins et les impôts

1. IMPÔT SUR LE REVENU

RÈGLES D'IMPOSITION

23200 Les personnes vivant en union libre sont imposables **séparément** à l'impôt sur le revenu. Chaque membre du couple est donc tenu de souscrire une déclaration de ses revenus personnels, dans laquelle il doit faire état de sa situation (célibataire, séparé, divorcé ou veuf).

ENFANTS ET AUTRES PERSONNES À CHARGE

Pour l'appréciation de la composition de son foyer fiscal, chaque membre du couple compte à sa charge dans les conditions de droit commun (nos 7020 s.) ses **enfants mineurs** dont il assume l'entretien à titre exclusif ou principal ou, en cas de résidence alternée, dont il partage la charge avec l'autre parent, ainsi que les **enfants majeurs** qui ont demandé à lui être rattachés. 23205

Les **enfants communs** aux deux concubins peuvent être comptés à charge par leur père ou leur mère, mais pas par les deux. Lorsqu'aucun des concubins ne justifie en avoir la charge exclusive ou principale, les enfants communs sont réputés être à la charge égale de chacun d'eux. Ils ouvrent droit, pour chaque parent, à une majoration de quotient familial égale à la moitié de celle qui leur serait accordée si ces enfants étaient à leur charge exclusive ou principale (CE 20-12-2017 n° 397650 : BPAT 1/18 inf. 14). L'administration ne s'est pas à ce jour ralliée officiellement à la jurisprudence du Conseil d'État du 20 décembre 2017. Elle tire toutefois les conséquences pratiques de cette jurisprudence dans la notice explicative n° 2041-NOT en invitant les contribuables vivant en concubinage à déclarer ceux de leurs enfants communs dont ils sont réputés avoir la charge partagée.

Lorsque les concubins ont recueilli sous leur toit une personne **invalide**, celui qui en assume la charge exclusive ou principale peut compter cette personne à charge pour le calcul de son quotient familial.

> **Précisions a.** Celui des parents qui renonce à avoir la charge fiscale des enfants communs peut déduire de son revenu imposable la **pension alimentaire** qu'il verse pour l'entretien des enfants, étant entendu que cette pension entre alors dans le revenu imposable de son concubin. Pour être admise en déduction, la pension doit être d'un montant raisonnable et proportionné à l'obligation d'entretien de l'enfant incombant au contribuable, compte tenu des ressources de chacun des parents et des besoins de l'enfant eu égard à son âge (jugé que tel est le cas d'une pension annuelle de 15 000 € versée par l'un des concubins à l'autre pour l'entretien de leur fils de 14 ans : TA Paris 19-9-2011 n° 0905629 : RJF 3/12 n° 208).
>
> **b.** Le **concubin** qui **pourvoit** à titre exclusif **aux besoins matériels de l'enfant de l'autre** peut le compter à sa charge pour le calcul de son quotient familial, si l'enfant vit au domicile du couple et si le parent de l'enfant ne l'a pas lui-même compté à sa charge et ne dispose pas de revenus lui permettant de subvenir, même partiellement, à l'entretien de son enfant (en ce sens notamment : CE 7-1-2000 n° 203069 : RJF 2/00 n° 145 ; CAA Nantes 26-6-2007 n° 05-1883 : RJF 1/08 n° 3).
>
> **c.** La circonstance selon laquelle l'un des parents, en l'espèce, le père, disposerait de **ressources plus importantes** que sa compagne et qu'à ce titre il serait tenu, en application des dispositions des articles 205 à 211 du Code civil, à une contribution plus importante ne permet pas à elle seule d'établir, en l'absence de tout justificatif en ce sens, que l'intéressé aurait réellement supporté la charge principale de l'enfant (CE 20-12-2017 n° 397650 précité).

QUOTIENT FAMILIAL

Concubin sans personne à charge Un concubin sans personne à charge n'a en principe droit qu'à une seule part de quotient familial. Une majoration d'une demi-part supplémentaire (soit un quotient familial de 1,5 part) s'applique toutefois en cas d'**invalidité** du contribuable, ou lorsque ce dernier est âgé de plus de 74 ans au 31 décembre de l'année d'imposition et titulaire de la carte du **combattant** ou d'une **pension militaire** (CGI art. 195, 1). 23210

Concubin ayant une ou plusieurs personnes à charge Au quotient familial de base d'une part s'ajoutent : 23215

– une demi-part pour chacune des **deux premières** personnes à charge ;

– une part entière pour chaque personne à charge **à compter de la troisième**.

Par **exemple**, un concubin ayant un enfant à sa charge exclusive ou principale bénéficie d'un quotient familial de 1,5 part. Son quotient familial est de 2 parts avec deux enfants à charge et de 3 parts avec trois enfants à charge.

La majoration supplémentaire d'une demi-part de quotient familial prévue à l'article 194, II du CGI est réservée aux **contribuables célibataires, divorcés ou séparés** qui vivent seuls (BOI-IR-LIQ-10-20-20-10 n° 380).

En revanche, la majoration supplémentaire d'une part de quotient familial prévue à l'article 194, I du CGI en faveur des **veufs** ayant un ou plusieurs enfants à charge (qu'ils soient ou non issus du mariage avec le conjoint décédé) est applicable, cette majoration n'étant pas réservée aux parents isolés. Ainsi, une personne veuve vivant en concubinage et ayant deux enfants à charge a droit à un quotient familial de 3 parts.

> **Précisions a.** La **date à retenir** pour le calcul du quotient familial s'entend en principe du 1er janvier de l'année d'imposition, c'est-à-dire de l'année de réalisation des revenus. Toutefois, en cas d'augmentation des charges en cours d'année, il est fait état de la situation au 31 décembre.
b. Une **majoration supplémentaire** d'une demi-part de quotient familial est accordée en cas d'**invalidité** du contribuable (CGI art. 195, 5). Chaque personne à charge titulaire de la carte d'invalidité ouvre également droit à une demi-part supplémentaire (CGI art. 195, 2). Par exemple, un concubin invalide ayant un enfant à sa charge exclusive ou principale a droit à 2 parts (au lieu de 1,5) ; si l'enfant est lui-même invalide, le nombre de parts est porté à 2,5.
c. Lorsque parmi les enfants pris en compte au titre du quotient familial figurent un ou plusieurs **enfants mineurs issus d'une précédente union** et dont la charge est réputée partagée de manière égale avec l'autre parent dans le cadre d'une **résidence alternée**, les majorations applicables sont déterminées selon les règles exposées n° 36993.

23220 **Plafonnement des effets du quotient familial** L'avantage fiscal résultant de l'application du quotient familial est limité pour chaque demi-part supplémentaire dont bénéficie le concubin (CGI art. 197, I-2).

Pour déterminer si le plafonnement est applicable, il convient de **comparer deux termes** :
– 1er terme : impôt calculé en fonction du quotient familial réel, sans plafonnement ;
– 2e terme : impôt calculé sur la base d'un quotient familial d'une part, la somme obtenue étant ensuite diminuée du montant du plafond correspondant à l'ensemble des demi-parts additionnelles.

Si le premier terme est inférieur au second, le plafonnement est applicable et l'impôt à retenir est celui correspondant au second terme. Dans le cas contraire, le plafonnement n'est pas applicable et le montant de l'impôt à retenir est celui correspondant au premier terme.

Pour l'imposition des revenus de 2023, le plafond de l'avantage en impôt est fixé à 1 759 € pour chaque demi-part additionnelle. Les contribuables célibataires, divorcés ou séparés vivant seuls et supportant à titre exclusif ou principal la charge d'un ou de plusieurs enfants bénéficient d'un plafond fixé à 4 149 € pour la part accordée au titre du premier enfant à charge (imposition des revenus de 2023).

> **Précisions** Lorsque le concubin bénéficie d'une **majoration supplémentaire pour invalidité** (personnelle ou d'une personne à charge) **ou qualité de pensionné** de guerre ou d'ancien combattant, l'avantage en impôt procuré par cette majoration supplémentaire bénéficie d'un plafonnement spécifique fixé à 3 512 € pour les revenus de 2023 (ce montant résulte de l'application successive du plafond général de 1 759 € et d'une réduction d'impôt complémentaire : CGI art. 197, I-2-al. 4).

RÉDUCTIONS D'IMPÔT, CRÉDITS D'IMPÔT ET DÉDUCTIONS DU REVENU GLOBAL

23235 Les concubins sont susceptibles de bénéficier des différents dispositifs étudiés nos 7200 s., dans les conditions suivantes.

Chaque concubin qui emploie un **salarié à domicile** peut, dans les conditions exposées nos 7210 s., bénéficier du crédit d'impôt à raison des dépenses qu'il supporte à ce titre, retenues dans la limite de 12 000 € majorée de 1 500 € par enfant compté à sa charge et par membre de son foyer fiscal âgé de plus de 65 ans (sans pouvoir excéder 15 000 €). Si le concubin est invalide ou s'il a à sa charge une personne invalide, la limite est portée à 20 000 € (sans majoration possible).

23240 Chaque concubin peut, au titre des enfants comptés à sa charge pour le calcul de son quotient familial, bénéficier du crédit d'impôt pour **frais de garde des jeunes enfants** ainsi que de la réduction d'impôt pour **frais de scolarité**.

23245 Pour l'application du mécanisme de **plafonnement des niches fiscales**, chaque concubin bénéficie du plafond exposé n° 7208.

PAIEMENT DE L'IMPÔT

23250 Chaque concubin est tenu **personnellement** au paiement de son impôt sur le revenu, sans solidarité entre les deux membres du couple. Chaque concubin a un taux individuel pour le prélèvement à la source.

2. IMPÔT SUR LA FORTUNE IMMOBILIÈRE (IFI)

NOTION DE CONCUBINAGE NOTOIRE

La **définition** du concubinage notoire retenue par l'administration fiscale pour l'IFI est celle donnée à l'article 515-8 du Code civil (voir n° 23000). Le concubinage est une union de fait, caractérisée par une vie commune présentant un caractère de stabilité et de continuité, entre deux personnes, de sexe différent ou de même sexe, qui vivent en couple (BOI-PAT-IFI-20-10 n° 90). **23300**

ILLUSTRATIONS

Il n'y a **pas concubinage notoire** lorsque deux personnes font l'acquisition de plusieurs biens en commun et ont des intérêts financiers convergents alors que la preuve de leur communauté de vie n'est pas rapportée par l'administration et que la condition de notoriété indispensable à la qualification du concubinage fait défaut. Il y a seulement une communauté d'intérêts, insuffisante pour prouver un concubinage notoire dans ses caractéristiques de vie privée commune connue de tiers (CA Paris 24-1-2022 n° 20/11605 : BPAT 2/22 inf. 122-8). Jugé également que le fait de vivre dans des appartements séparés situés au même étage ne caractérise aucunement une situation de concubinage notoire (même espèce).

Jugé **au contraire** qu'il y a concubinage notoire au regard des indices suivants : avis de naissance d'un enfant faisant état d'une résidence commune pour les deux parents ; plusieurs actes notariés d'acquisition et de vente d'immeubles, établis antérieurement aux années en litige ; acquisition de biens immobiliers acquis à hauteur de la moitié chacun mentionnant une adresse commune ; des déclarations de succession dressées antérieurement aux années en litige mentionnant également une adresse commune (CA Paris 17-4-2023 n° 21/18073 : BPAT 4/23 inf. 189).

IMPOSITION COMMUNE

Les concubins notoires font l'objet d'une imposition commune à l'impôt sur la fortune immobilière (IFI) (CGI art. 964), **sauf** dans **deux cas** : **23302**
– si l'un d'eux est marié sous un régime de communauté et est imposable avec son conjoint, ce qui suppose que les époux n'aient pas été autorisés par le juge à vivre séparément ;
– si l'un d'eux est pacsé par ailleurs, auquel cas il est imposé avec son partenaire.

CALCUL, PAIEMENT ET DÉCLARATION DE L'IFI

L'**assiette** de l'IFI est constituée par la valeur nette, au 1er janvier de l'année d'imposition, de l'ensemble des biens et droits immobiliers appartenant à chacun des concubins faisant l'objet d'une imposition commune ainsi qu'aux **enfants mineurs** dont l'un ou l'autre a l'administration légale des biens (BOI-PAT-IFI-20-10 n° 100). **23305**
Les concubins notoires sont soumis à une **déclaration** commune pour l'IFI (mais soumis à déclaration séparée pour l'impôt sur le revenu). Ils mentionnent la valeur brute et la valeur nette de leur patrimoine sur l'une ou l'autre de leur déclaration de revenus n° 2042 complétée par la déclaration spécifique annexe n° 2042-IFI sur laquelle figurent le détail et l'estimation des biens composant leur patrimoine immobilier taxable (CGI art 982).

Les concubins qui font l'objet d'une imposition commune bénéficient du **plafonnement** de leur cotisation d'IFI en fonction de leurs revenus dans les conditions exposées nos 7580 s. Pour le calcul du plafonnement, il y a lieu de retenir, d'une part, les revenus réalisés par chaque concubin et, le cas échéant, par les enfants mineurs dont l'un ou l'autre a l'administration légale, d'autre part, les impôts dus à raison de l'ensemble des revenus des mêmes personnes. **23315**

Même s'ils font l'objet d'une imposition commune, il n'y a pas de **solidarité** entre les concubins pour le paiement de l'IFI (CGI art. 1723 ter-00 B, a contrario). **23320**

3. IMPÔTS LOCAUX

TAXE D'HABITATION SUR LES RÉSIDENCES SECONDAIRES

Lorsque le **logement** constituant la résidence secondaire est **au nom des deux concubins** (concubins cotitulaires du bail ou propriétaires indivis du logement), la taxe d'habitation est établie à leurs deux noms. **23400**
Si le logement est **au nom d'un seul** concubin, lui seul est redevable de la taxe.
Contrairement aux couples mariés ou liés par un Pacs, les concubins ne sont pas solidaires pour le **paiement** de la taxe d'habitation.

TAXE FONCIÈRE

23420 La taxe foncière est établie au nom du concubin **propriétaire** du bien immobilier. Elle est établie au nom des deux concubins si l'immeuble concerné est un bien **indivis**.

En tout état de cause, il n'est prévu **aucune solidarité** entre concubins au titre de la taxe foncière.

4. DROITS DE DONATION ET DE SUCCESSION

23550 Les concubins ne bénéficient d'aucun régime de faveur : les droits de donation et de succession sont calculés dans les conditions de droit commun, au **taux** de 60 % applicable entre personnes non parentes.

Pour les successions, les droits sont calculés après l'**abattement** de 1 594 € prévu à l'article 788, IV du CGI.

Pour les donations, il n'y a aucun abattement applicable.

CHAPITRE 2

RUPTURE DE L'UNION LIBRE

SOMMAIRE

PRINCIPE

La **loi** ne contient aucune disposition spécifique à la rupture du concubinage. Pour l'essentiel, il est fait application des règles de droit commun en matière de bail, d'indivision, de partage, etc. 24500
La **jurisprudence** a toutefois élaboré certaines règles à l'occasion de litiges survenus entre anciens concubins.
Sur les conséquences de la séparation du couple sur l'autorité parentale, la résidence des **enfants**, la contribution à leur entretien et leur éducation et les prestations familiales, voir nos 36650 s. et 37300 s.

A. Droit à indemnisation du concubin abandonné

PRINCIPES

Chaque concubin est **libre** de rompre le concubinage à tout instant (n° 23015). 24505
La rupture du concubinage n'ouvre donc **pas de droit à** :
– compensation de la disparité des niveaux de vie résultant de la séparation (contrairement à ce qui existe en matière de divorce avec la prestation compensatoire) ;
– dommages et intérêts au profit de concubin abandonné.
La justification de ces principes tient au fait que les concubins n'ont, l'un vis-à-vis de l'autre, ni devoir de fidélité ni devoir de secours ; ils n'ont pas souhaité se marier et ont accepté par avance que leur situation soit précaire (pour des illustrations de cette règle, Cass. 1e civ. 30-6-1992 n° 90-20.367 : Bull. civ. I n° 204 ; Cass. 1e civ. 7-4-1998 n° 96-10.581).

Certaines circonstances particulières peuvent toutefois justifier l'allocation de **dommages et intérêts** sur le fondement de la responsabilité civile de droit commun (C. civ. art. 1242). Il faut que la rupture s'accompagne de circonstances de nature à établir une faute de la part de l'auteur de la rupture et qu'elle cause un préjudice matériel et/ou moral au concubin abandonné. 24507
Les juges retiennent d'autant plus facilement la faute que la vie commune a duré longtemps et/ou que des enfants sont issus du concubinage.

ILLUSTRATIONS

Commet une **faute** justifiant l'allocation de dommages et intérêts le concubin qui :
– après 40 ans de vie commune, quitte brusquement le domicile en profitant de l'absence de sa compagne (Cass. 1e civ. 3-1-2006 n° 04-11.016 : BPAT 1/06 inf. 7) ;
– congédie brusquement sa compagne pour la remplacer par une autre après 11 ans de vie commune, sans subvenir à ses besoins alors qu'il avait exigé d'elle qu'elle renonce à son emploi pour se consacrer à l'éducation de son fils à lui puis de leur enfant commun (Cass. 1e civ. 7-4-1998 n° 96-10.581 : Defrénois 1998 art. 36895 p. 1385).

Ne commet **pas de faute** le concubin qui :
– fait délivrer, un an après leur rupture, une sommation de quitter l'ancien domicile commun lui appartenant en propre à son ex-concubine, même si cette dernière a un enfant handicapé à charge (CA Agen 13-5-2003 n° 01-950) ;
– ayant obtenu en référé l'expulsion de sa compagne d'une villa lui appartenant, laisse passer deux années avant de la sommer de quitter les lieux (CA Aix-en-Provence 18-5-2010 n° 09/11042 : BPAT 6/10 inf. 325).

ENGAGEMENT PRIS PAR L'AUTEUR DE LA RUPTURE

24509 **Engagement pris au moment de la rupture** Lorsque l'un des concubins a pris, le plus souvent au moment de la rupture, un engagement vis-à-vis de l'autre, il est obligé de l'exécuter. C'est la théorie de l'**obligation naturelle transformée en obligation civile** (étude d'ensemble : voir n°s 45028 s.).

ILLUSTRATIONS

Doit exécuter son engagement, l'obligation naturelle s'étant transformée en obligation civile :
– le concubin qui s'est engagé à verser le loyer et les charges du logement abandonné (Cass. 1e civ. 3-6-1998 n° 96-13.664 : RJPF mai 1999 p. 18) ;
– celui qui a offert à son ex-concubine d'occuper l'immeuble lui appartenant « sa vie durant » (Cass. 1e civ. 17-11-1999 n° 97-17.541 : Dr. famille 2000 comm. 19 note H. Lécuyer) ;
– celui qui a rédigé, au moment où il s'apprêtait à rompre une union durant depuis dix ans, un document certifiant que la maison achetée par lui appartenait à sa concubine (Cass. 1e civ. 19-2-2002 n° 99-18.928 : RTD civ. 2002 p. 489 obs. J. Hauser) ;
– celui qui s'est engagé à verser à sa concubine 60 000 € pour réaliser un petit pavillon sur un terrain appartenant à cette dernière (Cass. 1e civ. 20-2-2008 n° 07-15.978 : D. 2008 pan. p. 1794).
En revanche, le fait pour un concubin d'effectuer des versements à son ex-compagne pendant plusieurs mois après la rupture ne prouve **pas l'existence d'un engagement** implicite de sa part de poursuivre cette aide sans limitation de durée en l'absence d'écrit dans ce sens (Cass. 1e civ. 23-5-2006 n° 04-19.099 : Bull. civ. I n° 264). De même, le fait pour un concubin de laisser pendant plusieurs années son ex-compagne demeurer gratuitement avec leur enfant commun dans un immeuble qui lui appartient n'équivaut pas à un engagement perpétuel de la loger (CA Aix-en-Provence 10-9-2009 n° 08-6734, 11e ch. A. : BPAT 1/10 inf. 14).

24515 **Engagement contractuel** L'engagement à indemniser le concubin abandonné peut être pris dans une convention de concubinage par une **clause de compensation de la rupture**. La convention peut prévoir la méthode de calcul de l'indemnité de compensation ainsi que ses modalités d'exécution, par exemple versement en capital ou rente ou sous forme d'une créance à valoir sur la vente d'un bien personnel de l'autre à concurrence de moitié de la valeur du bien, ou encore d'abandon d'un bien.
Une telle promesse dans la convention a pour effet de transformer l'obligation morale en obligation civile dont l'exécution peut dès lors être réclamée. Le rattachement de la compensation à l'obligation naturelle de loyauté permet d'écarter le risque de **requalification** en libéralité (Fr. Chénedé, La convention de concubinage : AJ fam. 2020 p. 151). En revanche, sur le plan fiscal la compensation pourrait être assujettie aux droits de donation (A. Corbel, La promesse de compensation : AJ fam. 2020 p. 164).

ATTENTION

Une telle clause est susceptible d'être requalifiée en **clause pénale** si elle est dissuasive de toute rupture à défaut d'être suffisamment circonstanciée. Elle est alors contraire au principe de libre rupture du concubinage. La clause sera alors privée d'effet. En tout état de cause, le montant est révisable s'il est disproportionné (N. Graftieaux et A. Corbel, La promesse de compensation : AJ fam. 2020 p. 164).

B. Liquidation des comptes entre les concubins

FLUX FINANCIERS DURANT LE CONCUBINAGE

24530 La **vie commune** entraîne nécessairement des flux financiers au sein du couple : l'un des concubins finance l'essentiel des dépenses du ménage, verse à l'autre de l'argent pour lui permettre d'acheter ou d'améliorer un bien, règle ses dettes, travaille gratuitement dans son entreprise, etc. ; le tout sans établir de comptabilité ni d'écrit précisant la cause de la contribution financière, du transfert d'argent ou de la collaboration professionnelle.

Quand **survient la rupture**, le concubin qui a été généreux entend parfois récupérer ce qu'il a versé. Le peut-il ? Là encore, faute de disposition légale, les tribunaux ont dégagé des règles.

En **cas de désaccord** sur le règlement de leurs intérêts financiers lors de la rupture, les concubins peuvent, bien sûr, saisir le juge aux affaires familiales (C. org. jud. art. L 213-3, 2°). **24535**
Ils peuvent aussi choisir de recourir à l'arbitrage, le cas échéant en prévoyant une clause compromissoire dans leur convention de concubinage (G. Barbe et N. Dugaud, Dans quelles situations l'arbitrage familial est-il une alternative intéressante ? : SNH 24/21 inf. 8 s.). Cette solution, qui a un coût, peut ouvrir la possibilité à l'arbitre de statuer en équité là où la jurisprudence est incertaine notamment sur la reconnaissance de créances (voir n°s 23030 s.).
La clause doit désigner un ou plusieurs arbitre(s) ou prévoir ses (leurs) modalités de désignation (CPC art. 1444). L'arbitrage peut notamment être confié à un centre d'arbitrage, tels le Centre d'arbitrage des litiges familiaux (Calif) ou le Centre de médiation et d'arbitrage des notaires de Paris (CMANOT).

MODÈLE

Clause d'arbitrage confié à un centre d'arbitrage

Tous les litiges relatifs à la présente convention seront tranchés par voie d'arbitrage.
Les parties désignent le Centre d'arbitrage... ou à défaut le Centre d'arbitrage... afin d'organiser les conditions de leur arbitrage, conformément à son règlement.
Le tribunal arbitral sera composé de [*un* ou *trois*] arbitre(s) et siégera au Centre d'arbitrage.
L'arbitrage sera [*confidentiel* ou *non confidentiel*].
Il statuera [*en droit* ou *en équité*].
La voie de l'appel est [*fermée* ou *ouverte*].

Pour plus de modèles de clauses voir SNH 4/22 inf. 11.

1. CARACTÈRE DÉFINITIF DES TRANSFERTS DE FONDS ENTRE CONCUBINS

DÉPENSES D'INVESTISSEMENT

En **principe**, chaque concubin supporte personnellement et définitivement les dépenses qu'il a exposées, sous réserve de la mobilisation de la notion de contribution aux charges du ménage (n°s 23030 s.). **24540**
Il en va autrement pour les **biens indivis** entre les concubins : la créance résultant de la surcontribution aux dépenses de conservation et d'amélioration est régie par le droit commun de l'indivision n°s 69470 s. On peut imaginer que les concubins prévoient conventionnellement le sort des dépenses d'acquisition et, le cas échéant, d'entretien relatifs à ces biens.
S'agissant des **biens personnels** de chacun, ils peuvent aussi préciser, par convention, le sort de la créance qui pourrait résulter au cas où l'un investit des sommes dans un bien immobilier appartenant à l'autre.

PROPRIÉTÉ DES FONDS DÉTENUS PAR LES CONCUBINS

Celui qui est en possession d'une somme d'argent est présumé en être propriétaire (C. civ. art. 2276). Le concubin qui revendique la propriété de fonds détenus par son compagnon ou sa compagne se heurte à cette règle probatoire qui aboutit en pratique à une véritable **présomption de don manuel** au profit du bénéficiaire des sommes. Ce dernier n'a pas à démontrer que l'autre a agi dans une intention libérale (en ce sens, par exemple, Cass. 1e civ. 3-12-2002 n° 00-22.686) ; c'est à celui qui a avancé de l'argent à son concubin de prouver soit l'absence de libéralité, soit l'inefficacité de la possession (Cass. 1e civ. 30-3-1999 n° 97-11.948 : Bull. civ. I n° 112 ; CA Paris 29-5-2009 n° 07/03463, ch. 5-11). **24544**

Pour établir la preuve de l'absence de libéralité, le concubin qui veut obtenir remboursement des sommes litigieuses doit prouver l'**existence d'un prêt** (C. civ. art. 1353 ; pour une illustration, Cass. 1e civ. 8-4-2010 n° 09-10.977 : Bull. civ. I n° 89). Sauf si les sommes en jeu sont inférieures à 1 500 €, cette preuve doit être rapportée par écrit (C. civ. art. 1359 s.). L'écrit électronique est également recevable, à condition que la personne dont il émane puisse être clairement identifiée et qu'il soit établi et conservé dans des conditions de nature à garantir son intégrité (C. civ. art. 1366 ; pour une illustration, CA Versailles 8-11-2012 n° 12/00118, 16e ch. : BPAT 1/13 inf. 8, rendu sur le fondement de l'ancien art. 1316-1 du C. civ.). **24545**
Souvent, le concubin invoque l'**impossibilité morale** dans laquelle il a été de se constituer une preuve littérale du prêt, à raison des relations de couple l'unissant à son débiteur (C. civ. art. 1360). Mais la jurisprudence est constante : il n'y a pas impossibilité morale de se

constituer une preuve littérale du seul fait du concubinage ; les juges doivent rechercher s'il existe des circonstances particulières établissant cette impossibilité (Cass. 1e civ. 25-2-1997 n° 94-22.022 : Bull. civ. I n° 70 ; CA Rennes 2e ch. 17-2-2017 n° 14/00848 ; voir toutefois, dans un sens contraire à propos de partenaires de Pacs, CA Douai 1e ch. 26-10-2017 n° 16/04092, affirmant que le Pacs serait suffisant pour caractériser une impossibilité morale de se procurer un écrit). Si ces circonstances sont établies, l'impossibilité morale de se procurer un écrit ne dispense pas le prétendu donateur de prouver le prêt ; elle lui permet seulement de rapporter cette preuve par tous moyens (témoignages, notamment).

24546 Celui qui entend obtenir le remboursement des sommes prêtées peut également invoquer l'**inefficacité de la possession**, en démontrant que la possession de son ex-concubin est entachée d'un vice : violence, clandestinité ou, plus souvent, équivoque.

La possession est **équivoque** lorsqu'il n'est pas possible d'établir si le concubin détient le bien parce qu'il en est propriétaire ou pour un autre motif. La cohabitation des parties est souvent invoquée à l'appui d'une possession équivoque (pour une illustration, Cass. 1e civ. 21-2-2006 n° 04-19.667 : Bull. civ. I n° 92, à propos de l'automobile achetée par les deux concubins et conservée par l'ex-concubine après la séparation). Encore faut-il préciser que la possession n'est pas rendue équivoque du seul fait de la cohabitation, qui n'est qu'un élément de fait parmi d'autres (pour une illustration, CA Riom 24-9-2002 n° 01-2259, 2e ch. : BPAT 3/03 inf. 54, à propos de la revendication de la propriété d'un chien après la séparation des concubins).

Si la preuve de l'irrégularité de la possession est rapportée, la **charge de la preuve** est **renversée** et c'est alors à celui qui invoque le don manuel et se prétend donataire d'en rapporter la preuve dans les formes du droit commun, c'est-à-dire en respectant l'exigence d'une preuve littérale au-dessus de 1 500 €.

2. CORRECTIFS

SOCIÉTÉ CRÉÉE DE FAIT

24550 Pour obtenir le remboursement des sommes qu'ils ont engagées, les concubins recourent parfois à la notion de société créée de fait, dont ils demandent la liquidation et le partage. Cette notion est mobilisée dans **deux hypothèses** principalement :

– un concubin a contribué à l'acquisition, la construction ou l'amélioration d'un bien immobilier acheté au nom de l'autre concubin ;

– un concubin exploite en commun une entreprise appartenant exclusivement à l'autre concubin, voir n° 24570.

Lorsqu'un **bien immobilier** a été **acheté au nom d'un seul des concubins** alors que l'autre a contribué à son acquisition, sa construction ou son amélioration, celui qui n'est pas propriétaire invoque parfois après la rupture l'existence d'une société créée de fait dont il demande la liquidation et le partage afin d'obtenir le remboursement des sommes qu'il a versées. La technique de la société créée de fait peut aussi être utilisée en cas d'**exploitation en commun d'une entreprise** appartenant à un seul concubin, voir n° 24570.

24551 L'existence d'une société créée de fait suppose la réunion de **trois conditions** cumulatives :

– des apports mutuels ;

– l'intention de collaborer sur un pied d'égalité à la réalisation d'un projet commun ;

– l'intention de participer aux bénéfices ou aux économies ainsi qu'aux pertes éventuelles qui peuvent en résulter.

Ces éléments doivent être établis séparément, sans pouvoir se déduire les uns des autres (Cass. com. 23-6-2004 n° 01-10.106 FS-PBIR ; Cass. com. 23-6-2004 n° 01-14.275 FS-PBIR).

En pratique, l'action aboutit rarement, la preuve de ces éléments et notamment de l'intention de s'associer étant difficile à rapporter.

ILLUSTRATIONS

Il a été jugé que **ne suffisent pas à caractériser** l'existence d'une société créée de fait :

– la cohabitation, même prolongée, des concubins (Cass. 1e civ. 4-6-2007 n° 06-15.249 : D. 2008 pan. p. 1793) ;

– la participation financière à la réalisation d'une opération immobilière (Cass. com. 23-6-2004 n° 01-14.275 précité ; Cass. com. 3-4-2012 n° 11-15.671 : BPAT 3/12 inf. 156 ; Cass. 1e civ. 12-5-2021 n° 19-10.667 F-D) ;

– l'assistance administrative prêtée par une concubine à son compagnon illettré dans la gestion de son entreprise de maçonnerie ; le fait que la concubine se soit inscrite auprès du registre des métiers en tant que chef de cette entreprise est sans conséquence pour les juges (Cass. 1e civ. 20-1-2010 n° 08-16.105 : Bull. civ. I n° 15, RJDA 4/10 n° 363) ;

– la participation financière à la construction d'un logement et à son amélioration (Cass. com. 23-6-2004 n° 01-10.106 précité) ;
– le fait de s'être porté caution de l'emprunt souscrit par l'autre concubin acquéreur de l'immeuble (Cass. 1e civ. 28-2-2006 n° 04-15.116 : RJDA 6/06 n° 647).
En revanche, l'existence d'une société créée de fait **a été retenue** s'agissant d'un fonds de commerce lorsque la concubine avait permis, dans un premier temps, l'exploitation du fonds au sein d'un immeuble que le couple détenait en indivision puis en se portant caution hypothécaire pour l'acquisition d'un immeuble ayant servi à l'exploitation du fonds dans un second temps. Les juges ont considéré ces éléments suffisants pour caractériser un affectio societatis eu égard aux charges familiales que la concubine assumait pour le ménage (Cass. com. 23-6-2004 n° 00-18.974 F-D).

La reconnaissance d'une société de fait **donne droit à** reprise des apports. L'apport en industrie fait toutefois l'objet d'un traitement particulier, c'est-à-dire lorsqu'un concubin effectue des travaux. L'apport en industrie n'est pas récupérable mais donne droit au partage des bénéfices (C. civ. art. 1843-2). Ainsi, les travaux réalisés par l'un dans la maison appartenant à l'autre, qui ont contribué à l'amélioration du bien n'ouvrent pas droit à créance mais à une partie de la plus-value apportée à la maison à hauteur de la valorisation de ses parts (Cass. 1e civ. 19-4-2005 n° 01-17.226 : Bull. civ. I n° 187). **24552**

ENRICHISSEMENT INJUSTIFIÉ

Conditions Certains concubins tentent d'obtenir le **remboursement** des sommes qu'ils ont versées en exerçant une action en justice sur le fondement de l'« enrichissement injustifié » (C. civ. art. 1303 à 1303-4). Cette action permet à toute personne ayant procuré un avantage à une autre d'en obtenir le remboursement en démontrant que : **24558**
– l'enrichissement est injustifié ;
– et l'appauvrissement qui en est résulté pour elle ne procède pas d'un acte accompli en vue d'un profit personnel.
La loi précise que l'enrichissement est injustifié lorsqu'il ne procède pas d'une obligation de l'appauvri ni de son intention libérale.

> **Précisions** Issue de l'ordonnance 2016-131 du 10 février 2016 portant réforme du droit des contrats, la théorie de l'« enrichissement injustifié » n'est que la consécration, sous une **nouvelle appellation**, de la théorie de l'« **enrichissement sans cause** ». Pour que l'action aboutisse, le concubin devait **prouver** qu'il avait enrichi son partenaire, qu'il s'était corrélativement appauvri et que cet enrichissement était sans cause. S'il démontrait généralement facilement l'enrichissement de l'autre, son propre appauvrissement et le lien de causalité entre ces deux éléments, le concubin se heurtait souvent à des difficultés pour établir l'absence de cause, les juges considérant que l'appauvrissement du concubin avait eu pour cause les avantages qu'il avait pu retirer de la vie commune, par exemple en étant hébergé gratuitement par l'autre. Sur le fondement de l'enrichissement injustifié, cette difficulté sera la même, le concubin devant, de la même manière, prouver que son appauvrissement n'est pas justifié par les avantages qu'il a pu retirer de la vie commune. Les juges écartaient aussi l'enrichissement sans cause quand le transfert d'une somme d'argent était motivé par l'intention libérale de l'un des concubins.

En pratique, les décisions rendues sur le fondement de l'ancien enrichissement sans cause montrent que le succès de l'action est aléatoire, les juges disposant d'un pouvoir souverain pour apprécier les circonstances de chaque affaire. **24559**

ILLUSTRATIONS

Un concubin **a obtenu** :
– le remboursement de 45 000 € investis dans des travaux réalisés dans la maison de sa concubine car ces travaux étaient d'une importance telle qu'ils ne pouvaient être la contrepartie de son hébergement gratuit dans la maison pendant le concubinage (Cass. 1e civ. 24-9-2008 n° 06-11.294 : Bull. civ. I n° 211). Pour la même raison, un autre concubin a obtenu 70 000 € (Cass. 1e civ. 23-1-2014 n° 12-27.180 : BPAT 2/14 inf. 57) ;
– le paiement de 81 000 € au motif qu'il alimentait seul le compte commun destiné au règlement des charges communes et sur lequel ont été prélevé les fonds employés à la réalisation de travaux dans le logement de la concubine, celle-ci n'étant pas fondée à se prévaloir d'une indemnité d'occupation en compensation (Cass. 1e civ. 11-3-2014 n° 12-28.224 F-D).

Au contraire, d'autres se sont vus **refuser** le remboursement :
– de 130 000 € investis dans la rénovation d'un bien de sa compagne avec le projet, jamais réalisé, d'y emménager avec elle, au motif qu'il s'était appauvri dans son intérêt personnel (Cass. 1e civ. 24-9-2008 n° 07-11.928 : Bull. civ. I n° 212) ;
– de plus de 80 000 € représentant la participation financière du concubin aux travaux de rénovation du dernier étage de l'immeuble de sa concubine destiné à la location au motif que cette participation constituait la contrepartie de l'occupation gratuite du premier étage tel qu'exprimé dans une convention de location conclue entre les concubins (Cass. 1e civ. 10-7-2014 n° 13-21.382 F-D) ;
– de 36 000 € pour l'achat de matériaux pour des travaux dans la maison de sa concubine et parce que l'économie de loyers (80 000 €) pour son occupation gratuite du logement était largement supérieure au coût des matériaux et que sa participation aux charges du ménage était relativement faible eu égard à ses revenus constants largement supérieurs (Cass. 1e civ. 31-3-2021 n° 20-14.312 F-D) ;
– le remboursement de la soulte que sa compagne devait à son ex-mari et qu'il a payée au motif qu'il était animé d'une intention libérale, un tel don étant justifié par le souhait de dégager sa concubine d'une dette envers son ex-mari et de lui permettre de bénéficier en toute sécurité d'un logement avec l'enfant issu de leur union (Cass. 1e civ. 20-1-2010 n° 08-16.105 : RJDA 4/10 n° 363).

24560 **Indemnité** L'indemnité accordée en cas d'enrichissement injustifié **est égale** à la moins élevée des deux sommes représentatives de l'enrichissement et de l'appauvrissement (C. civ. art. 1303). Ainsi, lorsqu'un concubin a financé une amélioration de la propriété de sa compagne, les juges doivent comparer le montant de l'enrichissement de la concubine, c'est-à-dire la plus-value apportée au bien, et le montant de l'appauvrissement correspondant à la dépense réalisée pour retenir la somme la moins élevée des deux (Cass. 1e civ. 24-9-2014 n° 13-23.913 F-D, travaux d'agrandissement ; Cass. 1e civ. 24-5-2017 n° 13-10.237 F-D, acquisition de matériaux pour la réalisation de travaux ; Cass. 1e civ. 3-3-2021 n° 19-19.000 FS-P, construction d'une piscine ; Cass. 1e civ. 18-5-2022 n° 18-12.808 F-D : BPAT 4/22 inf. 179, installation de panneaux photovoltaïques).
En cas de mauvaise foi de l'enrichi, l'indemnité est égale à la plus forte des deux sommes (C. civ. art. 1303-4). L'appauvrissement et l'enrichissement sont évalués au jour du jugement (C. civ. art. 1303-4).

> **Précisions** L'article 1303 du Code civil issu de l'ordonnance du 10 février 2016 consacre la **jurisprudence antérieure** (Cass. 1e civ. 24-5-2017 n° 13-10.237 F-D ; Cass. 1e civ. 13-11-2014 n° 13-20.442 F-D). S'agissant de l'application dans le temps de ce texte : si la loi applicable aux conditions d'existence de l'enrichissement injustifié est celle du fait juridique qui en est la source, la loi nouvelle s'applique immédiatement à la détermination et au calcul de l'indemnité (Cass. 1e civ. 3-3-2021 n° 19-19.000 FS-P). L'application du nouvel article 1303 du Code civil à la détermination et au calcul de l'indemnité emporte trois conséquences (B. Travely, Rupture des concubins : les rapports patrimoniaux hors l'indivision : SNH 3/24 inf. 10) :
> – la mauvaise foi de l'enrichi peut être prise en compte ;
> – l'appauvrissement (dépense) et l'enrichissement (plus-value) doivent être évalués au jour du jugement ;
> – l'indemnité pourra être réduite en cas de faute de l'appauvri.

24561 **Subsidiarité de l'action** L'action fondée sur l'enrichissement injustifié est une action subsidiaire qui ne peut être exercée qu'à défaut de toute autre action ouverte au concubin pour obtenir le remboursement de ce qui lui est dû et à condition qu'elle ne se heurte pas à un obstacle de droit, telle la prescription (C. civ. art. 1303-3). L'action peut en revanche être exercée si l'autre action se heurte à un obstacle de fait.
Sur le fondement de l'enrichissement sans cause, il a été jugé que **ne constitue pas un obstacle de droit** le rejet préalable d'une demande de remboursement fondée sur :
– l'existence d'une société de fait (Cass. 1e civ. 5-3-2008 n° 07-13.902 ; Cass. 1e civ. 6-5-2009 n° 08-14.469) ;
– un mandat de gestion (Cass. 1e civ. 25-6-2008 n° 06-19.556 : Bull. civ. I n° 185) ;
– le droit de l'accession (Cass. 1e civ. 19-1-2022 n° 20-16.095 F-D : BPAT 2/22 inf. 122-5).
En revanche, le rejet d'une action en remboursement d'une somme d'argent fondée sur l'existence d'un prêt, faute pour le demandeur d'avoir prouvé le contrat de prêt, a rendu irrecevable l'action fondée sur l'enrichissement sans cause (voir, notamment, Cass. 1e civ. 31-3-2011 n° 09-13.966 : Bull. civ. I n° 67, affaire qui n'intéressait pas des concubins mais transposable sur ce point).
Ces solutions ne devraient pas, à notre avis, être remises en cause lorsque l'action est fondée sur un enrichissement injustifié.

En l'absence de disposition légale réglant la contribution des concubins aux charges de la vie commune (n° 23030), il a été jugé que l'action fondée sur l'enrichissement sans cause ne pouvait pas être utilisée pour permettre un partage par moitié des **dépenses de la vie commune** entre les concubins (Cass. 1e civ. 28-11-2006 n° 04-15.480 : Bull. civ. I n° 517). 24562

DROIT DE L'INDIVISION

Lorsqu'un concubin a personnellement exposé des dépenses d'**amélioration** ou de **conservation** d'un bien immobilier indivis, il peut en être indemnisé dans les conditions de droit commun prévues à l'article 815-13 du Code civil. Tel est le cas, par exemple, du concubin qui rembourse au-delà de sa quote-part indivise le prêt souscrit avec son concubin pour l'acquisition d'un bien indivis (voir nos 69470 s.). 24564

Cependant, s'appuyant sur une recherche souveraine de la volonté des concubins, les juges refusent parfois de leur reconnaître une créance contre l'indivision, considérant que les remboursements d'emprunt constituent des dépenses de la vie courante devant rester à sa charge (voir n° 24540).

ACCESSION

Lorsqu'un concubin a financé la construction d'une maison sur un terrain appartenant à l'autre, ce dernier devient propriétaire de la construction en vertu de la théorie de l'accession immobilière. Le concubin peut toutefois obtenir le remboursement des travaux qu'il a supportés sur le fondement de l'article 555 du Code civil, à **condition** qu'il n'existe pas entre lui et son compagnon une convention réglant le sort de la construction (Cass. 3e civ. 5-3-2003 n° 01-16.033 FS-D : BPAT 6/03 inf. 122). L'existence d'une telle convention ne peut se déduire de la seule situation de concubinage (Cass. 3e civ. 2-10-2002 n° 01-00.002). L'indemnisation du concubin n'est pas subordonnée au caractère exclusif de sa participation à la construction (Cass. 3e civ. 16-3-2017 n° 15-12.384 FS-PB : BPAT 3/17 inf. 93). La mauvaise foi du concubin non propriétaire ne peut pas le priver de son droit à indemnisation (Cass. 3e civ. 29-4-2009 n° 08-11.431 : Bull. civ. III n° 97). 24565

Mais là encore, le concubin peut, se voir refuser la reconnaissance d'une créance si les juges considèrent que les travaux relèvent des charges du ménage (n° 23030).

GESTION D'AFFAIRES ET RÉPÉTITION DE L'INDU

Plus rarement, les concubins ont recours, pour récupérer les sommes qu'ils ont versées pendant l'union libre, à la gestion d'affaires (CA Paris 14-10-1997 : Dr. famille 1998 comm. 19) ou à la répétition de l'indu (CA Paris 15-1-1999 : Dr. famille 1999 comm. 111). 24568

Les **conditions** de la gestion d'affaires seront remplies dès lors que :

– le concubin généreux n'est pas légalement tenu de financer l'immeuble de son concubin (son action doit être spontanée) ;

– il gère sciemment (son action doit être consciente) ;

– sa gestion est utile (son action ne doit pas nécessairement retirer un profit tant que la gestion apporte une opportunité au concubin).

L'action fondée sur la gestion d'affaires a davantage de chances d'aboutir lorsqu'elle porte sur le financement du **logement** du couple puisque l'intérêt personnel du gérant à se charger de l'affaire d'autrui n'exclut pas l'application des règles de la gestion d'affaires (C. civ. art. 1301-4 ; S. Collet, M. Girard-Cabouat et M. Grand, Contribution aux charges et contrat de concubinage : SNH 22/22 inf. 12).

Elle sera toutefois rejetée si les concubins se sont donné mandat pour la gestion de leurs biens (voir n° 23076).

3. PRESCRIPTION

Les concubins ne bénéficient pas de la **suspension** de la prescription durant la vie commune au profit des époux ou des partenaires (C. civ. art. 2236). La prescription applicable est celle de droit commun de cinq ans qui commence à courir à compter du jour où le concubin a engagé une dépense au-delà de ce qui lui incombait (C. civ. art. 2224). Pourtant les difficultés liquidatives surviennent généralement lors de la séparation. En ce sens, a été jugé à propos d'une action en enrichissement injustifié que « l'existence ou l'absence de cause à la situation d'enrichissement du patrimoine de l'un des concubins au détriment du patrimoine de l'autre ne peut être appréciée que lorsque le concubinage a pris fin » ; les juges en ont déduit que le point de départ de la prescription devait être fixé à la date de la rupture (CA Riom 1e ch. civ. 12-9-2023 n° 21/02203, sur cette question voir B. Travely, Rupture des concubins : les rapports patrimoniaux hors l'indivision : SNH 3/24 inf. 10). 24569

Une **convention** de concubinage permet aux concubins d'aménager la prescription en précisant que les recours contributifs entre les concubins seront suspendus durant leur vie commune au même titre que les époux (C. civ. art. 2254).

4. COLLABORATION PROFESSIONNELLE NON RÉMUNÉRÉE ENTRE CONCUBINS

24570 Lorsqu'un concubin a travaillé dans l'entreprise de l'autre sans être rémunéré, **deux techniques** s'offrent à lui pour être indemnisé du travail qu'il a effectué :
– la technique de la société créée de fait étudiée n°s 24550 s. (pour un exemple, Cass. 1e civ. 30-5-2006 n° 04-14.749) ;
– la théorie de l'enrichissement injustifié exposée n°s 24558 s. (pour une illustration, CA Pau 29-1-2008 n° 08-402).

Dans les deux cas, le concubin collaborateur **doit démontrer** que la collaboration a dépassé le cadre de l'entraide familiale.

S'agissant de la société créée de fait, le concubin ne peut pas prétendre simultanément aux deux qualités d'associé et de salarié (CA Grenoble 1-9-1998 n° 97-1759 : D. 1999 som. p. 378).

24575 Depuis le 1er janvier 2022, le concubin du chef d'une entreprise artisanale, commerciale ou libérale qui y exerce une activité professionnelle doit opter pour l'un des **trois statuts** suivants : collaborateur, salarié ou associé (C. com. art. L 121-8).

L'option pour le statut de collaborateur (non rémunéré) ne peut être exercée plus de cinq ans. Cette obligation déclarative et protectrice du concubin travaillant dans l'entreprise de son concubin devrait tarir le contentieux.

L'option doit être déclarée auprès du guichet unique électronique accompagnée d'une attestation sur l'honneur du concubin (Arrêté ECOI2206228A du 9-5-2022).

C. Partage des biens des concubins

24605 Chaque concubin reprend les biens dont il a la **propriété exclusive**. Une confusion des patrimoines ayant pu se créer au cours de la vie commune, celui qui revendique la propriété d'un bien doit prouver son droit exclusif sur celui-ci (voir n°s 23077 s.).

Les **biens indivis** sont partagés par les concubins dans les conditions de droit commun exposées n°s 69000 s.

24609 Si un acte de partage est établi, le **droit de partage** de 2,50 % est exigible dans les conditions de droit commun, en distinguant selon que le partage est ou non réalisé à titre pur et simple : voir n° 70860. Même réalisé avec une soulte, le partage entre les ex-concubins d'un immeuble acquis en indivision pendant la vie commune ne peut pas donner lieu à taxation d'une **plus-value privée**. Légalement prévue pour les partages entre époux et partenaires de Pacs, cette règle s'applique par tolérance administrative aux ex-concubins (BOI-RFPI-PVI-10-40-100 n° 40). Les règles sont celles exposées n° 10335 à propos des ex-époux.

En revanche, une plus-value est susceptible d'être imposée en cas de partage avec soulte portant sur des valeurs mobilières, droits sociaux et titres assimilés. La plus-value est déterminée de la manière suivante (BOI-RPPM-PVBMI-20-10-20-50 n°s 20 s.) :
– le prix de cession est constitué par le montant de la soulte reçue ;
– le prix d'acquisition correspond au montant des droits du concubin bénéficiaire de la soulte dans la valeur d'acquisition des titres ;
– pour le calcul de l'abattement pour durée de détention de droit commun (ou de l'abattement renforcé), la durée de détention est décomptée à partir de la date d'acquisition des titres par les concubins.

ATTENTION

L'abaissement du **taux du droit de partage** à 1,1 % depuis le 1er janvier 2022 ne s'applique pas en cas de rupture du concubinage.

D. Sort du logement des concubins

LOGEMENT LOUÉ

24650 **Bail au nom d'un seul des concubins** Le titulaire du bail peut le **résilier** librement. Son concubin n'a aucun droit à rester dans les lieux et peut être expulsé par le propriétaire. La cotitularité automatique prévue pour les époux ou les partenaires de Pacs ne bénéficie pas aux concubins (C. civ. art. 1751).

Par exception, le contrat de location continue au profit du concubin non signataire du bail en cas :
– d'**abandon du domicile** par le locataire en titre, à condition que les deux concubins aient vécu ensemble dans les lieux depuis au moins un an à la date de l'abandon du domicile (Loi 89-462 du 6-7-1989 art. 14) ;
– d'attribution de la jouissance au concubin victime de violences conjugales par une ordonnance de protection (voir n° 26650).

Bail au nom des deux concubins Lorsque le bail est aux deux noms, les concubins ont les mêmes droits sur le logement. Lors de la séparation, ils doivent s'entendre pour savoir lequel d'entre eux restera dans les lieux. **24652**
En cas de désaccord, le **juge** ne peut pas décider de l'attribution du bail à l'un ou à l'autre, faute de disposition légale, sauf hypothèse d'attribution de la jouissance du logement à l'un des parents par le JAF afin de fixer la résidence de l'enfant (voir n° 36705) ou de violences intrafamiliales (voir n° 26650).

Si l'**un des concubins donne congé** au propriétaire, le bail continue au profit de l'autre, qui peut rester dans les lieux. **24654**
Vis-à-vis du bailleur, l'obligation aux **loyers et charges** du concubin qui a donné congé cesse à la date d'effet du congé régulièrement délivré et lorsqu'un nouveau colocataire figure au bail. À défaut, elle s'éteint au plus tard à l'expiration d'un délai de six mois après la date d'effet du congé (Loi 89-462 du 6-7-1989 art. 8-1).
Lorsque le concubin quitte le logement en raison de **violences** exercées au sein du couple ou sur un enfant qui réside habituellement avec lui, la solidarité cesse (Loi 89-462 du 6-7-1989 art. 8-2). Il ne peut ainsi pas être contraint par le bailleur de s'acquitter des dettes locatives du locataire auteur des violences nées après son départ (voir n° 26720).
Lorsqu'un seul des concubins donne congé, le propriétaire est en droit de conserver la totalité du **dépôt de garantie** jusqu'au départ de l'autre concubin.

LOGEMENT DÉTENU EN PROPRIÉTÉ

Logement appartenant à un seul des concubins Lorsque le logement est la propriété d'un seul des concubins, celui qui n'est pas propriétaire peut être contraint de quitter le logement à tout moment. **24656**
Lorsqu'un ex-concubin se maintient dans un logement qui appartient à l'autre, il devient **occupant sans droit ni titre**. Il peut donc se voir contraint de le quitter.
Il en va autrement si le concubin propriétaire a donné son accord pour qu'il y reste. Ainsi, lorsque le propriétaire offre à son ex d'occuper le logement « sa vie durant », il est tenu à son engagement par novation (Cass. 1e civ. 17-11-1999 n° 97-17.541).
Tant que le non-propriétaire se maintient dans les lieux, le propriétaire peut lui demander une **indemnité** pour occupation sans droit ni titre. Une telle demande, dès lors que l'occupation sans droit ni titre naît de la rupture, relève du règlement de leurs intérêts pécuniaires et donc de la compétence matérielle du JAF (Cass. 1e civ. 5-4-2023 n° 21-25.044 FS-B : BPAT 3/23 inf. 115).

Logement indivis Si le logement est en indivision, ce sont les règles de **droit commun** de l'indivision, selon le cas légale ou conventionnelle, qui s'appliquent (voir nos 69000 s.). **24660**
Précisons seulement que, si le **logement** est **vendu** du fait de la séparation, la **plus-value** le cas échéant réalisée est exonérée d'impôt, y compris pour le concubin qui avait déjà quitté les lieux au moment de la vente : voir nos 10225 s.

E. Conséquences fiscales de la rupture

Compte tenu des effets limités du concubinage en matière fiscale, la séparation des concubins emporte par elle-même peu de conséquences. Signalons toutefois que, à compter du 1er janvier qui suit la rupture : **24700**
– les concubins cessent d'être imposables ensemble à l'**impôt sur la fortune immobilière** (IFI). Chacun déclare son patrimoine immobilier s'il est personnellement imposable ;
– en présence d'une résidence secondaire, si la **taxe d'habitation** était établie aux deux noms, le concubin qui a quitté les lieux cesse d'en être redevable.
Sur le **partage** des biens des concubins et sur le régime de la **plus-value** immobilière en cas de vente du logement, voir respectivement nos 24609 et 24656.

CHAPITRE 3

DÉCÈS D'UN CONCUBIN

SOMMAIRE

25000 Nous examinons ici les **droits** reconnus par la loi ou la jurisprudence au **concubin survivant** en l'absence de disposition particulière (testament, assurance-vie, etc.) prise en sa faveur. Ces droits sont des plus réduits.

DROITS SUCCESSORAUX

25002 Les concubins n'héritent pas l'un de l'autre. Si un concubin décède **sans** avoir fait de **testament**, ses biens vont à sa famille par le sang (et/ou, le cas échéant, à son conjoint), selon les règles exposées n°s 63000 s. En l'absence d'héritier, les biens du concubin décédé sont dévolus à l'État.
Si les concubins ont acquis des biens en **indivision**, l'indivision se poursuit entre le concubin survivant et les héritiers du défunt. Les biens sont gérés et partagés selon les règles légales de l'indivision.

LOGEMENT DES CONCUBINS

25010 Si le logement était **loué au nom des deux concubins**, le bail continue au nom du survivant, qui est assuré de rester dans les lieux.
Si le **concubin décédé était seul locataire**, le survivant peut demander le transfert du bail à son nom à condition que le concubinage ait été notoire et ait duré depuis un an au moins à la date du décès (Loi 89-462 du 6-7-1989 art. 14). Cependant, si des ascendants ou descendants du concubin locataire ou des personnes à sa charge vivaient également dans le logement depuis au moins un an, le bail peut aussi leur être transféré. En présence de demandes multiples, c'est le tribunal qui désignera, en fonction des intérêts en présence, l'attributaire du bail. Ajoutons que si le concubin décédé était marié ou pacsé, son conjoint ou partenaire peut également demander la poursuite du bail (sans condition d'avoir vécu dans les locaux).

25011 Si le logement était la **propriété du concubin décédé**, le survivant n'a aucun droit sur le logement et peut donc être expulsé par les héritiers du défunt. S'il se maintient dans les lieux, il devra verser aux héritiers du défunt une indemnité pour occupation sans droit ni titre.
S'il s'agissait d'un **bien indivis**, les règles sont celles exposées n° 25002 étant précisé que, faute d'avoir la qualité d'héritier, le concubin ne pourra pas revendiquer l'attribution préférentielle du logement. Même s'il a les moyens de dédommager les héritiers, il ne peut être certain que le bien lui sera attribué.

INDEMNISATION EN CAS DE DÉCÈS ACCIDENTEL

25030 La précarité attachée à l'union libre n'interdit pas au survivant de demander, dans les conditions de droit commun de la **responsabilité civile extracontractuelle**, l'indemnisation du préjudice qu'il a subi du fait du décès de son concubin (Cass. ch. mixte 27-2-1970 n° 68-10.276 : Bull. civ. I n° 1).
Pour qu'un préjudice lui soit reconnu, la jurisprudence exige toutefois que la **liaison** ait été suffisamment **stable et durable** (en ce sens, Cass. crim. 20-2-2001 n° 00-81.688 ; Cass. crim. 29-5-2001 n° 00-83.902 : Bull. crim. n° 134). Le droit à réparation a par exemple été refusé à deux femmes entre lesquelles le défunt partageait ses journées, en raison du caractère précaire de ces concubinages (Cass. crim. 8-1-1985 n° 82-92.753 : Bull. crim. n° 12). À noter que les juges peuvent aussi réduire l'indemnisation s'ils considèrent que la relation ne présente pas l'ensemble des conditions requises par l'article 515-8 du Code civil. Tel est le cas de la femme qui, bien qu'elle entretînt depuis plusieurs années une certaine communauté de vie avec la victime, a réglé les

obsèques de cette dernière au moyen d'un chèque tiré sur le compte joint qu'elle avait conservé avec son mari, et qui restait domiciliée à une adresse distincte de celle de son compagnon (Cass. crim. 5-10-2010 n° 10-81.743 : D. 2011 p. 1040).

Le **préjudice** peut être matériel (notamment lorsque le défunt subvenait au moins en partie aux besoins du couple) et/ou moral (pour un exemple de refus d'indemnisation d'une concubine faute pour elle de prouver le montant des revenus de son compagnon avant son décès et de la perte de revenus résultant pour elle du décès, CA Paris 18-2-2008 n° 06-17645). La concubine ne peut voir son indemnisation diminuée du seul fait qu'elle a reconstitué un foyer après le décès (Cass. crim. 29-6-2010 n° 09-82.462 : BPAT 6/10 inf. 326).

Bien que la question soit discutée, il semble aujourd'hui que les **concubins adultères** puissent obtenir réparation au même titre que ceux qui ne le sont pas.

PROTECTION SOCIALE DU CONCUBIN SURVIVANT

Le concubin d'un assuré au régime général de la sécurité sociale a droit au **capital décès de la sécurité sociale** s'il était à la charge effective, totale et permanente du défunt (CSS art. L 361-4). Il est alors bénéficiaire prioritaire du capital, à condition toutefois qu'il n'existe pas d'autres bénéficiaires prioritaires : voir n°s 11306 s. **25100**

Le concubin survivant ne bénéficie pas en revanche de l'**allocation veuvage** du régime de base de la sécurité sociale, qui est réservée au conjoint survivant.

Si le décès est dû à un **accident mortel du travail**, le concubin survivant peut sous certaines conditions prétendre au versement d'une rente viagère par la sécurité sociale : voir n° 11360. **25101**

En principe, le concubin survivant bénéficie du remboursement de ses **frais médicaux** soit au titre de son activité professionnelle, soit au titre de sa résidence stable et régulière en France (CSS art. L 160-1, D 160-2 et R 111-3 s.). L'affiliation au titre de la résidence pourra se faire soit gratuitement, soit en acquittant des cotisations, selon les ressources (n° 10410). **25102**

Les concubins de salariés ou d'anciens salariés retraités décédés n'ont droit ni à la **retraite de réversion** du régime général de la **sécurité sociale** ni à celle du régime complémentaire **Agirc-Arrco**, ni à celles des régimes des travailleurs **non salariés** (agricoles et non agricoles). **25130**

Le Conseil d'État a jugé que le refus d'accorder au concubin une pension de réversion n'était pas contraire à la convention européenne des droits de l'Homme (CE 6-12-2006 n° 262096 : Lebon p. 496). Il estime que le fait de réserver le bénéfice de la pension de réversion au conjoint survivant est justifié par la différence de situation qui existe entre les époux et les simples concubins : les premiers sont assujettis à une solidarité financière et à un ensemble d'obligations légales (notamment la contribution aux charges du mariage) qui ne pèsent pas sur les seconds.

Sur la position de la CJUE sur l'exclusion des concubins ou partenaires de Pacs du champ des pensions de réversion, voir n° 19170.

L'ignorance des régimes de retraite à l'égard des concubins présente un avantage : si une personne qui perçoit des retraites de réversion Agirc-Arrco vit en concubinage, ces pensions continueront à lui être versées.

Sur l'**autorisation d'absence** en cas de décès du concubin d'un salarié, voir n° 23130.

CHAPITRE 4

PROTECTION DU CONCUBIN SURVIVANT

SOMMAIRE

SITUATION DU CONCUBIN SURVIVANT

26000 Sauf en matière sociale, la **loi** n'offre aucun droit au concubin survivant (n°s 25002 s.). C'est la raison pour laquelle les concubins qui ne veulent pas ou ne peuvent pas se marier ont intérêt à organiser eux-mêmes leur protection.
Différents **moyens** peuvent être mis en œuvre. **En pratique**, et compte tenu du coût fiscal dissuasif des libéralités entre concubins, deux outils doivent être privilégiés : l'acquisition commune du logement et l'assurance-vie en cas de décès.
Pour des pistes de réflexion dans les **familles recomposées**, voir n°s 75250 s.

A. Acheter le logement à deux

INTÉRÊT DE L'ACQUISITION CONJOINTE

26005 Il est préférable que le logement familial appartienne au couple plutôt qu'à l'un seulement des concubins. Ainsi, les concubins auront les mêmes **droits sur le logement** alors que s'il est la propriété d'un seul, celui qui est propriétaire pourra librement le vendre, le donner à bail ou l'hypothéquer, les règles protectrices du logement familial applicables aux couples mariés ne l'étant pas aux concubins (C. civ. art. 215).
Si l'acquisition conjointe du logement confère des droits aux deux concubins, elle ne garantit cependant pas au survivant la certitude de **devenir seul propriétaire** ni même de pouvoir **rester dans les lieux**. Il faut pour cela que des **dispositions spécifiques** aient été adoptées lors de l'achat du bien. Plusieurs techniques sont envisageables.

ACQUISITION EN INDIVISION

26006 Il est possible d'insérer dans l'acte d'acquisition une **clause de rachat** au profit du concubin survivant (C. civ. art. 1873-13). Sous réserve de désintéresser les héritiers, le survivant pourra acquérir la quote-part du concubin décédé. S'il est vraisemblable qu'il n'aura pas les moyens de dédommager les héritiers, il faut prévoir les conditions de ce financement (par exemple, la souscription d'un contrat d'assurance-vie en cas de décès : voir n° 26130).

> **Précisions** Un **legs particulier** portant sur la quote-part détenue par chaque concubin dans le logement est également envisageable. Mais un legs (par nature révocable) n'offre pas la même sécurité qu'une clause de rachat.

ACQUISITION EN TONTINE

26010 **Intérêt de la tontine** L'acquisition en tontine (ou avec « clause d'accroissement ») **consiste** pour les concubins à acheter leur logement en indiquant dans l'acte que si l'un d'eux décède, le survivant sera considéré comme ayant toujours été seul propriétaire. Le concubin décédé est censé n'avoir jamais eu la propriété du bien.

L'intérêt de la tontine tient au fait qu'elle assure au concubin survivant la propriété du logement et par là même son maintien dans les lieux, les héritiers du concubin décédé n'ayant aucun droit sur le bien. Mais elle présente de sérieux **inconvénients** :
– elle ne peut être révoquée qu'avec l'accord des deux concubins ; si l'un d'eux s'y oppose, le logement ne pourra pas être vendu, même en cas de séparation. La situation ne se dénouera qu'avec le décès de l'un des concubins... ;
– son régime fiscal est peu avantageux : la part du logement transmise au concubin survivant au décès est soumise aux droits de succession (CGI art. 754 A, al. 1), soit au taux de 60 % après application d'un abattement de 1 594 € (CGI art. 788, IV). Une exception est certes prévue en faveur des immeubles affectés à l'habitation principale des acquéreurs (CGI art. 754 A, al. 2), mais elle est de portée limitée puisqu'elle ne s'applique que si la valeur du logement est inférieure à 76 000 € au moment du décès (dans ce cas, la part transmise au survivant est passible des seuls droits de vente d'immeubles). Sur l'intérêt de la constitution d'une société civile pour échapper à ce régime fiscal défavorable, voir n° 61130 ;
– elle prive les héritiers du concubin décédé de tout droit sur le logement puisque celui-ci ne fait pas partie de sa succession.

ATTENTION

La mention de clause d'accroissement doit impérativement être portée au **fichier immobilier**, non seulement pour opposer aux tiers les conditions particulières de dénouement du pacte tontinier mais également pour informer les créanciers de l'impossibilité de saisir le bien ou de provoquer le partage (voir sur les modalités de publication, M. Suquet-Cozic, Comment publier une tontine ? : SN 7/13 inf. 186).

Conditions d'efficacité de la tontine L'achat en tontine étant une **opération aléatoire**, les acquéreurs doivent être soumis à la même chance de devenir propriétaire ou au même risque de ne le devenir jamais. Si la différence d'âge est trop importante ou si l'un des concubins est atteint d'une maladie dont l'issue ne peut être que fatale (ce que n'ignore pas l'autre), la clause de tontine pourra, à la demande des héritiers, être requalifiée en donation faute d'aléa (pour un exemple, Cass. 1e civ. 10-5-2007 n° 05-21.011 : RJDA 10/07 n° 963). Pour la même raison, il faut que les deux concubins participent au financement du bien. Il n'est pas nécessaire que leur contribution soit rigoureusement identique, mais si la différence d'espérance de vie est importante, le concubin le plus jeune devra payer plus afin de rétablir l'équilibre. **26012**

Si l'acquisition en **tontine** est **requalifiée en donation**, les héritiers réservataires du concubin décédé (enfants ou conjoint) pourront demander la réduction de la libéralité si elle porte atteinte à la part que la loi leur réserve dans la succession. L'administration fiscale pourra exiger le paiement de droits de mutation à titre gratuit au tarif de 60 % majorés, le cas échéant, d'un intérêt de retard de 0,20 % par mois. En cas de requalification de la tontine en donation déguisée, l'administration fiscale pourra en outre appliquer une pénalité égale à 80 % des droits (CGI art. 1729).
Pour une illustration de requalification en donation faute d'aléa, à propos d'un immeuble financé exclusivement par le mari, moins de deux mois avant son décès, alors que ce dernier, ancien médecin, était notoirement malade (Avis CADF/AC n° 4/2021du 6-5-2021 aff. n° 2021-08 : BPAT 5/21 inf. 225 ; solution transposable aux concubins).

Tontine avec un concubin marié Un concubin marié peut-il acheter en tontine ? L'opération ne présente aucune particularité lorsque l'époux est **séparé de biens**. Il en va de même lorsque l'acquisition est réalisée par un époux **commun en biens** au moyen de fonds propres avec déclaration d'emploi ou de remploi. **26014**

L'époux commun en biens peut utiliser des fonds communs sans avoir à solliciter le consentement de son conjoint (Cass. 1e civ. 11-1-1983 n° 81-16.307 : Bull. civ. I n° 15, qui a validé l'achat en tontine d'un époux effectué avec sa maîtresse). Mais dans ce cas et selon le dénouement de l'opération, l'immeuble sera censé n'avoir jamais dépendu de la communauté (prédécès du concubin marié) ou au contraire en avoir toujours fait partie (prédécès de l'autre concubin). Avant ce dénouement, la vente du logement ou sa mise en garantie par hypothèque nécessiteront l'accord du conjoint, s'agissant d'un bien conditionnellement commun !

Gestion du bien tontinier avant dénouement Tant que les acquéreurs de l'immeuble acheté en tontine sont tous les deux vivants, ils ont des droits concurrents sur le bien. Les **règles de l'indivision** ne leur sont pas applicables puisque dès le décès de l'un d'eux, le bien est censé avoir toujours appartenu à son coacquéreur, et à lui seul (Cass. 1e civ. 27-5-1986 n° 85-10.031 : Bull. civ. I n° 140). Impossible par conséquent de provoquer le partage du bien (CA Aix-en-Provence 28-6-2011 n° 10/12488, 1e ch. A : BPIM 5/11 inf. 394). **26016**

Cela étant, le pacte tontinier confère à chaque acquéreur un **droit de jouissance** indivis sur le bien. Si l'un d'entre eux occupe seul l'immeuble, il doit verser une indemnité à l'autre (Cass. 1e civ. 9-2-1994 no 92-11.111 : Bull. civ. I no 60 ; Cass. 1e civ. 9-11-2011 no 10-21.710 : BPAT 6/11 inf. 365 ; Cass. 3e civ. 17-12-2013 no 12-15.453 : RJDA 3/14 inf. 211). L'indemnité n'est toutefois pas due si l'impossibilité d'habiter le logement de l'autre concubin résulte uniquement de son état de santé qui a nécessité son admission en maison de retraite (Cass. 1e civ. 3-10-2018 no 17-26.020 F-PB : BPAT 6/18 inf. 246).

26018 **Renonciation à la tontine** Lorsque les tontiniers renoncent au pacte avant son dénouement, l'acquisition **est réputée** avoir été faite en indivision dès le début. La renonciation doit donc faire l'objet d'une publication pour informer les tiers de la consolidation des droits qui cessent d'être conditionnels (M. Suquet-Cozic, Séparation des concubins : comment publier la renonciation à une tontine ? : SNH 2/21 inf. 12).

ACQUISITION PAR UNE SCI

26020 Les concubins qui achètent un bien via une société civile immobilière (SCI) ont intérêt à introduire dans les statuts de la société une **clause d'agrément**, en application de laquelle les héritiers du concubin associé décédé ne pourront devenir associés qu'avec l'accord de l'associé survivant ; à condition de pouvoir désintéresser les héritiers du concubin décédé, le concubin survivant pourra les écarter de la société (voir no 62715).
S'il est vraisemblable que l'un des concubins n'aura pas les moyens de désintéresser les héritiers, il faut prévoir les conditions de ce financement (par exemple, la souscription d'un contrat d'assurance-vie en cas de décès : voir no 26130).

26021 Lors de la constitution de la SCI, il est également possible de prévoir un **démembrement croisé de la propriété des parts** de la société qui permettra au survivant de rester dans les lieux sans avoir à payer de droits de succession ni aucune somme aux héritiers (voir no 61125), ou encore l'insertion d'une **clause de tontine** dans les statuts de la société (voir no 61130).

B. Souscrire un contrat d'assurance-vie en cas de décès au profit de son concubin

26130 La souscription d'un contrat d'assurance-vie peut constituer pour les concubins une solution intéressante, sur le plan civil comme sur le plan fiscal, pour se **transmettre un capital** en cas de décès. Les sommes versées permettront au survivant de financer les droits de succession à sa charge, de racheter la part recueillie par les héritiers réservataires dans les biens détenus indivisément par les concubins, etc.
Le contrat d'assurance-vie présente un **double intérêt** :
– sauf en cas de primes manifestement exagérées (nos 66256 s.), les sommes versées au décès par la compagnie d'assurance le sont hors succession ;
– le concubin reçoit le capital en franchise d'impôt sauf exceptions : voir nos 66420 s.
Il est d'ailleurs possible de **démembrer la clause bénéficiaire**, de façon que le concubin survivant reçoive le capital en usufruit, d'autres bénéficiaires (par exemple, les enfants) étant désignés pour la nue-propriété : voir nos 65500 s.

> **Précisions** Celui qui a souscrit un contrat d'assurance-vie au profit de son concubin doit penser à **changer la clause bénéficiaire** en cas de **séparation** (ce qui suppose que l'intéressé n'ait pas accepté le contrat) ou en cas de **prédécès du concubin bénéficiaire**.

C. Consentir une libéralité à son concubin

FAIRE UN TESTAMENT EN FAVEUR DE SON CONCUBIN

26190 Seul l'établissement d'un testament permet aux concubins d'**hériter** l'un de l'autre.
L'importance du legs dépendra du degré de protection souhaité pour le survivant, de l'existence ou non d'enfants communs au couple ou nés d'une autre union, du souhait de conserver les biens dans la famille tout en permettant au concubin survivant d'en profiter jusqu'à son décès, etc.
Les **possibilités** de legs sont variées : legs de la totalité des biens ou seulement de certains d'entre eux, legs en pleine propriété, en usufruit ou legs d'un simple droit d'usage et d'habitation, legs graduel, legs résiduel, etc.

Attention, le **testament conjonctif** est prohibé, chaque concubin doit rédiger et signer son propre testament. Ils peuvent toutefois recourir à des testaments croisés. Peu important que le contenu soit identique, l'essentiel est qu'ils soient rédigés sur des documents séparés. À ce titre aucun legs ne peut être fait dans une convention de concubinage.

Certaines règles du droit des successions ou du droit des régimes matrimoniaux (lorsque le concubin est marié) peuvent avoir pour effet de **limiter les droits du survivant dans la succession** : **26192**
– si le testateur laisse des descendants (ou un conjoint), le legs fait au concubin sera réductible s'il excède la quotité disponible ordinaire : voir n°s 64140 s. ;
– si le concubin testateur a de son vivant reçu de ses parents des biens par donation, ces derniers peuvent, en vertu de leur droit de retour légal, reprendre les biens à son décès s'il ne laisse pas de descendance ;
– si le testateur est marié sous le régime légal de la communauté, il peut léguer à son concubin des biens dépendant de la communauté existant entre lui et son conjoint, mais uniquement dans la limite de sa part dans la communauté (C. civ. art. 1423, al. 1). Surtout, l'exécution du legs dépendra du résultat du partage de la communauté (il faut que le bien légué soit attribué au testateur).

DONATION

Les concubins sont **libres** de se consentir des donations. La jurisprudence est constante : les donations entre concubins sont valables (pour un exemple, Cass. 1e civ. 29-1-2002 n° 00-18.987), même entre concubins adultères (en ce sens, notamment, Cass. 1e civ. 25-1-2005 n° 96-19.878 : Bull. civ. I n° 35). **26195**
En pratique, les donations entre concubins sont **rares**, ce qui s'explique par les raisons suivantes :
– elles ne peuvent porter que sur des **biens présents**. Les donations au dernier vivant sont impossibles ;
– elles sont **irrévocables**, sauf pour l'une des causes légales de révocation : inexécution des charges de la donation, survenance d'enfant ou ingratitude du donataire (C. civ. art. 953 ; pour une illustration, voir Cass. 1e civ. 10-7-2013 n° 12-18.581 : BPAT 5/13 inf. 170). Étant précisé que la rupture du concubinage par le concubin bénéficiaire de la donation ne constitue pas un cas d'ingratitude ;
– la taxation est dissuasive (voir n° 26200).
Ajoutons que, conformément au droit commun, si le donateur laisse des descendants ou un conjoint, la donation pourra faire l'objet d'une action en réduction en cas d'**atteinte à la réserve** (n°s 64140 s.).

> **Précisions** Si le concubin est **marié sous un régime de communauté**, il ne peut pas donner de biens communs sans le consentement de son conjoint (voir n° 3495). Une donation consentie en violation de ce principe serait exposée à une action en annulation. En revanche, il peut donner ses salaires à sa concubine, à condition de s'être acquitté de sa contribution aux charges du mariage (C. civ. art. 223). Pour une illustration de ces principes, voir CA Douai 26-1-2010 n° 09/00134, 1e ch. sect. 2 : BPAT 5/10 inf. 263.

FISCALITÉ

Sur le plan fiscal, les concubins ne bénéficient d'aucun régime de faveur : les **droits de succession** sont calculés au taux de 60 % applicable entre personnes non parentes après application d'un abattement de 1 594 € (CGI art. 788, IV). **26200**

TITRE IV

Tableaux comparatifs Mariage – Pacs Concubinage

SOMMAIRE

GÉNÉRALITÉS

26500

	Mariage	Pacs	Union libre
Nature	Institution	Contrat	Situation de fait
Couples concernés	Couples hétérosexuels ou homosexuels Empêchements : – lien de proche parenté ou d'alliance – mariage – déjà mariés	Couples hétérosexuels ou homosexuels Empêchements : – lien de proche parenté ou d'alliance – mariage – déjà lié par un Pacs	Couples hétérosexuels ou homosexuels ——
Conclusion	Cérémonie à la mairie	Enregistrement – à la mairie – ou auprès d'un notaire	Aucune démarche

	Mariage	Pacs	Union libre
Preuve	Acte de mariage Mention en marge de l'acte de naissance Livret de famille	Mention en marge de l'acte de naissance	Par tous moyens, notamment certificat de concubinage
Dissolution	Causes de dissolution : – décès d'un époux – divorce	Causes de dissolution : – décès d'un des partenaires – mariage des partenaires entre eux ou de l'un d'eux avec un tiers – décision unilatérale d'un des partenaires – décision conjointe des partenaires	Le concubinage prend fin par : – le décès d'un concubin – décision unilatérale d'un concubin – décision conjointe des concubins
	Modalités en cas de divorce : – procédure contractuelle en cas d'accord – procédures judiciaires à défaut d'accord	Démarches en cas de séparation : – enregistrement à la mairie – ou auprès d'un notaire	Aucune démarche

DROITS ET DEVOIRS DE LA VIE COMMUNE

26510

	Mariage	Pacs	Union libre
Devoir de fidélité	Oui	Pas d'obligation légale	Non
Devoir d'assistance	Oui	Oui	Non
Participation aux dépenses de la vie courante	Proportionnelle aux facultés respectives des époux à défaut d'une autre répartition dans un contrat de mariage	Proportionnelle aux facultés respectives des partenaires à défaut d'une autre répartition dans la convention de Pacs	Aucune obligation
	Solidarité pour les dettes ménagères, sauf pour les dépenses excessives, les emprunts qui ne portent pas sur des sommes modestes et les achats à tempérament	Solidarité pour les dettes ménagères, sauf pour les dépenses excessives, les emprunts qui ne portent pas sur des sommes modestes et les achats à tempérament	Absence de solidarité pour les dettes ménagères, chaque concubin supportant les dettes qu'il engage
Obligation alimentaire à l'égard des parents de l'autre	Oui	Non	Non

RÉGIME DES BIENS DES ÉPOUX ET PARTENAIRES DE PACS : RÉGIMES POSSIBLES

26520

	Mariage	Pacs conclus depuis le 1-1-2007	Pacs conclus avant le 1-1-2007
Régime légal	Communauté de biens réduite aux acquêts	Séparation de biens	Indivision par moitié
Autres régimes possibles	Par contrat de mariage, possibilité d'opter pour (liste non exhaustive) : – séparation des biens – communauté universelle – participation aux acquêts	Dans la convention de Pacs, possibilité d'opter pour le régime d'indivision de l'article 515-5-1 du Code civil	Possibilité d'opter pour un autre régime : – dans la convention de Pacs pour les meubles meublants – dans l'acte d'acquisition pour les biens autres que les meubles meublants (immeubles, fonds de commerce, véhicules, etc.)

Régime légal de communauté des époux et régime conventionnel d'indivision des partenaires (Pacs conclus depuis le 1-1-2007) 26530

	Mariage	Pacs
Condition d'application du régime	Automatique	Sur option dans la convention de Pacs
Biens acquis avant le mariage ou le Pacs	Restent personnels	Restent personnels
Biens acquis au cours du mariage ou du Pacs	Biens communs, sauf exceptions	Biens indivis par moitié, sauf exceptions
Économies réalisées au cours du mariage ou du Pacs	Biens communs	Restent personnelles
Biens reçus par donation ou succession au cours du mariage ou du Pacs	Restent personnels Attention : toutefois en cas d'utilisation de fonds propres ou du prix de cession d'un bien propre pour un achat en cours de communauté : nécessité d'une déclaration d'emploi ou de remploi dans l'acte d'achat	Restent personnels

Séparation de biens : régime conventionnel des époux et régime légal des partenaires (Pacs conclus depuis le 1-1-2007) 26540

	Mariage	Pacs
Conditions d'application du régime	Adoption par contrat de mariage	Automatique dès lors que les partenaires n'ont pas opté dans leur convention de Pacs pour le régime de l'indivision
Biens acquis avant la vie en couple	Restent personnels	Restent personnels
Biens acquis au cours de la vie commune	Restent personnels, sauf exceptions	Restent personnels, sauf exceptions
Biens reçus par donation ou succession au cours de la vie commune	Restent personnels	Restent personnels

RÉSIDENCE PRINCIPALE DU COUPLE

26550 Logement en location

		Mariage	Pacs	Concubinage
Bail au nom d'un seul	Pendant la vie commune	Époux cotitulaires du bail : la résiliation du bail nécessite l'accord des deux	Pas de cotitularité du bail (le partenaire locataire peut résilier seul le bail), sauf si les partenaires ont demandé conjointement la cotitularité au bailleur (la résiliation du bail nécessite alors l'accord des deux)	Pas de cotitularité du bail : le concubin locataire peut résilier le bail sans l'accord de l'autre
		Époux solidaires pour le paiement du loyer	Partenaires solidaires pour le paiement du loyer	Concubin non locataire n'est pas solidaire pour le paiement du loyer
	En cas de séparation	Cotitularité du bail et solidarité des époux perdurent en cas de séparation de fait et même pendant la procédure de divorce : la résiliation du bail par un époux est inopposable à l'autre	Si les partenaires ont demandé la cotitularité du bail : la résiliation nécessite l'accord des deux À défaut d'avoir demandé la cotitularité : pas de droit au maintien dans les lieux pour le partenaire non locataire en cas de résiliation du bail	En cas de résiliation du bail, pas de droit au maintien dans les lieux pour le concubin non locataire
		La cotitularité du bail et la solidarité prennent fin à la transcription du divorce sur les actes d'état civil	Mais en cas d'abandon du logement par le partenaire locataire, transfert du bail à l'autre partenaire sans condition de durée du Pacs	En cas d'abandon du logement par le concubin locataire, transfert du bail à l'autre concubin s'il vivait avec lui depuis au moins un an
		Lors du divorce, possibilité pour l'un des époux de se faire attribuer le bail	Lors de la dissolution du Pacs, possibilité pour l'un des partenaires de se faire attribuer le droit au bail	
	En cas de décès du locataire	Le conjoint survivant conserve le bénéfice du bail	Si les partenaires ont demandé la cotitularité du bail : droit exclusif du survivant sur le bail À défaut d'avoir demandé la cotitularité : transfert du bail au profit du survivant non locataire sans condition de durée du Pacs	Transfert du bail au profit du concubin non locataire s'il vivait avec le titulaire du bail depuis au moins un an
		Le conjoint survivant a droit au remboursement par la succession, pendant un an après le décès, des loyers payés	Le partenaire survivant a droit au remboursement par la succession, pendant un an après le décès, des loyers payés (sauf privation par testament)	—

		Mariage	Pacs	Concubinage
Bail au nom des deux	Pendant la vie commune	Époux cotitulaires du bail : la résiliation du bail nécessite l'accord des deux Époux solidaires pour le paiement du loyer	Partenaires cotitulaires du bail : la résiliation du bail nécessite l'accord des deux Partenaires solidaires pour le paiement du loyer	Concubins cotitulaires du bail : la résiliation du bail nécessite l'accord des deux Concubins tenus au paiement du loyer chacun par moitié, sauf clause particulière ou de solidarité dans le bail
	En cas de séparation	Cotitularité du bail et solidarité des époux perdurent en cas de séparation de fait et même pendant la procédure de divorce : la résiliation du bail par un époux est inopposable à l'autre La cotitularité du bail et la solidarité prennent fin à la transcription du divorce sur les actes d'état civil Lors du divorce, attribution possible du bail à l'un des époux	En cas de résiliation du bail par l'un des partenaires, le bail se poursuit au profit de celui qui reste. La solidarité subsiste jusqu'à la fin du bail en cours	En cas de résiliation du bail par l'un des concubins, le bail se poursuit au profit de celui qui reste. La solidarité subsiste jusqu'à la fin du bail en cours
	En cas de décès	Le conjoint survivant conserve le bénéfice du bail Le conjoint survivant a droit au remboursement par la succession, pendant un an après le décès, des loyers payés	Le partenaire survivant conserve le bénéfice du bail Le partenaire survivant a droit au remboursement par la succession, pendant un an après le décès, des loyers payés (sauf privation par testament)	Le concubin survivant conserve le bénéfice du bail ——

Logement détenu en propriété 26560

	Mariage	Pacs	Concubinage
Pendant la vie commune	Accord des deux époux nécessaire pour les actes les plus graves (vente, constitution d'hypothèque, etc.) même si le logement est la propriété d'un seul (sauf en cas de donation avec réserve d'usufruit, réversible ou non) Cas particulier de la vente du logement familial détenu par une société, dont l'un des époux est associé : accord des deux époux requis seulement si l'époux associé est autorisé à occuper le logement en vertu d'un droit d'associé ou d'une décision unanime des associés	Aucune règle particulière	Aucune règle particulière

	Mariage	Pacs	Concubinage
En cas de séparation	Protection du logement perdure en cas de séparation de fait ou de procédure de divorce Protection cesse avec la transcription du divorce sur les actes d'état civil	Aucune règle particulière	Aucune règle particulière
	Possibilité d'attribution du logement à un époux sur divers fondements (prestation compensatoire, attribution préférentielle ou bail judiciaire)	Possibilité d'attribution préférentielle lorsque le logement est indivis	—
En cas de décès	Possibilité pour le conjoint survivant d'occuper gratuitement le logement pendant un an après le décès	Jouissance gratuite du logement par le partenaire survivant pendant un an après le décès (sauf privation par testament)	—
	Possibilité d'attribution préférentielle du logement au conjoint survivant sous certaines conditions	Possibilité d'attribution préférentielle du logement au partenaire survivant si le défunt l'a prévu par testament et sous certaines conditions	—
	Droit viager : – d'usage du mobilier du logement – d'habitation du logement appartenant aux époux ou dépendant de la succession.	—	—

FISCALITÉ

26570

	Mariage	Pacs	Union libre
Impôt sur le revenu	Imposition commune, sauf exception	Imposition commune, sauf exception	Imposition séparée
	Solidarité des époux pour le paiement de l'impôt (possibilité de décharge en cas de séparation)	Solidarité des partenaires pour le paiement de l'impôt (possibilité de décharge en cas de séparation)	—
Impôt sur la fortune immobilière (IFI)	Imposition commune, sauf exception	Imposition commune, sauf exception	Imposition commune des concubins notoires, sauf exception
	Solidarité des époux pour le paiement de l'IFI (possibilité de décharge)	Solidarité des partenaires pour le paiement de l'IFI (possibilité de décharge)	Absence de solidarité des concubins pour le paiement de l'IFI
Taxe d'habitation (applicable uniquement aux résidences secondaires)	Imposition commune si les époux vivent sous le même toit	Imposition commune si les partenaires vivent sous le même toit	Imposition commune si les concubins vivent sous le même toit
	Solidarité des époux pour le paiement de la taxe (possibilité de décharge en cas de séparation)	Solidarité des partenaires pour le paiement de la taxe (possibilité de décharge en cas de séparation)	Absence de solidarité des concubins

LIBÉRALITÉS ENTRE LES INTÉRESSÉS ET DROITS SUCCESSORAUX

26580

		Mariage	Pacs	Union libre
Donations	Règles civiles	– Biens présents – Biens à venir (donation au dernier vivant)	Biens présents	Biens présents
	Règles fiscales	**Donations de biens présents** Abattement de 80 724 € Tarif : tranches de 5 à 45 % **Donations de biens à venir** exonérées de droits de succession	Abattement de 80 724 € Tarif : tranches de 5 à 45 %	Abattement : aucun Tarif : 60 %
Successions	Droits successoraux proprement dits	Le conjoint est héritier	Le partenaire n'est pas héritier	Le concubin n'est pas héritier
		Possibilité d'augmenter les droits du conjoint par une donation entre époux, un testament (quotité disponible spéciale entre époux) ou un avantage matrimonial	Nécessité d'établir un testament pour que le partenaire hérite En présence d'enfants, le legs est limité à la quotité disponible ordinaire	Nécessité d'établir un testament pour que le concubin hérite En présence d'enfants, le legs est limité à la quotité disponible ordinaire
	Droits sur le logement	Droit pour le conjoint survivant d'occuper gratuitement le logement pendant un an après le décès	Droit pour le partenaire survivant d'occuper gratuitement le logement pendant un an après le décès (sauf privation par testament)	—
		Droit viager d'usage et d'habitation	—	—
		Possibilité pour le conjoint survivant de se faire attribuer le logement par priorité	Possibilité pour le partenaire survivant de se faire attribuer le logement par priorité si le défunt l'a prévu par testament	—
	Droits sur le véhicule	Possibilité pour le conjoint survivant de se faire attribuer le véhicule du défunt s'il lui est nécessaire pour les besoins de la vie courante ou l'exercice de sa profession	Possibilité pour le partenaire survivant de se faire attribuer le véhicule de son partenaire décédé s'il lui est nécessaire pour les besoins de la vie courante ou l'exercice de sa profession	—
	Droits de succession	Conjoint survivant exonéré	Partenaire survivant exonéré	Abattement : 1 594 € Tarif : 60 %

PROTECTION SOCIALE ET DROIT DU TRAVAIL

26590

	Mariage	Pacs	Union libre
Assurance maladie-maternité	En principe, l'époux est affilié à titre personnel soit au titre de son activité professionnelle soit au titre de sa résidence en France	En principe, le partenaire est affilié à titre personnel soit au titre de son activité professionnelle soit au titre de sa résidence en France	En principe, le concubin est affilié à titre personnel soit au titre de son activité professionnelle soit au titre de sa résidence en France
Capital décès de la sécurité sociale	Oui (bénéficiaire prioritaire)	Oui (bénéficiaire prioritaire)	Oui si le concubin était à la charge totale du défunt et s'il n'existe pas de bénéficiaire prioritaire
Rente d'ayant droit en cas de décès suite à un accident du travail ou une maladie professionnelle	Oui si mariage contracté avant l'accident ou, à défaut, si le mariage a duré au moins deux ans à la date du décès (conditions non exigées en cas d'enfant commun)	Oui si Pacs conclu avant l'accident ou, à défaut, si le Pacs a duré au moins deux ans à la date du décès (conditions non exigées en cas d'enfant commun)	Oui si le concubinage a précédé l'accident ou, à défaut, a duré au moins deux ans à la date du décès (conditions non exigées en cas d'enfant commun)
Allocation veuvage	Y ouvre droit sous conditions notamment d'âge et de ressources Le remariage en prive son bénéficiaire	N'y ouvre pas droit En prive son bénéficiaire	N'y ouvre pas droit En prive son bénéficiaire
Retraite de réversion du régime général de la sécurité sociale	Y ouvre droit sous conditions d'âge et de ressources Le remariage n'en prive pas son bénéficiaire	N'y ouvre pas droit N'en prive pas son bénéficiaire	N'y ouvre pas droit N'en prive pas son bénéficiaire
Retraite de réversion Agirc-Arrco	Y ouvre droit notamment sous condition d'âge Le remariage en prive son bénéficiaire	N'y ouvre pas droit N'en prive pas son bénéficiaire	N'y ouvre pas droit N'en prive pas son bénéficiaire
Prestations familiales	Prise en compte des ressources des deux conjoints	Prise en compte des ressources des deux partenaires	Prise en compte des ressources des deux concubins
Statut du conjoint salarié	Oui	Oui	Oui
Statut du conjoint collaborateur	Oui	Oui	Oui
Statut du conjoint associé/chef d'exploitation ou d'entreprise agricole	Oui	Oui	Oui
Congés	Congés payés : droit pour les époux qui travaillent dans la même entreprise de prendre des congés payés simultanés Autorisation d'absence pour mariage Autorisation d'absence pour décès du conjoint, des beaux-parents	Congés payés : droit pour les partenaires qui travaillent dans la même entreprise de prendre des congés payés simultanés Autorisation d'absence pour la conclusion d'un Pacs Congé pour décès du partenaire mais pas pour celui de ses parents	Pas de droit à congés payés simultanés pour les concubins Pas d'autorisation d'absence pour le concubinage Congé pour décès du concubin mais pas pour celui de ses parents
Déblocage anticipé de l'épargne salariale	Oui	Oui	Non

TITRE V

Violences intrafamiliales

SOMMAIRE

CONTEXTE

La lutte contre les violences intrafamiliales s'est intensifiée ces dernières années. Le législateur a notamment : 26600

– renforcé les ordonnances de protection (Loi 2019-1480 du 28-12-2019) ;

– créé ou aménagé de nouveaux dispositifs pour lutter contre les violences au sein de la famille (Loi 2020-936 du 30-7-2020) ;

– créé une aide financière d'urgence sous forme de prêt sans intérêt ou d'une aide non remboursable (Loi 2023-140 du 28-2-2023 : BPAT 3/23 inf. 164-18 ; Décrets 2023-1088 et 2023-1089 du 24-11-2023 : BPAT 1/24 inf. 56-4) ;

– créé des pôles spécialisés dans les juridictions au sein desquels des magistrats coordinateurs seront chargés de mettre en place des circuits de traitement appropriés par les juges civil et pénal appelés à connaître des faits de violence et d'assurer le suivi des ordonnances de protection (COJ art. R 212-62-1 s. créés par décret 2023-1077 du 23-11-2023 ; Circ. JUSB2325493D du 24-11-2023 : BPAT 1/24 inf. 56-3).

Au-delà des dispositifs civils de protection, les violences intrafamiliales donnent, bien sûr, lieu à un traitement pénal (n°s 79400 s.).

SECTION 1

ORDONNANCES DE PROTECTION

CHAMP D'APPLICATION

26610 Lorsque les violences exercées au sein du couple ou par un « ex » mettent en danger la personne qui en est victime ou un ou plusieurs enfants, le juge aux affaires familiales peut délivrer en urgence une ordonnance de protection (C. civ. art. 515-9).
Son champ d'application est large :
– Toutes les violences physiques ou psychologiques sont visées.
– Tous les enfants issus ou non du couple sont protégés, ce qui permet de tenir compte de l'hypothèse des familles recomposées.
– Les violences sont prises en compte au sein de tous les couples : avec ou sans cohabitation ; mariés, pacsés ou vivant en concubinage ; actuels ou séparés.

SAISINE DU JUGE

26620 Le **juge compétent** est le juge aux affaires familiales. Si une procédure de divorce, de séparation de corps ou encore une procédure relative à l'exercice de l'autorité parentale est pendante, la demande de mesures de protection ainsi que les demandes de modification ou de mainlevée des mesures sont présentées devant le juge saisi de cette procédure. La demande est formée, instruite et jugée comme indiqué ci-après ; le juge statue par décision séparée (CPC art. 1136-13 et 1136-14).

26623 Le juge est **saisi par** le conjoint ou l'ex-conjoint victime de violences (avec ou sans avocat) ou, avec son accord, par le ministère public.
La saisine s'opère par une **requête** remise ou adressée au greffe (CPC art. 1136-3 ; Cerfa n° 15458*05). Celle-ci doit exposer sommairement les motifs de la demande et comporter, en annexe, les pièces sur lesquelles elle est fondée. Ces exigences sont prescrites à peine de nullité. S'agissant d'une nullité pour vice de forme, elle ne sera prononcée qu'en présence d'un grief subi par celui qui l'invoque (Cass. 1e civ. 16-11-2022 n° 21-15.095 FS-B : BPAT 1/23 inf. 68-12).
La victime qui sollicite l'autorisation de dissimuler son adresse fait élection de domicile chez son avocat ou le procureur de la République, qui doit alors communiquer sans délai l'adresse du demandeur au juge (CPC art. 1136-5).

PROCÉDURE

26624 Dès réception de la demande, le juge rend, sans délai, une ordonnance fixant la **date de l'audience** (C. civ. art. 515-10 ; CPC art. 1136-3). L'ordonnance est :
– portée à la connaissance du ministère public ;
– notifiée au demandeur par le greffe ;
– signifiée au défendeur à l'initiative du demandeur s'il a un avocat, du greffe dans le cas contraire ou encore du ministère public s'il est l'auteur de la requête. Cette signification doit intervenir dans les deux jours qui suivent l'ordonnance afin que le juge puisse, dans le respect du contradictoire, statuer dans le délai requis (CPC art. 515-11 et 1136-3).
L'ordonnance peut aussi être notifiée par voie administrative en cas de danger grave et imminent pour la sécurité d'une personne concernée par une ordonnance de protection ou lorsqu'il n'existe pas d'autre moyen de notification.

26625 La procédure est **orale** et les parties peuvent se faire assister ou représenter par un avocat (CPC art. 1136-6).
L'affaire est instruite et débattue en **chambre du conseil**, après avis du ministère public.
Le juge peut, à tout moment, ordonner la comparution personnelle d'une partie, pour l'entendre séparément ou en présence de l'autre partie. Lors de l'audience, il procède à l'**audition** des parties. Il les entend séparément s'il le décide ou si l'une des parties le sollicite.

26626 L'ordonnance de protection est délivrée dans un **délai maximal** de six jours à compter de la fixation de la date d'audience (C. civ. art. 515-11).
Lorsqu'elle est justifiée par des violences mettant en danger un ou plusieurs enfants, le juge en informe, sans délai, le **procureur** de la République (C. civ. art. 515-11).
L'ordonnance est **exécutoire** à titre provisoire sauf disposition contraire (CPC art. 1136-7).

ÉLÉMENTS À CARACTÉRISER

Deux éléments sont à caractériser pour qu'une ordonnance de protection soit prononcée (C. civ. art. 515-11) : des faits de violence et la situation de danger de la victime ou d'un ou plusieurs enfants. Ces deux conditions sont cumulatives (notamment Cass. 1e civ. 13-2-2020 n° 19-22.192 F-D : AJ fam. p. 249 obs. Sannier). **26630**

En revanche, il suffit que, au vu des éléments produits, ces deux éléments paraissent **vraisemblables**. La preuve des violences n'a pas à être rapportée. Il faut seulement qu'il existe des raisons sérieuses de les considérer comme crédibles.

L'**appréciation** de ces éléments relève du pouvoir souverain des juges du fond (Cass. 1e civ. 5-10-2016 n° 15-24.180 F-PB ; Cass. 1e civ. 10-2-2021 n° 19-22.793 F-P : AJ fam. p. 235 obs. Sannier). Des certificats médicaux peuvent être jugés suffisants. Le témoignage de l'enfant du couple a été admis dès lors qu'il est produit dans l'instance qui tend non au divorce mais à la protection d'un conjoint victime de violence (CA Bordeaux 16-1-2013 n° 11/06198 ; CA Caen 22-9-2016 n° 16/01543).

Notons que la délivrance d'une ordonnance de protection n'est pas conditionnée à un dépôt de plainte préalable (C. civ. art. 515-10).

REJET DE LA DEMANDE

Le juge peut estimer, dans le cadre de son pouvoir souverain d'appréciation, qu'il n'y a pas lieu à une ordonnance de protection. Dans ce cas, si l'urgence le justifie ou si une partie en fait la demande, une **passerelle** lui permet de renvoyer l'affaire à une audience de fond afin qu'il soit statué sur les modalités de l'exercice de l'autorité parentale et la contribution à l'entretien et l'éducation de l'enfant. Il fixe alors la date de l'audience (CPC art. 1136-15). **26640**

MESURES POUVANT ÊTRE ORDONNÉES

Le juge prend les mesures qui sont limitativement énoncées par l'article 515-11 du Code civil (Cass. 1e civ. 13-7-2016 n° 14-26.203 F-PB). Il peut, à ce titre (C. civ. art. 515-11) : **26650**

– interdire à l'ex ou au conjoint violent de recevoir ou de rencontrer les **personnes** qu'il désigne. Il peut s'agir bien sûr de la victime. La mesure a aussi été appliquée pour le nouveau compagnon de la victime ou l'assistante maternelle de l'enfant du couple (TGI Strasbourg 24-7-2014 n° 14/03268 ; TGI Strasbourg 4-4-2014 n° 14/01562). La mesure a en revanche été refusée pour les enfants majeurs du couple (TGI Strasbourg 12-6-2014 n° 14/02636). Lorsque le juge interdit au conjoint violent de rencontrer le conjoint victime, il peut prononcer une interdiction de se rapprocher de la victime à moins d'une certaine distance qu'il fixe et ordonner la mise en place d'un dispositif électronique mobile antirapprochement permettant à tout moment de signaler que le conjoint violent ne respecte pas cette distance. Ce dispositif n'est possible qu'avec le consentement des deux parties. En cas de refus de la part du conjoint violent, le juge en avise immédiatement le procureur de la République (C. civ. art. 515-11-1) ;

– interdire à l'ex ou au conjoint violent de se rendre dans certains **lieux** qu'il désigne, dans lesquels se trouve habituellement la victime ;

– interdire à l'ex ou au conjoint violent de détenir ou de **porter une arme**. Dans le cas où il lui interdit le contact de certaines personnes, le juge doit spécialement motiver sa décision s'il ne lui interdit pas la détention ou le port de son arme ;

– ordonner à l'ex ou au conjoint violent de **remettre les armes** en sa possession à la police ou gendarmerie ;

– proposer à l'ex ou au conjoint violent une **prise en charge sanitaire, sociale ou psychologique** ou un stage de responsabilisation pour la prévention et la lutte contre les violences au sein du couple et sexistes. En cas de refus, le juge en avise immédiatement le procureur de la République ;

– statuer sur la **résidence séparée** des époux (ou partenaires de Pacs ou concubins). L'attribution de la jouissance du logement est, sauf circonstances particulières, de droit au profit du conjoint victime, y compris s'il a bénéficié d'un hébergement d'urgence. Le juge statue par décision spécialement motivée. Le conjoint violent expulsé ne bénéficie pas des dispositions protectrices du logement tenant notamment à la trêve hivernale (dispositions prévues par C. exécution art. L 412-8 et CCH art. L 613-1) ;

– statuer sur les modalités de prise en charge des **frais afférents à ce logement**, le conjoint violent pouvant être condamné à les assumer ;

– se prononcer sur les modalités d'exercice de l'**autorité parentale**, c'est-à-dire le droit de visite et d'hébergement et la contribution à l'entretien et à l'éducation de l'enfant. Le juge est notamment compétent pour prévoir que le droit de visite ou la remise de l'enfant se fera dans un espace de rencontre ou en présence d'un tiers de confiance. Il doit même spécialement motiver sa décision de ne pas ordonner de telles modalités de sécurisation s'il interdit par ailleurs au conjoint violent de recevoir ou de rencontrer certaines personnes ;

– se prononcer, le cas échéant, sur la contribution aux **charges du mariage** ou l'**aide matérielle** au sens de l'article 515-4 pour les partenaires de Pacs ;
– autoriser la victime à dissimuler son **adresse**. Elle peut élire domicile chez son avocat ou auprès du procureur de la République pour les instances civiles dans lesquelles elle est partie et chez une personne morale qualifiée (notamment une association) pour les besoins de la vie courante. La victime autorisée à dissimuler son adresse est dispensée d'informer l'autre parent d'un changement de résidence (C. civ. art. 373-2 modifié par loi 2024-233 du 18-3-2024) ;
– prononcer à titre provisoire l'admission de la victime à l'**aide juridictionnelle**.

DURÉE DES MESURES

26660 L'ordonnance fixe la durée des mesures, qui est **au plus de** six mois suivant la notification de l'ordonnance ; à défaut d'indication, les mesures prennent fin six mois après leur notification (C. civ. art. 515-12 ; CPC art. 1136-7).
Le juge aux affaires familiales peut, à tout moment, **modifier, supprimer ou ajouter** des mesures ou encore **suspendre** temporairement certaines obligations faites au conjoint violent. Il statue ainsi à la demande du ministère public, d'une des parties, ou après avoir fait procéder à toute mesure d'instruction utile, et après avoir invité chacune d'entre elles à s'exprimer (C. civ. art. 515-12).

26665 L'application des mesures de protection peut être **prolongée** au-delà de six mois si, durant ce délai, a été déposée une demande en divorce ou en séparation de corps ou encore une demande relative à l'exercice de l'autorité parentale (C. civ. art. 515-12). Elle est prolongée dans les mêmes conditions si une ordonnance de protection est prononcée alors qu'est en cours une procédure de divorce, de séparation de corps ou une procédure relative à l'exercice de l'autorité parentale (CPC art. 1136-13 et 1136-14).
Dans ces hypothèses, les mesures de l'ordonnance de protection s'appliquent, selon le cas :
– jusqu'à ce que le jugement de divorce ou de séparation de corps soit passé en force de chose jugée, à moins que le juge du divorce n'en décide autrement. Toutefois, les mesures relatives à la résidence des conjoints, à l'exercice de l'autorité parentale (droit de visite et d'hébergement et contribution à l'entretien et l'éducation) et à la contribution aux charges du mariage cessent de produire leurs effets à compter de la notification de l'ordonnance sur mesures provisoires (ordonnance de non-conciliation avant le 1-1-2021) puisque les mesures provisoires s'y substituent (CPC art. 1136-13) ;
– jusqu'à ce que la décision statuant sur l'exercice de l'autorité parentale soit passée en force de chose jugée, à moins que le juge saisi de cette demande n'en décide autrement. En outre, la décision prise à titre provisoire dans le cadre de cette procédure et statuant sur l'exercice de l'autorité parentale et la contribution à l'entretien et à l'éducation des enfants prend le pas sur les dispositions prévues par l'ordonnance de protection (CPC art. 1136-14).

RECOURS

26670 L'ordonnance est susceptible d'**appel** dans un délai de 15 jours suivant sa notification (CPC art. 1136-11).
Les intéressés peuvent, par ailleurs, présenter une **demande de mainlevée, de modification ou de suspension** temporaire de tout ou partie des mesures prises (CPC art. 1136-12).

SECTION 2

AUTRES DISPOSITIFS DE LUTTE CONTRE LES VIOLENCES INTRAFAMILIALES

26680 L'arsenal législatif destiné à lutter contre les violences conjugales et protéger les victimes ne cesse de s'étoffer au fil de ces dernières années.

MESURES PATRIMONIALES À L'ENCONTRE DE L'AUTEUR DES VIOLENCES

26690 L'auteur des violences peut voir les **donations** reçues de la victime révoquées pour cause d'indignité (C. civ. art. 955 ; voir n° 63410).

Il peut également être exclu de la **succession** de la victime, l'exclusion pouvant, selon les cas, être automatique ou facultative, voir n° 63008.
Enfin, sauf décision contraire du juge, il est déchu de sa **créance alimentaire** à l'encontre de la victime lorsqu'il a été condamné pour un crime commis sur la personne du débiteur ou celle de l'un de ses ascendants, descendants, frères ou sœurs (C. civ. art. 207, al. 3 ; voir n° 45074).

> **Précisions** À noter, une proposition est en cours de discussion, au 15 mars 2024, pour étendre aux **avantages matrimoniaux** les cas de révocation prévus pour les donations entre vifs pour indignité (Proposition de loi visant à assurer une justice patrimoniale au sein de la famille n° 1961 déposée le 5-12-2023 et adoptée en 1e lecture selon la procédure accélérée).

MESURES DE PROTECTION DE LA VICTIME

Parmi les mesures de protection des victimes, de violences conjugales, sont notamment à signaler : 26720
– une double restriction à la mise en place d'une **médiation familiale**. Le juge du divorce ne peut, dans le cadre des mesures provisoires, ni proposer une médiation ni enjoindre aux époux de rencontrer un médiateur en cas de violences alléguées par l'un des conjoints sur l'autre ou sur l'enfant, ou en cas d'emprise manifeste de l'un des époux sur son conjoint (C. civ. art. 255 ; voir n° 9207). Il en va de même à l'occasion de tout conflit sur l'autorité parentale (C. civ. art. 373-2-10 ; voir n° 36540) ;
– en matière de **bail d'habitation**, deux dispositions :
• un locataire peut donner congé avec un préavis réduit à un mois s'il bénéficie d'une ordonnance de protection ou si son conjoint, partenaire pacsé ou concubin fait l'objet de poursuites, d'une procédure alternative aux poursuites ou d'une condamnation, même non définitive, en raison de violences exercées au sein du couple ou sur un enfant qui réside habituellement avec lui (Loi 89-462 du 6-7-1989 art. 15, I),
• le locataire victime et sa caution sont déliés de toute solidarité pour le paiement du loyer dès le lendemain de la notification du congé (première présentation du courrier recommandé avec AR au bailleur) (Loi 89-462 du 6-7-1989 art. 8-2) ;
– l'impossibilité d'écarter **l'intermédiation des pensions alimentaires** lorsqu'une des parties, au cours de la procédure conduisant à l'émission du titre exécutoire fixant la pension, fait état d'une plainte contre le parent débiteur ou d'une condamnation de celui-ci pour menaces ou violences volontaires sur le parent créancier ou l'enfant ou encore produit une décision de justice mentionnant de tels actes (C. civ. art. 373-2-2 II). Les conditions de cessation de l'intermédiation financière sont également aménagées en ce sens (CSS art. L 582-1 VII ; voir n° 47118) ;
– la levée du **secret médical** des professionnels de santé qui ont connaissance de violences exercées au sein du couple, lorsqu'ils estiment que ces violences mettent la vie de la victime majeure en danger immédiat et que celle-ci n'est pas en mesure de se protéger en raison de la contrainte morale résultant de l'emprise exercée par l'auteur des violences (C. pén. art. 226-14).

Limitation de l'autorité parentale Outre les violences qu'il subit directement, l'enfant, témoin des violences exercées par l'un de ses parents sur l'autre, est une victime collatérale. Une telle situation peut faire douter de la compatibilité avec le maintien de l'exercice de l'autorité parentale. Aussi, **quatre mesures** peuvent être prises pour limiter l'exercice de l'autorité parentale du parent violent : 26725
– la délégation imposée de l'exercice de l'autorité parentale en cas de poursuite ou condamnation d'un parent pour un crime commis sur la personne de l'autre parent ayant entraîné la mort de celui-ci, un crime ou une agression sexuelle incestueuse commis sur son enfant alors qu'il est le seul titulaire de l'exercice de l'autorité parentale (voir n° 38460) ;
– la suspension de plein droit de l'exercice de l'autorité parentale et des droits de visite et d'hébergement du parent poursuivi ou mis en examen pour crime commis sur l'autre parent ou l'enfant ou d'agression sexuelle incestueuse (voir n° 36100) ;
– la suspension de plein droit du droit de visite et d'hébergement du parent mis en examen pour violences intrafamiliales sous contrôle judiciaire avec interdiction d'entrer en contact ou obligation de résider séparément (voir n° 36100) ;
– le retrait total de l'autorité parentale ou de son exercice par le juge pénal en cas de condamnation pour crimes ou délits visés n° 39050.

Aide universelle d'urgence Depuis le 28 novembre 2023, toute personne victime de violences conjugales exercées par un conjoint, un partenaire, un concubin ou encore un ex peut bénéficier d'une aide financière même en l'absence de cohabitation (CASF L 214-8 créé par loi 2023-140 du 28-2-2023). 26730

Les violences doivent être attestées par (CASF L 214-9 nouveau) :
– une ordonnance de protection ;
– un dépôt de plainte ;
– ou un signalement adressé au procureur de la République.

26735 La **demande** d'aide est faite au moyen d'un formulaire homologué (CASF D 214-18 créé par décret 2023-1088 du 24-11-2023). Elle est adressée à la CAF ou la MSA, soit directement par la victime, soit par une tierce personne au moment du dépôt de la plainte ou du signalement adressé au procureur de la République, après information de la victime et avec son accord (CASF L 214-9 nouveau). Les officiers ou agents de police doivent donc informer la victime de l'existence de cette aide (CPP art. 15-3-2-1 créé par décret 2023-140 du 28-2-2023).
La CAF ou la MSA compétente est celle auprès de laquelle la victime est déjà allocataire ou celle de sa résidence (CASF art. D 214-18 nouveau).

26740 L'aide financière prend la **forme** d'un prêt sans intérêt ou d'une aide non remboursable selon le niveau de ressources de la victime et de la présence d'enfants à charge (CASF L 214-10 nouveau). Ainsi, le prêt est octroyé en cas de ressources supérieures à 150 % du Smic pour une personne seule, 225 % pour une personne seule avec un enfant à charge, etc. (CASF D 214-13 et D 214-15 nouveaux). En deçà de ces seuils, la victime bénéficie d'une aide non remboursable.

26750 Le **montant** de l'aide est égal au montant forfaitaire du RSA (CASF art. D 214-14 nouveau). Il peut être :
– majoré en fonction du nombre d'enfants à charge (CASF art. R 262-1 sur renvoi de art. D 214-14) ;
– minoré de 20 à 60 % lorsque le bénéficiaire perçoit des ressources au moins supérieures à la moitié du Smic net des prélèvements sociaux en vigueur au 1er janvier précédant la demande (CASF art. D 214-14 nouveau).

26760 Le **versement** ne peut avoir lieu qu'une fois par an et il doit intervenir dans les trois jours ou cinq ouvrés suivant réception de la demande selon que la victime est déjà allocataire ou non (CASF art. L 214-10 et D 214-12 nouveaux).
L'aide peut être cumulée avec les droits et aides accessoires au RSA ainsi qu'avec l'accompagnement social et professionnel pendant six mois maximum à compter du premier versement de l'aide financière d'urgence.

26770 Le **remboursement du prêt** est exigible à compter du 24e mois qui en suit l'attribution (CASF art. D 214-21 nouveau). Deux nuances, toutefois, lorsqu'une procédure pénale pour violences conjugales a été engagée (CASF art. L 214-12, I nouveau) :
– le remboursement du prêt ne peut pas être demandé au bénéficiaire tant que la procédure est en cours ;
– à l'issue de celle-ci le remboursement est demandé à l'auteur des violences, dans la limite de 5 000 €, lorsque ce dernier est définitivement condamné à une peine complémentaire en ce sens (C. pén. art. 222-44-1 nouveau) ; lorsqu'il en a accepté le principe dans le cadre d'une composition pénale (CPP art. 41-2 20° nouveau) ; ou encore lorsqu'il exécute une proposition du procureur ou de son délégué classant l'affaire sous cette condition (CPP art. 41-1 4° nouveau).
Lorsque le bénéficiaire en assume définitivement la charge, des remises ou réductions peuvent lui être accordées en fonction de sa situation financière (CASF art. L 214-12, III). En tout état de cause, le remboursement sera fractionné sur une période de deux ans maximum (CASF art. D 214-21). Les ayants droit du bénéficiaire et de l'auteur des violences sont exonérés du remboursement du prêt en cas de décès de l'un ou de l'autre (CASF art. L 214-12 IV).

26780 Tout **paiement indu** de l'aide fait l'objet d'une récupération (CASF art. L 214-14 nouveau). L'allocataire peut opter pour le remboursement intégral en un seul versement ou demander un étalement des versements sur 12 mois maximum (CASF art. D 214-25 nouveau).

26790 La **prescription** est celle du droit commun des prestations familiales à savoir (CASF art. L 214-13 nouveau) :
– deux ans pour l'action en paiement de l'aide par le bénéficiaire ;
– deux ans pour l'action en répétition de l'indu par la CAF ou la MSA, délai porté à cinq ans en cas de manœuvre frauduleuse ou de fausse déclaration.

26800 Toute **réclamation** dirigée contre une décision relative à l'aide d'urgence de la CAF ou de la MSA doit faire l'objet d'un recours préalable obligatoire avant d'engager un recours contentieux devant le juge administratif (CASF art. L 214-15 nouveau).

PARTIE 2

Les enfants

TITRE I

Établissement de la filiation

CHAPITRE 1

FILIATION « ORDINAIRE »

SOMMAIRE

DÉFINITION

La filiation est le **lien de droit** qui unit généralement une personne à son père (filiation paternelle) et à sa mère (filiation maternelle). Depuis la loi de bioéthique du 2 août 2021, la filiation peut être doublement maternelle lorsque l'enfant est né d'une assistance médicalement assistée avec tiers donneur (nos 27071 s.). 27000

L'établissement de la filiation produit un certain nombre d'**effets**, relatifs **notamment** à :
– la transmission du nom de famille (nos 31500 s.) ;
– l'attribution de l'autorité parentale et l'obligation de pourvoir à l'entretien et à l'éducation de l'enfant (nos 36000 s.) ;
– la naissance d'une obligation alimentaire réciproque (nos 45002 s.) ;
– la transmission du patrimoine familial par succession (nos 63000 s.).

RÈGLES APPLICABLES

Nous exposons ci-après les règles régissant la filiation, telles qu'issues notamment de l'**ordonnance 2005-759 du 4 juillet 2005** entrée en vigueur le 1er juillet 2006. Ce texte a été ratifié et modifié par la **loi 2009-61 du 16 janvier 2009**, et a été complété par le décret 2006-640 du 1er juin 2006 et la circulaire Civ. 13-06 du 30 juin 2006 (BO Justice n° 103). 27005

Sous réserve des décisions de justice passées en force de chose jugée, l'ordonnance est applicable aux enfants nés avant comme après le 1er juillet 2006. Ceux qui sont nés avant cette date ne peuvent pas s'en prévaloir dans les successions déjà liquidées (Ord. 2005-759 du 4-7-2005 art. 20 et 21). Mais cette restriction ne leur interdit pas de faire établir leur filiation, car ils y ont un intérêt moral.

Les règles de filiation des enfants conçus naturellement mais aussi par assistance médicale à la procréation (AMP) sont ici développées. En cas d'AMP sans tiers donneur (AMP dite endogène), l'enfant est biologiquement issu des deux membres du couple comme s'il avait été conçu par les voies naturelles. En conséquence, le droit commun de la filiation lui est pleinement applicable. En revanche, lorsque l'enfant naît d'une AMP avec tiers donneur (AMP dite exogène), le droit commun de la filiation ne s'applique que partiellement : des règles particulières sont posées tant à l'égard du tiers donneur que du ou des receveurs.

SECTION 1

ÉTABLISSEMENT NON CONTENTIEUX DE LA FILIATION

RÈGLES GÉNÉRALES DE LA FILIATION SELON LE TYPE DE PARENTÉ

27040 La filiation est légalement établie selon plusieurs modes (C. civ. art. 310-1 modifié) :
– par l'effet de la loi ;
– par la reconnaissance volontaire ;
– par la possession d'état constatée par un acte de notoriété ;
– et, s'agissant des couples de femmes, par la reconnaissance conjointe.

Les règles diffèrent assez sensiblement selon qu'il s'agit d'établir la **filiation maternelle** ou la **filiation paternelle** et, pour cette dernière, selon que la mère est ou non mariée. Certes, tous les enfants, qu'ils soient nés de parents mariés ou non, disposent des mêmes droits et sont tenus des mêmes obligations, mais il n'existe de présomption de paternité que dans le mariage. Hors mariage, la filiation paternelle n'est pas « automatique ».

Le consentement donné à une assistance médicale à la procréation (AMP) avec tiers donneur interdit toute action aux fins d'établissement de la filiation, à moins qu'il ne soit soutenu que l'enfant n'est pas issu de l'AMP ou que le consentement a été privé d'effet (C. civ. art. 342-10, al. 2 ; voir n°s 28380 s.). Il en résulte que la filiation d'un enfant issu d'une AMP avec **tiers donneur** ne peut en principe s'établir que selon des modes extrajudiciaires, autrement dit non contentieux (selon le cas, désignation de la mère dans l'acte de naissance de l'enfant, présomption de paternité, reconnaissance, possession d'état).

27042 Depuis l'ouverture du mariage aux **couples homosexuels**, un principe général d'égalité de traitement de tous les couples mariés est affirmé. Toutefois, une exception est expressément prévue : les règles prévues au titre VII du livre I du Code civil « de la filiation » (que l'on appelle « ordinaire » dans nos développements, par opposition à la filiation adoptive) ne s'appliquent pas aux couples mariés homosexuels, mises à part celles relatives à l'assistance médicale à la procréation avec tiers donneur (C. civ. art. 6-1). En effet, ces règles sont fondées sur l'existence d'un père et d'une mère, autrement dit sur la réalité biologique. En conséquence, la filiation d'un enfant ne peut pas être établie à l'égard de deux parents de même sexe par :
– la présomption de paternité. Dans un couple de femmes notamment, l'enfant de l'une, conçu ou né pendant le mariage, ne peut pas avoir pour parent présumé sa conjointe ;
– la possession d'état judiciairement constatée ;
– deux reconnaissances émanant de deux personnes de même sexe (sur le cas particulier de la reconnaissance conjointe notariée, voir n° 27071). La première reconnaissance effectuée par un homme ou une femme interdit à toute personne du même sexe d'en effectuer une à son tour, sauf à contester en justice la première reconnaissance (C. civ. art. 320).

27043 La **CEDH** admet que les États fassent prévaloir, en matière de filiation, la réalité biologique sur l'identité de genre du parent traduite dans l'état civil. Ainsi, n'est pas contraire à la convention européenne des droits de l'Homme le fait de refuser à un **parent transgenre** d'indiquer son genre actuel, sans lien avec sa fonction procréatrice, sur l'acte de naissance de son enfant conçu après le changement de genre (CEDH 4-4-2023 n°s 53568/18 et 54741/18, O. H. et G. H. c/ Allemagne : BPAT 3/23 inf. 164-21). La première affaire concernait une femme devenue homme ayant accouché d'un enfant et dont elle voulait être reconnue comme le père. La seconde affaire concernait un homme devenu femme qui voulait être reconnu comme deuxième mère. Pour ce qui est de la France, rappelons à cet égard que la cour d'appel de Toulouse a autorisé un père biologique, devenu femme à l'état civil, à faire reconnaître sa filiation maternelle à l'égard de l'enfant qu'il a eu avec son épouse (CA Toulouse 9-2-2022 n° 20/03128 : BPAT 2/22 inf. 69). Les juges ont notamment retenu que l'établissement d'une double filiation maternelle ne constitue pas un trouble à l'ordre public puisqu'une telle dualité est, depuis la loi bioéthique de 2021, admise (voir n° 27071). La décision est devenue définitive faute de pourvoi du procureur général. Certes, la Cour de cassation avait, avant renvoi de l'affaire devant la cour d'appel de Toulouse, censuré le premier arrêt d'appel ordonnant la transcription (Cass. 1e civ. 16-9-2020 n° 18-50.080 et Cass. 1e civ. n° 19-11.251 FS-PBRI : BPAT 6/20 inf. 185 ; AJ fam. 2020 p. 534, obs. G. Kessler et É. Viganotti). Mais sa décision datait d'avant la loi bioéthique. La décision de la CEDH du 4 avril 2023 conduira-t-elle la Cour de cassation à réaffirmer sa position de 2020 ? L'avenir le dira. On peut le supposer, à tout le moins au cas du parent transgenre qui accouche et demande à faire reconnaître sa paternité, car, pour l'heure, la double filiation paternelle n'est pas possible en France, hors adoption. Le raisonnement de la cour d'appel de Toulouse ne semble donc pas transposable dans cette hypothèse. Pour la double filiation maternelle, la question est plus controversée dès lors qu'elle est autorisée en France via la reconnaissance conjointe anticipée.

A. Filiation maternelle

EFFET DE LA LOI

La filiation maternelle est automatiquement établie par la désignation de la mère dans l'**acte de naissance** de l'enfant (C. civ. art. 311-25). La mère n'est tenue à aucune autre démarche ; elle n'a, en particulier, pas à reconnaître l'enfant. La filiation prend effet dès la naissance. La règle vaut sans distinction pour la mère qui a accouché de l'enfant, que ce dernier ait été conçu naturellement ou dans le cadre d'une assistance médicale à la procréation (AMP) endogène ou exogène (sur ces notions, voir n°s 80060 s.). La situation personnelle de la mère n'a pas d'incidence sur sa filiation avec l'enfant (célibataire, en couple avec un homme ou une femme, mariée, pacsée ou en concubinage). 27050

Notons que le nom de la mère n'est pas obligatoirement porté dans l'acte si cette dernière a demandé à ce qu'il n'y figure pas (C. civ. art. 57) ou si elle a déclaré vouloir accoucher sous « X » (n°s 27270 s.).

L'acte de naissance est à la fois créateur de droit et **mode de preuve** de la filiation maternelle (C. civ. art. 310-3). Il fait foi jusqu'à preuve contraire qui pourra, le cas échéant, être apportée dans le cadre d'une action en contestation. 27055

RECONNAISSANCE

La filiation maternelle peut résulter d'une reconnaissance (à distinguer de la reconnaissance conjointe, n° 27071), mais de façon tout à fait **résiduelle**. En effet, une reconnaissance n'est recevable que lorsque la filiation maternelle n'est pas établie par l'effet de la loi (C. civ. art. 316). En pratique, cela recouvre deux hypothèses : 27060

– la mère souhaite établir son lien de parenté **avant la naissance**. Ce n'est possible que si elle n'est pas mariée, les règles de la filiation en mariage s'opposant à une reconnaissance prénatale par la mère (Circ. 30-6-2006 2.1.2 p. 28). Hors mariage, l'intérêt peut être de faire prévaloir la filiation maternelle en cas d'inceste qui n'autorise l'établissement que d'une seule filiation ;

– la mère a demandé à ce que son nom ne soit pas mentionné dans l'acte de naissance et souhaite, **après la naissance**, établir son lien de parenté avec l'enfant. C'est le cas de la femme qui a remis l'enfant au service de l'aide sociale à l'enfance et qui, par la suite, souhaite le reprendre. La reconnaissance postnatale est ouverte aux femmes mariées ou non. Mais elle peut se révéler impossible si l'enfant a fait l'objet d'une mesure d'adoption.

Si la **reconnaissance émane d'une femme autre** que celle désignée dans l'acte de naissance, il y a un conflit de filiations qui se règle comme indiqué n°s 27515 et 28240.

La reconnaissance n'établit la filiation qu'à l'égard de son auteur. 27065

Elle a le même **effet** déclaratif qu'une reconnaissance paternelle (voir n° 27185).

La filiation maternelle établie par reconnaissance se **prouve** par l'acte de reconnaissance ou l'acte de naissance de l'enfant portant mention de la reconnaissance en marge. 27070

RECONNAISSANCE CONJOINTE NOTARIÉE

Couple de femmes La loi du 2 août 2021 a créé un **nouveau mode d'établissement de la filiation**, la reconnaissance conjointe, pour les enfants issus d'un couple de femmes. Celles-ci ne peuvent recourir à l'assistance médicale à la procréation avec intervention d'un tiers donneur qu'après avoir reconnu conjointement l'enfant devant le **notaire**, au moment même où celui-ci recueille leur consentement à la procréation médicalement assistée exogène (C. civ. art. 342-11, al. 1). La reconnaissance se fait donc de manière anticipée. 27071

L'officier public doit établir deux actes :

– l'acte de consentement à la procréation médicalement assistée ;

– et l'acte de reconnaissance conjointe.

Pour ces couples de femmes, le notaire doit, depuis le 2 mars 2022, informer et mentionner dans l'acte que (CPC art. 1157-3 modifié) :

– la femme qui ferait obstacle à la remise à l'officier d'état civil de la reconnaissance conjointe engage sa responsabilité ;

– il est possible de faire apposer cette reconnaissance sur l'acte de naissance de l'enfant soit sur instruction du procureur de la République à la demande de l'enfant majeur, soit sur celle de son représentant légal s'il est mineur ou de toute personne ayant intérêt à agir en justice.
Le notaire doit aussi les informer de la possibilité ouverte à l'enfant qui le souhaite d'accéder, à sa majorité, aux données non identifiantes et à l'identité du tiers donneur. La règle vaut pour l'ensemble des candidats à une AMP avec tiers donneur (voir n° 80125).

> **Précisions** L'arrêté ECOC2134925A du 9 décembre 2021 a modifié les tarifs réglementés des notaires pour l'application de certaines dispositions de la loi bioéthique du 2 août 2021. En particulier, l'acte de reconnaissance conjointe donne lieu à la perception d'un **émolument fixe** de 75,46 € (C. com. art. A 444-84-1 nouveau ; Décret 2023-916 du 3-10-2023). Depuis le 1er janvier 2023, ce même acte est en revanche exonéré de **droits d'enregistrement** (Loi 2022-1726 du 30-12-2022 art. 26 : JO 31 texte n° 1).

27072 Lorsque l'enfant naît, la filiation s'établit à l'égard de la **femme qui en a accouché** par l'acte de naissance comportant son nom (n° 27050).
À l'égard de l'**autre femme**, elle s'établit par la reconnaissance conjointe reçue préalablement par le notaire. Celle-ci est remise par l'une des deux femmes ou, le cas échéant, par la personne chargée de déclarer la naissance à l'officier de l'état civil, qui l'indique dans l'acte de naissance (C. civ. art. 342-11, al. 2).

27073 La femme qui, après avoir consenti à l'assistance médicale à la procréation, fait **obstacle à la remise** à l'officier de l'état civil de la reconnaissance conjointe engage sa responsabilité (C. civ. art. 342-13, al. 3).
En cas d'**absence de remise** de cette reconnaissance conjointe à l'officier de l'état civil, pour quelque cause que ce soit, celle-ci peut encore lui être communiquée ultérieurement par le procureur de la République à la demande de l'enfant majeur, de son représentant légal s'il est mineur ou de toute personne ayant intérêt à agir en justice (C. civ. art. 342-13, dernier al.).
La reconnaissance conjointe est alors portée en marge de l'acte de naissance de l'enfant, sauf si une autre filiation a déjà été établie entre-temps à l'égard d'un tiers par présomption, reconnaissance ou adoption plénière. Dans cette hypothèse, la reconnaissance conjointe ne pourra être portée dans l'acte de naissance de l'enfant que si la filiation déjà en place a pu être contestée avec succès au moyen, selon le cas, soit d'une action en contestation de la filiation (C. civ. art. 332 à 337), soit d'une action en tierce opposition (C. civ. art. 353-2), soit d'un recours en révision dans les conditions prévues par décret.

27074 **Régularisation des AMP antérieures au 3 août 2021** Le législateur a prévu une mesure spécifique pour les couples de femmes ayant eu recours à une **AMP à l'étranger** avant le 3 août 2021. Ces dernières peuvent jusqu'au 3 août 2024 faire devant notaire une reconnaissance conjointe de l'enfant dont la filiation n'est établie qu'à l'égard de la femme qui a accouché (Loi 2021-1017 du 2-8-2021 art. 6 IV).
Lorsque la mère inscrite dans l'acte de naissance **refuse** sans motif légitime la reconnaissance conjointe, la femme qui n'a pas accouché peut, jusqu'au 22 février 2025, demander **à adopter** l'enfant sous réserve de rapporter la preuve du projet parental commun et de l'assistance médicale à la procréation réalisée à l'étranger avant le 3 août 2021, dans les conditions prévues par la loi étrangère, sans que puisse lui être opposée l'absence de lien conjugal ni la condition de durée d'accueil prévue à l'article 345 du Code civil (Loi 2022-219 du 21-2-2022 art. 9).
Le tribunal prononce l'adoption s'il estime que le refus de la reconnaissance conjointe est contraire à l'intérêt de l'enfant et si la protection de ce dernier l'exige. L'adoption entraîne les mêmes effets, droits et obligations qu'en matière d'adoption de l'enfant du conjoint, du partenaire d'un pacte civil de solidarité ou du concubin (voir n° 29605).

> **Précisions** Une réponse du garde des Sceaux à la question d'un député envisage une hypothèse non prévue par la loi bioéthique concernant les couples de femmes ayant commencé un **protocole d'AMP à l'étranger avant l'entrée en vigueur de la loi** mais dont l'**insémination ou** le **transfert** d'embryon a abouti à une grossesse **après cette entrée en vigueur** (Rép. Houlié : AN 15-2-2022 n° 42897). Ces femmes bénéficient-elles de la disposition transitoire prévue par l'article 6, IV de la loi du 2 août 2021 ? La réponse de la Chancellerie est sans appel : pour bénéficier de ce dispositif transitoire, « il convient que l'insémination ou le transfert d'embryon réalisé par ces couples de femmes à l'étranger l'ait été avant l'entrée en vigueur de la loi ». Pour les couples qui se trouvent dans une situation non prévue par les textes, « l'adoption reste le seul mode d'établissement de la filiation possible entre l'enfant et la femme qui n'a pas accouché », a conclu le ministre.

POSSESSION D'ÉTAT

La filiation maternelle peut résulter de la possession d'état constatée par un acte de notoriété mais c'est, en pratique, **exceptionnel**. Sur les conditions d'existence de la possession d'état, voir n°s 27205 s. 27075

ILLUSTRATIONS

Une femme ne peut pas obtenir un acte de notoriété constatant une filiation par possession d'état avec l'enfant de sa concubine : un tel acte étant refusé aux époux de même sexe (C. civ. art. 6-1), il l'est aussi aux **concubins de même sexe** (Cass. 1e civ. 7-3-2018 n° 17-70.039 : AJ fam. 2018 p. 233 obs. P. Salvage-Gerest). En l'espèce, la mère de l'enfant l'avait mis au monde sans filiation paternelle établie. Néanmoins, à partir du moment où figure sur l'acte de naissance d'un enfant l'identité d'un homme comme père ou d'une femme comme mère, il n'est pas possible qu'y figure en marge l'identité d'un second père ou d'une seconde mère (P. Salvage-Gerest, précité). Rappelons que seule la reconnaissance conjointe (n° 27071) permet une double filiation maternelle. De plus, la Cour de cassation a récemment indiqué que la possession d'état est fondée sur « l'apparence » d'une réalité biologique (voir n° 28030) : on comprend que si l'enfant a une filiation établie avec sa mère, seul un homme pourrait être son père par possession d'état.

B. Filiation paternelle

1. EFFET DE LA LOI

PRÉSOMPTION DE PATERNITÉ DU MARI

L'enfant conçu ou né pendant le mariage a pour père le mari (C. civ. art. 312). La **filiation** d'un enfant issu d'un couple marié est **indivisible**, la filiation maternelle établie par l'acte de naissance impliquant celle du père. Le fait que l'enfant ait été conçu « naturellement » ou par assistance médicale à la procréation endogène ou exogène n'a pas d'incidence. 27100
La paternité d'un homme marié se **prouve** par l'acte de naissance de l'enfant.
On notera que la présomption de paternité ne concerne que le mari au sens strict. Ni le simple **concubin** ni même le **partenaire de Pacs** ne sont concernés.

La **présomption** de paternité du mari **s'applique** : 27105
– aux enfants conçus et nés pendant le mariage ;
– aux enfants nés durant le mariage mais conçus avant ;
– aux enfants conçus durant le mariage mais nés après sa dissolution. Sont présumés avoir été conçus pendant le mariage les enfants nés moins de 300 jours après sa dissolution, par application de la présomption de durée de la grossesse prévue à l'article 311 du Code civil (n° 27570). Il s'agit d'une présomption simple, la preuve contraire pouvant être rapportée par tous moyens.

EXCLUSIONS DE LA PRÉSOMPTION DE PATERNITÉ

Acte de naissance sans indication du nom du mari La présomption de paternité est écartée d'office lorsque l'acte de naissance de l'enfant ne désigne pas le mari en qualité de père (C. civ. art. 313). Cette hypothèse correspond le plus souvent à la séparation de fait des époux. Le rétablissement de plein droit de la présomption de paternité suppose que l'enfant ait la possession d'état à l'égard du mari ou une reconnaissance de la part de ce dernier (C. civ. art. 314 et 315), à condition que l'enfant n'ait pas d'autre filiation à l'égard d'un tiers (C. civ. art. 314) : voir n° 27125. Si l'enfant a été conçu grâce à une AMP avec don de sperme, rappelons que la filiation à l'égard du tiers donneur est interdite (n° 27335). 27110

Séparation légale des époux La présomption de paternité du mari est aussi écartée lorsque les époux ont été légalement autorisés à résider séparément : en cas de demande en **divorce** ou en **séparation de corps**, la présomption ne joue pas lorsque l'enfant est né (C. civ. art. 313 dans sa version en vigueur depuis le 1-1-2021) : 27115
– plus de 300 jours après l'introduction de la demande en divorce ou en séparation de corps ou après le dépôt au rang des minutes d'un notaire de la convention réglant l'ensemble des conséquences du divorce ;
– moins de 180 jours depuis le rejet définitif de la demande ou la réconciliation.
En d'autres termes, la présomption de paternité est écartée de plein droit à compter du 301e jour après l'organisation de la séparation des époux. Elle retrouve application à compter du 180e jour à partir duquel les époux sont juridiquement supposés vivre à nouveau ensemble. Si, tout en rejetant la demande en divorce, le juge attribue la jouissance de la résidence familiale

à l'un des époux en application de l'article 253 du Code civil, la présomption de paternité devrait retrouver application.

> **Précisions a.** Sous l'empire du **droit ancien**, le délai de 300 jours était computé à compter de l'ordonnance de non-conciliation (C. civ. art. 313 dans sa version en vigueur avant le 1-1-2021).
> **b.** Lorsqu'une convention de divorce ou de séparation de corps a été introduite avant la réalisation de la **procréation médicalement assistée**, le consentement donné à une PMA, endogène ou exogène, est frappé de caducité (C. civ. art. 342-10 ; CSP art. L 2131-2, al. 4).

27120 Si l'**acte de naissance** mentionne le nom du mari en qualité de père, alors que la présomption de paternité devrait être écartée, il s'agit d'une **erreur** matérielle. Cette erreur peut être **rectifiée** à l'initiative du procureur de la République dans les conditions de l'article 99-1 du Code civil. Il n'y a pas lieu d'engager une action en contestation de la paternité du mari.

RESTAURATION AUTOMATIQUE DE LA PRÉSOMPTION

27125 Dans les deux cas d'exclusion de la présomption de paternité, celle-ci se trouve rétablie de plein droit à une **double condition** (C. civ. art. 314) :
– l'enfant a la possession d'état à l'égard du mari. C'est le cas des époux qui se réconcilient. La possession d'état qui doit être continue, paisible, publique et non équivoque n'a pas à remonter à la naissance. En effet, la réconciliation a pu intervenir plus tard (sur la possession d'état, voir n°s 27200 s.) ;
– l'enfant n'a pas une filiation paternelle déjà établie à l'égard d'un tiers. Si un tiers a reconnu l'enfant, la présomption ne peut être rétablie qu'après contestation de la reconnaissance.

27130 Si les conditions du rétablissement de la présomption de paternité du mari sont réunies, les époux peuvent demander la délivrance d'un **acte de notoriété** constatant la possession d'état (n°s 27250 s.). Puis l'acte de naissance de l'enfant est actualisé par une mention en marge sans qu'il soit nécessaire de procéder à la rectification judiciaire de cet acte (Circ. 30-6-2006 1.2.3 p. 24 et 25).
Il est toutefois nettement plus simple de reconnaître l'enfant.

2. RECONNAISSANCE

PERSONNES CONCERNÉES

27140 La reconnaissance est le mode normal d'établissement de la filiation **hors mariage**. Elle concerne donc les pacsés, concubins, amants. La Cour de cassation l'a récemment définie comme étant « l'acte libre et volontaire par lequel un homme (ou une femme) déclare être le père (ou la mère) d'un enfant et s'engage à assumer toutes les conséquences qui en découlent selon la loi, notamment celle de prendre en charge l'entretien et l'éducation de l'enfant ; elle repose sur une présomption de conformité de la filiation ainsi établie à la réalité biologique » (Cass. 1e civ. avis 5-4-2023 n° 22-70.018 FS-D : BPAT 3/23 inf. 117). La vérité biologique qui sous-tend une filiation établie par reconnaissance (hors le cas particulier de l'AMP avec tiers donneur) est donc l'élément différenciant par rapport à une filiation établie par possession d'état.
La reconnaissance n'est en principe pas possible lorsque la **mère** est **mariée**, puisque la filiation est alors établie par l'effet de la loi : l'enfant conçu ou né pendant le mariage a pour père le mari (C. civ. art. 312). La reconnaissance concerne cependant les paternités dans le cadre d'un mariage qui ne sont pas couvertes par la présomption légale (hypothèse d'abord envisagée par la circulaire 1.2.3, p. 25 et 2.1.1, p. 27 puis confirmée par l'article 315 du Code civil). En conséquence, demander un acte de notoriété pour restaurer la présomption de paternité ou engager une action en rétablissement de la présomption n'a pas d'intérêt lorsque la demande émane du père lui-même.

ATTENTION

Lorsque l'assistance médicale à la procréation avec intervention d'un **tiers donneur** est mise en œuvre en faveur d'un **couple hétérosexuel non marié**, le consentement à la procréation assistée (n° 80320) ne suffit pas à établir la filiation : il faut une reconnaissance du concubin ou partenaire de la mère de l'enfant. Aussi est-il prévu que ce dernier qui, après avoir consenti à l'assistance médicale à la procréation, ne reconnaît pas l'enfant qui en est issu engage sa **responsabilité** envers la mère et envers l'enfant (C. civ. art. 342-13, al. 1). La responsabilité à laquelle il renvoie est la responsabilité civile délictuelle de droit commun (C. civ. art. 1240). Les dommages et intérêts que le concubin ou le partenaire de la mère pourrait être condamné à verser permettraient de réparer le préjudice matériel et moral subi par la mère et l'enfant.
En outre, sa paternité peut être judiciairement déclarée à la suite d'une action qui obéit aux articles 328 et 331 du Code civil (C. civ. art. 342-13, al. 2 ; n° 27815).

CONDITIONS DE FOND

Auteur de la reconnaissance La reconnaissance est un **acte personnel** qui ne peut être effectué que par celui qui fait l'aveu de sa paternité. L'autre parent, leurs héritiers respectifs ou un tiers ne peuvent pas se substituer à lui. Selon une circulaire du ministère de la justice, il ne paraît plus possible, sous réserve de l'interprétation des tribunaux, de considérer que l'auteur de la reconnaissance puisse se faire représenter par procuration spéciale et authentique (Circ. 28-10-2011 : BO Justice 2011-11 du 30-11-2011 p. 138 n° 255). Ainsi, l'indication de la filiation d'un défunt dans son acte de décès dressé sur les déclarations d'un tiers ne peut valoir reconnaissance (Cass. 1e civ. 14-1-2009 n° 07-11.555 : Bull. civ. I n° 5). 27145

Un **mineur**, même non émancipé, peut valablement reconnaître un enfant sans l'intervention de ses représentants légaux. Il en va de même du majeur sous tutelle, sous curatelle ou sous habilitation familiale : voir nos 53285 et 54039.

La reconnaissance est un **acte unilatéral** que son auteur peut effectuer sans avoir à recueillir l'accord de l'autre parent ou de l'enfant, quel que soit l'âge de ce dernier. L'autre parent est informé par courrier recommandé avec demande d'avis de réception par l'officier de l'état civil. Si ce parent ne peut pas être avisé, l'officier de l'état civil en informe le procureur de la République qui fait procéder aux diligences utiles (C. civ. art. 57-1). Le caractère unilatéral de la reconnaissance n'interdit pas des reconnaissances conjointes. 27150

Sur la reconnaissance en cas d'**accouchement sous X**, voir n° 27280.

La reconnaissance est un **acte discrétionnaire**. Ce principe n'est toutefois pas sans nuance. Celui qui refuse de reconnaître un enfant s'expose à une action en recherche de paternité et à une condamnation à des dommages et intérêts. 27155

Par ailleurs, une reconnaissance mensongère effectuée dans le seul but de nuire à la mère encourt l'annulation et ouvre droit à des dommages et intérêts.

Enfin, la reconnaissance est un **acte définitif** : une fois enregistrée, son auteur ne peut pas revenir sur sa décision sauf dans le cadre d'une action judiciaire. 27160

Moment de la reconnaissance Une reconnaissance peut intervenir à tout moment : 27165
- **avant la naissance**, à condition que l'enfant soit déjà conçu. Elle ne produit effet que si l'enfant naît vivant et viable, sans qu'il y ait lieu de la réitérer après la naissance ;
- lors de la **déclaration de naissance** ;
- **après** la naissance, sans limite de temps. Un enfant peut donc être reconnu sa vie durant et même après son décès. La tardivité d'une reconnaissance n'est pas, en soi, fautive (CA Bordeaux 16-5-2001 n° 99-01.861 ; CA Paris 7-12-2000 n° 99-23.945). Elle peut toutefois justifier l'allocation de dommages et intérêts au profit de la mère (CA Paris 7-12-2000 n° 99-23.945) et/ou de l'enfant (CA Colmar 23-6-2005 : Dr. famille 2005 comm. n° 263, note P. Murat) lorsqu'il en est résulté un préjudice moral ou économique.

Empêchements à une reconnaissance Plusieurs circonstances peuvent empêcher la reconnaissance : 27170
- la préexistence d'une **autre filiation** résultant d'une reconnaissance ou d'un acte de notoriété antérieur, de la présomption de paternité du mari ou d'une adoption (C. civ. art. 320). L'officier d'état civil doit recevoir à titre conservatoire la reconnaissance, mais il ne peut pas la transcrire tant que la première filiation n'est pas annulée. Autrement dit, il faut attendre que la première filiation soit anéantie en justice pour que la seconde puisse prendre effet (Circ. JUSCC0620513C du 30-6-2006, 1e partie III 1.2, p. 28 ; Cass. 1e civ. 30-11-2022 n° 21-14.726 F-B : BPAT 1/23 inf. 7). Dans le cas particulier où une **reconnaissance paternelle prénatale** est contredite par les indications données lors de la déclaration de naissance, l'officier d'état civil établit l'acte de naissance conformément aux informations communiquées par celui qui déclare la naissance. Mais il en avise sans délai le procureur de la République qui peut contester la filiation sur le fondement de l'article 336 : voir n° 28285 (C. civ. art. 336-1) ;
- le **caractère incestueux** d'une filiation déjà établie à l'égard de la mère. L'officier d'état civil ne doit alors pas recevoir la reconnaissance (n° 27320).

Procédure d'opposition à reconnaissance L'officier d'état civil doit saisir le procureur de la République en présence d'indices sérieux laissant présumer qu'une reconnaissance est **frauduleuse** (le cas échéant au vu de l'audition qu'il a faite du « père ») ; il doit en informer l'auteur de la reconnaissance (C. civ. art. 316-1). 27172

Le procureur de la République dispose de 15 jours pour prendre l'une des décisions suivantes :
- laisser l'officier d'état civil enregistrer la reconnaissance ;
- s'opposer à la reconnaissance ;
- surseoir à statuer en attendant les résultats d'une enquête.

Le **sursis** ne peut excéder un mois, deux mois si l'enquête est menée à l'étranger par l'autorité diplomatique ou consulaire. Ces délais sont renouvelables une fois par décision spécialement motivée. Dans tous les cas, la décision de sursis et son renouvellement sont notifiés à l'officier de l'état civil et à l'auteur de la reconnaissance. Ce dernier, même mineur, peut contester la décision de sursis ou de renouvellement devant le tribunal judiciaire puis la cour d'appel, qui disposent chacun de dix jours à compter de leur saisine pour statuer.
À l'expiration du sursis à statuer, le procureur de la République doit rendre une décision motivée précisant s'il s'oppose ou non à la reconnaissance. Il fait connaître sa décision à l'officier d'état civil et aux intéressés.

27173 En cas d'**opposition à la reconnaissance**, le procureur de la République prend un **acte** en ce sens qu'il signe et notifie à l'officier d'état civil ; ce dernier y appose son visa (C. civ. art. 316-2). Ce document doit mentionner :
– l'identité de l'auteur de la reconnaissance et de l'enfant concerné (en cas de reconnaissance prénatale, toute indication relative à l'identification de l'enfant à naître) ;
– à peine de nullité, la qualité de l'auteur de l'opposition, les motifs de celle-ci et le rappel des dispositions législatives concernées.
Mentionné sur le registre d'état civil, l'acte d'opposition fait obstacle à l'enregistrement de la reconnaissance. L'officier d'état civil qui y contreviendrait s'expose à une amende de 3 000 € et à des dommages-intérêts (C. civ. art. 316-2, dernier al.).
Le tribunal judiciaire doit se prononcer, dans un délai de dix jours à compter de sa saisine, sur la demande en **mainlevée** de l'opposition formée par l'auteur de la reconnaissance, même mineur. En cas d'appel, il est statué dans le même délai. Si le jugement dont il est fait appel a prononcé mainlevée de l'opposition, la cour doit statuer, même d'office. Un jugement « rendu par défaut », c'est-à-dire en l'absence du défendeur, et admettant l'enregistrement de la reconnaissance ne peut pas être contesté (C. civ. art. 316-3).
Lorsque l'enfant n'est pas encore né ou vient de naître, son acte de naissance est dressé sans mentionner la reconnaissance de filiation litigieuse (C. civ. art. 316-4).

27174 Si la reconnaissance est finalement **enregistrée**, ses effets sur les règles de dévolution du nom de famille de l'enfant s'appliqueront rétroactivement à la date de saisine du procureur de la République (C. civ. art. 316-5).

CONDITIONS DE FORME

27175 Pour être valable, la reconnaissance doit prendre la forme d'un **acte authentique**. Elle est nulle si elle est souscrite sous seing privé. Le consentement donné à une fécondation in vitro ne vaut pas reconnaissance même si la paternité est certaine.
La reconnaissance peut aussi résulter d'un **aveu de paternité judiciairement constaté** intervenant à l'occasion d'une procédure civile ou pénale, à la suite d'une comparution personnelle de l'intéressé ou de la signature de conclusions prises en ce sens (pour un exemple, Cass. 1e civ. 29-2-2012 n° 11-12.460 : BPAT 2/12 inf. 85).

27176 La reconnaissance est généralement **reçue** par un officier d'état civil (sans restriction de compétence territoriale), plus rarement par un notaire (là encore, sans restriction de compétence territoriale) et encore plus rarement par le capitaine d'un bateau (si la naissance survient pendant un voyage maritime).
Celui qui se déclare père doit produire (C. civ. art. 316, al. 3 à 5) :
– un document officiel d'identité comportant ses nom, prénom, date et lieu de naissance, sa photographie et sa signature ;
– un justificatif de domicile ou de résidence de moins de trois mois (ou, à défaut, une attestation d'élection de domicile).
La reconnaissance est entourée d'une certaine solennité puisque, lors de son établissement, il est fait lecture à son auteur des articles 371-1 et 371-2 du Code civil relatifs à l'autorité parentale et à l'obligation d'entretien des parents (C. civ. art. 62, dernier al.).
La reconnaissance donne lieu à l'établissement d'un **acte, spécifique ou non**. Elle peut notamment être enregistrée à l'occasion d'un acte de mariage ou de décès, d'un contrat de mariage, d'une donation, etc. Notons que la révocation d'un testament ou la caducité d'un contrat de mariage non suivi de mariage ne prive pas d'effet la reconnaissance contenue dans l'acte.

27177 Pour produire effet, la reconnaissance doit être **claire et dépourvue d'ambiguïté**, son auteur et celui qui en est l'objet devant être précisément désignés. L'acte doit donc énoncer l'état civil complet de l'auteur de la reconnaissance, les date et lieu de naissance, le sexe et les prénoms de l'enfant ou, à défaut, tous renseignements utiles sur la naissance (C. civ. art. 62). Dans le souci d'identifier exactement l'enfant, la reconnaissance doit, si possible, comporter l'indication de la filiation maternelle, à moins que la mère ait demandé, lors de son accouchement, le secret sur son identité (Circ. 28-10-2011 : BO Justice 2011-11 du 30-11-2011 p. 146 n° 270).

Enfin, la reconnaissance est **rendue publique** par sa mention en marge de l'acte de naissance de l'enfant. Cette mesure de publicité n'est pas une condition de validité mais d'efficacité : une reconnaissance notariée gardée secrète est valable mais elle ne pourra produire ses effets qu'une fois mentionnée en marge de l'acte de naissance. 27178

La filiation par reconnaissance **se prouve** par l'acte de reconnaissance ou par l'acte de naissance de l'intéressé portant en marge l'inscription de la reconnaissance. 27180

EFFETS DE LA RECONNAISSANCE

La reconnaissance n'établit la filiation qu'**à l'égard de** son auteur (C. civ. art. 316, al. 2). 27185
Elle a, en outre, un **effet déclaratif** : dès lors que l'enfant naît vivant et viable, elle établit la filiation de son auteur depuis la naissance de l'enfant, voire depuis sa conception si tel est son intérêt. Cette rétroactivité emporte des **conséquences** importantes. L'enfant peut remettre en question la liquidation d'une succession qui s'est ouverte avant sa reconnaissance mais après sa conception. Sur la validité d'un changement de régime matrimonial opéré avant la reconnaissance (n° 5380). Celui ou celle qui engage une action au nom de l'enfant sans l'avoir reconnu peut régulariser la procédure en le reconnaissant en cours d'instance. L'auteur de la reconnaissance peut être condamné à une pension alimentaire avec effet rétroactif à compter de la naissance (sous réserve de la prescription quinquennale).

3. POSSESSION D'ÉTAT

Le lien de filiation peut résulter de la possession d'état constatée dans un acte de notoriété (C. civ. art. 310-1). Même si ce mode d'établissement de filiation a vocation à s'appliquer à toute paternité, hors mariage ou non, elle ne joue, **en pratique**, que lorsque la paternité ne ressort pas de l'effet de la loi ou d'une reconnaissance, c'est-à-dire lorsque : 27200
– la présomption de paternité du mari est écartée (n°s 27110 s.) ;
– l'enfant n'a pas été reconnu, notamment en raison du décès prématuré du père.
En tout état de cause, la possession d'état n'est créatrice de droit que si elle est consacrée soit dans un acte de notoriété (C. civ. art. 317), soit par un jugement (C. civ. art. 330 ; voir n°s 28030 s.).

> **Précisions** La possession d'état permet également de **conforter la filiation** lorsqu'elle est conforme au titre et qu'elle a duré au moins cinq ans (n° 28230).

a. Définition

La possession d'état est constituée lorsqu'il y a une réunion suffisante de faits qui révèlent le lien de filiation (C. civ. art. 311-1). **Trois éléments** sont pris en compte (C. civ. art. 311-1) : le comportement des intéressés l'un envers l'autre (*tractatus*) ; la façon dont sont considérés les intéressés par les tiers et l'autorité publique (*fama*) et enfin le nom des intéressés (*nomen*). 27205
Les **juges du fond** apprécient souverainement la portée des éléments qui leur sont soumis (Cass. 1e civ. 19-9-2007 n° 06-21.061 : Bull. civ. I n° 285). Ils doivent, en principe, relever l'existence d'un faisceau d'indices.
Mais il n'est pas nécessaire que tous les éléments caractérisant la possession d'état soient réunis (pour des exemples, Cass. 1e civ. 5-3-2008 n° 06-21.031 et Cass. 1e civ. 20-1-2010 n° 09-10.632 : BPAT 2/10 inf. 88). Quelques éléments isolés peuvent même être considérés comme suffisants.

ILLUSTRATIONS

Par exemple, la **possession d'état** a été **retenue** dans les circonstances suivantes :
– le père a assumé sa paternité à l'égard des enseignants de son fils, il a versé une pension alimentaire qu'il déduisait de ses revenus, les grands-parents paternels considéraient l'enfant comme leur petit-fils et l'ont gratifié en cette qualité et l'enfant a donné son accord au changement de régime matrimonial de son père (Cass. 1e civ. 11-2-2009 n° 07-10.276) ;
– le père a contribué à l'éducation et à l'entretien de l'enfant jusqu'à ses 18 ans, des témoignages attestent de liens réguliers entre le père et l'enfant, ce dernier étant connu comme son fils depuis l'enfance jusqu'à l'âge adulte (Cass. 1e civ. 24-6-2020 n° 19-14.011).
Au contraire, la possession d'état n'a **pas** été jugée **constituée** dès lors que l'enfant a eu des doutes sur sa filiation dès l'âge de huit ans, que l'information selon laquelle elle n'était pas la fille de l'ex-mari de sa mère s'est propagée, depuis le cercle familial et celui des relations professionnelles, dans l'entourage social, notamment dans le village, et que par la suite, la mère a demandé au juge aux affaires familiales de suspendre le droit de visite et d'hébergement du « père », l'enfant refusant de se rendre chez ce dernier (Cass. 1e civ. 15-5-2013 n° 11-27.125).

COMPORTEMENT DES INTÉRESSÉS

27210 Le comportement des intéressés (*tractatus*) doit traduire la réalité familiale revendiquée. Il peut être prouvé par tous moyens : témoignages, correspondances, photographies, etc.
Le **père prétendu** doit avoir traité l'enfant comme le sien. Son engagement peut résulter de :
– sa présence aux côtés de la mère lors des visites médicales de suivi de grossesse, de sa participation au choix du prénom, de l'achat d'articles de puériculture, de l'annonce de sa future paternité à son entourage, etc. ;
– son investissement dans l'éducation de l'enfant, par le suivi de sa scolarité ou sa participation aux réunions parents-enseignants ;
– l'affection qu'il manifeste à l'enfant ;
– la prise en charge des dépenses liées à son entretien et son éducation ;
– sa participation à l'installation de l'enfant, par exemple en se portant caution de ses loyers ou en lui faisant une donation en vue de l'acquisition d'un appartement ou d'un fonds de commerce.
Encore faut-il que tous ces actes soient spontanés et réalisés en qualité de père. Le versement d'une pension alimentaire en exécution d'une décision de justice n'est pas de nature à établir une possession d'état. Il en va de même de la prise en charge d'un enfant par compassion ou solidarité. Une intention libérale n'est pas suffisante à établir la possession d'état.

27215 Réciproquement, l'**enfant** doit considérer et traiter le père prétendu comme tel, ce qui peut être établi par des correspondances, le versement d'une pension alimentaire si le père se trouve sans ressource, etc. En pratique, cette condition ne peut être vérifiée que si l'enfant est déjà suffisamment âgé.

RÉPUTATION

27220 Le lien filial doit être connu et reconnu dans la **société**, par la **famille** et par l'**autorité publique** (*fama*). L'enfant doit être considéré comme le fils ou la fille de celui qui prétend être son père par les membres de l'entourage familial et amical, les voisins, les instituteurs ou professeurs de l'enfant, le médecin-référent, etc. Quant à l'autorité publique, il s'agit par exemple des services d'état civil français ou étrangers, des services municipaux ou de police ou encore de la caisse d'allocations familiales.
Un témoignage d'amis, une pièce d'identité faisant apparaître la filiation ou une convocation de police pour un enfant mineur peuvent être des indices établissant cet élément de la possession d'état.
La réputation est un élément **essentiel** notamment lorsque l'engagement des intéressés l'un envers l'autre a été de trop courte durée, par exemple en cas de décès du père avant la naissance.

NOM

27225 Le nom (*nomen*) porté par l'enfant est un indice de la possession d'état, mais il est loin d'être déterminant compte tenu des règles applicables en la matière. En conséquence, avoir un nom différent de celui du père prétendu n'empêche pas l'existence d'une possession d'état et porter le même nom n'est pas suffisant pour l'établir.

b. Qualités requises de la possession d'état

POSSESSION D'ÉTAT CONTINUE

27230 La possession d'état doit être continue (C. civ. art. 311-2), ce qui suppose une durée significative et ininterrompue. En pratique, ces caractéristiques sont appréciées de façon très variable selon les circonstances de chaque espèce.
Il n'est pas exigé que la possession d'état se traduise par des actes quotidiens. Des **faits habituels**, à tout le moins réguliers suffisent. Une certaine stabilité et persévérance dans le comportement doivent être relevées.
Mais des **faits isolés** ont pu paraître suffisants dans certaines circonstances. Ainsi jugé dans une espèce où l'enfant était né alors que le père revendiqué était en prison et allait être guillotiné quelques années plus tard (Cass. 1e civ. 25-10-2005 n° 03-19.274 : D. 2006 p. 1142 note Fr. Granet-Lambrechts).

27235 La possession d'état peut être **brève**, notamment en cas de décès prématuré de celui dont la paternité est recherchée. La possession d'état uniquement **prénatale** est même expressément envisagée par l'article 317 du Code civil.
Il n'est pas exigé qu'elle soit **actuelle** au jour où elle est invoquée, une possession d'état **ancienne** pouvant être probante.

Enfin, il n'est pas nécessaire qu'elle ait existé dès la naissance de l'enfant ; elle peut valablement se constituer plusieurs années après.

POSSESSION D'ÉTAT PAISIBLE, PUBLIQUE ET NON ÉQUIVOQUE

La possession d'état doit être paisible, publique et non équivoque (C. civ. art. 311-2). En d'autres termes, elle doit être acquise sans fraude ni violence et au su de tous. **27240**

Il y a **fraude** lorsqu'elle est invoquée pour contourner les règles régissant l'adoption, l'interdiction d'établir une filiation incestueuse ou la gestation pour le compte d'autrui.

Les tribunaux apprécient au cas par cas le caractère vicié ou non d'une possession d'état. L'existence de **plusieurs possessions d'état** successives peut rendre chacune d'elles équivoque. Mais il n'en va pas toujours ainsi. Dans une espèce où un enfant avait vécu avec son père « légal » jusqu'à trois ans, puis avec le nouveau compagnon de sa mère, la Cour de cassation a considéré que la possession d'état à l'égard du mari s'était établie dès avant la naissance et s'était poursuivie après le divorce (le père avait exercé son droit de visite et d'hébergement et avait payé la pension alimentaire qu'il devait) et qu'elle rendait sans effet la possession d'état postérieure (Cass. 1e civ. 12-12-2006 no 05-20.530 : RJPF 2007-3/40 note T. Garé, rendu en application des dispositions anciennes mais transposable). **27245**

En présence d'une **reconnaissance prénatale** émanant de l'amant de la mère, la Cour de cassation a considéré qu'elle n'empêchait pas la possession d'état de se constituer à l'égard du mari (Cass. 1e civ. 14-2-2006 no 03-19.533 : Bull. civ. I no 78). Mais elle a également jugé en sens contraire (Cass. 1e civ. 19-3-2008 no 07-11.573 : Bull. civ. I no 84).

En tout état de cause, les tribunaux s'assurent que les vices affectant une possession d'état ne résultent pas du **comportement frauduleux** d'un parent ou d'un tiers dans le seul but de contester la filiation. Par exemple, il ne suffit pas que la mère et son amant empêchent l'exercice du droit de visite du mari et qu'ils présentent l'enfant comme étant le leur pour que la possession d'état à l'égard du mari soit viciée (Cass. 1e civ. 14-2-2006 no 03-16.101 : Bull. civ. I no 70).

c. Acte de notoriété

CONDITIONS

Un acte de notoriété peut être **demandé par** chacun des parents, individuellement ou conjointement, ou par l'enfant (C. civ. art. 317) à l'exclusion de toute autre personne telle que les grands-parents ou les descendants de l'enfant. **27250**

Il peut être requis quel que soit l'**âge de l'enfant**, mineur ou majeur, et même avant sa naissance ou après son décès.

Une limite est toutefois fixée : la demande doit être présentée, au plus tard, dans un **délai** de cinq ans à compter de la cessation de la possession d'état alléguée ou à compter du décès du parent prétendu. Le moment auquel la possession d'état cesse d'exister relève de l'appréciation souveraine des juges du fond. Notons que si le délai de cinq ans est expiré, il reste la solution de l'action en constatation de la possession d'état qui peut être engagée dans un délai de dix ans à compter de sa cessation ou du décès du parent prétendu (no 28040).

Seul un **notaire** peut dresser un acte de notoriété constatant la possession d'état en matière de filiation (C. civ. art. 317, al. 1). **27255**

Le notaire doit d'abord s'assurer que l'enfant n'a pas de filiation déjà établie. L'acte est ensuite établi sur la foi des déclarations d'au moins trois témoins et de tout autre document produit qui attestent une réunion suffisante de faits. La loi n'exige pas que l'acte mentionne la teneur des témoignages. Néanmoins, le notaire doit constater la réalité de la possession d'état à partir du faisceau d'indices qui lui est présenté. Il peut donc être prudent de garder trace de la teneur des témoignages tout comme d'annexer les documents produits.

L'acte de notoriété est signé par les témoins et par le notaire (C. civ. art. 317, al. 2).

Une fois qu'il a dressé l'acte, le notaire doit l'envoyer à l'officier d'état civil du lieu de l'acte de naissance de l'intéressé.

Notons enfin que depuis le 25 mars 2019, l'interdiction de former un recours contre l'acte de notoriété ou le refus de le délivrer a été supprimée.

> **Précisions** Les notaires se sont également vu confier l'établissement d'actes de notoriété suppléant les **actes de l'état civil** dont les originaux ont été détruits ou ont disparu par suite d'un **sinistre ou de faits de guerre** (C. civ. art. 46). Ces actes sont délivrés sur la foi des déclarations d'au moins trois témoins et de tout autre document produit qui attestent de l'état civil de l'intéressé.

EFFETS

27260 La **filiation établie** par possession d'état est réputée l'être rétroactivement au jour de la naissance de l'intéressé (et non au jour de la délivrance de l'acte de notoriété).

Elle est mentionnée en marge de l'acte de naissance de l'enfant (C. civ. art. 317, al. 4). Cette formalité doit intervenir immédiatement, car le délai de dix ans pour contester la possession d'état commence à courir à compter de la délivrance de l'acte de notoriété et non à compter de son inscription sur l'acte de naissance (n° 28360).

27265 L'acte de notoriété, créateur de droit, est aussi une **preuve** de la filiation (C. civ. art. 310-3). Il fait foi jusqu'à preuve contraire. Il est admis qu'elle peut porter soit sur l'absence ou le vice de la possession d'état, soit sur la filiation biologique contredisant l'acte. Une demande d'expertise biologique est d'ailleurs recevable dans ce cadre (pour un exemple, CA Caen 9-1-2014 n° 09/01687). Mais, la Cour de cassation a récemment rappelé que la non-conformité à la réalité biologique n'interdit pas de constater la possession d'état (Cass. 1e civ. avis 23-11-2022 n° 22-70.013 PB : BPAT 1/23 inf. 8, rendu dans le cadre d'une action judiciaire en constatation de la possession d'état, a priori transposable). Dès lors, cette dernière preuve est-elle encore recevable ? Un éclaircissement de la Cour de cassation serait bienvenu.

C. Cas particuliers

ACCOUCHEMENT SOUS X

27270 Lors de son accouchement, toute femme, mariée ou non, peut demander que le **secret de son admission et de son identité** soit préservé (C. civ. art. 326 ; CASF art. L 222-6) ; elle a également le droit de s'opposer à la révélation de son identité même après son décès (CASF art. L 147-6). Ces deux dispositions ont été jugées conformes à la Constitution (Cons. const. 16-5-2012 n° 2012-248 QPC).

Lorsque la mère demande à accoucher sous X, son identité n'est alors pas mentionnée sur l'acte de naissance de l'enfant.

La loi n'écarte pas le jeu de l'article 326 du Code civil en cas de **procréation médicalement assistée**. Même si cela peut sembler peu probable, une femme qui a fait l'objet d'une telle procréation pourrait librement choisir d'accoucher dans l'**anonymat**.

27275 Un accouchement sous X n'interdit pas à l'**enfant** d'avoir **accès à ses origines personnelles**. Pour cela, la femme qui déclare vouloir accoucher dans l'anonymat est invitée à laisser, si elle l'accepte, des renseignements sur sa santé et celle du père, les origines de l'enfant et les circonstances de la naissance ainsi que, sous pli fermé, son identité (CASF art. L 222-6).

Elle est informée de la possibilité qu'elle a de lever à tout moment le secret de son identité. Ces renseignements, transmis au Conseil national pour l'accès aux origines, peuvent être donnés à l'enfant s'il en fait la demande, l'anonymat de la mère étant préservé sauf si elle a autorisé la levée du secret sur son identité (CASF art. L 147-6). La disposition protégeant l'anonymat de la mère ne porte pas atteinte au droit au respect de la vie privée et familiale de l'enfant (CE 16-10-2019 n° 420230). Cette affaire ayant été portée devant la Cour européenne des droits de l'Homme, celle-ci a conclu que l'État français n'avait pas outrepassé sa marge d'appréciation et que le juste équilibre entre le droit de la requérante de connaître ses origines et les droits et intérêts de sa mère biologique à maintenir son anonymat n'a pas été rompu (CEDH 30-1-2024 n° 18843/20 Cherrier c/ France).

Une demande d'accès à ses origines ne peut avoir aucun **effet sur l'état civil et la filiation** de l'enfant (CASF art. L 147-7).

ATTENTION

L'accouchement sous X ne constitue pas une fin de non-recevoir à une **action en recherche de maternité** (C. civ. art. 325) : si l'enfant a connaissance de l'identité de sa mère, il peut faire établir sa filiation. S'appuyant sur ce principe, une cour d'appel en a déduit que l'intérêt de l'enfant à connaître ses racines primait sur le droit de la mère de conserver l'anonymat et sur son choix de couper l'enfant de sa famille. Les juges ont alors autorisé des grands-parents maternels biologiques qui justifiaient d'un lien avec l'enfant (visites régulières à l'enfant dès sa naissance, volonté manifeste de l'élever, démarches auprès des services d'adoption) à en assumer la charge (CA Angers 26-1-2011 n° 10/01339 : BPAT 2/11 inf. 117).

27280 **Effet sur l'établissement de la paternité** Un accouchement sous X ne peut pas avoir pour conséquence de priver le père de sa paternité s'il a reconnu et identifié l'enfant. Ainsi, dans une espèce où le père avait effectué une **reconnaissance prénatale** et où il avait identifié

l'enfant avant que le conseil de famille consente à son adoption, il a été jugé que cette reconnaissance avait établi la filiation dès la naissance de sorte que le conseil de famille ne pouvait plus valablement consentir à l'adoption de l'enfant (Cass. 1e civ. 7-4-2006 nos 05-11.285 et 05-11.286 : Bull. civ. I n° 195).
L'**identification de l'enfant** doit être effectuée avant le placement de l'enfant, faute de quoi la reconnaissance paternelle se trouve privée d'effet. Or, le secret de l'identité de la mère rend impossible la transcription de la reconnaissance sur l'acte de naissance de l'enfant. Pour pallier cette difficulté, le père peut en informer le procureur de la République afin que celui-ci procède à la recherche des date et lieu de naissance de l'enfant (C. civ. art. 62-1).

PROCRÉATION OU GESTATION POUR LE COMPTE D'AUTRUI

Sur l'interdiction de la procréation ou de la gestation pour le compte d'autrui, voir nos 80210 s. **27285**
Sur la reconnaissance en France de filiations établies à la suite de contrats de gestation pour autrui conclus à l'étranger, voir nos 73050 s.

SECTION 2 INTERDICTION D'ÉTABLIR LA FILIATION

INCESTE

La filiation d'un enfant né d'un inceste absolu ne peut être établie qu'à l'égard d'un seul de ses parents biologiques. C'est le cas lorsque les parents (C. civ. art. 310-2, par renvoi aux art. 161 et 162) : **27310**
– sont **ascendant et descendant** (père/fille, mère/fils, grand-père/petite-fille, etc.) ;
– ou sont **frère et sœur** (ou demi-frère et demi-sœur).
Les enfants nés d'**alliés en ligne directe** (beau-père/belle-fille ; belle-mère/gendre ou beau-fils), de même que les **parents moins proches** (oncle/nièce ; tante/neveu ; etc.) peuvent voir leur filiation maternelle et paternelle établie.

En cas d'inceste absolu, la **première filiation établie** exclut l'autre. **27315**
En pratique, la filiation maternelle prévaut presque toujours puisqu'elle résulte de la simple indication du nom de la mère dans l'acte de naissance de l'enfant.
Il peut en aller autrement si le père a effectué une reconnaissance prénatale (et si la mère n'en a pas fait une antérieurement). Dans ce cas, c'est la filiation avec la mère qui ne peut pas être établie.
Il a toutefois été jugé que l'annulation d'un lien de filiation maternelle sur le fondement de l'article 310-2 du Code civil est contraire à l'intérêt supérieur de l'enfant (incestueux), dès lors que ce dernier a vécu depuis sa naissance avec sa mère qui assume seule l'ensemble de ses besoins affectifs et matériels (CA Caen 8-6-2017 n° 16/01314 : AJ fam. 2017 p. 545 obs. J. Houssier).

L'**interdiction** est **absolue** et d'**ordre public**. **27320**
L'officier d'état civil doit refuser de recevoir la **reconnaissance** du père si la filiation maternelle est déjà établie ; il doit refuser d'inscrire le nom de la mère sur l'acte de naissance si l'enfant a fait l'objet d'une reconnaissance paternelle prénatale. La reconnaissance ou l'acte de notoriété délivré par erreur est nul. Lorsque l'officier d'état civil constate lors de l'apposition de la mention en marge de l'acte de naissance de l'enfant que la reconnaissance est contraire à l'article 310-2 du Code civil, il informe le procureur de la République qui engage alors une action en vue de faire annuler la dernière filiation établie (CPC art. 423).
Si la filiation est déjà établie d'un côté, une **action en recherche**, selon le cas, de paternité ou de maternité est irrecevable. La fin de non-recevoir peut être relevée d'office par le juge.
Une requête en **adoption** simple est également irrecevable (Cass. 1e civ. 6-1-2004 n° 01-01.600 : Bull. civ. I n° 2).
En revanche, l'**action à fins de subsides** qui ne crée pas de lien de filiation est ouverte à la mère contre le géniteur de l'enfant (nos 28400 s.).

ADOPTION PLÉNIÈRE

Le placement de l'enfant en vue de son adoption plénière interdit toute reconnaissance ou toute déclaration de filiation (C. civ. art. 352). La filiation biologique ne peut plus être établie sauf si le placement cesse, si le tribunal refuse de prononcer l'adoption ou si le jugement d'adoption est annulé pour dol ou fraude imputable aux adoptants ou au conjoint, partenaire ou concubin de l'adoptant (C. civ. art. 352 et 353-2). **27325**

PROCRÉATION ET GESTATION POUR AUTRUI

27330 Toute convention portant sur la procréation ou la gestation pour le compte d'autrui est nulle (C. civ. art. 16-7 ; sur ces notions, voir n°s 80200 s.). Le texte, qui est d'ordre public (C. civ. art. 16-9), vise toute convention, qu'elle ait été conclue à titre gratuit ou à titre onéreux. La nullité est absolue. Une telle convention étant nulle, elle ne devrait pouvoir produire, en principe, **aucun effet juridique**. En particulier, l'établissement d'un lien de filiation entre les parents d'intention et l'enfant issu de l'une de ces techniques devrait être impossible, quel que soit le mode d'établissement retenu. Ainsi, dans le cadre d'un contrat de gestation pour autrui **conclu en France**, l'action du père biologique destinée à lui permettre d'établir sa propre filiation sur l'enfant est irrecevable car reposant sur une convention illicite (Cass. 1e civ. 12-9-2019 n° 18-20.472 : BPAT 6/19 inf. 232). Le refus des juridictions françaises d'établir juridiquement la paternité du père biologique d'un enfant né d'une GPA en France ne porte pas atteinte à l'article 8 de la Conv. EDH (CEDH 7-4-2022 n° 13344/20, A. L. c/ France : BPAT 3/22 inf. 172-17).
Sur la reconnaissance en France de filiations établies à la suite de contrats de gestation pour autrui **conclus à l'étranger**, voir n°s 73050 s.

PROCRÉATION MÉDICALEMENT ASSISTÉE AVEC TIERS DONNEUR

27335 La loi interdit formellement qu'un lien de filiation puisse être établi entre l'auteur du don et l'enfant issu de la procréation (C. civ. art. 342-9, al. 1). Cette prohibition est générale, de sorte à exclure tout établissement de la filiation quel que soit le mode retenu (reconnaissance, possession d'état, action en recherche, etc.).
Pour le Conseil constitutionnel, le **droit de mener une vie familiale normale** n'implique pas le droit, pour le tiers donneur, d'établir un lien de filiation avec l'enfant issu du don selon l'un des modes prévus par le titre sur la filiation (présomptions, reconnaissance, possession d'état). Ainsi, le législateur, qui a entendu préserver la filiation entre l'enfant et le couple ou la femme qui a eu recours à l'AMP, a pu interdire l'établissement d'un tel lien entre cet enfant et le tiers donneur (Cons. const. 9-6-2023 n° 2023-1053 QPC).
Le Conseil constitutionnel a également précisé que le droit de mener une vie normale n'implique pas le droit pour le tiers donneur d'établir un lien de filiation adoptive (même décision). Par suite, quand bien même les dispositions contestées (C. civ. art. 342-9) seraient interprétées comme interdisant l'adoption, elles ne méconnaîtraient pas le droit de mener une vie familiale normale.

ATTENTION
L'interdiction d'établir un lien de filiation entre l'enfant né d'un don et le tiers donneur est à distinguer de l'**accès aux origines** (sur ce point, voir n° 80125).

INTERDICTION D'ENGAGER LA RESPONSABILITÉ DU DONNEUR

27340 Aucune action en responsabilité n'est recevable contre le tiers donneur (C. civ. art. 342-9, al. 2). La responsabilité envisagée par ce texte est principalement la responsabilité civile délictuelle de droit commun. Mais, eu égard à la généralité des termes employés, ce sont toutes les actions en responsabilité qui sont exclues.

> **Précisions** Lorsque l'enfant naît avec une **maladie** ou une **malformation**, la responsabilité du tiers donneur ne peut donc pas être recherchée. En revanche, cette disposition ne semble pas interdire, dans pareille hypothèse, qu'une action en responsabilité puisse être intentée à l'égard de l'équipe médicale qui a réalisé la procréation voire, le cas échéant, à l'égard du centre d'études et de conservation des œufs et du sperme (Cecos).

SECTION 3

CONTENTIEUX DE LA FILIATION

27500 Le contentieux est de deux ordres : certaines actions ont pour objet d'**établir une filiation**, d'autres visent à **contester** celle qui existe. Elles sont régies par certains principes communs.
Les actions engagées depuis le **1er juillet 2006** sont soumises aux dispositions issues de l'ordonnance 2005-759 du 4 juillet 2005, les instances introduites avant cette date étant jugées conformément à la loi ancienne.

Dans le cadre des **dispositions transitoires**, les actions en recherche de paternité et en rétablissement de la présomption de paternité peuvent être exercées, sous réserve des décisions de justice passées en force de chose jugée, sans que puisse être opposée la forclusion tirée de la loi ancienne, si la prescription de dix ans de l'article 321 du Code civil n'était pas acquise au 1er juillet 2006. L'action doit être exercée dans le délai qui restait à courir au 1er juillet 2006 (sous réserve d'un minimum d'un an).

> **Précisions** Le contentieux de la filiation doit être distingué des **actions en rectification d'un acte de l'état civil** qui ont pour objet, non l'établissement d'une filiation, mais la simple correction d'une erreur ou omission dans les actes d'état civil (C. civ. art. 99-1 ; CPC art. 1051). La demande en rectification ne doit pas soulever de question d'état. Relève par **exemple** de la rectification d'état civil une demande ayant pour objet de :
> – réparer une erreur sur le sexe ou une omission de prénom dans une reconnaissance (Cass. 1e civ. 26-1-1983 n° 81-16.795 : Bull. civ. I n° 38) ;
> – supprimer sur l'acte de naissance d'un enfant la mention que sa mère est mariée alors qu'elle est divorcée (Cass. 1e civ. 14-5-1985 n° 84-10.437 : Bull. civ. I n° 150).

A. Règles communes

ENFANT NÉ VIABLE

Une action relative à la filiation n'est recevable que si l'enfant est né viable (C. civ. art. 318). La viabilité est, en effet, une condition nécessaire à l'acquisition de la personnalité juridique. En revanche, que le décès intervienne avant l'enregistrement de la naissance n'interdit pas l'établissement de la filiation. 27510

> **Précisions** La question de la filiation doit être distinguée de la prise en compte de l'enfant dans les actes d'état civil. À cet égard, un enfant qui n'est pas né vivant et viable ne peut pas avoir d'acte de naissance ni d'acte de décès. Mais un **acte d'enfant sans vie** peut être dressé sur production d'un certificat médical d'accouchement (C. civ. art. 79-1 ; Décrets 2008-798 et 2008-800 du 20-8-2008 : JO 22 ; Arrêté SJSP0818662A du 20-8-2008 : JO 22 ; Circ. 19-6-2009). À ce jour, on peut penser qu'il concernera des fœtus de 14 semaines d'aménorrhée, ce seuil étant, dans la pratique médicale, retenu pour distinguer la fausse couche de l'accouchement. Mais cette pratique peut évoluer. Le seuil antérieurement retenu était celui de 22 semaines d'aménorrhée ou un poids de 500 grammes qui était le seuil de viabilité retenu par l'Organisation mondiale de la santé. La fixation de ce seuil a été jugée illicite (Cass. 1e civ. 6-2-2008 nos 06-16.498, 06-16.499 et 06-16.500 : Bull. civ. I n° 41).

PRINCIPE CHRONOLOGIQUE DE LA FILIATION

Un enfant ne peut avoir qu'une filiation paternelle et maternelle à la fois (sauf les cas particuliers de l'adoption simple et de l'assistance médicale à la procréation réalisée avec l'intervention d'un tiers donneur au sein d'un couple composé de deux femmes). Pour éviter tout conflit, la **première filiation** établie prime, à charge pour celui qui en revendique une autre d'obtenir, au préalable, l'annulation de la première (C. civ. art. 320). 27515

C'est en application de ce principe qu'une reconnaissance ne peut pas être portée en marge de l'acte de naissance d'un enfant déjà reconnu et qu'un acte de notoriété relatif à la possession d'état d'un enfant doit être refusé dans cette même hypothèse. Si un acte de notoriété a été délivré par erreur, il ne peut pas être porté en marge de l'acte de naissance de l'enfant sans qu'un jugement définitif annulant la précédente filiation ait été rendu.

À titre tout à fait exceptionnel, il peut arriver qu'une **filiation établie postérieurement** prévale lorsque, en contradiction avec une reconnaissance prénatale qu'il ignore, un officier d'état civil reçoit la déclaration de naissance du mari ou la reconnaissance d'un tiers. L'auteur de la reconnaissance prénatale, averti de la situation par le procureur de la République, doit obtenir l'annulation de la filiation postérieurement établie pour faire produire tous ses effets à son acte de reconnaissance.

> **Précisions** **a.** Au **plan procédural**, les actions en contestation et en établissement de filiation peuvent bien entendu être présentées dans le cadre de la même instance, ce qui permet d'interrompre la prescription.
>
> **b.** Le principe chronologique des filiations ne porte pas d'atteinte disproportionnée à la **vie privée**. Il poursuit un but légitime en ce qu'il tend à garantir la stabilité du lien de filiation et à mettre les enfants à l'abri des conflits de filiation (Cass. 1e civ. 5-10-2016 n° 15-25.507 : BPAT 6/16 inf. 215).

INDISPONIBILITÉ DES ACTIONS

27520 Les actions relatives à la filiation ne peuvent pas faire l'objet de **renonciation** (C. civ. art. 323). **Sont nuls** et de nul effet :
– l'engagement de la mère de ne pas chercher à établir la filiation paternelle de son enfant ;
– la convention par laquelle une femme qui porte un enfant s'engage à renoncer à sa filiation maternelle au profit d'une autre femme (voir n° 80210) ;
– la renonciation, par anticipation, à faire appel d'un jugement relatif à une question de filiation ;
– l'acquiescement par anticipation à un tel jugement.
En revanche, le demandeur peut parfaitement se désister d'une instance en cours (par exemple, si les éléments de fait démontrent que sa demande n'est pas fondée). Le défendeur peut acquiescer au jugement ayant déclaré sa paternité ou renoncer à former appel, car cela équivaut à une reconnaissance (Cass. 1e civ. 7-3-2000 n° 97-21.278).

TRANSMISSION DES ACTIONS AUX HÉRITIERS

27525 Les actions visant à établir ou à contester une filiation se transmettent aux héritiers des personnes autorisées à agir (C. civ. art. 322). Selon l'objet de la demande, **il s'agit** des héritiers de l'enfant, de ceux de l'un ou l'autre des parents « légaux » ou prétendus ou encore des héritiers de toutes les personnes qui avaient un intérêt légitime à agir. Seuls les héritiers ab intestat sont concernés. Par conséquent, le légataire universel, qui n'est pas un héritier ab intestat, est irrecevable :
– à exercer l'action en contestation de paternité du disposant (Cass. 1e civ. 2-4-2014 n° 13-12.480 : Bull. civ. I n° 62, Dalloz actualité 2-6-2014 obs. Douville, D. 2014 p. 1171 obs. F. Granet-Lambrechts, AJ fam. 2014 p. 309 obs. V. Georget) ;
– à poursuivre celle que ce dernier a engagée de son vivant (Cass. 1e civ. 21-9-2022 n° 20-21.035 F-B : BPAT 6/22 inf. 266).
Les héritiers peuvent **poursuivre l'action** déjà engagée, sauf s'il y a eu désistement ou péremption d'instance.
Ils peuvent également être **à l'initiative de la demande** si leur auteur est décédé avant l'expiration du délai qui lui était imparti pour agir. Les héritiers de l'enfant bénéficient de la suspension du cours de la prescription durant la minorité de ce dernier.

COMPÉTENCE DU TRIBUNAL JUDICIAIRE

27530 Les actions relatives à la filiation relèvent de la **compétence exclusive** du tribunal judiciaire (C. civ. art. 318-1). Toute autre juridiction doit se déclarer incompétente, le cas échéant, d'office. Si une question de filiation se pose de manière incidente, la juridiction saisie doit surseoir à statuer jusqu'à ce que le tribunal judiciaire statue sur la question préjudicielle.
Toutefois, lorsque les conditions de l'article 313 du Code civil sont réunies (voir n°s 27110 s.), la présomption de paternité est écartée automatiquement sans qu'il soit besoin d'un jugement. Le juge aux affaires familiales peut donc statuer sur la résidence de l'enfant ou dispenser le mari de payer une pension alimentaire au motif que la présomption de paternité ne s'applique pas (Cass. 1e civ. 13-4-1988 n° 86-16.882 : D. 1988 somm. p. 399 ; Cass. 1e civ. 7-6-1989 n° 87-13.330 : D. 1989 somm. p. 362).

27535 Pour éviter tout risque d'incohérence, le **civil tient le pénal en l'état** : il ne peut être statué au pénal sur une infraction portant atteinte à la filiation qu'après que la décision sur la question de la filiation est passée en force de chose jugée (C. civ. art. 319). Toutes les infractions sont concernées, quelle que soit leur qualification. C'est notamment le cas d'un éventuel clonage reproductif, qui est constitutif d'un crime (C. pén. art. 214-2 ; Circ. du 30-6-2006 p. 33 : BO Justice n° 103 § 1.1.2).

COMMUNICATION AU MINISTÈRE PUBLIC

27540 Le ministère public doit avoir communication des affaires relatives à la filiation (CPC art. 425). Cette obligation **concerne** :
– les actions en recherche de filiation ;
– les contestations de la présomption légale de paternité (Cass. 1e civ. 31-10-2007 n° 06-20.684 : RJPF 2008-1/38 ; Cass. 1e civ. 7-11-2018 n° 17-26.445 : BPAT 1/19 inf. 12) ;
– les contestations d'une reconnaissance (Cass. 1e civ. 6-2-2008 n° 06-22.141 : Bull. civ. I n° 47) ;
– les actions en annulation d'un acte de notoriété (Cass. 1e civ. 24-5-2007 n° 06-20.058 : RJPF 2007-7-8/33).
Il en va différemment de la délivrance d'un acte de notoriété (Cass. 1e civ. 4-7-2007 n° 05-20.204 : Bull. civ. I n° 256).

L'obligation de communication est d'**ordre public** (Cass. 1e civ. 22-2-2017 n° 16-12.917 : AJ fam. 2017 p. 249 obs. J. Houssier). Devant être satisfaite à tous les stades de la procédure, elle doit être réitérée en appel (Cass. 1e civ. 15-5-2008 n° 07-17.407 : AJ fam. 2008 p. 299 obs. F. C).
La **preuve** de cette communication peut être rapportée par tous moyens.

OPPOSABILITÉ D'UN JUGEMENT ET TIERCE OPPOSITION

Les jugements relatifs à la filiation sont opposables à **tous**, même à ceux qui n'ont pas été parties à la procédure (C. civ. art. 324). **27545**

Seules les personnes qui auraient pu agir et qui n'ont pas été appelées en la cause peuvent former **tierce opposition**. Tel n'est pas le cas des ayants cause universels de l'homme dont la paternité a été déclarée, car ils sont les continuateurs de leur auteur (Cass. 1e civ. 7-3-2000 n° 97-21.278 : Dr. famille, septembre 2000 p. 17). **27550**

La plupart des actions étant réservées à certaines personnes désignées, la tierce opposition est en pratique limitée aux actions :
– en constatation de la possession d'état ;
– en contestation de la filiation établie par un titre non corroboré par la possession d'état ;
– en contestation de la possession d'état.

Le **délai** pour exercer la tierce opposition est défini par renvoi à l'article 321 du Code civil. Il est donc de dix ans à compter du jour où la personne a été privée de l'état qu'elle réclame, ou a commencé à jouir de l'état qui lui est contesté, sauf si l'action est enfermée par la loi dans un autre délai.

Si le **recours aboutit**, la décision attaquée n'est inopposable qu'au tiers opposant (Cass. 1e civ. 27-10-1981 n° 80-14.537 : Bull. civ. I n° 309).

Le **tribunal** peut d'office **ordonner** que soient **mis en cause tous les intéressés** auxquels il estime que le jugement doit être rendu commun (C. civ. art. 324). Il s'agit d'éviter que le jugement soit contesté par la voie de la tierce opposition. **27555**

Les parties peuvent aussi solliciter la mise en cause de tiers, étant précisé que ces appels en la cause ne sont pas soumis au délai de prescription des actions.

PREUVE DE LA FILIATION : PRINCIPES

La preuve d'une filiation ne peut être rapportée que si l'**action** est **recevable** (C. civ. art. 310-3). Les juges doivent donc s'assurer au préalable que l'action n'est pas prescrite, que le demandeur justifie d'un intérêt à agir et qu'il n'existe pas de fin de non-recevoir. **27560**

La preuve de la filiation est **libre**, en demande comme en défense, qu'il s'agisse d'établir ou de contester une filiation maternelle ou paternelle (C. civ. art. 310-3). **27565**

Elle peut donc se faire par témoignages, documents administratifs, lettres, photographies, présomption relative à la date de conception de l'enfant et, bien sûr, expertise biologique qu'il s'agisse d'une comparaison des formules sanguines ou d'analyses d'ADN. La preuve peut aussi résulter de la stérilité d'un des parents ou de l'impossibilité de procréer (par exemple, pour une personne transgenre). Les juges du fond apprécient souverainement l'ensemble de ces éléments (pour un exemple, Cass. 1e civ. 31-1-2006 n° 03-13.642).

PRÉSOMPTION QUANT À LA PÉRIODE DE CONCEPTION

L'enfant est présumé avoir été conçu pendant la période qui s'étend du 300e au 180e jour, inclusivement, avant la date de sa naissance. La conception est présumée avoir eu lieu à un moment quelconque de cette période, suivant ce qui est demandé dans l'intérêt de l'enfant (C. civ. art. 311). **27570**

Complétée par des témoignages relatant l'existence de relations intimes durant la période de conception, cette présomption est de nature à établir la filiation. Mais il s'agit d'une présomption simple qui peut donc être combattue, par exemple, par des rapports médicaux attestant de la prématurité de l'enfant.

EXPERTISE BIOLOGIQUE

Principe Sauf lorsqu'elle est demandée à l'occasion d'une action en constatation de la possession d'état, l'expertise biologique est **de droit** (Cass. 1e civ. 2-4-2008 n° 06-10.256 : Bull. civ. I n° 101 ; Cass. 1e civ. 12-10-2011 n° 10-23.071). Celui qui la demande n'a pas à prouver au préalable l'existence de présomptions ou d'indices de nature à établir ou infirmer la filiation litigieuse (Cass. ass. plén. 23-11-2007 nos 05-17.975 et 06-10.039 : Bull. civ. ass. plén. n° 8 ; Cass. 1e civ. 12-10-2011 n° 10-23.071 précité). **27575**

Le **juge compétent** pour ordonner une expertise biologique est en principe le tribunal judiciaire. Mais le juge de la mise en état peut aussi en décider (Cass. 1e civ. 28-11-2007 n° 06-19.157 : Bull. civ. I n° 371). Si la demande est présentée pour la première fois en appel, c'est le conseiller de la mise en état qui est compétent (CPC art. 789).
Le juge des référés peut, pour sa part, autoriser à titre conservatoire un prélèvement sur un défunt dans la perspective d'une future action en recherche de paternité.

ATTENTION

En dehors de toute procédure et autorisation du juge, les parents ne peuvent pas faire réaliser un test génétique pour s'assurer de la filiation de l'enfant (C. civ. art. 16-11). Cette interdiction ne méconnaît ni le droit au respect de la vie privée et familiale ni le droit de l'enfant de connaître ses parents et d'être élevé par eux (Cass. 1e civ. 8-6-2016 n° 15-16.696 : BPAT 4/16 inf. 148). Les tests réalisés dans ces conditions sont écartés des débats (pour un exemple, Cass. 1e civ. 29-2-2012 n° 11-12.460 : BPAT 2/12 inf. 85). Une telle démarche est même sanctionnée pénalement (C. pén. art. 226-28).
Un test génétique ne peut être ordonné qu'à l'occasion d'une **instance au fond** relative à la filiation ou à des subsides (C. civ. art. 16-11). Il ne peut pas l'être en **référé** (Cass. 1e civ. 8-6-2016 n° 15-16.696 : BPAT 4/16 inf. 148). Cette jurisprudence doit être étendue aux examens comparés des sangs dès lors que les expertises biologiques en matière de filiation poursuivent une même finalité et présentent, grâce aux évolutions scientifiques, une fiabilité similaire (Cass. 1e civ. 12-6-2018 n° 17-16.793 : BPAT 4/18 inf. 152).

27578 **Limites** Deux règles viennent limiter le recours à l'expertise biologique.
Sauf accord exprès manifesté de son vivant, aucune identification par empreintes génétiques ne peut être réalisée **après la mort** d'une personne (C. civ. art. 16-11). Cette disposition a été jugée conforme à la Constitution (Cons. const. 30-9-2011 n° 2011-173 QPC).
La Cour de cassation semble en faire une lecture restrictive. Elle a autorisé la communication d'échantillons sanguins déjà prélevés avant le décès (à l'occasion d'une intervention chirurgicale) et indispensables à une expertise médico-légale diligentée à l'étranger pour déterminer la paternité du défunt au motif que cela ne constituait pas une mesure d'identification d'une personne par ses empreintes génétiques (Cass. 1e civ. 4-6-2007 n° 04-15.080 : Bull. civ. I n° 224).
En tout état de cause, lorsque la demande nécessite l'exhumation, les ayants droit du défunt doivent être mis en cause, le juge devant relever d'office cette fin de non-recevoir (Cass. 1e civ 13-11-2014 n° 13-21.018 : Bull. civ. I n° 188).
Enfin, les dispositions du Code civil ne font pas obstacle à ce que soit ordonnée une expertise biologique visant à comparer les empreintes génétiques de l'enfant avec celles de membres de la famille du père supposé lorsque ce dernier est décédé (qu'il s'agisse de descendants du défunt : CA Caen 9-1-2014 n° 09/01687 : Dr. famille 2014 comm. 75 note C. Neirinck, ou de ses ascendants : Cass. 1e civ. 3-3-2021 n° 19-21.384 F-P : JCP 2021 p. 518, note E. Bonifay).
Une troisième limite s'impose dans le cas de la filiation d'un enfant né par AMP avec don de sperme (voir n° 27815).

27580 Le **tribunal** peut, pour **motif légitime**, refuser d'ordonner une expertise biologique (Cass. 1e civ. 28-3-2000 n° 98-12.806 : Bull. civ. I n° 103 ; Cass. 1e civ. 14-6-2005 n° 04-13.913 : Bull. civ. I n° 257). Dans ce dernier cas, les juges sont tenus de motiver leur décision afin que la Cour de cassation puisse exercer son contrôle.
Au titre des motifs légitimes justifiant le refus d'une expertise biologique, il faut **notamment** citer :
– l'irrecevabilité de l'action engagée. Ce motif est expressément visé par la loi (C. civ. art. 310-3, al. 2 ; pour une illustration jurisprudentielle, Cass. 1e civ. 14-6-2005 n° 02-18.654 : Bull. civ. I n° 252) ;
– le fait que l'expertise serait vouée à l'échec, par exemple en raison de l'absence de localisation du père contesté (Cass. 1e civ. 14-6-2005 n° 03-19.582 : Bull. civ. I n° 250 ; Cass. 1e civ. 2-12-2020 n° 19-21.850 F-P : Bull. civ. I p. 161) ou de l'absence de domicile connu de l'enfant dont la filiation est contestée (Cass. 1e civ. 11-10-2017 n° 16-23.104) ;
– le caractère dilatoire de la demande. Ainsi jugé à l'encontre de l'homme qui avait dans un premier temps refusé de se soumettre à une expertise et dont la paternité avait ensuite été établie à partir d'autres indices (Cass. 1e civ. 14-6-2005 n° 03-19.325 : Bull. civ. I n° 255) ;
– l'objectif purement financier de la demande (Cass. 1e civ. 30-9-2009 n° 08-18.398 dans un cas où l'auteur de la reconnaissance n'avait jamais contesté sa paternité et où son fils tentait de la remettre en cause pour contester une donation faite à sa demi-sœur).
En revanche, **ne constituent pas un motif légitime** pour refuser une expertise biologique :
– l'existence d'indices jugés suffisants pour établir la filiation (Cass. 1e civ. 28-5-2008 n° 07-15.037 : Bull. civ. I n° 157) ;

– l'identité partielle de patrimoine génétique entre celui qui refuse de se soumettre à l'expertise et son frère, le mari de la mère de l'enfant lors de la conception (Cass. 1e civ. 8-7-2009 n° 08-18.223 : Bull. civ. I n° 159) ;
– le traumatisme de l'enfant résultant de sa découverte d'un prétendu père qui ne s'est jamais intéressé à elle (Cass. 1e civ. 14-1-2015 n° 13-28.256 ; à rapprocher de CEDH 14-1-2016 n° 30955/12, M. c/ France, qui considère qu'établir la filiation réelle de l'enfant relève de l'intérêt supérieur de ce dernier, même si c'est contre sa volonté) ;
– le caractère tardif de l'action en contestation de paternité ou encore l'intérêt supérieur de l'enfant (Cass. 1e civ. 13-7-2016 n° 15-22.848 : BPAT 5/16 inf. 185) ;
– l'absence de décision irrévocable sur la recevabilité de l'action en recherche de paternité (Cass. 1e civ. 8-7-2020 n° 18-20.961 F-PB : AJ fam. 2021 p. 485 obs. Saulier).

L'intéressé (notamment l'enfant lui-même, le père biologique ou ses descendants) a le droit de **refuser de se soumettre à l'expertise** ordonnée. Les juges sont, alors, libres d'en tirer toutes les conséquences. Il n'y a pas violation du droit au respect de la vie privée et familiale lorsque leur solution s'appuie aussi sur d'autres éléments de fait (CEDH 25-6-2015 n° 22037/13 : BPAT 5/15 inf. 165 ; CEDH 14-1-2016 n° 30955/12, M. c/ France). 27585

Les juges peuvent y voir un aveu de la paternité recherchée s'il est, par exemple, établi que le père recherché :
– se comportait comme tel à l'égard de l'enfant et était considéré comme tel par l'entourage (Cass. 1e civ. 31-1-2006 n° 05-12.876 : Bull. civ. I n° 46 ; voir aussi Cass. 1e civ. 24-10-2012 n° 11-22.202 : BPAT 6/12 inf. 289) ;
– a eu, durant la période de conception, une liaison avec la mère de l'enfant (CEDH 25-6-2015 n° 22037/13 : BPAT 5/15 inf. 165) ;
– a eu une relation amoureuse avec la mère, désignait l'enfant sous le vocable de « fiston » et qu'il lui manifestait son intérêt en se souciant de sa scolarité et en lui offrant des cadeaux (Cass. 1e civ. 10-6-2015 n° 14-17.928, dans un cas où le père recherché était décédé et où l'expertise concernait les enfants « officiels » du défunt).

Ils peuvent aussi y voir la confirmation du caractère mensonger de la reconnaissance litigieuse (Cass. 1e civ. 28-5-2008 n° 06-20.035 ; en sens contraire, Cass. 1e civ. 23-1-2007 n° 06-10.461 : RJPF 4/2007 p. 28).

À l'inverse, les juges peuvent considérer que le refus de se soumettre à une expertise biologique ne suffit pas à prouver la vraisemblance de la filiation. Ainsi jugé dans une espèce où la demande intervenait plus de trente ans après les faits et où la mère avait, lors de la naissance de l'enfant, écarté la présomption de paternité de son mari en inscrivant l'enfant sous son seul nom de jeune fille (Cass. 1e civ. 3-1-2006 n° 03-19.737).

B. Action en établissement de la filiation

Seront étudiées les actions judiciaires en filiation puis les actions en rétablissement de la présomption de paternité. 27785

Les actions qui, selon le **droit commun** de la filiation (nos 27800 s.), permettent d'établir judiciairement la maternité de la femme non mariée (action en recherche de maternité, action en constatation de la possession d'état), et la paternité de l'homme non marié (action en recherche de paternité, action en constatation de la possession d'état) sont également ouvertes aux enfants d'une **AMP sans tiers donneur**, dans les mêmes conditions (en ce sens, Cass. 1e civ. 16-3-2016 n° 15-13.427 : BPAT 3/16 inf. 100, AJ fam. 2016 p. 212-213 obs. M. Saulier).

Pour les enfants nés d'une AMP **avec tiers donneur**, des régimes particuliers existent.

1. ACTIONS EN RECHERCHE DE FILIATION

Les actions en recherche de filiation sont au nombre de deux : 27800
– l'action en **recherche de maternité**, qui peut être engagée à l'encontre d'une femme mariée ou non (C. civ. art. 325). Elle ne se rencontre que dans des cas exceptionnels de substitution ou de supposition d'enfant (sur la définition de ces termes, voir n° 28240) ;
– l'action en **recherche de paternité hors mariage** (C. civ. art. 327), qui est au contraire fréquemment exercée.

Ces deux **actions** sont soumises au même régime. Elles n'ont d'**intérêt** que lorsque l'enfant est dépourvu de titre ou de possession d'état. En effet, si l'enfant est pourvu d'un titre (le nom de sa mère figure dans son acte de naissance ou elle l'a reconnu ; son père l'a reconnu), l'action est sans objet. Si l'enfant a une possession d'état sans vice, il est possible de demander un acte de notoriété (nos 27200 s.) ou d'engager une action en vue de la faire constater (nos 28030 s.).

PARTIES

27810 **Demandeur** L'action est strictement réservée à l'**enfant** (C. civ. art. 325 et 327). Sur la situation de ses héritiers, voir n° 27525.

Le parent à l'égard duquel la filiation est établie n'a aucun droit personnel à agir. Mais il peut exercer l'action au nom de l'enfant **pendant sa minorité**. Il est d'ailleurs réputé agir en son nom même s'il ne l'a pas indiqué expressément dans l'assignation (Cass. 1e civ. 23-11-1977 n° 76-11.149 : Bull. civ. I n° 441). Seul habilité à représenter son enfant même s'il est lui-même mineur (C. civ. art. 328), il peut régulariser l'action engagée par ses propres représentants légaux en se substituant à eux. En l'absence de filiation établie ou si son parent est décédé ou dans l'impossibilité de manifester sa volonté, l'instance est introduite au nom de l'enfant par son tuteur avec l'autorisation du conseil de famille (C. civ. art. 328 et 408).

> **Précisions** Le **majeur sous curatelle** doit être assisté de son curateur. S'il est sous **tutelle**, l'action est conduite par son tuteur avec l'autorisation du juge ou du conseil de famille s'il en a été constitué un (C. civ. art. 475). S'agissant du majeur sous **habilitation familiale**, tout dépend du champ de l'étendue de l'habilitation donnée.
> Le **mineur émancipé** agit par lui-même (Cass. 1e civ. 14-3-1978 n° 76-12.992 : Bull. civ. I n° 104).

27815 **Défendeur** L'action est dirigée, selon le cas, contre la **mère ou** le **père prétendu** (C. civ. art. 328). Le parent recherché doit, dans tous les cas, être personnellement mis en cause. Il est représenté par ses représentants légaux s'il est mineur ou par son tuteur s'il est sous tutelle ; il est assisté de son curateur s'il est sous curatelle. En cas de majeur sous habilitation familiale, il faut vérifier l'étendue de l'habilitation.

Pour un enfant né par **AMP avec don de sperme**, la paternité du concubin ou du partenaire de sa mère peut, à défaut de reconnaissance de sa part, être judiciairement déclarée dans le cadre d'une action en recherche de paternité obéissant aux articles 328 et 331 du Code civil (C. civ. art. 342-13, al. 2). Cette action aboutira obligatoirement car il s'agira de prouver, non pas la vérité biologique de la paternité alléguée, laquelle est par hypothèse exclue en cas de don de sperme, mais uniquement le consentement donné à la procréation et non révoqué en temps utile (sur ce consentement, voir n° 80320).

Si le parent recherché est **décédé**, l'action est dirigée contre ses héritiers. Notons que la mise en cause d'un héritier interrompt le délai de prescription à l'égard de tous, l'enfant étant alors autorisé à assigner les autres héritiers au-delà du délai (Cass. 1e civ. 16-12-1992 n° 91-12.096 : Bull. civ. I n° 312).

En l'absence d'héritiers ou s'ils ont renoncé à la succession, l'action est engagée contre le procureur de la République (CPC art. 1151). Les héritiers renonçants doivent alors être appelés en la cause pour faire valoir leurs droits moraux.

27820 Dans le cas d'une **action en recherche de maternité**, si la mère prétendue était mariée à l'époque de la conception ou de la naissance de l'enfant, le demandeur, voire le tribunal, peut demander la mise en cause du **mari** afin que son éventuelle paternité soit envisagée.

DÉLAI

27825 Pour engager l'action, l'enfant a **dix ans** à compter du jour où il a été privé de la filiation qu'il revendique (C. civ. art. 321), c'est-à-dire à compter de sa naissance. En pratique, le cours de la prescription étant **suspendu** pendant sa minorité, l'action peut être exercée par le représentant légal de l'enfant durant toute sa minorité et par lui-même à compter de ses 18 ans et jusqu'à ses 28 ans.

> **Précisions a.** Le délai de dix ans de l'action en établissement de la filiation ne porte pas atteinte au droit au **respect de la vie privée et familiale**. Il permet à chacun d'avoir suffisamment de temps, une fois atteint l'âge de la majorité, pour décider d'entamer ou non une procédure en reconnaissance de paternité tout en préservant dans le même temps la sécurité juridique pour le père présumé et sa famille (CEDH 3-10-2017 n°s 72105/14 et 20415/15 Silva et Mondim Correia c/ Portugal : BPAT 1/18 inf. 16 ; CEDH 19-10-2021 n° 69997/17, L. c/ Suisse).
> **b.** Ne porte pas atteinte à la vie privée et familiale d'un homme le fait de déclarer son **action** en recherche de paternité **prescrite**, dès lors qu'il a agi à 62 ans et qu'il ne prouve pas qu'il était dans l'impossibilité d'agir dans le délai légal de dix ans suivant sa majorité (Cass. 1e civ. 15-2-2023 n° 21-18.427 F-D : BPAT 3/23 inf. 116. Dans le même sens : CEDH, 5e sect., 12-10-2023 n°s 56513/17 et 56515/17, C.P. et M.N. c/ France).

FINS DE NON-RECEVOIR

Une action en recherche de filiation ne peut pas prospérer si : 27830
– l'enfant a une **filiation déjà établie**. Cette filiation concurrente devra au préalable être annulée (nº 27515), étant précisé que si elle résulte d'une adoption, elle est en principe irrévocable. Il en va différemment de l'adoption simple, qui laisse la possibilité d'une action en recherche de maternité ou de paternité ;
– l'enfant est issu d'un **inceste** absolu et sa filiation à l'égard de son autre parent est déjà établie (nºs 27310 s.).

L'autorité de la chose jugée dans une **action aux fins de subsides** n'élève aucune fin de non-recevoir contre une action ultérieure en recherche de paternité (C. civ. art. 342-8). L'échec d'une demande de subsides à l'égard d'un homme n'interdit pas de faire établir la paternité de celui-ci ; une condamnation d'un homme à verser des subsides n'empêche pas de rechercher la paternité d'un autre. 27831

PREUVE

Pour une recherche de **maternité**, l'enfant doit prouver qu'il est celui dont a accouché la femme qu'il prétend être sa mère (C. civ. art. 325, al. 2). Il doit donc établir que sa mère prétendue a accouché et qu'il est bien son enfant. 27835
Dans le cadre d'une recherche de **paternité**, le demandeur doit établir la paternité biologique de l'homme qu'il prétend être son père.
Dans les deux cas, la preuve peut se faire par **tous moyens** (voir nºs 27560 s.).

EFFETS DU JUGEMENT

Établissement de la filiation S'il est fait droit à la demande, la filiation maternelle ou paternelle est établie **rétroactivement** au jour de la naissance de l'enfant, voire de sa conception si c'est son intérêt (sur l'opposabilité du jugement aux tiers, voir nºs 27545 s.). Les actes d'état civil de l'intéressé doivent immédiatement être mis à jour. 27840
L'enfant peut se prévaloir de tous les **droits attachés à la filiation**. Notamment, il devient successible, la rétroactivité de la filiation lui permettant d'hériter de son auteur (C. civ. art. 725).
Il peut aussi changer de nom, bénéficier d'une pension alimentaire au titre de l'obligation d'entretien et d'éducation ou de l'obligation alimentaire, etc.

> **Précisions** La filiation établie à l'égard d'une **femme mariée** devrait entraîner la présomption de paternité du mari, du moins dans le cas exceptionnel où la présomption n'a pas été écartée par la non-indication du nom du mari ou par la séparation des époux.

Mesures accessoires Pour éviter la multiplication des instances et la saisine du juge aux affaires familiales, le tribunal qui tranche une question de filiation statue s'il y a lieu sur (C. civ. art. 331) : 27850
– l'exercice de l'**autorité parentale** ;
– la **contribution à l'entretien et à l'éducation** de l'enfant, qui rétroagit au jour de la naissance de l'enfant : voir nº 36315 ;
– l'attribution du **nom** (nºs 31560 s.).

> **Précisions** Le tribunal peut organiser l'exercice de l'autorité parentale dès lors qu'il reconnaît une filiation, et ce, **même en dehors** d'une action en recherche de paternité ou maternité exercée par l'enfant ou d'une action en rétablissement de la présomption de paternité (Cass. 1e civ. 3-10-2018 nº 17-23.627 : BPAT 6/18 inf. 231).

Enfin, le parent qui s'est soustrait à sa responsabilité parentale peut être condamné à des **dommages et intérêts** au titre de sa responsabilité civile tant à l'égard de l'enfant que de l'autre parent. 27855

2. ACTION EN RÉTABLISSEMENT DE LA PRÉSOMPTION DE PATERNITÉ

Lorsque la présomption de paternité du mari a été écartée (nºs 27110 s.), elle peut être rétablie s'il est prouvé que le mari est le père (C. civ. art. 329). Cette action n'a vocation à être **mise en œuvre** que si la présomption n'est pas automatiquement rétablie, faute pour l'enfant d'avoir une possession d'état. 27880

> **Précisions** La **reconnaissance de l'enfant par le mari** étant possible (C. civ. art. 315) et constituant un moyen simple, rapide et gratuit pour établir une filiation, le père aura intérêt à utiliser ce procédé plutôt qu'à engager une action en rétablissement de la présomption de paternité. Cette action n'a de réel intérêt que lorsqu'un tiers souhaite rétablir la paternité du mari, telle la mère par exemple.

PARTIES

27885 Pendant la minorité de l'enfant, l'**action appartient** aux époux à titre personnel (C. civ. art. 329). Ils peuvent agir séparément ou conjointement. Peu importe qu'ils soient ou non encore mariés le jour où ils saisissent le tribunal.

Une fois l'enfant majeur, lui seul peut saisir le tribunal (C. civ. art. 329). Il peut également agir à titre personnel s'il est émancipé. Sur la transmission de l'action à ses héritiers, voir nº 27525.

27890 L'action est **dirigée contre** :
- le conjoint ou ses héritiers si elle est engagée par l'un des époux ;
- le parquet si les époux agissent conjointement. La demande peut dans ce cas être présentée sous forme d'une requête conjointe gracieuse ;
- le père revendiqué si l'action est engagée par l'enfant.

DÉLAI POUR AGIR

27895 Chacun des **époux** peut agir durant toute la minorité de l'enfant. Au-delà, l'action est prescrite à leur égard.

L'**enfant**, lui, a dix ans pour agir à compter de sa majorité.

PREUVE

27900 Le demandeur doit prouver, par tous moyens, que le père est le mari. En demande comme en défense, l'expertise biologique est de droit, sauf motif légitime de ne pas y procéder (nºs 27575 s.).

EFFETS DU JUGEMENT

27905 Le rétablissement de la présomption de paternité fait exister la filiation rétroactivement à la date de la naissance de l'enfant avec les conséquences exposées nºs 27840 s.

3. ACTION EN CONSTATATION DE LA POSSESSION D'ÉTAT

28030 Cette action permet de rechercher la maternité ou la paternité de personnes mariées ou non (C. civ. art. 330). **En pratique**, elle est **utilisée pour** établir une paternité hors mariage lorsque le père est décédé sans avoir reconnu l'enfant.

Le tribunal peut par exemple être saisi parce que :
- un acte de notoriété ne peut plus être demandé en raison de la prescription de cinq ans (nº 27250) ;
- l'acte de notoriété a été refusé au motif que la possession d'état était viciée ou insuffisamment constituée. L'action en constatation reste possible, car elle a un objet et un fondement distincts.

Cela dit, l'action en constatation de la possession d'état n'est pas subsidiaire par rapport à la demande d'un acte de notoriété. Elle peut être engagée sans demande préalable de délivrance d'un tel acte (CA Paris 22-1-2009 nº 08-12806, 1e ch. C).

Fondée sur l'apparence d'une réalité biologique, la possession d'état correspond à une réalité affective, matérielle et sociale (Cass. 1e civ. avis 23-11-2022 nº 22-70.013 PB : BPAT 1/23 inf. 8). Cette action ne vise donc pas à démontrer une filiation biologique mais à consacrer cette **réalité sociale et affective**. Il en résulte des **spécificités procédurales**.

PARTIES

28035 Contrairement aux autres actions en établissement de la filiation, celle qui vise à constater une possession d'état est ouverte à tout intéressé (C. civ. art. 330). **Peuvent** donc **saisir le tribunal** :
- l'enfant, représenté par son représentant légal s'il est mineur ;
- le parent à l'égard duquel la filiation est établie, c'est-à-dire généralement la mère. Celle-ci agit en vertu d'un droit propre ;
- toute personne ayant un intérêt légitime, notamment les grands-parents ou encore l'homme qui n'est pas le père biologique mais s'est occupé de l'enfant, dès lors que la preuve biologique n'est pas un critère de recevabilité de cette action (voir nº 28050).

S'agissant d'une action relative à l'état de la personne, les créanciers de l'enfant sont sans intérêt à agir.

Sur la transmission de l'action aux héritiers, voir nº 27525.

L'**action** est généralement **menée contre** celui dont la possession d'état est revendiquée, ou ses héritiers s'il est décédé. À défaut d'héritiers ou si ceux-ci ont renoncé à la succession, l'action est exercée contre le ministère public.

DÉLAI POUR AGIR

Il est de dix ans à compter de la cessation de la possession d'état ou du décès du parent prétendu (C. civ. art. 330). Il est suspendu en faveur de l'enfant durant sa minorité (C. civ. art. 321). **28040**

> **Précisions** Le délai de prescription de l'action en constatation de la possession d'état, qui laisse subsister un **délai raisonnable** pour permettre à l'enfant d'agir après sa majorité, ne porte pas atteinte au droit au respect de la vie privée et familiale (Cass. 1e civ. 2-12-2020 no 19-20.279 F-P : AJ fam. 2021 p. 55 obs. Houssier).

FIN DE NON-RECEVOIR

Sauf à en obtenir l'annulation, l'existence d'une filiation déjà établie constitue une fin de non-recevoir. **28045**

En revanche, le fait que le demandeur ait été débouté d'une action en recherche de paternité dans une précédente procédure n'interdit pas la constatation de la possession d'état, puisque ces deux actions n'ont pas le même fondement (Cass. 1e civ. 27-6-2000 no 98-23.065 : RTD civ. 2001 p. 121 note J. Hauser).

PREUVE

Le demandeur doit prouver l'existence d'un ensemble de faits constitutifs de la possession d'état qui doit être continue, paisible, publique et non équivoque (nos 27205 s.). **28050**

Cette preuve peut être rapportée par tous **moyens**. Mais, s'agissant d'établir une réalité affective et sociologique, toute expertise biologique est exclue (Cass. 1e civ. 16-6-2011 no 08-20.475 : BPAT 4/11 inf. 234). La circonstance que le demandeur à l'action en constatation de la possession d'état ne soit pas le père biologique de l'enfant ne représente pas, en soi, un obstacle au succès de sa prétention ; il appartient au juge, en considération des éléments d'espèce, d'apprécier si les conditions de la possession d'état sont remplies : voir nos 27205 s. (Cass. 1e civ. avis 23-11-2022 no 22-70.013 PB : BPAT 1/23 inf. 8, à propos d'une jeune fille mineure placée dans un établissement social).

Les **juges** font une appréciation souveraine des éléments qui leur sont fournis. Mais ils doivent, sous peine de cassation, motiver leur décision et caractériser les qualités de la possession d'état.

EFFETS DU JUGEMENT

Le jugement constatant une possession d'état établit la filiation **rétroactivement** et statue le cas échéant sur les mesures accessoires (nos 27850 s.). **28055**

Il est **opposable** à tous. Mais contrairement à la règle de droit commun en matière d'actions en établissement de la filiation (no 27550), la **tierce opposition** est ouverte à tous les intéressés. L'opposant peut contester le jugement en apportant la preuve d'un vice affectant la possession d'état ou en soutenant que celle-ci n'est pas conforme à la vérité biologique. Il peut solliciter une expertise biologique.

C. Action en contestation de la filiation

Trois actions permettent de contester une filiation. **28200**

L'action en contestation de maternité suppose que soit rapportée la preuve que la mère n'a pas accouché de l'enfant. Quant à l'action en contestation de la paternité, elle est fondée sur la non-conformité de la filiation paternelle établie à la vérité biologique. Les deux actions suivent le même régime et s'appliquent tant aux filiations hors mariage qu'à celles établies dans le cadre d'un mariage.

L'action en contestation de la possession d'état relève d'un régime particulier, car c'est la **réalité sociologique** de la filiation qui est mise en cause.

La filiation d'un **enfant né d'une AMP avec tiers donneur** ne peut être contestée que dans certaines conditions.

> **Précisions** Nous n'étudions ici que les actions qui mettent en question le lien de filiation. Elles ne doivent pas être confondues avec les actions visant par exemple à contester la **validité d'une reconnaissance** pour violation de ses conditions de forme (reconnaissance faite sous seing privé, par exemple) ou de fond (auteur atteint d'un trouble mental, par exemple).

1. ACTION EN CONTESTATION DE LA PATERNITÉ OU DE LA MATERNITÉ

28210 La filiation maternelle peut être contestée si la preuve que la mère n'a pas accouché de l'enfant peut être rapportée, par tous moyens. S'agissant de la filiation paternelle, elle peut être contestée si elle n'est pas conforme à la réalité biologique (C. civ. art. 332). Établir la filiation réelle relève de l'intérêt supérieur de l'enfant, même si ce dernier ne le souhaite pas (CEDH 14-1-2016 n° 30955/12, M. c/ France ; Cass. 1e civ. 7-11-2018 n° 17-26.445 : BPAT 1/19 inf. 12). Mais le **régime de l'action varie** selon que la filiation établie par le titre (acte de naissance, reconnaissance ou présomption légale) est confortée ou non par une possession d'état conforme.

POSSESSION D'ÉTAT CONFORME AU TITRE

28215 **Parties** L'**action** est **réservée à** (C. civ. art. 333) :
– l'enfant qui doit, s'il est mineur, être représenté. La désignation d'un mandataire ad hoc sera le plus souvent nécessaire compte tenu de la divergence d'intérêts existant entre l'enfant et ses représentants légaux. S'il est majeur sous curatelle ou sous tutelle, il doit, selon le cas, être assisté par son curateur ou représenté par son tuteur ;
– son père ;
– sa mère ;
– celui qui se prétend le parent véritable.
Si l'un des titulaires de l'action décède, son action se transmet à ses héritiers (voir n° 27525).

28220 L'enfant qui prend l'initiative de l'action doit **agir contre** celui dont il conteste la filiation et mettre en cause son autre parent.
Le parent qui conteste sa propre maternité ou paternité ou la filiation de l'autre parent doit faire citer l'enfant et l'autre parent.
Enfin, celui qui se prétend le véritable père doit assigner l'enfant et ses deux parents.
Dans tous les cas, le **tribunal** peut **demander** d'office la **mise en cause** de toute personne intéressée afin que le jugement lui soit commun (C. civ. art. 324, al. 2).

28225 **Délai pour agir** L'action doit être mise en œuvre dans un délai de cinq ans à compter du jour de la cessation de la possession d'état ou du décès du parent dont le lien de filiation est contesté (C. civ. art. 333). Ce dernier cas est le plus fréquent. Mais la séparation de fait des parents peut aussi mettre fin à la possession d'état.
À l'égard de l'enfant, même si cela n'est pas précisé, le délai de prescription est suspendu pendant sa minorité.

28230 **Fin de non-recevoir** Afin de sécuriser les filiations, toute action en contestation est en **principe** irrecevable lorsque la possession d'état conforme au titre a duré au moins cinq ans depuis la naissance ou depuis la reconnaissance si elle a été faite ensuite (C. civ. art. 333). En conséquence, la plupart des paternités deviennent inattaquables aux cinq ans de l'enfant. Pour les enfants dont la filiation a été établie avant l'entrée en vigueur de l'ordonnance 2005-759 du 4 juillet 2005, le délai de cinq ans court à compter de cette entrée en vigueur, soit le 1er juillet 2006 (Cass. 1e civ. 6-11-2013 n° 12-19.269 : Bull. civ. I n° 215).
La possession d'état doit, bien sûr, être continue, paisible, publique et non équivoque (nos 27230 s.).
Par **exception**, la fin de non-recevoir tenant à la conformité du titre et de la possession d'état durant cinq ans n'est pas opposable au ministère public (C. civ. art. 333, al. 2).

> **Précisions** **a.** Le délai de cinq ans est un **délai de forclusion** qui peut être interrompu par une demande en justice (C. civ. art. 2241, al. 1). Une action en contestation de paternité peut interrompre ce délai à condition d'être dirigée non seulement contre le père dont la filiation est contestée mais aussi contre l'enfant (Cass. 1e civ. 1-2-2017 n° 15-27.245 : BPAT 2/17 inf. 53). À défaut, l'action est rejetée. Ces règles de computation du délai ne portent pas atteinte au droit au respect de la vie privée garanti par l'article 8 de la Conv. EDH (CEDH 12-10-2023 nos 56513/17 et 56515/17 P. et N. c/ France).
> **b.** Une atteinte excessive au droit au **respect de la vie privée** peut justifier d'écarter la prescription de cinq ans. Tel n'est pas le cas lorsque l'action en contestation de paternité n'est motivée que par un intérêt patrimonial (Cass. 1e civ. 6-7-2016 n° 15-19.853 : BPAT 5/16 inf. 186).
> **c.** S'agissant d'une fin de non-recevoir d'**ordre public**, le tribunal peut la relever d'office si elle n'est pas invoquée en défense.

Preuve à apporter Dans le cadre d'une **contestation de paternité**, le demandeur doit établir que le mari ou l'auteur de la reconnaissance n'est pas le père (C. civ. art. 332). Cette preuve peut être rapportée par tous moyens. Une expertise biologique est de droit si elle est demandée, sauf motif légitime pour la refuser (nos 27575 s.). 28235

Pour contester une **filiation maternelle**, il faut prouver que la mère n'a pas accouché de l'enfant (C. civ. art. 332). Sont visées en pratique : 28240
– la **supposition d'enfant**, qui implique que la mère légale n'a pas accouché de l'enfant qui lui est attribué. C'est notamment le cas des gestations pour le compte d'autrui ou des détournements des règles relatives à l'adoption. La supposition volontaire d'enfant est constitutive d'un délit sanctionné de trois ans d'emprisonnement et de 45 000 € d'amende (C. pén. art. 227-13) ;
– la **substitution d'enfant** qui consiste, lorsque deux femmes ont accouché à la même date dans le même établissement, à ce que le nouveau-né de chacune soit attribué à l'autre. Si elle est volontaire (ce qui est rarissime), la substitution est punie des mêmes peines que la supposition d'enfant.

TITRE NON CORROBORÉ PAR LA POSSESSION D'ÉTAT

Lorsque l'acte de naissance ou de reconnaissance n'est pas conforté par la possession d'état, la **vraisemblance de la filiation** est **moindre**. L'action en contestation de maternité ou de paternité, hors ou dans le mariage, est en conséquence plus largement admise. En revanche, la preuve à faire reste la même (nos 28235 s.). 28245

Parties L'action peut être engagée par toute personne qui y a intérêt (C. civ. art. 334). L'intérêt peut être moral ou matériel. 28250

Sont, bien sûr, **en droit d'agir** l'enfant, chacun de ses parents, celui qui revendique la paternité mais aussi d'autres membres de la famille, par exemple leurs héritiers ou les autres enfants nés du parent dont la paternité est contestée. Ainsi, une femme divorcée agissant pour son compte et au nom de ses enfants mineurs a un intérêt matériel à contester la reconnaissance faite par son ex-mari dès lors qu'elle s'est traduite par une diminution des pensions alimentaires versées par ce dernier (Cass. 1e civ. 7-1-1992 no 90-10.192 : Bull. civ. I no 1). Les grands-parents peuvent se voir reconnaître un intérêt moral à agir (pour une illustration, CA Dijon 21-10-1988 : D. 1999 somm. 199, obs. Granet), encore que ce ne soit pas systématique, spécialement lorsqu'ils ne sont pas les ascendants de l'auteur de la reconnaissance qu'ils entendent contester (CA Paris 8-4-1999 : D. 2000 somm. p. 171 obs. C. Desnoyer et L. Dumaine).

Les créanciers de l'enfant ou des parents ne sont pas admis à agir, la contestation de la filiation étant une action attachée à la personne.

Sur la transmission de l'action aux héritiers des personnes ayant intérêt à agir, voir no 27525.

L'action doit être **dirigée contre** le parent dont la filiation est contestée et l'enfant. S'il est mineur, ce dernier doit être représenté par un mandataire ad hoc puisque ses intérêts sont en contradiction avec ceux de ses représentants légaux (C. civ. art. 388-2). 28255

L'autre parent ou toute autre personne intéressée peut être mis en cause par le demandeur ou à la demande du tribunal, ce qui permet de limiter le risque de tierce opposition (C. civ. art. 324).

Délai L'action doit être exercée dans un délai de dix ans à compter du jour où la filiation contestée a été établie (C. civ. art. 334 et 321). Le délai court donc à compter : 28260
– du jour de la naissance si la filiation résulte de l'acte de naissance (filiation maternelle et filiation du mari) ou d'une reconnaissance antérieure ou concomitante à la naissance ;
– du jour de la reconnaissance si celle-ci est postérieure à la naissance.

À l'égard de l'enfant, le délai est suspendu pendant sa minorité. Il peut donc agir jusqu'à ses 28 ans.

> **Précisions** Les délais de prescription des actions en contestation de paternité, qui laissent subsister un **délai raisonnable** pour permettre à l'enfant d'agir après sa majorité, ne portent pas atteinte au droit au respect de la vie privée et familiale (Cass. 1e civ. 7-11-2018 no 17-25.938 FS-PBI : BPAT 1/19 inf. 13).

EFFETS DU JUGEMENT

Si le tribunal fait droit à la demande, la filiation contestée est **rétroactivement** annulée depuis la naissance. 28265

L'annulation de la filiation maternelle d'une **femme mariée** emporte avec elle l'anéantissement de la présomption de paternité de son mari.

28270 **Celui qui voit sa filiation annulée** se trouve, en conséquence :
– privé de l'autorité parentale sur l'enfant ;
– déchargé de toute responsabilité en cas de dommage causé par l'enfant (Cass. crim. 8-12-2004 n° 03-84.715 : Bull. crim. n° 315) ;
– dispensé de toute obligation alimentaire. Il est même autorisé à demander le remboursement des sommes qu'il a versées en se fondant sur la répétition de l'indu ou de l'enrichissement sans cause selon que la demande est formée contre la mère ou contre le véritable père (Cass. 1e civ. 1-2-1984 n° 82-15.496 : D. 1984, jur. p. 388 note J. Massip ; Cass. 1e civ. 13-2-1985 n° 83-15.112 : D. 1985 jur. p. 462 note J. Massip ; Cass. 1e civ. 15-5-2013 n° 11-27.125). Il en va autrement pour l'auteur d'une reconnaissance de complaisance qu'il fait annuler par la suite (Cass. 1e civ. 21-7-1987 : Bull. civ. I n° 246).

Celui qui voit sa filiation annulée peut, le cas échéant, obtenir des dommages et intérêts en réparation du préjudice qu'il subit du fait de l'annulation de sa paternité. La femme et son amant qui laissent sciemment appliquer à leur enfant la présomption de paternité du mari et ne la contestent qu'au bout de 30 ans sont coupables d'une inertie fautive ouvrant droit au mari (divorcé entre-temps) à indemnisation de son préjudice moral (Cass. 1e civ. 16-11-2022 n° 21-15.936 F-D). Pour un autre exemple où le préjudice matériel et moral du « père » évincé est reconnu (CA Grenoble 30-7-2014 n° 13/03367 ch. des aff. familiales).

Mais il peut lui-même être condamné à verser des dommages et intérêts. Par exemple, un homme a été condamné à indemniser :
– la mère et l'enfant pour avoir volontairement reconnu l'enfant qu'il savait ne pas être le sien et avoir contesté par la suite sa paternité (Cass. 1e civ. 10-7-1990 n° 88-15.105 : Bull. civ. I n° 196) ;
– sa première épouse dès lors qu'il avait obtenu la diminution de la pension alimentaire qu'il lui versait suite à la reconnaissance d'un enfant qui a été annulée par la suite (Cass. 1e civ. 7-1-1992 n° 90-10.192 : Bull. civ. I n° 1).

28275 Quant à l'**enfant**, ses actes d'état civil doivent être mis à jour. Il perd, sauf s'il est majeur, le nom de celui qui était jusque-là son père (n° 31580). Il perd également tout droit successoral à son égard. Il est dispensé de toute obligation alimentaire.

Il peut obtenir des dommages et intérêts s'il subit un préjudice du fait de l'annulation du lien paternel. C'est le cas si l'action en contestation a été engagée par celui qui l'avait, en toute connaissance de cause, mensongèrement reconnu (la mère peut également être condamnée si une part de responsabilité dans la situation lui est imputée).

En revanche, il n'y a pas lieu à dommages et intérêts si l'enfant n'a jamais eu de relation avec son père et s'il a toujours connu la réalité de sa situation (Cass. 1e civ. 5-11-1996 n° 94-20.974 : D. 1997 somm. 157).

Des dommages et intérêts peuvent aussi être alloués en cas d'action en contestation abusive (pour une illustration à propos de l'action engagée par un grand-père après le décès de son fils, auteur de la reconnaissance qu'il contestait, Cass. 1e civ. 25-4-2007 n° 06-13.872 : Bull. civ. I n° 163).

28280 Le tribunal peut fixer les modalités des relations de l'enfant avec la personne qui l'élevait (C. civ. art. 337). Il s'agit de **préserver les liens affectifs** existants entre l'enfant et le parent évincé. Seul l'intérêt de l'enfant doit présider à la décision. Le tribunal peut décider d'un droit de correspondance ou d'un droit de visite et/ou d'hébergement plus ou moins large. Si l'intérêt de l'enfant le commande, il peut même fixer la résidence de celui-ci chez le parent évincé (nos 38030 et 38050).

CAS PARTICULIER : ACTION DU PARQUET

28285 Le ministère public peut contester une filiation (maternelle ou paternelle, en mariage ou hors mariage), que le titre soit ou non corroboré par la possession d'état, dans deux hypothèses prévues par la loi (C. civ. art. 336).

Première hypothèse : des indices tirés des actes eux-mêmes rendent la filiation invraisemblable. Ce peut être le cas d'un homme n'ayant pas une différence d'âge suffisante avec l'enfant pour pouvoir être son père ou d'une reconnaissance par une personne transgenre.

Seconde hypothèse : il y a eu fraude à la loi, par exemple en cas de fraude aux règles de l'adoption ou lorsque la reconnaissance est souscrite en vue d'obtenir un avantage étranger à l'intérêt de l'enfant, tel qu'un titre de séjour ou la nationalité française. Une reconnaissance mensongère en vue de donner un titre de séjour à la mère reste frauduleuse quand bien même, par la suite, le prétendu père noue des liens affectifs avec l'enfant et apporte un soutien financier à la mère (CA Douai 12-2-2015 n° 14/01832, ch. 7 sect. 1). Lorsqu'un père reconnaît un enfant, permettant à ce dernier d'être français, sans connaître sa date de naissance, sans le mentionner dans la notice descriptive de sa famille et sans se présenter aux expertises biologiques, la fraude est constituée, la reconnaissance annulée (Cass. 1e civ. 13-7-2022 n° 21-13.190 F-D : BPAT 5/22 inf. 222).

Signalons la tentative de créer une **troisième hypothèse**, fondée sur le droit à la vie privée et familiale (CEDH art. 8). Dans une affaire, il a été soutenu que les restrictions du Code civil devaient céder devant le droit d'établir sa filiation biologique, car un juste équilibre devait être ménagé entre ce droit et les intérêts des enfants « officiels » de celui dont la paternité est revendiquée. La Cour de cassation a censuré l'arrêt, non en suivant l'argument de fond, mais parce que la cour d'appel n'avait pas répondu aux conclusions (Cass. 1e civ. 10-6-2015 n° 14-20.790 : Gaz. Pal. 6-10-2015 jur. p. 44 note C. Anger, RJPF 09/2015 p. 40).
Sur la procédure d'**opposition à reconnaissance** en cas de fraude, voir n°s 27172 s.

Le ministère public est aussi saisi des **conflits de paternité** relevés par les officiers d'état civil lorsque les indications données à l'occasion de la déclaration d'une naissance ne sont pas conformes avec une reconnaissance prénatale (C. civ. art. 336-1). 28287

Le ministère public doit agir dans le **délai** de droit commun de dix ans à compter du jour où la filiation contestée a été acquise (C. civ. art. 321). La fin de non-recevoir tirée de la conformité du titre et de la possession d'état durant cinq ans ne lui est pas opposable (C. civ. art. 333, al. 2). 28290

2. ACTION EN CONTESTATION DE LA POSSESSION D'ÉTAT

La filiation établie par possession d'état constatée par un acte de notoriété peut être **contestée par** toute personne qui y a intérêt (C. civ. art. 335). 28350
Ces personnes sont les mêmes que celles qui peuvent agir en contestation de la filiation lorsque le titre n'est pas corroboré par la possession d'état (n° 28250). En pratique, l'action est le plus souvent exercée par les cohéritiers d'un enfant qui se prévaut d'un acte de notoriété pour revendiquer des droits dans la succession de leur père.
Le parquet peut également agir notamment lorsque l'acte de notoriété a été demandé pour contourner l'interdiction d'établir la filiation, par exemple en cas de fraude aux règles régissant l'adoption (C. civ. art. 336 ; n°s 28285 s.).

L'action est **dirigée contre** : 28355
– l'enfant, représenté par un administrateur ad hoc s'il est mineur ;
– le parent dont la filiation est contestée ;
– le cas échéant l'autre parent ou toute personne intéressée (C. civ. art. 324).

L'action doit être engagée dans un **délai** de dix ans qui démarre à compter de la délivrance de l'acte de notoriété, et non à compter du jour de son inscription sur l'acte de naissance (C. civ. art. 335). Au-delà de ce délai, la filiation résultant d'une possession d'état constatée dans un acte de notoriété est incontestable. 28360

Celui qui agit doit **prouver** que la possession d'état n'existe pas, qu'elle est viciée ou encore qu'elle n'est pas conforme à la filiation biologique de l'enfant. S'il en fait la demande, le tribunal doit ordonner une mesure d'expertise biologique sauf motif légitime pour la refuser (n° 27580). 28365

Le jugement qui fait droit à la demande emporte l'**annulation rétroactive** de la filiation. Ses conséquences sont identiques à celles d'un jugement en contestation de paternité ou de maternité (n°s 28265 s.). 28370

3. ACTION EN CONTESTATION DE LA FILIATION ÉTABLIE À L'ÉGARD D'UN ENFANT NÉ D'UNE PMA AVEC TIERS DONNEUR

En **principe**, le consentement donné à la procréation assistée avec don de gamètes interdit toute action aux fins de contestation de la filiation établie à l'égard de l'enfant qui en est issu (C. civ. art. 342-10, al. 2). La filiation de cet enfant ne peut donc être contestée ni par les membres du couple receveur, ni par l'enfant devenu majeur, ni par le tiers donneur, ni par d'autres. 28380

Ce principe souffre cependant plusieurs **tempéraments**. 28382
D'une part, la filiation peut être contestée lorsque l'enfant n'est pas issu de la procréation médicalement assistée (C. civ. art. 342-10, al. 2).
D'autre part, elle peut encore être contestée lorsque, au moment de la mise en œuvre de la procréation, le consentement a été privé d'effet à la suite (C. civ. art. 342-10, al. 3) :
– d'un décès ;
– de l'introduction d'une demande en divorce ou en séparation de corps. Un homme peut ainsi contester et faire annuler sa reconnaissance de paternité d'un enfant né d'une AMP avec tiers donneur de sperme si le transfert d'embryon est postérieur au dépôt de sa requête en divorce avec la mère et s'il n'a tissé aucun lien familial fort avec l'enfant (CEDH 8-6-2023 n° 12482/21 : BPAT 5/23 inf. 213). Dans ce cas, il est admis que la non-paternité biologique soit établie par une expertise génétique ;

– de la signature d'une convention de divorce ou de séparation de corps par consentement mutuel ;
– ou de cessation de la communauté de vie, survenant avant la procréation médicalement assistée avec tiers donneur.
Le consentement est également privé d'effet lorsque l'un des membres du couple le révoque, par écrit et avant la réalisation de l'assistance médicale à la procréation, auprès du médecin chargé de mettre en œuvre cette insémination ou ce transfert, ou du notaire qui l'a reçu.
Dans toutes ces hypothèses, la contestation de la filiation redevient possible dans les conditions de droit commun prévues aux 332 à 337 du Code civil. Bien évidemment, le principe chronologique s'applique pleinement. Partant, tant que la filiation n'a pas été contestée en justice, elle fait obstacle à l'établissement d'une autre filiation qui la contredirait, ce que rappelle expressément l'alinéa 3 de l'article 342-11 du Code civil.

SECTION 4 ACTION AUX FINS DE SUBSIDES

28400 L'action aux fins de subsides n'a pas **vocation** à établir une filiation mais à faire condamner le « possible père » d'un enfant à lui payer une **pension alimentaire** (C. civ. art. 342 s.).
Elle a perdu de son **intérêt** depuis que les conditions pour exercer l'action en recherche de paternité ont été assouplies. Mais elle reste utile quand l'établissement de la paternité n'est pas possible (inceste absolu) ou pas souhaité.

DEMANDEUR

28405 L'action est réservée à l'**enfant**, à l'exclusion de toute autre personne et notamment de sa mère (C. civ. art. 342 et 327). Si sa mère était mariée au moment de la conception, il ne peut engager une action aux fins de subsides que si la présomption de paternité du mari est écartée.
Pendant sa **minorité**, il est représenté par sa mère et par elle seule, même si elle est mineure (C. civ. art. 342-6 qui renvoie à C. civ. art. 327, al. 2 et 328 ; voir n°s 27810 s.). Il est représenté par son tuteur avec l'autorisation du conseil de famille s'il est sans filiation maternelle établie ou si sa mère est décédée ou dans l'incapacité de manifester sa volonté.

DÉFENDEUR

28410 L'action est dirigée contre l'homme qui a entretenu des **relations intimes avec la mère** pendant la période de conception. L'action n'ayant pas pour objet d'établir une filiation, elle est recevable même si le défendeur est un homme marié ou le père, le grand-père ou le frère de la mère (C. civ. art. 342, al. 3). L'éventualité d'une action à fins de subsides ne peut être exclue dans le cas d'une AMP endogène, dès lors que la filiation paternelle n'a pas été établie.
Le « possible père » doit être personnellement assigné même s'il est lui-même **mineur**, étant précisé qu'il est alors représenté par ses représentants légaux.
S'il est **décédé**, l'action est dirigée contre ses héritiers. À défaut ou si ces derniers ont renoncé à la succession, l'action est intentée contre l'État, les héritiers renonçants devant être appelés en la cause pour y faire valoir leurs droits (C. civ. art. 342-6 et 328).

DÉLAI D'ACTION

28415 L'action peut être exercée durant toute la minorité de l'enfant et, si tel n'a pas été le cas, dix ans encore après sa majorité (C. civ. art. 342).

PROCÉDURE

28420 Les règles de procédure sont celles applicables aux actions en matière de filiation.
Seul le **tribunal** judiciaire est **compétent**.
Les actions aux fins de subsides doivent être communiquées au **ministère public** (CPC art. 425 ; Cass. 1e civ. 17-10-2007 n° 06-16.923 : Bull. civ. I n° 325). En revanche, une demande de révision du montant des subsides antérieurement alloués n'a pas à être communiquée (Cass. 1e civ. 5-1-1999 n° 97-11.121 : Bull. civ. I n° 8).

PREUVE À RAPPORTER

En demande, il suffit d'établir, par tous moyens, l'existence de relations intimes entre la mère et le défendeur au moment de la conception. 28425
Mais le **défendeur** peut écarter la demande en faisant la preuve par tous moyens qu'il ne peut pas être le père de l'enfant (C. civ. art. 342-4). La preuve porte donc, en pratique, sur la filiation biologique de l'enfant.
L'**expertise biologique** est de droit, sauf s'il existe un motif légitime de ne pas y procéder (Cass. 1e civ. 14-6-2005 n° 04-13.901 : Bull. civ. I n° 254). Il en va ainsi en demande comme en défense. Les juges apprécient en fonction des circonstances de chaque espèce les conséquences qu'il convient de tirer d'un refus de se soumettre à une telle expertise.

JUGEMENT

Effets patrimoniaux S'il est fait droit à la demande, le défendeur est condamné à payer des subsides qui prennent la forme d'une **pension alimentaire**. Celle-ci est fixée selon les besoins de l'enfant ainsi que selon les ressources et la situation de famille du débiteur (C. civ. art. 342-2). 28430
Elle est, en principe, **indexée**, le cas échéant d'office (C. civ. art. 208).
Elle est **révisable** à tout moment si un élément nouveau le justifie. Ainsi, un accroissement des besoins ou des charges de l'une des parties peut conduire à une augmentation ou une diminution des subsides alloués.

Les **subsides** sont **dus à compter** de l'assignation (Cass. 1e civ. 19-3-1985 n° 84-10.219 : D. 1985 p. 533). Contrairement à la règle en vigueur en matière de filiation, le jugement est constitutif et non déclaratif : l'obligation n'est donc pas rétroactive. 28431
La pension alimentaire ne **cesse** pas automatiquement à la majorité de l'enfant. Elle peut être due au-delà si ce dernier est encore dans le besoin (C. civ. art. 342-2). L'enfant qui poursuit des études peut donc prétendre à des subsides.
L'allocation des subsides cesse si la filiation paternelle de l'enfant vient à être établie à l'égard d'un autre homme (C. civ. art. 342-8). La solution est logique dès lors que la possible paternité du débiteur se trouve, de fait, contredite. Ce dernier n'est libéré que pour l'avenir ; il ne peut pas demander le remboursement des subsides versés jusque-là.

La charge des subsides se transmet à la **succession du débiteur** suivant les règles prévues par l'article 767 du Code civil pour le droit à pension du conjoint survivant dans le besoin (C. civ. art. 342-5). Sur ces règles, voir nos 11220 s. 28435

Effets extra-patrimoniaux Le jugement qui alloue des subsides crée un **empêchement absolu à mariage** entre le débiteur des subsides et l'enfant et entre chacun d'eux et les parents ou le conjoint de l'autre (C. civ. art. 342-7 ; voir n° 150). Cette mesure vise à écarter tout risque de mariage incestueux. 28440

Mesures annexes En fonction des circonstances dans lesquelles la relation entre la mère et le défendeur s'est déroulée et/ou a été interrompue, ce dernier peut être condamné, selon le droit commun de la responsabilité, à des dommages et intérêts à l'égard tant de la mère que de l'enfant. 28445

ARTICULATION AVEC UNE RECHERCHE DE PATERNITÉ

Les actions en recherche de paternité et aux fins de subsides n'ayant pas le même objet, l'enfant qui a obtenu des subsides peut engager, par la suite, une action en **recherche de paternité contre** : 28450
– le débiteur des subsides. L'expertise biologique ordonnée dans l'action aux fins de subsides ainsi que l'existence de relations intimes constatée par la décision ayant force de chose jugée s'imposent alors aux juges chargés de la question de la filiation (Cass. 1e civ. 4-1-1995 n° 93-10.870 : Bull. civ. I n° 7) ;
– un homme autre que le débiteur des subsides. Cette hypothèse est rarissime puisque, en pratique, l'allocation de subsides résulte de la preuve de la filiation biologique.
Autre conséquence de la différence d'objet et de finalité des deux actions : lorsqu'une action aux fins de subsides est engagée par une mère pour le compte de son fils mineur, l'intervention volontaire de celui-ci une fois majeur pour voir reconnaître sa filiation naturelle vis-à-vis du défendeur est irrecevable (Cass. 1e civ. 9-12-2009 n° 08-15.224 : BPAT 1/10 inf. 15).

28460

Les congés des travailleurs devenant parents

Les **salariées** bénéficient, pendant la grossesse et après l'accouchement, de droits à congés. Certains droits sont également ouverts au père ou à la personne vivant avec la mère. Attention, certaines conventions collectives comportent des droits supplémentaires, comme des réductions d'horaires pendant la grossesse ou un congé de maternité ou de paternité plus long et/ou mieux rémunéré que le congé légal.
De même, les **travailleurs indépendants non agricoles** bénéficient de droits à congés liés à la parentalité. S'agissant des **conjoints collaborateurs**, voir n° 6032.
Les parents adoptifs ont droit à un **congé d'adoption**, voir n° 29690.

Autorisations d'absence pendant la grossesse

Pendant la grossesse, la **salariée enceinte** bénéficie d'autorisations d'absence rémunérées pour se rendre aux examens médicaux obligatoires (C. trav. art. L 1225-16). Son **conjoint**, partenaire de Pacs ou concubin, dès lors qu'il (ou elle) est salarié, a également le droit de s'absenter, sans perte de salaire, pour se rendre à trois de ces examens médicaux.

Congé de maternité

Toute **salariée** enceinte a droit à un congé de maternité dont la **durée** varie en fonction du nombre d'enfants à naître ou déjà nés (C. trav. art. L 1225-17 s.). Par exemple, il est de seize semaines au total (six avant la naissance et dix après) pour le premier et le deuxième enfant. Ce congé n'est pas obligatoire ; néanmoins, il est **interdit d'employer** une salariée pendant une période de huit semaines au total avant et après son accouchement et en aucun cas pendant les six semaines qui suivent l'accouchement (C. trav. art. L 1225-29). Pendant ce congé, la salariée perçoit des **indemnités** journalières de la sécurité sociale, éventuellement complétées par l'employeur (comme cela est fréquemment prévu par les conventions collectives).
Les femmes exerçant une activité les faisant relever du régime des **travailleurs non salariés non agricoles** depuis au moins dix mois bénéficient, à l'occasion de leur maternité et sous réserve de cesser leur activité pendant au moins 8 semaines (CSS art. L 623-1 et D 623-1 s.) :
– d'une allocation forfaitaire de repos maternel, d'un montant égal au plafond mensuel de la sécurité sociale (3 864 € en 2024) ;
– d'indemnités journalières forfaitaires, qu'elles fassent ou non appel à du personnel salarié pour se faire remplacer dans leurs travaux professionnels ou ménagers. Le montant journalier de l'indemnité est en principe fixé à 1/730e du plafond annuel de la sécurité sociale (soit 63,52 € en 2024). Elle est versée pendant la même durée que le congé maternité des salariées.

Congés de paternité

Dans le régime des **salariés**, le père, le conjoint de la mère ou la personne liée à elle par un Pacs ou vivant maritalement avec elle bénéficie d'un **congé de paternité et d'accueil de l'enfant** (C. trav. art. L 1225-35). Sa durée totale est de 25 jours (32 jours en cas de naissances multiples). Cette durée est augmentée en cas d'hospitalisation du nouveau-né, dans la limite de 30 jours supplémentaires consécutifs non fractionnables. Ce congé est indemnisé par la sécurité sociale, l'employeur versant éventuellement le complément. Il est composé de deux périodes. La première, qui fait immédiatement suite au **congé de naissance** de trois jours pendant lequel le salaire est maintenu par l'employeur (C. trav. art. L 3142-4) et qui est obligatoire, est de quatre jours consécutifs. La seconde, de 21 jours (28 jours en cas de naissances multiples), doit être dans les six mois suivant la naissance (C. trav. art. D 1225-8). Cette seconde partie est fractionnable en deux périodes d'au moins cinq jours chacune.
S'agissant des **travailleurs indépendants**, le père, le conjoint de la mère, son ou sa partenaire de Pacs ou la personne vivant maritalement avec elle bénéficie d'une indemnité journalière égale à celle versée en cas de maternité pendant 25 jours (32 jours en cas de naissances multiples). Pour cela, l'assuré doit cesser son activité pendant au moins sept jours à compter de la naissance. La durée d'indemnisation est fractionnable en trois périodes d'au moins cinq jours chacune. L'ensemble du congé doit être pris dans les six mois de la naissance (CSS art. D 623-2).

Congé parental d'éducation

Enfin, le salarié qui souhaite suspendre ou diminuer son activité pour élever son enfant peut prendre un congé parental d'éducation (C. trav. art. L 1225-47 s.). Seule **condition** pour en bénéficier : avoir un an d'ancienneté au jour de la demande de congé. Cette possibilité est ouverte à l'un ou l'autre des parents, qui peuvent en bénéficier simultanément ou successivement. En cas de passage à temps partiel, la durée du travail est au minimum de 16 heures hebdomadaires.

La **durée** initiale du congé est au maximum d'un an. Il peut être renouvelé deux fois et prend fin au plus tard au 3e anniversaire de l'enfant (des dispositions spécifiques sont toutefois prévues en cas de naissances multiples). À chaque renouvellement, le salarié peut aussi changer de formule : reprendre une activité à temps partiel s'il était en congé parental total ou inversement. 28460 (suite)

Le congé parental d'éducation n'est en principe pas rémunéré par l'employeur (ou seulement à hauteur du temps partiel effectué) mais il peut ouvrir droit à une **prestation familiale**, la prestation partagée d'éducation de l'enfant ou PrePare (CSS art. L 531-4 s. et D 531-4). Mais attention : ce n'est pas parce qu'un salarié remplit les conditions pour s'absenter de l'entreprise ou passer à temps partiel qu'il bénéficiera nécessairement de ces allocations. Ainsi, par exemple, pour le premier enfant, un couple a droit à six mois d'allocation pour chaque parent (dans la limite du 1er anniversaire de l'enfant) alors que les deux parents peuvent s'absenter jusqu'aux trois ans de l'enfant. Les **travailleurs indépendants** peuvent également bénéficier de la PrePare s'ils cessent leur activité pour s'occuper de leur enfant.

Signalons que le Gouvernement a annoncé, le 17 janvier 2024, une **réforme** du congé parental d'éducation, qui serait remplacé, en 2025, par un congé de naissance d'une durée plus courte (six mois maximum) mais mieux indemnisé par la sécurité sociale (1 800 € maximum).

CHAPITRE 2

FILIATION PAR ADOPTION

SOMMAIRE

EN BREF

29500 L'adoption est un **lien de filiation** créé par une décision de justice. Elle existe sous **deux formes**, simple ou plénière, qui sont très proches dans leurs conditions et dans leur procédure mais qui diffèrent dans leurs effets. Alors que l'adoption plénière fait définitivement entrer un enfant dans une famille d'adoption et coupe tout lien avec la famille d'origine, l'adoption simple crée un lien de filiation entre l'adoptant et l'adopté sans rompre les liens existant avec la famille d'origine.
L'**adoption internationale**, qui peut être simple ou plénière, présente certaines **particularités** qui, compte tenu de l'importance que revêt ce mode d'adoption, seront exposées séparément.
N'est envisagée que la situation de l'**adoptant domicilié en France**.
Signalons que la **loi 2022-219 du 21 février 2022 portant réforme de l'adoption** a instauré diverses mesures adaptant les règles de l'adoption aux évolutions de la société, en l'ouvrant notamment aux couples de partenaires de Pacs et aux concubins. L'ordonnance 2022-1292 du 5 octobre 2022 a procédé à une refonte purement formelle et à droit constant du chapitre du Code civil consacré à la filiation adoptive. Ses nouvelles dispositions sont entrées en vigueur le 1er janvier 2023.

SECTION 1

ADOPTION PLÉNIÈRE

A. Personnes pouvant procéder à une adoption plénière

ADOPTION INDIVIDUELLE OU PAR UN COUPLE

L'adoption peut être demandée : 29510

– par un **couple** marié non séparé de corps, deux partenaires de Pacs ou deux concubins âgés l'un et l'autre de plus de 26 ans. Toutefois, aucune condition d'âge n'est exigée si le couple est en mesure d'apporter la preuve d'une communauté de vie d'au moins un an (C. civ. art. 343 modifié par ord. 2022-1292 du 5-10-2022 art. 4) ;

– par toute **personne seule** âgée de plus de 26 ans, qu'elle soit célibataire, mariée, pacsée, divorcée ou veuve. Si l'adoptant est marié et non séparé de corps ou pacsé, le consentement de l'autre membre du couple est nécessaire à moins que celui-ci soit dans l'impossibilité de manifester sa volonté (C. civ. art. 343-1 modifié par loi 2022-219 du 21-2-2022 art. 2).

La condition d'âge n'est pas exigée en cas d'**adoption de l'enfant du conjoint**, **du partenaire de Pacs ou du concubin** (C. civ. art. 370-1 modifié par ord. 2022-1292 du 5-10-2022 art. 18).

L'adoption **entre ascendants et descendants** en ligne directe et **entre frères et sœurs** est prohibée. Toutefois, le tribunal peut prononcer l'adoption s'il existe des motifs graves que l'intérêt de l'adopté commande de prendre en considération (C. civ. art. 343-3 créé par loi 2022-219 du 21-2-2022 art. 5).

La **présence d'enfant** au foyer ne constitue pas un obstacle à l'adoption. Mais le juge examinera la demande en tenant compte de l'existence des autres enfants vivant au foyer et vérifiera que l'adoption n'est pas de nature à compromettre la vie familiale (C. civ. art. 353, al. 3).

> **Précisions** **a. Avant la réforme de l'adoption** du 21 février 2022, un enfant ne pouvait pas être adopté par deux personnes si celles-ci n'étaient pas mariées (C. civ. art. 346, al. 1 ancien). Il en résultait que deux concubins ou deux personnes liées par un Pacs ne pouvaient pas adopter conjointement un enfant. Dans ces couples, la demande d'adoption ne pouvait être présentée qu'à titre individuel. Relevons également que la condition d'âge pour adopter est passée de 28 à 26 ans.
>
> **b.** Les couples d'adoptants ou les personnes seules désireuses d'adopter et vivant en couple peuvent être **homosexuelles ou hétérosexuelles**, sans distinction.

DIFFÉRENCE D'ÂGE ENTRE ADOPTANT ET ADOPTÉ

Elle doit être en principe d'au moins **15 ans** (C. civ. art. 347). Elle est ramenée à **10 ans** en cas d'adoption de l'enfant de son conjoint, partenaire de Pacs ou concubin (C. civ. art 370-1-1, al. 1). 29515
Lorsque la **différence** d'âge est **moindre**, le tribunal peut tout de même, s'il l'estime justifié, prononcer l'adoption (C. civ. art 370-1-1, al. 2). Ainsi, l'adoption (simple en l'espèce) par une femme des deux enfants de son conjoint a été admise alors que la condition tenant à la différence d'âge n'était pas remplie pour l'un des enfants, dès lors qu'il existait des liens affectifs très étroits et réciproques entre eux et que l'adoptante, n'ayant pas elle-même d'héritiers, souhaitait que les deux enfants deviennent ses héritiers en ligne directe, la quasi-totalité de ses biens étant communs avec son mari (CA Rouen 7-5-2009 n° 08-04181).

B. Enfants pouvant faire l'objet d'une adoption plénière

1. TROIS CATÉGORIES D'ENFANTS ADOPTABLES

ENFANTS DONT LE PÈRE ET LA MÈRE OU LE CONSEIL DE FAMILLE ONT VALABLEMENT CONSENTI À L'ADOPTION

Il s'agit d'enfants confiés par la (ou les) personne(s) dont le consentement est requis à un particulier ou, plus généralement, au service de l'aide sociale à l'enfance (ASE) (C. civ. art. 348-3, al. 2). 29535
Si l'enfant est recueilli par l'ASE, il a la qualité de pupille de l'État.

29540 **Consentement du/des parent(s) à l'adoption** Lorsque la **filiation** d'un enfant est **établie à l'égard de ses deux parents**, le consentement des deux est nécessaire. Toutefois, le consentement d'un seul est suffisant si l'un des deux parents est mort, dans l'impossibilité de manifester sa volonté ou s'il a perdu ses droits d'autorité parentale (C. civ. art. 348).

Lorsque la **filiation n'est établie qu'à l'égard d'un de ses parents**, celui-ci donne le consentement à l'adoption (C. civ. art. 348-1).

Si la **filiation** de l'enfant n'est **pas établie** ou si ses parents sont décédés, dans l'impossibilité de manifester leur volonté ou s'ils ont perdu leurs droits d'autorité parentale, l'enfant est placé automatiquement sous le régime de la tutelle et le consentement est donné par le conseil de famille après avis de la personne qui prend soin de l'enfant (C. civ. art. 348-2). Dans une affaire où un enfant sans filiation établie avait été confié par sa mère à un organisme autorisé pour l'adoption (OAA), il a été jugé que le conseil de famille de la tutelle, confiée à sa demande à l'OAA, pouvait valablement consentir à l'adoption sans qu'il soit nécessaire de déférer cette tutelle à l'État, le statut de l'enfant n'étant pas celui des pupilles de l'État (Cass. 1e civ. 1-6-2011 nos 10-19.028 et 10-20.554 FS-PBI : BPAT 4/11 inf. 235). La décision a été rendue lorsque les OAA pouvaient encore être les intermédiaires en matière d'adoption interne (voir sur ce point n° 29625, précisions).

Si l'**enfant** a **moins de deux ans** et qu'il n'est pas adopté par un parent (jusqu'au 6e degré), le consentement des parents ou du conseil de famille n'est valable que si l'enfant a été remis au service de l'ASE (C. civ. art. 348-4). Cette disposition a pour but d'éviter les trafics d'enfants entre parents et futurs adoptants. Signalons à ce propos que la pratique de la délégation d'autorité parentale avant adoption est, bien que risquée, parfois utilisée afin de « contourner la règle de l'article 348-5 du Code civil qui impose la remise de l'enfant de moins de deux ans à l'Aide sociale à l'enfance, et permet aux parents de choisir les futurs parents adoptifs de leur enfant qui, en attendant, vivra déjà auprès d'eux » (Rép. civ. Dalloz, v° Autorité parentale par A. Gouttenoire, n° 368). Cette pratique fréquente en Polynésie française semble avoir été remise en question récemment par la Cour de cassation. Il a été jugé que, si la délégation d'autorité parentale est demandée en faveur d'une personne étrangère au cercle familial, il doit s'agir d'un proche digne de confiance. Or, tel n'est pas le cas d'une personne dépourvue de lien avec les délégants et rencontrée dans le seul objectif de prendre en charge l'enfant en vue de son adoption ultérieure (Cass. 1e civ. 21-9-2022 n° 21-50.042 FS-BR : BPAT 6/22 inf. 267).

Sur le consentement d'un **majeur sous tutelle ou sous curatelle** à l'adoption de son enfant, voir n° 53285.

29541 Le consentement à l'adoption **doit être** (C. civ. art. 348-3, al. 1) :

– libre, obtenu sans aucune contrepartie : un notaire ne peut donc pas recueillir le consentement d'une mère porteuse dans le cadre d'une GPA ;

– donné après la naissance de l'enfant : contrairement à un acte de reconnaissance, l'acte de consentement ne peut pas être reçu avant la naissance de l'enfant ;

– éclairé sur les conséquences de l'adoption, en particulier s'il est donné en vue d'une adoption plénière, et sur le caractère complet et irrévocable de la rupture du lien de filiation préexistant.

Le consentement est un acte personnel. On ne peut pas signer une procuration au profit d'un tiers pour lui donner le pouvoir de consentir à sa place.

Le consentement à l'adoption est donné **devant un notaire**. Il peut également être reçu par les **services de l'aide sociale à l'enfance** lorsque l'enfant leur a été remis (C. civ. art. 348-3, al. 2). Dans tous les cas, les personnes habilitées à recevoir le consentement à l'adoption doivent informer celui qui le donne de la possibilité de le rétracter et des modalités de la rétractation et l'acte doit mentionner que l'information a bien été donnée (CPC art. 1165 ; CASF art. L 224-5). Le recueil du consentement à l'adoption est à distinguer du prononcé du jugement d'adoption. Le premier constitue la première étape indispensable pour pouvoir présenter une requête en adoption devant le tribunal.

29542 Le tribunal peut prononcer l'adoption s'il estime abusif le refus de consentement opposé par les parents ou par l'un d'eux seulement lorsqu'ils se sont désintéressés de l'enfant au risque d'en compromettre la santé ou la moralité. Il en est de même en cas de **refus abusif du consentement** du conseil de famille (C. civ. art. 348-7).

Le tribunal peut prononcer l'adoption, si elle est conforme à l'intérêt de l'adopté, d'un mineur âgé de plus de 13 ans ou d'un majeur protégé **hors d'état d'y consentir personnellement**, après avoir recueilli l'avis d'un administrateur ad hoc ou de la personne chargée d'une mesure de protection juridique avec représentation relative à la personne (C. civ. art. 350).

Rétractation du consentement à l'adoption Le consentement à l'adoption peut être rétracté pendant un **délai** de deux mois. La rétractation doit en principe être faite par lettre recommandée avec demande d'avis de réception adressée à la personne ou au service qui a reçu le consentement à l'adoption mais il est admis que la remise de l'enfant à ses parents sur demande même verbale vaut preuve de la rétractation (C. civ. art. 348-5, al. 1). 29545
Lorsque le consentement à l'adoption a été donné par les deux parents, la **rétractation** régulière **par un seul parent** de son consentement fait obstacle à l'adoption sans qu'il puisse être opposé que le consentement donné par le père et la mère n'aurait pu être valablement rétracté que par ces deux parents (Cass. 1e civ. 22-4-1975 n° 74-11258 : Bull. civ. I n° 141).
À l'**expiration du délai** de deux mois, les parents biologiques peuvent encore demander la restitution de l'enfant à condition que celui-ci n'ait pas été placé en vue de l'adoption (voir n° 29680). Si la personne qui a recueilli l'enfant refuse de le rendre, les parents peuvent saisir le tribunal qui apprécie s'il y a lieu d'en ordonner la restitution. La restitution rend caduc le consentement à l'adoption (C. civ. art. 348-5, al. 2).
Hormis le cas précité, passé ce délai de deux mois, le consentement est définitif. Le fait qu'il ne comporte aucune limite dans le temps pose toutefois des difficultés lorsque l'adoptant n'est pas un tiers mais le conjoint/partenaire ou concubin du parent (voir n° 29610).

PUPILLES DE L'ÉTAT

Un enfant devient juridiquement adoptable dès lors qu'il a le statut de pupille de l'État pour lequel le conseil de famille des pupilles de l'État a consenti à l'adoption (C. civ. art. 348-6). Ce statut recouvre des situations différentes (CASF art. L 224-4) : 29550
– enfants dont la **filiation** n'est **pas établie** (principalement les enfants nés sous X) recueillis par le service de l'aide sociale à l'enfance (ASE) depuis plus de deux mois ;
– enfants dont la **filiation est établie** qui ont été remis à l'ASE par les personnes qui ont qualité pour consentir à leur adoption depuis plus de deux mois. Si l'enfant est remis à l'ASE par un seul de ses parents, l'enfant devient adoptable au bout de six mois si l'autre parent n'a pas fait connaître son intention d'en assumer la charge ;
– enfants **orphelins** de père et de mère recueillis par l'ASE depuis plus de deux mois ;
– enfants judiciairement **déclarés délaissés** (n° 29565) ou dont les parents ont fait l'objet d'un **retrait total de l'autorité parentale** et qui ont été recueillis par l'ASE.

L'admission en qualité de pupille de l'État ne peut être prononcée par **arrêté** du président du conseil général qu'à l'issue des délais prévus à l'article L 224-4 du CASF (n° 29550) : 29555
– deux mois à compter du recueil par l'ASE de l'enfant dont la filiation n'est pas établie, de l'enfant orphelin ou de l'enfant dont la filiation est établie (délai porté à six mois lorsqu'un seul des parents a procédé à sa remise au service de l'ASE) ;
– une fois le jugement passé en force de chose jugée lorsque l'enfant est recueilli sur décision judiciaire.

L'arrêté d'admission peut faire l'objet d'un **recours** dans le délai de 30 jours devant le tribunal judiciaire. Il peut être exercé par (CASF art. L 224-8, II) : 29556
– les parents de l'enfant, sauf en cas de déclaration judiciaire de délaissement parental ou de retrait total de l'autorité parentale ;
– les membres de la famille de l'enfant (ce qui implique que sa filiation soit établie) ;
– le père de naissance ou les membres de la famille de la mère ou du père de naissance lorsque la filiation n'est pas établie ou est inconnue ;
– toute personne ayant assuré la garde de droit ou de fait de l'enfant.
Dans tous les cas, l'action n'est recevable que si le requérant demande à assurer la charge de l'enfant. L'arrêté est notifié aux parents de l'enfant et aux personnes ayant qualité pour exercer le recours qui ont manifesté un intérêt pour l'enfant auprès du service de l'ASE. La date de réception de la notification constitue le point de départ du délai de 30 jours au terme duquel le recours est expiré.
S'il juge la demande conforme à l'intérêt de l'enfant, le tribunal prononce l'annulation de l'arrêté et confie l'enfant au demandeur ou lui délègue les droits de l'autorité parentale ; dans le cas inverse, il peut autoriser le demandeur à exercer un droit de visite (CASF art. L 224-8, V). Jugé ainsi qu'il n'est pas conforme à l'intérêt de l'enfant, admise en qualité de pupille de l'État après que l'autorité parentale ait été retirée à ses parents, de confier sa garde à sa grand-mère maternelle, auteur du recours contre l'arrêté d'admission, avec laquelle elle n'avait pas eu de contacts depuis sa naissance ; en revanche, il est de l'intérêt de l'enfant d'accorder à son aïeule un droit de visite (Cass. 1e civ. 23-9-2015 n° 14-16.425 F-PB : Bull. civ. I n° 211).

ATTENTION

Une fois l'**enfant placé**, la restitution à sa famille d'origine n'est plus possible. Ainsi, la grand-mère biologique d'une enfant née sous X contestant l'arrêté d'admission de sa petite-fille comme pupille de l'État s'est vu rejeter sa demande faute d'avoir agi avant le placement de l'enfant aux fins d'adoption et ce, même si le **délai de recours** contre l'arrêté ne lui était **pas opposable** en raison d'une absence de notification de l'arrêté (en l'espèce, ce défaut de notification s'expliquait par l'absence de manifestation de son intérêt pour l'enfant) (Cass. 1e civ. 5-12-2018 n° 17-30.914 F-PB : BPAT 1/19 inf. 14).

ENFANTS JUDICIAIREMENT DÉCLARÉS DÉLAISSÉS

29565 Il s'agit d'enfants déclarés délaissés par décision de justice lorsque leurs parents n'ont pas entretenu avec eux les relations nécessaires à leur éducation ou à leur développement depuis plus d'un an, sans que ces derniers en aient été empêchés par quelque cause que ce soit (C. civ. art. 381-1 et 344, 3°). La déclaration de délaissement est par exemple justifiée et l'intérêt de l'enfant caractérisé dès lors que les démarches entreprises pour restaurer le lien entre l'enfant et ses parents ont maintenu celui-ci dans un état d'insécurité affective et entravé son bon développement (Cass. 1e civ. 30-11-2022 n° 20-22.903 F-B : BPAT 1/23 inf. 10).
Ces enfants déclarés délaissés peuvent être recueillis soit par un particulier, un établissement ou le service de l'aide sociale à l'enfance. Dans cette dernière situation, qui est la plus fréquente, ils deviennent pupilles de l'État.

2. ÂGE DE L'ENFANT

29585 L'adoption plénière ne peut concerner que les enfants âgés de **moins de 15 ans** (C. civ. art. 345, al. 1).
Par exception, un enfant de **15 ans et plus** peut être adopté sous forme plénière, pendant sa minorité et jusqu'à ses 21 ans (C. civ. art. 345, al. 2) :
– par des personnes qui l'avaient accueilli avant ses 15 ans mais ne remplissaient pas les conditions légales pour l'adopter (du fait de leur âge ou de la durée de leur mariage, par exemple) ;
– ou par des personnes qui avaient choisi l'adoption simple avant ses 15 ans ;
– ou par le conjoint, partenaire ou concubin de l'un de ses parents lorsque son autre parent s'est vu retirer l'autorité parentale ou est décédé sans ascendants privilégiés ;
– ou lorsque ses père et mère ou le conseil de famille y ont valablement consenti, ou lorsque l'enfant est pupille de l'État ou déclaré judiciairement délaissé.
En toute hypothèse, si l'enfant a **plus de 13 ans**, il doit donner son accord à l'adoption ; ce **consentement** peut être rétracté à tout moment jusqu'au prononcé de l'adoption (C. civ. art. 349). Il est soumis à des règles de formes (C. civ. art. 349, al. 2) : le consentement doit être donné devant notaire. Bien qu'aucun délai ne soit prévu pour la rétractation, la pratique démontre que les tribunaux ont pour habitude de demander à l'adoptant de joindre à sa requête une attestation de non-rétractation de l'adopté délivrée par le notaire passé un délai de deux mois après la signature de l'acte (P. Dauptain, L'adoption de l'enfant de la personne avec laquelle on vit : BPAT 4/23 inf. 166). Pour l'auteur précité, chacun jugera s'il est utile, au risque de retarder la procédure, de se lancer dans une discussion avec le tribunal en faisant observer que cela n'a pas de sens d'exiger cette attestation puisque la rétractation peut avoir lieu à tout moment et qu'elle n'est pas faite nécessairement auprès du notaire. Mais si attestation il y a, celle-ci sera rédigée dans des termes différents de celle relative au consentement du parent de l'adopté mineur.

3. ABSENCE D'ADOPTION ANTÉRIEURE

29590 Nul ne peut être adopté par plusieurs personnes si ce n'est par deux époux, deux partenaires de Pacs ou deux concubins (C. civ. art. 345-2).
Cette règle selon laquelle « adoption sur adoption ne vaut » interdit les adoptions simultanées ou successives par deux personnes qui ne sont ni pacsées, ni mariées, ni en concubinage. Depuis l'ouverture de l'adoption aux couples de pacsés et de concubins, il va de soi que cette interdiction a une portée plus réduite. Sur l'adoption ultérieure de l'**enfant du conjoint**, **du partenaire ou du concubin**, voir n° 29605 pour la forme plénière et n° 29805 pour la forme simple. En revanche, les adoptions successives par les partenaires successifs de l'adoptant (époux, partenaire ou concubin) sont interdites.
Une nouvelle adoption peut être prononcée dans deux autres cas (C. civ. art. 345-2, al. 2) :
– soit en cas de **décès de l'adoptant**, ou des deux adoptants, soit encore en cas de décès de l'un des deux adoptants, si la demande est présentée par le nouveau conjoint, partenaire ou concubin du survivant d'entre eux ;
– soit sur démonstration de **motifs graves**, mais seulement en la forme simple pour un enfant ayant déjà fait l'objet d'une adoption plénière.

4. ACCUEIL AU FOYER DES ADOPTANTS

L'adoption plénière n'est permise qu'en faveur des enfants accueillis au foyer du ou des adoptants depuis au moins **six mois** (C. civ. art. 345, al. 1). Cet accueil est généralement réalisé dans le cadre d'un placement en vue d'adoption lorsque l'enfant a été recueilli par le service d'aide sociale à l'enfance, ce qui n'est obligatoire que si l'enfant a moins de deux ans (n° 29540). 29595

5. CAS PARTICULIER : ADOPTION PLÉNIÈRE DE L'ENFANT DU CONJOINT, DU PARTENAIRE DE PACS OU DU CONCUBIN

L'adoption plénière de l'enfant du conjoint, du partenaire de Pacs ou du concubin n'est possible que dans les **quatre cas** suivants (C. civ. art. 370-1-3) : 29605

– l'enfant n'a de filiation légalement établie qu'à l'égard du conjoint de l'adoptant, de son partenaire de Pacs ou concubin. Un seul parent est inscrit sur l'acte de naissance de l'enfant, en général la mère. En ce qui concerne les couples de femmes, durant la courte période ayant couru entre le mariage pour tous et la PMA pour toutes (2013-2021), le recours à l'adoption plénière a été usité par les femmes souhaitant adopter l'enfant de leur compagne, qu'elles étaient alors contraintes d'épouser. Aujourd'hui, la reconnaissance conjointe anticipée permet d'établir une filiation hors adoption (voir n° 27071). Mais lorsqu'elle ne leur est pas ouverte pour le cas visé n° 27074 ou bien en cas de recours à l'AMP à l'étranger et absence de consentement à l'AMP, non demandé par les équipes médicales étrangères, l'adoption plénière reste la solution. L'adoption plénière est aussi un mode de filiation pour les couples ayant eu recours à la GPA à l'étranger (voir n° 29713) ;

– l'enfant a fait l'objet d'une adoption plénière par ce seul conjoint, partenaire de Pacs ou concubin et n'a de filiation établie qu'à son égard. Cette disposition qui constitue une dérogation à la règle selon laquelle en principe un enfant ne peut pas être adopté deux fois (n° 29590) ne permet toutefois pas que l'enfant puisse être adopté successivement plusieurs fois : ainsi, si un enfant est adopté conjointement ou successivement par un couple, il ne pourra plus être adopté en cas de divorce et de remariage de l'un d'eux par le nouveau conjoint, partenaire de Pacs ou concubin de l'un des adoptants. Toutefois, une nouvelle adoption pourra être prononcée en cas de décès de l'adoptant ou des deux adoptants dans les conditions de droit commun (n° 29590). Notons qu'il n'est pas possible d'adopter en la forme plénière l'enfant précédemment adopté en la forme simple dès lors que celui-ci dispose, en plus de sa filiation adoptive « simple », de sa filiation d'origine ;

– l'autre parent est décédé et l'enfant n'a pas de grands-parents de ce côté, ou ces derniers se sont manifestement désintéressés de lui ;

– l'autre parent s'est vu retirer l'autorité parentale.

Le **consentement** du conjoint de l'adoptant (ou de son partenaire de Pacs) est nécessaire en sa double qualité de parent de l'adopté et de conjoint non séparé de corps, partenaire ou concubin de l'adoptant (C. civ. art. 343-1, al. 2 ; n° 29510). Le consentement du concubin de l'adoptant n'est pas prévu par les textes. La raison tiendrait au fait qu'il aurait été difficile pour les notaires et les juges de s'assurer qu'une personne voulant engager seule une procédure d'adoption ne vive pas en concubinage, là où la preuve du mariage ou du Pacs figure en marge de son acte de naissance (en ce sens, P. Dauptain, L'adoption de l'enfant de la personne avec laquelle on vit : BPAT 4/23 inf. 166). 29610

Une fois donné et après expiration du délai de rétractation (voir n° 29540), le consentement du parent biologique à l'adoption de son enfant par son conjoint (ou partenaire ou concubin) ne comporte aucune limite dans le temps et ne se rattache à aucune instance particulière (Cass. 1e civ. 11-5-2023 n° 21-17.737 FS-B : BPAT 4/23 inf. 171). Il en résulte que le parent qui consent à ce que son conjoint, partenaire pacsé ou concubin adopte son enfant ne peut plus s'en dédire après l'expiration du délai de rétractation de deux mois. Concrètement, cela signifie que son engagement se noue devant le notaire lorsque celui-ci recueille son accord et non lors de la procédure en adoption. Le praticien devra donc attirer l'attention des intéressés sur la portée d'une telle démarche.

Dans la même logique, jugé qu'à défaut de rétracter son consentement à l'adoption de son enfant par sa conjointe dans le délai légal, l'opposition ultérieure de la mère ne lie pas le juge, qui doit seulement vérifier si les conditions légales de l'adoption sont remplies et l'intérêt de l'enfant respecté (Cass. 1e civ. 12-7-2023 n° 21-23.242 F-B : BPAT 5/23 inf. 214). Le fait que les parents soient entre-temps en instance de divorce et en conflit ouvert n'a pas d'incidence. Il est en effet acquis que le couple parental survit au couple marital.

ATTENTION

L'affaire du 11 mai 2023 concernait un **couple marié**. Le fait que le divorce ne soit pas encore prononcé définitivement a permis de considérer la condition de mariage comme remplie et de prononcer l'adoption. Qu'en serait-il en cas de procédure d'adoption de l'enfant de son partenaire ou de son concubin, durant laquelle le couple se sépare ? La première interprétation serait de dire que la dissolution du Pacs ou la fin du concubinage pendant la procédure ferait obstacle au prononcé de l'adoption et il ne serait pas possible, comme avec une procédure de divorce contentieux, de forcer le maintien des liens, le temps que le juge fasse droit à l'adoption (en ce sens, M. Mesnil, Couple de femmes : l'adoption de l'enfant par la conjointe dans un contexte de séparation : Dalloz Actualité 5-6-2023). Si, en revanche, la séparation n'a pas d'incidence sur le processus d'adoption, le parent biologique n'aurait alors plus du tout la maîtrise de son consentement... La sécurité serait alors le contrôle de l'intérêt de l'enfant par le juge.

C. Étapes de l'adoption plénière

1. OBTENTION D'UN AGRÉMENT

29620 C'est la condition préalable à l'adoption d'un pupille de l'État ou d'un enfant étranger (ce dernier cas est examiné plus loin aux nos 29935 s.).

Le but de l'agrément est de s'assurer que les **conditions d'accueil** offertes par le demandeur sur les plans familial, éducatif et psychologique correspondent aux besoins et à l'intérêt d'un enfant adopté. Il ne donne pas l'assurance qu'un enfant sera finalement confié au demandeur.

Peuvent être **dispensées de l'agrément** les personnes qui ont obtenu la garde d'un enfant et qui, ayant établi des liens affectifs avec cet enfant, désirent l'adopter (par exemple, une assistante maternelle à laquelle l'enfant a été confié à titre permanent). Dans ce cas, le juge vérifiera que les adoptants remplissaient bien les conditions pour être dispensés de l'agrément.

L'agrément n'est pas non plus nécessaire en cas d'adoption de l'**enfant du conjoint, du partenaire de Pacs ou du concubin**.

DEMANDE D'AGRÉMENT

29625 Elle doit être **adressée** au président du conseil départemental du département de résidence, qui est responsable du service départemental d'aide sociale à l'enfance (ASE) (CASF art. R 225-1).

Dans les deux mois, ce service transmet aux candidats à l'adoption une **information** à caractère général portant notamment sur les dimensions psychologiques, éducatives et culturelles de l'adoption, sur les procédures administratives et judiciaires, sur les principes en matière d'adoption internationale, sur le nombre d'enfants adoptables, leur âge et leur situation. Des réunions d'information leur sont également proposées. Un **questionnaire type** est remis aux candidats à l'adoption lors du premier entretien qui suit la demande d'agrément. Après avoir pris connaissance de ces informations, les candidats doivent **confirmer leur demande** par lettre recommandée avec avis de réception en précisant leurs motivations, le nombre et l'âge des enfants qu'ils souhaitent adopter, leur origine ethnique et éventuellement s'ils sont prêts à accueillir des enfants handicapés (CASF art. R 225-2).

Il est possible de trouver toutes les informations utiles sur le site Internet du Gouvernement adoption.gouv.fr.

> **Précisions** Depuis la réforme de l'adoption du 21 février 2022, les candidats à l'adoption ne peuvent plus s'adresser à des organismes autorisés pour l'adoption (**OAA**). Ces derniers ne peuvent désormais agir que dans le cadre de l'adoption internationale, à l'exclusion de l'adoption interne. Leur ancienne mission de recueil d'enfants donnés à l'adoption sur le territoire français est supprimée, sous peine de sanction pénale (CASF art. L 225-19 modifié par loi 2022-219 du 21-2-2022 art. 14).

CONSTITUTION DU DOSSIER D'AGRÉMENT

29635 Au moment où il confirme sa demande d'agrément, le candidat à l'adoption doit fournir certains **documents** (CASF art. R 225-3) :

– une copie intégrale de son acte de naissance et, s'il a déjà un ou plusieurs enfants, une photocopie du livret de famille ;

– le bulletin n° 3 du casier judiciaire ;

– un certificat médical datant de moins de trois mois, établi par un médecin figurant sur une liste établie par le président du conseil départemental, attestant que l'état de santé du demandeur et celui des personnes résidant à son foyer ne présentent pas de contre-indication à l'accueil d'enfants en vue d'adoption ;
– une attestation de ressources (bulletins de salaire, déclaration de revenus, avis d'imposition) ;
– le questionnaire type dûment complété.

ÉTUDE DE LA DEMANDE D'AGRÉMENT

Le président du conseil départemental fait procéder à une **enquête** par le service de l'aide sociale à l'enfance afin d'apprécier la situation familiale des candidats à l'adoption, leurs capacités éducatives ainsi que les possibilités d'accueil qu'ils offrent. Un psychologue ou un psychiatre évalue le contexte psychologique dans lequel est formé le projet d'adoption. Ces évaluations sociale et psychologique donnent lieu chacune à deux **entretiens** au moins entre le candidat et le professionnel concerné. Pour l'évaluation sociale, un des entretiens au moins a lieu au domicile du candidat à l'adoption (CASF art. R 225-4). **29640**
Pendant l'instruction de leur dossier, les intéressés peuvent prendre connaissance de tous les documents qui y figurent. Ils peuvent demander aussi que l'enquête soit effectuée une seconde fois par des personnes différentes (CASF art. L 225-3).

DÉCISION D'AGRÉMENT

L'agrément doit en principe être **accordé par** le président du conseil départemental selon un modèle type, après consultation de la commission d'agrément, dans les neuf mois de la confirmation de la demande. L'agrément a pour finalité l'intérêt des enfants qui peuvent être adoptés. Il est délivré lorsque la personne candidate à l'adoption est en capacité de répondre aux besoins fondamentaux, physiques, intellectuels, sociaux et affectifs de ces enfants (CASF art. L 225-2, al. 2 modifié par loi 2022-219 du 21-2-2022 art. 10). L'agrément prévoit une différence d'âge maximale de cinquante ans entre le plus jeune des adoptants et le plus jeune des enfants qu'il se propose d'adopter. Toutefois, s'il y a de justes motifs, il peut être dérogé à cette règle en démontrant que l'adoptant est en capacité de répondre à long terme aux besoins et à l'intérêt de l'enfant (CASF art. L 225-2, al. 3 nouveau). Le champ d'application de cette disposition est limité aux adoptions exigeant un agrément ; les adoptions intrafamiliales ne sont pas concernées. **29645**
Les candidats à l'adoption sont informés au moins 15 jours avant la date de la consultation de la commission d'agrément. Ils peuvent faire connaître par écrit leurs observations sur les documents établis lors de l'enquête et préciser leur projet d'adoption. Ces éléments sont portés à la connaissance de la commission (CASF art. R 225-4). Les intéressés peuvent demander à être entendus par la commission (CASF art. R 225-5).
L'agrément a une **durée de validité** de cinq ans sur l'ensemble du territoire français. Il indique le **nombre d'enfants** pour lequel il est délivré. Il ne vaut que pour une seule procédure et, s'il a été accordé pour plusieurs enfants, c'est seulement en vue de leur adoption simultanée et non étalée dans le temps. Si on veut adopter un autre enfant, il faut faire une nouvelle demande. À l'agrément est jointe une notice décrivant le projet d'adoption des personnes agréées, qui pourra être révisée à leur demande (CASF art. L 225-2, al. 5). Pendant la durée de validité de l'agrément, le président du conseil départemental ou, en Corse, le président du conseil exécutif propose aux personnes agréées des réunions d'information (CASF art. L 225-2, al. 6). Cela devrait permettre une meilleure préparation à l'adoption.

Confirmation annuelle et actualisation du dossier Chaque année et pendant toute la durée de validité de l'agrément, son titulaire doit confirmer au président du conseil départemental du département de résidence qu'il maintient son **intention d'adopter** en précisant s'il souhaite accueillir un pupille de l'État (il s'agit d'éviter de proposer en adoption des enfants à des personnes qui y ont renoncé). À cette occasion, l'intéressé transmet une **déclaration sur l'honneur** indiquant si sa situation matrimoniale ou la composition de sa famille se sont modifiées. En vue de l'actualisation du dossier, le président du conseil départemental procède à un **entretien** avec le titulaire de l'agrément au plus tard à la fin de la deuxième année de validité de l'agrément. **29650**
En cas de modification des conditions d'accueil constatées lors de la délivrance de l'agrément ou en l'absence de déclaration sur l'honneur, le président du conseil départemental peut faire procéder à des investigations complémentaires sur les conditions d'accueil et, le cas échéant, retirer l'agrément (CASF art. R 225-7).

29655 **Déménagement dans un autre département** Dans ce cas, l'agrément reste valable à condition d'informer, par lettre recommandée avec avis de réception, le président du conseil départemental du nouveau département de résidence du changement d'adresse dans les deux mois de l'emménagement, en joignant une copie de la décision d'agrément (CASF art. L 225-6 et R 225-8).

REFUS OU RETRAIT D'AGRÉMENT

29660 Il y a **refus** d'agrément notamment lorsque le demandeur ne présente pas les garanties suffisantes sur le plan familial, éducatif ou psychologique pour accueillir un enfant adopté. Le refus doit en principe intervenir dans le délai prévu pour l'instruction (neuf mois à compter du jour de la confirmation de la demande). L'absence de réponse à l'issue du délai de neuf mois ne vaut pas acceptation de la demande d'agrément (Décret 2015-1459 du 10-11-2015) et le dépassement de ce délai est sans incidence sur la légalité de la décision (CAA Lyon 8-12-2011 nos 11LY01315 et 11LY01318).

Le **retrait** de l'agrément peut être prononcé notamment en cas de modification de la situation familiale de la personne candidate à l'adoption. La décision de retrait peut être prise pendant toute la durée de validité de l'agrément.

Après un refus ou un retrait d'agrément, il n'est pas possible de présenter une **nouvelle demande** avant 30 mois (CASF art. L 225-5).

29665 **Motifs du refus** La décision de refus ou de retrait d'agrément doit être motivée (CASF art. L 225-4). Le **critère déterminant** en la matière est l'intérêt de l'enfant : chaque situation doit être appréciée au cas par cas, en fonction des résultats des investigations menées lors de l'instruction de la demande. La procédure d'agrément obéit au principe général de non-discrimination : l'agrément ne peut ainsi être refusé pour des motifs fondés sur des orientations sexuelles ou religieuses des postulants à l'adoption.

EXEMPLE

Est légitime le refus d'agrément opposé à des **Témoins de Jéhovah** en raison non pas de leur appartenance à une religion mais des dangers que sa pratique, notamment l'opposition aux transfusions sanguines, faisait courir à l'enfant (CE 24-4-1992 n° 110178).

Un refus d'agrément à une **homosexuelle** est discriminatoire, et incompatible avec la convention européenne des droits de l'Homme, pour être fondé sur les orientations sexuelles de la requérante et sur « l'absence de référent paternel » alors que le droit d'adopter est reconnu aux célibataires (CEDH 22-1-2008 aff. E.B. c/ France n° 43546/02).

29670 **Voies de recours** Le demandeur peut former un recours **gracieux** auprès du président du conseil départemental dans les deux mois de la notification de la décision. En cas de rejet du recours gracieux, il peut faire un recours **contentieux**, dans le délai de deux mois, devant la juridiction administrative.

L'annulation d'une décision de refus ou de retrait ne vaut pas agrément ; les candidats à l'adoption doivent donc présenter une nouvelle demande d'agrément. Le juge administratif peut toutefois, lorsqu'il annule un refus d'agrément, enjoindre au président du conseil départemental de délivrer l'agrément (pour une illustration concernant un refus illégal opposé à une femme homosexuelle, voir TA Besançon 10-11-2009 n° 09-299). Le juge vérifie, à la date où il se prononce, que la situation du demandeur n'a pas changé et permet toujours la délivrance de l'agrément (CE 28-7-2006 n° 289621).

2. PLACEMENT DE L'ENFANT EN VUE DE L'ADOPTION PLÉNIÈRE

29680 Il consiste, une fois l'agrément obtenu, en la remise effective et officielle de l'enfant pour lequel il a été valablement et définitivement consenti à l'adoption aux futurs adoptants par le service d'aide sociale à l'enfance ou par un organisme autorisé pour l'adoption ; le placement prend effet à la date de remise effective de l'enfant (C. civ. art. 351, al. 2). Lorsque la filiation de l'enfant n'est pas établie, le placement de l'enfant ne peut pas intervenir avant l'expiration d'un délai de deux mois à compter du recueil de l'enfant, délai pendant lequel les parents de naissance peuvent reprendre l'enfant sans aucune formalité (C. civ. art. 352, al. 2).

En général, un jeune enfant n'est pas remis directement aux futurs parents. La **prise de contact** de la famille avec l'enfant se fait progressivement au cours de visites répétées à l'endroit où l'enfant vit habituellement. Ce n'est qu'au terme d'un certain délai, généralement assez court, que les parents peuvent accueillir l'enfant chez eux.

L'enfant vit alors chez ses parents adoptifs, mais la demande d'adoption plénière ne peut être examinée avant un **délai de six mois**. Pendant toute cette durée, l'enfant reste sous le contrôle du service ou de l'organisme qui l'a confié aux candidats à l'adoption (CASF art. L 225-18). Ce placement préalable permettra au juge d'apprécier l'entente réciproque entre l'adopté et les adoptants.
Les futurs adoptants devront accomplir les actes usuels de l'autorité parentale relatifs à la personne de l'enfant à partir de la remise de celui-ci et jusqu'au prononcé du jugement d'adoption (C. civ. art. 352-1).

EFFETS DU PLACEMENT À L'ÉGARD DE LA FAMILLE D'ORIGINE DE L'ENFANT

Les parents biologiques qui ont consenti à l'adoption peuvent revenir sur leur décision à certaines conditions (voir n° 29545). Toutefois, à partir du moment où l'enfant fait l'objet d'un placement en vue de l'adoption auprès d'une famille, il ne peut plus être repris par sa famille d'origine (pour une illustration, voir n° 29556, à propos d'une grand-mère souhaitant récupérer sa petite-fille). En outre, le placement fait échec à toute **déclaration de filiation** et à toute **reconnaissance** de la part des parents biologiques (C. civ. art. 352-2 ; Cass. 1e civ. 1-6-2011 n° 10-19.028 FS-PBI : BPAT 4/11 inf. 235). Cette règle a été déclarée conforme à la Constitution, et ce, même si la reconnaissance de l'enfant intervient avant le prononcé de l'adoption (Cons. const. 7-2-2020 n° 2019-826 QPC). Le juge doit toutefois procéder, au regard des circonstances de l'espèce, à une mise en balance des intérêts en présence : celui de l'enfant, qui prime, celui des parents de naissance et celui des parents adoptants. Ceci afin de vérifier si les dispositions de droit interne ne portent pas une atteinte disproportionnée au droit au respect de la vie privée et familiale du parent biologique (Conv. EDH art. 8 ; Cass. 1e civ. 27-1-2021 n° 19-15.921 FS-PB : BPAT 2/21 inf. 60). 29685
De surcroît, pour que la règle susvisée s'applique, encore faut-il que le placement soit régulier. Ainsi, la Cour de cassation a jugé dans une espèce où le père avait effectué une reconnaissance prénatale que le conseil de famille des pupilles de l'État, qui en était informé, ne pouvait plus dès lors consentir à l'adoption ; faute de consentement valable, les effets du placement non régulier se trouvaient effacés (Cass. 1e civ. 7-4-2006 nos 05-11.285 et 05-11.286 : Bull. civ. I n° 195 ; voir n° 27280).

CONSÉQUENCES SOCIALES ET FISCALES DU PLACEMENT

Les personnes qui accueillent un enfant en vue de son adoption bénéficient des **avantages sociaux** similaires à ceux attachés à la naissance d'un enfant. Les salariés bénéficient ainsi d'un **congé** d'adoption indemnisé par la sécurité sociale, les conventions collectives prévoyant généralement, en outre, un maintien du salaire par l'employeur. Ce congé peut être partagé entre les deux parents, sa durée étant alors rallongée (C. trav. art. L 1225-37 s.). Chaque parent peut cumuler ce congé avec l'autorisation d'absence rémunérée d'au moins trois jours (C. trav. art. L 3142-1 s.). Ils ont également droit à prendre des congés pour s'occuper de leur enfant, notamment un congé parental d'éducation (C. trav. art. L 1225-47 ; voir n° 28460). En cas d'adoption d'un enfant dans les départements et collectivités d'outre-mer (ou à l'étranger), voir n° 29940. 29690
Les travailleurs indépendants bénéficient d'une allocation forfaitaire de repos ainsi que d'indemnités journalières pour la ou les périodes d'interruption d'activité se situant après l'arrivée de l'enfant au foyer (CSS art. L 623-1).
Par ailleurs, tout enfant accueilli en vue de son adoption ouvre droit au versement des **prestations familiales**, dans les conditions prévues par chacune d'entre elles, dès lors que le futur adoptant en a la charge effective et permanente (CSS art. L 513-1).
En matière d'**impôt sur le revenu**, les contribuables peuvent compter à charge les enfants recueillis à leur propre foyer qu'il y ait ou non des liens de parenté entre eux (voir n° 7022). Ces enfants sont donc pris en compte pour l'application du quotient familial.

3. PROCÉDURE D'ADOPTION PLÉNIÈRE

DÉPÔT DE LA REQUÊTE

Une requête en adoption doit être formée auprès du tribunal judiciaire du domicile des adoptants (CPC art. 1166). Elle est possible dès que l'enfant est confié aux futurs parents, mais ne pourra être examinée par le tribunal qu'à l'expiration d'un **délai** de six mois à compter de l'accueil de l'enfant à leur domicile. 29700
Si l'enfant a été recueilli au foyer des adoptants avant l'âge de 15 ans, ce qui est le cas le plus fréquent, un **avocat** n'est pas exigé : il est possible de s'adresser directement au procureur de la République qui transmet alors la demande au tribunal (CPC art. 1168).

Si les parents adoptifs veulent changer le **prénom** de l'enfant, ils doivent en faire la demande en même temps que la demande en adoption car le tribunal doit se prononcer sur ce point dans le jugement d'adoption.

29705 **Décès de l'adoptant ou de l'adopté en cours de procédure** Si l'adoptant décède, après avoir régulièrement recueilli l'enfant en vue de son adoption (simple ou plénière), la requête peut être présentée en son nom par le conjoint survivant (ou partenaire survivant ou concubin survivant) ou l'un des héritiers de l'adoptant (C. civ. art. 353-1, al. 4). Interprétant strictement le terme d'héritier, la Cour de cassation décide que l'enfant légataire universel ne peut pas présenter au nom du défunt une requête visant à sa propre adoption (Cass. 1e civ. 17-3-2010 n° 09-10.918 FS-PB : Bull. civ. I n° 65, décision rendue à propos d'une requête en adoption simple mais également valable en matière d'adoption plénière).

Si l'enfant décède après avoir été régulièrement recueilli en vue de son adoption (simple ou plénière), la requête peut toutefois être présentée. Le jugement produit effet le jour précédant le décès et emporte uniquement modification de l'état civil de l'enfant (C. civ. art. 353, al. 5).

INSTRUCTION DE LA REQUÊTE

29710 Le tribunal s'assure que les **conditions légales** sont remplies aussi bien par les adoptants que par l'enfant et que le projet d'adoption est conforme à l'intérêt de l'enfant (C. civ. art. 353-1, al. 1). Ce n'est pas le cas lorsque l'adoption plénière aurait pour effet de mettre fin au lien de filiation entre l'enfant et sa mère, alors que l'intérêt supérieur de celui-ci réside dans le maintien de ces liens (Cass. 1e civ. 28-2-2018 n° 17-11.069 FS-PBI : BPAT 2/18 inf. 60, à propos d'une demande d'adoption par l'ex-concubine de la mère).

Le tribunal dispose de **pouvoirs d'investigation** : il peut ainsi, s'il y a lieu, faire procéder à une enquête par toute personne qualifiée, demander des examens médicaux ou se faire communiquer par le service d'aide sociale à l'enfance tous les renseignements nécessaires concernant les pupilles de l'État (CPC art. 1171).

Le tribunal doit procéder à l'**audition du mineur** capable de discernement ou la déléguer à un tiers si l'intérêt du mineur le commande ; celui-ci doit être entendu selon des modalités adaptées à son âge et à son degré de maturité et s'il refuse, le juge apprécie le bien-fondé de ce refus (C. civ. art. 353-1, al. 2). Ce dispositif s'inspire de celui de l'article 388-1 du Code civil qui régit l'audition de l'enfant dans toute procédure le concernant (nos 35610 s.). Il s'ajoute à l'obligation du recueil du consentement lorsque l'enfant a plus de 13 ans.

29713

Adoption d'un enfant né par PMA ou GPA

Depuis l'ouverture de l'adoption aux couples de même sexe, un enfant né d'une **procréation médicalement assistée** (PMA) à l'étranger peut être adopté plénièrement par l'épouse de la mère biologique dès lors que les **conditions légales** de l'adoption plénière sont réunies et que l'adoption est conforme à l'intérêt de l'enfant, selon l'appréciation souveraine des juges du fond (Cass. avis 22-9-2014 nos 14-7006 et 14-70007 ; CA Limoges 2-3-2015 n° 14-01192 ; CA Versailles 16-4-2015 nos 14-04253 et 14-05360 ; CA Agen 18-1-2016 n° 15-00850 ; Cass. 1e civ. 3-11-2021 n° 20-16.745 F-D). Toutefois, l'on peut penser qu'à l'avenir, les adoptions plénières d'enfants nés par PMA vont peu à peu diminuer. En effet, depuis le 4 août 2021, date d'entrée en vigueur de la loi de bioéthique 2021-1017, les couples de femmes peuvent recourir à la PMA en France, qu'elles soient mariées ou non. À l'égard de la femme qui accouche, la filiation est établie, conformément au droit commun, par la désignation de celle-ci dans l'acte de naissance de l'enfant. Pour l'autre femme, la filiation est établie par la reconnaissance conjointe faite devant notaire (voir n° 27071). Sur la possibilité d'adopter en cas de refus de la reconnaissance conjointe, voir n° 27074.

Un enfant né à l'étranger par **gestation pour autrui** (GPA) peut faire l'objet d'une adoption plénière par l'époux du père lorsque le droit étranger autorise la convention de GPA et que l'acte de naissance mentionnant le seul nom du père a été dressé conformément à la loi étrangère, sans fraude (Cass. 1e civ. 4-11-2020 nos 19-15.739 FS-PBI et Cass. 1e civ. 19-50.042 FS-PBI : BPAT 1/21 inf. 11 ; Cass. 1e civ. 7-7-2021 n° 20-10.722 F-D). La solution s'explique. Dès lors que la GPA est licite dans le pays où elle s'est effectuée et qu'elle donne lieu à l'établissement à l'étranger d'actes de naissance réguliers selon le droit local et exempts de fraude, la transcription de ces actes est possible en France (voir Cass. 1e civ. 18-12-2019 nos 18-12.327 FS-PBRI et Cass. 1e civ. 18-11.815 FS-PBRI : BPAT 1/20 inf. 10). Signalons toutefois que depuis la loi de bioéthique, entrée en vigueur le 4 août 2021, l'article 47 du Code civil s'est vu complété pour préciser que la réalité des faits déclarés dans l'acte de l'état civil étranger « est appréciée au regard de la loi française » et non, comme le fait cette jurisprudence, de la loi étrangère

(Loi 2021-1017 du 2-8-2021 art. 7). La transcription de l'acte de naissance étranger ne serait donc plus possible en ce qui concerne la mention du parent d'intention. L'efficacité de cette nouvelle disposition a toutefois été questionnée tant la formulation retenue laisse une marge d'appréciation (N. Anciaux, chron. Droit des personnes : JCP G 2020 n° 1025 § 2).

JUGEMENT

Le jugement doit être rendu dans le **délai** de six mois à compter de la demande, mais aucune sanction n'est prévue en cas de dépassement de ce délai. **29715**

Le tribunal peut accepter ou refuser l'adoption. Dans ce dernier cas, il doit motiver sa décision. Il peut également prononcer une **adoption simple** alors qu'une adoption plénière était demandée mais il ne peut le faire qu'avec l'accord des requérants (CPC art. 1173).

Peuvent **intervenir** volontairement **à l'instance** les personnes qui ont un intérêt et une qualité pour agir (adoptants et leur famille, famille d'origine de l'enfant, ministère public notamment). Est ainsi irrecevable l'intervention des grands-parents à l'instance en adoption d'un enfant né sous X au motif qu'aucun lien de filiation n'était établi entre eux et l'enfant : les grands-parents sont juridiquement des tiers par rapport à l'enfant et ne peuvent s'opposer à son adoption (Cass. 1e civ. 8-7-2009 n° 08-20.153 FS-PBI : Bull. civ. I n° 158).

VOIES DE RECOURS

Le jugement est susceptible d'**appel**. Celui-ci doit être formé, dans les 15 jours de la notification du jugement, au greffe du tribunal qui l'a rendu. L'appel est ouvert aux adoptants, aux tiers auxquels le jugement a été notifié et au ministère public. Une association de défense des intérêts collectifs de l'enfance ne peut pas intervenir dans une procédure d'adoption dès lors qu'elle est tiers au jugement qui ne lui a pas été notifié et qu'elle ne justifie d'aucun lien avec l'enfant, l'adoptante ou sa conjointe (CA Versailles 11-12-2014 n° 14/04245 : BPAT 1/15 inf. 6). **29720**

La décision d'appel peut faire l'objet d'un **pourvoi en cassation** dans les deux mois de la notification du jugement.

Un recours particulier, la **tierce opposition**, peut également être exercé pendant 30 ans, mais seulement dans le cas de dol ou de fraude imputable aux adoptants ou, depuis le 4 août 2021, au conjoint, partenaire de Pacs ou concubin de l'adoptant (C. civ. art. 353-2, al. 1). Jugé qu'est constitutif d'une réticence dolosive rendant recevable la tierce opposition des grands-parents maternels le fait pour les adoptants d'avoir omis d'informer le tribunal du maintien des liens affectifs et relationnels entre l'enfant et sa famille d'origine, circonstance qui pouvait conduire le tribunal à prononcer une adoption simple et non une adoption plénière (Cass. 1e civ. 5-11-2008 n° 07-20.426 FS-PB : Bull. civ. I n° 248). Constitue par exemple une fraude à un jugement d'adoption le fait pour l'adoptant d'avoir sciemment caché au juge l'existence de ses propres enfants, héritiers réservataires, avec lesquels il était en conflit ouvert (Cass. 1e civ. 13-6-2019 n° 18-19.100 FS-PB : BPAT 5/19 inf. 175). En revanche, la tierce opposition à l'encontre du jugement d'adoption n'est pas recevable en cas de fraude imputable à l'adopté (Cass. 1e civ. 22-10-2014 n° 13-22.970 F-D).

Constitue un dol la dissimulation au tribunal du maintien des liens entre l'enfant adopté et un tiers décidé par le juge aux affaires familiales sur le fondement de l'article 371-4 du Code civil ainsi que la dissimulation de l'existence d'un consentement à une procédure d'assistance médicale à la procréation avec tiers donneur et, le cas échéant, d'une reconnaissance conjointe (C. civ. art. 353-2, al. 2). Dans le premier cas, est visé expressément le tiers, parent ou non, qui a résidé de manière stable avec l'enfant et l'un de ses parents, a pourvu à son éducation, à son entretien ou à son installation, et a noué avec lui des liens effectifs durables. Ainsi un ex-époux ou ex-concubin du parent de l'enfant (le beau-parent) peut former une tierce opposition au jugement d'adoption dès lors que le juge n'a pas eu connaissance de l'existence des droits de visite et d'hébergement qui lui ont été accordés par le juge aux affaires familiales.

TRANSCRIPTION DU JUGEMENT

Dans les 15 jours de la date à laquelle la décision prononçant l'adoption plénière est devenue définitive, celle-ci doit être transcrite sur les registres d'état civil du lieu de naissance de l'adopté, à la demande du procureur de la République. La transcription tient lieu d'**acte de naissance** et l'acte de naissance originaire, revêtu de la mention « adoption », est considéré comme nul. La transcription énonce le jour, l'heure et le lieu de naissance de l'enfant, son sexe ainsi que ses prénoms, tels qu'ils résultent du jugement d'adoption, les prénoms, nom, date et lieu de naissance, profession et domicile du ou des adoptants. Elle ne contient pas d'indication sur la filiation d'origine de l'enfant (C. civ. art. 354). **29725**

Les adoptés figurent sur le **livret de famille** de l'adoptant.

D. Effets de l'adoption plénière

RUPTURE DES LIENS AVEC LA FAMILLE D'ORIGINE

29750 L'adoption plénière donne à l'enfant une nouvelle filiation qui remplace sa filiation d'origine à compter du jour de l'introduction de la demande en justice ; les liens de l'enfant avec sa famille d'origine sont définitivement rompus (C. civ. art. 355 et 356). Toutefois, afin d'éviter l'inceste, les **prohibitions au mariage** de l'adopté avec des membres de sa famille d'origine visées aux articles 161 à 164 du Code civil subsistent (voir n° 150).
Par exception, en cas d'adoption de l'**enfant du conjoint**, du partenaire de Pacs ou du concubin, la filiation d'origine à l'égard de cette personne et de la famille de celle-ci subsiste. L'adoption produit, pour le surplus, les effets d'une adoption par les deux membres du couple (C. civ. art. 370-1-4).

> **Précisions** Le juge peut autoriser, dans certaines circonstances exceptionnelles, les membres de la famille d'origine à conserver des **relations avec l'enfant** adopté, si tel est l'intérêt de l'enfant (C. civ. art. 371-4). Pour une illustration concernant des grands-parents biologiques, voir n° 38030.

ENTRÉE DANS LA FAMILLE ADOPTIVE

29755 Toutes les règles applicables aux enfants par le sang sont applicables à l'adopté (C. civ. art. 358). C'est ainsi que l'**autorité parentale** et la gestion des biens de l'enfant sont exercées par l'adoptant (voir n° 36015).
L'adoption crée une **obligation alimentaire** entre l'adoptant et l'adopté et réciproquement (voir n° 45010).
L'adopté prend le **nom** de l'adoptant (voir n°s 31600 s.) ainsi que le **prénom** fixé par le jugement d'adoption (n° 29700). Pour une adoption plénière, si les adoptants demandent à modifier le prénom de l'adopté, le consentement de ce dernier est requis s'il est âgé de plus de 13 ans (C. civ. art. 357, dernier al. créé par loi 2022-219 du 21-2-2022 art. 8).
L'enfant devient **héritier** de l'adoptant au même titre qu'un enfant par le sang (voir n° 63026).
Sur le plan fiscal, l'adopté est totalement assimilé à un enfant biologique (voir n° 64720).
Toutefois, si l'adoption est prononcée alors que l'adoptant est décédé en cours de procédure (n° 29705), l'adopté prend le nom de l'adoptant mais n'hérite pas de celui-ci, aucun lien de parenté n'existant au jour du décès (date d'ouverture de la succession) entre l'adoptant et l'adopté.

CARACTÈRE IRRÉVOCABLE DE L'ADOPTION PLÉNIÈRE

29760 L'adoption est irrévocable, ce qui signifie que l'adoptant ne pourra pas revenir sur sa décision ultérieurement (C. civ. art. 359).
Toutefois, l'**adoption simple** d'un enfant ayant fait l'objet d'une adoption plénière est permise s'il est justifié de motifs graves (voir n° 29805).

SECTION 2 ADOPTION SIMPLE

A. Conditions de l'adoption simple

CONDITIONS RELATIVES À L'ADOPTANT

29800 L'adoptant doit remplir les mêmes conditions que pour l'adoption plénière (voir n°s 29510 s.). Il doit notamment avoir obtenu un **agrément** si l'adopté est un pupille de l'État ou un enfant étranger (n°s 29620 s.).

CONDITIONS RELATIVES À L'ADOPTÉ

29805 L'adoption simple est permise quel que soit l'**âge** de l'adopté (C. civ. art. 345, al. 3) : il peut être mineur ou majeur, mais l'intéressé doit donner son **accord** s'il est âgé de plus de 13 ans (C. civ. art. 349, al. 1). S'il est mineur, ses parents par le sang ou le conseil de famille s'il n'a pas de parents doivent donner leur consentement à l'adoption. Celui-ci peut être rétracté dans le délai de deux mois comme en matière d'adoption plénière (n° 29545). L'adoption simple d'un enfant majeur ne nécessite pas le consentement des parents (Cass. 1e civ. 20-3-2013 n° 12-16.401 F-PBI : Bull. civ I n° 49 ; Cass. 1e civ. 6-3-2013 n° 12-17.182 F-PB).

Les **adoptions successives** d'un même enfant sont en principe interdites comme en matière d'adoption plénière (n° 29590). Des dérogations sont toutefois prévues en matière d'adoption simple :

– un enfant ayant fait l'objet d'une adoption plénière peut faire l'objet d'une adoption simple s'il est justifié de **motifs graves** (C. civ. art. 345-2, al. 2). Le juge apprécie la gravité des motifs au regard de l'intérêt de l'enfant et peut prononcer une adoption simple par des personnes autres que les premiers adoptants. Cette faculté a surtout été envisagée en matière d'adoption internationale où les possibilités d'échec sont les plus fréquentes ;

– un enfant précédemment adopté par une seule personne, en la forme simple ou plénière, peut l'être une seconde fois, par le conjoint, le partenaire de Pacs ou le concubin de cette dernière en la forme simple (C. civ. art. 345-2, al. 1). L'adoption simple de l'**enfant du conjoint**, du pacsé ou du concubin ayant précédemment fait l'objet d'une adoption est autorisée sans avoir à justifier de motifs graves. Toutefois, comme pour l'adoption plénière (n° 29605), les adoptions successives par les différents conjoints, partenaires ou concubins du parent de l'enfant sont interdites.

L'adoption simple ne requiert pas d'**accueil** de l'adopté, même mineur, au foyer des adoptants pendant au moins six mois (n° 29595).

Sur le consentement d'un majeur placé sous **tutelle** ou sous **curatelle** à sa propre adoption ou à celle de son enfant : voir nos 53285 et 53810.

Il est extrêmement rare, **en pratique**, que le parent d'un **enfant mineur** consente à ce que le nouveau compagnon ou la nouvelle compagne de l'autre parent procède à son adoption simple. Non pas parce qu'il craindrait de voir son lien de filiation avec son enfant supprimé – contrairement à l'adoption plénière, l'adoption simple maintient le lien de filiation d'origine – mais parce qu'il ne souhaitera pas, la plupart du temps, subir les conséquences d'une adoption simple (C. civ. art. 360 s.) : perdre l'autorité parentale et l'administration légale, voir ses éventuels droits successoraux au décès de son enfant être réduits de moitié, risquer que le nom de son enfant puisse se voir adjoindre le nom de l'adoptant, voire y être substitué, et que ses prénoms soient modifiés (P. Dauptain, L'adoption de l'enfant de la personne avec laquelle on vit : BPAT 4/23 inf. 166). **29810**

Dans la grande majorité des cas, l'adoption simple sera demandée dans le cadre d'une famille recomposée pour établir un lien de filiation entre le beau-parent d'un **enfant majeur**, dans la perspective de la succession du premier, afin que le second bénéficie d'une fiscalité en ligne directe plutôt que d'être soumis au tarif entre étrangers (sur ce point, voir n° 64722).

B. Procédure d'adoption simple

DÉROULEMENT DE LA PROCÉDURE ET VOIES DE RECOURS

La procédure d'adoption simple est identique à celle de l'adoption plénière tant en ce qui concerne le déroulement de la procédure devant le tribunal judiciaire que les voies de recours (nos 29700 s.). À la différence de l'adoption plénière, aucun **délai** n'est requis pour le dépôt de la demande. **29830**

Le juge vérifie que les conditions légales sont remplies et que l'adoption est conforme à l'intérêt de l'enfant. Il vérifie notamment que l'adoption a pour **objet** de créer un véritable lien de filiation et n'a pas d'autre finalité, successorale par exemple.

EXEMPLE

La requête en adoption simple de six de ses sept petits-enfants dont les parents étaient décédés par leur grand-mère a été rejetée au motif qu'elle avait un but essentiellement successoral, étranger à l'esprit de la loi, et qu'en outre elle engendrait une confusion de générations. Une telle adoption n'était pas conforme à l'intérêt des personnes concernées, en dehors de leur **intérêt financier** (Cass. 1e civ. 16-10-2001 n° 00-10.665 : Bull. civ. I n° 256).

La requête en adoption simple d'un enfant par le frère de sa mère a été rejetée comme contrevenant aux dispositions d'ordre public interdisant l'établissement du double lien de filiation en cas d'**inceste absolu**, le postulant à l'adoption étant le père biologique de l'enfant (Cass. 1e civ. 6-1-2004 n° 01-01.600 : Bull. civ. I n° 2).

La requête en adoption simple de son ex-mari par une femme a été rejetée au motif que l'institution de l'adoption n'a pas vocation à créer un lien de filiation entre deux **ex-époux** (Cass. 1e civ. 23-6-2010 n° 09-66.782 F-PBI : BPAT 4/10 inf. 214).

C'est à bon droit qu'une cour d'appel rétracte un jugement d'adoption simple d'une femme par sa compagne car l'adoption a pour objet de consacrer un rapport filial et non de renforcer

des liens d'affection ou d'amitié entre deux personnes qui entretiennent des **relations sexuelles** (Cass. 1e civ. 4-5-2011 no 10-13.996 F-PBI : BPAT 3/11 inf. 179).
L'adoption d'un enfant majeur par ses grands-parents n'a pas été jugée conforme à l'intérêt de l'adopté dès lors qu'elle constituerait un **bouleversement** anormal **de l'ordre familial** et nierait complètement l'existence du père et de la mère en tant que parents (Cass. 1e civ. 6-3-2013 no 12-17.183 : Bull. civ. I no 35).
En revanche, l'adoption simple par un homme des deux filles de sa dernière épouse a été admise dès lors que cette adoption concrétisait le lien d'affection paternel et filial les unissant, alors même que l'adoption présentait un **intérêt patrimonial** (Cass. 1e civ. 1-7-2009 no 08-17.762 ; dans le même sens, Cass. 1e civ. 10-2-2016 no 14-23.326).

MENTION DU JUGEMENT

29835 Le jugement d'adoption n'entraîne pas annulation de l'**acte de naissance** originaire ; il est seulement mentionné à la requête du procureur de la République dans les 15 jours de la date à laquelle il est devenu définitif en marge de l'acte de naissance de l'adopté (C. civ. art. 354).
L'enfant adopté est inscrit sur le **livret de famille**, à la demande des parents adoptifs.

C. Effets de l'adoption simple

NOM ET PRÉNOM DE L'ENFANT

29860 En principe, l'adopté conserve son **nom** d'origine auquel est ajouté le nom de l'adoptant (si l'adopté a plus de 13 ans, cette adjonction suppose son consentement). Le tribunal peut toutefois, à la demande de l'adoptant et avec le consentement de l'adopté s'il a plus de 13 ans, décider que l'adopté ne portera que le nom de l'adoptant (voir nos 31620 s.).
Le tribunal peut également, à la demande du ou des adoptants, modifier le **prénom** de l'enfant (C. civ. art. 357).

EMPÊCHEMENTS À MARIAGE

29865 Comme en matière d'adoption plénière (no 29750), le mariage de l'adopté reste prohibé avec les membres de sa **famille d'origine** (C. civ. art. 360, al. 2).
Les interdictions à mariage dans **la famille adoptive** prévues par l'article 361 du Code civil sont plus limitées puisqu'elles ne concernent que l'adoptant et l'adopté ainsi que leurs conjoints (ou leurs partenaires de Pacs ou concubins) et descendants respectifs, à l'exclusion des autres membres de la famille (voir no 150). Des dispenses spécifiques sont également prévues (voir no 152).

AUTORITÉ PARENTALE SUR L'ADOPTÉ

29870 L'autorité parentale, c'est-à-dire les droits et les pouvoirs des parents sur la personne et les biens de leur enfant, est exercée par l'adoptant si l'adopté est mineur dans les mêmes conditions qu'à l'égard d'un enfant par le sang, sauf lorsque l'adoptant est le conjoint du père ou de la mère de l'adopté (voir no 36017).

OBLIGATION ALIMENTAIRE

29875 L'adoption simple crée une obligation alimentaire entre l'adoptant et l'adopté et réciproquement. Les parents par le sang sont également tenus à une telle obligation, mais uniquement si l'enfant établit qu'il n'a pu obtenir de secours de ses parents adoptifs (voir no 45011).

LIENS DE FILIATION ET DROITS SUCCESSORAUX

29880 L'adoption simple confère à l'adopté une filiation qui s'ajoute à sa famille d'origine. L'adopté continue d'appartenir à sa famille d'origine et y conserve tous ses droits (C. civ. art. 360, al. 1 modifié par loi 2022-219 du 21-2-2022 art. 1), dès lors que la filiation de naissance est établie. D'un point de vue successoral, l'adopté **hérite** des deux familles : de sa famille d'origine et de ses parents adoptifs comme un enfant par le sang sans toutefois acquérir la qualité d'héritier réservataire à l'égard des ascendants de l'adoptant (voir no 63026).
En ce qui concerne les **droits de mutation**, l'enfant ayant fait l'objet d'une adoption simple ne bénéficie pas en principe des tarifs et abattements en ligne directe à l'égard de ses parents adoptifs. Toutefois, ce principe comporte des exceptions (voir no 64722).

RÉVOCABILITÉ DE L'ADOPTION SIMPLE

29885 **Causes de révocation** Contrairement à l'adoption plénière, l'adoption simple peut faire l'objet d'une révocation pour **motifs graves** (C. civ. art. 368). Les juges du fond ont un pouvoir souverain d'appréciation de la gravité du motif. Celui-ci doit résider dans une **cause survenue** après le jugement d'adoption et non au moment du jugement : doit ainsi être écartée la demande de révocation d'une adoption au motif que l'adoptant n'avait pas un consentement éclairé lors du jugement (Cass. 1e civ. 13-5-2020 n° 19-13.419 F-PB : BPAT 4/20 inf. 119).

EXEMPLE

Jugé ainsi que **constituent** des motifs suffisamment graves :
– le comportement de l'adopté qui avait proféré à l'adresse de son père adoptif les injures les plus grossières, avait commis des voies de fait sur sa personne et avait confié qu'il se refusait à porter son nom estimé par lui déshonorant (Cass. 1e civ. 20-3-1978 n° 76-13415 : Bull. civ. I n° 114) ;
– la mésentente profonde entre l'adopté et l'adoptant, qui tient au moins pour partie à celui-ci, et la nécessité pour l'adopté de préserver la tranquillité et la sérénité de la famille qu'il a créée (CA Rennes 6e ch. 13-5-2002 n° 00-07022).
En revanche, **ne constituent pas** des motifs suffisamment graves :
– la découverte que l'enfant adopté n'est pas l'enfant biologique de l'adoptant, croyance qui avait motivé l'adoption dès lors que ce motif est étranger à la finalité de l'institution qui n'a pas pour objet d'établir une paternité biologique (Cass. 1e civ. 28-2-2006 n° 03-12.170 F-PB : Bull. civ. I n° 125) ;
– une simple mésentente et même la cessation des relations depuis plusieurs années, entre l'adopté et l'adoptant, notamment lorsque la responsabilité de cette situation est partagée (CA Agen 1e ch. 26-4-2004 n° 02-1589 confirmé par Cass. 1e civ. 10-5-2006 n° 04-16.557 F-D) ;
– des tensions actuelles entre les adoptés et leur mère adoptive suite à des différends d'ordre patrimonial apparaissant après plusieurs années d'entente parfaite (Cass. 1e civ. 5-3-2008 n° 07-10.989 F-D) ;
– les retrouvailles entre l'enfant adopté et son père biologique qui ne rendent pas impossible le maintien des liens affectifs avec son père adoptif qui a contribué à son entretien et à son éducation depuis l'âge de six ans (CA Versailles 9-9-2010 n° 10/00487).

Demande en révocation Elle peut être introduite devant le tribunal judiciaire par (C. civ. art. 368) : **29890**
– le ministère public lorsque l'**adopté** est **mineur** ;
– l'adoptant ou l'adopté lorsque ce dernier est **majeur**.
En cas de **décès de l'adoptant ou de l'adopté**, l'action en révocation, qui est personnelle à l'adoptant et à l'adopté, peut, lorsqu'elle est intentée par eux, être poursuivie par leurs héritiers (Cass. 1e civ. 21-6-1989 n° 87-19.742 : Bull. civ. I n° 249). En revanche, les héritiers de l'adopté sont irrecevables à exercer un recours en révision contre le jugement de révocation lorsque cette action n'a pas été engagée par l'adopté de son vivant (Cass. 1e civ. 6-12-2005 n° 04-11.689 FS-PB : Bull. civ. I n° 477).

Effets de la révocation La révocation prend effet à la **date** de la demande (Cass. 1e civ. 21-6-1989 n° 87-19.742 : Bull. civ. I n° 249). Elle fait cesser pour l'avenir tous les effets de l'adoption, à l'exception de la modification des **prénoms** (C. civ. art. 369-1) : l'adopté reprend son **nom** d'origine, il perd tous ses **droits** vis-à-vis de l'adoptant et, s'il est mineur, il revient sous l'**autorité parentale** de ses parents par le sang. **29895**
Le jugement de révocation est mentionné en marge de l'**acte de naissance** de l'adopté (C. civ. art. 369).

SECTION 3 ADOPTION INTERNATIONALE

Définition L'adoption est internationale (C. civ. art. 370-2-1) : **29935**
1° lorsqu'un mineur résidant habituellement dans un État étranger a été, est ou doit être déplacé, dans le cadre de son adoption, vers la France, où résident habituellement les adoptants ;
2° lorsqu'un mineur résidant habituellement en France a été, est ou doit être déplacé, dans le cadre de son adoption, vers un État étranger, où résident habituellement les adoptants.
Les développements qui suivent ne concernent que le premier cas de figure.
En 2023, 176 enfants ont été adoptés à l'étranger par des ressortissants français ou étrangers résidant en France, contre 232 en 2022 (source : diplomatie.gouv.fr). Les cinq premiers pays d'origine sont le Vietnam (27 adoptions), la Thaïlande (26 adoptions), le Madagascar (21 adoptions), la Colombie (12 adoptions) et la Tunisie (12 adoptions).

A. Démarches préalables à l'adoption

OBTENIR L'AGRÉMENT

29940 Pour adopter un enfant étranger, les candidats à l'adoption doivent avoir reçu un agrément délivré dans les conditions exposées nos 29620 s.

Cet agrément constitue pour l'État d'origine de l'enfant adopté une **garantie** de la capacité adoptive des futurs adoptants. Enfin, il est demandé par les consuls pour délivrer le **visa** d'entrée et d'établissement de l'enfant en France.

> **Précisions** Tout salarié titulaire d'un agrément a le droit de bénéficier d'un **congé** non rémunéré, d'une durée maximale de six semaines, lorsque, en vue de l'adoption d'un enfant, il se rend dans un département ou une collectivité d'outre-mer, en Nouvelle-Calédonie ou à l'étranger (C. trav. art. L 1225-46).

S'INFORMER SUR LE PAYS D'ADOPTION

29945 Avant d'engager une procédure d'adoption à l'étranger, il est essentiel de s'informer sur :
– les **conditions** requises par la législation du pays d'origine de l'enfant. En effet, pour pouvoir adopter un enfant à l'étranger, il est nécessaire de respecter non seulement la loi française sur la procédure d'adoption, mais également la loi du pays d'origine de l'enfant, chaque État étant libre de fixer ses propres critères de sélection (conditions d'âge, de situation matrimoniale, de religion) ;
– les différentes **formes d'adoption** reconnues dans le pays d'origine de l'enfant ainsi que les effets qui lui sont attachés : mieux vaut savoir que certains pays prohibent l'adoption ou ne connaissent que l'adoption simple ! La situation juridique de l'enfant au regard de la législation française dépendra largement en effet de la portée juridique de l'adoption qui sera prononcée à l'étranger (voir n° 30080) ;
– les **démarches** à effectuer dans le pays choisi. Ainsi, certains pays refusent les démarches individuelles d'adoption et exigent l'intervention d'un intermédiaire. La présence effective de l'adoptant dans le pays d'adoption peut ou non être exigée. L'entrée et le séjour de l'adoptant dans le pays étranger peuvent être soumis ou non à un visa. Enfin, les personnes à contacter et les délais varient selon le pays choisi ;
– les **frais** à prévoir : billets d'avion, séjour(s) à l'étranger, frais de transcription et de traduction des documents, honoraires d'avocat, participation aux frais de l'orphelinat, le cas échéant ;
– la transparence de la **filière** utilisée (les trafics d'enfants sont une réalité).

B. Organismes de l'adoption internationale

MISSION DE L'ADOPTION INTERNATIONALE (MAI)

29970 Ce service du ministère des affaires étrangères constitue l'**autorité centrale** pour l'adoption internationale (Décret 2009-407 du 14-4-2009). Il veille au respect par la France des conventions internationales et exerce des **fonctions** de pilotage stratégique, de régulation et de contrôle, de veille et d'expertise juridique (CASF art. R 148-4 à R 148-11-2 modifié par décret 2023-779 du 14-8-2023). Ainsi, il assure :
– le suivi des relations d'État à État, ou d'autorité centrale à autorité centrale, avec les pays d'origine des enfants, y compris les négociations ou renégociations d'accords bilatéraux ou multilatéraux ;
– l'élaboration d'une stratégie de l'adoption internationale en coopération avec les ambassades et en partenariat étroit avec les organismes autorisés pour l'adoption (OAA), l'Agence française de l'adoption (AFA) et les associations de parents adoptifs ;
– la mise en œuvre d'une politique de coopération en faveur de l'enfance privée de famille ;
– la mise à jour et l'animation du site Adoption internationale du ministère des affaires étrangères ainsi que du portail gouvernemental sur l'adoption (adoption.gouv.fr) ;
– la collecte et l'actualisation, par l'intermédiaire du réseau diplomatique, des informations sur les procédures d'adoption, les conditions de l'adoption à l'étranger et les difficultés rencontrées par les candidats à l'adoption ;
– l'habilitation et le contrôle des OAA, ainsi que, le cas échéant, un appui à leur développement par voie de subvention ;
– la cotutelle de l'AFA ;
– la participation à l'élaboration de normes françaises intéressant l'adoption internationale ;
– l'autorisation de délivrance des visas d'adoption par les services consulaires.

Placé sous la responsabilité d'un ambassadeur chargé de l'adoption internationale, la MAI comprend une vingtaine d'agents exclusivement dédiés à l'adoption internationale. Elle dispose d'un **espace Internet** sur diplomatie.gouv.fr sur lequel il est possible de trouver l'ensemble des informations utiles.

ORGANISMES AUTORISÉS POUR L'ADOPTION (OAA)

Ces organismes privés doivent avoir reçu l'habilitation de la Mission de l'adoption internationale 29975
(MAI) pour intervenir en matière d'adoption internationale (CASF art. L 225-12, R 148-10 et R 225-34). Ils doivent également être accrédités par les autorités du pays d'origine. Chacun d'eux a ses propres **critères de sélection** des candidats à l'adoption (âge, situation matrimoniale, religion) et n'intervient que dans le pays pour lequel il a été habilité. Ces organismes assistent les candidats à l'adoption grâce à leur connaissance du pays, à leur expérience et à leurs interlocuteurs locaux, et assurent un **suivi** très personnalisé **des démarches** et étapes successives de l'adoption. Leurs coordonnées sont mentionnées dans les fiches pays établies par la Mission de l'adoption internationale et par l'Agence française de l'adoption.

AGENCE FRANÇAISE DE L'ADOPTION (AFA)

Cette agence est l'un des organismes qui composent le groupement d'intérêt public (GIP) pour 29980
la protection de l'enfance. Elle constitue une troisième voie pour l'adoption des enfants étrangers à côté des démarches individuelles et des organismes autorisés pour l'adoption (OAA). Elle permet aux familles qui ne sont pas prises en charge par les OAA de voir leur demande mieux soutenue et d'avoir accès aux pays qui refusent les démarches individuelles. Elle a pour **mission** non seulement d'informer et de conseiller les familles, sans aucun critère de sélection, mais aussi de les aider à constituer leur dossier et, dans certains pays, de les accompagner sur place grâce à un réseau de correspondants locaux.

L'AFA intervient comme **intermédiaire** dans l'ensemble des départements. Elle est directement habilitée à opérer comme intermédiaire pour l'adoption de mineurs de 15 ans dans les États parties à la convention de La Haye (CASF art. L 225-15). Elle a également vocation à intervenir dans tous les autres pays d'origine, au fur et à mesure de son habilitation par le ministère des affaires étrangères et de son accréditation par les autorités étrangères.

L'AFA dispose dans chaque département d'au moins un **correspondant** pour faciliter le suivi des dossiers auquel les candidats à l'adoption doivent s'adresser en priorité (CASF art. L 225-16). Ils peuvent également contacter le siège social (63 bis bd Bessières 75017 Paris). Un accueil est assuré sur rendez-vous. L'AFA dispose enfin d'un **site internet** agence-adoption.fr.

C. Constitution du dossier en France

PIÈCES REQUISES

Pour postuler à l'adoption d'un enfant étranger, qu'on effectue les démarches seul ou avec 30005
l'aide d'un organisme, il faut constituer un dossier de demande d'adoption. Les pièces demandées varient d'un pays à l'autre et sont détaillées dans les fiches établies par la Mission de l'adoption internationale ou par l'Agence française de l'adoption pour chaque pays. Sont généralement demandés :

– les actes de naissance et de mariage des candidats à l'adoption (jugement de divorce, éventuellement), l'acte de naissance du ou des enfants du foyer ;
– l'agrément et les pièces annexes : certificats médicaux, rapports d'enquête sociale et psychologique ;
– le bulletin n° 3 du casier judiciaire ;
– des attestations de ressources (bulletins de salaire, déclaration de revenus, avis d'imposition).

TRADUCTION ET LÉGALISATION DU DOSSIER

Les documents demandés doivent être traduits dans la langue de l'État concerné. Ces **traductions** doivent être effectuées par un traducteur assermenté près une cour d'appel. Les listes des 30010
traducteurs sont affichées dans les mairies et les commissariats de police ainsi que dans les tribunaux et les préfectures.

Ces documents doivent également, le cas échéant, faire l'objet d'une **légalisation** (attestation de la qualité et de la signature de l'autorité qui a établi les pièces constituant le dossier d'adoption) par le ministère des affaires étrangères. Il est possible de se renseigner auprès de la Mission de l'adoption internationale, de l'organisme qui s'occupe du dossier ou du consulat étranger en France pour savoir si les pièces constituant le dossier d'adoption doivent être légalisées. Lorsque

la légalisation est nécessaire, il faut s'adresser au ministère des affaires étrangères (Bureau des légalisations, 57, boulevard des Invalides, 75007 Paris).
C'est parfois l'« **apostille** » qui est nécessaire : cette formule qui se substitue à la légalisation est à demander à la cour d'appel du lieu où les documents ont été établis.

> **Précisions a.** Au sein de l'**Union européenne**, le règlement UE 2016/1191 du 6 juillet 2016 dispense depuis le 16 février 2019 un certain nombre de documents publics délivrés par les autorités d'un État membre et qui doivent être présentés aux autorités d'un autre État membre de toute légalisation ou apostille (voir P. Callé, Règlement européen simplifiant les conditions de présentation de certains documents publics dans l'UE : SNH 25/18 inf. 12). Sont notamment concernés les actes d'état civil.
> **b.** À compter du 1er **janvier 2025**, il appartiendra aux **notaires** d'accomplir les formalités de légalisation ou d'apostille, en principe délivrées sous forme électronique (Décret 2021-1205 du 17-9-2021 : BPAT 6/21 inf. 254 obs. P. Callé, modifié par décret 2023-25 du 23-1-2023 : BPAT 2/23 inf. 74 obs. P. Callé).

ENREGISTREMENT DU DOSSIER

30015 Dès la constitution du dossier, le candidat à l'adoption doit faire enregistrer la procédure auprès de la Mission de l'adoption internationale (MAI) en fournissant deux photocopies certifiées conformes à l'original de l'agrément ainsi qu'une fiche de renseignements.
Ces documents sont transmis directement par le candidat en cas de **démarche individuelle** ou par l'organisme intermédiaire (Agence française de l'adoption ou organisme autorisé pour l'adoption habilité) en cas de **démarche accompagnée**.
L'information de la MAI permettra de faciliter la délivrance du visa « long séjour adoption » après un contrôle de la régularité de la procédure locale. Ce visa, qui est délivré après consultation et accord de la Mission de l'adoption internationale, est nécessaire pour autoriser l'entrée et le séjour en France de l'enfant. Il est valable un an.

D. Procédure à l'étranger

30035 Les **démarches** à effectuer sont différentes selon que le pays d'origine de l'enfant a ou non ratifié la convention de La Haye du 29 mai 1993 dont l'objectif est de rendre l'adoption internationale plus sûre en instituant une coopération entre pays d'origine et pays d'accueil. Les adoptions en provenance des pays non signataires restent toutefois les plus nombreuses.
Les **informations** sur les pays signataires ou non de cette Convention et sur les procédures à suivre peuvent être obtenues auprès de la Mission de l'adoption internationale et de l'Agence française de l'adoption.

PAYS D'ORIGINE DE L'ENFANT SOUMIS À LA CONVENTION DE LA HAYE

30040 Les candidats à l'adoption ne peuvent pas se rendre eux-mêmes dans le pays concerné pour **déposer leur dossier** et aller chercher l'enfant. Ils doivent obligatoirement adresser leur dossier par l'intermédiaire de l'Agence française de l'adoption ou de l'organisme autorisé et habilité français qu'ils ont choisi.
La **demande** est **transmise** à l'autorité centrale ou à un organisme agréé du pays concerné.
L'autorité centrale ou l'organisme étranger fait une **proposition d'adoption** via l'Agence française de l'adoption ou l'organisme autorisé et habilité choisi par l'adoptant. Tous les éléments relatifs à l'histoire de l'enfant et son dossier médical sont transmis à cette occasion.
L'adoptant donne son **accord à l'apparentement** à l'autorité centrale du pays d'origine de l'enfant par l'intermédiaire de l'Agence française de l'adoption ou de l'organisme autorisé et habilité.
Un **accord à la poursuite de la procédure** doit être ensuite donné conjointement, d'une part, par l'Agence française de l'adoption ou l'organisme autorisé et habilité français et, d'autre part, par l'autorité centrale ou l'organisme agréé du pays d'origine.
Cet accord est indispensable pour engager la **procédure locale d'adoption** dans le pays d'origine de l'enfant. La présence des adoptants lors de cette procédure est parfois exigée par le pays d'origine.
Les autorités compétentes du pays où est prononcée l'adoption, en général le pays d'origine de l'enfant, délivrent un **certificat de conformité** qui atteste que l'adoption de l'enfant a été faite selon les règles prévues par la Convention.
Les adoptants peuvent alors demander le **visa** de l'enfant au consulat de France.

30045 Adopter un enfant dans l'un des pays signataires de la convention de La Haye offre des **avantages**. Tout d'abord, la transparence de la procédure est garantie par la présence imposée des autorités centrales ou organismes autorisés de chacun des pays. Ensuite, on peut être sûr que l'enfant est adoptable, la vérification de l'adoptabilité relevant de la responsabilité du pays d'origine. Enfin, l'obtention du visa de l'adopté et la reconnaissance en France de la décision rendue à l'étranger sont facilitées.

PAYS D'ORIGINE DE L'ENFANT NON SOUMIS À LA CONVENTION DE LA HAYE

Pays d'origine lié par une convention avec la France Dans ce cas, il faut respecter la procédure prévue par le texte (par exemple, la convention franco-russe signée le 18-11-2011 et entrée en vigueur le 27-12-2013). Cette contrainte garantit la transparence et permet de faciliter les démarches lors du retour en France. 30050

Absence de convention entre la France et le pays d'origine Le projet d'adoption doit satisfaire aux conditions requises par la législation du pays d'origine. 30055

Les candidats à l'adoption peuvent prendre **contact** directement avec des organismes locaux, des avocats, des auxiliaires de justice, des orphelinats ou des tribunaux pour enfants et déposer leur dossier auprès des autorités locales compétentes. Ils peuvent également s'adresser à un organisme français habilité pour l'adoption (ou à l'Agence française de l'adoption si elle est habilitée par le ministère des affaires étrangères et accréditée par l'État étranger) qui se charge de toutes les démarches et formalités nécessaires. Certains pays refusent les démarches individuelles et exigent que l'adoption passe par l'intermédiaire d'un organisme agréé.

Si la **procédure locale** l'exige, l'adoptant se rend dans le pays concerné afin d'accomplir la procédure judiciaire ou administrative d'adoption de l'enfant.

A son issue, les adoptants déposent une demande de délivrance de **visa** pour l'enfant adopté, auprès du consulat de France territorialement compétent.

ATTENTION

Il est déconseillé de s'adresser à un **organisme** français ou étranger **non agréé** ou de recourir aux services de **particuliers** (médecins, personnels médicaux, traducteurs) qui dans certains pays proposent leurs services aux candidats à l'adoption pour rencontrer un enfant. En effet, leur activité n'étant soumise à aucun contrôle, les candidats à l'adoption risquent d'être impliqués dans d'éventuels trafics d'enfants ou d'être victimes d'abus et l'adoption ne sera pas légalement reconnue en France. La remise directe d'un enfant par son ou ses parents biologiques est également à utiliser avec beaucoup de prudence parce qu'elle fait très souvent jouer des considérations d'ordre pécuniaire et qu'elle expose les adoptants à d'éventuelles pressions psychologiques ainsi qu'à de possibles complications sur le plan légal tant en France qu'à l'étranger.

E. Procédure en France

1. TRANSCRIPTION DE LA DÉCISION ÉTRANGÈRE SUR LES REGISTRES DE L'ÉTAT CIVIL

Lorsque l'**adoption** est **régulièrement prononcée** à l'étranger, ce qui est le cas le plus fréquent, elle est reconnue de plein droit en France sans qu'il soit nécessaire d'obtenir un nouveau jugement ou l'« exequatur » du jugement étranger. 30080

Si l'adoption prononcée à l'étranger rompt de manière complète et irrévocable les liens de l'adopté avec sa famille d'origine, elle produit en France les **effets** de l'adoption plénière. À défaut, elle produit les effets de l'adoption simple (C. civ. art. 370-5). Jugé par exemple qu'une adoption régulièrement prononcée en Tunisie produit en France les effets d'une adoption simple dès lors que les juges du pays concerné interprètent leur loi nationale comme permettant la révocation de l'adoption (Cass. 1e civ. 16-12-2020 n° 19-22.103 FS-PI : BPAT 2/21 inf. 61).

Les **formalités** à accomplir par les adoptants lors du retour de l'enfant en France sont simplifiées en cas d'adoption plénière.

DÉCISION ÉTRANGÈRE ÉQUIVALENTE À UNE ADOPTION PLÉNIÈRE

La décision étrangère peut être transcrite directement à la **demande** de l'adoptant sur les registres d'état civil des Français nés à l'étranger comme si elle avait été prononcée en France (C. civ. art. 354). L'adoptant devra simplement adresser une demande de transcription au procureur de la République près le tribunal judiciaire de Nantes. À l'occasion de la demande de transcription, l'adoptant pourra exercer l'option relative au **nom** de l'enfant visée nos 31600 s. mais ne pourra pas changer son **prénom** (C. civ. art. 358). Le procureur appréciera les effets de l'adoption prononcée à l'étranger et s'il considère qu'ils sont équivalents à ceux de l'adoption plénière en 30085

France, il ordonnera alors la transcription du jugement. C'est cette transcription qui tiendra lieu **d'acte de naissance** à l'enfant et pourra faire l'objet d'une délivrance ou d'une mise à jour du **livret de famille**.
En cas de **refus de transcription** par le procureur au motif que les pièces d'état civil ne sont pas assez probantes ou suscitent un doute ou encore qu'il manque le consentement éclairé du représentant légal de l'enfant, les adoptants peuvent :
– contester le refus et assigner le procureur de la République devant le tribunal judiciaire de Nantes pour que soit ordonnée la transcription (pour une illustration, Cass. 1e civ. 16-12-2020 n° 19-22.103 FS-PI : BPAT 2/21 inf. 61) ;
– demander l'exequatur de la décision étrangère ;
– ou déposer une requête en adoption plénière devant le tribunal judiciaire de leur domicile (voir n° 30110).
Cette dernière voie est en général privilégiée par les adoptants.

CONSEIL

En cas de **doute sur la nature de l'adoption** prononcée à l'étranger (simple ou plénière), il est possible de demander au procureur de la République près le tribunal judiciaire spécialisé pour l'adoption internationale dans le ressort de la cour d'appel du lieu de résidence de donner un avis avant de saisir le procureur de la République de Nantes. Par ailleurs, la convention de La Haye a institué un régime simplifié de reconnaissance avec la mise en place d'un certificat de conformité. Dès lors qu'un tel certificat a été établi, le jugement d'adoption étranger doit, en application de l'article 24 de la Convention, être transcrit dès lors qu'il ne heurte pas l'ordre public international français, compte tenu de l'intérêt supérieur de l'enfant (Cass. 1e civ. 1-4-2015 n° 14-50.044). Ainsi, chaque fois que l'adoption à l'étranger entraînera rupture des liens de filiation, l'adoption sera reconnue en France comme adoption plénière.

DÉCISION ÉTRANGÈRE ÉQUIVALENTE À UNE ADOPTION SIMPLE

30090 Dans ce cas, la décision ne donne lieu à aucune mention de publicité ou d'enregistrement à l'état civil français. L'adoptant peut demander auprès du tribunal judiciaire spécialisé pour l'adoption internationale dans le ressort de la cour d'appel de son domicile le prononcé d'une déclaration d'opposabilité (ou « **exequatur** ») de la décision étrangère d'adoption. Cette procédure nécessite l'assistance d'un avocat. Elle peut être entreprise dès que la décision étrangère est devenue définitive.
L'adoption sera alors transcrite auprès du service central de l'état civil à Nantes. Cette transcription n'est qu'une simple formalité de publicité valant preuve que le jugement d'exequatur est définitif. L'enfant ne disposera d'un **acte de naissance** établi sur un registre français et ne sera inscrit sur le **livret de famille** de ses parents adoptifs qu'après avoir acquis la nationalité française (voir n° 30150).

2. DÉPÔT D'UNE REQUÊTE EN ADOPTION EN FRANCE

AUCUNE DÉCISION N'A ÉTÉ PRONONCÉE À L'ÉTRANGER

30100 Lorsque l'enfant arrive en France, sans qu'une décision d'adoption ait été prononcée dans son pays d'origine, une **requête** en adoption doit être introduite par les adoptants dans les mêmes conditions que pour un enfant né en France auprès du tribunal judiciaire spécialisé pour l'adoption internationale dans le ressort de la cour d'appel de leur domicile (C. org. jud. art. L 211-13). Le tribunal effectuera les mêmes contrôles (respect des conditions relatives à l'adoptant et à l'adopté, validité des consentements donnés à l'adoption, intérêt de l'enfant) et prononcera l'adoption plénière si le consentement donné emporte rupture définitive des liens avec la famille d'origine ou une adoption simple dans le cas contraire. Mais attention, si l'enfant adopté en France a pour pays d'origine un État signataire de la convention de La Haye du 29 mai 1993, la réglementation de ladite convention doit aussi être respectée (Conv. La Haye du 29-5-1993 art. 2.1 ; pour une illustration, Cass. 1e civ. 18-3-2020 n° 19-50.031 FS-PB : BPAT 3/20 inf. 90, à propos d'un enfant haïtien adopté par des Français résidant en Guadeloupe). Le respect de cette procédure et de ces mécanismes doit être contrôlé d'office par le juge français à peine d'une lourde sanction : la nullité du jugement d'adoption.
En cas d'**adoption plénière**, le tribunal confère à l'adopté le nom de l'adoptant dans les conditions visées n°s 31600 s. et peut modifier son prénom (n° 29755). Le jugement est transcrit automatiquement sur les registres du service central de l'état civil de Nantes.
En cas d'**adoption simple**, le tribunal confère à l'adopté le nom de l'adoptant dans les conditions visées n°s 31620 s. et peut modifier son prénom (n° 29860). Le jugement d'adoption ne modifie pas l'état civil de l'enfant (sauf déclaration d'acquisition de la nationalité auprès du tribunal judiciaire : voir n° 30150).

CONVERSION D'UNE ADOPTION SIMPLE PRONONCÉE À L'ÉTRANGER

Si la décision étrangère est assimilable en droit français à une adoption simple (notamment, si le pays d'origine ne connaît que cette forme d'adoption), les adoptants peuvent en obtenir la conversion en déposant une **requête** en adoption plénière auprès du tribunal judiciaire spécialisé pour l'adoption internationale dans le ressort de la cour d'appel de leur domicile. Cette demande peut être effectuée soit par un avocat, soit par l'intermédiaire du procureur de la République. 30105

Cette conversion est toutefois subordonnée à la condition que l'adoptant ait obtenu le **consentement** du représentant légal de l'enfant et que ce consentement ait été donné expressément et en connaissance de cause (C. civ. art. 370-5). Le consentement doit être donné dans le pays d'origine de l'enfant par ses parents ou l'autorité habilitée par la loi locale à consentir à l'adoption. Il faut que ce consentement ait été libre, sans contrepartie, donné après la naissance de l'enfant et éclairé sur toutes les conséquences de l'adoption, spécialement sur le caractère irrévocable de la rupture du lien de filiation préexistant (C. civ. art. 370-3, al. 3). Ainsi, un consentement donné par la mère le lendemain de l'accouchement, alors qu'elle n'a pas pu faire l'expérience de la séparation avec son enfant, laisse présumer l'existence d'un accord avec les futurs adoptants préalable à la naissance, incompatible avec l'exigence d'un consentement libre et éclairé (Cass. 1e civ. 9-3-2011 nº 09-72.371 FS-D).

Un consentement écrit n'est pas exigé, mais il sera toujours demandé en pratique. Ce consentement doit être légalisé si l'État dans lequel le consentement est donné n'est pas lié à la France par une convention prévoyant la dispense de cette formalité ; le non-respect de cette exigence fait échec à l'adoption plénière en France (en ce sens à propos d'enfants haïtiens : Cass. 1e civ. 23 mai 2012 nº 11-17.716 FS-PBI : BPAT 4/12 inf. 210 ; Cass. 1e civ. 6-3-2013 nº 12-12.489 F-D). Signalons que l'exigence de légalisation ne s'applique plus à Haïti qui a ratifié la convention de la Haye le 16 décembre 2013 ; les autorités haïtiennes ont accepté en outre de légaliser rétroactivement les consentements à l'adoption plénière reçus avant le 1er avril 2014, date d'entrée en vigueur de la Convention (Communiqué du ministère des affaires étrangères du 12-9-2014).

L'adoption plénière ne peut être prononcée qu'après un **délai** de six mois à compter de l'accueil de l'enfant au foyer du ou des adoptants.

La **transcription** du jugement sur les registres du service central de l'état civil de Nantes est alors automatique.

> **Précisions** L'obligation de **légalisation** des actes publics étrangers destinés à être produits en France a été rétablie par la loi d'orientation et de programmation du ministère de la justice 2023-2027, qui est venue préciser que « les recours contentieux relatifs aux refus de légalisation opposés par une autorité française sont portés devant la juridiction administrative » (Loi 2023-1059 du 20-11-2023 art. 48 : BPAT 6/23 inf. 257 obs. P. Callé ; Décret 2024-87 du 7-2-2024 : SNH 6/24 inf. 5 obs. P. Callé). Faute de prévoir la possibilité d'un tel recours, les précédentes dispositions prévoyant l'obligation de légalisation avaient en effet été censurées par le Conseil constitutionnel (Cons. const. 18-2-2022 nº 2021-972 QPC : BPAT 2/22 inf. 71 obs. P. Callé).

JUGEMENT D'ADOPTION PLÉNIÈRE PRONONCÉ À L'ÉTRANGER

L'adoptant qui a obtenu une décision d'adoption à l'étranger peut demander un **nouveau jugement** en France notamment en cas de rejet de la demande de transcription par le parquet de Nantes (nº 30085) ou s'il veut changer le prénom de l'enfant, changement qui n'est possible ni avec la transcription directe ni avec l'exequatur. 30110

L'adoptant déposera alors une requête en adoption auprès du tribunal de grande instance spécialisé pour l'adoption internationale dans les mêmes conditions que pour un enfant né en France.

3. CAS PARTICULIERS : INTERDICTION DE PRONONCER L'ADOPTION

INTERDICTION TENANT À LA LOI DE L'ADOPTANT

L'adoption ne peut pas être prononcée si la loi nationale de l'adoptant ou, en cas d'adoption par un couple, si la loi qui régit les effets de leur union (loi nationale commune ou à défaut loi de leur domicile ou à défaut loi de la juridiction saisie) prohibe l'adoption. L'adoption ne peut pas non plus être prononcée si la loi nationale des deux membres du couple la prohibe (C. civ. art. 370-3, al. 1). 30120

Les **pays** interdisant l'adoption sont en grande partie les États de droit musulman à l'exception de la Tunisie et de l'Indonésie. C'est le cas par exemple de l'Algérie et du Maroc.

Ainsi, des époux dont l'un est tunisien et l'autre marocain pourront adopter en France puisque la loi applicable aux effets du mariage d'époux de nationalités différentes ayant leur domicile commun en France est la loi française et que la loi nationale tunisienne ne prohibe pas l'adoption. En revanche, un couple formé d'une Algérienne et d'un Marocain ne peut pas adopter en France puisque les lois algérienne et marocaine prohibent toutes deux l'adoption.

INTERDICTION TENANT À LA LOI PERSONNELLE DE L'ADOPTÉ

30125 L'adoption d'un **mineur** étranger ne peut être prononcée si sa loi personnelle prohibe cette institution, sauf si le mineur est né et réside habituellement en France (C. civ. art. 370-3, al. 2).

Ces dispositions ont vocation à s'appliquer aux mineurs recueillis par **kafala** originaires de pays musulmans prohibant l'adoption (n° 30120). En effet, ce recueil légal de l'enfant, qui peut être assimilé tout au plus à une tutelle (pour un enfant abandonné sans filiation connue) ou à une délégation d'autorité parentale (pour un enfant dont un lien de filiation au moins a été établi) qui cesse à la majorité de l'enfant, ne peut en aucune façon être comparé à une adoption, simple ou plénière, laquelle emporte création d'un lien de filiation (Cass. 1e civ. 10-10-2006 nos 06-15.264 FS-PBRI et 06-15.265 FS-PBRI : Bull. civ. I nos 431 et 432 ; Cass. 1e civ. 28-1-2009 n° 08-10.034 F-PB : Bull. civ. I n° 17). Les dispositions de l'article 370-3 du Code civil ont été jugées conformes à la convention de La Haye du 29 mai 1993 (Cass. 1e civ. 25-2-2009 n° 08-11.033 FS-PBI : Bull. civ. I n° 41), à la convention de New York du 26 janvier 1990 relative aux droits de l'enfant (Cass. 1e civ. 15-12-2010 n° 09-10.439 F-PBI : BPAT 1/11 inf. 26) et à la convention européenne des droits de l'Homme (CEDH 4-10-2012 n° 43631/09 : BPAT 6/12 inf. 293).

Toutefois, l'interdiction d'adopter cesse à partir du moment où l'enfant obtient la **nationalité** française, ce qui est possible lorsque l'enfant a, depuis au moins trois ans, été recueilli sur décision de justice et élevé par une personne de nationalité française (C. civ. art. 21-12). Pour la Cour de cassation, la personne qui a recueilli l'enfant doit avoir la nationalité française durant toute la période de ce recueil et non seulement au moment de la souscription de la déclaration de nationalité (Cass. avis 4-6-2012 n° 1200004). L'enfant ayant acquis la nationalité française devient alors adoptable. Encore faut-il que les conditions de l'adoption régies par la loi française soient respectées et notamment que les parents ou le représentant légal de l'enfant aient donné leur consentement (Circ. min. just. 22-10-2014 n° JUSC1416688C). Jugé qu'un enfant dont la filiation à l'égard de sa mère est établie, qui a été recueilli par kafala et a acquis par la suite la nationalité française, ne peut faire l'objet d'une adoption plénière dès lors que sa mère, qui l'avait délaissé en raison de sa situation matérielle et non par volonté d'abandon, n'a pas donné son consentement à l'adoption (Cass. 1e civ. 4-12-2013 n° 12-26.161 FS-PBI : Bull. civ. I n° 235).

L'interdiction tenant à la loi personnelle de l'adopté ne s'applique pas lorsque celui-ci est **majeur** à la date de la requête, les conditions de l'adoption étant alors soumises à la loi nationale de l'adoptant (Cass. 1e civ. 6 avril 2011 n° 10-30.821 FS-PBI : BPAT 3/11 inf. 183, à propos d'un majeur pakistanais). Ainsi, l'enfant mineur recueilli par kafala qui n'a pu être adopté pendant sa minorité pourra cependant être adopté en la forme simple à sa majorité.

F. Effets de l'adoption internationale sur la nationalité de l'enfant

30150 L'**adoption plénière** d'un enfant étranger par un Français attribue automatiquement la nationalité française à l'enfant, qu'elle ait été prononcée en France ou à l'étranger.

En revanche, l'**adoption simple** d'un enfant étranger par un Français ne produit pas directement cet effet. L'enfant peut toutefois acquérir la nationalité française par simple déclaration devant le juge d'instance, s'il est mineur et réside en France (C. civ. art. 21-12). Cette déclaration peut être faite par ses parents adoptifs, titulaires de l'autorité parentale ou par l'adopté seul, s'il a plus de 16 ans. Toutefois, si la décision d'adoption simple émane d'un pays qui n'a pas ratifié la convention de La Haye du 29 mai 1993, il est nécessaire d'en demander au préalable l'exequatur (n° 30090). En revanche, si l'adoption émane d'un pays ayant ratifié la Convention et est accompagnée du certificat de conformité, l'exequatur n'est pas nécessaire (Circ. min. just. 28-10-2011 n° JUSC1119808C). Un acte de naissance est alors établi sur les registres de l'état civil de Nantes et l'enfant est porté sur le livret de famille des parents adoptifs avec la mention adoption simple.

G. Suivi de l'adoption prononcée à l'étranger

L'enfant bénéficie obligatoirement d'un **accompagnement** par le service de l'aide sociale à l'enfance, l'Agence française de l'adoption ou l'organisme autorisé à compter de son arrivée au foyer de l'adoptant et jusqu'au prononcé de l'adoption plénière en France ou jusqu'à la transcription du jugement étranger. Cet accompagnement peut être prolongé si l'adoptant le demande, notamment s'il s'y est engagé envers l'État d'origine de l'enfant (situation très fréquente en pratique). Dans ce cas, il s'effectue selon les modalités de calendrier déterminées au moment de l'engagement (par exemple, rapport annuel pendant cinq ans) (CASF art. L 225-18, al. 3). **30175**

TITRE

II

Nom et prénom de l'enfant

SOMMAIRE

SECTION 1

DÉVOLUTION DU NOM DE FAMILLE ET DU NOM D'USAGE

A. Nom de famille de l'enfant

1. FILIATION ORDINAIRE

a. Enfant dont la filiation est établie à l'égard de ses deux parents

31500 Les parents des **enfants nés depuis le 1er janvier 2005** peuvent transmettre à leurs enfants le nom du père, celui de la mère ou leurs deux noms accolés dans l'ordre qu'ils choisissent.
L'**option**, qui est irrévocable (C. civ. art. 311-24), est subordonnée à la **condition** que la double filiation de l'enfant ait été établie (C. civ. art. 311-21, al. 1) :
– au jour de la déclaration de naissance de l'enfant ;
– ou par la suite, mais seulement si les filiations paternelle et maternelle ont été simultanément établies.
En pratique, et compte tenu des modes d'établissement de la filiation, l'option concerne :
– la quasi-totalité des couples mariés ;
– les couples non mariés, quand le père a reconnu l'enfant au plus tard lors de la déclaration de naissance.

› Précisions a. La dévolution du nom de famille a été **réformée** en 2002, 2003 puis 2005 (C. civ. art. 311-21 s. issus des lois 2002-304 du 4-3-2002 et 2003-516 du 18-6-2003 relatives au nom de famille et de l'ordonnance 2005-759 du 4-7-2005 relative à la filiation). Des adaptations ont encore été apportées en 2013 (Loi 2013-404 du 17-5-2013 relative au mariage entre personnes de même sexe). Nous ne présentons ici que le dispositif actuellement en vigueur.
b. Une difficulté peut surgir quand une **filiation** est **établie par possession d'état**. Doit-on considérer, pour l'attribution du nom, que cette filiation est établie à la date de sa constatation dans l'acte de notoriété ou bien, comme c'est le principe (n° 27260), qu'elle rétroagit à la date de la naissance ? Pour des raisons pratiques, la majorité des auteurs semble préférer la première hypothèse.
c. En cas d'**assistance médicale à la procréation** avec tiers donneur, au plus tard au moment de la déclaration de naissance, les deux femmes choisissent le nom de famille de l'enfant : soit le nom de l'une d'elles, soit leurs deux noms accolés dans l'ordre choisi par elles dans la limite d'un nom de famille pour chacune d'elles. En l'absence de déclaration conjointe à l'officier de l'état civil mentionnant le choix du nom de l'enfant, celui-ci prend leurs deux noms, dans la limite du premier nom de famille de chacune d'elles, accolés selon l'ordre alphabétique (C. civ. art. 342-12 créé par loi 2021-1017 du 2-8-2021).
d. Un acte d'**enfant né sans vie** peut mentionner, si ses parents le demandent, le ou les prénoms de l'enfant ainsi qu'un nom, qui peut être celui du père, de la mère ou leurs deux noms accolés dans l'ordre choisi par eux (C. civ. art. 79-1, al. 2 modifié par loi 2021-1576 du 6-12-2021).

UNITÉ DE NOM DES ENFANTS D'UNE MÊME FRATRIE

31505 Le nom dévolu ou choisi pour le premier enfant (biologique ou adoptif) doit ensuite être donné aux autres enfants communs du couple, tous les enfants d'une même fratrie devant porter le même nom de famille (C. civ. art. 311-21, al. 3).
Le nom du **premier-né** s'impose, qu'il résulte d'une déclaration d'accord, d'une abstention ou d'une déclaration de désaccord. Symétriquement, le désaccord exprimé lors de la naissance d'un puîné ne produit aucun effet.
Par **exception**, les parents conservent la faculté de choisir le nom de leur deuxième enfant dans deux cas :
– les filiations du premier-né ont été établies en deux temps et les parents n'ont pas fait de déclaration conjointe (nos 31535 s.) ;
– le premier enfant est né avant le 1er janvier 2005 et n'a pas bénéficié des dispositions transitoires d'adjonction de nom par déclaration conjointe (Loi 2002-304 du 4-3-2002 art. 23 ; Circ. DACS 2006-13 du 30-6-2006, p. 49 s. : BO min. justice n° 103).

PARENTS AYANT UN NOM DOUBLE

Si chacun des parents porte un double nom, ils disposent de 14 possibilités pour nommer leur enfant. 31510
Ils peuvent ne transmettre qu'**un nom double**, étant précisé qu'ils ne peuvent pas en intervertir les vocables, ou qu'**une partie d'un nom double** (C. civ. art. 311-21 al. 4 ; Circ. civ. 18/04 du 6-12-2004).
L'enfant issu de M. Rougon Macquart et de Mme Lantier Mouret peut donc se nommer :

Rougon Macquart	Rougon	Macquart
Lantier Mouret	Lantier	Mouret

(mais pas Macquart Rougon, ni Mouret Lantier).

Les parents peuvent aussi choisir de transmettre leurs **deux noms accolés** dans l'ordre qu'ils choisissent. Mais, pour éviter les noms à rallonge, chaque parent ne peut transmettre qu'un seul de ses deux noms (C. civ. art. 311-21, al. 1).
Dans l'exemple précité, l'enfant peut s'appeler :

Rougon Lantier	Macquart Lantier	Lantier Rougon	Mouret Rougon
Rougon Mouret	Macquart Mouret	Lantier Macquart	Mouret Macquart

PARENTS AYANT UN NOM COMPOSÉ

L'interdiction de transmettre les deux parties d'un même nom ne vaut que pour les doubles noms résultant de l'application de l'article 311-21 du Code civil. Les noms composés, avec ou sans tiret, préexistants au 1er janvier 2005 sont considérés comme une **entité unique**, indivisible et transmissible dans leur intégralité sans aucune césure possible (Circ. civ. 18/04 du 6-12-2004). 31512
En conséquence, l'enfant de M. Beauregard de Saint-Haon et de Mme Dubois de Lacime des Noës pourra notamment s'appeler Beauregard de Saint-Haon Dubois de Lacime des Noës ou Dubois de Lacime des Noës Beauregard de Saint-Haon.

SÉPARATEUR DES NOMS ACCOLÉS

Les doubles noms sont séparés d'un **simple espace**. Pour les distinguer des noms composés qui, eux, sont transmissibles dans leur intégralité, les actes d'état civil indiquent entre parenthèses les deux parties du nom. Par exemple, il est indiqué « nom de famille : Durand Dupont (1e partie : Durand 2de partie : Dupond). Cette précision n'apparaît qu'en présence d'un double nom. L'indication des noms simples ou composés ne subit aucun changement (Circ. civ. 14/10 du 25-10-2011 : BO min justice 2011-11 du 30-11). 31515
Les deux mêmes rubriques sont ajoutées dans les livrets de famille (Arrêté 29-7-2011 : JO 15-11 p. 19138).
Les noms doubles qui ont été indiqués avec un **double tiret** (solution initialement préconisée par l'administration mais censurée par le Conseil d'État : CE 4-12-2009 n° 315818 : BPAT 1/10 inf. 16) peuvent être rectifiés. À l'occasion de l'établissement d'un acte d'état civil, l'officier d'état civil informe l'intéressé ou ses parents de cette possibilité. Un modèle type de demande de rectification est proposé. Selon l'administration, s'agissant d'une correction matérielle et non d'une modification du nom, chacun des parents peut effectuer seul cette démarche. La demande est adressée au procureur de la République du lieu où a été établi l'acte d'état civil.

DÉCLARATION CONJOINTE

Le choix du nom se fait par déclaration **écrite** conjointe des parents. 31520
La déclaration est remise **à l'officier** d'état civil chargé d'établir l'acte de naissance lors de la déclaration de naissance (le plus souvent lors de celle-ci). En cas de reconnaissances simultanées postérieures, elle lui est transmise par l'officier d'état civil qui a reçu les reconnaissances ou par les parents eux-mêmes (Décret 2004-1159 du 29-10-2004 art. 3).
Datée et signée par les parents, la déclaration doit **mentionner** les prénoms, nom, date et lieu de naissance et domicile des parents, le nom de famille choisi pour l'enfant ainsi que ses prénoms, date et lieu de naissance. Les parents doivent enfin attester sur l'honneur que le choix de nom concerne leur premier enfant commun (Décret 2004-1159 du 29-10-2004 art. 1).
La **personne qui remet la déclaration** conjointe est le père si c'est lui qui déclare la naissance ou, à défaut, l'une des personnes habilitées par la loi à la déclarer (C. civ. art. 56).
En cas de naissance à l'étranger d'un enfant dont l'un au moins des parents est français, les parents qui n'ont pas usé de la faculté de choix du nom peuvent effectuer une déclaration lors de la demande de transcription de l'acte, au plus tard dans les trois ans de la naissance de l'enfant (C. civ. art. 311-21 al. 2).

ATTENTION

L'**attestation sur l'honneur** que le choix du nom concerne le premier enfant commun ne s'applique qu'aux enfants communs nés depuis le 1er janvier 2005. Si les parents ont eu un premier enfant avant 2005, ils peuvent effectuer une déclaration de choix de nom pour le puîné (voir n° 31505).

NOM TRANSMIS EN L'ABSENCE DE DÉCLARATION CONJOINTE

31525 En l'absence de déclaration conjointe (quelle qu'en soit la raison), l'enfant prend le nom de celui de ses parents à l'égard duquel sa filiation est établie en premier lieu et le nom de son père si sa filiation est établie simultanément à l'égard de l'un et de l'autre (C. civ. art. 311-21, al. 1).

En conséquence, si le **couple** est **marié**, l'enfant porte le nom du mari.

Si le couple n'est **pas marié** et si les deux parents ont reconnu l'enfant avant sa naissance, c'est le premier d'entre eux qui a reconnu l'enfant qui lui transmet son nom ou le père si les reconnaissances sont simultanées.

En l'absence de reconnaissance prénatale, l'enfant porte le nom de son père si celui-ci le reconnaît lors de la déclaration de naissance (y compris, selon nous, si la mère est désignée dans l'acte de naissance) ; dans le cas contraire, c'est le nom de sa mère qui lui est transmis si celle-ci est désignée dans l'acte de naissance (parce qu'alors, la filiation paternelle n'est pas établie).

> **Précisions** Quand la **double filiation** de l'enfant est **établie au jour de la déclaration de sa naissance**, les parents qui n'ont pas remis (ou fait remettre) de déclaration conjointe peuvent toujours adjoindre le nom de l'autre parent à titre de nom d'usage, voire, à titre tout à fait exceptionnel, engager une procédure de changement de nom (pour un exemple où le changement a été admis, voir n° 31930). En revanche, les parents ne pourront pas effectuer de déclaration de changement de nom (n° 31535).

NOM TRANSMIS EN CAS DE DÉCLARATION DE DÉSACCORD

31527 Que le couple soit marié ou non, en cas de désaccord entre les parents, l'enfant prend les **noms** de ses deux parents, dans la limite du premier nom de famille pour chacun d'eux, accolés selon l'ordre alphabétique (C. civ. art. 311-21, al. 1 in fine). Encore faut-il qu'un des parents ait **signalé ce désaccord** à l'officier de l'état civil au plus tard au jour de la déclaration de naissance ou après la naissance, lors de l'établissement simultané de la filiation (Décret 2004-1159 du 29-10-2004 art. 14).

Le parent fait acter son désaccord en remettant un document écrit en ce sens à l'officier d'état civil qui le vise et le restitue (un modèle d'acte est annexé à la circulaire du 29-5-2013). Au jour de la déclaration de naissance, ce parent, ou la personne effectuant la déclaration, produit ce document à l'officier de l'état civil qui établit alors l'acte de naissance en attribuant à l'enfant le nom de ses deux parents dans l'ordre alphabétique.

Si le désaccord visé avant la déclaration de naissance n'est porté à la connaissance de l'officier de l'état civil du lieu de naissance de l'enfant qu'après l'établissement de l'acte de naissance ou qu'après l'établissement de la filiation par les parents de manière simultanée, l'officier de l'état civil doit saisir le procureur aux fins de rectification de l'acte de l'état civil (Décret 2004-1159 du 29-10-2004 art. 14 ; Circ. JUSC1312445C du 29-5-2013 : BOMJ 2013-05 du 31-5-2013).

Observons que la possibilité pour le parent dont la filiation est établie en premier de donner à l'enfant son seul nom, qui profite généralement à la mère, reste possible, mais qu'elle ne trouvera pas à s'appliquer en cas de désaccord exprimé par l'autre parent à l'officier d'état civil.

NOM TRANSMIS EN CAS DE NAISSANCE À L'ÉTRANGER D'UN ENFANT

31528 En cas de naissance à l'étranger d'un enfant dont l'un des parents au moins est français, la **transcription** de l'acte de naissance sur les registres de l'état civil français doit, en principe, retenir le nom inscrit dans l'acte étranger. Toutefois, au moment de la demande de transcription, les parents peuvent choisir d'appliquer la loi française pour l'attribution du nom de l'enfant (C. civ. art. 311-24-1).

b. Enfant dont la filiation n'est établie qu'à l'égard d'un seul de ses parents

31530 En l'absence de filiation établie à l'égard des deux parents **au jour de la déclaration de naissance**, l'enfant porte le nom du parent à l'égard duquel sa filiation est établie (C. civ. art. 311-23, al. 1).

Ce sera le plus souvent le nom de sa mère puisque la seule désignation de celle-ci dans l'acte de naissance suffit à établir la filiation maternelle.

En cas d'accouchement sous X d'un enfant dont la filiation paternelle est établie (ce qui est rarissime), voir n° 31550.

En cas d'**établissement ultérieur du second lien de filiation** et tant que l'enfant est mineur, les parents peuvent décider qu'il portera le nom de son père ou les noms de ses deux parents, dans l'ordre choisi par eux et dans la limite d'un nom de famille pour chacun d'eux (C. civ. art. 311-23, al. 2). Il n'est pas expressément prévu que l'enfant puisse se voir attribuer une partie du double nom de l'un de ses parents, mais rien ne paraît l'exclure. En ce qui concerne le séparateur des deux noms, voir n° 31515. **31535**

Il faut pour cela que les parents en fassent la **déclaration conjointe** auprès d'un officier d'état civil, qui n'est pas nécessairement celui du lieu où demeure l'enfant (Décret 2004-1159 du 29-10-2004 art. 10).

La présence des deux parents n'est pas obligatoire : le parent qui rencontre un empêchement grave pour effectuer cette déclaration (hospitalisation ou incarcération, par exemple) peut se faire représenter par un fondé de procuration spéciale et authentique (C. civ. art. 311-23, al. 2 in fine).

Si l'enfant a plus de 13 ans, il doit donner son accord, recueilli par écrit ou oralement lors de la déclaration (Décret 2004-1159 du 29-10-2004 art. 10). Une telle faculté est ouverte même si l'enfant est né avant 2005 (Loi 2009-61 du 16-1-2009 art. 1 ; CA Paris 2-7-2009 n° 08-5983, ch. 1-1).

Une autorisation du juge ne saurait pallier l'absence de déclaration conjointe. C'est ce qui a été jugé en application des dispositions transitoires des lois de 2002 et 2003 (Cass. 1e civ. 7-5-2010 n° 09-10.997 : BPAT 4/10 inf. 214-1). La solution, fondée sur des règles aujourd'hui supprimées, est transposable selon nous au régime actuel, qui n'envisage l'adjonction de nom que par déclaration conjointe des parents. Si le parent qui n'a pas transmis son nom décède, il n'existe donc aucun moyen d'obtenir l'adjonction.

Attention : en application des dispositions transitoires des lois de 2002 et 2003 et de l'article 311-24 du Code civil, un choix ne peut être exercé qu'une seule fois. Ainsi, dans le cas où les parents ont adjoint le nom de celui qui n'avait pas été transmis par déclaration à l'officier d'état civil après la loi de 2002, toute demande postérieure à cette déclaration est irrecevable et relève de la procédure de changement de nom pour intérêt légitime (Cass. 1e civ. 8-3-2017 n° 16-13.032 FS-PBI : BPAT 3/17 inf. 95).

S'agissant des **cas où le second lien de filiation résulte d'une action judiciaire**, voir nos 31560 s.

Si les parents ont déjà un enfant, la déclaration ne peut en principe avoir d'autre effet que de conférer au puîné le nom transmis au premier enfant (C. civ. art. 311-23, al. 3), l'objectif étant d'assurer l'**unité de nom d'une même fratrie**. C'est le cas lorsque le nom de l'aîné, né avant le 1er janvier 2005, résulte d'une déclaration d'adjonction de nom (Loi 2002-304 de 4-3-2002 art. 23 ; Circ. DACS 2006-13 du 30-6-2006, p. 49 s. : BO min. justice n° 103) ou lorsque, né à compter du 1er janvier 2005, son nom résulte des articles 311-21 (filiations établies avant la naissance ou postérieurement mais simultanément), 311-23, alinéa 2 (filiations établies en deux temps, mais les parents ont fait une déclaration), 342-12 (filiation établie par reconnaissance conjointe par un couple de femmes) ou 357 du Code civil (adoption plénière). **31540**

La règle n'est cependant **pas absolue**. S'ils n'ont pas voulu ou pas pu exercer un choix à l'égard d'un aîné, les parents peuvent le faire pour un puîné en lui donnant un nom différent. Par exemple, un couple a un premier enfant dont la filiation n'est établie qu'à l'égard de sa mère au jour de la déclaration de sa naissance. Il porte donc le nom de sa mère. L'enfant est ultérieurement reconnu par son père, mais le couple n'effectue aucune déclaration de changement de nom. Les parents ont ensuite un second enfant. Le puîné pourra comme l'aîné porter le nom de sa mère, mais aussi le nom de son père ou les noms de ses deux parents si le couple effectue, selon le cas, une déclaration de choix de nom (voir n° 31520) ou de changement de nom (pour d'autres exemples, voir Circ. DACS du 30-6-2006, p. 49 s. : BO min. justice n° 103).

c. Enfant né sous X

En cas d'accouchement sous X, la **mère** peut choisir les prénoms de son enfant. À défaut, c'est l'**officier d'état civil** qui choisit trois prénoms, dont le dernier tient lieu de nom de famille à l'enfant (C. civ. art. 57, al. 3). **31550**

Bien que la loi ne le précise pas, il faut à notre avis considérer que si la mère a choisi les prénoms, c'est le dernier prénom choisi par elle qui tient lieu de nom de famille à l'enfant. L'officier d'état civil n'a en effet pas de marge d'initiative en pareil cas, sauf bien sûr si les prénoms choisis lui semblent contraires à l'intérêt de l'enfant ou aux droits des tiers (nos 31710 s.).

Le nom ainsi conféré à l'enfant sera souvent précaire puisqu'en cas d'**adoption ultérieure** il sera fait application des règles exposées nos 31600 s.

Rappelons aussi que l'accouchement sous X ne fait pas obstacle, en théorie au moins, à l'**établissement de la filiation maternelle ou paternelle** (nos 27275 s.). Si la filiation de l'enfant dépourvu de tout lien de parenté est établie à l'égard de l'un de ses parents, l'enfant portera le nom de ce parent, sous réserve de son consentement s'il est majeur (C. civ. art. 61-3 al. 2).

d. Enfant dont la filiation est établie ou annulée par jugement

FILIATION ÉTABLIE PAR JUGEMENT

31560 Le **tribunal** qui accueille l'action en établissement de la filiation **statue** s'il y a lieu sur l'attribution du nom de l'enfant (C. civ. art. 331).

31565 Si l'**enfant** était **auparavant dépourvu de tout lien de filiation**, le tribunal lui attribue le nom du parent à l'égard duquel sa filiation est établie (Circ. DACS 2006-13 du 30-6-2006, p. 38 : BO min. justice n° 103). L'enfant doit consentir au changement de nom s'il est majeur (C. civ. art. 61-3, al. 2).

31570 Si l'action aboutit à l'**établissement du second lien de filiation**, le tribunal est également compétent pour statuer à cette occasion sur le nom de l'enfant, à condition que l'une des parties lui en fasse la demande (Circ. DACS 2006-13 du 30-6-2006 p. 38 : BO min. justice n° 103). La compétence du tribunal a été confirmée (Avis Cass. 13-9-2010 n° 100004P : BPAT 6/10 inf. 329). Elle avait été mise en doute par certains auteurs (voir notamment J. Massip, obs. sous Cass. 1e civ. 19-9-2007 n° 06-21.061 : Defrénois 2007 art. 38684 p. 1637 n° 68). Le tribunal peut notamment décider, en considération de l'ensemble des intérêts en présence et plus particulièrement de celui supérieur de l'enfant, soit de la substitution du nom du parent à l'égard duquel la filiation est établie judiciairement en second lieu, soit de l'adjonction de l'un des noms à l'autre. Il peut aussi refuser le changement de nom sollicité si l'autre parent est en désaccord, s'il n'a pas ou peu de contact avec l'enfant, etc. L'appréciation des juges du fond est souveraine.

En l'absence de demande en ce sens, le jugement n'a aucune incidence sur le nom de l'enfant, qui continuera à porter celui qu'il avait auparavant. Les parents pourront cependant effectuer par la suite une déclaration de changement de nom dans les conditions exposées n° 31535 (Circ. précitée p. 38).

Si c'est le juge qui décide le changement de nom, il doit recueillir le **consentement de l'enfant** s'il est majeur (C. civ. art. 61-3, al. 2). Si le changement de nom résulte d'une déclaration conjointe des parents, l'accord de l'enfant est à notre avis nécessaire s'il a plus de 13 ans (C. civ. art. 311-23, al. 4).

Le changement de nom d'une personne s'impose à tous ses descendants en ligne directe sauf s'ils sont majeurs (C. civ. art. 61-3, al. 2). Ainsi, dans un cas où un homme a changé de nom suite à l'établissement de sa filiation naturelle et où son fils, majeur, a consenti à ce changement, les enfants de ce dernier, mineurs, voient leur nom modifié sans possibilité d'opposition (CA Toulouse 20-6-2001 : D 2002 p. 131 note S. Mirabail, LPA 17 mai 2002 n° 99 p. 18 note J. Massip, RTD civ. 2002 p. 269 obs. J. Hauser).

ILLUSTRATIONS

Un **refus** d'accoler le nom du père a ainsi été confirmé, celui-ci n'entendant pas s'impliquer dans la vie de l'enfant, peu important que le jeune ait noué des liens avec sa famille paternelle et que ce soit la mère qui ait sollicité l'adjonction (Cass. 1e civ. 11-5-2016 n° 15-17.185 F-PB : BPAT 4/16 inf. 149). Pour un autre exemple de refus de changement de nom : CA Colmar 31-10-2012 n° 11/04281, 2e ch. civ. sect. A : RJPF 2012 12/10.

Au contraire, des juges ont **admis** :

– le changement de nom pour rattacher l'enfant à sa famille paternelle bien que le père ait peu de relation avec son enfant et n'entende pas les développer : voir n° 31930 ;

– la demande d'une femme de porter le nom de son père actuel, dont la paternité a été établie judiciairement, assorti en seconde position du nom de celui qui était considéré comme son père depuis sa naissance et dont elle avait contesté la paternité, afin de lui permettre de porter deux noms traduisant son vécu (CA Agen 12-6-2019 n° 17/00148 : RJPF 2019 9/3) ;

– l'adjonction, pour une fillette, du nom du père biologique, auteur d'une action en établissement de sa paternité, à celui porté par elle depuis sa naissance afin de ne pas traumatiser l'enfant, et ce, malgré le souhait du père que sa fille porte uniquement son nom (Cass. 1e civ. 18-11-2020 n° 19-13.447 D : RJPF 2021 1/3).

FILIATION ANNULÉE PAR JUGEMENT

31580 Si le juge annule un lien de filiation – en pratique il s'agit de la filiation paternelle – l'enfant perd le nom de celui qui avait été jusque-là son père.

Si l'**enfant** est **mineur**, la perte est automatique. Qu'il porte le patronyme de celui qui l'a reconnu depuis son plus jeune âge n'empêche pas la perte de ce nom car la possession n'est pas un mode autonome d'acquisition du nom (Cass. 1e civ. 16-6-1998 n° 96-16.277 : Bull. civ. I n° 215).

Il semble qu'il pourrait en aller autrement si l'intérêt supérieur de l'enfant le commande. Mais celui-ci est apprécié avec rigueur. Par exemple, le changement de patronyme d'un enfant de neuf ans n'a pas été jugé contraire à son intérêt dès lors que le seul fait d'avoir porté ce nom depuis l'âge de un an ne pouvait lui permettre de l'acquérir et qu'il allait reprendre le nom de sa mère à laquelle il était très attaché (Cass. 1e civ. 17-3-2010 n° 08-14.619 : BPAT 3/10 inf. 160).

Si l'intéressé est **majeur**, il doit consentir au changement de nom résultant de l'annulation (C. civ. art. 61-3, al. 2). Cet accord est nécessaire même si à la date d'introduction de la demande de modification du lien de filiation, l'intéressé était encore mineur et qu'il a atteint la majorité juste avant le jugement (Cass. 1e civ. 5-9-2018 n° 17-21.140 F-PB : BPAT 6/18 inf. 230). En pratique, l'enfant majeur peut donc conserver son nom « paternel » (par exemple, Cass. 1e civ. 27-11-2001 n° 00-12.012 : Bull. civ. I n° 293).

2. FILIATION ADOPTIVE

a. Adoption plénière

ADOPTION PLÉNIÈRE PAR UNE SEULE PERSONNE

Le **principe** est que l'adoption plénière confère à l'enfant le nom de l'adoptant (C. civ. art. 357, al. 1). Il en va ainsi que l'adoptant soit marié ou non et quelle que soit la date de naissance de l'adopté. 31600

Au cas particulier de l'**adoption de l'enfant de l'autre membre du couple** (conjoint, partenaire de Pacs ou concubin), l'adoptant et l'autre membre du couple choisissent, par déclaration conjointe, le nom de famille dévolu à l'enfant : soit le nom de l'un d'eux, soit leurs deux noms accolés dans l'ordre choisi par eux, dans la limite d'un nom de famille pour chacun d'eux (C. civ. art. 370-1-5, al. 1 créé par ord. 2022-1292 du 5-10-2022), soit encore une partie du nom de l'un deux lorsque ce nom est un double nom de famille divisible (C. civ. art. 370-1-5, al. 5). La déclaration conjointe de choix de nom pour l'enfant doit être jointe à la requête aux fins d'adoption et transmise au tribunal qui doit mentionner le choix (s'il est conforme aux règles en vigueur) dans le dispositif de la décision d'adoption afin d'être ensuite transcrit (Circ. 29-5-2013 JUSC1312445C : BOMJ 2013-05 du 31-5-2013).

En l'absence de déclaration conjointe, l'enfant prend le nom de l'adoptant et de son conjoint, partenaire de Pacs ou concubin, dans la limite du premier nom de famille pour chacun d'eux, accolés selon l'ordre alphabétique (C. civ. art. 370-1-5, al. 3).

Le choix du nom ne peut être exercé qu'une fois ; il est irrévocable (C. civ. art. 370-1-5, al. 2).

Par ailleurs, ce choix est impossible lorsque le couple a déjà un enfant commun car le nom de celui-ci s'impose (C. civ. art. 370-1-5, al. 4), sauf deux hypothèses (visées n° 31505 ; Circ. 29-5-2013 JUSC1312445C : BOMJ 2013-05 du 31-5-2013 art. 4.2.2.1).

ATTENTION

La possibilité, en cas d'adoption d'un **enfant qui n'est pas celui du conjoint**, de donner à l'adopté le nom de ce conjoint a été supprimée en 2013 (C. civ. art. 357, al. 4 ancien supprimé par loi 2013-404 du 17-5-2013).

ADOPTION PLÉNIÈRE PAR UN COUPLE

Les adoptants bénéficient de la faculté de **choix** exposée ci-dessus pour l'adoption de l'enfant de l'autre membre du couple (C. civ. art. 357, al. 2 et 6 modifiés par ord. 2022-1292 du 5-10-2022), étant précisé : 31610

– que si l'adoption est prononcée à l'étranger la déclaration conjointe est effectuée lors de la demande de transcription du jugement d'adoption et adressée au procureur de la République du lieu de la transcription ; si le jugement fait l'objet d'un exequatur, la déclaration est jointe à la demande d'exequatur (C. civ. art. 358) ;

– qu'en l'absence de choix l'enfant prend le nom des adoptants, dans la limite du premier nom de famille pour chacun d'eux, accolés selon l'ordre alphabétique (C. civ. art. 357, al. 4).

b. Adoption simple

L'adoption simple emporte en principe **modification du nom** de l'adopté, que ce soit par adjonction du nom de l'adoptant ou par substitution (C. civ. art. 363). À noter que ces dispositions, issues de la loi 2013-404 du 17 mai 2013, s'appliquent quelle que soit la date de naissance de l'adopté. 31620

ADOPTION SIMPLE PAR UNE SEULE PERSONNE

En cas d'adoption simple par une seule personne, le nom de l'adoptant est en **principe** ajouté à celui de l'enfant (C. civ. art. 363, al. 1 et, pour l'adoption simple de l'enfant de l'autre membre du couple, art. 370-1-7, al. 1 créé par ord. 2022-1292 du 5-10-2022), sauf exercice de la possibilité de substitution de nom (n° 31650). 31630

Le nom de l'adoptant peut précéder ou suivre celui de l'adopté (Cass. 1e civ. 6-10-2010 n° 09-15.092 : BPAT 6/10 inf. 330, rendu en application des dispositions antérieures à la loi du 4-3-2002 mais

transposable). L'ensemble ainsi formé constitue un nom composé, donc insécable à la génération suivante (Circ. 29-5-2013 JUSC1312445C : BOMJ 2013-05 du 31-5-2013 art. 4.2.2.2).
S'il est âgé de plus de 13 ans, l'adopté doit consentir à l'adjonction du nom de l'adoptant (C. civ. art. 363, al. 1 modifié par loi 2022-219 du 21-2-2022 et art. 370-1-7, al. 1 créé par ord. 2022-1292 du 5-10-2022). À défaut, il conserve son nom.
Lorsque l'adoptant et/ou l'adopté porte(nt) un double nom de famille (C. civ. art. 363, al. 2 et 370-1-7, al. 2), le nom de l'adopté résulte de l'adjonction du nom de l'adoptant à son propre nom, dans la limite d'un seul nom pour chacun d'eux.
Il appartient à l'adoptant de choisir le nom adjoint, la partie conservée du nom de l'adopté ainsi que l'ordre des deux noms (Circ. 29-5-2013 JUSC1312445C : BOMJ 2013-05 du 31-5-2013 art. 4.2.2.2).
Mais il doit recueillir le consentement personnel de l'adopté de plus de 13 ans.
En cas de désaccord ou à défaut de choix, le nom de l'adopté est constitué de son premier nom auquel est ajouté, en seconde position, le premier nom de l'adoptant. Par exemple, si M. Rougon Macquart est adopté par M. Lantier Mouret, son nom devient Rougon Lantier en cas de désaccord ou d'absence de choix.
La loi n'envisage pas l'hypothèse du nom double lorsque l'enfant est né avant 2005. À notre avis, il faut appliquer les mêmes règles.

ATTENTION

La possibilité, pour l'adoptant marié, de demander au tribunal qui prononce l'adoption d'ajouter non pas son propre nom, mais **celui de son conjoint** a été supprimée en 2013 (l'ancien article 361 du Code civil renvoyait à l'ancien article 357, ces dispositions ayant été modifiées par la loi 2013-404 du 17-5-2013).

ADOPTION SIMPLE PAR UN COUPLE

31640 Le **nom ajouté** à celui de l'adopté est, au choix des seuls adoptants, celui de l'un d'eux, dans la limite d'un nom (sauf exercice de la faculté de substitution visée n° 31650). Les parents ne peuvent pas accoler leurs deux noms respectifs à celui de l'enfant.
Si l'adopté porte un **double nom de famille**, le choix du nom conservé et l'ordre des noms adjoints appartient aux adoptants, qui doivent recueillir le consentement personnel de l'adopté âgé de plus de 13 ans (C. civ. art. 363, al. 3 modifié par loi 2022-219 du 21-2-2022).
En cas de **désaccord ou** à **défaut de choix**, le nom conféré à l'adopté résulte de l'adjonction en seconde position du premier nom des adoptants selon l'ordre alphabétique, au premier nom de l'adopté (C. civ. art. 363, al. 3). Par exemple, si M. Rougon Macquart est adopté par le couple Lantier Mouret et Fouque Saccard, son nom devient Rougon Fouque.

FACULTÉ DE SUBSTITUTION

31650 À la demande de l'adoptant, le **tribunal** peut décider que l'adopté ne portera que le nom de l'adoptant (C. civ. art. 363, al. 4 modifié par ord. 2022-1292 du 5-10-2022). En cas d'adoption de l'enfant de l'autre membre du couple le tribunal peut, à la demande de l'adoptant, décider que l'adopté conservera son nom d'origine (C. civ. art. 370-1-7, al. 3 créé par ord. 2022-1292 du 5-10-2022).
En cas d'adoption par deux personnes, le nom de famille substitué à celui de l'adopté peut, au choix des adoptants, être soit celui de l'un d'eux, soit leurs deux noms accolés dans l'ordre choisi par eux et dans la limite d'un seul nom pour chacun d'eux (s'agissant du séparateur des noms accolés, voir n° 31515).
L'enfant doit donner son accord à la substitution s'il a **plus de 13 ans** (C. civ. art. 363, al. 4).
La substitution peut être demandée au **moment** de l'adoption mais aussi après.

> **Précisions** Les règles exposées n°s 31620 s. s'appliquent aux **adoptions** qui sont régulièrement prononcées **à l'étranger** et qui ont en France les effets d'une adoption simple, à condition que l'acte de naissance de l'enfant soit conservé par une autorité française. L'option est exercée par déclaration conjointe adressée au procureur de la République du lieu où l'acte de naissance est conservé, à l'occasion de la demande de mise à jour de l'acte (C. civ. art. 363-1).

B. Nom d'usage de l'enfant

31660 Le nom d'usage est le nom qu'une personne peut utiliser dans sa vie quotidienne. À la **différence du nom de famille,** il ne peut pas figurer sur les actes d'état civil et n'est pas transmis aux descendants de l'enfant. Il peut en revanche figurer sur les documents administratifs tels que la carte d'identité et le passeport, à condition d'apparaître de façon distincte du nom de famille, afin d'éviter toute confusion. Il peut changer au cours de la vie et il n'est pas obligatoire de le porter en toute circonstance.

1. NOM D'USAGE DE L'ENFANT MINEUR

EXERCICE COMMUN DE L'AUTORITÉ PARENTALE PAR LES PARENTS

Décision collégiale des parents Le nom d'usage relève d'un **choix** des deux parents exerçant l'autorité parentale. 31665

Il peut s'agir du nom du père, de la mère, des deux noms accolés dans l'ordre souhaité, dans la limite d'un nom de famille pour chacun d'eux (C. civ. art. 311-24-2, al. 1 créé par loi 2022-301 du 2-3-2022). Les parents peuvent donc, à titre d'usage, ajouter un nom au nom de famille et, depuis le 1er juillet 2022, substituer un nom au nom de famille.

L'**accord des parents** n'est soumis à aucun formalisme particulier mais il est conseillé de le formaliser par un écrit daté et signé. Un modèle a été proposé par la Chancellerie (Circ. JUSC2309291C du 15-6-2023 : Annexe 1-1).

Le **consentement de l'enfant** de 13 ans est nécessaire (C. civ. art. 311-24-2, al. 4 créé par loi 2022-301 du 2-3-2022). Il est fortement recommandé de se prémunir d'une preuve de ce consentement en utilisant, le cas échéant, le modèle proposé (Circ. JUSC2309291C du 15-6-2023 : Annexe 1-2).

Par **exemple**, l'enfant Nicolas Rougon, fils de M. Rougon et de Mme Lantier, peut se voir attribuer comme nom d'usage Rougon Lantier, Lantier Rougon ou Lantier (en présence de doubles noms ou de noms composés, les combinaisons possibles sont nombreuses : voir Circ. JUSC2309291C du 15-6-2023 : Annexe Fiche 1).

En cas de désaccord entre les parents, il convient de saisir le juge aux affaires familiales pour obtenir la substitution de nom d'usage (pour l'adjonction du nom du parent n'ayant pas transmis le sien, voir n° 31670).

> **Précisions a. Jusqu'au 30 juin 2022,** seule l'adjonction (mais non la substitution) comme nom d'usage du nom de l'autre parent était possible (Loi 85-1372 du 23-12-1985 art. 43 abrogé par loi 2022-301 du 2-3-2022). À défaut d'accord entre les titulaires de l'exercice de l'autorité parentale, le juge aux affaires familiales pouvait autoriser l'adjonction (Cass. 1e civ. 3-3-2009 n° 05-17.163 : Bull. civ. I n° 42). Pour une application où le juge autorise l'adjonction du nom du père en dépit de l'opposition de la mère (CA Versailles 31-1-2013 n° 12/03251, 2e ch. sect 2 : RJPF 2013 – 5/10).
>
> **b.** En visant désormais les « **parents** titulaires de l'exercice de l'autorité parentale », l'article 311-24-2 du Code civil apporte une restriction par rapport au droit antérieur qui visait les « titulaires de l'exercice de l'autorité parentale », empêchant ainsi la modification du nom d'usage de l'enfant mineur par des personnes titulaires de l'exercice de l'autorité parentale sans être pour autant les parents de l'enfant (délégataire de l'exercice de l'autorité parentale, conseil de famille, conseil de famille des pupilles de l'État ou encore conseil départemental).

Décision unilatérale du parent n'ayant pas transmis son nom Le parent qui n'a pas transmis son nom peut, depuis le 1er juillet 2022, l'adjoindre (mais pas le substituer) à titre de nom d'usage à celui de l'enfant mineur **sans l'accord de l'autre parent**. L'adjonction n'est possible qu'en deuxième position, dans la limite du premier nom de famille de chacun des parents. 31670

Le parent exerçant cette faculté doit en **informer préalablement** et en temps utile l'autre parent exerçant l'autorité parentale. Ce dernier peut, en cas de désaccord, saisir le juge aux affaires familiales, qui statue selon ce qu'exige l'intérêt de l'enfant (C. civ. art. 311-24-2, al. 3 créé par loi 2022-301 du 2-3-2022). Cette information n'est soumise à aucun formalisme particulier, mais le parent à l'origine de la démarche devra se prémunir de la **preuve** qu'elle a bien été effectuée.

Là aussi, l'enfant âgé de plus de 13 ans doit donner son **consentement** (C. civ. art. 311-24-2, al. 4 créé par loi 2022-301 du 2-3-2022). Il est fortement recommandé de conserver une preuve de ce consentement en utilisant, le cas échéant, le modèle proposé par la Chancellerie (Circ. JUSC2309291C du 15-6-2023 : Annexe 1-2).

Par **exemple**, l'enfant Nicolas Rougon, fils de M. Rougon et de Mme Lantier, ne peut se voir attribuer unilatéralement par sa mère que le nom d'usage Rougon Lantier. Il en va de même du jeune Nicolas Rougon Macquart, fils de M. Rougon Macquart et de Mme Lantier Mouret.

EXERCICE DE L'AUTORITÉ PARENTALE PAR UN SEUL PARENT

31680 Le parent exerçant l'autorité parentale prend seul la décision relative au choix du nom d'usage de son enfant mineur, **sans** qu'une **autorisation judiciaire** soit nécessaire (C. civ. art. 311-24-2, al. 2 créé par loi 2022-301 du 2-3-2022).
Il peut donc décider seul, à titre de nom d'usage, d'adjoindre son nom à celui de son enfant mais aussi, depuis le 1er juillet 2022, de substituer purement et simplement au nom de l'enfant son unique nom. Il s'agit d'une évolution importante, car, sous l'empire du droit antérieur, seul l'ajout était possible (Loi 85-1372 du 23-12-1985 art. 43 abrogé par loi 2022-301 du 2-3-2022).
Si l'enfant a plus de 13 ans, son **consentement** est toutefois nécessaire (C. civ. art. 311-24-2, al. 4 créé par loi 2022-301 du 2-3-2022).

2. NOM D'USAGE DE L'ENFANT MAJEUR

31690 Si l'enfant est majeur, c'est à lui qu'appartient la faculté d'**adjoindre**, comme nom d'usage, le nom du parent qui n'a pas été transmis à la naissance ou, depuis le 1er juillet 2022, de **substituer** ce même nom (C. civ. art. 311-24-2, al. 1 créé par loi 2022-301 du 2-3-2022).
En cas de choix d'un double nom d'usage composé du nom de famille et du nom de l'autre parent, l'**ordre des noms** peut être choisi librement. Toutefois, en cas de double nom, le choix est limité à un nom de famille pour chacun des parents.
Par **exemple**, Nicolas Rougon, enfant de M. Rougon et de Mme Lantier, peut choisir comme nom d'usage Lantier, Rougon Lantier ou Lantier Rougon.
De nombreuses combinaisons sont possibles en présence de doubles noms ou de noms composés (voir Circ. JUSC2309291C du 15-6-2023 : Annexe Fiche 1).
Sur le nom d'usage à raison du mariage, voir n° 1525.

SECTION 2 CHOIX DU PRÉNOM DE L'ENFANT

PRÉNOM FIGURANT SUR L'ACTE DE NAISSANCE

31700 Le **choix par les parents** du ou des prénoms de l'enfant est libre (C. civ. art. 57, al. 3). L'officier d'état civil ne peut pas s'opposer au(x) prénom(s) choisi(s), qu'il doit porter immédiatement sur l'acte de naissance.
Si les parents ont remis une **déclaration conjointe de choix du nom** lors de la déclaration de naissance (n° 31520), c'est la déclaration conjointe qui indique le(s) prénom(s) choisi(s).
En l'**absence de déclaration conjointe**, quelle qu'en soit la raison, le prénom (ou les prénoms) porté sur l'acte de naissance est celui indiqué par la personne qui déclare la naissance.
Une difficulté peut surgir si le déclarant (par exemple, un agent de la maternité) ou l'officier d'état civil a connaissance d'un **désaccord des parents** sur le choix du ou des prénoms. Si le désaccord persiste, il sera tranché par le juge aux affaires familiales (C. org. jud. art. L 213-3).

> **Précisions a.** Les règles applicables aux **enfants adoptés** sont exposées nos 29700 (adoption plénière) et 29860 (adoption simple).
> **b.** Cas particulier de l'**accouchement sous X** : voir n° 31550.

CONTESTATION ULTÉRIEURE DU PRÉNOM CHOISI

31710 **Intérêt de l'enfant** Si l'**officier d'état civil** estime que les prénoms choisis ou l'un d'eux, seul ou associé aux autres prénoms ou au nom, sont contraires à l'intérêt de l'enfant ou au droit des tiers à voir protéger leur nom de famille, il doit en aviser sans délai le **procureur de la République** (C. civ. art. 57, al. 4).
Le procureur dans le ressort duquel est détenu l'acte de naissance de l'enfant peut saisir le **juge aux affaires familiales**, qui ordonnera la suppression du prénom des registres de l'état civil s'il estime à son tour que le prénom est contraire à l'intérêt de l'enfant ou au droit des tiers (C. civ. art. 57, al. 5 ; CPC art. 1055-1). Si la Cour de cassation exige que la décision soit motivée, elle considère que l'appréciation de l'intérêt de l'enfant relève du pouvoir souverain des juges du fond (Cass. 1e civ. 15-2-2012 nos 10-27.512 et 11-19.963 : Bull. civ. I n° 32, BPAT 2/12 inf. 87). Le refus d'un prénom fondé sur l'intérêt de l'enfant ne constitue pas un manquement au respect de la

vie privée et familiale (CEDH 23-9-1996 nos 15773/89 et 15774/89, Guillot c/ France, à propos du refus du prénom « Fleur de Marie », « Fleur-Marie » ayant été autorisé).
Selon nous, rien ne s'oppose à ce que la suppression soit également demandée par les tiers qui justifient d'un intérêt à agir ou par le parent qui n'a pas participé au choix du ou des prénoms (sur cette seconde hypothèse, voir aussi n° 31700).

Si le juge ordonne la suppression, les parents doivent choisir un **nouveau prénom** avec son approbation. À défaut de choix d'un prénom approuvé par le juge, c'est ce dernier qui fixera le nouveau prénom (C. civ. art. 57, al. 5). Mais il ne peut procéder ainsi que si l'enfant n'a pas d'autres prénoms déjà choisis par les parents (CA Amiens 13-12-2012 n° 12/02281, 3e ch. de la famille : RJPF 2013-4/9 ; RTD civ. 2013 p. 573 obs. J. Hauser, qui infirme la décision du juge de remplacer le prénom MJ par Emjy alors que l'enfant avait un deuxième et troisième prénoms choisis par les parents). **31715**

Les tribunaux sont de façon générale réticents à ordonner la suppression, laissant libre cours à l'imagination parfois débordante des parents. **31720**
Ont, par exemple, été **admis** :
– Candeur et Printemps (CA Rouen 12-9-2002 n° 01-2109, ch. de la famille) ;
– Tokalie (CA Caen 30-4-1998 n° 97-1584, 3e ch. sect. civ.) ;
– Zébulon (CA Besançon 18-11-1999 n° 99-1418, 1e ch.) ;
– Vauxanne et Souanne (CA Reims 6-5-2004 n° 03-1684, ch. 2e civ. sect.) ;
– Soleil (CA Montpellier 4-10-2006 n° 05-1307, 1e ch. sect. C) ;
– et même Mégane, alors que le nom de l'enfant était Renaud (CA Rennes 4-5-2000 n° 99-8141, 6e ch.).

Les **exemples de suppression** sont rares. Ils illustrent le plus souvent la volonté des tribunaux d'éviter que l'enfant porte un prénom trop complexe ou à connotation ridicule, péjorative ou grossière. A ainsi été ordonnée la suppression de : **31725**
– Joyeux et Patriste (donnés à un même enfant...) (CA Montpellier 4-10-2006 n° 05-1307, 1e ch. sect. C) ;
– Titeuf (CA Versailles 7-10-2010 n° 10-4665, 1e ch. sect. 1 : BPAT 2/11 inf. 114 confirmé par Cass. 1e civ. 15-2-2012 nos 10-27.512 et 11-19.963 : Bull. civ. I n° 32, BPAT 2/12 inf. 87) ;
– MJ (donné en l'honneur de Michael Jackson) (CA Amiens 13-12-2012 n° 12/02281, 3e ch. de la famille : RJPF 2013-4/9) ;
– Léo-Pard (CA Rennes 25-1-2016 n° 15/01705, 6e ch. A).

Orthographe du prénom L'orthographe choisie par les parents pour le prénom de leur enfant peut aussi être source de contentieux. Des officiers d'état civil ont ainsi signalé certains prénoms dont l'orthographe était conforme à une **langue régionale** mais comportant un signe diacritique non prévu par les circulaires administratives (Circ. JUSC1412888C du 23-7-2014 relative à l'état civil). **31728**
La suppression du prénom Martí (orthographié en catalan, avec accent aigu sur le i) a été demandée, les juges ayant estimé que les parents ne pouvaient pas imposer une langue régionale aux administrations et aux services publics et que le prénom devait être conforme à l'alphabet romain et à la structure fondamentale de la langue française. La cour d'appel a donc ordonné la suppression de l'accent aigu (CA Montpellier 26-11-2001 n° 01-2858, 5e ch. sect. A).
Au contraire, l'orthographe bretonne du prénom breton Fañch a été validée par la cour d'appel de Rennes, au motif que le tilde surmontant le n du prénom n'est pas inconnu de la langue française (CA Rennes 19-11-2018 n° 17/07569 : BPAT 1/19 inf. 16).

> **Précisions a.** La Cour européenne des droits de l'Homme a jugé qu'une interdiction générale des **prénoms qui ne figurent pas dans le dictionnaire de la langue nationale** ne saurait être admise (CEDH 21-10-2008 n° 37483/02, 3e sect.).
> **b.** Le législateur a souhaité autoriser l'emploi de tous les signes diacritiques en langue régionale dans les actes d'état civil par une disposition générale de la loi relative à la protection patrimoniale des langues régionales et à leur promotion (Loi 2021-641 du 21-5-2021). Cette disposition a toutefois été censurée par le **Conseil constitutionnel**, car cela reviendrait à reconnaître un droit à l'usage, par les particuliers, d'une autre langue que le français dans leurs relations avec l'administration, ce qui est contraire à l'article 2 de la Constitution (Cons. const. 21-5-2021 n° 2021-818 DC).

PRÉNOM USUEL

Si l'enfant reçoit plusieurs prénoms, **tout prénom inscrit** sur son acte de naissance peut être choisi comme prénom usuel (C. civ. art. 57, al. 3 in fine). Le prénom choisi s'impose aux tiers comme aux autorités publiques. Certaines administrations et entreprises vont néanmoins contre la loi en étant réticentes à prendre en compte le prénom d'usage s'il n'est pas le premier inscrit. Une demande d'**inversion de l'ordre des prénoms** dans l'acte de naissance est sans doute possible, l'intéressé devant alors engager une procédure de changement de prénom (nos 32310 s.). **31730**

SECTION 3

CHANGEMENT DE NOM HORS CHANGEMENT DE FILIATION

31800 Pour des raisons d'ordre public, le **principe** est l'immutabilité des noms depuis la loi du 6 fructidor de l'an II qui a imposé de prendre le nom figurant dans l'acte de naissance.
Cette règle connaît des **assouplissements** car le nom est un moyen d'identification personnelle et de rattachement à une famille. L'exception la plus récente a été introduite par la loi 2022-301 du 2 mars 2022 relative au choix du nom issu de la filiation, qui a créé une nouvelle procédure simplifiée de changement de nom.

> **Précisions** Le changement de nom relève du **droit au respect de la vie privée et familiale** protégé par l'article 8 de la convention européenne des droits de l'Homme (CEDH 22-2-1994 nº 16213/90, Burghartz c/ Suisse). Mais il doit être mis en balance avec les nécessités de **police civile et les droits d'autrui**, notamment des titulaires du nom revendiqué (CEDH 24-10-1994 nº 18131/91, Stjerna c/ Finlande). Lorsqu'elle est saisie, la Cour européenne des droits de l'Homme recherche si un juste équilibre entre ces différents intérêts a été respecté (CEDH 5-12-2013 nº 32265/10, Henry Kismoun c/ France : BPAT 1/14 inf. 9).

A. Changement pour porter le nom parental non transmis

PROCÉDURE SIMPLIFIÉE DE CHANGEMENT DE NOM

31810 Depuis le 1er juillet 2022, une procédure simplifiée permet de changer de nom de famille **par simple déclaration** devant l'officier d'état civil du lieu de naissance ou du domicile (C. civ. art. 61-3-1, al. 1 créé par loi 2022-301 du 2-3-2022). Toute personne peut choisir, **une fois dans sa vie**, de modifier son état civil pour porter le nom de son père, de sa mère, ou des deux, dans l'ordre qu'il décide, sans avoir à motiver ce choix. Pour les personnes portant déjà le nom de leurs deux parents, il est aussi possible de changer l'ordre dans lequel ces noms apparaissent.

> **Précisions** Le recours à la procédure simplifiée ne fait pas obstacle, ultérieurement, à un **changement de nom par décret**. De même, le fait d'avoir précédemment obtenu un changement de nom sur un autre fondement (nos 31905 s.) n'empêche pas de recourir par la suite à la procédure simplifiée de changement de nom.

CHOIX DE NOMS POSSIBLES

31820 Le choix de l'intéressé est circonscrit aux **noms de la parentèle**, c'est-à-dire aux noms qui figurent sur son acte de naissance au titre de la filiation. En cas de choix d'adjoindre le nom de ses parents, si l'un au moins porte un double nom, le choix du nom est limité à un seul nom pour chacun des parents (C. civ. art. 311-21, al. 1 et 4 sur renvoi de art. 61-3-1, al. 1 créé par loi 2022-301 du 2-3-2022).
Ce choix ouvre au demandeur la possibilité de refaire le choix ouvert à ses parents à sa naissance (nos 31500 s.).
Exemples : Nicolas Rougon, enfant de M. Rougon et de Mme Lantier, peut choisir de changer de nom pour :

Lantier	Rougon Lantier	Lantier Rougon

Nicolas Rougon Macquart, enfant de M. Rougon Macquart et de Mme Lantier Mouret, peut choisir :

Rougon Lantier	Rougon Mouret	Macquart Lantier	Macquart Mouret
Lantier Rougon	Mouret Rougon	Lantier Macquart	Mouret Macquart
Rougon	Macquart	Lantier	Mouret
Lantier Mouret			

Nicolas Lantier, enfant de M. Rougon Macquart et de Mme Lantier, peut choisir :

Lantier Rougon	Rougon Lantier	Lantier Macquart	Macquart Lantier
Rougon Macquart	Rougon	Macquart	Mouret Macquart

En présence de doubles noms ou de noms composés, d'autres combinaisons sont possibles (voir Circ. JUSC2309291C du 15-6-2023 : Annexe Fiche 2).

MODALITÉS DU CHANGEMENT DE NOM

Demande Seules les personnes majeures **peuvent demander** à changer de nom sur le fondement de la procédure simplifiée. Les parents ne peuvent donc pas y recourir pour changer le nom de leur enfant mineur. 31830
Les majeurs protégés peuvent présenter leur demande sans être représentés. Le majeur doit toutefois être sain d'esprit (C. civ. art. 414-1).
La **procédure** simplifiée ne nécessite pas de démontrer un intérêt légitime.
La demande se fait à l'aide d'un formulaire type (formulaire Cerfa n° 16229*02).
Elle est remise à l'officier de l'état civil compétent (celui du lieu de résidence ou de naissance) par le demandeur en personne ou représenté par son avocat ou elle lui est adressée par simple courrier accompagné des pièces utiles. Elle ne peut donc pas être effectuée par courriel.
Les pièces à adjoindre sont les suivantes : copie de pièce d'identité, justificatif de domicile, original de la copie intégrale de l'acte de naissance datant de moins de trois mois du demandeur et des personnes intéressées par le changement de nom.
Enfin, le demandeur doit attester sur l'honneur, d'une part, qu'il n'a pas déjà engagé une même procédure devant l'officier d'état civil ou le procureur de la République et, d'autre part, qu'il n'a pas sollicité le procureur de la République aux fins de faire transcrire un changement de nom obtenu par décret (C. civ. art. 61 ; nos 31905 s.).

> **Précisions** S'il est conduit à devoir transcrire **deux changements de nom**, l'un obtenu par décret et l'autre sur le fondement de la procédure simplifiée, l'officier d'état civil transcrit le nom obtenu sur le fondement de la demande ayant la date la plus récente (Circ. JUSC2309291C du 15-6-2023 : Annexe Fiche 2).

Confirmation de la demande Afin de laisser un délai de réflexion au demandeur, la demande de changement de nom ne prend effet qu'après sa confirmation dans la même mairie, au plus tôt **un mois** après sa réception (C. civ. art. 61-3-1, al. 3 créé par loi 2022-301 du 2-3-2022). 31835
En pratique, l'officier d'état civil contacte le demandeur par tous moyens (téléphone, SMS, courriel) afin qu'il vienne confirmer **en personne** sa demande de changement de nom. Si l'état civil du demandeur a été modifié depuis la date de la demande, celui-ci doit fournir une nouvelle copie intégrale de son acte d'état civil mis à jour.

> **Précisions** La demande est archivée en l'**absence de confirmation** du demandeur. L'intéressé doit alors procéder à une nouvelle demande accompagnée des pièces justificatives mises à jour s'il souhaite ultérieurement recourir à la procédure simplifiée.

Opposition au changement de nom L'**officier de l'état civil** saisit le procureur de la République en cas de difficultés (C. civ. art. 61-3-1, al. 4). C'est notamment le cas lorsqu'il a un doute quant à l'existence du lien de filiation du demandeur avec le parent dont il sollicite de porter le nom. 31840
Le **procureur de la République**, s'il estime que la demande satisfait aux conditions légales, ordonne à l'officier de l'état civil de contacter le demandeur aux fins de confirmation de sa demande, si elle n'a pas déjà eu lieu. S'il estime que les conditions ne sont pas réunies, il avise le demandeur de son opposition, par décision motivée. La décision de refus doit indiquer les modalités de contestation, qui requièrent une assignation devant le tribunal judiciaire par l'intermédiaire d'un avocat.

EFFETS DU CHANGEMENT DE NOM

Mise à jour des actes d'état civil Si le changement de nom est accepté, l'officier de l'état civil le consigne dans le registre de l'état civil en cours (C. civ. art. 61-3-1, al. 3). 31850
Il appose la mention de changement de nom sur l'**acte de naissance** de l'intéressé s'il le détient, de même que sur l'**acte de mariage**, l'acte de naissance de l'époux ou du partenaire et celui des enfants. S'il ne les détient pas, il adresse un avis de mention aux officiers de l'état civil détenteurs de ces actes aux fins de mise à jour.

Enfin, l'officier de l'état civil informe le demandeur :
– du changement de nom consigné et lui en transmet copie ;
– de la transmission de la demande aux officiers de l'état civil compétents des demandes de mise à jour des actes concernés par le changement de nom ;
– du fait qu'il peut demander la délivrance des actes de l'état civil actualisés auprès de ces derniers.

31855 **Conséquences sur le nom des enfants** Le changement de nom s'étend de plein droit aux enfants du demandeur âgés de **moins de 13 ans.**
Le consentement de l'enfant âgé de **13 ans et plus** est requis (C. civ. art. 61-3-1, al. 6). À cet effet, un modèle est fourni dans le formulaire de demande (formulaire Cerfa n° 16229*02). Le consentement doit intervenir au plus tard le jour de la confirmation de la demande par le parent. À défaut, seul le nom du parent bénéficiaire du changement de nom, et le cas échéant celui de ses enfants de moins de 13 ans, est modifié.
Lorsque l'enfant porte un double nom de famille sécable constitué en partie par le nom du parent bénéficiaire du changement de nom, seule la partie du nom modifié est remplacée par le nouveau nom attribué, sans modification de l'ordre. Le parent bénéficiaire de la procédure qui obtient un double nom choisit lequel il transmet à son enfant.
Exemples : Nicolas Rougon Lantier est l'enfant de M. Rougon et de Mme Lantier.
Si Mme Lantier change son nom en Mouret, le nouveau nom de l'enfant, sous réserve de son consentement s'il a 13 ans et plus, sera Rougon Mouret.
Si Mme Lantier change son nom en Lantier Mouret, le nouveau nom de l'enfant sera, selon le choix de sa mère, Rougon Lantier ou Rougon Mouret.
Nicolas Rougon est l'enfant de M. Rougon Macquart et de Mme Lantier.
Si M. Rougon Macquart change son nom en Macquart, le nouveau nom de l'enfant sera Macquart.

> **› Précisions** **L'effet collectif du changement** de nom du parent sur celui de l'enfant **ne prive pas** ce dernier de la possibilité d'effectuer, une fois majeur, une demande de changement de nom dans le cadre de la procédure simplifiée (Circ. JUSC2309291C du 15-6-2023 : Annexe Fiche 2).

31860 **Renouvellement des titres d'identité** Le changement de nom interdit d'utiliser les titres d'identité délivrés auparavant, qui ne correspondent plus à l'état civil du demandeur et, le cas échéant, de ses proches.
Une fois la mise à jour des actes d'état civil effectuée, il convient de déposer en mairie une demande de renouvellement de **carte nationale d'identité** et/ou de **passeport**, même si leur durée de validité n'est pas expirée, en justifiant notamment de l'acte de naissance modifié. Ce renouvellement est gratuit sous réserve de produire la carte nationale d'identité et/ou le passeport dont le renouvellement est demandé. Après le renouvellement de la carte d'identité et/ou du passeport, il convient de renouveler le **permis de conduire** et la **carte vitale.**
Le fait d'utiliser un titre d'identité ne correspondant pas à l'état civil est passible de cinq ans de prison et 75 000 € d'amende (C. pén. art. 441-2).

B. Changement de nom pour intérêt légitime

31905 Toute personne qui justifie d'un intérêt légitime peut demander à changer de nom (C. civ. art. 61). Le changement **peut consister en** une substitution de nom, l'adjonction d'un autre nom ou d'une particule, la modification orthographique du nom, etc.
La procédure est régie par le décret 94-52 du 20 janvier 1994 modifié.
Longue et complexe, cette procédure était dans une majorité de cas utilisée pour substituer ou ajouter au nom du demandeur celui de son parent ne lui ayant pas été transmis. La nouvelle procédure simplifiée (n°s 31810 s.) devrait donc avoir pour effet de diminuer considérablement le recours à la procédure de changement de nom pour intérêt légitime, qui conserve néanmoins son utilité lorsque le demandeur veut se voir accorder un nom qui n'est ni le nom paternel, ni le nom maternel.

ATTENTION

L'action en changement de nom doit être soigneusement distinguée de celle en **rectification d'un acte d'état civil**. Cette dernière a seulement vocation à corriger une erreur. La Cour de cassation veille à ce qu'elle ne soit pas utilisée pour revendiquer une modification d'état civil. Par exemple, relèvent du changement du nom pour intérêt légitime et pas de la rectification d'état civil :

– la mise en concordance de l'état civil français avec un état civil étranger (Cass. 1e civ. 8-7-2015 n° 14-19.131 : BPAT 5/15 inf. 166) ;

– la revendication du nom de la mère en raison de la prétendue annulation de la dation de nom effectuée par le mari de celle-ci (Cass. 1e civ. 8-7-2015 n° 13-50.062 : BPAT 5/15 inf. 166).

1. CONDITIONS DU CHANGEMENT DE NOM POUR INTÉRÊT LÉGITIME

Le demandeur doit remplir quatre conditions (Décret 94-52 du 20-1-1994 art. 2). **31910**

Il doit d'abord être de **nationalité** française puisque l'État français n'est compétent que pour l'état civil de ses ressortissants.

Il doit ensuite être **titulaire du nom** dont il demande le changement. Celui qui utilise un nom d'usage n'est pas recevable à en solliciter la modification. Notamment, la femme mariée ne peut pas demander le changement de son nom d'épouse.

Il lui faut aussi être **capable**.

S'agissant d'un mineur, plusieurs situations sont à distinguer.

Lorsque les deux parents exercent en commun l'autorité parentale, ils doivent, en principe, agir ensemble. Si un seul d'entre eux prend l'initiative, il doit au préalable obtenir l'autorisation du juge des tutelles (Décret 94-52 du 20-1-1994 art. 2, 7°).

Lorsque l'exercice de l'autorité parentale est unilatéral, le parent qui en est titulaire doit obtenir l'accord de l'autre pour solliciter un changement de nom de leur enfant. Cette exigence a d'abord résulté de la jurisprudence (CE 27-7-2005 n° 265340 : Lebon p. 345 qui précise qu'en cas de désaccord, il convient de saisir le juge aux affaires familiales). Elle a ensuite pris valeur réglementaire : il était prévu que le juge des tutelles devait donner son autorisation « lorsque la demande n'est pas présentée par ses deux parents exerçant en commun l'autorité parentale » (Décret 94-52 du 20-1-1994 art. 2, 7° tel que modifié par le décret 2005-1678 du 28-12-2005). Pour un exemple où la mère s'est vu refuser l'autorisation du juge des tutelles, sa requête procédant manifestement de sa volonté persistante d'exclure le père de la vie de sa fille (Cass. 1e civ. 23-11-2011 n° 10-26.271).

Le décret de 1994 a fait l'objet d'une nouvelle modification en février 2016 ; l'exigence d'une autorisation judiciaire ne vise plus que l'hypothèse où, les parents exerçant en commun l'autorité parentale, la demande est présentée par un seul d'entre eux (voir ci-dessus). Nous pensons néanmoins que la jurisprudence du Conseil d'État conserve toute sa pertinence et qu'en cas d'exercice unilatéral de l'autorité parentale, l'accord du parent privé de cet exercice reste nécessaire.

En revanche, ni le consentement du parent privé de son autorité parentale, ni même ses observations n'ont à être recueillis (CE 4-12-2009 n° 309004, Parent : Lebon T. p. 741, rendu en application des dispositions antérieures au décret 2005-1678 du 28-12-2005 qui a modifié l'article 2 du décret de 1994, mais transposable).

Enfin en cas de tutelle, la demande de changement de nom du mineur doit être accompagnée de l'autorisation du conseil de famille (Décret 94-52 du 20-1-1994 art. 2, 7°).

Enfin, le requérant doit justifier d'un **intérêt légitime** qui peut résulter des diverses causes étudiées ci-après. Cet intérêt s'apprécie à la date du décret qui autorise le changement de nom (CE 27-12-2022 n° 466270).

> **Précisions** S'agissant d'un **majeur protégé**, la demande de changement de nom n'est pas expressément citée parmi les actes à caractère strictement personnel qui excluent toute assistance ou représentation. Seule la déclaration du choix ou du changement du nom d'un enfant de la personne protégée l'est (C. civ. art. 458). Faut-il en conclure que cette demande relève des actes relatifs à la personne du majeur qu'il peut faire seul dans la mesure où son état le permet ou, dans le cas contraire, qui exigent assistance ou représentation (C. civ. art. 459) ? Les tribunaux ne se sont pas encore prononcés.

NOM À CONSONANCE ÉTRANGÈRE

L'**abandon ou** la **modification** d'un nom à consonance étrangère pour faciliter l'intégration de son titulaire dans la société française constitue un intérêt légitime largement admis. **31915**

Par exemple, ont été autorisés à changer de nom :
– M. Baïri pour « d'Artagnan », nom de sa grand-mère maternelle (CE 24-10-2005 n° 268006, De Montesquieu Fezansac : Lebon T. p. 878) ;
– M. Naït Amara pour « Laurentin » (CE 21-4-1997 n° 160716, Laurentin : Lebon p. 142) ;
– M. Sala-Llanta pour Tassin de Villepion, nom de ses grands-parents maternels (CE 16-10-1981 n° 19374, Tassin de Nonneville : Lebon T. p. 749) ;
– M. Vladescu pour Prat (CE 9-12-1983 n° 43407, Vladescu : Lebon p. 497).
En revanche, le nom de Brauner n'a pas été jugé de consonance étrangère et son changement a été refusé (CE 20-1-1988 n° 65226, Bremontier : Lebon p. 25).
L'intérêt légitime invoqué doit reposer sur des éléments probants, ce qui n'est pas le cas de la personne qui veut gommer la consonance étrangère de son nom afin d'échapper à la répression menée par le gouvernement de son pays d'origine, sans apporter la moindre preuve des prétendues menaces pesant sur sa sécurité (CAA Paris 8-7-2021 n° 20PA03917 : RJPF 2021-10/5).
Notons qu'une demande en changement de nom fondée sur sa consonance étrangère est indépendante de la francisation du nom en lien avec l'attribution de la nationalité française (nos 32100 s.).
Une personne peut demander à **reprendre son nom d'origine** bien qu'elle en ait demandé la francisation à l'occasion de sa naturalisation, cette circonstance ne faisant pas, par elle-même, obstacle à ce qu'elle puisse faire valoir un intérêt légitime (CE 22-6-2012 n° 335238, Catar : T. Lebon p. 752).

ILLUSTRATIONS

Constitue par exemple un **intérêt légitime** le fait que les documents d'identité qui lui ont été délivrés après sa naturalisation ont été établis par l'administration à son ancien nom, que l'intéressée n'a jamais fait usage, dans sa vie personnelle et professionnelle, du patronyme français qui lui a été accordé et qu'elle souhaite pouvoir continuer légalement à porter le nom qu'elle a toujours porté et que portent les autres membres de sa famille, qui ont conservé leur patronyme d'origine après leur naturalisation (CE 22-6-2012 n° 335238, Catar : T. Lebon p. 752 ; dans le même sens, voir aussi CE 22-6-2012 n° 347939, Daquet).
À l'inverse, ne se prévaut d'**aucun intérêt légitime** :
– le père de famille demandant le changement de son nom et de celui de ses enfants mineurs afin de retrouver celui qu'il portait avant la francisation intervenue lors de sa naturalisation, dès lors qu'il ne prouve pas que les services de la préfecture auraient fortement insisté pour qu'il réclame la francisation et qu'il ne parvient pas à convaincre des souffrances psychologiques qu'il prétend subir (CAA Paris 20-6-2019 n° 18PA02933 : RJPF 2019 9/5) ;
– la personne qui veut, non pas franciser son nom, mais retrouver le nom qu'elle avait dû abandonner à la suite de la contestation de sa reconnaissance, d'autant que l'adoption de ce nom, assez rare, serait source de confusion (CAA Paris 19-11-2020 n° 19PA01376 : RJPF 2021 1/6).

NOM RIDICULE OU ORDURIER

31920 La légitimité de la demande de changement peut résulter du caractère ridicule ou ordurier du nom **tel que** Bonnichon, Cocusse, Connart, Lecu, Merda, Naz ou Salami.
À l'inverse, n'ont pas été considérés ridicules les noms suivants : Police (CE 13-12-2002 n° 220174) ; Raffoux (CE 29-9-2003 n° 244589 : Lebon T. p. 777) ; Chassagnon (CAA Paris 29-1-2004 n° 02PA01474 1e ch. A, Chassagnon) ou Gachiniard (CAA Paris 21-9-2006 n° 03PA02470, 1e ch.).
Le préjudice s'apprécie, le cas échéant, au regard de la **profession** exercée. Par exemple l'intérêt légitime a été admis au bénéfice de M. Bourreau, médecin ; M. Danger, pharmacien ou M. Lajoie, entrepreneur de pompes funèbres.

HOMONYMIE PRÉJUDICIABLE

31925 Une homonymie préjudiciable peut justifier un changement de nom, notamment entre deux personnes qui exercent une profession identique ou proche dans un même secteur géographique ou lorsqu'un criminel notoire porte le même nom (par exemple, Landru).
Il en va autrement si le patronyme est tellement répandu qu'aucun risque d'assimilation n'existe.

NOM HONNI OU VOLONTÉ D'HONORER UN NOM

31930 Un simple motif affectif ne suffit pas à justifier un changement de nom (voir, dans cette optique, la nouvelle procédure de changement de nom par simple déclaration nos 31810 s.). Le requérant doit justifier de **circonstances particulières**. Mais si tel est le cas, il est admis qu'une personne abandonne le nom de celui qui a gravement manqué à ses devoirs parentaux à son égard ou au contraire prenne le nom de celui ou celle qui l'a élevée.

Par exemple, ont été **admis à changer** de nom :
– la personne qui a été abandonnée par son père à l'âge de quatre ans, ce dernier n'ayant plus eu de contact avec elle depuis lors et n'ayant jamais contribué à son éducation ou à son entretien (CE 16-5-2018 n° 409656 : BPAT 4/18 inf. 153) ;
– l'enfant mineur qui a un intérêt affectif à adjoindre le nom de son père qui est mort avant sa naissance sans avoir fait de reconnaissance prénatale, sa filiation ayant été établie par constatation de la possession d'état prénatale (CAA Paris 29-3-2012 n° 11PA03975 : RJPF 2012 9-10/11) ;
– l'enfant qui a été victime de viols et agressions sexuelles par son père qui s'est vu retirer totalement l'autorité parentale (CE 4-12-2009 n° 309004, Parent : AJ fam. 2010 p. 36) ;
– l'enfant qui n'a reçu que le nom de son père, celui-ci ayant omis de procéder à la déclaration conjointe du choix du nom lors de la déclaration de naissance, dès lors que cette omission était liée aux suites d'un accouchement difficile, que le père n'a reçu aucune information sur les conséquences irréversibles de l'indication du nom du premier enfant pour la fratrie, que les deux parents ont entrepris sans délai diverses démarches pour tenter de faire rectifier l'erreur commise et que la mère justifiait d'un motif affectif tiré de ce qu'elle avait la volonté de transmettre son nom, qui est celui de ses parents adoptifs (CE 12-12-2012 n° 357865, Maillard) ;
– deux frères abandonnés brutalement à l'âge de huit et onze ans par leur père dont ils portaient le nom, lequel n'a plus eu aucun contact avec eux, n'a subvenu ni à leur éducation ni à leur entretien et n'a jamais exercé le droit de visite et d'hébergement qui lui était reconnu par le jugement de divorce, l'abandon brutal ayant causé de surcroît des traumatismes physiques et psychologiques chez les deux enfants (CE 31-1-2014 n° 362444, 2e et 7e s.s. : BPAT 2/14 inf. 58) ;
– l'enfant mineur dont les parents souhaitaient transmettre leurs deux noms accolés mais dont le père, perturbé par l'accouchement difficile de sa femme, avait finalement déclaré l'enfant en lui attribuant son seul nom parce que l'officier d'état civil l'avait fortement dissuadé d'opérer un tel choix au regard des importants « tracas administratifs » ultérieurs que celui-ci pourrait occasionner pour l'enfant (CE 16-10-2019 n° 421616 : BPAT 6/19 inf. 234) ;
– l'enfant, né de père inconnu et élevé par ses grands-parents jusqu'à ses 12 ans, reconnu ensuite par le nouveau mari de la mère et se voyant attribuer son nom mais entretenant avec lui des relations conflictuelles jusqu'à sa majorité (CE 10-6-2020 n° 419176 : RJPF 2020 9/6) ;
– l'enfant ressentant un sentiment d'abandon par son père et faisant usage quotidien du nom maternel, qui est parvenu à prouver que toutes les relations familiales étaient rompues et que le père avait gravement manqué à ses obligations parentales (CAA Paris 18-6-2020 n° 19PA01881 : RJPF 2020 10/7) ;
– un homme ayant demandé à porter en complément du nom de sa mère le nom de son père, qu'il n'utilisait jusqu'alors qu'à titre d'usage, et auquel il tenait particulièrement en raison de son caractère illustre, afin de renforcer le lien avec la lignée paternelle et de pouvoir le transmettre à ses propres enfants (CAA Paris 14-4-2022 n° 21PA01512 : RJPF 2022 6/2, l'arrêt précisant que le demandeur aurait de toute façon pu bénéficier prochainement de la procédure simplifiée de changement de nom) ;
– l'enfant majeur qui a été victime et témoin de violences familiales commises par son père et n'utilise plus dans la vie courante que le nom de sa mère (CAA Paris 11-2-2021 n° 20PA00042 : RJPF 2021 5/5).

En outre, la France a été condamnée pour violation de la vie privée (Conv. EDH art. 8) dans un cas où un requérant qui portait le nom de sa mère pour l'état civil français n'a pas été autorisé à prendre celui de son père alors que sa mère l'a abandonné à l'âge de trois ans, que l'intéressé, titulaire d'une double nationalité, souhaitait mettre son état civil français en conformité avec celui de sa seconde nationalité, et qu'il portait le nom de son père depuis sa scolarisation (CEDH 5-12-2013 n° 32265/10, Henry Kismoun c/ France : BPAT 1/14 inf. 9).

Plus rarement, si des circonstances particulières le justifient, il peut être admis qu'un enfant prenne le nom d'une personne entretenant peu ou pas de liens affectifs avec lui. Par exemple, un enfant a été admis à porter le nom de son père alors qu'il refusait toute relation avec lui et niait sa paternité, au motif que le changement de nom demandé permettait de rattacher l'enfant de manière apparente et symbolique à son père et de lui assurer ainsi des conditions favorables à sa construction psychique (Cass. 1e civ. 8-7-2015 n° 14-20.417 : Droit de la Famille 2015, comm. 185, A.-C. Réglier, décision rendue en application de l'ancien article 334-3 du Code civil mais transposable).

En revanche, il **ne suffit pas** que : **31932**
– il s'agisse du nom de son grand-père pour pouvoir le revendiquer (CE 26-10-2007 n° 299979, Ministre de la Justice c/ Rogozarski : Lebon T. p. 846) ;
– il existe un conflit familial pour renier son nom de famille (CAA Paris 21-9-2006 n° 05PA02875, Ministre de la Justice c/ Ambadiang Onanena) ;

– les parents soient en désaccord avec les règles de dévolution du nom de famille, qui en l'espèce, faisaient prévaloir le nom du père à la suite d'une légitimation (CE 8-3-2012 n° 342126, de Chaisemartin : T. Lebon p. 752 qui ajoute que le refus du changement de nom ne porte pas atteinte au droit au respect à la vie privée) ;
– les requérants aient accolé depuis leur enfance le nom de leur mère pour le revendiquer, en l'absence d'une possession d'état ancienne et constante et de circonstances exceptionnelles ou de troubles sérieux que leur causerait le port du nom de leur naissance (CE 5-3-2014 n° 370168) ;
– les requérants souhaitent retrouver le nom de leur mère qu'ils ont perdu à la suite d'une légitimation (CE 22-6-2012 n° 350152) ;
– il s'agisse du nom de son père biologique, qui ne l'avait pas reconnu à sa naissance, car il était marié avec une autre femme que sa mère, même si, après son divorce, il a épousé sa mère et a élevé son fils à ses côtés (CE 16-5-2018 n° 408064 : BPAT 4/18 inf. 153) ; de manière générale, les demandes fondées sur le seul souhait de porter le nom du père biologique et non celui de l'époux de la mère, en l'absence de contestation du lien de paternité ou de circonstances exceptionnelles, sont écartées par la jurisprudence (pour un autre exemple, CAA Paris 10-6-2021 n° 20PA03696 : RJPF 2021 9/3) ;
– le requérant se soit trouvé dans l'impossibilité, eu égard à la législation alors en vigueur, de conserver uniquement son nom de naissance lors de son adoption simple en 2007, et que sa démarche visant à ne plus porter le nom de son beau-père l'ayant adopté soit appuyée par ce dernier (CAA Paris 19-11-2020 n° 19PA03654 : RJPF 2021 1/5) ;
– les enfants demandant à adopter le nom de leur mère allèguent des troubles psychologiques liés au port du nom de leur père et invoquent une ancienne et durable possession d'état du nom sollicité, si aucun élément du dossier ne démontre ces allégations (CE 8-2-2021 n° 430936 : RJPF 2021 4/3) ;
– le requérant, portant le nom de sa mère qui l'a élevé, se soit rapproché ensuite de son père et ait noué des liens affectifs avec lui et avec les autres membres de sa famille paternelle (CAA Paris 22-4-2021 n° 20PA02941 : RJPF 2021 6/4) ;
– le requérant invoque une souffrance liée à l'attitude de son père après le divorce de ses parents afin de ne plus porter son nom et de prendre celui de sa mère, s'il ne parvient pas à démontrer l'importance des troubles psychologiques invoqués et l'existence de circonstances exceptionnelles justifiant le changement de nom (CAA Paris 20-5-2021 n° 20PA01195 : RJPF 2021 7-8/7) ;
– le requérant fasse valoir son projet de reprendre la gestion d'un domaine familial dont ses parents sont propriétaires et qui appartenait à son grand-père maternel (CE 9-11-2021 n° 448719, qui accepte néanmoins le changement de nom au motif qu'il était menacé d'extinction) ;
– qu'un enfant invoque le fait qu'il a été victime de discrimination, que son père a gravement manqué à ses devoirs parentaux et l'a abandonné affectivement, alors qu'ils ont vécu sous le même toit jusqu'à ses 20 ans (CAA Paris 19-10-2023 n° 22PA03653 : RJPF 2023 12/5).

CONSÉCRATION DU NOM OU PSEUDONYME UTILISÉ

31935 Celui qui s'est fait connaître sous un **pseudonyme** peut être **autorisé** à l'adopter comme nom de famille. Ses descendants peuvent également le revendiquer. Il en est allé ainsi, par exemple, pour le général Leclerc de Hauteclocque (Décret 17-11-1945 portant addition de nom : JO 20) ou Patrick Bruel (Décret 20-8-2003 portant changements de noms : JO 21 p. 14289).
Mais le changement est admis à condition que la notoriété acquise soit suffisante (CE 11-7-1990 n° 95746, Salle : Gaz. Pal. 1991 pan. adm. p. 14 qui refuse l'attribution du nom utilisé durant la Résistance puis dans la profession de journaliste).
Dans le même sens, l'officialisation du **nom effectivement utilisé** est reconnue comme un motif légitime à condition que la possession revendiquée réunisse toutes les qualités requises. Elle doit notamment être suffisamment prolongée, constante et non contestée. Pour des exemples où la possession n'a pas été jugée suffisante en raison :
– d'une durée trop courte (CE 27-9-1985 n° 62103, Consorts Bonnet : Lebon p. 262 pour une possession de 70 ans ; CE 11-7-1990 n° 95746, Salle : Gaz. Pal. 1991 pan. adm. p. 14 pour un usage durant 40 ans ; CE 8-7-2009 n° 317403, de Chaisemartin pour un usage durant les cinq premières années de l'enfant) ;
– de l'inefficacité d'un usage en vigueur à l'étranger (en Hongrie) (CE 24-2-1989 n° 86995, Bartha de Nemespan).

REPRISE DU NOM D'UN AÏEUL ILLUSTRE

31940 Reprendre le nom d'un aïeul illustre constitue un intérêt légitime au sens du premier alinéa de l'article 61 du Code civil. Il est à distinguer de la volonté de reprendre le nom d'un ancêtre menacé d'extinction (C. civ. art. 61, al. 2, voir n°s 31945 s. ; CE 24-5-2006 n° 280372, Lefebvre : Lebon T p. 866).

Le nom revendiqué doit être **porté dans la famille** du demandeur. Il est en revanche indifférent qu'il s'agisse d'un ascendant ou d'un collatéral jusqu'au quatrième degré, cette condition s'appliquant seulement aux demandes de relèvement pour éviter l'extinction d'un nom (CE 24-5-2006 n° 280372, Lefebvre : Lebon T p. 866). Peu importe également que le demandeur ne soit pas le seul descendant de l'aïeul illustre. Ainsi à propos du nom « d'Artagnan » qui oppose deux familles, il a été jugé que si les uns sont les descendants en ligne directe du fameux capitaine, ce nom a également été illustré par plusieurs membres de la famille du requérant dont il est descendant en ligne directe ou collatérale (CE 29-4-2013 n° 359472, Bats : BPAT 4/13 inf. 138).
La reprise du nom illustre est subordonnée à la condition qu'il soit éteint ou menacé d'extinction dans la famille du demandeur ; ainsi a été annulé un décret autorisant un changement de nom suite à l'opposition du cousin du demandeur et de son épouse, porteurs, de même que leurs enfants, du nom revendiqué (CE 25-1-2023 n° 461746 : Dalloz Actualité 14-2-2023, obs. J.-J. Lemouland).
L'ancêtre dont le nom est revendiqué doit s'être **illustré au plan national**. Attention, le caractère éminent des fonctions occupées par certains membres de la famille ne suffit pas, à lui seul, à faire regarder le nom revendiqué comme illustre au plan national ; en l'espèce, le nom avait été porté sous l'Ancien Régime par des descendants de familles royales et des membres de la cour, et par un président de l'assemblée constituante, général en chef de l'armée d'Orient dont le nom est gravé sur un pilier de l'Arc de Triomphe (CE 9-11-2021 n° 448719, qui accepte néanmoins le changement de nom au motif qu'il était menacé d'extinction).

ILLUSTRATIONS

N'ont **pas été considérés comme suffisamment illustres** les noms suivants :
– « Ripaud de Montaudevert » (CE 24-5-2006 n° 280372, Lefebvre : Lebon T p. 866 qui refuse la substitution de nom) ;
– « de Montaut » bien que certains ascendants aient été artistes peintres (CE 28-7-2000 n° 200912, de Montault : Lebon p. 337 qui refuse l'adjonction de la particule) ;
– « de Saint-Martin » (CE 9-6-1978 n° 1459, de Saint-Martin : Lebon p. 241 qui refuse la substitution de nom) ;
– « De Viville » (CE 19-4-2000 n° 197021, De Viville : Lebon T. p. 989 qui refuse l'adjonction de ce nom à celui du requérant).
Au contraire, ont été **considérés comme illustres** les noms de :
– Talleyrand-Périgord (Décret du 13-10-2005 portant changements de noms) ;
– Clérel de Tocqueville (Décret du 13-12-2004 portant changements de noms) ;
– Lacan (CE 9-10-1985 n° 50267, Lacan : Lebon T. p. 630 qui a autorisé l'adjonction du nom).

NOM MENACÉ D'EXTINCTION

Constitue un intérêt légitime la volonté d'éviter l'extinction du nom porté par un ascendant ou un collatéral du demandeur jusqu'au quatrième degré (C. civ. art. 61, al. 2). **31945**
Le demandeur **doit justifier** du risque d'extinction du nom revendiqué et de son lien de parenté jusqu'au quatrième degré avec les titulaires du nom. Il le fait notamment par la production d'actes d'état civil établissant qu'il n'y a plus de descendant masculin pour transmettre le nom. À cet égard, la réforme du nom de 2002 et 2003 qui a autorisé les femmes à transmettre leur nom de famille a limité le risque de perte des noms. Pour une illustration des difficultés à prouver le risque d'extinction et notamment l'absence de descendants dans les branches collatérales (CAA Paris 20-5-2021 n° 20PA02732 : RJPF 2021 9/7).
Le nom menacé d'extinction doit être porté par une personne de nationalité française (CE 28-5-2021 n° 441856 : RJPF 2021 7-8/3). Il peut être porté en France depuis une période relativement récente ; ainsi jugé dans un cas à où le grand-père de la requérante était le premier ascendant à s'être établi en France, le père de celle-ci, qui avait obtenu la nationalité en 1985, n'avait eu que des filles n'ayant pas transmis son nom à leurs enfants, et aucune autre demande de changement de nom n'avait été effectuée au sein de la famille (CAA Paris 19-10-2023 n° 21PA05793 : RJPF 2023 12/8).
Il faut aussi que le nom revendiqué ait été légalement porté par la parentèle et non à titre de simple nom d'usage (CE 23-11-2011 n° 343068, Bovagnet ; CE 3-10-2016 n° 391710 : BPAT 1/17 inf. 10).
Il est **indifférent** que :
– le nom relevé soit illustre ou non ;
– le demandeur soit ou non le plus proche descendant ou le plus proche collatéral de la personne dont il demande à relever le nom ou, si tel n'est pas le cas, que les plus proches descendants ou collatéraux aient ou non donné leur accord à ce changement (CE 19-5-2004 n° 236470, Consorts Bourbon : Lebon p. 233 ; CE 7-2-2005 n° 264266, Treillard). C'est seulement lorsqu'elle est saisie de demandes concurrentes ou d'oppositions au changement que l'autorité administrative peut, dans l'exercice de son pouvoir d'appréciation, prendre en compte un tel critère pour accorder ou refuser le relèvement demandé (mêmes arrêts).

31950 Le relèvement porte, en principe, sur l'**intégralité du patronyme**.
À titre exceptionnel, il peut se limiter à une **partie** du nom si le demandeur le justifie par un intérêt légitime suffisamment caractérisé (CE 19-5-2004 n° 236470, Consorts Bourbon : Lebon p. 233 qui considère que la preuve d'un tel intérêt n'est pas rapportée). Il semble que la longueur du nom qui en résulterait tout comme le fait que seule une partie du nom est menacée d'extinction pourraient justifier une reprise partielle.

ATTENTION

Pourvu que l'**opposition** soit exercée dans le délai requis, un décret autorisant le relèvement d'un nom peut être annulé s'il est découvert par la suite l'existence de porteurs de ce nom qui supprime le risque de disparition.

2. PROCÉDURE DE CHANGEMENT DE NOM POUR INTÉRÊT LÉGITIME

DEMANDE DE CHANGEMENT DE NOM

31970 La procédure débute par une mesure de **publicité.** Si, en principe, celle-ci est effectuée avant l'envoi de la demande au garde des Sceaux, y procéder après est sans incidence sur la légalité de la procédure pourvu que la publication intervienne plus de deux mois avant l'autorisation (n° 31985 ; CE 29-4-2013 n° 359472, Bats : BPAT 4/13 inf. 138).
Le requérant fait paraître au Journal officiel une insertion comportant son identité, son adresse et, le cas échéant, celles de ses enfants mineurs concernés et le ou les noms sollicités. S'il demeure en France, une publication est, en outre, effectuée dans un journal désigné pour les annonces légales de l'arrondissement où il réside (Décret 94-52 du 20-1-1994 art. 3). Une publication dans un autre arrondissement est de nature à empêcher les éventuelles oppositions de se manifester et constitue, en cela, une irrégularité qui invalide la procédure ; par exemple pour une publication en Seine-Saint-Denis alors que les requérants résident à Paris XVIe (CE 29-4-2013 n° 359472, Bats : BPAT 4/13 inf. 138).

31975 Chaque **personne** majeure d'une même famille doit former une requête séparée même si elles revendiquent le même nom. Lorsque des parents sollicitent un changement de nom pour leur enfant, il semble qu'ils ne soient pas tenus de formuler la même demande les concernant.
La demande est **adressée** au garde des Sceaux, ministre de la Justice (Décret 94-52 du 20-1-1994 art. 1).
Si aucun formalisme particulier n'est requis, la demande **doit indiquer** à peine d'irrecevabilité les motifs de la demande, le nom sollicité et les raisons de ce choix ainsi que, lorsque plusieurs noms sont proposés, leur ordre de préférence (Décret 94-52 du 20-1-1994 art. 2).
Il faut y joindre :
– tous les documents permettant d'étayer la demande, tels les actes d'état civil, les contrats de mariage, d'anciens jugements, etc. faisant apparaître le nom revendiqué ;
– la copie de l'acte de naissance du demandeur ainsi que la copie de l'acte de naissance de ses enfants de moins de 13 ans et de ses autres enfants mineurs pour le compte desquels la demande est présentée ;
– le consentement personnel écrit des enfants mineurs du demandeur âgés de plus de 13 ans ;
– la preuve de la nationalité française de chaque personne concernée (certificat de nationalité, fiche d'état civil, etc.) ;
– le bulletin n° 3 du casier judiciaire de la personne concernée si elle est majeure ;
– la preuve de la publicité préalable par un exemplaire des journaux contenant les insertions requises ;
– lorsque l'autorité parentale est exercée en commun par les deux parents et que la demande est présentée par un seul d'entre eux, l'autorisation du juge des tutelles ou, en cas d'ouverture de la tutelle, celle du conseil de famille.

31980 Le garde des Sceaux **instruit la demande.** Il peut demander au procureur de la République du lieu de résidence de l'intéressé ou, selon le cas, à l'agent diplomatique ou consulaire compétent de procéder à une enquête (Décret 94-52 du 20-1-1994 art. 4). Il semble que le mineur capable de discernement puisse être entendu dans les cas où son consentement n'est pas formellement exigé (C. civ. art. 388-1).
Le garde des Sceaux recueille, le cas échéant, l'avis du Conseil d'État sans que cette consultation soit obligatoire.
Il n'est pas tenu d'inviter les personnes portant le nom revendiqué à présenter leurs observations (CE 21-4-1997 n° 160716, Laurentin : Lebon p. 142). Mais les tiers peuvent faire valoir leur position auprès des autorités chargées d'instruire la demande (CE 27-1-1989 n° 94172, Cuenot ; CE 20-12-1993 n° 111617, Taïeb, Halimi : Lebon T. p. 769).

DÉCISION DU GARDE DES SCEAUX

La décision intervient au minimum dans un **délai** de deux mois après la publicité préalable (Décret 94-52 du 20-1-1994 art. 5). 31985

Le **changement de nom** est **autorisé** par un décret simple (C. civ. art. 61, al. 3) qui est publié au Journal officiel. Cette publication fait courir le délai d'opposition (voir n° 32005).

Le **refus de changement** de nom est motivé. Le garde des Sceaux peut fonder sa décision notamment sur le défaut d'intérêt légitime (n°s 31915 s.), l'absence de preuve des liens familiaux invoqués (n°s 31940 et 31945), le risque de confusion créé au préjudice des titulaires du nom revendiqué (n°s 32015 s.) ou encore la nécessaire stabilité des noms patronymiques (CE 10-12-1993 n° 137809, Raimbaud : Lebon T. p. 769 dans un cas où le requérant souhaitait reprendre le nom que son père portait avant qu'il n'ait été autorisé à en changer).

Le refus est notifié au demandeur par le ministre de la Justice (Décret 94-52 du 20-1-1994 art. 6).

ATTENTION

Aucune disposition n'impose que le décret autorisant le changement de nom soit notifié aux personnes qui, avant son intervention, ont fait savoir au ministre de la Justice qu'elles s'opposaient à l'autorisation sollicitée (CE 7-7-2004 n° 234497, de Maulmont : D. 2004 som. p. 2347). Il leur appartient donc de **surveiller le Journal officiel** pour faire opposition.

RECOURS CONTRE UN REFUS DE CHANGEMENT DE NOM

Le **requérant** peut former un recours pour excès de pouvoir contre la décision qui lui refuse le changement sollicité (CE 25-9-1985 n° 62103, Cts Bonnet : Lebon p. 262). 31995

C'est le tribunal administratif de Paris puis la cour administrative de Paris qui sont **compétents** puisque ce sont les juridictions dans le ressort duquel le garde des Sceaux a légalement son siège (CJA art. R 312-1).

Le tribunal apprécie la légitimité de l'intérêt fondant la demande et des raisons du refus. Seul le **motif** invoqué devant l'administration est examiné, le requérant n'étant pas recevable à invoquer un motif nouveau devant le juge (CE 26-10-2007 n° 299979, Ministre de la Justice c/ Rogozarski : Lebon T. p. 846).

L'**appréciation** des juges est **souveraine.** En l'absence de toute dénaturation, elle ne peut donc pas être discutée devant le juge de cassation. Ainsi jugé pour l'appréciation du caractère ridicule d'un nom (CE 29-9-2003 n° 244589, Raffoux : Lebon T. p. 777).

> **› Précisions** Les juridictions doivent statuer dans un « **délai raisonnable** » en application de l'article 6 § 1 de la convention européenne des droits de l'Homme (CEDH 17-6-2003 n° 63056/00, Mustafa c/ France qui a condamné la France pour une procédure ayant duré dix ans).

RECOURS CONTRE LA DÉCISION AUTORISANT LE CHANGEMENT DE NOM

Tout intéressé peut faire opposition au décret portant changement de nom (C. civ. art. 61-1, al. 1). 32000

Il peut s'agir d'une personne physique ou morale telle une commune (CE 16-8-1862 n° 33548, Cne de Lorgues c/ Rosselly : S. 1863, 3, p. 182) ou une association. A, par exemple, été admis à agir le Congrès juif mondial qui a pour objet de défendre notamment « les droits matériels et moraux des individus de confession juive » (CE 10-12-1993 n° 137809, Raimbaud : Lebon T. p. 769).

L'opposant doit justifier d'un **intérêt à agir.** C'est le cas lorsque :

– le nom attribué est son nom de famille, même s'il existe une différence orthographique. Une femme mariée peut défendre son patronyme même si elle utilise son nom d'épouse. Un enfant légitime a pu s'opposer à ce que son demi-frère naturel porte le nom de leur père (CE 28-1-1966 n° 62177, Muller : Lebon p. 65) ;

– le nom attribué est son nom d'usage. Une épouse peut s'opposer à l'attribution du nom de son mari qu'elle utilise (CE 23-5-1890, Cts Pagano et Allard c/ Dame de Saint-Jean : DP 1892, 3 p. 4) ;

– le nom abandonné est son nom de famille. Un père justifie d'un intérêt moral pour s'opposer à l'abandon de son nom par son fils (CE 9-12-1983 n° 43407, Vladescu : Lebon p. 497) ;

– une action en contestation de la filiation établie par la possession d'état avait été préalablement introduite devant le tribunal judiciaire par les membres de la famille s'opposant au changement de nom (CE 23-10-2020 n° 437865).

En revanche, en l'absence de préjudice conséquent, l'opposition n'est pas recevable (CE 3-5-2021 n° 443146 : RJPF 2021 7-8/4). Celui qui a sollicité un changement de nom et qui a obtenu satisfaction n'est pas recevable à former opposition (CE 6-11-2000 n° 198459, Salhi ; CE 8-3-2012 n° 350259).

Le fait que le décret autorisant un changement de nom ait été pris pour exécuter une décision du juge administratif annulant pour excès de pouvoir le refus initialement opposé à la demande tendant à ce changement ne fait pas obstacle à la faculté, pour tout intéressé, de former contre ce décret un recours en opposition (CE 24-2-2023 n° 465061 : Dalloz Actualité 14-3-2023, obs. J.-J. Lemouland).

32005 L'opposition doit être formée dans un **délai** de deux mois à compter de la publication au Journal officiel du décret autorisant le changement de nom (C. civ. art. 61-1, al. 1).
Le Conseil d'État est seul **compétent** pour en connaître en premier et dernier ressort (C. civ. art. 61-1 ; C. just. adm. art. L 311-2).
Il **s'assure de** la régularité de la procédure, notamment du respect des mesures de publicité.
Il vérifie l'existence des conditions de fond requises pour le changement, c'est-à-dire l'intérêt légitime du requérant. Cet intérêt légitime s'appréciant à la date du décret, des événements postérieurs à la décision ne peuvent pas être invoqués pour s'y opposer ; ainsi l'adjonction du nom menacé d'extinction au nom d'un des membres de la famille des opposants postérieurement au décret est sans effet (CE 27-12-2022 n° 466270).
Le Conseil d'État met en balance l'intérêt légitime du requérant avec le risque de confusion préjudiciable à l'opposant (n°s 32015 s.).

32010 Le Conseil d'État peut soit **annuler** purement et simplement le décret de changement de nom, sans possibilité d'en attribuer un autre ; soit décider d'office de certaines **modifications** telles que :
– l'adjonction au lieu de la substitution ;
– la suppression de la particule (CE 17-3-1864, Vasselot de Régné c/ Marquet : DP 1864, 3, p. 89 ; CE 4-2-1876, Du Roux de Beuil c/ Jacobé de Haut Duroux de Sigy (1e espèce), De Buor de Cuissard c/ Brou de Cuissart (2e espèce) : DP 1876, 3, p. 56) ;
– la limitation du nombre de bénéficiaires.
En cas d'annulation pure et simple, le requérant peut présenter une **nouvelle demande** sur un motif différent ou en justifiant d'éléments nouveaux exceptionnels.

RISQUE DE CONFUSION CRÉÉ PAR LE CHANGEMENT DE NOM

32015 Le risque de confusion résultant du nom revendiqué est un motif conduisant à refuser, soit d'office, soit sur opposition, le changement. L'opposant qui sollicite l'annulation d'un décret de changement de nom doit établir ce risque. Il ne suffit pas qu'il prouve porter le nom litigieux (CE 13-3-1953 n° 9330, Warmod c/ Weyl : Lebon p. 132).
Pour éviter tout risque de confusion, le garde des Sceaux doit refuser qu'un époux, dont l'intérêt légitime à changer de nom a été reconnu, prenne le **nom de son conjoint** (CE 18-11-2011 n° 346470 : Lebon). Voir déjà dans le même sens à propos d'une femme divorcée (CE 20-12-1993 n° 111617, Taïeb dite Halimi : Lebon T. p. 769). Pour la même raison, le ministre peut refuser, sous le contrôle du juge de l'excès de pouvoir, l'attribution d'un nom approchant (CE 18-11-2011 n° 346470 : Lebon).
En revanche, rien ne s'oppose à ce qu'un époux reçoive le nom d'un membre de la famille de son conjoint, par exemple celui de la mère ou de la grand-mère (CE 18-11-2011 n° 346470 : Lebon).

ILLUSTRATIONS

Le **risque de confusion n'a pas été reconnu** dès lors que :
– l'opposant ne porte pas le même nom que celui qui a été attribué. Par exemple, de Montesquiou Fezensac et d'Artagnan (CE 24-10-2005 n° 268006, de Montesquiou Fezensac : Lebon T. p. 878) ;
– le nom des opposants comporte une particule au contraire de celui qui est attribué (CE 10-11-1978 n° 06264, de Richemont : Lebon T. p. 811). D'autres décisions considèrent à l'inverse qu'une particule n'empêche pas le risque de confusion (CE 17-5-1991 n° 86689, de Bauffremont : Lebon p. 196, pour les noms « de Bauffremont » et « Bauffremont ») ;
– le nom attribué est assez répandu. Ainsi jugé pour « Laurentin » (CE 21-4-1997 n° 160716, Laurentin : Lebon p. 142). Cela dit, la rareté du nom n'est pas suffisante à établir le préjudice (CE 24-10-2005 n° 268006, de Montesquiou Fezensac : Lebon T. p. 878) ; mais en sens contraire (CE 3-12-2010 n° 324044, Tardif de Moidrey).
De la même façon, **ne suffit pas à établir le préjudice** des opposants :
– le caractère illustre du nom attribué (CE 21-4-1997 n° 160716 pour le nom de Laurentin : Lebon p. 142 ; CE 24-10-2005 n° 268006, de Montesquiou Fezensac : Lebon T. p. 878) ;
– l'attribution de leur particule nobiliaire. Il a été jugé que le fait que le nom substitué était celui des grands-parents maternels de l'intéressé était de nature à justifier le changement en dépit de la particule nobiliaire (CE 16-10-1981 n° 19374, Hubert Tassin de Nonneville : Lebon T. p. 749, à propos du nom « Tassin de Villepion »).

3. EFFET DU CHANGEMENT DE NOM

32050 Un décret portant changement de nom prend effet à l'expiration du **délai** de deux mois à compter de sa publication au Journal officiel s'il n'y a pas eu d'opposition ou après le rejet de l'opposition (C. civ. art. 61-1, al. 2).

En bénéficient automatiquement le requérant et ses enfants âgés de moins de 13 ans (C. civ. art. 61-2). Ceux de plus de 13 ans doivent avoir donné leur consentement personnel (C. civ. art. 61-3), qui est joint à la requête (nº 31975). Quant aux enfants majeurs, ils ne sont pas concernés par le changement s'ils n'ont pas formé une demande en ce sens à titre personnel.
Le conjoint du requérant peut prendre, à titre de nom d'usage, le nom substitué.
Le changement de nom est porté en marge des **actes de l'état civil** des intéressés et, le cas échéant, de ceux de son conjoint, de son partenaire lié par un Pacs et de ses enfants (C. civ. art. 61-4 ; Décret 94-52 du 20-1-1994 art. 7). La transcription intervient soit à la demande du bénéficiaire du nom sans qu'aucun délai soit prescrit pour cette formalité, soit d'office par le procureur de la République.
Le changement est **opposable à tous** (C. civ. art. 100).
Les autorités publiques doivent délivrer des documents établis au nouveau nom. Pour autant, elles ne sont pas tenues de rectifier les actes antérieurs au changement (CE 13-2-1953, Le Vanel : D. 1953. som. 39, à propos de diplômes universitaires).
Les tiers ne peuvent révéler le nom ancien sans porter atteinte à la vie privée de l'intéressé (Cass. 1e civ. 7-5-2008 nº 07-12.126 : Bull. civ. I nº 126).

C. Changement pour perpétuer le nom d'un citoyen mort pour la patrie

CONDITIONS DU RELÈVEMENT

Trois conditions doivent être réunies pour relever le nom d'un citoyen mort pour la patrie (Loi du 2-7-1923 art. 1). **32070**
Le nom relevé doit être celui d'une **personne morte « à l'ennemi ».** Peu importe le conflit (guerres mondiales, guerres coloniales, guerre du Golfe, etc.), pourvu que la victime, homme ou femme, civile ou militaire, soit morte pour la France (sur la notion, voir C. pens. retraite art. L 511-1). Il n'est pas exigé que cette indication soit mentionnée sur l'acte de décès de la victime.
Le décès doit conduire à l'**extinction du nom**. Plus précisément, le défunt doit être le dernier représentant d'une famille dans l'ordre de la descendance et ne pas laisser de postérité. Le relèvement n'est pas possible si :
– il existe d'autres membres de la famille de même génération ou d'une génération plus jeune, par exemple un frère ou un neveu portant le même nom. En revanche, la survivance du père de la victime ou d'un oncle n'interdit pas le relèvement du nom ;
– le défunt laisse des enfants, ceux-ci, garçon ou fille, pouvant transmettre leur nom.
Enfin, la personne qui demande le relèvement doit être **le plus proche des successibles** du défunt. En cas d'inaction, les autres successibles dans l'ordre légal jusqu'au sixième degré inclus peuvent agir pourvu qu'ils soient vivants lors du décès de leur aïeul. Les successibles nés postérieurement au décès ne peuvent pas solliciter le relèvement du nom.
Cet ordre peut être modifié si le défunt a organisé par voie testamentaire la transmission de son nom à l'un de ses parents au degré successible, même non appelé à sa succession. Si le parent désigné l'accepte, tous les autres successibles sont évincés. Pour le reste, celui-ci doit exercer son droit dans les formes et délais exposés ci-après (Loi 2-7-1923 art. 4).

PROCÉDURE DE RELÈVEMENT

Le requérant doit agir, s'il est majeur, dans le **délai** de cinq ans qui suit l'établissement ou la transcription de l'acte de décès sur les registres de l'état civil ; s'il est mineur, dans les cinq ans qui suivent sa majorité, si ce droit n'a pas été revendiqué au cours de sa minorité par ses représentants légaux (Loi 2-7-1923 art. 1, al. 2). **32075**
La demande est introduite par voie de **requête** devant le tribunal judiciaire du lieu de l'ouverture de la succession (Loi 2-7-1923 art. 1 et 2).
Une copie est **affichée**, à la diligence du procureur de la République, pendant trois mois dans l'auditoire du tribunal, à la mairie du dernier domicile du défunt et à celle du demandeur.
Durant ce délai, toute personne y ayant intérêt peut faire **opposition**. Elle peut invoquer le non-respect des conditions légales, revendiquer la priorité dans le rang des successibles ou invoquer l'indignité du requérant. Passé les trois mois, plus aucun recours n'est recevable.
Le **tribunal statue** en chambre du conseil en l'absence d'opposition et en audience publique dans le cas contraire.
Si les conditions sont réunies, il ordonne la rectification des actes d'état civil. Contrairement à la procédure régie par l'article 61 du Code civil, il n'a pas à apprécier la légitimité de la demande.

Une nuance toutefois : la requête, qu'il y ait ou non opposition, peut être rejetée d'office pour des motifs tirés de la volonté expresse ou tacite du défunt ou de l'indignité du requérant.

EFFETS DU RELÈVEMENT

32080 Le relèvement d'un nom se traduit par son **adjonction** à celui du requérant et non par sa substitution. La modification vaut pour ses enfants, ceux de plus de treize ans devant donner leur consentement (C. civ. art. 61-3).
Il est procédé à la rectification des **actes d'état civil** à la diligence du procureur de la République.

D. Francisation du nom des personnes qui acquièrent la nationalité française

32100 **Peuvent agir** les personnes (Loi 72-964 du 25-10-1972 art. 1) :
– qui acquièrent ou recouvrent la nationalité française quelle qu'en soit la procédure (demande de naturalisation ou de réintégration ou déclaration d'acquisition ou de réintégration de la nationalité française). Si elles sont mineures, elles doivent être autorisées ou représentées « dans les conditions déterminées par le Code de la nationalité française » (Loi 72-964 du 25-10-1972 art. 7), c'est-à-dire qu'elles doivent être représentées par ceux qui exercent l'autorité parentale si elles ont moins de 16 ans et qu'elles peuvent agir seules à compter de cet âge (C. civ. art. 17-3) ;
– et dont l'apparence du nom, sa consonance ou son caractère étranger peut gêner leur intégration dans la communauté française.

32105 La **demande** est présentée lors de la procédure en obtention de la nationalité ou dans l'année qui suit l'acquisition ou la réintégration de la nationalité française (Loi 72-964 du 25-10-1972 art. 8).
La francisation est **accordée** soit par le décret conférant la naturalisation ou la réintégration, soit par un décret postérieur (Loi 72-964 du 25-10-1972 art 9).
Tout intéressé peut faire **opposition** au décret dans le délai de deux mois à compter de sa publication au Journal officiel (Loi 72-964 du 25-10-1972 art. 11). Le recours est porté devant le Conseil d'État.

32110 Le changement de nom consiste en sa **francisation** qui se fait par (Loi 72-964 du 25-10-1972 art. 2) :
– la traduction du nom en langue française, par exemple Fieldman devient Deschamps ;
– ou une modification faisant perdre à ce nom son apparence, sa consonance ou son caractère étranger. Cela peut passer par la suppression d'une syllabe (Marchewsky devient Marche) ou la reprise du nom porté par un ascendant français. Dans ce dernier cas, il n'est pas nécessaire que le nom soit éteint.
La demande de francisation du nom ne peut pas être utilisée pour remplacer le nom à consonance étrangère du demandeur par un autre nom qu'il avait dû abandonner durant sa minorité à la suite de la contestation de sa reconnaissance (CAA Paris 19-11-2020 n° 19PA01376 : RJPF 2021 1/6).

32115 La francisation de nom **prend effet** à l'expiration du délai de deux mois à compter de la publication du décret s'il n'y a pas eu d'opposition et, dans le cas contraire, après le rejet de l'opposition (Loi 72-964 du 25-10-1972 art. 12).
Elle **s'étend de plein droit** :
– aux enfants mineurs de l'intéressé, qui deviennent automatiquement français en même temps que lui ;
– aux enfants mineurs de l'intéressé qui sont français par un autre biais et qui portent son nom.
Il n'en va autrement que si ces enfants ont eux-mêmes agi en francisation de leur nom.
Elle est portée d'office en marge des **actes de l'état civil** de l'intéressé ainsi que, le cas échéant, de son conjoint et de ses enfants.
Précisons que les noms francisés peuvent faire l'objet d'une demande en changement pour intérêt légitime (Loi 72-964 du 25-10-1972 art. 12-1 ; voir nos 31905 s.).

E. Changement de nom par la rectification des actes d'état civil

32150 La **possession** n'est pas un mode autonome d'acquisition du nom (voir n° 31580).
Elle est néanmoins créatrice de droit puisqu'il est possible de faire rectifier les actes d'état civil pour les mettre en conformité soit avec le nom de ses ancêtres, soit, au contraire, avec le nom en usage actuel.

REVENDIQUER LE NOM DE SES ANCÊTRES EN USAGE AVANT LA RÉVOLUTION

Il est possible de revendiquer le nom de ses ancêtres en usage avant la loi du 6 fructidor de l'An II, celle-ci ayant respecté les positions et les droits acquis antérieurement. 32155
Il s'agit, en pratique, de faire ajouter au nom de famille proprement dit celui d'une terre ou un surnom.
Pour être autorisé à ajouter un **nom de terre**, le requérant doit établir que son usage par sa famille :
– est antérieur aux lois révolutionnaires (Cass. civ. 13-7-1955 : D. 1955 jur. p. 717 ; Cass. 1e civ. 23-6-1982 n° 80-16.435 : Bull. civ. I n° 239). L'antériorité n'a pas à être prouvée par rapport aux ordonnances des 26 mars 1555 (édit d'Amboise) et 15 janvier 1629 (Code Michau) car ces textes n'ont pas supprimé le droit, consacré par l'usage, d'ajouter à leur nom celui de leurs terres (Cass. 1e civ. 23-6-1982 n° 80-16.435 : Bull. civ. I n° 239). En revanche, certaines décisions anciennes ont pu exiger une antériorité par rapport à la loi du 23 juin 1790 interdisant le port des noms de fief et des titres de noblesse ou au décret du 4 août 1789 abolissant les privilèges féodaux ;
– résulte d'une possession réunissant les qualités requises (nos 32180 s.).
Il a été nécessaire que la terre soit noble, c'est-à-dire un fief sur lequel l'aïeul exerçait la justice. Mais il n'est pas certain que cette condition reste d'actualité. Il semble que l'incorporation du nom d'une terre roturière soit possible dès lors que la possession de ce nom est continue, paisible et non équivoque.
Précisons enfin que plusieurs familles peuvent avoir légitimement ajouté à leur nom de famille le nom d'une même terre notamment si celle-ci a fait l'objet de diverses cessions.

L'usage de **surnoms** pour distinguer les membres d'une même famille a été une pratique fréquente (par exemple, Gaubert de la Source ou Gaubert le Rouge, etc.). Aujourd'hui, l'adjonction du surnom d'un de ses ancêtres est admise à condition que (Loi du 6 fructidor an II art. II) : 32160
– la possession du surnom soit antérieure à la loi du 6 fructidor ;
– la possession soit intentionnelle, continue, paisible et non équivoque (nos 32180 s.) ;
– le surnom ne rappelle pas des qualifications féodales ou nobiliaires ;
– le surnom ait servi à distinguer les membres d'une même famille.
L'appréciation de ces conditions relève du pouvoir souverain des juges du fond.

REVENDIQUER L'ÉTAT CIVIL EXACT DE SES ANCÊTRES

En **principe**, il n'y a pas de prescription extinctive en matière de nom de famille, celui-ci ne se perdant pas par le non-usage (Cass. 1e civ. 15-3-1988 n° 85-17.162 : Bull. civ. I n° 78, à propos de la revendication du nom « de Sainte-Catherine »). 32170
Il est donc possible de revendiquer le nom porté par ses ancêtres, qui aurait dû être transmis mais qui a été perdu, modifié ou amputé. En pratique, il s'agit souvent de retrouver une particule qui a été abandonnée au moment de la Révolution compte tenu des dangers qu'elle présentait ou qui a été intégrée au nom ou omise par erreur par l'officier d'état civil.
Les juges du fond disposent **néanmoins** du pouvoir d'apprécier si la possession du nom revendiqué a été suffisamment prolongée pour être créatrice de droit. Ils mettent en balance cette possession ancienne avec celle du nom actuel du requérant et apprécient les circonstances dans lesquelles elles se sont succédé (n° 32185).

CONSACRER LE NOM EN USAGE ACTUEL

Le principe de l'immutabilité du nom patronymique ne fait pas obstacle à ce que la possession prolongée d'un nom puisse en permettre l'acquisition (Cass. 1e civ. 31-1-1978 n° 75-13.011 : Bull. civ. I n° 41 ; Cass. 1e civ. 23-6-2010 n° 08-20.239 : Bull. civ. I n° 148). Il faut que la possession soit d'une durée significative, continue, notoire et exempte de fraude (nos 32180 s.). En pratique, il s'agit souvent de la francisation « de fait » d'un nom ou d'une orthographe. 32175

QUALITÉS REQUISES DE LA POSSESSION

Pour revendiquer la possession d'un nom différent de celui de l'état civil, il faut en établir : 32180
– l'**élément matériel**, c'est-à-dire la réalité de l'usage du nom revendiqué ;
– et l'**élément intentionnel**, soit la volonté de porter le nom en question. Cet élément fait défaut lorsqu'un nom de terre a été utilisé uniquement comme dénomination honorifique ou comme indication des possessions féodales sans volonté de l'intégrer au nom de famille.
Les juges du fond apprécient souverainement l'existence de ces éléments (pour un exemple à propos de la revendication du nom de la terre « de Poy », Cass. 1e civ. 23-6-1982 n° 80-16.435 : Bull. civ. I n° 239).

La possession doit être d'une **durée** significative, sans qu'aucun minimum soit requis par la loi. Souvent pluricentenaire, elle peut être plus courte. Une soixantaine d'années a été jugée suffisante pour l'acquisition d'un nom (Cass. 1e civ. 22-6-1971 n° 70-10.010 : Bull. civ. I n° 203), à l'inverse 32185

d'une possession de 30 ans (Cass. 1e civ. 30-9-2003 nº 01-02.065 : Bull. civ. I nº 196, à propos de l'usage du nom « de Bourbon » par les consorts Ipanema de Moreira) ou d'une possession de dix ans, qui de plus, n'était pas loyale (Cass. 1e civ. 23-6-2010 nº 08-20.239 : Bull. civ. I nº 148).
La possession doit être **continue**. Selon les circonstances, le non-usage durant certaines périodes ne remet pas nécessairement en cause cette qualité. Notamment, l'abandon d'une particule à l'époque de la Révolution n'est pas interprété comme valant renonciation à son usage.
La possession loyale et prolongée d'un nom est propre à conférer à l'individu qui le porte le droit à ce nom. Mais elle ne fait pas obstacle à ce que celui-ci, renonçant à s'en prévaloir, revendique le nom de ses ancêtres (Cass. 1e civ. 20-11-1974 nº 71-12.094 : Bull. civ. I nº 310 ; Cass. 1e civ. 17-12-2008 nº 07-10.068 : Bull. civ. I nº 290). Aussi, en cas de **possessions successives** de noms différents, il appartient aux juges du fond de faire prévaloir l'une ou l'autre en considération, notamment, de la durée respective et de l'ancienneté des possessions invoquées ainsi que des circonstances dans lesquelles elles se sont succédé (Cass. 1e civ. 20-11-1974 nº 71-12.094 : Bull. civ. I nº 310 ; Cass. 1e civ. 30-9-2003 nº 01-03.219 : Bull. civ. I nº 195).

ILLUSTRATIONS

Ont été refusées :
– la rectification du nom Defrance en de France au motif que si le nom de l'ancêtre, né en 1787, était écrit avec la particule, ce dernier avait affirmé la véritable orthographe de son nom, en faisant inscrire ses sept enfants sous le nom de Defrance, en un seul mot, et signait à chaque fois de ce nom, sans particule (Cass. 1e civ. 1-7-1968 nº 66-10.777 : Bull. civ. I nº 191) ;
– la remise en vigueur d'une particule car elle avait volontairement cessé d'être utilisée par les titulaires du nom depuis 1618 ; de même que le droit de reprendre le nom « de Tournays » inusité depuis 1456 (Cass. 1e civ. 25-5-1992 nos 90-13.613 et 90-16.064 : Bull. civ. I nº 158) ;
– la rectification de l'état civil pour faire apparaître « du Bois d'Enghien » car cette dénomination apparaît pour la dernière fois en 1753 et devient ensuite « Denghien » (Cass. 1e civ. 6-4-1994 nº 92-15.170 : Bull. civ. I nº 141) ;
– la reprise du nom de « de Bourbon » puisque c'est volontairement que le nom d'Orléans a été substitué à celui de « de Bourbon » par le fils cadet de Louis XIII et tous ses descendants qui ont ainsi abandonné le nom de « de Bourbon » et que cette volonté de porter le nom d'Orléans a été confirmée par le roi Louis-Philippe lors de son accession au trône (Cass. 1e civ. 30-9-2003 nº 01-03.219 : Bull. civ. I nº 195) ;
– la reprise d'une particule qui a cessé d'être systématiquement utilisée à partir de 1650 et qui a disparu à compter de 1778 sans que les événements liés à la Révolution aient une incidence, les juges relevant que la possession du nom à particule durant 150 ans a été suivie, en raison de la renonciation volontaire des ancêtres, d'une possession libre et ininterrompue du nom sans particule (Cass. 1e civ. 10-5-2005 nº 02-19.738 : Bull. civ. I nº 202) ;
– la rectification du nom Delablandinière en Charles de la Blandinière dès lors que l'usage du nom revendiqué n'est établi que pour une durée de 68 ans, que depuis plus de 150 ans, les ascendants ont porté le patronyme Delablandinière sans jamais revendiquer le retour au patronyme originel et que ces circonstances établissent le renoncement à utiliser le nom de Charles de la Blandinière (Cass. 1e civ. 17-12-2008 nº 07-10.068 : Bull. civ. I nº 290).
En revanche **a été admise** la rectification du nom « Monpezat » en « de Laborde de Monpezat » utilisé avant les lois révolutionnaires et pour lequel il n'y a pas eu de renoncement (Cass. 1e civ. 20-11-1974 nº 71-12.094 : Bull. civ. I nº 310). A également été admise l'adjonction du nom « Baudouin » au nom du requérant, au motif que le nom « Milcent-Baudouin » était porté de manière constante sur trois générations depuis le mariage de ses grands-parents en 1946, ce qui était établi par de nombreux documents d'identité, factures, avis de décès de sa grand-mère, attestations, etc., le demandeur justifiant par ailleurs avoir utilisé ce nom durant sa scolarité puis ses études supérieures (CAA Paris 22-6-2023 nº 21PA01814 : RJPF 2023 9/4).

32190 La possession doit être **notoire**, c'est-à-dire publique et acceptée par tous. Limitée au cercle familial ou professionnel, elle ne suffit pas pour être créatrice de droit.

32195 La possession doit être **loyale**, c'est-à-dire exempte de fraude, étant précisé que la charge de la preuve incombe à celui qui invoque la fraude.
La possession est loyale lorsque l'usage d'un nom différent de celui de l'état civil résulte :
– d'une erreur de droit (transmission à tort d'un nom de famille, par exemple par la reconnaissance d'un enfant alors que la reconnaissance est nulle) ;
– d'une erreur matérielle, par exemple une erreur de plume de l'officier d'état civil. Ainsi, l'acquisition du nom de Ricard au lieu de Ricarte a été admise car rien ne permettait d'affirmer que cette altération était imputable à son titulaire immigrant espagnol plutôt qu'à une erreur de scribe ou à toute autre erreur (Cass. 1e civ. 22-6-1971 nº 70-10.001 : Bull. civ. I nº 203) ;

– non pas du désir de créer une confusion flatteuse avec le nom d'une famille illustre mais du souci de franciser la forme occitane d'un nom, au moment où celui qui le portait allait représenter la France à l'étranger, et que, à l'époque, l'orthographe des noms sans prétentions nobiliaires n'était pas définitivement fixée (Cass. 1e civ. 31-1-1978 no 75-13.011 : Bull. civ. I no 41, à propos du nom Mortomard modifié au XVIIIe siècle en Mortemard ; voir ci-dessous pour une appréciation différente rendue dans une autre affaire concernant une autre branche de la famille).

En revanche, il n'y a **pas** de possession **loyale** en cas d'usage délibéré d'un patronyme différent de celui qui a été conféré. Alors, quelle que soit la durée d'usage du nom, elle n'en permet pas l'acquisition. 32200

ILLUSTRATIONS

Ont été refusés les noms de :
– « du Puy-Montbrun » aux descendants d'une personne qui avait été autorisée par décret à ajouter à son nom celui de « Dupuy-Montbrun » et qui avait fait inscrire ses enfants sur les registres de l'état civil sous le nom de « du Puy-Montbrun » (Cass. 1e civ. 21-12-1987 no 86-14.879) ;
– « Mortemart » aux descendants du sieur Mortomard car le changement, apporté il y a plus de deux cents ans, n'était ni une simple variation d'orthographe, ni une erreur de plume ou une altération accidentelle mais une modification délibérée de la forme Mortomard pour usurper la forme Mortemard (Cass. 1e civ. 17-5-1966 no 64-12.984 : Bull. civ. I no 299, voir ci-dessus pour une solution inverse) ;
– « Poirot de Fontenay » pour être rectifié en « Poirot », véritable nom patronymique transmis par le père, « de Fontenay » ayant été sciemment adopté par ce dernier dans la Résistance et peu important l'usage de ce nom par l'intéressé durant quarante ans et sa transmission à son épouse et ses filles (Cass. 1e civ. 11-7-2006 no 03-10.409 : Bull. civ. I no 377).

PREUVE DE LA POSSESSION

Elle se fait par les actes d'état civil et les expéditions de titres authentiques. 32210
Sont écartés les actes privés de la famille ainsi que les actes de baptême lorsqu'ils datent d'une époque où l'état civil existait (Cass. 1e civ. 20-5-1980 no 79-10.244 : Bull. civ. I no 153 qui refuse l'adjonction de « de Luzignan » qui apparaît sur des actes de baptême mais pas sur l'état civil).

PROCÉDURE EN RECTIFICATION D'ACTE D'ÉTAT CIVIL

L'action est ouverte à **toute personne qui y a intérêt** (CPC art. 1049). Il peut s'agir de celle qui revendique un état civil différent ou de celle qui conteste l'état civil d'un tiers. Autrement dit, il peut s'agir des membres appartenant à la famille du nom considéré ou des tiers arguant d'une usurpation de leur nom ou d'une confusion possible avec leur nom (Cass. 1e civ. 17-5-1966 : Bull. civ. I no 299, à propos du duc de Mortemart qui invoque le risque de confusion avec le nom « Mortemard »). 32220
Le procureur de la République peut également demander une rectification des actes d'état civil.
L'action en rectification **ne peut avoir pour effet** de remettre en cause les dispositions relatives au nom d'un jugement d'adoption définitif même si le nom de l'adoptant n'est pas donné dans son intégralité (Cass. 1e civ. 25-11-2009 no 08-15.247 : Bull. civ. I no 233).

La demande prend la **forme** d'une requête présentée au président du tribunal judiciaire du lieu où demeure la personne dont l'état civil est en cause (CPC art. 1047 s.). Elle est formée, instruite et jugée comme en matière gracieuse (CPC art. 1050). Elle est communiquée pour avis au ministère public. 32225
La **tierce opposition** est possible. Le droit commun prévoit qu'elle doit être exercée, à titre principal, dans les trente ans de la décision (CPC art. 586).
L'acte de naissance établissant une présomption en faveur du nom qui y est indiqué, la **charge de la preuve** pèse sur celui qui en revendique un autre ou qui le conteste.

> **Précisions a.** La Cour de cassation a jugé la tierce opposition imprescriptible (Cass. 1e civ. 1-7-1968 : Bull. civ. I no 191). Mais cette décision nous paraît obsolète depuis l'entrée en vigueur de l'article 586 du Code de procédure civile qui a instauré une **prescription** trentenaire et depuis que la Cour de cassation a remis en question le caractère imprescriptible d'un nom en retenant comme critère la durée des possessions successives.

b. Les **rectifications administrative et judiciaire** de l'état civil doivent être distinguées. La première, qui relève de la compétence du procureur de la République, ne concerne que les erreurs et omissions purement matérielles (C. civ. art. 99, al. 4 ; CPC art. 1046). Tel n'est pas le cas de la suppression d'une particule d'un acte de décès (Cass. 1e civ. 5-11-2014 no 14-11.407 : Bull. civ. I no 183, AJ fam. 2014 p. 704).

USURPATION DE NOM ET RISQUE DE CONFUSION

32230 Le droit au nom implique celui de le protéger contre toute usurpation.
L'**intérêt à agir** est reconnu à ceux qui portent le nom litigieux (Cass. 1e civ. 21-12-1987 n° 86-14.879). Dès lors que le risque de confusion existe, il importe peu :
– qu'il ne s'agisse que d'une partie de leur patronyme (Cass. 1e civ. 30-9-2003 n° 01-02.065 : Bull. civ. I n° 196) ;
– qu'il existe une légère différence orthographique (Cass. 1e civ. 17-5-1966 n° 64-12.984 : Bull. civ. I n° 299 qui reconnaît un intérêt à agir bien que le nom contesté diffère par la lettre finale D au lieu de T et ne comporte pas la particule).
En revanche, l'intérêt n'est pas retenu si le nom contesté n'est identique ni phonétiquement, ni graphiquement (Cass. 1e civ. 7-1-1973 n° 73-13.793 : Bull. civ. I n° 6 qui rejette l'action de M. « de Roffignac » contre l'usage du nom « de Rouffignac »).
Le débat portera souvent sur le caractère frauduleux de la **possession du nom** litigieux et le risque de confusion créé avec une autre famille ou une autre branche de la famille.
L'action peut **aboutir** :
– soit à interdire l'utilisation d'un nom (Cass. 1e civ. 21-12-1987 n° 86-14.879, à propos de l'ajout de « du Puy-Montbrun » au patronyme « de Rocher de la Baume » ; Cass. 1e civ. 30-9-2003 n° 01-02.065 : Bull. civ. I n° 196, à propos de l'usage de « de Bourbon » source de confusion avec la famille « de Bourbon de Parme ») ;
– soit à obliger l'utilisation du nom complet et pas uniquement la partie qui serait source de confusion (Cass. 1e civ. 11-6-1963 : Bull. civ. I n° 309).
Une demande de **dommages et intérêts** peut être jointe à la demande de protection du nom si l'usurpation cause un préjudice.

> **Précisions** Outre le contentieux lié à l'attribution d'un nom et au risque de confusion pouvant en résulter, l'**utilisation** des noms est également protégée. Une utilisation indue donne lieu non seulement à des actions civiles mais aussi pénales.

F. Nom acquis à l'étranger

CHANGEMENT AU PROFIT DU NOM ACQUIS À L'ÉTRANGER

32240 Une personne peut demander à changer de nom pour porter celui qu'elle possède à l'état civil d'un autre État (C. civ. art. 61-3-1, al. 2). La demande est faite non au juge mais auprès de l'**officier d'état civil** dépositaire de l'acte de naissance établi en France. Pour un mineur, elle est effectuée conjointement par les deux parents exerçant l'autorité parentale ou par le parent l'exerçant seul. L'enfant doit donner son consentement personnel s'il a plus de 13 ans.
L'officier d'état civil autorise le changement ou, en cas de difficulté, saisit le **procureur de la République**, qui peut s'opposer à la demande. En ce cas, l'intéressé en est avisé (C. civ. art. 61-3-1, al. 4).
Saisi dans les mêmes conditions, le procureur de la République du lieu de naissance peut ordonner lui-même le changement de nom (C. civ. art. 61-3-1, al. 5).
L'adoption du nom étranger s'étend de plein droit aux enfants du bénéficiaire lorsqu'ils ont moins de 13 ans. Au-delà de cet âge leur consentement est requis (C. civ. art. 61-3-1, al. 6).
Sur ce point, voir pour plus de détails n° 73120.

EFFET D'UN CHANGEMENT DE NOM ACQUIS À L'ÉTRANGER

32245 Les décisions de changement de nom régulièrement acquises à l'étranger produisent **automatiquement** effet en France (C. civ. art. 61-4, al. 2).
Elles sont portées en marge des actes de l'état civil sur instruction du procureur de la République, comme les décisions de changement de nom acquises en France.

SECTION 4 CHANGEMENT DE PRÉNOM

32300 Comme pour les noms, le **principe** d'immutabilité s'applique aux prénoms. Il connaît toutefois certaines **exceptions**.

A. Changement de prénom pour intérêt légitime

Toute personne peut demander à changer de prénom si elle justifie d'un intérêt légitime (C. civ. art. 60). 32310

Le changement **peut consister en** l'adjonction, la modification ou la suppression d'un prénom ou encore la modification de l'ordre des prénoms. Les adjonctions ou modifications de l'ordre des prénoms sont les plus facilement admises compte tenu de leur caractère moins radical. Certaines personnes préféreront néanmoins demander la suppression pure et simple de leurs premiers prénoms, pour ne laisser que leur prénom usuel et l'imposer à l'administration (pour une illustration, TGI Lille 9-2-2015 n° 14/07748 : AJ fam. 2015 p. 177 obs. X. Labbée).

CONDITIONS DU CHANGEMENT DE PRÉNOM

Le requérant doit être **capable**. S'il est mineur, il est représenté par son représentant légal. Le parent qui a l'exercice unilatéral de l'autorité parentale peut engager seul la procédure, mais il doit en informer l'autre parent (par exemple, CA Rennes 7-6-2011 n° 10/05313, 6e ch.). Depuis le 1er juillet 2022, le majeur sous tutelle effectue seul sa demande de changement de prénom et n'a plus à être représenté par son tuteur (C. civ. art. 60, al. 1 modifié par loi 2022-301 du 2-3-2022). 32315

Le **mineur de plus de 13 ans** doit donner son consentement au changement sollicité (C. civ. art. 60, al. 2).

Celui qui demande à changer de prénom doit justifier d'un **intérêt légitime**, apprécié souverainement par les juges. 32320

Un tel intérêt est **reconnu** par exemple lorsque la requête tend à :

– franciser le prénom, l'existence d'une procédure spécifique (nos 32350 s.) n'interdisant pas d'invoquer l'article 60 du Code civil (CA Paris 1-12-2011 n° 11/14050, Pôle 1 ch. 1) ;
– adopter un prénom conforme à sa religion ou à son origine culturelle et familiale ;
– ajouter un prénom européen pour faciliter l'intégration notamment dans l'emploi ;
– consacrer le prénom effectivement utilisé depuis la naissance (Cass. 1e civ. 14-2-1990 n° 88-13.947 : Bull. civ. I n° 48) ou celui sous lequel son titulaire a acquis une notoriété professionnelle (CA Nîmes 14-9-2011 n° 10/03159, ch. civ.) ;
– mettre en conformité son état civil français avec le changement de prénom autorisé par l'État étranger dont l'intéressé relève également (Cass. 1e civ. 25-10-2005 n° 03-10.040 : Bull. civ. I n° 391 ; Cass. 1e civ. 23-3-2011 n° 10-16.761 : Bull. civ. I n° 60) ;
– adopter, pour une personne transgenre, un prénom conforme à son changement de sexe et d'état civil (CA Nancy 2-9-2011 n° 09/02179). Toutefois, dans un cas où la personne devenue femme était père de trois enfants, le changement de prénom a été autorisé sur l'acte de naissance de l'intéressée, mais pas sur celui de ses enfants car il serait « matériellement absurde en ce qu'[il] indiquerait que ceux-ci sont les enfants biologiques de deux personnes de même sexe » (CA Rennes 16-10-2012 n° 11/08743, 6e ch. A : BPAT 6/12 inf. 282) ;
– abandonner un prénom, source de difficultés psychologiques pour son titulaire ;
– faire inscrire en premier le prénom usuel de l'intéressé (CA Nouméa 27-9-2012 n° 12/00116, ch. civ. : RJPF 2013- 1/13).

Cette procédure peut être utilisée pour modifier un prénom francisé (Cass. 1e civ. 2-3-1999 n° 97-15.958 : Bull. civ. I n° 76). Mais la légitimité de l'intérêt est appréciée avec rigueur pour éviter les changements à répétition. Sauf circonstances particulières, la volonté de préserver ses racines ne suffit pas à autoriser la reprise de son prénom d'origine (CA Metz 15-11-2011 n° 11/00024, ch. de la famille qui admet toutefois l'adjonction du prénom d'origine ; CA Orléans 19-3-2013 n° 12/02924, ch. de la famille : RJPF 2013-5/12). La légitimité peut être établie en prouvant que l'usage du prénom français l'a coupé de sa famille (Cass. 1e civ. 6-10-2010 n° 09-10.240 : Bull. civ. I n° 193) ou que l'intéressé n'a jamais porté le prénom français (par exemple, CA Lyon 4-12-2009 n° 10/00053, 2e ch.).

En revanche n'est **pas admise comme un intérêt légitime** l'adjonction de diminutifs ou la modification pour un diminutif utilisé dans la vie courante (Cass. 1e civ. 20-2-1996 : RTD civ. 356). Par exemple, est rejetée la demande de modification de Marie pour « Maney » qui est un diminutif (CA Rouen 20-3-2013 n° 12/03003, 1e ch. civ. : RJPF 2013-6/12).

Mais en sens contraire dans un cas où le diminutif a été admis par un État étranger (Cass. 1e civ. 25-10-2005 n° 03-10.040 : Bull. civ. I n° 391).

PROCÉDURE ADMINISTRATIVE DE CHANGEMENT DE PRÉNOM

32325 La procédure pour un changement de prénom est, par principe, administrative ; elle n'est judiciaire que de manière subsidiaire (n° 32330).

L'**autorité compétente** pour en connaître est en premier lieu l'officier d'état civil (C. civ. art. 60, al. 1 ; Circ. JUSC1701863C du 17-2-2017). Le service central d'état civil du ministère des affaires étrangères est compétent pour les actes de naissance qu'il détient et l'Office français de protection des réfugiés et apatrides (Ofpra) pour les certificats tenant lieu d'acte d'état civil qu'il a établis.

L'intéressé remet sa demande à l'officier d'état civil du lieu de sa résidence ou de sa naissance.

La **demande de changement** se fait à l'aide de formulaires types. Elle est signée par le requérant et accompagnée de pièces justifiant :

– de son identité et de son domicile ;

– de son intérêt légitime au changement (avec, par exemple, des éléments relatifs à sa scolarité, sa vie professionnelle ou son dossier administratif, des attestations de proches, etc.) ;

– des actes d'état civil devant être mis à jour (acte de mariage, acte de naissance du conjoint ou du partenaire de Pacs et acte de naissance des enfants).

La demande est remise à l'officier d'état civil par le demandeur en personne ; elle ne peut être transmise par une tierce personne ni envoyée par courrier. Il est délivré un récépissé de dépôt.

Si la requête est faite **au nom d'un mineur**, les deux parents, dès lors qu'ils exercent conjointement l'autorité parentale, doivent la signer en leur qualité de représentant légal. En revanche, la remise en mairie peut s'effectuer par un seul d'entre eux. Si le mineur a plus de 13 ans, il signe également la demande ainsi qu'un formulaire-type attestant de son consentement (joint à la requête) ; sa présence lors du dépôt de la requête est préconisée.

Le ou les représentants légaux doivent justifier de leur identité et de leur qualité en joignant à la demande les pièces nécessaires (copie intégrale originale de l'acte de naissance de l'enfant, décision statuant sur l'autorité parentale, etc.).

Lorsque la demande concerne un **majeur en tutelle**, ce dernier doit nécessairement être présent lors de la remise de la demande car il est le seul à pouvoir effectuer la démarche et à signer la demande (Circ. JUSC2309291C du 15-6-2023 : Annexe Fiche 3). Les personnes sous sauvegarde de justice, sous curatelle ou sous habilitation familiale présentent leur demande sans assistance.

L'officier d'état civil doit **apprécier l'intérêt légitime** au jour de la demande et autorise le changement s'il conclut à l'existence d'un tel intérêt ; il n'est pas lié par une décision de rejet antérieure. Il demande alors aux officiers d'état civil compétents de mettre à jour les actes d'état civil concernés.

S'il estime que la demande ne revêt pas un tel intérêt, il saisit le procureur de la République « sans délai » et en informe le demandeur. Deux hypothèses sont spécialement visées : la demande est « contraire à l'intérêt de l'enfant ou aux droits des tiers à voir protéger leur nom de famille. » Mais elles ne sont pas exclusives, l'officier étant investi d'un pouvoir d'appréciation.

Le changement est généralement refusé lorsque le demandeur invoque des motifs de convenance personnelle ou des raisons d'ordre affectif ou religieux. Il doit l'être si le prénom revendiqué comporte des caractères orthographiques absents de l'alphabet français ou s'il est le nom de l'un de ses parents.

Le **procureur de la République** à son tour apprécie l'intérêt légitime, selon les mêmes critères. Aucun délai n'est prévu. S'il ne s'y oppose pas, il donne instruction à l'officier d'état civil qui l'a saisi d'autoriser le changement de prénom. Dans le cas contraire, il prend une décision motivée qu'il notifie par tous moyens au demandeur et en informe l'officier d'état civil. Il appartient alors à l'intéressé de saisir le juge aux affaires familiales (C. civ. art. 60, al. 4).

> **Précisions** La circulaire admet explicitement la recevabilité des **demandes émanant d'un étranger**. Elle rappelle notamment qu'il revient alors à l'officier d'état civil d'appliquer la loi personnelle du demandeur sauf si cette loi n'est pas conforme à notre ordre public international. Elle considère que c'est le cas d'une législation interdisant tout changement de prénom, l'autorisant sans condition ou exigeant l'appartenance ou la non-appartenance à une religion (Circ. JUSC1701863C du 17-2-2017).

PROCÉDURE JUDICIAIRE DE CHANGEMENT DE PRÉNOM

32330 Lorsque le changement de prénom est refusé par l'officier d'état civil puis par le procureur de la République, il appartient à l'intéressé de saisir la justice. Cette procédure est **subsidiaire** : elle ne peut intervenir qu'à la suite de la notification de l'opposition du procureur au changement de prénom (Circ. JUSC1709389C du 10-5-2017).

La **demande** est formée contre le procureur qui s'est prononcé. Elle est portée devant le juge aux affaires familiales du tribunal judiciaire auprès duquel le procureur exerce ses fonctions (CPC art. 1055-2). Selon l'officier d'état civil qui aura été saisi initialement, le tribunal compétent est celui du lieu de naissance ou de résidence du demandeur.
Les règles applicables sont celles de la procédure écrite ordinaire devant le tribunal judiciaire, mais il n'y a pas d'exécution provisoire de la décision, sauf si elle l'est ordonnée expressément (CPC art. 1055-3). La demande est formée par voie d'assignation (CPC art. 750). La représentation par un avocat est obligatoire (CPC art. 751). Les débats se déroulent en chambre du conseil et la décision est rendue en audience publique (CPC art. 1074).
S'il est fait droit à la demande, le procureur en informe sans délai l'officier d'état civil dépositaire des actes de l'état civil pour mise à jour (CPC art. 1055-4).

> **Précisions** Si le demandeur s'est adressé au service central d'état civil du **ministère des affaires étrangères**, le juge compétent est celui qui relève du tribunal judiciaire de Nantes. S'il dispose d'un certificat tenant lieu d'acte de naissance délivré par l'Office français de protection des réfugiés et apatrides (**Ofpra**), il peut saisir, après refus du procureur de Paris, le juge siégeant auprès du tribunal judiciaire de Paris.

EFFET DU CHANGEMENT DE PRÉNOM

Les décisions portant changement de prénom sont portées en marge des **actes d'état civil** de l'intéressé et, le cas échéant, de ceux de son conjoint, de son partenaire de Pacs et de ses enfants (C. civ. art. 61-4 ; CPC art. 1055-3). Cette transcription se fait à l'initiative du procureur qui transmet le dispositif de la décision définitive à l'officier d'état civil dépositaire du ou des actes de l'état civil devant ainsi être mis à jour (CPC art. 1055-4). **32335**

B. Francisation du prénom

Les **personnes qui peuvent agir** sont les mêmes que celles qui demandent la francisation de leur nom (n° 32100), c'est-à-dire celles (Loi 72-964 du 25-10-1972 art. 1) : **32350**
– qui acquièrent ou recouvrent la nationalité française ;
– et dont l'apparence du prénom, sa consonance ou son caractère étranger peut gêner leur intégration dans la communauté française.
La **demande** est présentée (Loi 72-964 du 25-10-1972 art. 8) :
– au moment de la demande de naturalisation, de réintégration ou lors de la déclaration en vue de l'acquisition de la nationalité française ;
– dans l'année qui suit l'acquisition de la nationalité ;
– sans condition de délai lorsque les autorités françaises ont, en pratique, utilisé un prénom francisé à son égard.
Elle peut être formée conjointement ou indépendamment d'une demande de francisation du nom.
Une personne qui ne possède pas de prénom peut demander l'attribution d'un prénom français (Loi 72-964 du 25-10-1972 art. 3).

La **francisation** est **accordée**, après instruction de la demande, par décret qui n'est pas susceptible d'opposition (Loi 72-964 du 25-10-1972 art. 9 et 11). **32355**
Elle **consiste** en la substitution d'un prénom français, l'attribution complémentaire d'un tel prénom ou la suppression des prénoms étrangers pour ne laisser que le prénom français existant (Loi 72-964 du 25-10-1972 art. 2, al. 3).
Elle **prend effet** immédiatement et donne lieu à une mention en marge des **actes de l'état civil** de l'intéressé et, le cas échéant, de son conjoint et ses enfants (Loi 72-964 du 25-10-1972 art. 12).

C. Prénom acquis à l'étranger

Comme pour le nom, les décisions de changement de prénom régulièrement acquises à l'étranger s'appliquent en France et tout changement de prénom est mentionné sur les **actes d'état civil** de l'intéressé et, le cas échéant, de son conjoint, de son partenaire de Pacs et de ses enfants (C. civ. art. 61-4). **32360**

TITRE III

Incapacité du mineur

CHAPITRE 1 RÈGLES GÉNÉRALES

SOMMAIRE

SECTION 1 INCAPACITÉ DE PRINCIPE

PRINCIPE

Le mineur non émancipé est juridiquement incapable. Par principe, il ne peut effectuer aucun **acte juridique** – notamment aucune convention (C. civ. art. 1145 et 1146) – sans être représenté. Il existe toutefois certains tempéraments (n°s 35580 s.). 35500

› **Précisions** L'incapacité du mineur n'implique pas son irresponsabilité. Qu'il soit ou non doué de discernement, le mineur doit **réparation des dommages** qu'il cause à autrui par ses fautes intentionnelles ou d'imprudence (Cass. ass. plén. 9-5-1984 n°s 80-14.994, 80-93.031, 80-93.481 et 79-16.612 : Bull. ass. plén. n°s 1 à 4 ; Cass. 2e civ. 11-9-2014 n° 13-16.897 : Bull. civ. II n° 185).

CONSÉQUENCES

Nullité des actes accomplis par le mineur Les actes passés par le mineur seul, sans l'intervention de l'administrateur légal, sont **en principe** entachés de nullité relative (C. civ. art. 1146 et 1147). Le cocontractant n'y échappe que dans deux hypothèses (C. civ. art. 1151) : 35510
– il prouve que l'acte était utile au mineur et exempt de lésion ou qu'il lui a profité. Cette disposition, entrée en vigueur le 1er octobre 2016, peut être mise en œuvre pour valider un contrat conclu antérieurement ;
– il peut, le cas échéant, opposer la confirmation de l'acte par le jeune, une fois majeur.

Le simple mensonge du mineur sur son âge n'exonère pas le cocontractant de sa responsabilité et n'empêche pas la nullité de la convention (C. civ. art. 1149). Il en va toutefois autrement si le jeune, pour dissimuler son âge, s'est rendu coupable de manœuvres dolosives, que les juges doivent caractériser (Cass. 1e civ. 12-11-1998 n° 97-13.248 : JCP G 1999 II 10053 note T. Garé). Cela dit, les tribunaux se contentent parfois de la bonne foi du contractant, si celui-ci a pu légitimement croire que le jeune était majeur (CA Paris 3-3-2005 : Contrats conc. consom. 2005 comm. n° 197, note G. Raymond).

Un **régime particulier** est réservé aux actes courants autorisés par la loi ou l'usage (n° 35700) : le mineur peut régulièrement les accomplir seul pourvu qu'ils soient conclus à des conditions normales (C. civ. art. 1148). Si ce n'est pas le cas, ils sont nuls. Aucune disposition ne précise ce qu'il faut entendre par « conditions normales ». À notre avis, celles-ci renvoient à la situation objective qui résulte de ce qui se pratique pour une opération du même genre.

Cette exigence de « conditions normales » est entrée en vigueur le 1er octobre 2016 ; elle n'est pas opposable aux actes passés antérieurement, qui sont valables dès lors qu'ils sont courants.

Attention : même à des conditions normales, les actes courants conclus par le mineur peuvent être annulés pour simple lésion (C. civ. art. 1149). C'est le cas lorsque l'acte porte atteinte aux intérêts du mineur. Ainsi, le contrat passé à des conditions réciproques économiquement normales peut être lésionnaire si l'opération est disproportionnée au regard du patrimoine du

mineur ou totalement inutile pour lui. Au contraire, la nullité n'est pas encourue lorsque la lésion résulte d'un évènement imprévisible et non de l'acte lui-même (C. civ. art. 1149).
L'appréciation de la lésion relève du pouvoir souverain des juges du fond.

35520 **Restitutions** L'anéantissement du contrat implique la restitution des prestations. Le **mineur** n'est cependant tenu de restituer que le profit qu'il a retiré de l'acte annulé (C. civ. art. 1352-4 et ancien art. 1312). Il n'est ainsi tenu de restituer que ce qu'il a encore en sa possession au jour de l'annulation de l'acte, et non pas ce qu'il a consommé ou disposé. Son **cocontractant**, lui, doit restituer l'intégralité de ce qu'il a reçu du mineur.
Les décisions rendues sous l'empire de l'ancien article 1312 du Code civil sont transposables sous le nouveau texte. Jugé **par exemple** que :
– le mineur ne devait le remboursement du débit de son compte bancaire que s'il était constaté que ce qui avait été payé avait tourné à son profit (Cass. 1e civ. 12-11-1998 n° 97-13.248 : JCP G 1999 II 10053, note T. Garé) ;
– le mineur n'a rien à restituer du prêt qui lui a été consenti et des chèques mis à sa disposition s'il a dilapidé les fonds (CA Versailles 26-10-1990, 3e ch. : D. 1993. som. p. 125 obs. F. Lucet) ;
– à l'inverse, le mineur doit restitution de l'argent qui lui a été versé pour éteindre une dette car il y a eu enrichissement (Cass. civ. 23-2-1891 : DP 1892.1.29) ;
– le profit tiré d'un paiement n'est à prendre en compte que s'il a été fait entre les mains du mineur ; ce n'est pas le cas du paiement fait à l'un de ses parents (Cass. 1e civ. 18-1-1989 n° 87-12.019 : Bull. civ. I n° 13).
La banque doit procéder à la mainlevée de l'interdiction bancaire émise auprès de la Banque de France à la suite du dépassement par le mineur de l'autorisation de découvert (CA Paris 8-3-2000, 8e ch. : JurisData 113575).

> **Précisions** L'article 1352-4 du Code civil issu de l'ordonnance du 10-2-2016 prévoyait **initialement** que « les restitutions dues à un mineur [...] sont réduites à proportion du profit qu'il a retiré de l'acte annulé ». Autrement dit, le mineur n'avait plus droit à la restitution intégrale de ce qu'il avait fourni.
> La loi du 20 avril 2018 a de nouveau modifié l'article 1352-4 en adoptant une **formulation plus proche** de l'ancien article 1312 du Code civil : « Les restitutions dues par un mineur [...] sont réduites à hauteur du profit qu'il a retiré de l'acte annulé. » Ces modifications présentant un caractère interprétatif sont applicables depuis le 1er octobre 2016 (Loi 2018-287 du 20-4-2018 art. 16, I-al. 2).

EXERCICE DE L'ACTION

35525 L'**action** en nullité **appartient** à celui que la loi veut protéger, c'est-à-dire au mineur et non à son cocontractant (C. civ. art. 1181 ; Cass. 1e civ. 14-1-2009 n° 07-16.451 : Bull. civ. I n° 6).
Le mineur peut agir même s'il a contracté en sachant qu'il n'avait pas la capacité requise.
L'action se **prescrit** par cinq ans (C. civ. art. 2224). Ce délai ne court que du jour de la majorité ou de l'émancipation du mineur ; il ne court contre ses héritiers que du jour de son décès s'il n'a pas commencé à courir auparavant (C. civ. art. 1152).

SECTION 2 EXCEPTIONS

35580 Il est reconnu au mineur une certaine autonomie puisqu'il est autorisé à agir seul dans les **cas autorisés par la loi ou l'usage** (C. civ. art. 1148). Son autonomie va croissant en fonction de sa maturité.

A. Droits extra-patrimoniaux

ÉTAT DES PERSONNES ET DROITS FAMILIAUX

35600 Le mineur non émancipé peut valablement reconnaître un enfant sans l'assistance de ses parents et même contre leur volonté (n° 27145).
L'autorité parentale est automatiquement dévolue aux parents, même s'ils sont mineurs. Pour un exemple où les juges relèvent que l'article 371-1 du Code civil n'impose pas de condition

d'âge minimum pour qu'un père ou une mère exerce l'autorité parentale et que, en conséquence, il n'y a pas lieu de désigner un administrateur ad hoc en l'absence d'opposition d'intérêts entre le parent mineur et son enfant (CA Dijon 4-7-2012 n° 12/00315, ch. civ. : Petites affiches 12-8-2013 n° 160).
L'action en recherche de filiation d'un enfant mineur ne peut être conduite que par son représentant légal, fût-il lui-même mineur (C. civ. art. 328 ; n° 27810).
Par ailleurs, le consentement personnel du mineur de plus de 13 ans est nécessaire pour :
– le changement de son nom lorsque ce changement ne résulte pas de l'établissement ou de la modification d'un lien de filiation (C. civ. art. 61-3) ;
– le changement de son prénom (C. civ. art. 60, al. 2) ;
– son adoption plénière (C. civ. art. 345, al. 3).

EN MATIÈRE MÉDICALE

D'une façon générale, si le mineur est apte à exprimer sa volonté et à participer à la décision concernant sa santé, son consentement doit être systématiquement recherché pour tout acte médical (CSP art. L 1111-4, al. 7). Son refus fait obstacle à certains actes de recherche médicale ou de prélèvements (par exemple, CSP art. L 1241-3, al. 7). **35605**
Par ailleurs, les mineur(e)s peuvent, sans avoir à informer leurs représentants légaux :
– se faire délivrer des médicaments, produits ou objets contraceptifs (CSP art. L 2311-4) ;
– décider d'une interruption volontaire de grossesse, la jeune devant dans ce cas se faire accompagner par une personne majeure de son choix (CSP art. L 2212-7) ;
– sous certaines conditions, demander un dépistage de maladies infectieuses, le mineur se faisant alors accompagner par une personne majeure de son choix (CSP art. L 6211-3-1).

AUDITION DU MINEUR

Dans toutes les procédures le concernant, le mineur capable de discernement peut être entendu par le juge ou par une personne désignée à cet effet (C. civ. art. 388-1). **35610**
En application de ce principe, l'audition de l'enfant est spécialement envisagée notamment dans les procédures relatives aux modalités d'exercice de l'autorité parentale (C. civ. art. 373-2-11).

> **Précisions** Les règles générales relatives à l'audition de l'enfant s'effacent devant les **dispositions spécifiques** prévues, le cas échéant, dans le cadre d'**autres procédures** qui impliquent l'intervention ou le consentement du mineur, telles que celles visant à la mise en place de mesures d'assistance éducative (CPC art. 1182), à l'émancipation du jeune (C. civ. art. 413-2) ou à son adoption plénière (C. civ. art. 353-1 modifié par loi 2022-219 du 21-2-2022). Elles ne s'appliquent pas non plus en cas d'audition du mineur par un expert (Cass. 1e civ. 23-3-2011 n° 10-10.547 : BPAT 3/11 inf. 181).

Conditions L'audition ne peut avoir lieu qu'à l'occasion d'une procédure concernant le mineur. C'est le cas lorsque cette procédure est susceptible d'entraîner des modifications dans les conditions de vie du jeune ou d'influer sur ses intérêts : procédure de divorce, procédure de changement de régime matrimonial, procédure de mise sous tutelle d'un parent, etc. **35615**

Seul le mineur capable de **discernement** a vocation à être entendu. Cette capacité est généralement liée à l'âge. Il va de soi qu'un jeune de seize ans sera plus facilement entendu qu'un enfant de huit ans. Mais il n'existe pas un seuil interdisant ou autorisant d'emblée l'audition. Les juges ne peuvent pas caractériser le discernement ou son absence en s'appuyant sur le seul critère de l'âge, spécialement pour refuser l'audition d'un mineur. Ainsi jugé par exemple à propos d'un enfant de neuf ans (Cass. 1e civ. 18-3-2015 n° 14-11.392 : BPAT 3/15 inf. 85). Les juges doivent expliquer en quoi le mineur n'est pas capable de discernement (Cass. 1e civ. 14-4-2021 n° 18-26.707 : AJ fam. 2021 p. 363 obs. B. Mallevae). Ils doivent apprécier au cas par cas le degré de maturité du jeune à partir d'éléments concrets. **35620**

ILLUSTRATIONS

L'**absence de discernement** a été caractérisée dans les cas suivants :
– l'enfant, pas encore âgée de neuf ans, a écrit des lettres contradictoires à quelques jours d'intervalle démontrant qu'elle était soumise aux pressions de ses parents (Cass. 1e civ. 15-5-2013 n° 12-12.224 F-D) ;
– l'enfant est pris dans un conflit de loyauté envers chacun de ses parents que la multiplication des procédures ne fait qu'aviver (Cass. 1e civ. 12-6-2013 n° 12-13.402 F-D) ;
– l'enfant est inféodé à l'un de ses parents (Cass. 1e civ. 5-3-2014 n° 13-13.530 F-D : D. 2014 pan. p. 1792 obs. P. Bonfils et A. Gouttenoire) ;
– la liberté intellectuelle de l'enfant est insuffisante eu égard à son orientation prégnante, ancienne et ancrée dans la sphère maternelle (CA Toulouse 26-11-2021 n° 20/03325).

35625 **Information du mineur** Le mineur capable de discernement doit être informé de son droit à être entendu et à être assisté d'un avocat (CPC art. 338-1, al. 1). Pour un exemple où l'absence de discernement du mineur a justifié qu'il ne soit pas informé (Cass. 1e civ. 5-3-2014 n° 13-13.530 : D. 2014 pan. p. 1792 obs. P. Bonfils et A. Gouttenoire).

La charge de cette information **incombe** aux personnes qui s'occupent du mineur au quotidien (titulaires de l'exercice de l'autorité parentale, tuteur ou, le cas échéant, personne ou service à qui l'enfant a été confié).

Ainsi, une **convention** portant sur les modalités d'exercice de l'autorité parentale doit indiquer que le mineur, s'il est capable de discernement, a été avisé de son droit à être entendu et assisté d'un avocat et, le cas échéant, qu'il n'a pas souhaité faire usage de cette faculté. Il en va ainsi pour :

– les conventions soumises à l'homologation du juge (CPC art. 338-1 al. 4) ;

– les actes contresignés par les avocats des parties, soumis au greffe pour que ce dernier y appose la formule exécutoire (CPC art. 1568-1 créé par décret 2023-25 du 23-1-2023).

Non expressément prévu pour l'acte notarié revêtu de la formule exécutoire, l'accord relatif aux modalités d'exercice de l'autorité parentale qui prend cette forme doit, selon nous, mentionner que l'enfant a été informé de son droit à être entendu. La protection de l'intérêt supérieur de l'enfant est un principe supra-légal et prépondérant qui doit être respecté par tout acte le concernant.

Dans toute **procédure contentieuse** concernant le mineur, un avis rappelant cette obligation est joint, selon le cas, aux convocations des parties ou à l'assignation.

Il appartient ensuite au magistrat saisi de vérifier en cours de procédure que le mineur a effectivement été destinataire de l'ensemble des informations requises (C. civ. art. 388-1, al. 4). S'il manque à son obligation, les parties doivent le relever sans attendre. À défaut, elles sont irrecevables à formuler ce grief devant la Cour de cassation (Cass. 1e civ. 26-6-2013 n° 12-17.275 : Bull. civ. I n° 138).

Enfin le jugement doit mentionner que l'administrateur légal, le tuteur ou la personne ou le service à qui le mineur a été confié s'est acquitté de son obligation d'information relative au droit du jeune à être entendu et assisté (CPC art. 338-1 al. 5 créé par décret 2023-25 du 23-1-2023).

35630 **Demande** L'audition du mineur peut avoir lieu sur l'**initiative** du juge, à la demande des parents ou du jeune lui-même.

La demande n'est soumise à aucun **formalisme** particulier. Une simple lettre transmise au juge est donc valable. La demande doit néanmoins émaner de l'enfant lui-même s'il en est l'initiateur. Le juge n'est pas tenu de répondre à une attestation rédigée par un tiers faisant état du souhait de l'enfant d'être entendu (Cass. 1e civ. 19-9-2007 n° 06-18.379 : Bull. civ. I n° 286).

La demande peut être présentée à tout **moment** de la procédure et même pour la première fois en appel (CPC art. 338-2). Elle peut l'être pendant le délibéré de la juridiction (Cass. 1e civ. 18-5-2005 n° 02-20.613 : Bull. civ. I n° 212 ; Cass. 1e civ. 24-10-2012 n° 11-18.849 : Bull. civ. I n° 212).

35635 **Décision du juge** Lorsque la demande **émane du mineur**, son audition est de droit (C. civ. art. 388-1). Il en est ainsi même si la demande est présentée pour la première fois en cause d'appel (Cass. 1e civ. 24-10-2012 n° 11-18.849 : Bull. civ. I n° 212). Le refus ne peut être fondé que sur son absence de discernement ou sur le fait que la procédure ne le concerne pas (CPC art. 338-4, al. 1 ; Cass. 1e civ. 18-3-2015 n° 14-11.392 : BPAT 3/15 inf. 85). L'intérêt de l'enfant ne peut pas être invoqué pour refuser cette audition, ce motif n'étant pas autorisé par la loi. En outre pour la Cour de cassation, cet intérêt commande qu'il soit toujours entendu lorsqu'il en fait la demande dans une procédure le concernant (Cass. 1e civ. 18-5-2005 n° 02-20.613 : Bull. civ. I n° 212).

La décision du juge n'est susceptible d'aucun recours (CPC art. 338-5, al. 1). Ainsi, l'appel interjeté contre la décision au fond n'emporte pas appel de la décision de refus d'audition rendue par le juge aux affaires familiales en première instance. En l'absence d'effet dévolutif sur ce point, l'enfant qui souhaite être entendu par la cour d'appel doit lui en faire la demande, la cour d'appel n'étant pas tenue d'y procéder d'office (Cass. 1e civ. 14-9-2017 n° 17-19.218 : BPAT 6/17 inf. 219).

Si la demande **provient des parties**, le juge peut refuser l'audition s'il ne l'estime pas nécessaire à la solution du litige ou si elle lui paraît contraire à l'intérêt de l'enfant (CPC art. 338-4, al. 2). Il est souverain dans son appréciation (Cass. 1e civ. 16-12-2015 n° 15-10.442 : BPAT 1/16 inf. 10). Il peut notamment considérer être suffisamment informé avec le rapport d'expertise médico-psychologique qui est au dossier. La décision peut faire l'objet d'un recours dans les conditions prévues pour les mesures d'instruction (CPC art. 150 et 152, par renvoi de 338-5, al. 2).

Dans tous les cas, la décision du juge ordonnant l'audition peut prendre la **forme** d'une simple mention au dossier ou au registre d'audience (CPC art. 338-3). En cas de refus d'audition, le mineur et les parties en sont avisés par tout moyen, les motifs étant indiqués dans la décision du fond (CPC art. 338-4, al. 3 ; Cass. 1e civ. 16-2-2022 n° 21-23.087 F-B).

Convocation Le greffe ou, le cas échéant, la personne désignée pour entendre le mineur adresse à celui-ci, par **lettre simple**, une convocation en vue de son audition. La convocation l'informe de son droit à être entendu seul, avec un avocat ou une personne de son choix. **35640**

Le même jour, les défenseurs des parties et, à défaut, les parties elles-mêmes sont **avisés** des modalités de l'audition (CPC art. 338-6, al. 3).

Si le **mineur refuse d'être entendu**, le juge « apprécie le bien-fondé de ce refus » (C. civ. art. 388-1, al. 2). Bien que cette formulation soit ambiguë, il résulte des travaux parlementaires que le législateur a voulu reconnaître expressément au mineur la possibilité de refuser d'être auditionné. **35645**

Modalités de l'audition Le juge doit procéder à l'audition personnellement. Il ne peut la **déléguer** à un tiers que « lorsque l'intérêt de l'enfant le commande » (C. civ. art. 388-1, al. 1). Le juge désigne alors une personne ayant une compétence dans le domaine social, psychologique ou médico-psychologique, qui n'entretient de liens ni avec le mineur ni avec une partie (CPC art. 338-9, al. 1 et 2). **35650**

Si l'audition a été ordonnée par une formation collégiale, elle peut entendre le mineur elle-même ou désigner l'un de ses membres (CPC art. 338-8). Cette règle n'est pas applicable à l'audition ordonnée par le juge de la mise en état. En conséquence, l'absence de ce dernier de la formation collégiale qui statue ne constitue pas une irrégularité (Cass. 1e civ. 28-1-2015 n° 13-27.603 : BPAT 2/15 inf. 40).

L'enfant peut être entendu **seul**. Il peut aussi être **accompagné** de la personne de son choix : avocat, parent ou autre. Mais le juge peut refuser la personne choisie si elle lui paraît avoir une emprise trop forte sur le mineur. **35655**

Si le mineur demande à être entendu avec un avocat sans en choisir un, le juge requiert du bâtonnier la désignation d'un avocat (CPC art 338-7). En tout état de cause, l'enfant bénéficie de l'aide juridique (Loi 91-647 du 10-7-1991 art. 10).

Il est aussi admis que le juge entende uniquement l'**avocat de l'enfant** (Cass. 1e civ. 22-11-2005 n° 03-17.912 : Bull. civ. I n° 434).

Les modalités de l'audition peuvent être **modifiées** en cas de motif grave s'opposant à ce que le mineur soit entendu dans les conditions initialement prévues.

Effets Un **compte rendu** de l'audition est obligatoirement établi et soumis au respect du contradictoire (CPC art. 338-12). Un compte rendu oral, le jour de l'audience, suffit à répondre à ces exigences, pourvu que les parties soient présentes ou représentées (Cass. 1e civ. 20-6-2012 n° 11-19.377 : BPAT 4/12 inf. 211, Bull. civ. I n° 135). La preuve de la communication du compte rendu doit pouvoir être rapportée ; en cas de compte rendu oral, la communication aux parties doit être mentionnée dans l'arrêt ou, à défaut, ressortir des pièces de procédure (Cass. 1e civ. 12-7-2023 n° 21-19.362 F-B : BPAT 5/23 inf. 252-3). **35660**

Le **juge** doit prendre en considération les sentiments exprimés par l'enfant (Cass. 2e civ. 10-6-1998 n° 97-20.905) et faire mention de l'audition dans sa décision (Cass. 1e civ. 20-10-2010 n° 09-67.468). Il n'a en revanche pas l'obligation de préciser la teneur des propos du jeune (Cass. 1e civ. 22-10-2014 n° 13-24.945 : Bull. civ. I n° 174) ni s'il a pris en considération ses sentiments (Cass. 1e civ. 15-2-2023 n° 21-18.498 F-D : BPAT 2/23 inf. 23). Il n'est pas non plus lié par eux (Cass. 2e civ. 20-11-1996 n° 93-19.937 ; Cass. 1e civ. 20-6-2012 n° 11-19.377 précité).

L'audition ne confère pas au **mineur** la qualité de partie à la procédure (C. civ. art. 388-1, al. 3 ; Cass. 2e civ. 25-10-1995 n° 93-16.275 : Bull. civ. II n° 253).

> **Précisions** Tenue au respect du contradictoire, une cour d'appel ne peut pas statuer sur la résidence d'un enfant en se fondant sur les propos de ce dernier, recueillis lors d'une **audition organisée après la clôture** des débats, sans avoir ni invité les parties à formuler leurs observations en cours de délibéré, ni ordonné la réouverture des débats (Cass. 1e civ. 19-9-2019 n° 18-15.633 FS-PB).

B. Droits patrimoniaux

ACTES COURANTS

35700 Le Code civil autorise les mineurs à accomplir seuls les actes de la vie courante (C. civ. art. 388-1-1, 1148 et 1149). La qualification de ces actes dépend de plusieurs **critères** : maturité et habitudes du jeune, enjeu pécuniaire de la transaction, pratique habituelle des jeunes du même âge.

EXEMPLE

Un jeune **peut effectuer** certains achats tels que jouets, matériel hifi, instruments de musique, informatique, vêtements, mais pour des sommes raisonnables et pas à crédit. A également été admise la signature d'une promesse unilatérale de sommes d'argent pour éteindre son obligation de réparer les conséquences de sa faute (TI Montmorillon 19-5-1982 : JCP 1984 II 20219 note J.-C. Montanier).

En revanche, n'ont **pas** été considérés comme **des actes courants** :
– l'achat d'un véhicule (Cass. 1e civ. 9-5-1972 n° 71-10.361 : Bull. civ. I n° 122) ;
– la signature d'un contrat de cession des droits d'exploitation de son image (CA Paris 31-10-1991 : LP 1993 I p. 35) ;
– l'avalisation d'une lettre de change (Cass. com. 28-10-1969 n° 68-10.145 : Bull. civ. IV n° 318) ;
– la signature du bail d'un appartement par un mineur de 17 ans (CA Aix-en-Provence 7-6-2000).

35705 **Banque** Un mineur peut ouvrir un **livret A** sans l'intervention de son représentant légal ; il ne peut toutefois effectuer des retraits d'argent qu'à partir de 16 ans et seulement si son représentant légal ne s'y oppose pas (C. mon. fin. art. L 221-3, al. 2).

35706 Un mineur a besoin de l'intervention de son représentant légal pour se faire ouvrir un **compte bancaire**. Il en va de même pour obtenir une **carte de retrait** lui permettant de retirer lui-même de l'argent dans les distributeurs de la banque, dans la limite du solde positif de son compte et du plafond de retrait fixé par son représentant. En pratique, de nombreuses banques proposent à leurs clients d'ouvrir à leurs enfants, même très jeunes, un compte de dépôt rémunéré assorti d'une carte gratuite de retrait.

À défaut d'autorisation des parents, la banque est responsable. Jugé ainsi, par exemple, à l'encontre de la banque ayant permis au mineur de procéder à des retraits sans l'autorisation de l'administrateur légal qui avait été prévue dans la convention d'ouverture du compte de dépôt (CA Pau 12-12-2005 n° 04/02340 : Petites affiches 2007 n° 23 p. 9 note Lasserre-Capdeville et Lecourt : responsabilité de la banque pour défaut de surveillance des retraits du mineur qui n'avait pas la signature sur son compte).

> **Précisions** Certains auteurs estiment que l'ouverture d'un compte, à condition qu'elle ne s'accompagne pas de la **remise de moyens de retrait des sommes déposées** (chéquier et/ou carte bancaire), est un acte d'administration qui ne fait courir aucun risque financier au mineur et peut donc être admis (J. Lasserre-Capdeville, Le compte en banque du mineur : RD bancaire et financier 2008 Étude n° 6 p. 11). Les tribunaux ne se sont pas expressément prononcés sur ce point.

TRAVAIL

35715 Sous certaines réserves tenant notamment à la moralité, à la dangerosité ou à la pénibilité de l'emploi, les mineurs peuvent travailler mais avec l'autorisation de leur représentant légal.

Les mineurs de **moins de 16 ans** sont autorisés à effectuer des stages d'observation ou de découverte, une convention de stage devant alors être conclue entre l'établissement scolaire et l'entreprise d'accueil. Ils peuvent aussi entrer en apprentissage, occuper un emploi salarié pendant les vacances scolaires ou un emploi dans les entreprises de spectacles et de mannequins (C. trav. art. L 4153-1 s. et L 7124-2). L'accord écrit des parents est nécessaire. S'agissant d'un emploi dans une entreprise de spectacles et de mannequins, l'accord écrit de l'enfant lui-même est exigé s'il a plus de 13 ans.

À 16 ans, âge à partir duquel la scolarité n'est plus obligatoire, les jeunes peuvent véritablement commencer à travailler mais toujours sous réserve de l'accord de leurs parents. Cette autorisation peut être tacite et résulter notamment du fait que le contrat s'exécute au vu et au su du père ou de la mère ou du tuteur.

En principe, les jeunes ne peuvent pas percevoir leurs **salaires** sans autorisation de leurs parents. En pratique, le défaut d'opposition formelle vaut acceptation.

Enfin, signalons que toute personne, même mineure, peut adhérer à un **syndicat professionnel** (C. trav. art. L 2141-1).

Création et gestion d'une entreprise Un **mineur émancipé** peut être commerçant, mais uniquement sur autorisation du juge des tutelles au moment de l'émancipation ou du président du tribunal judiciaire après l'émancipation (C. civ. art. 413-8 ; C. com. art. L 121-2). C'est donc, à la même condition qu'il peut être associé dans une société en nom collectif, ou associé commandité dans une société en commandite simple ou par actions. 35716
En revanche, il peut librement être membre de sociétés dans lesquelles les associés n'ont pas la qualité de commerçant : société anonyme, société à responsabilité limitée, société par actions simplifiée ou associé commanditaire dans une société en commandite simple ou par actions.
Il peut aussi reprendre et gérer une entreprise individuelle à responsabilité limitée (EIRL), quelle que soit la nature de l'activité exercée, civile ou commerciale, sous réserve, pour cette dernière, que le mineur émancipé ait été autorisé à être commerçant.
Le **mineur non émancipé** ne peut être ni commerçant ni associé d'une société en nom collectif ou commandité dans une société en commandite simple ou par actions. Il peut être membre de sociétés dans lesquelles les associés n'ont pas la qualité de commerçant (associé de société à responsabilité limitée, de société anonyme, de société par actions simplifiée ou associé commanditaire dans une société en commandite simple ou par actions). Mais il n'agit pas personnellement : les parts ou actions sont souscrites et ses droits d'associé sont exercés en son nom par son représentant légal.
Le mineur non émancipé peut, s'il a 16 ans révolus, être autorisé à accomplir seul les actes d'administration nécessaires pour les besoins de la création et de la gestion d'une entreprise individuelle à responsabilité limitée ou d'une société unipersonnelle (C. civ. art. 388-1-2 et 401, al. 4). L'autorisation est donnée par son ou ses administrateurs légaux (mineur sous administration légale) ou le conseil de famille (mineur sous tutelle). Elle revêt la forme d'un acte sous seing privé ou d'un acte notarié et comporte la liste des actes d'administration pouvant être accomplis par le mineur (C. civ. art. 388-1-2, al. 2 et 401, al. 5).
S'agissant des actes de disposition pour les besoins de l'EIRL ou de la société unipersonnelle, le mineur non émancipé de plus de 16 ans ne peut pas les effectuer seul : ces actes doivent être accomplis par son ou ses administrateurs légaux ou par son tuteur y ayant été autorisé par le conseil de famille (C. civ. art. 388-1-2 et 408, al. 4).

ATTENTION

Depuis le 15 février 2022, il n'est plus possible d'opter pour le statut de l'EIRL (Loi 2022-172 du 14-2-2022 art. 6, II). Les EIRL créées avant cette date demeurent toutefois, et il est possible de reprendre une EIRL existante. S'agissant du nouveau statut de l'entrepreneur qui se substitue à l'EIRL, celui-ci requérant la qualité de commerçant et en l'absence de dérogation expresse comme pour l'EIRL, il n'est pas ouvert au mineur non émancipé.

Activité d'influenceur À compter de l'âge de **15 ans**, le mineur peut consentir seul à un traitement de données à caractère personnel en ce qui concerne l'offre directe de services de la société d'information (Loi 78-17 du 6-1-1978 art. 45). Il peut donc s'inscrire seul à un réseau social. Tel n'est pas le cas, en principe, du mineur de moins de quinze ans, pour qui le traitement n'est licite que s'il y consent conjointement avec le ou les titulaires de l'autorité parentale à son égard. 35717
Un **contrat** doit être conclu entre les représentants légaux de l'enfant, son agent et son annonceur (Loi 2020-1266 du 19-10-2020). Et lorsque les revenus sont importants, ils peuvent être versés à la Caisse des dépôts et consignations jusqu'à la majorité du jeune (Loi 2020-1266 art. 3). Les plateformes de partage de vidéos doivent également adopter une charte ayant pour objet de protéger le mineur de moins de 16 ans en (Loi 2020-1266 art. 4) :
- l'informant des risques associés à la diffusion de l'image d'un enfant ;
- le sensibilisant sur les conséquences de la diffusion de son image ;
- favorisant le signalement des contenus mettant en scène des enfants ;
- empêchant le traitement à des fins commerciales des données à caractère personnel du mineur figurant sur une vidéo mise en ligne ;
- améliorant la détection des contenus qui porteraient atteinte à la dignité et l'intégrité du mineur ;
- facilitant l'exercice par le mineur de son droit à l'effacement de ses données.

ACTIVITÉS ASSOCIATIVES ET BÉNÉVOLES

Constitution et administration d'une association Les mineurs de **moins de 16 ans** sont autorisés à constituer et administrer une association, sous réserve de l'accord écrit et préalable de leur représentant légal (Loi 1-7-1901 art. 2 bis, al. 2). 35718
Les jeunes de **16 ans révolus** peuvent la constituer sans l'autorisation de leurs parents. Les représentants légaux en sont simplement informés par l'association (Loi 1-7-1901 art. 2 bis, al. 3 ; Décret 2017-1057 du 9-5-2017).

35719 **Direction d'un journal** Les jeunes âgés de **16 ans révolus** peuvent également être nommés directeur ou codirecteur de la publication de tout journal ou écrit périodique réalisé bénévolement, ou de toute publication par voie électronique réalisée bénévolement (Lois 29-7-1881 art. 6 et 82-652 du 29-7-1982 art. 93-2).

TESTAMENT

35720 La loi accorde une capacité partielle de tester au mineur de 16 ans : voir nº 63152.

CHAPITRE 2 ÉMANCIPATION

SOMMAIRE

L'émancipation est le moyen, pour un mineur, d'accéder à une **capacité civile** presque totale **avant 18 ans**. 35800

A. Émancipation par mariage

Le mineur est émancipé **de plein droit** par le mariage (C. civ. art. 413-1). L'émancipation est automatiquement acquise. 35830
En pratique, cette hypothèse est exceptionnelle puisque le mariage d'un mineur est interdit, sauf dispense du procureur de la République et autorisation des parents (C. civ. art. 144, 145 et 148).

L'émancipation reste acquise en cas de **dissolution du mariage** par décès ou divorce. 35835
En cas d'**annulation** du mariage, elle est supposée disparaître rétroactivement comme les autres effets du mariage. Deux tempéraments sont toutefois à apporter :
– l'époux de bonne foi peut se prévaloir de la théorie du mariage putatif et conserver ainsi le bénéfice de l'émancipation ;
– les tiers de bonne foi peuvent arguer de la théorie de l'apparence pour sauver les actes passés avec le mineur.

B. Émancipation judiciaire

CONDITIONS

L'émancipation ne peut concerner que des mineurs ayant atteint l'**âge** de 16 ans révolus (C. civ. art. 413-2). Il semble que la demande peut être présentée plus tôt dès lors que la décision d'émancipation n'intervient pas avant les 16 ans de l'intéressé. 35860

DEMANDE

Le **mineur** ne peut pas demander au juge son émancipation. Cette prérogative est réservée à ses parents ou au conseil de famille (C. civ. art. 413-2 et 413-3). 35865

La demande peut être présentée par un ou les deux **parents** (C. civ. art. 413-2). Un seul d'entre eux peut agir même si l'autorité parentale est exercée conjointement. 35870
Si le juge décide de l'ouverture d'une tutelle, les parents restent seuls autorisés à solliciter l'émancipation de leur enfant, à l'exclusion du conseil de famille (C. civ. art. 413-2).
Si le jeune fait l'objet d'une **mesure d'assistance éducative**, ses parents doivent au préalable obtenir l'autorisation du juge des enfants (C. civ. art. 375-7). Cette exigence se justifie par le fait que l'émancipation fait cesser la mesure d'assistance éducative ; or, le maintien d'une telle mesure de protection peut être nécessaire.
En cas de **délégation de l'autorité parentale**, voir n° 38510.

Si les **deux parents** sont **décédés**, la demande d'émancipation est présentée par le conseil de famille (C. civ. art. 413-3). La convocation du conseil pour délibérer sur l'opportunité d'engager une procédure en émancipation est à l'initiative du mineur, du tuteur ou, en cas d'inaction de ce dernier, du juge saisi par un membre du conseil de famille (C. civ. art. 413-4). 35875

PROCÉDURE

C'est le juge aux affaires familiales qui exerce les **fonctions de juge des tutelles** des mineurs et connaît des requêtes en émancipation (C. org. jud. art. 213-3-1). 35880
Territorialement, la demande doit être déposée devant le juge du lieu de la résidence de la famille ou, en cas de séparation, du parent avec lequel demeure le mineur (CPC art. 1070).

35885 S'agissant d'une matière en principe gracieuse, la **saisine** se fait par simple requête (CPC art. 60 et 1137) et le **ministère public** doit avoir communication du dossier (CPC art. 809).
La représentation par avocat n'est pas obligatoire (CPC art. 1139).
Les demandes sont en principe formées, instruites et jugées en chambre du conseil (CPC art. 1074).

35890 L'**audition du mineur** est obligatoire (C. civ. art. 413-2). Mais le refus exprimé par celui-ci n'interdit pas au juge de prononcer l'émancipation.
Lorsque la demande émane d'un seul **parent**, le juge doit entendre l'autre (C. civ. art. 413-2). Il en va ainsi même si ce dernier n'a pas l'exercice de l'autorité parentale. En revanche, le parent déchu de son autorité parentale n'a pas à être entendu.
Le juge peut se dispenser de l'audition du parent s'il se trouve dans l'impossibilité de manifester sa volonté, quelles qu'en soient les raisons : éloignement géographique, insanité d'esprit, maladie, etc.
L'obligation d'audition des parents n'est prévue qu'en cas de requête unilatérale. Mais le juge peut, s'il l'estime utile, entendre les parents qui ont présenté une requête conjointe.
La **non-comparution** du parent régulièrement convoqué ne fait pas obstacle au prononcé de l'émancipation du mineur.

DÉCISION

35895 Le juge prononce l'émancipation s'il y a de « **justes motifs** » (C. civ. art. 413-2). Elle doit être conforme à l'intérêt du jeune et justifiée par des circonstances particulières : par **exemple**, le jeune est financièrement autonome et/ou ne vit plus chez ses parents.
L'émancipation est **refusée** si elle apparaît comme un moyen pour les parents de se décharger de leurs responsabilités à l'égard de leur enfant.
La **décision** peut faire l'objet d'un recours devant la cour d'appel. Le délai est en principe de 15 jours, c'est-à-dire le délai applicable en matière gracieuse (CPC art. 538).

C. Effets de l'émancipation

35920 L'émancipation met fin à l'autorité des père et mère (C. civ. art. 413-7) et/ou, le cas échéant, à la tutelle (C. civ. art. 393).
Les parents perdent leur **autorité parentale** : le jeune est libre de choisir son lieu de résidence, son orientation professionnelle, ses fréquentations, etc.
Corrélativement, les parents sont **déchargés de leur responsabilité** de plein droit, en leur seule qualité de père ou de mère, des dommages causés par leur enfant.
En revanche, l'émancipation, tout comme la majorité, ne met pas fin de plein droit à leur obligation de **contribuer à l'entretien et à l'éducation** de leur enfant.

35925 L'émancipation met fin à l'**administration légale** ou à la **tutelle sur les biens** du mineur. Ce dernier doit être destinataire du compte de l'administration ou de la tutelle (C. civ. art. 413-5 qui renvoie aux art. 387-5 et 514 ; voir n° 53425).

35930 Le mineur émancipé est **capable**, comme un majeur, de tous les actes de la vie civile (C. civ. art. 413-6). Il peut en conséquence agir seul en justice (Cass. ass. plén. 28-5-1982 n° 79-13.660 : Bull. ass. plén. n° 3), conclure un contrat de travail et percevoir un salaire, signer une vente, créer et gérer une entreprise individuelle à responsabilité limitée (sur les conditions exigées pour être commerçant voir n° 35935), etc.
Certains actes sont expressément permis au mineur émancipé tels que la conclusion d'un mandat de protection future (C. civ. art. 477) ou l'exercice de charges de la tutelle (C. civ. art. 395), etc.

35935 Certaines **restrictions** sont apportées à la capacité du jeune émancipé, qui ne peut pas :
– se marier ou consentir à sa propre adoption sans observer les mêmes règles que s'il n'était pas émancipé (C. civ. art. 413-6) ;
– renoncer à l'action en réduction d'une libéralité avant l'ouverture de la succession (C. civ. art. 930-1) ;
– conclure un Pacs (C. civ. art. 515-1) ;
– être commerçant sans l'autorisation du juge des tutelles au moment de la décision d'émancipation et du président du tribunal judiciaire si le mineur formule cette demande après avoir été émancipé (C. civ. art. 413-8).
D'autres limitations à la capacité du mineur émancipé tiennent à l'exigence d'un âge minimal (par exemple, pour pouvoir voter).

TITRE IV

Autorité parentale

CHAPITRE 1

DROITS ET DEVOIRS DES PARENTS

SOMMAIRE

SECTION 1

TITULAIRES DE L'AUTORITÉ PARENTALE ET DE SON EXERCICE

A. Titulaires de l'autorité parentale

36000 L'autorité parentale, qui est un ensemble de droits et de devoirs ayant pour finalité l'intérêt de l'enfant, est **automatiquement** dévolue aux **père et mère** (C. civ. art. 371-1).
Encore faut-il que la **filiation** de l'enfant soit établie.
Si la filiation est établie à l'égard des deux parents, ils sont tous deux titulaires de l'autorité parentale (ce qui ne signifie pas forcément qu'ils l'exercent en commun).
Si la filiation n'est établie qu'à l'égard d'un seul parent, il est l'unique titulaire de l'autorité parentale.
Si l'un des parents **décède**, l'autre devient seul titulaire de l'autorité parentale, à moins qu'il en ait été privé par une décision judiciaire antérieure (C. civ. art. 373-1).

36015 En cas d'**adoption plénière**, le ou les adoptants sont **titulaires** de l'autorité parentale, à l'exclusion des parents biologiques. Si l'enfant est adopté par une seule personne, celle-ci exerce seule l'autorité parentale.

L'adoption de l'enfant du conjoint, du partenaire lié par un pacte civil de solidarité ou du concubin laisse subsister sa filiation d'origine à l'égard de cette personne et de sa famille (C. civ. art. 370-1-4 modifié par ord. 2022-1292 du 5-10-2022). Produisant les effets d'une adoption par les deux membres du couple, chacun d'eux devient titulaire de l'autorité parentale.

36017 L'autorité parentale revient aux adoptants en cas d'**adoption simple** (C. civ. art. 362 modifié par ord. 2022-1292 du 5-10-2022 ; Cass. 1e civ. 11-5-1977 n° 74-15.104 : RTD civ. 1977 p. 552 note P. Raynaud, Bull. civ. I n° 223).

Lorsque l'adoptant « simple » est le conjoint, le partenaire lié par un pacte civil de solidarité ou le concubin de l'un des parents de l'adopté, il est titulaire de l'autorité parentale concurremment avec son conjoint, son partenaire lié par un pacte civil de solidarité ou son concubin, mais ce dernier en conserve seul l'exercice. Les deux membres du couple peuvent toutefois faire une déclaration conjointe remise ou adressée au greffier en chef du tribunal judiciaire pour que cette autorité soit exercée en commun (C. civ. art. 370-1-8 modifié par ord. 2022-1292 ; CPC art. 1180-1 modifié par décret 2022-1630 du 23-12-2022).

36020 L'autorité parentale est d'**ordre public** ; les parents ne sont pas autorisés à y renoncer ou à la céder (C. civ. art. 376).

Seul un jugement, dans des cas restrictivement prévus par la loi, peut priver un parent de son autorité parentale (C. civ. art. 378 s. et C. pén. art. 228-1 ; voir nos 36100 s. et 39020 s.).

Les parents peuvent toutefois aménager l'exercice de l'autorité parentale par convention, notamment en cas de séparation (voir n° 36650). Ils peuvent aussi saisir le juge pour lui demander de déléguer l'exercice de l'autorité parentale à un tiers (voir nos 38400 s.).

B. Titulaires de l'exercice de l'autorité parentale

PRINCIPE : EXERCICE CONJOINT

36050 Les **père et mère** exercent en commun l'autorité parentale, que l'enfant soit né dans ou hors mariage (C. civ. art. 372, al. 1).

L'autorité parentale est également exercée conjointement lorsque l'enfant est né d'un **couple de femmes** dans le cadre d'une PMA, voir nos 27071 s.

Sur le cas particulier de l'**adoption de l'enfant du conjoint**, voir nos 36015 s.

EXERCICE UNILATÉRAL PAR L'EFFET DE LA LOI

36055 **Lien de filiation tardif** L'exercice conjoint de l'autorité parentale est écarté lorsque (C. civ. art. 372, al. 2) :

– la filiation est établie à l'égard de l'un des parents plus d'un an après la naissance d'un enfant dont la filiation est déjà établie à l'égard de l'autre ;

– la filiation est judiciairement déclarée à l'égard du second parent de l'enfant ;

– la reconnaissance conjointe anticipée d'un enfant issu d'une assistance médicale à la procréation avec tiers donneur n'a pas été communiquée à l'état civil. Seule la mère ayant accouché exercera l'autorité parentale.

En d'autres termes, la **mère**, qui était l'unique titulaire de l'autorité parentale en l'absence de filiation paternelle établie, en conserve seule l'exercice lorsque le **père** n'a manifesté aucun empressement à endosser ses responsabilités à l'égard de l'enfant.

L'autorité parentale pourra néanmoins être exercée en commun en cas de **déclaration conjointe** des père et mère adressée au directeur du greffe du tribunal judiciaire ou sur décision du juge aux affaires familiales (C. civ. art. 372, al. 3 ; CPC art. 1180-1).

Le greffier ne fait qu'enregistrer la déclaration. Il n'est pas juge de son opportunité.

ILLUSTRATIONS

La **compétence** du directeur des services de greffe judiciaires pour recevoir une telle déclaration ne fait pas obstacle à celle du juge aux affaires familiales pour statuer sur une demande d'exercice en commun de l'autorité parentale, même lorsque celle-ci est formée conjointement par les parents (Avis Cass. 1e civ. 23-9-2020 n° 20-70.002 : D. 2020 p. 1888).

Le **mariage** des parents après la naissance de l'enfant n'emporte pas de plein droit un exercice en commun de l'autorité parentale ; il ne dispense pas des démarches précitées (Avis Cass. 1e civ. 23-9-2020 n° 20-70.002 : D. 2020 p. 1888).

36060 **Parent hors d'état de manifester sa volonté** Le parent qui est hors d'état de manifester sa volonté est **automatiquement** privé de l'exercice de son autorité parentale (C. civ. art. 373). La cause de l'empêchement importe peu : incapacité, absence, éloignement géographique, grave maladie invalidante, etc. Mais l'impossibilité de manifester sa volonté doit être réelle, ce

qu'il appartient au juge de vérifier. Une mise sous tutelle ou un emprisonnement n'impliquent pas nécessairement la perte de l'exercice de l'autorité parentale.
Le parent qui a perdu cet exercice peut le **retrouver** en saisissant le juge aux affaires familiales d'une demande en ce sens, s'il prouve qu'il est à nouveau en état de manifester sa volonté.

Parent décédé ou privé de son autorité parentale Si un parent décède ou est privé de l'exercice de son autorité parentale, l'autre l'exerce seul, à moins qu'il en ait été privé par une décision judiciaire antérieure (C. civ. art. 373-1). 36065

Le juge aux affaires familiales qui statue sur les modalités de l'exercice de l'autorité parentale après la **séparation des parents** peut, de leur vivant, décider qu'en cas de décès de celui qui exerce l'autorité, l'enfant ne sera pas confié au survivant (C. civ. art. 373-3, al. 2). Il doit, pour justifier sa décision, relever l'existence de circonstances exceptionnelles ; par exemple une condamnation à 18 ans de réclusion criminelle accompagnée d'une grave altération des relations avec l'enfant (CA Nancy 3e ch. civ. 28-9-2012 no 11/01931). Il peut, alors, désigner la personne à qui l'enfant sera provisoirement confié (C. civ. art. 373-3, al. 2). 36070
Le tribunal qui prononce le **retrait** de l'autorité parentale ou de son exercice (C. civ. art. 380) :
– doit désigner un tiers auquel l'enfant sera provisoirement confié si l'autre parent est décédé ou lui-même privé de l'exercice de l'autorité parentale ;
– peut décider de confier l'enfant à un tiers même si l'autre parent exerce l'autorité parentale.

EXERCICE UNILATÉRAL PAR DÉCISION DU JUGE CIVIL

Le juge civil peut confier l'exercice de l'autorité parentale à un seul parent lorsque l'**intérêt de l'enfant** le commande (C. civ. art. 373-2-1). Cet intérêt est souverainement apprécié par les juges du fond (en ce sens, par exemple, Cass. 1e civ. 20-6-1995 no 93-19.196 : Bull. civ. I no 264). 36075
La mise en **danger physique ou psychologique** de l'enfant justifie l'exercice unilatéral de l'autorité parentale. C'est le cas par exemple si un parent :
– souffre de troubles psychologiques importants ou d'alcoolisme ;
– fait preuve d'un comportement violent envers les enfants ;
– a une pratique religieuse ou sectaire dangereuse pour les enfants. Pour un exemple où l'intégrisme religieux du père n'a pas paru dangereux (CA Versailles 11-12-2014 no 13/09016) ;
– envahit la sphère intime de ses enfants de ses problèmes personnels et a un mode de relation harcelant ayant conduit au placement de deux d'entre eux par le juge des enfants (Cass. 1e civ. 11-2-2009 no 08-11.337).
C'est aussi le cas si un des parents **se désintéresse** de l'enfant (Cass. 1e civ. 3-4-2001 no 99-19.143 ; Cass. 1e civ. 19-6-2007 no 06-18.904 ; Cass. 1e civ. 14-4-2010 no 09-13.686 : BPAT 3/10 inf. 161, dans un cas où le père ne s'était manifesté que lorsque ses enfants avaient six et onze ans). Mais il existe des arrêts en sens contraire (pour une illustration, CA Lyon 14-11-2000 no 99-5985, 2e ch.) ; une décision a ainsi relevé que « priver le père de l'exercice de l'autorité parentale reviendrait à le conforter dans sa tendance actuelle à se désengager de l'éducation des enfants... » (CA Nancy 24-10-2011 no 10/01963).

Justifie encore l'exercice unilatéral de l'autorité parentale l'**incapacité** d'un parent **à accepter la place de l'autre**. Tel est le cas lorsqu'un parent : 36076
– impose ses choix sans consulter l'autre (CA Poitiers 21-11-2000 no 99-2692, 3e ch. civ., à propos d'un père ayant fait circoncire son fils sans l'accord de la mère) ou fait preuve d'une incapacité permanente à prendre en considération des impératifs légitimes autres que les siens (Cass. 1e civ. 26-6-2013 no 12-17.275 : Bull. civ. I no 138) ;
– a emmené un des enfants à l'étranger en violation d'une décision de justice, lui imposant ainsi une rupture radicale avec sa sœur et sa mère (Cass. 1e civ. 17-1-2006 no 03-14.421 : Bull. civ. I no 10) ;
– ne s'est jamais conformé aux décisions réservant un droit de visite et d'hébergement à l'autre parent, malgré plusieurs poursuites devant le tribunal correctionnel pour non-représentation d'enfant (CA Lyon 2-4-2009 no 07-552, 2e ch. A) ;
– a exacerbé le conflit parental sur la résidence de l'enfant en s'installant en Allemagne sur un choix strictement personnel, multiplié les procédures et démarches non concertées s'agissant de la scolarisation de l'enfant, créé un état d'insécurité psychologique permanent de l'enfant le qualifiant d'« enfant de la guerre » et retardé à plusieurs reprises le retour de l'enfant chez son père qu'il dénigre sans cesse (Cass. 1e civ. 16-11-2022 no 21-15.002 F-D : BPAT 1/23 inf. 11).

Enfin, sans que ce soit systématique, l'autorité parentale unilatérale peut être ordonnée en raison de l'intensité du **désaccord entre les parents**. Ainsi jugé dans des cas où : 36078
– les parents entretenaient des relations si conflictuelles qu'elles rendaient toute concertation impossible (pour une illustration non totalement convaincante, voir Cass. 2e civ. 6-2-2003 no 00-22.405) ;
– les parents étaient en désaccord sur le traitement médical de leur enfant atteint d'un cancer (CA Nîmes 10-10-2001 no 00-3769, 2e ch. C) ;

– le père avait un comportement obsessionnel de défiance à l'égard de la mère entraînant un risque de blocage puisqu'il utilisait sans raison légitime les droits que lui confère l'autorité parentale comme moyen d'obstruction (CA Paris 27-10-2016 n° 14/09076).

36080 En revanche, **ne justifient pas un exercice unilatéral** de l'autorité parentale :
– le fait que les parents vivent loin l'un de l'autre ;
– le défaut de paiement de la contribution à l'entretien et à l'éducation des enfants, même pénalement sanctionné (Cass. 2e civ. 15-3-2001 n° 99-14.948), sauf si elle est la marque d'un désintérêt complet pour les enfants ;
– une condamnation pénale sauf si elle est en lien avec une maltraitance des enfants ;
– l'homosexualité d'un parent (CEDH 21-12-1999 n° 33290/96, Salgueiro Da Silva Mouta c/ Portugal : RTD civ. 2000 p. 433, obs. J.-P. Marguénaud).

RETRAIT DE L'EXERCICE PAR LE JUGE PÉNAL

36090 Le juge pénal peut décider du retrait de l'autorité parentale ou de son exercice dans certains cas (nos 39050 s.).

SUSPENSION DE PLEIN DROIT DE L'EXERCICE

36100 Est suspendu de plein droit l'exercice de l'autorité parentale et les droits de visite et d'hébergement du **parent poursuivi** par le ministère public **ou mis en examen** par le juge d'instruction pour (C. civ. art. 378-2 modifié par loi 2024-233 du 18-3-2024) :
– une agression sexuelle incestueuse ou un crime commis sur la personne de son enfant ;
– ou un crime commis sur la personne de l'autre parent.
L'exercice de l'autorité parentale est suspendu jusqu'à la décision du JAF s'il est saisi par le parent poursuivi ou jusqu'à la décision de non-lieu du juge d'instruction ou encore jusqu'à la décision de la juridiction pénale.
Le droit de visite et d'hébergement est également suspendu automatiquement lorsque le parent est mis en examen pour violences intrafamiliales sous contrôle judiciaire avec **interdiction d'entrer en contact ou obligation de résider séparément**. Si le juge d'instruction décide de l'écarter, il doit spécialement motiver sa décision (CPP art. 138 modifié).

> **Précisions** Cette disposition permet, dès l'engagement des poursuites, d'éviter que le parent criminel ne fasse obstacle à la prise de décision dans l'intérêt de l'enfant. Une **circulaire** du ministère de la justice précise ses modalités de mise en œuvre (Circ. JUSD2002214C du 28-1-2020).

C. Durée de l'autorité parentale

36150 L'autorité parentale **commence** à la naissance de l'enfant.
La question s'est posée de savoir si elle pouvait exister avant. La réponse semble négative ; il a été jugé qu'une femme ne pouvait pas se prévaloir de l'autorité parentale sur un ovule fécondé congelé (TGI Rennes 30-6-1993 : JCP G 1994, II n° 22250, note C. Neirinck). Il n'est toutefois pas interdit d'anticiper la situation : une décision a organisé les modalités d'exercice de l'autorité parentale sur l'enfant à naître (JAF Lille 13-2-1998 : D. 1999 p. 177 obs. X. Labbée, RTD civ. 1999 p. 356 obs. J. Hauser).
La consistance de l'autorité parentale **évolue avec le temps** puisque l'enfant avançant en âge se voit reconnaître une certaine autonomie (nos 35580 s.) et que le droit de jouissance légale des parents sur les biens de leur enfant cesse aux seize ans de celui-ci (C. civ. art. 386-2).
L'autorité parentale **s'achève** à la majorité ou à l'émancipation de l'enfant (C. civ. art. 371-1, al. 2).

SECTION 2 MISE EN ŒUVRE DE L'AUTORITÉ PARENTALE

A. Principes généraux

DROITS ET DEVOIRS

36200 L'autorité parentale est un ensemble de droits et de devoirs ayant pour finalité l'intérêt de l'enfant (C. civ. art. 371-1, al. 1).

Les parents doivent **protéger** leur enfant dans sa sécurité, sa santé, sa vie privée et sa moralité, assurer son **éducation** et permettre son **développement**, dans le respect dû à sa personne (C. civ. art. 371-1, al. 2 modifié par loi 2024-120 du 19-2-2024).
Y manquer les expose à être privés de leurs prérogatives (n°s 38400 s.) et même à encourir des sanctions pénales (n°s 79170 s.).
L'autorité parentale s'exerce sans violences physiques ou psychologiques (C. civ. art. 371-1, al. 3). Sont concernés les châtiments corporels et les humiliations, ainsi que toute autre forme de violence pouvant être exercée à l'encontre des enfants.
Pour exercer leurs fonctions, les parents ont un **pouvoir de commandement et de surveillance** qui s'exerce tant sur la personne de leur enfant que sur ses biens. Ce pouvoir n'est pas absolu ni sans contrôle. L'enfant doit en outre être associé aux décisions qui le concernent, selon son âge et son degré de maturité (C. civ. art. 371-1, al. 4).
Réciproquement, l'**enfant**, à tout âge, **doit** honneur et respect à ses père et mère (C. civ. art. 371).

> **Précisions** L'autorité parentale comprend trois prérogatives exceptionnelles : le droit de consentir au **mariage du mineur** (C. civ. art. 148), celui de consentir à son **adoption** (C. civ. art. 348) et celui de demander son **émancipation** (C. civ. art. 413-2). Sur ces trois points, voir respectivement n°s 102 s., 29540 s. et 35800 s.

INTÉRÊT DE L'ENFANT

L'intérêt de l'enfant est le **critère** à partir duquel s'apprécie la légitimité de toutes les décisions le concernant. Les parents doivent agir dans ce but tout comme les autorités administratives et judiciaires amenées à se prononcer. 36205
La Cour de cassation est particulièrement exigeante sur ce point. Si les juges du fond sont souverains dans l'appréciation qu'ils font de chaque situation, la Cour veille à la **motivation** des décisions et notamment à ce que l'intérêt de l'enfant ne soit pas confondu avec celui de ses parents.
Par **exemple**, une décision qui avait imposé à la mère de scolariser les enfants franco-luxembourgeois dans une école francophone parce que le père ne parlait pas allemand a été cassée pour avoir été rendue en considération de l'intérêt du père, et non de celui des enfants (Cass. 1e civ. 8-11-2005 n° 02-18.360 : Bull. civ. I n° 404).

Relations de l'enfant avec ses frères et sœurs La loi pose comme **principe** qu'il est de l'intérêt d'un enfant d'être maintenu dans sa fratrie. Il ne doit donc pas être séparé de ses frères et sœurs (C. civ. art. 371-5 ; pour une application, CA Paris 15-5-2003 n° 02-13566, 24e ch. D). 36210
Mais **il peut en aller autrement** si l'intérêt de l'enfant le commande. Des frères et sœurs peuvent par exemple être séparés si :
– il est impossible de trouver une famille d'accueil pour eux tous ;
– un enfant est particulièrement violent à l'égard de son frère ou sa sœur ;
– un des enfants, du fait de son handicap, monopolise l'attention et empêche l'autre enfant d'avoir une relation personnelle avec son père (CA Nîmes 6-4-2005 n° 04-5289, 2e ch. civ. sect. D : JCP G 2005 IV n° 3632 obs. S. Bories) ;
– un enfant plus âgé a besoin de l'autorité paternelle tandis que le second, plus jeune, a besoin de sa mère (CA Paris 10-1-2001 n° 99-12745, 24e ch. sect. A) ;
– les deux enfants nés d'un premier mariage ont leur père et tous leurs repères matériels et affectifs en France tandis que leur mère part à l'étranger avec son deuxième mari et leur fille (Cass. 1e civ. 19-11-2009 n° 09-68.179 : BPAT 1/10 inf. 18).
S'il y a lieu, le **juge organise** les relations personnelles entre les frères et sœurs (C. civ. art. 371-5 ; pour une illustration à propos de demi-frères et sœurs, CA Paris 7-5-2003 n° 02-3326 : AJ fam. 2003 p. 267 obs. F. B.).

B. En cas d'exercice conjoint de l'autorité parentale

PRINCIPE DE RÉPARTITION DES POUVOIRS

Actes usuels Chaque **parent peut effectuer seul** les actes usuels d'autorité parentale. Il s'agit : 36250
– des décisions du quotidien : autorisation de sortie, inscription à l'école ou à une activité sportive, etc. ;
– des actes habituels, par exemple la pratique religieuse mise en place par les deux parents ;

– des actes qui n'engagent pas l'avenir de l'enfant et ne portent pas atteinte à son intégrité physique.
L'**appréciation du caractère usuel** d'un acte relève du pouvoir souverain des juges du fond. Par exemple, il a été admis qu'un parent emmène, sans l'accord de l'autre, l'enfant à la chasse, cette activité n'étant pas plus dangereuse qu'une autre, seule la façon dont elle est pratiquée par certains la rendant dangereuse (CA Paris 11-9-2003 n° 01-19412). Pour d'autres illustrations, voir n° 36305.

36253 **Passeport et sortie du territoire**

Un parent est habilité à faire établir, sans l'accord de l'autre, un **passeport** au nom de son enfant ; il doit seulement justifier de son autorité parentale (CE 8-2-1999 n° 173126).

Pour **quitter le territoire national** sans un représentant légal, l'enfant résidant habituellement en France doit être muni d'une autorisation de sortie de territoire ; celle-ci peut être signée par un seul titulaire de l'autorité parentale (C. civ. art. 371-6). Le parent doit remplir un formulaire mentionnant la durée de l'autorisation, qui ne peut excéder un an à compter de la date de la signature (Décret 2016-1483 du 2-11-2016).

Par ailleurs, tout parent qui exerce seul ou conjointement l'autorité parentale peut formuler une opposition de sortie du territoire sur deux fondements différents :
– une opposition de sortie même si l'enfant est accompagné par l'autre parent. L'interdiction est de 15 jours, le temps d'obtenir une décision judiciaire d'interdiction (Circ. NOR/INTD1638914C du 29-12-2016 ann. 3) ;
– une opposition de sortie si l'enfant n'est pas accompagné d'un titulaire de l'autorité parentale. L'interdiction est de six mois renouvelable. Elle a vocation à être mise en œuvre, non en présence d'un conflit familial, mais en cas de radicalisation de l'enfant détectée par ses parents (Inst. INTK1400256J du 5-5-2014).

Ces oppositions ne doivent pas être confondues avec la décision que le juge aux affaires familiales peut prendre pour interdire la sortie du territoire sans l'accord des deux parents ou avec l'interdiction que peut prononcer le juge des enfants (n° 36770).

Sur l'articulation entre les différents dispositifs régissant les conditions de sortie du territoire national des mineurs (Circ. NOR/INTD1638914C du 29-12-2016).

36255 Afin de sécuriser les relations, chaque parent qui fait seul un acte usuel est réputé agir, à l'égard des tiers de bonne foi, avec l'accord de l'autre (C. civ. art. 372-2). Cette **présomption de pouvoir** est une présomption simple : l'autre parent peut contester la validité de la décision prise sans son accord en rapportant la preuve qu'il avait informé le tiers de son désaccord.
Si le tiers était informé du désaccord, il peut voir sa responsabilité engagée.

36260 **Actes non usuels** Tous les actes qui ne sont pas usuels exigent l'**accord des deux parents**. Tel est le cas par **exemple** pour choisir l'orientation scolaire de l'enfant (n° 36285) ou autoriser la diffusion d'image de l'enfant (voir n° 36277).
Pour d'autres illustrations, voir n°s 36290 et 36305.
À défaut d'accord, les parents peuvent l'un comme l'autre saisir le juge aux affaires familiales pour qu'il tranche le différend (Cass. 1e civ. 3-3-2009 n° 05-17.163 : D. 2009 AJ p. 803 obs. V. Egéa).
Le **parent qui agit seul** peut :
– se voir condamné à des dommages et intérêts ;
– être privé de l'exercice de l'autorité parentale ou de son droit de visite et d'hébergement. Mais il faut pour cela que son attitude porte atteinte aux intérêts de l'enfant (voir n°s 36075 s. et 36765 s.).
Quant au **tiers cocontractant** qui a agi sans s'assurer du consentement des deux parents, il peut voir sa responsabilité engagée. Ont par exemple été condamnés :
– le médecin ayant circoncis l'enfant sans l'accord de sa mère (CA Paris 29-9-2000 1e ch. sect. B n° 99-8304 : D. 2001 p. 1585, note C. Duvert) ;
– les organes de presse qui ont diffusé des photographies de l'enfant en dépit de l'opposition de la mère (Cass. 1e civ. 27-2-2007 n° 06-14.273 : Bull. civ. I n° 78 qui reconnaît à la mère un préjudice moral propre).

RÉSIDENCE DE L'ENFANT

36265 Les parents **choisissent ensemble** la résidence de l'enfant et sont autorisés à la modifier dans son intérêt. Ils peuvent par exemple valablement exiger que l'enfant quitte le domicile de sa

grand-mère chez qui il réside depuis plusieurs années pour venir vivre avec eux (CA Amiens 13-11-2002 n° 01-3161).
Cette règle **s'impose à l'enfant**, qui ne peut quitter la maison familiale qu'avec l'accord de ses parents (C. civ. art. 371-3).
Elle s'impose également **aux tiers** qui, s'ils refusent indûment de restituer un enfant à ses parents, encourent un an d'emprisonnement et 15 000 € d'amende (C. pén. art. 227-5).

Par ailleurs, parents et enfants ont le droit de **vivre en famille** au nom du respect de la vie privée et de la vie familiale (Conv. EDH art. 8). Un mineur ne peut être retiré de son milieu familial qu'en cas de nécessité, par exemple si ses parents ne sont pas en situation de l'accueillir (C. civ. art. 371-3). Il ne peut être confié à un tiers qu'à titre exceptionnel (C. civ. art. 373-3 ; voir nos 38050 s.). **36270**
Sur le cas particulier de la résidence de l'enfant **en cas de séparation**, voir nos 36700 s.

SURVEILLANCE DES ENFANTS

Les parents ont le **droit et** le **devoir** de surveiller les activités de leur enfant, ses fréquentations, ses déplacements et ses communications épistolaires, téléphoniques ou sur Internet. Les parents sont notamment autorisés à intercepter des courriers ou lire des courriels destinés à leur enfant. Mais leur intervention ne doit pas se transformer en immixtion dans la vie privée. **36275**
Il leur appartient de veiller au respect de la vie privée de leur enfant (C. civ. art. 371-1 modifié par loi 2024-120 du 19-2-2024).

Droit à l'image Les parents ont le **devoir** de protéger le droit à l'image de l'enfant afin que sa vie privée soit respectée (C. civ. art. 372-1 créé par loi 2024-120 du 19-2-2024). Les **décisions** relatives à l'image de l'enfant doivent être prises par les deux parents ensemble (C. civ. art. 372-1, al. 1). Tel est le cas de l'autorisation de passer à la télévision ou de la diffusion de photos de l'enfant sur les réseaux sociaux. Selon son âge et son degré de maturité, l'enfant doit être associé à l'exercice de son droit à l'image (C. civ. art. 372-1, al. 2). **36277**
En cas de **désaccord des parents** sur l'exercice du droit à l'image de l'enfant, le JAF peut interdire à l'un d'eux de diffuser tout contenu relatif à l'enfant sans l'accord de l'autre (C. civ. art. 373-2-6, al. 4 nouveau).
Lorsque la diffusion de l'image de l'enfant par ses parents porte gravement **atteinte à la dignité ou à la moralité** de celui-ci, le Jaf peut être saisi pour voir déléguer l'exercice du droit à l'image (voir n° 38479).

> **Précisions a.** **L'infraction** pour atteinte à la vie privée de l'enfant est ainsi caractérisée lorsque l'accord des deux parents n'a pas été recueilli pour la captation, l'enregistrement ou la transmission des paroles prononcées à titre privé ou confidentiel, de l'image ou de la localisation d'un enfant mineur (C. pén. art. 226-1 modifié par loi 2024-120).
> **b.** L'enfant a également un **droit à l'oubli** renforcé. En cas de non-exécution ou d'absence de réponse à une demande d'effacement de données personnelles concernant un mineur, le président de la Commission nationale de l'informatique et des libertés (CNIL) peut saisir le juge en référé pour demander que soit prise, y compris sous astreinte, toute mesure nécessaire à la sauvegarde de l'identité humaine, des droits de l'homme, de la vie privée et des libertés individuelles ou publiques (Loi 78-17 du 6-1-1978 art. 21-IV modifié par loi 2024-120).

ÉDUCATION

Les parents ont le devoir de veiller à l'éducation de leur enfant. L'instruction peut être dispensée dans un établissement scolaire ou au sein de la famille mais elle est obligatoire de trois à **seize ans** (C. éduc. art. L 131-1). Le défaut d'inscription scolaire est sanctionné pénalement (C. pén. art. 227-17-1). L'absentéisme peut justifier la mise en place d'un accompagnement adapté et contractualisé des parents et/ou conduire à un avertissement du directeur académique, une enquête sociale et des sanctions pénales (C. éduc. art. L 131-8 et R 131-7 ; C. pén. art. R 624-7). **36280**
Le mineur est en droit de poursuivre sa scolarité **après seize ans**. Une mesure d'assistance éducative peut être ordonnée si ses parents s'y opposent (C. éduc. art. L 122-2).
Les parents doivent contribuer au financement des études dans la mesure de leurs moyens, obligation qui ne cesse pas de plein droit à la majorité de l'enfant (C. civ. art. 371-2).

Pour le reste, les **parents décident**. L'inscription à l'école est considérée comme un acte usuel pouvant être effectué par un seul parent. Une demande de changement d'établissement scolaire constitue également un acte usuel (CE 13-4-2018 n° 392949 : BPAT 3/18 inf. 106). En revanche, doivent notamment faire l'objet d'une concertation : **36285**
– le choix de l'orientation scolaire ;

– le choix du type d'établissement privé ou public (pour un exemple, CA Versailles 27-10-2016 n° 15/05533) ou confessionnel.
Les deux parents peuvent participer à la vie de l'établissement scolaire et suivre la scolarité de leur enfant puisque chacun d'eux :
– dispose d'une voix aux élections des représentants de parents d'élèves (Arrêté du 17-6-2004) ;
– peut se présenter à ces élections (Circ. 94-149 du 13-4-1994 ; Arrêté du 17-6-2004) ;
– est destinataire des bulletins scolaires et de tous les autres documents relatifs à la scolarité ;
– peut participer aux réunions parents-professeurs.

> **Précisions** Un établissement scolaire doit communiquer au parent qui le lui demande les **correspondances** reçues de l'autre parent, mais en veillant à respecter la vie privée de ce dernier et en occultant les passages qui n'y satisfont pas (CADA avis du 15-12-2022 n° 20226719 : AJ fam. 2023 p. 111).

RELIGION

36290 Il appartient aux parents de décider **ensemble** de :
– donner ou non à leur enfant une éducation religieuse. Il a par exemple été fait interdiction à une mère d'emmener les enfants à des réunions religieuses auxquelles ils n'assistaient pas avant la séparation des parents (CA Poitiers 4-3-2003 n° 01-1492) ;
– faire circoncire leur enfant (Cass. 2e civ. 17-12-1998 n° 97-15.121).
Dès lors qu'ils agissent en concertation, ils sont **libres** de leur choix et de leur pratique à condition qu'il ne soit pas porté atteinte aux activités d'enseignement, au contenu des programmes et à l'obligation d'assiduité scolaire (CE 2-11-1992 n° 130394, à propos du foulard islamique : RFD adm. 1993 p. 112 concl. D. Kessler), ni à la santé physique ou psychique de l'enfant.
En cas de désaccord, le juge, au titre de l'intérêt supérieur de l'enfant, peut refuser la demande d'un parent sans méconnaître la liberté de conscience et de religion de ce dernier (Cass. 1e civ. 23-9-2015 n° 14-23.724 : BPAT 6/15 inf. 211, à propos d'un baptême refusé).

SANTÉ

36295 Les parents **doivent** veiller à la santé de leur enfant (C. civ. art. 371-1), notamment en s'assurant qu'il passe les visites médicales imposées dans le cadre des mesures de prévention sanitaire et sociale (CSP art. L 2132-2) et qu'il reçoive les vaccinations obligatoires (CSP art. L 3111-2 et L 3112-1). Cette dernière obligation est pénalement sanctionnée (CSP art. R 3116-2 et R 3116-4). Elle n'est pas contraire à la Constitution (Cons. const. 20-3-2015 n° 2015-458 QPC : JO 22 p. 5346).
Les parents gravement négligents ou maltraitants encourent des sanctions pénales (C. pén. art. 227-15 s.).

36300 Les parents sont en **droit** d'être informés de l'état de santé de leur enfant (CSP art. L 1111-2 et L 1111-7) et d'organiser son suivi médical. Ils choisissent le ou les médecins soignants ainsi que le type de médecine dispensée (allopathie, homéopathie, etc.). Il leur appartient d'autoriser les traitements et interventions chirurgicales (CSP art. R 1112-35). L'admission d'un mineur dans un établissement hospitalier est prononcée, sauf nécessité, à la demande de ses parents (CSP art. R 1112-34).
Ceci dit, les parents ne sont pas omnipotents :
– le mineur dispose d'une certaine autonomie, qui dépend de son âge ;
– les médecins peuvent et même doivent aller contre la décision des parents qui s'opposent à un traitement dès lors que ce refus risque d'entraîner des conséquences graves pour la santé du mineur (CSP art. L 1111-4). Ils peuvent notamment saisir le ministère public afin de provoquer les mesures d'assistance éducative lui permettant de donner les soins qui s'imposent pour la préservation de la santé et de l'intégrité corporelle du mineur (CSP art. R 1112-35).

36305 S'agissant du suivi médical des enfants, chaque parent peut **décider seul** :
– des actes bénins : rappels de BCG, consultations pour les maladies infantiles, etc. ;
– des actes urgents, telle une hospitalisation en cas d'accident. Encore faut-il que cette urgence soit caractérisée. Pour un exemple où l'aggravation de l'état du jeune n'a pas été jugée suffisante pour autoriser la prescription d'antidépresseur sans l'avis des deux parents (voir CE 7-5-2014 n° 359076).
L'**accord des deux parents** est nécessaire pour les autres actes médicaux, par exemple pour :
– une intervention chirurgicale prévue ;
– la mise en place d'un traitement médical lourd, telle la prescription d'antidépresseur (CE 7-5-2014 précité).
Toutefois, le juge peut autoriser un parent à agir seul. Pour une application concernant les vaccinations obligatoires auxquelles le père s'opposait sans justifier de sa position. À cette occasion, les juges rappellent que le partage de l'autorité parentale « n'est pas un concept déconnecté de

toute réalité, imaginé pour satisfaire les revendications égalitaires des adultes, mais la traduction juridique de l'intérêt pour les enfants d'être élevés par leurs deux parents » (CA Paris 18-6-2015 n° 15/00864, pôle 3, ch. 3).

> **Précisions** En cas de **séparation**, le **carnet de santé** est généralement conservé par le parent qui vit avec l'enfant. Il doit cependant en permettre l'accès à l'autre parent, qui est en droit de connaître les coordonnées du pédiatre de ses enfants, de vérifier que leurs vaccins sont à jour, etc.

CONTRIBUTION À L'ENTRETIEN DE L'ENFANT

Les **deux parents doivent pourvoir** à l'entretien et à l'éducation de leurs enfants à proportion de leurs ressources et des besoins des enfants. Cette obligation ne cesse pas de plein droit lorsque l'autorité parentale ou son exercice est retiré (C. civ. art. 371-2). **36310**

Sont concernés l'ensemble des besoins de l'enfant : santé, éducation, loisirs, culture, etc. L'obligation va au-delà de celle, strictement alimentaire, à laquelle les parents sont tenus en vertu des articles 205 et suivants du Code civil.

L'obligation **s'exécute**, en principe, en nature. En cas de séparation des parents ou lorsque l'enfant est retiré de son milieu familial, elle prend généralement la forme d'une pension alimentaire (n°s 36830 s.).

L'obligation **naît** dès l'établissement du lien de filiation. Un jugement ou une reconnaissance établissant la filiation rétroactivement au jour de la naissance, l'obligation de contribuer à l'entretien de l'enfant remonte à cette même date (notamment Cass. 1e civ. 14-1-2015 n° 13-19.720 ; Cass. 1e civ. 9-11-2016 n° 15-27.246 F-PBI : BPAT 1/17 inf. 9). **36315**

Chaque parent dispose d'un **droit personnel** à obtenir une contribution à l'entretien et l'éducation (Cass. 2e civ. 26-9-2002 n° 01-12.075 : Bull. civ. II n° 191). La recevabilité de l'action engagée à cet effet n'est pas liée à celle de l'action en recherche de paternité ; ainsi jugé dans un cas où la fille étant majeure, la mère ne pouvait plus agir au plan de la filiation (Cass. 1e civ. 9-11-2016 n° 15-27.246 F-PBI précité).

Contrairement aux autres obligations alimentaires des articles 205 et suivants du Code civil, la **règle « aliments ne s'arréragent pas »** ne s'applique pas (en ce sens, notamment, Cass. 1e civ. 12-5-2004 n° 02-17.441 : Bull. civ. I n° 128 ; Cass. 1e civ. 28-1-2009 n° 07-15.243 : RJPF mars 2009 p. 32). En conséquence, la demande de pension peut porter sur une période antérieure à la saisine du juge. Elle ne peut toutefois pas remonter plus de cinq ans avant l'assignation, en vertu de la prescription quinquennale de droit commun (C. civ. art. 2224 ; Cass. 1e civ. 25-5-2016 n° 15-17.993 FS-PBI : BPAT 4/16 inf. 150 ; Cass. 1e civ. 22-6-2016 n° 15-21.783 F-PB ; Cass. 1e civ. 18-5-2022 n° 21-11.743 F-D : BPAT 4/22 inf. 180).

Pour le reste, l'obligation de contribuer à l'entretien et l'éducation d'un enfant relève du régime des obligations alimentaires, qui est d'ordre public (n°s 45002 et 45100).

RESPONSABILITÉ CIVILE DES PARENTS

En tant qu'ils exercent l'autorité parentale, les parents sont **de plein droit**, solidairement responsables des dommages causés par leur enfant mineur qui vit avec eux (C. civ. art. 1242, al. 4). La condition de **cohabitation** ne doit pas être interprétée littéralement. Par exemple, n'y mettent pas fin : **36320**

– le séjour de l'enfant, le temps des vacances, en colonie ou chez ses grands-parents ;
– le fait que l'enfant soit pensionnaire, l'internat ne constituant qu'une modalité d'exercice de la scolarité ;
– le fait pour les parents d'avoir confié temporairement leur enfant à un centre médico-pédagogique.

En cas de séparation des parents, la responsabilité de plein droit des parents incombe au seul parent chez lequel la **résidence habituelle** de l'enfant a été fixée, quand bien même l'autre parent, bénéficiaire d'un droit de visite et d'hébergement, exercerait conjointement l'autorité parentale (Cass. crim. 6-11-2012 n° 11-86.857 : Bull. crim. n° 241, BPAT 1/13 inf. 9 ; Cass. crim. 29-4-2014 n° 13-84.207 : Bull. crim. n° 116).

Corrélativement, le parent chez qui les enfants ne résident pas habituellement ne peut voir sa responsabilité engagée de plein droit. Mais sa responsabilité **pour faute** reste possible (voir Cass. crim. 6-11-2012 précité).

Cette différence entre la responsabilité du parent ayant la résidence habituelle de l'enfant et celui qui n'a qu'un droit de visite et d'hébergement est constitutionnelle, les deux parents n'étant pas placés dans la même situation (Cons. const. 21-4-2023 n° 2023-1045 QPC : BPAT 3/23 inf. 119).

EXEMPLE

La **responsabilité de plein droit** du parent chez qui les enfants avaient leur résidence habituelle a été retenue, alors même que ceux-ci avaient causé un dommage pendant le droit de visite et d'hébergement de l'autre parent dans les cas suivants :

– des enfants avaient incendié un bâtiment alors qu'ils se trouvaient au domicile de leur grand-mère chez qui leur père, exerçant son droit de visite et d'hébergement, les avait placés le temps des vacances. La Cour de cassation a retenu que ni le changement de résidence pour quelques jours ni les distances entre la résidence de la grand-mère et la mère n'avaient fait cesser la cohabitation entre cette dernière et les enfants (Cass. 2e civ. 20-1-2000 n° 98-14.479 : Bull. civ. II n° 14 rendu en application de l'ancien article 1384) ;

– un jeune avait volé une voiture pendant qu'il était chez son père. Outre la responsabilité du père sur le fondement de l'ancien article 1382 du Code civil, celle de la mère a été retenue au motif que l'exercice d'un droit de visite et d'hébergement ne fait pas cesser la cohabitation du mineur avec celui des parents qui exerce sur lui le droit de garde (Cass. 2e civ. 19-2-1997 n° 93-14.646 : Bull. civ. II n° 55 rendu en application de l'ancien article 1384).

C. En cas d'exercice unilatéral de l'autorité parentale

DROITS ET DEVOIRS DE CELUI QUI EXERCE L'AUTORITÉ PARENTALE

36370 La décision qui confie l'exercice de l'autorité parentale à un seul parent peut imposer une concertation sur tel ou tel sujet particulier. Sous cette réserve, le parent qui exerce l'autorité parentale **prend seul** toutes les décisions relatives à l'enfant. Il n'a pas à consulter l'autre parent. Il est également seul à être investi de l'administration légale, à bénéficier de la jouissance légale et à être responsable de l'enfant.

Il **doit** en revanche **informer** l'autre parent des choix importants qu'il fait (C. civ. art. 373-2-1, dernier al.). La notion de « choix importants » relève de l'appréciation souveraine des juges du fond. On peut penser qu'elle recoupe celle des actes autres qu'usuels (n° 36260).

DROITS ET DEVOIRS DE CELUI QUI N'EXERCE PAS L'AUTORITÉ PARENTALE

36375 Le parent privé de l'exercice de l'autorité parentale reste titulaire de cette autorité (sauf décision de retrait). À ce titre, son **accord**, à tout le moins son avis, doit être recueilli pour :

– autoriser le mariage de son enfant mineur (C. civ. art. 148) ;

– autoriser son adoption. L'accord des deux parents est indispensable sauf si l'un d'eux a perdu ses droits d'autorité parentale (C. civ. art. 348, al. 2) ;

– autoriser l'émancipation. Lorsque la demande émane d'un seul parent, le juge doit entendre l'autre (n° 35890).

36380 Le parent qui n'exerce pas l'autorité parentale n'est pas privé de tous liens avec son enfant (C. civ. art. 373-2-1).

Il bénéficie d'un droit de correspondance et/ou de **visite et** d'**hébergement**, sauf motifs graves (voir nos 36765 s.).

Il a le droit et le devoir de **surveiller l'entretien et l'éducation** de son enfant. Il en va ainsi même si la décision qui a mis en place l'exercice unilatéral de l'autorité parentale ne le précise pas (Cass. 1e civ. 6-2-2001 n° 99-18.569). Le parent concerné n'a pas le pouvoir de s'opposer aux décisions de l'autre parent (Cass. 2e civ. 16-5-1973 n° 72-11.861 : Bull. civ. II n° 166). Il peut en revanche saisir le juge aux affaires familiales qui tranchera.

Il doit **pourvoir à l'entretien** et à l'éducation de son enfant.

ATTENTION

L'obligation de contribuer à l'entretien et à l'éducation des enfants **ne cesse pas de plein droit** lorsque l'autorité parentale ou son exercice est retiré (C. civ. art. 371-2, al. 2).

SECTION 3

INTERVENTION DU JUGE

JUGE COMPÉTENT

Juge aux affaires familiales Il est le juge de l'autorité parentale (C. civ. art. 373-2-6 et 373-2-8). Il a **vocation à intervenir** à tout moment, que ce soit durant la vie commune des parents ou après leur séparation, pour organiser les conditions d'exercice de l'autorité parentale et fixer la contribution à l'entretien et à l'éducation des enfants. 36500

Il est compétent en cas de déplacement illicite international d'enfants (CPC art. 1210-5).

Il est également le juge des tutelles pour les mineurs (COJ art. L 213-3-1).

Il **doit veiller** à la sauvegarde des intérêts des enfants mineurs et au maintien des liens des enfants avec chacun de leurs parents.

Le juge aux affaires familiales **territorialement** compétent est celui du lieu où se trouve la résidence de la famille si les parents vivent encore ensemble (CPC art. 1070). 36502

Si les parents vivent séparément, c'est le juge du lieu de résidence :

– du parent avec lequel résident habituellement les enfants mineurs en cas d'exercice conjoint de l'autorité parentale ;

– ou du parent qui exerce seul l'autorité parentale.

Dans les autres cas, c'est le juge du lieu où réside celui qui n'a pas pris l'initiative de la procédure.

En cas de demande conjointe, le juge compétent est, au choix des parties, celui du lieu où réside l'une ou l'autre.

Toutefois, si le litige porte seulement sur la contribution à l'entretien et l'éducation de l'enfant, le juge compétent peut être celui du lieu où réside l'époux créancier ou le parent qui assume à titre principal la charge des enfants, même majeurs.

> **Précisions** La compétence territoriale est déterminée par la résidence **au jour de la demande**. Celle-ci se définit comme le lieu où l'intéressé a fixé, avec la volonté de lui conférer un caractère stable, le centre permanent ou habituel de ses intérêts. En cas de déménagement, la nouvelle résidence des enfants ne peut fonder la compétence territoriale du juge que si ce déménagement est intervenu sans fraude, c'est-à-dire notamment après avoir informé l'autre parent en temps utile à la recherche d'un accord dans l'intérêt des enfants (CA Versailles 15-12-2010 n° 10/07549, 14e ch. ; voir aussi n° 9007).

Autres juges Peuvent intervenir, chacun dans son domaine : 36505

– le juge des tutelles pour la gestion des biens des mineurs ;

– le juge des enfants, qui connaît notamment des mesures d'assistance éducative ;

– le juge pénal, qui peut prononcer la déchéance de l'autorité parentale et sanctionner les cas d'abandon de famille, de délaissement de mineurs, de maltraitance, etc.

Pour une bonne coordination entre ces différents intervenants, le juge aux affaires familiales amené à statuer sur l'autorité parentale ou à homologuer la convention des parents vérifie si une procédure d'assistance éducative est ouverte. Il peut demander au juge des enfants de lui transmettre une copie des pièces de son dossier, et réciproquement (CPC art. 1072-1 s. et 1187-1). Lorsque le JAF fonde sa décision sur les éléments du dossier d'assistance éducative, il doit inviter les parties à formuler leurs observations même si elles ont eu accès au dossier ; si la communication du dossier par le JE a lieu en cours de délibéré, le JAF fixe un délai pendant le délibéré ou réouvre des débats (Cass. 1e civ. 15-2-2023 n° 21-14.951 F-D).

ILLUSTRATIONS

Lorsqu'un **juge aux affaires familiales** a statué sur la résidence de l'enfant et le droit de visite et d'hébergement de l'autre parent, le **juge des enfants**, saisi postérieurement à cette décision, ne peut modifier les modalités du droit de visite et d'hébergement décidé par le JAF que s'il existe une décision de placement de l'enfant au sens de l'article 375-3 du Code civil et si un fait nouveau de nature à entraîner un danger pour le mineur s'est révélé postérieurement à la décision du JAF. En outre, la décision de placement ne peut pas conduire le JE à placer l'enfant chez le parent qui dispose déjà d'une décision du JAF fixant la résidence de l'enfant à son domicile (Cass. 1e civ. 20-10-2021 n° 19-26.152 FS-BR : AJ fam. 2021 p. 625 obs. L. Gebler).

SAISINE DU JUGE

36520 Le juge peut être saisi par requête à l'**initiative** de l'un ou l'autre des parents ou par les deux conjointement (C. civ. art. 373-2-7 et 373-2-8). Il peut aussi être saisi à la demande du ministère public qui peut, lui-même, être saisi par un tiers, parent ou non (C. civ. art. 373-2-8 et 373-2-13 ; CPC art. 1179).

La demande prend généralement la **forme** d'une requête unilatérale ou conjointe (CPC art. 1137, al. 4). Le juge aux affaires familiales peut également être saisi par assignation (CPC art. 1137, al. 1 qui renvoie à art. 751). En cas d'urgence, le juge, saisi par requête, peut autoriser le demandeur à assigner à bref délai (CPC art. 1137, al. 2).

EN CAS D'ACCORD DES PARENTS

36525 Lorsque les parents sont d'accord, le juge entérine presque toujours leur choix. Il n'en va autrement que si la solution proposée paraît contraire à l'**intérêt de l'enfant** ou si le consentement des parents ne lui semble pas avoir été donné librement (C. civ. art. 373-2-7).

Au **plan procédural**, si les parents s'accordent avant de saisir le juge, ils le formalisent dans une convention qui doit indiquer que le mineur capable de discernement a été avisé de son droit à être entendu et assisté d'un avocat et, le cas échéant, qu'il n'a pas souhaité faire usage de cette faculté (CPC art. 338-1). Ils saisissent ensuite le juge par requête conjointe. Ils ne sont alors pas tenus de comparaître à une audience (CPC art. 1143). Le juge statue sans débat, sauf s'il estime nécessaire d'entendre les parties. Il ne peut pas modifier les termes de la convention qui lui est soumise. S'il est fait droit à la requête, tout intéressé peut en référer au juge qui a rendu la décision. La décision qui refuse d'homologuer la convention peut faire l'objet d'un appel, formé par déclaration au greffe de la cour d'appel. Il est jugé selon la procédure gracieuse.

Bien sûr, si les parents trouvent un accord en cours de procédure, par exemple à l'issue d'une médiation, ils peuvent aussi le faire homologuer.

› Précisions Les parents qui arrivent à un accord sur les modalités d'exercice de l'autorité parentale, en dehors de toute procédure ou en cours de procédure, peuvent le rendre exécutoire sans avoir à solliciter un jugement. L'accord peut, en effet, être formalisé dans un **acte extrajudiciaire**, à savoir (C. proc. exé. art. L 111-3) :
– un acte d'avocats constatant un accord issu d'une médiation, conciliation ou procédure participative revêtu de la formule exécutoire par le greffe (CPC art. 1568) ;
– un acte notarié revêtu de la formule exécutoire.
Dans les deux cas, bien sûr, les conseils devront veiller au respect de l'intérêt de l'enfant. Sur l'audition de l'enfant, voir n° 35625.

EN CAS DE DÉSACCORD DES PARENTS

36535 **Rôle du juge** Lorsque les parents sont en désaccord, le juge s'efforce de les concilier (C. civ. art. 373-2-10, al. 1). Il peut notamment leur proposer une médiation et, sur leur accord, désigner un médiateur (voir n°s 36540 s.).

Si les parents ne trouvent pas de terrain d'entente, c'est le **juge** qui se prononce, toujours en fonction de l'intérêt de l'enfant. Il **prend notamment en compte** (C. civ. art. 373-2-11) :
– la pratique que les parents ont précédemment suivie ou les accords qu'ils ont pu conclure antérieurement. La répartition des rôles et du temps autour des enfants et l'importance de l'investissement affectif de chacun des parents à l'égard des enfants pendant la vie commune et après la séparation sont des indicateurs ;
– les sentiments exprimés par l'enfant mineur (sur l'audition des mineurs, voir n°s 35610 s.) ;
– l'aptitude de chacun des parents à assumer ses devoirs et respecter les droits de l'autre. La Cour de cassation veille au respect de ce critère. Dans une affaire où la mère était partie s'installer en secret en Nouvelle-Calédonie avec les enfants, la Cour de cassation a censuré l'arrêt qui avait entériné le fait accompli en violation des droits du père. Elle a enjoint aux juges de rechercher si « le comportement de la mère ne traduisait pas son refus de respecter le droit des enfants à entretenir des relations régulières avec leur père » (Cass. 1e civ. 4-7-2006 n° 05-17.883 : Bull. civ. I n° 339). Dans le même sens, un déménagement organisé dans des conditions déloyales, traduisant l'intention de la mère de faire fi de l'intérêt de l'enfant de maintenir des relations suivies avec son père, justifie un changement de résidence (Cass. 1e civ. 4-7-2006 n° 05-17.883 : Bull civ. I n° 339 ; Cass. 1e civ. 28-11-2007 n° 06-21.748 ; Cass. 1e civ. 29-11-2017 n° 17-24.015 F-D : BPAT 1/18 inf. 17) ;
– les résultats des expertises et des enquêtes sociales ;
– les pressions ou violences, à caractère physique ou psychologique, exercées par l'un des parents sur la personne de l'autre.

Mesure d'enquête Le juge peut décider, même d'office, d'une mesure d'enquête, notamment une enquête sociale s'il s'estime **insuffisamment informé** (CPC art. 1072). 36538
L'enquête sociale porte sur la situation de la famille ainsi que, le cas échéant, sur les possibilités de réalisation du projet des parents ou de l'un d'eux quant aux modalités d'exercice de l'autorité parentale. Elle donne lieu à un rapport où sont consignées les constatations faites par l'enquêteur et les solutions qu'il propose.
Les intéressés peuvent demander un complément d'enquête ou une contre-enquête.

MÉDIATION

Pouvoirs du juge Des mesures acceptées étant toujours mieux appliquées qu'une décision imposée, le domaine de la médiation ne cesse de s'étendre. En matière familiale, elle est possible en amont des décisions, comme en aval (n° 36562). 36540
Avant de rendre sa décision sur le fond, le juge peut **proposer** aux parents une mesure de médiation et, après avoir recueilli leur accord, désigner un médiateur familial pour y procéder (C. civ. art. 373-2-10, al. 2).
Il peut leur **enjoindre** de rencontrer un médiateur qui les informera sur l'objet et le déroulement de cette mesure (C. civ. art. 373-2-10, al. 3). Ceci constitue une mesure fortement incitative. Pour amorcer au plus tôt la démarche amiable, des greffes procèdent à une telle injonction dès la convocation des parties à l'audience, en précisant que la rencontre devra se tenir avant l'audience. Le ministre de la justice a validé cette pratique (Rép. Capdevielle : AN 9-8-2016 n° 92846 : BPAT 6/16 inf. 226).
Le pouvoir de proposition comme celui d'injonction du juge est **exclu** si des violences ont été commises par l'un des parents sur l'autre ou sur l'enfant, ou en cas d'emprise manifeste de l'un des parents sur l'autre parent (C. civ. art. 373-2-10, al. 3). Les violences en question sont celles qui portent atteinte tant à l'intégrité physique que psychique. Les violences commises par des tiers ne sont pas visées. Le juge aux affaires familiales apprécie la réalité des violences. L'exclusion de la médiation familiale n'est pas subordonnée à l'existence d'une condamnation pénale ou d'un dépôt de plainte (Circ. JUSC1720438C du 26-7-2017).

Expérimentation Jusqu'au 31 décembre 2024, une tentative de médiation est **obligatoire** devant certains tribunaux à titre expérimental. Elle concerne les demandes de modification d'une décision de justice ou d'un accord homologué fixant les modalités de l'exercice de l'autorité parentale ou la contribution à l'entretien et l'éducation de l'enfant (Loi 2016-1547 du 18-11-2016 art. 7 modifiée par loi 2022-1726 du 30-12-2022 art. 188). 36542
Les tribunaux concernés sont ceux de Bayonne, Bordeaux, Cherbourg-en-Cotentin, Évry, Nantes, Nîmes, Montpellier, Pontoise, Rennes, Saint-Denis et Tours (Arrêté JUSB1707997A du 16-3-2017 : JO 22 texte n° 32).
La sanction est l'irrecevabilité de la demande, que le juge peut soulever d'office.
Par **exception**, ce préalable n'est pas exigé dans trois cas :
– les deux parents demandent ensemble l'homologation d'une convention ;
– l'absence de recours à la médiation est justifiée par un motif légitime ;
– des violences ont été commises par l'un des parents sur l'autre parent ou sur l'enfant.

Déroulement Désigné par le juge, le médiateur est un professionnel tenu à un devoir de **neutralité** et de **confidentialité** (Loi 95-125 du 8-2-1995 art. 21-2 s.). Par exception, les constatations du médiateur et les déclarations recueillies au cours de la médiation peuvent être divulguées sans l'accord des parties dans deux cas : en présence de raisons impérieuses d'ordre public ou de motifs liés à la protection de l'intérêt supérieur de l'enfant ou à l'intégrité physique ou psychologique de la personne ; lorsque la révélation de l'existence ou la divulgation du contenu de l'accord issu de la médiation est nécessaire pour sa mise en œuvre ou son exécution (Loi 95-125 du 8-2-1995 art. 21-3). 36545
Le médiateur **doit entendre** les parents et leur permettre de confronter leurs points de vue. Il peut éventuellement entendre les enfants, mais uniquement avec leur accord et celui de leurs parents. La participation des avocats est possible.
Le **coût** d'une médiation s'inscrit dans une fourchette moyenne de 500 à 800 €. Sa prise en charge est en général partagée par moitié entre les parties mais ce coût peut être pris en charge au titre de l'aide juridictionnelle.
La **durée** d'une médiation varie de trois à six mois (CPC art. 131-3). En moyenne, les intéressés se rendent à trois séances de deux heures. La procédure est suspendue pendant ce temps. Mais les parties peuvent saisir le juge à tout moment sur des questions qui ne sont pas en discussion dans le cadre de la médiation. Par exemple, un époux peut demander au juge de diminuer la

pension alimentaire qu'il verse à son conjoint alors qu'une médiation portant sur l'exercice de l'autorité parentale est en cours.

36550 Pour permettre un véritable dialogue, il est prévu que le médiateur ne peut pas **témoigner** et que les déclarations qu'il recueille au cours de sa mission ne peuvent pas être utilisées, par la suite, devant le juge (CPC art. 131-14).
En revanche, le médiateur peut **informer le juge** des difficultés qu'il rencontre au cours de sa mission. Ces difficultés peuvent d'ailleurs conduire le juge à mettre fin à la médiation avant le terme initialement fixé (CPC art. 131-9 s.).

36555 Au terme de la médiation, si les **époux** sont parvenus à un **accord**, il est consigné dans un procès-verbal qui est soumis au juge et, le plus souvent, homologué. Environ 40 % des médiations familiales aboutissent à un accord.
Si les parties n'ont **pas trouvé de compromis**, le juge tranche les questions en litige.

EXÉCUTION DES DÉCISIONS OU ACCORDS

36560 Le juge peut assortir les mesures qu'il prononce d'une **astreinte** (C. civ. art. 373-2-6, al. 4). Si les circonstances en font apparaître la nécessité, il peut également ordonner une astreinte pour assurer l'exécution d'une décision rendue par un autre juge ou de l'accord parental constaté dans l'un des titres mentionnés aux 1° et 2° du I de l'article 373-2-2 du Code civil (autrement dit, dans une décision judiciaire ou une convention homologuée par le juge). Les dispositions du Code des procédures civiles d'exécution en matière d'astreinte sont applicables (C. exécution art. L 131-2 à L 131-4).
Il peut également condamner au paiement d'une **amende civile** d'un montant maximum de 10 000 € le parent qui fait délibérément obstacle de façon grave ou renouvelée à l'exécution (C. civ. art. 373-2-6, dernier al.) :
– d'une décision judiciaire ;
– d'une convention homologuée par le juge ;
– d'une convention de divorce ou de séparation de corps par consentement mutuel ;
– d'un acte reçu en la forme authentique par un notaire ;
– d'une convention à laquelle l'organisme débiteur des prestations familiales a donné force exécutoire ;
– d'une transaction ou un acte constatant un accord issu d'une médiation, d'une conciliation ou d'une procédure participative, lorsqu'ils sont contresignés par les avocats de chacune des parties et revêtus de la formule exécutoire par le greffe de la juridiction.
Enfin, à la demande du juge aux affaires familiales ou du parent intéressé, le procureur de la République peut requérir à titre exceptionnel le **concours de la force publique** afin d'assurer l'exécution d'une décision du juge, d'une convention de divorce par consentement mutuel ou d'une convention homologuée fixant les modalités d'exercice de l'autorité parentale (C. civ. art. 373-2, al. 3).

36562 Le juge peut désigner un **médiateur familial** dans la décision statuant définitivement sur les modalités de l'exercice de l'autorité parentale, sauf en cas de violences familiales ou emprise (C. civ. art. 373-2-10, al. 2 ; sur les violences, voir n° 36540).
Le médiateur aura alors pour mission de régler les différends susceptibles de s'élever dans l'exécution des modalités d'exercice de l'autorité parentale fixées par le jugement. Dans ce cadre, les dispositions relatives à la durée de la médiation, son renouvellement et la rupture anticipée de la médiation ne sont pas applicables (Loi 95-125 du 8-2-1995 art. 22-3).

RÉVISION DES MESURES

36565 Les mesures relatives aux enfants ne sont jamais définitives (C. civ. art. 373-2-13). Elles peuvent faire l'objet de modifications à la demande de l'un ou l'autre des parents (ou du ministère public) dès lors que survient un **élément nouveau** qui le justifie. Par exemple :
– l'existence d'un conflit majeur entre l'enfant et le nouveau compagnon de la mère peut justifier le changement de la résidence habituelle de l'enfant ;
– le déménagement d'un parent à l'autre bout de la France peut rendre nécessaires de nouvelles modalités d'exercice du droit de visite et d'hébergement ;
– l'augmentation des frais de scolarité peut justifier la révision du montant de la contribution à l'entretien et à l'éducation de l'enfant ;
– les conclusions de l'enquête sociale ordonnée (Cass. 1e civ. 26-6-2013 n° 12-14.392 : Bull. civ. I n° 134).
Sur l'expérimentation d'une tentative de médiation obligatoire, voir n° 36542.

SECTION 4

EN CAS DE SÉPARATION DES PARENTS

A. Exercice de l'autorité parentale

Par **principe**, la séparation des parents est sans incidence sur la dévolution et l'exercice de l'autorité parentale (C. civ. art. 373-2, al. 1). Celle-ci est confiée aux deux parents quels que soient les motifs et les torts dans la séparation. 36650
Chacun des père et mère doit maintenir des relations personnelles avec l'enfant et respecter les liens de celui-ci avec l'autre parent (C. civ. art. 373-2, al. 2).
Chaque parent a donc le devoir :
– d'assumer son rôle en restant présent auprès de l'enfant ;
– de préserver les liens de l'enfant avec l'autre parent.

Pour assurer une réelle coparentalité, la loi prévoit notamment que « le juge peut prendre les mesures permettant de **garantir la continuité et l'effectivité du maintien des liens** de l'enfant avec chacun de ses parents » (C. civ. art. 373-2-6). 36655
Il peut notamment, lorsqu'il se prononce sur les modalités d'exercice de l'autorité parentale, prendre en compte « l'aptitude de chacun des parents à [...] respecter les droits de l'autre » (C. civ. art. 373-2-11 ; voir n° 36535) ; pour des illustrations d'exercice d'autorité parentale confié à un seul parent pour non-respect de la place de l'autre, voir n° 36076.

En pratique, le parent chez qui les enfants demeurent prend les décisions relatives aux actes usuels (nos 36250 s.). Il a l'obligation d'en informer l'autre. 36660
Celui avec qui les enfants ne vivent pas doit pouvoir maintenir un contact permanent avec eux et être en mesure de leur téléphoner et de leur écrire librement.
Pour les décisions autres qu'usuelles (nos 36260 s.), les deux parents doivent se concerter.

B. Résidence des enfants

RÔLE DU JUGE

Le choix de la résidence des enfants et des modalités du droit de visite et d'hébergement appartient au juge. 36700
S'il doit tenir compte des accords passés entre les parents, il ne peut **pas déléguer ses pouvoirs** aux parents, aux enfants eux-mêmes ou à l'espace de rencontre où les intéressés doivent se retrouver. Il ne peut donc pas prévoir que le droit de visite et d'hébergement s'exercera :
– d'un commun accord. Il doit soit homologuer l'accord des époux, soit fixer les modalités d'exercice de ce droit (Cass. 1e civ. 23-11-2011 n° 10-23.391 : BPAT 1/12 inf. 17 ; Cass. 1e civ. 6-3-2019 n° 18-13.557) ;
– librement sous réserve de l'accord des enfants (Cass. 1e civ. 3-12-2008 n° 07-19.767 : Bull. civ. I n° 276 ; Cass. 1e civ. 28-5-2015 n° 14-16.511 : BPAT 4/15 inf. 131) ;
– selon les modalités en vigueur dans l'espace de rencontre (voir n° 36752).
En revanche, il peut valablement décider que la reprise des relations entre une mère et ses enfants pourra être envisagée ultérieurement, si les enfants en expriment le souhait et à la condition qu'au préalable l'avis d'un expert soit requis. Ce faisant, il ne délègue pas ses pouvoirs mais définit les circonstances dans lesquelles la reprise d'un droit de visite pourrait éventuellement être accordée, sans la subordonner au consentement de ses enfants (Cass. 1e civ. 28-2-2006 n° 05-12.824 : Bull. civ. I n° 103).

Selon ce que commande l'**intérêt de l'enfant** (nos 36535 s.), le juge fixe la résidence des enfants en alternance au domicile de chacun des parents ou au domicile de l'un des parents (C. civ. art. 373-2-9), étant rappelé que les frères et sœurs ne doivent pas, en principe, être séparés (C. civ. art. 371-5 ; voir n° 36210) et qu'ils ne peuvent être confiés à un tiers qu'à titre exceptionnel (C. civ. art. 373-3 ; voir nos 38050 s.). 36705

> **Précisions** Lorsque le juge est saisi d'une requête relative aux modalités d'exercice de l'autorité parentale, le juge peut **attribuer provisoirement la jouissance du logement de la famille** à l'un des deux parents pour une durée maximum de six mois moyennant une indemnité d'occupation. Si le bien appartient indivisément aux parents, la mesure peut être

prorogée à la demande de l'un ou l'autre parent selon une procédure fixée par le Code de procédure civile (C. civ. art. 373-2-9-1 ; CPC art. 1136-1). Une telle mesure provisoire concerne les parents séparés **concubins** ou **pacsés**. C'est, peu ou prou, le pendant des mesures provisoires pour les époux dans le cadre d'un divorce (C. civ. art. 255, 4°).

RÉSIDENCE EN ALTERNANCE

36710 La résidence des enfants en alternance au domicile de chacun des parents est autorisée (C. civ. art. 373-2-9). Elle est considérée comme une condition d'une coparentalité réelle et un élément fondamental pour lutter contre la précarisation de l'une ou l'autre des fonctions parentales. Il n'y a ni résidence habituelle ni droit de visite et d'hébergement.

L'alternance **égalitaire** se pratique, le plus couramment sur une semaine, quinze jours ou un mois. Mais elle peut aussi prendre d'autres formes, la Cour de cassation admettant un partage de temps **inégalitaire** (Cass. 1e civ. 25-4-2007 n° 06-16.886 : Bull civ. I n° 156).

36715 Le juge peut ordonner une résidence alternée **à titre provisoire** et pour une durée qu'il détermine, soit à la demande de l'un des parents, soit en cas de désaccord entre eux sur le mode de résidence de l'enfant (C. civ. art. 373-2-9 ; CPC art. 1180-2).

Il s'agit d'une simple faculté. Le juge n'est nullement tenu de prévoir une telle période probatoire même en cas d'opposition des parents à une résidence alternée.

Il peut imposer une telle organisation (Cass. 1e civ. 14-2-2006 n° 05-13.202 : Bull. civ. I n° 65).

La loi ne fixe pas de **durée** maximale à cette mesure provisoire. Elle peut par exemple correspondre à une année scolaire. Au terme de cette période, le juge statuera définitivement sur la résidence de l'enfant.

36720 Les juges veillent à ce que la résidence alternée mise en place soit claire pour l'enfant et qu'elle ne soit pas source d'instabilité ou d'insécurité affective, la nécessité d'un **cadre de référence stable** étant un critère habituellement retenu. Néanmoins, la pratique des tribunaux à l'égard de la résidence alternée semble très variable.

La **proximité des domiciles** des parents est souvent exigée (pour un exemple, CA Rennes 20-3-2006 n° 05-4183). Mais il a été jugé qu'un éloignement de 30 km n'est pas un obstacle à une résidence alternée (CA Aix-en-Provence 6-4-2004, 6e ch. A n° 294). En sens contraire, une cour d'appel a mis fin à une résidence alternée en raison de la situation géographique des domiciles des parents « éloignés de manifestement près de 45 minutes par trajet », une telle situation ne pouvant perdurer, « sauf à obliger les enfants à de longs trajets fatigants en transport en commun » (CA Cayenne 26-7-2021 n° 21/00055).

Le manque de **disponibilité** de l'un des parents pour prendre en charge personnellement ses enfants peut conduire à écarter la résidence alternée. Mais ce n'est pas systématique. Certains tribunaux admettent qu'il soit fait appel à une nourrice ou aux grands-parents pour pallier cette difficulté. Une résidence en alternance par période d'une semaine a même été admise dans un cas où le père alternait des périodes de travail de cinq semaines à l'étranger et des périodes de repos de cinq semaines en France. Le fait que le père ne pouvait pas concrètement recevoir ses enfants pendant ses séjours à l'étranger n'a pas été considéré comme un obstacle à l'instauration d'une résidence en alternance (Cass. 1e civ. 25-4-2007 n° 06-16.886 : Bull civ. I n° 156). La disponibilité particulière de la mère, à temps partiel, ne suffit pas à écarter la résidence alternée, un partage inégalitaire peut être opportun afin que la mère prenne en charge les enfants tous les mercredis (CA Versailles 12-1-2022 n° 21/00067).

La majorité des tribunaux semble considérer que la résidence alternée n'est pas adaptée à un **enfant de moins de trois ans** (pour un exemple où une demande de résidence alternée a été rejetée pour des enfants âgés de quatre et deux ans en raison de leur besoin de « maternage », CA Montpellier 9-9-2021 n° 20/04062, 2e ch. fam. : AJ fam. 2021 p. 629). Mais certaines juridictions l'ont néanmoins ordonnée dans une telle hypothèse (CA Aix-en-Provence 27-2-2007 n° 2007-342859, 6e ch., sect. A : « le jeune âge de l'enfant, aujourd'hui trois ans, ne peut à lui seul constituer un obstacle à une résidence en alternance »).

L'**ampleur du conflit parental** est souvent un élément retenu pour refuser une résidence alternée (CA Lyon 6-6-2006 n° 05-7731, 2e ch. civ.). Mais, à l'inverse, c'est parfois en raison de ce conflit et pour s'assurer que la place de chacun des parents sera préservée que les juges ordonnent une résidence en alternance (CA Paris 11-7-2002 n° 00-6525, 24e ch. C).

Des **méthodes éducatives** trop différentes peuvent justifier le refus d'une résidence alternée (CA Nîmes 3-7-2002 n° 02-1053, 2e ch. sect. C : AJ fam. 2003 p. 339).

> **Précisions** Selon une **étude statistique**, la part des enfants en résidence alternée ne cesse de croître (Insee Première 3-3-2021 n° 1841 ; AJ fam. 2021 p. 400).
> En 2020, près de 12 % des enfants dont les parents sont séparés vivaient en résidence alternée, soit environ 480 000 enfants. Ils étaient 400 000 en 2016 (Insee Première 10-1-2019 n° 1728 ; AJ fam. 2019 p. 9).
> Le recours à la résidence alternée progresse régulièrement avec l'âge des enfants, jusqu'à dix ans où il atteint son maximum (15,2 %) avant de décroître à l'adolescence.
> La résidence alternée est particulièrement rare chez les moins de quatre ans (4,2 %) pour lesquels la résidence chez la mère est privilégiée. D'ailleurs, pour ces jeunes enfants, la résidence alternée n'augmente pas entre 2018 et 2020.

RÉSIDENCE HABITUELLE ET DROIT DE VISITE ET D'HÉBERGEMENT

Lorsque la résidence en alternance des enfants n'est pas possible ou pas souhaitable, les parents ou le juge peuvent décider que les enfants auront leur résidence habituelle chez leur père ou chez leur mère, l'autre parent se voyant attribuer un droit de visite et d'hébergement (C. civ. art. 373-2-9). **36725**

Un tel droit est aussi attribué au parent privé de l'autorité parentale, sauf motif grave pour l'en priver (C. civ. art. 373-2-1).

Critères Le juge doit décider en fonction de l'**intérêt de l'enfant** (nos 36535 s.). Il peut par **exemple** refuser de fixer la résidence habituelle des enfants chez un parent qui : **36730**

– ne justifie pas d'un domicile fixe ou dont le logement est trop petit ;
– doit faire de fréquents déplacements professionnels (pour un exemple, Cass. 1e civ. 6-3-2013 n° 12-15.838 : BPAT 2/13 inf. 49) ;
– souffre de troubles psychologiques, de dépression chronique ou d'alcoolisme ;
– entretient des relations conflictuelles ou fondées sur la crainte avec ses enfants ;
– vit avec une personne en conflit avec les enfants.

Les juges du fond apprécient souverainement si l'**appartenance à une secte** ou une pratique religieuse intégriste est de nature à justifier une modification de la résidence habituelle de l'enfant. Ainsi, deux affaires rendues à propos des Témoins de Jéhovah ont pu conduire à des solutions opposées (pour un changement de résidence habituelle, Cass. 2e civ. 13-7-2000 n° 98-13.673 ; en sens inverse, Cass. 2e civ. 11-4-2002 n° 00-15.819). **36735**

Les juges ne doivent pas se contenter de considérations générales sur la dangerosité d'une secte. Ils doivent relever les éléments concrets et directs démontrant l'influence de la religion sur l'éducation et la vie quotidienne des enfants (CEDH 16-12-2003 n° 64927/01, sect. 2, Palau-Martinez c/ France). Le juge peut aussi fixer la résidence de l'enfant chez le parent qui a une pratique sectaire tout en lui imposant certaines contraintes, telle l'interdiction de mettre l'enfant en contact avec des membres de la secte (Cass. 1e civ. 22-2-2000 n° 98-12.338 : Bull. civ. I n° 54).

Modalités pratiques Le **droit de visite et d'hébergement** déterminé par le juge n'a vocation à s'appliquer qu'à défaut de meilleur accord entre les parents. **36740**

Les périodes **le plus souvent** retenues pour l'exercice de ce droit sont les suivantes :
– les 1e, 3e et 5e fins de semaine de chaque mois (soit en fait un peu plus qu'un week-end sur deux) ;
– la moitié des petites et des grandes vacances, en alternance les années paires et impaires ;
– et, assez fréquemment, une journée dans la semaine, par exemple du mardi soir au mercredi soir.

Pour éviter toutes difficultés, il est possible de faire préciser le sort :
– des jours fériés qui précèdent ou suivent un week-end (de plus en plus de décisions précisant que ces jours s'ajoutent au droit d'hébergement) ;
– des fêtes religieuses, notamment si elles ne sont pas fériées ;
– l'heure de début et de fin du droit d'hébergement.

Ces modalités peuvent être largement **aménagées** pour être adaptées à la situation de chacun. Les aménagements peuvent porter sur le **rythme des rencontres**, par exemple : **36745**
– les vacances peuvent être coupées en quatre séquences de durée égale plutôt qu'en deux séquences ;
– si l'un des parents a un emploi du temps variable, un « forfait temps » librement réparti dans le mois en fonction des souhaits de chacun peut être décidé ;
– en cas d'éloignement géographique important, l'impossibilité de recevoir les enfants les week-ends est souvent compensée par l'octroi de périodes de vacances plus longues.

36750 Les aménagements peuvent aussi porter sur les **conditions d'exercice du droit de visite** et d'hébergement. Par exemple, il peut être prévu que ce droit :
– ne s'exercera qu'en présence des grands-parents ou de toute autre personne (avec l'accord des intéressés) ;
– sera limité à un simple droit de visite, notamment si le parent n'a pas la possibilité matérielle de loger l'enfant ou si l'enfant est nourrisson.

36752 Le juge peut ordonner que le droit de visite s'exerce dans un « **espace de rencontre** » (C. civ. art. 373-2-1 et 373-2-9 ; CPC art. 1180-5). Ces lieux permettent aux enfants de retrouver l'un de leurs parents dans un endroit neutre qui garantit ainsi leur sécurité physique et morale ainsi que la qualité de l'accueil (CASF art. D 216-1 s.). Ce dispositif est particulièrement utile lorsqu'il existe des craintes sur la dangerosité de ce parent ou, plus simplement, lorsque les relations ont été interrompues depuis longtemps.
Une telle mesure étant d'exception, elle doit être spécialement motivée (C. civ. art. 373-2-9). Elle doit, aussi, être encadrée et reconsidérée régulièrement (CPC art. 1180-5). Le juge a donc l'obligation d'en fixer la durée (Cass. 1e civ. 28-1-2015 n° 13-27.983 : Bull. civ. I n° 18 ; Cass. 1e civ. 15-5-2018 n° 17-15.831 F-D) et de déterminer la périodicité et la durée des rencontres (Cass. 1e civ. 10-6-2015 n° 14-12.592 : BPAT 4/15 inf. 132 ; Cass. 1e civ. 4-5-2017 n° 16-16.709 F-PB ; Cass. 1e civ. 26-1-2022 n° 20-15.139 F-D). Il ne peut pas s'en remettre sur ce point à la décision du juge des enfants dans le cadre d'une mesure d'assistance éducative, une telle décision étant provisoire (Cass. 1e civ. 14-4-2021 n° 19-21.024 : AJ fam. 2021 p. 365 obs. B. Mallevaey). De même, il ne peut pas s'en remettre au règlement intérieur de l'espace de rencontre désigné (Cass. 1e civ. 18-5-2022 n° 20-20.616 F-D ; Cass. 1e civ. 22-11-2023 n° 22-11.806 FD).
Il peut à tout moment modifier ou rapporter sa décision, d'office, à la demande conjointe des parties ou de l'une d'entre elles ou à la demande du ministère public (CPC art. 1180-5).

36755 Habituellement, le titulaire du droit de visite et d'hébergement a la **charge d'aller chercher les enfants et de les ramener**. Mais il est possible de prévoir que cette charge matérielle et financière sera partagée entre les parents. Les modalités judiciairement prévues s'appliquent, sauf meilleur accord entre les parties, strictement : la décision qui prévoit un partage des frais de transport de l'enfant n'autorise pas le partage des frais du parent accompagnant (pour un exemple, Cass. 1e civ. 7-10-2015 n° 14-19.906 : BPAT 6/15 inf. 212).

36757 Enfin, le juge organise les conditions de la **remise de l'enfant à l'autre parent** lorsque l'intérêt de l'enfant le commande ou lorsque cette remise présente un danger pour l'un d'eux. Il peut notamment prévoir qu'elle s'effectue (C. civ. art. 373-2-1 et 373-2-9) :
– dans un espace de rencontre qu'il désigne. Le juge fixe alors la durée de la mesure et détermine la périodicité et la durée des rencontres et peut à tout moment modifier ou rapporter sa décision (CPC art. 1180-5) ;
– ou avec l'assistance d'un tiers de confiance (grands-parents ou amis par exemple) ou du représentant d'une personne morale qualifiée (éducateur qui connaît l'enfant, notamment). Le juge désigne cette personne (sous condition de son accord écrit) sur proposition commune des parents ou de l'un d'eux et fixe les modalités de la mesure et sa durée. Il peut également désigner à titre subsidiaire un espace de rencontres dans lequel est assurée la remise de l'enfant, à charge pour les parents ou l'un d'eux de saisir le responsable de cet espace en cas de carence du tiers de confiance. Le juge peut à tout moment modifier ou rapporter sa décision (CPC art. 1180-5-1).

36760 **Défaut d'exercice du droit de visite et d'hébergement** Chacun des parents a le droit et le devoir d'assumer sa fonction parentale (C. civ. art. 371-1, 373-2, 373-2-1 et 373-2-11).
Aucune **sanction** n'est spécialement prévue à l'encontre du parent qui refuse de voir ou de recevoir ses enfants. Toutefois, il a été jugé que celui qui vit avec les enfants peut demander au juge :
– la condamnation du parent défaillant sur le fondement de l'article 1382 ancien du Code civil (C. civ. art. 1240 désormais), en engageant sa responsabilité délictuelle pour faute (TGI Poitiers 15-11-1999 n° 99-550 : action intentée par la mère en qualité de représentante de l'enfant) ;
– une augmentation de la pension alimentaire due par le parent défaillant au motif qu'il doit pourvoir aux besoins des enfants pendant les week-ends et les vacances ;
– la suppression du droit de visite et d'hébergement, voire de l'exercice conjoint de l'autorité parentale, si l'autre parent se désintéresse totalement de ses enfants.

36765 **Suppression du droit de visite et d'hébergement** Les droits de visite et/ou d'hébergement peuvent être supprimés, même si les parents exercent conjointement l'autorité parentale (Cass. 1e civ. 9-2-2011 n° 09-12.119 : BPAT 2/11 inf. 116). Les conditions requises varient selon l'ampleur des restrictions décidées.

La suppression des droits de visite et d'hébergement nécessite des **motifs graves** (C. civ. art. 373-2-1 ; Cass. 1e civ. 14-3-2006 n° 04-19.527 : Bull. civ. I n° 147). Il en va de même lorsqu'est, aussi, supprimé le droit d'appeler au téléphone (Cass. 1e civ. 28-5-2015 n° 14-16.511 : BPAT 4/15 inf. 131) ou par « Skype » (Cass. 1e civ. 10-2-2021 n° 19-21.902 : AJ fam. 2021 p. 183 obs. V. Avena-Robardet).
Ces motifs sont du même ordre que ceux retenus pour refuser l'autorité parentale conjointe (nos 36075 s.), par exemple :
– des pressions morales et psychologiques importantes visant à nier la place de la mère (Cass. 1e civ. 10-2-2021 n° 19-21.902 : AJ fam. 2021. p. 183 obs. V. Avena-Robardet) et à imposer le port du voile islamique (Cass. 1e civ. 24-10-2000 n° 98-14.386 : Bull. civ. I n° 262) ;
– le refus de voir son père exprimé par une adolescente de 16 ans, marquée par l'alcoolisme de celui-ci (Cass. 2e civ. 27-9-2001 n° 99-20.068) ;
– une vie dissolue sans la moindre retenue devant les enfants (CA Riom 27-2-2001 n° 00-3277, 2e ch.) ;
– la condamnation du père à des faits de corruption de mineurs et de détention d'images pédopornographiques (Cass. 1e civ. 17-4-2019 n° 18-15.951) ;
– l'enlèvement de l'enfant après avoir faussement déclaré la perte de son passeport (Cass. 1e civ. 25-3-2009 n° 08-14.917) ;
– la prise de décisions graves sans concertation avec l'autre parent (Cass. 1e civ. 26-1-1994 n° 92-10.838 : Bull. civ. I n° 31, pour une circoncision décidée sans l'avis de la mère) ;
– des conditions d'hébergement inadaptées ajoutées à un désintérêt pour l'enfant et des propos négatifs sur la mère (Cass. 1e civ. 9-2-2011 n° 09-12.119 : BPAT 2/11 inf. 116) ;
– les difficultés relationnelles persistantes entre un père et sa fille et le fait pour celui-ci d'avoir dénigré la mère de l'enfant et exercé des pressions psychologiques sur sa fille (Cass. 1e civ. 4-7-2018 n° 17-14.955 : BPAT 5/18 inf. 192).
L'incarcération ne justifie pas systématiquement la suppression du droit de visite. Mais ce peut être le cas selon l'âge de l'enfant, les répercussions psychologiques qu'impliquent les visites en prison, les raisons de l'incarcération, etc.
En revanche, ne sont **pas un motif grave** la prostitution d'un parent, son transsexualisme ou sa séropositivité. De même, n'est pas un motif suffisant le fait que le père soit membre des Témoins de Jéhovah (CA Dijon 17-6-2016 n° 14/01876 : BPAT 6/16 inf. 254-8 qui interdit toutefois au père d'obliger l'enfant à se prêter aux rituels de ce mouvement).
Le juge ne peut pas supprimer d'office le droit de visite et d'hébergement du père s'il n'est saisi que de demandes aux fins de fixer les modalités d'exercice de ce droit (Cass. 1e civ. 27-9-2023 n° 23-12.226 F-D).
Sur les cas de **suspension de plein droit** de l'exercice de l'autorité parentale ou du droit de visite et d'hébergement, voir n° 36100.

Suppression du seul droit d'hébergement Lorsque le juge supprime seulement le droit d'hébergement et maintient un droit de visite, il n'a pas à constater de motifs graves ; il suffit qu'il se fonde sur l'**intérêt de l'enfant** (Cass. 1e civ. 16-11-2022 n° 21-11.528 F-B : BPAT 1/23 inf. 12). 36767
L'arrêt du 16 novembre 2022 consacre un revirement de jurisprudence puisqu'un motif grave était jusqu'alors exigé pour supprimer le droit d'hébergement (Cass. 1e civ. 9-2-2011 n° 09-12.119 F-D ; Cass. 1e civ. 9-11-2016 n° 15-20.610 F-D).

SORTIE DU TERRITOIRE

Les périodes de vacances revenant à chaque parent sont déterminées par la décision qui statue sur la séparation. 36770
En revanche, chaque parent est **libre** de choisir son lieu de vacances et notamment de partir à l'étranger sans avoir à solliciter l'accord de l'autre parent.
Ce principe est à nuancer puisque le juge peut ordonner l'**interdiction de sortie** de l'enfant du territoire français sans l'autorisation des deux parents (C. civ. art. 373-2-6). Une telle mesure ne contrevient pas au principe de libre circulation garanti par les textes européens : elle est nécessaire à la préservation des liens entre l'enfant et ses parents ; elle est proportionnée aux buts poursuivis puisqu'elle peut être levée avec l'accord de l'autre parent et elle peut être rapportée par le juge (Cass. 1e civ. 8-3-2017 n° 15-26.664 F-PBI : BPAT 3/17 inf. 98).
Les juges du fond apprécient souverainement l'opportunité d'une telle mesure (pour des exemples : Cass. 1e civ. 3-3-2010 n° 08-21.059 : BPAT 3/10 inf. 162 ; CA Nancy 24-10-2011 n° 10/01963).
L'interdiction est inscrite au fichier des personnes recherchées par le procureur de la République (C. civ. art. 373-2-6). Pour autoriser la sortie de leur enfant, les (ou le) parents qui ne voyagent pas avec lui doivent, ensemble ou séparément, en faire la déclaration devant un officier ou un agent de police judiciaire, en précisant la période pendant laquelle la sortie est autorisée ainsi que la destination. Cette déclaration est faite au plus tard cinq jours avant la sortie du territoire, sauf si

celle-ci est motivée par le décès d'un membre de la famille du mineur ou en cas de circonstances exceptionnelles dûment justifiées. Un procès-verbal est dressé et signé par l'officier ou l'agent de police judiciaire et le ou les parents déclarants. Un récépissé est remis à chaque parent déclarant (CPC art. 1180-4).

EN CAS DE DÉMÉNAGEMENT

36775 Chacun des parents doit **informer** l'autre en temps utile de son intention de déménager dès lors que ce déménagement modifie les modalités d'exercice de l'autorité parentale (C. civ. art. 373-2, al. 4). Il en va autrement en cas d'ordonnance de protection autorisant la victime de violences intrafamiliales à dissimuler son adresse (nº 26650).

En cas de désaccord, le parent le plus diligent saisit le **juge aux affaires familiales** qui statue selon ce qu'exige l'intérêt de l'enfant. Seul ce critère doit être pris en considération. À défaut, la décision des juges du fond encourt la cassation (pour une application, voir Cass. 1e civ. 13-3-2007 nº 06-17.869 : Bull. civ. I nº 103).

Le juge répartit les **frais de déplacement** et ajuste en conséquence le montant de la contribution à l'entretien et à l'éducation de l'enfant.

36780 Des **sanctions** sont possibles à l'encontre du **parent qui n'avertit** pas l'autre en temps utile de son déménagement :

– des dommages et intérêts pour non-respect d'une de ses obligations ayant entraîné un préjudice ;

– la modification de la résidence des enfants au motif qu'en déménageant dans le secret, son auteur a fait la preuve de son inaptitude à respecter la place de l'autre parent (voir nº 36535).

En outre, des sanctions spécifiques s'appliquent au parent chez qui l'enfant réside et qui ne notifie pas à l'autre parent sa nouvelle adresse dans le mois qui suit le déménagement. Il s'expose à une peine correctionnelle pouvant aller jusqu'à six mois d'emprisonnement et/ou 7 500 € d'amende (C. pén. art. 227-6).

C. Contribution à l'entretien et à l'éducation des enfants

PRINCIPES

36830 En cas de séparation des parents, la contribution à l'entretien et à l'éducation des enfants prend la forme d'une **pension alimentaire** versée par l'un des parents à l'autre ou, le cas échéant, à la personne à qui l'enfant a été confié (C. civ. art. 373-2-2).

En cas de **résidence alternée égalitaire**, il peut ne pas y avoir de pension alimentaire, chacun assumant directement les frais engagés pendant les périodes de cohabitation avec l'enfant. Cela dit, ce système de résidence n'exclut pas automatiquement le versement d'une pension. Tout dépend des revenus et charges respectifs des parents et des besoins des enfants.

Lorsque la **résidence** de l'enfant est **fixée chez un parent**, l'autre doit, en principe, une pension alimentaire.

36835 Un parent peut être **dispensé** de pension alimentaire s'il prouve se trouver dans l'impossibilité matérielle de l'assumer. C'est par exemple le cas :

– du père en congé parental qui ne perçoit qu'une indemnité de 354 € par mois (Cass. 1e civ. 8-10-2008 nº 07-16.646 : BPAT 6/08 nº 195, Bull. civ. I nº 218) ;

– du père dont les revenus (450 €/mois) ne lui permettent pas de faire face au versement d'une pension alimentaire et alors que le capital qu'il a vocation à recevoir est nécessaire à l'apurement de ses dettes (Cass. 1e civ. 14-4-2010 nº 09-13.342 : BPAT 3/10 inf. 163) ;

– du père qui perçoit le RSA et l'allocation logement (soit 738 €/mois), qui a une nouvelle femme à charge puisque étudiante et qui a une charge de loyer de 497 € (CA Nancy 4-11-2013 nº 12/02574, ch. 3e civ.).

Les tribunaux ont toutefois une appréciation très stricte d'une telle impossibilité. Une pension **reste due**, par exemple, si :

– l'intéressé ne justifie pas se trouver dans l'impossibilité de travailler (Cass. 2e civ. 1-4-1992 nº 90-21.724 : Bull. civ. I nº 114) ;

– son impécuniosité résulte de son oisiveté (CA Bourges 19-10-1987 nº 86-1245) ;

– il a des revenus, même très modestes, par exemple s'il perçoit le RSA ;

– il a perdu son emploi après un licenciement pour faute grave et ne justifie d'aucune recherche d'emploi (Cass. 1e civ. 8-10-2008 nº 06-21.912 : Bull. civ. I nº 219) ;

– il vit seul et dispose de ressources inférieures à son ex-conjoint (Cass. 1e civ. 21-11-2018 nº 17-27.054 F-PB : BPAT 1/19 inf. 17).

VERSEMENT DE LA PENSION ALIMENTAIRE

La pension doit être versée au début de chaque mois **au parent désigné** dans le jugement qui la fixe. Un paiement par virement automatique sur un compte bancaire peut être ordonné (C. civ. art. 373-2-2). 36840

En tout état de cause, la pension alimentaire doit être versée :

– même pendant le mois de **vacances** passé par le débiteur de la pension alimentaire avec ses enfants. Il n'en va autrement que si la décision fixant la pension alimentaire l'a précisé ;

– même si la **cohabitation** du jeune avec le parent qui en assume la charge principale a cessé. Un père ne peut donc pas verser directement la pension alimentaire à son fils sous prétexte que celui-ci ne vit plus chez sa mère (Cass. 2e civ. 22-1-1992 n° 90-18.512 : Bull civ. II n° 27) ;

– même si le **jeune** est **majeur**. Le parent qui assume à titre principal la charge d'enfants majeurs a un droit personnel à obtenir une contribution à leur entretien et à leur éducation (C. civ. art. 373-2-5 ; Cass. 2e civ. 26-9-2002 n° 01-12.075 : Bull. civ. II n° 191). Toutefois, le juge peut décider ou les parents convenir que cette contribution sera versée en tout ou partie entre les mains de l'enfant (C. civ. art. 373-2-5 ; Cass. 1e civ. 22-3-2005 n° 03-13.842 : Bull. civ. I n° 141). Le débiteur de la pension peut former une demande en ce sens sans qu'une demande de l'enfant lui-même soit nécessaire (Cass. 1e civ. 11-2-2009 n° 08-11.769 : BPAT 2/09 inf. 50, Bull. civ. I n° 26). Mais le juge reste libre de son appréciation et peut refuser le versement direct entre les mains de l'enfant. Ainsi jugé dans un cas où la jeune majeure continuait à résider chez sa mère et n'était pas favorable à un versement entre ses mains de la contribution (Cass. 1e civ. 4-6-2009 n° 08-17.106). En outre, il ne s'agit que d'une « indication de paiement », le créancier de la pension restant le parent qui assume à titre principal la charge du jeune (CA Paris 5-4-2012 n° 09/17415, pôle 4 ch. 9 ; CA Versailles 31-5-2012 n° 11/01565, ch. 2 sect. 1).

Il peut aussi être prévu que le débiteur s'acquittera de tout ou partie de son obligation en **assumant directement certaines dépenses**, par exemple les frais de scolarité, les frais d'hospitalisation, etc. (C. civ. art. 373-2-2). Une telle modalité implique une certaine concertation entre les parents. Dans un cas où le père devait prendre en charge les frais de scolarité, il a été jugé que le choix de l'établissement scolaire, de l'organisation de cours de rattrapage et de séjours à l'étranger devait s'effectuer d'un commun accord (Cass. 2e civ. 22-3-2012 n° 11-13.915 : Bull. civ. II n° 56, BPAT 3/12 inf. 159).

Les **modalités** et les **garanties** de la pension alimentaire peuvent être fixées par (C. civ. art. 373-2-2, I-al. 2) : 36842

– une décision judiciaire ;

– une convention homologuée par le juge ;

– une convention de divorce ou de séparation de corps par consentement mutuel ;

– un acte reçu en la forme authentique par un notaire ;

– une convention à laquelle l'organisme débiteur des prestations familiales a donné force exécutoire (CSS art. L 582-2) ;

– une transaction ou un acte constatant un accord issu d'une médiation, d'une conciliation ou d'une procédure participative lorsqu'ils sont contresignés par les avocats de chacune des parties et revêtus de la formule exécutoire par le greffe (C. pr. ex. art. L 111-3).

Les organismes qui servent les prestations familiales (les caisses d'allocations familiales, en règle générale) peuvent être chargés de l'intermédiation financière des pensions alimentaires, autrement dit, du **recouvrement des pensions alimentaires** auprès du parent débiteur pour les reverser au parent créancier (pour plus de précisions, voir n°s 47112 s.). 36843

MONTANT DE LA PENSION

À défaut d'accord entre les parents, la pension est fixée par le **juge** en fonction des revenus et charges de chacun et des besoins de l'enfant (C. civ. art. 371-2). La répartition des éventuels torts dans la séparation est totalement indifférente. 36845

Lorsqu'un droit à l'allocation de soutien familial est ouvert en raison de la défaillance du parent débiteur, le directeur de l'organisme débiteur des prestations familiales est autorisé, pour aider à la fixation de la pension, à transmettre au parent créancier et au juge les renseignements dont il dispose concernant l'adresse et la solvabilité du parent défaillant (CSS art. L 523-1, II et R 523-3).

Pour apprécier les ressources des parents, le juge se place au jour où il statue (Cass. 1e civ. 7-10-2015 n° 14-23.237 : Bull. civ. I n° 279).

Un **barème**, réévalué chaque année, est publié par le ministère de la justice (justice.fr/simulateurs/pensions-alimentaire/bareme). Mais il n'est qu'un outil d'aide à la décision ; il ne dispense pas les juges d'apprécier au cas par cas chaque situation et de statuer en considération des seules facultés contributives des parents et des besoins de l'enfant (Cass. 1e civ. 23-10-2013 n° 12-25.301 : Bull. civ. I n° 203).

Le barème est établi en fonction du revenu du débiteur net d'un minimum vital (607,75 € par mois au 1er avril 2023, soit l'équivalent au RSA pour une personne seule), du nombre d'enfants à charge et de l'amplitude du droit de visite et d'hébergement. Ainsi, le parent débiteur qui exerce un droit de visite et d'hébergement classique doit une pension égale à 13,5 % de son revenu net disponible s'il a un enfant à charge, 11,5 % s'il a deux enfants à charge et 10 % s'il a trois enfants à charge. En conséquence, s'il dispose de 1 600 € de revenus, il doit, selon le barème établi avec un RSA à 607,75 € :

(1 600 – 607,75) × 13,5 % = 133,95 € par mois avec un enfant à charge ;

(1 600 – 607,75) × 11,5 % = 114,10 € par mois et par enfant avec deux enfants à charge ;

(1 600 – 607,75) × 10 % = 99,22 € par mois et par enfant avec trois enfants à charge.

> **Précisions** Une analyse statistique des décisions d'appel relatives aux contributions à l'entretien et l'éducation des enfants montre que les **montants moyens et médians** (par montant médian, on entend un montant tel que la moitié des pensions est d'un niveau supérieur et l'autre moitié d'un niveau inférieur) fixés par les juges sont **presque identiques** à ceux obtenus par application du barème publié par le ministère de la justice depuis 2010 : respectivement à 200 € et 266 € par mois pour les premiers, contre 195 € et 264 € pour les seconds.
> Des **écarts** existent néanmoins en fonction des niveaux de revenus. Les montants fixés par les juges pour un ou deux enfants sont légèrement supérieurs à ceux résultant du barème lorsque les revenus du débiteur sont inférieurs à 2 000 € mensuels environ, tandis que la tendance s'inverse au-delà. Le barème est ainsi favorable à 69 % des débiteurs présentant les plus bas revenus et à seulement 30 % de ceux ayant les revenus les plus élevés (Infostat justice 116, Communiqué du ministère de la justice du 18-4-2012).
> Une étude statistique de 2015 établie à partir de 126 000 décisions rendues en 2012 fait apparaître qu'une contribution à l'entretien et l'éducation des enfants est prévue pour **68 % des enfants** (chiffre en diminution par rapport à 2003, qui s'explique par l'augmentation des résidences alternées).
> Son montant moyen est de 170 € par enfant et par mois. La prise en charge directe de certains frais est en augmentation (Infostat justice n° 132 : L'actu justice 27-1-2015 n° 35).

36850 **Ressources des parents** Pour l'évaluation des ressources des parents, il est **tenu compte** des revenus suivants :

– revenus du travail : salaires, honoraires, etc. ;

– prestations sociales, telles que l'allocation compensatrice pour aide d'une tierce personne (Cass. 2e civ. 7-6-1990 n° 89-12.740 : Bull. civ. II n° 127), l'allocation d'adulte handicapé (Cass. 2e civ. 14-1-1999 n° 97-12.134) ou l'allocation d'éducation de l'enfant handicapé (Cass. 2e civ. 5-7-2001 n° 99-10.803 ; décision rendue à propos de l'allocation d'éducation spéciale, transposable selon nous à l'allocation d'éducation de l'enfant handicapé) ;

– revenus du capital, mobiliers ou immobiliers ;

– indemnités diverses telles qu'indemnités de licenciement ou de départ à la retraite ;

– revenus du nouveau compagnon ou de la nouvelle compagne dans la mesure où il (elle) prend à sa charge une partie des dépenses du quotidien (Cass. 1e civ. 22-3-2005 n° 02-10.153 : Bull. civ. I n° 142). S'il est établi que le compagnon n'assume pas une partie des charges courantes, ses revenus ne sont pas pris en compte ; de même, en l'absence de ressources personnelles du parent débiteur, les revenus de son nouveau conjoint ne peuvent être pris en compte, ce dernier n'étant pas tenu d'une obligation alimentaire envers l'enfant (Cass. 1e civ 1-12-2021 n° 19-24.172 F-D) ;

– gains de jeu.

Les **allocations familiales** peuvent être prises en compte dans le calcul des revenus de leur bénéficiaire (Cass. 1e civ. 17-11-2010 n° 09-12.621 : Bull. civ. I n° 234). La Cour de cassation laisse aux juges du fond le pouvoir d'apprécier, en fonction des circonstances de chaque espèce, s'il convient ou non de les comptabiliser. Elle a admis qu'elles pouvaient ne pas être prises en compte (Cass. 1e civ. 17-12-2008 n° 08-13.985).

La position des juges du fond est variable. Elle est majoritairement pour la prise en compte des allocations familiales (par exemple : CA Lyon 5-3-2009 n° 08-74, 2e ch. A ; CA Toulouse 29-11-2011 n° 10/05676, ch. 1 sect. 02 ; CA Versailles 24-11-2011 n° 10/09213, ch. 2 sect. 2) ; mais en sens inverse (par exemple : CA Paris 5-11-1998 n° 98-13496, 24e ch. D).

La Cour de cassation s'est par ailleurs prononcée sur un autre point : sauf dispositions contraires du jugement de divorce, les allocations familiales ne s'imputent pas sur le montant de la somme versée au titre de la contribution à l'entretien et à l'éducation des enfants (Cass. 2e civ. 15-4-1999 n° 97-16.660).

Ne sont **pas comptabilisées** : 36855
– la prestation compensatoire perçue (Cass. 1e civ. 19-11-2014 no 13-23.732 : Bull. civ. I no 189) ;
– les indemnités versées à la mère en qualité d'administratrice légale de l'enfant en réparation du préjudice corporel de celui-ci (Cass. 2e civ. 5-7-2001 no 99-10.803) ;
– la prestation de compensation accordée à une personne handicapée (CASF art. L 245-7).

Charges des parents Les juges doivent **tenir compte** des charges assumées par chacun des parents : 36860
– dépenses de logement : loyers ou remboursements d'emprunt ;
– impôts : impôt sur le revenu, taxe foncière, etc. ;
– dépenses de la vie courante : nourriture, vêtements, assurance, téléphone, gaz, électricité, frais de nourrice ou de scolarité, etc. ;
– taux d'endettement. Cependant, le surendettement d'un parent ne le dispense pas de pension alimentaire ;
– nouvelles charges familiales, compagnon ou compagne sans emploi, enfants nés d'une autre union, même durant le mariage (Cass. 1e civ. 16-4-2008 no 07-17.652 : BPAT 2/03 no 90, Bull. civ. I no 111). Ces nouvelles charges peuvent conduire à minorer la pension alimentaire mais non à la supprimer (CA Bordeaux 16-10-1996 no 95-1545, 6e ch.).

Ceci dit, bon nombre de magistrats soulignent que cette **contribution** est **prioritaire** ; elle doit être satisfaite « avant l'exécution de toute obligation civile de nature différente, notamment les emprunts immobiliers ou de consommation, les père et mère devant adapter leur train de vie en fonction de cette obligation et s'efforcer d'offrir à leurs enfants un niveau de vie et d'éducation en relation avec leur propre niveau culturel et socio-économique » (par exemple : CA Versailles 31-5-2012 no 11/01565 ch. 2 sect. 1 ; CA Versailles 7-11-2013 no 12/05450).

Ainsi, il a été jugé qu'il n'y avait **pas lieu de tenir compte** des charges résultant de la constitution d'un patrimoine immobilier, qui ne peuvent être opposées à une créance alimentaire (Cass. 1e civ. 8-10-2008 no 06-21.912 : Bull. civ. I no 219, pour un emprunt immobilier non destiné à l'acquisition de la résidence principale du débiteur ; CA Lyon 5-3-2009 no 07-7864, 2e ch. A, pour l'emprunt contracté par le couple pour financer l'achat d'une résidence secondaire).

> **Précisions** La **pratique judiciaire** ne prend souvent en compte que les charges incompressibles. Il en résulte une certaine incompréhension des justiciables, qui ne voient pas pourquoi la totalité de leurs frais n'est pas prise en compte.

Besoins des enfants Les juges tiennent compte notamment : 36865
– du train de vie qu'avait la famille avant la séparation (par exemple, CA Limoges 16-12-1996 no 96-357, 1e ch.) ;
– du nombre d'enfants ;
– de l'âge et de l'état de santé des enfants ;
– de la scolarité suivie ;
– des activités extrascolaires habituelles.

La **pratique antérieure** des parents constitue un marqueur intéressant pour déterminer les dépenses de loisirs ou d'éducation prises en compte. C'est ainsi qu'une école assez onéreuse pourra être comptabilisée comme charge, même si son maintien n'est pas nécessaire, en raison de l'accord qui a toujours existé entre les parents, avant leur séparation, pour éduquer les enfants de cette façon.

Variation des montants de la pension Le juge peut décider de montants différents sur des périodes successives pour tenir compte d'**événements prévisibles**, par exemple l'augmentation de revenus consécutive à la vente d'un immeuble. Ce peut être aussi la baisse des revenus en raison du départ à la retraite d'un parent ou de l'augmentation des besoins de l'enfant en cas de poursuite de ses études. 36875

RÉVISION DE LA PENSION

L'un ou l'autre des parents peut demander, à tout moment, une modification de la pension si un **élément nouveau** justifie son augmentation (par exemple, des frais de scolarité plus élevés) ou sa réduction (par exemple, le remariage du créancier), quel que soit l'engagement pris à un moment donné par l'un des parents (Cass. 1e civ. 30-10-2008 no 07-17.646 : Bull. civ. I no 241). 36880

Sur l'exigence, à titre expérimental, d'une médiation préalable obligatoire, voir no 36542.

INDEXATION DE LA PENSION

36885 En pratique, pour qu'elles suivent l'évolution du coût de la vie, les pensions sont revalorisées chaque année en fonction d'un indice précisé dans le jugement. Le juge dispose d'un **pouvoir souverain** pour décider de l'indexation de la pension : il peut l'ordonner même en l'absence de demande en ce sens (C. civ. art. 208) ; il peut aussi la refuser (Cass. 2e civ. 1-4-1999 n° 97-17.335).

Très généralement, l'indice de référence est l'indice des prix à la consommation publié par l'Insee. Il peut être consulté sur Internet à l'adresse suivante : insee.fr.

Le montant de l'indexation doit être calculé spontanément par celui qui doit la pension. Deux formules de calcul sont possibles :

– montant initial de la pension × nouvel indice de l'année/indice de référence ;
ou bien
– dernier montant revalorisé × nouvel indice de l'année/indice de l'année précédente.

TERME DE LA PENSION

36890 **Principe** La pension alimentaire cesse d'être due lorsque l'enfant n'est plus à la **charge de ses parents**. Elle ne cesse pas de plein droit à la majorité de l'enfant, sauf disposition contraire du jugement (C. civ. art. 371-2, al. 2 ; Cass. 1e civ. 12-5-2010 n° 08-21.112).

Saisie d'une **QPC** visant à faire déclarer que l'alinéa 2 de l'article 371-2 du Code civil créait notamment une rupture d'égalité entre les parents, la Cour de cassation a **refusé** de la transmettre au Conseil constitutionnel (Cass. 1e civ. QPC 18-9-2019 n° 19-40.022 FS-PBI).

36895 **Cas du jeune majeur** Le jeune majeur est considéré **à charge** notamment dans les cas suivants.

Il poursuit des **études**. Le débiteur de la pension ne peut pas refuser de payer parce qu'il réprouve le cursus choisi. En revanche, ce cursus doit être sérieux (CA Bordeaux 15-5-1996 n° 95-2162, 6e ch.).

Le fait de redoubler une année ne suffit pas à prouver le manque de sérieux.

La plupart des juridictions estiment que le débiteur de la pension doit être régulièrement tenu informé du déroulement de la scolarité et des résultats obtenus. Ainsi, un père a obtenu la suppression de sa contribution car il n'avait été associé ni au choix ni au déroulement du cursus de sa fille (CA Agen 19-4-2012 n° 11/00855, 1e ch., solution critiquée, voir notamment C. Neirinck : Dr. famille 2012 comm. 144).

Mais certaines décisions vont en sens contraire (CA Bordeaux 15-5-1996 n° 95-2162, 6e ch.). Pour un exemple où le jeune a été considéré à charge alors que la réalité du suivi des études n'était pas établie et que le jeune avait démissionné de son dernier emploi (Cass. 1e civ. 24-5-2007 n° 06-15.559).

Enfin, le débiteur de la pension ne peut faire valoir que son enfant devrait travailler. Sous réserve de l'appréciation de la situation financière des parents, les juges considèrent généralement que les jeunes doivent pouvoir se consacrer pleinement à leurs études (CA Versailles 31-5-2012 n° 11/1565 ch. 2 sect. 2).

Le jeune est au **chômage** (Cass. 1e civ. 9-2-2011 n° 09-71.102, recherche d'emploi à l'issue des études). Il doit justifier de la recherche sérieuse d'un emploi. L'obligation de verser une pension alimentaire ne renaît pas automatiquement s'il se retrouve au chômage après avoir occupé un emploi.

Le jeune souffre d'une **maladie** qui l'empêche d'être autonome (Cass. 2e civ. 28-4-1980 n° 78-15.716 : Bull. civ. II n° 90). Même solution en cas de handicap. Encore faut-il que l'état de dépendance financière ne soit pas imputable au jeune, qui doit par exemple faire le nécessaire pour obtenir le versement de l'allocation d'adulte handicapé.

La vie en **concubinage** d'un jeune majeur ne libère pas automatiquement le parent débiteur d'une pension alimentaire de son obligation.

36900 N'est **plus considéré à charge** l'enfant qui :

– se marie (Cass. 2e civ. 16-5-1974 n° 73-10.599 : Bull civ. II n° 173). Cependant, dans le cas d'un couple d'étudiants ne disposant d'aucun revenu, la pension peut continuer d'être due ;
– perçoit un revenu : salaires, allocations chômage, allocation d'adulte handicapé, etc.

Les parents n'étant pas tenus « d'établir » leurs enfants (C. civ. art. 204). La pension alimentaire n'a pas lieu d'être maintenue au bénéfice d'un jeune salarié pour lui permettre de s'installer en indépendant (CA Versailles 31-5-2012 n° 11/01565 ch. 2 sect. 1 à propos d'un chauffeur de taxi qui soutenait n'avoir pas les moyens d'acheter son véhicule).

› Précisions Le jeune majeur peut agir **à titre personnel** pour demander que son parent pourvoie à son entretien en se fondant sur les articles 203 du Code civil (limité aux couples mariés) ou 371-2 qui prévoit que chacun des parents contribue à l'entretien et à l'éducation des enfants et que cette obligation ne cesse pas de plein droit lorsque l'enfant est majeur (pour des applications : CA Angers 16-7-2012 n° 11/01772, ch. 1 ; CA Limoges 12-4-2012 n° 11/00445, ch. civ).

En cas de conflit Si les parents sont en désaccord sur le point de savoir si leur enfant majeur est encore **à charge ou non**, il appartient au débiteur, pour faire cesser son obligation à pension, de : 36905

– saisir le juge compétent, en faisant citer l'autre parent et non l'enfant qui n'est pas le créancier de la pension (n° 36840) ;

– prouver que le jeune n'est plus à charge (en ce sens, notamment, Cass. 1e civ. 22-2-2005 n° 03-17.135 : Bull. civ. I n° 94 ; Cass. 1e civ. 9-1-2008 n° 06-19.581 : Bull. civ. I n° 1 ; Cass. 1e civ. 7-11-2012 n° 12-17.394 : Bull. civ. I n° 231 ; Cass. 1e civ. 7-2-2018 n° 17-11.403 F-D). Malgré la jurisprudence constante de la Cour de cassation, certains juges du fond résistent compte tenu de la difficulté de rapporter une preuve négative et suppriment la contribution si le parent créancier ne justifie pas de la situation du jeune majeur (pour un exemple, CA Paris 8-10-2009 n° 08/11334, pôle 3, ch. 3 ; voir aussi n° 36895).

La date à laquelle la pension cesse relève du pouvoir d'appréciation des juges du fond. 36910

Pour nombre de tribunaux, la pension **cesse d'être due** à compter de leur décision (par exemple, CA Versailles 31-5-2012 n° 11/01565, ch. 2 sect. 1), voire de leur saisine (Cass. 1e civ. 19-3-2002 n° 99-14.571 : Bull. civ. I n° 93).

D'autres y mettent fin rétroactivement dès le jour où l'enfant a acquis son autonomie financière (CA Bordeaux 20-2-1996 n° 95-3936, 6e ch.). Le parent destinataire de la pension est tenu de rembourser ce qu'il a perçu alors que l'enfant était déjà autonome.

Sur l'effet rétroactif de la suppression de la pension dans un cas où les enfants étaient venus vivre chez le parent débiteur de la pension (Cass. 2e civ. 19-7-1976 n° 74-12.635 : Bull civ. II n° 259).

AUTRES FORMES DE LA CONTRIBUTION À L'ENTRETIEN ET À L'ÉDUCATION DES ENFANTS

La pension alimentaire peut être remplacée en tout ou partie par (C. civ. art. 373-2-3) : 36915

– le versement d'un **capital**. La somme n'est pas remise au parent qui vit avec l'enfant mais à un organisme accrédité (par exemple, une compagnie d'assurance) qui se charge de payer une rente à l'enfant ;

– l'abandon de biens en **usufruit** ;

– l'affectation au bénéfice du mineur des **revenus** d'un immeuble loué, d'un portefeuille de valeurs mobilières ou de tout autre bien productif de revenus. Par exemple, si le père qui doit la pension est propriétaire d'un appartement donné en location, il pourra être décidé que le locataire paiera ses loyers directement à la mère.

Elle peut aussi prendre la forme d'un **droit d'usage et d'habitation**, par exemple sur le logement familial.

Ultérieurement et si nécessaire, un **complément** peut être demandé notamment sous la forme d'une pension alimentaire (C. civ. art. 373-2-4).

D. Incidences fiscales de la séparation des parents

La rupture du couple a une incidence fiscale lorsque les **parents** font l'**objet d'une imposition séparée**. Deux questions liées aux enfants se posent alors. 36950

La première est celle de la détermination du bénéficiaire des avantages fiscaux liés aux enfants à charge : ce peut être la mère, le père ou les deux parents avec partage par moitié entre eux (nos 36970 s.).

La seconde est celle du traitement de la pension alimentaire éventuellement versée par l'un des parents à l'autre (nos 37140 s.).

Ces problèmes apparaissent le plus souvent **lors de la séparation** des parents, parce que cette séparation fait cesser l'imposition commune du couple (voir notamment nos 9520 s. pour le

divorce ou la séparation de corps ; n° 18680 pour la rupture de Pacs). Il n'en va toutefois pas nécessairement ainsi :
– la séparation d'un couple vivant en union libre est neutre en matière d'impôt sur le revenu, puisque les concubins ne font pas l'objet d'une imposition commune. La séparation peut cependant avoir une incidence si les parents décident d'une résidence alternée de l'enfant à leurs domiciles respectifs : voir nos 36990 s. ;
– bien que ce soit rare, l'imposition commune à l'impôt sur le revenu peut perdurer en dépit de la séparation. C'est le cas pour les époux ou partenaires de Pacs qui se contentent d'une séparation de fait, si les deux membres du couple n'ont pas de revenus distincts (nos 7000 et 7005 pour les couples mariés ; nos 16600 et 16602 pour les partenaires de Pacs). Dans une telle situation, la séparation de fait n'a pas d'incidence fiscale pour les parents, qui continuent à former avec leurs enfants mineurs ou rattachés un foyer fiscal unique.

1. AVANTAGES FISCAUX LIÉS AUX ENFANTS À CHARGE

a. Critères d'attribution des majorations de quotient familial

NOTION D'ENFANT À CHARGE

36970 Lorsque les parents font l'objet d'une imposition séparée, les majorations de quotient familial sont attribuées à celui d'entre eux qui assume la **charge d'entretien à titre exclusif ou principal** de l'enfant, nonobstant le versement ou la perception d'une pension alimentaire pour l'entretien de cet enfant (CGI art. 193 ter).
Pour déterminer lequel des parents a la charge d'entretien de l'enfant, le critère dominant est celui de la **résidence de l'enfant mineur**, telle qu'elle a été **fixée par** une décision judiciaire, une convention homologuée par le juge ou même le simple accord entre les parents (ou encore la convention de divorce par consentement mutuel mentionnée à l'article 229-1 du Code civil).
Lorsqu'aucun de ces éléments n'a été communiqué à l'administration, elle détermine le lieu de résidence de l'enfant en tenant compte des circonstances de fait : temps passé par l'enfant au domicile de chacun de ses parents, lieu de réception des documents administratifs intéressant l'enfant (bulletins scolaires, par exemple), distance entre son établissement scolaire et les domiciles respectifs de ses parents, etc. (BOI-IR-LIQ-10-10-10-10 nos 120 et 130).
S'il est impossible de déterminer le lieu de résidence de l'enfant, l'administration considère que sa charge d'entretien est également partagée entre ses deux parents (BOI précité n° 270).

RÉSIDENCE À TITRE PRINCIPAL CHEZ L'UN DES PARENTS

36975 L'enfant est considéré, **jusqu'à preuve du contraire**, comme étant à la charge du parent chez lequel il réside à titre principal (CGI art. 194, I). C'est donc le parent chez qui l'enfant réside habituellement qui bénéficie de la majoration du quotient familial. Il n'en va autrement que si c'est en réalité l'autre parent qui assume seul la charge exclusive de l'entretien de l'enfant (en ce sens, par exemple, CE 30-3-2005 n° 260016 : RJF 7/05 n° 655, solution rendue sous le régime antérieur mais qui conserve sa valeur).
La **répartition inégale de la durée de résidence** de l'enfant au domicile de chaque parent ne caractérise l'existence d'une résidence principale au domicile de l'un des parents que s'il y a un déséquilibre significatif dans les durées de résidence respective à chaque domicile, par exemple, trois mois chez l'un et neuf mois chez l'autre.

36976 En cas de **changement de la résidence habituelle** de l'enfant mineur **en cours d'année**, les deux parents bénéficient de la majoration du quotient familial pour l'année considérée (BOI-IR-LIQ-10-10-10-10 n° 240) :
– le parent chez qui l'enfant vivait au début de l'année, parce que sa situation est appréciée au 1er janvier ;
– le parent chez qui l'enfant est venu vivre en cours d'année puisque, en raison de l'augmentation de ses charges de famille, sa situation est appréciée au 31 décembre (CE 22-6-2011 n° 330709 : RJF 10/11 n° 1022).
Des règles particulières s'appliquent l'**année des 18 ans** de l'enfant : l'enfant ne peut demander son rattachement qu'au foyer fiscal dont il faisait partie avant sa majorité ; il ne peut donc être rattaché qu'au parent chez lequel il résidait à titre principal au 1er janvier de l'année de sa majorité (CGI art. 6, 3-2°).

36985 En cas de modification du mode de résidence de l'enfant en cours d'année (**passage d'une résidence habituelle chez l'un des parents à une résidence alternée ou inversement**), l'administration estime que c'est le parent chez qui l'enfant a résidé à titre habituel une partie de l'année qui bénéficie de la majoration du quotient familial. Par exemple, si l'enfant a résidé au domicile de sa mère jusqu'au 31 mars, puis en alternance chez son père et sa mère à compter du 1er avril, l'administration attribue la majoration de quotient familial à la mère dès lors qu'elle est présumée avoir assumé la charge principale de l'enfant jusqu'au 31 mars, puis à parité avec le père à compter du 1er avril (BOI-IR-LIQ-10-10-10-10 n° 260).

RÉSIDENCE EN ALTERNANCE

La résidence en alternance suppose l'existence d'un **cycle présentant une certaine régularité**. **36990**
Lorsque la présence de l'enfant correspond à des périodes regroupées dans le temps, comme les vacances scolaires, il n'est pas considéré comme résidant alternativement chez chacun de ses parents (BOI-IR-LIQ-10-10-10-10 nos 140 et 150).

En cas de résidence alternée au domicile de chacun des parents, et sauf disposition contraire dans la décision judiciaire, la convention homologuée ou le simple accord des parents (ou encore la convention de divorce par consentement mutuel mentionnée à l'article 229-1 du Code civil), les enfants mineurs sont réputés être à la **charge égale** de leur père et de leur mère (CGI art. 194, I). Il s'agit d'une **présomption simple**, qui peut donc être écartée si l'un des parents prouve assumer seul la charge principale des enfants (pour une illustration, TA Lyon 2-7-2002 n° 98-1787 : RJF 11/02 n° 1206, solution rendue sous le régime antérieur mais transposable). Le versement ou la perception d'une pension alimentaire n'a en aucun cas à être pris en compte pour renverser la présomption de charge partagée (CE 28-12-2016 n° 393214 : RJF 3/17 n° 211). Cette position est conforme à celle de la doctrine administrative (BOI-IR-LIQ-10-10-10-10 n° 80).

La présomption ne joue qu'en l'absence de convention, décision ou accord. Elle ne peut être écartée que dans l'hypothèse où elle joue. Dans l'hypothèse où elle ne joue pas, la convention, décision ou accord répartissant la charge des enfants s'impose, même si la répartition effective de la charge s'en est écartée. Il appartient alors aux ex-conjoints d'obtenir une nouvelle décision de répartition différente de la charge ou de convenir d'une modification de la convention ou de l'accord (CE 24-1-2018 n° 399726 : RJF 4/18 n° 345).

Deux précisions :

– les **enfants majeurs** ne peuvent pas être considérés comme étant à charge égale de leurs père et mère ; ils ne peuvent être rattachés (dans les conditions exposées n° 7020) qu'à un seul de leurs parents (en ce sens, BOI-IR-LIQ-10-10-10-20 n° 70) ;

– s'agissant des **concubins**, seuls ceux qui sont séparés peuvent se partager la charge fiscale des enfants. Durant la vie commune (concubins non séparés), chaque enfant ne peut être pris en compte que par un seul de ses parents (BOI-IR-LIQ-10-10-10-10 n° 50).

ILLUSTRATIONS

Il y a, par **exemple**, résidence alternée, et la majoration du quotient familial doit être partagée entre les père et mère des enfants, lorsque (CAA Bordeaux 28-4-2009 n° 08BX00043 : La revue fiscale notariale 7-8/2010 art. 65 p. 17 concl. J.-M. Vié et note F. Douet) :

– les enfants passent une semaine sur deux, ainsi que la moitié des vacances scolaires, chez chacun de leurs parents ;

– chacun des parents assume la charge des enfants lorsqu'il les héberge ;

– les charges salariales de garde des enfants sont supportées à parts égales par les parents.

Le principe, le partage de quotient familial Lorsque les enfants sont réputés être à la charge égale de leurs père et mère, la **majoration de quotient familial** fait l'objet d'un **partage par moitié** entre les deux parents. Chacun des père et mère a droit à (CGI art. 194, I) : **36993**

– 0,25 part pour chacun des deux premiers enfants et 0,5 part à compter du troisième, lorsque le contribuable n'assume la charge exclusive ou principale d'aucun autre enfant ;

– 0,25 part pour le premier enfant et 0,5 part pour le deuxième, lorsque le contribuable assume également la charge exclusive ou principale d'un autre enfant ;

– 0,5 part pour chacun des enfants, lorsque le contribuable assume par ailleurs la charge exclusive ou principale d'au moins deux enfants.

Si l'un des enfants en résidence alternée est titulaire de la carte mobilité inclusion mention invalidité, il donne droit à 0,25 part supplémentaire (CGI art. 195, 2).

Si l'un ou l'autre des parents vit seul, il bénéficie de la moitié de la majoration de quotient familial accordée aux contribuables séparés ou divorcés, soit 0,25 part pour un seul enfant et 0,5 part pour au moins deux enfants dont la charge est réputée également partagée avec l'autre parent.

Les **plafonds** du quotient familial, et donc l'avantage maximal en impôt susceptible d'être retiré des majorations liées à la charge des enfants, sont également divisés par deux (CGI art. 197, I-2). **36995**

Pour l'imposition des revenus de 2023, le plafond du quotient familial est fixé à 880 € (soit 1 759 €/2) pour chaque quart de part accordé au titre des enfants réputés à charge égale des parents. Il est toutefois de :
– 2 075 € (soit 4 149 €/2) pour la demi-part accordée au titre de chacun des deux premiers enfants à charge des contribuables séparés ou divorcés vivant seuls qui entretiennent uniquement des enfants dont la charge est réputée également partagée avec l'autre parent ;
– 1 756 € (soit 3 512 €/2) pour le quart de part lié à l'invalidité de l'enfant.

37000 **Possibilité d'attribution à l'un des parents des majorations de quotient familial** En dépit de la résidence alternée, les parents ou le juge peuvent décider que l'enfant ne sera fiscalement rattaché qu'à un seul de ses parents. La majoration du quotient familial est alors attribuée à celui des parents que la **décision judiciaire**, la **convention homologuée** par le juge ou, le cas échéant, l'**accord des parents** (qui peut prendre la forme d'une convention de divorce par consentement mutuel sous signature privée) a désigné à cette fin (CGI art. 194, I). Ainsi, une ordonnance constatant l'accord des ex-conjoints prévoyant que les enfants, bien qu'étant en résidence alternée, sont à la charge exclusive de l'un d'eux, fait obstacle à ce que la charge soit réputée également répartie entre les parents (CE 24-1-2018 n° 399726 : RJF 4/18 n° 345).
Les parents doivent être en mesure de présenter ces documents sur demande de l'administration.
Lorsque l'attribution à l'un des parents des majorations de quotient familial résulte d'un accord des parents, cet accord doit être cosigné par eux. L'administration estime que l'accord doit être conforme à la réalité de la charge d'entretien de l'enfant (BOI-IR-LIQ-10-10-10-10 n°s 180 et 190).

37001 En cas de **changement ultérieur de la situation**, matérialisé par une nouvelle décision judiciaire, une nouvelle convention homologuée par le juge ou un nouvel accord cosigné par les parents, ceux-ci devront être en mesure de fournir le nouveau document concerné sur demande de l'administration (BOI-IR-LIQ-10-10-10-10 n° 180).
En ce qui concerne la détermination du parent titulaire de la majoration du quotient familial au titre de l'année du changement en cas de passage d'une résidence alternée à une résidence habituelle chez l'un des parents (ou inversement), voir n° 36985.

b. Conséquences de la répartition du quotient familial

PENSIONS ALIMENTAIRES VERSÉES POUR LES ENFANTS MINEURS

37050 Aucun cumul n'est autorisé entre la majoration du quotient familial et la déduction d'une pension alimentaire (CGI art. 156, II-2° –al. 2). Il en résulte les conséquences suivantes.
Si les **deux parents bénéficient de la majoration du quotient familial**, les pensions alimentaires qui seraient le cas échéant prévues ne sont pas déductibles pour celui qui les verse. Corrélativement, ces pensions ne sont pas imposables pour celui qui les reçoit (CGI art. 80 septies).
Lorsqu'**un seul des parents** est attributaire de la majoration du quotient familial, l'autre parent lui verse généralement une pension alimentaire pour l'entretien de l'enfant. Cette pension est déductible des revenus de son débiteur et imposable pour son bénéficiaire dans les conditions exposées n°s 37140 s.
Dans la situation, plus rare, où c'est le parent attributaire de la majoration du quotient familial qui verse une pension alimentaire pour l'enfant, il ne peut pas la déduire de ses revenus (CGI art. 156, II-2°-al. 2). Dès lors que la pension n'est pas déductible pour celui qui la verse, elle n'est pas imposable pour celui qui la reçoit.

AVANTAGES FISCAUX LIÉS AUX ENFANTS

37055 Il n'est pas question ici de faire une étude exhaustive des avantages fiscaux liés aux enfants, mais seulement d'indiquer les **règles de répartition** de ces avantages entre les parents qui ne font pas l'objet d'une imposition commune. Ces règles étant liées à l'octroi des majorations de quotient familial, il convient de distinguer selon que la charge fiscale des enfants est ou non partagée entre les parents.

37060 **En cas de partage des majorations de quotient familial entre les parents**
Lorsque les enfants mineurs sont réputés être à charge égale de leurs père et mère, les parents bénéficient tous deux des avantages fiscaux mais le montant de ces avantages est divisé par deux.
En matière d'**impôt sur le revenu**, il y a, par exemple, partage par deux entre les parents :
– de la majoration pour enfant à charge du crédit d'impôt pour emploi d'un salarié à domicile ;
– du crédit d'impôt pour frais de garde des jeunes enfants ;

– de la réduction d'impôt pour frais de scolarité des enfants à charge ;
– de l'abattement applicable, en cas de rattachement d'un enfant majeur chargé de famille, pour les enfants de la personne rattachée réputés à charge égale de leurs parents (CGI art. 196 B) ;
– des majorations pour enfant à charge du montant des dépenses prises en compte pour le calcul du crédit d'impôt pour certaines dépenses d'équipement de l'habitation principale (CGI art. 200 quater, 4).
La même règle de division par deux entre les parents s'applique pour déterminer les majorations applicables pour le calcul du revenu fiscal de référence ouvrant droit au bénéfice d'une exonération, d'un dégrèvement ou d'un plafonnement de **taxe foncière** (CGI art. 1417).

Un seul des parents est attributaire des majorations de quotient familial 37070

Le parent attributaire des majorations de quotient familial bénéficie seul des avantages fiscaux liés aux enfants à charge. L'autre parent peut seulement déduire la pension alimentaire qu'il verse pour l'entretien et l'éducation de ses enfants.

> **Précisions** Le fait que la mère chez qui réside l'enfant ait obtenu une réduction d'impôt pour **emploi d'une garde d'enfant à domicile** n'empêche pas le père de déduire, au titre de la pension alimentaire versée pour cet enfant, les sommes qu'il a versées pour rémunérer l'employée (CE 14-10-2009 n° 301709 : RJF 1/10 n° 1, BPAT 1/10 inf. 17, solution rendue à propos de concubins séparés).

REVENUS PERÇUS PAR LES ENFANTS À CHARGE

Les contribuables doivent déclarer les revenus des personnes qui sont fiscalement à leur charge. 37075
Si les **enfants** sont **réputés à charge égale de leurs père et mère**, leurs revenus sont, sauf preuve contraire, réputés également partagés entre les parents. Chacun des parents doit donc déclarer la moitié des revenus perçus par ses enfants (CGI art. 6, 1).
Lorsqu'**un seul des parents est attributaire des majorations de quotient familial**, il doit déclarer l'intégralité des revenus perçus par ses enfants.

CONSEIL

Dans la limite de trois fois le Smic mensuel, les salaires perçus par les **élèves et étudiants de moins de 26 ans** au 1er janvier sont exonérés d'impôt sur le revenu (CGI art. 81, 36°). Les parents ont ainsi intérêt à opter pour l'exonération (dans ce cas, les salaires n'ont pas à être déclarés). Les indemnités de **stage** et les revenus des **apprentis** sont également exonérés dans la limite du montant annuel du Smic (CGI art. 81 bis).

c. Intérêt du partage de la charge fiscale des enfants entre les parents

En cas de **résidence en alternance**, les parents ont la possibilité de partager entre eux la charge fiscale des enfants. Ce dispositif est-il intéressant ? Sans entrer dans les détails qui dépendent évidemment de la situation de chacun, on peut schématiquement distinguer deux situations, selon que la résidence en alternance s'accompagne ou non d'une pension alimentaire au titre de la contribution à l'entretien et à l'éducation des enfants. 37100

En l'**absence de pension alimentaire**, le partage de la charge fiscale de l'enfant est une solution a priori équitable. 37105
Lorsqu'une **pension alimentaire** est **prévue** du fait notamment de l'écart de revenus entre les parents, le partage des avantages fiscaux est rarement une solution avantageuse, tout au moins pour celui qui verse la pension. En effet, l'avantage fiscal tiré de la déduction d'une pension alimentaire est généralement supérieur à celui procuré par un quart (ou une moitié si le contribuable vit seul) de part de quotient familial dont le montant est plafonné. Quant aux autres avantages fiscaux, à diviser par deux, leur montant est rarement suffisamment élevé pour peser sur la balance, même si ces avantages doivent bien entendu être pris en compte.

EXEMPLE

Deux époux A et B divorcent en janvier 2024, leur convention homologuée par le juge organise la résidence alternée de leur enfant unique une semaine sur deux. Le taux marginal d'imposition de A est de 41 %. A verse une pension alimentaire de 500 € par mois à B pour l'entretien de leur enfant.

1. En cas de partage de la charge fiscale de l'enfant.
A ne pourra pas déduire la pension alimentaire qu'il verse.
Il bénéficiera d'une majoration de 0,5 part de quotient familial supplémentaire s'il vit seul (voir toutefois n° 9525), l'avantage fiscal en résultant étant plafonné à 2 075 € (soit 4 149 €/2).
Si A est remarié ou vit en concubinage, la majoration de son quotient familial sera de 0,25 part avec un plafonnement fixé à 880 € (soit 1 759 €/2).
2. En cas de désignation de B comme attributaire de la majoration du quotient familial.
A ne bénéficiera d'aucune majoration du quotient familial mais pourra déduire la pension alimentaire qu'il verse (6 000 € par an), soit une économie d'impôt de 2 460 €.

37110 Les parents doivent en tout état de cause faire une **simulation** pour déterminer la solution la plus intéressante fiscalement compte tenu de leur taux marginal d'imposition, du montant de la pension et des effets du quotient familial (sans oublier le plafonnement). Devront également être prises en compte les autres conséquences du choix en matière d'impôt sur le revenu (réductions d'impôt, notamment) et de taxe foncière.
Si le **partage de la charge fiscale** des enfants est **défavorable aux parents**, il leur suffira de désigner (ou de demander au juge de désigner) le parent bénéficiaire de la pension comme attributaire de la charge fiscale de l'enfant.
Si le **partage** est **favorable à l'un et défavorable à l'autre**, il est souhaitable que les parents (et/ou leurs avocats) prennent ce paramètre en compte pour la fixation du montant de la pension alimentaire.

2. TRAITEMENT FISCAL DE LA CONTRIBUTION À L'ENTRETIEN ET À L'ÉDUCATION DES ENFANTS

a. Cas où un seul des parents a la charge fiscale des enfants

SITUATION DU DÉBITEUR DE LA PENSION

37140 Les pensions alimentaires sont en principe déductibles des revenus du parent qui les verse pour leur **montant fixé** dans la décision judiciaire, la convention homologuée par le juge, la convention de divorce par consentement mutuel sous signature privée ou, à défaut, l'accord des parents (CGI art. 156, II-2°).
Par exception, si le montant de la pension a été fixé par une décision judiciaire devenue définitive avant le 1er janvier 2006, la pension est déductible pour 125 % de son montant (CGI art. 158, 7-3°).
Les **augmentations annuelles** liées au jeu de la clause d'indexation sont également déductibles. Il en va de même en cas de revalorisation amiable du montant initialement fixé, si le montant versé est proportionné aux ressources du débiteur et aux besoins de l'enfant (CGI art. 156, II-2° ; BOI-IR-BASE-20-30-20-50 n° 20).

37145 Les **dépenses en nature financées spontanément** en complément de la pension initiale sont déductibles si elles présentent le caractère d'aliments au sens de l'article 208 du Code civil (prise en charge de frais de scolarité, de cantine, de dépenses médicales, par exemple), à condition qu'il soit justifié que la dépense est effectivement assumée pour son montant réel par la personne qui s'en prévaut (BOI-IR-BASE-20-30-20-50 n° 50).
En revanche, les **frais directement exposés** dans l'exercice du droit de visite et d'hébergement ainsi que les subsides correspondant, par exemple, à des cadeaux ou à des aides ponctuelles de quelque sorte que ce soit ne sont pas déductibles (BOI précité nos 60 et 70).

37150 Tant que l'**enfant** est **mineur**, la déduction peut être opérée sans limitation de montant.
Lorsque la pension continue à être versée après la majorité de l'enfant, la déduction reste possible, même si le maintien des versements au-delà des 18 ans de l'enfant n'a pas été prévu par la décision judiciaire qui en avait ordonné le versement (CAA Douai 28-11-2000 n° 97-12636 : RJF 6/01 n° 744). Cependant, le montant déductible est plafonné (CGI art. 156, II-2°), sans qu'il y ait lieu de distinguer selon que la pension est versée à l'autre parent ou directement à l'enfant majeur (CAA Lyon 14-6-2007 n° 04-578 : RJF 12/07 n° 1375). Même si la pension est versée en exécution d'une décision de justice, son montant déductible est plafonné (CAA Nancy 18-3-2021 n° 19NC02195 : BPAT 3/21 inf. 109).
Le plafond de déduction est fixé à 6 674 € pour l'imposition des revenus de 2023.

SITUATION DU BÉNÉFICIAIRE DE LA PENSION

37155 Les sommes reçues sont imposables à l'impôt sur le revenu dans la catégorie des pensions, selon les règles exposées n° 9891. Même versées sous forme de prestations en nature par l'ex-époux, les pensions sont imposables au même titre que celles versées en numéraire (CE 5-7-2021 n° 434517 : RJF 10/21 n° 907, à propos de la prise en charge de frais de scolarité, d'activités extrascolaires et de la rémunération d'une employée de maison).

La circonstance que le débiteur n'ait pas effectivement déduit les pensions versées de son revenu est sans incidence sur le caractère taxable des pensions pour leur bénéficiaire (CAA Versailles 12-7-2022 n° 21VE00789 ; CE (na) 27-2-2023 n° 467532 : RJF 5/23 n° 346).

Si la pension continue à être versée **après les 18 ans** de l'enfant, les sommes reçues ne sont imposables que dans la limite de déduction indiquée ci-avant n° 37150 (CGI art. 80 septies). Si le parent reçoit davantage, il n'a pas à porter l'excédent sur sa déclaration de revenus.

ATTENTION

Les **sommes versées avant le jugement de divorce** pour l'entretien et l'éducation des enfants sont imposables pour leur bénéficiaire (TA Paris 28-2-2007 n° 01-10111 : RJF 10/07 n° 1047).

CAS PARTICULIER : VERSEMENT D'UN CAPITAL

Bien que ce soit rare en pratique, la pension alimentaire aux enfants peut prendre la forme d'un capital : le parent débiteur verse alors ce capital à un organisme qui se charge de payer une rente pour l'éducation de l'enfant. **37160**

Pour le calcul de l'impôt, ce capital est divisé par le nombre d'années restant à courir jusqu'aux 18 ans de l'enfant. Les règles d'imposition diffèrent selon que le résultat de ce calcul excède ou non 2 700 € par an :

– **jusqu'à 2 700 €** par an, le montant obtenu suit le régime des pensions alimentaires (CGI art. 80 quater). Il est déductible des revenus de celui qui a versé le capital et corrélativement imposable pour le parent bénéficiaire, selon les modalités respectivement exposées n°s 9890 (étant précisé que la majoration de 25 % n'est pas applicable) et 9891. Pour obtenir la déduction, le parent qui a versé le capital doit conserver dans ses archives personnelles l'attestation délivrée par l'organisme qui verse la rente en cas de demande de justification par l'administration fiscale (CGI art. 156, II-2° et ann. II art. 91 quinquies) ;

– **au-delà de 2 700 €** par an, il n'y a plus ni déduction ni imposition à l'impôt sur le revenu. Il y a en revanche taxation aux droits de donation, l'impôt étant calculé comme s'il y avait eu une donation de parent à enfant (CGI art. 757 A).

EXEMPLE

Le jugement de divorce devenu définitif en N décide que le père versera un capital de 60 000 € pour son fils âgé de huit ans, qui vit à titre principal chez sa mère. La conversion du capital en rente donne un résultat de 6 000 € par an (60 000 €/10 ans). On a alors :

– 2 700 € qui, pendant dix ans, seront déductibles chaque année des revenus du père et imposables en tant que pension pour la mère ;

– 33 000 € (soit 60 000 € – 27 000 €) imposables en tant que donation du père au fils. S'il n'y a pas eu de donation antérieure du père au fils, seul le droit fixe de 125 € sera perçu puisque le montant donné est inférieur à l'abattement applicable aux donations entre parent et enfant.

b. En cas de partage de la charge fiscale des enfants

Lorsque les deux parents bénéficient de la majoration du quotient familial pour leurs enfants mineurs, les **pensions alimentaires** sont **neutralisées** : aucune déduction ne peut être pratiquée par le parent qui la verse (CGI art. 156, II-2°-al. 2). Corrélativement, le parent qui reçoit la pension n'a pas à la déclarer (CGI art. 80 septies). **37190**

3. DÉBLOCAGE ANTICIPÉ DE L'ÉPARGNE SALARIALE

À condition qu'il y ait une convention ou, une décision judiciaire prévoyant la résidence habituelle, unique ou partagée, d'**au moins un enfant à son domicile**, le salarié qui divorce, se sépare ou rompt un Pacs peut demander le déblocage anticipé de tout ou partie des droits qu'il a acquis au titre de sa participation ou de son plan épargne entreprise et qui n'ont pas fait l'objet d'une perception immédiate (C. trav. art. R 3324-22, 3° et R 3332-28). En cas de résidence alternée de l'enfant chez l'un ou l'autre parent, le droit au déblocage peut être exercé par les deux parents (Guide de l'épargne salariale). **37255**

La demande doit intervenir dans les six mois du fait générateur (C. trav. art. R 3324-23).

Les sommes débloquées sont exonérées d'**impôt sur le revenu** (CGI art. 163 bis AA).

E. Séparation des parents et protection sociale

1. PRESTATIONS FAMILIALES ET SOCIALES

QUALITÉ D'ALLOCATAIRE

37300 Le droit aux prestations familiales (allocations familiales proprement dites et autres prestations) est en principe reconnu à une seule personne : celle qui assume la **charge effective et permanente** de l'enfant (CSS art. L 513-1). En cas de séparation, l'allocataire est donc le **parent avec lequel vit l'enfant** (CSS art. R 513-1, al. 3 ; Cass. 2e civ. 3-7-2008 no 07-15.763 : RJS 10/08 no 1037).

37305 **En cas de résidence en alternance** Les **allocations familiales** peuvent être partagées entre les parents (CSS art. L 521-2). Si les parents n'ont pas désigné d'allocataire unique, ils se voient tous deux reconnaître la qualité d'allocataire ; ils peuvent d'ailleurs faire une demande conjointe en ce sens (CSS art. R 521-2).

Le partage des allocations n'est pas **subordonné** à la minorité ou à l'absence d'émancipation de l'enfant. Seule la mise en œuvre effective de la résidence alternée est nécessaire (Cass. 2e civ. 14-1-2010 no 09-13.061 : RJS 3/10 no 291).

Lorsque les parents ont désigné un allocataire unique ou fait une demande conjointe de partage, ils ne peuvent **remettre en cause** les modalités ainsi choisies qu'au bout d'un an, sauf modification des modalités de résidence du ou des enfants.

Les allocations dues à chacun sont égales au **montant** des allocations familiales dues pour le total des enfants à charge, multiplié par un coefficient résultant du rapport entre le nombre moyen d'enfants et le nombre total d'enfants (CSS art. R 521-3).

Le nombre moyen d'enfants, pour chaque foyer, est obtenu en faisant la somme du nombre d'enfants à charge dans les conditions suivantes :

– chaque enfant en résidence alternée compte pour 0,5 ;

– les autres enfants à charge comptent pour 1.

Le nombre total d'enfants, pour chaque foyer, est obtenu en faisant la somme du ou des enfants en résidence alternée et, le cas échéant, du ou des autres enfants à charge.

EXEMPLE

M. et Mme Séfini ont deux enfants. Ils se séparent avec les deux enfants en résidence alternée. M. Séfini vit avec Mme Nouvelle qui a trois enfants en résidence permanente.

Droit de Mme Séfini : (0,5 + 0, 5)/2 = 1/2 du montant des allocations familiales pour deux enfants. Mme Séfini a droit à la moitié des allocations familiales pour deux enfants.

Droit de M. Séfini et Mme Nouvelle : (3 + 0, 5 + 0, 5)/5 = 4/5 du montant des allocations familiales pour cinq enfants. M. Séfini et Mme Nouvelle ont droit à 4/5e des allocations familiales pour cinq enfants.

37315 Les prestations familiales **autres que les allocations familiales** ne peuvent pas être partagées (pour des exemples d'application de cette règle, voir Cass. 2e civ. 30-3-2017 no 16-13.720 F-D : BPAT 3/17 no 99 et Cass. 2e civ. 3-6-2021 no 20-13.519 F-D). Les parents doivent désigner d'un commun accord celui qui les percevra.

En cas de désaccord, si un jugement désigne le destinataire des prestations, elles sont versées à la personne désignée. En l'absence d'un tel jugement, une médiation familiale peut être envisagée. À défaut, le litige est examiné par la commission de recours amiable de la CAF, puis par le tribunal judiciaire compétent.

Sur le partage du complément de libre choix du mode de garde **(CMG)**, voir no 37340.

37318 L'application de cette règle d'unicité de l'allocataire suscite de nombreux contentieux et la question d'une **réforme** ressurgit régulièrement.

Saisi plusieurs fois de la question, le **Défenseur des droits** a estimé que cette mesure est discriminatoire et contraire à l'intérêt supérieur de l'enfant (Déf. droits 2020-170 du 16-9-2020 : BAF 1/21 inf. 170 ; Déf. droits 2020-196 du 8-10-2020). Il a également considéré que cette règle est contraire au principe constitutionnel d'égalité devant la loi, du fait de la différence de réglementation s'agissant des allocations familiales et aides au logement et des autres prestations familiales (Déf. droits 2020-188 du 24-9-2020).

Le **Conseil d'État** a, quant à lui, jugé que l'article R 513-1 du Code de la sécurité sociale (qui fixe le principe de l'unicité de l'allocataire) méconnaît l'article L 513-1 du même Code qui lie l'attribution des prestations à la charge effective et permanente de l'enfant : dans le cas où les enfants sont en résidence alternée, l'un et l'autre des parents sont considérés comme assumant cette charge effective et permanente. L'attribution d'une prestation ne saurait donc être refusée à l'un ou l'autre des deux parents au seul motif que l'autre parent en bénéficie, sauf si la loi en dispose autrement. Le Conseil d'État a donc enjoint le Gouvernement de modifier l'article R 513-1 dans un délai de six mois suivant la décision, sans astreinte (CE 19-5-2021 n° 435429 : BPAT 4/21 n° 168).

Pour autant, la législation n'a pas été modifiée et, interrogé de nombreuses fois sur le sujet, le **Gouvernement** a toujours refusé d'initier une réforme. Il invoque le fait qu'outre la complexité administrative que cela engendrerait, prendre en compte la résidence alternée pour le calcul de prestations pourrait conduire à réduire les droits actuellement octroyés principalement aux femmes qui ont généralement des revenus plus faibles, sans pour autant toujours ouvrir plus de droit à l'autre parent lorsque les revenus de celui-ci sont supérieurs au plafond de ressources. Le partage pourrait ainsi s'avérer contraire à l'intérêt supérieur de l'enfant (Rép. Joseph : Sén. 31-12-2020 n° 19615).

En dernier lieu, la **Cour de cassation**, saisie d'un litige relatif à l'allocation d'éducation de l'enfant handicapé, a considéré que les règles particulières applicables à cette prestation en interdisaient le partage entre les parents en cas de résidence alternée (Cass. 2e civ. 25-11-2021 n° 19-25.456 FS-BR : RJS 2/22 n° 107). Pour autant, la Cour de cassation ne fait pas barrage à tout partage des prestations, admettant cette possibilité lorsque les règles applicables à la prestation ne la rendent pas impossible.

CONSEIL

Des solutions existent pour **pallier l'absence de partage** des prestations. Ainsi, les parents peuvent demander conjointement une alternance de l'allocataire après une période minimale d'un an. Cette alternance peut au besoin être demandée devant les tribunaux (Cass. avis n° 06-005 du 26-6-2006 : Bull. avis n° 4). Ils peuvent également prendre en compte le versement des prestations à l'un ou l'autre d'entre eux dans la fixation de la contribution à l'entretien et à l'éducation des enfants, le cas échéant ou encore partager les frais de l'enfant de façon inégalitaire prenant en compte le montant des prestations reçues.

APPRÉCIATION DES RESSOURCES

S'agissant des prestations sous condition de ressources, il n'est tenu compte, en cas de divorce ou de séparation, que des ressources perçues par le **parent qui conserve la charge du ou des enfants** au cours de l'année civile de référence (CSS art. R 532-4). Autrement dit, si l'un des parents se retrouve seul pour élever les enfants, la caisse d'allocations familiales ne prend pas en compte les revenus de son ancien conjoint, partenaire de Pacs ou concubin au cours de l'année de référence. **37320**

Cette mesure de neutralisation s'applique dès le premier jour du mois civil suivant celui au cours duquel intervient le changement de situation et jusqu'au dernier jour du mois civil précédant celui au cours duquel prend fin la situation considérée.

La caisse d'allocations familiales tient compte des **pensions alimentaires** dont l'ex-conjoint, partenaire de Pacs ou concubin est redevable soit pour les déduire de ses ressources (CSS art. R 532-3), soit pour les comptabiliser dans les ressources du bénéficiaire, sauf si l'intéressé prouve que ces pensions ne lui sont pas versées bien qu'il ait mis en œuvre les moyens légaux pour les percevoir. **37321**

ALLOCATION DE SOUTIEN FAMILIAL

La personne séparée dont l'ex-conjoint, partenaire de Pacs ou compagnon est hors d'état de payer la pension alimentaire ou se soustrait volontairement à son obligation peut prétendre à l'allocation de soutien familial : voir nos 47120 s. **37325**

RÈGLES SPÉCIFIQUES À CERTAINES PRESTATIONS

Revenu de solidarité active majoré Peut en bénéficier le **parent isolé** qui remplit les **conditions** suivantes : **37330**

– assumer seul, sur une certaine période, la charge effective et permanente d'un ou de plusieurs enfants, ou être enceinte et avoir effectué la déclaration de grossesse et les examens prénataux (CASF art. L 262-9). Sont concernées les personnes isolées maritalement et économiquement, c'est-à-dire celles qui ne vivent pas en couple (remariage, Pacs ou concubinage) et qui, notamment, ne mettent pas en commun leurs ressources et leurs charges avec un conjoint, un concubin ou un partenaire de Pacs. En cas de résidence alternée des enfants, chaque parent est considéré comme assumant la charge effective et permanente des enfants et peut donc bénéficier de la moitié de la majoration pour parent isolé ainsi que de la majoration pour enfant à charge, sauf accord ou décision judiciaire contraire, dès lors qu'il remplit les autres conditions (CE 21-7-2017 n° 398911 : BPAT 5/17 n° 181) ;

– disposer de faibles revenus. Le parent isolé ne peut percevoir l'allocation que si la moyenne de ses ressources mensuelles des trois derniers mois est inférieure au revenu garanti par le RSA (CASF art. L 262-2), lequel varie selon la composition du foyer ;

– avoir fait valoir ses droits (CASF art. R 262-46) à toutes les prestations sociales, légales, réglementaires et conventionnelles dans un délai de deux mois à compter du dépôt de la demande de RSA ;

– avoir fait valoir ses droits à aliments (pension alimentaire, contribution aux charges du mariage, prestation compensatoire) dans un délai de quatre mois à compter du dépôt de la demande de RSA (CASF art. R 262-46). Par exception, l'intéressé peut demander à être dispensé de faire valoir ses droits s'il justifie d'un motif légitime ou si le débiteur d'aliments est hors d'état de remplir ses obligations ;

– s'engager dans un parcours d'insertion, condition exigée des allocataires sans emploi et dont les ressources sont inférieures au montant forfaitaire du RSA (CASF art. L 262-28).

37331 Le **montant** perçu varie selon que l'intéressé dispose ou non de ressources.
Celui qui est sans ressource a droit à la totalité du montant forfaitaire majoré, calculé selon la composition du foyer (CASF art. R 262-1).
L'intéressé qui dispose d'un revenu perçoit une allocation différentielle.

37332 Le **droit au RSA majoré** est **ouvert à la date** à laquelle une personne qui a un ou plusieurs enfants doit, du fait qu'elle devient isolée, en assumer désormais la charge effective et permanente.
Il est **versé pendant 12 mois** consécutifs à compter du premier jour du mois civil de présentation de la demande, dans la limite de 18 mois à partir de la date d'ouverture du droit. À l'issue de cette période, le versement peut être prolongé jusqu'aux trois ans du plus jeune enfant à charge (CASF art. R 262-2).

37335 **Aide personnalisée au logement** Le montant des APL (aides personnelles au logement) est fonction, entre autres critères, du nombre de personnes à charge vivant habituellement au foyer. Pour ce calcul, l'enfant à charge est rattaché à la personne qui en assume la charge effective et permanente. En cas de **résidence alternée**, les parents désignent le bénéficiaire de l'aide. Cependant la charge de l'enfant peut être partagée entre les deux parents, soit sur leur demande conjointe, soit, en cas de désaccord, selon des modalités définies par décret (CCH art. L 823-2). Ces modalités ne peuvent être remises en cause par les parents qu'au bout d'un an, sauf modification, avant cette échéance, des modalités de résidence de l'enfant (CCH art. R 823-5).

> **Précisions** Cette disposition consacre la jurisprudence du **Conseil d'État** qui avait considéré qu'en cas de résidence alternée des enfants, chaque parent peut bénéficier de l'aide personnalisée au logement au titre de la période cumulée pendant laquelle il accueille l'enfant à domicile au cours de l'année (CE 21-7-2017 n° 398563 : BPAT 5/17 n° 181).

37340 **Complément du libre choix du mode de garde** Le montant du complément de libre choix du mode de garde (CMG) est majoré de 30 % pour les personnes assumant seules la charge du ou des enfants (CSS art. L 531-6 ; Décret 2018-312 du 26-4-2018).

> **Précisions** À compter d'une date fixée par décret (à paraître), et au plus tard le 1er décembre 2025, le CMG pourra être **partagé entre les parents** dont les enfants sont en résidence alternée (CSS art. L 531-5, V, issu de loi 2022-1616 du 23-12-2022).

2. ASSURANCE MALADIE-MATERNITÉ

37400 Les enfants mineurs de parents tous deux assurés d'un régime d'assurance maladie-maternité peuvent être rattachés en qualité d'ayant droit à **chacun des deux parents** (CSS art. L 161-15-3).
La solution n'est pas différente en cas de séparation des parents : que l'enfant soit en **résidence en alternance** chez les deux parents ou qu'il **réside habituellement chez l'un des parents**, il peut être rattaché à ses deux parents à la fois. Chacun d'eux peut donc se faire rembourser par la caisse à laquelle il est affilié les frais médicaux qu'il a engagés pour l'enfant.

Les **modalités pratiques** de ce droit : chaque parent doit faire une demande de rattachement auprès de la caisse primaire d'assurance maladie. Cette demande peut être effectuée et modifiée à tout moment. À défaut de demande des parents, les prestations sont versées à celui des deux qui effectue la première demande de remboursement de soins (CSS art. R 161-8). **37400** (suite)

Les **enfants majeurs** (voire à partir de 16 ans), même s'ils résident chez leurs parents, sont affiliés à titre personnel à l'assurance maladie-maternité dès lors qu'ils résident de manière stable et régulière en France (CSS art. 160-1).

CHAPITRE 2

AMÉNAGEMENTS DE L'AUTORITÉ PARENTALE

SOMMAIRE

SECTION 1

INTERVENTION DE TIERS SANS ATTEINTE AUX DROITS DES PARENTS

RELATIONS DE L'ENFANT AVEC SES GRANDS-PARENTS

38000 Le droit de surveillance des parents ne les autorise pas à faire obstacle aux relations entre l'enfant et ses grands-parents et arrière-grands-parents : entretenir des relations personnelles avec ses ascendants est un **droit de l'enfant** (C. civ. art. 371-4, al. 1).

38001 **En cas de difficulté**, l'enfant représenté par un mandataire ad hoc et/ou ses grands-parents peuvent demander un droit de correspondance ainsi qu'un droit de visite et d'hébergement.
Ils doivent saisir le **juge aux affaires familiales** du lieu où demeure le mineur et mettre en cause les deux parents ainsi que le procureur de la République ; la représentation par avocat est obligatoire (CPC art. 1180).
Avant de statuer et pour bien comprendre les enjeux familiaux, le juge peut ordonner une enquête sociale ou médico-psychologique. Il peut aussi entendre l'enfant ou proposer une médiation.

38002 Le juge **fait droit à la demande**, sauf si l'intérêt de l'enfant s'y oppose (C. civ. art. 371-4). Son appréciation est souveraine (Cass. 1e civ. 13-12-1989 n° 87-20.205 : Bull. civ. I n° 389 ; Cass. 1e civ. 14-1-2009 n° 08-11.035 : AJ fam. 2009 p. 128 obs. Brusorio-Aillaud). Dans le cas où l'un des parents est décédé, les juges sont généralement très attentifs à ce que les enfants maintiennent des relations avec la branche familiale ainsi amputée (Cass. 1e civ. 15-2-2023 n° 21-18.498 F-D : BPAT 2/23 inf. 72).

C'est à celui qui prétend que les relations avec les grands-parents seraient néfastes pour leur petit-enfant de le prouver.
N'y suffit pas le comportement du fils ou de la fille des grands-parents. Par exemple, des grands-parents paternels ont obtenu un droit de visite et d'hébergement bien que le père des enfants vive chez eux et qu'il ait été privé de tout droit de visite (Cass. 1e civ. 11-6-2008 nº 07-11.425) ou bien qu'il ait tenté d'assassiner la mère des enfants (CA Lyon 10-9-2012 nº 11/02956).
De la même façon, l'existence d'un conflit, même important, entre les parents et les grands-parents ne constitue pas forcément un motif faisant obstacle aux relations avec les petits-enfants (pour des exemples, Cass. 1e civ. 14-1-2009 nº 08-11.035 ; CA Besançon 16-10-2015 nº 14/00926, 2e ch. ; Cass. 1e civ. 13-6-2019 nº 18-12.389 FS-PB : BPAT 5/19 inf. 177). Il faut que le conflit mette en péril l'équilibre psychologique et affectif de l'enfant. Un droit de visite et d'hébergement a ainsi pu être refusé au motif que :
– il était improbable que les enfants puissent être épargnés par le conflit existant entre la mère et la grand-mère, que la douleur de la mère devrait être portée par les enfants, trop jeunes encore pour se forger une conviction propre, et que les perturbations de la personnalité de la grand-mère pourraient être préjudiciables aux enfants (Cass. 1e civ. 20-5-2009 nº 08-15.333) ;
– la réelle mésentente entre la mère et la grand-mère constitue un motif grave mettant obstacle à une relation saine et épanouissante pour l'enfant (CA Lyon 24-6-2009 nº 08-6202, 2e ch. sect. B : BICC 15-10-2009 nº 1320) ;
– l'animosité d'une grand-mère à l'égard de sa belle-fille et son attitude procédurière ne pouvaient être que préjudiciables à l'enfant et source de perturbations à mesure qu'il grandira (Cass. 1e civ. 26-6-2019 nº 18-19.017).

Le juge définit les **modalités** du droit accordé aux grands-parents, qui peuvent être très variables : un dimanche ou un week-end tous les x mois ; une ou plusieurs semaines de vacances, etc. (pour un exemple, Cass. 1e civ. 15-2-2023 nº 21-18.498 F-D : BPAT 2/23 inf. 72) : **38003**
Le juge peut exiger que ce droit s'exerce dans un espace de rencontre ou en présence d'un tiers. Si les parents sont divorcés ou séparés, il peut, pour ne pas multiplier les droits de visite et d'hébergement, prévoir que les grands-parents exerceront leur droit en même temps que leur propre fille ou fils.

> **Précisions** Le juge, lorsqu'il décide que le droit de visite d'un grand-parent s'exercera dans un espace de rencontre, n'a pas à fixer la **périodicité et la durée des rencontres** avec l'enfant. Il peut déléguer au point de rencontre le pouvoir de préciser les modalités concrètes de ce droit de visite (Cass. 1e civ. 13-6-2019 nº 18-12.389 FS-PB : BPAT 5/19 inf. 177).

RELATIONS DE L'ENFANT AVEC UN TIERS

Un tiers peut demander au juge aux affaires familiales un droit de correspondance ou un droit de visite et d'hébergement. Peu importe que ce tiers soit un **parent ou non** de l'enfant. Est en particulier visé « celui qui a résidé de manière stable avec lui et l'un de ses parents, a pourvu à son éducation, à son entretien ou à son installation, et a noué avec lui des liens affectifs durables » (C. civ. art. 371-4). Ce visa exprès constitue une reconnaissance du « **parent social** » et notamment du parent non statutaire au sein des familles homoparentales ainsi que du beau-parent de l'enfant qui a une filiation paternelle et maternelle établie. Le juge est donc invité à prêter une oreille attentive à celui qui remplit les trois conditions précitées : une résidence stable avec l'enfant ; l'apport d'un soutien matériel et enfin l'existence de liens affectifs durables. **38030**
Cela dit, le juge statue au regard du seul **intérêt de l'enfant** (C. civ art. 371-4, al. 2). Le parent social n'a pas un traitement différent des autres tiers. Notamment, le maintien des relations avec lui n'est pas présumé être de l'intérêt de l'enfant, contrairement à ce qui existe pour les grands-parents ; c'est au parent social d'en rapporter la preuve.

ILLUSTRATIONS

Prouvent que leur demande est **conforme à l'intérêt de l'enfant** :
– l'ex-compagne de la mère avec qui celle-ci avait un projet parental commun au moment de la conception de l'enfant et avec qui l'enfant a noué un lien affectif durable, quand bien même la mère a un nouveau compagnon (Cass. 1e civ. 13-7-2017 nº 16-24.084 FS-PB : BPAT 5/17 inf. 182 ; dans le même sens, TGI Créteil 24-12-2013 nº 13/00875 : AJ fam. 2014 p. 118 obs. F. Ferdeaux-Gacogne) ;
– la grand-tante, seule femme à représenter dans la ligne maternelle la génération de la grand-mère de l'enfant et ayant entretenu avec la mère, décédée depuis, des liens familiaux très étroits (Cass. 1e civ. 25-2-2009 nº 07-17.595) ;

– l'homme qui a élevé l'enfant mais dont la paternité a été annulée (Cass. 1e civ. 18-5-2005 n° 02-16.336 : Bull. civ. I n° 211) ;
– la demi-sœur séparée de l'enfant à la suite du décès de leur mère commune (Cass. 1e civ. 4-11-1987 n° 85-18.190 : Bull. civ. I n° 284) ;
– les grands-parents biologiques de l'enfant qui a fait l'objet d'une adoption plénière (Cass. 1e civ. 21-7-1987 n° 85-15.521 : Bull. civ. I n° 235). Une telle adoption faisant disparaître les liens de l'enfant avec sa famille biologique, ses grands-parents ne pouvaient pas se prévaloir de leur ascendance. Ils ont obtenu un droit de visite en qualité de « tiers ».

En revanche, n'est **pas conforme** à l'intérêt de l'enfant l'instauration d'un droit de visite et d'hébergement au profit :
– de la personne qui, dans le cadre d'un parrainage bénévole sous l'égide du Centre français de protection de l'enfant, a apporté son soutien affectif et éducatif à une enfant durant sept ans, la mère ayant mis fin à ce parrainage, les relations entre les deux femmes étant devenues conflictuelles (Cass. 1e civ. 15-2-2012 n° 11-10.344 : BPAT 2/12 inf. 89) ;
– de l'ex-concubine de la mère, celle-ci étant devenue étrangère à l'enfant depuis leur rupture trois ans auparavant, même si les conditions de résidence stable, de soutien matériel et de relations durables étaient remplies (Cass. 1e civ. 23-10-2013 n° 12-20.560 F-D) ;
– de l'ex-compagne de la mère qui entretient avec celle-ci un climat passionnel, l'enfant s'étant par ailleurs montré franchement hostile à la mise en place du droit de visite (CA Paris 5-6-2014 n° 14-01098 : JCP G 2014 p. 931 obs. G. Kessler) ou dont le comportement véhément et emporté en présence de l'enfant est de nature à perturber son équilibre psychique et en l'absence d'une relation forte et de l'existence d'un lien d'affection durable à l'issue de la séparation (Cass. 1e civ. 24-6-2020 n° 19-15.198 : AJ fam. 2020 p. 481 obs. J. Houssier) ;
– de l'ex-épouse de la mère qui n'a été qu'associée au projet de maternité, n'a pas tenu à établir de liens de droit durables avec l'enfant n'ayant engagé aucune procédure d'adoption de l'enfant pendant le temps de son mariage, n'a élevé ce dernier que jusqu'à l'âge de deux ans, et enfin, qui n'établit pas pouvoir accueillir sereinement l'enfant, alors que celui-ci paraît souffrir de la situation de conflit liée à la séparation du couple (Cass. 1e civ. 26-6-2019 n° 18-17.767 F-D) ;
– de l'ex-partenaire pacsée de la mère, cette dernière ne justifiant pas de liens affectifs durables avec l'enfant ni d'une durée significative durant laquelle elle aurait pourvu à son éducation et à son entretien ; l'enfant étant âgé de moins de six mois lors de la séparation (Cass. 1e civ. 26-6-2019 n° 18-18.548 F-D).

ENFANT CONFIÉ À UN TIERS

38050 À titre exceptionnel, l'enfant peut être confié à un tiers si son intérêt l'exige (C. civ. art. 373-3, al. 1). La loi envisage cette possibilité « notamment » lorsque l'un des parents est **privé de l'exercice de l'autorité parentale**.

Cette hypothèse n'a donc rien d'exclusif. Jugé par exemple que le fait que la mère soit **titulaire de l'exercice** de l'autorité parentale n'empêche pas de confier l'enfant à l'homme qui l'a élevé et dont la reconnaissance a été annulée à la suite de l'action en contestation de paternité engagée par la mère (Cass. 1e civ. 25-2-2009 n° 07-14.849 : Bull. civ. I n° 38, JCP G 2009 II n° 10076 note M. Brusorio-Aillaud, AJ fam. 2009 p. 171, D. 2009 AJ p. 811 note V. Egéa ; pour une critique de la solution, RTD civ. 2009 p. 309 note J. Hauser).

Dans des circonstances exceptionnelles, le juge peut également confier l'enfant à un tiers lorsqu'il statue sur les modalités d'exercice de l'autorité parentale **après la séparation des parents**. Il peut décider qu'en cas de décès de celui qui exerce l'autorité parentale, l'enfant ne sera pas confié au survivant mais à un tiers ; le juge peut, mais ce n'est pas obligatoire, désigner le tiers auquel l'enfant sera provisoirement confié (C. civ. art. 373-3, al. 2). L'objectif de cette règle est de faire échec au principe selon lequel, en cas de décès ou d'incapacité du parent qui exerce l'autorité parentale de manifester sa volonté, l'exercice de cette autorité revient à l'autre parent (C. civ. art. 373-1 et 373-3, al. 1).

> **Précisions** L'enfant peut être confié à un tiers dans le cadre d'**autres procédures** et notamment dans le cadre d'une procédure relative à :
> – la filiation du mineur. Le tribunal judiciaire saisi sur l'établissement d'une filiation peut confier provisoirement l'enfant à un tiers qui sera chargé de requérir l'organisation de la tutelle (C. civ. art. 374-1) ;
> – une décision de retrait de l'autorité parentale : voir n° 39380.

38053 **Procédure** La décision de confier l'enfant à un tiers relève du **juge aux affaires familiales** et intervient soit au moment où le problème se pose, c'est-à-dire souvent au décès du parent qui exerçait l'autorité parentale, soit par anticipation lorsque, à l'occasion de la séparation des parents, le juge confie l'exercice de l'autorité parentale à un seul d'entre eux (n° 36070).

La **demande** peut émaner (C. civ. art. 373-2-8) : 38054
– des parents. Ne peut donc pas agir celui dont la reconnaissance de l'enfant a été annulée (Cass. 1e civ. 25-2-2009 no 07-14.849 : Bull. civ. I no 38) ;
– du ministère public, qui peut lui-même être saisi par un tiers, parent ou non. Ainsi, les grands-parents, la tante qui a élevé l'enfant, le compagnon ou la compagne du parent décédé peuvent faire entendre leur voix par l'intermédiaire du ministère public.
La saisine du procureur se fait par simple requête (CPC art. 1179-1).
La représentation par avocat est requise (CPC art. 1180).

Choix du tiers Le tiers est choisi **de préférence** dans la parentèle (C. civ. art. 373-3) : grands-parents, oncle, tante, etc. Mais il peut s'agir d'une autre personne ou d'une institution d'aide sociale à l'enfance. 38055
Le **juge se prononce** en tenant compte de certains critères, notamment la pratique antérieure des parents, les sentiments exprimés par l'enfant et l'aptitude du tiers à respecter les droits du parent évincé (C. civ. art. 373-2-11). Est déterminante la qualité de la relation du tiers avec l'enfant, mais aussi avec le parent.

Conséquences En principe, le ou les parents restent titulaires de l'autorité parentale mais le tiers accomplit tous les **actes usuels** relatifs à la surveillance et à l'éducation de l'enfant (C. civ. art. 373-4, al. 1). 38060
Les parents doivent être tenus informés des initiatives du tiers et il leur appartient de prendre toutes les **décisions importantes**.
En cas de **désaccord** ou de silence du parent, le tiers peut saisir le juge aux affaires familiales.

S'il l'estime nécessaire, le juge qui confie l'enfant à un tiers peut lui imposer de requérir l'**ouverture d'une tutelle** (C. civ. art. 373-4, al. 2). L'autorité parentale est alors exercée par le tuteur avec le conseil de famille. 38065

SECTION 2

DÉLÉGATION DE L'AUTORITÉ PARENTALE

A. Cas de délégation de l'autorité parentale

La délégation de l'autorité parentale peut intervenir à la **demande de l'un et/ou l'autre des parents** (nos 38410 s.). Elle peut aussi leur être **imposée par le juge** (nos 38460 s.). 38400
Beaucoup plus rarement, elle intervient comme conséquence :
– d'une **déclaration judiciaire de délaissement parental** (C. civ. art. 381-1 s.), voir no 39730 ;
– de l'**annulation** d'un arrêté du président du conseil départemental admettant un enfant comme **pupille de l'État** (CASF art. L 224-8 ; no 29555). Le tribunal peut alors soit confier la garde de l'enfant au demandeur, à charge pour lui de requérir l'ouverture d'une tutelle, soit lui déléguer les droits de l'autorité parentale.
Dans les deux cas, la décision est prise par le tribunal judiciaire et la **procédure** suivie est celle de la demande principale.

> **Précisions** Une **circulaire** relative à la protection judiciaire de l'enfant commente les dispositions issues de la réforme de 2016, notamment sur la délégation de l'autorité parentale (Loi 2016-297 du 14-3-2016 ; Circ. JUSF1711230C du 19-4-2017) ; elle abroge la circulaire du 6 mai 2010 (Circ. JUSF1015443C).

1. DÉLÉGATION VOLONTAIRE

CONDITIONS

Un parent ou les deux peuvent volontairement demander une délégation totale ou partielle de leur autorité parentale « lorsque les **circonstances l'exigent** » (C. civ. art. 377, al. 1). Ces circonstances sont appréciées par les juges du fond, qui doivent se déterminer en fonction de l'intérêt de l'enfant. 38410

Constituent par **exemple** des circonstances autorisant un parent à demander une délégation de son autorité parentale :
– son incapacité à élever son enfant en raison de sa situation matérielle, de son état de santé ou de toute autre cause ;
– la nécessité de donner un statut légal au compagnon ou à la compagne du parent biologique qui participe à l'éducation de l'enfant (voir n° 38411). Dans les couples homosexuels, le mariage et par suite l'adoption de l'enfant du conjoint est possible. La délégation-partage reste néanmoins un dispositif utile pour les couples (homosexuels ou non) qui ne souhaitent pas ou ne peuvent pas se marier ou aller jusqu'à l'adoption.

38411 Une délégation **consentie à la compagne ou au compagnon du parent** de l'enfant est possible à condition qu'elle ne soit pas associée à une adoption simple (Cass. 1e civ. 20-2-2007 n° 04-15.676 : Bull. civ. I n° 70 ; Cass. 1e civ. 19-12-2007 n° 06-21.369 : Bull. civ. I n° 392).
Il faut aussi que les circonstances l'exigent (Cass. 1e civ. 8-7-2010 n° 09-12.623 : BPAT 5/10 inf. 270). Pour la Cour de cassation, il ne suffit pas que le couple soit stable et les enfants épanouis. Il faut démontrer en quoi le partage de l'autorité parentale permettrait aux enfants d'avoir de meilleures conditions de vie ou une meilleure protection. L'intérêt de la délégation peut être de garantir la place affective et éducative du parent social... mais c'est à la condition de prouver l'existence d'un risque tenant par exemple à la réaction hostile de l'entourage familial ou de l'école. La jurisprudence de la Cour de cassation n'est pas discriminatoire à l'égard des couples homosexuels puisqu'aucune distinction n'est faite selon l'orientation sexuelle des couples, seules les circonstances de fait étant prises en compte (CEDH 1-3-2018 n° 6190/11, B. et L. c/ France : BPAT 3/18 inf. 108).
Toutefois, les juges du fond sont loin d'être aussi exigeants. Bon nombre considèrent que l'absence du deuxième lien de filiation suffit à justifier une délégation-partage dès lors que le couple est stable et qu'il a un véritable projet parental (CA Paris 20-10-2011 n° 10/11743 : RJPF 2012 1/43, obs. F Eudier ; pour de nombreux autres exemples, voir aussi AJ fam. 2011 p. 604 obs. C. Mécary).
Certains tribunaux admettent aussi une telle délégation lorsque les deux filiations sont établies (TGI Paris 22-2-2013 n° 12/35092 : AJ fam. 2013 p. 232) ou lorsque le couple se sépare (CA Paris 1-12-2011 n° 11/06495 : RJPF 2012 5/30). Les magistrats statuent en se fondant sur l'intérêt de l'enfant, sans toujours caractériser l'existence de circonstances particulières (par exemple, TGI Paris 21-9-2012 n° 11/44249 : AJ fam. 2012 p. 550).

EXEMPLE

Une délégation de l'autorité parentale a été **accordée** :
– à la compagne de la mère qui était seule titulaire de l'autorité parentale faute de filiation paternelle établie, au motif qu'elle était conforme à l'intérêt des enfants qui étaient équilibrés et élevés dans une atmosphère sereine et épanouissante, que la relation entre les deux femmes était stable et harmonieuse et que, en cas d'accident grave de la mère, la compagne se serait heurtée à une impossibilité juridique de tenir le rôle éducatif qu'elle avait toujours eu auprès des enfants (Cass. 1e civ. 24-2-2006 n° 04-17.090 : Bull. civ. I n° 101) ;
– à la compagne de la mère décédée, sur demande conjointe de cette dernière – qui avait pris les enfants en charge – et du père devenu seul titulaire de l'autorité parentale (Cass. 1e civ. 16-4-2008 n° 07-11.273 : Bull. civ. I n° 106) ;
– à la compagne de la mère, à la demande conjointe des deux parents, les intéressés ayant eu un projet parental à trois, l'enfant vivant depuis sa naissance avec sa mère et sa compagne qui forment un couple stable, l'enfant voyant son père un week-end sur deux et manifestant un attachement profond et réciproque à la compagne de sa mère (TGI Paris 22-2-2013 n° 12/35092 : AJ fam. 2013 p. 232) ;
– à la compagne de la mère car il est de l'intérêt de l'enfant que sa situation juridique soit en adéquation avec sa situation affective et matérielle (TGI Paris 21-9-2012 n° 11/44249 : AJ fam. 2012 p. 550).
En revanche, elle a été **refusée** faute de circonstances particulières l'exigeant dès lors que le risque d'accident qui laisserait les enfants sans parent est semblable à celui couru par tout parent ayant seul l'autorité parentale et que les deux femmes n'ont pas de difficulté particulière pour être reconnues comme les parents des enfants, notamment par l'école et leur entourage familial (Cass. 1e civ. 8-7-2010 n° 09-12.623 : BPAT 5/10 inf. 270).

CHOIX DU DÉLÉGATAIRE

38420 Le ou les parents qui demandent la délégation choisissent **un ou plusieurs** délégataires. Si le texte n'en envisage qu'un seul, la jurisprudence admet de confier une délégation à un couple, voire les grands-parents (CA Lyon 1-3-1994 n° 93-2719 ; Cass. 1e civ. 21-9-2022 n° 21-50.042 FS-BR : BPAT 6/22 inf. 267).
Le(s) délégataire(s) doi(ven)t être **choisi(s) parmi** les membres de la famille, les proches dignes de confiance ou être un établissement agréé pour l'accueil des enfants ou le service d'aide sociale à l'enfance. Il s'agit souvent mais pas nécessairement de la personne chez qui réside déjà l'enfant.

Les juges apprécient en fonction des circonstances si le proche est « digne de confiance ». Il peut être étranger à la famille pourvu qu'il ait tissé de véritables liens d'affection avec l'enfant. Le compagnon ou la compagne du parent qui participe au quotidien de l'enfant est au premier chef concerné.

Si le juge considère que la personne choisie n'offre pas toutes les garanties nécessaires pour le bien de l'enfant, il doit **refuser la délégation** ; il ne peut pas imposer un autre délégataire (sauf si un tiers fait une demande de délégation et si les conditions sont réunies pour que la délégation soit imposée).

> **Précisions** A été condamnée, pour l'avenir, la pratique polynésienne selon laquelle les parents biologiques délèguent leur autorité parentale au couple qui est en voie d'adopter leur enfant mais qu'ils ne connaissent pas ; en effet, la délégation d'autorité parentale ne peut être ordonnée qu'au profit d'un proche digne de confiance (Cass. 1e civ. 21-9-2022 n° 21-50.042 FS-BR : BPAT 6/22 inf. 267).

PROCÉDURE

La délégation ne peut résulter que d'une décision judiciaire (C. civ. art. 376), le **juge compétent** étant le juge aux affaires familiales du lieu où demeure le mineur (CPC art. 1202). 38430

La **demande** est formée conjointement **par** les deux parents ou par un seul d'entre eux. Dans tous les cas, seuls ceux qui sont titulaires de l'exercice de l'autorité parentale peuvent agir. En effet, un père ou une mère ne peut pas déléguer l'autorité parentale qu'il n'exerce pas. 38432

Le juge est saisi par une **requête** qui est soit adressée ou remise directement à son greffe, soit adressée au procureur de la République qui la transmet au juge. La requête doit indiquer le lieu où demeure le mineur et le lieu où demeurent les titulaires de l'autorité parentale, ainsi que les motifs de la requête, sous peine d'irrecevabilité.

Les parties sont dispensées du ministère d'**avocat** (CPC art. 1203).

Si la demande est le fait d'un seul **parent,** l'autre doit nécessairement être **appelé en la cause** (C. civ. art. 377, al. 4). 38435

S'il exerce conjointement l'autorité parentale, son opposition interdit la délégation. Dans le cas contraire, il est en droit de s'opposer à la délégation au titre de son droit de surveillance, mais son refus ne lie pas le juge. Enfin, s'il a fait l'objet d'une mesure de retrait total de son autorité parentale, son avis n'a pas à être recueilli.

À l'occasion de la procédure, le parent qui s'oppose à la délégation peut demander le transfert de l'exercice de l'autorité parentale à son seul profit.

L'**enfant** n'est pas partie à la procédure et son **audition** n'est pas obligatoire (CPC art. 1204). Il peut demander à être entendu selon le droit commun applicable à toutes les procédures le concernant (C. civ. art. 388-1). Il peut aussi faire le choix d'un avocat (CPC art. 1186). 38438

Le **juge** procède ou fait procéder, même d'office, à toutes les **investigations utiles** telles qu'une enquête sociale ou médico-psychologique. Il peut à cet effet commettre le juge des enfants (CPC art. 1205). 38440

Lorsqu'une procédure d'assistance éducative a été diligentée, le juge aux affaires familiales et le juge des enfants doivent échanger : le premier a accès au dossier d'assistance éducative (CPC art. 1205-1) ; il doit, avant de statuer, recueillir l'avis du second (C. civ. art. 377, al. 4 ; CPC art. 1205-1).

Le juge **entend** les père et mère, le tuteur ou la personne ou le représentant du service auquel l'enfant a été confié, ainsi que toute personne dont l'audition lui paraît utile (CPC art. 1208).

Le **ministère public** recueille également les renseignements qu'il estime utiles sur la situation familiale de l'enfant et la moralité des parents (CPC art. 1206).

Pour le cours de l'instance, le tribunal peut prendre toute **mesure provisoire** relative à l'autorité parentale (CPC art. 1207). 38442

Le requérant, les parents du mineur, la personne ou le service à qui l'enfant a été confié, le cas échéant le tuteur du mineur et enfin le candidat à la délégation sont convoqués à l'**audience** au moins huit jours avant la date de celle-ci. Leurs conseils et le ministère public sont avisés de cette date (CPC art. 1204). 38445

L'affaire est instruite et jugée en chambre du conseil après avis du ministère public. La procédure est orale (CPC art. 1208-2). Le respect du contradictoire s'impose : lorsque le ministère public, partie jointe à la procédure, rend un avis écrit, celui-ci doit être communiqué aux requérants (Cass. 1e civ. 5-4-2023 n° 21-18.497 F-D : BPAT 3/23 inf. 120).

La décision doit être notifiée dans les huit jours au requérant, aux père, mère, tuteur, personne ou service à qui l'enfant a été confié ou au tiers délégataire (CPC art. 1208-3). Ils peuvent former **appel** de la décision dans les quinze jours de sa notification (CPC art. 1209 et 1191). 38450

Un avis de notification est adressé au procureur de la République, qui dispose à compter de ce jour d'un délai de quinze jours pour faire appel (CPC art. 1209 et 1190).
Une décision de délégation d'autorité parentale peut faire l'objet d'un **pourvoi en cassation.**

2. DÉLÉGATION IMPOSÉE

ENFANT DÉLAISSÉ OU PARENT POURSUIVI OU CONDAMNÉ POUR CRIME

38460 Une délégation **totale ou partielle** de l'autorité parentale peut être demandée (C. civ. art. 377, al. 2 modifié par loi 2024-233 du 18-3-2024) :
– en cas de désintérêt manifeste des parents ;
– si les parents sont dans l'impossibilité d'exercer tout ou partie de l'autorité parentale ;
– si un parent est poursuivi, mis en examen ou condamné, même non définitivement, pour un crime commis sur la personne de l'autre parent ayant entraîné la mort de celui-ci ;
– ou si un parent est poursuivi, mis en examen ou condamné même non définitivement pour un crime ou une agression sexuelle incestueuse commis sur son enfant alors qu'il est le seul titulaire de l'exercice de l'autorité parentale.
Une telle mesure peut être une **alternative** à l'assistance éducative, à l'ouverture d'une tutelle ou à un retrait de l'autorité parentale.

38470 **Peuvent solliciter** une délégation à leur profit :
– un membre de la famille, même si l'enfant ne vit pas chez lui ;
– la personne ou l'institution qui a recueilli l'enfant. Cette situation résulte soit d'une remise volontaire par les parents, soit d'un placement décidé par le juge (Avis Cass. 27-9-1999 n° 09-90.010 : Bull. civ. avis n° 6). Aucune durée minimale n'est requise entre le moment où l'enfant est recueilli et la demande de délégation.
Dans les deux derniers cas précités (crime ayant entraîné la mort de l'autre parent et crime ou agression sexuelle incestueuses commis sur l'enfant), le procureur de la République peut également demander la délégation au profit et avec l'accord du tiers candidat à cette délégation (C. civ. art. 377, al. 3). Ce dispositif permet d'adapter le statut de l'enfant à l'évolution de son parcours : le juge des enfants, lorsqu'il statue sur le renouvellement d'une mesure de placement, peut transmettre le dossier de l'enfant au procureur de la République pour qu'il saisisse le juge aux affaires familiales d'une demande de délégation de l'autorité parentale au profit de la personne ou de l'institution auprès de qui l'enfant est placé.
Il faut que les **conditions d'accueil** soient satisfaisantes, notamment sur le plan affectif. Le juge doit s'en assurer et, si tel n'est pas le cas, il doit refuser la délégation. Il ne peut pas désigner un autre délégataire.

38475 **Enfant délaissé par ses parents** Le délaissement résulte soit d'un désintérêt, soit d'une impossibilité d'exercer l'autorité parentale.
Le **désintérêt** doit exister au jour de la demande, être **manifeste** et résulter d'un comportement **volontaire** des parents. Il appartient au requérant d'en rapporter la preuve. Le délaissement se traduit bien souvent par une rupture des relations, mais il n'y a pas de durée minimale exigée, le juge devant apprécier au cas par cas.

EXEMPLE

Le **désintérêt** n'est **pas constitué** lorsque :
– après avoir rompu les relations, les parents cherchent à reprendre leur enfant depuis plusieurs années (Cass. 1e civ. 8-12-1981 n° 80-14.808 : Bull. civ. I n° 365) ;
– les relations ont été maintenues en dépit d'une incarcération, les enfants étant venus voir leur père en prison (CA Lyon 7-5-2002 n° 01-4102) ;
– les parents ont toujours exercé leur droit de visite, peu important qu'ils manifestent de l'hostilité envers la famille d'accueil de leur fille (CA Dijon 8-2-2008 n° 08-11, ch. spéciale des mineurs).
À l'inverse, le **désintérêt** est **caractérisé** lorsque :
– le père n'a plus aucune relation avec ses enfants depuis huit ans et ne paye pas de pension alimentaire (CA Rennes 29-5-2000 n° 98-3537) ;
– la mère n'a jamais exercé son droit de visite, sa demande en fixation de la résidence des enfants chez elle ne suffisant pas à établir un véritable intérêt pour les enfants (CA Rennes 20-3-2000 n° 99-5079).

38478 L'**impossibilité des parents d'exercer tout ou partie de leur autorité parentale** vise les cas d'absence, d'éloignement géographique ou d'incapacité physique de manifester leur volonté. Il n'y a pas nécessairement abandon affectif de l'enfant ni impossibilité totale d'exercer l'autorité.

Ainsi, dans un cas où un père avait gardé des liens affectifs avec sa fille, la délégation de l'autorité parentale a été admise au motif qu'il était difficilement joignable et qu'il ne prenait pas réellement en compte les besoins de sa fille au regard des démarches inhérentes à l'exercice de l'autorité parentale (Cass. 1e civ. 5-4-2005 n° 04-05.019 : Bull. civ. I n° 162).

> **Précisions** L'impossibilité d'exercer l'autorité parentale peut aussi déboucher sur une **tutelle** (C. civ. art. 390). Dans ce cas, la délégation de l'autorité parentale n'est plus possible puisque cette autorité est exercée par les organes de la tutelle.

EXPLOITATION INAPPROPRIÉE DE L'IMAGE DE L'ENFANT

Un nouveau cas de **délégation partielle** de l'exercice de l'autorité parentale a été créé lorsque la diffusion de l'image de l'enfant par ses parents porte gravement atteinte à la dignité ou à la moralité de celui-ci (C. civ. art. 377 al. 4 issu de loi 2024-120 du 19-2-2024). **38479**
Dans ce cas, le particulier, l'établissement ou le service départemental de l'aide sociale à l'enfance qui a recueilli l'enfant ou encore un membre de la famille de l'enfant **peuvent saisir** le JAF afin de se voir déléguer l'exercice de ce droit à l'image.

PROCÉDURE

La procédure est identique à celle d'une délégation volontaire (nos 38430 s.), à ceci près que le demandeur est le tiers qui a recueilli l'enfant ou le membre de la famille. **38480**
Les deux parents doivent être appelés en la cause, mais le juge peut passer outre à leur opposition.

B. Effets de la délégation d'autorité parentale

Le jugement autorisant la délégation opère un transfert de l'**exercice de l'autorité parentale** (C. civ. art. 377-1). Il ne s'agit pas d'un retrait : le parent concerné reste titulaire de son autorité parentale, mais le délégataire vient le suppléer dans son exercice. **38500**

DÉLÉGATION TOTALE

À défaut de précision contraire du **jugement**, la délégation de l'autorité parentale est totale. **38510**
Les **pouvoirs du délégataire** sont importants :
– il prend seul toutes les décisions, usuelles ou non, concernant l'enfant ;
– il consent, le cas échéant, à son mariage ou à son émancipation. Notons que le droit du délégataire de solliciter l'émancipation du jeune est contesté au motif qu'elle priverait les parents de la possibilité de retrouver l'exercice complet de leur autorité en justifiant de circonstances nouvelles (voir P. Salvage-Gerest : Juris-Classeur civil, art. 413-1 à 413-8, § 28) ;
– si la délégation a été imposée par le juge, il reçoit, semble-t-il, l'administration légale. Il peut donc représenter l'enfant et gérer son patrimoine.
Le délégataire est tenu à certaines **obligations**. Il est notamment civilement responsable de l'enfant. Il doit pourvoir à son entretien et à son éducation, avec toutefois la possibilité de demander le remboursement de tout ou partie des frais engagés si l'enfant est, par la suite, restitué à ses parents (C. civ. art. 377-2, al. 2).

Le **parent délégant** conserve : **38520**
– le droit de consentir à l'adoption de son enfant, cette prérogative ne pouvant jamais faire l'objet d'une délégation (C. civ. art. 377-3) ;
– l'obligation de contribuer à l'entretien et à l'éducation de l'enfant, dans la mesure de ses possibilités et des besoins de l'enfant ;
– la possibilité de faire valoir son droit à aliments (sauf si la juridiction saisie de la question retient son indignité, voir nos 45065 s.).
Le délégant conserve-t-il l'administration légale, lorsque la délégation est volontaire ? C'est ce qui est communément admis sur la base des articles 382 et suivants du Code civil qui ne visent que les père et mère comme administrateurs légaux. Mais la solution n'est pas certaine : un tribunal correctionnel a jugé que la délégation totale de l'exercice de l'autorité parentale transfère l'administration légale des biens de l'enfant au délégataire (T. corr. Troyes 3-3-2013 : AJ fam. 2013 p. 374).
Il semble que la délégation totale de l'autorité parentale emporte privation de tout droit de visite pour le parent. En effet, la Cour de cassation a estimé que l'attribution d'un tel droit s'analyse en une délégation partielle de l'autorité parentale (Cass. 1e civ. 14-2-1989 n° 86-80.038 : Bull. civ. I n° 77). Néanmoins en pratique, la mise en place d'un droit de visite, d'hébergement ou de correspondance au profit du parent délégant n'est pas systématiquement exclue.

DÉLÉGATION PARTIELLE

38530 S'il décide d'une délégation partielle de l'autorité parentale, le juge doit en préciser l'étendue. Le délégataire et le parent agissent donc comme seuls titulaires de l'exercice de l'autorité parentale dans les domaines qui leur échoient.

DÉLÉGATION-PARTAGE

38540 Le **jugement de délégation** peut prévoir, pour les besoins de l'éducation de l'enfant, que les père et mère ou l'un d'eux partageront tout ou partie de l'exercice de l'autorité parentale avec le tiers délégataire (C. civ. art. 377-1, al. 2). Une double délégation-partage a même pu être prononcée en faveur des compagnons de chacun des parents (TJ Paris 7-1-2022 : Dr. famille 2022 comm. 48 obs. L. de Saint-Pern).

38545 La délégation-partage n'emporte pas un partage distributif des attributions mais un **exercice conjoint**.

C'est pourquoi elle nécessite l'**accord** non seulement du parent délégant mais aussi de l'autre parent dès lors qu'il exerce l'autorité parentale. En effet, dans cette hypothèse, l'autorité parentale est exercée par trois personnes : le père, la mère et le délégataire.

38550 Il n'y a pas lieu de définir l'étendue des **droits délégués** : les actes usuels sont valablement effectués par le délégant et le délégataire, la présomption de pouvoirs à l'égard des tiers prévue pour les parents étant applicable au délégataire (C. civ. art. 377-1 qui renvoie à art. 372-2 ; n°s 36250 s.). Les actes importants doivent recueillir un consensus.

Le délégataire n'est pas responsable des actes du mineur, il ne reçoit pas l'administration légale ; il n'est pas tenu de contribuer à l'entretien et à l'éducation de l'enfant.

Le juge aux affaires familiales est compétent pour trancher les **conflits** qui peuvent survenir entre le délégant et le délégataire, notamment en cas de séparation.

C. Fin de la délégation d'autorité parentale

38570 La délégation disparaît en même temps que l'autorité parentale elle-même, c'est-à-dire à la **majorité de l'enfant**.

Avant ce terme, elle peut prendre fin ou être transférée par jugement (C. civ. art. 377-2, al. 1).

La **demande** émane des parents, ensemble ou séparément, du ministère public ou du délégataire lui-même. Elle prend la forme d'une requête devant le juge du lieu où demeure le délégataire. Elle obéit, pour le surplus, aux règles applicables aux demandes de délégation exposées n°s 38430 s. (CPC art. 1210). Un mandataire ad hoc peut être désigné pour représenter l'enfant (Cass. 1e civ. 23-2-1999 n°s 97-15.098 et 97-20.514 : Bull. civ. I n° 66).

38575 Le demandeur doit justifier de **circonstances nouvelles** que le juge apprécie souverainement. Par exemple, un père peut demander le transfert à son profit de l'autorité parentale déléguée par la mère à un tiers en démontrant qu'il avait ignoré la naissance de l'enfant mais que depuis, il l'a reconnu (Cass. 1e civ. 29-10-1996 n° 96-13.346 : Bull. civ. I n° 367). La mère qui a délégué son autorité peut en obtenir la restitution si elle justifie d'une situation professionnelle et personnelle stabilisée et satisfaisante pour l'enfant. Le ministère public peut demander le transfert de la délégation si l'enfant n'a pas trouvé, chez le délégataire, le cadre affectif et social satisfaisant.

La séparation du parent d'avec son compagnon ou sa compagne ne constitue pas à elle seule une circonstance nouvelle justifiant la remise en cause de la délégation-partage (Cass. 1e civ. 4-1-2017 n° 15-28.230 F-D : BPAT 3/17 inf. 133-3). Le juge apprécie en fonction de l'intérêt de l'enfant et il peut statuer sur les modalités d'exercice de l'autorité parentale en application de l'article 373-2-11 du Code civil (n° 38055).

38580 Si tel est l'intérêt de l'enfant, l'ancien délégataire de l'autorité parentale peut obtenir un **droit de visite et d'hébergement** sur le fondement de l'article 371-4 (n° 38030).

Dans le cas où l'enfant est restitué à ses parents, ceux-ci doivent, sauf s'ils sont indigents, rembourser tout ou partie des **frais d'entretien** (C. civ. art. 377-2, al. 2).

SECTION 3

ASSISTANCE ÉDUCATIVE

ENFANTS CONCERNÉS

Tout enfant présent sur le territoire français, sous l'autorité parentale de ses parents ou sous un régime de tutelle, peut faire l'objet d'une mesure d'assistance éducative à deux conditions (C. civ. art. 375). **38700**

Première condition : le jeune doit être un **mineur non émancipé**. Pour éviter que l'émancipation ne soit un moyen de mettre fin aux mesures d'assistance éducative, il est prévu que, pendant leur durée, les parents ne peuvent pas émanciper leur enfant sans l'accord du juge des enfants (C. civ. art. 375-7, al. 1). L'émancipation obtenue en fraude est inopposable au juge des enfants. C'est notamment le cas lorsque les parents ont dissimulé l'existence des mesures en cours au juge des tutelles.

Seconde condition : le jeune est **en danger**. L'intervention du juge des enfants est justifiée dans deux hypothèses (C. civ. art. 375) : **38703**
– la santé, la sécurité ou la moralité de l'enfant sont en danger ;
– les conditions de son éducation ou de son développement physique, affectif, intellectuel et social sont gravement compromises.

Il faut de graves défaillances parentales, quelles qu'en soient les raisons : comportements volontaires, négligence, incompétence, incapacité résultant d'une maladie, etc.

Le danger doit être avéré et non hypothétique. Il peut être **physique** (défaut de soins, d'hygiène ou d'alimentation, maltraitance, violences sexuelles, etc.), **psychologique** (abandon affectif de l'enfant, intensité du conflit entre les parents perturbant gravement l'enfant, etc.) ou **éducatif** (défaut de scolarisation de l'enfant, mode de vie autarcique ou sectaire, etc.).

Les **juges apprécient** souverainement la réalité et la gravité du danger mais la Cour de cassation exerce un contrôle sur la motivation des décisions.

> **Précisions** Une circulaire relative à la protection judiciaire de l'enfant commente les dispositions issues de la réforme de 2016 (Loi 2016-297 du 14-3-2016 ; Circ. JUSF1711230C du 19-4-2017) ; elle abroge la circulaire du 6 mai 2010 (Circ. JUSF1015443C).

A. Procédure

La **demande** peut être initiée par les parents, ensemble ou séparément, par la personne ou le service à qui le mineur a été confié, par le tuteur, le ministère public ou le mineur (C. civ. art. 375, al. 1). **38710**

Ce dernier, à condition qu'il possède un discernement suffisant, peut donc être partie à la procédure. Il est, si besoin, représenté par un mandataire ad hoc. Ce dernier doit être indépendant de la personne morale ou physique à laquelle le mineur est confié le cas échéant (C. civ. art. 388-2).

Notons aussi que la personne qui a recueilli un enfant par Kafala a également vocation à être partie à la procédure (Cass. 1e civ. 30-11-2022 n° 21-16.366 F-B : BPAT 1/23 inf. 14).

Enfin, le juge des enfants peut se saisir d'office.

Parents et enfants peuvent se faire assister ou représenter par un **avocat** (CPC art. 1186 ; Cass. 1e civ. 30-9-2009 n° 08-16.147).

ATTENTION

En cas d'urgence, le procureur de la République peut, à titre provisoire (C. civ. art. 375-5, al. 2 et 5) :
– ordonner le placement de l'enfant ou subordonner son maintien dans son milieu au respect de certaines obligations ;
– interdire, pour une durée maximale de deux mois, la sortie du territoire national de l'enfant lorsqu'il existe des éléments sérieux laissant supposer que celui-ci s'apprête à partir à l'étranger dans des conditions qui le mettraient en danger et que l'un des détenteurs de l'autorité parentale ne prend pas de mesures pour l'en protéger.

Dans ces deux cas, le procureur doit, dans les huit jours, saisir le juge qui maintiendra, modifiera ou rapportera la mesure (C. civ. art. 375-5).

Le **juge compétent** est le juge des enfants du lieu où demeure, selon le cas, l'un des parents, le tuteur du mineur ou la personne ou le service à qui l'enfant a été confié ; à défaut, le juge du lieu où demeure le mineur (CPC art. 1181). **38715**

Le juge des enfants ne peut pas modifier le droit de visite et d'hébergement du parent qui se révèle dangereux après la décision du juge aux affaires familiales car il n'est compétent que s'il

décide d'un placement. Or, il ne peut pas décider du placement chez le parent chez qui l'enfant réside déjà (Cass. 1e civ. 20-10-2021 nº 19-26.152 FS-BR : BPAT 1/22 inf. 60-16).
L'affaire est instruite et jugée après avis du **ministère public** (CPC art. 1182 et 1189).

38717 Pendant l'instance, le juge peut prendre des **mesures provisoires** et notamment ordonner le placement du mineur (C. civ. art. 375-5).
Sa décision sur le fond doit intervenir dans les six mois de la décision ordonnant les mesures provisoires ; si l'instruction du dossier n'est pas terminée, le juge peut toutefois, après avis du procureur de la République, proroger ce délai pour une durée qui ne peut pas excéder six mois (CPC art. 1185).
La « décision ordonnant les mesures provisoires », point de départ du délai de six mois, est celle prise par le juge des enfants, et non celle prise, le cas échéant, par le procureur de la République sur le fondement de l'urgence (Cass. 1e civ. 24-1-2018 nº 17-11.003 FS-PBI : BPAT 2/18 inf. 61).
Le juge qui statue au-delà de ce délai commet un excès de pouvoir (Cass. 1e civ. 25-2-1997 nº 96-05.045 : Bull. civ. I nº 71 ; Cass. 1e civ. 24-1-2018 nº 17-11.003 FS-PBI précité). Sa décision est en conséquence nulle. L'enfant est remis à ses parents, tuteur, personne ou service à qui il a été confié, sur leur demande (CPC art. 1185).

38720 Le juge statue en fonction de l'intérêt de l'enfant. Il s'efforce de recueillir l'adhésion de la famille à la mesure envisagée (C. civ. art. 375-1, al. 2). Il **entend notamment** les parents en phase d'instruction du dossier et lors de l'audience (CPC art. 1182 et 1189 ; Cass. 1e civ. 13-7-2016 nº 15-23.253 F-PB : BPAT 5/16 inf. 212-4).
Le juge doit effectuer systématiquement un entretien individuel avec l'enfant capable de discernement lors de son audience ou de son audition (C. civ. art. 375-1, al. 3). Rappelons que l'audition de l'enfant capable de discernement est obligatoire dans la procédure (pour un exemple, Cass. 1e civ. 2-12-2020 nº 19-20.184 : AJ fam. 2021 p. 127 obs. Mallevaey) mais pas nécessairement à l'audience (Cass. 1e civ. 28-11-2006 nº 04-05.095 : Bull. civ. I nº 528). S'il a déjà été entendu en première instance, la cour d'appel n'est pas tenue de procéder à une nouvelle audition de l'enfant.

38722 Si l'intérêt de l'enfant l'exige, le juge doit demander au bâtonnier la désignation d'un **avocat** pour l'enfant capable de discernement ou la désignation d'un **administrateur ad hoc** à défaut de discernement (C. civ. art. 375-1, al. 4).
L'administrateur ad hoc doit être indépendant de la personne morale ou physique à laquelle le mineur est confié (C. civ. art. 388-2 al. 2). Lorsqu'il ne peut pas être choisi parmi les membres de la famille ou les proches du mineur, il doit l'être parmi la liste des administrateurs prévue à l'article R 53 du Code de procédure pénale (CPC art. 1210-1).
Comme l'avocat, il peut consulter le dossier au greffe jusqu'à la veille de l'audience et se faire délivrer copie de tout ou partie des pièces du dossier (CPC art. 1187 modifié par décret 2023-914 du 2-10-2023). Il doit ainsi être informé de la date d'audience, des décisions du juge et des éventuels recours (CPC art. 1188, 1190 et 1192).
En revanche, l'administrateur ad hoc ne peut pas faire appel car il ne peut avoir plus de pouvoir que la personne qu'il représente, or le mineur non discernant ne peut pas faire appel (omission critiquée voir L. Gebler, Décret du 2 oct. 2023 portant diverses dispositions en matière d'assistance éducative : AJ fam. 2023 p. 532).
Son mandat prend fin à la date fixée par le juge des enfants et au plus tard à la date où le jugement au fond devient définitif ou lorsque la mesure d'assistance éducative arrive à échéance (CPC art. 1210-3-1 nouveau).

ATTENTION

L'administrateur ne peut en aucun cas **déléguer sa mission** à un avocat (Cir. JUSF2335324C du 8-1-2024). Il s'agirait d'un contournement des articles 375-1 du Code civil et 1186 du Code de procédure civile qui réservent la représentation par un avocat au mineur discernant.

38725 Le mineur peut désigner une **personne de confiance** qui l'accompagne dans ses démarches, et le service de l'aide sociale à l'enfance doit l'informer de cette possibilité (CASF art. L 223-1-3 et D 223-11-1 créé par décret 2023-826 du 28-8-2023).
La personne de confiance peut être un parent ou toute personne, choisie librement par le jeune, en concertation avec son éducateur référent. Il la désigne oralement ou par écrit.

38730 Dans les 15 jours suivant sa notification, la décision peut faire l'objet d'un **appel** par les parents ou l'un d'eux, le tuteur ou la personne ou le service à qui l'enfant a été confié (CPC art. 1191).
Le mineur lui-même peut faire appel dans le délai de 15 jours suivant la notification et, à défaut, suivant le jour où il a eu connaissance de la décision. Le parent concerné ne peut pas se prévaloir de cette disposition (Cass. 1e civ. 3-5-2000 nº 99-05.011 : Bull. civ. I nº 124). À ce titre, la décision du juge doit être personnellement notifiée à l'enfant capable de discernement (CPC art. 1190 modifié par décret 2023-914 du 2-10-2023).

Enfin, le ministère public peut former appel jusqu'à l'expiration d'un délai de 15 jours suivant la remise de l'avis qui lui a été donné.
La cour d'appel doit se placer au moment où elle statue pour apprécier les faits dont elle est saisie, c'est-à-dire qu'elle doit prendre en compte les éléments survenus postérieurement à la décision d'assistance éducative dont elle connaît (Cass. 1e civ. 20-10-2010 n° 09-68.141 : Bull. civ. I n° 210 ; Cass. 1e civ. 14-9-2017 n° 17-12.518 F-PB : BPAT 6/17 inf. 220).

> **Précisions** Lorsque les parties à une procédure d'assistance éducative sont représentées par un avocat, ce dernier peut adresser la déclaration d'appel du jugement au greffe via le réseau privé virtuel des avocats (**RPVA**) (Cass. 1e civ. 5-10-2023 n° 22-13.863 F-B). Aucune disposition spécifique à la procédure d'assistance éducative ne déroge au principe d'application par défaut de la communication par voie électronique à toutes les procédures civiles (CPC art. 748-1 s.).

Lorsqu'une mesure d'assistance éducative est ordonnée, le juge peut proposer aux parents une **38735**
mesure de **médiation familiale** et, après avoir recueilli leur accord, désigner un médiateur familial pour y procéder. Toutefois, de telles mesures ne peuvent pas être mises en œuvre si des violences sur l'autre parent ou sur l'enfant sont alléguées par l'un des parents ou en cas d'emprise manifeste de l'un des parents sur l'autre (C. civ. art. 375-4-1).
La médiation familiale est une mesure complémentaire, mise en œuvre pour travailler spécifiquement sur le conflit opposant les parents lorsque celui-ci concourt à la situation de danger de l'enfant (Cir. JUSF2335324C du 8-1-2024). Elle relève du régime général de la médiation judiciaire, avec quelques particularités et notamment la possibilité, pour le médiateur, d'auditionner l'enfant (CPC art. 131-1 à 131-15 et 1189-1 créé par décret 2023-914 du 2-10-2023).
L'accord sur les modalités d'exercice de l'autorité parentale issu de la médiation peut être homologué par le JAF selon la procédure ordinaire.

B. Mesures possibles

Selon le degré de dangerosité, le juge peut décider de maintenir l'enfant dans son milieu fami- **38738**
lial ou de le placer. Pour ordonner le placement de l'enfant, le juge doit établir qu'il existe un danger à maintenir l'enfant dans son foyer familial ou que les mesures éducatives à domicile sont insuffisantes.

MAINTIEN DANS LE MILIEU FAMILIAL

Les mesures d'assistance éducative doivent, dans la mesure du possible, maintenir le mineur **38740**
dans son « milieu actuel », c'est-à-dire en principe son milieu familial (C. civ. art. 375-2).
Une mesure d'**Aemo** (assistance éducative en milieu ouvert) a vocation à conseiller la famille et surveiller le développement de l'enfant. Le juge qui l'ordonne désigne la personne qualifiée ou le service en charge de cette aide. Si la situation le nécessite, il peut décider d'un accompagnement renforcé ou intensifié pour une durée maximale d'un an renouvelable (C. civ. art. 375-2, al. 1). En tout état de cause, il doit préciser l'objectif de l'accompagnement, par exemple restaurer les liens familiaux ou aider les parents à modifier leurs méthodes éducatives.
Le juge des enfants peut également imposer le respect d'obligations particulières aux parents ou au mineur : respecter un protocole médical, scolariser l'enfant, rechercher un travail, etc.
Le **« placement éducatif à domicile »,** aussi dénommé « Service d'accompagnement progressif en milieu nature », relève de l'AEMO, renforcée ou intensifiée, avec éventuellement hébergement exceptionnel ; il ne s'agit pas d'un placement à proprement parler (Cass. 1e civ. avis 14-2-2024 n° 23-70.015 B : BPAT 2/24 inf. 63).

PLACEMENT DE L'ENFANT

Si sa protection l'exige, l'enfant peut faire l'objet d'une mesure de placement. C'est par exemple **38760**
le **cas lorsqu**'il est indispensable de :
– l'éloigner d'un père violent ;
– le tenir à l'écart du conflit aigu entre ses parents ;
– suppléer l'inaptitude matérielle ou psychologique de ses parents à le prendre en charge ;
– renouer des liens affectifs avec le père avant d'envisager de le lui confier, suite au décès de la mère (Cass. 1e civ. 17-6-2009 n° 08-16.531) ;
– suppléer, pour un mineur étranger, l'absence de tout représentant légal ou personne majeure pour le prendre en charge en France, même si dans son pays il ne relève pas de l'enfance en danger, ses parents exerçant normalement leur autorité parentale (Cass. 1e civ. 16-11-2017 n° 17-24.072 FS-PBI : BPAT 1/18 inf. 18).

L'enfant peut être **confié à** l'autre parent, à un autre membre de la famille, à un tiers digne de confiance ou encore, sous certaines conditions, à une institution (C. civ. art. 375-3). Toutefois, cette dernière hypothèse n'est possible, sauf urgence, qu'après :
– évaluation par le service compétent des conditions d'éducation et de développement physique, affectif, intellectuel et social de l'enfant dans le cadre d'un accueil par un membre de la famille ou par un tiers digne de confiance ;
– audition de l'enfant s'il est capable de discernement.
Le juge se détermine notamment en fonction des garanties sur le plan matériel, moral et affectif qu'offre la personne concernée et du souhait de l'enfant. La circonstance que le parent à qui est confié l'enfant réside à l'étranger ne constitue pas un obstacle à la mise en œuvre de cette mesure (Cass. 1e civ. 14-9-2017 n° 17-12.518 F-PB : BPAT 6/17 inf. 220).

38762 **Aide apportée à l'accueillant** Le placement peut être accompagné d'une mesure d'aide éducative (C. civ. art. 375-4, al. 1). Une personne qualifiée ou un service d'observation, d'éducation ou de rééducation en milieu ouvert est alors chargé d'aider et de conseiller la personne ou le service à qui l'enfant est confié ainsi que la famille et de suivre le développement de l'enfant. L'information et l'accompagnement du **membre de la famille** ou du **tiers digne de confiance** à qui est confié l'enfant sont spécialement encadrés (CASF art. D 221-24-2 créé par décret 2023-826 du 28-8-2023) : notamment, cette personne doit être sensibilisée aux besoins fondamentaux et au projet de l'enfant, elle doit être informée des modalités de contact d'urgence des services de l'ASE ou de l'organisme habilité et elle doit avoir un référent qu'elle rencontre de manière régulière. Une évaluation de l'accueil est réalisée et transmise au juge des enfants. Si l'accueil n'est plus compatible avec les besoins de l'enfant, le président du conseil départemental en informe le juge (CASF art. D 221-24-3 nouveau).
Si l'enfant a été **confié à** un service départemental de l'aide sociale à l'enfance (**ASE**), une telle aide n'est pas systématique. Néanmoins, le juge peut, à titre exceptionnel, charger un service du secteur public de la protection judiciaire de la jeunesse d'apporter aide et conseil au service auquel l'enfant est confié (C. civ. art. 375-4, al. 2).

38766 **Indemnités** Le membre de la famille ou le tiers de confiance peuvent percevoir une **allocation** pour l'accueil de l'enfant. Le président du conseil départemental en fixe le montant et les modalités de paiement (CASF art. D 221-24-4 nouveau).
Au regard de l'**impôt sur le revenu**, lorsque l'enfant est confié à un tiers digne de confiance qui perçoit pour son entretien une indemnité du service d'aide sociale, l'accueillant ne bénéficie d'aucune majoration de son quotient familial : recevant une allocation, il ne peut pas être considéré comme assumant la charge exclusive d'entretien et d'éducation de l'enfant (CE 15-12-2010 n° 334961 : RJF 3/11 n° 272, BPAT 2/11 inf. 115).

DISPOSITIONS COMMUNES À L'AEMO ET AU PLACEMENT

38770 La décision doit fixer la **durée** de la mesure sous peine de nullité (Cass. 1e civ. 18-6-1991 n° 90-05.030 : Bull. civ. I n° 204). Cette durée ne peut pas excéder deux ans (C. civ. art. 375, al. 3). Elle peut être renouvelée par décision motivée. Une mesure d'accueil exercée par un service ou une institution peut être ordonnée pour une durée supérieure lorsque les parents présentent des difficultés relationnelles et éducatives graves, sévères et chroniques (C. civ. art. 375, al. 4).
Un **rapport** annuel, ou semestriel pour les enfants de moins de deux ans doit être remis au juge des enfants (C. civ. art. 375, al. 5). Ce rapport doit comprendre notamment un bilan pédiatrique, psychique et social de l'enfant.
Avant son terme, la mesure peut être **modifiée** à tout moment par le juge se saisissant d'office ou à la requête de l'un et/ou l'autre des parents, de la personne ou du service à qui l'enfant a été confié ou du tuteur, du mineur lui-même ou du ministère public (C. civ. art. 375-6).

38775 Que l'enfant fasse l'objet d'une mesure d'AEMO ou de placement, le juge peut ordonner l'**interdiction de sortie du territoire** de l'enfant (C. civ. art. 375-7, dernier al.). Là aussi, il doit préciser la durée de la mesure qui ne peut excéder deux ans.

C. Effets des mesures d'assistance éducative sur l'autorité parentale

Les parents conservent, par **principe**, leur autorité parentale et en exercent tous les attributs qui ne sont pas inconciliables avec l'application de la mesure (C. civ. art. 375-7, al. 1). Ils ne peuvent pas toutefois émanciper le jeune sans autorisation du juge des enfants. 38800
L'atteinte à l'exercice de leur autorité parentale dépend donc de la nature de la mesure d'assistance éducative.

Enfant maintenu chez ses parents Si l'enfant est maintenu chez ses parents, ceux-ci continuent d'exercer l'intégralité de leurs droits et de leurs devoirs, avec les **conseils et sous le contrôle** de l'éducateur chargé de la mise en œuvre de la mesure. 38810
Les obligations particulières imposées par le juge peuvent toutefois constituer des restrictions à l'autorité parentale des parents, par exemple s'il est prévu que l'enfant doit faire l'objet d'un suivi médical ou d'une prise en charge éducative.

Enfant placé Si l'enfant fait l'objet d'un placement, les atteintes aux droits des parents sont plus importantes. 38820
Ceux-ci ne peuvent pas s'opposer aux **actes usuels** décidés par le tiers à qui est confié l'enfant. Mais ils sont en droit d'en être informés.

Ils doivent consentir aux **actes autres** qu'usuels. Le juge des enfants peut passer outre leur silence ou leur opposition. Il peut autoriser le tiers à qui l'enfant a été confié à effectuer de tels actes si l'intérêt de l'enfant le justifie, en cas de négligence des parents, de refus abusif ou injustifié de leur part ou de poursuites ou de condamnations (même non définitives) de ces derniers pour des crimes ou délits commis sur l'enfant (C. civ. art. 375-7, al. 2). Une telle décision est exceptionnelle et doit donc être limitée dans le temps (Cass. 1e civ. 4-1-2017 n° 15-28.935 F-PBI : BPAT 1/17 inf. 12) ; le juge des enfants ne peut pas décider d'une délégation partielle de l'autorité parentale (pour une application, voir Cass. 1e civ. 20-11-2013 n° 12-26.444).

La mesure doit être exceptionnelle : le tiers tentera donc, au préalable, d'emporter l'adhésion des parents et, s'il saisit le juge, il devra prouver la nécessité de la mesure.

En principe, les parents cessent d'être **civilement responsables** de leur enfant, cette responsabilité étant assumée par le tiers à qui ce dernier a été confié (Cass. ass. plén. 29-3-1991 n° 89-15.231 : RJDA 7/91 inf. 675 ; CE 13-2-2009 n° 294265 : D. 2009 AJ p. 631 obs. J.-M. Pastor). 38825
Le service d'accueil est responsable à l'égard des tiers même sans faute de sa part (CE 13-2-2009 n° 294265 précité). Ce n'est toutefois qu'à la condition que la décision de placement ait organisé une prise en charge durable et globale du jeune, ce dont les juges doivent s'assurer ; l'accueil du jeune dans sa famille de façon ponctuelle ou selon un rythme déterminé et même si le mineur y retourne de sa propre initiative n'empêche pas un tel transfert de responsabilité (CE sect. 1-7-2016 n° 375076 : BPAT 5/16 inf. 187).

Les parents conservent un **droit de correspondance** ainsi qu'un **droit de visite et d'hébergement** (C. civ. art. 375-7, al. 4). Le juge en fixe les modalités ; il précise la nature des droits accordés (visite et/ou hébergement) et leur fréquence (C. civ. art. 375-7, al. 4 et 5). Il ne doit pas déléguer cette compétence à celui à qui est confié l'enfant (Cass. 1e civ. 13-10-1998 n° 98-05.008 : D. 1999 jur. p. 123 note M. Huyette ; Cass. 1e civ. 6-3-2002 n° 00-05.064) ni à l'enfant lui-même. Mais pour donner de la souplesse au système, il peut décider que les conditions d'exercice du droit de visite et d'hébergement seront déterminées conjointement entre les titulaires de l'autorité parentale et la personne, le service ou l'établissement à qui est confié l'enfant. Il est saisi en cas de désaccord. 38830
Par exemple, le juge peut valablement décider, sans que cela constitue une délégation de ses pouvoirs, que les parents exercent « un droit de visite et d'hébergement une fin de semaine sur deux et une partie des vacances scolaires selon des modalités organisées, sous son contrôle, avec l'organisme gardien, à charge pour les parties de s'en référer à lui en cas de difficulté » (Cass. 1e civ. 28-5-2014 n° 13-12.337).

Lorsqu'un enfant est placé auprès d'une personne ou d'un établissement, le juge impose, si nécessaire, que le droit de visite d'un parent soit **médiatisé,** c'est-à-dire qu'il soit exercé en présence d'un tiers (C. civ. art. 375-7, al. 4 ; CPC art. 1199-3). Le juge peut charger le service de l'aide sociale à l'enfance ou le service d'observation, d'éducation ou de rééducation en milieu ouvert d'accompagner l'exercice de ce droit de visite. Sa décision doit être spécialement motivée. Il est tenu soit d'indiquer la fréquence de ce droit de visite, soit de préciser que les conditions d'exercice de ce droit seront déterminées conjointement, sous son contrôle, par le ou les parents bénéficiaires de ce droit et par la personne, l'établissement ou le service auquel l'enfant est confié (Cass. 1e civ. 15-1-2020 nos 18-25.313 et 18-25.894 : AJ fam. 2020 p. 182 obs. Eudier ; Cass. 1e civ. 10-2-2021 no 19-24.640 : AJ fam. 2021 p. 234 obs. Mallevaey). Selon que l'enfant est confié à une personne ou à un établissement, le tiers est désigné par le juge ou par l'établissement lui-même. Il est, dans la mesure du possible, le même à chaque visite mais n'est pas obligatoirement présent tout le temps. S'il est un professionnel, il établit un rapport selon une régularité décidée par le juge (CASF art. R 223-9).

Enfin, le juge peut **suspendre provisoirement** le droit de correspondance et/ou de visite et d'hébergement si l'intérêt de l'enfant l'exige. La Cour de cassation contrôle la motivation de la décision.

38850 Les parents restent tenus de leur **obligation d'entretien** de leur enfant, sauf si le juge les en décharge (C. civ. art. 375-8). La pension, qui peut être fixée à un montant symbolique, est versée à la personne physique ou morale à qui l'enfant a été confié.

> **Précisions** Si la mesure d'assistance éducative (AEMO ou placement de l'enfant sauf auprès d'un service ou établissement habilité ou sanitaire) est prise en charge financièrement par le conseil départemental, le(s) parent(s) peu(ven)t se voir réclamer une **contribution financière** (CASF art. L 228-2 et R 228-1). La contestation de cette décision relève de la compétence du juge administratif, en ce qu'il s'agit d'une décision administrative, même si elle est mise en œuvre en vertu d'une obligation légale (T. confl. 3-7-2023 no 4281).

38870 **Allocations familiales** Les allocations familiales continuent à être évaluées en tenant compte à la fois des enfants présents au foyer et du ou des enfants confiés au service de l'aide sociale à l'enfance (ASE), mais la part des allocations familiales dues pour l'enfant placé est **versée à** ce service. Le juge peut toutefois décider de maintenir le versement des allocations à la famille lorsque celle-ci participe à la prise en charge morale ou matérielle de l'enfant ou en vue de faciliter le retour de l'enfant dans son foyer (CSS art. L 521-2).

Lorsqu'un enfant est confié à l'ASE, l'allocation de **rentrée scolaire** ou la part d'allocation différentielle qui lui est due est versée à la Caisse des dépôts et consignations qui en assure la gestion jusqu'à la majorité de l'enfant ou, le cas échéant, jusqu'à son émancipation. À cette date, le pécule sera versé à l'enfant (CSS art. L 543-3, R 543-8 et R 543-9).

> **Précisions** La **délégation d'autorité parentale** au profit de l'ASE ne fait pas perdre à la mère sa qualité d'allocataire des prestations familiales ; celles-ci restent donc dues mais doivent être versées au service qui accueille les enfants (Cass. 2e civ. 11-5-2023 no 21-16.863 FS-B : BPAT 4/23 inf. 173).

SECTION 4

RETRAIT DE L'AUTORITÉ PARENTALE

PRINCIPE

39000 Le retrait de l'autorité parentale est, en principe, une mesure de **protection de l'enfant** et non une sanction des parents. Cela dit, les juges hésitent à y recourir et usent plutôt, selon les circonstances, de l'assistance éducative, de la délégation de l'autorité parentale, de la déclaration de délaissement parental (dispositifs commentés dans une circulaire JUSF1711230C du 19-4-2017) ou de l'ouverture d'une tutelle.

A. Conditions du retrait de l'autorité parentale

39020 Les **père et mère** d'un enfant mineur sont susceptibles de se voir privés de leur autorité parentale même lorsqu'ils n'en ont pas l'exercice (Cass. crim. 21-10-1992 no 92-80.200 : Bull. crim. no 333).

1. RETRAIT PAR LE JUGE PÉNAL

CAS DE RETRAIT

Le juge pénal statue sur le retrait de l'autorité parentale les **père et mère** qui sont condamnés aux **crimes ou délits suivants** (C. civ. art. 378 modifié par loi 2024-233 du 18-3-2024 ; C. pén. art. 228-1 créé par loi 2024-233) : 39050

– comme auteurs, coauteurs ou complices d'un crime ou délit commis sur la personne de leur enfant. Il peut s'agir d'un viol, d'une agression sexuelle, de mauvais traitements, etc., mais aussi d'un défaut de vaccination, l'enfant ayant été infecté par le tétanos (CA Grenoble 7-7-1999 n° 99-626). En revanche, ne justifie pas une telle mesure l'infraction qui concerne l'enfant mais ne porte pas sur sa personne (abandon de famille par exemple) ou celle qui concerne un enfant tiers ;

– comme coauteurs ou complices d'un crime ou délit commis par leur enfant ;

– ou comme auteurs, coauteurs ou complices d'un crime ou délit sur la personne de l'autre parent.

> **Précisions** Depuis le 20 mars 2024, les dispositions pénales sont harmonisées avec les dispositions civiles et les dispositions éparses sont abrogées (C. pén. art. 221-5-5, 222-31-2, 222-48-2, 225-4-13, dernier al. et 227-27-3 abrogés). Le nouvel article 228-1 du Code pénal reprend les dispositions de l'article 378 du Code civil.

DÉCISION

Le retrait n'est pas une peine accessoire ou complémentaire mais une **mesure de protection** (Cass. crim. 14-10-1992 n° 92-81146 : Bull. crim. n° 322 ; Cass. crim. 21-6-2023 n° 22-82.287 F-D). 39070

Il y a une gradation dans la décision d'ordonner le retrait de l'autorité parentale selon l'infraction commise par le parent (C. civ. art. 378 modifié par loi 2024-233 du 18-3-2024).

En cas de **crime** ou d'**agression sexuelle incestueuse** sur l'enfant ou l'autre parent, le retrait total de l'autorité parentale est le principe. Le juge ne peut l'exclure que par une décision spécialement motivée. Il ordonne alors le retrait partiel et, à défaut encore, le retrait de l'exercice de l'autorité parentale ; chaque mesure exclue doit être spécialement motivée.

En cas de **délit commis sur l'enfant** (hors agression sexuelle incestueuse), le juge pénal a l'obligation de se prononcer sur le retrait total ou partiel de l'autorité parentale ou le retrait de son exercice.

En cas de **délit commis sur l'autre parent**, le juge peut ordonner le retrait, total ou partiel, de l'autorité parentale ou de son exercice mais il n'est pas obligé de l'envisager systématiquement. La solution est la même lorsque le crime ou le délit est **commis par l'enfant**.

Dans les autres cas, la juridiction pénale peut se saisir d'office de la question sans qu'une demande de l'autre parent soit nécessaire. L'administrateur ad hoc désigné pour représenter l'enfant peut former une demande en ce sens. En revanche, une association habilitée à se constituer partie civile au nom du mineur n'a pas qualité pour demander le retrait de l'autorité parentale (Cass. crim. 22-6-1993 n° 91-86.139). Il n'est pas nécessaire que le ministère public prenne des réquisitions sur le sujet.

La condamnation du parent poursuivi suffit à justifier la mesure. L'étendue du retrait (total, partiel ou du seul exercice) est fonction de l'intérêt de l'enfant (C. civ. art. 378 modifié par loi 2024-233 du 18-3-2024). 39080

La mesure doit faire l'objet d'une **disposition spéciale** de la décision. Aux **assises**, la cour statue sans l'assistance du jury (C. pén. art. 228-1 ; Cass. crim. 14-10-1992 n° 92-81146 : Bull. crim. n° 322).

Le retrait peut être prononcé même si le **parent concerné** a été déclaré pénalement irresponsable pour démence (Cass. 1e civ. 14-4-1982 nos 80-80.014 et 80-80.015 : Bull. civ. I n° 125). 39090

Il est prévu que le retrait « est applicable aux **ascendants autres** que les père et mère pour la part d'autorité parentale qui peut leur revenir sur leurs descendants » (C. civ. art. 378). Comment comprendre cette disposition alors que les grands-parents n'ont pas vocation à recevoir l'autorité parentale sur leurs petits-enfants ? Il s'agit certainement d'autoriser les juges à éloigner l'enfant de toute la branche familiale dont relève l'auteur du crime ou délit.

2. RETRAIT PAR LE JUGE CIVIL

CAS DE RETRAIT

Mise en danger de l'enfant En dehors de toute condamnation pénale, peuvent se voir retirer l'autorité parentale les père et mère qui mettent manifestement en danger la sécurité, la santé ou la moralité de leur enfant (C. civ. art. 378-1, al. 1). 39200

La mise en danger doit être **manifeste et avérée**, le simple risque étant insuffisant pour justifier une mesure de retrait (Cass. 1e civ. 6-7-1999 n° 97-16.654 : Dr. et patrimoine hebdo 27 octobre 1999 p. 3).

Elle doit exister au **moment** où le tribunal statue (Cass. 1e civ. 15-5-1990 nos 87-05.071, 87-05.072 : Bull. civ. I no 107). Ainsi, le retrait de l'autorité parentale ne se justifie pas si la suppression du droit de visite et d'hébergement du parent dangereux intervenue antérieurement assure une protection suffisante de l'enfant. Mais une telle mesure n'est pas toujours suffisante. Pour un exemple où le retrait de l'autorité parentale a été validé compte tenu de la persistance du danger en dépit de la séparation physique imposée entre les parents et les enfants (Cass. 1e civ. 27-5-2010 no 09-65.208 : Bull. civ. I no 120).

39210 La mise en danger peut être **physique ou morale**. Le Code civil en envisage les causes : mauvais traitements, consommation habituelle et excessive de boissons alcooliques, usage de stupéfiants, inconduite notoire, comportements délictueux, défaut de soins, manque de direction (C. civ. art. 378-1). S'agissant des comportements délictueux, sont notamment visées les situations où l'enfant est témoin de pressions ou de violences, physiques ou psychologiques, exercées par l'un des parents sur l'autre. Il s'agit d'insister sur le fait qu'être témoin de violences est aussi préjudiciable à l'enfant que s'il les subit.

En pratique, les juges apprécient les circonstances de chaque espèce, peu important que le parent agisse par méchanceté ou par simple inconscience des risques créés.

39215 Ont par **exemple** été **déchus** :

– le père qui a tué la mère des enfants (Cass. 1e civ. 29-5-2001 no 99-05.015 : RJPF 2001 12/31 obs. A.-M. Blanc) ;

– le père qui cherche à imposer à ses enfants l'adhésion à une pratique religieuse dont ils ont été victimes (CA Paris 19-9-1997 no 97-231) ;

– le père qui n'a jamais exercé son droit de visite et qui s'est complètement désintéressé de ses enfants (CA Nîmes 12-2-2009 no 08-173, ch. spéciale des mineurs).

Ne met **pas** nécessairement les enfants **en danger** :

– le comportement délictueux ou même criminel d'un parent (Cass. 1e civ. 6-7-1999 no 97-16.654 : Dr. famille 2000 comm. no 4 obs. P. Murat ; Cass. 1e civ. 6-3-2001 no 99-05.060 : RJPF 2001 6/35 obs. A. M. Blanc). Dans le même sens, pour un père condamné pénalement pour atteinte sexuelle sur mineure mais pour lequel il n'est pas établi que son comportement mette en danger ses propres enfants (CA Lyon 22-5-2001 no 00-3453 : JCP G 2002 II no 10177 note T. Garé) ;

– le désintérêt d'un parent (CA Angers 27-11-1992 : JurisData 051108 ; CA Limoges 16-11-2015 no 14/01165, ch. civ.) ;

– le manque de soins et de direction (Cass. 1e civ. 23-4-2003 no 02-05.033). Dans le même sens à propos d'une mère porteuse en Inde qui n'a pas été privée de son autorité parentale, son absence dans la vie de l'enfant n'étant pas source de danger pour ce dernier (Cass. 1e civ. 21-9-2022 no 20-18.687 F-B : BPAT 6/22 inf. 268). Dans cette affaire, le jeune était pris en charge par son père biologique, qui était à l'origine de la demande, et le conjoint de celui-ci, et la Cour de cassation précise que « la mesure de retrait de l'autorité parentale ne saurait être dévoyée aux fins de faciliter les démarches administratives à savoir permettre l'adoption de l'enfant par le conjoint du père de l'enfant ».

39230 Désintérêt des parents à la suite d'une mesure d'assistance éducative

Peuvent se voir privés de leur autorité parentale les père et mère dont l'enfant a fait l'objet d'une mesure d'assistance éducative et qui, pendant **plus de deux ans**, se sont volontairement abstenus d'exercer les droits et de remplir les devoirs que leur laissait la mesure d'assistance éducative (C. civ. art. 378-1, al. 2).

L'objectif d'une mesure éducative est de permettre le maintien ou la restauration du lien familial tout en protégeant l'enfant. Les parents doivent donc être acteurs du processus. S'ils laissent les liens se distendre, ils peuvent se voir retirer leur autorité parentale. Pour cela, il faut que le désintérêt du parent dure depuis au moins deux ans et qu'il résulte d'une véritable volonté et non de circonstances étrangères telles qu'un éloignement géographique ou l'altération des facultés physiques ou mentales.

39240 **Condamnation pénale** Les juges civils peuvent se prononcer sur le fondement de l'article 378 du Code civil (no 39050) lorsque la juridiction répressive ne l'a pas fait (Cass. crim. 14-10-1992 no 92-81.146 : Bull. crim. no 322). C'est notamment le cas si elle s'est contentée de prononcer une sanction assortie d'une interdiction des droits civiques, civils et de famille en application de l'article 131-26 du Code pénal (CA Grenoble 22-5-2000 no 99-780).

À l'inverse, si la juridiction pénale a décidé de ne pas retirer l'autorité parentale, l'autorité de la chose jugée interdit à la juridiction civile de fonder sa décision de retrait sur l'infraction sanctionnée ; mais elle pourra se fonder sur l'un ou l'autre des motifs précédemment évoqués.

PROCÉDURE

Sont **recevables à agir** le ministère public, un membre de la famille ou le tuteur de l'enfant. Est aussi recevable à agir le service d'aide sociale à l'enfance auprès duquel l'enfant est confié (C. civ. art. 378-1, dernier al.). 39260

Il en va autrement du concubin de la mère qui est un tiers à l'égard de l'enfant (Cass. 1e civ. 19-5-1992 n° 91-05.064).

Le **tribunal compétent** est le tribunal judiciaire du lieu où demeure l'ascendant contre lequel l'action est exercée (CPC art. 1202). Le recours à un **avocat** est obligatoire (CPC art. 1203). 39261

Pour le reste, la procédure est la même que celle de la délégation de l'autorité parentale (nos 38430 s.).

La demande prend la forme d'une **requête** remise ou adressée au greffe ou adressée au procureur de la République. Sont convoqués à l'audience, au moins huit jours avant, le requérant, les parents du mineur, la personne, l'établissement ou le service qui a recueilli l'enfant, le cas échéant, le tuteur du mineur. Les conseils des parties et le ministère public sont également avisés de la date de l'audience (CPC art. 1204).

Le **tribunal** dispose d'importants **pouvoirs d'investigation**. Il entend les père et mère, le tuteur ou la personne ou le représentant du service auquel l'enfant a été confié, ainsi que toute personne dont l'audition lui paraît utile. Il peut prendre toute mesure provisoire relative à l'autorité parentale. 39262

La décision peut faire l'objet d'un **appel** dans les quinze jours de sa notification (CPC art. 1209). L'appel est formé selon les règles de la représentation obligatoire (CPC art. 1209 1-1).

B. Effets du retrait de l'autorité parentale

RETRAIT TOTAL

Situation du parent déchu Le retrait total porte de plein droit sur **tous les attributs** de l'autorité parentale, tant patrimoniaux que personnels (C. civ. art. 379, al. 1). 39300

Le parent déchu n'a plus aucun droit, ni aucune responsabilité à l'égard de son enfant : il n'a plus vocation à se prononcer sur son adoption, son mariage ou son émancipation ; il n'a pas à participer aux décisions relatives à l'éducation, la santé, la surveillance de l'enfant ; il perd ses droits en matière d'administration légale et de jouissance légale ; il n'est plus civilement responsable de son enfant (Cass. 2e civ. 25-1-1995 n° 92-18.802 : Bull. civ. II n° 29).

En revanche, la déchéance de l'autorité parentale n'a **aucune incidence automatique sur** : 39310

– l'obligation de contribuer à l'entretien de l'enfant et de lui fournir des aliments ;

– le lien de filiation. En conséquence, elle ne peut pas être invoquée à l'appui d'une contestation de paternité (CA Paris 8-7-1994 : JurisData 022239) ;

– la qualité d'héritier (sous réserve des cas d'indignité : voir n° 63008).

Le retrait total de l'autorité parentale n'implique pas automatiquement la privation de tous **liens avec l'enfant**. Le parent concerné peut par exemple se voir reconnaître un droit de correspondance. Cela dit, l'intérêt de l'enfant conduit généralement à limiter ou même à supprimer l'exercice de ces droits.

Par principe, le retrait total de l'autorité parentale s'étend à tous les **enfants déjà nés au moment du jugement**. Sont donc éventuellement concernés des enfants qui n'étaient pas nés au moment où les faits reprochés se sont produits. 39315

Le jugement peut toutefois en décider autrement et limiter la mesure à certains enfants de la fratrie.

La mesure ne peut pas concerner un jeune majeur (Cass. crim. 30-9-1998 n° 97-83.021 : Bull. crim. n° 242). Mais elle est admise pour les mineurs émancipés (Cass. 1e civ. 14-11-1967 n° 65-14.567 : Bull. civ. I n° 332).

Situation de l'enfant Il n'est plus soumis à l'autorité de son parent déchu. 39330

Sauf disposition contraire du jugement, le retrait total de l'autorité parentale dispense l'enfant de son **obligation alimentaire**.

Le juge qui prononcera une telle mesure pourra statuer sur le changement de **nom** de l'enfant, sous réserve du consentement personnel de ce dernier s'il est âgé de plus de 13 ans (C. civ. art. 380-1).

Le retrait total de l'autorité parentale autorise l'**adoption** plénière de l'enfant lorsqu'il frappe les deux parents et que l'enfant a été recueilli par le service de l'aide sociale à l'enfance (CASF art. L 224-4, al. 6). Lorsqu'il ne concerne qu'un seul des parents, le retrait de l'autorité parentale rend uniquement possible l'adoption plénière de l'enfant par le conjoint, le partenaire pacsé ou le concubin de l'autre parent (C. civ. art. 370-1-3).

39340 **Droits des autres membres de la famille** Ils ne sont pas affectés par la mesure de retrait. Les grands-parents conservent par exemple leur droit de maintenir des relations avec leurs petits-enfants ou de contester l'admission de leur petit-fils en qualité de pupille de l'État (une exception toutefois, lorsque le retrait est prononcé par la juridiction pénale, voir n° 39090).

RETRAIT PARTIEL

39360 Le retrait de l'autorité parentale peut être limité à certains de ses attributs, qui doivent être spécifiés dans le jugement, ou à certains enfants de la fratrie (C. civ. art. 379-1).
Le **parent concerné** peut notamment conserver le droit de consentir à l'émancipation, au mariage et à l'adoption de son enfant. Il peut aussi conserver l'administration légale et obtenir un droit de visite et d'hébergement.
Contrairement à la règle applicable en cas de retrait total de l'autorité parentale, l'**enfant** n'est pas automatiquement libéré de son obligation alimentaire.

> **Précisions** Au lieu d'un retrait total ou partiel de l'autorité parentale, le juge civil ou pénal peut prononcer un **retrait de l'exercice de l'autorité parentale** (C. civ. art. 379-1).

DÉVOLUTION DE L'AUTORITÉ PARENTALE

39380 Lorsque les **deux parents** sont **titulaires** de l'autorité parentale, celui qui n'en est pas déchu reçoit toute l'autorité parentale suite au retrait prononcé contre l'autre parent.
Cependant, le jugement de retrait peut désigner un tiers auquel l'enfant sera provisoirement confié, à charge pour lui de demander l'ouverture d'une tutelle, ou de confier l'enfant au service départemental de l'aide sociale à l'enfance (C. civ. art. 380, al. 2). Ce sera le cas, par exemple, si le parent non déchu est sous l'influence de celui qui a fait l'objet de la décision de retrait de l'autorité parentale. Le parent non déchu restera titulaire de l'autorité parentale, mais les décisions du quotidien seront prises par le tiers.
Si le **parent non déchu** est **décédé** ou a **perdu l'exercice de l'autorité parentale**, le jugement de retrait total ou partiel (de l'autorité parentale ou de son exercice) est dans l'obligation de désigner un tiers auquel l'enfant sera provisoirement confié ou de le confier à l'aide sociale (C. civ. art. 380, al. 1). Jusqu'ici, le juge pénal n'est pas tenu par cette disposition civile (Cass. crim. 6-9-2023 n° 22-87.022 F-D). L'esprit de la loi 2024-233 du 18 mars 2024 qui vise à mieux protéger les enfants pourrait conduire la Cour de cassation à revenir sur sa position.

C. Restitution de l'autorité parentale

39400 Le retrait total ou partiel de **l'autorité parentale**, quelles qu'en soient les raisons, peut être remis en cause. Une demande en ce sens peut être déposée à trois conditions :
– l'existence de circonstances nouvelles justifiant que le parent soit réintégré dans tout ou partie de ses droits (C. civ. art. 381, al. 1). C'est au demandeur d'en rapporter la preuve, les juges du fond disposant d'un pouvoir souverain d'appréciation. A par exemple été admis le fait que le parent concerné ait trouvé un emploi et mène une vie stable, qu'il ait eu un autre enfant qu'il élève normalement, etc. ;
– l'absence de placement de l'enfant en vue de son adoption. Dans le cas contraire, la mesure de retrait ne peut plus être remise en question ;
– l'écoulement d'un délai d'au moins un an depuis le jour où le jugement de retrait est devenu irrévocable.
Le retrait de **l'exercice de l'autorité parentale** ou des **droits de visite et d'hébergement** pour l'une des causes visées par l'article 378 du Code civil, c'est-à-dire justifiant le retrait de l'autorité parentale, peut également être remis en cause. La demande ne peut alors pas être formée avant l'expiration d'un délai de six mois à compter du jour où la décision ordonnant le retrait est devenue irrévocable (C. civ. art. 381 II créé par loi 2024-233 du 18-3-2024).

39410 Le **tribunal compétent** est le tribunal judiciaire, quelle que soit la juridiction qui a prononcé le retrait.
La demande prend la forme d'une requête et doit être déposée devant le tribunal du lieu où demeure la personne à qui les droits ont été conférés (CPC art. 1210). Cette dernière doit être informée. Pour le reste, la procédure est la même qu'en matière de retrait (n°s 39260 s. et 38430 s.).

La **restitution** de l'autorité parentale peut être **refusée** par le juge. Dans ce cas, une nouvelle demande en restitution ne pourra être déposée qu'après un nouveau délai d'un an (C. civ. art. 381, al. 2). 39420
La restitution peut être **admise totalement ou partiellement**, cette dernière hypothèse étant la plus fréquente, quitte à ce qu'elle soit élargie par la suite. Cela dit, une telle décision n'implique pas que le parent retrouvera à terme l'exercice de l'autorité parentale.
Si la restitution est accordée, le ministère public peut requérir des mesures d'assistance éducative (C. civ. art. 381, al. 3).

SECTION 5

DÉLAISSEMENT PARENTAL

ENFANTS CONCERNÉS

Conditions Un enfant est considéré comme délaissé à une **double condition** (C. civ. art. 381-1) : 39700
– ses parents n'ont pas entretenu avec lui les relations nécessaires à son éducation ou à son développement, sans qu'ils en aient été empêchés par quelque cause que ce soit ;
– le délaissement a été effectif durant l'année qui précède l'introduction de la requête.
Le délaissement est caractérisé par un **désintérêt volontaire** du ou des parent(s). Il n'existe donc pas lorsque l'absence éducative et affective est due à des circonstances extérieures ou lorsque le/les parent(s) font, malgré tout, preuve d'un certain intérêt pour leur enfant.
Le juge du fond apprécie bien sûr au cas par cas chaque situation. Mais il est expressément prévu que la rétractation du consentement à l'adoption, la demande de nouvelles ou l'intention exprimée mais non suivie d'effet de reprendre l'enfant ne constituent pas un acte suffisant pour exclure le délaissement parental ou interrompre le délai d'un an (C. civ. art. 381-2).

ILLUSTRATIONS

Le **délaissement** a été **écarté** à l'égard de parents qui n'ont pu entretenir de relations avec leur enfant aux motifs que :
– ils n'avaient pas été informés par l'ASE du lieu de placement de celui-ci en dépit des courriers qu'ils avaient adressés (Cass. 1e civ. 12-10-1999 n° 97-05.002) ;
– ils n'avaient ni les moyens matériels ni l'aide de la famille d'accueil pour entretenir les liens (Cass. 1e civ. 8-12-1998 n° 97-05.015).
En revanche, le délaissement a été **caractérisé** dans les situations suivantes :
– le parent n'exerce pas le droit de visite médiatisé qui a été mis en place (Cass. 1e civ. 1-2-2017 n° 16-11.450 F-D) ;
– la mère, souffrant de troubles psychiatriques, ne s'est saisie ni du droit de visite médiatisé ni du droit de correspondance médiatisé instauré lors de la suspension du droit de visite et n'a depuis posé aucun acte concret permettant d'attester de ses velléités de reprendre une relation avec son fils (Cass. 1e civ. 30-11-2022 n° 20-22.903 F-B : BPAT 1/23 inf. 10).

Prise en compte de l'intérêt de l'enfant L'intérêt de l'enfant prévaut sur celui des parents. 39705
Dans un cas où la mère, atteinte de troubles psychiatriques, n'avait pas cherché à entretenir des liens avec son enfant en dépit de l'encadrement dont elle a bénéficié, la déclaration de délaissement a aussi été prononcée car les démarches entreprises pour restaurer le lien entre l'enfant et ses parents ont maintenu celui-ci dans un **état d'insécurité** affective et entravé son bon développement (Cass. 1e civ. 30-11-2022 n° 20-22.903 F-B précité). Le juge n'est pas tenu d'apprécier les démarches entreprises dans la mesure des possibilités du parent (ici troubles psychiatriques) si l'intérêt de l'enfant est de rompre les liens.
À l'inverse, l'intérêt de l'enfant peut empêcher une telle déclaration alors que les **conditions** étaient **pourtant remplies** (Cass. 1e civ. 3-12-2014 n° 13-24.268 FS-PB rendu sous l'empire de l'ancien régime de déclaration d'abandon mais à notre avis transposable). Possibilité confirmée par la Cour de cassation (Cass. avis 19-6-2019 n° 19-70.007 PBRI : AJ fam. 2019 p. 462 obs. J. Houssier).

DEMANDE DE DÉLAISSEMENT

La personne, l'établissement ou le service départemental de l'aide sociale à l'enfance qui a **recueilli l'enfant** doit obligatoirement transmettre une demande en déclaration de délaissement au tribunal judiciaire à l'issue du délai d'un an durant lequel les parents n'ont pas entretenu de 39720

liens. Avant cela, des mesures appropriées de soutien aux parents doivent avoir été proposées sans succès.
La demande peut également être présentée par le **ministère public** agissant d'office ou, le cas échéant, sur proposition du juge des enfants (C. civ. art. 381-2).

39725 Le délaissement est **écarté** si un membre de la famille s'est proposé pour assumer la charge de l'enfant (C. civ. art. 381-2). Encore faut-il que cette demande de prise en charge soit conforme à l'intérêt de l'enfant et qu'elle soit intervenue durant l'année qui précède la demande en déclaration de délaissement.

EFFETS SUR L'AUTORITÉ PARENTALE

39730 La déclaration judiciaire de délaissement peut être **prononcée à l'encontre** des deux parents ou d'un seul (C. civ. art. 381-2, al. 4). Dans ce dernier cas, le prononcé est possible sans qu'il soit nécessaire que l'autre parent soit lui aussi privé de son autorité parentale ni qu'il ait volontairement remis l'enfant à l'ASE en vue de son admission en qualité de pupille de l'État (Cass. 1e civ. avis 19-6-2019 no 19-70.007 PBRI ; Cass. 1e civ. avis 19-6-2019 no 19-70.008 PBRI : AJ fam. 2019 p. 462 obs. J. Houssier). La situation de chacun des parents doit être appréciée individuellement.
La déclaration de délaissement emporte des **conséquences** différentes selon qu'elle est prononcée contre les deux parents ou un seul.
Dans le premier cas :
– l'autorité parentale est déléguée au profit de la personne à qui l'enfant a été confié ou l'ASE ayant recueilli l'enfant (C. civ. art. 381-2 al. 5) ;
– l'enfant est admis en qualité de pupille de l'État, rendant son adoption possible (CASF art. L 224-4).
Lorsque la déclaration de délaissement ne concerne qu'un des deux parents (Cass. avis 19-6-2019 no 19-70.007 PBRI ; Cass. avis 19-6-2019 no 19-70.008 PBRI) :
– la délégation de l'autorité parentale ne porte que sur les droits du parent délaissant, à l'exclusion de ceux de l'autre. L'exercice de l'autorité parentale est partagé, et ce, sans que le parent non délaissant ait à donner son accord sur ce partage ;
– l'enfant n'est pas admis automatiquement en qualité de pupille de l'État, dès lors que le parent qui n'est pas privé de son autorité parentale n'a pas remis volontairement l'enfant au service d'aide sociale à l'enfance en vue de son adoption. Ce parent devra nécessairement consentir à l'adoption de l'enfant.

SECTION 6

MESURE D'AIDE À LA GESTION DU BUDGET

PRÉSENTATION DE LA MESURE

39800 La mesure d'aide à la gestion du budget familial vise à réaffecter les **prestations sociales versées** par l'État aux parents dans l'intérêt de l'enfant (C. civ. art. 375-9-1, al. 1). Elle ne concerne donc que les bénéficiaires de ces prestations.
Elle peut être décidée par le juge des enfants lorsque (C. civ. art. 375-9-1, al. 1) :
– les prestations familiales ou le revenu de solidarité active ne sont pas employés pour les besoins du logement, l'entretien, la santé ou l'éducation des enfants ;
– les prestations d'aide à domicile visées à l'article L 222-3 du Code de l'action sociale et des familles (recours à un technicien de l'intervention sociale ou aide ménagère, accompagnement en économie sociale et familiale, intervention d'un service d'action éducative, versement d'aides financières) ne sont pas suffisantes. Le caractère insuffisant des prestations d'aide à domicile peut être déduit du comportement des parents, par exemple s'ils font obstacle à toute visite à leur domicile ou refusent de transmettre les informations financières les concernant entraînant la suspension du versement des allocations allouées à leurs enfants handicapés ; ainsi jugé sous l'empire de l'article 375-9-1 dans sa version antérieure à la loi du 7 février 2022, l'arrêt visant l'insuffisance de l'accompagnement budgétaire (Cass. 1e civ. 15-2-2023 no 21-18.596 F-D : AJ fam. 2023 p. 227 obs. A. Niemiec). Désormais, l'article vise de façon plus générale l'une des prestations d'aide à domicile.

SIGNALEMENT

Le **juge** des enfants peut être saisi des difficultés d'une famille par (C. civ. art. 375-9-2 ; CPC art. 1200-3) : 39810

– le maire (ou son représentant au sein du conseil pour les droits et devoirs des familles), conjointement avec la CAF ou la MSA. Il s'agit du maire de la commune de résidence de l'allocataire ou du mineur ;

– l'un des représentants légaux du mineur ;

– l'allocataire ou attributaire des prestations familiales auxquelles ouvre droit le mineur ;

– le procureur de la République.

Il peut également se saisir d'office à titre exceptionnel.

Par ailleurs, le président du conseil départemental peut signaler au **procureur de la République** toute situation pour laquelle l'accompagnement en économie sociale et familiale est insuffisant.

DÉSIGNATION D'UN DÉLÉGUÉ AUX PRESTATIONS FAMILIALES

Si le juge des enfants constate que les prestations sociales ne sont pas employées à bon escient, il ordonne leur versement à un délégué aux prestations familiales (C. civ. art. 375-9-1, al. 1). 39820

Le délégué doit être une personne physique ou morale qualifiée (CASF art. L 474-1 s.). Il peut s'agir de services autorisés ou de personnes agréées, exerçant à titre individuel (CASF art. L 312-1-1, 15° et L 474-4). Lorsque le maire a désigné un coordinateur, il doit l'indiquer au juge qui pourra le désigner en qualité de délégué.

MISSION DU DÉLÉGUÉ AUX PRESTATIONS FAMILIALES

Le délégué prendra toutes les **décisions** quant à la gestion du budget (C. civ. art. 375-9-1, al. 2). Il doit toutefois s'efforcer de recueillir l'adhésion des parents. 39830

Son intervention a également une **vocation pédagogique** : il doit rétablir les conditions d'une gestion autonome des prestations.

DURÉE DE LA MESURE

Le **juge fixe** la durée de la mesure d'aide à la gestion du budget (C. civ. art. 375-9-1, al. 3). 39840

Celle-ci ne peut toutefois excéder deux ans et est **renouvelable** par décision de justice motivée.

CHAPITRE 3

AUTORITÉ PARENTALE SUR LES BIENS DE L'ENFANT

SOMMAIRE

EN BREF

40000 Sur le plan patrimonial, l'autorité parentale se traduit par le pouvoir des parents d'**administrer les biens de l'enfant et** le **droit d'en jouir** (C. civ. art. 382 et 386-1).
Dès leur naissance, les enfants peuvent en effet posséder des biens. Leur **patrimoine** se constitue de différentes manières. Il **comprend** les cadeaux et présents dont ils sont gratifiés, les biens qu'ils reçoivent par succession ou donation, les acquisitions, les placements et opérations réalisés sur les fonds reçus ou hérités, les fruits et revenus desdits biens, ou plus simplement leur argent de poche ou leurs revenus personnels.
Il peut également comprendre les indemnités perçues en réparation d'un préjudice, par exemple à la suite d'un accident de la circulation.
Ce patrimoine est aussi constitué par les **dettes** engendrées par la gestion de leurs biens ou nées lors de l'entrée de nouveaux biens dans leur patrimoine ou la réalisation de nouveaux investissements (par exemple, les frais de réparation et d'entretien des biens immobiliers ou la charge des prêts contractés pour l'achat d'un appartement).
Le **mineur** ne pouvant, sauf exception (voir nos 35580 s.), agir seul, il doit être **représenté par ses parents** dans tous les actes de la vie civile et notamment pour administrer ses biens (C. civ. art. 382). On parle d'administration légale.

SECTION 1

ADMINISTRATION LÉGALE DES BIENS DE L'ENFANT PAR LES PARENTS

DÉFINITION DE L'ADMINISTRATION LÉGALE

40050 L'administration légale permet aux parents d'administrer les biens de leurs enfants mineurs et de bénéficier des revenus de ces biens. C'est un **attribut de l'autorité parentale**.
Lorsque l'autorité parentale est exercée en commun par les deux parents, chacun d'entre eux est administrateur légal. Dans les autres cas, l'administration légale appartient à celui des parents qui exerce l'autorité parentale (C. civ. art. 382).

> **Précisions** **Avant le 1er janvier 2016**, l'administration légale était dite pure et simple lorsque les deux parents exerçaient en commun l'autorité parentale. Elle était en revanche soumise au contrôle du juge en cas de décès de l'un des parents ou si l'un d'eux se trouvait privé de l'autorité parentale ; elle l'était également en cas d'exercice unilatéral de l'autorité parentale.
> Sur la déjudiciarisation de la gestion des biens des mineurs et ses dangers, voir Trois questions à N. Peterka : BPAT 1/16 inf. 2.

ACTES D'ADMINISTRATION

En **présence des deux parents**, l'administration est en principe exercée en commun. Toutefois, afin de sécuriser les opérations effectuées par les parents, chacun d'eux est réputé à l'égard des tiers avoir reçu de l'autre parent le pouvoir de faire seul les actes d'administration portant sur les biens de ses enfants (C. civ. art. 382-1, al. 1). Sont concernés les actes visés par le décret 2008-1484 du 22 décembre 2008 (C. civ. art. 496 par renvoi de art. 382-1, al. 2). Le renvoi à ce texte soulève des difficultés d'interprétation. Le décret vise, au premier chef, la gestion du patrimoine des personnes placées en curatelle ou en tutelle. Or, certaines opérations qualifiées, sous ces régimes de protection, d'actes de disposition en raison d'impératifs propres à la protection des majeurs, ne revêtent pas nécessairement cette qualification dans le cadre de l'administration légale. Il en est ainsi, par exemple, de l'ouverture d'un compte bancaire, tel qu'un compte de dépôt à retraits limités, un PEL ou un livret A, laquelle devrait s'analyser comme un acte d'administration malgré la qualification d'acte de disposition retenue par l'annexe 1 du décret 2008-1484 du 22 décembre 2008 (voir Trois questions à N. Peterka : BPAT 1/16 inf. 2). 40060

Bien qu'aucun texte ne le précise expressément, le **parent exerçant seul l'administration légale** peut accomplir seul les actes d'administration. 40065

ACTES DE DISPOSITION

Sauf exceptions (voir nos 40070 s.), les administrateurs légaux agissant en commun et l'administrateur exerçant seul l'autorité parentale peuvent accomplir les actes de disposition sans solliciter l'autorisation du juge des tutelles. 40068

ACTES SOUMIS À L'AUTORISATION DU JUGE DES TUTELLES

Actes soumis à autorisation préalable Certains actes particulièrement graves **nécessitent toujours** l'autorisation du juge des tutelles, même si les deux parents sont d'accord (C. civ. art. 387-1). Il s'agit des actes mentionnés sur la **liste suivante** : 40070
- la vente de gré à gré et l'apport en société portant sur un immeuble ou un fonds de commerce appartenant au mineur ;
- la souscription d'un emprunt au nom du mineur ;
- la renonciation à un droit du mineur, la transaction ou le compromis au nom du mineur. Sont par exemple visés la renonciation à la réduction d'une libéralité (Cass. 1e civ. 6-7-1982 n° 81-11.866 : Bull. civ. I n° 252), la conclusion d'une transaction entre un mineur victime d'un accident de la circulation et un assureur (Cass. 1e civ. 20-1-2010 n° 08-19.627 : BPAT 2/10 inf. 91 ; la loi 85-677 du 5-7-1985 relative à l'indemnisation des accidents de la circulation qualifie expressément de transaction la convention conclue entre un assureur et la victime d'un accident), l'acquiescement à un jugement qui fait partiellement droit aux demandes du mineur (Cass. 1e civ. 3-3-1992 n° 90-11.088 : Bull. civ. I n° 73) : ces décisions rendues sous l'empire des dispositions antérieures à l'ordonnance 2015-1298 du 15 octobre 2015 sont à notre avis transposables ;
- l'acceptation pure et simple d'une succession revenant au mineur ;
- l'achat ou la location d'un bien du mineur par l'administrateur légal. Pour la conclusion de ces actes, ce dernier est réputé être en opposition d'intérêts avec le mineur, ce qui contraint à la nomination d'un administrateur ad hoc (voir n° 40180) ;
- la constitution gratuite d'une sûreté au nom du mineur pour garantir la dette d'un tiers ;
- la réalisation d'actes portant sur des valeurs mobilières ou instruments financiers, s'ils engagent le patrimoine du mineur pour le présent ou l'avenir. L'autorisation du juge doit préciser les conditions de l'acte et, s'il y a lieu, le prix ou la mise à prix pour lequel l'acte est passé.

> **Précisions a.** Sur cette liste, voir les **commentaires critiques** en plein ou en creux de Nathalie Peterka (Trois questions à N. Peterka : BPAT 1/16 inf. 2 ; JCP G 2015 n° 44, 1160).
> **b.** Avant le 1er janvier 2016, les administrateurs légaux devaient demander l'autorisation du juge avant de conclure un **partage amiable**. Sur une analyse de sa disparition de la liste des actes obligatoirement soumis à l'autorisation du juge des tutelles, voir Trois questions à N. Peterka : BPAT 1/16 inf. 2.

Lorsque le **juge des tutelles** est amené à se prononcer sur l'un des actes listés n° 40070, il peut, s'il l'estime indispensable à la sauvegarde des intérêts du mineur, décider que d'autres actes de disposition doivent être soumis à son autorisation préalable. Pour prendre sa décision, le juge doit prendre en considération la composition ou la valeur du patrimoine, l'âge du mineur ou sa situation familiale (C. civ. art. 387-3, al. 1). Tel pourra être le cas dans l'hypothèse de conflits importants entre ses parents. 40075

40078 Les **parents** ou l'un d'eux, le **ministère public** ou tout **tiers** ayant connaissance d'actes ou omissions qui compromettent manifestement et substantiellement les intérêts patrimoniaux du mineur ou d'une situation de nature à porter un préjudice grave à ceux-ci peuvent demander au juge des tutelles de soumettre certains actes de disposition à son autorisation (C. civ. art. 387-3, al. 2 ; Cerfa 15732*03). Cette disposition reprend le devoir de signalement de l'article 499 du Code civil qui pèse sur les tiers (notamment les notaires ou les banquiers) constatant des actes ou omissions du tuteur susceptibles d'être préjudiciables à une personne protégée.

Les tiers ayant informé le juge de la situation ne sont pas garants de la gestion des biens du mineur faite par l'administrateur légal (C. civ. art. 387-3, al. 3).

> **Précisions a.** Il incombe au juge des tutelles d'identifier ces actes de disposition, ce qui implique, pour **les actes de l'annexe 2 du décret 2008-1484 du 22 décembre 2008**, d'en opérer le cas échéant la requalification. Ainsi les opérations considérées comme des actes d'administration aux termes de ce texte pourront-elles être soumises à l'autorisation préalable du juge des tutelles. Les critères de disqualification et de requalification posés par les articles 1er, alinéa 3 et 2, alinéa 3 du décret reposent sur l'importance ou la faiblesse des conséquences de l'acte envisagé sur le contenu ou la valeur du patrimoine de la personne protégée, sur les prérogatives de celle-ci ou sur son mode de vie. Ces critères rejoignent assez largement ceux visés par l'article 387-3 du Code civil (Trois questions à N. Peterka : BPAT 1/16 inf. 2).
> **b.** Lorsque le juge des tutelles est saisi par les parents ou l'un d'eux, le ministère public ou tout tiers aux fins de contrôle de l'administration légale, il ne statue pas eu égard à la **consistance du patrimoine** du mineur (Cass. 1e civ. 13-5-2020 n° 19-15.380 F-PB : BPAT 4/20 inf. 120). Ce critère n'est pris en compte par le juge des tutelles que lorsqu'il décide de soumettre certains actes à son autorisation à l'occasion de sa saisine afin d'autoriser un acte particulièrement grave (voir n° 40075). Or, les deux recours relèvent d'une logique différente. Dans le premier cas (C. civ. art. 387-3, al. 1), le contrôle est justifié par l'importance du patrimoine ou la complexité à le gérer. Dans le second cas (C. civ. art. 387-3, al. 2), il s'explique par le risque de mauvaise gestion, voire de détournement ; la protection est alors due quelle que soit la consistance du patrimoine en question.

40079 Aucun texte spécifique à l'administration légale ne prévoit la **sanction** applicable au **défaut d'autorisation**, contrairement à ce qui existe pour les majeurs protégés (C. civ. art. 465). A toutefois été jugé que l'omission des formalités protectrices des intérêts des mineurs est sanctionnée par une nullité relative (Cass. ass. plén. 28-5-1982 n° 79-13.660 P ; Cass. 1e civ. 16-3-2022 n° 21-11.958 F-D : BPAT 3/22 inf. 128).

La nullité relative ne peut être soulevée que par le contractant dont l'intérêt est protégé, soit le mineur ou son représentant. Les administrateurs légaux doivent demander l'autorisation avant la réalisation de l'acte. L'autorisation donnée postérieurement à sa conclusion ne vaut pas confirmation de l'opération et l'acte peut être annulé (Cass. 1e civ. 7-11-2006 n° 04-15.799 FS-PBRI : Bull. civ. I n° 460).

Enfin, l'autorisation du juge des tutelles étant une condition de validité de l'acte, elle ne peut pas être érigée en condition suspensive.

> **Précisions** La **réforme du droit des contrats** a érigé un nouveau régime de la représentation. Certains auteurs ont alors préconisé l'inopposabilité de l'acte au représenté, sanction prévue pour le dépassement de pouvoirs du représentant (C. civ. art. 1156 ; Dalloz Action Droit de la famille 2023/2024, v. Représentation et administration légale, par I. Maria, n° 236.311 ; Dalloz Action Protection de la personne vulnérable 2024/2025, v. Protection du mineur par les parents, par N. Peterka et A. Caron-Déglise, n° 126.25). Toutefois, l'inopposabilité implique que le tiers contractant puisse solliciter la nullité de l'acte s'il ignorait que le représentant avait agi en dépassement de pouvoirs (C. civ. art. 1156, al. 2 ; Rép. civ. Dalloz, v. Représentation, par N. Mathey, n° 86). L'arrêt du 16 mars 2022 n'emprunte pas cette doctrine et confirme la jurisprudence antérieure à la réforme (Cass. 1e civ. 16-3-2022 n° 21-11.958 F-D : BPAT 3/22 inf. 128).

40080 **Actes soumis à autorisation en cas de désaccord entre les parents** Le juge des tutelles est fondé à intervenir en cas de désaccord entre les parents lorsqu'ils sont tous les deux administrateurs légaux. Dans ce cas, il appartient au juge d'autoriser ou non l'acte (C. civ. art. 387).

ACTES INTERDITS AUX ADMINISTRATEURS LÉGAUX

40090 L'administrateur légal ne peut, **même avec l'autorisation** du juge des tutelles (C. civ. art. 387-2) :
– aliéner gratuitement les biens ou les droits du mineur ;
– acquérir d'un tiers un droit ou une créance contre le mineur ;

– exercer le commerce ou une profession libérale au nom du mineur ;
– transférer dans un patrimoine fiduciaire les biens ou les droits du mineur.
Notons que cette liste fixée à l'article 387-2 du Code civil diffère de la liste des actes interdits posée par l'article 509 du même Code en matière de tutelle des mineurs et des majeurs (n° 53650).

SAISINE DU JUGE DES TUTELLES

Quels que soient les motifs de sa saisine (désaccord entre les parents exerçant tous deux l'administration légale ou actes nécessitant une autorisation judiciaire), le juge des tutelles est saisi par simple **requête remise ou adressée** au greffe du tribunal judiciaire (CPC art. 1180-7). 40100

À peine d'irrecevabilité, la **requête comporte** les nom, prénoms et adresse du requérant, son lien avec le mineur, l'identité et l'adresse du mineur et de ses parents (CPC art. 1180-7). 40103
Lorsque la requête est fondée sur le cas visé n° 40078, elle doit en outre comporter l'énoncé précis des faits de nature à porter gravement préjudice aux intérêts patrimoniaux du mineur ou qui compromettent manifestement et substantiellement ceux-ci ainsi que, le cas échéant, les pièces justifiant ces faits (même art.).

INSTRUCTION DE LA DEMANDE

Pour prendre sa décision, le juge peut, soit d'office, soit à la requête des parties ou du ministère public, ordonner toute **mesure d'instruction** (CPC art. 1180-8). Il doit entendre le mineur et, s'il l'estime opportun, ses parents ou toute autre personne (CPC art. 1180-9). 40106

Le **dossier** peut être **consulté** au greffe par le requérant, le mineur capable de discernement, les parents ou leurs avocats jusqu'à ce qu'il soit statué sur la requête (CPC art. 1180-12). 40109
Le mineur capable de discernement, l'un de ses parents ou leurs conseils peuvent demander à consulter le dossier à tout moment de la procédure lorsque le juge a décidé d'étendre le nombre d'actes soumis à son autorisation (n° 40075) ou a demandé à l'administrateur légal d'établir un inventaire ou des comptes annuels (n° 40125).
Le mineur ne peut consulter son dossier qu'en présence de ses parents, de l'un d'eux, ou de son avocat. En cas de refus des parents et s'il n'a pas d'avocat, le juge demande au bâtonnier de désigner un avocat pour assister le mineur.
Par décision motivée, le juge peut, en l'absence d'avocat, exclure tout ou partie des pièces de la consultation par le requérant ou le mineur lorsque cette consultation serait de nature à causer à ce dernier un préjudice grave.
L'avocat du mineur ou de ses parents peut non seulement consulter le dossier de son ou ses clients mais également se faire délivrer **copie** de tout ou partie de ses pièces ; il lui est cependant interdit de communiquer les copies ainsi obtenues au mineur ou à un tiers (CPC art. 1180-13).
Sur leur demande et sur justification d'un intérêt légitime, le juge peut autoriser, la délivrance d'une copie d'une ou plusieurs pièces du dossier aux parents ainsi qu'au mineur de plus de 16 ans.

DÉCISION DU JUGE DES TUTELLES

L'affaire est instruite et jugée en chambre du conseil (CPC art. 1180-15). 40112
Le juge peut ordonner que l'examen de la requête donne lieu à un **débat**, notamment lorsqu'il a décidé d'étendre le nombre d'actes soumis à son autorisation (n° 40075) ou a demandé à l'administrateur légal d'établir un inventaire ou des comptes annuels (n° 40125) ou encore lorsque les parents sont en désaccord (n° 40080).
Dans ce cas, le juge statue après avoir entendu ou appelé le ou les administrateurs légaux et entendu, le cas échéant, les avocats des parties (CPC art. 1180-14).
La décision du juge des tutelles est **notifiée** au requérant, aux parents et, le cas échéant, à l'administrateur ad hoc (CPC art. 1180-16, al. 1). La désignation d'un administrateur ad hoc ne dispense pas de notifier la décision aux parents (Cass. 1e civ. 3-10-2018 n° 17-27.510 FS-PB : BPAT 6/18 inf. 13).
Le mineur de plus de 16 ans est avisé par simple lettre, sauf si son état ne le permet pas (CPC art. 1180-16, al. 2).
Seuls le requérant, les parents et, le cas échéant, l'administrateur ad hoc peuvent se voir délivrer copie des décisions du juge. Toutefois, le mineur devenu majeur peut obtenir copie des décisions le concernant (CPC art. 1180-17).
Sauf exception, les décisions du juge des tutelles peuvent faire l'objet d'un **recours** devant la cour d'appel (CPC art. 1180-18).

BIENS EXCLUS DES ADMINISTRATIONS LÉGALES

40115 Les **biens donnés ou légués** au mineur sous la condition qu'ils seront administrés par un tiers ne sont pas soumis à l'administration légale (C. civ. art. 384). Le tiers a pour mission d'administrer ces biens dans les conditions prévues par la donation ou le testament. Il peut donc recevoir des pouvoirs plus larges que ceux des administrateurs légaux. Il peut notamment être autorisé à vendre un immeuble ou à apporter en société le fonds de commerce légué. À défaut de précision, il a les pouvoirs d'un administrateur légal (même art.).

Si l'administrateur désigné **refuse la mission** confiée par le testateur ou le donateur ou s'il ne remplit pas les conditions pour exercer les charges tutélaires, il appartient au juge des tutelles de nommer un administrateur ad hoc (C. civ. art. 384 et, sur renvoi, 395 et 396).

> **Précisions** **a.** Le disposant peut soustraire à l'administration légale l'ensemble des biens qu'il donne ou lègue au mineur, sans exception pour la **réserve héréditaire** (Cass. 1e civ. 6-3-2013 nº 11-26.728 FS-PBI : BPAT 2/13 inf. 50).
La clause stipulant « je suis opposé à ce que mon ex-épouse administre et gère mon patrimoine qui reviendra à mes enfants et confie cette mission exclusivement à ma sœur » a été validée bien qu'elle ne porte pas sur des biens légués ; pour la Cour de cassation, la clause qui emporte privation de la jouissance légale de la mère et a pour effet d'augmenter les droits des mineurs dans la succession de leur père constitue un legs (Cass. 1e civ. 11-2-2015 nº 13-27.586 FS-PB : BPAT 2/15 inf. 42).
b. Le juge ne peut pas réputer non écrites des dispositions testamentaires soustrayant les biens légués à un mineur de l'administration légale de son père au motif qu'elles seraient contraires à l'**intérêt de l'enfant**. Cette condition n'est pas prévue par la loi (Cass. 1e civ. 26-6-2013 nº 11-25.946 FS-PBI : BPAT 5/13 inf. 72). Pareille disposition ne porte pas non plus atteinte au **droit de mener une vie familiale normale** (Cass. 1e civ. QPC 15-6-2017 nº 17-40.035 FS-PB).

CONTRÔLE DES ADMINISTRATIONS LÉGALES

40125 Le juge peut, dans le cadre du contrôle des actes visés nos 40070 et 40075 s., demander à l'administrateur légal d'établir un **inventaire** du patrimoine du mineur et de l'actualiser chaque année (C. civ. art. 387-4). Une copie de l'inventaire est remise au mineur de plus de 16 ans.

Le juge peut, dans ce même cadre, lui demander d'établir annuellement un **compte de gestion** et d'y annexer des pièces justificatives, en vue de sa vérification par le directeur des services de greffe judiciaires du tribunal judiciaire. À la fin de sa mission, l'administrateur doit remettre un compte définitif des opérations intervenues depuis l'établissement du dernier compte annuel.

Par exception, le juge des tutelles peut confier la mission de vérification et d'approbation des comptes à un technicien si l'importance et la composition du patrimoine du mineur le justifient. L'intervention du technicien est rémunérée par le mineur (C. civ. art. 387-5).

L'administrateur légal est tenu de déférer aux **convocations** du juge des tutelles et du procureur de la République et de leur communiquer toute information qu'ils requièrent. Le juge peut prononcer contre lui des injonctions et le condamner à une amende de 10 000 € s'il n'a pas déféré (C. civ. art. 387-6 ; CPC art. 1180-19).

> **Précisions** Le juge des tutelles et le procureur de la République n'ont plus pour mission d'exercer une **surveillance générale** des administrations légales (C. civ. art. 388-3 abrogé par ord. du 15-10-2015).
De même, a été supprimée l'obligation d'établir un **inventaire** des biens du mineur qui pesait sur tous les administrateurs légaux (C. civ. art. 389-7 abrogé). Cette obligation irréaliste n'était, il est vrai, jamais respectée.

RESPONSABILITÉ DES ADMINISTRATEURS LÉGAUX ET DE L'ÉTAT

40170 Les **parents** doivent apporter à leur gestion des soins prudents, diligents et avisés, dans le seul intérêt du mineur. Une faute simple engage leur responsabilité ; si l'administration légale est exercée en commun, les deux parents sont solidairement responsables (C. civ. art. 385 et 386).

Ils engagent bien évidemment leur responsabilité en cas de détournement à leur profit des biens du mineur. Mais une simple négligence dans leur gestion peut suffire. Tel sera le cas par exemple s'ils oublient de renouveler une assurance arrivée à échéance.

L'autorisation du juge des tutelles n'exonère pas les administrateurs de leur responsabilité ; ceux-ci restent tenus de réparer les conséquences d'une mauvaise gestion. Mais si le **juge** ou le directeur des services de **greffe judiciaires** ont commis une faute dans l'exercice de leur fonction, la responsabilité de l'État pourra également être recherchée (C. civ. art. 386).

HYPOTHÈQUE LÉGALE SUR LES BIENS DE L'ADMINISTRATEUR LÉGAL

Le **juge des tutelles, statuant d'office ou sur requête** d'un parent ou allié ou du ministère public, peut décider qu'une inscription sera prise sur les immeubles de l'administrateur légal, ou que celui-ci devra constituer un gage ou un nantissement (C. civ. art. 2398, al. 3). 40175

> **Précisions** La réaffirmation par l'ordonnance du 15 septembre 2021 de l'existence d'une hypothèque légale au profit du mineur sur les biens de son administrateur légal a mis fin à l'ambiguïté générée par la loi du 1er mars 2007, qui ne l'avait maintenue que dans le cadre d'une tutelle (voir n° 42185).

ADMINISTRATEUR AD HOC

Dans quels cas ? Lorsqu'il y a **opposition d'intérêts** entre ceux des deux administrateurs légaux ou de l'administrateur légal unique et ceux du mineur, le juge désigne un administrateur ad hoc chargé de représenter le mineur. 40180

Un conflit d'intérêts entre enfant et administrateur légal peut apparaître à l'occasion d'une procédure (C. civ. art. 388-2) ou dans le cadre de la gestion patrimoniale des biens de l'enfant par l'administrateur légal (C. civ. art. 383). L'opposition d'intérêts peut être constatée à l'occasion d'un acte particulier ou résulter de la situation des intéressés. Elle peut aussi être constatée en raison de l'inaction ou de la négligence du représentant légal dans la gestion des affaires du mineur.

Il n'est pas exigé que le conflit soit avéré, mais le simple **risque d'opposition** ne justifie pas la désignation d'un administrateur ad hoc (Cass. 1e civ. 7-6-1955 n° 1957 : Bull. civ. I n° 237).

ILLUSTRATIONS

Il y a par exemple **opposition d'intérêts** en cas :
– de disparité de fortune importante entre la mère et son fils (Cass. 1e civ. 5-1-1999 n° 96-19.759 : RTD civ. 1999, 814 obs. J. Hauser) ;
– de location ou d'achat, dûment autorisé dans les conditions de l'article 508 du Code civil, de biens de l'enfant par un parent ;
– de difficultés causées par la mère qui se trouve dans l'incapacité financière de régler les sommes qu'elle a été condamnée à payer à l'indivision dans la succession de son mari (père de l'enfant) et qui, par l'exercice de vains recours, retarde le règlement des successions de ce dernier et de ses parents au risque de voir les biens se dégrader (Cass. 1e civ. 25-3-2009 n° 08-11.552 : BPAT 3/09 inf. 107) ;
– de relations particulièrement tendues et de divergence de vue entre les enfants et leur mère quant au sort du logement où ils résidaient avec leur belle-mère et leur père avant son décès (Cass. 1e civ. 20-3-2019 n° 18-10.935 F-D : BPAT 3/19 inf. 92) ;
– de comportement de la mère contraire aux intérêts de l'enfant dans le règlement de la succession du père, peu important qu'elle n'ait pas, elle-même, de vocation successorale (Cass. 1e civ. 16-12-2020 n° 19-19.370 F-D : BPAT 2/21 inf. 62).

Il peut également y avoir conflit d'intérêts en cas de donation ou de legs consentis au mineur par une personne dont son parent administrateur légal est héritier (Cass. 1e civ. 8-3-1988 n° 86-16.153 : Bull. civ. I n° 63).

Il n'y a pas nécessairement **opposition d'intérêts** quand l'administrateur légal et l'enfant interviennent dans le même acte. Il peut exister un intérêt commun. Ainsi en est-il lors de la vente d'un bien indivis : le représentant légal étant coïndivisaire avec son enfant, il a intérêt à bien vendre (Cass. 1e civ. 7-6-1955 n° 1957 : Bull. civ. I n° 237).

Comment est-il désigné ? En principe, la **demande** doit émaner du représentant légal de l'enfant. À défaut, le juge est saisi par le ministère public ou par le mineur. Il peut aussi se saisir d'office (C. civ. art. 383, al. 1). 40190

Le **juge des tutelles** a compétence générale pour désigner un administrateur ad hoc. Il peut le faire à l'occasion de toute procédure, notamment en cas de carence des magistrats normalement désignés (Cass. 1e civ. 25-10-2005 n° 03-14.404 FS-PBRI : Bull. civ. I n° 390 dans un cas où le procureur de la République et le juge d'instruction n'avaient pas désigné d'administrateur ad hoc). 40195

Réciproquement, à défaut de désignation d'un administrateur par le juge des tutelles, le magistrat saisi de l'instance peut y procéder (C. civ. art. 388-2, al. 1).

Dans tous les cas, le juge doit **caractériser l'opposition d'intérêts** entre l'enfant et son représentant légal.

Lorsque les intérêts d'un des deux administrateurs légaux sont en opposition avec ceux du mineur, le juge des tutelles peut autoriser l'**autre administrateur légal** à représenter l'enfant pour un ou plusieurs actes déterminés (C. civ. art. 383, al. 2). 40200

Lorsque le juge ne peut pas désigner le second administrateur légal pour représenter le mineur, il choisit l'**administrateur ad hoc** de préférence parmi la famille ou les proches de l'enfant (CPC art. 1210-1).
Mais si tel est l'intérêt de l'enfant, le juge peut désigner un administrateur ad hoc en dehors de sa famille (Cass. 1e civ. 25-10-2005 n° 03-14.404 FS-PBRI : Bull. civ. I n° 390). Lorsqu'il désigne une personne extérieure à la famille, le juge n'est pas obligé de choisir une personne figurant sur la liste des administrateurs ad hoc tenue dans le ressort de chaque cour d'appel, comme le préconise l'article 1210-1 du Code de procédure civile ; il ne s'agit que d'une simple faculté pour le juge (même arrêt).
L'administrateur n'est pas obligé d'accepter la fonction.

40205 Les parents peuvent faire **appel de la désignation** de l'administrateur ad hoc dans un délai de 15 jours. L'appel n'est pas suspensif (CPC art. 1210-2).

40210 **Mission et pouvoirs** L'administrateur ad hoc est chargé d'une mission **limitée** aux opérations pour lesquelles il existe une opposition d'intérêts.
L'administrateur ad hoc ne peut avoir plus de **droits** que le mineur qu'il représente (Cass. ch. mixte 9-2-2001 n° 98-18.661 : Bull. civ. n° 1). Ainsi, si une procédure est fermée au mineur, l'administrateur ne pourra pas agir à sa place.
L'administrateur ad hoc ne peut pas remettre en cause les **actes valablement passés** par l'administrateur légal avant qu'il soit déchargé de ses pouvoirs (Cass. 1e civ. 16-4-1991 n° 89-10.248 : Bull. civ. I n° 143, RTD civ. 1991 p. 500 obs. J. Hauser).

FIN DE L'ADMINISTRATION LÉGALE

40215 L'administration légale **cesse de plein droit** à la majorité de l'enfant ou à compter de son émancipation.
Avant ce terme, elle peut, selon les circonstances, être remplacée par une **tutelle**.

SECTION 2

DROIT DE JOUISSANCE LÉGALE DES PARENTS SUR LES BIENS DE L'ENFANT

DÉFINITION DU DROIT DE JOUISSANCE LÉGALE

40250 Le droit de jouissance légale est un **usufruit** accordé par la loi aux père et/ou mère sur les biens de leur enfant jusqu'à ce qu'il ait 16 ans accomplis. Ce droit permet de compenser les dépenses que les parents doivent engager, dans l'intérêt de l'enfant, pour son éducation, sa nourriture et son entretien. Si les revenus du mineur excèdent les dépenses engagées pour son éducation, l'excédent appartient aux parents.

TITULAIRES DU DROIT DE JOUISSANCE LÉGALE

40255 Le droit de jouissance légale est attaché à l'administration légale, qui dépend elle-même de l'autorité parentale. En d'autres termes, si un parent exerce l'**autorité parentale**, il peut administrer les biens de son enfant et bénéficier du droit de jouissance légale. Le droit de jouissance légale appartient soit aux deux parents conjointement s'ils administrent ensemble les biens de l'enfant soit à celui des père et mère qui a la charge de l'administration (C. civ. art. 386-1).
Si l'administration légale n'est plus possible, notamment en cas de **décès des deux parents**, la jouissance légale disparaît : le tuteur ne peut pas s'en prévaloir.

DOMAINE D'APPLICATION DU DROIT DE JOUISSANCE LÉGALE

40260 Le droit de jouissance légale porte, en **principe**, sur tous les biens du mineur : immeubles, droit au bail, fonds de commerce, portefeuille de titres, etc. Par **exception**, quatre catégories de biens y échappent.

40265 La première catégorie de biens exclus de la jouissance légale est constituée des biens que l'enfant peut acquérir par son **travail** (C. civ. art. 386-4, 1°). Il s'agit principalement des salaires

mais aussi des autres revenus liés à l'activité professionnelle, y compris des revenus de substitution. En revanche, relèvent de la jouissance légale parce qu'étrangers à une activité professionnelle les gains résultant des jeux de hasard ou les dividendes versés au mineur en sa qualité d'associé.
Notons que l'absence de droit de jouissance légale sur les salaires de l'enfant n'interdit pas aux administrateurs légaux d'affecter tout ou partie de ces salaires à l'entretien et à l'éducation de l'enfant, seul le surplus devant revenir au mineur (Cass. 1e civ. 9-1-2008 n° 05-21.000 FS-PB : Bull. civ. I n° 7). Notons également que les parents d'un enfant « du spectacle » ou encore « influenceur » peuvent disposer d'une partie de la rémunération perçue par leur enfant pour leur permettre de faire face aux frais découlant des conditions de vie particulières de l'enfant. Le surplus, appelé pécule, est versé à la Caisse des dépôts et consignations sur un compte ouvert au nom de l'enfant. Le pécule est géré par la Caisse jusqu'à la majorité de l'enfant ou son émancipation et non par ses parents (C. trav. art. L 7124-9). Des prélèvements peuvent être autorisés en cas d'urgence et à titre exceptionnel (même art.).

La deuxième catégorie de biens hors du champ de la jouissance légale comprend les **biens donnés ou légués** à l'enfant sous la condition expresse que ses père et mère n'en jouiront pas (C. civ. art. 386-4, 2°). L'exclusion peut résulter d'une clause particulière ou de l'économie générale de l'acte. C'est par exemple le cas lorsqu'un legs de somme d'argent est consenti à la condition que la somme sera administrée par une personne nommément désignée ou qu'elle devra être employée pour financer les études du bénéficiaire. 40270
La clause testamentaire d'exclusion de l'administration légale emporte de facto privation du droit de jouissance légale et entraîne une augmentation des droits du mineur héritier dans la succession, de sorte qu'elle caractérise un legs (Cass. 1e civ. 11-2-2015 n° 13-27.586 FS-PB : BPAT 2/15 inf. 42).

La troisième catégorie de biens exclus de la jouissance légale concerne les biens reçus par le mineur au titre de l'indemnisation d'un **préjudice extrapatrimonial** dont il a été victime (C. civ. art. 386-4, 3°). 40273

Enfin, la quatrième catégorie de biens exclus de la jouissance légale concerne les biens reçus par l'enfant au titre d'une **succession** pour laquelle son père ou sa mère a été déclaré indigne et qui lui échoit personnellement par représentation (C. civ. art. 729-1). L'autre parent conserve néanmoins son droit de jouissance légale sur les biens. 40275

DROITS DES PARENTS

Le droit de jouissance légale peut être assimilé à un droit d'**usufruit universel**. Les parents disposent pour la gestion des biens des droits et pouvoirs d'un usufruitier. 40280
Mais le droit de jouissance légale se distingue du droit d'usufruit par son caractère familial : il doit permettre aux parents d'entretenir l'enfant et de faire face aux charges de l'autorité parentale. De cette nature particulière découlent plusieurs conséquences, notamment l'indisponibilité du droit de jouissance.

Droits sur les fruits et revenus des biens du mineur Les parents sont **autorisés à** percevoir les fruits et revenus tirés des biens appartenant à leur enfant et notamment : 40285
– encaisser les loyers, fermages ou dividendes revenant au mineur ;
– percevoir la rente viagère dont bénéficie le mineur.
Après règlement des charges de jouissance, ces fruits et revenus leurs restent acquis.
En revanche, les parents **ne peuvent pas** percevoir, au titre du droit de jouissance, des annuités versées en paiement d'un prix dès lors qu'elles représentent le capital.

Droits sur les biens du mineur Les parents peuvent **gérer ou occuper personnellement** les biens du mineur. Ils peuvent par exemple : 40290
– occuper un logement appartenant au mineur sans devoir d'indemnité d'occupation ;
– consentir un bail d'habitation sur un logement appartenant au mineur ;
– exploiter à titre personnel un fonds de commerce ou un bail à ferme appartenant à leur enfant (Cass. 1e civ. 6-11-1950 n° 39.925 : Bull. civ. I n° 213).

Droit indisponible Le droit de jouissance légale est indisponible. Il ne peut pas être cédé, donné en gage ou en hypothèque, ou saisi. 40300

Caution Contrairement à l'usufruitier, les parents ne sont pas tenus de fournir caution (C. civ. art. 601). Cette dispense vaut aussi pour le cas où le parent reçoit l'usufruit d'un bien et son enfant la nue-propriété par donation ou legs. 40305

CHARGES DE LA JOUISSANCE LÉGALE

40315 Les parents doivent pourvoir aux charges de la jouissance qui sont de trois ordres (C. civ. art. 386-3).

Ils sont d'abord tenus des charges auxquelles sont tenus en général les **usufruitiers**, par exemple les charges d'entretien des immeubles appartenant au mineur.

40320 Les parents doivent ensuite pourvoir à la **nourriture, l'entretien et l'éducation de l'enfant**, selon la fortune du mineur.

Ces frais sont acquittés par les parents prioritairement sur les revenus des biens de leur enfant et, à défaut, sur leurs propres revenus. Ainsi, l'absence de droit de jouissance légale sur les gains et salaires de l'enfant mineur n'interdit pas aux administrateurs légaux d'affecter tout ou partie de ces revenus à son entretien et à son éducation, seul l'excédent devant revenir au mineur (Cass. 1e civ. 9-1-2008 n° 05-21.000 FS-PB : Bull. civ. I n° 7).

En revanche, les frais d'entretien de l'enfant ne doivent en aucun cas être payés sur le capital revenant à l'enfant.

40325 Enfin, les charges de la jouissance comprennent les **dettes grevant la succession** recueillie par l'enfant en tant qu'elles auraient dû être acquittées sur les revenus : frais funéraires, arriérés de loyers, etc.

FIN DE LA JOUISSANCE LÉGALE

40330 **Causes de l'extinction** La jouissance légale prend fin (C. civ. art. 386-2) :

– dès que l'enfant a 16 ans (ou plus tôt dans le cas exceptionnel où il se marie) ;

– par les causes qui mettent fin à l'autorité parentale ou à l'administration légale : décès de l'enfant, retrait de l'autorité parentale, etc. ;

– par les causes qui emportent l'extinction de tout usufruit : décès de l'usufruitier (en l'espèce, le ou les parents), perte du bien, abus de jouissance. Il y a abus par exemple lorsqu'un parent effectue un placement qui produit d'importants revenus mais qui met le capital en danger.

> **Précisions** L'obligation d'**inventaire des biens des mineurs** à laquelle était soumis tout administrateur légal ayant été supprimée (voir n° 40125), les dispositions de l'ancien article 386 du Code civil qui prévoyaient que l'époux survivant qui ne réalisait pas l'inventaire perdait le droit de jouissance légale ont été tout naturellement abrogées.

40335 **Conséquences de l'extinction** Avec l'extinction du droit de jouissance légale, les parents ne perdent pas le pouvoir d'administrer le patrimoine de leur enfant. Ils continuent de percevoir les **revenus** de leur enfant non émancipé, mais ils doivent rendre compte de leur gestion à la majorité de l'enfant.

Ils perdent le droit de s'approprier l'**excédent des revenus** après paiement des charges de la jouissance (nos 40315 s.), cet excédent devant revenir au mineur. Les fruits et revenus de l'enfant doivent être employés dans les conditions prévues pour l'administration légale ou la tutelle.

TITRE V

Tutelle des mineurs

SOMMAIRE

SECTION 1 TUTELLE FAMILIALE

MINEURS POUVANT ÊTRE PLACÉS SOUS TUTELLE

La tutelle s'ouvre **automatiquement** (C. civ. art. 390) : 42000
– lorsque le père et la mère de l'enfant sont tous les deux décédés ou privés de l'exercice de l'autorité parentale ;
– lorsque l'enfant n'a aucune filiation légalement établie.

En cas d'**administration légale**, le juge des tutelles peut à tout moment ouvrir une tutelle soit 42005
d'office, soit à la demande des parents ou alliés ou du ministère public (C. civ. art. 391, al. 1). Des circonstances graves sont nécessaires : inaptitude aux affaires de l'administrateur, négligence, inconduite, fraude.
Sauf en cas d'urgence, l'administrateur légal ne peut faire aucun acte de disposition à partir de la demande et jusqu'au jugement définitif (C. civ. art. 391, al. 1).
La tutelle prévue à l'article 391 du Code civil a pour seul objet de pallier la carence de l'administrateur légal dans la gestion des biens du mineur et ne porte pas atteinte à l'exercice de son **autorité parentale** (Cass. avis 24-3-2014 n° 13-70.010).

JUGE COMPÉTENT

42010 Le juge **territorialement** compétent est celui de la résidence habituelle du mineur ou celui du domicile du tuteur (CPC art. 1211).
Les fonctions de juge des tutelles des mineurs sont exercées par le juge aux affaires familiales qui siège au tribunal judiciaire (C. org. jud. art. L 213-3-1).

A. Règles communes aux différents organes de la tutelle

ORGANES DE LA TUTELLE

42050 Les principaux organes de la tutelle sont le conseil de famille, le tuteur et le subrogé tuteur.
Ces différents organes sont placés sous la **surveillance** du juge des tutelles et du procureur de la République (C. civ. art. 411-1, al. 1). Ils doivent déférer à leurs convocations et leur communiquer toute information qu'ils requièrent. Le juge peut prononcer contre eux des injonctions et les condamner à une amende jusqu'à 10 000 € s'ils n'y ont pas déféré (C. civ. art. 411-1, al. 2 et 3 ; CPC art. 1216).

EXERCICE DES CHARGES TUTÉLAIRES

42055 Les charges tutélaires peuvent être **remplies par** toute personne, sous réserve des cas d'incapacité, d'exclusion, de destitution ou de récusation prévus par la loi (C. civ. art. 395 s.).
Ainsi, aucune charge de la tutelle **ne peut être exercée par** :
– les mineurs non émancipés, sauf s'ils sont le père ou la mère du mineur en tutelle ;
– les majeurs protégés ;
– les personnes à qui l'autorité parentale a été retirée ;
– les personnes à qui l'exercice des charges tutélaires a été interdit en application de l'article 131-26 du Code pénal (personnes interdites de leurs droits civiques, civils et de famille).

42060 Une charge tutélaire peut être **retirée** en raison de l'inaptitude, de la négligence, de l'inconduite ou de la fraude de celui à qui elle a été confiée. Il en est de même lorsqu'un litige ou une contradiction d'intérêts empêche le titulaire de la charge de l'exercer dans l'intérêt du mineur (C. civ. art. 396, al. 1). Les membres du conseil de famille peuvent également voir leur charge tutélaire retirée en cas d'absence injustifiée aux réunions du conseil (CPC art. 1234 et 1234-2).
Avant de retirer la charge, le conseil de famille doit entendre ou appeler son titulaire (C. civ. art. 397, al. 3).

42065 Il peut être procédé au **remplacement** de toute personne à qui une charge tutélaire a été confiée en cas de changement important dans sa situation (C. civ. art. 396, al. 2).

RESPONSABILITÉ DES ACTEURS DE LA TUTELLE

42070 Tous les organes de la tutelle sont responsables du dommage résultant d'une faute quelconque qu'ils commettent dans l'**exercice de leur fonction** (C. civ. art. 412, al. 1).
Lorsque la faute à l'origine du dommage a été commise dans l'organisation et le fonctionnement de la tutelle par le juge des tutelles, le directeur des services de greffe judiciaires du tribunal judiciaire ou le greffier, l'action en responsabilité est dirigée contre l'État (C. civ. art. 412, al. 2).
L'action en responsabilité se prescrit par **cinq ans à compter de** la majorité de l'intéressé, alors même que la gestion aurait continué au-delà, ou de la fin de la mesure si elle cesse avant (C. civ. art. 413).

B. Règles propres aux différents organes de la tutelle

1. CONSEIL DE FAMILLE

42080 Le conseil de famille est l'**autorité supérieure de la tutelle**. Sauf si la tutelle est vacante (n° 43000), toute tutelle concernant un mineur est organisée avec un conseil de famille (C. civ. art. 398).

COMPOSITION DU CONSEIL DE FAMILLE

42085 Le conseil de famille comporte au moins quatre membres, y compris le tuteur et le subrogé tuteur mais non le juge des tutelles (C. civ. art. 399, al. 2). Il n'y a pas de **nombre** maximum de membres.

Sous réserve des exclusions visées (n° 42055), **peuvent être membres** du conseil de famille les parents et alliés des père et mère de l'enfant ainsi que toute personne, résidant en France ou à l'étranger, qui manifeste un intérêt pour lui (C. civ. art. 399, al. 3).
Le **juge des tutelles choisit** les membres du conseil de famille en considération de l'intérêt du mineur et en fonction de leur aptitude, des relations habituelles qu'ils entretenaient avec le père ou la mère du mineur, des liens affectifs qu'ils ont avec lui et de leur disponibilité (C. civ. art. 399, al. 4). Le juge doit éviter de laisser l'une des deux branches paternelle ou maternelle non représentée (C. civ. art. 399, al. 5).

Sous réserve de ce qui est indiqué n° 42065, les membres du conseil de famille sont en principe désignés pour la **durée** de la tutelle (C. civ. art. 399, al. 1). **42087**

CONVOCATION DU CONSEIL DE FAMILLE

Le conseil de famille est convoqué par le **juge des tutelles**. Sa réunion est **de droit si** elle est demandée par (CPC art. 1234) : **42090**
– au moins deux de ses membres ;
– le tuteur ou le subrogé tuteur ;
– le mineur s'il a plus de 16 ans.
Sauf opposition du juge par décision motivée, le conseil **peut également** être convoqué à la demande du mineur de moins de 16 ans s'il est capable de discernement (même art.).
Le juge doit **adresser la convocation** au moins huit jours avant la réunion (CPC art. 1234-1).

RÉUNION DU CONSEIL DE FAMILLE

Avant chaque réunion, le juge des tutelles doit auditionner ou faire auditionner le **mineur** s'il est capable de discernement (CPC art. 1236). Le mineur peut être entendu seul, avec un avocat ou une personne de son choix. Si ce choix apparaît contraire à l'intérêt du mineur, le juge peut désigner une autre personne (C. civ. art. 388-1). **42095**
Sauf si le juge estime que sa présence est contraire à ses intérêts, le mineur peut assister aux réunions, mais il ne peut pas prendre part au vote (CPC art. 1234-7).

Chaque **membre du conseil de famille** doit se rendre en personne à la réunion ; il ne lui est pas possible de se faire représenter. Ceux qui, sans excuse légitime, ne s'y présentent pas peuvent voir leur charge tutélaire retirée (CPC art. 1234-2). **42100**
Le tuteur doit assister à la séance, mais il ne peut pas prendre part au vote.
Le subrogé tuteur ne peut pas voter lorsqu'il remplace le tuteur.
Le **juge des tutelles** préside le conseil. Il a voix délibérative et prépondérante en cas de partage (C. civ. art. 400).

Le conseil ne peut **délibérer** que si la moitié au moins de ses membres est présente. À défaut, le juge ajourne la séance. En cas d'urgence, il peut prendre lui-même la décision (CPC art. 1234-3). **42105**
Si le juge des tutelles estime que le conseil peut se prononcer sur une délibération sans que la tenue d'une réunion soit nécessaire, il envoie par courrier à chacun des membres le texte de la délibération correspondante en y joignant les éclaircissements utiles (CPC art. 1234-4). Chaque membre vote dans le délai et selon les modalités impartis par le juge ; à défaut, il peut voir sa charge tutélaire retirée (même art.).
Les décisions du conseil de famille sont prises à la majorité simple des votes exprimés (CPC art. 1234-5). Elles doivent être motivées ; lorsqu'elles ne sont pas prises à l'unanimité, l'avis de chaque membre est mentionné dans le procès-verbal (CPC art. 1235).

VALIDITÉ DES DÉCISIONS DU CONSEIL DE FAMILLE

En cas de **dol**, de **fraude** ou si des **formalités substantielles ont été omises**, les délibérations du conseil de famille sont nulles sauf nouvelle délibération du conseil valant confirmation au sens de l'article 1182 du Code civil (C. civ. art. 402). **42110**
Peuvent exercer l'**action en nullité** : le tuteur, le subrogé tuteur, les autres membres du conseil de famille et le procureur de la République dans les deux années de la délibération, ainsi que le mineur devenu majeur ou émancipé dans les deux années de sa majorité ou de son émancipation. Cette liste étant limitative, le juge des tutelles ne peut pas agir en nullité. De même, jugé que les personnes auxquelles a été confié un enfant en vue de son adoption éventuelle ne peuvent pas demander la nullité d'une décision du conseil de famille dont ils ne sont pas membres (CA Versailles 19-1-1981 : JCP G 1981 IV 387).
La prescription ne court pas s'il y a eu dol ou fraude tant que le fait qui en est à l'origine n'est pas découvert.
Les **actes accomplis en vertu d'une délibération annulée** sont annulables de la même manière. Le délai de prescription de la nullité court toutefois à compter de l'acte et non de la délibération.

RÔLE DU CONSEIL DE FAMILLE

42115 Le conseil de famille a pour **mission** :
– de procéder à la désignation des divers agents tutélaires : tuteur(s), tuteur adjoint, subrogé tuteur (C. civ. art. 404 s.) ;
– de statuer sur les empêchements, les retraits et les remplacements qui intéressent le tuteur et le subrogé tuteur (C. civ. art. 397) ;
– si les deux parents sont décédés ou privés de l'autorité parentale, de régler les conditions générales d'entretien et d'éducation de l'enfant en tenant compte de la volonté que les père et mère ont pu exprimer à ce sujet (C. civ. art. 401). Si la tutelle a été ouverte dans le cadre d'une administration légale (nº 42005), le rôle du conseil de famille est sauf décision du juge limité à la gestion du patrimoine du mineur, les parents continuant à exercer l'autorité parentale sur la personne de l'enfant ;
– en cas de difficulté du tuteur, d'arrêter le budget de la tutelle (C. civ. art. 500) ;
– de déterminer la somme à partir de laquelle commence l'obligation pour le tuteur d'employer les capitaux liquides du mineur et l'excédent de ses revenus (C. civ. art. 501) ;
– d'autoriser les différents actes de disposition que le tuteur ne peut pas accomplir seul (C. civ. art. 401 et 502) ; sur ces actes, voir nos 53600 s. dont les règles sont communes aux majeurs protégés et aux mineurs sous tutelle ;
– d'autoriser le mineur de plus de 16 ans à accomplir seul les actes d'administration nécessaires à la création et à la gestion d'une société unipersonnelle ou la gestion d'une entreprise individuelle à responsabilité limitée ; l'autorisation revêt la forme d'un acte sous seing privé ou d'un acte notarié et comporte la liste des actes d'administration pouvant être accomplis par le mineur (C. civ. art. 401).

> **Précisions** **a.** Il appartient au conseil de famille de décider de la **garde** de l'enfant et des conditions générales de son entretien et de son éducation (C. civ. art. 401), de donner son consentement à l'**adoption** du mineur de moins de 13 ans (C. civ. art. 348-2), de demander son **émancipation** (C. civ. art. 413-3) et, en l'absence de grands-parents, d'autoriser son **mariage** (C. civ. art. 159).
> **b.** Comme en matière de tutelle des majeurs, le **juge** peut **autoriser certains actes** de disposition à la place du conseil de famille (voir nº 53602, précisions).

2. TUTEUR

DÉSIGNATION DU TUTEUR

42150 **Tutelle testamentaire** S'il a conservé l'exercice de l'autorité parentale jusqu'à sa mort, le **survivant des père et mère** – et seulement lui – peut désigner un tuteur pour le cas où il décéderait avant la majorité de son enfant (C. civ. art. 403, al. 1). Cette désignation peut être faite du vivant de l'autre parent, mais elle ne pourra prendre effet qu'après son décès.
Cette nomination doit être faite par **testament** ou par **déclaration spéciale devant notaire** (C. civ. art. 403, al. 2). Toutes les formes de testament sont possibles : olographe, authentique, mystique, etc.
Le testament peut être **antérieur à la naissance de l'enfant**, pourvu que l'enfant ait été déjà conçu (voir Cass. 1e civ. 9-2-1988 nº 86-17.727 : Bull. civ. I nº 37, à propos d'une future mère atteinte d'une maladie incurable).

42155 Sous réserve des exclusions prévues par l'article 395 du Code civil (nos 42055 s.), le **choix du tuteur** s'exerce librement par le survivant des père et mère : parent, ami, etc.
Sauf cas particuliers (refus de la personne choisie, impossibilité d'exercer sa mission ou choix contraire à l'intérêt du mineur), cette désignation s'impose au conseil de famille (C. civ. art. 403, al. 3 et 4).

> **Précisions** Même si la **désignation du tuteur** est **irrégulière** (par exemple, si le testament n'est pas signé ou daté dans le cas d'un testament olographe), rien n'interdit au conseil de famille de respecter la volonté du dernier survivant des père et mère et de nommer comme tuteur la personne imparfaitement désignée, si tel est l'intérêt de l'enfant.

42160 **Absence de tutelle testamentaire** Si aucun tuteur n'a été choisi par le survivant des père et mère ou si le tuteur désigné a refusé la mission ou encore si le tuteur testamentaire vient à cesser ses fonctions, le **conseil de famille** désigne un tuteur (C. civ. art. 404). Comme les parents, le conseil possède une grande liberté de choix.

Nomination de plusieurs tuteurs En principe, le conseil de famille nomme un seul tuteur. Cependant, en considération de la situation du mineur, des aptitudes des intéressés et de la consistance du patrimoine, plusieurs tuteurs peuvent être nommés pour exercer **conjointement** la mesure de protection. À l'égard des tiers, chacun est réputé avoir le pouvoir de faire seul les actes pour lesquels un tuteur n'a besoin d'aucune autorisation (C. civ. art. 405, al. 1). **42165**

Plutôt que d'organiser une gestion conjointe, le conseil de famille peut **diviser les compétences** : il peut désigner un tuteur chargé de la personne du mineur et un tuteur pour la gestion de son patrimoine ; il peut également confier la gestion de certains biens à un tuteur adjoint (C. civ. 405, al. 2). Sauf décision contraire du conseil de famille, les différentes personnes désignées sont indépendantes et ne sont pas responsables l'une envers l'autre ; elles s'informent toutefois des décisions qu'elles prennent (C. civ. art. 405, al. 3).

RÔLE DU TUTEUR

En principe, le tuteur a la **double obligation** de prendre soin du mineur et de gérer ses biens. **42170**

Le tuteur représente le mineur dans tous les actes de la vie civile, sauf les cas dans lesquels la loi ou l'usage autorisent le mineur à agir lui-même (voir n°s 35580 s.).

En ce qui concerne la **protection de la personne du mineur**, le tuteur n'est qu'un organe d'exécution. C'est en effet le conseil de famille qui fixe les conditions générales de l'entretien et de l'éducation de l'enfant (C. civ. art. 401). Par exemple, le conseil de famille décide si l'enfant va recevoir ou non une éducation religieuse ou choisit l'orientation scolaire et le type d'établissement dans lequel l'enfant sera inscrit.

Pour la **gestion de ses biens**, les règles sont celles exposées n°s 53390 à 53405 et n°s 53540 à 53650 à propos du tuteur d'un majeur protégé, étant précisé que : **42172**

– l'inventaire doit être réalisé en présence du mineur si son âge le permet (CPC art. 1253) ;

– le tuteur d'un mineur ne semble pas pouvoir s'adjoindre le concours de tiers pour accomplir certains actes comme c'est le cas pour le tuteur d'un majeur (n° 53390). En effet, contrairement à l'article 452 du Code civil, l'article 407 ne fait pas mention de cette possibilité.

RÉMUNÉRATION DU TUTEUR

La tutelle est une charge publique. Elle est un devoir des familles et de la collectivité publique (C. civ. art. 394). En principe, le tuteur familial exerce ses fonctions gratuitement. Toutefois, le conseil de famille peut lui allouer des indemnités (C. civ. art. 401, al. 2). **42175**

CONTRÔLE DE LA GESTION DU TUTEUR

Le tuteur soumet au directeur des services de greffe judiciaires du tribunal judiciaire un **compte de gestion annuel**, accompagné des pièces justificatives, en vue de sa vérification. Avant transmission du compte, le subrogé tuteur le vérifie et y porte ses observations. **42180**

Si les ressources du mineur le permettent et si l'importance et la composition de son patrimoine le justifient, le juge peut décider que la mission de vérification et d'approbation sera exercée, aux frais du mineur et selon les modalités qu'il fixe, par un professionnel qualifié (gestionnaire de patrimoine, notaire, commissaire aux comptes, etc.).

Le juge peut, à l'inverse, décider que la mission de vérification et d'approbation des comptes dévolue au directeur des services de greffe judiciaires sera exercée par le subrogé tuteur (C. civ. art. 511).

Lorsque le mineur a plus de 16 ans, le tuteur doit lui remettre chaque année une copie du compte et des pièces justificatives (C. civ. art. 510).

INSCRIPTION D'UNE HYPOTHÈQUE LÉGALE SUR LES BIENS DU TUTEUR

À l'ouverture de la tutelle, le conseil de famille ou le juge des tutelles peut décider, après avoir entendu le tuteur, qu'une inscription doit être requise sur les immeubles de ce dernier. La décision d'inscrire l'hypothèque doit fixer la somme pour laquelle elle est prise et désigner les immeubles qui en seront grevés (C. civ. art. 2398, al. 1). À défaut, il peut décider que l'inscription d'hypothèque sera remplacée par la constitution d'un gage ou d'un nantissement. **42185**

Au cours de la tutelle, le conseil de famille ou le juge des tutelles peut décider, si les intérêts du mineur l'exigent, qu'une première inscription ou des inscriptions complémentaires seront prises, ou qu'un gage ou un nantissement sera constitué sur les biens du tuteur (C. civ. art. 2398, al. 2).

Les inscriptions sont prises à la requête du greffier du juge des tutelles, et les **frais** en sont **imputés** au compte de la tutelle (C. civ. art. 2398, al. 4).

3. SUBROGÉ TUTEUR

DÉSIGNATION

42200 Le subrogé tuteur est **choisi** par le conseil de famille parmi ses membres (C. civ. art. 409). Si le tuteur est parent ou allié du mineur dans une branche, le subrogé tuteur est choisi de préférence dans l'autre branche (même art.).

MISSION

42205 Il a pour mission de **surveiller** la gestion du tuteur. S'il constate des fautes de gestion du tuteur, il doit en informer immédiatement le juge des tutelles. À défaut, il engage sa responsabilité. Il doit remplacer le tuteur en cas d'opposition d'intérêts entre le tuteur et le mineur (C. civ. art. 410).

Il doit être informé et consulté avant tout acte important accompli par le tuteur (même art.).

Le subrogé tuteur **atteste auprès du juge** du bon déroulement des opérations que le tuteur a l'obligation d'accomplir. Il en est ainsi notamment de l'emploi ou du remploi des capitaux opéré conformément aux prescriptions du conseil de famille ou du juge (C. civ. art. 497).

42210 La mission du subrogé tuteur **cesse** avec la fin de la mesure de protection ; elle cesse également si les fonctions du tuteur prennent fin. Dans ce cas, le subrogé tuteur doit provoquer le remplacement du tuteur sous peine d'engager sa responsabilité (C. civ. art. 409 et 410).

C. Fin de la tutelle

42250 La tutelle prend fin (C. civ. art. 393) :
– à la majorité du mineur (ou à la date de son émancipation) ;
– au décès du mineur ;
– en cas de mainlevée.

Si l'enfant dont la filiation n'était pas établie est reconnu par l'un de ses parents après le prononcé de la tutelle, le juge peut, à la requête de ce parent, mettre fin à la tutelle après lui avoir substitué l'administration légale (C. civ. art. 392).

SECTION 2

TUTELLE DES PUPILLES DE L'ÉTAT

ENFANTS CONCERNÉS

43000 Une tutelle est organisée lorsqu'un enfant est admis en qualité de **pupille de l'État**, c'est-à-dire **lorsque** (CASF art. L 224-4) :

1. Sa filiation n'est pas établie ou inconnue et il a été recueilli à l'aide sociale à l'enfance (ASE) depuis plus de deux mois ;
2. Sa filiation est établie et connue mais il a été remis à l'ASE depuis plus de deux mois en vue de son admission comme pupille de l'État par des personnes qui ont qualité pour consentir à son adoption (sur ces personnes, voir n° 29540) ;
3. Sa filiation est établie et connue mais il a expressément été remis à l'ASE depuis plus de six mois par son père ou sa mère en vue de son admission comme pupille de l'État et l'autre parent n'a pas fait connaître au service, pendant ce délai, son intention d'en assumer la charge ;
4. Il est orphelin de père et de mère mais la tutelle familiale n'est pas envisageable et il a été recueilli par l'ASE depuis plus de deux mois ;
5. Ses parents ont fait l'objet d'un retrait total de l'autorité parentale et il a été recueilli par l'ASE ;
6. Il a été déclaré délaissé par ses parents et a été recueilli par l'ASE.

RECUEIL DE L'ENFANT ET PROCÈS-VERBAL

43010 Dans les cas 1 à 4, c'est-à-dire hors des cas de retrait total de l'autorité parentale et de délaissement, l'ASE dresse, lors du recueil de l'enfant, un procès-verbal des **informations** qu'elle délivre au(x) parent(s) ou à la personne qui remet l'enfant (CASF art. L 224-5). Ces informations sont relatives notamment au régime de la tutelle, aux modalités pour reprendre l'enfant, à celles pour

être admis en qualité de pupille de l'État et à la possibilité de laisser des renseignements sur l'origine de l'enfant, la santé des parents, etc.
Lorsque l'enfant est remis par ses parents ou l'un d'eux, selon les cas 2 ou 3 précités, le procès-verbal doit en outre mentionner le **consentement exprès** des deux parents à l'admission de leur enfant en qualité de pupille de l'État. Ils doivent avoir été informés des conséquences notamment de l'adoption rendue alors possible (CASF art. L 224-5).

L'enfant est déclaré **pupille de l'État provisoirement** à la date où le procès-verbal est dressé par l'ASE (CASF art. L 224-6). À compter de cette date, les parents ayant confié leur enfant à l'ASE ont un délai de deux mois pour revenir sur leur décision et reprendre immédiatement et sans formalités leur enfant. Dans l'hypothèse où l'enfant a été confié à l'ASE par un seul des parents, l'autre dispose d'un délai de six mois pour manifester sa volonté de récupérer l'enfant. **43020**
Passé ces délais, la restitution de l'enfant admis en qualité de pupille de l'État peut être autorisée par le tuteur avec accord du conseil de famille. En cas de refus, le(s) parent(s) peuvent le contester devant le tribunal judiciaire. La restitution est toutefois impossible si l'enfant a été placé en vue de son adoption (C. civ. art. 352-2). Elle sera rendue possible si la procédure d'adoption cesse ou que le tribunal refuse son prononcé.
Un accompagnement médical, psychologique, éducatif et social peut être proposé par le président du conseil départemental au parent pour les trois années qui suivent la restitution.

ADMISSION DÉFINITIVE EN QUALITÉ DE PUPILLE DE L'ÉTAT

Le **président du conseil départemental** prononce l'admission définitive de l'enfant en qualité de pupille de l'État par arrêté qui doit être pris (CASF art. L 224-8) : **43030**
– à l'expiration d'un délai de deux mois depuis le recueil par l'ASE de l'enfant orphelin ou dont la filiation n'est pas connue ;
– à l'expiration d'un délai de deux mois lorsque les parents ont remis l'enfant à l'ASE et qu'ils n'en ont pas demandé la restitution durant ce délai ;
– à l'expiration du délai de six mois lorsque l'enfant a été remis à l'ASE par l'un des parents et que l'autre ne s'est pas manifesté durant ce délai ;
– lorsque le jugement prononçant le retrait total de l'autorité parentale des parents ou la déclaration de délaissement parental passe en force de chose jugée.
L'arrêté doit être notifié aux parents, au père de naissance et à toute personne (famille ou personne ayant assuré la garde de droit ou de fait) ayant manifesté auprès de l'ASE d'un intérêt pour l'enfant.

ORGANISATION DE LA TUTELLE

La tutelle est organisée à compter de la déclaration d'admission provisoire en qualité de pupille de l'État (voir n° 43020). Le représentant de l'État dans le département exerce la fonction de **tuteur** (CASF art. L 224-1). **43040**
Il nomme ensuite les autres membres du **conseil de famille** comprenant (CASF art. L 224-2) :
– un membre titulaire et un suppléant d'associations de pupilles ou d'anciens pupilles ou de personnes admises à l'ASE ;
– deux membres titulaires et deux suppléants d'associations familiales concourant à la représentation de la diversité des familles dont un membre titulaire et un suppléant d'associations de familles adoptives ;
– un membre titulaire et un membre suppléant d'associations d'assistants familiaux ;
– deux représentants du conseil départemental et deux suppléants, désignés par lui sur proposition de son président ;
– une personnalité titulaire et un suppléant qualifiés pour leur compétence et leur expérience professionnelles en matière d'éthique et de lutte contre les discriminations ;
– une personnalité titulaire et un suppléant qualifiés pour leur compétence et leur expérience professionnelles en matière médicale, psychologique ou sociale.

FORMALISATION DU PROJET DE VIE

Pour chaque pupille de l'État **doit être établi** dans les meilleurs délais un projet de vie, qui est reporté dans le projet pour l'enfant. Il peut, le cas échéant, consister au placement du jeune en vue de son adoption. **En pratique**, l'âge avancé de l'enfant, son état de santé ou son appartenance à une fratrie empêchent bien souvent de trouver une famille en capacité de l'accueillir. **43050**
Le projet d'adoption est établi par le tuteur, en concertation avec le conseil de famille, qui choisira le ou les adoptants.

FIN DU STATUT DE PUPILLE DE L'ÉTAT

43060 Le statut de pupille de l'État est accordé jusqu'à la majorité de l'enfant et ne cesse qu'en cas d'adoption ou de restitution à la famille.

SECTION 3 TUTELLE DÉPARTEMENTALE

SUBSIDIARITÉ

44000 Une tutelle est déclarée vacante et donc déférée au conseil départemental s'il est impossible de mettre en place une tutelle avec un conseil de famille ou d'admettre l'enfant à la qualité de pupille de l'État (C. civ. art. 411 modifié par loi 2022-219 du 21-2-2022).

Une tutelle départementale étant doublement subsidiaire, le juge doit **au préalable vérifier** si :

– une solution familiale est possible ou si un proche ou allié dans l'entourage du mineur serait apte à en assumer la charge (Cass. 1e civ. 2-5-1990 n° 88-16.664 ; Cass. 1e civ. 30-5-2000 n° 98-13.609). Il est néanmoins parfois impossible de constituer un conseil de famille, la tutelle du mineur est alors vacante (Cass. 1e civ. 6-7-2022 n° 21-25.538 F-D : BPAT 5/22 inf. 236-14) ;

– les conditions d'admission en qualité de pupille de l'État sont remplies (C. civ. art. 411 modifié par loi 2022-219 du 21-2-2022). Si c'est le cas, il est dans l'intérêt de l'enfant de lui en faire bénéficier, compte tenu notamment du caractère plus protecteur grâce à la présidence du conseil de famille.

> **Précisions** Le caractère supplétif de la tutelle départementale a été réaffirmé par la **loi du 21 février 2022**. Jusqu'ici, les magistrats considéraient que l'emploi du présent de l'indicatif à l'article 411 du Code civil les obligeait à déférer la tutelle au président du conseil départemental en l'absence de tutelle familiale.

FONCTIONNEMENT

44020 La tutelle départementale ne comporte ni conseil de famille ni subrogé tuteur (C. civ. art. 411, al. 1).

Un document dit « **Projet pour l'enfant** » est établi permettant d'assurer un suivi physique, psychique, affectif, intellectuel et social de l'enfant. Le président du conseil départemental élabore ce document en concertation avec toute personne qui s'implique auprès du mineur (CASF art. L 223-1-1).

La tutelle porte à la fois sur la personne et les biens du mineur (C. civ. art. 411). Le président du conseil départemental dispose alors des mêmes **pouvoirs de représentation** que dans une tutelle classique.

Il est soumis au **contrôle judiciaire**, et est tenu d'adresser chaque année au juge des tutelles une synthèse sur la situation de l'enfant, voire tous les six mois s'agissant des enfants de moins de deux ans (CASF art. L 223-5).

FIN

44030 La tutelle est levée dès que l'enfant peut être admis en qualité de **pupille de l'État** (C. civ. art. 411).

PARTIE 3

Les obligations alimentaires

CHAPITRE 1

RÈGLES GÉNÉRALES

SOMMAIRE

SECTION 1

PERSONNES TENUES D'UNE OBLIGATION ALIMENTAIRE

SOURCES DE LA SOLIDARITÉ FAMILIALE

La solidarité au sein d'une famille ne relève pas simplement de la générosité du cœur. Elle est consacrée par la **loi** qui institue une obligation alimentaire entre parents par le sang ou par alliance. Celle qui découle du mariage et de l'adoption s'impose à tous les époux et parents, qu'ils soient en couple hétérosexuel ou homosexuel (C. civ. art. 6-1). Celle qui découle de la filiation s'impose à tous les enfants, quel que soit le mode d'établissement de leur filiation, sous réserve des dispositions propres à l'adoption simple (C. civ. art. 6-2 modifié par ord. 2022-1292 du 5-10-2022). **45000**

Cette solidarité est circonscrite tant au regard des personnes concernées que de l'étendue de l'obligation. Mais elle peut être **volontairement élargie**, ce qui emporte des conséquences juridiques.

OBLIGATIONS DES PARENTS ENVERS LEURS ENFANTS

Les parents sont tenus d'une **double obligation** de nature alimentaire : une obligation d'entretien (C. civ. art. 203 et 371-2) et une obligation d'aliments (C. civ. art. 205 et 207) ; la première a vocation à couvrir des besoins plus larges que la seconde mais est plus limitée dans le temps. **45002**

L'obligation d'**entretien** vise à pourvoir non seulement aux besoins vitaux de l'enfant mais aussi à toutes les dépenses liées à son éducation. Elle ne cesse pas à la majorité de l'enfant. Elle s'applique jusqu'à ce que l'enfant soit autonome, soit généralement pendant sa minorité et jusqu'à la fin de ses études, voire jusqu'à son premier emploi. Par ailleurs, le retrait de l'autorité parentale ou de son exercice n'y met pas fin. En pratique, cette obligation est mise en œuvre à l'occasion de la séparation des parents ; son régime est étudié n°s 36830 s.

L'obligation d'**aliments** n'a vocation à couvrir que les besoins essentiels de l'enfant. Elle peut être invoquée alors que l'obligation d'entretien a disparu.

> **Précisions** **a.** L'obligation alimentaire des parents ne s'étend pas à l'obligation de **doter en capital** leurs enfants (C. civ. art. 204).
> **b.** Les **subsides** auxquels peut être condamné un homme dont la paternité est possible ont également une nature alimentaire. La nature de l'action est particulière puisque l'obligation à subsides n'est prévue qu'à charge du père potentiel, sans réciprocité. Sur l'action aux fins de subsides, voir n°s 28400 s.

OBLIGATION DES GRANDS-PARENTS ET ARRIÈRE-GRANDS-PARENTS ENVERS LEURS DESCENDANTS

45005 L'obligation alimentaire fondée sur la parenté en ligne directe est sans limites de **degré**. Tous les ascendants (parents, grands-parents, arrière-grands-parents, etc.) y sont tenus (C. civ. art. 205 et 207). Mais les ascendants autres que les père et mère ne doivent subvenir qu'aux **besoins essentiels** de leurs descendants ; ils n'ont pas l'obligation de contribuer à leur entretien.

En outre, leur **obligation** est **subsidiaire** de celle des parents. Ils n'y sont tenus que si ces derniers :

– n'y pourvoient pas, par exemple si le père des enfants, bien que judiciairement condamné à payer une pension alimentaire à ses enfants, ne s'exécute pas (Cass. 1e civ. 6-3-1974 n° 72-11.070 : Bull. civ. I n° 77) ;

– n'y pourvoient qu'insuffisamment, les grands-parents pouvant être condamnés à compléter la contribution à l'entretien et à l'éducation versée par un parent (Cass. 1e civ. 6-3-1990 n° 87-14.293 : Bull. civ. I n° 58).

Leur qualité de débiteurs d'aliment ne rend pas les grands-parents tenus d'exécuter les jugements prononcés contre leur propre enfant : ils n'ont pas à être condamnés à payer l'arriéré de pension dû par ce dernier (pour une illustration, Cass. 1e civ. 28-5-2014 n° 12-29.803 F-D).

OBLIGATION DES ENFANTS ENVERS LEURS ASCENDANTS

45007 Les enfants sont tenus d'une obligation alimentaire à l'égard de tous leurs ascendants qui seraient dans le besoin, sans limites de **degré** (parents, grands-parents, arrière-grands-parents, etc.) (C. civ. art. 205).

Quel qu'en soit le bénéficiaire, elle a pour seul **objet** d'assurer l'indispensable : logement, nourriture, vêtements, soins médicaux, dépenses courantes, etc. Elle n'est donc pas la réciproque de l'obligation d'entretien des parents.

Cas particulier de l'obligation aux frais d'obsèques, voir n°s 78650 s.

> **Précisions** Les **grands-parents ou arrière-grands-parents du défunt** dans le besoin sont titulaires d'une créance alimentaire contre la succession lorsque la présence d'un conjoint survivant les a privés de leur vocation légale : voir n°s 11070 s.

CAS PARTICULIER DE L'ADOPTION

45010 **Adoption plénière** Celui qui a fait l'objet d'une adoption plénière a, dans la **famille de l'adoptant**, les mêmes droits et les mêmes obligations que tout autre enfant (C. civ. art. 6-2 modifié par ord. 2022-1292 du 5-10-2022). L'obligation d'aliments joue donc à l'infini et dans les deux sens entre l'adoptant (et ses ascendants) et l'adopté (et ses descendants).

En revanche, aucune obligation n'existe entre l'adopté et sa **famille biologique** puisque, juridiquement, tout lien de filiation a disparu (C. civ. art. 356). Il faut réserver le cas de l'adoption plénière de l'enfant du conjoint, du partenaire de Pacs ou du concubin, qui maintient le lien de filiation à l'égard de cette personne et de sa famille et, par conséquent, l'obligation alimentaire (C. civ. art. 370-1-4 créé par ord. 2022-1292 du 5-10-2022 et art. 356, al. 2 ancien).

> **Précisions** Depuis le 23 février 2022, l'adoption plénière de l'enfant de l'autre membre du couple a été ouvert aux partenaires liés par un pacte civil de solidarité ainsi qu'aux concubins. L'adoption plénière de l'enfant du partenaire de Pacs ou du concubin est désormais autorisée (C. civ. art. 370-1-3 et 370-1-4 créés par ord. 2022-1292 du 5-10-2022, art. 345-1 et 356, al. 2 anciens).

45011 **Adoption simple** Dans le cas d'une adoption simple, les **parents adoptifs** doivent des aliments à celui qu'ils ont adopté et à ses descendants (C. civ. art. 361, al. 1 et 364 modifiés par ord. 2022-1292 du 5-10-2022, art. 366, al. 1 et 367 anciens) et réciproquement. Mais la solidarité familiale s'arrête là : l'adoption simple ne créant pas de lien de parenté entre l'adopté et la famille de l'adoptant, il n'existe pas d'obligation alimentaire entre eux.

Par ailleurs, continuant d'appartenir à sa **famille d'origine**, l'adopté reste bénéficiaire et tenu d'une obligation alimentaire mais dans des conditions restrictives (C. civ. art. 364 modifié par ord. 2022-1292 du 5-10-2022 et art. 367) :
– il ne dispose d'un recours contre ses parents biologiques qu'à titre subsidiaire, c'est-à-dire si ses parents adoptifs ne peuvent pas lui fournir les aliments demandés (Cass. 1e civ. 22-5-2007 n° 06-17.980 F-PB : Defrénois 30-9-2007 n° CJ2007DEF1321N1 p. 1321 obs. J. Massip). L'impossibilité n'a pas à être totale, le parent biologique pouvant être condamné à prendre en charge la part des besoins de l'enfant non assumée par la famille adoptive (Cass. 1e civ. 14-4-2010 n° 09-12.456 FS-PBI : BPAT 3/10 inf. 164) ;
– il ne doit pas d'aliments à ses parents biologiques s'il a été admis comme pupille de l'État ou retiré de son milieu familial durant une certaine période (C. civ. art. 364) (n° 45195).

> **Précisions a.** Un doute existe sur la **nature de l'obligation de la famille biologique** à l'égard de l'enfant adopté. S'agit-il d'une contribution à l'entretien et à l'éducation ou d'une obligation strictement alimentaire ? La Cour de cassation n'a pas tranché la question, même si elle semble pencher pour la première option (Cass. 1e civ. 14-4-2010 n° 09-12.456 FS-PBI précité, qui parle d'une « contribution partielle »).
> **b.** L'adoptant, sauf s'il démontre qu'il est dans l'impossibilité de satisfaire son obligation à l'égard de l'enfant, est tenu de **rembourser** les sommes versées par le père biologique postérieurement et dans l'ignorance du jugement d'adoption, au titre de la contribution à l'entretien et à l'éducation de son fils (Cass. 1e civ. 22-5-2007 n° 06-17.980 F-PB précité).

OBLIGATIONS ENTRE ÉPOUX

Les époux se doivent mutuellement **secours** (C. civ. art. 212). Cette solidarité, qui ne pose généralement pas de difficulté durant la vie commune, s'exécute sous forme de pension alimentaire en cas de séparation de fait, de séparation de corps (C. civ. art 303, al. 1) ou en tant que mesure provisoire lors d'une instance en divorce (n° 9190). **45014**
Les textes distinguent le devoir de secours de la **contribution aux charges du mariage** (C. civ. art. 214). Cette dernière est distincte par son fondement et par son but de l'obligation alimentaire (Cass. 1e civ. 8-11-1989 n° 87-19.768 : Bull. civ. I n° 341). Elle est due même si le conjoint n'est pas dans le besoin. La contribution aux charges du mariage a vocation à assurer le niveau de vie du conjoint ainsi que des enfants qui résident avec lui (pour une étude d'ensemble, voir nos 1960 s.).
En pratique, il est difficile de distinguer clairement ces deux obligations. Certains auteurs estiment d'ailleurs que ce sont deux notions identiques découlant du devoir plus général d'entraide entre époux ; elles sont à dissocier de l'obligation alimentaire ordinaire car elles ne supposent pas l'état de besoin (N. Peterka, P. Malaurie et L. Aynès : Droit des régimes matrimoniaux, Lextenso 9e éd. 2023, n° 69).

Dans la **hiérarchie des débiteurs d'aliments**, l'époux doit, en premier lieu, faire jouer la solidarité que lui doit son conjoint. Ses autres débiteurs d'aliments ne peuvent être condamnés que s'il est constaté que le conjoint se trouve dans l'impossibilité de fournir seul les aliments dont il a besoin (Cass. civ. 2-1-1929 : D. 1929, I, p. 136 note Savatier ; Cass. 1e civ. 4-11-2010 n° 09-16.839 FS-PBI : BPAT 6/10 inf. 333). **45015**

ILLUSTRATIONS

À défaut d'avoir exercé ses droits à aliments contre son mari, l'épouse n'est pas recevable à **agir contre son père**. En effet, dans le besoin, elle doit réclamer des aliments à son conjoint à qui elle reproche de l'avoir abandonnée en la laissant dans le dénuement. Pour cela, il ne lui suffit pas de soutenir qu'il est dans la misère et ne peut lui être d'aucun secours (CA Paris 20-3-1952, 7e ch. : JCP 1952, II, 7219, note G. M.). Si aucune disposition formelle ne consacre le principe d'une hiérarchie entre les débiteurs d'aliments, il ressort néanmoins de la discrimination qu'établit le Code civil entre les obligations qui naissent du mariage et les droits et devoirs respectifs des époux, objets de chapitres différents, que le devoir de secours qui pèse sur les époux prime l'obligation alimentaire qui découle des liens de parenté (G. M. à propos de CA Paris 20-3-1952 précité). Par conséquent, une femme séparée de corps, ayant la garde de trois jeunes enfants, qui se trouve dans l'impossibilité d'obtenir de son mari le paiement de la pension alimentaire à laquelle il a été condamné, est recevable à **réclamer à son beau-père**, tant pour elle que pour ses enfants, des aliments en rapport avec leurs situations sociales respectives (CA Douai 28-7-1953, 1e ch. : D. 1954 p. 477 note R. Savatier).

45016 **Fin de l'obligation alimentaire entre époux** En **principe**, l'obligation alimentaire entre époux cesse avec la disparition du lien d'alliance.

C'est vrai en cas de **divorce** puisque, une fois celui-ci définitivement acquis, seule une prestation compensatoire peut être due. Notons toutefois que la prestation a une nature mixte, alimentaire et indemnitaire (pour une étude d'ensemble, voir nos 9600 s.).

L'obligation alimentaire se prolonge en revanche en cas de **décès** : le conjoint survivant dans le besoin dispose d'une créance alimentaire contre la succession (nos 11220 s.).

OBLIGATION ENTRE ALLIÉS EN LIGNE DIRECTE

45020 Les gendres et brus doivent des aliments à leur beau-père et belle-mère et réciproquement (C. civ. art. 206 et 207). Le terme « gendre » est à distinguer de celui de « beau-fils » : l'obligation entre alliés en ligne directe est exclue entre l'enfant et le second conjoint de ses père ou mère divorcés ou veufs (parâtre ou marâtre) (CA Paris 19-5-1992 : D. 1993 p. 127 obs. E. Blary-Clément). Elle est tout autant exclue du concubin envers les parents de l'autre à défaut des liens du mariage les unissant (Cass. 1e civ. 28-3-2006 no 04-10.684 : Bull. civ. I no 174, à propos de l'exclusion de l'obligation alimentaire du concubin de la fille envers la mère de celle-ci) et, par identité de motif, du partenaire envers les parents de son/sa partenaire.

Cette obligation s'étend-elle au-delà du premier **degré** ? Autrement dit, le mari (ou l'épouse) est-il tenu d'une obligation alimentaire envers les grands-parents de son conjoint ? Certaines juridictions du fond ont répondu par l'affirmative (CA Paris 31-10-1980 no 12496, 8e ch. : Gaz. Pal. 1982, 1, somm. p. 74 note J. M.). D'autres ont opté pour la solution inverse (CA Versailles 26-1-1988 no 87/3459, 1e ch. sect.1 : JurisData 1988-041610).

45021 Dans la **hiérarchie des obligations alimentaires**, celle qui existe entre alliés en ligne directe est à égalité avec celle dont les descendants sont tenus à l'égard de leurs ascendants. Par exemple, un ascendant démuni peut agir directement contre son gendre ou sa bru sans avoir à établir que son propre enfant ne peut pas subvenir à ses besoins.

45022 **Effet du décès sur l'obligation entre alliés en ligne directe** L'obligation disparaît si l'époux qui créait l'alliance décède sans laisser d'enfant vivant issu de son union avec son conjoint (C. civ. art. 206).

L'obligation subsiste si le défunt laisse au moins un enfant en vie (CA Lyon 25-1-1967 : D. 1967 p. 443). En pratique, il suffit que cet enfant soit simplement conçu au jour du décès, pourvu qu'il naisse viable. Dans le cas contraire, l'obligation disparaît rétroactivement. Qu'en est-il lorsque les enfants décédés laissent eux-mêmes des enfants ? Pour certains, la solidarité entre beaux-parents et conjoint survivant perdure au motif que les petits-enfants viennent en représentation de leur auteur (Rép. Civ. Dalloz, v. Obligation alimentaire par V. Bonnet, H. Bosse-Platière et A. Mullot-Thiébaud, no 56). Mais cet argument ne fait pas l'unanimité.

> **Précisions a.** Le maintien ou non de l'obligation alimentaire des gendres et brus envers leurs beaux-parents selon que les enfants issus de leur union avec leur conjoint prédécédé sont ou non eux aussi décédés n'emporte pas violation du principe d'égalité, cette **différence de traitement** étant en rapport avec l'objet de la loi (Cass. 1e civ. QPC 11-4-2018 no 18-40.010 F-PB : BPAT 3/18 Brève).

b. L'obligation de payer des aliments au beau-parent est due par un veuf dès lors qu'il y a des enfants communs vivants. Autrement dit, le gendre **doit personnellement** des aliments aux grands-parents de son enfant, et ce, même si ce dernier doit aussi personnellement des aliments à ses grands-parents (Cass. 1e civ. 9-6-2022 no 20-13.386 F-D : RTD civ. 2022 p. 601 note A.-M. Leroyer).

45023 **Effet du divorce sur l'obligation entre alliés en ligne directe** L'obligation alimentaire entre alliés en ligne directe disparaît également si les époux divorcent, qu'ils laissent ou non des enfants communs en vie. La solidarité étant fondée sur le lien d'alliance, elle doit cesser lorsque le mariage est dissous, c'est-à-dire lorsque la convention de divorce acquiert force exécutoire ou lorsque le divorce prend force de chose jugée (C. civ. art. 260 ; CA Nîmes 18-11-1982, 2e ch. : JurisData 1982-600480 ; CA Paris 6-7-1987, 1e ch. urg. A : JurisData 1987-024350). Mais certaines décisions n'y mettent fin que lorsque le divorce est transcrit sur les actes d'état civil (CA Bordeaux 4-5-1972, 1e ch. : Gaz. Pal. 1972, 2, p. 567).

En cas de **séparation de fait ou de corps** des époux, le mariage subsiste et la solidarité entre alliés en ligne directe également.

OBLIGATIONS LÉGALES ENTRE AUTRES MEMBRES DE LA FAMILLE

La loi ne prévoit aucune obligation à caractère alimentaire entre **frères et sœurs**, oncles et neveux ou entre les **enfants d'un premier lit et le conjoint de leur père ou mère**. 45025
Il en va de même entre **concubins** (Cass. 1e civ. 25-06-2014 n° 13-18.891 F-D).
Quant aux partenaires de **Pacs**, ils se doivent une aide matérielle mutuelle (C. civ. art. 515-4) dont la consistance ressemble à l'obligation aux charges du mariage qui pèse sur les époux. Ceci dit, cette aide ne peut pas être assimilée à une créance d'aliments : aucune action en contribution similaire à celle prévue pour les charges du mariage n'est prévue ; le recours du partenaire qui a contribué plus que l'autre aux dépenses communes est fondé sur la responsabilité civile contractuelle (n° 16216).

> **Précisions** Les **enfants d'un premier lit** et le **conjoint** de leur auteur ne sont pas complètement étrangers l'un à l'autre : à l'occasion d'une action de l'enfant contre son parent, les ressources du conjoint sont indirectement prises en compte puisque sa participation aux dépenses communes accroît d'autant le disponible du parent poursuivi ; les dettes d'aliments des époux mariés sous un régime de communauté relèvent du passif définitif de cette communauté.

OBLIGATION NATURELLE, OBLIGATION CIVILE

En dehors de toute obligation légale, les tribunaux peuvent reconnaître l'existence d'une obligation naturelle fondée sur le **devoir moral d'entraide** à l'égard d'un proche (C. civ. art. 1100). Une telle obligation a **notamment** été reconnue **entre** : 45028
– frères et sœurs ;
– un époux et l'enfant de son conjoint né d'une première union (CA Paris 23-4-1986 n° 9372, 1e ch. sect. urg. : JurisData 1986-023210) ;
– des parents et leur fils (Cass. 1e civ. 5-4-1993 n° 90-21.734 : Bull. civ. I n° 141, dans un cas où l'obligation légale n'avait pas cours puisque l'enfant majeur avait un emploi) ;
– concubins (Cass. 1e civ. 17-11-1999 n° 97-17.541 : Dr. famille 2000, comm. 19 note H. Lécuyer ; Cass. 1e civ. 19-2-2002 n° 99-18.928 : RTD civ. 2002 p. 489 obs. J. Hauser).

L'**obligation naturelle** n'a d'**effet** que si elle est spontanément exécutée (C. civ. art. 1100) : son créancier ne peut pas saisir les tribunaux pour en demander l'exécution forcée (CA Paris 23-4-1986 n° 9372 : JurisData 1986-023210) ; son débiteur est libre de mettre fin à tout moment au soutien qu'il apporte (CA Bourges 18-11-1985 n° 84/1281, 1e ch. : JurisData 1985-044357). 45029
Mais cette obligation interdit à celui qui a spontanément apporté son aide de demander le remboursement des sommes exposées (Cass. 1e civ. 5-4-1993 n° 90-21.734 : Bull. civ. I n° 141 ; C. civ. art. 1302). En revanche, si les juges considèrent qu'il n'y avait pas d'obligation naturelle, celui qui a pris en charge un proche peut demander le remboursement de ce qu'il a versé sur le fondement de l'enrichissement injustifié (ex-enrichissement sans cause).

> **Précisions** L'exécution volontaire d'une obligation naturelle tenant à la façon dont l'usufruitière a géré les valeurs mobilières dont elle ne possédait que l'usufruit, ne constitue pas une **donation**. Cette dernière procède d'une intention libérale dont la réalité doit être constatée (Cass. com. 11-2-1992 n° 88-18.708 : Bull. civ. IV n° 67).

Transformation de l'obligation naturelle en obligation civile L'obligation naturelle **devient une obligation civile si** son débiteur s'est unilatéralement engagé à l'exécuter (Cass. 1e civ. 10-10-1995 n° 93-20.300 : Bull. civ. I n° 352). Par exemple, dans un cas où un homme s'était engagé à payer une pension alimentaire en contrepartie du désistement du bénéficiaire de l'action en recherche de paternité, la Cour de cassation a invité les juges du fond à rechercher si « en s'engageant volontairement à verser une somme mensuelle, le débiteur n'a pas voulu exécuter un devoir de conscience et n'a pas ainsi transformé une obligation naturelle en une obligation civile » (Cass. 1e civ. 3-10-2006 n° 04-14.388 FS-PB). 45030
L'**engagement** peut être **exprès**, par exemple sous la forme d'une reconnaissance de dette.
Il peut être **tacite**. Les juges doivent alors rechercher l'intention du débiteur, étant précisé que le versement spontané d'une pension alimentaire ne suffit pas à caractériser l'existence d'une obligation civile. Le fait pour un concubin d'aider financièrement son ex-compagne pendant les dix mois qui ont suivi leur rupture ne prouve pas l'existence d'un engagement volontaire à lui fournir une aide financière sans limitation de durée (Cass. 1e civ. 23-5-2006 n° 04-19.099 F-PB).
L'engagement s'exécute le plus souvent par le **versement d'une pension** alimentaire mais il peut aussi s'opérer par le **paiement d'un capital**, à charge pour son bénéficiaire de le placer pour en tirer des revenus.

> **Précisions a.** Sous l'empire de la loi du 11 juillet 1975, la Cour de cassation a admis qu'un époux pouvait s'engager à maintenir le devoir de secours et à verser **après divorce** une pension alimentaire plutôt qu'une prestation compensatoire (Cass. 2e civ. 9-5-1988 nº 86-18.561 : Bull. civ. II nº 111). Cette solution serait-elle identique en application de la loi du 26 mai 2004 ? Ce n'est pas certain et surtout l'enjeu est moindre puisque les conditions de révision de la prestation compensatoire peuvent désormais être librement fixées par la convention des époux.
> **b.** Les **juges du fond** apprécient souverainement l'existence d'une obligation naturelle. La **Cour de cassation**, elle, exerce son contrôle sur la transformation de cette obligation en obligation civile (Cass. 1e civ. 11-10-2017 nº 16-24.533 F-PB : RTD civ. 2018 p. 194 obs. M. Grimaldi, à propos de la novation en une obligation civile de l'obligation naturelle de renoncer au bénéfice d'un testament).

SYNTHÈSE DES RAPPORTS DE RÉCIPROCITÉ ENTRE OBLIGÉS ALIMENTAIRES

45040

Créancier / Débiteur	Père et mère	Beau-père et belle-mère	Enfant	Gendre et bru	Grands-parents et arrière-grands-parents	Époux	Partenaire de Pacs	Concubin
Père et mère	–	–	OUI	–	–	–	–	–
Beau-père et belle-mère	–	–	–	OUI Disparaît en cas de décès sauf si au moins un enfant vivant commun aux époux ou en cas de divorce	–	–	–	–
Enfant	OUI Subsidiaire si les parents sont mariés	–	–	–	OUI	–	–	–
Gendre et bru	–	OUI Disparaît en cas de décès ou en cas de divorce	–	–	–	–	–	–
Grands-parents et arrière-grands-parents	–	–	OUI Subsidiaire à celle des parents	–	–	–	–	–
Époux	–	–	–	–	–	OUI Primauté de l'obligation entre époux sur les autres débiteurs d'aliments Disparaît en cas de divorce ; se prolonge en cas de décès	–	–
Partenaire de Pacs	–	–	–	–	–	–	NON	–
Concubin	–	–	–	–	–	–	–	NON

SECTION 2

CONDITIONS ET MONTANT DE L'OBLIGATION ALIMENTAIRE

PRINCIPES

Celui qui demande des aliments doit prouver qu'il se trouve dans un **état de nécessité** (C. civ. art. 205 et 206). Le montant de l'obligation est alors fixé en fonction de ses **besoins et des ressources du débiteur** (C. civ. art. 208). 45050

ÉTAT DE NÉCESSITÉ DU PARENT DÉMUNI

Besoins du demandeur L'état de nécessité est reconnu lorsque le demandeur ne dispose pas de **revenus suffisants** pour se loger, s'habiller, se nourrir, se soigner ; en bref, pour faire face aux dépenses indispensables. 45052

Les besoins varient selon l'âge, l'état de santé, les charges de famille, le lieu d'habitation et même, dans une certaine mesure, la condition sociale de l'intéressé. Ils font l'objet d'une appréciation souveraine des juges du fond.

Les **causes de l'indigence** importent peu : qu'elles soient accidentelles (chômage de longue durée, maladie, handicap, etc.) ou fautives (gaspillage, mauvaise gestion de son patrimoine, condamnation pénale, dettes de jeu), elles n'interdisent pas au parent démuni de faire jouer la solidarité familiale. 45053

Il faut réserver le cas où l'indigence trouve sa source dans l'oisiveté. Celui qui s'abstient volontairement de travailler ou qui ne se donne pas la peine d'exploiter son patrimoine foncier peut se voir refuser une pension.

Revenus pris en compte L'état de nécessité est estimé en tenant compte de l'ensemble des revenus **perçus par l'intéressé** : 45055

– revenus du travail ou assimilés tels que salaires, droits d'auteur, bénéfices agricoles ou non commerciaux, allocations chômage, indemnités journalières versées par la sécurité sociale, pensions de retraite, etc. ;

– aides sociales, par exemple l'allocation adulte handicapé, l'allocation logement, le revenu de solidarité active ;

– revenus du capital, à savoir revenus fonciers ou mobiliers.

Les **revenus de son conjoint** sont pris en compte puisque la solidarité doit s'exercer en premier lieu au sein du couple (Cass. 1e civ. 22-3-2005 n° 02-10.153 F-PB : RTD civ. 2005 p. 379 obs. J. Hauser).

Dans le cas d'un couple non marié, les ressources du **concubin ou partenaire de Pacs** entrent indirectement en ligne de compte dans la mesure où ce dernier participe aux dépenses communes et diminue d'autant les besoins du demandeur.

Capital Le fait que celui qui se prétend démuni possède un capital ne le prive pas du droit à pension dès lors qu'il n'en tire pas de revenus suffisants. Par **exemple**, celui qui est propriétaire de son logement peut faire valoir son droit à aliments sans avoir à vendre son bien. À cet égard, les juges disposent d'un large **pouvoir d'appréciation**. Celui qui possède un parc immobilier conséquent aura, bien évidemment, plus de mal à faire reconnaître son état de nécessité. En outre, les juges tiennent compte des revenus qu'une gestion utile pourrait procurer au propriétaire s'il s'en donnait la peine (Cass. 2e civ. 17-12-1965 n° 64-12.652 : Bull. civ. n° 1054 ; Cass. 2e civ. 21-1-1976 n° 74-14.919 : Bull. civ. II n° 17 ; Cass. 1e civ. 4-11-2015 n° 14-25.377 F-PB). 45057

POSSIBILITÉS DU DÉBITEUR

Ressources Comme pour le créancier de l'obligation, toutes les ressources **du débiteur** sont prises en compte : revenus du travail, aides sociales, revenus du capital, etc. 45060

S'agissant des allocations de nature insaisissable, il a été jugé qu'elles pouvaient être prises en compte si son bénéficiaire dispose d'autres revenus saisissables sur lesquels l'obligation alimentaire peut être exécutée (Cass. 2e civ. 7-6-1990 n° 89-12.740 : Bull. civ. II n° 127, à propos de l'allocation compensatrice pour aide d'une tierce personne).

Quant aux revenus du capital, les juges tiennent compte non seulement des revenus effectivement perçus mais aussi de ceux qui pourraient être obtenus par une gestion utile du patrimoine (Cass. 2e civ. 21-1-1976 n° 74-14.266 : Bull. civ. II n° 17).

45061 L'obligation alimentaire étant une dette personnelle, les **revenus du conjoint, partenaire de Pacs ou concubin** ne peuvent en aucun cas être ajoutés à ceux du débiteur d'aliments pour fixer le montant de la pension.

Ces revenus ne sont pris en compte que dans la mesure où ils réduisent les charges du débiteur (Cass. 1e civ. 25-4-2007 nº 06-12.614 FS-PB : AJ fam. 2007 p. 269 obs. F. Chénedé, RTD civ. 2007 p. 558 obs. J. Hauser).

Il en résulte que le débiteur d'aliments qui ne dispose d'aucune ressource personnelle sera dispensé de verser une pension alors même que son conjoint, partenaire ou concubin perçoit des revenus (Cass. 1e civ. 28-3-2006 nº 04-10.684 F-PB : BPAT 6/06 nº 150, à propos de concubins).

Rappelons toutefois que dans le seul cas d'un couple marié, l'époux est débiteur d'aliments à l'égard de ses beaux-parents (voir nos 45020 s.) et peut par conséquent être personnellement assigné en qualité de codébiteur de l'obligation.

ILLUSTRATIONS

Pour déterminer le montant de la dette d'aliments, les juges du fond ne peuvent pas ajouter aux **ressources de l'épouse** débitrice celles de son mari et retenir la stabilité des « revenus du couple » (Cass. 1e civ. 11-6-2008 nº 07-10.285 F-D). De la même façon, les revenus de l'épouse du fils débiteur d'aliments ne peuvent pas être pris en considération pour fixer le montant de la dette de ce dernier à l'égard de sa mère, à défaut d'avoir été attrait à l'instance en sa qualité de débitrice d'aliments envers sa belle-mère (C. civ. art. 206). Ses revenus peuvent être pris en considération dans la seule mesure où ils réduisent les charges de son mari (Cass. 1e civ. 15-3-2023 nº 21-24.700 F-D : BPAT 3/23 inf. 121). La même solution s'applique aux concubins : les juges du fond ne peuvent pas se fonder sur les **revenus du concubin** du débiteur d'aliments (Cass. 1e civ. 9-1-2008 nº 06-21.168 F-D).

45062 **Charges** Le revenu disponible du débiteur est déterminé en déduisant de ses ressources l'ensemble de ses charges (Cass. 1e civ. 22-3-2017 nº 16-14.935 F-D). Toutes sont prises en compte, quelle que soit leur nature, **notamment** :

– les charges de famille : enfants ou conjoint ou concubin à charge, paiement d'une prestation compensatoire à son ex-époux, etc. ;

– les dépenses de la vie courante : logement, nourriture, impôts, frais de transport, téléphone, etc. ;

– le taux d'endettement.

Les charges assumées par le conjoint, partenaire ou concubin du débiteur ne sont bien entendu pas déduites (nº 45061).

DÉCHARGE DE L'OBLIGATION

45065 Quel que soit le niveau des revenus du débiteur, le juge peut le décharger de son obligation, en totalité ou en partie, si le **parent** qui l'assigne **a gravement manqué à ses obligations** à son égard (C. civ. art. 207, al. 2).

Cette règle **concerne** :

– les obligations alimentaires réciproques existant entre ascendants et descendants (C. civ. art. 205) et entre alliés (C. civ. art. 206) ;

– et l'obligation résultant du devoir de secours entre époux séparés de corps (C. civ. art. 303, al. 2).

Elle **ne s'applique pas**, en revanche, à l'obligation qui pèse sur les père et mère de contribuer à l'entretien et à l'éducation de leurs enfants (Cass. 2e civ. 17-7-1985 nº 83-13.552 : Bull. civ. II nº 139). Quelle que soit l'attitude d'un enfant, ses parents ne peuvent pas s'exonérer de leur obligation d'entretien. Mais une fois celle-ci éteinte, ils peuvent invoquer le comportement indigne de l'enfant pour lui refuser des aliments. Elle ne s'étend pas également au devoir de secours entre époux, sauf le cas de la séparation de corps visé ci-dessus (Cass. 1e civ. 17-1-1995 nº 92-21.599 : D. 1995 p. 329 note M. Grimaldi).

45067 **Conditions de la décharge** Pour être déchargé de son obligation alimentaire, le débiteur ne peut efficacement invoquer que les **manquements du demandeur commis à son égard**. Le comportement envers un tiers, fût-il indigne, est sans effet.

ILLUSTRATIONS

Des parents **ne sauraient échapper à leur obligation** envers leur fille aveugle, malade et sans ressources au motif que celle-ci a abandonné son propre enfant (CA Paris 7-5-1987 nº 85/28793, 8e ch. B : JurisData 1987-022172).

Un enfant ne peut pas refuser des aliments à sa mère au motif qu'elle a été infidèle à son mari (CA Orléans 18-1-1984 nº 82/1173 : JurisData 1984-044550).

Un enfant issu d'une seconde union ne peut pas refuser une pension à son père parce que ce dernier s'est totalement désintéressé des enfants de son premier mariage.

Seul un manquement résultant d'un **comportement volontaire**, et non de circonstances indépendantes de la volonté du créancier, peut justifier une décharge de l'obligation alimentaire. Ainsi, conserve son droit à aliments la femme qui ne s'est pas occupée de son fils alors qu'elle était constamment malade (Cass. 1e civ. 3-4-1990 n° 88-18.927 : Bull. civ. I n° 77). 45068

Il faut enfin et surtout que le comportement du créancier d'aliments revête une **certaine gravité** que les juges du fond apprécient souverainement. Il résulte le plus souvent de faits de violences ou de refus de relations entre le créancier et le débiteur d'aliments (en ce sens, voir A.-M. Leroyer : RTD civ. 2022 p. 602, à propos de Cass. 1e civ. 9-6-2022 n° 20-16.817 F-D).

Illustrations Ont par exemple été **privés de tout droit à pension** : 45069

– une mère qui a abandonné ses enfants, à la fois matériellement et moralement (CA Rennes 28-2-2000 n° 98/8189 D : JCP G 2001, I, 332, p. 1276) ; dans le même sens pour un père qui n'a jamais réglé la pension alimentaire qu'il devait, jamais exercé son droit de visite et d'hébergement ni même jamais pris de nouvelles de sa fille (CA Limoges 27-10-2011 n° 10/01647, ch. civ.) ;

– une grand-mère qui n'avait pas cherché à obtenir la garde de ses petits-enfants, ni même un simple droit de visite, alors que les enfants étaient confiés à l'aide sociale en raison du décès de leur mère (CA Paris 2-7-1997 n° 95/465, 24e ch. A : JurisData 1997-022637) ;

– une mère qui, pour se venger de son mari après leur divorce, avait utilisé leur fils contre lui et maintenu l'enfant dans un grand isolement (CA Bordeaux 18-6-1997 n° 96/1581, 6e ch. : JurisData 1997-046885) ;

– un père qui a toujours nié sa paternité et exprimé des sentiments haineux à l'égard de son enfant (CA Paris 22-10-1998 n° 98/8368, 24e ch. D : JurisData 1998-024020 ; dans le même sens Cass. 1e civ. 21-11-2012 n° 11-20.140 F-D : BPAT 1/13 inf. 11) ;

– un fils qui a exercé des violences sur ses parents à diverses reprises (Cass. 1e civ. 18-1-2007 n° 06-10.833 F-PB).

N'ont eu droit qu'à une **pension minorée** :

– un père qui, sans avoir abandonné ses enfants, avait manifesté des sentiments haineux et rancuniers à leur égard (CA Versailles 7-7-1982 n° 81/3588) ;

– un couple qui, sans s'être totalement désintéressé de ses enfants, les avait confiés à leurs grands-parents (CA Bordeaux 16-7-1985 n° 84/716, 6e ch. : JurisData 1985-042161) ;

– un enfant qui avait tenu des propos injurieux à l'égard de son père (CA Paris 25-4-1988, 1e ch. sect. urg. A : JurisData 1988-022361).

En revanche, **ne perdent pas leur droit à aliments** :

– la fille qui a quitté le domicile familial pour aller vivre avec son ami et qui n'a pas donné de nouvelles (CA Toulouse 21-3-1984, 1e ch. : JurisData 1984-042135) ;

– la mère qui a payé irrégulièrement la pension alimentaire mise à sa charge pour l'entretien et l'éducation de son enfant (CA Bordeaux 21-5-1986 n° 85/1086, 6e ch. : JurisData 1986-041984) ;

– les petits-enfants qui ne rendent pas visite à leur grand-père (CA Aix-en-Provence 10-9-1987 n° 85/10039) ;

– les parents qui ont confié leur enfant aux grands-parents dès lors qu'il s'agissait d'un souhait de l'enfant (CA Limoges 28-1-1988 n° 87/610, 2e ch. civ. : JurisData 1988-040359) ;

– le père qui occupe un bien qui appartient à son fils sans autorisation ni bail, privant ce dernier des revenus d'une location contraint, par ailleurs, de louer un appartement pour se loger (Cass. 1e civ. 9-6-2022 n° 20-16.817 F-D : RTD civ. 2022 p. 602 obs. A.-M. Leroyer).

Cas particulier des frais d'obsèques Charge de la succession, les frais d'obsèques doivent être supportés, à chaque fois que l'actif successoral est insuffisant, par l'enfant du défunt en sa qualité de débiteur d'aliments, à proportion de ses ressources, et ce, même s'il a renoncé à la succession (Cass. 1e civ. 14-5-1992 n° 90-18.967 : Bull. civ. I n° 140, D. 1993 p. 247 note J.-F. Eschylle ; Cass. 1e civ. 8-6-2004 n° 02-12.750). Cette solution a été étendue à tous les débiteurs de l'obligation alimentaire (Cass. 1e civ. 21-9-2005 n° 03-10.679 F-PB : AJ fam. 2005 p. 409 obs. F. Bicheron). 45070

Par ailleurs, peu importe que l'enfant n'ait pas connu son père, pour être née peu après son décès. L'existence d'un lien affectif direct n'est pas une condition au respect du devoir de piété familiale (Cass. 1e civ. 28-1-2009 n° 07-14.272 FS-PB : RTD civ. 2009 p. 307 obs. J. Hauser).

Quels sont les **effets de la décharge de l'obligation alimentaire** sur l'obligation à paiement des frais funéraires (voir note F. Bicheron sous Cass. 1e civ. 21-9-2005 n° 03-10.679 précité) ? La levée de l'obligation alimentaire induit une dispense de participation aux frais funéraires (Cass. 1e civ. 31-3-2021 n° 20-14.107 FS-P : AJ fam. 2021 p. 299 note J. Houssier, RTD civ. 2021 p. 391 obs. A.-M. Leroyer). Dans cette affaire, le devoir de piété familiale semble avoir été définitivement emporté, par effet d'entraînement.

45072 **Indignité automatique** L'enfant dont un **parent** a été **privé de son autorité parentale** est automatiquement dispensé de toute obligation alimentaire fondée sur les articles 205, 206 et 207 du Code civil à l'égard de ce parent et de ses autres ascendants dans la même branche, sauf disposition contraire du jugement de retrait (C. civ. art. 379, al. 2). L'enfant n'a donc pas à faire la preuve de l'indignité de son parent pour s'opposer à une demande d'aliments de sa part.
Voir aussi nº 45195 lorsque la demande d'aliments émane d'une collectivité publique chargée de l'aide sociale.

45074 Pour protéger les victimes directes et indirectes de **violences conjugales**, le débiteur d'aliment est déchargé de son obligation en cas de condamnation du créancier pour un crime commis sur sa personne ou celle de l'un de ses ascendants, descendants, frères ou sœurs (C. civ. art. 207, al. 3). Le juge conserve toutefois la faculté d'en écarter la mise en jeu.
Cette déchéance vaut pour tous les **cas d'obligation alimentaire** réciproque entre ascendants et descendants (C. civ. art. 205 et 207, al. 1) et entre alliés (C. civ. art. 206 et 207, al. 1).
La **particularité** de ce dispositif tient à ce que le débiteur de l'obligation alimentaire en est déchargé d'office à raison de manquements commis par le créancier d'aliments à son encontre ou à l'égard d'un tiers (contrairement à la décharge facultative en cas de manquement grave du créancier d'aliment envers son débiteur, voir nº 45067).

> **Précisions** Le texte, d'interprétation stricte, ne vise pas les **délits** commis par le créancier d'aliment comme c'est le cas en matière de révocation des libéralités pour ingratitude (C. civ. art. 955) ou en matière d'indignité successorale facultative (C. civ. art. 727). Il n'est, par ailleurs, pas fait mention de la **complicité**, laquelle n'entraînera pas d'indignité alimentaire du créancier d'aliment complice du criminel alors qu'il serait susceptible d'être sanctionné, à ce titre, par une indignité successorale automatique ou facultative (C. civ. art. 726 et 727).

SECTION 3

CARACTÈRES DE L'OBLIGATION ALIMENTAIRE

EN BREF

45100 Le droit à aliments est **personnel et d'ordre public**. Il est **intransmissible** et les intéressés ne peuvent pas en disposer.

CARACTÈRE PERSONNEL DE L'OBLIGATION

45102 En **principe**, seul le créancier de l'obligation peut agir pour se voir allouer une pension alimentaire ou en obtenir l'exécution forcée. Ses créanciers ne peuvent pas exercer ces droits par le biais de l'action oblique (ils n'y ont, au demeurant, aucun intérêt puisque les aliments sont insaisissables, voir nº 45112).
Symétriquement, seul le débiteur peut demander la suppression ou la révision de la pension. Ses créanciers sont irrecevables à agir en ce sens.

45103 Par **exception**, les autorités chargées de l'aide sociale (le préfet ou le président du conseil départemental) peuvent agir au lieu et place du bénéficiaire de l'obligation en cas de carence de ce dernier (voir nºs 45190 s.).
Signalons également que :
– sauf s'il a agi avec une intention libérale, celui qui, sans être tenu d'une obligation alimentaire, subvient aux besoins d'une personne démunie est en droit de demander le remboursement des sommes engagées au véritable débiteur de l'obligation alimentaire. Il exerce alors une action propre fondée sur l'enrichissement injustifié (ex-enrichissement sans cause) ;
– les établissements publics de santé sont en droit d'agir contre les débiteurs d'aliments pour obtenir le remboursement des frais d'hospitalisation (voir nºs 45182 s.).

CARACTÈRE VARIABLE DE L'OBLIGATION

45104 L'obligation alimentaire est **par essence** variable, en fonction des besoins du créancier ou des ressources du débiteur (voir nºs 45400 s.).

Le juge peut, même d'office, et selon les circonstances de l'espèce, assortir la pension alimentaire d'une **clause de variation** permise par les lois en vigueur (C. civ. art. 208, al. 2). L'exercice de cette faculté relève de son pouvoir souverain et échappe donc au contrôle de la Cour de cassation (Cass. 2e civ. 18-2-1976 n° 75-11.012 : Bull. civ. II n° 58). Le remplacement de l'indice est possible à la condition que soit intervenu dans la situation des parties ou dans la situation économique générale un fait nouveau susceptible d'avoir une incidence sur le choix de l'indice (Cass. 2e civ. 16-1-1985 n° 83-16.381 : Bull. civ. II n° 11).

INTRANSMISSIBILITÉ DE L'OBLIGATION

L'obligation alimentaire s'éteint au **décès** de son créancier ou de son débiteur. **45106**

Les **héritiers du créancier** ne peuvent pas poursuivre la demande d'aliments engagée par leur auteur, ni exiger que le paiement de la pension alimentaire due à ce dernier soit maintenu après son décès (le débiteur qui continue par erreur ses versements peut en demander le remboursement). Les héritiers sont seulement en droit d'obtenir le paiement de l'arriéré de pension dû au jour du décès.

Réciproquement, les **héritiers du débiteur** n'ont pas à poursuivre le paiement de la pension que leur auteur devait. La succession est seulement débitrice des échéances dues et restées impayées par le défunt.

Par **exception**, certaines obligations alimentaires sont, dans une certaine mesure, transmissibles au décès de leur débiteur. Tel est le cas de la prestation compensatoire (n° 10070) et des subsides (n° 28435). La loi offre également une créance alimentaire sur la succession du débiteur d'aliments au conjoint survivant dans le besoin (nos 11220 s.) et, sous certaines conditions, aux ascendants ordinaires dans le besoin (nos 11070 s.).

> **Précisions** L'intransmissibilité de l'obligation alimentaire n'a évidemment pas pour effet d'interdire aux **héritiers** du créancier de faire valoir leur éventuel **droit personnel à aliments** contre le débiteur. De la même façon, le créancier peut agir contre les héritiers du débiteur si ces derniers sont personnellement tenus d'une obligation alimentaire à son égard.

INDISPONIBILITÉ DE LA CRÉANCE D'ALIMENTS

Les règles qui gouvernent l'obligation alimentaire sont d'ordre public, ce qui se manifeste par son caractère indisponible. Par conséquent, le **créancier** ne peut pas renoncer par anticipation à son droit à aliments, ni aux sûretés légales ou judiciaires qui en garantissent l'exécution (Cass. 1e civ. 11-7-2006 n° 04-14.185 F-PB). Sont donc nulles les conventions par lesquelles il s'engage à ne pas demander de pension ou à ne pas demander la révision de celle qui lui est versée (pour une application à propos d'une contribution à l'entretien et l'éducation d'un enfant, Cass. 1e civ. 15-2-2012 n° 11-13.883 F-D : BPAT 2/12 inf. 88). Le créancier ne peut pas davantage céder son droit. Il est en revanche libre de céder les termes échus (Cass. 1e civ. 15-5-1973 n° 72-10.447 : Bull. civ. I n° 164) ou de renoncer à en poursuivre le paiement (Cass. 1e civ. 28-10-2009 n° 08-18.032 F-D). **45108**

L'indisponibilité du droit à aliments ne concerne pas le **débiteur**, qui peut valablement s'engager à ne jamais demander de diminution de la pension. Un tel engagement peut toutefois devenir caduc si sa cause disparaît. Ainsi jugé à propos de l'engagement d'un mari à payer une pension alimentaire pour l'entretien et l'éducation de son enfant alors à la charge de la mère et qui, par la suite, était passé à sa charge exclusive (Cass. 1e civ. 30-10-2008 n° 07-17.646 FS-PB : RJDA 8-9/09 n° 697).

Lorsqu'une personne **s'engage, en dehors de toute obligation légale**, à verser une pension alimentaire, l'obligation ainsi créée n'est pas d'ordre public. Les intéressés peuvent donc convenir que la pension ne sera pas révisable.

INSAISISSABILITÉ DES PENSIONS ALIMENTAIRES

Il est expressément prévu que : **45112**

– les provisions, sommes et pensions à caractère alimentaire sont insaisissables. Par exception, si un tiers a fourni des aliments au bénéficiaire de la pension, il peut saisir les sommes versées par le débiteur pour se faire rembourser (C. exécution art. L 112-2) ;

– les créances insaisissables dont le montant est versé sur un compte demeurent insaisissables dans des conditions prévues par décret en Conseil d'État (C. exécution art. R. 162-4 s.). Le créancier peut notamment empêcher la saisie-attribution de son compte bancaire en rapportant la preuve de l'origine des fonds qui s'y trouvent.

ABSENCE DE COMPENSATION

Une dette d'aliments déclarés insaisissables ne peut pas faire l'objet d'une compensation (C. civ. art. 1347-2 ; pour l'application de cette règle à la prestation compensatoire, voir n° 9938). Autrement dit, **45115**

lorsque deux personnes sont réciproquement créancières et débitrices l'une de l'autre, le **débiteur d'aliments** ne peut exécuter son obligation en faisant jouer la compensation ; il n'en va autrement que si sa créance est également de nature alimentaire (Cass. 2e civ. 9-7-2009 n° 08-16.894 F-PB). Par exemple, le débiteur d'une pension alimentaire peut invoquer la compensation avec le prêt qu'il a consenti au bénéficiaire des aliments s'il lui a permis d'acquérir sa résidence principale, tandis que la compensation n'est pas admise si le prêt a permis d'effectuer un placement immobilier (Cass. 2e civ. 23-4-1969 n° 68-10.902 : Bull. civ. II n° 116).
Le **créancier d'aliments**, lui, peut librement invoquer la compensation pour payer ses dettes envers le débiteur des aliments (CA Paris 22-5-1987, 8e ch. B : D. 1987, IR p. 150 ; Cass. 1e civ. 7-10-2015 n° 14-19.906 F-PB : BPAT 6/15 inf. 212).

SECTION 4

MISE EN ŒUVRE DE L'OBLIGATION ALIMENTAIRE

À DÉFAUT D'EXÉCUTION SPONTANÉE

45150 Lorsque le débiteur d'aliments n'exécute pas spontanément l'obligation alimentaire à laquelle il est tenu à l'égard de son créancier, ce dernier peut saisir le **juge** pour en faire fixer la forme et l'étendue.
Sur l'aide que les caisses d'allocations familiales peuvent apporter, voir nos 47125 s.

A. Procédure judiciaire

1. CAS GÉNÉRAL

DEMANDEUR

45152 Sauf exceptions indiquées n° 45103, seul le **créancier** d'aliments est en droit de saisir le tribunal.
Selon le droit commun, il est **représenté** par :
– l'un ou l'autre de ses représentants légaux lorsque l'administration légale est exercée en commun ou, à défaut, le représentant légal unique, s'il est mineur (C. civ. art. 382-1 ; Décret 2008-1484 du 22-12-2008). Un administrateur ad hoc devra être désigné en cas d'opposition d'intérêts entre l'enfant et son représentant légal unique ou ses deux représentants légaux (C. civ. art. 383) ;
– son tuteur, s'il s'agit d'un majeur ou d'un mineur sous tutelle (C. civ. art. 408, al. 2, 475, al. 1 et 504, al. 2).
Concernant le majeur sous curatelle, pour ester en justice il doit agir avec l'assistance de son curateur (C. civ. art. 468, al. 3). S'il est sous habilitation familiale, tout dépend de l'étendue de cette habilitation : avec représentation ou simple assistance, habilitation générale ou spéciale (C. civ. art. 494-1 et 494-6). Enfin, le majeur sous mandat de protection future en cours d'exécution devrait conserver la possibilité d'ester en justice si l'on considère que l'activation du mandat ne lui fait pas perdre sa capacité juridique (sur cette question discutée en doctrine, voir J.-Cl. Civil Art. 477 à 494 fasc. unique : Majeurs protégés. Mandat de protection future, n° 40 par S. Mazeaud-Leveneur).

DÉFENDEUR EN CAS DE PLURALITÉ DE DÉBITEURS D'ALIMENTS

45153 Lorsqu'il a plusieurs débiteurs d'aliments, le créancier doit respecter la **hiérarchie** le cas échéant imposée par la loi : voir n° 45015 pour les époux, n° 45005 pour les recours des ascendants contre leurs descendants et n° 45011 pour le recours de l'enfant adopté en la forme simple contre sa famille biologique.
Lorsque tous les débiteurs sont sur un pied d'**égalité** (par exemple plusieurs enfants ou un enfant et un gendre), il n'y a pas de hiérarchie à respecter entre eux (Cass. 2e civ. 2-1-1929 : Époux Giraud c/ Dame Laprugne-Giraud : DP 1929, I, p. 137 note R. Savatier, GAJC Dalloz 13e éd. 2015 n° 57-58).
Aucune disposition n'impose au créancier d'engager une action à l'encontre de tous ses codébiteurs ni de préciser la situation des autres coobligés (Cass. 1e civ. 25-4-2007 n° 06-12.614 FS-PB : AJ fam. 2007 p. 269 obs. F. Chénedé, RTD civ. 2007 p. 558 obs. J. Hauser). Toutefois, à défaut d'attraire à

la procédure l'ensemble des débiteurs d'aliments, le montant de la créance d'aliments risque d'être réduit d'autant, à défaut de pouvoir prendre en compte leurs revenus (pour une illustration, Cass. 1e civ. 15-3-2023 n° 21-24.700 F-D : BPAT 3/23 inf. 121, à propos du créancier d'aliments qui a réservé son action contre son fils à l'exclusion de sa bru).

Si **plusieurs débiteurs sont assignés**, le juge doit fixer le montant de la dette des différents débiteurs en considération de leurs ressources et charges respectives (Cass. 1e civ. 22-11-2005 n° 02-11.534 FS-PB). **45154**
Si **un seul débiteur est poursuivi**, le montant de sa condamnation n'est fixé qu'en fonction de ses propres possibilités (Cass. 1e civ. 5-2-1991 n° 89-15.412 : Bull. civ. I n° 42).
Si ses ressources ne sont pas suffisantes pour faire face aux besoins du créancier d'aliments, la dette alimentaire fera l'objet d'une exécution partielle. Le débiteur poursuivi ne peut pas être condamné à supporter la part des autres, car l'obligation alimentaire n'est ni solidaire ni in solidum (Cass. 1e civ. 3-3-1987 n° 85-13.986 : Bull. civ. I n° 80 ; Cass. 1e civ. 22-11-2005 n° 02-11.534 FS-PB précité).
Si les ressources du débiteur poursuivi sont suffisantes, il sera condamné à la totalité des aliments dont a besoin le demandeur. L'existence d'autres débiteurs ne permet pas de limiter son obligation : la pluralité de débiteurs n'impose pas de diviser ou de limiter la dette d'aliments (Cass. civ. 27-11-1935, Époux Gibeaux c/ Varin : DP 1936, I, p. 25 note A. Rouast ; Cass. 1e civ. 5-2-1991 n° 89-13.559 : Bull. civ. I n° 43).
Sur l'action récursoire du débiteur condamné contre ses codébiteurs, voir n° 45230.

COMPÉTENCE

Le **juge aux affaires familiales** est compétent pour toutes les actions liées à la fixation de l'obligation alimentaire (C. org. jud. art. L 213-3). Il en va ainsi quel que soit le montant de la demande et que le droit à aliments soit d'origine légale ou conventionnelle. **45157**
Le créancier peut saisir le juge du **lieu** de sa résidence ou celui du lieu où réside le débiteur, qu'il s'agisse de sa demande initiale ou de celle en révision (CPC art. 46). Le débiteur d'aliments, quant à lui, peut seulement saisir le juge du lieu de résidence du créancier afin d'obtenir la révision de la pension alimentaire.

PROCÉDURE

Le juge est **saisi** par voie d'assignation ou de requête (CPC art. 1137). **45158**
La représentation par un **avocat** est facultative, les parties pouvant se défendre elles-mêmes (CPC art. 1139).
La procédure est, en principe, **orale** (CPC art. 1140, al. 1). Les parties ont toutefois la possibilité si elles donnent expressément leur accord en ce sens, d'opter pour une procédure sans audience donc exclusivement écrite (CPC art. 1140, al. 2).
Les décisions statuant sur les pensions alimentaires sont susceptibles d'**appel**. Mais elles sont exécutoires de droit à titre provisoire (CPC art. 1074-1, al. 2).

POINT DE DÉPART DE L'OBLIGATION

La règle jurisprudentielle « **aliments ne s'arréragent pas** » interdit en principe au créancier de solliciter des aliments pour la période antérieure à sa demande, c'est-à-dire à son assignation (en ce sens, notamment, Cass. 1e civ. 3-4-1990 n° 88-18.927 : Bull. civ. I n° 77 ; Cass. 1e civ. 5-2-1991 n° 89-17.840 : Bull. civ. I n° 49) ou des conclusions d'appel formant une demande de paiement (Cass. 1e civ. 14-1-2003 n° 00-20.267 F-PB : D. 2003 comm. p. 2265 sur l'action d'un établissement hospitalier mais applicable au créancier lui-même). Le fait que le créancier n'a pas demandé d'aliments plus tôt fait présumer qu'il y a renoncé et qu'il n'était pas dans le besoin. **45159**
Le créancier peut **écarter la règle** « aliments ne s'arréragent pas », en rapportant la double preuve : **45160**
– de son état de besoin avant l'assignation, par exemple en établissant qu'il n'a vécu qu'à crédit ;
– et de l'absence de renonciation de sa part à son droit à aliments. Il peut justifier son inaction par le fait qu'il ignorait l'adresse du débiteur d'aliments et ne pouvait donc pas le faire citer. Il peut aussi démontrer qu'il n'est pas resté inactif et a cherché à obtenir le paiement d'une pension alimentaire en faisant des démarches, judiciaires ou non (Cass. 1e civ. 3-4-1990 n° 88-18.927 : Bull. civ. I n° 77).
Les juges du fond apprécient souverainement chaque situation.
En tout état de cause, la demande ne peut pas remonter plus de cinq ans avant l'assignation (C. civ. art. 2224).

45162 **Champ d'application** L'interdiction de principe de demander des aliments pour la période antérieure à l'assignation **s'applique** aux actions qui visent à faire reconnaître le droit à aliments et qui portent sur :
– les obligations alimentaires réciproques prévues par la loi entre les ascendants et descendants et entre les alliés en ligne directe ;
– les obligations alimentaires résultant d'un acte d'engagement.
Elle est opposable au créancier de l'obligation alimentaire et, lorsqu'ils sont autorisés à agir (n° 45103), aux tiers qui agissent contre le débiteur d'aliments au nom du créancier ou en vertu d'un droit propre (en ce sens, à propos d'un établissement public de santé, Cass. 1e civ. 3-12-2008 n° 07-12.566 F-D).

45163 En revanche, la règle « aliments ne s'arréragent pas » **ne concerne pas** :
– les actions en recouvrement des termes échus d'une pension qui sont soumises à la prescription quinquennale de droit commun (C. civ. art. 2224) ;
– les demandes de contribution à l'entretien et à l'éducation des enfants : voir n° 36315 ;
– les demandes de contribution aux charges du mariage (n° 1995).

2. CAS PARTICULIER : ACTION DES ÉTABLISSEMENTS HOSPITALIERS PUBLICS ET DES COLLECTIVITÉS PUBLIQUES

SOLIDARITÉ PUBLIQUE VERSUS SOLIDARITÉ PRIVÉE

45180 La **solidarité nationale** n'est que **subsidiaire de la solidarité familiale**. C'est pourquoi certaines institutions sont autorisées à agir contre les débiteurs d'aliments.

ÉTABLISSEMENTS PUBLICS DE SANTÉ

45182 Par exception au caractère personnel du droit à aliments, les établissements publics de santé sont autorisés à agir contre les débiteurs d'aliments en vertu d'une **action directe**, exclusive de toute subrogation légale (CSP art. L 6145-11).
L'action directe prévue au profit des établissements publics de santé **ne bénéficie pas** :
– aux centres communaux d'action sociale (CA Aix-en-Provence 14-1-2003 n° 99/15871, ch. 6 : JCP G 2003, I 148 n° 12, obs. P. Berthet) ;
– aux associations ou fondations hospitalières (CA Rennes 28-9-2000 : JCP G 2001, I 332 n° 24 obs. P. Berthet) ;
– aux établissements privés de santé (Cass. 1e civ. 5-5-1993 n° 91-17.037 : Bull. civ. I n° 153).
Ces organismes ne peuvent agir que sur le fondement de l'enrichissement injustifié (ex-enrichissement sans cause) et uniquement dans la limite du montant de l'obligation alimentaire du défendeur (Cass. 1e civ. 14-11-2007 n° 06-21.697 F-D : D. 2008 p. 1259 note L. Godon). La règle « aliments ne s'arréragent pas » s'applique à leur recours (Cass. 1e civ. 14-11-2007 n° 06-21.697 précité).
Lorsque le **patient est marié**, les établissements de santé, publics ou privés, peuvent agir contre le conjoint en se fondant sur le caractère ménager des dettes de santé et sur la solidarité entre époux qui en découle (Cass. 1e civ. 17-12-2014 n° 13-25.117 FS-PB : BPAT 1/15 inf. 4). Ils ne sont alors pas tenus par les règles applicables aux dettes d'aliments et notamment par la règle « aliments ne s'arréragent pas ».

45183 **Régime de l'action** Les établissements publics de santé sont soumis aux mêmes règles que le créancier lui-même (Cass. 1e civ. 1-12-1987 n° 86-10.744 : Bull. civ. I n° 314).
Ils doivent notamment obtenir un **titre exécutoire**, ce qui leur interdit de recouvrer les sommes qui leur sont dues sur la base d'un titre établi par leurs propres services. Il en va ainsi même si l'action est fondée sur l'article 203 du Code civil (obligation des parents envers leurs enfants) qui n'est pas cité à l'article L 6145-11 du Code de la santé publique (Cass. 1e civ. 8-6-2004 n° 02-12.131 FS-PB).

45184 L'action doit être engagée devant le **juge aux affaires familiales** (CSP art. L 6145-11). La **procédure** fait l'objet d'un aménagement particulier puisque les parties sont autorisées à ne pas se présenter à l'audience et à faire connaître leurs observations à la partie adverse par courrier adressé au juge avec copie par lettre recommandée avec demande d'avis de réception (CPC art. 1141). Néanmoins, le juge a toujours la faculté d'exiger la présence des parties.
En présence de **plusieurs débiteurs**, l'établissement de santé est libre de n'en poursuivre qu'un (Cass. 1e civ. 5-2-1991 n° 89-13.559 : Bull. civ. I n° 43).

Le demandeur **doit justifier** : 45185
– d'une créance résultant de soins et/ou de l'hébergement fournis ;
– d'un défaut de paiement de la créance et de l'absence de ressources suffisantes du bénéficiaire des soins.
Le juge détermine le **montant de l'obligation** alimentaire en fonction des besoins du créancier et des possibilités du débiteur (Cass. 1e civ. 31-10-2007 n° 05-21.460 F-PB). Le montant alloué à un établissement de santé ne peut pas être supérieur aux frais qu'il a engagés. Mais il peut être bien inférieur, selon les ressources du débiteur poursuivi.
Ce dernier peut être dégagé de toute obligation en prouvant l'**indignité** de son parent (nos 45065 s.).

La règle « **aliments ne s'arréragent pas** » s'applique (Cass. 1e civ. 20-1-2004 n° 01-13.723 FS-PBR). 45186
Elle interdit le recouvrement des sommes échues avant la demande en justice. Pour l'écarter, l'établissement hospitalier doit prouver que le créancier était dans le besoin et que ce dernier n'a pas renoncé à agir contre ses débiteurs ; la preuve de ses propres diligences pour recouvrer sa créance est inefficace (Cass. 1e civ. 24-6-2015 n° 14-15.538 FS-PB : BPAT 5/15 inf. 167).
L'action s'éteint au **décès du créancier** (Cass. 1e civ. 20-1-2004 n° 01-13.723 FS-PBR ; Cass. 1e civ. 3-12-2008 n° 07-12.566 F-D). C'est le cas même si diverses démarches amiables ont été effectuées antérieurement (Cass. 1e civ. 19-12-1995 n° 93-17.268 : Bull. civ. I n° 471). Si le décès survient en cours d'instance, le juge doit fixer la créance d'aliments due à compter de l'assignation et jusqu'au décès (Cass. 1e civ. 14-6-2005 n° 02-15.587 FS-PB).
Ceci dit, la créance de l'hôpital figure alors au passif de la succession du défunt, conformément au droit commun (C. civ. art. 785 ; Cass. com. 11-3-2014 n° 13-12.153 F-PB).

ÉTABLISSEMENTS SOCIAUX ET MÉDICO-SOCIAUX

Les établissements sociaux et médico-sociaux peuvent également exercer leur recours, s'il y a lieu, contre les résidents, leurs débiteurs et obligés alimentaires. Ces recours relèvent de la compétence du juge aux affaires familiales (CASF art. L 314-12-1). 45187
Comme pour les établissements de santé, le quantum des aliments est déterminé selon les besoins de la personne démunie et les ressources du débiteur d'aliments ; il ne peut dépendre de la seule créance de l'Ehpad (Cass. 1e civ. 21-11-2018 n° 17-27.071 F-PB : BPAT 1/19 inf. 43-15).

COLLECTIVITÉS PUBLIQUES CHARGÉES DE L'AIDE SOCIALE

Les collectivités publiques chargées de l'aide sociale peuvent saisir le juge : 45190
– au **nom de la personne** qui a demandé à bénéficier de l'aide sociale (CASF art. L 132-7). Le montant de l'aide sociale étant fixé en tenant compte des possibilités de l'intéressé d'obtenir une aide alimentaire de sa famille (CASF art. L 132-6), si la personne indigente n'agit pas elle-même, le préfet ou le président du conseil départemental peut demander à sa place la condamnation de ses proches à payer une pension alimentaire. Celle-ci est alors versée à l'État ou au département, qui la reverse à son bénéficiaire augmentée de l'aide sociale accordée ;
– ou **pour leur propre compte**. Si une collectivité chargée de l'aide sociale a fait une avance pour répondre à une situation d'urgence, elle peut recouvrer les sommes payées auprès des proches de la personne qui a bénéficié de l'aide sociale sur le fondement de la subrogation légale (C. civ. art. 1346).

> **Précisions** Relèvent de la **compétence** de la **juridiction judiciaire** les recours des obligés alimentaires contestant les décisions prises par l'État ou le département pour obtenir le remboursement des sommes avancées par la collectivité. En revanche, les recours contre les décisions de l'État ou du département relatives à l'admission à l'aide sociale relèvent de la **juridiction administrative**, même en présence d'obligés alimentaires (T. confl. 06-07-2020 n° 4186 : AJ collectivités territoriales 2021 p. 32 note A. Lapray).

La collectivité publique, subrogée dans les droits du créancier, est soumise à la **procédure de droit commun** en matière d'aliments (Cass. 1e civ. 18-1-1989 n° 87-14.849 : Bull. civ. I n° 14). En particulier : 45191
– l'appréciation de l'**état de besoin** s'effectue selon les critères de l'obligation alimentaire et non selon les règles d'admission à l'aide sociale. Doit ainsi être pris en compte le patrimoine immobilier de l'indigent dès lors qu'il est de nature à augmenter ses revenus (Cass. 1e civ. 4-11-2015 n° 14-25.377 F-PB : BPAT 6/15 inf. 214) ;
– l'estimation effectuée par le service qui décide de l'aide sociale n'a aucun caractère obligatoire et ne peut pas justifier l'émission d'un **titre exécutoire** à l'encontre des proches de la personne prise en charge (CE 16-6-2004 n° 251727 : Lebon p. 253) ;

– la règle « **aliments ne s'arréragent pas** » s'applique (Cass. 1e civ. 3-4-1990 n° 88-18.927 : Bull. civ. I n° 77) ;
– l'action ne peut plus être engagée après le **décès du créancier** (Cass. 1e civ. 7-6-1989 n° 87-18.337 : Bull. civ. I n° 222) ;
– seul le **juge aux affaires familiales** est compétent pour fixer l'obligation des débiteurs, avec le même aménagement de procédure que pour les établissements hospitaliers (CPC art. 1141) : voir n° 45184.

> **Précisions a.** La **procédure en cas de demande d'aide sociale** est la suivante : lorsqu'il reçoit une telle demande, le service compétent interroge les personnes tenues d'une obligation alimentaire pour qu'elles indiquent l'aide qu'elles peuvent allouer à l'intéressé ou qu'elles prouvent leur impossibilité à couvrir la totalité des frais (CASF art. L 132-6). Le président du conseil départemental évalue ensuite le montant de la créance alimentaire et de l'aide sociale accordée. Les débiteurs d'aliments peuvent contester les décisions du président du conseil général devant le Conseil d'État. À défaut d'arriver à un accord, la collectivité publique devra saisir le juge pour que la dette alimentaire soit fixée.
> **b.** Les **critères d'appréciation** ne sont **pas identiques** pour l'aide sociale et l'obligation alimentaire, notamment :
> – un patrimoine immobilier n'interdit pas à son propriétaire de bénéficier de l'aide sociale tandis qu'il peut le priver d'aliments si ce patrimoine est susceptible de lui procurer des revenus (Cass. 1e civ. 4-11-2015 n° 14-25.377 F-PB précité) ;
> – les revenus des gendres et brus sont d'emblée pris en compte pour apprécier le montant de l'aide sociale (CE 23-3-2009 n° 307627 : JCP G 2009 act. n° 198 obs. M.-Ch. Rouault). Ils sont aussi pris en compte pour fixer l'obligation alimentaire, mais uniquement dans la mesure où ils diminuent les charges du débiteur ou si le gendre ou la bru est assigné au titre de son obligation alimentaire à l'égard de ses beaux-parents.

45195 **Décharge de l'obligation alimentaire** Pour contester son obligation, le défendeur peut invoquer la **faiblesse de ses revenus** ou l'**indignité** du créancier (étude d'ensemble : voir nos 45065 s.). À cet égard et sauf décision contraire du juge aux affaires familiales, sont **automatiquement** dispensés de fournir une aide alimentaire à leur parent :
– les enfants qui ont été retirés de leur milieu familial par décision judiciaire durant une période d'au moins 36 mois cumulés au cours des 12 premières années de leur vie, sous réserve d'une décision contraire du juge aux affaires familiales. Cette dispense d'obligation alimentaire s'étend aux descendants des enfants (CASF art. L 132-6) ;
– les pupilles de l'État qui ont été élevés par le service de l'aide sociale à l'enfance jusqu'à la fin de la scolarité obligatoire, sauf remboursement par les parents au département des frais d'entretien du pupille (CASF art. L 228-1).

> **Précisions** La proposition de loi portant **mesures pour bâtir la société du bien-vieillir en France** contient plusieurs aménagements relatifs à la décharge de l'obligation alimentaire (proposition de loi adoptée par l'AN en première lecture après engagement de la procédure accélérée le 23-11-2023 n° 193), à savoir :
> – l'inclusion de la tranche des enfants âgés de 13 à 18 ans dans le dispositif de dispense de fournir l'obligation alimentaire dans le cadre de l'aide sociale, lorsque ceux-ci ont été retirés de leur milieu familial par décision judiciaire (CASF art. L 132-6, al. 2) ;
> – l'exclusion du parent condamné comme auteur, co-auteur ou complice d'un crime ou d'une agression sexuelle commis à l'encontre de l'autre parent, de l'aide alimentaire due par leurs descendants, sous réserve d'une décision contraire du juge aux affaires familiales ;
> – la décharge de l'obligation alimentaire due par les petits-enfants et leurs descendants à leurs aïeuls s'agissant de l'aide sociale à l'hébergement aux personnes âgées (CASF art. L 231-4).

3. ACTION RÉCURSOIRE DU DÉBITEUR CONDAMNÉ

45230 Le débiteur condamné à l'égard du créancier d'aliments peut se retourner contre ses codébiteurs pour les sommes qu'il a payées excédant sa part contributive compte tenu des facultés respectives des débiteurs (Cass. 1e civ. 29-5-1974 n° 71-13.711 : Bull. civ. I n° 166, D. 1975 p. 482 note F. Magnin). La solution est la même lorsque la dette alimentaire a été exécutée en nature (Cass. 1e civ. 21-6-1989 n° 87-15.986 : Bull. civ. I n° 245).
En pratique, le débiteur poursuivi a intérêt, à l'occasion de l'action principale engagée par le créancier d'aliments, à faire citer ses codébiteurs. Il peut aussi agir plus tard, étant précisé que la prescription quinquennale est applicable.

> **Précisions** Le recours entre frères et sœurs pour la contribution à l'obligation alimentaire ne doit pas être confondu avec le **recours de l'enfant qui a hébergé et soigné l'un de ses parents** et qui demande à se faire indemniser lors du règlement de la succession. Ce recours est fondé sur l'enrichissement injustifié (C. civ. art. 1303 ; ex-enrichissement sans cause).

B. Modes d'exécution de l'obligation alimentaire

PENSION ALIMENTAIRE

La dette alimentaire s'exécute, par **principe**, sous la forme d'une pension alimentaire (C. civ. art. 208). 45260

Son **montant** est déterminé en fonction des besoins du créancier et des possibilités du débiteur (nos 45052 s.).

Le juge peut fixer des montants différents selon des périodes déterminées pour tenir compte :
– des changements survenus entre le point de départ de la pension et le jour où il statue (Cass. 1e civ. 5-2-1991 no 89-13.559 : Bull. civ. I no 43 ; Cass. 1e civ. 12-7-1994 no 92-21.444 : Bull. civ. I no 244) ;
– des changements à venir prévisibles.

Indexation de la pension Les intéressés ou le juge peuvent assortir la pension alimentaire d'une clause d'indexation (C. civ. art. 208). Le juge se détermine souverainement, en fonction des circonstances de l'espèce (Cass. 2e civ. 18-2-1976 no 75-11.012 : Bull. civ. II no 56). Il peut refuser l'indexation (contrairement aux prestations compensatoires sous forme de rente qui sont nécessairement indexées) ou, au contraire, la décider d'office. 45262

Par dérogation au droit commun, le juge ou les parties choisissent librement l'**indice de référence** (C. mon fin. art. L 112-2, al. 3 ; Cass. 1e civ. 16-7-1986 no 85-11.720 : Bull. civ. I no 208). En pratique, la grande majorité des pensions sont indexées en fonction de l'indice des prix à la consommation, ensemble des ménages, France entière.

Il appartient au débiteur de **calculer** spontanément **la revalorisation** de la pension alimentaire selon les termes du jugement ou de la convention, sans que le créancier ait à le lui demander.

Modalités de paiement La pension alimentaire fixée par le juge doit être **versée** entre les mains du créancier (C. civ. art. 1343-4). Elle est donc portable, sauf décision contraire du juge. La pension décidée conventionnellement entre les intéressés doit être payée dans le **lieu** désigné par la convention ou, à défaut de précision en ce sens, au domicile du créancier (C. civ. art. 1343-4). 45263

EXÉCUTION EN NATURE

Le juge peut décider que l'obligation alimentaire sera exécutée en nature (le débiteur doit alors loger, nourrir et entretenir le créancier) dans deux cas : 45270
– si son débiteur fait la preuve de son **impossibilité de payer une pension** (C. civ. art. 210). Cette option reste facultative pour le juge, qui peut l'imposer ou au contraire la refuser. Il se détermine notamment en fonction du climat entre les intéressés et des possibilités d'hébergement du débiteur ;
– lorsqu'un enfant demande des aliments à l'un de ses parents, si ce dernier **offre de recevoir** et d'entretenir **son fils ou sa fille** (C. civ. art. 211). Il importe peu que le parent poursuivi puisse ou non payer une pension alimentaire. Le juge ne peut pas imposer cette solution : elle doit être proposée par le débiteur. Il peut en revanche la refuser en fonction des circonstances de l'espèce.

> **Précisions** L'exécution en nature de l'obligation alimentaire n'a pas vocation à s'appliquer à la **contribution à l'entretien et à l'éducation des enfants** que doit un parent en cas de séparation ou de divorce. Jugé que le père ne peut se décharger de son obligation de payer une pension en proposant d'accueillir chez lui l'enfant dont la résidence a été fixée chez la mère (Cass. 2e civ. 26-11-1980 no 79-16.014 : Bull. civ. II no 245, solution rendue pour l'application de l'article 210 du Code civil).

SECTION 5

RÉGIME FISCAL DE L'OBLIGATION ALIMENTAIRE

A. Situation du débiteur

DÉDUCTIBILITÉ DES REVENUS

45300 **Versements concernés** Que leur versement soit spontané ou consécutif à une décision judiciaire, les pensions alimentaires acquittées en exécution d'une obligation légale sont en principe déductibles des revenus imposables de leur débiteur. Tel est le cas (CGI art. 156, II-2°-al. 1) :

– des sommes correspondant à l'obligation alimentaire réciproque entre ascendants et descendants et entre alliés en ligne directe ;

– des pensions versées par les héritiers au conjoint survivant dans le besoin.

Les pensions versées en dehors de toute obligation légale (pensions aux collatéraux ou à des tiers sans lien de parenté, notamment) ne sont pas déductibles.

Bien que la loi ne vise que les « pensions », l'**exécution en nature** de l'obligation alimentaire ouvre également droit à déduction.

> **Précisions** **a.** Les sommes versées en exécution d'une **obligation naturelle** ne sont pas déductibles, même lorsque l'obligation naturelle a été **novée en obligation civile** par l'engagement unilatéral d'exécution pris par son débiteur (CE 28-3-2012 n° 323852 : BPAT 3/12 inf. 161).
> **b.** L'**obligation alimentaire des grands-parents** étant **subsidiaire** de celle des parents (n° 45005), les sommes versées par un grand-père à son fils pour l'entretien de ses petits-enfants ne sont pas déductibles lorsque le fils justifie de ressources suffisantes pour entretenir ses enfants (CAA Marseille 27-12-2001 n° 98-741 : RJF 10/02 n° 1042).
> **c.** Le **train de vie du créancier** de la pension est pris en compte pour apprécier son état de besoin (n° 45052 s.). Ainsi, un contribuable ne peut pas déduire de son revenu les sommes qu'il verse à sa mère dès lors qu'elle possède un portefeuille-titres et une résidence secondaire, et qu'elle se rend régulièrement au restaurant (CAA Nantes 5-11-2020 n° 19NT00740 : BPAT 1/21 inf. 40). La déductibilité de la pension versée à un ascendant percevant des revenus inférieurs au **salaire minimum de croissance** net a toutefois été admise alors même qu'il était propriétaire de son logement (CAA Bordeaux 23-11-2021 n° 19BX04790 : BPAT 1/22 inf. 11).

45302 **Montant déductible** Le montant déductible est en principe celui **effectivement versé**, dans la mesure où il correspond aux besoins de son créancier et aux ressources de son débiteur. Lorsque le contribuable verse plusieurs pensions alimentaires, il faut tenir compte de l'ensemble des pensions versées (CE 14-4-2022 n° 436589 : RJF 7/22 n° 616).

Par **exception** :

– si la pension a été fixée par une décision de justice devenue définitive avant le 1er janvier 2006, le montant déductible est majoré de 25 % (CGI art. 158, 7-3°) ;

– la déduction des pensions versées par les parents à leurs enfants majeurs est plafonnée (n° 45311).

Lorsque la **dette d'aliments** a été **acquittée en nature**, la déduction porte sur les dépenses engagées ou le manque à gagner subi par le débiteur. Par exemple, l'enfant qui paye les factures de la maison de retraite de ses parents peut en déduire le montant, celui qui met gratuitement à la disposition de ses parents un logement peut déduire le montant du loyer que lui procurerait ce logement s'il le louait (plus les charges locatives, si c'est lui qui les paye mais pas les dépenses qui incombent normalement au propriétaire du logement).

> **Précisions** **a.** Le débiteur doit être en mesure de **justifier** de la réalité de ses versements ou du montant des dépenses qu'il a supportées. Par **exception**, l'administration admet à titre de règle pratique que le contribuable qui s'acquitte en nature de l'obligation alimentaire en recueillant sous son toit un enfant majeur ou un ascendant dans le besoin peut déduire de son revenu imposable, sans avoir à fournir de justificatifs, une somme forfaitaire de 3 968 € (montant applicable pour l'imposition des revenus de 2023).
> **b.** Outre la nourriture et le logement, l'obligation de fournir des aliments comprend également les **frais funéraires**, lorsqu'il n'existe

pas d'actif successoral pour permettre l'imputation de ces frais (Rép. Krabal : AN 4-6-2019 n° 7287). À notre avis, si l'actif successoral a permis une imputation des frais funéraires dans les conditions de l'article 775 du CGI, toute déduction du revenu global paraît exclue. Par suite, la fraction des frais qui excède le montant imputé sur l'actif successoral ne devrait pas pouvoir être déduite du revenu global du débiteur, quand bien même aurait-il pris ces frais en charge conformément à son obligation alimentaire.

VERSEMENTS ENTRE ÉPOUX

45305 En cas de séparation de fait, les sommes versées au titre de la **contribution aux charges du mariage** sont déductibles à condition que les époux fassent l'objet d'une imposition séparée, ce qui suppose qu'ils se trouvent dans l'une des situations mentionnées n° 7005 (CGI art. 156, II-2°-al. 1). En cas d'abandon du domicile conjugal, la contribution n'est pas considérée comme un revenu distinct de l'époux qui la reçoit. Par suite, le mari qui a abandonné le domicile conjugal ne peut pas déduire de son revenu imposable la contribution aux charges du mariage qu'il a été condamné à verser à son épouse lorsque cette dernière, faute de disposer de revenus autres que cette contribution, ne peut pas faire l'objet d'une imposition séparée (CAA Nantes 12-3-2003 n° 99-1172 : RJF 7/03 n° 800).

Sous la même condition, sont également déductibles les **pensions alimentaires** versées à l'époux séparé de corps ou pendant l'instance en divorce : voir respectivement n°s 10702 et 9192. Sur le régime des **prestations compensatoires après divorce** voir n°s 9840 s. pour les prestations en capital et n°s 9890 s. pour les prestations sous forme de rente.

VERSEMENTS AUX ENFANTS

45310 Aucune déduction n'est autorisée lorsque l'enfant est pris en compte pour la détermination du quotient familial de ses parents (CGI art. 156, II-2°, al. 2). Il en résulte que **seuls peuvent déduire une pension alimentaire** :

– le parent divorcé ou séparé, dans les conditions exposées n°s 37140 s. ;

– les couples vivant en union libre. Les concubins étant imposables séparément, celui qui ne rattache pas l'enfant à son foyer fiscal peut déduire une pension. Sur le montant déductible, voir n° 23205, Précisions.

Sous ces réserves, la déduction est possible sans distinguer selon que les sommes versées le sont au titre de l'obligation d'entretien ou de l'obligation d'aliments (CE 14-10-2009 n° 301709 : RJF 1/10 n° 1 ; CAA Marseille 18-11-2010 n° 08-1326 : RJF 7/11 n° 773). Sur la distinction entre les deux notions, voir n° 45002.

ATTENTION

S'agissant des **parents non mariés**, le père ne peut pas déduire les sommes qu'il a spontanément versées au cours des **années antérieures à la reconnaissance de l'enfant**, malgré l'effet déclaratif de filiation que comporte cette reconnaissance en droit civil (CE 30-3-1987 n° 52489 : RJF 5/87 n° 534).

45311 **Cas particulier des enfants majeurs** La déduction de la pension versée à un enfant majeur dans le besoin est déductible à la **condition** que l'enfant ne soit pas rattaché au foyer fiscal de ses parents (auquel cas il est pris en compte pour la détermination de leur quotient familial). S'il est rattaché au foyer fiscal de l'un seulement de ses parents (parents divorcés ou ayant rompu leur Pacs, ou simples concubins), seul le parent auquel l'enfant n'est pas fiscalement rattaché peut déduire la pension alimentaire qu'il verse.

L'**état de besoin** de l'enfant majeur est une question de fait. Ainsi, l'enfant percevant à peine le montant du salaire minimum interprofessionnel de croissance (Smic) mais ayant reçu par donation un immeuble constituant son habitation principale n'est pas dans le besoin (CAA Douai 6-5-2021 n° 18DA02541 : BPAT 4/21 inf. 169).

Lorsque la pension est déductible, elle ne l'est que dans la limite d'un **plafond**, fixé à 6 674 € (montant applicable pour l'imposition des revenus de 2023). Le contribuable ne peut pas déduire une somme plus élevée même si cette pension est versée en exécution d'une décision de justice (CAA Nancy 18-3-2021 n° 19NC02195 : BPAT 3/21 inf. 109). Le plafond doit être réduit au prorata du nombre de mois concernés (tout mois commencé devant être retenu entièrement) lorsque l'état de besoin de l'enfant ne porte que sur une fraction de l'année (BOI-IR-BASE-20-30-20-20 n° 170).

Le plafond de déduction est doublé (soit 13 348 €) dans deux cas :

– lorsque l'enfant est marié ou pacsé, si le débiteur de l'obligation alimentaire justifie participer seul à l'entretien du jeune couple (mais il n'y a pas de majoration supplémentaire si le couple a des enfants) ;

– lorsque l'enfant célibataire (ou veuf ou divorcé) est lui-même chargé de famille, quel que soit le nombre de ses enfants.

45312 Conformément au droit commun, le parent qui entend déduire la pension alimentaire doit pouvoir **justifier** de la réalité de ses versements et de leur caractère alimentaire.
Lorsque l'**enfant majeur vit sous le toit du contribuable**, l'administration admet toutefois que les dépenses de nourriture et d'hébergement soient déduites, sans justificatifs, pour un montant forfaitaire de 3 968 € (montant applicable pour l'imposition des revenus de 2023). Si l'hébergement ou l'état de besoin de l'enfant ne porte que sur une fraction de l'année, ce montant est réduit au prorata du nombre de mois concernés, tout mois commencé devant être retenu entièrement. Les autres dépenses ou versements effectués en faveur de l'enfant au titre de l'obligation alimentaire (paiement de frais de scolarité, par exemple) sont déductibles pour leur montant réel et justifié, dans la limite de 6 674 € (montant applicable pour l'imposition des revenus de 2023).

ATTENTION

Selon l'administration, lorsque les **parents vivent en union libre**, chacun ne peut déduire que la moitié du montant forfaitaire de 3 968 € pour les dépenses de nourriture et d'hébergement des enfants majeurs, les autres dépenses étant déductibles pour leur montant réel et justifié, et le total des déductions opérées par les deux concubins est plafonné à 6 674 € (BOI-IR-BASE-20-30-20-30 n° 30).

B. Situation du créancier

45330 Lorsqu'elles sont déductibles pour leur débiteur, les pensions alimentaires sont imposables entre les mains de leurs créanciers dans la catégorie des pensions, selon les règles exposées n° 9891.
Lorsque la déduction est plafonnée (pension aux enfants majeurs), le bénéficiaire n'est imposable – et ne doit porter sur sa déclaration de revenus – que le montant maximal de déduction.
Dans le cadre du **prélèvement à la source** (dont le régime est exposé n°s 7300 s.), les pensions alimentaires font partie des revenus soumis à l'acompte, prélevé directement sur le compte bancaire du créancier (CGI art. 204 C). En pratique, le bénéficiaire paie des acomptes mensuels, le 15 de chaque mois, par prélèvements sur son compte bancaire. Il peut opter pour des prélèvements trimestriels (15 février, 15 mai, 15 août et 15 novembre). L'option vaut pour l'année entière et prend effet au 1er janvier de l'année suivante lorsqu'elle est exercée avant le 30 septembre. Elle est tacitement reconduite d'année en année.

SECTION 6

RÉVISION ET FIN DE L'OBLIGATION ALIMENTAIRE

PRINCIPES DIRECTEURS

45400 L'obligation alimentaire fixée par le juge est révisable à **tout moment** dès lors qu'un élément nouveau modifie la situation de l'un ou l'autre des intéressés (Cass. 1e civ. 16-6-1993 n° 91-19.904 : Bull. civ. I n° 216). Toute convention en sens contraire est nulle (n° 45108).
La révision peut porter sur le **montant de l'obligation** (à la hausse comme à la baisse) ou sur son **mode d'exécution** (monétaire ou en nature).
Le demandeur doit saisir le juge aux affaires familiales selon la **procédure** indiquée n°s 45152 s. Il en est ainsi que l'obligation initiale résulte d'une décision de justice ou d'une convention entre les intéressés.
Par ailleurs, rappelons que le **décès** du créancier ou du débiteur met automatiquement fin à l'obligation alimentaire (n° 45106).

45401 Le créancier des aliments peut demander une **augmentation de la pension** qu'il reçoit en établissant une aggravation de ses besoins, par exemple s'il doit intégrer une maison de retraite médicalisée. Il peut aussi invoquer l'amélioration de la situation du débiteur si la pension initiale ne couvrait pas l'intégralité de ses besoins (C. civ. art. 209).
L'augmentation d'une pension ne court, en principe, qu'à compter de la demande en justice par application de la règle « aliments ne s'arréragent pas » (n°s 45159 s.).

Le débiteur des aliments peut demander la **minoration ou** la **suppression** de son obligation en prouvant : 45402
– le retour à meilleure fortune de son parent démuni, par exemple avec la liquidation de sa retraite (C. civ. art. 209) ;
– la détérioration de sa propre situation par suite d'une perte de revenus (chômage, incapacité de travail, mise à la retraite, etc.) ou un accroissement de ses charges (mariage avec un conjoint sans ressource, naissance d'un enfant) (C. civ. art. 209) ;
– l'apparition d'autres débiteurs d'aliments prioritaires. C'est le cas par exemple si le créancier d'aliments se marie avec un conjoint disposant de revenus suffisants. Même solution pour les grands-parents qui peuvent se décharger de leur obligation envers leurs petits-enfants s'ils prouvent que les parents sont en mesure d'apporter un soutien à leurs enfants ;
– le comportement indigne du créancier, s'il n'avait pas été invoqué au cours de l'instance initiale (Cass. 1e civ. 25-5-1987 no 85-15.038 : Bull. civ. I no 159) ou s'il est apparu après la décision qui a fixé le montant de la pension alimentaire.

La minoration ou la suppression des aliments **prend effet** en principe à compter du jour où la décision prend force de chose jugée. Mais le juge peut dater la fin de l'obligation alimentaire au jour de la demande ou à un événement antérieur et ordonner la répétition de l'indu au bénéfice de celui qui a servi les aliments au-delà (en ce sens, notamment, Cass. 1e civ. 19-3-2002 no 99-14.571 : Bull. civ. I no 93).

CHAPITRE 2

RECOUVREMENT ET VOIES D'EXÉCUTION

SOMMAIRE

EN RÉSUMÉ

47000 Le créancier d'une obligation alimentaire muni d'un titre exécutoire peut mettre en œuvre des **garanties de droit commun**, telles que l'hypothèque légale attachée aux jugements de condamnation (C. civ. art. 2401, al. 1) ou l'hypothèque judiciaire conservatoire (C. exécution art. L 511-1 et L 531-1). Le parent séparé de son époux, partenaire de Pacs ou concubin, bénéficie en outre de **règles particulières** facilitant le recouvrement de ce qui lui est dû au titre de la pension alimentaire.

Sur l'exécution des décisions rendues à l'intérieur et hors de l'**Union européenne**, voir n°s 73480 s.

Engager des **poursuites pénales**, notamment pour abandon de famille, n'est pas une voie d'exécution. Mais la menace d'une sanction pénale est incitative (n°s 79000 s.).

A. Règles générales

EXÉCUTION PROVISOIRE, DÉLAI DE GRÂCE ET INTÉRÊT LÉGAL

47010 Les jugements relatifs notamment aux pensions alimentaires, contributions à l'entretien et l'éducation de l'enfant et contributions aux charges du mariage sont **exécutoires** de droit à titre provisoire (CPC art. 1074-1, al. 2). En conséquence, l'appel de la décision ayant fixé la pension alimentaire n'autorise pas le débiteur à suspendre le paiement.

S'agissant d'une dette d'aliments, le juge ne peut pas accorder de **délais de grâce** (C. civ. art. 1343-5, al. 6 ; pour une application, Cass. 2e civ. 22-3-2012 n° 11-13.915 FS-PB : BPAT 3/12 inf. 159, à propos d'une pension alimentaire et d'une prestation compensatoire).

En revanche, il peut exonérer le débiteur d'une dette d'aliments de la majoration de cinq points du **taux de l'intérêt légal**, qui intervient à l'expiration d'un délai de deux mois à compter du jour où la décision de justice est devenue exécutoire, fût-ce par provision ; il peut aussi réduire le montant de cette majoration (C. mon. fin. art. L 313-3 ; Cass. 2e civ. 22-3-2012 n° 11-13.915 FS-PB précité). Plus précisément, le taux majoré ne court qu'à l'expiration du délai de deux mois suivant la notification de la décision de justice (Cass. 2e civ. 4-4-2002 n° 00-19.822 FS-PB : D. 2002 p. 1484 obs. A. Lienhard, RTD civ. 2002 p. 562 note R. Perrot, à propos d'un jugement assorti de l'exécution provisoire ; Cass. 2e civ. 12-1-2023 n° 20-20.063 F-B : BPAT 2/23 inf. 71). La solution est logique puisque l'exécution forcée d'une décision civile présuppose sa notification (CPC art. 503 ; pour plus de précisions, Dalloz action Droit et pratique de la procédure civile 2021/2022, v. Force exécutoire du jugement, n°s 523.41 s. par N. Fricero).

RECHERCHE D'INFORMATIONS

Conformément au **droit commun des voies d'exécution**, le commissaire de justice – profession réunissant depuis le 1er juillet 2022 les huissiers de justice et les commissaires-priseurs judiciaires – chargé du recouvrement d'une pension alimentaire judiciairement fixée peut, selon le cas, obtenir de l'administration de l'État (notamment fiscale) ou des collectivités territoriales ainsi que des entreprises ou établissements publics les renseignements suivants (C. exécution art. L 152-1) : 47012
– l'adresse du débiteur ainsi que la composition de son patrimoine immobilier ;
– l'identité et l'adresse de son employeur ou de tout tiers débiteur ou dépositaire de sommes liquides ou exigibles, c'est-à-dire notamment des banques auprès desquelles le débiteur a ouvert un compte.

Les établissements bancaires doivent lui indiquer l'existence de comptes ouverts au nom du débiteur ainsi que les lieux où ils sont tenus (C. exécution art. L 152-2).

Les créanciers et débiteurs d'aliments dont la qualité est reconnue par une décision de justice peuvent consulter les listes des personnes soumises à l'impôt sur le revenu ou à l'impôt sur les sociétés tenues par les directions des services fiscaux (LPF art. L 111, II).

L'organisme qui sert des prestations familiales peut transmettre aux créanciers les renseignements dont il dispose relatifs à l'adresse et à la solvabilité du débiteur défaillant (CSS art. L. 581-8, al. 2).

PRESCRIPTION APPLICABLE

L'**arriéré** d'une pension alimentaire **pouvant être recouvré** est limité à cinq ans (C. civ. art. 2224). 47015
En revanche, les **actions en exécution d'une décision** de justice se prescrivent par dix ans (C. exécution art. L 111-4). Le délai court à compter du jour où, ayant acquis force exécutoire, cette décision constitue un titre exécutoire ou, autrement dit, à compter de la notification au débiteur de la décision revêtue de la formule exécutoire, sauf à ce que la loi n'en dispose autrement (Cass. 2e civ. 5-10-2023 n° 20-23.523 FS-PB : Gaz. Pal. 24-1-2024 n° GPL458j8 p. 57 obs. T. Goujon-Bethan).

À noter que l'arriéré non encore exigible à la date du jugement pouvant être recouvré est limité aux cinq ans précédant la demande (solution rendue en matière d'indemnité d'occupation : Cass. 1e civ. 8-6-2016 n° 15-19.614 FS-PB : J.-J. Ansault, L'efficacité du titre exécutoire à l'aune de la prescription d'une créance payable à termes périodiques : Gaz. Pal. 6-12-2016 n° 281p7 p. 28).

EN CAS DE PROCÉDURE COLLECTIVE DU DÉBITEUR

La créance d'aliments échappe au régime des procédures collectives, ce qui emporte plusieurs conséquences. 47017

Qu'elle soit née avant ou après l'ouverture de la procédure collective, elle n'a pas à être **déclarée au passif** (C. com. art. L 622-24).

Pour autant, le créancier d'une pension alimentaire peut déclarer sa créance en vue de son admission au passif. Dans ce cas, les règles relatives à la procédure de déclaration et de vérification des créances sont applicables, sans que la non-admission à ce passif affecte ses droits de créancier d'aliments (Cass. com. 13-6-2006 n° 05-17.081 FS-PBRI : RJDA 5/07 n° 527). Autrement dit, le créancier alimentaire ne perd rien à déclarer sa créance : il conserve la possibilité de poursuivre le débiteur sur ses fonds personnels ; si sa créance est admise, il peut, en plus, en obtenir le paiement sur l'actif concerné par la procédure collective (à condition qu'il reste de l'actif après règlement des créanciers prioritaires) ; si sa créance n'est pas admise, il ne perd aucun de ses droits de créancier d'aliments. Attention, toutefois, la dispense de déclaration de la créance d'aliments ne signifie pas interdiction de la déclarer mais n'équivaut pas pour autant à sa déclaration. Le créancier alimentaire doit donc déclarer sa créance à la procédure dans les conditions du droit commun (Cass. com. 13-6-2019 n° 17-24.587 FS-PB : D. 2019 p. 1278 note A. Lienhard).

Les voies de recouvrement, notamment le paiement direct et le recouvrement public des pensions alimentaires, ne sont pas soumises à la **suspension des poursuites individuelles** qu'emporte le jugement d'ouverture (Cass. com. 13-6-2006 n° 05-17.081 FS-PBRI : RJDA 5/07 n° 527). 47018

S'agissant d'une dette personnelle du débiteur, le **paiement** doit s'effectuer sur les **fonds personnels** du débiteur dont il a encore la libre disposition, notamment sur les salaires ou subsides maintenus en l'état au jour de l'ouverture de la procédure, sauf décision contraire du juge-commissaire saisi sur demande de l'administrateur judiciaire, du mandataire judiciaire ou du ministère public (C. com. art. L 631-11), et non sur les sommes affectées à la procédure collective, c'est-à-dire destinées à la continuation de l'entreprise ou au paiement des créanciers (Cass. com. 8-10-2003 n° 00-14.760 FS-PBI : RJDA 3/04 n° 337 ; Cass. com. 1-2-2005 n° 01-13.943 FS-PB : RJDA 6/05 n° 728 ; Cass. com. 13-6-2019 n° 17-24.587 FS-PB précité). Il en résulte notamment que les dispositions qui fixent un **ordre de paiement** pour les créances postérieures au jugement d'ouverture de la procédure collective ne sont pas applicables au paiement d'une créance alimentaire (C. com. art. L 622-17). 47019

47020 La qualification de dette personnelle attribuée à une prestation compensatoire ou une pension alimentaire comporte un dernier avantage pour son créancier : en cas **d'adoption d'un plan de cession ou de clôture de la liquidation judiciaire** pour insuffisance d'actif, il conserve la faculté d'en poursuivre le paiement alors que les autres créanciers perdent leur droit de poursuite individuelle (C. com. art. L 643-11).

47021 Attention, la nullité des **actes conclus en période suspecte** est applicable à l'**état liquidatif de communauté** même si cet acte contient des dispositions relatives aux créances alimentaires ou de prestations compensatoires (Cass. com. 7-11-2006 nº 04-18.650 FS-PBRI : RJDA 8-9/07 nº 872). Mais il a été jugé que l'abandon de la quote-part d'un bien immobilier commun par un époux au titre de l'accomplissement de son devoir de secours après le prononcé de la séparation de corps ne constitue pas le paiement d'une dette non échue au jour du paiement. En conséquence l'état liquidatif de communauté prévoyant cette modalité ne peut pas être annulé (Cass. com. 7-11-2006 nº 04-18.650 FS-PBRI précité). Rendue à propos d'une séparation de corps, la solution est transposable à la prestation compensatoire.

EN CAS DE PROCÉDURE DE SURENDETTEMENT DU DÉBITEUR

47025 Les procédures d'exécution ne peuvent pas être suspendues lorsqu'elles portent sur des dettes alimentaires. Il en va ainsi dans le cadre d'une procédure devant la **commission de surendettement des particuliers** (C. consom. art. L 721-4 et L 721-6) ou d'une procédure en **rétablissement personnel** (C. consom. art. L 742-7).

REVENUS SAISISSABLES

47028 Sous réserve de laisser à la disposition du débiteur une somme équivalente au montant forfaitaire du RSA (revenu de solidarité active) pour une personne seule, le créancier d'aliments est autorisé à saisir certains **revenus normalement insaisissables**. Il en va notamment ainsi :
– des salaires. Le paiement des pensions alimentaires peut être poursuivi sur l'intégralité de la rémunération. Il est d'abord imputé sur la fraction insaisissable et, s'il y a lieu, sur la fraction saisissable (C. trav. art. L 3252-5 et R 3252-5) ;
– des indemnités journalières de maladie, d'accident du travail ou de maladie professionnelle du régime de base de la sécurité sociale (CSS art. L 323-5 et L 433-3) ;
– des pensions de retraite, de réversion et d'invalidité du régime de base de la sécurité sociale (CSS art. L 355-2 ; C. pens. retraite art. L 56) ;
– de l'allocation de solidarité aux personnes âgées (CSS art. L 815-10).
Toujours à titre dérogatoire, le créancier d'aliments peut saisir l'intégralité du capital décès versé par la sécurité sociale (CSS art. L 361-5).

› **Précisions a.** Les **prestations familiales liées à la charge d'un enfant** (allocation pour jeune enfant, allocations familiales, complément familial, allocation de rentrée scolaire, allocation de soutien familial et allocation parentale d'éducation) sont partiellement saisissables pour le paiement des dettes alimentaires ou l'exécution de la contribution aux charges du mariage et liées à l'entretien des enfants (CSS art. L 553-4).
b. Le renvoi opéré par l'article L 433-3 du Code de la sécurité sociale, susvisé, à l'article L 145-1 du Code du travail n'a pas été mis à jour à la suite de la **recodification du Code du travail** en 2008 (Ord. 2007-325 du 12-3-2007). Toutefois, les références contenues dans les dispositions de nature législative à des dispositions abrogées par ladite ordonnance sont remplacées par les références aux dispositions correspondantes du Code du travail (Ord. 2007-325 susvisée art. 3). De sorte que l'article L 433-3 renvoie, depuis le 1er mai 2008, à l'article L 3252-1 du Code du travail.

B. Paiement direct

PRINCIPE

47040 Tout créancier d'une pension alimentaire peut se faire payer directement le montant de cette pension **par les tiers débiteurs de sommes** liquides et exigibles **envers le débiteur de la pension** (C. exécution art. L 213-1 s. et R 213-1 s.).

CRÉANCES CONCERNÉES

47041 Les créances qui peuvent être recouvrées par le paiement direct sont (C. exécution art. L 213-1) :
– les pensions alimentaires dues entre ascendants et descendants ou entre alliés en ligne directe (C. civ. art. 205 s.) ;

– les pensions alimentaires dues entre époux dans le cadre d'une procédure de divorce ou en cas de séparation de corps ;
– les pensions alimentaires dues aux conjoints survivants par la succession ;
– les contributions aux charges du mariage ;
– les contributions à l'entretien et à l'éducation des enfants ;
– les subsides dus à un enfant ;
– les prestations compensatoires sous forme de rente.

Les prestations compensatoires sous forme d'un capital versé en plusieurs termes ne peuvent pas, en revanche, faire l'objet d'un paiement direct.

TIERS CONCERNÉS

Le tiers à qui le paiement direct peut être demandé doit être **débiteur de sommes liquides et exigibles** à l'égard de celui qui doit la pension. 47043

C'est généralement l'employeur du débiteur qui est recherché. Mais il peut aussi s'agir de sa caisse de retraite, de France Travail, de l'administrateur de biens qui perçoit des loyers pour son compte, de son locataire, de sa banque, etc.

> **Précisions a.** En cas **d'arrêt de travail**, la caisse primaire d'assurance maladie est débitrice de sommes liquides et exigibles envers l'assuré dès l'expiration du **délai de carence**, la date à laquelle la CPAM décide de rendre effectivement liquides les indemnités journalières étant inopposable au créancier (Cass. 1e civ. 28-6-2005 n° 01-17.730 FS-PB).

> **b.** À propos d'une banque, il a été jugé que le directeur d'une agence ne peut pas refuser de se soumettre au paiement direct au motif que le solde du **compte du débiteur** est **négatif** alors que ce dernier a conclu une **convention de découvert** et que, en conséquence, la banque est débitrice de sommes liquides et exigibles (Cass. crim. 29-5-1984 n° 82-92.817 : Bull. crim. n° 194).

CONDITIONS DE MISE EN ŒUVRE

Les conditions de mise en œuvre d'un paiement direct sont simples. Il suffit de justifier d'un **acte exécutoire** fixant la pension, c'est-à-dire (C. exécution art. L 213-1) : 47045
– d'une décision de justice exécutoire ;
– d'une convention homologuée par le juge ;
– d'une convention de divorce ou de séparation de corps par consentement mutuel contresignée par avocats, déposée au rang des minutes d'un notaire ;
– d'un acte notarié ;
– d'une convention rendue exécutoire par l'organisme qui sert les prestations familiales (n° 47160) ;
– d'une transaction ou d'un acte constatant un accord issu d'une médiation, d'une conciliation ou d'une procédure participative, lorsqu'ils sont contresignés par les avocats de chacune des parties et revêtus de la formule exécutoire par le greffe de la juridiction compétente.

Un simple « donné acte » dans un jugement de ce que le débiteur s'engage à verser une pension ne permet pas son recouvrement par ce biais (Cass. 2e civ. 7-3-2002 n° 00-11.228 : Bull. civ. II n° 29). Les décisions en matière d'aliments sont exécutoires de droit à titre provisoire (n° 47010), mais elles doivent avoir été notifiées au débiteur (Cass. 2e civ. 6-1-1988 n° 86-16.806 : Bull. civ. II n° 1).

Il faut par ailleurs justifier d'une **échéance** totalement ou partiellement **impayée** (C. exécution art. L 213-1 ; Cass. 2e civ. 10-2-1988 n° 86-17.742 : Bull. civ. II n° 37 pour un règlement partiel). Le défaut d'application spontanée de l'indexation de la pension autorise la mise en place du paiement direct (Cass. 2e civ. 5-6-1985 n° 84-12.650 : D 1986 IR p. 113 obs. A. Bénabent). Il en va de même si le débiteur, au lieu de régler l'intégralité de la pension au créancier, verse une partie (égale aux échéances d'un prêt) à la banque et la différence au créancier (Cass. 1e civ. 14-4-2010 n° 09-12.225 F-D : BPAT 3/10 inf. 165). Le créancier n'a pas à délivrer une mise en demeure préalable (Cass. 2e civ. 14-1-1987 n° 85-14.429 : Bull. civ. II n° 11 ; Cass. 2e civ. 24-2-2005 n° 02-18.173 FS-PB). Les raisons de l'impayé sont indifférentes, le débiteur qui connaît des difficultés financières pouvant saisir le juge pour obtenir la diminution ou la suppression de la pension. Seule la preuve de circonstances totalement étrangères au débiteur peut éviter la mise en place du paiement direct (CA Versailles 14-6-1983 : RTD civ. 1984 p. 372 obs. R. Perrot). 47046

PROCÉDURE

La demande de paiement direct est faite par l'intermédiaire d'un **commissaire de justice** (profession réunissant depuis le 1er juillet 2022 les huissiers de justice et les commissaires-priseurs judiciaires) du lieu de résidence du créancier (C. exécution art. L 213-5 et R 213-1). 47047

L'intervention de l'huissier est obligatoire mais sa **rémunération** et tous les **frais** de la procédure sont à la charge du débiteur. Aucune avance ne peut être demandée au créancier. Si le débiteur

n'est pas retrouvé ou si le paiement direct ne peut pas être mis en place, les frais de commissaire de justice sont avancés par le Trésor public (C. exécution art. R 213-7).
Dans les huit jours de sa saisine, le commissaire de justice doit **notifier le paiement direct** au tiers concerné et en aviser simultanément le débiteur par lettre recommandée avec demande d'avis de réception.
S'il ne dispose pas d'éléments suffisants pour ce faire, il doit, dans le même délai, interroger les administrations et établissements publics qui sont tenus de lui fournir tous les renseignements dont ils disposent permettant de déterminer l'adresse du débiteur, de son employeur ou de tout tiers débiteur (C. exécution art. R 213-1 ; voir n° 47012). Une fois les renseignements obtenus, on considère, bien que ce ne soit pas précisé par les textes, que le commissaire de justice doit procéder à la notification sans délai.
Le **tiers débiteur** doit accuser réception dans les huit jours de la notification et indiquer s'il peut ou non donner suite au paiement direct.

> **Précisions a.** Devant le **juge saisi d'une demande de pension alimentaire**, le débiteur peut accepter que la pension donne lieu à paiement direct. Il indique alors le tiers débiteur qui sera chargé du paiement. L'extrait du jugement constatant l'accord des parties est notifié au tiers débiteur (C. exécution art. R 213-9).
b. Par dérogation au monopole des commissaires de justice, l'**administration** qui est subrogée dans les droits du créancier et l'**organisme débiteur de prestations familiales** qui agit pour le compte du créancier peuvent eux-mêmes former la demande de paiement direct (C. exécution art. L 213-5).
c. À compter du 1er juillet 2025, lorsque la demande de paiement direct s'exercera sur des sommes dues à titre de rémunération, elle sera inscrite au **registre numérique des saisies des rémunérations**. La mise en place de ce registre fait suite à la déjudiciarisation de la saisie des rémunérations en faveur des juges de l'exécution et des services de greffes des tribunaux judiciaires. La mission relèvera désormais en priorité de la compétence des commissaires de justice sans que l'intervention judiciaire soit fermée dans certains cas (C. exécution art. L 213-5 dans sa rédaction issue de la loi 2023-1059 du 20-11-2023).

EFFETS DU PAIEMENT DIRECT

47050 Les **sommes** pouvant être **recouvrées** sont les mensualités à venir ainsi que l'arriéré impayé, mais seulement dans la limite des six derniers mois avant la notification de la demande de paiement direct (C. exécution art. L 213-4 ; Cass. 2e civ. 22-10-2009 n° 08-19.559 FS-PB ; Cass. 2e civ. 28-1-2016 n° 14-27.135 F-D). Cet arriéré est récupéré par fractions égales sur une période de 12 mois.
En cas de recouvrement via une CAF ou tout autre organisme habilité à servir des prestations familiales, voir n° 47143.

47051 Le **tiers qui a reçu notification** du paiement direct devient personnellement responsable du paiement de la dette alimentaire. Il doit effectuer les paiements directement au domicile du créancier et respecter les échéances fixées par le jugement (C. exécution art. L 213-2 s.).
Il ne peut pas se soustraire à son obligation en soutenant que le débiteur originaire ou un tiers s'est acquitté de la pension (Cass. 2e civ. 24-10-1984 n° 83-12.553 : Bull. civ. II n° 156 ; Cass. crim. 28-6-2000 n° 99-84.364 : Bull. crim. n° 250). Seule la mainlevée du paiement direct peut le faire (C. exécution art. R 213-2, al. 1). Toutefois, lorsque le paiement direct s'exerce sur un compte alimenté par les rémunérations du travail du débiteur, le tiers saisi lui laisse en toute hypothèse à sa disposition, sans qu'aucune demande soit nécessaire, l'équivalent d'une somme forfaitaire équivalente au montant du RSA pour une personne seule. En cas de pluralité de comptes, cette somme est imputée sur un seul d'entre eux (C. exécution art. R 213-10).
À défaut de paiement de la pension au créancier, le tiers est passible d'une amende pouvant aller jusqu'à 1 500 € et à 3 000 € en cas de récidive (C. exécution art. R 213-5). En outre, s'il a versé ce qu'il devait au débiteur de la pension, il s'expose à devoir payer une seconde fois le créancier. Il en va de même s'il paye une autre dette avant la pension alimentaire (Cass. 2e civ. 24-10-1984 n° 83-12.553 : Bull. civ. II n° 156).

47052 Les sommes qui font l'objet d'un paiement direct sont attribuées à leur bénéficiaire par **préférence à tous les autres créanciers** (C. exécution art. L 213-2), y compris le Trésor public. Si le paiement direct s'exerce sur les rémunérations du débiteur, la notification d'une saisie administrative à tiers détenteur à l'employeur n'en suspend pas le cours (C. trav. art. R 3252-37, al. 1). Le créancier d'aliments bénéficie donc d'un droit exclusif sur les sommes qui font l'objet du paiement direct, sans venir en concours avec les autres créanciers qui procéderaient à une voie d'exécution postérieure. Il en va ainsi même en présence d'un autre paiement direct postérieur.

En revanche, le paiement direct n'a aucune efficacité si au moment de sa notification, le tiers mis en cause n'est plus débiteur de celui qui doit les aliments. Tel est le cas en présence d'une saisie administrative à tiers détenteur délivré antérieurement, d'une cession de créance ou d'une saisie-arrêt validée (pour une illustration rendue en présence d'un avis à tiers détenteur, Cass. 2e civ. 24-6-1987 n° 86-11.770 : Bull. civ. II n° 138, D. 1988 jur. p. 357 note P. Ancel et M.-C. Rondeau-Rivier). Cette solution limite la portée du droit de préférence. Mais si le paiement direct est pratiqué sur les rémunérations, la saisie administrative à tiers détenteur antérieure prévaudra sur la portion saisissable des revenus tandis que le créancier d'aliments restera prioritaire sur la portion insaisissable que le Trésor public ne peut pas appréhender (C. trav. art. R 3252-39).

CONTESTATION DU PAIEMENT DIRECT

Le débiteur peut contester le paiement direct en saisissant le **juge de l'exécution** de son domicile (C. exécution art. R 213-6). Tant que le jugement n'est pas rendu, le tiers qui a reçu l'avis de paiement direct doit poursuivre les règlements (C. exécution art. R 213-6). **47055**
Outre des dommages et intérêts, le créancier d'aliments qui fait usage de la procédure de **mauvaise foi** encourt une amende civile d'un maximum de 10 000 € (C. exécution art. R 213-8).

MODIFICATION ET FIN DU PAIEMENT DIRECT

Le commissaire de justice doit réactualiser le paiement direct en fonction de l'**indexation** de la pension alimentaire éventuellement prévue. Le tiers n'a pas à procéder lui-même à la revalorisation. Il continue à verser l'ancien montant tant qu'il n'a pas reçu notification du montant indexé (CA Paris 9-5-1980 : D. 1980, jur. p. 532 note J. Massip). **47060**

Tout **jugement augmentant ou diminuant la pension alimentaire** est de nature à modifier le paiement direct. Le jugement doit d'abord être rendu exécutoire entre les parties (Cass. 2e civ. 6-1-1988 n° 86-16.806 : Bull. civ. II n° 1). Il est ensuite notifié au tiers débiteur. Le montant des versements est modifié à compter de cette notification (C. exécution art. R 213-3). **47061**

Le paiement direct **prend fin** dans trois hypothèses (C. exécution art. R 213-2 et R 213-4) : **47062**
– le créancier y renonce. Le commissaire de justice doit alors notifier au tiers la mainlevée par lettre recommandée avec demande d'avis de réception ;
– la pension alimentaire cesse d'être due, en vertu d'un jugement ou d'une nouvelle convention réglant les effets du divorce ou de la séparation de corps par consentement mutuel ou de dispositions légales. Le débiteur doit alors produire un certificat délivré par un commissaire de justice attestant de ces circonstances ;
– le tiers cesse de devoir de l'argent au débiteur qui change d'employeur ou de banque. Le tiers est tenu d'aviser dans les huit jours le créancier de la pension alimentaire de la cessation ou de la suspension de la rémunération, ainsi que de la clôture du compte du débiteur ou de l'insuffisance de provision de ce compte.

En cas de **trop-perçu** par le créancier du fait du décalage entre la suppression (ou la diminution) de la pension et la notification au tiers, le créancier doit rembourser le débiteur, mais n'est pas tenu au paiement d'intérêts moratoires (Cass. 2e civ. 10-2-1988 n° 86-17.742 : Bull. civ. II n° 37). **47063**
En cas d'**arriéré** à la suite d'une augmentation de la pension, les règles sont celles indiquées n° 47050.

C. Recouvrement public

CONDITIONS

Comme pour le paiement direct (nos 47040 s.), il peut être recouru au recouvrement public pour toute **pension alimentaire** ou assimilée (Loi 75-618 du 11-7-1975 art. 1 et 15 ; C. exécution art. L. 161-3) **fixée par** : **47070**
– une décision de justice exécutoire ;
– une convention homologuée par le juge ;
– une convention de divorce ou de séparation de corps par consentement mutuel contresignée par avocats et déposée au rang des minutes d'un notaire ;
– un acte notarié ou encore un accord auquel l'organisme débiteur des prestations familiales a donné force exécutoire (n° 47160) ;
– une transaction ou un acte constatant un accord issu d'une médiation, d'une conciliation ou d'une procédure participative, lorsqu'ils sont contresignés par les avocats de chacune des parties et revêtus de la formule exécutoire par le greffe de la juridiction compétente.

47071 Le recouvrement public a un caractère **subsidiaire** : le créancier doit prouver qu'il a déjà vainement tenté un autre moyen de recouvrement : saisie, paiement direct, etc. (Loi 75-618 11-7-1975 art. 1 et 2). Dès lors que le paiement n'a pas été total, le recouvrement public devient possible. Encore faut-il qu'une véritable voie d'exécution ait été mise en œuvre. Tel n'est pas le cas de la délivrance d'un commandement de payer (Cass. 2e civ. 6-12-1991 n° 89-18.469 : Bull. civ. II n° 327).
Pour **justifier de ses démarches**, le créancier peut produire une attestation du secrétaire-greffier de la juridiction compétente ou d'un commissaire de justice – profession réunissant depuis le 1er juillet 2022 les huissiers de justice et les commissaires-priseurs judiciaires – établissant qu'une voie d'exécution de droit privé n'a pas permis le recouvrement de la pension alimentaire, ou tout autre document en ce sens (Décret 75-1339 du 31-12-1975 art. 2).

PROCÉDURE

47073 Le créancier doit adresser sa **demande** par écrit au procureur de la République du tribunal judiciaire du lieu de sa résidence. Le courrier est envoyé par lettre recommandée avec demande d'avis de réception ou directement déposé au tribunal (Loi 75-618 du 11-7-1975 art. 2 ; Décret 75-1339 du 31-12-1975 art. 1). Il est accompagné du jugement ayant fixé la pension alimentaire, de la preuve de l'échec de la voie d'exécution mise en œuvre et de tous renseignements utiles sur le débiteur : dernière adresse personnelle connue, profession, coordonnées du dernier employeur, références bancaires, état du patrimoine, sources de revenus, etc. (Décret art. 2 et 3).
À partir du dépôt de la demande, le créancier ne peut plus exercer aucune autre action pour le recouvrement des sommes en cause (Loi art. 5).
Quant au débiteur, à compter de la notification du recouvrement public, il ne peut valablement se libérer de ce qu'il doit qu'entre les mains du comptable public (Loi art. 9).
Que l'adresse du débiteur ne soit pas connue n'interdit pas la mise en œuvre de la procédure même si, de ce fait, la procédure ne peut pas être rendue contradictoire (Cass. 2e civ. 3-1-1979 n° 77-14.167 : Bull. civ. II n° 4).

47074 Le **procureur de la République** avise, par lettre simple, le créancier de la pension alimentaire de la suite qu'il a réservée à sa demande (Décret 75-1339 du 31-12-1975 art. 4, al. 1).
S'il décide d'autoriser le recouvrement public, il notifie au débiteur par courrier recommandé avec demande d'avis de réception le montant des sommes concernées et lui fait savoir qu'il ne peut plus s'en libérer qu'entre les mains d'un comptable public (Décret art. 4, al. 2).
Il adresse, par ailleurs, au directeur départemental ou, le cas échéant, régional des finances publiques du département de son ressort un état exécutoire émis à l'encontre du débiteur précisant les montants à recouvrer et le montant des frais de recouvrement perçus au profit du Trésor public (Décret art. 6).

EFFETS DU RECOUVREMENT PUBLIC

47077 Le recouvrement public est effectué par le **comptable public** du domicile du débiteur selon les procédures applicables en matière de contributions directes (Loi 75-618 du 11-7-1975 art. 7). Le comptable est en droit d'obtenir tous renseignements utiles notamment auprès des services de l'État, des collectivités territoriales, de la sécurité sociale et des caisses d'allocations familiales (Loi art. 8).

47078 Le **recouvrement porte sur** les termes à échoir et l'arriéré des six dernières échéances à compter de la demande (Loi 75-618 du 11-7-1975 art. 3). Il ne peut pas remonter au-delà. En conséquence, il ne permet pas de recouvrer les arrérages antérieurs à ceux recouvrés par le paiement direct déjà en place (Cass. 1e civ. 11-2-2009 n° 07-16.993 F-PB).
Les **sommes** sont en outre **majorées** de 10 % au titre des frais de recouvrement, auxquels il faut ajouter les frais de poursuite (Loi art. 7).

CONTENTIEUX

47080 Le **créancier** et le **débiteur** peuvent contester le refus ou la décision de mise en recouvrement public par courrier simple adressé au ministère public (Loi 75-618 du 11-7-1975 art. 4 ; Décret 75-1339 du 31-12-1975 art. 4). La contestation n'interrompt pas le recouvrement public (Loi art. 4).
Le procureur transmet sans délai le courrier au **président du tribunal judiciaire** qui statue, selon la procédure accélérée au fond, dans un délai de 15 jours, après avoir convoqué les intéressés (Loi art. 4 ; Décret art. 8).
La décision est transmise le jour même au procureur de la République qui la notifie aux parties dans les trois jours qui suivent (Décret art. 8).
Le jugement n'est susceptible ni d'**appel** ni d'**opposition** (Loi art. 4). Il peut faire l'objet d'un **pourvoi** dans un délai de deux mois à compter de sa notification (Décret art. 9).

Le **créancier** qui, de **mauvaise foi**, obtient une mise en recouvrement public peut être condamné par le président du tribunal judiciaire statuant selon la procédure accélérée au fond, à une amende civile allant de 30 € à 3 000 €, au remboursement auprès du débiteur des frais de recouvrement et de poursuite et à des dommages et intérêts (Loi 75-618 du 11-7-1975 art. 17). 47082
Le jugement est susceptible d'appel en tant qu'il condamne le créancier à l'amende civile et au remboursement des majorations et frais. L'appel doit être formé, dans les 15 jours de la notification, par lettre recommandée avec demande d'avis de réception adressée au procureur général. C'est alors le premier président de la cour d'appel qui statue, selon la procédure accélérée au fond (Décret 75-1339 du 31-12-1975 art. 14).

MODIFICATION ET FIN DU RECOUVREMENT PUBLIC

En cas d'**augmentation**, de **réduction** ou de **suppression de la pension** alimentaire, le procureur doit établir un état exécutoire modificatif (Loi 75-618 du 11-7-1975 art. 3, al. 2). 47085
Par ailleurs, le **recouvrement public prend fin** lorsque (Loi art. 10, 11 et 12) :
– le débiteur décède ;
– le comptable public constate que le recouvrement de la créance est impossible ;
– le créancier renonce à la procédure et adresse une demande en ce sens au procureur de la République ;
– le débiteur obtient du procureur la cessation du recouvrement public après avoir entièrement soldé l'arriéré et régulièrement payé pendant 12 mois consécutifs. La décision du procureur peut être contestée selon les modalités précisées n° 47080.

En cas de **nouvelle défaillance du débiteur** dans le délai de deux ans après la cessation du recouvrement public, le créancier peut demander à nouveau au procureur de la République la mise en œuvre de la procédure de recouvrement public à condition que le retard dans le paiement soit supérieur à un mois. Le créancier n'a alors pas à recourir préalablement à une voie d'exécution de droit privé (Loi 75-618 du 11-7-1975 art. 13, al. 1). 47087
Si la nouvelle demande est admise, il est procédé au recouvrement de toutes les sommes dues depuis l'interruption du recouvrement public. Le montant des termes échus avant cette admission est majoré de 10 % au profit du créancier, sauf remise accordée par le président du tribunal judiciaire pour justes motifs (Loi art. 13, al. 2 et 3).

D. Rôle des caisses d'allocations familiales (et autres organismes servant les prestations familiales)

AGENCE DE RECOUVREMENT DES IMPAYÉS DE PENSIONS ALIMENTAIRES (ARIPA)

Pour lutter contre les impayés de pensions alimentaires, l'Agence de recouvrement des impayés de pensions alimentaires (Aripa) a été créée. Elle constitue un **point d'entrée centralisé** pour l'information des créanciers et débiteurs de pensions alimentaires, la gestion des demandes d'allocation de soutien familial, l'aide au recouvrement des pensions impayées et les demandes en vue de rendre les accords exécutoires. Elle peut être contactée via deux sites dédiés : pension-alimentaire.caf.fr et pension-alimentaire.msa.fr. 47110

1. INTERMÉDIATION FINANCIÈRE DES PENSIONS ALIMENTAIRES

COLLECTE DE LA CONTRIBUTION À L'ENTRETIEN ET À L'ÉDUCATION DES ENFANTS

L'intermédiation financière des pensions alimentaires (IFPA) **repose sur** les organismes qui servent les prestations familiales (CAF, MSA). Ces derniers sont chargés de collecter la pension alimentaire fixée en numéraire au titre de la contribution à l'entretien et à l'éducation des enfants auprès du parent débiteur, pour la reverser ensuite au parent créancier (CSS art. L 582-1 ; C. civ. art. 373-2-2). 47112
À la suite de sa systématisation depuis le 1er janvier 2023, l'IFPA est en principe **prévue au stade** de la fixation de la pension alimentaire, lors de la séparation des parents. Cependant, rien ne s'oppose à sa mise en place ultérieure, lorsque la pension alimentaire a été fixée avant que l'IFPA n'ait été instituée ou encore lorsque l'IFPA a été originairement refusée par les parents ou sur décision judiciaire spécialement motivée (C. civ. art. 373-2-2, II et III).

CONDITIONS DE MISE EN ŒUVRE DE L'INTERMÉDIATION FINANCIÈRE

47113 L'intermédiation financière des pensions alimentaires (IFPA) est possible lorsqu'à la suite de la séparation des parents les enfants bénéficient d'une pension alimentaire, pour la seule fraction **fixée en numéraire**.

La pension alimentaire doit avoir prévue dans un des **titres exécutoires**, judiciaires ou extra-judiciaires, suivants (CSS art. L 582-1, I ; C. civ. art. 373-2-2) :

– une décision du juge ;

– une convention homologuée par lui ;

– une convention de divorce ou de séparation de corps par consentement mutuel contresignée par avocats et déposée au rang des minutes d'un notaire ;

– un acte authentique ;

– une convention rendue exécutoire par les organismes de prestations familiales ;

– une transaction ou un acte constatant un accord issu d'une médiation, une conciliation ou une procédure participative, lorsqu'ils sont contresignés par les avocats de chacune des parties et revêtus de la formule exécutoire par le greffe de la juridiction compétente.

La mise en place de l'IFPA, qu'elle intervienne lors de la séparation des parents ou ultérieurement, suppose l'**accord des deux parents**, constaté à cet effet aux termes d'un des titres exécutoires ci-dessus énumérés. Chacun des parents créancier et débiteur conserve néanmoins la liberté de s'y opposer, sauf en cas de violences conjugales ou familiales. Dans cette dernière hypothèse, lorsque le parent débiteur a fait l'objet d'une plainte ou d'une condamnation pour des faits de menaces ou de violences volontaires sur le parent créancier ou l'enfant, ou lorsque de telles menaces ou violences sont mentionnées dans une décision de justice concernant le parent débiteur, l'IFPA s'impose. Le juge conserve également la faculté de l'imposer, lorsqu'au moins un des parents en fait la demande.

Lorsque l'intermédiation a été initialement écartée sur décision du juge, ce dernier apprécie l'existence d'un élément nouveau permettant son rétablissement (C. civ. art. 373-2-2, III-al. 2 ; CSS art. R 582-5).

Le parent créancier comme le parent débiteur doivent avoir leur **résidence** en France. Par ailleurs, le parent débiteur doit être **solvable**, c'est-à-dire ne pas être hors d'état de faire face au versement de la pension (au sens retenu pour l'allocation de soutien familial) (CSS art. L 582-1, I).

TRANSMISSION DE LA DEMANDE D'INTERMÉDIATION

47114 En principe, la transmission du titre exécutoire qui fixe la pension alimentaire et/ou met en place l'IFPA n'est pas à la charge du créancier de la pension mais à celle des professionnels, à savoir :

– du **notaire**, lorsque le titre exécutoire prend la forme d'un acte authentique (CSS art. R 582-4-1). Celui-ci a sept jours à compter de la réception de l'acte pour transmettre par voie dématérialisée à la CAF ou à la MSA un certain nombre de renseignements nécessaires : son nom et ses coordonnées ; la date et la nature du titre ; l'état civil complet des parents et des enfants concernés ; le nombre de ces enfants ; le total des pensions et le montant pour chaque enfant, le cas échéant le RIB de chacun des parents ; leurs adresses postales et électroniques ; l'existence d'une plainte ou d'une condamnation pour menaces ou violences volontaires ou encore d'un jugement faisant état de telles menaces ou violences, etc. (CSS art. R 582-4-1, al. 4 ; CPC art. 1074-4, II) ;

– de l'**avocat du parent créancier**, en présence d'un divorce ou d'une séparation de corps contractuel ou encore d'un accord par acte d'avocats revêtu de la formule exécutoire (CSS art. R 582-4-1 ; CPC art. 1146-1). Attention, en cas de divorce ou de séparation de corps par consentement mutuel, un original supplémentaire de la convention doit être établi, destiné à cette transmission (CPC art. 1145, al. 5). L'avocat doit procéder à la même transmission dématérialisée des informations précitées dans le délai de sept jours à compter de l'attestation de dépôt de la convention de divorce ou de la séparation de corps au rang des minutes du notaire (CSS art. R 582-4-1, al. 4) ;

– du **greffe**, en présence d'une décision de justice ou d'un accord judiciairement homologué (CPC art. 1074-3). S'il dispose de six semaines à compter de la notification aux parties pour en transmettre un extrait exécutoire, il doit, dans les sept jours du prononcé de la décision, transmettre par voie dématérialisée les renseignements précités (CPC art. 1074-4 ; CSS art. R 582-4-1, al. 4).

Par dérogation, lorsque la demande **émane d'un parent**, elle est réalisée au moyen d'un formulaire homologué disponible sur pension-alimentaire.caf.fr ou sur pension-alimentaire.msa.fr. Il s'accompagne de pièces justificatives et, entre autres, d'une copie exécutoire du titre fixant la pension alimentaire. Cette demande peut être réalisée de manière dématérialisée (CSS art. 582-5).

Les **parents** sont tenus de transmettre à l'organisme intermédiaire les **informations** nécessaires à l'instruction et à la mise en œuvre de la mesure ainsi que de l'informer de tout changement de situation entraînant des conséquences sur sa mise en œuvre (CSS art. L 582-1, II, R 582-5 et D 582-2). Le parent débiteur peut se voir infliger une pénalité en cas de refus ou de silence gardé par lui de transmettre ces informations. La pension est alors recouvrée avec l'aide de la CAF ou de la MSA (voir nos 47125 s.). **47115**

EFFETS DE L'INTERMÉDIATION FINANCIÈRE DES PENSIONS ALIMENTAIRES

Le **parent débiteur** est déchargé de l'obligation de verser la pension alimentaire entre les mains du parent créancier à compter de la date de mise en œuvre effective de l'intermédiation financière qui lui est notifiée par l'organisme débiteur des prestations familiales et tant que celle-ci est mise en œuvre (CSS art. L 582-1, III). Corrélativement, le **parent créancier** est présumé avoir donné mandat au profit de l'organisme qui sert les prestations familiales de procéder pour son compte au recouvrement de la créance alimentaire (CSS art. L 582-1, IV). **47117**

Sauf décision judiciaire contraire, la pension versée par l'intermédiaire de l'organisme débiteur des prestations familiales est **revalorisée** chaque année automatiquement par l'organisme débiteur des prestations familiales, à la date anniversaire du titre prévoyant la pension alimentaire, en fonction de la variation de l'indice des prix à la consommation hors tabac France entière publié par l'Insee (CSS art. L 582-1, I-dernier al. et R 582-7, al. 1). La pension alimentaire est en principe **prélevée** sur le compte du parent débiteur ou versée par ce dernier à l'organisme le premier, le dixième ou le quinzième jour du mois au cours duquel la pension est due, au choix du débiteur (CSS art. L 582-1, I-dernier al. et R 582-7, al. 2). Elle est **reversée** au parent créancier au plus tard le lendemain de la réception effective de la pension par l'organisme débiteur ou le jour ouvré suivant le plus proche s'il s'agit d'un jour férié ou d'un jour non ouvré (CSS art. L 582-1, I-dernier al. et R 582-7, al. 3). S'agissant de la **première mise en paiement** effectuée par l'organisme débiteur au profit du parent créancier, elle intervient dans un délai maximum de deux mois suivant la date à laquelle cet organisme a reçu l'ensemble des informations et pièces établissant l'éligibilité à l'intermédiation financière (CSS art. R 582-5, al. 5).

L'**organisme compétent** auquel incombe la demande de paiement est celui du lieu de résidence du parent créancier.

En cas d'**impayé** par le parent débiteur, celui-ci est informé par l'organisme débiteur des prestations familiales de la nécessité de régulariser sa situation dans un délai maximal de 15 jours. À défaut de paiement dans ce délai, la CAF ou à la MSA engage une procédure de recouvrement forcé de la pension alimentaire (CSS art. L 582-1, VI et R 582-8). À l'inverse, en cas de **trop-perçu** par le créancier, celui-ci est tenu de rembourser les sommes versées à tort directement à la CAF ou à un autre organisme intermédiaire (CSS art. L 582-1, VI). Il en est informé par une notification par lettre recommandée avec demande d'avis de réception reçue de l'organisme débiteur des prestations familiales (CSS art. R 582-11).

> **Précisions a. Dans l'attente de la mise en œuvre de l'intermédiation financière,** le parent débiteur verse directement au parent créancier la pension alimentaire. Il en va de même, le cas échéant, en cas de cessation de l'intermédiation financière (CSS art. R 582-5-1).
> **b.** Les organismes débiteurs de prestations familiales, dans leur rôle reconnu pour l'intermédiation financière, sont habilités à obtenir des **informations au sujet du parent débiteur** (adresse, identité de l'employeur, etc.) des administrations de l'État ou encore des entreprises ou établissements publics (C. civ. art. L 582-1, IX qui renvoie aux C. exécution art. L 152-1 et L 152-2). Ils sont également habilités à solliciter l'administration fiscale pour obtenir tous renseignements utiles à la mise en place et au maintien de l'intermédiation financière (LPF art. L 152 A).

FIN DE L'INTERMÉDIATION FINANCIÈRE

Plusieurs causes mettent fin à l'intermédiation financière. Elle cesse (CSS art. L 582-1, VII) : **47118**
- en cas de décès de l'un ou de l'autre parent ou de l'enfant ;
- en cas d'arrivée du terme de l'intermédiation fixée dans le titre qui la prévoit ou lorsque la pension alimentaire cesse d'être exigible ;
- lorsqu'un nouveau titre porté à la connaissance de la CAF ou de la MSA a supprimé la pension alimentaire ou a mis fin à son intermédiation ;
- sur demande d'un parent et sous réserve du consentement donné par l'autre parent, y compris lorsque l'intermédiation financière est prévue dans un titre exécutoire, sauf dans les cas de menaces ou de violences du fait du débiteur (C. civ. art. 373-2-2, II-1°).

La qualification du parent débiteur comme étant hors d'état de faire face à son obligation de versement de la pension alimentaire emporte la **suspension** de l'intermédiation financière, sauf les cas de menaces ou de violences du fait du débiteur (C. civ. art. 373-2-2, II, 1°).

2. ALLOCATION DE SOUTIEN FAMILIAL

CONDITIONS D'ATTRIBUTION

47120 L'allocation de soutien familial est **attribuée** lorsqu'un parent assume seul un enfant (CSS art. L 523-1 s., R 523-1 s. et L 581-2).
Elle est allouée au père, à la mère ou à la personne ayant à sa charge :
– tout enfant orphelin de père et/ou de mère ou tout enfant dont la filiation n'est pas légalement établie à l'égard soit de l'un ou l'autre de ses parents, soit de ses deux parents ;
– tout enfant dont le père et/ou la mère se trouvent hors d'état de faire face à leurs obligations d'entretien ou au versement d'une pension alimentaire mise à leur charge par un titre exécutoire, judiciaire ou extra-judiciaire (n° 47113). Le défaut est constitué en l'absence de règlement depuis au moins un mois (CSS art. R 523-1). Le parent débiteur est considéré comme étant hors d'état de faire face à son obligation lorsqu'il est sans adresse connue ou lorsqu'il est réputé insolvable (CSS art. D 523-2, I-2°) ;
– tout enfant dont l'un au moins des parents se soustrait depuis au moins un mois à son obligation d'entretien sans décision de justice (CSS art. R 523-1).
Elle est attribuée **de plein droit** aux personnes isolées percevant le revenu de solidarité active, dont les ressources n'excèdent pas le montant forfaitaire majoré, qui assument la charge effective et permanente d'un ou de plusieurs enfants remplissant les conditions susvisées (CSS art. L 523-1, III). Une **allocation différentielle de soutien familial** est versée même lorsque le débiteur de la pension s'acquitte de sa dette, dès lors que le montant de la pension est inférieur à celui de l'allocation de soutien familial (CSS art L 523-1, I-4°). Son bénéfice n'est pas subordonné à l'existence d'une décision de justice mais, a minima, à un accord écrit et signé entre le créancier et le débiteur de cette contribution rendu exécutoire par la CAF ou la MSA. Le montant convenu ne doit alors pas être inférieur à un seuil fixé par les textes ; en deçà, l'allocation différentielle de soutien familial n'est pas due (CSS art. R 523-3-2).
L'allocation **cesse d'être due** lorsque le père ou la mère titulaire du droit se marie, conclut un pacte civil de solidarité ou vit en concubinage. Toutefois, le versement de l'allocation peut dans ce cas être repris si le parent justifie vivre seul à nouveau de façon permanente (CSS art. L 523-2 et R 523-5).

MODALITÉS DE VERSEMENT

47121 Le **montant** de l'allocation de soutien familial est égal à un pourcentage de la base mensuelle de calcul des prestations familiales (CSS art. L 523-3 et R 523-7).
Lorsque le total des montants de l'allocation de soutien familial est inférieur à 15 €, celui-ci n'est plus versé (CSS art. D 523-3).
En principe, l'allocation de soutien familial est **servie à compter** du premier jour du mois suivant celui au cours duquel les conditions d'ouverture du droit sont réunies (CSS art. R 552-2, I). Par dérogation, elle est due à compter du premier jour du mois suivant celui du dépôt de la demande lorsque l'un au moins des deux parents se soustrait à son obligation d'entretien sans être considéré comme hors d'état d'y faire face (CSS art. R 552-2, II-5°). Toutefois, si la créance alimentaire a été fixée par le juge, à l'issue d'une procédure de recouvrement engagée à l'encontre du parent débiteur, l'allocation est due, si les conditions d'ouverture du droit sont réunies, à compter du premier jour du mois suivant la date à laquelle le parent défaillant a cessé de faire face à son obligation, et au plus tôt trois mois avant le premier jour du mois du dépôt de la demande (CSS art. R 552-2, II-dernier al.).

> **Précisions** En cas de **décès d'un enfant** (survenu depuis le 1-1-2022), l'allocation de soutien familial servie à titre d'avance sur créance alimentaire impayée n'est pas recouvrée auprès du parent débiteur par l'organisme débiteur des prestations familiales et demeure acquise au parent créancier pendant les trois mois qui suivent le décès (CSS art. L 552-7 et R 552-3). Les règles de maintien des prestations familiales en cas de décès de l'enfant s'appliquent lorsque le décès intervient à compter du premier jour du mois suivant le premier jour d'ouverture du droit à ces prestations (CSS art. R 552-4).

ARTICULATION AVEC LA CONTRIBUTION À L'ENTRETIEN ET À L'ÉDUCATION DES ENFANTS

Lorsque l'un des parents se soustrait à son **obligation d'entretien, sans décision de justice** ni convention de divorce ou séparation de corps sans juge, acte notarié, accord rendu exécutoire par la CAF ou la MSA, accord amiable contresigné par avocats et revêtu de la formule exécutoire par la greffe ou convention judiciairement homologuée fixant la pension, l'allocation est versée pendant quatre mois (CSS art. R 523-3). **47122**
À partir de la cinquième mensualité, le versement est, en principe, maintenu uniquement si une procédure en fixation de pension alimentaire est engagée par l'allocataire à l'encontre du parent défaillant (pour une application, Cass. 2e civ. 17-3-2010 n° 09-14.253 : BPAT 3/10 inf. 166). Dans ce cas, le directeur de l'organisme débiteur des prestations familiales transmet à l'autorité judiciaire, sur sa demande, les informations qu'il détient sur la solvabilité et l'adresse du débiteur (CSS art. R 523-3).
S'il apparaît, après contrôle par la CAF de la situation du débiteur, que celui-ci est insolvable ou n'a pas de domicile connu, le versement de l'allocation de soutien familial se poursuit alors au-delà de la quatrième mensualité, sans même qu'il soit nécessaire d'engager une action en justice contre le débiteur (CSS art. R 523-3).
Lorsque le père et/ou la mère se soustraient (totalement ou partiellement) depuis au moins un mois au versement d'une pension alimentaire mise à leur charge par **décision de justice ou convention exécutoires**, l'allocation de soutien familial (totale ou partielle) est versée à titre d'avance sur créance alimentaire. Les organismes débiteurs des prestations familiales sont dans ce cas subrogés dans les droits du créancier auprès du débiteur défaillant (CSS art. L 581-2).

3. RECOUVREMENT DE LA PENSION

PRINCIPES

Les caisses d'allocations familiales (ou tous autres organismes habilités à servir les prestations familiales) peuvent apporter leur aide au recouvrement des créances dues au titre de l'entretien d'enfants (CSS art. L 581-1). Leurs interventions prennent différentes formes. **47125**
Lorsque la CAF verse à titre d'avance l'allocation de soutien familial, elle est automatiquement **subrogée** dans les droits du créancier (CSS art. L 581-2 ; Cass. 2e civ. 9-12-2003 n° 02-30.647 FS-PB). La subrogation est à hauteur du montant de l'allocation de soutien familial ou de la créance d'aliments si celle-ci lui est inférieure. Dans ce dernier cas, le surplus de l'allocation demeure acquis au créancier (CSS art. L 581-2).
Pour le surplus de la pension dont le non-paiement a donné lieu au versement de l'allocation de soutien familial, et pour les autres termes à échoir, la demande de l'allocation emporte **mandat du créancier** au profit de la CAF pour engager toute action en recouvrement (CSS. art. L 581-3).

ATTENTION

Avec l'accord du créancier d'aliments, la CAF poursuit également, outre le recouvrement de la pension due pour le(s) enfant(s), celui d'**autres créances alimentaires**, lorsqu'elles sont afférentes aux mêmes périodes. Sont concernées la créance alimentaire du conjoint, de l'ex-conjoint et des autres enfants du débiteur ainsi que les contributions aux charges du mariage, les prestations compensatoires sous forme de rentes et les subsides.

Même **s'il ne remplit pas les conditions d'attribution de l'allocation de soutien familial**, un parent peut donner mandat à la CAF de recouvrer la pension alimentaire pour ses enfants mineurs s'il justifie d'un titre exécutoire, judiciaire ou extra-judiciaire (n° 47113). **47130**
La CAF s'occupe de recouvrer les termes échus, dans la limite de deux années à compter de la demande de recouvrement et des termes à échoir.

Enfin, la CAF est automatiquement subrogée dans les droits du créancier lorsqu'elle consent sur ses fonds d'action sanitaire et sociale des **avances sur pensions aux créanciers d'aliments qui bénéficient du recouvrement public** (nos 47070 s.). La subrogation, à concurrence du montant des avances, vaut tant à l'égard du débiteur qu'éventuellement à l'égard du Trésor public (CSS art. L 581-9). **47135**

MODALITÉS D'INTERVENTION DE LA CAF

La CAF engage tout d'abord une **procédure amiable** : elle rappelle au débiteur, par lettre recommandée avec demande d'avis de réception, ses obligations et lui indique qu'à défaut d'exécution volontaire, le recouvrement de la créance sera poursuivi au moyen de toute procédure appropriée. Elle précise que les termes à échoir et les arriérés pour lesquels il n'y a pas subrogation peuvent, avec son accord, être acquittés directement entre les mains du créancier et qu'à **47140** défaut de ce paiement amiable, le débiteur sera tenu de s'acquitter auprès de la CAF des arriérés de pension ainsi que des termes à échoir pendant une période de 12 mois consécutifs à compter du premier versement ainsi effectué (CSS art. R 581-4).

47143 En cas d'échec, les CAF peuvent recourir à toutes les voies d'exécution ouvertes au créancier. Elles disposent des mêmes pouvoirs que l'huissier pour rechercher les **informations** nécessaires sur le débiteur (CSS art. L 581-8 ; n° 47012).

Elles peuvent mettre en place un **paiement direct** et la **saisie des rémunérations**. Elles peuvent recouvrer les 24 dernières mensualités d'arriérés avant la notification de la demande de paiement direct au lieu des six selon le droit commun (C. exécution art. L 213-4 et R 213-11). Cet arriéré est récupéré par fractions égales sur une période maximale de 24 mois et non de 12 mois selon le droit commun (C. exécution art. L 213-4 et R 213-11). Corrélativement, la saisie sur salaire du terme mensuel courant et des 24 derniers mois est autorisée lorsqu'une CAF agit pour le compte du créancier (C. trav. art. L 3252-5).

Les CAF sont habilitées à mettre en place un **recouvrement public** (CSS art. L 581-10).

Le directeur de la CAF établit et certifie lui-même l'état des sommes à recouvrer et l'adresse au préfet. Celui-ci rend cet état exécutoire dans un délai de cinq jours ouvrables et le transmet au directeur départemental des finances publiques (CSS art. L 581-7 et L 581-10).

47148 Le **créancier** de la pension doit, bien évidemment **apporter son concours à la CAF** en lui communiquant tous les renseignements qui sont de nature à faciliter le recouvrement de la créance (CSS art. L 581-4, al. 1). Il doit notamment fournir les éléments prouvant son droit à la créance, ainsi que les renseignements en sa possession relatifs au débiteur, notamment l'identité, le numéro d'immatriculation à la sécurité sociale, l'adresse ou la dernière adresse connue, la profession, les nom et adresse de l'employeur, la nature, la situation et l'importance du patrimoine ainsi que les sources de revenus du débiteur (CSS art. R 581-1).

La CAF peut suspendre le versement de l'allocation de soutien familial en cas de refus par le parent créancier de donner le pouvoir spécial de saisie en matière immobilière (CSS art. L 581-4, al. 3).

47150 Sauf en cas de recouvrement public, les **sommes** recouvrées par la CAF sont **majorées**, à son profit, de 7,5 % ainsi que du montant des frais effectivement payés aux officiers ministériels et aux auxiliaires de justice. Lorsque la CAF ne recourt pas aux services d'un officier ministériel ou d'un auxiliaire de justice une majoration supplémentaire de 2,5 % est appliquée (CSS art. R 581-6).

47151 Lorsque le **débiteur reprend le service de sa dette**, cette dernière peut être acquittée directement au parent créancier, avec l'accord de l'organisme débiteur de prestations familiales, sauf lorsque l'intermédiation financière est mise en application (CSS art. L 581-4, al. 4 ; nos 47112 s.).

4. ÉMISSION DE TITRES EXÉCUTOIRES

HYPOTHÈSES VISÉES

47160 Les concubins et les partenaires de Pacs qui se séparent peuvent demander (par internet s'ils le souhaitent) au directeur de la CAF de donner force exécutoire à l'accord par lequel ils fixent le montant de la contribution à l'entretien et à l'éducation de leur enfant ; cet accord doit remplir certaines conditions (CSS art. L 582-2, R 582-1 à R 582-4 et D 582-1).

Les parents doivent pour cela saisir le directeur de la CAF d'une **demande** conjointe qu'ils signent, accompagnée (CSS art. R 582-2) :

– d'une convention conclue entre eux comportant des informations, notamment le montant de la contribution à l'entretien et à l'éducation de leur enfant, et des pièces justificatives (Arrêté SSAS1816847A du 25-6-2018) ;

– d'une attestation selon laquelle aucun des deux parents n'est titulaire, pour cet enfant, d'une créance fixée par décision de justice, ou convention exécutoire et qu'il n'a pas engagé de demande en ce sens.

Les **modèles** de convention, de demande de délivrance du titre exécutoire et de titre exécutoire sont fixés par arrêté (CSS art. R 582-4 ; Arrêté SSAS1816847A du 25-6-2018).

D'**autres modalités** de délivrance des titres exécutoires, notamment le seuil minimal de la pension alimentaire ou la définition des ressources du parent débiteur, sont à prendre en compte (CSS art. R 582-1 et D 582-1 ; Arrêté SSAS1816847A du 25-6-2018).

MODALITÉS D'ÉMISSION D'UN TITRE EXÉCUTOIRE

47165 La **décision** de la CAF statuant sur la demande de délivrance d'un titre exécutoire est notifiée à chacun des deux parents (CSS art. R 582-3, al. 1). En cas d'**accord**, le titre exécutoire prend la forme d'un courrier signé par le directeur de l'organisme débiteur des prestations familiales. Il comporte l'identité des parents et de l'enfant (nom, prénoms, résidence, date et lieu de naissance) ainsi que le montant de la contribution à l'éducation et à l'entretien avec, le cas échéant, l'indice de réévaluation. Il mentionne encore la privation d'effet du titre exécutoire si une décision judiciaire exécutoire postérieure supprimait ou modifiait la contribution à l'éducation et à l'entretien de l'enfant (CSS art. R 582-3, al. 3). Il acquiert un caractère exécutoire à la date de la signature du courrier. Un original est délivré à chacun des deux parents et le troisième est conservé par l'organisme (CSS art. R 582-3, al. 5). Cet accord peut notamment fonder une procédure de recouvrement public (Loi 75-618 du 11-7-1975 art. 1). **47165** (suite)

Le **refus** de la CAF de conférer force exécutoire à la convention est motivée (CSS art. R 582-3, al. 2). Les parents peuvent saisir, ensemble ou séparément, le juge aux affaires familiales aux fins de fixation du montant de la contribution à l'entretien et à l'éducation de l'enfant sur le fondement de l'article 373-2-7 du Code civil.

Le **silence** de la CAF pendant quatre mois, à compter de la réception de la demande de délivrance du titre exécutoire, vaut décision d'acceptation de cet organisme (CSS art. R 582-3).

> **Précisions** Les organismes débiteurs des prestations familiales comme la CAF communiquent à l'**administration fiscale** le montant de la contribution à l'entretien et à l'éducation de l'enfant fixée dans l'accord auquel ils ont donné force exécutoire (CSS art. L 583-5).

PARTIE 4

Les majeurs protégés

LES DIFFÉRENTES MESURES DE PROTECTION JURIDIQUE DES MAJEURS

Il existe trois grands régimes de protection judiciaire des majeurs (du plus léger au plus contraignant) : la **sauvegarde de justice**, la **curatelle et** la **tutelle**. 49000

À côté de ces mesures de protection judiciaire traditionnelles, l'**habilitation familiale** permet aux familles capables de pourvoir seules aux intérêts de leurs proches vulnérables d'assurer leur protection sans avoir à recourir aux mesures judiciaires et le **mandat de protection future** permet d'organiser soi-même sa protection, ou sous certaines conditions, celle de son enfant.

Les mesures de protection juridique concernent **plus de 752 000 personnes** en France fin 2022. Parmi elles, 713 000 font l'objet d'une mesure de protection judiciaire (Ministère de la justice, Les chiffres clés de la justice, éd. 2023, décembre 2023).

CHAPITRE 1

RÈGLES COMMUNES AUX DIFFÉRENTS RÉGIMES DE PROTECTION

SOMMAIRE

SECTION 1

NÉCESSITÉ, SUBSIDIARITÉ ET PROPORTIONNALITÉ DES MESURES DE PROTECTION

Le juge ne peut ordonner une **sauvegarde de justice**, une **curatelle ou** une **tutelle** qu'en cas de nécessité et seulement s'il ne peut pas être pourvu aux intérêts de la personne par la mise en œuvre du **mandat de protection future** conclu par l'intéressé, par l'application des règles du droit commun de la représentation, de celles relatives aux droits et devoirs respectifs des époux et des règles des régimes matrimoniaux ou par une autre mesure de protection moins contraignante, la mesure choisie devant être proportionnée et individualisée en fonction du degré d'altération des facultés de l'intéressé (C. civ. art. 428). 49010
De même, il ne peut ordonner une **habilitation familiale** qu'en cas de nécessité et lorsqu'il ne peut être suffisamment pourvu aux intérêts de la personne par l'application des règles du droit commun de la représentation, de celles relatives aux droits et devoirs respectifs des époux et des règles des régimes matrimoniaux, ou par les stipulations du mandat de protection future conclu par l'intéressé (C. civ. art. 494-2).

PRINCIPE DE NÉCESSITÉ

Altération des facultés Seule l'altération des facultés, médicalement constatée et mettant la personne dans l'**impossibilité de pourvoir seule à ses intérêts**, peut justifier une mesure de protection judiciaire ou une habilitation familiale (C. civ. art. 425 et 494-1). Un majeur ne peut donc pas être placé sous mesure de protection judiciaire en raison de son oisiveté, son intempérance ou sa prodigalité, alors que cela était possible avant la réforme de 2007 (C. civ. art. 488, al. 3 ancien sur renvoi de art. 508-1 ancien et abrogé par loi 2007-308 du 5-3-2007 art. 7). 49020

De même, un mandat de protection future ne peut être activé que lorsque le mandant, en raison d'une altération de ses facultés, ne peut plus pourvoir seul à ses intérêts, ou ne peut plus prendre soin de son enfant lui-même dans l'impossibilité de pourvoir seul à ses intérêts, en cas de mandat pour autrui (C. civ. art. 477, al. 1 et 3).

L'**altération** porte le plus souvent sur les **facultés mentales** de la personne ; une altération de ses **facultés corporelles** peut également justifier une mesure de protection, mais uniquement lorsqu'elle empêche l'expression de sa volonté (C. civ. art. 425, al. 1 in fine, 494-1, al. 1 et 477).

Ont, par exemple, été censurées les décisions de placement ou de maintien sous curatelle se bornant à relever que le majeur :

– souffrait d'une très mauvaise vision qui lui interdisait toute lecture, notamment des documents bancaires, et qu'une assistance dans les actes de la vie civile apparaissait indispensable (Cass. 1e civ. 9-3-1994 n° 92-12.232 : Bull. civ. I n° 93) ;

– avait toujours besoin d'être conseillé ou contrôlé dans les actes de la vie civile, compte tenu de son état de santé, notamment physique (Cass. 1e civ. 28-2-2001 n° 99-11.919) ;

– était très dépendant au niveau de son autonomie, entendait mal et s'était rendu chez l'expert en fauteuil roulant (Cass. 1e civ. 3-1-2006 n° 02-19.537 F-PB : Bull. civ. I n° 4) ;

– souffrait de sclérose en plaques le privant de toute autonomie (Cass. 1e civ. 17-10-2007 n° 06-14.155 F-D : BPAT 6/07 inf. 172) ;

– était mal voyant et avait été victime de nombreuses chutes, se déplaçait en fauteuil et, même si ses facultés intellectuelles étaient demeurées bonnes, était dans l'incapacité physique de contrôler la gestion de ses biens (Cass. 1e civ. 30-9-2009 n° 09-10.127 F-D : BPAT 6/09 inf. 236) ;

– présentait des difficultés d'autonomie physique qu'il minimisait, malgré l'absence d'altération de ses fonctions cognitives (Cass. 1e civ. 21-11-2018 n° 17-22.777 F-PB : BPAT 1/19 inf. 18).

L'altération des facultés corporelles doit empêcher l'expression de la volonté, et non simplement la gêner (Cass. 1e civ. 15-7-1999 n° 97-17.530 F-D).

Une fois ouverte, une mesure de protection judiciaire ou d'habilitation familiale doit être **révisée régulièrement** afin que le juge puisse vérifier qu'elle est encore nécessaire et ne prive pas inutilement de sa liberté d'agir la personne concernée. En principe, une mesure de sauvegarde est caduque au bout d'un an (n° 51015) et une mesure de tutelle ou de curatelle est prononcée pour une durée maximale de cinq ans (n° 53025). Le juge fixe la durée de l'habilitation familiale pour un maximum de dix ans (n° 54030).

> **Précisions** La nécessité d'ouvrir une mesure de protection relève de l'**appréciation souveraine des juges du fond**. Ainsi, une cour d'appel a pu à bon droit juger qu'indépendamment du rôle joué par les parents du majeur et de leur présence quotidienne à ses côtés, il était nécessaire de désigner un tuteur, afin que le majeur soit représenté dans les différentes procédures le concernant et que les décisions relatives à sa personne puissent être prises dans son seul intérêt, sous le contrôle du juge des tutelles (Cass. 1e civ. 8-12-2016 n° 16-20.298 FS-PBRI : BPAT 1/17 inf. 13).

49025 **Certificat médical** Dans tous les cas, l'altération des facultés doit être médicalement constatée : à peine d'irrecevabilité, le juge ne peut être saisi d'une demande d'ouverture d'une mesure de protection judiciaire que par une requête accompagnée d'un certificat médical circonstancié constatant l'altération des facultés personnelles du majeur et décrivant les conséquences de celle-ci sur la vie civile de l'intéressé. Ce certificat émane d'un **médecin inscrit** sur une liste particulière établie par le procureur de la République (C. civ. art. 431). Il en va de même en cas de demande de prononcé d'une habilitation familiale (C. civ. art. 431 sur renvoi de art. 494-3). Est ainsi irrecevable la demande qui est accompagnée, non du certificat médical requis, mais d'une lettre d'un médecin agréé attestant du refus de la personne à protéger de se soumettre à un examen médical (Cass. 1e civ. 29-6-2011 n° 10-21.879 FS-PBI : BPAT 5/11 inf. 280). En cas de carence de l'intéressé (par exemple, le majeur refuse de se faire examiner), le certificat peut être établi à partir de pièces médicales (Cass. 1e civ. 20-4-2017 n° 16-17.672 FS-PBI : BPAT 3/17 inf. 100). Mais il doit en toute hypothèse être circonstancié, c'est-à-dire répondre aux exigences de l'article 1219 du Code de procédure civile. À défaut, la requête de demande de placement sous protection judiciaire sera rejetée (même arrêt).

Ce certificat médical circonstancié (CPC art. 1219) :

– décrit avec précision l'altération des facultés du majeur à protéger ou protégé ;

– donne au juge tout élément d'information sur l'évolution prévisible de cette altération ;

– précise les conséquences de cette altération sur la nécessité d'une assistance ou d'une représentation du majeur dans les actes de la vie civile, tant patrimoniaux qu'à caractère personnel ;

– indique si l'audition du majeur est de nature à porter atteinte à sa santé ou si celui-ci est hors d'état d'exprimer sa volonté.

Son **coût** est de 160 € (CPP art. R 217-1).
Un certificat médical est également requis pour la prise d'effet du mandat de protection future (CPC art. 1258 et 1258-1 ; n°s 55060 s.).

PRINCIPE DE SUBSIDIARITÉ

Le juge ne doit ouvrir une sauvegarde de justice, une curatelle ou une tutelle que s'il ne peut pas être suffisamment pourvu aux intérêts de la personne par (C. civ. art. 428, al. 1) : **49030**
– la mise en œuvre du **mandat de protection future** conclu par l'intéressé ;
– l'application des règles de droit commun de la **représentation** ;
– l'application, pour les personnes mariées, des règles relatives aux **droits et devoirs respectifs des époux** et des règles des **régimes matrimoniaux**. Lorsqu'un majeur marié est hors d'état de manifester sa volonté, la tutelle est a priori inutile parce que d'autres dispositions moins contraignantes permettent de trouver une solution. Le juge des tutelles peut en effet (CPC art. 1286, al. 2) : autoriser son conjoint à passer seul l'acte auquel il aurait dû donner son consentement (C. civ. art. 217, al. 1) ; habiliter son conjoint à le représenter d'une manière générale ou pour certains actes particuliers dans l'exercice des pouvoirs résultant du régime matrimonial, selon les conditions fixées par le juge des tutelles (C. civ. art. 219, al. 1). Par ailleurs le juge aux affaires familiales peut (CPC art. 1286, al. 1 et 1291) : transférer à son conjoint les pouvoirs que détient sur la communauté l'époux hors d'état de manifester sa volonté (C. civ. art. 1426) ; conférer au conjoint le pouvoir d'administrer les biens propres de l'époux dessaisi de la gestion en raison de son état et de percevoir les fruits (C. civ. art. 1429) ;
– ou par une **autre mesure de protection** moins contraignante. Est ici visée, notamment, l'habilitation familiale.

En vertu de ce même principe de subsidiarité, le juge ne peut ordonner une habilitation familiale que s'il ne peut pas être suffisamment pourvu aux intérêts de la personne par (C. civ. art. 494-2) :
– l'application des règles de droit commun de la représentation ;
– l'application des règles relatives aux droits et devoirs respectifs des époux et des règles des régimes matrimoniaux ;
– ou par les stipulations du mandat de protection future conclu par l'intéressé.

> **Précisions** **a.** La **subsidiarité du mandat de protection future** sur tout autre dispositif de protection énoncée à l'article 428 du Code civil n'a pas été reprise à l'article 494-2, ce qui résulte sans doute d'un oubli du législateur (en ce sens, N. Peterka, Le nouveau visage de l'habilitation familiale : BPAT 3/19 inf. 81).
b. Justifie, par exemple, sa décision de ne pas placer un majeur sous une mesure de protection, le juge qui relève que l'épouse s'était substituée à l'intéressé dans l'exercice des **pouvoirs résultant du régime de la communauté universelle** et que les actes qui lui étaient reprochés n'établissaient pas un risque de dilapidation des biens communs (Cass. 1e civ. 1-2-2012 n° 11-11.346 F-PBI : BPAT 2/12 inf. 90).
c. Pour placer une personne mariée sous une mesure de protection, les **juges** n'ont pas à **motiver** spécialement **leur décision** (conjoint incompétent, peu désireux de s'occuper de son époux, etc.). Il leur suffit de relever dans leur décision que l'application du régime matrimonial est insuffisante à assurer la protection du majeur (Cass. 1e civ. 30-5-2000 n° 98-13.609 : JCP G 2001 II n° 10529 note T. Fossier, décision rendue à propos d'une tutelle sous le régime antérieur à la loi du 5-3-2007 mais transposable sous le dispositif actuel).

PRINCIPE DE PROPORTIONNALITÉ

La **protection** doit être **adaptée** à la situation du majeur et **individualisée** en fonction du degré d'altération de ses facultés (C. civ. art. 428, al. 2). Il en résulte : **49035**
– qu'une curatelle ne peut pas être ouverte si une sauvegarde de justice suffit (C. civ. art. 440, al. 2) ;
– et qu'une tutelle ne peut être ouverte que s'il est établi que ni la sauvegarde de justice ni la curatelle ne peuvent assurer une protection suffisante (C. civ. art. 440, al. 4).

De plus, le juge peut aménager la mesure de protection et décider d'ouvrir une mesure de curatelle simple ou renforcée, par exemple, ou encore de prononcer une mesure d'habilitation spéciale ou générale.

SECTION 2

PROTECTION DU LOGEMENT ET DES COMPTES BANCAIRES DU MAJEUR PROTÉGÉ

PROTECTION DU LOGEMENT

49050 Quel que soit son régime de protection juridique (mesure de protection judiciaire, habilitation familiale, mandat de protection future) et que le majeur soit locataire, propriétaire ou usufruitier, sa **résidence principale**, sa résidence **secondaire** et les **meubles** qu'elles contiennent doivent être conservés à sa disposition aussi longtemps que possible (C. civ. art. 426, al. 1).

Seules des **conventions de jouissance précaire**, qui doivent cesser dès le retour de la personne protégée dans son logement, peuvent être passées par le mandataire désigné, le tuteur ou le majeur lui-même (C. civ. art. 426, al. 2).

Pour **vendre** le logement et/ou les meubles, de même que pour **mettre en location** le logement ou **résilier le bail**, il faut une autorisation du juge des tutelles ou du conseil de famille s'il en a été constitué un (C. civ. art. 426, al. 3). Si l'objectif est le déménagement du majeur dans un établissement, une maison de retraite notamment, il faut également l'avis d'un médecin n'exerçant pas de fonctions ou n'occupant pas d'emploi au sein de l'établissement (C. civ. art. 426, al. 3).

Même si le logement est vendu ou mis en location ou si le bail est résilié, les **souvenirs et les objets à caractère personnel** sont gardés à la disposition de la personne protégée, au besoin par l'établissement dans lequel elle est hospitalisée (C. civ. art. 426, al. 3).

ATTENTION

La protection du logement ne dispense pas le majeur d'en **assumer les charges** (loyer, charges locatives, impôts, etc.). Le majeur protégé locataire peut par exemple voir son bail résilié pour défaut de paiement des loyers, dans les conditions de droit commun. De la même façon, un majeur protégé occupant un logement sans droit ni titre peut être expulsé (CA Paris 26-4-1985 n° 12806, 14e ch. C, solution rendue sous le régime antérieur à la loi du 5-3-2007 mais transposable sous le nouveau dispositif).

PROTECTION DES COMPTES ET LIVRETS BANCAIRES

49055 **Ouverture et clôture des comptes** La personne chargée de la mesure de protection doit maintenir les comptes et livrets **ouverts au nom du majeur** avant le prononcé de la mesure, et ne peut pas en ouvrir d'autres auprès d'un nouvel établissement (C. civ. art. 427, al. 1).

Par exception :

– si l'intérêt de la personne protégée le commande, le juge des tutelles (ou le conseil de famille s'il en a été constitué un) peut autoriser la personne chargée de la protection à ouvrir un compte ou livret auprès d'un nouvel établissement ou à clôturer un compte ou livret ouvert avant le prononcé de la mesure de protection (C. civ. art. 427, al. 2) ;

– un compte est ouvert au nom de la personne protégée auprès de la Caisse des dépôts et consignations par la personne chargée de la protection si le juge (ou le conseil de famille) l'estime nécessaire (C. civ. art. 427, al. 3).

Par dérogation au premier alinéa de l'article 427 du Code civil, la **personne habilitée à représenter le majeur** dans le cadre d'une habilitation familiale peut, sauf décision contraire du juge, procéder à la clôture des comptes ou livrets bancaires ouverts au nom du majeur avant le prononcé de la mesure de protection ou à l'ouverture d'un autre compte ou livret auprès d'un établissement autre que la banque habituelle du majeur (C. civ. art. 494-7).

Si le **majeur n'a pas de compte**, il lui en est ouvert un (C. civ. art. 427, al. 4). L'autorisation du juge ou du conseil de famille n'est pas nécessaire pour l'ouverture d'un premier compte ou livret : il s'agit d'un acte d'administration que le tuteur (ou le majeur sous curatelle) a le pouvoir d'accomplir seul (Décret 2008-1484 du 22-12-2008 ann. 1 : JO 31 texte n° 94).

Ne figurant plus au rang des opérations visées à l'article 427, la clôture des comptes ouverts pendant le fonctionnement de la mesure et l'ouverture d'un **nouveau compte auprès de la banque habituelle** de la personne protégée peuvent désormais être effectuées par la personne chargée de la mesure de protection, sans l'autorisation du juge. Il en est de même de la **modification des comptes** du majeur.

> **Précisions a.** Prive sa décision de base légale la cour d'appel qui valide l'autorisation donnée par le juge des tutelles de fermer les comptes bancaires ouverts au nom du majeur pour les transférer dans une autre banque sans expliquer en quoi **l'intérêt de la personne protégée** commandait de procéder à la clôture de ses comptes (Cass. 1e civ. 28-1-2015 n° 13-26.363 F-D).
> **b.** L'autorisation du juge pour ouvrir un autre compte ou clôturer un compte existant est requise pour le **majeur assisté de son curateur**. En effet, l'article 427 du Code civil qui régit les comptes bancaires des personnes protégées étant, dans le Code civil, positionné dans les dispositions générales communes à l'ensemble des mesures de protection, il s'applique aux mesures de curatelle. Il vise la personne chargée de la mesure de protection et pas seulement le tuteur ou mandataire spécial (Cass. 1e civ. avis 6-12-2018 n° 18-70.012 F-PBI : BPAT 1/19 inf. 19).

Opérations de gestion Toutes les **opérations bancaires d'encaissement, de paiement et de gestion patrimoniale** doivent être réalisées exclusivement au moyen des comptes ouverts au nom de la personne protégée (C. civ. art. 427, al. 5). La règle a été étendue par la loi du 23 mars 2019 aux préposés d'un établissement de santé ou d'un établissement social ou médico-social, lesquels ne sont plus contraints par les règles de la comptabilité publique. 49057

Il est donc interdit aux organismes tutélaires de créer un compte unique (dit compte « pivot ») pour l'ensemble des majeurs placés sous leur protection et de se rémunérer sur les revenus de ce compte.

Les **revenus et plus-values** des fonds et titres appartenant au majeur protégé doivent, en toute hypothèse, lui revenir exclusivement (C. civ. art. 427, al. 6).

> **Précisions a.** Si le **majeur protégé est interdit bancaire**, la personne chargée de la mesure de protection peut, avec l'autorisation du juge ou du conseil de famille s'il a été constitué, faire fonctionner sous sa propre signature les comptes de la personne protégée et disposer de tous les moyens de paiement habituels (C. civ. art. 427, al. 7).
> **b.** Sur les **modalités de gestion des biens** des personnes protégées, dont la protection est confiée à un **mandataire judiciaire**, personne ou service préposé d'une **personne morale de droit public**, voir le décret 2012-663 du 4 mai 2012.

SECTION 3

SANCTION DES ACTES PASSÉS PAR LE MAJEUR PROTÉGÉ

RÈGLES SPÉCIFIQUES AUX DIFFÉRENTS RÉGIMES DE PROTECTION

Des règles spécifiques aux différents régimes de protection permettent de sanctionner les actes passés par le majeur : on se reportera respectivement aux **règles relatives à** la sauvegarde de justice (nos 51060 s.), à la tutelle (n° 53270), à la curatelle (nos 53745 et 53775), à l'habilitation familiale (n° 54057) et au mandat de protection future (n° 55135). 49060

Les **actes accomplis moins de deux ans avant** l'ouverture d'une **tutelle**, d'une **curatelle** ou d'une **habilitation familiale** bénéficient également de règles particulières de contestation (nos 53055 et 54057).

En tout état de cause, il est toujours possible d'agir sur le fondement du **droit commun** de la nullité pour trouble mental. En effet, la loi prévoit que pour faire un acte valable, il faut être sain d'esprit (C. civ. art. 414-1).

ACTION EN NULLITÉ POUR TROUBLE MENTAL

Exercice de l'action Du **vivant du majeur**, l'action en nullité pour insanité d'esprit ne peut être exercée que par lui (C. civ. art. 414-2, al. 1). Elle peut également l'être par son tuteur ou son curateur s'il lui en a été nommé un ensuite : le tuteur peut en effet agir en justice pour faire valoir les droits patrimoniaux du majeur protégé et le curateur peut demander au juge des tutelles l'autorisation d'accomplir un acte déterminé et donc une action en nullité (en ce sens, J. Massip, Tutelle des mineurs et protection juridique des majeurs : Defrénois 2009 p. 176). 49065

Un acte passé par un majeur protégé peut être annulé pour trouble mental même si cet acte a été préalablement autorisé par le juge des tutelles. Ainsi jugé par exemple à propos de la vente de la résidence principale d'un majeur en curatelle consentie avec l'assistance du curateur et l'autorisation du juge des tutelles conformément à l'article 426 du Code civil au motif que le majeur n'était pas sain d'esprit au moment de la signature de la promesse de vente (Cass. 1e civ. 20-10-2010 n° 09-13.635 FS-PBI : BPAT 6/10 inf. 334). Un acte régulièrement accompli par un majeur sous curatelle avec l'assistance de son curateur peut également être annulé pour trouble mental, le respect des dispositions relatives à la régularité des actes accomplis par une personne placée sous le régime de curatelle ne faisant pas obstacle à l'action en nullité pour insanité d'esprit (Cass. 1e civ. 15-1-2020 n° 18-26.683 FS-PBI : BPAT 2/20 inf. 55).

L'action doit être exercée dans un **délai** de cinq ans (C. civ. art. 2224 sur renvoi de art. 414-2, al. 3). Ce délai démarre en principe dès le jour de l'acte à l'égard d'une personne non protégée, sauf suspension de la prescription si le majeur prouve son impossibilité à agir (Cass. 1e civ. 1-7-2009 n° 08-13.518 FS-PBI, solution rendue sous le régime antérieur à la réforme de la prescription opérée par la loi du 17-6-2008 mais transposable sous le dispositif actuel). À l'égard d'un majeur protégé, la prescription court à compter du jour où il a eu connaissance de l'acte alors qu'il était en situation de le refaire valablement (C. civ. art. 1152, 2°). Elle est suspendue contre les majeurs en tutelle (C. civ. art. 2235).

49068 **Après le décès** du majeur, ses héritiers ne peuvent demander la nullité d'un **acte à titre onéreux** que si (C. civ. art. 414-2, al. 2) :

– l'acte portait en lui-même la preuve d'un trouble mental. Ainsi doit être rejetée la demande d'annulation de la modification d'une clause bénéficiaire d'un contrat d'assurance-vie réalisée par une souscriptrice présentant selon les médecins un état cérébral « lacunaire » à l'époque de la modification au motif que l'acte ne porte pas en lui-même la preuve du trouble mental (Cass. 1e civ. 1-7-2009 n° 08-13.402 F-PB : BPAT 5/09 inf. 195) ;
– l'acte a été passé par le majeur alors qu'il était sous sauvegarde de justice ;
– une action avait été introduite avant le décès afin de faire ouvrir une tutelle, une curatelle ou une habilitation familiale. Dans ce cas, peu importe que l'action ait été menée ou non à son terme. Ainsi, lorsque l'acte contesté a été fait après le placement sous protection, les héritiers peuvent agir en nullité pour insanité d'esprit sans devoir prouver, comme dans l'hypothèse visée au 1° de l'article 414-2, que le trouble mental résultait de l'acte lui-même (Cass. 1e civ. 27-6-2018 n° 17-20.428 FS-PB : BPAT 5/18 inf. 194) ;
– un mandat de protection future avait pris effet avant le décès.

L'action en nullité doit être exercée dans un **délai** de cinq ans (C. civ. art. 2224 sur renvoi de art. 414-2, al. 3).

À l'égard des héritiers de la personne en tutelle, en curatelle ou faisant l'objet d'une habilitation familiale, la prescription court à compter du jour du décès si elle n'a pas commencé à courir auparavant (C. civ. art. 1152, 3°).

L'action en nullité d'un acte à titre onéreux pour insanité d'esprit intentée par un héritier sur le fondement de l'article 414-2, alinéa 2 du Code civil est celle qui existait dans le patrimoine du défunt sur le fondement de l'article 414-2, alinéa 1. Elle est soumise aux mêmes point de départ et causes de suspension de la prescription, de sorte que la prescription ne court pas durant la période de tutelle précédant le décès du majeur, peu important l'action que l'héritier aurait pu exercer durant la mesure de protection en sa qualité de tuteur (Cass. 1e civ. 13-12-2023 n° 18-25.557 FS-B : BPAT 1/24 inf. 9, solution rendue en application du régime antérieur à la loi du 5-3-2007 portant réforme de la protection juridique des majeurs mais transposable sous le dispositif actuel). En revanche, l'héritier s'étant vu confier la mesure de protection dans le cadre d'une sauvegarde de justice, d'une curatelle, d'une habilitation familiale, y compris par représentation, ou d'un mandat de protection future, ne bénéficie pas d'une suspension de la prescription pendant la durée de la mesure (G. Raoul-Cormeil, Nullité pour insanité d'un acte à titre onéreux : prescription applicable à l'héritier-tuteur : SNH 7/24 inf. 11).

Les restrictions à l'action des héritiers ne concernent pas les **libéralités**, dont la nullité peut toujours être demandée sur la seule preuve du trouble mental (C. civ. art. 901). Le délai de prescription de l'action en nullité court à compter du décès de l'intéressé (Cass. 1e civ. 20-3-2013 n° 11-28.318 FS-PBI : BPAT 3/13 inf. 101 ; Cass. 1e civ. 29-1-2014 n° 12-35.341 F-PB : BPAT 3/14 inf. 133 ; Cass. 1e civ. 8-3-2017 n° 16-12.607 FS-PB : BPAT 3/17 inf. 113).

Pour une illustration en matière de testament (Cass. 1e civ. 24-6-2015 n° 14-11.084 F-D) et de donation (Cass. 1e civ. 6-11-2013 n° 12-21.801 F-D).

› **Précisions** Le souscripteur d'une **assurance-vie** peut modifier jusqu'à son décès le nom du bénéficiaire, dès lors que sa volonté est exprimée d'une manière certaine et non équivoque (C. ass. art. L 132-8 ; Cass. 2e civ. 13-9-2007 n° 06-18.199 FS-PB : BPAT 6/07 inf. 178 ; Cass. 1e civ. 25-9-2013 n° 12-23.197 F-PB : BPAT 6/13 inf. 242). Lorsqu'un héritier du souscripteur conteste la validité de la **modification du bénéficiaire** en remettant en cause la réalité de cette volonté, il n'est pas tenu de respecter les conditions restrictives de l'action en nullité pour insanité d'esprit et est donc dispensé de prouver que l'acte portait en lui-même la preuve d'un trouble mental (Cass. 1e civ. 5-4-2023 n° 21-12.875 F-D : BPAT 3/23 inf. 144).

Charge de la preuve La charge de la preuve de l'existence du **trouble mental** au moment de l'acte incombe au demandeur en nullité (C. civ. art. 414-1, al. 1 in fine). Cette preuve s'effectue par tous moyens. 49070
Il peut arriver que des éléments intrinsèques à l'acte portent en eux-mêmes la preuve de l'insanité d'esprit (vente pour un prix dérisoire, bail consenti pour un loyer anormalement faible, etc.). Si tel n'est pas le cas, l'apparente normalité de l'acte n'empêche pas d'établir l'existence d'un trouble mental, mais il faut en apporter la preuve par des éléments extrinsèques : expertise médicale, témoignages, etc.
Les juges du fond apprécient souverainement si cette preuve est apportée (en ce sens, par exemple, Cass. 1e civ. 12-2-1985 n° 83-14.717, solution rendue sous le régime antérieur à la loi du 5-3-2007 mais transposable sous le dispositif actuel).

SECTION 4

RESPONSABILITÉ CIVILE DU MAJEUR PROTÉGÉ

Le placement sous un régime de protection n'a pas pour effet de déroger aux règles de la responsabilité civile selon lesquelles toute personne qui cause un dommage à autrui en doit **réparation** (C. civ. art. 1240). Ce principe s'applique même lorsque l'auteur du dommage était sous l'empire d'un trouble mental (C. civ. art. 414-3). 49075
Cette règle est parfois sévère, puisqu'elle peut aboutir à priver de toute portée la protection dont bénéficie le majeur. Par **exemple**, l'annulation du cautionnement consenti par un majeur sous sauvegarde ultérieurement placé sous tutelle n'interdit pas l'action de la banque contre le majeur qui a affirmé ne pas faire l'objet d'une mesure de protection. Cette faute ayant causé un préjudice à la banque du fait de la perte de la sûreté dont elle disposait, le majeur est condamné à verser des dommages-intérêts d'un montant équivalant à ce qu'il aurait dû payer si l'acte de cautionnement consenti n'avait pas été annulé (Cass. 1e civ. 28-1-2003 n° 00-12.498 F-D : BPAT 3/03 inf. 55, Defrénois 2003 art. 37802 p. 1088 obs. J. Massip, solution rendue sous le dispositif antérieur à la loi du 5-3-2007 mais transposable sous le régime actuel). De même engage sa responsabilité civile un homme qui, atteint de psychose maniacodépressive se manifestant notamment par un sentiment de toute-puissance, avec logorrhée et perte du contrôle de ses actes, achète quatre estampes et demande ensuite l'annulation de la vente pour trouble mental (CA Reims ch. 1e civ. sec. 16-2-2009 n° 08-538).

Il est donc indispensable que le majeur soit couvert par une **assurance de responsabilité** civile. 49080
Lorsque le **majeur protégé réside chez ses parents**, ces derniers sont généralement couverts au titre de la responsabilité civile chef de famille par leur assurance multirisque habitation. Le majeur protégé est donc normalement assuré. Attention toutefois à bien examiner les différentes clauses d'exclusion, notamment celle liée à l'âge.
Si le majeur protégé **vit seul**, il faut veiller à ce qu'il ait une garantie responsabilité civile. Précisons que, s'il est locataire, il est dans l'obligation de droit commun de s'assurer contre les risques dont il doit répondre en cette qualité. Mais cette « garantie des risques locatifs » couvre uniquement les conséquences financières de la responsabilité du locataire à l'égard de son propriétaire pour les dommages matériels causés à l'immeuble : dommages résultant d'un incendie, d'une explosion ou d'un dégât des eaux. Il est nécessaire de souscrire une garantie plus complète.

› **Précisions** La conclusion ou le renouvellement d'un contrat d'assurance de biens ou de responsabilité civile constituent des **actes d'administration** que le tuteur ou le majeur en curatelle peuvent accomplir seuls (Décret 2008-1484 du 22-12-2008 ann. 1, col. 1-VII).

CHAPITRE 2

SAUVEGARDE DE JUSTICE

SOMMAIRE

SECTION 1

PLACEMENT SOUS SAUVEGARDE DE JUSTICE

OUVERTURE D'UNE SAUVEGARDE DE JUSTICE

51000 **Sauvegarde par décision judiciaire** Lorsqu'il est saisi d'une **demande de mise sous tutelle ou sous curatelle**, le juge des contentieux de la protection exerçant les fonctions de juge des tutelles peut placer le majeur sous sauvegarde pendant la durée de la procédure s'il constate que l'intéressé a un besoin urgent de protection (C. civ. art. 433, al. 2). En pratique, la personne qui demande l'ouverture de la tutelle ou de la curatelle indique, dans sa requête, si le majeur a besoin d'être immédiatement protégé.

Le juge peut également placer sous sauvegarde de justice un majeur qui a **besoin d'une protection temporaire ou** d'être **représenté pour l'accomplissement de certains actes déterminés** (C. civ. art. 433, al. 1). Lorsque la famille a mis en place une organisation efficace autour du majeur, il est ainsi possible d'éviter une tutelle ou une curatelle : une sauvegarde est ouverte le temps nécessaire à l'accomplissement d'un acte ou d'une série d'actes importants (par exemple, la vente de biens ou le déblocage d'un placement pour financer le séjour en maison de retraite du majeur). Cette mesure peut également être utile lorsqu'un majeur est momentanément incapable d'accomplir les actes nécessaires à la gestion de ses affaires, par exemple après un accident. En plaçant le majeur sous sauvegarde, le juge peut confier à un mandataire le pouvoir d'accomplir ces actes.

51005 Dans les deux cas, le **juge adresse sa décision** au procureur de la République, à l'intéressé et à la personne qui a demandé l'ouverture d'une mesure de protection (CPC art. 1249, al. 1).

La décision de placement sous sauvegarde de justice ne peut faire l'objet d'aucun **recours** (CPC art. 1249, al. 2). Elle est exécutoire de plein droit même si elle n'a pas été notifiée (Cass. 1e civ. 29-6-2011 n° 10-18.960 F-PBI : BPAT 5/11 inf. 279). Néanmoins, un recours contre la décision du juge procédant à la désignation d'un mandataire spécial (n° 51110) est possible (CPC art. 1250).

51010 **Sauvegarde par déclaration médicale** La sauvegarde peut être mise en place **sans décision du juge**, par une simple déclaration médicale (C. civ. art. 434 ; CSP art. L 3211-6) :

– le médecin qui constate que la personne à qui il donne des soins a besoin d'être protégée dans les actes de la vie civile en raison de l'altération de ses facultés (au sens indiqué n° 49020) peut en faire la déclaration au procureur de la République du lieu de traitement. Si elle est accompagnée d'un avis conforme d'un psychiatre, cette déclaration a pour effet de placer la personne sous sauvegarde ;

– le médecin qui constate qu'une personne soignée dans un établissement de santé ou un hôpital des armées ou hébergée dans un établissement social ou médico-social a besoin pour

les mêmes raisons d'être protégée dans les actes de la vie civile a l'obligation d'en faire la déclaration au procureur de la République. Cette déclaration a pour effet de placer le malade sous sauvegarde de justice.
En cas de sauvegarde sur déclaration médicale, ni le Code civil ni le Code de procédure civile ne prévoient d'obligation pour le procureur de la République ou le médecin d'**informer le majeur** de son placement sous protection.

DURÉE ET FIN DE LA SAUVEGARDE DE JUSTICE

Sous peine de caducité, la sauvegarde de justice a une **durée maximale** d'un an, avec un seul **renouvellement** possible (C. civ. art. 439, al. 1). La sauvegarde provisoire est caduque, sans renouvellement possible, si le juge des contentieux de la protection exerçant les fonctions de juge des tutelles n'a pas statué sur la requête en vue de l'ouverture d'une tutelle ou d'une curatelle au bout d'un an. **51015**
Si la sauvegarde a été ouverte sur décision judiciaire, le juge peut à tout moment en ordonner la **mainlevée** si le besoin de protection temporaire cesse (C. civ. art. 439, al. 2).
Si la sauvegarde de justice a été ouverte sur déclaration médicale, elle peut prendre fin par **déclaration** faite au procureur de la République si le besoin de protection temporaire cesse ou par radiation de la déclaration médicale sur décision du procureur de la République (C. civ. art. 439, al. 3).
Dans tous les cas, **à défaut** de mainlevée, de déclaration de cessation ou de radiation de la déclaration médicale, la sauvegarde de justice prend fin (C. civ. art. 439, al. 4) :
– par l'ouverture d'une mesure de curatelle ou de tutelle, à partir du jour où la nouvelle mesure de protection prend effet ;
– à l'expiration du délai ou après l'accomplissement des actes pour lesquels elle a été ordonnée.
Bien que la loi ne le précise pas, le décès de la personne protégée met naturellement fin à la mesure.

> **› Précisions** La caducité de la sauvegarde au bout d'un an est automatique (pour une illustration, CA Grenoble 16-2-2011 n° 10/04177, ch. des affaires familiales, solution rendue à propos d'une sauvegarde judiciaire mais à notre avis également valable pour une sauvegarde médicale).

INFORMATION DES TIERS

Les renseignements sur la sauvegarde de justice sont centralisés au parquet, le procureur de la République qui reçoit la déclaration de sauvegarde de justice devant en porter mention sur un **répertoire spécial** tenu à cet effet (CPC art. 1251, al. 1). Aucune autre mesure de publicité n'est prévue. **51020**
La déclaration aux fins de faire cesser la sauvegarde ainsi que les radiations sont portées en marge de la mention initiale (CPC art. 1251, al. 2).
Peuvent obtenir une copie de la déclaration aux fins de sauvegarde de justice (CPC art. 1251-1) :
– les autorités judiciaires ;
– les personnes qui ont qualité pour demander l'ouverture d'une tutelle ou d'une curatelle ;
– les avocats, notaires et commissaires de justice qui justifient de l'utilité de la déclaration dans le cadre d'un acte relevant de l'exercice de leurs fonctions.

SECTION 2

EFFETS DE LA SAUVEGARDE DE JUSTICE

A. Capacité du majeur sous sauvegarde de justice

PRINCIPE DE PLEINE CAPACITÉ

La mise sous sauvegarde de justice n'est pas une mesure d'incapacité mais une **mesure de protection de la personne**. Il en résulte que le majeur conserve en principe l'exercice de ses droits (C. civ. art. 435, al. 1). Comme un majeur non protégé, il peut acheter, louer, vendre, donner, etc. **51050**

51055 Il existe quelques **exceptions** à la capacité de principe du majeur sous sauvegarde de justice :
– à peine de nullité, le majeur ne peut faire aucun des actes pour lesquels un **mandataire spécial** (nos 51110 s.) a été désigné (C. civ. art. 435, al. 1) ;
– l'autorisation du juge est en principe requise pour tous les actes portant sur le **logement** et les meubles, lorsque la sauvegarde de justice est assortie d'un mandat spécial couvrant le logement (voir no 49050) ;
– la personne sous sauvegarde de justice ne peut pas **divorcer** par consentement mutuel (C. civ. art. 229-2 et 249-4).

Sur les règles applicables en cas de changement ou de modification du **régime matrimonial** du majeur protégé, voir no 5300.

Signalons également que, si le majeur sous sauvegarde conserve ses droits civiques et politiques, il ne peut pas être **juré** (CPP art. 256).

> **Précisions** Si une demande de mesure de protection juridique est déposée ou en cours, la **demande en divorce** ne peut être examinée qu'après l'intervention du jugement se prononçant sur la mise en place d'une telle mesure de protection. Toutefois, le juge peut prendre des **mesures provisoires** (C. civ. art. 249-3). Il peut ainsi organiser la séparation des époux le temps que la sauvegarde de justice, la tutelle ou la curatelle soit mise en place.

SORT DES ACTES PASSÉS PAR LE MAJEUR SOUS SAUVEGARDE DE JUSTICE

51060 **Principe de validité des actes du majeur** Puisque le majeur placé sous sauvegarde de justice conserve l'exercice de ses droits, le principe est que les actes qu'il accomplit sont valables, quelle qu'en soit la nature.

Ces actes peuvent cependant :
– être **annulés pour trouble mental** dans les conditions exposées nos 49065 s., avec la particularité que l'action peut librement être engagée par les héritiers du majeur. Il n'est pas nécessaire que l'acte ait porté en lui-même la preuve d'un trouble mental ou qu'une action en vue du placement de l'intéressé sous tutelle ou curatelle ait été ouverte (C. civ. art. 414-2, al. 2) ;
– être **rescindés pour simple lésion ou réduits en cas d'excès** (C. civ. art. 435, al. 2) : voir ci-après.

Sur les règles applicables aux **actes accomplis moins de deux ans avant** l'ouverture d'une **tutelle**, d'une **curatelle** ou d'une **habilitation familiale**, voir nos 53055 et 54057.

51065 **Rescision pour lésion** L'action en rescision pour lésion est possible à la condition que le majeur ait subi un **préjudice financier**, quelle que soit son importance. Du vivant de l'intéressé, lui seul (ou son représentant) a qualité pour agir (voir toutefois no 51115) ; après son décès, l'action peut être exercée par ses héritiers (C. civ. art. 435, al. 3).

L'existence de la lésion, qui doit être **appréciée lors de** la conclusion du contrat, peut être prouvée par tous moyens et relève de l'appréciation souveraine des juges du fond (en ce sens, par exemple, Cass. 1e civ. 4-12-2013 nos 12-28.656 et 13-10.530 F-D).

Pour accueillir ou non une demande de rescision, les juges doivent notamment prendre en considération les critères suivants (C. civ. art. 435, al. 2 in fine) :
– l'utilité ou l'inutilité de l'opération pour le majeur ;
– l'importance et la consistance du patrimoine du majeur protégé ;
– la bonne ou mauvaise foi de la personne qui a traité avec le majeur.

ILLUSTRATIONS

> La vente d'un immeuble avec réserve d'usufruit consentie pour un **prix très inférieur à la valeur réelle de la nue-propriété cédée** est rescindée, au motif notamment que la propriétaire qui disposait de revenus insuffisants pour assurer ses dépenses courantes avait intérêt à retirer un bon prix de la vente, de sorte qu'un prix trop faible enlevait son utilité à l'opération (CA Toulouse 13-3-2006 no 05-2794, 1e ch., sect. 1, solution rendue sous l'ancien dispositif de l'article 491-2 du Code civil mais transposable sous le régime actuel issu de la loi du 5-3-2007).

51070 **Réduction des engagements excessifs** Dans les mêmes conditions que l'action en rescision pour lésion (no 51065), la personne protégée ou ses héritiers peuvent exercer une action en réduction de ses engagements excessifs, c'est-à-dire de ceux qui présentent un **caractère inutile ou disproportionné** par rapport à ses besoins ou ses ressources.

L'action en réduction a pour objet de ramener l'engagement à une mesure raisonnable en le diminuant. Mais si le bien est indivisible, la réduction ne pourra s'opérer que par l'annulation.

Les juges apprécient souverainement s'il y a lieu ou non de prononcer la réduction, en s'appuyant sur les critères exposés no 51065.

ILLUSTRATIONS

La réduction peut consister en la revalorisation du **loyer du bail consenti** par la personne protégée **pour un montant manifestement insuffisant** (CA Papeete 22-8-1996 n° 773-232, solution rendue sous l'ancien dispositif de l'article 491-2 du Code civil mais transposable sous le régime actuel issu de la loi du 5-3-2007).

B. Gestion par un tiers du patrimoine du majeur sous sauvegarde de justice

MANDAT D'ADMINISTRATION

Le mandat par lequel le majeur avait chargé une autre personne de l'administration de ses biens **avant son placement sous sauvegarde** continue à produire ses effets ; cependant, le juge peut révoquer ou suspendre le mandat après avoir entendu ou au moins appelé le mandataire (C. civ. art. 436, al. 1). 51100

Le majeur peut-il donner un mandat d'administration **après son placement** sous sauvegarde de justice ? Cette possibilité, qui était auparavant expressément prévue (C. civ. art. 491-3 ancien), n'a pas été reprise par la loi du 5 mars 2007. Doit-on en déduire que la conclusion du mandat est interdite ? À notre avis, non : le majeur sous sauvegarde, qui a sauf exceptions pleine capacité juridique, peut charger un tiers d'administrer ses biens.

GESTION D'AFFAIRES

En l'absence de mandat, toute personne peut s'occuper **volontairement** de la gestion des biens du majeur sous sauvegarde de justice. Ce sont les règles de droit commun de la gestion d'affaires (C. civ. art. 436, al. 2). En pratique, le recours à la gestion d'affaires permet souvent de valider a posteriori les actes utiles au majeur qui ont été effectués avant sa mise sous sauvegarde ou par le mandataire spécial qui a dépassé ses pouvoirs. Validation, par exemple, du licenciement pour faute grave de l'auxiliaire de vie par la fille du majeur non encore protégé (Cass. soc. 29-1-2013 n° 11-23.267 F-P : Bull. civ. V n° 20). Les règles de la gestion d'affaires sont régies par les articles 1301 à 1301-5 du Code civil. 51105

› **Précisions** La loi impose en outre à certaines personnes l'**obligation d'accomplir** les actes conservatoires indispensables à la préservation du patrimoine du majeur protégé. Cette obligation pèse sur les personnes qui ont qualité pour demander l'ouverture d'une tutelle ou d'une curatelle et sur la personne ou l'établissement qui héberge le majeur, dès qu'ils ont connaissance tant de l'urgence des actes à accomplir que de l'existence de la sauvegarde de justice (C. civ. art. 436, al. 3).

MANDATAIRE SPÉCIAL

Si les règles de la **gestion d'affaires** et/ou le **mandat général** d'administration donné par le majeur protégé sont **insuffisants**, le juge peut, après avoir placé le majeur sous sauvegarde de justice (CA Douai 16-6-2010 n° 10-1013), désigner un mandataire spécial chargé d'accomplir un ou plusieurs actes déterminés (C. civ. art. 437, al. 2). Par exemple, justifie sa décision de désigner un mandataire spécial le juge qui relève que le majeur souffre de troubles de la mémoire et de problèmes physiques l'empêchant de s'occuper de ses biens, qu'il ne sait plus manier la monnaie et a perdu la notion de la valeur de l'argent et qu'il a dû, en dépit de ressources suffisantes, vendre des valeurs mobilières pour régulariser des chèques impayés (Cass. 1e civ. 20-5-2009 n° 08-12.923 F-D : BPAT 4/09 inf. 152). De même, justifie une telle nomination l'accident vasculaire cérébral qui a rendu l'intéressée dépendante pour tous les actes de la vie quotidienne (CA Douai 11-1-2013 n° 12/06618, ch. de la protection juridique des majeurs et mineurs). 51110

Cette décision peut faire l'objet d'un **recours**, notamment de la part du majeur protégé (CPC art. 1250).

La **mission** du mandataire doit être précisément définie. Le juge peut par exemple demander au mandataire de conclure un bail et/ou de percevoir les loyers correspondants pour le compte du majeur ; de percevoir les revenus du majeur et de les affecter à son entretien et au paiement des dettes courantes, etc. Il peut également le charger d'effectuer tous les actes d'administration courante indispensables à la gestion du patrimoine du majeur (Cass. 1e civ. 20-5-2009 n° 08-12.923 F-D : BPAT 4/09 inf. 152). Il ne peut pas, en revanche, lui donner mandat général pour administrer l'ensemble du patrimoine du majeur protégé (Cass. 1e civ. 12-1-1988 n° 86-14.112).

Rendues sous le dispositif antérieur au 1er janvier 2009, ces solutions sont à notre avis transposables sous le régime actuel.

51115 Les **pouvoirs** du mandataire spécial sont définis par le juge, qui peut le charger d'accomplir un ou plusieurs actes déterminés, y compris de disposition, rendus nécessaires par la gestion du patrimoine de la personne protégée (C. civ. art. 437, al. 2).
Le mandataire spécial peut recevoir mission d'exercer les actions en nullité pour trouble mental, en rescision ou en réduction mentionnées nos 51060 s. (C. civ. art. 437, al. 2).
Il peut également se voir confier une mission de protection de la personne (C. civ. art. 438).
En contrepartie de ces pouvoirs, le mandataire a l'**obligation** de rendre compte de l'exécution de son mandat au majeur et au juge des tutelles selon les règles établies pour la tutelle (C. civ. art. 437, al. 3). Sur ces règles, voir nos 53420 s.

MESURES CONSERVATOIRES

51120 Si les biens d'un majeur sous sauvegarde de justice risquent d'être mis en péril, le **procureur de la République** ou le **juge** des contentieux de la protection exerçant les fonctions de juge des tutelles peuvent prendre toutes mesures conservatoires et, notamment, requérir ou ordonner l'apposition des scellés. En cas de difficulté, le commissaire de justice en informe le juge des tutelles ou le procureur de la République (CPC art. 1252).
Si la **consistance des biens** ne justifie pas l'apposition des scellés, le procureur de la République ou le juge des contentieux de la protection exerçant les fonctions de juge des tutelles peuvent requérir à un commissaire de justice, un commissaire de police, un commandant de la brigade de gendarmerie ou au maire, de dresser un état descriptif du mobilier et, si les lieux sont inoccupés, d'en assurer la clôture et d'en conserver les clés. Les clés sont restituées au majeur protégé à son retour dans les lieux. Elles peuvent être remises à d'autres personnes après autorisation du procureur de la République ou du juge des tutelles (CPC art. 1252-1).

CHAPITRE 3 TUTELLE ET CURATELLE

SOMMAIRE

SECTION 1 RÈGLES COMMUNES À LA TUTELLE ET À LA CURATELLE

A. Procédure de placement sous tutelle ou curatelle

REQUÊTE

La procédure de placement sous tutelle ou curatelle commence par une requête qui doit être **remise ou adressée** au greffe du tribunal judiciaire de la résidence habituelle de la personne à protéger. 53000
Il existe un modèle de requête en vue d'une protection juridique d'un majeur, commun à l'habilitation familiale et à une protection judiciaire (modèle Cerfa 15891*03).

Demandeurs La requête peut être **présentée par** toutes les personnes qui figurent sur la **liste** suivante (C. civ. art. 430) : 53001
– la personne qui doit être protégée ;
– son conjoint ou partenaire de Pacs ou concubin, sauf si la vie commune a cessé. Les juges du fond apprécient souverainement, et en pratique largement, la notion de communauté de vie (pour une illustration, Cass. 1e civ. 4-1-1978 nº 76-13.365, décision rendue sous le dispositif antérieur à la loi du 5-3-2007 mais transposable sur ce point sous le nouveau régime) ;
– un parent ou allié ;
– une personne entretenant avec le majeur des liens étroits et stables ;

– la personne qui exerce à son égard une mesure de protection juridique (par exemple, la personne qui exerce un mandat de protection future ou le curateur pour demander l'ouverture d'une tutelle) ;
– le procureur de la République, d'office ou à la demande d'un tiers.
Le **juge** des contentieux de la protection exerçant les fonctions de juge des tutelles ne peut pas se saisir d'office pour ouvrir (ou renforcer) une mesure de protection judiciaire.
En revanche, il peut ordonner une mesure de protection judiciaire lorsque, **saisi d'une demande d'habilitation familiale,** celle-ci ne permet pas d'assurer une protection suffisante de la personne vulnérable (C. civ. art. 494-5, al. 2).

> **Précisions** Les **personnes qui ne figurent pas sur la liste** ne peuvent pas demander l'ouverture d'une mesure de protection. Cela dit, elles ont la possibilité d'aviser le procureur de la République de la raison qui justifierait l'ouverture d'une protection. Si le procureur de la République estime cet avis fondé, il demandera au juge des contentieux de la protection d'ouvrir une tutelle ou une curatelle.

53003 **Contenu de la requête** **À peine d'irrecevabilité**, la requête doit comporter (CPC art. 1218) :
– un certificat médical spécifique (n° 49025) ;
– l'identité de la personne à protéger et l'énoncé des faits qui appellent la protection. Aucun formalisme n'est exigé pour cet énoncé qui peut résulter de documents rédigés par un tiers et annexés à la requête (Cass. 1e civ. 24-1-2018 n° 17-10.262 F-PB : BPAT 2/18 inf. 62).
La requête doit également mentionner **dans la mesure du possible** les coordonnées des personnes appartenant à l'entourage du majeur (conjoint, partenaire de Pacs, concubin, parents, alliés, personnes entretenant avec le majeur des liens étroits et stables, personne qui exerce à son égard une mesure de protection juridique), le nom de son médecin traitant et les éléments concernant sa situation familiale, sociale, financière et patrimoniale, ainsi que tout autre élément, relatif notamment à son autonomie (CPC art. 1218-1, al. 1).
Lorsque la tutelle ou curatelle est demandée par le procureur de la République sur **signalement d'un tiers** (n° 53001), la requête transmise au juge des tutelles comporte, à peine d'irrecevabilité, les informations dont ce tiers dispose sur la situation sociale et pécuniaire de la personne à protéger et l'évaluation de son autonomie ainsi que, le cas échéant, un bilan des actions personnalisées menées auprès d'elle. Le procureur de la République peut solliciter du tiers qui l'a saisi des informations complémentaires (C. civ. art. 431, al. 3 ; CPC art. 1216-1 s. créés par décret 2019-1464 du 26-12-2019 : BPAT 1/20 inf. 8). L'objectif est de protéger les droits fondamentaux des personnes vulnérables en s'assurant que les signalements de tiers soient étayés par des éléments précis et objectifs.

53004 **Caducité de la requête** La requête aux fins de protection d'un majeur est caduque si la décision relative à cette ouverture n'est pas intervenue dans un **délai** d'un an (CPC art. 1227 ; CA Douai 11-1-2013 n° 12/05502). S'agissant d'un délai de procédure en matière d'incapacité, la caducité doit être relevée d'office par le juge (même arrêt).
La **durée moyenne de la procédure** est de six mois.

PHASE D'INSTRUCTION

53005 Pendant l'instruction du dossier, le juge des contentieux de la protection exerçant les fonctions de juge des tutelles peut prendre des **mesures provisoires** : il peut placer le majeur sous sauvegarde de justice et nommer un mandataire spécial.
Le juge peut ordonner toute **mesure d'instruction** (enquête sociale, par exemple).
Le juge doit en principe **entendre la personne à protéger** avant de statuer. Par exception, il peut, par décision spécialement motivée et sur avis du médecin mentionné n° 49025, décider qu'il n'y a pas lieu d'entendre l'intéressé si son audition est de nature à porter atteinte à sa santé ou s'il est hors d'état d'exprimer sa volonté (C. civ. art. 432, al. 2). Cette décision est notifiée au requérant et, le cas échéant, à l'avocat du majeur. Par la même décision, le juge doit alors ordonner qu'il soit donné connaissance au majeur de la procédure engagée, selon des modalités appropriées à son état (CPC art. 1220-2).
Le **majeur** doit être **informé** dans l'acte de convocation de sa **possibilité de se faire assister par un avocat** (CPC art. 1214).
Le juge peut également entendre les **personnes qui auraient pu demander l'ouverture de la tutelle** (n° 53001). Cette audition est de droit pour la personne qui demande à exercer la mesure de protection (CPC art. 1220-4).
Le dossier n'est plus transmis pour avis au **procureur** de la République avant l'audience de jugement. Celui-ci est toutefois avisé des lieux, jour et heure de l'audience et peut adresser, d'office

ou à la demande du juge, son avis ou ses conclusions sur l'opportunité et les modalités de la protection (CPC art. 1225).

> Précisions a. Le **dossier** peut être **consulté par** (CPC art. 1222 s.) :
– la personne qui a demandé le placement du majeur sous tutelle ou sous curatelle (ou son avocat si elle en a désigné un). Il en va de même, en cas de demande de modification d'une mesure de protection, de la personne qui a demandé cette modification ;
– toutes les personnes qui auraient pu demander l'ouverture de la tutelle ou de la curatelle (ou leurs avocats) si elles ont un intérêt légitime et obtiennent l'autorisation du juge (n° 53001) ;
– la ou les personnes chargées de la protection du majeur (par exemple, le curateur qui demande la transformation de la curatelle en tutelle) ;
– la personne à protéger. Le juge peut toutefois décider d'exclure tout ou partie des pièces de la consultation si elles peuvent causer un préjudice grave au majeur.

La décision par laquelle le juge se prononce sur une demande de consultation du dossier formée en application de l'article 1222 du Code de procédure civile est une mesure d'administration judiciaire. Elle ne peut faire l'objet d'aucun recours (CPC art. 1224 ; Cass. 1e civ. 13-12-2017 n° 17-18.437 FS-PBI : BPAT 1/18 inf. 20).

b. À tout moment de la procédure de placement ou de maintien sous une mesure de tutelle ou de curatelle, le majeur (ou son avocat) doit pouvoir **consulter son dossier** au greffe (CPC art. 1222-1). En conséquence, une décision de maintien sous curatelle doit être annulée lorsque ni la décision ni les pièces de la procédure ne prouvent que l'intéressé a été informé qu'il pouvait consulter son dossier au greffe (Cass. 1e civ. 12-2-2014 n° 13-13.581 F-PBI : BPAT 2/14 inf. 60).

De même, doit être cassé l'arrêt d'une cour d'appel ayant confirmé le placement d'un majeur sous curatelle renforcée alors qu'il ne résulte ni de l'arrêt ni des pièces de la procédure que le majeur, qui n'était pas assisté lors de l'audience, ait été avisé de la possibilité de consulter le dossier au greffe, de sorte qu'il n'est pas établi qu'il ait été mis en mesure de prendre connaissance, avant l'audience, des pièces présentées à la juridiction et, par suite, de les discuter utilement (Cass. 1e civ. 4-1-2017 n° 16-12.573 F-D).

c. Dans une procédure aux fins d'ouverture d'une mesure de protection en cours d'instruction devant le juge des tutelles, le **désistement d'instance** émanant du requérant met fin à l'instance en application de l'article 394 du Code de procédure civile dès lors qu'aucune décision prononçant une telle mesure n'a encore été prise (Cass. avis 20-6-2011 n° 011 00007P ; Cass. 1e civ. 2-4-2014 n° 13-10.758 FS-PBI : Bull. civ. I n° 63).

AUDIENCE

L'audience se tient à huis clos en chambre du conseil (CPC art. 1226, al. 3). Le **juge entend** celui qui a demandé le placement du majeur sous tutelle ou sous curatelle, le majeur à protéger et, le cas échéant, leurs avocats et le procureur de la République. Si l'audition risque de porter atteinte à la santé du majeur ou s'il est hors d'état d'exprimer sa volonté, le juge peut, par décision spécialement motivée, décider de ne pas l'entendre. Avant de prendre une telle décision, le juge doit demander l'avis du médecin visé n° 49025 (CPC art. 1226, al. 1 et 2). **53007**

JUGEMENT ET RECOURS

Le jugement est **notifié**, en principe par lettre recommandée avec avis de réception à la personne qui a demandé l'ouverture de la mesure et à celle qui est chargée de la protection (CPC art. 1230 et 1231). Il est également notifié au majeur, sauf si cette information est de nature à porter préjudice à sa santé, auquel cas la notification est faite à l'avocat, s'il en a été constitué un, et à la personne que le juge estime la plus qualifiée pour recevoir cette information (CPC art. 1230-1, al. 1 et 2). Si le juge l'estime utile, le jugement peut être également notifié aux personnes qu'il désigne parmi celles que la loi habilite à exercer un recours (CPC art. 1230-1, al. 3). **53010**

Les recours doivent être exercés devant le délégué à la protection des majeurs (magistrat de la cour d'appel), dans un délai de 15 jours (CPC art. 1239, al. 3). **53015**
Ce **délai court** (CPC art. 1241) :
– à compter de la notification prévue à l'article 1230-1 du Code de procédure civile à l'égard du majeur protégé ;
– à compter de la notification du jugement, à l'égard des personnes auxquelles le jugement doit être notifié ;
– à compter du jugement, pour les autres personnes.
L'appel est instruit et jugé en chambre du conseil. La procédure est orale. Les prétentions des parties sont notées au dossier ou consignées dans un procès-verbal (CPC art. 1245).

Les **personnes ayant qualité** pour exercer un recours dépendent de la nature du jugement :
– le recours contre la décision qui refuse d'ouvrir la mesure de protection n'est ouvert qu'au requérant (CPC art. 1239-2). Il en va de même, par analogie, du recours contre la décision de mainlevée d'une mesure de protection (Cass. 1e civ. 24-5-2018 nº 17-18.859 FS-PBI : BPAT 4/18 inf. 155) ;
– le recours contre la décision qui ouvre (ou modifie) la mesure de protection peut être formé par toute personne ayant qualité pour demander l'ouverture de la mesure (nº 53001), même si elle n'est pas intervenue à l'instance (CPC art. 1239).
Le recours à un **avocat** n'est pas obligatoire (CPC art. 1239).

> **Précisions a.** Le recours est formé par une **déclaration** faite ou adressée par lettre recommandée avec demande d'avis de réception au greffe du juge des contentieux de la protection (CPC art. 1242). Toutefois, comme le souligne la Cour de cassation, cette obligation n'est destinée qu'à régler une contestation sur la date du recours. Dès lors une cour d'appel ne peut pas déclarer un appel irrecevable au seul motif qu'il a été formé par lettre simple (Cass. 1e civ. 11-7-2013 nº 12-23.091 F-PB : BPAT 5/13 inf. 173).
b. Une sœur pouvant, en application de l'article 1239 du Code de procédure civile, former un recours contre le jugement ordonnant le placement sous tutelle de son frère, elle ne peut pas former **tierce opposition** contre ce jugement (Cass. 1e civ. 14-5-2014 nº 12-35.035 FS-PBI : BPAT 3/14 inf. 120) ; rendue sous le dispositif antérieur au 1er janvier 2009, cette décision est transposable sous le régime actuel.
c. L'effet dévolutif de l'appel limite l'appel à la décision déférée : le juge d'appel ne peut donc pas statuer sur une demande de mainlevée d'une mesure de protection juridique formée pour la première fois devant lui par un majeur protégé (Cass. avis 13-4-2015 nº 15-70.001 : BPAT 4/15 inf. 133).

DATE D'EFFET DE LA MESURE

53020 Le jugement qui ouvre (ou modifie) la tutelle ou la curatelle prend effet dès son prononcé **vis-à-vis de la personne protégée**.
Il n'est **opposable aux tiers** que deux mois après que la mention « RC » ou « répertoire civil », avec la référence sous laquelle le jugement est conservé, a été portée en marge de l'acte de naissance de la personne protégée (C. civ. art. 444, al. 1). En l'absence de mention sur l'acte de naissance (notamment pendant le délai de deux mois), le jugement est néanmoins opposable aux tiers qui en auraient eu personnellement connaissance (C. civ. art. 444, al. 2). Par exemple, une vente d'immeuble a été annulée, malgré le défaut de transcription du jugement d'ouverture de la tutelle, car les acquéreurs avaient connaissance de la mesure de protection le jour de la vente (CA Poitiers 8-8-1991 nº 90-69, solution rendue sous le dispositif antérieur à la loi du 5-3-2007 mais toujours valable).

> **Précisions a.** Sauf radiation portée en marge de l'extrait de l'acte de naissance du majeur, des **copies des extraits** conservés au **répertoire civil** peuvent être délivrées à tout intéressé. En cas de radiation, il convient de demander l'autorisation du procureur de la République (CPC art. 1061). La demande peut se faire par internet à l'aide du formulaire Cerfa nº 13485*02.
b. Viole notamment l'article 444 du Code civil la cour d'appel, qui pour rejeter la demande d'annulation de l'assignation d'un majeur protégé par une société pour défaut de signification à la tutrice, retient que la mention sommaire RC, c'est-à-dire « registre civil », constatée par la société, ne lui permettait pas d'avoir une **connaissance précise de la mesure de protection** décidée en faveur du majeur, en l'occurrence celle de la tutelle (Cass. 2e civ. 1-2-2018 nº 16-24.173 F-D).
c. Dès lors que le jugement d'ouverture d'une curatelle (ou d'une tutelle) à l'égard d'un emprunteur a été publié, la banque prêteuse doit envoyer les avis de renouvellement du **crédit renouvelable** au curateur, sous peine de déchéance du droit aux intérêts, même si la mesure de protection est ouverte après la souscription de l'emprunt (Cass. 1e civ. 9-11-2011 nº 10-14.375 FS-PBI : BPAT 1/12 inf. 18).

INFORMATION DES TIERS

53023 Un extrait de toute décision portant **ouverture, modification ou mainlevée** d'une mesure de curatelle ou de tutelle est transmis au greffe du tribunal judiciaire dans le ressort duquel est née la personne protégée (au service central d'état civil pour les personnes nées à l'étranger), pour conservation au répertoire civil et publicité par mention en marge de l'acte de naissance (CPC art. 1233, al. 1).
Lorsqu'une mesure de protection a pris fin par l'**expiration du délai** fixé (nº 53025) ou par une cause autre que la mainlevée, avis en est donné par le greffe du tribunal judiciaire, d'office ou après avoir été saisi par tout intéressé, au greffe du tribunal judiciaire dans le ressort duquel est née la personne protégée (CPC art. 1233, al. 4).

B. Durée et fin des tutelles et des curatelles

DURÉE DE LA MESURE INITIALE

Le juge qui ouvre une tutelle ou une curatelle doit en fixer la durée, avec un **maximum** de cinq ans (C. civ. art. 441, al. 1). **53025**
Toutefois, le juge qui prononce une mesure de tutelle peut, par décision spécialement motivée et sur avis conforme du médecin visé n° 49025, constatant que l'altération des facultés du majeur n'est pas susceptible de s'améliorer, fixer une durée plus longue, n'excédant pas dix ans (C. civ. art. 441, al. 2). Cette dérogation à la durée maximum de cinq ans ne s'applique pas à la curatelle renforcée (Cass. 1e civ. 12-10-2022 n° 21-11.090 F-D).
La fixation de la durée de la mesure relève de l'**office du juge**, et il n'appartient pas au médecin de se prononcer sur ce point (Cass. 1e civ. 8-12-2016 n° 16-20.298 FS-PBRI : BPAT 1/17 inf. 13).

> **Précisions** Prive sa décision de base légale la cour d'appel qui se borne à énoncer qu'une durée de dix ans est adaptée à l'état de santé du majeur sans constater l'existence du **certificat médical** nécessaire et sans motiver spécialement sa décision (Cass. 1e civ. 4-5-2017 n° 16-17.752 F-PB : BPAT 4/17 inf. 141). Il en va de même de la cour d'appel qui se borne à relever que l'état de santé du majeur n'était pas susceptible de connaître d'amélioration, sans recourir à un avis médical ni motiver spécialement sa décision (Cass. 1e civ. 8-7-2020 n° 19-16.246 F-D : BPAT 5/20 inf. 149).

DURÉE DU RENOUVELLEMENT

À l'échéance, le juge peut renouveler la mesure de tutelle ou de curatelle, sans que le nombre de renouvellements soit limité. Pour ce faire, il ne peut pas s'en remettre à un certificat médical ancien mais doit constater, au jour où il statue, la **persistance de l'altération** des facultés du majeur et la nécessité qu'il soit assisté ou représenté dans les actes de la vie civile (Cass. 1e civ. 17-11-2021 n° 19-14.872 F-D : BPAT 1/22 inf. 13). **53027**
La **durée** du renouvellement est **en principe** celle de la mesure initiale (C. civ. art. 442, al. 1). Par décision spécialement motivée, le juge peut toutefois ordonner le renouvellement pour une durée supérieure (n'excédant pas 20 ans) à celle de la mesure initiale, si les conditions suivantes sont réunies (C. civ. art. 442, al. 2) :
– le juge doit relever que l'état de l'intéressé n'est manifestement pas susceptible d'amélioration ;
– et il faut un avis conforme du médecin visé n° 49025.
Dans son jugement, le tribunal doit, en outre, relever que le médecin préconise, dans son certificat médical, le renouvellement de la mesure pour une durée supérieure à cinq ans (Cass. 1e civ. 10-10-2012 n° 11-14.441 FS-PBI : BPAT 6/12 inf. 292).
La durée d'une mesure de protection judiciaire renouvelée étant **limitée** à 20 ans, doit être censuré l'arrêt de la cour d'appel ayant fixé la durée du renouvellement de la tutelle à 30 ans (Cass. 1e civ. 15-6-2017 n° 15-23.066 FS-PBI : BPAT 4/17 Brève).

> **Précisions** **a.** Si lors de son **renouvellement**, le renforcement de la mesure de protection est envisagé, il doit être fait application des règles de **procédure** applicables à l'ouverture de la mesure. En particulier, et à peine d'irrecevabilité, la requête doit exposer les faits qui appellent le renforcement de la mesure et être accompagnée d'un certificat émanant d'un médecin figurant sur une liste établie par le procureur de la République (CPC art. 1228).
> **b.** Les dispositions relatives au **renouvellement** s'appliquent aux mesures de tutelle et de curatelle prononcées depuis le 17 février 2015. Les mesures de curatelle et de tutelle renouvelées pour une durée supérieure à dix ans avant l'entrée en vigueur de la loi doivent faire l'objet d'un renouvellement **avant le 17 février 2025**. Toutefois dans le cas d'une mesure renouvelée pour une durée comprise entre dix et vingt ans avant le 17 février 2015, cette obligation de renouvellement n'a pas lieu d'être avant la fin de ladite mesure dans le cas où un certificat médical produit lors du dernier renouvellement a indiqué qu'aucune amélioration de l'état de santé du majeur n'était envisageable. À défaut, les mesures prennent fin automatiquement (Loi 2015-177 du 16-2-2015 art. 26).

FIN DE LA MESURE

En l'absence de renouvellement, la mesure de tutelle ou de curatelle prend fin à l'expiration du délai fixé. La mesure cesse également (C. civ. art. 443, al. 1) : **53040**
– en cas de décès de la personne protégée. Cette « règle » est posée par la loi pour interdire au tuteur ou au curateur de continuer à s'occuper des affaires de la personne protégée après son décès. Néanmoins, les règles de la gestion d'affaires demeurent applicables au profit de l'ancien tuteur ou curateur (C. civ. art. 418) ;

– en cas de jugement de mainlevée passé en force de chose jugée. Ce jugement est notifié dans les conditions et aux personnes mentionnées n° 53010. Précisons que la production d'un certificat médical n'est pas une condition de recevabilité de la demande de mainlevée d'une tutelle (Cass. 1e civ. 9-11-2016 n° 14-17.735 FS-PB : BPAT 6/16 Brève).

Le juge peut également mettre fin à la tutelle d'une personne résidant hors de France, si cet éloignement empêche le suivi et le contrôle de la mesure (C. civ. art. 443, al. 2).

> **Précisions** **a. Justifie la mainlevée** d'une curatelle le juge qui constate qu'une majeure n'a plus besoin de traitement médical, n'est plus en état de surendettement et qu'elle est désormais capable de gérer seule un budget et même de se constituer une épargne non négligeable (CA Nîmes 20-9-2011 n° 10-04414, ch. civ. : BPAT 6/11 n° 342).
> **b.** Le juge ne peut pas rejeter une demande de mainlevée d'une curatelle sans constater la **persistance de l'altération des facultés mentales** de l'intéressée (Cass. 1e civ. 15-4-2015 n° 14-16.666 F-BP : BPAT 3/15 inf. 86).
> **c.** Le juge ne peut pas ordonner la mainlevée d'une mesure de protection au prétexte que **personne ne veut en assurer la charge**, par exemple en raison de la **violence du majeur protégé** (Cass. avis 15-4-2015 n° 15004). Dans cet avis, la Cour de cassation indique que le maintien de la mesure garantit une protection minimale à l'intéressé, l'irrégularité des actes qu'il a accomplis pouvant être sanctionnée dans les conditions de l'article 465 du Code civil.

C. Sort des actes passés avant l'ouverture de la tutelle ou de la curatelle

VALIDITÉ DES ACTES ANTÉRIEURS À L'OUVERTURE

53050 Les actes qui ont été effectués par le majeur avant son placement sous tutelle ou sous curatelle sont **en principe** valables (sur les règles particulières applicables aux actes passés et aux engagements contractés pendant le placement sous sauvegarde de justice : voir nos 51060 s.).

PÉRIODE SUSPECTE

53055 Les actes qui ont été accomplis **moins de deux ans avant la publicité du jugement** d'ouverture de la tutelle ou de la curatelle peuvent être contestés dans des conditions plus favorables que celles du droit commun de l'action en nullité pour trouble mental (nos 49065 s.) :

– les **obligations** résultant des actes accomplis pendant la « période suspecte » de deux ans peuvent être **réduites** à condition de prouver que l'inaptitude du majeur à défendre ses intérêts, en raison de l'altération de ses facultés, était soit notoire soit connue de son cocontractant (C. civ. art. 464, al. 1) ;

– s'il est en outre démontré que le majeur a subi un préjudice, l'**acte** passé par le majeur peut être **annulé** (C. civ. art. 464, al. 2).

L'action en réduction ou en nullité doit être exercée dans un **délai** de cinq ans à compter de la date d'ouverture de la tutelle ou de la curatelle (C. civ. art. 464, al. 3). Après le décès du majeur, l'action peut être exercée dans le même délai par ses héritiers (pour une illustration, CA Aix-en-Provence 4-6-2013 n° 12/15141).

Des **règles spécifiques** s'appliquent aux testaments (voir n° 63158) ainsi qu'aux contrats d'assurance-vie souscrits par le majeur et acceptés par leur bénéficiaire (voir n° 65813).

ILLUSTRATIONS

Annulation du partage réalisé entre deux ex-conjoints, deux mois avant la mise sous curatelle de l'épouse, dès lors que :

– l'altération, avérée, des facultés mentales de l'épouse était parfaitement connue de son ex-mari ;

– l'épouse avait subi un préjudice résultant de la minoration de ses droits dans le partage : l'acte établi par le notaire avait omis des mensualités d'emprunt payées par elle et calculé des récompenses au profit de son ex-mari au vu des seules déclarations de ce dernier (CA Toulouse 15-1-2013 n° 10/05329, ch. 1 sect. 2).

Refus d'annulation, en revanche, du compromis de vente signé par une femme un an avant sa mise sous curatelle simple, faute pour elle d'avoir démontré une altération de ses facultés entraînant une inaptitude à défendre ses intérêts, la connaissance de cette altération par son cocontractant et la réalité de l'insuffisance de prix alléguée. Le jugement ayant déclaré la vente parfaite et condamné l'intéressée à payer la clause pénale prévue au contrat est validé (CA Paris 18-4-2013 n° 11/21347, ch. 4-1).

D. Protection de la personne du majeur sous tutelle ou curatelle

Le tuteur et le curateur sont, en principe, chargés de protéger la personne du majeur sous tutelle ou curatelle (C. civ. art. 425, al. 2). 53060
À l'ouverture de la mesure ou, à défaut, ultérieurement, le juge ou le conseil de famille s'il a été constitué décide des conditions dans lesquelles le curateur ou le tuteur chargé d'une mission de protection de la personne **rend compte des diligences** qu'il accomplit à ce titre (C. civ. art. 463).
La personne protégée reçoit du tuteur ou du curateur **toutes informations** sur sa situation personnelle, les actes concernés, leur utilité, leur degré d'urgence, leurs effets et les conséquences d'un refus de sa part (C. civ. art. 457-1).
Elle choisit le **lieu de sa résidence** et entretient librement des **relations personnelles** avec tout tiers, parent ou non. Elle a le droit d'être visitée et, le cas échéant, hébergée par ceux-ci, le juge statuant en cas de difficulté (C. civ. art. 459-2). La personne sous tutelle peut exercer seule le droit de former appel de la décision du juge des tutelles statuant sur sa résidence (Cass. 1e civ. 13-7-2022 n° 21-10.030 F-D).
Sur l'accomplissement des **actes à caractère personnel**, voir pour la tutelle nos 53280 s. et pour la curatelle nos 53810 s.

> **Précisions** Le droit de la personne protégée d'entretenir librement des relations personnelles avec des tiers et d'être visitée et, le cas échéant, hébergée par ceux-ci, n'est pas absolu. Il peut notamment être restreint par le juge lorsque cela porte **atteinte à ses intérêts** (C. civ. art. 415, al. 3). Il a par exemple été jugé qu'un parent ayant un comportement intrusif et virulent déstabilisant psychiquement le majeur et parasitant sa prise en charge en maison de retraite pouvait être interdit de le visiter et de lui téléphoner (Cass. 1e civ. 24-6-2020 n° 19-15.781 F-PB : BPAT 5/20 inf. 148).

SECTION 2 TUTELLE

PERSONNES QUI PEUVENT ÊTRE PLACÉES SOUS TUTELLE

La tutelle concerne les personnes qui, en raison d'une altération de leurs facultés (au sens indiqué n° 49020), ont **besoin d'être représentées d'une manière continue** dans les actes de la vie civile (C. civ. art. 440, al. 3 ; pour des illustrations jurisprudentielles des conditions d'ouverture de la tutelle, Cass. 1e civ. 24-9-2008 n° 07-16.002 F-D, solution rendue sous le dispositif applicable avant le 1-1-2009 mais transposable sous le régime actuel ; Cass. 1e civ. 12-10-2022 n° 21-12.268 F-D : BPAT 1/23 Inf. 16). 53200
La tutelle constitue le régime de protection le plus lourd : le majeur est en principe atteint d'une incapacité absolue, la gestion de ses biens étant confiée au tuteur qui le représente. **En pratique**, la tutelle concerne essentiellement les handicapés mentaux atteints d'une grave infirmité et les personnes âgées empêchées de gérer leurs biens du fait de l'altération de leurs facultés.
En 2022, environ 29 000 mesures de tutelle ont été prononcées (Ministère de la justice, Les chiffres clés de la justice, éd. 2023, décembre 2023).
Sur les principes de nécessité, de subsidiarité et de proportionnalité, voir nos 49010 s.

A. Incapacité relative du majeur sous tutelle

1. ACTES DE LA VIE CIVILE

REPRÉSENTATION DU MAJEUR SOUS TUTELLE

Le jugement de tutelle crée, **en principe**, une incapacité d'exercice générale du majeur sous tutelle, qui doit être représenté par son tuteur dans tous les actes de la vie civile (C. civ. art. 473, al. 1). Le majeur ne peut plus gérer lui-même son patrimoine, gérer ses comptes bancaires, émettre des chèques, être commerçant, etc. Selon la nature des actes, le tuteur qui représente le majeur peut agir seul ou doit être autorisé par le juge ou par le conseil de famille s'il en a été constitué un : voir nos 53540 s. 53250

Le majeur en tutelle est représenté en justice par le tuteur. Celui-ci ne peut agir, en demande ou en défense, pour faire valoir les droits extrapatrimoniaux de la personne protégée qu'après autorisation ou sur injonction du juge ou du conseil de famille s'il a été constitué (C. civ. art. 475).

53255 L'incapacité de principe du majeur sous tutelle supporte **trois séries d'exceptions** :
– dans toute tutelle, le majeur conserve le pouvoir d'effectuer les actes de la vie courante, c'est-à-dire les actes autorisés par l'usage (C. civ. art. 473, al. 1). Ces actes (achats, par exemple) portent sur des montants relativement faibles au regard des capacités financières du majeur, ce qui explique qu'il y ait peu de contentieux ;
– des dispositions particulières s'appliquent aux actes qui présentent un caractère personnel ou strictement personnel (n°s 53280 s.) ;
– en ouvrant la tutelle ou dans un jugement postérieur, le juge peut alléger la tutelle en listant des actes que la personne pourra faire elle-même, seule ou avec l'assistance de son tuteur (C. civ. art. 473, al. 2). Cette possibilité est très peu utilisée en pratique.

SORT DES ACTES PASSÉS PAR LE MAJEUR APRÈS L'OUVERTURE DE LA TUTELLE

53270 La loi organise un **système différencié de sanctions** contre les actes passés après le jugement d'ouverture de la tutelle, sachant que l'action en nullité de droit commun pour trouble mental (n°s 49065 s.) est possible si les conditions en sont remplies (C. civ. art. 466).

Dans le cas le plus fréquent où le **majeur** a effectué seul un acte pour lequel il **devait être représenté par son tuteur**, l'acte est nul de plein droit (C. civ. art. 465, 3°). Il n'est pas nécessaire de prouver que le majeur a subi un préjudice. Toutefois, s'il est démontré que l'acte passé a été utile à la personne protégée et exempt de lésion ou qu'il a profité à celle-ci, le contractant du majeur pourra faire obstacle à l'action en nullité engagée contre lui (C. civ. art. 1150 et 1151).

Si le majeur a effectué seul un acte qu'il n'était autorisé à faire qu'avec l'**assistance de son tuteur**, la nullité ne peut être demandée que si le majeur a subi un préjudice (C. civ. art. 465, 2°).

Si le majeur a effectué seul un acte pour lequel il avait le **pouvoir d'agir seul**, l'acte est bien sûr valable. Toutefois, et sauf si l'acte avait été expressément autorisé par le juge ou le conseil de famille, il peut être rescindé ou réduit selon le régime, exposé n°s 51060 s., des actes effectués par un majeur sous sauvegarde de justice (C. civ. art. 465, 1°).

Les restitutions dues par un majeur protégé sont réduites à proportion du profit qu'il a retiré de l'acte annulé (C. civ. art. 1352-4).

La nullité, la rescision ou la réduction doivent être demandées dans le **délai** de cinq ans de l'article 2224 du Code civil (C. civ. art. 465, al. 7).

L'**action peut être exercée par** le tuteur autorisé à cet effet par le juge des contentieux de la protection exerçant les fonctions de juge des tutelles ou le conseil de famille s'il en a été constitué un, par le majeur redevenu capable ou par ses héritiers après son décès.

Le délai de prescription ne court à l'égard des actes faits par le majeur que du jour où il en a eu connaissance alors qu'il était en situation de le refaire valablement ; il ne court contre ses héritiers que du jour de son décès s'il n'a pas commencé à courir auparavant (C. civ. art. 1152).

À notre avis, l'action est en tout état de cause prescrite vingt ans après la date de l'acte, en raison du délai butoir instauré par l'article 2232 du Code civil.

> **Précisions** Si le **tuteur a empiété sur la capacité du majeur** en accomplissant seul un acte qui aurait dû être fait par la personne protégée, seule ou avec son assistance, l'acte est nul de plein droit, sauf confirmation dans les cinq ans avec l'autorisation du juge ou du conseil de famille s'il a été constitué (C. civ. art. 465, 4° et dernier al.). Les termes « de plein droit » ne signifient pas que la nullité opère automatiquement ; elle doit être demandée au juge par les personnes ayant qualité pour le faire. Irrecevabilité, par exemple, de l'action en nullité d'une transaction conclue par le curateur seul exercée par l'épouse non curatrice du majeur (Cass. 1e civ. 5-3-2014 n° 12-29.974 : Bull. civ. I n° 30).
> Par **exemple**, sont nuls les actes de procédure initiés par le tuteur seul, en qualité de représentant du majeur, pour la période postérieure au jugement qui avait transformé la tutelle en curatelle renforcée (CA Angers 17-10-2013 n° 12/01363, 1e ch. sect. B).

2. ACTES À CARACTÈRE PERSONNEL

53280 Le tuteur doit **prendre soin de la personne du majeur** et le représenter dans tous les actes de la vie civile. Il existe toutefois des situations où il n'est pas envisageable que le tuteur puisse agir à la place du majeur. Pour d'autres, le législateur laisse une large part à l'**autonomie du majeur**, le tuteur n'intervenant que dans l'hypothèse où le majeur n'est pas capable de prendre une décision éclairée. Enfin, pour toute une série d'actes, la loi a organisé des régimes particuliers d'incapacité.

ACTES À CARACTÈRE STRICTEMENT PERSONNEL

L'accomplissement des actes dont la nature implique un **consentement strictement personnel** ne peut jamais donner lieu à assistance ou à représentation (C. civ. art. 458, al. 1). En conséquence, soit le majeur est intellectuellement capable de donner son consentement et il peut effectuer l'acte seul, soit il ne possède pas cette capacité et l'acte ne peut pas être accompli. 53285
La loi fixe une **liste**, **non exhaustive**, d'actes réputés (présomption irréfragable) à caractère strictement personnel : « la déclaration de naissance d'un enfant, sa reconnaissance, les actes de l'autorité parentale relatifs à la personne d'un enfant, la déclaration du choix ou du changement du nom d'un enfant et le consentement donné à sa propre adoption ou à celle de son enfant » (C. civ. art. 458, al. 2).
Le principe selon lequel l'impossibilité de consentir à l'acte empêche sa réalisation doit toutefois être tempéré pour l'adoption plénière d'un majeur protégé hors d'état d'y consentir personnellement, qui est possible sous conditions (voir n° 29542).
Le mariage constitue également un acte impliquant un consentement strictement personnel et ne peut pas donner lieu à représentation (Cass. 1e civ. 2-12-2015 n° 14-25.777 FS-PBI : BPAT 1/16 inf. 12).
Si le majeur a agi seul, une **action en nullité** pour trouble mental demeure possible dans les conditions de droit commun exposées nos 49065 s.

> **Précisions** **a.** Les mêmes règles doivent-elles s'appliquer à la demande d'**adoption par le majeur**, bien qu'elle ne soit pas visée par la loi du 5 mars 2007 au titre des actes à caractère strictement personnel ? En effet, l'article 458 du Code civil vise uniquement le consentement du majeur à sa propre adoption en tant qu'adopté (C. civ. art. 458 modifié par loi 2007-308 du 5-3-2007). Un arrêt, rendu avant l'entrée en vigueur de la loi de 2007, a jugé que la présentation d'une **requête** en adoption était une action dont la nature impliquait un consentement strictement personnel et qui ne pouvait donner lieu à représentation de l'adoptant placé sous tutelle (Cass. 1e civ. 4-6-2007 n° 05-20.243 FS-PB : Bull. civ. I n° 218). Certains auteurs y ont vu un argument en faveur de l'application de l'article 458 du Code civil à la requête en adoption (RTD civ. 2007 p. 547 obs. J. Hauser, AJ fam. 2007 p. 355 obs. L. Pécaut-Révolier). À l'inverse, pour d'autres, une telle requête constitue une action extrapatrimoniale relevant de l'article 475 du Code civil, pour laquelle le majeur est obligatoirement représenté par le tuteur, autorisé suivant le cas par le conseil de famille ou le juge des tutelles (Dalloz Action Droit de la famille 2023/2024, dir. F. Chénedé v. Adoption plénière, Conditions relatives à la personne de l'adoptant par P. Salvage-Gerest, n° 221.38).
> **b.** Il résulte de l'article 458 du Code civil que l'appel d'une décision du juge des enfants qui restreint l'exercice des droits de l'autorité parentale d'un majeur protégé constitue un acte strictement personnel que celui-ci peut accomplir sans assistance ni représentation (Cass. 1e civ. 6-11-2013 n° 12-23.766 FS-PB : BPAT 1/14 inf. 10, JCP G 2014 n° 1-2, 14, p. 20 note N. Peterka, Gaz. Pal. 19-12-2013 jur. p. 20 note J. Massip). Par cet arrêt, la Cour de cassation étend aux **actions en justice** le régime des actes à caractère strictement personnel et écarte ainsi les dispositions du Code civil qui obligent les majeurs protégés à être représentés ou assistés pour agir devant les tribunaux. Dès lors que l'action en justice concerne un acte à caractère strictement personnel, le majeur peut agir seul.

ACTES RELATIFS À LA PERSONNE DU MAJEUR

À côté des actes à caractère strictement personnel que le majeur sous tutelle doit effectuer lui-même, la loi définit un régime particulier pour les « actes relatifs à sa personne » (il reviendra à la jurisprudence de définir ce que sont ces actes...). 53290
Si le **majeur est capable de prendre une décision éclairée**, il prend seul cette décision (C. civ. art. 459, al. 1).
Si le **majeur est incapable** de prendre seul une décision éclairée, le juge ou le conseil de famille s'il a été constitué peut prévoir que le majeur bénéficiera, pour tout ou partie des actes relatifs à sa personne, de l'assistance du tuteur. Si cette assistance ne suffit pas, le juge peut autoriser le tuteur à représenter l'intéressé, y compris pour les actes ayant pour effet de porter gravement atteinte à son intégrité corporelle. Sauf urgence, en cas de désaccord entre le majeur protégé et le tuteur, le juge autorise l'un ou l'autre à prendre la décision, à leur demande ou d'office (C. civ. art. 459, al. 2).
Sauf urgence, le tuteur ne peut prendre une décision ayant pour effet de porter gravement atteinte à l'intimité de la vie privée du majeur sans l'autorisation du juge ou du conseil de famille s'il a été constitué (C. civ. art. 459, al. 3).
Le tuteur peut prendre à l'égard du majeur les mesures de protection strictement nécessaires pour mettre fin au danger que son propre comportement ferait courir à l'intéressé. Il en informe sans délai le juge ou le conseil de famille s'il a été constitué (C. civ. art. 459, al. 4).

> **Précisions** **a.** Le transfert d'une **personne vulnérable dans un autre établissement de soins** constituant, au regard de l'état de santé du majeur, un acte grave au sens de l'article 459, alinéa 3 du Code civil, seul le tuteur peut solliciter du juge un tel changement, à l'exclusion des proches (Cass. 1e civ. 13-12-2017 nº 17-18.437 FS-PBI : BPAT 1/18 inf. 21).
> **b.** La **saisine du juge** des libertés et de la détention aux fins d'obtenir la **mainlevée d'une mesure de soins sans consentement** de même que l'appel ou le pourvoi contre une décision statuant sur une telle mesure constituent des actes personnels que le majeur protégé peut accomplir seul (Cass. 1e civ. 5-7-2023 nº 23-10.096 FS-B ; Cass. 1e civ. 31-1-2024 nº 22-23.242 F-B).

ACTES SPÉCIFIQUEMENT RÉGLEMENTÉS

53295 La **loi** a organisé des **exceptions à l'incapacité totale** du majeur sous tutelle. Nous allons voir les plus importantes de ces exceptions.
Des **règles spécifiques** s'appliquent en matière de libéralités (nos 63154 s.), d'assurance-vie (nos 65102 s.), de changement de nom (nº 31830) et de changement de prénom (nos 32315 s.).

53300 **Mariage** Le mariage d'une personne sous tutelle est possible sans l'autorisation du juge. Il requiert le consentement du majeur (Cass. 1e civ. 2-12-2015 nº 14-25.777 FS-PBI : BPAT 1/16 inf. 12).
Le majeur est tenu d'**informer le tuteur** du projet de mariage avant le dépôt du dossier en mairie et la publication des bans (C. civ. art. 460 et 63). Le défaut de justificatif écrit de l'information du tuteur n'est pas sanctionné par la nullité relative comme l'était autrefois le défaut d'autorisation à mariage du tuteur. Une fois informé, le tuteur peut former **opposition** dans les mêmes conditions qu'un ascendant (C. civ. art. 175). Toutefois, il ne bénéficie pas de l'immunité propre aux ascendants et peut être condamné à des dommages-intérêts en cas de levée de l'opposition (C. civ. art. 179). L'opposition à mariage du tuteur produit ses effets pendant un an. L'acte peut être renouvelé une fois. Les futurs époux peuvent en demander mainlevée (C. civ. art. 177). Sur l'opposition à mariage, voir nos 280 s.
Le majeur sous tutelle peut passer un **contrat de mariage** avec l'assistance de son tuteur (C. civ. art. 1399, al. 1). À défaut de cette assistance, la nullité du contrat peut être demandée dans l'année du mariage par le majeur lui-même, par ceux dont le consentement était requis ou par son tuteur (C. civ. art. 1399, al. 2). Toutefois, le tuteur peut saisir le juge pour être autorisé à conclure seul une convention matrimoniale, en vue de préserver les intérêts de la personne protégée (C. civ. art. 1399, al. 3). Il s'agit d'imposer aux époux un contrat de mariage pour éviter qu'ils ne s'unissent sous le régime de la communauté légale. On peut s'interroger sur l'efficacité de ce dispositif, notamment lorsque le futur conjoint du majeur protégé refuse de signer le contrat préparé par le tuteur (voir à ce sujet G. Raoul-Cormeil, Le droit des personnes protégées après la loi de réforme pour la justice, L'union du majeur protégé (mariage, divorce, Pacs) : BPAT 3/19 inf. 82).
Pour **changer ou modifier son régime matrimonial**, le majeur doit demander l'autorisation du juge des tutelles ou du conseil de famille s'il a été constitué (C. civ. art. 1397, al. 7). La signature de la convention modificative obéit aux dispositions de l'article 1399. Elle est donc effectuée par voie d'assistance de la personne en tutelle sauf si son tuteur a été autorisé à la représenter pour la signature de la convention.

53305 **Divorce** L'**acceptation du principe** de la rupture du mariage appartient au seul majeur sous tutelle.
Dans l'**instance en divorce**, le majeur est représenté par son tuteur, en défense comme en demande. Le tuteur, lorsqu'il agit en demande, n'a plus à obtenir l'autorisation du juge ou du conseil de famille s'il a été institué (C. civ. art. 249).
Concernant les **différents cas de divorce**, les divorces pour faute et pour altération définitive du lien conjugal sont ouverts aux personnes sous tutelle, de même que le divorce accepté. En revanche, le divorce par consentement mutuel leur est interdit, qu'il s'agisse du divorce par consentement mutuel par acte d'avocats déposé au rang des minutes d'un notaire ou de la procédure judiciaire du divorce par consentement mutuel (C. civ. art. 229-2 et 249-4).
Si la **tutelle** a été **confiée au conjoint** du majeur protégé (nº 53382), un tuteur ad hoc est alors nommé pour éviter les conflits d'intérêts (C. civ. art. 249-2).
Le majeur protégé peut **acquiescer** au jugement de divorce ou se désister de l'appel s'il en a reçu l'autorisation du juge des tutelles (CPC art. 1122).
Lorsqu'une demande de mise sous tutelle est en cours, la demande en divorce ne peut être examinée qu'après l'intervention du jugement se prononçant sur la mise en place d'une mesure de protection. Toutefois, le juge aux affaires familiales peut prendre des mesures provisoires (C. civ. art. 249-3).

Les règles établies pour le divorce sont applicables dans les mêmes conditions à la **séparation de corps** (C. civ. art. 296). **53310**

Pacs La **conclusion d'un pacte civil de solidarité** par une personne sous tutelle ne nécessite pas l'autorisation du juge (C. civ. art. 462). **53315**
Comme le mariage, la conclusion d'un Pacs est un acte personnel qui nécessite le consentement du majeur (nº 53300).
La **déclaration conjointe** de conclusion du Pacs devant l'officier de l'État civil (ou devant le notaire instrumentaire) est effectuée par le majeur (et son partenaire), sans représentation ni assistance du tuteur (C. civ. art. 462, al. 1).
En revanche, le tuteur doit assister le majeur pour **signer ou modifier la convention de Pacs** (C. civ. art. 462, al. 1 et 2).
Lorsque la **tutelle a été confiée au partenaire** (nº 53382), le tuteur est réputé en opposition d'intérêts avec le majeur pour tout ce qui concerne le Pacs (C. civ. art. 462, al. 7). En l'absence de subrogé tuteur, un tuteur ad hoc doit être désigné (C. civ. art. 455).

En ce qui concerne la **rupture du Pacs** (C. civ. art. 462, al. 3 s.) : **53317**
– le majeur peut rompre seul le Pacs par déclaration conjointe ou unilatérale. Il n'y a ni représentation ni assistance pour l'accomplissement des formalités relatives à la rupture par déclaration conjointe ;
– le tuteur peut également prendre l'initiative de la rupture, en demandant une autorisation du juge ou du conseil de famille s'il en a été constitué un, après audition du majeur et recueil, le cas échéant, de l'avis des parents et de l'entourage.
Les formalités de signification sont effectuées par le tuteur, ou auprès de lui si la rupture émane du partenaire du majeur protégé.
Le tuteur représente le majeur pour les opérations de liquidation consécutives à la rupture du pacte.

Autorité parentale Les majeurs sous tutelle perdent de plein droit l'**administration légale** sur les biens de leurs **enfants mineurs** (C. civ. art. 395, 2º). **53325**
Plus délicate est la question de l'**autorité parentale** sur la personne des enfants. La loi prévoit qu'est privé de l'autorité parentale « le père ou la mère qui est hors d'état de manifester sa volonté, en raison de son incapacité [...] » (C. civ. art. 373). Il en résulte a contrario que le parent sous tutelle (ou sous curatelle) qui n'est pas « hors d'état de manifester sa volonté » conserve l'exercice de l'autorité parentale. En réputant actes à caractère strictement personnel « les actes de l'autorité parentale relatifs à la personne d'un enfant » (voir nº 53285), la loi du 5 mars 2007 décide que le majeur sous tutelle n'est pas privé, du seul fait de l'ouverture de la mesure, de l'exercice de l'autorité parentale sur la personne de ses enfants.

Droit de vote La tutelle n'entraîne pas perte du droit de vote : la possibilité pour le juge de supprimer ce droit à l'ouverture et au renouvellement de la tutelle a été abrogée (C. élec. art. L 5 abrogé par loi 2019-222 du 23-3-2019). **53330**
Le majeur protégé exerce personnellement le droit de vote et il ne peut pas être représenté par son tuteur. Le choix de la personne à qui il peut donner **procuration** est de plus strictement encadré (C. élec. art. L 72-1).
En revanche, le majeur sous tutelle est inéligible (C. élect. art. L 200).

Carte nationale d'identité La demande de carte nationale d'identité faite au nom d'un majeur en tutelle peut être présentée par le tuteur mais aussi, désormais, par le majeur agissant seul (Décret 55-1397 du 22-8-1955 art. 4-4 modifié par décret 2021-279 du 13-3-2021 art. 5). **53335**
Dans ce cas, il doit présenter une **attestation** de moins de trois mois du tuteur déclarant être informé de la démarche. La carte nationale d'identité est signée par le majeur ou, s'il n'est pas en capacité de le faire, par le tuteur (Arrêté INTD2108378A du 13-3-2021 : JO 14 texte nº 29).

B. Organisation de la tutelle

Qu'elles soient confiées à un proche ou à un mandataire judiciaire à la protection des majeurs, les tutelles peuvent fonctionner selon **trois organisations** différentes : **53350**
– la tutelle « simple », avec pour seul organe exécutif le ou les tuteurs ;
– la tutelle « complète », avec tuteur, subrogé tuteur et conseil de famille ;
– la tutelle « intermédiaire », avec tuteur et subrogé tuteur, mais sans conseil de famille.

En pratique, la tutelle simple est le mode normal de fonctionnement de la tutelle des majeurs. La tutelle avec conseil de famille est extrêmement rare.

1. TUTEUR

DÉSIGNATION DU TUTEUR

53380 **Division possible des charges tutélaires** C'est le juge, ou le conseil de famille s'il en a été constitué un, qui désigne le tuteur (C. civ. art. 447, al. 1 et 456, al. 3). En fonction notamment de la situation du majeur protégé et de la consistance de son patrimoine, le juge peut désigner **plusieurs tuteurs** pour exercer en commun la mesure de protection. Il peut également diviser les compétences en désignant un tuteur chargé de la personne du majeur et un autre tuteur pour la gestion de son patrimoine. Il peut confier la gestion de certains biens à un tuteur adjoint (C. civ. art. 447, al. 1 à 3, dont les dispositions s'appliquent également au curateur).

ILLUSTRATIONS

En application du principe permettant de **diviser les compétences du tuteur**, le proche qui, en raison de sa propre précarité, n'est pas en mesure de gérer le patrimoine du majeur, peut néanmoins être désigné pour prendre soin de sa personne. A par exemple été censurée la cour d'appel ayant désigné comme tuteur aux biens et à la personne un mandataire professionnel, sans expliquer les raisons pour lesquelles elle avait écarté le père du majeur comme tuteur à la personne (Cass. 1e civ. 28-5-2014 n° 13-24.324 F-D : AJ fam. 2014 p. 503 obs. Th. Verheyde, D. 2014 p. 2268 obs. J.-J. Lemouland, RTD civ. 2014 p. 858 obs. J. Hauser). La situation inverse peut aussi se rencontrer en pratique. Par exemple, des charges tutélaires initialement divisées entre la fille du majeur protégé, tutrice aux biens, et un mandataire professionnel, tuteur à la personne, peuvent être réunies au profit de la fille (Cass. 1e civ. 11-1-2017 n° 15-27.784 FS-PBI : AJ fam. 2017 p. 145 obs. G. Raoul-Cormeil, D. 2017 p. 1493 obs. D. Noguéro, RTD civ. 2017 p. 101 obs. J. Hauser).

53382 **Choix encadré du tuteur** La désignation du tuteur s'effectue selon un **ordre de préférence fixé par la loi** (C. civ. art. 448 à 451, dont les dispositions s'appliquent également au choix du curateur).

Doit en premier lieu être désignée comme tuteur la personne que le **majeur a lui-même désignée par avance**. Sauf cas particuliers (refus de la personne choisie, impossibilité d'exercer sa mission ou choix contraire à l'intérêt du majeur), cette désignation s'impose (C. civ. art. 448, al. 1). De la même façon, si les parents ou le survivant d'entre eux ont désigné un tuteur pour leur enfant à compter du jour de leur décès ou du jour où ils ne pourraient plus prendre soin de lui, le juge (ou le conseil de famille) doit sauf cas particuliers tenir compte de cette désignation (C. civ. art. 448, al. 2).

À défaut, si aucun tuteur n'a été désigné par le majeur (ou par ses parents), le juge (ou le conseil de famille) désigne le conjoint, le partenaire de Pacs ou le concubin du majeur, sauf si la vie commune a cessé ou si une autre cause empêche cette désignation (C. civ. art. 449, al. 1). Toutefois, lorsque la cessation de la vie commune n'est pas liée à des circonstances imputables à l'épouse mais à des évènements extérieurs, cette dernière peut être nommée tutrice (Cass. 1e civ. 8-12-2016 n° 16-20.298 FS-PBRI : BPAT 1/17 inf. 13). Rappelons que, lorsque le majeur est marié, son placement sous un régime de protection présente un caractère subsidiaire (n° 49030).

Si le majeur est célibataire ou si le juge (ou le conseil de famille) refuse de désigner son conjoint ou concubin, le tuteur doit être un parent, un allié ou toute personne résidant avec le majeur ou entretenant avec lui des liens étroits et stables. Le juge (ou le conseil de famille) doit prendre en considération les sentiments exprimés par le majeur, ses relations habituelles, l'intérêt porté à son égard et les recommandations éventuelles de ses parents et alliés ainsi que de son entourage (C. civ. art. 449, al. 2 et 3). Le juge doit motiver sa décision s'il désigne un tuteur différent de celui souhaité par le majeur (Cass. 1e civ. 5-12-2012 n° 11-26.611 F-PBI : BPAT 1/13 inf. 13, AJ fam. 2013 p. 62 obs. Th. Verheyde, D. 2013 p. 2200 obs. D. Noguéro, RTD civ. 2013 p. 89 obs. J. Hauser, décision rendue à propos d'un curateur mais transposable). En l'espèce, le majeur avait demandé que soit désignée comme curatrice sa nièce, chez qui il résidait.

Ce n'est qu'en l'**absence complète de proche** ou lorsque la désignation d'un proche est contraire aux intérêts du majeur qu'un mandataire judiciaire à la protection des majeurs (MJPM) est désigné (C. civ. art. 450). Les MJPM peuvent être des personnes physiques exerçant en libéral à titre individuel et habituel des mesures de protection des majeurs, des préposés d'établissements médicaux, médico-sociaux ou sociaux, ou des services (associations tutélaires notamment). Voir nos 76800 s.

ATTENTION

Les membres des **professions médicales** et de la **pharmacie**, ainsi que les auxiliaires médicaux ne peuvent pas exercer une charge tutélaire à l'égard de leurs patients ; il en est de même du **fiduciaire** désigné par le contrat de fiducie à l'égard du constituant (C. civ. art. 445, al. 2 et 3).

Désignation d'un tuteur extérieur à la famille Des **dissensions familiales**, comme l'existence d'un important conflit entre un père, époux de la majeure protégée, et sa fille qui souhaite exercer les fonctions de tutrice justifient la nomination d'un tuteur extérieur à la famille. Au cas particulier, ce conflit avait notamment conduit l'établissement de soins où était placée la majeure à fixer des jours de visites pour éviter les rencontres entre le père et sa fille (Cass. 1e civ. 23-2-2011 nº 10-12.923 F-D : BPAT 2/11 inf. 119). Il en va de même en cas de mésentente entre les membres de la fratrie, opposés en raison d'un conflit grave portant sur la gestion du patrimoine et sur les soins à prodiguer à leur mère (Cass. 1e civ. 13-7-2022 nº 20-20.863 F-D : BPAT 5/22 inf. 223). Justifie également sa décision de désigner un tuteur extérieur à la famille, dans l'intérêt du majeur protégé, la cour d'appel qui relève la nécessité pour celui-ci de bénéficier d'un regard neutre, à l'abri des tensions familiales, sur sa situation et les décisions à prendre à l'avenir (Cass. 1e civ. 27-6-2018 nº 17-20.911 F-PB : BPAT 5/18 inf. 196). La Cour de cassation a toutefois jugé que l'existence de « dissensions familiales très vives » au sein d'une famille recomposée (entre l'épouse et les beaux-enfants) n'est pas en soi suffisante pour justifier l'éviction de l'épouse et la désignation d'un tuteur extérieur à la famille ; la Cour a reproché aux juges d'appel de ne pas avoir expliqué en quoi une telle décision était commandée par l'**intérêt du majeur protégé** (Cass. 1e civ. 9-7-2014 nº 13-20.077 F-PB : BPAT 5/14 inf. 198). 53383

L'illettrisme des parents et la **nécessité d'assurer une bonne gestion des comptes** de leur fille placée sous protection peut aussi justifier la désignation comme tuteur d'un tiers extérieur à la famille (Cass. 1e civ. 8-4-2009 nº 08-11.417 F-D). De même, justifie sa décision d'écarter l'époux comme tuteur la cour d'appel qui relève :

– qu'il est en conflit avec ses beaux-enfants et a commis plusieurs erreurs de gestion préjudiciables à son épouse (Cass. 1e civ. 18-12-2019 nº 19-11.139 F-D : BPAT 1/20 inf. 9, Defrénois 2020 (1e esp.) nº 10 p. 43 obs. J. Combret, D. 2020 p. 1485 obs. J.-J. Lemouland) ;

– qu'il nuit au bon déroulement de la mesure en s'opposant constamment aux différents intervenants et gère avec une grande opacité les comptes de son épouse (Cass. 1e civ. 5-1-2023 nº 21-10.573 F-D : BPAT 2/23 inf. 73).

La désignation d'un tuteur (ou un curateur) extérieur à la famille peut se justifier par d'**autres raisons**. Par exemple, les juges peuvent écarter la fille de la majeure protégée, en dépit du souhait exprimé par cette dernière, en raison de la distance entre leurs deux domiciles, incompatible avec les besoins quotidiens de la mère (Cass. 1e civ. 25-9-2013 nº 12-22.300 F-D). Ils peuvent aussi écarter comme tuteur le père qui demande l'ouverture de la mesure et a comme projet de marier son fils, alors que ce dernier est incapable de donner son consentement (Cass. 1e civ. 2-4-2014 nº 13-10.758 FS-PBI : Bull. civ. I nº 63).

RÔLE ET OBLIGATIONS DU TUTEUR

Protection de la personne et gestion du patrimoine Le tuteur a en principe la double obligation de prendre soin de la personne du majeur et de gérer son patrimoine, étant rappelé que le juge peut désigner deux personnes différentes pour assumer ces deux fonctions (nº 53380). 53385

Concernant la **protection de la personne protégée**, les décisions du tuteur sont prises à cet effet en plein accord avec le conseil de famille s'il a été constitué, et en tenant compte dans la mesure du possible des choix personnels du majeur, notamment quant au choix de sa résidence. Le tuteur a un rôle de conseil dans la vie quotidienne. C'est à la famille et au tuteur, et non au juge, qu'il appartient de préciser le cadre de vie du majeur. Sur la protection de la personne du majeur sous la tutelle et la curatelle, voir nº 53060.

Le tuteur représente le majeur sous tutelle dans les actes nécessaires à la **gestion de ses biens** et doit apporter « des soins prudents, diligents et avisés, dans le seul intérêt de la personne protégée » (C. civ. art. 474 et 496, al. 1 et 2). Il répond des dommages-intérêts qui peuvent résulter de sa mauvaise gestion, une faute « quelconque » suffisant à engager sa responsabilité (C. civ. art. 421). 53390

Bien que la tutelle soit une charge personnelle, le tuteur peut s'adjoindre, sous sa responsabilité, le **concours de tiers** pour accomplir (C. civ. art. 452, al. 2 ; Décret 2008-1484 du 22-12-2008 art. 3 : JO 31 texte nº 94) :

– les actes conservatoires qui permettent de sauvegarder le patrimoine ou de soustraire un bien à un péril imminent ou à une dépréciation inévitable sans compromettre aucune prérogative du propriétaire ;

– les actes d'administration, mais seulement s'ils n'emportent ni paiement ni encaissement de sommes d'argent par ou pour la personne protégée.
Sur le régime des différents types d'actes, voir nos 53550 s.

> **Précisions** En cas de faute d'un **tuteur dans l'exécution de sa mission au préjudice de tiers**, ces derniers peuvent rechercher sa responsabilité sur le fondement de l'article 1382 (devenu article 1240) du Code civil régissant la responsabilité extracontractuelle du fait personnel (Cass. 1e civ. 16-12-2015 no 14-27.028 FS-PBI : BPAT 1/16 inf. 13).

53393 **Budget de la tutelle** Le tuteur arrête le budget de la tutelle en déterminant, en fonction de l'importance des biens de la personne protégée et des opérations qu'implique leur gestion, les **sommes annuellement nécessaires** à l'entretien de celle-ci et au remboursement des frais d'administration de ses biens. Le tuteur en informe le conseil de famille ou, à défaut, le juge. En cas de difficultés, le budget est arrêté par le conseil de famille ou, à défaut, par le juge (C. civ. art. 500, al. 1).
Sous sa propre responsabilité, le tuteur peut inclure dans les frais de gestion la **rémunération des administrateurs particuliers** dont il demande le concours (C. civ. art 500, al. 2).

> **Précisions** S'il conclut un contrat avec un **tiers** pour la **gestion des valeurs mobilières et instruments financiers** de la personne protégée, le tuteur choisit le tiers contractant en considération de son expérience professionnelle et de sa solvabilité. Le contrat peut, à tout moment et nonobstant toute stipulation contraire, être résilié au nom de la personne protégée (C. civ. art 500, al. 3).

53395 **Obligation d'inventaire** Le tuteur doit faire procéder à un inventaire du patrimoine du majeur et l'**actualiser** tout au long de la tutelle. Cet inventaire est transmis au juge dans les trois mois de l'ouverture de la tutelle pour les biens meubles corporels, et dans les six mois pour les autres biens (C. civ. art. 503, al. 1). Si un subrogé tuteur a été désigné, l'inventaire est réalisé en sa présence.
Lorsque le juge l'estime nécessaire, il peut désigner dès l'ouverture de la mesure un **commissaire de justice ou** un **notaire** pour procéder, aux frais de la personne protégée, à l'inventaire des biens meubles corporels, dans le délai de trois mois (C. civ. art. 503, al. 3).
L'**inventaire contient** une description des meubles meublants, une estimation des immeubles et des biens mobiliers ayant une valeur de réalisation supérieure à 1 500 €, la désignation des espèces en numéraire et un état des comptes bancaires, des placements et des autres valeurs mobilières (CPC art. 1253, al. 2).
À **défaut d'inventaire** ou lorsqu'il est **incomplet ou inexact**, le majeur ou ses héritiers après son décès peuvent prouver par tous moyens la consistance et la valeur des biens (C. civ. art. 503, al. 4).
En cas de **retard dans la transmission de l'inventaire**, le juge peut désigner un commissaire de justice, un notaire ou un mandataire judiciaire à la protection des majeurs pour y procéder aux frais du tuteur (C. civ. art. 503, al. 5).

> **Précisions** **a.** Pour réaliser l'inventaire, le tuteur a accès aux renseignements et documents nécessaires auprès de toute personne publique ou privée, sans que le **secret bancaire ou professionnel** puisse lui être opposé (C. civ. art. 503, al. 2).
> **b.** L'inventaire peut être fait par **acte sous seing privé** mais, s'il n'est pas établi par un officier public ou ministériel, il doit être réalisé en présence de deux témoins majeurs qui ne sont pas au service de la personne protégée ni du tuteur (CPC art. 1253, al. 1).

53400 **Dépôt des fonds et des titres chez un dépositaire agréé** Le tuteur ne peut verser les capitaux revenant au majeur sous tutelle que sur un **compte ouvert** exclusivement à son nom, et mentionnant l'existence de la tutelle (C. civ. art. 498).
Le versement doit être fait directement par le débiteur, sans possibilité de faire transiter les fonds par un autre compte. Propre à la tutelle, cette obligation d'**individualiser le versement** des capitaux s'ajoute à celle, déjà prévue pour toutes les mesures de protection juridique des majeurs, d'individualiser les opérations bancaires de paiement et de gestion patrimoniale (no 49057).

53405 **Emploi des capitaux et de l'excédent des revenus** À partir d'un **montant** fixé par le juge ou le conseil de famille s'il en a été constitué un, le tuteur a l'obligation d'employer les capitaux et l'excédent des revenus du majeur. Il peut toutefois, sans autorisation, placer des fonds sur un compte (C. civ. art. 501, al. 1).
Les **modalités** et le **délai de l'emploi** ou du remploi des capitaux sont fixés par le juge (ou le conseil de famille) à l'avance ou opération par opération. Si le tuteur ne respecte pas le délai qui lui a été imparti, il peut être déclaré débiteur des intérêts (C. civ. art. 501, al. 2).

Si un subrogé tuteur a été nommé, il atteste auprès du juge des tutelles que l'emploi ou le remploi des capitaux a été effectué conformément aux prescriptions du conseil de famille ou, à défaut, du juge (C. civ. art. 497, al. 2).

> **Précisions** Les dispositions de l'article 501 du Code civil autorisant, depuis la loi du 23 mars 2019, le tuteur à placer sans autorisation des fonds sur un compte (C. civ. art. 501, al. 1 modifié par loi 2019-222 du 23-3-2019 art. 9), **ne s'appliquent pas au versement de primes** sur un contrat d'assurance-vie. En effet, l'assurance-vie n'est pas un compte et, le décret 2008-1484 du 22 décembre 2008 qualifiant le versement de nouvelles primes sur un contrat d'assurance-vie d'acte de disposition, ce type de placement demeure soumis, sauf circonstances particulières, à l'autorisation du conseil de famille ou, à défaut, du juge des contentieux de la protection (Cass. 1e civ. avis 18-12.2020 n° 20-70.003 : BPAT 2/21 inf. 83).

RÉMUNÉRATION DU TUTEUR

La loi pose expressément le principe de la gratuité des fonctions de tuteur (comme de toutes les charges tutélaires), lorsque ces fonctions sont assumées par un **proche du majeur protégé**. **53410**
Cependant, le juge des tutelles ou le conseil de famille s'il a été constitué peut autoriser le versement d'une indemnité à la personne chargée de la protection si l'importance des biens à gérer ou la difficulté de la mesure de protection le justifient. Le juge fixe le montant de l'indemnité, qui est à la charge de la personne protégée (C. civ. art. 419, al. 1).

Lorsque la tutelle est exercée par un **mandataire judiciaire à la protection des majeurs** (MJPM), la rémunération du mandataire est à la charge totale ou partielle de la personne protégée, en fonction de ses ressources et selon les modalités fixées par le Code de l'action sociale et des familles (C. civ. art. 419, al. 2). Le principe est que le majeur doit financer lui-même sa protection, avec un financement subsidiaire par la collectivité, s'il ne peut pas assumer intégralement le coût de la mesure (C. civ. art. 419, al. 3). **53415**
À titre exceptionnel et après avis du procureur de la République, le juge ou le conseil de famille s'il a été constitué peut allouer au MJPM une **indemnité complémentaire** pour l'accomplissement d'un ou plusieurs actes impliquant des diligences particulièrement longues ou complexes (C. civ. art. 419, al. 4).
Sur la rémunération du MJPM voir n° 76905.

> **Précisions** La rémunération des MJPM est exclusive de toute **autre somme ou avantage financier** en relation directe ou indirecte avec leur mission, sous réserve des aides ou subventions accordées par les collectivités publiques aux personnes morales pour leur fonctionnement général (C. civ. art. 420, al. 1).
> Sur l'incapacité de recevoir à titre gratuit qui frappe par ailleurs les MJPM, voir n° 63172.

HYPOTHÈQUE LÉGALE SUR LES BIENS DU TUTEUR

À l'ouverture de la tutelle, le conseil de famille ou le juge des tutelles peut décider, après avoir entendu le tuteur, qu'une inscription est requise sur les immeubles de ce dernier. La décision d'inscrire l'hypothèque doit fixer la somme pour laquelle elle est prise et désigner les immeubles qui en seront grevés (C. civ. art. 2398, al. 1 modifié par ord. 2021-1192 du 15-9-2021). À défaut, il peut décider que l'inscription d'hypothèque sera remplacée par la constitution d'un gage ou d'un nantissement. **53417**
Au cours de la tutelle, le conseil de famille ou, à défaut, le juge peut toujours ordonner, lorsque les intérêts du majeur en tutelle paraissent l'exiger, qu'il sera pris, soit une première inscription, soit des inscriptions complémentaires, ou qu'un gage ou un nantissement sera constitué sur les biens du tuteur (C. civ. art. 2398, al. 2 créé par ord. 2021-1192 du 15-9-2021).
Les inscriptions sont prises à la requête du greffier du juge des tutelles, et les **frais** en sont **imputés** au compte de la tutelle (C. civ. art. 2398, al. 4 créé par ord. 2021-1192 du 15-9-2021).

CONTRÔLE DE LA GESTION DU TUTEUR

Comptes annuels Le tuteur doit en principe établir **chaque année** un compte de gestion auquel sont annexées les pièces justificatives (C. civ. art. 510, al. 1). Toutefois, le juge peut décider de dispenser le tuteur de produire un compte annuel lorsque la tutelle n'a pas été confiée à un mandataire judiciaire à la protection des majeurs (C. civ. art. 513, al. 2). La dispense du compte de tutelle relève de l'appréciation souveraine du juge (Cass. 1e civ. 7-10-2015 n° 14-23.955 F-PBI : BPAT 2/20 inf. 56). **53420**
Pour établir le compte de gestion, le tuteur peut demander aux **établissements bancaires** les relevés annuels de comptes du majeur protégé, sans que le secret bancaire ou professionnel puisse lui être opposé (C. civ. art. 510, al. 2).

Le compte de gestion obéit à un **principe de confidentialité**, en vertu duquel le tuteur ne peut remettre une copie de ce compte qu'au majeur protégé, au subrogé tuteur et, s'il l'estime utile, aux autres personnes chargées de la protection (C. civ. art. 510, al. 3). Toutefois, après avoir entendu le majeur protégé et recueilli son accord, si son état le permet, le juge peut autoriser le tuteur à communiquer une copie du compte de gestion au conjoint, au partenaire de Pacs, à un parent, allié ou proche du majeur, à condition qu'ils justifient d'un intérêt légitime (C. civ. art. 510, al. 4). En cas d'accord du majeur, le juge doit donc s'assurer que le proche justifie d'un intérêt légitime avant de faire droit à la demande. En l'absence d'accord du majeur, c'est-à-dire lorsqu'il refuse ou n'est pas apte à exprimer son consentement, la communication des comptes à l'un des proches mentionnés est exclue (Cass. 1e civ. 23-3-2022 no 20-22.155 F-D : BPAT 3/22 inf. 131).

53422 Les comptes de gestion sont **vérifiés et approuvés** annuellement par le subrogé tuteur lorsqu'il en a été nommé un ou par le conseil de famille lorsqu'il est fait application de l'article 457 du Code civil. Lorsque plusieurs tuteurs ont été désignés pour la gestion patrimoniale (no 53380), les comptes annuels de gestion doivent être signés par chacun d'eux, ce qui vaut approbation. En cas de difficulté, le juge statue sur la conformité des comptes à la requête de l'une des personnes chargées de la mesure de protection (C. civ. art. 512, al. 1).

À défaut de désignation d'un subrogé tuteur ou d'un conseil de famille, le juge confie la mission de vérification et d'approbation des comptes à un **professionnel qualifié** (C. civ. art. 512, al. 3 modifié par loi 2019-222 du 23-3-2019 art. 30). Ce professionnel qualifié peut être un notaire, commissaire de justice, avocat, expert-comptable, commissaire aux comptes, administrateur, mandataire judiciaire ou toute autre personne (Circ. Civ/04/2019 du 25-3-2019 no JUSC1909309C).

La personne chargée de vérifier et d'approuver les comptes peut faire usage du **droit de communication** relatif aux comptes bancaires prévu au deuxième alinéa de l'article 510, sans que puisse lui être opposé le secret professionnel ou le secret bancaire. Elle est tenue d'assurer la confidentialité du compte de gestion (C. civ. art. 513-1, al. 1 créé par loi 2019-222 du 23-3-2019 art. 30).

Par dérogation, le juge peut dispenser le tuteur de soumettre le compte de gestion à approbation en considération de la modicité des revenus ou du patrimoine de la personne protégée (C. civ. art. 513, al. 1).

> **Précisions** Lorsque l'importance et la **composition du patrimoine** du majeur le justifient, le juge confie la mission de vérification et d'approbation des comptes à un professionnel qualifié (C. civ. art. 512, al. 2 modifié par loi 2019-222 du 23-3-2019 art. 30).

53425 **Comptes de fin de mission** À la fin de sa mission, et sauf s'il a été dispensé d'établir des comptes annuels, le tuteur doit (C. civ. art. 514) :

– établir un **compte récapitulatif** de gestion des opérations intervenues depuis le dernier compte annuel, ce compte étant soumis aux mêmes règles de vérification que le compte annuel ;

– remettre une **copie des cinq derniers comptes** de gestion et du compte récapitulatif, dans les trois mois qui suivent la fin de sa mission, selon le cas au majeur redevenu capable, au nouveau représentant légal ou aux héritiers du majeur.

Dans tous les cas, le tuteur doit remettre au majeur redevenu capable, au nouveau représentant légal ou aux héritiers du majeur les pièces nécessaires pour continuer la gestion ou assurer la liquidation de la succession, ainsi que l'inventaire initial et les actualisations auxquelles il a donné lieu.

ATTENTION

L'**action** en reddition de comptes, en revendication d'un bien ou en paiement de sommes touchées par le tuteur **se prescrit** par cinq ans à compter de la fin de la mesure de protection, délai qui s'applique même si le tuteur a continué à gérer les biens du majeur après la fin de sa mission (C. civ. art. 515).

DURÉE DES FONCTIONS DU TUTEUR

53430 Le tuteur (ou le curateur) est **en principe** nommé pour toute la durée de la tutelle.

Au bout de cinq ans, il peut toutefois demander au juge, ou au conseil de famille s'il en a été constitué un, à être **déchargé** de ses fonctions. Par exception, le conjoint, le partenaire de Pacs et les enfants du majeur protégé sont tenus de conserver la tutelle (C. civ. art. 453). Mais, en pratique, il est rare que les juges des tutelles obligent quelqu'un qui ne souhaite plus être tuteur à poursuivre sa mission. Pour que la protection du majeur soit efficace, il faut que son tuteur veuille vraiment la prendre en charge.

Aucun remplacement n'est possible si le tuteur est un mandataire judiciaire à la protection des majeurs.

> **Précisions** Le **juge** qui constate qu'aucun compte de gestion n'est établi depuis plusieurs années **peut révoquer le tuteur** de ses fonctions et en nommer un nouveau à sa place (Cass. 1e civ. 30-1-2013 n° 11-26.085 F-D : BPAT 2/13 inf. 52). Il en est de même lorsqu'il constate que le tuteur a fait preuve d'un manque de prudence dans la gestion des intérêts du majeur en ne réglant pas régulièrement ses loyers, ce qui a entraîné la résiliation de son bail et son expulsion et que le tuteur n'apportait pas d'explications pertinentes sur l'utilisation des fonds appartenant au majeur (Cass. 1e civ. 28-5-2014 n° 12.28.971 F-D : BPAT 4/14 inf. 164). De même encore à propos d'un père, tuteur de sa fille majeure, qui n'a pas déposé de compte annuel de gestion depuis sa désignation en 2009 et qui ne justifie ni de l'affectation de la rente mensuelle octroyée à sa fille par un tribunal ni des sommes qu'il a perçues pour son compte en réparation de son préjudice (Cass. 1e civ. 28-5-2015 n°s 14-18.283 et 14-19.823 F-D).

2. SUBROGÉ TUTEUR

DÉSIGNATION DU SUBROGÉ TUTEUR

La désignation d'un subrogé tuteur est obligatoire en présence d'une **tutelle avec conseil de famille**. **53450**

En l'**absence de conseil de famille**, la désignation d'un subrogé tuteur est facultative. C'est seulement « s'il l'estime nécessaire » que le juge nomme un subrogé tuteur (C. civ. art. 454, al. 1). Le juge, ou le conseil de famille s'il a été constitué, doit normalement désigner le subrogé tuteur parmi les proches du majeur. Si le tuteur est parent ou allié dans une branche, le subrogé tuteur est choisi de préférence dans l'autre branche (C. civ. art. 454, al. 2).

Faute de proche pour assumer la fonction, le juge peut désigner un mandataire judiciaire à la protection des majeurs (C. civ. art. 454, al. 3).

Sur la **rémunération** du subrogé tuteur, voir n°s 53410 s.

MISSIONS DU SUBROGÉ TUTEUR

Le subrogé tuteur a une **double mission** : **53455**

– de **surveillance** des actes du tuteur. À peine d'engager sa responsabilité à l'égard de la personne protégée, le subrogé tuteur surveille les actes passés par le tuteur en cette qualité et informe sans délai le juge s'il constate des fautes dans l'exercice de sa mission (C. civ. art. 454, al. 4). Il veille par exemple à ce que le tuteur remplisse l'obligation d'inventaire. Le subrogé tuteur est informé et consulté par le tuteur avant tout acte grave accompli par ce dernier (C. civ. art. 454, al. 6). Sur le rôle du subrogé tuteur en matière d'emploi et de remploi des capitaux, voir n° 53405 ; pour le contrôle du compte de gestion, voir n° 53422 ;

– et de **représentation** du majeur lorsque ses intérêts sont en opposition avec ceux du tuteur (le subrogé tuteur remplace alors le tuteur pour passer l'acte) ou lorsque le tuteur ne peut agir pour le compte du majeur en raison des limitations que le juge a apportées à sa mission (C. civ. art. 454, al. 5).

La **mission** du subrogé tuteur **cesse** avec la fin de la mesure de tutelle ; elle cesse également si les fonctions du tuteur prennent fin. Dans ce cas, le subrogé tuteur est tenu de provoquer le remplacement du tuteur, sous peine d'engager sa responsabilité à l'égard du majeur protégé (C. civ. art. 454, al. 7).

> **Précisions** Une mission de surveillance n'est **pas une mission de conseil** ou de consultant du tuteur ; après avoir constaté les difficultés de gestion du patrimoine du majeur protégé créées par les tensions au sein de la famille, le juge peut rejeter la demande du subrogé tuteur à la personne de se voir désigner en qualité de subrogé tuteur aux biens en relevant que l'objet réel de la demande était d'exercer une fonction de conseil ou de consultant du tuteur aux biens, ce qui ne correspond pas aux missions dévolues au subrogé tuteur par la loi (Cass. 1e civ. 5-3-2014 n° 13-11.651 F-D).

DÉSIGNATION D'UN TUTEUR AD HOC EN L'ABSENCE DE SUBROGÉ TUTEUR

En l'absence de subrogé tuteur, le tuteur dont les intérêts sont, à l'occasion d'un acte ou d'une série d'actes, en **opposition** avec ceux de la personne protégée ou qui ne peut agir pour son compte en raison des **limitations** de sa mission, fait nommer par le juge (ou par le conseil de famille s'il a été constitué) un tuteur ad hoc. Cette nomination peut également être faite à la demande du procureur de la République, de tout intéressé ou d'office (C. civ. art. 455). **53460**

3. CONSEIL DE FAMILLE

CONSTITUTION DU CONSEIL DE FAMILLE

53500 **En pratique**, la constitution d'un conseil de famille est **exceptionnelle** dans la tutelle des majeurs : le juge n'organise la tutelle avec un conseil de famille que « si les nécessités de la protection de la personne ou la consistance de son patrimoine le justifient et si la composition de sa famille et de son entourage le permet » (C. civ. art. 456, al. 1).

C'est le juge des contentieux de la protection exerçant les fonctions de juge des tutelles qui procède à la **désignation des membres** du conseil de famille en considération des sentiments exprimés par la personne protégée, de ses relations habituelles, de l'intérêt porté à son égard et des recommandations éventuelles de ses parents et alliés ainsi que de son entourage (C. civ. art. 456, al. 2). La désignation s'effectue selon les règles exposées n° 42085 pour la tutelle des mineurs.

MISSIONS DU CONSEIL DE FAMILLE

53510 Le conseil de famille a essentiellement pour **mission** :

– de désigner le tuteur (n° 53380), le subrogé tuteur (n° 53450) et, le cas échéant, un tuteur ad hoc (n° 53460) (C. civ. art. 456, al. 3) ;

– en cas de difficultés du tuteur, d'établir le budget de la tutelle (C. civ. art. 500, al. 1 in fine) ;

– d'autoriser un certain nombre d'actes, notamment les différents actes de disposition mentionnés n°s 53600 s., que le tuteur n'a pas le pouvoir d'accomplir seul (C. civ. art. 502, al. 1). Le juge peut toutefois autoriser certains de ces actes à la place du conseil de famille (voir n° 53602, précisions).

RÉUNIONS DU CONSEIL DE FAMILLE

53515 L'organisation des réunions du conseil de famille obéit aux **règles** exposées n°s 42095 s. pour la **tutelle des mineurs**, avec toutefois une spécificité : lorsque le tuteur ou le subrogé tuteur est un mandataire judiciaire à la protection des majeurs, le conseil de famille peut se réunir et délibérer hors de la présence du juge des tutelles, sur autorisation de ce dernier. Le conseil de famille désigne alors un président et un secrétaire parmi ses membres (à l'exclusion du tuteur et du subrogé tuteur) ; le président, qui transmet au juge l'ordre du jour du conseil de famille avant la réunion, exerce les missions du juge pour la convocation, la réunion et la délibération du conseil de famille (C. civ. art. 457).

C. Gestion du patrimoine du majeur sous tutelle

53540 Il résulte de la loi du 5 mars 2007 (Loi 2007-308 du 5-3-2007) et du décret du 22 décembre 2008 (Décret 2008-1484 du 22-12-2008) deux principes :

1° La loi distingue **trois types d'actes** :

– les actes que le tuteur peut accomplir seul (C. civ. art. 504) ;

– les actes que le tuteur peut accomplir avec une autorisation (C. civ. art. 505 à 508) ;

– les actes que le tuteur n'a pas le droit d'accomplir (C. civ. art. 509).

2° La loi recourt à une liste d'**actes classés selon leur nature** – actes d'administration et actes de disposition – détaillée en annexe du décret à laquelle il y a lieu de se reporter en pratique.

1. ACTES QUE LE TUTEUR PEUT ACCOMPLIR SANS AUTORISATION

ACTES CONSERVATOIRES

53550 Le tuteur accomplit seul les actes conservatoires (C. civ. art. 504, al. 1).

Sont **définis** comme tels les actes qui permettent de sauvegarder le patrimoine de la personne protégée ou de soustraire un bien à un péril imminent ou à une dépréciation inévitable sans compromettre aucune des prérogatives de son titulaire (Décret 2008-1484 du 22-12-2008 art. 1).

Tel est le cas, par **exemple**, du paiement de la prime arrivée à échéance d'un contrat d'assurance multirisque habitation, de la mise en demeure de payer adressée à un débiteur du majeur ou de la réalisation de réparations urgentes sur un immeuble.

ACTES D'ADMINISTRATION NÉCESSAIRES À LA GESTION DU PATRIMOINE

53555 Sauf exception en cas d'allègement de la tutelle (voir n° 53255), le tuteur accomplit seul les actes d'administration nécessaires à la gestion du patrimoine du majeur (C. civ. art. 504, al. 1).

Sont **définis** comme tels les actes d'exploitation ou de mise en valeur du patrimoine de la personne protégée qui sont dénués de risque anormal (Décret 2008-1484 du 22-12-2008 art. 1 : JO 31 texte n° 94).

Actes d'administration par nature Voici une liste (non exhaustive) d'actes qui constituent toujours des actes d'administration et que le tuteur a par conséquent le pouvoir d'accomplir seul. 53560
S'agissant des **immeubles** :
– conventions de jouissance précaire (C. civ. art. 426, al. 2) ;
– sauf exception (voir n° 49050), conclusion et renouvellement en tant que bailleur d'un bail de neuf ans au plus ne conférant au preneur aucun droit au renouvellement ou au maintien dans les lieux (C. civ. art. 595 et 1718) ;
– réparations d'entretien et travaux d'amélioration utiles (Décret 2008-1484 du 22-12-2008 ann. 1) ;
– résiliation d'un bail d'habitation en tant que bailleur (Décret du 22-12-2008 ann. 1).

Pour les actes portant sur les **meubles corporels** (y compris l'argent) **et incorporels**, le tuteur a le pouvoir d'effectuer seul (liste non exhaustive) : 53565
– l'ouverture d'un premier compte ou livret (C. civ. art. 427, al. 4) ;
– la perception des revenus (Décret 2008-1484 du 22-12-2008 ann. 1) ;
– la quittance d'un paiement (Décret du 22-12-2008 ann. 1) ;
– la demande de délivrance d'une carte bancaire de retrait (Décret du 22-12-2008 ann. 1) ;
– la résiliation d'un contrat conclu avec un tiers pour la gestion des valeurs mobilières et instruments financiers de la personne protégée (C. civ. art. 500, al. 3) ;
– toutes opérations (location, vente, emprunt, etc.) sur les meubles d'usage courant (sauf meubles meublants : voir n° 49050) et les biens de faible valeur (Décret du 22-12-2008 ann. 1).
Sur la conclusion d'un contrat avec un tiers pour la gestion des valeurs mobilières et instruments financiers de la personne protégée, voir n° 53585.

En matière d'**actes à titre gratuit**, le tuteur peut seul (liste non exhaustive) : 53570
– accepter une succession ou un legs universel ou à titre universel à concurrence de l'actif net (C. civ. art. 507-1 et 724-1) ;
– accepter une donation ou un legs particulier non grevés de charges (Décret 2008-1484 du 22-12-2008 ann. 1 : JO 31 texte n° 94) ;
– établir et déposer la déclaration de succession (Décret du 22-12-2008 ann. 1) ;
– délivrer les legs (Décret du 22-12-2008 ann. 1).
Sur la participation à un partage amiable et sur l'acceptation pure et simple d'une succession dont l'actif dépasse manifestement le passif, voir n° 53585.

Parmi les **actes divers** que le tuteur a le pouvoir d'effectuer seul, citons : 53575
– pour les biens indivis, les actes mentionnés n° 69135 que les indivisaires peuvent effectuer à la majorité des deux tiers des droits indivis ;
– les actions en justice relatives à un droit patrimonial du majeur (C. civ. art. 504, al. 2) ;
– la conclusion ou le renouvellement d'un contrat d'assurance de biens ou de responsabilité civile (Décret 2008-1484 du 22-12-2008 ann. 1).

Actes d'administration, sauf circonstances particulières Certains actes qui constituent a priori des actes d'administration peuvent être qualifiés d'actes de disposition « en raison de leurs **conséquences importantes** sur le contenu ou la valeur du patrimoine de la personne protégée, sur les prérogatives de celle-ci ou sur son mode de vie » (Décret 2008-1484 du 22-12-2008 art. 1 : JO 31 texte n° 94). 53580
C'est le tuteur qui décide, compte tenu des circonstances d'espèce, si l'acte d'administration qu'il envisage d'accomplir doit être considéré comme un acte de disposition soumis à autorisation.

EXEMPLES

Constituent **sauf circonstances d'espèce** des actes d'administration (Décret du 22-12-2008 ann. 2) :
– le paiement des dettes du majeur ou l'octroi d'un délai raisonnable de paiement à son débiteur ;
– les actes de gestion du portefeuille (notamment les arbitrages) ;
– l'exercice du droit de vote dans les assemblées de sociétés (avec de nombreuses exceptions : voir n° 53625) ;
– la conclusion ou la rupture d'un contrat de travail en qualité d'employeur ou de salarié ;
– l'acceptation de la clause bénéficiaire d'un contrat d'assurance-vie sans charge.

ACTES DE DISPOSITION « DÉJUDICIARISÉS »

Certains actes recensés comme étant des actes de disposition par le décret du 22 décembre 2008 peuvent être effectués par le tuteur sans autorisation préalable du juge (ou du conseil de famille). 53585

Est notamment concerné le **partage amiable** qui, sauf opposition d'intérêts entre le majeur protégé et le tuteur, peut être réalisé par ce dernier sans autorisation du juge. L'état liquidatif demeure néanmoins soumis à l'approbation du juge (C. civ. art. 507 modifié par loi 2019-222 du 23-3-2019 art. 9).

Est aussi concernée l'**acceptation pure et simple** d'une succession au nom du majeur sous tutelle, qui ne requiert plus d'autorisation judiciaire, à condition, toutefois, que le tuteur obtienne une attestation du notaire en charge du règlement de la succession établissant que l'actif est manifestement supérieur au passif (C. civ. art. 507-1 modifié par loi 2019-222 du 23-3-2019 art. 9).

Le tuteur est également dispensé d'autorisation pour la conclusion d'un contrat avec un tiers pour la **gestion des valeurs mobilières** et instruments financiers de la personne protégée (C. civ. art. 500, al. 3 modifié par loi 2019-222 du 23-3-2019 art. 9).

Enfin, concernant la **gestion des comptes bancaires** du majeur protégé, la modification des comptes du majeur, la clôture des comptes ouverts pendant le fonctionnement de la mesure et l'ouverture d'un nouveau compte auprès de la banque habituelle du majeur peuvent être réalisées par le tuteur sans autorisation (C. civ. art. 427 modifié par loi 2019-222 du 23-3-2019 art. 9). Sur la protection des comptes bancaires du majeur protégé, voir n°s 49055 s.

2. ACTES QUI NÉCESSITENT UNE AUTORISATION DU JUGE OU DU CONSEIL DE FAMILLE

53600 Le tuteur a besoin de l'autorisation du juge ou du conseil de famille s'il en a été constitué un pour effectuer au nom du majeur un **acte de disposition** (C. civ. art. 505, al. 1). Est **défini** comme tel l'acte qui engage le patrimoine de la personne protégée, pour le présent ou l'avenir, par une modification importante de son contenu, une dépréciation significative de sa valeur en capital ou une altération durable des prérogatives de son titulaire (Décret 2008-1484 du 22-12-2008 art. 2).

DEMANDE D'AUTORISATION

53602 Le juge des contentieux de la protection exerçant les fonctions de juge des tutelles est saisi par une **requête** qui lui est adressée par le tuteur.

À réception de la requête, le juge dispose d'un **délai** de trois mois **pour se prononcer**. Ce délai ne s'applique pas lorsque sa décision nécessite le recueil d'éléments d'informations, la production de pièces complémentaires, le recours à une mesure d'instruction ou toute autre investigation. Dans ce cas, le juge en avertit le tuteur et l'informe de la date prévisible à laquelle il rendra sa décision (CPC art. 1229).

L'**autorisation** du juge ou du conseil de famille **fixe** les conditions et le prix (ou la mise à prix) pour lequel l'acte est passé (C. civ. art. 505, al. 2).

Si l'autorisation donnée au tuteur prévoit une **vente aux enchères publiques** du ou des biens mis à disposition, celle-ci peut être organisée et réalisée par une personne habilitée à réaliser des ventes volontaires de meubles aux enchères publiques (C. civ. art. 505, al. 3 créé par loi 2022-267 du 28-2-2022 art. 6).

> **Précisions a.** Dans les **tutelles avec conseil de famille**, c'est normalement le conseil de famille qui statue sur les demandes d'autorisation présentées par le tuteur.
Le juge des tutelles peut toutefois autoriser certains actes de disposition à la place du conseil de famille :
– actes portant sur des biens dont la valeur en capital n'excède pas 50 000 € (C. civ. art. 502, al. 2 ; Décret du 22-12-2008 art. 4) ;
– vente d'instruments financiers en cas d'urgence, sur décision spécialement motivée prise à la requête du tuteur et à charge d'en rendre compte dans le plus bref délai au conseil de famille qui décidera du remploi du prix (C. civ. art. 505, al. 4).
b. Le tuteur a seul **qualité pour représenter la personne protégée** dans la gestion de son patrimoine et, à cette fin, pour solliciter les autorisations du juge des tutelles (ou du conseil de famille) pour les actes qu'il ne peut pas accomplir seul (actes de disposition). Le **compagnon d'un majeur sous tutelle** ne peut donc pas demander au juge de modifier le contrat d'assurance-vie, s'il n'exerce pas la mesure de protection (Cass. 1e civ. 19-3-2014 n° 13-12.016 F-PBI : BPAT 3/14 inf. 118).
c. L'**autorisation donnée par le juge des tutelles** de vendre aux enchères publiques une œuvre d'art appartenant au majeur sous tutelle ne confère pas à cette opération le caractère de vente judiciaire relevant du monopole des commissaires-priseurs judiciaires. Une telle vente constitue une **vente volontaire** et peut être organisée par un opérateur de ventes volontaires (Cass. 1e civ. 5-1-2023 n° 21-15.650 FS-B : BPAT 1/23 inf. 15).

ACTES DE DISPOSITION

Actes de disposition par nature Voici une liste (non exhaustive) d'actes qui constituent toujours des actes de disposition que le tuteur ne peut par conséquent accomplir sans autorisation. 53605

S'agissant des immeubles, le tuteur doit notamment être autorisé pour :
– tout acte, autre qu'une convention de jouissance précaire, portant sur le logement ou la résidence secondaire du majeur : voir n° 49050 ;
– vendre un immeuble ou l'apporter en société. Cette autorisation ne peut être donnée par le juge ou le conseil de famille qu'après instruction par un technicien ou sur avis d'au moins deux professionnels qualifiés (C. civ. art. 505, al. 3) ;
– acheter ou louer un immeuble du majeur protégé, opération qui ne peut être autorisée qu'à titre exceptionnel (C. civ. art. 508, al. 1). Le tuteur étant réputé en opposition d'intérêts avec le majeur, le contrat de vente ou de bail doit être conclu par le subrogé tuteur ou, en son absence, par un tuteur ad hoc désigné par le juge ou par le conseil de famille s'il en a été constitué un (C. civ. art. 455, al. 1 et 508, al. 2) ;
– constituer des droits réels principaux (usufruit, par exemple) ou accessoires (hypothèque, par exemple) (Décret 2008-1484 du 22-12-2008 ann. 1) ;
– conclure ou renouveler un bail rural, commercial, industriel, artisanal ou mixte (Décret du 22-12-2008 ann. 1) ;
– effectuer de grosses réparations (Décret du 22-12-2008 ann. 1).

Pour les actes sur les **meubles corporels et incorporels**, le tuteur doit être autorisé pour (liste non exhaustive) : 53610
– ouvrir au nom du majeur protégé un compte ou un livret bancaire (auprès d'un nouvel établissement), clore des comptes ou livrets bancaires ouverts avant le prononcé de la mesure au nom du majeur, faire fonctionner les comptes du majeur protégé interdit bancaire (C. civ. art. 427) ;
– vendre ou apporter en société un fonds de commerce ou des instruments financiers non cotés. Cette autorisation ne peut être donnée par le juge ou le conseil de famille qu'après instruction par un technicien ou sur avis d'au moins deux professionnels qualifiés (C. civ. art. 505, al. 3 et 4) ;
– demander la délivrance d'une carte bancaire de crédit (Décret 2008-1484 du 22-12-2008 ann. 1 : JO 31 texte n° 94) ;
– aliéner les meubles meublants du majeur protégé : voir n° 49050 ;
– donner un fonds de commerce du majeur en location-gérance (Décret du 22-12-2008 ann. 1).

Le tuteur doit être autorisé pour les **actes à titre gratuit** suivants (liste non exhaustive) : 53615
– renoncer à une succession ;
– accepter purement et simplement une succession (sauf si l'actif dépasse manifestement le passif et qu'il a recueilli une attestation du notaire, voir n° 53585) ;
– accepter un legs particulier ou une donation grevés de charges ;
– renoncer à une action en réduction des libéralités excessives après l'ouverture de la succession (Décret 2008-1484 du 22-12-2008 ann. 1) ;
– participer à un partage amiable en cas d'opposition d'intérêts avec le majeur (en l'absence d'opposition d'intérêts, voir n° 53585) et approuver l'état liquidatif (C. civ. art. 507).

Parmi les **actes divers** que le tuteur ne peut effectuer que sur autorisation (liste non exhaustive) : 53620
– action en nullité, en rescision ou en réduction des actes accomplis par la personne protégée (C. civ. art. 465, al. 6 ; voir n° 53270) ;
– transaction ou compromis au nom du majeur protégé (C. civ. art. 506) ;
– à titre exceptionnel et dans l'intérêt du majeur protégé, achat ou prise en location des biens du majeur (C. civ. art. 508). Cette possibilité n'est ouverte qu'aux tuteurs non professionnels (à l'exclusion des mandataires judiciaires à la protection des majeurs). Le tuteur est alors réputé en opposition d'intérêts avec le majeur, et l'acte doit être passé par le subrogé tuteur ou, en l'absence de subrogé tuteur, par un tuteur ad hoc désigné par le juge ou par le conseil de famille ;
– demande de changement de régime matrimonial du majeur (C. civ. art. 1397, al. 7) ;
– pour les biens en indivision conventionnelle, actes que le gérant ou l'un des indivisaires ne peut pas faire seul (Décret 2008-1484 du 22-12-2008 ann. 1) ;
– confirmation d'un acte nul pour avoir été accompli par le tuteur seul (C. civ. art. 465, al. 8).

› **Précisions a.** En ce qui concerne les **contrats d'assurance-vie**, voir nos 65102 s.
b. La loi 85-677 du 5 juillet 1985 relative à l'indemnisation des accidents de la circulation qualifiant de « transaction » la convention conclue entre la victime d'un **accident de la circulation** et un assureur, la convention doit être soumise à l'approbation du juge ou du conseil (Cass. 1e civ. 20-1-2010 no 08-19.627 F-PB : BPAT 2/10 inf. 91).
c. Une **convention d'honoraires** d'avocat **prévoyant le versement d'une rémunération proportionnelle** à un résultat est susceptible d'affecter substantiellement et durablement le patrimoine de la personne protégée. Elle constitue donc un acte de disposition nécessitant l'autorisation du juge des tutelles ou du conseil de famille s'il en a été constitué un (CE 16-6-2010 no 325513 ; Cass. 2e civ. 6-5-2021 no 19-22.141 F-P).

53625 **Actes de disposition, sauf circonstances particulières** Certains actes qui constituent a priori des actes de disposition peuvent être qualifiés d'actes d'administration « en raison de leurs **faibles conséquences** sur le contenu ou la valeur du patrimoine de la personne protégée, sur les prérogatives de celle-ci ou sur son mode de vie » (Décret 2008-1484 du 22-12-2008 art. 2).
C'est le tuteur qui décide, compte tenu des circonstances d'espèce, si l'acte de disposition qu'il envisage d'accomplir peut être considéré comme un acte d'administration non soumis à autorisation.

EXEMPLES

Constituent **sauf circonstances d'espèce** des actes de disposition (Décret du 22-12-2008 ann. 2) :
– les emprunts et les prêts ;
– la cession du portefeuille-titres ;
– dans les sociétés, le vote sur (liste non exhaustive) : la modification des statuts, de l'objet social ou du capital, l'agrément d'un associé, l'engagement d'un emprunt ou la constitution d'une sûreté, l'aggravation des engagements des associés ;
– la cession et le nantissement de titres.

3. ACTES INTERDITS AU TUTEUR

53650 Même avec une autorisation, le tuteur ne peut pas accomplir des actes qui emportent **aliénation gratuite des biens ou droits de la personne protégée** (il existe des règles spécifiques pour les donations et les testaments : voir nos 63154 s.).
Sont expressément visées, mais cette liste n'est pas limitative : la remise de dette, la renonciation gratuite à un droit acquis, la renonciation anticipée à l'action en réduction visée aux articles 929 à 930-5 du Code civil, la mainlevée d'hypothèque ou de sûreté sans paiement ou la constitution gratuite d'une servitude ou d'une sûreté pour garantir la dette d'un tiers (C. civ. art. 509, 1o).
Certains actes sont également interdits au tuteur, non en raison de leur nature intrinsèque mais pour **opposition d'intérêts** entre le majeur et son tuteur. Il est notamment interdit au tuteur (C. civ. art. 509, 2o à 5o) :
– d'acquérir d'un tiers un droit ou une créance que ce dernier détient contre la personne protégée ;
– d'exercer le commerce ou une profession libérale au nom de la personne protégée ;
– sauf exception (voir no 53620), d'acheter ou de prendre en location les biens de la personne protégée ;
– de transférer dans un patrimoine fiduciaire les biens ou droits d'un majeur protégé.

SECTION 3 CURATELLE

PERSONNES QUI PEUVENT ÊTRE PLACÉES SOUS CURATELLE

53700 La mise sous curatelle concerne les personnes qui, en raison d'une altération de leurs facultés personnelles (au sens indiqué no 49020), sans être hors d'état d'agir elles-mêmes, ont **besoin d'être assistées ou contrôlées d'une manière continue** dans les actes importants de la vie civile (C. civ. art. 440, al. 1).
En 2022, environ 33 000 mesures de curatelle ont été prononcées (Ministère de la justice, Les chiffres clés de la justice, éd. 2023, décembre 2023).
Sur les principes de nécessité, de subsidiarité et de proportionnalité, voir nos 49010 s.

A. Capacité du majeur sous curatelle

1. ACTES DE LA VIE CIVILE

La curatelle place la personne protégée dans un **régime original de semi-capacité** : 53730
– pour certains actes, le majeur sous curatelle conserve l'exercice de ses droits ;
– pour d'autres actes, le majeur ne peut agir qu'avec l'assistance de son curateur ou l'autorisation du juge des contentieux de la protection exerçant les fonctions de juge des tutelles.

> **Précisions** La liste de l'article 509 du Code civil relative aux **actes interdits au tuteur** sous la tutelle n'est pas applicable à la curatelle (Cass. 1e civ. avis 6-12-2018 n° 18-70.011 F-PBI : BPAT 1/19 inf. 21). La personne en curatelle peut donc exercer le commerce, mais elle doit, aux termes de l'article 467 du Code civil, être assistée de son curateur pour les actes de disposition.

ACTES QUE LE MAJEUR SOUS CURATELLE PEUT ACCOMPLIR SEUL

Le majeur sous curatelle peut faire seul les actes qui, sous le régime de la tutelle des majeurs, 53740
peuvent être accomplis par le tuteur agissant seul (C. civ. art. 467, al. 1 a contrario). Le majeur peut donc effectuer les **actes conservatoires et d'administration** mentionnés nos 53550 à 53580 et certains actes de disposition pour lesquels le tuteur peut agir sans autorisation du juge (n° 53585).
Si le **curateur accomplit un acte** à la place de la personne protégée, l'acte est nul de plein droit, sans qu'il soit nécessaire que le majeur ait subi un préjudice (C. civ. art. 465, 4°).
Par exception, le majeur sous curatelle :
– a toujours besoin de l'assistance de son curateur pour introduire une action en justice ou y défendre (voir n° 53760), sauf si l'action concerne un acte strictement personnel ;
– peut librement tester, l'acte étant le cas échéant annulable pour insanité d'esprit dans les conditions de droit commun applicables aux libéralités (C. civ. art. 470).

> **Précisions** Le décret du 22 décembre 2008, dans la définition des actes qui, sauf circonstances d'espèces, constituent des actes d'administration ou de disposition (actes visés à l'annexe 2 du décret), permet au tuteur de choisir entre les deux qualifications (articles 1 et 2 du décret). En revanche, le curateur n'est pas visé, ce qui pose le **problème** suivant : qui, du majeur ou de son curateur, a le **pouvoir de décider** si un acte constitue un acte d'administration (que le majeur peut faire seul) ou un acte de disposition (qui nécessite le concours du curateur) ? La question n'est pas résolue.

Recours contre les actes effectués par le majeur Si un acte conservatoire ou 53745
d'administration effectué par le majeur sous curatelle est en principe valable, il peut être annulé dans les conditions de droit commun exposées nos 49065 s., s'il a été effectué sous l'empire d'un trouble mental (C. civ. art. 466).
Sauf s'il a été expressément autorisé par le juge, l'acte peut également être rescindé ou réduit dans les mêmes conditions (voir nos 51060 s.) que les actes passés par un majeur sous sauvegarde de justice (C. civ. art. 465, 1°). Sur autorisation du juge des tutelles, le curateur peut engager seul l'action en rescision ou en réduction (C. civ. art. 465, al. 6).

ACTES QUI NÉCESSITENT L'ASSISTANCE DU CURATEUR

Champ de l'assistance Le majeur sous curatelle a besoin de l'assistance de son cura- 53755
teur pour faire un acte qui, sous le régime de la tutelle des majeurs, requiert une autorisation du juge ou du conseil de famille (C. civ. art. 467, al. 1). L'assistance du curateur est donc requise, en principe, pour les **actes de disposition** (nos 53605 et 53625).
Toutefois, l'autorisation préalable du juge ayant, sous la tutelle, été supprimée pour certains actes de disposition (n° 53585), cette déjudiciarisation profite au majeur sous curatelle qui peut effectuer les actes concernés sans l'assistance de son curateur.
L'assistance du curateur est également nécessaire pour les **actes d'administration** visés à l'annexe 2 du décret 2008-1484 du 22 décembre 2008, si ceux-ci peuvent avoir des **conséquences importantes** sur le contenu ou la valeur de son patrimoine, sur ses prérogatives ou sur son mode de vie.

La loi prévoit expressément que l'assistance du curateur est requise pour : 53760
– faire **emploi des capitaux** (C. civ. art. 468, al. 2). La perception des capitaux échappe en revanche à l'assistance du curateur puisque, conformément aux règles de protection des comptes bancaires

(n° 49057), les capitaux revenant à la personne en curatelle sont versés directement, auprès d'un établissement habilité à recevoir des fonds du public, sur un compte ouvert à son seul nom et mentionnant son régime de protection (C. civ. art. 468, al. 1) ;
– introduire une **action en justice** ou y défendre (C. civ. art. 468, al. 3 ; Cass. 3e civ. 17-12-2020 n° 18-24.228 FP-PBI : BPAT 1/21 inf. 52-20), même pour les actions relatives aux droits patrimoniaux du majeur qui constituent pourtant en cas de tutelle des actes d'administration que le tuteur a le pouvoir d'intenter seul (C. civ. art. 504, al. 2). Sous peine de nullité de l'acte, l'assignation d'un majeur sous curatelle doit être signifiée à son curateur (C. civ. art. 467, al. 3 ; Cass. 1e civ. 23-2-2011 n° 09-13.867 FS-PBI : BPAT 2/11 inf. 120). De même, la lettre par laquelle la caisse d'assurance maladie notifie à un majeur sous curatelle une demande de paiement au titre de prestations sociales indûment perçues doit l'être également à son curateur, à peine de nullité de l'action en recouvrement de ces prestations (Cass. 1e civ. 16-12-2020 n° 19-13.762 FS-PI : BPAT 1/21 inf. 52-20) ;
– conclure un **mandat de protection future** (C. civ. art. 477, al. 2) ;
– effectuer une **donation** (C. civ. art. 470, al. 2). Si le curateur est le bénéficiaire de la donation, il est réputé en opposition d'intérêts avec la personne protégée (C. civ. art. 470, al. 3). L'acte de donation doit être passé avec l'assistance du subrogé curateur ou, en son absence, d'un curateur ad hoc désigné par le juge (C. civ. art. 455, al. 1) ;
– conclure un contrat de **fiducie** (C. civ. art. 468, al. 2).

> **Précisions a.** La règle selon laquelle une personne sous curatelle ne peut introduire une action en justice ou y défendre sans l'assistance de son curateur s'applique même si la **mesure de protection a été ouverte en cours d'instance**. En conséquence, une cour d'appel ne peut confirmer un jugement s'il ne ressort pas de son arrêt ou des pièces de procédure que le majeur était bien assisté de son curateur durant l'instance d'appel (Cass. 1e civ. 4-7-2012 n° 11-18.475 FS-PBI : BPAT 5/12 inf. 249). Toutefois, l'assistance du curateur n'est pas requise lorsqu'à la date des derniers actes de la procédure le majeur n'était pas encore placé sous curatelle (Cass. 1e civ. 24-6-2020 n° 19-16.337 F-PB : BPAT 5/20 inf. 150).
> **b.** Sur les **actions en justice relatives à un acte strictement personnel**, voir n° 53285, précisions.
> **c.** Le **curateur d'un dirigeant social** n'est pas investi du pouvoir d'assister la société. En conséquence, le jugement signifié à une société civile immobilière dont le gérant était en curatelle n'a pas à être signifié au curateur (Cass. 2e civ. 7-4-2016 n° 15-12.739 F-PB : BPAT 3/16 inf. 132).
> **d.** L'**effet interruptif** d'une diligence consistant en un **acte de procédure** est sans lien avec la validité de cet acte. Ainsi, l'acte fait sans assistance du curateur et traduisant la volonté du majeur protégé de poursuivre l'instance interrompt le délai de péremption (Cass. 1e civ. 18-3-2020 n° 19-15.160 FS-PB : BPAT 3/20 inf. 114-3).

53765 **Notion d'assistance** Le majeur en curatelle s'engage lui-même : l'acte n'est pas accompli par le curateur mais seulement avec son assistance. Pour les **actes écrits**, cette assistance se manifeste par l'apposition de la signature du curateur aux côtés de celle du majeur (C. civ. art. 467, al. 2).

Le curateur n'a pas le droit de se substituer au majeur pour agir en son nom (C. civ. art. 469, al. 1). Si le **curateur accomplit seul un acte** qui aurait dû être fait par la personne protégée avec son assistance, l'acte est nul de plein droit, sans qu'il soit nécessaire que le majeur ait subi un préjudice (C. civ. art. 465, 4°).

S'il constate que la **personne en curatelle compromet gravement ses intérêts**, le curateur peut toutefois saisir le juge pour être autorisé à accomplir seul un acte déterminé ou provoquer l'ouverture de la tutelle (C. civ. art. 469, al. 2).

53770 Si le curateur refuse son assistance à un acte, le majeur peut demander au juge l'autorisation supplétive d'effectuer seul cet acte (C. civ. art. 469, al. 3).

Le juge ne peut statuer qu'après avoir entendu ou appelé le curateur (CPC art. 1257).

53775 **Sanctions du défaut d'assistance** Si la personne protégée a accompli seule un acte pour lequel elle aurait dû être assistée, le juge peut l'annuler. Mais à la différence du régime prévu sous la tutelle (n° 53270), l'acte n'est pas nul de plein droit : le juge ne peut l'annuler que si le majeur a subi un préjudice (C. civ. art. 465, 2°).

Avec l'autorisation du juge, le curateur peut engager seul l'action en nullité (C. civ. art. 465, al. 6). Cette action peut être exercée dans le délai de cinq ans prévu à l'article 2224 du Code civil (C. civ. art. 465, al. 7).

Si les conditions en sont réunies, l'action en nullité de droit commun pour trouble mental (nos 49065 s.) est également possible (C. civ. art. 466).

ILLUSTRATIONS

Annulation de l'emprunt et de son affectation hypothécaire qui ont causé un préjudice à la majeure (sous curatelle simple) en ce que le prêt d'un montant important était remboursable en seulement deux ans, ce qui était déraisonnable par rapport à ses capacités de remboursement, le consentement à une affectation hypothécaire ayant de fortes chances d'aboutir à la mise en œuvre d'une procédure de saisie immobilière sur le bien concerné (CA Versailles 16-5-2013 n° 12/07900).

Annulation de l'avenant modifiant la **clause bénéficiaire** en cas de décès d'un contrat d'assurance-vie pour désigner la curatrice (alors qu'aucun curateur ad hoc n'avait été désigné), le préjudice « manifeste » étant que « la souscriptrice avait perdu une chance d'être correctement éclairée sur les conséquences de son acte par l'avis d'un tiers désintéressé spécifiquement désigné pour ce faire » (CA Colmar 20-12-2013 n° 750/13).

AMÉNAGEMENTS JUDICIAIRES DE LA CAPACITÉ DU MAJEUR SOUS CURATELLE

Le juge des tutelles a la possibilité de modifier le régime normal de la curatelle pour **augmenter ou**, plus souvent en pratique, pour **réduire** la capacité du majeur (C. civ. art. 471 et 472). 53790

Modulation de la capacité du majeur sous curatelle À tout moment, le juge peut, par dérogation aux règles de droit commun de la curatelle, **énumérer** certains **actes que la personne aura la capacité de faire seule ou**, à l'**inverse**, ajouter d'autres actes à ceux pour lesquels l'assistance du curateur est exigée (C. civ. art. 471). 53795

ATTENTION

Le juge ne peut restreindre la capacité du majeur en cours de curatelle que s'il est saisi d'une **requête comportant un certificat médical** émanant d'un médecin inscrit sur une liste particulière établie par le procureur de la République. Le juge ne peut, en effet, « renforcer le régime de protection de l'intéressé que s'il est saisi d'une requête en ce sens satisfaisant aux articles 430 et 431 » (C. civ. art. 442, al. 4).

Curatelle renforcée La curatelle renforcée a pour objet le **contrôle des revenus et des dépenses** par le curateur. Très fréquente, elle peut permettre d'éviter la mise en place d'une tutelle. 53800

Le juge peut ainsi ordonner que le curateur percevra seul les revenus de la personne en curatelle sur un compte ouvert au nom de cette dernière et qu'il assurera lui-même le règlement des dépenses auprès des tiers. L'excédent doit être placé sur un compte laissé à la disposition du majeur ou versé entre ses mains (C. civ. art. 472, al. 1). En cours de mesure, le juge ne peut transformer la curatelle simple en curatelle renforcée que s'il est saisi d'une **requête** en ce sens, **accompagnée d'un certificat médical** circonstancié établi par un médecin inscrit sur la liste établie par le procureur de la République (Cass. 1e civ. 2-3-2022 n° 20-19.767 F-B : BPAT 3/22 inf. 132).

Le juge peut également autoriser le curateur à conclure seul un bail d'habitation ou une convention d'hébergement assurant le **logement** de la personne protégée (C. civ. art. 472, al. 2).

Si le curateur représente le majeur pour ce qui est de la perception des revenus et du règlement des dépenses, il reste pour tous les **autres actes** un curateur « ordinaire » doté du seul pouvoir d'assistance du majeur pour les actes de disposition. Il ne peut donc pas conclure seul, au nom du majeur, un mandat avec une association afin de recruter des auxiliaires de vie (Cass. 1e civ. 7-2-2024 n° 21-24.864 F-B).

Le **curateur** qui est nommé dans le cadre d'une curatelle renforcée est **responsable** en cas de « faute quelconque » dans l'exercice de ses fonctions (C. civ. art. 421). La faute du curateur ayant dépassé ses pouvoirs ne peut donner lieu à indemnisation que si elle a causé un préjudice (Cass. 1e civ. 7-2-2024 n° 21.24.864 F-B précité).

Le curateur est soumis à l'**obligation** d'inventaire (n° 53395) et ses comptes sont établis et contrôlés comme ceux d'un tuteur (nos 53420 s.) (C. civ. art. 472, al. 3).

> **Précisions a.** Avant d'ordonner une curatelle renforcée ou son renouvellement, le **juge doit vérifier** que la restriction supplémentaire qu'il apporte à la capacité de la personne est justifiée (par exemple, pour un renouvellement, voir Cass. 1e civ. 10-1-2018 n° 17-16.010 F-D : BPAT 2/18 inf. 63). Il doit donc rechercher si le majeur est apte ou non à percevoir ses revenus et à en faire une utilisation normale (Cass. 1e civ. 26-1-2022 n° 20-17.278 F-D). Ont **par exemple** justifié leur décision de placer un majeur sous curatelle renforcée les juges ayant relevé que le majeur :
> – n'est plus à même de savoir ce dont son patrimoine est constitué, n'a aucune idée de la valeur de l'euro et a vu le bail de son appartement résilié à la suite de loyers impayés (Cass. 1e civ. 25-3-2009 n° 08-10.804 F-D : BPAT 3/09 inf. 108) ;

– est atteint de la maladie d'Alzheimer, ne peut plus pourvoir seul à ses intérêts et dispose d'un patrimoine considérable impliquant un suivi technique et juridique vigilant (Cass. 1e civ. 8-4-2009 n° 08-12.040 F-D : BPAT 3/09 inf. 108) ;
– s'apprêtait à consentir un prêt de 680 000 € correspondant à la quasi-totalité de ses avoirs, ce qui, en cas de défaillance de ses emprunteurs, l'aurait laissé complètement démuni (Cass. 1e civ. 11-3-2009 n° 07-21.580 F-D) ;
– avait interrompu tout suivi médical psychiatrique, paraissait toujours délirant et était très perturbé lorsqu'il recevait des documents relatifs à la gestion de son budget (Cass. 1e civ. 23-3-2011 n° 10-10.991 F-D).

b. Le majeur sous curatelle renforcée n'a pas la libre disposition de ses revenus. Il n'a donc pas non plus la responsabilité de remplir lui-même ses **obligations fiscales**. Ce dessaisissement au profit du curateur entraîne l'irrégularité de la procédure de rectification lorsque l'administration la mène à l'encontre du contribuable protégé et non à l'encontre du curateur (CAA Marseille 28-6-2011 n° 08MA00167 : BPAT 1/12 inf. 20).

2. ACTES À CARACTÈRE PERSONNEL

ACTES À CARACTÈRE STRICTEMENT PERSONNEL ET ACTES RELATIFS À LA PERSONNE

53810 Comme le majeur sous tutelle, le majeur sous curatelle **accomplit seul** les actes à caractère strictement personnel qui ne peuvent jamais donner lieu à assistance (C. civ. art. 458, al. 1). Voir n° 53285.

Il effectue également seul les actes relatifs à sa personne s'il est capable de prendre une décision éclairée (C. civ. art. 459, al. 1). À défaut, il peut se faire assister par son curateur ou, si cette assistance ne suffit pas, **se faire représenter** par son tuteur **après** l'ouverture d'une tutelle ou par la personne habilitée après le prononcé d'une habilitation familiale, y compris pour les actes ayant pour effet de porter gravement atteinte à son intégrité corporelle. Sauf urgence, en cas de désaccord entre le majeur protégé et le curateur, le juge autorise l'un ou l'autre à prendre la décision, à leur demande ou d'office (C. civ. art. 459, al. 2).

Sauf urgence, le curateur ne peut pas prendre une décision ayant pour effet de porter gravement atteinte à l'intimité de la vie privée du majeur sans l'autorisation du juge (C. civ. art. 459, al. 3).

Le curateur peut prendre à l'égard du majeur les mesures de protection strictement nécessaires pour mettre fin au danger que son propre comportement ferait courir à l'intéressé. Il en informe sans délai le juge (C. civ. art. 459, al. 4).

> **Précisions** La **saisine du juge** des libertés et de la détention aux fins d'obtenir la **mainlevée d'une mesure de soins sans consentement** de même que l'appel ou le pourvoi contre une décision statuant sur une telle mesure constituent des actes personnels que le majeur protégé peut accomplir seul (Cass. 1e civ. 5-7-2023 n° 23-10.096 FS-B ; Cass. 1e civ. 31-1-2024 n° 22-23.242 F-B).

ACTES SPÉCIFIQUEMENT RÉGLEMENTÉS

53820 Comme en matière de tutelle, la loi a organisé des **régimes particuliers** pour certains actes. Nous en traitons ici un certain nombre.

Des règles spécifiques s'appliquent en matière de libéralités (nos 63154 s.), d'assurance-vie (nos 65102 s.), de changement de nom (n° 31830) et de changement de prénom (n° 32325).

53825 **Mariage** Pour se marier, le majeur en curatelle n'est pas tenu d'obtenir l'autorisation de son curateur ni du juge des tutelles (C. civ. art. 460). Il est néanmoins tenu d'informer le curateur du projet de mariage avant le dépôt du dossier en mairie et la publication des bans (C. civ. art. 460 et 63). Le défaut de justificatif écrit de l'information du curateur n'est pas sanctionné par la nullité relative comme l'était autrefois le défaut d'autorisation à mariage du curateur (Cass. 1e civ. 20-4-2017 n° 16-15.632 FS-PBI : BPAT 3/17 inf. 101). Une fois informé, le curateur peut former **opposition** dans les mêmes conditions qu'un ascendant (C. civ. art. 175). Toutefois, il ne bénéficie pas de l'immunité propre aux ascendants et peut être condamné à des dommages-intérêts en cas de levée de l'opposition (C. civ. art. 179). L'opposition à mariage du curateur produit ses effets pendant un an. L'acte peut être renouvelé une fois. Les futurs époux peuvent en demander mainlevée (C. civ. art. 177). Sur l'opposition à mariage, voir nos 280 s.

Le majeur doit donner un consentement éclairé pour se marier et le défaut de consentement, souverainement apprécié par les juges du fond, est un motif de nullité absolue (Cass. 1e civ. 20-4-2017 n° 16-15.632 FS-PBI précité).

Le majeur en curatelle peut passer un **contrat de mariage** avec l'assistance de son curateur (C. civ. art. 1399, al. 1). À défaut, l'annulation du contrat peut être demandée dans l'année du mariage par l'incapable lui-même ou son curateur (C. civ. art. 1399, al. 2). Toutefois, le curateur

peut saisir le juge pour être autorisé à conclure seul une convention matrimoniale, en vue de préserver les intérêts de la personne protégée (C. civ. art. 1399, al. 3).
Pour le **changement ou la modification du régime matrimonial**, il faut l'autorisation du juge des tutelles ou du conseil de famille s'il a été constitué (C. civ. art. 1397, al. 7). La signature de la convention modificative obéit aux règles de l'article 1399 du Code civil.

Pacs Une personne sous curatelle peut **conclure** un Pacs si elle peut donner un consentement éclairé. La déclaration conjointe devant l'officier de l'état civil ou devant le notaire instrumentaire est faite par le majeur seul avec son partenaire, mais le majeur ne peut signer la convention de Pacs – initiale ou modificative – qu'avec la contresignature de son curateur (C. civ. art. 461, al. 1 et 2). 53830
En ce qui concerne la **rupture** du pacte (C. civ. art. 461, al. 3 et 4) :
– le majeur peut rompre seul le Pacs par décision unilatérale ou (avec son partenaire) par déclaration conjointe. En cas de décision unilatérale, l'assistance du curateur n'est requise que pour la signification de la rupture au partenaire ;
– le curateur doit assister le majeur pour les opérations de liquidation consécutives à la rupture.
Lorsque la **curatelle a été confiée au partenaire** (ce qui est souvent le cas), le curateur est réputé en opposition d'intérêts avec le majeur pour tout ce qui concerne le Pacs (C. civ. art. 461, al. 5). En l'absence de subrogé curateur, un curateur ad hoc doit être désigné (C. civ. art. 455).

Divorce Les règles sont communes au divorce et à la séparation de corps (C. civ. art. 296). 53835
L'**acceptation du principe** de la rupture du mariage appartient au seul majeur sous curatelle.
Dans l'**instance en divorce**, le majeur sous curatelle exerce l'action lui-même, avec l'assistance de son curateur (C. civ. art. 249).
En ce qui concerne les **procédures**, sont ouverts aux majeurs sous curatelle les divorces pour faute, pour altération définitive du lien conjugal et pour acceptation du principe de la rupture du mariage, à l'exclusion par conséquent du divorce par consentement mutuel (C. civ. art. 249-4).
Si la **curatelle a été confiée au partenaire** du majeur protégé, un curateur ad hoc est nommé (C. civ. art. 249-2).

Droit de vote Le majeur sous curatelle a le droit de vote mais est inéligible (C. élect. art. L 200). 53845

B. Organisation de la curatelle

La curatelle fonctionne **sans conseil de famille**. Il existe seulement un curateur et, le cas échéant, un subrogé curateur. 53850

CURATEUR

Règles communes au tuteur et au curateur Les règles exposées à propos du tuteur sont dans une très large mesure communes à la tutelle et à la curatelle : 53855
– les modalités de **désignation** du curateur sont les mêmes que celles du tuteur (C. civ. art. 446 à 451 ; voir n°s 53380 s.), étant précisé que, en l'absence de conseil de famille, le curateur est toujours désigné par le juge ;
– le curateur a comme le tuteur un rôle de **protection de la personne du majeur** (C. civ. art. 415).
S'agissant en revanche de la **gestion du patrimoine**, le curateur a une mission d'assistance et de contrôle, et non une mission de représentation. Sur les actes qui nécessitent l'assistance du curateur et ceux que le majeur sous curatelle peut accomplir seul : voir n°s 53740 s. ;
– comme la tutelle, la curatelle est une **charge personnelle**, ce qui n'empêche pas le curateur de s'adjoindre, sous sa responsabilité, le concours de tiers pour accomplir certains actes (C. civ. art. 452 ; Décret 2008-1484 du 22-12-2008 art. 4). Sur ces actes, voir n° 53390 ;
– aucune **rémunération** n'est en principe attachée aux fonctions de curateur lorsque ces fonctions sont exercées par un proche (C. civ. art. 419 ; voir n°s 53410 s.) ;
– le curateur peut, sauf exception, demander à être **déchargé de ses fonctions** au bout de cinq ans (C. civ. art. 453 ; voir n° 53430).

Règles propres au curateur Contrairement au tuteur, et sauf en cas de curatelle renforcée (n° 53800), le curateur : 53860
– n'a pas d'obligation d'**inventaire** ni à établir un **compte de gestion** ;
– et n'engage sa **responsabilité** pour les actes accomplis avec son assistance qu'en cas de dol ou de faute lourde (C. civ. art. 421).

SUBROGÉ CURATEUR

53865 **Désignation et missions du subrogé curateur** Le juge peut, s'il l'estime nécessaire, désigner un subrogé curateur (C. civ. art. 454, al. 1). Les modalités de cette désignation sont celles indiquées n° 53450 à propos du subrogé tuteur.

Comme le subrogé tuteur, le subrogé curateur a une double **fonction** :

– il surveille les actes passés par le curateur (C. civ. art. 454, al. 4 ; voir n° 53455) ;

– il assiste le majeur lorsque ses intérêts sont en opposition avec ceux de son curateur ou lorsque ce dernier ne peut assister le majeur en raison des limitations que le juge a apportées à sa mission. Le subrogé curateur remplace alors le curateur dans son rôle d'assistance du majeur (C. civ. art. 454, al. 5).

53870 **Désignation d'un curateur ad hoc en l'absence de subrogé curateur** En l'absence de subrogé curateur, le juge désigne un curateur ad hoc en cas d'**opposition d'intérêts** entre le majeur et le curateur ou si le curateur ne peut pas assister le majeur du fait des **limitations** apportées à sa mission. Cette désignation peut être demandée par le majeur protégé, par le procureur de la République, par tout intéressé ou être décidée d'office par le juge (C. civ. art. 455).

CHAPITRE 4

HABILITATION FAMILIALE

SOMMAIRE

SECTION 1

PRÉSENTATION DE L'HABILITATION FAMILIALE

EN BREF

L'habilitation familiale **permet** aux familles capables de pourvoir seules aux intérêts de leurs proches vulnérables d'assurer leur protection sans recourir aux mesures traditionnelles de protection judiciaire que sont la sauvegarde de justice, la curatelle ou la tutelle (Ord. 2015-1288 du 15-10-2015 : JO 16 texte n° 10). 54000

L'habilitation familiale est **régie par** les articles 494-1 à 494-12 du Code civil, par les articles 1984 et suivants du même Code relatifs au mandat qui ne lui sont pas contraires ainsi que par les articles 1211 à 1257 du Code de procédure civile.

Ce dispositif rencontre un **succès croissant** : environ 37 000 habilitations familiales ont été ordonnées en 2022 (Ministère de la justice, Les chiffres clés de la justice, éd. 2023, décembre 2023).

PERSONNES POUVANT ÊTRE PLACÉES SOUS HABILITATION FAMILIALE

L'habilitation familiale concerne les **majeurs** dans l'impossibilité de pourvoir seuls à leurs intérêts en raison d'une altération, médicalement constatée, soit de leurs facultés mentales, soit de leurs facultés corporelles de nature à empêcher l'expression de leur volonté (C. civ. art. 494-1 et 425). 54003

Le juge ne peut pas ordonner une habilitation familiale lorsqu'il peut être suffisamment pourvu aux intérêts du majeur par l'application des règles relatives aux droits et devoirs respectifs des époux et des règles des régimes matrimoniaux, en particulier celles prévues aux articles 217, 219, 1426 et 1429 du Code civil, ou par les stipulations du mandat de protection future conclu par l'intéressé (C. civ. art 494-2).

Sur les principes de nécessité et subsidiarité, voir n°s 49020 s.

La mesure d'habilitation familiale peut être ouverte pour un **mineur** émancipé comme pour un majeur. Pour un mineur non émancipé, la demande peut être introduite et jugée dans la dernière année de sa minorité ; la mesure prend effet au jour de sa majorité (C. civ. art. 429 sur renvoi de art. 494-3, al. 2). 54006

PERSONNES POUVANT ÊTRE HABILITÉES

Peuvent être habilités à représenter ou assister un majeur **une ou plusieurs personnes** choisies parmi ses **ascendants**, ses **descendants**, ses **frères et sœurs**, ou, à moins que la communauté ait 54009 cessé entre eux, son **conjoint**, son **partenaire de Pacs ou** son **concubin** (C. civ. art 494-1, al. 1). Cette liste est limitative.

On peut regretter l'absence, dans la liste des personnes pouvant être habilitées, des collatéraux ordinaires (oncles, tantes, etc.), ceux-ci pouvant jouer un rôle incontestable dans la prise en charge des majeurs vulnérables.

54012 La personne doit remplir les **conditions pour exercer les charges tutélaires** (C. civ. art. 494-1, al. 2). Sont donc exclus les personnes juridiquement incapables, celles déchues de l'autorité parentale ou privées de leurs droits civiques, civils et de famille, les membres des professions médicales ou de la pharmacie à l'égard de leurs patients et les fiduciaires à l'égard des constituants de la fiducie (C. civ. art. 395 et 445).

La personne habilitée exerce sa mission **gratuitement** (C. civ. art. 494-1, al. 2).

SECTION 2

MISE EN PLACE DE L'HABILITATION FAMILIALE

PROCÉDURE DE DÉLIVRANCE D'UNE HABILITATION FAMILIALE

54015 **Requête** La demande aux fins de désignation d'une personne habilitée peut être **présentée** au juge des contentieux de la protection de la résidence habituelle du majeur, directement ou par l'intermédiaire du procureur de la République, par une des personnes pouvant être habilitées. Elle peut aussi être présentée par le majeur à protéger lui-même (C. civ. art. 494-3, al. 1 ; CPC art. 1211).

Il existe un modèle de requête en vue d'une protection juridique d'un majeur, commun à l'habilitation familiale et à une protection judiciaire (modèle Cerfa 15891*03).

La requête est remise ou **adressée** au greffe de la juridiction de première instance (CPC art. 1217).

À peine d'irrecevabilité, elle **comporte** (CPC art. 1218 et 1218-1) :

– l'identité de la personne à protéger ;

– l'énoncé des faits justifiant l'ouverture de la mesure au regard de l'article 494-1 du Code civil ;

– l'identité des personnes appartenant à l'entourage du majeur (il s'agit des personnes susceptibles d'être habilitées) ;

– le nom du médecin traitant du majeur s'il est connu du requérant ;

– dans la mesure du possible, les éléments relatifs à la situation familiale, sociale, financière et patrimoniale de la personne à protéger, ainsi que tout autre élément, relatif notamment à son autonomie.

La demande doit être **accompagnée** d'un certificat médical circonstancié établi par un médecin inscrit sur une liste établie par le procureur de la République (C. civ. art. 431 sur renvoi de art. 494-3, al. 2 ; CPC art. 1218).

54016 Le placement sous habilitation familiale est **également possible** à l'issue de l'instruction d'une requête aux fins d'ouverture d'une mesure de protection judiciaire ou lorsque, en application du troisième alinéa de l'article 442 du Code civil, le juge substitue une habilitation familiale à une mesure de curatelle ou de tutelle (C. civ. art. 494-3, al. 3).

> **Précisions** Une **passerelle** a ainsi été créée entre l'habilitation familiale et les mesures de protection judiciaires afin de remédier à l'absence de disposition légale qui empêchait le juge d'ouvrir une mesure d'habilitation familiale lorsqu'il était saisi d'une requête aux fins d'ouverture d'une mesure de protection judiciaire (Cass. 1e civ. 20-12-2017 no 16-27.507 FS-PBI : BPAT 1/18 inf. 3).
> Sur la possibilité pour le juge saisi d'une demande d'habilitation familiale d'ouvrir une mesure de protection judiciaire, voir no 53001.

54018 **Instruction** Le juge des contentieux de la protection exerçant les fonctions de juge des tutelles doit en principe appeler ou procéder à l'**audition du majeur**. Celui-ci peut être accompagné d'un avocat ou, avec l'accord du juge, de toute personne de son choix (C. civ. art. 432 sur renvoi de art. 494-4).

Si son **audition** est **de nature à porter préjudice** à sa santé ou s'il est hors d'état de s'exprimer, le juge peut, par décision spécialement motivée et sur avis d'un médecin spécialiste inscrit sur la liste établie par le procureur de la République, décider de ne pas l'entendre (C. civ. art. 494-4). La décision est notifiée au requérant et, le cas échéant, à l'avocat du majeur. Le juge décide en même temps selon quelle forme appropriée à son état la personne sera informée de la procédure engagée (CPC art. 1220-2).

Le juge peut ordonner toutes les **mesures d'instruction** qu'il juge utiles, soit d'office, soit à la requête des parties ou du ministère public. Il peut notamment faire procéder à une enquête sociale ou à des constatations par toute personne de son choix (CPC art. 1221). **54020**
Le juge doit s'assurer (par écrit ou après les avoir entendus) de l'**adhésion** ou de l'absence d'opposition légitime **des proches** du majeur à la mesure d'habilitation et au choix de la personne qui sera habilitée (C. civ. art. 494-4 ; CPC art. 1220-4, al. 2).

Audience et jugement L'audience n'est pas publique ; elle se tient en chambre du conseil (CPC art. 1226, al. 3). **54022**
Le juge doit entendre le requérant, le majeur à protéger et, le cas échéant, le procureur de la République. Par exception, il peut décider de ne pas entendre le majeur, par décision spécialement motivée et sur avis du médecin visé n° 54015, si cette audition est de nature à porter atteinte à la santé de l'intéressé ou si ce dernier est hors d'état d'exprimer sa volonté (C. civ. art. 494-4 ; CPC art. 1226, al. 1).
Les avocats des parties, lorsqu'elles en ont constitué un, doivent également être entendus (CPC art. 1226, al. 2).

Avant d'ordonner une habilitation familiale, le juge des contentieux de la protection vérifie que le dispositif projeté est conforme aux **intérêts** patrimoniaux et, le cas échéant, personnels **du majeur**. **54024**
Il statue sur le choix de la personne habilitée et fixe l'étendue de l'habilitation (C. civ. art. 494-5, al. 1).
Si l'habilitation familiale sollicitée **ne permet pas** d'assurer une protection suffisante du majeur, le juge peut ordonner une mesure de sauvegarde de justice, de tutelle ou de curatelle (C. civ. art. 494-5, al. 2).

La **décision** statuant sur une demande de délivrance d'une habilitation familiale est **notifiée** au majeur et à la personne demandant à être habilitée ; avis en est donné au procureur de la République. S'il l'estime utile, le juge peut faire notifier le jugement aux proches du majeur (CPC art. 1230 et 1230-1). **54026**

Recours Les décisions du juge des contentieux de la protection exerçant les fonctions de juge des tutelles sont susceptibles d'appel dans un **délai** de 15 jours à compter de la notification de la décision, pour les personnes auxquelles la décision a été notifiée, et à compter de la remise de l'avis, pour le procureur de la République (CPC art. 1239, 1240 et 1241). **54028**
Les parties ne sont pas tenues de constituer **avocat** (CPC art. 1239).
L'appel contre le jugement qui refuse de prononcer la mesure de protection n'est ouvert qu'au requérant (CPC art. 1239-2).
Les recours contre les décisions du juge des tutelles relèvent de la compétence du **délégué à la protection des majeurs**, qui est un magistrat de la cour d'appel (C. org. jud. art. L 312-6-1).

INFORMATION DES TIERS

Dans les 15 jours de l'expiration des délais de recours contre la décision du juge des tutelles, ou dans les 15 jours de l'arrêt de la cour d'appel si un appel a été exercé, un extrait de toute décision accordant, modifiant, renouvelant ou mettant fin à une **habilitation familiale générale** est transmis au greffe du tribunal judiciaire dans le ressort duquel la personne protégée est née (au service central d'état civil pour les personnes nées à l'étranger), aux fins de conservation au répertoire civil et de publicité par mention en marge de l'acte de naissance (C. civ. art. 494-6, al. 8 ; CPC art. 1233). **54029**
Le jugement est opposable aux tiers deux mois après cette inscription. En l'absence de mention sur l'acte de naissance, le jugement est néanmoins opposable aux tiers qui en auraient eu personnellement connaissance (C. civ. art. 444 sur renvoi de art. 494-6, al. 8).
Aucune publicité n'est en revanche requise en cas d'**habilitation spéciale** (habilitation délivrée pour la réalisation d'un ou plusieurs actes déterminés).

DURÉE DE L'HABILITATION FAMILIALE

Habilitation générale Le juge qui décide d'une habilitation générale doit en fixer la **durée initiale**. Celle-ci ne peut pas excéder dix ans. Il n'y a pas de minimum (C. civ. art. 494-6, al. 7). **54030**

À la demande d'un des proches du majeur mentionnés nº 54009, formée directement ou par l'intermédiaire du procureur de la République, le juge peut renouveler la mesure. Notons que, contrairement à la tutelle ou la curatelle (C. civ. art. 442, al. 4), ni le juge ni le procureur ne peuvent se saisir d'office pour ordonner le **renouvellement**.
La demande de renouvellement doit comporter les **éléments nécessaires** à une première demande (nº 54015) et être accompagnée de la copie de la décision ayant délivré l'habilitation familiale. La procédure est similaire à celle prévue pour une première habilitation familiale.
Le juge s'assure que l'habilitation est toujours conforme aux **intérêts du majeur**.
La durée du renouvellement est en principe celle de la mesure initiale.

> **Précisions** Lorsque l'altération des facultés personnelles de la personne vulnérable n'est pas susceptible de connaître une amélioration selon les données acquises de la science, le juge peut, par décision spécialement motivée et sur avis conforme d'un médecin inscrit, renouveler la mesure pour une **durée plus longue** que celle initiale, n'excédant pas vingt ans (C. civ. art. 494-6, al. 7).

54031 **Habilitation spéciale** L'habilitation spéciale n'est **pas limitée** dans le temps. Elle dure tant que l'acte pour lequel elle a été délivrée n'a pas été accompli. À notre avis, rien n'interdit, toutefois, au juge de fixer une durée maximale dans le jugement d'ouverture de l'habilitation familiale.

SECTION 3

EFFETS DE L'HABILITATION FAMILIALE

ÉTENDUE DE L'HABILITATION FAMILIALE

54032 L'habilitation peut avoir pour objet de **représenter** le majeur mais aussi, désormais, de l'**assister** dans les conditions de la curatelle (C. civ. art. 494-1).
Elle peut porter sur les **biens du majeur** et/ou sur la **protection de sa personne**.
Dans l'intérêt du majeur, le juge peut donner une **portée générale à l'habilitation**. La personne habilitée peut alors accomplir l'ensemble des actes portant sur les biens et tous ceux relatifs à la personne du majeur ; le juge peut limiter l'habilitation générale aux seuls actes relatifs aux biens ou aux seuls actes correspondant à la personne du majeur (C. civ. art. 494-6, al. 5). Le juge peut aussi délivrer une habilitation **spéciale** ne portant que sur certains actes déterminés.

54033 **Habilitation relative aux biens du majeur** Sur les biens, la personne habilitée peut recevoir le pouvoir d'accomplir les actes qu'un tuteur peut réaliser seul ou avec une autorisation (C. civ. art. 494-6, al. 2). Les pouvoirs de la personne habilitée **à représenter le majeur** peuvent donc être plus étendus que ceux d'un tuteur puisqu'elle peut, en cas d'habilitation générale, effectuer seule sans autorisation du juge les **actes de disposition à titre onéreux** sur le patrimoine du majeur.
Pour accomplir les **actes de disposition à titre gratuit**, en revanche, la personne habilitée à représenter le majeur doit demander l'autorisation du juge (C. civ. art. 494-6, al. 4). Pour autoriser la personne habilitée à procéder à une donation au nom du majeur le juge doit, en l'absence de caractérisation d'une intention libérale de l'intéressé, s'assurer que l'acte correspond à ce que ce dernier aurait voulu s'il avait pu y consentir lui-même et qu'il est conforme à ses intérêts personnels et patrimoniaux (Cass. 1e civ. avis 15-12-2021 nº 21-70.022 F-B : BPAT 1/22 inf. 3).
Le juge n'a pas le pouvoir de délivrer une habilitation familiale en représentation pour les **actes interdits** au tuteur visés à l'article 509 du Code civil (nº 53650) ni, a fortiori, celui d'autoriser la personne habilitée à accomplir ces actes (Cass. 1e civ. avis 20-10-2022 nº 22-70.011 B : BPAT 6/22 inf. 270).

54034 L'habilitation familiale peut aussi être prononcée dans le but d'**assister le majeur** protégé. Cette assistance s'effectue dans les conditions de la curatelle (C. civ. art. 467 sur renvoi de art. 494-1).
L'assistance de la personne habilitée est donc requise pour les actes de disposition qui, sous la tutelle, nécessitent une autorisation du juge (nºs 53600 s.). Elle n'est en revanche pas requise pour les actes conservatoires et d'administration (voir nºs 53550 s.) et pour certains actes de disposition dispensés d'autorisation sous la tutelle (voir nº 53585).

Lorsqu'elle est habilitée à assister le majeur, la personne habilitée peut l'assister pour faire un acte de disposition à titre gratuit sans autorisation judiciaire.

La personne habilitée dans le cadre d'une habilitation générale ne peut pas accomplir un acte pour lequel elle est en **opposition d'intérêts** avec la personne protégée, sauf si, dans l'intérêt du majeur, le juge l'y autorise à titre exceptionnel (C. civ. art. 494-6, al. 6). 54036

La personne habilitée doit demander l'autorisation du juge des tutelles pour vendre le **logement** et/ou les meubles, de même que pour mettre en location le logement ou résilier le bail de la résidence principale ou secondaire du majeur (voir n° 49050). 54037

Contrairement au tuteur, la personne habilitée à représenter le majeur peut, sauf décision contraire du juge des tutelles, procéder sans autorisation à la **clôture des comptes ou livrets bancaires** ouverts au nom du majeur avant le prononcé de la mesure de protection ou à l'ouverture d'un autre compte ou livret auprès d'un établissement autre que la banque habituelle du majeur (C. civ. art. 494-7 dérogeant à 427). 54038

> **Précisions** L'article 494-7 ne fait pas mention de l'**habilitation assistance**. La personne habilitée à assister le majeur doit donc, comme le curateur, obtenir l'autorisation du juge pour clôturer les comptes ouverts avant le prononcé de la mesure ou pour ouvrir un autre compte auprès d'un nouvel établissement (C. civ. art. 427, al. 1 et 2).

Habilitation relative à la personne du majeur Lorsque l'habilitation s'étend à la personne du majeur, elle doit s'exercer dans le respect des articles 457-1 à 459-2 du Code civil (C. civ. art. 494-6, al. 3). Il en résulte notamment que : 54039

– le majeur doit recevoir, selon des modalités adaptées à son état, **toutes informations** sur sa situation personnelle, les actes concernés, leur utilité, leur degré d'urgence, leurs effets et les conséquences d'un refus de sa part d'accomplir tel ou tel acte (C. civ. art. 457-1) ;

– le majeur ne peut pas être assisté ou représenté pour des actes dont la nature implique son **consentement strictement personnel**, comme, par exemple, une déclaration de naissance ou la reconnaissance d'un enfant, le consentement donné à sa propre adoption ou à celle de son enfant, ou le mariage (C. civ. art. 458) ;

– dans la mesure du possible, le majeur prend seul les **décisions relatives à sa personne** (C. civ. art. 459, al. 1). Lorsque l'état de l'intéressé ne lui permet pas de prendre seul une décision personnelle éclairée, le juge peut prévoir qu'il bénéficiera, pour l'ensemble des actes relatifs à sa personne ou certains d'entre eux, de l'assistance de la personne chargée de sa protection. Si cette assistance ne suffit pas, la personne habilitée peut être autorisée à représenter le majeur, y compris pour les actes ayant pour effet de porter gravement atteinte à son intégrité corporelle (C. civ. art. 459, al. 2). Toutefois, sauf urgence, la personne habilitée ne peut prendre de décision portant gravement atteinte à l'intimité de la vie privée du majeur qu'avec une autorisation spéciale du juge (C. civ. art. 459, al. 3) ;

– le majeur choisit son **lieu de résidence**, entretient librement des relations personnelles avec les **personnes de son choix** et a le droit d'être visité et, le cas échéant, hébergé par ces dernières (C. civ. art. 459-2).

Sur les actes à caractère personnel voir n°s 53280 s.

Sanction des actes accomplis par la personne habilitée Si la personne habilitée **accomplit seule un acte** qui n'entre **pas dans le champ de son habilitation** ou qui ne pouvait être accompli qu'avec l'autorisation du juge des tutelles, l'acte est nul « de plein droit » (C. civ. art. 494-9, al. 5). Toutefois, le contractant capable peut faire obstacle à l'action en nullité engagée contre lui en établissant que l'acte était utile au majeur ou qu'il a profité à celui-ci (C. civ. art. 1150 et 1151). 54045

L'action en nullité peut être exercée dans le délai de cinq ans prévu à l'article 2224 du Code civil (C. civ. art. 494-9, al. 6). Le délai de prescription ne court contre le majeur que du jour où il en a eu connaissance alors qu'il était en situation de les refaire valablement ; il ne court contre ses héritiers que du jour de son décès s'il n'a pas commencé à courir auparavant (C. civ. art. 1152, al. 3). Pendant ce délai et tant que la mesure d'habilitation est en cours, l'acte peut être confirmé avec l'autorisation du juge (C. civ. art. 494-9, al. 7).

APPLICATION DES RÈGLES DU MANDAT

54048 Les règles du mandat **non contraires aux dispositions** du Code civil **spécifiques** à l'habilitation s'appliquent à l'habilitation familiale (C. civ. art. 494-1, al. 1 in fine). Cela entraîne plusieurs conséquences, notamment :

– la personne habilitée doit remplir le mandat qui lui est confié et peut être condamnée à des dommages-intérêts en cas d'inexécution (C. civ. art. 1991). Elle est responsable en cas de faute dans sa gestion, étant précisé que, la personne habilitée exerçant ses fonctions gratuitement (C. civ. art. 494-1, al. 2), sa responsabilité sera appréciée moins rigoureusement (C. civ. art. 1992, al. 2) ;

– elle est tenue de rendre compte de sa gestion (C. civ. art. 1993) ;

– elle peut se faire rembourser les avances et les frais qu'elle a faits pour l'exécution de sa mission (C. civ. art. 1999).

CAPACITÉ DU MAJEUR SOUS HABILITATION FAMILIALE

54054 **Incapacité relative du majeur** Le majeur perd la capacité d'accomplir les **actes faisant l'objet de** l'habilitation à le représenter. Il conserve les autres droits (C. civ. art. 494-8, al. 1).

L'habilitation à assister maintient donc la pleine capacité juridique du majeur.

En cas d'habilitation générale à la représenter, la personne protégée ne peut pas conclure un **mandat de protection future** pendant toute la durée de l'habilitation (C. civ. art. 494-8, al. 2).

> **Précisions** En cas d'habilitation générale avec assistance, se pose la question de la **conclusion** possible d'un mandat de protection future par le majeur protégé. L'article 477, alinéa 1 du Code civil, relatif au mandat de protection future, exclut la conclusion d'un tel mandat par toute personne faisant l'objet d'une habilitation familiale, sans distinction. Toutefois, cet article a été rédigé avant l'extension de l'habilitation familiale à l'assistance, et une lecture a contrario de l'article 494-8, alinéa 2 semble permettre la conclusion d'un mandat de protection future par un majeur sous habilitation familiale avec assistance. Se pose ensuite la question de savoir si le mandat de protection future conclu par le majeur doit être **contresigné** par la personne habilitée. L'article 477, alinéa 2 du Code civil, qui impose l'assistance du curateur sous la curatelle, est là aussi muet au sujet de l'habilitation familiale à assister.

54057 **Sanction des actes accomplis par le majeur** Si le **majeur fait seul un acte** qui a été **confié à une personne habilitée**, celui-ci est nul de plein droit. La nullité doit être prononcée même si le majeur n'a subi aucun préjudice (C. civ. art. 494-9, al. 1). Néanmoins, le contractant de la personne protégée pourra opposer à l'action en nullité l'exception d'utilité de l'acte (C. civ. art. 1151, al. 1).

Si le **majeur fait seul un acte nécessitant l'assistance** de la personne habilitée, l'acte ne peut être annulé que s'il est établi qu'il a subi un préjudice (C. civ. art. 494-9, al. 2).

Les **actes effectués avant la mise en place de l'habilitation familiale** sont en principe valables. Toutefois, s'ils ont été accomplis moins de deux ans avant le jugement délivrant l'habilitation, ils peuvent être réduits ou annulés dans les mêmes conditions que pour les majeurs sous tutelle ou sous curatelle (C. civ. art. 464 sur renvoi de art. 494-9, al. 3).

Rappelons que la réduction des obligations résultant de l'acte pour le majeur est subordonnée à la preuve que son inaptitude à défendre ses intérêts, par suite de l'altération de ses facultés personnelles, était notoire ou connue de son cocontractant à l'époque où l'acte a été passé (C. civ. art. 464, al. 1). Pour obtenir l'annulation de l'acte, il faut en plus prouver que le majeur a subi un préjudice (C. civ. art. 464, al. 2).

La personne habilitée peut être autorisée par le juge des tutelles à engager seule l'**action en nullité ou en réduction** (C. civ. art. 494-9, al. 4).

L'action doit être exercée dans le **délai** de cinq ans prévu à l'article 2224 du Code civil. Pendant ce délai et tant que la mesure d'habilitation est en cours, l'acte peut être confirmé avec l'autorisation du juge (C. civ. art. 494-9, al. 6 et 7).

CONTRÔLE DE L'HABILITATION FAMILIALE

54058 En principe, le juge des contentieux de la protection exerçant les fonctions de juge des tutelles n'intervient qu'au moment du prononcé de l'habilitation. Les proches du majeur protégé ou le procureur de la République peuvent néanmoins, en cas de difficultés dans la mise en œuvre de l'habilitation, **saisir le juge en cours de mesure**. Ce dernier peut, à tout moment, en modifier l'étendue ou y mettre fin, après avoir entendu ou appelé le majeur (dans les conditions visées n° 54018) et la personne habilitée (C. civ. art. 494-10).

Contrairement au tuteur ou au curateur, la personne habilitée n'est **pas tenue de rendre un compte de gestion** pendant le fonctionnement de la mesure d'habilitation. Toutefois, comme le prévoient les règles du mandat, elle est tenue de rendre compte de sa gestion à la fin de la mesure (C. civ. art. 1993).

SECTION 4

FIN DE L'HABILITATION FAMILIALE

Outre le décès du majeur bénéficiant de la mesure de protection, il existe **quatre causes de cessation** de l'habilitation familiale (C. civ. art. 494-11) : 54066
– le placement du majeur sous sauvegarde de justice, sous tutelle ou sous curatelle ;
– un jugement de mainlevée passé en force de chose jugée prononcé par le juge des tutelles à la demande de la personne protégée, de l'une des personnes pouvant être habilités (n° 54009) ou du procureur de la République si les causes ayant justifié l'habilitation familiale ont disparu ou si son exécution peut porter atteinte aux intérêts du majeur ;
– l'accomplissement des actes pour lesquels l'habilitation avait été délivrée ;
– l'absence de renouvellement de la mesure à l'expiration de la durée fixée par le juge.
La fin de l'habilitation familiale générale fait l'objet d'une **mention** en marge de l'acte de naissance du majeur (C. civ. art. 494-6, al. 8).

CHAPITRE 5

MANDAT DE PROTECTION FUTURE

SOMMAIRE

EN BREF

55000 Le mandat de protection future donne à chacun le pouvoir d'**organiser à l'avance sa propre protection** ou sous certaines conditions **celle de son enfant** et permet ainsi d'éviter l'ouverture d'une mesure judiciaire de protection ou d'habilitation familiale (C. civ. art. 477 à 494).
Le mandat de protection future est un mandat ; il obéit donc aux règles de **droit commun du mandat** prévues aux articles 1984 à 2010 du Code civil dans la mesure où elles ne sont pas incompatibles avec celles – très nombreuses – qui le régissent spécialement (C. civ. art. 478).
Le mandat de protection future rencontre un **succès limité** depuis son entrée en vigueur en 2009. Un peu moins de 1 500 mandats ont ainsi été activés en 2022 (Ministère de la justice, Les chiffres clés de la justice, éd. 2023, décembre 2023).

SECTION 1

CONCLUSION DU MANDAT DE PROTECTION FUTURE

QUI PEUT DONNER MANDAT ?

55010 Le mandat **pour soi-même** est largement ouvert : toute personne majeure ou mineure émancipée, non placée sous tutelle ou sous habilitation familiale peut donner à une ou plusieurs personnes mandat de la représenter pour le cas où elle ne pourrait plus pourvoir seule à ses intérêts en raison d'une altération de ses facultés au sens indiqué nº 49020 (C. civ. art. 477, al. 1). La personne en curatelle peut conclure un mandat pour elle-même avec l'assistance de son curateur (C. civ. art. 477, al. 2). Sur la conclusion d'un mandat par un majeur placé sous habilitation familiale, voir nº 54054.

55015 Le mandat **pour autrui** ne peut être donné que par des parents ne faisant pas l'objet d'une tutelle, d'une curatelle ou d'une habilitation familiale, qui exercent l'autorité parentale sur leur enfant mineur ou qui assument la charge matérielle et affective de leur enfant majeur. Ces parents (ou le dernier vivant des père et mère) peuvent, pour le cas où leur enfant ne pourrait plus pourvoir seul à ses intérêts en raison d'une altération de ses facultés (au sens indiqué nº 49020), désigner un ou plusieurs mandataires chargés de le représenter (C. civ. art. 477, al. 3). Des parents ayant à charge un enfant handicapé peuvent ainsi organiser sa protection juridique à l'avance pour le jour où ils ne pourront plus s'occuper de lui.

> **Précisions** Compte tenu de la rédaction de l'article 477, alinéa 3 du Code civil qui vise « les parents ou le dernier vivant des père et mère », le mandat de protection future pour autrui est impossible lorsque l'**un des parents est privé de l'autorité parentale** (J. Massip, Tutelle des mineurs et protection juridique des majeurs : Defrénois 2009 p. 493). La rédaction du texte en contrarie donc l'objectif. Il en est de même lorsque l'un des deux parents se trouve placé sous une mesure de protection judiciaire ou d'habilitation familiale.

QUI PEUT ÊTRE MANDATAIRE ?

Le mandataire peut être (C. civ. art. 480) : 55020

– toute **personne physique** majeure et juridiquement capable. Le mandataire étant librement choisi par le mandant, il peut s'agir d'un proche comme d'un professionnel : notaire, avocat, conseil en gestion de patrimoine indépendant, etc. Signalons toutefois que, si le mandat a été passé par acte notarié, le notaire qui a reçu l'acte ne devrait pas pouvoir être désigné mandataire, car on voit mal comment il pourrait alors exercer sa mission de contrôle des comptes de gestion (n° 55107) ;

– une **personne morale** inscrite sur la liste des mandataires judiciaires à la protection des majeurs.

Les membres des **professions médicales** et de la **pharmacie**, les **auxiliaires médicaux** ainsi que les **fiduciaires** désignés par un contrat de fiducie ne peuvent pas être mandataires de leurs clients (C. civ. art. 445 sur renvoi de art. 480).

Le mandat peut désigner un ou **plusieurs mandataires** (C. civ. art. 477, al. 1), par exemple un proche chargé de la protection de la personne du mandant et un professionnel chargé de la gestion de ses biens. 55022

> **Précisions** L'article 477 du Code civil visant la désignation d'« une ou plusieurs personnes, par un même mandat », la plupart des auteurs estiment qu'un mandant ne peut conclure qu'un seul mandat de protection future (en ce sens, notamment, M.-C. Forgeard et N. Levillain, Mandat de protection future et pratique notariale : Defrénois 5/08 art. 38730). Une autre **interprétation**, plus convaincante à notre sens, consiste à considérer que l'article 477 vise seulement à « autoriser la désignation de plusieurs mandataires dans le même acte : il n'est pas nécessaire de rédiger un mandat de protection future pour chacun des mandataires » (J. Massip, Tutelle des mineurs et protection juridique des majeurs : Defrénois 2009 p. 456).

FORME DU MANDAT

Le mandat **pour soi-même** peut être notarié ou sous seing privé (C. civ. art. 477, al. 4), sachant que la forme retenue aura des conséquences importantes sur les pouvoirs du mandataire et les modalités de contrôle de l'exécution du mandat. 55025

Le mandat **pour autrui** est nécessairement notarié (C. civ. art. 477, al. 4). Les parents d'un enfant handicapé ne peuvent donc pas conclure de mandat sous seing privé.

Mandat sous seing privé Le mandat obéit à un formalisme relativement contraignant. 55030
Si le mandant n'utilise pas le modèle détaillé établi par le ministère de la justice (modèle Cerfa 13592*04), il doit être contresigné par un avocat (C. civ. art. 492, al. 1). Le mandat doit être daté et signé par le mandant.

Le mandataire **accepte** le mandat en y apposant sa signature (C. civ. art. 492, al. 2).

Tant que le mandat n'a pas reçu exécution (n°s 55060 s.), le mandant peut le **modifier** ou le **révoquer** dans les mêmes formes. Le mandataire peut également **renoncer** au mandat en notifiant sa renonciation au mandant (C. civ. art. 492, al. 3).

Un arrêté du 23 décembre 2009 a fixé le contenu de la **notice d'information**, très pédagogique, qui accompagne le **modèle de mandat** adopté par décret (Arrêté JUSC0914229A du 23-12-2009 : JO 26 texte n° 18 ; Décret 2007-1702 du 30-11-2007 : JO 2 texte n° 7).

Mandat notarié Le mandat n'obéit à aucun formalisme particulier : un seul notaire suffit (C. civ. art. 489, al. 1). L'**acceptation** du mandataire est également donnée par acte authentique (C. civ. art. 489, al. 1 in fine), dans le même acte ou par acte séparé. 55035

Tant que le mandat n'a pas pris effet (n°s 55060 s.), le mandant peut le **modifier** par acte authentique. Il peut également **révoquer** le mandat, auquel cas la forme authentique n'est pas requise ; la révocation doit seulement être notifiée au mandataire et au notaire (C. civ. art. 489, al. 2). Le mandataire peut de son côté **renoncer** au mandat ; cette renonciation, dont la forme notariée n'est pas imposée, doit être notifiée au notaire rédacteur de l'acte et au mandant (C. civ. art. 489, al. 2 in fine).

> **Précisions** Les **émoluments** du notaire en cas de mandat pour autrui sont **fixés** à (C. com. art. A 444-79 sur renvoi de art. A 444-79-1) :
> – 113,20 € pour l'établissement du mandat ;
> – 56,59 € pour l'acceptation du mandat par acte séparé, pour la révocation par le mandant ou pour l'acte de renonciation.

CONTENU DU MANDAT

55038 Le mandat peut porter sur la protection patrimoniale et/ou sur la protection personnelle.
Lorsqu'il porte sur la **protection du patrimoine**, le mandant définit librement l'étendue de la mission qu'il entend confier au mandataire : biens visés (ensemble du patrimoine ou tel bien ou telle catégorie de biens), pouvoirs du mandataire (avec des limites lorsque le mandat est conclu par acte sous seing privé : voir n° 55085), rémunération prévue ou non pour le mandataire et/ou pour la personne chargée de contrôler son action, obligations du mandataire (avec un minimum imposé par la loi : voir n°s 55090 s.), etc.

55040 Lorsqu'il s'étend à la **protection de la personne**, le contenu du mandat est largement imposé par la loi. Le mandat doit respecter les dispositions protectrices des majeurs sous tutelle ou sous curatelle prévues par les articles 457-1 à 459-2 du Code civil (qui sont d'ailleurs reproduits dans le modèle de mandat sous seing privé établi par la Chancellerie, rubrique 1-B). Toute clause contraire serait réputée non écrite (C. civ. art. 479, al. 1). Il en résulte notamment que :
– le mandataire doit donner au mandant, selon des modalités adaptées à son état, toutes informations sur sa situation personnelle, les actes concernés, leur utilité, leur degré d'urgence, leurs effets et les conséquences d'un refus de sa part (C. civ. art. 457-1) ;
– le mandataire ne peut pas représenter son mandant pour les actes dont la nature implique un consentement strictement personnel (C. civ. art. 458) ;
– dans la mesure où son état le permet, le mandant prend seul les décisions relatives à sa personne (C. civ. art. 459), choisit le lieu de sa résidence et entretient librement des relations personnelles avec les personnes de son choix (C. civ. art. 459-2).
Sur les actes à caractère personnel et leur régime, voir n°s 53280 s.
Le mandat destiné à la protection de la personne doit également fixer les modalités de contrôle de son exécution (n° 55113).

SECTION 2 EXÉCUTION DU MANDAT DE PROTECTION FUTURE

PRISE D'EFFET DU MANDAT

55060 Le **mandat pour soi-même** prend effet lorsque le mandant ne peut plus pourvoir seul à ses intérêts (C. civ. art. 481, al. 1).
Le mandataire produit au greffe du tribunal judiciaire du lieu de résidence du mandant l'original ou la copie authentique du mandat, signé du mandant et du mandataire, sa pièce d'identité, des pièces justificatives d'identité et de résidence du mandant et un certificat médical datant de moins de deux mois attestant de l'altération des facultés mentales ou corporelles du mandant de nature à empêcher l'expression de sa volonté (C. civ. art. 481, al. 2 ; CPC art. 1258). Le certificat médical doit émaner d'un médecin choisi sur une liste établie par le procureur de la République. Le greffier vise le mandat et date sa prise d'effet, puis le restitue au mandataire (C. civ. art. 481, al. 2).
Le mandat de protection future doit être publié par une inscription sur un registre spécial (C. civ. art. 477-1 créé par loi 2015-1776 du 28-12-2015). Les modalités et l'accès au registre doivent être définis par un décret en Conseil d'État non encore paru au 15 mars 2024. Le gouvernement a d'ailleurs été condamné par le Conseil d'État pour s'être abstenu de prendre ce décret dans un délai raisonnable (CE 27-9-2023 n° 471646 : BPAT 6/23 inf. 293-12).

55065 En cas de **mandat pour autrui**, la désignation du mandataire prend effet au décès du mandant (dernier des deux parents si le mandat a été donné par les deux) ou à compter du jour où il ne peut plus prendre soin de son enfant (C. civ. art. 477, al. 3 in fine).
Le mandataire doit se présenter au greffe du tribunal judiciaire accompagné de l'enfant bénéficiaire du mandat sauf s'il est établi, par certificat médical, que sa présence au tribunal est incompatible avec son état de santé (CPC art. 1258-1, al. 1).

Le mandataire doit présenter au greffier la copie authentique du mandat, signé du mandant et du mandataire, un certificat de décès du mandant ou un certificat médical datant au plus de deux mois établissant l'altération de ses facultés, un certificat médical datant au plus de deux mois établissant l'altération des facultés de l'enfant majeur du mandant désigné comme le bénéficiaire du mandat, une pièce d'identité du mandataire et du bénéficiaire du mandat et un justificatif de la résidence habituelle de l'enfant bénéficiaire du mandat. Ici encore le certificat médical doit émaner d'un médecin choisi sur une liste établie par le procureur de la République (CPC art. 1258-1, al. 2).

POUVOIRS DU MANDATAIRE

Dès que le mandat a pris effet, le mandataire peut agir au nom et pour le compte du mandant qu'il représente. En ce qui concerne la protection des biens, l'étendue de ses pouvoirs dépend de la **forme du mandat** et de la **volonté exprimée par le mandant**. **55070**

> **Précisions a.** Quelle que soit la forme du mandat, le mandataire doit respecter les **dispositions protectrices des comptes bancaires et du logement** des majeurs vulnérables, qui relèvent des dispositions communes à toutes les mesures de protection juridique des majeurs (voir n°s 49050 s.).
> **b.** L'Institut d'études juridiques du Conseil supérieur du notariat a prôné une réforme législative afin de permettre au mandant d'autoriser expressément, dans le mandat, le mandataire à **vendre sa résidence principale ou secondaire sans autorisation** du juge. Le ministre de la justice a déclaré que la mise en œuvre de cette proposition, qui aurait pour effet évident d'accélérer la vente du logement ou la résiliation du bail, n'était pas à l'ordre du jour car elle risquerait de porter une atteinte importante aux intérêts fondamentaux des personnes vulnérables (Rép. Pradal AN 9-5-2023 n° 5601 : BPAT 4/23 inf. 174).

Mandat notarié Si le mandat a été établi par acte notarié, le mandataire peut effectuer tous les **actes que le tuteur a le pouvoir d'accomplir seul ou avec une autorisation** (C. civ. art. 490, al. 1). Le mandataire peut donc sauf exception effectuer non seulement les actes conservatoires et d'administration, mais aussi les actes de disposition sans autorisation judiciaire (sur ces actes voir n°s 53550 s.). **55080**

Par exception, le mandataire ne peut accomplir un acte de disposition à titre gratuit qu'avec l'autorisation du juge des tutelles (C. civ. art. 490, al. 2).

Ces règles n'étant pas impératives, le mandat peut réduire les pouvoirs du mandataire, par exemple pour exclure toute possibilité d'aliénation des biens ou pour restreindre la mission du mandataire à tel bien ou à telle catégorie de biens. Mais il ne peut pas étendre les pouvoirs du mandataire au-delà des limites fixées par la loi.

Les actes interdits au tuteur (n° 53650) le sont-ils également au mandataire ? Dans la mesure où le mandataire est chargé, à la différence du tuteur, des intérêts d'une personne juridiquement capable, la question reste ouverte (en ce sens, N. Peterka, A. Caron-Déglise, Protection de la personne vulnérable : Dalloz action, 6e éd., 2024-2025, n° 412.122). Elle l'est d'autant plus depuis que la Cour de cassation a écarté, sous la curatelle, l'application des interdictions édictées sous la tutelle (Cass. 1e civ. avis 6-12-2018 n° 18-70.011 F-PBI : BPAT 1/19 inf. 21).

Mandat sous seing privé Si le mandat est conclu sous seing privé, le mandataire ne peut accomplir, dans la limite de la mission qui lui a été confiée, que les **actes qu'un tuteur peut faire sans autorisation** (C. civ. art. 493, al. 1). Il ne peut donc effectuer que les actes conservatoires, les actes d'administration nécessaires à la gestion du patrimoine, sauf exception, ainsi que certains actes de disposition que le tuteur peut faire sans autorisation. Sur ces actes, voir n°s 53550 à 53585. **55085**

Si l'accomplissement d'un acte non prévu par le mandat ou excédant ceux qu'un tuteur peut faire sans autorisation est nécessaire dans l'intérêt du mandant, le mandataire peut saisir le juge des contentieux de la protection exerçant les fonctions de juge des tutelles par requête adressée ou remise au greffe du tribunal judiciaire de la résidence habituelle du mandant ou du bénéficiaire du mandat pour le voir ordonner (C. civ. art. 493, al. 2 ; CPC art. 1259-3, al. 1 et 2).

> **Précisions** En cas de tutelle, le tuteur peut **accepter purement et simplement** une succession dont l'actif dépasse manifestement le passif sans autorisation du juge, après recueil d'une attestation du notaire chargé du règlement de la succession (C. civ. art. 507-1, al. 1). Dès lors, le mandataire pourrait, dans le cadre d'un mandat sous seing privé, accepter purement et simplement une succession bénéficiaire sans l'autorisation du juge.

OBLIGATIONS DU MANDATAIRE

55090 **Exécution personnelle du mandat** Que le mandat ait été donné par acte notarié ou sous seing privé, le mandataire doit exécuter personnellement sa mission. Comme la tutelle ou la curatelle, le mandat de protection future est une **charge personnelle**.

Cette règle ne souffre aucune dérogation lorsque le mandat a été donné en vue de la **protection de la personne** du mandant : le mandataire a été choisi en raison de la qualité des liens qu'il entretenait avec le mandant. Pour les actes de **gestion du patrimoine**, le mandataire peut se substituer un tiers, mais seulement « à titre spécial » (C. civ. art. 482, al. 1), c'est-à-dire pour un acte ou une série d'actes de même nature. Le mandataire répond alors des actes de ce tiers selon les règles de droit commun du mandat (C. civ. art. 482, al. 2).

55095 **Inventaire des biens** S'il a été chargé de l'administration des biens de la personne protégée, le mandataire a l'obligation de faire procéder à l'inventaire lors de l'**ouverture de la mesure** (C. civ. art. 486, al. 1). Le mandataire ne dispose d'aucun délai : il doit faire réaliser l'inventaire au plus tard lors de la prise d'effet du mandat. Cette solution s'explique par le fait que c'est le mandataire qui met en œuvre le mandat en produisant au greffe le certificat médical ; il n'est donc pas pris au dépourvu. Notons toutefois qu'aucune sanction particulière n'est prévue dans le cas où le mandataire n'effectue pas immédiatement l'inventaire ou en cas de défaut d'inventaire.

Le mode de réalisation et le contenu de l'inventaire sont ceux mentionnés n° 53395 (CPC art. 1253 sur renvoi de art. 1260).

Le mandataire doit actualiser l'inventaire – sans que la loi précise à quel rythme – **au cours du mandat** afin de maintenir à jour l'état du patrimoine (C. civ. art. 486, al. 1).

Sur les obligations du mandataire à l'**expiration du mandat** : voir n° 55165.

55100 Si le mandat a été conclu par acte sous seing privé, la **conservation de l'inventaire** initial et de ses actualisations incombe au mandataire ; s'il quitte ses fonctions, il doit remettre ces documents à la personne qui lui succède (C. civ. art. 494, al. 1). Il est tenu de les présenter au juge des tutelles ou au procureur de la République qui lui en feraient la demande (C. civ. art. 494, al. 2).

Si le mandat a été conclu par acte notarié, c'est le notaire qui a établi le mandat qui assure la conservation de l'inventaire initial et de ses actualisations (C. civ. art. 491, al. 1 in fine).

55105 **Compte de gestion** S'il a été chargé de l'administration des biens de la personne protégée, le mandataire doit établir **chaque année** le compte de sa gestion ; ce compte est vérifié selon les modalités qui ont été prévues par le mandat, le juge pouvant en tout état de cause faire vérifier le compte de gestion par un professionnel qualifié (C. civ. art. 486, al. 2).

55107 Si le **mandat** a été conclu **par acte notarié**, le mandataire doit adresser le compte de gestion annexé de toutes les pièces justificatives au notaire qui a établi le mandat. Le notaire est chargé de contrôler le compte de gestion ; il doit saisir le juge des tutelles de tout mouvement de fonds et de tout acte non justifié ou n'apparaissant pas conforme aux stipulations du mandat (C. civ. art. 491). Le notaire assure la conservation du compte de gestion. Selon l'importance du patrimoine géré, il perçoit pour le contrôle des comptes un émolument variant entre 113,20 € et 339,58 € HT (C. com. art. A 444-80).

55109 Si le mandat a été passé **par acte sous seing privé**, il convient de distinguer deux situations :

– si le mandat a été établi selon le modèle établi par la Chancellerie (n° 55030), le mandataire doit adresser les comptes à la personne désignée par le mandat pour contrôler son action ;

– si le mandat a été rédigé « librement » et contresigné par un avocat, la loi indique uniquement que les comptes sont vérifiés « selon les modalités définies par le mandat » (C. civ. art. 486, al. 2).

55111 Quelle que soit la forme du mandat, le mandataire doit **conserver les cinq derniers comptes** de gestion et les pièces justificatives, ainsi que toutes celles qui seraient nécessaires à la continuation de la gestion (C. civ. art. 494, al. 1). Il est tenu de les présenter au juge des tutelles ou au procureur de la République qui lui en feraient la demande (C. civ. art. 494, al. 2).

Sur les obligations du mandataire à l'**expiration du mandat** : voir n° 55165.

CONTRÔLE DE L'EXÉCUTION DU MANDAT

55113 Les modalités du contrôle sont librement **fixées par le mandat** (C. civ. art. 479, al. 3).

Si le mandat est **notarié**, le mandant a toute latitude pour désigner – en plus du notaire à qui incombe déjà légalement une mission de contrôle des comptes (n° 55107) – une ou plusieurs personnes qui contrôleront l'activité du mandataire, pour définir leurs pouvoirs et fixer, le cas échéant, leur rémunération.

Si le mandat est établi **par acte sous seing privé** contresigné par un avocat, le mandant définit librement le contrôle de l'activité du mandataire, y compris pour le compte de gestion.

Enfin, le modèle de mandat par acte sous seing privé établi par la Chancellerie (n° 55030) prévoit, rubrique 4 :
– que le mandataire chargé de la protection de la personne rend compte par écrit, au moins une fois par an, de l'accomplissement de sa mission à la personne chargée du contrôle de l'exécution du mandat ;
– que le mandataire chargé de la protection du patrimoine (il peut s'agir ou non de la même personne, au choix du mandant) établit chaque année un compte de gestion qu'il remet pour vérification à la personne chargée du contrôle ;
– que le mandant peut, au choix, rémunérer ou non l'une ou/et l'autre des personnes chargées du contrôle, selon différentes modalités.

Le **juge des contentieux de la protection** exerçant les fonctions de juge des tutelles ne peut pas modifier le contenu du mandat ou restreindre les pouvoirs du mandataire, mais il exerce un contrôle sur l'exécution du mandat : 55115
– tout intéressé (y compris le mandant en cas de mandat pour soi-même) peut saisir le juge pour contester la mise en œuvre du mandat ou le voir statuer sur les conditions et modalités de son exécution (C. civ. art. 484) ;
– le juge peut faire vérifier le compte de gestion du mandataire (n°s 55105 s.) et, si le mandat a été donné par acte notarié, il est saisi par le notaire de tout mouvement de fonds et/ou acte « suspects » ;
– à la demande de tout intéressé, il peut révoquer le mandat dans certaines situations, notamment si son exécution est de nature à porter atteinte aux intérêts du mandant (n° 55160) ;
– si le champ d'application du mandat est insuffisant pour assurer la protection des intérêts personnels ou patrimoniaux de la personne, il peut autoriser le mandataire ou un mandataire ad hoc à accomplir un ou plusieurs actes déterminés non couverts par le mandat, ou ouvrir une mesure de protection juridique complémentaire, confiée le cas échéant au mandataire de protection future (C. civ. art. 485, al. 2).

RÉMUNÉRATION DU MANDATAIRE

Le mandat de protection future s'exerce **à titre gratuit, sauf** stipulations contraires (C. civ. art. 419, al. 5). 55120
Le mandant a toute liberté pour décider du principe d'une rémunération, de son montant (forfaitaire, proportionnel aux revenus des biens gérés, lié aux diligences du mandataire, etc.) et de ses modalités de versement (périodicité, notamment).
Les **frais exposés** par le mandataire pour l'exécution du mandat doivent lui être remboursés, conformément aux règles de droit commun du mandat (C. civ. art. 1999).

RESPONSABILITÉ DU MANDATAIRE

Ce sont les règles du droit commun du mandat qui s'appliquent (C. civ. art. 424, al. 1). 55125
Le mandataire répond non seulement de son dol, mais aussi des simples fautes qu'il commet dans sa gestion, sa responsabilité étant plus sévèrement appréciée s'il est rémunéré que s'il ne l'est pas (C. civ. art. 1992).

CAPACITÉ DU MANDANT

Caractère non incapacitant du mandat Le mandat de protection future **fonctionne comme une procuration** : le mandataire peut agir au nom du mandant, mais ce dernier conserve sa capacité juridique. Il peut accomplir tous les actes conservatoires, d'administration et de disposition, y compris sur les biens dont il a confié la gestion au mandataire. 55130
Le mandant ne peut pas toutefois révoquer le mandat, les causes de révocation étant à notre avis limitativement énumérées par l'article 483 du Code civil (voir n° 55160).
Le mandant ne devrait pas non plus pouvoir accomplir un acte incompatible avec le mandat.

Sort des actes passés par le mandant Émanant d'une personne dont les facultés sont altérées (c'est la condition de la prise d'effet du mandat), les actes accomplis par le mandant peuvent être remis en cause dans des conditions plus favorables que celles du droit commun : ils peuvent être **rescindés pour simple lésion ou réduits en cas d'excès**, comme les actes passés par un majeur sous sauvegarde de justice (n°s 51060 s.). Les juges apprécient souverainement s'il y a lieu ou non de prononcer la rescision ou la réduction. Ils prennent notamment en considération l'utilité ou l'inutilité de l'opération, l'importance ou la consistance du patrimoine de la personne protégée et la bonne ou mauvaise foi de ceux avec qui elle a contracté (C. civ. art. 488, al. 1). Seuls ont qualité pour agir en rescision ou en réduction la personne protégée et, après sa mort, ses héritiers (C. civ. art. 488, al. 2). 55135

Les actes passés et les engagements contractés par une personne faisant l'objet d'un mandat de protection future mis à exécution peuvent également être **annulés pour trouble mental** dans les conditions de droit commun de l'article 414-1 du Code civil (nos 49065 s.), sachant que, même si les conditions de l'action en nullité sont réunies, les juges peuvent ne prononcer que la réduction. À noter que les héritiers du mandant peuvent exercer l'action en nullité pour trouble mental après son décès, sans avoir à apporter la preuve d'un trouble mental intrinsèque à l'acte dès lors que le mandat de protection future avait pris effet (C. civ. art. 414-2, al. 2, 3°).

SECTION 3

CESSATION DU MANDAT DE PROTECTION FUTURE

CAUSES DE CESSATION DU MANDAT

55160 La loi prévoit quatre causes de cessation du mandat de protection future (C. civ. art. 483) :
– le **rétablissement des facultés** personnelles du mandant. Pour mettre fin au mandat, le rétablissement doit être constaté, à la demande du mandant, du mandataire ou du bénéficiaire du mandat en cas de mandat pour autrui, par un certificat médical (émanant d'un médecin choisi sur une liste établie par le procureur de la République) de moins de deux mois attestant que la personne est redevenue apte à pourvoir seule à ses affaires ; ce certificat est produit au greffe du tribunal judiciaire. Le greffier se borne, au vu du certificat produit, à constater la fin du mandat qui est automatique (CPC art. 1259) ;
– le **décès du mandant** dans le mandat pour soi-même (pour une illustration, voir CA Paris 14-2-2013 n° 11/02671 ch. 4-3) ou, sauf décision contraire du juge, son placement sous tutelle ou sous curatelle (en ce sens, notamment, Cass. 1e civ. 12-1-2011 n° 09-16.519 FS-PBI : BPAT 1/11 inf. 23) ;
– le **décès du mandataire**, son placement sous une mesure de protection ou sa déconfiture s'il s'agit d'une personne morale ;
– la **révocation du mandataire** par le juge des tutelles. Cette révocation peut intervenir, à la demande de tout intéressé, dans deux cas : si les facultés personnelles du mandant ne sont pas ou plus altérées ; si l'exécution du mandat est de nature à porter atteinte aux intérêts du mandant. Dans cette seconde hypothèse, le juge qui révoque le mandat peut décider de l'ouverture d'une mesure de protection juridique (C. civ. art. 485, al. 1). Par exemple, d'une tutelle (Cass. 1e civ. 13-6-2019 n° 18-19.079 F-D : BPAT 5/19 inf. 179).

> **Précisions a.** L'ouverture d'une **sauvegarde de justice** ne met pas fin au mandat, mais le juge peut suspendre les effets du mandat pendant la durée – limitée en principe à un an – de la sauvegarde (C. civ. art. 483, al. 6).
> **b.** Seul le mandat de protection future mis en exécution prend fin par le placement sous curatelle de la personne protégée, sauf décision contraire du juge des tutelles. La cour d'appel, qui constate que le **mandat de protection future n'a pas été mis à exécution lors de l'ouverture de la curatelle**, en déduit à bon droit que cette mesure n'avait pas eu pour effet d'y mettre fin (Cass. 1e civ. 4-1-2017 n° 15-28.669 F-PBI : BPAT 1/17 inf. 14).
> **c.** La révocation du mandat et son **remplacement par une mesure de protection juridique** n'impliquent pas nécessairement la mise à l'écart du mandataire. Ainsi, une épouse défaillante pour préserver, en qualité de mandataire, les intérêts patrimoniaux de son époux, peut être désignée curatrice à la personne une fois le mandat révoqué au profit d'une curatelle (Cass. 1e civ. 17-4-2019 n° 18-14.250 F-PB : BPAT 3/19 inf. 94).

OBLIGATIONS DU MANDATAIRE À LA FIN DU MANDAT

55165 À l'expiration du mandat et **dans les cinq ans** qui suivent, le mandataire chargé de gérer les biens de la personne protégée doit tenir à la disposition de la personne qui continue la gestion des biens du majeur ou de la personne protégée ou de ses héritiers l'inventaire des biens et ses actualisations, ainsi que les cinq derniers comptes de gestion. Il doit également tenir à leur disposition les pièces nécessaires pour continuer la gestion ou assurer la liquidation de la succession (C. civ. art. 487).

CHAPITRE 6

TABLEAUX COMPARATIFS DES RÉGIMES DE PROTECTION DES MAJEURS

SOMMAIRE

A. Mesures de protection juridique

PERSONNES CONCERNÉES PAR LA MESURE

Bénéficiaire de la mesure 56000

Mesures de protection judiciaires			Habilitation familiale	Mandat de protection future
Sauvegarde de justice	Curatelle	Tutelle		
Personne qui, en raison de l'altération de ses facultés mentales ou de ses facultés corporelles empêchant l'expression de sa volonté, a les besoins suivants (C. civ. art. 425) :				Représentation lorsqu'elle ne pourra plus pourvoir seule à ses intérêts en raison de l'altération de ses facultés mentales ou de ses facultés corporelles empêchant l'expression de sa volonté (C. civ. art. 477, al. 1 et 3)
– protection juridique temporaire ou – représentation pour certains actes déterminés ou – protection durant la procédure de tutelle ou curatelle en cours (C. civ. art. 433)	– assistance continue dans les actes importants de la vie civile ou – contrôle continu de ces mêmes actes (C. civ. art. 440, al. 1)	– représentation de manière continue dans les actes de la vie civile (C. civ. art. 440, al. 3)	– représentation générale ou pour certains actes ou – assistance générale ou pour certains actes (C. civ. art. 494-1)	

56010 Personne à l'origine de la mesure

<table>
<tr><th colspan="3">Mesures de protection judiciaires</th><th rowspan="2">Habilitation familiale</th><th colspan="2" rowspan="2">Mandat de protection future</th></tr>
<tr><th>Sauvegarde de justice</th><th>Curatelle</th><th>Tutelle</th></tr>
<tr><td colspan="3">– personne à protéger
– conjoint, partenaire de Pacs ou concubin, si vie commune
– parent ou allié
– proches (liens étroits et stables avec le majeur)
– personne qui exerce à l'égard du majeur une mesure de protection juridique
– procureur de la République, d'office ou à la demande d'un tiers
(C. civ. art. 430)</td><td rowspan="2">– personne à protéger
– ascendants ou descendants
– frères et sœurs
– conjoint, partenaire de Pacs ou concubin, si vie commune
– procureur de la République à la demande d'une des personnes mentionnées ci-dessus
– juge saisi d'une demande de mesure de protection judiciaire ou par substitution d'une curatelle ou tutelle en cours
(C. civ. art. 494-3)</td><td rowspan="2">Mandat pour soi-même
(notarié ou sous seing privé) :
Majeur ou mineur émancipé, ne faisant pas l'objet d'une tutelle ou d'une habilitation familiale. En cas de curatelle, assistance du curateur nécessaire
(C. civ. art. 477)</td><td rowspan="2">Mandat pour autrui (= pour enfant)
(obligatoirement notarié) :
Parents ou dernier vivant des père et mère de l'enfant à protéger
Si enfant mineur, le(s) parent(s) doivent exercer l'autorité parentale
Si enfant majeur, le(s) parent(s) doivent assumer sa charge matérielle et affective
Dans tous les cas, mandant ne doit pas être sous tutelle, curatelle ou habilitation familiale
(C. civ. art. 477)</td></tr>
<tr><td>– juge saisi d'une demande de curatelle ou de tutelle
(C. civ. art. 433, al. 2)
– médecin par déclaration au procureur de la République
(CSP art. L 3211-6 sur renvoi de C. civ. art. 434)</td><td colspan="2"></td></tr>
</table>

56020 Personne exerçant la mesure

<table>
<tr><th colspan="3">Mesures de protection judiciaires</th><th rowspan="2">Habilitation familiale</th><th rowspan="2">Mandat de protection future</th></tr>
<tr><th>Sauvegarde de justice</th><th>Curatelle</th><th>Tutelle</th></tr>
<tr><td>Majeur protégé conserve l'exercice de ses droits
(C. civ. art. 435)
Mandataire spécial désigné le cas échéant par le juge pour un ou plusieurs actes déterminés
(C. civ. art. 437)</td><td colspan="2">– en principe, personne(s) désignée(s) par l'intéressé ou par ses parents
(C. civ. art. 448)
– à défaut conjoint, partenaire de Pacs ou concubin, si vie commune
– à défaut parent, allié ou proche du majeur (= résidant avec lui ou ayant des liens étroits et stables) (C. civ. art. 449)
– à défaut, mandataire judiciaire à la protection des majeurs (C. civ. art. 450)
Exclusion des membres des professions médicales à l'égard de leur patient et du fiduciaire à l'égard du constituant
(C. civ. art. 445)
Si nécessaire, désignation d'un subrogé curateur ou subrogé tuteur
(C. civ. art. 454)
Si tutelle avec conseil de famille, désignation obligatoire d'un subrogé tuteur
(C. civ. art. 456)
Des tiers peuvent être sollicités par le curateur et le tuteur pour accomplir certains actes (C. civ. art. 452)</td><td>Une ou plusieurs personnes parmi :
– ascendants
– descendants
– frères et sœurs
– conjoint, partenaire de Pacs ou concubin, si vie commune et remplissant les conditions pour exercer les charges tutélaires
(C. civ. art. 494-1)</td><td>Une ou plusieurs personnes parmi :
– proches ou professionnels, majeurs et juridiquement capables
– personnes morales mandataires judiciaires à la protection des majeurs
Exclusion des membres des professions médicales à l'égard de leur patient et du fiduciaire à l'égard du constituant
(C. civ. art. 480)
Mandataire peut se substituer un tiers pour les actes de gestion du patrimoine mais seulement à titre spécial
(C. civ. art. 482)</td></tr>
</table>

MISE EN ŒUVRE DE LA MESURE

Procédure 56030

<table>
<tr><th colspan="3">Mesures de protection judiciaires</th><th rowspan="2">Habilitation familiale</th><th colspan="2" rowspan="2">Mandat de protection future</th></tr>
<tr><th>Sauvegarde de justice (par décision judiciaire)</th><th>Curatelle</th><th>Tutelle</th></tr>
<tr><td colspan="4">Formulaire de demande : Cerfa n° 15891*03
Requête adressée au juge des tutelles (CPC art. 1217), comportant (CPC art. 1218) :
– certificat médical circonstancié
– identité de la personne à protéger
– énoncé des faits justifiant la protection et mentionnant divers éléments relatifs à l'entourage du majeur et à son autonomie (CPC art. 1218-1)
Audition par le juge (sauf exception) du majeur accompagné le cas échéant d'un avocat, ou, sur accord du juge, d'une autre personne de son choix (C. civ. art. 432)
Audition possible des proches du majeur (CPC art. 1220-4)
Audience à huis-clos (CPC art. 1226)
Jugement notifié au demandeur, à la personne chargée de la protection et, sauf exception, au majeur (CPC art. 1230 et 1230-1)</td><td rowspan="2">Mandat pour soi-même :
Présentation au greffe du tribunal judiciaire du mandataire avec, en principe, le mandant
et
Justification des pièces nécessaires dont un certificat médical attestant de l'altération des facultés mentales du mandant l'empêchant d'exprimer sa volonté (CPC art. 1258)</td><td rowspan="2">Mandat pour autrui :
Présentation au greffe du tribunal judiciaire du mandataire avec, en principe, le bénéficiaire du mandat, soit l'enfant à protéger
et
Justification des pièces nécessaires dont :
– certificat médical attestant de l'altération des facultés de l'enfant majeur l'empêchant d'exprimer sa volonté
– certificat de décès du mandant ou certificat médical établissant l'altération de ses facultés (CPC art. 1258-1)</td></tr>
<tr><td>En cas d'urgence, audition possible après décision de mise sous sauvegarde (C. civ. art. 433)
Décision notifiée au requérant et au majeur et transmise au procureur de la République (CPC art. 1249, al. 1)
Sauvegarde par déclaration médicale
Déclaration transmise au procureur de la République du lieu de traitement par (CPC art. 1248) :
– le médecin du majeur (avec avis conforme d'un psychiatre)
– le médecin de l'établissement de santé où se trouve le majeur</td><td colspan="2"></td><td>Le juge s'assure de l'adhésion ou de l'absence d'opposition légitime des proches à la mesure et au choix de la personne habilitée (C. civ. art. 494-4 ; CPC art. 1220-4)</td></tr>
</table>

56040 Recours

Mesures de protection judiciaires			Habilitation familiale	Mandat de protection future
Sauvegarde de justice	Curatelle	Tutelle		
Par décision du juge aucun recours possible (CPC art. 1249, al. 2) sauf contre la décision désignant un mandataire spécial ou modifiant les pouvoirs de celui-ci (CPC art. 1250)	Appel dans les 15 jours du jugement (ou de la notification pour les personnes à qui la décision est notifiée) par : – toute personne ayant qualité pour demander l'ouverture de la mesure si la décision prononce une mesure de protection – le requérant si la décision rejette la demande (CPC art. 1239, 1239-2 et 1241)			Tout intéressé peut saisir le juge des tutelles pour contester la mise en œuvre du mandat ou voir statuer sur les conditions et modalités de son exécution (C. civ. art. 484)
Par déclaration médicale recours amiable auprès du procureur de la République pour en obtenir la radiation (C. civ. art. 439, al. 3)				

56050 Information des tiers

Mesures de protection judiciaires			Habilitation familiale (générale)	Mandat de protection future
Sauvegarde de justice	Curatelle	Tutelle		
Mention sur un répertoire spécial, par le procureur, de la déclaration du médecin ou de la décision du juge (CPC art. 1251)	Mention en marge de l'acte de naissance et Extrait de la décision conservé au répertoire civil (CPC art. 1233)			Publication du mandat par inscription sur un registre spécial dont les modalités doivent être définies par décret (C. civ. art. 477-1)
			Habilitation familiale spéciale : aucune publicité	

CHRONOLOGIE DE LA MESURE

56060 Prise d'effet de la mesure

Mesures de protection judiciaires			Habilitation familiale (générale)	Mandat de protection future
Sauvegarde de justice	Curatelle	Tutelle		
Par décision du juge Exécutoire de plein droit dès son prononcé	Vis-à-vis de la personne protégée : dès le prononcé du jugement Vis-à-vis des tiers : deux mois après transcription de la mesure en marge de l'acte de naissance du majeur. En l'absence de cette mention, opposable aux tiers qui en ont personnellement connaissance (C. civ. art. 444 et 494-6, dernier al.)			Date de la présentation du mandat au greffe, si les conditions de sa mise en œuvre sont remplies (CPC art. 1258-3)
Par déclaration médicale Enregistrement sur le répertoire spécial				

Durée de la mesure 56070

Mesures de protection judiciaires			Habilitation familiale (générale)	Mandat de protection future
Sauvegarde de justice	Curatelle	Tutelle		
Maximum un an (C. civ. art. 439, al. 1)	Durée fixée par le juge Maximum cinq ans, voire, pour la tutelle, dix ans par décision du juge spécialement motivée (C. civ. art. 441)		Durée fixée par le juge et limitée à dix ans (C. civ. art. 494-6, al. 7) **Habilitation spéciale** : pas limitée dans le temps. Cesse après l'accomplissement du ou des actes pour lesquels elle a été délivrée (C. civ. art. 494-11, 4°)	Pas de limitation de durée

Renouvellement de la mesure 56080

Mesures de protection judiciaires			Habilitation familiale (générale)	Mandat de protection future
Sauvegarde de justice	Curatelle	Tutelle		
Un seul possible (C. civ. art. 439, al. 1)	Renouvellement possible Même durée que mesure initiale, ou durée plus longue qui ne peut excéder 20 ans (C. civ. art. 442)		Renouvellement possible Même durée que la mesure initiale ou durée plus longue n'excédant pas 20 ans (C. civ. art. 494-6, al. 7)	Pas de limitation de durée

56090 Fin de la mesure

Mesures de protection judiciaires			Habilitation familiale	Mandat de protection future
Sauvegarde de justice	Curatelle	Tutelle		
– décès de la personne protégée – expiration du délai fixé (renouvellement compris) ou accomplissement des actes pour lesquels la mesure a été ordonnée – ouverture d'une curatelle ou d'une tutelle – mainlevée de la mesure par le juge, par déclaration au procureur de la République (besoin de protection a cessé) ou par décision du procureur (radiation de la déclaration médicale) (C. civ. art. 439)	– décès de la personne protégée – expiration du délai fixé (renouvellement compris) – jugement de mainlevée passé en force de chose jugée (C. civ. art. 443)		– décès de la personne protégée – expiration du délai fixé (renouvellement compris) – jugement de mainlevée prononcé par le juge des tutelles – placement du majeur sous sauvegarde de justice, curatelle ou tutelle – accomplissement des actes pour lesquels l'habilitation a été délivrée (C. civ. art. 494-11)	**Mandat mis à exécution** (C. civ. art. 483) : – rétablissement des facultés du mandant constaté par un certificat médical, à la demande du mandant ou de son mandataire – décès de la personne protégée ou son placement sous tutelle ou curatelle (sauf décision contraire du juge) – décès ou placement sous une mesure de protection du mandataire (ou déconfiture s'il s'agit d'une personne morale) – révocation du mandataire par le juge En cas de sauvegarde de justice, le juge peut suspendre les effets du mandat (C. civ. art. 483, al. 6) **Mandat non mis à exécution** (C. civ. art. 489 et 492) : – révocation ou modification par le mandant – renonciation par le mandataire

CAPACITÉ DE LA PERSONNE PROTÉGÉE

56100

Mesures de protection judiciaires			Habilitation familiale	Mandat de protection future
Sauvegarde de justice	Curatelle	Tutelle		
Capacité du majeur sous sauvegarde maintenue sauf pour les actes pour lesquels un mandataire spécial a été désigné (C. civ. art. 435, al. 1)	Incapacité partielle du majeur sous curatelle Doit être assisté du curateur pour : – actes de disposition – actes d'administration aux conséquences importantes – faire emploi de ses capitaux – agir en justice (C. civ. art. 467 et 468) Peut accomplir seul certains actes, dont les actes : – conservatoires – d'administration sauf exception – à caractère strictement personnel – relatifs à sa personne si son état le permet (C. civ. art. 458 et 459) Sa capacité peut être augmentée ou réduite par le juge (C. civ. art. 471) **Curatelle renforcée** : le curateur perçoit les ressources du majeur et règle ses dépenses (C. civ. art. 472)	Incapacité de principe du majeur sous tutelle Doit être représenté par son tuteur dans tous les actes de la vie civile (C. civ. art. 473, al. 1), notamment ceux nécessaires à la gestion de son patrimoine (C. civ. art. 474), et en justice (C. civ. art. 475) Peut accomplir seul certains actes, dont les actes : – de la vie courante autorisés par l'usage – à caractère strictement personnel – relatifs à sa personne si son état le permet (C. civ. art. 473, 458 et 459) Le juge peut énumérer certains actes que le majeur peut effectuer seul (ou avec l'assistance du tuteur) (C. civ. art. 473, al. 2)	**Habilitation à représenter** Incapacité du majeur pour les actes objets de l'habilitation (spéciale ou générale) Capacité intacte pour le reste sous une réserve : ne peut pas conclure un mandat de protection future si l'habilitation est générale (C. civ. art. 494-8) **Habilitation à assister** Capacité maintenue, sauf pour les actes objet de l'habilitation qui nécessitent une assistance (dans les conditions de la curatelle) (C. civ. art. 494-1) **Dans tous les cas,** majeur accomplit seul les actes (C. civ. art. 494-6, al. 3) : – relatifs à sa personne, si son état le permet – à caractère strictement personnel	Capacité du majeur maintenue, même pour les actes faisant l'objet du mandat Peut être représenté par le mandataire selon les stipulations du mandat et le type de mandat Majeur accomplit seul les actes (C. civ. art. 479, al. 1) : – relatifs à sa personne, si son état le permet – à caractère strictement personnel

VALIDITÉ DES ACTES

Sort des actes passés avant la prise d'effet de la mesure

56110

Mesures de protection judiciaires			Habilitation familiale	Mandat de protection future
Sauvegarde de justice	Curatelle	Tutelle		
En principe valables, mais peuvent être annulés pour trouble mental (C. civ. art. 414-1 et 901) Du vivant du majeur, à sa demande. Après sa mort, à la demande de ses héritiers, sous certaines conditions pour les actes à titre onéreux (C. civ. art. 414-2) Délai pour agir de cinq ans (C. civ. art. 2224 sur renvoi de 414-2) : – à l'égard du majeur, à compter de la connaissance de l'acte, sauf impossibilité d'agir (C. civ. art. 2234) – à l'égard des héritiers : pour les actes à titre onéreux, à compter de la connaissance de l'acte ; pour les actes à titre gratuit, à compter du jour du décès				

<table>
<tr><th colspan="3">Mesures de protection judiciaires</th><th rowspan="2">Habilitation familiale</th><th rowspan="2">Mandat de protection future</th></tr>
<tr><th>Sauvegarde de justice</th><th>Curatelle</th><th>Tutelle</th></tr>
<tr><td></td><td colspan="3">Période suspecte : deux ans avant la publicité du jugement ouvrant une tutelle, une curatelle ou une habilitation.
Contestation des actes accomplis durant cette période facilitée :
– réduction des obligations en résultant en cas d'inaptitude du majeur à défendre ses intérêts notoire ou connue du cocontractant à l'époque de l'acte
– annulation de l'acte si, en plus, préjudice subi par le majeur
Délai pour agir : cinq ans à compter de la date du jugement d'ouverture de la mesure (C. civ. art. 464 et 494-9, al. 3)</td><td></td></tr>
</table>

56120 Sort des actes passés pendant la mesure

<table>
<tr><th colspan="3">Mesures de protection judiciaires</th><th rowspan="2">Habilitation familiale</th><th rowspan="2">Mandat de protection future</th></tr>
<tr><th>Sauvegarde de justice</th><th>Curatelle</th><th>Tutelle</th></tr>
<tr><td colspan="5">Peuvent être annulés pour trouble mental (C. civ. art. 414-1 et 901)
Du vivant du majeur, à sa demande. Après sa mort, à la demande de ses héritiers, sous certaines conditions pour les actes à titre onéreux (C. civ. art. 414-2)
Délai pour agir de cinq ans (C. civ. art. 2224 sur renvoi de 414-2)
– à l'égard du majeur, à compter du jour où il a eu connaissance de l'acte alors qu'il était en situation de le refaire valablement (C. civ. art. 1152, 2°)
– à l'égard des héritiers : pour les actes à titre onéreux, à compter du jour du décès si la prescription n'a pas commencé à courir avant (C. civ. art. 1152, 3°) ; pour les actes à titre gratuit, à compter du jour du décès</td></tr>
<tr><td>Peuvent aussi être :
– rescindés pour lésion ou réduits en cas d'excès
– annulés si un mandataire avait été spécialement désigné</td><td colspan="2">L'acte accompli par le majeur seul est :
– valable, en principe, s'il pouvait être fait sans assistance ni représentation. Toutefois possibilité de rescision pour lésion ou de réduction en cas d'excès
– nul en cas de préjudice subi, s'il devait être fait avec assistance
– nul de plein droit, s'il devait être fait par représentation
Curateur ou tuteur peut, avec autorisation du juge, engager seul l'action en nullité, en rescision ou en réduction</td><td>L'acte accompli par le majeur est :
– nul de plein droit, s'il devait être fait par représentation
– nul uniquement en cas de préjudice subi, s'il devait être fait avec assistance
Personne habilitée peut, avec autorisation du juge, engager seule l'action en nullité ou en réduction</td><td>Actes passés par la personne protégée une fois le mandat mis à exécution peuvent être rescindés pour lésion ou réduits en cas d'excès</td></tr>
</table>

Mesures de protection judiciaires			Habilitation familiale	Mandat de protection future
Sauvegarde de justice	Curatelle	Tutelle		
Du vivant du majeur, à sa demande Après sa mort, à la demande de ses héritiers	L'**acte accompli par le curateur** ou tuteur seul quand il aurait dû être fait par le majeur (seul, assisté ou autorisé par le juge) est nul de plein droit sauf s'il est confirmé, avec autorisation du juge. Délai pour agir de cinq ans : – à l'égard du majeur, à compter du jour où il a eu connaissance de l'acte alors qu'il était en situation de le refaire valablement – à l'égard des héritiers, à compter du jour du décès si la prescription n'a pas commencé à courir avant (C. civ. art. 465, 2224 et 1152)		L'**acte accompli par la personne habilitée** alors qu'il n'entre pas dans son habilitation ou nécessite l'autorisation du juge est : – nul de plein droit sauf s'il est confirmé, avec autorisation du juge Délai pour agir de cinq ans : – à l'égard du majeur, à compter du jour où il a eu connaissance de l'acte alors qu'il était en situation de le refaire valablement – à l'égard des héritiers, à compter du jour du décès si la prescription n'a pas commencé à courir avant (C. civ. art. 494-9, 2224 et 1152)	Du vivant du majeur, à sa demande. Après sa mort, à la demande de ses héritiers Délai pour agir de cinq ans à compter de la connaissance des faits (C. civ. art. 488 et 2224)
Délai pour agir : cinq ans à compter de la connaissance des faits (C. civ. art. 435 et 2224)				

B. Exemples d'actes en curatelle et tutelle

Mariage 56200

	Curatelle	Tutelle
Mariage	Majeur sans autorisation Doit informer le curateur qui peut former opposition (C. civ. art. 460 et 175)	Majeur sans autorisation Doit informer le tuteur qui peut former opposition (C. civ. art. 460 et 175)
Contrat de mariage	Majeur assisté du curateur (C. civ. art. 1399, al. 1) Curateur peut saisir le juge pour être autorisé à conclure seul une convention matrimoniale, en vue de préserver les intérêts du majeur (C. civ. art. 1399, al. 3)	Majeur assisté du tuteur (C. civ. art. 1399, al. 1) Tuteur peut saisir le juge pour être autorisé à conclure seul une convention matrimoniale, en vue de préserver les intérêts du majeur (C. civ. art. 1399, al. 3)
Changement de régime matrimonial	Après autorisation du juge ou du conseil de famille (C. civ. art. 1397, al. 8) Majeur assisté du curateur (C. civ. art. 1399, al. 1)	Après autorisation du juge ou du conseil de famille (C. civ. art. 1397, al. 8) Majeur assisté du tuteur (C. civ. art. 1399, al. 1)

56210 Divorce

	Curatelle	Tutelle
Décision de divorcer	Majeur seul	Majeur seul
Cas de divorce ouverts au majeur	– Pour faute – Pour altération définitive du lien conjugal – Accepté (C. civ. art. 249-4)	– Pour faute – Pour altération définitive du lien conjugal – Accepté (C. civ. art. 249-4)
Instance	Majeur assisté du curateur, sans autorisation (C. civ. art. 249) Nomination d'un curateur ad hoc lorsque la curatelle a été confiée au conjoint du majeur (C. civ. art. 249-2)	Tuteur sans autorisation (C. civ. art. 249) Nomination d'un tuteur ad hoc lorsque la tutelle a été confiée au conjoint du majeur (C. civ. art. 249-2)

56220 Pacs

	Curatelle	Tutelle
Décision de se pacser	Majeur seul sans autorisation	Majeur seul sans autorisation
Déclaration conjointe	Majeur seul (C. civ. art. 461, al. 1)	Majeur seul (C. civ. art. 462, al. 1)
Signature ou modification de la convention de Pacs	Majeur assisté du curateur (C. civ. art. 461, al. 1 et 2)	Majeur assisté du tuteur (C. civ. art. 462, al. 1 et 2)
Rupture du Pacs	– à l'initiative du majeur : majeur sans assistance Signification effectuée avec l'assistance du curateur (C. civ. art. 461, al. 3) – par déclaration conjointe : formalités accomplies sans assistance (C. civ. art. 461, al. 3) – à l'initiative du partenaire : signification au majeur et au curateur (C. civ. art. 467, al. 3)	– à l'initiative du majeur : majeur sans assistance ni représentation Signification effectuée par le tuteur (C. civ. art. 462, al. 3) – par déclaration conjointe : formalités accomplies sans assistance ni représentation (C. civ. art. 462, al. 5) – à l'initiative du partenaire : signification au tuteur (C. civ. art. 462, al. 3) – à l'initiative du tuteur : après autorisation du juge ou du conseil de famille, audition du majeur et avis de son entourage (C. civ. art. 462, al. 4)
Opposition d'intérêts entre majeur et protecteur	Si curatelle confiée au partenaire, curateur réputé en opposition d'intérêts avec le majeur (C. civ. art. 461, al. 5) En l'absence de subrogé curateur, un curateur ad hoc doit être désigné (C. civ. art. 455, al. 1)	Si tutelle confiée au partenaire, tuteur réputé en opposition d'intérêts avec le majeur (C. civ. art. 462, al. 7) En l'absence de subrogé tuteur, un tuteur ad hoc doit être désigné (C. civ. art. 455, al. 1)

56230 Succession/donation

	Curatelle	Tutelle
Testament	Majeur seul (C. civ. art. 470, al. 1)	Majeur seul, avec autorisation du juge ou du conseil de famille (C. civ. art. 476, al. 2)
Acceptation d'une succession à concurrence de l'actif net	Majeur seul (C. civ. art. 467, al. 1)	Tuteur sans autorisation (C. civ. art. 507-1, al. 1)
Acceptation pure et simple d'une succession	Majeur seul si notaire atteste que l'actif dépasse manifestement le passif Majeur avec assistance du curateur dans les autres cas (C. civ. art. 467, al. 1)	Tuteur sans autorisation du juge si notaire atteste que l'actif dépasse manifestement le passif Tuteur avec autorisation du conseil de famille ou du juge dans les autres cas (C. civ. art. 507-1, al. 1)

	Curatelle	Tutelle
Renonciation à une succession échue au majeur	Majeur avec assistance du curateur (C. civ. art. 467, al. 1)	Tuteur avec autorisation du juge ou du conseil de famille (C. civ. art. 507-1, al. 2)
Partage amiable	Majeur seul (C. civ. art. 467, al. 1) État liquidatif soumis à l'approbation du conseil de famille ou, à défaut, du juge (C. civ. art. 507, al. 2)	Tuteur sans autorisation du juge, sauf opposition d'intérêts avec le majeur (C. civ. art. 507, al. 1) État liquidatif soumis à l'approbation du conseil de famille ou, à défaut, du juge (C. civ. art. 507, al. 2)
Donation	Majeur assisté du curateur (C. civ. art. 470, al. 2) Curateur réputé en opposition d'intérêts avec le majeur lorsqu'il est bénéficiaire de la donation (C. civ. art. 470, al. 3) Assistance du subrogé curateur ou, à défaut, d'un curateur ad hoc désigné par le juge (C. civ. art. 455, al. 1)	Majeur assisté ou au besoin représenté par le tuteur, et avec autorisation du juge ou du conseil de famille (C. civ. art. 476, al. 1)

Assurance-vie 56240

	Curatelle	Tutelle
Souscription du contrat	Majeur avec l'assistance du curateur (C. ass. art. L 132-4-1, al. 1)	Tuteur avec autorisation du juge ou du conseil de famille (C. ass. art. L 132-4-1, al. 1)
Désignation ou modification du bénéficiaire	Majeur avec l'assistance du curateur (C. ass. art. L 132-4-1, al. 1)	Tuteur avec autorisation du juge ou du conseil de famille (C. ass. art. L 132-4-1, al. 1)
Révocation du bénéfice d'un contrat non accepté	Majeur avec l'assistance du curateur (C. civ. art. 467, al. 1)	Tuteur avec autorisation du juge ou du conseil de famille (C. ass. art. L 132-9, al. 2)
Versement de nouvelles primes	Majeur avec l'assistance du curateur, sauf circonstances d'espèce (Décret 2008-1484 du 22-12-2008 ann. 2)	Tuteur avec autorisation du juge ou du conseil de famille, sauf circonstances d'espèce (Décret 2008-1484 du 22-12-2008 ann. 2)
Rachat	Majeur avec l'assistance du curateur (C. ass. art. L 132-4-1, al. 1)	Tuteur avec autorisation du juge ou du conseil de famille (C. ass. art. L 132-4-1, al. 1)
Avance	Majeur avec l'assistance du curateur (Décret 2008-1484 du 22-12-2008 ann. 1)	Tuteur avec autorisation du juge ou du conseil de famille (Décret 2008-1484 du 22-12-2008 ann. 1)

Vote 56250

	Curatelle	Tutelle
Droit de vote	Oui	Oui
Éligibilité	Non (C. élec. art. L 200)	Non (C. élec. art. L 200)

C. Tableau récapitulatif : habilitation familiale et mandat de protection future

56300

	Habilitation familiale		Mandat de protection future	
	À assister	À représenter	Sous seing privé	Notarié
Champ d'application de la mesure Principes	Selon décision du juge : – spéciale (un ou plusieurs actes relatifs aux biens et/ou à la personne) (C. civ. art. 494-6, al. 1 à 3) – générale (actes relatifs aux biens, actes relatifs à la personne ou ensemble de ces actes) (C. civ. art. 494-6, al. 5)		Dépend de la forme du mandat et de la volonté du mandant	
Actes relatifs aux biens qui peuvent être confiés à l'habilité ou au mandataire	Actes qu'un tuteur peut faire seul ou avec autorisation (C. civ. art. 494-6, al. 2)	Actes qu'un tuteur peut faire seul ou avec autorisation (C. civ. art. 494-6, al. 2) La personne habilitée doit obtenir l'autorisation du juge pour les actes à titre gratuit (C. civ. art. 494-6, al. 4)	Uniquement les actes qu'un tuteur peut faire sans autorisation (C. civ. art. 493, al. 1) Le mandataire peut saisir le juge pour voir ordonner un acte soumis à autorisation ou non prévu par le mandat (C. civ. art. 493, al. 2)	Actes qu'un tuteur peut faire seul ou avec autorisation (C. civ. art. 490, al. 1) Autorisation du juge requise pour les actes de disposition à titre gratuit (C. civ. art. 490, al. 2)
Actes relatifs à la personne qui peuvent être confiés à l'habilité ou au mandataire	Dans le respect des articles 457-1 à 459-2 du Code civil (C. civ. art. 494-6, al. 3) Actes strictement personnels accomplis par le majeur seul		Dans le respect des articles 457-1 à 459-2 du Code civil (C. civ. art. 479, al. 1) Actes strictement personnels accomplis par le majeur seul	
Logement (vendre, mettre en location ou résilier le bail de la résidence principale ou secondaire)	Protection par l'article 426 du Code civil S'il devient nécessaire de procéder à ces actes, autorisation du juge ou du conseil de famille requise		Protection par l'article 426 du Code civil S'il devient nécessaire de procéder à ces actes, autorisation du juge ou du conseil de famille requise	
Comptes bancaires (clôturer les comptes ouverts avant la mesure, ouvrir un autre compte auprès d'un nouvel établissement)	Protection par l'article 427 du Code civil Pas possible de procéder à ces actes, sauf intérêt du majeur et autorisation du juge ou du conseil de famille	Personne habilitée peut procéder à ces actes sans autorisation, sauf décision contraire du juge (C. civ. art. 494-7)	Protection par l'article 427 du Code civil Pas possible de procéder à ces actes, sauf intérêt du majeur et autorisation du juge ou du conseil de famille	

PARTIE 5

Gestion et transmission du patrimoine familial

CHAPITRE 1 SOCIÉTÉ CIVILE

SOMMAIRE

SECTION 1

INTÉRÊT DE LA SOCIÉTÉ CIVILE

DIVERSITÉ DES SITUATIONS

61000 La société civile est un **outil privilégié pour gérer et transmettre** le patrimoine familial, qu'il soit principalement composé de biens immobiliers ou de titres en portefeuille.

La création d'une société civile de famille peut être envisagée à tout moment, dès lors que **deux personnes au moins** partagent des objectifs communs (conjoints, partenaires de Pacs, concubins, frères et sœurs, parents, enfants, petits-enfants, etc.).

Dotée d'une existence juridique distincte de celle de ses associés, la société possède un patrimoine qui lui est propre. Lorsque la société civile est constituée pour détenir **un ou plusieurs immeubles**, il s'agit d'une société civile immobilière (SCI) ; lorsque son patrimoine est composé de **titres et valeurs mobilières**, il s'agit d'une société civile de portefeuille.

61005 Fréquemment conseillée pour éviter les blocages de l'indivision, la société civile peut se révéler particulièrement intéressante pour aménager son régime matrimonial, acheter un bien avec son partenaire de Pacs ou son concubin ou encore pour transmettre le patrimoine familial à ses enfants ou petits-enfants.

Le recours à la société civile de famille peut répondre à **différents objectifs**, susceptibles d'évoluer dans le temps. Sa souplesse lui permet de s'adapter précisément aux souhaits des fondateurs. Par exemple, deux époux peuvent décider, dans un premier temps, de créer une structure leur permettant de gérer ensemble, selon les règles qu'ils fixent, un immeuble de rapport hérité des parents de l'un d'eux. Dans un deuxième temps, ils décident d'y associer tel ou tel de leurs enfants intéressé par la gestion immobilière. Enfin, ils souhaiteront peut-être assurer la transmission de ce patrimoine à leurs descendants au moindre coût fiscal.

La société civile peut permettre d'atteindre tous ces objectifs : encore faut-il que ceux-ci soient bien identifiés.

CONSEIL

La décision de créer une société civile doit résulter d'un **examen précis et exhaustif** de la situation de l'ensemble des futurs associés (importance et composition de leur patrimoine, âge, situation familiale, présence ou non d'héritiers), de leurs objectifs en termes de stratégie patrimoniale (préservation du patrimoine familial dans son unité et sa durée ou valorisation d'un patrimoine de rapport) et de leurs contraintes respectives (sources de revenus, charge d'impôts, etc.).

61010 La constitution d'une société civile peut dans certains cas présenter des **inconvénients** dont il convient de tenir compte. Tel est le cas de l'achat d'un immeuble par une SCI qui ne permet pas aux associés de bénéficier des droits à prêts acquis personnellement dans un plan d'épargne logement. Par ailleurs, l'associé ne bénéficiera pas des dispositions légales qui protègent les particuliers acquérant un logement : ainsi, les règles qui protègent l'emprunteur non professionnel demandant un prêt pour financer l'achat d'un immeuble d'habitation ne s'appliquent pas en cas d'acquisition du logement par une société dont l'objet est de procurer des immeubles ou fractions d'immeubles, en propriété ou en jouissance (Cass. 1e civ. 11-10-1994 n° 92-20.563 : Bull. civ. I n° 285 : RJDA 6/95 n° 747). Aussi, l'achat d'un immeuble à usage d'habitation par une SCI agissant dans le cadre de son objet d'acquisition, administration et gestion par location ou autrement de tous immeubles et biens immobiliers n'ouvre pas droit au délai de réflexion et de rétractation accordé par la loi aux acquéreurs non professionnels (Cass. 3e civ. 24-10-2012 n° 11-18.774 FS-PBR : RJDA 1/13 n° 26 ; dans le même sens, Cass. 3e civ. 16-9-2014 n° 13-20.002 F-D : RJDA 1/15 n° 7).

La réalisation d'un investissement locatif par l'intermédiaire d'une société civile qui achète (ou à laquelle est apporté) l'immeuble donné en location peut présenter des rigidités, en termes de durée des baux, de garanties et de droit à reprise du logement, qui ne doivent pas être négligées (voir nos 61820 s.).

À noter également que lors de la mise en société d'un immeuble, divers droits de préemption sont susceptibles de s'appliquer, notamment celui de la commune : une déclaration d'intention d'aliéner (DIA) doit être adressée au maire avant la réalisation de l'opération avec, le cas échéant, le risque que la commune préempte (voir n° 61412).

La création d'une société civile peut dans certaines situations offrir de substantiels **avantages fiscaux**. Par exemple, combinée avec une option pour l'impôt sur les sociétés, elle peut permettre de diminuer le taux d'imposition des revenus locatifs et augmenter ainsi la capacité à financer de nouveaux investissements immobiliers (voir n° 62215). Elle permet de pratiquer une décote sur la valeur du patrimoine, applicable pour le calcul des droits de donation ou de succession ou pour le calcul de l'IFI (n° 61154). **61015**

Mais attention : si elle peut permettre de réaliser des économies d'impôt, la création d'une société civile doit également être motivée par des **préoccupations autres que fiscales**, au risque d'être remise en cause sur le terrain de l'abus de droit. La procédure d'abus de droit prévue à l'article L 64 du LPF permet à l'administration d'écarter, comme ne lui étant pas opposables, les actes ayant un caractère fictif (abus de droit par simulation), ainsi que les actes qui, recherchant le bénéfice d'une application littérale des textes ou de décisions à l'encontre des objectifs poursuivis par leurs auteurs, n'ont pu être inspirés par aucun autre motif que celui d'éluder ou d'atténuer les charges fiscales que l'intéressé, si ces actes n'avaient pas été passés ou réalisés, aurait normalement supportées eu égard à sa situation ou à ses activités réelles (abus de droit par fraude à la loi). Dans ces hypothèses, non seulement les droits sont calculés comme si les actes litigieux n'avaient pas été passés, mais ils sont encore assortis de pénalités automatiques pouvant aller jusqu'à 80 % des droits rappelés, en plus de l'intérêt de retard. Les actes constitutifs d'une fraude à la loi peuvent, également, être écartés par l'administration en raison de leur but non pas exclusivement mais principalement fiscal ; dans ce cas, ce sont les pénalités de droit commun qui s'appliquent (LPF art. L 64 A).

ILLUSTRATIONS

Les charges afférentes à un immeuble ne sont déductibles en tant que charges foncières que si cet immeuble produit des revenus fonciers. Il pourrait alors être tentant de créer une SCI à laquelle serait apporté l'immeuble occupé par ses propriétaires, puis de conclure un **bail entre la SCI et les associés occupants**, moyennant un petit loyer. La SCI déclarerait les loyers perçus comme revenus fonciers et pourrait déduire l'ensemble des charges foncières attachées à l'immeuble (travaux d'entretien et de réparation, intérêts d'emprunt, etc.). Le déficit foncier en résultant remonterait aux associés qui réaliseraient à cette occasion une substantielle économie d'impôt sur le revenu.

En présence de tels schémas, l'administration fiscale n'hésite pas à invoquer l'abus de droit. À plusieurs reprises, la jurisprudence lui a donné raison, retenant comme **indices d'un abus de droit** :

– le contrôle exclusif ou quasi exclusif de la société par les occupants du logement (en ce sens, par exemple, CE 6-12-1978 n° 6803 : RJF 1/79 n° 20) ;

– le fait que le patrimoine social soit exclusivement composé de ce logement et que la société n'ait aucune autre activité (en ce sens, par exemple, CE 8-10-1980 n° 16795 : RJF 12/80 n° 984) ;

– la constitution de la société juste avant l'acquisition du logement ou juste avant la réalisation d'importants travaux (en ce sens, par exemple, CE 4-4-1990 n° 66867 : RJF 6/90 n° 729) ;

– la circonstance que les charges déduites soient régulièrement très supérieures aux loyers encaissés ;

– l'existence de relations financières anormales entre la société et ses associés (loyer dérisoire, échéances non réglées, confusion des trésoreries).

Dans une espèce où un propriétaire avait cédé sa résidence secondaire à la SCI familiale dont son épouse et lui étaient associés à hauteur de 90 % du capital (les 10 % restants étant détenus par leurs enfants) et où, immédiatement après la vente, les époux avaient pris la villa en location et réalisé d'importants travaux ayant abouti à la constatation de déficits fonciers que les époux associés avaient déduit de leur revenu imposable, le Conseil d'État a jugé l'abus de droit caractérisé alors même que la SCI avait été créée plusieurs années auparavant et exploitait par ailleurs un important patrimoine immobilier (CE 8-2-2019 n° 407641 : RJF 5/19 n° 465).

A. Éviter les blocages de l'indivision

ATOUTS DE LA SOCIÉTÉ CIVILE SUR L'INDIVISION

Le recours à la société civile est souvent conseillé pour éviter l'indivision et les inconvénients qui s'y attachent. **61020**

La société civile permet de simplifier la gestion du patrimoine et de l'inscrire dans la continuité, en faisant échapper les associés aux risques de blocage qui caractérisent l'indivision et aux aléas de l'action en partage qui appartient à tout indivisaire.

1. RÈGLES DE GESTION

a. Régime des biens indivis

PRÉSENTATION GÉNÉRALE

61025 Dans l'indivision, toute décision (à l'exception de celles relatives aux mesures nécessaires à la conservation des biens indivis) nécessite en **principe** l'accord de tous les indivisaires, ou au moins des deux tiers d'entre eux pour les actes les plus courants. Ces règles, protectrices des droits individuels des indivisaires, peuvent être source de blocages en termes de gestion, malgré les **assouplissements** qui peuvent y être apportés.

61027 **Régime légal** Le régime légal de l'indivision autorise les indivisaires titulaires d'au moins deux tiers des droits à effectuer certains actes à cette majorité, à condition d'en informer les autres indivisaires. Ils peuvent ainsi (C. civ. art. 815-3) :
– effectuer les **actes d'administration** relatifs aux biens indivis. Il s'agit des actes de gestion normale des biens comme l'encaissement des revenus ou la réalisation de certains travaux ;
– conclure et renouveler les **baux d'habitation ou à usage professionnel**, à l'exclusion de ceux portant sur un immeuble à usage agricole, commercial, industriel ou artisanal ;
– donner à l'un ou plusieurs d'entre eux ou à un tiers un **mandat général d'administration** ;
– **vendre les meubles** indivis, mais non les immeubles, pour payer les dettes et charges de l'indivision.

Par ailleurs, tout indivisaire peut, quels que soient ses droits dans l'indivision, prendre seul les **mesures nécessaires à la conservation** des biens indivis, même si elles ne présentent pas un caractère d'urgence (C. civ. art. 815-2). Il peut s'agir d'actes matériels (travaux de réparation par exemple) ou juridiques (souscription d'un contrat d'assurance incendie d'un immeuble). Certaines actions en justice peuvent également avoir le caractère d'actes conservatoires.

Toute autre décision nécessite en principe l'accord unanime des indivisaires : par exemple, la décision de donner à un ou plusieurs d'entre eux ou à un tiers un **mandat spécial**, celle de conclure ou renouveler un **bail commercial** ou celle de **vendre un immeuble** indivis. Dans cette dernière hypothèse, les indivisaires titulaires d'au moins deux tiers des droits ont toutefois la faculté de procéder, sous certaines conditions, à la vente des biens indivis même si un ou plusieurs indivisaires s'y opposent (n°s 69290 s.).

Les **actes passés par un indivisaire au mépris de ces règles** sont en principe inopposables aux indivisaires qui n'ont pas donné leur consentement. L'indivisaire contractant demeure quant à lui valablement engagé.

61030 **Aménagements conventionnels** Les règles de fonctionnement de l'indivision peuvent être source de sérieux blocages en termes de gestion. Pour y remédier, les indivisaires peuvent, par convention et à l'unanimité, nommer un **gérant** (choisi ou non parmi eux) et lui confier certains **pouvoirs**. Le gérant peut, dans la limite de ces pouvoirs, agir sans demander l'accord des membres de l'indivision ; il engage sa **responsabilité** envers les indivisaires par ses fautes de gestion, comme un mandataire (voir n°s 69825 s.).

Il reste que la convention d'indivision, conclue en principe pour une durée maximale de cinq ans lorsqu'elle est à durée déterminée, n'a ni la souplesse, ni la pérennité d'un contrat de société. Les pouvoirs confiés au gérant sont strictement délimités.

b. Régime des biens en société civile

PRÉSENTATION GÉNÉRALE

61040 Dans la société civile, un ou plusieurs gérants, choisis parmi les associés ou en dehors d'eux, sont désignés par les statuts, une décision d'assemblée ou un acte distinct (voir n° 61545). Sauf clause contraire des statuts, le gérant dispose de larges pouvoirs de gestion des biens composant le patrimoine de la société.

POUVOIRS DES GÉRANTS DANS LEURS RAPPORTS AVEC LES ASSOCIÉS

61042 **Principe** Le gérant peut en principe accomplir tous les actes de gestion que demande l'intérêt de la société (C. civ. art. 1848, al. 1).

Par « **actes de gestion** », on entend non seulement les actes d'administration mais aussi les actes de disposition dans la mesure où ceux-ci concernent l'exploitation de la société (par exemple, la vente d'actifs sociaux réalisée dans l'intérêt de la société et ne l'empêchant pas de poursuivre son activité telle que définie par l'objet social).

L'**intérêt social** s'entend de façon « élargie », c'est-à-dire en prenant en considération les enjeux sociaux et environnementaux de l'activité de la société (C. civ. art. 1833, al. 2). Un acte est conforme à cet intérêt s'il est utile ou profitable à la société, compte tenu, le cas échéant, de ces enjeux (dont on peut penser qu'ils restent, pour une société civile de patrimoine, purement théoriques).

ATTENTION

Dans les rapports avec les associés, le critère retenu est celui de l'intérêt de la société alors que, nous le verrons (nos 61048 s.), dans les rapports avec les tiers, c'est l'objet social qui conditionne la validité des actes passés par les gérants (C. civ. art. 1849, al. 1). Ces notions sont bien distinctes : la **conformité avec l'objet social** est uniquement fonction de la nature de l'acte tandis que la conformité avec l'intérêt social dépend de l'utilité de l'acte et de son opportunité pour la société. Il s'ensuit qu'un acte peut être profitable à la société tout en dépassant les limites de l'objet social et inversement qu'un acte, quoique conforme à l'objet social, peut nuire à la société. On ne saurait pourtant déduire qu'un **acte excédant l'objet social** soit opposable aux associés du moment qu'il est conforme à l'intérêt de la société. En effet, le gérant n'a pas le pouvoir de passer un tel acte car le dépassement de l'objet social entraîne une modification indirecte des statuts relevant par conséquent de la compétence exclusive des associés. En outre, la société pour le compte de laquelle agit le gérant n'a pas de capacité en dehors de son objet social.

Limitations statutaires Les statuts peuvent prévoir des limites aux pouvoirs du gérant et imposer une autorisation préalable de la collectivité des associés pour la conclusion de certains contrats ou la réalisation d'**opérations** jugées trop **importantes** pour être laissées à sa seule initiative (emprunts autres que les crédits en banque, hypothèque sur les immeubles sociaux, vente de certains éléments de l'actif, engagements excédant une somme fixée dans les statuts, etc.). 61044

Lorsque de telles clauses existent, les statuts déterminent généralement les **conditions d'habilitation** du gérant à passer ces actes. S'ils ne le font pas, il faudra le consentement de tous les associés (C. civ. art. 1852).

Sanctions Si le gérant **viole** une **clause restreignant ses pouvoirs** ou **agit au détriment de la société**, les associés peuvent lui demander réparation du préjudice subi de ce fait ; ils peuvent aussi le révoquer et prétendre valablement que la méconnaissance des statuts constitue un juste motif le privant de tout droit à dommages-intérêts. En revanche, à l'égard des tiers, l'acte est valable et peut être opposé à la société dès lors qu'il entre dans son objet. 61046

POUVOIRS DES GÉRANTS DANS LEURS RAPPORTS AVEC LES TIERS

Principe À l'égard des tiers, le gérant engage la société par les **actes entrant dans l'objet social** (C. civ. art. 1849, al. 1), sous réserve qu'ils soient licites et accomplis au nom de la société. Les **clauses statutaires** limitant ses pouvoirs sont en principe inopposables aux tiers (C. civ. art. 1849, al. 3), sans qu'il importe que ces tiers aient eu connaissance ou non de ladite clause (Cass. 3e civ. 24-1-2001 n° 99-12.841 FS-PB : RJDA 7/01 n° 774 ; Cass. 3e civ. 12-7-2005 n° 04-14.494 F-D : RJDA 12/05 n° 1364). Toutefois, le locataire d'un bien appartenant à une société a pu faire annuler le congé donné par le gérant d'une société en se prévalant de la violation par celui-ci d'une clause statutaire limitant son pouvoir de résilier les baux (Cass. 3e civ. 14-6-2018 n° 16-28.672 F-PB : BPAT 5/18 inf. 208). 61048

Les actes conclus par le gérant qui n'entrent **pas dans l'objet social** n'engagent pas la société et celle-ci peut en demander la nullité, sauf lorsque ces actes ont été consentis avec l'accord unanime des associés et qu'ils ne portent pas atteinte à l'intérêt de la société.

Actes entrant ou non dans l'objet social Parmi les actes entrant dans l'objet social figurent notamment ceux relatifs à la **gestion courante** de la société : souscription et résiliation de polices d'assurances, ouverture et fonctionnement des comptes bancaires, paiement des sommes dues par la société, placement des capitaux disponibles, signature d'un compromis, etc. 61049

Le gérant peut aussi procéder à des **opérations** plus **importantes** et plus lourdes de conséquences telles que l'acquisition de nouveaux biens immobiliers, la prise de participations dans d'autres sociétés, la souscription d'un emprunt, mais toujours à la condition que ces opérations contribuent à la réalisation de l'objet social.

L'**interprétation de la clause statutaire définissant l'objet** de la société donne parfois lieu à des analyses divergentes. 61050

En pratique, les rédacteurs des statuts doivent veiller à définir le plus précisément possible l'objet social afin d'éviter toute ambiguïté sur l'étendue des pouvoirs du gérant et l'incertitude qui en résulte en cas de litige entre ce dernier et les associés (voir n° 61330).

ILLUSTRATIONS

Le gérant d'une SCI ayant pour objet « la propriété, l'exploitation par bail ou location et la gestion de tous immeubles » a le pouvoir de **vendre** le seul **immeuble** de la société (Cass. 3e civ. 18-12-2001 no 1822 : RJDA 4/04 no 436). Il en est de même si la SCI a pour objet « la propriété de tous biens immobiliers situés en France, ainsi que toutes opérations mobilières ou immobilières susceptibles d'en favoriser le développement immobilier » ; la promesse de vente consentie est en effet par elle-même susceptible de favoriser le développement de la propriété de biens immobiliers et entre donc dans l'objet social (Cass. com. 26-2-2008 no 06-21.744 F-D : BPAT 3/08 inf. 108).

À l'inverse, n'a pas ce pouvoir le gérant d'une société dont l'objet est « la propriété, la gestion, l'exploitation par bail, location ou autrement d'immeubles » (Cass. 3e civ. 31-3-1999 no 644 : RJDA 6/99 no 674) ou encore « l'acquisition, la propriété, l'administration, la mise en location, la gestion et l'exploitation de tous immeubles [...] et généralement toutes opérations quelconques se rattachant directement ou indirectement à cet objet et toutes opérations immobilières quelconques concernant tous autres immeubles pourvu que les opérations ne modifient pas le caractère de la société » (Cass. 3e civ. 6-9-2011 no 10-21.815 : RJDA 1/12 no 66 ; Cass. 3e civ. 23-10-2013 no 12-22.720 : BPAT 1/14 inf. 34 ; Cass. 3e civ. 23-11-2023 no 22-17.475 FS-D : BRDA 3/24 inf. 5).

Dans le même sens, le gérant d'une SCI ayant pour objet « la propriété, la possession, la jouissance, l'administration, l'aménagement, la transformation et l'exploitation par bail, location ou autrement des terrains et immeubles » excède cet objet en vendant des parcelles de terrain appartenant à la société (Cass. 3e civ. 5-11-2020 no 19-21.214 F-D : RJDA 2/21 no 103).

Au vu de ces divergences d'interprétation, les rédacteurs des statuts ont intérêt à préciser clairement dans l'objet social que celui-ci inclut (ou non), et sous quelles conditions, l'aliénation des immeubles.

Sur la question de savoir si le gérant d'une SCI peut **mettre un immeuble à la disposition gratuite des associés**, voir no 61800.

2. RÈGLES DE RETRAIT

RÉGIME DE L'INDIVISION

61060 **Indivision légale** L'indivision est un état intrinsèquement instable : sous réserve de quelques exceptions limitées (nos 70120 s.), en **principe** nul ne peut être contraint à demeurer dans l'indivision et le partage peut toujours être provoqué (C. civ. art. 815). La demande d'un seul indivisaire suffit donc, quelle que soit l'importance de ses droits dans l'indivision, pour y mettre fin à tout moment.

61062 **Indivision conventionnelle** Même en présence d'une convention, l'indivision reste un état précaire. Si la convention a été conclue pour une **durée indéterminée**, chaque indivisaire peut demander le partage à tout moment, pourvu que ce ne soit pas de mauvaise foi ou à contretemps (C. civ. art. 1873-3, al. 2). Si la convention a été conclue pour une **durée déterminée**, celle-ci ne peut excéder cinq ans, sauf renouvellement ; en tout état de cause, un indivisaire peut toujours provoquer le partage s'il a de justes motifs pour le faire (C. civ. art. 1873-3, al. 1).

RÉGIME DE LA SOCIÉTÉ CIVILE

61065 La **durée** de la société est librement fixée par les associés, dans la limite de 99 ans (C. civ. art. 1838).

Les associés peuvent décider de la **prorogation** de la société avant l'arrivée du terme fixé : cette décision équivaut à une modification des statuts et doit, en conséquence, respecter les conditions prévues à cet effet (C. civ. art. 1844-6). À défaut d'une telle décision, l'arrivée du terme entraîne en principe la dissolution de plein droit de la société (C. civ. art. 1844-7, 1o). Toutefois, si les associés n'ont pas été consultés aux fins de proroger la société avant le terme, tout associé peut, dans l'année suivant l'arrivée de celui-ci, demander au président du tribunal de constater l'intention des associés de proroger la société et d'autoriser, dans un délai de trois mois, la consultation des associés aux fins de régulariser la situation (C. civ. art. 1844-6, al. 4). Lorsque les statuts de la société prévoient que la prorogation peut être décidée à la majorité qu'ils fixent, il suffit au président, pour autoriser la consultation des associés, de constater que ceux représentant au moins cette majorité ont l'intention de proroger la société (Cass. com. 30-8-2023 no 22-12.084 F-B : BPAT 5/23 inf. 244, rendu à propos d'un groupement forestier agricole mais transposable et qui précise aussi que la procédure prévue à l'art. 1844-6, al. 4 s'applique quelle que soit la raison pour laquelle les associés n'ont pas été consultés aux fins de proroger la société avant son terme).

Les associés peuvent décider la **dissolution anticipée** de la société (C. civ. art. 1844-7, 4°). Mais une telle décision ne peut être prise que dans les conditions de majorité requises pour la modification des statuts. En d'autres termes, un associé isolé ne peut pas, en principe, imposer aux autres associés la dissolution de la société, sauf à demander la dissolution judiciaire. **61066**

Un associé se prévalant d'un intérêt légitime peut demander la **dissolution judiciaire** de la société, mais cette dissolution ne peut être prononcée que **pour justes motifs**, par exemple l'inexécution par un associé de ses obligations ou la mésentente entre associés (C. civ. art. 1844-7, 5°). Les juges doivent constater une paralysie du fonctionnement de la société : cette condition, littéralement rattachée dans le texte de l'article 1844-7, 5° du Code civil à l'hypothèse de la mésentente entre associés, est requise dans tous les cas de dissolution pour justes motifs, car elle est précisément un élément de ces justes motifs (Cass. com. 3-5-2018 n° 15-23.456 F-D : BPAT 4/18 inf. 178, à propos d'une dissolution prononcée pour inexécution par un associé de ses obligations). Tout associé est recevable à agir pour demander la dissolution de la société, même s'il est à l'origine de la mésentente ; mais si le seul motif qu'il invoque est cette mésentente, la dissolution sera écartée (Cass. com. 16-9-2014 n° 13-20.083 : RJDA 12/14 n° 908). En revanche, s'il n'est pas possible de déterminer à qui la mésentente est imputable, le juge peut prononcer la dissolution (Cass. com. 13-2-1996 n° 93-16.238 : Bull. civ. IV n° 49, RJDA 5/96 n° 641 ; CA Bordeaux 10-1-2023 n° 22/01177 : BPAT 4/23 inf. 200, à propos d'une société par actions simplifiée mais transposable).

ILLUSTRATIONS

La **mésentente entre** les ex-époux **associés** égalitaires d'une SCI constituée pour gérer leur patrimoine justifie le prononcé de la dissolution de la société si, outre la disparition de l'affectio societatis, les graves conflits personnels et sociaux nés de la crise conjugale conduisent à une **paralysie du fonctionnement de la société**, rendant inconcevable la tenue d'une assemblée générale, comme en témoigne leur incapacité à décider d'une liquidation amiable alors que chacun invoque la nécessité de partager l'actif social (CA Pau 23-1-2006 n° 03/3450 : RJDA 8-9/08 n° 925).

La mésentente ancienne entre associés d'une SCI, propriétaire d'une maison, justifie le prononcé de la dissolution si, outre leur incapacité à s'entendre sur la répartition des périodes d'occupation et sur l'entretien de la maison, les associés minoritaires votent systématiquement contre les résolutions d'assemblée et refusent le rachat de leurs parts sociales ou celui des parts de l'associé majoritaire, leur attitude conduisant à une paralysie du fonctionnement de la société (Cass. 3e civ. 8-9-2010 n° 09-15.585 FS-D : RJDA 12/10 n° 1157).

Le désaccord entre associés ainsi que l'attitude d'opposition systématique de l'un d'eux qui refuse de participer à la vie sociale et demande l'annulation des assemblées tenues hors sa présence bloquent définitivement le fonctionnement de la société et justifient sa dissolution (Cass. com. 21-6-2011 n° 10-21.928 F-PB : RJDA 11/11 n° 920).

Conduit à la paralysie du fonctionnement de la société la mésentente incontestable existant entre deux associés égalitaires d'une SCI à la suite de la rupture de leur concubinage caractérisée par (CA Paris 31-3-2016 n° 15/13327 : RJDA 7/16 n° 538) :

– l'absence ou le retard de paiement des charges sociales (impôts, taxes et échéances de prêts) ayant entraîné la clôture d'un compte bancaire de la SCI, la prise d'hypothèques sur ses biens en sûreté du remboursement d'un prêt ainsi que des pénalités et des intérêts de retard à l'origine d'un véritable manque à gagner pour elle ;

– le versement des loyers afférents aux locaux lui appartenant sur le compte bancaire de l'un des concubins et non sur celui de la société ;

– l'absence de tenue des assemblées générales et de prise de décisions depuis la séparation des associés.

Est justifiée la dissolution d'une SCI constituée entre deux associés égalitaires, dont l'un était gérant, leur mésentente ayant rendu impossible toute prise de décision et démontrant leur perte d'affectio societatis et le blocage du fonctionnement de la SCI, qui n'a tenu ni comptabilité ni assemblées pendant dix ans (Cass. 3e civ. 17-12-2020 n° 19-15.694 F-D : BPAT 2/21 inf. 96).

Il n'y a pas lieu, en revanche, de prononcer la dissolution lorsque le **désaccord** entre les associés **n'a pas pour effet de paralyser le fonctionnement de la société** (Cass. com. 21-10-1997 n° 95-21.156 : Bull. civ. IV n° 280, RJDA 1/98 n° 60 ; Cass. com. 5-4-2018 n° 16-19.829 F-D : BPAT 4/18 inf. 179 ; Cass. 1e civ. 18-1-2023 n° 19-24.671 F-B : BPAT 3/23 inf. 159). Ainsi, la dissolution d'une société détenue par des ex-époux à parts égales n'est pas justifiée dès lors que celle-ci continue de fonctionner malgré leur mésentente, la comptabilité étant tenue et une assemblée générale pouvant être convoquée pour approuver les comptes (CA Rennes 28-6-2022 n° 20/02742 : BPAT 1/23 inf. 63). La société n'est pas non plus dissoute si la paralysie n'est qu'hypothétique (Cass. com. 13-7-2010 n° 09-16.103 F-D : RJDA 11/10 n° 1080). La disparition de l'affectio societatis ne constitue pas à elle seule un juste motif de dissolution ; le juge doit relever en quoi cette perte a entraîné une paralysie du fonctionnement de la société (Cass. 3e civ. 17-11-2021 n° 19-13.255 F-D : BPAT 2/22 inf. 114).

61067 Sauf clause statutaire contraire, la société civile n'est pas dissoute par le **décès d'un associé**. La société continue avec les associés survivants et les héritiers ou légataires du défunt : voir nos 62710 s.

Plus généralement, la continuité de la société est assurée par-delà le **retrait des associés**. Lorsqu'un associé désire se retirer, ce retrait prend la forme d'une cession ou d'une transmission de ses parts, ou d'une réduction du capital de la société.

Même dans l'hypothèse où toutes les parts sociales se trouvent réunies entre les mains d'**un seul associé**, la société n'est pas automatiquement dissoute. La dissolution, demandée en justice par tout intéressé (par exemple, un créancier qui n'a pas été payé), ne peut être prononcée par le juge que si la situation n'a pas été régularisée dans le délai d'un an (C. civ. art. 1844-5, al. 1). Aussi longtemps que la dissolution n'est pas prononcée, la société subsiste valablement avec un seul associé.

B. Aménager son régime matrimonial

INTÉRÊT DE L'APPORT D'UN BIEN PAR DES ÉPOUX

61100 Deux époux peuvent, seuls ou avec d'autres personnes, être associés d'une société civile (C. civ. art. 1832-1). La création d'une société civile peut être envisagée entre conjoints comme moyen de **modifier le régime applicable aux biens** qu'ils possèdent, sans avoir pour autant à changer de régime matrimonial : l'apport à la société d'un bien particulier permet aux époux de soustraire ce bien aux règles définies par leur régime matrimonial pour le soumettre aux règles qu'ils auront eux-mêmes fixées dans les statuts de la société.

GÉRER ENSEMBLE UN BIEN PROPRE OU PERSONNEL

61105 Deux époux peuvent souhaiter gérer ensemble un bien dont un seul est propriétaire. Tel peut être le cas s'ils sont mariés sous le **régime de la séparation de biens** (les biens de chacun restant des biens personnels) ou, sous le régime de la **communauté réduite aux acquêts**, pour un bien propre (acquis avant le mariage ou reçu par héritage, donation ou testament).

L'apport en société civile de ce bien permet d'en soumettre la gestion aux règles que les époux décident eux-mêmes d'édicter. Après l'apport, le bien appartient à la société qu'ils ont constituée et dont ils ont rédigé les statuts. Les époux peuvent être associés à parts quasi égales dans la société (par exemple, 51 % pour l'un et 49 % pour l'autre) ou selon toute autre proportion en fonction des apports que chacun peut effectuer (60 % et 40 %, 75 % et 25 %, etc.).

Les époux peuvent également être désignés cogérants de la société.

GÉRER SEUL UN BIEN COMMUN

61110 Des époux mariés sous le **régime de la communauté** peuvent souhaiter attribuer à un seul des deux les pouvoirs de gestion sur tel ou tel bien, à l'exception du logement familial. La mise en société de ce bien et la désignation de l'époux concerné comme seul gérant lui permet de disposer seul de ces pouvoirs.

Pour plus de précisions sur l'apport en société de biens de communauté, voir nos 61212 s.

CAS PARTICULIER DU LOGEMENT FAMILIAL

61115 Une attention particulière doit être portée à la question de la mise en société civile du logement des conjoints. Même s'il s'agit d'un bien propre ou personnel de l'un des époux, l'**accord de l'autre époux** est obligatoirement requis lorsque le logement de la famille est apporté en société (voir nos 61205 s.).

Par ailleurs, la mise en société de ce logement a à notre avis pour effet, lors du **décès d'un des époux**, de priver le survivant des droits que la loi lui accorde sur sa résidence principale (voir nos 11100 s. et notamment no 11109). Le conjoint survivant ne pourra donc prétendre ni à la jouissance gratuite du logement pendant l'année du veuvage (sauf si les époux étaient locataires de la SCI), ni ensuite aux droits viagers d'habitation et d'usage sur le logement ou sur le seul mobilier (sauf dans ce dernier cas si les époux étaient locataires de la SCI).

Autre inconvénient de la mise en société du logement, si les **époux** sont **soumis à l'IFI** : l'abattement de 30 % sur la valeur vénale réelle de l'immeuble lorsque celui-ci est occupé à titre de résidence principale par son propriétaire n'est pas applicable aux immeubles détenus en société (BOI-PAT-IFI-20-30-20 no 50).

ATTENTION
Lorsque l'immeuble constituant le logement familial est détenu par une SCI dont l'un au moins des époux est associé, peut-il être **vendu sans l'accord du conjoint** ? La solution varie selon les situations. L'accord du conjoint est requis lorsque l'époux associé a été autorisé à occuper le bien en vertu d'un droit d'associé ou d'une décision prise à l'unanimité des associés car, dans ce cas, la protection du logement familial prévu par le régime primaire s'applique. En revanche, la vente peut se faire sans l'accord du conjoint à défaut d'un tel droit formalisé (voir n° 1765).

C. Aménager son régime pacsimonial

INTÉRÊT DE L'APPORT D'UN BIEN PAR DES PARTENAIRES DE PACS

Deux partenaires de Pacs peuvent, seuls ou avec d'autres personnes, être associés d'une société civile (C. civ. art. 1832-1). La création d'une société civile peut être envisagée entre partenaires de Pacs comme moyen de **modifier le régime applicable aux biens** qu'ils possèdent en faveur des règles qu'ils auront eux-mêmes fixées dans les statuts de la société. 61117

Deux partenaires de Pacs peuvent souhaiter **gérer ensemble un bien personnel** à l'un d'eux lorsqu'ils sont pacsés sous le **régime de la séparation de biens**, les biens de chacun restant des biens personnels. L'apport en société civile de ce bien permet d'en soumettre la gestion aux règles que les partenaires décident eux-mêmes d'édicter. Après l'apport, le bien appartient à la société qu'ils ont constituée et dont ils ont rédigé les statuts. Les partenaires peuvent être associés à parts quasi égales dans la société (par exemple, 51 % pour l'un et 49 % pour l'autre) ou selon toute autre proportion en fonction des apports que chacun peut effectuer (60 % et 40 %, 75 % et 25 %, etc.). Les partenaires peuvent également être désignés cogérants de la société.
Attention, le recours à la société civile pour les partenaires de Pacs soumis au **régime de l'indivision** ne permet pas de se départir des contraintes liées à l'indivision.

D. Sécuriser l'achat d'un bien par un couple non marié

INTÉRÊT DE L'APPORT D'UN BIEN PAR UN COUPLE NON MARIÉ

La société civile est un outil judicieux pour l'acquisition par un couple non marié, notamment pour l'achat de leur résidence par des partenaires de Pacs ou des concubins. 61120

Lorsque les partenaires de Pacs achètent en direct leur logement, ils le font généralement en indivision, à plus forte raison lorsqu'il s'agit de concubins. Au décès de l'un d'eux, le survivant se retrouve en **indivision avec les héritiers** du premier.

Si, par testament, le partenaire décédé a légué au **partenaire de Pacs survivant** ses droits dans l'indivision, bien que ce legs risque d'être réduit en présence d'enfant, la transmission se fera en franchise d'impôts, le partenaire des Pacs survivant étant totalement exonéré de droits de succession sur la part transmise par son partenaire décédé. Il bénéficie également d'un droit à la jouissance gratuite du logement qui appartenait à son partenaire décédé, sauf à en avoir été privé par testament. Néanmoins, ce droit au logement est temporaire, d'un an à compter du décès, qui ne lui permet pas d'assurer son maintien dans les lieux de manière pérenne (C. civ. art. 515-6).

De la même façon, le **concubin survivant** peut avoir été institué légataire des droits dans l'indivision du prédécédé. Le risque de réduction du legs en présence d'enfant est tout autant élevé pour le concubin survivant, lequel se double de droits de succession exigibles au taux de 60 %, après application d'un abattement égal à 1 594 €.

Le recours à la société civile peut permettre d'assurer, lors du décès d'un des partenaires de Pacs ou d'un des concubins, le **maintien dans les lieux du survivant** jusqu'à son propre décès, libre dans sa gestion du bien et ce, sans subir de prohibitifs droits de succession pour les concubins. Deux techniques peuvent être envisagées : le démembrement croisé des parts de la société ou l'insertion d'une clause de tontine dans les statuts.

> **Précisions a.** Le **partenaire de Pacs** survivant peut, sous certaines conditions, demander l'**attribution préférentielle** du logement qu'il occupait à l'époque du décès, ainsi que du mobilier le garnissant. Ces avantages sont substantiels mais ne privent pas d'intérêt la société civile entre partenaires liés par un Pacs, notamment en présence d'enfants.

b. Si les **partenaires de Pacs** sont imposables à l'impôt sur la fortune immobilière (**IFI**), l'acquisition de leur logement par l'intermédiaire d'une SCI les prive de l'abattement de 30 % sur la résidence principale (BOI-PAT-IFI-20-30-20 n° 50 ; Cons. const. 17-1-2020 n° 2019-820 QPC, jugeant constitutionnelle la non-application de l'abattement de 30 % : RJF 2/20 n° 166).

DÉMEMBREMENT CROISÉ DES PARTS DE LA SOCIÉTÉ

61125 Prenons l'**exemple** de M. Lerouge et de Mlle Leblanc, âgés respectivement de 38 et 36 ans, qui vivent en concubinage depuis plusieurs années. Les **deux concubins** souhaitent acquérir ensemble leur logement et s'assurer qu'au décès de l'un d'eux, le survivant pourra continuer à occuper le logement, sans ingérence des héritiers.

Ils créent une SCI qui achète le logement. Le capital de la société est divisé en 100 parts numérotées de 1 à 100. M. Lerouge détient les 50 premières parts (numérotées de 1 à 50) en nue-propriété et les 50 suivantes (numérotées de 51 à 100) en usufruit. Mlle Leblanc détient les 50 premières parts en usufruit et les 50 autres en nue-propriété.

Si M. Lerouge décède le premier, Mlle Leblanc aura la pleine propriété des 50 parts numérotées de 51 à 100 et l'usufruit des 50 autres parts (dont la nue-propriété sera transmise aux héritiers de M. Lerouge). Si Mlle Leblanc décède la première, M. Lerouge aura la pleine propriété des 50 parts numérotées de 1 à 50 et l'usufruit des 50 autres (dont la nue-propriété sera transmise aux héritiers de Mlle Leblanc). Dans les deux cas, et à condition d'avoir rédigé avec soin la clause des statuts relative aux droits respectifs des usufruitiers et des nus-propriétaires, le concubin survivant gardera le **contrôle de la société** et pourra continuer à occuper le logement.

Autre avantage du schéma : la réunion de l'usufruit et de la nue-propriété sur la tête du nu-propriétaire (qui devient donc plein propriétaire de 50 parts dans notre exemple) au décès de l'usufruitier s'opère sans **coût fiscal**. Il n'y a pas, en effet, de droits de succession à acquitter dans cette situation (CGI art. 1133).

La technique de l'achat en démembrement croisé des parts de la société présente tout autant d'intérêt pour les **partenaires de Pacs**, le survivant conservant le contrôle de la société et l'usage du logement sa vie durant sous réserve d'aménager les statuts.

CLAUSE DE TONTINE

61130 Si des partenaires de Pacs sous le régime de la séparation de biens ou des concubins achètent un bien en tontine, le décès du premier fera du survivant le seul propriétaire de la totalité du bien depuis son acquisition. Une telle clause permet d'évincer complètement les héritiers du premier partenaire de Pacs ou concubin, mais elle présente un sérieux inconvénient fiscal pour le concubin survivant. Pour celui-ci, si la tontine est insérée dans l'**acte d'acquisition en commun du bien**, le jeu de la clause au décès du premier concubin rend en principe exigibles les droits de succession (soit une taxation de 60 %, après application d'un abattement de 1 594 €). Une exception est certes prévue en faveur des immeubles affectés à l'habitation principale commune des acquéreurs, mais elle est de portée limitée puisqu'elle ne s'applique que si l'immeuble vaut moins de 76 000 € (dans ce cas, la part transmise au survivant est passible des seuls droits de vente d'immeubles, soit une taxation d'environ 5 %).

Cet inconvénient est évité par la constitution d'une société civile (qui achète le logement) et l'insertion de la clause de tontine dans les **statuts de la société**. Au décès du premier concubin, le survivant sera propriétaire de toutes les parts de la société, sans avoir à payer de droits de succession (BOI-ENR-DMTG-10-10-10-10 n° 280). Seul un droit de vente de 5 % (s'agissant de parts de société à prépondérance immobilière) est exigible sur les parts sociales transmises au survivant, quelle que soit la valeur de l'immeuble acquis par la société.

EXEMPLE

Deux concubins souhaitent acquérir ensemble leur résidence principale, dont le prix est de 200 000 €.

S'ils achètent l'immeuble en direct avec clause de tontine insérée dans le contrat d'acquisition en commun, le décès de l'un d'eux rendra exigibles les droits de succession sur la moitié du bien, soit 60 % × (100 000 € – 1 594 €) = 59 044 €.

S'ils achètent l'immeuble par l'intermédiaire d'une SCI avec insertion de la tontine dans les statuts de la société, le survivant deviendra propriétaire de la totalité des parts sociales moyennant le paiement d'un droit de : 5 % × 100 000 € = 5 000 €.

61132 **Par prudence**, il est conseillé de maintenir quelques parts en dehors de la tontine (afin que la validité de la société ne puisse pas être remise en cause). Par ailleurs, pour que la clause de tontine n'encoure pas le risque d'être qualifiée de donation avec les conséquences qui en découlent (réduction pour atteinte à la réserve des héritiers, exigibilité des droits de mutation à titre gratuit), l'opération doit présenter un caractère aléatoire : il ne faut pas que le capital social soit souscrit par un seul des associés ni qu'en raison de son état de santé lors de la constitution de la société et de sa différence d'âge avec son partenaire de Pacs ou avec son concubin, il soit probable qu'il décède avant lui (pour un exemple où la clause de tontine a été qualifiée de donation déguisée : Cass. 1e civ. 10-5-2007 n° 05-21.011 FS-PB : RJDA 10/07 n° 963, à propos de concubins).

ATTENTION

La clause de tontine insérée dans les statuts d'une société est considérée comme conférant au dernier survivant des associés la totalité des droits sociaux sous condition de sa survie et à chaque associé la propriété de ses parts sociales sous la condition résolutoire de son prédécès. Elle rend donc, à notre avis, les **parts sociales incessibles** pendant toute la durée de son application (en ce sens, TGI Paris 18-1-1993 cité par G. Baffoy, L'usage de la tontine en droit des sociétés : JCP N 2003 n° 1029 § 10), ce qui peut être lourd de conséquence en cas de rupture du Pacs ou du concubinage et de mésentente entre les ex-partenaires ou entre les ex-concubins.

E. Transmettre le patrimoine familial

1. TRANSMISSION ANTICIPÉE DU PATRIMOINE FAMILIAL

EN BREF

La détention d'un patrimoine, immobilier notamment, à travers une société civile permet en de nombreuses circonstances d'optimiser la transmission de ce patrimoine, du vivant des ascendants, à leurs descendants. Dans ce schéma, ce sont les **parts de la société** qui font l'objet d'une donation des parents à leurs enfants et/ou petits-enfants. 61140

OPTIMISATION PATRIMONIALE

Transmettre en conservant la gestion La constitution d'une société civile présente un intérêt particulier pour des parents qui souhaitent, de leur vivant, transmettre une partie de leur patrimoine à leurs enfants, tout en continuant à gérer eux-mêmes ce patrimoine. La société se présente alors comme un moyen de dissocier habilement la propriété du patrimoine du pouvoir de le gérer. S'il s'agit d'un patrimoine immobilier, les parents constituent une SCI à laquelle ils apportent leurs immeubles, puis donnent à leurs enfants des parts de la SCI. Les parents, ou l'un d'eux, sont nommés gérants de la société, les enfants n'ayant de droit de regard sur la gestion que dans le cadre de leurs prérogatives d'associés. 61142

CONSEIL

La constitution d'une société est particulièrement recommandée quand, parmi les **enfants**, se trouvent des **mineurs ou** des **majeurs protégés** (majeurs sous tutelle, par exemple). La transmission en direct d'un patrimoine peut, en pareil cas, être source de difficultés ou de lourdeurs de gestion. La solution consistant à apporter ce patrimoine en société puis à transmettre les parts de la société, même à des enfants mineurs ou majeurs protégés, permet de ne pas gêner la gestion active de ce patrimoine par le gérant de la société.

Transmettre en conservant les revenus Outre le pouvoir de gestion, les parents souhaitent fréquemment conserver les revenus du patrimoine transmis à leurs enfants, de façon à s'assurer un certain niveau de ressources leur vie durant. 61144

La création d'une société civile peut alors être avantageusement combinée avec la technique du démembrement de propriété.

Deux schémas sont envisageables.

Dans un premier schéma, les parents apportent la **nue-propriété** de tout ou partie **de leur patrimoine immobilier** à une SCI constituée avec leurs enfants, en se réservant l'usufruit des immeubles. Dès lors, ils ont seuls droit aux revenus des immeubles (les loyers), même s'ils transmettent, par donation, la totalité des parts de la société à leurs enfants.

Dans un deuxième schéma, les parents apportent à la SCI qu'ils ont constituée la propriété de leurs immeubles, puis donnent à leurs enfants la **nue-propriété des parts sociales**. Ce schéma offre une grande souplesse d'adaptation : les parents peuvent en effet, selon leurs souhaits, aménager largement dans les statuts les pouvoirs et droits respectifs des usufruitiers et des nus-propriétaires des parts sociales et ainsi s'assurer une totale maîtrise de la gestion et des revenus de la société.

Associer progressivement les enfants De façon générale, la création d'une société civile permet, si tel est le souhait des parents, d'associer progressivement leurs enfants à la gestion du patrimoine familial, en profitant de la souplesse qu'offre le cadre de la société (pour la nomination du gérant, la définition et la limitation de ses pouvoirs, la définition des pouvoirs de l'assemblée des associés, etc.). 61148

ASPECTS FISCAUX

61150 La mise en société du patrimoine offre **deux avantages principaux au regard des droits de donation** : elle permet de pratiquer une décote sur la valeur du patrimoine transmis et de profiter à plein des abattements en étalant la transmission dans le temps.

> **Précisions** L'administration a confirmé que les transmissions anticipées de patrimoine, y compris lorsque le donateur se réserve l'usufruit du bien transmis, ne sont pas en elles-mêmes susceptibles d'être remises en cause sur le terrain de l'**abus de droit** pour motif principalement fiscal (LPF art. L 64 A), sous réserve que les transmissions concernées ne soient pas fictives ; en effet, le législateur a entendu favoriser ce type de transmissions (Rép. Procaccia : Sén. 13-6-2019 nº 09965 ; BOI-CF-IOR-30-20 nº 70).

61154 **Transmettre des parts avec décote** Le simple fait qu'un patrimoine, immobilier notamment, soit détenu à travers une société permet d'opérer une décote sur la valeur de ce patrimoine. La valeur vénale des parts est en effet toujours inférieure à la valeur vénale des biens détenus par la société ramenée au nombre de parts.

Pour des sociétés à caractère familial, une décote d'au minimum 10 % peut **généralement** être pratiquée pour tenir compte de l'absence de marché et de l'existence de **clauses d'agrément** limitant la liberté de cession. Une décote supérieure peut être envisagée pour prendre en compte le **caractère minoritaire d'une participation** dans la société (Cass. com. 6-5-2003 nº 01-13.118 F-D : RJF 8-9/03 nº 1056, ayant admis une décote de 15 % ; Cass. com. 23-11-2010 nº 09-17.295 : RJF 3/11 nº 382, ayant admis une décote de 20 %).

La décote sur la valeur du patrimoine joue également en matière de **droits de succession** et d'**IFI** pour déterminer la valeur des parts de la société.

61157 **Profiter des abattements** La transmission des parts de la société civile par **donations** réalisées **tous les 15 ans** permet de profiter au mieux des abattements prévus en faveur des donations aux enfants et petits-enfants. Il est en effet plus facile de respecter les plafonds d'abattements (100 000 € par enfant et 31 865 € pour chacun des petits-enfants) lorsque les biens transmis sont des parts de société que lorsqu'il s'agit d'un patrimoine immobilier, par nature difficilement divisible.

EXEMPLE

M. Lepère, veuf, souhaite transmettre à ses deux enfants en février 2024 un appartement qu'il possède à Paris, évalué à 400 000 €. S'il donne directement l'appartement, chaque enfant se voit attribuer la moitié de la valeur du bien, soit 200 000 €. Sur ces 200 000 €, un abattement de 100 000 € est pratiqué, ramenant la base taxable à 100 000 € par enfant.

Supposons maintenant qu'une SCI a été constituée pour détenir l'immeuble. Par hypothèse, la société n'a pas d'autre actif et n'a aucun passif. La valeur de chaque part sociale, en admettant que le capital soit divisé en 300 parts et en retenant une décote de 10 % par rapport à la valeur de l'immeuble, est de 1 200 € (400 000 €/300 × 90/100). Dans ce cas, M. Lepère peut décider de donner 83 parts à chacun de ses enfants dans un premier temps et de ne leur transmettre le solde que plus tard. La donation des 83 parts par enfant sera évaluée à 99 600 € (83 × 1 200 €). La base taxable est ramenée à zéro par le jeu de l'abattement. Quinze ans plus tard, la donation des 134 parts sociales restantes (soit 67 parts par enfant) se fera de nouveau en franchise fiscale, par le jeu de l'abattement.

2. TRANSMISSION SUCCESSORALE DU PATRIMOINE FAMILIAL

PRINCIPAUX AVANTAGES DE LA CRÉATION D'UNE SOCIÉTÉ CIVILE

61170 La création d'une société civile pour la détention d'un patrimoine, immobilier notamment, permet d'assurer la **préservation de l'unité du patrimoine familial**, par rapport aux risques que ferait courir une indivision entre héritiers.

Elle **facilite le partage**, dans la mesure où il est évidemment plus facile de partager des parts de société qu'un immeuble, ou même plusieurs immeubles de valeur souvent inégale.

La création d'une société civile présente également plusieurs avantages en matière de **droits de succession** :

– elle permet de diminuer la valeur taxable des biens transmis par le jeu d'une décote (voir nº 61154) ;

– elle permet d'éviter la présomption de propriété de l'usufruitier ;

– elle permet de préserver le différé de paiement des droits de succession.

Attention cependant : lorsque la société est constituée avec de futurs héritiers, des **précautions** doivent être prises pour éviter toute suspicion de libéralité de la part des autres héritiers (voir n° 61303).

ÉVITER LA PRÉSOMPTION DE PROPRIÉTÉ DE L'USUFRUITIER

L'interposition d'une société civile permet d'écarter la présomption de propriété de l'usufruitier prévue, en matière de droits de succession, pour éviter certains abus liés à un démembrement de propriété. 61175

En principe, la réunion de l'usufruit à la nue-propriété par décès de l'usufruitier n'emporte aucun droit de succession (CGI art. 1133). Pour éviter les abus, la loi prévoit que, lorsque la **nue-propriété** est **détenue par l'un des héritiers** présomptifs de l'usufruitier (ses enfants notamment), l'usufruitier peut être considéré, sur le plan fiscal, comme ayant conservé la pleine propriété du bien ayant fait l'objet du démembrement (CGI art. 751 ; voir n°s 64320 s.).

Cette présomption de propriété de l'usufruitier ne s'applique pas lorsque la **nue-propriété** du bien **appartient à une société civile**, même lorsque les parts sont détenues par un héritier présomptif de l'usufruitier. Cette solution vise non seulement le cas où la nue-propriété a été apportée à la société, l'apporteur se réservant l'usufruit, mais aussi celui où le bien a été acquis pour l'usufruit par les parents et en nue-propriété par une société civile constituée entre les enfants (BOI-ENR-DMTG-10-10-40-10 n° 250). L'administration se réserve cependant le droit de mettre en œuvre la procédure de répression des abus de droit, selon les circonstances particulières de chaque affaire.

PRÉSERVER LE DIFFÉRÉ DE PAIEMENT DES DROITS DE SUCCESSION

Tout **héritier qui reçoit des biens en nue-propriété** peut demander que le paiement des droits afférents à cette nue-propriété soit différé (CGI ann. III art. 397 et 404 B). Le paiement devient notamment exigible à l'issue d'un délai de six mois à compter de la cession de cette nue-propriété (voir n°s 64804 s.). 61178

La transmission d'un patrimoine à travers les parts d'une société civile peut faciliter le maintien du différé de paiement des droits de succession éventuellement obtenu.

Dans le cas d'un **immeuble** reçu en nue-propriété lors de la succession, l'héritier perd le bénéfice du différé de paiement des droits si l'immeuble est vendu avant le décès de l'usufruitier : dans les six mois de la vente, il devra payer les droits en suspens. En revanche, s'il a hérité de la nue-propriété des parts de la **société qui détient l'immeuble**, il ne deviendra imposable que s'il cède ses droits sur les parts : si c'est la société qui cède l'immeuble, l'héritier qui conserve la nue-propriété de ses parts n'est pas déchu du différé de paiement obtenu. 61180

Dans le cas d'un **portefeuille de valeurs mobilières** transmis en nue-propriété par voie de succession, l'administration admet que les héritiers nus-propriétaires du portefeuille puissent continuer à bénéficier du crédit de paiement différé des droits de succession si l'usufruitier procède à des cessions, mais à condition que l'intégralité du produit des cessions serve à l'acquisition de nouvelles valeurs dans le cadre du portefeuille (BOI-ENR-DG-50-20-30 n° 260). Pour justifier de ce réinvestissement, le nu-propriétaire peut adresser une fois par an à l'administration les relevés mensuels du portefeuille. 61182

Le problème ne se pose pas lorsque le **portefeuille appartient à une société civile**. Dans ce cas, en effet, ce sont les parts de la société qui sont transmises et démembrées par succession. L'attributaire de la nue-propriété bénéficiera du paiement différé au titre de la transmission de ces parts. Le portefeuille appartenant à la société civile pourra dès lors faire l'objet de cessions (totales ou partielles) sans remettre en cause le différé de paiement des droits de mutation des nus-propriétaires, à la seule condition que les parts de la société civile ne soient pas cédées du vivant de l'usufruitier.

SECTION 2

CONSTITUTION DE LA SOCIÉTÉ CIVILE

A. Les associés fondateurs

NOMBRE D'ASSOCIÉS

61200 La société civile ne peut être constituée que si deux personnes au moins décident de s'associer (C. civ. art. 1832). Il peut s'agir de deux époux, avec ou sans leurs enfants, de frères et sœurs, de cousins, de partenaires de Pacs, de concubins, etc.

La loi n'a pas fixé de nombre **maximal** d'associés. Mais un nombre trop élevé d'associés ne se conçoit guère dans une société civile de famille à vocation patrimoniale.

> **Précisions** La **réunion de toutes les parts entre les mains d'un seul associé** n'emporte pas automatiquement dissolution de la société (n° 61067) ; mais ce principe ne vaut que pour une société déjà constituée et ne dispense pas de la présence de deux personnes au moins au moment de la création.

1. ASSOCIÉS MARIÉS

APPORT EN SOCIÉTÉ PAR UN ÉPOUX

61205 Un époux peut librement devenir membre d'une société civile, en apportant à la société des biens dont son **régime matrimonial** lui permet de disposer.

Une telle décision ne doit cependant pas mettre en péril les **intérêts de la famille**. Si tel était le cas, le juge aux affaires familiales, saisi par le conjoint, pourrait s'opposer à l'apport de certains biens à la société (C. civ. art. 220-1).

61207 **Époux marié sous le régime de la séparation de biens ou de la participation aux acquêts** L'époux soumis à l'un de ces régimes reste propriétaire de ses biens personnels. Il est libre d'en disposer et a donc tous **pouvoirs** pour les apporter à la société. Il en est ainsi qu'il s'agisse de biens en nature ou de sommes d'argent. Toutefois, il ne peut pas, sans l'accord de son conjoint, apporter les droits par lesquels est assuré le **logement de la famille**, c'est-à-dire le droit de propriété ou le droit au bail sur la résidence principale ou encore, des parts ou actions donnant droit à l'utilisation ou la propriété de la résidence principale (C. civ. art. 215, al. 3).

Les **parts sociales** que l'époux reçoit en contrepartie de son apport sont des biens personnels. Il a seul la qualité d'associé.

61210 **Époux marié sous un régime de communauté : biens propres** L'époux **peut apporter** sans l'accord de son conjoint les biens qui lui appartiennent en propre, c'est-à-dire, pour l'essentiel :

– les biens dont il était propriétaire avant le mariage ;
– les biens reçus par héritage, donation ou testament, sauf si la donation ou le testament a prévu que le bien serait commun (clause dite « d'entrée en communauté ») ;
– les biens qui se rattachent à des biens propres (par exemple, constructions faites sur un terrain détenu en propre) ;
– les biens acquis pendant le mariage et dont le prix a été en majeure partie financé avec de l'argent personnel, à condition que l'acte d'achat comporte une déclaration d'emploi (bien directement acheté avec de l'argent personnel) ou de remploi (bien acheté avec le produit de la vente d'un bien propre).

Par exception, l'époux ne peut pas, sans l'accord de son conjoint, apporter les droits par lesquels est assuré le **logement de la famille** (n° 61207).

Les **parts sociales** reçues sont des biens propres lorsque l'apport est effectué :

– en nature, avec des biens propres ;
– en numéraire, avec des fonds propres et une déclaration d'emploi ou de remploi.

Seul l'époux apporteur, titulaire des parts, prend la qualité d'associé.

Époux marié sous un régime de communauté : biens communs En principe, l'époux peut apporter seul en société un bien commun, à condition d'en **informer** son conjoint et de justifier de cette information dans l'acte d'apport (C. civ. art. 1832-2). À cette occasion, le conjoint de l'apporteur peut, s'il le souhaite, revendiquer la qualité d'associé pour la moitié des parts souscrites ; ce **droit de revendication** peut être exercé jusqu'à la dissolution de la communauté. En cas de divorce, il peut être exercé jusqu'à la date à laquelle le jugement de divorce passe en force de chose jugée et donc, même après la date à laquelle le divorce prend effet entre les époux en ce qui concerne leurs biens (Cass. com. 14-5-2013 n° 12-18.103 F-PB : RJDA 8-9/13 n° 715). **61212**

L'**affectio societatis** du conjoint n'est pas une condition requise pour la revendication (Cass. com. 21-9-2022 n° 19-26.203 FS-B : BPAT 6/22 inf. 264).

Si les statuts de la société civile prévoient un agrément pour l'entrée des nouveaux associés, la revendication lors de l'apport dispense le conjoint exerçant ce droit de demander un agrément, l'agrément de l'un des époux valant pour les deux. En revanche, si le conjoint exerce son droit de revendication après l'apport, l'agrément est nécessaire si la clause statutaire vise spécifiquement l'agrément du conjoint qui revendique (CA Paris 18-2-2020 n° 17/08258 : BPAT 3/20 inf. 108) ; dans ce cas, lors de la délibération sur l'agrément, l'époux associé est exclu du vote et ses parts ne sont pas prises en compte pour le calcul du quorum et de la majorité (C. civ. art. 1832-2, al. 3).

Si les statuts ne comportent pas de clause visant spécialement l'agrément du conjoint qui revendique, le conjoint devient de droit associé dès que la société a reçu la notification de sa revendication.

Si le conjoint dûment informé déclare par écrit, en se référant au texte de l'article 1832-2, qu'il ne revendique pas la qualité d'associé, sa renonciation est définitive et il ne peut pas ensuite se rétracter (Cass. com. 12-1-1993 n° 90-21.126 : Bull. civ. IV n° 9).

La renonciation peut être **tacite** dès lors que les circonstances établissent, de façon non équivoque, la volonté du conjoint de renoncer (Cass. com. 21-9-2022 n° 19-26.203 FS-B précité).

Le **défaut d'information** du conjoint entraîne, sauf ratification par ce dernier, la nullité de l'apport. Mais le conjoint ne peut exercer son action en nullité que pendant deux ans à partir du jour où il a eu connaissance de l'acte et au maximum dans les deux années qui suivent la dissolution de la communauté (C. civ. art. 1427 sur renvoi de l'art. 1832-2, al. 1).

ATTENTION

Dans certains cas, l'information du conjoint n'est pas suffisante et il faut aussi son **accord**. Il en est ainsi notamment pour l'apport :

– d'un **immeuble** ou de **droits sociaux non négociables** : parts de sociétés civiles ou de société à responsabilité limitée, notamment (C. civ. art. 1424) ;
– des droits par lesquels est assuré le **logement familial** (n° 61207) ;
– d'un bien quelconque lorsque le contrat de mariage contient une **clause d'administration conjointe** (C. civ. art. 1503).

Les **parts sociales** acquises durant le mariage avec des biens ou fonds communs forment des biens mixtes : elles tombent en communauté, mais uniquement pour leur valeur. La qualité d'associé et les parts sociales demeurent en revanche personnelles à l'époux qui en est titulaire (sauf revendication par le conjoint de sa qualité d'associé : voir n° 61212). Cette nature mixte emporte des conséquences particulières en cas de dissolution du mariage, lors du partage de la communauté (voir n° 3202). **61213**

SOCIÉTÉ CONSTITUÉE ENTRE ÉPOUX

Les époux peuvent constituer ensemble la société civile, avec ou sans autres membres de la famille, et ce, quel que soit leur régime matrimonial (régime de communauté ou de séparation de biens). Ils peuvent apporter l'un et l'autre à la société des biens qui leur appartiennent en propre (voir n°s 61207 et 61210) ou des biens communs (voir n°s 61212 s.). **61215**

La société est valable même s'ils n'apportent tous deux que des biens communs.

2. ASSOCIÉS PARTENAIRES DE PACS

PRINCIPE

Les partenaires d'un Pacs peuvent, seuls ou avec des tiers, être associés dans une société civile. Les règles diffèrent selon que le Pacs a été conclu depuis ou avant le 1er janvier 2007. **61225**

PACS SIGNÉ DEPUIS LE 1er JANVIER 2007

61227 Les partenaires qui concluent un Pacs sont automatiquement soumis à un **régime de séparation des biens** : chacun reste propriétaire de ses biens personnels et est libre d'exercer sur eux tous actes d'administration, de jouissance et de disposition (C. civ. art. 515-5, al. 1). À l'égard des tiers de bonne foi, chaque partenaire est réputé avoir le pouvoir de faire seul les actes d'administration, de jouissance et de disposition sur les biens meubles qu'il détient individuellement (C. civ. art. 515-5, al. 3). Il s'ensuit que les parts sociales reçues en rémunération d'un apport réalisé par un partenaire n'appartiennent qu'à lui seul : il a seul la qualité d'associé. Il est donc nécessaire que chacun des partenaires apporte des biens personnels s'ils veulent tous deux devenir associés de la société civile.

61230 Les partenaires peuvent choisir dans leur convention de Pacs (ou dans une convention modificative) d'écarter le régime de la séparation des patrimoines pour soumettre leurs biens au **régime de l'indivision** (C. civ. art. 515-5-1) : les biens qu'ils acquièrent ensemble ou séparément à compter de l'enregistrement du Pacs sont alors réputés indivis pour moitié.
Dans ce cas, les parts sociales reçues en rémunération d'un apport réalisé par un partenaire sont donc en principe indivises pour moitié (les partenaires ont alors tous les deux la qualité d'associé). Sauf clause contraire du Pacs, chaque partenaire est gérant de l'indivision et exerce les mêmes pouvoirs que ceux reconnus à un époux sur les biens communs (C. civ. art. 515-5-3, al. 1 et, sur renvoi, art. 1873-6, al. 2).
Les parts sociales demeurent néanmoins la propriété exclusive de l'apporteur (qui a alors seul la qualité d'associé) lorsque celui-ci a réalisé un apport en numéraire avec des fonds qui lui appartenaient avant l'enregistrement de la convention initiale (ou de la convention modificative par laquelle les partenaires ont adopté le régime de l'indivision) ou reçus par donation ou succession pendant le Pacs, à condition qu'une déclaration d'emploi de ces fonds soit effectuée dans l'acte de souscription des parts (les statuts de la société) ; à défaut, les parts sociales sont indivises par moitié, mais celui qui a investi ses fonds propres dispose d'une créance contre son partenaire (C. civ. art. 515-5-2).

ATTENTION

L'**apport** par un partenaire d'un **bien** qui lui appartient **en indivision** avec son partenaire sans l'accord de ce dernier est déconseillé. Certes, à l'égard de la société, l'apport est valable, mais il est inopposable au **partenaire non consentant** pour la part correspondant à ses droits. Bien que les parts attribuées en rémunération de l'apport soient elles-mêmes indivises, on peut émettre de sérieux doutes sur la qualité d'associé du partenaire qui n'a pas consenti à l'apport.

PACS SIGNÉ AVANT LE 1er JANVIER 2007

61233 Lorsque le Pacs a été signé avant le 1er janvier 2007, les biens acquis par les partenaires après la conclusion du Pacs sont **présumés indivis par moitié** si l'acte d'acquisition ou de souscription n'en dispose pas autrement (C. civ. art. 515-5, al. 2 dans sa rédaction issue de la loi 99-944 du 15-11-1999). Il en résulte que, sauf mention contraire figurant dans l'acte de souscription (les statuts de la société), les parts sociales reçues en rémunération d'un apport réalisé par les deux partenaires, mais aussi par un seul d'entre eux, sont présumées indivises pour moitié et chaque partenaire a la qualité d'associé.
Les partenaires peuvent **écarter le régime de l'indivision légale** en stipulant dans l'acte de souscription des parts que celles-ci resteront la propriété exclusive de l'un ou l'autre, ou qu'elles seront indivises dans une quotité autre que de moitié (par exemple, trois quarts pour l'un, un quart pour l'autre, selon les apports effectués).
Pour les raisons déjà évoquées (n° 61230), l'**apport** par l'un des partenaires d'un **bien détenu en indivision** sans l'accord de l'autre est fortement déconseillé.

3. ASSOCIÉS MINEURS OU MAJEURS PROTÉGÉS

MINEUR ÉMANCIPÉ

61240 Le mineur de plus de 16 ans émancipé peut effectuer tous les actes de la vie civile comme une personne majeure (C. civ. art. 413-6). Il peut donc être associé d'une société civile, sauf s'il bénéficie d'une mesure de protection judiciaire, comme pour un majeur (nos 61250 s.).

MINEUR NON ÉMANCIPÉ

61242 Un mineur non émancipé peut avoir le statut d'associé de société civile, bien que cette qualité le rende indéfiniment responsable des dettes de la société. Toutefois, il ne peut pas participer personnellement à la constitution d'une société car la souscription de parts ne constitue pas un acte courant autorisé par la loi ou l'usage, même s'il a été conclu à des conditions normales

(C. civ. art. 388-1-1 et 408). Le contrat de société doit être conclu par son ou ses **représentants** (administrateurs légaux ou tuteur) qui devront, en pratique, signer à sa place les statuts. L'**autorisation** du juge des tutelles est également requise dans certaines situations.

Mineur sous administration légale L'**apport** d'un **immeuble** appartenant au mineur ou d'**instruments financiers engageant son patrimoine** pour le présent ou l'avenir par une modification importante de son contenu, une dépréciation significative de sa valeur en capital ou une altération durable de ses prérogatives nécessite l'**autorisation du juge des tutelles** (C. civ. art. 387-1). Par ailleurs lorsque le juge des tutelles est amené à se prononcer sur l'un des actes de l'article 387-1, il peut, s'il l'estime indispensable à la sauvegarde des intérêts du mineur, décider que d'autres actes de disposition doivent être soumis à son autorisation préalable (voir n°s 40075 s.). 61244

Les **autres apports** constituent en principe des actes de disposition, sauf si les circonstances permettent de considérer que l'apport n'a que de faibles conséquences sur la valeur du patrimoine du mineur, sur ses prérogatives ou sur son mode de vie (Décret 2008-1484 du 22-12-2008 art. 2 et ann. 2, col. 2-II). En raison des risques assumés par le mineur du fait de l'obligation indéfinie de l'associé de société civile aux dettes sociales, les conséquences patrimoniales de l'apport sont potentiellement importantes. Il en résulte que ces apports :

– dans le cas où les **parents** sont **tous deux administrateurs légaux**, sont accomplis conjointement par les parents (C. civ. art. 382 et 382-1) et, en cas de désaccord, nécessitent l'autorisation du juge des tutelles (C. civ. art. 387) ;

– dans le cas où **un seul parent** est **administrateur légal**, sont accomplis par celui-ci sans autorisation (C. civ. art. 382, 382-1 et 387-1).

> **Précisions** La conclusion d'un **emprunt au nom du mineur**, notamment pour libérer un apport en numéraire, nécessite l'autorisation du juge (C. civ. art. 387-1). Il en va différemment de l'**emprunt contracté par une SCI** dont l'associé majoritaire est mineur ; en effet, la capacité à s'engager d'une société civile, personne distincte de celle des associés, ne dépend pas de la capacité de ceux-ci (Cass. 1e civ. 14-6-2000 n° 1083 : RJDA 12/00 n° 1121). Pour autant, une société constituée uniquement d'associés mineurs peut susciter une méfiance légitime de la part des tiers.

Mineur sous tutelle Les **apports d'immeubles ou d'instruments financiers non admis à la négociation** sur un marché réglementé constituent des actes de disposition (Décret 2008-1484 du 22-12-2008 art. 2 et ann. 1, col. 2-I et II). Il en est de même pour tout **autre apport** à une société civile, sauf si les circonstances permettent de considérer que l'apport n'a que de faibles conséquences sur la valeur du patrimoine du mineur, sur ses prérogatives ou sur son mode de vie (Décret 2008-1484 du 22-12-2008 art. 2 et ann. 2, col. 2-II). En raison des risques liés à l'obligation indéfinie des associés de société civile aux dettes sociales, les conséquences patrimoniales de l'apport sont potentiellement importantes dans la plupart des cas. Aussi, la conclusion du contrat de société au nom du mineur en tutelle constitue un acte de disposition que le tuteur ne peut pas effectuer sans avoir obtenu l'**autorisation** du conseil de famille ou, à défaut, du juge des tutelles (C. civ. art. 505, al. 1). L'autorisation du juge peut suppléer celle du conseil de famille si la valeur des biens à apporter n'excède pas 50 000 € (C. civ. art. 502, al. 2 ; Décret 2008-1484 du 22-12-2008 art. 4). Pour les apports d'immeubles ou d'instruments financiers non admis à la négociation sur un marché réglementé, l'autorisation du conseil de famille ou du juge présuppose la réalisation d'une mesure d'instruction par un technicien ou le recueil de l'avis d'au moins deux professionnels qualifiés (C. civ. art. 505, al. 4). 61246

Sur l'apport de biens indivis entre un mineur et d'autres personnes, voir n° 61422.

MAJEUR SOUS SAUVEGARDE DE JUSTICE

Le majeur sous sauvegarde de justice conserve en principe l'exercice normal de ses droits, mais il ne peut faire aucun des actes pour lesquels un mandataire spécial a été désigné en justice dans les conditions exposées n°s 51055 et 51110 s. (C. civ. art. 435, al. 1). Sous cette réserve, il peut donc décider **seul** de participer à une société. 61250

Dans la mesure où il peut agir seul, la loi protège le majeur sous sauvegarde de justice pour les **actes** qui lui sont **préjudiciables**. Il en est ainsi dans deux situations (C. civ. art. 435, al. 2) :

– lorsqu'il y a un déséquilibre entre ce que le majeur protégé s'engage à apporter et les droits qui lui sont reconnus dans la société, par exemple en cas de sous-évaluation des biens apportés (rescision pour lésion : voir n° 51065) ;

– lorsque le majeur protégé prend un engagement sans intérêt pour lui ou disproportionné par rapport à sa « fortune » (réduction pour excès : voir n° 51070).

MAJEUR SOUS CURATELLE

61255 Le majeur sous curatelle ne peut accomplir sans l'**assistance** du curateur un acte qui, sous le régime de la tutelle, requerrait une autorisation du juge ou du conseil de famille (C. civ. art. 467, al. 1). Cette assistance est donc généralement nécessaire, que l'apport porte sur un immeuble, des instruments financiers non admis à la négociation sur un marché réglementé, ou sur d'autres biens, eu égard à l'obligation indéfinie aux dettes sociales liée à la qualité d'associé de société civile (voir n° 61246).
En pratique, le curateur doit contresigner les statuts de la société (C. civ. art. 467, al. 2).

> **Précisions** À l'ouverture de la curatelle ou postérieurement, une **décision de justice** peut énumérer certains actes que la personne en curatelle pourra faire seule ou, à l'inverse, ajouter d'autres actes à ceux pour lesquels il lui faudra l'assistance du curateur (C. civ. art. 471). La simple existence d'une curatelle ne rend donc pas définitivement compte de la capacité de celui qui en est l'objet.

MAJEUR SOUS TUTELLE

61257 Le majeur sous tutelle est dans la même situation qu'un mineur sous tutelle (voir n° 61246), sauf si sa capacité a été augmentée par une décision du juge des contentieux de la protection exerçant les fonctions de juge des tutelles (C. civ. art. 473, al. 2). Il est **représenté** par son tuteur et sa participation à la constitution de la société doit en principe être autorisée par le juge (ou le conseil de famille s'il en a été constitué un).

MAJEUR SOUS HABILITATION FAMILIALE

61260 Le majeur dans l'impossibilité de pourvoir seul à ses intérêts en raison d'une altération de ses facultés corporelles de nature à empêcher l'expression de sa volonté ou de ses facultés mentales peut être placé sous habilitation familiale (C. civ. art. 494-1 s.). L'habilitation peut avoir pour objet de représenter ou d'assister le majeur (voir n°s 54032 s.).
S'il entre dans le **champ de l'habilitation**, l'apport en société des biens de toute nature (apport en numéraire ou en nature) est effectué :
– en cas d'habilitation représentation, par la personne habilitée agissant au nom du majeur (C. civ. art. 494-6, al. 2) ;
– en cas d'habilitation assistance, par le majeur assisté de la personne habilitée dans les conditions de la curatelle (C. civ. art. 494-1, al. 1 et, sur renvoi, art. 467).
La personne à l'égard de laquelle l'habilitation a été délivrée conserve l'exercice de ses droits autres que ceux dont l'exercice a été confié à la personne habilitée à la représenter (C. civ. art. 494-8, al. 1). Sauf si le juge a donné une portée générale à l'habilitation portant sur les biens du majeur, la simple existence d'une habilitation à assister ou à représenter ne rend donc pas compte de la capacité de celui qui en est l'objet.

MAJEUR SOUS MANDAT DE PROTECTION FUTURE

61270 Tout majeur ne faisant pas l'objet d'une mesure de tutelle ou d'une habilitation familiale peut charger une personne, par un mandat de protection future, de le représenter pour le cas où il serait hors d'état de pourvoir seul à ses intérêts en raison d'une altération médicalement constatée de ses facultés mentales ou corporelles (C. civ. art. 477 et, sur renvoi, art. 425).
La mise en exécution du mandat de protection future ne fait pas perdre au **mandant** sa capacité juridique (n° 55130). Celui-ci peut donc effectuer seul un apport en société, mais cet acte peut être annulé pour lésion ou réduit en cas d'excès (n° 55135).
Le **mandataire** ne peut, si le mandat est donné par **acte sous signature privée**, effectuer que les actes qu'un tuteur peut faire sans autorisation (C. civ. art. 493, al. 1). Il en résulte qu'en principe, le mandataire ne peut consentir aucun apport à la société (n° 61246).
À l'inverse, si le mandat est conclu par **acte notarié**, le mandataire peut effectuer tous les actes patrimoniaux que le tuteur peut faire seul ou avec une autorisation (C. civ. art. 490). Il peut donc apporter à la société des biens de toute nature au nom du majeur (apport de capitaux, d'immeuble, etc.).

B. Rédaction des statuts

1. FORME DES STATUTS

NÉCESSITÉ D'UN ÉCRIT

61300 Le contrat de société doit être établi par écrit (C. civ. art. 1835). Cet écrit, qui constate le pacte social, correspond aux statuts de la société.
À défaut d'écrit, on se trouverait en présence d'une société créée de fait, dépourvue de personnalité morale.

INTERVENTION D'UN NOTAIRE

En principe, les statuts peuvent être établis par acte sous signature privée ou par acte notarié. 61303
En pratique, l'intervention d'un notaire apparaît indispensable dans un certain nombre de cas.
Elle est obligatoire lorsque les statuts constatent l'**apport d'un immeuble**, d'un droit au bail sur un immeuble d'une durée supérieure à 12 ans et, d'une manière générale, chaque fois qu'il y a matière à publicité foncière (C. civ. art. 710-1).
Lorsque la société est constituée avec de **futurs héritiers**, la rédaction des statuts par acte notarié est fortement conseillée pour écarter toute suspicion de libéralité chez les autres héritiers. Tel pourrait être le cas, par exemple, lorsqu'une société est constituée entre des parents et certains seulement de leurs enfants. En effet, si cet avantage était prouvé, les bénéfices retirés par l'héritier de son association avec le défunt seraient considérés comme une donation indirecte faite du vivant du donateur ; ils devraient alors être rapportés à la masse successorale et pris en compte pour la détermination de la part revenant à chaque héritier. En revanche, en cas d'intervention d'un notaire, si l'acte constate un avantage au profit des futurs héritiers, cet avantage n'aura pas à être rapporté lors de l'ouverture de la succession (C. civ. art. 854).

> **Précisions a.** Même si les statuts sont rédigés par acte notarié, la dispense de rapport des bénéfices retirés par l'héritier ne vaut que pour les actes faits sans fraude. Le rapport à la masse successorale sera dû s'il apparaît que la **société** a été **constituée avec l'intention de porter atteinte aux droits des héritiers** qui ne sont pas associés (par exemple, une répartition des bénéfices non proportionnelle aux apports, ou une sous-évaluation de la valeur des biens apportés, et qui avantagerait les héritiers associés).
> **b.** Lorsque les **statuts** ont été rédigés **sous signature privée**, la présomption simple de fraude posée par l'article 854 du Code civil peut être écartée par les juges par appréciation de la volonté du donateur de dispenser le donataire du rapport et sans qu'il soit besoin pour cela d'une déclaration expresse (Cass. req. 31-12-1855 : DP 1856 I p. 358). Elle peut l'être également lorsque les produits d'une association formée entre le successible et le défunt constituent, pour le successible, non une libéralité mais une juste indemnité soit de son concours aux affaires sociales, soit des risques courus par ses capitaux (Cass. req. 17-8-1864 : DP 1865 I p. 304). Enfin, le rapport peut être écarté à hauteur de l'allocation d'une indemnité, à titre de rémunération, versée au successible tenu du rapport des avantages retirés d'une association sous signature privée avec le défunt (Cass. req. 19-11-1861 : DP 1862 I p. 139).

SIGNATURE DES STATUTS

Tous les associés doivent signer les statuts. 61305
En principe, c'est l'**associé** lui-même qui appose sa signature sur l'acte constitutif de la société.
Néanmoins, il peut se faire représenter par un **mandataire**, librement choisi parmi les associés ou en dehors d'eux. Dans la mesure où la constitution d'une société constitue un acte de disposition, le mandat de signer les statuts doit résulter d'une habilitation spéciale (C. civ. art. 1155 et 1988), c'est-à-dire qu'il doit être limité à la constitution de la société. Il doit comporter les indications essentielles concernant celle-ci (n° 61320).

> **Précisions** Lorsque les statuts sont notariés pour satisfaire aux exigences de la publicité foncière, le **mandat** peut néanmoins être établi par acte **sous signature privée**. Il en est de même si les associés ont recours au notaire pour de simples raisons de convenance. En revanche, si les statuts sont établis par acte notarié pour tenir compte de la présence d'héritiers à l'acte de société, le mandat devra, à notre avis, être établi lui aussi en la **forme authentique**.

NOMBRE D'EXEMPLAIRES DES STATUTS

Lorsque les statuts sont établis par acte sous signature privée, il est dressé autant d'**originaux** 61310
qu'il est nécessaire pour le dépôt d'un exemplaire au siège social et l'exécution des diverses formalités requises (Décret 78-704 du 3-7-1978 art. 7). Par ailleurs, le gérant doit remettre une **copie certifiée conforme** des statuts à chaque associé (Décret 78-704 du 3-7-1978 art. 31, al. 1).

> **Précisions** Le dépôt d'un original des statuts en annexe au registre du commerce et des sociétés lors de l'**immatriculation de la société** n'est plus nécessaire, la demande d'immatriculation étant réalisée par voie électronique et les statuts pouvant être fournis en copie (C. com. art. R 123-77, al. 1 modifié par décret 2022-1014 du 19-7-2022).
> Par ailleurs, l'acte qui constate la formation d'une société n'est en principe pas soumis à la **formalité de l'enregistrement** lorsqu'il est sous signature privée, à moins qu'il ne contienne une autre opération soumise à enregistrement à titre obligatoire, telle une transmission de propriété ou d'usufruit d'immeuble (voir n°s 61380 s.).

2. CONTENU DES STATUTS

INVENTAIRE DES MENTIONS STATUTAIRES OBLIGATOIRES

61320 Les statuts doivent contenir un certain nombre de mentions obligatoires. Doivent ainsi être indiqués dans les **statuts de toute société** : la forme, l'objet, la dénomination, la durée, le siège social, le capital social, les apports de chaque associé et les modalités de fonctionnement de la société (C. civ. art. 1835).

> **Précisions a.** Les statuts **peuvent préciser une raison d'être** « constituée des principes dont la société se dote et pour le respect desquels elle entend affecter des moyens dans la réalisation de son activité » (C. civ. art. 1835). Les principes qui constituent la raison d'être se distinguent de l'objet social en ce qu'ils ne recouvrent pas la nature de l'activité de la société. Il s'agit plutôt d'une « ambition » que les associés se proposent de poursuivre dans le cadre de la société. Ces principes diffèrent aussi de l'intérêt social, qui implique que les décisions de gestion doivent être utiles ou profitables à la société.
b. Lorsque des **statuts sous signature privée** sont **déposés au rang des minutes d'un notaire**, ils doivent indiquer le nom et la résidence de ce notaire (C. com. art. R 123-103, 1°).

FORME SOCIALE

61322 La forme sociale est celle de la société civile régie par les dispositions des articles 1845 et suivants du Code civil.

OBJET SOCIAL

61324 La détermination de l'objet social revêt une très grande **importance**, car elle conditionne la régularité des opérations que la société va effectuer.
C'est à partir de l'objet social que s'apprécient notamment :
– l'étendue des pouvoirs du gérant à l'égard des tiers et la validité des engagements souscrits au nom de la société (nos 61048 s.) ;
– la nécessité d'une modification statutaire en cas de changement d'activité ;
– le cas échéant, la mise en œuvre de la responsabilité pénale de la société, celle-ci ne pouvant pas être engagée si l'acte reproché à la société n'entre pas dans son objet.
En outre, la réalisation ou l'extinction de l'objet entraîne la dissolution de la société (n° 62800).
L'objet social est déterminé par la **description** faite dans les statuts de l'activité projetée de la société. En principe, les fondateurs sont libres de définir comme ils l'entendent le champ de cette activité. Ils doivent cependant observer quelques règles.

61326 **Caractère civil de l'objet social** Une société ne peut être civile que si son objet est lui-même civil (C. civ. art. 1845, al. 2).
S'agissant d'**activités immobilières**, sont considérées comme civiles sur le plan juridique l'acquisition de terrains en vue de leur revente après construction et la location d'immeubles. La location d'immeubles est une activité civile même s'il s'agit d'une location en meublé, la location des meubles n'ayant alors qu'un caractère accessoire (il n'en va pas de même sur le plan fiscal : voir n° 62200).
Constituent notamment des activités commerciales de nature à remettre en cause le caractère civil de la société l'achat d'immeubles en vue de leur revente en l'état (C. com. art. L 110-1, 2°) et les opérations d'intermédiaire pour l'achat, la souscription ou la vente d'immeubles, d'actions ou de parts de sociétés immobilières (C. com. art. L 110-1, 3°).

61328 S'agissant de l'activité de **gestion de portefeuille**, cette activité se limite rarement à la simple perception de dividendes ou intérêts et implique le plus souvent des opérations d'achat et de cession. À notre avis, l'accomplissement par la société de portefeuille de telles opérations ne suffit pas à lui faire perdre son caractère civil. En effet, en agissant ainsi, la société ne fait pas de la spéculation sur titres sa profession habituelle, mais procède simplement à la gestion active de son patrimoine pour son propre compte.
Lorsque la société civile confie la gestion du portefeuille à un professionnel dans le cadre d'un mandat de gestion, tout risque de requalification commerciale de son objet social doit être définitivement écarté : l'activité de la société se limite dans ce cas à la détention et à la conservation du portefeuille géré par ce tiers, lequel procède seul aux arbitrages qu'il estime nécessaires (J. Prieur, Sociétés civiles de gestion de portefeuille, outil de gestion et de transmission : Droit des sociétés – Actes pratiques 1996 n° 28 p. 13).
En toute hypothèse, la société civile ne doit pas détenir en portefeuille des parts de société en nom collectif : les associés de cette société ont en effet la qualité de commerçant (C. com. art. L 221-1, al. 1).

Conseils de rédaction Une formule vague qui viserait « toute opération de nature civile », sans autre précision, serait trop peu explicite. La rédaction d'un objet social suffisamment précis conditionne la compétence des gérants et constitue l'unique moyen pour les associés, responsables indéfiniment des dettes sociales, de se protéger contre certaines décisions abusives. 61330

Il n'est pas pour autant indispensable de donner une énumération complète des actes que la société peut effectuer ; il est d'ailleurs recommandé de ne pas enfermer la société, dès sa constitution, dans une activité trop rigoureusement déterminée, qui serait difficile à faire évoluer.

Toute l'habileté consiste à trouver une formulation qui ne soit ni trop large, ni trop restrictive. En réalité, la détermination de l'objet dépendra de la volonté des associés et du **but assigné à la société**. S'agit-il de gérer et préserver tel immeuble qui doit absolument rester dans la famille ? Alors l'objet visera précisément cet immeuble. S'agit-il de créer la structure la plus active possible ? Alors l'objet social pourra être élargi sur le modèle suivant.

MODÈLE

Objet social d'une société civile à profil dynamique

La Société a pour objet :

– l'acquisition de tous terrains ainsi que l'édification de toutes constructions sur ces terrains ;
– l'acquisition, l'aménagement, l'administration et l'exploitation par bail, location ou autrement de tous immeubles bâtis ou non bâtis ;
– l'acquisition et la gestion de tous droits immobiliers ;
– éventuellement et exceptionnellement, l'aliénation de ceux de ces immeubles et/ou droits immobiliers devenus inutiles à la société au moyen de vente, échange ou apport en société ;
– l'acquisition par tous moyens et la gestion d'un portefeuille de valeurs mobilières, cotées ou non cotées, ainsi que de parts sociales, parts d'intérêts, droits mobiliers ou immobiliers, à l'exclusion des parts de sociétés en nom collectif ;
– et généralement, toutes opérations quelconques pouvant se rattacher directement ou indirectement à cet objet, ou pouvant en faciliter l'extension ou le développement, pourvu qu'elles ne modifient pas le caractère exclusivement civil de la société.

DÉNOMINATION SOCIALE

Les statuts doivent déterminer l'appellation de la société (C. civ. art. 1835). 61335

La dénomination sociale peut revêtir l'une des **trois formes** suivantes :

– dénomination tirée de la nature de l'activité : elle consiste en une évocation de l'activité de la société (par exemple, « Société civile immobilière du 4 rue Hector Talvart ») ;
– dénomination comportant un nom de personne : il s'agit du ou des noms d'un ou plusieurs associés ;
– dénomination de fantaisie : les associés disposent d'une grande liberté quant au choix de la dénomination, à condition de prendre les précautions nécessaires pour éviter des confusions et sous réserve de ne pas porter atteinte aux droits des tiers.

DURÉE DE LA SOCIÉTÉ

La **durée** de la société doit être **déterminée** dans les statuts (C. civ. art. 1835), qui peuvent indiquer un nombre d'années (30, 50, 99 ans, par exemple) ou une date précise à laquelle la société prendra fin (le 31 décembre 2050 à minuit, par exemple). 61338

La **durée maximale** de la société est de 99 ans (C. civ. art. 1838).

La durée de la société **court à compter de** l'immatriculation de celle-ci au registre du commerce et des sociétés (Décret 78-704 du 3-7-1978 art. 3, al. 1).

Quel que soit le terme fixé, les associés peuvent décider la prorogation de la société ou sa dissolution anticipée (voir n° 61065).

SIÈGE SOCIAL

En **principe**, les associés fixent librement le siège de leur société. Encore faut-il que le siège statutaire ainsi fixé corresponde au siège social réel, c'est-à-dire au lieu où s'exerce la direction effective de la société, et qu'il ait une réalité physique : une simple boîte postale ne peut pas être considérée comme un lieu où il est possible d'installer une société (CA Paris 5-12-2007 n° 06/19223 : RJDA 4/08 n° 408). 61340

Le plus souvent, le siège social est fixé dans des **locaux dont la société a la jouissance** privative en tant que propriétaire, locataire ou sous-locataire. S'il s'agit d'un local d'habitation, il convient de s'assurer que la possibilité d'y installer le siège social n'est pas limitée ou interdite (par le 61343

contrat de bail ou le règlement de copropriété de l'immeuble notamment) et de tenir compte, le cas échéant, de certaines prescriptions administratives en matière d'urbanisme et de logement (notamment autorisation préalable requise dans certaines communes).
Le siège social peut être installé de façon permanente dans le **logement du gérant**. Si une stipulation contractuelle (par exemple, clause d'un bail, d'un règlement de copropriété ou d'un cahier des charges de lotissement) ou une disposition législative (C. com. art. L 123-11-1, al. 1) l'interdit, le gérant peut néanmoins installer le siège social à son domicile, mais seulement pour une durée maximale de cinq ans à compter de l'immatriculation de la société au registre du commerce et des sociétés (C. com. art. L 123-11-1, al. 2 et 3). Avant de demander l'immatriculation, le gérant doit notifier par écrit au syndic de copropriété, au bailleur des locaux ou au représentant de l'ensemble immobilier, son intention de fixer provisoirement le siège à son domicile.

61345 Le siège social peut être installé dans des **locaux occupés en commun** avec d'autres sociétés, moyennant un contrat de domiciliation qui doit être mentionné au registre du commerce et des sociétés. Il ne doit cependant pas s'agir d'une simple boîte aux lettres. Aussi, le domiciliataire doit mettre à la disposition de la société domiciliée des locaux, dotés d'une pièce propre à assurer :
– la confidentialité nécessaire au fonctionnement des organes de gestion et permettant une réunion régulière de ces organes ;
– la tenue, la conservation et la consultation des livres, registres et documents prescrits par les lois et règlements.

CAPITAL SOCIAL

61350 Aucun capital social minimum n'est fixé par la loi. Les statuts fixent librement son **montant** et les conditions de sa libération.
Le capital est **composé des apports** en numéraire et des apports en nature que les associés promettent d'effectuer. Les apports en industrie ne sont pas pris en compte dans le montant du capital social.
Le capital social doit être **divisé en parts sociales** égales, c'est-à-dire de même valeur nominale (C. civ. art. 1845-1, al. 1). Aucune valeur nominale minimale n'est imposée.

61352 **Libération du capital** La libération, intégrale ou partielle, du capital à la constitution de la société n'est pas obligatoire. Les statuts fixent librement les modalités de sa libération, ou délèguent au gérant la mission d'en fixer les modalités et le calendrier.
Le fait que la libération puisse être **réalisée progressivement** par les associés sans limitation dans le temps (notamment par compensation avec les comptes courants d'associés sur lesquels sont portés les revenus générés par l'activité de la société) n'a pas d'incidence sur le calcul des plus-values en cas de cession des titres : le prix d'acquisition à retenir pour le calcul de la plus-value correspond au capital souscrit, et la date d'acquisition à retenir pour le calcul du délai de détention des titres est celle de la souscription au capital et non celle de sa libération ultérieure (BOI-RFPI-SPI-20 n° 50).
Il faut toutefois noter que si la société est soumise à l'impôt sur les sociétés, la libération du capital est nécessaire pour que la société puisse bénéficier du taux réduit d'imposition de ses bénéfices (n° 62215) et déduire les intérêts qu'elle verse aux associés en rémunération de leurs comptes courants (n° 61763).

61354 Dans l'hypothèse où les associés décident que le capital souscrit doit faire l'objet d'une **libération immédiate**, certains d'entre eux peuvent être amenés à contracter un emprunt personnel à hauteur de leur quote-part de capital et l'apporter en numéraire à la constitution de la société. Si la société génère des revenus fonciers, les associés concernés peuvent déduire de leur quote-part des bénéfices sociaux les intérêts des emprunts contractés pour l'acquisition des parts, indépendamment de leur quote-part dans les intérêts des emprunts contractés par la société (BOI-RFPI-BASE-20-80 n° 130).
Toutefois, ce mode de financement du capital présente plusieurs inconvénients. En premier lieu, si l'associé est amené à céder ses parts avant le terme de l'emprunt, la valeur de la part sera pratiquement égale à la valeur de l'actif immobilier, sans déduction de passif, puisque la charge de l'emprunt figure dans le patrimoine de l'associé. Par ailleurs, des questions pratiques liées au caractère personnel de l'emprunt se posent. En effet, bien souvent, le banquier ne se contente pas d'une garantie sur le patrimoine personnel de l'associé et exige une hypothèque conventionnelle sur l'immeuble détenu par la SCI. Ainsi, la société se retrouve à garantir les dettes personnelles de ses associés. Si l'un des associés emprunteurs a des difficultés à rembourser sa

dette alors qu'une hypothèque conventionnelle a été consentie par la société, les autres associés peuvent être contraints de désintéresser la banque. La collectivité des associés peut cependant limiter ce risque en versant directement les sommes revenant à chaque associé au titre de sa quote-part de résultat entre les mains du prêteur sur ordre de virement de chaque associé, par une procédure de délégation.

APPORTS DES ASSOCIÉS

Les statuts doivent déterminer les apports de chaque associé : voir n°s 61400 s. **61360**

MODALITÉS DE FONCTIONNEMENT DE LA SOCIÉTÉ

Les statuts fixent les pouvoirs du ou des gérants, les modalités de consultation des associés, les règles de quorum et de majorité aux assemblées, les conditions d'agrément de nouveaux membres en cas de cession de parts, les modalités d'exercice du droit de retrait et d'exclusion des associés. Le ou les gérants peuvent d'ailleurs être désignés statutairement. **61365**
Sur l'ensemble de ces questions, voir n°s 61540 s.

3. FORMALITÉS À ACCOMPLIR APRÈS LA RÉDACTION DES STATUTS

FORMALITÉ DE L'ENREGISTREMENT

Principes Lorsqu'il est passé par **acte sous signature privée**, l'acte qui constate la formation de la société est dispensé de la formalité d'enregistrement (CGI art. 635, 1-5° a contrario). Une limite existe cependant : si l'acte de formation de la société contient notamment une mutation d'immeuble en propriété ou en jouissance, ou un partage de meubles ou d'immeubles, il demeure soumis à enregistrement obligatoire à raison de ces stipulations expressément visées à l'article 635, 1 du CGI (BOI-ENR-DG-10-20 n° 150). À cet égard, précisons que l'opération consistant pour des coïndivisaires à apporter un bien indivis en se faisant rémunérer par des droits sociaux divis s'analyse en un partage, même si, pour le calcul des droits dus, celui-ci apparaît alors comme une disposition dépendante de l'acte principal d'apport. **61380**
Lorsqu'il est reçu par **acte notarié**, l'acte de formation de la société est obligatoirement soumis à l'enregistrement en raison de sa forme (CGI art. 635, 1-1°).
La société a le choix de procéder dans l'**ordre** qu'elle souhaite à la formalité de l'enregistrement (lorsqu'elle est requise) et au dépôt au guichet unique électronique des formalités d'entreprises en vue de son inscription au registre du commerce et des sociétés et au registre national des entreprises.

> **Précisions** À l'instar des actes de formation de la société, sont dispensés d'enregistrement les actes sous signature privée constatant la **prorogation** ou la **dissolution de la société**, ainsi que l'**amortissement** ou la **réduction de son capital** (CGI art. 635, 1-5° a contrario). Il en va de même des actes constatant l'**augmentation de son capital en numéraire** ou **par incorporation** de bénéfices, de réserves ou de provisions. En revanche, les autres actes affectant la vie de la société doivent être enregistrés : tel est le cas des actes constatant la **transformation** d'une société ou une **augmentation** de son **capital autre** qu'en numéraire ou par incorporation de bénéfices, de réserves ou de provisions (augmentation de capital en nature notamment ; CGI art. 635, 1-5° et 638 A). Le cas échéant, ceux de ces actes qui contiennent des apports sont donc soumis obligatoirement à la formalité de l'enregistrement ou, le cas échéant, à la formalité fusionnée d'enregistrement et de publicité foncière.

Acte constatant uniquement des apports mobiliers Lorsque l'acte constitutif de la société civile constate uniquement des apports mobiliers (numéraire, titres et valeurs mobilières notamment), il peut être rédigé au choix sous signature privée ou sous forme notariée. **61382**
Si l'acte est **sous signature privée**, il est dispensé d'enregistrement (CGI art. 635, 1-5° a contrario). Mais il peut y être soumis de façon volontaire car le champ d'application de l'enregistrement facultatif est illimité (CGI art. 662, 2°). Dans ce cas, les tarifs habituels et exonérations concernant les actes de formation des sociétés s'appliquent (n°s 61440 s.). Il n'existe pas de limite de délai pour l'enregistrement facultatif. Le service des impôts compétent est celui du domicile de l'un des associés ou celui du siège social (BOI-ENR-DG-40-10-30 n° 130). Si l'acte est **notarié**, il doit être enregistré dans le mois de sa date au service des impôts du lieu de résidence du notaire (CGI art. 635 et 650).

61384 **Acte constatant des apports immobiliers** Lorsque l'acte constitutif de la société civile constate uniquement des apports d'immeubles ou à la fois des apports mobiliers et des apports immobiliers (acte mixte), il est soumis à la formalité dite « fusionnée » qui s'applique à tous les actes assujettis à la fois à l'enregistrement et à la publicité foncière (CGI art. 647, I). Il doit alors être rédigé ab initio sous **forme notariée** pour être publiable (C. civ. art. 710-1).

La formalité fusionnée doit être effectuée dans le délai d'un mois à compter de la date de l'acte, au service chargé de la publicité foncière du lieu de situation de l'immeuble (CGI art. 647, III et 657).

> **Précisions a.** L'absence d'authenticité de l'acte constitue une cause de refus de la formalité fusionnée. L'acte **sous signature privée** refusé ne peut pas être déposé au rang des minutes d'un notaire en vue d'être publié (C. civ. art. 710-1, al. 2). La solution consiste à réitérer l'intégralité des statuts sous forme authentique.
> **b.** Lorsqu'un acte concerne des immeubles ou des droits immobiliers situés dans le ressort de **plusieurs services chargés de la publicité foncière**, la formalité fusionnée est exécutée au service où la formalité est requise en premier lieu, au choix du requérant. Dans ce cas, le délai d'un mois s'applique pour l'exécution de la formalité dans le premier service. Pour l'exécution de la formalité dans les autres services, les parties disposent d'un délai supplémentaire d'un mois (CGI ann. III art. 251 et 253, II).

FORMALITÉS DE PUBLICITÉ

61390 **Formalités à accomplir** Après la signature des statuts, il y a lieu de procéder aux formalités suivantes :

– insertion d'un **avis de constitution** dans un support d'annonces légales dans le département du siège social (Décret 78-704 du 4-7-1978 art. 22 ; Loi 55-4 du 4-1-1955 art. 1, al. 1). Cette insertion doit être complétée par une insertion numérique dans une base de données centrale, obligation à la charge de l'éditeur du support ayant publié l'annonce (Loi 55-4 art. 1, al. 2) ;

– **immatriculation** de la société au registre du commerce et des sociétés (RCS) et au registre national des entreprises (RNE) par l'intermédiaire du guichet unique électronique des formalités d'entreprises ;

– déclaration au greffe du tribunal de l'identité du ou des « **bénéficiaires effectifs** » de la société (nos 61392 s.).

Une insertion au **Bulletin officiel des annonces civiles et commerciales** (Bodacc) est également requise, mais elle est à la charge du greffier du tribunal auquel le dossier a été transmis.

> **Précisions a.** La demande d'immatriculation doit être effectuée par **voie électronique** auprès du guichet unique électronique des formalités d'entreprises (C. com. art. L 123-33 et R 123-77 modifié par décret 2022-1014 du 19-7-2022) sur le site formalites.entreprises.gouv.fr. Une fois le dossier complété, il est signé au moyen d'une **signature** électronique simple (C. com. art. R 123-2 et R 123-5). La demande peut être présentée et signée par l'un des associés ou fondateurs ayant reçu pouvoir d'accomplir les formalités nécessaires à l'immatriculation (par exemple, en vertu d'une clause statutaire) ; elle peut aussi l'être par un mandataire à qui les associés ont confié le soin d'effectuer les formalités d'inscription au RCS.
> **b.** La demande est **transmise au greffe du tribunal** par le guichet unique (C. com. art. R 123-84, al. 1). Le dépôt d'un dossier régulier et complet auprès du guichet unique vaut déclaration auprès de l'organisme destinataire (C. com. art. L 123-33, al. 2). Le guichet unique doit accuser réception de la déclaration, en mentionnant les organismes destinataires et autorités compétentes auxquels la déclaration a été adressée par son intermédiaire (C. com. art. R 123-6, al. 2). Il doit également transmettre au déclarant l'accusé de réception électronique du dossier qui lui a été adressé par chacun de ces organismes ou autorités (C. com. art. R 123-6, al. 3). Les greffiers des tribunaux de commerce ou des tribunaux judiciaires statuant commercialement sont destinataires des formalités au titre de la tenue des registres du commerce et des sociétés (C. com. art. A 123-5, 3° modifié par arrêté du 14-12-2022). Les organismes ou autorités destinataires des déclarations sont seuls compétents pour **contrôler la régularité** ou **apprécier la validité** de la déclaration (C. com. art. R 123-11, al. 2).
> **c.** La déclaration transmise au guichet unique électronique des formalités d'entreprises **interrompt les délais** à l'égard de cet organisme (C. com. art. R 123-11, al. 1).
> **d.** Afin d'assurer la continuité du service en cas de **difficulté grave de fonctionnement** du **guichet unique** électronique, une procédure de secours est prévue (C. com. art. R 123-15 modifié par décret 2022-1014 ; Arrêté PRMX2334865A du 26-12-2023). En cas de déclenchement de cette procédure, le déclarant pourra réaliser sa formalité directement auprès du greffe du tribunal (Arrêté précité art. 2, I et III). La déclaration sera effectuée par l'intermédiaire du site Infogreffe disponible

uniquement par un lien de redirection depuis le site du guichet unique ou, si la formalité n'est pas disponible sur le site Infogreffe, sur support papier, par le biais d'un formulaire disponible sur le site entreprises.gouv.fr, adressé par courrier ou par dépôt au greffe (Arrêté précité art. 2, III).

e. Le dépôt du dossier d'immatriculation vaut notamment **déclaration d'existence** au service des impôts.

Délai pour accomplir les formalités de publicité Aucun délai n'est prescrit pour l'insertion dans un support d'annonces légales de l'avis de constitution, pas plus que pour l'envoi du dossier d'immatriculation de la société, la seule **précision législative** en la matière étant que l'immatriculation doit être demandée « sitôt accomplies les formalités de constitution, publicité comprise » (C. com. art. R 123-36, al. 1). La demande doit donc en principe être présentée une fois les statuts signés et les formalités de parution dans le support d'annonces légales accomplies. Dans la plupart des cas, il n'est toutefois pas nécessaire d'attendre la parution de l'annonce légale contenant l'avis de constitution pour déposer la demande d'immatriculation de la société : il suffit de présenter à l'appui de cette demande une attestation de parution dans le support. Notons qu'une **demande** d'immatriculation présentée 20 ans après la signature des statuts a été rejetée comme **tardive** (CA Paris 24-1-2017 n° 16/15840 : RJDA 5/17 n° 334). En tout état de cause, comme la société n'acquiert la personnalité morale – et n'est donc en état de fonctionner régulièrement – qu'à dater de son immatriculation, il est recommandé d'effectuer les formalités le plus rapidement possible. 61391

> **Précisions** La **déclaration d'existence au service des impôts** doit être souscrite dans le délai de trois mois à compter de la constitution de la société si celle-ci relève du régime fiscal des sociétés de personnes, et dans le délai d'un mois si elle est soumise à l'impôt sur les sociétés. Si la société est assujettie à la TVA (par exemple, au titre de son activité de location immobilière), ce délai est réduit à 15 jours à compter du commencement de ses opérations imposables (CGI art. 286, I-1°).

INFORMATION SUR LES BÉNÉFICIAIRES EFFECTIFS

Notion de bénéficiaire effectif Les sociétés doivent obtenir et conserver des informations exactes et actualisées sur leurs « bénéficiaires effectifs » (C. mon. fin. art. L 561-45-1). 61392

La notion de bénéficiaire effectif est définie par la réglementation sur le blanchiment comme visant les **personnes physiques** qui, en dernier lieu, possèdent ou contrôlent la société ou pour le compte de qui une opération ou une activité est réalisée (C. mon. fin. art. L 561-2-2). Sont considérées comme telles les personnes qui soit détiennent, directement ou indirectement, **plus de 25 % du capital ou des droits de vote** de la société, soit exercent, par tout autre moyen, un **pouvoir de contrôle** au sens de l'article L 233-3, I-3° et 4° du Code de commerce, c'est-à-dire qui déterminent en fait, par les droits de vote dont elles disposent, les décisions des assemblées générales ou qui disposent du pouvoir de nommer ou révoquer la majorité des membres des organes de direction de la société (C. mon. fin. art. R 561-1, al. 1). Lorsque aucune personne physique n'a pu être identifiée selon les critères précédents, le bénéficiaire effectif à déclarer est, **par défaut**, le gérant de la société (C. mon. fin. art. R 561-1, al. 2 et 3).

Les sociétés civiles de famille sont concernées par cette obligation d'information, alors même que leurs associés sont connus du greffe par leur inscription au registre du commerce et des sociétés. Pour les greffiers des tribunaux de commerce, les membres d'un **groupe familial majoritaire** dans la société (parents et enfants) dont aucun ne détient plus de 25 % du capital sont tous considérés comme bénéficiaires effectifs si, dans les faits, ils déterminent ensemble, en vertu d'un accord exprès ou tacite, les décisions prises en assemblée (RBE : 15 schémas pour identifier les bénéficiaires effectifs dans les sociétés : greffe-tc-paris.fr/procedure/registre-des-beneficiares-effectifs).

Pour sa part, l'Association nationale des sociétés par actions (Ansa) estime qu'un concert ne peut être présumé qu'entre des parents et leurs enfants mineurs et non entre des parents et leurs enfants majeurs (Communication Ansa, comité juridique n° 18-017 du 4-4-2018). L'Autorité de contrôle prudentiel et de résolution (ACPR) estime, quant à elle, qu'en l'absence d'accord exprès constitutif d'une action de concert conclu entre les membres du groupe familial, les différentes personnes composant celui-ci sont considérées comme bénéficiaires effectifs si elles détiennent individuellement une part significative du capital même inférieure à 25 % (Lignes directrices ACPR relatives à l'identification, la vérification de l'identité et la connaissance de la clientèle publiées le 16-12-2021).

› **Précisions a.** Lorsque des parts représentant plus de 25 % du capital ou des droits de vote de la société sont détenues en indivision, il convient, à notre avis, de déclarer chacun des **copropriétaires de** ces **parts indivises** comme bénéficiaire effectif, avec une mention tenant à sa qualité de membre de l'indivision. En cas de désignation par les coïndivisaires d'un mandataire investi d'un mandat général d'administration sur les parts, le mandataire doit aussi être considéré comme bénéficiaire effectif s'il détermine en fait, par les droits de vote dont il dispose, les décisions dans les assemblées générales de la société (C. com. art. L 233-3, I-3° sur renvoi de C. mon. fin. art. R 561-1, al. 1).

b. Lorsque des parts représentant plus de 25 % du capital ou des droits de vote sont démembrées entre un usufruitier et un nu-propriétaire, le **nu-propriétaire** doit, en tant que détenteur du capital, être déclaré comme bénéficiaire effectif. L'**usufruitier** doit aussi être considéré comme tel s'il détermine en fait les décisions d'assemblée pour lesquelles il a le droit de vote (C. com. art. L 233-3, I-3° sur renvoi de C. mon. fin. art. R 561-1, al. 1).

61393 **Informations relatives aux bénéficiaires effectifs à déclarer** Les informations devant être déclarées portent sur les **éléments d'identification** des bénéficiaires effectifs ainsi que sur les **modalités du contrôle** qu'ils exercent sur la société (C. mon. fin. art. L 561-46, al. 1). Plus précisément, doivent être déclarés l'identité (nom, nom d'usage, pseudonyme, prénoms), les date et lieu de naissance, la nationalité et l'adresse personnelle des bénéficiaires, la nature, les modalités et l'étendue du contrôle exercé sur la société, ainsi que la date à laquelle les intéressés sont devenus bénéficiaires effectifs de la société (C. mon. fin. art. R 561-56).

L'« étendue du contrôle » requis par l'article R 561-56 implique à notre avis l'obligation de déclarer le pourcentage exact de capital ou de droits de vote détenus par un bénéficiaire dont la participation excède 25 % et non la seule mention que la participation excède ce seuil (déjà en ce sens, avant que l'art. R 561-56 ne vise l'étendue du contrôle, CA Lyon 12-9-2019 n° 19/02040 : BPAT 1/20 inf. 36 ; T. com. Bobigny ord. 18-5-2018 n° 2018S07031 : BPAT 6/18 inf. 223) ; c'est d'ailleurs le pourcentage exact que le guichet unique des formalités d'entreprises impose au créateur d'entreprise d'indiquer dans sa déclaration. Le cas échéant, le détail des modalités de détention indirecte du capital doit également être précisé.

Seules les informations relatives à l'identité, aux mois, année de naissance, pays de résidence et nationalité des bénéficiaires effectifs ainsi qu'à la nature et à l'étendue des intérêts effectifs qu'ils détiennent dans la société sont **accessibles au public** (C. mon. fin. art. L 561-46, al. 2). Ont en revanche accès à l'intégralité des informations relatives aux bénéficiaires effectifs : certaines **autorités** (notamment, magistrats de l'ordre judiciaire, agents des douanes ou de la Direction générale des finances publiques, enquêteurs de l'Autorité des marchés financiers, officiers de police judiciaire spécialement habilités) et organismes financiers assujettis à la lutte contre le blanchiment (C. mon. fin. art. L 561-46, al. 3-2° et 3°, art. R 561-57 et R 561-58). L'accès aux informations relatives aux bénéficiaires effectifs est **gratuit**, quelles que soient les modalités de consultation ou de communication de ces informations (C. mon. fin. art. L 561-46, dernier al.).

ATTENTION

La Cour de justice de l'Union européenne a **invalidé** la disposition, née de la cinquième directive européenne dite « anti-blanchiment » (Dir. UE/2018/843 du 30-5-2018), obligeant les États membres à veiller à ce que les informations afférentes aux bénéficiaires effectifs soient accessibles dans tous les cas à tout membre du grand public, pour violation du droit à la vie privée et familiale et du droit à la protection des données personnelles (CJUE 22-11-2022 aff. 601/20 : RJDA 2/23 n° 79). Le ministre de l'économie, des finances et de la souveraineté industrielle et numérique a décidé le maintien de l'accès du grand public aux données du registre des bénéficiaires effectifs dans l'attente de tirer toutes les conclusions de cet arrêt et indiqué que les futures modalités d'accès tenant compte de cette décision seraient définies prochainement (Communiqué de presse n° 520 du 19-1-2023).

61394 **Modalités de déclaration** Les sociétés en cours de constitution doivent, **lors de la demande d'immatriculation**, déclarer au greffe du tribunal les informations relatives à leurs bénéficiaires effectifs par l'intermédiaire du guichet unique électronique des formalités d'entreprises (C. mon. fin. art. L 561-46, al. 1 et R 561-55, al. 1). En pratique, elles saisissent ces informations directement sur le site internet du guichet unique. Un formulaire est alors généré automatiquement et transmis au greffe compétent.

Les informations sont inscrites au registre national des entreprises par l'intermédiaire du guichet unique (C. com. art. L 123-37, 4° et L 123-50 et art. R 123-259 issu du décret 2022-1014 du 19-7-2022).

Une **inscription modificative** doit être demandée par la société dans les 30 jours de tout fait ou acte rendant nécessaire la rectification ou le complément des informations mentionnées dans le précédent document (C. mon. fin. art. R 561-55).

› Précisions Le fait de ne pas déclarer au greffe les informations relatives aux bénéficiaires effectifs ou de déclarer des informations inexactes ou incomplètes est, entre autres **sanctions** (peines d'interdiction de gérer, privation partielle des droits civils et civiques notamment) puni de six mois d'emprisonnement et de 7 500 € d'amende pour les personnes physiques, 37 500 € pour les personnes morales (C. mon. fin. art. L 574-5).

C. Réalisation des apports

NOTION D'APPORT

Les apports consistent dans les **biens** (somme d'argent, immeuble, titres et valeurs mobilières, etc.) dont les associés transfèrent la propriété ou la jouissance à la société et en contrepartie desquels ils reçoivent des parts sociales. Il peut aussi s'agir de connaissances techniques, d'un travail ou de **services** mis à la disposition de la société. Ce dernier type d'apport ne se rencontre toutefois que très rarement lors de la constitution de sociétés civiles familiales à vocation patrimoniale. **61400**

Il n'y a véritablement apport que si l'associé reçoit en rémunération des parts soumises aux aléas sociaux. Toutefois, certains apports peuvent être en partie rémunérés par la **prise en charge d'un passif**. Dans ce cas, l'apport véritable, rémunéré par des parts sociales, correspond à la valeur nette (actif moins passif) de l'ensemble. Dans l'hypothèse où le bien apporté serait grevé d'un passif supérieur à la valeur brute de ce bien, l'apport serait considéré comme fictif et encourrait la nullité.

NÉCESSITÉ DES APPORTS

Chacun des associés doit obligatoirement faire un apport (C. civ. art. 1832, al. 1). Il n'est pas nécessaire que les apports des associés soient d'égale importance ou de même nature. Un associé peut lui-même apporter des biens de nature différente (immeuble et numéraire par exemple). **61402**

Le moyen par lequel l'associé est devenu propriétaire du bien qu'il apporte est sans influence sur la validité de l'apport. Ce bien peut, par exemple, provenir d'une libéralité ou avoir été acquis avec les fonds provenant d'un emprunt.

1. APPORTS EN NUMÉRAIRE, EN NATURE ET EN INDUSTRIE

APPORT EN NUMÉRAIRE

L'apport en numéraire consiste en l'apport d'une somme d'argent. Les associés fixent librement dans les statuts les conditions dans lesquelles les **versements** correspondants doivent être effectués. Très souvent, les statuts laissent à la gérance le soin de fixer elle-même les dates et les montants de ces versements en fonction des besoins de la société. **61405**

Les fonds correspondant aux apports en numéraire peuvent être versés en espèces, par chèque ou par virement bancaire, le cas échéant par remise de bons du Trésor ou de bons de caisse payables à vue ou échus.

La libération des apports en numéraire peut aussi s'effectuer par **compensation avec une créance** de l'associé sur la société. Encore faut-il que cette créance soit liquide et exigible, c'est-à-dire que son montant soit déterminé et que l'associé soit en droit d'en demander l'exécution immédiate. En tout état de cause, cette compensation ne peut intervenir qu'après immatriculation de la société.

L'**associé** qui n'a **pas versé** la somme promise à l'échéance prévue devient de plein droit, sans qu'il soit besoin de procéder à une quelconque mise en demeure, débiteur des intérêts de cette somme à compter du jour où elle aurait dû être payée (C. civ. art. 1843-3, al. 5). Ces intérêts sont calculés au taux fixé par les statuts ou, à défaut, au taux légal. L'associé défaillant peut en outre être condamné à des dommages-intérêts si la société a subi un préjudice par suite du défaut de libération. **61407**

Le défaut de libération peut justifier l'exclusion de la société si cette sanction a été prévue par les statuts.

Sur le débiteur de l'obligation de verser la fraction non libérée du capital en cas de cession de parts sociales, voir nº 61690, précisions, a.

APPORT EN NATURE

L'apport en nature porte sur tout bien autre que de l'argent, notamment des immeubles ou des valeurs mobilières. L'apport peut être réalisé en pleine propriété, en jouissance, en usufruit ou en nue-propriété. **61410**

ATTENTION

Aucune procédure particulière de vérification des apports en nature n'est prévue pour les sociétés civiles. L'**évaluation** de ces apports est donc faite librement par les associés, le plus souvent sur la base de la valeur vénale. Mais cette liberté ne doit pas être la source d'abus. Les créanciers et les ayants droit de l'apporteur conservent en effet leurs prérogatives et leurs droits de suite éventuels pour faire échec aux opérations susceptibles de porter atteinte à leurs intérêts.

61412 **Apport d'immeubles** L'apport d'un immeuble en société doit faire l'objet d'une **publication** auprès du service chargé de la publicité foncière du lieu de situation de l'immeuble. Il en est ainsi même si la société est constituée entre les seuls copropriétaires indivis de l'immeuble apporté.

Pour pouvoir être publié, l'acte d'apport doit avoir été passé en la **forme authentique** (C. civ. art. 710-1, al. 1). Lorsque l'apport est mentionné dans les statuts, les statuts doivent être notariés.

Le cas échéant, l'apport en société ouvre au profit de la collectivité locale un **droit de préemption** sur l'immeuble.

> **Précisions** Le **droit de préemption** dont bénéficie le **locataire** d'un appartement ne s'applique pas lorsque cet appartement fait l'objet d'un apport en société, la contrepartie de l'opération étant non pas la perception d'un prix mais l'obtention de droits sociaux que le locataire ne serait pas en mesure d'offrir (Cass. ch. réunies 3-7-1957 : JCP G 1957 II n° 10104).

61414 **Apport de droits sociaux** Tous les **droits sociaux qui** ne confèrent pas à leur titulaire la qualité de commerçant **peuvent être apportés** à une société civile : parts de société civile ou de société à responsabilité limitée, parts ou actions de commanditaire dans une société en commandite, actions de société anonyme ou de société par actions simplifiée.

ATTENTION

L'apport de **parts de société en nom collectif** est à déconseiller car il ferait perdre à la société bénéficiaire de l'apport sa nature civile et la rendrait commerciale (les associés de ces sociétés ayant la qualité de commerçant, quels que soient l'importance de la participation dans la société en nom et l'objet de celle-ci).

61416 L'apport de droits sociaux étant assimilé à une cession, toutes les dispositions législatives ou statutaires imposant l'**agrément** des associés en cas de cession de parts ou actions sont applicables en cas d'apport en société. Par exemple, l'apport à la société civile de parts d'une société à responsabilité limitée (SARL) doit être autorisé par la majorité des associés représentant au moins la moitié des parts de la SARL (ou plus si les statuts le prévoient) si la société civile bénéficiaire des apports n'est pas déjà associée (C. com. art. L 223-14).

Le cas échéant, l'apport en société peut ouvrir au profit de la collectivité locale un **droit de préemption** sur les droits sociaux apportés.

Il faut également effectuer les formalités de **publicité** éventuellement requises pour rendre toute cession – donc tout apport – opposable aux tiers.

61420 **Particularités de l'apport en usufruit ou en nue-propriété** L'apport de droits démembrés est concevable à l'égard de tout bien susceptible de faire l'objet d'un démembrement de propriété, notamment les immeubles et les titres. Le démembrement de propriété peut être préexistant ou réalisé à l'occasion de la constitution de la société.

Que le droit apporté soit l'usufruit ou la nue-propriété, la règle est la même : chaque **apporteur** est **rémunéré** par des parts sociales en pleine propriété, selon la valeur du droit qu'il a apporté. Lorsque les titulaires d'un droit en nue-propriété et d'un droit en usufruit portant sur un même bien décident d'apporter ces droits à la société (afin que celle-ci devienne titulaire de tous les droits attachés à la pleine propriété du bien et puisse en assurer une gestion plus efficace), ils sont en principe rémunérés par l'attribution de parts sociales en pleine propriété mais peuvent choisir de reporter le démembrement initial sur les parts attribuées (C. civ. art. 621, al. 1, règle applicable en cas de vente conjointe de leurs droits par le nu-propriétaire et l'usufruitier et transposable au cas de l'apport conjoint).

L'**apport d'un bien en usufruit** donne à la société le droit d'usage de ce bien et le droit d'en percevoir les revenus. Par exemple, en cas d'apport d'un immeuble, la société peut l'utiliser pour son propre usage ou le donner en location et en percevoir les loyers ; en revanche, elle n'a pas le droit de le vendre.

L'usufruit est nécessairement un droit temporaire :
– si l'apporteur est propriétaire du bien dont il apporte l'usufruit à la société, la loi fixe la durée maximale de l'usufruit à 30 ans (C. civ. art. 619) ;
– si l'apporteur est seulement usufruitier du bien, il ne peut transmettre ce droit à la société que pour la durée dont il dispose lui-même, et ce, dans la limite de 30 ans. Si l'usufruit est viager, il s'éteindra avec le décès de l'apporteur.
L'**apport d'un bien en nue-propriété** donne à la société un droit de propriété assorti de prérogatives réduites : en particulier, elle ne dispose pas du droit d'utiliser le bien ni d'en percevoir les revenus. La société deviendra pleinement propriétaire du bien au moment de l'extinction de l'usufruit. Si celui-ci est viager, il s'éteindra au décès de l'usufruitier.
Pour plus de précisions sur le démembrement de propriété, voir nos 67000 s.

Particularités de l'apport d'un bien indivis Un indivisaire peut apporter un bien indivis à la société si les **autres indivisaires consentent** à cet apport (C. civ. art. 815-3). Tout apport réalisé sans le consentement de ces derniers leur est inopposable, mais seulement pour la part de leurs droits dans l'indivision (Cass. 1e civ. 5-4-2005 no 02-15.459 F-PB : RJDA 4/06 no 475). 61422
Lors de l'apport d'un bien indivis, les **parts sociales reçues en rémunération** peuvent être réparties divisément entre les indivisaires au prorata de leurs droits dans l'indivision, réalisant ainsi le partage de l'indivision, ou rester indivises. Si les parts sociales attribuées en rémunération de l'apport d'un bien indivis sont elles-mêmes indivises ou si l'indivision survient en cours de société (par exemple, à la suite de la liquidation d'un régime matrimonial ou du décès d'un associé), la **qualité d'associé** doit être reconnue à chacun des indivisaires (Cass. crim. 4-11-2009 no 09-80.818 FS-D : BPAT 1/10 inf. 52). Mais pendant la durée de l'indivision, l'exercice des droits attachés à cette qualité demeure limité en vertu des règles propres au régime des indivisions (Cass. 1e civ. 6-2-1980 no 78-12.513 : Bull. civ. I no 49). De même, si les parts sociales attribuées en rémunération de l'apport sont partagées entre les indivisaires au prorata de leurs droits dans l'indivision, chaque indivisaire acquiert personnellement la qualité d'associé.
Lorsque le bien apporté est indivis entre un mineur et d'autres personnes, si les parts sociales attribuées en contrepartie de l'apport demeurent indivises entre les apporteurs, le **consentement du mineur** est obtenu dans les conditions exposées nos 61244 s. Si les parts sont réparties divisément entre les indivisaires, il faut alors faire application des dispositions réglant le partage des biens appartenant en partie à des mineurs (voir no 70570).

> **Précisions** Le **droit de préemption** dont bénéficient les indivisaires en cas de cession par l'un d'entre eux de ses droits sur les biens indivis (C. civ. art. 815-14) ne s'applique pas à l'apport en société, faute pour eux d'être en mesure de fournir le même avantage à l'apporteur, à savoir l'attribution de droits sociaux et non le paiement d'un prix (CA Paris 11-9-1997 : Defrénois 30-1-1998 no 36718 p. 119 note P. Malaurie).

APPORT EN INDUSTRIE

Il y a apport en industrie lorsqu'un associé met à la disposition de la société ses connaissances techniques, son travail ou ses services (par exemple, associé disposant de compétences comptables). 61425
Les parts attribuées en contrepartie d'un apport en industrie ne participent pas à la formation du capital social. Elles n'ont donc pas de valeur pécuniaire. En revanche, un tel apport confère à son auteur, devenu associé, tous les droits attachés à cette qualité : droit de participer à la vie sociale, droit aux bénéfices et au boni de liquidation (C. civ. art. 1843-2 al. 2). À défaut de clause particulière des statuts à cet égard, la **part de l'apporteur en industrie dans les bénéfices** et le boni de liquidation est égale à celle de l'associé qui a le moins apporté (C. civ. art. 1844-1, al. 1).
Les statuts doivent par ailleurs préciser les conditions dans lesquelles l'apporteur en industrie exerce son **droit de vote**. Ils peuvent ainsi prévoir un vote par tête, l'apporteur en industrie disposant d'une voix comme tout associé, ou un vote par « part » en donnant à chaque part d'industrie un nombre de voix égal à celui d'une part sociale.

2. RÉGIME FISCAL DES APPORTS

a. Droits d'enregistrement

QUALIFICATION DES APPORTS

Le montant des droits d'enregistrement exigibles varie selon que les apports sont purs et simples, à titre onéreux ou mixtes. 61440

Les **apports** sont **purs et simples** lorsqu'ils confèrent à l'apporteur, en échange de sa mise, des droits sociaux (parts sociales) exposés à tous les risques de l'entreprise et notamment à la perte éventuelle de la mise.

Les **apports** sont dits **à titre onéreux** lorsqu'ils sont rémunérés par un équivalent ferme et actuel, définitivement acquis à l'apporteur et par conséquent soustrait aux risques sociaux (par exemple : remise d'espèces ou prise en charge par la société d'un passif incombant à l'apporteur). Dans ce cas, l'associé ne fait pas une véritable mise sociale : son apport a le caractère d'une vente faite à la société.

Un **apport** est **mixte** lorsqu'il est rémunéré, partie au moyen de la remise de parts sociales (apport pur et simple), partie par un avantage soustrait aux aléas sociaux (apport à titre onéreux).

APPORTS PURS ET SIMPLES

61442 Sont enregistrés gratuitement les actes constatant les apports purs et simples réalisés à l'occasion de la constitution d'une **société non passible de l'impôt sur les sociétés**, quels que soient les biens apportés : espèces, immeubles, droits immobiliers, droits sociaux, valeurs mobilières, créances, etc. (CGI art. 810 et 810 bis).

61444 Les apports purs et simples consentis par une personne physique (ou par une personne morale non passible de l'impôt sur les sociétés) à une **société passible de l'impôt sur les sociétés** sont enregistrés gratuitement lorsqu'ils portent sur des espèces, des créances, des valeurs mobilières ou des droits sociaux (CGI art. 810, I).

Ils sont assujettis à un droit de mutation lorsqu'ils portent sur des **immeubles**, sur des biens assimilés (actions ou parts d'une société immobilière transparente ou conférant à leur possesseur le droit à la jouissance d'immeubles ou de fractions d'immeubles), ou sur des droits immobiliers : usufruit, nue-propriété, droits d'usage et d'habitation, servitudes réelles (CGI art. 809, I-3°). Le droit de mutation est perçu au taux global de 5 %, sur la base de la valeur réelle des apports telle que cette valeur est fixée dans l'acte de constitution de la société (CGI art. 810, III). Les éventuelles insuffisances d'évaluation peuvent être redressées par l'administration (LPF art. L 17). Lorsque l'apport porte sur un bien immobilier démembré, la valeur de l'usufruit ou de la nue-propriété apportée est déterminée par application du barème de l'article 669 du CGI (voir n°s 64537 s.).

> **Précisions** **a.** Une **taxe additionnelle** au droit de vente d'un taux égal à 0,6 % peut être perçue au profit de la **région Île-de-France** sur les mutations à titre onéreux de **bureaux, de locaux commerciaux ou de stockage** (CGI art. 1599 sexies).
>
> **b.** Le **paiement** du droit de mutation peut être, sur demande de la société et sous réserve de la constitution de garanties suffisantes, **fractionné** en cinq versements annuels égaux, le premier étant fait lors de l'enregistrement de l'acte (CGI ann. III art. 396, 2°, 399 et 401). Pour les demandes de paiement fractionné effectuées en 2024, chaque versement autre que le premier est majoré d'un intérêt égal à 2,2 %.

APPORTS À TITRE ONÉREUX

61448 De tels apports constituent en réalité des ventes. Leur régime fiscal diffère selon qu'ils ont pour objet des immeubles ou d'autres biens. En revanche, il n'y a pas lieu de distinguer selon que la société bénéficiaire de l'apport est ou non passible de l'impôt sur les sociétés.

Les apports d'**immeubles** ou de droits immobiliers sont soumis à une taxation spécifique au taux global de 5 % (à laquelle s'ajoute, le cas échéant, la taxe additionnelle visée n° 61444, précisions, a).

Les apports ayant pour objet des biens autres que des immeubles sont soumis aux droits de mutation ordinaires selon la nature des biens apportés. Ainsi, les apports d'**actions** sont en principe taxés au taux de 0,1 %, sans abattement (CGI art. 726, I-1°), tandis que les apports de **parts sociales** (titres détenus dans des sociétés dont le capital n'est pas divisé en actions) sont taxés au taux de 3 %, après application d'un abattement égal pour chaque part apportée au rapport entre 23 000 € et le nombre total de parts de la société (CGI art. 726, I-1° bis). Par exemple, si un associé apporte 200 parts d'une société dont le capital est divisé en 500 parts sociales pour une valeur d'apport de 20 000 €, les droits seront calculés sur la base de : 20 000 € – (23 000 € × 200/500) = 10 800 €.

Lorsque les **titres** apportés (qu'il s'agisse d'actions ou de parts sociales) sont ceux **d'une société à prépondérance immobilière** non cotée, l'apport est taxé à un droit de 5 % sans abattement (CGI art. 726, I-2°).

Les apports d'**espèces** et de **créances** ne sont pas taxés.

APPORTS MIXTES

Les apports mixtes sont soumis : 61450
– au régime des apports purs et simples, pour la partie rémunérée par des parts de la société bénéficiaire des apports ;
– au régime des apports à titre onéreux pour la partie rémunérée par une contrepartie soustraite aux risques sociaux.

Les parties sont libres de **déclarer** quels sont, parmi les biens apportés, ceux qui constituent un apport pur et simple et ceux qui doivent être considérés comme apportés à titre onéreux (BOI-ENR-AVS-10-30 n° 20). Elles ont tout intérêt à utiliser cette faculté, en rangeant dans la seconde catégorie les biens dont la vente est la moins lourdement taxée. À défaut, l'administration procéderait (ce qui serait plus coûteux) à une imputation proportionnelle sur les biens de chaque nature apportés par l'intéressé.

EXEMPLE

Deux associés A et B constituent une SCI non passible de l'impôt sur les sociétés.
A apporte des espèces pour 30 000 € : il s'agit d'un apport pur et simple qui ne génère pas de droits.
B apporte un immeuble d'une valeur de 60 000 € et des créances pour 15 000 €, à charge pour la société de payer un passif (contracté pour l'acquisition de l'immeuble) de 12 000 €. Il s'agit d'un apport mixte : à titre pur et simple pour 63 000 € et à titre onéreux pour 12 000 €.

Hypothèse 1 : imputation des apports à titre onéreux réglée par les parties

Dès lors que l'acte précise que le passif s'impute en priorité sur les créances, les apports de l'associé B sont considérés comme faits :
– à titre onéreux à concurrence d'une partie des créances, soit 12 000 € ;
– à titre pur et simple pour le surplus de la valeur des créances (3 000 €) et pour la valeur de l'immeuble (60 000 €).
Dans cette hypothèse, aucun droit n'est exigible.

Hypothèse 2 : application de la règle de l'imputation proportionnelle (en l'absence de précision portée dans l'acte)

Dans ce cas, le passif de 12 000 € est imputé à hauteur de 15/75 (2 400 €) sur les créances et de 60/75 (9 600 €) sur l'immeuble. Dès lors, les apports de B sont considérés comme faits :
– à titre onéreux à concurrence d'une partie des créances, soit 2 400 € et sur l'immeuble à hauteur de 9 600 € ;
– à titre pur et simple pour le surplus de la valeur de l'immeuble (50 400 €) et le surplus de la valeur des créances (12 600 €).
Dans cette hypothèse, des droits de 5 % sont exigibles sur la valeur de l'immeuble apportée à titre onéreux, soit 480 €.

b. Plus-value d'apport

PRINCIPES

Les apports en nature étant fiscalement assimilés à une cession, qu'ils soient purs et simples ou à titre onéreux, ils peuvent entraîner, comme une vente ordinaire, la taxation d'une plus-value égale à la différence entre, d'une part, la valeur réelle des droits sociaux remis en contrepartie du bien apporté, éventuellement majorée des espèces reçues ou du passif transmis à la société, et, d'autre part, la valeur pour laquelle le bien est entré dans le patrimoine de l'apporteur (prix d'acquisition du bien ou valeur vénale de ce bien au jour de la mutation à titre gratuit en cas d'acquisition par voie de succession ou de donation). 61470
Cela dit, il existe plusieurs dispositifs qui réduisent sensiblement la portée de l'imposition.

APPORT D'IMMEUBLES

La plus-value consécutive à un apport en société de biens ou de droits immobiliers relève en principe du régime général des plus-values immobilières des particuliers (CGI art. 150 U s.). 61472
Sur les modalités particulières de taxation de l'apport portant sur un usufruit temporaire, voir n° 67752.

Exonérations La plus-value est exonérée lorsque l'opération porte sur la **résidence principale** de l'apporteur au jour de l'apport, c'est-à-dire le logement qu'il occupe habituellement (CGI art. 150 U, II-1°). Aucune durée d'occupation minimale depuis l'achat n'est exigée. 61474
Quelle que soit l'affectation de l'immeuble, la plus-value est exonérée lorsque l'opération porte sur un bien ou droit immobilier dont la **valeur d'apport** est **inférieure ou égale à 15 000 €** (CGI art. 150 U, II-6°). En pratique, cette exonération est surtout susceptible de s'appliquer aux apports portant sur des garages, des parkings, des terrains ou des locaux de petite surface. En cas d'apport de droits démembrés, le seuil de 15 000 € s'apprécie en tenant compte de la

valeur en pleine propriété de l'immeuble (ou de la partie d'immeuble) apporté. En cas d'apport d'un bien détenu en indivision, il s'apprécie au regard de chaque quote-part indivise. Il en va de même en cas d'apport par des époux, même communs en biens, le plafond s'appréciant au regard de la quote-part de chaque époux (BOI-RFPI-PVI-10-40-70 n° 100). Autrement dit, dans la situation la plus fréquente où la part respective des époux est de 50 %, l'apport est exonéré si la valeur d'apport du bien n'excède pas 30 000 €.

Enfin, de façon générale, la plus-value bénéficie d'une exonération pour **durée de détention** lorsque l'immeuble a été détenu pendant un certain délai avant d'être apporté à la société (conséquence de l'application de l'abattement pour durée de détention exposé n° 61478).

> **Précisions** Les **personnes âgées ou invalides** sont susceptibles de bénéficier de deux dispositifs d'exonération, l'un réservé à l'immeuble ayant constitué leur résidence principale avant leur entrée en maison de retraite ou foyer d'accueil (CGI art. 150 U, II-1° ter), l'autre applicable à tout immeuble, quelle que soit son affectation (CGI art. 150 U, III). Ces dispositifs ne s'appliquent toutefois qu'aux contribuables de condition modeste, dont le revenu fiscal de référence ne dépasse pas certaines limites.

61476 **Calcul de la plus-value** Lorsqu'elle ne bénéficie d'aucune exonération, la plus-value imposable est calculée par différence entre :
– la **valeur réelle des parts sociales** reçues en contrepartie de l'apport, éventuellement majorée des espèces reçues ou du passif transmis à la société (autrement dit, la valeur réelle de l'immeuble au jour de l'apport),
– et le **prix d'acquisition** de l'immeuble. Ce prix est majoré d'un forfait de 7,5 % pour tenir compte des **frais** supportés lors de l'achat (CGI art. 150 VB, II-3°). S'il y a intérêt, l'apporteur peut substituer à ce forfait le montant réel des droits d'enregistrement, honoraires de notaire et commissions versées aux intermédiaires, à condition de pouvoir en justifier.

Si l'**immeuble** a été **reçu par donation ou héritage**, le prix d'acquisition retenu pour la détermination de la plus-value est égal à la valeur qui a servi au calcul des droits de donation ou succession. Cette valeur est elle-même majorée du coût réel des frais d'acte ou de déclaration, tels que les honoraires de notaire ou les frais de publicité foncière, ainsi que des droits de succession ou de donation (à condition, pour ces derniers, que le donateur ne les ait pas pris à sa charge).

Viennent également s'ajouter au prix d'acquisition les dépenses de travaux de construction, reconstruction, agrandissement ou amélioration effectuées sur l'immeuble apporté, à l'exclusion de celles ayant le caractère de dépenses locatives (à moins qu'elles ne soient indissociables des travaux susvisés) et de celles qui ont été prises en compte pour l'impôt sur le revenu (au titre du revenu global ou des revenus catégoriels) ou sous forme d'une réduction ou d'un crédit d'impôt. Si l'apport porte sur un immeuble détenu depuis plus de cinq ans, les travaux peuvent en principe être évalués forfaitairement à 15 % du prix d'achat (CGI art. 150 VB, II-4°). Le Conseil d'État considère toutefois que ce forfait doit être écarté si le contribuable ne démontre pas qu'il a effectivement engagé des travaux dans l'immeuble (CE (na) 25-3-2019 n° 422943 : RJF 10/19 n° 919).

61478 La plus-value ainsi calculée bénéficie d'un **abattement pour durée de détention** lorsque l'immeuble a été détenu pendant plus de cinq ans avant l'opération (CGI art. 150 VC).

Le taux et la cadence de l'abattement pour durée de détention diffèrent pour l'impôt sur le revenu et pour les prélèvements sociaux.

Pour la détermination du montant imposable à l'**impôt sur le revenu**, l'abattement est de :
– 6 % pour chaque année de détention au-delà de la cinquième et jusqu'à la vingt et unième ;
– 4 % au terme de la vingt-deuxième année de détention.

Par le jeu de l'abattement, l'exonération d'impôt sur le revenu est donc acquise au-delà d'un délai de détention de 22 ans.

Pour la détermination du montant imposable aux **prélèvements sociaux**, l'abattement est de :
– 1,65 % pour chaque année de détention au-delà de la cinquième et jusqu'à la vingt et unième ;
– 1,60 % pour la vingt-deuxième année de détention ;
– 9 % pour chaque année au-delà de la vingt-deuxième.

Par le jeu de l'abattement, l'exonération des prélèvements sociaux est donc acquise au-delà d'un délai de détention de 30 ans.

Entre 23 et 30 ans de détention, les plus-values ne sont ainsi soumises qu'aux prélèvements sociaux.

Imposition Lorsque l'apport dégage une plus-value taxable, l'imposition est établie à l'impôt sur le revenu au **taux** proportionnel de 19 %. À cette imposition s'ajoute, pour les plus-values supérieures à 50 000 €, une taxe comprise, dans le cas général, entre 2 % et 6 % en fonction du montant de la plus-value nette imposable (CGI art. 1609 nonies G). 61480

Les prélèvements sociaux sont dus au taux global de 17,2 %.

La plus-value est **déclarée** sur un formulaire n° 2048-IMM qui doit être déposé, accompagné du paiement de l'impôt, au service chargé de la publicité foncière dans le mois qui suit l'opération d'apport. Le montant net imposable de la plus-value doit être reporté par l'apporteur sur sa déclaration d'ensemble de revenus n° 2042.

En pratique, l'impôt est « précompté » par le notaire qui se charge des formalités.

> **Précisions a.** Si l'apport dégage une **moins-value**, aucune imputation de cette moins-value n'est en principe possible, ni sur des plus-values de même nature, ni sur le revenu global de l'apporteur (CGI art. 150 VD).
> **b.** Les **prélèvements sociaux** sur les plus-values immobilières ne sont pas déductibles de l'assiette de l'impôt sur le revenu du contribuable.

APPORT DE DROITS SOCIAUX ET VALEURS MOBILIÈRES

Les plus-values réalisées à l'occasion de l'apport en société de valeurs mobilières et droits sociaux sont en principe soumises au régime prévu aux articles 150-0 A et suivants du CGI. Ce **régime concerne** notamment les parts et actions de sociétés, cotées ou non cotées, les titres assimilés, les obligations, les certificats d'investissement et titres participatifs, les droits de souscription ou d'attribution détachés de ces valeurs, les actions de Sicav, parts de fonds communs de placement, titres de sociétés d'investissement ou de sociétés de portefeuille, ainsi que les droits d'usufruit et de nue-propriété portant sur ces valeurs ou droits. 61490

En cas d'apport à une **société non soumise à l'impôt sur les sociétés**, la plus-value d'apport est en principe imposable immédiatement, dans les conditions exposées ci-après n°s 61494 s. En cas d'apport à une **société soumise à l'impôt sur les sociétés**, la plus-value d'apport bénéficie d'un différé d'imposition (report ou sursis d'imposition), selon que l'apporteur contrôle ou non la société bénéficiaire de l'apport (n° 61492).

> **Précisions** Sont exclus du régime des plus-values sur valeurs mobilières et droits sociaux :
> – les **titres détenus dans des sociétés immobilières** transparentes ou des sociétés à prépondérance immobilière non soumises à l'impôt sur les sociétés, qui relèvent du régime des plus-values immobilières ; il en est également ainsi des parts de fonds de placement immobilier (FPI) ;
> – les **bons de caisse ou du Trésor** et les **titres de créances négociables**, dont les plus-values relèvent du régime des revenus de capitaux mobiliers.
> Sur les modalités particulières de taxation de l'**apport portant sur un usufruit temporaire de titres**, voir n° 68202.

Différé d'imposition Lorsque la **société civile bénéficiaire de l'apport opte pour l'impôt sur les sociétés**, la plus-value d'apport bénéficie d'un **report d'imposition** qui s'applique automatiquement **lorsque l'apporteur** et son groupe familial (constitué de son conjoint ou partenaire lié par un Pacs, de leurs ascendants et descendants et de leurs frères et sœurs) détiennent le **contrôle** de la société bénéficiaire de l'apport, ce qui est par hypothèse le cas lors de la constitution d'une société civile de famille (CGI art. 150-0 B ter). 61492

Le **report d'imposition prend fin** :

– lors de la cession à titre onéreux, du rachat, du remboursement ou de l'annulation des titres de la société civile reçus par l'apporteur en rémunération de l'apport ;

– lors de la cession à titre onéreux, du rachat, du remboursement ou de l'annulation des titres apportés à la société civile dans un délai de trois ans à compter de l'apport, sauf réinvestissement économique, réalisé dans certaines conditions, d'au moins 60 % du produit de la cession dans un délai de deux ans à compter de celle-ci (la société civile de famille ayant par hypothèse une activité purement patrimoniale, les possibilités de réinvestissement économique devraient toutefois être limitées aux souscriptions de parts ou actions de certaines structures de capital-investissement ou de capital-risque) ;

– lorsque le contribuable transfère son domicile fiscal hors de France dans les conditions prévues à l'article 167 bis du CGI avant les événements mentionnés ci-avant.

Lorsque les **titres reçus en rémunération de l'apport** font l'objet d'une **donation** (ou d'un don manuel) à un donataire qui contrôle avec son groupe familial la société bénéficiaire de l'apport, la plus-value en report est imposée au nom du donataire en cas de cession, d'apport, de remboursement ou d'annulation des titres reçus intervenant avant l'expiration d'un certain délai à compter de la donation (sauf cas de licenciement, d'invalidité ou de décès du donataire ou de son conjoint ou partenaire de Pacs soumis à une imposition commune). Ce délai de conservation est fixé en principe à cinq ans pour les donations réalisées depuis le 1er janvier 2020 (dix ans lorsque les titres apportés ont été cédés par la société et ont fait l'objet d'un réinvestissement économique indirect) (CGI art. 150-0 B ter).

La plus-value en report est également imposée au nom de ce même donataire lorsque la société bénéficiaire de l'apport cède les titres apportés dans les trois ans à compter de l'apport sans réinvestir, dans un délai de deux ans, au moins 60 % du produit de la cession dans une activité économique éligible au sens de l'article 150-0 B ter du CGI.

> **Précisions a.** Les **apports avec soulte** sont immédiatement imposables :
> – lorsque le montant de la soulte reçue excède 10 % de la valeur nominale des titres reçus ;
> – à hauteur de la soulte, lorsque celle-ci n'excède pas 10 % de la valeur nominale des titres reçus.
> **b.** Les plus-values d'apport de titres placées en report d'imposition en application de l'article 150-0 B ter du CGI sont soumises aux **prélèvements sociaux** selon leur taux en vigueur l'année de réalisation de ces plus-values (Loi 2018-1203 du 22-12-2018 applicable aux plus-values réalisées depuis le 1-1-2019).
> **c.** En cas d'**apport de titres à une société** soumise à l'IS **non contrôlée par l'apporteur**, la plus-value dégagée par l'opération bénéficie d'un **sursis d'imposition** (CGI art. 150-0 B).

61494 **Calcul de la plus-value** La plus-value d'apport est en principe calculée par différence entre :
– la **valeur réelle des titres apportés** à la société,
– et le **prix d'achat** de ces titres **majoré des frais** exposés lors de l'achat (commissions versées, frais d'actes, etc.). Si les **titres** ont été **reçus par donation ou héritage**, on retient la valeur qui a servi au calcul des droits de donation ou de succession, majorée des frais de notaire, des frais d'actes et de déclaration et des droits de mutation proprement dits.

Lorsque l'opération d'apport porte sur des titres acquis ou souscrits avant le 1er janvier 2018, et sous réserve que le contribuable opte pour l'application du barème progressif de l'impôt sur le revenu (voir ci-après n° 61495), la plus-value peut bénéficier d'un **abattement pour durée de détention** lorsque les titres ont été détenus pendant un certain délai avant l'opération. Le taux de l'abattement de droit commun est de 50 % lorsque les titres ont été détenus depuis au moins deux ans et moins de huit ans et 65 % à partir de huit ans de détention (CGI art. 150-0 D, 1 ter). La durée de détention est décomptée à partir de la date de souscription ou d'acquisition des titres et prend fin à la date du transfert de propriété. Cet abattement ne s'applique que pour la détermination du montant imposable à l'impôt sur le revenu (il n'est pas pris en compte pour la détermination de l'assiette des prélèvements sociaux).

> **Précisions** Sous les mêmes réserves (plus-values afférentes à des titres acquis avant le 1-1-2018 et option pour le barème progressif), certaines plus-values bénéficient d'un **abattement dérogatoire** égal à 50 % pour une durée de détention des titres comprise entre un et quatre ans, 65 % entre quatre et huit ans et 85 % après huit ans (CGI 150-0 D, 1 quater). Sont visées les plus-values sur titres de PME (exerçant une activité commerciale, industrielle, artisanale, libérale ou agricole, à l'exclusion de la gestion de leur propre patrimoine mobilier ou immobilier), à condition que ces titres aient été souscrits ou acquis dans les dix ans de la création de la PME.

61495 **Imposition** En principe, les plus-values sur titres et valeurs mobilières sont soumises de plein droit au **prélèvement forfaitaire unique** (PFU) au taux global de 30 % (dont 12,8 % d'impôt sur le revenu et 17,2 % de prélèvements sociaux).

Toutefois, le contribuable peut opter pour soumettre ces plus-values au **barème progressif** de l'impôt sur le revenu (auquel s'ajoutent les prélèvements sociaux au taux global de 17,2 %). Cette option est globale et porte sur l'ensemble des revenus et gains entrant dans le champ d'application du PFU (notamment les dividendes et autres revenus mobiliers).

L'imposition est établie au vu de la **déclaration** spéciale n° 2074 qui doit être souscrite au titre de l'année de l'apport et jointe à la déclaration d'ensemble des revenus n° 2042 déposée l'année suivant l'apport.

> Précisions a. En cas d'option pour l'application du barème progressif, une **fraction de la CSG** prélevée (à hauteur de 6,8 points) est en principe **déductible** du revenu global imposable de l'année de son paiement. Toutefois, pour les plus-values bénéficiant d'abattements en matière d'impôt sur le revenu, cette déductibilité est limitée à hauteur du rapport entre le montant du revenu soumis à cet impôt et le montant de ce revenu soumis à la CSG.
b. L'**option** pour l'imposition au barème progressif, formulée expressément par le contribuable sur la déclaration d'ensemble de ses revenus, est en principe **irrévocable**. L'administration admet toutefois, dans le cadre du **droit à l'erreur**, que le contribuable qui n'a pas opté au moment de sa déclaration de revenus puisse en faire la demande, postérieurement et sans pénalité, auprès de son service des impôts ou dans son espace personnel sur le site impots.gouv.fr (Rép. Rabault : AN 25-2-2020 n° 24560). En outre, lorsqu'un **contrôle** conduit à la rectification de revenus ou gains entrant dans le champ d'application du PFU, le contribuable peut, au cours du contrôle, opter a posteriori pour l'imposition au barème de l'impôt sur le revenu, sur demande expresse de sa part ; dans cette situation, l'option porte sur le montant des revenus et gains rectifiés, ainsi que sur ceux initialement déclarés (Rép. Klinkert : AN 24-10-2023 n° 3778).

Moins-values Quel que soit le mode d'imposition retenu (PFU ou barème progressif), l'assiette de l'imposition est déterminée après **imputation** des éventuelles moins-values sur titres et valeurs mobilières subies par le contribuable au cours de l'année de l'apport. En effet, les moins-values subies au cours d'une année sont imputées impérativement sur les plus-values de même nature imposables au titre de la même année avant application, le cas échéant, des abattements pour durée de détention (CGI art. 150-0 D, 11). En cas de solde positif, les plus-values subsistant sont réduites, le cas échéant, des moins-values subies au cours des années antérieures, jusqu'à la dixième inclusivement (les plus anciennes s'imputant prioritairement), puis des abattements pour durée de détention. En cas de solde négatif, l'excédent de moins-values est imputable sur les plus-values des dix années suivantes. Aucune imputation sur le revenu global n'est possible. **61496**

SECTION 3

FONCTIONNEMENT DE LA SOCIÉTÉ CIVILE

A. Gérance

PRINCIPE

La société civile est administrée par **un ou plusieurs** gérants, choisis ou non parmi les associés (C. civ. art. 1846, al. 1). Les statuts peuvent toutefois réserver aux seuls **associés** la possibilité d'être nommés gérants de la société. **61540**
Quel que soit leur régime matrimonial, deux **époux** peuvent, ensemble ou séparément, être gérants d'une société civile (même s'ils en sont les seuls associés). Il en est de même pour les **partenaires d'un Pacs** et, a fortiori, pour les **concubins**.

> Précisions a. Ayant la même capacité qu'un majeur pour tous les actes de la vie civile (C. civ. art. 413-6, al. 1), le **mineur émancipé** peut, sans restriction, être gérant d'une société civile. À l'inverse, le mineur **non émancipé** ne nous paraît pas pouvoir assumer de telles fonctions.
b. Aucun texte n'interdit de nommer en qualité de gérant un **majeur protégé**. Cette nomination risque néanmoins de s'avérer dépourvue d'effet, les pouvoirs du gérant cessant s'il est atteint d'une incapacité, voir n° 61548.

DÉSIGNATION DU GÉRANT

Lors de la **constitution de la société**, les premiers gérants sont nommés par les associés : **61545**
– soit dans les statuts, et donc à l'unanimité (les gérants dont le nom figure dans les statuts sont appelés gérants statutaires) ;
– soit par une décision collective des associés représentant plus de la moitié des parts sociales, à défaut de clause statutaire fixant des règles de majorité plus importantes (2/3, 3/4, par exemple, voire l'unanimité) ;

– soit dans un acte distinct, sous signature privée ou notarié, annexé aux statuts et signé par tous les associés.

Au **cours de la vie sociale**, la nomination des gérants est, en principe, effectuée aux conditions de majorité prévues par les statuts ou, en l'absence de clause statutaire, par des associés représentant plus de la moitié des parts sociales (C. civ. art. 1846, al. 2 et 3).

61546 La nomination du gérant doit faire l'objet de mesures de **publicité** (C. civ. art. 1846-2, al. 1 ; Loi 55-4 du 4-1-1955 art. 1, al. 1) :
– insertion dans un support d'annonces légales du lieu du siège social ;
– inscription modificative au registre du commerce et des sociétés et au registre national des entreprises par l'intermédiaire du guichet unique électronique des formalités d'entreprises (voir n° 61390) ;
– insertion au Bodacc par les soins du greffier du tribunal de commerce.

DURÉE DES FONCTIONS DU GÉRANT

61547 La durée des fonctions du gérant est librement **fixée** par les associés, soit dans les statuts, soit, si les statuts le prévoient, lors de la nomination de l'intéressé. À défaut, le gérant est réputé nommé pour la durée de la société (C. civ. art. 1846, al. 4).

> **Précisions** Le gérant qui, malgré l'**arrivée du terme** de ses fonctions, **continue de gérer** la société ne peut pas se prévaloir d'un renouvellement de ses fonctions par tacite reconduction (Cass. com. 17-3-2021 n° 19-14.525 FS-P : RJDA 6/21 n° 391). Il doit être considéré comme un **gérant de fait** dont les actes engagent certes la société à l'égard des tiers (en l'absence de publicité portant à la connaissance de ces derniers la cessation des fonctions) mais qui, à l'égard des associés, ne saurait invoquer les garanties accordées au gérant de droit.

61548 Les fonctions du gérant peuvent cesser pour cause d'**empêchement personnel**. Bien entendu, le décès du gérant met fin à ses fonctions. Ses pouvoirs cessent également lorsque celui-ci est mis en faillite personnelle, frappé d'une interdiction de gérer ou atteint d'une incapacité (C. civ. art. 1160). Le gérant doit, en effet, être en mesure d'accomplir tous les actes de la vie civile. La cessation des pouvoirs du gérant intervient de plein droit et met fin à sa qualité de représentant légal.

Par ailleurs, sauf disposition contraire des statuts, le gérant peut être **révoqué** par une décision des associés représentant plus de la moitié des parts sociales (C. civ. art. 1851, al. 1). En l'absence de disposition légale contraire, le gérant, s'il est associé, peut participer au vote de la résolution concernant sa révocation ; il s'ensuit que s'il dispose de la majorité requise, ou même d'une simple minorité de blocage, il sera assuré de conserver ses fonctions, sauf pour les autres associés à demander sa révocation judiciaire, demande qui n'est recevable que si elle est fondée sur une cause légitime, que les juges apprécient en considération de l'intérêt social (C. civ. art. 1851, al. 2 ; pour une illustration, Cass. com. 30-3-2022 n° 20-16.168 F-B : BPAT 4/22 inf. 205).

Lorsque la révocation est décidée sans juste motif, elle peut donner lieu à dommages-intérêts. L'existence de pertes non imputables au gérant ne justifie pas sa révocation (Cass. com. 22-10-2002 n° 98-10.810 F-D : RJDA 1/03 n° 37), tout comme le fait pour le gérant d'introduire une action en justice à l'encontre de la société (Cass. com. 21-6-2023 n° 21-21.875 F-B : BPAT 5/23 inf. 242). En revanche, constitue un juste motif de révocation la divergence de vues du gérant avec les associés si elle est de nature à compromettre le fonctionnement de la société ou l'intérêt social (Cass. com. 25-9-2007 n° 06-12.274 F-D : RJDA 1/08 n° 54 ; dans le même sens, pour un cas de mésentente entre les deux gérants, Cass. com. 4-2-2014 n° 13-10.778 FS-D : RJDA 6/14 n° 538).

Des dommages-intérêts peuvent également être alloués au gérant lorsque sa révocation intervient dans des conditions vexatoires (Cass. com. 9-11-2010 n° 09-71.284 F-D : RJDA 2/11 n° 160 ; CA Paris 7-2-2023 n° 20/06615 : BPAT 4/23 inf. 194) ou déloyales, y compris si la révocation est motivée par un juste motif ou une faute lourde (Cass. com. 25-11-2016 n° 13-21.460 F-D : RJDA 3/15 n° 189 ; Cass. com. 11-10-2023 n° 22-12.361 F-D : RJDA 1/24 n° 28).

Si le gérant révoqué est un associé, il peut, sauf clause statutaire contraire, se retirer de la société en demandant le remboursement de ses droits sociaux (C. civ. art. 1851, al. 3).

Enfin, le gérant peut à notre avis **démissionner** de ses fonctions à tout moment. Il s'expose toutefois à des dommages-intérêts envers la société s'il démissionne de manière abusive (de manière intempestive, à contretemps ou avec l'intention de nuire) et si cette démission cause un préjudice à la société.

Sauf clause statutaire contraire, la révocation d'un gérant, qu'il soit associé ou non, **n'entraîne pas** la **dissolution de la société** (C. civ. art. 1851, al. 3). Cette règle vaut également en cas de démission du gérant.

ATTENTION

La cessation des fonctions du gérant pour quelque cause que ce soit (décès, démission, révocation, arrivée du terme, etc.) doit faire l'objet des mêmes **formalités de publicité** que sa nomination (voir n° 61546). Elle ne devient opposable aux tiers qu'à compter du jour où elle a été publiée (Cass. crim. 9-9-2020 n° 19-81.118 F-D : RJDA 11/20 n° 570). Aussi longtemps que la publicité n'est pas effectuée, les engagements pris par l'ancien gérant au nom de la société sont valables à l'égard des tiers (il est à notre avis considéré comme un gérant de fait). Néanmoins, l'inopposabilité aux tiers d'une cessation de fonctions non publiée ne joue pas lorsque c'est la responsabilité personnelle des dirigeants qui est mise en cause (Cass. crim. 9-9-2020 précité).

VACANCE DE LA GÉRANCE

Si, pour quelque cause que ce soit, la société se trouve dépourvue de gérant, tout associé peut **réunir les associés** ou, à défaut, demander au président du tribunal statuant sur requête la désignation d'un mandataire chargé de le faire, à seule fin de procéder à la nomination d'un ou plusieurs gérants (C. civ. art. 1846, al. 5). **61549**

Si la situation n'a pas été régularisée dans le délai d'un an, tout intéressé peut demander au tribunal de prononcer la **dissolution anticipée** de la société (C. civ. art. 1846-1). Le tribunal a le pouvoir d'apprécier si la dissolution doit ou non être prononcée : l'absence de gérant n'est pas une cause de dissolution de plein droit de la société.

POUVOIRS DU GÉRANT

Dans ses rapports avec les **associés**, le gérant peut en principe accomplir tous actes de gestion conformes à l'intérêt de la société. Des clauses statutaires peuvent toutefois limiter ses pouvoirs. Ces clauses statutaires sont en tout état de cause inopposables aux **tiers**. À l'égard des tiers, le gérant peut en principe accomplir tout acte entrant dans l'objet social. **61550**

Pour plus de précisions sur ces questions, voir n°s 61040 s.

RÉMUNÉRATION DU GÉRANT

Le **Code civil** ne contient aucune disposition relative à la rémunération du gérant. Les **statuts** peuvent donc soit préciser le mode de calcul de cette rémunération, soit en laisser le soin à une décision collective des associés prise à la majorité qu'ils déterminent. Dans ce dernier cas, le gérant, s'il est associé, peut prendre part au vote, mais il ne doit alors pas, surtout s'il est associé majoritaire, abuser de son droit de vote en s'octroyant une rémunération excessive. Le refus d'un associé de voter la rémunération d'un coassocié gérant ne doit pas non plus être abusif. **61552**

Les statuts peuvent également prévoir que les fonctions des gérants seront exercées gratuitement : c'est en règle générale le cas des sociétés civiles de patrimoine familiales.

RESPONSABILITÉ DU GÉRANT

Le gérant engage sa **responsabilité civile à l'égard de la société** en cas d'infraction aux lois et règlements, telle que : **61555**

– l'omission ou l'accomplissement irrégulier des formalités prévues pour la constitution de la société ou la modification de ses statuts ;
– l'infraction au droit de communication et d'information des associés ;
– le défaut de convocation de l'assemblée annuelle ou l'absence de rapport écrit sur l'activité de la société au cours de l'exercice écoulé et sur les perspectives d'avenir.

Il engage aussi sa responsabilité lorsqu'il ne se conforme pas aux prescriptions des statuts. Tel est le cas :

– du gérant qui signe une convention sans consulter les associés, alors qu'une clause des statuts prévoit l'autorisation préalable de la collectivité des associés pour une telle convention ;
– du cogérant qui signe un acte sans même en informer l'autre cogérant, alors qu'une clause des statuts impose une décision conjointe des gérants pour la conclusion de ce type d'acte.

Enfin, le gérant est responsable s'il commet une faute de gestion, notion pouvant aller de la simple négligence ou imprudence aux manœuvres frauduleuses caractérisées, telle que :

– l'engagement de la société dans des dépenses hors de proportion avec ses ressources ;
– le fait de ne pas avoir souscrit une assurance obligatoire ou le défaut de paiement de primes d'assurances ayant entraîné la caducité du contrat ;
– la conclusion d'un bail dans des conditions préjudiciables à la société ;
– le refus d'augmenter le loyer d'un immeuble appartenant à la société alors que ce loyer était largement inférieur à celui que la société aurait pu réclamer.

La réparation mise à la charge du gérant doit correspondre au préjudice subi par la société.

61557 Le gérant engage sa **responsabilité civile à l'égard des associés** lorsqu'il leur a causé un préjudice personnel, distinct de celui causé à la société. Tel est le cas si le gérant ne verse pas ses dividendes à l'un des associés, ou si un associé subit un redressement fiscal imputable à l'incurie du gérant.

À l'égard des tiers, la responsabilité civile du gérant ne peut être engagée que s'il a commis une faute séparable de ses fonctions, c'est-à-dire une faute intentionnelle d'une particulière gravité, incompatible avec l'exercice normal de ses fonctions, et qui lui est imputable personnellement. Tel serait le cas :

– du gérant qui céderait à la violence pour recouvrir des loyers impayés ;

– du gérant prélevant dans la trésorerie de la société une avance sur les bénéfices au lieu de provisionner le coût prévisible d'un litige opposant la société au tiers.

À défaut d'établir l'existence d'une faute séparable, le tiers ne peut obtenir réparation de son préjudice qu'en agissant en responsabilité contre la société.

61559 La **responsabilité pénale** du gérant est susceptible d'être engagée dans les conditions de droit commun (notamment en cas d'abus de confiance). Le gérant encourt également des sanctions pénales si la société ne satisfait pas à son obligation d'information sur les bénéficiaires effectifs (n°s 61392 s.).

Enfin, les gérants qui, par des manœuvres frauduleuses ou par l'inobservation grave et répétée des **obligations fiscales**, ont rendu impossible le recouvrement d'impositions quelconques et des pénalités dues par la société peuvent être déclarés solidairement responsables du paiement de ces impositions et pénalités (LPF art. L 267).

B. Associés

1. DROITS DES ASSOCIÉS

a. Droit de participer aux décisions collectives

CONSULTATION OBLIGATOIRE DES ASSOCIÉS

61600 La consultation des associés est obligatoire dans **quatre cas** : en vue de statuer sur les comptes annuels ; pour décider une modification statutaire ; pour prendre une décision qui dépasse la compétence du gérant soit légalement, soit statutairement ; pour révoquer le gérant.

MODE DE CONSULTATION DES ASSOCIÉS

61602 En principe, les décisions collectives sont prises en **assemblée**. Toutefois, les statuts peuvent prévoir qu'elles résulteront d'une **consultation écrite** (C. civ. art. 1853). Ce procédé permet de consulter les associés dont l'éloignement rend difficile la participation aux réunions. En revanche, comparativement à l'assemblée, il présente l'inconvénient de ne pas donner lieu à un échange de vues entre les associés au moment où ils doivent statuer sur les résolutions qui leur sont proposées. Il conduit plus à une juxtaposition de décisions isolées qu'à l'expression d'une volonté « globale » des associés. Les statuts peuvent limiter la possibilité de consultation par écrit à certaines décisions (par exemple, toutes les décisions n'entraînant pas modification des statuts autres que l'approbation annuelle des comptes) ou prévoir le principe de la consultation écrite en laissant à la gérance, lors de chaque décision à prendre, le soin de choisir entre cette procédure et la réunion d'une assemblée. La consultation écrite envisagée par les statuts n'autorise pas pour autant un associé à voter par correspondance à une assemblée, une telle faculté devant être prévue expressément (Cass. com. 11-10-2023 n° 22-10.646 F-D : BPAT 1/24 inf. 43, à propos d'une société en nom collectif mais transposable).

Les décisions collectives peuvent aussi être prises par **acte signé par tous les associés** (C. civ. art. 1854). Ce procédé est d'ailleurs fréquemment employé dans les sociétés qui comptent peu d'associés. Il permet, en effet, de prendre une décision sans délai dès lors que tous les associés sont d'accord. Alors que la procédure de consultation écrite ne peut être utilisée que si elle est prévue par les statuts, la constatation des décisions collectives dans un acte signé par tous les associés est possible même en l'absence de toute disposition statutaire le permettant.

ASSEMBLÉES DES ASSOCIÉS

61604 Dans le silence de la loi, ce sont les statuts qui doivent fixer les modalités de réunion des assemblées et les conditions dont dépend la validité des décisions à prendre.

61605 **Modalités de convocation des assemblées** Les statuts déterminent qui a le **droit de convoquer** l'assemblée. Le plus souvent, cette convocation incombe au gérant. Il en est de même si les statuts n'ont rien prévu (situation très rare en pratique).

En cas de cogérance, chaque gérant peut procéder à la convocation sans que l'autre puisse s'y opposer, sauf si les statuts leur imposent d'agir ensemble.

Par ailleurs, tout associé non gérant peut à tout moment, par lettre recommandée, demander au gérant de provoquer une délibération des associés sur une question déterminée ; si le gérant s'y oppose ou garde le silence, l'associé peut demander en justice la désignation d'un mandataire chargé de provoquer la délibération des associés (Décret 78-704 du 3-7-1978 art. 39), à condition que cette demande soit conforme à l'intérêt social (Cass. com. 20-12-2023 n°s 21-18.745 F-B et 21-18.831 F-D : RJDA 3/24 n° 169) et d'appeler à l'instance la société (Cass. com. 3-11-2004 n° 01-01.855 FS-PB : RJDA 7/05 n° 811). Le demandeur n'est en revanche pas tenu de mettre en cause les autres associés, qui ne sont pas parties à l'instance (Cass. com. 20-12-2023 n°s 21-18.745 F-B et 21-18.831 F-D précités).

Les **convocations** doivent en principe être **adressées**, 15 jours au moins avant la date de la réunion, par lettre recommandée (Décret 78-704 du 3-7-1978 art. 40, al. 1). Il appartient à l'associé, s'il change d'adresse, d'en informer le gérant ; à défaut, et dans le silence des statuts, est régulière la convocation envoyée à la dernière adresse connue de l'associé, identique à celle indiquée sur les extraits Kbis de la société, même si cette convocation est revenue avec la mention « Destinataire inconnu à l'adresse indiquée » (Cass. 3e civ. 25-6-2020 n° 18-26.717 F-D : BPAT 5/20 inf. 170). **61607**

La convocation peut aussi être verbale, et même sans délai, pourvu que tous les associés soient présents ou représentés lors de la réunion (CA Paris 23-6-1998 n° 97/15221 : RJDA 4/99 n° 434).

La **violation des règles de convocation** (mode et délai de convocation) aux assemblées est sanctionnée par la nullité s'il en résulte un préjudice (Cass. ch. mixte 16-12-2005 n° 04-10.986 : Bull. civ. mixte n° 9, RJDA 3/06 n° 297 ; pour un cas où la nullité n'a pas été prononcée, malgré le non-respect du délai de convocation de l'assemblée, dès lors que les associés demandeurs ne démontraient pas que cette irrégularité leur avait causé un préjudice, voir CA Paris 1-3-2018 n° 15/07467 : RJDA 6/18 n° 514).

Le **défaut de convocation d'un associé** est une cause de nullité des délibérations qui peut être invoquée par tout associé. L'action en nullité n'est pas recevable si tous les associés étaient présents ou représentés ; n'est pas non plus recevable l'action en nullité formée par un associé qui n'invoque un défaut de convocation qu'en ce qui le concerne dès lors qu'il a participé à l'assemblée (Cass. com. 8-2-2005 n° 03-19.167 F-D : RJDA 6/05 n° 724). C'est à la société de prouver qu'elle a convoqué à l'assemblée l'associé qui le conteste (Cass. com. 10-2-2021 n° 18-23.398 F-D : RJDA 6/21 n° 405). En pratique, les sociétés ont donc intérêt à conserver pendant trois ans les documents permettant de prouver que leurs associés ont été régulièrement convoqués, durée pendant laquelle l'action en nullité de l'assemblée peut être exercée (C. civ. art. 1844-14).

La lettre de convocation doit indiquer la date, l'heure et le lieu de l'assemblée. **61610**

Les associés fixent librement dans les statuts le **lieu de réunion** des assemblées. Par exemple, ils peuvent prévoir que celles-ci se tiendront au siège social ou au domicile de tel ou tel associé. Ils peuvent aussi laisser au gérant le soin de fixer le lieu de réunion lors de la tenue de chaque assemblée.

Dans le cas où les statuts n'ont rien prévu, l'assemblée peut se tenir en n'importe quel lieu fixé par l'auteur de la convocation, sa décision ne pouvant être remise en cause que si elle constitue un abus de droit (Cass. com. 31-3-2021 n° 19-12.057 F-P : BPAT 4/21 inf. 188).

La lettre de convocation doit indiquer l'**ordre du jour** de l'assemblée. Les questions inscrites à l'ordre du jour doivent être libellées de telle sorte que leur portée et leur contenu apparaissent clairement sans qu'il y ait lieu de se reporter à d'autres documents. Si l'ordre du jour n'est pas explicite, les délibérations prises par l'assemblée peuvent être annulées à la demande d'un associé. Ainsi jugé dans un cas où la convocation faisait état d'une modification des statuts, mais ne donnait pas la teneur de la modification proposée (CA Versailles 25-1-2002 n° 00/4715 : RJDA 11/02 n° 1158). **61612**

Le simple fait de convoquer les associés en « assemblée générale ordinaire annuelle » implique toutefois nécessairement, et sans qu'il soit besoin de le préciser, l'audition du rapport du gérant, la reddition des comptes de l'exercice écoulé, le quitus à la gérance et l'affectation des résultats, toutes questions qui reviennent obligatoirement chaque année. En revanche, ne sauraient entrer dans cet ordre du jour implicite des résolutions de caractère épisodique, telles que la nomination ou le renouvellement des fonctions du gérant ou encore, l'autorisation relative à la vente d'un élément important de l'actif social, les associés n'ayant aucun moyen de les prévoir et de s'y préparer.

Les associés disposent, avant toute assemblée, d'un **droit de communication** sur les documents nécessaires à leur information. **61615**

S'il s'agit de l'**assemblée annuelle**, le gérant doit adresser à chacun des associés, 15 jours au moins avant la réunion (Décret 78-704 du 3-7-1978 art. 40, al. 1 et 41) :
– un rapport d'ensemble sur l'activité de la société avec indication des bénéfices réalisés ou prévisibles et des pertes encourues ou prévues (C. civ. art. 1856, al. 1) ;
– le texte des résolutions proposées ;
– tous autres documents nécessaires à l'information des associés, c'est-à-dire tous les autres documents dont les associés doivent avoir connaissance pour pouvoir porter un jugement éclairé sur la gestion, les résultats de l'exercice écoulé (notamment les comptes sociaux) et les perspectives d'avenir.
Ces documents peuvent être envoyés aux associés par lettre séparée ; néanmoins, il est plus simple de les joindre à la convocation. Les mêmes documents doivent être tenus, au siège social, à la disposition des associés qui peuvent en prendre connaissance ou copie.
Pour toute **assemblée autre** que l'assemblée annuelle, le texte des résolutions proposées et tout document nécessaire à l'information des associés doivent être tenus à la disposition des associés au siège social où ils peuvent en prendre connaissance ou copie. Si les associés en ont fait la demande, ces documents doivent leur être adressés soit par lettre simple, soit à leurs frais par lettre recommandée.
Le **non-respect** du droit de communication des associés est susceptible d'entraîner la nullité de l'assemblée (CA Versailles 25-1-2002 n° 00/4715 : RJDA 11/02 n° 1158). Toutefois, en cas de non-respect de l'obligation du gérant de rendre compte de sa gestion, la nullité des délibérations de l'assemblée ne peut être prononcée que si cette irrégularité a causé un préjudice (Cass. com. 19-4-2005 n° 02-13.599 FS-PBR : RJDA 7/05 n° 833).

61620 **Participation aux assemblées** **Tout associé** a le droit de participer aux décisions collectives (C. civ. art. 1844, al. 1). Aucune clause statutaire ou contractuelle ne peut limiter ce droit.
Ainsi, la clause des statuts d'une société civile prévoyant que ne seraient pas admis aux assemblées les associés qui n'auraient pas participé aux pertes dans les 30 jours d'une mise en demeure n'autorise pas le défaut de convocation d'un associé qui n'a pas satisfait aux obligations mises à sa charge. L'assemblée tenue alors qu'il n'a pas été convoqué est nulle (CA Paris 7-3-2003 n° 02/2216 : RJDA 10/03 n° 967).
Sur le droit de participer aux décisions collectives en cas d'**indivision** ou de **démembrement** de propriété des parts sociales, voir respectivement n° 61636, précisions, et n° 67900.

61622 Les associés peuvent se faire représenter par un **mandataire** si les statuts le prévoient. Le mandat ne peut, sauf clause contraire des statuts, être donné qu'à un autre associé.
La représentation d'un associé par son conjoint non associé est, en principe, soumise aux mêmes règles que la représentation par un tiers. Toutefois, de nombreux statuts, qui excluent le recours à un tiers comme mandataire, accordent au conjoint un régime particulier et permettent qu'il soit choisi comme mandataire, mais seulement par son époux ; il ne saurait donc être habilité à recevoir les pouvoirs d'autres associés.
La représentation d'un associé par son partenaire de Pacs ou par son concubin non associé est soumise aux mêmes règles que la représentation par un tiers.
Le caractère spécial du pouvoir d'assister à une assemblée implique qu'il soit donné pour une date déterminée (Cass. 1e civ. 28-2-1995 n° 93-11.731 : Bull. civ. I n° 105, RJDA 7/95 n° 859) ; le mandat permanent est prohibé.
Le mandat prend fin si le mandataire est atteint d'une incapacité ou frappé d'une interdiction (condamnation à une mesure de faillite personnelle ou à une interdiction de gérer) (C. civ. art. 1160).

CONSEIL

La procuration doit, à titre de preuve, être donnée par écrit et signée par l'associé qui la donne. En pratique, lorsque les statuts prévoient la faculté de se faire représenter, une **formule de procuration** est jointe à la lettre de convocation.
La procuration peut indiquer le sens du vote de l'associé qui la donne.

61623 En dehors de l'hypothèse de la représentation par un mandataire, seuls les associés ont le droit de participer aux décisions collectives de la société.
La troisième chambre civile de la Cour de cassation a jugé que la décision adoptée par une assemblée à laquelle a participé et voté une personne **non associée** est nulle (Cass. 3e civ. 8-7-2015 n° 13-27.248 FS-PB : BPAT 6/15 inf. 240 ; en l'espèce, les héritiers d'un associé décédé avaient participé à une assemblée et voté la désignation d'un nouveau gérant sans avoir été agréés par les autres associés dans les conditions prévues aux statuts ; la troisième chambre civile a prononcé la nullité de la décision ainsi adoptée, alors même qu'abstraction faite des voix des héritiers, la majorité requise pour la désignation du gérant était

atteinte). La chambre commerciale a récemment tempéré ce principe en considérant que la nullité n'est encourue que si l'irrégularité était de nature à influer sur le résultat du processus de décision (Cass. com. 11-10-2023 n° 21-24.646 FS-B : RJDA 1/24 n° 37, à propos d'une société à responsabilité limitée). Reste à savoir si la troisième chambre civile fera sienne cette analyse.

Quorum Par « quorum », on entend le **nombre minimal** d'associés présents, ou éventuellement représentés – ou de parts sociales détenues par les associés présents ou représentés –, requis pour que l'assemblée générale puisse se tenir. 61625

La **loi** n'impose pas de quorum : l'assemblée peut valablement prendre des décisions même si très peu d'associés sont présents ou représentés.

Les associés peuvent toutefois convenir, dans les **statuts**, de la nécessité d'un quorum et, dans ce cas, ils l'organisent comme ils l'entendent : quorum pour toutes les assemblées ou seulement certaines d'entre elles, calcul du quorum en capital ou par tête, etc. Par **exemple**, les statuts peuvent prévoir que : « Toute décision de modifier les statuts ne peut être valablement prise que si la moitié au moins des associés sont présents ou représentés. » Le gérant doit alors s'assurer dès le début de l'assemblée et pendant toute la durée de celle-ci que le quorum est bien respecté.

Si le **quorum** n'est **pas atteint**, les associés ne peuvent pas délibérer et une nouvelle assemblée devra être convoquée avec le même ordre du jour. Pour éviter un blocage du fonctionnement de la société, il est nécessaire de prévoir dans les statuts un quorum sensiblement moins important pour cette seconde assemblée que pour la première.

CONSEIL

Bien qu'aucun texte ne l'exige, il est conseillé de tenir une **feuille de présence** à l'assemblée et de la faire signer par les associés ou leurs mandataires, surtout si les statuts ont fixé un quorum pour la validité des décisions : cela permet de se réserver la preuve de la régularité des délibérations de l'assemblée. Sur cette feuille de présence doivent être mentionnés les nom, prénom et adresse des associés présents ou représentés, le nombre de parts dont ils disposent et, pour les associés représentés, l'identité des mandataires.

AUTRES MODES DE CONSULTATION DES ASSOCIÉS

Consultation écrite des associés En cas de consultation écrite, le texte des résolutions proposées ainsi que les autres documents nécessaires à l'information des associés (n° 61615) doivent être **adressés** à chacun de ceux-ci par lettre recommandée avec accusé de réception (Décret 78-704 du 3-7-1978 art. 42). 61626

Le **délai** de réponse doit être fixé dans les statuts sans pouvoir être inférieur à 15 jours à compter de la date de réception des documents. À notre avis, jusqu'à l'expiration du délai fixé pour l'envoi de leur vote au gérant, les associés peuvent se rétracter et revenir sur les décisions qu'ils ont prises. C'est seulement à la date d'expiration du délai que le gérant doit procéder au dépouillement des réponses.

L'associé doit **exprimer** nettement son vote par oui ou par non, ou encore par abstention. S'il entend justifier son vote, mieux vaut qu'il le fasse sur un document à part. En tout état de cause, le vote ne peut être ni dubitatif ni assorti d'une condition.

Acte constatant le consentement de tous les associés L'acte constatant le consentement de tous les associés doit être **sous signature privée** ou **notarié**. Le consentement unanime ne peut pas être établi par tous moyens ni déduit du mode de fonctionnement de la société, ou d'une déclaration fiscale, serait-elle signée par tous les associés. 61627

L'acte n'est **opposable** à la société qu'à partir du moment où son gérant en a eu connaissance.

VOTE DES DÉCISIONS COLLECTIVES

Titulaire du droit de vote Le droit de vote est un droit personnel : il ne peut être exercé que par l'associé ou, si les statuts l'autorisent, par son mandataire (n° 61622). 61630

Seul l'**époux** qui a la qualité d'associé participe au vote, que les parts sociales constituent des biens communs ou des biens propres ou personnels.

Le **mineur émancipé** peut exercer seul le droit de vote puisqu'il a la même capacité qu'un majeur (C. civ. art. 413-6), sauf s'il bénéficie d'une mesure de protection judiciaire, comme pour un majeur (n°s 61634 s.). 61632

Si le mineur n'est **pas émancipé**, l'administrateur légal ou le tuteur doit voter en son nom.

L'exercice du droit de vote est en principe un acte d'administration (Décret 2008-1484 du 22-12-2008 ann. 1, col. 1-III). Toutefois, est regardé comme un acte de disposition, sauf s'il n'a que de faibles conséquences sur le contenu ou la valeur du patrimoine du mineur, sur ses prérogatives ou son mode de vie, l'exercice du droit de vote dans les assemblées générales portant notamment sur l'un des ordres du jour suivants (Décret 2008-1484 du 22-12-2008 ann. 2, col. 2-II) : reprise des apports, modification des statuts, prorogation ou dissolution de la société, agrément d'un associé, augmentation et réduction du capital, changement d'objet social, emprunt et constitution de sûreté, vente d'un élément d'actif immobilisé, aggravation des engagements des associés.

L'**administrateur légal** du mineur non émancipé (ou, lorsque les deux parents sont administrateurs légaux, chacun d'eux) peut accomplir seul les actes d'administration sur le patrimoine de celui-ci (C. civ. art. 382-1). L'administrateur légal (ou, lorsqu'ils sont deux, les deux administrateurs légaux agissant en commun) peut également accomplir sans autorisation les actes de disposition, à l'exception des actes visés à l'article 387-1 du Code civil pour lesquels l'administrateur légal doit demander l'autorisation du juge des tutelles. À l'occasion de cette demande d'autorisation, le juge peut, s'il l'estime indispensable à la sauvegarde des intérêts du mineur, en considération de la composition ou de la valeur du patrimoine, de l'âge du mineur ou de sa situation familiale, décider de soumettre d'autres actes de disposition à son autorisation préalable (C. civ. art. 387-3). Il peut donc décider d'interdire à l'administrateur légal de voter en faveur de résolutions qui figureraient à l'ordre du jour de l'assemblée et qui constitueraient des actes de disposition non visés par l'article 387-1 du Code civil. En cas de désaccord entre les parents lorsqu'ils sont tous deux administrateurs légaux, il appartient au juge des tutelles d'autoriser ou non le vote en faveur des résolutions litigieuses (C. civ. art. 387).

Le **tuteur** du mineur non émancipé peut accomplir seul les actes d'administration sur le patrimoine de celui-ci (C. civ. art. 504). Il doit solliciter l'autorisation préalable du conseil de famille ou du juge pour effectuer des actes de disposition (C. civ. art. 505).

61634 Le **majeur sous sauvegarde de justice** conserve l'exercice de tous ses droits (C. civ. art. 435, al. 1) ; il peut donc prendre part aux délibérations et voter. Il n'en va autrement que si un mandataire spécial a été désigné par le juge dans les conditions exposées n°s 51055 et 51110.

Le majeur placé en **curatelle** peut en principe participer aux assemblées et y exercer son droit de vote sans l'assistance du curateur. Cette assistance est néanmoins requise :

– lorsqu'elle a été imposée par le juge pour certains actes à l'ouverture de la curatelle ou à tout moment (C. civ. art. 471) ;

– pour le vote des décisions qui, sous le régime de la tutelle, requerraient une autorisation du conseil de famille ou du juge (voir n° 61632).

Le majeur en **tutelle** est en principe dans la même situation que le mineur en tutelle. Il est donc représenté aux assemblées par son tuteur, qui doit être autorisé par le juge des contentieux de la protection exerçant les fonctions de juge des tutelles (ou le conseil de famille s'il en a été constitué un) lorsque l'exercice du droit de vote est regardé comme un acte de disposition (voir n° 61632). La capacité du majeur en tutelle peut cependant être augmentée par le juge (C. civ. art. 473, al. 2).

Le **majeur sous habilitation familiale** doit être représenté aux assemblées par la personne habilitée à le représenter si le pouvoir de participer aux assemblées et de voter a été confié à celle-ci par le juge (C. civ. art. 494-8, al. 1 ; voir n°s 54032 s.). Le majeur doit être assisté aux assemblées par la personne habilitée dans les conditions de la curatelle, lorsque cela entre dans le champ de l'habilitation à l'assister.

La mise en exécution du **mandat de protection future** ne fait pas perdre au mandant sa capacité juridique. Celui-ci peut donc participer et voter seul aux assemblées générales. Toutefois, ses actes peuvent être annulés pour lésion, en considération de l'utilité ou de l'inutilité de l'opération, de l'importance ou la consistance de son patrimoine et de la bonne ou mauvaise foi de ceux avec qui il a contracté (C. civ. art. 488). Les pouvoirs du mandataire diffèrent selon la forme notariée ou sous signature privée du mandat (n° 61270) : le mandat notarié permettant au mandataire de réaliser tous les actes patrimoniaux que le tuteur a le pouvoir d'accomplir seul ou avec une autorisation (C. civ. art. 490, al. 1), alors que, dans le cadre du mandat sous signature privée, le mandataire ne peut exercer que les actes qu'un tuteur peut faire sans autorisation (C. civ. art. 493, al. 1). Sur les décisions des assemblées générales que le tuteur peut voter seul et sur celles pour lesquelles il a besoin d'une autorisation préalable, voir n° 61632.

61635 Lorsque la **propriété** des parts est **démembrée**, le droit de vote appartient au nu-propriétaire, sauf pour les décisions concernant l'affectation des bénéfices, auquel cas il est réservé à l'usufruitier. Il est néanmoins possible de déroger à cette règle dans les conditions exposées n°s 67890 s.

61636 Les copropriétaires de parts sociales détenues en **indivision** doivent être représentés par un mandataire unique choisi parmi les indivisaires ou en dehors d'eux. En cas de désaccord sur sa désignation, le représentant est nommé en justice à la demande d'un des copropriétaires (C. civ. art. 1844, al. 2). Cette règle est d'ordre public : elle ne peut être écartée ni par les statuts ni par le juge qui ne peut donc pas refuser de désigner un mandataire dès lors qu'il existe un désaccord entre indivisaires (Cass. 1e civ. 15-12-2010 n° 09-10.140 FS-PBI : RJDA 2/11 n° 153). Le juge peut désigner le mandataire parmi les indivisaires ou en dehors d'eux, la désignation d'un indivisaire devant répondre à l'intérêt de l'indivision (Cass. com. 10-7-2012 n° 11-21.789 F-PB : RJDA 11/12 n° 974). Ainsi, un désaccord très important entre les indivisaires justifie la désignation d'un tiers à l'indivision et à la société malgré une clause statutaire imposant que le mandataire soit choisi parmi les indivisaires ou les autres associés (CA Paris 7-1-2009 n° 08/14713 : RJDA 5/09 n° 442).

> **Précisions** **a.** La désignation d'un mandataire ne fait pas obstacle à ce que les indivisaires, qui ont la qualité d'associé, **participent** eux aussi **à l'assemblée**, sans voter (Cass. com. 21-1-2014 n° 13-10.151 F-PB : RJDA 5/14 n° 443). De la même façon, ils disposent du droit d'obtenir la **communication de documents sociaux** en application de l'article 1855 du Code civil (Cass. 3e civ. 27-6-2019 n° 18-17.662 FS-PBI : BPAT 5/19 inf. 215).
> **b.** Le mandataire doit **recueillir l'avis** des indivisaires sur le sens du vote à émettre mais il n'est pas lié par cet avis (CA Versailles 31-3-2022 n° 21/05568 : BPAT 6/22 inf. 298).

Règles de majorité Les associés fixent librement dans les **statuts** les règles de majorité applicables aux décisions collectives (C. civ. art. 1852). 61640

Les conditions de majorité fixées par les statuts peuvent être les mêmes dans tous les cas ou différer selon la nature ou l'importance des décisions à prendre : par exemple, majorité simple pour les décisions ordinaires (50 % des voix plus une) et majorité renforcée pour celles qui entraînent une modification des statuts (par exemple 60 % ou 75 % des voix).

Le calcul de la majorité peut s'effectuer en capital, en nombre d'associés (par tête), ou à la fois en nombre et en capital. Il est également possible, à notre avis, d'attribuer dans les statuts un droit de vote plural à certains associés, ou au contraire de limiter le nombre de voix dont ils peuvent disposer.

Les statuts doivent aussi préciser si la majorité doit être appréciée en fonction de la totalité des associés ou en ne tenant compte que des associés présents (ou, si les statuts le permettent, représentés), ou même simplement par rapport aux voix exprimées.

En tout état de cause, aucune décision augmentant les engagements d'un associé ne peut être prise sans le consentement de celui-ci (C. civ. art. 1836, al. 2).

En l'**absence de clause** particulière dans les statuts, les décisions sont prises à l'unanimité (C. civ. art. 1852), à l'exception de celles relatives à la nomination ou à la révocation du gérant, prises par des associés représentant plus de la moitié des parts sociales.

> **ATTENTION**
> **L'unanimité s'entend** de la totalité des associés liés par le pacte social et non des seuls associés ayant participé à la consultation, c'est-à-dire, dans le cas d'une assemblée, des seuls associés présents ou représentés à celle-ci ; la décision adoptée en violation de cette exigence d'unanimité est nulle (Cass. 3e civ. 5-1-2022 n° 20-17.428 FS-B : BPAT 2/22 inf. 106).

Mode de scrutin Le plus souvent, le vote a lieu **à main levée**, en comptabilisant d'abord les abstentions, puis les votes « contre ». Mais le vote peut aussi être effectué **au scrutin secret** lorsqu'il est prévu par les statuts ou, en l'absence de clause statutaire, lorsqu'il en est décidé ainsi par l'assemblée. Il est d'ailleurs recommandé, afin d'éviter les tensions et de ménager les susceptibilités, de prévoir que les décisions qui touchent aux personnes (agrément, retrait, exclusion des associés, etc.) seront prises au scrutin secret. 61643

Conventions de vote Par les conventions de vote, les associés ou certains d'entre eux s'engagent à voter dans un sens déterminé ou à ne pas participer au vote. Ces conventions peuvent concerner toutes les décisions collectives mais, le plus souvent, elles sont limitées à certaines d'entre elles : choix des gérants, agrément de nouveaux associés, politique d'investissement, affectation des résultats, etc. 61645

Les conventions de vote sont **valables** dès lors qu'elles reposent sur un engagement éclairé des associés signataires, qu'elles respectent les règles d'ordre public et que, destinées à l'établissement d'une politique stable et durable, elles ne contrarient pas l'intérêt social (CA Paris 4-12-2012 n° 11/15313 : RJDA 4/13 n° 331).

Conformément au droit commun des contrats, les conventions de vote ne peuvent pas être conclues pour une **durée** perpétuelle (C. civ. art. 1210). En revanche, elles sont licites si leur durée est indéterminée car il peut y être mis fin unilatéralement à tout moment (C. civ. art. 1211). Mais, dans ce cas, elles ne remplissent plus nécessairement l'office attendu puisque toute partie peut s'en retirer à son gré.

La convention de vote n'engage que les associés qui l'ont conclue : le **non-respect** de la convention par l'un de ses membres ne peut pas être opposé à la société par les autres, par exemple pour invoquer la nullité d'une décision collective.

> **Précisions** La prohibition des engagements perpétuels n'interdit pas de conclure un pacte d'associés **pour la durée de vie de la société**, même s'il prévoit qu'il sera renouvelé en cas de prorogation de cette durée, de sorte que les parties ne peuvent pas y mettre fin unilatéralement (Cass. 1e civ. 25-1-2023 n° 19-25.478 FS-B : RJDA 5/23 n° 262 et chron. C. de Cabarrus p. 7, rendu après délibéré de la chambre commerciale, à propos d'un pacte fixant, au sein d'une société commerciale, le sort d'un bien futur d'une succession mais transposable).

61648 **Abus du droit de vote** L'exercice du droit de vote est libre, mais son exercice abusif est susceptible d'être sanctionné par les tribunaux.

Tel est le cas lorsque les associés majoritaires (abus de majorité) ou minoritaires (abus de minorité) exercent leur droit de vote contrairement à l'intérêt général de la société, dans l'unique dessein de favoriser les uns au détriment des autres.

ILLUSTRATIONS

Constituent un **abus de majorité** :

– la décision de vendre la majeure partie du patrimoine immobilier de la société sans prévoir le remploi du prix, dans le but d'alléger la pression fiscale de l'associé majoritaire (CA Rennes 27-5-2003 n° 01/7028 : RJDA 1/04 n° 46) ;

– la cession par les associés majoritaires d'une SCI à une nouvelle société qu'ils avaient créée d'un terrain et de l'immeuble constituant le principal actif de la SCI à un prix très inférieur à sa valeur réelle (Cass. com. 24-5-2016 n° 14-28.121 F-D : RJDA 8-9/16 n° 620) ;

– l'augmentation de capital entièrement souscrite par l'associé majoritaire d'une SCI, destinée à financer des travaux en vue de relouer un immeuble vendu par la société six mois plus tard, qui a eu pour seul objet de diluer la participation du minoritaire avant que la société ne perçoive le prix de vente (Cass. com. 8-7-2015 n° 13-14.348 FS-PB : RJDA 10/15 n° 663) ;

– la décision d'augmenter fortement la rémunération des cogérants dès lors que cette décision s'est accompagnée d'une réduction du résultat comptable à un niveau quasi nul et d'une suppression de la politique de distribution d'importants dividendes (Cass. com. 15-1-2020 n° 18-11.580 F-D : RJDA 4/20 n° 217).

En revanche, n'est pas abusive la décision de mettre systématiquement en réserve les bénéfices en vue de financer d'importants investissements (Cass. com. 3-6-2003 n° 00-14.386 F-D : RJDA 11/03 n° 1074) ou pour obtenir un prêt bancaire finançant un important projet et maintenir la capacité de remboursement de ce prêt (Cass. com. 4-11-2020 n° 18-20.409 F-D : RJDA 3/21 n° 170).

De la part des minoritaires, le vote constitue un **abus de minorité** lorsque l'associé minoritaire a adopté une attitude contraire à l'intérêt général de la société en interdisant une opération essentielle pour celle-ci, dans l'unique dessein de favoriser ses intérêts, au détriment des autres associés. Est par exemple abusif le refus de voter une augmentation de capital essentielle à la continuation de la société sans proposer d'autre solution, s'il est dicté par des considérations purement personnelles et entrave le fonctionnement de la société ; en revanche, il n'y a pas abus de minorité lorsque l'augmentation de capital n'est pas indispensable à la survie de la société (CA Paris 24-1-1997 n° 96/84614 : RJDA 4/97 n° 517). Le refus d'un minoritaire de voter la prorogation du terme d'une SCI propriétaire d'un château est également abusif s'il est motivé uniquement par son seul intérêt spéculatif, l'intérêt général de la société étant qu'elle soit prorogée compte tenu de la spécificité de son objet, qui est de faire profiter ses associés du château et non de dégager des bénéfices ; le droit des obligations interdisant de renouveler un contrat à durée déterminée sans l'accord des parties ne fait pas obstacle à cette solution (Cass. 3e civ. 7-12-2023 n° 22-18.665 FS-B : RJDA 3/24 n° 159).

61650 S'il est constaté, l'abus de majorité est généralement **sanctionné** par la nullité de la décision prise. Les associés minoritaires peuvent aussi obtenir des dommages-intérêts. Pour cela, ils doivent assigner, non pas la société, mais les majoritaires car ce sont eux qui ont commis une faute à leur égard (CA Rouen 19-5-2022 n° 20/03002 : BPAT 1/23 inf. 48, à propos d'une société d'exercice libéral à responsabilité limitée mais transposable).

L'associé qui a commis un abus de minorité peut être condamné à verser des dommages-intérêts à la société en réparation du préjudice qu'elle a subi. Par ailleurs, le juge peut désigner un mandataire chargé de représenter les associés minoritaires en cause à une nouvelle assemblée et de voter en leur nom pour permettre l'adoption d'une décision conforme à l'intérêt de la société. Toutefois, le juge ne peut pas fixer le sens du vote du mandataire qu'il désigne

(Cass. 3e civ. 16-12-2009 n° 09-10.209 FS-PB : RJDA 3/10 n° 247). Il ne peut pas non plus se substituer aux organes sociaux légalement compétents et décider que le jugement vaudra adoption de la résolution litigieuse (Cass. com. 31-3-2009 n° 08-11.860 FS-D : RJDA 6/09 n° 548).

PROCÈS-VERBAUX DES DÉCISIONS COLLECTIVES

Les consultations d'associés doivent faire l'objet de procès-verbaux comportant les **mentions** suivantes (Décret 78-704 du 3-7-1978 art. 44) : 61655
– les nom et prénoms des associés ayant participé à la consultation ;
– le nombre de parts sociales détenues par chacun d'eux ;
– les documents et rapports soumis aux associés ;
– le texte des résolutions mises aux voix, observation faite qu'il faut reproduire non seulement les résolutions adoptées définitivement, mais aussi celles qui ont été rejetées par les associés ;
– le résultat des votes.

En outre, lorsqu'il s'agit d'une assemblée, il convient d'indiquer :
– la date et le lieu de la réunion ;
– les nom, prénoms et qualité du président de séance ;
– un résumé des débats.

En cas de consultation écrite, la justification du respect des formalités indiquées n° 61626 pour la consultation et la réponse de chaque associé doivent être annexées au procès-verbal.

La position de chaque associé ayant voté n'a en revanche pas à être indiquée (Cass. 3e civ. 12-5-2021 n° 19-21.725 F-D : RJDA 8-9/21 n° 583).

Les procès-verbaux sont établis et **signés** par le gérant et, s'il s'agit d'une assemblée, par le président de séance.

Ils peuvent être établis et conservés sous forme **papier** ou **électronique**. Dans ce dernier cas, ils sont alors signés au moyen d'une signature électronique répondant à certaines conditions (Décret 78-704 du 3-7-1978 art. 45, al. 3) et doivent être datés de façon électronique par un moyen d'horodatage offrant toute garantie de preuve.

Ils doivent être établis sur un **registre spécial** tenu au siège de la société (Décret 78-704 art. 45, al. 1). Les pages de ce registre doivent être numérotées. Elles doivent être paraphées soit par un juge du tribunal de commerce ou du tribunal judiciaire, soit par le maire ou un adjoint au maire de la commune du siège social (cette formalité est gratuite). Pour permettre aux associés d'éviter la transcription manuscrite ou l'utilisation d'une machine à écrire spéciale (dès lors que la rédaction doit être faite directement sur le registre), l'emploi de feuilles mobiles répondant à certaines conditions est également autorisé (Décret 78-704 art. 45, al. 2). Tout comme les procès-verbaux, le registre spécial peut être tenu sous forme électronique.

> **Précisions** Lorsqu'une **décision** est **constatée par un acte** (n° 61627), elle doit être mentionnée, à sa date, sur le registre papier ou électronique des délibérations ou sur les feuilles mobiles avec l'indication de la forme, de la nature, de l'objet et des signataires de l'acte. L'acte lui-même, s'il est sous signature privée, ou sa copie authentique, s'il est notarié, doit être conservé dans les archives sociales, par exemple en annexe du registre des délibérations, de manière qu'il puisse être consulté en même temps que ce registre (Décret 78-704 du 3-7-1978 art. 46). Lorsque le registre des délibérations est tenu sous forme électronique, la mention dans le registre est signée au moyen d'une signature respectant les exigences de la signature électronique avancée et est datée de façon électronique au moyen d'un horodatage offrant toute garantie de preuve (Décret 78-704 art. 45, al. 3, sur renvoi de art. 46, al. 2).

b. Autres droits des associés

DROIT AUX BÉNÉFICES SOCIAUX

Chaque associé a **vocation aux bénéfices** réalisés par la société (C. civ. art. 1832). 61660

La **part de chaque associé** dans les bénéfices sociaux est fixée par les statuts. À défaut d'indication statutaire, elle est proportionnelle à sa part dans le capital social. Par exemple, l'associé qui détient 20 % du capital a vocation à 20 % des bénéfices. L'associé qui a effectué un apport en industrie a vocation à recevoir une part égale à celle de l'associé dont la part dans le capital de la société est la moins importante.

La **décision d'affectation des bénéfices** est prise par l'assemblée des associés. Juridiquement, le droit des associés aux dividendes ne prend naissance que le jour où l'assemblée décide leur mise en distribution, même si, fiscalement, les bénéfices réalisés par les sociétés non soumises à l'impôt sur les sociétés sont considérés comme acquis par les associés à la clôture de l'exercice (Cass. com. 14-12-2010 n° 09-72.267 F-D : RJDA 2/11 n° 147). En l'absence d'une décision de distribution, une société civile ne peut pas être reconnue débitrice de dividendes à l'égard de ses associés ; par conséquent, dans le cas où un service des impôts notifie à une SCI une saisie-attribution aux fins de recouvrer une dette fiscale d'un associé de la SCI, celle-ci ne peut pas être condamnée aux causes de la saisie pour avoir méconnu une obligation incombant à un créancier (Cass. com. 13-9-2017 n° 16-13.674 FS-PBI : BPAT 6/17 inf. 287).

> **Précisions** Jugé qu'en participant à la décision collective de modifier temporairement la répartition statutaire des droits aux bénéfices entre associés, les **parents qui ont accepté que leur part soit réduite**, dans une proportion de 6,1 %, **au profit de leurs enfants** n'ont pas consenti à ces derniers une donation indirecte : les bénéfices réalisés par la société ne participant de la nature de fruits que lors de leur attribution sous forme de dividendes et les dividendes n'ayant pas d'existence juridique avant la constatation de l'existence de sommes distribuables par l'organe social compétent et la détermination de la part attribuée à chaque associé, les époux n'étaient titulaires d'aucun droit sur les dividendes attribués à leurs enfants et n'avaient pu consentir aucune donation de ceux-ci (Cass. com. 18-12-2012 n° 11-27.745 : RJDA 5/13 n° 413).

61663 **Droit aux bénéfices en cas de communauté entre époux** En cas de communauté entre époux, si des parts ont été acquises avec des biens communs, seul l'époux associé a qualité pour percevoir les dividendes (Cass. 1e civ. 5-11-2014 n° 13-25.820 F-PB : RJDA 10/15 n° 660). Mais les dividendes provenant de parts sociales acquises durant le mariage que l'époux associé perçoit après son divorce, donc durant l'indivision postcommunautaire, sont des fruits accroissant l'indivision même si la qualité d'associé attachée aux parts ne relève pas de l'indivision (Cass. 1e civ. 28-3-2018 n° 17-16.198 F-PB : RJDA 7/18 n° 575). La solution s'explique par la nature mixte des parts sociales qui distingue entre le titre (qualité d'associé) et la finance (valeur des parts). Sur ce point, voir n° 3202.

61664 **Droit aux bénéfices en cas de cession de parts** En cas de cession de parts, l'acquéreur a droit aux **dividendes distribués après la cession** car, s'ils participent de la nature de fruits, les dividendes n'ont pas d'existence juridique avant l'approbation des comptes de l'exercice par l'assemblée, la constatation par celle-ci de l'existence de sommes distribuables et la détermination de la part qui est attribuée à chaque associé. En conséquence, lorsque les parties conviennent du **paiement au cédant**, avant la clôture de l'exercice et **avant la décision statuant sur les comptes**, d'une partie des bénéfices de cet exercice estimés et chiffrés, les sommes correspondantes constituent en réalité un élément du prix de cession (Cass. com. 28-11-2006 n° 04-17.486 FS-PBRI : RJDA 2/07 n° 152).

> **Précisions** En cas de **décès d'un associé** ayant légué ses parts sociales, son héritier n'a pas droit aux dividendes s'il n'est pas associé, même si le légataire des parts ne peut pas y prétendre non plus avant la délivrance du legs (Cass. 1e civ. 2-9-2020 n° 19-14.604 FS-PB : RJDA 4/21 n° 250).

DROIT AU MAINTIEN DANS LA SOCIÉTÉ

61670 Toute personne régulièrement entrée dans la société civile a droit à la qualité d'associé et au maintien de cette qualité jusqu'à sa mort ou son retrait par cession ou rachat de ses parts sociales.

Ce principe souffre deux exceptions. En cas de **procédure collective** (faillite personnelle, sauvegarde, redressement ou liquidation judiciaire) atteignant l'un des associés, il doit être procédé au remboursement des droits sociaux de l'intéressé (à une valeur fixée à dire d'expert, à défaut d'accord entre les parties) et celui-ci perd alors la qualité d'associé (C. civ. art. 1860).

Par ailleurs, un associé peut être exclu de la société pour les causes et selon les modalités fixées par une **clause des statuts** à laquelle les associés ont tous adhéré. En revanche, les associés ne peuvent pas exclure l'un d'entre eux en l'absence d'une clause statutaire les y autorisant (Cass. com. 13-12-1994 n° 93-11.569 : Bull. civ. IV n° 384, RJDA 3/95 n° 292). A ainsi été annulée la décision prise en assemblée d'exclure un associé d'une SCI qui n'avait pas répondu à un appel de fonds, l'intéressé n'entrant pas dans un cas d'exclusion prévu par la loi et les statuts ne prévoyant ni motifs ni procédure d'exclusion (CA Paris 7-6-1988 n° 87/1819 : Rev. sociétés 1989 p. 246 note Dana-Démaret).

61672 **Clause de rachat forcé** La clause de rachat forcé n'est valable que si elle figure dans les **statuts d'origine** ou si elle y a été introduite en cours de vie sociale par **décision unanime des associés** (CA Paris 27-3-2001 n° 00/12023 : RJDA 10/01 n° 973 ; dans le même sens pour l'ajout d'un cas d'exclusion à une clause déjà existante, CA Paris 17-2-2015 n° 14/00358 : RJDA 5/15 n° 341).

L'efficacité des clauses d'exclusion dépend, pour une large part, du soin apporté à leur rédaction. Les associés doivent déterminer avec précision les éléments suivants :

1. Les **motifs d'exclusion**. La décision d'exclusion doit reposer sur un motif stipulé par les statuts, conforme à l'intérêt social et à l'ordre public (Cons. const. 9-12-2022 n° 2022-1029 QPC : RJDA 2/23 n° 93, à propos des sociétés par actions simplifiées mais transposable). Ces motifs peuvent être nombreux et variés. L'exclusion peut par exemple être prévue en cas d'inexécution de l'obligation d'apport, de perte des qualités statutairement requises de tout associé (nationalité, âge, etc.), ou d'absence répétée aux assemblées générales. Il paraît également possible d'insérer une clause permettant d'écarter la dissolution de la société pour mésentente entre associés par le rachat des parts de l'associé demandeur.

2. L'**organe social habilité** à statuer sur cette exclusion. Le choix de l'assemblée générale – ordinaire, ou plutôt extraordinaire – est à conseiller en raison de la gravité de la décision à prendre. Rien n'interdit de donner le pouvoir de décider l'exclusion à la gérance sans que les associés soient consultés (Cass. com. 20-3-2012 n° 11-10.855 F-PB : RJDA 6/12 n° 603) ; mais plus le nombre des personnes appelées à statuer diminue, plus le risque de partialité – et donc d'annulation par les tribunaux – augmente.

3. La **procédure** à suivre. La décision d'exclusion ne peut être prise qu'à la suite d'une procédure prévue par les statuts (Cons. const. 9-12-2022 n° 2022-1029 QPC précité). Si ceux-ci subordonnent l'exclusion à une décision collective, ils ne peuvent pas prévoir que l'associé dont l'exclusion est envisagée ne peut pas voter sur la proposition : en effet, tout associé a le droit de participer aux décisions collectives et de voter (C. civ. art. 1844, al. 1) et les statuts ne peuvent déroger à cette règle que dans les cas prévus par la loi (Cass. com. 23-10-2007 n° 06-16.537 FS-PBI : RJDA 1/08 n° 50 ; voir aussi Cass. com. 21-4-2022 n° 20-20.619 F-D : RJDA 8-9/22 n° 478). Les statuts doivent préciser comment l'associé visé sera informé de la mesure envisagée contre lui, le délai dont il disposera pour préparer sa défense (par exemple, un mois au moins avant la date de l'assemblée), les conditions dans lesquelles il pourra présenter ses explications (lettres individuelles aux autres associés, rapport à l'assemblée, etc.), les modalités du vote (quorum, majorité, vote secret ou non, etc.), les formes et délai de notification à l'intéressé de la décision prise par l'assemblée. Le principe du contradictoire doit être respecté : cette condition est considérée comme remplie dans un cas où le gérant, statutairement compétent pour décider l'exclusion, a au préalable notifié à l'associé concerné la mise en œuvre de la procédure par une lettre précisant le motif de l'exclusion envisagée ainsi que ses modalités et invitant cet associé à présenter ses observations (Cass. com. 20-3-2012 n° 11-10.855 précité).

4. Les **conditions de remboursement** des parts sociales de l'associé exclu. En effet, l'associé exclu a droit au remboursement de ses parts et ne perd sa qualité d'associé qu'après ce remboursement (notamment Cass. 1e civ. 28-9-2016 n° 15-18.482 F-PB : BPAT 6/16 inf. 249). Le rachat doit être fait soit par les autres associés, soit par un tiers sous réserve qu'il ait été préalablement agréé par les autres associés, soit, cas le plus fréquent, par la société elle-même au moyen d'une réduction de son capital. Si les statuts ne permettent pas de déterminer le **prix** de rachat, celui-ci doit, en cas de contestation, être fixé par un expert (cf. C. civ. art. 1843-4, II-al. 1).

Nonobstant toute clause contraire des statuts, l'associé exclu a le droit de demander en justice l'**annulation** de la sanction prononcée contre lui soit pour vice de forme si la procédure prévue par les statuts n'a pas été respectée, soit pour irrégularité au fond (griefs injustifiés ou non conformes à ceux pouvant, selon les statuts, motiver l'exclusion). **61673**

L'associé exclu peut aussi agir en **réparation du préjudice** résultant de son exclusion, même s'il ne demande pas l'annulation de la décision (Cass. com. 9-11-2022 n° 20-16.454 F-D : RJDA 2/23 n° 96, à propos d'une société coopérative artisanale mais transposable).

ILLUSTRATIONS

Est **abusive** la décision d'une assemblée générale d'exclure un associé alors que l'assemblée a été convoquée pour prendre acte de la démission de l'intéressé, cette décision étant motivée par la volonté de résister aux prétentions financières de celui-ci (Cass. 1e civ. 3-2-2021 n° 16-19.691 FS-P : BPAT 3/21 inf. 152).

En revanche n'est **pas abusive** l'exclusion d'un associé d'une société dont les statuts prévoient une telle mesure « en cas de désintérêt se manifestant par une absence répétée aux assemblées », dès lors que cet associé a été absent des assemblées des quatre dernières années, son éloignement du lieu de tenue de ces assemblées et l'existence d'un conflit entre les associés en cours de médiation ne permettant pas de légitimer ces absences (Cass. com. 14-10-2020 n° 18-19.181 F-D : RJDA 2/21 n° 93).

DROIT DE RETRAIT

61674 En l'absence de clause statutaire, le retrait d'un associé ne peut intervenir que s'il a été autorisé par une **décision unanime** des autres associés (C. civ. art. 1869, al. 1).
Lorsque les conditions d'exercice du droit de retrait sont fixées dans les **statuts**, ces conditions ne doivent pas être telles qu'elles privent en fait les associés de la liberté de se retirer. Ainsi, les statuts peuvent prévoir que le retrait ne pourra intervenir qu'après un certain délai de présence dans la société, à condition que ce délai ne soit pas tel qu'il aboutisse à une interdiction de retrait.
Le droit pour l'associé d'une société civile de se retirer de celle-ci dans les conditions prévues par les statuts ou, à défaut, après autorisation unanime des autres associés est **strictement personnel à l'associé**. Par suite, un créancier d'un associé ne peut pas exercer ce droit en lieu et place de celui-ci par la voie de l'action oblique pour obtenir le remboursement de la valeur de ses parts et en saisir le montant dans son patrimoine (Cass. com. 4-12-2012 n° 11-14.592 F-PB : RJDA 2/13 n° 137).

61676 Qu'il soit ou non prévu par les statuts, le retrait peut aussi être autorisé pour justes motifs par une **décision de justice** (C. civ. art. 1869, al. 1).
La notion de justes motifs est appréciée de façon subjective, par rapport à la situation personnelle de l'associé qui veut se retirer de la société.

ILLUSTRATIONS

Le **refus** systématique, par les associés majoritaires d'une société civile de participations, **de distribuer des dividendes** alors que rien ne justifie un tel refus constitue un juste motif de retrait des associés minoritaires (Cass. 1e civ. 13-4-1983 n° 285 : BRDA 11/83 p. 12).
Constitue un juste motif de retrait d'un associé de société civile la **privation de** son **droit de vote** et l'absence de communication des informations auxquelles il a droit (CA Rouen 20-6-2001 n° 99/4551 : RJDA 8-9/02 n° 904).
Un associé égalitaire d'une société civile ayant pour objet l'acquisition et la gestion d'un immeuble doit être autorisé à se retirer dans un cas où, d'une part, la société, créée 20 ans auparavant, a remboursé depuis dix ans l'intégralité des sommes empruntées pour l'achat de l'immeuble, n'a pas d'autre passif et a pour seule activité la gestion du bail des locaux qui vient d'être renouvelé pour neuf ans et, d'autre part, l'intéressé, associé depuis la création de la société, âgé de 67 ans et dans l'impossibilité d'exercer une activité professionnelle en raison de son état de santé, est titulaire d'une pension de retraite modeste et n'a pu retirer **aucun revenu** de son investissement dans la société, les bénéfices réalisés par celle-ci étant systématiquement mis en réserves (CA Paris 29-5-2007 n° 06/4408 : RJDA 2/08 n° 164).
Doit être accueillie la demande de retrait de deux associés d'une SCI familiale lorsque, depuis le décès du père fondateur de la société, aucune assemblée générale n'a été tenue et aucun acte de gestion n'a été accompli, aucune entente n'existant plus entre les associés sur les décisions à prendre en vue de l'administration ou même de l'entretien courant de la propriété constituant l'unique actif de la SCI ; cette situation qui caractérise la **perte de tout affectio societatis** ne peut conduire qu'à la détérioration et à la **dévalorisation** de cet **actif** (Cass. 3e civ. 28-3-2012 n° 10-26.531 FS-PB : RJDA 7/12 n° 691).
Un associé qui a constitué avec son épouse – et les parents de celle-ci – une **SCI pour détenir** leur **logement** doit être autorisé à se retirer de la société après leur **divorce**, l'intéressé ayant perdu tout affectio societatis et n'ayant plus d'intérêt à demeurer dans la SCI dont le seul actif est occupé par son ex-épouse, sans que cette occupation soit génératrice d'aucun revenu pour la société qui doit en supporter les charges de propriété et sans que cette situation puisse évoluer dès lors que l'ex-époux est associé minoritaire (Cass. 3e civ. 11-2-2014 n° 13-11.197 F-D : RJDA 5/14 n° 451).
Doit être censuré l'arrêt de la cour d'appel ayant refusé d'autoriser le retrait d'un associé d'une SCI en retenant que la **mésentente familiale** ne peut constituer un juste motif de retrait que si elle constitue un obstacle au bon fonctionnement de la société ou caractérise un abus de majorité (Cass. 3e civ. 4-4-2019 n° 17-31.052 F-D : RJDA 7/19 n° 514).

61678 Le retrait s'effectue sous la forme d'une **réduction du capital** social réalisée par annulation des parts de l'associé qui se retire.
En principe, l'associé qui se retire a droit au **remboursement** de la valeur de ses droits sociaux et, sauf clause ou convention contraire :
– le prix de rachat des parts doit lui être payé comptant ;
– l'évaluation des parts sociales doit se faire à la date la plus proche de celle de leur remboursement (Cass. com. 4-5-2010 n° 08-20.693 FS-PB : RJDA 8-9/10 n° 861 ; Cass. com. 15-1-2013 n° 12-11.666 F-PB : RJDA 4/13 n° 340 ; Cass. com. 9-11-2022 n° 20-20.830 F-B : BPAT 1/23 inf. 49).

Il est possible aussi de procéder à une **attribution en nature**, l'associé qui se retire pouvant, en échange de ses droits, soit reprendre ses apports, soit se faire attribuer d'autres biens sociaux. Sauf clause contraire des statuts, la reprise **d'apports** est de droit pour l'associé qui se retire lorsque les biens qu'il a apportés se retrouvent en nature dans l'actif social (C. civ. art. 1844-9, al. 3 et 1869 ; Cass. 3e civ. 12-5-2010 no 09-14.747 FS-PB : RJDA 10/10 no 974). Les autres associés ne peuvent pas s'opposer à cette reprise mais l'apporteur peut y renoncer par avance, dans les statuts ou par une décision ou un acte distinct. L'attribution **d'autres biens**, si elle n'a pas été prévue par les statuts ou par une décision antérieure au retrait, ne peut intervenir qu'avec l'accord unanime des autres associés.

> **Précisions a.** À défaut d'accord amiable sur la **valeur de remboursement** des parts sociales, cette valeur est **fixée par un expert** désigné par le président du tribunal (C. civ. art. 1869, al. 2).
> **b.** L'associé qui se retire d'une société civile ne perd sa qualité d'associé qu'après remboursement de la valeur de ses droits sociaux : **tant que** ce **remboursement n'a pas eu lieu**, l'intéressé conserve les mêmes droits et reste tenu des mêmes obligations que tout autre associé. Il conserve notamment son **droit aux dividendes**, de sorte que la société qui lui a versé une somme importante à titre de provision sur le prix des parts ne peut obtenir aucun remboursement même partiel des dividendes qu'il a perçus (Cass. com. 27-4-2011 no 10-17.778 F-D : RJDA 7/11 no 638).
> **c.** Une fois engagé dans une procédure de retrait de la société acceptée par celle-ci, un associé ne peut plus **céder ses parts** à un tiers sans méconnaître la procédure en cours (Cass. 3e civ. 25-5-2023 no 22-17.246 FS-B : BPAT 4/23 inf. 195).

DROIT D'INFORMATION

Outre le droit d'information annuelle dont ils disposent à l'occasion de l'approbation des comptes (no 61615), les associés peuvent (C. civ. art. 1855) : **61680**
– consulter et prendre copie au siège social de tous les documents établis par la société ou reçus par elle : livres et documents sociaux, contrats, factures, correspondances, procès-verbaux, etc. ;
– poser par écrit des questions au gérant à propos de la gestion sociale, le gérant étant tenu de leur répondre, également par écrit, dans le délai d'un mois.

DROIT AU REMBOURSEMENT DES APPORTS ET AU BONI DE LIQUIDATION

Sur les droits des associés lors du partage des biens sociaux, voir nos 62900 s. **61685**

2. OBLIGATIONS DES ASSOCIÉS

RÉALISATION DES APPORTS

L'associé qui n'a pas entièrement libéré son apport au moment de la constitution de la société civile doit répondre aux appels du gérant qui peut le contraindre en justice à honorer ses engagements. **61690**
Le **défaut de libération des apports** peut, si les statuts le prévoient, entraîner pour l'associé défaillant l'exclusion de la société.

> **Précisions a.** En cas de **cession de parts sociales**, la cour d'appel de Paris a jugé que, à défaut de stipulation contraire, l'obligation de verser la fraction non libérée des parts sociales cédées ne pèse pas sur l'acquéreur mais sur le cédant, cette obligation inhérente à la souscription initiale des parts sociales constituant une dette envers la société (CA Paris 16-2-2021 no 19/20152 : RJDA 7/21 no 477). Cette position est à notre avis critiquable. En effet, il peut selon nous être déduit de l'article 1843-3, alinéa 5 du Code civil, prévoyant que l'associé qui devait apporter une somme dans la société et qui ne l'a pas fait devient de plein droit débiteur des intérêts de cette somme à compter du jour où elle devait être payée, que l'obligation de libération incombe à celui qui a la qualité d'associé au moment où la dette au titre de l'apport devient exigible. Ainsi, lorsque rien n'a été prévu, cette dette est exigible dès la souscription des apports, auquel cas le souscripteur reste débiteur même s'il a cédé ses parts sociales. Mais à l'inverse, lorsqu'il est prévu que la libération des apports interviendra sur appels de fonds de la gérance, la dette ne devient exigible qu'au moment de ces appels de fonds. C'est alors l'acquéreur des parts qui est tenu de libérer les apports si la cession est intervenue avant les appels de fonds.
> **b.** Le **retrait d'un associé** ne le dispense pas de libérer ses apports ; en effet, le capital non libéré est une créance de la société contre l'associé qui ne s'éteint pas lorsque celui-ci se retire (Cass. 3e civ. 17-1-2019 no 17-22.070 F-D : RJDA 4/19 no 273).

OBLIGATION AU PASSIF SOCIAL

61695 À l'égard des tiers, les associés de la société civile répondent **indéfiniment** des dettes sociales **proportionnellement** à leur part dans le capital social (C. civ. art. 1857). L'obligation au passif social est attachée de plein droit à la qualité d'associé : il n'est pas possible de s'en affranchir par une clause statutaire contraire.
À condition d'avoir **préalablement** et vainement poursuivi la société, et ce, même si celle-ci fait l'objet d'une liquidation amiable (Cass. com. 29-11-2023 nº 22-14.173 F-D : BRDA 5/24 inf. 5), les créanciers sociaux peuvent donc saisir les biens personnels d'un associé et venir en concours sur ses biens avec ses créanciers personnels. Mais ils doivent diviser leurs recours : chaque associé n'est responsable qu'à proportion des droits qu'il détient dans le capital social. Par exemple, le créancier d'une société civile constituée entre trois associés à parts égales ne pourra poursuivre chaque associé que pour un tiers de sa créance.

> **Précisions a.** Si l'**associé** est **marié sous le régime de la communauté** légale, le créancier social peut poursuivre les biens communs de l'associé même si son conjoint commun en biens n'a pas donné son consentement au contrat de société (Cass. 1e civ. 17-1-2006 nº 02-16.595 FS-PB : RJDA 4/06 nº 423).
b. Sur l'obligation aux dettes des **héritiers d'un associé décédé**, voir nº 62715, précisions, c.
c. L'**associé d'une société civile qui en est aussi le créancier** (parce qu'il a versé des fonds en compte courant, par exemple) ne peut pas se prévaloir de l'obligation aux dettes sociales instituée au seul profit des tiers : il ne peut donc pas poursuivre ses coassociés en paiement de sa créance (Cass. com. 3-5-2012 nº 11-14.844 F-PB : BPAT 4/12 inf. 238). Mais l'associé créancier dispose d'un recours contre ses coassociés au terme de la vie sociale car ceux-ci sont alors tenus de contribuer aux pertes constatées à proportion de leur part dans le capital (voir nº 61699).

61697 **Retrait ou entrée d'un associé** L'associé qui se retire de la société reste tenu **vis-à-vis des tiers** des dettes sociales devenues exigibles avant que son retrait ne soit devenu opposable aux tiers.
A contrario, le nouvel associé qui entre dans la société en cours de vie sociale ne répond que des dettes sociales devenues exigibles après son entrée dans la société.
Dans les rapports **entre acquéreur et cédant**, la contribution de ce dernier au paiement des dettes sociales antérieures à son départ est librement fixée dans le contrat de cession des parts sociales. Le plus souvent, le prix de cession est calculé en tenant compte du passif existant au moment de la cession et le cédant est libéré, à l'égard de l'acquéreur, de toute contribution aux dettes.

CONTRIBUTION AUX PERTES

61699 Chaque associé doit contribuer aux pertes (C. civ. art. 1832).
Les statuts doivent prévoir la **règle de répartition** des pertes sociales entre les associés. À défaut, celles-ci se répartissent proportionnellement à la part de chacun dans le capital (C. civ. art. 1844-1, al. 1).
La contribution aux pertes concerne les **obligations des associés entre eux** tandis que l'obligation aux dettes visée nº 61695 concerne les rapports de la société avec les tiers : la société peut avoir subi des pertes et n'avoir aucune dette à l'égard des tiers, et inversement.
Si le texte de l'article 1832 du Code civil ne contient aucune indication sur la **date à laquelle les associés sont tenus de contribuer** aux pertes sociales, cette contribution n'intervient en principe qu'au moment de la dissolution de la société (Cass. com. 3-3-1975 : Rev. sociétés 1975 p. 454 note D. Randoux et Cass. com. 29-10-2003 nº 1426 : RJDA 3/04 nº 309, rendus à propos de sociétés commerciales mais transposables ; Cass. com. 15-2-2023 nº 20-22.018 F-D : BPAT 3/23 inf. 151). Jusqu'à cette date, la perspective d'un redressement existe toujours. Toutefois, rien n'interdit aux associés de prévoir dans les statuts une participation aux pertes anticipée qui peut même être périodique (Cass. com. 9-6-2004 nº 01-12.887 F-PB : RJDA 10/04 nº 1123).

C. Acquisition du patrimoine social

MODES D'ACQUISITION DU PATRIMOINE SOCIAL

61750 Le patrimoine de la société peut lui être apporté à sa création par les associés (nos 61400 s.). C'est souvent le cas lorsque la société est créée par des parents en vue de transmettre un patrimoine à leurs enfants.
La société peut aussi acquérir ou développer son patrimoine au fil du temps. Se pose alors la question du financement de ce patrimoine : la société pourra soit utiliser ses ressources propres (fonds apportés par les associés, revenus de ses biens ou produit de la vente d'un bien), soit profiter d'avances en compte courant, soit recourir à un financement bancaire.

1. APPORTS EN NUMÉRAIRE

AUTOFINANCEMENT DU PATRIMOINE SOCIAL

L'acquisition d'un bien immobilier ou de titres et valeurs mobilières peut être financée par les apports en numéraire effectués par les associés **lors de la constitution de la société**. 61755

Au cours de la vie sociale, si la société a besoin de nouveaux fonds pour financer d'autres acquisitions, elle peut procéder à des augmentations de capital.

Augmentation de capital La décision d'augmenter le capital doit être prise par les associés statuant aux **conditions de majorité** prévues par les statuts ou, à défaut, à l'unanimité (C. civ. art. 1852). 61756

Le capital peut être **augmenté de deux manières** :
– par émission de parts sociales nouvelles ;
– par élévation de la valeur des parts existantes. Lorsqu'il est proposé d'élever la valeur des parts existantes en contrepartie d'apports nouveaux, l'opération équivaut à augmenter les engagements des associés et doit donc être approuvée par tous (C. civ. art. 1836, al. 2).

L'augmentation de capital doit faire l'objet de mesures de **publicité** : 61757
– insertion d'un avis dans un support d'annonces légales ;
– inscription modificative au registre du commerce et des sociétés et au registre national des entreprises par l'intermédiaire du guichet unique électronique des formalités d'entreprises ;
– insertion au Bodacc par les soins du greffier du tribunal de commerce.

L'acte sous signature privée constatant une augmentation de capital en numéraire n'est pas obligatoirement soumis à l'**enregistrement** (CGI art. 635, 1-5° a contrario). S'il est volontairement présenté à la formalité, il est en principe enregistré gratuitement (CGI art. 810, I).

2. AVANCES EN COMPTE COURANT

RÉGIME DES AVANCES EN COMPTE COURANT

Les avances en compte courant correspondent à des **prêts accordés à la société par un associé**. 61760
Tout associé peut, quel que soit le niveau de sa participation au capital, consentir une avance en compte courant à la société. Il peut verser une somme d'argent ou renoncer provisoirement à des sommes que la société lui doit, par exemple des dividendes.

L'avance en compte courant peut résulter d'un accord verbal ou d'un contrat écrit. Elle est généralement consentie pour une durée limitée et moyennant intérêts. Le **taux d'intérêt** est en principe fixé librement. Il ne doit toutefois pas aboutir à mettre à la charge de la société des intérêts supérieurs à ceux que celle-ci pourrait négocier avec une banque. Par ailleurs, si la société civile est soumise à l'impôt sur les sociétés, la loi fiscale fixe un taux maximal au-delà duquel les intérêts servis aux associés cessent d'être déductibles du résultat social (n° 61763).

CONSEIL

Les avances en compte courant résultent souvent d'un simple accord verbal matérialisé par les écritures comptables. Il est toutefois vivement conseillé d'en **fixer les règles par écrit**.

La convention de compte courant doit mentionner :
– le taux des intérêts et la périodicité de leur versement ;
– les conditions dans lesquelles le taux d'intérêt peut être modifié ;
– les modalités de remboursement des avances ;
– les délais de préavis pour les retraits partiels et/ou le retrait total des sommes avancées ;
– les conditions dans lesquelles il peut être mis fin à la convention.

Sauf convention (ou clause statutaire antérieure au dépôt des fonds) contraire, les comptes courants d'associés sont **remboursables** à tout moment (CA Paris 1-2-2022 n° 19/22749 : RJDA 5/22 n° 275). La société ne peut pas opposer une situation financière difficile à la demande de remboursement d'un associé (par exemple, Cass. com. 8-12-2009 n° 08-16.418 F-D : RJDA 3/10 n° 246). Elle peut seulement, le cas échéant, obtenir du juge des délais de paiement, compte tenu de sa situation et en considération des besoins de l'associé (C. civ. art. 1343-5). 61761

Une clause des statuts ou de la convention de compte peut néanmoins soumettre le remboursement à la condition que la trésorerie de la société le permette : une telle clause est valable car son exécution ne dépend pas de la seule volonté de la société (Cass. com. 9-10-2007 n° 06-19.060 F-D : BPAT 1/08 inf. 4 n° 3).

En outre, la convention de compte courant peut prévoir le **blocage** du compte pour une période donnée. Dans ce cas, l'associé ne peut pas demander le remboursement des sommes prêtées à la société avant le terme prévu (la société ne peut pas davantage rembourser le prêt par anticipation sans l'accord de l'associé). Le blocage peut permettre à la société d'obtenir plus facilement un financement bancaire. La clause de blocage des comptes courants constitue d'ailleurs très souvent une garantie financière imposée par les banques.

> **Précisions** Une **décision collective ne peut pas imposer le blocage** des sommes déposées en compte courant, une telle décision entraînant une augmentation des engagements des associés (Cass. com. 24-6-1997 n° 95-20.056 : Bull. civ. IV n° 207, RJDA 11/97 n° 1349), laquelle nécessite l'accord unanime des intéressés (C. civ. art. 1836, al. 2).

DÉCLARATION DES AVANCES EN COMPTE COURANT

61762 Les avances en compte courant, qu'elles soient verbales ou qu'elles résultent d'un accord écrit, sont soumises à l'obligation de déclaration des contrats de prêt. Dès lors, la société civile doit adresser à l'administration fiscale, au plus tard en même temps que la déclaration de ses résultats de l'année au cours de laquelle a eu lieu l'ouverture du compte courant dans les livres de la société, une déclaration n° **2062**. Celle-ci mentionne l'identité et l'adresse de l'associé, la date, le montant et les conditions du prêt, notamment sa durée, le taux et la périodicité des intérêts ainsi que les modalités de remboursement du principal (conditions particulières de fonctionnement du compte) (CGI art. 242 ter, 3).

DÉDUCTIBILITÉ DES INTÉRÊTS VERSÉS PAR LA SOCIÉTÉ

61763 Les conditions de déduction des intérêts de compte courant d'associé diffèrent selon l'activité et le régime fiscal de la société.

Les intérêts versés aux associés à raison des sommes laissées en compte courant sont déductibles des revenus fonciers de la **société civile immobilière** non soumise à l'impôt sur les sociétés qui donne en location nue les immeubles qu'elle possède, à condition que ces sommes aient pour objet de financer l'acquisition, la construction, la conservation, la réparation ou l'amélioration de ces immeubles (CGI art. 31, I-1° d).

En revanche, les intérêts versés par une **société civile de portefeuille** non soumise à l'impôt sur les sociétés ne sont pas déductibles des revenus mobiliers encaissés par la société.

Lorsque la **société** est **soumise à l'impôt sur les sociétés**, les intérêts versés à raison des sommes laissées en compte courant par les associés personnes physiques sont déductibles des bénéfices sociaux lorsqu'ils sont supportés pour les besoins de l'activité, dans certaines conditions et limites, notamment (CGI art. 39, 1-3°) :

– le capital social doit être entièrement libéré. Si cette condition n'est pas satisfaite, aucune déduction n'est possible ;

– il existe un taux maximal d'intérêt déductible. Ce taux, réévalué chaque année, correspond à la moyenne annuelle des taux effectifs moyens pratiqués par les banques pour des prêts à taux variable aux entreprises d'une durée initiale supérieure à deux ans. Cette moyenne est calculée à partir de moyennes trimestrielles publiées au Journal officiel.

IMPOSITION DES INTÉRÊTS PERÇUS PAR LES ASSOCIÉS

61764 **Intérêts déduits des résultats de la société** Ces intérêts sont imposables entre les mains des associés personnes physiques qui les perçoivent en tant que revenus de créances, dans la catégorie des revenus de capitaux mobiliers.

L'année de leur versement, les intérêts font l'objet d'un **prélèvement à la source** non libératoire au taux de 12,8 % opéré par l'établissement payeur. Ce prélèvement constitue un acompte d'impôt sur le revenu imputable sur l'impôt à payer l'année suivante et, en cas d'excédent, restituable. Les personnes appartenant à un foyer fiscal dont le revenu fiscal de référence de l'avant-dernière année est inférieur à un certain seuil (25 000 € pour les contribuables célibataires, divorcés ou veufs et 50 000 € pour ceux soumis à imposition commune) peuvent toutefois demander à être dispensées du prélèvement. Les prélèvements sociaux sont également précomptés par l'établissement payeur au taux de 17,2 %.

L'année suivante, l'impôt sur le revenu est liquidé à partir des éléments portés sur la déclaration de revenus du contribuable. Les intérêts sont en principe soumis de plein droit au **prélèvement forfaitaire unique** (PFU) au taux global de 30 % (prélèvements sociaux au taux de 17,2 % inclus). Le contribuable peut toutefois opter dans sa déclaration pour l'application du **barème progressif par tranches de l'impôt sur le revenu** (auquel s'ajoutent les prélèvements sociaux au taux de 17,2 %), ce qui peut entraîner la restitution d'un excédent éventuel. Notons que cette option annuelle est globale : elle porte sur l'ensemble des revenus et gains perçus par le contribuable et entrant dans le champ d'application du PFU (notamment les dividendes et plus-values de cessions de valeurs mobilières et droits sociaux). Sur la possibilité d'exercer l'option pour l'imposition au barème progressif après le dépôt de la déclaration, voir n° 61495, précisions, b.

Intérêts exclus des charges déductibles de la société Les intérêts exclus des charges déductibles de la société bénéficiaire des avances, par exemple parce que le taux d'intérêt maximal est dépassé, et réintégrés dans le bénéfice social sont imposés au nom des bénéficiaires : 61765
– dans la catégorie des revenus mobiliers en tant que revenus distribués, si la **société** versante est **passible de l'impôt sur les sociétés** : ils sont alors soumis au PFU au taux global de 30 % (prélèvements sociaux inclus) ou sur option globale du contribuable au barème progressif de l'impôt sur le revenu (sans abattement), auquel s'ajoutent les prélèvements sociaux ;
– dans la catégorie d'imposition dont relève la société, au même titre que la quote-part des bénéfices sociaux revenant à l'associé titulaire du compte courant, si la **société relève de l'impôt sur le revenu**.

3. EMPRUNT BANCAIRE

RÉGIME DES EMPRUNTS BANCAIRES

La société civile peut, pour financer ses investissements, recourir à un emprunt amortissable classique ou à un emprunt « in fine ». 61780

Avec un **emprunt amortissable** classique, chaque échéance de remboursement comporte une part du capital et des intérêts. Ces derniers étant calculés sur le montant du capital qui reste dû, la part des intérêts, très importante en début de prêt, diminue au fur et à mesure des remboursements, alors que la part de capital remboursée augmente.

Avec un **emprunt in fine**, le capital est remboursé en une seule fois lors de la dernière échéance du prêt. Les autres mensualités ne servent qu'à payer les intérêts. Le coût total d'un prêt in fine est plus élevé que celui d'un prêt amortissable puisque le montant des intérêts, calculés sur un capital qui reste constant jusqu'au terme du prêt, est beaucoup plus important ; en revanche, les remboursements mensuels sont moins élevés.

Le gérant signe l'acte d'emprunt au nom de la société civile. Il a le pouvoir d'**engager** seul **la société** si l'objet social le lui permet. Dans le cas contraire, il doit obtenir préalablement l'autorisation des associés (n°s 61048 s.). 61784

Lorsqu'une clause des statuts impose une autorisation préalable des associés pour la conclusion d'emprunts excédant une certaine somme, le gérant qui contracte un tel emprunt sans y être autorisé engage sa responsabilité à l'égard des associés. Mais la société est engagée par l'emprunt contracté dès lors qu'il entre dans son objet (n°s 61044 s.).

CONSEIL

En cas d'achat d'un bien immobilier, la société civile ne bénéficiant pas des règles de protection des emprunteurs prévues par le Code de la consommation (n° 61010), il est indispensable que le gérant mentionne dans le compromis de vente que la société s'engage sous la **condition suspensive de l'octroi d'un prêt** afin que l'acompte versé au vendeur par la société lui soit restitué si le prêt n'est pas accordé.

DÉDUCTIBILITÉ DES INTÉRÊTS VERSÉS PAR LA SOCIÉTÉ

Si la société est une **société civile immobilière** non soumise à l'impôt sur les sociétés qui donne en location nue les immeubles qu'elle possède, elle peut déduire de ses revenus fonciers les intérêts des prêts contractés pour l'acquisition, la construction, la conservation, la réparation ou l'amélioration de ces immeubles. 61786

Les intérêts versés par une **société civile de portefeuille** non soumise à l'impôt sur les sociétés ne sont pas déductibles des revenus mobiliers encaissés par la société.

Lorsque la **société** civile familiale est **soumise à l'impôt sur les sociétés**, elle peut en principe déduire de ses bénéfices les intérêts des prêts bancaires contractés dans le cadre de son activité.

CONSTITUTION DE GARANTIES

La banque prêteuse peut demander deux types de garanties : réelles ou personnelles. 61788

Les **garanties réelles** sont celles qui consistent pour la société emprunteuse à affecter un bien présent ou futur (un immeuble ou des titres) au remboursement de l'emprunt. Il peut s'agir d'une hypothèque légale spéciale (ancien privilège du prêteur de deniers supprimé depuis le 1-1-2022 par l'ord. 2021-1192 du 15-9-2021 réformant le droit des sûretés), d'une hypothèque conventionnelle ou d'un nantissement de valeurs mobilières.

Les **garanties personnelles** reposent sur l'engagement d'un ou plusieurs associés de rembourser le prêt à la place de la société si celle-ci ne le fait pas. La forme la plus courante est le cautionnement. Le cautionnement peut être simple ou solidaire :
– si le cautionnement est simple, l'associé peut exiger de la banque qu'elle ne le poursuive en paiement de la dette qu'après avoir épuisé les poursuites contre la société, c'est-à-dire après que celle-ci aura vendu son patrimoine pour rembourser au moins une partie de la dette (« bénéfice de discussion »). Si plusieurs associés se sont portés cautions de la dette, celui qui est sollicité par la banque peut demander à celle-ci de diviser ses poursuites entre lui et les autres associés cautions (« bénéfice de division ») ;
– si, et c'est le cas le plus fréquent, le cautionnement demandé est solidaire, la banque peut obliger l'associé à lui régler la totalité de la dette. Les bénéfices de discussion et de division ne s'appliquent pas.
Les deux types de garanties, réelles et personnelles, peuvent être **combinés**. Par exemple, en cas de prêt consenti pour l'achat d'un immeuble, la banque pourra prendre une hypothèque légale spéciale sur l'immeuble qu'elle pourra compléter par la caution personnelle d'un ou de plusieurs associés.
Enfin, quel que soit l'objet du prêt, la banque peut exiger des associés un **engagement de conservation** des parts qu'ils détiennent dans la société afin d'éviter le risque d'une vente à des personnes moins solvables.

> **Précisions** Ni la perte de sa qualité d'associé ni la cessation de ses fonctions de dirigeant ne **libèrent la caution**, sauf si cette qualité a été un motif déterminant de son engagement de garantie (Cass. com. 15-10-1991 n° 89-19.122 : Bull. civ. IV n° 285, RJDA 1/92 n° 74 ; Cass. com. 14-10-2008 n° 07-16.947 F-D : RJDA 2/09 n° 103 ; CA Versailles 8-3-2022 n° 21/02534 : BPAT 3/22 inf. 164). Il en est ainsi s'il a été stipulé expressément dans l'acte que le cautionnement était lié à la qualité d'associé ou de dirigeant et cesserait de plein droit de produire effet en cas de perte par la caution de cette qualité (Cass. com. 15-10-1991 n° 89-19.122 et Cass. com. 14-10-2008 n° 07-16.947, précités).

D. Gestion du patrimoine social

1. GESTION DU PATRIMOINE IMMOBILIER

a. Immeuble occupé gratuitement par les associés

HYPOTHÈSES ENVISAGÉES

61800 Une société civile peut mettre un immeuble dont elle est propriétaire à la disposition gratuite d'un ou plusieurs de ses associés. C'est par **exemple** le cas :
– lorsque la société a été constituée pour assurer le maintien dans le patrimoine familial d'une maison de famille à laquelle les fondateurs sont attachés ;
– lorsque la société a été créée par des concubins pour l'achat de leur résidence principale ;
– lorsque la société a acheté une maison destinée à devenir la résidence secondaire des associés.
Sur les **conséquences fiscales** de la mise à disposition gratuite d'un immeuble, voir n°s 62025 (société relevant du régime fiscal des sociétés de personnes) et 62235 (société soumise à l'impôt sur les sociétés).

ATTENTION

Le **gérant** de la société civile ne peut mettre un immeuble à la disposition gratuite d'un associé qu'à la condition que cette occupation gratuite entre dans l'objet de la société. Sinon, l'occupation gratuite ne peut être décidée par le seul gérant mais doit être autorisée par la **collectivité des associés**, dans les conditions prévues pour la modification des statuts (Cass. 3e civ. 25-4-2007 n° 06-11.833 FS-PB : RJDA 1/08 n° 53, à propos d'une société dont les statuts imposaient que l'immeuble ne soit occupé qu'à titre onéreux). En revanche, le gérant d'une SCI ayant pour objet la gestion « par bail ou autrement » des immeubles dont elle est propriétaire peut valablement autoriser certains associés à occuper gratuitement un immeuble social (Cass. 3e civ. 11-2-2014 n° 13-11.197 F-D : RJDA 5/14 n° 451).

b. Immeubles donnés en location

BAIL D'HABITATION OU MIXTE

La loi 89-462 du 6 juillet 1989, dite « loi Mermaz », modifiée à de nombreuses reprises, fixe les règles applicables aux contrats de location portant sur des locaux loués non meublés à un particulier pour : **61820**
– un usage d'habitation principale ;
– ou un usage mixte, c'est-à-dire pour partie à usage de résidence principale et pour partie à usage professionnel. Tel est le cas d'un appartement loué à un médecin qui y réside avec sa famille et y établit aussi son cabinet.

Ce régime, globalement favorable au locataire, notamment en matière de loyer et de congé, s'applique aux baux conclus par le gérant de la société civile au nom de cette dernière, avec quelques particularités tenant à la durée du bail, à la possibilité de recourir au cautionnement et à l'exercice du congé pour reprise.

Durée du bail Lorsque la société propriétaire est une **société civile de famille** constituée exclusivement entre **parents et alliés jusqu'au quatrième degré** inclus (c'est-à-dire jusqu'aux cousins germains), le bail conclu avec le locataire doit avoir une durée d'au moins trois ans (Loi 89-462 du 6-7-1989 art. 10, al. 1 et art. 13). La société peut toutefois proposer un contrat d'une durée moindre sans être inférieure à un an si un événement précis justifie qu'elle reprenne le logement pour des raisons professionnelles ou familiales affectant l'un des associés ; le contrat doit alors indiquer l'événement précis et les raisons dont il s'agit, par exemple la reprise pour habiter d'un associé lors de son départ en retraite (Loi 89-462 du 6-7-1989 art. 11 et 13). Dans ce cas, deux mois avant le terme du bail, le gérant de la société doit confirmer la réalisation de l'événement et le bail prend alors fin à la date fixée. Dans ce même délai, il peut également proposer le report du terme si cette réalisation est différée. Un seul report est possible. **61823**

Lorsque l'événement prévu s'est produit et a été confirmé, le locataire est déchu de plein droit de tout titre d'occupation du local au terme fixé au contrat (Loi 89-462 du 6-7-1989 art. 11, al. 4). S'il demeure dans les lieux, il devient donc occupant sans titre et le bailleur peut demander en référé que soit ordonnée son expulsion. Il n'est tenu de payer le loyer, après la confirmation de l'événement par le bailleur, que pour le temps où il occupe réellement les lieux.

Lorsque l'événement ne s'est pas produit ou n'a pas été confirmé, le bail est réputé être de trois ans.

Lorsque les associés de la société civile ne sont **pas tous parents ou alliés**, ou le sont mais à un degré plus éloigné (au-delà des cousins germains), la durée du bail conclu avec le locataire doit être d'au moins six ans (Loi 89-462 du 6-7-1989 art. 10, al. 1).

> **Précisions a.** Une SCI constituée entre **conjoints** peut conclure un bail d'habitation de trois ans avec les locataires des immeubles dont elle est propriétaire.

Une SCI constituée entre **partenaires d'un Pacs** ou entre **concubins** ne peut pas conclure de bail d'habitation d'une durée inférieure à six ans avec ses locataires.

b. La durée minimale du contrat de bail est déterminée par la qualité du bailleur lors de l'entrée dans les lieux du locataire ou du renouvellement du contrat. Un **changement parmi les associés** de la SCI en cours de bail n'a pas d'effet sur la durée du bail ; il ne produira d'effet que lors de son renouvellement.

Cautionnement Le cautionnement est l'acte par lequel une personne (la caution) s'engage envers le bailleur à payer à la place du locataire qui ne remplit plus ses obligations. **61825**

Lorsque la **société civile de famille** est constituée exclusivement entre **parents et alliés jusqu'au quatrième degré** inclus, elle peut, comme tout bailleur, demander un cautionnement à condition de n'avoir pas souscrit une assurance garantissant les obligations locatives du locataire (assurance loyers impayés) ou toute autre forme de garantie (dépôt de garantie mis à part). Le cumul de garanties est toutefois admis lorsque le locataire est un étudiant ou un apprenti (Loi 89-462 du 6-7-1989 art. 22-1, al. 1).

Lorsque les **associés** de la société civile ne sont **pas tous parents ou alliés**, ou le sont mais à un degré plus éloigné (au-delà des cousins germains), un cautionnement ne peut être exigé que s'il est apporté par un organisme agréé ou si le logement est loué à un étudiant ne bénéficiant pas d'une bourse de l'enseignement supérieur (Loi 89-462 du 6-7-1989 art. 22-1).

61827 **Congé** Lorsque le propriétaire d'un logement donné en location est un particulier, il peut, à la fin du bail, donner congé au locataire si ce congé est justifié (Loi 89-462 du 6-7-1989 art. 15) :
– par sa décision de reprendre le logement pour l'habiter lui-même, ou pour y loger son conjoint ou partenaire de Pacs, son concubin notoire depuis au moins un an à la date du congé, ses ascendants ou descendants (notamment ses enfants) ou ceux de son conjoint, partenaire ou concubin,
– par sa décision de vendre le logement,
– ou par un motif légitime et sérieux.
Lorsque le logement est la propriété d'une **société civile de famille** constituée exclusivement entre **parents et alliés jusqu'au quatrième degré inclus**, la société peut, au terme du bail, reprendre le logement pour y loger un de ses associés (Loi 89-462 du 6-7-1989 art. 13 et 15). En revanche, elle ne peut pas reprendre le logement pour y loger les proches des associés, notamment leurs enfants si ceux-ci ne sont pas eux-mêmes associés (Cass. 3e civ. 19-1-2005 n° 03-15.922 FS-PBI : RJDA 4/05 n° 365).
Si les **associés** ne sont **pas tous parents ou alliés**, ou le sont mais à un degré plus éloigné (au-delà des cousins germains), aucun congé pour reprise pour habiter ne peut être donné.
Quel que soit le lien de parenté entre les associés, les SCI peuvent donner congé au locataire pour vendre le bien en fin de bail. Le congé pour vendre vaut offre de vente au profit du locataire qui dispose alors d'un droit de préemption. Même lorsque la vente est consentie par une SCI de famille à l'un de ses associés, le droit de préemption du locataire doit être respecté, la société ayant une personnalité juridique distincte de celle de ses associés (Cass. 3e civ. 5-6-1991 n° 89-15.203 : Bull. civ. III n° 162). Elle ne peut donc pas se prévaloir de l'exception applicable en cas de cession par un bailleur personne physique au profit d'un parent jusqu'au troisième degré inclus (Loi 89-462 du 6-7-1989 art. 15, II-al. 7).

> **Précisions** Il n'est pas possible de donner congé à un **locataire âgé de plus de 65 ans** et dont les ressources annuelles sont inférieures au plafond de ressources en vigueur pour l'attribution des logements locatifs conventionnés, sans lui proposer un relogement correspondant à ses besoins et à ses possibilités dans la même zone géographique (Loi 89-462 du 6-7-1989 art. 15, III). Cette règle s'applique sans exception aux bailleurs personnes morales, y compris les SCI familiales et même si l'un des associés remplit les conditions d'âge et de ressources qui lui auraient permis, en tant que bailleur personne physique, d'être exclu du champ d'application de cette obligation (Cass. 3e civ. 7-7-2016 n° 14-29.148 FS-PB : BPAT 5/16 inf. 194).

LOCATION MEUBLÉE

61845 La location meublée implique que le logement soit équipé d'une table, de chaises, d'ustensiles de cuisine et de vaisselle, d'un four, de plaques de cuisson, d'un réfrigérateur, de rangements, d'un lit, etc. Bref, de tout ce qui est nécessaire pour que le locataire puisse y vivre normalement avec ses seules affaires personnelles. Le mobilier doit être proportionné à l'importance des lieux (nombre de pièces, surface, etc.).
Nombre des dispositions régissant les locations nues s'appliquent aux contrats de location de logements meublés à usage de résidence principale (Loi 2014-366 du 24-3-2014 art. 8). Il en est ainsi, notamment, de l'encadrement des **loyers** (Loi 89-462 du 6-7-1989 art. 25-3). Ces contrats gardent en revanche leur spécificité en ce qui concerne leur durée (Loi 89-462 du 6-7-1989 art. 25-7) : la **durée minimale de la location** d'un logement meublé occupé par le locataire à titre de résidence principale est d'un an renouvelable (si la location est consentie à un étudiant, la durée minimale de la location est de neuf mois et le contrat n'est pas reconduit automatiquement à son expiration).
L'inconvénient de l'activité de loueur en meublé est qu'elle est qualifiée au plan fiscal d'activité commerciale, ce qui entraîne l'assujettissement de plein droit de la société civile à l'**impôt** sur les sociétés (voir n° 62200).

BAIL PROFESSIONNEL

61850 La société civile peut être amenée à conclure un bail à usage exclusivement professionnel lorsque le locataire souhaite utiliser la totalité des locaux loués pour l'exercice d'une activité professionnelle non commerciale (médecin, avocat, notaire, architecte, etc.).
Le bail professionnel est soumis à un régime juridique plutôt souple (Loi 86-1290 du 23-12-1986 art. 57 A) : **durée minimale du bail** de six ans ; droit pour la société bailleresse de refuser le renouvellement du bail en donnant **congé** au locataire sans avoir à fournir de justification. Le **loyer** n'étant soumis à aucune réglementation légale, il est librement fixé par le parties.
Sur le plan fiscal, l'**impôt** sur les sociétés s'applique de plein droit lorsque les locaux loués par la société civile sont munis des appareils nécessaires à l'exercice de la profession du locataire (voir n° 62200).

BAIL COMMERCIAL

La société civile propriétaire doit conclure un bail commercial quand est exploité dans ses locaux un fonds appartenant soit à un commerçant ou à un industriel immatriculé au registre du commerce et des sociétés, soit à un chef d'une entreprise du secteur des métiers et de l'artisanat immatriculée au registre national des entreprises, accomplissant ou non des actes de commerce (C. com. art. L 145-1, I), ce qui exclut les locaux loués aux membres des professions libérales. 61855
Le bail commercial est soumis à un régime juridique très encadré et protecteur des droits du locataire (C. com. art. L 145-1 s.) : **durée minimale du bail** de neuf ans (la SCI propriétaire bénéficie d'un droit de reprise triennal, mais uniquement pour construire, reconstruire ou surélever l'immeuble existant, ou exécuter des travaux prescrits ou autorisés dans le cadre d'une opération de restauration immobilière) ; droit pour le locataire d'obtenir le **renouvellement du bail** ; droit de changer l'**usage des locaux** ; encadrement des **augmentations de loyer**.
Sur le plan fiscal, l'**impôt** sur les sociétés s'applique de plein droit lorsque les locaux sont loués par la société civile avec le mobilier et le matériel nécessaires à leur exploitation ou lorsque la location constitue pour la société civile le moyen de participer à la gestion ou aux résultats de l'entreprise locataire (voir n° 62200).

2. GESTION DU PORTEFEUILLE

HYPOTHÈSES ENVISAGÉES

La société familiale peut être une société civile de portefeuille ayant pour **objet principal**, voire exclusif, la détention et la gestion d'un portefeuille de titres ou de valeurs mobilières, le plus souvent préexistant et apporté au moment de la constitution de la société par les fondateurs. Ce peut être aussi une SCI qui cherche à placer sa **trésorerie** et peut tout à fait, pourvu que ses statuts l'y autorisent, se constituer et gérer, à côté de son patrimoine immobilier, un portefeuille de titres et valeurs mobilières. 61900

La gestion du portefeuille amène la société civile familiale à investir en bourse, en **achetant et vendant** des titres et valeurs cotés, ou à procéder à des opérations de placement hors du circuit boursier. Sur le caractère civil de cette activité, voir n° 61328. 61905
Sous réserve des parts de société en nom collectif, la société civile familiale peut investir dans tous **types de titres** : actions cotées ou non cotées, parts de société à responsabilité limitée (SARL) ou d'une autre société civile, obligations, titres d'organisme de placement collectif en valeurs mobilières (OPCVM) telle une société d'investissement à capital variable (Sicav) ou d'un fonds commun de placement (FCP), titres de créances négociables, bons du Trésor, etc. Il est toutefois possible de prévoir dans les statuts de la société des restrictions quant à la nature des supports d'investissements, afin de fixer des limites au gérant. Ainsi, l'objet social peut exclure les placements les plus risqués.

La gestion du portefeuille peut être assurée, soit par le gérant lui-même (**gestion directe**), si les associés de la société civile familiale estiment qu'il dispose des compétences requises, soit par un professionnel habilité à exercer l'activité de gestion de portefeuille pour le compte d'autrui (**gestion sous mandat**). Ce professionnel peut être, soit une société de gestion de portefeuille exerçant cette activité à titre principal, soit un prestataire de services d'investissement offrant à titre accessoire une activité de gestion de portefeuille : banque, entreprise d'investissement, compagnie d'assurances. L'activité de la société civile familiale se limite alors à la détention et à la conservation du portefeuille géré par le mandataire, lequel procède seul aux arbitrages qu'il estime nécessaires, dans le respect des objectifs et contraintes définis par le mandat de gestion signé avec la société civile. 61908
La méthode de gestion retenue (gestion directe ou sous mandat) doit figurer dans l'objet de la société civile ; elle est alors opposable aux tiers.

> **Précisions** La gestion sous mandat doit faire l'objet d'un **contrat** rédigé en deux exemplaires, dont l'un est remis à la société civile. Il s'agit le plus souvent d'un contrat type mais rien n'interdit d'établir un contrat sur mesure. Il doit au minimum contenir les informations suivantes :
> – l'identité des parties ;
> – la nature des services fournis ;
> – les objectifs de la gestion (recherche de revenus, valorisation du capital, etc.) et le niveau de risque accepté (gestion prudente, dynamique ou spéculative) ;
> – les opérations et les types de produits autorisés ;
> – les modalités d'information sur la gestion du portefeuille (nature et fréquence des comptes rendus de gestion) ;
> – le mode de calcul de la rémunération du gestionnaire ;
> – l'obligation de confidentialité du gestionnaire ;
> – la durée et les modalités de reconduction et de résiliation du mandat.

E. Imposition des résultats

PRINCIPES

62000 Les sociétés civiles de famille relèvent en principe du **régime dit « des sociétés de personnes »** : les résultats réalisés par la société et déterminés à son niveau sont imposés à l'impôt sur le revenu au nom des associés, chacun en proportion de ses droits dans la société, même si ces résultats ne sont pas effectivement distribués (CGI art. 8). L'imposition est effectuée dans la catégorie des revenus fonciers, des plus-values immobilières, des revenus de capitaux mobiliers ou des plus-values sur titres, selon la nature des bénéfices réalisés par la société.

Exceptionnellement, les sociétés civiles de famille sont taxables à l'**impôt sur les sociétés**. C'est le cas soit de façon obligatoire si la société exerce une activité réputée commerciale sur le plan fiscal, soit sur option de la société.

1. SOCIÉTÉ RELEVANT DU RÉGIME FISCAL DES SOCIÉTÉS DE PERSONNES

a. Revenus fonciers

REVENUS CONCERNÉS

62005 Les revenus fonciers sont les revenus tirés de la **location nue**, c'est-à-dire non meublée ni équipée, d'immeubles bâtis (tels que maisons, appartements, locaux professionnels, bureaux ou boutiques), ou non bâtis (terrains principalement), appartenant à la société civile non soumise à l'impôt sur les sociétés.

Ces revenus constituent l'une des catégories formant le revenu global imposable à l'impôt sur le revenu des associés de la société civile.

> **Précisions** Les revenus tirés de la **sous-location d'immeubles nus** sont imposables dans la catégorie, non pas des revenus fonciers, mais des bénéfices non commerciaux (BNC). En ce qui concerne l'imposition des revenus tirés de la **location meublée** ou **équipée**, voir n° 62200.

DÉTERMINATION DES RÉSULTATS DE LA SOCIÉTÉ

62010 Le revenu foncier imposable déterminé au niveau de la société civile est égal, chaque année, à la différence entre :

– le total des **recettes** perçues par la société à raison des immeubles loués (CGI art. 29) : loyers encaissés, recettes accessoires (par exemple, location du droit d'affichage) et recettes exceptionnelles (notamment subventions et indemnités d'assurances) ;

– et le total des **frais et charges** acquittés par la société en vue de l'acquisition ou de la conservation des revenus. Il s'agit notamment (CGI art. 31) : des dépenses d'entretien et de réparation des immeubles loués ; des dépenses d'amélioration effectuées dans les locaux d'habitation (dans les locaux professionnels ou commerciaux, les seules dépenses d'amélioration déductibles sont celles destinées à protéger ces locaux des effets de l'amiante ou à faciliter l'accueil des personnes handicapées) ; des intérêts des emprunts contractés pour l'acquisition, la construction, la conservation, la réparation ou l'amélioration des propriétés ; des frais de gestion et de garde ; des primes d'assurances ; des provisions pour charges de copropriété ; des dépenses payées pour le compte des locataires et restant définitivement à la charge de la société ; de certaines impositions (notamment des taxes foncières et taxes annexes). Les dépenses correspondant à des travaux de construction, reconstruction ou agrandissement ne sont en revanche pas déductibles.

> **Précisions a.** En présence d'un **loyer anormalement bas**, l'administration peut substituer au montant du loyer déclaré la valeur locative normale de l'immeuble, dès l'instant qu'un écart important existe entre ces deux termes et que le propriétaire n'est pas en mesure d'établir que des circonstances indépendantes de sa volonté font obstacle à la location de l'immeuble pour son prix normal. Cette possibilité de rectification a été confirmée par le Conseil d'État dans plusieurs décisions rendues à propos de loyers anormalement bas consentis le plus souvent par le propriétaire à des membres de sa famille (notamment CE 13-2-1980 n° 16937 : RJF 3/80 n° 221 ; CE 23-6-1986 n° 48466 : RJF 10/86 n° 892). Sur la **mise à disposition gratuite du bien**, voir n° 62025.
>
> **b.** Les **charges foncières** que la société est autorisée à déduire sont les mêmes que celles qu'un propriétaire direct pourrait passer en déduction : la détention en SCI ne permet pas de déduire de charges supplémentaires. En particulier, les **rémunérations** versées, le cas

échéant, à l'associé-gérant de la société ne sont pas déductibles. Lorsque des **travaux** d'entretien ou de réparation sont **effectués par le gérant ou les associés** de la SCI, la valeur de leur travail ne peut pas non plus être déduite des revenus fonciers de la société (mais le coût des matériaux justifié par des factures est déductible dans les conditions habituelles).

DÉCLARATION DE RÉSULTATS DE LA SOCIÉTÉ

La société civile qui donne en location nue des immeubles dont elle est propriétaire doit chaque année souscrire sa déclaration de résultats sur un **formulaire** spécial n° 2072. La période de déclaration des résultats est l'année civile ou l'exercice clos en cours d'année (BOI-RFPI-CHAMP-30-20 n° 165). La déclaration n° 2072 doit être adressée au service des impôts du lieu du principal établissement de la société, **au plus tard** le deuxième jour ouvré suivant le 1er mai de l'année suivante (CGI ann. III art. 46 C). Un délai supplémentaire de 15 jours calendaires est toutefois accordé par l'administration aux contribuables qui procèdent à une télétransmission de leur déclaration (BOI-RFPI-CHAMP-30-20 n° 230). La déclaration n° 2072 doit, en principe, être obligatoirement souscrite par **voie électronique** (CGI art. 1649 quater B quater, VI). 62012

> **Précisions** Deux formulaires distincts sont disponibles pour la souscription de la déclaration n° 2072 (chacun étant accompagné d'annexes) :
> – une **déclaration simplifiée** (n° 2072-S), que peuvent souscrire les sociétés dont les associés sont des particuliers et qui ne détiennent aucun immeuble en nue-propriété, aucun immeuble spécial (immeuble situé en secteur sauvegardé ou assimilé, ou classé monument historique ou assimilé), ni aucun immeuble pour lequel une option au titre d'un régime d'amortissement a été exercée ;
> – une **déclaration complète** (n° 2072-C), qui doit être souscrite dans les autres cas.

DÉTERMINATION DU REVENU IMPOSABLE DES ASSOCIÉS

Le résultat déterminé par la société est imposé à l'impôt sur le revenu entre les mains des associés présents à la clôture de l'exercice, chacun en proportion d'une **quote-part** correspondant à ses droits dans la société. Cette quote-part est déterminée selon les règles fixées par les statuts ou par toute convention conclue avant la clôture de l'exercice et conférant à l'un ou l'autre des associés des droits différents de ceux résultant des statuts (CE 26-4-1976 n° 93212 : RJF 6/76 n° 272 ; CE 6-10-2010 n° 307969 : RJF 1/11 n° 58). L'annulation d'une telle convention postérieurement aux années d'imposition ne peut pas affecter la règle en vertu de laquelle seuls sont redevables de l'impôt dû sur les résultats de l'exercice les associés présents dans la société à clôture de l'exercice (CE 20-7-2021 nos 434029 et 434030 : RJF 11/21 n° 1033). 62015

Des décisions prises en assemblée générale dérogeant de manière ponctuelle au pacte social ne revêtent pas un caractère léonin de nature à les réputer non écrites, même si elles ont pour effet d'exonérer certains associés de toute participation aux pertes pendant trois exercices consécutifs (CE 18-10-2022 n° 462497 : RJF 1/23 n° 37).

Le revenu foncier imposable de chaque associé peut être déterminé soit selon le **régime réel**, soit selon le régime simplifié d'imposition (« **micro-foncier** »). Le régime du micro-foncier consiste à appliquer aux recettes foncières brutes un abattement forfaitaire de 30 % représentatif de l'ensemble des charges foncières. Il peut s'appliquer à un associé à condition que, d'une part, ses revenus fonciers bruts, incluant la quote-part lui revenant dans les revenus fonciers de la société civile, ne dépassent pas 15 000 € par an, et d'autre part, qu'il loue lui-même, en direct, un ou plusieurs immeubles nus dont il est propriétaire (CGI art. 32). Le régime du micro-foncier ne peut toutefois pas s'appliquer, notamment, lorsque le contribuable, l'un des membres de son foyer fiscal ou la société civile donnent en location un monument historique ou un logement au titre duquel le contribuable bénéficie de déductions spécifiques prévues dans le cadre de différents régimes d'investissement locatif. 62017

En cas d'application du régime réel, les associés peuvent **déduire**, de la quote-part leur revenant dans les résultats de la société, les intérêts des emprunts qu'ils ont personnellement contractés pour l'acquisition de leurs droits sociaux : emprunts souscrits pour acheter les parts sociales ou pour acheter un bien apporté à la société, emprunts contractés pour payer les droits de succession afférents à la transmission par décès des parts sociales (BOI-RFPI-BASE-20-80 n° 130 ; CE 8-6-1990 n° 52745 : RJF 8-9/90 n° 1032). 62018

Lorsque la détermination du revenu net foncier fait apparaître un résultat négatif, le **déficit** constaté est, pour sa part résultant de la déduction de charges autres que des intérêts d'emprunt, **imputable sur le revenu global** des associés, chacun à hauteur de la quote-part correspondant à ses droits dans la société, dans une limite annuelle fixée en principe à 10 700 €

(CGI art. 156, I-3°). Cette limite est appréciée au niveau de chaque associé ; elle est globale pour tous les immeubles et parts possédés par un même associé et les membres de son foyer fiscal. Si le revenu global de l'associé est insuffisant pour absorber le déficit imputable lui revenant, dans la limite annuelle, l'excédent est imputable sur les revenus globaux des six années suivantes.

La **part** de déficit **non imputable sur le revenu global** des associés (fraction du déficit supérieure à la limite annuelle de 10 700 €, ainsi que celle correspondant aux intérêts d'emprunts) est imputable sur leurs revenus fonciers des dix années suivantes.

> **Précisions a.** Les déficits issus des charges foncières afférentes aux **immeubles historiques** productifs de revenus sont imputables sur le revenu global sans limitation de montant.
b. L'imputation des déficits fonciers sur le revenu global des associés n'est définitivement acquise que si la société maintient l'**affectation des immeubles** à la location nue jusqu'au 31 décembre de la troisième année suivant celle au titre de laquelle l'imputation est pratiquée. Lorsque cette condition n'est pas respectée, le revenu global et les revenus fonciers des trois années qui précèdent l'année de cessation de la location sont reconstitués selon les modalités applicables en cas d'imputation du déficit, non sur le revenu global, mais sur les seuls revenus fonciers (CE sect. 26-4-2017 n° 400441 : RJF 7/17 n° 659).
Les associés doivent **conserver leurs parts** pendant la même durée. La cession des parts avant l'expiration du délai de trois ans entraîne la reprise de l'imputation sur le revenu global même si la société continue à respecter l'affectation de l'immeuble à la location.
Il n'y a toutefois pas de remise en cause en cas de **décès, invalidité** ou **perte d'emploi** de l'associé ou de son conjoint, ou d'**expropriation** de l'immeuble pour cause d'utilité publique (BOI-RFPI-BASE-30-20 n°s 270 s.).
c. Après **divorce ou séparation** entraînant une imposition distincte, chacun des époux impute la moitié des déficits fonciers reportables provenant des immeubles communs, y compris lorsque ces biens étaient détenus par l'intermédiaire d'une SCI dont toutes les parts étaient, même inégalement, possédées par les époux en communauté (CAA Lyon 30-9-2010 n° 09/2080 : RJF 1/11 n° 44).
d. La **limite annuelle d'imputation du déficit foncier** sur le revenu global est temporairement rehaussée, sans pouvoir excéder 21 400 € par an, à concurrence du montant des dépenses déductibles de travaux de rénovation énergétique payées entre le 1er janvier 2023 et le 31 décembre 2025 permettant à un bien de passer d'une classe énergétique E, F ou G à une classe énergétique A, B, C ou D (CGI art. 156, I-3°-al. 4). Si le contribuable ne justifie pas du nouveau classement de performance énergétique du bien au plus tard le 31 décembre 2025, le revenu foncier et le revenu global des années de déduction des dépenses de travaux sont reconstitués selon les modalités applicables en l'absence de rehaussement de la limite d'imputation.

DÉCLARATION DE REVENUS DES ASSOCIÉS

62022 Chaque associé doit porter dans sa propre déclaration de revenus la quote-part qui lui revient dans les résultats de la société.

S'il n'a pas d'autres revenus fonciers que ceux procurés par la possession de parts de SCI non passibles de l'impôt sur les sociétés, il porte directement cette quote-part sur sa **déclaration d'ensemble n° 2042**. Il est tenu de fournir une note annexe à sa déclaration indiquant les coordonnées de la ou les sociétés dont il détient les parts, les revenus par société et éventuellement le montant des intérêts de ses emprunts personnels (BOI-RFPI-CHAMP-30-20 n° 260).

S'il dispose d'autres revenus fonciers, il doit en principe souscrire une **déclaration des revenus fonciers n° 2044** en annexe à sa déclaration d'ensemble n° 2042, avec le détail du calcul du revenu net foncier.

Toutefois, si l'ensemble de ses revenus bruts fonciers (incluant sa quote-part dans les revenus bruts de la société civile) ne dépasse pas 15 000 €, il peut se dispenser de la déclaration n° 2044 s'il souhaite bénéficier du régime du micro-foncier (voir n° 62017). Dans ce cas, il porte sur sa déclaration n° 2042 la somme de ses revenus bruts fonciers et l'administration appliquera automatiquement l'abattement de 30 % représentatif des charges.

CAS PARTICULIERS

62025 **Logement mis à la disposition gratuite des associés** Lorsqu'une société civile immobilière relevant du régime fiscal des sociétés de personnes met un logement dont elle est propriétaire à la disposition gratuite d'un ou plusieurs de ses associés, elle est considérée comme se réservant la jouissance de ce logement (BOI-RFPI-CHAMP-30-20 n° 170). Elle n'est pas

imposée sur le loyer théorique que l'immeuble lui aurait rapporté s'il avait été loué et n'a donc aucune **recette** à déclarer au titre de cet immeuble (CGI art. 15, II).
En contrepartie, la SCI ne peut déduire aucune **charge** de nature foncière sur l'immeuble occupé gratuitement par ses associés : ni les intérêts de l'emprunt contracté pour l'achat de l'immeuble, ni les dépenses d'entretien, ni les travaux de réparation, ni aucune autre charge ne peuvent, au titre de cet immeuble, être déduits des revenus fonciers de la société.
Si la SCI n'a pas d'autres immeubles que ceux mis à la disposition gratuite de ses associés, elle n'est en principe tenue de souscrire une **déclaration** de résultats n° 2072 qu'au titre de l'année de sa constitution. Elle en est dispensée pour les années suivantes à condition (BOI-RFPI-CHAMP-30-20 n° 240) :
– qu'aucune modification n'intervienne dans la répartition de son capital, la liste des immeubles dont elle est propriétaire et leurs conditions d'occupation ;
– qu'elle ne perçoive aucun revenu (y compris des produits financiers) ;
– qu'aucune rémunération ne soit versée aux associés, que ce soit en contrepartie d'un dépôt en compte courant ou d'une activité (gérance, par exemple), et ce quelles que soient les modalités de la rémunération (paiement direct ou avantage en nature).
L'administration fiscale autorise la SCI qui remplit ces conditions à souscrire son unique déclaration n° 2072 au format papier (BOI-RFPI-CHAMP-30-20 n° 230).

> **Précisions** **a.** La mise à disposition gratuite de locaux d'habitation **au profit de tiers** suit le même régime que celle au profit des associés de la société : la valeur locative de ces logements ne doit pas être déclarée (en ce sens, BOI-RFPI-CHAMP-30-20 n° 170 ; CE 27-10-1999 n° 172940 : RJF 12/99 n° 1597).
b. Lorsque la société concède gratuitement aux associés ou à des tiers la jouissance d'un **immeuble non affecté à l'habitation**, la valeur locative correspondante est imposable. En contrepartie, la société peut déduire, dans les conditions de droit commun, les dépenses qui se rapportent à ces locaux.

Dispositifs spéciaux Le fait qu'un immeuble soit détenu par une SCI (non soumise à l'impôt sur les sociétés) ne fait en **principe** pas obstacle à l'application des dispositifs spéciaux accordant aux propriétaires des avantages fiscaux moyennant le respect de certains engagements. Les associés d'une SCI peuvent notamment bénéficier, pour les investissements réalisés par l'intermédiaire de la société, des dispositifs « Duflot-Pinel » ou « Denormandie ». **62030**
Lorsque l'immeuble est détenu par une SCI, le bénéfice de certains dispositifs peut toutefois être soumis à des **conditions supplémentaires** : par exemple, pour que les associés d'une SCI puissent bénéficier du régime des monuments historiques, il est nécessaire que tous les associés soient membres d'une même famille, ou que la SCI affecte le monument historique qu'elle détient, dans certaines conditions, à un espace culturel non commercial ouvert au public pendant au moins 15 ans, ou à l'habitation pour au moins 75 % de ses surfaces habitables. Par membres d'une même famille, il faut entendre les personnes parentes en ligne directe (enfants, petits-enfants, parents, grands-parents, etc.), les frères et sœurs, leurs conjoints et les enfants de ces différentes personnes, sans limitation du degré de parenté ; en particulier, les immeubles détenus par des SCI de famille dont les associés appartiennent à plusieurs générations ouvrent droit au régime (BOI-RFPI-SPEC-30-30 n° 290).

Pour que ses associés puissent bénéficier de ces dispositifs, c'est à la société de souscrire l'**engagement de location et**, le cas échéant, **de conservation du bien immobilier** dans les conditions exigées par les textes. **62040**
De leur côté, les associés qui entendent bénéficier d'un dispositif de faveur doivent s'engager à **conserver leurs parts** dans la société jusqu'à l'expiration de la période couverte par l'engagement de location.

b. Plus-values immobilières

OPÉRATIONS CONCERNÉES

Le gain réalisé à l'occasion de la vente par la société civile d'un bien immeuble (immeuble d'habitation, immeuble commercial, terrain, etc.) est en principe, dès la vente, imposé selon le régime des plus-values immobilières privées (CGI art. 150 U s.). **62050**

ATTENTION

Le régime des plus-values immobilières ne s'applique qu'à condition que les ventes réalisées par la société civile restent exceptionnelles. Les SCI qui se livrent à des **opérations habituelles d'achat en vue de la revente** d'immeubles sont soumises à l'impôt sur les sociétés (n° 62200).

EXONÉRATIONS

62055 Les exonérations prévues dans le cadre du régime d'imposition des plus-values immobilières réalisées par les personnes physiques sont en principe applicables aux plus-values réalisées par l'intermédiaire d'une SCI.
Ainsi, l'associé de la SCI qui occupe, à titre de **résidence principale**, un immeuble ou une partie d'immeuble appartenant à cette société et que celle-ci met gratuitement à sa disposition bénéficie, en cas de cession par la SCI de cet immeuble ou de cette partie d'immeuble, de l'exonération dont il aurait bénéficié s'il en avait été lui-même propriétaire. La plus-value de cession est alors exonérée, pour la fraction de l'immeuble occupée par l'associé à titre de résidence principale, à hauteur de la quote-part qui correspond aux droits de cet associé. Par exemple, un associé qui détient une participation de 80 % dans une SCI et occupe à titre de résidence principale un appartement situé dans un immeuble appartenant à la société représentant 60 % de cet immeuble bénéficie, en cas de cession de l'immeuble, de l'exonération à hauteur de 80 % de 60 %, soit 48 % de la plus-value globale.
Les plus-values réalisées au titre de la **première cession d'un logement autre que la résidence principale** sont exonérées à la double condition que le cédant n'ait pas été propriétaire de sa résidence principale, directement ou par personne interposée, au cours des quatre années précédant la cession et qu'il remploie le prix de cession dans l'acquisition ou la construction d'un logement qu'il affecte, dès son achèvement ou son acquisition si elle est postérieure, à son habitation principale (CGI art. 150 U, II-1° bis). Lorsqu'une SCI vend un logement, les conditions d'application de l'exonération s'apprécient au niveau de chaque associé. La circonstance que l'un des associés ne remplirait pas l'une des conditions pour bénéficier de l'exonération, ou n'en demanderait pas le bénéfice, est sans incidence sur la situation des autres associés. S'agissant du remploi, il peut être réalisé soit par chaque associé à titre individuel, soit par la société qui acquiert ou construit la résidence principale d'un ou plusieurs associés qui demandent le bénéfice de l'exonération (BOI-RFPI-PVI-10-40-30 n° 390).
Les plus-values de cessions d'immeubles, de parties d'immeubles ou de droits relatifs à ces biens réalisées par une SCI sont exonérées si leur **prix n'excède pas 15 000 €** (CGI art. 150 U, II-6°). Ce plafond s'apprécie bien par bien au niveau de la société (et non au niveau de chaque associé).
Les plus-values réalisées par la SCI bénéficient d'une exonération pour **durée de détention** lorsque l'immeuble a été détenu par la société pendant un certain délai avant d'être cédé (conséquence de l'application de l'abattement pour durée de détention examiné ci-après n° 62060).

> **Précisions** Selon l'administration, l'exonération générale des plus-values réalisées par les **retraités ou invalides de condition modeste** (CGI art. 150 U, III) ne bénéficie pas à l'associé d'une SCI dès lors que la plus-value, partiellement imposée à son nom, a été réalisée non par lui personnellement mais par la société propriétaire des immeubles cédés (BOI-RFPI-PVI-10-40-90 n° 60). En revanche, l'administration admet que l'associé d'une SCI qui a occupé à titre de résidence principale un immeuble appartenant à la société et qui entre dans un établissement spécialisé bénéficie, en cas de cession de l'immeuble par la société, de l'exonération prévue à l'article 150 U, II-1° ter du CGI (BOI-RFPI-PVI-10-40-20 n° 60).

CALCUL DE LA PLUS-VALUE

62058 La plus-value est calculée par différence entre le prix de vente de l'immeuble et son prix d'acquisition majoré de certains frais.
Le **prix de vente** à retenir est le prix indiqué dans l'acte, augmenté, le cas échéant, des charges en capital et indemnités stipulées dans le contrat de vente au profit de la société et diminué des frais de cession supportés par la société : commission de vente, frais de mainlevée d'hypothèque, certifications et diagnostics obligatoires (termites, amiante, etc.), honoraires d'architecte, indemnité d'éviction versée au locataire (CGI art. 150 VA).
Le **prix d'acquisition** s'entend du prix effectivement versé par la société lors de l'achat de l'immeuble, tel qu'il a été indiqué dans l'acte d'achat (CGI art. 150 VB, I). Pour les immeubles qui ont été apportés par les associés, le prix d'achat correspond à la valeur d'apport.
Les **frais à ajouter au prix d'acquisition** sont essentiellement (CGI art. 150 VB, II) :
– les frais d'acquisition (droits d'enregistrement, honoraires du notaire, commissions versées aux intermédiaires). La société peut les estimer forfaitairement à 7,5 % du prix d'acquisition ;
– les dépenses de construction, reconstruction, agrandissement et amélioration que la société a payées et qu'elle est en mesure de justifier, à l'exclusion de celles ayant le caractère de dépenses locatives et de celles qui ont été prises en compte pour la détermination des revenus fonciers imposables au nom des associés (ou qui ont permis aux associés de bénéficier d'une réduction ou d'un crédit d'impôt). Si la société vend un immeuble bâti qu'elle détient depuis plus de cinq

ans, elle peut évaluer les travaux forfaitairement à 15 % du prix d'acquisition ; selon le Conseil d'État, ce forfait ne s'applique toutefois que si des travaux ont effectivement été engagés sur l'immeuble (CE (na) 25-3-2019 n° 422943 : RJF 10/19 n° 919).

Lorsque la vente porte sur un immeuble détenu par la société depuis plus de cinq ans, la plus-value est réduite d'un **abattement pour durée de détention** (CGI art. 150 VC, I). 62060

L'abattement se calcule par périodes de 12 mois depuis la date d'acquisition de l'immeuble jusqu'à la date de sa cession, en faisant abstraction des fractions d'années. La date d'acquisition à retenir est la date d'entrée de l'immeuble dans le patrimoine de la société (date de l'apport par les associés ou date de l'achat par la société). Ne sont pas pris en considération la circonstance que certains associés aient pu acquérir leurs parts avant ou après cette date ou le fait que l'immeuble ait fait partie du patrimoine personnel d'un des associés avant cette date.

Le taux et la cadence de l'abattement pour durée de détention sont exposés n° 61478.

> **Précisions** À titre temporaire, et sous réserve du respect d'un certain nombre de conditions relatives notamment à la localisation de l'immeuble cédé, un **abattement exceptionnel** (de 60 %, 75 % ou 85 %) est susceptible de s'appliquer, quelle que soit la durée de détention, aux plus-values de cession **d'immeubles bâtis** lorsque l'acquéreur s'engage à démolir les constructions existantes pour reconstruire des bâtiments d'habitation collectifs répondant à certaines prescriptions. Cet abattement devrait être susceptible de s'appliquer aux plus-values réalisées par une SCI (en ce sens, BOI-RFPI-PVI-20-20 n° 220).

DÉCLARATION ET MODALITÉS D'IMPOSITION

La plus-value taxable doit être déclarée sur un imprimé n° 2048-IMM par le gérant de la société ou son mandataire. La **déclaration** est déposée en un seul exemplaire au service chargé de la publicité foncière à l'appui de la demande de publication, dans le mois qui suit la date de l'acte notarié constatant la vente. Elle mentionne le nom de tous les associés présents à la date de la vente et la quote-part leur revenant. Cette quote-part doit être reportée par chaque associé concerné sur sa déclaration d'ensemble n° 2042. 62070

Lorsque la plus-value est exonérée (notamment par l'effet de l'abattement pour durée de détention), aucune déclaration ne doit être déposée.

La plus-value nette imposable est soumise à l'impôt sur le revenu au **taux** proportionnel de 19 %. À cette imposition s'ajoute, pour les plus-values supérieures à 50 000 €, une taxe comprise, dans le cas général, entre 2 % et 6 % en fonction du montant de la plus-value imposable (CGI art. 1609 nonies G). Les prélèvements sociaux sont dus au taux global de 17,2 %.

Le **paiement de l'impôt** doit être effectué en même temps que la déclaration n° 2048-IMM. En d'autres termes, il est demandé à la société d'acquitter l'impôt dont la charge incombe à ses membres (l'impôt acquitté par la société étant libératoire de l'impôt sur le revenu afférent à la plus-value dû par les associés). Les associés restant les redevables légaux de l'impôt, même s'il a été acquitté par la société, l'administration ne peut mettre en recouvrement d'éventuels compléments d'imposition qu'au nom des associés présents à la date de cession de l'immeuble (CE 11-4-2018 n° 409827 : RJF 7/18 n° 758).

CONSEIL

En pratique, c'est le notaire chargé de la vente qui effectue la déclaration et le paiement de l'impôt pour le compte de la société. Il prélève sur le prix versé par l'acheteur le montant de l'impôt dû sur la plus-value, ainsi que des **frais de formalités**. Ces derniers sont en principe supportés par l'acheteur mais celui-ci peut en demander le remboursement au vendeur. Pour éviter toute incertitude, mieux vaut prévoir dans l'acte de vente qui supporte ces frais, sans recours possible contre l'autre partie.

Moins-value En principe, il n'y a pas de **compensation** entre les plus-values immobilières et les pertes, ou moins-values, de même nature. Lorsqu'une opération immobilière dégage une moins-value, celle-ci n'est imputable ni sur des plus-values de même nature ni sur le revenu des associés (CGI art. 150 VD, I). 62072

Une seule exception est prévue par la loi (CGI art. 150 VD, II) : en cas de vente en bloc d'un immeuble acquis par fractions successives, les moins-values (réduites de l'abattement pour durée de détention au-delà de la cinquième année) peuvent s'imputer sur les plus-values à condition que la vente soit constatée dans le même acte et intervienne entre les mêmes parties. Une compensation est ainsi opérée entre les plus-values et les moins-values dégagées pour les différentes fractions. Sont notamment concernées la vente d'un immeuble dont la société a acquis la nue-propriété puis l'usufruit, ainsi que la vente d'un appartement provenant de la fusion de deux appartements acquis à des dates différentes.

Aucune **déclaration** n'est déposée si l'opération se solde par une moins-value. Une mention doit figurer dans l'acte de vente, précisant l'absence de taxation.

c. Revenus de capitaux mobiliers

REVENUS CONCERNÉS

62100 La société civile familiale est réputée personne interposée pour la taxation de ses revenus de capitaux mobiliers entre les mains de ses associés.

Ces revenus peuvent comprendre :

– des produits d'actions ou de parts sociales distribués par des sociétés françaises, c'est-à-dire essentiellement les bénéfices répartis sous forme de dividendes ;

– des produits de placements à revenu fixe : obligations et autres titres d'emprunts négociables, créances, dépôts, cautionnements et comptes courants, bons de caisse, bons du Trésor et assimilés ;

– des produits de valeurs mobilières étrangères.

D'une façon générale, lorsque les associés de la société civile familiale sont des personnes physiques, ces revenus sont déterminés et imposés comme s'ils étaient perçus directement par eux.

DÉTERMINATION DES RÉSULTATS

62105 Les **produits imposables** correspondent aux sommes (dividendes, intérêts) perçues par la société civile au cours de l'année considérée.

D'une façon générale, les **charges déductibles** correspondent aux dépenses réglées au cours de la même année et exposées en vue de l'acquisition ou la conservation du revenu, à l'exclusion de celles afférentes à l'acquisition et à la conservation du capital (CGI art. 13). La détention d'un portefeuille à travers une société civile créée pour le gérer ne modifie pas les règles applicables à la détermination des charges afférentes à ce portefeuille.

Sont notamment déductibles, pour leur montant réel et justifié (BOI-RPPM-RCM-20-10-20-70 n° 30) :

– les droits de garde des titres en portefeuille ;

– les frais d'encaissement des coupons ;

– les primes d'assurance relatives aux valeurs mobilières, dans la mesure où l'objet du contrat n'est pas de couvrir le risque de dépréciation.

L'administration admet également la déduction du salaire versé à un employé pour les opérations exclusives de perception des revenus (surveillance des dates d'échéance des revenus, vérification des tirages et encaissement des revenus).

En revanche, selon la jurisprudence, les commissions versées par un contribuable à son mandataire en cas de gestion sous mandat du portefeuille ne sont pas déductibles au motif que celles-ci, calculées en fonction de la valeur du portefeuille, rémunèrent une activité destinée à maintenir et à augmenter la valeur du patrimoine (CAA Paris 21-9-2016 n° 15PA01150 : RJF 7/17 n° 658).

Les frais de courtage, les intérêts d'emprunt contractés pour l'acquisition des titres et les frais d'abonnement à des revues financières ne sont pas admis en déduction des revenus imposables (BOI-RPPM-RCM-20-10-20-70 n° 50). Le résultat ne peut pas non plus être affecté des moins-values latentes sur les titres : aucune provision pour dépréciation ne peut être constituée.

› Précisions a. Les **frais se rapportant à des revenus exonérés** ou soumis à un **prélèvement libératoire** de l'impôt sur le revenu (notamment au prélèvement forfaitaire unique de 12,8 %) ou à une **imposition forfaitaire** ne sont pas déductibles (BOI-RPPM-RCM-20-10-20-70 n° 10). Il en est de même, selon l'administration, des frais de garde de titres d'OPCVM de capitalisation qui ne distribuent pas de revenus. Lorsque les **droits de garde** sont **déterminés de façon forfaitaire**, une attestation bancaire ventilant, par nature, les valeurs composant le portefeuille et ayant servi de base à la détermination des droits (valeurs productives de revenus imposables à l'impôt sur le revenu ou susceptibles d'en produire ; valeurs non productives de revenus ; valeurs productives de revenus exonérés d'impôt sur le revenu ou soumis à prélèvement forfaitaire) doit pouvoir être fournie au service des impôts ; à défaut, les droits de garde ne peuvent être déduits des revenus de capitaux mobiliers (BOI-RPPM-RCM-20-10-20-70 n° 30).

b. Les **déficits** constatés, le cas échéant, dans la catégorie des revenus de capitaux mobiliers (hypothèse où les frais sont supérieurs au montant du revenu brut) ne sont pas imputables sur le revenu global des personnes physiques. Ils peuvent cependant être imputés sur les revenus de même nature des six années suivantes (CGI art. 156, I-8°).

MODALITÉS D'IMPOSITION

Le résultat déterminé au niveau de la société civile est imposé à l'impôt sur le revenu entre les mains de ses associés, chacun en proportion d'une **quote-part** correspondant à ses droits dans la société. Cette quote-part est déterminée selon les règles fixées par les statuts ou par toute convention ayant pour objet de conférer à l'un ou l'autre des associés des droits différents de ceux prévus dans les statuts. **62110**

En ce qui concerne le **fait générateur** de l'impôt, il y a lieu de considérer que chacun des associés s'approprie la quote-part des revenus du portefeuille correspondant à ses droits dans la société civile le jour même où celle-ci les a encaissés ou a été créditée en compte de leur montant (CGI ann. II art. 79, 4). Il s'agit là d'une dérogation au principe général selon lequel, dans les sociétés de personnes, la part des résultats sociaux qui revient à chaque associé doit être regardée comme acquise à la clôture de l'exercice. Il en résulte qu'en cas de changement d'associés en cours d'année, les nouveaux associés ne sont imposés que sur les revenus encaissés après leur entrée dans la société.

> **Précisions** Le Conseil d'État considère que les associés personnes physiques d'une société de gestion de portefeuille non soumise à l'impôt sur les sociétés ne sont pas imposables sur les plus-values latentes issues d'une **réévaluation libre des actifs mobiliers** de la société bien que ces sommes aient été inscrites au compte courant des associés (CE 14-4-2022 n°s 454264, 454265 et 454266 : RJF 7/22 n° 650).

Dividendes L'année de leur versement, les dividendes provenant de distributions régulières effectuées par des sociétés passibles de l'IS ou d'un impôt équivalent font l'objet d'un **prélèvement à la source** non libératoire opéré par l'établissement payeur au taux de 12,8 %, calculé sur leur montant brut (CGI art. 117 quater). Ce prélèvement constitue un acompte d'impôt sur le revenu imputable sur l'impôt dû par les associés l'année suivante ; s'il excède l'impôt dû, l'excédent est restitué. Les associés appartenant à un foyer fiscal dont le revenu fiscal de référence est inférieur à 50 000 € (pour les célibataires, divorcés ou veufs) ou 75 000 € (pour les contribuables soumis à imposition commune) peuvent toutefois être dispensés du prélèvement à la source, à leur demande. Les prélèvements sociaux sont également opérés, en règle générale, à la source par l'établissement payeur au taux de 17,2 %. **62115**

L'année suivante, l'impôt sur le revenu est liquidé à partir des éléments portés sur la déclaration de revenus du contribuable. Les dividendes sont en principe soumis de plein droit au **prélèvement forfaitaire unique** (PFU) au taux de 12,8 %, qui s'applique sur leur montant brut. Le contribuable peut toutefois opter dans sa déclaration de revenus pour l'application du **barème progressif** par tranches de l'impôt sur le revenu. Cette option est globale et porte sur l'ensemble des revenus et gains entrant dans le champ d'application du PFU. En cas d'option pour le barème progressif, les dividendes bénéficient d'un abattement de 40 %, non plafonné (CGI art. 158, 3-2°) et une fraction de la CSG prélevée (à hauteur de 6,8 points) est déductible du revenu global imposable de l'année de son paiement. Sur la possibilité d'exercer l'option pour l'imposition au barème progressif après le dépôt de la déclaration, voir n° 61495, précisions, b.

Produits d'obligations et autres placements à revenu fixe L'année de leur versement, les revenus de ces placements font l'objet d'un **prélèvement à la source** non libératoire opéré par l'établissement payeur au taux de 12,8 % (CGI art. 125 A). Ce prélèvement constitue un acompte d'impôt sur le revenu imputable sur l'impôt dû par les associés l'année suivante ; s'il excède l'impôt dû, l'excédent est restitué. Les associés appartenant à un foyer fiscal dont le revenu fiscal de référence est inférieur à 25 000 € (pour les célibataires, divorcés ou veufs) ou 50 000 € (pour les contribuables soumis à imposition commune) peuvent toutefois demander à être dispensés du prélèvement à la source. Les prélèvements sociaux sont également opérés, en règle générale, à la source par l'établissement payeur au taux de 17,2 %. **62120**

L'année suivante, l'impôt sur le revenu est liquidé à partir des éléments portés sur la déclaration de revenus du contribuable. Les intérêts sont en principe soumis de plein droit au **prélèvement forfaitaire unique** (PFU) au taux de 12,8 %. Le contribuable peut toutefois opter dans sa déclaration pour l'application du **barème progressif** par tranches de l'impôt sur le revenu. Cette option est globale et porte sur l'ensemble des revenus et gains entrant dans le champ d'application du PFU. En cas d'option pour l'application du barème progressif, une fraction de la CSG prélevée (à hauteur de 6,8 points) est déductible du revenu global imposable de l'année de son paiement. Sur la possibilité d'exercer l'option pour l'imposition au barème progressif après le dépôt de la déclaration, voir n° 61495, précisions, b.

DÉCLARATIONS

62125 **Déclaration IFU** La société civile jouant le rôle d'établissement payeur pour les dividendes et revenus assimilés, les produits d'obligations et autres produits de placements à revenu fixe qu'elle perçoit, elle doit souscrire, **au plus tard le 15 février** de chaque année, une déclaration des paiements de revenus mobiliers couramment appelée « imprimé fiscal unique » ou « IFU » qui récapitule les sommes payées l'année précédente. La déclaration est nominative et la société doit en établir **une pour chaque associé**, à raison des revenus qui lui reviennent.
La déclaration est obligatoirement établie sur **support informatique** quel que soit le nombre de bénéficiaires ou les montants déclarés. Elle doit être déposée soit selon le mode EFI (déclaration saisie en ligne via l'application Télé-TD), soit par transmission d'un fichier informatique selon le mode EDI.
La déclaration se compose :
– d'un formulaire n° 2561, seul souscrit si la société n'a réalisé que les opérations les plus courantes (perception de dividendes, revenus de créances, dépôts et cautionnements, etc.) ;
– d'un formulaire n° 2561 bis, souscrit si la société a réalisé des opérations « particulières » (opérations sur les instruments financiers à terme, par exemple) ;
– d'un formulaire n° 2561 ter, qui doit être transmis à l'associé.

> **Précisions** Le **défaut de déclaration** ainsi que les **omissions** ou **inexactitudes** portant sur les sommes à déclarer sont en principe sanctionnés par une amende fiscale égale à 50 % du montant des sommes non déclarées (CGI art. 1736, I). Toutefois, aucune sanction n'est appliquée en cas de première infraction commise durant l'année en cours et les trois précédentes lorsque la société tenue de souscrire la déclaration répare son omission soit spontanément, soit à la première demande de l'administration avant la fin de l'année au cours de laquelle la déclaration devait être souscrite. D'autre part, l'amende est plafonnée à 750 € par déclaration lorsque les revenus distribués sont déclarés à tort comme non éligibles à l'abattement de 40 %. Le **non-respect** de l'obligation de **transmission sur support informatique** est sanctionné par une amende de 15 € par bénéficiaire des sommes déclarées (CGI art. 1738, 2).

62128 **Déclaration relative aux prélèvements sur revenus mobiliers** La société civile jouant le rôle d'établissement payeur pour les revenus de capitaux mobiliers qu'elle perçoit, elle doit souscrire auprès du service des impôts des entreprises dont elle dépend, au plus tard le 15 du mois suivant le paiement des revenus, la **déclaration n° 2777-SD** relative aux prélèvements opérés à la source sur ces revenus (prélèvement de 12,8 % sur les produits des actions et parts sociales ainsi que sur les produits d'obligations et autres placements à revenu fixe). La déclaration n° 2777-SD sert également de déclaration pour les prélèvements sociaux opérés à la source sur ces mêmes revenus.
La télédéclaration de la déclaration n° 2777-SD et le télépaiement correspondant sont obligatoires (CGI art. 1649 quater B quater, VIII et IX et 1681 septies, 7). Le non-respect de ces obligations est sanctionné par une majoration de 0,2 %, selon le cas, du montant des droits correspondant aux déclarations déposées selon un autre procédé ou du montant des sommes dont le versement a été effectué selon un autre mode de paiement.

62130 **Déclaration des associés** Chacun des associés doit porter, sur sa déclaration annuelle de revenus n° 2042, la part lui revenant dans les revenus de valeurs mobilières encaissés par la société civile.

d. Plus-values sur titres

OPÉRATIONS CONCERNÉES

62150 La société civile est réputée personne interposée pour la vente des titres qu'elle détient en portefeuille : les plus-values de cession sont imposables entre les mains des associés, chacun en proportion de ses droits dans la société.
Les plus-values réalisées relèvent du régime général des **plus-values sur valeurs mobilières et droits sociaux** (CGI art. 150-0 A s.), à l'**exception** :
– des plus-values sur titres de sociétés transparentes et de sociétés à prépondérance immobilière non soumises à l'impôt sur les sociétés, qui relèvent du régime des plus-values immobilières ;
– des plus-values sur bons de caisse, bons du Trésor, bons de capitalisation et titres de créances négociables (certificats de dépôt, billets de trésorerie), qui sont soumises à l'impôt sur le revenu en tant que revenus de créances.

> **Précisions** Exceptionnellement, lorsqu'elles résultent d'opérations de bourse effectuées dans des conditions analogues à celles qui caractérisent une activité exercée par une personne se livrant à titre professionnel à ce type d'opérations, les plus-values sont imposables dans la catégorie des bénéfices non commerciaux (CGI art. 92, 2-1°). Une telle imposition est toutefois limitée aux cas d'**opérations nombreuses et sophistiquées** impliquant la maîtrise et l'usage d'informations et de techniques d'intervention spécialisées. Elle est en outre écartée lorsque la gestion du portefeuille est confiée par **mandat** à un tiers (CE 25-4-2003 n° 231084 : RJF 7/03 n° 836 ; BOI-BNC-CHAMP-10-10-20-10 n° 40).
> En tout état de cause, la réalisation de telles opérations n'est pas susceptible d'entraîner l'assujettissement à l'IS de la société. Il n'en irait différemment que si la société civile pouvait être considérée comme **achetant habituellement**, en vue de les revendre, **des actions ou parts de sociétés immobilières** au sens de l'article 35, I-1° du CGI : dans ce cas en effet, elle serait réputée exercer l'activité de marchand de biens, activité commerciale qui entraînerait son assujettissement à l'IS (voir n° 62200).

SURSIS D'IMPOSITION

Les plus-values réalisées à l'occasion de certaines **opérations d'échange** auxquelles participe la société civile bénéficient d'un sursis d'imposition qui s'applique automatiquement, sans qu'il soit nécessaire d'en faire la demande. Le sursis permet de différer l'imposition de la plus-value constatée lors de l'échange : cette imposition interviendra lors de la vente des titres reçus en échange, le montant de la plus-value étant alors calculé à partir de la valeur des titres d'origine. **62160**
Il en est ainsi pour les échanges de titres résultant d'opérations d'offre publique, de fusion, de scission, d'absorption d'un FCP par une Sicav ou encore d'opérations de conversion (sont visées les opérations de conversion ou d'échange d'obligations en actions ainsi que les remboursements en actions d'obligations remboursables en actions), de division ou de regroupement de titres.

> **Précisions** En cas d'**échange avec soulte**, le sursis d'imposition est subordonné à la condition que le montant de la soulte (lequel comprend le cas échéant le complément de prix perçu en numéraire) n'excède pas 10 % de la valeur nominale des titres reçus. La plus-value est toutefois imposée à hauteur de cette soulte l'année de l'échange. Deux situations doivent être distinguées (BOI-RPPM-PVBMI-30-10-20-20 n° 40) :
> – soit la plus-value d'échange, retenue pour son montant brut, est supérieure au montant de la soulte reçue : le montant total de la soulte est imposé immédiatement (le sursis d'imposition ne s'appliquant qu'à la différence entre le montant de la plus-value et celui de la soulte) ;
> – soit la plus-value d'échange est inférieure ou égale à la soulte reçue : la totalité de la plus-value réalisée (représentant une fraction du montant de la soulte) fait l'objet d'une imposition immédiate ; en pratique, le sursis d'imposition ne trouve pas à s'appliquer.

CALCUL DE LA PLUS-VALUE

La plus-value imposable est calculée au niveau de la société civile, par différence entre, d'une part, le **prix de vente** des titres diminué du montant des frais payés par la société à l'occasion de la vente (commissions d'intermédiaires, honoraires versés aux experts chargés de l'évaluation des titres, etc.) et, d'autre part, leur **prix d'achat** augmenté des frais liés à l'acquisition. Pour les titres reçus en apport par la société, le prix d'acquisition à retenir correspond à la valeur réelle des titres lors de l'apport. **62165**
Lorsque la cession porte sur des titres acquis ou souscrits par la société avant le 1er janvier 2018, les associés qui optent pour l'application du barème progressif de l'impôt sur le revenu pour l'imposition de leurs revenus et gains financiers (voir ci-après n° 62172) peuvent bénéficier, au titre de la plus-value imposable à leur nom, de l'**abattement pour durée de détention** visé n° 61494. Cet abattement est calculé en fonction de la durée de détention des titres par la société.

MODALITÉS D'IMPOSITION

Les plus-values réalisées par la société civile sont imposées à l'impôt sur le revenu entre les mains de ses associés, chacun en proportion d'une **quote-part** correspondant à ses droits dans la société. Ainsi, l'associé qui détient 50 % des parts de la société civile est imposable sur la moitié des plus-values réalisées par la société, sauf convention prévoyant une répartition différente. **62170**
Les associés imposables sont ceux présents dans la société **à la date de la cession**, la société civile étant réputée verser à chacun de ses associés la quote-part des revenus correspondant à ses droits le jour même où celle-ci les a encaissés ou a été créditée en compte de leur montant (CGI ann. II art. 79, 4) : un associé qui acquiert des parts d'une société civile de portefeuille en

cours d'année n'est imposable à l'impôt sur le revenu au titre de cette année que sur les plus-values réalisées par la société depuis la date d'acquisition de ses parts et à hauteur de ses droits dans la société au cours de cette période.

62172 Les plus-values réalisées par l'intermédiaire de la société sont soumises de plein droit au **prélèvement forfaitaire unique** (PFU) au taux global de 30 % (prélèvements sociaux au taux de 17,2 % inclus).

Les associés peuvent toutefois opter dans leur déclaration de revenus pour l'application du **barème progressif de l'impôt sur le revenu** (auquel s'ajoutent les prélèvements sociaux au taux de 17,2 %). Cette option est globale et porte sur l'ensemble des revenus et gains entrant dans le champ d'application du PFU. L'exercice de l'option peut notamment permettre aux associés de bénéficier des abattements pour durée de détention au titre des plus-values imposables en leur nom (voir ci-avant n° 62165). Sur la possibilité d'exercer l'option pour l'imposition au barème progressif après le dépôt de la déclaration, voir n° 61495, précisions, b.

> **Précisions** En cas d'option pour l'application du barème progressif, une **fraction de la CSG** prélevée (à hauteur de 6,8 points) est **déductible** du revenu global imposable de l'année de son paiement. Toutefois, pour les plus-values bénéficiant d'abattements en matière d'impôt sur le revenu, cette déductibilité est limitée à hauteur du rapport entre le montant du revenu soumis à cet impôt et le montant de ce revenu soumis à la CSG.

MOINS-VALUES

62175 Si la société constate une moins-value, cette moins-value, transmise aux associés en proportion de leurs droits, peut être utilisée par eux pour compenser des plus-values de même nature (plus-values sur valeurs mobilières et droits sociaux) réalisées au cours de la même année ou des dix années suivantes, dans les conditions détaillées n° 61496.

DÉCLARATIONS

62180 **Déclaration IFU** Toutes les personnes ou organismes qui interviennent pour des cessions de valeurs mobilières ou de droits sociaux entrant dans le champ d'application de l'article 150-0 A du CGI doivent porter sur l'imprimé fiscal unique le montant global des cessions effectuées pour chacun de leurs clients (ainsi que le montant des soultes reçues lors d'opérations d'échange ou d'apport entrant dans les prévisions des articles 150-0 B ou 150-0 B ter du CGI). La société civile interposée réalisant des opérations sur ces valeurs mobilières et titres doit donc déclarer dans les mêmes conditions que les intermédiaires financiers sur l'imprimé fiscal unique établi au nom de chaque associé (voir n° 62125) la quote-part du montant des ventes correspondant aux droits de celui-ci (CGI ann. II art. 74-0 J).

Cette obligation est indépendante de la déclaration des cessions de valeurs mobilières visée ci-après : la déclaration IFU ne comporte en effet que le montant brut des opérations, et non le montant de la plus-value éventuelle (le formulaire n° 2561 ter remis à l'associé peut comporter le montant des plus-values).

62185 **Déclaration des cessions de titres et droits sociaux** Lorsque la société civile réalise des cessions de valeurs mobilières et de droits sociaux imposables, elle est tenue aux mêmes obligations déclaratives que les personnes physiques : elle doit souscrire la **déclaration annuelle n° 2074** sur laquelle elle fait apparaître le montant global des cessions, le montant du gain net imposable (ou de la perte) assorti des éléments nécessaires à sa détermination et, le cas échéant, le montant de l'abattement pour durée de détention ainsi que les éléments nécessaires à sa détermination.

Elle doit en outre, en tant que personne interposée, fournir une **déclaration n° 2075** comportant (CGI ann. II art. 74-0 I) :

– les nom, prénoms et adresse des associés au 1er janvier de l'année de déclaration des revenus, le nombre de parts sociales dont ils étaient titulaires au 1er janvier de l'année d'imposition, la date des cessions ou des acquisitions de parts intervenues au cours de la même année, ainsi que l'identité du vendeur et de l'acquéreur ;

– la répartition entre chaque associé des éléments qui font l'objet de la déclaration n° 2074 : montant global des cessions réalisées par la société (compte non tenu des frais), montant du gain net dégagé par les opérations imposables de la société, assorti des justifications nécessaires à sa détermination ou des documents établis par l'intermédiaire qui gère le portefeuille de la société, montant de la soulte éventuellement perçue lors d'opérations d'échange ou d'apport réalisées dans les conditions prévues à l'article 150-0 B du CGI, montant de la soulte imposable au titre de ces opérations et le cas échéant, montant des abattements et des éléments nécessaires à leur détermination.

Déclaration des associés Le montant des plus-values de cessions de valeurs mobilières et de droits sociaux imposables doit faire l'objet d'une déclaration n° 2074 pour la part revenant à chaque associé dans les résultats de la société civile. 62190
Cette déclaration est jointe à la déclaration d'ensemble des revenus n° 2042 sur laquelle les plus-values imposables sont reportées.

2. SOCIÉTÉ SOUMISE À L'IS

CAS D'IMPOSITION OBLIGATOIRE À L'IS

La société civile est obligatoirement soumise à l'impôt sur les sociétés (sans possibilité d'option pour le régime des sociétés de personnes) lorsqu'elle se livre à des opérations considérées comme commerciales sur le plan fiscal (CGI art. 206, 2). 62200
Il en est ainsi notamment des sociétés civiles qui ont une activité de **marchand de biens**, c'est-à-dire qui, de façon habituelle, achètent en vue de les revendre des immeubles ou des actions ou parts de sociétés immobilières.
Il en est ainsi également des sociétés civiles qui donnent en location :
– des **locaux d'habitation meublés** (CGI art. 35, 5 bis), que cette location soit effectuée à titre habituel ou occasionnel ;
– des **établissements munis du mobilier et du matériel** nécessaires à leur exploitation. Pour cela, il n'est pas indispensable que la totalité du matériel soit fournie, l'essentiel suffit (notamment CE 1-10-1986 n° 22846 : RJF 11/86 n° 960 ; CE 29-1-1992 n° 73615 : RJF 3/92 n° 287 ; CE 16-5-2012 n° 323079 : RJF 8-9/12 n° 791).
Le caractère commercial d'une location est également avéré lorsque celle-ci constitue pour la société civile le moyen de participer à la gestion ou aux résultats de l'entreprise locataire, par exemple par la fixation d'un **loyer variant en fonction du bénéfice ou du chiffre d'affaires du locataire** (notamment CE 28-9-1984 n° 40666 : RJF 11/84 n° 1311 ; CE 9-12-1991 n° 65556 : RJF 2/92 n° 190).
L'administration admet toutefois que les sociétés civiles qui se livrent accessoirement à des opérations commerciales ne soient pas soumises à l'impôt sur les sociétés lorsque le **montant hors taxe de ces opérations n'excède pas 10 %** de leurs recettes totales hors taxe (BOI-IS-CHAMP-10-30 n° 320).

OPTION POUR L'IS

Lorsqu'elle n'y est pas obligatoirement soumise, la société civile peut opter pour l'impôt sur les sociétés (CGI art. 206, 3). 62205
L'option doit être **signée** dans les conditions prévues par les statuts. Si les statuts ne prévoient rien sur ce point, elle doit être signée par tous les associés. Jugé à cet égard, dans le cas d'une société civile constituée entre époux, que l'option signée par un seul des époux n'est pas valable, même si les époux sont mariés sous le régime de la communauté (CE 28-12-2007 n° 277370 : RJF 3/08 n° 282). Par ailleurs, en présence d'une société civile familiale détenue exclusivement par les parents et leurs enfants mineurs n'ayant pas la capacité juridique, la signature des deux parents, habilités pour les représenter et pour signer en leur nom, suffit pour l'exercice de l'option (CAA Douai 15-12-2022 n° 20DA01188 ; CE (na) 9e ch. 29-9-2023 n° 471407 : RJF 12/23 n° 878).
L'option doit être **notifiée au service des impôts** avant la fin du troisième mois de l'exercice au titre duquel la société souhaite être soumise pour la première fois à l'impôt sur les sociétés.

Les sociétés ayant opté pour l'impôt sur les sociétés peuvent **renoncer à cette option** jusqu'au cinquième exercice suivant celui au titre duquel l'option a été exercée. La renonciation à l'option doit être notifiée au service des impôts auprès duquel est souscrite la déclaration de résultats au plus tard à la fin du mois précédant la date limite de versement du premier acompte d'impôt sur les sociétés de l'exercice au titre duquel s'applique la renonciation. Les sociétés ayant ainsi renoncé à l'option ne peuvent plus, par la suite, opter à nouveau pour l'impôt sur les sociétés. 62206
En l'absence de renonciation dans ce délai, l'option pour l'impôt sur les sociétés devient **irrévocable**. La société civile ne peut plus revenir au régime des sociétés de personnes.

IMPOSITION DES BÉNÉFICES RÉALISÉS

De façon générale, les **revenus imposables** à l'IS correspondent aux revenus acquis par la société, qu'ils aient ou non été encaissés. Symétriquement, les **charges déductibles** correspondent aux charges engagées, qu'elles aient ou non été payées, sous réserve notamment qu'elles remplissent les conditions générales suivantes : 62210
– qu'elles se traduisent par une diminution de l'actif net de l'entreprise, ce qui conduit à distinguer frais généraux et coût d'acquisition des immobilisations ;

– qu'elles soient exposées dans l'intérêt de l'exploitation, autrement dit qu'elles se rattachent à une gestion normale ;
– qu'elles soient régulièrement comptabilisées en tant que telles et appuyées de pièces justificatives suffisantes.

62212 **Avantages du régime** Parmi les principaux avantages du régime, l'assujettissement à l'IS permet, en principe, de déduire l'ensemble des **intérêts des emprunts** contractés dans le cadre de l'activité de la société civile (par exemple, les intérêts des emprunts contractés pour l'acquisition des titres du portefeuille). Les intérêts versés à raison des sommes laissées en compte courant par les associés ne sont toutefois déductibles que dans certaines conditions et limites (voir n° 61763).

L'option pour l'IS permet à la société civile de constituer, le cas échéant, des **provisions** pour dépréciation (dépréciation des immeubles ou des titres qu'elle détient) et des provisions pour charges (provisions pour travaux notamment).

La société assujettie à l'IS peut également déduire des **amortissements** sur ses immeubles.

Elle peut enfin déduire les **rémunérations** versées à son gérant, même s'il est associé, pour autant que ces **rémunérations** correspondent à un travail effectif et ne soient pas exagérées. En contrepartie, le gérant associé est imposable sur cette rémunération, en principe dans la catégorie prévue à l'article 62 du CGI.

62215 Le bénéfice réalisé par la société soumise à l'IS est soumis à un **taux d'imposition réduit** de 15 % pour sa fraction qui n'excède pas 42 500 € par période de 12 mois, à condition que le chiffre d'affaires annuel de la société n'excède pas 10 M€ et que son capital soit entièrement libéré à la clôture de l'exercice concerné (CGI art. 219, I-b). La limite de 42 500 € s'applique pour l'imposition des résultats des exercices clos depuis le 31 décembre 2022.

La fraction de bénéfice imposable supérieure à 42 500 € est imposée au **taux normal** de l'IS, soit 25 %.

Tant que la société ne distribue pas son résultat à ses associés, ceux-ci ne subissent aucune imposition à leur niveau. L'option pour l'IS peut ainsi être très avantageuse en cas de **réinvestissement des bénéfices** dans la société, puisque ceux-ci ne supportent alors qu'un impôt de 15 % (ou au maximum de 25 %) alors que s'ils étaient imposés à l'impôt sur le revenu entre les mains des associés, ils pourraient être imposés jusqu'à 45 % (tranche la plus élevée du barème), voire 48 % ou 49 % avec la contribution exceptionnelle sur les hauts revenus, et supporteraient en outre 17,2 % de prélèvements sociaux.

62220 **Inconvénients du régime** La société soumise à l'IS est en principe imposable au titre des **dividendes** qu'elle perçoit, dans les conditions de droit commun (le régime de quasi-exonération dont bénéficient les dividendes versés par les filiales détenues à 5 % au moins de leur capital ne s'appliquant qu'exceptionnellement dans une société civile de patrimoine familiale). Les **produits des placements à revenu fixe** sont également imposés dans les conditions de droit commun de l'impôt sur les sociétés.

Les sociétés soumises à l'IS doivent par ailleurs évaluer les **parts ou actions d'OPCVM** (français ou étranger) qu'elles détiennent à la clôture de chaque exercice à leur valeur liquidative à cette date. L'écart d'évaluation, positif ou négatif, constaté par rapport à la valeur liquidative à l'ouverture de l'exercice, ou au prix d'acquisition pour les titres acquis en cours d'exercice, est compris dans le résultat imposable au taux plein. Cet écart prend notamment en compte les produits éventuellement capitalisés par l'organisme.

62222 Les **plus-values** réalisées par la société à l'occasion de la cession d'éléments d'actif sont généralement imposées dans les conditions et au taux de droit commun de l'impôt sur les sociétés. Les opérations susceptibles de bénéficier d'une exonération d'IS ou d'une taxation à un taux réduit sont en effet très limitées pour une société civile de patrimoine.

Les exonérations qui existent en matière de plus-values privées ne sont pas applicables, ce qui peut s'avérer particulièrement désavantageux.

62225 Enfin, lorsque la société constate des **déficits**, ceux-ci restent bloqués à son niveau et ne pourront être utilisés que pour compenser des bénéfices ultérieurs de la société, sans pouvoir remonter aux associés.

IMPOSITION DES BÉNÉFICES DISTRIBUÉS

62230 Lorsque les bénéfices qui ont été soumis à l'impôt sur les sociétés sont mis en distribution par la société civile, ses associés sont soumis à l'impôt sur le revenu dans la catégorie des revenus de capitaux mobiliers à raison des sommes qui leur reviennent. Les modalités d'imposition sont celles exposées n° 62115.

DÉCLARATION

Les sociétés assujetties à l'IS doivent souscrire chaque année leur déclaration de **résultats** sur un formulaire n° 2065-SD accompagné d'une annexe n° 2065 bis-SD. Cette déclaration doit obligatoirement être transmise par voie électronique (CGI art. 1649 quater B quater), en principe dans les trois mois de la clôture de l'exercice. Pour les sociétés qui arrêtent leur exercice le 31 décembre (ou lorsque aucun exercice n'est clos au cours d'une année), la date de dépôt de la déclaration est fixée au deuxième jour ouvré suivant le 1er mai (CGI art. 223). L'administration fiscale accorde toutefois un délai supplémentaire de 15 jours calendaires par rapport aux délais légaux pour la télétransmission de la déclaration de résultats (BOI-BIC-DECLA-30-10-10-20 n° 60). 62233

Les sociétés soumises à l'IS qui distribuent des **dividendes** ou versent des **intérêts** à leurs associés doivent souscrire une déclaration n° 2777-SD relative aux prélèvements opérés à la source sur ces revenus (n° 62128), ainsi que, pour chacun de leurs associés, une déclaration IFU (voir n° 62125). Ces dividendes et intérêts doivent être portés sur la déclaration annuelle de revenus n° 2042 souscrite par chaque associé.

AUTRES CONSÉQUENCES DE L'ASSUJETTISSEMENT À L'IS

Parmi les éléments à prendre en compte pour juger de l'opportunité d'une option pour l'impôt sur les sociétés, rappelons que des **droits d'enregistrement** sont exigibles sur les apports d'immeubles et de droits immobiliers consentis à une société passible de l'IS (n° 61444). 62235

Lorsque l'apport porte sur des valeurs mobilières et droits sociaux, l'assujettissement à l'IS de la société bénéficiaire permet à l'apporteur de bénéficier d'un report d'imposition de sa **plus-value d'apport** (n° 61492).

Par ailleurs, l'option pour l'IS modifie la fiscalité applicable en matière de **plus-value** à la **cession des parts** par l'associé d'une société à prépondérance immobilière (n° 62480).

À noter enfin que l'assujettissement à l'IS d'une SCI entraîne son assujettissement à la **contribution sur les revenus locatifs** (CRL). Cette contribution, qui frappe les produits des locations portant sur des immeubles achevés depuis au moins 15 ans, est égale à 2,5 % des recettes nettes de la location perçues au cours de la période d'imposition.

ATTENTION

Lorsqu'une SCI soumise à l'impôt sur les sociétés met un **immeuble** dont elle est propriétaire **à la disposition gratuite d'un ou plusieurs associés**, cette mise à disposition entraîne la taxation à l'IS du loyer théorique que l'immeuble aurait rapporté s'il avait été loué à un tiers (en contrepartie, la SCI peut déduire les charges qu'elle expose sur l'immeuble). En outre, l'avantage en nature qui correspond à la mise à disposition gratuite du logement constitue, pour l'associé qui en bénéficie, un revenu réputé distribué imposable dans la catégorie des revenus de capitaux mobiliers.

F. Obligations comptables

SOCIÉTÉ RELEVANT DU RÉGIME FISCAL DES SOCIÉTÉS DE PERSONNES

Les sociétés civiles relevant du régime fiscal des sociétés de personnes ne sont en principe tenues à aucune obligation comptable particulière. 62250

Toutefois, la plupart des statuts de sociétés civiles imposent la tenue d'une comptabilité.

Par ailleurs, la tenue d'un **minimum de comptabilité** résulte des obligations envers les associés et l'administration fiscale.

Ainsi, le gérant doit rendre compte de sa gestion aux associés au moins une fois dans l'année, au moyen d'un rapport écrit d'ensemble sur l'activité de la société au cours de l'année écoulée comportant l'indication des bénéfices réalisés ou prévisibles et des pertes encourues ou prévues (C. civ. art. 1856). De même, les associés ont le droit d'obtenir, au moins une fois par an, communication des livres et documents sociaux, et de poser par écrit des questions sur la gestion sociale auxquelles il doit être répondu par écrit dans le délai d'un mois (C. civ. art. 1855). Seule la tenue d'une comptabilité fiable permet par ailleurs de suivre les droits de chacun des associés dans l'actif net de la société ainsi que les créances ou dettes de chacun envers la société, notamment en cas de cession de parts, de retrait ou de décès d'un associé.

Enfin, en matière fiscale, le résultat déclaré par la société civile doit pouvoir être justifié par la présentation de tous documents appuyés de pièces justificatives.

La société civile peut librement organiser sa comptabilité. En pratique, la tenue d'une **comptabilité de caisse** (avec enregistrement journalier des recettes encaissées et des dépenses payées) est privilégiée dans les petites sociétés familiales réalisant peu d'opérations : elle est moins lourde à gérer et permet de passer rapidement du résultat comptable au résultat fiscal. 62253

Les règles générales de détermination des revenus fonciers et des revenus de capitaux mobiliers sont en effet fondées sur les principes de la comptabilité d'encaissement : déclaration des recettes perçues et des dépenses payées. Pour **passer** du résultat net encaissé **au résultat fiscal**, il convient simplement, à la fin de l'année, de réintégrer certaines dépenses qui ont été enregistrées dans les comptes mais que la loi fiscale n'admet pas en déduction. Ainsi en est-il notamment :
– des dépenses correspondant à des travaux de construction, de reconstruction ou d'agrandissement des immeubles ;
– des taxes d'urbanisme ;
– des droits d'enregistrement ;
– des intérêts des emprunts contractés pour l'acquisition de valeurs mobilières, des frais de courtage, des frais d'abonnement à des revues financières.
Le prix d'achat des immeubles et des titres et valeurs du portefeuille ne peut pas non plus être déduit.

62255 Si rien ne l'y oblige, rien n'empêche la société civile d'établir un compte de résultat et un bilan selon les règles de la **comptabilité commerciale**. Cela peut s'avérer très utile dans certaines circonstances, notamment en cas de recours à l'emprunt, pour rassurer les banques, mais aussi pour optimiser une transmission, en utilisant certaines **options comptables** telles que la pratique d'amortissements (non déductibles des revenus fonciers) ou la mise en réserve du résultat comptable.

EXEMPLE

M. D constitue avec ses enfants une SCI à laquelle il apporte un immeuble d'une valeur de 500 000 €, puis donne à ses enfants la nue-propriété des parts sociales dont il conserve l'usufruit. Chaque année, les revenus de l'immeuble (loyers) s'élèvent à 25 000 € et les charges (hors amortissements) à environ 10 000 €. Le résultat annuel de la société, qui revient en principe à M. D, est donc de 15 000 €. Sur ces 15 000 €, M. D n'a besoin que de 5 000 € : restent 10 000 €, laissés chaque année sur son compte courant dans la société. Au décès de leur père, les enfants seront taxés sur les sommes inscrites à ce compte qui fera partie de la succession.
La **comptabilisation d'un amortissement** de 10 000 € par an (en retenant un taux d'amortissement linéaire de 2 % : 500 000 € × 2 % = 10 000 €) permet précisément d'éviter la constitution de ce compte courant et la taxation au décès.
Un résultat similaire peut être obtenu avec la **mise en réserve**, chaque année, des 10 000 € dont M. D n'a pas la nécessité : les sommes portées à un compte de réserve ouvert au passif du bilan de la société (qui viennent augmenter ses capitaux propres) seront transmises aux enfants nus-propriétaires des parts sans coût fiscal au décès de leur père usufruitier.

SOCIÉTÉ SOUMISE À L'IMPÔT SUR LES SOCIÉTÉS

62260 Les sociétés civiles assujetties à l'impôt sur les sociétés, de plein droit ou sur option, doivent déterminer leurs résultats dans les mêmes conditions que les entreprises industrielles et commerciales, ce qui implique l'application des règles de la **comptabilité commerciale** : enregistrement des créances certaines (qu'elles aient ou non été encaissées) et des dettes engagées (qu'elles aient ou non été payées), constatation d'amortissements et de provisions pour dépréciation des éléments d'actif ou pour charges ou pertes probables (en principe déductibles des bénéfices), tenue des livres comptables et établissement de comptes annuels (compte de résultat et bilan, notamment).

SECTION 4

CESSION ET TRANSMISSION DES PARTS SOCIALES

A. Vente des parts sociales

CONDITIONS DE VALIDITÉ

62400 Les parts doivent être **cessibles**.
Les cessions de parts sociales peuvent en principe intervenir dès l'immatriculation de la société. Lorsqu'une clause d'inaliénabilité temporaire est prévue dans les statuts, le titulaire des parts ne peut les céder qu'après l'expiration d'un certain délai après son entrée dans la société.

Les parts représentatives d'un apport en industrie sont incessibles : lorsque leur titulaire quitte la société pour quelque cause que ce soit, elles doivent être annulées.
Les **caractéristiques** des parts vendues (nombre, valeur nominale, société émettrice, etc.) doivent être indiquées dans l'acte de cession.

Le **prix de cession** des parts est fixé par les parties. Il doit être déterminé ou déterminable, c'est-à-dire chiffré ou susceptible d'être chiffré à partir d'éléments objectifs arrêtés dans le contrat et ne dépendant pas de l'arbitraire de l'une des parties. 62402
La vente peut être annulée si le prix est dérisoire.
Le prix peut être indexé à la condition que l'indice choisi soit en relation directe avec l'objet de la convention ou avec l'activité de l'une des parties et qu'il ne soit pas fondé sur le Smic ou sur le niveau général des prix ou des salaires (C. mon. fin. art. L 112-2). Ainsi, le prix de cession des parts d'une société dont l'actif est essentiellement constitué d'immeubles peut valablement être indexé sur l'indice du coût de la construction.
Sur le **droit aux dividendes** en cas de cession de parts, voir n° 61664.

Cas particuliers Si les parts constituent des **biens de communauté**, l'époux qui en est titulaire ne peut pas les vendre sans le consentement de son conjoint (C. civ. art. 1424), même si celui-ci n'a pas revendiqué la qualité d'associé lors de l'achat ou de la souscription des parts (Cass. 1e civ. 9-11-2011 n° 10-12.123 FS-PBI : RJDA 2/12 n° 142). La cession opérée sans le consentement du conjoint est nulle, même à l'égard d'un acquéreur de bonne foi. L'époux peut néanmoins être autorisé en justice à conclure seul la vente si son conjoint est hors d'état de manifester sa volonté ou si son refus n'est pas justifié par l'intérêt de la famille (C. civ. art. 217). 62405
Si les parts sont des **biens propres ou personnels**, l'époux associé peut les vendre librement, sauf si la société est propriétaire du **logement familial** (C. civ. art. 215, al. 3 ; voir n° 61115). La cession d'une participation dans la société civile constituée pour détenir ce logement exige donc le consentement du conjoint, à tout le moins lorsqu'elle est de nature à donner aux acquéreurs la majorité des droits dans la société (ou même une minorité de blocage). Dans ce cas en effet, une mésentente entre associés pourrait, à terme, aboutir à priver la famille de son logement, ce que visent à prévenir les dispositions précitées.

Lorsque les parts sociales sont en **indivision**, leur cession requiert en principe le consentement de tous les coïndivisaires. Mais il y a des exceptions : 62407
– un ou plusieurs indivisaires titulaires d'au moins deux tiers des droits indivis sur les parts sociales peuvent vendre ces parts, mais seulement pour payer les dettes et charges de l'indivision ; les autres indivisaires doivent être informés de la cession pour qu'elle leur soit opposable (C. civ. art. 815-3, 3°) ;
– dans le cadre d'une indivision post-communautaire, l'ex-époux associé peut librement céder les parts dont il est titulaire ; mais le prix de cession n'est pas opposable à l'indivision qui a droit à la valeur des parts au jour du partage ;
– dans certaines situations de blocage, la vente des parts peut être obtenue en justice.
Lorsqu'un indivisaire entend céder seul ses droits indivis sur les parts, les autres indivisaires jouissent d'un droit de préemption (C. civ. art. 815-14).

En ce qui concerne la cession de parts dont la propriété est démembrée entre **nu-propriétaire et usufruitier** : voir n°s 67970 s. 62408

AGRÉMENT

En principe, toute cession de parts, même entre associés ou conjoints, est soumise à agrément, à l'exception des cessions entre ascendants et descendants qui n'ont pas à être agréées (C. civ. art. 1861, al. 1 et 2). 62410
Mais les statuts peuvent aménager cette règle. Ils peuvent écarter la libre cessibilité des parts entre **ascendants et descendants** en prévoyant que de telles cessions seront soumises à agrément. Tel est le cas de la clause prévoyant que les parts ne peuvent être cédées, à titre gratuit ou onéreux, à une personne étrangère à la société qu'avec le consentement de tous les associés, si bien que la donation de ses parts par un associé à son fils doit être agréée (CA Paris 17-1-2003 n° 02/15002 : RJDA 5/03 n° 503).
Les statuts peuvent par ailleurs dispenser d'agrément les cessions consenties à des **associés** ou à leurs **conjoints**. En ce qui concerne les conjoints, la dispense d'agrément peut s'appliquer non seulement dans le cas de vente entre époux, mais aussi dans le cas de cession par un associé au conjoint d'un autre associé ; cette solution résulte à l'évidence de la construction grammaticale de la deuxième phrase de l'article 1861, alinéa 2 même s'il apparaît que le législateur avait surtout en vue le conjoint du cédant (JO déb. Sén. 5-11-1976 p. 3021).

En revanche, les statuts ne sauraient écarter l'agrément pour des **personnes autres** que les associés ou les conjoints de ceux-ci.

ATTENTION

Lorsque les parts sociales sont acquises par des **tiers soumis à un régime d'indivision**, tous les indivisaires souhaitant entrer dans la société doivent être agréés. Tel est notamment le cas si l'achat est réalisé par une **personne liée par un Pacs** dont les biens sont soumis au régime de l'indivision. Les deux partenaires sont en principe soumis à agrément. Toutefois, si l'un des partenaires effectue l'achat à l'insu de l'autre et sans avertir la société de l'existence du Pacs, lui seul doit être présenté à l'agrément et, à notre avis, son partenaire ne peut pas revendiquer la qualité d'associé et ne peut exercer ses droits indivis que sur la valeur des parts (application de la distinction entre le « titre » et la « finance »).

62412 Dans le silence des statuts, l'agrément requiert l'**unanimité des associés**, et le cédant participe au vote.

Mais les statuts peuvent définir d'autres règles et prévoir que l'agrément sera donné à la **majorité** qu'ils déterminent.

Les statuts peuvent également confier au **gérant** le soin de statuer sur l'agrément (C. civ. art. 1861, al. 2), ce qui lui confère le pouvoir de décider seul de l'opportunité de faire entrer de nouveaux associés dans la société. Dans un tel cas, le gérant peut valablement agréer la cession de ses propres parts, aucune disposition légale ou statutaire ne lui imposant de soumettre cette cession à l'agrément de l'assemblée générale (Cass. 3e civ. 17-1-1996 n° 93-16.371 : Bull. civ. III n° 13, RJDA 6/96 n° 797).

MODÈLE

Clause d'agrément

Modèle n° 1

Les parts sociales ne sont librement cessibles qu'entre associés et au profit du conjoint, des ascendants et descendants de l'associé cédant ; elles ne peuvent être cédées à titre gratuit ou onéreux à d'autres personnes qu'avec le consentement unanime des associés.

Modèle n° 2

Toute cession entre vifs, comme toute transmission de parts sociales pour cause de décès ou pour cause d'apport, de fusion, scission ou apport partiel d'actifs, doit être préalablement agréée par la majorité en nombre des associés représentant les trois quarts au moins des parts sociales effectivement souscrites, déduction faite des reprises d'apport.

62415 **Refus d'agrément** En cas de refus d'agrément, les associés doivent racheter ou faire acheter, par un tiers ou par la société, les parts dont la cession n'a pas été autorisée. En cas de contestation sur le prix, celui-ci est fixé par un expert désigné soit par les parties, soit, à défaut d'accord entre elles, par le président du tribunal (C. civ. art. 1862, al. 3 et 1843-4).

Si les associés ne peuvent pas acheter ou faire acheter les parts mises en vente et persistent dans leur refus d'admettre l'acquéreur proposé comme nouvel associé, ils peuvent décider la dissolution de la société (C. civ. art. 1863).

De son côté, le cédant peut renoncer à la cession et décider de conserver ses parts, y compris après fixation du prix de rachat par l'expert (C. civ. art. 1862, dernier al.).

ATTENTION

La **cession réalisée sans l'agrément des associés** (ou malgré leur refus) est inopposable à ceux-ci et à la société (Cass. com. 16-5-2018 n° 16-16.498 FS-PB : BPAT 4/18 inf. 148, à propos d'une société en nom collectif mais à notre avis transposable aux parts de sociétés civiles).

FORMALITÉS LIÉES À LA CESSION DE PARTS SOCIALES

62420 **Nécessité d'un acte** Les cessions de parts sociales doivent être constatées par écrit (C. civ. art. 1865). L'acte de vente peut être **sous signature privée ou notarié**. L'acte notarié est toutefois obligatoire en cas de cession réalisée à l'étranger et portant sur les titres d'une société dont l'actif est principalement constitué d'immeubles ou de droits immobiliers situés en France : en application de l'article 726, I-2° du CGI, ces cessions doivent être constatées dans le délai d'un mois par un acte reçu en la forme authentique par un notaire exerçant en France. Par ailleurs, lorsque deux époux sont associés d'une même société, les cessions faites par l'un à l'autre ne sont valables que si elles résultent d'un acte notarié ou d'un acte sous signature privée ayant acquis date certaine autrement que par le décès du cédant (C. civ. art. 1861, al. 4).

L'acte sous signature privée doit être établi en autant d'**exemplaires** qu'il y a de parties, à moins que les parties soient convenues de remettre à un tiers l'unique exemplaire dressé (C. civ. art. 1375), plus un pour l'enregistrement.

Opposabilité de la cession de parts sociales Pour être **opposable à la société**, la cession doit lui être signifiée par commissaire de justice (profession réunissant, depuis le 1-7-2022, les huissiers de justice et les commissaires-priseurs judiciaires), ou être acceptée par elle dans un acte authentique (C. civ. art. 1690) ; les statuts peuvent toutefois remplacer ces formalités par un transfert des parts sur le registre des associés de la société (C. civ. art. 1865, al. 1). 62422
Le défaut d'accomplissement de ces formalités rend la vente inopposable à la société (qui considère alors que le vendeur est toujours propriétaire des parts cédées), sauf si la société a eu connaissance et a accepté la cession de façon certaine et non équivoque (Cass. 1e civ. 19-9-2007 n° 06-11.814 FS-PB : RJDA 12/07 n° 1244). À l'inverse, le gérant peut, s'il le juge opportun, se prévaloir d'une vente non signifiée à la société et exiger de l'acquéreur qu'il remplisse ses obligations d'associé.
Pour être **opposable aux tiers**, la cession doit faire l'objet de la même formalité que pour l'opposabilité à la société et l'acte doit être déposé au registre du commerce et des sociétés par l'intermédiaire du guichet unique électronique des formalités d'entreprises (C. civ. art. 1865, al. 2 ; Décret 78-704 du 3-7-1978 art. 52 ; C. com. art. R 123-77, al. 1 et R 123-102, al. 3 modifiés par décret 2022-1014 du 19-7-2022). À notre avis en effet, la voie électronique s'impose bien que l'article 1865 prévoie une simple faculté. À défaut d'accomplissement de ces formalités, le cédant est considéré à l'égard des tiers comme n'ayant jamais cessé d'être propriétaire des parts cédées ; notamment, il reste tenu des dettes sociales dans la même proportion qu'avant la cession. Cependant, même si l'acte de cession n'a pas été déposé au greffe, la cession est opposable aux tiers dès lors que les statuts mis à jour constatant cette cession ont été publiés dans les conditions prévues n° 62425 (Cass. 3e civ. 25-4-2007 n° 03-16.362 FS-PB : RJDA 8-9/07 n° 849 ; Cass. com. 18-12-2007 n° 06-20.111 F-PB : RJDA 6/08 n° 672).
Le **cédant** ne peut pas se prévaloir du non-respect de ces formalités pour obtenir l'annulation de la cession (CA Paris 21-5-1991 : Dr. sociétés 1991 n° 328).

CONSEIL

La loi ne précise pas à qui incombe la **charge des formalités** de publicité des cessions de parts destinées à rendre celles-ci opposables aux tiers. Il est recommandé de le prévoir explicitement **dans l'acte de cession**, la pratique la plus courante consistant à les mettre à la charge de l'**acquéreur**. L'acquéreur de parts de société civile qui n'accomplit pas les formalités peut alors être tenu responsable à l'égard du cédant (CA Paris 17-1-2017 n° 14/17140 : RJDA 5/17 n° 341).

Changement d'associé Lorsque la cession entraîne un changement d'associé (cession entre associés entraînant la sortie de l'un d'eux ou cession à un tiers), il faut **modifier les statuts** pour constater ce changement. Des formalités de publicité doivent également être effectuées : 62425
– insertion dans un support d'annonces légales du lieu du siège social (C. com. art. R 210-9 ; Loi 55-4 du 4-1-1955 art. 1, al. 1) ;
– inscription modificative au registre du commerce et des sociétés et au registre national des entreprises (RNE) par l'intermédiaire du guichet unique électronique des formalités d'entreprises (C. com. art. R 123-66 et R 123-263 issu du décret 2022-1014 du 19-7-2022) ;
– insertion au Bodacc par les soins du greffier du tribunal de commerce (C. com. art. R 123-159 et R 123-161) ;
– lorsque le retrait ou l'entrée de l'associé entraîne un changement de bénéficiaire effectif (nos 61392 s.), inscription modificative au registre des bénéficiaires effectifs de la société (C. mon. fin. art. R 561-55) et au RNE (C. com. art. R 123-263 issu du décret 2022-1014).

Droit de préemption urbain La cession est soumise au droit de préemption urbain (ainsi qu'au droit de préemption applicable dans les zones d'aménagement différé) lorsqu'elle porte sur la **majorité** (ou lorsqu'elle conduit l'acquéreur à détenir la majorité) **des parts** d'une SCI dont le patrimoine est constitué par une unité foncière dont la cession serait elle-même soumise à ce droit de préemption (C. urb. art. L 213-1, 3°). Une déclaration d'intention d'aliéner doit alors être adressée au maire avant la réalisation de l'opération. 62427
Toutefois, cette disposition ne s'applique pas aux cessions de parts de **SCI constituées exclusivement entre parents et alliés** jusqu'au quatrième degré inclus, c'est-à-dire jusqu'aux cousins germains.

> **Précisions** Sous les mêmes réserves qu'en matière de droit de préemption urbain, la cession de parts de SCI peut être soumise à un droit de préemption spécifique aux communes littorales lorsque le patrimoine de la société, constitué par une unité foncière, est situé dans une **zone exposée à l'érosion du littoral** (C. urb. art. L 219-2, I).

ENREGISTREMENT

62430 Les cessions de parts de sociétés civiles sont obligatoirement soumises à la **formalité** de l'enregistrement dans le délai d'un mois à compter de la date de l'acte qui les constate (CGI art. 635, 2-7°). Le service compétent est le service de l'enregistrement du service des impôts des entreprises (SIE) du domicile de l'une des parties si l'acte de cession est sous signature privée ou de la résidence du notaire en cas d'acte notarié. Si l'acte de cession sous signature privée prend la forme électronique, l'enregistrement dématérialisé est assuré, pour l'ensemble du territoire, par la direction départementale des finances publiques de la Loire à Roanne (Arrêté CCPE2102396A du 28-1-2021 : JO 6-2 texte n° 26). Signalons que l'enregistrement de l'acte de cession des parts sociales est une condition préalable à son dépôt au greffe (CGI art. 635, 2-7°).

62432 Les cessions de parts sociales sont soumises à un **droit d'enregistrement** dont les modalités de calcul diffèrent selon que la société dont les parts sont cédées est ou non à prépondérance immobilière.
Lorsque l'actif de la société est constitué principalement d'immeubles ou de droits immobiliers (**société** dite « **à prépondérance immobilière** »), le droit d'enregistrement est calculé au taux de 5 %, sur la base du prix de vente indiqué dans l'acte (augmenté des charges qui peuvent s'ajouter au prix) ou sur une estimation des parties si la valeur réelle est supérieure (CGI art. 726). La cession par acte passé à l'étranger de parts sociales d'une société, française ou étrangère, à prépondérance immobilière (qui doit être constatée en France par acte notarié : n° 62420) est soumise en France au droit d'enregistrement de 5 % sauf imputation, le cas échéant, d'un crédit d'impôt étranger (CGI art. 718 bis).
Lorsque l'actif de la société est principalement constitué de biens autres que des immeubles (**société civile de portefeuille** notamment), le taux du droit d'enregistrement est de 3 % et l'assiette de calcul est réduite d'un abattement égal, pour chaque part, au rapport entre 23 000 € et le nombre total de parts de la société (CGI art. 726, I-1° bis). Par exemple, si un associé vend 400 parts d'une société dont le capital est divisé en 1 000 parts pour un prix de 50 000 €, le droit dû sera de : [50 000 € – (23 000 € × 400/1 000)] × 3 % = 1 224 €.
Un **minimum de perception** de 25 € s'applique dans tous les cas (CGI art. 674).

62435 Lorsqu'elles interviennent **dans les trois ans de la réalisation d'un apport en nature** fait à une société non passible de l'impôt sur les sociétés, les cessions de parts sociales sont considérées, au point de vue fiscal, comme ayant pour objet les biens en nature représentés par les titres cédés (CGI art. 727). Par « biens en nature représentés par les titres cédés », il faut entendre les biens mêmes dont l'apport a été rémunéré par la remise de ces titres, et non pas les fractions d'actif social représentées par ces titres au moment de la cession. Les dispositions de l'article 727 s'appliquent donc même si, au moment de la cession des titres, les biens considérés sont déjà sortis du patrimoine de la société (BOI-ENR-DMTOM-40-20 n° 50).
Les cessions visées à l'article 727 du CGI sont donc soumises en tous points au régime fiscal des ventes des biens qu'elles représentent, notamment quant au tarif, aux règles de liquidation des droits, au délai d'enregistrement.
Ainsi, si les parts sont représentatives de l'apport d'un **bien immobilier**, leur cession rendra exigible le droit de vente sur les immeubles, assorti du prélèvement pour frais d'assiette et de recouvrement, soit dans la plupart des cas une taxation globale au taux de 5,80665 % sans abattement.

> **Précisions** Les dispositions de l'article 727 du CGI ne modifient pas la nature des cessions au regard du droit privé : par suite, les cessions de droits sociaux visées ne sont en aucun cas assujetties à publication au service chargé de la publicité foncière et elles échappent à la taxe de **publicité foncière** (BOI-ENR-DMTOM-40-20 n° 120).

PLUS-VALUES

62450 Les règles d'imposition des plus-values réalisées lors de la vente des parts d'une société civile de patrimoine dépendent de la nature de l'activité exercée par la société et, en partie, de son régime fiscal.

Société civile de portefeuille Les cessions de parts d'une société civile de portefeuille relèvent du régime des plus-values de cessions de valeurs mobilières et droits sociaux prévu aux articles 150-0 A et suivants du CGI. 62460

La **plus-value imposable** est calculée par différence entre le prix de vente des parts et leur prix d'acquisition. 62470

Le **prix de vente** est le prix que l'acheteur s'est engagé à verser, tel qu'il est mentionné dans l'acte de vente. Il comprend toutes les charges et indemnités stipulées au profit du vendeur ou d'un tiers, à quelque titre que ce soit, en rémunération de l'opération. Il est, le cas échéant, diminué du montant des frais exposés à l'occasion de la vente : par exemple, les honoraires versés à l'expert chargé de l'évaluation des parts.

Le **prix d'acquisition** est celui auquel le cédant a acheté ses parts, majoré des frais acquittés lors de l'achat (droits d'enregistrement notamment). Il s'entend du montant de l'ensemble des contreparties effectivement mises à la charge de l'acquéreur, quelles que soient les modalités selon lesquelles il s'acquitte de ces obligations : c'est le prix convenu entre les parties qui doit être retenu, même s'il n'est pas encore réglé en totalité à la date de la cession (CE 7-2-2018 n° 399399 : RJF 5/18 n° 490). Si les parts ont été reçues en contrepartie d'un apport effectué à la société civile, leur prix d'acquisition correspond à la valeur réelle des biens apportés. Si les parts ont été reçues par donation ou héritage, le prix d'acquisition correspond à la valeur qui a été retenue pour le calcul des droits de donation ou de succession, majorée des frais de notaire et des droits payés. Lorsque la société civile dont les parts sont cédées relève du régime fiscal des sociétés de personnes, le mécanisme de correction du prix d'acquisition des parts exposé n° 62495 est applicable : si la société a réalisé des bénéfices qui ont été imposés au nom de ses associés sans avoir été distribués, ces bénéfices augmentent le prix d'acquisition des parts et réduisent en conséquence la plus-value imposable. Un ajustement est également effectué si des déficits sociaux ont été déduits des revenus du cédant.

La plus-value imposable est soumise à l'**impôt sur le revenu**. L'imposition est établie au vu de la **déclaration** n° 2074 que le cédant doit joindre à sa déclaration d'ensemble des revenus n° 2042 déposée l'année suivant la vente. 62477

En principe, elle est soumise de plein droit au **prélèvement forfaitaire unique** (PFU) au taux global de 30 % (prélèvements sociaux au taux de 17,2 % inclus). Le contribuable peut toutefois opter dans sa déclaration de revenus pour l'application du **barème progressif** de l'impôt sur le revenu (auquel s'ajoutent les prélèvements sociaux au taux de 17,2 %). En cas d'option pour l'application du barème progressif, la plus-value peut, sous certaines conditions spécifiques, bénéficier d'un abattement pour durée de détention lorsque les parts de la société civile ont été détenues pendant un certain délai avant d'être cédées. L'abattement est calculé dans les conditions exposées n° 61494, étant précisé que le dispositif dérogatoire prévu en faveur des cessions de titres de PME n'est pas applicable s'agissant de parts d'une société ayant pour activité la gestion de son propre patrimoine. Sur la possibilité d'exercer l'option pour l'imposition au barème progressif après le dépôt de la déclaration, voir n° 61495, précisions, b.

Si la vente dégage une **moins-value**, celle-ci peut être utilisée pour compenser des plus-values de même nature (plus-values de cession de valeurs mobilières et droits sociaux) réalisées la même année et, en cas de solde négatif après imputation, au cours des dix années suivantes dans les conditions détaillées n° 61496. 62478

Société civile immobilière Les cessions de parts de sociétés civiles immobilières relèvent du régime des plus-values de cessions de valeurs mobilières et droits sociaux exposé ci-avant n°s 62460 s. lorsque la société civile est assujettie à l'impôt sur les sociétés. 62480

Elles relèvent du régime des plus-values immobilières exposé ci-après n°s 62482 s. lorsque – c'est le cas le plus fréquent – la société est soumise au régime fiscal des sociétés de personnes.

La plus-value réalisée lors de la vente des parts d'une société à prépondérance immobilière non soumise à l'impôt sur les sociétés est **exonérée** : 62482

– si le vendeur détient ses parts depuis un certain délai, par le jeu de l'abattement pour durée de détention examiné ci-après n° 62485 ;

– ou, lorsque le vendeur occupe à titre de résidence principale le logement que la société met gratuitement à sa disposition, à proportion de la valeur de ce logement par rapport à la valeur globale de l'actif social (BOI-RFPI-SPI-10-20 n° 160).

Les autres exonérations existant en matière de plus-values immobilières (cessions inférieures à 15 000 €, titulaires de pensions de retraite ou d'une carte d'invalidité notamment) ne sont pas applicables aux cessions des parts de la SCI.

62485 La plus-value imposable est **calculée** par différence entre le prix de vente des parts et leur prix d'acquisition, dans les conditions exposées nº 62470.

Lorsque les parts cédées ont été détenues pendant plus de cinq ans, la plus-value réalisée par l'associé cédant est réduite d'un **abattement pour durée de détention**, calculé par périodes de 12 mois depuis la date d'acquisition ou de souscription des parts jusqu'à la date de leur vente, en faisant abstraction des fractions d'années. Le taux et la cadence de l'abattement, qui diffèrent pour l'impôt sur le revenu et pour les prélèvements sociaux, sont exposés nº 61478. Les cessions de titres de sociétés à prépondérance immobilière n'ouvrent pas droit à l'abattement exceptionnel visé nº 62060, précisions.

62490 La plus-value est soumise à l'**impôt sur le revenu** au taux proportionnel de 19 %. À cette imposition s'ajoute, pour les plus-values supérieures à 50 000 €, une **taxe** comprise, dans le cas général, entre 2 % et 6 % en fonction du montant de la plus-value imposable (CGI art. 1609 nonies G).

Les **prélèvements sociaux** sont dus au taux global de 17,2 %.

L'impôt doit être payé dans le mois de la vente, en même temps que doit être déposée la **déclaration** de plus-value nº 2048-IMM au service des impôts compétent (service des impôts des entreprises de la résidence du notaire s'il s'agit d'un acte notarié, du domicile de l'une des parties s'il s'agit d'un acte sous signature privée ou du domicile du vendeur dans les autres cas). Le montant net de la plus-value imposable doit être reporté par le vendeur sur sa déclaration d'ensemble des revenus nº 2042. Aucune déclaration n'est à souscrire en l'absence de plus-value imposable.

62492 Si la vente dégage une **moins-value**, cette moins-value n'est imputable ni sur des plus-values réalisées par ailleurs, ni sur le revenu global du vendeur (CGI art. 150 VD, I).

Toutefois, lorsqu'un associé qui a acquis ses parts dans la SCI par fractions successives les revend en bloc, les moins-values constatées sur certaines parts peuvent s'imputer sur les plus-values réalisées sur les autres parts (BOI-RFPI-SPI-20 nº 90).

62495 **Mécanisme de correction du prix d'acquisition des parts des sociétés de personnes** Lorsque la société dont les parts sont cédées relève du régime fiscal des sociétés de personnes, le prix d'acquisition des parts doit faire l'objet de corrections destinées à éviter une double imposition ou une double déduction de résultats précédemment pris en compte. Il doit ainsi (CE 16-2-2000 nº 133296 : RJF 3/00 nº 334) :

– être **majoré**, d'une part, de la quote-part des bénéfices et plus-values réalisés par la société qui a été précédemment ajoutée aux revenus imposés de l'associé (y compris des bénéfices non répartis qui ont été utilisés par la société pour le rachat des parts sociales détenues par un autre associé : CE 3-5-2011 nº 311338 : RJF 7/11 nº 807) et, d'autre part, des pertes antérieures afférentes à des entreprises exploitées par la société en France ayant donné lieu de sa part à un versement en vue de les combler. Le prix d'acquisition des parts est également majoré de la quote-part des bénéfices de la société revenant à l'associé qui n'ont pas fait l'objet d'une imposition effective en application d'une disposition par laquelle le législateur a entendu accorder un avantage fiscal définitif (CE 8-11-2017 nº 389990 : RJF 2/18 nº 173), ainsi que des plus-values réalisées par la société et placées sous un régime de report d'imposition (CAA Nantes 12-10-2009 nº 08/3112 : RJF 2/10 nº 126) ;

– être **minoré**, d'une part, des déficits et moins-values que l'associé a effectivement déduits (CE 15-12-2010 nº 297513 : RJF 3/11 nº 280), à l'exclusion de ceux qui trouvent leur origine dans une disposition par laquelle le législateur a entendu conférer aux contribuables un avantage fiscal définitif, et, d'autre part, des bénéfices afférents à des entreprises exploitées en France par la société et ayant donné lieu à répartition à son profit.

Ces règles s'appliquent aux cessions de parts soumises au régime des plus-values sur valeurs mobilières et droits sociaux (CE 25-11-2009 nº 310746 : RJF 2/10 nº 120), c'est-à-dire aux cessions de parts d'une société civile de portefeuille non soumise à l'impôt sur les sociétés, ainsi qu'aux cessions de parts relevant du régime des plus-values immobilières (CE 9-3-2005 nº 248825 : RJF 6/05 nº 564 ; CE 8-11-2017 nº 389990 précité ; BOI-RFPI-SPI-20 nº 30). Dans ce dernier cas, le cédant de parts d'une SCI ne peut pas majorer le prix d'acquisition de ses titres du montant correspondant à des dépenses de travaux réalisés par la SCI sur l'un de ses immeubles (CAA Paris 31-3-2021 nº 20PA01456 : RJF 8-9/21 nº 816).

Les associés se trouvent ainsi dans l'obligation de **reconstituer a posteriori** le prix d'acquisition de leurs parts, dont ils doivent assurer le suivi permanent depuis la date d'acquisition des parts jusqu'à leur cession (TA Montreuil 2-12-2010 nºs 09-4802 et 10-11305 : RJF 7/11 nº 782 confirmé par CAA Versailles 11-12-2012 nº 11VE00629).

Lorsque les parts sociales faisant l'objet de la cession ont été **acquises ou souscrites à des dates différentes**, le mécanisme de correction du prix de revient de ces parts doit être appliqué distinctement pour chaque lot de titres acquis (ou souscrits) à la même date (CE 16-2-2000 précité). La cession est réputée porter en priorité sur les parts sociales les plus anciennes ; la numérotation des parts dans l'acte de cession est sans incidence (CE 8-6-2016 n° 381289 : RJF 10/16 n° 801).

EXEMPLE

Une SCI a été constituée le 1er janvier 2020 par un père et son fils qui lui ont apporté :
– pour le père : un immeuble locatif d'une valeur de 200 000 € ;
– pour le fils : du numéraire pour 50 000 €.
Le capital de la société s'élève à 250 000 €, divisés en 250 parts de 1 000 € chacune.
Au titre de chacune des années 2020, 2021, 2022 et 2023, la SCI a réalisé des bénéfices qui se sont élevés, sur l'ensemble de la période, à 25 000 €. Ces bénéfices n'ont pas été distribués mais ont été laissés en réserve dans la société.
Le 1er mars 2024, le père et le fils vendent leurs parts sociales. La valeur de l'immeuble est à cette date de 225 000 €. La valeur de la société est de : 225 000 € (valeur de l'immeuble) + 50 000 € (numéraire apporté à la société dont elle dispose toujours) + 25 000 € (bénéfices mis en réserve) = 300 000 €, soit 1 200 € par part.
Si les parts sont cédées à ce prix, la plus-value réalisée par le père sera de : (200 × 1 200 €) – 200 000 € = 40 000 €. La plus-value réalisée par le fils sera de : (50 × 1 200 €) – 50 000 € = 10 000 €.
Au total, la plus-value sur les parts sera donc de : 40 000 € + 10 000 € = 50 000 €.
Or, à hauteur de 25 000 €, cette plus-value correspond à des bénéfices qui ont déjà été taxés, à l'impôt sur le revenu, entre les mains des deux associés. C'est pourquoi le prix d'acquisition des parts de la société doit être corrigé : il doit être augmenté, pour chaque associé, du montant des bénéfices qui ont été imposés en son nom, de façon à éviter une double imposition.
La plus-value imposable au nom du père sera limitée à :
(200 × 1 200 €) – [200 000 € + (80 % × 25 000 €)] = 20 000 €.
La plus-value imposable au nom du fils sera limitée à :
(50 × 1 200 €) – [50 000 € + (20 % × 25 000 €)] = 5 000 €.
Au total, la plus-value globale sera donc limitée à 25 000 €, ce qui correspond à l'augmentation de la valeur de la société hors accumulation des réserves.

B. Transmission à titre gratuit des parts sociales

DONATION ENTRE VIFS DE PARTS SOCIALES

Toutes les parts, à l'exception des parts d'industrie, peuvent être transmises par donation. **62700**
Les associés peuvent librement donner les parts qu'ils détiennent dans la société civile, sous réserve des règles prévues en matière d'**agrément**. Les principes qui régissent l'agrément des bénéficiaires des donations sont les mêmes qu'en cas de vente des parts (nos 62410 s.). Si rien n'est prévu dans les statuts, le ou les bénéficiaires de la donation doivent donc être agréés par les autres associés, sauf si la donation est faite à des ascendants ou descendants de l'associé. Les statuts peuvent déroger à ces règles, par exemple pour exiger l'agrément des enfants ou, au contraire, pour en dispenser le conjoint.
Sur la nécessité du respect de la procédure d'agrément en cas de donation de la **nue-propriété** ou de l'**usufruit** de parts sociales : voir nos 67980 s.

La donation peut répondre à plusieurs objectifs. **62705**
Elle permet d'anticiper la **transmission du patrimoine familial** dans les meilleures conditions d'organisation et au moindre coût fiscal : voir nos 61140 s.
La donation des parts **préalablement à** leur **cession** peut dans certaines situations permettre de substantielles économies d'impôt. Prenons l'exemple de deux associés détenteurs de la totalité des parts d'une société civile de patrimoine. Ces associés envisagent de vendre leurs droits dans la société. Par hypothèse, la plus-value potentielle sur les titres est élevée. Si, plutôt que de vendre leurs titres, les associés en font donation à leurs enfants, dans le cadre d'une réflexion générale sur la transmission anticipée de leur patrimoine, la plus-value acquise n'est pas imposable, l'opération étant bien sûr soumise aux droits de donation dans les conditions de droit commun. En effet, seules les ventes ou opérations assimilées, tels les apports, sont considérées comme des opérations taxables. La cession ultérieure des titres par les enfants constituera bien une opération taxable, mais la plus-value réalisée sera calculée à partir d'un prix d'acquisition correspondant à la valeur des parts au jour de la donation, soit une valeur proche du prix de cession lorsque les opérations sont réalisées à bref délai. Au final, la cession aura pu être réalisée sans qu'aucune plus-value ne soit taxée.

Ce type d'opération relève-t-il de l'habileté ou de l'abus de droit ? La distinction est cruciale puisque si un abus de droit est établi, l'impôt sur la plus-value esquivé est rappelé avec une pénalité pouvant aller jusqu'à 80 %, à laquelle s'ajoute l'intérêt de retard.

La procédure de répression des abus de droit prévue à l'article L 64 du LPF permet à l'administration fiscale d'écarter comme ne lui étant pas opposables les actes ayant un caractère fictif (abus de droit par simulation) ainsi que ceux qui, recherchant le bénéfice d'une application littérale des textes ou de décisions à l'encontre des objectifs poursuivis par leurs auteurs, ont un but exclusivement fiscal (abus de droit par fraude à la loi). Comme nous allons le voir, le Conseil d'État a jugé que dès lors que l'opération n'est pas fictive, elle ne peut être qualifiée d'abus de droit au sens de ces dispositions car elle emporte nécessairement des conséquences autres que fiscales. À notre sens, et au vu de l'importance de ces conséquences, elle ne devrait pas non plus pouvoir être remise en cause sur le terrain de l'article L 64 A du LPF qui permet à l'administration de qualifier d'abusives les opérations ayant un but principalement fiscal. L'administration reconnaît elle-même que les transmissions anticipées de patrimoine, y compris lorsque le donateur se réserve l'usufruit du bien transmis, ne sont pas en elles-mêmes concernées par la procédure, sous réserve que les transmissions concernées ne soient pas fictives (BOI-CF-IOR-30-20 n° 70).

La donation de titres avant leur cession à un tiers doit se traduire par un **dépouillement immédiat et irrévocable des donateurs**. L'opération pourrait être considérée comme fictive et qualifiée d'abus de droit dans l'hypothèse où les donateurs seraient regardés comme ayant conservé le produit de la vente des titres. Ainsi, l'abus de droit serait caractérisé si ces derniers appréhendaient directement le produit de la cession ou si les bénéficiaires de la donation le leur reversaient sous quelque forme que ce soit (en ce sens, par exemple, CE 27-7-2012 n° 327295 : RJF 11/12 n° 1042, dans une espèce où les documents bancaires relatifs au placement du produit de la vente de titres ayant préalablement fait l'objet d'une donation avec réserve d'usufruit ne permettaient pas d'individualiser les droits attachés à la nue-propriété et d'établir leur mise à disposition des donataires ; CE 14-11-2014 n° 361482 : RJF 2/15 n° 140, dans une affaire où le donateur avait transféré le produit de la vente des titres donnés sur des comptes dont il avait, directement ou indirectement, seul le contrôle, excédant ainsi les droits conférés par ses qualités d'usufruitier d'une partie des titres et d'administrateur légal des biens de son fils mineur, donataire ; voir aussi CE 5-2-2018 n° 409718 : RJF 4/18 n° 413).

Sous cette réserve, ni la rapidité avec laquelle a été réalisée l'opération ni l'existence dans l'acte de donation de **clauses restreignant les droits des donataires** (clause d'inaliénabilité du vivant du donateur, clause de blocage du produit de la vente, clause de remploi obligatoire des fonds, clause octroyant aux donateurs usufruitiers des pouvoirs étendus de gestion et décision) ne sont de nature à rendre la donation fictive, dès lors que ces éléments ne remettent pas en cause le constat d'un dépouillement immédiat et irrévocable des donateurs en leur faveur (en ce sens, CE 30-12-2011 n° 330940 : RJF 3/12 n° 278 ; CE 9-4-2014 n° 353822 : RJF 7/14 n° 708). La **présence dans l'acte initial** de donation **d'une clause de quasi-usufruit** au bénéfice du donateur sur tout ou partie du produit des sommes issues de la cession des titres ne suffit pas non plus à caractériser la fictivité de la donation, dans la mesure où le donateur reste redevable à l'égard des donataires d'une créance de restitution d'un montant équivalent, même en l'absence de clause de sûreté garantissant cette créance (CE 10-2-2017 n° 387960 : RJF 5/17 n° 468 ; CE 31-3-2017 n° 395550 : RJF 6/17 n° 597). En revanche, l'abus de droit est caractérisé lorsque la conclusion de la convention de quasi-usufruit a lieu **postérieurement à la cession des titres**, dans la mesure où elle a pour conséquence d'anéantir la clause de remploi initialement prévue lors de leur donation en nue-propriété et de permettre à la donatrice de disposer librement, sous couvert du quasi-usufruit, de la totalité du prix de cession (CE 14-10-2015 n° 374440 : RJF 1/16 n° 62).

Il faut toutefois veiller à la **chronologie des opérations**. Pour échapper à l'imposition de la plus-value, il faut que la donation ait précédé la vente (celle-ci étant réalisée par les bénéficiaires de la donation). Si un protocole d'accord sur la vente des parts a été conclu entre les donateurs et l'acquéreur final, la donation doit intervenir avant que la vente soit devenue parfaite, c'est-à-dire avant accord définitif sur le nombre de parts cédées et leur prix, ou réalisation des conditions suspensives prévues dans un protocole d'accord. Sinon, la plus-value est imposable au nom des donateurs, dans les conditions de droit commun : l'impôt peut leur être réclamé avec l'intérêt de retard, mais sans la pénalité de l'abus de droit. Lorsque la donation des titres a été faite par acte authentique, l'administration ne peut toutefois pas se fonder sur un simple faisceau d'indices pour considérer que la cession, et donc la date du fait générateur de l'imposition de la plus-value, est en réalité antérieure à la donation (CE 19-11-2014 n° 370564 : RJF 2/15 n° 113).

TRANSMISSION PAR DÉCÈS DE PARTS SOCIALES

62710 En **principe**, le décès d'un associé n'emporte pas la dissolution de la société : celle-ci continue avec les associés survivants et les héritiers ou légataires du défunt (C. civ. art. 1870, al. 1).

Les **statuts** peuvent toutefois déroger à ce principe et prévoir, soit la dissolution de la société, soit la continuation de la société selon des modalités particulières (C. civ. art. 1870, al. 2 et 3) :
– continuation avec les héritiers ou légataires agréés ;
– continuation avec les seuls associés survivants ;
– continuation avec certaines personnes déterminées.

> **Précisions** **a.** Une société est présumée continuer avec les héritiers d'un associé décédé (C. civ. art. 1870) ; il incombe donc à **celui qui dénie la qualité d'associé** à un héritier d'établir l'existence d'une stipulation contraire des statuts (Cass. 3e civ. 9-3-2023 n° 21-21.698 FS-B : BPAT 3/23 inf. 152).
b. Les **parts d'industrie** sont annulées lors du décès de leur titulaire. Les héritiers d'un apporteur en industrie n'ont donc pas vocation à entrer dans la société civile de famille.
c. Le décès d'un associé entraîne un changement dans la répartition des parts de la société devant faire l'objet de **formalités de publicité**. Un exemplaire certifié conforme des statuts mis à jour, accompagné de la décision constatant la poursuite de la société, soit avec les associés survivants, soit avec les ayants droit du défunt devenus associés, doit être déposé au greffe par l'intermédiaire du guichet unique électronique des formalités d'entreprises. Dans le mois du décès, la société doit également effectuer une inscription modificative au registre du commerce et des sociétés (RCS) et au registre national des entreprises (RNE) par l'intermédiaire du guichet unique afin de supprimer la mention de l'associé défunt (C. com. art. R 123-54, 1° et R 123-66 pour le RCS ; C. com. art. R 123-253, 1° et R 123-263, al. 1 issus du décret 2022-1014 du 19-7-2022 pour le RNE). En cas de poursuite de la société avec les ayants droit du défunt ou de nouveaux associés, elle doit demander leur inscription dans le mois de la décision les ayant admis dans la société (application de C. com. art. R 123-54, 1° et R 123-263, al. 1 issu du décret 2022-1014).

Continuation de la société avec les héritiers En principe, la société continue avec les héritiers et légataires du défunt sans qu'ils aient à se faire agréer par les associés survivants (C. civ. art. 1870, al. 1). Les statuts peuvent cependant subordonner l'entrée des héritiers ou légataires à un **agrément**. L'agrément n'est pas nécessairement global : il peut être accordé à certains héritiers ou légataires et refusé à d'autres. **62715**

Jusqu'à l'agrément, l'héritier ou le légataire n'est pas associé. Dès lors, il convient de préciser dans les statuts le sort des parts sociales pour la période comprise entre le décès et la décision sur l'agrément. Il peut être prévu, par exemple, que les parts resteront indivises (avec représentation par un mandataire commun choisi parmi les associés survivants), ou qu'elles seront momentanément « neutralisées » et ne participeront pas aux votes.

En cas de **refus d'agrément**, les héritiers ou légataires exclus ont droit à une indemnisation correspondant à la valeur des parts au jour du décès de leur auteur. Cette valeur doit leur être payée par les nouveaux titulaires des parts ou par la société elle-même si celle-ci les a rachetées en vue de leur annulation. En cas de contestation sur la valeur des parts, celle-ci est fixée par un expert désigné soit par les parties, soit, à défaut d'accord entre elles, par le président du tribunal. Si un mineur ou un majeur protégé figure parmi les héritiers exclus, il faut, pour conclure un accord, que les conditions requises pour disposer des biens de l'intéressé soient réunies (autorisation du juge ou du conseil de famille, le cas échéant).

Les héritiers non agréés n'ont aucun droit sur les dividendes distribués postérieurement au décès de leur auteur (en ce sens, Cass. com. 14-12-2004 n° 01-10.893 F-PB : RJDA 4/05 n° 412 ; Cass. 1e civ. 2-9-2020 n° 19-14.604 FS-PB : BPAT 6/20 inf. 220).

> **Précisions** **a.** On entend par **« héritier »** toute personne venant à la succession du défunt, soit directement, soit par représentation (cas, par exemple, des petits-enfants lorsque leur père ou leur mère, héritier du défunt, est lui-même décédé ou renonçant). Le conjoint de l'associé décédé qui recueille les parts sociales en vertu d'une donation entre époux est assimilé au **légataire** au regard de l'article 1870 du Code civil : il n'a pas à être agréé (Cass. 1e civ. 24-3-1998 : Dr. sociétés 1998 n° 103).
b. Une attention particulière doit être portée à la **rédaction de la clause d'agrément**. Une clause des statuts d'une société civile de famille qui prévoit que les héritiers « en ligne directe » d'un associé décédé doivent être agréés avant de devenir associés est également applicable au conjoint survivant du défunt : il ne peut pas être déduit du silence des statuts sur l'agrément des autres héritiers que ces derniers ne sont soumis à aucun agrément. Une telle déduction conduit à soumettre à l'agrément les seuls héritiers en ligne directe et à en dispenser les autres (conjoint survivant et légataires), qui peuvent être extérieurs à la famille, alors que la société présente un caractère exclusivement familial (CA Paris 29-6-2011 n° 10/12355 : RJDA 1/12 n° 60 et, sur pourvoi, Cass. com. 6-11-2012 n° 11-25.058 F-D : RJDA 2/13 n° 130). Par ailleurs, la clause selon laquelle, en cas de décès d'un associé, la société continue entre les associés survivants

et les héritiers et ayants droit de l'associé décédé, sans qu'ils aient à être agréés par les associés survivants, dispense également d'agrément le légataire particulier d'un associé décédé (Cass. com. 5-4-2018 nº 16-18.097 F-D : BPAT 4/18 inf. 177).

c. Les héritiers devenus associés sont tenus des **dettes de la société** dans la double proportion de leur part dans le capital social et de leurs droits respectifs dans la succession (Cass. 1e civ. 1-7-2003 nº 01-00.563 FS-PB : RJDA 11/03 nº 1086). Ils répondent indéfiniment de ces dettes lorsqu'ils ont accepté purement et simplement la succession, même si les dettes sont nées avant qu'ils héritent des parts. Toutefois, en cas de découverte tardive d'un passif important, un héritier peut demander en justice à être déchargé en tout ou partie de son obligation si, au moment où il a accepté la succession, il avait des motifs légitimes d'ignorer la dette et si le paiement de cette dette aurait pour effet d'obérer gravement son patrimoine personnel (C. civ. art. 786, al. 2). En cas d'acceptation de la succession à concurrence de l'actif net, les héritiers ne répondent des dettes sociales existant au jour du décès qu'à concurrence de la valeur des biens recueillis dans la succession (C. civ. art. 791).

62720 **Continuation de la société avec les seuls associés survivants** Lorsque les statuts prévoient qu'en cas de décès d'un associé la société continuera entre les seuls associés survivants (C. civ. art. 1870, al. 2), les héritiers de l'associé décédé ont droit à une indemnisation sur la base de la valeur des parts, calculée dans les mêmes conditions qu'en cas de refus d'agrément (C. civ. art. 1870-1). Les parts sociales de l'associé décédé se trouvent transmises de plein droit aux associés survivants.

Si un seul associé survit, il a un an pour régulariser la situation (C. civ. art. 1844-5).

62725 **Continuation de la société avec certaines personnes déterminées** Les statuts peuvent prévoir que la société continuera, soit avec le conjoint survivant, soit avec un ou plusieurs des héritiers, soit avec toute autre personne désignée dans les statuts ou, si ceux-ci l'autorisent, par disposition testamentaire (C. civ. art. 1870, al. 3). Cette clause des statuts peut être complétée par une clause d'agrément de telle sorte que les associés survivants aient la possibilité de s'opposer à l'entrée dans la société d'une personne qu'ils estimeraient indésirable.

62730 **Clause organisant la continuation de la société après le décès d'un associé** Les statuts contiennent parfois une clause reconnaissant aux associés la **faculté d'opter**, au moment du décès de l'un d'eux, pour la continuation de la société entre les associés survivants (à l'exclusion des héritiers du prédécédé), la continuation de la société avec ces derniers ou la dissolution immédiate. Cette clause adaptant les différentes solutions permises par le texte a été reconnue valable.

L'option est parfois reconnue aux héritiers eux-mêmes : les statuts doivent alors préciser le délai accordé aux héritiers pour prendre parti, les modalités d'exercice de l'option ainsi que les conséquences pour les héritiers (retrait de la société ou maintien dans celle-ci) de l'expiration du délai sans qu'ils se soient prononcés.

> **Précisions** Lorsque les statuts stipulent que la société continue avec eux, les héritiers d'un associé ont la qualité d'associé en tant que propriétaires indivis des parts sociales, et ce, même si le partage amiable des parts n'a pas eu lieu. Cela emporte le droit individuel de participer aux **décisions collectives**, sans toutefois pouvoir prendre part au vote sinon en étant représentés par un mandataire désigné à cet effet (Cass. com. 30-8-2023 nº 22-10.018 F-D : BPAT 6/23 inf. 288). Sur la désignation de ce mandataire : voir nº 61636.

SECTION 5

DISSOLUTION DE LA SOCIÉTÉ CIVILE

A. Causes et régime de la dissolution de la société civile

CAUSES DE DISSOLUTION DE LA SOCIÉTÉ CIVILE

62800 Les principales causes de dissolution d'une société civile de patrimoine sont les suivantes (C. civ. art. 1844-7).

1. La **réalisation** ou l'**extinction de l'objet** : par exemple, il a été jugé qu'il y a lieu de prononcer la dissolution d'une SCI entre époux ayant pour objet social la gestion du patrimoine privé acquis par le couple durant le mariage dès lors que survient leur divorce, la dissolution de la communauté emportant extinction de l'objet (CA Pau 23-1-2006 n° 03/3450 : RJDA 8-9/08 n° 925 ; la solution est à notre avis transposable à une SCI constituée entre partenaires d'un Pacs). Une SCI qui aurait pour unique objet la détention d'un immeuble déterminé serait également automatiquement dissoute à la vente de cet immeuble. En revanche, la vente des seuls biens immobiliers dépendant du patrimoine d'une SCI, dont l'objet statutaire est l'acquisition, l'administration, la gestion et l'exploitation de tous immeubles bâtis ou non bâtis, n'a pas pour conséquence l'extinction de l'objet social et n'implique pas la dissolution de la société (CA Paris 6-1-2009 n° 07/17523 : RJDA 5/09 n° 436). De même, lorsqu'une société civile de portefeuille ayant pour seul actif des actions apportées par ses associés a pour objet « l'acquisition, la gestion et l'administration de titres de sociétés », la cession de ces actions par la société n'a pas pour conséquence d'éteindre son objet et n'implique donc pas sa dissolution (Cass. com. 7-10-2008 n° 07-18.635 FS-PB : RJDA 1/09 n° 29).

2. L'**accord des associés** pour une dissolution amiable anticipée (notamment, lorsque les associés ne sont pas en mesure de racheter ou de faire racheter les parts d'un associé dont le successeur n'a pas été agréé, ils peuvent écarter l'entrée de ce successeur dans la société en décidant de dissoudre celle-ci). La dissolution décidée par les associés ne doit toutefois pas être animée par une intention frauduleuse ou constituer un abus de droit, à peine de nullité ou de dommages-intérêts. Ainsi, il y a abus de majorité lorsque la décision de l'associé majoritaire de dissoudre est contraire à l'intérêt social et a été prise dans l'unique but de se soustraire à son engagement de racheter les parts sociales d'un associé minoritaire (Cass. com. 8-2-2011 n° 10-11.788 F-D : RJDA 5/11 n° 427).

3. L'arrivée du **terme** fixé par les statuts (sauf décision de prorogation).

4. La **dissolution judiciaire** pour justes motifs.

Pour plus de précisions, voir n°s 61065 s.

RÉGIME DE DISSOLUTION DE LA SOCIÉTÉ CIVILE

La dissolution de la société a pour **effet** d'entraîner sa liquidation (C. civ. art. 1844-8, al. 1). **62805**
Elle a également pour conséquence de mettre fin aux fonctions du gérant.
La dissolution entraîne un certain nombre de **formalités de publicité** : insertion dans un support d'annonces légales, inscription modificative au registre du commerce et des sociétés et au registre national des entreprises réalisée par l'intermédiaire du guichet unique électronique des formalités d'entreprises, insertion au Bodacc. Tant que la dissolution n'a pas été publiée, elle ne produit aucun effet à l'égard des tiers (C. civ. art. 1844-8, al. 1). En revanche, les tiers peuvent se prévaloir d'une dissolution non publiée dont ils auraient eu connaissance (C. com. art. L 123-9, al. 1).
Une fois dissoute, la société ne peut plus être rétablie par la volonté des associés. Il en est ainsi alors même que la dissolution n'aurait pas été publiée.

Lorsqu'il ne comporte aucune transmission de biens meubles ou immeubles entre les associés ou au profit d'autres personnes, et s'il est sous signature privée, l'acte portant dissolution de la société est dispensé de la formalité d'**enregistrement** (CGI art. 635, 1-5° a contrario). Il peut cependant y être soumis volontairement. S'il est notarié, il doit être enregistré dans le mois de sa date (CGI art. 635, 1-5°). Que l'acte soit présenté volontairement ou obligatoirement à la formalité, la dissolution est enregistrée gratuitement lorsqu'elle ne s'accompagne d'aucune transmission de biens meubles ou immeubles (CGI art. 811, 2°). S'il y a transmission de biens, la dissolution est soumise au régime exposé n°s 62910 s. **62810**

B. Liquidation de la société civile

DÉFINITION ET NÉCESSITÉ DE LA LIQUIDATION DE LA SOCIÉTÉ CIVILE

La liquidation est l'ensemble des opérations qui, après dissolution de la société, ont pour objet **62820**
la **réalisation des éléments d'actif** et le **paiement des créanciers sociaux** en vue de procéder au partage entre les associés de l'actif net subsistant.
La dissolution de la société entraîne sa liquidation (C. civ. art. 1844-8). Autrement dit, la liquidation de la société **s'impose** dès l'instant où la dissolution a été prononcée et les associés ne peuvent pas, même à l'unanimité, décider de ne pas y procéder (Cass. com. 24-10-1989 : Bull. civ. IV n° 257).

L'ouverture de la phase de liquidation exige la nomination d'un liquidateur seul habilité à représenter la société (C. civ. art. 1844-8 ; pour une illustration, CA Paris 16-9-2003 n° 03/5897 : RJDA 2/04 n° 171). Sa nomination s'impose même si celle-ci n'a plus ni actif ni passif (Avis CCRCS 05-51 du 13-1-2006).

MAINTIEN DE LA PERSONNALITÉ MORALE DE LA SOCIÉTÉ DISSOUTE

62825 Quelle que soit la cause de la dissolution, la personnalité morale de la société dissoute subsiste pour les **besoins de la liquidation**, jusqu'à la publication de la clôture de celle-ci (C. civ. art. 1844-8, al. 3). Pendant la durée de la liquidation, la société continue d'être désignée par sa dénomination sociale. La **mention « société en liquidation »** ainsi que le nom du liquidateur doivent figurer sur tous les actes et documents émanant de la société et destinés aux tiers, notamment sur toutes lettres, factures, annonces et publications diverses (Décret 78-704 du 3-7-1978 art. 13).
Les droits possédés par les associés conservent le caractère de parts sociales et la société continue d'avoir un **patrimoine** : la vente des biens sociaux est réputée faite par la société et non par les associés et elle donne ouverture aux droits de mutation à titre onéreux dans les conditions de droit commun.

LIQUIDATEUR

62830 C'est le liquidateur, et lui seul, qui assure la gestion de la société pendant la période de liquidation. Il est seul habilité à représenter la société durant cette période (CA Paris 16-9-2003 n° 03/5897 : RJDA 2/04 n° 171).
Le liquidateur peut être **choisi** parmi les associés ou les tiers. Il est possible de nommer plusieurs liquidateurs.
Le liquidateur peut être **désigné** dans les statuts. Le plus souvent, il est prévu que les fonctions de liquidateur seront remplies par le gérant en exercice au moment de la dissolution, ou encore que tous les associés seront liquidateurs.
Si le liquidateur n'est pas désigné dans les statuts, il est nommé par les associés, aux conditions de majorité prévues par les statuts ou, à défaut, à l'unanimité. Si les associés n'ont pu se mettre d'accord sur le choix d'un liquidateur, celui-ci est désigné par ordonnance du président du tribunal judiciaire statuant sur requête (Décret 78-704 du 3-7-1978 art. 9, al. 1).
La nomination du liquidateur (comme la cessation de ses fonctions) est soumise aux formalités de publicité exposées n° 62805.

62835 Le liquidateur termine les affaires en cours, réalise l'actif (notamment par la vente des biens sociaux aux conditions qu'il juge les plus opportunes) et acquitte le passif sans pouvoir se livrer à des opérations nouvelles. Il doit rendre compte aux associés de l'accomplissement de sa **mission**.
Les associés doivent fixer dans les statuts l'étendue des **pouvoirs** du liquidateur ainsi que les modalités selon lesquelles celui-ci pourra les exercer. À défaut de clause statutaire, ces pouvoirs pourront être déterminés dans l'acte (ou le jugement) de nomination du liquidateur. Ils peuvent être augmentés ou réduits en cours de liquidation dans les mêmes conditions que lors de leur fixation. Dans le silence des statuts et de la décision de nomination, les liquidateurs sont réputés avoir tous les pouvoirs nécessaires pour mener à bien leur mission.
Le liquidateur a droit à une **rémunération** dont le montant est fixé par les associés (ou, à défaut, sur ordonnance par le président du tribunal statuant sur requête). Cette rémunération peut être fixe ou variable : par exemple, il peut être convenu qu'elle sera proportionnelle au montant de l'actif net réalisé afin d'inciter le liquidateur à procéder aux opérations de liquidation dans les meilleures conditions.
Le liquidateur est responsable, tant à l'égard de la société qu'à l'égard des tiers, des conséquences dommageables des fautes commises dans l'exercice de ses fonctions. Il engage aussi sa **responsabilité** à l'égard des associés s'il a commis une faute leur ayant causé un préjudice personnel distinct de celui de la société.

CLÔTURE DE LA LIQUIDATION DE LA SOCIÉTÉ CIVILE

62890 Les associés doivent être consultés, en fin de liquidation, pour statuer sur le **compte définitif** de liquidation, le quitus à donner au liquidateur et la décharge de son mandat. Après approbation des comptes définitifs de la liquidation, ils décident la clôture de la liquidation, qui doit être suivie des **formalités de publicité** visées n° 62805, étant précisé que la radiation du registre du commerce et des sociétés nécessite que deux actes distincts soient déposés : d'une part, les comptes établis par le liquidateur et soumis aux associés et, d'autre part, la décision des associés sur ces comptes (Avis CCRCS 2016-022 des 18-10 et 2-12-2016 : BPAT 2/17 inf. 81).

À défaut d'approbation des comptes de liquidation ou si la consultation des associés s'avère impossible, le liquidateur ou tout intéressé peut demander au tribunal judiciaire de statuer sur ces comptes et, le cas échéant, sur la clôture de la liquidation.
À supposer que les autres formalités de publicité relatives à la clôture de la liquidation aient été régulièrement effectuées, la radiation de la société civile du registre du commerce et des sociétés lui fait perdre sa **personnalité morale** (C. civ. art. 1844-8, al. 3). Les associés deviennent alors copropriétaires indivis des **éléments de l'actif social restant** après apurement des dettes.
La radiation d'une société du registre du commerce et des sociétés entraîne également sa radiation du registre national des entreprises (C. com. art. R 123-265).

Du fait de la transformation de l'actif social en indivision, la dissolution de la société équivaut, du point de vue fiscal, à une cession à titre onéreux susceptible de dégager une **plus-value** imposable au nom de chaque associé au prorata de ses droits sociaux. Ce n'est toutefois qu'à la date de la publication de la clôture de la liquidation que cette plus-value doit être imposée (sauf en cas de cession d'éléments d'actif à un tiers en cours de liquidation). **62892**
La plus-value imposable est normalement égale à la différence entre la valeur réelle des biens à la date de la clôture de la liquidation et leur valeur d'acquisition par la société (prix d'achat ou valeur d'apport). Cependant, afin d'éviter une double taxation partielle de la plus-value pour les associés de SCI non soumises à l'IS ayant acheté leurs parts en cours de société, la fraction de plus-value imposable en leur nom est calculée par rapport à la valeur qu'avaient les biens au jour de l'acquisition des parts (BOI-RFPI-PVI-20-10-20-10 n° 420). Cette mesure de tempérament n'est toutefois pas applicable à l'associé qui a acquis ses parts par voie de succession ou de donation : la plus-value reste déterminée dans ce cas en fonction du prix d'acquisition des biens par la société (et non en fonction de la valeur vénale des biens au jour de la mutation à titre gratuit).

EXEMPLE

Deux époux ont constitué le 1er janvier 2019 une SCI au capital de 30 000 € (1 000 parts de 30 € chacune), dont ils détiennent la totalité. La SCI a acquis en 2020 un immeuble de rapport pour le prix de 150 000 €, financé en partie sur emprunt.
En 2021, les époux cèdent à leur fille (majeure) 200 parts de la SCI. À cette date, la valeur de l'immeuble est estimée à 180 000 €. La valeur globale de la société, déduction faite des dettes d'emprunt, est de 140 000 €. Le prix de cession des 200 parts est fixé à 28 000 €, compte tenu de la valeur de l'actif net de la société.
Début 2024, la société est dissoute. L'immeuble vaut à la dissolution 200 000 €.
En principe, la plus-value devrait être calculée de la manière suivante, au niveau de la société : 200 000 € – (150 000 € × 107,5 %) = 38 750 € (le prix d'acquisition étant majoré de 7,5 % pour tenir compte des frais d'acquisition).
Cette plus-value devrait être répartie entre les associés pour être imposée à leur nom dans les conditions suivantes :
– les époux associés d'origine (détenant ensemble 80 % des parts) : 31 000 € ;
– leur fille (détenant 20 %) : 7 750 €.
Mais cette dernière peut demander que la plus-value imposable à son nom soit limitée à celle acquise depuis son entrée dans la société. Ce calcul s'effectuera de la manière suivante : [200 000 € – (180 000 € × 107,5 %)] × 20 % = 1 300 €.
Elle sera donc imposée sur une plus-value de 1 300 € au lieu de 7 750 €.
La plus-value imposable au nom des parents n'est pas modifiée.

C. Partage de la société civile

DÉFINITION ET NÉCESSITÉ DU PARTAGE DE LA SOCIÉTÉ CIVILE

Après la clôture de la liquidation, peut intervenir le partage qui fixe la part de chaque associé sur l'actif restant, en nature ou en espèces, après extinction du passif social. **62900**
La demande en partage peut être faite par chaque associé, ses héritiers ou même ses créanciers personnels. Si les biens à partager doivent tomber en communauté, chacun des époux doit donner son consentement pour procéder au partage (C. civ. art. 1424).
La demande peut intervenir dès le jour de la naissance de l'indivision post-sociale, c'est-à-dire dès la radiation de la société au registre du commerce et des sociétés, qui marque la disparition de la personnalité morale de la société (n° 62890). Les associés (ou certains d'entre eux) peuvent toutefois ne pas provoquer le partage et décider de demeurer dans l'indivision pour tout ou partie des biens sociaux (C. civ. art. 1844-9, al. 4).

FORME DU PARTAGE DE LA SOCIÉTÉ CIVILE

62905 Le partage est en principe **amiable** et il n'est **judiciaire** que si les associés ne s'entendent pas. Même si, en principe, le partage se fait **en espèces**, chacun des associés a le droit de recevoir sa part **en nature** des biens formant l'actif net social. Certains associés peuvent bénéficier de l'attribution préférentielle de certains biens qui se retrouvent en nature dans la masse à partager. Une telle attribution préférentielle peut être prévue dans les statuts ou par les associés à l'unanimité dans une décision ou un acte distinct (Cass. com. 30-5-2007 n° 05-13.851 FS-PB : RJDA 12/07 n° 1239). Elle peut également résulter de la loi (reprise d'apport par l'associé apporteur ou attribution préférentielle légale d'un bien dans les mêmes conditions que celles prévues en cas de partage des indivisions successorales : voir n°s 70350 s.).

62907 Lorsque les biens à partager comprennent des **immeubles**, l'acte de partage doit revêtir la forme authentique (C. civ. art. 710-1). Lorsqu'ils comprennent des **parts de société** dont la cession est soumise à agrément, l'associé attributaire doit se faire agréer (voir Cass. com. 12-11-1996 n° 94-11.370 : RJDA 6/97 n° 787).

ENREGISTREMENT DU PARTAGE

62910 L'acte de partage doit être soumis à la **formalité** de l'enregistrement.
S'il n'y a que des biens meubles, l'enregistrement a lieu dans le délai d'un mois au service de l'enregistrement du service des impôts des entreprises (SIE) territorialement compétent : celui du lieu de la résidence du notaire si le partage est fait par acte notarié, celui du domicile de l'une des parties si le partage est fait sous signature privée.
Lorsque les biens à partager comprennent des immeubles, l'acte de partage (qui doit revêtir la forme authentique) fait l'objet de la formalité fusionnée, exécutée au service chargé de la publicité foncière dans le mois suivant la date de l'acte (CGI art. 647, III).
Les **droits dus** dépendent du régime fiscal de la société civile.

62915 **Société relevant du régime fiscal des sociétés de personnes** Le partage d'une société civile non passible de l'impôt sur les sociétés donne ouverture au droit de partage de 2,50 % sur les **acquêts sociaux** répartis entre les associés. Sont considérés comme des acquêts sociaux non seulement les biens qui ont été acquis ou créés par la société, mais encore les choses fongibles qui lui ont été apportées (notamment le numéraire), ainsi que les biens de toute nature ayant fait l'objet d'un apport à titre onéreux.
Lorsqu'un bien constitutif d'un **corps certain ayant été apporté** à titre pur et simple à la société est attribué dans le cadre du partage à l'associé apporteur (ou à un héritier ou donataire de l'apporteur), celui-ci est censé n'avoir jamais cessé d'en être propriétaire et aucune imposition n'est encourue. Toutefois, la reprise par l'apporteur d'un immeuble entraîne la perception de la taxe de publicité foncière (dont le taux global est en principe de 0,71498 %), à laquelle s'ajoute la contribution de sécurité immobilière. Lorsque le bien est attribué, lors du partage, à un associé autre que l'apporteur ou ses héritiers ou donataires, le droit de vente est normalement applicable.
Lorsque des **biens** ont été **apportés par des copropriétaires indivis**, l'attribution sans soulte à l'un des associés apporteurs de la totalité des biens apportés indivisément donne ouverture au droit de vente à concurrence de la seule part acquise par l'attributaire dans les biens indivis. Lorsque les biens apportés indivisément sont, lors du partage, répartis entre les associés qui les avaient apportés, l'administration admet que seul le droit de partage est dû (BOI-ENR-AVS-30-20-20 n°s 230 et 240).

62917 **Société soumise à l'IS** Le partage d'une société civile passible de l'impôt sur les sociétés est soumis à un régime différent selon le régime fiscal appliqué lors de l'apport aux biens composant l'actif social.
Lorsque les **biens** n'ont **pas** été **soumis aux droits de mutation lors de leur apport** (ou ont été soumis à un droit fixe), leur attribution, lors du partage, à un associé autre que l'apporteur donne ouverture aux droits de vente et non au droit de partage. S'ils sont attribués à l'apporteur, aucun droit n'est dû, sous réserve de la taxe de publicité foncière et de la contribution de sécurité immobilière s'il s'agit d'immeubles.
Le partage de biens dont l'**apport** a été **soumis aux droits de mutation** donne lieu en principe au droit de partage de 2,50 %. Pour l'administration fiscale, celui-ci est exigible sur l'intégralité de l'actif net partagé, sans qu'il y ait lieu de tenir compte de la personne de l'attributaire, apporteur ou autre associé (BOI-ENR-AVS-30-20-10 n°s 110 s.). La jurisprudence considère que le capital social remboursé aux associés n'est pas soumis au droit de partage car l'actif net partagé visé à l'article 747 du CGI s'entend de l'actif subsistant après paiement des dettes et remboursement

du capital social. En revanche, les sommes correspondant aux primes d'émission et de fusion et à la réserve de décapitalisation non incorporées au capital social ne peuvent être déduites de l'actif brut (Cass. com. 26-9-2018 nº 16-24.070 F-PB : RJF 1/19 nº 97).
Le partage des **biens acquis ou créés par la société** est également soumis au droit de partage.

> **Précisions** Le partage est considéré comme comportant une **soulte** lorsqu'un associé reçoit des biens dont la valeur excède la part d'actif qui devrait normalement lui revenir, compte tenu de ses droits sociaux. La soulte est taxée comme une vente, le droit de mutation étant exigible au taux prévu pour les biens en cause. Si ces biens sont de nature différente, la soulte est répartie proportionnellement à leur valeur respective. L'actif net partagé, déduction faite de la soulte, est soumis au droit de partage.

BONI DE LIQUIDATION

Lorsque l'actif net partagé entre les associés excède le montant des apports qu'ils ont effectués, la différence constitue le boni de liquidation. **62920**
Sauf clause contraire des statuts, le boni de liquidation est **réparti** entre les associés dans les mêmes proportions que leurs droits dans les bénéfices (C. civ. art. 1844-9, al. 1).
Lorsque la **société** est **soumise à l'impôt sur les sociétés**, le boni de liquidation est imposable chez les associés à l'impôt sur le revenu, dans la catégorie des revenus de capitaux mobiliers, dans les mêmes conditions qu'un dividende. Toutefois, les associés qui ont acheté leurs parts en cours de société pour un prix supérieur au montant des apports ne sont imposés que sur la différence entre les sommes réparties et le prix d'achat des parts.

CHAPITRE 2

SUCCESSIONS ET LIBÉRALITÉS

SOMMAIRE

SECTION 1

DÉVOLUTION LÉGALE ET OPTION SUCCESSORALE

PRÉSENTATION GÉNÉRALE

Lorsque le défunt n'a établi **ni testament ni donation au dernier vivant** (succession dite « ab intestat »), c'est la loi qui détermine les personnes qui héritent et on parle de « dévolution légale ». 63000

Cette dévolution s'effectue de façon différente selon que le défunt laisse ou non un conjoint survivant, le premier cas de figure ayant déjà été étudié (nos 11005 s.).

Les parents du défunt susceptibles d'hériter sont répartis en **quatre ordres** (C. civ. art. 734 s.) :

– les descendants (premier ordre) ;

– les ascendants privilégiés et collatéraux privilégiés (deuxième ordre) ;

– les ascendants ordinaires (troisième ordre) ;

– et les collatéraux ordinaires (quatrième ordre).

Sauf exception (n° 63018), dès qu'un ordre est représenté, ses membres héritent et excluent le ou les membres des ordres inférieurs.

Parmi les **situations particulières** susceptibles d'influer sur les règles normales de la dévolution, seules seront évoquées la présence d'un enfant adoptif et l'existence d'un droit de retour au profit des père et mère.

Une fois la personne désignée par la loi (ou par la volonté du défunt) pour recueillir la succession déterminée, le successible a une **option**. Il n'est pas obligé de prendre la qualité de successeur et, par conséquent, d'accepter la succession.

> **Précisions a.** La loi relative au **mariage entre personnes de même sexe** instaure un principe général d'égalité de traitement des époux ou des parents, qu'ils soient de même sexe ou de sexe différent (C. civ. art. 6-1). Dès lors, les dispositions du livre III du Code civil relatives aux successions et libéralités, dont la terminologie n'a pas été modifiée par la loi, sont implicitement rendues applicables aux parents de même sexe lorsqu'elles font référence aux « père et mère », ou aux branches parentales lorsqu'elles font référence aux « branches paternelle et maternelle », pour ne prendre que ces deux exemples.

b. Les **souvenirs de famille** échappent, en raison de leur nature, aux règles de la dévolution légale. Il s'agit par exemple de médailles, diplômes, portraits de famille ou d'ancêtres, archives familiales, correspondance, titres de noblesse, etc. Considérés comme faisant l'objet d'une copropriété ou d'une indivision familiale, ces biens sont remis à titre de dépôt au membre de la famille jugé le plus qualifié. Le dépositaire ne peut pas disposer des souvenirs de famille. Il doit les présenter aux autres membres de la famille qui en font la demande.

A. Désignation des héritiers dans la succession ordinaire

1. ORDRE DES DESCENDANTS

RÈGLES GÉNÉRALES

63002 L'ordre des descendants est **composé de** l'ensemble des parents en ligne directe descendante : enfants, petits-enfants, etc. Peu importe que le lien de filiation avec le défunt résulte des effets du mariage, d'une reconnaissance ou encore d'une adoption plénière ou simple (C. civ. art. 6-2). De même, aucune distinction n'est établie selon le sexe, la primogéniture ou l'existence d'unions différentes (C. civ. art. 735).

L'existence de membres de l'ordre des descendants exclut les parents des autres ordres. Cependant, tous les descendants ne sont pas héritiers : un **classement** s'opère **par la proximité de degré** selon les deux règles suivantes :

– l'héritier au degré le plus proche dans l'ordre exclut l'héritier plus éloigné en degré (C. civ. art. 744, al. 1). En présence d'un ou de plusieurs enfants du défunt, les petits-enfants n'ont pas vocation à hériter de leurs grands-parents, réserve faite toutefois de l'application du mécanisme de la représentation (voir n°s 63004 s.) ;

– en cas de pluralité d'héritiers à égalité de degré le plus proche dans l'ordre, ces héritiers se partagent la succession par parts égales (C. civ. art. 744, al. 2).

> **Précisions a.** En ligne directe, le **degré** est le nombre de générations séparant le défunt de son parent héritier. Un père et son fils sont parents au premier degré, un grand-père et son petit-fils le sont au deuxième degré, etc.

b. Depuis la loi 2001-1135 du 3 décembre 2001, les enfants de l'**adultère** bénéficient des mêmes droits successoraux que les autres descendants du défunt. Cependant, dans les successions ouvertes avant le 4 décembre 2001 (date de publication de la loi), les enfants adultérins ne peuvent pas se prévaloir de l'égalité successorale s'ils se trouvent dans l'un des cas visés par les **dispositions transitoires** de la loi (Loi 2001-1135 du 3-12-2001 art. 25, II-2°) : un partage a été réalisé, un accord amiable ou une décision judiciaire irrévocable est intervenu. La Cour européenne des droits de l'Homme (CEDH) a jugé ces dispositions transitoires non conformes à la convention européenne des droits de l'Homme et condamné la France pour discrimination pour avoir appliqué les règles de dévolution antérieures à la loi de 2001 accordant aux enfants adultérins des droits successoraux moindres qu'aux enfants légitimes. La Cour a estimé qu'il n'existait pas de rapport raisonnable de proportionnalité entre les moyens employés (discrimination subie par l'enfant en raison de sa naissance) et le but légitime poursuivi (stabilité des règlements successoraux achevés) (CEDH 14-3-2019 n° 38299/15, Quilichini c/ France : BPAT 3/19 inf. 104).

PRÉDÉCÈS D'UN DESCENDANT

63004 L'application du principe du classement selon le degré devrait conduire à exclure de la succession le petit-fils (2e degré) dont le père serait prédécédé, et qui se trouverait en concours avec un fils du défunt (1er degré). Cette situation est évitée par le **mécanisme de la représentation**, qui est une fiction de la loi destinée à assurer l'égalité entre les souches. Grâce à la représentation, un héritier de degré plus éloigné (le représentant) est appelé à la succession et y exerce les droits d'un héritier prédécédé de degré plus proche (le représenté) (C. civ. art. 751). Les héritiers qui viennent par représentation de leur auteur constituent une « souche ».

La représentation joue à l'infini en ligne directe descendante (C. civ. art. 752).

Elle ne joue que si le défunt a eu plusieurs enfants (en ce sens, notamment, Cass. 1e civ. 25-9-2013 n° 12-17.556 FS-PB : BPAT 6/13 inf. 230).

EXEMPLE

Le défunt a eu deux fils A et B.
1e hypothèse : A est toujours en vie, B est prédécédé et laisse deux enfants B1 et B2. Par l'effet de la représentation, B1 et B2 se partageront la moitié de la succession qui aurait été dévolue à leur père s'il avait survécu. A hérite de la moitié de la succession, B1 et B2 d'un quart chacun.
2e hypothèse : A est également prédécédé et laisse quatre enfants. Les enfants de A hériteront de la moitié de la succession (à raison d'un huitième chacun) et ceux de B de l'autre moitié (à raison d'un quart chacun).
Si le défunt n'avait eu qu'un fils A prédécédé laissant lui-même deux enfants, A1 et A2, ceux-ci viendraient à sa succession de leur propre chef et non pas par représentation de leur auteur prédécédé.

RENONCIATION À SUCCESSION DE L'HÉRITIER

L'héritier renonçant est censé n'avoir **jamais** été **héritier** (C. civ. art. 805, al. 1). S'il a bénéficié d'une libéralité en avancement de part successorale, il cesse d'être tenu au rapport du seul fait de sa renonciation, sauf si le testament ou la donation prévoit expressément le rapport (C. civ. art. 845 ; sur le rapport, voir nos 64102 s.). **63006**

Il est possible de **représenter le renonçant** (C. civ. art. 754, al. 1). Cette faculté favorise les transmissions de patrimoine transgénérationnelles : les petits-enfants peuvent, du fait de la renonciation de leur auteur, hériter directement de leur grand-père ou grand-mère.

Pour assurer l'égalité des enfants du renonçant, un mécanisme particulier est prévu, l'objectif étant de ne pas pénaliser ceux qui seraient nés après l'ouverture de la succession dont le renonçant s'est privé. À cet effet, les enfants du renonçant conçus avant l'ouverture de la succession à laquelle le renonçant a renoncé doivent rapporter à la succession de ce dernier les biens dont ils ont hérité en ses lieu et place, s'ils viennent en concours avec d'autres enfants conçus après l'ouverture de la succession (C. civ. art. 754, al. 2).

Si l'**enfant renonçant** n'est **pas représenté**, sa part augmente celle de ses cohéritiers ; s'il est seul, elle est dévolue au degré subséquent (C. civ. art. 805, al. 2).

EXEMPLE

Le défunt laisse un fils A et trois petits-fils, B1, B2 et B3, issus de B, son second fils qui renonce à sa succession.
Par l'effet de la représentation, B1, B2 et B3 viendront à la succession en exerçant les droits de B, leur père renonçant. Ils se partageront la moitié de succession qui aurait été dévolue à B s'il avait accepté et auront donc chacun 1/6, A recueillant 1/2.
Si B a un 4e enfant après avoir renoncé à la succession de son père, B1, B2 et B3 devront rapporter à la succession de B, le jour où elle s'ouvrira, ce dont ils ont hérité en ses lieu et place dans la succession de leur grand-père.

INDIGNITÉ DE L'HÉRITIER

L'héritier qui a commis des fautes particulièrement graves à l'égard du défunt est sanctionné par la perte de ses droits successoraux à l'égard de ce dernier (C. civ. art. 726 s.). Sans entrer dans le détail de ce régime, signalons que l'indignité peut être **de droit**, en cas de condamnation à une peine criminelle pour avoir volontairement donné ou tenté de donner la mort au défunt par exemple. Elle peut aussi être prononcée **facultativement** par le tribunal judiciaire, par exemple en cas de condamnation à une peine correctionnelle pour avoir volontairement donné ou tenté de donner la mort au défunt. Pour les successions ouvertes **depuis le 1er août 2020**, les actes de torture et de barbarie, les violences volontaires, le viol ou l'agression sexuelle sur le défunt forment un nouveau cas d'indignité successorale facultative (C. civ. art. 727, 2° bis). **63008**

Les **enfants de l'indigne** ne sont pas exclus de la succession du défunt par la faute de leur auteur : ils peuvent venir à la succession du défunt non seulement de leur propre chef, mais également par **représentation** de l'indigne (C. civ. art. 729-1). Dans ce dernier cas, un mécanisme identique à celui prévu en cas de représentation du renonçant est prévu : les enfants qui sont venus à la succession de la victime par représentation de l'indigne devront rapporter à la succession de ce dernier, lorsqu'elle s'ouvrira, ce qu'ils ont reçu dans la première succession s'ils viennent en concours avec d'autres enfants conçus après l'ouverture de la succession (C. civ. art. 754, al. 2, sur renvoi de art. 755).

> **Précisions** La représentation successorale est limitée aux représentants de l'héritier prédécédé, indigne ou renonçant (C. civ. art. 754 et 755). Elle ne joue pas au profit des enfants de l'**héritier** vivant qui a été **exhérédé par testament** (Cass. 1e civ. 17-4-2019 no 17-11.508 FS-PB : BPAT 3/19 inf. 105). Cette solution rendue en ligne collatérale devrait s'appliquer en ligne directe.

2. ORDRE DES ASCENDANTS PRIVILÉGIÉS ET COLLATÉRAUX PRIVILÉGIÉS

RÈGLES GÉNÉRALES

63010 Il s'agit d'un ordre **mixte** composé (C. civ. art. 734, al. 1) :
– des ascendants au premier degré : père et mère ou survivant d'entre eux ;
– et des frères et sœurs ou demi-frères et demi-sœurs ainsi que de leurs descendants venant de leur chef ou par représentation (neveux et nièces, petits-neveux et petites-nièces, etc., sans limitation de degré).
Sur l'incidence du mariage homosexuel, voir n° 63000, précision a.

RÉPARTITION ENTRE ASCENDANTS ET COLLATÉRAUX PRIVILÉGIÉS

63012 S'il existe **uniquement des collatéraux privilégiés** (les père et mère du défunt étant par hypothèse prédécédés), les frères et sœurs ou leurs descendants héritent de toute la succession (C. civ. art. 737).
S'il y a **uniquement des ascendants privilégiés** (il n'y a pas ou plus de collatéraux privilégiés) :
– si les deux parents sont encore en vie, ils se partagent la succession par moitié chacun (C. civ. art. 736) ;
– si un seul des parents est encore en vie, il reçoit l'intégralité de la succession, sauf dans le cas où subsiste dans l'autre ligne un ascendant ordinaire : voir n° 63018.
En présence à la fois de **collatéraux privilégiés et** d'**ascendants privilégiés**, la succession est partagée entre eux. Si les deux parents ont survécu, les frères et sœurs ont droit à la moitié de la succession, l'autre moitié étant répartie entre le père et la mère à raison d'un quart chacun (C. civ. art. 738, al. 1). Si seul le père ou la mère a survécu, le ou les collatéraux privilégiés recueillent les trois quarts de la succession et le quart restant revient à l'ascendant survivant (C. civ. art. 738, al. 2).

RÉPARTITION ENTRE LES COLLATÉRAUX PRIVILÉGIÉS

63014 Tous les collatéraux privilégiés ne viennent pas à la succession : un classement s'opère par la proximité de **degré**, selon les mêmes règles que dans l'ordre des descendants (n° 63002). En présence d'héritiers au même degré dans l'ordre, la répartition de la succession s'effectue entre eux par parts égales (C. civ. art. 744, al. 2).

> **Précisions** La **computation des degrés** en ligne collatérale se fait en remontant à l'auteur commun du défunt et du parent : le degré de parenté est la somme de générations qui séparent chacun des parents de leur ascendant commun (C. civ. art. 743, al. 2). Frères et sœurs sont parents au deuxième degré : une génération pour remonter du défunt à l'auteur commun, une génération pour descendre à l'héritier ; l'oncle et son neveu sont parents au troisième degré (une génération pour remonter à l'auteur commun et deux générations pour descendre à l'héritier), etc.

63015 **Mécanisme de la représentation** Comme dans l'ordre des descendants, le mécanisme de la représentation vient corriger la règle de la proximité de degré. Il en résulte que si, en principe, la présence des frères et sœurs du défunt exclut de la succession ses neveux et nièces, il en va autrement :
– en cas de **prédécès** d'un frère ou d'une sœur du défunt (C. civ. art. 752-2). Le neveu peut concourir avec son oncle, frère de son père prédécédé et du défunt ; de même, si tous les frères et sœurs du défunt sont prédécédés, leurs descendants, en degrés égaux ou inégaux, bénéficient du mécanisme de la représentation et le partage s'opère alors par souche ;
– en cas de **renonciation** d'un frère ou d'une sœur du défunt (C. civ. art. 754, al. 1) : voir n° 63006. Les neveux du défunt peuvent par exemple représenter leur père renonçant dans la succession de leur oncle ;
– en cas d'**indignité** d'un frère ou d'une sœur du défunt (voir n° 63008).
La représentation successorale en ligne collatérale est **exclue** en présence d'une souche unique (Cass. 1e civ. 14-3-2018 n° 17-14.583 FS-PB : BPAT 3/18 inf. 119, représentation par suite de prédécès ; Cass. 1e civ. 3-10-2019 n° 18-18.736 F-D : BPAT 6/19 inf. 251, représentation par suite d'une renonciation).
La représentation successorale est limitée aux représentants de l'héritier prédécédé, indigne ou renonçant (C. civ. art. 754 et 755). Elle ne joue pas au profit des enfants d'un frère ou d'une sœur vivant(e) qui a été exhérédé(e) par testament (Cass. 1e civ. 17-4-2019 n° 17-11.508 FS-PB : BPAT 3/19 inf. 105).

3. ORDRE DES ASCENDANTS ORDINAIRES

RÈGLES GÉNÉRALES

Cet ordre est **composé** des ascendants autres que les père et mère : grands-parents, arrière-grands-parents, etc. 63016

La succession dévolue aux ascendants ordinaires suppose, rappelons-le, qu'il n'y ait ni descendants, ni ascendants privilégiés, ni collatéraux privilégiés. Dans ce cas de figure, elle est en principe divisée en deux lignes selon le mécanisme de la **fente successorale**. La succession va pour moitié aux parents de la branche paternelle et pour moitié aux parents de la branche maternelle (C. civ. art. 747). Sur l'incidence du mariage homosexuel, voir nº 63000, précision a.

Dans chaque branche, le **classement des héritiers** se fait selon le degré : le ou les parents les plus proches en degré recueillent la moitié de succession dévolue à la branche à laquelle ils appartiennent (C. civ. art. 748, al. 1). La présence de la grand-mère maternelle exclut par exemple de la succession les arrière-grands-parents maternels.

En présence de parents au même degré, le partage entre eux se fait par tête (C. civ. art. 748, al. 2).

À **défaut d'ascendant dans une branche**, ceux de l'autre branche recueillent toute la succession (C. civ. art. 748, al. 3).

La représentation n'a pas lieu en faveur des ascendants (C. civ. art. 752-1).

EXEMPLE

Le défunt laisse ses grands-parents paternels et son arrière-grand-mère maternelle (en l'absence de père et mère, de descendants et de collatéraux privilégiés).

Les grands-parents paternels, ascendants au 2e degré, se partagent par moitié la fraction de la succession dévolue à la branche paternelle et recueillent chacun un quart de la succession.

L'arrière-grand-mère maternelle recueille la moitié de la succession dévolue à la branche maternelle.

CAS PARTICULIER : ASCENDANT(S) ORDINAIRE(S) DANS UNE LIGNE EN CONCOURS AVEC LE PÈRE OU LA MÈRE DANS L'AUTRE LIGNE

Le **classement des héritiers en fonction de l'ordre** devrait logiquement conduire à écarter les ascendants ordinaires, héritiers du troisième ordre, pour attribuer la totalité de la succession au père ou à la mère, membres du deuxième ordre. 63018

La **fente** est pourtant applicable dans cette situation, et la succession est par conséquent dévolue pour moitié au père ou à la mère et pour moitié aux ascendants ordinaires de l'autre branche (C. civ. art. 738-1).

4. ORDRE DES COLLATÉRAUX ORDINAIRES

RÈGLES GÉNÉRALES

Le quatrième et dernier ordre est **composé** des parents autres que ceux des trois ordres précédents. Il comprend les oncles et tantes, grands-oncles et grands-tantes et cousins et cousines. 63020

Les collatéraux ordinaires succèdent **jusqu'au 6e degré** (C. civ. art. 745). Par exemple, des cousins germains sont parents au 4e degré, des cousins issus de germains sont parents au 5e degré (sur la computation des degrés en ligne collatérale, voir nº 63014, précisions).

La succession dévolue aux collatéraux ordinaires suppose qu'il n'y ait aucun représentant des trois premiers ordres. Le mécanisme de la **fente successorale** s'applique alors. La succession est divisée en deux parts égales, l'une pour les parents de la branche paternelle et l'autre pour les parents de la branche maternelle (C. civ. art. 749). Sur l'incidence du mariage homosexuel, voir nº 63000, précision a. 63022

Dans chaque branche, l'héritier le plus proche en degré recueille la moitié de la succession (C. civ. art. 750, al. 1). La représentation ne joue pas dans cet ordre (C. civ. art. 752-2 a contrario). En cas de pluralité d'héritiers au même degré dans chaque ligne, ces héritiers se partagent la succession entre eux, par tête (C. civ. art. 750, al. 2).

En l'**absence de parent au degré successible dans une branche**, les parents de l'autre branche recueillent toute la succession (C. civ. art. 750, al. 3).

EXEMPLE

Le défunt laisse dans la ligne paternelle deux cousins germains C1 et C2 et un cousin issu de germain C3 et dans la ligne maternelle un oncle et une grand-tante.

Dans la ligne paternelle, C1 et C2 (4e degré) excluent C3 (5e degré) et recueillent chacun un quart de la succession.

Dans la ligne maternelle, l'oncle (3e degré) exclut la grand-tante (4e degré) et reçoit la moitié de la succession.

B. Particularismes en présence d'un enfant adoptif

EN RÉSUMÉ

63024 Aucune distinction n'étant faite selon la nature de la filiation, les enfants adoptifs ont en principe les mêmes droits que les enfants par le sang et leur succession est dévolue dans les mêmes conditions. Cependant, quelques **particularités** doivent être signalées.

ENFANT ADOPTIF HÉRITIER

63026 L'**enfant adopté plénièrement** est totalement assimilé à un enfant par le sang. Il hérite de ses parents adoptifs et perd corrélativement tout droit successoral dans sa famille d'origine (C. civ. art. 356 dans sa rédaction issue de l'ord. 2022-1292 du 5-10-2022). Par exception, en cas d'adoption de l'enfant du conjoint, du partenaire lié par un pacte civil de solidarité ou du concubin, la filiation d'origine à l'égard de cette personne et de sa famille subsiste (C. civ. art. 370-1-4 dans sa rédaction issue de l'ord. 2022-1292 du 5-10-2022).

L'enfant qui a fait l'objet d'une **adoption simple** hérite également de ses parents adoptifs comme un enfant par le sang (C. civ. art. 365, al. 1 dans sa rédaction issue de l'ord. 2022-1292 du 5-10-2022). Cependant :

– il n'a pas la qualité d'héritier réservataire à l'égard des ascendants de ses parents adoptifs (C. civ. art. 365, al. 2 dans sa rédaction issue de l'ord. 2022-1292 du 5-10-2022) ;

– et il conserve ses droits successoraux à l'égard de sa famille d'origine (C. civ. art. 360, al. 1 dans sa rédaction issue de l'ord. 2022-1292 du 5-10-2022).

ENFANT ADOPTIF DÉFUNT

63028 La succession d'un enfant adoptif est réglée dans les conditions de droit commun sauf dans un seul cas : lorsque le défunt a fait l'objet d'une **adoption simple** et qu'il est **décédé sans postérité et sans laisser de conjoint survivant**. Dans une telle situation, les règles applicables sont les suivantes (C. civ. art. 366 dans sa rédaction issue de l'ord. 2022-1292 du 5-10-2022) :

– les biens que l'adopté a reçus par donation ou succession de ses père et mère adoptifs ou biologiques et qui se retrouvent en nature dans sa succession retournent aux donateurs (ou à leurs descendants). Ces biens sont dévolus en fonction de leur origine. Si le retour en nature est impossible, par exemple parce que le bien a été vendu, l'on peut se demander si le droit de retour légal de droit commun prévu en faveur des père et mère du défunt par l'article 738-2 du Code civil (nos 63030 s.) ne pourrait pas alors jouer dans les conditions ordinaires. La question n'est pas tranchée en jurisprudence ;

– les autres biens de l'adopté se répartissent par moitié entre sa famille d'origine et celle de l'adoptant, selon le mécanisme de la fente successorale.

C. Succession anomale au profit des père et mère

DÉFINITION

63030 Par dérogation à la règle de l'unité de la succession, les père et mère du défunt bénéficient d'un droit de retour légal sur les biens qu'ils ont donnés à leur **enfant prédécédé** sans postérité (C. civ. art. 738-2). Compte tenu de leur origine, dans le but d'assurer leur conservation dans la famille, ces biens vont être soustraits des règles de la dévolution successorale de droit commun. On parle communément de succession anomale comme à propos du droit de retour légal des frères et sœurs ou du droit de retour légal des familles de l'adopté simple décédé sans postérité (voir n° 63028). La dévolution des droits d'auteur en est un autre exemple.

Sur l'incidence du mariage homosexuel, voir n° 63000, précision a.

63031 Le droit de retour légal des père et mère présente à notre avis la particularité d'être d'**ordre public**. L'acte de donation ne peut pas l'exclure ; de la même façon, un testament déshéritant les père et/ou mère ou une donation au dernier vivant laissant toute la succession au conjoint survivant n'y ferait pas obstacle. Ce droit de retour étant de nature successorale, les parents ne peuvent renoncer à l'exercer qu'une fois la succession ouverte (Cass. 1e civ. 21-10-2015 n° 14-21.337 FS-PBI : BPAT 6/15 inf. 227).

CHAMP D'APPLICATION DU DROIT DE RETOUR LÉGAL

Le droit de retour joue lorsque le donataire prédécédé ne laisse aucune postérité, c'est-à-dire **aucune descendance**, situation à laquelle la Cour de cassation assimile la présence de descendants qui ont tous renoncé à la succession de leur auteur donataire : un descendant renonçant, censé n'avoir jamais hérité, ne peut pas faire obstacle au retour des biens donnés dans le patrimoine de l'ascendant (Cass. 1e civ. 23-5-2012 n° 11-14.104 FS-PBI : BPAT 4/12 inf. 222 ; Cass. 1e civ. 16-9-2014 n° 13-16.164 F-PB : BPAT 6/14 inf. 265-i). **63032**

Bien qu'inséré dans une section du Code civil intitulée « Des droits des parents en l'absence de conjoint », le droit de retour des père et mère s'applique à notre avis y compris – et même surtout – en présence d'un **conjoint survivant**. Le contraire serait illogique puisque le droit de retour a été institué pour compenser la suppression de la réserve des ascendants, et que c'est précisément le conjoint survivant qui bénéficie de cette suppression.

Le droit de retour s'exerce uniquement au profit des père et/ou mère. En cas de **prédécès des parents**, il ne bénéficie pas aux frères et sœurs du défunt, sachant que, sauf disposition contraire :
– soit le défunt n'était pas marié, et ses frères et sœurs héritent alors de toute la succession ;
– soit le défunt était marié, et ses frères et sœurs bénéficient sauf disposition contraire du droit de retour de moitié prévu à l'article 757-3 du Code civil sur les biens de famille (voir nos 11062 s.).

ATTENTION

Le droit de retour joue-t-il lorsque le **« bien » donné** par les parents était une **somme d'argent** ? La question n'est pas encore tranchée. Au vu du rapport de la commission des lois de l'Assemblée nationale (Rapport AN n° 2850 du 8-2-2006 p. 39), le texte vise à protéger les biens de famille, ce qui tendrait à exclure les donations de sommes d'argent (voir n° 11063 à propos du droit de retour des collatéraux privilégiés). Mais le fait que le droit de retour des père et mère s'exerce subsidiairement en valeur plaide plutôt pour son application systématique.

ARTICULATION DU DROIT DE RETOUR LÉGAL AVEC LE DROIT DE RETOUR CONVENTIONNEL

Bien que le droit de retour légal présente un caractère d'ordre public, il **n'empêche pas** la stipulation d'un droit de retour conventionnel dans l'acte de donation. Il faut simplement que le droit de retour conventionnel soit au moins aussi favorable aux père et mère que les dispositions légales (dans le même sens, N. Levillain, Les nouveaux droits successoraux des ascendants. Droit de retour légal de l'article 738-2 du Code civil : JCP N 2007 n° 1135 p. 22). **63034**

En pratique, la stipulation d'un droit de retour conventionnel sera assortie d'une interdiction temporaire d'aliéner (et d'hypothéquer ou de nantir, selon la nature des biens) qui permettra d'assurer le retour en nature du bien dans le patrimoine du donateur et d'éviter le retour en valeur prévu par la loi. Ce qui fait dire à un auteur que le droit de retour légal n'était qu'un « organisme génétiquement modifié [...] avatar du droit de retour conventionnel dont l'utilité apparaît plus grande que jamais » (P. Catala, Prospective et perspectives en droit successoral : JCP N 2007 n° 1206 p. 55).

MÉCANISME DU DROIT DE RETOUR LÉGAL

Le droit de retour des père et/ou mère sur les biens donnés à leur enfant s'exerce « **à concurrence des quotes-parts** fixées au premier alinéa de l'article 738 » (C. civ. art. 738-2, al. 1). Cette expression, peu claire, est susceptible de **deux interprétations** : soit le retour porte sur le quart du bien, soit il porte sur l'intégralité du bien donné dans la limite du quart de la succession (voir notamment sur ce point A. Delfosse et J.-F. Peniguel : La réforme des successions et des libéralités, Litec 2006, n° 329 ; Mémento Successions Libéralités n° 25195). **63036**

À notre avis, il convient de s'attacher à l'objectif du texte : créer « un droit de retour systématique du bien au décès du donataire » (Rapport AN n° 2850 du 8-2-2006 p. 39). On doit dès lors considérer que le droit de retour s'exerce sur la totalité du bien donné, avec une limite en valeur égale à un quart de la succession pour chacun des parents (en ce sens, notamment, C. Jubault : Les successions. Les libéralités, Montchrestien 2e éd. 2010, n° 418-2, Dalloz Action Droit patrimonial de la famille 2021-2022, dir. M. Grimaldi, v. Successions anomales, n° 235-151 par C. Vernières). C'est d'ailleurs ce qui ressort expressément du second rapport de l'Assemblée nationale : « Par coordination avec les dispositions de l'article 738 du Code civil, relatives aux règles de dévolution légale applicables en cas de prédécès d'un enfant sans descendance, ce droit de retour est limité, pour chaque parent vivant, au quart de la succession » (Rapport AN n° 3122 du 6-6-2006 p. 69).

Pour d'autres auteurs, la lecture littérale du texte de l'article 738-2 du Code civil (spécialement l'alinéa 2, qui vise « la portion des biens soumise au droit de retour ») impose de considérer que

le retour s'exerce sur un quart des biens. Il en résulte que, sur les biens en cause, le ou les parents donateurs vont se retrouver en indivision avec les autres héritiers du défunt.
La circulaire du ministère de la justice présentant la réforme des successions et des libéralités, qui consacre quelques lignes au droit de retour des père et mère (Circ. justice JUSC0754177C du 29-5-2007 p. 58), est muette sur la question.

63037 La « valeur de la portion des biens soumise au droit de retour **s'impute** en priorité sur les droits successoraux des père et mère » (C. civ. art. 738-2, al. 2).
Le droit de retour s'exerce en principe **en nature** ; lorsque ce n'est pas possible, il s'exécute **en valeur**, dans la limite de l'actif successoral (C. civ. art. 738-2, al. 3). Ce sera le cas, par exemple, si les biens donnés ont été aliénés par le donataire ou si la valeur des biens excède la part successorale revenant aux père et/ou mère.

EXEMPLE

Le défunt a pour héritiers sa mère et son conjoint survivant et laisse des biens pour 1 000, y compris un bien d'une valeur de 100 que lui a donné sa mère.
1e **hypothèse** : le défunt n'a pris aucune disposition particulière à cause de mort. Sa mère a une vocation successorale d'un quart, soit 250. Elle reprend le bien pour 100 et complète ses droits à hauteur de 150 sur l'actif successoral.
2e **hypothèse** : le défunt a laissé tous ses biens à son conjoint par testament ou donation au dernier vivant. La mère reprend le bien donné (ou sa valeur s'il a été aliéné) et le conjoint hérite de tout le reste.

RÉGIME FISCAL DU DROIT DE RETOUR

63039 Le droit de retour légal des père et mère est exonéré de **droits de succession** (CGI art. 763 bis). Le texte fiscal ne distinguant pas selon que le droit de retour s'exerce en nature (le bien est repris par le donateur) ou en valeur (cas par exemple où l'enfant a vendu le bien), l'exonération s'applique dans tous les cas, ce que l'administration a expressément confirmé (BOI-ENR-DMTG-10-10-10-10 n° 20).
Reprise de l'**exemple** précédent.
1e hypothèse. Les droits de succession dus par la mère sont calculés sur 150, avant application de l'abattement en ligne directe.
2e hypothèse. La mère reprend le bien donné (ou sa valeur s'il a été aliéné) en franchise de droits de succession.
Sur réclamation à formuler au plus tard le 31 décembre de la deuxième année qui suit le décès de l'enfant donataire, les **droits de donation initialement acquittés** sont remboursés (CGI art. 791 ter, al. 2). Si les droits de donation ont été pris en charge par le donateur, lui seul peut en demander le remboursement. Toutefois, lorsque les droits ont été acquittés par le donateur mais qu'il décède avant toute demande de restitution des droits et sans avoir renoncé à son droit de retour, ses héritiers ou légataires peuvent effectuer la demande en restitution, sous réserve qu'elle soit effectuée dans le délai légal de réclamation. Dans ce cas, les droits de donation réglés par le donateur et restitués après son décès constituent une créance de la succession et doivent être inclus à l'actif successoral. Si les droits ont été payés par le donataire décédé, la demande de restitution peut être faite par ses héritiers ou légataires. Dans ce cas, le montant des droits doit figurer, en tant que créance, à l'actif de sa succession (BOI-ENR-DMTG-20-30-20-60 n° 40).

> **Précisions** **a.** En cas de **nouvelle donation des mêmes biens** à un autre descendant dans les cinq ans du retour, les droits de donation acquittés sur la première donation et non remboursés sont imputés sur ceux dus à raison de la seconde (CGI art. 791 ter, al. 1). L'administration admet que les droits acquittés lors de la première donation soient intégralement imputés lors de la seconde donation, même si celle-ci ne porte que sur une partie des biens ayant fait retour dans le patrimoine du donateur (BOI-ENR-DMTG-20-30-20-60 n° 30). Lorsque les droits dus sur cette seconde donation sont inférieurs à ceux acquittés sur la première, il est possible d'obtenir le remboursement de l'excédent sur réclamation, mais seulement si le délai de restitution des droits n'est pas expiré (BOI précité n° 40) ; la nouvelle donation doit donc intervenir avant le 31 décembre de la deuxième année qui suit le décès du donataire.
b. Bien que l'article 791 ter du CGI ne vise que le « **retour des biens** », la restitution des droits de donation est à notre avis possible même lorsque le **droit de retour** légal s'effectue **en valeur**.

D. Option successorale exercée par l'héritier

EN BREF

Une fois désigné par la loi, l'héritier n'est pas tenu d'accepter l'héritage. Il se voit reconnaître la liberté de prendre ou non la **qualité de successeur**. Il exerce pour cela l'option successorale, à **trois branches**, qui lui est ouverte (C. civ. art. 768, al. 1) : accepter purement et simplement la succession, l'accepter à concurrence de l'actif net, ou y renoncer. 63050

> **Précisions** Les **légataires universels ou à titre universel** bénéficient eux aussi de la même option à trois branches. L'option ouverte aux **légataires à titre particulier** est réduite puisqu'elle exclut la possibilité d'une acceptation à concurrence de l'actif net.

CARACTÈRES DE L'OPTION SUCCESSORALE

Liberté de choix L'exercice de l'option successorale par l'héritier est libre. Toutefois, les **créanciers personnels de l'héritier** peuvent être autorisés en justice à accepter la succession du chef de leur débiteur, en son lieu et place, toutes les fois où celui-ci s'abstient d'accepter une succession ou y renonce au préjudice de leurs droits (C. civ. art. 779, al. 1). L'acceptation n'a lieu qu'en faveur de ces créanciers et jusqu'à concurrence de leurs créances. Elle ne produit pas d'autre effet à l'égard de l'héritier (C. civ. art. 779, al. 2). 63052

Par ailleurs, en cas de **recel successoral**, l'héritier receleur est réputé accepter purement et simplement la succession, nonobstant toute renonciation ou acceptation à concurrence de l'actif net (C. civ. art. 778, al. 1).

> **Précisions** Le libre exercice de l'option par l'héritier suppose que sa volonté ne soit pas viciée par l'**erreur**, le **dol ou** la **violence**, causes de nullité de son option. Il s'agit d'hypothèses sanctionnées par la nullité relative, qui se prescrit par cinq ans à compter du jour où l'erreur ou le dol a été découvert ou du jour où la violence a cessé (C. civ. art. 777).

Sans terme ni condition L'option est pure et simple. Par conséquent, est nulle l'option conditionnelle ou à terme (C. civ. art. 768, al. 2). 63053

Indivisibilité de l'option L'option est **indivisible quant aux biens**. L'héritier qui prend parti sur la succession exerce son choix sur la totalité de la fraction qui lui est acquise compte tenu de sa qualité, de son rang et du nombre d'héritiers. Il ne peut, en principe, limiter son option à tel ou tel bien dépendant de la succession ou l'exercer pour une quotité différente de celle résultant de sa vocation, sous réserve du cantonnement (n° 63055). 63054

Toutefois, celui qui **cumule plus d'une vocation successorale** à la même succession a, pour chacune d'elles, un droit d'option distinct (C. civ. art. 769). C'est le cas pour celui qui est à la fois légataire et héritier : il peut par exemple renoncer à sa vocation légale en acceptant le bénéfice du legs. C'est également le cas de celui qui bénéficie à la fois d'un legs universel et d'un legs particulier. Il peut renoncer au premier sans renoncer au second, aucune indivisibilité n'existant entre les deux libéralités, tant au regard de leur objet que de la volonté de la testatrice (Cass. 1e civ. 18-12-2013 n° 12-21.875 F-PB : BPAT 1/14 inf. 20).

> **Précisions** L'option est **divisible entre les héritiers**. Chacun d'eux est libre d'exercer son option successorale, laquelle est individuelle. Lorsqu'un héritier décède sans avoir pris parti, ses propres héritiers exercent l'option séparément, chacun pour sa part (C. civ. art. 775, al. 2).

Cantonnement La faculté de cantonnement est présentée comme une **dérogation au principe d'indivisibilité** de l'option successorale (pour un avis contraire, C. Jubault : Droit civil. Les successions. Les libéralités, Montchrestien 2010, n° 914). 63055

Elle permet à tout **légataire** de cantonner ou, autrement dit, de limiter son émolument sur une partie des biens dont il a été disposé en sa faveur (C. civ. art. 1002-1). Peu importe la nature du legs : universel, à titre universel ou à titre particulier. La faculté de cantonner est également ouverte au **conjoint survivant** gratifié au moyen d'un legs ou d'une donation entre époux (voir nos 13612 s.).

Elle suppose, pour pouvoir être exercée, que la succession ait été acceptée par au moins un héritier désigné par la loi lorsque le cantonnement est exercé par le légataire (une telle condition n'est pas exigée pour la faculté de cantonnement propre au conjoint survivant). Dans tous les cas, le disposant conserve la possibilité de priver le légataire ou le conjoint survivant de cette faculté.

En cantonnant, le gratifié diminue l'assiette de sa libéralité mais conserve son titre de légataire ou de conjoint survivant. À l'égard des tiers, le gratifié répondra des **dettes successorales** à la mesure de son titre. Ce n'est qu'au stade de la contribution, dans ses rapports avec les autres légataires ou héritiers, qu'il disposera d'un recours en contribution (C. civ. art. 870).

Le cantonnement ne constitue pas une **libéralité** faite par le légataire ou le conjoint survivant aux autres successibles. Sur le **plan fiscal**, l'avantage indirectement consenti par le légataire ou le conjoint aux autres successibles n'est par conséquent pas taxable aux droits de mutation à titre gratuit. Le légataire qui cantonne son émolument n'est imposable que sur la part qu'il prend effectivement dans le legs qui lui est consenti (BOI-ENR-DMTG-10-20-50-30 n° 20). Les biens recueillis par le bénéficiaire indirect du cantonnement sont réputés lui être transmis à titre gratuit par le défunt (CGI art. 788 bis) et sont donc imposables aux droits de succession au tarif fixé en fonction de son lien de parenté avec ce dernier (BOI précité n° 30).

63056 **Option irrévocable** L'option est en **principe** irrévocable. L'héritier qui a exercé son option successorale ne peut plus modifier son choix. Ainsi, l'héritier acceptant pure et simple ne peut plus renoncer à la succession ni l'accepter à concurrence de l'actif net (C. civ. art. 786, al. 1). Deux **tempéraments** viennent atténuer ce principe. En matière d'acceptation à concurrence de l'actif net, il est admis que l'héritier puisse révoquer son acceptation à concurrence de l'actif net en acceptant purement et simplement la succession tant que la prescription du droit d'accepter n'est pas acquise contre lui. La voie de la renonciation lui est en revanche fermée (C. civ. art. 801). En outre, l'héritier peut révoquer sa renonciation en acceptant purement et simplement la succession sous la même réserve, que la prescription du droit d'accepter ne soit pas acquise contre lui. La succession ne doit pas, par ailleurs, avoir été acceptée par un autre héritier ou l'État envoyé en possession (C. civ. art. 807, al. 1).

63057 **Effet rétroactif** L'option exercée à un effet rétroactif au jour de l'ouverture de la succession (C. civ. art. 776). Il en est de même en cas de révocation par l'héritier de son acceptation à concurrence de l'actif net en faveur d'une acceptation pure et simple (C. civ. art. 801, al. 1) ou encore lorsqu'il révoque sa renonciation en acceptant la succession purement et simplement (C. civ. art. 807, al. 2). Dans cette dernière hypothèse, l'effet rétroactif attaché à l'acceptation ne peut pas avoir pour effet de remettre en cause les droits qui peuvent être acquis à des tiers sur les biens de la succession par prescription ou par actes valablement faits avec le curateur à la succession vacante.

DÉLAI POUR OPTER

63060 **Avant l'ouverture de la succession** L'héritier ne peut pas, même par contrat de mariage, exercer son option successorale avant l'ouverture de la succession (C. civ. art. 770).

63062 **Une fois la succession ouverte** L'héritier conserve en **principe** la faculté d'opter pendant un délai de dix ans à compter de l'ouverture de la succession s'il n'a pas fait par ailleurs acte d'héritier et s'il n'est pas tenu pour héritier acceptant pur et simple. Passé ce délai, s'il n'a pas pris parti, il est réputé renonçant (C. civ. art. 773 et 780, al. 1 et 2).

Dans certaines circonstances, le point de départ du **délai de prescription** est **différé** (C. civ. art. 780, al. 3 et 4) :

– à l'ouverture de la succession du conjoint survivant qui a été laissé en jouissance des biens héréditaires par l'héritier ;

– à la décision définitive constatant la nullité de l'acceptation de l'héritier venant en rang utile, pour l'héritier subséquent.

> **Précisions** **a.** La prescription ne court pas lorsque le successible a des motifs légitimes d'ignorer ses droits successoraux, notamment le décès du défunt (C. civ. 780, al. 5).
>
> Le délai maximal pour opter est sujet aux causes légales de **suspension et d'interruption de la prescription**.
>
> **b.** Celui qui réclame une **succession ouverte depuis plus de dix ans** doit justifier que lui-même ou celui ou ceux dont il tient la qualité d'héritier ont accepté cette succession avant l'expiration de ce délai (C. civ. art. 781).

Action interrogatoire À l'initiative d'un créancier de la succession, d'un cohéritier, d'un héritier de rang subséquent ou de l'État, l'héritier peut être contraint d'opter. Cette action interrogatoire ne peut pas être exercée à n'importe quel **moment**. Elle ne peut intervenir avant l'expiration d'un délai minimal de quatre mois à compter du jour de l'ouverture de la succession. Elle prend la **forme** d'une sommation par acte extrajudiciaire (C. civ. art. 771). 63064
L'héritier interrogé dispose d'un **délai de réponse** de deux mois suivant la sommation. À défaut d'avoir pris parti dans ce délai, il est réputé accepter purement et simplement la succession. S'il n'a pas été en mesure de clôturer l'inventaire commencé ou lorsqu'il justifie de motifs sérieux et légitimes, il peut solliciter du juge un **délai supplémentaire** dans les deux mois de la sommation (C. civ. art. 772). La demande est portée devant le président du tribunal judiciaire qui statue selon la procédure accélérée au fond (CPC art. 1380). Le délai initial de deux mois est alors suspendu à compter de la demande de prorogation jusqu'à la décision du juge saisi. Si un délai supplémentaire lui est accordé, il doit avoir pris parti à l'expiration de ce délai sous peine d'être réputé héritier acceptant pur et simple (C. civ. art. 772).

> **Précisions** Les dispositions qui encadrent l'action interrogatoire s'appliquent de la même manière à l'**héritier subséquent** appelé à succéder à la suite de la renonciation de l'héritier de premier rang ou de son indignité ou aux successibles de l'**héritier** qui **décède sans avoir opté**. Le délai minimal de quatre mois est reporté, dans le premier cas, au jour où l'héritier subséquent a eu connaissance de la renonciation ou de l'indignité de l'héritier de premier rang et, dans le second cas, au jour du décès de la succession de l'héritier décédé sans avoir pris parti (C. civ. art. 774 et 775).

Temporalité du droit d'opter en schéma 63066

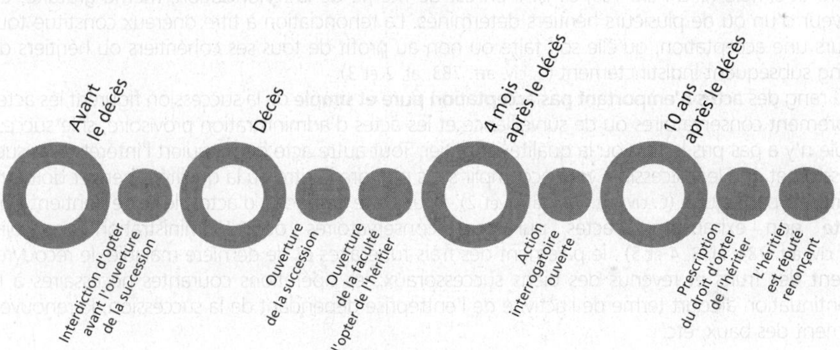

Zoom sur l'action interrogatoire 63067

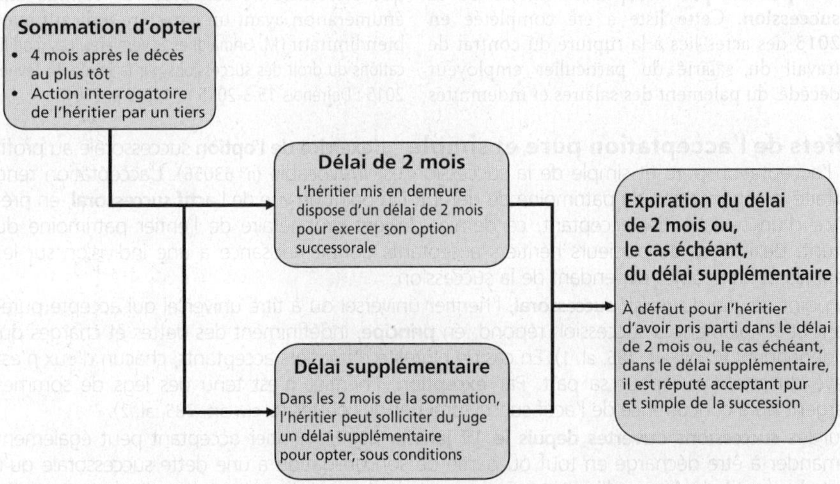

ACCEPTATION PURE ET SIMPLE DE LA SUCCESSION

63070 **Forme de l'acceptation pure et simple** L'acceptation pure et simple de la succession peut être **expresse** (C. civ. art. 782). Pour être valable, elle suppose un écrit qui peut prendre la forme d'un acte authentique ou sous signature privée. Aucune formule sacramentelle n'est exigée. Elle doit exprimer la volonté réelle de l'héritier d'accepter purement et simplement la succession.

L'acceptation pure et simple peut également être **tacite**, lorsque l'héritier saisi fait un acte qui suppose nécessairement son intention d'accepter et qu'il n'aurait droit de faire qu'en qualité d'héritier acceptant (C. civ. art. 782). Il appartient aux juges du fond d'apprécier les faits révélateurs d'une acceptation tacite (Cass. 1ᵉ civ. 14-11-2006 n° 03-13.473 F-PB). Le fait de **disposer des biens d'une succession** suppose nécessairement sans équivoque possible la volonté du successible d'accepter purement et simplement la succession de manière définitive (CA Paris 27-4-1964 : JCP 1964 II 13812 note Patarin). Une **demande en partage** est également un acte qui entraîne acceptation tacite de la succession (CA Lyon 19-5-1952 : D. 1953 p. 48). De même, la **délivrance d'un legs** ne constitue pas un acte conservatoire, mais un acte qui, valant reconnaissance des droits du légataire et renonciation à se prévaloir des causes d'inefficacité du legs, ne peut être accompli qu'en qualité d'héritier (Cass. 1ᵉ civ. 15-5-2008 n° 06-19.535 FS-PBI : BPAT 3/08 inf. 100-1). En revanche, le simple fait de **conserver la possession d'un immeuble** après l'ouverture de la succession ne peut, en l'absence de tout acte d'immixtion ou d'addition d'hérédité, et en l'absence également d'intention nettement décelable chez le successible, être considéré comme valant acceptation tacite.

63072 Le **Code civil** offre une liste non exhaustive des **actes emportant acceptation pure et simple** de la succession. La cession de droits successifs, à titre gratuit ou à titre onéreux, emporte acceptation pure et simple (C. civ. art. 783, al. 1). Il en est de même de la renonciation, même gratuite, en faveur d'un ou de plusieurs héritiers déterminés. La renonciation à titre onéreux constitue toujours une acceptation, qu'elle soit faite ou non au profit de tous ses cohéritiers ou héritiers de rang subséquent indistinctement (C. civ. art. 783, al. 2 et 3).

Au rang des **actes n'emportant pas acceptation pure et simple** de la succession figurent les actes purement conservatoires ou de surveillance et les actes d'administration provisoire, si le successible n'y a pas pris le titre ou la qualité d'héritier. Tout autre acte que requiert l'intérêt de la succession et que le successible veut accomplir sans prendre le titre ou la qualité d'héritier doit être autorisé par le juge (C. civ. art. 784, al. 1 et 2). Pour cette catégorie d'actes, le texte contient une **liste** non exhaustive d'actes purement conservatoires ou d'administration provisoire (C. civ. art. 784, al. 3, 4 et 5) : le paiement des frais funéraires et de dernière maladie, le recouvrement des fruits et revenus des biens successoraux, les opérations courantes nécessaires à la continuation à court terme de l'activité de l'entreprise dépendant de la succession, le renouvellement des baux, etc.

> **Précisions** Le **législateur de 2006** a fait œuvre de pédagogie à l'article 784 du Code civil en dressant une **liste d'actes n'emportant pas acceptation tacite de la succession**. Cette liste a été complétée **en 2015** des actes liés à la rupture du contrat de travail du salarié du particulier employeur décédé, du paiement des salaires et indemnités dus au salarié ainsi que de la remise des documents de fin contrat (Loi 2015-177 du 16-2-2015 art. 5). Ce qui fait craindre à certains auteurs que cette liste ne soit plus vue comme une énumération ayant un caractère indicatif mais bien limitatif (M. Grimaldi et C. Vernières, Les modifications du droit des successions par la loi du 16 février 2015 : Defrénois 15-3-2015 n° 118z9 p. 250).

63074 **Effets de l'acceptation pure et simple** L'**exercice de l'option** successorale au profit de l'acceptation pure et simple de la succession est irrévocable (n° 63056). L'acceptation rend parfaite la continuation du patrimoine du défunt. Du point de vue de l'**actif successoral**, en présence d'un seul héritier acceptant, ce dernier devient propriétaire de l'entier patrimoine du défunt. L'existence de plusieurs héritiers acceptants donne naissance à une indivision sur les meubles et immeubles dépendant de la succession.

Du point de vue du **passif successoral**, l'héritier universel ou à titre universel qui accepte purement et simplement la succession répond, en **principe**, indéfiniment des dettes et charges qui en dépendent (C. civ. art. 785, al. 1). En cas de pluralité d'héritiers acceptants, chacun d'eux n'est grevé du passif que pour sa part. Par **exception**, l'héritier n'est tenu des legs de sommes d'argent qu'à concurrence de l'actif successoral net des dettes (C. civ. art. 785, al. 2).

Pour les **successions ouvertes depuis le 1er janvier 2007**, l'héritier acceptant peut également demander à être déchargé en tout ou partie de son obligation à une dette successorale qu'il avait des motifs légitimes d'ignorer au moment de l'acceptation. Le paiement de cette dette doit avoir pour effet d'obérer gravement son patrimoine personnel (C. civ. art. 786, al. 2). L'action en décharge de la dette doit être exercée dans les cinq mois du jour où l'héritier a eu connaissance de l'existence et de l'importance de la dette (C. civ. art. 786, al. 3).

ACCEPTATION DE LA SUCCESSION À CONCURRENCE DE L'ACTIF NET

Intérêt de l'acceptation à concurrence de l'actif net Cette branche de l'option présente l'intérêt pour l'héritier de n'être tenu au paiement du passif successoral que dans la limite de l'actif successoral, en évitant la confusion de ses biens personnels avec ceux de la succession. Elle présente également l'avantage pour lui de conserver contre la succession tous les droits qu'il avait antérieurement sur les biens du défunt (C. civ. art. 791). **63080**
En contrepartie, elle repose sur une procédure contraignante tendant à assurer la bonne information des créanciers successoraux et à préserver leurs intérêts.

Forme de l'acceptation à concurrence de l'actif net L'héritier doit tout d'abord déclarer, de manière expresse, qu'il n'entend prendre cette qualité qu'à concurrence de l'actif net (C. civ. art. 787). **63081**
La **déclaration d'acceptation à concurrence de l'actif net** peut être faite au greffe du tribunal judiciaire dans le ressort duquel la succession est ouverte. La déclaration d'acceptation à concurrence de l'actif net peut également prendre la forme d'un acte notarié. Le notaire auprès de qui la déclaration est faite informe l'héritier de l'obligation de réaliser une publicité. Dans le mois qui suit, le notaire en adresse copie au tribunal judiciaire dans le ressort duquel la succession s'est ouverte. Dans les deux cas, le greffe inscrit la déclaration dans un registre tenu à cet effet et en donne récépissé (CPC art. 1334, al. 3).
La déclaration d'acceptation à concurrence de l'actif net comporte notamment **élection d'un domicile** unique situé en France (C. civ. art. 788 ; CPC art. 1334, al. 1). Il peut s'agir du domicile de l'un des acceptants à concurrence de l'actif net ou du notaire chargé du règlement de la succession.
Une fois la déclaration enregistrée sur un registre tenu à cet effet au greffe du tribunal, elle fait l'objet d'une **publicité** nationale au Bodacc, qui peut être faite par voie électronique (C. civ. art. 788 ; CPC art. 1335, al. 1 et 2). Dans le mois suivant la déclaration d'acceptation à concurrence de l'actif, l'héritier doit également procéder, sous sa responsabilité, à l'insertion d'un avis dans un support habilité à recevoir des annonces légales dans le ressort du tribunal compétent (CPC art. 1335, al. 3).

> **Précisions a.** Lorsque la **succession** a été **acceptée purement et simplement par certains** des héritiers et **à concurrence de l'actif net par d'autres**, ce sont les règles applicables à l'acceptation à concurrence de l'actif net qui s'imposent à tous les héritiers jusqu'au jour du partage (C. civ. art. 792-2, al. 1). Toutefois, les **créanciers successoraux** peuvent provoquer le partage s'ils justifient de difficultés dans le recouvrement de la part de leur créance incombant aux héritiers acceptants à concurrence de l'actif net (C. civ. art. 792-2, al. 2).
> **b.** L'héritier acceptant à concurrence de l'actif net se voit reconnaître un droit au **repentir** sous conditions (n° 63056).

Inventaire de la succession La déclaration d'acceptation à concurrence de l'actif net s'accompagne ou est suivie d'un inventaire de la succession. Ce dernier comporte une estimation, article par article, des éléments de l'actif et du passif successoral (C. civ. art. 789, al. 1). **63082**
Le **dépôt de l'inventaire** au tribunal et donc sa réalisation sont enfermés dans un **délai** de principe de deux mois à compter de la déclaration (C. civ. art. 790, al. 1). Toutefois, un délai supplémentaire peut être accordé par le juge à l'héritier si celui-ci justifie de motifs sérieux et légitimes qui retardent le dépôt. Le délai de deux mois est suspendu à compter de la demande de prorogation.
Le dépôt de l'inventaire fait l'objet de la même **publicité** nationale que la déclaration d'acceptation à concurrence de l'actif net (C. civ. art. 790, al. 3 ; n° 63081).
Le **défaut de dépôt** de l'inventaire dans le délai légal (ou dans le délai supplémentaire le cas échéant) est sévèrement sanctionné puisque l'héritier est alors réputé acceptant pur et simple (C. civ. art. 790, al. 4). De la même façon, la réalisation d'un **inventaire incomplet** du fait du comportement de l'héritier qui omet, sciemment et de mauvaise foi, d'y comprendre des éléments actifs ou passifs de la succession emporte déchéance de l'acceptation à concurrence de l'actif net. L'héritier fautif est réputé acceptant pur et simple à compter de l'ouverture de la succession (C. civ. art. 800, al. 4). Ce dernier texte est d'application stricte. Par conséquent, la faute d'un héritier ne rejaillit pas sur ses cohéritiers. Il en résulte que l'enfant mineure qui, représentée par un administrateur ad hoc, accepte à concurrence de l'actif net la succession de sa mère n'est

pas réputée acceptant pure et simple par la faute de son père, cohéritier, ce dernier ayant omis de déclarer une Ferrari à l'inventaire (Cass. 1e civ. 17-1-2024 no 22-12.480 F-D : SNH 5/24 inf. 2).
Les **frais de l'inventaire** sont à la charge de la succession (C. civ. art. 803).

63085 **Effets de l'acceptation à concurrence de l'actif net** Les **créanciers** doivent dans un délai de 15 mois à compter de la publicité nationale au Bodacc **déclarer leurs créances** (C. civ. art. 792, al. 1). Les créances dont le montant n'est pas définitivement fixé sont déclarées à titre provisionnel sur la base d'une évaluation (C. civ. art. 792, al. 1).
La déclaration de créance prend la **forme** d'un exploit de commissaire de justice (profession réunissant depuis le 1-7-2022 les huissiers de justice et les commissaires-priseurs judiciaires), d'une lettre recommandée avec demande d'accusé de réception ou encore d'une remise contre récépissé avec mention de la date, à défaut de précision du texte. En revanche, elle doit nécessairement être effectuée au **domicile élu** de la succession. Par conséquent n'est pas valable la déclaration de créance adressée directement à l'héritier unique et non au domicile élu de la succession (Cass. 1e civ. 8-3-2017 no 16-14.360 FS-PB : BPAT 3/17 inf. 112). Le fait de délivrer une assignation en paiement à l'héritier ne respecte pas non plus l'obligation de déclaration au domicile élu, peu important que les héritiers aient été informés de la créance (Cass. 1e civ. 16-1-2019 no 18-11.916 F-PB : BPAT 2/19 inf. 57).
Faute de déclaration dans le délai de 15 mois, les créances non assorties de sûretés sur les biens de la succession sont éteintes à l'égard de celle-ci. La solution bénéficie également aux cautions et coobligés et aux personnes ayant consenti une garantie autonome portant sur la créance ainsi éteinte (C. civ. art. 792, al. 2).
Durant la période de déclaration des créances, toutes les **poursuites** sont suspendues. La déclaration arrête ou interdit toute voie d'exécution et toute nouvelle inscription de sûretés de la part des créanciers de la succession sur les biens meubles et immeubles en dépendant (C. civ. art. 792-1, al. 1).

> **Précisions a.** Lorsque la **créance** est **judiciairement reconnue**, elle doit en principe être déclarée, même en cas d'appel du jugement, conservant son caractère litigieux. Toutefois, lorsqu'elle a été acquittée en vertu du premier jugement revêtu de l'exécution provisoire, le créancier des sommes ainsi payées n'est pas tenu de les déclarer à la succession. Le paiement intervenu éteint valablement la créance (Cass. 1e civ. 12-1-2022 no 20-21.016 FS-B : BPAT 6/22 inf. 289 note K. Lafaurie). Il faut être prudent car seul le paiement de l'obligation permet de dispenser le créancier de la déclaration et non l'existence du titre exécutoire (Cass. 1e civ. 22-3-2017 no 15-25.545 F-PB : D. 2017 p. 1859 note J. Mouly-Tardieu, D. 2022 p. 2203 obs. P. Bouathong). Dans l'hypothèse où l'arrêt d'appel infirmerait le premier jugement, le paiement intervenu deviendrait indu (S. Guinchard, F. Ferrand, C. Chainais et L. Mayer : Procédure civile, Précis Dalloz 36e éd. 2022 no 1488), obligeant le preneur à restituer à la succession la somme qu'il avait perçue au titre de l'exécution provisoire.
> **b.** La **déclaration anticipée** du créancier de sa créance, c'est-à-dire avant que l'acceptation à concurrence de l'actif net ait été régulièrement portée à la connaissance de l'ensemble des créanciers par la publication au Bodacc, est nulle. Admettre l'inverse aurait pour effet de faire bénéficier ce créancier d'une priorité de paiement illégitime par rupture de l'égalité devant la loi (Cass. 1e civ. 31-3-2016 no 15-10.799 FS-PBI : RTD civ. 2016 p. obs. M. Grimaldi). Par conséquent, à défaut pour le créancier pressé de réitérer sa déclaration après la réalisation de la formalité au Bodacc, sa créance sera éteinte.

63086 **Administration de la succession** L'héritier acceptant à concurrence de l'actif net est chargé d'administrer les biens qu'il recueille dans la succession. Il est tenu de **rendre compte** de son administration, des créances qu'il paye et des actes qui engagent les biens recueillis ou qui affectent leur valeur (C. civ. art. 800, al. 1).
Il doit présenter le compte d'administration à tout créancier successoral qui en ferait la demande et répondre dans un délai de deux mois à la sommation, signifiée par acte extrajudiciaire, d'un créancier de lui révéler où se trouvent les biens et droits recueillis dans la succession qu'il n'aurait pas aliénés ou conservés dans les conditions requises. À défaut, il peut être contraint sur ses biens personnels (C. civ. art. 800, al. 3).
À l'issue du délai de 15 mois suivant la publicité au Bodacc de la déclaration d'acceptation à concurrence de l'actif net, après soit le désintéressement de tous les créanciers déclarés, soit l'épuisement de l'actif et l'affectation des sommes correspondantes au paiement des créanciers, l'héritier ou le notaire chargé du règlement de la succession dépose au greffe le compte de l'administration (CPC art. 1337, al. 1). Ce dépôt fait lui-même l'objet d'une **publicité** au Bodacc (CPC art. 1337, al. 2).
L'héritier acceptant à concurrence de l'actif net répond des **fautes graves** qu'il commet dans l'administration de la succession (C. civ. art. 800, al. 2).

Conservation ou aliénation d'un bien successoral Dans le délai de déclaration des créances (n° 63085), l'héritier peut décider de conserver en nature un ou plusieurs biens de la succession, ou de leur aliénation. Il doit alors, respectivement, la valeur du bien fixée dans l'inventaire ou le prix de leur aliénation (C. civ. art. 793). 63087

Il doit en faire la **déclaration** dans les 15 jours au greffe du tribunal judiciaire qui en assure la publicité au Bodacc. S'ouvre alors aux créanciers successoraux un délai de trois mois pour contester devant le juge la valeur du bien conservé ou le prix de l'aliénation. Si la contestation du créancier prospère, l'héritier est tenu du complément sur ses biens personnels, sauf à restituer à la succession le bien conservé (C. civ. art. 794 ; CPC art. 1335).

Lorsqu'il s'agit pour l'héritier de conserver un bien de la succession, le défaut de publication de la déclaration de conservation a pour **sanction** son inopposabilité aux créanciers (C. civ. art. 795, al. 1). Le défaut de déclaration d'aliénation d'un bien dans le délai de 15 jours engage, quant à lui, les biens personnels de l'héritier, à hauteur du prix de l'alinéation (C. civ. art. 795, al. 2).

Règlement du passif L'héritier acceptant à concurrence de l'actif net doit régler le passif successoral en respectant trois **prescriptions** (C. civ. art. 796) : 63088

– les créanciers inscrits sont payés selon le rang de la sûreté qui assortit leur créance ;
– les autres créanciers qui ont déclaré leur créance sont désintéressés dans l'ordre des déclarations ;
– les legs de sommes d'argent sont délivrés après paiement des créanciers.

Les créanciers successoraux ont un **recours contre les légataires** qui auraient été remplis de leurs droits, s'ils ont déclaré leurs créances dans le délai de 15 mois, mais après épuisement de l'actif (C. civ. art. 799).

Les **créanciers successoraux et** les **légataires de sommes d'argent** ne peuvent pas poursuivre le recouvrement sur les biens qui ont été conservés ou aliénés sauf s'ils sont munis de sûretés (C. civ. art. 798, al. 1). Les **créanciers personnels de l'héritier** ne peuvent poursuivre le recouvrement de leurs créances sur ces biens qu'à l'expiration du délai de 15 mois pour déclarer les créances et après désintéressement intégral des créanciers successoraux et légataires (C. civ. art. 798, al. 2).

Le **paiement** des créanciers doit intervenir dans le **délai** de deux mois qui suivent la déclaration de conservation du bien ou le jour où le produit de l'alinéation est disponible. Si l'héritier ne peut pas respecter ce délai, en raison notamment d'une **contestation** sur l'ordre ou la nature des créances, il consigne les sommes disponibles tant que la contestation subsiste (C. civ. art. 797).

> **Précisions** L'héritier qui a omis, sciemment et de mauvaise foi, d'affecter au paiement des créanciers de la succession la valeur des biens conservés ou le prix des biens aliénés est **déchu de l'acceptation à concurrence de l'actif net**. Il est réputé acceptant pur et simple à compter de l'ouverture de la succession (C. civ. art. 800, al. 4).

RENONCIATION À SUCCESSION

Forme de la renonciation à succession La renonciation à une succession ne se présume pas (C. civ. art. 804, al. 1). Elle exige de l'héritier universel ou à titre universel, à peine d'inopposabilité aux tiers, une **solennité** particulière : la déclaration de renonciation. Elle prend la forme d'un formulaire Cerfa (15828*05) ou d'un acte notarié (cette dernière possibilité est ouverte aux seules successions ouvertes depuis le 1-11-2017). Dans tous les cas, elle doit contenir **mention** des nom, prénoms, profession et domicile du successible, ainsi que la qualité en vertu de laquelle il est appelé à la succession (CPC art 1339, al. 1). 63090

La déclaration de renonciation doit ensuite être adressée ou déposée au tribunal dans le ressort duquel la succession s'est ouverte. Lorsqu'elle a été faite devant notaire, ce dernier en adresse une copie au même tribunal dans le mois qui suit la renonciation (C. civ. art. 804, al. 2 et 3). Elle est mentionnée dans un registre tenu par le greffe, lequel adresse ou délivre récépissé au déclarant ou au notaire (CPC art. 1339, al. 2).

> **Précisions** **a.** Aucun formalisme ne s'impose au **légataire particulier** puisqu'il n'a aucun droit à titre universel dans la succession (l'art. 804 ne vise que l'héritier universel ou à titre universel). Il peut renoncer tacitement au bénéfice de sa libéralité sans le déclarer au greffe ou devant notaire.
> **b.** L'héritier renonçant se voit reconnaître un droit au **repentir** sous conditions (n° 63056).

63095 **Effets de la renonciation à succession** L'héritier qui renonce est **censé n'avoir jamais été héritier** (C. civ. art. 805, al. 1). Sa qualité d'héritier disparaît rétroactivement. Sa part est dévolue à ses représentants ou, à défaut, à ses cohéritiers. S'il est seul, elle revient au degré subséquent (C. civ. art. 805, al. 2). En raison du caractère rétroactif de la renonciation, l'héritier « de substitution » à qui est dévolue la succession (représentant, cohéritier ou héritier de rang subséquent) est censé avoir eu la qualité d'héritier dès le jour du décès (pour une illustration concernant un héritier du degré subséquent, Soc. 19-11-1954 : D. 1955 p. 22).
L'héritier renonçant ne recueille pas d'**actif** successoral et n'est pas tenu au paiement des **dettes** et charges de la succession. Par dérogation, il reste tenu à proportion de ses moyens au paiement des **frais funéraires** de l'ascendant ou du descendant à la succession duquel il renonce (C. civ. art. 806). L'enfant renonçant peut toutefois en être déchargé en tout ou partie lorsque son ascendant a manqué gravement à ses obligations envers lui (Cass. 1e civ. 31-3-2021 n° 20-14.107 FS-P : BPAT 3/21 inf. 160, AJ fam. 2021 p. 299 obs. J. Houssier). En vertu de son obligation alimentaire, le renonçant peut également être tenu de contribuer au remboursement des **frais d'hospitalisation** du défunt (CA Lyon 13-11-1952 : D. 1953 p. 755 note P. Gervésie).

> **Précisions** En principe, le renonçant n'a pas à rapporter les **donations en avancement de part successorale** qui lui ont faites par le défunt sauf, pour ce dernier, à avoir expressément exigé, à l'acte de donation, le rapport en cas de renonciation du donataire (C. civ. art. 845). Voir n° 64148.

SECTION 2

RÈGLES COMMUNES AUX LIBÉRALITÉS

NOTION DE LIBÉRALITÉ

63100 Une libéralité est « l'acte par lequel une personne dispose à titre gratuit de tout ou partie de ses biens ou de ses droits au profit d'une autre personne » (C. civ. art. 893, al. 1).
Ce qui la caractérise est son caractère **à titre gratuit**, ce qui suppose :
– un critère subjectif : une intention libérale du disposant envers le bénéficiaire.
L'intention libérale se prouve par tous moyens. La preuve peut par exemple résulter d'un testament ultérieurement révoqué, dans lequel le disposant a expressément exprimé sa volonté que l'avantage tiré de l'occupation gratuite d'un logement par l'un de ses héritiers soit rapporté à sa succession (Cass. 1e civ. 19-3-2014 n° 13-14.139 F-PB : BPAT 3/14 inf. 129) ;
– un critère objectif : un appauvrissement du disposant avec un enrichissement corrélatif du bénéficiaire. C'est ce critère qui explique, par exemple, qu'une donation grevée de charges constitue en réalité un acte à titre onéreux si la valeur des charges est supérieure à celle des biens donnés.
Il n'existe que deux catégories de libéralités : les **donations et** les **legs** (C. civ. art. 893, al. 2). Nous traitons ici des règles qui leur sont communes, et qui concernent :
– leurs conditions de validité (nos 63102 s.) ;
– et les charges susceptibles de les affecter (nos 63200 s.).

A. Conditions de validité

PRINCIPES

63102 Les donations et les legs obéissent à un corps commun de règles qui sont celles du **droit commun des obligations** : consentement, capacité de contracter, objet et cause/contenu du contrat (C. civ. art. 1128). Il existe certaines particularités qui se justifient toutefois par le souci de protéger le disposant.
Les libéralités obéissent à des **conditions** de validité **spécifiques**, en particulier quant à la forme qu'elles doivent emprunter. Elles sont étudiées plus loin, avec l'étude respective des donations (nos 63372 s.) et des legs (nos 63952 s.).

1. CONSENTEMENT

EN RÉSUMÉ

Toute libéralité nécessite un consentement à la fois du disposant et du gratifié. La règle va de soi en matière de **donation**, puisqu'il s'agit d'un contrat. Elle s'applique également au testament, bien qu'il s'agisse d'un acte unilatéral. En effet, si le consentement du légataire n'est pas nécessaire à la validité du **legs**, il conditionne son efficacité : si le légataire renonce au legs, celui-ci sera caduc. 63104

a. Consentement du disposant

INSANITÉ D'ESPRIT

Pour faire une donation entre vifs ou un testament, « il faut être sain d'esprit » (C. civ. art. 901). À défaut, l'acte est nul, de nullité relative. 63106

C'est en principe aux personnes qui invoquent l'insanité d'esprit qu'incombe la **charge de la preuve** de celle-ci. Ils doivent établir son existence au jour de la réalisation de l'acte. Toutefois, si l'insanité d'esprit du disposant était habituelle à l'époque de l'acte, la charge de la preuve est renversée et c'est à celui qui se prévaut de la validité de la donation ou du testament de démontrer que l'acte a été passé dans un intervalle de lucidité (en ce sens, par exemple, Cass. 1e civ. 3-5-2000 n° 97-21.544 : RJPF 7-8/00 p. 12).

La preuve s'effectue par tous **moyens**, aussi bien intrinsèques qu'extrinsèques à l'acte (témoignages, expertises, etc.). S'agissant en particulier des testaments olographes qui sont le plus souvent en cause, la preuve de l'insanité d'esprit résulte généralement d'un ensemble d'éléments : testateur affaibli par l'âge et/ou la maladie, incohérence des dispositions adoptées, style inhabituel à l'auteur, écriture désordonnée, etc. La condamnation pénale du légataire pour abus de faiblesse sur le testateur durant une période couvrant la date de rédaction du testament peut également être un moyen d'établir l'insanité d'esprit. Ainsi, viole le principe de l'autorité de la chose jugée au pénal sur le civil le juge qui refuse d'annuler pour insanité d'esprit le testament rédigé au profit d'une femme étrangère à la famille et condamnée pénalement avec son époux pour abus de faiblesse sur la testatrice qui l'avait instituée légataire universelle, alors que les époux savaient l'intéressée particulièrement vulnérable (Cass. 1e civ. 24-10-2012 n° 11-20.442 F-PBI : BPAT 6/12 inf. 302).

La nullité pour insanité d'esprit peut faire double emploi avec celle prévue en faveur des **majeurs protégés** (nos 63154 s.). Elle présente donc essentiellement un intérêt lorsque la libéralité est le fait d'un majeur qui n'est pas placé sous un régime de protection.

Le caractère sain d'esprit ou non du disposant est une question de fait, qui relève par conséquent de l'**appréciation souveraine des juges du fond**. Il n'y a en effet aucune définition légale de la sanité ou de l'insanité d'esprit. Cette dernière comprend toutes les variétés d'affections mentales par l'effet desquelles l'intelligence du disposant a été « obnubilée » ou sa faculté de discernement déréglée (en ce sens, notamment, CA Paris 11-10-2007 n° 06/03493 ; CA Paris 17-4-2008 n° 07/07129). 63108

En pratique, les tribunaux sont relativement réticents à admettre l'insanité d'esprit, trop facilement invoquée par les héritiers mécontents. Pour annuler un testament (ou, plus rarement, une donation), ils exigent sinon une altération durable et complète des facultés du disposant, du moins un trouble mental suffisamment important pour exclure une volonté consciente et éclairée au moment de l'acte. S'ils ne sont pas corroborés par d'autres éléments, le grand âge, la maladie, l'alcoolisme ou la mise ultérieure du disposant sous tutelle ne suffisent pas à faire prononcer la nullité du testament.

> **Précisions** Si l'insanité d'esprit est une notion de fait laissée à l'appréciation souveraine des juges du fond, la **Cour de cassation** n'en est pas moins autorisée à contrôler que la règle de droit est correctement appliquée et, par conséquent, à les censurer chaque fois que la connaissance des faits est insuffisante. Ainsi, sont impropres à caractériser l'insanité d'esprit du de cujus au moment de tester des modèles d'actes par des tiers, révélateurs de sa vulnérabilité supposée, un certificat médical attestant d'un AVC passé inaperçu plus d'un an après, plus des coquilles dans son testament (Cass. 1e civ. 7-2-2024 n° 22-12.115 F-D : BPAT 2/24 inf. 76).

Illustrations Ont été **annulés pour insanité d'esprit** du testateur : 63109
– le testament fait par une femme dont les fonctions cognitives et affectivo-émotionnelles étaient largement perturbées par un cancer, qui avait entraîné une grave dégradation de son état physique, et une profonde dépression (CA Paris 17-4-2008 n° 07/7129, 2e ch. B) ;

– le testament établi par une femme sous curatelle de 89 ans, qui présentait des facteurs de suggestibilité et d'influençabilité manifestes dus en partie à son grand âge et qui s'était notamment laissé abuser par des tiers auxquels elle avait remis des sommes très importantes (CA Paris 26-9-2007 n° 07/1230, 2e ch. A) ;
– le testament authentique établi trois mois avant son décès par un homme âgé et très malade, différents témoignages établissant qu'il présentait un état d'asthénie important et des périodes de confusion mentale et que, le jour même de l'établissement de son testament, il ne jouissait pas de ses pleines facultés intellectuelles et d'expression (CA Aix-en-Provence 9-5-2012 n° 11/07904) ;
– le testament fait par une femme atteinte d'une démence sévère évoluée avec perte d'autonomie nécessitant une aide totale administrative et quasi totale pour les gestes de la vie quotidienne au profit d'une « personne de confiance » maltraitante, laquelle a été condamnée au pénal pour abus de faiblesse (CA Montpellier 6-7-2023 n° 19/03353 : BPAT 5/23 inf. 227).
Ont au contraire été **jugés valables** :
– le testament authentique établi au profit de la femme qui s'occupait de lui par un homme atteint de la maladie d'Alzheimer, l'insanité d'esprit (non perçue par le notaire) n'étant pas caractérisée : des proches témoignaient du comportement normal du testateur à l'époque de l'établissement du testament, le médecin n'avait pas recommandé de mesure de protection judiciaire ou d'hospitalisation dans une structure spécialisée ni déconseillé la conduite automobile à l'intéressé (CA Bastia 1-2-2012 n° 10/00066) ;
– le testament fait par un homme atteint de la maladie de Parkinson et placé sous curatelle, les pièces médicales versées au débat établissant que les facultés intellectuelles du testateur étaient peu altérées, ce dernier souffrant surtout de difficultés de mémorisation et d'évocation des informations récentes (CA Paris 7-3-2012 n° 11/06602 : Gaz. Pal. 14-3-2012 p. 21) ;
– le testament et la donation établis par une femme atteinte de schizophrénie, la preuve de sa lucidité lors de l'établissement des actes ayant été apportée (Cass. 1e civ. 30-11-2004 n° 02-18.363 F-D) ;
– le testament fait par une femme soignée pour psychose maniacodépressive et qui avait fait plusieurs testaments différents au cours des neuf mois précédant son décès. La cour d'appel a estimé que si la maladie affectait l'humeur de la testatrice, elle n'était pas de nature à altérer son discernement, la rédaction de plusieurs testaments successifs dans un court intervalle de temps révélant simplement des hésitations sur la dévolution de ses biens (CA Toulouse 26-10-2010 n° 08/58, 1e ch. sect. 2 : BPAT 1/11 inf. 40) ;
– le testament rédigé par un homme atteint d'alcoolisme chronique et d'obésité morbide, au niveau intellectuel très limité (graphisme en lettres bâtonnées et orthographe phonétique), ces éléments ne prouvant pas que le testateur ait été privé de ses facultés mentales à la date d'établissement du testament (CA Chambéry 22-3-2011 n° 10/01246).

VICES DU CONSENTEMENT

63110 Une libéralité est nulle si le consentement du disposant a été vicié par l'erreur, le dol ou la violence et si ce vice a été déterminant dans la décision de gratifier (C. civ. art. 901 et 1130, al. 1).
En matière de libéralités, le **dol** est le vice du consentement le plus fréquemment invoqué.
Il est constitué s'il émane de :
– l'une des parties au contrat (C. civ. art. 1137, al. 1). Par extension, cela vise le cas du légataire bénéficiant du testament ;
– d'un tiers, non seulement lorsqu'il est de connivence avec le cocontractant, mais encore lorsqu'il représente celui-ci ou agit pour son compte par l'intermédiaire d'un gérant d'affaires, d'un préposé ou porte-fort (C. civ. art. 1138). La jurisprudence devra définir cette notion de connivence entre le contractant et le tiers qui paraît se situer entre la connaissance et la complicité.
Le dol suppose un ensemble de manœuvres frauduleuses ou de mensonges ayant eu pour objet de tromper le disposant et d'obtenir son consentement (C. civ. art. 1137, al. 1). Il peut résulter de la dissimulation intentionnelle par l'un des contractants d'une information dont il sait le caractère déterminant pour l'autre partie ; mais ce n'est pas le cas lorsqu'une partie ne révèle pas à son cocontractant son estimation de la valeur de la prestation (C. civ. art. 1137, al. 2 et 3). Ne suffisent pas non plus à le constituer la flatterie systématique ou les manifestations intéressées d'affection.
Constituent par **exemple** des manœuvres dolosives justifiant l'annulation du testament :
– le fait de provoquer une rupture brutale entre la testatrice et sa fille unique, dont les rapports avaient toujours été excellents, et de prendre diverses mesures pour isoler la testatrice de son milieu familial habituel (Cass. 1e civ. 30-10-1985 n° 84-15.922 : Bull. civ. I n° 282) ;
– le conditionnement progressif d'une personne âgée et affaiblie ayant mené à la captation d'héritage (CA Besançon 4-11-2004 n° 03/881, 1e ch. civ.).

Attention, la notion de dol est autonome (C. civ. art. 901). Elle est indépendante de toute mesure de protection juridique susceptible d'être mise en place au profit de l'auteur de la libéralité. L'appréciation du consentement du testateur est également distincte de la mise en œuvre des incapacités de recevoir à titre gratuit instituées par le législateur pour éviter tout risque de captation d'héritage de personnes présumées placées dans un état de faiblesse par rapport à d'autres (pour une illustration, Cass. 1e civ. 31-3-2021 n° 19-21.267 F-D : BPAT 3/21 inf. 123). Elle se distingue aussi de la notion d'insanité d'esprit : la première suppose l'existence d'une volonté, la seconde repose sur le constat de son absence (Cass. 1e civ. 4-2-1992 n° 89-20.981).

La **violence** physique ou morale est parfois invoquée. Pour une illustration à propos d'un testament olographe établi par une femme de 87 ans à la santé chancelante au profit de son neveu qui lui faisait peur et allait jusqu'à la gifler (CA Bordeaux 27-10-2003 n° 02/2270, 1e ch. A). 63112
La violence s'étend au cas où le bénéficiaire de la libéralité a abusé de l'état de dépendance dans lequel se trouvait le disposant vis-à-vis de lui et en a tiré un avantage manifestement excessif (C. civ. art. 1143).
La violence se distingue de l'**abus de faiblesse**, sanctionné par le Code pénal (pour une étude d'ensemble de l'abus de faiblesse, voir nos 79250 s.).

L'**erreur** est très rarement invoquée en matière de libéralités. Elle peut porter sur : 63114
– la personne du bénéficiaire ou sur une de ses qualités puisque les dispositions à titre gratuit sont faites intuitu personæ, c'est-à-dire en considération de la personne (C. civ. art. 1134) ;
– la qualité substantielle de la chose donnée ou léguée (C. civ. art. 1132). S'agissant d'une donation en nue-propriété d'un immeuble, l'erreur prétendument commise sur la situation locative du bien est indifférente ; elle n'a pas pu vicier le consentement de la donataire (Cass. 1e civ. 10-7-2013 n° 12-12.342 F-D : BPAT 5/13 inf. 181) ;
– le motif d'une libéralité en l'absence duquel son auteur n'aurait pas disposé (C. civ. art. 1135, al. 2).

SANCTIONS

L'insanité d'esprit et les vices du consentement sont sanctionnés par la **nullité relative** de l'acte (nullité de protection). 63116
L'**action en nullité** appartient au disposant et, après son décès, uniquement à ses successeurs universels légaux ou testamentaires et non aux tiers (en ce sens, notamment, Cass. 1e civ. 4-11-2010 n° 09-68.276 F-PBI : BPAT 6/10 inf. 353).
Le délai de prescription de l'action est de cinq ans, que ce soit pour les donations ou pour les testaments (C. civ. art. 2224, sur renvoi de art. 414-2). Cette règle s'applique indépendamment de toute mesure de protection.
Le point de départ du délai varie selon le fondement de la demande de nullité :
– en cas d'insanité d'esprit, le délai court, à l'égard du disposant qui ne fait pas l'objet d'une mesure de protection, du jour de l'acte de donation. Le donateur peut cependant prouver que la prescription a été suspendue en raison d'une impossibilité d'agir (Cass. 1e civ. 18-2-1992 n° 90-17.952 : Bull. civ. I n° 54). À l'égard des héritiers du disposant, la prescription ne commence à courir qu'à compter du décès de ce dernier (Cass. 1e civ. 20-3-2013 n° 11-28.318 FS-PBI : BPAT 3/13 inf. 101, s'agissant d'un testament ; Cass. 1e civ. 29-1-2014 n° 12-35.341 F-PB : BPAT 3/14 inf. 133 et Cass. 1e civ. 8-3-2017 n° 16-12.607 FS-PB : BPAT 3/17 inf. 113, s'agissant d'une donation).
– en cas de vice du consentement, le point de départ du délai de cinq ans est le jour où la violence a cessé ou le jour où le dol ou l'erreur ont été découverts (C. civ. art. 1144 ; pour des illustrations, Cass. 1e civ. 6-10-2010 n° 09-67.215 F-D : BPAT 6/10 inf. 354 ; Cass. 1e civ. 4-11-2020 n° 19-14.769 F-D : BPAT 1/21 inf. 28).
Une fois l'action en nullité prescrite, les héritiers peuvent encore invoquer l'**exception de nullité** pour s'opposer à l'exécution d'une libéralité, cette exception étant perpétuelle (Cass. 1e civ. 14-1-2015 n° 13-26.279 FS-PB : Bull. civ. I n° 4, BPAT 2/15 inf. 55, à propos d'un testament). Mais ils doivent le faire avant tout commencement d'exécution de la gratification (C. civ. art. 1185). Notons que ne constitue pas un tel commencement l'occupation du bien légué par le légataire, par ailleurs héritier réservataire (Cass. 1e civ. 25-10-2017 n° 16-24.766 F-PB : BPAT 6/17 inf. 242).

b. Consentement du gratifié

EXISTENCE DU GRATIFIÉ

L'existence du gratifié est une condition expresse de validité des libéralités. 63130
Pour qu'une **personne physique** puisse recevoir une libéralité, il faut qu'elle soit au moins conçue au jour de la donation ou du décès du testateur (C. civ. art. 906, al. 1 et 2). Pour que la donation ou le legs produise néanmoins ses effets, il faudra en outre que l'enfant naisse viable

(C. civ. art. 906, al. 3). Ainsi, au cas d'un testateur qui désigne « ses neveux nés et à naître », seront gratifiés ceux qui, à son décès, seront nés ou conçus (et nés viables plus tard) ; celui qui sera conçu après le décès ne recevra rien, faute d'exister à l'ouverture de la succession.
Les **personnes morales** relèvent du même principe. Un groupement sans personnalité morale ne peut recevoir de libéralité.
L'interdiction de consentir une libéralité à des personnes futures supporte quelques **exceptions** :
– les libéralités graduelles et les libéralités résiduelles peuvent bénéficier à des enfants à naître (seconds bénéficiaires) ;
– les donations de biens à venir par contrat de mariage (fort rares, en pratique) peuvent être consenties tant en faveur des époux que de leurs enfants à naître ;
– il est possible, sous certaines conditions, de faire un legs à une fondation qui n'existe pas encore (Loi 87-571 du 23-7-1987 art. 18-2).

> **Précisions** La **date de conception d'un enfant** est présumée se situer au cours de la période qui s'étend du 300ᵉ au 180ᵉ jour (inclusivement) avant la date de sa naissance. La conception est présumée avoir eu lieu à un moment quelconque de cette période, suivant l'intérêt de l'enfant (C. civ. art. 311). Il s'agit d'une présomption simple, la preuve contraire étant par conséquent recevable.

DÉTERMINATION DU GRATIFIÉ

63132 Les **personnes dont l'existence est incertaine** ne peuvent pas recevoir à titre gratuit.
En pratique, les cas d'incertitude quant à la personne du gratifié intéressent peu les donations, dont la validité est subordonnée à l'acceptation du donataire.
Les contentieux sont en revanche nombreux en matière de legs, parce qu'il est fréquent que le testateur ait insuffisamment ou maladroitement désigné le légataire. Les tribunaux doivent alors apprécier s'il est possible de déterminer l'identité du bénéficiaire du legs : voir n° 64016.

INTERPOSITION DE PERSONNES

63134 L'interposition de personnes dissimule le bénéficiaire réel de la libéralité derrière un bénéficiaire apparent, personne physique ou morale. La **simulation** n'est pas par elle-même une cause de nullité des libéralités, sauf lorsqu'elle a pour objet de contourner l'incapacité de jouissance du gratifié (nos 63166 s. et 63176).
La **charge de la preuve** de l'interposition incombe à celui qui l'invoque, qui peut l'établir par tous moyens. En pratique, la preuve est souvent facilitée par l'existence de présomptions d'interposition de personnes : sont réputés personnes interposées les père et mère, les enfants et descendants et l'époux de la personne incapable. Il s'agit d'une présomption simple, qui supporte par conséquent la preuve contraire (C. civ. art. 911, al. 2).

2. CAPACITÉ

EN BREF

63150 En matière de libéralités, la capacité obéit, pour l'essentiel, aux principes de **droit commun** : la capacité pour consentir ou recevoir une libéralité est la règle, l'incapacité l'exception (C. civ. art. 902). Il existe néanmoins des **incapacités spécifiques** aux libéralités.

INCAPACITÉS ABSOLUES DE DISPOSER

63152 **Mineur** Le mineur **non émancipé** est frappé d'une incapacité totale de consentir une donation (C. civ. art. 903). Il s'agit d'une incapacité de jouissance, et pas seulement d'exercice : aucun représentant légal ne peut donc agir en son nom.
Par exception, un mineur peut faire une donation à son futur époux par contrat de mariage, avec le consentement et l'assistance de ceux qui peuvent autoriser ce mariage (C. civ. art. 1095). Cette exception relève aujourd'hui de l'hypothèse d'école puisque les mineurs ne peuvent pas se marier, sauf dispense accordée pour motifs graves par le procureur de la République (C. civ. art. 144 et 145).
Un administrateur légal du mineur (l'un ou l'autre de ses parents ou les deux) ne peut pas non plus aliéner gratuitement les biens ou les droits du mineur, même avec l'autorisation du juge (C. civ. art. 387-2, al. 1).
En matière de testament, l'incapacité du mineur est moins radicale : outre une dérogation en faveur du mineur combattant sous les drapeaux, la loi accorde une capacité partielle de tester au mineur de plus de 16 ans : il peut disposer par testament de la moitié de ce dont il pourrait disposer s'il était majeur (C. civ. art. 904).

Le mineur **émancipé** a quant à lui pleine capacité, de sorte qu'il peut par principe librement disposer de ses biens (C. civ. art. 413-6, al. 1). Toutefois, comme le mineur non émancipé, il ne peut faire une donation à son futur époux par contrat de mariage qu'avec l'assistance de ceux dont le consentement est requis pour son mariage (C. civ. art. 1095).
Sur l'incapacité relative de disposer du mineur en faveur de son tuteur, voir n° 63168.

Majeur protégé Une **donation** ne peut être consentie par un majeur sous tutelle qu'avec l'autorisation du juge ou du conseil de famille s'il en a été constitué un. Le majeur doit alors être assisté ou au besoin représenté pour consentir la donation (C. civ. art. 476, al. 1). **63154**
Le majeur sous curatelle peut valablement consentir des donations avec l'assistance de son curateur (C. civ. art. 470, al. 2). Lorsque le curateur est bénéficiaire de la donation, il est réputé en opposition d'intérêts avec la personne protégée (C. civ. art. 470, al. 3 ; voir n° 53760).
Celui sous sauvegarde de justice peut librement donner entre vifs (C. civ. art. 435).
Le majeur sous habilitation familiale avec représentation conserve l'exercice de ses droits autres que ceux dont l'exercice a été confié à la personne habilitée (C. civ. art. 494-8, al. 1). Il peut donc en théorie consentir seul une donation, dès lors que l'habilitation ne porte pas sur cet acte. Dans le cas contraire, la personne habilitée devra obtenir l'autorisation du juge des tutelles (C. civ. art. 494-6, al. 4). Ce dernier doit s'assurer au vu de l'ensemble des circonstances, passées comme présentes, entourant un tel acte que, dans son objet comme dans sa destination, la donation correspond à ce qu'aurait voulu la personne protégée si elle avait été capable d'y consentir elle-même. Il doit également veiller à ce que la libéralité soit conforme à ses intérêts personnels et patrimoniaux, en particulier que sont préservés les moyens lui permettant de maintenir son niveau de vie et de faire face aux conséquences de sa vulnérabilité (Cass. 1e civ. avis 15-12-2021 n° 21-70.022 B : BPAT 1/22 inf. 3 note N. Peterka). Si la mesure d'habilitation est prise aux seules fins d'assister le majeur, ce dernier pourra consentir la donation, mais avec l'assistance de la personne habilitée (C. civ. art. 494-1 qui renvoie à l'art. 467).
Le majeur faisant l'objet d'un mandat de protection future mis à exécution conserve à notre avis sa pleine capacité ; il pourrait donc accomplir seul une donation (en ce sens également Dalloz action Droit patrimonial de la famille 2021/2022, dir. M. Grimaldi, v. Règles de fond des donations : parties au contrat, n° 312.215 par J. Boisson).

Le **testament** fait par un majeur sous tutelle est nul, sauf si le majeur a été autorisé à tester par le juge des tutelles ou par le conseil de famille lorsqu'il en a été constitué un (C. civ. art. 476, al. 2). **63156**
Pour accorder une telle autorisation, le juge doit vérifier que la personne protégée est en capacité d'exprimer clairement sa volonté quant à ses dispositions testamentaires, sans avoir à apprécier le contenu du testament (Cass. 1e civ. 8-3-2017 n° 16-10.340 F-PB : BPAT 3/17 inf. 114). Lorsque le majeur a été autorisé à tester, il fait son testament seul : son tuteur ne peut ni le représenter ni l'assister (C. civ. art. 476, al. 2).
Le testament fait avant l'ouverture de la tutelle reste valable, sauf s'il est établi que, depuis l'ouverture de la tutelle, la cause qui avait déterminé le testateur à disposer a disparu (C. civ. art. 476, al. 4).
Le majeur sous tutelle peut révoquer seul son testament, que ce dernier soit antérieur ou postérieur à sa mise sous tutelle (C. civ. art. 476, al. 3).
Le majeur sous curatelle peut librement disposer par testament (C. civ. art. 470, al. 1). En revanche, il ne peut modifier par testament la clause bénéficiaire de son contrat d'assurance-vie qu'avec l'assistance de son curateur (Cass. 2e civ. 8-6-2017 n° 15-12.544 F-PB : BPAT 4/17 inf. 159).
Peut également librement disposer par testament le majeur sous sauvegarde de justice (C. civ. art. 435, al. 1).
Le majeur relevant de l'habilitation familiale avec représentation devrait pouvoir faire seul un testament dans la mesure où il s'agit d'un acte strictement personnel (C. civ. art. 494-8, al. 1). La solution devrait a fortiori valoir dans le cadre de l'habilitation familiale aux seules fins d'assistance. Seule limite : la personne doit être capable d'exprimer librement sa volonté au moment de la confection du testament (N. Péterka, Habilitation familiale et donation : une représentation du majeur protégé possible, sous conditions : BPAT 1/22 inf. 3 § 4).
Il en va de même à notre avis du majeur faisant l'objet d'un mandat de protection future mis à exécution.

Par ailleurs, les obligations résultant des **actes accomplis** moins de deux ans **avant la publicité du jugement d'ouverture d'une mesure de protection** de tutelle, curatelle ou d'habilitation familiale, peuvent être réduites sur la seule preuve que l'inaptitude de celle-ci à défendre ses intérêts, par suite de l'altération de ses facultés personnelles, était notoire ou connue du cocontractant à l'époque où l'acte a été passé. Dans les mêmes conditions, l'acte peut être annulé s'il est justifié **63158** d'un préjudice subi par la personne protégée. L'action en réduction ou en nullité devra être introduite dans les cinq ans de la date du jugement d'ouverture de la mesure (C. civ. art. 464 et 494-9, al. 4).

Ces règles jouent sans aucun doute pour une donation. Selon la doctrine majoritaire, elles s'appliquent également aux testaments, refusant une lecture exégétique des textes (Rép. civ. Dalloz, v. Testament par M. Nicod, n° 29). Le risque de captation justifiant que le testament effectué par une personne dont les facultés personnelles sont altérées entre dans le champ d'application de l'article 464 (P. Murat, Retour sur quelques difficultés d'interprétation de l'article 464 du Code civil : Defrénois 30-8-2017 n° 126y3 p. 879).

En cas de **mandat de protection future** mis à exécution, les actes accomplis par le mandant pendant la durée du mandat peuvent être rescindés pour simple lésion ou réduits en cas d'excès (C. civ. art. 488).

Ajoutons que la nullité du testament fait avant ou après l'ouverture d'une mesure de protection peut toujours être demandée sur le terrain de l'insanité d'esprit (n°s 63106 s.), dont la preuve est facilitée par l'existence de la mesure de protection (pour une illustration, à propos du testament fait par une personne sous curatelle, Cass. 1e civ. 20-6-2006 n° 05-14.948 F-D : Dr. famille 2006 comm. 211 note T. Fossier).

INCAPACITÉS ABSOLUES DE RECEVOIR

63160 **Principes** Les incapacités absolues de recevoir concernent essentiellement les **personnes morales**, notamment les associations. Sans entrer dans le détail, indiquons que si toutes les associations, sous réserve d'être dotées de la personnalité juridique, peuvent recevoir des dons manuels, seules certaines d'entre elles peuvent recevoir des dons et legs par acte authentique. Il s'agit principalement :

– des associations reconnues d'utilité publique ;
– des associations cultuelles ;
– des associations ayant pour objet exclusif l'assistance, la bienfaisance, la recherche scientifique ou médicale ;
– des associations déclarées depuis au moins trois ans et visées à l'article 200, 1-b du CGI : associations d'intérêt général ayant un caractère philanthropique, éducatif, scientifique, social, humanitaire, sportif, familial, culturel ou concourant à la mise en valeur du patrimoine artistique, à la défense de l'environnement naturel ou à la diffusion de la culture, de la langue et des connaissances scientifiques françaises. Pour plus de précisions, voir Mémento Associations n°s 8380 s.

S'agissant des **personnes physiques**, l'incapacité absolue de recevoir est rare et a, en principe, le caractère d'une simple incapacité d'exercice.

> **Précisions a.** Les libéralités consenties directement ou indirectement à des associations cultuelles et à des congrégations par des **États étrangers**, des personnes morales étrangères ou des personnes physiques non résidentes sont acceptées librement par ces groupements. Toutefois, l'autorité administrative compétente peut s'y opposer lorsque les agissements des bénéficiaires ou de l'un de ses dirigeants établissent l'existence d'une menace réelle, actuelle et suffisamment grave affectant un intérêt fondamental de la société. L'opposition à la libéralité, formée dans des conditions fixées par décret en Conseil d'État, prive celle-ci d'effet. Les mêmes règles valent dans les départements du Bas-Rhin, du Haut-Rhin et de la Moselle pour les libéralités consenties à des établissements publics du culte et à des associations inscrites de droit local à objet cultuel (C. civ. art. 910-1 ; Décret 2022-619 du 22-4-2022).
> **b.** Les dons et legs consentis à des **personnes publiques** relèvent du droit commun des libéralités prévu au Code civil, mais les modalités de leur acceptation, notamment, répondent à des règles spécifiques, propres aux institutions locales (P. Bon, J.-B. Auby et P. Terneyre : Droit administratif des biens, Précis Dalloz 8e éd. 2020, n° 15).

63162 **Mineur** Le **mineur non émancipé** est frappé d'une incapacité d'exercice en ce sens qu'il ne peut exercer seul ses droits mais en reste néanmoins titulaire (contrairement à une personne frappée d'une incapacité de jouissance, qui est totalement privée de ses droits et ne peut pas les exercer, même représentée). Les règles applicables sont déterminées selon que l'acte envisagé constitue un acte de disposition ou d'administration.

Lorsque le mineur est sous **administration légale**, certains actes de disposition spécialement visés requièrent l'autorisation du juge des tutelles. Il importe peu que cette administration légale soit exercée par les deux parents ou l'un d'entre eux seulement. Ces actes sont limitativement énumérés par la loi. Il s'agit (C. civ. art. 387-1, 4° et 5°) :

– de la renonciation à un legs ;

– et de l'acceptation pure et simple d'un legs universel ou à titre universel, et ce par assimilation des successions testamentaires aux successions légales.
D'autres actes de dispositions semblent pouvoir être réalisés, sans contrôle judiciaire préalable, par l'administrateur légal unique ou par les deux administrateurs ensemble. Il s'agit de :
– l'acceptation des donations et legs particuliers grevés de charges (C. civ. art. 387-1 et 387-2 a contrario) ;
– la révocation de la renonciation à un legs.
Attention, lorsque les deux administrateurs légaux sont en désaccord, l'autorisation du juge des tutelles doit être obtenue (C. civ. art. 387).
Enfin, les actes d'administration peuvent être réalisés par un seul parent, qu'il soit unique titulaire de l'administration légale ou qu'il la partage avec l'autre parent. Il en est ainsi de :
– l'acceptation à concurrence de l'actif net des legs universels ou à titre universel ;
– l'acceptation des donations et legs particuliers non grevés de charges.
Il existe une règle particulière pour les donations sans charge : les ascendants (quels qu'ils soient) du mineur non émancipé sont autorisés à accepter en son nom une telle libéralité même s'ils ne sont pas tuteurs ou administrateurs légaux du mineur (C. civ. art. 935).
Lorsqu'il y a une opposition d'intérêts entre le mineur et son, ses ou l'un de ses administrateurs légaux, le juge peut, selon le cas, désigner un administrateur ad hoc ou autoriser l'autre administrateur légal à représenter l'enfant (C. civ. art. 383 ; voir n°s 40180 s.).
Le **mineur émancipé** est capable comme un majeur de tous les actes de la vie civile (C. civ. art. 413-6, al. 1). Il peut donc recevoir des libéralités.
Lorsque le mineur est en **tutelle**, les règles relatives aux majeurs sous tutelle s'appliquent (n° 63164).

Majeur protégé Le majeur sous **tutelle** qui reçoit une libéralité est frappé d'une incapacité d'exercice. Son tuteur, sans avoir à recueillir l'autorisation du juge des tutelles ou du conseil de famille s'il en a été constitué un, peut (C. civ. art. 507-1 ; Décret 2008-1484 du 22-12-2008 ann. 1) : 63164
– accepter les donations et legs particuliers non grevés de charges ;
– accepter les legs universels ou à titre universel à concurrence de l'actif net ;
– accepter purement et simplement un legs universel ou à titre universel si le notaire chargé de la succession a délivré une attestation établissant que l'actif dépasse manifestement le passif.
L'autorisation du juge ou du conseil de famille s'il en a été constitué un est nécessaire pour (C. civ. art. 505 et 507-1 ; Décret 2008-1484 du 22-12-2008 ann. 1) :
– accepter les donations et legs particuliers avec charges ;
– renoncer à un legs ;
– accepter purement et simplement un legs universel ou à titre universel faute de l'attestation visée ci-dessus.
S'agissant d'un majeur sous **curatelle**, il peut, en principe, effectuer seul les actes qu'un tuteur a le pouvoir de faire seul (C. civ. art. 467, al. 1 a contrario). Par exemple, il peut accepter une donation non grevée de charges. Réciproquement, il doit être assisté de son curateur pour faire un acte qui, en tutelle, requiert l'autorisation du juge ou du conseil de famille (C. civ. art. 467, al. 1 ; Décret 2008-1484 du 22-12-2008 ann. 1).
Le majeur sous **sauvegarde de justice** peut librement recevoir à titre gratuit.
Il semble en aller de même pour le **majeur sous habilitation familiale** dès lors que le mandat de représenter donné à la personne habilitée est spécial et ne porte pas sur l'acceptation de dons et legs. En présence d'une habilitation familiale générale avec assistance, la personne protégée se fait assister dans les conditions prévues pour la curatelle (C. civ. art. 494-1).
Lorsque le **mandat de protection future** a pris effet, le mandant conserve la capacité d'agir, ses actes étant susceptibles d'être rescindés pour cause de lésion ou réduits en cas d'excès (C. civ. art. 488) ou annulés pour cause d'insanité d'esprit dans les conditions de droit commun (C. civ. art. 488 renvoyant à l'art. 414-1).

INCAPACITÉS RELATIVES DE DISPOSER OU DE RECEVOIR

Présomption de captation Il existe des incapacités relatives de disposer et de recevoir spécifiques aux libéralités. Il s'agit toujours d'incapacités de jouissance, qui privent la personne visée du droit de disposer ou de recevoir. Ces incapacités sont fondées sur une présomption **irréfragable** de captation : elles ont pour but de protéger le disposant contre certaines personnes susceptibles d'exercer une trop grande emprise sur lui. 63166
Cette protection s'étend aux libéralités déguisées sous la forme d'un contrat onéreux et aux cas d'interposition de personnes entre le disposant et le bénéficiaire de la libéralité (C. civ. art. 911).

63168 **Tuteur** Afin d'éviter que le tuteur n'abuse de son influence sur le **mineur**, la loi prévoit une incapacité relative de disposer du mineur en faveur de son tuteur et, corrélativement, une incapacité relative de recevoir du tuteur. Cette interdiction s'applique quelle que soit le type de libéralité, donation ou legs et ne prend fin qu'une fois le mineur devenu émancipé ou majeur, lorsque le compte définitif de tutelle est rendu et apuré. Toutefois, cette incapacité ne joue pas lorsque le tuteur est un ascendant du mineur (C. civ. art. 907).

63170 **Secteur social, accueil, employés de maison** Une interdiction de recevoir des donations et legs s'applique à différents intervenants du **secteur social ou médico-social**. Sont notamment concernées les personnes physiques propriétaires, gestionnaires, administrateurs ou employés des établissements et services sociaux ou médico-sociaux. Les bénévoles et volontaires de ces établissements et services sont également visés par l'interdiction (CASF art. L 116-4, I-al. 1). Ces personnes ne peuvent pas être gratifiées par les personnes prises en charge par l'établissement ou le service où elles interviennent. Les donations déguisées sous la forme d'un contrat onéreux ainsi que celles faites par personnes interposées sont nulles (C. civ. art. 911, sur renvoi du CASF art. L 116-4, I-al. 1). Sont toutefois autorisées les libéralités à caractère rémunératoire faites à titre particulier et celles universelles faites à des parents jusqu'au 4e degré inclus (C. civ. art. 909, 1° et 2°, sur renvoi du CASF art. L 116-4, I-al. 1).

Les **accueillants familiaux** ainsi que leur conjoint, partenaire de Pacs ou concubin et leurs ascendants ou descendants ne peuvent pas profiter de donations ou legs faits en leur faveur par la ou les personnes qu'ils accueillent pendant la durée de cet accueil (CASF art. L 116-4, I-al. 2). L'autorisation de recevoir certaines libéralités prévue pour les intervenants du secteur social ou médico-social n'est pas reprise pour les accueillants familiaux. On peut toutefois considérer qu'elle vaut aussi pour cette catégorie dans la mesure où l'alinéa 2 de l'article L 116-4 se réfère à l'interdiction prévue au premier alinéa (voir en ce sens Dalloz Action droit patrimonial de la famille 2021/2022, dir. M. Grimaldi, v. Règles de fond des donations : parties au contrat, n° 312-335 par J. Boisson).

La **durée de l'incapacité** de recevoir correspond à toute la période de la prise en charge, de l'accueil ou de l'accompagnement.

> **Précisions a.** Les **personnes morales** ne sont plus concernées par cette interdiction. Peuvent désormais être gratifiées les sociétés et associations exploitant des services sociaux et médico-sociaux, ainsi que des services d'aide à la personne, sous réserve de l'obtention d'une autorisation administrative de recevoir des dons et legs (C. civ. art. 910 et 937).
>
> **b.** L'incapacité de recevoir des libéralités frappant les auxiliaires de vie (**employés de maison**), applicable depuis le 30 décembre 2015 (CASF art. L 116-4, al. 1 et 2 modifiés par loi 2015-1776 du 28-12-2015), a été censurée comme étant inconstitutionnelle par le Conseil constitutionnel, avec effet au 13 mars 2021 (Cons. constit. 12-3-2021 n° 2020-888 QPC : BPAT 3/21 inf. 124). Cette interdiction avait été adoptée en réaction à la jurisprudence antérieure retenant que l'incapacité légale de recevoir de l'article 909 du Code civil, d'interprétation stricte, n'était pas applicable à une aide-ménagère (Cass. 1e civ. 25-9-2013 n° 12-25.160 FS-PBI : BPAT 6/13 inf. 239, Defrénois 15-7-2014 n° 116U9 p. 764 obs. B. Vareille).

63172 **Autres professions** Les membres des **professions médicales** et de la **pharmacie**, ainsi que les **auxiliaires médicaux** (infirmiers, notamment) qui auront prodigué des soins à une personne pendant la maladie dont elle est décédée ne peuvent profiter des donations ou legs faits à leur profit pendant cette maladie (C. civ. art. 909, al. 1). Ainsi, ne peut être gratifiée la psychiatre qui a suivi sa patiente tout au long du cancer dont elle est décédée car elle l'a soignée pendant sa dernière maladie (Cass. 1e civ. 4-11-2010 n° 07-21.303 FS-PBI : BPAT 6/10 inf. 355, Defrénois 30-4-2011 n° CJ2011DEF0837N1 p. 837 obs. J. Massip). Toutefois la maladie doit-elle avoir été diagnostiquée au jour de la rédaction du testament ou de la donation ? Non, pour la Cour de cassation, qui adopte une interprétation littérale du texte. Ce dernier exige seulement que la libéralité ait été faite au cours de la maladie dont le disposant est décédé. Peu importe la date du diagnostic (Cass. 1e civ. 16-9-2020 n° 19-15.818 FS-PB : BPAT 6/20 inf. 198 obs. G. Yildirim). L'appréciation des circonstances de fait de l'incapacité relève du pouvoir souverain des juges du fond (Cass. 1e civ. 15-1-2014 n° 12-22.950 FS-PB : BPAT 2/14 inf. 71).

Les **mandataires judiciaires à la protection des majeurs** et les personnes morales au nom desquelles ils exercent leurs fonctions ne peuvent pas recevoir à titre gratuit des personnes dont ils assurent la protection, quelle que soit la date de la libéralité (C. civ. art. 909, al. 2). Cette interdiction ne s'applique pas aux membres de la famille du disposant lorsqu'ils exercent les fonctions de tuteur, curateur, mandataire spécial désigné lors d'une mesure de sauvegarde de justice, personne habilitée ou mandataire exécutant un mandat de protection future (Cass. 1e civ. 17-10-2018 n° 16-24.331 FS-PB : BPAT 6/18 inf. 242, D. 2019 p. 682 note G. Raoul-Cormeil).

Les mêmes règles s'appliquent aux **ministres du culte** (C. civ. art. 909, dernier al.).
Ces **dispositions ne s'appliquent pas** (C. civ. art. 909, al. 3) :
– aux libéralités universelles entre parents jusqu'au 4e degré, à condition que le défunt n'ait pas laissé d'héritier en ligne directe, à moins que celui au profit de qui la disposition a été faite ne soit lui-même du nombre de ces héritiers (décompte des degrés : voir n° 63014, précisions). Bien que le texte ne vise que les « dispositions universelles », il autorise à plus forte raison les dispositions à titre universel ou à titre particulier ;
– aux donations et legs rémunératoires, à titre particulier, par lesquels le disposant, sans excès par rapport à ses ressources et dans la mesure des services rendus, gratifie le bénéficiaire pour ses soins et diligences particuliers. Par exemple, des attentions particulières du médecin qui aurait rempli un certain nombre de démarches dépassant ses obligations professionnelles pour le compte de son patient (auprès de la sécurité sociale, des mutuelles, de la direction de l'hôpital ou de la maison de retraite, etc.), contacts avec la famille, assistance matérielle (courses, correspondance, etc.).

> **Précisions** L'incapacité **du patient de disposer à titre gratuit au profit du professionnel de santé** qui lui prodigue des soins au cours de la maladie dont il décédera est un dispositif fondé sur la protection de la personne vulnérable et proportionné à cet objectif d'intérêt général. De sorte que l'interdiction de recevoir des membres des professions médicales a été opportunément déclarée **conforme à la Constitution** (Cons. const. 29-7-2022 n° 2022-1005 QPC : BPAT 5/22 inf. 238 note G. Raoul-Cormeil, AJ fam. 2022 p. 437 obs. J. Houssier). Constitutive d'une présomption irréfragable de contrainte morale, l'interdiction de gratifier un professionnel de santé est limitée ratione personae (relation patient-soignant) et ratione temporis (la durée de la maladie dont est mort le disposant).

ÉPOQUE D'APPRÉCIATION DE LA CAPACITÉ

La **donation** étant un contrat, c'est au moment de sa conclusion que doit être appréciée la capacité des parties. **63174**
Le **testament** est un acte unilatéral qui ne produit d'effet qu'au décès du testateur, ce qui explique les règles suivantes :
– la capacité du testateur est requise lors de la rédaction du testament ;
– la capacité du légataire est requise au jour du décès. Par exception, le légataire doit être capable au moment où le testament a été établi lorsque l'incapacité en cause est une incapacité de jouissance fondée sur une présomption de captation (nos 63166 s.). Ainsi, un legs ne peut pas être annulé sur le fondement de l'incapacité de recevoir du bénéficiaire lorsque l'interdiction légale n'était pas en vigueur au jour de l'établissement du testament (Cass. 1e civ. 23-3-2022 n° 20-17.663 F-B : BPAT 3/22 inf. 147, à propos de l'incapacité de recevoir des libéralités frappant les auxiliaires de vie en vigueur du 30-12-2015 au 12-3-2021).

SANCTIONS AU DÉFAUT DE CAPACITÉ

L'inobservation des règles relatives à la capacité des personnes physiques est sanctionnée par la **nullité** relative de la libéralité (C. civ. art. 1147), sous les trois **réserves** suivantes : **63176**
– il y a nullité absolue des libéralités faites à des personnes futures ou incertaines et de celles soumises à une autorisation administrative d'ordre public, lorsque cette autorisation n'a pas été obtenue (C. civ. art. 910) ;
– il y a également nullité absolue en cas de libéralités déguisées ou consenties par personnes interposées dans le but de contourner l'incapacité de jouissance du gratifié (C. civ. art. 911) ;
– il y a seulement réduction lorsque la personne est frappée d'une incapacité partielle de disposer à titre gratuit. Par exemple, lorsqu'un mineur de plus de 16 ans a disposé par testament d'une quotité supérieure à celle autorisée par la loi, la libéralité est réduite à proportion de l'excédent, la réduction pouvant être demandée par tout héritier. La sanction de la réduction est également susceptible d'être encourue lorsque la personne protégée a consenti une libéralité dans les deux ans qui ont précédé la publicité du jugement d'ouverture de la mesure de protection dont elle bénéficie (C. civ. art. 464, al. 1).

> **Précisions** Lorsqu'il s'agit de **distinguer la nullité relative de la nullité absolue**, on oppose classiquement leur raison d'être respective : la première tend à la protection des intérêts privés tandis que la seconde ambitionne la protection de l'intérêt général (C. civ. art. 1179). Elles connaissent cependant de nombreux points communs comme le délai dans lequel elles se prescrivent, délai relativement court, de cinq ans (C. civ. art. 2224 dans sa rédaction issue de la loi 2008-561 du 17-6-2008 ; délai de 30 ans avant la réforme de la prescription de 2008 dans le cas d'une nullité absolue). L'une ou l'autre peut également être couverte par la confirmation (C. civ. art. 1180, al. 2, à propos de la nullité absolue et 1181, al. 2, à propos de la nullité relative).

3. CONTENU LICITE ET CERTAIN

RÈGLES GÉNÉRALES

63178 La **réforme du droit des contrats** a remplacé l'objet et la cause, anciennement posés comme conditions de validité du contrat, par la notion de « contenu du contrat » applicable aux libéralités consenties depuis le 1er octobre 2016 (C. civ. art. 1128, 3° issu de l'ord. 2016-131 du 10-2-2016). En réalité, l'objet et la cause se retrouvent dans la nouvelle exigence de contenu licite et certain (voir notamment sur ce point, B. Mercadal : Réforme du droit des contrats, Éditions Francis Lefebvre 2016, nos 305 et 310).

CONTENU LICITE

63180 Le contrat ne peut déroger à l'ordre public ni par ses stipulations ni par son but, que ce dernier ait été connu ou non par toutes les parties (C. civ. art. 1162). Autrement dit, pour reprendre les terminologies antérieures à la réforme du droit des contrats, l'objet de la libéralité et sa cause doivent être licites.

L'**objet** de la libéralité doit porter sur une chose dans le commerce.

La **cause** de la libéralité se confond le plus souvent avec l'intention libérale du disposant. Elle ne pose de problème ni d'existence ni de licéité, spécialement depuis que la jurisprudence a cessé de considérer comme illicites les libéralités consenties dans le cadre de relations adultères (Cass. 1e civ. 3-2-1999 n° 96-11.946 : Bull. civ. I n° 43 ; Cass. ass. plén. 29-10-2004 n° 03-11.238 : Bull. civ. ass. plén. n° 12).

Cependant, le **motif impulsif et déterminant** qui a conduit le disposant à donner ou à léguer ses biens peut être en tout ou partie étranger à l'intention libérale. Dans ces situations, de natures très diverses, la jurisprudence a parfois eu l'occasion d'annuler la libéralité pour absence de cause ou pour cause illicite.

La **preuve** de l'absence de cause ou de l'illicéité de la cause incombe à celui qui l'invoque. La preuve est libre et peut donc être apportée par tous moyens, par exemple par des présomptions de fait graves, précises et concordantes.

ILLUSTRATIONS

Est nulle (de nullité relative) pour **absence de cause** :

– une donation-partage qui met dans le lot d'un des bénéficiaires un bien qui lui appartient déjà (Cass. 1e civ. 29-9-2004 n° 03-10.766 FS-PB) ;

– une donation-partage qui a été réalisée pour obtenir des avantages fiscaux qui ont été rétroactivement supprimés (Cass. 1e civ. 11-2-1986 n° 84-15.513 : Bull. civ. I n° 25).

En revanche, n'est pas nul pour absence de cause :

– le testament par lequel une mère a entendu déshériter son fils unique en léguant la quotité disponible de ses biens à une association, car la volonté de priver un héritier réservataire de la quotité disponible n'exclut pas l'intention libérale du testateur au profit de l'association légataire (Cass. 1e civ. 30-9-2009 n° 08-17.919 FS-PB : BPAT 6/09 inf. 244) ;

– le testament dont la cause a prétendument disparu, car seul le testateur, capable, peut tirer les conséquences de cette disparition en modifiant ses dispositions (en ce sens, notamment, Cass. 1e civ. 15-2-2012 n° 10-23.026 FS-PBI : BPAT 2/12 inf. 110).

Est nul (de nullité absolue) en raison de sa **cause illicite ou immorale** le legs de la quotité disponible fait par un père à ses neveux et nièces dans le but de se venger de ses deux filles qui ne lui avaient pas pardonné ses pratiques incestueuses à l'époque de leur minorité (TGI La Roche-sur-Yon 2-5-1995 n° 93/442, 1e ch. civ. : D. 1997 p. 13).

CONTENU CERTAIN

63182 Le contenu de la libéralité doit exister. Il doit être **déterminé ou déterminable** (C. civ. art. 1163, al. 2). La gratification peut porter sur une chose présente ou future sous réserve de la prohibition des donations de biens à venir (C. civ. art. 1163, al. 1). En effet, un bien à venir ne peut pas faire l'objet d'une donation sauf si celle-ci est entre époux (C. civ. art. 943 et 947 ; voir n° 63382). Il peut faire l'objet d'un legs à condition qu'il existe au moment de l'exécution de la libéralité.

Le contenu de la libéralité doit également être possible (C. civ. art. 1163, al. 2).

B. Libéralités avec charges

DÉFINITION

Une charge se définit comme une **obligation imposée au bénéficiaire de la libéralité** par le disposant. Il s'agit d'une stipulation fréquente, qui recouvre des **situations très variées** selon que la charge est prévue : 63200
– dans l'intérêt du disposant lui-même, par exemple, régler le solde de l'emprunt grevant le bien donné (sous réserve de l'accord du créancier) ;
– dans l'intérêt d'un tiers, par exemple, verser une rente viagère à une personne désignée, conserver le bien légué pour qu'il soit transmis aux enfants du légataire à son décès ;
– ou dans l'intérêt du bénéficiaire, par exemple, poursuivre des études.

Nous examinons d'abord les **difficultés particulières** que peut susciter l'existence d'une charge et qui tiennent : 63202
– à la qualification même de libéralité ;
– à la validité de la charge, dont la nullité peut entraîner celle de la libéralité ;
– et à la révision judiciaire des charges.

Nous verrons ensuite plus en détail le régime particulier de deux catégories de libéralités avec charges : les **libéralités graduelles et** les libéralités **résiduelles**. Nous verrons également qu'il existe des techniques alternatives à ces libéralités.

En ce qui concerne la révocation des donations pour inexécution des charges, voir n°s 63402 s.

1. RÈGLES GÉNÉRALES

QUALIFICATION DE LIBÉRALITÉ

Lorsque la charge est stipulée dans l'intérêt du disposant ou d'un tiers, se pose parfois un problème de qualification de l'acte selon le **poids de la charge** au regard de la valeur du bien donné ou légué. Si la charge absorbe cette valeur, il n'y a plus libéralité mais acte à titre onéreux. Inversement, si la charge est inférieure à la valeur du bien donné ou légué, l'acte conserve pour le tout son caractère d'acte à titre gratuit. 63210

Sur le plan civil, la charge est **déductible** de la valeur du bien reçu pour l'application des règles relatives au rapport et à la réduction. Sur le plan fiscal, le principe est que les charges ne sont pas déductibles de l'assiette des droits (CGI art. 758 et 761). Ce principe est toutefois assorti d'exceptions : ainsi, l'article 776 bis du CGI prévoit la déduction, pour le calcul des droits de donation, des dettes contractées par le donateur pour l'acquisition ou dans l'intérêt des biens donnés lorsque ces dettes sont mises à la charge du donataire dans l'acte de donation (voir n° 64842).

CHARGES IMPOSSIBLES, ILLICITES OU IMMORALES

Les **règles** sont **communes** aux charges et aux **conditions**, étant précisé que la distinction entre les deux n'est pas toujours évidente à établir ; par exemple, un legs assorti d'une clause de célibat peut être considéré comme un legs avec charge (obligation de ne pas se marier) ou comme un legs sous condition résolutoire (le mariage du gratifié anéantissant le legs). 63212

En principe, la **sanction** d'une charge ou d'une condition impossible, illicite ou immorale stipulée dans une libéralité n'est pas la nullité de l'acte. La clause est seulement réputée non écrite (C. civ. art. 900, s'appliquant aussi aux charges même s'il ne vise que les conditions), ce qui permet au gratifié d'obtenir l'annulation de la charge ou de la condition tout en conservant le bénéfice de la libéralité. 63214

Malgré la disparition de la notion de cause lors de la réforme du droit des contrats (Ord. 2016-131 du 10-2-2016), la jurisprudence antérieure à la réforme qui annulait l'ensemble de la libéralité lorsqu'il apparaissait que la condition ou la charge impossible, illicite ou immorale avait été sa cause impulsive et déterminante, devrait selon nous être maintenue. En effet, il résulte de l'article 1184, alinéa 1 du Code civil issu de cette même réforme que la nullité de l'acte entier est encourue si la clause atteinte de nullité a constitué un élément déterminant de l'engagement des parties ou de l'une d'elles (en ce sens également et reposant sur une articulation de l'art. 1184 avec l'art. 1304-1 du Code civil, Dalloz action Droit patrimonial de la famille 2021/2022, dir. M. Grimaldi, Règles de fond des donations : contenu du contrat, n° 313.254 par J. Boisson). La permanence de cette solution à la suite de la réforme du droit des contrats peut toutefois être discutée (Mémento Successions Libéralités, dir. B. Vareille, n° 2160 par B. Vareille).

63216 C'est aux juges qu'il appartient de rechercher, dans chaque espèce, quelles ont été la motivation et l'intention du disposant, étant observé que la **preuve** du caractère impossible, illicite ou immoral de la charge ou de la condition doit être apportée par celui qui l'invoque. S'agissant d'un fait juridique, la preuve est libre et peut donc être apportée par tous moyens ; elle peut résulter d'éléments intrinsèques ou extrinsèques.
Pour apprécier le caractère impossible, immoral ou illicite, il convient de se placer à la date de la libéralité, c'est-à-dire au jour de l'acte pour les donations et au jour du décès du disposant pour les legs.

63218 L'administration fiscale n'étant pas juge de la validité des conventions soumises à l'enregistrement, la libéralité assortie d'une charge ou d'une condition impossible, illicite ou immorale est soumise aux **droits de mutation à titre gratuit** (au droit fixe des actes innomés s'il s'agit d'une donation sous condition suspensive : BOI-ENR-DG-20-20-70 n° 70). Si la nullité est ultérieurement prononcée, les droits de donation acquittés sont restituables (CGI art. 1961).

63220 **Domaine d'application des clauses illicites ou immorales** Les clauses illicites ou immorales trouvent élection dans de nombreux domaines : clauses de **résidence**, obligation ou interdiction d'exercer telle ou telle **profession** ou de changer de **religion**, obligation de maintenir les biens légués dans l'**indivision**, etc.

63222 De nombreuses décisions concernent le statut personnel, notamment la liberté du **mariage**. La jurisprudence annule ces clauses lorsqu'elles ont été inspirées par un motif répréhensible. Mais c'est à celui qui invoque le caractère répréhensible des motivations du disposant qu'il appartient d'en apporter la preuve, ce qui, en pratique, n'est pas facile.

ILLUSTRATIONS

Il n'y a **pas atteinte prohibée contre la liberté du mariage** lorsque :
– un père qui déteste sa future belle-fille prévoit que si, à son décès, son fils est marié, il n'héritera de la quotité disponible qu'en usufruit, la nue-propriété allant à une œuvre. Le bénéfice du testament n'est pas subordonné à la condition que le fils reste célibataire après la mort de son père (condition illicite), il prévoit seulement des droits différents selon que le fils est ou non marié le jour du décès de son père (modalité licite) (CA Poitiers 17-2-1998 : BPAT 3/99 inf. 97) ;
– un père institue son fils marié légataire universel sous la condition résolutoire suivante : en cas de séparation ou de divorce, son fils sera déchu du legs qui profitera automatiquement à sa bru. Ce legs a été jugé valable, parce que motivé non par le désir d'empêcher le fils de divorcer, mais par le souci d'assurer à son épouse la jouissance des biens indépendamment du devenir du mariage (CA Rennes 14-2-1972 : D. 1976 p. 185 note Vouin).
La Cour de cassation a de la même façon conclu au caractère licite d'une **clause de non-divorce** insérée dans une donation de biens à venir entre époux (donation librement révocable), les juges du fond ayant souverainement estimé que cette clause n'était pas inspirée par le désir de l'époux d'empêcher sa femme de divorcer. La clause de non-divorce ne porte pas atteinte au principe de libre révocabilité des donations au dernier vivant et n'est pas en soi illicite, sauf intention de nuire, dans la mesure où elle est justifiée par la nature même de la donation de biens à venir (Cass. 1e civ. 13-12-2005 n° 02-14.135 FS-PB : BPAT 1/06 inf. 6).
Sur la question de la validité d'une clause de non-divorce dans une donation de biens présents entre époux, voir n° 13651.

63224 **Clauses d'inaliénabilité** Ces clauses **ont pour effet** d'interdire au donataire ou légataire d'aliéner le bien qui lui a été transmis, cette interdiction étant en pratique assortie, en fonction de la nature du bien, d'une interdiction d'hypothéquer ou de nantir. Pareille clause n'interdit pas en revanche l'apport du bien donné à la communauté du donataire (Cass. 1e civ. 18-3-2015 n° 13-16.567 FS-PB : BPAT 3/15 inf. 100). La communauté n'ayant pas la personnalité morale, cet apport n'est pas regardé comme une aliénation. Si le donateur souhaite éviter un tel résultat, il doit doubler la clause d'inaliénabilité d'une clause d'exclusion de communauté.
Si le donataire ou le légataire aliène le bien au mépris de l'interdiction qui lui est faite, celui dans l'intérêt duquel la clause a été stipulée (selon le cas, l'auteur de la libéralité, son bénéficiaire ou un tiers) peut demander la nullité de l'aliénation. Le juge peut néanmoins écarter la nullité si l'intérêt qui justifiait la clause d'inaliénabilité avait disparu à la date de l'aliénation (Cass. 3e civ. 5-6-2012 n° 11-19.294 F-D : Sol. Not. 9/12 inf. 223).
Pour être valables dans une libéralité consentie à une personne physique, ces clauses doivent être temporaires et justifiées par un intérêt sérieux et légitime (C. civ. art. 900-1). Cet intérêt s'apprécie au jour où la clause a été stipulée (en ce sens, notamment, Cass. 1e civ. 6-3-2013 n° 12-13.340 F-D : BPAT 3/13 inf. 102). Très fréquente dans les donations de parents à enfants, la

clause d'inaliénabilité est par exemple valable si elle est stipulée pour la durée de vie du donateur et justifiée par son souci d'assurer la pleine efficacité du droit de retour conventionnel (Cass. 1e civ. 15-6-1994 n° 92-12.139 : Bull. civ. I n° 211).
La clause d'inaliénabilité est nulle si elle est stipulée pour la durée de vie du gratifié.
L'**action en nullité** peut être exercée par toute personne qui y a intérêt. Il peut s'agir, par exemple, du créancier du bénéficiaire de la libéralité qui entend faire saisir le bien pour recouvrer sa créance. La charge de la preuve incombe à celui qui se prévaut de la validité de la clause (Cass. 1e civ. 15-6-1994 n° 92-12.139 précité).
La clause d'inaliénabilité qui grève les biens donnés n'affecte pas leur valeur vénale réelle et n'autorise aucune décote sur l'assiette des **droits de mutation à titre gratuit** (Cass. com. 6-2-2007 n° 05-12.939 F-PB : RJF 6/07 n° 759, à propos d'une donation de titres non cotés avec interdiction d'aliéner et de nantir ; Cass. com. 11-9-2012 n° 11-21.234 F-D : RJF 12/12 n° 1168, BPAT 6/12 inf. 303, pour un immeuble donné avec interdiction d'aliéner et d'hypothéquer pendant la vie de l'usufruitière, âgée de 82 ans au moment de la donation). La solution était identique en matière d'impôt de solidarité sur la fortune (Cass. com. 27-10-2009 n° 08-11.362 F-PB : RJF 2/10 n° 175, à propos d'une donation avec réserve d'usufruit d'un immeuble assortie d'une interdiction d'aliéner et d'hypothéquer). À notre avis, la position de la Cour de cassation est critiquable dans la mesure où l'interdiction de vendre un bien (et ce sous peine de nullité de la vente) impacte nécessairement sa valeur vénale.

CONSEIL

En pratique, la **vente d'un bien frappé d'une clause d'inaliénabilité** est possible, mais elle requiert le consentement du donateur à renoncer à l'interdiction d'aliéner. À cet effet, le donateur intervient dès le stade de l'avant-contrat. Autrement, il est possible d'ériger en condition suspensive de la réalisation de la vente l'obtention du consentement du donateur sur ce point.

Même lorsque la clause d'inaliénabilité est valable, le donataire ou le légataire peut être judiciairement autorisé à disposer du bien si l'intérêt qui avait justifié la clause d'inaliénabilité a disparu ou s'il advient qu'un intérêt plus important l'exige (C. civ. art. 900-1). L'action en **levée judiciaire** d'une clause d'inaliénabilité ne concerne que les libéralités consenties aux personnes physiques, et non celles consenties aux personnes morales ou à des personnes physiques à charge de constituer des personnes morales (C. civ. art. 900-1, al. 2 ; Cass. 1e civ. 23-1-2008 n° 06-16.120 F-PB : RJDA 7/08 n° 782). Elle est personnelle au donataire et ne peut pas être exercée par ses créanciers agissant en son nom par la voie de l'action oblique (en ce sens, par exemple, Cass. 1e civ. 25-5-2004 n° 02-12.268 FS-PB), ni par son liquidateur (Cass. 1e civ. 4-7-2006 n° 04-12.350 FS-PB : RJDA 12/06 n° 1249). **63226**
Par ailleurs, **sans action en levée judiciaire**, le bien reçu par donation avec interdiction d'aliéner peut valablement faire l'objet d'un compromis de vente sans intervention des donateurs pour renoncer à l'interdiction dès lors que la vente intervient après leur décès (Cass. 3e civ. 30-1-2020 n° 18-25.381 FS-PBI : BPAT 2/20 inf. 65).

ILLUSTRATIONS

En 1982, des parents consentent une donation-partage à leurs trois enfants où chacun se voit attributaire d'une parcelle constructible, les parents en conservant une quatrième sur laquelle ils ont fait édifier une maison. Dans le but de **créer un lotissement familial**, avec l'assurance pour les donateurs que les biens donnés seraient conservés dans la famille, une **clause d'inaliénabilité** pendant 15 ans est insérée dans l'acte, assortie d'une réserve du droit de retour. Constatant que l'intérêt sérieux et légitime qui avait justifié la clause d'inaliénabilité a disparu, une cour d'appel ordonne la **levée de l'interdiction** en 1994 à la demande de l'un des donataires (CA Nîmes 6-7-1994 n° 3280/93 : Juris-Data n° 000 394). Les juges relèvent que depuis la donation-partage, seuls deux frères sur trois ont construit sur leurs parcelles, l'un d'eux ayant en outre donné sa maison en location à un tiers. Le lotissement n'a ainsi jamais eu le caractère familial auquel tenaient les donateurs, et ce, alors qu'il ne restait que trois ans jusqu'à la date d'expiration normale de l'inaliénabilité.

Clause pénale Le disposant peut parfois assortir sa libéralité d'une clause pénale. Dans le cadre d'un legs, il s'agit souvent d'exclure un héritier de la succession s'il n'exécute pas le testament ou s'il l'attaque en justice. Illicite si elle va à l'encontre de l'**ordre public** en portant atteinte à la réserve héréditaire, une telle exhérédation est en revanche valable si elle se contente de priver de quotité disponible l'héritier qui conteste le testament (Cass. 1e civ. 25-6-2002 n° 00-11.574 FS-P : BPAT 6/02 inf. 218). **63227**
La jurisprudence procède à un **contrôle de proportionnalité** pour apprécier la validité de la clause pénale. Les juges regardent si l'atteinte portée par celle-ci au droit de l'héritier est proportionnée ou non au but recherché par la clause ; ainsi jugé à propos d'une clause pénale stipulée dans une donation-partage limitant le droit d'agir en justice (Cass. 1e civ. 16-12-2015

n° 14-29.285 FS-PBI : BPAT 1/16 inf. 24 ; Cass. 1e civ. 31-3-2021 n° 19-24.407 F-D : BPAT 3/21 inf. 125). Est réputée non écrite, en raison de l'atteinte excessive qu'elle porte au droit de partage, une clause testamentaire qui impose un partage des biens à l'amiable et prévoit que le recours au tribunal aura pour effet de réduire la part du demandeur à sa réserve légale (Cass. 1e civ. 13-4-2016 n° 15-13.312 FS-PB : BPAT 3/16 inf. 118). La clause testamentaire qui prévoit l'exhérédation de celui des enfants qui viendrait à contester les termes de la donation-partage dont ils ont bénéficié de leur auteur une vingtaine d'années plus tôt subit le même sort, en raison de l'atteinte excessive qu'elle porte au droit d'agit en justice (CA Grenoble 20-12-2023 n° 18/02796 : BPAT 1/24 inf. 29).
Le recours au principe de proportionnalité est critiqué en raison de l'imprévisibilité des solutions qui risquent d'en découler (T. Le Bars, Revirement de jurisprudence sur les clauses pénales en droit des libéralités : D. 2016 p. 578).
En présence d'une libéralité assortie d'une **clause d'inaliénabilité** du bien donné ou légué, le disposant ne peut pas prévoir que le gratifié en sera privé s'il met en cause la validité de la clause ou demande en justice l'autorisation d'aliéner le bien ; une telle clause est réputée non écrite (C. civ. art. 900-8). Elle est donc privée d'effet, les autres dispositions étant en principe maintenues.
Le **caractère potestatif de la condition** insérée dans la disposition testamentaire ne fait pas obstacle à sa validité, une telle prohibition étant réservée aux seules donations (C. civ. art. 944). Par conséquent, un testament attribuant la quotité disponible à l'un des enfants en cas de désaccord entre eux lors du règlement de la succession du testateur est valable, sous réserve de passer le contrôle de proportionnalité (Cass. 1e civ. 5-10-2016 n° 15-25.459 FS-PB : BPAT 6/16 inf. 235).

RÉVISION JUDICIAIRE DES CHARGES

63228 Ici encore (n° 63212), les **règles** sont **communes** aux charges et **aux conditions** susceptibles de grever une libéralité.
Tout gratifié peut demander en justice que soient révisées les conditions et charges grevant les libéralités qu'il a reçues lorsque, « par suite d'un **changement de circonstances**, l'exécution en est devenue pour lui soit extrêmement difficile, soit sérieusement dommageable » (C. civ. art. 900-2).
La procédure relative à cette demande est décrite aux articles 900-2 à 900-8 du Code civil.
La demande en révision judiciaire des charges doit faire l'objet d'une **publicité préalable** destinée à avertir les héritiers du disposant. Le gratifié doit faire publier un avis dans un journal diffusé dans le département du dernier domicile du disposant (ou de sa dernière résidence connue en France). Cette publicité doit avoir lieu six mois au plus et trois mois au moins avant la date de l'assignation, à peine de nullité de celle-ci (Décret 84-943 du 19-10-1984 art. 1). Il en va autrement lorsqu'elle est formée par voie reconventionnelle en réponse à l'action en exécution ou révocation (Cass. 1e civ. 28-1-2015 n° 13-27.125 FS-PB : BPAT 2/15 inf. 56).
Pour assurer un minimum d'efficacité aux clauses des libéralités et garantir un certain respect des prévisions du disposant, l'action en révision n'est recevable que **dix ans** après la mort de celui-ci. En outre, après une révision judiciaire, une nouvelle demande de modification n'est possible que dix ans après la précédente révision (C. civ. art. 900-5).
Il existe une procédure particulière de **révision administrative** des conditions et charges grevant les dons et legs consentis au bénéfice de l'État et de ses établissements publics ainsi qu'aux établissements publics de santé (CGPPP art. L 2222-12 s. pour l'État et ses établissements publics ; CSP art. L 6145-10 pour les établissements publics de santé). Cette procédure n'est pas ouverte aux collectivités territoriales. Ainsi les communes qui ont bénéficié de libéralités grevées de charges ou de conditions et qui souhaitent en obtenir la révision, ne peuvent recourir qu'à la seule procédure judiciaire de révision des charges et des conditions prévue aux articles 900-2 et suivants du Code civil (Rép. Chaize : Sén. 17-1-2019 n° 04437 : BPAT 2/19 inf. 58).
En pratique, la révision judiciaire des charges et conditions concerne essentiellement les libéralités au profit des associations, fondations et congrégations religieuses.
Pour le cas particulier des **clauses d'inaliénabilité**, voir nos 63224 s.

63230 Celui qui demande la révision **doit normalement démontrer** en quoi l'exécution de la charge est devenue extrêmement difficile ou sérieusement dommageable (en ce sens, par exemple, Cass. 1e civ. 6-4-1994 n° 92-12.844 : Bull. civ. I n° 140 ; Cass. 1e civ. 25-1-2005 n° 02-20.973 F-PB : BPAT 2/05 inf. 51).
En principe, il doit également justifier des diligences accomplies pour exécuter les obligations qui lui incombaient. Il en est toutefois dispensé si l'exécution de ces obligations était impossible (Cass. 1e civ. 7-3-2000 n° 97-20.038 : Bull. civ. I n° 84).
Le **tribunal** apprécie souverainement la **modification des charges** qu'il décide. Il peut (C. civ. art. 900-4) :
– réduire en quantité ou en périodicité les prestations grevant la libéralité ;
– modifier l'objet des prestations en s'inspirant de l'intention du disposant ;

– regrouper les prestations avec d'autres ;
– autoriser l'aliénation des biens donnés ou légués, avec remploi du prix à des fins en rapport avec la volonté du disposant (pour une illustration, voir CA Paris 18-6-1997 : Dr. famille 1998 comm. 54 note B. Beignier).
Une personne morale bénéficiant d'une libéralité avec interdiction d'aliéner peut-elle obtenir du juge, sur le fondement de l'article 900-2 du Code civil, ce que l'article 900-1 du même Code lui refuse (n° 63226) ? Ce dernier texte qui vise spécifiquement les clauses d'inaliénabilité permet uniquement aux personnes physiques de demander l'autorisation judiciaire de disposer du bien si l'intérêt qui avait justifié la clause a disparu ou s'il advient qu'un intérêt plus important l'exige. Le dispositif de révision judiciaire des charges est quant à lui applicable aux libéralités consenties tant à des personnes morales qu'à des personnes physiques sans qu'il puisse être considérer comme une stratégie de contournement de l'exclusion formulée en matière de clause d'inaliénabilité à l'encontre des personnes morales. En effet, les finalités comme les conditions de ces deux actions sont bien différentes. Alors qu'« en suivant la voie de l'article 900-1, on tend à contester l'existence ou la persistance d'une contrainte qui ne se légitime pas ou ne se légitime plus ; en suivant la voie de l'article 900-2, on s'emploie au contraire à sauvegarder au moins partiellement la volonté du disposant en dépit des modifications économiques » (F. Terré, Y. Lequette et S. Gaudemet : Droit civil. Les successions. Les libéralités, Précis Dalloz 5e éd. 2024, n° 383).
Si les **circonstances évoluent** de telle façon que l'exécution des charges, telle qu'elle était prévue à l'origine, redevient possible, les héritiers du disposant peuvent demander au tribunal d'en ordonner l'exécution (C. civ. art. 900-7).

2. LIBÉRALITÉS GRADUELLES

DOUBLE CHARGE DE CONSERVER ET DE TRANSMETTRE

Le disposant peut imposer au bénéficiaire de la libéralité (premier gratifié ou « le grevé ») la double charge de conserver sa vie durant les biens qui lui ont été donnés ou légués et de les transmettre, à son décès, à une autre personne (second gratifié ou « l'appelé ») désignée par le disposant lui-même (C. civ. art. 1048). Ce type de libéralité avec charge est une libéralité graduelle. Un **exemple** : « Je donne tel bien à mon fils, à charge pour celui-ci de le conserver et à son décès de le transmettre à sa sœur. » **63240**

> **Précisions** **a. Jusqu'au 31 décembre 2006**, les libéralités graduelles, alors appelées « substitutions fidéicommissaires », étaient par principe prohibées. Elles n'étaient autorisées que dans un cadre familial étroit : le disposant devait être le père ou la mère du grevé ou, s'il n'avait pas d'enfant, son frère ou sa sœur, et la substitution ne pouvait être faite qu'au profit des enfants du grevé.
> **b.** Il existait un **débat sur la qualification juridique** des libéralités graduelles. Constituent-elles des libéralités avec charge (charge pour le premier gratifié de transmettre au second gratifié) ou sous condition suspensive (le second gratifié ne recueille le bien donné que sous la condition suspensive de sa survie au premier gratifié) ? **Depuis la réforme du droit des contrats**, l'obligation contractée sous condition suspensive ne prend effet, sauf clause contraire, qu'au jour de la réalisation de la condition (C. civ. art. 1304-6 issu de l'ord. 2016-131 du 10-2-2016). Il en résulte notamment que la qualification juridique n'a plus d'incidence sur la validité de la donation-partage assortie d'une libéralité graduelle (Réforme du droit des contrats : quels impacts en matière de transmissions à titre gratuit ? : BPAT 4/16 inf. 143 n° 10).

CARACTÉRISTIQUES DES LIBÉRALITÉS GRADUELLES

L'existence d'une libéralité graduelle suppose la réunion de **trois éléments** : **63242**
– une double libéralité successive ;
– une double charge, pour le « grevé » (premier gratifié), de conserver et de rendre les biens ;
– une transmission à l'appelé (second gratifié) au décès du premier.
Si l'**un des éléments fait défaut**, il n'y a pas libéralité graduelle.

Double libéralité successive La libéralité graduelle implique une double libéralité successive portant sur les mêmes biens, en pleine propriété, la première au profit du premier gratifié et la seconde au profit du second gratifié. **63244**
Les deux bénéficiaires doivent venir successivement. Il n'y a pas de libéralité graduelle lorsque les **bénéficiaires viennent conjointement ou l'un à défaut de l'autre**. Dans ce dernier cas, il y a seulement une **substitution vulgaire**, laquelle est autorisée sans condition particulière (C. civ.

art. 898), lorsqu'une autre personne est appelée à recueillir la libéralité dans les cas où le donataire ou le légataire en premier ne pourrait ou ne voudrait pas la recevoir. Il n'y a alors qu'une seule libéralité au profit du gratifié en second du fait de l'inefficacité de la première libéralité.
La substitution vulgaire peut se rencontrer dans un legs, mais aussi dans une donation lorsque celle-ci est assortie d'une condition. Par **exemple**, « Je donne à X, sous la condition qu'il obtienne son baccalauréat avant l'âge de 20 ans et, à défaut, je donne à son frère Y ». En revanche, il ne peut y avoir de substitution vulgaire dans une donation entre vifs pure et simple, puisque le contrat est immédiatement formé.

63246 Il n'y a pas de libéralité graduelle lorsque :
– le donataire principal, qui a la charge de redonner, n'est que l'intermédiaire du disposant à l'égard du donataire secondaire. Il s'agit alors d'une seule **libéralité par personne interposée** (n° 63134) ;
– les deux libéralités produisent leurs effets en même temps : cas, notamment, de la libéralité de l'**usufruit à une personne** et de la **nue-propriété à une autre** (n° 67300).

63248 **Conservation et transmission des biens** La caractéristique essentielle de la libéralité graduelle est la **double charge** de conservation et de transmission des biens imposée au premier gratifié par le disposant.
Si l'une de ces deux obligations fait défaut, il n'y a pas libéralité graduelle. Tel est le cas, par exemple, de la **libéralité résiduelle** (n°s 63320 s.), qui n'oblige pas le premier gratifié à conserver le bien donné mais seulement à le transmettre à une personne déterminée si le bien existe encore à son décès. Inversement, il peut y avoir obligation de conservation sans obligation de transmission. Il s'agit alors d'une simple **clause d'inaliénabilité** (sur les conditions de validité des clauses d'inaliénabilité, voir n° 63224).
Le legs graduel doit également être distingué du **legs précatif**, par lequel le testateur lègue ses biens à une personne en exprimant le vœu que le légataire les conserve et les laisse, à son décès, à une personne désignée. Contrairement à un legs graduel, le legs précatif est dépourvu de force obligatoire, son exécution dépendant du bon vouloir des héritiers.

63250 **Ordre successif** Les deux libéralités doivent prendre effet successivement, la seconde transmission se faisant **au décès du premier gratifié** (C. civ. art. 1050, al. 1).
Il n'y a pas libéralité graduelle lorsque le premier gratifié se voit imposer la charge de conserver les biens donnés (ou légués) et de les transmettre au second gratifié à tel terme (cinq ans, par exemple) ou si telle condition se réalise (par exemple, réussite à un examen du second gratifié avant tel âge).

a. Régime juridique des libéralités graduelles

CHAMP D'APPLICATION

63270 Les libéralités graduelles sont possibles quels que soient les **liens de parenté** entre disposant, premier et second gratifiés, et même en l'absence de liens de parenté entre eux (faute de dispositions imposant un quelconque lien de parenté). Un père peut par exemple donner ou léguer des biens ou droits à l'un de ses enfants (premier gratifié), à charge pour ce dernier de les transmettre à son décès à ses frères et sœurs ou à leurs descendants (seconds gratifiés), stipulation qui peut être utile en présence d'un enfant handicapé ou prodigue.
Le second gratifié doit être « désigné dans l'acte » (C. civ. art. 1048), ce qui n'interdit évidemment pas la stipulation d'une libéralité graduelle au profit d'**enfants à naître**.
Seule limite posée par la loi : le second gratifié ne peut pas être lui-même soumis à l'obligation de conserver et de transmettre. La charge ne peut être stipulée que dans la limite d'**un seul degré**. À défaut, la charge n'est pas nulle, mais elle ne vaut que pour le premier degré (C. civ. art. 1053).

> **Précisions** Dans une **donation** graduelle, seuls les **consentements du donateur et du premier gratifié** sont indispensables à la validité de l'opération.
> L'acceptation immédiate des **seconds gratifiés** n'est pas nécessaire. Mais tant que cette acceptation n'a pas été notifiée au disposant, ce dernier peut révoquer la donation à l'égard des seconds gratifiés (C. civ. art. 1055, al. 1). À noter que, pour permettre à une donation graduelle de produire effet à l'égard des enfants du premier gratifié qui viendraient à naître après le décès du disposant, la loi dispose expressément que l'acceptation du second gratifié peut intervenir après le décès du donateur (C. civ. art. 1055, al. 2).

Biens susceptibles de faire l'objet d'une libéralité graduelle Il ne peut s'agir que de **biens identifiables** à la date de la transmission. Une libéralité graduelle ne peut donc pas porter sur une quote-part des biens du disposant. 63272
Les biens doivent **subsister encore en nature** au décès du premier gratifié (C. civ. art. 1049, al. 1). Le premier gratifié ayant l'obligation de conserver les biens en nature, cette règle signifie seulement que les droits du second gratifié seront caducs en cas de perte du bien : il n'y a pas de **subrogation** sur l'indemnité susceptible d'être perçue. À noter toutefois que, selon la majorité de la doctrine, l'obligation de conservation en nature est supplétive ; l'acte de donation ou le testament pourrait par conséquent autoriser le premier gratifié à vendre les biens sous condition de remploi, le nouveau bien étant grevé de la charge de substitution par subrogation conventionnelle (en ce sens, notamment, M. Nicod, Libéralités graduelles et résiduelles, quelques difficultés d'application : JCP N 2008 n° 1249 s. ; F. Collard et B. Travely, L'obligation de conservation en valeur au secours de la libéralité graduelle : JCP N 2012 n° 1177, avec des formules ; J.-M. Matthieu, Focus sur quelques difficultés et pistes pour une meilleure utilisation des libéralités substitutives : JCP N 2012 n° 1201 § 40 s., avec une formule).
La transmission d'une **somme d'argent** par une telle libéralité semble possible sous réserve que le disposant prévoit une clause d'emploi des sommes dans des biens identifiables dont il peut préciser la nature. La charge substitutive aura alors pour objet non pas les sommes données, mais les biens acquis en emploi (M. Nicod, Libéralités graduelles et résiduelles : quelques difficultés d'application : JCP N 2008 n° 1249).
Si une libéralité graduelle porte sur un **portefeuille de valeurs mobilières**, elle produit effet, en cas d'aliénation des titres, sur les nouvelles valeurs qui sont subrogées aux titres vendus (C. civ. art. 1049, al. 2). Cette exception s'explique par le fait que la charge pèse sur le portefeuille, non sur les valeurs qui le composent, car le portefeuille-titres est une universalité de fait (Cass. 1e civ. 12-11-1998 n° 96-18.041 : Bull. civ. I n° 315, D. 1999 p. 167 note L. Aynès). Les arbitrages effectués constituent de simples actes d'administration, et non des actes de disposition.

FORMALITÉS

Lorsqu'elle concerne un **immeuble**, la charge grevant la libéralité doit être publiée au service de la publicité foncière (C. civ. art. 1049, al. 3). À défaut, la charge sera inopposable par le second gratifié aux tiers ayant acquis des droits réels sur l'immeuble du chef du premier gratifié. La loi ne précise pas qui est tenu d'accomplir cette publicité. Il est donc recommandé que le disposant (et surtout son notaire) prévoie expressément, dans l'acte de donation ou le testament, qu'il incombe au premier gratifié d'accomplir les formalités de publicité. 63274
Pour les **biens autres** que les immeubles, quelles que soient leur nature et leur valeur, la loi n'impose aucune formalité particulière, prévoyant seulement qu'« il appartient au disposant de prescrire des garanties et des sûretés pour la bonne exécution de la charge » (C. civ. art. 1052). Cette règle très peu protectrice des tiers, et qui rompt avec le régime applicable aux anciennes substitutions fidéicommissaires, est largement critiquée par la doctrine (voir notamment M. Grimaldi, Les libéralités graduelles et résiduelles : JCP N 2006 n° 1387 ; P. Catala, La loi du 23 juin 2006 et les colonnes du temple : Dr. famille 2006 étude 43). Car si le premier gratifié vend les biens en violation de son obligation de conservation en nature, les droits des tiers acquéreurs seront résolus au décès du premier gratifié, alors même que ces tiers n'auront pas été informés de la substitution.

PROTECTION DE LA RÉSERVE DU PREMIER GRATIFIÉ

La libéralité graduelle est en principe limitée par la réserve du premier gratifié : la charge de conserver et de transmettre ne peut porter que sur la quotité disponible (C. civ. art. 1054, al. 1). 63276
Cette règle est justifiée par le principe selon lequel la **réserve** est dévolue à l'héritier réservataire **libre de charges** (C. civ. art. 912, al. 1). En application de ce texte, le premier gratifié réservataire peut donc agir en suppression de la charge qui pèse sur sa réserve ou en cantonnement de son assiette. Si le ou les biens donnés sont indivisibles, la réduction en nature de l'assiette de la charge est impossible, ce qui conduit à sa nullité (en ce sens, notamment, J.-M. Matthieu, Focus sur quelques difficultés et pistes pour une meilleure utilisation des libéralités substitutives : JCP N 2012 n° 1201 § 11).
Le premier gratifié peut consentir à ce que la **charge** porte **sur tout ou partie de sa réserve** (C. civ. art. 1054, al. 2 et 3) :
– s'agissant d'une donation, le donataire peut accepter l'atteinte à sa réserve dans l'acte de donation ou postérieurement, dans un acte établi dans les conditions de forme prévues pour la renonciation anticipée à l'action en réduction (n° 64166) ;
– s'agissant d'un legs, le légataire a un an à compter du jour où il a eu connaissance du testament pour demander que sa part de réserve soit libérée de la charge, en tout ou partie. Passé ce délai, il doit assumer l'exécution de la charge.

Lorsque le premier gratifié a consenti à ce que la charge porte sur tout ou partie de sa réserve, cette charge **bénéficie de plein droit**, dans la mesure du dépassement, à l'ensemble de ses enfants nés et à naître (C. civ. art. 1054, al. 4). L'accord du premier gratifié ne peut être valablement donné que si l'acte prévoit de gratifier en second ses propres enfants. Ces derniers se trouvent donc appelés à la substitution au décès du grevé alors même qu'ils ne seraient pas les seconds gratifiés.

SITUATION DU PREMIER GRATIFIÉ

63278 **Jusqu'à son décès**, le premier gratifié est pleinement propriétaire des biens donnés. Il peut donc accomplir tous actes d'administration et même, en principe, de disposition. Mais, au jour où la substitution viendra à s'exercer par le **décès du premier gratifié avant le second**, ces actes de disposition seront rétroactivement anéantis.

Au contraire, si le **second gratifié meurt avant le premier**, la libéralité graduelle sera caduque et les actes du premier gratifié seront définitivement validés.

Le disposant peut avoir prévu dans l'acte que, en cas de prédécès (ou de renonciation) du second bénéficiaire, les biens ou droits faisant l'objet de la libéralité graduelle seront recueillis par les héritiers du premier gratifié ou par une autre personne. À défaut de cette stipulation, ces biens dépendront de la succession du premier gratifié (C. civ. art. 1056).

63280 Le premier gratifié peut **abandonner de son vivant** au second bénéficiaire la **jouissance des biens** grevés (C. civ. art. 1050, al. 2). Cet abandon anticipé ne peut pas préjudicier aux créanciers du premier gratifié antérieurs à l'abandon, ni aux tiers ayant acquis du grevé un droit sur le bien abandonné au second bénéficiaire (C. civ. art. 1050, al. 3).

SITUATION DU SECOND GRATIFIÉ

63282 **Du vivant du premier gratifié**, et parce que ce dernier est pleinement propriétaire jusqu'à son décès, le second bénéficiaire n'a qu'un droit éventuel sur les biens objet de la libéralité graduelle. Il devient propriétaire sans rétroactivité au jour du **prédécès du premier gratifié**.

Pour autant, le second bénéficiaire n'est pas l'héritier du premier, il **tient ses droits du disposant** lui-même, qui a consenti deux libéralités (C. civ. art. 1051). En conséquence, la seconde libéralité bénéficiant au second bénéficiaire ne viendra pas s'imputer sur la succession du premier gratifié : le legs au profit du second gratifié n'est pas rapportable à la succession du premier, ni réductible pour atteinte à la réserve des héritiers de ce dernier. La limite de la réserve ne se conçoit que dans la succession du disposant.

b. Régime fiscal des libéralités graduelles

RÈGLES GÉNÉRALES

63300 Au moment de la donation ou, s'agissant d'un legs, au décès du testateur, le premier bénéficiaire doit les droits de mutation à titre gratuit sur la valeur des biens donnés ou légués ; le second bénéficiaire ne doit rien puisque, dans l'immédiat, il ne recueille rien (CGI art. 784 C, al. 1).

En ce qui concerne l'**assiette des droits** dus par le premier bénéficiaire, les biens sont évalués pour leur valeur vénale réelle, sans **prise en compte** de la charge. À notre avis, les biens devraient pouvoir être évalués en tenant compte de leur indisponibilité résultant de la double charge qui les grève. Toutefois, la Cour de cassation semble s'opposer à l'application d'une décote, au moins en matière de donation, puisqu'elle estime que la limite apportée par le donateur à la liberté de disposer des biens donnés n'affecte pas leur valeur vénale réelle : voir les arrêts cités n° 63224.

63302 **Au décès du premier gratifié**, le second bénéficiaire doit les droits de mutation à titre gratuit sur les biens objet de la libéralité graduelle au tarif applicable compte tenu de son degré de parenté avec le donateur ou testateur (dont il tient directement ses droits). Le régime fiscal applicable et la valeur imposable des biens sont déterminés en se plaçant à la date du décès du premier gratifié (CGI art. 784 C, al. 2). Mais les droits déjà acquittés lors de la donation ou du legs au premier gratifié sont imputés sur ceux dus par le second bénéficiaire (CGI art. 784 C, al. 3). Cette imputation est possible même lorsque les droits ont été pris en charge par le disposant (BOI-ENR-DMTG-10-20-50-10 n° 90). Si les droits dus par le second bénéficiaire sont inférieurs à ceux qui ont été acquittés par le premier gratifié, il n'y a pas de remboursement de l'excédent.

Bien que la loi fiscale n'envisage pas cette situation, les mêmes règles d'imposition et d'imputation devraient s'appliquer en cas de prédécès ou de renonciation du second gratifié lorsque l'acte a expressément prévu que les héritiers du premier gratifié recueilleraient la libéralité ou que l'acte a expressément désigné un autre second gratifié (C. civ. art. 1056). Car même dans ce cas, le bénéficiaire substituant le second bénéficiaire prédécédé ou renonçant est réputé tenir ses droits directement du disposant (C. civ. art. 1051).

> **Précisions a.** Au cas particulier d'une **donation graduelle**, les droits dus par le **second gratifié** sont-ils des **droits de donation ou de succession** ? La question n'est pas purement théorique : entre grands-parents et petits-enfants notamment, les abattements sont beaucoup plus élevés sur les donations que sur les legs. Il nous semble implicitement résulter des commentaires de l'administration (BOI-ENR-DMTG-10-20-50-10 nº 130) :
> – que si le donateur a survécu au premier gratifié, les droits dus par le second bénéficiaire sont des droits de donation ;
> – et que, dans le cas inverse où le donateur est décédé avant le premier gratifié, les droits dus sont des droits de succession. Mais dans ce cas, l'administration admet expressément l'application des abattements prévus en faveur des mutations entre vifs (mais non l'application des réductions de droits spécifiques aux donations, sachant que ces dernières ont pratiquement disparu). Par exemple, si le second gratifié est un petit-fils du donateur, il bénéficiera au décès du premier gratifié de l'abattement prévu en faveur des donations aux petits-enfants, et non de celui, minime, applicable aux successions dévolues aux petits-enfants.
> **b.** Le régime fiscal rend le legs graduel attractif dans le cas des **familles recomposées** avec pour premier gratifié le conjoint survivant et pour seconds gratifiés les enfants du disposant. Certes le conjoint survivant est exonéré de droits de succession, donc aucune imputation ne pourra être effectuée, mais les droits de succession dus par les seconds gratifiés seront liquidés au tarif applicable en ligne directe.

CAS PARTICULIER DE L'ABANDON DE JOUISSANCE DES BIENS PAR LE PREMIER GRATIFIÉ

L'acte par lequel le premier gratifié abandonne la jouissance des biens au second bénéficiaire (C. civ. art. 1050, al. 2) n'est à notre avis pas taxable par lui-même aux droits de mutation à titre gratuit : il s'agit d'une renonciation abdicative et non translative. 63304
Cependant, si cet abandon est inspiré par une intention libérale, il s'agit d'une **donation indirecte** susceptible de donner ouverture au droit de donation d'après le degré de parenté du second bénéficiaire avec le premier.

3. LIBÉRALITÉS RÉSIDUELLES

CHARGE DE TRANSMETTRE

Il peut être prévu dans une libéralité qu'une personne sera appelée à recueillir ce qui subsistera du don ou legs fait à un premier gratifié à la mort de celui-ci (C. civ. art. 1057). La libéralité résiduelle impose ainsi à son bénéficiaire une seule charge : celle de transmettre le bien, mais non de le conserver. Par **exemple**, un père peut, dans le cadre d'une donation-partage entre ses trois enfants, donner à son fils sans postérité un lot avec la charge résiduelle que ce lot, s'il lui appartient toujours à son décès, soit recueilli par les neveux et nièces de son fils (petits-enfants du disposant). Les petits-enfants en deviendront alors propriétaires à leur tour, sans rétroactivité. 63320

> **Précisions** Avant la loi 2006-728 du 23 juin 2006, applicable aux libéralités résiduelles consenties depuis le 1er janvier 2007, le Code civil ne consacrait aucune disposition à de telles libéralités, alors qualifiées de « **libéralités de residuo** ». La pratique notariale, encadrée par la jurisprudence, avait en partie défini le legs de residuo. Quant aux donations de residuo, elles faisaient l'objet d'un vide juridique ; la doctrine estimait depuis longtemps que rien ne les interdisait, mais leur validité n'avait jamais été expressément consacrée.

a. Régime juridique des libéralités résiduelles

PRÉSENTATION DU MÉCANISME

La libéralité résiduelle comporte une **double libéralité** : 63322
– l'une qui s'exécute immédiatement (dans le cas d'une donation) ou au décès du testateur (dans le cas d'un legs) ;
– l'autre, de ce qui restera des biens, qui ne s'exécutera au profit du second gratifié qu'au décès du premier.
Une seule **obligation pèse sur le premier gratifié** : transmettre le bien s'il existe toujours à son décès (C. civ. art. 1058, al. 1). Seul est transmis le « residuum » (c'est-à-dire les biens subsistant à son décès) d'où l'appellation de libéralité « résiduelle ».
La loi ne se prononce pas sur la question de savoir si le second gratifié peut être soumis à l'obligation de transmettre le bien. En effet, si le Code civil dispose expressément que la charge est limitée à **un seul degré** dans une libéralité graduelle (C. civ. art. 1053, al. 2), rien de tel n'est prévu

pour les libéralités résiduelles. Au contraire, l'article 1061 du Code civil, qui renvoie à de nombreux articles régissant les libéralités graduelles, ne vise pas l'article 1053. Certains auteurs en concluent que la clause résiduelle n'est pas circonscrite au premier degré (en ce sens, notamment, G. Wicker, Le nouveau droit des libéralités : entre évolution, révolution et contre-révolution : Dr. et patrimoine 3-2007). Mais la doctrine est loin d'être unanime (voir, notamment, M. Nicod, Libéralités graduelles et résiduelles, quelques difficultés d'application : JCP N 2008 n° 1249).

BIENS SUSCEPTIBLES DE FAIRE L'OBJET D'UNE LIBÉRALITÉ RÉSIDUELLE

63324 Une libéralité résiduelle ne peut porter que sur des **biens identifiables** à la date de la transmission et **subsistant en nature** au décès du premier gratifié (C. civ. art. 1049, al. 1, sur renvoi de art. 1061). Il en résulte en particulier que la libéralité au profit du second gratifié ne peut pas s'exécuter si les biens ont été perdus ou aliénés par le premier gratifié, la loi précisant expressément que le second gratifié ne peut pas prétendre au prix de vente des biens et qu'il n'y a pas non plus subrogation sur les biens acquis en remploi (C. civ. art. 1058, al. 2).

Certains auteurs estiment cependant que cette règle n'est pas d'ordre public et peut donc être écartée par une clause de la libéralité (en ce sens, M. Nicod, Libéralités graduelles et résiduelles, quelques difficultés d'application : JCP N 2008 n° 1249 ; P. Malaurie, note sous Cass. 1e civ. 20-2-2008 n° 06-14.704 FS-PB : Defrénois 30-4-2008 n° JP2008DEF0873N1 p. 873).

Tout comme en matière de libéralité graduelle, la libéralité résiduelle portant sur une **somme d'argent** doit pouvoir être admise, sous réserve que le disposant prévoit une clause d'emploi des sommes dans des biens identifiables dont il peut préciser la nature (n° 63272). Une décision rendue à propos d'un legs de residuo semble bien avoir implicitement admis qu'il portait sur des deniers (Cass. 1e civ. 20-2-2008 n° 06-14.704 FS-PB : RTD civ. 2008 p. 345 note M. Grimaldi, Defrénois 30-4-2008 n° JP2008DEF0873N1 p. 873 obs. P. Malaurie).

Par exception, si la libéralité porte sur un **portefeuille de titres**, les arbitrages effectués par le premier gratifié ne font pas obstacle à la libéralité résiduelle, les valeurs mobilières acquises en remploi étant subrogées à celles qui ont été vendues (C. civ. art. 1049, al. 2, sur renvoi de art. 1061). Dès lors, si le portefeuille existe toujours au décès du premier gratifié, la libéralité au profit du second pourra s'exercer en dépit des arbitrages effectués sur les titres le composant ; en ce sens à propos d'un legs de residuo (Cass. 1e civ. 2-6-1993 n° 91-16.370 : Bull. civ. I n° 204). En revanche, si le portefeuille n'existe plus au décès du premier gratifié, le second gratifié n'a aucun droit sur le prix du portefeuille (C. civ. art. 1058, al. 2).

> **Précisions** Un **arrêt ancien** a fait produire effet à un legs de residuo portant sur un **portefeuille de titres** qui n'existait plus au décès de la légataire, laquelle avait vendu le portefeuille sans en réemployer le prix de cession. Jugé que le legs de residuo devait s'exécuter sur le prix de cession qui avait été placé sur un compte chez un notaire, dès lors que les fonds n'avaient fait l'objet d'aucun transfert de propriété à la date du décès de la légataire (Cass. 1e civ. 7-6-2006 n° 04-10.616 F-PB). Cette dernière solution n'est à notre avis pas transposable sous le nouveau régime, la subrogation étant exclue.

FORMALITÉS

63326 Les règles de forme sont les mêmes que celles applicables aux libéralités graduelles (C. civ. art. 1049, al. 3 et 1052, sur renvoi de art. 1061).

Quant aux formalités, la loi n'en impose aucune pour garantir l'exécution de la libéralité résiduelle sauf si elle concerne un **immeuble**, auquel cas la charge grevant la libéralité doit être publiée au fichier immobilier. C'est au disposant qu'il appartient de prendre des **garanties et sûretés** pour sa bonne exécution.

Bien que le premier gratifié n'ait pas d'obligation de conserver les biens, le renvoi aux règles de publicité prévues pour les libéralités graduelles est justifié par le fait qu'il lui est interdit d'en disposer à cause de mort (voir n° 63328).

SITUATION DU PREMIER GRATIFIÉ

63328 Le premier gratifié conserve le pouvoir de **disposer des biens par acte entre vifs** à titre onéreux, c'est-à-dire qu'il a le droit de céder le bien. Il peut également en disposer par acte entre vifs à titre gratuit (donation), sauf clause contraire de la libéralité (C. civ. art. 1059, al. 2).

En revanche, le gratifié ne peut pas disposer **par testament** des biens qui lui ont été donnés ou légués à titre résiduel, sans possibilité de clause contraire (C. civ. art. 1059, al. 1). Bien que la loi ne le prévoie pas expressément, il ne devrait pas davantage pouvoir en disposer **par donation au dernier vivant**.

Par exception, lorsqu'il est héritier réservataire, le gratifié conserve dans tous les cas le pouvoir de disposer entre vifs ou à cause de mort des biens qui lui ont été donnés en avancement de part successorale (C. civ. art. 1059, al. 3). Cette disposition assure la **protection de sa réserve** qui doit lui revenir libre de toute charge (C. civ. art. 912).

Le premier gratifié n'a aucune **obligation à l'égard du disposant**. Il est pleinement propriétaire des biens qui lui ont été donnés ou légués à titre résiduel et n'est pas tenu de rendre compte de sa gestion au disposant ou à ses héritiers (C. civ. art. 1060). 63330

En cas de **prédécès ou** de **renonciation du second gratifié**, les règles sont les mêmes qu'en matière de libéralité graduelle : voir n° 63278 (C. civ. art. 1056, sur renvoi de art. 1061). 63332

SITUATION DU SECOND GRATIFIÉ

Il devient propriétaire, sans rétroactivité, du residuum au décès du premier bénéficiaire. 63334

Le second gratifié est **réputé tenir ses droits du disposant**, et non du premier gratifié (C. civ. art. 1051, sur renvoi de art. 1061).

Le residuum ne fait pas partie de la succession du premier gratifié. Il en résulte notamment que la libéralité au profit du second gratifié n'est ni rapportable à la succession du premier gratifié, ni réductible pour atteinte à sa réserve des héritiers du premier gratifié. Il en résulte également que c'est le second gratifié, et non les successeurs du premier, qui sera tenu des dettes et charges de la succession du disposant dont il a recueilli tous les biens restants (en ce sens, à propos d'un legs de residuo, Cass. 1e civ. 8-2-2005 n° 02-12.103 FS-PB : RTD civ. 2005 p. 446 obs. B. Vareille).

Sur les règles relatives à l'**acceptation du second gratifié**, voir n° 63270, précisions, les dispositions applicables aux libéralités graduelles l'étant également aux libéralités résiduelles (C. civ. art. 1055, sur renvoi de art. 1061).

b. Régime fiscal des libéralités résiduelles

Les libéralités résiduelles bénéficient du même **régime de faveur** que les libéralités graduelles (CGI art. 784 C) : taxation dans les conditions de droit commun de la première libéralité ; taxation de la seconde libéralité au tarif prévu en fonction du lien de parenté entre le second gratifié et le disposant, avec imputation des droits acquittés lors de la première libéralité. Pour plus de précisions, voir n°s 63300 et 63302. 63340

Si le **premier gratifié a aliéné ou perdu une partie des biens**, les droits dus par le second gratifié ne portent évidemment que sur les biens subsistant dans le patrimoine du premier gratifié et effectivement transmis au second gratifié. Corrélativement, l'imputation des droits payés par le premier bénéficiaire sur les droits dus par le second ne sera que partielle. L'administration fiscale pose, en l'illustrant par un exemple chiffré repris ci-dessous (mis à jour par nos soins), une méthode de liquidation et d'imputation, complexe à mettre en œuvre, mais favorable aux contribuables. Ainsi, elle affirme qu'« il y a lieu de liquider à nouveau les droits dus lors de la première libéralité sur une base réduite, en fonction du reliquat existant au jour de la seconde libéralité » (BOI-ENR-DMTG-10-20-50-10 n° 110). En d'autres termes, lorsqu'une partie des biens donnés a été aliénée ou perdue par le premier bénéficiaire, il convient d'effectuer une nouvelle liquidation de la première libéralité portant uniquement sur les biens subsistant au décès du premier bénéficiaire. Pour déterminer le montant des droits imputables, l'administration fiscale retranche du montant total des droits acquittés sur le legs ou la donation ceux qui auraient été dus si seul(s) le(s) bien(s) aliéné(s) avai(en)t été transmis.

Cette méthode est favorable aux contribuables puisque l'abattement et les plus basses tranches du barème sont utilisés par le(s) bien(s) aliéné(s), ce qui majore les droits dus sur les biens conservés et par conséquent le montant imputable.

EXEMPLE

Par donation en date du 2 janvier 2013, M. C transmet à son fils Paul en pleine propriété trois appartements (A, B, C) d'une valeur respective de 140 000 €, 220 000 € et 240 000 €. L'acte de donation stipule qu'au décès de Paul ces biens reviendront à sa sœur Marie.

1. Taxation de la donation consentie par M. C à Paul
Part taxable = 600 000 €
Abattement applicable = 100 000 €
Reste taxable = 500 000 €
Droits dus = 98 194 €

2. Taxation de la transmission à Marie à la suite du décès de Paul, le 2 novembre 2023
Sur les trois appartements donnés le 2 janvier 2013, l'appartement A d'une valeur de 140 000 € a été vendu par Paul. La valeur vénale des deux autres appartements a augmenté : B = 320 000 € et C = 340 000 €. Pour déterminer le montant des droits payés lors de la première donation et imputable lors de la seconde transmission, il y a lieu de liquider à nouveau les droits dus initialement sur une base réduite du reliquat transmis lors de la seconde mutation.

1. Nouvelle liquidation des droits dus sur la première transmission
Part taxable = 140 000 €
Abattement applicable = 100 000 €
Reste taxable = 40 000 €
Droits dus = 6 194 €
Le montant des droits payés en janvier 2013 s'élevait à 98 194 €. Le montant des droits pouvant être imputés est donc de 92 000 € (98 194 – 6 194).
2. Liquidation de la seconde transmission (en 2023)
Part taxable = 660 000 €
Abattement applicable = 100 000 €
Reste taxable = 560 000 €
Droits dus = 110 962 €
Imputation des droits payés lors de la première transmission à titre gratuit : 110 962 € – 92 000 € = 18 962 €
Montant des droits dus lors de la seconde transmission = 18 962 €.

4. TECHNIQUES ALTERNATIVES AUX LIBÉRALITÉS GRADUELLES ET RÉSIDUELLES

a. Double libéralité d'usufruit et de nue-propriété

63350 La double libéralité d'usufruit et de nue-propriété est étudiée au nº 67300.

b. Donation à charge de redonner

PARTICULARISMES JURIDIQUES

63360 Nous envisageons ici le cas où une personne donne un bien à un premier donataire, à charge pour ce dernier de le redonner, en tout ou partie, à une tierce personne. La première libéralité est qualifiée de « **donation principale** », la seconde de « **donation secondaire** ».
Il n'y a ni libéralité graduelle ni libéralité résiduelle, parce que la première libéralité est purement apparente et qu'il n'y a en réalité qu'une seule libéralité : le premier donataire n'est qu'une personne interposée, qui doit transmettre le bien au donataire secondaire, qui est le bénéficiaire véritable (sur la validité de ces donations, voir nº 63134). Il en résulte que tant que la donation secondaire n'est pas acceptée par le bénéficiaire, le donateur peut révoquer la stipulation, et le bien reste alors définitivement la propriété du premier donataire.
La donation à charge de redonner s'analyse juridiquement en une **stipulation pour autrui**, dont le mécanisme est expressément prévu par l'article 1205 du Code civil.

RÉGIME FISCAL

63362 La donation secondaire est imposée aux droits de mutation à titre gratuit au moment où elle est acceptée par son bénéficiaire véritable.
En cas d'**acceptation du donataire secondaire** dans l'acte de donation, le donataire principal est considéré comme un intermédiaire entre le disposant et le donataire secondaire. Les droits de mutation, exigibles sur la valeur que le donataire secondaire reçoit, sont liquidés au tarif prévu d'après le lien de parenté entre le donateur et le donataire secondaire. Quant au donataire principal, il est, le cas échéant, redevable de l'impôt sur la différence entre la valeur totale des biens donnés et la valeur recueillie par le donataire secondaire (BOI-ENR-DMTG-20-10-10 nº 130).
On relèvera que cette solution n'est pas toujours favorable aux contribuables. Ainsi, par exemple, la donation secondaire faite par un grand-père à son petit-fils suivra le régime des donations consenties par les grands-parents (abattement de 31 865 €) et non celui, plus avantageux, des donations entre parents et enfants (abattement de 100 000 €).
Il en irait différemment (et l'abattement de 100 000 € pourrait être appliqué) si, en réalité, les conventions intervenues s'analysaient comme une double mutation à titre gratuit, ce qui relève de l'appréciation des circonstances de fait. Il s'agirait alors d'une donation en cascade.

63364 S'il n'y a **pas acceptation du donataire secondaire** dans l'acte de donation, les droits sont liquidés en fonction du lien de parenté existant entre le donateur et le donataire principal. Au jour de l'acceptation par le donataire secondaire, les droits qu'il doit sont diminués de ceux déjà payés par le donataire intermédiaire (BOI-ENR-DMTG-20-10-10 nº 130).

63366 Une donation secondaire peut être réalisée par **don manuel**. Ainsi jugé, par exemple, que la remise de deux chèques bancaires par un père à sa fille pour qu'elle vire les sommes en cause quelques mois plus tard sur les comptes de ses deux enfants opère donation secondaire du grand-père à ses petits-enfants, l'intention libérale du disposant ayant été relevée par les juges.

La fille n'étant pas bénéficiaire de la donation (et les petits-enfants n'étant pas héritiers de leur grand-père), aucun rappel fiscal n'est applicable au décès du donateur (CA Paris 24-2-2006 n° 04-8691, 1e ch., sect. B : RJF 8-9/06 n° 1118). Cette décision constitue un des rares cas d'application de donation secondaire.

SECTION 3

DONATIONS

I. RÈGLES GÉNÉRALES

DÉFINITION

« La **donation entre vifs** est un acte par lequel le donateur se dépouille actuellement et irrévocablement de la chose donnée, en faveur du donataire qui l'accepte » (C. civ. art. 894). 63370

A. Conditions de validité des donations

PARTICULARISMES

Les conditions de validité **communes aux donations et aux legs** (consentement, capacité, etc.) 63372
ont déjà été exposées nos 63102 s. Nous examinons ici les conditions de validité **spécifiques aux donations**. Il s'agit, sur le fond, du principe d'irrévocabilité spéciale (nos 63374 s.) et, quant à la forme, de la nécessité d'un acte authentique pour tous les actes portant donation (n° 63440) sauf exceptions (nos 63830 s.). Relevant aussi bien de la forme que du fond, les aspects spécifiques de l'acceptation du donataire seront abordés (nos 63460 s.).

1. IRRÉVOCABILITÉ SPÉCIALE DES DONATIONS

a. Principe de l'irrévocabilité spéciale des donations

Tous les contrats sont en principe irrévocables ; ils ne peuvent être détruits que par la volonté 63374
commune des parties (C. civ. art. 1193).

Mais les donations sont soumises à une **irrévocabilité renforcée**, dite « spéciale », par le Code civil, qui fait de l'irrévocabilité une condition de validité des donations (C. civ. art. 894) et prohibe expressément un certain nombre de clauses (C. civ. art. 943 à 952) ; voir nos 63378 s.

Cette règle d'irrévocabilité spéciale interdit au donateur de pouvoir reprendre le bien donné, mais également de modifier ensuite l'étendue de la donation qu'il a consentie (Cass. 1e civ. 16-3-2016 n° 15-10.636 F-D : BPAT 3/16 inf. 116).

> **Précisions a.** Une partie de la **doctrine** milite en faveur de la **suppression du principe** d'irrévocabilité spéciale des donations, jugé globalement inutile (en ce sens, notamment, W. Dross, L'irrévocabilité spéciale des donations existe-t-elle ? RTD civ. 2011 p. 25 s. ; en sens contraire, X. Boucher et X. Guédé, L'irrévocabilité spéciale des donations : plaidoyer pour un maintien par une interprétation renouvelée de ce principe : BPAT 3/12 inf. 150).
> **b.** Le principe d'irrévocabilité spéciale interdit uniquement la **révocation unilatérale** par le donateur ; il ne fait pas obstacle à ce qu'une donation soit révoquée par consentement mutuel du donateur et du donataire. Le Conseil d'État a admis la révocation amiable (CE 19-11-2004 n° 249358 : JCP G 2005 II n° 10018), tout comme la Cour de cassation dans quelques arrêts anciens (Cass. req. 14-6-1843 : D. 1844 I p. 35). Encore faut-il que la cause de l'acte révocatoire soit licite (Cass. 1e civ. 30-11-2022 n° 21-11.507 FS-B : BPAT 1/23 inf. 32).

PORTÉE DU PRINCIPE D'IRRÉVOCABILITÉ SPÉCIALE

Le principe de l'irrévocabilité spéciale des donations a une **portée générale** ; il concerne toutes 63376
les donations, quelle que soit leur forme (donation notariée, don manuel, donation indirecte ou donation déguisée) et qu'il s'agisse de donations simples ou de donations-partages.

Toutefois, il ne s'applique que très marginalement aux **donations matrimoniales** :

– les donations au dernier vivant, qui sont des donations de biens à venir, sont librement révocables au gré du donateur (C. civ. art. 1096, al. 1). Elles sont fréquentes ;

– les donations de biens présents entre époux qui prennent effet pendant le mariage sont irrévocables. Il existe toutefois une incertitude quant à la nature de cette irrévocabilité : voir Mémento Successions Libéralités n° 8670, précisions ;
– les donations réalisées entre futurs époux par contrat de mariage, qu'elles portent sur des biens présents ou sur des biens à venir, relèvent de l'irrévocabilité ordinaire des contrats, et non de l'irrévocabilité spéciale des donations. Elles sont rares.
Précisons que, si les donations de biens à venir entre époux réalisées par contrat de mariage sont irrévocables du vivant des époux, postérieurement au décès de l'époux instituant, l'époux institué peut valablement y renoncer (Cass. 1e civ. 10-7-1962 : Bull. civ. I n° 357).

CLAUSES CONTRAIRES À L'IRRÉVOCABILITÉ

63378 Les donations affectées d'une **condition potestative** sont nulles, parce que contraires au principe d'irrévocabilité spéciale des donations (C. civ. art. 944).
Ce principe s'applique aux conditions dépendant de la seule volonté du donateur (anciennement appelées « purement potestatives »), mais la doctrine l'étend aux conditions dépendant à la fois de la volonté du donateur et d'un événement extérieur (anciennement appelées « simplement potestatives »).

63380 Les donations assorties de la **réserve du droit de disposer de la chose donnée** sont nulles (C. civ. art. 946). En particulier, le donateur ne peut pas se réserver le droit de vendre ou de léguer le bien qu'il donne.
Sont également interdites les clauses qui obligent le donataire à **payer les dettes futures du donateur**, sauf si elles ont été spécifiées dans l'acte de donation ou dans un état annexé (C. civ. art. 945). À défaut, le donateur pourrait retirer au donataire le bénéfice de la donation en contractant de nouvelles dettes.

63382 Une donation ne peut porter que sur des **biens présents** du donateur, c'est-à-dire ceux dont il est actuellement propriétaire ou sur lesquels il a un droit à terme ou conditionnel.
Sauf entre époux, les donations de **biens à venir** sont nulles (C. civ. art. 943). Est donc nulle l'opération par laquelle une personne donne tout ou partie des biens qui composeront sa succession.
La nullité frappe les donations subordonnées à la condition que les biens donnés se trouveront dans la succession du donateur à son décès, donations appelées « mortis causa ». Sont en revanche valables les donations de biens présents, dites « post mortem », dont seule l'exigibilité est reportée au décès du donateur et qui confèrent au donataire, dès leur conclusion, un droit actuel et irrévocable ; il s'agit alors d'une **donation à terme**, le terme étant le décès du donateur (cas notamment de la stipulation d'une réversion d'usufruit dans une donation avec réserve d'usufruit : voir n° 67205).

CLAUSES COMPATIBLES AVEC L'IRRÉVOCABILITÉ

63384 Le **Code civil** prévoit expressément la validité de deux types de clauses :
– la clause de réserve d'usufruit : voir nos 67155 s. ;
– la clause de retour conventionnel : voir nos 63520 s.

SORT DES DONATIONS CONTRAIRES AU PRINCIPE D'IRRÉVOCABILITÉ

63386 La donation contraire au principe d'irrévocabilité est nulle (les règles sont celles indiquées n° 63448).
Il faut cependant observer que la nullité n'affecte pas nécessairement l'ensemble de la donation. Ainsi, lorsqu'une donation porte à la fois sur des biens présents et sur des biens à venir, seuls ces derniers sont concernés par la nullité (sous réserve que la libéralité ne forme pas un tout indivisible).

b. Exceptions au principe d'irrévocabilité spéciale des donations

63400 Il n'existe que **trois causes légales** de révocation des donations (C. civ. art. 953) :
– l'inexécution des charges imposées au donataire ;
– l'ingratitude du donataire ;
– et la survenance d'enfant.

RÉVOCATION POUR INEXÉCUTION DES CHARGES IMPOSÉES AU DONATAIRE

63402 Lorsque le donataire n'exécute pas les charges prévues dans la donation, le donateur peut théoriquement invoquer l'exception d'inexécution pour suspendre la délivrance de la chose. Le plus souvent, le bien ayant déjà été délivré, l'inexécution par le donataire de son obligation va donner lieu à la résolution du contrat (C. civ. art. 954).
En ce qui concerne les charges susceptibles d'affecter une donation, voir nos 63200 s.

> **Précisions a.** La révocation pour inexécution des charges s'applique aux **donations matrimoniales** (Cass. 1e civ. 13-12-2005 n° 02-14.135 FS-PB : BPAT 1/06 inf. 6, Defrénois 30-5-2006 n° JP2006DEF0836N1 p. 836 note N. Peterka). Du vivant du donateur, cette cause de révocation n'a de réel intérêt que lorsque ces donations présentent un caractère irrévocable : donations de biens présents prenant effet au cours du mariage et donations entre futurs époux par contrat de mariage. Les autres donations matrimoniales, spécialement celles qui sont consenties au dernier vivant, sont en effet toujours librement révocables. Mais la révocation pour inexécution des charges conserve son intérêt à l'égard de ces dernières donations lorsque le donateur meurt sans avoir révoqué la libéralité et que ses héritiers entendent s'en prévaloir (Rép. civ. Dalloz, v. Donation entre époux par V. Brémond, n° 257).
> **b.** En l'absence d'exécution de la charge par le bénéficiaire de la libéralité, le disposant (ou ses héritiers) bénéficie également d'une **action en exécution de la charge**.

Action en révocation Sauf stipulation contraire dans l'acte de donation, et le cas particulier de la résolution unilatérale ci-après (n° 63409), la révocation pour inexécution des charges n'opère pas de plein droit et doit être demandée en justice (C. civ. art. 956). 63404

L'**action en révocation** peut être **exercée par** le donateur lui-même ou, après son décès, par ses héritiers, même si la charge n'a pas été stipulée dans leur intérêt. S'agissant d'une donation d'œuvres d'art, la révocation pour inexécution de la charge de ne pas les revendre peut être demandée par la veuve de l'artiste donateur qui, bien que non titulaire du droit moral, est héritière et alors que la donation porte sur des biens corporels dont l'action tend à la restitution (Cass. 1e civ. 16-1-2019 n° 18-10.603 FS-PB : BPAT 2/19 inf. 59).

Les créanciers du donateur ou de ses héritiers peuvent également exercer l'action en révocation au nom de leur débiteur au moyen d'une action oblique (C. civ. art. 1341-1).

En revanche, l'action n'est pas ouverte aux tiers, faute d'intérêt à agir, et ce, même si la charge a été stipulée dans leur intérêt.

Naturellement, le donataire ne peut pas demander la révocation de la libéralité dont il a bénéficié.

L'action est **intentée contre** le donataire et, après son décès, contre ses héritiers.

La révocation pour inexécution des charges n'est pas d'ordre public ; le donateur peut donc y **renoncer**, y compris dans l'acte de donation, c'est-à-dire avant toute inexécution.

L'action est soumise à la **prescription** quinquennale de droit commun (C. civ. art. 2224). Le délai court à compter de la cessation de l'exécution.

Si la donation porte sur un immeuble, la demande de révocation doit être **publiée** au service chargé de la publicité foncière, sous peine d'irrecevabilité (Décret 55-22 du 4-1-1955 art. 28, 4°-c et 30, 5). La décision emportant révocation doit également être publiée pour l'information des tiers (Décret 55-22 du 4-1-1955 art. 28, 4°-c). À défaut, les tiers ayant publié leur propre droit, et prouvant qu'ils ont subi un préjudice du fait du défaut de publication de la décision, peuvent demander des dommages-intérêts (Décret 55-22 du 4-1-1955 art. 30, 4).

Deux **conditions** doivent en principe être réunies pour que l'inexécution des charges entraîne la **révocation** de la donation : 63406

– la charge doit avoir été la cause impulsive et déterminante de la libéralité ;

– l'inexécution doit être avérée, et non pas simplement éventuelle. Elle doit également présenter un caractère de gravité suffisant et ne pas être imputable au donateur.

Il n'est pas nécessaire que l'inexécution des charges soit fautive (pour une illustration en matière de legs, CA Orléans 9-10-2006 n° 05/02967, qui prononce la révocation d'un legs assorti de l'obligation de s'occuper des animaux du testateur, animaux qui étaient morts ou avaient disparu quand le légataire a eu connaissance de son legs).

Dans le cas d'une donation-partage, le juge n'a pas à rechercher si la charge a été déterminante du consentement à l'acte des donataires copartagés ; seul le consentement du donateur est pris en considération (Cass. 1e civ. 28-5-2015 n° 14-13.479 F-PB : BPAT 4/15 inf. 142, s'agissant d'une donation-partage cumulative).

Les **juges** disposent d'un large **pouvoir d'appréciation** sur la gravité de l'inexécution et les conséquences qu'ils souhaitent en tirer ; ils peuvent refuser de prononcer la révocation ou ne prononcer qu'une révocation partielle. À l'inverse, une inexécution partielle des charges peut entraîner la résolution totale de la donation, si cette inexécution est suffisamment importante au regard de la volonté des parties et, spécialement, de celle du donateur. Par exemple, est révoquée la donation d'un immeuble assortie d'une obligation de soins au profit de la donatrice, cette obligation n'ayant plus été exécutée par l'héritière de la donataire après le décès de celle-ci (CA Pau 17-6-1997 : Dr. famille 1998 comm. 107 note B. Beignier). 63407

En présence d'une **clause résolutoire de plein droit** (voire même en cas de résolution par notification, voir n° 63409) et d'inexécution avérée, deux situations peuvent se présenter :
– soit le donataire accepte la résolution de la donation, qui peut donc être constatée à l'amiable, et restitue le bien donné au donateur ;
– soit le donataire conteste la résolution de la donation et le donateur qui entend récupérer le bien donné n'a d'autre choix que de saisir le juge afin de faire constater judiciairement le jeu de la clause résolutoire. Dans cette hypothèse, les conditions énoncées n° 63406 ne s'appliquent pas : le pouvoir du juge se limite alors à vérifier la réalité de l'inexécution des charges ou conditions stipulées. Si l'inexécution des charges est établie, quelle qu'en soit la gravité, le juge doit prononcer la résolution de la donation (Cass. 1e civ. 25-9-2013 n° 12-13.747 F-PB : BPAT 6/13 inf. 232).

63408 **Conséquences de la révocation** La révocation pour inexécution des charges a un effet rétroactif, de sorte que les biens et droits compris dans la donation rentrent dans les mains du donateur libres de toutes charges et hypothèques du chef du donataire (C. civ. art. 954).
Dans les rapports **entre les parties**, le bien donné doit être restitué au donateur ou à ses héritiers, dans l'état où il se trouvait au jour de la donation augmenté, le cas échéant, des fruits à compter de la demande en justice. Si la donation a été effectuée par deux époux, la révocation permet à chacun de reprendre les biens dont il était propriétaire et qu'il a personnellement donnés. Cette restitution suscite toutefois des difficultés particulières dans les donations-partages conjonctives et cumulatives (Mémento Successions Libéralités n° 4285, précision b). La restitution est effectuée en valeur si la chose a péri par la faute du donataire.
L'effet rétroactif de la révocation joue également **à l'égard des tiers** (C. civ. art. 954, in fine). Il en résulte que les actes de disposition accomplis sur le bien par le donataire sont rétroactivement annulés. Signalons toutefois que lorsque la donation portait sur un meuble corporel ou sur des titres financiers, le tiers acquéreur de bonne foi est protégé d'une action en revendication par le jeu des présomptions légales (voir respectivement C. civ. art. 2276, al. 1 et C. mon. fin. art. L 211-16).
Les **droits de donation** initialement acquittés ne sont pas restituables (CGI art. 1961, al. 1).

63409 **Résolution unilatérale sur notification** Depuis le 1er octobre 2016, date d'entrée en vigueur de la réforme du droit des contrats, le créancier peut, à ses risques et périls, résoudre le contrat par voie de notification (C. civ. art. 1226, al. 1). Sauf urgence, il doit préalablement mettre en demeure le débiteur défaillant de satisfaire à son engagement dans un délai raisonnable.
La question se pose de savoir si ce texte de droit commun s'applique au contrat de donation. Il pourrait alors être envisageable, pour un **donateur** victime de l'inexécution d'une charge imposée au donataire, de se fonder sur cette disposition pour résoudre la donation par simple notification, même en l'absence de clause résolutoire prévue dans l'acte de donation, et d'éviter ainsi une procédure judiciaire qui peut s'avérer longue et coûteuse.
Le **donataire** débiteur de la charge pourrait saisir le juge pour contester la résolution unilatéralement mise en œuvre par le créancier, ce dernier devant alors prouver la gravité de l'inexécution.
L'application de ce dispositif à la donation est discutée en doctrine : si certains auteurs y sont favorables (F. Sauvage, Principales incidences de l'ordonnance du 10 février 2016 portant réforme du droit des contrats, du régime général et de la preuve des obligations sur le droit des libéralités : AJ fam. 2016 p. 475 ; M. Grimaldi, La révocation des donations pour inexécution des charges obéit au droit commun des contrats : RTD civ. 2017 p. 467), d'autres sont plus réservés (Dalloz Action Droit patrimonial de la famille 2018/2019, dir. M. Grimaldi, v. Règles de fond des donations : suites de la donation par Y. Flour et C. Donzel-Taboucou, n° 315-50).
Ce mécanisme ne serait applicable qu'aux donations postérieures au 1er octobre 2016.

RÉVOCATION POUR CAUSE D'INGRATITUDE

63410 **Cas d'ingratitude** Les cas d'ingratitude justifiant la révocation sont limitativement énumérés par le **Code civil** (C. civ. art. 955) :
– attentat à la vie du donateur ;
– refus d'aliments au donateur ;
– sévices, délits et injures graves.
Les juges du fond apprécient souverainement si les faits ont un caractère de gravité suffisant pour emporter révocation de la donation (par exemple, Cass. 1e civ. 4-10-2005 n° 03-19.297 F-D). En outre, ces faits doivent avoir été commis directement **à l'encontre du donateur**. Il ne suffit pas qu'ils portent préjudice à une société dans laquelle le donateur est associé ; ainsi jugé à propos d'une complicité d'escroquerie (Cass. 1e civ. 19-10-2016 n° 15-25.879 FS-PBI) ; d'abus de biens sociaux et abus de confiance (Cass. 1e civ. 30-1-2019 n° 18-10.091 F-PB : BPAT 2/19 inf. 60).
Seuls des actes à caractère intentionnel peuvent justifier la révocation.

ILLUSTRATIONS

La Cour de cassation se montre ferme quant à l'appréciation de la notion d'ingratitude. **Ne constituent pas** des sévices, délits ou injures graves :
– des qualificatifs tels que « sales crapules » ou « ignobles parents » (CA Lyon 29-5-1973 : Defrénois 1975 art. 31002 note Vouin) ;
– des coups et blessures commis sur sa mère par un fils en état de démence, ce dernier ayant été placé d'office en hôpital psychiatrique (CA Montpellier 1-3-2012 n° 10/08307) ;
– les coups portés par un fils à sa mère, bien que ces coups aient entraîné une condamnation pénale pour violences volontaires, compte tenu du climat de violence permanent dans lequel vit la famille (CA Montpellier 30-3-1998 : BPAT 1/99 inf. 39) ;
– l'absence de réponse aux nombreux sms d'un ex-compagnon, dans lesquels celui-ci appelle à l'aide en raison de problèmes de santé qui se sont aggravés (CA Paris 9-2-2023 n° 20/03039 : BPAT 4/23 inf. 207-3).
Constituent au contraire des injures d'une particulière gravité qui justifient la révocation de la donation :
– le fait de traiter son père adoptif de « lâche » et d'« idiot », de lui reprocher une longue liaison adultère et, surtout, de lui dénier la qualité de père à raison de l'absence de liens de parenté par le sang (« d'ailleurs tu n'es pas mon père ») en refusant de s'en excuser ensuite malgré différentes offres de réconciliation (Cass. 1e civ. 21-2-2006 n° 02-14.407 FS-PB) ;
– le fait pour un frère de traiter sa sœur donatrice de « folle », de vouloir la faire interner et de laisser son épouse la traiter de « folle » et de « grosse vache » (CA Aix-en-Provence 14-9-2006 n° 06/583 : BPAT 5/07 inf. 141) ;
– les relations adultères entretenues par l'épouse avec un ami du couple dès lors que ces relations, qui ont perduré jusqu'au suicide de l'époux, ont suscité des rumeurs dans leur village et détérioré les relations conjugales, ce que l'époux a vécu douloureusement ainsi qu'il s'en est ouvert auprès de ses proches auxquels il avait confié ses doutes (Cass. 1e civ. 25-10-2017 n° 16-21.136 F-PB : BPAT 6/17 inf. 243, à propos d'une révocation posthume d'une donation au dernier vivant).

Action en révocation La révocation pour cause d'ingratitude n'opère jamais de plein droit (C. civ. art. 956) ; elle nécessite une décision judiciaire, l'**action** pouvant uniquement être **exercée par** le donateur lui-même. Ses héritiers ne peuvent agir en revendication sauf à ce que le donateur ait lui-même engagé l'action de son vivant ou si l'action n'est pas prescrite au jour de son décès (C. civ. art. 957, al. 2). S'agissant de la **notion d'héritier** ouvrant droit à l'action, de même que l'héritier légal, le légataire universel, en sa qualité de continuateur de la personne du défunt, peut exercer l'action pour ingratitude d'une donation consentie par le testateur en raison des violences commises à son encontre par le donataire et pour lesquelles ce dernier a été pénalement condamné (Cass. 1e civ. 27-1-2021 n° 19-18.278 FS-P : BPAT 2/21 inf. 81). Les créanciers du donateur ne peuvent pas agir par la voie oblique. **63412**
Seuls des **faits postérieurs** à la donation peuvent autoriser la révocation (Cass. 1e civ. 9-1-2008 n° 06-20.108 F-PB : BPAT 2/08 inf. 60).
L'action doit être intentée dans le **délai** d'un an à compter du jour du délit ou de celui de sa connaissance par le donateur (C. civ. art. 957 ; Cass. 1e civ. 20-5-2009 n° 08-14.761 F-PB : BPAT 4/09 inf. 158). Ce délai n'est susceptible ni de suspension ni d'interruption (Cass. 1e civ. 1-2-2012 n° 10-27.276 F-PBI : BPAT 2/12 inf. 111). Si les faits reprochés constituent une infraction pénale, et à la condition que le donateur ait mis en mouvement l'action publique dans le délai d'un an, le point de départ du délai est reporté au jour où la réalité des faits est établie par la condamnation de l'auteur de l'infraction (Cass. 1e civ. 20-10-2010 n° 09-16.451 FS-PBI : BPAT 6/10 inf. 356). La réalité des faits n'est établie par la condamnation que du jour où celle-ci est devenue « définitive » (Cass. 1e civ. 19-3-2014 n° 13-15.662 FS-PB : BPAT 3/14 inf. 134). Une cour d'appel a admis un tel report alors que l'action publique avait été mise en mouvement par le procureur de la République et non par le donateur (CA Grenoble 8-11-2017) ; le pourvoi contre cet arrêt a été rejeté sur ce point, mais sans que les Hauts Magistrats se prononcent expressément sur la question (Cass. 1e civ. 30-1-2019 n° 18-10.091 F-PB : D. 2019 p. 2216 chron. S. Godechot-Patris et C. Grare-Didier, estimant que l'on ne peut donc en déduire quoi que ce soit).
La révocation pour cause d'ingratitude étant d'ordre public, le donateur ne peut pas **renoncer** par avance à l'action (Cass. 1e civ. 22-11-1977 n° 76-10.821 : Bull. civ. I n° 431, Defrénois 1979 art. 31950 note Ponsard).
Si la donation portait sur un **immeuble**, la demande de révocation doit être publiée au service chargé de la publicité foncière, sous peine d'irrecevabilité (Décret 55-22 du 4-1-1955 art. 28, 4°-c et 30, 5). La décision emportant révocation doit également être publiée pour l'information des tiers (Décret 55-22 du 4-1-1955 art. 28, 4°-c). À défaut, les tiers ayant publié leur propre droit, et prouvant qu'ils ont subi un préjudice du fait du défaut de publication de la décision, peuvent demander des dommages-intérêts (Décret 55-22 du 4-1-1955 art. 30, 4).

La révocation pour ingratitude s'applique aux **donations matrimoniales** dans les mêmes conditions que la révocation pour inexécution des charges : voir n° 63402, précisions, a.

63414 **Conséquences de la révocation** La révocation pour cause d'ingratitude a un effet rétroactif **entre les parties** : elle oblige le donataire à restituer le bien, en nature s'il existe encore, par équivalent s'il a disparu. Le donataire conserve les fruits jusqu'au jour de la demande (C. civ. art. 958, al. 2).

À l'égard des tiers, la révocation pour cause d'ingratitude est en principe sans effet rétroactif. Si le donataire a cédé le bien, le donateur n'a qu'un recours indemnitaire contre le donataire, la valeur du bien étant appréciée au jour de la demande. Toutefois, s'il s'agit d'un immeuble, la demande en révocation est opposable aux tiers à compter de l'accomplissement des formalités de publicité foncière (C. civ. art. 958, al. 1).

Les **droits de donation** initialement acquittés ne sont pas restituables (CGI art. 1961, al. 1).

RÉVOCATION POUR SURVENANCE D'ENFANT

63416 À l'exception des donations entre époux (ou entre futurs époux par contrat de mariage), toutes les donations sont susceptibles d'être révoquées pour survenance d'enfant (C. civ. art. 960).

La **situation visée** est celle où le donateur n'a aucun descendant vivant à la date de la donation, et où il a ensuite un enfant (biologique ou adoptif, pourvu que ce soit par adoption plénière). L'existence d'un enfant simplement conçu à la date de la donation ne fait pas obstacle à la révocation (C. civ. art. 961). En effet, la règle selon laquelle les enfants conçus sont considérés comme nés ne joue qu'en faveur de l'enfant ; or, l'intérêt de l'enfant à naître est ici la révocation de la donation.

La naissance d'un enfant posthume peut opérer révocation (C. civ. art. 960).

> **Précisions** L'**adoption simple** n'emporte pas, en principe, cet effet révocatoire. Cependant, la discussion semble ouverte à la suite de la refonte dans le Code civil des dispositions relatives à la filiation (Ord. 2022-219 du 21-2-2022). Le renvoi opéré par l'article 960 vers les développements consacrés à l'adoption plénière n'a pas été mis à jour. Un auteur argue de la revalorisation souhaitée de l'adoption simple par la réforme de l'adoption de 2022 pour en déduire que la restriction formulée par ce texte a, semble-t-il, perdu sa raison d'être. Selon lui, sous réserve d'une interprétation judiciaire contraire, il est permis de penser que l'adoption simple opérée après une donation entre vifs pourra constituer une survenance d'enfant, au même titre que l'adoption plénière (J.-Cl. Notarial Formulaire v° Donation entre vifs, fasc. 50 : Donation entre vifs – Révocation – Résolution, n° 80 par D. Montoux). Toutefois, il nous semble que les effets substantiels de l'adoption simple n'ont pas été modifiés par la loi 2022-219 du 21 février 2022 visant à réformer l'adoption. Dès lors, tout prête à penser que la règle demeure malgré un renvoi désormais incorrect.

63418 **Mise en œuvre de la révocation** Les règles ayant été radicalement modifiées par la loi 2006-728 du 23 juin 2006, nous distinguerons selon que la donation a été consentie depuis le 1er janvier 2007, date d'entrée en vigueur de la loi sur ce point, ou avant le 1er janvier 2007.

Pour les **donations consenties depuis le 1er janvier 2007**, la révocation pour survenance d'enfant n'est possible que si l'acte de donation le prévoit (C. civ. art. 960), et à condition, selon nous, d'être demandée en justice (en sens contraire, L. Mauger-Vielpeau, La révocation pour cause de survenance d'enfant après la loi n° 2006-728 du 23 juin 2006 portant réforme des successions et des libéralités : JCP N 2007 n° 1146, qui estime que la révocation résulte d'une simple manifestation de volonté du donateur).

Le donateur peut à tout moment renoncer à exercer la révocation (C. civ. art. 965). L'action en révocation, qui ne peut être exercée que par le donateur (à l'exclusion de ses héritiers et de ses créanciers), doit l'être dans les cinq ans de la naissance ou de l'adoption plénière de son dernier enfant (C. civ. art. 966). Dans le cas particulier de la survenance d'un enfant posthume, la révocation de la donation suppose que le donateur ait engagé l'action en révocation peu après sa conception (en ce sens, Rapport Sén. n° 343 du 10-5-2006 p. 249 relatif au projet de loi portant réforme du droit des successions et des libéralités).

63420 Pour les **donations consenties avant le 1er janvier 2007**, la révocation pour survenance d'enfant est automatique (C. civ. art. 960 dans sa rédaction antérieure à la loi du 23-6-2006). Elle opère de plein droit, sans qu'une décision judiciaire soit nécessaire. Si le juge est saisi, son rôle consiste seulement à constater que les conditions de la révocation sont réunies ; il n'a pas à la prononcer (pour une illustration, voir Cass. 1e civ. 16-5-2000 n° 98-14.183). Le donateur ne peut pas confirmer la donation après la survenance de l'enfant. S'il veut maintenir la donation, il doit en effectuer une nouvelle. La révocation étant d'ordre public, le donateur ne peut pas y renoncer avant la naissance ou l'adoption de l'enfant.

Effets de la révocation La révocation pour survenance d'enfant a un effet **rétroactif**, tant dans les rapports entre les parties qu'à l'égard des tiers (C. civ. art. 963). La situation est celle exposée n° 63408. 63422

Des règles particulières s'appliquent toutefois à la restitution des **fruits** : le donataire garde les fruits jusqu'au jour où la naissance ou l'adoption plénière de l'enfant lui est signifiée ; au-delà, il doit les restituer, car il est devenu un possesseur de mauvaise foi (C. civ. art. 962).

Par exception au principe posé par l'article 1961 du CGI, les **droits de mutation à titre gratuit** perçus sur une donation ultérieurement révoquée pour survenance d'enfant sont restituables (CGI art. 1961, al. 1 a contrario ; BOI-ENR-DG-70-20 n° 70).

2. FORME DES DONATIONS

NÉCESSITÉ D'UN ACTE NOTARIÉ

Sous peine de nullité, tout **acte portant donation** est obligatoirement notarié (C. civ. art. 931 ; Cass. 1e civ. 15-2-2012 n° 11-11.636 F-D : BPAT 2/12 inf. 112 ; Cass. 1e civ. 22-2-2017 n° 16-14.351 F-PB : BPAT 2/17 inf. 63). Il en va de même de l'engagement de signer un acte de donation (Cass. 1e civ. 17-10-2018 n° 17-22.021 F-D : BPAT 6/18 inf. 243). 63440

L'article 931 du Code civil n'interdit pas la **réalisation de donations non notariées** ; il signifie seulement que si un acte qui réalise la donation est établi, cet acte doit être notarié.

En pratique, trois catégories de donations échappent au formalisme de l'article 931 : les dons manuels (voir nos 63832 s.), les donations indirectes et les donations déguisées (voir n° 63880 s.). Ces trois types de donations obéissent à des règles qui leur sont propres, à la fois sur le plan juridique (notamment quant à leurs conditions de validité) et sur le plan fiscal : voir nos 63830 s.

Les parties doivent **signer la donation**, sous peine également de nullité (sur l'acceptation du donataire, voir nos 63460 s.).

La présence effective des parties n'est pas obligatoire, même si elle est recommandée. Elles peuvent se faire représenter pour signer l'acte à leur place. En vertu du principe de parallélisme des formes, la **procuration**, qu'elle soit donnée par le donateur ou par le donataire, doit respecter le même formalisme que la donation elle-même et être passée devant notaire. S'agissant de la procuration pour accepter une donation, la règle est même énoncée expressément par l'article 933 du Code civil (pour une illustration, Cass. 1e civ. 11-9-2013 n° 12-15.618 F-PB : BPAT 6/13 inf. 233, constatant la nullité absolue de la donation acceptée par le donataire au moyen d'une procuration sous seing privé). Selon ce texte, une copie authentique de la procuration doit par ailleurs être annexée à l'acte de donation. Cette exigence est à notre avis transposable à la procuration donnée par le donateur. À noter également que la procuration notariée par comparution à distance est admise (Décret 2020-1422 du 20-11-2020).

FORMALITÉS SPÉCIALES

Lorsque la donation porte sur des biens meubles, un **état estimatif** des biens donnés doit être dressé, signé et annexé à la minute de l'acte (C. civ. art. 948). Cet état n'est cependant pas nécessaire lorsque les biens donnés font l'objet d'une énumération estimative dans le corps même de l'acte de donation (en ce sens, par exemple, Rép. Lellouche : AN 9-8-2005 p. 7725 n° 65206). 63446

En la forme, l'acte notarié n'est pas exigé : l'état peut être dressé, en double exemplaire, par un acte sous signature privée annexé à l'acte de donation (ou par un inventaire qui satisfait aux mêmes fins).

Selon la nature des biens, des **formalités particulières** peuvent être requises **pour l'opposabilité aux tiers** de la donation : voir n° 63482.

Enfin, les **donations à un tiers ou à un parent éloigné** sont soumises, le cas échéant, aux droits de préemption suivants :

– droit de préemption urbain et droit de préemption des ZAD lorsque la donation porte sur des biens immobiliers ou un ensemble de droits sociaux donnant vocation à l'attribution en propriété ou en jouissance d'un immeuble (C. urb. art. L 213-1-1) ;

– depuis le 25 août 2021, droit de préemption spécifique dans les communes littorales lorsque la donation porte sur des biens immobiliers ou des ensembles de droits sociaux donnant vocation à l'attribution en propriété ou en jouissance d'un immeuble, d'une partie d'immeuble, bâti ou non bâti (C. urb. art. L 219-3 créé par loi 2021-1104 du 22-8-2021). Les conditions d'application doivent encore être déterminées par décret (C. urb. art. L 219-13) ;

– depuis le 25 août 2021, droit de préemption pour protéger les écosystèmes dans les espaces naturels sensibles (ENS) lorsque la donation porte sur des immeubles ou ensemble de droits sociaux (C. urb. art. L 215-13-1) ;

– droit de préemption des Safer lorsque la donation porte sur des biens ruraux (biens immobiliers à usage agricole, parts ou actions de société d'exploitation ou de propriété agricole, etc.) (C. rur. art. L 143-16).

SANCTIONS

63448 L'inobservation des règles de forme est sanctionnée par la **nullité** absolue de la donation. Il découle de ce caractère que la nullité peut être invoquée par tout intéressé, notamment par le donateur lorsque le donataire a accepté par procuration sous signature privée (Cass. 1e civ. 11-9-2013 n° 12-15.618 F-PB : BPAT 6/13 inf. 233).
La **prescription** quinquennale court du jour où l'acte irrégulier a été passé.
La donation ne peut faire l'objet d'une confirmation par le donateur. Elle doit être refaite en la forme légale (C. civ. art. 931-1, al. 1). Mais en dépit du caractère absolu de la nullité qui frappe la donation irrégulière, les héritiers ou ayants cause du donateur (légataire universel ou à titre universel) peuvent ratifier ou **confirmer** la donation après son décès (C. civ. art. 931-1, al. 2).
Si l'action en nullité peut se prescrire, l'**exception de nullité** est perpétuelle (C. civ. art. 1185). Dès lors, si une donation n'a pas été exécutée, même après cinq ans, le donateur peut refuser de délivrer le bien irrégulièrement donné.

3. ACCEPTATION DU DONATAIRE

MODALITÉS DE L'ACCEPTATION

63460 Pour qu'il y ait donation, il faut une acceptation du donataire (C. civ. art. 894). La règle vaut quelle que soit la forme de la donation.
L'acceptation doit émaner du donataire lui-même, en raison du caractère intuitu personæ de la donation. Notamment, ni les héritiers ni les créanciers du donataire ne peuvent accepter à sa place.
Pour les **donations notariées**, l'acceptation doit être reçue sous **forme** d'acte notarié, en application du principe du parallélisme des formes. Inversement, l'acceptation n'a pas à être notariée pour les donations non notariées (dons manuels, par exemple).
Cette acceptation doit être **expresse** : la donation n'engage le donateur, et ne produit effet, que du jour où elle est acceptée en termes exprès (C. civ. art. 932, al. 1).
Le plus souvent, l'acceptation figure **dans l'acte de donation**. Dans ce cas, la simple signature de l'acte par le donataire ne vaut pas acceptation expresse, mais il suffit en pratique de stipuler que le donataire accepte. Attention cependant à la rigueur du formalisme : la Cour de cassation rappelle régulièrement que, faute d'acceptation expresse de la donation par le donataire, l'acte est nul (pour une illustration, Cass. 1e civ. 2-3-1999 n° 97-11.430 : Bull. civ. I n° 74).
Sur les règles de forme applicables lorsque le donataire donne **procuration**, voir n° 63440. Signalons simplement que la procuration peut être consentie pour signer la donation elle-même ou son acceptation qui serait faite par acte séparé (n° 63462). Dans ce dernier cas, la copie authentique de la procuration doit être annexée à la minute de l'acte d'acceptation (C. civ. art. 933).
Toujours en raison du parallélisme des formes, la **renonciation** à une donation doit revêtir la même forme authentique que l'acceptation qu'elle entend rétracter (Cass. 1e civ. 7-6-2006 n° 04-14.652 FS-PB : D. 2007 n° 13 p. 2126 note M. Nicod). En revanche, la renonciation du donateur à une clause de la donation échappe à l'exigence d'authenticité (Cass. 1e civ. 14-5-1996 n° 94-15.826, jurisprudence constante depuis).
Pour les **donations non notariées**, l'acceptation n'a pas à être notariée (par exemple, pour les dons manuels, voir n° 63466).

63462 L'acceptation peut résulter d'un **acte postérieur à la donation**, qui devra être reçu dans les mêmes formes que la donation. Cependant, cette pratique est à déconseiller, parce qu'elle est source d'insécurité juridique : pour le donateur, la donation ne produit d'effet qu'à compter du jour où l'acceptation lui est notifiée (C. civ. art. 932, al. 2), alors qu'à l'égard du donataire la donation est parfaite dès son acceptation.
La donation étant un contrat entre vifs, l'acceptation du donataire doit intervenir **du vivant du donateur** (sauf exceptions pour les libéralités graduelles et les libéralités résiduelles, s'agissant de l'acceptation du second gratifié : voir nos 63270 et 63334).

63464 Sur le plan fiscal, l'acceptation par le donataire constitue le fait générateur des **droits de donation**. À défaut d'acceptation, il y a seulement offre de donation passible, si elle est enregistrée, du droit fixe de 125 € des actes innomés.
Si l'acceptation est constatée dans un acte séparé, les droits de mutation à titre gratuit sont perçus au tarif en vigueur au jour de l'acceptation et sur la valeur des biens à cette date (BOI-ENR-DMTG-20-10-10 n° 230).

Pour les donations non notariées, l'acceptation du donataire est également un élément constitutif de la libéralité. Dans le cas du **don manuel**, l'établissement d'un acte de reconnaissance de don manuel, appelé aussi « acte récognitif », permet de formaliser cette acceptation. Le don manuel étant réalisé par la tradition du bien donné, l'acceptation est le plus souvent concomitante. L'acte récognitif a pour objet premier la constatation d'un don manuel antérieurement fait. Les parties ont la possibilité d'y consigner également les pactes adjoints. Le pacte adjoint qui emporte reconnaissance du don manuel complète la libéralité de clauses particulières. **63466**

En matière d'**assurance**-vie en cas de décès, susceptible de constituer une donation indirecte du souscripteur envers le bénéficiaire, le fait que l'acceptation du bénéficiaire n'intervienne qu'après le décès du souscripteur ne fait pas obstacle à l'existence de la donation. Ainsi jugé d'abord par le Conseil d'État en matière de récupération des aides sociales (CE 19-11-2004 n° 254797 : BPAT 2/05 inf. 55 ; CE 6-2-2006 n° 259385), puis par la Cour de cassation en matière fiscale (Cass. ch. mixte 21-12-2007 n° 06-12.769 FS-PBRI : BPAT 1/08 inf. 20).

B. Effets des donations

EFFET TRANSLATIF

Lorsque la donation a été acceptée, il y a transfert de la **propriété** du bien donné du donateur au donataire, sans aucune formalité et sans que soit nécessaire la tradition immédiate du bien donné, sauf pour le don manuel (nos 63834 s.) (C. civ. art. 938). **63480**

Le donataire devient immédiatement propriétaire de la chose donnée et, à ce titre, supporte seul les **risques** (par exemple, de destruction ou de détérioration). Si le bien ne lui est pas immédiatement délivré, le donataire peut prendre des garanties ou mesures conservatoires à l'effet de garantir son droit sur le bien objet de la donation.

> **Précisions** Conformément aux règles de droit commun, le transfert immédiat de la propriété et des risques ne concerne que les **corps certains**, c'est-à-dire les biens caractérisés par leur individualité et qui sont insusceptibles d'être remplacés par un autre dans un paiement (par exemple, un tableau). Pour les **choses de genre** (biens interchangeables, par exemple des lingots d'or), le donataire ne devient propriétaire qu'à dater de l'individualisation du bien.

OPPOSABILITÉ AUX TIERS

En principe, l'opposabilité aux tiers de la donation acceptée et du transfert de propriété est immédiate. Il existe toutefois des réserves tenant aux **circonstances de la donation**. Est ainsi inopposable au créancier une donation consentie en fraude de ses droits (C. civ. art. 1341-2). A ainsi été jugé inopposable à la société victime une donation consentie par des époux à leurs enfants moins de trois mois après la condamnation, même frappée d'appel, de l'époux donateur pour des faits d'abus de biens sociaux (Cass. 1e civ. 9-9-2020 n° 19-15.084 F-D : BPAT 6/20 inf. 223-1). Jugé également que la donation de la résidence principale du débiteur avec réserve du droit d'habitation à ses enfants âgées de quatre et huit ans ne présente aucun intérêt patrimonial et constitue un acte d'appauvrissement volontaire au préjudice de son créancier qui lui est inopposable (Cass. 1e civ. 24-3-2021 n° 19-19.051 F-D : BPAT 3/21 inf. 161-5). À l'inverse, s'agissant d'une donation en nue-propriété contestée, les juges du fond ont souverainement apprécié, au regard de l'évaluation de l'usufruit et du montant de la créance et des intérêts, que la preuve de l'insolvabilité de la donatrice n'était pas rapportée (Cass. 1e civ. 2-2-2022 n° 20-16.272 F-D : BPAT 2/22 inf. 89). Le point de départ de la prescription quinquennale attachée à l'action paulienne d'une donation immobilière soumise à l'impératif de publicité foncière court à compter de sa publication au fichier immobilier (Cass. 3e civ. 8-12-2021 n° 20-18.432 FS-B : BPAT 1/22 inf. 32). **63482**

Pour **certains biens**, l'opposabilité aux tiers est par ailleurs conditionnée au respect de certaines formalités. Les donations portant sur des biens susceptibles d'hypothèques, tels que des immeubles ou des droits réels immobiliers (nue-propriété d'un immeuble, par exemple) ne sont opposables aux tiers qu'à compter de la date à laquelle sont effectuées les formalités de publicité foncière (C. civ. art. 939 et 941). Contrairement au droit commun de la publicité foncière, les tiers doivent ici être entendus au sens de toutes personnes ayant un intérêt, à l'exception des personnes chargées de faire faire la publication (généralement le donataire), de leurs ayants cause et du donateur.

Il faut également signaler que la loi organise, pour certains biens meubles, des formalités de publicité dont l'accomplissement conditionne l'opposabilité aux tiers. C'est le cas, par exemple, pour les fonds de commerce ou les droits sociaux.

OBLIGATIONS DU DONATEUR

63484 Sauf cas de force majeure, le donateur est tenu d'une obligation de **délivrance de la chose donnée** (il faut mettre à part les dons manuels, dont la validité est subordonnée à la tradition réelle du bien).

Si le bien donné n'est pas immédiatement délivré (par exemple, donation assortie d'un terme), le donataire est créancier d'une obligation de délivrance. L'obligation porte sur le bien objet de la donation et, le cas échéant, sur les fruits échus après la donation.

La délivrance peut être **demandée par** le donataire lui-même, mais aussi par ses héritiers ou ses créanciers (ces derniers par la voie oblique), au donateur lui-même ou aux héritiers de ce dernier.

63486 Le donateur ne doit ni la **garantie** d'éviction, ni la garantie des vices cachés. Il doit seulement au donataire la garantie de son fait personnel (dol ou mauvaise foi).

Cependant, le principe de non-garantie du donateur n'est pas d'ordre public ; les parties peuvent y déroger conventionnellement.

OBLIGATIONS DU DONATAIRE

63488 Sauf clause contraire, la donation n'emporte aucune obligation pour son bénéficiaire (mais son ingratitude peut entraîner la révocation de la donation : voir n°s 63410 s.).

Si des charges ont été stipulées, le donataire est tenu de les exécuter, sauf à en demander la révision judiciaire (n°s 63228 s.) ; à défaut, le donateur dispose de deux actions : l'une en exécution de la charge, l'autre en révocation de la donation (n°s 63402 s.).

C. Clauses particulières dans les donations

63500 Les donations simples, comme les donations-partages, peuvent être aménagées par des clauses particulières. Nous étudions ici le **régime juridique et fiscal** des plus courantes de ces clauses, étant précisé que les libéralités graduelles et les libéralités résiduelles, de même que les techniques alternatives à ces libéralités, sont traitées n°s 63240 s. avec l'étude des règles communes à l'ensemble des libéralités.

S'agissant des clauses qui touchent au **droit d'usufruit** (réserve et réversion d'usufruit, donation temporaire d'usufruit), voir n°s 67150 s.

1. PRISE EN CHARGE DES DROITS PAR LE DONATEUR

63502 Les droits de donation sont en principe à la charge du donataire, mais cette règle n'est pas impérative (CGI art. 1712) et, en pratique, les frais et droits sont souvent mis à la charge du donateur en raison de l'avantage fiscal qui en résulte. En effet, l'administration fiscale considère que le paiement des frais d'acte et des droits de donation par le donateur ne constitue pas un complément de donation taxable (BOI-ENR-DG-50-10-20 n° 150). Les **droits de donation** ont pour seule **assiette** la valeur des biens transmis (Cass. com. 28-2-2006 n° 03-12.310 FS-PBRI : RJF 5/06 n° 611) et le montant des frais et droits n'a pas à être ajouté à la valeur des biens donnés pour calculer l'impôt exigible.

Au plan civil, la prise en charge des droits par le donateur constitue une donation complémentaire au profit du donataire qui s'analyse comme une donation indirecte (Cass. 1e civ. 25-02-2009 n° 07-20.010 F-PB : BPAT 2/09 inf. 72). Ainsi, lorsque cette donation indirecte est consentie à un héritier, elle sera sujette à rapport, sauf stipulation contraire dans l'acte de donation.

La prise en charge des droits par le donateur ne fait pas obstacle à l'application du **paiement différé et fractionné** des droits de mutation à titre gratuit prévu en faveur des transmissions d'entreprises (BOI-ENR-DG-50-20-50 n° 10). Sur le régime de paiement différé et fractionné, voir n°s 64788 s.

63504 La règle selon laquelle la prise en charge des droits par le donateur n'entraîne aucun impôt supplémentaire a une portée générale ; elle s'applique à toutes les donations quels qu'en soient l'objet ou la forme.

En pratique, elle présente un **intérêt** particulier lorsque la **donation porte sur une somme d'argent**.

EXEMPLE

A donne 20 000 € à B, le taux d'imposition étant par hypothèse de 60 %.
Si B paie les droits, il lui restera une somme nette de 20 000 € – (60 % × 20 000 €) = 8 000 €.
Si A paie les droits, B recevra 20 000 € – [60 % × (20 000 € × 100/160)] = 12 500 €.
La prise en charge des droits par le donateur est moins intéressante lorsqu'il s'agit de donner des **biens autres que de l'argent**. Les droits étant calculés sur la valeur totale des biens, telle qu'elle figure dans l'acte de donation (ou dans le formulaire de déclaration des dons manuels et de sommes d'argent), le donateur qui souhaite prendre les droits à sa charge devra se dépouiller, en plus des biens donnés, de la somme nécessaire à leur paiement. L'argent destiné au paiement de l'impôt ne sera pas taxé comme une donation, mais la prise en charge des droits ne réduira pas l'imposition due sur les biens donnés.

2. DROIT DE RETOUR CONVENTIONNEL

MÉCANISME

Une donation peut être valablement consentie sous la condition résolutoire du **prédécès du donataire**. Il peut s'agir du prédécès du donataire seul ou, plus souvent, du prédécès du donataire et de ses descendants (C. civ. art. 951). Dans ce dernier cas, le droit de retour conventionnel joue également en cas de renonciation de tous les descendants du donataire prédécédé à la succession de ce dernier : un descendant renonçant, censé n'avoir jamais hérité, ne peut pas faire obstacle au retour des biens donnés dans le patrimoine de l'ascendant (Cass. 1e civ. 23-5-2012 n° 11-14.104 FS-PBI : BPAT 4/12 inf. 222 ; Cass. 1e civ. 16-9-2014 n° 13-16.164 F-PB : BPAT 6/14 inf. 265-i). 63520

La validité de la clause prévoyant un droit de retour conventionnel n'est pas soumise à l'existence d'un intérêt sérieux et légitime, contrairement aux clauses d'inaliénabilité (Cass. 1e civ. 6-3-2013 n° 12-13.340 F-D : BPAT 3/13 inf. 102).

Le droit de retour ne peut s'exercer qu'**au profit** du seul donateur. Il ne peut être prévu ni au profit de tiers, ni au profit des héritiers du donateur. Cette règle peut susciter des difficultés lorsque la donation a été consentie par plusieurs personnes, si le donataire décède avant l'un des donateurs mais après l'autre. Dans le cas des donations-partages conjonctives, notamment, le prédécès de l'enfant par rapport à l'un seulement de ses parents donateurs pose le problème de la détermination de ce qui doit être restitué au survivant. Le prédécès de l'enfant a également pour effet de rendre le bien indivis entre sa succession et son parent survivant, ce qui a des conséquences pour les créanciers de l'enfant (voir Cass. 1e civ. 10-7-2013 n° 12-20.885 F-PB : Sol. Not. 10/13 inf. 240).

L'**objectif** du droit de retour conventionnel, presque toujours prévu dans les donations de parents à enfants, est le plus souvent d'assurer la conservation des biens donnés dans la famille : si le donataire décède sans postérité, le bien revient au donateur. Dans ce cas, la clause de retour conventionnel s'accompagnera en pratique d'une interdiction temporaire d'aliéner (et d'hypothéquer pour les immeubles ou de nantir pour les titres). 63522

La clause peut également avoir pour objectif de permettre aux parents de se constituer une garantie en cas de prédécès de leur enfant. La clause autorisera alors la vente du bien donné et prévoira dans ce cas un retour du bien subrogé ou un retour en valeur.

Sans être nécessairement exprès, le droit de retour doit résulter d'une **stipulation** suffisamment claire de la donation. Notamment, l'existence d'un retour conventionnel ne résulte pas du seul fait que la donation est consentie en avancement de part successorale, ni de l'insertion dans la donation d'une clause d'inaliénabilité.

La stipulation d'un droit de retour portant sur un **immeuble** (ou sur des droits immobiliers) est soumise à publicité foncière. La clause fait l'objet d'une mention spéciale au fichier immobilier. Cette publication est la condition de l'opposabilité du retour aux tiers qui auraient constitué sur l'immeuble des droits concurrents depuis la donation (Décret 55-22 du 4-1-1955 art. 28, 2° et 30, 1). La clause d'interdiction d'aliéner et d'hypothéquer qui serait conventionnellement prévue est soumise à la même publication.

Rappelons que les père et mère disposent par ailleurs d'un **droit de retour légal** sur les biens donnés à leur enfant prédécédé sans postérité (nos 63030 s.). L'insertion d'un droit de retour conventionnel reste cependant utile : 63524

– d'une part, pour aménager les modalités du droit de retour, par exemple pour prévoir une clause d'interdiction d'aliéner de façon à faire obstacle à un retour en valeur ;

– d'autre part, en raison de l'incertitude qui pèse sur l'assiette même du droit de retour légal : voir n° 63036.

63526 **Régime juridique** Les **droits du donataire** sont les suivants. En théorie, il peut exercer pleinement son droit de propriété sur le bien donné ; il peut par exemple donner ou vendre les biens qu'il a reçus par donation ou donation-partage.

En réalité, sa liberté est souvent limitée par la présence, dans l'acte de donation, d'une clause d'interdiction d'aliéner aussi longtemps que la condition est pendante, c'est-à-dire pendant toute la vie du donateur (clause complétée par une interdiction d'hypothéquer pour les immeubles et de nantir pour les titres).

Tant que la condition résolutoire est pendante, le donateur peut **renoncer au droit de retour** conventionnel : en pratique, il interviendra à l'acte de disposition envisagé par le donataire et renoncera expressément à la clause de retour ainsi qu'à l'interdiction d'aliéner et d'hypothéquer (ou de nantir) qui l'accompagne. Le droit de retour pourra alors s'exercer sur le bien subrogé au bien donné pour autant que l'acte de donation l'ait prévu.

63528 Si le **bénéficiaire de la donation décède avant le donateur**, et sauf stipulation d'un droit de retour en valeur, la donation est rétroactivement anéantie de plein droit et les choses sont remises dans le même état que si la donation n'avait pas existé (C. civ. art. 1304-7). Le sort des actes passés sur le bien par le donataire est le suivant :

– les actes de disposition sont rétroactivement résolus, comme la donation elle-même : le bien retourne à l'ascendant donateur libre de toutes charges et hypothèques (C. civ. art. 952). En pratique, il est cependant parfois stipulé que le droit de retour conventionnel ne fera pas obstacle aux libéralités en usufruit faites par le donataire à son conjoint (sur l'efficacité de cette clause, voir n° 63564). En revanche, le fait que le donataire prédécédé ait été marié en communauté universelle avec clause d'attribution intégrale ne fait pas obstacle au droit de retour (Cass. 1e civ. 23-9-2015 n° 14-18.131 FS-PB : BPAT 6/15 inf. 231). Signalons enfin que lorsque la donation portait sur un meuble corporel ou sur des titres financiers, le tiers acquéreur de bonne foi est protégé d'une action en revendication exercée par le titulaire du droit de retour par le jeu des présomptions légales (voir respectivement C. civ. art. 2276, al. 1 et C. mon. fin. art. L 211-16) ;

– les actes conservatoires (par exemple, souscription d'une police d'assurance) et les actes d'administration (par exemple, conclusion d'un bail d'habitation) accomplis sans fraude sont opposables au donateur.

Les **fruits de la chose donnée** ne sont pas restituables au donateur, sauf ceux courus depuis l'ouverture du droit de retour conventionnel. Si le bien donné est réclamé à un tiers possesseur de bonne foi, ce dernier ne sera tenu de restituer les fruits qu'à compter de la demande de restitution qui lui aura été faite.

Si le **donataire a**, par son effort personnel, **apporté une plus-value au bien**, sa succession doit être indemnisée. Elle percevra, en valeur, l'équivalent de l'amélioration au jour où s'exerce le droit de retour : le donateur est tenu de rembourser les impenses utiles à concurrence de la plus-value procurée au bien (mais non les dépenses ordinaires d'entretien, ni les dépenses somptuaires).

63530 **Régime fiscal** Au moment de la **conclusion de l'acte**, la donation suit le régime des donations sous condition résolutoire : elle est immédiatement soumise aux droits de donation.

En ce qui concerne l'assiette des droits, aucune décote ne peut à notre avis être pratiquée, puisque la Cour de cassation estime que les limites contractuellement apportées à la liberté du donataire de disposer des biens n'affectent pas leur valeur vénale réelle (voir la jurisprudence citée n° 63224).

Si le **droit de retour s'exerce**, le donateur redevient propriétaire sans avoir à acquitter de droits de succession (BOI-ENR-DMTG-20-30-20-60 n° 1). Les droits de donation initialement acquittés sont restituables, sur réclamation (CGI art. 791 ter, al. 2) ou imputables sur ceux dus à raison d'une nouvelle donation des mêmes biens à un autre descendant du donateur dans les cinq ans du retour (CGI art. 791 ter, al. 1). Sur ces deux mécanismes de restitution et d'imputation, qui sont communs au droit de retour conventionnel et au droit de retour légal des père et mère, voir n° 63039.

3. DONATION À TERME

EN BREF

63540 À l'exception des dons manuels, toutes les donations peuvent être affectées d'un terme, qui fait dépendre l'exécution de l'obligation de **délivrance du bien donné** de la réalisation d'un événement futur et certain.

EXEMPLE

La donation de sommes d'argent destinées au **financement de la construction d'un logement** peut prévoir que les sommes ne seront versées au donataire qu'au fur et à mesure des appels de fonds des constructeurs. L'objet de la donation consiste en une créance actuelle et irrévocable du donataire contre les donateurs, conférant au premier les droits d'un créancier à terme.

INTÉRÊT ET MÉCANISME

Une donation à terme peut juridiquement se concevoir pour tous **types de droits et biens** meubles ou immeubles, le donataire étant propriétaire à terme et, à ce titre, créancier de l'obligation de délivrance qui pèse sur le donateur. La Cour de cassation a même admis la validité de la donation par un père à son fils des récompenses auxquelles il aurait droit en cas de prédécès de son épouse (Cass. 1e civ. 6-2-2007 n° 04-13.282 : Bull. civ. I n° 54, JCP N 2007 n° 1147 note G. Rivière). **63542**

En pratique, toutefois, et en dehors de la clause de réversion d'usufruit stipulée dans une donation avec réserve d'usufruit (nos 67200 s.), les donations à terme sont rares, en raison des inconvénients qu'elles présentent et dont on signalera les principaux.

Lorsque le **terme stipulé est le décès du donateur**, se pose un problème de distinction avec la donation de biens à venir qui, sauf entre époux, est nulle (prohibition des pactes sur succession future). Il y a donation de biens à venir, et non donation de biens présents à terme, lorsque le donateur a conféré au gratifié un droit éventuel subordonné à la condition que le bien donné se trouve dans sa succession au décès, et non un droit actuel dont seule l'exécution est différée. En pratique, il est souvent difficile de faire la distinction, spécialement lorsqu'il s'agit de sommes d'argent. Il peut arriver que la clause soit explicite : par exemple, « je donne telle somme à telle personne, payable après ma mort » (donation à terme valable) ou « je donne telle somme à telle personne, à prendre après ma mort dans mon compte en banque si le solde le permet » (donation nulle car portant sur un bien à venir). Mais bien souvent la clause ne permet pas par elle-même de qualifier la donation (par exemple, donation de somme d'argent « payable sur les biens de la succession »). La volonté du donateur est alors souverainement appréciée par les juges du fond, qui valideront ou non la donation.

Il peut arriver que le **donateur décède avant l'échéance** du terme stipulé à l'acte ou même, comme nous venons de l'évoquer, que le terme ait été fixé au jour du décès du donateur. Si la donation portait sur une somme d'argent, le donataire se présente comme un créancier de la succession et il vient en concours avec les créanciers du défunt, même si le titre de ces derniers est postérieur à la donation (sous réserve, le cas échéant, des sûretés garantissant telle ou telle créance, voire la donation). **63544**

Fiscalement, le dessaisissement du donateur étant actuel et irrévocable, le terme ne fait pas obstacle à la perception immédiate des **droits de mutation à titre gratuit** (voir toutefois n° 67215, pour le cas particulier de la réversion d'usufruit). Les droits de donation sont définitivement calculés sur la valeur actuelle du bien, sans qu'il y ait lieu à régularisation (restitution ou complément de droits) si, au jour du terme, la valeur de celui-ci a diminué ou augmenté. **63546**

4. DONATION SOUS CONDITION D'ENTRÉE DU BIEN EN COMMUNAUTÉ

HYPOTHÈSES VISÉES

Lorsque le bénéficiaire d'une donation est marié sous un régime de communauté, les parties peuvent souhaiter que le bien donné entre dans la communauté conjugale du donataire et de son conjoint. **63560**

Deux **techniques juridiques** sont théoriquement envisageables (C. civ. art. 1405, al. 2) :

– soit la donation est faite conjointement aux deux époux ;

– soit la donation est faite à l'un des époux avec stipulation que le bien donné appartiendra à la communauté.

En pratique, cette dernière technique s'impose, en raison du régime fiscal applicable (n° 63566).

À l'**inverse** de l'entrée en communauté, le donateur peut décider d'**exclure le bien donné de la communauté** existant entre le donataire et son conjoint. Une telle stipulation peut se rencontrer, par exemple, en cas de donation à un enfant marié sous le régime de la communauté universelle, lorsque le donateur n'entend gratifier que l'un des époux. La clause d'exclusion de communauté peut également être stipulée lorsque le donataire est encore célibataire, pour empêcher que le bien donné puisse être mis en communauté lors d'une future convention matrimoniale.

INTÉRÊT DE LA CLAUSE D'ENTRÉE EN COMMUNAUTÉ

63562 La clause de mise en communauté permet d'assurer une certaine protection du conjoint du donataire. Elle a pour effet de rendre le **conjoint également bénéficiaire de la donation** ; il ne s'agit pas d'un avantage matrimonial (Cass. 1e civ. 3-12-2008 n° 07-19.348 FS-PB : BPAT 1/09 inf. 5, Defrénois 15-9-2009 n° CJ2009DEF1605N1 p. 1605 note B. Vareille).

En pratique, la clause de mise en communauté est souvent utilisée lorsque des parents souhaitent donner à leur enfant marié un terrain sur lequel sera construit le logement du couple, financé par celui-ci.

À défaut de stipulation particulière, le terrain donné appartient en propre à l'époux donataire. Or, en vertu de la règle de l'accession (C. civ. art. 555), l'immeuble est propre en son entier (terrain et construction), quelle que soit l'origine des fonds ayant servi au financement de la construction, sous réserve d'une éventuelle récompense due à la communauté (n° 3905).

En revanche, si le terrain donné entre dans la communauté existant entre les époux, l'immeuble (terrain et construction) constitue un bien commun.

La protection du conjoint a son revers : **en cas de divorce**, notamment, le bien entré en communauté fera partie de la masse à partager entre les époux et il n'y a aucune certitude que ce bien sera attribué à l'époux donataire. Il y a donc un risque de voir le bien sortir de la famille d'origine. Lors du **règlement de la succession du donateur**, se pose notamment la question du quantum de la donation à rapporter à la succession de son auteur, dans l'hypothèse d'une donation consentie en avancement de part successorale (réunion fictive et rapport pour le tout ou à concurrence de la moitié de la donation).

C'est aux parties qu'il appartient d'apprécier l'opportunité de telles donations avec mise en communauté, sachant qu'il est possible de parvenir à un résultat identique, et juridiquement beaucoup plus sûr, par la voie d'une modification du régime matrimonial.

LIMITES DE LA CLAUSE D'ENTRÉE EN COMMUNAUTÉ

63564 Si l'**enfant donataire ne laisse pas de descendance**, le droit de retour légal des père et mère (nos 63030 s.) limite l'efficacité de la clause d'entrée en communauté : le prédécès du donataire aura pour effet le retour du bien donné. Les parents peuvent certes renoncer à exercer leur droit, mais ils ne peuvent le faire qu'après l'ouverture de la succession, ce qui laisse le conjoint dans l'incertitude.

EXEMPLE

Pour reprendre l'exemple donné n° 63562, le prédécès du donataire sans postérité aura pour effet le retour du terrain et des constructions dans le patrimoine du parent donateur, libres de toute charge, moyennant l'indemnité prévue à l'article 555 du Code civil (au choix du donateur soit le montant dont le fonds a augmenté de valeur, soit le coût des matériaux et le prix de la main-d'œuvre estimés à la date du remboursement compte tenu de l'état dans lequel se trouvent les constructions). Ce n'est que si la valeur du terrain et des constructions excède les droits successoraux des donateurs (un quart pour chacun des père et mère) que le droit de retour s'exerce en valeur.

RÉGIME FISCAL DE LA CLAUSE D'ENTRÉE EN COMMUNAUTÉ

63566 Si la **donation** est faite **aux deux époux conjointement**, elle s'analyse fiscalement comme une donation faite pour moitié à chacun des époux (BOI-ENR-DMTG-20-30-20-10 n° 10). Les droits de mutation à titre gratuit sont liquidés suivant le degré de parenté de chacun des donataires avec le donateur. Pour l'époux donataire qui n'a pas de lien de parenté avec le donateur, les droits sont calculés au taux de 60 % (sans abattement).

Si la **donation** n'est faite qu'**à l'un des époux** avec stipulation que le bien donné appartiendra à la communauté, elle est fiscalement considérée comme faite en totalité et uniquement à l'époux donataire désigné dans l'acte. Si le donataire est un enfant du donateur, les droits sont dus sur la valeur totale du bien donné au tarif en ligne directe et avec le bénéfice de l'abattement entre parent et enfant.

La mise en communauté d'un bien présente également un **intérêt fiscal à long terme**. Elle permet de réduire le coût de la transmission ultérieure du bien aux enfants du donataire, puisque cette transmission bénéficiera des abattements et du tarif en ligne directe dans les deux lignes, paternelle et maternelle.

5. DONATION DE BIENS COMMUNS À UN ENFANT

a. Donation à un enfant commun des époux

63580 « Les époux ne peuvent, l'un sans l'autre, disposer entre vifs, à titre gratuit, des biens de la communauté » (C. civ. art. 1422).

La donation d'un bien commun est autorisée :
– soit lorsque les deux époux se portent codonateurs ;
– soit lorsque seul l'un des époux est donateur et que son conjoint intervient à l'acte de donation seulement pour donner son consentement.
Ces deux solutions ne comportent pas les mêmes conséquences, ni sur le plan civil ni sur le plan fiscal.

ÉPOUX CODONATEURS

Si les deux époux se portent codonateurs, la donation est faite conjointement, chacun des époux étant réputé donateur pour moitié pour les opérations d'imputation, de rapport et/ou de réduction. 63582
Sur le **plan civil**, à la dissolution de la communauté (si l'imputation se fait par moitié sur la succession de chacun des époux, c'est-à-dire en l'absence d'une clause d'imputation sur la succession du prémourant ou du survivant), les biens donnés sans dispense de rapport seront pris en compte pour moitié dans la succession de chacun des époux. Ainsi, le donataire devra en faire le rapport pour moitié à la succession de chacun de ses parents, et non en totalité à la succession du prédécédé (en ce sens, notamment, Cass. 1e civ. 18-1-2012 n° 11-12.863 FS-PBI : BPAT 2/12 inf. 106, D. Epailly, La donation de biens communs à un enfant commun : rapport et/ou récompense ? : Dr. famille 2012 prat. 1). La solution est valable même lorsque les époux donateurs ont adopté, postérieurement à la donation, le régime de la communauté universelle (Cass. 1e civ. 17-4-2019 n° 18-16.577 F-PB : BPAT 4/19 inf. 152).
Sur le **plan fiscal**, le bien commun donné conjointement par les deux époux est de la même façon considéré comme donné pour moitié par chacun (BOI-ENR-DMTG-20-30-20-10 n° 10). Si le donataire est un enfant commun, il bénéficie deux fois (une fois dans chaque ligne) de l'abattement en ligne directe et de la progressivité du barème.
Sur les **clauses d'imputation** sur la succession du prémourant ou de l'époux survivant, c'est-à-dire sur la prise en charge de la donation dans le cadre des opérations de liquidation et de partage de la succession, voir Mémento Successions Libéralités nos 7530 s.

DONATION PAR L'UN SEULEMENT DES ÉPOUX

Il s'agit précisément du cas où une donation de biens communs est consentie par un seul des époux à leur enfant commun et où son **conjoint donne** simplement **son autorisation** pour valider la donation. L'autorisation du conjoint non donateur peut être tacite et résulter par exemple de sa présence à l'acte notarié et de l'absence d'opposition de sa part (Cass. 1e civ. 1-2-2017 n° 16-11.599 FS-PB : BPAT 2/17 inf. 50, à propos d'une donation de salaires). 63584
Si la donation est rapportable, le donataire devra effectuer le **rapport** de la donation à la succession de chacun de ses parents donateurs, dans la proportion pour laquelle chacun d'eux viendra au partage de la communauté, c'est-à-dire en principe pour moitié (en ce sens, Cass. 1e civ. 22-6-2004 n° 01-18.830 : Bull. civ. I n° 173).
Sur le **plan fiscal**, le bien est considéré comme donné par le seul époux donateur. Si le donataire est un enfant commun des époux, il ne bénéficie de l'abattement en ligne directe et de la progressivité du barème des droits que du chef de son auteur donateur (BOI-ENR-DMTG-20-30-20-10 n° 10).

> **Précisions** L'**époux donateur** peut déclarer expressément qu'il se charge de la donation **pour le tout ou pour une part supérieure à la moitié** (C. civ. art. 1439, al. 2). Le donataire devra rapporter à la succession du donateur la totalité (ou une part supérieure à la moitié) de la donation.

b. Donation à un enfant non commun

HYPOTHÈSES VISÉES

Les époux peuvent **conjointement** donner un bien commun à un enfant non commun, c'est-à-dire né d'un autre lit de l'un d'entre eux (sauf cas particulier des donations-partages conjonctives, voir n° 63796). 63600
Sur le **plan civil**, si la donation est rapportable, l'enfant devra le rapport à la succession de son auteur pour la part donnée par ce dernier, soit la moitié.
Sur le **plan fiscal**, les droits de mutation sont perçus pour moitié au tarif des droits en ligne directe, pour moitié au tarif de 60 % applicable entre non-parents.

Il est également possible, et fiscalement plus avantageux, de faire consentir la donation du bien commun par le seul **époux parent de l'enfant** donataire, l'autre époux intervenant à l'acte seulement pour valider la donation (C. civ. art. 1422). 63602

Sur le **plan civil**, si la donation est rapportable, elle le sera en totalité à la succession du donateur.
Sur le **plan fiscal**, la donation est considérée comme faite pour le tout par l'époux auteur de l'enfant donataire. Elle est donc intégralement taxée au tarif applicable en ligne directe, après un seul abattement.

6. STIPULATIONS RELATIVES AU RAPPORT DE LA DONATION

VARIÉTÉ DES CLAUSES D'AMÉNAGEMENT DU RAPPORT

63610 Une clause de l'acte peut tout d'abord prévoir une **dispense de rapport** (sur la notion de rapport, voir n°s 64102 s.). La donation est alors consentie hors part successorale, c'est-à-dire qu'elle ne sera pas comprise dans le partage de la succession du donateur et le donataire en conservera à lui seul le bénéfice (sauf éventuellement réduction en présence de cohéritiers réservataires).
L'acte de donation peut également contenir des **stipulations dérogatoires aux règles légales d'évaluation** du rapport (C. civ. art. 860, al. 3). Les modifications peuvent porter sur la date d'évaluation, la prise en compte de l'état du bien, les conséquences de l'aliénation du bien avec ou sans remploi du prix de vente, etc. Le montant du rapport peut même être fixé à une somme forfaitaire, insusceptible d'évoluer. S'il résulte de telles stipulations que la valeur sujette à rapport est inférieure à la valeur du bien déterminé selon les règles d'évaluation légales, la différence forme un avantage indirect acquis au donataire hors part successorale (C. civ. art. 860, al. 4). Cette libéralité hors part successorale est sujette à réduction en cas de dépassement de la quotité disponible (Cass. 1e civ. 5-12-2018 n° 17-27.982 F-PB : BPAT 1/19 inf. 26).
Le rapport en valeur n'étant pas impératif, le donateur peut enfin, en accord avec le donataire, prévoir que le **rapport** du bien donné se fera **en nature**. Le bien donné sera alors compris dans la masse à partager et susceptible d'être attribué à un autre héritier. En pratique, la stipulation d'une telle clause est plutôt rare compte tenu de ses conséquences : l'exécution du rapport en nature entraîne l'anéantissement des aliénations ou constitutions de droits réels consenties sur le bien donné par le donataire (C. civ. art. 858, al. 2). Sont par exemple concernés l'acquéreur ou le créancier hypothécaire. La gravité de cette résolution est cependant tempérée par les protections dont bénéficient les tiers :
– lorsque le rapport en nature a été prévu par l'acte de donation, les aliénations ou constitutions de droits réels effectuées par le donataire avec le consentement du donateur ne sont pas remises en cause (C. civ. art. 858, al. 3) ;
– les tiers titulaires d'un droit réel immobilier (acquéreur, créancier hypothécaire, etc.) sont informés de la clause de rapport en nature, qui doit être publiée au fichier immobilier (Décret 55-22 du 4-1-1955 art. 28, 2°). Si cette clause de rapport en nature n'a pas été publiée, elle est inopposable aux titulaires de ces droits réels créés sur le bien.

II. DONATIONS-PARTAGES

EN BREF

63620 La donation-partage est un acte qui réalise à la fois une **libéralité entre vifs et** un **partage anticipé de succession**. Il s'agit d'une libéralité-partage autorisée par la loi.

AVANTAGES DE LA DONATION-PARTAGE

63622 Sur le **plan civil**, une donation-partage présente la particularité d'offrir à la fois :
– une très grande souplesse due, en particulier, à la possibilité d'incorporer des donations antérieures ;
– et une remarquable stabilité. D'une part, les donations-partages ne sont jamais rapportables à la succession du donateur (pour un rappel du principe, Cass. 1e civ. 20-3-2013 n° 11-21.368 F-D). D'autre part, l'évaluation des biens donnés pour le calcul de la réserve est sous certaines conditions effectuée au jour de la donation-partage, et non au jour du décès (C. civ. art. 1078). Cette évaluation au jour de la donation-partage nécessite en effet que tous les héritiers réservataires vivants ou représentés au décès de l'ascendant ont reçu et accepté un lot dans le partage anticipé et qu'il n'a pas été prévu de réserve d'usufruit portant sur une somme d'argent. Faute de précisions dans la lettre de l'article 1078 du Code civil, qui vise les « héritiers réservataires », la règle de l'évaluation au jour de l'acte devrait selon nous s'appliquer aux donations-partages consenties aux descendants, mais également, lorsque le donateur n'a pas d'enfant, dans l'hypothèse d'une donation-partage bénéficiant au conjoint qui a dans ce cas la qualité d'héritier réservataire.

Sur le plan **fiscal**, les donations-partages sont soumises aux droits de donation dans les conditions de droit commun, mais elles échappent sauf exception au droit de partage. En effet, le partage – à condition qu'il soit effectué dans l'acte – n'est que l'accessoire de la donation.

A. Conditions de validité de la donation-partage

ACTE MIXTE

La donation-partage constituant un acte mixte, elle est en principe soumise à la fois aux conditions de **droit commun** requises pour la validité des donations entre vifs, déjà exposées n°s 63372 s., et aux conditions de validité du partage. Elle obéit en outre à des **conditions spécifiques**, que nous exposons ici. **63624**

1. FORME DE LA DONATION-PARTAGE

PARTICULARISMES

La donation-partage constituant une **donation entre vifs**, elle est soumise aux mêmes conditions de forme que les donations simples (C. civ. art. 1075, al. 2). Les règles sont celles exposées n°s 63440 s., sous réserve de quelques particularités : **63626**
– une donation-partage ne peut pas être réalisée par **plusieurs actes de donation distincts** : l'acte authentique doit prendre en compte la totalité des biens donnés (Cass. 1e civ. 6-2-2007 n° 04-20.029 FS-PB) ;
– une condition supplémentaire s'impose aux **donations-partages transgénérationnelles** : l'enfant doit consentir dans l'acte à ce que ses propres enfants soient allotis en son lieu et place (n°s 63660 s.).

S'agissant de la **forme** de la donation-partage, la **Cour de cassation** a, par deux décisions, énoncé en termes de principe que « la donation-partage doit être passée devant notaire, à peine de nullité » (Cass. 1e civ. 1-12-1999 n° 97-21.953 : Bull. civ. I n° 327 ; Cass. 1e civ. 3-1-2006 n° 02-17.656 F-PB). Pour autant, cette jurisprudence n'emporte pas condamnation de la pratique des dons manuels successifs ou simultanés rassemblés dans un pacte adjoint stipulant qu'ils réalisent un partage anticipé. La **doctrine majoritaire** considère en effet qu'une donation-partage peut être réalisée sous la forme de dons manuels (en ce sens, N. Peterka : Le don manuel, donation entre vifs, LGDJ 2001 n° 207 ; C. Brenner et P. Malaurie : Les successions. Les libéralités, LGDJ 10e éd. 2022, n° 835 ; C. Brenner et M. Iwanesko, Le traitement civil du don manuel : les conséquences liquidatives : Actes pratiques et stratégie patrimoniale 2012 n° 4, p. 36 § 25 ; 111e Congrès des notaires de France Strasbourg 2015, n° 3256 ; Dalloz Action Droit patrimonial de la famille 2021/2022, dir. M. Grimaldi, v. Conditions de la libéralité-partage, n° 411.282 par M. Grimaldi ; en sens contraire, C. Jubault : Droit civil, Les successions. Les libéralités, Montchrestien 2e éd. 2010, n° 868).

Le **partage** peut être réalisé par acte séparé, pourvu que le disposant intervienne aux deux actes (C. civ. art. 1076, al. 2 ; pour une illustration, Cass. 1e civ. 13-2-2019 n° 18-11.642 F-PB : BPAT 2/19 inf. 61). Il est cependant préférable de réaliser la donation et le partage dans le même acte : voir n°s 63730 s. **63630**

2. BÉNÉFICIAIRES DE LA DONATION-PARTAGE

RÈGLES GÉNÉRALES

Une donation-partage doit être opérée au profit des **héritiers présomptifs** du donateur. **63640**
Par **exception**, il est parfois possible de faire participer à une donation-partage des personnes qui n'ont pas cette qualité d'héritier présomptif :
– une donation-partage peut être réalisée au profit de descendants de degrés différents, ce qui permet d'effectuer des donations-partages dites « transgénérationnelles » : voir n°s 63660 s. ;
– dans les familles recomposées, une donation-partage conjonctive peut associer des enfants issus de lits différents : voir n° 63796 ;
– les tiers peuvent sous certaines conditions être allotis d'une entreprise (C. civ. art. 1075-2) ; sur cet aspect, qui ne sera pas abordé ici, voir Mémento Successions Libéralités n°s 10400 s.

a. Héritiers présomptifs du donateur

PRINCIPES

Parce que la donation-partage est un outil de règlement anticipé des successions, elle ne peut en principe s'effectuer qu'au profit des héritiers présomptifs du donateur (C. civ. art. 1075, al. 1). **63642**

Par « héritiers présomptifs », il convient d'entendre les personnes qui ont vocation à venir, de leur chef ou par représentation de leur auteur prédécédé, à la **succession du donateur** s'il venait à décéder.

Ajoutons que selon la doctrine majoritaire, il faut le consentement d'**au moins deux gratifiés**, sans quoi l'opération ne serait qu'une donation ordinaire (C. Brenner et P. Malaurie : Droit des successions et des libéralités, LGDJ 10e éd. 2022, n° 836 ; F. Terré, Y. Lequette et S. Gaudemet : Les successions. Les libéralités, Précis Dalloz 5e éd. 2024, n° 1286 ; en sens contraire, G. Morin, L'ouverture de la donation-partage à des personnes n'ayant pas la qualité d'enfants ou de descendants du disposant : Defrénois 1988 art. 34152 p. 145 ; M. Grimaldi, Les conditions de validité du partage d'ascendant : Defrénois 15-8-1992 n° AD1992DEF929N1 p. 929 § 11 et 68). Dans une affaire qui concernait une donation-partage effectuée en deux temps (n° 63630), la Cour de cassation a toutefois admis que le « partage d'ascendant se forme dès que l'un des enfants a accepté son lot » (Cass. 1e civ. 13-2-2019 n° 18-11.642 F-PB : BPAT 2/19 inf. 61, JCP G 2019 n° 479 note C. Brenner, Defrénois 3-5-2019 n° 148p7 p. 34 obs. B. Vareille, RTD civ. 2019 p. 386 obs. M. Grimaldi).

Dans l'immense majorité des cas, la donation est effectuée au profit des **enfants** (ou petits-enfants par représentation de leur auteur prédécédé), raison pour laquelle nous consacrerons des développements particuliers à ce cas de figure.

Si le **donateur n'a pas d'enfant**, il peut consentir la donation-partage à tout ou partie de ses héritiers présomptifs. Par exemple, s'il a trois frères A, B et C, il peut leur consentir une donation-partage à tous trois, ou seulement à deux d'entre eux. Si A est prédécédé, les enfants de A pourront participer à l'opération par représentation.

Bien que la loi ne le précise pas expressément, il est possible de consentir une donation-partage à son conjoint et à tout ou partie de ses – autres – héritiers présomptifs.

> **Précisions** **a.** L'intérêt d'une donation-partage aux **frères et sœurs (ou neveux et nièces** par représentation) est limité. En effet, la donation simple hors part successorale à leur profit n'est concernée ni par le rapport ni par la réduction. Toutefois, par le recours au mécanisme de l'incorporation de donations antérieures, cette opération offre au donateur la possibilité de procéder à la redistribution des biens antérieurement donnés en modifiant les allotissements.
> **b.** La donation-partage associant le **conjoint** peut également présenter un intérêt lorsqu'elle est réalisée dans les conditions de l'article 1078 du Code civil car les risques de réduction pour atteinte à la réserve sont limités par la fixation des valeurs des biens donnés au jour de la donation-partage. Cela étant, l'attention doit être attirée sur le fait que, portant par hypothèse sur des biens présents, la donation-partage bénéficiant au conjoint sera irrévocable. En outre, les droits de donation seront dus, alors qu'un avantage matrimonial ou une donation au dernier vivant sont délivrés en franchise d'impôt.

DONATION-PARTAGE AU PROFIT DES ENFANTS

63644 C'est la situation la plus courante : la donation-partage est réalisée au profit des **enfants** du donateur **et/ou** de ses **petits-enfants par représentation** d'un enfant prédécédé (à la différence des donations-partages transgénérationnelles, qui gratifient les petits-enfants du vivant de leurs parents, voir n°s 63660 s.).

Lorsque la donation-partage est réalisée au profit des enfants, peuvent le cas échéant être également allotis les **autres bénéficiaires** suivants :

– le conjoint du donateur, situation qui devrait être rare (voir n° 63642, précision b) ;

– un tiers, qui ne peut être alloti que d'une entreprise (C. civ. art. 1075-2).

Si les conjoints des enfants donataires ne peuvent pas être allotis par la donation-partage, la jurisprudence admet la validité de la clause d'entrée en communauté dans une donation-partage, clause qui rend les conjoints également bénéficiaires de la donation (Cass. 1e civ. 21-9-2005 n° 02-21.503 F-PB ; Cass. 1e civ. 3-12-2008 n° 07-19.348 FS-PB : BPAT 1/09 inf. 5, décisions rendues pour l'application du dispositif antérieur à la loi du 23-6-2006 mais transposables sous le régime actuel).

63646 **Époux donateurs** Les ascendants mariés ne sont pas tenus d'agir séparément en opérant deux donations-partages distinctes : quel que soit leur régime matrimonial, les époux peuvent procéder ensemble à une **donation-partage** dite « **conjonctive** ». Celle-ci comporte deux donations créant une masse unique et confondue des biens à partager, les attributions aux enfants pouvant être réalisées sans tenir compte de l'origine des biens.

Des développements spécifiques sont consacrés à la donation-partage conjonctive : voir n°s 63790 s.

63648 **Donation-partage au profit de certains enfants seulement** En pratique, il n'est pas toujours possible de réaliser une donation-partage à laquelle concourent tous les enfants du donateur, soit que l'un d'eux refuse le lot qui lui était destiné, soit que le donateur

veuille délibérément exclure tel ou tel de ses enfants, soit encore parce que la donation-partage est réalisée à une époque où un enfant du donateur n'est pas encore conçu.
La participation de tous les enfants entendus au sens de descendants réservataires du donateur n'est pas une condition de **validité** de la donation-partage (pour une illustration, Cass. 1e civ. 13-2-2019 n° 18-11.642 F-PB : BPAT 2/19 inf. 61), mais la non-participation de l'un d'eux aura des conséquences défavorables sur les effets de la donation-partage.

b. Donations-partages transgénérationnelles

PRÉSENTATION GÉNÉRALE

Une donation-partage peut être faite au profit de descendants de générations différentes et **associer enfants et petits-enfants**, du vivant même des enfants (C. civ. art. 1075-1). **63660**
Seule condition requise pour ces donations-partages dites « transgénérationnelles » : les **enfants doivent consentir** dans l'acte de donation-partage à ce que leurs propres descendants soient allotis en leur lieu et place, que ce soit totalement ou en partie seulement (C. civ. art. 1078-4, al. 1). En effet, l'intérêt des donations-partages transgénérationnelles est de permettre au donateur de gratifier ses petits-enfants comme des enfants et non comme des tiers. Il en résulte que les lots reçus par les petits-enfants seront pris sur la part de réserve de leur auteur, et non pas sur la quotité disponible du disposant (comme cela est le cas en cas de donation simple).
Pour le règlement de la succession de l'ascendant donateur, le partage s'effectuera par souche : voir n° 63756.

Une grande **liberté** est **laissée aux parties** : **63662**
– la donation-partage peut être faite à des descendants de degrés différents dans toutes les souches ou seulement dans certaines d'entre elles (C. civ. art. 1078-6, al. 2). Par exemple, un ascendant peut effectuer une donation-partage au profit de ses deux filles et des enfants de son fils (avec le consentement de ce dernier) ;
– l'ascendant qui souhaite gratifier ses petits-enfants dans une souche donnée n'est pas obligé de les gratifier tous. Par exemple, l'ascendant qui effectue une donation-partage au profit de sa fille et des enfants de son fils peut gratifier tous les enfants de son fils ou seulement certains d'entre eux. À noter cependant que le fait que tous les descendants d'une même souche n'aient pas été allotis aura des conséquences défavorables au décès de l'enfant : voir n° 63756 ;
– l'ascendant n'est pas obligé de faire concourir tous ses enfants à la donation-partage. Par exemple, un ascendant qui a trois fils A, B et C peut allotir son fils B et les enfants de C (avec le consentement de ce dernier), A restant étranger à la donation-partage. Mais la non-participation de tous les enfants du donateur aura des conséquences défavorables au règlement de sa succession (n° 63758) ;
– la donation-partage transgénérationnelle ne se limite pas aux petits-enfants. Le donateur pourrait par exemple décider de gratifier ses arrière-petits-enfants avec le consentement de l'enfant et du petit-enfant.

L'**ascendant qui a un enfant unique** peut effectuer une donation-partage (C. civ. art. 1078-5, al. 1) : **63664**
– soit au profit de son enfant et des enfants de ce dernier ;
– soit uniquement au profit de ses petits-enfants.
Il faut le consentement dans l'acte de donation-partage de l'enfant qui renonce à tout ou partie de ses droits, ainsi que de ses descendants qui en bénéficient ; la loi précise expressément que la libéralité est nulle si le consentement du renonçant a été vicié par l'erreur, le dol ou la violence (C. civ. art. 1078-5, al. 2).

3. OBJET DE LA DONATION-PARTAGE

a. Biens susceptibles d'être donnés

RÈGLES GÉNÉRALES

Une donation-partage ne peut porter que sur des **biens présents** appartenant au donateur au jour de l'acte (C. civ. art. 1076, al. 1). En raison du principe de prohibition des pactes sur succession future, les **biens à venir** sont exclus : le disposant ne peut pas distribuer des biens sous la condition qu'il les laissera à son décès. **63680**
En pratique, une donation-partage ne porte jamais sur tous les biens du donateur. Les **biens ou droits qui n'auront pas fait l'objet de la donation-partage** seront partagés entre les héritiers du donateur dans le cadre de sa succession (C. civ. art. 1075-5).

BIENS COMMUNS

63682 La validité de la **donation-partage** de biens communs **consentie par un seul époux** n'est pas tranchée.

À notre avis, cette opération est valable ; le conjoint de l'époux donateur doit intervenir à l'acte pour donner son consentement, sans se porter codonateur (en ce sens, Dalloz Action Droit patrimonial de la famille 2021/2022, dir. M. Grimaldi, v. Conditions de la libéralité-partage par M. Grimaldi, n° 411.142 ; C. Brenner et P. Malaurie : Droit civil. Les successions. Les libéralités, LGDJ 10e éd. 2022, n° 832).

Pour l'administration fiscale, sous réserve de l'appréciation des tribunaux sur la validité de l'opération, les biens communs sont considérés comme donnés par le seul époux donateur. Il en résulte notamment que, pour les donations-partages au profit d'un enfant, les **droits de donation** sont calculés après application d'un seul abattement (BOI-ENR-DG-20-20-10 n° 140).

BIENS INDIVIS

63683 Le donateur peut valablement inclure dans la donation-partage ses droits dans une masse indivise. Dans ce cas, la situation du donataire sera celle du disposant, c'est-à-dire qu'il aura acquis le droit d'être partie au partage. Une telle donation nous paraît compatible avec l'exigence pour la donation-partage de réaliser un partage (voir nos 63730 s.).

BIENS PROPRES OU PERSONNELS À CHACUN DES ÉPOUX

63684 Chaque époux ne peut donner que ses biens propres ou personnels (à l'exclusion de ceux de son conjoint).

b. Biens partagés

CHAMP D'APPLICATION

63700 En plus des biens nouvellement donnés, **deux catégories** de biens peuvent être incluses dans la masse à partager de la donation-partage. Il s'agit, d'une part, des biens dépendant de la succession de l'époux prédécédé, d'autre part, des donations antérieures qui peuvent être incorporées à la donation-partage.

BIENS DÉPENDANT DE LA SUCCESSION DE L'ÉPOUX PRÉDÉCÉDÉ

63702 Le conjoint survivant peut, avec l'accord de tous les enfants, réunir dans une seule masse les biens donnés par lui et ceux provenant de la succession de son époux prédécédé. La **donation-partage** est alors dite « **cumulative** », en ce qu'elle permet de procéder globalement, dans le même acte et sous l'autorité du parent survivant, au partage de la succession de l'époux prédécédé et au partage anticipé de celle du survivant.

Les donations-partages cumulatives font l'objet de développements particuliers nos 63810 s.

INCORPORATION DE DONATIONS ANTÉRIEURES

63704 Une donation-partage peut porter, en **tout ou partie**, sur des biens qui ont déjà été donnés, souvent en ordre dispersé, par le donateur (C. civ. art. 1078-1, al. 1 et 1078-7). L'opération, vivement conseillée par les praticiens, consiste à inclure ces donations dans une donation-partage, avec le consentement du donataire, afin de les intégrer dans le partage anticipé.

L'incorporation des donations antérieures assure la cohérence et la stabilité du partage anticipé, et facilite la liquidation de la succession du disposant.

La donation-partage qui incorpore des donations antérieures comporte le plus souvent une nouvelle donation, mais ce n'est pas obligatoire (C. civ. art. 1078-3).

Toutes les donations antérieures **peuvent être incorporées** dans une donation-partage, y compris les donations déguisées ou indirectes et les dons manuels. Une donation-partage antérieure peut être incorporée à une nouvelle donation-partage. La loi le prévoit expressément pour les donations-partages transgénérationnelles (C. civ. art. 1078-7). L'incorporation peut avoir pour objet de rendre transgénérationnelle une donation-partage antérieure : le donateur redistribue les biens initialement donnés au sein de la souche qui en avait été bénéficiaire afin d'allotir les enfants des donataires originaires. Il n'est pas nécessaire que la nouvelle donation-partage, qu'elle soit ou non transgénérationnelle, porte sur l'ensemble des lots qui faisaient l'objet de la précédente donation-partage (en ce sens, M. Grimaldi et R. Gentilhomme, Rendre transgénérationnelle une donation-partage antérieure : Defrénois 30-9-2011 n° DEF40094 p. 1344).

Les biens acquis en emploi des deniers donnés ou en remploi du prix de vente du bien donné peuvent faire l'objet d'une incorporation (C. civ. art. 1078-1, al. 1).

L'**incorporation** se fait pour la **valeur** actuelle du bien donné, et non pour sa valeur retenue lors de la donation d'origine. Même si cette valeur s'est accrue, il ne s'agit pas d'une nouvelle donation, mais d'un partage fait par le disposant (C. civ. art. 1078-3).

> Précisions a. Certains auteurs plaident pour que, en cas d'**incorporation d'une donation-partage unanime dans une donation-partage transgénérationnelle** dont l'objet serait d'attribuer les biens précédemment donnés aux descendants des premiers bénéficiaires, l'évaluation retenue lors de la première donation-partage soit maintenue pour le calcul de la réserve et les imputations dans la succession du donateur (pour un modèle de clause, voir M. Grimaldi et C. Vernières, De quelques clauses des donations-partages : Defrénois 15-4-2014 n° 115t6 p. 386). Dans une telle situation en effet, le changement d'attributaire ne modifie pas le partage initial, qui s'opère par souches (M. Grimaldi et R. Gentilhomme, Rendre transgénérationnelle une donation-partage antérieure : Defrénois 30-9-2011 n° DEF40094 p. 1344).

b. L'incorporation d'une donation à une donation-partage ne constitue pas pour autant un obstacle aux opérations de **protection de la réserve**, le cas échéant. Les biens sont alors évalués à la date de l'acte de donation-partage (C. civ. art. 1078-1, al. 2 et 1078). Cette évaluation est figée à cette date si les conditions en sont réunies (C. civ. art. 1078), sous réserve que la valeur déclarée à l'acte soit la valeur réelle au jour de la donation-partage (Cass. 1e civ. 25-5-2016 n° 15-16.160 F-PB : BPAT 4/16 inf. 161).

Intérêt de l'incorporation de donations antérieures L'incorporation présente un intérêt particulier dans le cas, le plus fréquent, où la **donation-partage** est **consentie aux descendants**. Au décès du donateur, les donations antérieures non incorporées seront prises en compte, pour le calcul de la réserve, pour leur valeur au jour du décès. En revanche, les biens donnés par donation-partage seront évalués au jour de l'acte si ce dernier respecte les conditions posées à l'article 1078 du Code civil (voir n° 63622). À défaut d'incorporation, les donations antérieures risquent d'être surévaluées par rapport aux biens compris dans la donation-partage, d'où un risque accru de réduction. **63706**

À l'inverse, si les donations antérieures ont été incorporées (avec le consentement des donataires concernés), elles seront évaluées à la même date que la donation-partage pour le calcul de la réserve (C. civ. art. 1078-1, al. 2), soit en principe au jour de l'acte de donation-partage (n° 63758). Le risque de réduction sera diminué si tous les enfants acceptent un lot, compte tenu de l'unicité de la date d'évaluation des biens donnés.

Seul inconvénient de l'incorporation d'une donation dans une donation-partage, la donation antérieure une fois incorporée prendra rang à la date de la donation-partage, perdant ainsi le bénéfice de l'antériorité dans l'**ordre des imputations** (C. civ. art. 923).

EXEMPLE

Un exemple permet d'illustrer cette analyse (M. Grimaldi : Droit civil. Libéralités. Partages d'ascendants, Litec 2000, n° 1772).

Soit 3 enfants A, B et C. Les libéralités suivantes ont été consenties par le défunt :

– une donation hors part successorale à A, estimée à 50 au jour du partage anticipé, et à 150 au décès ;

– une donation-partage entre les trois enfants, chacun recevant un lot estimé à 50 au jour de l'acte.

Il n'y a pas de biens existants au décès de l'ascendant.

Si la donation hors part successorale a été incorporée, la masse de calcul de la réserve est égale à 200 et les parts de réserve individuelles à 50. Chaque enfant ayant reçu sa réserve dans le partage anticipé, il n'y a lieu à aucune réduction.

Si la donation n'a pas été incorporée, la masse de calcul est portée à 300 et les parts de réserve individuelles à 75. La donation-partage n'ayant alloti aucun des enfants de sa réserve, la donation faite à A est réductible.

Dans le cadre des **donations-partages transgénérationnelles**, il est possible d'éviter la règle qui prévoit que lors du décès de l'enfant ayant consenti à ce que ses propres enfants soient allotis à sa place, les biens reçus par les petits-enfants dans la donation-partage transgénérationnelle sont traités comme s'ils leur avaient été donnés par une donation ordinaire de leur auteur direct, avec pour conséquence la soumission de ces biens au rapport, à l'évaluation au jour du décès pour le calcul de la réserve, etc. (C. civ. art. 1078-9). L'enfant a en effet la possibilité de « rattraper » la donation-partage initiale, dans le cas où celle-ci n'aurait pas alloti tous ses propres enfants en consentant lui-même une donation-partage à ses enfants et en y incorporant les biens reçus par eux lors de la donation-partage transgénérationnelle. Dans ces conditions, la nouvelle donation-partage obéira aux règles de droit commun des donations-partages (C. civ. art. 1078-10). Il en résulte que si tous les enfants reçoivent un lot dans cette nouvelle donation-partage et s'il n'est pas prévu de réserve d'usufruit sur une somme d'argent, les biens seront sauf convention contraire évalués au jour de la nouvelle donation-partage pour le calcul de la réserve. **63708**

63710 Si la **donation antérieure** a été consentie **en avancement de part successorale**, le donataire qui aura accepté d'incorporer cette donation à la donation-partage profitera ou pâtira seul des plus ou moins-values du bien donné, puisqu'il n'en devra plus le rapport à la succession. En effet, incorporée à la donation-partage, la donation antérieure bénéficiera de la règle selon laquelle une donation-partage n'est jamais rapportable à la succession du donateur (Cass. 1e civ. 4-7-2018 n° 16-15.915 F-PB : BPAT 5/18 inf. 206).

Une donation consentie **hors part successorale** peut également être incorporée à une donation-partage. À cette occasion, il est possible avec l'accord du gratifié de transformer la donation incorporée en une donation en avancement de part successorale (C. civ. art. 1078-2). Une telle modification n'a pas pour effet de rendre la libéralité rapportable, puisqu'une donation-partage n'est jamais rapportable à la succession du donateur. Mais si la libéralité a pour bénéficiaire les descendants du disposant, elle s'imputera prioritairement sur la part de réserve du gratifié (sur la part de réserve de la souche, s'agissant d'une donation-partage transgénérationnelle) et subsidiairement sur la quotité disponible pour l'excédent.

63712 L'incorporation d'une donation antérieure peut être l'occasion d'**équilibrer les lots** de chacun, compte tenu des biens nouvellement donnés dans la donation-partage. En effet, si l'égalité des lots n'est pas obligatoire, elle est souhaitable pour prévenir tout risque de réduction ultérieure lorsque la donation-partage est effectuée au profit des descendants du donateur.

63714 L'**incorporation d'une donation-partage antérieure** peut être particulièrement utile si la donation-partage réalisée ne remplissait pas l'ensemble des conditions prévues pour l'application de l'article 1078 du Code civil, par exemple parce que l'un des enfants (ou l'un des petits-enfants, pour les donations-partages transgénérationnelles) avait été exclu par le donateur. Si la nouvelle donation-partage est acceptée par tous les enfants, elle bénéficiera de la stabilité résultant de la règle d'évaluation au jour de l'acte pour le calcul de la réserve.

63716 Des modifications peuvent être apportées aux **charges de la libéralité antérieure**, ainsi qu'aux modalités et délais de **paiement des soultes**. Par exemple, l'incorporation peut être utilisée pour supprimer une soulte initialement mise à la charge d'un des donataires partagés et payable au décès du donateur, si de nouveaux biens sont donnés pour équilibrer les lots.

Généralement, l'**incorporation** d'une donation antérieure s'effectue **en valeur**, le donataire conservant la propriété du bien initialement donné entre les donataires copartagés. Mais il est également possible de prévoir une incorporation **en nature**, ce qui permet de redistribuer les biens donnés.

Le **changement d'attributaire** n'est pas envisagé par le Code civil, mais la majorité des auteurs l'admet (P. Catala : La réforme des liquidations successorales, Defrénois 3e éd. 1982, n° 127 ; M. Grimaldi : Libéralités, partages d'ascendants, Litec 2000, n° 1775 note 86).

63720 **Traitement fiscal de l'incorporation des donations antérieures** Le régime fiscal de l'incorporation est la conséquence de son analyse civile : il ne s'agit pas d'une libéralité entre les héritiers présomptifs, mais d'un partage (C. civ. art. 1078-3). Dès lors, **en l'absence de donation nouvelle** (et sauf exception : voir n° 63722) :

– les droits de donation ne sont pas dus, ce que confirme expressément la loi fiscale (CGI art. 776 A, al. 1) ;

– le droit de partage est exigible sur la valeur actuelle des donations incorporées à la donation-partage.

Il en va ainsi que la donation incorporée à la donation-partage soit une donation simple ou une donation-partage (BOI-ENR-DMTG-20-20-10 n° 180).

Si la donation-partage réalisée prévoit non seulement l'incorporation de donations antérieures, mais également la **donation de nouveaux biens** par le donateur, l'incorporation des donations antérieures donne lieu au droit de partage et les biens nouvellement donnés sont taxables aux droits de donation (BOI-ENR-DMTG-20-20-10 n° 250).

En cas d'incorporation d'un **immeuble** antérieurement donné, la donation-partage doit être publiée au service de la publicité foncière et la contribution de sécurité immobilière sera perçue sur la valeur d'incorporation de l'immeuble, que l'incorporation ait lieu en valeur ou en nature.

63722 L'incorporation en nature dans une **donation-partage transgénérationnelle, avec réattribution du bien initialement donné** à un descendant du premier donataire, relève en principe du seul droit de partage (CGI art. 776 A, al. 2), assis sur la valeur actuelle du bien (les donations incorporées ayant déjà été taxées aux droits de mutation à titre gratuit).

Par **exception**, si la donation initiale à l'enfant a été effectuée moins de 15 ans avant la donation-partage, la réattribution du bien à un descendant du premier donataire est taxée aux droits de donation au tarif applicable entre grands-parents et petits-enfants, les droits payés lors

de la première donation à raison du bien réincorporé étant imputables sur ceux dus lors de la donation-partage (CGI art. 776 A, al. 3). Le donataire échappe corrélativement au droit de partage.
Ce dispositif s'applique dans les mêmes conditions en cas d'**incorporation d'un bien acquis en emploi** ou remploi du bien initialement donné, hypothèse expressément envisagée par le Code civil (C. civ. art. 1078-1, al. 1). Il appartient alors au donateur et au donataire initial d'apporter la preuve de l'emploi ou du remploi de la précédente libéralité ainsi que sa réattribution à un descendant du donataire initial (BOI-ENR-DMTG-20-20-10 n° 180).
Lors du règlement de la succession du donateur, la donation incorporée par l'enfant premier donataire ne sera pas soumise à la règle du **rappel fiscal**, la donation étant réputée avoir été directement consentie au petit-enfant attributaire (BOI-ENR-DMTG-20-20-10 n° 200). Bien que l'administration ne le précise pas, le petit-enfant attributaire sera soumis au rappel fiscal s'il reçoit, dans les 15 ans de la donation-partage, une nouvelle donation (ou un legs) de son grand-père ou de sa grand-mère, donateur d'origine.

> **Précisions** La loi est muette sur les conséquences fiscales de la **réattribution des biens au profit d'une souche autre que celle qui a bénéficié de la donation initiale** (c'est-à-dire en pratique à un neveu ou une nièce de l'enfant initialement alloti). En l'absence de texte spécifique, les droits de donation sont exigibles (au tarif entre grands-parents et petits-enfants), en lieu et place du droit de partage. Cette solution est justifiée à double titre. D'une part, le principe selon lequel l'incorporation d'une donation-partage ne constitue pas une libéralité mais un partage ne concerne littéralement que « les héritiers présomptifs » du donateur (C. civ. art. 1078-3, auquel renvoie CGI art. 776 A), ce que ne sont pas les petits-enfants du donateur. D'autre part, dans sa doctrine, l'administration fiscale réserve l'application du droit de partage au cas de réattribution à un descendant du premier donataire, c'est-à-dire au sein d'une même souche (BOI-ENR-DMTG-20-20-10 n° 180).

4. PARTAGE DES BIENS

RÈGLES GÉNÉRALES

La répartition des biens donnés entre les donataires est indispensable, puisque c'est le partage qui distingue la donation-partage d'une donation ordinaire. Il n'y a de donation-partage que dans la mesure où l'ascendant effectue une répartition matérielle de ses biens entre ses descendants (Cass. 1e civ. 6-3-2013 n° 11-21.892 FS-PBI ; Cass. 1e civ. 20-11-2013 n° 12-25.681 FS-PBI). **63730**
Le partage doit être opéré **par le ou les donateurs** (C. civ. art. 1075, al. 1). Le plus souvent, **en pratique**, le partage est fait d'un commun accord entre donateur(s) et donataires. Pour autant, la Cour de cassation a récemment admis que le « partage d'ascendant se forme dès que l'un des enfants a accepté son lot » (Cass. 1e civ. 13-2-2019 n° 18-11.642 F-PB : BPAT 2/19 inf. 61 ; voir également n° 63642).

La doctrine est divisée sur la question de savoir si le fait de procéder à la fois à l'**attribution privative** de certains biens donnés **et** au **maintien dans l'indivision** sur d'autres biens peut être qualifié de donation-partage. Ceci aboutirait à admettre que le partage pourrait être partiel quant aux biens (voir, pour l'admission de la qualification en donation-partage, B. Vareille, La notion de donation-partage et l'exigence d'un partage : Defrénois 15-7-2014 n° 116v2 p. 767 ; en sens contraire, M. Grimaldi, Pas de donation-partage sans partage : Defrénois 30-12-2013 n° 114n8 p. 1259, confirmé à notre avis par Cass. 1e civ. 12-7-2023 n° 21-20.361 FS-B : BPAT 5/23 inf. 228). **63732**
La donation-partage sans répartition des biens donnés peut être « rattrapée » du vivant du donateur : soit en effectuant le partage par acte séparé (voir n° 63734) soit en incorporant la donation-partage initiale dans une nouvelle donation-partage.

Si le **partage** intervient **ultérieurement** par acte séparé, **en présence du donateur** et avec son concours, il y a bien donation-partage. Jugé ainsi que « la donation-partage, qui peut être faite en deux temps ainsi que le prévoit l'article 1076 du Code civil, ne constitue pas un partage ordinaire que les attributaires pourraient contester mais un partage fait par l'ascendant de son vivant et selon sa seule volonté » (Cass. 1e civ. 13-2-2019 n° 18-11.642 F-PB). **63734**
En revanche, si le partage n'est **pas fait du vivant et en présence du donateur**, la libéralité constitue irrémédiablement une donation ordinaire et le partage de l'indivision ne sera qu'un partage ordinaire (Cass. 1e civ. 6-3-2013 n° 11-21.892 FS-PBI ; Cass. 1e civ. 20-11-2013 n° 12-25.681 FS-PBI : BPAT 1/14 inf. 23). De même, la licitation amiable convenue entre les donataires indivis, à laquelle le donateur a seulement donné son consentement en renonçant à l'action révocatoire et au droit de retour, ne constitue pas un partage par acte séparé au sens de l'article 1076, la donation-partage, même fait par actes séparés, supposant nécessairement une répartition des biens effectuée par le disposant lui-même ou, tout au moins, sous

sa direction et avec son concours (Cass. 1e civ. 12-7-2023 n° 21-20.361 FS-B : BPAT 5/23 inf. 228). Les règles spécifiques aux donations-partages (exclusion de la lésion, évaluation des biens au jour de l'acte pour le calcul de la réserve, etc.) sont alors inapplicables.
Sur le plan fiscal, voir n° 63778.

COMPOSITION DES LOTS

63736 Même si les biens sont partageables en nature, le donateur est libre de composer les lots comme il l'entend. Il peut donc allotir les donataires au moyen de **biens de valeurs inégales**, quitte, s'il le souhaite, à rétablir l'équilibre des lots par des soultes.
Il est même possible d'attribuer privativement le ou les bien(s) donné(s) à **un seul donataire**, à charge pour ce dernier d'indemniser les autres par des soultes (en ce sens, par exemple, Cass. 1e civ. 30-1-2001 n° 98-14.930 : Bull. civ. I n° 20).

63738 Lorsqu'une **soulte** est prévue, elle peut bien sûr être payable au comptant. En pratique, elle est parfois stipulée payable à terme au décès du donateur. Il en est ainsi notamment lorsque le donateur s'est réservé l'usufruit des biens donnés (il s'agit de tenir compte du fait que l'attributaire des biens n'en aura la jouissance qu'au décès du donateur).
Cela étant, la possibilité de prévoir le paiement à terme de la soulte se heurte à la règle de **revalorisation des soultes payables à** terme prévue pour limiter les risques de dépréciation monétaire. Lorsque, à la date du paiement de la soulte, la valeur des biens mis dans le lot de son débiteur a varié (en plus ou en moins) de plus du quart, par suite des circonstances économiques, la soulte due augmente ou diminue dans les mêmes proportions (C. civ. art. 828 et 1075-4 ; Cass. 1e civ. 30-1-2001 n° 98-14.930 : Bull. civ. I n° 20, JCP N 2002 n° 1194 chron. R. Le Guidec).
Cette règle est d'ordre public en matière de donation-partage et ne peut pas être écartée conventionnellement (Cass. 1e civ. 6-7-2011 n° 10-21.134 F-PBI : BPAT 5/11 inf. 296, rendu en application des dispositions antérieures à la loi du 23-6-2006, mais dont la solution est transposable sous le régime actuel).

63740 La donation-partage ne pouvant pas faire l'objet d'une action en complément de part pour lésion de plus du quart, le donateur est libre de **rompre l'égalité entre les donataires**.
La seule **limite** à la liberté de procéder à des allotissements inégaux réside, lorsque la donation-partage est consentie à des descendants, dans la réserve héréditaire. En effet, si la succession ne contient pas suffisamment de biens existants pour octroyer sa part de réserve à l'enfant qui n'aurait pas été alloti dans la donation-partage, ce dernier pourra agir en réduction.

B. Effets de la donation-partage

AVANT L'OUVERTURE DE LA SUCCESSION

63750 Dans les **rapports entre le disposant et les donataires**, la donation-partage produit les effets d'une donation. La donation est irrévocable et les gratifiés sont immédiatement propriétaires à titre particulier des biens qui leur ont été attribués par la donation-partage. Comme toutes les donations, la donation-partage peut être résolue par l'effet d'un droit de retour, révoquée pour inexécution des charges ou pour ingratitude ou, pour les donations-partages effectuées par des personnes sans descendance, pour survenance d'enfant.
Quant aux obligations respectives des parties au contrat, ce sont celles d'une donation ordinaire (voir nos 63484 s.).

63752 Dans les **rapports entre les codonataires**, la donation-partage produit les effets d'un partage.
Les donataires copartagés sont garants les uns envers les autres des troubles ou évictions procédant d'une cause antérieure au partage (par exemple, reprise par son véritable propriétaire d'un bien inclus à tort dans la donation-partage), sauf stipulation contraire de non-garantie.
De même, les codonataires peuvent immédiatement réclamer les soultes qui leur sont dues, si aucune modalité de paiement n'a été prévue. Le paiement des soultes est garanti par leur hypothèque légale de copartageant (C. civ. art. 2402, 4° dans sa rédaction issue de l'ord. 2021-1192 du 15-9-2021 portant réforme du droit des sûretés ; ancien privilège de copartageant).

APRÈS L'OUVERTURE DE LA SUCCESSION DU DONATEUR

63754 La situation ici envisagée est celle, la plus fréquente, où le donateur a gratifié ses enfants (ou ses petits-enfants, mais uniquement par représentation de leur auteur prédécédé).
La situation au décès du donateur peut être résumée comme suit :
– en cas d'**acceptation pure et simple**, la donation-partage constitue, sauf clause contraire, une avance de part successorale imputable sur la part de réserve de l'enfant ou, pour les donations-partages transgénérationnelles, sur la part de réserve revenant à sa souche, mais elle ne donne

pas lieu à rapport. Si le lot reçu excède la part de réserve du bénéficiaire ou celle de sa souche, l'excédent s'impute sur la quotité disponible. Les excédents de lots sont donc définitivement acquis au donataire, sauf atteinte à la réserve. Dans le cas (rare) où le donateur a stipulé que le bien donné l'était hors part successorale, la valeur totale du bien s'impute sur la quotité disponible ;
– en cas de **renonciation à la succession**, le gratifié demeure donataire et conserve donc le bien donné (sauf stipulation contraire dans l'acte l'obligeant au rapport). La donation s'impute intégralement sur la quotité disponible et l'excédent, s'il y en a un, est sujet à réduction.

L'enfant qui a été lésé, soit parce qu'il a été omis, soit parce qu'il a été insuffisamment alloti, **63756**
n'est protégé qu'en sa qualité d'héritier réservataire, au moyen de l'**action en réduction**. Celle-ci constitue la seule sanction aux atteintes portées par la donation-partage à la réserve d'un ou de plusieurs héritiers. Elle est soumise à une prescription de cinq ans à compter du décès de l'ascendant. En cas de donation-partage conjonctive, l'action en réduction ne peut être introduite qu'après le décès du survivant des parents, y compris lorsque la donation-partage a porté sur des biens communs (C. civ. art. 1077-2, al. 2).

L'action en réduction présente un **caractère subsidiaire** : elle ne peut être exercée que s'il n'existe pas, à l'ouverture de la succession, des biens suffisants pour compléter ou composer la part de réserve de l'enfant lésé, compte tenu des libéralités dont il a pu bénéficier (C. civ. art. 1077-1).

Dans le cadre d'une **donation-partage transgénérationnelle**, qui associe deux générations différentes, la question de la protection de la réserve impose de raisonner en deux temps :
– d'abord au décès de l'ascendant donateur. L'imputation des biens reçus par les enfants et les petits-enfants est effectuée prioritairement sur la part de réserve revenant à leur souche et, subsidiairement, sur la quotité disponible (C. civ. art. 1078-8, al. 1) ;
– ensuite au décès de l'enfant qui a consenti à ce que ses propres enfants soient allotis à sa place. Les biens reçus par les petits-enfants dans la donation-partage sont traités comme s'ils avaient été donnés par une donation ordinaire de leur auteur direct. Il en résulte que la donation aux petits-enfants est rapportable à la succession de l'enfant et que les biens donnés seront évalués, pour le calcul de la réserve, l'imputation et la réduction au jour du décès de l'enfant. Par exception, si tous les petits-enfants (dans la souche en cause) ont reçu et accepté un lot dans le partage anticipé et s'il n'a pas été prévu d'usufruit portant sur une somme d'argent, les gratifiés sont traités comme s'ils avaient reçu la donation-partage de leur propre auteur (C. civ. art. 1078-9 al. 3 ; voir n° 63708).

Calcul de la réserve La **date d'évaluation des biens donnés ou incorporés** à la donation- **63758**
partage est définitivement fixée au jour de l'acte (et non au jour du décès) pour le calcul de la réserve, si les trois **conditions** suivantes sont réunies (C. civ. art. 1078) :
– tous les enfants ont participé à l'acte et accepté expressément un lot ;
– il n'a pas été prévu de réserve d'usufruit sur une somme d'argent (C. civ. art. 1078) ou sur une créance de somme d'argent (Cass. 1e civ. 18-5-1978 : Bull. civ. I n° 196, Defrénois 1979 art. 32038 n° 41 note G. Champenois). Une donation de somme d'argent dont l'exigibilité serait différée au décès du donateur s'oppose à notre avis de la même façon à une évaluation au jour de la donation-partage ;
– il n'a pas été prévu de clause fixant une date évaluation différente dans l'acte.

Cette règle spécifique à la donation-partage lui confère une remarquable stabilité puisque les plus-values (ou moins-values) affectant tel ou tel lot ne profitent (ou n'incombent) définitivement qu'à son attributaire.

En matière de **donation-partage transgénérationnelle**, l'évaluation dérogatoire est également prévue sous les mêmes conditions (C. civ. art. 1078-8, al. 3). Précisons toutefois que le consentement unanime requis est celui des enfants du donateur pour la liquidation de la succession de ce dernier, et celle des petits-enfants de la souche en cause pour la liquidation de la succession de l'enfant qui a consenti à ce que ses propres enfants soient allotis à sa place.

> **Précisions** Les biens donnés dans le cadre d'une donation-partage remplissant les conditions pour l'évaluation dérogatoire doivent être estimés à leur **valeur réelle au jour de la donation-partage**, bien que cette valeur soit différente de celle déclarée à l'acte (pour une application récente, Cass. 1e civ. 25-5-2016 n° 15-16.160 F-PB : BPAT 4/16 inf. 161).

C. Régime fiscal de la donation-partage

DROITS DE DONATION

63770 Les donations-partages obéissent au régime fiscal de droit commun des donations (nos 64820 s.), que ce soit en ce qui concerne les **exonérations**, les **abattements**, le **tarif**, les **réductions** ou le **paiement des droits**. De la même façon, si la donation-partage porte sur un immeuble, est due en plus des droits de donation la taxe de publicité foncière.

S'agissant des donations-partages transgénérationnelles, la part reçue par les petits-enfants est imposée après l'abattement spécifique aux donations aux petits-enfants (n° 64856), et non après l'abattement plus élevé (n° 64662) dont bénéficient les enfants (CGI art. 784 B).

La règle du **rappel fiscal des donations de moins de 15 ans** s'applique aux donations-partages dans les conditions de droit commun (voir nos 64700 s.).

Pour les donations-partages transgénérationnelles, la donation faite aux petits-enfants (allotis au lieu et place de leur père ou mère) n'est pas soumise au rappel fiscal au décès des enfants : la loi prévoit expressément que les donations de moins de 15 ans consenties aux petits-enfants en application de l'article 1078-4 du Code civil ne sont pas rapportables à la succession de leur père ou mère (CGI art. 776 ter ; BOI-ENR-DMTG-20-20-10 n° 200).

En cas d'**incorporation d'une donation antérieure** dans une donation-partage, la donation incorporée échappe sauf exception aux droits de donation : voir nos 63720 s.

63772 **Incidence de la forme de la donation-partage** L'administration fiscale n'étant pas juge de la validité des actes, les droits de mutation sont perçus même si la donation soumise à l'enregistrement ne respecte pas les conditions de validité de la donation-partage.

Si la **donation-partage** enregistrée est **ultérieurement annulée**, les droits perçus sont restituables à la condition que l'annulation ait été prononcée par un arrêt ou un jugement passé en force de chose jugée (CGI art. 1961, al. 2).

63774 **Incidence des modalités du partage** La liquidation des droits de mutation s'opère sur une base différente selon que le partage est pur et simple ou qu'au contraire les biens attribués ne correspondent pas aux droits des donataires dans la masse des biens donnés.

Lorsque le **partage** est **pur et simple**, c'est-à-dire lorsque les biens sont attribués à chaque copartageant dans la proportion de ses droits, sans stipulation de soulte, les droits de donation sont liquidés en tenant compte uniquement de ces attributions.

Lorsque, au **contraire**, les biens attribués à chaque copartageant ne correspondent pas à leurs droits théoriques dans la masse donnée et à partager ou que des soultes sont stipulées à l'effet d'égaliser les lots, les droits de donation ne sont plus assis directement sur les biens attribués à chaque donataire, mais uniquement en fonction des droits théoriques de chaque donataire dans la masse donnée et à partager (BOI-ENR-DMTG-10-20-40-10 n° 340).

63776 Le plus souvent, le fait que le partage soit ou non pur et simple n'a aucune **conséquence sur le montant des droits** à payer. Il en va toutefois autrement dans deux cas :

– en présence d'une donation-partage conjonctive (voir n° 63794) ;

– lorsqu'il existe, dans la masse donnée et à partager, des biens totalement ou partiellement exonérés (monuments historiques, bois et forêts, titres de sociétés sous engagement Dutreil, etc.) et des biens non exonérés. Le fait de réaliser une donation-partage pure et simple ou une donation-partage avec soulte a une incidence directe sur le calcul et le montant des droits de donation dus globalement pour l'ensemble des donataires (ainsi que sur ceux dus par chaque donataire, lorsque les droits ne sont pas pris en charge par le donateur).

EXEMPLE

Donation-partage effectuée le 3 février 2024 par un époux séparé de biens au profit de ses deux enfants Nathalie et Christophe. Il existe des biens exonérés à hauteur des trois quarts de leur montant pour 160 000 € (valeur taxable : 40 000 €) et divers biens non exonérés pour 220 000 €, soit un total de 380 000 € et des droits pour chacun des enfants de 190 000 €.

1e hypothèse : partage pur et simple. Christophe est alloti des biens partiellement exonérés (160 000 €) et d'une partie des biens non exonérés (30 000 €). Nathalie reçoit uniquement des biens non exonérés (190 000 €). Les droits sont liquidés en fonction des attributions effectivement réalisées au profit de chacun des enfants.

Les droits dus par Christophe sont calculés sur 70 000 €, soit sur la valeur taxable (40 000 €) des biens partiellement exonérés et sur les biens non exonérés (30 000 €). Compte tenu de l'abattement de 100 000 € (on suppose qu'il n'y a pas de donation antérieure), il n'a aucun droit à payer.

Nathalie devra acquitter des droits sur une assiette de 190 000 €, soit une base taxable de 90 000 € après abattement de 100 000 € (pas de donation antérieure).
Droits dus par Nathalie : 16 194 €.
2e **hypothèse** : partage avec soulte. Christophe est alloti des biens partiellement exonérés (160 000 €) et d'une soulte de 30 000 € à recevoir de Nathalie, celle-ci recevant de son côté la totalité des biens non exonérés, soit 220 000 € à charge de verser à son frère une soulte de 30 000 €.
Le partage n'est pas pur et simple puisqu'il y a stipulation de soulte. En conséquence, l'impôt est calculé en tenant compte des droits théoriques de chaque enfant dans la masse donnée et à partager.
L'assiette des droits de donation est donc la suivante :
Masse à partager : 380 000 €
Biens exonérés (160 000 € × 75 %) : 120 000 €
Masse taxable : 260 000 €, revenant à chaque enfant pour moitié (130 000 €), soit 30 000 € après abattement de 100 000 €.
Droits dus par chaque enfant : 4 194 €.
Soit au total : 8 388 € pour les deux enfants.

DROIT DE PARTAGE ET DROIT DE SOULTE

Le partage constituant une disposition dépendante de la donation qui est seule taxée, le droit de partage de 2,5 % n'est pas dû lorsque le **partage** des biens objets de la donation a lieu **dans l'acte de donation-partage**. De même, les soultes stipulées dans les donations-partages ne sont pas considérées comme translatives de propriété et ne donnent ouverture à aucun droit (BOI-ENR-DMTG-20-20-10 n° 260). **63778**
Lorsque la **donation** et le **partage** sont faits **par actes séparés**, outre les droits de mutation à titre gratuit dus lors de la donation, le droit de partage est dû (BOI-ENR-DMTG-20-20-10 n° 250). Il est assis sur l'actif net partagé, sans déduction des soultes ; si des soultes sont prévues, elles ne sont pas taxées aux droits de mutation à titre onéreux (CGI art. 748) et ne donnent pas non plus lieu à taxation de la plus-value réalisée par les copartageants bénéficiaires de la soulte (CGI art. 150 U, IV pour les plus-values sur biens meubles et immeubles, et 150-0 A, IV pour les plus-values sur valeurs mobilières et droits sociaux).
Pour le cas où la donation-partage procède à l'**incorporation de donations antérieures**, voir n°s 63720 s.

D. Donation-partage conjonctive

RÈGLES GÉNÉRALES

Définition et fonctionnement La donation-partage conjonctive est l'acte par lequel le **père et** la **mère** donnent ensemble leurs biens à leurs enfants, communs ou non, et les partagent entre ces derniers. Elle est possible quel que soit le régime matrimonial des parents donateurs (régime communautaire ou séparatiste). La donation-partage conjonctive comporte deux donations (une par le père et une par la mère) et un partage unique. Mais les règles applicables diffèrent selon que la donation-partage associe ou non des enfants de lits différents. **63790**
Effectuée au profit des enfants communs des époux, la donation-partage conjonctive opère un partage indivisible par la volonté des donateurs qui ont constitué une masse unique de leurs biens pour les répartir sans considération de leur origine (en ce sens, notamment, Cass. 1e civ. 16-6-2011 n° 10-17.499 FS-PBI : BPAT 4/11 inf. 245). Elle nécessite au moins deux enfants communs. Même dans l'hypothèse où l'un des enfants recevrait uniquement des biens appartenant à l'un des parents, tous les enfants sont considérés comme tenant leurs droits à la fois de leur père et de leur mère. Chaque parent donateur est regardé comme contribuant à l'allotissement de chacun des donataires à proportion de sa contribution dans la totalité des biens compris dans la donation-partage (en ce sens, Dalloz Action Droit patrimonial de la famille 2021/2022, dir. M. Grimaldi, v. Conditions de la libéralité-partage par M. Grimaldi, n° 411.151).
Parce que cette opération est effectuée par les deux parents ensemble, une éventuelle action en réduction ne pourra être introduite qu'après le décès du dernier des époux (C. civ. art. 1077-2, al. 2).

> **Précisions a.** La donation-partage conjonctive de la nue-propriété d'un bien commun avec **réserve d'usufruit** au profit des époux n'a pas pour effet de procéder à la division de cet usufruit entre eux, cet usufruit leur demeurant commun. Il en résulte à propos d'une donation-partage conjonctive de parts sociales communes qu'au décès du premier des époux, l'usufruit réservé par l'époux survivant est certes de moitié (en termes de quotité), mais porte sur la

totalité des parts données (en termes d'assiette) (Cass. 1e civ. 11-5-2016 n° 14-28.321 FS-PB : BPAT 4/16 inf. 160).

b. Bien que le Code civil n'envisage que la donation-partage conjonctive effectuée par deux « époux » (C. civ. art. 1076-1), certains auteurs estiment que rien ne s'oppose à la réalisation d'une donation-partage conjonctive par un **couple non marié** (en ce sens notamment, O. Roy, La mise en œuvre des nouvelles donations-partages au service de la transmission d'entreprise : Dr. et patrimoine 9/2007 p. 48 ; Dalloz Action Droit patrimonial de la famille 2021/2022, dir. M. Grimaldi, v. Conditions de la libéralité-partage par M. Grimaldi, n° 411.152 ; C. Jubault : Droit civil. Les successions. Les libéralités, Montchrestien 2e éd. 2010, n° 594).

63792 **Intérêt pratique** La donation-partage aux enfants communs autorise une grande souplesse dans la répartition des biens donnés (par exemple, les actions qui appartiennent en propre au père sont données à l'un des enfants, le portefeuille de valeurs mobilières de la mère à l'autre enfant). Cela permet de tenir compte à la fois des objectifs des parents et des souhaits des enfants, ainsi que de l'indivisibilité de certains biens, tel un bien professionnel. L'unité de l'entreprise, de la société ou de la propriété familiale peut ainsi se trouver préservée.

RÉGIME FISCAL

63794 Si les **attributions réelles des enfants** sont conformes à leurs droits théoriques dans chaque masse de biens donnés, les droits de donation sont calculés sur les biens composant effectivement le lot de chaque donataire.

À défaut, les droits sont calculés sur la **part théorique** de chaque enfant. Par exemple, un couple fait une donation-partage à ses deux enfants. L'aîné des enfants reçoit des titres appartenant en propre (ou personnellement) à son père et le cadet une maison, bien propre (ou personnel) de sa mère. Les droits seront liquidés sans tenir compte des attributions réelles, en considérant que chacun des enfants a reçu une partie des titres et une partie de la maison.

Lorsque la donation-partage est consentie par un **couple marié sous un régime de communauté**, chacun des époux est réputé transmettre la moitié des biens de communauté (auxquels s'ajoutent, le cas échéant, les biens propres).

DONATION-PARTAGE CONJONCTIVE EN PRÉSENCE D'ENFANTS DE LITS DIFFÉRENTS

63796 Les époux qui ont des enfants de lits différents peuvent effectuer une donation-partage conjonctive à laquelle participent leurs enfants communs et leurs enfants non communs. Dans ce cas, l'acte comportera deux opérations distinctes : une donation-partage conjonctive des deux époux à leurs enfants communs et une donation-partage ordinaire de l'époux concerné à son ou ses enfants non communs.

La **validité** de cette opération est expressément consacrée par la loi, mais avec des **conditions** spécifiques (C. civ. art. 1076-1) : les enfants non communs ne peuvent être gratifiés que par leur auteur et ils ne peuvent être allotis qu'en biens propres de leur auteur ou en biens communs. S'agissant des biens communs, le conjoint doit consentir à la donation, mais sans se porter codonateur. Dans le silence de la loi, une donation-partage conjonctive associant des enfants non communs ne paraît possible que si les époux ont au moins deux enfants communs (dans le même sens, Rép. Cuq : AN 11-3-2008 p. 2135 n° 12920). En revanche, le nombre d'enfants non communs est indifférent.

Autre particularité de ces donations-partages conjonctives, l'**action en réduction** peut être introduite par les enfants non communs dès le décès de leur auteur (C. civ. art. 1077-2, al. 2) et non, comme dans le droit commun, au décès du survivant des époux.

Au regard des **droits de donation**, les biens communs donnés aux enfants non communs avec le consentement du conjoint sont soumis pour le tout au tarif en ligne directe, et non seulement pour moitié (CGI art. 778 bis). La taxation s'effectue selon les règles de droit commun applicables aux donations de biens communs par un époux avec le consentement de l'autre : voir n° 63602.

E. Donation-partage cumulative

RÈGLES GÉNÉRALES

63810 Une donation-partage est dite « cumulative » lorsque le **parent survivant** donne ses biens en y ajoutant, pour former une masse unique, ceux de la **succession de son conjoint prédécédé**.

La donation-partage cumulative constitue juridiquement une opération globale et indivisible bien qu'elle comporte deux conventions différentes : une donation-partage proprement dite,

pour les biens donnés par le parent survivant, et un partage successoral pour les biens provenant du conjoint prédécédé.
Le plus souvent, le parent survivant impose aux enfants donataires, comme condition de la donation, la réunion des biens qu'ils ont recueillis dans la succession du prédécédé.
Assez souvent utilisée en pratique, la donation-partage cumulative n'est pas consacrée par le Code civil, mais elle a été validée à plusieurs reprises par la jurisprudence (en ce sens, par exemple, Cass. 1e civ. 29-5-1980 n° 79-12.762 : Bull. civ. I n° 165).

En tant qu'elle opère un **partage**, la donation-partage cumulative requiert l'accord de tous les enfants en leur qualité de copartageants. En revanche, elle n'est pas contestable pour cause de lésion de plus du quart (Cass. 1e civ. 22-11-2005 n° 02-17.708 FS-PBI, solution rendue à propos de l'ancienne action en rescision pour lésion mais transposable sous le régime actuel de l'action en complément de part). 63812
En tant qu'elle opère une **donation-partage**, elle est réductible en cas d'atteinte à la réserve.

Fiscalement, la donation-partage cumulative comprenant à la fois des biens donnés par l'ascendant et des biens indivis appartenant déjà aux copartageants et donc simplement partagés donne lieu : 63814
– pour les biens donnés par l'ascendant, aux droits de donation selon les règles de droit commun (nos 63770 s.) ;
– pour les biens d'origine successorale, au droit de partage de 2,5 %.

DONATION-PARTAGE CUMULATIVE EN PRÉSENCE D'ENFANTS DE LITS DIFFÉRENTS

L'**enfant non commun** aux époux ne doit recevoir de biens que du chef de son propre parent. Corrélativement, aucun bien propre de son beau-parent ne devra lui être attribué puisqu'il n'a aucun droit sur ces biens. 63816
Cette affirmation doit cependant être nuancée dans le cas, désormais fréquent, où le **conjoint survivant** a une **vocation successorale en pleine propriété** dans la succession de son époux prédécédé (n° 11007). Dans cette hypothèse, en effet, le conjoint survivant pourrait, au titre d'un partage partiel réalisé un instant de raison avant la donation-partage cumulative, se faire attribuer tel bien propre du prédécédé, puis en gratifier son enfant d'un autre lit.

III. DONATIONS NON NOTARIÉES

EN BREF

Trois **catégories** de donations échappent au formalisme de l'article 931 du Code civil et à la nécessité d'un acte authentique : les dons manuels, les donations indirectes et les donations déguisées. Ces trois formes de donations, dites « tacites », obéissent à des règles qui leur sont propres, à la fois sur le plan juridique (notamment quant à leurs conditions de validité) et sur le plan fiscal. Compte tenu de leur grande utilisation pratique, nous insisterons surtout sur les dons manuels. 63830

A. Dons manuels

PRÉSENTATION GÉNÉRALE

Très fréquent, le don manuel est une donation effectuée par la remise matérielle de la main à la main (la « tradition réelle ») de la chose donnée au donataire. Il peut porter sur tout bien susceptible de tradition. Un **immeuble** ne peut donc pas faire l'objet d'un don manuel. Le don manuel peut porter non seulement sur de l'**argent**, mais également sur tout **bien meuble corporel** (voiture, tableau, bijoux, etc., sauf rares exceptions concernant notamment les bateaux et avions dont le transfert de propriété doit faire l'objet de formalités de publicité spécifiques). Les animaux peuvent également faire l'objet d'un don manuel (Cass. 1e civ. 17-2-2016 n° 15-14.121 F-D : BPAT 3/16 inf. 117, à propos d'une jument). 63832
En principe, les **meubles incorporels**, insusceptibles de tradition, sont exclus du champ du don manuel. C'est ainsi, par exemple, que si tel ou tel élément corporel par nature d'un fonds de commerce peut faire l'objet d'un don manuel, le fonds lui-même ne le peut pas, car il constitue une universalité de biens incorporels.
De même, sont insusceptibles de don manuel les droits incorporels de propriété industrielle (exploitation d'un brevet, d'une marque ou d'un modèle), de propriété littéraire et de propriété artistique.

Cependant, la jurisprudence retient une **conception extensive de la notion de tradition réelle**. Il en résulte qu'est valable le don manuel de valeurs mobilières, notamment d'actions de société (Cass. 1e civ. 27-10-1993 n° 91-13.946 : Bull. civ. I n° 299 ; Cass. com. 19-5-1998 n° 96-16.252 : Bull. civ. IV n° 161, RJF 8-9/98 n° 1034). En revanche, parce qu'elles nécessitent le recours à un acte pour en transférer la propriété, les parts sociales (société civile, SARL, SNC) ne peuvent pas faire l'objet d'un don manuel (CA Paris 5-6- 2019 n° 17/16577, à propos de parts d'une société civile).
La Cour de cassation a même admis un don manuel de portefeuille de courtage en assurances (Cass. 1e civ. 3-2-2004 n° 02-14.102 F-D).
En ce qui concerne les créances, théoriquement exclues du don manuel, la solution est plus nuancée. En effet, la créance est parfois incorporée dans un titre qui en révèle l'existence et en permet la tradition matérielle. Ainsi, les bons anonymes peuvent faire l'objet de dons manuels.

> **Précisions** Le don manuel de **cryptomonnaie** devrait être admis qu'il porte sur la remise de ses supports matériels (type clé USB) ou encore sur le virement de ces actifs numériques comme le bitcoin. **Sur le plan fiscal**, une attention particulière doit être portée à l'enregistrement d'un tel don compte tenu du risque d'augmentation de l'assiette taxable aux droits de mutation à titre gratuit en raison de la forte volatilité des cours de cryptomonnaie (P.-A. Conil et R. Vabres, La transmission à titre gratuit de cryptomonnaies : aspects fiscaux : SNH 3/20 inf. 15 n° 2).

1. RÉGIME JURIDIQUE DU DON MANUEL

PRINCIPES

63834 Sur le **fond**, le don manuel obéit aux conditions de droit commun posées pour la validité des donations entre vifs : dessaisissement irrévocable du donateur, acceptation du donataire, intention libérale, etc. (voir nos 63372 s.).
En la **forme**, le don manuel échappe à la double exigence de l'acte notarié et de l'état estimatif, mais il est soumis à une condition particulière : la **tradition réelle** du bien. Cette tradition peut s'effectuer de la main à la main ou de façon dématérialisée, notamment par virement de titres ou de sommes d'argent. Dans tous les cas, elle doit s'effectuer dans des conditions telles qu'elle assure la dépossession définitive et irrévocable du donateur (pour un ferme rappel du principe, Cass. 1e civ. 10-10-2012 n° 10-28.363 F-PBI : BPAT 6/12 inf. 304). Par exemple, il n'y a pas don manuel en cas de virement de sommes d'argent d'un compte personnel à un compte joint, puisque le donneur d'ordre conserve la possibilité de retirer les fonds (Cass. 1e civ. 17-4-1985 n° 83-16.939 : Bull. civ. I n° 117). Il n'y a pas non plus don manuel lorsque les meubles « donnés » aux enfants sont restés au domicile des parents, un acte prévoyant que les donataires laisseraient les biens à la disposition de leurs parents et qu'il ne serait procédé au partage que par une convention ultérieure, peu important qu'une déclaration de don manuel ait été enregistrée auprès de l'administration fiscale (Cass. 1e civ. 10-10-2012 précité).

63836 Il n'est pas indispensable que la remise du bien soit concomitante de l'accord de volontés. Mais il faut que la **tradition** intervienne **du vivant du donateur**. Par exemple, un chèque retrouvé au coffre après le décès de son auteur ne constitue pas un don manuel (Cass. 1e civ. 3-4-2002 n° 99-20.527 F-P : BPAT 3/02 inf. 164). En revanche, le décès du donateur entre la remise du chèque et son encaissement est sans incidence : le don manuel est réalisé et le donataire peut en réclamer le paiement aux héritiers.
En pratique, la condition tenant à ce que la tradition soit effectuée du vivant du donateur pose surtout problème lorsqu'elle fait intervenir un tiers mandataire du donateur (un banquier, par exemple). Le mandat prenant fin au décès du mandant, il n'y a pas don manuel si le donateur décède avant que le mandataire ait pu remettre le bien au donataire. Par exemple, un transfert d'actions de compte à compte réalisé par le banquier après la mort du donateur ne peut pas constituer un don manuel (Cass. 1e civ. 27-10-1993 n° 91-13.946 : Bull. civ. I n° 299). De la même façon, un retrait d'argent opéré sur les comptes du « donateur » après son décès n'opère pas don manuel (Cass. 1e civ. 4-6-2007 n° 05-17.665 F-D).

2. RÉGIME FISCAL DU DON MANUEL

63837 Les dons manuels ne sont pas par eux-mêmes taxables. Cependant, ils le deviennent dans quatre situations (CGI art. 757 et 784) :
– en cas de **déclaration volontaire** par le donataire ou ses représentants dans un acte soumis à l'enregistrement ;
– lorsqu'ils font l'objet d'une **reconnaissance judiciaire** (situation rare) ;
– lorsqu'ils sont **révélés par le donataire** (ou ses représentants) à l'administration fiscale ;

– si une donation postérieure constatée par un acte intervient entre les mêmes personnes, ou lors du décès du donateur si le donataire figure parmi les successibles (règle du **rappel fiscal des donations antérieures**).
Le **fait générateur de la taxation** est constitué par la reconnaissance judiciaire, la révélation du don, le décès du donateur ou la nouvelle donation ou encore l'acte renfermant la déclaration.

> **Précisions** La reconnaissance d'un don manuel peut émaner d'une **juridiction administrative** dès lors qu'elle est exempte de toute équivoque et emporte constatation certaine de la transmission à titre de libéralité (Cass. com. 26-9-2018 n° 16-28.410 F-D : RJF 5/19 n° 495).

RÉVÉLATION SPONTANÉE DU DON MANUEL

Les dons manuels révélés à l'administration fiscale par le donataire doivent en **principe** être déclarés ou enregistrés par le donataire ou ses représentants dans le mois qui suit la date de la révélation (CGI art. 635 A, al. 1). Cependant, pour les dons manuels d'une valeur supérieure à **15 000 €**, lorsque la révélation du don par le donataire ou son représentant est spontanée, la déclaration du don assortie du paiement des droits correspondants peut être effectuée, au **choix** du donataire, soit dans le mois de la révélation, soit dans le mois du décès du donateur (CGI art. 635 A, al. 2). **63838**

Option pour la déclaration dans le mois de la révélation L'option pour la déclaration et le paiement des droits dans un délai d'un mois à compter de la date de la révélation présente plusieurs **avantages** : **63839**
– la base imposable est définitivement arrêtée au jour de la déclaration, ce qui évite tout risque de surcoût fiscal si la valeur du bien donné augmente par la suite ;
– la déclaration fait courir le délai de 15 ans de la dispense de rappel fiscal des donations antérieures ;
– si le don porte sur des sommes d'argent exonérées, il ne sera pas soumis à la règle du rappel fiscal en cas de nouvelle mutation à titre gratuit dans le délai de 15 ans : la déclaration assure l'exonération définitive des sommes données (CGI art. 790 G, III).
L'enregistrement volontaire du don manuel peut également présenter un intérêt lorsque le don porte sur un bien dont la vente est susceptible de dégager une plus-value taxable. C'est ainsi que, faute d'avoir déclaré le don manuel d'actions dont il avait bénéficié, un contribuable s'est vu notifier un important redressement d'impôt sur le revenu lors de la revente de ses actions. La valeur vénale des titres au moment du don manuel n'ayant pas pu être justifiée, leur valeur d'acquisition a été considérée comme nulle, et la plus-value taxable égale par conséquent au prix de vente des titres (CE 7-4-2006 n° 270444 : RJF 7/06 n° 853).
Les dons manuels de somme d'argent, d'actions, de titres de société, de biens meubles ou d'objets d'art peuvent être **déclarés de façon dématérialisée** auprès du service national de l'enregistrement (SNE) sur le site impots.gouv.fr. La télédéclaration des dons manuels n'étant pas encore obligatoire (elle devrait intervenir au plus tard le 1-7-2025), le donataire peut encore souscrire une déclaration « papier » (n° 2735-SD).
Si des droits de donation sont dus, ils sont payés au moment du dépôt de la déclaration (le **paiement** en ligne des droits est possible lorsque la déclaration de don est dématérialisée). Si aucun droit n'est dû en raison des abattements ou exonérations applicables, l'enregistrement est gratuit (le droit fixe de 125 € n'est pas dû).

ATTENTION

La déclaration dématérialisée n'est pas possible en cas de **donation antérieure** déclarée **au format papier** et ayant donné lieu à **paiement de droits** Dans cette hypothèse, les contribuables concernés doivent continuer à souscrire une déclaration papier.

Option pour la déclaration dans le mois du décès du donateur Le donataire peut opter pour une déclaration et un paiement des droits dans un délai d'un mois à compter du décès du donateur, à condition que le don ait une **valeur supérieure à 15 000 €** (CGI art. 635 A, al. 2). Le seuil de 15 000 € s'apprécie au jour de la révélation, et distinctement pour chaque don (BOI-ENR-DMTG-20-10-20-10 n° 80). Pour bénéficier de cette option, la **révélation** doit être **spontanée** et non la conséquence d'une réponse du donataire à une demande de l'administration ou d'une procédure de contrôle fiscal (BOI précité). Un donataire ne peut donc pas bénéficier de l'option de déclaration différée dès lors que la révélation des dons manuels est intervenue à la suite d'un premier entretien avec le vérificateur lors de l'examen contradictoire de sa situation personnelle (Cass. com. 25-1-2023 n° 20-16.700 F-B : RJF 4/23 n° 335). **63840**
L'option pour la déclaration et le paiement des droits après le décès du donateur se fait en déposant en double exemplaire au service des impôts des entreprises (pôle enregistrement) du domicile

du donataire un **imprimé** n° 2734-SD (imprimé téléchargeable sur le site impots.gouv.fr). Aucun droit n'est dû lors du dépôt du formulaire n° 2734 (BOI-ENR-DMTG-20-10-20-10 n° 90). Sur la **télédéclaration** de l'imprimé, voir n° 63839.

ATTENTION

Si le donataire opte pour le report de la déclaration et du paiement des droits après le décès du donateur, le **délai de reprise** de l'administration est prolongé jusqu'à l'expiration de la sixième année qui suit ce décès (LPF art. L 181 A).

RÉVÉLATION SUBIE DU DON MANUEL

63841 Les dons manuels sont soumis aux droits de mutation à titre gratuit lorsque leur montant est supérieur à 15 000 € et qu'ils sont révélés à la suite d'une demande de l'administration ou au cours d'une procédure de contrôle fiscal (CGI art. 635 A et 757, al. 2 ; Cass. com. 4-3-2020 n° 18-11.120 F-PB : BPAT 3/20 inf. 103). Le donataire doit **déclarer** le don manuel et payer les droits afférents **dans le délai d'un mois** qui suit la date de la révélation (CGI art. 635 A, al. 1 et al. 2 in fine).

On peut penser, a contrario, que, les **dons d'un montant inférieur à 15 000 €** seraient taxables uniquement lorsque leur révélation à l'administration résulte d'une démarche volontaire du donataire, et non subie.

Pour sa part, l'administration maintient le principe de taxation des dons manuels révélés sans distinguer selon que la révélation est spontanée ou subie ou selon le montant du don (BOI-ENR-DMTG-20-10-20-10 n° 60).

La décision de la Cour de cassation du 4 mars 2020 précitée clôt, au moins provisoirement, un long débat juridique autour de la **notion de révélation** subie.

Dans un premier temps, la Cour de cassation a considéré que la simple présentation au vérificateur de sa comptabilité ou de ses comptes bancaires dans le cadre d'un contrôle suffisait à caractériser la révélation des dons manuels découverts dans ces documents (Cass. com. 5-10-2004 n° 03-15.709 FS-PB : RJF 2/05 n° 190 ; Cass. com. 4-10-2011 n° 10-23.230 F-D : RJF 1/12 n° 72). Cette position a été jugée contraire à la convention européenne des droits de l'Homme par la Cour européenne des droits de l'Homme pour imprévisibilité de la loi fiscale (CEDH 30-6-2011 n° 8916/05 : RJF 10/11 n° 1115).

La Cour de cassation a donc, dans un second temps, procédé à un **revirement** de jurisprudence et a décidé qu'une procédure de vérification de comptabilité ne pouvait pas fonder l'exigibilité des droits de donation, le contribuable n'ayant rien révélé volontairement à l'administration. En d'autres termes, seule une révélation volontaire peut justifier la taxation (Cass. com. 15-1-2013 n° 12-11.642 FS-PB : RJF 4/13 n° 438 ; Cass. com. 16-4-2013 n° 12-17.414 FS-PB : RJF 8-9/13 n° 878, BPAT 3/13 inf. 104).

La Cour de cassation a confirmé sa jurisprudence issue des arrêts précités de 2013 en précisant que la découverte d'un don manuel résultant de la réponse apportée par le contribuable à une question du vérificateur n'est pas une révélation de ce don (Cass. com. 6-12-2016 n° 15-19.966 F-PB : BPAT 1/17 inf. 28).

La portée de cette jurisprudence, rendue pour l'application du régime antérieur à la loi du 29 juillet 2011, était toutefois devenue incertaine compte tenu de la modification apportée par cette loi à l'article 635 A. Tout dépendait de savoir si ce texte avait ou non créé un nouveau cas de révélation autonome. En définissant la révélation par référence aux articles 635 A et 757 du CGI, la décision du 4 mars 2020 répond par l'affirmative. L'article 635 A du même Code va donc bien au-delà de la simple fixation des délais de déclaration des dons manuels révélés. Il en résulte que sont taxables, en application combinée de ces deux textes, non seulement les dons manuels révélés spontanément par les contribuables mais aussi, sous réserve que leur **montant** soit **supérieur à 15 000 €**, ceux résultant d'une **réponse à une demande** de l'administration ou découverts au cours d'un **contrôle** (vérification de comptabilité ou examen de la situation fiscale personnelle) dans une réponse apportée par le contribuable à une question du vérificateur.

Reste à savoir quelle serait la position de la Cour européenne des droits de l'Homme qui a jugé que la taxation des dons découverts lors d'un contrôle fiscal constitue une violation de la convention européenne des droits de l'Homme (CEDH 30-6-2011 n° 8916/05 précité).

VALEUR IMPOSABLE

63842 Pour les **dons manuels déclarés** dans un acte enregistré, **reconnus** dans une décision de justice **ou révélés** par leur bénéficiaire, il convient de distinguer selon la date du don manuel.

Les dons manuels consentis depuis le 31 juillet 2011 sont imposables sur la valeur du don à la date de sa déclaration ou de son enregistrement ou, si elle est supérieure, sur sa valeur à la date de la donation (CGI art. 757, al. 1, dans sa rédaction issue de la loi 2011-900 du 29-7-2011 art. 9). En

d'autres termes, c'est la plus élevée des deux valeurs (jour de la taxation ou jour de la donation) qui sert d'assiette au calcul des droits.
Les dons manuels consentis avant le 31 juillet 2011 sont imposables sur la valeur du don manuel à la date du fait générateur de la taxation, qu'elle qu'ait été la valeur d'origine des biens donnés (voir n° 63837 concernant le fait générateur).
Il n'existe pas de règle légale d'assiette pour les dons manuels taxés par voie de **rappel fiscal**. Selon l'administration, ces dons sont imposables sur la valeur des biens au jour de la nouvelle mutation (donation ou succession) à laquelle ils sont rapportés, d'après leur état à l'époque du don (BOI-ENR-DMTG-20-10-20-10 n° 210). Sans se prononcer expressément sur cette doctrine, la Cour de cassation a annulé la décision d'une cour d'appel ayant fixé la valeur de titres transmis par don manuel, et rapportés à une donation ultérieure, en se plaçant sur le terrain des articles 757 et 758 du CGI, spécifiques aux dons manuels, qui prévoient l'évaluation isolée au jour de la révélation (Cass. com. 23-10-2007 n° 06-15.289 : RJF 2/08 n° 234).

La loi ne prévoit aucune règle spécifique d'assiette pour les **dons manuels de sommes d'argent**. **63844**
Les droits sont assis sur le nominal donné, quelle que soit l'utilisation ultérieure des fonds par le donataire. Le mécanisme de la dette de valeur prévu pour le rapport civil n'est pas applicable. Si les sommes données ont servi à acquérir un bien, c'est le montant donné, et non la valeur du bien au jour du décès du donateur, qui sera taxé (Cass. com. 20-10-1998 n° 96-20.960 : RJF 1/99 n° 107 ; BOI-ENR-DMTG-20-10-20-10 n°s 200 et 210).

ABATTEMENTS, TARIFS ET RÉDUCTIONS DE DROITS

Les tarifs des droits, les abattements et les réductions de droits sont ceux **en vigueur** au jour de la déclaration ou de l'enregistrement du don manuel, y compris lorsque le donataire a spontanément révélé le don et a opté pour le report de la taxation au décès du donateur (CGI art. 757, al. 1 in fine). **63846**
Lorsque le **don manuel** est **taxé au décès** par application de la règle du rappel fiscal des donations antérieures, ce sont des droits de succession qui sont dus, et non des droits de donation (Cass. com. 31-3-2004 n° 02-10.578 : RJF 7/04 n° 801 ; BOI-ENR-DMTG-20-10-20-10 n° 180). Il en résulte que les exonérations et abattements spécifiques aux donations ne sont pas applicables. La solution est à notre avis différente lorsque le donateur a spontanément révélé le don manuel et opté pour un report de déclaration et de taxation au décès. Dans ce cas, les droits dus restent à notre avis des droits de donation, et les différents avantages fiscaux spécifiques aux mutations entre vifs ont vocation à s'appliquer.

CONSEILS PRATIQUES

L'un des **avantages** du don manuel réside dans sa facilité puisqu'il se fait par simple tradition. Il a également le mérite de la discrétion, à l'égard tant des héritiers du donateur que de l'administration fiscale. **63848**
Ses **inconvénients**, liés à ce formalisme réduit, peuvent être maîtrisés grâce à l'établissement d'un acte de reconnaissance de don manuel (voir n° 63850) :
– les parties n'ont pas nécessairement conscience de réaliser une libéralité. Il peut d'ailleurs y avoir une ambiguïté sur la nature onéreuse ou gratuite de l'opération, ce qui peut donner lieu à discussion ;
– comme toute donation, le don manuel consenti au profit d'un héritier est présumé rapportable (et le cas échéant réductible), ce qui peut engendrer des difficultés au décès du donateur.

EXEMPLES

Voici quelques exemples de **conflits fréquents** suscités par les dons manuels :
– un père soucieux de traiter également ses deux enfants consent à chacun un don manuel de 50 000 €. L'un dilapide les fonds, l'autre investit dans un studio qui vaut 80 000 € au décès du père. Ce dernier laisse 200 000 €, à partager à égalité entre les deux frères (pas de testament). La succession s'élève à 330 000 € (200 000 € + 50 000 € + 80 000 €), soit 165 000 € pour chaque enfant. Le premier fils prendra 115 000 € dans la succession (il a déjà reçu 50 000 €), le second ne prendra que 85 000 € (il est censé avoir reçu 80 000 €). Mauvaise surprise pour le bon gestionnaire... Cette conséquence liée au caractère rapportable du don peut être évitée par l'établissement d'un acte de reconnaissance de don manuel ;
– un oncle prospère est appelé au secours d'un neveu démuni. Pour l'aider, il lui remet 20 000 €, étant entendu qu'il lui donne la moitié de cette somme, l'autre moitié étant un prêt remboursable six mois plus tard. À l'échéance convenue, le neveu refuse de rembourser, prétendant avoir reçu un don manuel pour le tout. Devant les tribunaux, c'est lui qui gagnera, car c'est à l'oncle de prouver – par écrit – qu'il y a eu prêt. Ici encore, l'établissement d'un acte de reconnaissance de don manuel ou de dette aurait évité cette difficulté.

63850 **Établir un « pacte adjoint »** Le terme « pacte adjoint » désigne en pratique la convention qui suit la remise matérielle du bien. L'**objectif** du pacte adjoint est de compléter la libéralité de ses modalités particulières (charges, dispense de rapport, etc.), tout en formalisant le caractère libéral de la transmission, l'acceptation du donataire, et en préconstituant la preuve de l'existence du don manuel et de sa date. L'établissement d'un tel pacte est à conseiller notamment lorsque le don manuel porte sur des valeurs mobilières, des objets d'art, ou des sommes d'argent destinées à être investies.

Lorsqu'il s'agit de simplement constater l'existence d'un don manuel antérieurement fait, on parle plus souvent d'un « **acte récognitif** ». Les parties ont la possibilité d'y consigner également les pactes adjoints.

63852 Sur le plan de la **forme**, il faut alors veiller à ce que le pacte adjoint n'opère pas par lui-même la donation car il violerait l'article 931 du Code civil exigeant la forme notariée. Le pacte doit seulement constater l'existence du don manuel opéré par la tradition réelle du bien donné. Pour éviter le risque de nullité, il est conseillé d'établir le pacte après l'accomplissement de la tradition réelle, de lui donner un titre non équivoque (par exemple, « acte de reconnaissance du don manuel effectué le... ») et de le rédiger au passé et non au présent ou – pire – au futur.

63854 Les **clauses susceptibles d'être formalisées** dans un pacte adjoint sont toutes celles qui peuvent affecter un don manuel, le pacte ayant seulement une fonction probatoire.

Comme toute donation, un don manuel au profit d'un héritier est présumé rapportable à la succession du donateur. Si ce dernier entend dispenser de rapport à succession le bénéficiaire du don, la preuve de cette dispense de rapport, qui peut être effectuée par tous moyens, sera évidemment facilitée par l'insertion dans le pacte d'une clause de préciput (donation effectuée hors part successorale). De la même façon, le pacte peut formaliser un aménagement aux règles du rapport, telle une clause de rapport forfaitaire des biens donnés à leur valeur au jour de la donation (n° 63610).

Toutes les charges susceptibles d'affecter une donation peuvent être valablement prévues dans un don manuel et peuvent par conséquent être insérées dans un pacte adjoint : interdiction temporaire d'aliéner, versement d'une rente viagère au donateur, réserve d'usufruit, etc.

Un don manuel pouvant être consenti sous condition résolutoire, le pacte peut prévoir un droit de retour conventionnel. En revanche, la nécessité d'une tradition réelle interdit d'assortir un don manuel d'une condition suspensive ou d'un terme suspensif. Pour la même raison, il est exclu qu'un don manuel puisse s'opérer avec une réserve de quasi-usufruit et le pacte ne saurait par conséquent aménager une telle réserve. Un don manuel avec réserve d'usufruit est en revanche possible (par exemple, sur des actions), à condition que cette réserve ne fasse pas obstacle à la tradition réelle du bien. Il est également possible de prévoir un don manuel avec réserve de nue-propriété (Cass. 1e civ. 25-2-1997 n° 94-22.022 : Bull. civ. I n° 70, Defrénois 15-12-1997 n° CJ1997DEF1448N1 p. 1448 note G. Champenois, concernant un don manuel de somme d'argent restreint, par l'effet d'un pacte adjoint, à l'usufruit des fonds donnés).

Fiscalement, le don manuel pourra être réalisé sous le bénéfice de l'exonération Dutreil (voir nos 64380 s.).

Enfin, la prise en charge des droits (immédiate ou non) par le donateur peut faire l'objet d'une stipulation particulière, comme pour toute donation.

63856 **Conférer date certaine au don manuel** Il s'agit d'une précaution utile lorsqu'il existe un **risque de réduction** du don manuel, ce qui suppose deux conditions :

– le donateur a au moins un héritier réservataire autre que le donataire ;

– et il consent au cours de sa vie plusieurs donations (dont le montant total risque d'empiéter sur la réserve).

La réduction des donations s'effectuant de façon chronologique en commençant par les plus récentes et en remontant jusqu'aux plus anciennes, un don manuel qui n'a pas date certaine sera réduit en premier. En effet, il sera considéré comme prenant rang au jour du décès du donateur et sera réduit avant toutes les autres donations : voir n° 64156.

Pour conférer date certaine au don manuel, plusieurs **moyens** sont **envisageables** :

– la présentation volontaire d'une déclaration de don manuel ou d'un pacte adjoint le constatant à la formalité de l'enregistrement : la date du don sera celle de son enregistrement ;

– l'établissement d'un acte authentique : la date du don sera celle de l'acte authentique. Ce sera le cas par exemple en cas d'établissement d'un pacte adjoint devant notaire ou d'incorporation du don manuel dans une donation-partage ultérieure.

B. Donations indirectes et donations déguisées

DIFFÉRENCIATION AVEC LE DON MANUEL

Le don manuel n'est pas la seule exception au principe de solennité des donations : les donations indirectes et les donations déguisées échappent également à l'acte notarié. Mais à la différence du don manuel qui est réalisé par le transfert matériel du bien, les donations indirectes et les donations déguisées **reposent sur un acte**, réel dans le premier cas, simulé dans le second. **63880**

DONATION INDIRECTE

Une donation indirecte est une convention qui, **sans simulation**, revêt accessoirement le caractère d'une libéralité. Elle repose sur un acte réel mais dans lequel l'intention libérale n'est ni exprimée ni dissimulée. Il peut s'agir d'un contrat à titre onéreux (par exemple, une vente dont le prix du bien vendu serait inférieur à sa valeur réelle) ou, plus souvent, d'un acte neutre n'indiquant pas sa nature onéreuse ou gratuite (par exemple, le fait pour un créancier de renoncer au remboursement d'un prêt familial, le paiement pour autrui, etc.). **63882**

Les **conditions de validité** de la donation indirecte sont les suivantes : **63884**
– sur le fond, une donation indirecte obéit aux conditions de droit commun posées pour la validité des donations entre vifs : dessaisissement irrévocable du donateur, intention libérale (pour de récentes illustrations, Cass. 1e civ. 15-5-2019 n° 18-17.372 F-D : BPAT 4/19 inf. 151, à propos de l'absence de paiement d'une rente viagère ; Cass. 1e civ. 26-6-2019 n° 18-17.038 F-D : BPAT 6/19 inf. 274-4, concernant des transferts d'argent), acceptation du donataire, etc. ;
– en la forme, ce sont les conditions requises pour la validité de l'acte qui sert de support à la donation qui doivent être réunies. Il faudra par exemple un acte authentique pour une donation indirecte réalisée au travers d'une vente d'immeuble. Mais un acte sous signature privée est suffisant lorsque le père qui a consenti une donation à charge de rente à son fils entend renoncer à percevoir cette rente (Cass. 1e civ. 5-4-2005 n° 03-19.614 FS-PB ; Cass. 1e civ. 20-2-2007 n° 04-16.817 F-D : Dr. famille 2007 comm. 92 obs. B. Beignier).

Régime fiscal Du fait de leur caractère non ostensible, les donations indirectes échappent en général à toute taxation **au moment de leur réalisation**. Toutefois, à la différence des dons manuels, ces libéralités sont par nature taxables. Si, en pratique, la taxation des donations indirectes intervient le plus souvent lors d'une nouvelle donation effectuée par le donateur ou lors du décès de ce dernier (par application de la règle du rappel fiscal des donations antérieures), rien n'empêche l'administration de taxer immédiatement la donation. Si elle parvient à faire la **preuve de l'existence de la libéralité**, c'est-à-dire du caractère irrévocable du dessaisissement du donateur, de son intention libérale et de l'acceptation du bénéficiaire, les droits de mutation sont immédiatement exigibles, dans les conditions de droit commun (BOI-ENR-DMTG-20-10-10 n° 100). **63886**

À titre d'illustration des **actes susceptibles d'être qualifiés de donation indirecte** par l'administration fiscale, on peut citer : **63888**
– les renonciations à usufruit. Jugé par exemple que l'existence de la donation est démontrée par les éléments suivants : les enfants qui n'étaient donataires que de la nue-propriété ont vendu les titres et perçu et conservé l'intégralité du prix de vente ; la mère donatrice n'a pas perçu les revenus des titres entre l'acte de donation de la nue-propriété et la revente (Cass. com. 20-11-2007 F-D nos 06-19.294 et 06-19.295 : RJF 4/08 n° 515) ;
– les prêts suivis d'une remise de dette (pour un exemple, Cass. com. 17-10-1995 n° 94-10.196 P : RJF 1/96 n° 140) ;
– les acquisitions de biens par des époux séparés de biens lorsque l'un d'eux finance en réalité seul l'opération (notamment, Cass. com. 15-3-2011 n° 10-14.886 F-PB : RJF 6/11 n° 751 ; CA Paris 29-6-2007 n° 05/17124, 1e ch. sect. B : RJF 1/08 n° 87).

En revanche, **ne constituent pas une donation indirecte** les actes suivants : **63889**
– la mise en réserve des bénéfices sociaux par la mère usufruitière (ses enfants sont nus-propriétaires des parts), car l'usufruitier n'a de droit sur les bénéfices que lorsqu'ils sont distribués (Cass. com. 10-2-2009 n° 07-21.806 FS-PB : RJF 5/09 n° 514 ; Cass. com. 31-3-2009 n° 08-14.053 F-D : RJF 7/09 n° 698) ;
– la réalisation de constructions par l'usufruitier sur le terrain dont il a donné la nue-propriété à sa fille, car il n'existe aucun enrichissement pour le nu-propriétaire qui n'entrera en possession des constructions, par voie d'accession, qu'à l'extinction de l'usufruit (Cass. 3e civ. 19-9-2012 n° 11-15.460 FS-PB : RJF 1/13 n° 102, BPAT 1/13 inf. 28) ;

– l'acquisition d'un appartement dès lors que la somme figurant sur la reconnaissance de dette signée par la contribuable, correspondant aux fonds prêtés par son futur conjoint pour le financement du bien, a été remboursée par cette dernière pour moitié sur ses fonds propres et que l'intéressée a ensuite fait donation au prêteur de la moitié indivise du bien immobilier (Cass. com. 14-4-2021 n° 18-15.623 F-D : RJF 7/21 n° 762).

DONATION DÉGUISÉE

63890 La donation déguisée repose sur une **simulation**, autrement dit sur la création volontaire d'une apparence trompeuse : la libéralité est masquée par un acte à titre onéreux. Par exemple, une vente d'immeuble est conclue à des conditions normales, mais il est convenu secrètement que l'acquéreur ne paiera pas le prix.

Lorsqu'elles ont pour objet de contourner l'incapacité de jouissance du gratifié (nos 63166 s.), les donations déguisées sont nulles (C. civ. art. 911, al. 1). Si tel n'est pas le cas, une donation déguisée est valable dès lors qu'elle remplit les conditions de fond posées pour la **validité** des donations : dessaisissement irrévocable du donateur, intention libérale, acceptation du donataire, etc.

Bien souvent, le **motif du recours à la donation déguisée** est d'ordre fiscal, le droit de vente étant beaucoup moins élevé que les droits de donation. La donation déguisée peut également avoir pour objectif d'avantager discrètement un héritier au détriment d'un autre, ou de priver ses héritiers de leurs droits.

Le **délai de prescription** applicable à l'action en déclaration de simulation d'une donation déguisée en vue d'obtenir sa réduction, de cinq ans, court à compter du décès du donateur (Cass. 1e civ. 23-3-1994 n° 92-14.370 : Bull. civ. I n° 113). En présence d'une donation déguisée de biens communs consentie par les deux époux, le délai court à compter du décès de chacun des époux à proportion de sa part dans les biens communs objet de la donation (Cass. 1e civ. 5-1-2023 n° 21-13.151 FS-B : BPAT 1/23 inf. 37).

63892 **Risques de l'opération** Même lorsqu'elle est valable, ce qui est généralement le cas, une donation déguisée est une opération à hauts risques, spécialement lorsqu'elle a pour bénéficiaire un héritier du donateur.

Sur le **plan civil**, une donation déguisée est comme toute donation présumée rapportable (et, le cas échéant, réductible). La preuve de la donation incombe aux héritiers qui veulent en obtenir le rapport ou la réduction. Ces derniers devront ainsi démontrer l'appauvrissement du donateur (et l'enrichissement corrélatif du donataire) mais également l'intention libérale du donateur, qui n'est jamais présumée. Ainsi, le financement par une mère de la plus grande partie d'un bien immobilier acquis par l'un de ses enfants est exclusif de toute intention libérale dans la mesure où elle a bénéficié sur ce bien d'un droit d'usage illimité de fait ayant occupé le bien jusqu'à son départ en maison de retraite, soit pendant 32 ans (Cass. 1e civ. 14-10-2020 n° 19-13.770 F-D : BPAT 6/20 inf. 223-2). La preuve peut être apportée par tous moyens et notamment avec des présomptions graves, précises et concordantes. Ajoutons que celui qui dissimule sciemment avoir bénéficié d'une donation dans le but de rompre l'égalité du partage encourt les peines du recel successoral (pour une caractérisation récente de donation déguisée et de recel successoral, voir Cass. 1e civ. 1-2-2017 n° 16-14.323 F-PB : BPAT 2/17 inf. 64).

Par ailleurs, la vente consentie à un enfant à charge de rente viagère ou à fonds perdus ou encore avec réserve d'usufruit est présumée constituer une donation déguisée, ce qui dispense les cohéritiers du donataire d'en rapporter la preuve (C. civ. art. 918). Cette présomption, irréfragable, a été déclarée conforme à la Constitution (Cons. const. 1-8-2013 n° 2013-337 QPC : BPAT 5/13 inf. 180 ; Cass. 1e civ. 29-1-2014 n° 12-14.509 F-PB ; décisions rendues en application de l'article 918 dans sa rédaction antérieure à la loi du 23-6-2006 mais transposables). Il est toutefois possible d'éviter le jeu de la présomption par le consentement des autres successibles en ligne directe du défunt à l'acte d'aliénation suspecté de fraude. Il vaut reconnaissance de la sincérité de l'opération et de son caractère gratuit (F. Terré, Y. Lequette et S. Gaudemet : Droit civil. Les successions. Les libéralités, Précis Dalloz 5e éd. 2024, n° 1207). Le consentement à aliénation peut intervenir au moment de la cession ou postérieurement (Cons. const. 1-8-2013 n° 2013-337 QPC n° 8), voire après le décès du vendeur (en ce sens, voir J.-Cl. Notarial Formulaire, v° Vente d'immeuble fasc. 310 n° 29 par D. Montoux). Il peut être constaté dans l'acte d'aliénation lui-même ou bien par acte séparé. Si, dans ces derniers cas de figure, le consentement est exprès, ce dernier peut tout aussi bien résulter d'un accord tacite entre héritiers présomptifs (Cass. 1e civ. 26-1-2022 n° 20-14.155 FS-B : BPAT 2/22 inf. 88). La preuve du consentement à aliénation relève de l'appréciation souveraine des juges du fond (pour un précédent jurisprudentiel, Cass. 1e civ. 28-4-1965 n° 62-11.637 : Bull. civ. I n° 270).

Sur le **plan fiscal**, les donations déguisées relèvent de la procédure de répression des **abus de droit** (LPF art. L 64). 63894

Lorsqu'elle est établie, la donation déguisée rend bien sûr exigibles les droits de mutation à titre gratuit. Elle est en outre sanctionnée par une pénalité égale à 40 % ou 80 % des droits rappelés (CGI art. 1729), qui s'ajoute à l'intérêt de retard au taux de 0,20 % par mois (CGI art. 1727).

La charge de la preuve de la fictivité de l'acte incombe à l'administration si le Comité de l'abus de droit fiscal n'a pas été saisi (ou si le Comité a conclu à l'absence d'abus de droit).

Le plus souvent, l'administration invoque un faisceau de présomptions graves, précises et concordantes de nature à emporter la conviction du juge. Il appartient alors au contribuable d'apporter la preuve contraire (voir, par exemple, Cass. com. 17-10-1995 n° 93-20.080 D : RJF 1/96 n° 137 ; Cass. com. 22-2-2000 n° 97-20.611 P : RJF 5/00 n° 723). Les circonstances de nature à inciter l'administration à requalifier une vente en donation déguisée sont en pratique les suivantes (liste non limitative) :

– le « vendeur » est âgé et/ou en mauvaise santé, il a des liens de parenté ou d'affection avec l'« acheteur », il n'avait aucune raison financière de procéder à la vente, le prix de la vente n'a pas été retrouvé dans sa succession ;

– l'acheteur est légataire ou héritier présomptif du vendeur, il n'avait pas les moyens de payer le prix convenu ;

– la vente a été conclue avec réserve d'usufruit ou moyennant rente viagère (alors que le vendeur est âgé et/ou en mauvaise santé), il a été stipulé que le prix serait payé comptant hors la vue du notaire.

Un « **prêt** » d'argent peut également faire l'objet d'une requalification en donation déguisée, notamment lorsque l'âge du prêteur est avancé et que l'emprunteur a vocation à devenir héritier du prêteur (Cass. com. 8-2-2017 n° 15-21.366 F-D : BPAT 2/17 inf. 65). Il en va de même d'une cession de titres consentie au contribuable par des membres de sa famille pour une somme symbolique, les cédants étant conscients de la discordance entre le prix de vente et la valeur vénale des titres et la cession traduisant la volonté manifeste d'avantager l'acquéreur au détriment d'autres membres de sa famille (Cass. com. 7-7-2021 n° 19-16.446 F-D : RJF 11/21 n° 1075).

C'est le plus souvent le cumul de plusieurs de ces éléments qui emporte la conviction du juge.

SECTION 4 LEGS

EN BREF

Le legs est la **principale des dispositions testamentaires**. Au travers du legs, le testateur désigne la ou les personnes qui, à sa mort, seront gratifiées soit de la totalité ou d'une fraction de son patrimoine (legs universel ou à titre universel), soit de biens limitativement désignés (legs particulier). 63950

> **Précisions** Pour assurer la bonne exécution des legs et, plus largement, des dispositions de dernières volontés du testateur, ce dernier peut désigner aux termes d'un testament un ou plusieurs **« exécuteurs testamentaires »**, c'est-à-dire la ou les personnes chargées de « veiller ou procéder à l'exécution de ses volontés » (C. civ. art. 1025). L'exécuteur testamentaire a des pouvoirs plus ou moins étendus, selon la volonté du défunt et la présence d'héritiers réservataires à la succession (C. civ. art. 1029, 1030 et 1030-1). Il exerce, en principe, sa mission à titre gratuit, sous réserve d'un legs rémunératoire autorisé, appelé « diamant » (C. civ. art. 1033-1). Il intervient dans les deux ans qui suivent l'ouverture du testament, sauf prorogation judiciaire (C. civ. art. 1033-1 et 1032). Il doit rendre compte de sa mission aux héritiers dans les six mois qui suivent la fin de sa mission (C. civ. art. 1033).

A. Conditions de validité des legs

1. CONDITIONS DE FORME

VALIDITÉ CONDITIONNÉE À CELLE DU TESTAMENT

En la forme, le legs n'est valable que s'il est contenu dans un testament, ce qui ramène aux conditions de forme du testament. 63952

On étudiera les **règles communes** à tous les testaments avant d'exposer les **règles spécifiques** aux deux formes les plus courantes de testaments : testament olographe et testament authentique.

a. Règles de forme communes à tous les testaments

NÉCESSITÉ D'UN ÉCRIT

63954 La validité d'un testament est subordonnée à la condition qu'il soit rédigé par écrit (C. civ. art. 969). Un **testament verbal**, autrement dénommé testament nuncupatif, même établi devant témoins ou dicté au magnétophone, est nul et de nul effet. Néanmoins, il reste loisible aux héritiers de consentir à son exécution sans qu'il soit possible pour eux de revenir ultérieurement sur leur décision (Cass. 1e civ. 4-1-2005 n° 02-18.904 F-PB).

NÉCESSITÉ D'UN TESTATEUR UNIQUE

63956 Le testament est un acte unilatéral qui doit être personnel à son auteur. Le **testament conjonctif**, c'est-à-dire celui qui est rédigé par plusieurs personnes (deux époux, par exemple), est nul (C. civ. art. 968). L'interdiction du testament conjonctif ne porte atteinte ni au droit au respect à la vie privée et familiale ni au droit de propriété garantis par la convention européenne des droits de l'Homme (Cass. 1e civ. 4-7-2018 n° 17-22.934 F-PB : BPAT 5/18 inf. 207).

La **qualification** de testament conjonctif suppose :
– un élément matériel : les testaments doivent avoir été rédigés sur le même document avec une double signature ;
– un élément intellectuel : les dispositions contenues doivent exprimer la volonté commune des testateurs et former un tout indissociable.

La **jurisprudence** retient une interprétation restrictive du testament conjonctif. Si les deux éléments matériel et intellectuel ne sont pas réunis, les juges considèrent qu'il n'y a pas de testament conjonctif.

ILLUSTRATIONS

Sont **valables** :
– les testaments faits en contemplation l'un de l'autre, même s'ils contiennent les mêmes dispositions, lorsqu'ils sont rédigés sur des documents distincts (CA Pau 30-3-2000 n° 98/01945, 2e ch. 1e sect. : BPAT 6/00 inf. 167) ;
– le testament qui indique « Nous léguons nos biens à... », mais qui n'est signé que par un seul des époux (TGI Paris 30-4-1981 : Defrénois 1982 art. 32915 note G. Champenois).

En revanche, **ne peut valoir testament** l'acte unique par lequel deux partenaires pacsés se lèguent mutuellement l'ensemble de leurs biens (Cass. 1e civ. 4-7-2018 n° 17-22.934 F-PB : BPAT 5/18 inf. 207).

SANCTION DE L'INOBSERVATION DES RÈGLES DE FORME

63958 L'inobservation des conditions de forme est sanctionnée par la **nullité** du testament (C. civ. art. 1001). Cette sanction concerne les manquements aux règles de forme communes à tous les testaments, mais également l'inobservation des règles de forme spécifiques à chaque catégorie de testament.

Le testament ne peut être contesté qu'après le décès du testateur. L'action en nullité peut être exercée par celui qui recueillera les biens légués à la place du légataire (en pratique, les héritiers ou le légataire universel). Le délai de prescription de l'action est de cinq ans à compter du décès ou du jour où l'intéressé a connu l'existence du testament vicié (C. civ. art. 2224).

De son vivant, le testateur ne peut pas **confirmer** un testament irrégulier en la forme (Cass. req. 5-2-1873 : DP 1873 I p. 435). S'il entend maintenir ses dernières volontés, il doit refaire un testament qui les reprend expressément en respectant cette fois les règles de forme ; autrement dit, les dispositions du testament irrégulier qui ne seraient pas renouvelées dans un nouveau testament ne pourraient pas produire d'effet (Cass. 1e civ. 31-3-2016 n° 15-17.039 F-PB : BPAT 3/16 inf. 119).

Après le décès du testateur, ses héritiers peuvent en revanche confirmer, ratifier ou exécuter volontairement le testament irrégulier, renonçant ainsi à opposer les vices de forme qui l'affectent (Cass. req. 9-7-1873 : DP 1874 I p. 219). C'est ainsi que des héritiers qui se sont engagés à exécuter un legs verbal doivent honorer leur engagement, leur obligation naturelle s'étant novée en obligation civile (pour une illustration, Cass. 1e civ. 22-6-2004 n° 01-14.031 FS-P).

ATTENTION

Lorsqu'un **testament** a été **annulé**, l'**action en restitution** consécutive à son annulation se prescrit dans les cinq ans à compter du jour où l'héritier, ou le légataire, rétabli dans ses droits, a connu ou aurait dû connaître l'appréhension des biens revendiqués par le bénéficiaire du testament annulé. Le point de départ du délai de prescription ne peut toutefois pas être antérieur au prononcé de la nullité (Cass. 1e civ. 13-7-2022 n° 20-20.738 FS-B : BPAT 5/22 inf. 235). Dans cette affaire, le légataire universel bien qu'informé de l'annulation du testament contenant un legs de somme d'argent n'avait eu connaissance exacte des sommes versées au légataire à titre particulier dont il pouvait demander la restitution qu'à la réception du décompte. C'est donc à la date de réception de ce décompte que commençait à courir la prescription quinquennale et non à celle de l'arrêt d'appel annulant les dispositions de dernières volontés litigieuses.

b. Testament olographe

PRÉSENTATION GÉNÉRALE

Le testament olographe est celui qui est écrit en entier, daté et signé de la main du testateur. **63970**
Aucune autre condition de forme n'est requise (C. civ. art. 970).

C'est la forme de testament la plus utilisée en raison de ses nombreux **avantages** : simplicité, gratuité, secret et facilité de révocation.

Mais il présente aussi des **inconvénients**, notamment un risque important de perte ou de falsification et une force probante fragile. Ainsi, la copie contestée d'un testament olographe est dénuée de toute valeur probante. Seul l'original du testament, dont la perte ou la destruction n'est pas soutenue, est de nature à établir son existence (Cass. 3e civ. 3-6-2021 n° 19-25.219 F-D : BPAT 4/21 inf. 199-10). Toutefois, lorsque la perte d'un testament résulte d'un cas de force majeure, le légataire peut en rapporter la preuve par tous moyens, sous réserve de démontrer l'existence d'un testament régulier en sa faveur, la disparition de ce testament indépendamment de la volonté du testateur et le contenu testamentaire (C. civ. art. 1360 modifié par ord. 2016-131 du 10-2-2016 et art. 1348, al. 1 ancien ; F. Terré, Y. Lequette et S. Gaudemet : Les successions. Les libéralités, Précis Dalloz 5e éd. 2024, n° 427). À défaut de preuve que l'étude notariale a bien été dépositaire de l'original du testament et que ce dernier a été perdu par suite d'un cas fortuit, la légataire universelle ne peut pas se prévaloir d'une copie pour revendiquer sa qualité et obtenir son envoi en possession (CA Lyon 7-11-2023 n° 21/08185 : BPAT 1/24 inf. 26).

Il faut également souligner le fait que, par maladresse ou ignorance, le testateur rédige parfois un testament nul ou ambigu.

CONSEIL

Pour limiter les inconvénients attachés au testament olographe, une pratique courante et à notre avis souhaitable consiste à s'entourer des conseils d'un **professionnel**, par exemple un notaire ou un avocat pour la rédaction du testament et à le confier à un notaire pour qu'il l'inscrive au **fichier central des dispositions de dernières volontés** (FCDDV). L'acte n'en perd pas pour autant la nature d'un testament olographe.

ÉCRITURE INTÉGRALE DE LA MAIN DU TESTATEUR

Le testament olographe doit être « écrit en entier » de la main du testateur (C. civ. art. 970). **63972**
Cette exigence de forme, destinée à éviter les falsifications, est strictement appliquée par la jurisprudence, qui annule systématiquement les testaments rédigés par des **procédés mécaniques d'écriture**, même si une mention manuscrite signée du testateur atteste qu'il est bien l'auteur du document (pour une illustration de la prohibition du testament dactylographié, voir Cass. 1e civ. 24-2-1998 n° 95-18.936 : Bull. civ. I n° 79).

La jurisprudence est en revanche libérale quant à la **présentation matérielle de l'écriture**. Pourvu que l'intention de tester soit certaine, la validité du testament est indépendante de la langue utilisée (même un langage secret, pour peu qu'on puisse le traduire), du support de l'écriture (papier, bois, voire écriture sur un mur ou sur la peau), de l'instrument (stylo, crayon, charbon, etc.), du type de document qui supporte le testament (lettre, bloc-notes, enveloppe, etc.), des caractères (minuscules ou majuscules, idéogrammes, etc.).

ILLUSTRATIONS

Est valable un testament olographe rédigé dans une **langue étrangère** dès lors que le testateur en a une parfaire connaissance (CA Douai 20-1-1992 n° 91/2492, concernant un testament rédigé en hébreu ; voir également CA Paris 16-9-1994 n° 93/006722, s'agissant d'un testament rédigé en anglais). Peu importe la langue utilisée pour la rédaction d'un testament olographe, à condition que le testateur la comprenne. Un testateur de nationalité allemande ayant rédigé son testament en français, langue qu'il ne comprenait pas, cet écrit ne peut pas être considéré comme l'expression de sa volonté. Il **ne constitue pas un testament valable** (Cass. 1e civ. 9-6-2021 n° 19-21.770 FS-P : BPAT 4/21 inf. 176).

Le testament olographe doit être rédigé par le testateur lui-même. Est donc nul le testament qui **63974**
est **écrit par un tiers**, même en partie seulement (Cass. 1e civ. 20-9-2006 n° 04-20.614 FS-PB, solution rendue dans une espèce où seules 3 des 45 lignes du testament avaient été rédigées par le testateur lui-même ; Cass. 1e civ. 28-5-2015 n° 14-14.506 FS-PB : BPAT 4/15 inf. 143).

Si la personne doit écrire elle-même, il ne lui est pas interdit de se faire matériellement assister par un tiers. Le testament dit « **à main guidée** » est valable pour peu que deux conditions soient réunies :
– matériellement, l'écriture du testateur doit rester reconnaissable. Car si le tiers peut tenir la main du testateur, il ne peut en aucun cas écrire à sa place ; à défaut, le testament serait nul (pour une illustration, Cass. 1e civ. 25-5-2004 n° 01-00.889) ;
– intellectuellement, le testament doit exprimer la volonté du testateur et non celle, plus ou moins bien intentionnée, de celui qui lui tient la main.
Le testament de l'illettré qui **recopie un modèle** est valable, pourvu qu'il comprenne ce qu'il écrit.

CONSEIL

Même si la jurisprudence est libérale à l'égard des testaments à main guidée, cette pratique n'est pas à recommander. Il est en pratique conseillé de recourir au testament notarié, de façon à éviter tout risque de contentieux sur la validité du testament au décès du testateur (voir n° 64000).

DATE

63976 Le testament doit être daté par le testateur (C. civ. art. 970). Cette exigence permet de vérifier la capacité du testateur ; elle sert également, en cas de pluralité de testaments, à désigner le plus récent, ce qui est nécessaire en cas d'incompatibilité entre les dispositions de dernières volontés successivement adoptées.
Pour que le testament soit valablement daté, il doit en principe mentionner à un quelconque endroit du texte le **jour**, le **mois** et l'**année** de son établissement.
La jurisprudence a largement atténué cette exigence, et une **date incomplète**, **incertaine** (parce qu'illisible ou manifestement erronée) **ou** même **totalement absente** n'entraîne pas toujours la nullité du testament. Dans une telle situation, les juges doivent rechercher si des éléments intrinsèques à l'acte (par exemple, le testament mentionne l'année de son établissement, fait référence à un événement datable ou indique avoir été rédigé dans un lieu où le testateur se trouvait à une période donnée) ne permettent pas de déterminer la date du testament ou la période au cours de laquelle il a été rédigé.

63977 S'**il existe des éléments de datation intrinsèques**, qui peuvent être **corroborés par des éléments extrinsèques**, le testament est valable s'il n'est pas établi que le testateur était frappé d'incapacité pendant la période au cours de laquelle il a rédigé son testament (ou à la date d'établissement du testament si celle-ci a pu être précisément déterminée) ou avait rédigé au cours de cette période (ou après cette date) un testament révocatoire ou incompatible.
S'**il n'existe aucun élément intrinsèque de datation** du testament, les juges ne peuvent pas se référer à des éléments extrinsèques pour en établir la date et l'acte est nul (Cass. 1e civ. 7-6-2006 n° 04-10.602 FS-PB : BPAT 5/06 inf. 128).

ILLUSTRATIONS

Ont été jugés **valables**, en présence d'**éléments de datation intrinsèques corroborés par des éléments extrinsèques** :
– un testament sans date, avec mention manuscrite de l'adresse du testateur (élément intrinsèque), corroborée par des pièces (élément extrinsèque) démontrant qu'il avait résidé à cette adresse jusqu'à son admission à l'hôpital où il était décédé, le testament ayant pu être rédigé à un moment quelconque pendant cette période de dix mois (Cass. 1e civ. 10-5-2007 n° 05-14.366 FS-PB : BPAT 4/07 inf. 112, Defrénois 30-10-2007 n° JP2007DEF1432N1 p. 1432 note M. Beaubrun) ;
– un testament sans date, instituant légataire l'aide-ménagère de la testatrice (élément intrinsèque), des pièces (élément extrinsèque) démontrant qu'il n'avait pu être rédigé qu'entre l'époque où la testatrice avait connu et embauché son aide-ménagère et la date du décès sept ans et demi plus tard (Cass. 1e civ. 5-3-2014 n° 13-14.093 F-PB : BPAT 3/14 inf. 135) ;
– un codicille olographe avec date erronée (« 21 août 200001 ») mais mentionnant la date du testament authentique d'origine (élément intrinsèque), un témoignage (élément extrinsèque) attestant que le codicille litigieux avait été déposé chez le notaire en 2001 (Cass. 1e civ. 9-7-2014 n° 13-18.685 F-PB : BPAT 5/14 inf. 204) ;
– un testament sans date, rédigé au verso de l'original d'un relevé de banque qui donne la valorisation d'une épargne au 31 mars 2014 (élément intrinsèque), la testatrice ayant également indiqué l'adresse de son domicile, laquelle correspond à celle figurant sur le relevé (élément intrinsèque) ; en outre, ledit testament a été rédigé entre la date figurant sur le relevé de compte litigieux, soit le 31 mars 2014, et le 27 mai 2014, date de son hospitalisation jusqu'à son décès (élément extrinsèque), période déterminée au cours de laquelle il n'a pas été démontré que la testatrice était frappée d'une incapacité de tester ou ait rédigé un testament révocatoire ou incompatible (Cass. 1e civ. 22-11-2023 n° 21-17.524 F-B : BPAT 1/24 inf. 25).

SIGNATURE

Le testament olographe doit être signé par le testateur, à peine de nullité (C. civ. art. 970). Formalité substantielle, la signature marque l'approbation définitive du testateur du contenu de ses dernières volontés (Cass. 1e civ. 7-6-1995 n° 93-13.256 : Bull. civ. I n° 246). Elle conforte également l'identification du testateur, qui est principalement assurée par la rédaction manuscrite du testament. 63980

L'**emplacement** de la signature est essentiel : pour que le testament soit valable, la signature doit être apposée à la suite du texte, et non au début ou dans le corps du document.

La jurisprudence admet que, si elle figure au bas du testament, la simple **mention manuscrite des nom et prénom du testateur** peut pallier l'absence de signature si elle ne laisse aucun doute sur l'identité du testateur et sa volonté d'approuver le contenu du testament (Cass. 1e civ. 22-6-2004 n° 01-14.031 FS-P). En aucun cas la mention « Je soussigné(e)... » placée au début ou dans le corps du document ne peut valoir signature (en ce sens, par exemple, Cass. 1e civ. 23-5-2006 n° 04-16.386 F-D).

Quant à la forme que doit prendre la signature, la jurisprudence se montre extrêmement libérale : elle peut être différente de celle habituelle du testateur (Cass. 1e civ. 22-6-2004 n° 01-14.031 précité). La signature par le seul prénom est aussi valable (Cass. 1e civ. 24-6-1952 : D. 1952 p. 613). Il en va de même en cas de paraphe (Cass. 1e civ. 13-4-1988 n° 86-17.318 : Bull. civ. I n° 100).

MODIFICATIONS POSTÉRIEURES AU TESTAMENT

Une fois le testament établi, son auteur peut vouloir en modifier le contenu. 63982

Lorsque les **modifications** souhaitées sont **mineures**, le testateur peut procéder par voie de codicille (sur un document séparé) ou même par voie de mentions expresses apposées sur le document initial (surcharges, ajouts, ratures, etc.). Dans tous les cas, les conditions de forme du testament olographe doivent être respectées : écriture à la main, date et signature. À défaut, le testament est exécuté sans tenir compte des modifications qui lui ont été apportées (pour une illustration à propos d'une rature et d'un ajout non approuvés, CA Paris 27-9-1996 n° 95/25970, 2e ch. B : Dr. famille 1997 comm. 169 note B. Beignier).

Lorsque les **modifications** à apporter au testament sont **importantes**, le testateur a intérêt à révoquer son testament et à en faire un nouveau. La multiplication des modifications est en effet source de contentieux (pour une illustration, à propos d'un testament ayant fait l'objet d'une dizaine de codicilles successifs, Cass. 1e civ. 25-1-2005 n° 02-16.918 FS-D : BPAT 4/05 inf. 106 n° 4).

c. Testament authentique

PARTICULARISME

Le testament authentique, également appelé « **testament par acte public** », est soumis à un **formalisme** (C. civ. art. 971 à 975), que nous résumons ici brièvement. 64000

Le testament est reçu par deux notaires, ou par un notaire en présence de deux témoins.

Il est dicté par le testateur au notaire qui l'écrit ou le dactylographie puis en fait la lecture au testateur. Après lecture, le testament est signé par le testateur, le ou les notaires et les témoins. L'acte porte mention expresse de l'ensemble des formalités.

Le **non-respect des conditions de forme** est sanctionné par la nullité absolue du testament. Par exemple, le testament est nul si la condition de dictée n'est pas remplie (Cass. 1e civ. 18-5-2011 n° 09-15.231 F-D : BPAT 4/11 inf. 247 ; Cass. 1e civ. 29-6-2011 n° 10-17.168 FS-PBI : BPAT 5/11 inf. 301, concernant un testament prérédigé par le notaire), du moins pour la partie testamentaire proprement dite de l'acte (Cass. 1e civ. 1-2-2012 n° 10-31.129 F-PBI : BPAT 2/12 inf. 117 ; Cass. 1e civ. 14-3-2015 n° 14-12.165 F-D).

> **Précisions a.** Pour **être témoin** lors de la rédaction d'un testament authentique, il faut être majeur, comprendre le français, avoir la jouissance de ses droits civils et savoir signer ; deux époux ne peuvent pas être témoins ensemble pour le même testament (C. civ. art. 980). Ne peuvent être pris pour témoins ni les légataires, ni leurs parents ou alliés jusqu'au 4e degré inclusivement, ni les clercs des notaires par lesquels les actes sont reçus (C. civ. art. 975). L'alliance étant établie par le seul effet du mariage, cette interdiction légale ne vise pas le partenaire pacsé du légataire (Cass. 1e civ. 28-2-2018 n° 17-10.876 FS-PBI : BPAT 2/18 inf. 79).

b. Les **règles de forme spécifiques** au testament authentique doivent se combiner avec celles, **générales**, issues du décret 71-942 du 26 novembre 1971, qui régissent la rédaction des actes notariés (Cass. 1e civ. 10-10-2012 n° 11-20.702 FS-PBI : Bull. civ. I n° 201, BPAT 6/12 inf. 305). S'il est interdit au notaire de recevoir à titre habituel ses actes en dehors de l'étude (Décret 71-942 du 26-11-1971 art. 10), cela lui est permis à titre simplement occasionnel (CA Paris 22-1-2019 n° 17/07881 : BPAT 3/19 inf. 107, qui valide un testament authentique reçu dans une brasserie).

c. Des règles particulières sont prévues pour les **personnes s'exprimant dans une langue**

étrangère ainsi que pour les **personnes sourdes et/ou muettes**. Lorsque le testateur ne peut pas s'exprimer en français, la dictée et la lecture du testament sont effectuées par un interprète assermenté dans la langue de l'intéressé et choisi par ce dernier sur la liste nationale des experts judiciaires dressée par la Cour de cassation ou sur la liste des experts judiciaires dressée par chaque cour d'appel. L'interprète veille à l'exacte traduction des propos tenus. Le notaire est toutefois dispensé de recourir à un interprète lorsque lui-même et les témoins (ou l'autre notaire) comprennent la langue dans laquelle s'exprime le testateur (C. civ. art. 972, al. 4). En présence d'un testateur muet mais sachant écrire, le notaire écrit le testament ou le fait écrire à la main ou mécaniquement d'après les notes rédigées devant lui par l'intéressé, puis en donne lecture à ce dernier. Lorsque le testateur est sourd, il prend connaissance du testament en le lisant lui-même, après lecture faite par le notaire (C. civ. art. 972, al. 5). Enfin, si l'intéressé ne peut ni parler ou entendre ni lire ou écrire, la dictée ou la lecture du testament sont assurées par un interprète assermenté en langue des signes (C. civ. art. 972, al. 6).

SAUVETAGE DU TESTAMENT AUTHENTIQUE VICIÉ

64005 Le testament authentique déclaré nul pour vice de forme ne peut pas valoir en tant que testament olographe, puisqu'il n'est pas écrit de la main du testateur. Il peut en revanche valoir en tant que **testament international**, s'il respecte les conditions de forme énoncées n° 73880, car un testament international peut être écrit par une personne autre que le testateur (Cass. 1e civ. 12-6-2014 n° 13-18.383 FS-PBI : BPAT 4/14 inf. 171 ; Cass. 1e civ. 5-9-2018 n° 17-26.010 FS-PBI : BPAT 6/18 inf. 244). Cependant, si le vice qui affecte le testament en tant que testament authentique est aussi une cause de nullité de l'acte en tant que testament international, l'acte ne pourra produire aucun effet (voir, par exemple, Cass. 1e civ. 12-6-2014 n° 13-20.582 F-PBI : BPAT 4/14 inf. 171, le testament ayant également été déclaré nul pour insanité d'esprit).

2. CONDITIONS DE FOND

64010 Sur le fond, les conditions générales de validité du legs ont été exposées avec les **règles communes** aux libéralités (consentement, capacité, contenu licite et certain : voir nos 63100 s.). On insistera ici sur quelques points qui posent problème en pratique, tenant à la désignation du bénéficiaire et à la propriété du bien légué.

DÉSIGNATION DU BÉNÉFICIAIRE

64016 La désignation du légataire doit être précise : le legs fait à une **personne qui ne peut pas être identifiée** est nul. Tel est le cas lorsqu'il est impossible de désigner le bénéficiaire ; par exemple, le testateur désigne son frère alors qu'il en a plusieurs ou qu'il n'en a aucun.

En revanche, la jurisprudence valide, autant que possible, les legs faits à des **bénéficiaires insuffisamment désignés**, situation qui concerne surtout les legs aux associations et fondations. Jugé, par exemple, qu'un legs fait à l'« association des orphelins du Crédit lyonnais, rue de Provence à Paris 9e » (qui n'existe pas) s'adresse à l'association « Orphelinat des employés de banque et de bourse (Orebb), 5, rue de Provence à Paris 9e » (Cass. 1e civ. 27-11-2001 n° 00-11.324). Mais est nul le legs consenti à « une association de bienfaisance pour des enfants sans famille et malheureux », faute de comporter un bénéficiaire déterminable (CA Paris 29-6-1990 n° 89/9028, 1e ch. B).

› **Précisions** Chaque fois que l'identité du bénéficiaire du legs n'est pas parfaitement désignée, que la qualification du legs (universel, à titre universel ou à titre particulier) se discute ou encore que la compatibilité entre plusieurs dispositions de dernières volontés d'un même testateur est contestée, les juges du fond apprécient souverainement qu'elle a été l'intention du testateur. Dans l'exercice de leur pouvoir souverain d'appréciation, ils ont pu estimer que le legs d'une maison portait sur l'unité foncière dont elle dépend (Cass. 1e civ. 26-1-2022 n° 20-19.465 F-D : BPAT 2/22 inf. 91). Pour autant l'**interprétation du testament** ne doit pas les conduire à dénaturer la volonté du testateur. La Cour de cassation y veille. Il y a, par exemple, dénaturation lorsque le juge a modifié le sens d'une clause claire et précise (Cass. 1e civ. 13-1-2021 n° 19-16.392 F-D : BPAT 2/21 inf. 76).

64018 Pour qu'un legs soit valable, il faut que le testateur désigne lui-même le légataire. S'il laisse à un tiers le soin de désigner le légataire (**legs avec faculté d'élire**), le legs est nul. Par exemple, a été annulée la disposition contenue dans un testament remis au notaire et ainsi rédigée : « Je ne veux pas que ma famille hérite de ce que j'ai. À vous d'en faire don à qui vous voudrez » (Cass. 1e civ. 8-11-2005 n° 02-21.177 FS-PB : BPAT 6/05 inf. 195). A en revanche été validée la clause

affectant comme suit les biens de la testatrice après différents legs particuliers : « un quart ira à Monsieur et Madame C. et le reste pour la recherche médicale au bon gré de Maître P. » (CA Lyon 9-10-2012 n° 10/085941). Les juges ont estimé que l'expression « au bon gré de Maître P. » ne laissait pas au notaire le choix du ou des légataires, mais devait s'entendre sous son acception étymologique (du latin « gratus ») de reconnaissance ou gratitude de la testatrice envers son notaire d'affecter le reste de ses biens à la recherche médicale, c'est-à-dire à la Fondation pour la Recherche Médicale.
La prohibition du legs avec faculté d'élire peut dans une certaine mesure être contournée par un **legs avec charges**, le testateur confiant à un tiers la désignation de la personne qui sera bénéficiaire de la charge.

LEGS PARTICULIER DE LA CHOSE D'AUTRUI

Un legs ne peut pas avoir pour objet la chose d'autrui, sous peine de nullité (C. civ. art. 1021). Est ainsi frappé de nullité le legs consenti par un associé, fût-il majoritaire, d'un appartement propriété de la société (Cass. 1e civ. 15-5-2018 n° 14-11.123 FS-PB : BPAT 4/18 inf. 165). **64020**
En pratique, la portée de cette règle est réduite, sachant qu'en tout état de cause la nullité qui frappe le legs de la chose d'autrui est une nullité relative :
– elle ne s'applique pas aux legs de **biens communs**. Chaque époux peut consentir des legs de biens communs dans la limite de sa part dans la communauté (C. civ. art. 1423, al. 1). Les modalités d'exécution du legs dépendront du résultat du partage de la communauté : si le bien tombe dans le lot des héritiers du testateur, le legs sera exécuté en nature ; s'il tombe dans le lot du conjoint du testateur, le légataire ne pourra obtenir l'exécution de son legs qu'en valeur (C. civ. art. 1423, al. 2) ;
– est également licite le legs de **biens indivis**, expression qui comprend les biens en indivision postcommunautaire. L'efficacité d'un legs de biens indivis dépend en principe du résultat du partage : le legs sera exécuté si le bien est attribué aux héritiers du testateur, il sera caduc si le bien est attribué à un autre copartageant ;
– le testateur qui est **nu-propriétaire** d'un bien peut en léguer l'usufruit successif (CA Pau 20-5-1957 : D. 1957 somm. 133). Le legs prendra effet à l'extinction de l'usufruit ouvert.

B. Classification des legs

PRÉSENTATION GÉNÉRALE

La loi distingue **trois catégories** de legs : le legs universel, le legs à titre universel et le legs à titre particulier (C. civ. art. 1002, al. 1). **64030**
Cette classification a une grande portée pratique car les **droits et obligations des légataires** varient selon qu'ils ont vocation à recevoir une universalité (legs universel ou à titre universel) ou un ou plusieurs biens déterminés (legs particuliers).
En revanche, quelle que soit la qualification du legs, les légataires disposent d'une **option** : ils ne sont jamais obligés d'accepter leur legs (n° 63050, précisions).
La **qualification** donnée au legs par le testateur ne s'impose pas au juge, qui peut toujours redonner au legs sa véritable qualification (pour une illustration de la difficulté de qualifier un legs, voir Cass. 1e civ. 9-1-2007 n° 06-12.872 FS-PB).

LEGS UNIVERSEL

Le legs universel est celui par lequel le testateur dispose de l'**ensemble de son patrimoine** au profit du légataire. **64032**
Le légataire universel a vocation à recueillir « l'universalité des biens qu'il [le testateur] laissera à son décès » (C. civ. art. 1003).
Le legs universel résulte, soit de la désignation explicite d'un ou plusieurs légataires universels, soit des legs suivants :
– legs de l'intégralité du patrimoine ;
– legs de la quotité disponible ;
– legs des biens restant après imputation de legs particuliers ou à titre universel ;
– legs de la nue-propriété de l'intégralité du patrimoine, ou de la nue-propriété de la quotité disponible, car l'usufruit des biens se réunira à la nue-propriété au décès de l'usufruitier (pour une illustration, voir Cass. 1e civ. 10-2-2016 n° 14-27.057 FS-PBI : BPAT 2/16 inf. 70).

LEGS À TITRE UNIVERSEL

64034 Le legs à titre universel donne vocation à une **quote-part de la succession** (C. civ. art. 1010).
Constituent des legs à titre universel :
– le legs d'une fraction arithmétique (par exemple, la moitié) de tous les biens ;
– le legs de tous les immeubles ou de tous les meubles ;
– le legs d'une fraction arithmétique de tous les immeubles ou de tous les biens meubles.
À cette liste, présentée comme limitative par l'article 1010 du Code civil, il faut ajouter le legs de l'usufruit de tous les biens (ou d'une fraction des biens) du testateur. Les autres legs de quotités de biens **ne constituent pas des legs à titre universel**, mais des legs particuliers. Tel est le cas, par exemple, du legs des « biens situés en France » (Cass. 1e civ. 13-2-1973 no 71-13.861 : Bull. civ. I no 54) ou de celui portant sur la part de communauté du testateur (Cass. 1e civ. 11-7-2006 no 04-14.947 FS-PB : BPAT 5/06 inf. 127).
À la différence du légataire universel, le légataire à titre universel n'a pas vocation à recevoir l'intégralité du patrimoine. Il en résulte, par exemple, que si deux légataires à titre universel sont institués chacun pour moitié et que l'un d'entre eux renonce à son legs, l'autre n'en bénéficiera pas. À défaut d'autre(s) légataire(s) subséquent(s) institué(s), les biens reviendront aux héritiers.

LEGS À TITRE PARTICULIER

64036 Tout legs qui n'est pas universel ou à titre universel constitue un legs à titre particulier. Il s'agit essentiellement des legs portant sur **un ou plusieurs biens déterminés** (ou déterminables) ou sur une somme d'argent. Mais les legs de quotités de biens autres que celles énumérées ci-avant constituent également des legs à titre particulier (par exemple, legs de tous les biens situés dans tel département, legs de la moitié des biens communs).

64037 MODÈLE **Legs à titre particulier net de frais et droits**

Je soussignée Nathalie Durand, née à Rouen le 15 mars 1939, demeurant 34, avenue de la Marne à Rouen, lègue à titre particulier à ma très chère sœur Isabelle Durand, demeurant 86, rue de la Bécasse à Courbevoie, le portrait en pied de notre arrière-grand-père qui se trouve dans le salon de mon domicile rouennais.
Ce legs est fait net de frais et droits.

C. Disparition du legs

EN BREF

64050 Il existe **plusieurs causes** de disparition des legs. Certaines ont déjà été évoquées dans les développements qui précèdent, telle la nullité du legs ou du testament. La réduction des legs en cas d'atteinte à la réserve peut également aboutir à leur caducité.
Outre la disparition du legs en raison de la révocation du testament qui le contient, sont étudiées ici la révocation judiciaire et la caducité des legs.

RÉVOCATION DU TESTAMENT

64051 Le testateur est toujours libre de révoquer son testament, sans avoir à fournir quelque motif que ce soit. La révocabilité est d'ordre public ; le testateur ne peut donc pas y renoncer par avance. Il s'agit en outre d'un **droit discrétionnaire**, insusceptible d'abus (pour un exemple, Cass. 1e civ. 30-11-2004 no 02-20.883 F-PB : BPAT 1/05 inf. 12).
La **révocation** du testament est **expresse** lorsqu'elle est manifestée explicitement et en tant que telle par un acte juridique du testateur. Elle doit être faite (C. civ. art. 1035) :
– soit par une disposition expresse d'un nouveau testament (pour une illustration d'un testament révocatoire, CA Versailles 11-4-2023 no 21/03587 : BPAT 4/23 inf. 181) ; à noter que le nouveau testament ne prend pas nécessairement la même forme que celui qu'il révoque ;
– soit par un acte notarié ordinaire portant déclaration de changement de volonté. L'acte doit alors être reçu par deux notaires (ou par un seul notaire assisté de deux témoins).
La **révocation tacite** d'un testament ne peut résulter que de trois causes :
– la rédaction d'un nouveau testament dont les dispositions sont incompatibles avec les premières (C. civ. art. 1036). Par exemple, un bien initialement légué à X est légué à Y par le nouveau testament. De la même façon, la consignation par la testatrice, dans un ultime testament, de la trahison de son frère vaut à la fois révocation expresse d'un testament établi en faveur de celui-ci et révocation tacite d'un autre également au profit de ce frère (CA Versailles 11-4-2023 no 21/03587 précité) ;

– l'aliénation volontaire du bien légué, qui emporte présomption simple de révocation (C. civ. art. 1038) ;
– la destruction volontaire du testament par le testateur, hypothèse qui concerne en pratique le testament olographe.
Ces causes sont limitatives (Cass. 1e civ. 8-7-2015 no 14-18.875 F-PB : BPAT 5/15 inf. 185, jugeant que la révocation tacite ne peut résulter de l'incompatibilité du testament avec une donation postérieure).

> **Précisions** Lorsqu'un testateur révoque son testament par un autre, puis révoque ce deuxième testament, le **premier testament** ne peut pas être **remis en vigueur** par la révocation du deuxième en l'absence de volonté clairement manifestée par le défunt (Cass. 1e civ. 17-5-2017 no 16-17.123 F-PB : BPAT 4/17 inf. 157 ; Cass. 1e civ. 17-1-2024 no 22-12.349 F-D : SNH 5/24 inf. 3).

RÉVOCATION JUDICIAIRE DES LEGS

Comme les donations (nos 63400 s.), les legs peuvent faire l'objet d'une révocation judiciaire. Les principes applicables étant les mêmes, on n'insistera que sur les particularités applicables aux legs, qui concernent les causes légales de révocation et le régime de la révocation pour ingratitude. **64052**
En ce qui concerne les **causes légales de révocation**, la révocation judiciaire d'un legs ne peut être demandée que pour ingratitude ou pour inexécution des charges (C. civ. art. 1046). La survenance d'enfant n'est pas une cause de révocation des legs.
Quant au **régime de la révocation** d'un legs **pour ingratitude**, le refus d'aliments n'est pas un cas d'ingratitude du légataire. En revanche, l'injure à la mémoire du testateur constitue une cause particulière d'ingratitude. L'action en révocation doit être exercée dans un délai d'un an à compter du délit en cas d'injure grave à la mémoire du testateur (C. civ. art. 1047). Dans les autres cas de révocation, les règles prévues en matière de donation s'appliquent, et l'action doit en principe être intentée dans l'année du délit ou dans un délai d'un an à compter du jour où le testateur a eu connaissance du délit (Cass. 1e civ. 22-5-1970 no 69-10.623 : Bull. civ. I no 168). Cependant, si le testateur s'est trouvé dans l'incapacité d'agir avant son décès, ses héritiers peuvent exercer l'action révocatoire dans l'année du jour où ils ont eu eux-mêmes connaissance à la fois du délit et du testament (Cass. 1e civ. 14-2-1990 no 88-12.486 : Bull. civ. I no 45, décision rendue à propos d'une testatrice placée sous tutelle au moment des faits d'ingratitude, et qui l'était restée jusqu'à son décès survenu plusieurs années plus tard).

CADUCITÉ DES LEGS

Un legs est caduc lorsqu'il ne peut pas être exécuté, alors même que sa validité n'est pas remise en cause. **64054**
La loi prévoit **quatre cas** de caducité :
– le prédécès du légataire (C. civ. art. 1039) : le mécanisme de la représentation ne joue pas en matière testamentaire, sauf volonté contraire du testateur ;
– la perte de la chose léguée entre la rédaction du testament et le décès du testateur (C. civ. art. 1042). La perte s'entend non seulement de la destruction matérielle de la chose, mais également de sa disparition du patrimoine du testateur du fait d'une aliénation indépendante de sa volonté (vente du bien légué par le tuteur du testateur, par exemple : Cass. 1e civ. 7-6-2006 no 04-10.612 FS-PB ; Cass. 1e civ. 19-12-2012 no 11-22.309 F-D) ;
– la renonciation au legs par le légataire (C. civ. art. 1043) ;
– l'incapacité de jouissance du légataire survenue après l'établissement du testament (C. civ. art. 1043).
Les cas de caducité des dispositions testamentaires étant **limitativement énumérés** par le Code civil (C. civ. art. 1039 à 1043), la disparition de la cause du legs n'entraîne pas sa caducité : il appartient au seul testateur de tirer les conséquences de cette disparition en révoquant son testament (Cass. 1e civ. 15-12-2010 no 09-70.834 FS-PBI : BPAT 1/11 inf. 43, RTD civ. 2011 p. 165 note M. Grimaldi).

EFFETS DE LA RÉVOCATION JUDICIAIRE ET DE LA CADUCITÉ DES LEGS

La révocation judiciaire et la caducité d'un legs ont pour effet commun de faire retomber le(s) bien(s) dans la succession. Le legs inefficace profite alors, en principe, à ceux qui étaient chargés de l'exécuter : selon le cas, l'héritier, le légataire universel ou le légataire à titre universel. **64056**
Il est toutefois possible de déroger à cette règle.
En premier lieu, le testateur a pu lui-même désigner un second légataire pour recueillir le legs à défaut du premier. Il s'agit d'une **substitution vulgaire** autorisée (C. civ. art. 898).

EXEMPLE

Le testateur institue son conjoint légataire universel, en précisant qu'en cas de prédécès de celui-ci ou de renonciation à sa succession, son frère sera légataire universel. Le testateur peut également prévoir que le legs sera transmis aux héritiers du légataire, en écrivant par exemple : « Je désigne mes deux neveux X et Y comme légataires universels. Si l'un d'eux ou les deux décèdent, ses ou leurs descendants seront mes légataires universels selon les règles de la représentation. »

64058 En second lieu, il est possible que le testateur ait voulu faire bénéficier de l'inefficacité de l'un des legs, non pas son débiteur (héritier ou légataire universel, notamment), mais plutôt les autres légataires conjoints. Il s'agit alors de l'**accroissement** (C. civ. art. 1044, al. 1).

L'accroissement est **exprès** lorsque le testateur l'a explicitement prévu.

Il peut également être **présumé**. Tel est le cas lorsque :

– un bien qui n'est pas susceptible de division sans détérioration est légué par le même acte à plusieurs personnes, même séparément (C. civ. art. 1045) ;

– une même disposition attribue un bien ou une quotité de biens à plusieurs personnes ensemble, sans que le testateur ait précisé la part de chacun (C. civ. art. 1044, al. 2).

64060 L'héritier qui, du fait de la renonciation du légataire, recueille toute la succession en vertu des règles de la dévolution légale n'a pas à exécuter la **charge grevant le legs devenu caduc** (Cass. 1e civ. 1-7-2003 nº 01-00.373 FS-PB, renonciation des légataires universels à un legs assorti de la charge de verser une somme d'argent à une personne).

SECTION 5

RAPPORT ET RÉDUCTION DES LIBÉRALITÉS

EN RÉSUMÉ

64100 Au décès d'une personne, les libéralités qu'elle a consenties de son vivant peuvent être prises en compte pour le règlement de sa succession au travers de **deux mécanismes différents**, qui s'appliquent parfois de façon cumulative : le rapport, dont l'objet est d'assurer l'égalité entre les héritiers, et la réduction, dont le but est la protection de la réserve.

A. Rapport des libéralités

RÈGLES GÉNÉRALES

64102 Le rapport à la succession des libéralités est l'opération par laquelle un héritier, appelé avec d'autres à une succession, joint à la masse à partager certains actifs ou valeurs qu'il a déjà reçus à titre gratuit du défunt.

En principe, tout héritier qui a reçu une **donation** du défunt en doit le rapport à ses cohéritiers, sauf si le donateur l'en a expressément dispensé (pour une illustration, Cass. 1e civ. 15-12-2021 nº 20-12.825 F-D). La règle est exactement inverse pour les **legs** : l'héritier gratifié par un legs n'est pas tenu au rapport, sauf si le testateur l'y a expressément assujetti.

64104 L'objet du rapport est d'assurer l'**égalité entre les héritiers**, égalité qui est censée avoir été souhaitée par le défunt. C'est la raison pour laquelle la donation consentie à un héritier est présumée constituer une avance sur son futur héritage, d'où les termes de « donation en avancement de part successorale » (anciennement dénommée « donation en avance d'hoirie »). Au moment du partage de la succession, l'héritier sera considéré comme ayant déjà reçu sa part d'héritage, à hauteur de la donation dont il a bénéficié. Techniquement, on parle de « rapport des donations » parce que la valeur du bien donné est rapportée, c'est-à-dire ajoutée aux biens laissés par le défunt pour déterminer la part d'héritage devant revenir à chacun.

EXEMPLE

Le défunt, divorcé, avait deux enfants, Adrien et Anatole. Il a donné à Adrien des titres de sa société d'une valeur de 100 000 €. Il n'a fait aucune donation à Anatole. À son décès, le défunt laisse des biens pour une valeur de 500 000 €. Il n'a pas fait de testament.

Si l'on n'appliquait pas la règle du rapport, le partage de la succession se ferait sur la base des seuls biens laissés par le défunt, soit 500 000 €. Chaque enfant en prendrait la moitié, soit 250 000 €. En définitive, Adrien recevrait 350 000 € (les titres + la moitié des biens laissés au décès), tandis qu'Anatole n'hériterait que de 250 000 €.

Parce qu'on rapporte les donations antérieures, la valeur des titres reçus par Adrien est prise en compte pour déterminer ce qu'il y a à partager entre les deux frères. En supposant cette valeur inchangée à l'époque du partage, la succession s'élève à 600 000 €. Adrien ayant déjà reçu 100 000 € ne prendra que 200 000 € sur les biens existants au décès. Anatole prendra 300 000 € sur ces mêmes biens. Au final, chaque frère aura bien reçu 300 000 € et l'égalité entre les héritiers aura été respectée.

1. LIBÉRALITÉS SOUMISES AU RAPPORT

PRINCIPES

Toutes les libéralités ne sont pas, de plein droit, soumises au rapport. Le Code civil distingue les **donations**, présumées en avancement de part successorale, des **legs**, qui sont présumés faits hors part successorale. Il s'agit dans les deux cas d'une présomption simple, qui supporte par conséquent la preuve contraire. **64106**

DONATIONS

Principe : donations rapportables Les donations sont présumées rapportables à la succession du donateur (C. civ. art. 843). **64108**

Sauf exception pour les donations-partages (nº 64110), la présomption tenant au caractère rapportable de la libéralité s'applique quelle que soit la **forme de la donation**. Au même titre que les donations notariées, les dons manuels, les donations indirectes et les donations déguisées sont présumés rapportables. Jugé par exemple, en cas de donation d'un fonds de commerce faite indirectement par le défunt à l'héritier par interposition d'une société dont ce dernier est associé, que le rapport est dû à la succession par l'héritier (Cass. 1e civ. 24-1-2018 nº 17-13.017 FS-PB : BPAT 2/18 inf. 76). Pour autant, cela ne veut pas dire que, en pratique, le rapport des libéralités occultes soit toujours effectué...

Le **montant de la donation** est également indifférent : une donation modique est rapportable au même titre qu'une donation importante.

Enfin, l'obligation au rapport est indépendante de la **fonction des biens donnés** (Cass. 1e civ. 11-7-2006 nº 04-20.530 F-PB, solution rendue à propos de matériels d'exploitation conchylicole, dont la valeur ne tient qu'à leur fonction professionnelle).

› Précisions a. Le fait d'avoir disposé gratuitement d'un **logement mis à sa disposition par ses parents** ou d'avoir été **hébergé gratuitement à leur domicile** constitue un avantage dont la valeur (l'économie de loyers réalisée) n'est rapportable à la succession que si les frères et sœurs qui demandent le rapport prouvent l'intention libérale de leurs parents (Cass. 1e civ. 18-1-2012 nos 11-12.863 FS-PBI, 10-25.685 FS-PBI et 09-72.542 FS-PBI : BPAT 2/12 inf. 106 à 108). En pratique, cette preuve est très difficile à apporter, surtout lorsque l'enfant a été hébergé par ses parents puisque la Cour de cassation exige, dans ce cas, que soit également prouvé l'appauvrissement des parents. Il a été jugé que lorsque la jouissance gratuite du logement a pour contrepartie le paiement de l'ensemble des charges du logement mis à disposition, l'intention libérale n'est pas établie (Cass. 1e civ. 30-1-2013 nº 11-25.386 F-D). La preuve de l'intention libérale peut par exemple résulter d'un testament ultérieurement révoqué, dans lequel la testatrice a exprimé sa volonté de voir l'avantage tiré de l'occupation gratuite d'un appartement par son fils rapporté à sa succession (Cass. 1e civ. 19-3-2014 nº 13-14.139 F-PB : BPAT 3/14 inf. 129). La mise à disposition d'un immeuble peut prendre la forme d'un bail à ferme consenti par les propriétaires-bailleurs à leur fils de biens agricoles. L'avantage indirect rapportable qui pourrait en découler résulterait du non-paiement des fermages, sous la réserve, encore une fois, de démontrer qu'il s'agit d'une libéralité (Cass. 1e civ. 12-1-2022 nº 20-14.455 F-D : BPAT 2/22 inf. 86). L'avantage indirect rapportable peut également prendre la forme d'une occupation gratuite pendant 44 ans d'un logement à usage mixte, servant à la fois de logement et de cabinet de médecin, et dont la propriété est démembrée entre la mère, usufruitière, et ses deux fils, nus-propriétaires, l'un d'eux en bénéficiant de manière privative. Dans de telles conditions, l'indemnité de rapport est égale aux loyers qui auraient dû être payés si le bien avait été loué, après déduction du seul montant des frais d'entretien incombant à la donatrice usufruitière, à l'exclusion des grosses réparations à la charge des donataires nus-propriétaires (Cass. 1e civ. 2-3-2022 nº 20-21.641 F-B : BPAT 3/22 inf. 172-7).

L'un des moyens préconisés par la pratique pour faire échapper au régime des libéralités la mise à disposition gratuite d'un immeuble au profit d'un enfant est la conclusion d'un **prêt à usage** (B. Roman, Occuper n'est pas nécessairement rapporter : Sol. Not. 11/14 inf. 235). Le prêt à usage constitue en effet un contrat de service gratuit qui, conférant seulement à son bénéficiaire un droit à l'usage de la chose prêtée, n'opère aucun transfert d'un droit patrimonial à son profit, notamment de propriété sur la chose ou sur ses fruits et revenus. Il n'en résulte aucun appauvrissement du prêteur (Cass. 1e civ. 11-10-2017 n° 16-21.419 FS-PB : BPAT 6/17 inf. 238).

b. En cas de **vente par des parents à un de leur enfants**, le fait de **ne pas avoir réclamé le paiement du prix** ne caractérise une donation déguisée rapportable à la succession que s'il est prouvé que les vendeurs ont agi dans une intention libérale (Cass. 1e civ. 19-3-2014 n° 13-14.795 F-PB : BPAT 3/14 inf. 130).

c. La **dette d'un héritier à l'égard du défunt** que ce dernier a laissé délibérément se prescrire de son vivant dans une intention libérale est susceptible de rapport (Cass. 1e civ. 21-10-2015 n° 14-24.847 F-PB : BPAT 6/15 inf. 226 ; Cass. 1e civ. 21-9-2022 n° 20-22.139 FS-B : BPAT 6/22 inf. 290). Si la dette n'est pas prescrite au jour de l'ouverture de la succession, elle doit être rapportée à la masse partageable non au titre du rapport des dons mais du rapport des dettes (C. civ. art. 864. s).

d. Les sommes versées au titre de l'**obligation alimentaire** ne sont pas rapportables à la succession. Ainsi jugé qu'une mère qui a aidé financièrement sa fille divorcée et sans emploi, à proportion de 10 % de ses revenus, sans atteinte à son capital et ayant fait figurer les sommes dans ses déclarations fiscales, ne fait que respecter son obligation alimentaire envers sa fille (C. civ. art. 205 et 207, al. 1 ; Cass. 1e civ. 15-11-2017 n° 16-26.395 F-D). Au contraire, les sommes versées au titre des **frais de nourriture, d'entretien, d'éducation, d'apprentissage, les frais ordinaires d'équipement, ceux de noces et les présents d'usage** sont rapportables à la succession si telle est la volonté du disposant (C. civ. art. 852, al. 1). Par conséquent l'exécution de l'obligation du père de contribuer à l'éducation et à l'entretien de son fils ne dispense pas ce dernier de rapporter à la succession de son auteur les sommes ainsi reçues, conformément aux dispositions de dernières volontés de ce dernier (CA Chambéry 9-1-2024 n° 19/02243 : SNH 3/24 inf. 4).

64110 **Exceptions : donations échappant au rapport** Deux catégories de donations échappent au rapport :

– d'une part, les **donations-partages**. Même dans le cas le plus fréquent où elle n'est pas consentie hors part successorale, une donation-partage n'est jamais rapportable à la succession du donateur, parce que les biens qui en font l'objet ont déjà été partagés de façon anticipée. Rappelons que si les donations-partages transgénérationnelles sont en principe rapportables par les petits-enfants allotis, ce rapport s'effectue à la succession de leur auteur direct, non à celle de l'ascendant donateur (n° 63756) ;

– d'autre part, les **donations consenties hors part successorale**. La volonté d'égalité entre les héritiers que la loi présume dans les donations n'est pas impérative, et il est possible de prévoir une dispense de rapport. La donation n'est alors plus comprise dans le partage et le bénéficiaire peut en conserver à lui seul le bénéfice (sauf éventuellement réduction en présence de cohéritiers réservataires). La dispense de rapport peut être faite dans la donation elle-même (voir n° 63610) ou dans un acte postérieur ; dans ce dernier cas, la forme impérative des libéralités (donation ou testament) est requise (C. civ. art. 919, al. 2). Ce formalisme s'explique aisément : dispenser de rapport après la donation équivaut à réaliser un supplément de donation. S'agissant d'une donation non notariée (don manuel, notamment), la dispense de rapport doit être prouvée, ce qui ne va pas de soi si l'on n'a pas pris soin d'établir un pacte adjoint. Il a ainsi été jugé que la veuve qui, dès réception du capital de l'assurance-vie de son époux, le répartit entre ses enfants et, dans le même temps, modifie les bénéficiaires de sa propre assurance-vie a entendu faire donation de ces sommes hors part successorale (Cass. 1e civ. 23-3-2022 n° 20-17.633 F-D : BPAT 3/33 inf. 172-8). D'autre part, le don manuel consenti postérieurement à la confection du testament, par lequel la testatrice précisait que les dons manuels de sommes d'argent déjà consentis à date l'avaient été hors part successorale, ne bénéficie pas de la même dispense (Cass. 1e civ. 23-3-2022 n° 20-17.633 F-D).

ATTENTION

Sont **dispensés de rapport, par l'effet de la loi** :
– les présents d'usage, les frais de nourriture, d'entretien, d'éducation, d'apprentissage, les frais ordinaires d'équipement et ceux de noces, sauf volonté contraire du disposant (C. civ. art. 852, al. 1) ;
– les « profits que l'héritier a pu retirer de conventions passées avec le défunt, si ces conventions ne présentaient aucun avantage indirect, lorsqu'elles ont été faites » (C. civ. art. 853) ;
– les associations faites sans fraude entre le défunt et l'un de ses héritiers, lorsque les conditions en ont été réglées par un acte authentique (C. civ. art. 854) ;
– le capital ou la rente d'assurance-vie payable au décès de l'assuré à un bénéficiaire déterminé (C. ass. art. L 132-13, al. 1), sauf à ce que les primes versées aient été manifestement exagérées au regard des facultés de l'assuré (C. ass. art. L 132-13, al. 2) ou que l'opération soit requalifiée de donation indirecte.

LEGS

À l'inverse des donations, les legs sont **réputés** faits **hors part successorale** (C. civ. art. 843, al. 2). La volonté de rompre l'égalité entre les héritiers en faveur du légataire est présumée chez le testateur. La solution vaut quel que soit l'ordre auquel appartient l'héritier gratifié par testament. 64112

Comme pour les donations, l'article 843 du Code civil réserve la **volonté contraire du testateur** : un legs fait à un cohéritier peut être stipulé rapportable.

En pratique, la stipulation d'un legs rapportable, souvent désigné sous le vocable de « legs d'attribution », est rare. Un tel legs peut cependant présenter un intérêt lorsque le testateur désire que l'un de ses héritiers reçoive un bien déterminé qui lui sera attribué par préférence, à charge de désintéresser ses cohéritiers en valeur.

2. MODES D'EXÉCUTION DU RAPPORT

PRÉSENTATION GÉNÉRALE

C'est **au moment du partage** de la succession entre les héritiers que le rapport doit être exécuté. Même intervenue plus de 30 ans après l'ouverture de la succession, la demande de rapport n'est pas prescrite tant que le partage n'a pas eu lieu (Cass. 1e civ. 22-3-2017 no 16-16.894 F-PB : BPAT 3/17 inf. 109). Lorsqu'elle emprunte la voie judiciaire, la demande en rapport d'une libéralité ne peut être formée qu'à l'occasion d'une instance en partage judiciaire (Cass. 1e civ. 4-1-2017 no 15-26.827 F-PB : AJ fam. 2017 p. 205 obs. J. Casey ; Cass. 1e civ. 6-11-2019 no 18-24.332 FS-PBI : BPAT 1/20 inf. 24 obs. A. Chamoulaud-Trapiers ; Cass. 1e civ. 2-9-2020 no 19-15.955 FS-PB : BPAT 6/20 inf. 202). En revanche, dès lors qu'un partage amiable est intervenu, la demande en rapport d'une libéralité jusque-là méconnue en tant que telle ou dissimulée par un cohéritier ne pourra prospérer que si le partage déjà réalisé est contesté par une action en nullité, ou en complément de part pour cause de lésion, ou encore si une demande en partage complémentaire est exercée (Cass. 1e civ. 6-11-2019 no 18-24.332 FS-PBI précité). 64120

Le rapport **consiste**, lors du partage, à comprendre dans la masse des biens à partager ceux dont le défunt a disposé à titre gratuit au profit d'un ou de plusieurs de ses héritiers, que ce soit par donation (libéralité normalement rapportable) ou par testament (libéralité exceptionnellement rapportable).

Le rapport peut être effectué **en valeur ou en nature**. Le principe est le rapport en valeur : l'héritier gratifié conserve le bien qui lui a été donné ou légué et en impute la valeur sur ses droits dans la succession. Exceptionnellement, le rapport est effectué en nature, le bien donné ou légué étant alors réellement compris dans le partage et susceptible d'être attribué à un autre héritier.

RAPPORT EN VALEUR OU RAPPORT EN MOINS PRENANT

Sauf cas particuliers (no 64128), le rapport se fait en valeur (C. civ. art. 858 pour les donations et 843 pour les legs). C'est une **indemnité** représentative de la valeur du bien donné, et non le bien lui-même, qui sera comprise dans le partage. Cette indemnité sera attribuée à son redevable, qui prendra moins dans le partage (d'où l'expression de « rapport en moins prenant »). 64122

Montant de l'indemnité de rapport La propriété du bien a été transférée au bénéficiaire au moment de la donation (ou au décès s'agissant d'un bien légué). Le partage peut intervenir de nombreuses années après ce transfert de propriété, alors que l'état et la valeur du bien donné (ou légué) auront pu varier. 64124

Les **règles légales d'évaluation** du rapport tiennent compte de ces possibles variations de l'état et de la valeur du bien donné. S'appliquent de manière cumulative deux règles (C. civ. art. 860, al. 1) :

– le rapport est dû de la valeur du bien donné (ou légué lorsque le legs est exceptionnellement rapportable) à l'époque du partage ;

– cette valeur s'apprécie selon l'état du bien à l'époque de la donation (ou du décès pour le legs rapportable).

La donation ou le testament a pu prévoir des **dérogations aux règles légales** d'évaluation de l'indemnité de rapport, lesquelles ne sont pas impératives (sur les incidences liquidatives en cas de clause de rapport forfaitaire dans une donation, voir Cass. 1e civ. 5-12-2018 no 17-27.982 F-PB : BPAT 1/19 inf. 26).

> **Précisions a.** Lorsque le **bien donné a fait l'objet de travaux** réalisés par le donataire, il convient de rechercher quelle aurait été la valeur actuelle du bien sans les travaux (Cass. 1e civ. 14-1-2015 no 13-24.921 F-PB : BPAT 2/15 inf. 53). En effet, les plus-values apportées au bien donné depuis l'acte de donation et imputables au seul gratifié ne profitent qu'à ce dernier. Par conséquent, la valeur du bien donné à l'époque du partage doit être corrigée. Autre application de ce principe : la succession n'ayant pas à profiter de la viabilisation effectuée par le donataire du terrain reçu, l'indemnité de rapport est calculée en fonction de la valeur du terrain non viabilisé et non en lui appliquant une décote forfaitaire (Cass. 1e civ. 31-5-2005 no 03-11.133 F-PB : RTD civ. 2005 p. 813 note M. Grimaldi ; Cass. 1e civ. 9-2-2022 no 20-20.587 F-D : BPAT 2/22 inf. 87). En cas de transmission d'une entreprise, il ne peut pas être tenu compte de la plus-value apportée par l'activité personnelle des donataires dirigeants de l'entreprise du fait de la réalisation de nouveaux investissements (CA Grenoble 20-12-2023 no 18/02796 : BPAT 1/24 inf. 29, à propos de la transmission intrafamiliale par donation-partage d'une entreprise viticole). Le même raisonnement s'appliquerait, le cas échéant, pour la détermination de l'indemnité de réduction (C. civ. art. 924-2), à cela près que la date d'évaluation du bien donné, pour les opérations de réunion fictive et d'imputation, serait celle du décès et non celle du partage (C. civ. art. 922).

b. Le rapport d'une **donation déguisée sous couvert d'une vente à moindre prix** n'est dû que pour l'avantage ainsi conféré, correspondant à la différence entre la valeur du bien donné et le prix payé (Cass. 1e civ. 11-7-2019 no 18-19.415 F-D : BPAT 5/19 inf. 194).

c. S'agissant d'une donation avec charge payable au jour de la donation, la valeur de l'émolument net, seul rapportable, s'établit par la déduction du montant de la charge grevant la donation, sans réévaluation de celle-ci au jour du partage (Cass. 1e civ. 16-11-2022 no 21-11.837 FS-B : BPAT 1/23 inf. 34).

64126 **Cas particuliers** Quelques précisions :

– si le **bien donné a été vendu ou donné**, on prend sa valeur au jour de la vente ou de la libéralité, mais toujours en tenant compte de l'état du bien à l'époque de la libéralité (C. civ. art. 860, al. 2). En cas de vente, si le prix de cette vente a été utilisé pour acheter un autre bien, c'est la valeur de ce nouveau bien à l'époque du partage qui sera retenue, en tenant compte de son état lors de son acquisition (pour une illustration de cette méthode dite de « subrogation liquidative », voir Cass. 1e civ. 2-4-2014 no 13-14.273 F-D : BPAT 3/14 inf. 131). Par exception, on ne tient pas compte de la valeur du bien acheté si sa dépréciation était inéluctable dès son acquisition (voiture, matériel informatique ou hi-fi, etc.). La règle d'évaluation de l'indemnité de rapport en cas de subrogation ne porte pas une atteinte injustifiée au droit de propriété à valeur constitutionnelle (Cass. 1e civ. QPC 14-2-2024 no 23-19.059 FS-P : SNH 8/24 inf. 5) ;

– si la **libéralité portait sur une somme d'argent**, c'est le montant donné qui doit être rapporté, sans prendre en compte la dépréciation monétaire (C. civ. art. 860-1). Mais si l'argent a servi à acheter un bien, on prend la valeur du bien qui a été acquis ; cette valeur est appréciée à l'époque du partage, en tenant compte de l'état du bien à l'époque de son acquisition (C. civ. art. 860-1 qui renvoie à art. 860, al. 1 ; pour une illustration, Cass. 1e civ. 6-11-2019 no 18-20.054 F-D). La même exception pour les biens dont la dépréciation est inéluctable dès leur acquisition s'applique. Ainsi, si le bénéficiaire d'une donation de 15 000 € a acheté avec cet argent une voiture qui ne vaut plus que 1 000 € au moment du partage de la succession, il devra rapporter 15 000 €, et non seulement 1 000 € ;

– si le **bien a été perdu** sans que ce soit par la faute du bénéficiaire de la libéralité, ce dernier n'a plus à rapporter la valeur de ce qui lui avait été donné, sauf s'il a perçu une indemnité d'assurance. Dans ce cas, il rapporte l'indemnité d'assurance ou la valeur de ce qu'il a acheté avec cette indemnité (C. civ. art. 855).

> **Précisions a.** L'emploi d'une donation de somme d'argent au **financement de travaux de construction** sur un **terrain appartenant au donataire** ne constitue pas une « acquisition » au sens de l'article 860-1 du Code civil ; ce financement reste dès lors sans incidence sur le montant du rapport qui est du nominal (Cass. 1e civ. 14-5-2014 no 12-25.735 : Bull. civ. I no 94, BPAT 4/14 inf. 169).

b. Lorsque la **somme d'argent donnée** a été investie dans l'acquisition d'un bien, lequel est aliéné avant le partage, il faut distinguer (C. civ. art. 860-1 qui renvoie à art. 860, al. 2) :

– soit l'**aliénation n'a pas été suivie du remploi** du prix de vente dans une nouvelle acquisition. Dans ce cas de figure, le montant du rapport correspond à la valeur du bien cédé à l'époque de l'aliénation. Pour autant, cette valeur ne doit pas être assimilée au prix de vente ni au prix de cession de l'immeuble diminué du coût des travaux lorsque le bien aliéné a été amélioré par la réalisation de travaux imputables au donataire (pour des illustrations, Cass. 1e civ. 20-6-2012 n° 11-15.362 F-D : BPAT 5/12 inf. 258, solution rendue en application des anciens articles 860 et 869 du Code civil mais transposable sous le régime actuel des articles 860 et 860-1 issus de la loi 2006-728 du 23-6-2006 ; Cass. 1e civ. 17-11-2021 n° 19-23.218 F-D : BPAT 5/12 inf. 258).

– soit un **nouveau bien** a été **subrogé au bien aliéné**. On tient alors compte de la valeur de ce bien subrogé à l'époque du partage, d'après son état à l'époque de l'acquisition, sous réserve du cas du bien dont la dépréciation était inéluctable au jour de son acquisition.

RAPPORT EN NATURE

Il n'y a que deux cas de rapport en nature. 64128

En premier lieu, l'**acte de donation** peut l'avoir stipulé : le rapport en valeur n'étant pas impératif, le donateur peut, en accord avec le donataire, prévoir que le rapport du bien donné se fera en nature (C. civ. art. 858, al. 2).

En second lieu, le **donataire** peut effectuer spontanément son rapport en nature, si deux conditions sont réunies :

– le bien est libre de toute charge ou occupation dont il n'aurait pas déjà été grevé à l'époque de la donation (C. civ. art. 859). Cette condition vise à éviter l'anéantissement au préjudice de tiers de droits et de charges créés par le donataire (une hypothèque grevant l'immeuble donné, un bail au profit d'un locataire, etc.) ;

– l'acte de donation n'a pas écarté la possibilité pour l'héritier d'effectuer son rapport en nature (Cass. 1e civ. 12-1-2011 n° 09-15.298 FS-PBI, solution rendue en application des dispositions antérieures à la loi 2006-728 du 23-6-2006 mais à notre avis toujours valable).

L'option en faveur du rapport en nature est indivisible : l'héritier ne peut choisir un rapport en nature partiel (CA Nancy 1e ch. 14-2-1996 n° 2425/92).

B. Réduction des libéralités

RÈGLES GÉNÉRALES

Le droit successoral garantit aux héritiers les plus proches, descendants et conjoint, une fraction du patrimoine du défunt. Il s'agit de la **réserve héréditaire**. Le conjoint n'en bénéficie qu'à titre subsidiaire, en l'absence de descendance. 64140

Le défunt a pu faire des libéralités soit par donation entre vifs, soit par testament ou donation au dernier vivant ; mais ces libéralités ne seront efficaces que si leur montant n'excède pas la **quotité disponible**.

Ce n'est qu'**après le décès** que l'on pourra déterminer si les libéralités faites par le défunt excèdent la quotité disponible et sont par conséquent réductibles. En effet, c'est seulement à cette date que l'on pourra :

– connaître la qualité et le nombre d'héritiers réservataires laissés par le défunt ;

– mesurer l'importance du patrimoine du défunt, donc le seuil à partir duquel les libéralités qui excèdent la quotité disponible seront réductibles ;

– déterminer parmi les libéralités consenties par le défunt lesquelles excèdent la quotité disponible et pour quelle fraction elles doivent être réduites pour respecter la réserve.

> **Précisions** Un **droit de prélèvement compensatoire** sur les biens situés en France, au profit des enfants lésés par l'application d'une loi successorale étrangère qui ne connaîtrait pas la réserve, a été instauré pour les successions ouvertes depuis le 1er novembre 2021 (C. civ. art. 913, al. 3). Il est inspiré de l'ancien droit de prélèvement, lequel avait été censuré par le Conseil constitutionnel (Cons. const. 5-8-2011 n° 2011-159 QPC : BPAT 5/11 inf. 282). Sur ces sujets, voir nos 73915 s.

Une **libéralité** n'est **réductible** que pour autant que, excédant la quotité disponible, elle porte atteinte à la réserve, et dans la seule mesure nécessaire au respect de cette réserve. 64142

Pour savoir si une libéralité est réductible, il convient de **comparer** ce dont le défunt a disposé, par libéralités entre vifs (donations) ou à cause de mort (testament ou donation entre époux), avec la fraction de ses biens dont il pouvait disposer. La première opération consiste à chiffrer la réserve et la quotité disponible, la seconde à imputer les libéralités sur ces masses dans un ordre et selon des modalités déterminés par la loi.

› Précisions Lorsqu'une succession comporte une **donation-partage**, la détection d'une éventuelle atteinte à la réserve obéit à une méthode liquidative dérogatoire à celle dont il est ici fait état. Cette spécificité tient compte de la réalisation d'un partage anticipé de la succession qui est de l'essence même de la donation-partage. Cette méthode dérogatoire repose sur une logique différente qui est celle de composer ou compléter la part de réserve de l'enfant qui ne l'aurait pas reçu (pour une présentation détaillée de cette méthode liquidative dérogatoire, voir Mémento Successions Libéralités n°s 11080 s.).

TAUX DE LA RÉSERVE ET DE LA QUOTITÉ DISPONIBLE

64144 La réserve et la quotité disponible ne sont pas d'une quotité fixe. Leurs taux varient en fonction de la **qualité et** du **nombre du ou des héritiers réservataires** : enfants ou conjoint survivant.
En présence de descendants, il existe deux quotités disponibles différentes en fonction du bénéficiaire de la libéralité :
– la quotité disponible ordinaire, lorsque le gratifié est une personne autre que le conjoint ;
– et la quotité disponible spéciale entre époux, lorsque le gratifié est le conjoint survivant (n°s 13505 s.).
Sur le taux de la réserve héréditaire du conjoint survivant en l'absence de descendant, voir n° 11050.

› Précisions Dans son **rapport relatif à la réserve héréditaire**, le groupe de travail dirigé par Cécile Pérès et Philippe Potentier réaffirme fermement la réserve héréditaire des descendants dans son principe tout en précisant au législateur, s'il le souhaite, que son taux pourrait être réduit à deux branches : la moitié de la succession en présence d'un enfant et les deux tiers en présence de deux enfants ou plus. Il préconise par ailleurs la suppression de la réserve héréditaire du conjoint survivant (Rapport relatif à la réserve héréditaire remis à la ministre de la justice le 13-12-2019).

64146 **Quotité disponible ordinaire en présence de descendants** La **réserve** des descendants est **globale** et correspond à une fraction de la succession variable selon le nombre d'enfants (C. civ. art. 913). Les taux de la réserve et de la quotité disponible sont indiqués dans le tableau ci-après.

Nombre d'enfants	Réserve globale	Quotité disponible
1	1/2	1/2
2	2/3	1/3
3 ou plus	3/4	1/4

Les enfants ont droit à une **réserve personnelle** : la réserve globale se répartit entre eux selon les règles de la dévolution légale.
Par exemple, si le défunt laisse cinq enfants, la réserve globale est des trois quarts de la succession, chaque enfant ayant droit à une réserve individuelle de 3/20e.

64148 Si un **enfant** est **prédécédé**, il n'est pas pris en compte pour le calcul de la réserve globale, sauf s'il laisse lui-même des descendants, auquel cas ces derniers comptent pour leur auteur dont ils prennent la place par application du mécanisme de la représentation (C. civ. art. 913-1).
Par ailleurs, l'**enfant qui renonce à la succession** n'est pas pris en compte pour le calcul de la réserve globale. Il n'en va autrement que dans deux cas (C. civ. 913, al. 2) :
– lorsqu'il est représenté par ses propres enfants dans la succession à laquelle il renonce (C. civ. art. 752) ;
– lorsqu'il est tenu au pseudo-rapport d'une libéralité que lui aurait consenti le défunt en exigeant expressément le « rapport » en cas de renonciation du donataire à sa succession (C. civ. art. 845).

CALCUL DE LA RÉSERVE ET DE LA QUOTITÉ DISPONIBLE

64150 La réserve et la quotité disponible sont des fractions du patrimoine du défunt. Trois opérations sont nécessaires à leur calcul (C. civ. art. 922).
Il faut d'abord estimer le total des **biens de la succession**. Les biens à prendre en compte sont tous ceux que le défunt laisse à son décès, y compris ceux qu'il a donnés à son conjoint par donation au dernier vivant et ceux qu'il a légués par testament. Ces biens sont pris en compte pour leur valeur au jour du décès.
Il faut ensuite déduire les dettes. Les **dettes à déduire** sont celles du défunt et celles qui sont liées à son décès : frais d'enterrement, frais de règlement de la succession, etc., mais pas les droits de succession, qui sont des dettes des héritiers.

À l'actif net ainsi obtenu (biens existants – dettes), il faut ajouter les donations, déduction faite des dettes ou charges les grevant. Les **donations à ajouter** sont toutes celles qui ont pu être faites par le défunt de son vivant, quels que soient leurs bénéficiaires (héritiers ou non) et la forme de la donation (donation notariée ou don manuel, donation indirecte ou donation déguisée). Seuls les présents d'usage sont exclus, parce qu'il ne s'agit pas à proprement parler de donations. Indiquons également que si le défunt était marié et avait des enfants d'un autre lit, les avantages matrimoniaux consentis, le cas échéant, au conjoint survivant sont considérés comme des donations à l'égard de ces enfants et sont donc pris en compte pour le calcul de leur réserve. Lorsqu'une donation est assortie, au profit du donateur, d'une **charge** d'entretien, seul l'émolument net de la libéralité doit être compris fictivement dans la masse de calcul (Civ. 27-11-1877 : DP 1878 1. 16, jurisprudence constante). Jugé à propos d'une donation assortie d'une obligation de soins au profit du donateur que le montant de la charge doit être déterminé en fonction du manque à gagner ou des frais que son exécution a générés pour le donataire (Cass. 1e civ. 11-10-2017 no 16-21.692 FS-PB : BPAT 6/17 inf. 239).

> **Précisions** On a vu un peu plus haut les règles applicables à l'**évaluation des donations** pour le calcul du rapport (nos 64124 s.). Ces règles sont transposables au calcul de la réserve, sauf sur un point qui concerne la **date** à laquelle les biens doivent être évalués : ce n'est pas à l'époque du partage, mais au jour du décès qu'il convient de se placer (pour une illustration, Cass. 1e civ. 22-10-2014 no 13-24.034 F-PB : BPAT 6/14 inf. 241). Rappelons que, par exception, les biens ayant fait l'objet d'une donation-partage sont en principe définitivement évalués à la date de la donation-partage.

64152 La quotité disponible et la réserve sont calculées en appliquant à la **masse de calcul** ainsi formée la fraction d'hérédité fixée par la loi en fonction de la qualité et du nombre des héritiers (nos 64144 s.).

Ces chiffres obtenus, la quotité disponible et la réserve sont connues ; il est alors possible de déterminer si le défunt a, de son vivant ou par testament, pris des dispositions qui s'inscrivent dans la fraction de ses biens dont il pouvait disposer ou si, l'excédant, il a empiété sur la fraction réservée aux héritiers réservataires, exposant ainsi les gratifiés à la réduction.

MISE EN ŒUVRE DE LA RÉDUCTION

64154 La réduction n'est jamais automatique : elle doit être **demandée** par les héritiers réservataires après qu'ils ont accepté la succession, ou par leurs ayants cause, tel le cessionnaire de leurs droits successoraux (Cass. 1e civ. 25-10-2017 no 16-20.156 FS-PB : BPAT 6/17 inf. 240).

Chacun des **héritiers** est **libre**, en fonction de considérations, non seulement patrimoniales, mais aussi morales ou familiales, d'exercer ou non l'action en réduction pour préserver sa réserve. L'action en réduction est donc attachée à la personne de l'héritier réservataire. Autrement dit, elle se rattache aux actes patrimoniaux à caractère personnel, avec pour principale conséquence d'échapper au dessaisissement du débiteur en liquidation judiciaire (Cass. com. 2-3-2022 no 20-20.173 FS-B : BPAT 3/22 inf. 146, à propos d'une action en réduction dirigée contre une donation-partage).

Aucun **formalisme** particulier n'étant requis, la demande en réduction peut résulter d'une lettre d'un héritier adressée au notaire chargé du règlement de la succession ou bien encore d'une assignation dirigée contre le gratifié. La demande peut être explicite ou même implicite. Par exemple, l'assignation des héritiers réservataires sollicitant la liquidation-partage et le rapport des donations consenties à leur sœur constitue une demande implicite de réduction des libéralités (Cass. 1e civ. 10-1-2018 no 16-27.894 F-PB : BPAT 2/18 inf. 77 ; voir également Cass. 1e civ. 3-10-2019 no 18-19.783 F-D).

64156 La réduction s'exerce en principe **en valeur** (C. civ. art. 924). Le bénéficiaire de la libéralité garde le bien qui lui a été donné ou légué et indemnise les héritiers réservataires.

L'indemnité de réduction est acquittée au moment du partage. Elle est calculée sur la valeur des biens au jour du partage, et non au jour du décès, selon leur état au jour où la libéralité a pris effet (C. civ. art. 924-2 ; pour une illustration, Cass. 1e civ. 4-11-2020 no 19-10.179 F-PB : BPAT 1/21 inf. 32 obs. N. Pétroni-Maudière, solution rendue à propos d'une succession soumise à la loi 71-523 du 3-7-1971 mais transposable aux successions régies par la loi 2006-728 du 23-6-2006). Le legs universel prend effet au jour du décès si le légataire a demandé la délivrance aux héritiers réservataires dans l'année du décès. Sinon, le legs ne prend effet qu'au jour de la demande en justice ou de la délivrance volontaire par les héritiers (C. civ. art. 1005 ; pour une illustration, Cass. 1e civ. 28-5-2015 no 14-15.115 FS-PB : BPAT 4/15 inf. 141).

En l'absence de partage entre le bénéficiaire de la libéralité et l'héritier réservataire, le montant de l'indemnité de réduction se calcule d'après la valeur des biens donnés ou légués à l'époque de sa liquidation ou de leur aliénation par le gratifié (Cass. 1e civ. 1-12-2021 no 20-12.923 FS-B : BPAT 1/22 inf. 38 ; Cass. 1e civ. 22-6-2022 no 21-10.570 FS-B : BPAT 5/22 inf. 237).

64158 Si le donataire ou légataire le souhaite, il a le droit d'exécuter la réduction **en nature**. (C. civ. art. 924-1). Seule condition requise : le bien doit être libre de toute charge ou occupation de son fait (la condition est la même que pour le rapport en nature).

La réduction en nature conduit le bénéficiaire de la donation à rendre ce qui lui a été donné. Dans le cas d'un legs, le légataire ne recevra rien en cas de réduction totale : le legs est inefficace. Si la réduction n'est que partielle, il va y avoir indivision entre le bénéficiaire de la donation ou du legs et les héritiers réservataires.

Ajoutons qu'il existe un autre cas – exceptionnel – de réduction en nature : celui où le bien a été donné ou vendu par le bénéficiaire de la donation ou du legs et où ce dernier est totalement insolvable. Dans cette situation, les héritiers réservataires peuvent sous certaines conditions exercer la réduction en nature contre la personne qui a acquis le bien.

64160 Le **délai pour exercer l'action en réduction** des donations ou des legs qui empiètent sur la réserve est de cinq ans à compter de l'ouverture de la succession, ou de deux ans à compter du jour où les héritiers ont eu connaissance de l'atteinte portée à leur réserve avec un maximum de dix ans à compter du décès (C. civ. art. 921, al. 2). Autrement dit, pour être recevable, l'action en réduction doit être intentée dans les cinq ans à compter du décès ou, au-delà, jusqu'à dix ans après le décès à condition d'être exercée dans les deux ans qui ont suivi la découverte de l'atteinte à la réserve (Cass. 1e civ. 7-2-2024 no 22-13.665 FS-B).

Appliqué à une donation de biens communs consentie par les deux époux, le délai de prescription de l'action en réduction court à compter du jour du décès de chaque époux codonateur, à proportion de sa contribution dans la donation, en principe de moitié (Cass. 1e civ. 5-1-2023 no 21-13.151 FS-B : BPAT 1/23 inf. 37 ; s'agissant du cas particulier des donations-partages conjonctives, voir no 63756).

Ce délai instauré par la réforme des successions du 23 juin 2006 n'est applicable qu'aux successions ouvertes à compter du 1er janvier 2007 (Cass. 1e civ. 22-2-2017 no 16-11.961 F-PB : RJPF 2017 no 4 p. 49 note F. Sauvage).

ATTENTION

Le notaire est tenu à une **obligation d'information spécifique** à l'égard des héritiers réservataires lorsqu'il constate à l'occasion du règlement de la succession que les droits réservataires d'un héritier sont susceptibles d'être atteints par les libéralités effectuées par le défunt. Il doit informer chaque héritier concerné et connu, individuellement et, le cas échéant, avant tout partage, de son droit de demander la réduction des libéralités qui excèdent la quotité disponible (C. civ. art. 921, al. 2).

64162 **Ordre de la réduction** Si le défunt a consenti **plusieurs donations**, c'est la date des différentes donations qui fait la différence : la plus récente est réduite la première, au besoin jusqu'à anéantissement total ; si ce n'est pas suffisant pour reconstituer la réserve, on réduit l'avant-dernière donation, puis l'avant-avant-dernière, et ainsi de suite jusqu'à ce que les héritiers aient reçu leur réserve (C. civ. art. 923).

Plus une donation est ancienne, plus elle a donc de chances d'être maintenue. Réciproquement, plus une donation est récente, plus le risque de réduction est grand. C'est ici l'une des supériorités des donations par acte notarié sur les dons manuels, dont la date est souvent difficile à établir s'ils n'ont pas été enregistrés.

S'il y a **à la fois des legs et des donations**, ce sont les legs qui sont réduits en premier, avant les donations.

S'**il n'y a que des legs** qui empiètent sur la réserve, ils sont réduits en même temps, proportionnellement à leur montant (C. civ. art. 926).

› **Précisions a.** Les **donations au dernier vivant** que se font les conjoints sont traitées comme des legs, et non comme des donations. Si le défunt a fait de nombreuses donations au cours de sa vie, la donation au dernier vivant risque de ne pas pouvoir être exécutée. Rappelons cependant que la part de succession susceptible d'être laissée au conjoint excède la quotité disponible normale, puisqu'il existe une quotité disponible dite « spéciale » entre époux (voir nos 13505 s.).

b. Le traitement des **donations aux enfants** dépend en grande partie de leur caractère rapportable ou non. S'il s'agit d'une donation en avancement de part successorale, le montant de la donation s'impute d'abord sur la part de réserve du bénéficiaire, et seulement ensuite si nécessaire sur la quotité disponible. S'il s'agit d'une donation hors part successorale, son montant s'impute uniquement sur la quotité disponible, l'excédent éventuel étant réductible.

RENONCIATION À L'ACTION EN RÉDUCTION

Il est toujours possible de renoncer à demander la réduction. 64164

Le plus souvent, c'est **après l'ouverture de la succession** que les héritiers réservataires renoncent à demander la réduction des libéralités qui empiètent sur leur part de réserve. En pratique, une telle renonciation est surtout fréquente lorsque le bénéficiaire de la libéralité excessive est le conjoint survivant ; l'enfant commun qui renonce à l'action a la perspective (mais non l'absolue certitude) qu'il retrouvera dans la succession du survivant de ses parents la fraction des biens qui aura échappé à la réduction. Cette renonciation est généralement tacite, mais elle peut être expresse, auquel cas elle prend la forme d'un acte dit « de consentement à exécution de donation » ou d'un acte dit « de consentement à exécution de testament ».

Plus rarement, la renonciation à l'action en réduction est faite **par avance**, ce qui suppose un acte authentique spécial (il faut deux notaires, dont l'un est désigné par le président de la chambre des notaires) et un bénéficiaire déterminé pour la renonciation (C. civ. art. 929 à 930-5). Cette faculté peut par exemple être utilisée au profit des petits-enfants, dans le cadre des donations-partages transgénérationnelles. Elle peut également être utile dans les familles dans lesquelles il y a un enfant handicapé, puisque ses frères et sœurs peuvent renoncer à demander la réduction des libéralités faites à son profit ; il est également possible de faire renoncer l'enfant handicapé à exiger sa part de réserve en pleine propriété, pour lui octroyer à la place une libéralité en usufruit qui lui assurera des revenus. Cette dernière possibilité est toutefois exclue si l'enfant est sous tutelle, car le tuteur, même avec autorisation, ne peut pas renoncer par anticipation à l'action en réduction au nom du majeur protégé (C. civ. art. 509). 64166

Une grande liberté est laissée au renonçant : la renonciation peut viser une atteinte portant sur toute la réserve – auquel cas le renonçant accepte d'être privé de tous ses droits – ou seulement sur une fraction de celle-ci (la moitié, le quart, etc.) ; la renonciation peut même ne viser que la réduction d'une unique libéralité portant sur un bien déterminé.

SECTION 6

SAISINE ET MANDATS D'ADMINISTRER LA SUCCESSION

EN RÉSUMÉ

L'exercice immédiat des droits héréditaires par leurs titulaires est encadré par la loi qui détermine strictement parmi les héritiers appelés à la succession ceux dotés de la saisine. Seuls les héritiers « saisis » ont le pouvoir d'appréhender la succession. Ce sont eux qui normalement administrent les biens de la succession. 64200

Il arrive cependant qu'un **mandat** d'administrer la succession soit confié **après le décès** par les héritiers ou par décision de justice à l'un seulement d'eux ou à un tiers.

De façon plus originale, la loi permet au « futur défunt » d'**anticiper de son vivant** les difficultés que posera l'administration de sa succession, au moyen du mandat à effet posthume.

A. Saisine

NOTION

Même s'il l'a consacrée, le Code civil ne donne aucune **définition** de la saisine. Elle trouve sa raison d'être dans la volonté du législateur de ne pas créer de césure du jour du décès du défunt au jour de l'acceptation de la succession par l'héritier. Par conséquent, les successeurs saisis de plein droit sont habilités par la loi à appréhender directement le patrimoine successoral (sur les effets de cette appréhension, n°s 64212 s.). Cela ne signifie pas pour autant qu'on fasse dépendre l'acquisition des biens successoraux à l'attribution de la saisine. Les successeurs, avec ou sans saisine, en acquièrent la propriété de plein droit au jour du décès. La saisine se distingue également de la possession. 64202

› Précisions L'attribution de la saisine est d'**ordre public**. Il n'est pas possible pour le défunt de la retirer à ceux qui en sont attributaires aux termes de la loi ou de la conférer librement à d'autres. Lorsqu'il souhaite priver de la saisine l'un de ses héritiers (autre que réservataire), il doit l'exhéréder totalement. Il doit s'agir d'une exhérédation à titre principal (M. Grimaldi : Droit des successions, LexisNexis 8e éd. 2020, n° 423).

SITUATION DE L'HÉRITIER LÉGAL

64204 Les héritiers désignés par la loi sont saisis de plein droit des biens, droits et actions du défunt (C. civ. art. 724, al. 1). La loi présume qu'il n'est pas nécessaire de vérifier la fiabilité de leur titre successoral. Seuls sont saisis les **héritiers venant en rang utile** à la succession. De ce fait, la saisine présente un caractère individuel.

Par principe, les héritiers **de rang subséquent** n'ont pas la saisine, sauf à ce qu'ils soient appelés à la succession à la suite de la renonciation des héritiers de premier rang. La saisine est dite « successive » (F. Terré, Y. Lequette et S. Gaudemet : Droit civil. Les successions. Les libéralités, Précis Dalloz 5e éd. 2024, n° 824). Elle est également rétroactive, prenant effet à compter du décès et non à compter de la renonciation des héritiers de premier rang.

› Précisions **a.** Si l'on ne reconnaît pas la saisine à l'héritier de rang subséquent, on lui accorde une **action interrogatoire**. Il a en effet la faculté de sommer l'héritier de premier rang de prendre parti – c'est-à-dire d'accepter purement et simplement la succession, à concurrence de l'actif net seulement ou d'y renoncer – à l'expiration d'un délai minimum de quatre mois à compter de l'ouverture de la succession (n° 63064).

b. L'**État** ne se voit pas reconnaître la saisine et doit se faire envoyer en possession lorsque la succession est en déshérence (C. civ. art. 724, al. 3 et 811).

c. En présence de **plusieurs héritiers saisis**, ceux-ci doivent s'accorder pour administrer au mieux de leurs intérêts la succession jusqu'au partage ou pour confier la tâche à l'un d'entre eux, voire plus simplement encore au notaire. En cas de mésentente, un administrateur provisoire pourra être judiciairement désigné (nos 64270 s.). Lorsque certains héritiers s'abstiennent d'exercer les prérogatives de leur saisine, son caractère indivisible permet d'éviter le dépérissement de la succession en autorisant un héritier saisi plus diligent que les autres à exercer seul les prérogatives de la saisine sur l'intégralité de la succession.

SITUATION DU LÉGATAIRE

64206 Les légataires et donataires universels sont saisis dans les conditions prévues par les dispositions régissant les libéralités (C. civ. art. 724, al. 2). Il faut prendre en compte, selon les cas de figure, quatre **critères** distincts, cumulatifs ou non, à savoir la nature du legs (universel, à titre universel ou à titre particulier), la forme testamentaire (testament authentique ou autre), la qualité d'héritier de l'institué légataire et la présence ou non d'héritiers réservataires.

64208 **Non cumul de la qualité de légataire avec celle d'héritier** Le **légataire à titre universel** et le légataire **à titre particulier** ne se voient pas reconnaître la saisine par la loi. Ils doivent obtenir la délivrance de leurs legs (respectivement C. civ. art. 1011 et 1014). La demande de délivrance de legs n'est soumise à aucun formalisme impératif, tout comme la délivrance de legs elle-même sauf, dans ce dernier cas, lorsqu'elle a pour objet un immeuble, auquel cas elle prend nécessairement la forme d'un acte notarié soumis à publicité foncière.

La délivrance de legs emporte reconnaissance des droits du légataire, reconnaissance qui en conditionne l'exercice (Cass. 1e civ. 28-1-1997 n° 95-13.835 : Bull. civ. I n° 37). La réalisation de cette formalité s'impose donc au légataire ; peu importe que celui-ci ait été mis en possession du bien légué par le testateur de son vivant (Cass. 1e civ. 21-6-2023 n° 21-20.396 FS-B : BPAT 4/23 inf. 183).

64209 Le **légataire universel** n'a pas la saisine et doit obtenir la délivrance de son legs en **présence d'héritiers réservataires** (C. civ. art. 1004). En leur **absence**, le légataire universel se voit reconnaître la saisine. Par conséquent, il n'est pas tenu de demander la délivrance de son legs (C. civ. art. 1006). Toutefois, selon la forme du testament par lequel il tient sa vocation testamentaire, il peut être tenu d'effectuer une formalité préalable supplémentaire.

S'il a été institué par **testament olographe ou mystique**, il doit se soumettre à un contrôle notarial, voire judiciaire, de son titre. Le contrôle notarial s'effectue au moment où le notaire dresse le procès-verbal d'ouverture et de description du testament après son dépôt entre ses mains. Outre les mentions d'usage sur les circonstances de ce dépôt et le descriptif des dispositions de dernières volontés, le notaire porte mention des vérifications auxquelles il doit procéder dans ce cas de figure. Il s'agit de vérifier les conditions de la saisine du légataire universel au regard,

d'une part, du caractère universel de sa vocation et, d'autre part, de l'absence d'héritiers réservataires (C. civ. art. 1007, al. 1). La date d'établissement du procès-verbal constitue le point de départ d'un double délai :
– celui de 15 jours au cours duquel le notaire doit en assurer la publicité par l'insertion d'un avis au Bodacc et dans un journal d'annonces légales diffusé dans le ressort du tribunal compétent. Le contenu de cet avis est légalement déterminé (nom du défunt, nom et coordonnées du notaire chargé de la succession, existence d'un legs universel). Cette publicité, à la charge du légataire universel, peut être effectuée par voie électronique (C. civ. art. 1378-1).
– celui d'un mois au cours duquel le notaire doit adresser une copie authentique du procès-verbal ainsi qu'une copie simple des dispositions de dernières volontés au greffier du tribunal judiciaire du lieu d'ouverture de la succession. Ce dernier lui en accuse réception et conserve ces documents au rang de ses minutes (C. civ. art. 1007, al. 2). Dans le mois suivant cette réception, tout intéressé pourra s'opposer à l'exercice de ses droits par le légataire universel saisi de plein droit. L'opposition est formée auprès du notaire chargé de la succession et non auprès du notaire ayant dressé le procès-verbal (CPC art. 1378-2, al. 1). En cas d'opposition, le légataire universel doit se soumettre à un contrôle judiciaire (C. civ. art. 1007, al. 3). Il se fait alors envoyer en possession par une ordonnance du président mise au bas de la requête à laquelle est joint l'acte d'opposition (CPC art. 1378-2, al. 2).
Ces contrôles sont exclus en présence d'un **testament authentique**. Le légataire universel peut exercer de plein droit les droits du défunt sans accomplir de formalité particulière.

> **Précisions** Le notaire à qui été remis en dépôt le testament n'est pas nécessairement celui en charge du règlement de la succession. Il revient au seul **notaire dépositaire du testament** de dresser le procès-verbal d'ouverture et de description du testament, ce qui nécessite, en pratique, une bonne coordination entre les deux professionnels concernés pour respecter au mieux les prescriptions de l'article 1007 du Code civil.

Cumul de la qualité de légataire avec celle d'héritier Lorsque le légataire institué par **testament authentique** cumule sa vocation libérale avec sa vocation légale, il est saisi de plein droit ; peu importe la nature de son legs (universel, à titre universel ou à titre particulier) et la présence ou non d'héritiers réservataires. Revêtu de la saisine, l'héritier légataire n'a pas à se soumettre à la formalité de la délivrance de legs. **64210**
Lorsqu'il tient une partie de ses droits successoraux d'un **testament olographe (ou mystique)**, la question est discutée, en doctrine comme par la jurisprudence, de la nécessité d'un contrôle notarial, voire judiciaire (n° 64209). En pratique, si l'héritier légataire se prévaut de sa vocation testamentaire, il est recommandé de se soumettre à la formalité de l'envoi en possession. Peu importe sa qualité de légataire universel en l'absence d'héritier réservataire ou encore sa qualité d'héritier légal, réservataire ou non, et la nature de son legs (universel, à titre universel ou à titre particulier) (en ce sens, M. Grimaldi : Droit des successions, LexisNexis 8e éd. 2020, n° 421).

EFFETS DE LA SAISINE

Gestion de l'hérédité La saisine emporte des droits et des devoirs pour le successeur saisi (héritier ou légataire). Elle lui permet d'assurer la gestion de l'hérédité. Dans ce cadre, le successeur saisi peut accomplir les **actes de conservation et d'administration** sur les biens successoraux, à l'exclusion des actes de disposition. Il a le droit de procéder contre les tiers à la constatation et au **recouvrement des créances** que le défunt avait contre eux (Cass. 1e civ. 31-1-1989 n° 87-11.829 : Bull. civ. I n° 55). En outre, il est fondé à **agir en demande ou en défense** pour faire valoir ou respecter les droits dont le défunt était titulaire. A été reconnue la transmissibilité passive de l'obligation d'indemniser la victime d'un désordre relevant de la garantie décennale du maître d'œuvre (pour une illustration, Cass. 3e civ. 30-1-2019 n° 18-10.941 FS-PBI : BPAT 2/19 inf. 56), du droit à réparation du préjudice moral (pour une illustration à la suite d'une perte de chance de survie, Cass. 1e civ. 13-3-2007 n° 05-19.020 FS-PB) ou des conventions (Cass. 1e civ. 4-7-2012 n° 11-10.594 FS-PBI : Sol. Not. 10/12 inf. 255). Toutefois, les droits et actions attachés à la personne du défunt sont intransmissibles. Ainsi, les héritiers ne peuvent réclamer la pension de vieillesse du régime général de la sécurité sociale si leur auteur ne s'en est pas prévalu, s'agissant d'un avantage personnel qui n'est dû qu'au bénéficiaire qui en fait la demande (Cass. soc. 18-7-1996 n° 94-16.131 : Bull. civ. V n° 304). **64212**
En revanche, le successeur saisi a la qualité **pour poursuivre une action en justice** engagée par ou contre le défunt quand bien même il s'agirait d'un droit à caractère personnel. A été jugé que le successeur pouvait poursuivre l'instance en révocation de la donation entre époux introduite par le défunt à l'encontre de son épouse (Cass. 1e civ. 4-11-2015 n° 15-10.774 FS-PB : Sol. Not. 1/16 inf. 10).

64214 **Appréhension de l'hérédité** Le successeur saisi a le pouvoir d'appréhender matériellement le patrimoine successoral. Il peut à ce titre occuper de façon privative un immeuble dépendant de la succession. Une **indemnité d'occupation** est-elle due ? La qualité de légataire ne suffit pas à justifier la gratuité de l'occupation. C'est la qualité d'héritier ab intestat qui, jointe à celle de légataire, le dispense de toute indemnité pour l'occupation privative du bien qui lui a été légué (Cass. 1e civ. 24-9-2014 no 12-26.486 F-PB : RTD civ. 2014 p. 926 note M. Grimaldi).

64216 **Devoirs du successeur saisi** L'héritier saisi est également tenu de s'acquitter des **dettes du défunt** restant dues à son décès, et ce, même s'il n'a pas encore accepté la succession (Cass. 1e civ. 7-6-2006 no 04-30.863 F-PB ; Cass. 1e civ. 19-9-2019 no 18-18.433 F-D : BPAT 6/19 inf. 252). Il peut donc être poursuivi par les créanciers de cette succession, sauf à lui à renoncer à celle-ci, s'il est encore dans les délais pour le faire, ou à démontrer qu'il est primé par des héritiers plus proches ou exclu par un légataire universel (Cass. 1e civ. 15-3-1988 no 86-15.791 : Bull. civ. I no 82 ; Cass. 1e civ. 5-4-2005 no 03-18.371 F-PB ; Cass. 1e civ. 19-9-2019 no 18-18.433 précité). Lorsque plusieurs héritiers sont saisis, le créancier doit diviser la dette entre eux au prorata de leurs droits respectifs (Cass. 1e civ. 5-4-2005 no 03-18.371 F-PB ; Cass. 1e civ. 7-6-2006 no 04-30.863 F-PB).

64218 Dès lors que l'héritier légitime est saisi de plein droit de la succession de son auteur, il est tenu de souscrire la **déclaration de succession** dans le délai légal décompté du jour du décès, même lorsque ses droits sont contestés par des tiers revendiquant le bénéfice d'un legs (Cass. com. 17-10-1995 no 93-19.043 : Bull. civ. IV no 239, RJF 1/96 no 141). De la même façon, l'existence d'un litige ayant pour objet de contester la dévolution successorale ne décharge pas l'héritier saisi de plein droit de la succession de son obligation de procéder à la déclaration dans les délais légaux (Cass. com. 20-5-2008 no 07-13.648 F-D : RJF 2/12 no 178). En revanche, lorsque les droits du légataire universel sont contestés, le point de départ du délai de six mois au cours duquel il doit faire sa déclaration de succession est reporté au jour où ses droits sont définitivement reconnus par une décision de justice (Cass. com. 1-4-1997 no 95-13.181 : RJF 7/97 no 753). **Attention**, lorsque le légataire universel est saisi de plein droit, il est tenu au dépôt de la déclaration de succession dans les six mois du décès même en cas de contestation de ses droits dans la succession (BOI-ENR-DMTG-10-60-50 no 60).

B. Mandat à effet posthume

DÉFINITION

64225 Toute personne peut sous certaines conditions désigner de son vivant un ou plusieurs mandataires qui seront chargés après son décès d'**administrer tout ou partie du patrimoine successoral** pour le compte et dans l'intérêt d'un ou de plusieurs héritiers identifiés (C. civ. art. 812 à 812-7).

CONDITIONS DE VALIDITÉ DU MANDAT

64226 Le mandat prive l'héritier du droit d'administrer ses biens. Il doit donc être justifié par un **intérêt sérieux et légitime** au regard soit de la personne de l'héritier, soit du patrimoine successoral, cet intérêt devant être précisément motivé (C. civ. art. 812-1-1, al. 1). L'intérêt sérieux et légitime doit durer tout au long du mandat ; s'il cesse, le mandat pourra être révoqué (no 64255). La Cour de cassation contrôle strictement l'appréciation faite par les juges du fond de l'intérêt sérieux et légitime (Cass. 1e civ. 10-6-2015 no 14-10.377 FS-PB : BPAT 4/15 inf. 125).

Peuvent par **exemple** constituer un intérêt sérieux et légitime la présence d'un enfant mineur ou majeur protégé, la détention d'un patrimoine dont la gestion nécessite des compétences particulières (entreprise, notamment), le désintérêt de l'un des enfants pour la gestion patrimoniale ou encore la mésentente entre les enfants, si cette mésentente entre futurs héritiers paraît de nature à empêcher la bonne gestion du patrimoine.

Si l'intérêt sérieux et légitime constitue une condition de validité du mandat, tel n'est pas le cas de la **compétence du mandataire** qui ne peut être appréciée que par le mandant (Cass. 1e civ. 10-6-2015 no 14-10.377 FS-PB précité). Sur la révocation pour incompétence du mandataire, voir no 64255.

> **Précisions** L'état de minorité d'un héritier constitutif d'un intérêt légitime et sérieux justifiant à lui seul la conclusion d'un mandat à effet posthume est discuté. Pour certains auteurs, il doit nécessairement s'accompagner d'une autre cause liée notamment à la composition du patrimoine successoral (présence d'une entreprise, par exemple).

Le **mandataire** peut être une personne physique (il peut s'agir de l'un des héritiers) ou morale. Si un notaire est choisi, il ne pourra pas être chargé du règlement de la succession (C. civ. art. 812, al. 4). 64227
Le mandataire doit jouir de la pleine capacité civile ; si des biens professionnels sont compris dans le patrimoine successoral, il ne doit pas être frappé d'une interdiction de gérer (C. civ. art. 812, al. 2 et 3).

Le mandat doit être donné et accepté par **acte notarié**, l'acceptation du mandataire devant intervenir avant le décès du mandant (C. civ. art. 812-1-1, al. 3 et 4). 64228
Du vivant du mandant, ce dernier et le mandataire peuvent librement **renoncer au mandat** après avoir notifié leur décision à l'autre partie (C. civ. art. 812-1-1, al. 5).
En ce qui concerne le **coût** du mandat s'ajoute aux émoluments d'acte du notaire de 169,79 € HT (coût total pour l'établissement et l'acceptation du mandat ; C. com. art. A 444-79) le droit fixe de 125 € dû lors de la présentation du mandat à la formalité de l'enregistrement (BOI-ENR-DMTG-10-40-20-10 n° 310).

CONSEIL

Bien que la loi n'exige ni leur consentement ni même leur information, il est souhaitable d'**avertir les héritiers** de l'existence du mandat – qui va les priver temporairement du droit d'administrer leurs biens – et de leur en expliquer les raisons.
Ils seront en effet moins tentés de contester la validité du mandat pour absence d'« intérêt sérieux et légitime », notion suffisamment vague pour susciter du contentieux, que s'ils découvrent son existence à l'ouverture de la succession.

DURÉE DU MANDAT

Le mandat, qui prend effet au jour du décès, est en principe donné pour **deux ans** au maximum, durée qui peut être prorogée une ou plusieurs fois par le juge à la demande d'un héritier ou du mandataire (C. civ. art. 812-1-1, al. 2). La demande de prorogation est portée devant le président du tribunal judiciaire, qui statue par ordonnance sur requête (CPC art. 1379). 64235
Le mandat peut toutefois avoir une durée maximale de **cinq ans**, prorogeable dans les mêmes conditions, s'il est donné en raison de l'inaptitude, de l'âge du ou des héritiers ou de la nécessité de gérer des biens professionnels (C. civ. art. 812-1-1, al. 2). Ces conditions se confondant le plus souvent avec l'intérêt sérieux et légitime requis pour la validité du mandat, le mandant peut **en pratique** choisir une durée de cinq ans.

MISSION DU MANDATAIRE

Dans la limite des pouvoirs qui lui ont été attribués, le **mandataire administre ou gère** tout ou partie de la succession de son mandant pour le compte et dans l'intérêt d'un ou de plusieurs héritiers identifiés (C. civ. art. 812, al. 1). Ses pouvoirs s'imposent aux héritiers concernés, qui ont seulement la faculté de saisir le juge pour contester le mandat ou demander qu'il y soit mis fin : voir n° 64255. 64237
La **présence d'un mineur ou d'un majeur protégé** parmi les héritiers est sans effet sur les pouvoirs du mandataire (C. civ. art. 812-1). Le mandat à effet posthume prime les règles légales de protection des personnes vulnérables.
Attention, il n'est pas possible de confier au mandataire la mission de gérer les **capitaux décès** d'un contrat d'assurance-vie : voir n° 65465, précisions.

Pouvoirs du mandataire N'étant qu'un gestionnaire, le mandataire n'a pas le pouvoir de **disposer des biens** : seuls les héritiers ou leurs représentants légaux peuvent décider d'aliéner tout ou partie des actifs successoraux. Le mandataire n'a pas non plus le pouvoir de s'opposer à l'aliénation des biens par les héritiers ou leurs représentants légaux (Cass. 1e civ. 12-5-2010 n° 09-10.556 FS-PBI : BPAT 3/10 inf. 181). 64240
Le mandataire effectue les **actes conservatoires et d'administration** sur les biens de la succession qui font l'objet du mandat, sous les réserves suivantes :
– tant que la succession n'a pas été acceptée par au moins un des héritiers visés par le mandat, le mandataire ne peut effectuer que les actes qui n'emportent pas acceptation tacite de la succession (C. civ. art. 784). Il a donc seulement le pouvoir d'effectuer les actes conservatoires ou de surveillance et les actes d'administration provisoire, sauf à se faire autoriser par le juge pour les autres actes qui seraient requis par l'intérêt de la succession (C. civ. art. 812-1-3, al. 1) ;
– si un exécuteur testamentaire a été désigné, ses pouvoirs – qui peuvent être très étendus – priment ceux du mandataire (C. civ. art. 812, al. 1).
Les actes réalisés par le mandataire dans le cadre de sa mission sont sans effet sur l'**option héréditaire** (C. civ. art. 812-1-2). Les héritiers conservent ainsi la liberté d'exercer l'une des trois branches de l'option successorale (n°s 63050 s.).

64242 **Obligations du mandataire** Chaque année et en fin de mandat, le mandataire doit **rendre compte de sa gestion** aux héritiers au nom et pour le compte desquels le mandat a été prévu (ou à leur représentants) et les informer de l'ensemble des actes qu'il a accomplis. À défaut, la révocation judiciaire du mandat peut être demandée par tout intéressé (C. civ. art. 812-7, al. 1). En cas de décès du mandataire, l'obligation de rendre compte incombe à ses héritiers (C. civ. art. 812-7, al. 2).

64243 Les règles de droit commun du mandat étant applicables sauf dispositions contraires (C. civ. art. 812-1-4), le mandataire répond des **fautes commises** dans sa gestion, sa responsabilité étant appréciée plus sévèrement s'il est rémunéré (voir n° 64248) que s'il ne l'est pas (C. civ. art. 1992, al. 2). S'il y a plusieurs mandataires, ils ne sont pas solidairement responsables, sauf clause contraire du mandat (C. civ. art. 1995).

64244 Si le **mandataire renonce à poursuivre l'exécution du mandat**, il doit notifier sa décision aux héritiers au nom et pour le compte desquels le mandat a été conclu (ou à leurs représentants). Pour laisser à ces héritiers le temps de trouver une solution de remplacement, la loi prévoit que, sauf convention contraire, la renonciation ne prend effet que trois mois après la notification (C. civ. art. 812-6, al. 2).

S'il a été rémunéré par un capital, le mandataire qui renonce à poursuivre sa mission peut être tenu de restituer tout ou partie des sommes perçues, des dommages et intérêts étant également possibles en cas de préjudice causé aux héritiers (C. civ. art. 812-6, al. 3).

RÉMUNÉRATION DU MANDATAIRE

64248 Le mandat est gratuit, sauf si une rémunération a été spécialement prévue dans le contrat.

La rémunération du mandataire est strictement **encadrée par la loi** (C. civ. art. 812-2 et 812-3) :

– en principe, il s'agit d'une fraction des fruits et revenus des biens successoraux résultant de la gestion du mandataire (pourcentage des loyers, par exemple). Si ces revenus sont insuffisants, ils peuvent être complétés ou remplacés par un capital ;

– les héritiers désignés par le mandat (ou leurs représentants) peuvent demander en justice la diminution de la rémunération prévue si elle est excessive au regard de la durée du mandat ou de la charge en résultant pour le mandataire ;

– la rémunération est une charge de la succession, qui peut être réduite par le juge si elle a pour effet de priver les héritiers de tout ou partie de leur réserve. Cela dit, cette disposition paraît bien théorique car, comme le relève un auteur, comment « détecter une atteinte à la réserve, qui se calcule à la date du décès, dans l'attribution de fruits et revenus à échoir ? » (M. Grimaldi, Le mandat à effet posthume : Defrénois 15-1-2007 n° AD2007DEF0003N1 p. 3).

64250 Pour le calcul des **droits de succession**, la rémunération du mandataire est déductible de l'actif successoral si elle est déterminée de manière définitive dans les six mois du décès. La déduction, qui ne peut excéder 0,5 % de l'actif successoral géré par le mandataire, est plafonnée à 10 000 € (CGI art. 775 quinquies).

En pratique, on voit mal comment la rémunération du mandataire – composée de revenus à échoir pendant plusieurs années – peut être déterminée « de manière définitive dans les six mois du décès ». Reste que l'administration n'a pas assoupli cette condition : elle exige que le montant de la rémunération du mandataire soit fixé lors du dépôt de la déclaration de succession (BOI-ENR-DMTG-10-40-20-10 n° 280).

Si la rémunération du mandataire est revue à la baisse (cas où elle est excessive : n° 64248) ou restituée aux héritiers (après la révocation du mandataire : n° 64255), les héritiers doivent déposer une déclaration rectificative (BOI précité).

FIN DU MANDAT

64253 Le mandat prend fin **automatiquement** (C. civ. art. 812-4) :

– par l'arrivée du terme prévu ;

– par la renonciation du mandataire, dans le délai indiqué n° 64244 ;

– par la conclusion d'un mandat conventionnel entre les héritiers et le mandataire titulaire du mandat à effet posthume. Sur le mandat conventionnel, voir n° 64260 ;

– par l'aliénation par les héritiers des biens visés par le mandat ;

– par le décès ou la mise sous mesure de protection du mandataire personne physique, ou la dissolution du mandataire personne morale ;

– par le décès de l'héritier pour le compte et dans l'intérêt duquel le mandat avait été donné ou, en cas de mesure de protection, par la décision du juge des contentieux de la protection exerçant les fonctions de juge des tutelles de mettre fin au mandat.

64255 Un des héritiers au nom et pour le compte desquels le mandat a été prévu, ou son représentant, peut en demander la **révocation judiciaire** devant le tribunal judiciaire soit pour absence ou

disparition de l'intérêt sérieux et légitime, soit pour mauvaise exécution par le mandataire de sa mission (C. civ. art. 812-4).
Dans le premier cas, le mandataire conserve les **rémunérations** qu'il a le cas échéant perçues, sauf si elles sont excessives au regard de la durée du mandat ou de la charge qu'il a effectivement assumée (C. civ. art. 812-5, al. 1).
Si la révocation est prononcée à raison de la mauvaise exécution de sa mission, le mandataire peut être tenu de restituer tout ou partie de sa rémunération ; des dommages et intérêts sont également possibles (C. civ. art. 812-5, al. 2).
Il appartient à celui qui demande la révocation de **prouver l'absence d'intérêt sérieux et légitime**. Le juge ne peut donc pas exiger du mandataire qu'il démontre ses capacités (Cass. 1e civ. 10-6-2015 n° 14-10.377 FS-PB : BPAT 4/15 inf. 125).
Sur les conséquences fiscales de la restitution aux héritiers de la rémunération du mandataire révoqué, voir n° 64250.

Le **mandat donné pour le compte de plusieurs héritiers** ne cesse pas entièrement pour une cause d'extinction qui ne concerne que l'un d'entre eux, ce qui permet au mandataire de continuer à administrer les biens, conjointement avec l'héritier « libéré » du mandat, pour le compte des héritiers toujours concernés (C. civ. art. 812-4, al. 2). **64256**
De même, s'il y a **plusieurs mandataires**, la fin du mandat intervenant à l'égard de l'un ne met pas fin à la mission des autres (C. civ. art. 812-4, al. 2).

C. Mandat donné après l'ouverture de la succession

1. MANDATAIRE DÉSIGNÉ PAR LES HÉRITIERS

PARTICULARISME

Après le décès, les héritiers peuvent d'un commun accord recourir au **mandat de droit commun** pour confier à l'un d'eux ou à un tiers l'administration de la succession (C. civ. art. 813, al. 1). **64260**
Seule particularité de ce mandat successoral conventionnel : il n'est possible que si les héritiers ont accepté purement et simplement la succession.
Si l'**un des héritiers a accepté la succession à concurrence de l'actif net**, le mandataire est obligatoirement désigné par le juge et le mandat obéit aux règles exposées nos 64270 s. lorsque le mandataire successoral est désigné en justice (C. civ. art. 813, al. 2).

> **Précisions** Les indivisaires titulaires d'au moins deux tiers des droits indivis ont la faculté de donner à cette majorité à l'un ou plusieurs des indivisaires ou à tiers un **mandat général d'administration des biens indivis** (C. civ. art. 815-3, al. 1-2°). Il semble, en l'absence de jurisprudence sur ce point, qu'une fois le mandat successoral conventionnel mis en place à l'unanimité des héritiers, ces derniers ne puissent, à la majorité des deux tiers des droits indivis, revenir au mandat général d'administration (F. Terré, Y. Lequette et S. Gaudemet : Droit civil. Les successions. Les libéralités, Précis Dalloz 5e éd. 2024, n° 908). Sur le mandat général d'administration des biens indivis, voir également nos 69200 s.

2. MANDATAIRE SUCCESSORAL DÉSIGNÉ EN JUSTICE

INTÉRÊT

En cas de **difficultés**, le juge peut désigner une personne qualifiée qui aura pour mission l'administration provisoire de la succession (C. civ. art. 813-1 à 814). En toute circonstance, le juge peut désigner toute personne qualifiée en qualité de mandataire successoral afin qu'il se substitue à l'**héritier acceptant à concurrence de l'actif net** dans la charge d'administrer et de liquider la succession (C. civ. art. 814-1). **64270**

OUVERTURE DU MANDAT JUDICIAIRE

Les **personnes autorisées à demander** au juge la désignation d'un mandataire sont largement définies par la loi (C. civ. art. 813-1, al. 2). Il peut s'agir d'un héritier (en cas par exemple de conflit avec ses cohéritiers), d'un créancier (qui veut se prémunir contre une dégradation du patrimoine successoral), de toute personne qui assurait, pour le compte de la personne décédée, l'administration de tout ou partie de son patrimoine de son vivant (administrateur de biens, conseiller en gestion de patrimoine, notaire, etc.), de toute autre personne intéressée ou du ministère public. **64271**

> **Précisions** S'agissant de la détermination de la **compétence matérielle et territoriale** en la matière, la demande doit être, en **principe**, portée devant le président du tribunal judiciaire du lieu d'ouverture de la succession qui statue selon la procédure accélérée au fond (CPC art. 1380). Dès lors, la demande de désignation d'un administrateur provisoire de la succession émanant d'un syndicat des copropriétaires, lequel saisit le président du TGI par voie de requête, doit être écartée (Cass. 1e civ. 4-12-2013 nº 12-10.183 F-PB : BPAT 1/14 inf. 19). Par dérogation, la demande émanant d'un héritier acceptant à concurrence de l'actif net sur le fondement de l'article 814-1 du Code civil, doit être portée devant le président du tribunal judiciaire du lieu d'ouverture de la succession statuant par voie d'ordonnance sur requête (CPC art. 1379).

64272 Les **cas d'ouverture** du mandat judiciaire successoral sont énumérés par la loi (C. civ. art. 813-1, al. 1) :
– inertie, carence ou faute d'un ou de plusieurs héritiers dans l'administration de la succession, mésentente entre les héritiers, opposition d'intérêts entre les héritiers (ce sera le cas, par exemple, si un héritier mineur a pour tuteur un créancier de la succession) ;
– complexité de la situation successorale.

La désignation d'un mandataire successoral en justice n'est **pas réservée aux successions indivises** mais a vocation à s'appliquer à toute succession. Dès lors, même si le légataire universel n'est pas en indivision avec les autres héritiers réservataires, la désignation d'un mandataire est justifiée en cas de mauvaise gestion et de diminution du patrimoine successoral compromettant leur intérêt commun (Cass. 1e civ. 17-10-2019 nº 18-23.409 F-PBI : BPAT 6/19 inf. 253). Peu importe au demeurant que l'action en réduction des héritiers réservataires soit prescrite et qu'il n'y ait plus de succession à administrer (Cass. 1e civ. 23-3-2022 nº 20-19.363 FS-D : BPAT 3/22 inf. 150, D. 2022 p. 2063 par S. Godechot-Patris et C. Grare-Didier).

Lorsqu'**un héritier au moins a accepté la succession à concurrence de l'actif net**, la désignation d'un mandataire par convention est impossible (nº 64260) et le mandat est nécessairement judiciaire. L'héritier qui a accepté la succession à concurrence de l'actif net peut demander au juge, même en l'absence de difficulté particulière (mésentente, faute d'un cohéritier, etc.), de désigner un mandataire judiciaire qui se substituera à lui pour administrer et liquider la succession (C. civ. art. 814-1). Cette disposition spécifique n'empêche pas un cohéritier, un créancier ou toute personne intéressée de demander dans les conditions de droit commun la désignation d'un administrateur judiciaire.

64273 Le **juge désigne** le mandataire successoral, qui doit être une personne qualifiée, physique ou morale (C. civ. art. 813-1, al. 1). Il peut s'agir de l'un des héritiers.

La décision de nomination est **enregistrée** au greffe du tribunal judiciaire, dans le mois qui suit la nomination, et **publiée** par voie électronique au Bodacc à la requête du mandataire ; une publicité locale dans un journal d'annonces légales diffusé dans le ressort du département peut en outre être ordonnée par le juge (C. civ. art. 813-3 ; CPC art. 1355). Les frais de publication sont à la charge de la succession.

DURÉE DU MANDAT

64275 Elle est fixée par le jugement qui désigne le mandataire. La durée du mandat successoral peut ensuite être prolongée par le juge, pour une durée qu'il détermine, à la demande de l'une des personnes mentionnées nº 64271 (C. civ. art. 813-9, al. 1).

RÉMUNÉRATION DU MANDATAIRE

64276 Elle est fixée par le **jugement** qui désigne le mandataire successoral (C. civ. art. 813-9, al. 1).

S'agissant d'une dette des héritiers, la rémunération du mandataire n'est pas déductible pour le calcul des **droits de succession**.

MISSION DU MANDATAIRE

64278 Le mandataire est chargé de l'**administration provisoire de la succession** (C. civ. art. 813-1, al. 1). Les héritiers doivent lui communiquer tous les documents utiles à l'accomplissement de sa mission ; le mandataire peut les convoquer pour les informer et les entendre (CPC art. 1356).

La présence d'un **mineur ou** d'un **majeur protégé** parmi les héritiers est sans effet sur ses pouvoirs (C. civ. art. 813-5, al. 2).

Dans la limite des pouvoirs qui lui sont conférés, le mandataire successoral **représente l'ensemble des héritiers** pour les actes de la vie civile et en justice (C. civ. art. 813-5, al. 1). Ainsi, un mandataire successoral judiciaire chargé d'inventorier représente les héritiers à cet effet ; ces derniers ne peuvent pas réclamer l'établissement d'un inventaire puisqu'ils sont dessaisis de cette prérogative (Cass. 1e civ. 1-6-2017 nº 16-18.314 F-PB : BPAT 4/17 inf. 155).

Le **paiement fait entre ses mains** est valable (C. civ. art. 813-5, al. 3).

Les **pouvoirs du mandataire** s'exercent sous réserve, le cas échéant, de ceux de l'administrateur provisoire de l'indivision désigné par le juge (en application de l'article 815-6, alinéa 3 du Code civil : voir n° 69265), du mandataire à titre posthume (n° 64240) ou encore de l'exécuteur testamentaire (n° 63950, précisions). 64279
Lorsque la **succession a été acceptée par au moins un héritier**, que ce soit purement et simplement ou à concurrence de l'actif net, le juge qui désigne le mandataire peut l'autoriser à effectuer l'ensemble des actes d'administration de la succession. Il s'agit d'une simple faculté : le juge peut limiter la mission du mandataire aux actes d'administration provisoire visés à l'article 784 du Code civil (Cass. 1e civ. 27-1-2016 n° 14-19.816 FS-PB : BPAT 2/16 inf. 68). Il peut également l'autoriser, à tout moment, à réaliser les actes de disposition nécessaires à la bonne administration de la succession, et en fixer le prix et les conditions (C. civ. art. 814). Il s'en déduit qu'un mandataire successoral ne peut pas être désigné pour consentir à un partage, lequel met fin à l'indivision (Cass. 1e civ. 13-5-2020 n° 18-26.702 FS-PB : BPAT 4/20 inf. 131).

Obligations du mandataire Le mandataire doit à tout moment laisser les héritiers qui en font la demande consulter les documents relatifs à l'exécution de sa mission (C. civ. art. 813-8, al. 1). 64280
Chaque année et à la fin de sa mission, il doit remettre au juge et à chaque héritier qui le demande un rapport sur l'exécution de sa mission (C. civ. art. 813-8, al. 2).
Le président du tribunal judiciaire ou son délégué peut, d'office ou à la demande des héritiers, convoquer le mandataire, lui demander des informations sur le déroulement de sa mission et lui adresser des injonctions (CPC art. 1357).

FIN DU MANDAT

La mission du mandataire successoral cesse **de plein droit** par l'effet d'une convention d'indivision entre les héritiers ou par la signature de l'acte de partage (C. civ. art. 813-9, al. 2). À noter qu'une convention d'indivision, signée par une seule personne, et donc non valable, ne peut pas avoir pour effet de mettre fin de plein droit à la mission du mandataire successoral (Cass. 1e civ. 25-10-2017 n° 16-25.525 F-PB : BPAT 6/17 inf. 241). 64284
Bien que la loi ne le précise pas, la mission du mandataire cesse également de plein droit par l'arrivée du terme fixé par le juge (sauf prorogation).

La mission du mandataire cesse **sur décision du juge** qui constate l'exécution complète de la mission confiée au mandataire successoral (C. civ. art. 813-9, al. 2 in fine). Ce sera le cas, par exemple, si la succession a été entièrement réglée alors que la durée prévue pour le mandat n'est pas expirée. 64285
Le juge peut également dessaisir le mandataire en cas de manquement caractérisé dans l'exercice de sa mission, à la demande de toute personne intéressée ou du ministère public ; il désigne alors un autre mandataire, pour une durée qu'il définit (C. civ. art. 813-7).

SECTION 7

DROITS DE SUCCESSION ET DE DONATION

I. DROITS DE SUCCESSION

TRANSMISSIONS CONCERNÉES

Les droits de succession sont dus en principe sur toutes les **transmissions de biens procédant d'un décès**, qu'elles résultent des règles de la dévolution légale ou de libéralités consenties par le défunt (testament). 64300
Nous exposons ci-après les règles de **droit commun**, sachant qu'il existe certaines **règles fiscales particulières**. C'est le cas, notamment, du régime des legs graduels et résiduels, des conséquences du cantonnement de l'émolument du conjoint survivant, ou encore du traitement fiscal du droit de retour légal ou conventionnel.

A. Biens à déclarer

RÈGLES GÉNÉRALES

Les droits de succession sont en principe assis sur l'actif successoral tel qu'il est déterminé par application des **règles civiles**. Il existe cependant de nombreuses **règles fiscales spécifiques** 64305 visant soit à exonérer en tout ou partie certains biens ou certaines personnes des droits de succession, soit à l'inverse à faire entrer dans l'assiette de l'impôt des biens ne dépendant pas de la succession (cas par exemple de la taxation partielle des primes des contrats d'assurance-vie en cas de décès ou encore des donations faisant l'objet d'un rappel fiscal à la succession du donateur).

La spécificité des règles fiscales s'exprime également sur le terrain de la preuve. Car si la **preuve du droit de propriété** du défunt est en principe établie par application des règles civiles (présomption de propriété du possesseur de meuble corporel posée par l'article 2276 du Code civil, par exemple), elle est facilitée pour l'administration par l'existence de diverses présomptions purement fiscales.

TERRITORIALITÉ DES DROITS DE SUCCESSION

64307 Les **règles** de territorialité des droits de succession (et de donation) **dépendent** de la résidence du défunt (ou donateur), du lieu de situation des biens et de la résidence de l'héritier ou légataire (ou donataire). Sous réserve des conventions fiscales internationales (peu nombreuses) qui peuvent y déroger, ces règles sont les suivantes.

Si le **défunt** (ou donateur) était **domicilié en France**, tous ses biens meubles et immeubles sont imposables, qu'ils soient ou non situés en France (CGI art. 750 ter, 1°). La double imposition est évitée par l'imputation des droits payés à l'étranger sur ceux dus en France à raison des biens situés à l'étranger (CGI art. 784 A).

Si le défunt (ou donateur) était **domicilié à l'étranger** :

– si l'héritier ou légataire (ou donataire) n'est pas domicilié en France, seuls les biens français qu'il reçoit sont imposables (CGI art. 750 ter, 2°) ;

– si l'héritier ou légataire (ou donataire) est domicilié en France au jour de la transmission et l'a été pendant au moins six ans au cours des dix dernières années, tous les biens sont imposables qu'ils soient ou non situés en France (CGI art. 750 ter, 3°).

Sous réserve des conventions fiscales, la **détermination de la résidence** des personnes obéit aux mêmes critères que pour l'établissement de l'impôt sur le revenu, par application des principes posés par l'article 4 B du CGI (voir n°s 74520 s.).

> **Précisions** Afin de simplifier le **règlement des successions internationales**, le Conseil de l'Union européenne a adopté un règlement relatif à la compétence, à la loi applicable, à la reconnaissance et à l'exécution des décisions et des actes authentiques en matière de succession et à la création d'un **certificat successoral européen**. Le règlement s'applique à la succession des personnes décédées depuis le **17 août 2015** (Règl. 650/2012 du 4-7-2012). Le certificat successoral européen doit permettre aux héritiers et légataires de prouver dans un autre État membre leur qualité et la quote-part qui leur revient dans la succession ainsi que l'attribution à leur profit d'un ou plusieurs biens déterminés faisant partie de la succession. En France, il est délivré par un notaire (CPC art. 1381-1). Des modèles de certificat successoral européen figurent en annexe du règlement d'exécution (Règl. 1329/2014 du 9-12-2014 ann. 5, formulaire V).

DÉCÈS D'UN ÉPOUX COMMUN EN BIENS

64310 La **communauté** doit être **liquidée** dans la déclaration de succession afin de déterminer la part revenant au défunt et celle qui revient à son conjoint survivant.

Cette liquidation, effectuée suivant les règles civiles, comporte l'indication des reprises et récompenses de chaque époux, l'énumération et l'évaluation des biens communs.

La **part de communauté attribuée au défunt et ses biens propres** forment l'actif successoral taxable aux droits de succession, sauf pour la part recueillie par le conjoint survivant qui est exonérée (CGI art. 796-0 bis).

La part de communauté qui revient au **conjoint survivant** n'entre pas dans la succession. Il en va ainsi même lorsque cette part excède la moitié en raison d'un avantage matrimonial (clause de préciput ou clause d'attribution intégrale de la communauté, par exemple) : les avantages matrimoniaux ne constituent pas des libéralités et sont donc délivrés hors succession. Sur la question de la fiscalité du partage en cas d'exercice d'une clause de préciput, voir n° 13322.

> **Précisions** L'administration qui entend établir l'existence d'une **récompense due par la communauté** doit apporter la preuve du profit enregistré par celle-ci. Cette preuve peut résulter, comme en matière civile, de l'encaissement de deniers propres par la communauté, à défaut d'emploi ou de remploi (Cass. com. 8-11-2005 n° 03-19.570 : RJF 3/06 n° 326 ; CA Toulouse 4-12-2012 n° 11/01661).

ASSURANCES EN CAS DE DÉCÈS

Les **sommes** stipulées **payables lors du décès de l'assuré** à un bénéficiaire déterminé ou à ses héritiers ne font pas partie de la succession de l'assuré et échappent en principe à toute taxation. 64315

La portée de cette exonération est toutefois doublement limitée par les textes fiscaux : voir n°s 66420 s.

PRÉSOMPTION DE PROPRIÉTÉ DE L'USUFRUITIER

Afin d'éviter que des démembrements de propriété soient réalisés pour échapper aux droits de succession (l'extinction de l'usufruit par le décès de l'usufruitier s'opérant en principe en franchise de droits), la loi répute l'usufruitier propriétaire lorsque la **nue-propriété du bien appartient à ses présomptifs héritiers** (même renonçants ou déshérités) ou à leurs descendants, à ses **donataires ou légataires** ou à des personnes réputées interposées (CGI art. 751). 64320

Les **personnes réputées interposées** entre le défunt usufruitier et ses héritiers, légataires ou donataires sont celles désignées par l'article 911, alinéa 2 du Code civil : conjoint, descendants et père et mère des nus-propriétaires. La présomption s'applique, par exemple, lorsque le propriétaire d'un immeuble en a vendu la nue-propriété aux parents de son légataire universel (Cass. com. 12-7-2011 n° 10-18.471 : RJF 11/11 n° 1242, BPAT 5/11 inf. 303) ou en a donné la nue-propriété au fils de sa fille adoptive, laquelle était également sa légataire universelle (CA Bordeaux 12-9-2012 n° 10/06635 : BPAT 6/12 inf. 306).

La présomption de propriété ne vise que l'usufruitier et ne peut donc pas être opposée par l'administration au titulaire d'un **droit d'usage et d'habitation** sur un immeuble (en ce sens, par exemple, Cass. com. 4-6-2002 n° 99-10.331 : RJF 12/02 n° 1418 ; BOI-ENR-DMTG-10-10-40-10 n° 60).

CONSEIL

Pour échapper à la présomption fiscale posée par l'article 751 du CGI, un schéma relativement simple consiste à **faire détenir le bien** en usufruit par les parents et **en nue-propriété par une société civile** dont les associés sont les enfants. Dans cette situation, la nue-propriété appartient à une personne morale et la présomption est inapplicable. L'administration s'estime cependant en droit de mettre en œuvre la procédure de répression des abus de droit, selon les circonstances particulières de chaque affaire (BOI-ENR-DMTG-10-10-40-10 n° 250). Il faut donc veiller à ce que la société fonctionne normalement (tenue des assemblées, notamment).

Démembrement résultant d'une mutation à titre gratuit S'agissant d'un dispositif anti-abus, la présomption de propriété ne s'applique pas aux démembrements qui proviennent d'une **succession** (en ce sens, BOI-ENR-DMTG-10-10-40-10 n° 70), sauf si le démembrement résulte d'une convention entre les héritiers, et non de la loi ou de la volonté du défunt (Cass. com. 26-6-2007 n° 06-15.543 F-D : RJF 11/07 n° 1345). 64321

Pour les **donations avec réserve d'usufruit**, les règles sont les suivantes. 64322

Si la donation a été régulièrement passée **plus de trois mois avant le décès du donateur**, la présomption de fictivité du démembrement ne s'applique pas (CGI art. 751, al. 1). Au décès de l'usufruitier, la consolidation de la pleine propriété sur la tête du nu-propriétaire s'opère en franchise d'impôt.

La donation régulière permettant d'écarter la présomption est en principe celle qui porte directement sur la nue-propriété du bien (Cass. com. 23-1-2007 n° 05-14.403 F-PB : RJF 5/07 n° 630). Cependant, la loi prévoit expressément que la preuve contraire à la présomption peut résulter d'une donation d'argent ayant servi au financement de tout ou partie de la nue-propriété des biens, à condition que la donation ait été constatée par un acte ayant date certaine, que l'acte d'acquisition de la nue-propriété mentionne l'origine des fonds et leur emploi et que cette acquisition ait été réalisée plus de trois mois avant le décès (CGI art. 751, al. 2 ; BOI-ENR-DMTG-10-10-40-10 n° 310, qui précise que la donation des fonds peut résulter d'un don manuel régulièrement enregistré).

Lorsque le **bien acquis en démembrement** a été **financé par remploi du prix de vente de biens donnés avec réserve d'usufruit**, la présomption est écartée si la donation a eu lieu plus de trois mois avant le décès de l'usufruitier et si les droits de ce dernier dans le bien acquis en remploi ne sont pas supérieurs à ceux qu'il détenait dans les biens vendus (Cass. com. 31-10-2006 n° 05-10.591 F-D : RJF 2/07 n° 231).

Si le **donateur** est **décédé moins de trois mois après la donation**, la présomption s'applique et la donation est réputée fictive sur le plan fiscal. Seule exception, les donations passées par contrat de mariage (aujourd'hui rarissimes) échappent à la présomption même en cas de décès dans les trois mois. 64323

Le nu-propriétaire peut tenter de démontrer que l'opération de démembrement que la loi présume fictive est sincère et réelle. En pratique, il lui faut prouver :
– que le décès « prématuré » du donateur était imprévisible au moment de la donation (décès accidentel ou soudain, par exemple ; Cass. com. 17-1-2012 n° 10-27.185 F-D : BPAT 2/12 inf. 118 ; CA Paris 6-6-2017 n° 14/25473 : RJF 10/17 n° 996) ;
– ou que la donation était en réalité intervenue plus de trois mois avant le décès, l'acte authentique dressé moins de trois mois avant le décès n'ayant eu pour objet que de formaliser le transfert de propriété déjà intervenu. Cependant, une telle preuve n'est pas évidente à apporter. Jugé par exemple que ne démontrent pas l'antériorité de la donation les enfants de la donatrice qui établissent que, plus de trois mois avant son décès, leur mère leur avait écrit pour leur faire part de son intention de leur donner la nue-propriété de titres, avait fait ouvrir en leur nom un compte-titres en qualité de nus-propriétaires, l'un des enfants ayant donné mandat de gestion de ces titres au conseiller financier de sa mère. Ces circonstances n'attestent pas que le transfert de la propriété des titres a eu lieu avant l'acte de donation (Cass. com. 23-3-2010 n° 09-65.820 F-D : RJF 7/10 n° 749, BPAT 4/10 inf. 230).

64324 **Démembrement résultant d'une mutation à titre onéreux** Les démembrements résultant d'une mutation à titre onéreux entrent dans le **champ d'application de la présomption** de propriété de l'usufruitier.

La présomption supporte la **preuve contraire**, le nu-propriétaire devant démontrer que l'acte à titre onéreux ayant opéré le démembrement est sincère et réel. En pratique, le nu-propriétaire doit prouver qu'il a réellement acheté et payé la nue-propriété. Cette preuve peut être apportée à l'aide de tous documents écrits (relevés bancaires, extraits de la comptabilité de l'office notarial qui a reçu l'acte, etc.) et est souverainement appréciée par les juges du fond.

EXEMPLE

Le juge déduit souverainement des circonstances suivantes que les contribuables apportent la preuve contraire à la présomption de propriété posée par l'article 751 du CGI : la cession de la nue-propriété de l'immeuble a été effectuée par acte notarié ; la rente viagère stipulée en paiement du prix a été effectivement payée jusqu'au décès du vendeur ; la valeur déclarée dans l'acte de vente était la valeur vénale réelle de l'immeuble (Cass. com. 16-1-2001 n° 97-20.041 F-D : RJF 5/01 n° 714).

La preuve contraire à la présomption de fictivité du démembrement n'est en revanche pas apportée lorsque :
– les fonds destinés au paiement de la nue-propriété ont été remis au notaire rédacteur de l'acte par le défunt usufruitier (Cass. com. 27-1-1998 n° 96-13.595 P : RJF 5/98 n° 624) ;
– le nu-propriétaire n'a pas payé la rente viagère mise à sa charge par l'acte de vente, alors que cette rente représentait les trois quarts du prix (Cass. com. 12-7-2011 n° 10-18.471 F-PB : RJF 11/11 n° 1242, BPAT 5/11 inf. 303).

64326 **Effet de la présomption** La présomption de fictivité du démembrement produit effet au **décès de l'usufruitier** : le nu-propriétaire devra acquitter les **droits de succession** sur la valeur de la pleine propriété du bien, au tarif fixé selon son degré de parenté avec le défunt.

Les **droits acquittés** par le nu-propriétaire **lors du démembrement** de propriété viennent toutefois en déduction des droits de succession dus au décès de l'usufruitier, si le démembrement a été consenti par le défunt lui-même. En cas notamment de donation avec réserve d'usufruit, l'imputation des droits de donation est possible même si ces droits ont été pris en charge par le donateur mais, dans ce cas, leur montant est réintégré à l'actif successoral, et le donataire devra acquitter des droits de succession sur ces droits de donation (Cass. com. 13-11-2003 n° 01-16.358 FS-P : RJF 3/04 n° 323).

Au contraire, aucune imputation n'est autorisée dans le cas où le démembrement résulte d'une **acquisition conjointe** ou lorsque le nu-propriétaire a acquis sa nue-propriété d'une personne autre que le défunt (BOI-ENR-DMTG-10-10-40-10 n° 100).

> **Précisions** Classiquement, la **présomption** de propriété de l'article 751 du CGI est **invoquée par** l'administration fiscale mais elle peut aussi l'être par les héritiers (même si en pratique cela demeure rare). Ainsi, dans une affaire où l'administration avait rehaussé la valeur de biens déclarés pour le calcul des droits de donation, les héritiers ont fait valoir que la donation était fiscalement inexistante en application de l'article 751 du CGI ; la Cour de cassation a prononcé la décharge totale des droits (Cass. com. 1-3-2017 n° 15-14.170 F-D : RJF 6/17 n° 633).

AUTRES PRÉSOMPTIONS DE PROPRIÉTÉ

Valeurs mobilières et créances Est réputé propriétaire de valeurs mobilières ou de créances, au regard des droits de succession, celui qui en a eu la propriété, en a **perçu les revenus ou** a effectué une **opération quelconque** sur ces biens **moins d'un an avant son décès** (CGI art. 752). Sont également présumés, jusqu'à preuve contraire, appartenir au défunt les **biens ou droits placés dans un trust** défini à l'article 792-0 bis du CGI, dont il a eu la propriété, a perçu les revenus ou à raison desquelles il a effectué une opération quelconque moins d'un an avant son décès. 64330
Cette présomption permet à l'administration d'inclure dans la succession du défunt les actions et parts sociales, les biens ou droits placés dans un trust, les obligations et toutes les autres créances (par exemple, le solde créditeur d'un compte bancaire). Elle s'applique, par exemple, à l'actionnaire qui, dans l'année précédant son décès, a participé, en sa qualité de porteur d'actions, à l'assemblée générale d'une société anonyme (Cass. com. 6-3-1984 n° 82-12.751 : RJF 7/84 n° 911).
Par exception, la présomption ne s'applique pas aux biens ayant fait l'objet d'une **libéralité graduelle ou résiduelle** (CGI art. 752, al. 3), solution qui s'explique par le fait que, juridiquement, les biens en cause ne font pas partie de la succession du premier gratifié.

La présomption de propriété prévue par l'article 752 du CGI supporte la **preuve contraire**. Les éléments de preuve apportés par les héritiers (avis d'opéré, bordereau bancaire attestant de la vente des titres avant le décès, etc.) sont souverainement appréciés par les juges du fond. 64332
La preuve contraire ne peut pas résulter d'une cession à titre onéreux à l'une des personnes visées à l'article 751 du CGI (n° 64320), sauf si cette cession a acquis date certaine avant l'ouverture de la succession (CGI art. 752, al. 2).

ILLUSTRATIONS

Les héritiers démontrent que les valeurs mobilières réintégrées à l'actif successoral n'appartenaient plus au défunt au jour de son décès en raison de la **clôture du compte-titres** sur lequel elles figuraient. La mention manuscrite de clôture portée sur la copie du contrat d'ouverture de compte, corroborée par une attestation du directeur de l'agence confirmant la réalité et la date de la clôture du compte, ainsi que la destination des valeurs qui s'y trouvaient démontrent qu'au jour du décès ces dernières ne faisaient pas partie de l'actif successoral (Cass. com. 9-2-1999 n° 96-21.531 D : RJF 5/99 n° 655).

Les **retraits sur compte bancaire**, même effectués moins d'un an avant le décès, constituent la preuve contraire à la présomption de propriété de l'article 752 du CGI : les sommes retirées n'ont pas à figurer à l'actif successoral (en ce sens, Cass. com. 30-10-1989 n° 88-13.015 : RJF 12/89 n° 1450). 64334
Cependant, l'administration fiscale peut quand même taxer les sommes retirées si elle prouve que l'**argent** a été **conservé** par l'auteur du retrait jusqu'à son décès. Le redressement est alors fondé sur les dispositions générales de l'article 750 ter du CGI, et non sur la présomption posée par l'article 752. Il en résulte que la procédure spéciale de contrôle prévue par l'article L 19 du LPF (n° 64336) n'est pas applicable (Cass. com. 19-9-2006 n° 03-16.962 F-D : RJF 1/07 n° 97).
La **preuve** que l'argent a été conservé jusqu'au décès incombe à l'administration. Il en résulte par exemple que doit être cassé pour inversion de la charge de la preuve l'arrêt qui exige des redevables qu'ils justifient de la destination des sommes retirées par le défunt (Cass. com. 26-6-2012 n° 11-21.160 FS-PB : RJF 10/12 n° 959, BPAT 5/12 inf. 259).
La preuve de la conservation des fonds résulte généralement d'un **faisceau d'indices** : âge élevé du titulaire du compte, importance de la somme retirée par rapport à son train de vie habituel, paiement de ses dépenses de vie courante autrement qu'au moyen de l'argent retiré, absence d'emploi de la somme, etc. (pour une illustration, Cass. com. 12-10-2010 n° 09-68.401 F-D : RJF 2/11 n° 244, BPAT 6/10 inf. 357). L'administration n'a pas à prouver l'appréhension des sommes litigieuses par les héritiers ou légataires (en ce sens, notamment, Cass. com. 15-5-2012 n° 11-16.027 F-D : RJF 8-9/12 n° 877), ni leur non-appréhension par des tiers (Cass. com. 19-9-2006 n° 03-16.962 F-D : RJF 1/07 n° 97).

L'administration peut demander aux héritiers et ayants droit des éclaircissements ou des justifications sur les titres, valeurs ou créances non énoncés dans la déclaration de succession et qui sont présumés faire partie de la succession en application de l'article 752, alinéa 1 du CGI (LPF art. L 19). 64336
Ces **demandes d'éclaircissements ou de justifications** sont faites verbalement ou par écrit.
À **défaut de réponse** à la demande **ou** si la réponse est jugée **insuffisante**, l'administration envoie une mise en demeure aux héritiers qui ont trois mois (LPF art. R 19-1) :
– pour apporter la preuve que les titres, valeurs et créances ne font pas partie de l'actif successoral ;

– ou pour verser les droits de succession et les pénalités relatifs aux titres et valeurs non déclarés. Passé le délai de trois mois, la preuve que les titres, valeurs ou créances ne font pas partie de la succession n'est plus recevable.
L'utilisation de la procédure spéciale de l'article L 19 du LPF ne dispense pas l'administration de mettre en œuvre la **procédure de rectification** contradictoire de droit commun (Cass. com. 6-6-1984 n° 82-16.496 ; BOI-ENR-DMTG-10-10-40-20 n°s 320 s.).

> **Précisions** La demande au contribuable de fournir l'ensemble des **relevés de comptes bancaires** ne relève pas de la procédure spéciale, l'administration pouvant obtenir ces relevés directement des établissements bancaires au titre de son droit de communication (Cass. com. 8-12-1992 n° 90-20.959 P : RJF 3/93 n° 462). L'administration peut toutefois demander aux héritiers la production des relevés nécessaires à la vérification d'une opération particulière, car la mise en œuvre de l'article L 19 du LPF n'implique pas le recours préalable au droit de communication (Cass. com. 26-10-2010 n° 09-70.927 F-D : RJF 2/11 n° 245).

64338 **Comptes joints et coffres-forts** Les comptes joints sont présumés appartenir conjointement aux déposants et dépendre de la succession de chacun d'eux pour une part virile (CGI art. 753).
La même présomption s'applique aux sommes, titres ou objets trouvés dans les coffres-forts loués à plusieurs personnes (CGI art. 754).
Ces deux présomptions peuvent être combattues par la démonstration de la **preuve contraire** :
– l'héritier ou légataire peut prouver que le défunt ne possédait qu'une part inférieure à sa part virile ou même qu'il n'avait aucun droit sur les actifs concernés. Cette preuve doit être fournie par les énonciations mêmes de l'acte de dépôt ou par des actes authentiques ou sous seing privé ayant acquis date certaine autrement que par le décès d'une des parties ;
– l'administration peut démontrer que les droits du défunt étaient supérieurs à sa part virile, par tous les modes de preuve compatibles avec la procédure écrite. Elle prouve par exemple que la totalité des sommes figurant sur le compte joint de deux époux séparés de biens appartenait au mari défunt en établissant que lui seul exerçait une activité rémunérée et alimentait les comptes du couple (Cass. com. 19-1-2010 n° 09-12.140 F-D : RJF 5/10 n° 541, BPAT 2/10 inf. 109 ; Cass. com. 17-3-2015 n° 14-10.526 F-D : RJF 6/15 n° 541). En revanche, de simples présomptions tirées de l'importance des sommes figurant sur un compte joint entre une mère et son fils, de l'âge de la défunte et de l'absence d'explications de l'héritier sur l'origine des fonds ne permettent pas à l'administration de réintégrer la totalité du crédit du compte joint à l'actif de la succession (CA Paris 9-11-2010 n° 09/09660, ch. 5-7).

64340 **Immeubles et fonds de commerce** Est réputé propriétaire, pour la poursuite des droits d'enregistrement et sauf preuve contraire :
– d'un immeuble, celui au nom duquel cet immeuble est inscrit au rôle de la taxe foncière et qui a effectué des paiements d'après ce rôle (CGI art. 1881) ;
– d'un fonds de commerce, celui qui apparaît comme tel dans les actes ou écrits ou au nom duquel le fonds est inscrit au rôle des impôts locaux (contribution économique territoriale et taxes annexes) et avait effectué deux paiements au moins en vertu de ce rôle (CGI art. 1882).
Cette présomption est une **présomption simple** : la preuve contraire peut résulter, par exemple, d'une mutation régulièrement intervenue.

CLAUSE D'ACCROISSEMENT OU TONTINE

64345 En cas d'**acquisition en commun** d'un bien, les acquéreurs peuvent stipuler qu'au décès de chacun d'entre eux sa part reviendra aux survivants de sorte que le dernier survivant sera réputé propriétaire de la totalité du bien depuis son acquisition.
Bien qu'il s'agisse sur le plan juridique d'un contrat à titre onéreux, le transfert de propriété résultant du décès est soumis aux **droits de succession** selon le régime de droit commun, c'est-à-dire d'après le lien de parenté entre le défunt et le ou les bénéficiaires de l'accroissement et sur la valeur de la part reçue par chacun d'eux (CGI art. 754 A, dont les dispositions s'appliquent aux contrats conclus depuis le 6-9-1979). Une seule **exception** résiduelle est prévue, pour les immeubles affectés à l'habitation principale commune à deux acquéreurs. Si l'immeuble a une valeur inférieure à 76 000 € au moment du premier décès, la part transmise au survivant relève du droit de vente d'immeubles, sauf option du survivant pour le paiement des droits de succession (CGI art. 754 A, al. 2).

64347 **En pratique**, le régime fiscal de la tontine n'est favorable que lorsque les **tontiniers** sont **exonérés de droits de succession**, cas tout spécialement des partenaires de Pacs : le bien acquis en tontine échappe aux héritiers et revient en franchise d'impôt au partenaire survivant.

Lorsque les tontiniers ne sont **pas exonérés**, la taxation aux droits de succession est particulièrement pénalisante (taxation au taux de 60 % pour de simples concubins, par exemple). Mais il est possible d'y échapper, en insérant la clause de tontine non dans l'acte d'acquisition du bien mais dans les **statuts d'une société**, laquelle achète le bien. La clause qui stipule que, au décès d'un associé, le ou les associés survivants deviendront rétroactivement propriétaires des parts ou actions du défunt échappe aux dispositions de l'article 754 A du CGI. Au décès de l'associé, seuls sont dus les droits de mutation à titre onéreux sur les parts (BOI-ENR-DMTG-10-10-10-10 n° 280 ; CA Chambéry 18-11-2003 n° 02/926 : RJF 7/04 n° 802).

ATTENTION

L'acquisition en tontine, par des époux séparés de biens, d'un immeuble financé exclusivement par le mari, moins de deux mois avant son décès, alors que ce dernier, ancien médecin, était notoirement malade, encourt la requalification en **donation déguisée**, faute d'aléa (CADF/AC n° 4/2021 aff. n° 2021-08 : BPAT 5/21 inf. 225).

B. Exonérations

SUCCESSIONS ENTRE ÉPOUX ET ENTRE PARTENAIRES DE PACS

Le conjoint survivant et le partenaire de Pacs survivant sont totalement exonérés de droits de succession (CGI art. 796-0 bis). 64370

Les **réversions d'usufruit**, qui relèvent des droits de succession (CGI art. 796-0 quater), sont exonérées entre époux ou partenaires de Pacs.

Cette exonération ne s'étend pas aux **droits de donation**. Elle ne concerne pas non plus le **droit de partage**, qui sera dû dans les conditions de droit commun lors du partage de la succession.

> **Précisions a.** Si la **succession n'est recueillie que par le conjoint ou partenaire survivant**, les droits réels immobiliers éventuellement transmis donnent lieu à une attestation notariée soumise au droit fixe de 125 €. La contribution de sécurité immobilière de 0,1 % est due sur la valeur des immeubles ou droits immobiliers dont l'attestation notariée constate la transmission.
> **b.** Les personnes liées par un **partenariat civil conclu à l'étranger** et non contraire à l'ordre public bénéficient des mêmes règles que les partenaires de Pacs au regard des droits de mutation à titre gratuit, et sont donc exonérées de droits de succession (BOI-ENR-DMTG-10-50-30 n° 40). Les justificatifs à fournir et la liste des partenariats étrangers sur lesquels l'administration s'est déjà prononcée sont disponibles sur la base Bofip (BOI-IR-CHAMP-20-10 n°s 140 à 200).

SUCCESSIONS ENTRE FRÈRES ET SŒURS VIVANT ENSEMBLE

Est totalement exonérée la part recueillie par chaque frère (ou sœur) du défunt qui remplit les **conditions** suivantes (CGI art. 796-0 ter) : 64375

– être célibataire, veuf, divorcé ou séparé de corps au moment du décès ;

– toujours au moment du décès, avoir plus de 50 ans ou être atteint d'une infirmité le mettant dans l'impossibilité de subvenir par son travail aux nécessités de l'existence ;

– avoir été constamment domicilié avec le défunt pendant les cinq ans ayant précédé son décès. Par mesure de tempérament, l'administration accorde l'exonération lorsque la cohabitation a cessé pour des raisons de santé (hospitalisation, placement en maison médicalisée, etc.), à condition qu'elle ait duré au moins cinq ans à la date à laquelle le logement commun a été quitté (BOI-ENR-DMTG-10-20-10 n° 50).

Tous les éléments **justificatifs** doivent être produits lors du dépôt de la déclaration de succession.

Lorsque les **conditions** de l'exonération ne sont **pas réunies**, les successions entre frères et sœurs sont imposables après déduction d'un abattement (voir n° 64664) et au tarif indiqué n° 64684.

> **Précisions a.** Le **droit de partage** reste dû, le cas échéant, lors du partage ultérieur de la succession. Pour le cas où le frère ou la sœur exonéré est le **seul héritier** et où des biens ou droits immobiliers sont transmis, voir n° 64370.
> **b.** Jugé qu'un frère est exonéré dans la succession de sa sœur s'il prouve avoir cohabité avec elle au moins cinq ans avant le décès même si son **domicile fiscal** est **à une autre adresse** (CA Aix-en-Provence 23-6-2015 n° 14/11066 : RJF 10/15 n° 856 ; dans le même sens, CA Angers 24-5-2016 n° 13/02628 : RJF 10/16 n° 899).

TRANSMISSION D'ENTREPRISE : PARTS ET ACTIONS DE SOCIÉTÉS

64380 **Sociétés exploitantes** Les parts ou actions de sociétés ayant fait l'objet d'un engagement collectif de conservation (**engagement** dit **Dutreil**) sont exonérées de droits de succession ou de donation à concurrence des **trois quarts** de leur valeur, sans limitation de montant (CGI art. 787 B).

Cette exonération partielle s'applique aux transmissions de parts ou actions de sociétés (quel que soit leur régime fiscal) dont l'**activité** principale est industrielle, commerciale (au sens des articles 34 et 35 du CGI), artisanale, agricole ou libérale, qui ont fait l'objet d'un engagement collectif ou unilatéral de conservation. Sont exclues les sociétés ayant une activité de gestion de leur propre patrimoine mobilier ou immobilier à l'exception des **sociétés holdings animatrices** de leur groupe, c'est-à-dire des sociétés qui, outre la gestion d'un portefeuille de participations, ont pour activité principale la participation active à la conduite de la politique de leur groupe constitué de sociétés contrôlées directement ou indirectement, exerçant une activité opérationnelle auxquelles elles rendent, le cas échéant et à titre purement interne, des services spécifiques, administratifs, juridiques, comptables, financiers et immobiliers (Loi 2023-1322 du 29-12-2023 art. 23 dont les dispositions sont applicables aux transmissions intervenues depuis le 17-10-2023, légalisant la doctrine exprimée au BOI-ENR-DMTG-10-20-40-10 n° 15, relative aux activités commerciales, inscrivant dans la loi l'éligibilité des sociétés ayant une activité mixte et définissant les sociétés holdings animatrices).

La **condition** d'activité doit être **satisfaite** à compter de la conclusion de l'engagement collectif et **jusqu'au terme de l'engagement individuel** de conservation des titres (CGI art. 787 B, c bis créé par loi 2022-1157 du 16-8-2022 art. 8 dont les dispositions s'appliquent aux transmissions intervenues depuis le 18-7-2022 ainsi qu'à celles intervenues avant cette date lorsque l'un des engagements de conservation est en cours et que la société n'a pas cessé d'exercer une activité opérationnelle).

L'exonération de droits de mutation à titre gratuit s'applique aux transmissions portant sur des droits démembrés. Toutefois, les **titres donnés avec réserve d'usufruit** ne sont exonérés que si les droits de vote de l'usufruitier sont statutairement limités aux décisions concernant l'affectation des bénéfices (CGI art. 787 B, i-al. 2). Cette condition n'est pas remplie lorsque la restriction des droits de vote de l'usufruitier n'est actée que dans un procès-verbal d'assemblée générale (CA Paris 6-3-2017 n° 14/08101 : BPAT 3/17 inf. 106). Les statuts peuvent prévoir cette limitation pour une partie des titres si cette partie inclut l'ensemble des titres dont la nue-propriété est transmise sous le bénéfice de l'exonération partielle (BOI-ENR-DMTG-10-20-40-10 n° 300).

> **Précisions a. Le caractère prépondérant de l'activité industrielle**, commerciale, artisanale, agricole ou libérale s'apprécie en considération d'un faisceau d'indices déterminés d'après la nature de l'activité et les conditions de son exercice (CE 23-1-2020 n° 435562 : RJF 4/20 n° 405 ; Cass. com. 14-10-2020 n° 18-17.955 FS-PB : RJF 1/21 n° 92). À titre de règle pratique, ce caractère prépondérant est admis lorsque le chiffre d'affaires procuré par cette activité représente au moins 50 % du montant de son chiffre d'affaires total et que la valeur vénale de l'actif brut immobilisé et circulant affecté à cette activité représente au moins 50 % de la valeur vénale de son actif brut total. Si une société exerce plusieurs activités de nature industrielle, commerciale, artisanale, agricole ou libérale, il est tenu compte de l'ensemble de ces activités pour l'appréciation de leur caractère prépondérant (BOI-ENR-DMTG-10-20-40-10 n° 20).
> **b.** Le **caractère prépondérant de l'activité d'animation** d'une holding est retenu notamment lorsque la valeur vénale des titres des filiales représente plus de 50 % de son actif total (Cass. com. 14-10-2020 n° 18-17.955 FS-PB : RJF 1/21 n° 92). Lorsque ce critère est insuffisant, la valeur des autres actifs affectés à l'activité d'animation peut être prise en compte (CA Paris 24-10-2022 n° 21/00555 : RJF 2/23 n° 161).

64381 **Sociétés interposées** L'exonération s'applique également :
– aux parts ou actions d'une société détenant dans une (ou plusieurs) société(s) exerçant une activité industrielle, commerciale, artisanale, agricole ou libérale une participation qu'elle s'est engagée, avec d'autres associés de la société concernée, à conserver (**simple niveau d'interposition**). Les titres de la société interposée sont exonérés pour 75 % à proportion de la valeur réelle de l'actif brut de cette société qui correspond à la participation soumise à l'engagement collectif de conservation ;
– aux parts ou actions détenues dans une société qui possède une participation dans la société qui a souscrit l'engagement collectif de conservation des titres de la société ayant une activité industrielle, commerciale, artisanale, agricole ou libérale (**double niveau d'interposition**). L'exonération partielle porte sur la valeur des droits sociaux de la société détenus directement par le contribuable, dans la limite de la fraction de la valeur de l'actif brut de celle-ci, représentative de la participation directe ou indirecte soumise à l'engagement collectif de conservation.

Conditions de l'exonération Les parts ou actions doivent faire l'objet d'un **engagement collectif de conservation** d'une **durée** minimale de deux ans (qui peut être prorogée) qui commence à courir à la date d'enregistrement de l'acte le constatant (à la date de l'acte, s'il s'agit d'un acte authentique) (CGI art. 787 B). Si un nouvel associé adhère à un engagement en cours, l'engagement collectif doit être reconduit pour une nouvelle durée minimale de deux ans. 64382

L'engagement collectif doit **porter sur** (CGI art. 787 B, c) :
– au moins 10 % des droits financiers et 20 % des droits de vote (sociétés cotées) ;
– au moins 17 % des droits financiers et 34 % des droits de vote (sociétés non cotées).
Ces seuils doivent être respectés pendant toute la durée de l'engagement.

L'engagement collectif doit en principe être **en cours à la date de la transmission**. Il est pris par le – futur – défunt (ou le donateur), pour lui et ses ayants cause à titre gratuit, avec un ou plusieurs autres associés, personnes physiques ou morales. Il peut également être pris par une personne seule, pour elle et ses ayants cause à titre gratuit, sous les mêmes conditions. En cas d'interposition de société, l'engagement est souscrit par la société qui détient directement la participation dans la société dont les titres font l'objet de l'engagement collectif de conservation. L'exonération est alors subordonnée à la condition que les participations restent inchangées à chaque niveau d'interposition pendant toute la durée de l'engagement collectif, le régime de faveur n'étant toutefois pas remis en cause en cas d'augmentation de la participation détenue par les sociétés interposées. Une obligation similaire s'applique pendant la période d'engagement individuel (voir n° 64384). 64383

Par exception à la règle selon laquelle l'engagement doit avoir été pris par le propriétaire des titres et être en cours au jour de la transmission :
– l'engagement collectif est **réputé acquis** lorsque le défunt (ou le donateur), seul ou avec son conjoint (ou partenaire de Pacs ou concubin notoire), détient directement ou indirectement (dans la limite de deux niveaux d'interposition) depuis deux ans au moins le quota de titres requis et exerce (ou son conjoint ou partenaire ou concubin exerce) depuis plus de deux ans dans la société son activité principale ou, si la société est soumise à l'impôt sur les sociétés, l'une des fonctions de direction ouvrant droit à l'exonération des actifs immobiliers affectés à l'activité professionnelle en matière d'impôt sur la fortune immobilière (par exemple, gérant de SARL, membre du directoire d'une société par actions : CGI art. 975, III-1-1°) ;
– en matière de droits de succession, l'engagement collectif peut être souscrit **dans les six mois du décès** par un ou plusieurs des héritiers ou légataires, entre eux ou avec d'autres associés (engagement « post mortem »).

Avant la transmission Dutreil, les associés de l'engagement collectif peuvent librement effectuer entre eux des cessions à titre onéreux ou des donations de titres soumis à l'engagement (CGI art. 787 B, b-al. 2 ; BOI-ENR-DMTG-10-20-40-20 n° 15).

ATTENTION

Après la transmission, le donataire qui cède pendant l'engagement collectif de conservation les titres qu'il a reçus, fût-ce au profit d'un associé lié par cet engagement, n'est plus en mesure de respecter son propre engagement individuel de conservation, et perd donc son exonération (Cass. com. 29-11-2023 n° 21-25.329 FB : BPAT 1/24 inf. 23).

Lors de la transmission, chacun des héritiers ou légataires (ou donataires) doit prendre à son tour, dans la déclaration de succession ou dans l'acte de donation, pour lui et ses ayants cause à titre gratuit, un **engagement individuel de conserver les titres** pendant une période de quatre ans qui commence à courir à l'expiration de l'engagement collectif (CGI art. 787 B, c). L'engagement individuel doit être pris dans l'acte (de succession ou de donation). Lorsque l'engagement collectif est réputé acquis, l'engagement individuel débute à la date de la transmission, donation ou décès (BOI-ENR-DMTG-10-20-40-10 n° 370). 64384

L'engagement individuel peut ne porter que sur une partie des titres, l'exonération partielle ne s'appliquant qu'à cette fraction. Si les titres sont en indivision, l'engagement individuel de conservation est pris par tous les indivisaires (qui peuvent être représentés par le gérant de l'indivision) ; au moment du partage, l'engagement est reporté sur l'attributaire des titres (BOI-ENR-DMTG-10-20-40-10 n° 340).

Toute **cession à titre onéreux des parts ou actions couvertes** par l'engagement individuel, même à un membre de l'engagement collectif, entraîne la remise en cause de l'exonération dont l'héritier ou légataire (ou le donataire) a pu bénéficier. Par exception et sous certaines conditions, le régime de faveur n'est pas remis en cause en cas d'apport des titres à un holding constitué à cet effet et détenu en totalité par les héritiers ou légataires (ou donataires) ayant souscrit l'engagement individuel de conservation (CGI art. 787 B, f).

En cas d'**interposition de sociétés**, l'exonération est subordonnée à l'obligation de maintenir les participations inchangées à chaque niveau d'interposition pendant la durée de l'engagement individuel (CGI art. 787 B, c-al. 2). Est ainsi légalisée la doctrine administrative qui prévoit que la cession par une société interposée au cours de l'engagement individuel des titres de la société exploitante entraîne la remise en cause de l'exonération partielle (BOI-ENR-DMTG-10-20-40-10 n° 350).
L'exonération est remise en cause en cas de **donation des titres** par l'héritier ou légataire (ou le donataire), sauf si la donation est consentie à un descendant, qui devra poursuivre l'engagement individuel jusqu'à son terme (CGI art. 787 B, i-al. 1).
La **transmission par décès** des titres couverts par l'engagement individuel ne remet pas en cause l'exonération, à condition que les héritiers ou légataires du défunt conservent les titres reçus jusqu'au terme de l'engagement individuel (BOI-ENR-DMTG-10-20-40-10 n° 360).

64386 L'un des héritiers ou légataires (ou donataires) ayant pris l'engagement individuel de conservation ou l'un des associés ayant souscrit l'engagement collectif de conservation doit **exercer dans la société** pendant la durée de l'engagement collectif et les trois années suivant la transmission (CGI art. 787 B, d) :
– son activité professionnelle principale, s'il s'agit d'une société relevant de l'impôt sur le revenu. Selon l'administration, cette profession doit être effectivement exercée, ce qui suppose l'accomplissement d'actes précis et de diligences réelles (BOI-ENR-DMTG-10-20-40-10 n° 280) ;
– ou l'une des fonctions énumérées à l'article 975, III-1-1° du CGI s'il s'agit d'une société soumise à l'IS. Il n'est pas nécessaire que ces fonctions soient exercées par la même personne pendant toute la période (BOI-ENR-DMTG-10-20-40-10 n° 270).
En cas de transmission par décès, l'exercice des fonctions de direction doit débuter statutairement et effectivement dans les six mois suivant le décès ; le point de départ du délai pendant lequel les fonctions de direction doivent être exercées est reporté à la date de prise des fonctions (BOI-ENR-DMTG-10-20-40-20 n° 70).
Lorsque l'engagement collectif de conservation est **réputé acquis**, l'obligation d'exercice de l'activité professionnelle ou d'une fonction de direction s'exerce pendant les trois ans qui suivent la transmission. Les fonctions doivent être exercées par l'un des héritiers, donataires ou légataires, à l'exclusion du donateur (Cass. com. 24-1-2024 n° 22-10.413 FB : RJF 4/24 inf. 337). Cette restriction n'exclut toutefois pas que le donateur exerce également une autre fonction de direction (BOI-ENR-DMTG-10-20-40-10 n° 395).
Lorsque l'**engagement** collectif est **conclu après le décès**, l'administration admet que la condition d'exercice d'une fonction de direction ne soit remplie qu'à compter de la date de conclusion de l'engagement, le délai de trois ans démarrant à la même date (BOI-ENR-DMTG-10-20-40-10 n° 299).

64388 **Obligations déclaratives** Lorsque l'engagement collectif est en cours mais que la transmission des titres n'est pas encore intervenue, aucune obligation déclarative n'existe. Les obligations déclaratives naissent avec la transmission des titres.
Lors de la transmission, la déclaration de succession ou l'acte de donation doit être accompagné de la copie de l'acte enregistré portant engagement collectif de conservation des titres, ainsi que de l'attestation de la société dont les titres font l'objet de l'engagement collectif de conservation certifiant que cet engagement est en cours au jour de la transmission et qu'il a porté jusqu'à cette date sur le quota de titres requis.
Postérieurement à la transmission, si l'administration en fait la demande, l'héritier ou le légataire (ou le donataire) doit produire dans les trois mois une attestation établie par la société certifiant que l'ensemble des conditions ont été respectées de manière continue depuis la date de la transmission. Dans un délai de trois mois à compter du terme de l'engagement individuel, chacun des héritiers ou légataires (ou donataires) est, par ailleurs, tenu d'adresser à l'administration une attestation, que la société lui transmet, certifiant que l'ensemble des conditions ont été respectées jusqu'à leur terme.

ATTENTION

En cas de **détention indirecte** des titres, chacune des sociétés composant la chaîne de participations doit s'il y a lieu (demande expresse de l'administration ou terme de l'engagement individuel) transmettre aux personnes soumises aux engagements de conservation, une attestation certifiant du respect, à son niveau, des obligations de conservation.

64390 **Remise en cause de l'exonération** En cas de non-respect de la condition liée à l'exercice d'une **activité principale ou** d'une **fonction de direction**, tous les héritiers ou légataires (ou donataires) sont tenus d'acquitter le complément de droits de mutation à titre gratuit majoré de l'intérêt de retard.

Le **non-respect de l'engagement collectif** de conservation des titres emporte les conséquences suivantes. 64391

Avant la transmission à titre gratuit, en cas de cession à un non-signataire, le cédant perd la possibilité d'être exonéré sur les titres cédés mais également pour ceux qu'il a conservés. Par exception, l'exonération de droits de mutation à titre gratuit n'est pas remise en cause à l'égard des signataires autres que le cédant, à condition que l'une ou l'autre des deux conditions suivantes soit remplie (CGI art. 787 B, e-bis-2°) :

– ces signataires conservent leurs titres jusqu'au terme de l'engagement et les seuils minimaux de détention visés n° 64382 restent respectés ;

– le cessionnaire adhère à l'engagement collectif pour les titres cédés, de sorte que les seuils restent respectés. L'engagement collectif doit alors être reconduit pour deux ans.

Après la transmission, en cas de **cession** ou donation par un des bénéficiaires de la transmission à un autre signataire de l'engagement collectif, l'exonération partielle n'est remise en cause qu'à hauteur des titres cédés ou donnés (CGI art. 787 B, e ter). Cette règle concerne exclusivement les cessions ou donations consenties au profit d'un signataire de l'engagement collectif après la transmission et avant l'expiration de l'engagement collectif. La cession à un tiers entraîne en principe la perte de l'exonération pour l'intégralité des titres que le cédant s'était engagé à conserver. Une telle cession n'a toutefois pas d'effet sur la transmission à titre gratuit des parts ou actions appartenant aux autres signataires si les seuils minimaux de détention continuent d'être respectés. À défaut, le bénéfice de l'exonération partielle est perdu pour l'ensemble des parts ou actions initialement couvertes par l'engagement. Par exception et sous certaines conditions, l'apport de titres à un holding pendant la durée de l'engagement collectif ne remet pas en cause l'exonération (CGI art. 787 B, f).

En cas de **cession** par le signataire de l'engagement collectif de conservation **à un tiers**, après la transmission à titre gratuit, de titres qui lui restent et qui sont encore couverts par l'engagement collectif de conservation, tous les héritiers ou légataires (ou donataires) sont tenus d'acquitter le complément de droits de mutation à titre gratuit majoré de l'intérêt de retard. S'il reste encore des titres au cédant (après cette cession), ceux-ci ne pourront pas bénéficier de l'exonération.

En cas de **donation « hors Dutreil »**, le donataire est également tenu de respecter l'engagement collectif ou unilatéral de conservation en tant qu'ayant cause à titre gratuit (BOI-ENR-DMTG-10-20-40-20 n° 11).

En cas de non-respect par un héritier ou légataire ou donataire (ou, le cas échéant, par ses ayants cause à titre gratuit) de son **engagement individuel de conservation** des titres, celui-ci (ou ses ayants cause à titre gratuit) est tenu d'acquitter le complément de droits de mutation à titre gratuit majoré de l'intérêt de retard (CGI art. 1840 G ter). Il en va ainsi lorsque le donataire cède, pendant l'engagement collectif de conservation, les titres qu'il a reçus, fût-ce à un signataire de cet engagement, puisqu'il n'est plus en mesure de respecter son propre engagement individuel de conservation (Cass. com. 29-11-2023 n° 21-25.329 FB : BPAT 1/24 inf. 23). Par exception, et sous certaines conditions, le régime de faveur n'est pas remis en cause lorsque le non-respect de l'engagement individuel de conservation résulte de l'apport des titres à un holding ou de la donation des titres : voir n° 64384. 64392

Lorsque le **signataire** d'un engagement individuel **change de régime matrimonial** et que ce changement a pour effet de rendre communs des titres qui lui étaient propres auparavant, il n'y a pas rupture de l'engagement individuel de conservation si les conjoints conservent jusqu'au terme de l'engagement individuel les titres ainsi placés en communauté (BOI-ENR-DMTG-10-20-40-20 n° 210).

> **Précisions** Le régime de faveur n'est pas remis en cause lorsque le seuil minimal de participation exigé pour la conclusion d'un engagement collectif n'est plus atteint ou lorsque l'engagement individuel de conservation n'est plus respecté par suite d'une **fusion, scission** ou d'une **augmentation de capital** ou d'une offre publique d'échange (OPE) préalable à une fusion ou une scission, sous réserve que les titres reçus en contrepartie soient conservés jusqu'au terme de l'engagement, ou d'une **annulation de titres** pour cause de pertes ou de liquidation judiciaire.

TRANSMISSION D'ENTREPRISE : ENTREPRISES INDIVIDUELLES

Les transmissions de biens meubles et immeubles, corporels et incorporels, affectés à l'exploitation d'une entreprise individuelle sont exonérées de droits de succession ou de donation à concurrence des **trois quarts** de leur valeur, sans limitation de montant (CGI art. 787 C). Cette exonération concerne toutes les entreprises individuelles dont l'**activité principale** est industrielle, commerciale, artisanale, agricole ou libérale. Les activités commerciales s'entendent de 64395

celles visées aux articles 34 et 35 du CGI à l'exclusion des activités de gestion de son propre patrimoine mobilier ou immobilier (Loi 2023-1322 du 29-12-2023 art. 23 applicable aux transmissions intervenues depuis le 17-10-2023).
Les sociétés unipersonnelles (EURL, EARL, Sasu, etc.) ne relèvent pas de ce régime mais de celui prévu en faveur des transmissions de parts ou actions de sociétés (BOI-ENR-DMTG-10-20-40-40 n° 10).
La transmission peut porter sur la **totalité** (**ou** sur la totalité de la **quote-part indivise** détenue par le défunt ou donateur) des biens affectés à l'exploitation, y compris les stocks (sauf cas particulier où la réglementation applicable interdit cette transmission).
Lorsque la donation est réalisée en pleine propriété, les droits calculés sur la fraction taxable de la donation bénéficient d'une réduction si le **donateur a moins de 70 ans** : voir n° 64870.

64397 Les **conditions** de l'exonération partielle sont les suivantes (CGI art. 787 C).
Si l'entreprise a été acquise à titre onéreux, elle doit avoir été détenue pendant deux ans par le défunt (ou le donateur). L'exploitation de l'entreprise par le défunt au jour de son décès n'est pas nécessaire (Cass. com. 10-9-2013 n° 12-21.140 FS-PB : BPAT 6/13 inf. 236).
Chacun des héritiers ou légataires (ou donataires) doit prendre, dans la déclaration de succession (ou l'acte de donation), pour lui et ses ayants cause à titre gratuit, l'engagement individuel de conserver les biens affectés à l'exploitation de l'entreprise pendant quatre ans à compter de la transmission (CGI art. 787 C, b). L'absence de souscription de cet engagement dans la déclaration de succession (ou l'acte de donation) prive définitivement les bénéficiaires de l'exonération partielle, l'engagement individuel ne pouvant pas être pris ultérieurement (Cass. com. 16-4-2013 n° 12-17.432 : RJF 8-9/13 n° 880).
Bien que l'engagement de conservation soit pris par le bénéficiaire de la transmission pour lui-même et ses ayants cause à titre gratuit, la donation de l'entreprise entraîne la remise en cause de l'exonération, sauf si elle est consentie à un descendant du donateur, le donataire devant alors conserver les biens pendant la durée résiduelle de l'engagement (CGI art. 787 C, d-al. 1).
L'exonération n'est en revanche pas remise en cause en cas de décès de l'héritier ou du légataire (ou donataire), si ses propres héritiers ou légataires conservent les biens jusqu'au terme de l'engagement individuel.
L'un des héritiers ou légataires (ou donataires) ayant pris l'engagement de conservation doit effectivement poursuivre pendant trois ans l'exploitation de l'entreprise. La personne qui poursuit l'exploitation doit selon l'administration exercer effectivement à titre habituel et principal son activité au sein de l'entreprise (BOI-ENR-DMTG-10-20-40-40 n° 90). La jurisprudence est moins exigeante : plusieurs cours d'appel ont jugé que l'article 787 C du CGI n'impose pas à l'héritier d'exercer lui-même l'activité et d'en retirer un revenu professionnel (CA Pau 10-1-2013 n° 11/03410, 1e ch. : RJF 5/13 n° 561, BPAT 2/13 inf. 63 ; CA Grenoble 8-9-2015 n° 13/00609 : BPAT 5/15 inf. 180).
Par exception, l'entreprise peut être gérée par un tiers désigné par mandat à effet posthume, à condition qu'aucun des héritiers ou légataires n'ait été en mesure de reprendre l'exploitation (BOI-ENR-DMTG-10-20-40-40 n° 100).

64399 Chacun des héritiers, donataires ou légataires doit joindre à la déclaration de succession ou de don manuel ou à l'acte de donation une **attestation** certifiant que la condition tenant à la durée de détention de l'entreprise est remplie. Par ailleurs, sur demande de l'administration ainsi qu'au terme de l'engagement, l'héritier, le donataire ou le légataire doit adresser au service des impôts une attestation certifiant que l'engagement de conservation des biens et l'obligation de poursuite de l'exploitation ont été respectés depuis la date de transmission et jusqu'à la date de la demande ou jusqu'au terme de ces obligations. Cette attestation doit être produite dans les trois mois de la demande ou du terme de l'engagement (CGI ann. II art. 294 quater).

64401 Les sanctions applicables en cas de **non-respect des conditions de l'exonération** sont les suivantes.
En cas de non-respect de la condition liée à la poursuite de l'exploitation : tous les héritiers ou légataires (ou donataires) sont tenus d'acquitter le complément de droits de mutation à titre gratuit et l'intérêt de retard.
En cas de non-respect par un héritier, légataire ou donataire (ou par un de ses ayants cause à titre gratuit) de l'engagement de conservation des biens, seul ce dernier (ou, le cas échéant, ses ayants cause à titre gratuit) est tenu d'acquitter le complément de droits majoré de l'intérêt de retard.
Le régime de faveur n'est pas remis en cause lorsque l'engagement de conservation des biens n'est pas respecté par suite d'une donation à condition que le donataire soit un descendant du donateur et qu'il poursuive l'engagement de conservation jusqu'à son terme.

BIENS RURAUX ET FORESTIERS

Bois et forêts Les bois et forêts sont exonérés de droits de succession ou de donation, à concurrence des **trois quarts** de leur montant, à **condition** que la déclaration de succession ou l'acte de donation (CGI art. 793, 2-2°) : **64405**
– soit accompagné d'un certificat du directeur départemental des territoires (du directeur départemental des territoires et de la mer dans les départements du littoral) attestant que les biens sont susceptibles de présenter une garantie de gestion durable prévue aux articles L 124-1 à L 124-4 et L 313-2 du Code forestier ;
– et contienne l'engagement de l'héritier, du légataire ou du donataire, pour lui et ses ayants cause, d'appliquer pendant 30 ans à ces bois et forêts une garantie de gestion durable ou, si au moment de la mutation aucune garantie de gestion durable n'est appliquée, de présenter une telle garantie dans les trois ans de la mutation et de l'appliquer jusqu'à l'expiration du délai de 30 ans.
Tous les dix ans à compter de la déclaration de succession (ou de la date de la donation), le bénéficiaire de la transmission doit produire un bilan de la mise en œuvre du document de gestion durable (CGI ann. III art. 281 H bis).

La **rupture de l'engagement** entraîne l'exigibilité du complément de droit et d'un droit supplémentaire égal à 30 %, 20 % ou 10 % du complément selon que le manquement est constaté avant l'expiration de la 10e, de la 20e ou de la 30e année suivant la transmission. Le complément de droit est assorti de l'intérêt de retard de 0,20 % par mois pour les cinq premières annuités, puis réduit pour les annuités suivantes d'un cinquième, d'un quart ou d'un tiers selon que le manquement est constaté avant l'expiration de la 10e, de la 20e ou de la 30e année suivant la transmission. **64406**
La cession à titre gratuit ou à titre onéreux n'est pas par elle-même une cause de déchéance du régime ; mais il y a déchéance du régime en cas de rupture de l'engagement par l'ayant cause de l'héritier (ou donataire) (Cass. com. 11-6-2013 n° 12-19.890 F-PB : BPAT 5/13 inf. 197, décision rendue sous l'empire de l'ancien ISF mais transposable aux droits de mutation à titre gratuit).
La **rupture partielle** de l'engagement n'entraîne qu'une remise en cause partielle du régime de faveur.

CONSEIL

La **vente des biens exonérés** après l'obtention du régime de faveur ne remet pas en cause l'exonération si l'acquéreur poursuit l'engagement d'exploitation pris par le vendeur. En cas de **rupture de l'engagement du fait de l'acquéreur**, les bénéficiaires de l'exonération partielle (donataires, légataires ou héritiers ayant pris l'engagement d'exploitation) supportent les conséquences fiscales de cette rupture (Cass. com. 11-6-2013 n° 12-19.890 F-PB : RJF 10/13 n° 982, décision rendue en matière d'ISF mais transposable ; BOI-ENR-DMTG-10-20-30-10 n° 95). Il est donc conseillé en pratique d'exiger de l'acquéreur, au moment de la vente, qu'il poursuive cet engagement, sous peine d'engager sa responsabilité vis-à-vis du vendeur.

Parts de groupements forestiers Les parts de groupements forestiers sont exonérées de droits de succession ou de donation à concurrence des **trois quarts** de leur valeur dans les mêmes **conditions** que les bois et forêts (voir n° 64405) sous réserve des **particularités** suivantes (CGI art. 793, 1-3°) : **64407**
– l'exonération ne s'applique aux parts acquises à titre onéreux qu'après deux ans de détention ;
– l'engagement d'appliquer aux bois une garantie de gestion durable est souscrit par le groupement qui s'engage en outre à reboiser ses friches et landes dans un délai de cinq ans ;
– l'exonération partielle est limitée à la fraction de la valeur nette des parts correspondant aux biens directement liés à l'objet de ces groupements (bois et forêts, friches et landes, terrains pastoraux et sommes déposées sur un compte d'investissement forestier et d'assurance).

> Précisions a. En matière de droits de mutation à titre gratuit, les parts de **sociétés d'épargne forestière** sont assimilées aux parts de groupements forestiers (C. mon. fin. art. L 214-121).
b. L'exonération partielle est cumulable avec celle prévue par l'article 787 B du CGI (**transmissions de parts ou actions de société**, nos 64380 s.) lorsque les conditions prévues sont réunies (BOI-ENR-DMTG-10-20-30-10 n° 180). La fraction de valeur restant taxable après application du premier dispositif (soit 25 %) est exonérée de 75 % en vertu de l'autre dispositif.

64409 Biens ruraux donnés à bail à long terme ou à bail cessible et parts de GFA

Les **biens ruraux donnés à bail à long terme** ou à bail cessible hors du cadre familial bénéficient, pour chaque transmission à titre gratuit, d'une **exonération partielle** de droits de succession ou de donation (CGI art. 793, 2-3° et 793 bis, al. 2 et 3). Cette exonération est subordonnée à la condition que le bénéficiaire reste propriétaire des biens pendant cinq ou dix ans (voir n° 64411). Pour les donations intervenues au profit du preneur ou d'un de ses proches parents, l'exonération ne s'applique que si le bail a été consenti depuis deux ans au moins à la date de la donation.

Les transmissions à titre gratuit des **parts de groupements fonciers agricoles** (GFA) bénéficient également de cette exonération partielle de droits de succession ou de donation sous certaines conditions (CGI art. 793, 1-4° et 793 bis dans sa version issue de la loi 2022-1726 du 30-12-2022 art. 24) :

– les statuts du groupement doivent lui interdire l'exploitation en faire-valoir direct ;
– les immeubles à destination agricole du groupement doivent faire l'objet d'un bail rural à long terme ou d'un bail rural cessible hors du cadre familial ;
– les parts doivent avoir été détenues depuis deux ans au moins par le défunt (ou le donateur), ce délai n'étant toutefois pas exigé pour les parts attribuées en rémunération d'apports d'immeubles ou de droits immobiliers à destination agricole effectués lors de la constitution du groupement ;
– le bénéficiaire de la transmission doit rester propriétaire des biens pendant cinq ou dix ans ;
– pour les donations intervenues au profit du preneur ou d'un de ses proches parents, le bail doit être consenti depuis deux ans au moins à la date de la donation.

L'exonération partielle s'applique à la **fraction** de la valeur nette des parts **correspondant aux biens donnés à bail à long terme** ou à bail cessible hors du cadre familial.

64411 Les biens ruraux loués par bail à long terme ou par bail cessible hors du cadre familial, ou les parts de GFA (pour la fraction correspondant à de tels biens), transmis par le défunt (ou le donateur) à chaque héritier ou légataire (ou donataire) sont exonérés à concurrence de :

– 75 % de leur valeur jusqu'à **300 000 €** à condition de conserver les biens pendant cinq ans, **ou** jusqu'à **500 000 €** en cas de conservation des biens pendant dix ans (Loi 2022-1726 du 30-12-2022 art. 24, applicable aux successions ouvertes et aux donations consenties depuis le 1-1-2023) ;
– 50 % de leur valeur **au-delà de ces limites**.

La **limite s'apprécie** au niveau de chaque héritier ou légataire (ou de chaque donataire s'il s'agit de mutation à titre gratuit entre vifs). Lorsque les biens transmis comprennent à la fois des parts de GFA et des immeubles ruraux loués par bail à long terme, la limite trouve à s'appliquer au titre de chaque catégorie de biens. Dès lors, une limite différente est susceptible de s'appliquer à chaque catégorie de biens (BOI-ENR-DMTG-10-20-30-20 n° 190).

La limite est appréciée en tenant compte des donations antérieures de moins de 15 ans, par application de la règle du **rappel fiscal** des donations antérieures étudiée n°s 64700 s.

EXEMPLE

Au décès de leur père en janvier 2024, deux enfants héritent d'une exploitation agricole louée par bail à long terme d'une valeur totale de 800 000 €. On suppose qu'il n'existe pas de donation antérieure de moins de 15 ans. La part de chaque enfant se calcule comme suit : 800 000/2 = 400 000 €.

Le premier enfant souhaite conserver les biens reçus pendant au moins dix ans.
Fraction exonérée : (400 000 × 75 %) = 300 000 €
Fraction taxable : 400 000 − 300 000 = 100 000 €
Abattement personnel − 100 000 €
Part nette taxable 0 €

Le second enfant souhaite conserver les biens reçus pendant au moins cinq ans (mais moins de dix ans).
Fraction exonérée : (300 000 × 75 %) + (100 000 × 50 %) = 275 000 €
Fraction taxable : 400 000 − 275 000 = 125 000 €
Abattement personnel − 100 000 €
Part nette taxable 25 000 €

64412 Si le bénéficiaire cède des biens ruraux ou des parts de GFA pendant la période d'obligation de conservation, il doit acquitter le complément de droit dont il a été dispensé et l'intérêt de retard. La **remise en cause de l'exonération partielle** ne concerne que les biens cédés et non la totalité des biens (Cass. com. 10-7-2018 n° 16-26.083 F-PB : BPAT 5/18 inf. 203 ; BOI-ENR-DMTG-10-20-30-20 n° 310).

Sous réserve que le bien ait été conservé pendant cinq ans, le non-respect de la conservation du bien pendant dix ans ne remet pas en cause l'exonération partielle de 75 % jusqu'à 300 000 €, puisque la condition de conservation du bien pendant cinq ans a été respectée. En revanche, l'exonération partielle sera remise en cause à hauteur de la fraction de la valeur du bien supérieure à 300 000 € qui a bénéficié de l'exonération partielle de 75 % au lieu de celle de 50 % (BOI précité n° 355).

Le décès du bénéficiaire pendant la période d'obligation de conservation n'entraîne pas la remise en cause de l'exonération partielle. Il en va de même en cas d'expropriation, de force majeure, d'attribution à un indivisaire résultant d'un partage avec soulte ou d'une licitation, d'apport en jouissance à une société civile agricole (GFA notamment), d'apport pur et simple à un Gaec ou encore sous certaines conditions en cas d'échange.

Parts de groupements fonciers ruraux Les transmissions à titre gratuit de parts de groupements fonciers ruraux sont partiellement exonérées de droits selon les dispositions applicables (CGI art. 848 bis) : 64415
– aux parts de groupements forestiers (n° 64407) pour la **fraction représentative de biens de nature forestière** ;
– et aux parts de GFA (nos 64409 s.) pour la **fraction représentative de biens de nature agricole**.

Compte d'investissement forestier et d'assurance Les transmissions à titre gratuit des sommes déposées sur un compte d'investissement forestier et d'assurance (Cifa) mentionné aux articles L 352-1 à L 352-5 du Code forestier sont exonérées de droits à concurrence des **trois quarts** de leur montant lorsque les **conditions** suivantes sont réunies (CGI art. 793, 3) : 64418
– l'héritier, le donataire ou le légataire produit un **certificat** du directeur départemental des territoires (du directeur départemental des territoires et de la mer dans les départements du littoral) attestant que les bois et forêts du titulaire du compte sont susceptibles de présenter une des garantie de gestion durable prévue par l'article L 124-1 du Code forestier ;
– l'héritier, le donataire ou le légataire prend pour lui et ses ayants cause l'**engagement** d'employer les sommes conformément aux articles L 352-3 et L 352-4 du Code forestier pendant 30 ans.

La **rupture de l'engagement** entraîne le versement du complément de droit et d'un droit supplémentaire égal à 30 %, 20 % ou 10 % du complément selon que le manquement est constaté avant l'expiration de la 10e, de la 20e ou de la 30e année suivant la transmission.

IMMEUBLES SITUÉS EN CORSE

64420 Les immeubles et droits immobiliers situés en Corse sont **exonérés** de droits de succession pour la **moitié** de leur valeur pour les successions ouvertes jusqu'au 31 décembre 2027, si les deux **conditions** suivantes sont réunies (CGI art. 1135 bis, I) :
– l'acquisition de l'immeuble doit être antérieure au 23 janvier 2002 si le défunt avait acquis l'immeuble à titre onéreux (il n'y a aucune condition de durée de détention si le défunt était devenu propriétaire par donation ou héritage) ;
– une attestation notariée relative aux immeubles ou droits immobiliers situés en Corse doit être publiée dans les deux ans du décès (condition non exigée si le droit de propriété du défunt avait été constaté avant son décès par un acte régulièrement transcrit ou publié). À défaut, les héritiers ou légataires ou leurs ayants cause à titre gratuit sont tenus d'acquitter dans le mois suivant l'expiration du délai de deux ans les droits de succession afférents aux immeubles ou droits réels immobiliers en cause et dont la mutation par décès a été dispensée. À ce droit s'ajoutent l'intérêt de retard et un droit supplémentaire égal à 1 % de la valeur vénale des immeubles ou droits réels immobiliers en cause (CGI art. 1840 G ter, II).

IMMEUBLES SANS TITRE DE PROPRIÉTÉ

Immeubles non bâtis indivis Les immeubles non bâtis indivis (ou les droits portant sur ces immeubles) bénéficient d'une exonération totale de droits de succession (mais pas de droits de donation) si les **conditions** suivantes sont réunies (CGI art. 797) : 64422
– les immeubles sont indivis au sein d'une parcelle cadastrale ;
– la valeur totale des immeubles est inférieure à 5 000 € s'ils sont constitués d'une seule parcelle et à 10 000 € s'ils sont constitués de deux parcelles contiguës ;
– le droit de propriété du défunt n'a pas été constaté avant son décès par un acte régulièrement transcrit ou publié ;
– les attestations notariées relatives à ces biens sont publiées dans un délai de 24 mois à compter du décès.

Cette **exonération** est **limitée** à une seule parcelle indivise par succession (deux parcelles indivises si elles sont contiguës).

64423 **Immeubles dont le titre de propriété est reconstitué entre le 1-10-2014 et le 31-12-2027** La mutation à titre gratuit d'immeubles ou de droits immobiliers dont le titre de propriété est régulièrement constaté entre le 1er octobre 2014 et le 31 décembre 2027 bénéficie d'une **exonération à hauteur de** 50 % de la valeur des immeubles ou droits transmis (CGI art. 793, 2-8°).

L'exonération partielle s'applique à la **première transmission** (succession ou donation) postérieure à la reconstitution du titre de propriété. Elle n'est pas cumulable, pour un même bien, avec une autre exonération de droits de mutation à titre gratuit et notamment celle de 50 % prévue à l'article 1135 bis du CGI dont bénéficient les immeubles situés en Corse (n° 64420).

CONSEIL

Si la mutation ouvre droit à plusieurs exonérations partielles dont celle prévue à l'article 793, 2-8° du CGI, le contribuable peut **choisir l'exonération** qui lui est **la plus favorable**. En pratique, il doit mentionner expressément dans la déclaration de succession ou dans l'acte de donation les références légales de l'exonération dont il entend bénéficier (BOI-ENR-DMTG-10-20-30-140 nos 90 et 100).

IMMEUBLES ACQUIS NEUFS ENTRE LE 1-6-1993 ET LE 31-12-1994

64425 Les immeubles acquis neufs ou, sous réserve d'avoir été achevés avant le 1er juillet 1994, en l'état futur d'achèvement, par acte authentique signé entre le 1er juin 1993 et le 31 décembre 1994, bénéficient lors de leur **première transmission** d'une exonération partielle des droits de succession ou de donation (abattement de 46 000 € par part). L'exonération s'applique si les immeubles ont été affectés, de façon exclusive et continue, à l'**habitation principale** pendant au moins cinq ans à la suite de leur acquisition ou de leur achèvement s'il est intervenu après l'acquisition (CGI art. 793, 2-4° et 793 ter).

Les actes de donation et les déclarations de succession comprenant des immeubles ouvrant droit à l'abattement doivent mentionner la date d'acquisition de ces biens, l'identité des parties et comporter la déclaration de l'affectation exclusive et continue à l'habitation principale depuis l'acquisition ou, le cas échéant, l'achèvement (CGI ann. II art. 294 E).

> **Précisions** Pour l'appréciation de la limite de 46 000 €, les donations antérieures de moins de 15 ans sont prises en compte (application de la règle du **rappel fiscal** des donations antérieures étudiée nos 64700 s.).

IMMEUBLES ACQUIS NEUFS ENTRE LE 1-8-1995 ET LE 31-12-1995

64430 La **première mutation** à titre gratuit d'immeubles achevés avant le 31 décembre 1994 et acquis neufs par acte authentique signé entre le 1er août et le 31 décembre 1995 bénéficie d'une exonération partielle de droits (abattement de 46 000 € par part) si l'immeuble a été affecté de manière continue à l'**habitation principale** pendant au moins deux ans après l'acquisition. Le bénéficiaire de la transmission à titre gratuit (donataire, héritier ou légataire) doit prendre l'**engagement** de ne pas affecter les immeubles à un autre usage que l'habitation (principale ou non) pendant au moins trois ans à compter de cette transmission. En cas de nouvelle mutation (à titre gratuit ou à titre onéreux) au cours de ce délai, le nouveau propriétaire doit prendre le même engagement pour la période restant à courir (CGI art. 793, 2-5°).

Les actes de donation et déclarations de succession comprenant des immeubles ouvrant droit à l'abattement doivent mentionner la date d'acquisition de ces biens et l'identité des parties et comporter la déclaration de l'affectation exclusive et commune à l'habitation depuis l'acquisition et l'engagement du bénéficiaire de ne pas affecter les immeubles à un autre usage pendant trois ans (CGI ann. II art. 294 A).

> **Précisions** Pour l'appréciation de la limite de 46 000 €, les donations antérieures de moins de 15 ans sont prises en compte (application de la règle du **rappel fiscal** des donations antérieures étudiée nos 64700 s.).

IMMEUBLES LOCATIFS ACQUIS ENTRE LE 1-8-1995 ET LE 31-12-1996

64435 Les immeubles d'habitation et les garages qui ont été acquis sous le régime des droits d'enregistrement par acte authentique signé entre le 1er août 1995 et le 31 décembre 1996 bénéficient, lors de leur **première mutation** à titre gratuit, d'une exonération partielle des droits (à concurrence des 3/4 de la valeur de l'immeuble, plafonnée à 46 000 € par part) si, dans les six mois de l'acquisition et pendant au moins neuf ans, ils ont été donnés en **location** à une personne autre qu'un membre du foyer fiscal, un ascendant ou un descendant du contribuable,

qui les a affectés de manière exclusive et continue à son **habitation principale** dans les conditions prévues aux 3° et 4° de l'(ancien) article 199 decies B du CGI (plafonds de loyers et de ressources du locataire).
Si la transmission à titre gratuit intervient avant l'expiration d'un délai de neuf ans, l'obligation de maintenir cette affectation de l'immeuble est transférée aux héritiers, légataires ou donataires pour la période restant à courir (CGI art. 793, 2-6°). Le non-respect de cet **engagement** rend exigible le complément de droits et l'intérêt de retard (CGI art. 793 quater).
Les actes de donation et déclarations de succession comprenant des immeubles ouvrant droit à la mesure doivent mentionner la date d'acquisition de ces biens et l'identité des parties, et comporter une copie du bail et de l'avis d'imposition du locataire et, le cas échéant, l'engagement du bénéficiaire de maintenir les biens transmis en location dans les mêmes conditions (CGI ann. II art. 294 B).

> **Précisions** Pour l'appréciation de la limite de 46 000 €, les donations antérieures de moins de 15 ans sont prises en compte (application de la règle du **rappel fiscal** des donations antérieures étudiée n°s 64700 s.).

MONUMENTS HISTORIQUES

Les **immeubles** qui sont, pour l'essentiel, classés ou inscrits à l'inventaire supplémentaire des monuments historiques, ainsi que les **meubles** qui en constituent le complément historique ou artistique, sont exonérés des droits de succession et de donation. Cette exonération est subordonnée à la souscription par les héritiers, légataires ou donataires d'une convention à durée indéterminée conclue avec l'autorité administrative compétente, après avis conforme du ministre chargé du budget (CGI art. 795 A). Cette convention doit prévoir le maintien dans l'immeuble des meubles exonérés et leurs conditions de présentation, les modalités d'accès du public, ainsi que les conditions d'entretien des biens exonérés. L'héritier doit remettre au service des impôts compétent pour enregistrer la déclaration de succession une copie de la demande de convention dans les six mois du décès (CGI ann. III art. 281 bis). L'absence de dépôt de la convention dans le délai imparti ne prive pas l'héritier du droit à l'exonération (CE 11-2-2022 n°s 454999 et 458465 : RJF 5/22 n° 502). 64440
L'exonération s'applique aux **parts de société civile immobilière** (cas où le monument historique est détenu par l'intermédiaire d'une telle société) à condition, notamment, que les héritiers, légataires ou donataires adhèrent au préalable à la convention conclue entre la société et le préfet de région du lieu de situation du bien et conservent leurs parts pendant cinq ans.

En cas de **non-respect** des règles fixées par la convention, les biens exonérés sont soumis aux droits de mutation (majorés de l'intérêt de retard de 0,20 % par mois à compter du mois qui suit la dénonciation de la convention) sur leur valeur au jour où la convention n'est pas respectée, ou sur la valeur déclarée lors du décès si cette valeur est supérieure, et aux taux auxquels ils auraient été soumis lors de leur transmission. Il en est de même, selon l'administration, en cas de vente des biens exonérés, ou de donation si le donataire ne souscrit pas à la convention en vigueur (BOI-ENR-DMTG-10-20-30-60 n° 290). En revanche, l'exonération n'est pas remise en cause en cas de cessions de droits indivis et de partages intervenant entre les héritiers, légataires ou donataires restés en indivision (BOI-ENR-DMTG-10-20-30-60 n° 300). 64442
Lorsque le monument historique est détenu par l'intermédiaire d'une société civile immobilière, le non-respect de l'obligation de conserver les parts entraîne également l'exigibilité des droits de mutation à titre gratuit dont la mutation initiale des parts a été exonérée, majorés de l'intérêt de retard.

RENTES ET INDEMNITÉS EN RÉPARATION DE DOMMAGES CORPORELS

Les rentes et indemnités versées ou dues au défunt en réparation de dommages corporels liés à un **accident ou** à une **maladie** sont déductibles de l'actif successoral pour leur valeur nominale (CGI art. 775 bis). L'exonération s'applique aux sommes obtenues par la victime elle-même, y compris en exécution d'un contrat d'assurance. 64445
Les **sommes** à caractère indemnitaire **versées aux ayants droit de la victime** en réparation de leur propre préjudice moral et économique sont déductibles de l'actif successoral de leur propre succession (BOI-ENR-DMTG-10-20-10 n° 210).
La créance d'indemnisation, les arrérages de rentes échus mais non encore versés ou la valeur des biens acquis avec le montant de l'indemnité sont compris dans l'actif de la succession dans les conditions de droit commun. Si le montant de l'indemnité n'a pas été fixé avant le dépôt de la déclaration de succession ou est modifié par la suite, une déclaration de succession complémentaire doit être déposée.

EXEMPLE

Si l'indemnité restant due au défunt s'élève à 100 000 €, cette somme sera inscrite à la fois à l'actif et au passif de la succession. Si la victime a reçu de son vivant une indemnité de 100 000 € avec laquelle elle a acquis un bien valant 120 000 € au jour de son décès, il y aura lieu de porter 120 000 € à l'actif et 100 000 € au passif de la déclaration de succession.

EXONÉRATIONS DIVERSES

64450 Sont également exonérés de droits de succession et/ou de donation (liste non exhaustive) :
– les **assurances en cas de décès** contractées par le défunt au profit de bénéficiaires déterminés, dans certaines limites : voir nos 66420 s. ;
– la **renonciation anticipée à l'action en réduction** (CGI art. 756 bis). Pour le régime juridique de la RAAR, voir nos 64166 s. ;
– le **droit de retour** légal ou conventionnel des père et mère (CGI art. 763 bis) : voir respectivement nos 63039 et 63530 ;
– les successions des **personnes dispensées** du dépôt **de la déclaration de succession** (CGI art. 796-0) : voir n° 64732 ;
– les **réversions de rentes viagères** entre parents en ligne directe (CGI art. 793, 1-5°) ;
– les successions des **victimes de guerre** ou d'actes de **terrorisme** et celles des **militaires** décédés dans le cadre d'opérations extérieures ou d'opérations mobilisant des capacités militaires (CGI art. 796) ;
– les transmissions de **biens culturels** ayant fait l'objet d'une restitution prononcée depuis le 3 août 2023 dans le cadre des procédures relatives à la restitution des **biens spoliés** dans le contexte des **persécutions antisémites** perpétrées entre le 30 janvier 1933 et le 8 mai 1945 (CGI art. 796-0 quinquies créé par loi 2023-1322 du 29-12-2023 art. 25).
– les successions des sapeurs-**pompiers** décédés en opération de secours et des policiers, gendarmes et agents des douanes décédés dans l'accomplissement de leur mission ou des suites de leurs blessures, lorsqu'ils sont cités à l'ordre de la Nation (CGI art. 796) ;
– les dons et legs consentis à l'**État**, aux collectivités territoriales, aux **établissements publics** scientifiques, d'enseignement, d'assistance et de bienfaisance ainsi qu'aux établissements publics fonciers de l'État (CGI art. 1040, I) ;
– les dons et legs consentis aux associations ou aux fondations, reconnues d'utilité publique, dont les ressources sont affectées à des **œuvres d'assistance**, à la **défense de l'environnement** naturel ou à la **protection des animaux**, ainsi que ceux consentis aux associations simplement déclarées qui poursuivent un but exclusif d'assistance et de bienfaisance (CGI art. 795, 4°) ;
– pour les trois quarts de leur montant et sous certaines conditions, les successions et donations portant sur des propriétés non bâties qui ne sont pas en nature de bois et forêts et qui sont incluses dans certains **espaces naturels protégés** (sites Natura 2000, réserves naturelles, notamment) (CGI art. 793, 2-7°) ;
– les dons et legs consentis aux établissements publics ou d'utilité publique répondant aux caractéristiques mentionnées aux b et f bis de l'article 200, 1 du CGI prévues pour le bénéfice de la réduction d'impôt sur le revenu au profit des donateurs (CGI art. 795, 2°) ;
– les dons et legs faits aux **fondations universitaires**, aux fondations **partenariales** et aux établissements d'**enseignement supérieur** reconnus d'utilité publique (CGI art. 795, 5°) ;
– les dons et legs au profit de certains **fonds de dotation** (CGI art. 795, 14°) ;
– les dons et legs à **divers organismes** : établissements publics hospitaliers, organismes d'HLM, Office national des combattants et des victimes de guerre, etc. (CGI art. 794 et 795).
Les exonérations mentionnées ci-dessus s'appliquent également aux dons et legs consentis à des **organismes** agréés dont le siège est situé dans un État de l'**Espace économique européen** (EEE), sous réserve que les dons et legs reçus soient affectés à des activités similaires à celles des organismes français (CGI art. 795-0 A).

C. Détermination de l'actif successoral

1. ÉVALUATION DES BIENS

ENJEUX

64460 L'évaluation des biens est effectuée **par les héritiers ou légataires** dans la déclaration de succession et soumise au contrôle de l'administration.
En principe, les biens transmis sont évalués à leur **valeur vénale réelle** au jour du décès, qui constitue le fait générateur de l'impôt.

Par exception à la règle d'évaluation à la valeur vénale, il existe pour certains biens des **bases légales d'évaluation** auxquelles les déclarants doivent se conformer.

a. Principe d'évaluation à la valeur vénale

NOTION DE VALEUR VÉNALE

La valeur vénale, dont il n'existe pas de définition légale, est avant tout une **valeur de marché**. **64465**
Elle correspond au prix que le jeu normal de l'offre et de la demande permettrait au propriétaire de retirer de la vente d'un bien déterminé, à un moment donné, compte tenu des données du marché, des particularités physiques, juridiques et économiques de ce bien, abstraction faite de toute valeur de convenance.

MÉTHODES D'ÉVALUATION

Un bien doit en principe être évalué selon la méthode d'estimation **par comparaison** (en ce sens, **64466**
par exemple, Cass. com. 10-12-2013 n° 12-28.421 : RJF 4/14 n° 401). Il faut se référer aux prix constatés dans des transactions intervenues avant le fait générateur de l'impôt, c'est-à-dire **avant le décès** (ou avant la donation, s'agissant d'une donation), et portant sur un nombre suffisant de biens similaires en fait et en droit à celui détenu par le défunt (ou donateur). Les transactions intervenues après le fait générateur de l'impôt ne sont pas prises en compte (en ce sens, notamment, Cass. com. 18-12-2007 n° 06-18.879 F-D : RJF 4/08 n° 518 ; Cass. com. 26-4-2017 n° 15-27.543 F-D : RJF 8-9/17 n° 873). Faute d'élément de comparaison antérieur ou concomitant au décès, une décision isolée de la Cour de cassation a toutefois admis qu'une cour d'appel prenne en considération une transaction postérieure au décès de quelques mois (Cass. com. 16-4-2013 n° 12-16.266 F-D : BPAT 3/13 inf. 98, solution rendue à propos d'un immeuble atypique).
Si la méthode par comparaison est inapplicable, faute de transactions en nombre suffisant sur des biens comparables, d'**autres méthodes** peuvent être utilisées pour évaluer le bien (évaluation par le revenu pour un immeuble, par exemple). L'utilisation de ces autres méthodes ne peut intervenir qu'à titre subsidiaire (en ce sens, par exemple, Cass. com. 7-7-2009 n° 08-14.855 F-D : RJF 12/09 n° 1173 ; Cass. com. 8-3-2016 n° 14-26.629 F-D : RJF 6/16 n° 573).

FACTEURS SUSCEPTIBLES D'INFLUER SUR LA VALEUR VÉNALE

Parmi les facteurs susceptibles d'influencer la valeur vénale, certains sont **spécifiques** à telle ou **64467**
telle catégorie de bien (par exemple, pour un immeuble, sa situation géographique ou son occupation par un locataire). Ils sont exposés ci-après.
D'autres facteurs influencent la valeur vénale quel que soit le **type de bien** considéré. C'est le cas, notamment, lorsqu'un bien est détenu en indivision. La valeur vénale de **droits indivis** est spécifique et ne se confond pas avec la fraction de la valeur totale correspondant aux droits indivis (par exemple, pour des droits immobiliers indivis, Cass. com. 19-6-1990 n° 89-10.394 : RJF 8-9/90 n° 1130, solution rendue pour l'ancien impôt sur les grandes fortunes mais transposable aux droits de succession). En pratique, faute de transactions portant sur des droits indivis affectant un bien similaire à celui qui est transmis, le bien est évalué comme s'il n'était pas en indivision et sa valeur est ensuite diminuée par l'application d'une décote, laquelle est répercutée sur la quote-part de droits transmis (pour une illustration, CA Paris 11-3-2010 n° 09/03451, ch. 5-7). Attention toutefois : si une décote est possible lorsque la transmission porte sur des droits indivis, il n'en va pas de même lorsque la transmission porte sur l'entière propriété du bien, lequel est recueilli en indivision par les héritiers. L'état d'indivision dans lequel se trouvent les héritiers sur la pleine propriété du bien reçu par succession n'affecte pas la valeur de ce bien au jour de sa transmission (Cass. com. 20-3-2007 n° 05-17.139 F-D : RJF 7/07 n° 855). L'administration applique la même règle pour le calcul des droits de donation (BOI-ENR-DMTG-20-30-10 n° 90).
Bien qu'ils affectent sa valeur vénale, ni la **clause d'inaliénabilité** du bien donné ou légué ni le **démembrement** de la propriété du bien n'autorisent une décote pour la liquidation des droits de mutation à titre gratuit.

ATTENTION

L'état d'indivision d'un immeuble avant sa donation peut justifier l'application d'une décote sur la valeur vénale de la pleine propriété mais encore faut-il que l'indivision affecte celle-ci. Tel n'est pas le cas lorsqu'une mère donne à son fils, déjà propriétaire de la moitié d'un immeuble, la nue-propriété de l'autre moitié dès lors qu'il s'agit d'une **indivision simple entre une mère et son fils unique** et ne présentant aucune difficulté de gestion (Cass. com. 30-9-2020 n° 18-15.748 F-D : RJF 1/21 n° 93).

APPLICATIONS PRATIQUES

64475 **Immeubles** Hormis quelques hypothèses où s'appliquent des bases légales d'évaluation (voir nos 64495 s.), les immeubles doivent être évalués selon la méthode d'**estimation par comparaison**.

Pour dégager des termes de comparaison :

– la **période de temps** à prendre en compte varie en fonction du marché, de son évolution, du nombre de mutations et de la diversité des biens. Plus le marché est actif, plus la période doit être courte (un semestre). Moins il est actif, plus elle sera longue (deux ou trois ans). Mais attention, les termes de comparaison retenus ne doivent pas être postérieurs au fait générateur de l'impôt, soit le jour du décès pour les droits de succession (la date de la donation, pour les droits de donation) ;

– la **zone géographique** de référence sera fonction de la rareté relative du bien. L'évaluation d'un immeuble exceptionnel, par exemple, justifie d'élargir la comparaison au marché régional ou national ;

– l'**environnement économique** et le **contexte juridique** ne doivent pas être négligés : évolution prévisible des revenus, réglementation existante, réforme de la législation en cours, etc. ;

– tous les **types de ventes** doivent être retenus (cessions de gré à gré, adjudications, acquisitions publiques, etc.).

Afin de faciliter l'évaluation de leurs immeubles, les redevables peuvent consulter la base « demande de valeurs foncières » (DVF), via la plateforme app.dvf.etalab.gouv.fr, regroupant l'ensemble des informations détenues par l'administration fiscale sur les valeurs foncières déclarées lors des mutations immobilières intervenues durant les cinq dernières années. Les informations mises à la disposition du public sont relatives à la date et à la nature de la mutation, au prix de l'immeuble, à son adresse, à sa description et à ses références cadastrales.

Le Conseil supérieur du **notariat** (CSN) publie pour sa part (barometre.immobilier.notaires.fr) des indications précises sur les dernières tendances du marché immobilier ainsi que sur les prix constatés par ville, par quartier et par département pour chaque type de bien. Le CSN contribue également à la diffusion des informations immobilières en donnant notamment accès à (immobilier.statistiques.notaires.fr) :

– des informations générales gratuites sur le prix de l'immobilier pour les maisons, appartements et terrains sur toute la France ;

– une analyse du marché immobilier sur une zone géographique déterminée (service payant) ;

– des statistiques détaillées, réservées aux professionnels, concernant le niveau et l'évolution des prix de l'immobilier, les caractéristiques des biens vendus ainsi que le profil des acquéreurs et des vendeurs (service payant).

64477 À **défaut de termes de comparaison significatifs**, d'autres méthodes d'évaluation peuvent être utilisées. Mais en aucun cas la moyenne arithmétique des résultats obtenus en appliquant différentes méthodes, aussi nombreuses soient-elles, ne saurait traduire la valeur vénale réelle d'un immeuble.

Parmi les **autres méthodes**, on retiendra :

– la méthode d'évaluation **par le revenu**, utilisable pour les immeubles donnés en location, et qui conduit à multiplier le loyer annuel (après déduction de la taxe foncière : Cass. com. 20-2-2007 n° 04-16.914 F-D : RJF 6/07 n° 758) par un taux de capitalisation approprié (exemple : pour un loyer annuel de 45 000 € et un taux de capitalisation de 4 %, la valeur vénale est égale à : 45 000 € × 100/4 = 1 125 000 €). La difficulté est de déterminer ce taux. À noter que cette méthode est souvent rejetée comme arbitraire par les tribunaux ;

– la méthode de l'évaluation **par réajustement** d'une valeur antérieure, qui calcule la valeur actuelle en partant du prix (ou de la valeur) constaté dans une transmission antérieure du même bien et en appliquant un coefficient de réajustement représentant l'évolution du marché dans l'intervalle. En pratique, lorsque le **défunt était redevable de l'impôt sur la fortune immobilière (IFI)**, l'évaluation retenue pour l'assiette des droits de succession procède par ajustements des valeurs portées dans la dernière déclaration d'IFI (ajustements liés à l'évolution du marché entre le 1er janvier de l'année et le jour du décès).

64479 Certains immeubles sont frappés par des **facteurs de dépréciation** qui affectent leur évaluation. À défaut de transactions portant sur des immeubles comparables affectés des mêmes facteurs de dépréciation, ces immeubles sont évalués pour leur valeur vénale hors facteurs de dépréciation et il est pratiqué une décote sur cette valeur.

C'est le cas pour les **immeubles loués** soumis à la réglementation des baux de locaux à usage d'habitation principale. Les contraintes de cette réglementation justifient un abattement (de

l'ordre de 20 %) sur la valeur libre de toute occupation (a fortiori pour les logements loués sous le régime de la loi de 1948 ; pour une illustration, CA Paris 13-12-2011 n° 10/20695, ch. 5-7, qui retient un abattement de 40 %). Ces taux sont susceptibles d'être modifiés en fonction de l'évolution des loyers.
En dehors de tout contrat de bail, l'**occupation de l'immeuble** (par une personne autre que son propriétaire) peut également permettre une légère décote sur la valeur vénale « libre » (pour une illustration, CA Versailles 20-1-2011 n° 09/6555, 1e ch. sect. 1, qui retient une décote de 8 % au titre de l'occupation précaire de l'immeuble par la fille de l'héritière, petite-fille de la défunte).
On peut encore citer comme facteurs de dépréciation : l'**indivision**, l'obligation d'effectuer certains **travaux** (par exemple, le ravalement prescrit par un arrêté municipal), le classement en tant que **monument historique**, etc.

ATTENTION

Il convient de ne pas exagérer la décote appliquée jusqu'à **sous-évaluer les immeubles**, en raison des risques que cela comporte. Sur le plan strictement fiscal, la sous-évaluation fait encourir un risque de redressement de droits de succession aux héritiers ou légataires. Elle peut également être pénalisante en cas de revente de l'immeuble, puisque la plus-value sera calculée sur la base d'un prix de revient sous-évalué (sauf à déposer suffisamment longtemps avant la revente une déclaration de succession rectificative).

Titres de sociétés non cotées Les titres non cotés doivent être évalués selon la 64481
méthode d'**estimation par comparaison**. Il en résulte que si une évaluation par comparaison est possible, l'administration fiscale ne peut pas recourir à d'autres méthodes de valorisation.
Jugé par exemple que l'administration fiscale ne peut pas utiliser une combinaison de méthodes (en l'espèce valeur de rendement, marge brute d'autofinancement et valeur mathématique) pour évaluer des titres d'une société donnés par un père à son fils, lorsque ce fils a deux mois auparavant acheté des titres à d'autres associés, aucune collusion sur le prix de vente n'étant soupçonnée. La cour d'appel peut décider que la valeur des actions doit être fixée à partir de cette cession, qui était celle qui se rapprochait le plus possible du prix qu'aurait entraîné le jeu normal de l'offre et de la demande (Cass. com. 7-7-2009 n° 08-14.855 F-D : RJF 12/09 n° 1173, solution rendue en matière de droits de donation mais transposable aux droits de succession).
L'évaluation par comparaison ne peut pas être combinée avec d'autres méthodes. Si elle est pertinente, les prix fixés dans les transactions invoquées sont opposables ; si elle ne l'est pas, il faut recourir aux méthodes subsidiaires (CE 21-10-2016 n° 390421 : RJF 1/17 n° 8 ; solution rendue en matière de plus-values professionnelles mais transposable, à notre avis, aux droits de mutation).
À défaut de termes de comparaison, ce qui est souvent le cas dans les sociétés familiales, l'évaluation des titres non cotés résulte généralement de la combinaison de plusieurs méthodes d'évaluation (valeur mathématique, de rendement, valeur tirée de la marge brute d'autofinancement, de la survaleur ou « goodwill », etc.). Elle tient compte de la nature des activités exercées, du contexte économique et aussi du fait que la détention des titres permet ou non l'exercice du pouvoir dans la société (suivant que la participation est majoritaire ou minoritaire), ou des clauses légales ou statutaires qui restreignent les possibilités de cession (clauses d'agrément notamment). Une décision a par exemple admis une décote de 15 % au titre du statut d'associé minoritaire (Cass. com. 6-5-2003 n° 01-13.118 : RJF 8-9/03 n° 1056, solution rendue sous l'empire de l'ancien ISF mais transposable aux droits de succession).

> **Précisions** **a.** Les risques liés à la forte dépendance d'une société non cotée à l'égard d'un de ses cadres qui occupe en son sein une position d'« **homme-clé** » justifient une **décote** de la valeur vénale de ses titres (CAA Bordeaux 22-11-2016 n° 14BX03020 : RJF 3/17 n° 215 ; CE (na) 16-5-2018 n° 407093 : RJF 8-9/18 n° 826).

b. Sur la prise en compte du **décès des dirigeants sociaux** sur l'évaluation de leurs titres, voir n° 64522.

Fonds de commerce et clientèles libérales Leur valeur vénale est déterminée par 64483
comparaison avec des cessions, en nombre suffisant, de biens similaires.
À défaut de termes de comparaison, l'évaluation s'effectue en fonction du bénéfice ou du chiffre d'affaires, d'après le loyer du local commercial, etc. Parmi ces méthodes, la plus utilisée est celle des barèmes professionnels ; elle se réfère aux bénéfices ou au chiffre d'affaires et consiste à appliquer aux résultats moyens (en général la moyenne des trois dernières années d'exploitation) des correctifs établis en barèmes en fonction des caractéristiques particulières de chaque affaire.
Sur la prise en compte de la **dépréciation** du fonds **due au décès de l'exploitant**, voir n° 64522.

64485 **Liquidités et avoirs** Les espèces, comptes courants bancaires, livrets d'épargne (livrets A et bleu, livret de développement durable et solidaire, PEL, CEL, etc.) doivent faire l'objet d'une **déclaration détaillée et estimative** du contribuable (CGI art. 758). En pratique, ces avoirs sont déclarés pour leur montant nominal, augmenté s'il y a lieu des intérêts courus au jour du décès.

> **Précisions** Pour les PEL, seul est taxable aux droits de succession le montant du capital inscrit au crédit du plan (versements augmentés des intérêts capitalisés). Les droits à prêt et à prime d'épargne ne sont pas imposables.

b. Bases légales d'évaluation des biens

IMMEUBLES

64495 **Immeubles occupés par leur propriétaire** La valeur vénale réelle d'un immeuble dont le propriétaire a l'usage à la date de la transmission est réputée égale à sa **valeur libre** de toute occupation (CGI art. 761, al. 2).

Par dérogation, un **abattement de 20 %** est effectué sur la valeur vénale réelle de l'immeuble constituant au jour du décès la résidence principale du défunt lorsque, à la même date, cet immeuble est également occupé à titre de résidence principale par le conjoint survivant, le partenaire de Pacs ou par un ou plusieurs enfants du défunt ou de son conjoint ou partenaire (enfants mineurs, majeurs protégés ou incapables de travailler dans des conditions normales de rentabilité en raison d'une infirmité physique ou mentale) (CGI art. 764 bis).

L'abattement n'est donc pas applicable lorsque, au jour de son décès, le **défunt occupait seul sa résidence principale** ou lorsque cette résidence était différente de celle de son conjoint ou partenaire survivant ou de leurs enfants mineurs ou majeurs protégés (BOI-ENR-DMTG-10-40-10-30 n° 70).

64497 Est **considéré comme résidence principale** le logement dans lequel le défunt résidait effectivement et de manière habituelle pendant la majeure partie de l'année précédant son décès.

L'administration a indiqué examiner avec bienveillance les conditions tenant à la qualification de résidence principale et à l'occupation effective de l'immeuble au jour du décès, lorsque le non-respect de ces conditions est dû à des circonstances indépendantes de la volonté des personnes en cause (hospitalisation ou séjour temporaire dans une maison de repos) (BOI-ENR-DMTG-10-40-10-30 n° 70).

ATTENTION

Selon l'administration, l'abattement s'applique aux **parts de sociétés civiles** dotées de la transparence fiscale, mais non aux sociétés civiles de gestion ou d'investissement immobilier (BOI-ENR-DMTG-10-40-10-30 n° 40). En d'autres termes, la mise en société du logement familial prive les héritiers de l'abattement de 20 %.

64499 **Adjudication publique** Les immeubles qui, dans les **deux ans précédant ou suivant le décès** (ou la donation), ont fait l'objet d'une adjudication publique soit par autorité de justice, soit volontaire avec admission des étrangers, ne peuvent être imposés sur une somme inférieure au prix d'adjudication augmenté de toutes les charges en capital, sauf s'il est justifié que l'immeuble a subi dans l'intervalle des transformations susceptibles d'en diminuer la valeur (CGI art. 761).

Si l'adjudication intervient **après le dépôt de la déclaration de succession**, la liquidation de l'impôt doit être rectifiée pour en tenir compte. Si le prix d'adjudication est inférieur à l'estimation portée dans la déclaration, le trop-perçu est restituable sur demande du contribuable présentée dans le délai de réclamation.

64501 **Droits du conjoint ou du partenaire de Pacs survivant sur sa résidence principale** Les droits reconnus au conjoint et au partenaire de Pacs sur leur logement ont une incidence sur le montant des droits de succession dus par leurs cohéritiers :

– voir nos 11120 s. pour le **droit temporaire** de 12 mois à la jouissance gratuite du logement, ouvert à la fois au conjoint et au partenaire ;

– voir nos 11170 s. pour le **droit viager d'habitation et d'usage** réservé au conjoint survivant.

MEUBLES CORPORELS

64505 **Principes** L'évaluation des meubles corporels doit être faite selon les règles prévues à l'article 764 du CGI. Ces bases légales d'évaluation supportent la **preuve contraire** dans les formes compatibles avec la procédure écrite.

Meubles meublants Ils s'entendent des meubles destinés à l'**usage et** à l'**ornement des immeubles d'habitation** : lits, sièges, tables, vaisselle, glaces, pendules, tapisseries, argenterie, porcelaines et autres objets de même nature. Les tableaux, objets d'art ou meubles anciens constituent des meubles meublants, sauf s'il s'agit de collections placées dans des galeries ou des pièces particulières (en ce sens, par exemple, Cass. com. 8-2-2000 n° 97-19.000 : RJF 5/00 n° 718). 64507

Sauf preuve contraire apportée par le contribuable ou l'administration, la **valeur vénale** des meubles meublants est **déterminée** par (CGI art. 764, I) :

– le prix net obtenu par vente publique dans les deux ans du décès ;

– à défaut, l'estimation contenue dans un inventaire dressé, dans les formes légalement prévues par l'article 789 du Code civil, dans les cinq ans du décès. L'inventaire est probant même s'il ne porte que sur les meubles meublants (Cass. com. 30-11-2004 n° 02-12.183 FS-PB : RJF 4/05 n° 404) ;

– à défaut, la déclaration détaillée et estimative des héritiers, sans que la valeur imposable puisse être inférieure à 5 % de l'ensemble des autres biens du défunt, sauf preuve contraire.

L'assiette du forfait de 5 % est constituée de l'ensemble des biens, autres que les meubles meublants, composant l'actif successoral taxable avant déduction du passif. Lorsque le défunt était marié sous un régime de communauté, la base de calcul du forfait comprend ses biens propres, son excédent de reprises et sa part dans l'actif brut de communauté, après imputation des récompenses dues à celle-ci.

Les différentes bases légales d'évaluation s'appliquent par exclusion, dans l'**ordre** de la loi. L'existence d'une vente publique exclut l'estimation contenue dans un inventaire et le forfait de 5 %. Il en est de même de l'inventaire vis-à-vis de ce forfait.

> **Précisions a.** Le **forfait de 5 %** est **écarté**, et la valeur des meubles meublants fixée à zéro, lorsque les héritiers démontrent que le défunt n'avait aucun meuble meublant (CA Paris 27-9-2011 n° 10/14851, ch. 5-7 : RJF 2/12 n° 177, BPAT 6/11 inf. 362, à propos d'une personne qui vivait en maison de retraite, sans mobilier personnel).

b. Les **biens exonérés de droits de succession** n'entrent pas dans l'**assiette du forfait** mobilier ; en cas d'exonération partielle, le forfait mobilier est calculé sur la seule fraction taxable des biens.

Bijoux, pierreries, objets d'art ou de collection Sauf preuve contraire, la valeur des bijoux et objets précieux est constituée par (CGI art. 764, I et II) : 64509

– le prix net de la vente publique, intervenue dans les deux ans du décès ;

– à défaut, l'évaluation contenue dans un acte estimatif dressé dans les cinq ans du décès (inventaire, même sous seing privé, délivrance de legs, partage, etc.) sans que cette évaluation puisse être inférieure à celle faite dans un contrat d'assurance contre le vol ou l'incendie, en cours au jour du décès et conclu par le défunt, son conjoint ou ses auteurs moins de dix ans avant l'ouverture de la succession (les auteurs s'entendent des personnes dont le défunt était héritier, légataire universel ou à titre universel) ;

– à défaut de vente publique ou acte estimatif et en l'absence de contrat d'assurance, la déclaration détaillée et estimative des parties. Le forfait de 5 % prévu pour les meubles meublants n'est pas applicable.

Autres meubles corporels Les meubles corporels autres que les meubles meublants, bijoux et objets précieux dépendant d'une succession sont en principe évalués, par **ordre de préférence** et sauf preuve contraire (CGI art. 764, I) : 64511

– par le prix net obtenu par vente publique dans les deux ans du décès ;

– à défaut, par tout acte estimatif (y compris inventaire sous seing privé, acte de partage, etc.) datant de moins de cinq ans ;

– à défaut, par une déclaration détaillée et estimative des redevables (sans minimum forfaitaire).

Les **lingots et pièces d'or** sont évalués par référence aux cours publiés à titre indicatif par CPoR Devises (opérateur qui fixe les cours et assure la liquidité des pièces et lingots) ou par la Banque de France, en retenant le cours le plus proche de la date du décès.

TITRES DE SOCIÉTÉS

Les **valeurs mobilières cotées** (françaises ou étrangères) sont évaluées, au choix des héritiers ou légataires, soit d'après la moyenne du cours le plus haut et du cours le plus bas du jour du décès (cours unique s'il n'y a eu qu'un cours), soit d'après la moyenne des 30 derniers cours précédant le décès (CGI art. 759). 64520

64522 Les **valeurs mobilières non cotées** relèvent du principe général d'évaluation à la valeur vénale réelle au jour du décès.

Par application de ce principe, la loi prévoit expressément que, en cas de **décès de certains dirigeants** d'entreprises, la dépréciation éventuelle résultant du décès et affectant la valeur des titres (ou des actifs incorporels pour les entreprises individuelles : fonds de commerce et clientèles) peut être prise en compte pour la liquidation des droits de succession (CGI art. 764 A). Les dirigeants visés sont les gérants de SARL ou de sociétés en commandite par actions, les associés en nom de sociétés de personnes, les personnes qui assument la direction générale des sociétés par actions, ainsi que les exploitants de fonds de commerce ou d'une clientèle et les titulaires d'offices publics ou ministériels.

64524 Les **parts de FCP** doivent faire l'objet d'une déclaration comportant la désignation du fonds, le nombre de parts, leur valeur unitaire de rachat à la date de la transmission ainsi que leur valeur globale. Il n'est pas nécessaire de donner l'énumération et le cours de bourse de toutes les valeurs figurant dans le fonds (CGI art. 799).

FONDS DE COMMERCE ET CLIENTÈLES

64528 Les fonds de commerce et les clientèles relèvent du principe général d'évaluation à la valeur vénale réelle au jour du décès (voir n° 64483). Par application de ce principe, la loi prévoit expressément que l'évaluation des actifs incorporels tient compte de la **dépréciation** éventuelle **résultant du décès de l'exploitant** (CGI art. 764 A).

Sont exclus du fonds et doivent faire l'objet d'une évaluation distincte les bâtiments servant à l'exploitation, les créances, le portefeuille de valeurs mobilières ou de droits sociaux, le numéraire en caisse.

Pour la perception des droits de succession, la déclaration doit faire apparaître une évaluation distincte des éléments incorporels du fonds (clientèle principalement), du matériel et des marchandises (BOI-ENR-DMTG-10-60-30 n° 210).

CRÉANCES

64535 Les **créances à terme** dont le défunt était titulaire sont imposables pour leur montant nominal augmenté des intérêts courus au jour de son décès, ainsi le cas échéant que des intérêts déjà échus mais non encore payés au jour du décès (CGI art. 760, al. 1).

Par exception, si le débiteur fait l'objet d'une procédure de sauvegarde ou de redressement ou liquidation judiciaires, les héritiers peuvent évaluer la créance à sa valeur vénale, c'est-à-dire à sa valeur probable de recouvrement (CGI art. 760, al. 2).

Les **créances qui ne sont pas à terme** sont évaluées par la déclaration détaillée et estimative des héritiers (CGI art. 758), c'est-à-dire en fonction de leur valeur probable de recouvrement. Tel est le cas notamment des comptes courants d'associés non bloqués et des créances qui étaient déjà échues au décès (Cass. com. 9-10-2007 n° 06-16.528 F-PB : RJF 1/08 n° 89, BPAT 6/07 inf. 175). Il appartient aux héritiers de prouver que la valeur probable de recouvrement de la créance est inférieure à sa valeur nominale. S'agissant d'un compte courant d'associé, l'évaluation doit tenir compte de la situation économique et financière de la société, et donc de la valeur de ses actifs immobiliers (Cass. com. 9-7-2013 n° 12-21.836 FS-PB : RJF 11/13 n° 1090, BPAT 5/13 inf. 195, solution rendue sous l'empire de l'ancien ISF mais transposable aux droits de mutation à titre gratuit).

> **Précisions a.** Les **créances indéterminées dans leur montant** font l'objet d'une déclaration estimative, conformément au principe général d'évaluation à la valeur vénale. Il y a lieu, le cas échéant, à révision de la perception lorsque le montant exact de la créance est connu (BOI-ENR-DMTG-10-40-10-40 n° 60).
>
> **b.** Pour les **créances libellées en devises** étrangères, la conversion en euros doit être faite d'après le cours des changes fixé à la bourse de Paris au jour du décès ou, à défaut de cotation ce jour-là, d'après le cours fixé à une date suffisamment proche (BOI-ENR-DMTG-10-40-10-40 n° 70).

BIENS DONT LA PROPRIÉTÉ EST DÉMEMBRÉE

64537 **Évaluation de l'usufruit et de la nue-propriété** Pour le calcul des droits de succession et de donation, la valeur imposable de l'**usufruit viager** et de la nue-propriété correspondante est fixée forfaitairement à une fraction de la valeur de la propriété entière d'après l'âge de l'usufruitier au jour du décès, conformément au barème ci-après (CGI art. 669, I). Ce barème s'applique obligatoirement.

Âge de l'usufruitier	Valeur de l'usufruit	Valeur de la nue-propriété
Jusqu'à 20 ans	90 %	10 %
De 21 à 30 ans	80 %	20 %
De 31 à 40 ans	70 %	30 %
De 41 à 50 ans	60 %	40 %
De 51 à 60 ans	50 %	50 %
De 61 à 70 ans	40 %	60 %
De 71 à 80 ans	30 %	70 %
De 81 à 90 ans	20 %	80 %
À partir de 91 ans	10 %	90 %

Si l'**usufruit** transmis est **à durée fixe**, la valeur de l'usufruit est en principe de 23 % de la valeur de la pleine propriété du bien pour chaque période de 10 ans, sans fractionnement (CGI art. 669, II). Il faut cependant tenir compte de l'âge de l'usufruitier, la valeur d'un usufruit à durée fixe ne pouvant pas excéder celle d'un usufruit viager (BOI-ENR-DMTG-10-40-10-50 n° 70). Par exemple, un usufruit d'une durée de 13 ans qui porte sur un bien d'une valeur de 100 000 € en pleine propriété vaut fiscalement 46 000 € (soit 100 000 € × 23 % × 2). Cependant, si l'usufruitier a plus de 60 ans, la valeur fiscale de cet usufruit est plafonnée (à 40 000 € s'il a de 61 à 70 ans, à 30 000 € s'il a de 71 à 80 ans, etc.). 64539

Évaluation des droits d'usage et d'habitation Pour la liquidation des droits de succession et de donation, la valeur des droits d'habitation et d'usage est évaluée à 60 % de la valeur de l'usufruit viager (CGI art. 762 bis). Légalement prévue pour les droits viagers du conjoint survivant sur son logement, cette règle d'évaluation a selon l'administration une portée générale et s'applique à tous les droits d'usage et d'habitation (BOI-ENR-DMTG-10-40-10-50 n° 90, implicitement). 64541

2. DÉDUCTION DU PASSIF SUCCESSORAL

a. Dettes déductibles

PRINCIPES

Sont déduites de l'actif successoral les **dettes à la charge du défunt** dont l'existence au jour de l'ouverture de la succession est justifiée par tous modes de preuve compatibles avec la procédure écrite (CGI art. 768). 64560

Les dettes **contractées à l'étranger** sont déduites dans les mêmes conditions et sous les mêmes justifications que celles contractées en France.

Pour les **personnes domiciliées hors de France**, seul est déductible le passif grevant les biens imposables en France.

EXISTENCE DE LA DETTE

Seules les dettes à la **charge personnelle du défunt** au jour de l'ouverture de la succession peuvent être déduites de l'actif successoral (CGI art. 768). 64561

Les **dettes de communauté** sont déductibles de la succession de l'époux prédécédé à concurrence de la part contributive de ce dernier, déterminée d'après les règles du droit civil (BOI-ENR-DMTG-10-40-20-10 n° 370).

Dettes nées après le décès Parce qu'elles sont à la charge des héritiers ou légataires, ces dettes ne peuvent pas en **principe** être déduites de l'actif successoral. 64562

Par **exemple**, ne sont pas déductibles :

– les frais de gestion du dossier de succession prélevés par les banques après le décès du titulaire du compte ;

– les droits de succession, même s'il a été stipulé une clause de prise en charge des droits par le défunt (BOI-ENR-DMTG-10-40-20-10 n° 240) ;

– les frais résultant de la demande en délivrance amiable ou judiciaire d'un legs.

Par **exception**, certaines dettes sont déductibles bien que nées après le décès. C'est le cas par exemple : 64563

– des **frais funéraires**, qui sont déductibles pour un montant forfaitairement fixé à 1 500 € (CGI art. 775). Aucun justificatif n'est exigé ;

– du montant des loyers ou de l'indemnité d'occupation remboursés par la succession au conjoint ou partenaire de Pacs survivant au titre de son **droit temporaire au logement** : voir n° 11123 ;
– des **frais d'ouverture du testament**. Ces frais sont à imputer sur les legs à proportion de la part supportée par chacun des légataires, sauf s'ils ont été mis à la charge des héritiers par le testament, auquel cas la déduction est opérée sur l'actif brut revenant à ceux-ci (BOI-ENR-DMTG-10-40-20-10 n° 250) ;
– de la rémunération du **mandataire posthume**, sous certaines conditions et dans certaines limites : voir n° 64250 ;
– des indemnités de préavis et de **licenciement** dues au personnel du défunt, à condition que les sommes correspondantes n'aient pas été comptabilisées en charges dans le cadre d'une activité professionnelle (BOI-ENR-DMTG-10-40-20-10 n° 20) ;
– des sommes reversées par les héritiers au titre de la **récupération des aides sociales** (BOI-ENR-DMTG-10-40-20-20 n°s 160 à 190) ;
– des **frais de reconstitution des titres de propriété d'immeubles** ou de droits immobiliers pour lesquels le droit de propriété du défunt n'a pas été constaté antérieurement à son décès par un acte régulièrement transcrit ou publié, mis à la charge des héritiers par le notaire, dans la limite de la valeur déclarée de ces biens, à condition que les attestations notariées relatives à ces biens soient publiées dans les 24 mois du décès (CGI art. 775 sexies).

ATTENTION

Au titre de l'**impôt sur le revenu**, un enfant peut déduire de son revenu global des frais d'obsèques acquittés en exécution de son obligation alimentaire à l'égard de son parent en l'absence d'actif successoral (Rép. Krabal : AN 4-6-2019 n° 7287). Dès lors, à notre avis, si l'actif successoral permet une imputation des frais dans les conditions de l'article 775 du CGI, leur déduction du revenu global de l'enfant paraît exclue. La fraction des frais qui excède le montant imputé sur l'actif successoral ne devrait pas non plus pouvoir être déduite.

64564 **Dettes certaines** Pour être déductible, il n'est pas nécessaire que la dette soit exigible, il suffit qu'elle soit certaine dans son principe **à la date du décès**. Un devis de travaux qui a été accepté sans condition par le défunt est par exemple déductible (BOI-ENR-DMTG-10-40-20-10 n° 100). Si son montant n'est pas encore connu à la date du dépôt de la déclaration de succession, la dette est portée pour mémoire dans la déclaration ; elle sera effectivement déduite, par voie de réclamation, lorsque son montant sera arrêté.

Les **dettes dont l'existence est incertaine** à la date du décès ne sont pas déductibles. Tel est le cas, par exemple, d'un redressement fiscal contesté par le contribuable, aussi longtemps qu'il reste litigieux (Cass. com. 16-11-1999 n° 97-16.072 PB : RJF 2/00 n° 300).

Si la dette litigieuse est définitivement reconnue par une décision juridictionnelle, ou en cas de réalisation de la condition à laquelle l'existence de la dette était subordonnée, l'impôt perçu en trop est restituable sur réclamation.

64570 La règle selon laquelle l'existence et la consistance de la dette doivent s'apprécier au jour de l'ouverture de la succession n'empêche pas la prise en considération des **circonstances qui ont réduit le montant de la dette après le décès**. Par exemple, lorsque des dettes du défunt font l'objet d'une transaction entre le créancier et les héritiers, seul le montant définitivement arrêté par voie transactionnelle est déductible de l'actif successoral (Cass. com. 20-2-2007 n° 05-20.584 F-D : RJF 6/07 n° 760).

PREUVE DE LA DETTE

64575 **Charge de la preuve** Elle incombe aux héritiers : c'est à eux de justifier de l'existence au jour du décès de la dette dont ils demandent la déduction, et non à l'administration de prouver l'extinction de la dette (en ce sens, notamment, Cass. com. 10-5-1994 n° 92-14.874 : RJF 8-9/94 n° 998).

L'existence de la dette doit être établie par les modes de **preuve** compatibles avec la procédure écrite.

Les **dettes commerciales** sont justifiées conformément aux règles du droit commercial (la dette peut par exemple être justifiée par la comptabilité tenue par le créancier).

Pour les dettes contractuelles **de nature civile**, ce sont les règles civiles de preuve qui s'appliquent : un écrit (acte authentique ou sous seing privé) est en principe exigé pour les dettes contractuelles dépassant 1 500 € (Cass. com. 4-7-2006 n° 03-15.627 FS-PB : RJF 11/06 n° 1476, solution rendue sous l'empire de l'ancien ISF mais transposable aux droits de succession).

Justifications à produire Les dettes dont la déduction est demandée doivent être détaillées, article par article, dans un **inventaire** certifié par le déclarant et annexé à la déclaration de succession (CGI art. 770, al. 1). Cet inventaire peut être inséré dans le corps de la déclaration (BOI-ENR-DMTG-10-40-20-30 n° 10). 64577

Pour les **dettes résultant d'actes authentiques**, les héritiers doivent indiquer soit la date de l'acte, le nom et la résidence de l'officier public qui l'a reçu, soit la date de la décision judiciaire et la juridiction dont elle émane (CGI art. 770, al. 2).

Pour les **autres dettes**, ils doivent présenter les titres, actes ou écrits que le créancier ne peut se refuser à communiquer sous récépissé, sous peine de dommages-intérêts (CGI art. 770, al. 3).

Dans tous les cas, l'administration peut exiger des héritiers la production d'une **attestation du (ou des) créancier(s)** certifiant l'existence de la dette à la date du décès. Cette attestation ne peut pas être refusée par le créancier, sous peine de dommages-intérêts (LPF art. L 20, al. 2). 64579

En pratique, l'administration recommande à ses agents d'exiger cette attestation pour toutes les dettes relativement importantes, même résultant d'actes sous seing privé apparemment réguliers, ainsi que pour celles dont l'absence de remboursement antérieur au décès n'est pas absolument certaine (BOI-ENR-DMTG-10-40-20-30 n° 40).

Lorsque ces **justifications** sont **produites**, la déduction des dettes est opérée lors de l'enregistrement de la déclaration, mais l'administration conserve le pouvoir de rectifier cette dernière, en suivant la procédure de rectification contradictoire, si elle estime que les justifications produites sont **insuffisantes** (BOI-ENR-DMTG-10-40-20-30 n° 50). 64581

APPLICATIONS ET SOLUTIONS DIVERSES

Chèques émis par le défunt Les chèques émis mais non encore encaissés au décès de leur auteur sont soumis aux règles suivantes (Rép. Maujoüan du Gasset : AN 21-8-1971 p. 3941 ; solution non reprise au Bofip mais selon nous toujours valable) : 64596

– s'il est établi que le **chèque** était en **possession du bénéficiaire** lors du décès du tireur, le montant du chèque est déduit du solde créditeur du compte à porter à l'actif de la déclaration de succession ;

– si cette **preuve** n'est **pas apportée**, le solde créditeur du compte est intégralement taxable mais les héritiers peuvent porter au passif de la déclaration le montant de la dette que le chèque avait pour objet d'éteindre. Dans ce cas, l'administration peut exiger la production d'une attestation du créancier.

Impôts dus par le défunt Tous les impôts dus par le défunt au jour de son décès, même mis en recouvrement après le décès, sont déductibles de l'actif successoral. Il en est ainsi notamment : 64598

– des **impôts locaux**, notamment taxe foncière, taxes assimilées et taxe d'habitation (due uniquement sur les résidences secondaires depuis 2023) dues au titre de l'année du décès, dans la mesure où elles ne sont pas récupérables sur les occupants de l'immeuble. Ces taxes sont déductibles en totalité de la succession ;

– de l'**impôt sur la fortune** (ISF ou IFI) non réglé au jour du décès ;

– de l'**impôt sur le revenu** non encore payé au jour du décès. Si le défunt était marié sous un régime de communauté, le revenu imposable englobe l'ensemble des revenus du couple et les impôts dus constituent un passif de communauté ;

– des **prélèvements sociaux** (CSG, CRDS, prélèvement social et contributions additionnelles) non encore réglés au décès. Si le montant de ces prélèvements n'est pas définitivement arrêté au jour de la souscription de la déclaration de succession, la dette est admise en déduction par voie de réclamation (BOI-ENR-DMTG-10-40-20-10 n° 180).

CONSEIL

En cas de **décès d'un époux commun en biens**, le montant des rappels d'impôts consécutifs à une vérification au titre des exercices antérieurs au décès et afférents à un fonds de commerce dépendant de la communauté constitue un passif de communauté qu'il y a lieu de déduire de l'actif successoral, à concurrence de la part contributive de l'époux décédé, c'est-à-dire la moitié, à défaut de stipulation contraire du contrat de mariage (BOI-ENR-DMTG-10-40-20-10 n° 220).

Emprunts Le montant déductible de l'actif successoral comprend le **capital et les intérêts** restant dus au décès, y compris les intérêts courus mais non encore échus au jour du décès. Aucune déduction ne doit toutefois être pratiquée à raison des sommes restant dues par l'emprunteur à son décès lorsqu'elles sont remboursées au prêteur en exécution d'un **contrat d'assurance décès** (BOI-ENR-DMTG-10-40-20-10 n° 360). 64602

64605 **Prestation compensatoire** La prestation versée sous forme de **capital** et due par l'époux débiteur au jour de son décès constitue un passif successoral déductible (BOI-IR-RICI-160-20 n° 250).

b. Dettes non déductibles

DETTES AU PROFIT DES HÉRITIERS OU PERSONNES INTERPOSÉES

64610 Les dettes **consenties par le défunt** au profit de ses héritiers ou de personnes interposées ne sont pas déductibles (CGI art. 773, 2°). Pour la définition des personnes interposées, voir n° 64320. La non-déduction, qui repose sur une présomption de fictivité, concerne uniquement les **dettes contractuelles**. Il en résulte par exemple que le juge ne peut pas refuser sur le fondement de l'article 773, 2° du CGI la déduction d'une somme inscrite au profit de l'héritier en compte courant dans la comptabilité de l'entreprise individuelle du défunt sans avoir recherché si cette créance procédait d'un contrat conclu entre le chef d'entreprise et son héritier (Cass. com. 17-5-1989 n° 87-17.453 P : RJF 8-9/89 n° 1051). Mais si la dette est contractuelle, elle tombe sous le coup de la présomption. Par exemple, l'article 773, 2° du CGI s'applique à l'avance de fonds consentie par un mari séparé de biens à son épouse, peu important que la loi (C. civ. art. 1479 et 1543) fixe les règles d'évaluation des créances entre époux séparés de biens (CA Montpellier 22-3-2012 n° 10/07530 : RJF 10/12 n° 960, BPAT 3/12 inf. 180).

64612 Pour les dettes présumées fictives, la **preuve contraire** ne peut être apportée que par acte authentique ou par acte sous seing privé ayant acquis date certaine avant l'ouverture de la succession par un moyen autre que par le décès de l'une des parties (CGI art. 773, 2°-al. 2). Ces modes de preuve ont un caractère limitatif. Une reconnaissance de dettes est par exemple irrecevable (CA Paris 11-3-2010 n° 08/07913, ch. 5-7 : RFN 11/2010 n° 94 p. 24). De la même façon, le juge ne peut pas admettre la déduction d'un prêt entre époux séparés de biens au motif que ce prêt est dépourvu de caractère fictif et empreint de la sincérité exigée par l'article 773 (Cass. com. 20-6-2006 n° 03-13.746 F-D : RJF 11/06 n° 1474).
Même en présence d'un acte authentique, il appartient aux héritiers de prouver la sincérité et l'existence de la dette au jour de l'ouverture de la succession (Cass. com. 10-12-1996 n° 94-21.136 D : RJF 3/97 n° 276). Cette preuve est par exemple apportée lorsque l'historique des comptes bancaires du défunt emprunteur et de son héritier entre le prêt ayant fait l'objet d'une reconnaissance de dette enregistrée en 2000 et le décès de l'emprunteur en 2006 démontrent, d'une part, la réalité du transfert des fonds, d'autre part, l'absence de tout remboursement de la dette ayant fait l'objet de la reconnaissance (CA Orléans 10-9-2012 n° 11/02599 : BPAT 6/12 inf. 307).

64614 **Cas particulier de la créance de salaire différé** Par dérogation aux règles applicables aux dettes contractuelles du défunt envers ses héritiers, la **créance de salaire différé** est déductible, en cas de décès de l'exploitant, aux enfants travaillant dans l'exploitation agricole familiale sans rémunération (CGI art. 774).
La déduction est subordonnée à la production, par l'héritier créancier de la succession, d'une attestation datée et signée par lui mentionnant le montant de sa créance sur la succession de l'exploitant (BOI-ENR-DMTG-10-40-20-20 n° 150).

DETTES DE RESTITUTION DU QUASI-USUFRUITIER

64615 Les dettes de restitution portant sur une somme d'argent dont le défunt s'était réservé l'usufruit (quasi-usufruit) ne sont pas déductibles de l'actif successoral (CGI art. 774 bis, I-al. 1 nouveau issu de loi 2023-1322 du 29-12-2023 art. 26 dont les dispositions s'appliquent aux successions ouvertes depuis le 29-12-2023).
Pour plus de précisions sur le champ d'application et la portée de ce dispositif, voir n° 67157.

AUTRES DETTES DONT LA DÉDUCTION EST INTERDITE

64616 Il s'agit des dettes énumérées ci-après :
– **dettes échues depuis plus de trois mois** lors de l'ouverture de la succession : elles sont présumées remboursées, mais la preuve contraire peut être rapportée par une attestation du créancier (CGI art. 773, 1°) ;
– dettes reconnues par **testament** (CGI art. 773, 3°) ;
– **dettes hypothécaires** garanties par une inscription périmée depuis plus de trois mois à la date du décès. Si elles sont échues, ces dettes sont présumées remboursées et les débiteurs ne sont pas admis à apporter la preuve contraire. Si elles ne sont pas échues, elles sont déductibles sur production de l'attestation du créancier (CGI art. 773, 4°) ;
– **dettes prescrites** au sens de la loi civile (capital et intérêts) : elles ne sont pas déductibles, sauf si les héritiers établissent que la prescription ayant été interrompue, elle n'est pas acquise (CGI art. 773, 5°).

c. Dettes soumises à imputation spéciale

Les **dettes contractées pour** l'achat ou dans l'intérêt de **biens exonérés** sont imputées par priorité sur la valeur de ces biens (CGI art. 769, al. 1). **64620**
Lorsque l'exonération du bien auquel se rapporte la dette est **partielle** (entreprises, par exemple), la dette est déductible de l'actif imposable dans la même proportion que la valeur soumise à l'impôt.
Les **dettes garanties par des biens exonérés** sont également imputées sur la valeur de ces biens si l'emprunt a été contracté en vue de soustraire tout ou partie du patrimoine aux droits de succession (CGI art. 769, al. 2). C'est à l'administration d'en apporter la preuve.

D. Calcul des droits de succession

1. RÈGLES GÉNÉRALES

MODALITÉS DE CALCUL

Les droits de succession sont calculés sur la **part nette revenant à chaque héritier ou légataire non exonéré** (CGI art. 777). Cette part nette est déterminée en faisant application des règles de la dévolution successorale et en tenant compte, s'il en existe, des dispositions testamentaires du défunt ainsi que des donations faites par ce dernier qui sont rapportables à la succession. **64630**
La part nette des héritiers est diminuée d'un ou plusieurs **abattements**. On obtient alors la base de calcul de l'impôt, sur laquelle sont appliqués les **tarifs** des droits de succession dont le taux varie en fonction du lien de parenté entre le défunt et le bénéficiaire.
Enfin, le cas échéant, une **réduction** de droits s'applique.

EXISTENCE DE DONATIONS ANTÉRIEURES AUX HÉRITIERS

Incidences fiscales du rapport civil Le rapport des donations n'a pas d'incidence fiscale directe, puisque le rapport civil n'est jamais taxé. Pour la **détermination de la part nette de chaque héritier**, et quel que soit le mode d'évaluation retenu pour le rapport, les donations reçues sont déduites pour le montant pour lequel elles ont été rapportées à la succession (BOI-ENR-DMTG-10-50-10 n° 80). On notera toutefois que, quelques lignes après avoir énoncé cette règle qui semble évidente, l'administration se contredit dans la base Bofip en ajoutant que : « Pour l'application du tarif, et notamment pour déterminer si l'abattement subsiste en tout ou partie, il est tenu compte de la valeur du bien au jour de la donation » (BOI-ENR-DMTG-10-50-10 n° 80 in fine). Cet ajout est manifestement une erreur. **64632**
Si le montant du rapport excède la part du donataire dans la succession, l'excédent (c'est-à-dire l'indemnité de rapport) est déduit proportionnellement de la part nette taxable revenant à chacun de ses cohéritiers (BOI-ENR-DMTG-10-50-10 n° 70).
Le fait que le rapport civil ne soit pas taxé ne signifie pas qu'il n'a pas d'incidence fiscale. En fonction de la **valorisation** retenue pour le rapport, la part taxable du débiteur du rapport sera plus ou moins diminuée et celle de ses cohéritiers bénéficiaires du rapport plus ou moins augmentée.

EXEMPLE

Soit une succession ab intestat ouverte le 19 janvier 2024. Le défunt, qui est veuf, laisse pour lui succéder ses deux enfants Anatole et Corentine (eux-mêmes sans descendance). Il a consenti en 1997 à son fils Anatole une donation en avancement de part successorale :
– valeur au jour de la donation : 50 000 € ;
– valeur à l'époque du partage : 80 000 €.
Corentine n'a reçu aucune donation de son père. Les biens laissés par le défunt sont évalués à 370 000 €.

1e hypothèse : rapport à la valeur au jour de la donation (en exécution d'une clause de la donation)

Actif successoral :	370 000 €
Rapport d'Anatole :	+ 50 000 €
Total :	420 000 €

Revenant pour moitié à chacun des enfants, soit 210 000 €.

a. Droits dus par Anatole

Part héréditaire :	210 000 €		
Rapport :	–50 000 €		
Reste :	160 000 €	...	160 000 €
Abattement personnel :			–100 000 €
Part taxable :			60 000 €
0 à 8 072 € à 5 % :		403,60 €	
8 072 à 12 109 €, soit 4 037 €, à 10 % :		403,70 €	
12 109 à 15 932 €, soit 3 823 €, à 15 % :		573,45 €	
15 932 à 60 000 €, soit 44 068 €, à 20 % :		8 813,60 €	
Total :		10 194 €	

b. Droits dus par Corentine

Pas de rapport :			
	210 000 €	...	210 000 €
Abattement personnel :			–100 000 €
Part taxable :			110 000 €
0 à 8 072 € à 5 % :		403,60 €	
8 072 à 12 109 €, soit 4 037 € à 10 % :		403,70 €	
12 109 à 15 932 €, soit 3 823 € à 15 % :		573,45 €	
15 932 à 110 000 €, soit 94 068 €, à 20 % :		18 813,60 €	
Total :		20 194 €	

2e hypothèse : rapport à la valeur au jour du partage (règle de droit commun)

Actif successoral :	370 000 €
Rapport d'Anatole :	+ 80 000 €
Total :	450 000 €

Revenant pour moitié à chaque enfant, soit 225 000 €.

a. Droits dus par Anatole

Part héréditaire :	225 000 €		
Rapport :	–80 000 €		
Reste :	145 000 €	...	145 000 €
Abattement personnel :			–100 000 €
Part taxable			45 000 €
0 à 8 072 € à 5 % :		403,60 €	
8 072 à 12 109 €, soit 4 037 €, à 10 % :		403,70 €	
12 109 à 15 932 €, soit 3 823 €, à 15 % :		573,45 €	
15 932 à 45 000 €, soit 29 068 €, à 20 % :		5 813,60 €	
Total :		7 194 €	

b. Droits dus par Corentine

Part héréditaire :	225 000 €		
Pas de rapport :			
	225 000 €	...	225 000 €
Abattement personnel :			–100 000 €
Part taxable :			125 000 €
0 à 8 072 € à 5 % :		403,60 €	
8 072 à 12 109 €, soit 4 037 €, à 10 % :		403,70 €	
12 109 à 15 932 €, soit 3 823 €, à 15 % :		573,45 €	
15 932 à 125 000 €, soit 109 068 €, à 20 % :		21 813,60 €	
Total :		23 194 €	

64636 **Incidences fiscales de la réduction** En présence d'une donation hors part successorale réduite à raison d'un empiétement sur la réserve, l'indemnité de réduction est à notre avis soumise aux droits de succession, même si la donation réduite a déjà été taxée aux droits de donation.

INCIDENCE DU MODE DE RÉALISATION DU PARTAGE DE LA SUCCESSION

Les règles diffèrent selon que le partage est pur et simple ou non, ce qui a des conséquences lorsque l'actif successoral comporte un ou plusieurs **biens exonérés** (pour un exemple en matière de donation-partage, voir n° 63776). **64640**

Lorsque le **partage** est **pur et simple**, c'est-à-dire qu'il ne comporte ni soulte (pour rétablir l'égalité des lots), ni plus-value (l'inégalité des lots n'est pas compensée), les droits sont calculés en fonction des attributions réelles de chaque copartageant, ce qui favorise l'héritier alloti des biens exonérés. En présence d'un **partage avec soulte ou plus-value**, les droits sont au contraire calculés en fonction des attributions théoriques de chacun.

Ne constitue pas un partage pur et simple (BOI-ENR-DMTG-10-50-10 n° 40) :

– celui qui contient une répartition inégale du passif car il y a alors soulte à la charge de celui qui supporte une fraction de passif supérieure à sa part virile ;

– celui qui attribue à un copartageant des biens sur lesquels il n'avait aucun droit, même si aucune soulte n'est versée pour compenser la différence entre les attributions.

ATTENTION

Dans le cas le plus fréquent où la **déclaration de succession** est établie **avant la réalisation des opérations de partage**, les droits de succession sont d'abord calculés selon les règles applicables aux partages avec soulte ou plus-value et font ensuite l'objet d'une nouvelle liquidation qui peut faire apparaître un supplément de droits ou au contraire un trop-perçu restituable dans le délai de réclamation contentieuse (BOI-ENR-DMTG-10-50-10 n° 40).

LEGS PARTICULIER NET DE DROITS

Lorsque le testament met à la charge des héritiers les droits de succession dus sur un legs particulier, cette disposition n'a pas pour effet d'augmenter la valeur du legs ni, par voie de conséquence, l'**assiette de l'impôt**. **64645**

Par **exemple**, pour un legs de 100 et un taux d'imposition de 60 %, les droits mis à la charge des héritiers s'élèvent à 60 (soit 100 × 60 %), et non à 96 (soit 160 × 60 %).

Ce type de clause n'est pas **opposable** à l'administration, qui peut réclamer au légataire le paiement des droits exigibles sur son legs (en ce sens, notamment, BOI-ENR-DG-50-10-20 n° 160 ; BOI-ENR-DMTG-10-40-20-10 n° 240).

2. ABATTEMENTS

La part nette revenant à chaque héritier ou légataire non exonéré est diminuée d'**abattements personnels** dont le montant varie selon la qualité du bénéficiaire et, le cas échéant, selon leur nombre. **64660**

Certains **dons** consentis par les héritiers ou légataires peuvent également être déduits.

ABATTEMENTS PERSONNELS

Abattement en ligne directe Il est pratiqué sur la part nette de chaque **ascendant** et de chaque **enfant** vivant ou représenté un abattement d'un montant fixé à 100 000 € pour les successions ouvertes (et les donations consenties) depuis le 17 août 2012 (CGI art. 779, I). **64662**

L'abattement est **personnel**. Si la part nette dévolue à un ayant droit ne lui permet pas d'utiliser l'intégralité de son abattement, l'excédent ne peut pas être imputé par un autre ayant droit.

En cas de représentation d'un **enfant prédécédé ou renonçant**, l'abattement se divise selon les règles de la dévolution légale (CGI art. 779, I-al. 2). La loi ne vise pas le cas où l'enfant représenté est indigne, mais la solution s'applique à notre avis dans les mêmes conditions. En cas de **prédécès**, ou de **renonciation** ou **d'indignité d'un enfant unique**, l'administration fait bénéficier les petits-enfants de l'abattement en ligne directe, bien qu'ils viennent à la succession de leur grand-père ou grand-mère de leur propre chef, et non par représentation (BOI-ENR-DMTG-10-50-80 n° 280 ; BOI-ENR-DMTG-10-50-80 n° 330 pour le seul cas de prédécès).

Cas particuliers des **enfants adoptifs** : voir n°s 64720 s.

EXEMPLE

Quatre petits-enfants héritent en janvier 2024 de leur grand-mère paternelle, par représentation de leur père prédécédé. Ils ont droit chacun à 25 000 € d'abattement (un quart de 100 000 €).

Si l'un d'eux est handicapé, il bénéficie de l'abattement spécial de 159 325 € (voir n° 64668) qui se cumule avec sa quote-part dans l'abattement personnel de 100 000 € (soit 25 000 €), soit 184 325 € au total.

64664 **Abattement en ligne collatérale** Lorsqu'ils ne sont pas exonérés, les **frères et sœurs** bénéficient d'un abattement d'un montant fixé à 15 932 € ; cet abattement est pratiqué sur la part nette de chaque sœur ou frère vivant ou représenté (CGI art. 779, IV).
Un abattement de 7 967 € est pratiqué sur la part nette de chaque **neveu ou nièce** (CGI art. 779, V). Les neveux et nièces s'entendent des seuls enfants des frères et sœurs du défunt, à l'exclusion de ceux des frères et sœurs du conjoint de ce dernier.

64665 En cas de **représentation d'un frère** (ou d'une sœur) **prédécédé ou renonçant**, il n'y a pas de cumul d'abattements. Seul est applicable l'abattement entre frères et sœurs, qui se divise entre les neveux et nièces représentants selon les règles de la dévolution légale. Par exemple, les trois neveux qui viennent à la succession de leur oncle en janvier 2024 par représentation de leur père prédécédé ont droit chacun à 5 311 € d'abattement (un tiers de 15 932 €). C'est moins que l'abattement personnel prévu en faveur des neveux et nièces, mais l'administration réserve ce dernier abattement aux neveux et nièces qui viennent à la succession de leur propre chef, et non par représentation. Si le partage de l'abattement aboutit à ce que chacun dispose d'un abattement inférieur à celui applicable à défaut d'abattement, l'administration applique toutefois ce dernier (BOI-ENR-DMTG-20-30-20-10 n° 40).
Lorsqu'un neveu (ou nièce) vient à la succession non par représentation mais de son propre chef, parce que son auteur **prédécédé ou renonçant était l'unique frère** (ou sœur) **du défunt** (souche unique), l'administration lui refuse l'abattement (de même que le tarif) applicable entre frères et sœurs (en ce sens, notamment, BOI-ENR-DMTG-10-50-80 n° 330 ; Rép. Grommerch : AN 15-1-2013 p. 416 n° 826). La Cour de cassation exige également une pluralité de souches pour faire jouer la représentation en ligne collatérale (Cass. 1e civ. 14-3-2018 n° 17-14.583 FS-PB : BPAT 3/18 inf. 119 ; Cass. 1e civ. 3-10-2019 n° 18-18.736 FD : BPAT 6/19 inf. 251). La mesure de tempérament admise en ligne directe en cas de prédécès d'un enfant unique (n° 64662) n'est donc pas applicable en ligne collatérale.

> **Précisions** Pour les **neveux et nièces qui héritent à la fois par représentation et de leur propre chef** (au titre d'un legs), il y a lieu à une double liquidation des droits ; la règle est la même pour les neveux et nièces qui héritent par représentation et sont par ailleurs imposables aux droits de succession à raison d'un **contrat d'assurance-vie** souscrit en leur faveur (hypothèse où l'assuré a versé des primes après 70 ans) (BOI-ENR-DMTG-10-50-80 n° 390).

64668 **Abattement en faveur des handicapés** Un abattement est pratiqué sur la part nette de chaque héritier ou légataire (ou donataire) **incapable de travailler dans des conditions normales** de rentabilité, en raison d'une infirmité physique ou mentale, congénitale ou acquise (CGI art. 779, II). Le fait que la personne handicapée dispose de revenus suffisants pour subvenir à ses besoins n'est pas un obstacle à l'abattement (CE 5-1-2005 n° 261049 : RJF 3/05 n° 280).
Le **montant** de l'abattement est fixé à 159 325 €.
L'abattement **s'ajoute**, le cas échéant, à l'abattement personnel dont la personne peut bénéficier (par exemple, en tant que descendant).
La personne qui entend bénéficier de l'abattement doit **justifier** que son infirmité l'empêche de se livrer dans des conditions normales de rentabilité à toute activité professionnelle ou, si elle a moins de 18 ans, d'acquérir une instruction ou une formation professionnelle d'un niveau normal (CGI ann. II art. 294). Tous les éléments de preuve sont recevables, par exemple la décision de classement dans la catégorie des handicapés graves par la commission des droits et de l'autonomie des personnes handicapées ou même la production d'un certificat médical circonstancié. La carte d'invalidité (ou carte « mobilité inclusion » mention « invalidité ») peut permettre à l'intéressé de justifier de sa situation mais la possession de cette carte n'est pas systématiquement nécessaire ou suffisante (Rép. Larrivé : AN 4-4-2017 n° 67474 : BF 6/17 n° 663). En pratique, la jurisprudence interprète souplement les conditions d'obtention de l'abattement.

ILLUSTRATIONS

L'**abattement** prévu en faveur des handicapés **peut s'appliquer** :
– même si la personne handicapée exerce une profession normalement rémunérée (Cass. com. 19-12-2006 n° 05-14.187 F-D : Defrénois 2007 art. 38573 note F. Douet) ;
– lorsque le handicap a eu pour effet de réduire les droits à retraite de l'intéressé, qui a été mis à la retraite anticipée (CA Nîmes 2-12-2003 n° 01/2475, 1e ch. B : RJF 11/04 n° 1199) ou n'a pas pu bénéficier d'une promotion de fin de carrière (CA Aix-en-Provence 9-11-2010 n° 09/21908, 1e ch. A : BPAT 1/11 inf. 46).
L'abattement **est** toutefois **refusé** :
– en cas de handicap modéré (héritier reconnu travailleur handicapé de catégorie B par une décision de l'ancienne Cotorep) (CA Aix-en-Provence 19-1-2012 n° 11/01404, 1e ch. B : RJF 5/12 n° 532, BPAT 3/12 inf. 181) ;

– à un héritier infirme qui ne prouve pas qu'il a été financièrement pénalisé par son handicap au cours de sa carrière professionnelle (CA Paris 1-2-2021 n° 19/00144 : BPAT 2/21 inf. 80) ;
– à un héritier handicapé qui a eu une carrière stable pendant 26 ans au sein d'une même entreprise et qui ne démontre pas que la carrière qu'il n'a pas pu embrasser en raison de son handicap aurait été plus favorable (Cass. com. 23-6-2021 n° 19-16.680 F-B : RJF 11/21 n° 1072) ;
– à un héritier qui exerce un emploi dans des conditions normales de rentabilité au jour du décès même s'il souffre déjà d'une sclérose en plaques qui le conduira à cesser son activité quelques mois plus tard (CA Paris 27-6-2022 n° 20/17676 : BPAT 5/22 inf. 241).

Abattement applicable à défaut d'autre abattement Un abattement dont le **montant** est de 1 594 € est opéré sur la part de chaque héritier ou légataire à défaut d'autre abattement, sauf le cas échéant celui prévu en faveur des dons consentis par les héritiers à certains organismes (n° 64675) avec lequel il est cumulable (CGI art. 788, IV). 64670

ATTENTION

Selon l'administration, l'abattement ne peut pas profiter à un **héritier qui a épuisé l'abattement personnel** auquel il pouvait prétendre à la suite des donations que le défunt lui a antérieurement consenties (BOI-ENR-DMTG-10-50-20 n° 200).

ABATTEMENT POUR LES DONS À CERTAINS ORGANISMES

Chaque héritier ou légataire peut, sous certaines conditions, déduire de sa part nette imposable le montant des dons qu'il consent à l'État (ainsi qu'aux collectivités territoriales et aux établissements publics) ou à certaines associations ou fondations reconnues d'utilité publique au moyen de biens recueillis dans la succession (CGI art. 788, III). Les dons peuvent être consentis en numéraire ou en nature. Dans ce dernier cas, l'abattement est égal à la valeur vénale des biens à la date du décès. Il n'existe aucun plafond pour la détermination du montant de l'abattement. 64675
Pour être déductibles, les dons doivent remplir les **conditions** suivantes :
– être effectués à titre définitif en pleine propriété dans les 12 mois du décès. Ils peuvent être effectués à terme s'ils interviennent au plus tard dans les 12 mois du décès (BOI-ENR-DMTG-10-50-20 n° 320) ;
– être justifiés au moyen d'une attestation jointe à la déclaration de succession.
Dans le cas où la déclaration de succession serait déposée avant la réalisation du don, l'administration admet, sous certaines conditions, que les droits puissent être assis et liquidés sans tenir compte de la valeur du bien dont la donation est envisagée (BOI-ENR-DMTG-10-50-20 n° 370).
La déduction est cumulable avec tous les **abattements** existant en matière de **droits de succession**. En revanche, elle ne l'est pas avec la **réduction d'impôt sur le revenu** à laquelle les dons ouvrent normalement droit. Elle ne l'est pas davantage avec la réduction en matière d'impôt sur la fortune immobilière **(IFI)** prévue pour les dons en numéraire ou portant sur des titres de sociétés cotées au profit de certains organismes, notamment les fondations reconnues d'utilité publique.

CONSEIL

L'héritier ou légataire doit donc **faire une simulation** pour déterminer l'option la plus avantageuse. En pratique, c'est rarement l'abattement sur l'actif successoral.

3. TARIFS DES DROITS DE SUCCESSION

DÉTERMINATION DU TARIF

Le tarif applicable dépend du **lien de parenté** entre le défunt et son ayant droit. Il convient d'appliquer le **tarif en vigueur** au jour du décès sur la part nette arrondie à l'euro le plus proche revenant à chaque ayant droit après abattement. 64680
Les tarifs indiqués ci-après sont communs aux droits de succession et aux **droits de donation**.
Sur l'incidence des **donations antérieures** sur le calcul des droits, voir nos 64700 s.

SUCCESSIONS EN LIGNE DIRECTE

Le tarif est fixé par le tableau I de l'article 777 du CGI. Il s'applique à toutes les transmissions à titre gratuit en ligne directe, quel que soit le **sens ascendant ou descendant** de la transmission et indépendamment du **degré de parenté**. Il s'applique donc de la même manière à la dévolution des parents aux enfants et à celle des grands-parents aux petits-enfants. Sur les règles spécifiques aux enfants adoptifs : voir nos 64720 s. 64682

Fraction de part nette taxable (P)	Tarif applicable	Formule de calcul des droits
N'excédant pas 8 072 €	5 %	P × 0,05
Comprise entre 8 072 € et 12 109 €	10 %	(P × 0,1) – 404 €
Comprise entre 12 109 € et 15 932 €	15 %	(P × 0,15) – 1 009 €
Comprise entre 15 932 € et 552 324 €	20 %	(P × 0,2) – 1 806 €
Comprise entre 552 324 € et 902 838 €	30 %	(P × 0,3) – 57 038 €
Comprise entre 902 838 € et 1 805 677 €	40 %	(P × 0,4) – 147 322 €
Au-delà de 1 805 677 €	45 %	(P × 0,45) – 237 606 €

AUTRES SUCCESSIONS

64684 Sauf exonération (n° 64375), le tarif des droits **entre frères et sœurs** vivants ou représentés est le suivant pour les successions ouvertes (et les donations consenties) depuis le 1er janvier 2011 (CGI art. 777, tableau III) :
– 35 % jusqu'à 24 430 € ;
– 45 % au-delà de 24 430 €.

Entre **parents jusqu'au 4e degré**, le tarif est de 55 % (CGI art. 777, tableau III). Ce tarif s'applique notamment aux neveux et nièces, sauf lorsqu'ils viennent à la succession de leur oncle ou tante par représentation (au sens indiqué n° 64665) de leur auteur prédécédé ou renonçant ; dans ce cas, c'est le tarif entre frères et sœurs qui s'applique (CGI art. 777, tableau III).

Entre parents **au-delà** du 4e degré **et entre non-parents**, par exemple entre concubins non pacsés, le tarif est de 60 % (CGI art. 777, tableau III).

> **Précisions a.** Le tarif applicable aux frères et sœurs concerne également, lorsqu'ils ne sont pas exonérés (n° 64450), les **établissements publics**, les **associations** reconnues d'utilité publique et les fondations reconnues d'utilité publique (CGI art. 777, avant-dernier al.).
> **b.** Sur les règles de **computation des degrés** en ligne collatérale, voir n° 63014, précisions.

4. RÉDUCTION DE DROITS EN FAVEUR DES MUTILÉS DE GUERRE

64694 Les droits de succession (et de donation) dus par les mutilés de guerre frappés d'une **invalidité de 50 %** sont réduits de moitié, cette réduction étant toutefois plafonnée à 305 € (CGI art. 782).

5. RAPPEL FISCAL DES DONATIONS ANTÉRIEURES

MÉCANISME DU RAPPEL FISCAL

64700 Lorsque des **donations** ont été **consenties par le défunt (ou le donateur) au même bénéficiaire** (héritier, légataire ou donataire), les droits de succession (ou de donation) sont sauf exceptions calculés en ajoutant à la valeur des biens compris dans la déclaration de succession (ou dans la donation actuelle) tout ou partie de la valeur des biens qui ont fait l'objet de donations antérieures et, lorsqu'il y a lieu à application d'un tarif progressif, en considérant ceux de ces biens dont la transmission n'a pas encore été assujettie au droit de mutation à titre gratuit comme inclus dans les tranches les plus élevées de l'actif imposable (CGI art. 784, al. 2).

De la même façon, les **abattements** sont appliqués déduction faite de ceux dont les intéressés ont bénéficié sur les donations antérieures consenties par la même personne (CGI art. 784, al. 3).

Le mécanisme de rappel fiscal a été validé par le Conseil constitutionnel, sous réserve que la liquidation des droits dus lors de la nouvelle transmission ne remette pas en cause les perceptions antérieures (Cons. const. QPC 9-12-2016 n° 16-603 : RJF 2/17 n° 161). En conséquence, le calcul des droits sur la nouvelle mutation ne remet pas en cause les **droits** qui ont été liquidés **sur la première mutation**, car cette **liquidation** est **définitive**. De ce fait, la somme des perceptions successives n'est pas forcément égale à l'impôt qui aurait été exigible si la perception avait été effectuée globalement lors de la dernière transmission (BOI-ENR-DMTG-10-50-50 n° 100). En cas de diminution de l'abattement et/ou de hausse des tarifs notamment, le fait que la taxation porte uniquement sur les nouveaux biens transmis (et non sur l'ensemble, avec soustraction des droits correspondant à ceux dus sur la première mutation) est favorable aux redevables.

ATTENTION

Ce dispositif, souvent désigné sous le terme de rappel ou de **rapport fiscal** des donations antérieures, ne doit pas être confondu avec le **rapport civil** dont l'objet est de rétablir l'égalité entre les héritiers.

CHAMP D'APPLICATION DU RAPPEL FISCAL

Le rappel fiscal touche en principe toutes les donations antérieurement consenties par le défunt à ses héritiers et légataires ou, en cas de nouvelle donation, par le même donateur au même donataire. 64702

La **forme des donations** est indifférente, le rappel fiscal concernant aussi bien les dons manuels ou les donations indirectes ou déguisées que les donations passées par acte notarié.

Est de même sans incidence le **caractère rapportable** ou non rapportable de la donation **sur le plan civil** : les donations hors part successorale sont sujettes au rappel fiscal comme les donations en avancement de part successorale.

Enfin, il n'y a pas lieu de distinguer entre donation simple et **donation-partage** (cas particulier des donations-partages transgénérationnelles : voir n° 63770).

Par **exception**, sont dispensés du rappel fiscal : 64704

– les **donations** consenties et présentées à la formalité de l'**enregistrement depuis plus de 15 ans** à la date du décès ou à la date à laquelle la nouvelle donation a acquis date certaine (CGI art. 784, al. 2). Par exemple, si une succession s'ouvre ou si une nouvelle donation est consentie le 1er mars 2020, les donations qui ont été enregistrées avant le 1er mars 2005 sont dispensées du rappel fiscal ;

– et certains **dons familiaux de sommes d'argent** exonérés : voir nos 64827 s.

Le rappel fiscal n'est pas applicable dans certaines hypothèses de **quasi-usufruit** (voir n° 67157).

CONSÉQUENCES DU RAPPEL FISCAL SUR LE CALCUL DES DROITS

Le rappel fiscal des donations antérieures entraîne les conséquences suivantes (CGI art. 784, al. 2 et 3) : 64706

– les **abattements** personnels sont appliqués sur la base taxable déduction faite de ceux dont les intéressés ont déjà bénéficié sur les donations antérieures de moins de 15 ans. Si ces abattements sont supérieurs à celui applicable au jour de la nouvelle mutation, ce qui peut se produire du fait de la nette diminution de l'abattement en ligne directe opérée en août 2012, aucun abattement ne s'applique à la nouvelle mutation (voir exemple ci-après), mais les droits ne sont en aucun cas recalculés avec ce nouvel abattement minoré. Si un héritier vient à la succession par représentation, il est tenu compte des abattements dont son auteur a bénéficié à raison de donations antérieures provenant du défunt ;

– pour l'**application du tarif** et quand il s'agit d'un barème progressif (transmission en ligne directe, notamment), les tranches les plus basses ne sont applicables que dans la mesure où elles n'ont pas été épuisées par des donations de moins de 15 ans ; si elles ont été partiellement utilisées, elles sont reprises pour leur solde ; au-delà, le tarif s'applique normalement (BOI-ENR-DMTG-10-50-50 n° 290).

Exemple Monsieur Martin, âgé de 83 ans, a consenti à son fils unique le 1er juin 2010 la donation d'un immeuble valant 500 000 €. 64708

Lors de l'enregistrement de l'acte de donation, les droits ont été calculés ainsi :

Donation	500 000 €
Abattement applicable en 2010	– 156 974 €
Part taxable	343 026 €

Tarif applicable en 2010

5 % sur 7 953 €	397,65 €
10 % sur 3 977 €	+ 397,7 €
15 % sur 3 767 €	+ 565 €
20 % sur 327 329 €	+ 65 465,8 €
Total	66 826 €

Monsieur Martin décède en janvier 2024.

L'actif net de sa succession s'élève à 800 000 €, revenant en totalité à son fils.

Actif net successoral	800 000 €
Pas d'abattement disponible (100 000 € – 156 974 €)	– 0 €
Part taxable	800 000 €

Tarif applicable en 2024

5 % sur 119 € (soit 8 072 € – 7 953 €)	5,95 €
10 % sur 60 € (soit 4 037 € – 3 977 €)	+ 6 €
15 % sur 56 € (soit 3 823 € – 3 767 €)	+ 8, 40 €
20 % sur 209 063 € (soit 536 392 € – 327 329 €)	+ 41 812,60 €
30 % sur 350 514 € (soit 902 838 € – 552 324 €)	+ 105 154,20 €
40 % sur 240 188 € (soit 800 000 € – 559 812 €)	+ 96 075,20 €
Total	243 062 €

CONSÉQUENCES DU RAPPEL FISCAL SUR LE DÉLAI DE REPRISE

64715 Le rappel fiscal a des effets sur le délai de reprise dont dispose l'administration : la valeur des biens ayant fait l'objet de la donation antérieure peut être rectifiée lors de son rappel fiscal (LPF art. L 181 B). Le droit de reprise de l'administration pour contrôler l'évaluation des biens portés dans la déclaration s'exerce jusqu'au 31 décembre de la 3e année qui suit celle de l'enregistrement de cette déclaration (nº 64752).

Tel qu'il est rédigé, l'article L 181 B du LPF n'autorise l'administration à rectifier la valeur du bien donné dans le délai de 15 ans que pour les besoins du rappel fiscal ; elle ne peut donc redresser que les **droits dus sur la nouvelle mutation** à titre gratuit, et non ceux déjà perçus sur la donation antérieure (en ce sens, BOI-ENR-DMTG-10-50-50 nº 140). Il en résulte à notre avis les **conséquences** suivantes (F. Fruleux, Le nouveau rappel fiscal, lissage en trompe-l'œil et délai de reprise scélérat : JCP N 39/2011 art. 1258 p. 37) :

– les droits supplémentaires liés à l'insuffisance d'évaluation sont calculés au tarif applicable au jour de la seconde mutation ;

– lorsque le rappel fiscal fait suite au décès du donateur, les droits supplémentaires consécutifs à la réévaluation du bien sont des droits de succession, et non des droits de donation. Les héritiers ou légataires ne peuvent donc pas bénéficier des réductions de droits qui auraient été applicables, en fonction de l'âge du donateur, en cas de redressement « classique » (ces réductions de droits liées à l'âge du donateur étaient d'application générale avant la loi 2011-900 du 31-7-2011) ;

– l'intérêt de retard n'est dû qu'à compter de la nouvelle mutation.

EXEMPLE

Une donation enregistrée le 15 septembre 2004 fait l'objet d'un rappel fiscal au décès du donateur survenu le 15 août 2019. La déclaration de succession est enregistrée le 20 janvier 2020. Le droit de reprise de l'administration pour contrôler la valeur des biens donnés en 2004 s'exerce jusqu'au 31 décembre 2023, soit près de 20 ans après la donation ! Cette date limite peut même être reportée au 31 décembre 2025 si la déclaration de succession n'a pas été souscrite, le délai de prescription expirant dans ce cas le 31 décembre de la 6e année suivant celle du décès (LPF art. L 186 ; BOI-ENR-DMTG-10-50-50 nº 140).

6. DISPOSITIONS PARTICULIÈRES

ENFANTS ADOPTIFS

64720 **Adoption plénière** Les **enfants** ayant fait l'objet d'une adoption plénière sont **assimilés à des enfants par le sang** (C. civ. art. 356 et 358). Les transmissions entre adoptants et adoptés bénéficient donc du régime fiscal en ligne directe (abattement et tarif).

64722 **Adoption simple** En **principe**, il n'est pas tenu compte du lien créé par l'adoption simple pour l'établissement des droits de succession, l'impôt étant calculé en fonction du lien de parenté biologique existant entre adoptant et adopté. La loi prévoit cependant plusieurs **exceptions** à ce principe, le régime applicable étant alors celui des mutations en ligne directe.

C'est le cas notamment :

1) des enfants (et leurs descendants) issus d'un premier mariage du conjoint de l'adoptant, auxquels sont assimilés les enfants adoptés précédemment (adoption plénière) par le conjoint de l'adoptant simple et ceux nés d'une autre union (hors mariage) du conjoint de l'adoptant (CGI art. 786, 1º) ;

2) d'adoptés qui, soit dans leur minorité et pendant au moins cinq ans, soit dans leur minorité et leur majorité et pendant au moins dix ans, ont reçu de l'adoptant des secours et des soins non interrompus. Les conditions exigées pour bénéficier de ces dispositions diffèrent selon que l'adoptant est décédé durant la minorité ou la majorité de l'adopté :

– lorsque l'adoptant est décédé durant la minorité de l'adopté, l'adopté simple bénéficie sans conditions du tarif en ligne directe.

– lorsque l'adopté est majeur au moment du décès, il doit apporter la preuve qu'il a reçu des soins et des secours ininterrompus pendant cinq ans durant sa minorité de l'adopté (ou, à défaut, pendant dix ans). Cette condition n'implique pas une prise en charge exclusive, mais seulement continue et principale, de l'adopté par l'adoptant (CGI art. 786, 3° bis).
Lorsque les conditions d'application du régime fiscal des successions en ligne directe sont réunies, les règles exposées n° 64662 sont applicables si les enfants de l'adopté viennent à la succession par suite de la renonciation ou du prédécès de ce dernier (BOI-ENR-DMTG-20-30-20-10 n° 40).
En cas de décès d'un adopté simple sans descendance, le **droit de retour** dont bénéficient les ascendants de l'adopté s'exerce sous le régime fiscal des transmissions en ligne directe (BOI-ENR-DMTG-10-10-10-10 n° 20).

ATTENTION

En cas d'adoption simple d'enfants issus d'un premier mariage du conjoint de l'adoptant, le tarif et l'abattement en ligne directe ne s'appliquent que si l'adoption intervient durant le mariage entre le beau-parent adoptant et le parent biologique de l'adopté. Autrement dit, l'**adoption** doit intervenir **avant** le **divorce** de l'adoptant et du parent de l'adopté (Rép. Carvounas : AN 13-8-2019 n° 10137 ; pour une critique de cette position : JCP N 31-1-2020 n° 172).
Malgré la réforme de l'adoption qui a permis l'adoption de l'enfant du **partenaire de Pacs** ou du **concubin**, ce n'est toujours que lorsqu'il s'agit de l'enfant de son conjoint (au sens d'époux ou d'épouse) que son adoption simple a pour effet l'application de la fiscalité en ligne directe. À défaut, le principe de base de l'article 786 du CGI selon lequel, pour la perception des droits de mutation à titre gratuit, il n'est pas tenu compte du lien de parenté résultant de l'adoption simple continue à s'appliquer.

RENONCIATION À SUCCESSION

Renonciation pure et simple Celui qui renonce à la succession n'a aucun droit à payer, pas même le droit fixe de 125 €. Toutefois, si l'acte de renonciation est notarié, il doit être enregistré (CGI art. 635, 1-1°), et cet enregistrement donne lieu au versement du droit fixe de 125 € (CGI art. 680). 64725
Quant aux bénéficiaires indirects de la renonciation, leur situation est la suivante.
Si le **renonçant n'est pas représenté**, le ou les héritiers subséquents qui héritent de sa part acquittent les droits de succession en fonction de leur propre lien de parenté avec le défunt.
Si le renonçant **est représenté**, les représentants se partagent l'abattement personnel de leur auteur (selon le cas abattement en ligne directe ou entre frères et sœurs : voir n°s 64662 et 64664 s.) et bénéficient du tarif qui aurait été applicable à ce dernier (le tarif entre frères et sœurs s'applique ainsi aux neveux et nièces : voir n° 64684).

L'administration estime pouvoir remettre en cause une renonciation pure et simple à succession sur le terrain de l'**abus de droit** lorsque l'opération lui semble avoir pour seul but d'éluder les droits de succession normalement dus. Aucune décision n'a à notre connaissance été rendue sur cette question. 64726

ILLUSTRATIONS

Il y a abus de droit, selon l'administration lorsque la sœur d'une personne décédée sans descendance renonce à la succession en son nom propre et pour ses enfants mineurs, sa mère devenue seule héritière consentant immédiatement après une donation à ses petits-enfants d'une somme équivalente à celle qu'ils auraient reçue dans la succession de leur tante si leur mère et eux n'y avaient pas renoncé. Cette renonciation a pour seul but d'échapper aux droits élevés frappant les successions en ligne collatérale, pour bénéficier de la fiscalité beaucoup plus favorable des mutations en ligne directe (BOI-ENR-DMTG-10-50-80 n° 290).

Renonciation translative En matière civile, la renonciation, même à titre gratuit, que fait un héritier **au profit d'un ou plusieurs autres héritiers** ou d'un héritier de rang subséquent emporte de sa part acceptation de la succession (C. civ. art. 783). 64727
Conséquences en matière fiscale :
– l'héritier renonçant doit les droits de succession dans les conditions de droit commun ;
– les bénéficiaires de la renonciation doivent acquitter des droits de donation sur la libéralité qui leur est consentie par le renonçant.
Par exception, l'administration admet que la renonciation translative soit assimilée à une renonciation pure et simple lorsqu'elle ne modifie pas les règles de la dévolution légale (BOI-ENR-DMTG-10-50-80 n° 300). Tel est le cas, par exemple, quand un descendant renonce au profit de l'ensemble de ses frères et sœurs, seuls héritiers ab intestat.

E. Déclaration de succession

64732 Les héritiers et légataires sont en principe **tenus de souscrire** une déclaration de succession, même si aucun droit n'est dû.
La déclaration peut être souscrite par un seul héritier pour le compte de tous. Elle doit porter sur l'ensemble de la succession. Chaque légataire doit en revanche déposer une déclaration individuelle, sauf accord sur le principe d'une déclaration unique avec les autres légataires et/ou héritiers.
Par **exception**, la souscription d'une déclaration n'est pas exigée (CGI art. 800, I) :
– pour les successions en ligne directe et entre époux ou partenaires de Pacs, lorsque l'actif brut successoral est inférieur à 50 000 €, à la condition qu'il n'y ait pas de donation antérieure non enregistrée ou déclarée ;
– pour les autres transmissions, lorsque l'actif brut successoral est inférieur à 3 000 €.
Les héritiers et légataires des victimes d'actes de terrorisme sont également dispensés de déclaration, même si l'actif brut successoral est supérieur aux seuils de 50 000 € ou de 3 000 € (BOI-ENR-DMTG-10-20-10 n° 140).

> **Précisions** À condition de produire une procuration certifiée par le mandataire, tout héritier ou légataire peut désigner un **mandataire** (notaire, le plus souvent) pour souscrire la déclaration à sa place. Plusieurs ayants droit non solidaires peuvent donner pouvoir à un mandataire unique par un seul acte (BOI-ENR-DMTG-10-60-20 n° 80).

FORME DE LA DÉCLARATION

64734 La déclaration est établie sur des **formulaires** fournis par l'administration : imprimés 2705-SD, 2705-S-SD et 2705-A (pour les contrats d'assurance-vie).
La déclaration est souscrite en **double exemplaire** (CGI ann. III art. 281 O, I), sauf lorsque l'actif brut successoral est inférieur à 15 000 € (BOI-ENR-DMTG-10-60-30 n° 30).
La déclaration sera obligatoirement souscrite par voie **dématérialisée** sur une plateforme dédiée, au plus tard le 1er juillet 2025 (Loi 2019-1479 du 28-12-2019 art. 150 ; Décret 2020-772 du 24-6-2020).
La copie numérique de la déclaration de succession devra comporter des **mentions obligatoires** pour être enregistrée : le notaire, qui conservera l'original, devra certifier l'identité des parties et la fiabilité de la copie numérique télétransmise à l'administration fiscale (CGI art. 802 bis).
Les héritiers, donataires et légataires restent soumis à l'obligation de souscrire un formulaire « papier » en double exemplaire tant que la plateforme dédiée n'est pas mise à disposition (CGI ann. III art. 281 O, II).

CONTENU DE LA DÉCLARATION

64736 La déclaration de succession doit mentionner tous les **renseignements nécessaires au calcul des droits et au contrôle** de ses énonciations et **notamment** :
– l'identité du défunt et de ses héritiers et légataires ;
– l'énumération et l'estimation détaillée de la totalité des biens dont la propriété apparente reposait sur la tête du défunt au jour de son décès, que ces biens soient ou non imposables ;
– le cas échéant, les dispositions testamentaires du défunt ainsi que les dispositions de son contrat de mariage (ou de sa convention de Pacs) ou la mention qu'il n'a pas été passé de contrat. Doivent de même être mentionnées dans la déclaration les donations que le défunt avait pu consentir à ses successibles, y compris celles qui sont dispensées du rappel fiscal (CGI art. 784, al. 1) ;
– en cas de transmission en nue-propriété ou en usufruit, la date et le lieu de naissance de l'usufruitier ;
– les bijoux, pierreries, objets d'art ou de collection faisant l'objet d'un contrat d'assurance vol ou incendie en cours au jour du décès ainsi que la date du contrat et l'identité de l'assureur (base légale d'évaluation de ces biens : voir n° 64509) (CGI art. 798). Sont dispensés de cette déclaration les contrats d'assurance contenant une clause générale suivant laquelle les objets précieux sont compris dans l'assurance du mobilier personnel jusqu'à concurrence d'un pourcentage maximal du capital assuré (BOI-ENR-DMTG-10-60-30 n° 170).
Si elle n'est pas souscrite par un mandataire, la déclaration s'achève obligatoirement par une **affirmation de sincérité**.
La souscription d'une **déclaration incomplète** peut être considérée comme un défaut de déclaration et rendre applicable la procédure de taxation d'office faute de régularisation dans les 90 jours (BOI-CF-IOR-50-10-20-10 n° 240 ; Cass. com. 14-2-2012 n° 11-10.765 FS-PB : RJF 5/12 n° 536).

ATTENTION

Ne constitue pas une déclaration de succession un document préimprimé mentionnant le nom de la défunte et celui de la légataire universelle mais qui ne comporte aucun élément relatif à la dévolution successorale, ni aucune indication relative aux éléments connus de l'actif successoral (CA Versailles 29-9-2016 n° 14/06506 : RJF 2/17 n° 186).

LIEU DE DÉPÔT DE LA DÉCLARATION

La déclaration de succession est déposée au service des impôts chargé de l'enregistrement du domicile du défunt. Si le défunt n'était pas domicilié en France, la déclaration est déposée auprès du service chargé de l'enregistrement de la Direction des Impôts des non-résidents (CGI ann. III art. 281 O dans sa version issue du décret 2023-1325 du 29-12-2023), 10, rue du Centre, 93465 Noisy-le-Grand Cedex ou, s'il résidait habituellement dans la principauté de Monaco, au service départemental de l'enregistrement de Nice (CGI ann. IV art. 121 Z quinquies). **64746**

DÉLAI DE DÉCLARATION

Le délai pour souscrire la déclaration de succession est en principe **fixé à** six mois à compter du décès lorsque celui-ci s'est produit en France métropolitaine, à un an si le décès a eu lieu ailleurs (CGI art. 641). Pour les successions comportant des immeubles (ou des droits immobiliers) pour lesquels le droit de propriété du défunt n'a pas été constaté avant son décès par un acte régulièrement transcrit ou publié et sous réserve que les attestations notariées relatives à ces biens soient publiées dans les 24 mois du décès, le délai pour déposer la déclaration est porté à 24 mois (CGI art. 641 bis). **64748**

Des délais spéciaux s'appliquent également aux résidents des DOM (CGI art. 642 bis).

En cas de **litige sur la dévolution de la succession** :

– les **héritiers** ne bénéficient d'aucun report de délai, solution qui s'explique par le fait qu'ils sont saisis de plein droit de la succession (pour des illustrations particulièrement sévères de ce principe, Cass. com. 26-3-2008 n° 07-11.703 FS-PB : RJF 7/08 n° 901, BPAT 3/08 inf. 106 ; Cass. com. 18-10-2011 n° 10-25.074 F-D : RJF 2/12 n° 178) ;

– pour le **légataire**, en revanche, le point de départ du délai de dépôt de la déclaration de succession est reporté à la date à laquelle la décision établissant ses droits dans la succession est passée en force de chose jugée (en ce sens, notamment, Cass. com. 1-4-1997 n° 95-13.181 D : RJF 7/97 n° 753 ; CA Paris 14-3-2002 n° 00-22761 : RJF 1/03 n° 114). Corrélativement, tant que cette décision n'est pas intervenue, le délai de prescription du droit de reprise de l'administration contre le légataire ne court pas (BOI-ENR-DMTG-10-60-50 n° 50).

En cas de **défaut de déclaration ou** de **production tardive** de la déclaration, les sanctions encourues sont les suivantes (CGI art. 1728, 2) : **64750**

– l'**intérêt de retard** au taux de 0,20 % par mois, décompté du 1er jour du mois qui suit celui au cours duquel la déclaration aurait dû être déposée jusqu'au dernier jour du mois de dépôt effectif de la déclaration (CGI art. 1727, IV-1). Par exemple, si le décès est intervenu en juillet 2022 et si la déclaration n'est souscrite qu'en avril 2024, l'intérêt de retard sera dû sur 15 mois (de février 2023 à avril 2024), soit un total de 3 % (15 × 0,20 %) ;

– et une **majoration** de 10 % à partir du 1er jour du septième mois suivant celui de l'expiration du délai de dépôt de la déclaration (CGI art. 1728, 2-al. 1). Il en résulte, s'agissant des déclarations de succession relevant du délai général de six mois, que les droits afférents aux déclarations présentées du septième au douzième mois inclus suivant le décès ne sont assortis que de l'intérêt de retard (BOI-CF-INF-10-20-10 n° 60) ;

– ou une majoration de 40 % si la déclaration n'a pas été déposée dans les 90 jours suivant la réception d'une mise en demeure (CGI art. 1728, 2-al. 2). En pratique, l'administration n'adresse pas de mise en demeure avant l'expiration d'un délai d'un an après le décès (BOI-CF-INF-10-20-10 n° 60).

L'intérêt de retard et la majoration de 10 % sont calculés en tenant compte des **acomptes versés** avant le dépôt de la déclaration (BOI-CF-INF-10-20-10 n° 60). Lorsqu'il est prévisible que la déclaration sera déposée en retard, les redevables ont donc tout intérêt à verser des acomptes avant l'expiration du délai légal. Cette tolérance n'est toutefois pas applicable lorsque la majoration de 40 % est due. En cas de bonne foi, l'assiette de cette majoration peut, cependant, être diminuée des acomptes versés dans les six mois suivant le décès, lorsque l'héritier en fait la demande gracieuse (BOI précité).

Si **aucun droit n'est dû** du fait des abattements et/ou des exonérations applicables, la seule sanction encourue est une amende de 150 € ; à laquelle les héritiers échapperont s'ils déposent la déclaration dans les 30 jours suivant la demande de l'administration (BOI-CF-INF-10-40-10 n° 80).

ATTENTION

Les héritiers et légataires doivent veiller au respect du délai de dépôt de la déclaration de succession car même s'ils ont donné mandat à un notaire pour établir et déposer la déclaration de succession pour leur compte, ils restent **débiteurs des intérêts et pénalités** encourus en cas de retard. Peu importe qu'un mandat ait été donné à un notaire pour régler la situation et que le retard soit dû à la négligence de cet officier ministériel (en ce sens, par exemple, Cass. com. 29-6-1999 n° 97-11.676 D : RJF 10/99 n° 1299) ou à un changement de notaire (CA Versailles 29-9-2016 n° 14/06506 : RJF 2/17 n° 186). Les héritiers peuvent toutefois se retourner contre le notaire pour obtenir le remboursement des intérêts et pénalités acquittés.

CONTRÔLE DE LA DÉCLARATION DE SUCCESSION

64752 **Délai de reprise de l'administration : cas général** En l'absence de demande de contrôle par les héritiers ou légataires, deux délais différents sont susceptibles de s'appliquer.
L'action de l'administration est prescrite le **31 décembre de la troisième année** qui suit celle de l'enregistrement de la déclaration de succession lorsque l'exigibilité des droits a été suffisamment révélée par cette déclaration, sans que l'administration ait dû recourir à des recherches ultérieures (LPF art. L 180). Par exemple, si la déclaration de succession a été enregistrée le 5 septembre 2023, l'administration a jusqu'au 31 décembre 2026 pour notifier une rectification fondée sur une insuffisance d'évaluation. Ce délai s'applique même si l'évaluation des biens n'a pas été détaillée dans la déclaration (Cass. com. 30-5-2007 n° 06-14.236 F-D : RJF 11/07 n° 1350, solution rendue sous l'empire de l'ancien ISF mais transposable aux droits de succession).
Si la déclaration de succession n'a pas été enregistrée, ou si l'administration a dû effectuer des recherches pour vérifier le montant des droits, l'administration a jusqu'au **31 décembre de la sixième année** qui suit celle du décès pour effectuer une rectification (LPF art. L 186). Par exemple, si le décès est survenu le 5 janvier 2024 et que la déclaration de succession n'a pas été déposée, l'action de l'administration ne sera éteinte que le 31 décembre 2030.

64754 **En pratique**, la prescription de longue durée s'applique à la quasi-totalité des redressements autres que ceux fondés sur une insuffisance d'évaluation, les juges reconnaissant très rarement que l'exigibilité des droits de succession a été suffisamment révélée par la déclaration de succession déposée par les héritiers ou légataires.
La prescription de longue durée est par **exemple** applicable :
– lorsque l'administration a dû effectuer des recherches auprès d'une banque pour déterminer l'existence de donations antérieures soumises au rappel fiscal et non mentionnées dans la déclaration de succession (Cass. com. 1-7-2008 n° 07-14.332 F-PB : RJF 11/08 n° 1259). Sur les règles spécifiques au contrôle de la valeur d'une donation lors de son rappel fiscal, voir n° 64715 ;
– en cas d'utilisation abusive par les donataires des fonds issus de dons manuels portés dans la déclaration (Cass. com. 31-1-2012 n° 11-10.934 F-PB : RJF 5/12 n° 537, BPAT 2/12 inf. 122) ;
– lorsque des dettes ont été portées au passif de la déclaration de succession sans indication de ce qu'elles faisaient l'objet d'une contestation en justice, ce que l'administration n'a découvert que grâce à des investigations supplémentaires (Cass. com. 15-12-2009 n° 08-19.406 F-D : RJF 4/10 n° 434, BPAT 2/10 inf. 112). À noter que, dans cette affaire, la prescription de longue durée a permis à l'administration de notifier un redressement sans rapport avec les dettes (remise en cause de l'abattement et du tarif en ligne directe pratiqués par les héritiers, qui avaient fait l'objet d'une adoption simple) ;
– lorsque le solde créditeur d'un compte a été porté dans la déclaration pour un montant inférieur à sa valeur réelle (assimilation à une omission de biens). Ainsi jugé à propos d'un livret de caisse d'épargne (Cass. com. 9-3-1993 n° 91-11.303 P : RJF 5/93 n° 744) ou d'un compte bancaire (CA Paris 12-5-2000 n° 98-21745 : RJF 11/01 n° 1457).
Jugé toutefois que l'administration n'a que trois ans pour remettre en cause l'exonération de droits de succession dont a bénéficié un partenaire de Pacs survivant lorsque la fictivité du Pacs est établie à la seule lecture de la déclaration de succession, sans procéder à des recherches extérieures eu égard notamment aux domiciles distincts des partenaires, à leur différence d'âge (95 et 60 ans) au jour de la conclusion du Pacs et aux termes du codicille selon lesquels le défunt entretenait une relation quasi familiale, et non sentimentale, avec son auxiliaire de vie (CA Montpellier 4-10-2022 n° 20/03900 : BPAT 6/22 inf. 288).
Le fait que l'administration ait déjà notifié un redressement avant de l'abandonner ne fait pas courir la prescription abrégée : une proposition de rectification ne constitue pas un acte révélateur des droits, un tel acte devant émaner du contribuable lui-même ou d'un tiers à l'administration (en ce sens, notamment, Cass. com. 18-10-2011 n° 10-25.371 F-PB : RJF 1/12 n° 73, BPAT 6/11 inf. 361).

CONSEIL

Il ne faut pas confondre le **dépôt de la déclaration** et son **enregistrement** par l'administration : seul ce dernier fait démarrer le délai de reprise (Cass. com. 10-7-2012 n° 11-19.953 F-PB : RJF 11/12 n° 1077). Or, si l'enregistrement est presque instantané lorsque les droits sont payés au comptant, il n'en va pas de même en cas de demande de paiement fractionné ou différé puisque l'administration vérifie que les garanties de paiement proposées par les redevables sont susceptibles d'être acceptées (n° 64778). Pour éviter tout risque de voir le délai de reprise de l'administration allongé d'un an, il est conseillé d'éviter de déposer de telles déclarations dans la seconde quinzaine de décembre

Délai de reprise de l'administration en cas de contrôle sur demande

Les signataires de la déclaration de succession (ou les donataires mentionnés dans l'acte de donation) attributaires d'au moins **un tiers de l'actif net** transmis peuvent, dans les trois mois de la déclaration de succession (ou de l'enregistrement de l'acte de donation), demander à l'administration d'effectuer un contrôle (LPF art. L 21 B, al. 1). Ni l'accord ni même la simple information des héritiers ou légataires (ou donataires) non demandeurs ne sont requis. 64756

À compter de la réception de la demande, l'administration dispose d'un **délai réduit** pour effectuer une rectification : un an seulement en principe (LPF art. L 21 B, II).

Cette période d'un an est **prorogée**, le cas échéant, du délai de réponse du contribuable aux demandes de renseignements, justifications ou éclaircissements de l'administration, pour la partie excédant le délai de réponse de droit commun de 30 jours, ainsi que du délai nécessaire à l'administration pour recevoir les renseignements demandés aux autorités étrangères lorsque des biens situés à l'étranger figurent sur la déclaration ou l'acte.

Ce délai réduit est **exclu**, et c'est le délai de reprise de droit commun de trois ou six ans qui s'applique (LPF art. L 21 B, III) :

– s'il y a eu omission de biens ou droits dans la déclaration de succession (ou dans l'acte de donation), de même qu'en cas de non-rappel fiscal d'une donation antérieure (délai de reprise de six ans en principe) ;

– en cas de non-respect d'un engagement ou d'une condition prévus pour bénéficier d'un régime de faveur (délai de reprise de trois ou six ans, selon le cas) ;

– aux contribuables passibles de la procédure de répression des abus de droit (délai de reprise de six ans).

Dans ces différentes situations, l'exclusion de la garantie ne s'étend pas à la déclaration de succession (ou à l'acte de donation) dans son ensemble. Par exemple, si un bien a été omis dans la déclaration de succession, l'administration peut réintégrer ce bien dans le délai de reprise de droit commun mais ne peut pas rehausser la valeur d'un autre bien figurant dans la déclaration au-delà du délai d'un an (BOI-CF-PGR-40-20 n° 300).

> **Précisions a.** Sont **exclus du dispositif** de contrôle sur demande les héritiers qui n'ont déposé la déclaration de succession qu'après une mise en demeure, ainsi que ceux qui n'ont pas payé les droits avec le dépôt de la déclaration (sauf cas de paiement fractionné et/ou différé).

b. Des **modèles de demandes** de contrôle ont été établis par l'administration (BOI-Lettre-000109 pour les déclarations de succession ; BOI-Lettre-000110 pour les actes de donation).

c. Une procédure spéciale de rescrit valeur existe en cas de **donation d'entreprise** : voir n° 64840, précisions.

Délais étendus de l'administration

En cas de **dissimulation d'avoirs à l'étranger** sur des comptes bancaires, des contrats d'assurance-vie ou dans des trusts, l'administration dispose d'un délai de reprise de dix ans (soit jusqu'au 31 décembre de la dixième année qui suit le décès), au lieu de six ans, pour asseoir les droits de succession (LPF art. L 181-0 A). 64757

Lorsque les insuffisances ou omissions sont révélées par une **procédure judiciaire**, par une **procédure devant les juridictions administratives ou** par une **réclamation contentieuse**, l'administration peut les réparer jusqu'au 31 décembre de l'année qui suit la décision qui a clos l'instance et, au plus tard, jusqu'au 31 décembre de la dixième année qui suit celle au titre de laquelle les droits étaient dus (LPF art. L 188 C).

Moyens de contrôle de l'administration

Pour contrôler les droits de succession, l'administration dispose de diverses **sources d'information** (liste non exhaustive) : 64758

– les compagnies d'assurances doivent lui fournir des renseignements sur les contrats portant sur les bijoux, pierreries, objets d'art ou de collection dans les 15 jours suivant celui où elles ont eu connaissance du décès de l'assuré (CGI art. 805) ;

– les dépositaires, détenteurs ou débiteurs de titres, sommes ou valeurs dépendant d'une succession qu'ils sauraient ouverte doivent adresser à l'administration la liste de ces titres, sommes ou valeurs (CGI art. 806, I). Toutefois, ces mêmes organismes sont dispensés de cette déclaration lorsque les sommes sont d'un montant inférieur à 1 500 € (successions dévolues à des collatéraux ou des non-parents) ou 7 600 € (successions en ligne directe ou entre époux).

64760 L'administration peut également exercer son **droit de communication** auprès de tiers. Ce droit lui permet de recueillir des informations détenues par certaines personnes ou certains organismes afin d'effectuer le contrôle des déclarations des contribuables. Ces personnes ou organismes doivent, en exécution d'une obligation légale, fournir spontanément au service des impôts des informations qu'elles détiennent.

Parallèlement, l'administration a le droit de recueillir, sur place ou par correspondance, auprès de personnes limitativement énumérées par la loi, des renseignements et documents qu'elle utilise pour opérer les recoupements nécessaires au contrôle des énonciations des déclarations d'autres contribuables.

L'administration peut notamment exercer son droit de communication auprès des banques, des compagnies d'assurances, des institutions et organismes qui paient des salaires, honoraires ou rémunérations quelconques, encaissent, gèrent ou distribuent des fonds pour le compte de leurs adhérents, des fonds communs de placement, etc.

64762 L'administration peut adresser aux héritiers ou légataires des **demandes de renseignements**. Peuvent notamment faire l'objet d'une demande d'éclaircissements ou de justifications les titres, valeurs et créances non portés dans la déclaration : voir n° 64336.

Des justifications peuvent également être demandées sur les dettes de la succession : voir n° 64579.

64764 **Omissions et insuffisances d'évaluation** L'administration effectue une rectification si, à l'issue de son contrôle, elle estime que des biens ont été omis ou sous-évalués dans la déclaration de succession. Cette **rectification** est opérée selon la procédure contradictoire, qui commence par l'envoi au contribuable d'une proposition de rectification. Cette proposition préalable doit être motivée de manière à permettre à l'intéressé de formuler ses observations ou de faire connaître son acceptation.

Si l'administration n'accepte pas les observations du contribuable et si le litige porte sur l'évaluation des biens, le désaccord peut être porté devant la **commission départementale de conciliation**. Dans ce cas, l'administration qui entend maintenir la rectification opérée doit notifier l'avis de la commission de conciliation avant de mettre en recouvrement les droits. À défaut, la procédure est irrégulière (CA Chambéry 21-5-2013 n° 12/00712).

64766 Les droits correspondant aux omissions ou insuffisances sont majorés :

– de l'**intérêt de retard** au taux de 0,20 % par mois. L'intérêt de retard n'est pas applicable lorsque le contribuable de bonne foi a porté dans sa déclaration une « mention expresse » appelant l'attention sur le point litigieux ;

– et d'une **majoration** de 40 % si l'omission ou la sous-évaluation est délibérée (mauvaise foi). Cette majoration est portée à 80 % en cas de manœuvres frauduleuses. Elle est également portée à 80 % en cas d'abus de droit si l'administration établit que l'héritier ou légataire a été le principal initiateur ou le principal bénéficiaire de l'acte abusif ; dans le cas contraire, la majoration pour abus de droit est de 40 %.

Les insuffisances d'évaluation ne donnent lieu à aucune sanction, pas même l'intérêt de retard, lorsque l'**insuffisance n'excède pas 10 %** de la base d'imposition. Mais attention : ces insuffisances s'apprécient bien par bien, et non globalement pour l'ensemble de la succession.

Sur les sanctions encourues en cas de **défaut de production** ou de **dépôt tardif de la déclaration**, voir n° 64750.

64768 L'administration n'est pas tenue de notifier les redressements à tous les débiteurs solidaires de l'impôt ; elle peut donc n'adresser de **proposition de rectification** qu'à l'un seulement de ces débiteurs, à son choix (par exemple, à un seul des enfants du défunt). En revanche, à raison du **principe de loyauté des débats**, elle doit notifier tous les **actes de procédure autres** que la proposition de rectification à l'ensemble des héritiers débiteurs solidaires de l'impôt. Certains arrêts ont réservé l'hypothèse où l'un des débiteurs solidaires de l'impôt se serait présenté comme le représentant de ses cohéritiers, ce qui dispenserait l'administration de notifier les actes de procédure à ces derniers (Cass. com. 18-11-2008 n° 07-19.762 F-PB : RJF 2/09 n° 174 ; Cass. com. 7-4-2010 n° 09-14.516 F-D : RJF 7/10 n° 750). Mais cette réserve n'a pas été reprise dans les décisions les plus récentes (par exemple, Cass. com. 26-2-2013 n° 12-13.877 FS-PB : RJF 6/13 n° 669) ; il n'est donc pas certain qu'elle soit toujours d'actualité.

Le non-respect de l'obligation de loyauté peut être opposé à l'administration, y compris par l'héritier à qui tous les actes de procédure ont été notifiés (Cass. com. 26-2-2013 précité).

F. Paiement des droits de succession

DÉBITEUR DES DROITS

Les droits de succession sont payés par les **héritiers** ou **légataires**. 64770

Il y a **solidarité** entre les **cohéritiers**, sauf ceux qui sont exonérés de droits de succession (CGI art. 1709). Les cohéritiers sont tenus solidairement au paiement des droits de succession (CGI art. 1705). L'administration fiscale peut choisir de notifier les propositions de rectification à un seul des redevables solidaires de la dette fiscale (LPF art. R 256-2). La loyauté des débats lui impose de notifier les actes suivants à tous les redevables, tout au long de la procédure de rectification, de la procédure de recouvrement et de la procédure contentieuse.

La solidarité n'existe pas entre héritiers et **légataires**, même universels, ni entre légataires.

> **Précisions a.** La solidarité entre cohéritiers s'applique aux droits dus sur les **dons manuels non antérieurement taxés** qui sont inclus dans l'actif successoral par application de la règle du rappel fiscal des donations antérieures (Cass. com. 31-3-2004 n° 02-10.578 FS-PB : RJF 7/04 n° 801 ; BOI-ENR-DG-50-10-20 n° 160).
> **b.** Si les héritiers sont solidairement obligés au paiement des droits de succession, la détermination de la contribution de chacun au paiement dépend de sa part successorale. Si la personne qui a payé les droits n'en est pas le **débiteur définitif**, elle peut exiger de ce dernier le **remboursement des droits** (BOI-ENR-DG-50-10-20 n° 230).
> **c.** Le **défaut de notification d'un acte de la procédure de rectification** à tous les redevables solidaires entraîne l'irrégularité des actes subséquents, l'annulation de l'acte de mise en recouvrement et la décharge des droits et pénalités. En revanche, si l'irrégularité intervient au cours de la phase contentieuse préalable, elle n'entraîne pas la décharge des droits et pénalités, mais remet uniquement les parties dans l'état où elles se trouvaient avant la notification irrégulière (Cass. com. 30-8-2023 n°s 21-12.307 FB-R et 20-23.653 FS-BR : RJF 12/23 n°s 949 et 951).

DÉLAI DE PAIEMENT

En principe, les droits de succession doivent être payés au comptant, au moment du dépôt de la déclaration (CGI art. 1701). 64772

Toutefois, sous certaines conditions, ils peuvent faire l'objet d'un paiement fractionné ou différé (n°s 64776 s.).

ATTENTION

En application des dispositions de l'article 641, alinéa 1 du CGI, combinées aux dispositions des articles 724, alinéa 1 du Code civil et 1701 du CGI, les **héritiers réservataires**, en présence d'un **légataire universel** ayant également la qualité d'héritier, sont tenus de s'acquitter des droits de succession dans le délai de six mois à compter du décès, indépendamment du versement effectif de l'indemnité de réduction pour atteinte à la réserve qu'ils doivent recevoir du légataire universel. Les dispositions de l'article 641, alinéa 1 du CGI ne méconnaissent pas le principe d'égalité devant les charges publiques dès lors que les héritiers réservataires disposent d'une **créance certaine** à l'égard du légataire universel dès l'ouverture de la succession (Cons. const. 1-6-2023 n° 2023-1051 QPC : RJF 8-9/23 n° 661).

MOYENS DE PAIEMENT

Les droits de succession sont normalement payés en **espèces** ou par **tout autre moyen de règlement** (mandat ou virement postal, chèque bancaire, etc.) (BOI-ENR-DG-50-10 n° 20). Il existe quelques dérogations à cette règle. 64774

Sous réserve d'un agrément préalable, et à condition que le montant des droits que l'intéressé se propose d'acquitter par dation en paiement atteigne 10 000 €, tout héritier ou légataire peut acquitter les droits de mutation à titre gratuit par la remise (CGI art. 1716 bis) :

– d'**œuvres d'art**, de **livres**, d'**objets de collection** ou de documents de haute valeur artistique ou historique ;

– de certains **immeubles** situés dans les zones d'intervention du Conservatoire de l'espace littoral et des rivages lacustres ;

– de **bois et forêts** ou d'espaces naturels pouvant être incorporés au domaine forestier de l'État.

1. DISPOSITIONS COMMUNES AUX RÉGIMES DE PAIEMENT FRACTIONNÉ OU DIFFÉRÉ

RÉGIMES DE CRÉDIT DE PAIEMENT DISPONIBLES

64776 Il existe trois régimes de crédit de paiement susceptibles de s'appliquer aux droits de succession :
– un régime de paiement **différé puis fractionné**, applicable aux transmissions d'entreprises ou de droits sociaux dans une société non cotée. Ce régime spécial profite également aux donations entre vifs ;
– un régime de paiement **fractionné** applicable en principe à toutes les mutations par décès, notamment celles qui n'entrent pas dans le champ d'application de l'un des deux autres régimes ;
– un régime de paiement **différé** qui concerne essentiellement les successions comportant dévolution de biens en nue-propriété.

DEMANDE DE CRÉDIT

64778 La demande de crédit de paiement peut être formulée directement dans la déclaration de succession (ou dans l'acte de donation) ou séparément dans un document joint à la déclaration (ou à l'acte). Elle doit être accompagnée d'une offre de **garanties** suffisantes (engagement de caution, hypothèque, nantissement, etc.) pour couvrir à la fois les droits et les intérêts calculés jusqu'à la dernière échéance de paiement. Le comptable public compétent doit statuer sur la demande de crédit et l'offre de garanties dans un **délai** de deux mois à compter de la date de réception de la demande. Les garanties doivent ensuite être constituées par le débiteur dans un délai de quatre mois à compter de l'accord du comptable public (CGI ann. III art. 399 dans sa version issue du décret 2023-1324 du 28-12-2023 dont les dispositions s'appliquent aux demandes de crédit de paiement fractionné ou différé formulées depuis le 1-2-2024). L'administration peut ensuite à tout moment exiger un **complément** de garanties, qui devra être constitué dans un délai de deux mois à compter de la demande (CGI ann. III art. 400, al. 5 dans sa version issue du décret 2023-1324 du 28-12-2023 dont les dispositions s'appliquent depuis le 1-2-2024).

La demande de crédit de paiement ne peut porter que sur les droits simples, à l'exclusion des pénalités qui peuvent être encourues et des majorations pour insuffisance d'évaluation ou omission de biens (CGI ann. III art. 398 dans sa version issue du décret 2023-1324 du 28-12-2023).

> **Précisions** **a.** Tous les **biens composant la succession**, quelle que soit leur nature, peuvent être donnés en garantie (nantissement de titres non cotés, par exemple), à condition que le débiteur des droits fournisse au comptable public, en même temps que sa demande de crédit, tous les éléments nécessaires à la mise à jour de l'évaluation des biens (CGI ann. III art. 400, al. 2 dans sa version issue du décret 2023-1324 du 28-12-2023).
> **b.** À compter d'une date fixée par arrêté et au plus tard le 1er janvier 2027, la demande de crédit pourra être formulée au moyen d'un **téléservice** mis à disposition par l'administration depuis une plateforme dédiée (CGI ann. III art. 399 dans sa version issue du décret 2023-1324 du 28-12-2023).

INTÉRÊTS EXIGIBLES

64780 Lorsque la demande de crédit est acceptée, les droits donnent lieu au paiement d'intérêts dont le **taux** est fixé une fois pour toutes au jour de la demande.

L'administration retient, pour le calcul du taux d'intérêt applicable au paiement fractionné ou différé des droits d'enregistrement, le taux fixe des prêts immobiliers aux particuliers pratiqué au quatrième trimestre de l'année précédant celle de la demande par les établissements de crédit et les sociétés de financement (CGI ann. III art. 401). Il convient de retenir le plus faible des trois taux qui sont publiés chaque année par avis du ministère de l'économie et des finances. Le taux de base est égal aux deux tiers de ce taux, seule la première décimale étant retenue. Le taux ainsi calculé est égal, pour le taux de base, à 2,20 % pour les demandes formulées en 2024 (Avis ECOT2335703V du 26-12-2023 : JO 29 texte n° 161).

Ce taux de base est réduit des deux tiers pour certaines transmissions d'entreprises : voir n° 64792.

Lors de chaque échéance, les **intérêts** sont **calculés** sur la totalité des droits restant dus au jour de cette échéance. Ils sont **acquittés** (CGI ann. III art. 401) :
– en cas de paiement fractionné, lors du versement de chaque échéance autre que la première ;
– en cas de paiement différé, à chaque date anniversaire de l'expiration du délai de souscription de la déclaration de succession.

DÉCHÉANCE DU CRÉDIT

Il y a déchéance du bénéfice du crédit dans les **cas suivants** (CGI ann. III art. 403 dans sa version issue du décret 2023-1324 du 28-12-2023 ; BOI-ENR-DG-50-20-40 n° 310) : **64782**
– défaut de constitution des garanties ou du complément de garanties dans les délais prévus ;
– absence de communication à l'administration des éléments nécessaires à la mise à jour de l'évaluation des biens de la succession offerts en garantie ;
– retard dans le paiement d'une échéance. Seul un retard supérieur à un mois est sanctionné.
La déchéance a pour **conséquence** le paiement immédiat des sommes restant en suspens, majorées de l'intérêt de retard prévu à l'article 1727 du CGI et de la pénalité prévue à l'article 1731 du même Code (CGI ann. III art. 403 précité).

COHÉRITIERS SOLIDAIRES ADOPTANT DES RÉGIMES DE PAIEMENT DIFFÉRENTS

S'ils fournissent les garanties requises et déclarent maintenir la solidarité entre eux, les héritiers peuvent demander à bénéficier les uns du **paiement fractionné**, les autres du **paiement différé** (BOI-ENR-DG-50-20-30 n° 270). **64784**
Il est également envisageable que certains héritiers obtiennent un **paiement à crédit** alors que les autres payent les droits au **comptant**. Mais il faut que les héritiers qui veulent payer au comptant donnent leur accord exprès à la demande de crédit, déclarent avoir été informés que leur paiement ne les libère pas définitivement et reconnaissent être toujours tenus des sommes faisant l'objet du crédit (BOI-ENR-DG-50-20-30 n° 280).

2. PAIEMENT DIFFÉRÉ PUIS FRACTIONNÉ EN CAS DE TRANSMISSIONS D'ENTREPRISES ET DE TITRES DE SOCIÉTÉS

Le paiement des droits sur les transmissions à titre gratuit d'**entreprises individuelles** ou **titres de sociétés non cotées** ayant une activité industrielle, commerciale, artisanale, agricole ou libérale peut être différé pendant cinq ans (versement annuel des seuls intérêts du crédit) puis, à l'expiration de ce délai, être fractionné sur dix ans à raison de 1/20e tous les six mois assorti d'un intérêt exigible semestriellement (CGI art. 1717 et ann. III art. 397 A). **64788**
Les droits susceptibles de bénéficier du paiement différé et fractionné s'entendent des droits de mutation à titre gratuit, à l'exclusion de la taxe de publicité foncière due lors de la publication des donations portant sur des immeubles ou des droits immobiliers. Si la transmission porte à la fois sur une entreprise individuelle ou des titres de sociétés non cotées et sur d'autres biens, seule la fraction des droits afférents aux premiers biens, déterminée par une double liquidation, peut être différée et fractionnée.

CONDITIONS D'APPLICATION

S'il s'agit d'une **entreprise individuelle**, la transmission doit porter sur l'ensemble des biens affectés à l'exploitation (sauf en cas d'indivision entre deux époux ou de biens dépendant de la communauté, auquel cas la mutation peut porter sur la moitié des biens). L'entreprise devait être exploitée par le défunt ou le donateur (CGI ann. III art. 397 A, a). **64790**
En cas de transmission de **droits sociaux**, les titres ne doivent pas être cotés et le bénéficiaire doit recevoir 5 % au moins du capital social (CGI ann. III art. 397 A, b). En cas de démembrement, la transmission de 5 % des titres en nue-propriété permet de bénéficier du régime ; en revanche, l'usufruitier ne peut bénéficier du paiement fractionné et différé que si la valeur de l'usufruit qu'il reçoit, déterminée selon le barème fiscal de l'usufruit viager, représente au moins 5 % du montant nominal du capital social (BOI-ENR-DG-50-20-50 n°s 220 et 225).

INTÉRÊT DU CRÉDIT

Le taux de base indiqué n° 64780 est réduit des deux tiers (d'où un taux de 0,7 % pour les demandes formulées en 2024) lorsque la valeur de l'entreprise ou la valeur nominale des titres comprise dans la part taxable de chaque héritier ou légataire (ou donataire) excède 10 % de la valeur de l'entreprise ou du capital social ou lorsque, globalement, plus du tiers du capital social est transmis (CGI ann. III art. 404 GC dans sa version issue du décret 2023-1324 du 28-12-2023). En cas de transmission de droits démembrés, ces pourcentages sont appréciés en tenant compte de la valeur de l'usufruit des biens transmis par rapport à celle de l'entreprise ou du capital social des entreprises considérées (BOI-ENR-DG-50-20-50 n° 310). Les valeurs respectives de la nue-propriété et de l'usufruit sont déterminées par application du barème fiscal de l'article 669 du CGI. **64792**

DÉCHÉANCE DU TERME

La **cession** – autrement que par décès – de plus du tiers des biens reçus par chaque bénéficiaire entraîne l'exigibilité immédiate des droits en suspens. Toutefois, l'**apport pur et simple en société** **64794** des biens reçus ne remet pas en cause le régime de faveur si le bénéficiaire prend l'engagement de conserver les titres reçus en contrepartie de son apport jusqu'à l'échéance du dernier terme du paiement fractionné (CGI ann. III art. 404 GD). Sous la même condition, n'entraînent pas non plus la déchéance du régime de faveur les opérations de **fusion** ou de **scission** concernant des sociétés dont les titres bénéficient du paiement différé et fractionné si les soultes le cas échéant versées ne représentent pas, au jour de l'échange, plus du tiers de la valeur des titres (BOI-ENR-DG-50-20-50 n°s 470 à 500).

3. PAIEMENT FRACTIONNÉ DES DROITS DE SUCCESSION

CHAMP D'APPLICATION

64796 Le paiement fractionné a un champ d'application **réduit** puisqu'il ne concerne que les droits de succession, à l'exclusion des droits de donation.

ECHÉANCIER

64798 Les droits sont acquittés en plusieurs **versements** égaux et à intervalles de six mois au plus, sur une **période maximale** d'un an (soit trois versements maximum). Ce délai d'un an est porté à trois ans, avec un nombre de versements limité à sept, à la condition que l'actif héréditaire comprenne, à concurrence de 50 % au moins, des biens non liquides (CGI ann. III art. 404 A, I-al. 3).

Les **biens non liquides** sont ceux énumérés ci-après (liste exhaustive) :
- brevets d'invention ;
- clientèles ;
- créances non exigibles au décès ;
- droits d'auteur ;
- fonds de commerce, y compris le matériel et les marchandises qui en dépendent ;
- immeubles ;
- matériel agricole, bestiaux et récoltes ;
- offices ministériels ;
- parts sociales dans des sociétés dont le capital n'est pas divisé en actions ;
- valeurs mobilières non cotées ;
- objets d'antiquité, d'art ou de collection.

ILLUSTRATIONS

Un **compte courant d'associé** est un actif liquide et exigible qui ne figure pas sur la liste exhaustive des biens non liquides de l'article 404 A de l'annexe III au CGI de sorte que l'héritier qui le reçoit ne peut pas bénéficier du paiement fractionné des droits de succession (CA Paris 24-1-2022 n° 20/05148 : BPAT 2/22 inf. 93).

GARANTIES

64802 Le paiement fractionné peut être garanti par l'**hypothèque légale** du Trésor sur les immeubles de la succession, prévue à l'article L 269 du LPF (CGI ann. III art. 404 A, I-al. 1). S'ils choisissent cette solution, les héritiers sont dispensés d'établir un acte d'affectation hypothécaire, et c'est à l'administration de requérir l'inscription, de sorte que le délai normalement prévu pour la constitution des garanties n'est pas opposable aux bénéficiaires du crédit.

4. PAIEMENT DIFFÉRÉ DES DROITS DE SUCCESSION

CHAMP D'APPLICATION

64804 Réservé aux droits de succession, le paiement différé **concerne** les successions comportant dévolution de biens en nue-propriété (situation très fréquente lorsque le défunt laisse un conjoint survivant). Il s'applique également lorsque la succession donne lieu à l'attribution préférentielle d'une exploitation agricole prévue à l'article 832 du Code civil ou à la réduction de libéralités ayant pour objet l'un des biens susceptibles d'attribution préférentielle (CGI art. 1722 bis).

Comme en cas de paiement fractionné, les **garanties** peuvent consister dans l'inscription de l'hypothèque légale du Trésor sur les immeubles successoraux.

BIENS RECUEILLIS EN NUE-PROPRIÉTÉ

64806 Le paiement des droits de succession correspondant à la valeur imposable de la nue-propriété peut être **différé jusqu'à** l'expiration d'un délai de six mois à compter de la réunion de l'usufruit à la nue-propriété ou de la cession totale ou partielle de cette dernière (CGI ann. III art. 404 B). Les droits dont le paiement est différé donnent lieu au versement annuel d'**intérêts** dans le mois suivant la date anniversaire de l'expiration du délai légal de souscription de la déclaration de succession.

Le **bénéficiaire** du paiement différé peut être **dispensé du paiement des intérêts** si les droits de succession sont calculés sur la valeur imposable, au jour de l'ouverture de la succession, de la pleine propriété des biens recueillis en nue-propriété (CGI ann. III art. 404 B). L'élargissement de l'assiette (à la pleine propriété des biens évaluée au jour de la succession à l'origine du démembrement et non au jour de l'extinction de l'usufruit) constitue la contrepartie de la dispense d'intérêts.
L'option pour la dispense du versement des intérêts est irrévocable, même lorsqu'elle est exercée par erreur par l'héritier (Cass. com. 13-2-2024 n° 22-16.190 F-B).

ATTENTION

L'option pour la dispense de paiement des intérêts n'est pas sans risque : si l'usufruitier renonce ensuite à ses droits au profit du nu-propriétaire, l'administration sera en droit de taxer cette donation indirecte et l'usufruit sera donc taxé deux fois : une fois aux droits de succession (en contrepartie de la dispense d'intérêts) et une fois aux droits de donation. Dans cette hypothèse, il n'y a pas double imposition selon la Cour de cassation (Cass. com. 31-10-2006 n° 04-10.796 F-D : RJF 2/07 n° 233).

En cas de **vente de la nue-propriété**, si le montant de la cession est inférieur à celui des droits exigibles, le paiement différé peut être conservé pour le solde à condition que le prix de cession soit intégralement versé à titre d'acompte sur les droits en suspens (BOI-ENR-DG-50-20-30 n° 240). 64808
L'héritier nu-propriétaire d'un portefeuille de valeurs mobilières continue à bénéficier du paiement différé en cas de **cession de titres du portefeuille par l'usufruitier**, si le produit des cessions est destiné à être réinvesti dans d'autres valeurs (BOI-ENR-DG-50-20-30 n° 260). Le nu-propriétaire n'est donc pas pénalisé par les cessions opérées par l'usufruitier (rappelons que lorsqu'un portefeuille de valeurs mobilières est démembré, c'est l'usufruitier qui a le pouvoir de disposer des titres, à charge pour lui de réinvestir le prix de cession au sein du portefeuille).

Le **changement de régime matrimonial** (séparation de biens en communauté) par une personne qui a demandé le paiement différé des droits de succession sur des biens recueillis en nue-propriété n'entraîne pas l'exigibilité des droits en suspens, sauf cas particulier où la mise en communauté entraîne reconstitution de la pleine propriété (biens détenus en nue-propriété par l'un des conjoints et en usufruit par l'autre) (BOI-ENR-DG-50-20-30 n° 225). 64810

Option du conjoint survivant pour le droit viager sur sa résidence principale Le bénéfice du paiement différé s'applique également aux successions dans lesquelles le conjoint survivant a exercé l'option pour le droit viager d'habitation sur sa résidence principale (CGI ann. III art. 397 dans sa version issue du décret 2023-1324 du 28-12-2023 art. 1 dont les dispositions s'appliquent aux demandes de crédit de paiement différé formulées depuis le 1-2-2024). Le paiement différé s'applique à concurrence de la **fraction des droits** correspondant à la valeur imposable de l'immeuble grevé du droit viager (valeur égale à la différence entre la valeur vénale de la pleine propriété de l'immeuble et la valeur du droit viager, lui-même égal à 60 % de la valeur de l'usufruit résultant du barème de l'article 669 du CGI) (BOI-ENR-DG-50-20-20 n° 135). 64812
Si l'exercice de l'option pour le droit viager n'est pas énoncé dans la déclaration de succession, la demande de crédit doit être accompagnée des **justifications** nécessaires pour attester auprès du comptable public de la manifestation de volonté du conjoint survivant d'exercer cette option.
Le différé de paiement prend fin à l'expiration d'un délai de six mois à compter soit du décès du conjoint, soit de la conversion du droit viager en rente ou en capital (CGI ann. III art. 404 B dans sa version issue du décret 2023-1324 du 28-12-2023 art. 1).

CAS D'ATTRIBUTION PRÉFÉRENTIELLE ET DE RÉDUCTION DE LIBÉRALITÉS

Le paiement des droits de succession peut être différé : 64814
– lorsque la succession donne lieu à l'attribution préférentielle prévue à l'article 832 du Code civil (attribution préférentielle d'une **exploitation agricole** ne dépassant pas certaines limites de superficie) ;
– ou en cas de **réduction de libéralités** visée à l'article 924-3 du Code civil, c'est-à-dire de libéralités portant sur l'un des biens susceptibles de donner lieu à une attribution préférentielle tels qu'énumérés à l'article 831 du Code civil.
Le paiement de la totalité des droits est **différé jusqu'à** l'expiration d'un délai de six mois suivant le terme accordé à l'héritier attributaire pour le paiement des sommes dont il est débiteur envers ses cohéritiers, quelles que soient les modalités de règlements intermédiaires consenties par eux (BOI-ENR-DG-50-20-30 n° 200).

Lorsque l'attributaire ou le bénéficiaire du don ou du legs dispose de **délais pour le règlement des soultes ou récompenses** dont il est redevable envers ses cohéritiers, le paiement des droits de mutation par décès incombant à ces derniers peut être différé à concurrence de la fraction correspondant au montant des soultes ou récompenses payables à terme (CGI art. 1722 bis).
La cession totale ou partielle du bien attribué ou légué entraîne l'exigibilité immédiate des droits en suspens, sous réserve d'une tolérance d'un mois (BOI-ENR-DG-50-20-30 n° 210).

II. DROITS DE DONATION

PARTICULARITÉS DES DROITS DE DONATION

64820 Les donations sont en principe soumises au même régime fiscal que les **successions**. Il existe cependant des **règles spécifiques** aux droits de donation, qui sont exposées ci-après.
Les règles exposées ci-après constituent les règles fiscales de **droit commun** applicables à l'ensemble des donations simples. Le régime fiscal des donations-partages fait l'objet d'une étude complète n°s 63770 s.
Certaines clauses particulières peuvent être insérées dans les donations : prise en charge de droits par le donateur, mise en communauté, etc. Le régime fiscal de ces clauses est traité avec leur régime juridique sous les n°s 63500 s. Pour le régime fiscal des donations graduelles et résiduelles, voir respectivement n°s 63240 s. et 64340.
Le régime fiscal des donations non notariées fait l'objet d'exposés particuliers : voir n°s 63837 s. pour les dons manuels, n°s 63886 s. pour les donations indirectes et n° 63894 pour les donations déguisées.
Sur les **règles de territorialité** des droits de donation, voir n° 64307.

DONATIONS PORTANT SUR DES IMMEUBLES

64822 Lorsqu'elles portent sur des immeubles ou des droits immobiliers, les donations donnent lieu, en sus des droits de donation, au paiement de la taxe de publicité foncière au taux réduit de 0,60 % (soit un taux global d'imposition de 0,61422 % compte tenu du prélèvement de 2,37 % pour frais d'assiette et de recouvrement), à laquelle s'ajoute la contribution de sécurité immobilière de 0,10 %. Les donations d'immeubles et de droits immobiliers relèvent de la **formalité fusionnée** de l'enregistrement et de la publicité foncière.
Sur les incidences en matière de paiement, voir n° 64886.

A. Exonérations

EXONÉRATIONS COMMUNES AUX SUCCESSIONS ET AUX DONATIONS

64825 La plupart des exonérations prévues en matière de droits de succession s'appliquent aussi aux droits de donation, les conditions tenant au défunt étant alors requises du donateur et celles tenant aux héritiers ou légataires du donataire. Les actes de donation doivent comporter les mêmes mentions et être accompagnés des mêmes documents que les déclarations de succession.
Sous ces réserves, **s'appliquent aux donations comme aux successions** les exonérations prévues en faveur des transmissions :
– d'entreprises (n°s 64380 s.) ;
– de biens forestiers et ruraux (n°s 64405 s.) ;
– de certains immeubles acquis neufs entre le 1er juin 1993 et le 31 décembre 1996 (n°s 64425 s.) ;
– de monuments historiques (n°s 64440 s.) ;
– d'immeubles dont le titre de propriété est reconstitué entre le 1er octobre 2014 et le 31 décembre 2027 (n° 64423) ;
– de certains biens à des organismes déterminés ou à certaines personnes (n° 64450).

ATTENTION
Ne s'appliquent pas aux droits de donation les exonérations de droits de succession dont bénéficient le conjoint ou partenaire de Pacs survivant et, sous certaines conditions, les frères et sœurs du défunt.

DONS FAMILIAUX DE SOMMES D'ARGENT

64827 Les donations de sommes d'argent consenties en pleine propriété **au profit de** descendants (enfants, petits-enfants, arrière-petits-enfants) ou, pour les personnes sans descendance, au

profit des neveux ou nièces (petits-neveux ou petites-nièces en cas de prédécès d'un neveu ou nièce : voir n° 64829) sont exonérées de droits de donation, à deux **conditions** (CGI art. 790 G) :
– le donataire doit être majeur (ou émancipé) ;
– le donateur doit avoir moins de 80 ans.
L'exonération est plafonnée à 31 865 €.
Dans le mois de leur réalisation, les dons doivent être **déclarés ou enregistrés** (CGI art. 790 G, IV). Sur la dématérialisation de la déclaration de certains dons, voir n°s 63839 s.
Pour les donations réalisées par acte notarié, le notaire assure l'enregistrement de l'acte dans les conditions habituelles : enregistrement au service des impôts dans le ressort duquel le notaire a sa résidence dans le mois de l'acte. Pour les dons manuels, voir n°s 63839 s.
Sous réserve de leur déclaration ou de leur enregistrement, les dons en cause sont dispensés du **rappel fiscal** des donations antérieures, ce qui assure leur exonération définitive (CGI art. 790 G, III).
L'exonération est **cumulable** avec les abattements dont bénéficient les dons aux descendants ou aux neveux et nièces, de même le cas échéant qu'avec l'abattement spécial réservé aux handicapés (CGI art. 790 G, II). Une mère peut par exemple donner en janvier 2024 à sa fille en franchise d'impôt à la fois 31 865 € (somme d'argent) + 100 000 € (somme d'argent ou biens divers), soit 131 865 €.
L'exonération est **renouvelable** tous les 15 ans (CGI art. 790, I-al. 1 in fine).

> **Précisions a.** L'insertion d'un **droit de retour conventionnel** dans la donation ne fait pas obstacle à l'exonération (Rép. Mariani : AN 17-1-2006 p. 511 n° 77708, précision apportée dans le cadre du régime temporaire applicable jusqu'au 31-12-2005 et non reprise dans la base Bofip mais à notre avis transposable sous le dispositif actuel).
> **b.** Si un époux donne des **fonds communs** à l'un de ses neveux ou nièces, le don est considéré comme fait pour le tout par lui seul à condition que son conjoint ne se porte pas codonateur (BOI-ENR-DMTG-20-20-20 n° 180). Cette solution, qui permet de faire jouer pleinement l'exonération, s'applique également à notre avis en cas de donation à un enfant non commun.

Règles spécifiques aux dons aux neveux et nièces et à leurs descendants 64829

Seules les personnes sans descendance peuvent consentir des dons exonérés à leurs neveux et nièces (CGI art. 790 G, I-al. 1). Par neveux et nièces, il convient d'entendre les **enfants des frères et sœurs** du donateur, à l'exclusion des enfants des frères et sœurs du conjoint du donateur (BOI-ENR-DMTG-20-20-20 n° 160 ; CA Aix-en-Provence 3-3-2008 n° 07/15882 : RJF 10/08 n° 1128, décision rendue pour l'application du régime transitoire applicable en 2004-2005 mais transposable).
Les **petits-neveux** et petites-nièces ne peuvent bénéficier de l'exonération qu'en cas de prédécès de leur auteur, neveu ou nièce du donateur. L'article 790 du CGI visant les dons consentis aux petits-neveux et petites-nièces « **par représentation** », l'administration fiscale estime que l'exonération n'est applicable qu'en cas de pluralité de souches (BOI-ENR-DMTG-20-30-20-10 n° 40). En d'autres termes, si le neveu (ou la nièce) décédé était enfant unique, l'exonération ne s'applique pas. Cette position qui se veut fondée sur l'analyse juridique de la représentation est critiquable : s'il est exact que la représentation suppose une pluralité de souches, le donataire ne reçoit pas la donation par « représentation » de son auteur décédé, puisque la représentation n'existe pas en matière de donation.
En cas de **pluralité de petits-neveux ou de petites-nièces** venant par « représentation » de leur auteur, le plafond de l'exonération se divise entre eux (BOI-ENR-DMTG-20-20-20 n° 210).

DONS DE SOMMES D'ARGENT OU DE TITRES À CERTAINS ORGANISMES SANS BUT LUCRATIF

Sous certaines conditions, les dons de sommes d'argent ou de titres de sociétés cotées consentis au profit de certains organismes sans but lucratif (notamment fondations reconnues d'utilité publique, fondations universitaires, entreprises d'insertion et associations intermédiaires, associations reconnues d'utilité publique ayant pour objet le financement et l'accompagnement de la création et de la reprise d'entreprises) s'imputent, à hauteur de 75 % de leur montant, sur l'impôt sur la fortune immobilière (IFI) dû par le donateur (CGI art. 978). 64833
Les dons pris en compte pour la **réduction d'IFI** sont exonérés de droits de mutation à titre gratuit (CGI art. 757 C).

DONS EN NUMÉRAIRE AUX VICTIMES D'ACTES DE TERRORISME

Les dons en numéraire reçus par les victimes d'actes de terrorisme sont exonérés de droits de mutation à titre gratuit (CGI art. 796 bis). En cas de **décès de la victime**, l'exonération bénéficie 64837

aux dons reçus par son conjoint, partenaire lié par un Pacs ou concubin notoire, ses descendants et ascendants et les personnes considérées comme à sa charge (au sens des articles 196 et 196 A bis du CGI).
Cette exonération s'applique dans les mêmes conditions aux **dons en numéraire** reçus par les militaires, policiers, gendarmes, sapeurs-pompiers ou agents des douanes blessés en opérations ou dans le cadre de leur mission ou, s'ils sont décédés, aux dons reçus par leurs proches (tels que définis ci-dessus).

B. Assiette des droits de donation

RÈGLES D'ÉVALUATION DES BIENS DONNÉS

64840 Les biens sont évalués selon les règles exposées n°s 64460 s. à propos des droits de succession, sous les réserves suivantes.
Ni le **forfait mobilier** de 5 % ni l'abattement de 20 % pour l'évaluation de la **résidence principale** ne sont applicables aux donations.
L'évaluation des **bijoux, objets d'art** ou **de collection** ne peut pas être inférieure à 60 % de la valeur déclarée dans un contrat d'assurance (CGI art. 776), au lieu de 100 % pour les successions.
Pour les **valeurs mobilières cotées**, il n'est pas possible d'opter pour l'évaluation d'après la moyenne des 30 derniers cours de bourse. Mais l'administration admet à titre de règle pratique que la liquidation des droits soit faite sur la base du cours de clôture de la veille du jour du fait générateur de l'impôt et non, comme le prévoit la loi, sur le cours moyen du jour de la transmission (BOI-ENR-DMTG-20-30-10 n° 60).
La déduction du passif obéit à des règles spécifiques : voir n° 64842.
Pour les **biens dont la propriété est démembrée**, les règles d'évaluation sont celles exposées n°s 64537 s. en matière de droits de succession.

> **Précisions** Une **procédure de rescrit valeur** est ouverte aux **dirigeants d'entreprises** (entreprises individuelles ou sociétés non cotées) qui envisagent de donner tout ou partie de leur entreprise ou des titres qu'ils possèdent (LPF art. L 18). Cette procédure leur permet de consulter par écrit l'administration sur la valeur vénale des biens qu'ils souhaitent donner. L'administration a six mois pour se prononcer (le défaut de réponse ne valant pas accord). En cas d'accord exprès sur la valeur vénale proposée, et à condition que la donation intervienne dans les trois mois de la décision d'acceptation, l'évaluation retenue ne peut plus être remise en cause par l'administration.

PASSIF DÉDUCTIBLE

64842 **Dettes mises à la charge du donataire** En principe, les droits de donation sont assis sur la **valeur brute des biens donnés**, sans déduction des charges qui les grèvent (CGI art. 758 et 761).
Par exception, le **passif grevant les biens donnés** est déductible si les **conditions** suivantes sont réunies (CGI art. 776 bis) :
– la dette a été contractée par le donateur pour l'acquisition ou dans l'intérêt des biens donnés (cas, par exemple, de l'emprunt par lequel le donateur a financé le bien qu'il donne) ;
– la dette a été contractée auprès d'un établissement de crédit, à l'exclusion de tout autre prêteur. Par exception, si la donation porte sur une entreprise individuelle (totalité ou quote-part indivise des biens corporels et incorporels affectés à l'exploitation), le prêteur peut être une personne autre qu'un établissement de crédit (avec cependant des restrictions : les prêts familiaux ou émanant du donataire sont exclus) ;
– l'acte de donation prévoit la prise en charge de la dette par le donataire (condition qui interdit toute déduction pour les dons manuels, qui sont par hypothèse effectués sans acte de donation) ;
– la prise en charge de la dette par le donataire est notifiée au créancier.
Si ces conditions ne sont pas réunies, la dette n'est pas déductible et les droits de donation sont assis sur la valeur brute des biens donnés.
L'administration peut exiger du donataire la **preuve du paiement effectif** des dettes mises à sa charge, cette démonstration pouvant être requise jusqu'à la fin de la troisième année qui suit celle de l'échéance de la dette (soit, le cas échéant, bien au-delà du délai de prescription).
Elle peut également demander des **justifications** au sujet des dettes mises à la charge du donataire dans l'acte de donation. En l'absence de réponse ou en cas de réponse insuffisante, l'administration peut rectifier l'acte de donation selon la procédure de rectification contradictoire.

> **Précisions a.** Que ce soit au regard de la **taxe de publicité foncière** ou du calcul des **plus-values** en cas de vente ultérieure du bien donné (meuble ou immeuble) par le donataire, la prise en charge par ce dernier de la dette grevant le bien transmis n'a aucune incidence : l'assiette de la taxe de publicité foncière comme le prix de revient servant au calcul de la plus ou moins-value sont déterminés selon la valeur vénale du bien appréciée au jour de la donation (BOI-ENR-DMTG-20-30-10 n°s 270, 280 et 290).
> **b.** Selon l'administration, la **prise en charge de la dette** par le donataire doit être simplement **notifiée au créancier** ; elle n'exige pas que ce dernier ait donné son accord (BOI-ENR-DMTG-20-30-10 n° 230). Cette position est contraire aux dispositions de l'ordonnance 2016-131 du 10 février 2016 portant réforme du droit des contrats selon lesquelles l'opération de cession de dette est possible et effective dès lors que le débiteur a obtenu le consentement du créancier cédé (C. civ. art. 1327). L'accord préalable du créancier semble donc être une condition indispensable à la réalisation du transfert de la dette à un nouveau débiteur.

FRAIS DE RECONSTITUTION DES TITRES DE PROPRIÉTÉ

Les frais de reconstitution des titres de propriété d'immeubles ou de droits immobiliers engagés dans les 24 mois précédant une donation afin de permettre de reconstituer le droit de propriété du donateur et mis à la charge de celui-ci par le notaire sont admis en déduction de la valeur déclarée des biens transmis, dans la limite de cette valeur (CGI art. 776 quater). **64845**
Une mesure similaire existe pour les **successions** (CGI art. 775 sexies) ; voir n° 64563.

C. Calcul des droits de donation

RÈGLES DE CALCUL

Les droits de donation sont calculés sur la **part de chaque donataire** dans l'actif donné, après réintégration le cas échéant des donations consenties depuis moins de 15 ans au même donataire (règle du **rappel fiscal** des donations antérieures, qui s'applique comme pour le calcul des droits de succession et avec les mêmes exceptions : voir n°s 64700 s.). **64850**
Le calcul des droits de donation comporte l'application d'**abattements**, d'un **tarif** et de **réductions** de droits.

ABATTEMENTS

Typologie des abattements Les donations bénéficient de la plupart des abattements applicables aux droits de succession, ainsi que d'abattements spécifiques. **64852**
Sont **communs aux droits de succession et aux droits de donation** les abattements :
– en ligne directe : abattement de 100 000 € pour les donations consenties aux ascendants et aux enfants ;
– en ligne collatérale : abattement de 15 932 € entre frères et sœurs et de 7 967 € au profit des neveux et nièces ;
– en faveur des handicapés : abattement de 159 325 €.
Les **autres abattements** prévus en matière de droits de succession (notamment l'abattement applicable à défaut d'autre abattement) ne s'appliquent pas aux droits de donation.
Lorsque **deux donations** notariées sont dressées et **présentées à l'enregistrement le même jour**, l'abattement en ligne directe s'applique au premier acte dressé peu importe que celui-ci soit enregistré à une date postérieure en raison d'une demande de paiement différé des droits (CA Rennes 10-5-2022 n° 20/01018 : BPAT 5/22 inf. 243).

ATTENTION

En cas de **donations successives à une même personne**, l'administration refuse au contribuable la possibilité, lors de la première donation, de renoncer au bénéfice des abattements applicables sur l'actif transmis pour les reporter sur une donation ultérieure (BOI-ENR-DMTG-20-30-20-20 n° 10).

Abattement sur les donations entre époux ou partenaires de Pacs Les donations entre **époux** ouvrent droit à un abattement dont le montant est fixé à 80 724 € (CGI art. 790 E). Il en va de même des donations entre partenaires de **Pacs**, avec une particularité : l'abattement est remis en cause si le pacte est rompu dès l'année de sa conclusion ou au cours de l'année suivante pour un motif autre que le mariage entre les partenaires ou le décès de l'un d'eux (CGI art. 790 F). **64854**
L'abattement est **cumulable**, le cas échéant, avec celui prévu en faveur des handicapés.
La règle du **rappel fiscal** des donations antérieures est applicable (CGI art. 784), l'abattement pouvant jouer une fois tous les 15 ans.

> **Précisions** Les personnes liées par un **partenariat civil conclu à l'étranger** et non contraire à l'ordre public bénéficient des mêmes règles que les partenaires de Pacs au regard des droits de mutation à titre gratuit, et bénéficient par conséquent de l'abattement (BOI-ENR-DMTG-20-30-20-20 n° 30). Les justificatifs à fournir et la liste des partenariats étrangers sur lesquels l'administration s'est prononcée sont disponibles sur la base Bofip (BOI-IR-CHAMP-20-10 nos 140 à 200).

64856 **Abattement sur les donations aux petits-enfants** Les donations consenties par des grands-parents à leurs petits-enfants (quel que soit l'âge des uns et des autres) ouvrent droit à un abattement spécifique d'un **montant** fixé à 31 865 € (CGI art. 790 B).

La règle du **rappel fiscal** des donations antérieures est applicable (CGI art. 784), l'abattement ne pouvant jouer qu'une fois tous les 15 ans.

Cet abattement se **cumule**, le cas échéant, avec :

– l'exonération des dons de sommes d'argent ;

– l'abattement prévu en faveur des handicapés ;

– avec l'abattement entre parent et enfant dont peuvent bénéficier les petits-enfants qui viennent en « représentation » de leur auteur (BOI-ENR-DMTG-20-30-20-20 n° 110).

CONSEIL

Si la **donation n'absorbe pas l'intégralité des abattements** disponibles, le notaire a intérêt à insérer une clause spécifique dans l'acte de donation prévoyant que la donation consentie s'impute en priorité sur l'abattement en faveur des petits-enfants prévu à l'article 790 B du CGI, puis subsidiairement sur celui prévu en faveur des enfants à l'article 779, I du CGI dont les petits-enfants bénéficient en tant que représentants de leur auteur prédécédé. Cette clause permettra, en cas de **décès du donateur dans les 15 ans** de la donation, de conserver le bénéfice (total ou partiel) de l'abattement prévu entre parents et enfants et de faire jouer pleinement l'abattement en faveur des petits-enfants (F. Fruleux, Régime fiscal de la représentation : synthèse et mise en œuvre : JCP N 2012 art. 1180, avec une formule de donation prévoyant l'ordre d'imputation des abattements). À défaut, l'administration calcule les droits en imputant d'abord l'abattement parent/enfant (BOI-ENR-DMTG-20-30-20-20 n° 110) ; en cas de décès du donateur dans les 15 ans de la donation, l'application de la règle du rappel fiscal interdira de réutiliser cet abattement.

64858 **Abattement sur les donations aux arrière-petits-enfants** Les donations consenties par des arrière-grands-parents à leurs arrière-petits-enfants (quel que soit l'âge des uns et des autres) ouvrent droit à un abattement spécifique dont le **montant** est fixé à 5 310 € par part (CGI art. 790 D).

Cet abattement est **cumulable**, le cas échéant, avec l'exonération des dons de sommes d'argent, avec l'abattement dont peuvent bénéficier les arrière-petits-enfants qui viennent en « représentation » de leur auteur (abattement entre grands-parents et petits-enfants), ainsi qu'avec celui prévu en faveur des handicapés.

La règle du **rappel fiscal** des donations antérieures étant applicable, l'abattement ne peut jouer qu'une fois tous les 15 ans.

64860 **Abattement sur les donations d'entreprises aux salariés** Les donations en pleine propriété de fonds de commerce, de fonds artisanaux, de clientèles d'une entreprise individuelle, de fonds agricoles ou de tout ou partie des parts ou actions d'une société ouvrent droit à un abattement d'un **montant** de 500 000 € sur la valeur du fonds ou de la clientèle ou sur la fraction de la valeur des titres représentative du fonds ou de la clientèle (CGI art. 790 A dans sa version issue de la loi 2023-1322 du 29-12-2023 art. 22 dont les dispositions s'appliquent aux donations réalisées depuis le 1-1-2024).

L'abattement, qui est **optionnel**, est subordonné aux **conditions** suivantes.

L'entreprise ou la société exerce une activité industrielle, commerciale, artisanale, agricole ou libérale.

Les donataires sont titulaires dans l'entreprise ou la société d'un contrat de travail à durée indéterminée depuis au moins deux ans et y exercent leurs fonctions à temps plein, ou sont titulaires d'un contrat d'apprentissage.

Tous les donataires poursuivent à titre d'activité professionnelle unique et de manière effective et continue pendant cinq ans à compter de la donation l'exploitation du fonds ou l'activité de la société. L'un d'entre eux assure, pendant la même période, la direction effective de l'entreprise.

Si la donation porte sur une entreprise individuelle, le fonds ou la clientèle doit être détenu depuis plus de deux ans par le donateur. Si la donation porte sur des parts ou actions acquises à titre onéreux, le donateur doit les détenir depuis plus de deux ans et la société doit elle-même détenir le fonds ou la clientèle depuis plus de deux ans.

L'abattement de 500 000 € est cumulable :
– avec les abattements de droit commun applicables en raison du lien de parenté existant, le cas échéant, entre le donateur et le donataire ou de la qualité d'handicapé du bénéficiaire ainsi qu'avec la réduction de droits de 50 % liée à l'âge du donateur (sur cette réduction, voir n° 64870) ;
– avec l'exonération de 75 % prévue en faveur des transmissions à titre gratuit de titres de sociétés ou d'entreprises individuelles (étude d'ensemble n°s 64380 s.). L'exonération de 75 % s'applique avant l'abattement fixe (BOI-ENR-DMTG-20-30-20-20 n° 350).

ATTENTION

L'option pour l'abattement a pour effet d'empêcher l'application de l'**exonération partielle de 75 %** à la fraction de la valeur des parts ou actions représentative des biens autres que le fonds ou la clientèle (CGI art. 790 A, II).

TARIFS DES DROITS

Les donations **en ligne directe**, en ligne **collatérale** et **entre non-parents** relèvent du même tarif que les successions (nos 64682 s.). **64865**

Un tarif spécifique s'applique aux donations **entre époux et partenaires de Pacs** (CGI art. 777 tableau II). Ce tarif s'applique aux personnes liées par un partenariat civil conclu à l'étranger et non contraire à l'ordre public (BOI-ENR-DMTG-20-30-20-40 n° 1 ; BOI-ENR-DMTG-20-30-20-20 n° 30). **64867**

Fraction de part nette taxable (P)	Tarif applicable	Formule de calcul des droits
N'excédant pas 8 072 €	5 %	P × 0,05
Comprise entre 8 072 € et 15 932 €	10 %	(P × 0,1) – 404 €
Comprise entre 15 932 € et 31 865 €	15 %	(P × 0,15) – 1 200 €
Comprise entre 31 865 € et 552 324 €	20 %	(P × 0,2) – 2 793 €
Comprise entre 552 324 € et 902 838 €	30 %	(P × 0,3) – 58 026 €
Comprise entre 902 838 € et 1 805 677 €	40 %	(P × 0,4) – 148 310 €
Au-delà de 1 805 677 €	45 %	(P × 0,45) – 238 594 €

RÉDUCTIONS DE DROITS

Comme les successions, les donations bénéficient de la réduction prévue en faveur des **mutilés de guerre**. **64870**
Il existe en outre une réduction de droits spécifique aux **donations d'entreprises** : les donations en pleine propriété d'entreprises individuelles ou de parts ou actions de sociétés qui réunissent les conditions de l'exonération partielle prévue en faveur des transmissions d'entreprise (nos 64380 s.) bénéficient d'une réduction de droits de 50 % si le donateur a moins de 70 ans (CGI art. 790).

> **Précisions** En cas de **donation** « mixte », c'est-à-dire comportant à la fois des **biens en pleine propriété** et des biens **démembrés**, l'administration accepte d'appliquer prioritairement les abattements et les tranches basses du barème sur les biens démembrés qui ne bénéficient pas de la réduction de droits de l'article 790 du CGI. Corrélativement, les biens transmis en pleine propriété sont taxés dans les tranches les plus élevées de sorte que la réduction s'applique sur un montant de droits plus important (BOI-ENR-DMTG-20-30-20-50 n° 37).

D. Paiement des droits de donation

Les droits de donation sont en principe **supportés par** le donataire. Cependant, ils peuvent être pris en charge par le donateur. Sur l'intérêt d'une telle prise en charge, voir nos 63502 s. **64885**
Toutes les parties à l'acte de donation sont **solidaires** pour le paiement des droits (CGI art. 1705).

En principe, les droits sont payés au **pôle enregistrement** du lieu du notaire ayant reçu l'acte de donation ou du lieu du donataire en cas de don manuel (CGI art. 650 et ann. III art. 281 E). Compte tenu de l'ouverture du **service en ligne** de déclaration des dons manuels, il est possible de payer en ligne les droits éventuels dus par carte bancaire ou par autorisation de prélèvement au moment de la télédéclaration. **64886**

Les formalités d'enregistrement et de publicité foncière sont fusionnées lorsque la **donation porte** au moins **sur un immeuble** ou droit réel immobilier (CGI art. 647). Le paiement des droits de donation se fait alors auprès du service chargé de la publicité foncière du lieu de l'immeuble lors de la publication de l'acte. Ces droits ne sont pas exclusifs de la taxe de publicité foncière.

64887 Les droits de donation doivent en principe être payés comptant. Les régimes de **paiement fractionné ou différé** prévus en matière de successions ne s'appliquent pas aux donations, sauf en cas de transmission d'entreprise (nos 64788 s.).

64889 Les **modes de paiement** des droits sont ceux prévus pour les droits de succession : numéraire, valeurs du Trésor, etc. (voir no 64774).

64895 Les droits de donation sont soumis au **contrôle de l'administration** selon les règles exposées nos 64752 à 64766 à propos des droits de succession.

En ce qui concerne le **délai de reprise** de l'administration, des règles spécifiques s'appliquent toutefois :

– en cas de rappel fiscal d'une donation antérieure, pour le contrôle de la valeur initialement déclarée : voir no 64715 ;

– en cas de révélation d'un don manuel avec option pour la taxation au décès du donateur : voir no 63840 ;

– lorsque la donation d'une entreprise a fait l'objet de la procédure de rescrit valeur : voir no 64840, précisions.

CHAPITRE 3

ASSURANCE-VIE INDIVIDUELLE

SOMMAIRE

SECTION 1

PRÉSENTATION DE L'ASSURANCE-VIE

QU'EST-CE QUE L'ASSURANCE-VIE ?

65000 L'assurance-vie est un **contrat** par lequel l'assureur s'engage, en contrepartie du paiement d'une ou plusieurs primes, à verser un capital ou une rente à une personne déterminée en cas soit de décès (bénéficiaire en cas de décès), soit de vie (bénéficiaire en cas de vie) de l'assuré à une date déterminée. Il s'agit d'un contrat original, régi à la fois par le Code civil, le Code des assurances et le Code général des impôts.

On trouve sur le marché de l'assurance-vie individuelle une multitude de contrats de nature très différente, que l'on peut regrouper en **trois grandes catégories** à l'intérieur desquelles les assureurs ont élaboré une multitude de sous-catégories : les contrats en cas de vie, les contrats en cas de décès et les contrats vie et décès. À côté de ces trois grandes familles de contrats d'assurance-vie, certains contrats proposent des garanties complémentaires (invalidité ou perte d'emploi, notamment).

> **Précisions** Seule est traitée dans ce chapitre l'**assurance-vie individuelle**, c'est-à-dire les contrats souscrits par une personne de sa propre initiative et directement auprès de l'assureur de son choix. Les règles propres aux **contrats de groupe**, qui sont souscrits par une personne morale ou un chef d'entreprise en vue de l'adhésion d'un groupe de personnes répondant à certaines conditions (par exemple, salariés de l'entreprise ou emprunteurs auprès d'une banque), de même que le plan d'épargne retraite conclu sous la forme d'un contrat d'assurance-vie (PER assurance) ne seront pas traités.

OBJECTIFS DE L'ASSURANCE-VIE INDIVIDUELLE

65002 L'assurance-vie permet de répondre à des objectifs très divers :
– constitution d'une **épargne**, qu'il s'agisse d'une épargne de précaution ou d'une épargne destinée à un usage déterminé, le plus souvent celui de compléter sa retraite future ;
– **placement** au sein d'une enveloppe de capitalisation ;
– **protection** de la famille ou d'un tiers (assurer un patrimoine ou le versement d'une rente au profit de son conjoint, de ses enfants ou de toute autre personne) ;
– optimisation civile ou fiscale de la **transmission du patrimoine**.

COMMENT CHOISIR UN CONTRAT ?

65003 Face à la diversité des contrats proposés, le souscripteur doit, pour choisir le « bon » contrat, commencer par **définir précisément ses besoins de placement et les hiérarchiser**. Ceux-ci peuvent être très divers :
– un niveau de risque limité, avec un rendement limité (supports en euros) ou une rentabilité potentiellement supérieure mais un placement plus risqué (supports en unités de compte) ;
– une « visibilité » dans le placement, avec la faculté de participer à la gestion de l'épargne et de déterminer des choix de placement, ou à l'inverse un mandat de gestion confié à l'assureur qui globalisera alors la gestion de l'ensemble des primes investies et répartira le risque du fait d'une plus grande diversification du portefeuille géré.

Le souscripteur d'un contrat d'assurance-vie doit également s'assurer de la **solidité financière** de la compagnie auprès de laquelle est souscrit le contrat, de la qualité des gérants assurant la **gestion** financière **des fonds** placés au sein du contrat, se renseigner sur le montant des **frais** d'entrée, des frais de gestion, des frais d'arbitrage, des éventuelles pénalités de sortie anticipée, du **taux** assuré et/ou garanti, de la diversité des **supports**.

A. Contrats vie, contrats décès et contrats vie et décès

ASSURANCE-VIE EN CAS DE VIE

65005 Les contrats en cas de vie ont pour **objectif** de se constituer un capital ou une rente à un âge déterminé, notamment en vue de la retraite, mais en acceptant de ne rien recevoir en cas de décès avant le terme prévu.

Les contrats en cas de vie subsistent encore sur le marché sous forme de « **tontine** » **en cas de vie** et de **contrats de rente**, la rente pouvant être différée ou immédiate.

Contrats de rente Dans les contrats de **rente différée**, l'assureur s'engage, moyennant le paiement d'une ou plusieurs primes, à verser une rente déterminée si l'assuré est toujours en vie à une époque convenue. Il ne devra rien si l'assuré est mort avant, sauf si une contre-assurance en cas de décès a été prévue. 65007

Dans les contrats de **rente immédiate**, en échange du capital versé, l'assureur sert tout de suite à l'assuré une rente périodique, qui peut être temporaire ou viagère, et assortie ou non d'une possibilité de réversion au profit du conjoint survivant. L'objectif est alors la perception « sécurisée » de revenus pendant la durée prévue, moyennant l'aliénation d'un capital.

Les **contrats** dits « **de capitaux différés** » sont techniquement rattachables à la catégorie des contrats en cas de vie, mais dans la mesure où ils se combinent systématiquement avec une contre-assurance en cas de décès pour constituer la principale offre d'assurance-vie « placement » du marché, ils seront rattachés à la catégorie « vie et décès ».

Contre-assurance en cas de décès Les contrats d'assurance de capital différé « purs » ou de rente différée sont des contrats « à fonds perdus », en ce sens que l'assureur est définitivement dégagé si l'assuré décède avant l'échéance du contrat. 65008

Pour **éviter la perte des primes versées** par l'assuré, le contrat d'assurance en cas de vie peut inclure une contre-assurance, qui oblige l'assureur à reverser aux bénéficiaires désignés, en cas de prédécès de l'assuré, un capital généralement égal à la valeur de rachat du contrat.

> **Précisions** Les **contrats de rente** peuvent également être assortis d'une clause, dite « d'annuités certaines », qui assure un certain nombre de versements aux ayants droit de l'assuré dans l'hypothèse de son décès.

ASSURANCE-VIE EN CAS DE DÉCÈS

L'assurance décès couvre le **risque** de décès de l'assuré. Les contrats en cas de décès peuvent répondre à deux **objectifs** principaux : 65010

– un objectif de pure prévoyance pour les contrats temporaires décès ;
– un objectif de transmission du patrimoine pour les contrats vie entière.

> **Précisions** Dans les contrats individuels d'assurance-vie en cas de décès, la **couverture du suicide de l'assuré** est interdite pendant la première année du contrat (C. ass. art. L 132-7, al. 1). Les assureurs sont en revanche obligés de couvrir le suicide dès la deuxième année du contrat (C. ass. art. L 132-7, al. 2).

Contrat temporaire décès L'assureur s'engage à verser un capital ou une rente au(x) bénéficiaire(s) désigné(s) si le **décès de l'assuré** survient **avant une date déterminée** (laquelle est généralement fixée avant le 75e anniversaire de l'assuré). L'assureur est définitivement dégagé si l'assuré est toujours en vie à cette date (assurance à fonds perdus), sauf si une contre-assurance en cas de survie a été souscrite, ce qui est rare. 65011

L'**intérêt** de l'assurance temporaire-décès est de garantir le risque décès pendant une période déterminée, par exemple pendant la durée d'un crédit bancaire (pour garantir le remboursement des sommes empruntées) ou le temps des études des enfants du souscripteur assuré (pour permettre le paiement d'une rente destinée à financer les études). Le contrat peut prévoir que le capital assuré sera décroissant, en contrepartie d'une baisse des primes, pour aligner le coût de la protection aux besoins de l'assuré.

Contrat vie entière Il engage l'assureur **quelle que soit la date du décès** de l'assuré : quand l'assuré mourra, l'assureur versera un capital (ou une rente) au(x) bénéficiaire(s) désigné(s) au contrat. 65012

Ces contrats présentent un **intérêt** particulier dans un objectif de transmission du patrimoine puisque, en principe, les capitaux ou la rente versés le seront hors succession et dans un cadre fiscal avantageux.

CONTRATS VIE ET DÉCÈS

Les contrats vie et décès, qui constituent la quasi-totalité du marché de ce que l'on appelle l'**assurance-vie** « **placement** », tiennent compte à la fois du risque vie et du risque décès. 65018

De ce fait, ils permettent au souscripteur assuré de constituer une **épargne** et d'assurer un **capital** soit au souscripteur s'il est encore en vie à l'échéance du contrat, soit dans le cas contraire à des bénéficiaires désignés par lui.

65019 **Contrats de « capitaux différés avec contre-assurance »** Les contrats vie et décès sont généralement commercialisés sous la forme technique de contrats de « capitaux différés avec contre-assurance » en cas de décès, qui assurent le **versement d'un capital identique en cas de vie et en cas de décès**.

Cette formule a supplanté celle des assurances dites « mixtes », dans lesquelles les deux garanties sont souvent différentes, la garantie décès étant généralement supérieure à la garantie en cas de vie (par exemple, doublement ou triplement du capital en cas de décès). Il est reproché aux contrats mixtes d'être peu lisibles et de cacher un niveau de frais plus important que la moyenne. Ils sont désormais rares, le relais ayant été pris dans cette même philosophie par les contrats « vie universelle ».

65020 **Contrats « vie universelle »** Les contrats « vie universelle » permettent au souscripteur de disposer de son capital comme dans un contrat classique mais garantissent par ailleurs aux bénéficiaires désignés en cas de décès le **versement d'un capital minimum**, quelle que soit la date du décès du souscripteur.

Le souscripteur fixe le montant qui sera versé au bénéficiaire. S'il s'agit d'un contrat en unités de compte, le contrat vie universelle permet de supprimer le risque de conjonction boursière défavorable au moment du décès. S'il s'agit d'un contrat monosupport en euros, le bénéficiaire a la certitude de recevoir, en cas de décès prématuré de l'assuré, le montant fixé par le souscripteur (par exemple 150 000 €, alors que le capital investi est de 100 000 €).

La garantie n'est appelée à jouer que dans la mesure où le capital en compte est inférieur au montant fixé par le souscripteur. Dès lors que ce montant est atteint, la garantie n'a plus lieu de s'appliquer et le paiement de la prime correspondante cesse. Le montant de la prime, fonction de l'âge de l'assuré, est prélevé directement sur le contrat.

Le montant de la garantie décès peut **évoluer dans le temps**, voire disparaître en cours de contrat, si les objectifs du souscripteur évoluent. À titre d'**exemple**, le souscripteur assuré peut, dans un premier temps, investir son capital dans une garantie décès au bénéfice d'un enfant en bas âge, puis diminuer progressivement le montant de la garantie décès pour privilégier la partie épargne, dans le but de se constituer un capital retraite. Par la suite, le souscripteur assuré peut choisir de réinvestir son épargne dans la garantie décès, dans le but de préparer sa succession.

B. Sortie du contrat en capital ou en rente viagère

65050 Le choix entre le versement, à l'échéance du contrat d'assurance, d'un capital ou d'une rente appartient en principe au souscripteur. Il doit être fait en fonction de l'objectif poursuivi.

Tous les contrats n'offrent pas la même souplesse : certains contrats prévoient en effet que ce **choix** doit être effectué **au moment de la souscription** du contrat. Le souscripteur est définitivement lié par ce choix.

Mieux vaut retenir un contrat qui laisse au souscripteur le choix du mode de sortie **au moment du dénouement du contrat** (mais qui prévoit clairement, dès la souscription, que le souscripteur pourra opter pour le versement d'une rente car, à défaut, il ne pourrait pas bénéficier de l'exonération d'impôt attachée aux produits capitalisés).

SORTIE EN CAPITAL

65055 Elle impose à l'assureur le versement d'une somme soit à l'assuré s'il est encore en vie, soit au bénéficiaire désigné dans le cas inverse.

SORTIE EN RENTE VIAGÈRE

65060 **En cas de décès** Si la possibilité de sortie en rente viagère (ou temporaire) est en général prévue en cas de vie en faveur du souscripteur, il est plus rare qu'elle le soit, en cas de décès, en faveur du bénéficiaire.

Certains contrats prévoient cependant cette possibilité, qui peut s'avérer **adaptée dans certaines situations**. Ce peut être le cas notamment lorsque les bénéficiaires sont des majeurs protégés, car ils ont généralement plus besoin de revenus que de capital. Toutefois, du point de vue strictement financier, le versement d'une rente viagère pour ces majeurs protégés peut s'avérer défavorable lorsque leur espérance de vie, en raison de l'importance de leur handicap, est inférieure à l'espérance de vie moyenne qui servira de référence au calcul de la rente servie.

En cas de vie Si le souscripteur opte pour la sortie en rente viagère, l'épargne et les gains accumulés ne lui appartiennent plus mais deviennent la propriété de l'assureur chargé de lui verser en contrepartie une rente jusqu'à son décès. **65065**
Le **montant de la rente** dépend du capital accumulé et de l'âge du souscripteur au moment où il demande le versement de celle-ci à son profit, ainsi que de l'existence ou non de clauses de réversion. Plus le souscripteur est jeune et son espérance de vie élevée, plus le montant de la rente sera faible. En outre, s'il s'agit d'une rente réversible au profit du conjoint ou des héritiers, le souscripteur reçoit dès le départ une rente dont le montant est inférieur à celui qu'il aurait reçu en l'absence de réversion puisque, du fait de la réversion, la durée probable de la rente sera plus longue.
Sur le **régime fiscal** de la rente, voir n°s 65344 s.

L'option pour la rente présente plusieurs **avantages** : prise en charge de la gestion de l'épargne par l'assureur et garantie de recevoir sa vie durant un complément de revenus réguliers (qui viendra utilement majorer, après la cessation d'activité, le montant des retraites dont le niveau va décroissant). **65070**
Il convient néanmoins de prendre en compte les **inconvénients** de l'option pour la rente viagère, le principal étant qu'elle interdit toute possibilité de transmettre le capital ainsi accumulé. Le capital est définitivement perdu pour les héritiers qui ne recevront rien en cas de décès du souscripteur bénéficiaire de la rente (sauf rente réversible à leur profit, stipulation qui se traduit par une minoration du montant de la rente initiale). Par ailleurs, il est très difficile de pouvoir estimer le montant futur de la rente : la plupart des contrats prévoient que le calcul de la rente s'opérera en fonction de la table de mortalité applicable à la date de la sortie. L'espérance de vie augmentant régulièrement, chaque nouvelle table de mortalité diminue le montant de la rente. Enfin, lorsque le bénéficiaire a une espérance de vie inférieure à la moyenne (c'est notamment le cas en présence de certains handicaps), la sortie en rente sera financièrement très pénalisante, puisque calculée sur une durée théorique très supérieure à la durée réelle probable de la rente.

CONSEIL

Il est souvent préférable en termes de **stratégie patrimoniale** de **sortir en capital** plutôt qu'en rente, puis de faire réinvestir le bénéficiaire du capital sur un contrat d'assurance lui appartenant. Il pourra ensuite procéder à des retraits sur ce contrat avec une fiscalité plus favorable (n°s 65326 s.) que celle applicable à la rente.
Si le futur bénéficiaire ouvre un contrat en même temps que le souscripteur initial, il pourra bénéficier d'une fiscalité allégée une fois écoulé un délai de 8 années à compter de la souscription (n°s 65336 s.).

SECTION 2

SOUSCRIPTION DU CONTRAT ET PHASE DE PLACEMENT

A. Souscription du contrat d'assurance-vie

1. CAPACITÉ DU SOUSCRIPTEUR

Si l'on se réfère au décret relatif aux actes de gestion du patrimoine des personnes placées en curatelle ou en tutelle (Décret 2008-1484 du 22-12-2008 ann. 1), la souscription d'un contrat d'assurance-vie constitue un **acte de disposition** que toute personne majeure et non placée sous un régime de protection peut librement effectuer. **65100**
Des règles particulières sont toutefois à signaler en cas de souscription par un époux commun en biens (n°s 65250 s.).

a. Majeurs protégés

SAUVEGARDE DE JUSTICE

Un majeur placé **sous sauvegarde de justice** a la pleine capacité. Il peut donc librement souscrire un contrat d'assurance-vie, l'acte étant toutefois annulable ou réductible dans les conditions exposées n°s 51060 s. **65101**

CURATELLE ET TUTELLE

65102 **Règles applicables à la souscription** Pour les majeurs sous curatelle et sous tutelle, les règles sont les suivantes (C. ass. art. L 132-4-1, al. 1 ; Décret 2008-1484 du 22-12-2008 ann. 1) :
– les majeurs sous curatelle peuvent souscrire un contrat avec l'assistance de leur curateur ;
– pour les majeurs sous tutelle, le contrat est souscrit par le tuteur qui doit être autorisé par le juge des tutelles (ou par le conseil de famille s'il en a été constitué un).

ATTENTION

Si le **bénéficiaire du contrat** d'assurance-vie est le tuteur (ou le curateur), il est réputé être en opposition d'intérêts avec la personne protégée (C. ass. art. L 132-4-1, al. 3). Le contrat doit être souscrit par le subrogé tuteur (ou avec l'assistance du subrogé curateur). En l'absence de subrogé tuteur (ou subrogé curateur), le juge ou le conseil de famille s'il en a été constitué un nomme un tuteur (ou curateur) ad hoc (C. civ. art. 455).

65104 **Application des règles à d'autres opérations** Les règles relatives à la souscription du contrat s'appliquent aux **rachats** ou demandes d'**avances**, à la désignation et à la **modification du bénéficiaire** du contrat, de même qu'à la révocation de la clause bénéficiaire (C. ass. art. L 132-4-1 et L 132-9 ; Décret 2008-1484 du 22-12-2008 ann. 1). Le tuteur doit obtenir l'autorisation du juge sous la tutelle, et le majeur doit être assisté du curateur sous la curatelle. La modification du bénéficiaire par un majeur sous curatelle nécessite l'assistance du curateur même lorsqu'elle est effectuée par testament. L'assistance est limitée à la question de la désignation des bénéficiaires et non à la rédaction de l'ensemble du testament. Ainsi, la Cour de cassation semble indiquer que l'assistance en cause pourrait se manifester sous la forme d'un accord du curateur communiqué à l'assureur par voie séparée (Cass. 2e civ. 8-6-2017 n° 15-12.544 F-PB : BPAT 4/17 inf. 159). L'assistance apportée par le curateur à la modification du bénéficiaire ne fait pas obstacle à l'action en nullité pour insanité d'esprit (Cass. 1e civ. 15-1-2020 n° 18-26.683 FS-PBI : BPAT 2/20 inf. 55). En outre, le curateur ne commet pas de faute en transmettant pour simple information au juge des tutelles une lettre du majeur protégé indiquant vouloir changer le bénéficiaire de son assurance-vie, dès lors qu'il n'a pas été sollicité par le majeur pour l'assister dans sa démarche (Cass. 1e civ. 23-3-2022 n° 20-22.136 F-D : BPAT 3/22 inf. 133).

Les règles relatives à la souscription du contrat s'appliquent également au **versement de nouvelles primes** sur le contrat, considéré comme un acte de disposition sauf circonstances d'espèce (Décret 2008-1484 du 22-12-2008 ann. 2). L'autorisation du juge des tutelles est donc nécessaire au versement de nouvelles primes par le tuteur. En effet, ne pouvant être assimilée à un compte, l'assurance-vie n'est pas soumise aux dispositions de l'article 501 du Code civil qui autorisent le tuteur à placer des fonds du majeur protégé sur un compte sans autorisation (Cass. 1e civ. avis 18-12-2020 n° 20-70.003 F-PB : BPAT 2/21 inf. 83). Pour autant, l'autorisation donnée par le juge n'exclut pas que les primes puissent être jugées manifestement exagérées (Cass. 1e civ. 7-2-2018 n° 17-10.818 FS-PBI : BPAT 2/18 inf. 78). Le majeur sous curatelle peut quant à lui verser de nouvelles primes avec l'assistance de son curateur (C. civ. art. 467, al. 1).

La **renonciation au bénéfice d'un contrat** d'assurance-vie au nom du majeur constitue un acte interdit au tuteur, même avec une autorisation (C. civ. art. 509 ; Cass. 1e civ. avis 20-10-2022 n° 22-70.011 B : BPAT 6/22 inf. 270 note G. Raoul-Cormeil). En revanche, le majeur sous curatelle assisté de son curateur pourrait renoncer au bénéfice du contrat souscrit à son profit, la liste des actes interdits au tuteur sous la tutelle ne s'appliquant pas à la curatelle (Cass. 1e civ. avis 6-12-2018 n° 18-70.011 F-PBI : BPAT 1/19 inf. 21).

Qu'en est-il de la **renonciation à la conclusion du contrat** dans le délai de 30 jours (C. ass. art. 132-5-1) ? Un arrêt de principe rendu à propos d'un mineur indique qu'il s'agit d'un simple acte d'administration (Cass. 1e civ. 18-5-2011 n° 10-23.114 F-PBI : BPAT 4/11 inf. 250). Il n'est pas certain que cette solution puisse être transposée à l'identique aux majeurs protégés. En effet, la souscription du contrat au nom d'un majeur sous tutelle et le libellé de la clause bénéficiaire doivent être autorisés par le juge (ou le conseil de famille) en tant qu'actes de disposition. Il devrait donc en aller de même de la renonciation au contrat, qui entraîne de facto la révocation de la clause bénéficiaire, à l'instar d'un rachat total. Selon cette analyse :
– pour le majeur sous curatelle, il conviendrait alors que la renonciation soit effectuée par celui-ci avec l'assistance de son curateur ;
– pour les majeurs sous tutelle, la situation est plus délicate, car la renonciation devrait être réalisée par le tuteur après autorisation du juge des tutelles (ou du conseil de famille), ce qui pose un problème pratique au regard du respect du délai maximum de 30 jours à compter de la souscription du contrat. Si l'on accepte, pour des raisons d'efficacité, qu'en l'absence de conseil de famille le tuteur puisse renoncer seul au contrat, il conviendra de prévoir qu'il en rende compte spécifiquement au juge qui en avait autorisé la souscription.

Pour les règles applicables à l'**acceptation du contrat**, voir nos 65811 s. (acceptation par le majeur protégé du bénéfice du contrat souscrit à son profit) et 65813 (consentement du souscripteur majeur protégé à l'acceptation donnée par le bénéficiaire).

CONSEIL

Ce n'est pas parce que le détenteur d'un patrimoine est placé sous curatelle ou sous tutelle que toute **stratégie d'investissement en assurance-vie** est exclue. À condition de respecter les procédures propres à chaque situation, il est possible de souscrire un contrat et d'en désigner le bénéficiaire, d'effectuer un nouveau versement sur un contrat existant ou de modifier le bénéficiaire antérieur. Les éventuelles **contestations seront évitées si** la clause bénéficiaire désigne les héritiers de l'assuré, pour les parts qu'ils recueilleront respectivement dans sa succession.

HABILITATION FAMILIALE

Habilitation avec représentation L'habilitation familiale avec représentation implique que la personne protégée conserve l'exercice de ses droits, sauf de ceux dont l'exercice a été confié à la personne habilitée à la représenter (C. civ. art. 494-8). Cette dernière peut être habilitée à représenter le majeur dans le cadre d'une habilitation **spéciale** (pour certains actes particuliers) ou **générale**. Elle peut alors agir sans autorisation préalable du juge des tutelles, sauf pour les actes de disposition à titre gratuit (C. civ. art. 494-6, al. 1 à 5). 65106

La personne habilitée à représenter le majeur de façon générale pour l'ensemble des actes portant sur ses biens, ou spécifiquement pour la **souscription** (sans désignation bénéficiaire) ou la gestion (**rachat**, **avance**) du contrat d'assurance-vie, pourra donc agir seule.

La solution est à nuancer pour la **désignation ou** la **modification du bénéficiaire**. Dès lors qu'on considère qu'elle relève d'une intention libérale et est assimilable à un acte de disposition à titre gratuit, la personne habilitée (que l'habilitation soit spéciale ou générale) devra recueillir l'autorisation du juge des tutelles.

La personne habilitée ne peut pas accomplir les actes interdits au tuteur, même avec une autorisation. Dès lors, elle ne peut pas être autorisée à **renoncer** au nom du majeur **au bénéfice d'un contrat** d'assurance-vie (C. civ. art. 509 ; Cass. 1e civ. avis 20-10-2022 no 22-70.011 B : BPAT 6/22 inf. 270 note G. Raoul-Cormeil).

Si la personne protégée passe seule un acte dont l'accomplissement a été confié à la personne habilitée, celui-ci est nul **de plein droit** sans qu'il soit nécessaire de justifier d'un préjudice. Il en va de même si c'est la personne habilitée qui accomplit seule, en cette qualité, un acte n'entrant pas dans le champ de l'habilitation qui lui a été délivrée ou qui ne pouvait être accompli qu'avec l'autorisation du juge (C. civ. art. 494-9, al. 1 et 5).

Habilitation avec assistance L'habilitation familiale avec assistance implique que la personne protégée soit assistée dans les **conditions** prévues pour la curatelle (C. civ. art. 467 sur renvoi de art. 494-1 modifié par loi 2019-222 du 23-3-2019). L'assistance de la personne habilitée sera donc requise pour la plupart des actes portant sur le contrat d'assurance-vie, dès lors qu'ils entrent dans le champ de l'habilitation délivrée par le juge. 65108

Si la personne protégée accomplit seule un acte dont l'accomplissement nécessitait une assistance de la personne habilitée, l'acte ne peut être annulé que s'il est établi que la personne protégée a subi un **préjudice** (C. civ. art. 494-9, al. 2).

MANDAT DE PROTECTION FUTURE MIS EN ŒUVRE

Pouvoirs du mandant Le mandat de protection future permet à une personne (mandant) de désigner à l'avance la ou les personnes (mandataires) qu'elle souhaite voir être chargées de veiller sur sa **personne et/ou** sur tout ou partie de son **patrimoine**, pour le jour où elle ne serait plus en état, physique ou mental, de le faire seule (C. civ. art. 477), ce qui doit être médicalement constaté par un médecin inscrit sur une liste établie par le procureur de la République (sur la mise en œuvre du mandat, voir nos 55060 s.). Une fois le mandat mis à exécution, le mandant voit donc l'altération de ses facultés médicalement reconnue mais ne se voit pas privé pour autant de sa capacité sur le plan juridique. 65110

La question se pose alors de savoir si la **souscription** d'un contrat d'assurance-vie peut valablement être réalisée par le mandant, dont l'impossibilité de pourvoir seul à ses intérêts a pourtant été médicalement constatée. Au regard de la capacité, et en l'absence d'ouverture d'une mesure de protection, le mandant pourrait juridiquement souscrire un contrat et nommer des bénéficiaires (en ce sens également, M. Iwanesko et M. Leroy, Clause bénéficiaire : Dossier pratique Francis Lefebvre 2012). Il n'en reste pas moins que le risque d'une annulation postérieure de celui-ci sur le fondement de l'existence d'un trouble mental du souscripteur au moment de l'acte (C. civ. art. 414-1) sera particulièrement marqué. En outre, les actes passés par le mandant après l'ouverture du mandat peuvent être rescindés (c'est-à-dire annulés) ou réduits s'ils lui causent un préjudice financier, quelle que soit son importance (C. civ. art. 488).

65112 **Pouvoirs du mandataire** Les pouvoirs du mandataire dépendent de la nature du mandat.
Le **mandat notarié**, même conçu en termes généraux, inclut tous les actes patrimoniaux que le tuteur a le pouvoir d'accomplir seul ou avec une autorisation. Toutefois, le mandataire ne peut accomplir un acte de disposition à titre gratuit qu'avec l'autorisation du juge des tutelles (C. civ. art. 490). Le mandataire pourra donc, sans autorisation du juge, **souscrire un contrat** d'assurance-vie sans désignation de bénéficiaire (il s'agit alors d'un acte de disposition à titre onéreux). En revanche, une **désignation de bénéficiaire** en cas de décès devant être regardée comme une forme de libéralité, il conviendra impérativement lorsqu'il y est procédé d'obtenir l'autorisation du juge pour assurer la validité de celle-ci. Il en va de même de la modification du bénéficiaire. Le **mandat sous seing privé** est limité, quant à la gestion du patrimoine, aux actes qu'un tuteur peut faire sans autorisation. La réalisation d'un acte soumis à autorisation sous la tutelle requiert l'autorisation du juge (C. civ. art. 493). Le mandataire devra donc obtenir une telle autorisation s'il souhaite souscrire un contrat au nom du majeur protégé, qu'il y ait ou non désignation d'un bénéficiaire.
En ce qui concerne la possibilité de procéder aux **rachats** (et demandes d'**avances**), le mandataire désigné dans un **mandat notarié** pourra agir seul dans la mesure où il ne s'agit pas d'actes à titre gratuit mais d'actes à titre onéreux (Rapport 116e Congrès des notaires de France, Protéger les personnes vulnérables, Paris 2020, n° 1210). Dans le cadre d'un **mandat sous seing privé**, le mandataire devra obtenir l'autorisation du juge pour procéder à de tels actes.

> **Précisions** **a.** La Cour de cassation a précisé, dans le cadre d'un litige relatif à une procuration bancaire, que la **faculté de rachat** d'un contrat d'assurance-vie **constitue** un droit personnel du souscripteur qui ne peut être exercé par son mandataire qu'en vertu d'un mandat spécial prévoyant expressément cette faculté (Cass. 2e civ. 5-6-2008 n° 07-14.077 FS-PB). Si l'on considère cette jurisprudence applicable au mandat de protection future, le mandat (établi sous forme notariée, puisque le pouvoir est donné pour accomplir un acte de disposition) devrait donc prévoir une clause expresse visant les rachats.
> **b.** On pourrait s'interroger sur la **qualification des rachats partiels** lorsqu'ils préservent le capital (rachat des produits générés par le contrat). Par assimilation à la perception des revenus du placement, certains auteurs envisagent de les considérer comme un simple acte d'administration (M. Leroy, Appréciation de la classification des actes en droit de l'assurance-vie : Dr. et patrimoine nov. 2016 p. 61).

b. Mineurs non émancipés

RÈGLES DE REPRÉSENTATION DU MINEUR

65115 **Souscription du contrat d'assurance-vie** La souscription d'un contrat d'assurance-vie, constituant un acte de disposition, obéit aux règles suivantes :
– si le mineur est soumis à l'**administration légale de ses deux parents** (nos 40050 s.), le contrat doit être souscrit pour le compte du mineur par les deux parents agissant en commun (C. civ. art. 382 et 387-1 a contrario). En cas de désaccord entre les parents, l'autorisation du juge des tutelles devra être obtenue (C. civ. art. 387) ;
– si le mineur est soumis à l'**administration légale d'un seul parent** (nos 40050 s.), le contrat doit être souscrit pour le compte du mineur par son administrateur unique, l'autorisation du juge n'étant pas requise (C. civ. art. 382 et 387-1 a contrario) ;
– si le **mineur** est **sous tutelle** (nos 42000 s.), le tuteur a besoin de l'autorisation du conseil de famille ou du juge des tutelles (C. civ. art. 505).

65116 **Autres opérations** Ces règles de représentation s'appliquent au **versement de nouvelles primes** et aux **rachats**. L'autonomie laissée au parent exerçant seul l'administration légale renforce l'intérêt de la nomination d'un tiers administrateur (n° 65466) ou du recours à une société civile (n° 65471).
Concernant les **avances**, elles sont généralement considérées par les compagnies d'assurance comme des emprunts (bien qu'elles s'en distinguent du fait de leurs caractéristiques spécifiques). Selon cette analyse, elles nécessitent l'intervention du juge (C. civ. art. 387-1, 3°).

Contrairement à la souscription du contrat, l'**exercice de la faculté de renonciation** pendant le délai de réflexion de 30 jours constitue un simple acte d'administration (Cass. 1e civ. 18-5-2011 no 10-23.114 F-PBI : BPAT 4/11 inf. 250). La renonciation à la souscription du contrat peut donc être effectuée par le tuteur seul. Lorsque le mineur est soumis à l'administration légale, la renonciation peut être effectuée par un administrateur : le seul parent en cas d'administrateur unique ou l'un ou l'autre des parents en cas d'administration exercée en commun. En cas de désaccord entre les parents, la renonciation devra être autorisée par le juge aux affaires familiales (C. civ. art. 387), ce qui pourrait poser un problème pratique en raison de la brièveté du délai de 30 jours imparti pour renoncer au contrat.

> **Précisions** Lorsqu'un seul des parents est investi de l'**autorité parentale**, il exerce seul l'administration légale, de sorte que l'autre parent ne peut pas renoncer au contrat d'assurance-vie souscrit au nom du mineur (Cass. 2e civ. 26-11-2020 no 19-12.499 F-D).

Problème particulier de la désignation du bénéficiaire Les représentants légaux du mineur ont-ils le **pouvoir** de désigner un bénéficiaire en cas de décès pour son compte et, dans l'affirmative, peuvent-ils désigner des bénéficiaires autres que les héritiers du mineur ? 65117

Cette question se pose en raison des limites apportées par le Code civil à la **liberté de disposer des mineurs**, que ce soit par **donation** (directe ou indirecte) ou par **testament**. Le Code civil dispose que : « Le mineur âgé de moins de seize ans ne pourra aucunement disposer, sauf ce qui est réglé au chapitre IX du présent titre » (C. civ. art. 903), et que « Le mineur, parvenu à l'âge de seize ans et non émancipé, ne pourra disposer que par testament, et jusqu'à concurrence seulement de la moitié des biens dont la loi permet au majeur de disposer » (C. civ. art. 904).

Or, la désignation d'un bénéficiaire en cas de décès traduit indiscutablement une **intention libérale** (sauf lorsque, hypothèse peu fréquente, elle est faite à titre onéreux). Elle se rapproche donc considérablement d'une disposition testamentaire par les effets qu'elle produit.

Le purisme pourrait donc consister à souscrire le contrat du mineur sans désignation bénéficiaire **jusqu'à ses 16 ans**, avec une désignation respectant les limites de l'article 904 du Code civil **au-delà et jusqu'à sa majorité** (ou émancipation), puis avec une désignation complètement libre au-delà. Cette solution conduirait cependant, en cas de décès de l'assuré pendant la phase d'absence de désignation bénéficiaire, à faire tomber dans l'actif successoral le capital versé par la compagnie d'assurance, ce qui supprimerait tout l'intérêt fiscal de l'usage de l'assurance-vie au regard de la transmission. 65118

En pratique, compte tenu du caractère hors succession de l'assurance-vie, nombre de **compagnies d'assurance** considèrent que lorsque le contrat est souscrit par un mineur, la clause bénéficiaire est valide dès lors qu'elle ne modifie pas la dévolution qui serait applicable en matière successorale en l'absence de testament (exemple de clause bénéficiaire : « mes héritiers légaux au prorata de leurs droits théoriques dans ma succession »).

LES PACKAGES DONATION/ASSURANCE-VIE

Les compagnies d'assurance ont développé des packages couplant la donation de sommes d'argent et leur investissement au sein de contrats d'assurance-vie (ou de capitalisation). 65120

L'opération est généralement effectuée par les **grands-parents** au profit de leurs petits-enfants ou par les **parents** au profit de leur(s) enfant(s), mais peut s'envisager dans d'**autres configurations** (au profit de neveux et nièces, d'arrière-petits-enfants, de beaux-enfants, etc.).

L'**objectif** est de permettre au donateur de s'assurer que les sommes données seront effectivement investies comme il le souhaite et, le cas échéant, de conserver un contrôle sur leur utilisation ultérieure.

L'opération se réalise en **deux étapes**.

Phase 1 : donation La donation est effectuée **à charge** pour les donataires **d'investir** les sommes données au sein d'un contrat d'assurance-vie dont ils seront souscripteurs et assurés. 65121

La donation pourra être accompagnée d'une **interdiction d'aliéner et de disposer** (sauf accord exprès préalable du donateur), se reportant sur les actifs acquis en remploi. Cette interdiction peut expirer à un terme fixe prédéterminé (un certain âge du donataire) ou perdurer jusqu'au décès du donateur.

Dans les **packages proposés par les compagnies d'assurance**, la donation prend généralement la forme d'un **don manuel** (pour permettre à l'intermédiaire de conserver la maîtrise de l'opération, sans l'intervention d'un notaire), ce qui implique qu'elle ne peut porter que sur des biens qui peuvent être transmis par tradition (sommes d'argent, valeurs mobilières, etc.). 65122

Le recours au don manuel complique la mise en place des **clauses accompagnant la donation** (obligation d'emploi, interdiction d'aliéner, contrôle du donateur ou d'un tiers sur la gestion du contrat). Ces clauses devront faire l'objet d'un **pacte adjoint** (n°s 63850 s.). Or, il est fréquent que les clauses proposées par la compagnie d'assurance dans le pacte adjoint soient incompatibles avec la **validité** de celui-ci (charge imposée à un enfant mineur sans contrepartie et sans intervention du juge des tutelles : la charge ne peut en effet avoir pour contrepartie la donation réalisée par don manuel puisque, par construction, la donation lui est antérieure et distincte) ou avec la validité du don manuel (réserve d'usufruit réversible au profit des donateurs), pour n'évoquer que les plus fréquentes.

Le recours à une **donation par acte notarié** permet d'éviter ces difficultés.

Par ailleurs, si le donataire est un héritier du donateur, il devra sauf clause contraire dans le pacte adjoint rapporter à sa succession la valeur au jour du décès des sommes données ou de l'actif acquis en remploi.

CONSEIL

Le recours au **don manuel** accompagné du pacte adjoint en vue de la souscription d'un contrat d'assurance-vie n'est envisageable que pour des donations de faible montant et de préférence lorsqu'il n'existe pas d'héritiers réservataires.

Si les montants en jeu sont importants, si l'on souhaite réaliser une donation-partage ou encore si la donation ne porte pas sur des biens susceptibles d'être transférés par don manuel, la **donation notariée** s'impose.

65124 **Phase 2 : investissement** Les sommes données sont investies au sein du contrat d'assurance-vie (ou de capitalisation) par le donataire lui-même s'il est majeur ou par ses représentants légaux s'il est mineur (n° 65115).

Les clauses spécifiques concernant la gestion du contrat ou l'interdiction d'effectuer des rachats avant le terme défini sont reprises dans les **conditions particulières du contrat**, dont la compagnie a vocation à assurer la bonne exécution.

Si la donation a pris la forme d'un **don manuel**, certaines compagnies d'assurance exigent la preuve de sa **révélation** auprès de l'administration fiscale avant d'ouvrir le contrat.

Lorsque la donation à charge d'investir les sommes au sein d'un contrat d'assurance-vie ou de capitalisation est réalisée par **acte notarié**, le notaire se charge de l'enregistrement de l'acte et généralement procède directement au transfert des sommes données du compte du donataire ouvert en son office vers la compagnie d'assurance.

CONSEIL

Lorsqu'une **clause de retour** a été prévue en cas de décès du donataire avant le donateur, elle fonctionnera si l'investissement est réalisé sur un contrat de capitalisation. S'il s'agit d'assurance-vie, il faut alors éviter de désigner un bénéficiaire pour que, le capital retournant dans la succession, la clause de retour puisse jouer.

2. CHOIX DE L'ASSURÉ PAR LE SOUSCRIPTEUR

RÈGLES GÉNÉRALES DE CHOIX DE L'ASSURÉ

65140 L'**assuré** est la **personne sur laquelle repose le risque** de décès et/ou de survie selon le type de contrat en cause.

Le souscripteur et l'assuré sont souvent la **même personne**.

Il est également possible de souscrire **un contrat sur la tête d'une autre personne** (C. ass. art. L 132-1). À titre d'exemple, souscripteur et assuré seront deux **personnes distinctes** lorsque le souscripteur, souhaitant assurer un capital ou des revenus au bénéficiaire en cas de décès d'une tierce personne, désigne cette dernière en qualité d'assurée ; ainsi un grand-parent, voulant assurer une rente à ses petits-enfants en cas de décès de leur père, indiquera ce dernier comme étant l'assuré. Dans ce cas, l'assuré (le père dans notre exemple) doit donner son consentement par écrit avec indication du capital ou de la rente initialement garantis ; à défaut, le contrat est nul (C. ass. art. L 132-2).

À la différence du souscripteur et du bénéficiaire, qui peuvent être des personnes morales, l'assuré ne peut être qu'une **personne physique**.

65142 L'assuré ne tire de cette qualité ni obligation ni avantage.

Du **point de vue civil et pratique**, le choix de l'assuré est essentiel puisque de lui dépendront les modalités de dénouement du contrat.

Du **point de vue fiscal**, le choix est déterminant également ; la fiscalité applicable aux sommes transmises par le biais du contrat d'assurance-vie dépend de l'âge de l'assuré au moment du versement des primes, ainsi que du lien de parenté entre l'assuré et le bénéficiaire lorsque le contrat est taxable dans le cadre de l'article 757 B du CGI (n°s 66430 s.).

> **Précisions** L'article L 132-2 visant les **assurances décès**, il est possible de souscrire des contrats en cas de vie sur la tête d'un assuré différent du souscripteur sans son accord (en ce sens, J.-A. Chabannes et N. Eymard-Gauclin, Le manuel de l'assurance-vie : L'Argus de l'assurance 2004 p. 79).

RÈGLES SPÉCIFIQUES AUX ASSURANCES DÉCÈS

Le choix de l'assuré n'est pas totalement libre, la loi interdisant les assurances décès contractées 65145
sur la tête de certaines personnes : mineurs de moins de 12 ans, majeurs sous tutelle, personnes placées dans un établissement psychiatrique d'hospitalisation (C. ass. art. L 132-3). Le **non-respect de cette interdiction** est **sanctionné par** la nullité du contrat ; une amende est en outre encourue par l'assureur et le souscripteur.

L'article L 132-3 visant les assurances décès et l'alinéa 6 de cet article disposant : « Ces dispositions ne mettent point obstacle, dans l'assurance en cas de décès, au remboursement des primes payées en exécution d'un contrat d'assurance en cas de vie, souscrit sur la tête d'une personne mentionnée au premier alinéa ci-dessus », les compagnies d'assurance considèrent qu'il est possible de souscrire des contrats en cas de vie (même assortis d'une contre-assurance en cas de décès) sur la tête d'un assuré relevant de la catégorie des personnes visées par l'article L 132-3, alinéa 1. Le ministère de la justice est du même avis (Rép. Aboud : AN 16-8-2011 n° 104076).

> **Précisions** **a.** Le Code des assurances ne prévoit aucune interdiction de nommer comme assuré un **majeur sous curatelle** ou un **mineur de plus de 12 ans**. Toutefois, l'assurance sur la tête d'un mineur non émancipé de plus de 12 ans n'est possible qu'avec son consentement doublé de l'autorisation de son représentant légal (C. ass. art. L 132-4).
> **b.** Par dérogation à l'interdiction énoncée pour la tutelle, il est possible de souscrire sur la tête d'un majeur sous tutelle un **contrat de financement d'obsèques** (C. ass. art. L 132-3).

3. SOUSCRIPTION CONJOINTE

a. Pouvoirs sur le contrat cosouscrit

Lorsque le contrat comporte plusieurs souscripteurs, ils doivent en principe s'accorder pour exer- 65200
cer les **prérogatives attachées à la qualité de souscripteur** : rachat, avance, arbitrage sur le contrat, nantissement du contrat, même si une convention peut en principe attribuer les pouvoirs à un seul d'entre eux ou fixer certains seuils permettant d'agir seul et d'autres obligeant à une signature conjointe.

Concernant le **choix des bénéficiaires** en cas de décès, les souscripteurs doivent s'accorder sur la désignation. Pour autant, lorsque les cosouscripteurs sont aussi coassurés, il est parfaitement envisageable, et même souvent souhaitable, que la clause bénéficiaire ne soit pas identique selon que le contrat sera dénoué par le décès de l'un ou de l'autre. Dans cette configuration, deux solutions peuvent s'envisager pour la rédaction de la clause. La première consiste à établir une seule clause qui prévoit qui seront les bénéficiaires dans chacune des hypothèses, cette clause étant signée des deux souscripteurs. La seconde consiste à ce que chacun des souscripteurs établisse une clause bénéficiaire dans l'hypothèse où le fait générateur du dénouement du contrat est son propre décès (en premier ou en second), l'autre souscripteur intervenant pour donner son accord à cette désignation. La désignation des bénéficiaires par testament toutefois pose problème dans la mesure où les testaments conjonctifs sont nuls (voir n° 65363, Conseil).

En revanche, chacun des souscripteurs dispose du droit d'exercer seul la **faculté de rétractation** et devrait pouvoir verser de **nouvelles primes** (sauf à organiser ces pouvoirs par convention).

Sur le rachat et l'avance par des époux communs en biens dans le cadre d'un contrat en cosouscription, voir n°s 65320 s.

b. Dénouement du contrat cosouscrit

SOUSCRIPTION CONJOINTE AVEC DÉNOUEMENT AU PREMIER DÉCÈS

Lorsque le contrat comporte deux assurés et se dénoue au décès du premier d'entre eux, la 65210
clause bénéficiaire est immédiatement activée et le cosouscripteur survivant n'a aucun droit sur le contrat dénoué, sauf à avoir aussi la qualité de bénéficiaire.

65212 Lorsque des **époux communs en biens** choisissent de souscrire conjointement un contrat avec des fonds de la communauté en prévoyant un dénouement au premier décès, il n'y a pas lieu d'intégrer ni civilement ni fiscalement la valeur du contrat dans la communauté au premier décès, ce contrat étant dénoué.
Si le survivant est désigné bénéficiaire, aucune **récompense** n'est due à la communauté. En revanche, on peut se demander si une récompense est due dans l'hypothèse où les cosouscripteurs ont décidé conjointement de désigner un autre bénéficiaire que le survivant des époux. L'article L 132-16 du Code des assurances énonce qu'aucune récompense n'est due à la communauté lorsque l'époux est le bénéficiaire de l'assurance contractée par son conjoint mais ne prévoit rien dans les autres cas. Il pourrait en être tiré argument pour soutenir qu'une récompense serait due en application des règles du Code civil. Cependant, cela ne nous paraît pas conforme à l'esprit du texte. En effet, la prise de décision en commun par les époux devrait exclure la récompense dont l'objectif est de protéger le conjoint survivant contre l'appauvrissement de la communauté contre son gré. La question n'a cependant pas été tranchée à notre connaissance par la jurisprudence.

SOUSCRIPTION CONJOINTE AVEC DÉNOUEMENT AU SECOND DÉCÈS

65215 **Fonds communs** Lorsque le dénouement est prévu au second décès, le survivant dispose seul, à compter du décès de son conjoint, de l'intégralité de la valeur de rachat du contrat, y compris la **quote-part correspondant aux versements du défunt**. L'enjeu est alors de qualifier ce transfert de propriété, tant sur le plan civil que sur le plan fiscal.

65216 Certains auteurs se sont demandé si la souscription conjointe avec dénouement au second décès ne constituait pas en fait une **tontine**, permettant de contourner les effets civils et fiscaux de la jurisprudence Praslicka au premier décès (nos 65270 s.). La justification tirée de la tontine ne paraît cependant guère convaincante :
– en cas de tontine, le montant du versement de chacune des parties doit être inversement proportionnel à son risque de prédécès. Ceci ne sera généralement pas le cas lors de la souscription d'un contrat par deux époux mariés sous le régime de la communauté. Les fonds seront généralement prélevés intégralement sur la communauté et donc censés provenir pour moitié de chacun des époux sans tenir compte de leur espérance de vie respective ;
– à la différence de l'acquisition en tontine avec un tiers, le patrimoine commun sur lequel sont prélevés les fonds versés au titre des primes sera toujours perdant si la valeur de rachat n'y figure pas et si aucune récompense n'est prévue.

65218 Il est établi sans conteste désormais que la valeur de rachat des contrats souscrits à l'aide de fonds communs et non dénoués par le décès d'un des époux fait partie de la communauté. Cette analyse concerne tous les contrats non dénoués, donc ceux conclus en cosouscription avec des coassurés dont le dénouement est prévu au second décès (voir no 65274).
Si l'objectif est d'assurer en toute quiétude le transfert au profit du survivant du contrat d'assurance dont le dénouement est prévu au second décès, en plus de ses droits dans la communauté, la meilleure solution est l'introduction d'une **clause particulière dans le contrat de mariage** (préciput sur le contrat non dénoué par décès, attribution intégrale de communauté, etc.).
La transmission du contrat non dénoué par décès est ainsi assurée civilement, dans les limites des droits des éventuels enfants non communs du défunt, et en franchise d'impôt (les avantages matrimoniaux ne sont pas soumis aux droits de succession).
La plupart des assureurs ont choisi d'encourager cette démarche : ils réservent la cosouscription (avec coassurance) à l'aide de fonds communs, et avec dénouement au second décès, aux seuls époux mariés sous un régime matrimonial incluant une clause permettant le transfert du contrat au profit du survivant : régime de communauté (réduite aux acquêts ou universelle) avec clause d'attribution intégrale ou avec convention préciputaire.
Du point de vue civil, rien n'interdit toutefois de réaliser une cosouscription avec dénouement au deuxième décès en l'**absence d'aménagement du régime matrimonial**. Il conviendra simplement d'appliquer au contrat non dénoué en cosouscription les mêmes règles que pour le contrat non dénoué souscrit avec les fonds communs par le conjoint survivant en souscription individuelle (no 65274).

65219 La **solution** d'un aménagement du régime matrimonial est tout aussi fondée pour le contrat non dénoué dont le conjoint survivant est le seul souscripteur assuré que pour le contrat souscrit conjointement par deux époux avec dénouement au second décès.
Un des intérêts de la cosouscription avec dénouement au deuxième décès pour l'intégralité de la somme commune (plutôt que la souscription d'un contrat par chacun des époux pour la moitié de la somme) est que, quel que soit l'ordre des décès, l'antériorité du contrat est préservée

pour l'intégralité des sommes initialement placées et la taxation éventuelle du capital transmis aux bénéficiaires désignés est différée au second décès. En revanche, au premier décès, les bénéficiaires ne percevront rien au titre de l'assurance-vie et les abattements ne s'appliqueront qu'une fois.

Si les époux communs en bien privilégient les contrats en cosouscription, la **stratégie optimale** peut consister dans la souscription (avant les 70 ans des époux) : **65220**
– d'un contrat conjoint avec dénouement au premier décès, le but étant de transmettre autant de fois l'abattement de 152 500 € qu'il y a de bénéficiaires à gratifier à l'occasion de la première transmission ;
– et d'un contrat conjoint avec dénouement au second décès pour le solde du patrimoine à transmettre par voie d'assurance-vie.
L'utilisation optimale des **abattements** dans le cadre du premier contrat pourra être atteinte soit par une attribution en pleine propriété au profit des enfants de l'assuré (ou d'autres bénéficiaires), soit par une attribution en démembrement entre le conjoint survivant pour l'usufruit et les enfants (ou d'autres bénéficiaires) pour la nue-propriété. La valeur fiscale de l'usufruit revenant au conjoint sera exonérée, seule étant le cas échéant taxable la fraction en nue-propriété revenant aux enfants (ou aux autres bénéficiaires) (n°s 65508 s.).

Tableau récapitulatif Dénouement du contrat conclu en **cosouscription par des époux communs en biens** (à l'aide de fonds de la communauté). **65222**

	Cosouscription avec un seul époux assuré ou avec les deux époux assurés	
	Hypothèse 1 – Le contrat est dénoué à la dissolution de la communauté par décès	Hypothèse 2 – Le contrat n'est pas dénoué à la dissolution de la communauté par décès
Au premier décès d'un des époux (entraînant la dissolution de la communauté)	Le contrat est dénoué et le capital est versé au bénéficiaire désigné (qui peut être ou non le conjoint survivant) Règles civiles et fiscales du dénouement du contrat par décès (voir tableau n° 65284, 3e et 4e colonnes)	Le contrat se poursuit avec le survivant comme seul souscripteur assuré (et conserve son antériorité fiscale) Mêmes règles que pour le contrat non dénoué en souscription individuelle : la valeur de rachat intègre civilement (mais pas fiscalement) l'actif de communauté (voir tableau n° 65284, 2e colonne) Le conjoint survivant dispose seul des pouvoirs sur le contrat mais n'est pas propriétaire exclusif de la valeur du contrat Pour assurer le transfert du contrat non dénoué au conjoint survivant, intérêt d'aménager le régime matrimonial (voir n° 65218) ou de procéder au partage
Au décès de l'époux survivant	Le contrat n'existe plus, car il a été dénoué au premier décès	Le contrat est dénoué et le capital est versé au bénéficiaire désigné Le capital ne fait pas partie de la succession de l'assuré (C. ass. art. L 132-12)

Autres configurations Lorsque le contrat n'est **pas souscrit avec** des **fonds communs** (mais avec des fonds propres ou personnels) **ou** que les **cosouscripteurs** ne sont **pas mariés** (s'il s'agit de concubins, par exemple), la question de la qualification du transfert de la valeur de rachat s'opérant au profit du survivant au premier décès se pose de manière encore plus cruciale. **65225**
L'administration fiscale estime en effet être fondée à apporter la preuve que la souscription conjointe a permis de réaliser une **donation indirecte**, dans la mesure où l'un des cosouscripteurs bénéficie « directement ou indirectement » des sommes investies par l'autre (Rép. Lazaro : AN 20-12-1993 n° 5703 non reprise au Bofip). Refusant cette qualification « de principe », la Cour de cassation a censuré cette analyse (Cass. com. 28-6-2005 n° 03-18.397 FS-D). Pour autant, l'éventualité d'une fiscalité applicable à l'enrichissement du souscripteur survivant n'est certainement pas à écarter.

B. Versement des primes sur le contrat d'assurance-vie

65230 Les contrats d'assurance sont des contrats à titre onéreux : le **souscripteur** est tenu de payer une certaine somme appelée « prime » qui englobe tant le coût de la garantie (selon le cas, prime de risque ou prime d'épargne) que les frais.
Contrairement à certains autres produits d'épargne, il n'existe pas de montant plafond des versements en matière de contrat d'assurance-vie. Mais, sur le plan civil, les primes excessives peuvent être remises en cause (nos 66250 s.).

1. MODALITÉS DE VERSEMENT DES PRIMES

ÉCHÉANCES DE VERSEMENT DES PRIMES

65232 Les modalités de versement des primes sont purement contractuelles. S'agissant des contrats d'assurance-vie placement, le souscripteur peut se voir proposer le **choix** entre le versement :
– d'une prime unique, payable en une fois lors de la conclusion du contrat ;
– de primes programmées, versées régulièrement en cours de contrat ;
– de primes à versements libres, cette formule étant la plus répandue à l'heure actuelle.

CARACTÈRE FACULTATIF DU VERSEMENT DES PRIMES

65236 Le paiement des primes, même contractuellement programmées, ne présente pas un caractère obligatoire, l'assureur n'ayant aucune action pour contraindre le souscripteur à les payer (C. ass. art. L 132-20, al. 1).
À défaut de règlement des primes, l'assureur peut seulement (C. ass. art. L 132-20, al. 2) :
– résilier le contrat si sa valeur de rachat est nulle ou insuffisante ;
– faire pour le souscripteur l'avance de la prime ou fraction de prime impayée, dans la limite de la valeur de rachat ;
– réduire le contrat (l'assureur peut substituer d'office le rachat du contrat à sa réduction si la valeur de rachat est inférieure à la moitié du Smic mensuel : C. ass. art. R 132-2).

> **Précisions** L'assureur doit **informer par lettre recommandée** le souscripteur des conséquences du non-paiement, lesquelles prennent effet à l'expiration d'un délai de 40 jours à compter de l'envoi de cette lettre (C. ass. art. L 132-20, al. 2). S'il n'a pas respecté cette formalité, il ne peut ni réduire ni résilier le contrat (Cass. 2e civ. 25-10-2007 no 06-18.939 FS-PB : RJS 2/08 inf. 221).

2. PRIMES OUVRANT DROIT À RÉDUCTION D'IMPÔT : CONTRATS DE RENTE-SURVIE ET D'ÉPARGNE HANDICAP

CHAMP D'APPLICATION DE LA RÉDUCTION D'IMPÔT

65240 Les primes versées sur les contrats de « rente-survie » et d'« épargne handicap » sont susceptibles d'ouvrir droit à réduction d'impôt (CGI art. 199 septies, I modifié par loi 2023-1322 du 29-12-2023).

65242 **Contrats de « rente-survie »** Ce sont des contrats d'assurance garantissant, en cas de décès de l'assuré, le versement d'un capital ou d'une rente viagère à un enfant ou à tout parent en ligne directe ou collatérale jusqu'au troisième degré de l'assuré, ou à toute personne réputée à charge de celui-ci, lorsque ces **bénéficiaires** sont **atteints d'une infirmité** qui les empêche de se livrer à une activité professionnelle dans des conditions normales de rentabilité ou d'acquérir une instruction ou une formation professionnelle d'un niveau normal (CGI art. 199 septies, I-1° modifié par loi 2023-1322 du 29-12-2023).

65244 **Contrats d'« épargne handicap »** Ce sont des contrats d'assurance-vie d'une durée effective d'au moins six ans qui garantissent le versement d'un capital en cas de vie ou d'une rente viagère avec jouissance effectivement différée d'au moins six ans à un **assuré atteint**, lors de la conclusion du contrat, **d'une infirmité** qui l'empêche de se livrer, dans des conditions normales de rentabilité, à une activité professionnelle (CGI art. 199 septies, I-2°).

CALCUL DE LA RÉDUCTION D'IMPÔT

La réduction d'impôt est égale à 25 % du montant total des primes versées, prises dans la limite d'un **plafond annuel** de 1 525 €, majoré de 300 € par personne à charge (CGI art. 199 septies, I modifié par loi 2023-1322 du 29-12-2023). 65246
Cette limite s'applique à l'ensemble des contrats de « rente-survie » et d'« épargne handicap » souscrits par les membres du **foyer fiscal**, à condition que le domicile fiscal soit établi en France (au sens de l'art. 4 B du CGI : voir nos 74520 s.). Elle échappe au plafonnement des niches fiscales.
Les primes peuvent être prises en compte qu'il s'agisse de **contrats individuels ou** de contrats **collectifs** (assurance-groupe). Toutefois, elles ne doivent pas avoir été déduites d'un revenu catégoriel.

EXEMPLE

Un couple ayant un enfant handicapé qu'il compte à sa charge a souscrit au profit de celui-ci un contrat de « rente-survie » et a versé à ce titre en N une prime de 1 500 €. Cet enfant a lui-même conclu un contrat d'« épargne handicap » sur lequel il a versé une prime de 610 €. Compte tenu de la **limite applicable à l'ensemble des contrats**, le foyer fiscal bénéficiera d'une réduction d'impôt égale à (1 525 € + 300 €) × 25 % = 456 €.

JUSTIFICATIF

Pour bénéficier de la réduction d'impôt, le souscripteur doit être en mesure de présenter, à la demande de l'administration, le **certificat** comportant un certain nombre de mentions qui lui est délivré par son assureur (CGI ann. IV art. 17 E). 65248
En cas d'**inexactitude ou** d'**insuffisance** des renseignements fournis à titre de justification, la réduction d'impôt est remise en cause et les impositions supplémentaires sont assorties des pénalités pour insuffisance de déclaration. L'assureur est en outre passible d'une amende.

C. Assurance-vie et époux communs en biens

1. POUVOIRS DES ÉPOUX SUR LE CONTRAT D'ASSURANCE-VIE

Quel que soit son régime matrimonial, un époux a toujours la **capacité de souscrire** seul un contrat d'assurance-vie. Le problème qui peut se poser est celui de ses pouvoirs en fonction de l'**origine des fonds** employés à cette opération. 65250
Sur le rachat et l'avance par un époux commun en biens, voir no 65316.

PRIMES PROVENANT DE FONDS COMMUNS

Si les primes sont **prélevées sur l'excédent de revenus**, la souscription constitue un acte d'administration qui ne pose a priori aucune difficulté. Chacun des époux peut en effet disposer librement de ses gains et salaires, après avoir contribué aux charges du mariage (C. civ. art. 223). 65252
Si la souscription provient d'une **épargne préconstituée**, il s'agit d'un acte de disposition. En principe, chacun des époux peut disposer des biens communs, sous réserve de répondre des fautes qu'il commet dans sa gestion ou d'une intention frauduleuse (C. civ. art. 1421).

Lorsqu'une intention libérale motive la **désignation du bénéficiaire, deux analyses** peuvent être retenues selon les circonstances de l'espèce : 65254
– soit il s'avère que la désignation bénéficiaire effectuée par le conjoint commun en biens participe d'une donation indirecte. Elle requiert alors le consentement des deux époux (C. civ. art. 1422) et le conjoint qui n'a pas donné son consentement dispose de l'action en nullité (C. civ. art. 1422 et 1427). Cette requalification en donation indirecte demeure très rare, même si elle a tendance à être de plus en plus souvent invoquée (voir nos 66280 s.) ;
– soit la désignation bénéficiaire effectuée par le conjoint s'analyse en une disposition à cause de mort d'une nature spécifique, dont les règles de réalisation sont régies de manière dérogatoire par le Code des assurances, même lorsqu'elle porte sur un actif commun. Dans ce cas, s'agissant d'un droit personnel, la désignation ne peut être faite que par le souscripteur, sans intervention du conjoint commun en biens (mais avec l'accord de l'assuré s'il est différent du souscripteur, voir no 65354). Le Code des assurances prévoit (sauf cas particulier de la désignation du conjoint dans les conditions de l'article L 132-16 du Code des assurances) un mode de protection spécial du conjoint commun en biens par un mécanisme de récompense à la communauté (voir no 65262).

65256 Un arrêt ancien de la Cour de cassation a analysé le cas d'une épouse mariée sous le régime de communauté universelle qui avait souscrit un contrat puis avait substitué à son mari, initialement désigné bénéficiaire en cas de décès, ses frères et sœurs. La Cour a jugé que la souscription du contrat n'excédait pas les **pouvoirs de l'épouse pour la gestion et l'administration des biens communs** et que le mari ne pouvait soutenir que le changement de bénéficiaire constituait un acte de disposition à titre gratuit d'une créance de la communauté accompli en violation de l'article 1422 du Code civil. En effet, en application de l'article L 132-12 du Code des assurances, la créance sur le capital appartenait juridiquement au bénéficiaire (c'est-à-dire aux frères et sœurs) de sorte que les dispositions de l'article 1421 du Code civil ne s'appliquaient pas à l'attribution du capital décès. En conséquence, par la modification de la désignation bénéficiaire, l'épouse n'avait pas pu faire un acte de disposition à titre gratuit d'une créance qui n'existait pas (Cass. 1e civ. 12-12-2006 n° 04-17.430 F-D).

Il avait déjà été jugé que « le changement de bénéficiaire d'un contrat d'assurance » constitue « un acte de gestion courante des biens communs n'exigeant pas à ce titre le consentement du conjoint » (Cass. ass. plén. 12-12-1986 n° 84-17.867 : Bull. civ. plén. n° 14, Defrénois 1987 541 note Aubert, JCP G 1987 II 20760 note L. Boyer).

CONSEIL

Pour s'imposer une **cogestion**, mais aussi pour des raisons d'optimisation de la transmission dans certains cas (n° 65220), les époux mariés sous le régime de la communauté peuvent choisir de conclure un contrat en cosouscription (capital payable au premier ou au second décès), qui fonctionnera sous leur double signature. Les deux époux étant souscripteurs du contrat, leur accord sera impératif pour effectuer la désignation du bénéficiaire.

PRIMES PROVENANT DE FONDS PROPRES

65258 Si les primes proviennent de fonds propres de l'époux souscripteur, celui-ci peut évidemment agir seul. Pour que le contrat souscrit soit propre, il faut toutefois penser à établir une **déclaration de remploi**. Si cette précaution n'a pas été prise, le contrat sera commun à charge de récompense (pour une illustration, Cass. 1e civ. 25-2-2009 n° 08-12.137 F-D).

Sur la déclaration de remploi, voir nos 3150 s.

2. SORT DU CONTRAT D'ASSURANCE-VIE À LA DISSOLUTION DE LA COMMUNAUTÉ

a. Contrat alimenté avec des fonds communs

CONTRAT DÉNOUÉ PAR LE DÉCÈS DE L'ÉPOUX ASSURÉ

65260 **Conjoint survivant bénéficiaire** Si les primes ont été payées avec des fonds communs, le conjoint survivant bénéficiaire du contrat dispose d'un avantage très étendu : l'assurance constitue un **propre** pour lui et, sauf en cas de primes manifestement exagérées (nos 66256 s.), aucune **récompense** n'est due à la communauté en raison des primes payées par elle (C. ass. art. L 132-16).

Pour la détermination des **droits des héritiers et légataires** dans la succession, il n'est donc pas tenu compte (sauf primes manifestement exagérées) de l'existence du contrat d'assurance-vie. À l'actif de la communauté, on ne trouve naturellement pas le contrat d'assurance-vie dénoué (dont la moitié de la valeur de rachat reviendrait à la succession s'il ne s'agissait pas d'assurance-vie) et, parallèlement, aucune récompense n'est comptabilisée à l'actif de la communauté (et donc au passif de la succession) au titre des primes (sauf exagérées) prélevées sur la communauté (Cass. 1e civ. 8-3-2005 n° 03-10.854 FS-PB : RJF 11/05 n° 1318).

65262 **Conjoint survivant non bénéficiaire** Les règles énoncées ci-dessus ne s'appliquent pas lorsque le bénéficiaire en cas de décès n'est pas le conjoint. Tel est le cas lorsqu'une **autre désignation** a été faite (par exemple, les enfants) ou lorsque le **conjoint**, bien que bénéficiaire de premier rang, est **décédé avant le souscripteur** assuré. Ainsi jugé dans une espèce où un homme marié sous le régime de la communauté universelle avait souscrit deux contrats d'assurance-vie, désignant comme bénéficiaires « son conjoint, ses enfants nés ou à naître ou, à défaut, ses héritiers ». La Cour de cassation a reproché à la cour d'appel de ne pas avoir recherché si, du fait du prédécès de l'épouse, les contrats n'avaient pas profité à la fille adoptive du souscripteur, bénéficiaire de second rang, de sorte qu'une récompense serait due à la communauté (Cass. 1e civ. 19-12-2012 n° 11-21.703 F-PBI : BPAT 1/13 inf. 24).

Il en va de même lorsque le **conjoint survivant** est **décédé avant d'avoir accepté le contrat** souscrit à son profit. Ainsi jugé dans une espèce où le souscripteur avait désigné comme bénéficiaire de premier rang son épouse, décédée quelques semaines après lui sans avoir eu le temps d'accepter le contrat, et comme bénéficiaire subsidiaire son fils d'un premier lit, lequel était réputé avoir droit aux sommes stipulées depuis le jour de la souscription du contrat. Les primes ayant été acquittées au moyen de fonds communs et le bénéficiaire n'étant pas le conjoint, la communauté avait droit à une récompense, conformément aux règles de droit commun posées par l'article 1437 du Code civil (Cass. 1e civ. 22-5-2007 n° 05-18.516 F-PB : BPAT 4/07 inf. 114).

CONTRAT NON DÉNOUÉ

Divorce Si la communauté est dissoute avant le décès du conjoint assuré, le contrat n'est pas dénoué et il n'y a pas lieu d'appliquer l'article L 132-16 du Code des assurances (n° 65260). 65270

En cas de dissolution de la communauté par divorce, lorsque les primes ont été payées avec des fonds communs, la valeur du contrat fait partie de l'actif de communauté et il doit être tenu compte de « la valeur du contrat au jour de la dissolution de la communauté » (Cass. 1e civ. 31-3-1992 n° 90-16.343, Praslicka : Bull. civ. I n° 95 ; Cass. 1e civ. 10-7-1996 n° 94-18.733, Daignan : Bull. civ. I n° 309 ; Cass. 1e civ. 19-4-2005 n° 02-10.985 FS-PB).

Dans l'hypothèse d'un **contrat non rachetable**, la Cour de cassation analyse qu'il constitue un bien propre du souscripteur (Cass. 1e civ. 30-4-2014 n° 12-21.484 FS-PBI : BPAT 3/14 inf. 110). Toutefois, les primes ayant été payées avec des fonds communs, la communauté a droit à récompense à l'occasion de sa dissolution par divorce dans la mesure où l'ex-conjoint n'a plus vocation à en retirer aucun bénéfice, que ce soit sous forme de réversion de rente ou sous forme de capital décès (à propos d'un contrat de retraite complémentaire, Cass. 1e civ. 1-2-2017 n° 16-11.599 FS-PB : BPAT 2/17 inf. 68).

Décès du conjoint du souscripteur assuré La solution applicable lorsque la dissolution de la communauté résulte d'un divorce est transposable lorsque la dissolution résulte du décès du conjoint du souscripteur assuré. Dans ce cas, la communauté est dissoute, le souscripteur assuré survit et le contrat n'est pas dénoué. Cette position, qui ne fait pas de doute au regard du droit des régimes matrimoniaux, a été confirmée par une réponse ministérielle **en matière civile** (Rép. Proriol : AN 10-11-2009 p. 10704 n° 27336). Les contrats non dénoués au décès, financés à l'aide de fonds communs, sont des actifs de communauté pris en compte civilement pour moitié dans la succession du conjoint décédé. 65274

En matière fiscale, la doctrine qui appliquait la solution susvisée au cas de dissolution de la communauté par décès (Rép. Bacquet : AN 29-6-2010 p. 7283 n° 26231, BOI-ENR-DMTG-10-10-20-20 n° 380) a été rapportée expressément (Rép. Ciot : AN 23-2-2016 n° 78192). 65276

Ainsi, en cas de décès intervenu à compter du 1er janvier 2016, la valeur de rachat d'un contrat d'assurance-vie souscrit avec des fonds communs et non dénoué au décès de l'époux bénéficiaire de ce contrat ne doit pas être intégrée fiscalement à l'actif de la communauté lors de sa liquidation. Cette valeur ne constitue donc pas un élément de l'actif successoral pour le calcul des droits de succession dus par les héritiers. La fiscalisation interviendra seulement au décès du souscripteur assuré, entre les mains des bénéficiaires, dans les conditions de droit commun de l'assurance-vie. Dans l'hypothèse où ces bénéficiaires sont les héritiers du conjoint décédé le premier, ils n'auront alors aucune imposition complémentaire à acquitter au titre de la première succession.

L'administration a d'ailleurs précisé que la doctrine « Ciot » s'applique, quelle que soit la qualité du ou des bénéficiaires désignés (BOI-ENR-DMTG-10-10-20-20 n° 380). 65278

EXEMPLE

L'exemple suivant permet de mesurer le **gain fiscal lié à l'application de la réponse Ciot** :
Un couple marié sous le régime de la communauté dispose d'un patrimoine exclusivement commun d'une valeur totale de 1 000 000 €, composé comme suit :
– un immeuble d'une valeur de 300 000 € ;
– des SCPI pour 250 000 € ;
– un contrat d'assurance-vie souscrit par le défunt en faveur de son conjoint pour 200 000 € ;
– un contrat d'assurance-vie souscrit sur la tête du conjoint survivant pour 200 000 € ;
– des liquidités pour 50 000 €.

Le conjoint optant pour 1/4 en pleine propriété au titre de ses droits légaux, les droits des enfants s'établiront aux 3/4 indivis de l'actif successoral. Par ailleurs, on retiendra l'hypothèse que le contrat dénoué en faveur du conjoint se retrouve en valeur dans sa succession et que les primes ne sont pas exagérées.

Au premier décès :

Sur le **plan civil**, la succession s'établit de manière identique que l'on applique la réponse Bacquet ou la réponse Ciot. En effet, la communauté se compose de tous les actifs sauf le contrat dénoué par décès. Le conjoint survivant étant bénéficiaire de ce contrat, le dénouement de celui-ci ne génère pas de récompense au profit de la communauté (C. ass. art. L 132-16). La communauté s'élève ainsi à 800 000 € (1 000 000 € – 200 000 €), dont la moitié, soit 400 000 €, constitue l'actif de la succession du conjoint décédé.

Les enfants ont droit aux 3/4 de cette valeur, soit 300 000 €, et le conjoint au 1/4, soit 100 000 €.

Sur le **plan fiscal**, la réponse Ciot entraîne une diminution de la base imposable au titre de la première succession.

Celle-ci passe de 400 000 € avec la réponse Bacquet à 300 000 € avec la réponse Ciot, compte tenu de l'exonération de la fraction de la valeur de rachat du contrat non dénoué comprise dans la succession (50 % × 200 000 = 100 000 €).

Mais le conjoint étant exonéré de droits de succession, seule la fraction revenant aux enfants bénéficiera réellement de l'exonération, soit 75 000 € dans l'exemple retenu (100 000 € × 3/4).

Ainsi, le gain fiscal lié à la réponse Ciot peut s'exprimer par l'équation suivante : (fraction des droits recueillis dans la succession du défunt par les héritiers taxables × 50 % de la valeur de rachat du contrat non dénoué × taux de droits de succession applicable aux héritiers taxables).

À la suite du décès du premier conjoint, nous supposerons que les héritiers procèdent au partage suivant des biens :

– attribution aux enfants des parts de SCPI pour 250 000 € et des liquidités pour 50 000 €, soit 300 000 €, correspondant à leurs droits dans la succession ;

– attribution au conjoint du bien immobilier et du contrat d'assurance-vie non dénoué par décès (300 000 € + 200 000 € = 500 000 €) correspondant à ses droits dans la succession (100 000 €) et dans la communauté (400 000 €).

Au décès du conjoint survivant :

Le montant pris en compte dans sa succession sera identique sur les plans civil et fiscal que ce soit la réponse Bacquet ou la réponse Ciot qui ait été appliquée au premier décès. Cette succession comprendra les biens attribués au conjoint dans le cadre du partage, elle sera diminuée de la valeur du contrat d'assurance-vie dont il est assuré et qui se dénoue à son décès, et majorée du capital décès reçu lors de la première succession, soit 200 000 €, ce qui représente un actif successoral de 500 000 € (500 000 € – 200 000 € + 200 000 €).

On peut conclure que sous l'angle fiscal, il est intéressant que la première succession comprenne le maximum d'assurance-vie sous forme de contrats non dénoués.

65280 **Intérêt d'aménager le régime matrimonial** La stratégie consistant pour les époux à aménager leur régime matrimonial par une **clause d'attribution** intégrale ou une **clause de préciput** portant sur les contrats d'assurance-vie conserve toute sa pertinence sur le plan civil pour augmenter la protection du conjoint. Le préciput permet d'accroître les droits du conjoint dans le cadre de la liquidation du régime matrimonial préalable au règlement de la succession (sous certaines limites en présence d'enfants non communs : n°s 75180 s.). En revanche, il ne permettra pas aux héritiers taxables au titre des droits de succession de bénéficier d'un avantage fiscal équivalent à celui généré par l'application de la réponse ministérielle Ciot, le contrat non dénoué ne se trouvant pas dans la succession.

CONSEIL

Le préciput doit être préféré à la clause d'attribution, afin de laisser au conjoint survivant le **choix de prélever ou non le contrat** dans le cadre de la liquidation de la communauté par décès. S'il n'a pas besoin d'augmenter ses droits, il renoncera à prélever le contrat dans le cadre du préciput, et fera ainsi bénéficier les autres héritiers de l'exonération du contrat non dénoué dans le cadre du partage. Les autres héritiers se verront attribuer d'autres biens pour un montant équivalent à leurs droits dans la succession tandis que le contrat non dénoué sera attribué au conjoint.

TABLEAU RÉCAPITULATIF

Traitement du contrat conclu par un époux commun en biens à l'aide de fonds communs lors 65284
de la dissolution de la communauté.

Dissolution de la communauté antérieure au dénouement du contrat		Dissolution de la communauté concomitante au dénouement du contrat	
Divorce : Pas de dénouement du contrat	**Prédécès du conjoint de l'assuré** : Pas de dénouement du contrat	**Décès de l'époux assuré** : Dénouement du contrat Le capital payable au bénéficiaire ne fait pas partie de la succession de l'assuré (C. ass. art. L 132-12)	
La valeur du contrat fait partie de l'actif de la communauté et il faut en tenir compte lors de la liquidation de celle-ci (Praslicka, Daignan)	Au plan civil, la valeur du contrat est un actif de communauté (Rép. Proriol) Elle doit être prise en compte pour moitié dans la succession du conjoint décédé Au plan fiscal, cette valeur ne constitue pas un élément de l'actif successoral pour le calcul des droits de succession dus par les héritiers (Rép. Ciot), et ce quelle que soit la qualité des bénéficiaires désignés	Le bénéficiaire est le conjoint survivant	Le bénéficiaire n'est pas le conjoint survivant*
		Le bénéfice de l'assurance est un propre pour lui (C. ass. art. L 132-16) Il ne doit pas de récompense à la communauté (sauf primes manifestement exagérées) La valeur de rachat du contrat dénoué ne se retrouve pas à l'actif de la communauté, et le conjoint survivant s'enrichit de l'intégralité de la somme prélevée sur la communauté (plus la capitalisation)	La communauté a droit à une récompense en raison des primes qu'elle a payées (C. civ. art. 1437) La communauté est majorée du montant de la récompense, ce qui conduit à majorer l'actif successoral de la moitié de ce montant (l'actif successoral comprend la moitié du patrimoine commun) De son côté, l'actif successoral est minoré du montant total de la récompense Au final, l'actif successoral est minoré de la moitié du montant de la récompense (ce qui réduit la base imposable entre les mains des héritiers par diminution de la masse successorale leur revenant au premier décès, et la majore d'autant au second décès)
* Un autre bénéficiaire a été désigné ou le conjoint, bien que désigné bénéficiaire de premier rang, est décédé avant d'avoir accepté le contrat, ou encore a refusé sa désignation.			

b. Contrat alimenté avec des fonds propres

FONDS PROPRES AVEC DÉCLARATION DE REMPLOI

Lorsque les primes ont été payées avec des fonds propres en régime de **communauté avec** une 65290
déclaration d'origine des deniers et de remploi (C. civ. art. 1434), la question des récompenses ne se pose pas. Le contrat d'assurance-vie est un bien propre du souscripteur.

Si le conjoint est désigné bénéficiaire, il reçoit le capital en plus de sa part dans la succession. Ni le capital ni les primes versées (sauf si ces dernières ont été exagérées : voir n°s 66256 s.) ne sont à prendre en compte pour évaluer l'actif successoral, calculer la réserve et vérifier si une éventuelle réduction pour atteinte à la réserve des descendants du souscripteur assuré doit être pratiquée.

CONSEIL

Une déclaration du même type serait aussi tout à fait judicieuse pour le patrimoine originaire investi en assurance-vie en **régime de participation aux acquêts ou** pour le patrimoine personnel en **séparation de biens** avec société d'acquêts.

FONDS PROPRES SANS DÉCLARATION DE REMPLOI

65292 Lorsque les primes ont été payées à partir de fonds propres **en l'absence de déclaration de remploi**, le contrat intègre l'actif de communauté.

Prenons l'**exemple** du réinvestissement en assurance-vie du prix de vente d'un bien immobilier dont le conjoint était propriétaire avant le mariage. Sans déclaration de remploi, les sommes affectées à la souscription du contrat sont réputées être tombées en communauté (n° 3150). Ce sont les règles applicables au contrat d'assurance-vie souscrit avec des deniers communs qui s'appliquent, sous réserve de ce que la communauté devra une récompense à la succession de l'époux décédé au titre des sommes qu'elle a encaissées (n° 3900).

Soulignons que si la déclaration de remploi n'a pas été faite **a priori** (avant la souscription du contrat, la seule déclaration de l'époux souscripteur étant alors requise), elle peut l'être **a posteriori** mais cette fois sous la signature des deux époux, ce qui implique qu'elle intervienne avant la dissolution du mariage par décès ou par divorce.

TABLEAU RÉCAPITULATIF

65296 Sort du contrat conclu par un époux à l'aide de **fonds propres**.

Primes payées avec des fonds propres	
Avec déclaration de remploi : le contrat est un bien propre du souscripteur	**Sans déclaration de remploi** : le contrat est un actif de communauté
Pas lieu à récompense à la communauté lors de sa dissolution	Lors de sa dissolution la communauté devra récompense à l'époux souscripteur

D. Rachat du contrat d'assurance-vie et avance

65300 En cas de besoin de liquidités ou de changement d'orientation dans la gestion de son patrimoine, le souscripteur peut souhaiter **récupérer son épargne**, en tout ou en partie, **avant le dénouement normal du contrat**. Cette opération peut prendre la forme d'un rachat (partiel ou total) ou d'une avance.

La faculté de rachat d'un contrat d'assurance-vie est un **droit personnel du souscripteur**, qui ne peut être exercé par son mandataire qu'en vertu d'un mandat spécial prévoyant expressément cette faculté (Cass. 2e civ. 5-6-2008 n° 07-14.077 FS-PB : Bull. civ. II n° 127). La solution vaut à notre avis également pour les avances.

> **Précisions** **a.** Sur les règles applicables aux **majeurs sous tutelle ou sous curatelle**, et aux **mineurs** voir respectivement nos 65104 et 65116.
> **b.** Sur le **régime fiscal** des rachats et des avances, voir nos 65326 s.

1. RÈGLES GÉNÉRALES DU RACHAT ET DE L'AVANCE

RACHAT

65305 Le rachat est l'**opération par laquelle** l'assureur verse au souscripteur tout ou partie de la provision mathématique du contrat, avant le terme de celui-ci.

À condition bien sûr que le contrat soit rachetable (contrat mixte vie et décès ou contrat vie à capital différé contre-assuré, notamment), le rachat est **de droit**. L'assureur ne peut pas s'y opposer (voir toutefois nos 65826 s., pour le cas où le bénéficiaire en cas de décès a accepté sa désignation).

65306 Le **rachat total** met fin au contrat. L'assureur verse au souscripteur la valeur de rachat de son contrat, qui est égale à la provision mathématique diminuée, le cas échéant, de pénalités contractuelles qui ne peuvent dépasser 5 % de la valeur de rachat. Ces pénalités sont interdites lorsque le rachat intervient plus de dix ans après la prise d'effet du contrat (C. ass. art. R 132-5-3).

La faculté de rachat **partiel** permet au souscripteur de recevoir une fraction des primes investies majorées d'une fraction de l'épargne acquise, sans mettre fin au contrat qui se poursuit sur la base de capitaux réduits.

Le souscripteur peut effectuer **plusieurs retraits partiels** dans la limite des primes investies majorées de l'épargne acquise. Ces retraits partiels peuvent parfois être programmés et constituer ainsi une source régulière de revenus, bénéficiant d'un régime fiscal avantageux (nos 65326 s.).

> **Précisions** En cas de demande de rachat, le **délai de versement** des sommes par l'assureur ne peut pas excéder deux mois (C. ass. art. L 132-21, al. 3). Au-delà de ce délai, les sommes non versées produisent de plein droit intérêt au taux légal majoré de moitié durant deux mois, puis, à l'expiration de ce délai de deux mois, au double du taux légal (C. ass. art. L 132-21, al. 5).

AVANCE

Dans la limite de la valeur de rachat du contrat, les contrats rachetables peuvent prévoir la faculté pour l'assureur d'accorder des avances (C. ass. art. L 132-21, al. 2). L'avance permet au souscripteur de recevoir une certaine somme correspondant à un pourcentage de la provision mathématique, sans pour autant résilier ou réduire son contrat. C'est un **prêt** que consent l'assureur au souscripteur dans les conditions prévues aux conditions générales du contrat (Cass. 2e civ. 4-10-2018 no 17-25.624 F-D : BPAT 1/19 inf. 28). L'assureur ne peut pas modifier ces conditions unilatéralement (Cass. 2e civ. 7-7-2022 no 16-17.147 F-B : BPAT 5/22 inf. 246). **65310**

L'avance **permet**, par exemple, au souscripteur d'un contrat investi en actions qui a besoin de liquidités et pense que le marché actions va remonter prochainement de ne pas réduire l'épargne investie.

Sur les conséquences de l'**acceptation du bénéficiaire** sur la faculté d'avance sur police, voir nos 65826 s.

L'avance ne modifie pas l'économie du contrat d'origine. Si le souscripteur s'était engagé au paiement de primes périodiques, il doit poursuivre ses règlements. Dès lors que les intérêts dus au titre de l'avance sont régulièrement payés, l'assureur est tenu à l'engagement contracté à l'origine. Si l'**avance** est **remboursée avant l'échéance du contrat**, l'assureur est tenu de verser au bénéficiaire le capital garanti, dans les termes initialement convenus. **65312**

Si l'avance n'est **pas remboursée** avant le terme du contrat, l'assureur déduit du capital assuré les sommes non remboursées. Si la valeur de rachat ne suffit pas à couvrir l'avance (en cas par exemple de baisse importante de la valeur des unités de compte entre la demande d'avance et le terme du contrat), la compagnie réclamera le solde au souscripteur (avant le dénouement du contrat) ou à sa succession.

EN CAS DE SOUSCRIPTION PAR UN ÉPOUX COMMUN EN BIENS

Le souscripteur, étant le seul **contractant**, peut procéder seul aux demandes de rachat ou d'avance, même si le contrat a été souscrit avec des fonds communs (voir no 65252). **65316**

Si les époux souhaitent gérer le contrat en commun, ils peuvent conclure un contrat en cosouscription.

EN CAS DE SOUSCRIPTION CONJOINTE PAR DES ÉPOUX COMMUNS EN BIENS

Rien n'interdit qu'un contrat d'assurance-vie (ou de capitalisation) soit souscrit en pleine propriété par plusieurs souscripteurs et, notamment, par des époux (voir nos 65200 s.). **65320**

La question des avances et des rachats dépend de l'existence ou non d'une **convention entre les cosouscripteurs**, des termes de celle-ci et se pose de façon distincte selon que les avances ou rachats interviennent avant ou après le décès du (ou des) cosouscripteur(s).

Avant le décès d'un des époux cosouscripteurs Avant la dissolution de la communauté (réduite aux acquêts ou universelle), les compagnies d'assurances demandent la signature des deux époux pour les rachats et avances sur les contrats en cosouscription. Il peut toutefois être envisagé qu'une convention attribue les pouvoirs à un seul d'entre eux. En raison du régime matrimonial des souscripteurs, aucun problème de récompense ou de donation ne se pose ici. **65321**

Après le décès d'un des époux cosouscripteurs Une fois la communauté dissoute par le décès d'un des époux coassurés, la question est plus complexe. **65322**

Nous envisagerons ci-après les **incidences en matière de rachat et d'avance** du décès de l'un des époux cosouscripteurs, en distinguant selon que les époux sont ou non coassurés et selon que le dénouement du contrat est prévu ou non au premier décès. D'où **trois situations**.

Première situation : **cosouscription avec deux assurés et dénouement au premier décès**.

Au décès d'un des époux, le capital est versé au bénéficiaire désigné, qui peut être le conjoint survivant ou une autre personne. Le contrat n'existant plus, la question du rachat et de l'avance ne se pose plus. Les règles civiles et fiscales du dénouement du contrat d'assurance-vie par décès s'appliquent (voir no 65212).

Deuxième situation : **cosouscription avec deux assurés et dénouement au second décès**.
Au décès d'un des époux, le contrat n'est pas dénoué ; il se poursuit avec le conjoint survivant comme seul souscripteur assuré. Le conjoint peut désormais effectuer seul les rachats sur le contrat, demander une avance ou modifier l'identité des bénéficiaires.
Le survivant dispose seul de l'intégralité de la valeur de rachat du contrat, y compris la quote-part correspondant aux versements du défunt. L'enjeu est alors de qualifier ce transfert de propriété, tant sur le plan civil que sur le plan fiscal (voir nos 65215 s.).
Troisième situation : **cosouscription avec un seul assuré**.
Les deux époux sont cosouscripteurs, mais un seul d'entre eux est l'assuré.
En cas de prédécès du conjoint assuré, le contrat est dénoué et la situation est celle visée dans la première hypothèse.
En cas de prédécès du conjoint non assuré, la situation est celle de la seconde hypothèse.

2. RÉGIME FISCAL DU RACHAT

a. Imposition des produits à l'impôt sur le revenu

FAIT GÉNÉRATEUR

65326 Le régime décrit ci-après concerne tous les contrats qui comportent une valeur de rachat ou la garantie du paiement d'un capital à leur terme.
Pendant la **durée du contrat**, les produits sont provisoirement exonérés d'impôt sur le revenu.
La taxation n'intervient que lors du **dénouement du contrat en cas de vie ou** lors de son **rachat total ou partiel**. Il existe toutefois certains cas d'exonération (voir nos 65341 s.).
En cas de dénouement du contrat **par décès** de l'assuré, il n'y a pas de taxation à l'impôt sur le revenu des produits constitués sur le contrat.

> **Précisions** Les **avances** consenties par l'assureur, considérées comme des prêts, ne sont pas imposables, sauf si l'administration démontre qu'il s'agit en fait d'un rachat partiel (BOI-RPPM-RCM-20-10-20-50 n° 150).

MONTANT IMPOSABLE

65327 L'impôt sur le revenu est calculé sur les **produits** du contrat, constitués par la **différence** positive entre le montant des sommes réglées au souscripteur et celui des primes versées (frais et charges compris).
En cas de **rachat partiel**, les primes versées sont retenues au prorata des sommes réglées au titre du rachat partiel par rapport à la valeur de rachat de la totalité du contrat à la même date (BOI-RPPM-RCM-20-10-20-50 n° 80).
Si des **avances** ont été consenties par l'assureur, elles ne sont pas déduites de la valeur de rachat pour déterminer le montant imposable, ce qui revient à taxer indirectement les produits qui lui sont attachés à l'occasion du ou des rachats postérieurs, le calcul des produits s'établissant sur une valeur de rachat supérieure à la valeur nette d'avance (BOI-RPPM-RCM-20-10-20-50 n° 50).
Si le contrat est en **moins-value** (primes supérieures au rachat), le rachat n'est pas imposable, mais la perte subie n'est pas déductible, s'agissant d'une perte en capital dont aucun texte n'autorise la déduction du revenu imposable (CE 20-3-2013 n° 347881 : RJF 6/13 n° 613, BPAT 3/13 inf. 109).

RÉGIMES D'IMPOSITION

65329 Historiquement, les produits des contrats d'assurance-vie étaient imposés au barème progressif de l'impôt sur le revenu, une option étant possible pour un prélèvement forfaitaire libératoire dégressif selon la durée de détention du contrat.
Toutefois, la loi de finances pour 2018 a instauré un **prélèvement forfaitaire unique (PFU)** ou « flat tax » sur les revenus mobiliers et les plus-values de cession de valeurs mobilières (Loi 2017-1837 du 31-12-2017 art. 28, I-9° et 28°). Ce PFU s'applique aux contrats d'assurance-vie pour les produits attachés à des primes versées depuis le 27 septembre 2017.
Pour tout rachat total ou partiel du contrat (ou pour tout dénouement en cas de vie) intervenu **depuis le 1er janvier 2018**, il convient ainsi de distinguer selon que les produits rachetés proviennent de primes versées avant le 27 septembre 2017 ou depuis cette date, un même contrat pouvant relever des deux régimes existants.

65330 **Produits issus de primes versées jusqu'au 26 septembre 2017** Ces produits sont exclus du champ du PFU et portés sur la déclaration de revenus souscrite l'année suivant le rachat ou le dénouement en cas de vie pour être soumis à l'impôt sur le revenu au

barème progressif, sauf **option pour le prélèvement forfaitaire libératoire (PFL)** lors de leur encaissement.

Sur option du contribuable, le **PFL** est appliqué par la compagnie d'assurance au taux de (CGI art. 125-0 A, II) : 65331
– 35 % si la durée du contrat a été inférieure à quatre ans ;
– 15 % lorsque cette durée a été égale ou supérieure à quatre ans ;
– 7,5 % lorsque cette durée a été égale ou supérieure à huit ans.
L'option est irrévocable et doit être exercée au plus tard lors de l'encaissement des revenus par le souscripteur (BOI-RPPM-RCM-30-10-20-20 n° 180).

Un **abattement** annuel de 4 600 € (personnes seules) ou 9 200 € (couples soumis à imposition commune) est applicable aux **contrats d'une durée égale ou supérieure à huit ans**, dans les conditions exposées n° 65338. 65332

> **Précisions** En cas d'option pour le PFL, l'abattement est accordé sous forme de **crédit d'impôt**. Les produits sont soumis au prélèvement pour leur montant brut et le contribuable bénéficie d'un crédit d'impôt égal au taux du prélèvement multiplié par le montant de l'abattement non imputé retenu dans la limite des produits qui y sont soumis. Ce crédit d'impôt est imputable sur l'impôt sur le revenu dû l'année suivante. S'il excède l'impôt dû, l'excédent est restitué (CGI art. 125-0 A, I-1°-al. 6).

Produits issus de primes versées depuis le 27 septembre 2017 Ces produits entrent dans le champ d'application du PFU et sont **imposés en deux temps** : un prélèvement à la source à titre d'acompte l'année de leur versement, puis, l'année suivante, une imposition liquidée dans le cadre de la déclaration de revenus en tenant compte du prélèvement. 65334

Le **prélèvement forfaitaire non libératoire (PFNL)** pratiqué par le tiers payeur lors du versement des produits s'applique aux contrats souscrits auprès d'entreprises françaises ou étrangères. Il est fixé à 12,8 % pour les contrats d'une durée inférieure à huit ans et à 7,5 % pour les contrats d'une durée égale ou supérieure à huit ans. 65335
Les revenus ayant fait l'objet du prélèvement sont portés sur la déclaration de revenus souscrite l'année suivante pour être soumis à l'imposition forfaitaire ou au barème progressif (le cas échéant après abattement : n° 65338).
Le prélèvement forfaitaire non libératoire **s'impute sur l'impôt** sur le revenu **dû au titre de l'année au cours de laquelle il a été opéré**. S'il excède l'impôt dû, l'excédent est restitué (CGI art. 125-0 A, II-2).

L'impôt sur le revenu s'applique d'office à un **taux forfaitaire**, sauf **option expresse, globale et irrévocable** du contribuable pour l'imposition selon le **barème progressif** de l'ensemble de ses revenus et plus-values (CGI art. 200 A, 1-A et 2). 65336
Pour les **contrats de moins de huit ans**, le taux forfaitaire est de 12,8 %.
Pour les **contrats de huit ans ou plus**, le taux est de :
– 7,5 % lorsqu'au 31 décembre de l'année qui précède le dénouement ou le rachat le montant total des primes versées par l'assuré sur l'ensemble des contrats qu'il a souscrits et qui n'ont pas déjà fait l'objet d'un remboursement en capital n'excède pas 150 000 € ;
– 7,5 % au prorata de l'encours ne dépassant pas 150 000 € et 12,8 % pour la fraction excédentaire, lorsque le montant des primes versées par l'assuré, défini ci-dessus, excède 150 000 €.
Dans cette seconde hypothèse, le **prorata** permettant de connaître le montant des produits éligibles au taux réduit de 7,5 % est déterminé par la formule suivante (BOI-RPPM-RCM-20-15 n° 190).
Montant total des produits multiplié par :
– **au numérateur**, le montant de 150 000 € réduit, le cas échéant, du montant des primes versées avant le 27 septembre 2017 et qui, au 31 décembre de l'année qui précède le fait générateur d'imposition des produits concernés, n'ont pas déjà fait l'objet d'un remboursement en capital ;
– **au dénominateur**, le montant des primes versées depuis le 27 septembre 2017 et qui, au 31 décembre de l'année qui précède le fait générateur de l'imposition des produits concernés, n'ont pas déjà fait l'objet d'un remboursement en capital.
Les produits non éligibles aux taux de 7,5 % demeurent imposables au taux de droit commun de 12,8 %.

> **Précisions a.** Le seuil de 150 000 € est un seuil personnel qui s'apprécie au niveau de **chaque souscripteur**.
> En cas de **démembrement** de propriété du bon ou contrat, les primes versées ne sont prises en compte que pour la détermination du seuil applicable à l'usufruitier.
> En cas de **cosouscription**, le principe est que les primes versées sont intégralement retenues pour chacun des cosouscripteurs,

quel que soit celui qui les a versées. À titre dérogatoire, si les cosouscripteurs sont des époux ou des partenaires de Pacs, il y a lieu de prendre en compte pour chacun la moitié du total des primes versées sur le bon ou contrat concerné (BOI-RPPM-RCM-20-15 n° 170).

b. Si le montant des **primes versées avant le 27 septembre 2017** dépasse 150 000 €, le numérateur de l'équation est retenu dans la limite de zéro. Ainsi, aucune fraction des produits attachés à des primes versées après le 27 septembre 2017 ne pourra bénéficier d'un taux réduit de 7,5 % (BOI-RPPM-RCM-20-15 n° 190).

65338 **Abattement pour les contrats de huit ans ou plus** Un abattement de 4 600 € (personnes seules) ou 9 200 € (couples soumis à imposition commune) est applicable aux contrats de huit ans ou plus. Il concerne tous les **rachats effectués au cours d'une même année** sur l'ensemble des contrats du foyer fiscal (y compris sur les contrats de capitalisation).

L'**imputation** de cet abattement s'effectue en priorité sur les produits attachés aux primes versées avant le 27 septembre 2017 puis, pour les produits attachés aux primes versées depuis cette date, sur la fraction taxable à 7,5 % puis sur celle imposable à 12,8 % (CGI art. 125-0 A, I-1°-al. 5).

S'il n'a pas été entièrement utilisé, l'abattement n'est **pas reportable** sur l'année suivante.

> **Précisions** Pour les rachats effectués entre le 24 mai 2019 et le 1er janvier 2023, la « loi Pacte » (Loi 2019-486 du 22-5-2019 art. 72) avait prévu une **exonération temporaire d'impôt** pour les produits des contrats d'assurance-vie d'une durée égale ou supérieure à huit ans, dans la **limite** annuelle globale de 4 600 € pour les contribuables célibataires, veufs ou divorcés et de 9 200 € pour les contribuables mariés soumis à imposition commune. Le rachat devait être effectué dans un délai d'au moins **cinq ans** avant l'âge de départ à la retraite du souscripteur et son montant devait être **intégralement réinvesti sur un plan d'épargne retraite** avant le 31 décembre de l'année du rachat.
>
> Cet abattement exceptionnel se cumulait avec l'abattement standard et obéissait aux mêmes règles d'imputation.

65340 **Synthèse de la fiscalité en cas de rachat (ou dénouement en cas de vie avec sortie en capital)** Ce tableau ne tient pas compte des prélèvements sociaux (voir nos 65350 s.).

<table>
<tr><th rowspan="2">Durée de vie du contrat</th><th colspan="2">Produits des primes versées jusqu'au 26-9-2017</th><th colspan="3">Produits des primes versées depuis le 27-9-2017</th></tr>
<tr><th>En N</th><th>En N + 1</th><th>En N</th><th colspan="2">En N + 1</th></tr>
<tr><td>Moins de 4 ans</td><td>Sur option, PFL de 35 %</td><td rowspan="2">À défaut d'option pour le PFL en N, barème progressif</td><td rowspan="2">PFNL de 12,8 % (imputable sur l'IR dû au titre de l'année N)</td><td rowspan="2" colspan="2">Taux forfaitaire de 12,8 % ou, sur option globale, barème progressif</td></tr>
<tr><td>Entre 4 et 8 ans</td><td>Sur option, PFL de 15 %</td></tr>
<tr><td rowspan="2">8 ans ou plus</td><td rowspan="2">Sur option, PFL de 7,5 %</td><td>À défaut d'option pour le PFL en N, barème progressif</td><td rowspan="2">PFNL de 7,5 % (imputable sur l'IR dû au titre de l'année N)</td><td>Encours ≤ 150 000 €
Taux forfaitaire de 7,5 % ou, sur option globale, barème progressif</td><td>Encours > 150 000 €
Taux forfaitaire de 7,5 % sur une partie des produits et 12,8 % pour le surplus, ou, sur option globale, barème progressif</td></tr>
<tr><td>Application prioritaire de l'abattement de 4 600 ou 9 200 € (sous forme de crédit d'impôt si option pour le PFL)</td><td colspan="2">Application de l'éventuel solde de l'abattement de 4 600 ou 9 200 € (en priorité sur la fraction imposable à 7,5 % puis sur celle imposable à 12,8 %)</td></tr>
</table>

Avec N = année de perception des produits

CAS PARTICULIERS D'EXONÉRATION

Sortie motivée par un événement personnel Sont exonérés d'impôt sur le revenu les produits des contrats, quelle qu'ait été leur durée de détention, dont le rachat résulte (BOI-RPPM-RCM-10-10-80 n°s 100 s.) : 65341

– du **licenciement** du souscripteur ou de son conjoint ou partenaire de Pacs, à condition selon l'administration que l'intéressé soit inscrit à Pôle emploi comme demandeur d'emploi (en revanche, l'exonération ne s'applique pas en cas de rupture conventionnelle du contrat de travail ou de fin d'un contrat à durée déterminée) ;
– de la mise à la **retraite anticipée** du souscripteur ou de son conjoint ou partenaire de Pacs ;
– de la survenance d'une **invalidité** de deuxième ou troisième catégorie prévue par l'article L 341-4 du Code de la sécurité sociale frappant le souscripteur ou son conjoint ou partenaire de Pacs ;
– de la cessation d'une activité non salariée du souscripteur ou de son conjoint ou partenaire de Pacs à la suite d'un jugement de **liquidation judiciaire**.

> **Précisions** Ces exonérations s'appliquent à **condition** que le dénouement intervienne avant la fin de l'année qui suit la réalisation de l'un de ces événements (BOI-RPPM-RCM-10-10-80 n° 101). Lorsqu'ils peuvent en bénéficier, les contribuables doivent s'abstenir de demander à l'établissement payeur d'opérer le prélèvement libératoire de l'impôt sur le revenu.

Régime de faveur applicable à certains contrats Sont exonérés : 65342

– les contrats en actions **Sarkozy ou DSK**, lorsque la sortie ou le rachat intervient **après huit ans** (CGI art. 125-0 A, I-quater et I-quinquies). Avant huit ans, les produits sont imposables dans les conditions de droit commun exposées n°s 65326 s. ;
– les contrats souscrits **avant le 1er janvier 1983**, pour les produits issus de primes versées avant le 10 octobre 2019 (CGI art. 125-0 A, I-quater A) ;
– les contrats souscrits **du 1er janvier 1983 au 25 septembre 1997**, pour les produits acquis ou constatés avant le 1er janvier 1998 et les produits acquis ou constatés depuis cette date correspondant à des primes versées avant le 26 septembre 1997 (les autres produits sont taxés dans les conditions de droit commun).

ATTENTION

La **loi de finances pour 2020** a mis fin à l'exonération totale d'impôt sur le revenu dont bénéficiaient les contrats souscrits avant le 1er janvier 1983 (Loi 2019-1479 du 28-12-2019 art. 9). Pour tout rachat effectué sur un tel contrat depuis le 1er janvier 2020, les produits issus de **primes versées depuis le 10 octobre 2019** sont désormais soumis à l'impôt sur le revenu au taux de 7,5 % (12,8 % au prorata de l'éventuelle fraction de l'encours dépassant 150 000 €) selon le régime de droit commun des contrats de huit ans ou plus exposé n°s 65334 s. Les produits issus de primes versées avant le 10 octobre 2019 restent exonérés (BOI-RPPM-RCM-10-10-80 n°s 1 et 120).

CONTRAT DÉNOUÉ PAR LE VERSEMENT D'UNE RENTE VIAGÈRE

Exonération des produits Lorsque le contrat se dénoue par le versement d'une rente viagère, les **produits capitalisés** jusqu'à la date de la sortie sont exonérés d'impôt sur le revenu, quelle que soit la durée du contrat et sa date de souscription (CGI art. 125-0 A, I). 65344

Cette exonération est cependant soumise à **deux conditions** par l'administration : il faut que la possibilité d'opter pour une rente ait été prévue dans le contrat dès l'origine et que l'option soit exercée au plus tard à la date d'échéance de ce contrat (BOI-RPPM-RCM-10-10-80 n° 90). L'exonération ne s'applique pas aux contrats qui se dénouent par le versement d'un capital ultérieurement converti en rente viagère, même si cette conversion intervient à brève échéance.

L'exonération des produits capitalisés est très relative puisque, à l'exception des rentes versées dans le cadre d'un PEP après huit ans, les **versements successifs** (arrérages) **de la rente** sont imposables à l'impôt sur le revenu pour une fraction de leur montant. Cette imposition concerne toutes les rentes viagères, y compris celles servies en exécution d'un contrat d'assurance-vie souscrit avant le 1er janvier 1983. La **fraction imposable** de la rente est déterminée une fois pour toutes en fonction de l'âge du souscripteur à la date d'entrée en jouissance de la rente : 70 % en dessous de 50 ans, 50 % de 50 à 59 ans, 40 % de 60 à 69 ans et 30 % à partir de 70 ans. 65345

Ce **régime** d'imposition est en réalité très **pénalisant**, car si la rente n'est taxée que sur une fraction de son montant, il faut avoir conscience qu'elle est en partie composée du capital investi par le souscripteur, capital qui se trouve taxé au même titre que les produits du contrat. Par comparaison, le régime des rachats partiels – qui peuvent être programmés – est fiscalement beaucoup plus favorable.

65346 **Cas particulier des rentes réversibles** Lorsque la rente est réversible **au profit du conjoint survivant**, l'âge à retenir pour déterminer la fraction taxable des versements successifs de la rente est celui de l'aîné des époux au moment du premier versement. Si la réversion s'opère, et en fonction de ce qui est le plus favorable au survivant, soit le taux initial continue à s'appliquer, soit c'est l'âge du survivant au moment où il perçoit pour la première fois la rente qui est pris en compte (BOI-RSA-PENS-30-20 n° 70).
Les règles sont différentes lorsque la rente est réversible au profit d'une **personne autre que le conjoint survivant**. Tant que le bénéficiaire touche la rente, la fraction taxable est déterminée en fonction de son âge au moment du premier versement. Si la réversion s'opère, c'est l'âge du nouveau bénéficiaire au moment où il perçoit pour la première fois le premier arrérage qui est retenu pour déterminer la fraction imposable de la rente.
La solution admise par l'administration pour les rentes réversibles au profit du conjoint survivant vaut également, à notre avis, lorsque la réversion est prévue au profit du **partenaire de Pacs** survivant.

OBLIGATIONS DÉCLARATIVES DES ENTREPRISES D'ASSURANCE

65347 Les entreprises d'assurance sont tenues de communiquer à l'assuré l'ensemble des **informations et documents** permettant à ce dernier de déclarer les produits, le cas échéant rachetés, selon le régime fiscal qui leur est applicable. Elles communiquent également ces informations à l'administration. Cette déclaration est effectuée dans les mêmes conditions que la déclaration des paiements de revenus mobiliers (CGI art. 125-0 A, IV).

b. Prélèvements sociaux

PRODUITS TAXABLES

65350 Comme tous les revenus du capital, les produits des contrats d'assurance-vie perçus par des contribuables domiciliés en France supportent les prélèvements sociaux (CSG, CRDS, prélèvement social et contribution additionnelle). Leur **taux** global est de 17,2 %.
Ce taux, additionné au taux forfaitaire d'impôt sur le revenu de 12,8 %, constitue le PFU de 30 %.
La **taxation concerne** tous les contrats, y compris ceux dont les produits sont exonérés d'impôt sur le revenu. Par **exception** :
– les produits attachés aux contrats d'épargne-handicap sont exonérés de prélèvements sociaux pendant la phase d'épargne du contrat (les prélèvements sociaux sont toutefois exigibles en cas de rachat total ou partiel ou de dénouement en cas de vie) et lors du décès de l'assuré ;
– les produits des contrats dénoués ou faisant l'objet d'un rachat partiel à la suite de l'invalidité du souscripteur ou de son conjoint (invalidité de deuxième ou troisième catégorie prévue par l'article L 341-4 du Code de la sécurité sociale) sont exonérés de prélèvements sociaux. Les justificatifs doivent être remis à la compagnie d'assurance avant le rachat (Inst. 5 I-3-11 n° 41, non reprise dans la base Bofip).
Les prélèvements sociaux sont directement opérés **à la source** par l'assureur.

> **Précisions** Les prélèvements sociaux ne sont pas **déductibles des revenus** imposables en cas d'imposition au taux forfaitaire ou en cas d'option pour le PFL. En revanche, lorsque les produits du contrat sont soumis au barème progressif de l'impôt sur le revenu, une quote-part de la CSG (6,8 % sur 17,2 % de prélèvements au total) acquittée au titre de ces produits est déductible (CGI art. 154 quinquies).

MODALITÉS DE RECOUVREMENT

65351 Les prélèvements sociaux sont opérés :
– chaque année, lors de l'inscription des produits en compte, pour tous les produits des **supports en euros**. Cette taxation « au fil de l'eau » concerne aussi bien les produits des contrats monosupports en euros que les produits du fonds euros des contrats multisupports et des contrats euro-croissance ;
– au moment du rachat ou du dénouement du contrat en cas de vie, pour les produits des **supports en unités de compte** (produits des contrats monosupports en unités de compte et produits des supports en unités de compte des contrats multisupports) ;
– à l'atteinte de la garantie pour les produits des engagements donnant lieu à la constitution d'une **provision de diversification** (contrats euro-croissance).
Dans les trois cas, des prélèvements sociaux seront également dus **au décès de l'assuré**, pour les produits qui n'auront pas déjà été taxés : produits acquis depuis la dernière inscription en compte pour les supports en euros ; produits acquis depuis la souscription ou le dernier rachat

partiel pour les supports en unités de compte ; produits acquis depuis la souscription pour les engagements des contrats euro-croissance donnant lieu à la constitution d'une provision de diversification.

› **Précisions** **a.** Pour les **contrats multisupports** qui comportent à la fois un compartiment en euros et des unités de compte, les prélèvements sociaux effectués tous les ans sur les produits du compartiment en euros peuvent s'avérer excessifs ou insuffisants lors du dénouement ou d'un rachat partiel du contrat. Une **régularisation** doit donc être opérée en cas de rachat partiel ou lors du dénouement du contrat, selon des modalités que l'administration fiscale a précisées (Inst. 5 I-3-11, non reprise dans la base Bofip). En cas de trop-perçu des prélèvements sociaux, le souscripteur a droit à des **intérêts moratoires** au taux légal sur l'excédent qui lui est reversé (Cons. const. 17-9-2015 n° 2015-483 QPC : BPAT 6/15 inf. 233).

b. En cas de **sortie en rente viagère**, les arrérages de la rente sont imposables aux prélèvements sociaux sur une fraction de leur montant, comme en matière d'impôt sur le revenu : voir n° 65345.

c. Les produits des **contrats d'épargne handicap** ne sont soumis aux prélèvements sociaux (hors CRDS dont ils sont exonérés) qu'en cas de rachat ou de dénouement en cas de vie.

E. Assurance-vie et impôt sur la fortune immobilière (IFI)

La plupart des contrats d'assurance-vie sont exclus de la base imposable de l'IFI, car ils sont investis en actifs financiers. Toutefois, la valeur de rachat des **contrats rachetables** en **unités de compte** est incluse dans le patrimoine du souscripteur taxable à l'IFI à hauteur de la fraction de leur valeur représentative des unités de compte constituées d'**actifs immobiliers imposables** (CGI art. 972). 65352

Ne sont pas taxables à l'IFI les **contrats non rachetables** comme les assurances temporaires en cas de décès, les assurances en cas de vie sans contre-assurance, les rentes viagères différées sans contre-assurance ou les Perp (C. ass. art. L 132-23).

Les **limites contractuellement apportées au droit de rachat** du souscripteur réduisent-elles la base taxable ? En matière d'ISF, la jurisprudence répondait négativement à cette question. Il a ainsi été jugé que la délégation d'un contrat en garantie de remboursement d'un emprunt ne lui fait pas perdre son caractère rachetable, même si le souscripteur ne peut plus racheter son contrat sans l'accord du créancier (Cass. com. 15-3-2011 n° 10-11.575 F-PB : RJF 6/11 n° 753 : BPAT 2/11 inf. 139). L'administration considère que cet arrêt est transposable à l'IFI (BOI-PAT-IFI-20-20-30-30 n° 90). 65353

SECTION 3

DÉSIGNATION ET ACCEPTATION DU BÉNÉFICIAIRE EN CAS DE DÉCÈS

A. Désignation du bénéficiaire en cas de décès

1. RÈGLES GÉNÉRALES DE DÉSIGNATION DU BÉNÉFICIAIRE

La désignation du bénéficiaire est un **droit personnel du souscripteur** (cas des contrats souscrits au nom d'un majeur sous tutelle ou sous curatelle ou d'un mineur : voir respectivement n°s 65104 et 65117 s.). La délégation de ce droit n'est donc pas possible dans un contrat d'assurance-vie individuel. 65354

En cas de **cosouscription** du contrat, les souscripteurs doivent s'accorder sur la désignation du bénéficiaire, même s'il est parfaitement envisageable que la clause bénéficiaire ne soit pas identique selon l'ordre des décès (voir n° 65200).

Dans le cas – rare – où le **souscripteur n'est pas l'assuré du contrat**, le droit du souscripteur de désigner le bénéficiaire est subordonné à l'accord de l'assuré (C. ass. art. L 132-8).

INTÉRÊT DE LA DÉSIGNATION D'UN BÉNÉFICIAIRE EN CAS DE DÉCÈS

65355 **Régime civil et fiscal spécifique de l'assurance-vie** Si, au moment du décès de l'assuré, aucun bénéficiaire n'est désigné, le capital ou la rente garantis font partie de la **succession de l'assuré** (C. ass. art. L 132-11) et obéissent aux règles civiles (rapport et réduction, notamment) et fiscales (droits de succession) de droit commun.

Au contraire, si un ou plusieurs bénéficiaires sont désignés, le capital ou la rente versés ne font pas partie de la succession de l'assuré (C. ass. art. L 132-12) et sont soumis à la fiscalité décès spécifique de l'assurance-vie (n°s 66420 s.).

65356 **Insaisissabilité du capital** La désignation d'un bénéficiaire a également pour effet l'insaisissabilité du capital ou de la rente garantis **au profit de** ce bénéficiaire, qu'il ait accepté ou non le contrat. Les créanciers ne peuvent pas réclamer les sommes en cause. Ils ont seulement droit, en présence de primes manifestement exagérées (au sens de l'article L 132-13, alinéa 2), au remboursement des primes dans deux hypothèses (C. ass. art. L 132-14) :

– si le versement des primes a été fait en fraude de leurs droits, les créanciers pouvant alors exercer l'action « paulienne » prévue à l'article 1341-2 du Code civil ;

– ou si le versement a été effectué après la cessation des paiements par un débiteur en procédure collective (nullités pendant la période suspecte prévues aux articles L 621-107 et L 621-108 du Code de commerce).

L'insaisissabilité d'un contrat dont le bénéficiaire est déterminé est inhérente au **mécanisme de l'assurance-vie**, qui repose sur l'existence d'un aléa et une stipulation pour autrui : tant que le contrat n'est pas dénoué, ni le souscripteur ni le bénéficiaire n'ont droit à la prestation garantie. Au décès de l'assuré, le bénéficiaire désigné sera réputé avoir eu seul droit au capital ou à la rente à partir du jour de la souscription du contrat (C. ass. art. L 132-12).

65357 Cette insaisissabilité n'est toutefois pas absolue, notamment vis-à-vis de l'administration fiscale. Le **comptable public** peut en effet saisir par voie de saisie administrative à tiers détenteur (SATD) les contrats d'assurance-vie rachetables (LPF art. L 262). Cela exclut les contrats ne comportant pas de faculté de rachat, comme les assurances temporaires en cas de décès. L'avis de saisie administrative à tiers détenteur est notifié au souscripteur et au tiers détenteur, en l'occurrence l'assureur. Ce dernier doit régler le comptable public dans les 30 jours de réception de la saisie. La mise en œuvre de la saisie entraîne le **rachat forcé**, total ou partiel, du contrat. Elle a pour effet d'affecter au Trésor public la valeur de rachat du contrat d'assurance au jour de la notification de la saisie, dans la limite du montant de cette dernière.

> **Précisions** La SATD peut porter tant sur les contrats en euros que sur les contrats en unités de compte, et l'existence de limitations à la faculté de rachat n'y fait pas obstacle. Toutefois, **la saisie est sans effet** lorsque, antérieurement, le contrat a fait l'objet d'une délégation ou d'un nantissement de créance, ou lorsque la clause bénéficiaire a été acceptée (BOI-REC-FORCE-30-30-20-10 n°s 200 s.). Cette position a été confirmée par la Cour de cassation **en cas de nantissement** d'un contrat d'assurance-vie rachetable. La Haute Juridiction a en effet jugé que le droit au paiement de la valeur de rachat dont dispose le bénéficiaire du nantissement exclue tout concours avec les autres créanciers du souscripteur, y compris le comptable public recourant à un avis à tiers détenteur (Cass. 2e civ. 2-7-2020 n°s 19-11.417 et 19-13.636 F-PBI : BPAT 5/20 inf. 167 ; Cass. 2e civ. 17-9-2020 n° 19-10.420 F-PBI).

LIBERTÉ DE CHOIX DU BÉNÉFICIAIRE

65360 Le bénéficiaire peut être une **personne physique** ou une personne **morale** (une société civile, par exemple).

Il n'existe aucune **restriction** concernant les mineurs et les majeurs protégés. Un majeur sous tutelle peut par exemple être désigné bénéficiaire, la gestion des fonds étant confiée à son tuteur sous le contrôle du juge des tutelles (ou du conseil de famille s'il en a été constitué un).

Seules deux règles sont de nature à limiter le choix du bénéficiaire d'un contrat d'assurance-vie :

– ne peuvent à notre avis être désignées bénéficiaires les personnes frappées d'une incapacité relative de recevoir une libéralité fondée sur une **présomption de captation** : membres des professions médicales ayant traité une personne durant sa dernière maladie, par exemple (voir n°s 63166 s.). Selon une jurisprudence constante, cette incapacité vise les libéralités quelle qu'en soit la forme. Dès lors, elle peut concerner les stipulations réalisées dans le cadre de l'assurance-vie (pour une illustration, s'agissant du médecin ayant traité le patient au cours de sa dernière maladie, Cass. 1e civ. 4-11-2010 nº 07-21.303 FS-PBI : BPAT 6/10 inf. 355) ;

– la désignation du bénéficiaire ne doit pas avoir une **cause immorale ou illicite**. En pratique, la nullité de la clause bénéficiaire pour contrariété à l'ordre public ou aux bonnes mœurs devrait toutefois être exceptionnelle. Ainsi, une veuve ne peut pas obtenir l'annulation pour cause illicite ou immorale des contrats d'assurance-vie souscrits par son mari au profit de sa maîtresse, ni de la substitution de bénéficiaire opérée à son détriment sur un autre contrat (Cass. 1e civ. 25-1-2005 nº 96-19.878 F-PB : Bull. civ. I nº 35). Une fille ne peut pas non plus obtenir l'annulation de la modification de la clause bénéficiaire opérée par son père à son détriment, alors même qu'elle invoque le caractère raciste de cette modification (liée à la couleur de peau de son compagnon) : quel qu'ait pu être le mobile de son père, la cause du changement était sa volonté de gratifier les nouveaux bénéficiaires (CA Paris 1-2-2011 nº 08-2388, ch. 5-2 : BPAT 2/11 inf. 141).

SUPPORT DE LA DÉSIGNATION DU BÉNÉFICIAIRE

Modes de désignation La désignation (ou la modification) du bénéficiaire peut être réalisée **soit par voie d'avenant** au contrat, soit en remplissant les formalités édictées par l'article 1690 du Code civil, **soit par voie testamentaire** (C. ass. art. L 132-8). 65362

La note d'information ou l'encadré placé en tête de la proposition d'assurance doit d'ailleurs expressément indiquer :

– que le souscripteur peut désigner le bénéficiaire dans le contrat ou le bulletin d'adhésion ou ultérieurement, par voie d'avenant ;

– que la désignation peut notamment être faite par acte sous seing privé (par exemple par testament olographe : voir nºs 65363 s.) ou par acte authentique.

En cas de modification de la clause bénéficiaire, il n'est pas nécessaire de respecter un **parallélisme des formes** entre la voie choisie pour la désignation initiale et celle retenue pour la modification (Cass. 1e civ. 3-4-2019 nº 18-14.640 FS-PBI : BPAT 3/19 inf. 110).

Désignation par testament La désignation par testament présente un double **intérêt** : 65363

– la certitude de retrouver l'ensemble des contrats souscrits (à condition que le testament les vise et qu'il soit mentionné au Fichier central des dispositions de dernières volontés géré par les notaires). Cette précaution est utile, car il est encore fréquent qu'au décès de l'assuré le bénéfice des contrats ne soit pas réclamé ;

– la possibilité de définir, avec l'aide d'un professionnel (notaire, le plus souvent) des modalités particulières de versement du capital aux bénéficiaires : clause bénéficiaire en cascade, clause démembrée, etc.

La **rédaction** de la clause bénéficiaire au sein du contrat d'assurance-vie doit elle-même être **sécurisée**, de façon à se prémunir contre le risque d'absence de désignation de bénéficiaire qui pourrait résulter de l'oubli de rédaction d'un testament, de sa révocation par un testament ultérieur ou tout simplement du décès prématuré du bénéficiaire unique qui y a été désigné.

Il est conseillé de rédiger la clause bénéficiaire du contrat d'assurance-vie comme suit : « voir testament déposé chez Maître X ». Il est possible d'ajouter à cette clause à qui reviendrait le capital à défaut de testament ou dans l'hypothèse où il ne serait pas valide, en indiquant, au moins de manière simplifiée, l'identité des bénéficiaires souhaités. Les dispositions testamentaires visant les contrats d'assurance-vie donnent lieu à un **contentieux croissant**, souvent lié à des difficultés d'interprétation du testament (voir, notamment, Cass. 1e civ. 20-3-2013 nº 11-27.221 F-D : Sol. Not. 9/13 inf. 208 ; Cass. 1e civ. 10-10-2012 nº 11-17.891 F-PBI : BPAT 6/12 inf. 301).

Afin de prévenir les contestations qui peuvent naître entre les héritiers et les bénéficiaires, les volontés du souscripteur doivent être rédigées avec clarté et précision. Voici quelques exemples non exhaustifs de **précautions à prendre** :

– proscrire l'emploi du terme « léguer » en visant les contrats d'assurance-vie, car il peut être interprété comme une renonciation au régime spécifique de l'assurance-vie et un choix de faire entrer ces capitaux dans la succession pour en effectuer un simple legs (en ce sens, Cass. 1e civ. 10-10-2012 nº 11-17.891 F-PBI : BPAT 6/12 inf. 301) ;

– en cas de désignation des « héritiers » comme bénéficiaires, préciser s'il s'agit des seuls héritiers légaux ou également des légataires universels ou à titre universel (voire des légataires à titre particulier) et préciser aussi la fraction qui leur est attribuée (« ... par parts égales », « ... en proportion de leurs parts héréditaires », etc.) ;

– si telle est la volonté du souscripteur, préciser que la représentation jouera en cas de prédécès d'un des bénéficiaires.

CONSEIL

En cas de **cosouscription**, il n'est pas envisageable que les deux souscripteurs rédigent un seul et même testament portant leur double signature, car il s'agirait d'un testament dit « conjonctif », nul en droit français (en ce sens, C. Jamain, La désignation du bénéficiaire par testament n'est pas adaptée aux contrats à souscription conjointe : SNH 8/20 inf. 11). Chaque souscripteur doit rédiger son propre testament portant désignation du bénéficiaire. L'accord de l'autre souscripteur pourrait alors être recueilli par acte séparé, mais ce schéma induit une fragilité, liée au risque de requalification en testament conjonctif, qui amène à préférer dans ce cas une clause bénéficiaire non testamentaire, confiée à son notaire (n° 65365).

65365 **Clause non testamentaire confiée à un notaire** La désignation du bénéficiaire peut être réalisée sous une **forme dactylographiée** et signée par le souscripteur. La clause est **déposée chez le notaire** qui fait mention de son existence (mais non de son contenu) au Fichier central des dispositions de dernières volontés, comme pour un testament.

Cette solution présente **plusieurs intérêts** :

– l'assistance du notaire écarte le risque d'erreur de rédaction ;

– elle évite au souscripteur d'avoir à recopier à la main un document qui peut être assez long lorsque la clause est complexe ou rédigée pour permettre une optimisation maximale de la transmission ;

– elle peut faire l'objet d'une mention au Fichier central des dispositions de dernières volontés afin d'être certain qu'elle soit retrouvée au jour du décès du souscripteur assuré.

Dans le cas d'un contrat en **cosouscription**, la clause peut faire l'objet d'un document unique signé par l'ensemble des souscripteurs (formule la plus usitée) mais rien n'interdit la rédaction par chacun de sa propre clause bénéficiaire dans l'hypothèse où son décès dénouerait le contrat, à condition de recueillir l'accord des autres sur cette rédaction.

65366 Cette désignation des bénéficiaires dans un document autonome ne constituant pas un testament, dont l'objet est limité à la désignation des bénéficiaires, ne nous semble pas poser de problème de **validité**. Il convient cependant que la volonté du souscripteur de désigner ou de modifier les bénéficiaires soit certaine et non équivoque et qu'elle soit communiquée par le souscripteur à l'assureur du vivant de l'assuré. Ainsi, l'assureur connait la volonté du souscripteur de désigner ou modifier les bénéficiaires, et devra se rapprocher du **tiers de confiance** pour connaître l'identité de ces derniers. Si l'on retient cette analyse, le document déposé entre les mains du notaire peut être manuscrit ou dactylographié, mais devra être daté et signé de la main du contractant.

Pour une **analyse différente** des conséquences d'un arrêt du 10 mars 2022 (Cass. 2e civ. 10-3-2022 n° 20-19.655 F-B) sur la validité des clauses non testamentaires déposées chez un notaire, voir Defrénois 12-5-2022 n° DEF207s5 comm. M. Thomas-Marotel.

VALIDITÉ DE LA DÉSIGNATION DU BÉNÉFICIAIRE

65367 **Volonté certaine et non équivoque du souscripteur** Quelle que soit sa forme, il est nécessaire que l'acte exprime la volonté certaine et non équivoque du souscripteur **de désigner ou modifier** le bénéficiaire. Jugé par exemple que le seul fait pour un souscripteur affaibli physiquement d'apposer sa signature au bas d'un document rédigé par sa fille ne permet pas d'établir sa volonté certaine et non équivoque de modifier les bénéficiaires du contrat (Cass. 1e civ. 25-9-2013 n° 12-23.197 F-PB : BPAT 6/13 inf. 242).

De même, des lettres type non signées du souscripteur et envoyées, qui plus est, une semaine avant son décès, ne manifestent pas sa volonté de modifier les bénéficiaires de ses contrats (Cass. 2e civ. 26-11-2020 n° 18-22.563 F-PBI : BPAT 1/21 inf. 33).

L'absence de volonté certaine et non équivoque du souscripteur permet à ses héritiers de **contester la modification** de la désignation bénéficiaire, sans devoir agir sur le fondement de la nullité pour insanité d'esprit. Dans ce cas, l'appréciation du caractère certain et non équivoque de la volonté du souscripteur résulte de l'examen de l'ensemble des éléments, intrinsèques et extrinsèques à l'acte, contrairement à l'appréciation de l'insanité d'esprit qui est limitée à l'examen des seuls éléments intrinsèques à l'acte (Cass. 1e civ. 5-4-2023 n° 21-12.875 F-D : BPAT 3/23 inf. 144).

ILLUSTRATIONS

Des **modifications répétées** de la clause bénéficiaire ne sont pas sans risque.

En l'espèce, la souscriptrice avait initialement désigné sa sœur en qualité de bénéficiaire, puis les deux membres d'un couple, avant de désigner de nouveau sa sœur par un avenant qu'elle n'avait pas régularisé et avait retourné à l'assureur avec une mention indiquant son choix de maintenir les époux comme bénéficiaires. La sœur a alors remis en cause l'authenticité de ce

document en s'appuyant sur une expertise judiciaire établissant qu'il n'était pas de la main de la souscriptrice.
Toutefois, la cour d'appel a retenu que l'assureur avait payé de **bonne foi** le capital aux époux, et a été approuvée par la Cour de cassation, au motif que l'intéressée « ne bénéficiait d'aucune mesure de protection juridique, de sorte que l'assureur ne disposait d'aucun élément objectif lui permettant de ne pas tenir compte des demandes successives de modification de la clause bénéficiaire du contrat » et que l'assureur avait été sollicité par plusieurs écrits successifs « sans qu'aucun élément puisse attirer son attention sur l'authenticité de ces documents » (Cass. 1e civ. 31-3-2021 n° 19-18.951 F-D).

Moment de la désignation La désignation du bénéficiaire ou sa modification peuvent intervenir à tout moment, jusqu'au **décès du souscripteur**. 65368
La Cour de cassation a par le passé jugé que la modification était efficace, même si la compagnie n'en avait eu connaissance qu'après le décès de l'assuré (Cass. 2e civ. 13-9-2007 n° 06-18.199 FS-PB : BPAT 6/07 inf. 178). Elle exige désormais que la modification du bénéficiaire soit connue de l'assureur du vivant de l'assuré, sauf s'il s'agit d'un testament (Cass. 2e civ. 13-6-2019 n° 18-14.954 F-PBI : BPAT 5/19 inf. 198 ; confirmé par Cass. 2e civ. 10-3-2022 n° 20-19.655 F-B).
Même dans ce cas, il est **essentiel** d'informer aussi vite que possible l'assureur de la modification de la clause pour éviter un paiement de bonne foi (libératoire pour l'assureur) au profit des bénéficiaires antérieurement désignés (C. ass. art. L 132-25). Dans cette situation, les bénéficiaires rétablis dans leurs droits par la justice devront tenter de récupérer les capitaux leur revenant entre les mains de ceux à qui ils ont été initialement payés de bonne foi par la compagnie.

ATTENTION

Un changement de bénéficiaire effectué « **sur le lit de mort** » n'est pas sans risque fiscal. La Cour de cassation a en effet considéré qu'un tel changement participait de la requalification du contrat en donation indirecte, ce facteur s'ajoutant à d'autres éléments (Cass. ch. mixte 21-12-2007 n° 06-12.769 : RJF 3/08 n° 370 : voir n° 66605).

Bénéficiaire déterminé ou déterminable Est considérée comme faite à un bénéficiaire déterminé non seulement la clause qui désigne **nommément** telle ou telle personne, mais également celle qui définit le bénéficiaire suffisamment pour qu'il soit **susceptible d'identification** au moment de l'exigibilité des prestations dues par l'assureur (C. ass. art. L 132-8, al. 2), c'est-à-dire au décès de l'assuré. 65370

Certaines clauses sont expressément considérées comme faites à un bénéficiaire déterminé. Tel est le cas de la désignation (C. ass. art. L 132-8, al. 3) : 65371
– des **enfants nés ou à naître** du contractant, de l'assuré ou de toute autre personne désignée. L'existence du bénéficiaire s'appréciant au moment de la survenance du risque, les enfants simplement conçus mais non encore nés à la date du décès de l'assuré constituent des bénéficiaires déterminés (sur la présomption légale de la durée de grossesse, voir n° 27570) ;
– des **héritiers ou ayants droit** de l'assuré ou d'un bénéficiaire prédécédé ;
– du **conjoint** (voir nos 65400 s.).

DÉSIGNATION VISANT LES « HÉRITIERS »

Notion d'héritiers En cas de désignation des « héritiers », ceux-ci ont droit au bénéfice de l'assurance en proportion de leurs parts héréditaires (C. ass. art. L 132-8). La **qualité d'héritier** appartient au premier chef aux héritiers légaux (ou « ab intestat »), désignés par la loi à défaut de testament. Concernant les légataires, un arrêt relativement ancien avait admis que le terme « héritier » englobait tous les successeurs, y compris donc le **légataire universel** (Cass. 1e civ. 4-4-1978 n° 76-12.085 : Bull. civ. I n° 138 ; CA Orléans 14-1-2013 n° 12/00512 : BPAT 2/13 inf. 64). Un arrêt plus récent pourrait remettre en cause l'automaticité de cette solution : après avoir rappelé que les legs de l'usufruit ou de la nue-propriété de tous les biens composant la succession sont des legs universels, la Cour de cassation invite les juges du fond à rechercher si la souscriptrice avait eu ou non la volonté de faire bénéficier les légataires des capitaux garantis par le contrat d'assurance-vie (Cass. 1e civ. 10-2-2016 n° 14-28.272 FS-PBI : BPAT 2/16 inf. 70). De même, il appartient aux juges du fond de rechercher, au regard des circonstances d'espèce, si la volonté du souscripteur n'était pas de faire bénéficier du contrat ses seuls héritiers légaux. Une cour d'appel peut par exemple décider que, lorsque deux contrats d'assurance-vie ont été souscrits à quelques années d'intervalle, le premier au profit de la légataire universelle du souscripteur, le second au profit de ses « héritiers », la rédaction différente retenue pour le second contrat prouve la volonté du souscripteur de gratifier ses héritiers ab intestat (Cass. 2e civ. 12-5-2010 n° 09-11.256 F-D : BPAT 4/10 inf. 232). 65372

65373 Ainsi, pour l'**identification du bénéficiaire** désigné sous le terme héritier, « il convient de ne s'attacher exclusivement ni à l'acception du terme héritier dans le langage courant ni à la définition de ce terme en droit des successions mais de rechercher et d'analyser la volonté du souscripteur » (Cass. 2e civ. 14-12-2017 n° 16-27.206 F-D). Il a été jugé dans cet arrêt que la clause « mes héritiers » conférait la qualité de bénéficiaire à un organisme religieux en sa qualité de légataire universel et non aux neveux et nièces du souscripteur défunt, bien que légataires particuliers.

Dans leur recherche, les juges doivent le cas échéant prendre en considération le testament rédigé par le souscripteur, le bénéficiaire pouvant s'entendre d'un **légataire à titre universel**. Une femme ayant deux enfants avait institué par testament olographe sa fille légataire de la moitié de la quotité disponible et sa petite-fille, fille de son fils, légataire de l'autre moitié. La clause bénéficiaire du contrat d'assurance-vie souscrit par la suite indiquait « mes héritiers ». Au décès de l'intéressée, l'assureur a versé les capitaux selon la répartition suivante : 1/2 pour la fille, 1/3 pour le fils et 1/6 pour la petite-fille (ses droits dans la succession étant de 1/6 au titre de la moitié de la quotité disponible). Le fils a contesté, estimant que sa fille, légataire à titre universel, ne saurait être assimilée à un héritier. Pourvoi rejeté par la Haute Juridiction, qui approuve les juges du fond d'avoir pris en compte le testament pour identifier les bénéficiaires désignés sous le terme « mes héritiers » (Cass. 1e civ. 30-9-2020 n° 19-11.187 FS-PB : BPAT 6/20 inf. 204).

Les juges du fond doivent également rechercher la volonté du souscripteur quant à la **répartition du capital** garanti entre les héritiers. Une femme ayant trois enfants avait désigné comme bénéficiaires ses héritiers, mais avait légué à l'un des trois la quotité disponible de tous les biens composant sa succession. L'assureur avait informé ce dernier qu'il avait droit à la moitié du capital (1/4 au titre de la réserve et 1/4 au titre de la quotité disponible). La cour d'appel avait jugé que chacun devait recevoir un tiers du capital, car, le capital décès ne faisant pas partie de la succession de l'assuré, le testament n'avait pas d'effet sur la désignation des enfants comme bénéficiaires en leur qualité d'héritier. Censure de la Cour de cassation qui reproche à la cour d'appel de ne pas avoir recherché quelle était la volonté du souscripteur quant à la répartition du capital garanti (Cass. 1e civ. 19-9-2018 n° 17-23.568 FS-PB : BPAT 6/18 inf. 253).

CONSEIL

Afin de pallier les aléas inhérents à une interprétation judiciaire, il est préférable d'**indiquer explicitement** les droits (ou l'absence de droits) des légataires dans la clause bénéficiaire du contrat d'assurance-vie, ou encore de **désigner par leur nom** les bénéficiaires plutôt que par leur qualité.

65374 **Impact de la renonciation à succession** La **renonciation à succession** par l'héritier ou le légataire bénéficiaire du contrat n'a aucune incidence sur le bénéfice de l'assurance-vie (C. ass. art. L 132-8 ; pour une illustration, CA Dijon 18-12-2007 n° 06/00329, ch. civ. B). En effet, la **détermination des bénéficiaires** s'apprécie à la date de l'exigibilité des prestations, c'est-à-dire au jour du décès. Les héritiers peuvent donc renoncer à leurs droits dans la succession et accepter le bénéfice du contrat d'assurance-vie.

ABSENCE DE REPRÉSENTATION AUTOMATIQUE DU BÉNÉFICIAIRE DÉCÉDÉ

65375 **Décès du bénéficiaire avant l'assuré** La **représentation** ne joue pas de plein droit en matière d'assurance-vie. En effet, « l'attribution à titre gratuit du bénéfice d'une assurance sur la vie à une personne déterminée est présumée faite sous la condition de l'existence du bénéficiaire à l'époque de l'exigibilité du capital ou de la rente garantis, à moins que le contraire ne résulte des termes de la stipulation » (C. ass. art. L 132-9, al. 3). Si le bénéficiaire décède avant l'assuré, la prestation garantie sera versée aux bénéficiaires à titre subsidiaire, ou, à défaut de bénéficiaires subsidiaires, tombera dans la succession de l'assuré.

Attention par conséquent à la clause bénéficiaire type de certains contrats « mon conjoint, à défaut mes enfants, par parts égales, à défaut mes héritiers ». Avec une telle rédaction, à défaut du conjoint, le capital revient aux enfants. À défaut d'un d'entre eux, sa part revient aux autres bénéficiaires de même rang, à savoir les autres enfants. Ainsi, cette clause prive les **petits-enfants dont l'auteur** (enfant de l'assuré) **est prédécédé** de tous droits au bénéfice du contrat d'assurance-vie (en ce sens, par exemple, Cass. 2e civ. 22-9-2005 n° 04-13.077 F-D).

On notera cependant que la Cour de cassation a déjà validé le jeu de la représentation sans que ce terme figure dans la clause bénéficiaire. Une femme mère de trois enfants dont l'un était déjà décédé avait souscrit un contrat d'assurance-vie dont la clause bénéficiaire était ainsi rédigée : « mes enfants par parts égales, nés ou à naître, à défaut de l'un ses descendants, et à défaut mes héritiers » (Cass. 2e civ. 10-4-2008 n° 07-12.992 F-D : BPAT 3/08 inf. 104). Jugé en même sens dans une espèce où une femme avait souscrit un contrat d'assurance-vie, désignant comme bénéficiaires en cas de décès « à parts égales, X, Y et Z (ses trois enfants), à défaut leurs héritiers, à défaut mes héritiers » (Cass. 2e civ. 13-6-2013 no 12-20.518 F-D : BPAT 5/13 inf. 184).

Décès du bénéficiaire non acceptant après l'assuré Si le bénéficiaire de premier rang décède après l'assuré, mais sans avoir accepté la clause le désignant, la **prestation** garantie **revient à ses héritiers, sauf si** leurs droits n'ont pas été réservés alors que le souscripteur a désigné des bénéficiaires subsidiaires ou qu'il existe des bénéficiaires de même rang (en ce sens, notamment, Cass. 2e civ. 7-4-2005 no 03-20.611 F-D ; Cass. 1e civ. 5-11-2008 no 07-14.598 FS-PBI : BPAT 6/08 inf. 215 ; Cass. 2e civ. 17-9-2009 no 08-17.040 F-D). Il en résulte que lorsque la clause désigne « mes enfants nés ou à naître et à défaut mes héritiers », la fraction du capital décès qui devait revenir à l'enfant décédé avant d'avoir accepté sera attribuée à ses frères et sœurs, et non à ses propres enfants dont les droits n'ont pas été réservés. 65376

Une décision isolée a toutefois jugé que la clause bénéficiaire qui désignait nominativement les deux enfants de la souscriptrice « X et Y, par parts égales, à défaut leurs descendants » comportait deux stipulations distinctes (une par enfant), la rédaction retenue ayant été interprétée comme la volonté qu'à défaut d'un enfant, les descendants de celui-ci recueillent sa part (Cass. 2e civ. 23-10-2008 no 07-19.163 FS-PB : BPAT 6/08 inf. 215, solution reprise par la cour d'appel de renvoi : CA Paris 3-5-2011 no 09/07863, ch. 2-5).

CONSEIL

En pratique, il est essentiel de rédiger la clause de façon à **préserver les droits des descendants** de l'enfant bénéficiaire qui décéderait après l'assuré mais avant d'avoir accepté le bénéfice du contrat. La formulation « mes enfants vivants ou représentés » permet d'assurer cet objectif.

Portée de la clause « vivant ou représenté » La clause « vivant ou représenté » permet-elle une représentation du vivant du bénéficiaire initialement désigné, qui choisirait alors de **refuser sa désignation** au profit de son ou ses représentant(s) ? 65378

Cette formulation se trouve présente depuis très longtemps dans la plupart des clauses bénéficiaires standard. Elle a été mise en place par la pratique pour permettre de pallier l'absence de représentation automatique en cas de décès du bénéficiaire initial du contrat d'assurance-vie (voir no 65375). C'est d'ailleurs pourquoi sa rédaction s'inscrit dans une logique d'alternative : soit le bénéficiaire est vivant, soit il est représenté, puisque décédé.

Depuis l'introduction de la notion de représentation **du vivant** en droit civil français par la loi du 23 juin 2006 (C. civ. art. 754), est-il possible de comprendre la clause comme ouvrant la possibilité de représenter le renonçant au sein du contrat d'assurance-vie, avec une telle rédaction alternative ? 65379

Si la clause comportant cette rédaction a été rédigée par le souscripteur avant l'entrée en vigueur de la loi du 23 juin 2006, une telle **interprétation de la volonté du souscripteur** en faveur de la possibilité de ménager au bénéficiaire initial des capitaux décès, en vie au jour du dénouement du contrat, la faculté d'être représenté par ses descendants à la suite de sa non-acceptation du bénéfice du contrat, nous semble à écarter.

Dans l'hypothèse où cette clause a été rédigée postérieurement à l'introduction du concept de représentation en cas de vie dans le Code civil, une telle interprétation de la volonté du souscripteur peut-elle se concevoir ? Si l'on accepte d'entrer sur ce terrain, faut-il limiter cette solution aux cas prévus à l'article 754 du Code civil, qui indique que l'on ne représente les renonçants que dans les successions dévolues en ligne directe ou collatérale ? Si l'on se réfère à la position relative à l'identification des « héritiers » lorsque ce terme est employé sans autre précision (voir no 65373), l'interprétation pourrait aller jusqu'à concevoir que cette représentation puisse s'entendre comme une clause désignant implicitement les descendants du bénéficiaire à défaut d'acceptation de celui-ci, comme en cas de prédécès, **indépendamment du lien de parenté** entre eux-mêmes et le souscripteur. Ainsi, des personnes qui ne seraient ni descendants ni collatéraux de l'assuré, comme par exemple un conjoint, un partenaire pacsé, un ami, pourraient renoncer et être représentées par leurs enfants.

Il nous semble que la compagnie d'assurance courrait un **risque important** à effectuer une telle interprétation sur la base d'une rédaction limitée à l'expression « vivant ou représenté ». Ainsi, si le bénéficiaire refusait sa désignation en vue d'être représenté de son vivant par ses enfants, il serait sage de recourir à la justice, pour faire valider l'identité des bénéficiaires finaux après renonciation des bénéficiaires d'origine et déterminer s'il s'agit : 65380

- des représentants du vivant des bénéficiaires renonçants ;
- des autres bénéficiaires de même rang que le renonçant ;

– ou encore des héritiers du souscripteur, à défaut de bénéficiaires de même rang que celui du renonçant.
Il est donc à conseiller au souscripteur d'adopter une rédaction permettant de **lever toute ambiguïté** quant à sa volonté, comme par exemple une clause prévoyant qu'à défaut d'un bénéficiaire, « qu'il soit prédécédé ou qu'il refuse sa désignation, sa part reviendra à ses enfants, et à défaut... ».

2. DÉSIGNER SON CONJOINT

COMMENT DÉSIGNER SON CONJOINT ?

65400 Il n'existe pas de règle particulière. Le conjoint peut être désigné par son **nom** ou, plus souvent, par sa **qualité**, la clause désignant « mon conjoint » sans indication de nom. Dans ce cas, le conjoint s'entend de la personne qui a cette qualité au moment de l'exigibilité des capitaux ou de la rente, c'est-à-dire au décès de l'assuré (C. ass. art. L 132-8, al. 4).
Seul le **mariage** donne la qualité de conjoint. Si la clause type est retenue et qu'elle prévoit « Mon conjoint, à défaut mes enfants nés ou à naître », le partenaire pacsé ou le concubin n'ont, en principe, pas droit au bénéfice de l'assurance-vie.
Il est également courant de désigner « mon conjoint non séparé de corps ou non engagé dans une procédure de divorce », en vue de l'écarter dans l'hypothèse d'**une séparation en cours** (alors même que, à ce stade, sa vocation successorale demeure intacte). Cette rédaction gagnerait à être précisée quant à la détermination du fait générateur à prendre en compte (ordonnance de non-conciliation, requête au juge, sachant qu'il est très difficile de le fixer à une autre date que celle de la signature de la convention sous seing privé par les époux et leurs avocats pour un divorce par consentement mutuel).
Il est donc préférable de modifier volontairement la clause si, dans le cadre de la séparation, l'un et/ou l'autre des époux, bien qu'encore mariés, ne souhaite(nt) plus que le capital décès revienne à son futur ex-conjoint.

> **Précisions** La jurisprudence se montre parfois plus souple dans son **interprétation du terme « conjoint »**, une décision de cour d'appel illustrant de manière remarquable l'importance que les juges du fond attachent à la volonté du souscripteur assuré. En l'espèce, une veuve vivant en **concubinage** avait, lors de la signature des contrats d'assurance-vie, coché la case « conjoint » du document préimprimé. Se fondant sur l'ensemble des éléments du dossier, la cour a considéré que la veuve, qui n'avait pas de conjoint, avait voulu, en remplissant ainsi la clause bénéficiaire, gratifier son concubin (CA Rennes 6-11-2002 n° 371 : BPAT 3/02 inf. 46).

POURQUOI DÉSIGNER SON CONJOINT ?

65402 L'assurance-vie permet d'offrir une **protection financière** supplémentaire au conjoint survivant, qui touchera les capitaux (ou la rente) en plus de ses droits dans la succession, et toujours en franchise d'impôt puisque le conjoint est exonéré de toute fiscalité en cas de décès au dénouement du contrat, y compris pour les primes versées après les 70 ans de l'assuré (n° 66433).
En **présence d'enfants**, le recours à l'assurance-vie peut notamment permettre d'avantager son conjoint au-delà de ce qu'autoriserait une donation au dernier vivant ou un testament (sous réserve des cas de requalification du contrat ou d'exagération des primes : n°s 66256 s.).
La souscription d'une assurance-vie au profit du conjoint ne se fait d'ailleurs pas forcément au détriment des enfants : il est possible de **démembrer la clause bénéficiaire**, le conjoint étant désigné bénéficiaire en usufruit et les enfants bénéficiaires en nue-propriété (n°s 65500 s.).
Au dénouement du contrat du fait du décès du conjoint assuré, si les **primes ont été payées avec des fonds communs**, le conjoint survivant désigné bénéficiaire dispose d'un avantage très étendu : l'assurance constitue un **propre** pour lui et, sauf en cas de primes manifestement exagérées (n°s 66256 s.), il ne devra aucune **récompense** à la communauté en raison des primes payées par elle (C. ass. art. L 132-16).
Pour une étude d'ensemble du contrat alimenté avec des fonds communs, voir n°s 65250 s.

3. DÉSIGNER SES PETITS-ENFANTS

CHOIX DE L'ASSURÉ DU CONTRAT

65430 Les grands-parents qui désignent leurs petits-enfants comme bénéficiaires en cas de décès peuvent avoir la **qualité d'assuré** : c'est leur décès qui obligera la compagnie au paiement du capital ou de la rente.

Ils peuvent aussi, et cette stipulation est relativement fréquente en matière d'assurance décès, désigner leur enfant comme assuré. Ce sera le cas, par exemple, des grands-parents qui, voulant garantir une rente à leurs petits-enfants en cas de décès de leur père, indiqueront ce dernier comme assuré. Dans une telle situation où **souscripteur** et assuré sont deux **personnes différentes**, l'assuré – le père dans notre exemple – doit donner son consentement par écrit avec indication du capital ou de la rente initialement garantis ; à défaut, le contrat est nul (C. ass. art. L 132-2). Le droit du souscripteur de désigner le bénéficiaire est également subordonné à l'accord de l'assuré (C. ass. art. L 132-8, al. 6).

DÉCÈS DU GRAND-PARENT SOUSCRIPTEUR AVANT LE PARENT ASSURÉ

Analyse favorable à la transmission de la qualité de souscripteur Si l'on considère que la qualité de souscripteur peut se transmettre, les **ayants droit** du souscripteur deviendraient souscripteurs en indivision du contrat qui n'est pas dénoué, sauf attribution à l'un d'entre eux à la suite d'un partage de l'actif successoral. 65432

La faculté de **désignation du bénéficiaire** appartiendrait alors à ce (ou ces) nouveau(x) souscripteur(s).

En l'absence de désignation préalable de bénéficiaire (cas rare, puisque par hypothèse la souscription avait pour objectif de protéger les petits-enfants), la désignation pourrait être exercée librement par le ou les nouveaux souscripteurs, sous réserve de l'accord de l'assuré (C. ass. art. L 132-8).

Si un bénéficiaire a été désigné, et sauf s'il a accepté sa désignation, un autre bénéficiaire pourrait lui être substitué, avec l'accord de l'assuré, par le(s) nouveau(x) souscripteur(s).

Si un bénéficiaire a été désigné et qu'il a accepté, sa désignation devient **irrévocable** sans son accord (C. ass. art. L 132-9, I).

Dans tous les cas, le contrat ne se dénoue pas au décès du grand-parent souscripteur et devrait 65433
donc tomber dans l'**actif successoral** pour sa valeur de rachat.

Dans un arrêt rendu **en matière fiscale**, la Cour de cassation a toutefois indiqué que le capital stipulé n'a pas à être réintégré dans la succession du souscripteur au décès de celui-ci lorsque l'assuré est toujours en vie (Cass. com. 20-5-2008 n° 07-10.794 F-D : BPAT 4/08 inf. 136). Cette solution peut se justifier sur le fondement de l'article 676 du CGI, selon lequel la transmission sous condition n'est taxable qu'au jour de la réalisation de la condition. La valeur de rachat du contrat au jour du décès du souscripteur initial ne reviendra jamais aux héritiers s'ils n'exercent pas leur faculté de rachat, les sommes étant transmises aux bénéficiaires désignés.

L'analyse civile (transmission du contrat au profit des ayants droit du souscripteur décédé) ne semble donc pas incompatible avec la solution retenue sur le plan fiscal. La cohérence voudrait cependant que les héritiers soient assujettis aux droits de succession s'ils exercent leur faculté de rachat avant le dénouement du contrat par décès de l'assuré (ou arrivée du terme éventuellement prévu en cas de vie), pour autant que cette faculté leur soit reconnue (n° 65434).

Analyse favorable à la non-transmission de la qualité de souscripteur

Une autre analyse consiste à considérer que la qualité de souscripteur ne se transmet pas en cas 65434
de décès. Le contrat se poursuivrait **sans modification** jusqu'à son terme (décès de l'assuré ou dénouement en cas de vie s'il existe un terme non viager) avant cette date. Les héritiers ne pourraient notamment ni procéder au rachat, ni obtenir une avance, ni modifier les bénéficiaires. C'est la position globalement retenue par les assureurs.

DIFFÉRÉ DE PAIEMENT

Les grands-parents qui souscrivent un contrat d'assurance-vie au profit de leurs petits-enfants 65460
souhaitent souvent retarder l'entrée en jouissance des bénéficiaires **jusqu'à un certain âge** à partir duquel ils seront considérés comme suffisamment mûrs pour gérer leurs biens **ou** jusqu'à ce que se produise un **événement déterminé** (mariage, par exemple). Plutôt que de prévoir une entrée en jouissance différée qui semble difficile à mettre en œuvre, il paraît préférable de prévoir un différé contractuel de paiement du capital.

La **technique employée** sera donc celle d'une assurance « à effet différé » ; or, si cette technique ne semble pas poser de problème dans le cadre d'une assurance décès pure, elle soulève des difficultés de mise en œuvre au niveau de la contre-assurance incluse dans un contrat d'assurance-vie à capital différé. En outre, il est évident que ce différé implique que les fonds resteront la propriété de l'assureur jusqu'au paiement et qu'il en assumera seul la gestion, ce qui interdira, en principe, toute perception de revenus par le bénéficiaire.

Sur le plan fiscal, l'administration a précisé que le **prélèvement sur les capitaux décès** (étude d'ensemble nos 66500 s.) serait calculé à partir de la valeur de rachat du contrat non pas au jour du décès mais au jour du versement des sommes, ce qui implique de prendre en compte les intérêts produits par le contrat entre ces deux dates (BOI-TCAS-AUT-60 n° 220). La base du prélèvement sera ainsi majorée.

LIMITATION DES POUVOIRS DU BÉNÉFICIAIRE OU DE SES REPRÉSENTANTS LÉGAUX

65465 Les grands-parents souscripteurs peuvent souhaiter limiter les pouvoirs de gestion du bénéficiaire ou de ses représentants légaux sur les sommes transmises en vertu du contrat. Ils peuvent craindre la dilapidation des fonds par le jeune majeur ou, s'agissant de petits-enfants encore mineurs, éprouver de la méfiance vis-à-vis de leurs représentants légaux.

Plusieurs **techniques juridiques** sont envisageables pour faire administrer le capital par une personne différente du bénéficiaire ou de son représentant légal, ou pour permettre un contrôle de la gestion du capital transmis par le biais du contrat d'assurance-vie.

Sur les packages donation/assurance-vie proposés par les compagnies d'assurance, voir n°s 65120 s.

> **Précisions** Il n'est pas possible de recourir au **mandat à effet posthume** pour faire administrer les capitaux décès par une personne autre que son bénéficiaire. Ce mandat ne peut en effet porter que sur les actifs de la succession (C. civ. art. 812), alors que les capitaux décès sont délivrés hors succession (indépendamment de leur régime fiscal). Mais rien ne s'oppose à ce que le bénéfice du contrat soit subordonné au respect d'une condition de gestion des actifs par un tiers : voir n°s 65466 s.

65466 **Bénéficiaire mineur** Il est possible de disposer au profit d'un mineur sous la condition que les biens donnés ou légués seront **administrés par un tiers** autre que l'administrateur légal (C. civ. art. 384). Cette règle est-elle applicable à l'assurance-vie, ce qui permettrait aux grands-parents de soustraire à l'administration légale de leur enfant (et de son conjoint... ou ex-conjoint) les capitaux qu'ils destinent à leurs petits-enfants ? Il n'existe pas de **jurisprudence** sur la question, et la **doctrine** est divisée.

Pour certains auteurs, l'article 384 du Code civil qui vise expressément les biens « donnés ou légués » au mineur ne serait pas applicable à l'assurance-vie. Les capitaux décès ne pourraient donc être gérés que par l'administrateur légal.

D'autres auteurs concluent à la possibilité de faire gérer les capitaux décès par un tiers, mais sur un fondement différent : l'attribution à titre gratuit d'une assurance sur la vie étant réalisée hors succession, elle peut s'accompagner d'une charge sui generis, équivalente à celle de l'article 384 du Code civil. Il serait donc possible de confier l'administration du capital à un tiers et d'échapper à l'administration légale.

65467 En admettant la possibilité de déroger aux règles de l'autorité parentale pour les sommes versées en vertu d'un contrat d'assurance, un tiers pourrait être désigné pour administrer le capital reçu par le mineur par le biais de l'assurance-vie. Les pouvoirs du **tiers administrateur** devront être définis dans la clause.

65468 Si l'on retient la thèse de l'application directe au capital décès de l'article 384 du Code civil, qui ne concerne que les enfants mineurs, l'effet de la mesure disparaît automatiquement avec la **survenance de la majorité**.

En revanche, si la gestion par un tiers s'analyse comme une condition sui generis attachée à la désignation bénéficiaire, il est possible de la maintenir au-delà du cap de la majorité. Il conviendra simplement de veiller à une rédaction adaptée de la clause afin d'éviter toute hésitation sur la volonté de maintenir la condition de gestion par un tiers après la majorité du bénéficiaire.

65469 **Bénéficiaire majeur** Il nous semble possible, toujours sur le fondement du caractère hors succession de l'assurance-vie, d'assortir la clause bénéficiaire au profit d'un majeur d'un certain nombre de conditions et obligations sui generis, et notamment celle de la gestion par un tiers.

Le bénéficiaire devra accepter ces conditions pour obtenir le capital. Par cette acceptation, il consent également à **faire gérer la somme par l'administrateur désigné par le stipulant**. S'il refusait l'administrateur désigné, il ne pourrait accepter la stipulation pour autrui et bénéficier du capital. Après son acceptation, il ne pourra pas à notre sens contester l'administrateur, sauf à perdre le bénéfice de la stipulation.

65470 Que le bénéficiaire soit majeur ou mineur, cette volonté d'une gestion par un tiers administrateur réclame une **rédaction spécifique et détaillée** de la clause. Il est notamment conseillé de désigner un tiers administrateur de substitution pour suppléer à l'empêchement ou au décès du

tiers administrateur désigné en premier (en ce sens, H. Leyrat, La désignation d'un tiers administrateur des capitaux décès versés lors du dénouement d'un contrat d'assurance-vie : JCP N 2021 n° 1343).
Dans la mesure où une telle disposition n'est pas encore validée par la jurisprudence et où l'on peut s'interroger sur les **sanctions du non-respect** de cette clause une fois le bénéficiaire devenu majeur, il peut être préférable de choisir l'alternative de l'interposition d'une société civile (voir n° 65471).

CONSTITUTION D'UNE SOCIÉTÉ CIVILE

La technique consiste à constituer une société civile relevant de l'impôt sur le revenu dont les petits-enfants seront **associés** et dont la **gérance** sera confiée à une personne de confiance. 65471
Les bénéficiaires du capital auront la charge d'apporter les capitaux reçus (après paiement de la fiscalité attachée au contrat) à la société, soit en capital, soit en compte courant bloqué, la clause prévoyant un déblocage à compter d'une certaine date ou par anticipation avec l'accord du gérant.
Si le contrat relève du prélèvement sur les capitaux décès, cette façon de faire évitera tout débat sur le nombre d'abattements de 152 500 € à appliquer.
Si des droits de succession sont exigibles (cas où des primes ont été versées après les 70 ans de l'assuré), ces droits seront dus au barème progressif en ligne directe, et non au taux de 60 % applicable entre personnes non parentes.
Les **statuts** de la société seront rédigés en fonction des objectifs poursuivis et quelques **parts** seront attribuées au **gérant** pour lui permettre de s'opposer, le cas échéant, à l'adoption de décisions qui iraient à l'encontre de la volonté qu'avait le souscripteur du contrat d'assurance-vie.
La solution peut être affinée et permettre par exemple un différé dans le versement des fruits provenant du capital placé, en procédant à un **démembrement des parts et du capital assuré**. La répartition des pouvoirs entre nus-propriétaires et usufruitiers sera établie en fonction des objectifs poursuivis (sur l'aménagement conventionnel des prérogatives entre usufruitiers et nus-propriétaires, voir n° 65503).

4. DÉMEMBRER LA CLAUSE BÉNÉFICIAIRE

Rien ne s'oppose à ce que le souscripteur d'une assurance-vie stipule que le capital décès reviendra à des **bénéficiaires distincts** respectivement en **usufruit** et en **nue-propriété**. Cette technique, aujourd'hui bien maîtrisée, s'apparente au double legs de l'usufruit et de la nue-propriété. Elle présente de nombreux avantages, tant en matière civile qu'en matière fiscale. 65500

> **Précisions** Si le démembrement de la clause bénéficiaire est fréquent, il n'en va pas de même du **démembrement « ab initio »** de la valeur de rachat du contrat, dont la validité juridique est incertaine. Du fait de ce risque de nullité, le démembrement ab initio concerne en pratique essentiellement les contrats de capitalisation.

RÉGIME JURIDIQUE DE LA CLAUSE BÉNÉFICIAIRE DÉMEMBRÉE

Dans le cas le plus fréquent où le règlement du contrat se fait en argent (et non en unités de compte), l'intérêt du démembrement de la clause bénéficiaire peut être de conférer au bénéficiaire un **quasi-usufruit** sur les sommes versées, conformément à l'article 587 du Code civil. 65501
Au **décès de l'assuré**, l'assureur devra verser le capital garanti à l'usufruitier, qui pourra en disposer librement dans les limites fixées par les articles 601 (obligation de fournir caution, sauf dispense), 602 (obligation de faire emploi des sommes à défaut de caution, sauf dispense) et, le cas échéant, 1094-3 du Code civil (possibilité pour les enfants d'exiger l'emploi des sommes nonobstant toute clause contraire), à charge pour lui de restituer en fin d'usufruit – c'est-à-dire à son décès lorsque l'usufruit est viager – un capital équivalent au nu-propriétaire désigné.
La créance du nu-propriétaire contre l'usufruitier sera déductible de la masse successorale pour la liquidation des droits de succession, car elle constituera un passif de succession (nos 65517 s.) qui n'aurait pas existé si la clause bénéficiaire du contrat avait été établie au profit du bénéficiaire en pleine propriété.

ATTENTION

Pour éviter tout litige quant à l'application du quasi-usufruit sur la somme versée, il est **conseillé** de rédiger avec soin la clause bénéficiaire et de ne pas se limiter au traditionnel « mon conjoint pour l'usufruit, mes enfants pour la nue-propriété ». À défaut, en effet, les dispositions des articles 601, 602 et, le cas échéant, 1094-3 du Code civil pourraient réduire à peau de chagrin les prérogatives de l'usufruitier.

65503 **Aménagement des pouvoirs de l'usufruitier et du nu-propriétaire** Cet aménagement est réalisé par un **notaire** lorsque la clause bénéficiaire est rédigée selon ses conseils et déposée dans son étude.

Le testament ou la clause bénéficiaire dactylographiée déposée chez le notaire peut par exemple stipuler que le **quasi-usufruit** ne portera que **sur une fraction des sommes versées** au titre du contrat d'assurance-vie, le solde étant affecté d'une **obligation d'emploi**, et qu'en outre l'usufruitier devra fournir une garantie assurant le remboursement à terme de tout ou partie de la créance du nu-propriétaire.

Si la clause bénéficiaire prévoyant le démembrement de propriété ne dispense pas expressément l'usufruitier de son **obligation de fournir caution**, le nu-propriétaire pourra lui imposer le placement des sommes comprises dans l'usufruit (P. Julien Saint-Amand et M. Iwanesko, Variations juridiques et fiscales autour du démembrement de la clause bénéficiaire du contrat d'assurance-vie : BPAT 6/02 inf. 204 ; S. Chaine et M. Iwanesko, Congrès des notaires mai 2000 : Le patrimoine au XXIe siècle p. 779).

65504 **Montant de la dette de restitution** Le principe est celui du **nominalisme monétaire**, auquel il nous semble toutefois possible de déroger conventionnellement.

À titre liminaire, soulignons que le montant de la dette de restitution intègre déjà une **rémunération au profit du nu-propriétaire**. Au lieu de recevoir à terme la valeur de la nue-propriété, il reçoit en effet la valeur de la pleine propriété, ce qui différencie sa situation de celle d'un partage où il aurait perçu immédiatement la valeur de la nue-propriété. La différence entre la valeur de sa nue-propriété au jour du dénouement du contrat d'assurance-vie et le montant de sa créance de restitution (égale à la valeur en pleine propriété) constitue donc la rémunération du **différé de paiement**.

EXEMPLE

Supposons que les capitaux versés s'élèvent à 100 000 € et reviennent en démembrement de propriété au profit d'un usufruitier de 73 ans et de son enfant nu-propriétaire. Nous supposerons une valeur économique de l'usufruit égale à 30 % et une valeur de la nue-propriété de 70 %. Si la somme était partagée entre l'usufruitier et le nu-propriétaire au jour du versement des capitaux décès, l'usufruitier percevrait 30 000 € et le nu-propriétaire 70 000 €. L'existence d'un quasi-usufruit permet à l'usufruitier de disposer de 100 000 € (au lieu de 30 000 €) mais avec une dette de restitution de 100 000 € au lieu d'une absence de dette. Le nu-propriétaire recevra donc 100 000 € au lieu de 70 000 € mais ne les percevra qu'au décès de l'usufruitier. La « rémunération » du nu-propriétaire pour le temps au cours duquel il n'a pas disposé de la pleine propriété s'établit à 30 000 €.

65505 Le principe du quasi-usufruit comporte donc intrinsèquement une rémunération du nu-propriétaire au titre du différé de perception du capital. Mais les parties pourraient prévoir par ailleurs une indexation de la créance de restitution, à la hausse et à la baisse par exemple, pour se rapprocher de la situation qui aurait été la leur en cas de report du démembrement.

Trois techniques pourront être retenues pour **déroger au principe du nominalisme monétaire** :

– l'adoption d'une clause d'indexation de la créance de restitution, l'indice choisi devant être en relation directe avec l'objet de la convention ou l'activité de l'une des parties (C. mon. fin. art. L 112-2) ;

– l'adoption d'une clause prévoyant que la créance suivra le sort des emplois successifs (subrogation conventionnelle), comme pour le calcul des récompenses en fonction du profit subsistant ;

– l'adoption d'une clause prévoyant qu'à l'extinction du quasi-usufruit les usufruitiers devront restituer non la somme elle-même, mais toutes les destinées de l'emploi qui en aura été fait.

Sur l'opposabilité de ces clauses à l'administration fiscale, voir n° 65517.

CONSEIL

Pour assurer la **conservation de la preuve** de la dette, même en l'absence de convention particulière quant à l'évaluation de la créance, il est conseillé aux parties d'établir un acte authentique (ou tout au moins un document enregistré avec mention au Fichier central des dispositions de dernières volontés).

65506 **Démembrement simple ou complexe** La clause bénéficiaire peut prévoir l'attribution de l'usufruit et de la nue-propriété à plusieurs bénéficiaires **conjointement**. Elle peut également prévoir l'attribution d'un usufruit au profit d'un premier bénéficiaire et d'un **usufruit successif** au profit d'un second bénéficiaire, et gérer ainsi la transmission sur plusieurs générations (P. Julien Saint-Amand et M. Iwanesko, Assurance-vie : variations juridiques et fiscales autour du démembrement de la clause bénéficiaire : BPAT 6/02 inf. 204). Par **exemple**, l'épouse sera désignée usufruitière

en premier, les enfants en second, tandis que les petits-enfants seront désignés bénéficiaires en nue-propriété.
Pour une étude d'ensemble des usufruits successifs, voir nos 67200 s.

RÉGIME FISCAL DE LA CLAUSE BÉNÉFICIAIRE DÉMEMBRÉE

Prélèvement sur les capitaux décès Les sommes versées **au-delà de 152 500 € par bénéficiaire** sont en principe soumises à un prélèvement spécifique de 20 % puis 31,25 %. 65508
Pour une étude d'ensemble du prélèvement : voir nos 66500 s.
En cas de démembrement de la clause bénéficiaire, le nu-propriétaire et l'usufruitier sont considérés comme bénéficiaires au **prorata** de la part leur revenant dans les sommes, rentes ou valeurs versées par l'organisme d'assurance. Cette part est déterminée selon le barème de l'usufruit viager prévu à l'article 669 du CGI, l'**abattement** de 152 500 € étant réparti de la même façon (CGI art. 990 I, I-al. 6).
Par **exemple**, si l'usufruitier a 75 ans, il est imposable sur 30 % des capitaux et a droit à 30 % de l'abattement de 152 500 €, soit 45 750 €. Corrélativement, le bénéficiaire en nue-propriété est imposable sur 70 % des capitaux et a droit à 70 % de l'abattement, soit 106 750 €.

Dans le cas fréquent où il y a un bénéficiaire en usufruit et **plusieurs bénéficiaires en nue-propriété**, l'administration a précisé qu'il y a lieu d'appliquer autant d'abattements qu'il y a de couples « usufruitier/nu-propriétaire ». Chaque nu-propriétaire partage l'abattement avec l'usufruitier en fonction des droits revenant à chacun, l'usufruitier ne pouvant toutefois bénéficier au total que d'un abattement maximal de 152 500 € sur l'ensemble des capitaux reçus au décès d'un même assuré (BOI-TCAS-AUT-60 n° 310). 65509
Par **exemple**, pour un capital taxable de 1 000 000 € réparti entre un usufruitier de 75 ans et deux nus-propriétaires, l'usufruitier bénéficie d'un abattement de 91 500 €, soit 2 × (152 500 € × 30 %), et chacun des nus-propriétaires a droit à un abattement de 106 750 € (soit 152 500 € × 70 %).

Lorsque l'**un des bénéficiaires est exonéré** de prélèvement (cas notamment où le conjoint survivant est désigné bénéficiaire en usufruit), l'administration fiscale refuse que la part d'abattement du bénéficiaire exonéré soit utilisée par les bénéficiaires non exonérés (BOI-TCAS-AUT-60 n° 310). En reprenant l'**exemple** du n° 65509 et en supposant que le bénéficiaire en usufruit soit le conjoint survivant, les 91 500 € d'abattement revenant à ce dernier ne peuvent pas être imputés sur la part taxable des enfants. 65510
On notera que l'administration retient la solution inverse pour l'application de l'article 757 B du CGI (n° 65515), sans toutefois donner d'explication à la divergence des solutions.

Si l'abattement de 152 500 € n'est pas épuisé, les bénéficiaires en démembrement peuvent **utiliser le solde de l'abattement pour d'autres capitaux décès** reçus en pleine propriété au titre du même contrat ou en usufruit, en nue-propriété ou en pleine propriété au titre d'un autre contrat. 65511

Droits de succession En l'absence de disposition légale pour les contrats soumis aux droits de succession (nos 66430 s.), l'administration a précisé que le nu-propriétaire et l'usufruitier sont imposables au **prorata** de leurs droits dans les capitaux décès, ce prorata étant déterminé par application du barème de l'usufruit viager posé par l'article 669, I du CGI (BOI-ENR-DMTG-10-10-20-20 n° 225). 65515
L'**abattement** de 30 500 €, ou une fraction de cet abattement lorsqu'il y a plusieurs bénéficiaires et/ou plusieurs contrats, doit être réparti entre l'usufruitier et le nu-propriétaire selon le même barème de l'article 669. Lorsque l'**usufruitier** est **exonéré**, le nu-propriétaire bénéficie de l'intégralité de l'abattement de 30 500 €, en application de la tolérance mentionnée n° 66438.

Déduction de la créance de restitution Le démembrement de la clause bénéficiaire permet de constater, au décès de l'usufruitier, un passif déductible de la masse successorale pour la liquidation des droits de succession, correspondant à la somme due aux nus-propriétaires au titre de leur créance de restitution. 65517
S'agissant d'une **dette d'origine légale** et non d'origine conventionnelle, elle est en principe déductible sans qu'il soit besoin d'enregistrer fiscalement une convention entre le nu-propriétaire et l'usufruitier postérieurement au décès : les dispositions de l'article 773, 2° du CGI (qui s'opposent en principe à la déduction des dettes consenties par le défunt envers ses héritiers : voir nos 64610 s.) ne sont pas applicables. En effet, la prohibition du 2° de l'article 773 du CGI est applicable aux seules dettes d'origine contractuelle et ne peut viser celles résultant d'un quasi-usufruit qui trouve sa cause dans la loi (BOI-ENR-DMTG-10-40-20-20 n° 60). Ainsi, pour

prouver le démembrement de la clause bénéficiaire et obtenir la déduction de la créance de restitution du nu-propriétaire, il suffit de conserver la preuve du versement des fonds par la compagnie d'assurances à l'usufruitier (seul habilité à quittancer les sommes en vertu des règles légales du quasi-usufruit).

Précautions : au regard des enjeux, il sera préférable cependant d'établir une convention pour mieux sécuriser la dette et sa conservation par une mention au fichier notarial des dernières volontés. Lorsqu'une convention entre l'usufruitier et le nu-propriétaire a fixé une règle particulière d'**évaluation de la créance** de restitution (suivant l'une des trois méthodes visées n° 65505), la notion de « dette consentie par le défunt » reprend toute son emprise. Si le nu-propriétaire est un héritier du quasi-usufruitier, les parties doivent établir cette convention par acte authentique (ou par acte sous seing privé enregistré) afin de respecter les dispositions de l'article 773 du CGI.

Si la convention de quasi-usufruit prévoit une indexation de la dette de restitution selon un indice, il sera essentiel de veiller au respect des conditions prévues par le Code monétaire et financier : indice en relation directe avec l'objet de la convention ou l'activité de l'une des parties pendant la durée de l'indexation (C. mon. fin. art. L 112-2). À défaut, l'indexation pourra être rejetée par le débiteur et sa déductibilité par l'administration fiscale.

Lorsque la clause prévoit que la dette de restitution ne sera indexée qu'à la hausse, c'est-à-dire sans pouvoir être inférieure à son montant nominal, il nous semble important que cette protection du nu-propriétaire puisse être justifiée. Tel serait le cas lorsque la clause ne prévoit pas expressément un quasi-usufruit avec dispense d'emploi et dispense de fournir caution et que le nu-propriétaire accepte de dispenser l'usufruitier de faire emploi (dans un actif démembré) lui laissant toute liberté dans l'utilisation des sommes, en contrepartie d'une indexation unilatérale, à la hausse seulement.

65518 L'administration peut-elle s'opposer à la déduction de la créance de restitution en invoquant la **présomption de propriété de l'usufruitier** posée par l'article 751 du CGI (étude d'ensemble : voir n°s 64320 s.) ?

Un argument peut être avancé pour s'y opposer lorsque le quasi-usufruit s'applique (ce qui suppose un contrat dont la sortie s'effectue en euros, et non en unités de compte). La présomption de propriété vise les biens dont le défunt détient l'usufruit au jour de son décès, la nue-propriété étant détenue par l'un de ses présomptifs héritiers. Or, en présence d'un usufruit de sommes d'argent, l'usufruitier dispose non pas d'un usufruit, mais d'un quasi-usufruit lui conférant toutes les prérogatives du propriétaire, le nu-propriétaire n'ayant plus de droit réel sur la somme, mais seulement un droit de créance contre l'usufruitier. Dès lors, la réunion même des conditions d'application de la présomption posée par l'article 751 du CGI apparaît discutable.

65519 Le nouvel article 774 bis du CGI applicable aux successions ouvertes à compter du 29 décembre 2023 est-il susceptible de modifier l'analyse présentée ? Ce texte dispose notamment que ne sont plus déductibles de l'actif successoral du quasi-usufruitier « les dettes de restitution exigibles qui portent sur une somme d'argent dont le défunt s'était réservé l'usufruit » (CGI art. 774 bis, I-al. 1 créé par loi 2023-1322 du 29-12-2023 art. 26). Cette limitation vise essentiellement la **donation de somme d'argent avec réserve d'usufruit** (voir n° 67157), que le Comité de l'abus de droit fiscal avait estimée en 2023 non constitutive d'un abus de droit, sous réserve que le donateur dispose effectivement de la somme d'argent au jour de la donation (Comité de l'abus de droit fiscal, 11-5-2023, aff. 2022-15).

Le texte visant les sommes d'argent dont le défunt s'était réservé l'usufruit, il nous semble clair qu'il ne s'applique pas dans le cas d'un **démembrement des capitaux décès** résultant de la clause bénéficiaire rédigée par le souscripteur, dès lors que c'est ce dernier qui attribue l'usufruit à une personne et la nue-propriété à une ou plusieurs autres. En irait-il différemment en cas de **clause à options**, en vertu de laquelle un des bénéficiaires aurait la possibilité de choisir de la pleine propriété ou un usufruit, créant alors un quasi-usufruit du fait du démembrement de propriété ? Une telle option au sein de la clause bénéficiaire devrait selon nous être traitée de la même manière que l'option exercée par le conjoint survivant au titre des articles 757 ou 1094-1 du Code civil, pour laquelle la déductibilité du quasi-usufruit a été maintenue (CGI art. 774 bis, I-al. 2 créé par loi 2023-1322 du 29-12-2023 art. 26). Ainsi, au regard des principes exposés par le texte même, il nous semble que l'instruction fiscale à paraître dans les prochains mois devrait confirmer la déductibilité sans condition de la créance de quasi-usufruit issue d'un contrat d'assurance-vie comportant un démembrement du capital décès, y compris si ce démembrement résulte d'une option laissée à la main d'un des bénéficiaires.

B. Acceptation par le bénéficiaire en cours de contrat

CARACTÈRE FACULTATIF DE L'ACCEPTATION EN COURS DE CONTRAT

Avant le dénouement du contrat, l'acceptation par le bénéficiaire n'est pas exigée pour la validité du contrat. Il n'est d'ailleurs **pas nécessaire que le bénéficiaire soit informé** de l'existence de ce contrat établi à son profit. Cette acceptation en cours de contrat, soumise à des formes précises, peut néanmoins présenter un intérêt réel. 65800

1. FORMES DE L'ACCEPTATION DU BÉNÉFICIAIRE

RÈGLES GÉNÉRALES

L'acceptation du bénéficiaire nécessite l'**accord du souscripteur** et prend la forme (C. ass. art. L 132-9, II, dans sa rédaction applicable depuis le 19-12-2007) : 65810

– soit d'un avenant au contrat, signé de l'entreprise d'assurance, du souscripteur et du bénéficiaire ;

– soit d'un acte authentique ou sous seing privé signé du souscripteur et du bénéficiaire, et qui n'a d'effet à l'égard de l'assureur que lorsqu'il lui est notifié par écrit.

Lorsque la désignation du bénéficiaire est faite à titre gratuit, la loi interdit toute acceptation précipitée en offrant au souscripteur ce qui s'apparente à un **délai de réflexion** : l'acceptation du bénéficiaire ne peut intervenir que 30 jours après que le souscripteur a été informé de la conclusion du contrat.

> **Précisions** Avant le 19 décembre 2007, l'acceptation du bénéficiaire n'était soumise à aucune condition particulière et pouvait intervenir à l'insu du souscripteur.

MAJEURS PROTÉGÉS

Acceptation du bénéfice du contrat au profit du majeur L'acceptation de la **clause bénéficiaire** d'un contrat d'assurance-vie **sans charge** constitue, sauf circonstances particulières (n° 53580), un acte d'administration (Décret 2008-1484 du 22-12-2008 ann. 2 : JO 31 texte n° 94). Il en résulte que le majeur sous curatelle peut accepter le contrat souscrit à son profit sans l'assistance de son curateur, et que le tuteur peut accepter le contrat souscrit au profit du majeur sous tutelle sans autorisation du juge des tutelles (ou du conseil de famille). 65811

En cas d'habilitation familiale avec représentation, la personne habilitée peut accepter le contrat au bénéfice du majeur sans autorisation du juge, alors qu'en cas d'habilitation familiale avec assistance, le majeur peut l'accepter sans assistance de la personne habilitée.

En présence d'un mandat de protection future mis en œuvre, le mandataire peut accepter le contrat souscrit au bénéfice du mandant sans autorisation du juge, que l'on soit dans le cadre d'un mandat notarié ou sous seing privé.

À l'inverse, l'acceptation de la **clause bénéficiaire avec charges** constitue, sauf circonstances d'espèce, un acte de disposition (Décret 2008-1484 du 22-12-2008 ann. 2 : JO 31 texte n° 94). 65812

Elle requiert l'assistance du curateur sous la curatelle et celle de la personne habilitée sous l'habilitation familiale avec assistance, doit être effectuée par le tuteur avec autorisation du juge sous la tutelle et par la personne habilitée agissant seule sous l'habilitation familiale avec représentation.

En présence d'un mandat de protection future mis en œuvre, le mandataire peut agir sans autorisation du juge si le mandat est notarié, mais doit obtenir cette autorisation si le mandat est sous seing privé.

Accord à l'acceptation du contrat souscrit par le majeur Si le contrat a été souscrit par le majeur protégé, le consentement donné à l'acceptation du bénéficiaire constitue à notre avis un **acte de disposition** qui doit être accompli dans les conditions exposées n° 65812. 65813

ATTENTION

Si le majeur a souscrit un contrat d'assurance-vie au cours des **deux années précédant la publicité du jugement d'ouverture de la tutelle ou de la curatelle**, l'acceptation du bénéficiaire peut être annulée si l'incapacité du majeur était notoire ou connue du cocontractant à l'époque de la conclusion du contrat (C. ass. art. L 132-4-1, al. 4). Bien que la loi utilise le terme de « cocontractant », on doit à notre avis l'interpréter comme visant la connaissance par le bénéficiaire acceptant – et non par la compagnie d'assurance – de l'altération des facultés du majeur. La rédaction de cet article est maladroite pour une autre raison, qui est qu'en visant les contrats conclus dans les deux ans qui précèdent l'ouverture de la mesure, le dispositif ne s'applique pas aux contrats souscrits avant le délai de deux ans, mais acceptés au cours de ce délai. La protection aurait été plus efficace en prenant en compte la date de l'acceptation.

2. EFFETS DE L'ACCEPTATION DU BÉNÉFICIAIRE

IRRÉVOCABILITÉ DE LA DÉSIGNATION DU BÉNÉFICIAIRE

65820 **Principe d'irrévocabilité** L'acceptation a pour effet de bloquer le contrat au **profit du bénéficiaire** : « La stipulation en vertu de laquelle le bénéfice de l'assurance est attribué à un bénéficiaire déterminé devient irrévocable par l'acceptation de celui-ci » (C. ass. art. L 132-9, I). Concrètement, le bénéficiaire est certain de le demeurer si le contrat se dénoue par le décès de l'assuré, sauf s'il accepte de laisser le souscripteur modifier la clause.

> **Précisions** **a.** L'acceptation dont il est question est celle du **bénéficiaire de premier rang**. L'acceptation du bénéficiaire de second rang n'empêche pas le souscripteur de modifier le bénéficiaire de premier rang (Cass. 2e civ. 2-6-2005 no 04-13.306 FS-PB : BPAT 5/05 inf. 155).
> **b.** Le bénéficiaire qui, avant le dénouement du contrat, n'en a pas accepté le bénéfice n'a aucun droit acquis à son capital. Il en résulte notamment que la **décision** du juge des tutelles **autorisant la modification** des bénéficiaires n'a pas à lui être notifiée (Cass. 1e civ. 17-11-2021 no 20-12.711 F-D : BPAT 1/22 inf. 40).

65821 **Exceptions à l'irrévocabilité** La doctrine considère que la principale exception concerne la **désignation du conjoint** comme bénéficiaire. Cette désignation ne produisant pas d'effet pendant le mariage (les sommes n'étant dues qu'au décès du souscripteur, sous réserve de la survie du bénéficiaire), elle reste librement révocable (C. civ. art. 1096, al. 2 a contrario). Le souscripteur pourrait ainsi à tout moment substituer à son conjoint la personne de son choix. Le fait que les bénéficiaires de second rang aient eux aussi accepté le contrat n'empêche pas le souscripteur de revenir sur la désignation de son conjoint (Cass. 2e civ. 2-6-2005 no 04-13.306 FS-PB : BPAT 5/05 inf. 155).

65822 En considérant que l'acceptation du contrat d'assurance-vie (quel que soit le bénéficiaire) conduise à appliquer au contrat accepté le même régime que la donation, la **révocation serait également possible** dans les cas suivants (étude d'ensemble des différents cas de révocation des donations : voir nos 63400 s.) :
– en cas d'ingratitude du bénéficiaire, notamment en cas de tentative d'homicide du souscripteur (ou de l'assuré) par le bénéficiaire ;
– en cas d'inexécution des charges qui auraient pu être prévues en contrepartie du consentement du souscripteur à l'acceptation ;
– en cas de survenance d'enfants (sauf lorsque le bénéficiaire est le conjoint), si cette révocation a été prévue dans le document constitutif, en l'occurrence l'avenant ou l'acte constatant l'acceptation (règle applicable aux contrats acceptés depuis le 1-1-2007).

POSSIBILITÉ DE CÉDER LE BÉNÉFICE DU CONTRAT

65824 Après avoir accepté la stipulation faite à son profit, le bénéficiaire peut céder le bénéfice du contrat si cette possibilité a été expressément prévue ou s'il obtient le consentement du souscripteur et de l'assuré (C. ass. art. L 132-15).
En pratique, il est extrêmement rare que la cessibilité par le bénéficiaire acceptant du bénéfice du contrat soit prévue, ce qui se comprend aisément puisque cette faculté permettrait au bénéficiaire initialement désigné d'imposer au souscripteur un nouveau bénéficiaire qu'il n'a pas choisi.

POSSIBILITÉ DE RÉALISER DES OPÉRATIONS SUR LE CONTRAT

65826 **Acceptation intervenue depuis le 19 décembre 2007** Jusqu'au terme du contrat, le souscripteur a besoin de l'accord du bénéficiaire pour certaines opérations qui pourraient porter atteinte à la substance même du contrat.
L'acceptation du bénéficiaire, réalisée avec l'accord du souscripteur, interdit à ce dernier d'effectuer des **rachats** ou d'obtenir une **avance** sans l'accord du bénéficiaire (C. ass. art. L 132-9, I-al. 1). De la même façon, le **nantissement** du contrat accepté n'est pas possible sans l'accord du bénéficiaire (C. ass. art. L 132-10, al. 2).
Les **autres modifications contractuelles**, dans la mesure où elles n'ont pas pour effet de clôturer le contrat, de diminuer l'épargne acquise au jour de l'acceptation ou de réduire les droits antérieurs du bénéficiaire, sont de la compétence exclusive du souscripteur. Le souscripteur d'un contrat en unités de compte peut par exemple librement décider d'un changement de profil de gestion (passage d'un profil prudent à un profil dynamique, par exemple), en dépit du fait que ce changement peut avoir des répercussions importantes à la hausse comme à la baisse sur la valeur de rachat du contrat.

> **Précisions** L'acceptation **d'un contrat déjà donné en nantissement** est sans effet pour le créancier nanti ; sauf clause contraire de l'acte de nantissement, le créancier peut provoquer le rachat en dépit de l'acceptation (C. ass. art. L 132-10, al. 3 et 4).

Acceptation intervenue avant le 19 décembre 2007 Dans le silence de la loi, la Cour de cassation a décidé que le souscripteur conserve la possibilité d'effectuer un **rachat** après l'acceptation du bénéficiaire, sauf s'il a expressément renoncé à son droit (Cass. ch. mixte 22-2-2008 n° 06-11.934 PBRI : BPAT 2/08 inf. 63 ; dans le même sens, Cass. 2e civ. 19-2-2009 n° 08-11.917 F-D). La solution est à notre avis la même pour les **avances**. 65830

Pour qu'il y ait **renonciation expresse du souscripteur** à son droit de rachat, il faut qu'un acte distinct manifeste de façon indiscutable sa volonté de subordonner son droit de rachat au bon vouloir du bénéficiaire. La clause, très fréquente dans les conditions générales des contrats, qui subordonne le droit de rachat du souscripteur à l'accord du bénéficiaire acceptant, ne peut pas valoir renonciation expresse (Cass. 2e civ. 4-11-2010 n° 09-70.606 F-D : BPAT 1/11 inf. 49 ; Cass. 2e civ. 3-11-2011 n° 10-25.364 F-D : BPAT 1/12 inf. 33).

> **Précisions** En l'absence d'une renonciation expresse du souscripteur à l'exercice de son droit de rachat les juges ne peuvent pas **requalifier le contrat en donation indirecte** au motif que le souscripteur ayant consenti à l'acceptation du bénéficiaire (intervenue avant le 19-12-2007) se serait dépouillé irrévocablement (Cass. 1e civ. 20-11-2019 n° 16-15.867 FS-PBI : BPAT 1/20 inf. 26).

3. INTÉRÊT DE L'ACCEPTATION « ACCEPTÉE » DU BÉNÉFICIAIRE

Nous voyons ici quelques illustrations, sachant que des **applications multiples** peuvent être trouvées pour répondre à des situations fort diverses ; il appartient aux conseils (notaires, etc.) de mettre dans ce domaine leur imagination féconde au service de leur clientèle. 65845

GARANTIE D'UN PRÊT

L'acceptation du bénéficiaire peut être mise en place pour conférer une garantie : c'est la situation classique de la désignation de la banque comme bénéficiaire acceptant au titre de la garantie accordée en **contrepartie d'un crédit** qu'elle consent, à hauteur tout au moins du capital correspondant à la garantie demandée, le souscripteur du contrat pouvant, le cas échéant, procéder aux rachats partiels du contrat pour la fraction excédentaire. Si le contrat comporte déjà un bénéficiaire acceptant, son accord sera nécessaire pour lui substituer un nouveau bénéficiaire. 65846

Fiscalement, financièrement et économiquement, il peut être **préférable** d'indiquer comme bénéficiaires des personnes choisies par le souscripteur assuré, à charge pour elles de rembourser le solde de l'emprunt (selon des modalités à préciser). Afin de garantir la banque, les fonds seront bloqués dans un compte séquestre (gage-espèce) chez un notaire, à charge pour ce dernier de libérer les fonds au profit de la banque au moindre incident de paiement, et au profit des bénéficiaires désignés pour la fraction excédant le solde de l'emprunt à rembourser, majoré du solde des intérêts de l'emprunt, par exemple.

> **Précisions** Le souscripteur qui a donné en nantissement un contrat en unités de compte pour garantir un emprunt bancaire conserve le pouvoir de gérer son épargne : sauf clause contraire, la faculté d'**effectuer les arbitrages** entre les différents supports proposés par le contrat n'est pas transférée à la banque (Cass. com. 12-7-2005 n° 04-10.214 FS-PBRI : RJDA 5/06 n° 589).

PROTECTION DU SOUSCRIPTEUR

L'acceptation du bénéficiaire peut présenter un intérêt pour le souscripteur lui-même qui, craignant de voir ses facultés décliner et de se trouver soumis à certaines « amicales pressions », souhaite **« verrouiller » la désignation** du bénéficiaire. 65848

TRANSMISSION FAMILIALE

La souscription d'un contrat d'assurance-vie au bénéfice d'un héritier défavorisé peut être réalisée (dans les limites de l'article L 132-13 du Code des assurances relatif aux primes manifestement exagérées) dans le cadre d'une opération globale afin d'**équilibrer les différents lots**. Afin d'assurer la pérennité de l'équilibre, le transfert du capital assuré n'intervenant qu'au dénouement du contrat, l'acceptation de la clause bénéficiaire pourra être une utile précaution. 65849

L'acceptation du contrat d'assurance-vie peut également être envisagée pour assurer financièrement la **compensation d'une renonciation anticipée à l'action en réduction** (sur la RAAR, voir nos 64164 s.). 65851

EXEMPLE

Jean est chef d'entreprise et a deux enfants, Sylvie et Arthur. Son patrimoine se compose d'une **entreprise** d'une valeur de 400 000 € et de **contrats d'assurance-vie** pour 400 000 €. Il souhaite transmettre l'entreprise à sa fille et les liquidités à son fils. Le capital versé par la compagnie d'assurances l'étant hors succession, cette somme ne sera pas prise en compte pour le calcul des droits réservataires des héritiers. Dès lors, l'attribution du capital décès à Arthur ne l'empêcherait pas de contester l'attribution de l'entreprise à Sylvie.
Une solution peut consister pour Jean à obtenir d'Arthur la signature d'un acte de renonciation anticipée à l'action en réduction. Cela permettra à Jean de rédiger un testament léguant l'entreprise à Sylvie sans risque qu'après son décès, Arthur puisse contester cette attribution. À titre de compensation, la volonté de Jean étant d'**assurer l'égalité entre ses enfants**, Arthur sera désigné bénéficiaire du contrat d'assurance-vie. L'acceptation du bénéfice du contrat permettra à Arthur d'empêcher toute modification ultérieure de la désignation bénéficiaire, lui-même ayant perdu dès la signature de l'acte de renonciation tout droit de contester l'attribution à Sylvie de l'entreprise.
Afin de sécuriser également les droits de Sylvie sur la succession, car l'attribution de l'entreprise à son profit ne sera définitive que si son père rédige en sa faveur un testament (à défaut de la transmettre de manière anticipée), il pourrait être envisagé que l'attribution du bénéfice du contrat à Arthur soit subordonnée à la transmission effective de l'entreprise à sa sœur.

SECTION 4

TRANSMISSION DE L'ÉPARGNE AU DÉCÈS DE L'ASSURÉ

A. Régime civil de l'assurance-vie au décès de l'assuré

1. RÉGIME DÉROGATOIRE DE L'ASSURANCE-VIE

CARACTÈRE HORS SUCCESSION DE L'ASSURANCE-VIE

66250 Le traitement civil de l'assurance-vie au décès de l'assuré implique de **distinguer** les sommes reçues par le bénéficiaire et les primes versées par le souscripteur.
Le **capital ou** la **rente** stipulés payables lors du décès de l'assuré à un bénéficiaire déterminé ne font pas partie de la succession de l'assuré (C. ass. art. L 132-12) et ne sont soumis ni aux règles du rapport à succession ni à celles de la réduction pour atteinte à la réserve des héritiers du contractant (C. ass. art. L 132-13, al. 1).
Quant aux **primes** versées par le souscripteur, elles échappent également aux règles du rapport et de la réduction, sauf si elles ont été manifestement exagérées (C. ass. art. L 132-13, al. 2). Pour une étude d'ensemble des primes manifestement exagérées, voir n°s 66256 s.

> **Précisions** Le capital ou la rente payable au décès ne faisant pas partie de la succession, l'héritier qui dissimule un contrat d'assurance-vie dont il est bénéficiaire ne peut pas commettre un **recel successoral**, sauf en cas de primes manifestement exagérées (en ce sens, notamment, Cass. 1e civ. 4-6-2009 n° 08-15.093 F-PB : BPAT 4/09 inf. 156).

CHAMP D'APPLICATION DU RÉGIME DÉROGATOIRE

66252 Le régime dérogatoire posé par le Code des assurances n'est pas seulement réservé aux véritables assurances-décès, du type temporaire-décès par exemple. Il s'applique à tous les contrats d'assurance-vie, c'est-à-dire à tous les **contrats d'assurance dont les effets dépendent de la vie humaine**. Tel est le cas notamment des contrats d'assurance-vie de pure capitalisation (en ce sens, notamment, Cass. ch. mixte 23-11-2004 n° 02-11.352 : BPAT 6/04 inf. 139). Sauf si elles sont excessives, les primes versées sur ces contrats échappent aux règles du rapport et de la réduction. La solution a été plusieurs fois confirmée, y compris dans une espèce où le souscripteur avait 98 ans (Cass. 2e civ. 14-6-2006 n° 05-10.736 F-D).

La qualification de contrat d'assurance reposant sur l'**existence d'un aléa**, le régime juridique dérogatoire de l'assurance-vie est toutefois écarté lorsque, compte tenu des circonstances, il est acquis dès la souscription (ou dès la modification de la clause bénéficiaire) que le contrat se dénouera par le décès du souscripteur. Jugé par exemple que le contrat souscrit par un malade en phase terminale ne constitue pas, faute d'aléa, un contrat d'assurance-vie. Les primes versées sur ce contrat sont rapportables à la succession du souscripteur, peu important qu'elles aient été ou non manifestement excessives au regard de ses facultés (Cass. 1e civ. 4-7-2007 nº 05-10.254 F-PB : BPAT 5/07 inf. 143). L'absence d'aléa est également retenue, en matière fiscale, pour écarter le régime favorable de l'assurance-vie : voir nos 66605 s.

ATTENTION

Lorsque le souscripteur déclare dans son testament qu'il « lègue » le capital d'un contrat d'assurance-vie au bénéficiaire, les juges peuvent en déduire qu'il a eu la **volonté d'inclure le capital décès dans sa succession** et de le soumettre de ce fait aux règles du rapport et de la réduction (Cass. 1e civ. 10-10-2012 nº 11-17.891 F-PBI : BPAT 6/12 inf. 301 ; Cass. 1e civ. 8-7-2010 nº 09-12.491 F-PBI : Bull. civ. I nº 170, RJPF 10/2010 note P. Delmas Saint-Hilaire). De même, un testament qui vise expressément que l'équilibre entre les héritiers et légataires aura lieu notamment au moyen des assurances-vie doit s'entendre comme la volonté du défunt de voir intégrer leur valeur à l'actif de sa succession (CA Versailles 10-9-2019 nº 18/01937). De telles démarches semblent également dangereuses **sur le plan fiscal** car l'administration pourrait en tirer argument pour conclure à la perte du régime fiscal de faveur de l'assurance-vie (pour une analyse différente, estimant que le souscripteur peut imposer le rapport et la réduction, avec maintien du régime fiscal de faveur, voir notamment J. Aulagnier, Assurance-vie : imposer au bénéficiaire le rapport des capitaux décès, le stipulant le peut s'il le veut : Sol. Not. 1/12 inf. 18).

2. PRIMES MANIFESTEMENT EXAGÉRÉES ET REQUALIFICATION DU CONTRAT D'ASSURANCE-VIE

a. Primes manifestement exagérées

APPLICATION DES RÈGLES DU RAPPORT ET DE LA RÉDUCTION AUX PRIMES EXAGÉRÉES

Les **primes** versées par le souscripteur **échappent aux règles du rapport et de la réduction, sauf si** 66256
elles ont été manifestement exagérées (C. ass. art. L 132-13, al. 2). Les héritiers qui s'estiment indirectement déshérités par le contrat peuvent donc demander le rapport (si le bénéficiaire du contrat est un cohéritier) ou la réduction en cas d'atteinte à la réserve (si le bénéficiaire n'est pas héritier, et s'ils ont eux-mêmes la qualité d'héritier réservataire) (C. ass. art. L 132-13, al. 2).

Lorsque le bénéficiaire du contrat n'est pas un cohéritier, il ne peut pas être tenu de rapporter les primes manifestement exagérées versées par le souscripteur. Est ainsi cassé l'arrêt condamnant deux petits-enfants bénéficiaires du contrat à rapporter à la succession de leur grand-mère la prime manifestement exagérée versée par cette dernière, alors qu'ils n'étaient pas héritiers présomptifs (Cass. 1e civ. 8-3-2017 nº 16-10.384 F-PB : BPAT 3/13 inf. 108).

Lorsque le bénéficiaire n'est pas soumis au rapport, la seule sanction de l'exagération des primes sera leur réduction en cas d'atteinte à la réserve, dans les conditions fixées par les articles 920 et suivants du Code civil (nos 64140 s.). Dès lors, s'il n'y a pas d'héritiers réservataires (descendants ou conjoint survivant) ou, en présence d'héritiers réservataires, s'il n'y a **pas d'atteinte à la réserve**, l'exagération des primes ne sera pas sanctionnée. Cassation, par exemple, de l'arrêt qui ordonne le remboursement à l'héritier de la fraction exagérée des primes versées par son père sur le contrat souscrit au profit de sa compagne sans rechercher s'il y a eu atteinte à la réserve (Cass. 2e civ. 3-11-2011 nº 10-21.760 F-D : BPAT 1/12 inf. 34).

Lorsque le bénéficiaire est soumis au rapport, il nous semble possible de prévoir que la libéralité devra être considérée comme préciputaire au cas où l'article L 132-13 du Code des assurances trouverait à s'appliquer. Ainsi, le bénéficiaire ne serait pas tenu d'indemniser ses cohéritiers si les primes sont estimées exagérées. Toutefois, en cas d'insuffisance de quotité disponible pour imputer cette libéralité, il devra verser une indemnité de réduction.

> **Précisions** L'article L 132-13 du Code des assurances, prévoyant l'application des règles du rapport et de la réduction aux primes manifestement exagérées, ne s'applique pas aux primes versées sur un **contrat racheté par le souscripteur**. Dès lors, le juge saisi d'une demande en rapport ou en réduction des primes versées par le souscripteur de contrats d'assurance-vie n'a pas à vérifier si les primes versées sur un contrat racheté par l'intéressé avant son décès étaient manifestement exagérées (Cass. 1e civ. 9-2-2022 nº 20-18.544 F-PB : BPAT 2/22 inf. 97).

NOTION DE PRIME EXAGÉRÉE

66258 **Critères de l'excès** Il n'existe **pas de définition légale** des primes « manifestement exagérées ». Ce sont les très nombreuses décisions jurisprudentielles rendues sur la question qui ont progressivement élaboré les critères de l'excès, lequel doit être apprécié « au regard de l'âge ainsi que des situations patrimoniale et familiale du souscripteur et de l'utilité du contrat pour ce dernier » (en ce sens, notamment, Cass. 2e civ. 7-2-2008 n° 06-16.373 FS-D ; Cass. 2e civ. 4-12-2008 n° 07-20.544 F-D ; Cass. 1e civ. 19-3-2014 n° 13-12.076 F-PB : BPAT 3/14 inf. 136). Ces critères, le plus souvent associés selon la méthode du faisceau d'indices, doivent d'ailleurs être analysés dans leur ensemble. Le seul fait que les primes ne soient pas disproportionnées au regard des revenus et du patrimoine du souscripteur lors de leur versement ne suffit pas à exclure l'exagération (Cass. 2e civ. 16-6-2022 n° 20-20.544 F-D : BPAT 5/22 inf. 247).

Les **juges du fond** apprécient souverainement l'existence de l'excès, mais ils ne peuvent pas fonder leur décision sur des critères autres que l'âge, la situation patrimoniale et familiale du souscripteur et l'utilité pour lui du contrat. Ils n'ont par exemple pas à se référer au montant de la quotité disponible (Cass. 2e civ. 4-7-2007 n° 06-11.659 FS-D) ou à l'intention du souscripteur d'échapper aux règles du droit successoral (Cass. 2e civ. 23-10-2008 n° 07-19.550 F-D).

La **date** à laquelle le caractère exagéré des primes doit être établi est celle de leur versement, et non celle du décès de l'assuré (en ce sens, notamment, Cass. ch. mixte 23-11-2004 nos 01-13.592 et 02-17.507 : BPAT 6/04 inf. 139 ; Cass. 2e civ. 4-12-2008 n° 07-20.544 F-D). En cas de versements multiples, le caractère exagéré des primes s'apprécie à la date de chaque versement (CA Lyon 29-1-2013 n° 11/06604, ch. 1e civ. B).

Le caractère exagéré des primes n'a pas nécessairement à être constaté par une **décision de justice** rendue à la demande des héritiers du souscripteur (Cass. com. 10-12-2013 n° 12-22.424 F-D : BPAT 1/14 inf. 25). Si les héritiers et le bénéficiaire du contrat parviennent à se mettre d'accord pour se faire des concessions réciproques, la conclusion d'une **transaction** peut permettre d'éviter un long procès à l'issue incertaine.

› **Précisions a.** Si, pour apprécier le caractère exagéré des primes, il y a lieu de s'attacher à la situation financière du seul souscripteur, il n'est pas interdit aux juges du fond, dans leur appréciation globale des situations patrimoniale et familiale de celui-ci, de tenir compte du fait qu'il partage les **charges de la vie courante** avec une autre personne (Cass. 1e civ. 6-11-2019 n° 18-16.153 F-D).

b. La condamnation du souscripteur à la **sanction du recel communautaire**, qui emporte privation rétroactive de tout ou partie de son patrimoine, est sans incidence sur l'appréciation du caractère exagéré des primes versées avant cette condamnation (Cass. 1e civ. 30-9-2020 n° 19-13.129 F-D : BPAT 5/20 inf. 143). La situation patrimoniale du souscripteur s'apprécie donc au jour du versement de la prime, sans prendre en compte les variations ultérieures de son patrimoine, même rétroactives.

66259 **Exemples jurisprudentiels** Ont été **jugées excessives** :
– une prime d'un montant total de 8 700 € (en quatre versements sur deux ans), le contrat ayant été souscrit par une femme de 89 ans dont les revenus nets mensuels s'élevaient à 640 € et qui ne laissait aucun bien à son décès (Cass. 1e civ. 31-10-2007 n° 06-14.399 FS-PB) ;
– une prime de 46 000 € représentant plus de la moitié du prix de vente d'un immeuble, le solde du prix de vente de cet immeuble et les ressources limitées de la souscriptrice (800 € par mois) ne lui permettant pas de couvrir ses besoins, notamment ses frais de séjour en maison de retraite (Cass. 2e civ. 1-7-2010 n° 09-67.770 F-D) ;
– une prime de 54 000 € versée par une souscriptrice de 91 ans dont les revenus mensuels s'élevaient à 2 000 € (Cass. 1e civ. 4-7-2007 n° 06-16.382 F-D, décision qui ne précise pas l'importance du patrimoine de la souscriptrice) ;
– une prime de 100 000 € provenant de la vente d'un bien propre du souscripteur et représentant 40 % de son patrimoine, le contrat ayant été souscrit le jour où l'assuré, dont les revenus étaient modestes, avait appris l'issue fatale à brève échéance de sa maladie (CA Paris 22-2-2011 n° 08/07086, ch. 2/5 : Gaz. Pal. 28-7-2011 p. 39). On notera que cette décision conclut à l'existence de primes exagérées alors même qu'elle décide que l'absence d'aléa dans les dispositions prises exclut la qualification d'assurance-vie ;
– une prime de 106 114 € provenant de la vente d'un immeuble du souscripteur, dont la déclaration fiscale au titre de l'année de la souscription du contrat faisait apparaître un revenu annuel de 21 043 € (Cass. 1e civ. 10-10-2012 n° 11-14.018 FS-PB : BPAT 6/12 inf. 308) ;

– une prime de 107 000 € versée par une femme de 87 ans, dont les revenus annuels à l'époque de la souscription du contrat n'excédaient pas 12 000 € (CA Paris 20-5-2009 n° 08-1365, ch. 3-1 : BPAT 4/09 inf. 162) ;
– des primes versées pour un montant total de plus de 2 000 000 € en l'espace de trois ans sur deux contrats, par un veuf âgé de plus de 65 ans et disposant d'une retraite confortable de 55 000 €. La cour d'appel a retenu que ces placements, représentant 61 % de l'actif successoral, ne s'inscrivaient pas dans un projet particulier tel que le financement de frais d'hébergement en maison de retraite et ne présentaient aucun intérêt personnel ni économique mais avaient pour seul but de soustraire l'essentiel de l'actif de la succession au profit d'un seul héritier réservataire (Cass. 1e civ. 16-12-2020 n° 19-17.517 F-D).

Ont à l'inverse été **jugées non excessives** : 66260
– une prime de 106 000 € versée par un octogénaire sur un contrat souscrit au profit de sa seconde épouse : l'argent nécessaire au paiement de la prime provenait du partage de la communauté (les deux époux avaient divorcé avant de se remarier ensemble sous le régime de la séparation de biens), la souscription du contrat constituait un placement intéressant, l'épouse avait elle-même souscrit un contrat, pour le même montant, au profit de son mari, les deux époux entendant assurer un revenu confortable à celui d'entre eux qui survivrait (CA Poitiers 19-10-2011 n° 09/03216, ch. 3e civ.) ;
– une prime de 229 000 € versée par un homme de 80 ans, compte tenu de l'importance de son patrimoine à la date du versement : capital de 313 000 € + usufruit de deux maisons (Cass. 2e civ. 4-7-2007 n° 06-14.048 FS-PB) ;
– des primes d'un montant net (déduction faite des rachats) d'environ 1 900 000 € versées de 1994 à 2004, le revenu global du souscripteur sur la période étant de 3 100 000 € et ses déclarations d'ISF mentionnant une base imposable allant de 1 000 000 € à 2 000 000 €. La cour d'appel, qui a relevé que, compte tenu de son âge (78 ans en 2004), de son espérance de vie, de la nature de ses obligations familiales (marié, sans enfant) et de la possibilité de rachat en cas de difficultés de trésorerie, le contrat souscrit présentait pour le souscripteur une utilité certaine tout en lui permettant d'assurer ses obligations à l'égard de son épouse, a souverainement estimé qu'au regard des situations patrimoniale et familiale du souscripteur les primes versées n'étaient pas manifestement exagérées (Cass. 1e civ. 17-6-2009 n° 08-13.620 FS-PB : BRDA 19/09 inf. 23) ;
– une prime d'un montant de 2 300 000 € versée par une femme de 60 ans. La cour d'appel a souverainement estimé que cette prime n'était pas manifestement exagérée au regard des situations familiale et patrimoniale de la souscriptrice : la prime représentait moins de 14 % du patrimoine commun de la souscriptrice et de son conjoint ; la souscriptrice avait un enfant et trois petits-enfants (contrat souscrit au profit du mari et, à titre subsidiaire, des descendants) ; bien que malade, elle avait une réelle espérance de vie (Cass. 1e civ. 8-7-2010 n° 09-15.291 F-D) ;
– une prime de 71 000 € versée par un homme de 69 ans percevant une retraite mensuelle de l'ordre de 1 734 € par mois sur un premier contrat au profit de sa nouvelle compagne avec qui il partageait les charges de la vie courante puis, à 75 ans, deux primes de 80 000 € et 65 000 € versées sur deux autres contrats, après avoir vendu sa maison en viager occupé moyennant le versement d'un capital de 165 000 € (Cass. 1e civ. 6-11-2019 n° 18-16.153 F-D).

Charge de la preuve Les héritiers qui entendent se prévaloir de l'article L 132-13 du Code des assurances doivent établir le caractère excessif des primes. 66261

Cette preuve n'est pas toujours facile à rapporter, car elle suppose que les héritiers soient en mesure de **reconstituer le patrimoine et/ou les revenus** du souscripteur **à l'époque du versement** des primes. Dans une espèce où l'assurée n'avait laissé aucun bien à son décès, survenu moins de trois ans après la souscription du contrat, ses descendants croyaient pouvoir tirer de l'absence d'actif successoral la preuve du caractère exagéré des primes. L'argument semblait convaincant : si l'assurée ne laissait rien, c'est bien parce que les primes versées (près de 80 000 €) avaient absorbé toute sa fortune. Les juges ont pourtant rejeté la demande de réduction, relevant que les héritiers n'apportaient aucun élément sur la situation patrimoniale et les revenus de l'assurée au moment des versements. La Cour de cassation approuve la solution : la cour d'appel a pu déduire que la seule circonstance que, au décès de l'assurée, la succession ne comprenait aucun actif ne suffisait pas à prouver que les sommes qu'elle avait versées à titre de primes d'assurances étaient manifestement exagérées eu égard à ses facultés à l'époque des versements (Cass. 2e civ. 5-7-2006 n° 05-15.409 FS-D : BPAT 5/06 inf. 131).

› **Précisions** Au décès de l'assuré, les notaires peuvent avoir **connaissance** des contrats souscrits par le défunt et du **montant des primes versées**, les assureurs leur en communiquant le montant sur leur demande. À ce titre, un accord Notaires-Assureurs d'avril 2002, mis à jour en juillet 2017, encadre la communication des informations entre les parties au travers d'un modèle d'échange de lettres entre notaires et assureurs (France Assureurs, Recueil des engagements à caractère déontologique, version janvier 2024, p. 61). En revanche, le respect des obligations de confidentialité auquel l'assureur s'estime tenu ne lui permet pas de révéler l'identité du ou des bénéficiaire(s), cette information devant alors être obtenue par voie judiciaire.

SOMME À PRENDRE EN COMPTE POUR LE RAPPORT ET LA RÉDUCTION

66265 Lorsque la prime versée sur le contrat d'assurance-vie est exagérée, que faut-il rapporter à la succession ?

La jurisprudence a longtemps semblé fluctuante. Selon les décisions, le rapport porte sur :

– les **capitaux perçus** par le bénéficiaire (Cass. 2e civ. 8-3-2006 n° 04-19.177 F-D ; CA Paris 20-5-2009 n° 08/01365, ch. 3-1 : BPAT 4/09 inf. 162). Cette solution nous semble erronée : la libéralité indirecte qui est rapportable à la succession à raison du caractère excessif des primes n'a pas pu porter sur les capitaux, qui n'ont jamais été la propriété de l'assuré. La Cour de cassation a d'ailleurs cassé pour violation des articles L 132-12 et L 132-13 un arrêt d'appel qui avait conclu au rapport des capitaux décès (Cass. 1e civ. 19-12-2012 n° 11-25.505 F-D : Sol. Not. 3/13 inf. 77) ;

– la seule **fraction excessive** de la prime (Cass. 1e civ. 4-7-2007 n° 06-16.382 F-D) ;

– l'**intégralité de la prime** (Cass. 1e civ. 1-7-1997 n° 95-15.674 : Bull. civ. I n° 217 ; CA Paris 30-5-2000 n° 00/118505). C'est cette solution qui a été retenue finalement par la Cour de cassation (Cass. 1e civ. 16-12-2020 n° 19-17.517 F-D).

Dans tous les cas, le bénéficiaire conserve le capital décès issu du contrat (avec la fiscalité de l'assurance-vie) mais peut être amené à en restituer une partie au titre d'une indemnité de rapport ou de réduction.

b. Requalification en donation indirecte

FONDEMENT DE LA REQUALIFICATION EN DONATION INDIRECTE

66280 Cette approche différente consiste à faire requalifier le contrat par le tribunal pour défaut d'aléa. Ainsi, du fait du risque d'un décès très proche, l'**intention libérale** l'emporte sur toute autre dimension du placement en assurance-vie.

Cette requalification est, **en pratique**, invoquée par l'administration fiscale (voir nos 66600 s.), par le conseil départemental agissant aux fins de récupération de l'aide sociale versée au souscripteur ou par les héritiers du souscripteur s'estimant lésés par le contrat souscrit au bénéfice d'un tiers.

66282 **Dessaisissement irrévocable du souscripteur** La **faculté de rachat** dont dispose le souscripteur fait en principe **obstacle** à son dépouillement irrévocable au profit du bénéficiaire désigné en cas de décès. Or, ce dépouillement actuel et irrévocable est, avec l'intention libérale du donateur et l'acceptation du bénéficiaire, une condition nécessaire à l'existence d'une donation (C. civ. art. 894).

Cependant, la requalification en donation est possible « si les circonstances dans lesquelles son bénéficiaire a été désigné révèlent la volonté du souscripteur de se dépouiller de manière irrévocable », c'est-à-dire si, compte tenu des circonstances, la faculté de rachat est **illusoire** (en ce sens, notamment, Cass. ch. mixte 21-12-2007 n° 06-12.769 FS-PBRI : BPAT 1/08 inf. 20, JCP N 2008 n° 1174 note R. Riche, JCP N 2008 n° 1222 obs. P. Pierre et R. Gentilhomme ; Cass. com. 26-10-2010 n° 09-70.927 F-D : BPAT 6/10 inf. 362 ; Cass. 1e civ. 28-2-2018 n° 17-13.269).

Pour se prononcer sur la requalification du contrat en donation indirecte, les juges doivent notamment s'expliquer sur les **circonstances relatives à** l'âge du souscripteur, l'importance des primes versées et l'utilité du contrat pour ce dernier (Cass. 1e civ. 3-3-2021 n° 19-21.420 F-D : BPAT 3/21 inf. 133).

ILLUSTRATIONS

Une décision est venue confirmer que la piste de la requalification en donation indirecte pouvait s'avérer parfaitement efficace dans certaines circonstances, et notamment lorsque le décès intervient relativement rapidement. Ainsi, ne voulant plus entretenir de contact avec sa famille, et en particulier ses enfants, une femme vend deux immeubles en viager à une association puis souscrit au profit de cette même association un **contrat d'assurance-vie**.

Après son décès, survenu deux ans après la vente et 18 mois après la souscription du contrat d'assurance-vie, ses enfants demandent la requalification des deux opérations en donations et

leur réduction pour atteinte à la réserve. Ils obtiennent gain de cause devant la cour d'appel, qui conclut à l'intention libérale de la défunte envers l'association et à sa **volonté d'organiser sa succession pour en évincer ses enfants** :
– la vente en viager des maisons a été conclue à une époque où la vendeuse avait conscience d'être atteinte d'une **maladie incurable**. Elle savait par conséquent que l'association échapperait rapidement au paiement de la rente viagère ;
– le contrat d'assurance-vie a été souscrit six mois plus tard, alors que la maladie empirait, moyennant le paiement d'une prime correspondant à la partie du prix de vente des maisons payée comptant par l'association.
Les circonstances dans lesquelles le contrat a été souscrit démontrent l'**absence d'aléa** et la **volonté de** la souscriptrice de **se dépouiller de manière irrévocable** au profit de l'association, sa faculté de rachat du contrat ou de désignation d'un autre bénéficiaire étant illusoire. La Cour de cassation approuve (Cass. 1e civ. 26-10-2011 n° 10-24.608 F-D : BPAT 6/11 inf. 364).

Requalification en présence d'un contrat accepté Le risque de requalification d'un contrat d'assurance-vie en donation pourrait également se rencontrer lorsque le souscripteur a **consenti à l'acceptation par le bénéficiaire** de sa désignation et se retrouve privé de sa faculté de rachat autonome. 66284
Pour les contrats acceptés **avant le 19 décembre 2007**, il est alors nécessaire de constater une renonciation expresse du souscripteur à l'exercice de son droit de rachat afin de pouvoir révéler la volonté de ce dernier de se dépouiller de manière irrévocable (Cass. 1e civ. 20-11-2019 n° 16-15.867 FS-PBI : BPAT 1/20 inf. 26), voir n° 65830.
En revanche, l'acceptation du bénéficiaire survenue **depuis le 19 décembre 2007** avec le consentement du souscripteur fait perdre à ce dernier sa faculté d'effectuer un rachat sans l'accord du bénéficiaire acceptant (voir n° 65826), ce qui, aux côtés d'autres éléments, peut constituer un faisceau d'indices caractérisant une donation indirecte. Cette acceptation acceptée ne constitue pas pour autant une renonciation au droit de rachat, mais seulement une acceptation d'en conditionner la possibilité à l'accord du bénéficiaire acceptant, dont la réponse pourra être positive ou négative, et demeure en tout état de cause susceptible de varier au fil du temps.

EFFETS DE LA REQUALIFICATION EN DONATION INDIRECTE

Les conséquences d'une telle requalification sont : 66290
– la perte du caractère d'assurance-vie et la taxation des capitaux aux droits de succession ;
– une libéralité qui devient rapportable et réductible pour le capital, et non seulement pour les primes versées comme cela est prévu en cas d'exagération.

B. Régime fiscal de l'assurance-vie au décès de l'assuré

1. FISCALITÉ DES CAPITAUX DÉCÈS

EN L'ABSENCE DE DÉSIGNATION D'UN BÉNÉFICIAIRE

Lorsque le bénéfice du contrat d'assurance en cas de décès est stipulé au profit du souscripteur assuré, d'un bénéficiaire indéterminé ou encore de bénéficiaires prédécédés sans désignation de bénéficiaires subsidiaires, il fait partie de la **succession du souscripteur assuré** et se trouve taxé dans les conditions de droit commun (et vient gonfler l'assiette du forfait mobilier de 5 %). 66400
Ainsi, en l'absence de désignation, même implicite, d'un bénéficiaire, le capital garanti doit être intégré dans la succession de l'assuré (Cass. 1e civ. 16-2-1983 n° 81-16.715 : Bull. civ. I n° 63).

LORSQU'UN BÉNÉFICIAIRE A ÉTÉ DÉSIGNÉ

Lorsqu'un (ou plusieurs) bénéficiaire a été désigné, les sommes versées au(x) bénéficiaire(s) désigné(s) sont en **principe** délivrées en franchise d'impôt. Ce principe souffre de deux **exceptions** qui en limitent la portée, lorsque le contrat ne se dénoue pas au profit d'une personne exonérée : 66420
– les sommes dues par l'assureur donnent ouverture aux droits de succession à concurrence de la fraction des primes versées après 70 ans qui excède 30 500 € (nos 66430 s.) ;
– à défaut, un prélèvement spécifique frappe les sommes versées par l'assureur au-delà de 152 500 € par bénéficiaire (nos 66500 s.).
Par ailleurs, il arrive que l'administration fiscale tente de remettre en cause l'exonération des capitaux décès soit sur le terrain de l'abus de droit, soit plus fréquemment en invoquant une donation indirecte (nos 66600 s.).

66422 Comme en matière civile (nos 65370 s.), est **considérée comme faite à un bénéficiaire déterminé** la convention conclue au profit du conjoint sans indication de nom, des « enfants et descendants nés ou à naître » ou encore des « héritiers ou ayants droit ».
En dehors de ces cas qui sont expressément prévus par le Code des assurances, l'administration fiscale n'a pas posé de principe général assimilant le bénéficiaire déterminable au bénéficiaire déterminé. Cela dit, a été admise comme stipulée au profit d'un bénéficiaire désigné (autre que le contractant) l'assurance souscrite au profit d'une entreprise de pompes funèbres pour garantir à l'assuré défunt des obsèques décentes (Solution 12-9-1960 : BOE 1961-8365, non reprise dans la base Bofip). Même solution pour les contrats prévoyant l'affectation des capitaux garantis au paiement des droits de succession, l'administration ayant considéré que ces contrats sont souscrits au profit des successibles de l'assuré (Rép. Grosskost : AN 27-1-2009 p. 765 n° 8246, non reprise dans la base Bofip).

a. Taxation aux droits de succession des primes versées après 70 ans

CONTRATS D'ASSURANCE-VIE CONCERNÉS

66430 Tous les contrats d'assurance-vie **souscrits depuis le 20 novembre 1991** sont susceptibles d'entrer dans le champ d'application de la taxation des primes versées après 70 ans, indépendamment de la qualité du bénéficiaire, qui peut être une personne physique ou une personne morale.

66431 Lorsque le contrat a été **souscrit avant le 20 novembre 1991**, les capitaux versés à la suite du décès de l'assuré échappent aux droits de succession quel que soit l'âge de l'assuré au moment où il a versé les primes (mais sont susceptibles d'être soumis au prélèvement sur les capitaux décès). Toutefois, l'administration fiscale subordonne cette exemption à la condition que le contrat n'ait pas subi de **modifications essentielles depuis cette date** (BOI-ENR-DMTG-10-10-20-20 n° 90). Serait par exemple considéré comme une modification essentielle de nature à faire perdre son antériorité au contrat le changement d'assuré. En revanche, le versement de nouvelles primes non prévues dans le contrat initial ou de primes disproportionnées par rapport à celles versées avant le 20 novembre 1991 ne constitue pas une modification essentielle du contrat (BOI-ENR-DMTG-10-10-20-20 n° 110). De même, un contrat monosupport en euros garde son antériorité en cas de transformation en contrat en unités de compte. Même solution, a fortiori, pour une simple prorogation du contrat (BOI-ENR-DMTG-10-10-20-20 n° 100) ou un changement de bénéficiaire après le 20 novembre 1991.
En l'absence de disposition fiscale spécifique, la Cour de cassation a jugé que la perte de l'antériorité fiscale d'un contrat souscrit avant le 20 novembre 1991 ne peut résulter que d'une **novation** de ce contrat depuis cette date (Cass. 1e civ. 19-3-2015 n° 13-28.776 F-PB : BPAT 3/15 inf. 102). La novation au sens du droit civil est une notion nettement plus restrictive que celle de « modifications essentielles » retenue par la doctrine administrative. Elle suppose des modifications telles qu'elles emportent l'extinction de l'obligation initiale et la substitution d'une obligation nouvelle. Ainsi, dans l'arrêt susvisé, la Cour a jugé que la transformation d'un contrat à souscripteur unique en contrat en cosouscription n'entraîne pas la perte de l'antériorité fiscale, dès lors que l'opération ne se traduit pas par l'extinction du rapport d'obligation existant entre l'assureur et le souscripteur initial mais seulement par l'ajout d'un rapport d'obligation complémentaire entre l'assureur et le nouveau souscripteur.

> **Précisions** Selon l'administration, toutefois, la question de savoir si le passage d'un contrat à souscription unique à un contrat en cosouscription par ajout d'un nouveau souscripteur assuré emporte novation du contrat est une **question de fait**, qui doit être appréciée en fonction, notamment, des stipulations du contrat en cause, de la volonté des parties, des dates des souscriptions et de la situation et de l'espérance de vie de chacun des assurés lors de la cosouscription (Rép. Malhuret : Sén. 30-5-2019 n° 00260, Rép. Frassa : Sén. 30-5-2019 n° 01398 : BPAT 4/19 inf. 156).

SOMMES TAXABLES AUX DROITS DE SUCCESSION

66433 **Primes versées après les 70 ans de l'assuré** Les droits de succession sont exigibles à concurrence du montant brut des primes versées au-delà du 70e anniversaire de l'assuré, mais seulement pour la **fraction** de ces primes **qui excède 30 500 €** (CGI art. 757 B). Pour les supports en unités de compte (parts de Sicav, de SCI, etc.), il convient de retenir la valeur en euros des primes versées au jour de leur paiement.

Restent exonérés de droits de succession :
– les produits attachés au contrat d'assurance (intérêts, participation aux bénéfices, etc.), y compris ceux afférents aux primes versées après le 70e anniversaire de l'assuré ;
– les primes versées avant le 70e anniversaire de l'assuré ;
– les primes versées après le 70e anniversaire de l'assuré dans la limite de 30 500 €.

Les primes versées après 70 ans sont également exonérées lorsque le bénéficiaire est exonéré de droits de succession, cas du conjoint ou du partenaire de Pacs survivant, de certains organismes sans but lucratif (n° 64450) et, sous certaines conditions (voir n° 64375), des frères et sœurs. En cas de pluralité de bénéficiaires dont seuls certains sont exonérés, voir n° 66438.
Sur l'articulation des droits de succession avec le prélèvement sur les capitaux décès, voir nos 66525 s.
Le souscripteur assuré qui souhaite faire profiter les bénéficiaires du contrat du régime applicable aux primes versées avant ses 70 ans doit veiller à entreprendre les **démarches de versement des primes** suffisamment tôt pour que l'opération soit finalisée avant l'âge fatidique. Les bénéficiaires du contrat ne sauraient en effet reprocher à la banque un transfert tardif des fonds à l'assureur dès lors que ce retard résulte du manque de diligence du souscripteur (CA Paris 7-9-2022 n° 20/13206 : BPAT 1/23 inf. 40).

En principe, il n'est pas tenu compte des **rachats partiels et** des **avances non remboursées**. Cependant, il en va autrement si les capitaux versés par l'assureur sont inférieurs aux primes versées par l'assuré après son 70e anniversaire. Dans ce cas, la taxation ne porte que sur le montant des capitaux versés (BOI-ENR-DMTG-10-10-20-20 n° 190). **66436**
Il en va de même lorsque c'est en raison d'une **baisse de la valeur des unités de compte** que les capitaux reçus par le bénéficiaire sont inférieurs aux primes versées.
Le critère des primes versées après 70 ans est conforme à la constitution (Cons. const. 3-10-2017 n° 2017-658 QPC : BPAT 6/17 inf. 251).

EXEMPLE

Une prime unique de 45 000 € a été versée après 70 ans. Une avance de 22 500 € a ensuite été obtenue. Au décès de l'assuré, l'avance n'a pas été remboursée et la valeur du contrat est de 27 000 €. La base de la taxation est de 27 000 €. Comme l'assiette de l'impôt est inférieure à l'abattement de 30 500 €, le bénéficiaire n'a aucun droit de succession à payer.

Abattement de 30 500 € L'abattement est **global** pour un même assuré, indépendamment du nombre de contrats et du nombre de bénéficiaires. Si plusieurs contrats ont été souscrits sur la tête d'un même assuré, il est fait masse de l'ensemble des primes versées, au titre de ces différents contrats, après le 70e anniversaire (BOI-ENR-DMTG-10-10-20-20 n° 200). **66437**

En cas de **pluralité de bénéficiaires**, l'abattement est réparti entre les différents bénéficiaires au prorata de la part leur revenant dans les primes taxables (et non au prorata des sommes reçues par eux). **66438**
Si l'**un des bénéficiaires est exonéré** de droits de succession (le conjoint survivant, par exemple), il n'est pas tenu compte de la part lui revenant dans les primes, et l'abattement de 30 500 € est réparti entre les seules personnes taxables aux droits de succession (BOI-ENR-DMTG-10-10-20-20 n° 220). Autrement dit, la non-utilisation de l'abattement par l'un des bénéficiaires profite aux autres.
Pour le cas particulier du **démembrement de la clause bénéficiaire**, voir n° 65515.

EXEMPLE

M. Gondat, âgé de plus de 70 ans, a souscrit :
– un contrat à prime unique de 60 000 € au profit de son fils Paul ;
– un contrat à prime unique de 40 000 € au profit de sa femme Caroline ;
– un contrat à prime unique de 70 000 € au profit de sa fille Marie.
À son décès, les capitaux dus par les assureurs s'élèvent à :
– 66 000 € au profit de Paul ;
– 42 000 € au profit de Caroline ;
– 72 000 € au profit de Marie.
Pour la liquidation des droits de succession, les primes versées sur le contrat souscrit au profit de Caroline ne sont pas prises en compte.
Primes imposables : 60 000 € + 70 000 € = 130 000 €.
L'abattement de 30 500 € est réparti entre Paul et Marie au prorata de leur part dans les primes imposables, soit :
– pour Paul : 30 500 € × 60 000 €/130 000 € = 14 077 € ;
– pour Marie : 30 500 € × 70 000 €/130 000 € = 16 423 €.
Paul est imposable sur 60 000 € − 14 077 € = 45 923 €.
Marie est imposable sur 70 000 € − 16 423 € = 53 577 €.

66440 **Cas particulier des contrats en cosouscription** La règle de taxation des primes versées après 70 ans soulève au moins deux questions lorsque la souscription du contrat est conjointe (nos 65200 s.). La première est celle de l'**âge de l'assuré à prendre en considération**, en présence d'un contrat à souscription conjointe avec souscripteurs coassurés.

Dans une lettre du Service de la législation fiscale (aujourd'hui DLF) du 20 novembre 1992 adressée à une compagnie d'assurances qui l'interrogeait, l'administration a précisé que les droits de succession ne concernent que les primes acquittées après le 70e anniversaire de l'assuré dont le décès entraîne le versement du capital au bénéficiaire du contrat. Ce n'est ainsi qu'à partir du décès de l'avant-dernier assuré que l'on pourra avoir une idée précise du régime fiscal applicable. Il suffira, en effet, de prendre en compte les primes versées sur le contrat après le 70e anniversaire du dernier assuré pour déterminer le montant taxable. Peu importe, en revanche, que ces primes aient été versées par le dernier souscripteur assuré survivant ou par l'un des autres souscripteurs coassurés et prédécédés.

En conséquence, et puisque rien ne permet d'être certain que le plus jeune des assurés survivra, il est **conseillé en pratique**, si l'on veut être sûr d'éviter toute taxation, de cesser tout versement de primes au-delà des 30 500 € d'abattement, dès que le plus âgé des assurés atteint 70 ans. Le « risque » (ou de son point de vue la « chance ») existe que l'assuré le plus âgé soit l'ultime survivant. Cette précaution est bien sûr sans objet si le bénéficiaire du contrat est exonéré de droits de succession. Parallèlement, rien n'interdit au souscripteur le plus jeune de verser des primes avant ses 70 ans sur un contrat dont il serait seul souscripteur.

66441 La seconde question suscitée par les contrats à souscription conjointe est celle du **taux d'impôt applicable**, les assurés n'étant pas forcément tous parents au même degré avec le ou les bénéficiaires. Compte tenu du libellé de l'article 757 B du CGI et de la réponse donnée par le Service de la législation fiscale dans la lettre évoquée ci-dessus (no 66440), il semble que seul doive être retenu l'assuré dont le décès entraîne le dénouement du contrat. Le taux d'imposition est donc déterminé en fonction du lien de parenté de cet assuré avec le ou les bénéficiaires. Il en résulte notamment que la qualité de conjoint ou partenaire de Pacs survivant exonéré de droits de succession s'apprécie à l'égard de l'assuré dont le décès entraîne le dénouement du contrat.

CALCUL DES DROITS DE SUCCESSION

66445 **Règles de droit commun** Après déduction de l'abattement de 30 500 €, les primes sont imposées aux droits de succession dans les conditions de droit commun, compte tenu le cas échéant du **lien de parenté** existant entre l'assuré et le bénéficiaire (CGI art. 757 B).

La fraction des primes imposables est minorée, le cas échéant, des abattements de droit commun (nos 64662 s.) non épuisés par les autres actifs successoraux, et taxée au tarif fixé en fonction du lien de parenté personnel avec l'assuré.

Sur le tarif applicable en cas de souscription conjointe avec **souscripteurs coassurés** : voir no 66441.

> **Précisions a.** La taxation aux droits de succession ne remet pas en cause le principe selon lequel l'assurance-vie au profit d'un bénéficiaire déterminé est délivrée hors succession. Dès lors, sauf en présence de primes manifestement exagérées, la fraction des primes taxables aux droits de succession ne vient pas majorer l'assiette du **forfait mobilier de 5 %** (Rép. Le Nay : AN 19-8-2008 p. 7145 no 19399, non reprise dans la base Bofip) et ne peut pas s'imputer sur le **passif successoral** (CA Angers 21-6-2011 no 10/00567 : RJF 3/12 no 320).
> **b.** Si le **bénéficiaire est une société** relevant de l'impôt sur le revenu ou de l'impôt sur les sociétés, le taux d'imposition est à notre avis celui de 60 % applicable entre non-parents. Si l'objectif est le « contrôle » des capitaux affectés indirectement à une personne physique taxable à un taux moindre, mieux vaut désigner directement comme bénéficiaire la personne physique, à charge pour elle d'effectuer ensuite l'apport à la société.

66446 **Absence de représentation** L'administration fiscale estime que la représentation ne s'applique jamais aux sommes transmises dans le cadre d'un contrat d'assurance-vie, pour le calcul des droits (BOI-ENR-DMTG-10-10-20-20 no 240). La représentation permet d'identifier le bénéficiaire du contrat (ici par référence à la notion civile de représentation), mais les droits de succession sont calculés suivant le degré de parenté existant entre le bénéficiaire ainsi déterminé et l'assuré décédé.

Si le **représentant** devenu **bénéficiaire** de l'assurance-vie **représente aussi son auteur dans la succession** du défunt, il convient cependant de procéder à une double liquidation des droits avec deux liens de parenté différents :

– d'un côté, la succession, où les enfants de l'héritier défunt viennent par représentation (mais aussi le cas échéant comme légataires, et donc en ce cas à titre personnel) ;

– de l'autre, l'assurance-vie, où l'on vient nécessairement à titre personnel.

Par exemple, pour les **petits-enfants**, l'abattement applicable sur la fraction taxable des primes se limitera à celui, minime, prévu à défaut d'autre abattement (n° 64670), ce qui sera défavorable si l'abattement dans la succession (n° 64662) n'est pas entièrement utilisé et favorable dans le cas contraire. Le tarif des droits sera celui en ligne directe (n° 64682), avec retour aux tranches basses du barème, ce qui est mécaniquement plus favorable qu'une intégration dans la succession (sauf abattement résiduel disponible).

OBLIGATIONS DÉCLARATIVES DU BÉNÉFICIAIRE

Même s'ils sont exonérés de droits, tous les bénéficiaires des **contrats** d'assurance en cas de vie ou en cas de décès **souscrits depuis le 20 novembre 1991** ou assimilés doivent déclarer dans la déclaration de succession (ou sur un formulaire spécifique n° 2705-A-SD de déclaration partielle de succession, à remplir en autant de formulaires qu'il y a de compagnies d'assurance) tous les contrats conclus sur la tête d'un **même assuré**, en vertu desquels des primes ont été versées après son 70e anniversaire (CGI ann. II art. 292 A, al. 1). **66460**

La **déclaration doit préciser**, pour chaque contrat, la date de souscription, le montant des primes versées après le 70e anniversaire de l'assuré (même si elles sont inférieures à 30 500 €), le montant du capital à verser au titre des primes versées après le 70e anniversaire, les nom et prénom du bénéficiaire et le montant de la part du bénéficiaire dans les primes versées après le 70e anniversaire (BOI-ENR-DMTG-10-10-20-20 n° 290).

L'assureur est tenu, sur la demande du bénéficiaire, de lui communiquer ces informations (CGI ann. II art. 292 A, al. 3 ; BOI précité n° 290). Il est également tenu de les communiquer au notaire en charge de la succession si celui-ci lui en fait la demande.

En revanche, l'assureur n'est pas tenu d'informer le notaire chargé de la succession qui ne l'a pas sollicité, de l'existence de contrats d'assurance-vie relevant de l'article 757 B du CGI souscrits par le défunt. Par conséquent, il n'a pas à garantir le notaire si celui-ci a omis de déclarer au fisc les contrats soumis aux droits de succession en raison de primes versées après les 70 ans de l'assuré (Cass. 1e civ. 13-4-2023 n° 21-20.272 F-B : BPAT 3/23 inf. 143).

> **Précisions** La souscription de la déclaration donne lieu à la **délivrance d'un certificat d'acquittement** (ou de non-exigibilité) des droits de succession qui permet aux bénéficiaires d'obtenir de l'assureur le versement des capitaux décès. Ce certificat n'est pas exigé pour le conjoint ou le partenaire de Pacs survivant et pour les organismes exonérés de droits de succession en application de l'article 795 du CGI, tels les établissements publics ou d'utilité publique et certaines associations ou fondations reconnues d'utilité publique (CGI art. 806, III ; BOI-ENR-DMTG-10-70-20 nos 90 s.).

b. Prélèvement de 20 % puis de 31,25 %

Les sommes dues directement ou indirectement par les organismes d'assurance et assimilés (notamment les mutuelles et les institutions de prévoyance) à raison du décès de l'assuré sont soumises sur la **fraction excédant 152 500 €** par bénéficiaire à un prélèvement progressif de 20 % puis 31,25 % (CGI art. 990, I). **66500**

CHAMP D'APPLICATION DU PRÉLÈVEMENT

Sont concernés par le prélèvement tous les contrats prévoyant le versement de **sommes**, rentes ou valeurs quelconques au profit d'un bénéficiaire désigné **au décès de l'assuré** : contrats d'assurance-vie en cas de décès, contrats d'assurance en cas de vie mixte, contrats d'assurance en cas de vie avec contre-assurance. Le prélèvement n'est pas dû si le contrat n'est pas dénoué par le décès de l'assuré (sur les contrats à souscriptions conjointes : voir n° 66502). **66501**

Le **bénéficiaire** doit être **désigné** (au sens indiqué n° 66422) : l'absence de désignation du bénéficiaire a pour effet d'exclure ces sommes du champ d'application du prélèvement et de les faire entrer dans l'actif successoral (BOI-TCAS-AUT-60 n° 30).

Le bénéficiaire peut être une personne physique ou morale, mais sont seuls concernés les **bénéficiaires à titre gratuit**.

Le prélèvement s'applique aux sommes reçues par le bénéficiaire qui correspondent à des **primes versées depuis le 13 octobre 1998** (sauf si ces primes sont taxées aux droits de succession).

En présence de **contrats souscrits conjointement**, seuls donnent lieu au prélèvement les versements réalisés par l'assureur à la suite du décès qui entraîne le dénouement du contrat. **66502**

Il en résulte qu'en présence de contrats souscrits conjointement avec dénouement au décès du dernier des cosouscripteurs assurés, le prélèvement ne s'appliquera qu'aux sommes, rentes ou valeurs transmises à raison de ce décès. Lors des décès des autres cosouscripteurs assurés, le prélèvement ne s'appliquera pas.

En présence de contrats souscrits conjointement avec dénouement au décès du premier des cosouscripteurs assurés, le prélèvement s'appliquera, le cas échéant, aux sommes, rentes ou valeurs transmises à raison de ce décès.

66503 Le prélèvement s'applique aux capitaux versés en exécution de **contrats souscrits par un non-résident** si l'une des conditions suivantes est remplie (CGI art. 990 I) :
– soit le bénéficiaire du contrat est fiscalement domicilié en France au sens de l'article 4 B du CGI (nos 74520 s.) au moment du décès de l'assuré et a eu son domicile fiscal en France pendant au moins six ans au cours des dix dernières années ;
– soit l'assuré avait son domicile fiscal en France au moment de son décès.

Lorsque le contrat d'assurance-vie est détenu par un non-résident de France, il convient d'analyser :
– le traitement civil du contrat en fonction de la loi applicable à la succession du souscripteur assuré, sachant que la quasi-totalité des pays traitent civilement le contrat d'assurance-vie comme un actif dépendant de la succession ;
– l'imposition des capitaux décès, non seulement dans le pays de résidence fiscale du souscripteur assuré, mais aussi le cas échéant dans le pays de résidence fiscale des bénéficiaires.

66504 Comme en matière de droits de succession, sont **exonérés du prélèvement** le conjoint survivant, le partenaire de Pacs survivant, certains organismes sans but lucratif (voir n° 64450) et, sous certaines conditions (voir n° 64375), les frères et sœurs (CGI art. 990 I, I-al. 3).

Certains contrats échappent au prélèvement quels qu'en soient les bénéficiaires : contrats de rente-survie (n° 65242), contrats d'assurance « homme-clé » souscrits par les entreprises pour se prémunir contre les risques de disparition de leurs dirigeants ou collaborateurs et contrats d'assurance décès de groupe souscrits dans le cadre d'une activité professionnelle.

> **› Précisions** Le prélèvement vise les sommes dues « directement ou indirectement » par l'assureur, ce qui conduit à la taxation des capitaux versés à un bénéficiaire personne morale, même s'il s'agit d'une **société interposée** (les bénéficiaires indirects étant alors **les associés**). Ainsi, les exonérations prévues au profit du conjoint ou partenaire de Pacs (ou des autres personnes exonérées) ne s'appliqueraient pas en cas d'interposition d'une société.

CALCUL DU PRÉLÈVEMENT

66505 Seule la **fraction excédant 152 500 €** des sommes dues, nettes de prélèvements sociaux, à chaque bénéficiaire non exonéré par les organismes d'assurances est soumise au prélèvement.

Peu importent, en revanche, les **modalités de versement**, car sont soumises au prélèvement « les sommes, rentes ou valeurs quelconques dues directement ou indirectement par un ou plusieurs organismes d'assurances », à raison du décès de l'assuré.

Les **intérêts** produits par le contrat **entre la date du décès et celle du versement** sont, selon l'administration, également pris en compte dans l'assiette du prélèvement (BOI-TCAS-AUT-60 n° 220). Il semble que, en pratique, le montant du capital décès déclaré par l'assureur aux services fiscaux ne comprenne pas ces sommes.

66506 Les sommes correspondant aux **primes versées avant le 13 octobre 1998** n'ont pas à être prises en compte.

Lorsque, pour un même contrat, **plusieurs bénéficiaires** ont été désignés et que des primes ont été versées avant et depuis le 13 octobre 1998, l'assiette soumise au prélèvement est déterminée globalement à l'échelle du contrat, puis répartie entre chaque bénéficiaire selon sa part dans l'ensemble des capitaux. Il n'est pas possible de répartir les sommes entre les bénéficiaires selon la date de versement des primes afin d'optimiser l'imposition due par chacun (Rép. Montaugé : Sén. 8-8-2019 n° 450 : BPAT 5/19 inf. 200).

Le prélèvement ne s'applique pas non plus aux **sommes soumises aux droits de succession** en application de l'article 757 B du CGI (primes versées après le 70e anniversaire de l'assuré sur des contrats souscrits depuis le 20-11-1991). Sur l'articulation de ces deux taxations, voir nos 66525 s.

Si **plusieurs contrats** ont été souscrits sur la tête d'un **même assuré** au profit d'un même bénéficiaire, il faut totaliser l'ensemble des sommes reçues par ce bénéficiaire à raison du décès de l'assuré : l'abattement de 152 500 € ne s'applique qu'une seule fois à raison de l'ensemble des sommes reçues par bénéficiaire. À cet égard, le bénéficiaire doit produire une attestation sur l'honneur : voir n° 66517.

Pour le cas où la clause bénéficiaire a été démembrée, voir nos 65508 s.

66507 Pour les **contrats non rachetables** (assurances temporaires en cas de décès), la base du prélèvement est constituée par la prime annuelle ou par la prime versée à la conclusion du contrat s'il s'agit d'une prime unique (seules les primes versées sont prises en compte, les produits capitalisés restent donc exonérés).

Pour les **contrats rachetables** et pour ceux comportant à la fois des garanties d'épargne et de prévoyance (par exemple, contrats vie entière avec contre-assurance en cas de décès), la base de la taxation est constituée : 66508
– des sommes, rentes ou valeurs correspondant à la fraction rachetable, c'est-à-dire de la valeur de rachat du contrat au jour du décès de l'assuré ou, s'il s'agit d'un contrat à terme fixe, de la valeur de rachat au jour du versement des sommes. Les rachats partiels ainsi que les avances accordées par l'assureur et non remboursées au décès ne sont pas compris dans la base d'imposition ;
– et des primes correspondant à la fraction non rachetable, c'est-à-dire du produit résultant de la multiplication du montant du capital décès dû par l'assureur, diminué de la valeur de rachat du contrat au jour du décès de l'assuré, par le taux de mortalité qui correspond à l'âge de l'assuré lors de son décès dans la table de mortalité applicable à cette date (C. ass. art. A 132-18).

EXEMPLE

Parmi les exemples donnés par l'administration (BOI-TCAS-AUT-60 n°s 230 s.), nous retiendrons celui du calcul du prélèvement sur la fraction non rachetable d'un contrat d'une personne qui décède à 40 ans :
La table de mortalité indique que le nombre de personnes encore en vie (Lx) à 40 ans est de 94 746 ; à 41 ans (Lx + 1), elle est de 94 476 (sur la base de 100 000 vivants à la naissance).
La probabilité de décéder à 40 ans se calcule de la façon suivante :
(94 746 – 94 476)/94 746 = 0,0028497
Si le capital correspondant à la fraction non rachetable du contrat est de 152 400 €, la base du prélèvement sera de : 152 400 € × 0,0028497 = 434 €.

Contrats vie-génération Les contrats dits « vie-génération » bénéficient d'un **abattement d'assiette supplémentaire de 20 %** pour l'application du prélèvement, qui se cumule avec l'abattement général de 152 500 € par bénéficiaire (CGI art. 990 I, I-al. 1). 66509

Pour pouvoir bénéficier de l'abattement supplémentaire, le contrat doit respecter des **quotas d'investissement** en unités de compte affectées au financement de certains secteurs de l'économie (le logement social et intermédiaire, l'économie sociale ou solidaire, le capital-risque ou encore les entreprises de taille intermédiaire).

L'abattement est égal à 20 % de la **part transmise** à chaque bénéficiaire d'un contrat vie-génération dénoué à raison d'un décès survenu depuis le 1er juillet 2014. Il s'applique avant l'abattement de 152 500 €.

Taux du prélèvement Il est égal à (CGI art. 990 I) : 66510
– **20 %** sur la fraction de part taxable de chaque bénéficiaire n'excédant pas 700 000 € ;
– **31,25 %** sur la fraction de part taxable de chaque bénéficiaire excédant cette limite.

Part taxable par bénéficiaire (tous contrats confondus)	Taux du prélèvement
Jusqu'à 700 000 €*	20 %
Au-delà de 700 000 €	31,25 %

* Après application de l'abattement de 152 500 €.

PAIEMENT DU PRÉLÈVEMENT

Le **redevable** du prélèvement est le bénéficiaire, mais le prélèvement est directement **liquidé et versé** par l'organisme d'assurance au comptable public au plus tard le 15 du mois suivant celui au cours duquel les sommes ont été versées au bénéficiaire. 66515

Les bénéficiaires reçoivent par conséquent les capitaux décès nets de prélèvement.

OBLIGATIONS DÉCLARATIVES DES BÉNÉFICIAIRES

Le bénéficiaire doit produire auprès des organismes d'assurance et assimilés une attestation sur l'honneur indiquant le **montant des abattements déjà appliqués** aux sommes, rentes ou valeurs quelconques reçues d'un ou plusieurs organismes d'assurances et assimilés à raison du décès du même assuré (CGI art. 990, I, I-al. 3). 66517

Cette attestation doit à notre avis également mentionner le **montant des sommes soumises au prélèvement**, de façon à permettre à l'assureur d'identifier le taux applicable.

ARTICULATION DU PRÉLÈVEMENT AVEC LES DROITS DE SUCCESSION

66525 **Principe** Les sommes dues au dénouement par décès d'un même contrat peuvent relever pour une fraction du prélèvement et pour une autre fraction des droits de succession. L'articulation de ces deux régimes mérite d'être précisée.

Le **prélèvement ne s'applique pas** aux sommes qui entrent dans le champ d'application des droits de succession, c'est-à-dire aux sommes correspondant aux primes versées après 70 ans sur un contrat souscrit après le 20 novembre 1991.

Dès lors, ne sont pas soumises au prélèvement les sommes correspondant aux primes versées depuis le 13 octobre 1998 après le 70e anniversaire de l'assuré dans le cadre de contrats souscrits après le 20 novembre 1991, c'est-à-dire les primes elles-mêmes, y compris la fraction égale à 30 500 € exonérée de droits de succession, ainsi que les produits attachés à ces primes (intérêts, attributions ou participations également non soumis aux droits de succession).

En revanche, le prélèvement **s'applique** aux sommes, rentes ou valeurs qui correspondent à des primes versées depuis le 13 octobre 1998 au titre de contrats souscrits :
– avant le 20 novembre 1991, quel que soit l'âge de l'assuré lors de leur versement ;
– ou après cette date, dès lors que l'assuré a moins de 70 ans lors de leur versement.

Date de souscription du contrat	Primes versées	
	avant le 13 octobre 1998	depuis le 13 octobre 1998
Contrat souscrit avant le 20 novembre 1991	Pas de taxation (sauf modification de l'économie du contrat après le 20 novembre 1991 : voir nº 66431)	Prélèvement au taux de 20 % puis 31,25 % (nº 66510) après application de l'abattement de 152 500 €, quel que soit l'âge de l'assuré lors du versement des primes
Contrat souscrit depuis le 20 novembre 1991		
Primes versées avant le 70e anniversaire de l'assuré	Pas de taxation	Prélèvement au taux de 20 % puis 31,25 % (nº 66510) après application de l'abattement de 152 500 €
Primes versées après le 70e anniversaire de l'assuré	Droits de succession sur la fraction des primes qui excède 30 500 €	Droits de succession sur la fraction des primes qui excède 30 500 €

66527 **Ventilation des sommes entre chaque régime** En cas d'**application à la fois des droits de succession et du prélèvement**, il convient de ventiler les sommes entre chacun des régimes applicables.

EXEMPLE

Pierre, né le 1er janvier 1939, a souscrit en 2007 plusieurs contrats dont il est souscripteur et assuré. Il a versé sur ces contrats, au cours de l'année 2007, donc avant ses 70 ans, une somme de 244 000 €.

Au cours des années 2010 et 2012, donc après ses 70 ans, Pierre a réalisé pour 130 500 € de versements complémentaires.

Pierre décède en juillet 2023. La valeur de rachat au jour du décès s'élève à 580 000 €, étant précisé que le montant des intérêts acquis au titre des primes versées en 2010 et 2012 s'élève à 39 000 €.

Les bénéficiaires de ces contrats sont Anna (fille de l'assuré) pour 50 %, Jean (petit-fils de l'assuré) pour 25 % et Isabelle (nièce de l'assuré) pour 25 %.

La fraction des primes taxable aux droits de succession s'élève à : 130 500 € – 30 500 € (abattement sur les primes versées après 70 ans) = 100 000 €. Ce montant est ventilé au prorata des droits des bénéficiaires (nº 66438) soit :
– Anna pour 50 000 € (puisqu'elle reçoit 50 % du capital global) ;
– Jean pour 25 000 € (puisqu'il reçoit 25 % du capital global) ;
– Isabelle pour 25 000 € (puisqu'elle reçoit 25 % du capital global).

L'imposition est effectuée, pour chacun des bénéficiaires, au taux correspondant à son degré de parenté avec l'assuré, après déduction des différents abattements personnels applicables selon la transmission.

La fraction de la somme correspondant aux primes versées en 2007 (244 000 €) avant les 70 ans de Pierre, et aux intérêts acquis, afférents à cette somme (580 000 € – 244 000 € –

130 500 € – 39 000 € = 166 500 €), soit globalement 410 500 €, entre dans le champ d'application du prélèvement sur les capitaux décès, chacun des bénéficiaires étant, le cas échéant, imposable sur la fraction de la somme reçue excédant 152 500 €.
La fraction reçue par chaque bénéficiaire se décompose comme suit :
Anna recevra 410 500 € × 50 % = 205 250 €, soumis au prélèvement pour la fraction excédant 152 500 €, soit sur 52 750 €. Montant du prélèvement : 52 750 € × 20 % = 10 550 €.
Jean recevra 410 500 € × 25 % = 106 625 €. Cette somme étant inférieure à 152 500 €, le prélèvement n'est pas dû.
Isabelle recevra 410 500 € × 25 % = 106 625 €. Cette somme étant inférieure à 152 500 €, le prélèvement n'est pas dû.
Sommes à verser par l'assureur :
Anna : (580 000 € × 50 %) = 290 000 € – 10 550 € (prélèvement au taux de 20 %) = 279 450 €, dont 50 000 € taxables aux droits de succession.
Jean : (580 000 € × 25 %) = 145 000 €, dont 25 000 € taxables aux droits de succession.
Isabelle : (580 000 € × 25 %) = 145 000 €, dont 25 000 € taxables aux droits de succession.

Conseils pratiques Pour les souscripteurs titulaires de **contrats d'assurance-vie susceptibles de relever** au décès de l'assuré **du prélèvement** de l'article 990 I (primes versées après le 13-10-1998, mais avant les 70 ans de l'assuré si le contrat est postérieur au 20-11-1991), et d'autres contrats susceptibles de relever **des droits de succession** (versements après les 70 ans de l'assuré sur un contrat postérieur au 20-11-1991), une réflexion s'impose. **66530**

En premier lieu, il est préférable sous l'angle de la transmission d'opérer les **retraits** sur les fonds régis par la taxation la plus forte en cas de décès. Il convient d'arbitrer entre d'un côté une taxation au taux de 20 % (et, le cas échéant, pour partie au taux de 31,25 %) pour la fraction excédant 152 500 € par bénéficiaire quel que soit le lien de parenté et de l'autre une taxation dans le cadre successoral qui variera en fonction du lien de parenté et du montant transmis et qui ne portera que sur une fraction des sommes transmises puisque seule sera taxable la quote-part de primes versées excédant 30 500 €.

En second lieu, la **désignation des bénéficiaires** doit être adaptée contrat par contrat en fonction de la date des versements des primes pour réduire le montant global (prélèvement et droits de succession) qui sera dû au titre du capital versé par la compagnie d'assurances.

EXEMPLE

Reprise de l'exemple du n° 66527. Supposons que Pierre ait réalisé sur un premier contrat les versements avant ses 70 ans et sur un second contrat les versements après ses 70 ans. Le premier contrat relèvera du prélèvement (pour autant que le seuil de 152 500 € par bénéficiaire soit dépassé), le second contrat relèvera uniquement des droits de succession.
Pierre a tout intérêt à modifier la rédaction de ses clauses bénéficiaires afin de réduire la taxation applicable sans modifier la répartition globale souhaitée. En effet, il n'est pas neutre que la nièce, par exemple, reçoive des fonds provenant du premier contrat relevant du prélèvement ou du second contrat dépendant des droits de succession.
La réflexion de Pierre doit intégrer les deux éléments suivants : d'une part, la recherche de l'utilisation optimale de l'abattement de 152 500 € par bénéficiaire prévu par l'article 990 I, d'autre part, l'attribution des sommes soumises aux droits de succession à ceux des bénéficiaires dont le lien de parenté est le plus proche.
Il sera judicieux de faire porter les droits de la nièce, dans la limite de 152 500 €, en priorité sur le contrat relevant du prélèvement et, pour le solde, le cas échéant, de comparer le coût fiscal entre le prélèvement forfaitaire, applicable à l'intégralité de la somme qui excède les 152 500 € exonérés, et l'application du taux des droits de succession, qui est de 55 % mais qui ne s'applique qu'à une fraction de la somme transmise relevant des droits de succession (on rappelle que les primes à hauteur de 30 500 € et l'intégralité des intérêts capitalisés sont exonérées).
Dans le présent exemple, les droits transmis à la nièce (Isabelle) étant de 145 000 €, il pourrait être envisagé de les prélever intégralement sur le contrat relevant du prélèvement : de cette manière, aucune taxation ne serait due. Les droits transmis au petit-fils (Jean) et à la fille (Anna) dans chacun des contrats seraient ensuite ajustés de manière à assurer la répartition en montant initialement prévue, tout en optimisant l'utilisation des abattements et l'application des droits de succession.
Le solde à répartir serait de 580 000 € – 145 000 € (somme versée à la nièce) = 435 000 € dont 410 500 € – 145 000 € = 265 500 € (pour le contrat qui relève du prélèvement) et 169 500 € (pour le contrat qui relève des droits de succession) ; la répartition entre le petit-fils (Jean) et la fille (Anna) pourrait être la suivante :
– somme attribuée au petit-fils : 145 000 € prélevés à hauteur de 132 000 € sur le contrat relevant du prélèvement et à hauteur de 13 000 € sur le contrat qui relève des droits de succession ;
– somme attribuée à la fille : 290 000 € prélevés à hauteur de 133 500 € sur le contrat qui relève du prélèvement et à hauteur de 156 500 € sur le contrat qui relève des droits de succession.

De cette manière, il n'y aura aucune somme soumise au prélèvement, que ce soit au nom de la nièce, du petit-fils ou de la fille. De plus, le montant soumis aux droits de succession (avant abattements) sera équivalent à l'hypothèse précédente (soit 100 000 € sur 169 500 €), mais les sommes étant exclusivement attribuées aux descendants seront imposées à un taux favorable et bénéficieront des abattements personnels s'ils ne sont pas utilisés par ailleurs.

2. REDRESSEMENTS FISCAUX CONTRE LES BÉNÉFICIAIRES DE CAPITAUX DÉCÈS

66600 Pour écarter le régime favorable de l'assurance-vie et taxer le bénéficiaire aux droits de succession sur l'intégralité de la somme perçue, l'**administration fiscale** utilise deux techniques différentes : la requalification du contrat en donation indirecte, d'une part, et le recours à l'abus de droit, d'autre part.

Les contrats visés par les redressements présentent **généralement** au moins une de ces caractéristiques :

– ils ont été souscrits (ou la clause bénéficiaire a été modifiée) alors que le **souscripteur** était **malade ou âgé** ;

– le souscripteur a versé sur le contrat des **primes importantes** ;

– le choix du placement en assurance-vie plutôt que sur d'autres actifs financiers (ou le choix de ce contrat spécifique plutôt qu'un autre) génère un **avantage fiscal significatif**, comme par exemple en cas de versements après 70 ans sur des contrats souscrits avant le 20 novembre 1991 qui bénéficient donc de la fiscalité de l'article 990 I au lieu de celle de l'article 757 B du CGI (n° 66525).

REDRESSEMENTS FONDÉS SUR L'EXISTENCE D'UNE DONATION INDIRECTE

66605 L'existence d'une donation indirecte du souscripteur envers le bénéficiaire est le motif le plus courant de redressement utilisé par l'administration fiscale.

Le principe de ce redressement a été validé par la Cour de cassation : la qualification de donation indirecte est justifiée « lorsque les circonstances dans lesquelles son bénéficiaire a été désigné révèlent la **volonté du souscripteur de se dépouiller de manière irrévocable** », peu important que l'acceptation du bénéficiaire ne soit intervenue qu'après le décès de l'assuré (Cass. ch. mixte 21-12-2007 n° 06-12.769 FS-PBRI : BPAT 1/08 inf. 20).

Les juges du fond apprécient souverainement, compte tenu des **circonstances de fait** (âge, état de santé, ressources, situation patrimoniale du souscripteur, montant investi, liens de parenté ou d'affection avec le bénéficiaire, etc.), si le contrat réalise ou non une donation indirecte. En pratique, l'**espérance de vie du souscripteur** au moment de la désignation du bénéficiaire est un élément déterminant : si le souscripteur se sait condamné à brève échéance, sa faculté de rachat est illusoire et les juges considèrent qu'il a réalisé une donation indirecte au profit du bénéficiaire.

En cas de **requalification** en donation indirecte, l'administration fiscale ne peut pas appliquer aux bénéficiaires de l'assurance-vie une majoration de 40 % pour manquement délibéré à leurs obligations déclaratives, dès lors que leur intention d'échapper aux **droits de mutation à titre gratuit** n'est pas démontrée (CA Versailles 12-10-2021 n° 20/03376 : BPAT 6/21 inf. 268).

ILLUSTRATIONS

Les juges peuvent déduire des circonstances suivantes, en l'**absence d'aléa** dans les dispositions prises, le caractère illusoire de la faculté de rachat et l'existence chez l'intéressé d'une volonté actuelle et irrévocable de se dépouiller :

– modification de la clause bénéficiaire trois jours avant son décès par le souscripteur, qui se savait mourant, au profit de la personne qui était depuis peu sa légataire universelle (Cass. ch. mixte 21-12-2007 n° 06-12.769 : FS-PBRI : BPAT 1/08 inf. 20) ;

– souscription de plusieurs contrats au profit de sa légataire par un homme atteint d'un cancer dont l'aggravation régulière venait de le contraindre à cesser son activité professionnelle et qui devait mourir neuf mois plus tard (Cass. com. 26-10-2010 n° 09-70.927 F-D : BPAT 6/10 inf. 362) ;

– souscription, à l'âge de 76 ans, d'un contrat d'assurance-vie sur lequel le souscripteur verse 6 000 francs, suivi de deux versements complémentaires de 750 000 € à l'âge de 101 ans, avant de décéder six mois plus tard (CA Versailles 12-10-2021 n° 20/03376 : BPAT 6/21 inf. 268).

Jugé **à l'inverse** que ne constitue pas une donation indirecte la modification de la clause bénéficiaire assortie d'un nouveau versement sur le contrat, un mois avant le décès de la souscriptrice, dès lors qu'il n'était pas prétendu que celle-ci avait connaissance de son décès imminent et qu'elle avait pris des dispositions en considération de cette situation. La faculté de rachat n'était donc pas illusoire (CA Nancy 8-11-2011 n° 10/02620, 1e ch. : BPAT 1/12 inf. 35).

REDRESSEMENTS FONDÉS SUR L'ABUS DE DROIT

Abus de droit et but exclusivement fiscal Lorsque l'**opération** lui semble **fictive ou réalisée dans un but exclusivement fiscal**, l'administration fiscale met en œuvre la procédure de répression de l'abus de droit (LPF art. L 64) afin de soumettre les primes versées aux droits de mutation à titre gratuit et d'assortir le redressement d'une pénalité de 80 % (CGI art. 1729, al. 3). 66630

Le Comité de l'abus de droit fiscal (à l'époque Comité consultatif pour la répression des abus de droit) a été saisi sur ce fondement et a rendu une décision favorable à l'administration dans une espèce il est vrai caricaturale, marquée par la **participation active du bénéficiaire à la souscription du contrat** (aff. 1997-16 : Dr. fiscal 1998 n° 14 p. 462) : la veille du décès d'une femme placée sous tutelle, son frère qui était également son administrateur légal avait souscrit pour son compte trois contrats d'assurance-vie au profit... de lui-même et d'un autre frère de la mourante. 66631

L'absence d'aléa était manifeste et les versements réalisés représentaient la quasi-totalité du patrimoine de la défunte (sur cette question, voir le 96e Congrès des notaires de France : Le patrimoine au XXIe siècle, Défis et Horizons nouveaux p. 895).

Même **en l'absence de participation active du bénéficiaire**, l'administration fiscale se réserve la possibilité d'invoquer l'abus de droit lorsqu'il apparaît que le montant des primes versées est manifestement exagéré (au sens de l'article L 132-13 du Code des assurances : voir nos 66256 s.) et que l'âge du souscripteur est élevé. 66632

Le **Comité de l'abus de droit fiscal** a débouté l'administration (qui s'est rangée à son avis) dans une espèce où un nonagénaire avait souscrit un contrat d'assurance-vie d'une durée de huit ans, sur lequel il avait versé une prime unique de 23 000 €. Le bénéficiaire en cas de décès était son neveu, qui était également son héritier. Le Comité a conclu à l'absence d'abus : en dépit du mauvais état de santé du souscripteur (décédé un mois après la souscription), aucun élément ne permettait d'établir que son décès était prévisible lors de la conclusion du contrat. Le défaut d'aléa du contrat n'était pas démontré par l'administration (aff. 2006-06 : BO 13 L-6-07).

La **cour d'appel de Paris** a également écarté l'abus de droit dans une espèce où un homme de 56 ans gravement malade avait souscrit au profit de son épouse un contrat sur lequel il avait versé 300 000 €. L'homme étant décédé dix jours plus tard, l'administration estimait que l'opération constituait en réalité une donation déguisée du montant de la prime.

Le redressement a été annulé par la cour d'appel, qui a jugé que l'administration n'apportait pas la preuve (qui lui incombait, en l'absence de saisine du Comité consultatif pour la répression des abus de droit) du but exclusivement fiscal de la souscription (CA Paris 19-9-2008 n° 06/13320, 1e ch., sect. B : RJF 3/09 n° 296) :

– le décès à bref délai du souscripteur n'était pas prévisible (selon les éléments médicaux recueillis) ;

– le souscripteur bénéficiait d'une faculté de rachat et pouvait modifier la clause bénéficiaire (contrat non accepté par l'épouse) et il n'était pas établi qu'il pensait ne jamais pouvoir utiliser ces prérogatives ;

– le souscripteur s'était toujours préoccupé de prendre des dispositions patrimoniales, et la souscription du contrat lui avait été conseillée dans ce cadre.

On notera cependant que deux **autres décisions de cours d'appel** ont à l'inverse validé les redressements opérés par l'administration sur le terrain de l'abus de droit : 66633

– à propos d'un contrat d'assurance-vie souscrit le lendemain de l'hospitalisation de la souscriptrice, très peu de temps avant son décès qu'elle savait devoir être proche, et pour un montant représentant 77,5 % de ses actifs (CA Douai 29-9-2003 n° 02-2277, 1e ch., 1e sect. : RJF 7/04 n° 813) ;

– à propos d'un contrat souscrit quelques jours après l'hospitalisation de la souscriptrice, âgée de 85 ans et qui devait décéder moins d'un mois plus tard (CA Reims 26-1-2006 n° 04-2478, ch. civ., 2e sect. : RJF 7/06 n° 951).

Abus de droit et but principalement fiscal L'administration fiscale peut écarter, comme ne lui étant pas opposables, « les actes qui, recherchant le bénéfice d'une application littérale des textes ou de décisions à l'encontre des objectifs poursuivis par leurs auteurs, **ont pour motif principal** d'éluder ou d'atténuer les charges fiscales que l'intéressé, si ces actes n'avaient pas été passés ou réalisés, aurait normalement supportées eu égard à sa situation ou à ses activités réelles » (LPF art. L 64 A modifié par loi 2018-1317 du 28-12-2018 art. 109, applicable aux rectifications notifiées depuis le 1-1-2021 portant sur des actes passés ou réalisés depuis le 1-1-2020 : BPAT 1/19 inf. 1 n° 112). 66634

La possibilité de contester l'opération lorsque le but n'est pas exclusivement fiscal mais principalement fiscal soulève une insécurité juridique liée à l'imprécision de la notion. Il conviendra d'analyser la jurisprudence qui sera rendue sur le fondement de cet article afin de voir si les juges modifient fondamentalement ou non leur approche de l'abus.

C. Paiement du capital ou de la rente au bénéficiaire de l'assurance-vie

66650 Au décès de l'assuré, le capital ou la rente est versé au bénéficiaire désigné sous réserve que celui-ci **accepte le bénéfice du contrat**. Après le décès de l'assuré, cette acceptation est libre (C. ass. art. L 132-9, II, al. 3).

Si le **bénéficiaire n'a pas accepté** trois mois après avoir été mis en demeure par acte extrajudiciaire de déclarer s'il accepte par les héritiers du souscripteur, ces derniers peuvent le révoquer (C. ass. art. L 132-9, I-al. 3).

1. IDENTIFICATION DES CONTRATS DÉNOUÉS ET DES BÉNÉFICIAIRES

OBLIGATIONS DE RECHERCHE DE L'ASSUREUR

66654 C'est normalement l'assureur qui se charge de retrouver les bénéficiaires, ce qui évite que le contrat reste non réclamé et tombe en déshérence si le souscripteur n'a pas pris de disposition pour que les bénéficiaires soient informés du contrat souscrit à leur profit.

Les assureurs ont l'obligation de **s'informer**, au moins chaque année, du décès éventuel de leurs assurés. Ils ont pour cela accès à un certain nombre de données figurant sur la base Agira (Association pour la gestion des informations sur le risque en assurance) issues du répertoire national d'identification des personnes physiques (RNIPP) tenu par l'Insee, qui recense les personnes décédées depuis 1972. S'ils ont connaissance du décès, ils ont l'obligation de **rechercher** les bénéficiaires, même si leurs noms ne figurent pas sur le contrat. S'ils retrouvent les bénéficiaires, ils ont l'obligation de les prévenir de la stipulation qui a été faite à leur profit (C. ass. art. L 132-8 et L 132-9-3).

Pour respecter ces dispositions, les assureurs **se sont** notamment **engagés à** (France Assureurs, recueil des engagements à caractère déontologique, version janvier 2024, p. 65 s.) :

– prendre des mesures de prévention, consistant, par exemple, à renseigner le plus complètement possible les informations relatives à l'identité et aux coordonnées du souscripteur lors de la conclusion du contrat et à les actualiser durant la vie du contrat ;

– recourir à des prestataires externes pour rechercher les bénéficiaires des contrats non réclamés dès qu'ils ont connaissance du décès de l'assuré, et vérifier les conditions d'exercice de ces généalogistes ou enquêteurs privés.

Malgré cette obligation de recherche des bénéficiaires à la charge de l'assureur, un **généalogiste** peut inclure l'assurance-vie souscrite au bénéfice des héritiers dans le calcul de ses **honoraires** (CA Nîmes 2-6-2022 n° 21/00673 : BPAT 5/22 inf. 245). Toutefois, le bénéficiaire de l'assurance-vie peut refuser de signer le contrat de révélation de succession s'il a eu connaissance de ses droits sans l'intervention du généalogiste. Dans ce cas, le généalogiste ne pourra être indemnisé que sur le fondement de la gestion d'affaires, uniquement à hauteur des dépenses utiles ou nécessaires qu'il a faites pour la recherche de l'héritier considéré et la détermination de ses droits successoraux (Rép. Rabault : AN 7-3-2023 n° 3941 : BPAT 3/23 inf. 142 ; Cass. 1e civ. 18-11-2020 n° 19-10.965 F-PB : BPAT 1/21 inf. 41).

> **Précisions** Les compagnies d'assurance doivent **publier** chaque année le **nombre et l'encours des contrats non réglés**. Elles précisent les démarches et le nombre de recherches effectuées ainsi que les sommes qui ont pu être versées à des bénéficiaires grâce à ces démarches. Elles doivent aussi adresser chaque année un rapport à l'Autorité de contrôle prudentiel et de résolution (ACPR) et au ministre de l'économie, précisant le nombre et l'encours des contrats dont les capitaux ou les rentes n'ont pas été versés au bénéficiaire (C. ass. art. L 132-9-3-1). Les organismes professionnels représentatifs des assureurs sont également tenus de publier, chaque année, un **bilan** comportant le nombre et l'encours des contrats d'assurance-vie dont les capitaux ou rentes n'ont pas été versés à leur bénéficiaire (C. ass. art. L 132-9-4).

AGIRA

Toute personne qui pense avoir été désignée bénéficiaire en cas de décès d'un contrat d'assurance-vie peut, **après le décès de l'assuré**, s'informer de l'existence d'un contrat souscrit à son profit (C. ass. art. L 132-9-2). 66660

À cet effet, un dispositif permet d'**interroger l'ensemble des assureurs** via un organisme unique habilité à cet effet : l'Agira. La demande est gratuite et s'effectue soit par formulaire web (formulaireassvie.agira.asso.fr), soit par courrier adressé à Agira, Recherche contrats assurance-vie, 26, boulevard Haussmann, 75311 Paris Cedex 09. Il faut joindre à cette demande la preuve du décès de l'assuré.

À réception du courrier, l'Agira a 15 jours pour interroger tous les assureurs. Celui auprès duquel le contrat a été souscrit a ensuite un mois pour **informer directement le bénéficiaire** de l'existence du contrat et du montant du capital ou de la rente devant lui revenir. S'il n'existe pas de contrat, aucune réponse n'est envoyée.

FICOVIE

Les entreprises d'assurance sont tenues de déclarer la souscription et le dénouement des contrats d'assurance-vie à l'administration et certaines informations relatives à ces contrats (CGI art. 1649 ter). Celles-ci sont recensées dans un **fichier centralisé** dénommé Ficovie auquel les notaires peuvent accéder, sur demande d'un bénéficiaire éventuel, pour obtenir communication de certaines informations relatives aux contrats dont le défunt était l'assuré. Le notaire doit être mandaté par le bénéficiaire éventuel à cet effet (LPF art. L 151 B, 3). 66664

Le fichier ne révèle que les contrats dont le mandant est **identifié nominativement** comme bénéficiaire. Ainsi, si le contrat désigne « mes enfants » ou « mon conjoint », il ne sera pas révélé au notaire par la consultation du fichier Ficovie.

2. FORMALITÉS ET DÉLAIS DE PAIEMENT

DOCUMENTS À FOURNIR PAR LE BÉNÉFICIAIRE

Le bénéficiaire informé de sa désignation doit, pour obtenir le paiement du capital ou de la rente par la compagnie d'assurance, aviser l'assureur du **décès de l'assuré** (si l'assureur n'est pas à l'origine de la démarche) et lui remettre plusieurs documents, dont un extrait d'acte de décès, une copie de sa pièce d'identité (et, le cas échéant, un acte de notoriété lorsqu'il n'est pas désigné nommément), un relevé d'identité bancaire du compte sur lequel seront versés les capitaux, et, pour les contrats relevant de l'article 757 B du CGI, un document fourni par l'administration fiscale, consistant soit en un certificat de paiement des droits de mutation, soit en un certificat attestant qu'aucun droit n'est dû (n° 66460). 66666

REVALORISATION DU CAPITAL À COMPTER DU DÉCÈS

Entre le moment où elle a connaissance du décès de l'assuré et celui de la réception des pièces mentionnées à l'article L 132-23-1 ou, le cas échéant, jusqu'au dépôt de ce capital à la Caisse des dépôts, la compagnie d'assurance doit **revaloriser le capital lorsque** les bénéficiaires sont des personnes physiques. Cette revalorisation ne peut pas être inférieure à un taux fixé par décret (C. ass. art. L 132-5, al. 3 et 4 et R 132-3-1, al. 2). 66668

Cette revalorisation annuelle du **capital en euros**, nette de frais, est au minimum égale au moins élevé des deux taux suivants :

– la moyenne sur les 12 derniers mois du taux moyen des emprunts d'État (TME), calculée au 1er novembre de l'année précédente ;

– le dernier TME disponible au 1er novembre de l'année précédente.

Entre la date du décès et la date de connaissance du décès par l'assureur, aucun minimum n'est fixé, mais les clauses du contrat doivent effectivement aboutir à une revalorisation du capital nette de frais. À défaut, la revalorisation minimale prévue à compter de la connaissance du décès commence à s'appliquer dès la date du décès.

Pour les engagements en **unités de compte** et les engagements de type **euro-croissance**, la revalorisation du capital commence à s'appliquer à compter de la date à laquelle la valeur en euros du capital a été arrêtée (C. ass. art. R 132-3-1, al. 3).

> **Précisions** Les **frais prélevés par l'assureur** après la date de connaissance du décès de l'assuré ne peuvent pas être supérieurs aux frais qui auraient été prélevés si le décès n'était pas survenu (C. ass. art. R 132-3-1, al. 1). De plus, l'assureur ne peut pas prélever de frais au titre de l'accomplissement de ses obligations de recherche et d'information (C. ass. art. L 132-5, al. 3 in fine).

DÉLAIS À RESPECTER PAR L'ASSUREUR ET SANCTIONS

66672 À compter de la réception de l'avis de décès et de la prise de connaissance des coordonnées du bénéficiaire, l'assureur dispose d'un délai de **15 jours** pour demander au bénéficiaire de lui fournir l'ensemble des pièces nécessaires au paiement (nº 66666). Au-delà de ce délai de 15 jours, le capital produit **de plein droit** intérêt au double du taux légal durant un mois puis, à l'expiration de ce délai d'un mois, au triple du taux légal (C. ass. art. L 132-23-1, al. 1 et 4).
L'assureur ne peut pas formuler plusieurs demandes portant sur des pièces identiques ou redondantes (C. ass. art. L 132-23-1, al. 3).
À réception des pièces, l'assureur a **un mois** pour effectuer le règlement du capital ou de la rente (C. ass. art. L 132-23-1, al. 2). Ce délai n'est pas suspendu s'il a omis de demander au bénéficiaire des pièces nécessaires au paiement dans le délai de 15 jours susvisé.
Passé le délai d'un mois, l'assureur doit verser des intérêts au double du taux légal pendant deux mois, puis au triple du taux légal. S'impute sur le calcul de ce délai de deux mois la période au cours de laquelle le capital a, le cas échéant, produit intérêt en vertu des dispositions relatives au non-respect du délai de 15 jours pour demander les pièces nécessaires au paiement (C. ass. art. L 132-23-1, al. 5).

3. SORT DES SOMMES NON RÉCLAMÉES

DÉLAI DE RÉCLAMATION

66680 Les bénéficiaires ont **dix ans** pour réclamer à l'assureur les sommes qui leur sont dues. Ce délai commence à courir à compter de la date à laquelle ils ont pris connaissance du décès. Leur action est prescrite au plus tard 30 ans à compter du décès de l'assuré (C. ass. art. L 114-1).

TRANSFERT DES SOMMES NON RÉCLAMÉES

66682 À l'issue d'un délai de dix ans suivant sa prise de connaissance du décès de l'assuré, l'assureur a l'obligation de verser les sommes non réclamées à la **Caisse des dépôts et consignation** (CDC), accompagnées des informations nécessaires à l'identification des bénéficiaires (C. ass. art. L 132-27-2, I, al. 1 et 4). Ce dépôt est libératoire de toute obligation pour l'assureur, à l'exception de ses obligations en matière de conservation d'informations et de documents (éléments permettant d'identifier les souscripteurs et les bénéficiaires, éléments relatifs au régime d'imposition applicable, etc.). Le caractère libératoire n'emporte cependant pas exonération de responsabilité pour d'éventuels manquements commis antérieurement au dépôt (C. ass. art. L 132-27-2, al. 5 et 6).
À l'expiration d'un délai de **20 ans** à compter du dépôt à la CDC, les sommes non réclamées par leurs bénéficiaires sont acquises à l'État (C. ass. art. L 132-27-2, III).

> **Précisions** Le site internet **Ciclade** (ciclade.caissedesdepots.fr) permet de rechercher gratuitement les sommes non réclamées issues de contrats d'assurance-vie transférées par les organismes d'assurance à la CDC.

TABLEAU RÉCAPITULATIF

66685

Que faire si on pense être bénéficiaire d'un contrat souscrit auprès d'une compagnie située en France ?	
Assureur identifié	Prendre contact directement avec la compagnie par courrier en joignant un acte de décès (listes et adresses des compagnies sur le site de l'ACPR) refassu.fr
Assureur non identifié et décès de moins de 10 ans	S'adresser à l'Agira (Association pour la gestion des informations sur le risque en assurance) agira.asso.fr La demande, par courrier ou par formulaire web, peut être effectuée par le bénéficiaire potentiel et/ou le notaire en charge de la succession. Si le bénéficiaire n'est pas désigné nominativement, il ne sera pas identifié. Cependant, l'Agira informant du décès de l'assuré toutes les entreprises agréées sur le marché français pour opérer en assurance-vie (sociétés d'assurance, institutions de prévoyance et mutuelles), elles ont ensuite l'obligation de rechercher le/les bénéficiaires. Voir nº 66654. Mandater le notaire chargé de la succession pour qu'il obtienne, via un accès au fichier Ficovie, communication des informations relatives aux contrats du défunt pour lesquels vous êtes identifié nominativement comme bénéficiaire. Voir nº 66664.
Contrat non réclamé depuis plus de 10 ans et moins de 30 ans	Caisse des Dépôts – service Ciclade ciclade.caissedesdepots.fr.

CHAPITRE 4

DÉMEMBREMENT DE PROPRIÉTÉ

SOMMAIRE

TYPES DE DÉMEMBREMENT

67000 Les développements qui suivent sont consacrés aux aspects juridiques et fiscaux du démembrement de propriété par **dissociation de l'usufruit et de la nue-propriété** : cette technique, régie par les articles 578 et suivants du Code civil, est la plus pratiquée pour transmettre un patrimoine familial et peut être combinée avec la création d'une société civile ou la souscription d'une assurance-vie.

D'**autres démembrements** du droit de propriété existent, mais ils confèrent à leur titulaire des droits plus restreints que l'usufruit. C'est le cas notamment du droit d'usage et d'habitation régi par les articles 625 et suivants du Code civil, qui se rencontre très souvent dans les ventes en viager afin de ménager au cédant la possibilité d'occuper les biens cédés ; un droit d'usage et d'habitation sur le logement de la famille peut aussi être attribué à titre de prestation compensatoire lors d'un divorce.

C'est le cas également du droit d'habitation et d'usage du conjoint survivant sur sa résidence principale prévu par l'article 764 du Code civil, qui obéit à des règles particulières.

Il semble même possible de créer de nouveaux droits réels, non expressément visés par le Code civil (en ce sens, Cass. 3e civ. 31-10-2012 no 11-16.304 : BRDA 22/12 inf. 20 ; Cass. 3e civ. 28-1-2015 no 14-10.013 : BRDA 3/15 inf. 17 ; Cass. 3e civ. 8-9-2016 no 14-26.953 FS-PB).

Remarque : Un certain **courant de doctrine** s'oppose à la conception de l'usufruit comme un démembrement de la propriété, estimant qu'il s'agirait plutôt d'une charge grevant la propriété. Certains auteurs estiment pouvoir tirer des récents avis et arrêts de la Cour de cassation rendus, notamment, sur la question de la qualité d'associé de l'usufruitier (voir no 67857) la conclusion que l'**analyse juridique traditionnelle** du démembrement de propriété serait remise en cause. À notre sens, en refusant la qualité d'associé à l'usufruitier (tout en lui reconnaissant certains droits habituellement réservés à celui-ci), la Cour de cassation n'a ni mobilisé ni démobilisé cette analyse. Sur cette controverse doctrinale, voir l'éclairage de H. Leyrat : BPAT 6/23 inf. 253.

SECTION 1

CARACTÉRISTIQUES GÉNÉRALES DU DÉMEMBREMENT DE PROPRIÉTÉ

DÉFINITIONS

67005 Le **droit de propriété** est « le droit de jouir et disposer des choses de la manière la plus absolue, pourvu qu'on n'en fasse pas un usage prohibé par les lois ou par les règlements » (C. civ. art. 544).

Selon l'analyse traditionnelle, la propriété se caractérise par l'addition, d'une part, du droit de jouir du bien qui se compose du droit de l'utiliser (usus) et d'en percevoir les revenus (fructus), d'autre part, du droit d'en disposer (abusus), c'est-à-dire notamment de le vendre, le donner, le modifier.

Le droit de propriété peut faire l'objet d'un démembrement par **dissociation de l'usufruit et de la nue-propriété**. L'usufruitier dispose alors du droit d'usage et des fruits. Le nu-propriétaire conserve le droit de disposer du bien, en respectant les droits de l'usufruitier.

L'usufruit est un droit par nature **temporaire** (à terme fixe ou viager), à l'échéance duquel le nu-propriétaire retrouve la propriété pleine et entière.

Le démembrement de propriété peut s'appliquer à un **bien déterminé** ou à une **universalité de biens** (droit d'usufruit du conjoint survivant sur la succession de l'époux décédé, par exemple).

SOURCES DU DÉMEMBREMENT

67010 Le démembrement peut être **d'origine légale**. C'est le cas principalement de l'usufruit du conjoint survivant qui, en présence d'enfants tous issus des deux époux et à défaut de disposition contraire, recueille à son choix toute la succession en usufruit ou le quart en pleine propriété (C. civ. art. 757).

Le démembrement est souvent établi par la **volonté de l'homme**. 67015
Lorsqu'il est établi **entre vifs**, le démembrement peut trouver sa source dans un contrat à titre gratuit ou à titre onéreux. Il est en effet possible de céder (par le biais d'une vente, ou d'un apport en société notamment), moyennant une contrepartie, des droits en usufruit ou des droits en nue-propriété. Lorsqu'il est constitué à titre gratuit, le démembrement se réalise souvent par voie de rétention : le donateur donne la nue-propriété d'un bien et retient à son profit l'usufruit. Il est fréquent, dans ce cas, de stipuler une réversion, c'est-à-dire de prévoir que l'usufruit s'éteindra au décès du survivant de deux personnes (généralement, le donateur et son conjoint). Le donateur peut également donner la nue-propriété à une personne et l'usufruit à une autre, par exemple la nue-propriété à ses petits-enfants et l'usufruit à ses enfants, afin de réaliser un saut de génération tout en bénéficiant des abattements prévus en faveur des dons aux descendants.

Le démembrement peut résulter de dispositions **à cause de mort** : testament ou donation au dernier vivant entre époux. Dans ce cas, le démembrement se produit au décès du disposant. 67020
L'usufruit peut également résulter de l'exercice de la faculté de substitution ouverte aux enfants non issus des deux époux par l'article 1098 du Code civil.

La multiplication des divorces a favorisé l'émergence d'une autre source du démembrement de propriété : l'**institution judiciaire**, avec l'attribution à l'un des ex-conjoints d'une prestation compensatoire en usufruit. 67025

NATURE ET ÉTENDUE DES DROITS DE L'USUFRUITIER

L'usufruit est « le droit de jouir des choses dont un autre a la propriété, comme le propriétaire lui-même, mais à la charge d'en conserver la substance » (C. civ. art. 578). 67030
L'usufruitier a un droit à la **jouissance** et aux **fruits** – c'est-à-dire aux revenus – du bien (C. civ. art. 582). Il n'a en revanche pas droit aux **produits**, qui appartiennent au nu-propriétaire. Les produits s'opposent aux fruits par leur caractère non périodique et parce que leur perception altère la substance de la chose : tandis que le fruit est un revenu, le produit est une fraction du bien, le capital.

Parce qu'il doit en conserver la substance, l'usufruitier n'a pas le droit de **vendre la chose** sur laquelle porte son usufruit. Cette règle supporte toutefois deux exceptions. 67035
La première est spécifique au **portefeuille de valeurs mobilières** : voir n°s 68000 s.
La seconde concerne le **quasi-usufruit**. Il y a quasi-usufruit lorsque l'usufruit porte sur une **chose consomptible**, c'est-à-dire sur un bien qui est consommé par son premier usage (somme d'argent, par exemple). Le droit à la jouissance passe alors par le droit de disposer du bien : le quasi-usufruitier est libre d'utiliser ce bien comme il le souhaite dans la limite des dispositions des articles 601 et 602 du Code civil (obligation de fournir caution, dont le défaut oblige à l'emploi du bien, sauf dispense dans l'acte constitutif de l'usufruit : voir n° 67090). Vis-à-vis du nu-propriétaire, le quasi-usufruitier devient débiteur d'un bien semblable ou de sa valeur en argent estimée à la date de restitution (C. civ. art. 587). Le nu-propriétaire n'a plus un droit direct sur la chose mais un simple droit de créance sur le quasi-usufruitier (créance dite « de restitution »).
Par exemple, la veuve, héritière en usufruit, peut dépenser comme elle l'entend l'argent qui se trouve dans la succession de son époux (sous la réserve indiquée n° 67090). Elle aura en contrepartie l'obligation de restituer une somme équivalente à l'extinction du quasi-usufruit (en d'autres termes, les enfants nus-propriétaires auront, à son décès, une créance contre sa succession).
Notons que si le Code civil n'envisage le quasi-usufruit que sur des biens consomptibles par nature, certains praticiens l'utilisent également pour d'autres biens tels que des **titres de sociétés** ou valeurs mobilières, dans le but d'offrir plus de pouvoirs à l'usufruitier. C'est alors le contrat passé entre l'usufruitier et le nu-propriétaire qui qualifie les titres de consomptibles et organise la répartition des pouvoirs et les modalités de restitution en fin d'usufruit. Cette pratique, qui a reçu l'aval d'une partie de la doctrine (M. Grimaldi et J.-F. Roux, La donation de valeurs mobilières avec réserve de quasi-usufruit : Defrénois 1994 art. 35677 p. 3 ; M. Grimaldi, L'usufruit et le quasi-usufruit, questions de droit civil : Dr. et patrimoine novembre 1999 p. 55 ; L. Aynès sous Cass. 1e civ. 12-11-1998 n° 1673 : D. 1999 p. 167), reste cependant très discutée (contra : R. Libchaber, Le portefeuille de valeurs mobilières : bien unique ou pluralité de biens ? : Defrénois 1997 art. 36464 p. 65). La solution du mandat d'intérêt commun doublé d'un quasi-usufruit sur le prix de cession apparaît, à ce jour, nettement plus sécurisée que le quasi-usufruit direct sur les titres démembrés.

> **Précisions** **a.** Le quasi-usufruitier d'une somme d'argent peut réaliser tout type d'investissement et notamment consentir un **prêt** au titre **des sommes sur lesquelles porte le quasi-usufruit**. Dans ce cas, le décès du quasi-usufruitier ne rend pas le prêt exigible lorsqu'une date de remboursement plus lointaine a été régulièrement prévue au contrat (Cass. 1e civ. 5-12-2012 n° 11-24.758 : BPAT 1/13 inf. 25). Dans cette hypothèse, la créance sur l'emprunteur figurera, pour la liquidation civile de la succession du quasi-usufruitier, à l'actif de cette succession ; parallèlement, la dette de restitution envers les nus-propriétaires figurera au passif.
> **b.** En présence d'un quasi-usufruit, l'existence de la **créance de restitution** dans le patrimoine du **nu-propriétaire** n'est pas remise en cause par le fait que ce dernier **décède avant l'usufruitier** ; seule l'exigibilité de la créance dépend de l'arrivée du terme de l'usufruit. Dans cette situation, les héritiers du quasi-usufruitier doivent restituer la somme due au titre du quasi-usufruit à la succession du nu-propriétaire prédécédé (Cass. 1e civ. 4-11-2020 n° 19-14.421 F-PB : BPAT 1/21 inf. 31).
> **c.** En l'absence de convention prévoyant la **revalorisation de la créance de restitution**, c'est la valeur nominale du bien au jour de la mise en place du quasi-usufruit qui sera due. Les juges du fond en ont ainsi jugé dans une affaire dans laquelle l'usufruitier d'un stock de champagne avait procédé à la cession du stock. Les nus-propriétaires avaient déduit de la succession de l'usufruitier une créance de restitution égale non pas à la valeur d'origine du stock, mais à une valeur réévaluée. L'administration a procédé à un redressement, position confirmée par la cour d'appel (CA Reims 7-3-2011 n° 10-00611 : BPAT 3/11 inf. 197). En l'espèce, aucune convention n'avait été conclue entre usufruitier et nus-propriétaires sur la revalorisation de la créance de restitution. La solution serait à notre avis différente dans l'hypothèse, très fréquente, où lors de la constitution du quasi-usufruit les parties (usufruitier et nus-propriétaires) stipulent dans la convention passée entre eux une clause d'indexation de la créance de restitution conforme aux dispositions des articles L 112-1 à L 112-4 du Code monétaire et financier. La complexité résulte alors du maintien sur la durée du quasi-usufruit du lien entre l'investissement et la clause d'indexation, condition impérative pour son application.
> **d.** Sur les **risques et inconvénients**, notamment au plan fiscal, des **donations de sommes d'argent avec réserve de quasi-usufruit**, voir n° 67157.

67040 **Usufruit, droit réel** L'usufruitier dispose d'un droit réel, c'est-à-dire d'un droit direct et immédiat sur la chose. Il est dans une situation radicalement différente de celle du locataire, qui n'a qu'un droit personnel contre le bailleur.

Le droit réel de l'usufruitier a une **nature mobilière** s'il s'applique à un meuble, **immobilière** lorsqu'il porte sur un immeuble. L'opération donnant naissance à l'usufruit immobilier doit être publiée au fichier immobilier, pour être opposable aux tiers ou pour leur information selon les cas (Décret 55-22 du 4-1-1955 art. 28, 1° et 3°). Elle doit donc être constatée par acte authentique notarié, juridictionnel ou administratif (C. civ. art. 710-1). L'usufruit immobilier peut être hypothéqué (C. civ. art. 2388).

67045 L'usufruitier peut en principe librement **céder son droit** à un tiers. Cependant, l'usufruit étant attaché à la personne de l'usufruitier, la durée de l'usufruit en cas de cession d'un usufruit préconstitué sera en tout état de cause limitée à la vie du cédant. Par exemple, si X, usufruitier d'un bien, cède à Y son usufruit viager, le décès de X mettra fin à l'usufruit détenu par Y. De même, en cas de donation d'un usufruit déjà constitué à titre viager, l'usufruit s'éteint avec la mort du donateur : lorsqu'une veuve a donné à son fils un usufruit dont elle est titulaire, moitié pour l'avoir retenu lors de la donation de la nue-propriété, moitié en tant que donataire en usufruit de son époux prédécédé, l'usufruit s'éteint avec sa mort et non celle de son fils (Cass. 1e civ. 5-1-2023 n° 21-13.966 FS-B : BPAT 1/23 inf. 31).

67050 **Usufruit, droit temporaire** L'usufruit est nécessairement constitué pour une durée limitée.

Pour les **personnes physiques**, la durée maximale de l'usufruit est la durée de vie de l'usufruitier : c'est l'usufruit **viager**.

L'usufruit peut être constitué pour un **terme fixe** (dix ans, par exemple) mais si l'usufruitier décède avant l'arrivée du terme, l'usufruit prendra fin dès la date du décès.

Si le terme est fixé en fonction de l'âge d'un tiers, le décès avant terme de ce tiers permet quand même à l'usufruit de perdurer jusqu'au jour où ce tiers aurait atteint l'âge prévu, à condition que l'usufruitier soit lui-même toujours en vie (C. civ. art. 620).

67052 La durée de l'usufruit accordé à une **personne morale** ne peut pas être supérieure à trente ans (C. civ. art. 619). La Cour de cassation a précisé que cette règle est d'ordre public : il ne peut pas y être dérogé par convention (Cass. 3e civ. 7-3-2007 n° 06-12.568 : RJDA 7/07 n° 793). Dans un arrêt isolé, une cour d'appel a cependant estimé que la **limite de trente ans** n'est applicable qu'à un usufruit transmis ou cédé et a jugé qu'une personne morale titulaire d'un droit de propriété peut donc, en cas de cession de la nue-propriété de ce bien, se réserver un usufruit pour une durée supérieure (CA Caen 24-1-1995 n° 93-2503 : BRDA 19/95 p. 6 ; F.-D. Poitrinal, L'usufruit réservé par une personne morale : Dr. et patrimoine 1996 p. 46, Defrénois 1996 I p. 392 obs. C. Atias, JCP G 1995 IV 1360). Cet arrêt (non frappé de pourvoi) a été critiqué par la doctrine (C. Atias, Defrénois 1996 I p. 393), car les travaux préparatoires du Code civil indiquent très clairement que le législateur a entendu limiter dans tous les cas la durée de l'usufruit permise à une personne morale.

Une autre cour d'appel a par ailleurs jugé que si l'article 619 du Code civil prévoit que l'usufruit accordé à une personne morale ne dure que trente ans, de sorte qu'il n'existe pas en principe de transmission à titre définitif de l'usufruit à l'égard d'une personne morale, il en va autrement lorsque la personne morale se trouve déjà titulaire du droit de nue-propriété, dès lors que l'acquisition des droits d'usufruit lui confère alors la pleine propriété du bien, de sorte que le droit d'usufruit, inclus dans le droit de propriété, lui est acquis de manière définitive (CA Dijon 5-5-2011 n° 1000973 : RJF 10/11 n° 1097).

> **Précisions a.** La Cour de cassation a jugé qu'il est possible d'attribuer contractuellement à une personne morale un **droit réel** sur un bien, **différent d'un droit d'usufruit** ou d'un droit d'usage et d'habitation, conférant le bénéfice d'une jouissance spéciale du bien sur une durée **pouvant excéder trente ans**, échappant ainsi à la limitation de l'article 619 du Code civil (Cass. 3e civ. 31-10-2012 n° 11-16.304 : BRDA 22/12 inf. 20). Elle a toutefois ultérieurement précisé que, lorsque les parties n'ont pas limité dans le temps l'exercice de ce droit réel, celui-ci ne peut pas être perpétuel et s'éteint dans les conditions prévues par les articles 619 et 625 du Code civil (Cass. 3e civ. 28-1-2015 n° 14-10.013 : BRDA 3/15 inf. 17). En tout état de cause, le législateur ayant expressément limité la durée de l'usufruit dont bénéficient les personnes morales à trente ans, la jurisprudence précitée n'autorise pas selon nous la création de droits comparables, même avec des caractéristiques qui seraient légèrement différentes, pour contourner la limite de l'article 619 du Code civil.
>
> **b.** Dans un arrêt rendu en matière fiscale par sa chambre commerciale, la Cour de cassation a jugé qu'un **usufruit cédé entre personnes morales devant s'éteindre au décès du survivant de deux personnes physiques** est de nature viagère, la circonstance que la durée de cet usufruit ne puisse excéder trente ans aux termes de l'article 619 du Code civil ne lui conférant pas le caractère d'usufruit à durée fixe (Cass. com. 26-9-2018 n° 16-26.503 : RJF 1/19 n° 98).

Usufruit, droit simple ou complexe L'usufruit peut être établi au profit d'une ou de plusieurs personnes, immédiatement ou à terme, conjointement ou successivement. 67055

L'**usufruit conjoint** est un usufruit détenu simultanément par plusieurs personnes sur un même bien. Si l'usufruit conjoint comporte une clause d'accroissement, au décès du premier usufruitier, le ou les autres usufruitiers se partagent l'accroissement.

L'usufruit est dit **successif** lorsque plusieurs personnes sont appelées à en jouir successivement : le titulaire de l'usufruit successif devient usufruitier à l'extinction de l'usufruit précédent. Sur le régime juridique et fiscal de l'usufruit successif, voir nos 67200 s.

Usufruit, droit indépendant de la nue-propriété L'usufruit fait partie du patrimoine de l'usufruitier : il peut être vendu ou donné, et ce, indépendamment de la nue-propriété (C. civ. art. 595). 67060

Cette indépendance a plusieurs conséquences :

– il n'y a pas d'**indivision** entre le nu-propriétaire et l'usufruitier. Ni l'usufruitier ni le nu-propriétaire ne peut donc exiger le partage du bien démembré. Il peut en revanche exister une indivision entre plusieurs usufruitiers ou entre plusieurs nus-propriétaires qui exercent des droits concurrents sur le(s) même(s) bien(s) : voir nos 70065 s. ;

– le juge ne peut, à la demande d'un nu-propriétaire, ordonner la **vente de la pleine propriété** d'un bien grevé d'usufruit contre la volonté de l'usufruitier (C. civ. art. 815-5, al. 2). Il en va ainsi même si l'usufruitier n'occupe pas le bien (Cass. 1e civ. 17-1-2006 n° 04-13.789 : Bull. civ. I n° 23) ;

– la **vente du bien** grevé d'usufruit **sans l'accord de l'usufruitier** ne modifie pas le droit de ce dernier, qui continue à jouir de son usufruit sur le bien s'il n'y a pas expressément renoncé (C. civ. art. 621, al. 2) ;

– en cas de **vente conjointe de l'usufruit et de la nue-propriété**, le prix est partagé entre l'usufruitier et le nu-propriétaire au prorata de la valeur de leurs droits respectifs, sauf accord des parties pour reporter l'usufruit sur le prix (C. civ. art. 621, al. 1).

NATURE ET ÉTENDUE DES DROITS DU NU-PROPRIÉTAIRE

67070 Le nu-propriétaire bénéficie d'un **droit réel** de propriété assorti de prérogatives réduites : celles dont l'usufruitier ne l'a pas privé. Il a droit aux produits de la chose et a vocation à recouvrer la totalité de ses prérogatives de propriétaire à l'extinction de l'usufruit ; il dispose en quelque sorte d'un **droit futur** à la pleine propriété.

> **Précisions** Jugé que, sauf stipulation expresse d'une réserve d'usufruit, la **promesse de vente de la nue-propriété** d'un bien grevé d'usufruit a nécessairement pour objet, en cas d'**extinction de l'usufruit avant la levée de l'option**, la pleine propriété de ce bien (Cass. 3e civ. 28-1-2009 no 08-12.649 : BPAT 2/09 inf. 63).

OBLIGATIONS RESPECTIVES DE L'USUFRUITIER ET DU NU-PROPRIÉTAIRE

67080 À la fin de l'usufruit, le bien devra être restitué à son propriétaire par l'**usufruitier**. Il en résulte pour ce dernier l'obligation de **conserver la substance du bien** dont il a l'usufruit (C. civ. art. 578).
Cela ne signifie pas qu'à la fin de l'usufruit, le bien doive être restitué au nu-propriétaire dans le même état qu'à l'origine, mais qu'il doit l'être dans l'état d'un bien normalement utilisé et entretenu. À défaut, le nu-propriétaire pourrait demander des dommages-intérêts, contraindre l'usufruitier à réparer le dommage causé au bien, voire demander la déchéance de l'usufruit.
Nous verrons plus loin que la portée de l'obligation de conserver le bien varie selon la nature des biens soumis à usufruit : immeuble, titres de sociétés, etc. Précisons que, si l'usufruit porte sur des biens qui s'abîment par l'usage (meubles meublants, par exemple), l'usufruitier doit seulement les rendre dans l'état où ils se trouvent à la fin de l'usufruit, aucune indemnisation n'étant due au nu-propriétaire pour leur usure normale (C. civ. art. 589).

67085 La loi impose à l'usufruitier de faire dresser au moment où s'ouvre l'usufruit, en présence du nu-propriétaire ou lui dûment appelé, un **inventaire des meubles** et un **état descriptif des immeubles** (C. civ. art. 600). Ces documents permettront au nu-propriétaire de vérifier à l'extinction de l'usufruit que les biens sont toujours là et que leur consistance n'a pas varié. Si ces documents n'ont pas été établis, le nu-propriétaire pourra prouver par tous moyens quelle était au départ la consistance des biens soumis à l'usufruit.
Précisons que la doctrine majoritaire admet que le disposant peut dispenser l'usufruitier d'établir l'inventaire des meubles et l'état des immeubles ; mais lorsque l'usufruit découle d'une libéralité entre époux, les enfants nus-propriétaires peuvent exiger qu'il soit dressé inventaire, nonobstant toute disposition contraire du titre constitutif de l'usufruit (C. civ. art. 1094-3 ; pour une application, voir Cass. 1e civ. 6-3-2019 no 18-11.640 F-PB : BPAT 3/19 inf. 103).

67090 Enfin, l'usufruitier doit en principe donner **caution** (ou une autre garantie telle qu'un gage, un nantissement ou même une hypothèque) d'utiliser les biens « raisonnablement » (C. civ. art. 601). Cette obligation de fournir caution supporte toutefois des exceptions : d'une part, elle ne s'impose pas à celui qui donne ou vend un bien avec réserve d'usufruit, d'autre part et surtout, le nu-propriétaire peut en dispenser l'usufruitier, ce qui est très fréquent lorsque l'usufruitier est le conjoint survivant.
À défaut de fournir caution (ou une garantie équivalente) lorsqu'il y est tenu, l'usufruitier peut se voir ordonner l'emploi des biens, notamment la mise en location des biens immobiliers et le placement des liquidités, afin de garantir au nu-propriétaire la restitution à laquelle il a droit à l'extinction de l'usufruit (C. civ. art. 602).

67095 À l'égard de l'usufruitier, le **nu-propriétaire** a pour seule obligation de lui permettre de jouir paisiblement du bien sur lequel porte l'usufruit.

ÉVALUATION DE L'USUFRUIT ET DE LA NUE-PROPRIÉTÉ

67100 Pour évaluer des droits démembrés, il existe deux méthodes : l'une fiscale, l'autre économique.

67105 **Évaluation fiscale** C'est la plus connue et la plus simple des méthodes d'évaluation. La valeur fiscale des droits démembrés est fixée par un barème dont l'application est obligatoire pour le calcul des **droits d'enregistrement** et de la taxe de publicité foncière (CGI art. 669 : voir no 64537). Le barème s'applique de la même façon pour le calcul des droits de mutation à titre gratuit (qu'il s'agisse d'une donation ou d'une succession) ou à titre onéreux (en cas de vente ou d'apport en société notamment).
Mais son utilisation ne s'impose pas dans les **relations entre les parties**. Par exemple, la veuve usufruitière et les enfants nus-propriétaires peuvent évaluer leurs droits respectifs sur l'héritage

de leur mari et père en fonction de la valeur économique de ces droits, plutôt que par référence au barème fiscal (ce dernier s'appliquant seulement pour le calcul des droits de succession).

Le barème de l'article 669 du CGI ne s'applique en principe pas non plus au calcul **des plus-values** : celles-ci sont normalement déterminées à partir du prix de cession convenu entre les parties. Cela dit, le barème est en de nombreuses hypothèses retenu pour la détermination du prix de revient du bien vendu, comme nous le verrons plus loin.

Évaluation économique Elle consiste à estimer l'usufruit à la valeur actualisée des flux de revenus qui seront perçus pendant sa durée. La valeur économique de l'usufruit est donc d'autant plus élevée que le rendement du bien est fort et que la durée de l'usufruit est longue. Cette valeur (US) peut ainsi être **déterminée à partir** des flux de revenus futurs (R), du taux de rendement du bien (i) et de la durée de l'usufruit (n) : 67110

$$US = R1/(1 + i) + R2/(1 + i)^{2} + ... + Rn/(1 + i)^{n}$$

Pour un usufruit viager, il convient de déterminer l'espérance de vie de l'usufruitier à partir de tables de mortalité (celles utilisées par les assureurs, par exemple), dont les données peuvent être corrigées pour tenir compte de l'état de santé réel de l'usufruitier.

Quant à la valeur de la nue-propriété (NP), elle correspond à la valeur actualisée de la pleine propriété future et peut ainsi être déterminée à partir de la valeur de la pleine propriété (PP), de la durée de l'usufruit (n) et du taux de rendement du bien (i) :

$$NP = PP/(1 + i)^{n}$$

L'évaluation économique des droits d'usufruit et de nue-propriété peut naturellement être en **écart avec le résultat obtenu par application du barème fiscal**, celui-ci se présentant par tranches de 10 ans et étant fondé sur les tables de mortalité de l'Insee 1996-1998 avec un taux d'actualisation de 3 %.

EXEMPLE

Si l'on raisonne sur l'hypothèse d'un bien ayant un rendement net de charges usufructuaires égal à 5 %, les valeurs fiscales et financières de l'usufruit pour un usufruitier âgé de 61 ans dont l'espérance de vie serait de 22,37 ans (Table de mortalité Insee 2020) seraient respectivement de :

– 40 % de la valeur du bien (valeur fiscale) ;

– 66,43 % de la valeur du bien (valeur économique).

L'écart serait encore plus fort pour une usufruitière, dont l'espérance de vie serait supérieure de 4,35 années. La valeur fiscale demeurerait inchangée tandis que la valeur financière atteindrait 72,85 %.

S'agissant des **flux de revenus futurs à retenir**, le Conseil d'État a eu l'occasion de juger, dans deux affaires où des usufruits à durée fixe de parts de deux SCI ayant pour activité la location d'immeubles d'exploitation avaient été cédés par des particuliers à deux sociétés soumises à l'impôt sur les sociétés, que l'évaluation de ces usufruits selon la méthode des flux de trésorerie actualisés doit se fonder, non pas sur les résultats imposables prévisionnels des sociétés concernées, mais sur leurs distributions prévisionnelles dont le montant peut être fonction, notamment, des annuités prévisionnelles de remboursement d'emprunts ou des éventuelles mises en réserves pour le financement d'investissements futurs (CE 30-9-2019 n°s 419855 et 419860 : BPAT 6/19 inf. 225). Lorsque, depuis la création de la société, la totalité des bénéfices distribuables a effectivement été appréhendée par les associés en numéraire ou par inscription en compte courant, l'évaluation de l'usufruit des titres peut prendre en compte l'intégralité des bénéfices distribuables non plafonnés à la trésorerie disponible, la politique de distribution passée de la société légitimant cette solution en l'absence de justification d'une modification de cette politique pour l'avenir (CE 20-5-2022 n° 449385 : BPAT 4/22 inf. 201). 67115

SECTION 2

DONATION DE DROITS DÉMEMBRÉS

STRATÉGIES FAMILIALES

67150 Les démembrements de propriété entre usufruitier et nu-propriétaire sont le plus souvent subis. Le décès d'un conjoint rend le veuf (ou la veuve) usufruitier de la succession, tandis que les enfants reçoivent la nue-propriété.

L'usufruit peut pourtant être volontairement créé dans un but d'organisation patrimoniale. L'exemple le plus connu est la **donation avec réserve d'usufruit**, qui permet à des parents d'organiser et d'anticiper la transmission de leur patrimoine à leurs enfants (ou petits-enfants) avec une fiscalité avantageuse. D'usage moins fréquent, la **donation d'usufruit temporaire** aux enfants présente également de sérieux atouts juridiques et fiscaux. Elle permet d'assurer des revenus au donataire de l'usufruit tout en limitant la charge fiscale familiale globale, tant en matière d'impôt sur le revenu lorsque la tranche marginale d'imposition du donataire est plus faible que celle du donateur, qu'en matière d'impôt sur la fortune immobilière (IFI) lorsque le bien dont l'usufruit est donné entre dans le champ d'application de cet impôt et que le donataire n'est pas imposé (ou relève d'une tranche d'imposition inférieure à celle du donateur).

La **double donation d'usufruit** à un donataire **et de nue-propriété** à un autre donataire se présente quant à elle comme une alternative intéressante aux libéralités graduelles et résiduelles.

A. Donation avec réserve d'usufruit

PRÉSENTATION DE LA TECHNIQUE

67155 Le donateur peut souhaiter se réserver l'usufruit de tout ou partie des biens donnés. Cette clause, dont le Code civil prévoit expressément la **validité** (C. civ. art. 949), est très fréquente dans les donations de parents à enfants.

Assortir une donation d'une réserve d'usufruit présente un **double intérêt** :

– d'une part, cela permet au donateur d'organiser de façon anticipée la **transmission** de son patrimoine **tout en conservant la jouissance** et les revenus du bien donné (soit pour une durée temporaire, soit le plus souvent sa vie durant). À cet égard, tous les **biens** meubles ou immeubles sont **susceptibles de faire l'objet d'une donation avec réserve d'usufruit** (immeuble, parts sociales, etc.). Une réserve d'usufruit peut même être prévue lors d'une donation de somme d'argent (quasi-usufruit), mais cette technique n'est pas sans inconvénients (voir ci-après n° 67157) ;

– d'autre part, comme nous allons le voir (n°s 67160 s.), la donation avec réserve d'usufruit bénéficie d'un **régime fiscal** très favorable.

Ajoutons que, lorsque le donateur est marié, la réserve d'usufruit s'accompagne très souvent d'une **clause de réversion** au profit du conjoint survivant. Cette stipulation constitue une donation entre époux sur le plan civil mais est traitée comme une transmission successorale sur le plan fiscal : voir n°s 67200 s.

> **Précisions** En cas de **donation-partage conjonctive** (donation-partage permettant aux époux donateurs d'opérer ensemble la donation-partage de leurs biens à leurs enfants, communs ou non) de parts sociales communes, avec **réserve d'usufruit mais sans clause de réversion**, le conjoint survivant jouit au décès du donateur prémourant d'un usufruit de moitié sur chacune des parts concernées (Cass. 1e civ. 11-5-2016 n° 14-28.321 FS-PB : BPAT 4/16 inf. 160). Pour justifier cette solution, les Hauts Magistrats relèvent que l'acte par lequel des époux distribuent et partagent leurs biens communs entre leurs héritiers présomptifs n'a pas pour effet, s'ils s'en réservent l'usufruit, de le diviser entre eux, cet usufruit leur demeurant commun.

67157 **Cas particulier : réserve d'usufruit lors de la donation d'une somme d'argent** Rien ne s'oppose, juridiquement, à ce que la donation d'une somme d'argent soit assortie d'une réserve d'usufruit. Dans cette hypothèse, l'usufruit se transforme en **quasi-usufruit** (voir n° 67035).

Cette opération n'est toutefois pas sans **inconvénients**.

Tout d'abord, mieux vaut l'éviter dans une **donation-partage** (voir n° 63758).

Par ailleurs, pour les successions ouvertes depuis le 29 décembre 2023, les dettes de restitution portant sur une somme d'argent dont le défunt s'était réservé l'usufruit ne sont plus déductibles de l'actif successoral (CGI art. 774 bis issu de loi 2023-1322 du 29-12-2023 art. 26). Ainsi, alors que sur le plan civil la dette de restitution est un passif de la succession du quasi-usufruitier, sur le plan fiscal, la **déduction de la dette de restitution du patrimoine successoral** n'est plus admise lorsqu'elle porte « sur une somme d'argent dont le défunt s'était réservé l'usufruit ». Dans cette hypothèse et par dérogation au principe énoncé à l'article 1133 du CGI (voir n° 67160), le nu-propriétaire, devenu plein propriétaire du fait du décès, est redevable des droits de succession sur la valeur de la dette de restitution non déductible calculés d'après le degré de parenté entre ce dernier et l'usufruitier, au moment de la succession ou de la constitution de l'usufruit, si les droits dus sont inférieurs (en d'autres termes, en cas d'évolution du lien de parenté entre la constitution d'usufruit et le décès, le lien retenu est le plus favorable fiscalement). Les droits acquittés lors de la constitution de l'usufruit sont imputables sur les droits de succession dus par le nu-propriétaire sans pouvoir donner lieu à restitution. Pour la liquidation de ces droits, il n'est pas fait application du rappel fiscal des donations antérieures (nos 64700 s.).

> **Précisions** L'article 774 bis du CGI précise que ne sont pas visées par la mesure les dettes de restitution résultant de l'**usufruit successoral du conjoint survivant** visé aux articles 757 (usufruit légal du conjoint survivant en présence d'enfants tous communs) ou 1094-1 du Code civil (quotité disponible spéciale entre époux en présence de descendants issus ou non du mariage). Ainsi, lorsque l'usufruitier a recueilli l'usufruit en vertu d'une disposition légale ou d'une disposition volontaire, la dette de restitution est déductible de son actif successoral alors même qu'il a retenu cette option en usufruit parmi d'autres options possibles.
> Le texte écarte également de son champ d'application les dettes de restitution contractées sur le **prix de cession d'un bien dont le défunt s'était réservé l'usufruit**, sous réserve qu'il soit justifié qu'elles ne l'ont pas été dans un objectif principalement fiscal. Cette hypothèse vise le cas où, postérieurement à la donation de la nue-propriété d'un bien, usufruitier et nu-propriétaire vendent le bien objet du démembrement à un tiers et conviennent de l'attribution du prix de cession du bien à l'usufruitier, aboutissant à la constitution d'un quasi-usufruit sur la somme d'argent issue de la vente ; dans cette hypothèse, et sous réserve qu'il soit justifié que l'opération n'a pas un objectif principalement fiscal, la dette de restitution du quasi-usufruitier reste déductible du passif successoral.

RÉGIME FISCAL DE LA DONATION AVEC RÉSERVE D'USUFRUIT D'UN BIEN

Dans la mesure où seule la nue-propriété du bien est transmise, les droits de donation ne sont calculés que sur la valeur de la nue-propriété (obligatoirement déterminée par application du barème fiscal de l'article 669 du CGI : voir n° 64537). Cette réduction de l'**assiette des droits de donation** permet de réaliser une économie de droits qui est définitive puisque la réunion de l'usufruit à la nue-propriété qui s'opère **au décès de l'usufruitier** s'effectue en principe en franchise d'impôt. À l'extinction de l'usufruit opérée par le décès du donateur, le nu-propriétaire récupère en effet la pleine propriété du bien sans subir de taxation supplémentaire (CGI art. 1133). Il n'en va autrement (outre l'hypothèse, visée ci-avant n° 67157, d'une donation avec réserve d'usufruit portant sur une somme d'argent) qu'en cas d'application de la présomption de propriété de l'article 751 du CGI (nos 64320 s.), c'est-à-dire en pratique lorsque le décès du donateur intervient dans les trois mois de la donation consentie à l'un de ses héritiers présomptifs. 67160

EXEMPLE

Le 1er janvier 2024, Mme L'âgée de 72 ans, consent à son fils Antoine une donation avec réserve d'usufruit portant sur des titres d'une société civile familiale d'une valeur de 260 000 € en pleine propriété. C'est la première donation que la mère fait à son fils.
Compte tenu de l'âge de Mme L, la nue-propriété donnée est évaluée fiscalement à 70 % de la valeur des titres, soit 182 000 €. Après abattement de 100 000 € applicable entre parents et enfants, les droits sont dus sur 82 000 €.
Droits dus : 14 594 €.
Au décès de Mme L, l'usufruit s'éteint et son fils Antoine récupère la pleine propriété des titres en franchise d'impôt.
Soit un taux global d'imposition limité à 5,6 % (alors qu'une donation en pleine propriété aurait rendu exigibles des droits de 30 194 €, soit un taux d'imposition de 11,6 %).
Ajoutons que la donatrice pouvant prendre à sa charge les droits de donation sans que cela soit considéré comme une donation complémentaire, l'économie de droits réalisée si elle choisit cette option est encore plus élevée : sur la base d'un taux marginal de droits de succession de 20 %, le coût réel de la transmission si l'on intègre cette économie est limité à 14 594 × (1 – 20 %) = 11 675 €, soit un taux global d'imposition de 4,49 %.

67170 Notons que, lorsque la transmission porte sur les parts d'une société qui réalise des bénéfices, la donation avec réserve d'usufruit peut avantageusement être combinée avec la **mise en réserve des bénéfices sociaux**.

Reprenons l'**exemple** ci-dessus en supposant que la société civile familiale réalise chaque année 10 000 € de bénéfices. Chaque année, Mme L, devenue usufruitière, vote l'affectation de ces bénéfices en réserves. Au décès de Mme L, son fils Antoine récupérera en franchise d'impôt la pleine propriété de titres dont la valeur se sera accrue du montant des réserves. Ainsi, si le décès de Mme L intervient début 2029, la valeur des titres aura augmenté de 5 années × 10 000 € = 50 000 € et le taux global d'imposition de la transmission se trouvera réduit à 4,7 % (14 594 €/310 000 € = 4,7 %), voire 3,77 % en cas de prise en charge des droits de donation par la donatrice.

Précisons que si l'administration fiscale tente parfois de requalifier en **donation indirecte** – taxable aux droits de donation – la mise en réserve des bénéfices, cette position est clairement condamnée par la Cour de cassation. Jugé que les bénéfices réalisés par la société ne participant de la nature de fruits que lors de leur attribution sous forme de dividendes, lesquels n'ont pas d'existence juridique avant l'approbation des comptes de l'exercice par l'assemblée générale, la constatation par celle-ci de l'existence de sommes distribuables et la détermination de la part qui est attribuée à chaque associé, il s'ensuit qu'avant cette attribution l'usufruitier des parts sociales n'a pas de droit sur les bénéfices et qu'en participant à l'assemblée générale qui décide de les affecter à un compte de réserve il ne consent aucune donation au nu-propriétaire (Cass. com. 10-2-2009 n° 07-21.806 : RJF 5/09 n° 514 ; Cass. com. 31-3-2009 n° 08-14.053 : RJF 7/09 n° 698). L'absence de besoins financiers de l'usufruitier peut ainsi le conduire à ne pas distribuer le résultat annuel, et donc à enrichir le nu-propriétaire, sans fiscalité additionnelle en matière de droits de mutation à titre gratuit.

67180 **Comparaison du coût fiscal des donations avec ou sans réserve d'usufruit** Le choix de donner un bien en pleine propriété ou en nue-propriété dépend de considérations juridiques et fiscales. Sur le plan civil, la donation de la nue-propriété permet au donateur de conserver sur le bien transmis les pouvoirs et le droit aux revenus attachés à l'usufruit. Sur le plan fiscal, la donation de la nue-propriété d'un bien permet de bénéficier d'une base imposable aux droits de donation plus faible.

Comme le montre le tableau ci-après qui compare le coût de la donation en nue-propriété d'une part et en pleine propriété d'autre part, en fonction de l'âge du donateur et de l'importance de la donation, l'écart est d'autant plus important que le donateur est jeune. L'intérêt de l'anticipation de la donation est amplifié par le fait que les abattements fiscaux se renouvellent tous les quinze ans et que les frais et droits de donation peuvent être pris en charge par le donateur sans être considérés comme une donation sous l'angle fiscal.

Âge du donateur	Valeur fiscale de la nue-propriété	Valeur en propriété de l'actif donné					
		250 000 €		500 000 €		1 000 000 €	
		Don en nue-propriété	Don en toute propriété	Don en nue-propriété	Don en toute propriété	Don en nue-propriété	Don en toute propriété
Entre 61 et 70 ans	60 %	8 195	28 195	38 195	78 195	98 195	212 962
Entre 71 et 80 ans	70 %	13 195	28 195	48 195	78 195	122 962	212 962
Entre 81 et 90 ans	80 %	18 195	28 195	58 195	78 195	152 962	212 962
91 ans et plus	90 %	23 195	28 195	68 195	78 195	182 962	212 962

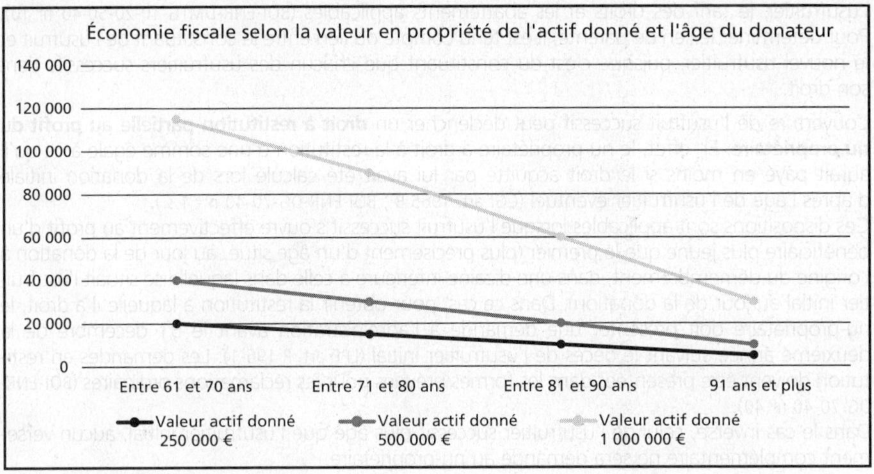

RÉVERSION D'USUFRUIT

Un usufruit peut, par convention, être établi successivement au profit de deux personnes différentes. La constitution d'un usufruit successif est très fréquente dans les donations en nue-propriété : celui qui donne un bien s'en réserve l'usufruit et, à son décès, cet usufruit bénéficiera à une autre personne (son conjoint le plus souvent, ou l'enfant en cas de donation de la nue-propriété à un petit-enfant). Ce n'est qu'à l'expiration de ces usufruits successifs que le nu-propriétaire deviendra plein propriétaire. 67200

Régime juridique Sur le plan juridique, la clause de réversibilité de l'usufruit insérée dans un acte de donation constitue une **donation à terme de biens présents** (et non une donation conditionnelle de biens à venir) : le droit d'usufruit du bénéficiaire lui est définitivement acquis dès le jour de l'acte, seul l'exercice de ce droit se trouvant différé au décès du donateur (Cass. ch. mixte 8-6-2007 n° 05-10.727 : RJF 10/07 n° 1172). De cette qualification de donation à terme de biens présents découlent plusieurs conséquences : 67205

– c'est au jour de la donation que doivent être réunies les **conditions de formation et de validité de la donation** posées par l'article 894 du Code civil, notamment la désignation et l'acceptation du (ou des) bénéficiaire(s) ;

– il est possible de prévoir une réversion d'usufruit au profit d'un **bénéficiaire autre que le conjoint** (le concubin, par exemple), sans encourir la nullité des pactes sur succession future (en ce sens, par exemple, Cass. 1e civ. 3-10-2000 n° 98-21.969 : JurisData 006130) ;

– lorsque la donation porte sur un **immeuble**, il n'y a pas à publier d'attestation notariée au moment où la réversion d'usufruit s'opère si l'identité de l'usufruitier en second a bien été annotée au fichier immobilier dès la publication de la donation (Cass. 3e civ. 6-11-2002 n° 01-00.681 FS-PB : Bull. civ. III n° 220, RJDA 10/03 n° 1028).

S'agissant d'une donation à terme qui ne prend effet qu'au décès du donateur (usufruitier en premier), la réversion d'usufruit est librement révocable dans le cas le plus fréquent où elle est consentie au profit du **conjoint**.

Régime fiscal Pour la détermination des **droits afférents à la transmission de la nue-propriété**, il n'est tenu compte que des usufruits qui sont ouverts au jour de cette transmission (CGI art. 669, 1-al. 2). Il en résulte qu'en cas de donation de nue-propriété avec réserve d'usufruit par le donateur à son profit et réversibilité au profit du conjoint, la nue-propriété donnée est évaluée en fonction de l'âge du donateur, sans tenir compte de l'âge de son conjoint. 67210

On a vu n° 67205 que l'acte constitutif d'usufruit(s) successif(s) s'analyse juridiquement comme une donation à terme de biens présents, et non comme une donation sous condition de biens à venir. Néanmoins, la réversion d'usufruit relève des **droits de succession** et non des droits de donation (CGI art. 796-0 quater), ce qui reporte la taxation à l'ouverture du second usufruit et permet l'exonération du bénéficiaire de la réversion dans le cas, de loin le plus courant, où il s'agit du conjoint survivant ou du partenaire lié par un Pacs (BOI-ENR-DMTG-10-20-50-40 n° 1). 67215

Lorsque le bénéficiaire n'est pas exonéré (concubin non lié au défunt par un Pacs, par exemple), les droits de succession qu'il doit sont calculés en se plaçant à la date du décès de l'usufruitier précédent, tant en ce qui concerne la valeur des biens que pour la détermination de l'âge de l'usufruitier, le tarif des droits et les abattements applicables (BOI-ENR-DMTG-10-20-50-40 n° 10). Pour déterminer le lien de parenté, il est tenu compte du lien entre le constituant de l'usufruit et le nouvel usufruitier, puisque c'est du constituant que chacun des usufruitiers successifs tient son droit.

67220 L'ouverture de l'usufruit successif peut déclencher un **droit à restitution partielle au profit du nu-propriétaire**. En effet, le nu-propriétaire a droit à la restitution d'une somme égale à ce qu'il aurait payé en moins si le droit acquitté par lui avait été calculé lors de la donation initiale d'après l'âge de l'usufruitier éventuel (CGI art. 1965 B ; BOI-ENR-DG-70-40 n°s 1 s.).
Ces dispositions sont applicables lorsque l'usufruit successif s'ouvre effectivement au profit d'un bénéficiaire plus jeune que le premier (plus précisément d'un âge situé, au jour de la donation à l'origine du démembrement, dans une dizaine inférieure à celle dans laquelle se situait l'usufruitier initial au jour de la donation). Dans ce cas, pour obtenir la restitution à laquelle il a droit, le nu-propriétaire doit présenter une demande à l'administration avant le 31 décembre de la deuxième année suivant le décès de l'usufruitier initial (LPF art. R 196-1). Les demandes en restitution doivent être présentées dans les formes prévues pour les réclamations ordinaires (BOI-ENR-DG-70-40 n° 40).
Dans le cas inverse, celui de l'usufruitier successif plus âgé que l'usufruitier initial, aucun versement complémentaire ne sera demandé au nu-propriétaire.

> **Précisions** Retenant une interprétation stricte de l'article 1965 B du CGI, une réponse ministérielle limite le droit à restitution de l'impôt versé lors d'une donation en nue-propriété avec constitution d'un usufruit successif au seul cas où l'impôt a été pris en charge par le nu-propriétaire, refusant d'étendre cette possibilité au cas où les **droits de donation** ont été **pris en charge par le donateur** (Rép. Duby-Muller : AN 2-6-2020 n° 26892 : BPAT 4/20 inf. 130).

EXEMPLE

M. L, âgé de 72 ans, et son épouse, Mme O, âgée de 68 ans, font donation à leur fils de la nue-propriété d'un bien dépendant de la communauté de biens existant entre eux, d'une valeur en pleine propriété de 600 000 €. Les parents se réservent, dans l'acte de donation, à leur profit et au profit du survivant d'eux, sans diminution au décès du prémourant, l'usufruit viager du bien donné.
La pleine propriété est fractionnée fictivement en deux parts (M. L et Mme O), puis la valeur en nue-propriété et en usufruit de chacune des deux fractions est fixée comme s'il s'agissait de deux usufruits divis. Le calcul est le suivant compte tenu de l'âge des usufruitiers :
– pour M. L : valorisation fiscale de la moitié de la pleine propriété : 300 000 €, soit 210 000 € pour la nue-propriété et 90 000 € pour l'usufruit ;
– pour Mme O : valorisation fiscale de la moitié de la pleine propriété : 300 000 €, soit 180 000 € pour la nue-propriété et 120 000 € pour l'usufruit.
Base de l'assiette de l'impôt de mutation dû : 210 000 + 180 000 = 390 000 €.
Si Mme O survit à son mari et si, de ce fait, la réversion s'opère à son profit, son fils, s'il a supporté effectivement les droits de donation, aura droit à la restitution d'une somme égale à ce qu'il aurait payé en moins si les droits avaient été calculés lors de la donation initiale d'après l'âge de sa mère au jour de cette donation. Le montant de la restitution au profit du fils sera donc égal à la différence entre le montant des droits de donation calculés initialement et le montant des droits qui auraient été dus en cas de transmission de la nue-propriété valorisée en fonction d'un usufruit sur la tête de sa mère uniquement, soit une valeur de 180 000 € + 180 000 € = 360 000 €.
Parallèlement, la réversion au profit de Mme O ne donnera lieu à aucune fiscalité car la réversion d'usufruit relève des droits de succession, et non des droits de donation, et qu'il n'y a pas de droits de succession entre conjoints.

B. Donation d'usufruit temporaire

PRÉSENTATION DE LA TECHNIQUE

67250 L'allongement de la durée des études et l'arrivée de plus en plus tardive des étudiants sur le marché du travail conduisent fréquemment les parents à apporter une aide financière à leurs **enfants majeurs**.
Le plus souvent, cette aide revêt la forme d'une **pension alimentaire**. Selon les cas, les parents auront intérêt à rattacher l'enfant à leur foyer fiscal (s'il est rattachable, par exemple parce qu'il poursuit des études et a moins de 25 ans), ou au contraire à le détacher et à déduire la pension de leurs revenus imposables en contrepartie de la perte de la majoration du quotient familial,

étant précisé que tant l'avantage fiscal lié à l'application du quotient familial que le montant déductible des pensions versées à un enfant majeur font l'objet de mesures de plafonnement.
Une technique plus sophistiquée, plus lourde aussi de conséquences, mais nettement plus avantageuse au plan fiscal, a été imaginée par la pratique : la **donation d'usufruit temporaire d'un bien de rapport**. Plutôt que de verser une pension, les parents transfèrent à leurs enfants le droit aux revenus produits par le bien le temps qu'ils terminent leurs études et s'installent dans la vie professionnelle.

AVANTAGES DE LA DONATION D'USUFRUIT TEMPORAIRE

Sur un **plan patrimonial**, la donation d'usufruit temporaire permet une plus grande autonomie financière et une responsabilisation des enfants bénéficiaires de la donation : elle leur assure une source autonome de revenus pendant une période donnée. 67255
Cette technique permet aussi aux parents de réaliser de substantielles **économies d'impôt**.

Nous verrons qu'en matière d'**IFI**, c'est en principe l'usufruitier qui est imposable sur la valeur du bien en toute propriété (nos 68500 s.). Dès lors, la donation de l'usufruit d'un bien immobilier (ou de parts de sociétés détenant de l'immobilier non exonéré) à des enfants majeurs a pour effet de diminuer la valeur taxable du patrimoine des parents, et donc l'impôt dû par eux. Par **exemple**, pour un redevable dont la valeur nette du patrimoine imposable à l'IFI au 1er janvier 2024 est égale à 3 000 000 €, la donation pour cinq ans de l'usufruit d'un appartement d'une valeur en pleine propriété de 300 000 € permet une économie d'IFI de 15 000 € (3 000 € par an pendant cinq ans). 67260
Quant aux enfants donataires, ils ne seront pas soumis à l'IFI si la valeur des biens imposables dont l'usufruit leur est transmis, ajoutée à celle des biens imposables déjà possédés par eux en usufruit ou en pleine propriété, est inférieure au seuil d'imposition (1 300 000 € au 1er janvier 2024). Si la donation fait passer le donataire au-dessus du seuil d'imposition, c'est tout le patrimoine imposable excédant 800 000 € qui est alors taxable selon le barème progressif par tranches de l'IFI. **En pratique**, une donation d'usufruit temporaire qui conduirait le donataire à devenir imposable à l'IFI alors qu'il ne l'était pas pourra dans certains cas être globalement défavorable d'un point de vue familial au regard de cet impôt.

S'agissant de l'**impôt sur le revenu** et des prélèvements sociaux, les enfants deviennent personnellement imposables à raison des revenus du bien transmis en usufruit, à condition qu'ils aient été préalablement détachés du foyer fiscal de leurs parents. Les parents perdent évidemment la majoration du quotient familial, mais voient en contrepartie leurs revenus imposables diminuer. Or, en raison d'une part du plafonnement des effets du quotient familial et d'autre part du fait que les donataires sont, par hypothèse, imposés dans une tranche d'imposition à l'impôt sur le revenu plus faible que leurs parents, la charge fiscale globale du groupe familial s'en trouvera allégée. Il y aura également économie fiscale lorsque la donation d'usufruit temporaire viendra prendre le relais du versement à un enfant majeur d'une pension alimentaire excédant le plafond de déduction fiscale, si les revenus du bien dont l'usufruit est donné excèdent ce plafond. 67265

EXEMPLE

Un bien immobilier d'une valeur de 300 000 € rapporte à son propriétaire 15 000 € de revenus bruts fonciers par an. On suppose que le contribuable propriétaire est imposable au taux marginal de 41 % et que les revenus fonciers qu'il tire de l'immeuble sont soumis au régime du micro-foncier. Il est fait abstraction dans l'exemple des prélèvements sociaux.
Si ce contribuable affecte ces 15 000 € de revenus bruts fonciers au versement d'une pension alimentaire à son enfant majeur, il sera imposé dans la catégorie des revenus fonciers sur 10 500 € (après l'abattement forfaitaire de 30 %) et pourra déduire de sa base imposable à l'impôt sur le revenu au titre de la pension alimentaire une somme plafonnée à 6 674 €. Coût fiscal : 41 % × (10 500 € – 6 674 €) = 1 568 €.
La donation de l'usufruit temporaire de l'immeuble permettra au contribuable de n'acquitter, pendant la durée de l'usufruit, aucun impôt sur les revenus fonciers procurés par le bien (parallèlement, il ne pourra plus déduire de pension alimentaire, puisqu'il ne la versera plus).
Quant à l'enfant bénéficiaire de la donation d'usufruit, il sera imposable sur 10 500 € (montant des revenus fonciers après l'abattement de 30 %), au lieu de 6 006 € (montant déductible de la pension, diminué de la déduction de 10 %). Mais s'il n'a pas d'autres revenus, son impôt sera nul.

La donation d'usufruit temporaire est peu coûteuse en termes de **droits de donation**. Lorsque le démembrement est organisé pour dix ans ou moins, la donation faite par chaque parent à chaque enfant peut être réalisée sans droits si elle porte sur des biens d'une valeur en pleine propriété allant jusqu'à 434 782 €, compte tenu du barème de l'usufruit à durée fixe (23 % de la pleine propriété pour chaque période de dix ans : voir n° 64539) et de l'abattement de 67267

100 000 € en ligne directe (car 434 782 € × 23 % = 99 999,86 €), pour autant bien sûr que cet abattement n'ait pas déjà été utilisé au cours des quinze dernières années.
Ajoutons cependant que, lorsque l'usufruit porte sur un immeuble, la **taxe de publicité foncière** sera due sur la valeur de l'usufruit transféré, ainsi que la contribution de sécurité immobilière et les frais de notaire.

RISQUES ET PRÉCAUTIONS À PRENDRE

67270 Compte tenu de leur intérêt fiscal, l'administration peut être tentée de remettre en cause certaines opérations fondées sur la transmission d'usufruit temporaire. Dans le viseur de l'administration se trouvent plus particulièrement les transmissions d'usufruit temporaire d'actifs imposables à l'IFI à des personnes morales, pour lesquelles elle se réserve expressément le droit de rechercher le **caractère abusif de l'opération** selon les modalités prévues à l'article L 64 du LPF (BOI-PAT-IFI-20-20-30-10 n° 280). Mais des opérations réalisées entre personnes physiques dans un contexte familial peuvent également être exposées à un risque fiscal.
Précisons que si, dans ses commentaires relatifs à l'IFI (parus en juin 2018), l'administration ne prévoit de remise en cause de ces opérations que sur le **fondement** de l'article L 64 du LPF (abus de droit pour fictivité ou but exclusivement fiscal), c'est parce que l'article L 64 A du même Livre (abus de droit pour but principalement fiscal) n'a été adopté par le législateur qu'ultérieurement. Ses commentaires sur ce dernier dispositif sont toutefois plutôt rassurants quant à ses intentions d'utilisation dans les schémas de transmission qui nous occupent (voir n° 67274).
Soulignons par ailleurs que l'IFI étant un impôt relativement récent et que les contrôles étant encore peu fréquents, la jurisprudence en la matière est encore limitée. L'analyse de certaines affaires concernant l'ancien ISF, auquel l'IFI a succédé, donne un éclairage utile sur les situations pouvant être exposées fiscalement.

67272 Le Comité de l'abus de droit fiscal a été amené à conclure à l'existence d'un abus de droit (au sens de l'article L 64 du LPF) dans deux affaires réalisées dans un contexte familial qui lui ont été soumises.
La première espèce était très particulière, puisque c'était l'enfant qui avait consenti la donation d'usufruit temporaire à ses parents (aff. 2004-42). La donation portait sur l'usufruit de parts d'une société civile de portefeuille pour une durée de dix ans. Le Comité a conclu à l'abus de droit en se fondant d'une part sur la concomitance des opérations (la donation ayant eu lieu quatre jours après la constitution de la société), d'autre part sur l'**absence d'intention libérale**. Le défaut d'intention libérale paraît ici décisif : l'avis précise en effet qu'au titre de ses quatre premières années d'existence, la société de portefeuille avait généré 668 456 € de **plus-values, intégralement attribuées au nu-propriétaire** (probablement en vertu d'une clause statutaire particulièrement favorable à celui-ci), tandis que les parents ne recevaient que 20 890 € de dividendes. Par ailleurs, sur la même période, l'opération avait entraîné pour les parents une surcharge fiscale de 32 915 € (IR + ISF), supérieure aux dividendes perçus, obligeant la société à effectuer des versements compensatoires.
Plus récemment, dans une espèce où des parents avaient donné à leurs cinq enfants l'usufruit temporaire pour cinq ans de parts d'une SARL leur appartenant, le Comité a conclu à l'abus de droit en relevant (aff. 2012-27) :
– que la **société** avait été **constamment déficitaire** avant la donation, les acquisitions immobilières réalisées immédiatement après la donation ayant aggravé cette situation ;
– que l'**absence de toute perspective de bénéfices** de la société sur la période d'exercice de l'usufruit temporaire était connue des nus-propriétaires, qui n'avaient par ailleurs procédé à aucune restructuration du capital par absorption du report à nouveau afin de permettre la distribution de dividendes ;
– que les donataires avaient peu ou pas participé à la vie de la société dont la gestion et la conduite de la politique d'investissement demeuraient entre les mains du gérant, par ailleurs donateur des titres.
Le Comité a estimé au vu de ces circonstances que la donation de l'usufruit temporaire n'avait pu être inspirée par **aucun autre motif que celui d'atténuer l'imposition** au titre de l'ISF que les parents, si cet acte n'avait pas été passé, auraient normalement dû supporter eu égard à leur situation réelle. Les juges du fond ont, sur cette dernière affaire, également conclu à l'abus de droit, retenant qu'au moment où la donation avait été effectuée, toute distribution de dividendes était inenvisageable, empêchant les donataires de prétendre à toute gratification de sorte que la donation était dépourvue d'intention libérale (CA Reims 4-10-2016 n° 15/01792).
On peut raisonnablement penser que le Comité de l'abus de droit fiscal et les juges retiendraient une solution similaire, au regard de l'IFI, en cas de donation de l'usufruit temporaire de **biens** qui ne seraient **pas susceptibles de procurer des revenus aux donataires**.

Il nous semble en revanche que dès lors qu'il y a réellement donation (intention libérale résultant de la **transmission d'un bien productif de fruits et dessaisissement irrévocable du donateur** qui ne doit en aucune façon se réapproprier ces fruits), l'opération ne peut être considérée ni fictive, ni exclusivement motivée par le souci d'éluder l'impôt au sens de l'article L 64 du LPF. 67274
Elle ne devrait pas plus pouvoir être remise en cause sur le terrain du nouvel article L 64 A du LPF qui permet à l'administration d'écarter les actes passés par un contribuable lorsque, recherchant le bénéfice d'une application littérale des textes ou de décisions à l'encontre des objectifs poursuivis par leurs auteurs, ils ont pour **motif principal** d'éluder ou d'atténuer les charges fiscales de l'intéressé. En effet, la volonté des parents donateurs d'assurer à leurs enfants donataires une source autonome de revenus susceptible d'assurer leur logement et/ou leur entretien courant pendant une période donnée restera la motivation essentielle de l'opération. Cette approche est d'ailleurs confirmée par la doctrine de l'administration fiscale, qui précise dans ses commentaires consacrés au dispositif de l'article L 64 A du LPF (BOI-CF-IOR-30-20 n° 120) que : « la donation d'usufruit temporaire au profit d'un enfant majeur qui ne fait pas partie du foyer fiscal du donateur procure certes une économie d'impôt sur la fortune immobilière, qui peut être substantielle, mais qui n'est pas abusive si elle est justifiée par la **volonté d'aider l'enfant** majeur à financer ses études en lui permettant d'occuper le logement ou de percevoir les revenus locatifs du bien transmis. Le caractère temporaire d'une transmission de l'usufruit n'est pas en soi abusif dès lors qu'il est doté d'une **substance patrimoniale effective** et ne prévoit **pas de clauses manifestement abusives** (telle qu'une donation librement révocable par le donateur) ».

Dans ses commentaires relatifs à l'IFI, l'administration a précisé qu'une opération de transmission temporaire d'usufruit n'est, en tout état de cause, pas susceptible de donner lieu à la mise en œuvre de la procédure de l'abus de droit sur le fondement de l'article L 64 du LPF lorsqu'elle est opérée au profit d'un organisme d'intérêt général (associations reconnues d'utilité publique, notamment) et satisfait à certaines conditions cumulatives (BOI-PAT-IFI-20-20-30-10 n° 280). Par précaution, il peut être utile de suivre les « **recommandations** » exprimées par cette doctrine (ne sont retenues ici que celles qui sont transposables aux donations d'usufruit temporaire de parents à enfants) : 67275
– la donation doit être réalisée par **acte notarié** (forme qui s'impose en tout état de cause si la donation porte sur l'usufruit d'un immeuble, et qui est fortement recommandée dans tous les cas) ;
– la transmission doit être effectuée pour une **durée** d'au moins trois ans et **porter sur un bien productif de revenus** (en espèces ou en nature, usufruit sur un appartement par exemple) ;
– la transmission doit préserver les **droits de l'usufruitier**. En particulier, tous les revenus du bien doivent lui être attribués. Pour ce qui est de ses **pouvoirs** sur le bien, l'administration admet qu'il ne les exerce pas tous (gestion d'un portefeuille de valeurs mobilières, signature des baux, etc.). Il doit alors donner pouvoir spécial à un mandataire (qui peut être le donateur nu-propriétaire) pour les exercer en son nom. Ce mandataire doit lui rendre compte chaque année (nature et justification des arbitrages auxquels a donné lieu le portefeuille de valeurs mobilières, évolution des loyers, etc.).
Même si ces recommandations n'ont pas été reprises par l'administration dans ses commentaires de la nouvelle procédure d'abus de droit pour but principalement fiscal instituée à l'article L 64 A du LPF, l'administration y énonçant que « la donation d'usufruit temporaire à un organisme sans but lucratif, même si elle permet de réaliser une économie d'impôt très importante, n'est pas susceptible d'être écartée sur le fondement de l'article L 64 A du LPF lorsque le donateur se dépouille irrévocablement des fruits attachés à l'actif donné, sur la durée de l'usufruit temporaire ; le donateur poursuit un objectif charitable valable et non négligeable en permettant à l'organisme de bénéficier d'un rendement financier régulier sur la période de l'usufruit (loyers, dividendes) » (BOI-CF-IOR-30-20 n° 120), il peut être prudent de les respecter pour éviter tout risque de contestation.

C. Double donation d'usufruit et de nue-propriété

La double donation d'usufruit et de nue-propriété est l'opération par laquelle le donateur donne l'usufruit d'un ou plusieurs biens à une personne et la nue-propriété de ces mêmes biens à une autre. Il ne s'agit ni d'une libéralité graduelle (n°s 63240 s.) ni d'une libéralité résiduelle (n°s 63320 s.), puisque l'opération emporte **deux libéralités immédiates portant sur des droits distincts**, et non deux libéralités successives ayant le même objet. 67300

La validité de cette technique est expressément reconnue (C. civ. art. 899) et la pratique notariale y a largement recours, plutôt qu'à une libéralité avec charge. Pour un résultat très proche, la double libéralité d'usufruit et de nue-propriété présente un double **intérêt** : elle est plus simple à mettre en œuvre qu'une libéralité graduelle ou résiduelle et bénéficie des avantages fiscaux liés au démembrement de propriété. L'usufruitier et le nu-propriétaire donataires paient immédiatement les droits de donation (calculés en fonction du barème de l'article 669 du CGI), mais au décès de l'usufruitier, aucun droit ne sera dû (CGI art. 1133). L'opération est plus économique qu'une libéralité graduelle ou résiduelle, car si le mécanisme d'imputation des droits spécifique à ces libéralités évite la double imposition, il n'empêche pas la taxation du second bénéficiaire sur la plus-value prise par le bien au décès du premier.

En outre, alors que la transmission simultanée de l'usufruit et de la nue-propriété à deux bénéficiaires distincts permet de bénéficier du régime d'exonération partielle de l'article 787 B du CGI (dit « Dutreil ») sans difficulté, la possibilité d'appliquer ce dispositif dans le cadre de la transmission graduelle au décès du bénéficiaire en premier soulève des difficultés d'une extrême complexité et de grandes incertitudes sur sa faisabilité.

De plus, la répartition de la valeur totale du bien donné en deux fractions (l'usufruit et la nue-propriété) attribuées à deux donataires distincts permet, le cas échéant, de bénéficier de deux abattements et d'une progressivité plus faible des tranches.

Enfin, il faut observer qu'au décès de l'usufruitier la présomption de propriété posée par l'article 751 du CGI (n°s 64320 s.) ne sera pas applicable.

Seule **limite** à la technique : à la différence des libéralités graduelles et résiduelles, la double libéralité d'usufruit et de nue-propriété ne peut pas être faite à une personne non encore conçue.

> **Précisions** La double libéralité d'usufruit et de nue-propriété peut aussi prendre la forme d'un double legs (**libéralité consentie par testament**, dans la limite de la quotité disponible). Par exemple, un veuf sans enfant peut consentir un legs en usufruit à sa sœur et un legs de la nue-propriété à ses neveux : « Je lègue l'usufruit de l'intégralité de mes biens meubles et immeubles à ma sœur Mme M., la nue-propriété des mêmes biens étant léguée conjointement à mes trois neveux, vivants ou représentés, par parts égales entre eux. » Les droits de succession dus par les nus-propriétaires, calculés en fonction du barème de l'article 669 du CGI, pourront faire l'objet d'un paiement différé (n°s 64804 s.).

SECTION 3

DÉMEMBREMENT PORTANT SUR DES BIENS IMMOBILIERS

A. Régime juridique du démembrement immobilier

1. POUVOIRS D'ADMINISTRATION ET DE GESTION DES BIENS IMMOBILIERS DÉMEMBRÉS

PRINCIPES DE RÉPARTITION DES POUVOIRS ENTRE TITULAIRES DE DROITS DÉMEMBRÉS

67400 D'une manière générale, c'est l'**usufruitier** qui est principalement concerné par la gestion et l'administration du bien démembré : il profite du bien directement s'il en use, indirectement s'il en retire des revenus. De plus, l'article 578 du Code civil lui impose d'en conserver la substance et donc de l'entretenir en conséquence.

Pour les actes particulièrement importants, le **nu-propriétaire** peut être amené à intervenir conjointement avec l'usufruitier. Il s'agit principalement des cas où les décisions prises pourraient avoir des conséquences graves sur la substance du bien.

Lorsqu'il s'agit de la gestion et de l'administration d'un patrimoine immobilier, la **question de la répartition des pouvoirs** entre nu-propriétaire et usufruitier se pose essentiellement lors de la conclusion des baux et lors des assemblées de copropriétaires.

a. Conclusion et renouvellement des baux d'immeubles démembrés

RÈGLES LÉGALES

L'article 595 du Code civil définit les pouvoirs de l'usufruitier pour la conclusion ou le renouvellement des baux en effectuant une distinction selon leur nature. 67410

Baux d'habitation ou à usage professionnel L'usufruitier peut passer seul les baux d'habitation ou à usage professionnel. Cependant, si le bail est consenti pour une **durée** supérieure à neuf ans, le preneur a tout intérêt à ce que le nu-propriétaire intervienne au contrat. À défaut, en cas de cessation de l'usufruit, le bail ne serait opposable au nu-propriétaire (devenu alors plein propriétaire) que pour le temps restant à courir, soit de la première période de neuf ans si les parties s'y trouvent encore, soit de la seconde, et ainsi de suite de sorte que le preneur n'ait que le droit d'achever la jouissance de la période de neuf ans où il se trouve (C. civ. art. 595, al. 2). 67412

D'autre part, pour le cas où le bail serait conclu en fraude de ses droits, le nu-propriétaire pourrait intenter une action pour obtenir la nullité du bail. Le caractère frauduleux du bail est laissé à la libre appréciation des tribunaux. En pratique, l'usufruitier doit veiller à ne pas consentir un bail pour un **loyer** inférieur à ceux pratiqués habituellement, ni consentir des avantages démesurés au locataire.

> **Précisions** L'usufruitier a seul **qualité pour délivrer un congé** et agir en justice en vue de le faire valider ; le nu-propriétaire ne dispose pas de ce droit. Par ailleurs, en cas de congé pour reprise en vue de l'occupation du bien, c'est à l'égard de l'usufruitier que s'apprécie le lien familial du bénéficiaire de la reprise (Cass. 3e civ. 26-1-2022 n° 20-20.223 FS-B : BPAT 2/22 inf. 76).

Baux commerciaux et ruraux L'usufruitier doit recueillir l'accord du nu-propriétaire pour la **conclusion** des baux portant sur des biens ruraux ou sur des immeubles à usage commercial, industriel ou artisanal (C. civ. art. 595, al. 4). 67414

Si l'usufruitier passe seul l'acte, le contrat de bail est nul. Il s'agit d'une nullité relative qui ne peut être invoquée que par le nu-propriétaire (en ce sens, notamment, Cass. 3e civ. 14-11-2007 n° 06-17.412 : RJDA 4/08 n° 384). Le droit d'invoquer la nullité du bail persiste au profit du nu-propriétaire même après reconstitution de la pleine propriété. La Cour de cassation a ainsi jugé que le nu-propriétaire, après la reconstitution de la pleine propriété entre ses mains à la suite du décès de l'usufruitier, n'est pas pour autant privé de la possibilité d'invoquer la nullité du bail rural ou commercial que l'usufruitier avait consenti sans avoir requis son autorisation (Cass. 3e civ. 9-12-2009 n° 08-20.133 : Bull. civ. III n° 271).

Cependant, si le nu-propriétaire ne veut pas donner son accord sans que cela soit justifié, l'usufruitier a la possibilité de demander au tribunal de l'autoriser à passer l'acte en dépit du refus du nu-propriétaire.

Les mêmes règles sont applicables pour le **renouvellement** du bail. L'usufruitier ne peut pas **accepter** le renouvellement d'un bail commercial sans le concours du nu-propriétaire (Cass. 3e civ. 24-3-1999 n° 97-16.856 PB : RJDA 5/99 n° 525). En revanche, l'usufruitier est qualifié pour **refuser** seul le renouvellement du bail, en offrant le paiement d'une indemnité d'éviction au preneur (Cass. 3e civ. 9-12-2009 n° 08-20.512 : BPAT 1/10 inf. 39). Dans ce dernier arrêt, la Cour de cassation adopte la solution qu'elle retient depuis longtemps en matière de bail rural. L'indemnité étant due par le bailleur qui a délivré congé (Cass. 3e civ. 30-5-2001 n° 00-10.111 : Bull. civ. III n° 69), elle est à la charge de l'usufruitier.

> **Précisions** **a.** La **demande de renouvellement d'un bail commercial** adressée uniquement à l'usufruitier est nulle, le locataire de locaux commerciaux devant adresser sa demande à l'usufruitier et au nu-propriétaire (en ce sens, notamment, Cass. 3e civ. 19-10-2017 n° 16-19.843 F-D : BPAT 1/18 inf. 35). Jugé, dans le cas d'un local commercial dont la **propriété** était **démembrée entre un père** (usufruitier) **et son fils mineur** (nu-propriétaire), que la demande de renouvellement du locataire devait être délivrée non seulement au père en sa qualité d'usufruitier mais également au père et à la mère, en leur qualité d'administrateurs légaux du nu-propriétaire mineur sur lequel ils exerçaient conjointement l'autorité parentale ; le fait que l'usufruitier s'était comporté aux yeux du locataire comme seul et unique propriétaire en percevant les loyers ne caractérisait pas la qualité de propriétaire apparent de l'usufruitier car la situation réelle était vérifiable par des recherches élémentaires auprès de la conservation des hypothèques, d'autant que le locataire savait que le bailleur initial était décédé en cours de bail (CA Toulouse 31-7-2012 n° 11/05985 : BRDA 17/12 inf. 19).
>
> **b.** Jugé que, dans l'hypothèse où le **refus de renouvellement d'un bail commercial** a été **délivré conjointement par l'usufruitier et le**

nu-propriétaire, cette circonstance ne suffit pas à rendre le nu-propriétaire codébiteur de l'indemnité : l'usufruitier ayant seul la qualité de bailleur, dont il assume toutes les obligations à l'égard du locataire, il est seul **redevable de l'indemnité d'éviction**, qui a pour objet de compenser le préjudice causé au locataire par le défaut de renouvellement du bail (Cass. 3e civ. 19-12-2019 no 18-26.162 FS-PBI). La solution n'allait pas de soi dans la mesure où le paiement de l'indemnité compense un droit affectant la substance de la chose.

c. Dans une espèce où un **bail rural** avait été **consenti par le seul nu-propriétaire**, fils de l'usufruitière, et où cette dernière, ayant demandé l'annulation du bail conclu sans son consentement, était décédée en cours d'instance en laissant pour lui succéder deux fils, le nu-propriétaire et son frère, ce dernier ayant décidé de poursuivre l'instance en annulation du bail, la Cour de cassation a jugé que la réunion de la nue-propriété et de l'usufruit en la personne du bailleur à la suite du décès de sa mère avait privé son frère du droit d'agir (Cass. 3e civ. 6-7-2017 no 15-22.482 FS-PB : BPAT 5/17 inf. 199). La Haute Juridiction a sur ce fondement censuré l'arrêt de la cour d'appel qui avait annulé le contrat de bail et ordonné l'expulsion du locataire en retenant que l'action en nullité du bail avait été régulièrement reprise par le frère ayant toute qualité pour continuer à agir. On notera toutefois que la question de savoir si un bail rural conclu par le seul nu-propriétaire peut être annulé à la demande de l'usufruitier avant la cessation de l'usufruit n'est pas tranchée par la Cour suprême.

d. La condition de concours du nu-propriétaire s'applique à tous les **baux portant sur un fonds rural**, qu'ils paraissent ou non **soumis au statut du fermage** lors de la conclusion du contrat. L'usufruitier ne peut en conséquence passer seul une convention pluriannuelle de pâturage (Cass. 3e civ. 29-11-2018 no 17-17.442 : BPAT1/19 inf. 29). De même, l'accord du nu-propriétaire est requis pour mettre des terres agricoles à disposition d'une Safer : la convention de mise à disposition de parcelles agricoles au profit d'une Safer, si elle déroge au statut du fermage, s'analyse en un bail rural et ne peut donc pas être conclue par l'usufruitier seul (Cass. 3e civ. 22-10-2020 no 19-16.812 F-D : BPAT 1/21 inf. 35).

e. Sur l'opposabilité d'un **bail rural conclu par une personne à la fois usufruitière, nue-propriétaire et indivisaire**, voir Cass. 3e civ. 6-4-2011 no 09-17.158 FS-D, obs. B. Vial-Pedroletti, Loyers et Copropriété no 6, juin 2011, comm. 167.

RÉPARTITIONS CONVENTIONNELLES

67420 Il est possible de déroger aux règles légales et de prévoir une répartition différente des pouvoirs, soit en renforçant la **gestion conjointe**, soit au contraire en attribuant la **totalité des pouvoirs** à l'usufruitier ou au nu-propriétaire agissant seul.

Cette dérogation conventionnelle est possible soit au moment de l'**acte constitutif** du démembrement, soit **après**, par exemple par le biais d'un mandat.

67422 On peut ainsi prévoir que l'**usufruitier** ne pourra passer des baux d'habitation qu'avec l'**accord préalable** du nu-propriétaire. La loi confère au locataire d'habitation des droits très importants (droit de préemption en cas de vente, augmentation limitée du loyer, etc.) qui peuvent se révéler un handicap lorsque le nu-propriétaire deviendra pleinement propriétaire. Il peut donc être utile de l'associer au choix du locataire et à la négociation du bail.

À l'inverse, des impératifs d'efficacité dans la gestion peuvent conduire à permettre à l'usufruitier de **conclure seul** un bail commercial ou un bail rural.

b. Assemblées de copropriétaires d'immeubles démembrés

67430 La loi fixant le statut de la copropriété des immeubles bâtis prévoit que, lorsque l'immeuble est l'objet d'un démembrement de propriété, l'usufruitier et le nu-propriétaire doivent être représentés par un **mandataire commun** qui peut être soit un tiers, soit l'un d'eux.

À défaut d'accord, les règles sont les suivantes (Loi 65-557 du 10-7-1965 art. 23 ; Décret 67-223 du 17-3-1967 art. 61). En cas d'usufruit sur l'immeuble, les intéressés sont représentés par le nu-propriétaire ; en cas de pluralité de nus-propriétaires, le mandataire commun sera, à défaut d'accord, désigné par le juge saisi par l'un d'entre eux ou par le syndic (désignation judiciaire aux frais des nus-propriétaires). Dans les autres hypothèses de démembrement du droit de propriété (cas par exemple de lots grevés d'un droit d'usage et d'habitation), à défaut d'accord, les intéressés sont représentés par le propriétaire.

2. DROIT AUX REVENUS ET OBLIGATION AUX CHARGES DES TITULAIRES DE DROITS DÉMEMBRÉS SUR UN IMMEUBLE

REVENUS DE L'IMMEUBLE DÉMEMBRÉ

L'usufruit emporte le droit, pour son titulaire, de percevoir les fruits du bien dont la propriété est démembrée, notamment les loyers lorsque le bien démembré est un immeuble donné en location. 67450

CHARGES D'ENTRETIEN ET DE RÉPARATION DE L'IMMEUBLE DÉMEMBRÉ

Le bien, productif ou non de revenus, est source de charges dont il importe de fixer la répartition. 67455

Critères de répartition des charges Les textes régissant l'entretien du bien démembré sont inchangés depuis la rédaction du Code civil en 1804 : l'article 605 organise la répartition des charges en effectuant une **distinction entre les réparations d'entretien** qui sont à la charge de l'usufruitier **et les grosses réparations** qui demeurent à la charge du nu-propriétaire. 67460

L'article 606 du Code civil dresse une liste des grosses réparations : ce sont « celles des gros murs et des voûtes, le rétablissement des poutres et couvertures entières, des digues, murs de soutènement et clôtures aussi en entier. Toutes les autres réparations sont d'entretien ».

Dans un arrêt de principe rendu en 2005, la Cour de cassation a donné une définition générale des grosses réparations comme celles qui intéressent l'immeuble dans sa structure et sa solidité générale, les réparations d'entretien étant celles qui sont utiles au maintien permanent en bon état de cet immeuble (Cass. 3e civ. 13-7-2005 n° 04-13.764 : Bull. civ. III n° 155 p. 144, BPAT 6/05 inf. 188, RTD civ. 2005 p. 795 obs. Gautier). Cette décision a donné à la liste du Code civil datant de 1804 une traduction en phase avec notre époque.

La frontière reste cependant parfois délicate. Dans un arrêt rendu en matière d'impôt sur la fortune, la chambre commerciale de la Cour de cassation a été amenée à préciser la distinction entre la notion de grosses réparations au sens de l'article 606 du Code civil et la notion de **travaux d'amélioration**, jugeant que constituent des améliorations et non des grosses réparations les travaux de démolition, puis de reconstruction d'une habitation d'une superficie supérieure, de construction d'une piscine et d'aménagement du terrain réalisés par l'usufruitier d'une propriété ; la Cour en a déduit que les dépenses réalisées incombaient bien à l'usufruitier, et qu'en conséquence l'emprunt que ce dernier avait contracté pour les financer constituait une dette déductible de sa base imposable à l'ISF (Cass. com. 12-6-2012 n° 11-11.424 : BPAT 5/12 inf. 263). En l'espèce, les bâtiments existants n'avaient pas été « réparés » mais démolis pour permettre la construction d'un nouvel ensemble ; il ne pouvait donc s'agir de grosses réparations incombant au nu-propriétaire. On peut s'interroger cependant sur cette analyse consistant à considérer que la démolition suivie de la reconstruction d'un bien plus grand est une simple amélioration (voir notamment F. Zenati-Castaing et Th. Revet, Droit civil, Les biens, PUF, 3e éd. 2008 n° 148).

Obligation aux charges L'**usufruitier** est « tenu » d'entretenir l'immeuble (C. civ. art. 605) et de payer les charges usufructuaires : l'article 608 du Code civil vise en effet les contributions et charges qui, dans l'usage, sont censées constituer les charges des fruits (taxe foncière, etc.). 67465

À l'inverse, le **nu-propriétaire** n'est pas obligé d'effectuer les dépenses de grosses réparations et l'usufruitier ne peut pas le contraindre à les faire (en ce sens, par exemple : Cass. 1e civ. 28-10-2009 n° 07-12.488 : BPAT 6/09 inf. 237 ; Cass. 1e civ. 18-12-2013 n° 12-18.537 : BPAT 1/14 inf. 27). Cette solution est la conséquence de l'indépendance des droits de l'usufruitier et du nu-propriétaire : l'usufruit n'impose aucune obligation positive au nu-propriétaire. Mais cette règle n'est pas d'ordre public et il est possible d'y déroger par convention (voir ci-après n° 67470).

L'absence d'obligation pour le nu-propriétaire, sauf convention contraire, d'effectuer les grosses réparations est bien entendu préjudiciable à la bonne conservation de la chose, mais s'explique aussi par le fait que le nu-propriétaire ne perçoit pas de revenus et peut se trouver dans l'impossibilité de financer ces travaux.

En l'absence de réalisation des travaux par le nu-propriétaire, l'**usufruitier** peut être amené à **prendre à sa charge des dépenses de grosses réparations** qui normalement devraient être effectuées par le nu-propriétaire. Il peut le faire soit de sa propre initiative, soit à la demande de son locataire, lorsque le bien est loué : dans ce dernier cas, en effet, il est lui-même tenu, en tant que bailleur, de faire toutes les réparations (autres que locatives), sans qu'il y ait lieu de distinguer entre les réparations d'entretien et les grosses réparations (en ce sens, par exemple, Cass. 3e civ. 28-6-2006 n° 05-15.563 : RJDA 11/06 n° 1183). L'usufruitier peut alors, sur le fondement de l'enrichissement injustifié, obtenir un **dédommagement** de la part du nu-propriétaire (en ce sens,

Cass. civ. 17-7-1911 : DP 1911 I p. 457). Cependant, cette indemnisation ne peut intervenir qu'à l'expiration de l'usufruit et n'est pas calculée en fonction de la dépense faite mais en fonction de la plus-value procurée à l'immeuble et existant encore au moment de la cessation de l'usufruit. En outre, aucune indemnisation n'est jamais due pour les **dépenses d'amélioration** (C. civ. art. 599, al. 2).

> **Précisions** Lorsque l'usufruitier fait lui-même exécuter des travaux de grosses réparations, il est maître de l'ouvrage, mais l'**action en garantie décennale** semble lui être fermée, de même que tout recours contre l'assureur en responsabilité décennale de l'entreprise qui exécute les travaux. Statuant sur l'action d'un **usufruitier** contre une entreprise qu'il avait chargée de réaliser la charpente métallique et le revêtement d'un bâtiment à usage commercial, la Cour de cassation a en effet jugé que l'usufruitier, quoique titulaire du droit de jouir de la chose, n'en est pas le propriétaire ; il ne peut donc pas exercer, en sa seule qualité, l'action en garantie décennale que la loi attache à la propriété de l'ouvrage (Cass. 3e civ. 16-11-2022 no 21-23.505 FS-B : BPAT 1/23 inf. 41). La Cour reconnaît néanmoins à l'usufruitier la faculté d'exercer l'action en responsabilité de droit commun en réparation des dommages que lui cause la mauvaise exécution des contrats conclus.
> Jugé en outre que, l'action en garantie décennale étant attachée à la propriété de l'ouvrage, le **nu-propriétaire** d'un terrain sur lequel l'usufruitier a fait édifier une construction nouvelle (en l'espèce une piscine) n'a pas qualité pour exercer l'action relative à cet ouvrage, dès lors que le droit d'accession du nu-propriétaire du fonds sur lequel l'usufruitier a élevé la construction n'opère, en vertu de l'article 555 du Code civil et en l'absence de convention réglant le sort de cette construction, qu'à la fin de l'usufruit (Cass. 3e civ. 13-4-2023 no 22-10.487 FS-B : BPAT 4/23 inf. 185).

67467 **Cas particulier : immeuble en copropriété** En matière de copropriété, le nu-propriétaire et l'usufruitier sont **obligés de payer chacun** les charges qui leur incombent légalement dès lors qu'elles ont été décidées par l'assemblée des copropriétaires. Le règlement de copropriété peut prévoir une **clause de solidarité** rendant le nu-propriétaire et l'usufruitier solidairement tenus du paiement des charges de copropriété envers le syndicat des copropriétaires (Cass. 3e civ. 14-4-2016 no 15-12.545).

67470 **Solutions conventionnelles** Les règles légales de répartition des charges entre usufruitier et nu-propriétaire ne sont souvent pas satisfaisantes et, lorsqu'elles sont incertaines, peuvent être source de conflits. Dès lors qu'elles ne sont pas d'ordre public, il peut être envisagé d'y déroger en définissant conventionnellement et aussi précisément que possible la **répartition des charges entre les titulaires des droits démembrés** (par exemple : dépenses d'installation ou de remplacement d'un ascenseur dans un immeuble).

On peut aussi prévoir, y compris dans l'acte constitutif d'usufruit, que le **nu-propriétaire** sera **obligé d'effectuer** un certain nombre de travaux. Est par exemple valable la clause de la donation d'un immeuble avec réserve d'usufruit qui contraint le nu-propriétaire à exécuter les grosses réparations nécessaires (Cass. 1e civ. 23-1-2007 no 06-16.062 : RJDA 8-9/07 no 914). Encore faut-il que la clause ne se contente pas de stipuler que les grosses réparations restent « à la charge » du nu-propriétaire, ce qui ne ferait que reprendre les dispositions légales ; elle doit clairement faire apparaître l'obligation imposée au nu-propriétaire de procéder au financement des réparations dès qu'elles sont nécessaires sous peine de révocation de la donation ou encore préciser expressément le droit que se réserve l'usufruitier de le contraindre à s'exécuter.

Il est également possible de mettre les **grosses réparations à la charge de l'usufruitier**, en prévoyant les modalités d'indemnisation de l'usufruitier par le nu-propriétaire au terme de l'usufruit selon des modalités plus favorables ou non à celles prévues par la loi. Il conviendra de veiller également sur le plan civil et fiscal au risque de libéralité indirecte, lorsque la prise en charge des travaux par l'usufruitier relève de l'intention libérale.

En revanche, le donateur de la nue-propriété d'un bien immobilier ne peut unilatéralement prévoir que les **dépenses** qu'il a supportées sur le bien **en sa qualité d'usufruitier**, depuis la donation, constituent une donation en avance d'hoirie au profit des donataires (Cass. 1e civ. 16-3-2016 no 15-10.636 : BPAT 3/16 inf. 116).

3. VENTE DE L'IMMEUBLE DÉMEMBRÉ

DROIT DE DISPOSER DU BIEN DÉMEMBRÉ

67480 Ni l'usufruitier ni le nu-propriétaire n'a le pouvoir de vendre seul le bien immobilier démembré. Chacun peut seulement céder son propre droit, l'usufruit pour l'usufruitier, la nue-propriété pour le nu-propriétaire.

Le juge lui-même n'a pas le pouvoir d'ordonner la vente du bien sans l'accord de l'usufruitier (C. civ. art. 815-5, al. 2).

> Précisions a. Un arrêt de la cour d'appel de Paris a jeté le trouble en condamnant un **nu-propriétaire** pour s'être **opposé à la vente de la pleine propriété** souhaitée par l'usufruitier. Les circonstances de l'espèce étaient particulières : une personne âgée avait reçu par succession l'usufruit d'un bien dont la nue-propriété était attribuée à plusieurs nus-propriétaires ; l'âge avancé de l'usufruitière et son état de santé ne lui permettaient pas d'occuper le bien et il n'était pas envisageable non plus pour elle de le donner en location, la vétusté du bien nécessitant de réaliser des travaux importants. L'usufruitière s'était alors rapprochée des nus-propriétaires pour donner un mandat de vente du bien en vue notamment de disposer de sa part du prix de cession (d'autant plus qu'elle avait dû supporter des droits de succession sur l'usufruit reçu). L'agence immobilière en charge de la vente avait trouvé un acquéreur pour un prix sensiblement inférieur au mandat qui lui avait été confié, mais en phase avec la valeur retenue dans la déclaration de succession. L'usufruitière avait accepté, mais l'un des nus-propriétaires s'y était opposé indiquant qu'il préférait attendre. Estimant le refus du nu-propriétaire abusif, l'usufruitière a obtenu sa condamnation pour **abus de son droit de propriété**, au motif qu'il ne pouvait ignorer que son attitude la plaçait dans une impasse (CA Paris 18-12-2013 n° 13/01689 : BPAT 2/14 inf. 79).
Cette décision surprend en ce qu'elle juge abusive la décision de ne pas vendre alors que le droit de disposer constitue la substance même du droit de propriété. Ainsi la Cour de cassation a-t-elle jugé qu'un propriétaire est en droit de refuser de vendre un terrain lui appartenant et qui ne présente aucune utilité pour lui, fût-ce au triple de sa valeur (Cass. req. 24-10-1924 : S. 1925.1.217). L'obligation qui incombe au nu-propriétaire de permettre à l'usufruitier de jouir paisiblement du bien sur lequel porte son usufruit (C. civ. art. 599) ne peut justifier qu'il renonce à son propre intérêt.
b. Lorsque le propriétaire d'un bien décide d'en donner la nue-propriété à ses enfants, il peut être envisagé d'**insérer dans l'acte de donation**, à titre de condition déterminante, l'**obligation pour les nus-propriétaires de céder conjointement le bien** avec l'usufruitier à première demande de celui-ci. Le non-respect de la clause par le nu-propriétaire permettrait à l'usufruitier de révoquer la donation, ce qui lui donne ainsi un niveau de protection particulièrement efficace. La clause pourra également prévoir le sort du prix de vente (voir ci-après n° 67490).

RÉPARTITION DU PRIX DE VENTE DE L'IMMEUBLE DÉMEMBRÉ

L'immeuble peut être vendu conjointement par l'usufruitier et le nu-propriétaire à un acheteur **67490**
qui en acquiert ainsi la pleine propriété. Dans ce cas, le prix est réparti entre l'usufruitier et le nu-propriétaire selon la valeur respective de leurs droits, sauf accord des parties pour reporter l'usufruit sur le prix (C. civ. art. 621, al. 1). Les vendeurs peuvent ainsi substituer au partage du prix le report du démembrement dans le cadre de l'acquisition d'un nouveau bien ou la mise en place d'un quasi-usufruit au profit de l'usufruitier.

B. Incidences fiscales du démembrement immobilier

IMPÔTS CONCERNÉS

Lorsque le démembrement porte sur un immeuble, les incidences fiscales portent essentielle- **67550**
ment sur l'imposition des revenus fonciers, le droit à certains crédits et réductions d'impôt et l'imposition des plus-values.

> Précisions a. La **taxe foncière** sur les propriétés bâties ou non bâties est établie au nom de l'usufruitier (CGI art. 1400, II).
b. L'usufruitier est le redevable légal de la **taxe annuelle sur les locaux à usage de bureaux**, les locaux commerciaux et les locaux de stockage applicable en Île-de-France et dans les départements des Bouches-du-Rhône, du Var et des Alpes-Maritimes (CGI art. 231 ter, II-al. 2 et 231 quater, II-al. 2).
c. En ce qui concerne l'**IFI**, voir n°s 68400 s.

1. DÉMEMBREMENT ET REVENUS FONCIERS

SITUATIONS VISÉES

67555 Le démembrement de propriété portant sur un immeuble entraîne des conséquences tant au niveau des produits imposables qu'au regard des charges déductibles.
Nous distinguerons trois situations :
– l'immeuble dont la propriété est démembrée est donné en location ;
– l'immeuble est occupé par l'usufruitier ;
– l'immeuble est occupé par le nu-propriétaire.

a. Immeuble démembré donné en location

SITUATION DE L'USUFRUITIER

67560 **Règles générales** En cas de démembrement, les revenus retirés de la location de l'immeuble reviennent à l'usufruitier. En conséquence, il est imposable sur la totalité des **revenus effectivement encaissés** au cours de l'année civile.
Selon l'administration, en cas d'**abandon du loyer** par l'usufruitier **au nu-propriétaire**, il convient de distinguer (BOI-RFPI-BASE-10-10 n° 80) :
– si l'abandon des revenus s'accompagne d'une renonciation à usufruit constatée par un acte donnant ouverture au droit de mutation à titre gratuit ou à titre onéreux selon les conditions de la convention, les loyers cessent d'être imposables au nom de l'usufruitier pour être imposables entre les mains du nu-propriétaire ;
– à défaut d'acte constatant la transmission de l'usufruit, d'une part l'usufruitier reste imposable sur les loyers dans la catégorie des revenus fonciers (l'abandon des loyers étant pour l'usufruitier constitutif d'une libéralité qui est sans influence sur le montant de son revenu imposable), d'autre part les sommes abandonnées au profit du nu-propriétaire, qui ont le caractère de profits qui se renouvellent régulièrement, sont imposables au nom de ce dernier dans la catégorie des bénéfices non commerciaux.
Une telle analyse nous paraît particulièrement discutable, car les mêmes sommes ne peuvent être à la fois qualifiées de libéralité du côté de l'usufruitier réputé donateur et imposées à l'impôt sur le revenu entre les mains du nu-propriétaire bénéficiaire de la libéralité. La donation de sommes d'argent (les revenus de la location) ne peut donner lieu qu'au paiement de droits de donation.
Bien que l'analyse de l'administration prête à discussion, elle semble partagée par les juges du fond (TA Strasbourg 2-7-2009 n° 06-1713 : RJF 4/10 n° 360 ; CAA Lyon 1-7-2021 n° 19LY03338 : BPAT 5/21 inf. 227). On attendra avec intérêt la position du Conseil d'État sur cette question.

67565 Les revenus fonciers imposables au nom de l'usufruitier sont déterminés selon les règles générales applicables à l'ensemble des propriétaires (CGI art. 28 à 32). Sauf application du régime du micro-foncier, l'usufruitier peut déduire de ses revenus fonciers les **charges effectivement supportées** (y compris celles qui incombent normalement au nu-propriétaire au regard du droit civil), c'est-à-dire notamment :
– les dépenses de réparation ou d'entretien ;
– les dépenses d'amélioration ;
– les dépenses acquittées pour le compte des locataires et non récupérées ;
– les intérêts des dettes ;
– les primes d'assurances ;
– certaines impositions (notamment taxes foncières) ;
– les frais de gestion (frais de procédure, rémunération des gardes et concierges, frais de gérance, etc.) ;
– les provisions pour charges de copropriété.

> **Précisions** Selon l'administration, la prise en charge par l'usufruitier (ou le nu-propriétaire) de travaux ou **charges qui ne lui incombent pas** constitue un avantage pour le bénéficiaire qui, si les dépenses en cause ne sont pas remboursées, s'analyse en un don manuel soumis aux droits de mutation à titre gratuit (BOI-RFPI-SPEC-30-20-20 n° 30). À notre avis, la qualification de libéralité (**donation indirecte**, et non don manuel) ne peut être retenue que si la prise en charge des travaux est effectuée dans une intention libérale. Ce ne sera pas le cas, par exemple, si la prise en charge de grosses réparations urgentes par l'usufruitier est consécutive au refus du nu-propriétaire de les exécuter. Soulignons d'ailleurs qu'en ce cas la créance de l'usufruitier n'est pas égale au montant des dépenses faites, mais au montant de la plus-value apportée au bien et qui subsiste à l'époque où l'usufruit cesse (voir n° 67465). Il n'existe pas à notre connaissance de jurisprudence sur la qualification de libéralité dans une telle situation. Tout au plus peut-on signaler une décision ayant jugé – mais cela allait de soi – que l'usufruitier d'un

immeuble qui a effectué sur celui-ci des travaux n'ayant pas le caractère de grosses réparations n'est pas réputé détenir à ce titre une créance sur le nu-propriétaire dont le montant serait à inclure dans l'actif de sa succession (CA Bordeaux 26-9-2007 n° 06-5334 : RJF 7/08 n° 900).

Imputation des déficits Cette imputation s'opère dans les conditions de droit commun. 67570
Ainsi, quelle que soit l'origine du démembrement de propriété, l'usufruitier peut imputer sur son revenu global les déficits fonciers (qui ne proviennent pas d'intérêts d'emprunt) qu'il subit dans une **limite annuelle** fixée en principe à 10 700 €. La fraction du déficit supérieure à cette limite ainsi que celle correspondant aux intérêts d'emprunt ne sont imputables que sur les revenus fonciers des dix années suivantes (CGI art. 156, I-3°).

Lorsque le **revenu global** du contribuable est **insuffisant** pour absorber le déficit foncier imputable dans la limite de 10 700 €, l'excédent du déficit est imputable sur les revenus globaux des six années suivantes (CGI art. 156, I).

L'imputation des déficits fonciers sur le revenu global n'est en principe définitivement acquise que si l'usufruitier **maintient la location** jusqu'au 31 décembre de la troisième année suivant celle au titre de laquelle l'imputation a été pratiquée. Si cette condition n'est pas respectée, par exemple parce que l'immeuble est vendu dans ce délai, ou parce que le bien est donné en location meublée (TA Lyon 15-3-2011 n°s 0807477, 0906519 et 1005480 : RJF 12/11 n° 1266 ; BOI-RFPI-BASE-30-20 n° 240), l'imputation sur le revenu global est remise en cause (sauf exceptions limitativement prévues par la loi ou l'administration, notamment en cas d'invalidité, de licenciement, de décès). Dans cette situation, les déficits concernés ne sont pas perdus mais sont imputables dans les conditions de droit commun sur les revenus fonciers des dix années suivantes (CE sect. 26-4-2017 n° 400441 : RJF 7/17 n° 659 ; BOI-RFPI-BASE-30-20 n° 260).

> **Précisions** **a.** En cas de **donation avec réserve d'usufruit** du logement, le déficit qui a été imputé sur le revenu global avant la donation n'est pas remis en cause si le propriétaire devenu usufruitier maintient l'immeuble en location jusqu'au 31 décembre de la troisième année qui suit cette imputation (Rép. Chatel : AN 8-5-2007 p. 4292 n° 117900 ; bien que cette solution n'ait pas été reprise dans la base Bofip, on peut douter que l'administration ait expressément souhaité la rapporter).
> **b.** L'usufruitier (comme le nu-propriétaire) qui expose entre 2023 et 2025 des dépenses de **travaux de rénovation énergétique** répondant aux conditions fixées à l'article 156, I-3° quatrième alinéa du CGI issu de la deuxième loi de finances rectificative pour 2022 bénéficie du relèvement du plafond de déficit imputable sur le revenu global (à 21 400 €) prévu à cet article.

Dispositifs spéciaux Le démembrement de propriété est susceptible de remettre en 67575
cause le bénéfice d'un certain nombre de dispositifs mis en place en matière de revenus fonciers pour favoriser les investissements immobiliers locatifs. Les avantages accordés dans le cadre de ces dispositifs, qui diffèrent selon la date de réalisation de l'investissement, consistent en un amortissement ou une déduction spécifique des revenus fonciers.

En ce qui concerne les dispositifs prévoyant non pas une déduction des revenus fonciers, mais une réduction d'impôt (notamment le dispositif **« Duflot-Pinel »**), voir n° 67680.

Lorsqu'un investissement a été placé sous l'un des dispositifs **« Robien »** ou **« Borloo neuf »** 67577
(pour lesquels il n'est plus possible d'opter mais qui continuent à produire leurs effets pour les propriétaires qui en respectent les conditions), le démembrement du droit de propriété de l'immeuble intervenant pendant l'engagement de location entraîne en principe la remise en cause de l'avantage fiscal : le démembrement est dans ce cas assimilé à une cession, que le transfert porte sur l'usufruit ou sur la nue-propriété.

Toutefois, lorsque le démembrement résulte du décès de l'un des époux (ou partenaires de Pacs) soumis à imposition commune, le conjoint (ou partenaire) survivant titulaire de l'usufruit peut demander la reprise à son profit, dans les mêmes conditions et selon les mêmes modalités, du dispositif pour la période restant à courir à la date du décès. Les amortissements antérieurement pratiqués par le couple ne sont pas remis en cause, que le survivant opte ou non pour la reprise de l'engagement.

Dans le cadre du dispositif **« Borloo ancien »**, qui s'est appliqué aux investissements conventionnés 67579
pour lesquels la demande de conventionnement a été réceptionnée par l'Anah jusqu'au 31 janvier 2017, l'administration a apporté les précisions suivantes (BOI-RFPI-SPEC-20-40-10 n° 130) :

– le démembrement de propriété de l'immeuble ne fait pas obstacle à l'application de la déduction spécifique lorsqu'il est antérieur à l'engagement de location. Dans cette hypothèse, seul l'usufruitier peut bénéficier de la déduction ;

– si un démembrement intervient après la prise de l'engagement de location, le maintien ou la remise en cause de l'avantage fiscal dépend de la nature du droit cédé : lorsque le propriétaire cède la nue-propriété de l'immeuble en conservant l'usufruit, il peut continuer à bénéficier de la déduction, sous réserve de continuer à respecter son engagement de location ; lorsque le propriétaire cède l'usufruit de l'immeuble, le transfert de l'usufruit constitue un cas de non-respect de son engagement et l'avantage fiscal dont il a bénéficié est remis en cause (aucune remise en cause n'est toutefois effectuée lorsque le démembrement résulte du décès du contribuable ou de son conjoint).

Les mêmes règles devraient s'appliquer dans le cadre du dispositif **« Cosse »** (CGI art. 31, I-1°-o) qui a pris, à compter de l'imposition des revenus de 2017 et avant d'être remplacé par un nouveau dispositif de réduction d'impôt sur le revenu pour les procédures de conventionnement engagées depuis le 1er mars 2022, le relais du dispositif précité pour les investissements conventionnés. La loi prévoit toutefois expressément dans le cadre de ce dispositif qu'aucune reprise ne sera effectuée en cas de rupture de l'engagement survenant à la suite de l'invalidité, du licenciement ou du décès du contribuable ou de l'un des membres du couple soumis à imposition commune.

SITUATION DU NU-PROPRIÉTAIRE

67590 Le nu-propriétaire ne perçoit pas de loyers et n'a donc pas de revenus à déclarer au titre de l'immeuble démembré. Toutefois, lorsque l'**immeuble** démembré est donné en location nue et **produit des revenus fonciers** imposables au nom de l'usufruitier, le nu-propriétaire peut déduire des revenus fonciers provenant de ses autres propriétés les **dépenses** qu'il a **effectivement supportées** sur l'immeuble démembré, y compris celles qui incombent normalement à l'usufruitier, telles les dépenses d'entretien et de réparation (en ce sens, par exemple, CE 21-2-1979 n° 4896 : RJF 4/79 n° 226). Il peut de même déduire les **intérêts des emprunts** qu'il a contractés pour financer l'acquisition de la nue-propriété des immeubles loués ou les dépenses de réparation, d'entretien ou d'amélioration de ces immeubles (BOI-RFPI-BASE-20-80 n° 170).

À défaut de revenus fonciers, ou si ceux-ci sont insuffisants, le nu-propriétaire constate un **déficit foncier**. Ce déficit foncier est imputable dans les conditions de droit commun exposées n° 67570 : imputation sur le revenu global dans la limite d'un plafond annuel et, pour la fraction excédant cette limite et pour la fraction relative aux intérêts d'emprunt, imputation sur les revenus fonciers des dix années suivantes.

> **Précisions** Le fait que le **nu-propriétaire** soit le **locataire** de l'immeuble démembré ne fait pas obstacle à la déduction des charges qu'il a financées. Dans une espèce où un fils nu-propriétaire et locataire de sa mère avait réalisé et déduit d'importants travaux, l'administration contestait cette déduction sur le terrain de l'abus de droit, estimant que le bail (non fictif) avait eu pour objet exclusif de réduire la charge fiscale du nu-propriétaire. Les juges ont au contraire décidé que le bail permettait au nu-propriétaire de s'assurer la maîtrise immédiate du bien, de façon à pouvoir en disposer après la réalisation des travaux (TA Montpellier 23-3-2006 n° 00-4068 : RJF 2/07 n° 194).

b. Immeuble démembré occupé par l'usufruitier

67620 L'**usufruitier** qui occupe gratuitement l'immeuble dont la propriété est démembrée bénéficie comme un propriétaire en pleine propriété de l'exonération d'impôt sur le **revenu** au titre de la jouissance du logement prévue par l'article 15, II du CGI. Corrélativement, il ne peut déduire aucune **charge foncière** afférente à cet immeuble.

Dans cette situation, aucune déduction n'est permise au **nu-propriétaire** au titre des **charges foncières** car l'immeuble n'est pas loué (en ce sens, notamment, CE 19-2-1986 n° 42027 : RJF 4/86 n° 339).

c. Immeuble démembré occupé par le nu-propriétaire

OCCUPATION MOYENNANT UN LOYER NORMAL

67640 Les situations de l'usufruitier et du nu-propriétaire sont les mêmes que lorsque l'immeuble est loué à un tiers : voir nos 67560 s.

OCCUPATION À TITRE GRATUIT

67645 Lorsque le nu-propriétaire occupe les lieux gratuitement, l'**usufruitier** est considéré comme s'étant réservé la jouissance du logement et bénéficie de l'exonération prévue par l'article 15, II du CGI. N'étant pas imposable, il ne peut en contrepartie déduire d'autres revenus fonciers éventuels les charges foncières qu'il pourrait supporter à raison de cet immeuble.

Le **nu-propriétaire** ne peut, lui non plus, déduire aucune charge foncière.

2. DÉMEMBREMENT ET DISPOSITIFS DE RÉDUCTION OU CRÉDIT D'IMPÔT POUR INVESTISSEMENTS LOCATIFS OU DÉPENSES D'ÉQUIPEMENT DU LOGEMENT

RÉDUCTION D'IMPÔT POUR INVESTISSEMENTS IMMOBILIERS LOCATIFS

Certains investissements immobiliers locatifs sont – ou ont été – encouragés par le législateur par le biais de dispositifs de réductions d'impôt calculées sur le prix de revient de l'immeuble. **67680**
Parmi ces dispositifs, la réduction d'impôt prévue par le **dispositif « Duflot-Pinel »** pour les investissements locatifs dans le neuf réalisés entre le 1er janvier 2013 et le 31 décembre 2024 est réservée aux acquisitions en pleine propriété et n'est donc pas applicable aux logements dont le droit de propriété est démembré (CGI art. 199 novovicies, I, D). Lorsque le démembrement de propriété intervient après la réalisation de l'investissement, il entraîne la rupture de l'engagement de location et la reprise de la réduction d'impôt obtenue. Toutefois, aucune remise en cause n'est effectuée lorsque le démembrement résulte du décès de l'un des membres du couple soumis à imposition commune et que le conjoint survivant titulaire de l'usufruit s'engage à respecter les engagements pris, dans les mêmes conditions et selon les mêmes modalités, pour la période restant à courir à la date du décès. Dans ce cas, le conjoint survivant titulaire de l'usufruit peut demander la reprise du dispositif à son profit (BOI-IR-RICI-360-40 n° 20 renvoyant à BOI-IR-RICI-230-20-10 n° 90).
Les mêmes règles s'appliquent lorsque l'investissement a été placé sous le dispositif **« Scellier »**, ainsi qu'aux investissements réalisés sous le dispositif **Denormandie** en faveur de l'investissement locatif intermédiaire rénové.

CRÉDIT D'IMPÔT POUR DÉPENSES D'ÉQUIPEMENT DU LOGEMENT

Les contribuables qui effectuent certaines dépenses dans un logement peuvent bénéficier, sous certaines conditions, soit du crédit d'impôt en faveur de l'aide aux personnes (CGI art. 200 quater A), soit du crédit d'impôt pour l'installation de systèmes de charge de véhicules électriques (CGI art. 200 quater C). **67690**
En cas de démembrement de propriété, l'usufruitier ou le nu-propriétaire qui occupe le logement peut bénéficier dans les conditions de droit commun de ces dispositifs de crédit d'impôt.

3. DÉMEMBREMENT ET PLUS-VALUES IMMOBILIÈRES

La cession de biens démembrés est en **principe** soumise à la taxation des plus-values au même titre que la cession en pleine propriété de ces biens. **67750**
Par **dérogation** aux dispositions régissant les plus-values, l'article 13, 5 du CGI prévoit que le produit résultant de la première cession à titre onéreux d'un usufruit temporaire doit être imposé selon le régime applicable aux revenus susceptibles d'être procurés par le bien démembré.

CESSION D'USUFRUIT TEMPORAIRE

En application de l'article 13,5 du CGI, le produit de la première cession à titre onéreux d'un usufruit temporaire, entendu comme un **usufruit consenti pour une durée à terme fixe** (BOI-IR-BASE-10-10-30 n° 80), est imposé comme un revenu catégoriel (et non une plus-value), dans la catégorie à laquelle se rattachent ou se rattacheraient les revenus procurés ou susceptibles d'être procurés par le bien ou le droit sur lequel porte l'usufruit temporaire cédé (revenus fonciers pour un bien immobilier). **67752**
Les cessions d'usufruit viager sont hors champ d'application du dispositif et restent soumises aux règles d'imposition des plus-values.
Par **cession à titre onéreux**, il convient d'entendre les ventes, apports, échanges ; le dispositif ne concerne pas les mutations à titre gratuit (BOI-IR-BASE-10-10-30 n° 60).
Le dispositif s'applique non seulement en cas de **cession isolée** de l'usufruit temporaire d'un bien dont le cédant conserve la nue-propriété mais aussi en cas de **cession concomitante** de l'usufruit et de la nue-propriété à deux personnes différentes (Rép. Lambert : AN 2-7-2013 p. 6919 n° 15540 ; BOI-IR-BASE-10-10-30 n° 90 ; CAA Marseille 18-2-2021 n° 19MA03657 : BPAT 2/21 inf. 85).
Le dispositif ne s'applique toutefois qu'à la **première cession** à titre onéreux d'un même usufruit temporaire. Cette limitation a pour objet d'éviter une double imposition sur le revenu en cas de cessions à titre onéreux successives. Les cessions autres que la première restent donc imposables selon le régime de droit commun des plus-values.
Le **revenu imposable** est égal au prix de cession (ou la valeur vénale si elle est supérieure) minoré des charges déductibles déterminées suivant les règles de droit commun.

67752 (suite) **> Précisions a.** Les dispositions de l'article 13, 5 du CGI s'appliquent aux **cédants** assujettis à l'impôt sur le revenu. Sont ainsi concernés : les **personnes physiques** et les **sociétés** ou groupements relevant du régime fiscal des sociétés de personnes. Peu importe, en revanche, la qualité de l'**acquéreur**.

b. L'administration a précisé qu'en cas de **cession ou** d'**apport d'un usufruit à une société** il convient de distinguer (BOI-IR-BASE-10-10-30 n° 90) :

– si l'usufruit est constitué sur la tête de la personne morale (**usufruit détaché de la pleine propriété du cédant**), sa durée ne peut, en application de l'article 619 du Code civil, excéder trente ans. L'usufruit est ainsi nécessairement consenti pour une durée fixe et la cession entre dans le champ d'application de l'article 13, 5 du CGI ;

– si l'usufruit cédé à la personne morale est un **usufruit viager préconstitué sur la tête du cédant** antérieurement à la cession, l'opération n'entre pas dans le champ d'application de l'article 13, 5 du CGI, à moins que l'usufruit ne soit consenti pour une durée fixe.

Le tribunal administratif de Montreuil a fait sienne la position de l'administration consistant à considérer qu'entre dans le champ de l'article 13, 5 du CGI la cession à une personne morale d'un usufruit viager préconstitué sur la tête du cédant, lorsque cet **usufruit viager est cédé pour une durée fixe**, nonobstant la circonstance que cet usufruit reste dans cette hypothèse soumis à l'aléa viager. Dans l'espèce jugée, un contribuable détenteur d'un usufruit viager avait cédé à une personne morale son usufruit pour une durée de vingt ans ; les juges ont retenu que les parties à l'acte avaient explicitement entendu transférer un usufruit temporaire pour une durée limitée, ajoutant que la circonstance que cette temporalité puisse prématurément échoir en cas de décès du cédant est sans influence sur l'application du régime de l'article 13, 5 du CGI auquel n'échappent que les cessions d'usufruit viager, c'est-à-dire sans limitation de durée autre que l'aléa inhérent au viager (TA Montreuil 4-12-2019 n° 1805676 : RJF 4/20 n° 296). Le tribunal administratif de Nice a retenu la même analyse dans le cas d'un apport en société de l'usufruit viager préconstitué sur la tête de l'apporteur, l'acte d'apport prévoyant que celui-ci était réalisé pour trente ans, **durée maximale permise par l'article 619 du Code civil** (TA Nice 30-12-2020 n° 1803411 : BPAT 2/21 inf. 84). La cour administrative d'appel de Paris a jugé au contraire que, lorsqu'une personne physique cède à titre onéreux un usufruit viager à une personne morale, cette cession, lorsqu'elle est consentie pour la durée maximale de trente ans permise par l'article 619 du Code civil, ne doit pas être regardée comme entrant dans le champ d'application de l'article 13, 5 du CGI qui, s'agissant d'un dispositif anti-abus, ne doit pas être interprété de manière extensive (CAA Paris 5-10-2021 n° 20PA01257 : BPAT 6/21 inf. 271). Mais le Conseil d'État a rejeté cette analyse, considérant que les dispositions de l'article 13, 5 du CGI « trouvent à s'appliquer tant à la cession à titre onéreux, par le propriétaire d'un bien ou droit, d'un usufruit portant sur celui-ci qu'à la première cession à titre onéreux, par son titulaire, d'un usufruit préconstitué, dans le cas où le cessionnaire bénéficie du droit d'usufruit pour une période qui n'est pas exclusivement déterminée par la durée de la vie humaine » ; en jugeant que l'apport en société, pour une durée contractuellement fixée à trente ans, de l'usufruit dont l'apporteuse était titulaire à titre viager n'avait pas la nature d'une cession d'usufruit temporaire, la cour administrative d'appel de Paris a méconnu les dispositions précitées (CE 31-3-2022 n° 458518 : BPAT 3/22 inf. 124). La portée de cet arrêt reste toutefois incertaine, puisque dans l'affaire jugée, l'acte d'apport précisait expressément que l'usufruit viager préconstitué était cédé pour une durée de trente ans. S'il résulte de l'arrêt que le Conseil d'État traite identiquement la cession d'un « usufruit temporaire » et la « cession temporaire d'un usufruit viager », reste à savoir si la solution serait la même dans l'hypothèse d'une cession d'usufruit viager préconstitué **sans précision à l'acte de la durée de la cession** : devrait-on alors considérer qu'il s'agit d'une cession d'un usufruit viager non consentie pour une durée fixe, ce qui écarterait l'application de l'article 13, 5 du CGI, ou bien retenir qu'en application de l'article 619 du Code civil, la société cessionnaire bénéficie d'un droit d'usufruit pour une période non exclusivement déterminée par la durée de la vie humaine, ce qui justifierait l'application du dispositif ? On relèvera que dans un arrêt rendu en matière de droits d'enregistrement, pour l'application du barème de l'article 669 du CGI, la Cour de cassation a jugé que la **cession entre sociétés civiles d'un usufruit devant s'éteindre au décès du survivant de deux personnes physiques** est de nature viagère, la circonstance que la durée de cet usufruit ne puisse excéder trente ans aux termes de l'article 619 du Code civil ne lui conférant pas le caractère d'usufruit à durée fixe (Cass. com. 26-9-2018 n° 16-26.503 : RJF 1/19 n° 98).

En tout état de cause, notons que les précisions apportées par l'administration permettent de sécuriser de nombreuses opérations. En particulier, les **apports conjoints (ou ventes conjointes) par un nu-propriétaire et**

un usufruitier viager, sans mention de durée, de leurs droits démembrés à une société sont hors champ d'application de l'article 13, 5 du CGI (en ce sens, BOI-IR-BASE-10-10-30 n° 90, Exemple 1).

c. Selon l'administration, lorsque l'**usufruit temporaire** consenti par le contribuable **s'éteint à l'arrivée du terme** et que ce dernier consent un **nouvel usufruit temporaire**, chacune de ces cessions s'analyse comme une première cession portant sur un usufruit temporaire, dès lors qu'il ne s'agit pas du même usufruit (BOI-IR-BASE-10-10-30 n° 70).

d. Dès lors que les critères qui permettent de caractériser de revenu exceptionnel le produit de la cession, à la fois par sa nature et son montant, sont remplis, ce revenu peut bénéficier du **mécanisme du quotient** prévu à l'article 163-0 A du CGI (BOI-IR-BASE-10-10-30 n° 220).

a. Détermination de la plus-value

Pour déterminer la plus-value imposable, trois cas doivent être distingués : 67755
– la cession isolée de l'usufruit ou de la nue-propriété ;
– la cession conjointe de l'usufruit et de la nue-propriété par les deux titulaires des droits démembrés ;
– la cession de la pleine propriété d'un bien après réunion de la nue-propriété et de l'usufruit sur la tête du cédant.

Remarque importante : Les développements exposés ci-après s'appliquent, lorsqu'il s'agit de la 67757
cession d'un usufruit, aux cessions d'usufruits viagers ainsi qu'aux cessions d'usufruits temporaires autres que la première. Sur les modalités particulières de taxation du produit de la **première cession d'un usufruit temporaire**, voir ci-avant n° 67752.

CESSION ISOLÉE DE L'USUFRUIT OU DE LA NUE-PROPRIÉTÉ

Usufruit ou nue-propriété acquis isolément La **plus-value** correspond à la diffé- 67760
rence entre le prix de cession du droit cédé et son prix d'acquisition ou, s'il a été acquis à titre gratuit, la valeur retenue pour le calcul des droits de mutation à titre gratuit. Cependant, si le démembrement a pour origine une succession ouverte avant le 1er janvier 2004, le prix d'acquisition du droit cédé est retraité à l'aide du barème de l'article 669 du CGI (reproduit n° 64537), en retenant l'âge de l'usufruitier au jour de la cession (CGI art. 150 VB, I). Cette disposition est destinée à éviter que la réévaluation du barème opérée le 1er janvier 2004 augmente fictivement la plus-value en cas de cession d'usufruit et la minore ou crée une moins-value en cas de cession de nue-propriété.
Pour l'application de l'abattement dont bénéficient les biens immobiliers détenus depuis plus de cinq ans (CGI art. 150 VC), la **durée de détention** se calcule à partir de la date d'acquisition du droit vendu.

EXEMPLE

Le propriétaire d'un bien immobilier, marié sous le régime de la séparation de biens, est décédé en décembre 2003, léguant la nue-propriété du bien à son enfant et l'usufruit à son conjoint. Le bien ayant à la date du décès une valeur en pleine propriété de 200 et l'usufruitier étant alors âgé de 50 ans révolus, l'usufruit a été évalué pour le calcul des droits de succession à 200 × 30 % = 60 par application de l'ancien barème de l'article 762 du CGI. En janvier 2024, l'usufruit viager reçu par le conjoint est cédé.
Prix de cession de l'usufruit en 2024 : 100.
Âge du vendeur au jour de la vente : 70 ans.
Valeur d'acquisition de l'usufruit retenue pour le calcul de la plus-value : 40 % × 200 = 80.
Plus-value brute avant abattement pour durée de détention : 100 − 80 = 20.
Nombre d'années de détention pour le calcul de l'abattement : 20.

Bien acquis en pleine propriété Lorsque le bien a été acquis en pleine propriété, la 67765
plus-value imposable est déterminée en tenant compte, d'une part, du prix de cession de la nue-propriété ou de l'usufruit et, d'autre part, de la fraction du prix d'acquisition de la pleine propriété afférente à ce droit. Cette fraction est appréciée au jour de la cession à partir du barème de l'article 669 du CGI (CGI ann. II art. 74 SE). La ventilation de l'article 669 du CGI s'impose, que l'acquisition soit intervenue avant ou après le 1er janvier 2004 (en ce sens, notamment, BOI-RFPI-PVI-20-10-20-10 n° 200). Pour l'application du barème, l'âge de l'usufruitier à prendre en compte est celui du vendeur si le droit cédé est la nue-propriété (avec réserve d'un usufruit viager). Ce devrait être celui de l'acquéreur dans le cas, plus rare, où c'est l'usufruit viager qui est cédé.
Les charges et indemnités augmentatives du prix ainsi que les frais d'acquisition sont retenus dans la même proportion que le prix d'acquisition lui-même (BOI précité).
La **durée de détention** se calcule à partir de la date d'acquisition de l'immeuble en pleine propriété.

EXEMPLE

Cession en janvier 2024 de la nue-propriété d'un immeuble acquis en pleine propriété en décembre 2003, le cédant s'en réservant l'usufruit viager.
Prix d'achat de la pleine propriété : 100.
Prix de cession de la nue-propriété : 80.
Âge du vendeur au jour de la vente : 73 ans.
Valeur d'acquisition de la nue-propriété retenue pour le calcul de la plus-value : 70 % × 100 = 70.
Plus-value brute avant abattement pour durée de détention : 80 − 70 = 10.
Nombre d'années de détention pour le calcul de l'abattement : 20.

67770 **Pleine propriété du bien acquise par réunion de la nue-propriété et de l'usufruit** Dans le cas le plus fréquent où la **nue-propriété** a été **acquise par succession ou par donation** et l'**usufruit par extinction naturelle** au décès de l'usufruitier, les règles sont les suivantes.
En cas de cession de la nue-propriété, la plus-value correspond à l'excédent du prix de cession sur la valeur retenue pour le calcul des droits de donation ou de succession.
En cas de cession de l'usufruit, la plus-value correspond à l'excédent du prix de cession sur la valeur vénale de cet usufruit telle qu'elle a été déclarée dans la succession à l'origine du démembrement (BOI-RFPI-PVI-20-10-20-10 n° 320), ce qui est favorable au contribuable.
Dans les deux cas (cession de la nue-propriété ou de l'usufruit), la valeur retenue pour le calcul des droits de mutation à titre gratuit est recalculée par application du nouveau barème de l'usufruit si le démembrement est d'origine successorale et a eu lieu avant le 1er janvier 2004 : voir n° 67760.

CESSION CONJOINTE DE L'USUFRUIT ET DE LA NUE-PROPRIÉTÉ

67780 **Remarque liminaire** On remarquera qu'alors qu'en matière de plus-values sur valeurs mobilières et droits sociaux, l'administration fiscale précise expressément qui est le **redevable de l'impôt selon les modalités d'attribution du prix de cession** (nos 68220 s.), la situation est beaucoup moins claire en matière de plus-values immobilières. Pendant longtemps, la doctrine administrative indiquait en la matière que, « en cas de cessions conjointes par le nu-propriétaire et l'usufruitier de leurs droits démembrés respectifs, l'opération est susceptible de dégager une plus-value imposable pour chacun des titulaires des droits démembrés ». Depuis 2005, la mention « avec répartition du prix de vente entre les intéressés » a été ajoutée à cet énoncé (BOI-RFPI-PVI-20-10-10 n° 320). Doit-on en inférer qu'à défaut de répartition du prix entre les titulaires de droits démembrés, la règle est différente ? Les règles d'imposition seraient elles en ce cas les mêmes que celles applicables en matière de plus-values mobilières ? En cas de remploi du prix de cession de l'immeuble démembré avec report du démembrement, seul le nu-propriétaire serait-il taxable ? En cas de quasi-usufruit sur le prix de cession, seul l'usufruitier serait-il taxable ? Cette position assurerait une cohérence entre les règles retenues en matière de plus-values mobilières et en matière de plus-values immobilières, là où l'on ne voit pas ce qui justifierait un traitement différencié. Pour autant, si l'administration fiscale avait souhaité que ces règles soient applicables en matière de plus-values immobilières, pourquoi ne l'aurait-elle pas précisé et exposé les différents cas de figure selon les modalités d'attribution du prix, comme elle l'a fait en matière de plus-value mobilières ?
La question reste entière et aucune jurisprudence ne permet, à notre connaissance, d'apporter une réponse certaine en la matière.
Les contribuables qui souhaiteraient retenir, en cas de cession conjointe de droits démembrés sur un immeuble avec remploi du prix et report du démembrement ou constitution qu'un quasi-usufruit sur le prix, la position selon laquelle un seul titulaire des droits démembrés serait taxable sur la plus-value seraient bien avisés d'accompagner leur déclaration d'une mention expresse afin d'éviter les pénalités éventuelles en cas de divergence d'interprétation avec l'administration.

67782 **Détermination du prix de cession** Pour **répartir la plus-value globale** entre les différents propriétaires au prorata de la valeur des droits qu'ils détiennent, le prix de vente global de l'immeuble doit être ventilé de façon à faire apparaître distinctement le prix de chacun des droits.
Cette **ventilation** est en principe effectuée en fonction des valeurs réelles au jour de la vente de chacun des droits de nue-propriété et d'usufruit. Toutefois, l'administration admet, à titre de règle pratique, que cette ventilation soit réalisée en application du barème de l'article 669 du CGI, en tenant compte de l'âge de l'usufruitier au jour de la vente (BOI-RFPI-PVI-20-10-10 n° 320).
Il existe donc ici une tolérance fiscale permettant de choisir entre deux règles de **détermination de la plus-value taxable** : choix entre l'application du barème fiscal, d'une part, et l'évaluation

économique, d'autre part, sous réserve d'aligner le choix fiscal sur la répartition effective du prix (par exemple, en retenant la ventilation qui accroît la part de l'usufruitier lorsque celui-ci bénéficie de l'exonération attachée à la résidence principale). Lors de ce choix, il conviendra d'intégrer le fait que la majoration de la fraction du prix revenant à l'usufruitier, s'il ne la consomme pas, conduira à majorer le patrimoine qu'il devra transmettre à terme à ses héritiers, qui sont généralement les nus-propriétaires.

Détermination du prix d'acquisition Lorsque le **droit démembré** a été **acquis à titre onéreux**, son prix d'acquisition est retenu. 67785

Lorsque le droit cédé a été **acquis à titre gratuit**, son prix d'acquisition est égal à la valeur qui a été retenue pour le calcul des droits de mutation à titre gratuit (CGI art. 150 VB). Cette valeur est retraitée par application du barème de l'article 669 du CGI lorsque le démembrement a pour origine une succession ouverte avant 2004 : voir n° 67760. C'est également le barème de l'article 669 du CGI qui s'applique pour déterminer le prix d'acquisition de l'usufruit en cas de vente d'un immeuble dont la propriété a été démembrée avant 2004 à la suite d'une donation avec réserve d'usufruit (CGI ann. II art. 74 SE : voir n° 67765).

Délai de détention Conformément aux **principes généraux**, que le droit cédé ait été acquis à titre gratuit ou à titre onéreux, le délai de détention se calcule à partir de la date d'acquisition du droit vendu. 67787

> **Précisions** Si l'on défend l'analyse de l'imposition d'un seul titulaire des droits démembrés **en l'absence de répartition du prix de cession** (voir n° 67780), il pourrait être défendu que le délai de détention du seul détenteur de droit imposé doit être retenu (solution retenue en matière de plus-value mobilière).

CESSION DE LA PLEINE PROPRIÉTÉ APRÈS RÉUNION DE LA NUE-PROPRIÉTÉ ET DE L'USUFRUIT SUR LA TÊTE DU CÉDANT

Le régime fiscal varie en fonction des modalités d'acquisition des droits démembrés. 67790

a. Nue-propriété acquise à titre gratuit (par donation ou succession) ou à titre onéreux et usufruit acquis par extinction naturelle.

Bien que le prix d'acquisition de l'usufruit acquis par voie d'extinction soit nul, l'administration admet de calculer la plus-value immobilière à partir de la valeur vénale de la pleine propriété du bien à la date d'entrée de la nue-propriété dans le patrimoine du cédant (BOI-RFPI-PVI-20-10-20-10 n°s 220 et 350). Cette mesure est favorable au contribuable.

Le délai de détention court à compter de l'acquisition de la nue-propriété.

b. Nue-propriété et usufruit acquis à titre onéreux.

La plus-value est déterminée par différence entre le prix de cession et la somme des prix d'acquisition des deux droits démembrés.

La durée de détention se calcule à partir de la première des deux acquisitions.

c. Nue-propriété et usufruit acquis à titre gratuit (par donation ou succession).

La plus-value est déterminée par différence entre le prix de cession et la somme des valeurs vénales retenues lors de chaque mutation (donation ou succession).

La durée de détention se calcule à partir de la première des deux acquisitions.

d. Nue-propriété acquise à titre gratuit (par donation ou succession) et usufruit acquis à titre onéreux.

La plus-value est déterminée par différence entre le prix de cession et la somme de la valeur vénale de la nue-propriété retenue lors de la donation ou de la succession et du prix d'acquisition de l'usufruit.

La durée de détention se calcule à partir de la première des deux acquisitions.

> **Précisions** Dans l'hypothèse visée au a, lorsque la **nue-propriété du bien appartient à un légataire, un donataire ou un héritier présomptif de l'usufruitier** et qu'au décès de ce dernier l'administration met en œuvre la présomption de l'article 751 du CGI qui lui permet d'établir les droits de succession sur la valeur de la pleine propriété du bien au moment du décès, la question se pose de savoir si le légataire, donataire ou héritier devenu plein propriétaire peut retenir comme prix d'acquisition du bien la valeur ayant ainsi servi de base aux droits de succession. Les juges du fond sont divisés sur cette question (CAA Paris 15-10-2003 n° 01-830 : RJF 3/04 n° 253 ; CAA Bordeaux 28-3-2014 n° 12BX00643 : BPAT 3/14 inf. 137), qui devra donc être tranchée, dans un sens que l'on espère favorable au contribuable, par le Conseil d'État.

b. Application des exonérations

67800 **De façon générale**, le démembrement de propriété, quelle qu'en soit l'origine, ne fait pas obstacle à l'application des dispositifs d'exonération des plus-values immobilières. Les dispositifs examinés ci-après ne s'appliquent toutefois qu'à condition que le produit de la cession relève du régime des plus-values. Sur l'exclusion de ce régime du produit de la **première cession d'un usufruit temporaire**, voir n° 67752.

EXONÉRATION AU TITRE DE LA RÉSIDENCE PRINCIPALE

67801 Lorsque le **bien** est **détenu en pleine propriété**, la cession de l'usufruit ou de la nue-propriété peut bénéficier de l'exonération dès lors que l'immeuble répond à la définition de la résidence principale (résidence habituelle et effective du propriétaire cédant).

67802 Lorsque le **bien** est **détenu en démembrement** par des personnes différentes avant la cession de l'un des droits démembrés, il convient de distinguer :
– si l'**usufruitier** cède son droit, il peut bénéficier de l'exonération dans la mesure où l'immeuble constitue sa résidence principale ;
– si le **nu-propriétaire** cède son droit, il ne peut généralement pas bénéficier de l'exonération faute de remplir la condition légale d'occupation à titre habituel.
Lorsque l'immeuble constitue la résidence principale à la fois de l'usufruitier et du nu-propriétaire, la plus-value réalisée lors de la **cession du logement** peut, en principe, bénéficier de l'exonération. Toutefois, dans le cas où la jouissance des locaux est répartie entre l'usufruitier et le nu-propriétaire (cas d'appartements séparés dans un même immeuble), l'exonération est limitée à la fraction des droits correspondant aux locaux effectivement utilisés par leurs titulaires à titre de résidence principale (BOI-RFPI-PVI-10-40-10 n° 100). Lorsque le **bien** est **détenu par l'intermédiaire d'une société civile** non soumise à l'impôt sur les sociétés dont les parts sont démembrées, l'usufruitier des parts qui occupe le bien immobilier gratuitement à titre de résidence principale peut bénéficier de l'exonération sur l'intégralité de la plus-value lorsque les statuts prévoient que les plus-values sur cession de biens immobiliers reviennent à l'usufruitier (voir n°s 68130 s).

AUTRES EXONÉRATIONS

67805 Parmi les autres dispositifs d'exonération applicables, le plus important est celui tenant à la **durée de détention** de l'immeuble ou des droits cédés, qui résulte de l'application de l'abattement prévu à l'article 150 VC du CGI. Ce dispositif peut bénéficier au nu-propriétaire comme à l'usufruitier (sur le décompte du délai de détention, voir n°s 67760 à 67790).
La cession de droits réels démembrés (usufruit, nue-propriété) portant sur un logement peut bénéficier de l'exonération prévue en faveur de la **première cession d'un logement autre que la résidence principale** pour les cédants qui ne sont pas, directement ou par personne interposée, propriétaires de leur résidence principale (CGI art. 150 U, II-1° bis). Pour l'application de ce dispositif, l'administration considère qu'est réputé propriétaire de sa résidence principale le contribuable qui en est seulement nu-propriétaire ou usufruitier, ce qui est de nature à priver le contribuable du bénéfice de l'exonération pour la cession des autres logements qu'il détient (BOI-RFPI-PVI-10-40-30 n° 40 ; analyse confirmée par CE 15-7-2021 n° 453490 : BPAT 5/21 inf. 228 et CE QPC 12-10-2021 n° 454641 : BPAT 6/21 inf. 272). Notons par ailleurs que l'exonération est subordonnée au remploi du prix de cession à l'acquisition ou la construction d'un logement en pleine propriété : elle ne s'applique pas lorsque le prix de cession est affecté à l'acquisition de droits démembrés (BOI précité n° 200).
En ce qui concerne les **cessions inférieures à 15 000 €**, ce seuil s'apprécie par rapport à la valeur de la pleine propriété du bien en cas de cession isolée ou conjointe de l'usufruit ou/et de la nue-propriété (CGI art. 150 U, II-6°). La cession de droits démembrés n'est donc exonérée que si la valeur de la pleine propriété de l'immeuble n'atteint pas 15 000 €. Lorsque le droit démembré cédé est en indivision, le seuil de 15 000 € s'apprécie au regard de chaque quote-part indivise en pleine propriété.

SECTION 4

DÉMEMBREMENT D'ACTIONS ET PARTS SOCIALES

A. Régime juridique du démembrement d'actions et parts sociales

SOURCES DE DROIT

Le partage des prérogatives entre usufruitier et nu-propriétaire de droits sociaux soulève un certain nombre de questions qui nécessitent de combiner règles générales du **droit des biens** et dispositions du **droit des sociétés**. 67850

Une large place est toutefois laissée à la **convention des parties**, qui disposent d'une certaine liberté pour répartir les droits et obligations entre usufruitier et nu-propriétaire.

QUI A LA QUALITÉ D'ASSOCIÉ EN CAS DE DÉMEMBREMENT DU DROIT DE PROPRIÉTÉ DES TITRES ?

Certains **droits et obligations** accordés ou imposés par le droit des sociétés sont expressément attachés à la qualité d'associé. En cas de démembrement du droit de propriété des titres, comment se répartissent-ils entre l'usufruitier et le nu-propriétaire ? 67855

La qualité d'associé suppose la réunion de **trois conditions** : avoir fait un apport, participer aux bénéfices (ou aux économies) et aux pertes, avoir eu la volonté de s'associer (affectio societatis). 67857
Il est de longue date établi que le **nu-propriétaire** réunit ces trois conditions et a la qualité d'associé (en ce sens, par exemple, Cass. com. 4-1-1994 n° 31 P : RJDA 5/94 n° 526 ; Cass. 2e civ. 13-7-2005 n° 02-15.904 FS-PB : RJDA 11/05 n° 1224 ; Cass. 3e civ. 17-1-2019 n° 17-26.695 FS-PBI : RJDA 4/19 n° 258).
La question a en revanche été longtemps discutée s'agissant de l'**usufruitier** (contre la reconnaissance de la qualité d'associé à l'usufruitier, A. Viandier, La notion d'associé : LGDJ 1978 nos 173 s. ; Th. Revet, note sous Cass. 3e civ. 29-11-2006 n° 05-17.009 FS-PB : RTD civ. 2007 p. 153 ; en faveur de cette reconnaissance, J. Derruppé, Un associé méconnu : l'usufruitier de parts ou d'actions : Defrénois 1994 art. 35894 p. 1137 ; voir aussi M. Cozian, Du nu-propriétaire ou de l'usufruitier, qui a la qualité d'associé ? : JCP E 1994 nos 28-29 p. 339 ; A. Ballot-Léna, L'usufruitier de droits sociaux : un statut sui generis ? : Droit des sociétés n° 6, juin 2010, étude 9).
Dans son important avis du 1er décembre 2021, la chambre commerciale de la Cour de cassation a tranché la question, affirmant très clairement, en se fondant sur l'article 578 du Code civil – et donc sur le terrain du droit des biens – que « l'usufruitier de parts sociales ne peut se voir reconnaître la qualité d'associé, qui n'appartient qu'au nu-propriétaire » ajoutant cependant aussitôt « qu'il doit pouvoir provoquer une délibération des associés sur une question susceptible d'avoir une incidence directe sur son droit de jouissance » (Cass. com. avis 1-12-2021 n° 20-15.164 FS-D : BRDA 2/22 inf. 1). Cette formulation a été reprise en tous points par la troisième chambre civile dans son arrêt du 16 février 2022 (Cass. 3e civ. 16-2-2022 n° 20-15.164 FS-B : BPAT 2/22 inf. 104). Désormais, le débat sur la qualité d'associé semble clos : l'usufruitier n'est pas associé (seul l'est le nu-propriétaire), mais il peut exercer les droits dévolus à l'associé dès lors que ceux-ci ont une incidence directe sur son droit de jouissance (la difficulté résidant dorénavant dans l'interprétation du critère de « l'incidence directe »).

> **Précisions** **a.** Dans un arrêt rendu avant que la loi 2019-744 du 19 juillet 2019 ne confère à l'usufruitier, comme au nu-propriétaire, le **droit** intangible **de participer** à toutes les **décisions collectives** (voir ci-après n° 67900), la troisième chambre civile de la Cour de cassation avait jugé – au vu de l'article 1844 du Code civil dans sa version alors en vigueur – que l'assemblée générale ayant eu pour objet des décisions collectives autres que celles concernant l'affectation des bénéfices ne saurait être annulée au motif que l'usufruitier des parts n'aurait pas été convoqué pour y participer (Cass. 3e civ. 15-9-2016 n° 15-15.172 FS-PB : RJDA 12/16 n° 869). Si la Cour de cassation ne s'était pas à cette occasion explicitement prononcée sur la qualité d'associé de l'usufruitier, elle l'avait, à notre sens, refusée implicitement mais nécessairement par cette décision, tout associé ayant le droit de participer aux décisions collectives (C. civ. art. 1844, al. 1).
> **b.** Pour l'application de la règle imposant l'inscription au **registre du commerce et des sociétés** (RCS) des associés tenus indéfiniment des dettes sociales, le comité de coordination

du RCS a précisé qu'en cas de démembrement de propriété de parts sociales, seul le nu-propriétaire, à qui est reconnue la qualité d'associé, doit être mentionné. L'usufruitier n'ayant pas cette qualité, il ne doit pas être déclaré dans ce registre (Avis 05-27 du CCRCS).

c. La reconnaissance de la qualité d'associé au seul nu-propriétaire entraîne notamment les effets suivants :

– dans les sociétés dont les associés répondent indéfiniment des dettes (sociétés en nom collectif et sociétés civiles, notamment), c'est sur le nu-propriétaire des parts que pèse l'**obligation au passif social**. L'usufruitier n'y est pas tenu ;

– dans le cas où toutes les parts d'une société civile viendraient à être réunies sur la tête d'un même nu-propriétaire et quel que soit le nombre des usufruitiers, la société devrait être considérée comme ne comprenant qu'un seul associé et, par conséquent, pourrait faire l'objet d'une **demande de dissolution** dans les conditions fixées à l'article 1844-5, alinéa 1 du Code civil ;

– l'usufruitier ne peut pas être **gérant de la société** si les statuts exigent la qualité d'associé pour exercer cette fonction.

CONSEIL

De façon générale, la reconnaissance de la qualité d'associé au seul nu-propriétaire impose de revisiter les **statuts des sociétés** pour s'assurer que les clauses qu'ils prévoient, ou que les dispositions qui s'appliquent en l'absence de clauses spécifiques, sont adaptées à cette évolution. Il sera souvent souhaitable de veiller à ce que l'**usufruitier détienne au moins une part en pleine** propriété pour être également associé de la société.

1. DROIT DE VOTE ET DE PARTICIPATION AUX DÉCISIONS COLLECTIVES

RÉPARTITION DU DROIT DE VOTE ENTRE TITULAIRES DE DROITS DÉMEMBRÉS

67880 La loi organise la répartition du droit de vote entre l'usufruitier et le nu-propriétaire de droits sociaux, sans égard à la question de la qualité d'associé (voir ci-avant n° 67857), en distinguant les sociétés par actions autres que les SAS, d'une part, et les sociétés dont le capital est divisé en parts sociales ainsi que les SAS, d'autre part.

67885 Dans les **sociétés par actions autres que les SAS** (sociétés anonymes et sociétés en commandite par actions), la **règle** est la suivante : l'usufruitier a le droit de vote dans les assemblées générales ordinaires et le nu-propriétaire dans les assemblées générales extraordinaires (C. com. art. L 225-110). L'usufruitier aura par exemple qualité pour approuver les comptes de l'exercice, tandis que le nu-propriétaire sera compétent pour se prononcer sur la modification des statuts.
Toutefois, cette disposition ne revêt pas un caractère impératif. Les **statuts** peuvent y déroger, soit en prévoyant une répartition différente du droit de vote entre l'usufruitier et le nu-propriétaire (par exemple, attribution du droit de vote au nu-propriétaire pour toutes les décisions autres que celles concernant l'affectation des bénéfices ou attribution du droit de vote à l'usufruitier pour toutes les assemblées), soit en laissant aux intéressés le soin de procéder eux-mêmes à cette répartition sous réserve d'en informer la société dans un délai et selon des formes déterminées. En revanche, les statuts ne peuvent pas priver l'usufruitier du droit de voter l'affectation des bénéfices, de sorte qu'est nulle la clause conférant au nu-propriétaire le droit de vote pour toutes les décisions collectives (Cass. com. 31-3-2004 n° 624 FS-PB : RJDA 6/04 n° 711 ; A. Viandier, L'irréductible droit de vote de l'usufruitier : RJDA 8-9/04 p. 859).

67890 Dans les **sociétés dont le capital est divisé en parts sociales** (sociétés civiles, sociétés en nom collectif, sociétés à responsabilité limitée, etc.), ainsi que dans les **sociétés par actions simplifiées** (SAS), la **règle** est la suivante : le droit de vote appartient au nu-propriétaire, sauf pour les décisions concernant l'affectation des bénéfices, où il est réservé à l'usufruitier (C. civ. art. 1844, al. 3).
Les **statuts** peuvent toutefois organiser de manière différente la répartition du droit de vote entre l'usufruitier et le nu-propriétaire (C. civ. art. 1844, al. 4) : par exemple, en transposant les règles concernant les SA (droit de vote à l'usufruitier pour les décisions collectives ordinaires et au nu-propriétaire pour les décisions collectives entraînant modification des statuts). En revanche, les statuts ne peuvent pas priver l'usufruitier du droit de voter l'affectation des bénéfices.
Par ailleurs, pour les décisions autres que l'affectation des bénéfices, le nu-propriétaire et l'usufruitier peuvent par **convention** s'accorder pour que le droit de vote soit exercé par ce dernier, les statuts ne pouvant pas interdire ou limiter cette convention (C. civ. art. 1844, al. 3 et 4 modifiés par loi 2019-744 du 19-7-2019). Cette convention constitue un mandat portant sur l'exercice du droit de vote. Elle peut concerner tout ou partie des parts grevées d'usufruit. Elle doit être

conclue entre un ou plusieurs usufruitiers et le ou les nus-propriétaires détenant la nue-propriété correspondante ; en cas d'indivision en usufruit ou en nue-propriété, chaque indivisaire doit consentir à la convention. La convention doit déterminer les décisions pour lesquelles le ou les usufruitiers exerceront le droit de vote : exercice du droit de vote dans toutes les assemblées, ou pour tel ou tel type de décisions. Même si la convention s'analyse en un mandat, elle peut, à notre avis, être conclue pour toute la durée de l'usufruit, ou pour une durée moindre, mais sans pour autant être nécessairement limitée à une seule assemblée (en ce sens, R. Mortier, Maîtriser le nouvel exercice conventionnel par l'usufruitier du droit de vote du nu-propriétaire : JCP N 2019 n° 1288 ; S. Castagné, Répartir conventionnellement l'exercice du droit de vote entre usufruitiers et nus-propriétaires : un exercice délicat ! : Dr. sociétés 2020 formule n° 1). Par application du droit commun du mandat (C. civ. art. 2003), la convention peut être révoquée par le nu-propriétaire ou l'usufruitier peut y renoncer, et elle prend fin par le décès ou la mise sous tutelle du nu-propriétaire ou de l'usufruitier.

CONSEIL

Pour assurer une pleine efficacité à la convention, il convient, à notre avis, que la **société** soit dûment **informée** de son existence et de son contenu : parties à la convention, durée de celle-ci, portée sur l'exercice du droit de vote, etc. Usufruitier ou nu-propriétaire, voire les deux à la fois, peuvent procéder à cette information dans des conditions telles qu'envoi d'une lettre recommandée AR ou remise contre émargement ou récépissé comportant une copie de la convention qu'ils ont signée.

DÉMEMBREMENT ET DROIT DE PARTICIPER AUX DÉCISIONS COLLECTIVES

La loi pose désormais comme principe que, « si une part est grevée d'un usufruit, le nu-propriétaire et l'usufruitier ont le droit de participer aux décisions collectives », **quel que soit le titulaire du droit de vote** et **sans que les statuts puissent y déroger** (C. civ. art. 1844, al. 3 et 4 modifiés par loi 2019-744 du 19-7-2019, dont les dispositions sont entrées en vigueur le 21-7-2019 ; sur la jurisprudence antérieure, voir Précisions ci-après). **67900**

Désormais, tant l'usufruitier que le nu-propriétaire doivent donc être **convoqués** à toutes les assemblées, y compris à celles auxquelles le titulaire du droit démembré concerné ne dispose pas du droit de vote. À défaut de disposer d'une voix délibérative, il pourra au moins **s'y exprimer** librement. Il devra lui être adressé les mêmes **documents d'information** qu'au titulaire du droit de vote.

> **Précisions** **Avant la loi 2019-744 du 19 juillet 2019**, la Cour de cassation avait déjà jugé que, du fait de sa qualité d'associé, le **nu-propriétaire** ne pouvait pas être privé du droit de participer à toutes les assemblées, même celles dans lesquelles le droit de vote était exercé par l'usufruitier (Cass. com. 4-1-1994 n° 31 P : RJDA 5/94 n° 526 ; Cass. 2e civ. 13-7-2005 n° 1252 : RJDA 11/05 n° 1224 ; Cass. com. 2-12-2008 n° 08-13.185 : RJDA 3/09 n° 231). En revanche, ce droit était refusé à l'**usufruitier** (Cass. 3e civ. 15-9-2016 n° 15-15.172 FS-PB : RJDA 12/16 n° 869).

LIMITES À L'EXERCICE DU DROIT DE VOTE DES TITULAIRES DE DROITS DÉMEMBRÉS

Le titulaire du droit de vote, selon le cas usufruitier ou nu-propriétaire, doit en tout état de cause exercer son droit dans le respect des droits fondamentaux de l'autre titulaire de droits démembrés. **67910**

Le **nu-propriétaire** « ne peut, par son fait, ni de quelque manière que ce soit, nuire aux droits de l'usufruitier » (C. civ. art. 599). La Cour de cassation a jugé que le nu-propriétaire n'avait pas un comportement abusif lorsqu'il s'opposait à la prorogation d'une société qui devait prendre fin par arrivée du terme initialement prévu (Cass. 1e civ. 8-3-1988 n° 86-11.144 : Bull. civ. I n° 67). La solution aurait peut-être été différente si, au lieu d'avoir une attitude passive (ne pas proroger), le nu-propriétaire avait eu une démarche active (dissoudre la société de manière anticipée) car, dans cette situation, la jouissance de l'usufruitier aurait été modifiée par rapport au contrat initial.

Réciproquement, l'abus de jouissance de son droit par l'**usufruitier** permettrait au nu-propriétaire d'en demander la déchéance sur le fondement de l'article 618 du Code civil. Jugé que n'a pas un comportement abusif l'usufruitier qui, conformément aux droits que lui reconnaissent les statuts, vote la fusion de la société, dès lors qu'il n'est pas établi que la décision a été prise dans un intérêt contraire à celui de la société, dans le seul dessein de favoriser les intérêts personnels de l'usufruitier au détriment de ceux des autres associés ; peu importe à cet égard que l'usufruitier n'ait pas tenu compte de l'opposition exprimée par le nu-propriétaire et que la délibération adoptée ait fait perdre au nu-propriétaire une prérogative essentielle sur la société (Cass. com. 2-12-2008 n° 08-13.185 : RJDA 3/09 n° 231). Dans la lignée de cette jurisprudence, jugé que l'usufruitier de la quasi-totalité des actions d'une SA à qui les statuts réservaient le droit de voter toute décision collective et qui avait approuvé en assemblée la transformation de la société en société en commandite par actions n'avait pas abusé de son droit, l'usufruitier n'ayant été animé que par la volonté de préserver et voir prospérer la société (CA Douai 13-2-2013 n° 11/05224 : RJDA 11/13 n° 905).

2. AUTRES PRÉROGATIVES DE GOUVERNEMENT

67932 Certains droits sont ouverts à tout intéressé sans considération de la qualité d'associé et peuvent donc être exercés tant par le nu-propriétaire que par l'usufruitier.

Il s'agit notamment du droit d'**agir en réparation de son préjudice personnel** à l'encontre des dirigeants ou du droit de **demander l'expertise** de l'article 145 du CPC (demande, sur requête ou en référé, de mesures d'instruction lorsqu'il existe un motif légitime de conserver ou d'établir avant tout procès la preuve de faits dont pourrait dépendre la solution d'un litige).

Paraît également ouvert à l'usufruitier comme au nu-propriétaire le droit de requérir la **nomination d'un administrateur provisoire**. Il a en effet été jugé que « toute personne justifiant d'un intérêt peut requérir cette mesure, à condition qu'elle ait un lien de droit avec la société concernée » (Cass. com. 16-2-1988 n° 86-16.240 : RD bancaire et bourse 8/1988 p. 131 ; Cass. com. 10-11-2009 : obs. Hovasse, Droit des sociétés n° 1, janvier 2010, comm. 8).

67934 Pour d'autres droits dont l'exercice requiert en principe la qualité d'associé et parfois la détention d'un pourcentage minimal du capital, la solution est plus délicate. Parmi ces droits, figurent notamment :

– le droit de **demander une expertise de gestion** dans les SARL ou les sociétés par actions (C. com. art. L 223-37 et L 225-231) ;

– le droit de **demander** au gérant de SARL de procéder à la **convocation d'une assemblée générale** (C. com. art. L 223-27, al. 4) et le droit de demander au gérant de société civile de **provoquer une délibération des associés** sur une question déterminée (Décret 78-704 art. 39) ;

– le droit de **requérir l'inscription de projets de résolution à l'ordre du jour** de l'assemblée (C. com. art. L 223-27, al. 5 pour les SARL et art. L 225-103, al. 2 pour les SA) ;

– l'**exercice ut singuli** (par les associés eux-mêmes) **de l'action sociale** (C. civ. art. 1843-5, al. 1) ;

– le droit de **demander la prorogation** de la société (C. civ. art. 1833-6) ;

– le droit de **demander la dissolution** de la société pour justes motifs (C. civ. art. 1844-7, 5°).

En principe, ces prérogatives devraient être réservées au nu-propriétaire, qui seul a la qualité d'associé (n° 67857). La Cour de cassation admet toutefois que l'usufruitier de parts sociales peut provoquer une délibération des associés sur une question susceptible d'avoir une incidence directe sur son droit de jouissance des droits sociaux (Cass. com. avis 1-12-2021 n° 20-15.164 FS-D : BPAT 1/22 inf. 47 et Cass. 3ᵉ civ. 16-2-2022 n° 20-15.164 FS-B : BPAT 2/22 inf. 104, à propos d'un usufruitier de parts d'une société civile qui réclamait une délibération ayant pour objet la révocation du gérant et la nomination de cogérants). Ce nouveau critère d'« incidence directe sur le droit de jouissance des droits sociaux » de l'usufruitier retenu par la Cour de cassation devrait permettre à l'usufruitier d'exercer certaines autres prérogatives que la loi réserve aux associés, par exemple le droit de demander la nomination d'un expert de gestion dans les SARL ou les sociétés par actions, la mauvaise gestion de l'entreprise pouvant entraîner une disparition des bénéfices et donc porter une atteinte directe à la jouissance de l'usufruitier.

3. DROIT AUX BÉNÉFICES

PRINCIPES

67950 L'usufruitier a droit aux bénéfices afférents aux droits sociaux qu'il détient. La notion de bénéfice s'entend ici du **bénéfice distribué**, et non du bénéfice distribuable : c'est la décision de distribution prise par les associés en assemblée qui fait naître le droit de l'usufruitier (Cass. com. 5-10-1999 n° 1443 : RJDA 1/00 n° 34 ; Cass. com. 28-11-2006 n° 04-17.486 : RJDA 2/07 n° 152 ; Cass. com. 10-2-2009 n° 07-21.806 : RJF 5/09 n° 514 ; Cass. com. 31-3-2009 n° 08-14.053 : RJF 7/09 n° 698).

À compter de la décision de distribution, l'usufruitier devient créancier de la société à hauteur de la quote-part de résultat distribué lui revenant.

67952 Le résultat devenant un fruit à partir de la décision de distribution, l'usufruitier ne peut faire valoir aucun droit sur les **bénéfices en instance d'affectation** ou **mis en réserve**. Ceux-ci, jusqu'à la décision de distribution, accroissent le capital et donc la base sur laquelle portent les droits des nus-propriétaires.

ORIGINE DES DISTRIBUTIONS

En l'absence de disposition spécifique des statuts, le droit de l'usufruitier au bénéfice distribué s'exerce à notre avis quelle que soit l'origine de ce bénéfice : **résultat courant** ou résultat **exceptionnel**. 67955

Il convient, en revanche, de distinguer selon que le bénéfice distribué est prélevé sur le bénéfice de l'exercice ou sur les réserves. 67957

L'usufruitier a droit au **bénéfice distribué de l'exercice**. En revanche, il nous semble que c'est le nu-propriétaire qui a droit aux **distributions de réserves**, sous réserve de l'exercice par l'usufruitier de son droit d'usufruit sur les actifs distribués. Dans le cas le plus courant où la distribution de réserves est réalisée par le versement d'une somme d'argent, l'usufruitier dispose d'un quasi-usufruit légal sur la somme ainsi distribuée, à charge pour lui de la restituer à l'expiration de l'usufruit et le cas échéant, d'employer ou de fournir caution conformément aux articles 601 et 602 du Code civil.

Les statuts peuvent cependant déroger à ces règles et prévoir, par exemple, que les sommes distribuées seront réparties entre l'usufruitier et le nu-propriétaire, chacun d'eux recevant une quote-part en pleine propriété déterminée en fonction de l'espérance de vie de l'usufruitier et du taux d'intérêt du placement de la somme, ou encore qu'en cas d'utilisation de réserves pour assurer un montant de distribution minimal fixé dans les statuts, les sommes reviendront au seul usufruitier. Les statuts pourraient également imposer le remploi des sommes avec report du démembrement de propriété.

Ces solutions nous semblent validées par la jurisprudence de la Cour de cassation, malgré l'incertitude générée par un arrêt de sa chambre civile. Par deux arrêts rendus par sa chambre commerciale en matière fiscale, la Cour de cassation a jugé que, dans le cas où la collectivité des associés d'une société décide de distribuer un dividende par prélèvement sur les réserves, le droit de jouissance de l'usufruitier des droits sociaux s'exerce, sauf convention contraire entre celui-ci et le nu-propriétaire, sous la forme d'un quasi-usufruit sur le produit de cette distribution revenant aux parts grevées d'usufruit. En conséquence, l'usufruitier se trouve tenu, en application de l'article 587 du Code civil, d'une dette de restitution exigible au terme de l'usufruit (Cass. com. 27-5-2015 n° 14-16.246 : BPAT 4/15 inf. 124 ; Cass. com. 24-5-2016 n° 15-17.788 : BPAT 4/16 inf. 168 ; voir également P. Julien Saint-Amand et S. Gonsard, Droits sociaux démembrés et quasi-usufruit sur les réserves distribuées : Sol. Not. 10/15 inf. 192). Soulignons que les hauts magistrats ont souhaité donner à l'un de ces arrêts pris en formation de section la plus grande portée, l'arrêt étant classé PBRI.

Un arrêt rendu par la chambre civile est toutefois venu semer le trouble en posant comme principe, dans une formulation lapidaire, et dans une situation dans laquelle les statuts étaient silencieux, que les bénéfices mis en réserve « constituent un accroissement de l'actif social et reviennent en tant que tel au nu-propriétaire », qui doit seul bénéficier des fonds provenant de leur distribution (Cass. 1e civ. 22-6-2016 n° 15-19.471 : BRDA 13/16 inf. 1 ; P. Julien Saint-Amand et S. Gonsard, Droits sociaux démembrés et distribution de réserves : la Cour de cassation se prononce à nouveau : Sol. Not. 10/16 inf. 198).

Dans l'attente d'une harmonisation claire de la position de la chambre civile et de la chambre commerciale de la Cour de cassation, les titulaires de droits démembrés portant sur les titres d'une société seront bien avisés de préciser dans les statuts les droits des nus-propriétaires et des usufruitiers sur les réserves de la société.

4. DROIT DE DISPOSER DES TITRES

CESSION DE DROITS SOCIAUX DÉMEMBRÉS : RÈGLES GÉNÉRALES

Ni l'usufruitier ni le nu-propriétaire ne peut, en l'absence de convention le prévoyant, disposer seul de la **pleine propriété** des droits sociaux sur lesquels porte le démembrement. 67970

Chacun peut seulement céder son propre droit : l'**usufruit** pour l'usufruitier, la **nue-propriété** pour le nu-propriétaire. Ajoutons que le droit reconnu à chacun de céder son droit peut être restreint par certaines clauses insérées lors de la constitution du démembrement. Ce sera le cas, par exemple, des clauses d'inaliénabilité généralement insérées dans les donations avec réserve d'usufruit.

L'impossibilité, tant pour l'usufruitier que pour le nu-propriétaire, de disposer seul de la pleine propriété des titres entraîne une lourdeur de gestion. 67975

Différentes techniques s'offrent aux parties pour obtenir conventionnellement la souplesse qu'elles peuvent souhaiter : **mandat** de gestion classique ou, pour éviter le risque de révocabilité, mandat d'intérêt commun, qualification volontaire des titres en choses consomptibles de façon à permettre l'établissement d'un **quasi-usufruit** (sur la question de la validité juridique de cette technique, voir n° 67035), création d'une **société civile de portefeuille** à laquelle les droits démembrés sont apportés.

Les parties peuvent également introduire diverses **clauses contractuelles** telle la clause de cession conjointe, qui impose à celui qui cède son droit démembré à un tiers d'obtenir de son acquéreur qu'il propose de racheter l'autre fraction démembrée du titre cédé sur la base d'une valorisation en pleine propriété identique, ou encore la clause de cession forcée qui impose au détenteur d'un droit démembré de le céder lorsque le détenteur de l'autre droit cède le sien. Il peut être prévu également une clause de préemption unilatérale ou réciproque, ou encore la clause dite de « buy or sell » permettant à chacun des titulaires de droits démembrés de proposer l'achat du droit de l'autre et obligeant l'autre en cas de refus à acheter le droit de l'offreur sur les mêmes bases.

67980 **Agrément** Lorsque la loi ou les statuts imposent l'agrément des associés, il ne fait aucun doute que les opérations portant sur la **nue-propriété** des titres doivent être agréées. Céder la nue-propriété de parts sociales à un tiers revient en effet à lui transférer la qualité d'associé, ce qui justifie le contrôle des autres associés.

67982 Dès lors que l'usufruitier n'a pas la qualité d'associé (n° 67857), les clauses d'agrément qui ne visent pas expressément les cessions d'**usufruit** ne devraient pas s'appliquer à la cession isolée ou à la constitution d'un droit d'usufruit.

Les équilibres de la société pourraient pourtant être affectés par cette cession d'usufruit. En effet, les droits de vote de l'usufruitier prévus légalement ou statutairement peuvent être significatifs.

Dans les sociétés où domine l'intuitu personae (société civile ou société en nom collectif, par exemple), il paraît possible de distinguer l'acquisition de la qualité d'usufruitier (incluant notamment le droit de recevoir le dividende) qui, sauf clause spéciale, ne devrait pas requérir l'agrément, de la possibilité pour l'usufruitier de participer aux décisions collectives qui serait subordonnée à l'agrément des autres associés. À défaut d'agrément de l'usufruitier, le nu-propriétaire serait conduit à exercer les prérogatives attachées aux parts, sauf à restituer à l'usufruitier les dividendes qu'il aurait perçus.

CONSEIL

Pour limiter les incertitudes, il est essentiel de **prévoir expressément dans les statuts** que l'agrément s'applique (ou qu'il ne s'applique pas) aux cessions d'usufruit. De la même façon, il est important de prévoir que l'usufruitier dispose du droit de vote (ou qu'il n'en dispose pas) pour agréer les cessions de droits en propriété, en nue-propriété ou en usufruit.

67990 **Répartition du prix en cas de vente conjointe** La cession des droits sociaux sur lesquels porte le démembrement se traduit en principe par le partage du prix entre le nu-propriétaire et l'usufruitier, au prorata de la valeur de leurs droits respectifs (C. civ. art. 621). Mais rien n'empêche les parties de convenir d'un report du démembrement sur les biens qui seront acquis à l'aide du produit de la vente ou encore d'un quasi-usufruit sur le prix de cession au profit de l'usufruitier. Nous verrons plus loin que les modalités de répartition du prix influent directement sur le redevable de l'impôt sur la plus-value de cession : chacun des titulaires de droits démembrés en cas de répartition du prix, nu-propriétaire en cas de report du démembrement, quasi-usufruitier en cas de quasi-usufruit.

CESSIONS AU SEIN D'UN PORTEFEUILLE DE VALEURS MOBILIÈRES

68000 Les valeurs mobilières ne constituent pas par nature des biens consomptibles par le premier usage, de sorte que l'usufruitier ne dispose pas d'un **quasi-usufruit** lui permettant d'appréhender le produit de la cession des titres ou de le réinvestir en dehors du portefeuille. Parallèlement, ses créanciers ne peuvent pas saisir la pleine propriété des titres.

Cela dit, l'usufruitier d'un portefeuille de valeurs mobilières dispose de pouvoirs très étendus. En effet, selon la jurisprudence, le portefeuille de valeurs mobilières constitue une **universalité de biens**, ce qui conduit l'usufruitier à **pouvoir disposer des titres, sous réserve de les remplacer** par d'autres valeurs mobilières (Cass. 1e civ. 12-11-1998 n° 96-18.041 : Bull. civ. I n° 315). Cette solution facilite la gestion par l'usufruitier du portefeuille démembré, tout en protégeant le nu-propriétaire par l'obligation de réinvestissement. On notera toutefois qu'en pratique, les banques demanderont au nu-propriétaire de signer une procuration au profit de l'usufruitier, n'ayant au moment de la cession aucune certitude que la condition de remploi du prix (à laquelle est subordonné le droit pour l'usufruitier de vendre seul reconnu par la jurisprudence) sera respectée et ne pouvant donc valider la décision de cession prise par l'usufruitier sans engager leur responsabilité.

Si l'**usufruitier consomme tout ou partie du prix de vente des titres** dont il a décidé la cession, il porte atteinte à la substance du portefeuille de valeurs mobilières. Il commet alors un abus de jouissance, qui peut être sanctionné par la déchéance conformément à l'article 618 du Code civil. À l'extinction de l'usufruit, l'usufruitier ayant l'obligation de restituer le portefeuille, il devra, s'il en a dissipé une partie par sa consommation, restituer non pas le montant des sommes consommées mais la valeur qu'aurait eue le portefeuille en l'absence de ces prélèvements (Cass. 1e civ. 16-6-2011 n° 10-17.898 : BRDA 14/11 n° 2). **68001**

L'usufruitier ayant l'obligation de **conserver la substance du portefeuille**, le nu-propriétaire pourrait sur ce fondement contester les **choix de réinvestissement opérés par l'usufruitier**. La difficulté vient de ce que la notion de substance du portefeuille n'est pas définie. S'il est certain que l'usufruitier ne peut avec le prix de cession acquérir un usufruit temporaire transformant le capital en revenus à son profit, d'autres délimitations sont plus délicates. L'usufruitier doit-il maintenir la structure originelle du portefeuille en fonction du type de gestion retenu au départ (sécurité/risques, actions/obligations, etc.) ou dispose-t-il d'une certaine liberté dans le choix de l'orientation à donner à sa gestion ? Cette seconde option est retenue par la doctrine majoritaire, mais devra être confirmée par la jurisprudence. **68002**

L'usufruitier doit **informer le nu-propriétaire** des mouvements opérés sur les titres, sans que l'on sache précisément selon quelle périodicité et quelles modalités il doit remplir cette obligation. Une décision a condamné un usufruitier à communiquer au nu-propriétaire « tous renseignements sur l'évolution du portefeuille de valeurs mobilières depuis l'ouverture de la succession [...] jusqu'au jour du partage », décision rendue alors que l'usufruit était ouvert depuis plus de trente ans au jour de la demande en partage (CA Toulouse 15-5-2000 n° 98-5576). Cette décision a été confirmée par la Cour de cassation (Cass. 1e civ. 3-12-2002 n° 00-17.870 : RJDA 2/04 n° 174). **68004**

Les droits conférés à l'usufruitier peuvent **fiscalement** pénaliser le nu-propriétaire. En effet, la cession de titres démembrés par l'usufruitier, suivie du réinvestissement dans l'acquisition d'autres titres, entraîne en principe la taxation de l'éventuelle plus-value entre les mains du nu-propriétaire (n° 68242). Or, la cession peut être réalisée sans que le nu-propriétaire soit consulté et de surcroît ne dégager aucune liquidité à son profit pour lui permettre de faire face à l'impôt ainsi généré en cours d'usufruit. **68006**

Il est possible et souhaitable de pallier cette difficulté par la conclusion d'une **convention entre l'usufruitier et le nu-propriétaire** du portefeuille de valeurs mobilières détenu en démembrement. La convention peut prévoir, par exemple, qu'en cas de cession de titres déclenchant un impôt sur la plus-value, une fraction du prix de cession sera répartie en pleine propriété entre les titulaires de droits démembrés afin de permettre au nu-propriétaire de faire face à l'impôt. Si le démembrement est d'origine successorale, il est également possible de prévoir, sur option expresse et irrévocable exercée conjointement par l'usufruitier et le nu-propriétaire auprès de l'établissement financier, que l'usufruitier sera seul redevable de l'impôt sur la plus-value (n° 68242).

La convention peut avoir pour objet de préciser les **modalités d'information du nu-propriétaire** ou encore de **limiter les pouvoirs de l'usufruitier** (par exemple, la convention peut définir un profil de gestion que l'usufruitier devra respecter ou exiger l'obtention de l'accord du nu-propriétaire au-delà d'un certain montant annuel de cessions). **68008**

Inversement, la convention peut **accroître les pouvoirs de l'usufruitier** en transformant son usufruit en quasi-usufruit (sous réserve de la validité d'une telle convention au regard du droit des biens : voir n° 67035). L'usufruitier devenu quasi-usufruitier détiendra alors non seulement le pouvoir de disposer, mais également celui de réinvestir sur d'autres supports et le cas échéant de consommer le produit de la cession, à charge pour lui d'honorer son obligation de restitution à l'échéance de l'usufruit.

RETRAIT DE LA SOCIÉTÉ

Dans les sociétés civiles, si les statuts l'ont prévu ou si les associés y consentent à l'unanimité, la faculté de retrait est offerte aux associés. Ce retrait peut également être autorisé pour justes motifs par une décision de justice (C. civ. art. 1869). **68020**

Dès lors que le **nu-propriétaire** est seul associé (n° 67857), faut-il en déduire qu'il peut **demander le retrait** sans consulter l'usufruitier, voire contre l'opposition de celui-ci ?

La doctrine majoritaire apporte une réponse négative à cette question, non en raison des dispositions du droit des sociétés, mais en application de l'article 599 du Code civil qui interdit au nu-propriétaire de nuire de son fait aux droits de l'usufruitier. Or le retrait prive ce dernier de ses droits aux dividendes en faisant disparaître les parts soumises à son usufruit. Une intervention

conjointe du nu-propriétaire et de l'usufruitier apparaît donc nécessaire (en ce sens, notamment, Th. Bonneau, note sous CA Paris 25-3-1997 : Dr. sociétés 1997 comm. 118 ; J. Prieur, Dr. et patrimoine hors-série janvier 1995 p. 30 s.). Dans un arrêt rendu au bénéfice d'héritiers de parts d'une société d'attribution d'immeuble en jouissance à temps partagé (société de pluripropriété), la cour d'appel de Paris semble retenir que les nus-propriétaires n'auraient pu exercer leur droit de retrait de la société avant le décès de l'usufruitier sans nuire aux droits de ce dernier (CA Paris 15-9-2017 n° 15/19294 : BPAT 6/17 inf. 269). La portée de cet arrêt doit toutefois être nuancée, dans la mesure où une disposition des statuts de la société exigeait le concours du nu-propriétaire et de l'usufruitier pour tout acte grave, parmi lesquels le retrait.
Le tribunal de grande instance de Paris a par ailleurs jugé que l'**usufruitier** n'est susceptible de **s'opposer** à l'exercice du droit de retrait par le nu-propriétaire pour juste motifs que pour autant qu'il démontre que l'exercice de ce droit lui fait directement grief. En l'occurrence, le tribunal a considéré qu'aucun élément ne permettait de retenir que le retrait sollicité par le nu-propriétaire aurait nui à l'exercice des droits de l'usufruitier, qu'il s'agisse de l'affectation des bénéfices ou de la substance même de l'usufruit (TGI Paris 8-1-2014 n° 12/17590 : BPAT 6/14 inf. 259). On observera que dans l'espèce jugée, l'usufruitier détenait des parts sociales en pleine propriété et que son usufruit grevait également d'autres parts que celles de l'associé retrayant : il n'était donc pas évincé de la société par le retrait du nu-propriétaire. Toutefois, le retrait du nu-propriétaire avait obligatoirement une incidence pour l'usufruitier puisqu'une partie de l'actif social sortait ainsi de la société, réduisant la base sur laquelle portaient ses droits d'usufruit. Par ailleurs, le tribunal a relevé que l'usufruitier, qui était gérant de la société civile, ne communiquait pas au nu-propriétaire les documents sociaux en temps utile et prenait des décisions allant à l'encontre des intérêts de celui-ci, justifiant la demande de retrait de la société. Dans d'autres circonstances, la solution aurait peut-être été différente.

68022 Suite à l'exercice du droit de retrait, l'usufruit devrait être reporté sur l'**actif attribué dans le cadre du retrait**. Les détenteurs de droits démembrés pourraient toutefois prévoir d'un commun accord un quasi-usufruit au profit de l'usufruitier ou au contraire une répartition entre eux, en pleine propriété, des actifs attribués.

DISSOLUTION DE LA SOCIÉTÉ

68030 Lors de la dissolution de la société dont les titres sont démembrés, le boni de liquidation – comme le remboursement des apports – revient au nu-propriétaire mais, sauf convention contraire des parties, reste soumis à l'usufruit : l'usufruit se trouve reporté, par subrogation réelle, sur les biens attribués au nu-propriétaire. S'il s'agit d'une somme d'argent, l'usufruit devient un quasi-usufruit : l'usufruitier peut disposer de la somme versée par la société, à charge pour lui de la restituer à l'expiration de l'usufruit et, le cas échéant, d'employer ou de fournir caution conformément aux articles 601 et 602 du Code civil. Là encore, l'établissement d'une convention (clause statutaire ou convention concomitante à la décision de dissolution) permettra de préciser les rapports entre les parties relativement aux biens subrogés (remploi des sommes, caution du quasi-usufruitier, etc.).

B. Incidences fiscales du démembrement d'actions et parts sociales

1. REVENUS RÉALISÉS PENDANT LA PÉRIODE DE DÉTENTION DES DROITS DÉMEMBRÉS

a. Droits démembrés détenus dans une société soumise à l'IS

68110 Lorsque la société est soumise à l'impôt sur les sociétés, l'usufruitier et le nu-propriétaire des titres ne sont imposables qu'à raison des **sommes** qui leur sont **effectivement distribuées**.

68115 L'usufruitier ayant droit aux **distributions de dividendes**, il est taxé à l'impôt sur le revenu à raison des dividendes perçus au cours d'une année, dans les conditions de droit commun applicables à tout détenteur de valeurs mobilières (prélèvement forfaitaire unique au taux global de 30 %, dont 12,8 % d'impôt sur le revenu et 17,2 % de prélèvements sociaux, ou, sur option, application du barème progressif de l'impôt sur le revenu après abattement de 40 %, auquel s'ajoutent les prélèvements sociaux au taux de 17,2 %).

En cas de **distribution de réserves**, et selon les règles de répartition éventuellement prévues dans les statuts, l'imposition est établie, au titre de l'année de la distribution, au nom de celui qui a effectivement perçu les sommes distribuées, usufruitier ou nu-propriétaire. En l'absence de précision dans les statuts, les réserves distribuées à l'usufruitier à charge pour lui de restituer au nu-propriétaire une somme équivalente à l'expiration de l'usufruit (voir n° 67957) restent imposables entre les mains du premier (CE 10-2-1943 n°s 69981 et 70232, 7e et 8e s.-s. : RO p. 293). 68118

b. Droits démembrés détenus dans une société non soumise à l'IS

Lorsque la société relève du régime fiscal des sociétés de personnes (société civile immobilière ou de portefeuille, société en nom collectif n'ayant pas opté pour l'impôt sur les sociétés, par exemple), les **résultats réalisés**, déterminés au niveau de la société, sont imposés au nom de ses membres, chacun en proportion de ses droits dans la société, **qu'il y ait ou non distribution**. 68130
L'imposition est effectuée à l'impôt sur le revenu dans la catégorie correspondant à la nature de l'activité exercée par la société (revenus fonciers, revenus de capitaux mobiliers, bénéfices industriels et commerciaux, etc.).
En cas de démembrement de la propriété de tout ou partie des parts sociales, l'article 8 du CGI dispose que : « l'**usufruitier** est soumis à l'impôt sur le revenu pour la quote-part correspondant aux droits dans les bénéfices que lui confère sa qualité d'usufruitier. Le **nu-propriétaire** n'est pas soumis à l'impôt sur le revenu à raison du résultat imposé au nom de l'usufruitier. » La rédaction des statuts est à cet égard déterminante.

RÉPARTITION DE L'IMPÔT EN L'ABSENCE DE CONVENTION DE RÉPARTITION DU RÉSULTAT

Répartition des bénéfices En l'absence de convention prévoyant une répartition particulière des résultats entre usufruitier et nu-propriétaire, l'usufruitier est imposable sur les **bénéfices courants** de l'exercice, le nu-propriétaire sur les **profits exceptionnels** (plus-values de cession d'éléments de l'actif immobilisé notamment) (BOI-BIC-CHAMP-70-20-10-20 n° 100). 68135
Lorsque la société n'est pas astreinte à la tenue d'une comptabilité commerciale, toute la difficulté est de faire la part entre ce qui relève du résultat courant et ce qui relève du résultat exceptionnel. En cas de démembrement de la propriété des parts d'une **société civile immobilière**, la doctrine de l'administration fiscale renvoie aux règles générales susvisées (BOI-RFPI-CHAMP-30-20 n° 160). En conséquence, sauf convention contraire, l'usufruitier sera imposable sur les **revenus fonciers** et le nu-propriétaire sur les **plus-values immobilières**.
Lorsque le démembrement porte sur les parts d'une **société civile de portefeuille**, l'usufruitier est imposable à raison des **revenus de capitaux mobiliers**. La question de l'imposition des **plus-values de cession de valeurs mobilières** n'est pas évidente : en faveur de l'imposition du nu-propriétaire, on peut relever la nature juridique de gain en capital de la plus-value ; cependant, s'agissant d'une société dont l'objet est précisément la gestion active de valeurs mobilières, ce qui implique des cessions fréquentes, on pourrait considérer que ces plus-values relèvent de l'activité courante et devraient à ce titre être taxées au nom de l'usufruitier.

La **décision ultérieure d'affectation du résultat** que vote l'assemblée est sans incidence sur l'établissement de l'impôt sur le revenu, qui est liquidé en fonction des bénéfices réalisés par la société à la clôture de l'exercice ou période d'imposition. La **constitution de réserves** à partir des profits courants taxés entre les mains de l'usufruitier n'entraîne donc pas remise en cause de l'impôt sur le revenu établi au nom de ce dernier. 68138
Corrélativement, aucune conséquence, sous l'angle de l'impôt sur le revenu, n'est attachée à la **distribution de réserves** par la société, dès lors que ces réserves constituent des profits qui ont été imposés lors de leur réalisation.

Répartition des pertes Selon l'administration, les déficits de la société reviennent de droit au **nu-propriétaire** qui, en tant qu'associé, doit répondre des dettes sociales (BOI-BIC-CHAMP-70-20-10-20 n° 150). Cette position critiquable (en ce qu'elle confond les notions de dettes et de déficits et rompt l'équilibre imposition des bénéfices/imputation des déficits), initialement confirmée par la cour administrative d'appel de Bordeaux (CAA Bordeaux 15-3-2016 n° 14BX01701 : BPAT 3/16 inf. 122), a été clairement censurée par le Conseil d'État, qui juge qu'en vertu de l'article 8 du CGI, il revient à l'**usufruitier** de déduire de ses revenus la part du déficit social correspondant à ses droits, symétriquement à l'imposition entre ses mains du bénéfice social (CE 8-11-2017 n° 399764 : BPAT 6/17 inf. 252 ; dans le même sens, CE 28-9-2018 n° 408029). Se prononçant sur renvoi dans l'affaire précitée, la cour administrative d'appel de Bordeaux, relevant que le déficit constaté par la société civile immobilière dont les parts étaient démembrées avait été 68140 engendré par des travaux d'entretien et de réparation de la nature de ceux incombant aux usufruitiers en application de l'article 608 du Code civil, a reconnu aux usufruitiers des parts de la SCI le droit d'imputer sur leurs revenus fonciers la part du déficit correspondant à leurs droits (CAA Bordeaux 31-10-2019 n° 17BX03627 : BPAT 1/20 inf. 28).

À notre avis, l'usufruitier des parts est en droit de déduire la quote-part correspondant à ses droits dans l'ensemble des déficits courants de la société (les moins-values de cession d'éléments de l'actif immobilisé devant, si l'on s'en tient à la symétrie, et en l'absence de dispositions statutaires contraires, revenir au nu-propriétaire).

En pratique, dans l'attente que l'administration aligne sa doctrine avec le principe désormais reconnu par la jurisprudence, il sera toutefois prudent de fixer ces règles de répartition par convention (ci-après n°s 68150 s.).

RÉPARTITION DE L'IMPÔT EN PRÉSENCE D'UNE CONVENTION DE RÉPARTITION DU RÉSULTAT

68150 La répartition du résultat entre l'usufruitier et le nu-propriétaire peut être aménagée par une disposition des statuts ou par une convention ou un acte passé entre les associés.

Par exemple, les statuts d'une société civile de patrimoine familiale peuvent prévoir qu'en cas de démembrement des parts l'usufruitier a vocation à percevoir les résultats de l'exercice à l'exception des plus-values immobilières et des plus-values de cession de titres, qui reviennent au nu-propriétaire ; ils peuvent aussi prévoir que l'usufruitier a vocation à percevoir l'intégralité des résultats, sans distinction de leur origine (résultat courant ou exceptionnel). En fonction de la rédaction retenue, l'usufruitier sera imposable sur les bénéfices courants ou sur l'ensemble des bénéfices et pourra symétriquement déduire, lorsque les résultats seront déficitaires, tout ou partie des déficits.

68155 De façon générale, l'administration estime que pour lui être **opposables**, de tels actes ou conventions doivent être régulièrement conclus et enregistrés avant la clôture de l'exercice ou de la période d'imposition (BOI-BIC-CHAMP-70-20-10-20 n°s 160 s.). Infirmant sur ce point la doctrine administrative, la jurisprudence n'exige pas l'enregistrement de la convention : elle considère que la preuve de la date de conclusion de la convention peut être apportée par tous moyens, par exemple par des attestations et documents produits par l'associé (CE 18-12-2002 n° 230605 : RJF 3/03 n° 328). Ne peuvent en revanche être retenues de simples lettres dépourvues de date certaine (CE 17-4-2008 n° 279274 : RJF 8-9/08 n° 977).

L'administration fiscale exige en outre que ces actes ou conventions soient « conformes aux dispositions du Code civil et notamment à ses dispositions relatives aux droits de l'usufruitier » (BOI-BIC-CHAMP-70-20-10-20 n° 180). Cela signifie notamment que l'administration pourrait considérer comme ne lui étant pas opposable une convention de répartition prévoyant l'attribution de l'intégralité du résultat courant et exceptionnel au nu-propriétaire. Une telle convention priverait, en effet, l'usufruitier de son droit fondamental, « le fruit » du bien démembré.

Ajoutons qu'en fonction du contenu de la convention l'administration se réserve le droit d'invoquer la procédure d'abus de droit (BOI précité n° 190). Le risque d'une remise en cause effective de ces conventions sur ce fondement nous paraît extrêmement réduit en pratique.

2. PLUS-VALUES DE CESSION DES DROITS DÉMEMBRÉS

RÉGIME D'IMPOSITION

68200 La cession de droits sociaux démembrés est en **principe** soumise à la taxation des plus-values au même titre que la cession en pleine propriété de ces droits. Elle relève ainsi :

– du **régime général des plus-values de cession de valeurs mobilières et droits sociaux**, lorsque la société dont les droits sont cédés est soumise à l'impôt sur les sociétés, ou s'il s'agit d'une société civile de portefeuille (quel que soit son régime fiscal), ou d'une société relevant du régime fiscal des sociétés de personnes et exerçant une activité professionnelle lorsque le titulaire des droits n'exerce pas lui-même son activité au sein de la société (associé simple apporteur de capitaux) ;

– du **régime des plus-values immobilières** lorsque la société dont les droits sont cédés est une société à prépondérance immobilière (société civile immobilière notamment) n'ayant pas opté pour l'impôt sur les sociétés.

› **Précisions a.** Lorsqu'une personne exerce son activité professionnelle au sein d'une société dont les bénéfices sont, en application de l'article 8 du CGI, soumis en son nom à l'impôt sur le revenu dans la catégorie des bénéfices industriels ou commerciaux, des bénéfices agricoles réels ou des bénéfices non commerciaux, ses droits dans la société sont considérés comme des éléments d'actif affectés à l'exercice de la profession (CGI art. 151 nonies, I).

En cas de cession de ces droits, la plus-value relève du **régime des plus-values professionnelles**. L'usufruitier comme le nu-propriétaire des droits bénéficient de ce régime dans la mesure où ils sont imposés sur une quote-part des bénéfices de la société et où ils y exercent leur activité professionnelle.

b. Les plus-values qui résultent d'opérations de bourse effectuées à titre habituel relèvent du **régime des bénéfices non commerciaux**, mais il s'agit d'une situation exceptionnelle (CGI art. 92, 2-1° ; BOI-BNC-CHAMP-10-10-20-10 n°s 50 s.).

Cas particulier : cession d'un usufruit temporaire Par **dérogation** aux règles générales, le produit résultant de la première cession à titre onéreux d'un usufruit temporaire sur des droits sociaux est soumis à l'impôt selon le régime applicable aux revenus susceptibles d'être procurés par les droits démembrés (CGI art. 13, 5 ; voir n° 67752). 68202

Par exemple, en cas de cession de l'usufruit temporaire de titres d'une société soumise à l'impôt sur les sociétés ou d'une société civile de portefeuille, le produit de cette cession (et non la seule plus-value) est imposable dans la catégorie des **revenus de capitaux mobiliers**. Il est en principe soumis de plein droit au prélèvement forfaitaire unique au taux global de 30 % (dont 12,8 % d'impôt sur le revenu et 17,2 % de prélèvements sociaux). Sur option du contribuable (portant sur l'ensemble des gains et revenus entrant dans le champ d'application du prélèvement forfaitaire unique), il peut être imposé au barème progressif de l'impôt sur le revenu (sans ouvrir droit à l'abattement de 40 % prévu à l'article 158, 3-2° du CGI : BOI-IR-BASE-10-10-30 n° 210).

Autre exemple : le produit de la première cession de l'usufruit temporaire des parts d'une société civile immobilière non assujettie à l'impôt sur les sociétés, dont la valeur vénale de l'actif serait constituée pour 95 % de son montant par des immeubles donnés en location nue et pour 5 % par un immeuble donné en location meublée, sera imposable pour 95 % dans la catégorie des **revenus fonciers** et pour 5 % dans la catégorie des **bénéfices industriels et commerciaux**.

MÉCANISME DE CORRECTION DU PRIX D'ACQUISITION DES DROITS DÉTENUS DANS UNE SOCIÉTÉ DE PERSONNES

Lorsque la société dans laquelle les droits sont détenus relève du régime fiscal des sociétés de personnes, le prix d'acquisition de ces droits doit, **pour le calcul des plus-values de cession**, faire l'objet de corrections destinées à éviter une double imposition ou une double déduction de résultats précédemment pris en compte (voir n° 62495). 68205

Ces correctifs à apporter au prix de revient sont déjà susceptibles de poser de sérieuses difficultés lorsque les parts sociales sont détenues en pleine propriété. Ces difficultés sont encore accrues pour les **détenteurs de droits sociaux démembrés**, du fait des règles de répartition du résultat (n°s 68130 s.). À notre avis, c'est seulement en fonction de ce qui a été effectivement imposé (et le cas échéant distribué) et déduit (avec ou sans comblement des pertes) par chacun des titulaires de droits démembrés que le prix de revient des titres doit être corrigé.

Pour prendre un **exemple**, il nous semble qu'en cas de cession de la nue-propriété des parts le nu-propriétaire ne pourra pas majorer son prix de revient du montant des bénéfices courants, qui ont par hypothèse été imposés chez l'usufruitier (il n'aura pas davantage à minorer ce prix de revient du montant des bénéfices courants distribués à l'usufruitier).

a. Cession relevant du régime général des plus-values sur valeurs mobilières et droits sociaux

RÈGLES GÉNÉRALES

Les plus-values de cession de valeurs mobilières et droits sociaux réalisées par les particuliers depuis le 1er janvier 2018 sont soumises de plein droit au **prélèvement forfaitaire unique** (PFU) au taux global de 30 %, dont 12,8 % d'impôt sur le revenu et 17,2 % de prélèvements sociaux (CGI art. 200 A, 1-A-2°). Toutefois, le contribuable peut, sur option annuelle globale (c'est-à-dire portant sur l'ensemble de ses revenus et gains de l'année entrant dans le champ d'application du PFU), opter pour que ses plus-values soient imposées au **barème progressif de l'impôt sur le revenu** (plus prélèvements sociaux). 68210

Les **abattements proportionnels pour durée de détention** dont bénéficient sous certaines conditions les titres acquis ou souscrits avant le 1er janvier 2018 ne sont applicables qu'en cas d'option pour le barème progressif.

Les conditions d'imposition des plus-values de cession de **titres dont la propriété est démembrée**, au regard des articles 150-0 A et suivants du CGI, ont été précisées par l'administration 68215

(BOI-RPPM-PVBMI-20-10-20-60 nos 40 s.). Ces règles, exposées ci-après nos 68220 à 68270, sont applicables aux plus-values retirées de la cession de valeurs mobilières ou de droits sociaux dont la propriété a été démembrée **depuis le 3 juillet 2001**.
Pour les plus-values de cession de titres dont la propriété a été démembrée **avant le 3 juillet 2001**, voir n° 68280.
Remarque importante : Les développements exposés ci-après s'appliquent, lorsqu'il s'agit de cessions en usufruit, aux cessions d'usufruits viagers ainsi qu'aux cessions d'usufruits temporaires autres que la première. En effet, la **première cession d'un usufruit temporaire** sur des titres ou valeurs mobilières mentionnés à l'article 150-0 A du CGI relève désormais, non plus du régime des plus-values, mais des règles applicables aux revenus de capitaux mobiliers : voir ci-avant n° 68202.

CESSION CONJOINTE AVEC RÉPARTITION DU PRIX DE VENTE OU CESSION ISOLÉE DE LA NUE-PROPRIÉTÉ OU DE L'USUFRUIT

68220 Les **opérations visées** sont les suivantes :
– la cession isolée de l'usufruit par l'usufruitier ;
– la cession isolée de la nue-propriété par le nu-propriétaire ;
– la cession conjointe des titres avec répartition du prix de vente entre l'usufruitier et le nu-propriétaire, étant précisé que l'apport en société de titres démembrés rémunéré par l'attribution à chacun des apporteurs de titres en pleine propriété est assimilé à une cession avec répartition du prix de cession en pleine propriété.

68222 **Personne imposable** La cession d'un droit démembré entraîne l'imposition du cédant. En cas de cession de la pleine propriété avec répartition du prix entre le nu-propriétaire et l'usufruitier, l'opération est susceptible de dégager une plus-value imposable au nom de chacun des titulaires de droits démembrés.

68224 **Prix ou valeur d'acquisition à retenir** Première hypothèse : le **cédant n'a pas détenu la pleine propriété avant le démembrement**. Dans ce cas, le prix de revient pour le cédant est le prix d'acquisition de ses droits (usufruit ou nue-propriété) ou, en cas d'acquisition à titre gratuit, la valeur retenue pour la détermination des droits de mutation (valeur déterminée en fonction du barème fiscal de l'usufruit applicable lors de la mutation).

68226 Deuxième hypothèse : le **cédant a détenu la pleine propriété avant le démembrement**. Lorsque l'un des cédants a détenu la pleine propriété des titres avant leur démembrement, le prix d'acquisition peut être déterminé, au choix du contribuable, par valorisation économique ou en appliquant le barème fiscal prévu à l'article 669 du CGI (BOI-RPPM-PVBMI-20-10-20-60 n° 80). Le calcul est établi en fonction de l'âge de l'usufruitier au jour de la cession des titres et non au jour de l'acquisition des titres par le cédant. Quelle que soit la méthode retenue, il faut cependant que cela soit la même pour les deux droits : on ne peut concevoir d'appliquer la méthode économique pour l'usufruit et la méthode fiscale pour la nue-propriété, par exemple.
Le choix de la méthode de valorisation est un jeu à somme nulle dès lors que la même méthode doit être retenue pour la valorisation de chacun des droits démembrés. Toutefois, que le total de la plus-value imposable soit équivalent quelle que soit la méthode de valorisation ne signifie pas que le montant de l'impôt sera le même. En effet, un des cédants peut être en situation de se prévaloir d'un abattement pour durée de détention (à condition d'opter pour l'imposition au barème progressif) et l'autre non. L'un et/ou l'autre des cédants peut par ailleurs disposer de moins-values antérieures restant à reporter. La résidence fiscale des cédants peut également avoir une incidence sur le montant de l'impôt dû.

EXEMPLE

Titres détenus par Hugues pour l'usufruit et son fils Pierre pour la nue-propriété suite à une donation avec réserve d'usufruit.
Le prix de revient des titres en pleine propriété était de 20. Le prix de cession est de 100. Hugues a 58 ans au jour de la cession.
1e hypothèse : Hugues et Pierre choisissent de répartir entre eux le prix de cession selon la valeur économique de leurs droits et de retenir cette même méthode pour l'évaluation du prix d'acquisition.
L'usufruit est cédé pour 45 (valeur économique estimée). La fraction correspondant à l'usufruit dans le prix d'acquisition est de : 20 × 45/100 = 9. La plus-value imposable au nom de Hugues est de 45 − 9 = 36.
Parallèlement, la nue-propriété est cédée pour 55 (100 − 45). Le prix de revient est de 11 pour le nu-propriétaire, soit une plus-value de 55 − 11 = 44.

2e hypothèse : Hugues et Pierre choisissent de répartir entre eux le prix de cession selon le barème fiscal et de retenir la méthode fiscale pour l'évaluation du prix d'acquisition.
L'usufruit est cédé pour 50 (valeur déterminée par application de l'article 669 du CGI en fonction de l'âge de l'usufruitier au jour de la cession). La fraction correspondant à l'usufruit dans le prix d'acquisition est de 20 × 50/100 = 10. La plus-value imposable au nom de Hugues est de 50 – 10 = 40.
Parallèlement, la nue-propriété est cédée pour 50 (100 – 50). Le prix de revient est également de 10 pour le nu-propriétaire, soit une plus-value de 50 – 10 = 40.

Notons qu'il a été jugé que, pour procéder à l'évaluation du prix de cession pour le calcul de la plus-value réalisée par un nu-propriétaire, l'administration ne peut pas faire usage du barème de l'article 762 du CGI (aujourd'hui article 669). Par suite, le contribuable est fondé à appliquer une méthode d'évaluation économique pour calculer la valeur de la nue-propriété des titres cédés, alors même que la valeur d'acquisition des titres a été fixée par application du barème fiscal, l'application d'un **mode de calcul différent pour l'évaluation du prix de cession et pour celle du prix d'acquisition** ayant conduit à la constatation d'une moins-value (TA Paris 11-6-2008 n° 03-904 : RJF 12/08 n° 1324). Rendue pour l'application de l'ancien article 92 B du CGI, cette solution nous semble transposable pour l'application du régime actuel. **68228**

Durée de détention Pour le calcul de l'abattement pour durée de détention dont bénéficie, le cas échéant, la plus-value de cession, le délai de détention est calculé à partir de la date d'acquisition du droit démembré par le cédant (BOI-RPPM-PVBMI-20-20-20-20 n° 40). **68230**

CESSION CONJOINTE SANS RÉPARTITION DU PRIX DE VENTE

Opérations visées L'absence de répartition du prix de vente recouvre deux hypothèses, expressément visées par l'administration (BOI-RPPM-PVBMI-20-10-20-60 nos 100 s.) : **68240**
– le **remploi du prix de cession avec report du démembrement**. Bien que l'administration ne vise que le remploi dans « l'acquisition d'autres valeurs, droits ou titres eux-mêmes démembrés », il nous semble que le remploi du prix de vente dans d'autres actifs démembrés, tels que des actifs immobiliers, relève également de ce régime. Il en est de même de l'apport de titres en société rémunéré par des droits sociaux eux-mêmes démembrés ;
– l'**attribution de la totalité du prix à l'usufruitier dans le cadre d'un quasi-usufruit**.

Personne imposable Lorsque le prix de cession fait l'objet d'un **remploi avec report du démembrement**, la plus-value est en **principe** imposable au nom du nu-propriétaire (BOI-RPPM-PVBMI-20-10-20-60 n° 100). Ce principe reçoit **exception** en cas de cession de titres d'un **portefeuille de valeurs mobilières démembrées** : l'administration admet dans cette situation que la plus-value soit imposable au nom du seul usufruitier si l'usufruitier et le nu-propriétaire ont adressé à la banque une option expresse et irrévocable en ce sens (BOI-RPPM-PVBMI-20-10-20-60 n° 180). L'administration tient ici compte du fait que l'usufruitier a le pouvoir de disposer seul des titres. Cependant, faisant une lecture restrictive de la jurisprudence de la Cour de cassation ayant consacré ce pouvoir (nos 68000 s.), elle n'autorise l'option que pour les portefeuilles de titres dont le démembrement est d'origine successorale. Faisant sienne la position restrictive de l'administration, le tribunal administratif de Paris a jugé que lorsque le démembrement du portefeuille résulte d'une donation, il n'y a pas d'exception au principe de l'imposition du nu-propriétaire (TA Paris 1-7-2008 n° 03/001547 : RJF 3/09 n° 210). Cette restriction est regrettable et non fondée en droit : la possibilité donnée à l'usufruitier de décider, seul, de vendre les titres composant un portefeuille de valeurs mobilières sous réserve du réinvestissement du produit de cession dans l'acquisition d'autres titres est liée à la qualification d'universalité de biens de ce portefeuille et non à l'origine successorale du démembrement. Cela dit, l'imposition des plus-values au nom de l'usufruitier peut être obtenue par un autre moyen : l'interposition d'une société civile non soumise à l'impôt sur les sociétés, dont les statuts seront rédigés en conséquence. Le démembrement afférent au portefeuille-titres sera reporté sur les parts de la société attribuées en contrepartie de l'apport. **68242**
Lorsque le prix de vente des titres est attribué à l'usufruitier dans le cadre d'un **quasi-usufruit**, la plus-value est imposable au nom du seul usufruitier (BOI-RPPM-PVBMI-20-10-20-60 n° 100).

› Précisions a. La jurisprudence incite les parties à veiller à respecter un certain **formalisme pour établir le remploi** en cas de report du démembrement. Confirmant une décision de la cour administrative d'appel de Versailles (CAA Versailles 2-5-2007 n° 05-1166 : RJF 1/08 n° 47), le Conseil d'État a jugé que la pratique – courante – qui consiste à **déposer le prix de cession sur un compte ouvert au nom de l'usufruitier et du nu-propriétaire**

ne suffit pas pour établir le report du démembrement affectant le droit de propriété des titres cédés sur le droit de propriété des titres acquis, « en l'absence d'acte ayant date certaine » le corroborant (CE 30-12-2009 n° 307165 : RJF 3/10 n° 226). Pour échapper à l'impôt sur la plus-value, l'usufruitier de titres cédés qui prévoit avec le nu-propriétaire un remploi du prix de cession doit justifier d'une **convention de remploi avec report du démembrement antérieure ou concomitante à la cession** ; cette convention ne peut résulter des seules modalités de remploi du prix (CE 28-1-2019 n° 407305 : BPAT 2/19 inf. 63). **En pratique**, il sera souhaitable pour respecter l'exigence posée par les juges qu'une convention ayant date certaine soit conclue entre l'usufruitier et le nu-propriétaire ; à défaut, l'administration fiscale pourrait défendre que le prix de cession a d'abord été partagé, puis réinvesti dans une acquisition démembrée. Le plus sûr sera de prévoir dans l'acte notarié à l'origine du démembrement qu'en cas de cession, le prix de cession fera l'objet d'un remploi avec report du démembrement par subrogation réelle conventionnelle ; cette disposition, enregistrée fiscalement, écarte le principe supplétif de partage du prix prévu par l'article 621 du Code civil.

On notera en outre que le **caractère obligatoire du remploi** est décisif : lorsque l'acte de donation à l'origine du démembrement stipule que « l'usufruit réservé se reportera en vertu des règles de la subrogation réelle conventionnelle sur le prix de cession » et qu'il laisse la **faculté** à l'usufruitier **de remployer ou non** le produit de la cession des titres, le droit d'usufruit doit être regardé, pour l'imposition des plus-values résultant de la cession, comme reporté sur le produit de cette cession, rendant ainsi l'usufruitier intégralement redevable de l'impôt (CE 2-4-2021 n° 429187 : BPAT 3/21 inf. 135). Jugé que l'**usufruitier** est seul imposable lorsque l'acte à l'origine du démembrement lui donne **pouvoir de réaliser seul la cession** et prévoit le **report du démembrement sur le prix de cession**, ouvrant ainsi un quasi-usufruit à son profit par le report de l'usufruit sur une somme d'argent ; est sans incidence la circonstance qu'une **autre clause** de l'acte à l'origine du démembrement prévoit que, dans l'**hypothèse d'un remploi** du prix de cession, le démembrement initial de propriété sera reporté sur le bien acquis en remploi, cette dernière clause n'offrant qu'une **simple faculté** au demeurant non exercée (CE 12-12-2012 n°s 336273 et 336303 : RJF 3/13 n° 296). Dans une espèce où une condition particulière insérée dans l'acte de donation de la nue-propriété de parts sociales prévoyait qu'en cas de cession des titres, **à défaut de remploi** du prix pour une nouvelle acquisition de titres, les donataires nus-propriétaires seraient tenus de placer le produit de la cession sur un compte bancaire indivis sur lequel les donateurs **usufruitiers** disposeraient d'un **mandat de gestion exclusif**, et où les parties n'avaient pas exercé l'option d'un remploi, il a été jugé que les donateurs devaient être regardés comme ayant bénéficié du **report de leurs droits d'usufruitiers sur le prix de cession**, justifiant l'imposition de l'intégralité de la plus-value entre leurs mains (CE 17-11-2021 n° 437329 : BPAT 1/22 inf. 42, BPAT 2/22 inf. 64).

Ces décisions doivent inciter les parties à porter une grande attention à la **rédaction des clauses** des actes de donation de la nue-propriété de droits sociaux, s'agissant du sort du prix en cas de cession conjointe des droits démembrés.

b. Selon le tribunal administratif de Paris, c'est l'**usufruitier** qui est seul imposable lorsqu'il cède, en sa qualité d'**administrateur légal**, des titres dont il a donné la **nue-propriété à un enfant mineur** (TA Paris 19-3-2008 n° 02/17385 : RJF 11/08 n° 1190).

c. L'administration a précisé que, lorsque l'opération porte sur la **première cession d'un usufruit temporaire**, l'imposition est établie (BOI-RPPM-PVBMI-20-10-20-60 n° 140) :

– au nom du nu-propriétaire dans la catégorie des plus-values de cession de valeurs mobilières, pour la plus-value afférente à la nue-propriété ;

– au nom de l'usufruitier dans la catégorie des revenus de capitaux mobiliers, sur le produit de la cession de l'usufruit conformément aux dispositions de l'article 13, 5 du CGI.

d. Sur la validité de la **constitution d'un quasi-usufruit dans les opérations de donation avant cession**, voir n° 62705.

68244 **Détermination de la plus-value** Il faut distinguer selon l'origine du démembrement.

Première hypothèse : **ni le nu-propriétaire ni l'usufruitier n'a disposé de la pleine propriété des titres avant leur démembrement**. Les titres cédés ont été reçus simultanément par deux personnes distinctes, l'une en tant qu'usufruitier, l'autre en tant que nu-propriétaire, à la suite :

– d'une transmission à titre gratuit (cas le plus courant). Par exemple, un conjoint marié sous un régime de séparation de biens laisse à son décès son conjoint et ses enfants d'un premier lit, le conjoint survivant bénéficiant d'un usufruit au terme d'une donation entre époux, les enfants recevant la nue-propriété ;

– ou d'une acquisition à titre onéreux, situation plus exceptionnelle : les deux titulaires des droits démembrés ont acquis les titres en démembrement (acquisition par remploi d'un prix démembré ou par deux acquéreurs distincts avec des fonds en pleine propriété, par exemple).
La plus-value est égale à la différence entre le prix de cession et, soit le prix d'acquisition de la pleine propriété des titres lorsque la nue-propriété et l'usufruit ont été acquis à titre onéreux, soit la valeur globale retenue pour la détermination des droits de mutation à titre gratuit (BOI-RPPM-PVBMI-20-10-20-60 n° 120). La circonstance que le déclarant bénéficie d'une exonération ou d'un abattement de droits de mutation à titre gratuit est à cet égard sans incidence.

EXEMPLE

Marc et Sophie sont mariés sous le régime de la séparation de biens. Marc a un enfant d'un premier lit : Luce. Les époux se sont consenti une donation entre époux aux termes de laquelle le conjoint survivant reçoit l'usufruit des biens du défunt. Marc prédécède, laissant un actif successoral comprenant notamment des titres qu'il avait acquis pour 20. Au jour du décès, leur valeur est de 100. Sophie, âgée de 56 ans, en reçoit l'usufruit ; Luce, la nue-propriété.
Les titres sont cédés trois ans plus tard pour 180.
Calcul de la plus-value :
Prix de cession de la pleine propriété : 180.
Prix d'acquisition (valeur globale retenue pour la détermination des droits de mutation à titre gratuit) : 100.
Plus-value : 80.

Pour l'application de la règle générale de calcul des plus-values selon laquelle le prix ou la valeur d'acquisition peut être majoré du montant des **frais d'acquisition**, le Conseil d'État a jugé, dans le cas d'une vente conjointe de la nue-propriété et de l'usufruit de titres avec remploi du prix de vente et report du démembrement, que le nu-propriétaire, seul redevable de l'impôt sur la plus-value, était en droit de retenir l'ensemble des droits de mutation à titre gratuit acquittés lors du démembrement tant par lui-même que par l'usufruitier (CE 11-5-2017 n° 402479 : BPAT 3/17 inf. 116-1). Selon nous, cette solution est transposable au cas où la plus-value est imposable au nom du seul usufruitier, lorsque le prix de vente des titres est attribué à celui-ci dans le cadre d'un quasi-usufruit : dans cette situation, l'usufruitier devrait pouvoir déduire l'ensemble des droits acquittés lors du démembrement de propriété, tant par lui-même au titre de l'acquisition de son usufruit que par le nu-propriétaire au titre de l'acquisition de sa nue-propriété. 68245

Deuxième hypothèse : **le nu-propriétaire ou l'usufruitier a disposé de la pleine propriété des titres avant leur démembrement**. 68246
Le prix de revient à retenir est le prix ou la valeur d'acquisition initiale de la pleine propriété des titres, majoré de l'accroissement de valeur du droit transmis constaté entre la date d'acquisition initiale de la pleine propriété et la date de transmission du droit (BOI-RPPM-PVBMI-20-10-20-60 n° 150).
Si c'est la **nue-propriété** qui a été **transmise lors du démembrement**, le prix de revient est égal au prix ou à la valeur d'acquisition initiale de la pleine propriété (PP), majoré de l'accroissement de la valeur de la nue-propriété (NP) constaté entre la date de l'acquisition initiale de la pleine propriété (PP) et la date de transmission de la nue-propriété (NP).
Si l'**usufruit** a été **transmis lors du démembrement**, le prix de revient est égal au prix ou à la valeur d'acquisition initiale de la pleine propriété (PP), majoré de l'accroissement de la valeur de l'usufruit (US) constaté entre la date de l'acquisition initiale de la pleine propriété (PP) et la date de transmission de l'usufruit (US).

EXEMPLE

Acquisition à titre onéreux en PP par le donateur	Puis donation de la NP	Puis cession à titre onéreux
PP = 100	PP = 300	PP = 400
US = 30 % = 30	US = 30 % = 90	US = 30 % = 120
NP = 70 % = 70	NP = 70 % = 210	NP = 70 % = 280

Calcul de la plus-value :
Prix de cession de la pleine propriété : 400.
Prix d'acquisition revalorisé : 240, soit 100 valeur de la pleine propriété originelle + 140 correspondant à la revalorisation de la nue-propriété entre la date d'acquisition (70) et la date de donation (210).
Plus-value : 160.

68250 **Durée de détention** Pour l'application de l'abattement pour durée de détention dont bénéficie, le cas échéant, la plus-value de cession, le délai de détention est calculé à partir de la date d'acquisition par le redevable de l'impôt de son droit démembré (BOI-RPPM-PVBMI-20-20-20-20 n° 40).
Lorsque la plus-value est imposable au nom du nu-propriétaire, c'est la date d'acquisition de la nue-propriété qui est prise en compte. La donation de la nue-propriété de titres préalablement à leur cession peut ainsi faire perdre le bénéfice de l'abattement lié à la durée de détention afférent à l'usufruit conservé par le donateur. Notons que la portée de cet inconvénient est toutefois désormais limitée, l'abattement proportionnel pour durée de détention ne s'appliquant plus qu'en cas d'option du contribuable pour l'application du barème progressif de l'impôt sur le revenu, et uniquement aux opérations portant sur des titres acquis ou souscrits avant le 1er janvier 2018.
Lorsque la plus-value est imposable entre les mains de l'usufruitier, le délai de détention se calcule à compter de la date d'acquisition de l'usufruit.

CESSION DE LA PLEINE PROPRIÉTÉ DES TITRES APRÈS RÉUNION DE L'USUFRUIT À LA NUE-PROPRIÉTÉ

68260 Dans ce cas, la personne imposable est bien sûr le cédant, qui est titulaire de la pleine propriété des titres cédés. Pour la détermination de la plus-value imposable, il faut distinguer selon que l'usufruit a été acquis par voie d'extinction (par décès de l'usufruitier) ou par mutation à titre gratuit ou à titre onéreux.

68262 **Usufruit acquis par voie d'extinction** L'administration pose un principe général qu'elle assortit d'une exception (BOI-RPPM-PVBMI-20-10-20-60 nos 200 et 210).
En **principe**, que la nue-propriété ait été acquise à titre onéreux ou à titre gratuit, il est fait abstraction de la valeur de l'usufruit, celui-ci ayant été acquis pour une valeur nulle (on notera que cette règle est différente de celle applicable en matière de plus-value immobilière : voir n° 67790). Le prix d'acquisition à retenir pour le calcul de la plus-value est donc celui de la seule nue-propriété, ou sa valeur vénale retenue lors de la transmission à titre gratuit. Cette solution, qui s'explique par le fait que l'extinction de l'usufruit s'est effectuée en franchise d'impôt (CGI art. 1133), a été validée par la jurisprudence (CAA Versailles 5-5-2009 n° 08-17 : RJF 12/09 n° 1094, solution rendue sous l'ancien régime de l'article 160 du CGI mais transposable sur ce point).

EXEMPLE

Jean, âgé de 55 ans, propriétaire d'un portefeuille-titres acquis pour 60, donne la nue-propriété de celui-ci à son fils Axel et s'en réserve l'usufruit. Le portefeuille a une valeur en pleine propriété de 100 au jour de la donation, soit 50 pour la nue-propriété donnée. Quelques années plus tard, Jean, donateur usufruitier, décède. L'usufruit rejoint la nue-propriété détenue par Axel. Celui-ci vend le portefeuille peu après pour une valeur de 210.
Calcul de la plus-value :
Prix de cession de la pleine propriété : 210.
Prix d'acquisition (valeur vénale de la nue-propriété retenue lors de la donation) : 50.
Plus-value : 160.

68264 Par exception, lorsque l'**usufruit** qui s'éteint avait été **transmis à l'usufruitier à titre gratuit en même temps que la nue-propriété au nu-propriétaire**, le prix de revient pour le nu-propriétaire est égal à la somme des valeurs vénales déclarées pour chacun de ces droits lors de la transmission à titre gratuit qui est à l'origine du démembrement de propriété.

EXEMPLE

Marc et Sophie, mariés sous le régime de la séparation de biens, ont un enfant : Luce. Ils se sont consenti une donation entre époux aux termes de laquelle le conjoint survivant reçoit l'usufruit des biens du défunt. Marc prédécède, laissant un actif successoral comprenant notamment des titres qu'il avait acquis pour 20. Au jour du décès, leur valeur est de 100. Sophie, âgée de 56 ans, en reçoit l'usufruit ; Luce, la nue-propriété. Trois ans plus tard, Sophie décède. Son usufruit rejoint la nue-propriété détenue par Luce sans taxation complémentaire conformément à l'article 1133 du CGI. Peu importe la valeur des titres au jour du décès de Sophie, cela étant sans incidence sur le calcul de la plus-value ultérieure.
Deux ans plus tard, les titres sont cédés par Luce pour 210.
Calcul de la plus-value :
Prix de cession de la pleine propriété : 210.
Prix d'acquisition (somme des valeurs vénales déclarées pour chacun des droits lors de la transmission à titre gratuit qui est à l'origine du démembrement de propriété : 50 + 50) : 100.
Plus-value : 110.

On notera, en revanche, que si le nu-propriétaire décède avant l'usufruitier, au décès de l'usufruitier, le prix de revient du nouveau nu-propriétaire devenu plein propriétaire sera égal à celui de la seule nue-propriété pour la valeur retenue dans la succession du nu-propriétaire initial. Le prix de revient du nouveau nu-propriétaire ne sera pas majoré de la valeur de l'usufruit au jour où l'usufruitier avait acquis ce droit.

Usufruit acquis à titre gratuit ou onéreux Le prix d'acquisition à retenir est la somme des prix d'acquisition, ou la somme des valeurs vénales retenues pour la détermination des droits de mutation à titre gratuit en cas de donation ou de succession (BOI-RPPM-PVBMI-20-10-20-60 n° 220). **68266**

EXEMPLE

Jean, âgé de 55 ans, propriétaire d'un portefeuille-titres acquis pour 60, donne la nue-propriété de celui-ci à son fils Axel et s'en réserve l'usufruit. Le portefeuille a une valeur en pleine propriété de 100 au jour de la donation, soit 50 pour la nue-propriété donnée. Sept ans plus tard, Jean, âgé de 62 ans, donne son usufruit à Axel. Les titres ont alors une valeur en pleine propriété de 200. L'usufruit est donc valorisé à 40 % × 200 = 80. Axel vend le portefeuille peu après pour une valeur de 210.
Calcul de la plus-value :
Prix de cession de la pleine propriété : 210.
Prix d'acquisition (valeur vénale de la nue-propriété retenue lors de la donation initiale, soit 50, majorée de la valeur vénale de l'usufruit retenue lors de la donation de celui-ci, soit 80) : 130.
Plus-value : 80.

Durée de détention Pour l'application de l'abattement pour durée de détention dont bénéficie, le cas échéant, la plus-value de cession, le délai de détention est calculé à partir de la date de la première des deux acquisitions par le cédant des droits démembrés, que l'acquisition soit à titre onéreux, à titre gratuit ou par voie d'extinction naturelle (BOI-RPPM-PVBMI-20-20-20-20 n° 40). **68270**

TITRES DÉMEMBRÉS AVANT LE 3 JUILLET 2001

Les cessions de titres qui ont été démembrés avant le 3 juillet 2001 sont soumises au régime suivant (sous réserve des dispositions de l'article 13, 5 du CGI : voir n° 68202), quelle que soit la date de la cession (BOI-RPPM-PVBMI-20-10-20-60 n°s 5 à 30). **68280**
Lorsque la **cession porte uniquement soit sur l'usufruit, soit sur la nue-propriété** des titres, la plus-value imposable au nom du cédant est déterminée à partir du prix d'acquisition, selon le cas, de cet usufruit ou de cette nue-propriété.
En cas de **cession conjointe** par le nu-propriétaire et l'usufruitier de leurs droits respectifs **avec répartition du prix de vente**, l'opération est susceptible de dégager une plus-value imposable au nom de chacun des titulaires des droits démembrés. La plus-value réalisée par le nu-propriétaire est égale à la différence entre le prix de cession de ses droits et leur prix d'acquisition ou, en cas d'acquisition à titre gratuit, leur valeur vénale appréciée au jour de leur entrée dans son patrimoine. La plus-value réalisée par l'usufruitier est déterminée par différence entre le prix de cession de ses droits et la fraction du prix d'acquisition de la pleine propriété afférente à ces mêmes droits ; à titre de règle pratique, il est admis que cette fraction soit appréciée à l'aide du barème prévu à l'article 669 du CGI, en tenant compte de l'âge de l'usufruitier au jour de la cession des titres.
Lorsque les titres sont **cédés en pleine propriété avec remploi du prix de cession** dans l'acquisition d'autres titres démembrés, la plus-value est imposable au nom du nu-propriétaire. Elle est déterminée par différence entre le prix de cession de la pleine propriété des titres et :
– soit le prix d'acquisition des titres s'ils ont été acquis à titre onéreux ;
– soit la valeur globale retenue pour la détermination des droits d'enregistrement lors de la mutation à titre gratuit qui a donné lieu au démembrement de la propriété, lorsque les titres ont été acquis à titre gratuit.
En cas de cession de titres ayant fait l'objet d'une donation préalable de la nue-propriété, le prix de revient reste donc la valeur en pleine propriété au jour de la donation. Il s'agit là d'une différence notable avec le régime applicable aux titres démembrés après le 3 juillet 2001, d'où l'importance de vérifier, lors de la cession, la date et l'origine du démembrement.
On notera que la possibilité de formuler une option expresse auprès de l'établissement financier teneur du compte pour que la plus-value soit imposable au nom de l'usufruitier n'est pas ouverte pour les titres démembrés avant le 3 juillet 2001.

b. Cession relevant du régime des plus-values immobilières

68300 La situation ici envisagée est celle dans laquelle une personne physique cède des parts qu'elle détient en usufruit ou en nue-propriété dans une **société à prépondérance immobilière non soumise à l'impôt sur les sociétés** (société civile immobilière notamment).
Soulignons que les développements exposés ci-après s'appliquent, lorsqu'il s'agit de cessions en usufruit, aux cessions d'usufruits viagers ainsi qu'aux cessions d'usufruits temporaires autres que la première. Sur le régime applicable à la **première cession d'un usufruit temporaire**, voir n° 67752.

68302 Le redevable de l'impôt sur la plus-value est le cédant : usufruitier ou nu-propriétaire. En cas de cession conjointe de l'usufruit et de la nue-propriété par les titulaires de droits démembrés **avec répartition du prix de vente**, la plus-value est établie au nom de chacun d'eux au prorata de leurs droits. La question de l'incidence sur le redevable de l'impôt d'un remploi du prix de cession ou de l'attribution d'un quasi-usufruit se pose dans les mêmes termes qu'en cas de cession d'un bien immobilier détenu en direct (voir n° 67780).

68304 La **détermination de la plus-value** obéit aux règles générales énoncées en matière de plus-values immobilières aux n°s 67755 s.

68306 L'usufruitier est susceptible de bénéficier de l'**exonération** d'une fraction de la plus-value imposable en son nom si le logement dont la société est propriétaire constitue sa **résidence principale** habituelle et effective. Cette fraction est déterminée en fonction de la valeur du logement occupé par l'usufruitier par rapport à la valeur globale de l'actif social ; si le logement constitue le seul actif de la société, l'exonération porte sur la totalité de la plus-value.
Faute le plus souvent d'avoir la jouissance du logement, le nu-propriétaire peut rarement en pratique bénéficier de cette exonération.

68308 L'exonération tenant à la **durée de la possession des titres** peut naturellement bénéficier au nu-propriétaire comme à l'usufruitier, la durée de détention des titres étant calculée comme indiqué n°s 67760 à 67790.

SECTION 5 DÉMEMBREMENT ET IFI

68400 Depuis le 1er janvier 2018, l'ISF a été supprimé et remplacé par l'impôt sur la fortune immobilière (IFI), lequel cible le seul **patrimoine immobilier** des contribuables (CGI art. 964 à 983). Pour une présentation générale de cet impôt : voir n°s 7500 s.

A. Redevable de l'IFI en cas de démembrement de propriété

PRINCIPE D'IMPOSITION DE L'USUFRUITIER

68500 Les biens et droits grevés d'un usufruit, d'un droit d'habitation ou d'un droit d'usage accordé à titre personnel sont compris pour leur **valeur en pleine propriété** dans le patrimoine de l'usufruitier ou du titulaire du droit (CGI art. 968, al. 1).
Corrélativement, le nu-propriétaire n'a rien à déclarer au titre de ces biens (BOI-PAT-IFI-20-20-30-10 n° 10).

DÉROGATIONS AU PRINCIPE D'IMPOSITION DE L'USUFRUITIER

68510 Le principe de l'imposition de la pleine propriété chez l'usufruitier connaît trois dérogations légales.
Dans ces trois cas, à condition que l'usufruit ainsi constitué ne soit ni vendu ni transmis à titre gratuit par son bénéficiaire, les biens dont la propriété est démembrée sont compris respectivement dans les patrimoines de l'usufruitier pour l'**usufruit** et du nu-propriétaire pour la **nue-propriété**, les droits étant valorisés selon le barème de l'article 669 du CGI (voir n° 64537).

Démembrement d'origine successorale L'usufruitier et le nu-propriétaire sont imposables sur la valeur de leurs droits respectifs lorsque le démembrement de propriété résulte (CGI art. 968, 1°) : 68515
– de l'article 757 du Code civil applicable aux successions ouvertes depuis le 1er juillet 2002 (**usufruit légal du conjoint survivant** portant sur la totalité des biens existants au jour de la succession en présence de descendants du défunt) ou de l'ancien article 767 du Code civil, applicable aux successions ouvertes avant le 1er juillet 2002 (usufruit légal du conjoint survivant portant sur un quart de la succession en présence de descendants du défunt). En revanche, le conjoint survivant bénéficiaire d'un usufruit conventionnel accordé par testament ou donation au dernier vivant est imposable sur la valeur de la pleine propriété des biens dont il est usufruitier ;
– de l'article 1094 du Code civil, dans sa rédaction applicable aux successions ouvertes jusqu'au 31 décembre 2006 : **usufruit légal des ascendants**, après donation entre époux de la nue-propriété de leur réserve, en l'absence de descendants. Pour les successions ouvertes depuis le 1er janvier 2007, les ascendants ne sont plus des héritiers réservataires et tout legs d'usufruit aux ascendants rendrait ces derniers assujettis à l'IFI sur la valeur de la pleine propriété des biens grevés de l'usufruit ;
– de l'article 1098 du Code civil : **usufruit forcé du conjoint survivant** en présence d'enfants d'un premier lit.

Donation ou legs avec réserve d'usufruit au profit de certaines personnes morales En cas de donation ou legs avec réserve d'usufruit au profit de l'État, des départements, des communes ou syndicats de communes et de leurs établissements publics, des établissements publics nationaux à caractère administratif et des associations reconnues d'utilité publique, l'usufruitier donateur et le nu-propriétaire donataire sont imposés séparément sur la valeur de leurs droits respectifs (CGI art. 968, 3°). 68520

> **Précisions** La Cour de cassation a jugé sous l'empire de l'ISF (solution transposable pour l'application de l'IFI) qu'en cas de don ou de legs avec réserve d'usufruit au profit de l'une des personnes morales visées à l'article 885 G, c du CGI (aujourd'hui article 968, 3°), la règle d'évaluation (imposition selon le barème fiscal) qui, dans le cas d'un don, bénéficie à son auteur, doit, quand il s'agit d'un legs, bénéficier à ses **ayants droit à cause de mort** (Cass. com. 29-6-1999 n° 1326 D : RJF 10/99 n° 1301). Dans cette affaire, des immeubles étaient indivis entre deux sœurs et un frère. Les deux sœurs avaient légué la nue-propriété de leur part à des personnes morales visées à l'article 885 G, c du CGI et l'usufruit à leur frère. Ce dernier s'était retrouvé, à la suite de leur décès, usufruitier de la totalité de la quote-part des immeubles légués par ses sœurs en nue-propriété. Il avait fait application de la règle d'évaluation, favorable, fixée par l'article 762 du CGI alors en vigueur. Commentant l'arrêt de la Cour de cassation ayant reconnu le bien-fondé de cette position, l'administration a toutefois fait observer que, si les ayants droit, titulaires de l'usufruit ainsi constitué par legs en leur faveur, venaient ensuite à céder leur droit à titre onéreux ou à titre gratuit, les **titulaires ultérieurs** de cet usufruit ne pourraient pas revendiquer alors le bénéfice de l'exception en cause (BOI-PAT-IFI-20-20-30-10 n° 230).

Démembrement résultant de la vente de la nue-propriété Pour que la règle de l'imposition de l'usufruitier sur la pleine propriété soit écartée, la vente de la nue-propriété doit avoir été consentie **à une personne autre que** (CGI art. 968, 2°) : 68525
– ses héritiers présomptifs ou leurs descendants ;
– des personnes auxquelles l'usufruitier a pu, avant la vente, consentir une donation ;
– des personnes réputées interposées entre l'usufruitier, ses héritiers et donataires, au sens de l'article 751 du CGI (voir n° 64320).

> **Précisions** D'une façon générale, l'administration interprète strictement les conditions posées pour l'imposition séparée de l'usufruitier et du nu-propriétaire. Ainsi elle estime que l'usufruitier qui a donné la nue-propriété d'un bien reste taxable sur la toute propriété du bien, même si les **donataires vendent la nue-propriété** (BOI-PAT-IFI-20-20-30-10 n° 180). De même, le bien reste taxé chez l'usufruitier pour la toute propriété dans l'hypothèse où ce **bien** a été **vendu pour la nue-propriété à une personne et pour l'usufruit à une autre** (BOI-PAT-IFI-20-20-30-10 n° 190) ; il en est ainsi que la cession de l'usufruit soit antérieure, concomitante ou postérieure à celle de la nue-propriété.
> En cas d'**apport en société** de la nue-propriété du bien, la règle de l'imposition séparée de l'usufruitier et du nu-propriétaire ne s'applique qu'à deux conditions (BOI-PAT-IFI-20-20-30-10 nos 200 et 210) :
> – l'apport doit être effectué à titre onéreux (c'est-à-dire rémunéré par une contrepartie

non soumise aux aléas sociaux : somme d'argent, obligations, prise en charge du passif grevant les apports). L'administration refuse en revanche d'assimiler à une vente l'apport pur et simple de la nue-propriété, l'apporteur restant par conséquent taxable sur la valeur en pleine propriété du bien apporté. Dans cette situation et pour éviter une double imposition, l'administration admet de dispenser l'apporteur de déclarer les titres qui lui ont été remis en contrepartie de l'apport pur et simple (BOI-PAT-IFI-20-20-30-10 n° 210). Cette mesure de tempérament ne bénéficie en revanche pas aux acquéreurs des parts, d'où un risque de double imposition : si l'apporteur cède ses titres, il restera, en sa qualité d'usufruitier, taxable sur la valeur de la pleine propriété de son apport, alors que le cessionnaire sera de son côté imposable sur la valeur des titres qu'il aura acquis représentative de droits immobiliers imposables. La valeur de la nue-propriété des biens apportés à la société sera donc taxée deux fois, une fois chez l'apporteur de la nue-propriété demeuré usufruitier et une fois chez l'acheteur des titres de la société détenant la nue-propriété ;
– la société bénéficiaire de l'apport ne doit pas être contrôlée par une des personnes visées à l'article 751 du CGI. Contrairement à la position qu'elle retient en matière de droits de succession (n° 61175), l'administration fiscale répute ici personnes interposées les sociétés contrôlées par une personne visée à l'article 751 du CGI. Cette position est à notre avis contestable, puisque la présomption posée par l'article 751 ne vise que les personnes physiques. Cela dit, la solution est incertaine : la Cour de cassation ne s'est pas encore prononcée et les juridictions du fond sont divisées (en faveur de la thèse de l'administration, CA Colmar 16-5-2002 n° 01-284 : RJF 5/03 n° 650 ; en sens contraire, CA Versailles 6-6-2002 n° 00-8166 : RJF 11/02 n° 1329).

B. Assiette de l'IFI en cas de démembrement de propriété

ÉVALUATION DE LA VALEUR VÉNALE

68550 Les biens imposables à l'IFI sont, sauf exception, évalués à leur valeur vénale, c'est-à-dire au prix qui pourrait en être obtenu sur le marché compte tenu de leur état de fait et de droit.

Il n'est pas douteux que la valeur vénale d'un bien est affectée par l'**existence du démembrement** (moindre liquidité liée à la nécessité d'un accord conjoint de l'usufruitier et du nu-propriétaire pour vendre la pleine propriété). Cependant, la Cour de cassation a toujours refusé au redevable de l'impôt sur la fortune la possibilité de pratiquer une décote en raison de l'existence du démembrement (Cass. com. 20-3-2007 n° 05-16.751 F-PB : RJF 7/07 n° 858, solution rendue sous l'empire de l'ISF mais transposable à l'IFI ; BOI-PAT-IFI-20-20-30-10 n° 1).

> **Précisions a.** L'**interdiction**, imposée par le donateur de la nue-propriété, **de vendre** le bien immobilier dont il se réserve l'usufruit modifie-t-elle la valeur taxable à l'IFI de ce bien ? Sous l'empire de l'ISF, la Cour de cassation a répondu par la négative : la limite apportée par le donateur à la liberté d'aliéner un immeuble dont il se réserve l'usufruit n'affecte pas sa valeur vénale (Cass. com. 27-10-2009 n° 08-11.362 : RJF 2/10 n° 175 ; solution également retenue en matière de droits de donation : Cass. com. 11-9-2012 n° 11-21.234 : BPAT 6/12 inf. 303). Malgré les réserves que suscite cette solution, il est à craindre qu'elle soit reconduite par la Cour pour l'application de l'IFI.

b. Dans une espèce où des contribuables, détenant l'usufruit de la totalité des **parts d'une société civile propriétaire d'un bien immobilier**, revendiquaient l'application d'un abattement de 30 % sur la valeur vénale de leurs parts pour défaut de liquidité de cet actif immobilier à raison de l'existence d'une **clause d'agrément** de tous les associés figurant dans les statuts pour la cession des parts sociales, la Cour de cassation a censuré l'arrêt de la cour d'appel qui avait rejeté leur demande, en reprochant aux juges du fond de s'être déterminés par des motifs tenant à l'absence de situation d'indivision et au fait qu'aucun abattement ne peut être revendiqué au titre du démembrement de propriété, motifs impropres à exclure qu'une perte de valeur vénale du bien puisse résulter de la situation des nus-propriétaires, qui ne le détiennent pas directement mais au travers de parts sociales dont la cessibilité est limitée par une clause d'agrément (Cass. com. 15-2-2023 n° 20-19.451 F-D : BPAT 3/23 inf. 164-27).

PASSIF DÉDUCTIBLE

L'**usufruitier** peut, dans les conditions de droit commun, déduire de son actif brut imposable à l'IFI les dettes remplissant les conditions exposées n°s 7501 s. et qui lui incombent personnellement à raison du bien dont la propriété est démembrée (ainsi que, le cas échéant, celle de ses enfants mineurs dont il a l'administration légale des biens). En revanche, même s'il est imposable à raison de la pleine propriété du bien démembré, l'usufruitier n'est pas admis à déduire les dettes incombant au nu-propriétaire. **68560**

Les dettes contractées par le **nu-propriétaire** afférentes à des biens dont il détient la nue-propriété ne sont pas admises en déduction de son propre actif imposable à l'IFI (sauf dans les quelques cas où l'usufruitier et le nu-propriétaire sont imposés séparément sur la valeur de leurs droits : ci-avant n°s 68510 s.). Aucune déduction n'est en effet possible pour les dettes afférentes à des biens non pris en compte pour l'assiette de l'IFI dû par l'intéressé ou exonérés (CGI art. 974, I).

EXEMPLE

À la suite du décès de M. V en novembre 2023, sa fille Isabelle, 62 ans, a reçu l'usufruit des parts d'une société civile immobilière et son petit-fils Guillaume (fils d'Isabelle), 37 ans, a reçu la nue-propriété. Au titre de l'IFI dû en 2024, Isabelle est taxable sur la pleine propriété des parts de la société civile et peut déduire les droits de succession lui incombant et non payés au 1er janvier de l'année d'imposition, mais ne peut déduire les droits de succession dus par Guillaume au titre de la nue-propriété des parts de ladite société.

C. Stratégies familiales de diminution de l'IFI grâce au démembrement de propriété

PRINCIPE DU TRANSFERT À UN AUTRE FOYER FISCAL

Sauf si l'opération revêt un caractère abusif en raison de son but exclusivement (LPF art. L 64) ou principalement (LPF art. L 64 A) fiscal, le transfert d'actifs taxables d'un foyer imposable à l'IFI vers un autre **foyer moins lourdement imposé** (relevant de tranches d'imposition plus basses) ou exonéré (n'atteignant pas le seuil d'imposition) permet d'alléger la charge fiscale globale du groupe familial (sur la notion de foyer fiscal, voir n°s 7510 s.). **68600**

Ce transfert s'effectue par le biais d'une **transmission à titre gratuit de la propriété ou de l'usufruit du bien**. En revanche, une donation en **nue-propriété** ne permet pas de transférer la charge de l'IFI, le donateur devenu usufruitier restant imposable sur la valeur en pleine propriété des biens donnés.

DONATION DE L'USUFRUIT ET CONSERVATION DE LA NUE-PROPRIÉTÉ

La donation de l'usufruit peut être effectuée pour une durée temporaire ou viagère. **68610**

Lorsqu'il s'agit d'aider les enfants ou les petits-enfants, le choix d'une **durée temporaire** est plus approprié. L'opération est ainsi limitée dans le temps, mais peut être renouvelée en cas de besoin. Pour une présentation de la technique, des avantages et des risques qu'elle comporte et des précautions à prendre, voir n°s 67250 s.

Le choix d'établir l'usufruit pour la durée de vie de celui qui en bénéficie (**durée viagère**) correspond généralement à une transmission en faveur de personnes plus âgées que le propriétaire des biens (par exemple, ses parents) ou de même génération (par exemple, ses frères et sœurs). Il peut correspondre au souci d'assurer un revenu complémentaire à la personne que l'on souhaite aider, ou à celui d'assurer son logement jusqu'à la fin de sa vie. Dans cette hypothèse, le transfert peut se limiter à celui du droit d'usage et d'habitation. **68620**

EXEMPLE

M. et Mme Troti ont mis à la disposition de la mère de M. Troti, qui perçoit une retraite de faible montant, un appartement qu'ils possèdent à Paris et qu'elle occupe à titre de résidence principale. Le bien a une valeur de 400 000 €. Une donation d'un droit d'usage et d'habitation viager permettra à la mère de M. Troti d'être certaine de rester dans les lieux jusqu'à la fin de sa vie (même en cas de transmission de la propriété du bien grevée du droit d'usage et d'habitation). Le gain IFI pour les époux Troti dépendra de leur tranche marginale d'imposition : au taux de 1 %, l'économie fiscale sera de 4 000 € par an. La mère de M. Troti ne sera pas imposable si le montant de son patrimoine soumis à l'IFI, en ce compris le bien objet de la donation du droit d'usage et d'habitation, n'excède pas le seuil d'imposition (1 300 000 €).

68630 Compte tenu des enjeux et des conséquences de la donation, dès lors que l'intention libérale ne peut être contestée et qu'elle présente un intérêt pour le bénéficiaire, l'opération ne saurait être critiquée au motif qu'elle serait également motivée par des raisons fiscales : les **motivations** d'une telle opération sont d'abord et principalement familiales, patrimoniales et économiques, ce qui la préserve de tout risque de remise en cause sur le fondement de l'abus de droit. À cet égard, la consistance économique de l'usufruit transmis est primordiale, soit dans sa dimension d'usage (comme dans l'exemple ci-dessus), soit dans sa dimension « revenu » (procurant un revenu net de charges et d'impôts à l'usufruitier).

DONATION DE L'USUFRUIT AU TITULAIRE DE LA NUE-PROPRIÉTÉ

68640 En cas de démembrement déjà constitué, la donation de l'usufruit au profit du ou des nus-propriétaires permet de reconstituer la pleine propriété entre les mains de ces derniers et ainsi d'**alléger la pression fiscale** pesant sur l'usufruitier.

Sur le strict plan fiscal, il convient toutefois de ne pas s'en tenir au seul gain IFI et de le pondérer d'une analyse des coûts (ou des pertes d'opportunité) corrélatifs au transfert anticipé de l'usufruit qui aurait rejoint la nue-propriété sans taxation complémentaire au décès de l'usufruitier.

EXEMPLE

Au décès de son mari il y a une dizaine d'année, Mme Bjorg, bénéficiaire d'une donation entre époux, a retenu l'option 100 % en usufruit sur les biens composant la succession, qui comprend notamment une résidence secondaire d'une valeur de 500 000 € dans laquelle elle ne se rend plus désormais. Son patrimoine imposable à l'IFI, y compris cet actif, s'établit à 3 200 000 €, soit une cotisation IFI de 17 690 €. Mme Bjorg étant âgée de 75 ans, la valeur de son usufruit sur la résidence secondaire s'établit à 30 %, soit 150 000 €. Si elle réalise une donation de cet usufruit au profit de ses deux enfants nus-propriétaires (transmission ne donnant lieu à aucune imposition au titre des droits de donation, par application de l'abattement de 100 000 € prévu en faveur de chacun des enfants), sa base imposable à l'IFI diminuera de 500 000 € pour s'établir à 2 700 000 €. Elle acquittera alors un IFI de 12 690 €, soit un gain annuel de 5 000 €. La base imposable de chacun de ses enfants s'accroîtra de la moitié de la valeur en pleine propriété du bien, soit 250 000 €. S'ils ne sont pas imposés à l'IFI (la valeur de leur patrimoine imposable – en ce compris cette majoration de 250 000 € – ne dépassant pas le seuil de 1 300 000 €), ce transfert n'aura pour eux aucune conséquence négative. En supposant une taxation dans la tranche à 0,5 %, chacun acquittera un surcoût d'IFI de 1 250 €, soit 2 500 € au total.

Si Mme Bjorg décède moins de 15 ans après la donation à ses enfants, chacun d'eux aura « consommé » 75 000 € d'abattement de plus que si l'usufruit s'était éteint naturellement (500 000/2 × 30 %). En supposant une taxation de la succession dans la tranche à 20 %, la donation d'usufruit aura comme conséquence une augmentation des droits de succession à acquitter de 15 000 € par enfant, soit 30 000 € au total.

Le gain IFI (au cas particulier, 5 000 € par an pour la donatrice, à minorer de l'augmentation éventuelle d'IFI des donataires) est donc à mettre en balance avec le coût direct et indirect de la donation (30 000 € en l'espèce en cas de décès de la donatrice dans les 15 ans de la donation), en intégrant aussi, lorsqu'il s'agit d'un bien frugifère, l'impact du transfert de revenu et le différentiel d'imposition en résultant.

68650 Lorsque l'usufruit est issu d'un **usufruit successif**, il convient de distinguer selon que cet usufruit successif est **ouvert ou non**. S'il ne l'est pas encore, l'usufruitier successif demeure seulement éventuel et peut choisir de renoncer unilatéralement à cet usufruit non ouvert, sans que cette opération ne constitue une donation imposable au profit du nu-propriétaire, dont la propriété demeure grevée de l'usufruit en cours.

Si l'usufruit initial est éteint et que l'usufruit successif est ouvert, son abandon devra faire l'objet d'une donation.

68660 Le **transfert de l'usufruit** peut également s'effectuer **à l'occasion d'une succession** lorsque la **faculté de cantonner son émolument** trouve à s'appliquer. Tel est le cas notamment du conjoint survivant bénéficiaire d'une donation entre époux (voir n° 13612). Le cantonnement constitue une opportunité à saisir au moment du règlement de la succession, en intégrant la dimension IFI. Ainsi, en reprenant la situation familiale et patrimoniale de l'exemple précédent (n° 68640) et en supposant une absence de transmission de la nue-propriété du bien immobilier par donation aux enfants du vivant de M. Bjorg, et le décès de celui-ci en 2024, Mme Bjorg pourrait directement cantonner et écarter son droit d'usufruit sur la résidence secondaire, dont ses enfants recevraient alors la pleine propriété. Ils seront alors taxés dans la succession de leur père sur la valeur en pleine propriété, au lieu de recevoir ce patrimoine par donation ou succession de leur mère, si celle-ci n'avait pas écarté ce bien lors du cantonnement. Là encore, il conviendra de définir la meilleure stratégie en intégrant l'ensemble des coûts de chacune des options. Ainsi, dans l'exemple susvisé, si les enfants sont imposables dans une tranche élevée dans la succession de leur père alors que Mme Bjorg n'a pas utilisé les abattements fiscaux lui permettant d'effectuer une donation au profit de ses enfants en franchise de droits, il peut être plus opportun qu'elle se fasse attribuer la propriété ou l'usufruit des biens lors de la succession, puis qu'elle les transmette ensuite à ses enfants.

S'agissant de reconstituer la pleine propriété entre les mains du nu-propriétaire et eu égard aux conséquences patrimoniales bien réelles de la donation, le risque de voir l'administration la qualifier d'abusive est, à notre avis, extrêmement limité. **68670**

CHAPITRE 5

INDIVISION ET PARTAGE

SOMMAIRE

SECTION 1

INDIVISION

DÉFINITION DE L'INDIVISION

69000 L'indivision peut être définie comme la situation résultant de la concurrence de droits de même nature sur un même bien ou sur une même masse de biens exercés par plusieurs personnes, sans que leurs parts soient matériellement divisées.

CAUSES DE L'INDIVISION

69001 L'indivision peut résulter de la loi ou de la volonté des personnes concernées. Les plus courantes sont :
– les **indivisions successorales**. Lorsqu'un défunt laisse plusieurs héritiers, ceux-ci se trouvent dès le décès et de son seul fait en situation d'indivision. Il importe peu que les héritiers tiennent leur droit de la dévolution légale ou d'un testament ;
– les **indivisions post-communautaires**. La dissolution des régimes matrimoniaux communautaires, notamment pour cause de décès ou de divorce, laisse place à une indivision.

Notons que le décès d'un époux commun en biens entraînant à la fois la dissolution du régime matrimonial et l'ouverture de la succession, il s'ouvre une double indivision : une indivision post-communautaire entre les conjoints et une indivision successorale qui regroupe l'ensemble des héritiers au nombre desquels figure le conjoint survivant.
D'**autres** indivisions existent, par exemple entre :
– des époux séparés de biens, des partenaires de Pacs ou des concubins lorsqu'ils achètent ensemble un bien ou lorsqu'ils sont dans l'incapacité de prouver la propriété exclusive de l'un ou de l'autre sur le bien ;
– des associés (C. civ. art. 1872 pour des associés en participation, 1873 pour une société créée de fait et 1844-9 en cas de dissolution de la société).

CONDITIONS DE L'INDIVISION

Il y a **indivision lorsque** les indivisaires : 69005
– disposent chacun d'une quote-part des droits, sans pouvoir exercer de droit privatif sur une partie déterminée ;
– exercent des droits concurrents sur les mêmes biens ;
– disposent de droits de même nature. Si c'est le cas, l'indivision peut porter sur la pleine propriété, la nue-propriété, l'usufruit ou un droit d'usage et d'habitation.
Ainsi, il n'y a **pas d'indivision** quant à la propriété entre :
– l'usufruitier et le nu-propriétaire ; ils sont titulaires de droits différents et indépendants (Cass. 2e civ. 18-10-1989 n° 88-13.878 : Bull. civ. II n° 192 ; Cass. 1e civ. 13-12-1989 n° 87-17.323 : Bull. civ. I n° 392 ; Cass. 1e civ. 9-9-2015 n° 14-19.906 F-PB : BPAT 6/15 inf. 228) ;
– le légataire universel et un héritier réservataire (Cass. 1e civ. 11-5-2016 n° 14-16.967 FS-PB : BPAT 4/16 inf. 159 qui rejette en conséquence la demande d'attribution préférentielle formée par l'héritier réservataire). Le légataire devient propriétaire de l'universalité des biens du testateur du seul fait du décès. Ses droits sont certes réduits en présence d'héritiers réservataires, mais cette réduction ne s'opérant qu'en valeur, il n'y a pas d'indivision (il en va autrement si le légataire opte pour la réduction en nature).
En revanche, une **indivision existe** en présence d'un « plein-propriétaire », d'une part, d'un ou plusieurs usufruitiers ou nus-propriétaires, d'autre part, car la pleine propriété porte en elle usufruit et nue-propriété.
Le propriétaire d'un bien et le titulaire d'un droit d'usage et d'habitation sur ce bien sont en indivision car l'un et l'autre dispose d'un droit réel de jouissance, c'est-à-dire de droits concurrents de même nature (Cass. 3e civ. 7-7-2016 n° 15-10.278 FS-PB : BPAT 5/16 inf. 201).

ILLUSTRATIONS

Il existe une **indivision en usufruit** lorsque :
– un héritier reçoit le quart en usufruit et un ou plusieurs autres recueillent les trois quarts en pleine propriété et un quart en nue-propriété (Cass. 1e civ. 26-9-2007 n° 06-14.422 F-PB : RJDA 1/08 n° 8) ;
– un des deux héritiers reçoit la moitié en usufruit et l'autre la moitié en pleine propriété (Cass. 1e civ. 19-1-1999 n° 96-18.303 : Bull. civ. I n° 24).
Il existe une **indivision en nue-propriété** notamment lorsque :
– un héritier reçoit la moitié en pleine propriété et un autre la moitié en nue-propriété (Cass. 1e civ. 2-3-2004 n° 01-17.708 : Bull. civ. I n° 68) ;
– un des deux héritiers reçoit la moitié en pleine propriété et tout l'usufruit tandis que l'autre recueille la nue-propriété du surplus (Cass. 1e civ. 6-2-1996 n° 94-12.085 : Bull. civ. I n° 64) ;
– un des deux héritiers opte pour le quart en pleine propriété et les trois quarts en usufruit de la succession, l'autre étant nu-propriétaire du surplus (Cass. 1e civ. 12-1-2011 n° 09-17.298 F-PBI : BPAT 2/11 inf. 142).

A. Régime légal de l'indivision

CHAMP D'APPLICATION DU RÉGIME LÉGAL

La loi définit un corps commun de règles qui a vocation à s'appliquer à toutes les indivisions, 69040
qu'elles soient d'**origine légale** (indivisions successorales, notamment) **ou conventionnelle** (en cas, par exemple, d'acquisition de biens par des concubins). C'est pourquoi les règles ci-après exposées s'appliquent, sauf indication contraire, à toutes les indivisions. De la même façon, les solutions jurisprudentielles qui concernent le plus souvent des indivisions successorales ou post-communautaires sont, sauf indication contraire, transposables aux autres indivisions.

69041 Les règles légales n'étant pas, sauf exception, d'ordre public, elles n'ont vocation à s'appliquer qu'**à titre supplétif**. Les indivisaires sont en effet en droit de conclure des conventions relatives aux modalités de jouissance des biens indivis, à la répartition des bénéfices et des pertes, à la participation aux dépenses de l'indivision, etc. (n°s 69750 s.).

1. COMPOSITION DE L'INDIVISION

ACTIF

69050 Une indivision comprend :
– les **biens existant** au moment où elle commence. Il s'agit pour une indivision successorale des biens existant à l'ouverture de la succession et dont le défunt n'a pas disposé à cause de mort (C. civ. art. 825) et, pour une indivision post-communautaire, des biens existant dans la communauté au jour de la dissolution du régime matrimonial. Dans ce dernier cas, les biens acquis ou créés par les époux postérieurement ainsi que leurs gains et salaires et les revenus de leurs biens propres perçus après cette date leur reviennent à titre personnel ;
– les biens qui ont fait l'objet d'une **subrogation réelle**. La subrogation prend effet de plein droit pour les créances et indemnités qui remplacent des biens indivis, par exemple l'indemnité d'assurance versée en cas de destruction d'un bien (Cass. 1e civ. 19-3-2014 n° 13-12.578 F-PB : BPAT 3/14 inf. 152-h) ou le prix d'un immeuble vendu avec le consentement de tous les indivisaires. Pour les biens acquis en emploi ou remploi des biens indivis, la subrogation de plein droit joue si tous les indivisaires ont donné leur consentement à l'acquisition (C. civ. art. 815-10) ;
– les **fruits et revenus** des biens indivis (n° 69360) ;
– les **créances** du défunt (ou de la communauté) ou de l'indivision. C'est le cas par exemple si le défunt avait consenti un prêt d'argent à un tiers ou à l'un de ses héritiers.
Enfin, entrent dans les indivisions successorales les **valeurs soumises à rapport ou à réduction** (sur ces notions, voir n°s 64100 s.).

> **Précisions a.** S'agissant des **créances du défunt envers les tiers**, deux règles paraissent s'opposer :
> – les créances peuvent entrer dans la composition des lots à partager ;
> – les créances se divisent de plein droit entre les héritiers (C. civ. art. 1309). En conséquence, chaque indivisaire peut en demander le paiement à hauteur de sa part héréditaire (Cass. 1e civ. 11-10-1988 n° 86-11.860 : Bull. civ. I n° 285).
> Pour **concilier ces règles**, la jurisprudence considère que la première règle s'applique dans les rapports entre les héritiers tandis que la seconde régit les relations entre les héritiers et les créanciers. Les créances du défunt sont donc comprises dans la masse partageable si elles n'ont pas été encaissées. Dans le cas contraire, elles entrent dans la masse partageable comme des créances contre les héritiers qui les ont encaissées. En conséquence, si un héritier est réglé pour sa quote-part, ses droits dans l'indivision diminuent en proportion. S'il reçoit paiement du tout, il devient débiteur envers ses coïndivisaires.
>
> **b. N'entrent pas dans l'indivision** :
> – le prix de la cession d'un bien indivis au profit de l'un des indivisaires parce que cette opération constitue un partage (n° 70000) ;
> – le prix de cession de parts sociales acquises par un époux commun en biens car c'est la valeur de ces parts qui est tombée dans l'indivision post-communautaire et non les titres eux-mêmes (n° 70225).
>
> **c.** Sont expressément exclus de la masse à partager les **biens légués** (C. civ. art. 825 a contrario). En présence d'un legs particulier, l'affirmation se comprend d'autant mieux que le légataire est propriétaire du jour du décès du testateur (C. civ. art. 1014 ; pour une illustration, Cass. 1e civ. 17-1-2023 n° 21-23.720 F-D : SNH 6/24 inf. 3). Par conséquent, l'**indemnité d'assurance** versée au cours de l'indivision successorale, à la suite d'un sinistre affectant le bien légué, n'accroît pas la masse indivise. Une telle indemnité ne vient pas en remplacement d'un bien indivis par l'effet de la subrogation, mais se rapporte au bien légué, propriété du légataire à titre particulier depuis l'ouverture de la succession (C. civ. art. 815-10 et 1014).

PASSIF

69055 Pour être connue, la masse indivise doit être diminuée :
– des **dettes du défunt ou de la communauté** (n° 69635) ;
– des **dettes de l'indivision** elle-même, c'est-à-dire celles engagées pour la conservation ou la gestion des biens indivis (n° 69635) ;
– des **moins-values** affectant les biens indivis ;
– pour les indivisions successorales, des biens dont le défunt a disposé à cause de mort, c'est-à-dire des biens qu'il a **légués à titre particulier**.

2. GESTION DE L'INDIVISION

ABSENCE DE PERSONNALITÉ MORALE

Une indivision n'a pas la personnalité morale, ce qui emporte plusieurs conséquences. **69080**
D'abord, un **acte effectué en son nom** est nul ; par exemple un congé (Cass. 3e civ. 3-11-2005 n° 04-15.381 FS-D : RJDA 3/06 n° 234) ou un bail (Cass. 3e civ. 16-3-2017 n° 16-13.063 FS-PB : BPAT 3/17 inf. 118). Cela dit, le cocontractant ne peut plus invoquer l'exception de nullité s'il a commencé à exécuter l'acte contesté (Cass. 3e civ. 16-3-2017 n° 16-13.063 précité qui applique au bail conclu par une indivision et exécuté par le locataire une solution constante, notamment Cass. com. 8-4-2014 n° 13-18.120 F-D : RJDA 7/14 n° 648 ; Cass. com. 13-5-2014 n° 12-28.013 F-PB : RJDA 10/14 n° 744).
Ensuite, les **actes d'un indivisaire seul** n'engagent pas l'indivision car la gestion de celle-ci doit être collégiale, sous réserve de certains aménagements relatifs aux actes conservatoires (nos 69100 s.). Un indivisaire est néanmoins autorisé à agir seul, mais pour la défense de ses droits indivis. Par exemple, il est recevable à :
– demander la nullité pour vice de son consentement d'un bail commercial qu'il a consenti avec ses coïndivisaires car il exerce alors une action personnelle (Cass. 1e civ. 6-5-2009 n° 07-20.635 FS-PB : D. 2009 AJ p. 1414) ;
– faire reconnaître son droit de copropriété indivis sur un cimetière familial (Cass. 3e civ. 19-6-2002 n° 01-01.201 FS-PB).
De la même manière, un nu-propriétaire indivis de parts sociales peut demander seul qu'un administrateur provisoire soit nommé pour réunir une assemblée d'associés car il a la qualité d'associé de la société (Cass. 3e civ. 17-1-2019 n° 17-26.695 FS-PBI : BPAT 2/19 inf. 75).
Enfin, l'**action** dirigée **contre un seul indivisaire** n'a pas d'effet à l'égard de l'indivision elle-même. Elle est recevable, mais la décision rendue ne vaut qu'à l'encontre du défendeur cité ; elle n'est pas opposable à ses coïndivisaires. Ainsi notamment pour une action en démolition d'une construction indivise (Cass. 1e civ. 12-6-2013 n° 11-23.137 FS-PBI : BPAT 5/13 inf. 190, 2e arrêt, AJ fam. 2013 p. 506 note A. de Guillenchmidt-Guignot) ou pour une action en paiement (Cass. 1e civ. 12-6-2013 n° 12-17.419 FS-PBI : BPAT 5/13 inf. 190, 3e arrêt ; Cass. 1e civ. 18-12-2013 n° 12-27.059 F-PB : RJDA 3/14 n° 281 ; Cass. 2e civ. 1-7-2021 n° 20-10.814 F-D : BPAT 5/21 inf. 229).
Par exception, la condamnation d'un indivisaire peut engager ses coïndivisaires si l'existence d'un mandat tacite de ses coïndivisaires est reconnue (Cass. 1e civ. 12-6-2013 n° 12-17.419 précité).

a. Actes conservatoires

ACTES POUVANT ÊTRE FAITS PAR UN INDIVISAIRE

Tout indivisaire peut prendre des mesures nécessaires à la conservation des biens indivis, même si elles ne présentent pas un caractère d'urgence (C. civ. art. 815-2, al. 1). **69100**
Par « actes conservatoires », on entend les initiatives nécessaires ou utiles à la conservation des biens indivis. Il peut s'agir d'**actes matériels** (travaux de réparation, par exemple) ou **juridiques** (souscription d'un contrat d'assurance incendie d'un immeuble). Certaines actions en justice peuvent avoir le caractère d'actes conservatoires.
La mesure ne doit pas remettre en cause les **droits des indivisaires** et elle doit avoir une **portée raisonnable**. Notamment, son coût doit être proportionné aux enjeux et à la valeur des biens concernés. Toutefois, ces critères de portée et de coût raisonnables n'entrent pas en ligne de compte lorsqu'il s'agit de défendre la propriété indivise (voir n° 69101).
Évidemment, la mesure doit être **au service de l'indivision** et non dans l'intérêt d'un seul indivisaire (Cass. 3e civ. 10-5-2001 n° 99-17.901).

Constituent par **exemple** des **mesures conservatoires** : **69101**
– toute action en revendication de la propriété indivise et en contestation des actes passés en violation de ce droit. Le caractère conservatoire de telles actions a été confirmé même si elles devaient avoir des conséquences très lourdes pour les indivisaires, et notamment représenter un coût exorbitant (Cass. 3e civ. 24-10-2019 n° 18-20.068 F-PBI : BPAT 1/20 inf. 31). Précédemment, la possibilité pour un indivisaire d'agir seul avait déjà été reconnue à propos d'une action en revendication d'un bien dont un tiers se prétend propriétaire (Cass. 3e civ. 17-4-1991 n° 89-15.898 : Bull. civ. III n° 124, RJDA 6/91 n° 529 ; Cass. 1e civ. 5-11-2008 n° 07-15.374 F-PB : BPAT 1/09 inf. 31) ou d'une servitude de passage (Cass. 3e civ. 4-12-1991 n° 89-19.989 : Bull. civ. III n° 305) ;
– la réparation, pour un coût raisonnable, d'une toiture dont les tuiles menacent de tomber dans une rue fréquentée ;
– la souscription d'un contrat d'assurance incendie pour un immeuble ;
– le renouvellement d'une inscription hypothécaire ;

– la conclusion d'une convention d'occupation et d'exploitation précaire, qui assure le maintien en bon état d'entretien ou la mise en valeur jusqu'à sa vente d'une propriété rurale (Cass. 1e civ. 30-9-2009 n° 08-16.191 F-D) ;
– la mise en demeure adressée au preneur rural de payer ses loyers (Cass. 3e civ. 31-10-2007 n° 06-18.338 FS-PB) ;
– la délivrance d'un commandement de payer visant la clause résolutoire du bail. Ainsi jugé pour un bail commercial (Cass. 1e civ. 9-7-2014 n° 13-21.463 F-PB : BPAT 5/14 inf. 206) et un bail d'habitation (Cass. 3e civ. 4-2-2014 n° 12-13.653 F-D : RJDA 5/14 n° 409). Mais sur l'action en résiliation, voir n° 69135 ;
– l'action en paiement d'une indemnité de résiliation contractuelle (Cass. 1e civ. 10-9-2015 n° 14-24.690 FS-PB : RJDA 12/15 n° 876) ;
– l'action en liquidation d'une astreinte (Cass. 1e civ. 23-9-2015 n° 14-19.098 F-PB : D. 2016 pan. p. 1534 obs. D. Noguéro, Loyers et copr. 2015 comm. n° 223 note B. Vial-Pedroletti ; Cass. 3e civ. 28-5-2020 n° 19-14.156 FS-PBI : BPAT 4/20 inf. 133) ;
– l'action en expulsion d'un occupant sans droit ni titre et en paiement d'une indemnité d'occupation (Cass. 1e civ. 4-7-2012 n° 10-21.967 F-PBI : BPAT 5/12 inf. 264 ; Cass. 1e civ. 16-9-2014 n° 13-20.079 F-D : RJDA 2/15 n° 149) ;
– l'action en élagage, qui a pour objet la conservation des droits des indivisaires sur le fonds desquels s'étendent les branches des arbres du voisin (Cass. 3e civ. 18-2-2021 n° 20-11.080 F-D : BPAT 3/21 inf. 137) ;
– la déclaration d'une créance de l'indivision à la procédure collective du débiteur de l'indivision (Cass. com. 11-6-2003 n° 00-11.913 FS-P : RJDA 12/03 n° 1206 ; Cass. 1e civ. 14-3-2012 n° 10-10.006 F-PBI).

69102 Jugé au contraire que **ne constituent pas des mesures conservatoires** :
– l'installation d'une alarme lorsque la mise en sécurité des biens peut être assurée par d'autres moyens plus économiques ;
– l'action exercée contre le locataire d'un bien indivis ayant réalisé des travaux sans autorisation, dès lors que ces travaux ne mettaient pas le bien en péril (Cass. 3e civ. 13-2-1991 n° 89-14.958 : Bull. civ. III n° 56) ;
– l'action tendant à la suppression de poutres placées sur un mur non mitoyen, alors que ces poutres ne compromettent pas la solidité du mur et qu'elles n'entraînent pas un risque d'acquisition de mitoyenneté par prescription (Cass. 3e civ. 25-1-1983 n° 80-15.132 : Bull. civ. III n° 24).

FINANCEMENT DES ACTIONS CONSERVATOIRES

69105 Un indivisaire peut financer l'action conservatoire qu'il entreprend de trois façons.
Il peut employer les **fonds de l'indivision** qu'il détient. Il est réputé en avoir la libre disposition à l'égard des tiers (C. civ. art. 815-2, al. 2), ce qui interdit à toute personne, indivisaire ou non, de remettre en cause le paiement effectué au profit d'un tiers.
Si les fonds de l'indivision sont insuffisants, l'indivisaire peut **contraindre ses coïndivisaires** à financer avec lui les dépenses nécessaires (C. civ. art. 815-2, al. 3). La charge de cette participation est en principe répartie proportionnellement aux droits de chacun dans l'indivision.
Enfin, l'indivisaire peut **financer seul** la mesure conservatoire et faire valoir ensuite sa créance sur l'indivision (nos 69470 s.).

CAS PARTICULIER DES BIENS GREVÉS D'USUFRUIT

69110 Le pouvoir des indivisaires de prendre des mesures conservatoires est opposable à l'usufruitier dans la mesure où celui-ci est tenu des réparations (C. civ. art. 815-2, al. 4). Autrement dit, les mesures conservatoires qui portent sur des **réparations incombant normalement à l'usufruitier** (réparations d'entretien ou grosses réparations rendues nécessaires par le défaut d'entretien) sont opposables à ce dernier. Il doit en supporter les conséquences, c'est-à-dire non seulement l'éventuel préjudice de jouissance, mais aussi le coût si les fonds indivis sont insuffisants.

b. Actes d'administration et de disposition

PRINCIPES

69130 Sous réserve d'une éventuelle autorisation judiciaire (nos 69250 s.) ou de l'existence d'un mandat tacite (nos 69210 s.), les actes d'administration et de disposition requièrent une **majorité qualifiée ou l'unanimité** des indivisaires.
Ces règles sont limitées à l'indivision. Si celle-ci porte uniquement sur la **nue-propriété** des biens, l'usufruitier peut conclure seul les actes qui relèvent de ses pouvoirs (Cass. 3e civ. 7-7-1993 n° 92-19.193 : Bull. civ. III n° 112).

ACTES SUSCEPTIBLES D'ÊTRE EFFECTUÉS À LA MAJORITÉ DES DEUX TIERS DES DROITS INDIVIS

Les **actes concernés** sont définis par la loi. Le ou les indivisaires qui représentent au moins les deux tiers des droits indivis peuvent (C. civ. art. 815-3) : 69135
– effectuer les actes d'administration relatifs aux biens indivis. Un acte d'administration se définit comme un acte de gestion normale qui conserve la valeur d'un bien et le fait fructifier. Il peut s'agir d'un acte matériel ou juridique ;
– donner un mandat général d'administration à un ou plusieurs des indivisaires ou à un tiers ;
– vendre les meubles indivis pour payer les dettes et charges de l'indivision ;
– conclure et renouveler les baux autres que ceux portant sur un immeuble à usage agricole, commercial, industriel ou artisanal. Il s'agit donc des locaux d'habitation ou à usage professionnel quel que soit leur statut : baux d'habitation, meublé, convention précaire, etc.

ILLUSTRATIONS

Constituent des **actes d'administration** :
– la décision de réaliser des travaux d'amélioration ;
– la conclusion ou le renouvellement d'un bail d'habitation ;
– l'action en recouvrement d'une créance de la succession ou de l'indivision, par exemple l'action en paiement de loyers (Cass. 3e civ. 30-6-1999 n° 97-21.447 : Bull. civ. III n° 157) ou en remboursement d'un excédent d'honoraires et de débours perçus par un commissaire-priseur pour la vente de biens indivis (Cass. 1e civ. 28-10-2009 n° 08-12.618 F-D) ;
– l'action en constatation de la résolution d'un bail d'habitation (Cass. 1e civ. 17-3-1992 n° 90-14.547 : Bull. civ. I n° 89) ;
– l'action en résiliation de bail rural (Cass. 3e civ. 5-10-2017 n° 16-21.499 FS-PBI : BPAT 6/17 inf. 253), de même que l'appel contre la décision qui a rejeté cette action (Cass. 3e civ. 29-6-2011 n° 09-70.894 FS-PB : RJDA 12/11 n° 1003). Même chose, à notre avis, pour l'action en suppression d'ouvrages édifiés par le locataire car n'est en cause ni la conclusion ni le renouvellement du bail et l'action tendu seulement au respect de la chose louée (avant la réforme, l'unanimité était exigée) ;
– l'appel d'un jugement fixant le loyer d'un bail commercial (Cass. 1e civ. 23-1-2008 n° 05-20.438 FS-PB) ;
– l'action en résolution d'une vente consentie par le défunt (Cass. 1e civ. 18-5-2011 n° 09-70.261 F-D) ;
– l'action en bornage d'un bien indivis (Cass. 3e civ. 12-4-2018 n° 16-24.556 FS-PBI : BPAT 3/18 inf. 124 ; Cass.1e civ. 12-2-2020 n° 18-14.672 F-D).

Obligation d'information Le ou les indivisaires qui accomplissent un des actes autorisés à la majorité des deux tiers ont l'obligation d'informer celui ou ceux qui n'ont pas pris part à la décision. À défaut, l'acte leur serait inopposable (C. civ. art. 815-3, al. 2). Aucun formalisme particulier n'est exigé : une lettre suffit donc. En pratique, la forme recommandée avec avis de réception doit être préférée afin de se ménager la **preuve** de l'information donnée. 69140

Portée pratique du dispositif La possibilité d'agir du ou des titulaires des deux tiers des droits indivis concerne essentiellement les **indivisions successorales**. Par exemple, s'il y a trois enfants héritiers à parts égales, l'accord de deux d'entre eux suffira (s'il y a quatre enfants, il faudra l'accord de trois d'entre eux). 69143
La majorité des deux tiers des droits indivis est en revanche impossible à obtenir dans une **indivision post-communautaire**, au sein de laquelle les ex-époux disposent par définition de droits égaux. La règle de l'unanimité continue donc en pratique à s'imposer pour les actes d'administration ou de disposition portant sur ces indivisions.
S'agissant des indivisions entre **époux séparés de biens**, entre **concubins** ou **partenaires de Pacs**, il est théoriquement envisageable que l'un des indivisaires dispose à lui seul des deux tiers des droits sur le bien. Mais en pratique, une telle répartition inégalitaire ne peut se rencontrer que pour des acquisitions immobilières, lorsque l'acte notarié indique expressément la proportion pour laquelle chacun s'est rendu acquéreur.

ATTENTION

L'exigence d'une majorité des deux tiers des droits indivis pour les actes d'administration doit être combinée, dans les **successions**, avec les règles de la **saisine** qui investit, de plein droit et avant tout partage, son titulaire des droits et actions du défunt (C. civ. art. 724). Le successible qui a la saisine peut par exemple agir seul contre le tiers détenteur d'un bien qui aurait été soustrait à l'actif de la succession (Cass. 1e civ. 5-11-2008 n° 07-15.374 F-PB : RJDA 5/09 n° 486, BPAT 1/09 inf. 31) ou poursuivre l'action en nullité et résolution de la vente d'un immeuble initiée par ce dernier (Cass. 1e civ. 28-3-2012 n° 10-30.713 F-PBI : BPAT 3/12 inf. 177).

ACTES REQUÉRANT L'UNANIMITÉ

69150 Le consentement de tous les indivisaires est requis pour les **actes suivants** (C. civ. art. 815-3, al. 3) :
– actes qui ne relèvent pas de l'exploitation normale des biens indivis, par exemple l'action en contestation de la modification du règlement de copropriété d'un immeuble (Cass. 3e civ. 16-11-2011 n° 10-18.057 FS-D), ou encore une requête en inscription de faux relative à l'acte de cession d'un bien indivis (Cass. 1e civ. 12-6-2013 n° 11-18.522 F-PB : BPAT 5/13 inf. 190, 1e arrêt) ;
– actes de disposition autres que la vente des meubles indivis pour payer les dettes et charges de l'indivision. Sont notamment visées les ventes d'immeubles, l'action en résolution d'une vente consentie par les indivisaires, la conclusion et le renouvellement des baux portant sur un immeuble à usage agricole, commercial, industriel ou artisanal.

Sur les règles spécifiques applicables en **Corse, Outre-mer et Polynésie française**, nos 69180 s.

69152 La cession de **titres de société** indivis requiert l'unanimité (hors l'hypothèse du règlement des dettes et charges de l'indivision). C'est le cas des actions ou parts sociales d'un associé décédé, que ses héritiers recueillent.

Qu'en est-il des titres acquis par un époux commun en biens et tombés dans l'indivision post-communautaire ? L'unanimité est requise en présence d'actions : l'époux associé a besoin de l'accord de son ex-conjoint pour céder les actions devenues indivises (Cass. 1e civ. 23-10-2013 n° 12-17.896 FS-PBI : BPAT 6/13 inf. 216 ; Cass. 1e civ. 7-10-2015 n° 14-22.224 F-PB : BPAT 6/15 inf. 234).

À l'inverse, les parts sociales non négociables n'entrant en communauté qu'en valeur, l'époux associé peut librement les céder durant l'indivision post-communautaire car sa qualité d'associé n'est pas tombée dans l'indivision (Cass. 1e civ. 12-6-2014 n° 13-16.309 FS-PBI : BPAT 4/14 inf. 157, RJDA 10/14 n° 755). Pour autant, la valeur des parts étant indivises, c'est leur valeur au jour du partage qui doit être intégrée à l'actif à partager et non leur prix de cession (Cass. 1e civ. 22-10-2014 n° 12-29.265 FS-PBI : BPAT 6/14 inf. 230).

69153 La règle de l'**unanimité** est **assouplie** par la possibilité qu'ont les titulaires des deux tiers des droits indivis de demander une autorisation judiciaire de vendre : voir nos 69290 s.

SANCTIONS

69155 L'acte irrégulier, c'est-à-dire l'acte pris sans la majorité ou l'unanimité requise ou sans avoir respecté l'obligation d'information, lie valablement l'indivisaire qui s'est engagé tandis qu'il est en principe inopposable aux coïndivisaires qui n'ont pas contracté (Cass. 1e civ. 5-4-2005 n° 02-15.459 F-PB : BPAT 4/05 inf. 117, décision rendue en application des dispositions antérieures à la loi du 23-6-2006 mais transposable ; Cass. 1e civ. 6-3-2024 n° 22-11.129 F-D).

L'**indivisaire contractant** étant valablement engagé, il ne peut pas arguer de son défaut de pouvoir pour demander la nullité de l'acte (Cass. 1e civ. 22-1-2009 n° 07-20.625 F-D). Ainsi, la vente d'un bien indivis consentie par un seul des indivisaires est valable pour la portion indivise qui lui appartient (Cass. 1e civ. 22-1-2009 n° 07-20.625 précité ; Cass. 3e civ. 12-5-2010 n° 08-17.186 FS-PB : BPAT 4/10 inf. 235).

En cas de bail ou de vente, par exemple, il doit garantir à son cocontractant une jouissance paisible. À défaut, il engage sa responsabilité.

69160 Les **indivisaires qui n'ont pas donné leur consentement**, ou qui n'ont pas été informés, peuvent en revanche faire juger que l'acte leur est inopposable. Ainsi jugé, par exemple, à propos d'un bail (Cass. 1e civ. 27-10-1992 n° 90-21.173 : Bull. civ. I n° 264), d'une vente (Cass. 3e civ. 21-6-1995 n° 93-17.522 : Bull. civ. III n° 154, RJDA 3/96 n° 403), d'une constitution d'hypothèque (Cass. com. 20-6-1995 n° 93-10.331 : Bull. civ. IV n° 183, RJDA 12/95 n° 1442) et d'un apport en société (Cass. 1e civ. 5-4-2005 n° 02-15.459 F-PB : BPAT 4/05 inf. 117).

Cette inopposabilité peut être invoquée pendant l'indivision, sans attendre le résultat du partage.

Pour un bail, il est généralement considéré que, la jouissance étant indivisible, l'inopposabilité porte sur tout le bail.

S'agissant d'un acte de disposition, l'inopposabilité s'applique à la fraction de l'indivision qui appartient aux indivisaires non consentants (pour une illustration, Cass. 3e civ. 12-5-2010 n° 08-17.186 FS-PB : BPAT 4/10 inf. 235). Elle se traduit, si l'efficacité de l'acte est néanmoins confirmée, par l'intégration, dans la masse à partager, de la valeur du bien au jour du partage et non du prix de vente (pour une application au cas de cession d'actions, Cass. 1e civ. 7-10-2015 n° 14-22.224 F-PB : BPAT 6/15 inf. 234).

69165 Pour le **tiers contractant**, l'efficacité de l'engagement est subordonnée au résultat du partage : l'acte est consolidé si le bien concerné est mis dans le lot de l'indivisaire qui s'est engagé ; il est anéanti dans le cas contraire.

Le tiers contractant ne peut pas, en principe, invoquer la nullité de l'acte (pour un exemple à propos d'un bail, Cass. 3e civ. 25-1-2006 n° 04-20.163 FS-D : Loyers et copr. 2006 comm. n° 76 note B. Vial-Pedroletti). Il en va autrement s'il établit que son consentement a été vicié en prouvant, par exemple, qu'il ignorait la situation d'indivision et le défaut de pouvoir de l'indivisaire contractant, alors que dans l'intention commune l'acte devait produire effet sans être tributaire du résultat du partage. Le tiers contractant est également en droit de demander des dommages-intérêts, à condition de prouver son préjudice.

Le défaut de majorité ou d'unanimité peut être **invoqué par** les indivisaires ou par les tiers. Ainsi, **69170** dans le cadre d'une action en justice, les défendeurs peuvent se prévaloir du défaut de pouvoirs des indivisaires en la cause (Cass. 3e civ. 19-6-2002 n° 00-21.869 FS-PB).

Certains mécanismes permettent de **sauver un acte irrégulier**. Ainsi, un acte de disposition est **69172** validé si l'ensemble des indivisaires le ratifie de manière certaine et non équivoque.
S'agissant d'un acte d'administration, si le tiers contractant a pu légitimement croire que l'indivisaire agissait en vertu d'un mandat et dans les limites de ce mandat, et si les autres indivisaires ont eu connaissance de cet acte et ont tacitement mais sans équivoque donné leur consentement, l'acte leur sera alors opposable ; voir nos 69210 s.

CAS PARTICULIERS

Corse En Corse, la gestion des **indivisions constatées par un acte de notoriété acquisitive** est **69180** facilitée par un assouplissement des règles de majorité : quand les deux tiers des droits indivis sont normalement requis, plus de la moitié des droits suffit ; quand l'unanimité est nécessaire, la majorité de deux tiers des droits indivis est admise. Le ou les indivisaires agissant doivent informer leurs coïndivisaires (Loi 2017-285 du 6-3-2017 art. 2).
Il s'agit de faciliter le fonctionnement des indivisions comptant de très nombreux indivisaires. Cette situation est courante en Corse puisque plus de 34 % des parcelles sont sans titre de propriété opposable depuis plusieurs générations (Rapport AN n° 4260 du 30-11-2016). Pour remédier à cette difficulté, ont été consacrés les actes notariés de notoriété acquisitive, qui établissent la propriété en constatant une possession conforme aux conditions de la prescription acquisitive. Ainsi, un tel acte dressé et publié avant le 31 décembre 2027 fait foi de la possession lorsqu'il porte sur un immeuble situé en Corse (Loi 2017-285 du 6-3-2017 art. 1). Il ne peut être contesté que dans un délai de cinq ans à compter de sa dernière publication par voie d'affichage, sur un site internet et au service de la publicité foncière (Loi 2017-285 du 6-3-2017 art. 1 ; Décret 2017-1802 du 28-12-2017).

> **Précisions** Les actes de notoriété acquisitive portant sur les immeubles situés en Corse dressés et publiés depuis le 1er janvier 2023 sont exonérés de la **taxe de publicité foncière** (Loi 2022-1726 du 30-12-2022 art. 66). L'exonération devrait logiquement s'appliquer jusqu'au 30 décembre 2027, date après laquelle ces actes ne pourront plus être dressés.

Outre-mer Dans les départements ou régions d'outre-mer et les collectivités de Saint- **69182** Barthélemy, de Saint-Martin et de Saint-Pierre-et-Miquelon, de nombreux biens immobiliers sont également détenus sous le régime de l'indivision successorale par des héritiers souvent nombreux et éloignés du territoire. Cette paralysie du foncier est préjudiciable notamment à l'offre de logements (à cet égard, voir aussi le dispositif favorisant les travaux sur les immeubles indivis à usage d'habitation ou mixte dans certains territoires n° 69310).
Afin de résoudre ces difficultés, pour toute **succession ouverte depuis plus de dix ans**, la gestion et la sortie d'indivision sont facilitées temporairement (Loi 2018-1244 du 27-12-2018). Ce dispositif est entré en vigueur le 29 décembre 2018 et il s'applique aux actes de gestion ci-dessous effectués avant le 31 décembre 2028 et aux projets de vente ou de partage notifiés avant cette même date.
Le ou les indivisaires titulaires de plus de la moitié des droits indivis (au lieu des deux tiers) peuvent **gérer l'indivision**. Plus précisément, ils peuvent effectuer les actes prévus à l'article 815-3, 1° à 4° du Code civil, c'est-à-dire qu'ils peuvent :
– effectuer les actes d'administration relatifs aux biens indivis (n° 69135) ;
– donner à l'un ou plusieurs des indivisaires ou à un tiers un mandat général d'administration (n° 69201) ;
– vendre les meubles indivis pour payer les dettes et charges de l'indivision (n° 69135) ;
– conclure et renouveler les baux autres que ceux portant sur un immeuble à usage agricole, commercial, industriel ou artisanal (n° 69135).

Le ou les indivisaires titulaires de plus de la moitié des droits indivis en pleine propriété peuvent procéder à la **vente ou** au **partage des biens immobiliers indivis** situés sur le territoire des collectivités précitées. Dans le droit commun, les indivisaires peuvent aussi déroger à la règle de l'unanimité pour vendre un bien, mais seulement s'ils représentent les deux tiers des droits indivis et toujours sur autorisation judiciaire (n°s 69290 s.). Ici, la majorité requise est moindre, et l'autorisation judiciaire ne s'impose qu'en cas d'opposition des indivisaires non agissants ; cette autorisation n'est pas nécessaire lorsque les indivisaires restent taisants.

ATTENTION

La vente ou le partage des biens immobiliers par les indivisaires titulaires de plus de la moitié des droits indivis en pleine propriété ne peut **pas être mis en œuvre** dans les situations suivantes :
– le bien concerné est le local d'habitation dans lequel réside le conjoint survivant ;
– l'indivision comprend un mineur, un majeur protégé ou un présumé absent, sauf autorisation du juge des tutelles (ou du conseil de famille dans les deux premiers cas).

69183 **Procédure de sortie de l'indivision** Pour vendre ou partager des biens immobiliers indivis, le ou les indivisaires choisissent un notaire qui notifie le projet par acte extrajudiciaire à tous les indivisaires. La **notification** fait état des **éléments suivants** :
– l'identité du ou des indivisaires à l'initiative de la vente ou du partage et leur quote-part d'indivision ;
– l'identité et les quotes-parts des indivisaires non représentés à l'opération ;
– les coordonnées du notaire choisi ;
– la désignation du bien, le prix de vente et l'indication de la valeur de ce bien au moyen du recueil de l'avis d'au moins deux professionnels qualifiés ;
– la répartition du prix de vente ou des allotissements prévus entre chacun des indivisaires ;
– le délai d'opposition (voir ci-dessous) ;
– le cas échéant, le projet de cession du bien, à titre onéreux, à une personne étrangère à l'indivision, le prix et les conditions de la cession projetée ainsi que les nom, domicile et profession de la personne qui se propose d'acquérir le bien.

Le notaire procède aussi à la **publication** du projet dans un journal d'annonces légales du lieu de situation du bien ainsi que par voie d'affichage et sur un site internet. Les modalités d'affichage et de publicité sur internet ont été précisées pour les actes de vente et de partage régularisés depuis le 1er janvier 2022. L'affichage se fait en mairie de la commune du lieu de situation de l'immeuble ou sur l'immeuble lui-même. La publication d'un extrait de l'acte se fait également via le site internet de la chambre des notaires dans le ressort de laquelle est situé l'immeuble (Décret 2020-1324 du 30-10-2020). Sur la période courant du 29 décembre 2018 au 31 décembre 2021, à défaut de décret précisant les modalités de publicité, le notaire a pu procéder comme il l'estimait le plus opportun, dans le respect du cadre légal (Rép. Lorion : AN 2-6-2020 n° 23286).

Tout indivisaire peut faire **opposition** à la vente ou au partage, dans le délai de trois mois qui suit la notification. Ce délai est porté à quatre mois lorsque le projet porte sur un bien immobilier dont les quotes-parts sont détenues par au moins dix indivisaires ou lorsqu'au moins un indivisaire a établi son domicile à l'étranger.

En cas de projet de **cession à une personne étrangère à l'indivision**, tout indivisaire peut également exercer son droit de préemption aux prix et conditions de la cession projetée. Il dispose d'un mois à compter de la notification, pour le faire connaître, par acte extrajudiciaire, aux indivisaires à l'initiative de la vente. Ce droit de préemption s'exerce dans les conditions de droit commun de la cession de droits indivis (n°s 69555 s.).

69184 **À défaut d'opposition**, la vente ou le partage est opposable aux indivisaires qui ne sont pas à l'initiative du projet.

Dans le cas contraire, c'est-à-dire **si un ou plusieurs indivisaires s'opposent** à l'aliénation ou au partage du bien indivis dans le délai prévu, le notaire le constate par procès-verbal. Le ou les indivisaires titulaires de plus de la moitié des droits indivis saisissent alors le tribunal judiciaire afin d'être autorisés à passer l'acte de vente ou de partage. Le tribunal statue en ce sens si l'acte ne porte pas une atteinte excessive aux droits des autres indivisaires. L'aliénation ou le partage effectué dans les conditions fixées par l'autorisation du tribunal est opposable à l'indivisaire dont le consentement a fait défaut, sauf si l'intention d'aliéner ou de partager le bien du ou des indivisaires titulaires de plus de la moitié des droits indivis ne lui avait pas été régulièrement notifiée.

> **Précisions** Pour faciliter la mise en œuvre de ce dispositif, chaque **EPCI** nomme un référent chargé du recensement des propriétés en indivision (Loi 2022-217 du 21-2-2022, dite « loi 3DS »). À ce titre, ce dernier pourra participer au recensement des biens concernés, à l'information des indivisaires ou encore à la recherche des indivisaires (Loi 2018-1244 du 27-12-2018 art. 6).

Exploitation de biens agricoles indivis en Guadeloupe, en Guyane et en Martinique, à La Réunion et à Mayotte Des dispositions spécifiques sont applicables depuis le 1er juillet 2016 aux biens agricoles indivis situés en Guadeloupe, en Guyane et en Martinique, à La Réunion et à Mayotte afin de faciliter (C. rur. art. L 181-29 s. et D 181-24 s.) : 69185
– la conclusion ou le renouvellement d'un bail rural, en dérogation à la règle de l'unanimité (C. rur. art. L 181-29 ; C. civ. art. 815-3) ;
– la vente, en vue de permettre le maintien, l'amélioration ou la reprise de l'exploitation du bien par un propriétaire indivis détenant moins de deux tiers des droits indivis, en dérogation aux dispositions de droit commun relatives à la vente sur autorisation judiciaire d'un bien indivis (C. civ. art. 815-5-1).

Polynésie française En Polynésie française, pour toute **succession ouverte depuis plus de dix ans**, le ou les indivisaires titulaires d'au moins deux tiers en pleine propriété des droits indivis peuvent procéder, devant le notaire de leur choix, au **partage des biens immobiliers** indivis situés sur le territoire de la Polynésie française (Loi 2019-786 du 26-7-2019 art. 4, I). Le notaire chargé d'établir l'acte de partage doit en notifier le projet par acte extrajudiciaire à tous les indivisaires. Cette notification comporte des mentions obligatoires à peine d'inopposabilité du partage à l'indivisaire dont le consentement au partage ferait défaut. Le notaire procède également à sa publication dans un journal d'annonces légales du lieu de situation du bien ainsi que par voie d'affichage et sur un site internet. Aucun décret n'est paru à ce jour pour préciser les modalités de publicité du projet de partage par voie d'affichage et sur un site internet mais les notaires peuvent s'inspirer des modalités prévues pour les indivisions successorales en outre-mer (nº 69183). Dans les trois mois qui suivent cette notification, tout indivisaire peut faire connaître son opposition au partage. Ce délai est porté à quatre mois lorsque l'indivision comporte au moins dix indivisaires ou lorsqu'au moins un indivisaire a son domicile à l'étranger. 69187

À défaut d'opposition, le partage est opposable aux indivisaires qui ne sont pas à l'initiative du projet.

En cas d'opposition au partage, le notaire le constate dans un procès-verbal. Sur saisine des indivisaires titulaires d'au moins deux tiers des droits indivis, le tribunal autorise ce partage dans la mesure où il ne porte pas une atteinte excessive aux droits des autres indivisaires. Le partage effectué dans ces conditions est opposable à l'indivisaire dont le consentement a fait défaut, sauf exception.

Ce dispositif s'applique aux **projets de partage notifiés avant le 31 décembre 2028** (Loi 2019-786 du 26-7-2019 art. 4, VII).

TABLEAU RÉCAPITULATIF DES MAJORITÉS DES INDIVISAIRES REQUISES EN FONCTION DU TYPE D'ACTE

69189

Type d'acte	Définition	Illustration	Majorité requise
Acte conservatoire (nos 69100 s.)	Initiatives nécessaires ou utiles à la conservation des biens indivis (actes matériels ou juridiques)	– souscription d'une assurance incendie – mise en demeure adressée au preneur de payer ses loyers – action en liquidation d'une astreinte – action en élagage	Pas de majorité requise Chaque indivisaire peut agir seul
Acte d'administration (nos 69135 s.)	Acte de gestion normale afin de conserver la valeur du bien indivis et de le faire fructifier (actes matériels ou juridiques)	– mandat général d'administration – réalisation de travaux d'amélioration – conclusion ou renouvellement d'un bail d'habitation – action en bornage	Majorité des deux tiers des droits indivis détenus par un seul ou plusieurs indivisaires

Type d'acte	Définition	Illustration	Majorité requise
Acte de disposition (nos 69135 et 69150 s.)	Acte dit « grave » qui emporte disparition du bien indivis (vente, donation, etc.) ou qui porte atteinte à sa valeur	– vente des meubles indivis pour payer les dettes et charges de l'indivision (n° 69135)	Majorité des deux tiers des droits indivis détenus par un seul ou plusieurs indivisaires
		– vente d'immeubles indivis – vente des meubles indivis (n° 69150)	Unanimité, sauf autorisation judiciaire d'aliéner le bien indivis à la demande d'un ou plusieurs indivisaires titulaires d'au moins deux tiers des droits indivis
		– conclusion ou renouvellement des baux portant sur un immeuble à usage agricole, commercial, industriel ou artisanal – cession de titres de société indivis (nos 69150 s.)	Unanimité
Attention, des règles dérogatoires s'appliquent en Corse (n° 69180), en outre-mer (nos 69182 s. et 69310) et en Polynésie française (n° 69187).			

c. Représentation des indivisaires

MANDAT EXPRÈS

69200 Les **indivisaires** peuvent se faire représenter par un ou plusieurs d'entre eux ou par un **tiers**. Il peut s'agir, par exemple, du notaire chargé du règlement de la succession. Pour ce faire, ils peuvent donner un mandat général ou spécial.

Sous réserve des règles ci-après exposées, ce mandat est régi par les règles de **droit commun du mandat** (C. civ. art. 1984 s.) ; il est donc, en principe, gratuit (C. civ. art. 1986).

69201 Un **mandat d'administration générale** peut être donné à la majorité des deux tiers des droits indivis (C. civ. art. 815-3). Un tel mandat permet d'engager des travaux de réparation ou d'amélioration, d'encaisser des loyers, etc. À notre avis, il permet également de conclure ou de renouveler un bail d'habitation puisque ces actes, comme le mandat d'administration général, se décident à la majorité des deux tiers des droits indivis. Mais certains auteurs sont d'un avis contraire (J.-Cl. Civil Art. 815 à 815-18 fasc. 20 par J.-B. Donnier n° 130).

Attention, l'existence d'un mandat d'administration générale n'écarte pas la règle particulière de représentation en présence de copropriétaires de parts sociales indivises, qui prévoit, en cas de désaccord, la désignation d'un mandataire par le juge (C. civ. art. 1844 ; Cass. 1e civ. 15-12-2010 n° 09-10.140 FS-PBI : BPAT 1/11 inf. 66). La solution vaut, à notre avis, également pour des actions indivises en raison de l'identité de rédaction des articles 1844, alinéa 2 du Code civil relatif aux parts sociales et L 225-110, alinéa 2 du Code de commerce relatif aux actions.

Seul un **mandat spécial** donné à l'unanimité des indivisaires peut autoriser un acte de disposition ou un acte ne relevant pas de l'administration normale de l'indivision : vente, constitution d'hypothèque, conclusion et renouvellement d'un bail commercial ou rural, etc. Il doit préciser l'opération autorisée et le nom des mandants.

Toutefois, si le preneur a légitimement pu croire en la réalité des pouvoirs de l'administrateur, les baux qu'il a conclus sont opposables aux héritiers bien qu'ils ne relèvent pas de son mandat (Cass. 1e civ. 11-7-2019 n° 18-18.877 F-D : BPAT 5/19 inf. 202).

> **Précisions** Il existe une **opposition entre deux règles** :
> – l'article 813 du Code civil, qui est **spécifique aux indivisions successorales**, prévoit que les héritiers peuvent « d'un commun accord » donner mandat à l'un d'eux ou à un tiers d'administrer la succession ;
> – l'article 815-3, **d'application générale**, autorise les mandats d'administration de l'indivision à la majorité des deux tiers des droits indivis.
> Un auteur estime que cette contradiction doit se résoudre par l'exigence de l'unanimité dans toutes les indivisions. Une telle interprétation

nous paraît contraire à la volonté du législateur (J.-Cl. Civil Art. 815 à 815-18 fasc. 20 par J.-B.Donnier nos 128 s.). Pour d'autres auteurs, l'exigence de l'unanimité posée par l'article 813 doit être relativisée. Elle pourrait être écartée en application des règles spéciales du droit de l'indivision (C. civ. art. 815-3). Par ailleurs, elle ne saurait s'appliquer dans l'hypothèse où le mandat conventionnel porte sur les quotes-parts indivises, un tel mandat ne donnant pas le pouvoir immédiat d'administrer la succession (J.-Cl. Civil Art. 813 à 814-1 fasc. unique par G. Wicker, J.-C.Pagnucco et K. Lafaurie n° 8).

MANDAT TACITE

Un mandat tacite est **présumé** exister chaque fois qu'un indivisaire prend en main la gestion des biens indivis au su des autres et sans opposition de leur part (C. civ. art. 815-3, al. 4). L'existence d'un mandat tacite, dont la preuve résulte des circonstances de fait indépendamment de la volonté des intéressés, est souvent relevée par les juges. Le créancier de l'indivision qui s'en prévaut doit prouver que l'indivisaire qui a agi seul l'a fait au su des autres, ce que le juge doit rechercher en cas de contestation (Cass. 1e civ. 12-6-2013 n° 12-17.419 FS-PBI : BPAT 5/13 inf. 190, 3e arrêt). **69210**

Le **mandataire** ne peut être qu'un indivisaire. Un tiers ne peut se voir reconnaître la qualité de mandataire en vertu d'un mandat tacite que si la volonté des parties est établie en ce sens, et non en vertu de la présomption posée par l'article 815-3 du Code civil.

Le **mandat** tacite **peut concerner** tout ou une partie seulement des biens indivis. Il couvre les actes d'administration. Mais il ne valide ni les actes de disposition, ni la conclusion d'un bail ou son renouvellement (C. civ. art. 815-3, al. 4). **69215**

Ainsi, pour valider une assemblée générale extraordinaire d'actionnaires, les juges du fond doivent non seulement s'assurer de l'existence d'un mandat tacite des indivisaires au profit de l'un d'eux, mais aussi rechercher si les actes juridiques accomplis par le mandataire, eu égard à l'ordre du jour et aux résolutions prises par cette assemblée, relèvent des actes d'administration (Cass. com. 16-11-2004 n° 01-10.666 F-D : RJDA 8-9/05 n° 1053). À propos d'une vente consentie par des indivisaires avec une condition résolutoire, il a été jugé que la notification par l'acquéreur de la réalisation de la condition résolutoire au seul indivisaire qui avait pris en main la gestion de l'indivision n'était pas valable car il ne s'agissait pas d'un acte d'administration (Cass. 3e civ. 23-5-1995 n° 93-10.617 : Bull civ. III n° 130, Defrénois 30-3-1996 n° CJ1996DEF395N1 p. 395 obs. C. Atias). En matière d'emprunt, les juges apprécient en fonction de l'importance et de l'affectation des sommes empruntées. Par exemple, l'indivisaire qui gère une exploitation indivise peut valablement souscrire un emprunt engageant l'indivision pour payer le passif de l'exploitation (Cass. 1e civ. 12-11-1986 n° 85-12.238 : Bull. civ. I n° 259). S'agissant d'un litige opposant les indivisaires d'une part sociale au gérant sur le mandat donné à l'un d'eux de représenter les autres à une assemblée, une cour d'appel a jugé que le droit de vote est un acte d'administration quelle que soit la nature de la décision collective (CA Paris 1-3-2018 n° 15/07467 : BPAT 3/18 inf. 98).

Le mandat tacite **cesse** lorsqu'un indivisaire exprime son opposition. Encore faut-il que ce dernier se manifeste dès qu'il a connaissance de l'acte contesté. À défaut, il est tenu des engagements pris dans le cadre du mandat tacite (Cass. 3e civ. 11-10-2000 n° 99-10.216 FS-D : D. 2001 somm. p. 3580, Dr. famille 2000 comm. 148 note B. Beignier). **69220**

GESTION D'AFFAIRES

À défaut de pouvoir légal, de mandat ou d'habilitation par justice, les actes faits par un indivisaire en représentation d'un autre ont effet à l'égard de celui-ci, suivant les règles de la gestion d'affaires (C. civ. art. 815-4, al. 2). **69225**

L'existence d'un mandat d'affaires n'est admise qu'à titre **subsidiaire**, c'est-à-dire en l'absence de mandat exprès ou tacite, conventionnel ou judiciaire. Pour le reste, c'est le droit commun de la gestion d'affaires qui s'applique (C. civ. art. 1301 s.). Il faut que le gérant d'affaires soit intervenu volontairement pour le compte des autres indivisaires et que sa gestion ait présenté une utilité pour eux ou que ces derniers l'aient ratifiée.

Les indivisaires sont alors **liés par les engagements** contractés en leur nom. Ils doivent indemniser le gérant d'affaires des engagements personnels qu'il a pris et lui rembourser toutes les dépenses utiles ou nécessaires qu'il a engagées, les sommes avancées par le gérant portant intérêt au jour du paiement (C. civ. art. 1301-2).

d. Interventions judiciaires

HABILITATION JUDICIAIRE

69250 Si un **indivisaire** se trouve **hors d'état de manifester sa volonté**, un autre peut se faire habiliter en justice à le représenter d'une manière générale ou pour certains actes particuliers (C. civ. art. 815-4).

Les **causes** de l'impossibilité de manifester sa volonté importent peu : éloignement géographique, problèmes de santé, indivisaire incapable ou absent, etc.

L'**étendue de l'habilitation** confiée par le juge varie selon les circonstances : elle s'applique à tout ou partie des biens indivis ; elle autorise tous les actes d'administration ou certains actes particuliers d'administration ou de disposition.

La **personne habilitée** est nécessairement un indivisaire.

L'acte effectué **en représentation** de l'indivisaire empêché engage ce dernier.

MESURES URGENTES

69255 Le président du tribunal judiciaire peut prescrire ou autoriser toutes les mesures urgentes que requiert l'intérêt commun (C. civ. art. 815-6, al. 1).

Il statue selon la **procédure** accélérée au fond (CPC art. 1380). Il n'est donc pas limité par les conditions applicables en matière de référé (Cass. 1e civ. 20-5-2009 n° 07-21.679 FS-PB : D. 2009 AJ p. 1536 ; Cass. 1e civ. 15-2-2012 n° 10-21.457 F-PBI). Il peut notamment statuer en présence d'une contestation sérieuse (Cass. 1e civ. 3-2-2004 n° 01-02.758 : Bull. civ. I n° 32).

Il prend des mesures conservatoires ou de remise en état, mais décide aussi d'actes d'administration et même de disposition.

ILLUSTRATIONS

Au titre des mesures urgentes, le président du tribunal judiciaire peut :
– ordonner la **vente de biens indivis** pour payer les frais de partage (Cass. 1e civ. 16-2-1988 n° 86-16.489 : Bull. civ. I n° 45 pour la vente de titres ; Cass. 1e civ. 2-12-2015 n° 15-10.978 F-PB : BPAT 1/16 inf. 33 pour la vente de véhicules de collection) ;
– autoriser un indivisaire seul à réitérer sous forme authentique la **promesse de vente** d'un immeuble signée par le défunt (Cass. 1e civ. 4-12-2013 n° 12-20.158 FS-PBI : BPAT 1/14 inf. 28).

La **licitation** de biens indivis ordonnée dans ce cadre ne réalise pas un partage puisque le prix de vente se substitue dans l'indivision aux biens vendus (Cass. 1e civ. 2-12-2015 n° 15-10.978 F-PB : BPAT 1/16 inf. 33).

69257 **Conditions de mise en œuvre** La compétence du président du tribunal judiciaire statuant sur le fondement de l'article 815-6 du Code civil est justifiée par la réunion de deux conditions. La mesure doit être justifiée par :
– l'**urgence**, ce qui implique que le juge n'a vocation à intervenir que lorsque la situation impose des mesures immédiates. L'urgence relève de l'appréciation souveraine du président du tribunal. Elle résulte par exemple de l'échéance pour payer les droits de succession et des intérêts de retard qui courent ;
– l'**intérêt commun**. Il s'agit généralement de permettre la valorisation d'un bien indivis ou d'éviter une perte. La divergence d'intérêts des indivisaires n'implique pas l'absence d'intérêt commun (Cass. 1e civ. 13-11-1984 n° 83-13.999 : Bull. civ. I n° 301).

Après avoir exposé le principe général, le Code civil envisage deux **applications particulières**, sans que celles-ci soient limitatives.

> **Précisions** **a.** La **compétence** du juge aux affaires familiales pour connaître des demandes relatives au fonctionnement des indivisions entre époux, partenaires de Pacs ou concubins ne fait pas obstacle à celle du président du tribunal judiciaire, qui est expressément réservée (C. org. jud. art. L 213-3 1°).
> En outre, le juge de l'exécution n'est pas juge du fonctionnement de l'indivision. Par conséquent, un débiteur, propriétaire indivis d'un bien immobilier saisi, qui a demandé au juge de l'exécution d'autoriser la vente amiable de ce bien (C. exécution art. R. 322-15), n'est pas recevable à demander à ce juge, sur le fondement de l'article 815-5 du Code civil, l'autorisation de conclure seul la vente (C. civ. art. 815-5) ou, par extension, de prescrire une mesure urgente (C. civ. art. 815-6) (Cass. 2e civ. avis 16-7-2021 n° 21-70.008 : BPAT 6/21 inf. 285-8).
> **b.** Saisie d'une **QPC** visant à faire déclarer que l'article 815-6 du Code civil portait une atteinte disproportionnée au droit de propriété, la Cour de cassation a refusé de la transmettre au Conseil constitutionnel (Cass. 1e civ. QPC 18-12-2014 n° 14-18.944 FS-PB).

Première application Le président du tribunal peut autoriser un indivisaire à **percevoir des fonds indivis** d'un débiteur de l'indivision ou d'un dépositaire de fonds indivis (C. civ. art. 815-6, al. 2). En pratique, cela permet à un indivisaire de percevoir les loyers d'un immeuble indivis ou de débloquer les fonds inscrits sur le compte bancaire du défunt. 69260

L'indivisaire doit utiliser ces fonds au profit de l'indivision pour faire face à des besoins urgents. Le juge peut d'ailleurs préciser l'emploi qui devra en être fait.

L'autorisation de percevoir des fonds indivis « n'entraîne pas prise de qualité pour le conjoint survivant ou pour l'héritier » (C. civ. art. 815-6, al. 2). Autrement dit, l'indivisaire n'est pas, de ce simple fait, considéré comme ayant tacitement accepté la succession.

Seconde application Le président du tribunal peut désigner un indivisaire comme **administrateur provisoire** ou nommer un **séquestre** (C. civ. art. 815-6, al. 3). Cette disposition aide à sortir des situations de blocage en cas de désaccord entre les indivisaires. 69265

En réalité, un administrateur peut être désigné en même temps qu'un séquestre ou une personne peut cumuler les deux fonctions.

La possibilité pour un indivisaire de se faire autoriser à passer seul un acte pour lequel le consentement d'un coïndivisaire est nécessaire (n°s 69275 s.) ne fait pas obstacle à la désignation d'un administrateur par le tribunal (Cass. 1e civ. 19-10-2004 n° 02-11.366 F-PB : RJDA 3/05 n° 339). En revanche, une telle désignation n'est possible que si la gestion de l'indivision n'a pas déjà été confiée à un indivisaire ou à un tiers par un mandat conventionnel.

Dans le cadre d'une **indivision successorale**, l'article 815-6 est à combiner avec l'article 813-1 du Code civil qui autorise la désignation d'un mandataire judiciaire en cas d'inertie, de carence ou de faute d'un ou de plusieurs héritiers ou encore en cas de mésentente, d'opposition d'intérêts ou de complexité de la situation.

L'administrateur est un **indivisaire** ou, en dépit de la lettre du texte, un **tiers** (Cass. 1e civ. 17-1-2006 n° 04-11.267 F-PB). 69266

Ses **pouvoirs** peuvent être très étendus. Ils sont déterminés par le juge. À défaut, il faut se référer aux dispositions relatives à l'indivision conventionnelle (C. civ. art. 1873-5 à 1873-9).

Si la désignation de l'administrateur doit être justifiée par l'urgence (n° 69257), cette condition n'est pas exigée pour valider les actes pris par lui (pour une illustration à propos de la conclusion d'un bail rural, Cass. 1e civ. 19-10-2004 n° 02-11.366 F-PB : RJDA 3/05 n° 339).

L'administrateur, même s'il n'est pas un indivisaire, a qualité pour saisir le président du tribunal et lui demander d'élargir ses pouvoirs ; le magistrat peut ainsi l'autoriser, par une décision spéciale, à accomplir un acte de disposition pourvu que la mesure soit justifiée par l'urgence et l'intérêt commun (Cass. 1e civ. 10-6-2015 n° 14-18.944 FS-PB : BPAT 5/15 inf. 186).

Cela dit, quelle que soit l'étendue de son mandat, l'administrateur ne peut ni agir contre l'avis unanime des indivisaires ni exercer les actions attachées à la personne des indivisaires, par exemple les actions relatives à la filiation ou au mariage.

DÉPLACEMENT DES MEUBLES

Le président du tribunal judiciaire, statuant selon la procédure accélérée au fond (CPC art. 1380), peut interdire le déplacement des meubles corporels, sauf à spécifier ceux dont il attribue l'usage personnel à l'un ou à l'autre des ayants droit, à charge le cas échéant de verser une caution (C. civ. art. 815-7). 69270

AUTORISATION JUDICIAIRE

Protection de l'intérêt commun « Un indivisaire peut être autorisé par justice à passer seul un acte pour lequel le consentement d'un coïndivisaire serait nécessaire, si le refus de celui-ci met en péril l'intérêt commun » (C. civ. art. 815-5, al. 1). Ici, il ne s'agit pas d'autoriser la représentation d'un indivisaire mais de passer outre à son opposition. 69275

La **condition essentielle** est d'établir la mise en péril de l'intérêt commun. La preuve du caractère utile ou avantageux de l'opération projetée est insuffisante ; celle du caractère urgent de la mesure n'est pas nécessaire (Cass. 1e civ. 12-7-2001 n° 99-14.202 : Dr. famille 2001 comm. 113 obs. B. Beignier).

Les juges du fond apprécient souverainement, et en pratique strictement, l'existence de la mise en péril, mais ils doivent la constater. Cassation, par exemple, de la décision qui autorise une action en résiliation de bail et expulsion du locataire pour défaut de paiement des loyers sans rechercher si le refus de l'un des coïndivisaires de s'associer à cette action mettait en péril l'intérêt commun de l'indivision (Cass. 3e civ. 28-11-2012 n° 11-19.585 FS-PB : BPAT 1/13 inf. 28).

ILLUSTRATIONS

Il n'y a **pas mise en péril** de l'intérêt commun lorsqu'un indivisaire refuse :
– d'effectuer des travaux d'amélioration qui ne sont pas indispensables à la conservation du bâtiment ;
– de consentir à une action en résolution de la vente d'un bien indivis, alors que les inconvénients de cette action (remboursement du prix) risquent d'être plus importants que ses avantages (restitution du bien) ;
– d'agir en résolution d'un bail rural contre le preneur ayant cédé son bail. À la supposer établie, cette cession ne met pas en péril l'intérêt commun, et les demandeurs ne contestent pas que les fermages sont régulièrement payés et les terres exploitées en bon père de famille (Cass. 3e civ. 15-6-2011 n° 10-19.735 F-D) ;
– de vendre un immeuble alors que le prix offert n'a rien d'exceptionnel et que l'indivision dispose des fonds pour restaurer ce bien.
En revanche, il y a **mise en péril** lorsqu'un indivisaire refuse :
– la vente d'un bien indivis, qui est nécessaire au règlement des droits de succession (Cass. 1e civ. 14-2-1984 n° 82-16.526 : Bull. civ. I n° 61) ;
– le renouvellement d'un bail commercial, exposant ainsi les indivisaires à devoir une indemnité d'éviction importante (Cass. 3e civ. 18-4-1985 n° 84-10.083 : Bull. civ. III n° 65) ;
– la mise en location d'un appartement, dans la seule intention de nuire à un coïndivisaire.

69277 **Procédure** Les textes n'indiquent pas la procédure à suivre pour la saisine du juge. Pour la Cour de cassation, les **ordonnances sur requête**, qui sont rendues sans débat contradictoire, sont proscrites. Il ne suffit pas que le ou les indivisaires qui s'opposent à l'action que l'un d'entre eux a été autorisée à engager soient appelés à l'instance de fond, ils doivent être parties à celle engagée sur le fondement de l'article 815-5 (Cass. 3e civ. 28-11-2012 n° 11-19.585 FS-PB : BPAT 1/13 inf. 28).

L'indivisaire qui veut passer l'acte peut emprunter la voie du **référé**.

Précisons que le président du tribunal judiciaire qui statue en exécution de l'article 815-5 du Code civil rend une ordonnance de référé (et non une ordonnance en la forme des référés, comme dans le cadre des mesures urgentes). Sa décision n'étant pas revêtue de l'autorité de la chose jugée au fond, l'acte passé en exécution de l'ordonnance peut être remis en cause (Cass. 1e civ. 15-2-2012 n° 10-21.457 F-PBI : BPAT 2/12 inf. 127, à propos de l'autorisation de signer un acte de vente immobilière). Pour que l'acte soit sécurisé, la saisine du tribunal par une assignation à jour fixe est envisageable. Mais la Cour de cassation ne s'est pas encore prononcée.

Sur l'irrecevabilité de la demande d'autorisation d'un indivisaire à passer seul un acte devant le juge de l'exécution, voir n° 69257, précision a.

69280 Le **juge peut autoriser** tout acte d'administration ou de disposition. L'autorisation s'étend à toutes les conséquences directes de l'acte permis. Par exemple, l'autorisation d'agir en résiliation d'un bail permet aussi de demander des dommages et intérêts (Cass. 3e civ. 22-3-2006 n° 05-10.378 FS-PB).

Le pouvoir du juge est toutefois limité dans un cas : en présence d'une **indivision en nue-propriété**, le juge ne peut pas autoriser la vente du bien en pleine propriété contre la volonté de l'usufruitier (C. civ. art. 815-5, al. 2 ; pour une illustration jurisprudentielle, Cass. 1e civ. 13-6-2019 n° 18-17.347 F-PB : BPAT 5/19 inf. 203). Si les circonstances le permettent, d'autres dispositions pourront être mobilisées (voir n° 70070).

69285 L'**autorisation judiciaire** a pour **effet** de rendre l'acte contesté opposable à tous les indivisaires, y compris celui qui s'y opposait (C. civ. art. 815-5). Mais elle ne crée aucune obligation à sa charge. S'agissant par exemple d'une vente, l'indivisaire opposant à l'acte n'est pas tenu de la garantie des vices cachés.

69290 **Vente d'un bien indivis** À la demande d'un ou de plusieurs indivisaires **titulaires d'au moins les deux tiers des droits indivis**, le tribunal judiciaire peut autoriser l'aliénation d'un bien indivis (C. civ. art. 815-5-1). Cette disposition s'applique à toutes les indivisions, même nées antérieurement à son entrée en vigueur fixée au 14 mai 2009 (Loi 2009-526 du 12-5-2009 ; pour une illustration, Cass. 1e civ. 15-1-2014 n° 12-28.378 F-PB : RJDA 5/14 n° 488).

L'autorisation par le tribunal n'est possible qu'à deux **conditions** :
– aucun indivisaire ne doit être présumé absent, se trouver hors d'état de manifester sa volonté ou faire l'objet d'un régime de protection. On peut toutefois se demander si un indivisaire ne pourrait pas mettre en œuvre la procédure judiciaire de vente d'un bien indivis en obtenant du juge, sur le fondement de l'article 815-4, le pouvoir de représenter un indivisaire hors d'état de manifester sa volonté (sur cette question, voir N. Leblond, La crise dans l'indivision : Defrénois 30-11-2010 n° AD2010DEF2173N1 p. 2173) ;

– le bien indivis doit être détenu en pleine propriété par l'indivision. La procédure prévue par l'article 815-5-1 du Code civil est par conséquent inapplicable dans le cas, fréquent, où il y a parmi les héritiers un conjoint survivant titulaire de droits en usufruit sur la succession.

La **procédure à suivre** est la suivante. 69295
Le ou les indivisaires qui veulent vendre doivent exprimer leur intention devant un notaire (C. civ. art. 815-5-1, al. 2). La loi ne donne aucune indication sur les éléments qui doivent être formalisés. On peut en déduire que les indivisaires n'ont pas à motiver leur demande. En revanche, ils doivent, à l'évidence, désigner le bien concerné et le prix qu'ils envisagent, à tout le moins le prix plancher.
Le notaire a ensuite un mois pour signifier cette intention aux autres indivisaires (C. civ. art. 815-5-1, al. 3). Le dépassement de ce délai n'est pas de nature à vicier la procédure, ce qui importe étant que la signification soit effective et que les indivisaires qui en sont destinataires disposent du délai légal pour réagir (Cass. 1e civ. 20-11-2019 n° 18-23.762 F-PBI : BPAT 1/20 inf. 32).
En effet, à compter de cette signification, s'ensuit un délai de trois mois pendant lequel les indivisaires destinataires peuvent accepter la demande, s'y opposer... ou s'abstenir de répondre. Leur opposition à la vente ou leur silence à l'issue du délai de trois mois est constaté par le notaire par procès-verbal (C. civ. art. 815-5-1, al. 4).
Les indivisaires qui souhaitent vendre peuvent alors assigner devant le tribunal judiciaire (ici, c'est bien le tribunal qui est saisi et non son président). Ils n'ont toujours pas à indiquer leurs motifs, sachant toutefois que le tribunal peut refuser la vente si l'aliénation projetée est de nature à porter une **atteinte excessive aux droits des autres indivisaires** (C. civ. art. 815-5-1, al. 5). La preuve d'une telle atteinte incombe à l'indivisaire qui l'invoque et les juges du fond l'apprécient souverainement (Cass. 1e civ. 20-11-2019 n° 18-23.762 F-PBI : BPAT 1/20 inf. 32). Par exemple, il a été jugé que le fort attachement d'un indivisaire à la maison où ses parents ont vécu ne suffit pas à caractériser une atteinte excessive à ses droits dès lors qu'il ne propose aucune solution de rachat des droits de ses coïndivisaires (Cass. 1e civ. 15-1-2014 n° 12-28.378 F-PB : BPAT 2/14 inf. 80).
Notons qu'à l'occasion de l'instance engagée, le ou les défendeurs peuvent, à titre reconventionnel, demander le partage de l'indivision ou la mise en œuvre d'une des modalités prévues par la loi (maintien dans l'indivision, attribution préférentielle, etc.).

La vente s'effectue par **licitation**, c'est-à-dire par vente aux enchères publiques (C. civ. art. 815-5-1, al. 6). 69300
Les sommes qui en sont retirées ne peuvent pas faire l'objet d'un **remploi**. Autrement dit, elles ne doivent pas être investies dans une nouvelle acquisition ; elles sont, soit portées à l'actif à partager, soit utilisées pour payer les dettes et charges de l'indivision.
L'aliénation est **opposable** aux indivisaires dont le consentement a fait défaut, sauf si l'intention d'aliéner ne leur a pas été signifiée selon les règles légales (C. civ. art. 815-5-1, al. 7).
Sur la **portée pratique** de ce dispositif, voir n° 69143.

Travaux dans les immeubles situés outre-mer Des dispositions spécifiques ont pour objet d'encourager la réalisation de travaux pour augmenter l'offre locative à usage d'habitation à la Guadeloupe, en Guyane, en Martinique, à La Réunion et à Saint-Martin. Lorsqu'un immeuble indivis à **usage d'habitation ou** à usage **mixte** d'habitation et professionnel est vacant ou inoccupé depuis deux ans, un indivisaire peut se faire autoriser en justice, dans les conditions prévues pour le mandat successoral (C. civ. art. 813-1 à 813-9), à exécuter des travaux d'amélioration, de réhabilitation et de restauration dans le but de donner l'immeuble en location à usage d'habitation principale (C. civ. art. 815-7-1). 69310

3. DROITS ET OBLIGATIONS DES INDIVISAIRES SUR LES BIENS INDIVIS

USAGE ET JOUISSANCE DES BIENS INDIVIS

Chaque indivisaire peut user des biens indivis et en avoir la jouissance conformément à leur destination, dans le respect des droits concurrents des autres indivisaires (C. civ. art. 815-9, al. 1). Chacun peut donc profiter des biens indivis à une double condition. 69350
Ils doivent respecter la **destination des biens**, c'est-à-dire leur affectation. Par exemple, un indivisaire ne peut pas faire d'une résidence secondaire sa résidence principale ou boucher un chemin indivis en entreposant des matériaux.
Les indivisaires sont par ailleurs tenus de respecter le **droit de leurs coïndivisaires**. Un usage conforme à la destination du bien mais qui prive ou affecte les droits des coïndivisaires est prohibé.

Ainsi, un indivisaire ne peut pas :
– passer des canalisations sur une voie indivise afin de construire 15 logements, dès lors que cette construction serait source de nuisances pour les autres indivisaires du fait de l'augmentation de la circulation (Cass. 3e civ. 12-7-2000 n° 98-22.450) ;
– occuper un bien indivis durant 15 ans sans payer d'indemnité d'occupation (Cass. 1e civ. 26-10-2011 n° 10-21.802 FS-PBI : BPAT 6/11 inf. 366) ;
– occuper un bien indivis durant dix ans sans payer d'indemnité d'occupation et faire obstacle à la licitation du bien (Cass. 1e civ. 30-1-2019 n° 18-12.403 F-PB : BPAT 2/19 inf. 65) ;
– occuper un appartement indivis dont la vente libre de toute occupation a été ordonnée par le tribunal ;
– se réserver l'accès exclusif d'une chapelle, propriété indivise, pour y exercer son culte empreint d'une dérive sectaire sans contrevenir à la destination du bien et aux droits de ses coïndivisaires (Cass. 1e civ. 2-12-2020 n° 19-13.503 F-D et Cass. 1e civ. 2-12-2020 n° 19-13.535 F-D : BPAT 1/21 inf. 38).
À l'inverse, il n'y a pas lieu de faire cesser une occupation privative qui ne porte pas atteinte aux droits des coïndivisaires (Cass. 1e civ. 5-11-2014 n° 13-11.304 F-PB : BPAT 1/15 inf. 17).

69351 Conformément aux règles de droit commun, les indivisaires doivent respecter les **droits régulièrement acquis** par des tiers avant l'ouverture de l'indivision (bail consenti par le défunt, par exemple). Ils ne peuvent jouir des biens indivis qu'autant que ceux-ci ne sont pas grevés d'un **usufruit** ou d'un **droit d'usage et d'habitation** (par exemple, le droit viager du conjoint survivant sur sa résidence principale).

69355 Les **modalités d'utilisation** des biens indivis sont en principe **fixées par** les indivisaires, la convention pouvant être expresse ou tacite.
À défaut d'accord, l'exercice du droit d'usage et de jouissance est réglé par le président du tribunal (C. civ. art. 815-9, al. 1 in fine ; voir aussi n° 69365). Ce dernier statue selon la procédure accélérée au fond et non en référé (CPC art. 1380). Il peut donc trancher même en présence d'une contestation sérieuse ou en l'absence de trouble illicite au préjudice d'un indivisaire (Cass. 1e civ. 20-4-2017 n° 16-16.457 F-PB : BPAT 3/17 inf. 119, AJ fam. 2017 p. 355 note J. Casey). Cela dit, il ne peut statuer que dans la limite de sa compétence, soit les modalités d'exercice des droits indivis. Il excède ses pouvoirs lorsqu'il décide de l'existence même d'un droit. Ainsi jugé à propos de l'appréciation du droit d'habitation du conjoint survivant, qui relève de la compétence exclusive du tribunal judiciaire (Cass. 1e civ. 24-10-2012 n° 11-17.094 FS-PBI : BPAT 6/12 inf. 309). En outre, le président du tribunal ne statue qu'à titre provisoire puisque seul l'acte de partage déterminera définitivement les droits de chacun.
En cas d'occupation non conforme à la destination ou portant atteinte aux droits des autres indivisaires, ceux-ci peuvent faire cesser le trouble en obtenant, par exemple, une autorisation de démolir les ouvrages non conformes. Ils peuvent agir en ce sens sans attendre le résultat du partage, c'est-à-dire sans attendre de savoir si le bien dont l'occupation est non conforme est attribué ou non à l'indivisaire occupant (Cass. 1e civ. 12-5-2010 n° 09-65.362 F-PBI : BPAT 4/10 inf. 234). Ils peuvent aussi obtenir des dommages et intérêts en réparation de leur préjudice.
L'indivisaire qui jouit privativement d'un bien indivis doit une **indemnité d'occupation** à l'indivision (nos 69455 s.).

SORT DES FRUITS ET REVENUS

69360 **Principe** Les fruits et revenus des biens indivis accroissent l'indivision (C. civ. art. 815-10, al. 2).
C'est par **exemple** le cas :
– des loyers tirés de la location d'un bien indivis ;
– des revenus nets provenant de l'exploitation d'un fonds de commerce qui était commun à deux époux (Cass. 1e civ. 10-5-1984 n° 83-10.849 : Bull. civ. I n° 152, pour un laboratoire d'analyses médicales ; Cass. 1e civ. 11-3-2009 n° 07-20.856 F-D : BPAT 3/09 inf. 95, pour un portefeuille d'assurances exploité par un agent général d'assurance) ;
– de l'indemnité due en contrepartie de l'occupation d'un bien indivis ;
– des plus-values tirées d'un bien indivis peu important qu'elles soient dues aux circonstances économiques ou à l'activité d'un indivisaire (Cass. 1e civ. 2-5-2001 n° 99-11.336 : Bull. civ. I n° 110). Dans cette dernière hypothèse, l'indivisaire gérant a droit à une rémunération (C. civ. art. 815-12) ;
– du prix de vente d'une récolte ;
– des dividendes de parts sociales communes (Cass. 1e civ. 28-3-2018 n° 17-16.198 F-PB : BPAT 3/18 inf. 102).
Ne relève pas des fruits et revenus de l'indivision l'avantage fiscal dont bénéficie, en proportion de ses droits indivis et en fonction de ses revenus déclarés, un indivisaire qui a acquis des biens indivis neufs destinés à la location (Cass. 1e civ. 14-11-2007 n° 06-17.086 F-PB : RJDA 6/08 n° 731).

Aménagement Les indivisaires peuvent autoriser la jouissance divise de biens indivis par la voie d'un **partage provisionnel ou** de tout **autre accord** (C. civ. art. 815-10, al. 2). La propriété des biens reste indivise mais chaque indivisaire perçoit les fruits et revenus des biens attribués au titre du partage provisionnel. Ces fruits et revenus n'ont pas à être restitués lors du partage définitif. 69365

Notons qu'un jugement d'**attribution préférentielle** ne produit pas de tels effets : l'attributaire n'acquiert pas les fruits dès la date de ce jugement, mais seulement à compter du partage car il ne devient propriétaire qu'à ce moment-là.

Prescription quinquennale Les demandes relatives aux fruits et revenus doivent être exercées dans un délai de cinq ans à compter de la date à laquelle ils ont été perçus ou auraient pu l'être (C. civ. art. 815-10, al. 3). 69370

Cette prescription **s'applique** entre les indivisaires. Un tiers, tel que le locataire d'un bien indivis, ne saurait l'invoquer pour échapper aux poursuites des indivisaires (l'enjeu est moindre depuis que la loi du 17-6-2008 a réduit à cinq ans le délai de droit commun de la prescription en matière civile).

La prescription concerne :

– les actions en paiement des fruits et revenus, par exemple la réclamation des revenus perçus par le gérant de l'indivision ;

– les actions tendant à l'évaluation des fruits et revenus. Ainsi jugé pour l'action en fixation de l'indemnité d'occupation due par un indivisaire (Cass. 1e civ. 5-2-1991 n° 89-15.234 : Bull. civ. I n° 53).

Elle ne vaut pas pour les actions ayant un autre objet, telles que :

– une demande de dommages et intérêts suite à la dégradation volontaire d'un bien indivis ;

– une demande de rapport de l'avantage consenti à l'enfant logé gratuitement dans un immeuble mis à sa disposition par ses parents (Cass. 1e civ. 18-1-2012 n° 10-25.685 FS-PBI : BPAT 2/12 inf. 107).

Le délai de cinq ans **commence à courir** à compter du jour où les fruits et revenus ont été perçus ou auraient pu l'être. 69371

Il est susceptible d'**interruption** et de **suspension** selon le droit commun.

En présence d'une décision de justice irrévocable qui a reconnu une créance d'indemnité d'occupation, il y a interversion de la prescription (Cass. 1e civ. 10-7-2013 n° 12-13.850 FS-PBI : BPAT 5/13 inf. 191 rendu en application des dispositions antérieures à la réforme de la prescription du 17-6-2008, mais transposable ; Cass. 1e civ. 8-6-2016 n° 15-19.614 FS-PB : RTD civ. 2016 p. 593 obs. J. Hauser) :

– les termes de la créance échus avant la décision judiciaire (c'est-à-dire les termes sur lesquels elle a porté) peuvent être recouvrés tant qu'il est possible de mettre à exécution cette décision, soit pendant dix ans (C. exécution art. L 111-4) ;

– les termes à échoir postérieurement à la décision demeurent soumis à la prescription quinquennale de l'article 815-10. Ainsi, le créancier, s'il omet d'agir pendant les cinq ans de leur exigibilité, ne pourra plus le faire quand bien même il aurait obtenu un jugement antérieurement.

Pour la mise en œuvre de la prescription quinquennale en cas de divorce (n° 10308) et plus spécialement à propos de l'indemnité d'occupation due en cas d'indivision post-communautaire suite à un divorce, voir n° 10219.

ILLUSTRATIONS

La prescription est **interrompue par** :

– la demande d'indemnité d'occupation formulée devant le tribunal, étant précisé que le jugement qui se borne à ouvrir les opérations de liquidation-partage et à renvoyer les parties devant le notaire ne dessaisit pas le tribunal de sorte que la prescription demeure interrompue (Cass. 1e civ. 25-9-2013 n° 12-24.996 FS-PB ; Cass. 1e civ. 7-2-2018 n° 16-28.686 F-PB : BPAT 2/18 inf. 82) ;

– l'action en liquidation et partage de la succession avec demande d'expertise pour notamment déterminer la valeur locative du bien immobilier suivie d'une action ultérieure en fixation d'une indemnité d'occupation, la demande initiale contenant une demande implicite en fixation d'une indemnité d'occupation (Cass. 1e civ. 18-3-2020 n° 18-21.659 F-D) ;

– une assignation tendant à obtenir une expertise pour fixer la valeur locative de l'immeuble occupé par l'indivisaire (Cass. 1e civ. 26-6-2001 n° 99-15.487 : Bull. civ. I n° 190) ;

– un dire faisant état de réclamations concernant les fruits et les revenus et adressé à l'expert désigné par le juge saisi d'une action en partage (Cass. 1e civ. 20-11-2013 n° 12-23.752 F-PB : BPAT 1/14 inf. 29) ;

– par un procès-verbal de difficulté établi par un notaire et faisant état de réclamation sur les fruits et revenus (Cass. 1e civ. 10-2-1998 n° 96-16.735 : Bull. civ. I n° 47 ; Cass. 1e civ. 7-2-2018 n° 16-28.686 F-PB : BPAT 2/18 inf. 82 ; Cass. 1e civ. 17-11-2021 n° 20-14.914 F-D) ;

– un projet d'acte liquidatif récapitulant les fruits et revenus impayés et réclamés (Cass. 1e civ. 10-5-2007 n° 05-19.789 F-PB).
En revanche, n'est **pas interruptif** de prescription :
– une demande de donner acte, par exemple la demande des indivisaires de donner acte de leur intention de demander une indemnité d'occupation (Cass. 1e civ. 23-11-2011 n° 10-17.707 F-D) ;
– un courrier adressé au notaire liquidateur sollicitant pour la première fois une indemnité d'occupation (Cass. 1e civ. 5-10-2016 n° 15-25.944 F-PB).

DROIT AUX BÉNÉFICES

69375 Chaque indivisaire a droit aux bénéfices des biens indivis proportionnellement à ses droits dans l'indivision et chacun peut demander à en percevoir sa **part annuelle** (C. civ. art. 815-10, al. 4 et 815-11, al. 1). Ainsi, les fruits et revenus peuvent soit alimenter la masse indivise, soit être partagés chaque année entre les indivisaires.
La distribution des bénéfices annuels ne relève pas d'une décision collective des indivisaires mais d'une **demande** individuelle de chacun d'eux.
Elle ne peut porter que sur des **revenus nets**, c'est-à-dire déduction faite des dépenses entraînées par les actes auxquels l'indivisaire a consenti ou qui lui sont opposables. Il n'y a pas lieu à distribution en l'absence de revenus suffisants ou lorsque l'indivisaire qui la demande est débiteur d'une indemnité d'occupation du même montant.
La répartition se fait selon les **droits de chacun** dans l'indivision tels qu'ils résultent de l'acte de notoriété ou de l'intitulé d'inventaire établi par le notaire ou de tout autre acte particulier (C. civ. art. 815-11, al. 2).
L'**année de référence** commence en principe à courir à la date anniversaire de l'ouverture de l'indivision, mais les indivisaires peuvent convenir de se référer à l'année civile.

69380 **En cas de contestation**, le président du tribunal judiciaire, statuant selon la procédure accélérée au fond (CPC art. 1380), peut ordonner une répartition provisionnelle des bénéfices sous réserve d'un compte à établir lors de la liquidation définitive (C. civ. art. 815-11, al. 3). Le juge apprécie librement s'il y a lieu ou non d'accorder une telle répartition et notamment si l'indivision dispose de fonds suffisants (Cass. 1e civ. 16-3-1999 n° 97-11.972 : Bull. civ. I n° 99). L'avance est en principe à la charge de l'indivision. Cependant, elle peut être mise à la charge personnelle d'un indivisaire lorsque ce dernier s'est approprié des biens ou fonds indivis, les rendant ainsi artificiellement indisponibles (Cass. 1e civ. 20-6-2006 n° 05-14.281 FS-PB ; Cass. 1e civ. 24-5-2018 n° 17-17.846 F-PB : BPAT 4/18 inf. 166).

CHARGES DE L'INDIVISION ET OBLIGATION AUX PERTES

69385 Lorsque l'indivision est déficitaire, les indivisaires sont tenus de supporter les pertes à **proportion** de leurs droits dans l'indivision (C. civ. art. 815-10, al. 4). Tout autre critère est exclu, sauf accord entre indivisaires. Le poids des dettes ne peut donc pas être réparti en fonction :
– des dépenses engagées par chaque indivisaire. Celui qui engage des dépenses à bon escient n'a pas à les supporter au-delà de sa part dans l'indivision ;
– de la valeur des biens indivis que chaque indivisaire occupe respectivement.
Par **exception**, en cas de faute de l'indivisaire gérant le bien indivis, le juge peut décider d'exonérer les autres indivisaires de leur obligation de supporter les pertes nées contre leur gré et à leur insu (Cass. 1e civ. 4-4-1991 n° 89-20.351 : Bull. civ. I n° 118, solution rendue à propos de la gestion désastreuse d'un fonds de commerce).

69386 **En cas d'occupation privative** d'un bien indivis, il semble que les charges afférentes à ce bien, sans distinction, doivent être supportées par tous les coïndivisaires, le préjudice résultant de la jouissance privative étant compensé par une indemnité d'occupation. La taxe d'habitation en est une illustration, qualifiée de dépense de conservation (Cass. 1e civ. 5-12-2018 n° 17-31.189 F-PB : BPAT 1/19 inf. 31, A. Chamoulaud-Trapiers, Créance de l'indivisaire à l'encontre de l'indivision pour le paiement de la taxe d'habitation au titre de la conservation du bien indivis : Defrénois 7-3-2019 n° 146k9 p. 29, W. Dross, L'indivisaire jouissant exclusivement de l'immeuble indivis a-t-il seul la charge de la taxe d'habitation ? : RTD civ. 2019 p. 362 ; Cass. 1e civ. 13-2-2019 n° 17-26.712 F-D : BPAT 2/19 inf. 64 ; Cass. 1e civ. 10-2-2021 n° 19-20.957 F-D : BPAT 3/21 inf. 138).
Ce dernier état de la jurisprudence remet en cause la distinction faite traditionnellement entre :
– les **charges relatives à l'occupation privative** et personnelle d'un indivisaire, qui incombaient à ce dernier. Tel était le cas notamment de la taxe d'habitation et des charges de copropriété correspondant à l'entretien courant, à l'eau et au chauffage collectif de l'immeuble (Cass. 1e civ. 12-12-2007 n° 06-11.877 FS-PB : BPAT 1/08 inf. 17) ;
– les **autres charges**, qui devaient figurer au passif de l'indivision. Il s'agissait notamment de la taxe foncière et des autres charges de copropriété équivalant aux charges dites « non

récupérables » en cas de location (Cass. 1e civ. 16-4-2008 n° 07-12.224 F-PB : BPAT 3/08 inf. 101 ; Cass. 1e civ. 13-1-2016 n° 14-24.767 F-PB : BPAT 2/16 inf. 75, 1e arrêt à propos de la taxe foncière). La taxe foncière étant à la charge de l'indivision, elle devait être supportée par l'ensemble des indivisaires même si l'un d'eux remplissait, à titre personnel, les conditions pour en être exonéré par l'administration fiscale (Cass. 1e civ. 27-1-2016 n° 15-11.151 F-PB). L'assurance habitation était également à la charge de l'indivision (Cass. 1e civ. 5-3-2008 n° 07-14.729 F-PB : BPAT 2/08 inf. 58 ; Cass. 1e civ. 1-12-2010 n° 09-70.269 F-D ; Cass. 1e civ. 16-3-2016 n° 15-15.704 F-D : BPAT 3/16 inf. 123).

4. COMPTES ENTRE LES INDIVISAIRES

COMPTE D'INDIVISION

Tous ceux, **indivisaires ou non**, qui perçoivent des revenus ou exposent des frais pour le compte de l'indivision doivent en tenir un état qui est à la disposition des indivisaires (C. civ. art. 815-8). **69450**
C'est par exemple le cas lorsqu'un indivisaire engage une dépense, dégrade un bien indivis, perçoit sa part annuelle des bénéfices, doit une indemnité en raison de l'occupation privative d'un bien indivis, reçoit une avance en capital, prend en charge la gestion de l'indivision, etc.
L'inscription en compte permet d'obtenir, pour chaque indivisaire concerné, un **solde final** créditeur ou débiteur. Dans la première hypothèse, l'intéressé reçoit une part plus importante des biens indivis. Dans la seconde, il se voit alloti de sa propre dette, ce qui garantit les coïndivisaires contre tout risque d'impayé.

> **Précisions a.** Il y a lieu de bien **distinguer** entre les dettes et créances **à l'égard de l'indivision** et celles à l'égard **des coïndivisaires**. Par exemple, l'indemnité pour l'occupation d'un bien indivis due par une cohéritière ne peut pas se compenser avec la somme qui lui est allouée au titre des soins donnés à ses parents, dès lors que la première est due à l'indivision jusqu'au partage, tandis que la seconde est due personnellement par les cohéritiers, chacun pour sa part (Cass. 1e civ. 18-11-2015 n° 14-20.504 F-D). Dans le même sens, si les bénéfices nets du fonds de commerce indivis perçus par l'un des indivisaires entrent dans l'actif de l'indivision, la fraction de l'impôt sur le revenu payé par ce dernier sur la part revenant à son coïndivisaire n'a pas à être inscrite à son crédit au compte d'indivisaire (Cass. 1e civ. 10-5-2006 n° 04-12.473 F-PB : RJDA 12/06 n° 1281 ; Cass. 1e civ. 23-6-2010 n° 09-13.250 F-PBI : RJDA 4/11 n° 362).
>
> **b.** L'indivisaire qui fait preuve d'un **comportement dilatoire** au préjudice de l'indivision peut être condamné à lui payer des dommages et intérêts ; par exemple s'il fait traîner la vente d'un immeuble (Cass. 1e civ. 23-11-2016 n° 15-15.952 FS-D : BPAT 1/17 inf. 34).

Principe du droit au juge appliqué à l'indivision **69453**

« Le juge qui refusera de juger, sous prétexte du silence, de l'obscurité ou de l'insuffisance de la loi, pourra être poursuivi comme coupable de **déni de justice** » (C. civ. art. 4). Sur ce fondement, la Haute Juridiction a forgé la notion de déni de justice par renvoi à un tiers. Il s'agit pour le juge de déléguer à tort ses pouvoirs à un tiers, et les illustrations ne manquent pas chaque fois qu'il y a lieu de liquider et de partager.
Est ainsi caractérisé le déni de justice **par renvoi au notaire liquidateur** lorsque :
– le juge lui donne pour mission d'apprécier si les biens sont aisément partageables en nature et d'ordonner, dans la négative, la licitation de ces immeubles, dans le cadre de la liquidation et du partage de la communauté ayant existé entre des époux (Cass. 1e civ. 8-7-2010 n° 09-13.155 F-D : RTD civ. 2010 p. 766 obs. J. Hauser) ;
– le juge lui délègue le calcul et la répartition de la créance d'un indivisaire contre l'indivision au titre de l'impôt foncier que celui-là a payé personnellement alors que les contestations des parties devant le juge portaient sur ces éléments. La mission de cet officier public ne pouvait être que de donner un avis de pur fait sur l'évaluation des créances des époux relatives au remboursement et au paiement des dettes litigieuses sans en fixer le montant (Cass. 1e civ. 8-7-2010 n° 09-13.737 F-D : RTD civ. 2010 p. 766 obs. J. Hauser) ;
– le juge renvoie les parties devant lui pour vérifier et calculer l'indemnité due à l'indivisaire pour les dépenses de conservation du bien indivis, à savoir le règlement des échéances d'emprunt afférentes à l'immeuble indivis (Cass. 1e civ. 26-1-2011 n° 09-72.422 F-D : RTD civ. 2011 p. 331 obs. J. Hauser) ;
– il s'est vu déléguer l'évaluation de la contribution respective des époux séparés de biens à la dette fiscale alors même que la contestation du calcul et de la répartition de cette dette était l'objet du contentieux judiciaire (Cass. 1e civ. 26-10-2011 n° 10-24.214 F-PBI : RTD civ. 2012 p. 102 obs. J. Hauser) ;

– le juge lui renvoie la fixation du montant d'une créance au titre de la taxe foncière due par une indivision à un coïndivisaire, lequel s'en était acquitté pendant huit années consécutives. Ce dernier avait pourtant indiqué dans ses conclusions d'appel le montant exact de l'impôt dont il s'était acquitté et demandé que l'indivision en soit déclarée redevable (Cass. 1e civ. 24-9-2014 n° 13-21.005 F-PB : RTD civ. 2015 p. 106 obs. J. Hauser) ;
– le juge saisi d'une contestation afférente aux dépenses de conservation exposées par un copartageant et portant sur un lot de copropriété et ses parties communes lui délègue l'établissement d'un compte d'administration et de charges tenant compte de ces dépenses (Cass. 1e civ. 30-11-2022 n° 21-14.251 F-D : BPAT 2/23 inf. 93).

INDEMNITÉ D'OCCUPATION

69455 **Indemnité due** L'indivisaire qui use ou jouit privativement de la chose indivise est redevable d'une indemnité (C. civ. art. 815-9, al. 2).

La **jouissance privative** résulte de l'impossibilité de droit ou de fait pour les coïndivisaires d'user de la chose (Cass. 1e civ. 8-7-2009 n° 07-19.465 FS-PBI). Peu importe que cet usage résulte d'une autorisation judiciaire (Cass. 1e civ. 14-6-2000 n° 98-19.255 : Bull. civ. I n° 186).

L'indemnité est due même si l'indivisaire n'habite pas effectivement l'**immeuble** indivis, dès lors que l'occupation est exclusive du droit du ou des autres coïndivisaires (jurisprudence constante, par exemple, Cass. 1e civ. 23-6-2010 n° 09-13.250 F-PBI : BPAT 5/10 inf. 294). C'est le cas si l'indivisaire :

– refuse d'en remettre les clés aux autres, leur interdisant ainsi l'accès du bien (Cass. 1e civ. 30-6-2004 n° 02-20.085 F-P : BPAT 6/04 inf. 135 ; Cass. 1e civ. 21-11-2012 n° 11-20.365 F-D ; Cass. 1e civ. 31-3-2016 n° 15-10.748 F-PB : BPAT 3/16 inf. 125). La simple détention des clés, en ce qu'elle permet à son détenteur d'avoir seul la libre disposition d'un bien indivis est également constitutive d'une jouissance privative génératrice d'une indemnité d'occupation (Cass. 1e civ. 20-9-2023 n° 21-23.877 F-D : BPAT 6/23 inf. 293-18) ;
– a installé quelqu'un dans le bien, par exemple les enfants du couple.

L'impossibilité pour l'indivisaire de jouir de l'intégralité du bien compte tenu de sa superficie est sans incidence sur le montant de l'indemnité mise à sa charge en contrepartie du droit de jouir privativement de la totalité de l'immeuble (Cass. 1e civ. 12-6-2018 n° 17-17.243 F-D : BPAT 4/18 inf. 167). De la même manière, le fait que la maison occupée privativement par un indivisaire se trouve dans un état de vétusté incompatible avec sa mise en location ne décharge pas l'occupant de son obligation d'indemniser l'indivision (Cass. 1e civ. 3-10-2019 n° 18-20.430 FS-PBI : BPAT 6/19 inf. 259).

En outre, il importe peu que le bien occupé soit ou non productif de revenus car l'indemnité n'est pas la compensation d'une perte éventuelle de revenus, mais le prix de la jouissance privative d'un bien « collectif » (Cass. 1e civ. 12-5-2010 n° 09-65.362 F-PBI : BPAT 4/10 inf. 236 ; Cass. 1e civ. 24-9-2014 n° 13-21.005 F-PB).

L'indemnité est tout autant due en cas de jouissance privative d'un **bien mobilier** indivis, avec ou sans valeur (Cass. 1e civ. 17-10-2018 n° 17-22.282 F-D : BPAT 6/18 inf. 267-13).

69457 **Indemnité d'occupation exclue** Réciproquement, une indemnité n'est pas due lorsque les conditions ci-dessus ne sont pas remplies.

Il n'y a donc pas d'indemnité lorsqu'il n'y a **pas d'indivision en jouissance** sur le bien en question. Ainsi, une veuve ne doit rien lorsqu'elle opte pour le quart des biens de la succession en pleine propriété et les trois quarts en usufruit tandis que sa belle-fille reçoit les trois quarts en nue-propriété (Cass. 1e civ. 15-5-2013 n° 11-24.217 F-PBI : BPAT 4/13 inf. 148). De même pour le légataire qui est également héritier, cette dernière qualité lui conférant la saisine du ou des biens légués depuis le décès, ce qui lui permet de prétendre à leur jouissance sans devoir d'indemnité d'occupation à ses cohéritiers (notamment Cass. 1e civ. 6-12-2005 n° 03-10.211 F-PB ; Cass. 1e civ. 24-9-2014 n° 12-26.486 F-PB : BPAT 6/14 inf. 242 ; Cass. 1e civ. 16-3-2016 n° 14-28.865 F-D : BPAT 3/16 inf. 124). Observons toutefois que l'héritier légataire d'une quotité et non d'un bien particulier désigné dans le testament resterait, jusqu'au partage, titulaire de droits indivis. Dans ce cas, l'occupation privative d'un bien de la succession, susceptible d'être compris dans le legs mais non encore attribué, ouvre la possibilité pour les indivisaires de réclamer une indemnité pour la période courant du décès jusqu'au partage. Qu'en est-il en cas d'occupation privative par l'ex-mari du domicile conjugal détenu en nue-propriété indivise avec son ancienne épouse, l'usufruit dudit bien étant détenu par sa mère ? Il n'y a pas plus d'indemnité d'occupation due par le mari envers l'indivision en l'absence d'indivision en jouissance entre les ex-époux nus-propriétaires (Cass. 1e civ. 1-6-2023 n° 21-14.924 F-B : BPAT 4/23 inf. 186).

Une indemnité est exclue lorsque les indivisaires ont **renoncé à leur droit** et accepté que la jouissance soit gratuite. En revanche, que leur auteur ait, de son vivant, logé gratuitement l'un d'eux ne les lie pas (Cass. 1e civ. 29-5-2013 n° 11-22.481 F-D).

Aucune indemnité n'est due lorsque la **jouissance** n'est **pas privative** (Cass. 1e civ. 8-4-2009 n° 08-13.765 F-D : BPAT 3/09 inf. 118). Tel est le cas :

– de l'indivisaire qui a les clés uniquement pour veiller à l'entretien du bien ou de celui qui occupe le bien de façon ponctuelle sans interdire la venue de ses coïndivisaires ;

– d'une utilisation privative qui n'interdit pas l'usage du bien indivis aux autres coïndivisaires ; ainsi par exemple la transformation d'une cour pour partie en potager et poulailler, qui n'empêche pas la circulation, le stationnement et l'entreposage de matériel (Cass. 1e civ. 5-11-2014 n° 13-11.304 F-PB : BPAT 1/15 inf. 17) ;

– d'une « occupation privative » d'un indivisaire quand sa compagne part en maison de retraite ; l'impossibilité pour le coïndivisaire d'occuper l'immeuble résulte seulement de son état de santé et non du comportement de l'indivisaire occupant (Cass. 1e civ. 3-10-2018 n° 17-26.020 F-PB : BPAT 6/18 inf. 246) ;

– de l'indivisaire qui occupe l'immeuble indivis en qualité de locataire, titulaire d'un bail verbal ; peu importe à cet égard que la valeur locative du bien soit nettement supérieure au montant du loyer acquitté (Cass. 1e civ. 18-3-2020 n° 19-11.206 F-PB : BPAT 3/20 inf. 104).

Enfin, les indivisaires ne peuvent pas demander à celui qui **exploite un fonds** de commerce indivis à la fois une indemnité d'occupation et une indemnité au titre des revenus tirés de ce bien indivis (Cass. 1e civ. 3-10-2006 n° 04-18.435 F-PB : BPAT 6/06 inf. 162 ; dans le même sens, Cass. 1e civ. 11-3-2009 n° 07-20.856 F-D : BPAT 3/09 inf. 95).

Montant et paiement de l'indemnité Le **montant** de l'indemnité correspond à la perte de revenus subie par l'indivision pendant la durée de cette jouissance privative. Elle est fixée d'un commun accord entre les indivisaires ; à défaut, son montant relève de l'appréciation souveraine des juges du fond. 69460

En pratique, ceux-ci se réfèrent à la valeur locative du bien, généralement diminuée pour tenir compte du caractère précaire de l'occupation. Ils peuvent ordonner une expertise pour la déterminer. Les améliorations éventuellement apportées au bien par l'occupant sont sans incidence sur le montant de l'indemnité d'occupation.

Contrairement à un loyer, celle-ci n'est pas revalorisée chaque année.

Sur l'incidence, le cas échéant, de l'occupation des enfants des indivisaires après séparation du couple, voir n° 10217.

> **Précisions** Lorsqu'un **expert** ayant pour mission de fournir tous éléments permettant au tribunal de **calculer l'indemnité d'occupation** due par un indivisaire à l'indivision est désigné, le jugement tranche la contestation portant sur l'obligation de celui-ci au paiement de cette indemnité sur le fondement de l'article 480 du Code de procédure civile (Cass. 1e civ. 26-1-2022 n° 20-15.901 F-D).

L'indemnité est **due à l'indivision** et non aux coïndivisaires non occupants. Un concubin ne peut pas être déclaré redevable envers sa compagne d'une indemnité mensuelle de 300 € pour l'occupation privative du bien indivis acquis ensemble (Cass. 1e civ. 30-9-2009 n° 08-18.278 F-D). Il en va de même à propos d'un époux divorcé déclaré redevable d'une indemnité envers son ex-épouse pour avoir occupé privativement un bien immobilier dépendant de l'indivision post-communautaire. L'indemnité d'occupation due par un indivisaire au titre de la jouissance privative d'un immeuble indivis doit revenir à l'indivision (Cass. 1e civ. 15-3-2023 n° 21-15.183 F-D). Elle n'est donc pas proratisée en fonction des droits des autres indivisaires ; elle doit entrer pour son montant total dans la masse active partageable (Cass. 1e civ. 4-6-2007 n° 05-21.842 F-PB : BPAT 4/07 inf. 111 ; Cass. 1e civ. 24-10-2012 n° 11-22.615 F-D). 69461

L'indemnité est due pour la **période** allant du premier jour de la jouissance privative et au plus tôt au début de l'indivision, jusqu'à la libération des lieux et au plus tard au jour du partage. 69465

L'indivisaire concerné doit en effectuer le **paiement** dès qu'elle est fixée. Il n'y a pas lieu de l'intégrer au compte de liquidation et d'attendre le partage pour son règlement (Cass. 1e civ. 15-4-1980 : RTD civ. 1981 p. 173 ; Cass. 1e civ. 30-5-2000 n° 98-19.195).

L'indemnité d'occupation est considérée comme un **fruit de l'indivision** ; elle est soumise à la **prescription** quinquennale (en ce sens, par exemple, Cass. 1e civ. 15-5-2008 n° 06-20.822 FS-PB ; sur la mise en jeu de cette prescription, voir n° 69371).

DÉPENSES D'AMÉLIORATION OU DE CONSERVATION ENGAGÉES PAR UN INDIVISAIRE

69470 L'indivisaire qui engage des dépenses d'amélioration ou de conservation d'un bien indivis sur ses fonds personnels peut prétendre à une indemnité à charge de l'indivision (C. civ. art. 815-13, al. 1).
Traditionnellement, la dépense d'**amélioration** est celle qui, sans être indispensable, est utile à la valorisation du bien. Il s'agit, par exemple, de l'installation d'un chauffage central dans un immeuble indivis, du remboursement d'un emprunt souscrit pour financer des travaux d'amélioration, de la mise à disposition d'un bien personnel afin de permettre l'exploitation d'un fonds indivis.
La dépense de **conservation** est celle qui est nécessaire. Il s'agit notamment :
– du paiement des mensualités de l'emprunt souscrit pour l'acquisition du bien indivis (Cass. 1e civ. 20-1-2010 n° 08-19.739 F-D : BPAT 2/10 inf. 117 ; Cass. 1e civ. 11-5-2012 n° 11-17.497 F-PBI : BPAT 4/12 inf. 231 ; Cass. com. 10-2-2015 n° 13-24.659 FS-PB : BPAT 2/15 inf. 59). Peu importe que le prêt soit un prêt amortissable ou un crédit relais (Cass. 1e civ. 26-1-2022 n° 20-17.898 F-B : BPAT 2/22 inf. 98). Il n'y a pas lieu non plus de distinguer selon que le remboursement de l'emprunt s'effectue par le paiement des échéances ou par un ou des règlements anticipés (Cass. avis 5-7-2023 n° 23-70.007 FS-PB : BPAT 5/23 inf. 236) ;
– du règlement des charges de copropriété ou des primes d'assurance liées à un bien indivis (Cass. 1e civ. 20-1-2004 n° 01-17.124 F-P : AJ fam. 2004 p. 103 obs. S. Deis-Beauquesne ; Cass. 1e civ. 16-3-2016 n° 15-15.704 F-D : BPAT 3/16 inf. 123). S'agissant des primes d'assurance habitation, il faut toutefois distinguer entre ce qui relève de l'assurance du bien indivis, à la charge de l'indivision et qui justifie un droit à indemnité de l'indivisaire qui l'aurait payée en intégralité et la couverture personnelle de l'indivisaire (vol, responsabilité civile), qui demeure à sa charge (Cass. 1e civ. 20-10-2021 n° 20-11.921 FS-B : BPAT 1/22 inf. 44) ;
– de la taxe d'habitation (Cass. 1e civ. 5-12-2018 n° 17-31.189 F-PB : BPAT 1/19 inf. 31 ; Cass. 1e civ. 13-2-2019 n° 17-26.712 F-D : BPAT 2/19 inf. 64 ; Cass. 1e civ. 10-2-2021 n° 19-20.957 F-D : BPAT 3/21 inf. 138).
En cas d'occupation privative du bien, voir n° 69386.
La dépense d'**entretien** n'ouvre pas droit à indemnisation (par exemple, Cass. 1e civ. 18-11-2015 n° 14-20.504 F-D ; Cass. 1e civ. 13-2-2019 n° 17-26.712 F-D : BPAT 2/19 inf. 64), sauf à établir qu'elle est nécessaire pour la conservation du bien. Il en va de même de la dépense **somptuaire**, c'est-à-dire celle qui n'est ni utile à l'amélioration d'un bien indivis ni nécessaire à sa conservation.
Ce texte ne s'applique pas non plus aux dépenses d'**acquisition**. Par suite, un époux séparé de biens qui finance de ses deniers personnels la part de son conjoint dans l'acquisition d'un bien indivis peut invoquer à son encontre une créance évaluable selon les règles applicables aux créances entre époux (C. civ. art. 1479, sur renvoi de 1543 ; Cass. 1e civ. 26-5-2021 n° 19-21.302 FS-P : BPAT 4/21 inf. 165).

> **Précisions a.** Les règles de droit commun de la **preuve** s'appliquent en matière d'indivision. Ainsi celui qui réclame l'exécution d'une obligation doit la prouver (C. civ. art. 1353). Par conséquent, l'indivisaire qui réclame le remboursement des impôts locaux payés de ses deniers personnels doit démontrer s'en être acquitté. La seule production des avis d'imposition ne peut valoir présomption de paiement des impôts par celui-ci (Cass. 1e civ. 15-1-2020 n° 18-26.502 F-D : BPAT 5/20 inf. 179-6, rendu en application de l'article 1315 dans sa rédaction antérieure à l'ord. 2016-131 du 10-2-2016 mais transposable).
> **b.** Pour rappel, la **juridiction territorialement compétente** est, sauf disposition contraire, celle du lieu où demeure le défendeur. S'il y a plusieurs défendeurs, le demandeur saisit, à son choix, la juridiction du lieu où demeure l'un d'eux (CPC art. 42, al. 1 et 2). Par exception, en matière successorale, la juridiction dans le ressort duquel s'est ouverte la succession est compétente, jusqu'au partage inclusivement, pour connaître notamment des demandes entre héritiers (CPC art. 45). L'indivision née de la donation-partage est indépendante de celle pouvant porter sur les biens dépendant de la succession du disposant. Après quoi, l'action en indemnisation pour dépense de conservation étant une action mobilière, elle relève de la compétence juridictionnelle de principe (Cass. 1e civ. 26-5-2021 n° 19-23.705 F-D : BPAT 4/21 inf. 182).

69475 **Origine du financement** Pour que l'indivisaire puisse prétendre à une indemnisation, la dépense doit avoir été financée, au moins partiellement, sur ses **fonds personnels**. L'indivisaire doit s'être appauvri au profit de l'indivision. C'est le cas lorsqu'il rembourse un prêt grâce à l'aide personnalisée au logement qu'il perçoit, cette aide constituant un substitut de revenus (Cass. 1e civ. 28-5-2015 n° 14-16.828 F-D). De même, et sauf convention contraire, la prise en charge des échéances d'un emprunt par l'assureur décès-invalidité ou perte d'emploi d'un indivisaire a pour effet, dans les rapports entre les acquéreurs indivis, d'éteindre, à concurrence des règlements de l'assureur, la dette de contribution incombant à l'assuré concerné (Cass. 1e civ. 12-3-2002 n° 00-21.271 FS-P pour une assurance décès-invalidité ; Cass. 1e civ. 15-12-2010 n° 09-16.693 F-PBI : BPAT 1/11 inf. 53 pour une assurance perte d'emploi).

À l'inverse, ne justifient pas une indemnisation :

– le remboursement des mensualités d'un emprunt par la seule épouse, lorsque le montant de la pension alimentaire versée par son mari a été fixé en fonction du montant des échéances de l'emprunt et qu'il a ainsi contribué indirectement au financement de l'immeuble indivis (Cass. 1e civ. 23-1-2008 n° 07-10.753 F-PB : RJDA 5/08 n° 589) ;

– le remboursement par une assurance invalidité des mensualités d'un emprunt, que celle-ci paie directement la banque ou qu'elle rembourse à son assuré les mensualités qu'il a continué de payer à la banque (Cass. 1e civ. 18-12-2013 n° 12-25.662 F-D ; Cass. 1e civ. 28-3-2018 n° 17-18.127 F-D et Cass. 1e civ. 20-10-2021 n° 20-11.921 FS-B : BPAT 1/22 inf. 44) ;

– les dépenses engagées avant l'ouverture de l'indivision.

Le **travail d'un indivisaire** peut être indemnisé, non par assimilation de ce travail à une dépense d'amélioration, mais au titre du régime de la rémunération du gérant d'indivision (n°s 69503 s.).

Dès lors qu'il a engagé une dépense d'amélioration ou de conservation du bien indivis, l'indivisaire a droit à une indemnité ; peu importe que, occupant puis attributaire du bien lors du partage, il ait exposé ces dépenses dans son **intérêt personnel** (Cass. 1e civ. 6-12-2005 n° 03-11.489 F-PB : BPAT 1/06 inf. 19).

Montant de l'indemnité Le montant de l'indemnité diffère selon la nature de la dépense. 69480
Pour les **dépenses d'amélioration**, la créance de l'indivisaire est fixée selon l'équité, compte tenu de ce dont la valeur du bien s'est trouvée augmentée (C. civ. art. 815-13, al. 1). Elle est donc calculée en fonction du profit subsistant et non en fonction des sommes engagées (Cass. 1e civ. 15-5-2008 n° 07-17.645 F-PB).

Pour les **dépenses de conservation**, l'indemnité est égale, selon l'équité, à la plus forte des deux sommes que représentent la dépense faite et la plus-value (Cass. 1e civ. 11-5-2012 n° 11-17.497 F-PBI : BPAT 4/12 inf. 231 ; Cass. 1e civ 13-9-2017 n° 16-22.821 F-D : BPAT 6/17 inf. 216). La dépense faite, s'agissant du remboursement d'un emprunt, comprend le paiement du capital et des intérêts.

Dans les deux cas, pour calculer le **profit subsistant**, il faut tenir compte :

– de la valeur du bien à sa date d'acquisition et non au jour de la naissance de l'indivision (Cass. 1e civ. 1-2-2017 n° 16-11.599 FS-PB : BPAT 2/17 inf. 71, à propos d'un bien commun devenu indivis avec le divorce) ;

– de la valeur du bien au moment du partage ou, si le bien concerné a été vendu, au jour de son aliénation (C. civ. art. 815-13) ;

– du montant des sommes prises en charge par l'indivisaire. En cas de remboursement d'un prêt, certains auteurs recommandent de ne tenir compte que du seul capital payé à l'exclusion des intérêts (B. Vareille, La liquidation du profit subsistant au sens de l'article 813-1 : RTD civ. 2017 p. 715).

Par ailleurs, le montant de l'indemnité est apprécié à l'aune de l'**équité**. Les juges du fond sont souverains à cet égard. Ainsi, s'agissant d'une dépense de conservation, ils peuvent retenir un montant compris entre la dépense engagée et le profit subsistant (Cass. 1e civ. 24-9-2014 n° 13-18.197 FS-PBI : BPAT 6/14 inf. 243). En présence de travaux d'amélioration et de conservation sur un bien indivis réalisés par un indivisaire à ses frais, ils doivent cependant distinguer la part des dépenses d'amélioration de celle des dépenses de conservation pour déterminer la plus-value apportée au bien au temps du partage (Cass. 1e civ. 12-10-2022 n° 21-10.578 F-D : BPAT 1/23 inf. 43).

> **Précisions** Le régime de l'article 815-13 du Code civil est à distinguer de celui de l'article 1469 du même Code applicable aux **récompenses** qui, de jurisprudence constante, cesse de s'appliquer avec la dissolution de la communauté (n° 3890) et qui instaure un régime différent notamment puisque le profit subsistant est, le cas échéant, retenu même s'il est inférieur à la dépense engagée.

Paiement de l'indemnité Le bénéficiaire de l'indemnité n'a pas à attendre le partage pour en demander le paiement (Cass. 1e civ. 20-2-2001 n° 98-13.006 : Bull. civ. I n° 41, à propos d'une dépense de conservation). Par voie de conséquence, la **prescription** de l'action en paiement n'est pas suspendue jusqu'au partage (Cass. 1e civ. 28-3-2018 n° 17-14.104 F-PB : BPAT 3/18 inf. 125 ; Cass. 1e civ. 14-4-2021 n° 19-21.313 FS-P : BPAT 4/21 inf. 181). La prescription applicable est celle de droit commun (Cass. 1e civ. 14-4-2021 n° 19-21.313 FS-P précité). Elle est quinquennale et court 69482

« dès que le titulaire du droit a connu ou aurait dû connaître les faits lui permettant de l'exercer » (C. civ. art. 2224). S'agissant d'échéances réglées par termes successifs, elle se divise comme la dette elle-même et commence dès le paiement de chacune des échéances. L'héritier qui a engagé des dépenses pour la conservation des biens successoraux alors que le règlement de la succession se prolonge devra être vigilant et agir dans les cinq ans, sans attendre le partage. En tout état de cause, il doit être payé par prélèvement sur l'actif avant le partage (n° 69645).

> **Précisions** **L'interruption de la prescription** ne peut s'étendre d'une action à une autre. Il n'en est autrement que lorsque les deux actions, bien qu'ayant une cause distincte, tendent à un seul et même but, de sorte que la seconde est virtuellement comprise dans la première. Tel n'est pas le cas de la revendication, par un indivisaire, de créances contre l'indivision au titre des mensualités de prêts immobiliers ayant servi à financer l'acquisition d'un bien indivis. Cette demande n'est pas comprise dans l'action en liquidation et partage de l'indivision introduite par celui-ci. Elle doit donc être formulée, même implicitement, pour que la prescription soit interrompue (Cass 1e civ. 18-5-2022 n° 20-22.234 FS-B : BPAT 4/22 inf. 202).

DÉTÉRIORATIONS APPORTÉES AUX BIENS INDIVIS PAR UN INDIVISAIRE

69485 L'indivisaire répond des dégradations et détériorations qui ont diminué la valeur des biens indivis par son fait ou par sa faute (C. civ. art. 815-13, al. 2). C'est le cas par **exemple** s'il s'approprie des biens indivis, s'il les endommage ou s'il néglige de les entretenir. En revanche, la perte de valeur résultant d'une cause extérieure, tel le classement d'un terrain en zone inconstructible, ne peut pas lui être imputée.

L'**indemnité** due par l'indivisaire responsable, c'est-à-dire la moins-value subie par le bien, est évaluée au moment du partage en fonction de la consistance des biens au moment où le dommage a été causé.

AVANCE EN CAPITAL

69490 Un indivisaire peut demander une avance en capital sur ses droits dans l'indivision (C. civ. art. 815-11, al. 4).

À défaut d'accord des indivisaires, la **demande** doit être portée devant le président du tribunal judiciaire statuant selon la procédure accélérée au fond (CPC art. 1380). Lui seul a compétence pour fixer le montant de l'avance en capital (Cass. 1e civ. 3-11-2004 n° 01-16.031 F-P).

Il est libre d'y faire droit ou non, sous réserve de vérifier que le **montant** de l'avance n'excède pas (Cass. 1e civ. 5-2-1980 : D. 1981 IR p. 29) :

– les fonds disponibles de l'indivision (liquidités déposées sur un compte bancaire, fruits et revenus des biens indivis, valeurs mobilières facilement réalisables, etc.). C'est au demandeur de faire la preuve du montant de ces fonds et de leur disponibilité ;

– la part du demandeur dans le partage définitif. Pour l'évaluer, le juge peut s'aider d'un état liquidatif estimatif.

Il ne lui appartient pas, puisse-t-il mettre en œuvre son pouvoir souverain d'appréciation sur la réunion de ces deux conditions, de subordonner le versement d'une telle avance à l'intérêt commun des coïndivisaires ou encore à l'intérêt particulier de l'un d'entre eux (CA Grenoble 4-10-2023 n° 22/04045 : BPAT 6/23 inf. 278). Dans cette affaire, l'actif successoral comprenait notamment six immeubles, évalués à plus de 1 330 000 € pour un passif de l'ordre de 25 500 € et les liquidités s'élevaient à 201 000 € (montant en augmentation en raison des revenus locatifs des biens immobiliers), autorisant une avance en capital de 60 000 € par souche.

Le cas échéant, une **nouvelle avance** peut être accordée dans la limite des droits de l'indivisaire concerné (Cass. 1e civ. 8-7-1981 n° 80-11.261 : Bull. civ. I n° 253).

69495 Le versement d'une avance n'est pas considéré comme un partage partiel (Cass. 1e civ. 1-3-1988 n° 86-13.374 : Bull. civ. I n° 58). L'indivisaire en doit le rapport **au moment du partage définitif**. Le montant à rapporter est déterminé en application des règles sur le rapport des dettes (n° 70310), sauf accord particulier des indivisaires sur ce sujet.

La somme avancée est productive d'**intérêts** au taux légal à compter de la date à laquelle elle a été payée (C. civ. art. 866 ; pour une illustration, Cass 1e civ. 12-10-2022 n° 21-11.223 F-D : BPAT 6/22 inf. 292, rendu sur le fondement des anciens articles 829 et 856 du Code civil, mais transposable). Ces intérêts peuvent être capitalisés à la demande des coïndivisaires (Cass. 1e civ. 23-3-1994 n° 92-13.345 : Bull. civ. I n° 115).

INDIVISAIRE GÉRANT UN OU PLUSIEURS BIENS INDIVIS

La qualité de gérant peut résulter d'un mandat conventionnel, d'une habilitation judiciaire ou d'une situation de fait. **69500**

Le gérant est **redevable des produits nets** de sa gestion (C. civ. art. 815-12). Il doit tenir le compte de l'indivision et être en mesure de justifier des revenus perçus et des dépenses engagées. En présence d'une exploitation agricole indivise, le gérant ne peut pas, pour justifier du revenu net, se retrancher derrière l'évaluation forfaitaire de son bénéfice calculée par l'administration fiscale (Cass. 1e civ. 18-5-2011 n° 10-14.518 F-PBI : BPAT 4/11 inf. 254). Il doit présenter les revenus effectivement perçus et les dépenses engagées.

En contrepartie, le gérant a **droit à la rémunération** de son activité (C. civ. art. 815-12). Encore faut-il qu'il justifie d'un véritable travail, avec une certaine continuité. C'est le cas si : **69503**

– il réalise des travaux d'amélioration sur un bien indivis (Cass. 1e civ. 23-6-2010 n° 09-13.688 F-PBI : BPAT 4/10 inf. 237). Par cette décision, la Cour de cassation clarifie sa position. L'indemnisation du travail d'un indivisaire se fait au titre de la rémunération du gérant (C. civ. art. 815-12) et non au titre des dépenses d'amélioration (C. civ. art. 815-13) comme l'avait admis une précédente décision (Cass. 1e civ. 13-3-2007 n° 05-13.320 F-PB : BPAT 3/07 inf. 84 qui toutefois avait refusé d'évaluer l'indemnité en fonction de la plus-value apportée à l'immeuble). Elle a, à plusieurs reprises, confirmé sa position (Cass. 1e civ. 26-6-2013 n° 12-17.852 F-D ; Cass. 1e civ. 15-9-2021 n° 19-24.014 F-D : BPAT 6/21 inf. 273 ; Cass. 1e civ. 5-1-2023 n° 21-15.931 F-D : BPAT 1/23 inf. 68-24) ;

– il gère un fonds de commerce indivis ;

– il effectue les démarches nécessaires au règlement de la succession, etc.

Ne peut **pas prétendre à une indemnisation**, l'indivisaire qui :

– s'est contenté d'interventions ponctuelles ;

– n'a pas régulièrement rendu compte de sa gestion et de la destination des fruits produits par le bien indivis (Cass. 1e civ. 17-6-2009 n° 07-17.223 F-D : BPAT 5/09 inf. 201).

Le **montant de la rémunération** est fixé à l'amiable entre les indivisaires ; à défaut, il est décidé par le tribunal judiciaire, qui dispose d'un pouvoir souverain d'appréciation. La demande peut être présentée pour la première fois en cause d'appel (Cass. 2e civ. 3-2-1983 n° 80-16.702 : Bull. civ. II n° 28). **69505**

La rémunération du gérant est évaluée notamment en fonction du temps et de la qualité du travail fourni, des dépenses engagées et, le cas échéant, des bénéfices éventuellement apportés à l'indivision. Cela dit, les résultats de la gestion ne conditionnent pas le droit à rémunération, une gérance déficitaire ne privant pas son auteur de tout droit (sauf évidemment si la responsabilité du gérant peut être engagée).

La rémunération de l'indivisaire qui, par son travail, a amélioré un bien indivis est évaluée conformément à ces critères et notamment en fonction du coût du travail réalisé (Cass. 1e civ. 13-3-2007 n° 05-13.320 F-PB : BPAT 3/07 inf. 84 ; Cass. 1e civ. 23-6-2010 n° 09-13.688 F-PBI : BPAT 4/10 inf. 237).

La rémunération due au gérant produit de plein droit des **intérêts** au taux légal, à partir du jour où elle est fixée par les indivisaires ou le tribunal (Cass. 1e civ. 11-6-1996 n° 94-14.293 : Bull. civ. I n° 248).

L'indivisaire gérant est comptable de ses **fautes**, par exemple s'il omet de réclamer un loyer au locataire de l'immeuble indivis. **69510**

Il doit alors indemniser l'indivision, et non ses coïndivisaires (Cass. 1e civ. 15-5-2008 n° 07-17.645 F-PB).

5. CESSIONS DE DROITS INDIVIS

DROIT DE CÉDER SES DROITS INDIVIS

Chaque indivisaire est libre de **céder à** un coïndivisaire ou à un tiers tout ou partie de ses droits indivis (C. civ. art. 815-14). Le cessionnaire devient titulaire de tous les droits et obligations du cédant ; il prend sa place dans l'indivision. **69550**

Les cessions de droits indivis incluent les cessions de droits successifs (C. civ. art. 1696 à 1698), lesquelles emportent transfert d'une universalité, d'un ensemble patrimonial ayant appartenu au défunt (Rép. civ. Dalloz, v. Cession de droits successifs par D. Guével et J. Boisson, nos 3 s.), ainsi que les cessions de droit portant sur un ou plusieurs biens déterminés, qualifiées de « cessions de biens héréditaires » (J.-Cl. Notarial Formulaire v° Cession de droits successifs fasc. 10 par F. Collard n° 74).

Pour éviter l'intrusion d'un étranger dans l'indivision, les coïndivisaires disposent, selon le cas, d'un droit de préemption ou d'un droit de substitution.

ATTENTION

L'efficacité de la cession, par certains indivisaires, de leurs droits indivis dans un des biens dépendant de l'indivision successorale est subordonnée au résultat du partage (Cass. 1e civ. 4-11-2020 n° 19-13.267 F-PB : BPAT 1/21 inf. 37). De sorte qu'il est nécessaire qu'un partage de la succession ait lieu pour déterminer si les cédants peuvent céder avec leur plein effet leurs droits indivis sur ce bien. Le cessionnaire ne peut pas demander isolément le partage du bien, mais seulement celui de la totalité de l'indivision, avec l'espoir que le bien sera mis dans le lot de son auteur (CA Riom 8-10-1968 : RTD civ. 1969 p. 365 obs. R. Savatier, JCP G 1969 II n° 15755 note M. Dagot).

DROIT DE PRÉEMPTION DES COÏNDIVISAIRES

69555 Les **bénéficiaires** du droit de préemption sont les indivisaires. Leurs créanciers ne peuvent pas l'exercer par la voie de l'action oblique.

Les coïndivisaires peuvent faire valoir leur droit de préemption si la cession envisagée remplit les **conditions** suivantes :

– être effectuée à titre onéreux, ce qui exclut la donation ou le legs de droits indivis. Le droit de préemption est également écarté en cas d'adjudication (il est alors remplacé par le droit de substitution) ou lors de certaines cessions particulières dans lesquelles celui qui préempterait ne pourrait pas remplacer le cédant initial ou fournir la même contrepartie. Sont concernés le bail à nourriture, l'échange et l'apport en société ;

– être consentie à une personne étrangère à l'indivision. C'est le cas lorsqu'un indivisaire en nue-propriété cède ses droits indivis à l'usufruitier (Cass. 1e civ. 17-5-1983 n° 82-11.931 : Bull. civ. I n° 148). En revanche, la cession effectuée au profit d'autres indivisaires ne déclenche pas le droit de préemption ;

– porter sur des droits indivis. Il est indifférent que la cession porte sur la totalité des droits ou sur une fraction de ceux-ci. En revanche, la cession de biens indivis eux-mêmes n'est pas soumise au droit de préemption puisque l'acquéreur ne devient pas indivisaire (Cass. 1e civ. 30-6-1992 n° 90-19.052 : Bull. civ. I n° 208 ; Cass. 1e civ. 6-3-2001 n° 98-16.462 F-D). Attention, le droit de préemption trouve à s'appliquer, même si l'entière propriété revient au même acquéreur, dès lors qu'il est procédé à plusieurs cessions distinctes de droits indivis à des dates distinctes et par actes séparés (Cass. 1e civ. 5-1-2012 n° 10-21.208 FS-D : RJDA 4/12 n° 446, BPAT 2/12 inf. 129). Dans ce cas en effet, il y a un risque d'entrée d'un tiers dans l'indivision si l'un des projets de cession échoue.

69557 En cas de **démembrement de propriété**, un droit de préemption subsidiaire est prévu (C. civ. art. 815-18, al. 2). Lorsqu'un nu-propriétaire indivis cède ses droits, ses coïndivisaires en nue-propriété peuvent faire valoir leur droit de préemption. À défaut, l'usufruitier peut se porter acquéreur. Réciproquement, à l'occasion d'une cession de droits indivis en usufruit, le ou les nus-propriétaires peuvent se porter acquéreur(s) si aucun indivisaire en usufruit ne préempte.

69565 La **mise en œuvre** du droit de préemption se fait en trois étapes.

Le cédant doit, tout d'abord, **notifier son projet de cession** à ses coïndivisaires (C. civ. art. 815-14, al. 1). Si l'indivision porte sur des droits en nue-propriété ou en usufruit, la notification doit être adressée à tout usufruitier ou tout nu-propriétaire (C. civ. art. 815-18, al. 2).

La notification prend la forme d'un acte extrajudiciaire. Elle précise le prix et les conditions de la cession envisagée (modalités de paiement du prix, commission due à l'agent immobilier, condition suspensive ou résolutoire, etc.), ainsi que les nom, domicile et profession de l'acquéreur potentiel.

La notification du projet de cession ne vaut pas offre de vente. Il en résulte que la décision de préempter prise par un indivisaire ne suffit pas à former le contrat de cession. Elle n'interdit pas non plus au cédant de renoncer à la vente (Cass. 1e civ. 5-6-1984 n° 83-10.660 : Bull. civ. I n° 183 ; Cass. 1e civ. 9-2-2011 n° 10-10.759 FS-PBI : BPAT 2/11 inf. 143).

69575 Les **bénéficiaires du droit de préemption** ont un mois à compter de la signification pour **faire connaître leur volonté** (C. civ. art. 815-14, al. 2). Leur silence vaut renonciation à préempter.

La réponse de l'indivisaire intéressé doit prendre la **forme** d'un acte extrajudiciaire adressé au cédant. Mais une notification adressée au notaire du vendeur, qui avait notifié la promesse de vente, a été admise (Cass. 3e civ. 14-3-2007 n° 06-16.618 FS-PB : RJDA 7/07 n° 792). Même si ce n'est pas obligatoire, il est utile d'informer également le notaire et l'acquéreur potentiel initial.

La préemption se fait nécessairement aux **prix et conditions** notifiés, sans possibilité de discussion. Le cas échéant, l'indivisaire profite des conditions suspensives prévues dans l'offre ou les subit (Cass. 1e civ. 1-6-1983 n° 82-10.759 : Bull. civ. I n° 166). Par exemple, il perd la possibilité de préempter si la condition suspensive prévue dans l'acte de cession ne se réalise pas, puisque la cession elle-même disparaît. Dans le même sens, dès lors que la rémunération de l'agent immobilier qui a négocié la cession fait partie des conditions notifiées, il doit la prendre en charge (Cass. 1e civ. 26-3-1996 n° 93-17.574 : Bull. civ. I n° 153, RJDA 10/96 n° 1255).

L'indivisaire ne peut pas ajouter de conditions nouvelles. Notamment, il ne peut valablement soumettre un projet de cession à une condition d'octroi d'un prêt alors que l'offre initiale prévoyait un paiement comptant (Cass. 1e civ. 18-1-2012 n° 10-28.311 F-PBI : BPAT 2/12 inf. 128).

L'indivisaire qui exerce son droit de préemption doit **réaliser la vente** dans les deux mois de la date d'envoi de sa réponse au vendeur. À défaut, et après une mise en demeure restée sans effet pendant 15 jours, la déclaration de préemption est nulle de plein droit (C. civ. art. 815-14, al. 3). La mise en demeure peut émaner du cédant et aussi, semble-t-il, du cessionnaire. Mais seul le cédant peut demander la nullité de la déclaration de préemption. L'acquéreur évincé ne peut pas se prévaloir de l'inobservation du délai de deux mois (Cass. 1e civ. 12-12-2007 n° 06-19.531 FS-PB : RJDA 4/08 n° 465). **69580**

Si **plusieurs indivisaires exercent leur droit de préemption**, ils sont réputés, sauf convention contraire, acquérir ensemble, à proportion de leur part dans l'indivision, les droits indivis cédés (C. civ. art. 815-14, al. 4).

Si des **délais de paiement** ont été consentis par le cédant, les dispositions relatives à la revalorisation des soultes payables à terme s'appliquent (C. civ. art. 815-14, al. 5).

DROIT DE SUBSTITUTION

En cas d'**adjudication** de droits indivis, le droit de préemption ne peut pas s'appliquer puisque le prix et l'identité de l'acquéreur ne sont pas connus à l'avance. Aussi, pour éviter l'intrusion d'un étranger dans l'indivision, le Code civil accorde un droit de substitution aux indivisaires (C. civ. art. 815-15). L'adjudication s'entend de toute forme de vente aux enchères, volontaire ou forcée. **69585**

Le **cahier des conditions de vente** doit faire mention de ce droit. La simple reproduction des dispositions légales suffit à l'ouvrir (Cass. 1e civ. 1-6-2011 n° 10-18.564 F-D : BPAT 4/11 inf. 253). Une clause peut, en outre, l'élargir au cas de vente du bien indivis lui-même (Cass. 3e civ. 3-5-1989 n° 87-17.094 : Bull. civ. III n° 99 ; Cass. 1e civ. 17-11-2010 n° 09-68.013 F-PBI : BPAT 1/11 inf. 54).

L'avocat ou le notaire chargé de la vente doit **notifier** la date de l'adjudication un mois à l'avance. Cette notification peut prendre la forme d'une lettre recommandée avec avis de réception. Elle doit être adressée à tous les indivisaires et, en cas de démembrement de propriété du bien indivis, à l'usufruitier ou au nu-propriétaire (C. civ. art. 815-18, al. 2).

L'**exercice de la substitution** se fait par déclaration au greffe ou auprès du notaire. **69590**

Chaque indivisaire peut y procéder, sauf lorsque l'adjudicataire est lui-même un coïndivisaire. Dans ce cas, la substitution n'est pas permise (Cass. 1e civ. 17-11-2010 n° 09-68.013 F-PBI : BPAT 1/11 inf. 54). Si plusieurs indivisaires manifestent leur décision de se substituer, la priorité est donnée à celui qui s'est déclaré en premier (Cass. 1e civ. 7-10-1997 n° 95-17.071 : Bull. civ. I n° 266), contrairement au cas de préemption (n° 69580).

En cas d'indivision en nue-propriété, si aucun indivisaire n'use de son droit de substitution, l'usufruitier peut le faire. Il en va de même du nu-propriétaire dans le cas d'une indivision en usufruit.

Le **délai** pour exercer la faculté de substitution est d'un mois à compter de l'adjudication. La suspension des effets de l'adjudication par la surenchère emporte celle du délai d'exercice de la faculté de substitution jusqu'à ce que le tribunal statue sur cette surenchère (Cass. 1e civ. 18-3-2015 n° 14-11.299 FS-PB : BPAT 3/15 inf. 103 qui parle de suspension du délai mais fait application d'une interruption de délai).

SANCTION D'UNE CESSION IRRÉGULIÈRE

Est **nulle** toute cession ou toute licitation opérée au mépris des dispositions des articles 815-14 et 815-15 (C. civ. art. 815-16). **69600**

C'est le cas à défaut de notification du projet de cession ou de la date d'adjudication. Il en va de même d'une notification incomplète ou irrégulière, même si elle n'a pas causé de grief (Cass. 1e civ. 5-3-2002 n° 00-13.511 FS-P). La vente des droits indivis est nulle, par exemple, lorsque l'acquéreur pressenti s'est réservé la faculté de se substituer une personne de son choix pour la réalisation effective de la vente et que les coïndivisaires n'ont pas été informés de l'identité de l'acquéreur définitif par une nouvelle notification (Cass. 1e civ. 28-1-2009 n° 07-18.120 FS-PBI : BPAT 2/09 inf. 71 ; Cass. 1e civ. 5-1-2012 n° 10-21.208 FS-D : RJDA 4/12 n° 446).

L'**action** en nullité n'**appartient** qu'à ceux à qui les notifications devaient être faites ou à leurs héritiers.

Elle se **prescrit** par cinq ans (C. civ. art. 815-16). Ce délai court à compter du jour où le coïndivisaire du vendeur a eu connaissance de la vente, soit à compter de sa publication celle-ci l'ayant rendue opposable aux tiers (Cass. 1e civ. 5-3-2014 n° 12-28.348 FS-PBI : BPAT 6/14 inf. 81).

6. SITUATION DES CRÉANCIERS

DISTINCTION À OPÉRER

69630 Tant que dure l'indivision, les **créanciers de l'indivision** sont en position privilégiée, car ils peuvent saisir les biens indivis. Cette faculté n'est pas ouverte aux **créanciers personnels**, qui ont toutefois la faculté de provoquer le partage au nom de leur débiteur.

a. Créanciers de l'indivision

CRÉANCIERS CONCERNÉS

69635 Les créanciers de l'indivision, qui peuvent être des coïndivisaires ou des tiers, se divisent en plusieurs catégories.

La première concerne **ceux qui auraient pu agir sur les biens indivis avant l'indivision**, peu important que leur créance soit de nature contractuelle ou non. Dans le cadre d'une indivision successorale, il s'agit des créanciers du défunt à l'exception de ceux titulaires d'une créance intransmissible à cause de mort, telle les créances alimentaires. En cas d'indivision post-communautaire, sont concernés les créanciers qui avaient pour gage les biens communs.

La Cour de cassation retient une conception extensive de la notion de créancier de l'indivision. Dans une espèce où une banque avait consenti à la fille de la défunte un prêt dont les échéances étaient restées impayées, elle a admis que la banque se paye par prélèvement sur l'actif de la succession de la mère alors même que celle-ci ne s'était pas portée garante de l'emprunt, au motif que la banque dispose sur le patrimoine de son débiteur d'un droit de gage général qui lui confère la qualité de créancier de l'indivision comme ayant pu agir sur les biens indivis avant qu'il y ait eu indivision (Cass. 1e civ. 4-7-2007 n° 06-13.770 F-PB : RJDA 12/07 n° 1298).

La deuxième catégorie rassemble les créanciers dont la **créance résulte de la conservation ou de la gestion des biens indivis**. C'est notamment le cas des créanciers des héritiers ou des héritiers eux-mêmes s'ils ont fait des dépenses d'amélioration (Cass. 1e civ. 20-2-2001 n° 98-13.006 : Bull. civ. I n° 41). Encore faut-il que l'acte ait été régulièrement effectué pour que la créance soit à l'encontre de l'indivision elle-même. Sur la situation des indivisaires, voir nos 69385 s. et 69450 s.

> **Précisions a.** Les créances d'un copartageant sur la succession relèvent de la **prescription** de droit commun (C. civ. art. 2224 ; Cass. 1e civ. 14-4-2021 n° 19-21.313 FS-P : BPAT 4/21 inf. 181) ; elles ne sont pas régies par les articles 864 et 865 du Code civil, propres aux dettes des copartageants envers la succession (Cass. 1e civ. 28-3-2018 n° 17-14.104 F-PB : BPAT 3/18 inf. 125).
>
> **b.** En cas de décès, il faut aussi citer les **charges de la succession** qui relèvent d'un régime particulier :
> – les frais d'obsèques. Ils incombent aux héritiers au titre de leur obligation alimentaire envers le défunt (sauf décharge : voir n° 63095). Mais ces frais sont payables sur les liquidités du défunt si leur solde disponible le permet et bénéficient d'un privilège qui s'exerce sur les biens successoraux (C. civ. art. 2331) ;
> – les frais de scellés, d'inventaire et de compte (C. civ. art. 803) ;
> – les aliments dus par la succession au conjoint survivant dans le besoin (C. civ. art. 767) ;
> – les dettes résultant de l'action en recouvrement sur la succession des aides sociales versées au défunt (CASF art. L 132-8).

DROITS DES CRÉANCIERS

69640 Le **droit de gage** des créanciers de l'indivision **peut s'exercer sur** tous les biens indivis. S'agissant par exemple d'une indivision successorale, il s'applique à tous les biens présents au moment du décès, à ceux qui leur ont été subrogés et aux fruits et revenus de ces biens.

Les biens qui sont sortis de l'indivision, par exemple à la suite d'un partage partiel, ne sont pas soumis au droit de gage des créanciers.

69645 **Prélèvement sur l'actif avant le partage** Les créanciers de l'indivision doivent être payés par prélèvement sur l'actif avant le partage (C. civ. art. 815-17, al. 1). Ainsi, dans le cas d'une indivision entre deux personnes sur un seul bien, l'indivisaire qui a amélioré ce bien ne peut pas recevoir la moitié du prix de vente et la totalité de la plus-value. S'agissant d'une créance sur l'indivision, il faut d'abord déduire du prix de vente l'indemnité due au titre de l'amélioration puis procéder au partage (Cass. 1e civ. 13-3-2007 n° 05-13.320 F-PB : RJDA 12/07 n° 1297).

Les créanciers peuvent **saisir un bien indivis** en vue de le faire vendre aux enchères publiques et de se payer sur le prix (C. civ. art. 815-17, al. 1). Si l'indivision est solvable, les créanciers sont en pratique assurés de se faire payer, d'autant qu'ils ne subissent pas le concours des créanciers personnels des indivisaires, à qui la saisie des biens indivis est interdite.

L'ouverture d'une **procédure collective** à l'encontre d'un indivisaire ne fait pas obstacle au droit de poursuite des créanciers de l'indivision préexistante à cette procédure ; ceux-ci n'ont pas à déclarer leur créance (Cass. 1e civ. 13-12-2005 n° 02-17.778 FS-PB : RJDA 5/06 n° 598 ; Cass. 2e civ. 16-5-2013 n° 12-16.216 F-PB : RJDA 11/13 n° 926 ; Cass. com. 2-6-2015 n° 12-29.405 F-PB : BPAT 5/15 inf. 187 ; Cass. 1e civ. 24-5-2018 n° 16-26.378 FS-PB : BPAT 4/18 inf. 150). Le droit de poursuite persiste même si l'inaliénabilité du bien indivis est décidée (et publiée) dans le cadre du plan de continuation (Cass. com. 7-2-2012 n° 11-12.787 FS-PB : RJDA 4/12 n° 447). En effet, le liquidateur ne dispose, au regard de l'indivision, que des droits d'un créancier personnel d'un indivisaire (Cass. 1e civ. 26-6-2013 n° 12-11.818 F-PB : RJDA 10/13 n° 853). Sur le droit du liquidateur de demander le partage, voir n° 70052.

Division des poursuites Les créanciers de l'indivision peuvent aussi **agir contre chacun des indivisaires** en divisant leurs poursuites (C. civ. art. 1309 ; pour un rappel du principe, Cass. 1e civ. 10-7-2013 n° 11-28.029 F-D). L'exercice des prélèvements sur les actifs indivis n'est d'ailleurs pas un préalable nécessaire. 69650

Chaque indivisaire ne peut être poursuivi qu'**à proportion de** sa vocation successorale. Par exemple, le défunt laisse pour recueillir sa succession (dévolution légale) son père et son frère : ceux-ci peuvent être poursuivis en règlement respectivement d'un quart et de trois quarts de chaque dette du défunt. Si le père est insolvable, le créancier est exposé au risque de ne pouvoir recouvrer que trois quarts de sa dette. Autre illustration : à la suite de l'annulation d'une vente, une cour d'appel ne peut pas condamner in solidum le conjoint survivant et les trois enfants du vendeur entre-temps décédé à restituer le prix de vente perçu (Cass. 3e civ. 1-3-2023 n° 21-21.096 F-D).

La règle de division de la dette s'applique même si certains héritiers n'ont accepté la succession qu'à concurrence de l'actif net ; le créancier ne peut pas réclamer le paiement de leur part dans la dette aux héritiers qui ont accepté la succession à titre pur et simple (Cass. 1e civ. 3-12-2002 n° 00-13.785 FS-P, décision rendue à propos de l'ancienne acceptation sous bénéfice d'inventaire mais transposable).

Précisons que si la **solidarité** ne s'attache pas de plein droit ni à la qualité d'indivisaire, ni à la circonstance que l'un d'eux ait agi comme mandataire des autres, une clause de solidarité peut valablement les engager. Tel est le cas de la clause prévue dans un règlement de copropriété, qui est valable quelle que soit l'origine de l'indivision (Cass. 3e civ. 23-5-2007 n° 06-13.459 FS-PB : BPIM 3/07 inf. 218). La solidarité peut aussi résulter de dispositions législatives particulières, par exemple l'article L 541-2-1 du Code de la construction et de l'habitation (à propos des locaux insalubres ou dangereux).

ILLUSTRATIONS

En **application du principe** de division des dettes, il a été jugé que :

– les héritiers qui ont recueilli des parts de société civile (dont les associés sont tenus aux dettes sociales indéfiniment, mais non solidairement), et sont devenus associés, ne sont tenus indéfiniment des dettes de la société à l'égard des tiers que dans la double proportion de leurs parts dans le capital social et de leurs droits respectifs dans la succession (Cass. 1e civ. 1-7-2003 n° 01-00.563 FS-PB : RJDA 11/03 n° 1086, BPAT 5/03 inf. 114) ;

– une caisse de retraite ne peut pas demander à la fille du défunt, qui n'était pas sa seule héritière, le remboursement de la totalité des pensions versées après le décès (Cass. 1e civ. 12-11-2009 n° 08-18.338 F-D : BPAT 1/10 inf. 33) ;

– le montant des droits de succession dû par l'héritier, décédé depuis, doit être réparti entre ses propres héritiers au prorata de leurs droits respectifs dans sa succession (Cass. 1e civ. 14-3-2018 n° 17-14.583 FS-PB : BPAT 3/18 Brève, décision rendue au visa de l'article 1220 du Code civil dans sa rédaction antérieure à l'ord. 2016-131 du 10-2-2016 mais valable sous l'empire du nouvel article 1309) ;

– lorsque la taxe d'habitation d'un bien inoccupé a été établie au nom d'une indivision successorale, l'obligation de payer incombant à chaque indivisaire ne peut excéder ses droits dans l'indivision, sauf si une solidarité expresse a été instituée entre les intéressés (CE 30-9-2019 n° 419384 : BPAT 6/19 inf. 258). Il en va de même s'agissant de la taxe sur les logements vacants. Émise au nom de propriétaires en indivision, elle ne crée pas pour autant de présomption de solidarité de paiement à leur égard. L'obligation de payer qui incombe à chaque indivisaire reste limitée à hauteur de ses droits dans l'indivision (CE 23-6-2022 n° 449318 : BPAT 6/22 inf. 278)

L'**héritier qui a payé au-delà** de sa part successorale a un recours contre ses cohéritiers ou contre les légataires universels, à raison de la part pour laquelle ils doivent y contribuer (C. civ. art. 873). 69655

La même règle s'applique à l'héritier qui, par l'effet d'une hypothèque (indivisible), a payé au-delà de la dette commune (C. civ. art. 875).

En cas d'insolvabilité de l'un des cohéritiers tenu à la dette, sa part dans la dette hypothécaire est répartie entre tous les autres, au marc le franc (C. civ. art. 876).

DROIT DE PRÉFÉRENCE

69665 Le régime des créanciers de l'indivision doit se combiner avec le mode de règlement des dettes applicables selon qu'il s'agit d'un créancier d'un défunt, d'un époux, etc.

Dans le cadre d'une succession, outre leur droit de gage sur les biens indivis, les **créanciers du défunt** bénéficient d'un droit de préférence qui les autorise à être payés sur les biens du défunt avant les créanciers personnels de l'héritier, pour éviter d'être en concours avec eux (C. civ. art. 878). Par ce droit, correspondant à l'ancien privilège de séparation des patrimoines, ils échappent à la division de la dette, car les biens successoraux répondent prioritairement des dettes du défunt (C. civ. art. 878, al. 1). Ce dispositif est une garantie supplémentaire, notamment lorsque les créanciers agissent après partage.

Le droit de préférence sur les biens du défunt **ne bénéficie pas à** ceux dont la créance résulte de la conservation ou de la gestion des biens indivis. En revanche, ce privilège étant bilatéral, on peut se demander si, en leur qualité de créanciers personnels de l'indivisaire avec lequel ils ont traité, ils bénéficient d'un droit de préférence sur les biens personnels de leur cocontractant.

Relativement aux **meubles**, le droit de préférence se prescrit par deux ans à compter de l'ouverture de la succession (C. civ. art. 881, al. 1).

Le droit de préférence peut être exercé sur les **immeubles** successoraux tant qu'ils demeurent la propriété de l'héritier (C. civ. art. 881, al. 2). Pour que ce droit soit pleinement efficace, les créanciers du défunt et les légataires de sommes d'argent ont intérêt à user de l'hypothèque légale spéciale qui leur est reconnue sur les immeubles successoraux (C. civ. art. 2402, 5°). Pour ce faire, ils doivent l'inscrire le plus rapidement possible à compter de l'ouverture de la succession pour prendre ainsi rang au jour de son inscription au fichier immobilier (C. civ. art. 2428).

L'exercice du droit de préférence n'est en lui-même soumis à aucun **formalisme** : une action judiciaire n'est pas requise ; il suffit que le créancier intéressé manifeste au créancier concurrent son intention d'être préféré sur un bien déterminé (C. civ. art. 879).

> **Précisions** La **réforme du droit des sûretés**, entrée en vigueur depuis le 1er janvier 2022, a, de manière générale, substitué aux privilèges immobiliers spéciaux des hypothèques légales spéciales : hypothèque légale de vendeur, hypothèque légale de prêteur de deniers, hypothèque légale de copartageant, etc. (Ord. 2021-1192 du 15-9-2021). Ainsi, le privilège immobilier spécial reconnu aux créanciers successoraux et aux légataires de sommes d'argent (C. civ. art. 2374, 6° ancien) a été remplacé par une hypothèque légale spéciale (C. civ. art. 2402, 5° nouveau). La prise d'effet rétroactive de la sûreté au jour du décès, attachée au privilège immobilier spécial des créanciers successoraux et des légataires de sommes d'argent (toutefois conditionnée à la publication de la sûreté dans un délai de quatre mois à compter de l'ouverture de la succession), est abandonnée sous le régime des hypothèques légales spéciales. Ces dernières prennent rang au jour de leur inscription au fichier immobilier (C. civ. art. 2418 nouveau). Rappelons qu'il en allait de même lorsque l'inscription du privilège immobilier spécial était tardive (C. civ. art. 2386, al. 2 ancien).
>
> Concernant le **sort des anciennes sûretés**, celles inscrites régulièrement avant la réforme continuent de produire leurs effets. Les privilèges immobiliers spéciaux nés avant l'entrée en vigueur de l'ordonnance sont pour l'avenir assimilés à des hypothèques légales, sans préjudice, le cas échéant, de la rétroactivité de leur rang. Ceux qui n'ont pas fait l'objet des formalités de publicité foncière à la date d'entrée en vigueur de l'ordonnance, seront inscrits au fichier immobilier selon les dispositions applicables avant cette date (Ord. 2021-1192 du 15-9-2021 art. 37, IV). Les anciens privilèges, inscrits ou non encore inscrits au 1er janvier 2022, conservent donc leur rétroactivité s'ils en remplissent les conditions en vigueur avant cette date. Voir M. Suquet-Cozic, Réforme des sûretés : les aspects de publicité foncière : BPIM 6/21 inf. 342.

b. Créanciers personnels des indivisaires

SAISIE DES BIENS INDIVIS

69680 Les créanciers personnels des indivisaires sont dans une situation moins avantageuse que les créanciers de l'indivision.

En effet, ils **ne peuvent pas** saisir la part de leur débiteur dans les biens indivis, qu'il s'agisse de meubles ou d'immeubles (C. civ. art. 815-17, al. 2). Cette règle interdit même les saisies conservatoires (Cass. 1e civ. 15-7-1999 n° 97-14.361 : Bull. civ. I n° 243).

Deux **nuances** doivent toutefois être apportées.

D'une part, lorsque tous les coïndivisaires sont débiteurs solidaires à l'égard du créancier, ce dernier n'est pas tenu de provoquer le partage ; il peut poursuivre la saisie du bien indivis (Cass. 1e civ. 6-11-2001 n° 98-20.518 FS-P).

D'autre part, les créanciers des héritiers dont la créance résulte de la conservation ou de la gestion des biens indivis doivent, comme les créanciers du défunt, être payés par prélèvement sur l'actif avant partage, et conservent le droit de poursuivre la saisie et la vente des biens indivis : voir nos 69635 s.

À noter que **faute d'indivision en** usufruit entre l'héritier qui reçoit l'usufruit du tout et celui qui a les trois quarts en nue-propriété, un créancier personnel de l'usufruitier peut valablement saisir le prix de vente du bien démembré, à hauteur de la valeur de l'usufruit (Cass. 1e civ. 15-5-2019 n° 18-12.779 FS-PB : BPAT 4/19 inf. 157).

ILLUSTRATIONS

Est nulle la **saisie-attribution** par un créancier personnel de l'indivisaire de sommes indivises en dépôt sur un compte bancaire. La qualification à tort du **compte d'indivision** en compte joint par l'établissement bancaire ne fait pas obstacle à la contestation de la saisie-attribution pratiquée (CA Caen 7-11-2023 n° 22/02762). Et la preuve du caractère indivis du compte est suffisamment rapportée par les coïndivisaires qui produisent, dans cette affaire :

– le RIB du compte saisi, qui renseigne sur l'identité du titulaire du compte, à savoir l'indivision, bien qu'il comporte également la mention « compte joint » ;

– les actes de succession (PV d'ouverture de compte, liquidation et partage de la succession et projet d'acte de partage), qui confirment l'existence de l'indivision successorale entre eux, comprenant le compte saisi transformé au nom de l'indivision ;

– la correspondance entre la mandataire de l'indivision et la banque pour la gestion dudit compte.

Les créanciers personnels d'un indivisaire sont autorisés à **prendre une sûreté sur la part indivise de leur débiteur** (Cass. 2e civ. 17-2-1983 n° 81-15.566 : Bull. civ. II n° 42, RTD civ. 1984 p. 348 obs. J. Patarin, à propos de l'inscription provisoire d'une hypothèque judiciaire sur un immeuble indivis du débiteur). **69683**

Mais l'efficacité de la sûreté dépend du résultat du partage. Ainsi, les droits d'un créancier hypothécaire sont rétroactivement annulés si le bien n'est pas attribué à son débiteur (C. civ. art. 2414 ; Cass. 3e civ. 7-5-1986 n° 84-16.950 : Bull. civ. III n° 66) ; même solution dans le cas où le bien reçu en donation et hypothéqué par le donataire devient rétroactivement indivis en exécution de la clause de retour prévue dans la donation, la situation étant celle d'une hypothèque consentie par un indivisaire (Cass. 1e civ. 10-7-2013 n° 12-20.885 F-PB : RJDA 11/13 n° 958).

DROIT DE PROVOQUER LE PARTAGE

Le créancier personnel d'un indivisaire peut provoquer le partage (C. civ. art. 815-17, al. 3). Ce faisant, il n'agit pas en vertu d'un droit personnel, mais actionne celui de son débiteur par la voie de l'**action oblique** (en ce sens, par exemple, Cass. 1e civ. 4-6-2009 n° 08-13.009 F-D). Sur l'action en partage du mandataire liquidateur d'un indivisaire, voir n° 70052. **69685**

Le **créancier** qui provoque le partage **doit établir** que :

– la carence ou la négligence de son débiteur met en péril ses intérêts (Cass. 1e civ. 11-3-2003 n° 01-12.170 F-P : RJDA 8-9/03 n° 895). Jugé que la carence du débiteur est établie, caractérisant le péril dans lequel se trouve la créance, lorsque la dette est impayée depuis plus de dix ans, que le bien litigieux est le seul élément d'actif de l'indivision et qu'il n'est pas parvenu à une vente amiable (Cass. 1e civ. 21-11-2018 n° 17-26.245 F-D : BPAT 1/19 inf. 32) ;

– sa créance est certaine, liquide et exigible ;

– il justifie d'un intérêt à agir. C'est le cas si son débiteur est insolvable. Mais si les dettes de ce dernier envers l'indivision sont supérieures à ses droits, le créancier n'a plus d'intérêt à agir car il ne pourra rien retirer du partage (pour un exemple, Cass. 1e civ. 1-4-2015 n° 14-11.554 F-D : RJDA 1/16 n° 66). En revanche, la circonstance que le créancier qui demande le partage peut être primé par d'autres créanciers disposant d'un privilège de rang meilleur n'est pas de nature à le priver de son intérêt à agir (Cass. 1e civ. 6-2-2008 n° 06-20.267 F-PB : RJDA 6/08 n° 733).

La **demande** peut être **paralysée par** toutes les exceptions opposables à l'indivisaire débiteur, telles que le maintien en indivision (résultant d'une décision judiciaire ou d'une convention d'indivision), le sursis au partage ou l'existence d'une convention d'indivision à durée déterminée. **69690**

Les coïndivisaires peuvent **arrêter le cours de l'action en partage** en acquittant l'obligation au nom et en l'acquit du débiteur (C. civ. art. 815-17, al. 3). Ils n'ont pas la possibilité de contester le montant de la dette. Leur seule option est de la régler intégralement. À défaut, le créancier conserve le droit de provoquer le partage. **69695**

Pour que les indivisaires soient en mesure d'exercer leur faculté d'arrêter l'action en partage, ils doivent être informés du montant actualisé de la dette à prendre en charge (Cass. 1e civ. 27-5-2010 n° 09-11.460 F-PBI : BPAT 4/10 inf. 238). À défaut, la demande en partage du créancier est

susceptible d'être rejetée (Cass. 1e civ. 20-12-1993 no 92-11.189 : Bull. civ. I no 378 dans un cas où la demande en partage d'un mandataire liquidateur a été rejetée car la décision définitive d'admission des créances au passif de la liquidation judiciaire n'était pas encore intervenue).
Les indivisaires qui règlent la dette d'un des leurs se remboursent par prélèvement sur les biens indivis. Ils deviennent donc créanciers non pas du coïndivisaire initialement poursuivi mais de l'indivision elle-même. Par ailleurs, se payant au moment du partage, ils ne peuvent pas réclamer les intérêts au taux légal à compter du jour où ils ont désintéressé le créancier.

DROIT D'INTERVENIR AU PARTAGE

69700 **Conditions** Les créanciers peuvent s'opposer à ce que le partage soit réalisé en dehors de leur présence et intervenir dans le partage provoqué par leur débiteur ou par un autre créancier (C. civ. art. 815-17, al. 3 et 882). Cette faculté d'opposition leur permet de s'assurer que le partage ne sera pas fait en fraude de leurs droits, par exemple par une surévaluation d'un bien mis dans le lot de leur débiteur ou une sous-évaluation d'un bien mis dans le lot d'un autre copartageant. Elle peut être mise en œuvre à l'occasion d'un partage, ou de tout acte assimilé, d'une **succession**, d'une **indivision post-communautaire** ou d'une indivision entre **époux séparés de biens**. Elle semble en revanche exclue lorsque l'indivision résulte d'une acquisition en commun, par exemple par deux **concubins** car le bien ne dépend pas, dans ce cas, d'une universalité.

69705 Les **créanciers bénéficiaires** du droit d'opposition sont en premier lieu les créanciers personnels des indivisaires. Mais la jurisprudence admet également toute personne justifiant d'un intérêt légitime, par exemple les héritiers des créanciers ainsi que leurs propres créanciers, l'acheteur d'un bien indivis qui a contracté avec un seul indivisaire (son droit dépendra du résultat du partage) ou les créanciers de l'indivision.
Le créancier opposant doit justifier d'une créance :
– née avant le partage, le titre l'établissant pouvant être postérieur au partage (Cass. 1e civ. 16-6-1981 no 80-12.768 : Bull. civ. I no 212) ;
– certaine en son principe. Peu importe que son montant ne soit pas déterminé au moment où le créancier exerce son droit d'opposition (Cass. 1e civ. 16-6-1981 no 80-12.768 : Bull. civ. I no 212), ni a fortiori que la créance ne soit pas exigible.
Il doit aussi avoir un intérêt à intervenir au partage, ce qui n'est pas le cas si son débiteur est redevable envers l'indivision d'une somme supérieure au montant de ses droits (no 69685).

69710 Aucune **forme** particulière n'est requise pour l'opposition ; il peut s'agir d'un exploit de commissaire de justice (profession réunissant celles d'huissier de justice et de commissaire-priseur depuis le 1-7-2022), d'une lettre recommandée avec avis de réception, voire d'une lettre simple. L'opposition peut même être indirecte et résulter d'une assignation en partage délivrée par un créancier (Cass. 1e civ. 2-5-2001 no 95-19.177) ou d'une tierce opposition au jugement qui ordonne le partage.
Elle est adressée à tous les copartageants ou au notaire liquidateur mandataire des coïndivisaires.
Elle **doit intervenir avant** que le partage soit consommé, c'est-à-dire avant la signature de l'acte de partage ou, à défaut d'acte, avant la répartition des biens entre les copartageants qui ont ainsi manifesté leur intention de procéder au partage. L'opposition est par exemple possible :
– après le jugement qui ordonne le partage, dès lors que les lots n'ont pas encore été tirés au sort ;
– après la composition des lots mais avant leur attribution.
Le créancier opposant intervient au partage à ses **frais**.

69715 **Effets de l'opposition** Elle **permet au créancier** opposant d'intervenir au partage. Celui-ci doit être mis en mesure de participer aux différentes opérations (licitation, tirage au sort, établissement du projet de liquidation, procédure de partage judiciaire, etc.). Il peut, par exemple, demander que l'immeuble qu'il a acquis d'un indivisaire soit mis dans le lot de celui-ci.
Mais, il **ne peut pas** imposer des modalités de partage telles qu'une expertise ou la licitation d'un bien ; il ne peut pas non plus s'opposer aux attributions faites à son débiteur sans fraude. En outre, qu'il soit opposant ne lui donne aucun droit de préférence sur les biens de son débiteur par rapport aux autres créanciers (Cass. 1e civ. 16-5-1972 no 70-13.553 : Bull. civ. I no 130).

69716 Le **créancier qui a été tenu à l'écart** des opérations de partage en dépit de son opposition peut obtenir la nullité du partage, et pas uniquement son inopposabilité, et/ou la condamnation de l'ensemble des copartageants ou du notaire fautif à des dommages et intérêts. Il n'a pas à prouver la fraude mais uniquement le préjudice subi (C. civ. art. 882).

B. Indivision conventionnelle

LIBERTÉ CONTRACTUELLE

Le Code civil laisse une grande liberté aux indivisaires pour convenir des modalités de fonctionnement de l'indivision. À défaut de précision conventionnelle, les règles régissant l'indivision légale sont applicables. 69750

1. ÉTABLISSEMENT ET DURÉE DE LA CONVENTION D'INDIVISION

FORME DE LA CONVENTION

La convention d'indivision doit être établie par **écrit comportant** la désignation des biens indivis et l'indication des quotes-parts appartenant à chaque indivisaire. À défaut, elle est nulle (C. civ. art. 1873-2, al. 2 ; Cass. com. 21-4-1992 n° 90-14.371 : Bull. civ. IV n° 172). 69780

En présence d'**immeubles** indivis, les formalités de la publicité foncière s'imposent (C. civ. art. 1873-2, al. 2 ; Décret 55-22 du 4-1-1955 art. 28-6°). Il faut donc une convention établie par acte notarié (C. civ. art. 710-1). Mais l'inobservation des formalités de publicité foncière n'est sanctionnée ni par la nullité de la convention (Cass. 1e civ. 10-7-2013 n° 12-12.115 F-PB : BPAT 5/13 inf. 192) ni par son inopposabilité aux tiers (Cass. 1e civ. 6-7-2005 n° 01-17.542 FS-PB). Le défaut de publicité ouvre seulement droit à dommages-intérêts au profit des tiers qui en ont subi un préjudice (Décret 55-22 du 4-1-1955 art. 30, 4).

Si la convention d'indivision comprend des **créances**, elle doit être **signifiée** au débiteur (C. civ. art. 1873-2, al. 2).

> **Précisions** Établir une convention d'indivision requiert le consentement de tous les indivisaires et la **capacité** ou le pouvoir de disposer des biens indivis. La convention peut être conclue au nom du **mineur** par son représentant seul ; mais dans ce cas, le mineur devenu majeur peut y mettre fin, quelle que soit sa durée, dans l'année qui suit sa majorité (C. civ. art. 1873-4).

DURÉE DE LA CONVENTION

Une convention d'indivision peut être faite pour une durée déterminée ou indéterminée (C. civ. art. 1873-3). 69785

Conclue pour une durée **déterminée**, elle ne doit pas excéder cinq ans. À son terme, elle est, le cas échéant, renouvelée par convention ou par tacite reconduction si cette possibilité a été prévue dans la convention initiale. Le renouvellement peut être fait à durée déterminée ou à durée indéterminée. À défaut de reconduction ou de renouvellement, la convention cesse et l'indivision est régie par les règles de l'indivision légale.

La convention peut être faite pour une durée **indéterminée**. Elle dure alors tant que le partage n'est pas provoqué.

La **convention à durée limitée devient à durée indéterminée** dans trois circonstances :

– l'entrée dans l'indivision d'un étranger, suite par exemple à la cession, l'échange, la donation ou le legs particulier d'une quote-part indivise (C. civ. art. 1873-12, al. 2) ;

– la révocation d'un gérant indivisaire (C. civ. art. 1873-5, al. 4) ;

– la transmission à titre universel, en l'absence de clause contraire, d'une quote-part indivise aux héritiers ou aux légataires universels ou à titre universel, d'un indivisaire défunt (C. civ. art. 1873-14, al. 2).

Devant ces changements importants, les indivisaires retrouvent ainsi la possibilité de provoquer le partage sans attendre le terme initialement prévu de l'indivision.

> **Précisions** Une **convention d'indivision** entre concubins interdisant à chacune des parties de solliciter la vente de l'appartement dans un délai minimum de 25 ans a été déclarée **nulle** pour avoir été conclue pour une durée déterminée supérieure à cinq ans et pour n'avoir pas fait l'objet d'une publicité foncière alors qu'elle porte sur un bien immobilier (CA Paris 24-6-2009 n° 08/15638 : Dr. famille 2010 comm. 35 note V. Larribau-Terneyre).

2. CONTENU DES CONVENTIONS D'INDIVISION

MAINTIEN DANS L'INDIVISION

S'ils y consentent tous, les indivisaires peuvent convenir de demeurer dans l'indivision (C. civ. art. 815 et 1873-2, al. 1). 69820

L'accord peut concerner tout ou partie des **biens** indivis. Si une clause de subrogation est prévue en cas d'aliénation d'un bien, le prix de vente ou le bien acquis en remploi entre automatiquement dans le champ d'application de la convention d'indivision. Dans le cas contraire, une convention complémentaire devra le prévoir.

Si la **convention** est à **durée déterminée**, le partage ne peut avoir lieu avant son terme (C. civ. art. 1873-3, al. 1). Plus précisément, une action en partage reste possible, mais le partage ne prend effet qu'au terme prévu par la convention (Cass. 1e civ. 31-5-1983 n° 82-11.450 : Bull. civ. I n° 164).

En outre, même en présence d'une convention à durée déterminée, un indivisaire peut demander le partage anticipé s'il justifie de « justes motifs » (C. civ. art. 1873-3, al. 1). Il peut s'agir d'une mésentente grave entre coïndivisaires.

Si la convention est à **durée indéterminée**, les indivisaires conservent le droit de demander le partage à tout moment, à condition que ce ne soit pas de mauvaise foi ou à contretemps (C. civ. art. 1873-3, al. 2).

GESTION DES BIENS INDIVIS

69825 Pour faciliter la gestion des biens indivis, les intéressés peuvent en confier la **responsabilité** à un ou plusieurs gérants.

69830 **Désignation et fin des fonctions du ou des gérants** Un ou plusieurs gérants peuvent être désignés, choisis ou non parmi les indivisaires (C. civ. art. 1873-5, al. 1).

La convention le (les) nomme ou définit, par une décision prise à l'unanimité des indivisaires, les modalités de sa (leur) **désignation**. Ces modalités peuvent aussi être décidées ultérieurement, mais toujours par une décision prise à l'unanimité des indivisaires (C. civ. art. 1873-5, al. 1). Pour le reste, ces modalités sont librement choisies, les indivisaires pouvant opter pour une majorité simple ou qualifiée, des droits indivis ou des indivisaires.

Les modalités de **révocation** du gérant de l'indivision peuvent également être prévues dans la convention pourvu qu'elles soient décidées à l'unanimité des indivisaires (C. civ. art. 1873-5, al. 1). À défaut, le gérant n'est révoqué que par une décision unanime s'il est indivisaire et, sauf convention contraire, par une décision prise à la majorité en nombre et en parts des indivisaires s'il est étranger à l'indivision (C. civ. art. 1873-5, al. 2 et 3).

En toute hypothèse, la révocation du gérant peut être prononcée par le **tribunal** s'il met en péril l'intérêt de l'indivision par ses fautes de gestion (C. civ. art. 1873-5, al. 4).

Si le gérant révoqué est un indivisaire, la convention d'indivision est réputée conclue pour une durée indéterminée à compter de la révocation (C. civ. art. 1873-5, al. 5).

69835 **Pouvoirs et obligations du gérant** Il **administre** l'indivision et dispose de pouvoirs aussi étendus que ceux d'un époux sur les biens communs. Il peut notamment conclure des baux d'habitation ou des baux professionnels pour une durée inférieure à neuf ans.

Il est habilité à **disposer** des meubles corporels indivis, mais avec toutefois une restriction : il ne peut agir que pour les besoins d'une exploitation normale des biens indivis, ou s'il s'agit de choses difficiles à conserver ou sujettes à dépérissement (C. civ. art. 1873-6).

Dans la mesure de ses pouvoirs, le gérant **représente** les indivisaires pour les actes de la vie civile et en justice, tant en demande qu'en défense (C. civ. art. 1873-6, al. 1). Il doit faire apparaître sa qualité de gérant dans ses relations avec les tiers. Dans le cadre d'une procédure, il est tenu d'indiquer, à titre purement énonciatif, le nom de tous les indivisaires dans le premier acte.

Toute **clause extensive des pouvoirs** du gérant est réputée non écrite (C. civ. art. 1873-6, al. 2). En revanche, une clause restrictive est possible.

69836 La **présence d'un incapable** parmi les indivisaires n'empêche pas la désignation d'un gérant et est en principe sans effet sur ses pouvoirs.

Toutefois, il n'est pas possible de prévoir que les décisions excédant ces pouvoirs pourront être prises autrement qu'à l'unanimité (n° 69840). Pour la quote-part de droits appartenant au mineur ou au majeur protégé, ces décisions devront être prises conformément aux règles de protection qui leur sont propres.

Jusqu'au 1er janvier 2009, date d'entrée en vigueur de la réforme des majeurs protégés opérée par la loi 2007-308 du 5 mars 2007, la présence d'un mineur avait un autre effet : les **baux conclus par le gérant** ne pouvaient pas conférer au locataire un droit au renouvellement ou au maintien dans les lieux à l'expiration du bail à l'encontre de l'incapable (C. civ. art. 1873-7 par renvoi à art. 456, al. 3). Les pouvoirs du gérant étaient assimilés à ceux du tuteur. Les dispositions de l'article 456, alinéa 3 du Code civil ont été reprises à l'article 504, alinéa 3 du même Code à la suite de cette réforme sans que le renvoi fait à l'article 1873-7 n'ait été mis à jour. Ce dernier vise encore aujourd'hui l'article 456, alinéa 3 qui traite de la désignation du conseil de famille des majeurs sous tutelle. Doit-on en déduire une abrogation tacite de l'article 1873-7 ou plutôt regretter « la qualité du travail législatif contemporain » (F. Terré, Y. Lequette et S. Gaudemet : Droit civil. Les successions. Les libéralités, Dalloz 5e éd. 2024, n° 885 note 2) ? La règle demeure, qui résulte désormais de l'articulation entre les articles 1873-7 et 504, alinéa 3 (F. Terré, Y. Lequette et S. Gaudemet : Droit civil. Les successions. Les libéralités, Dalloz 5e éd. 2024, n° 885 ; Dalloz action Droit patrimonial de la famille 2021/2022, dir. M. Grimaldi, v. Régime conventionnel de l'indivision, n° 254-225 par C. Vernières).

En cas de **pluralité de gérants**, la convention prévoit leurs attributions respectives. À défaut, les gérants détiennent séparément les pouvoirs de gestion de l'indivision, sauf le droit pour chacun de s'opposer à toute opération avant qu'elle ne soit conclue (C. civ. art. 1873-9). **69837**

Les **décisions qui excèdent les pouvoirs du gérant** doivent être prises à l'unanimité des indivisaires (C. civ. art. 1873-8). **69840**

Mais, à condition qu'aucun indivisaire ne soit incapable, la convention peut prévoir que certaines décisions seront prises autrement qu'à l'unanimité. Cette faculté ne peut pas concerner l'aliénation d'un immeuble indivis (C. civ. art. 1873-8, al. 3).

En outre, il subsiste la possibilité de recourir au juge pour mettre en œuvre les dispositions du régime légal de l'indivision si l'un des indivisaires se trouve hors d'état de manifester sa volonté, si le refus d'un coïndivisaire met en péril l'intérêt commun ou si l'intérêt commun requiert des mesures urgentes.

Les indivisaires ont un **droit à l'information**. Chacun peut exiger la communication de tous documents relatifs à la gestion. **69850**

Le gérant doit une fois par an **rendre compte** de sa gestion ; à cette occasion, il indique par écrit les bénéfices réalisés et les pertes subies ou prévisibles (C. civ. art. 1873-11, al. 1).

Non exigée par la loi, les indivisaires peuvent néanmoins convenir qu'une assemblée générale se réunira une fois par an.

Responsabilité du gérant Le gérant engage sa responsabilité envers les indivisaires par ses fautes de gestion, comme un mandataire (C. civ. art. 1873-10, al. 2). Les dommages-intérêts auxquels il peut être condamné bénéficient à l'indivision tout entière, et pas seulement au coïndivisaire demandeur (Cass. 1e civ. 15-5-2008 n° 07-17.645 F-PB : RJDA 12/08 n° 1323). **69855**

Rémunération du gérant Sauf convention contraire, le gérant a droit à la rémunération de son travail. Les conditions de cette rémunération sont fixées par les indivisaires (à l'exclusion de l'intéressé) ou, à défaut, par le président du tribunal judiciaire statuant à titre provisionnel (C. civ. art. 1873-10). Pour plus de précisions, voir nos 69500 s. **69860**

JOUISSANCE ET USAGE DES BIENS INDIVIS

Les indivisaires peuvent convenir des modalités de jouissance des biens indivis ou de **répartition** des **bénéfices** et des **pertes** de l'indivision ou encore des modalités de participation aux **dépenses** nées de la conservation, de l'amélioration et des détériorations de ces mêmes biens (C. civ. art. 1873-11, al. 2). Il est ainsi possible de décider que : **69865**

– celui qui a la jouissance privative d'un bien indivis prend en charge l'intégralité des charges de ce bien ou au contraire est dispensé de toute indemnité ;

– aucun délai ne peut prescrire la recherche des fruits (voir notamment, à propos d'une indemnité d'occupation, Cass. 1e civ. 4-10-2005 n° 03-19.459 F-PB). Une telle clause n'est toutefois pas conseillée, car la tenue d'un compte relatif aux fruits et revenus sur une longue période est lourde. Il semble donc prudent d'inclure un délai de prescription, afin de prévenir les difficultés liées à une recherche concernant l'existence et la date de réalisation des bénéfices. À défaut de précision dans la convention, c'est la prescription quinquennale qui s'applique.

CESSION DES DROITS INDIVIS

En cas d'aliénation de droit indivis, les coïndivisaires bénéficient des **droits de préemption et de substitution** (nos 69550 s.). **69866**

Sur les conséquences d'une cession à une personne étrangère à l'indivision quant à la durée de la convention d'indivision, voir n° 69785.

FACULTÉ D'ACQUISITION OU D'ATTRIBUTION EN CAS DE DÉCÈS D'UN INDIVISAIRE

69870 Au décès d'un indivisaire, ses droits sont transmis à ses propres héritiers, qui intègrent en principe l'indivision.
S'ils souhaitent éviter ce risque d'ouverture de l'indivision à des tiers, les **indivisaires d'origine** ont la possibilité de prévoir dans la convention d'indivision que, en cas de décès de l'un d'entre eux, chacun des survivants aura la faculté d'acquérir la quote-part du défunt (C. civ. art. 1873-13, al. 1).
Les indivisaires peuvent également convenir que le **conjoint survivant ou un autre héritier désigné** pourra se faire attribuer la quote-part du défunt dans l'indivision, à charge d'indemniser les autres héritiers de l'indivisaire décédé (C. civ. art. 1873-13, al. 1). Cette faculté permet aux indivisaires d'agréer à l'avance un nouveau membre de l'indivision.
L'**évaluation des droits** indivis doit se faire à l'époque de l'acquisition ou de l'attribution.
Cette faculté d'acquisition ou d'attribution ne peut pas faire obstacle à l'application des dispositions relatives à l'attribution préférentielle (C. civ. art. 1873-13, al. 3).

69875 Si **plusieurs indivisaires exercent** simultanément la **faculté d'acquisition**, ils sont réputés, sauf convention contraire, acquérir ensemble la part du défunt, à proportion de leurs droits respectifs dans l'indivision (C. civ. art. 1873-13, al. 2).

69880 La faculté d'acquisition ou d'attribution est **caduque** si son bénéficiaire ne l'a pas exercée par une notification faite aux indivisaires survivants et aux héritiers du prédécédé dans le délai d'un mois à compter du jour où il aura été mis en demeure de prendre parti. Cette mise en demeure ne peut elle-même avoir lieu avant l'expiration du délai prévu « pour faire inventaire et délibérer » (C. civ. art. 1873-14, al. 1). Ce délai est de quatre mois à compter de l'ouverture de la succession pendant lesquels le successible ne peut être contraint d'opter (C. civ. art. 771, al. 1 ; en ce sens, J.-Cl. Notarial Formulaire v° Indivision fasc. 110 n° 71 par M. Mathieu).
Lorsqu'il n'a pas été prévu de faculté d'acquisition ou d'attribution, ou que celle-ci est caduque, la quote-part du défunt échoit à ses héritiers ou légataires. En pareil cas, la convention d'indivision est réputée conclue pour une durée indéterminée à compter de l'ouverture de la succession (C. civ. art. 1873-14, al. 2).

CONDITIONS DU PARTAGE DE L'INDIVISION

69885 L'**attribution préférentielle** d'un bien relevant d'une indivision conventionnelle est possible dans des conditions différentes selon que cette indivision est d'origine familiale ou non. Dans le premier cas, elle est ouverte aux bénéficiaires désignés par la loi et dans les conditions fixées par elle. Dans le second cas, elle n'est autorisée que si elle a été prévue par la convention (n° 70360).
Quant à l'**attribution éliminatoire**, des indivisaires peuvent la solliciter, sous les conditions prévues par la loi, même si cette option n'a pas été prévue par la convention (Cass. 1e civ. 3-12-2014 n° 13-27.627 F-PB : BPAT 1/15 inf. 18).

3. INCIDENCES DE LA CONVENTION D'INDIVISION SUR LES DROITS DES CRÉANCIERS

CRÉANCIER DE L'INDIVISION

69920 L'existence de la convention d'indivision ne modifie pas la situation des créanciers de l'indivision (les créanciers du défunt notamment) : ils peuvent toujours saisir les biens indivis (C. civ. art. 1873-15 qui renvoie à art. 815-17 ; voir nos 69640 s.). S'il existe un gérant de l'indivision, c'est contre lui qu'ils dirigent leurs poursuites.

CRÉANCIER PERSONNEL D'UN INDIVISAIRE

69921 Les créanciers personnels d'un indivisaire ont la faculté de provoquer le **partage** au nom de leur débiteur ou d'intervenir dans le partage provoqué par lui (C. civ. art. 1873-15 qui renvoie à art. 815-17 ; voir nos 69685 s.).
Toutefois, ils ne peuvent provoquer le partage que dans les cas où leur débiteur pourrait lui-même le provoquer, c'est-à-dire lorsque la convention d'indivision est à durée indéterminée. Dans le **cas contraire**, ces créanciers se voient reconnaître le droit de poursuivre la saisie et la vente de la quote-part de leur débiteur en suivant les formes prévues par le Code de procédure civile, c'est-à-dire, actuellement, aux enchères (C. civ. art. 1873-15, al. 2) ; il s'agit là d'une dérogation à la règle selon laquelle les créanciers des héritiers ne peuvent pas saisir leur quote-part dans les biens indivis.

4. PRÉSENCE D'UN USUFRUITIER

PARTICULARISMES

Bien qu'il n'y ait pas d'indivision entre usufruitier et nu-propriétaire, leurs droits étant de nature différente, des **conventions d'indivision** peuvent être conclues soit entre nus-propriétaires, soit entre usufruitiers, soit entre les uns et les autres (C. civ. art. 1873-16). 69950
L'existence du démembrement entraîne des **conséquences particulières** (C. civ. art. 1873-18) :
– lorsque la convention passée entre usufruitiers et nus-propriétaires prévoit que les décisions seront prises à la majorité en nombre et en parts, le droit de vote afférent aux parts est divisé par moitié entre l'usufruit et la nue-propriété, sauf disposition contraire de la convention ;
– un usufruitier ne peut se voir, sans son consentement exprimé dans la convention elle-même ou par un acte ultérieur, imposer une aggravation des charges de l'usufruit telles qu'elles résultent des articles 582 et suivants du Code civil ;
– l'aliénation de la pleine propriété des biens indivis requiert l'accord des usufruitiers, sauf le cas de la saisie pratiquée par les créanciers.

Lorsque l'usufruitier n'a pas été partie à la **convention, conclue entre les seuls nus-propriétaires**, cette convention ne peut restreindre ses droits ni lui imposer des charges supplémentaires. Les tiers qui ont traité avec le gérant de l'indivision ne peuvent pas se prévaloir à l'encontre de l'usufruitier des pouvoirs confiés à ce gérant par les nus-propriétaires (C. civ. art. 1873-17). 69960

SECTION 2 PARTAGE

DÉFINITION

Au sens large, le terme de « partage » désigne l'ensemble des opérations à l'issue desquelles l'**indivision cesse** et les indivisaires deviennent titulaires des droits divis, par exemple : 70000
– un acte de partage total ou partiel, amiable ou judiciaire. Il en va autrement des partages dits « provisionnels », c'est-à-dire des partages provisoires de la jouissance, les biens demeurant indivis (Cass. 3e civ. 3-11-2005 n° 04-11.424 FS-PB, qui reconnaît aux indivisaires le droit de demander le partage dans ce cas) ;
– la vente d'un bien indivis au profit d'un indivisaire, qu'il s'agisse d'une licitation (voir n° 70282) ou d'une vente de gré à gré (par exemple, Cass. 3e civ. 13-10-2004 n° 03-12.968 FS-PB) ;
– la cession par un indivisaire de ses droits dans l'indivision à un autre indivisaire (Cass. 3e civ. 13-10-2004 n° 03-12.968 FS-PB : RJDA 1/05 n° 13).
Dans l'hypothèse où il n'y a qu'un seul héritier, vaut partage la liquidation de la succession, dès lors que son règlement se fait de manière non équivoque, par une prise de possession complète, effective et paisible de la succession, (Cass. 1e civ. 6-6-1990 n° 88-18.442 : Bull. civ. I n° 147, D. 1992 somm. p. 224 note B. Vareille ; Cass. 1e civ. 25-2-2003 n° 01-03.158 : Bull. civ. I n° 59, RJPF 2003-5/33 obs. T. Garé ; Cass. 1e civ. 30-1-2019 n° 18-10.164 FS-PB : BPAT 2/19 inf. 55).

> **Précisions** En présence d'un **bail commercial** indivis, la vente, par un indivisaire, de ses droits à son coïndivisaire valant partage, les formalités requises en cas de cession du bail ne s'imposent pas (Cass. 3e civ. 13-10-2004 n° 03-12.968 FS-PB ; Cass. 3e civ. 23-3-2011 n° 10-30.495 FS-PB : BPAT 3/11 inf. 199).

MODALITÉS

Lorsque l'indivision porte sur une universalité de biens (cas spécialement des indivisions successorales et post-communautaires), le partage est **précédé** d'opérations de liquidation visant à établir les droits de chaque indivisaire. Ces opérations varient selon qu'il s'agit d'une succession ou d'un régime matrimonial. Un compte liquidatif dont l'objet est d'exprimer sous forme chiffrée les droits des indivisaires doit être établi. 70003

Le Code civil envisage le **partage successoral**. Mais il est expressément prévu que les partages qui suivent la **dissolution d'un régime matrimonial** sont soumis aux mêmes règles pour tout ce qui concerne ses formes, le maintien de l'indivision et l'attribution préférentielle, la licitation des biens, les effets du partage, la garantie et les soultes (C. civ. art. 1476 pour les régimes communautaires, 1542 pour la séparation de biens et 1578 pour les régimes de participation aux acquêts). Quelques aménagements sont toutefois prévus en cas de divorce, de séparation de corps ou de séparation de biens. 70005

Sauf indication contraire au fil des développements, les règles exposées ci-après s'appliquent également aux **partages d'autres indivisions**, notamment aux partages de biens indivis entre concubins ou partenaires de Pacs.

> **Précisions** Nous exposons ci-après les dispositions applicables depuis le 1er **janvier 2007**, telles qu'issues de la loi 2006-728 du 23 juin 2006 et du décret d'application 2006-1805 du 23 décembre 2006.
> Ces dispositions s'appliquent aux indivisions existantes et aux successions ouvertes et non encore partagées à cette date, sauf si une instance avait déjà été ouverte. Dans ce cas, l'action est poursuivie et jugée conformément aux règles anciennes, lesquelles s'appliquent également en appel et en cassation (Loi 2006-728 du 23-6-2006 art. 47, II).

I. DEMANDE DE PARTAGE

A. Droit au partage

TITULAIRES DU DROIT

70050 Nul ne peut être contraint de rester en indivision (C. civ. art. 815).
Le droit de provoquer le partage appartient aux indivisaires, quelle que soit leur qualité.
Sont donc concernés, dans le cadre d'une succession, les **héritiers** ab intestat (dévolution légale) comme les légataires universels ou à titre universel et les cessionnaires de droits successifs. Les cessionnaires de droits indivis sont également concernés dans la mesure où l'efficacité de la cession, par certains indivisaires, de leurs droits indivis dans un des biens dépendant de l'indivision successorale est subordonnée au résultat du partage (Cass. 1e civ. 4-11-2020 no 19-13.267 F-PB : BPAT 1/21 inf. 37). Sont exclus les légataires à titre particulier et les héritiers remplis de leurs droits par une donation-partage ou par un partage partiel antérieur.
L'héritier marié sous le régime de la communauté universelle est seul à pouvoir exercer, en demande ou en défense, une action en partage, à l'exclusion de son conjoint, même si les biens reçus constituent des biens communs (Cass. 1e civ. 2-4-2008 no 07-11.254 FS-PBRI qui dénie au conjoint la qualité pour former tierce opposition contre un jugement ayant statué sur le partage ; dans le même sens, Cass. 1e civ. 15-5-2008 no 07-16.226 F-PB).
Des **époux** séparés de biens peuvent, à tout moment, demander le partage de leurs biens indivis sans attendre la dissolution de leur mariage (à la différence des époux communs en biens, puisque la communauté n'est pas une indivision).
Des **partenaires de Pacs ou** des **concubins** disposent de la même liberté.
Sur le droit des **créanciers** personnels des indivisaires de provoquer le partage, voir nos 69685 s.

> **Précisions** Il n'existe aucune indivision entre l'**héritier réservataire** et le **légataire universel** dont le legs est réductible en valeur et non en nature. Celui-là peut seulement prétendre à une indemnité de réduction et en aucun cas prétendre ni à l'attribution préférentielle ni à la licitation des parcelles dépendant de la succession (Cass. 1e civ. 11-5-2016 no 14-16.967 FS-PB : BPAT 4/16 inf. 159, RTD civ. 2016 p. 673 note M. Grimaldi ; Cass. 1e civ. 15-5-2018 no 17-16.039 F-D).

70052 **Indivisaire faisant l'objet d'une procédure collective** Lorsqu'un indivisaire fait l'objet d'une procédure collective, ses **coïndivisaires** conservent la faculté de demander le partage, même si le plan de redressement a déclaré un immeuble indivis temporairement inaliénable (Cass. com. 10-2-2015 no 13-24.659 FS-PB : BRDA 6/15 inf. 11).
Les conditions de l'action en partage engagée par le mandataire ou le **liquidateur judiciaire** diffèrent, selon que l'indivision est née avant ou après le jugement ouvrant la procédure collective.
Si l'**indivision** est **née avant**, le liquidateur n'a pu appréhender que les droits indivis de l'indivisaire faisant l'objet de la procédure collective et non le bien lui-même. Il agit sur le fondement de l'article 815 du Code civil, c'est-à-dire au nom du débiteur qui est dessaisi (Cass. 1e civ. 22-3-2005 no 02-14.497 F-D ; Cass. 1e civ. 29-6-2011 no 10-25.098 F-PBI : BPAT 5/11 inf. 306 ; Cass. 1e civ. 26-9-2012 no 11-16.246 F-PBI : BPAT 6/12 inf. 313 ; Cass. com. 1-10-2013 no 12-20.567 F-D : RJDA 4/14 no 365). De ce fait, il peut se voir opposer la protection de l'article 215 du Code civil si le débiteur est marié et si le bien indivis constitue le logement familial (Cass. 1e civ. 3-4-2019 no 18-15.177 FS-PB : BPAT 3/19 inf. 112). À l'inverse, bien qu'exerçant les droits du débiteur, la déclaration d'insaisissabilité régulièrement faite et publiée avant le jugement d'ouverture de la liquidation judiciaire est opposable au liquidateur et l'empêche d'appréhender les droits indivis de l'époux en liquidation (Cass. com. 14-3-2018

nº 16-27.302 F-PBI : BPAT 3/18 inf. 128). Cette solution vaut aussi pour les biens soumis à l'insaisissabilité de plein droit organisée par la loi Macron du 6 août 2015 (C. com. art. L 526-1 s.).
Le liquidateur peut aussi agir au nom des créanciers en application de l'article 815-17 (Cass. com. 3-10-2006 nº 05-16.463 F-PB : RJDA 6/07 nº 668). En pratique, ce sera plus rare, les conditions de l'action (nºs 69685 s.) étant plus restrictives que le droit discrétionnaire de l'indivisaire (nº 70055). En tout état de cause, les règles de l'indivision sont opposables au liquidateur et, notamment, les possibilités de demander le maintien de l'indivision ou l'attribution préférentielle du bien (Cass. com. 20-9-2017 nº 16-14.295 F-PBI : BPAT 6/17 inf. 254).
Si l'**indivision est née après le jugement d'ouverture**, la procédure collective a appréhendé le bien avant qu'il ne devienne indivis, de sorte que le liquidateur peut le faire vendre selon les modalités propres à la procédure collective (Cass. com. 27-9-2016 nº 15-10.428 F-PB : RJDA 12/16 nº 885). Une limite cependant, prévue par le droit des procédures collectives : le liquidateur ne peut pas, sauf accord du débiteur, réaliser les biens ou droits acquis au titre d'une succession ouverte après le jugement prononçant la liquidation judiciaire, ni provoquer le partage de l'indivision pouvant en résulter (C. com. art. L 641-9, IV modifié par ord. 2014-326 du 12-3-2014 et applicable aux liquidations judiciaires ouvertes après le 1-7-2014 jusqu'au 13-5-2022 ; C. com. art. L 642-22, I modifié par loi 2022-172 du 14-2-2022, applicable aux liquidations judiciaires ouvertes à compter du 14-5-2022).

CARACTÉRISTIQUES DU DROIT

Le droit de demander le partage présente deux caractéristiques. **70055**
Il est **discrétionnaire**, chaque indivisaire pouvant le provoquer à tout moment (C. civ. art. 815). En conséquence, le liquidateur judiciaire exerçant les droits de son débiteur n'a pas à justifier d'une créance (Cass. 1e civ. 29-6-2011 nº 10-25.098 F-PBI : BPAT 5/11 inf. 306, dans un cas où le passif de la liquidation était entièrement réglé).
Le testateur peut parfois prévoir dans son testament une clause pénale par laquelle il oblige les héritiers ou légataires allotis à ne pas attaquer le partage sous peine de sanction. La jurisprudence actuelle subordonne l'efficacité d'une telle clause stipulée dans un testament (ou dans une donation-partage) à l'exercice d'un contrôle de proportionnalité par le juge. Dès lors, la clause pénale d'un testament qui porte une atteinte excessive au droit de demander le partage doit être réputée non écrite ; c'est le cas de celle qui réduit au minimum légal la part de l'héritier qui demanderait un partage judiciaire alors que l'indivision subsiste depuis plus de 20 ans faute d'accord (à propos d'une clause pénale insérée dans un testament, Cass. 1e civ. 13-4-2016 nº 15-13.312 FS-PB : BPAT 3/16 inf. 118 ; critiqué en raison de l'imprévisibilité des solutions qui risque d'en découler : T. Le Bars, Revirement de jurisprudence sur les clauses dites pénales en droit des libéralités : D. 2016 p. 578, à propos de Cass. 1e civ. 16-12-2015 nº 14-29.285 FS-PBI rendu au sujet d'une clause pénale contenue dans une donation-partage). Il en va de même d'une clause pénale d'un testament qui porterait une atteinte excessive au droit d'agir en justice (Cass. 1e civ. 31-3-2021 nº 19-24.407 F-D : BPAT 3/21 inf. 125 ; CA Grenoble 20-12-2023 nº 18/02796 : BPAT 1/24 inf. 29).
Par ailleurs, le caractère discrétionnaire du droit à partage connaît des tempéraments puisque le juge ou les indivisaires peuvent décider de maintenir l'indivision : voir nºs 70120 s.

Le droit au partage est **imprescriptible**. Autrement dit, un partage peut être provoqué quelle qu'ait été la durée de l'indivision ; pour un exemple de partage demandé 73 ans après le décès du de cujus (Cass. 1e civ. 12-12-2007 nº 06-20.830 F-PB). Admettre le contraire reviendrait à accepter les indivisions forcées, ce qui serait une violation du droit de propriété. **70057**
Est également imprescriptible l'action en partage complémentaire (Cass. 1e civ. 20-11-2013 nº 12-21.621 F-PB : BPAT 1/14 inf. 30).

Le **droit** de demander le partage **cesse** (C. civ. art. 816) : **70060**
– s'il y a eu un acte de partage (sur la notion, voir nº 70000) ;
– en cas d'acquisition des biens par prescription. Pour cela, la possession doit être « suffisante », c'est-à-dire « continue et non interrompue, paisible, publique, non équivoque et à titre de propriétaire » (C. civ. art. 2261). Elle doit, en outre, être trentenaire pour les immeubles (C. civ. art. 2272). Le bien cesse alors d'être indivis. S'agissant du critère de l'absence d'équivoque, il suppose que l'indivisaire ait accompli des actes manifestant une intention de se comporter en propriétaire exclusif (Cass. 1e civ. 27-10-1993 nº 91-13.286 : Bull. civ. I nº 304). L'appréciation relève du pouvoir souverain des juges du fond. L'édification de plusieurs maisons d'habitation, la conclusion de baux et l'exploitation commerciale d'une cocoteraie et d'une ferme perlière sur des terres indivises ne suffisent pas à caractériser le comportement d'un propriétaire exclusif de l'indivisaire (Cass. 1e civ. 9-11-2022 nº 21-16.449 F-D : BPAT 1/23 inf. 44).

PARTAGE DE BIENS DÉMEMBRÉS

70065 Il n'existe pas d'indivision entre nu-propriétaire et usufruitier, de sorte qu'il ne peut être mis fin au démembrement par la voie d'une demande en partage. Il en résulte en principe que si le partage en nature est impossible, la licitation ne peut porter que sur la nue-propriété ou sur l'usufruit.

En revanche, si l'**indivision** existe **en usufruit**, il peut y être mis fin par voie de cantonnement (c'est-à-dire de détermination du bien sur lequel s'exercera divisément l'usufruit) ou, si ce n'est pas possible, par voie de licitation (c'est-à-dire de vente à un tiers de l'usufruit). S'il n'est possible ni de partager en nature l'usufruit indivis ni de procéder à une licitation de l'usufruit seul dans des conditions satisfaisantes pour les usufruitiers, ceux-ci peuvent demander la licitation de la pleine propriété du bien indivis (C. civ. art. 817). Les nus-propriétaires peuvent donc se voir imposer la vente du bien à la demande d'un indivisaire en usufruit.

70070 Lorsque l'**indivision** existe **sur la nue-propriété**, un nu-propriétaire peut de façon symétrique demander le cantonnement de son droit sur un bien particulier (partage en nature de la nue-propriété) ou la licitation (vente à un tiers) de la seule nue-propriété (C. civ. art. 818). A ainsi été jugé qu'un mari peut demander le partage d'un bien dès lors qu'il demeure en indivision avec son ex-femme sur sa nue-propriété. L'abandon par celui-là de l'usufruit du même bien au profit de son ex-épouse au titre de la prestation compensatoire est sans incidence (Cass. 1e civ. 13-10-2021 n° 20-16.282 F-D : BPAT 6/21 inf. 285-7). La vente de la pleine propriété est possible sous la même condition qu'elle apparaisse comme seule protectrice de l'intérêt de tous les titulaires de droits sur les biens indivis. Mais elle ne peut pas être ordonnée contre la volonté de l'usufruitier.

70075 Celui qui est **pour partie plein propriétaire et qui se trouve en indivision à la fois sur l'usufruit et sur la nue-propriété** peut user des mêmes facultés (C. civ. art. 819). Il peut demander le partage en nature de l'usufruit ou de la nue-propriété, la licitation de l'usufruit ou de la nue-propriété ou la licitation de la pleine propriété. La licitation de la pleine propriété ne nécessite pas l'accord de l'usufruitier qui, par hypothèse, n'est pas un usufruitier unique.

Si le plein propriétaire d'une quote-part peut requérir la licitation de l'usufruit ou de la nue-propriété, il ne peut pas se la voir imposer.

70080 En cas de **vente simultanée de l'usufruit et de la nue-propriété d'un bien**, le prix se répartit entre l'usufruit et la nue-propriété selon la valeur respective de chacun de ces droits, sauf accord des parties pour reporter l'usufruit sur le prix (C. civ. art. 621, al. 1).

La **vente du bien grevé d'usufruit, sans l'accord de l'usufruitier**, ne modifie pas le droit de ce dernier, qui continue à jouir de son usufruit sur le bien s'il n'y a pas expressément renoncé (C. civ. art. 621, al. 2).

CAS PARTICULIER DES INDIVISIONS PERPÉTUELLES

70085 À titre tout à fait **exceptionnel**, il est admis que certains biens ne sont pas partageables et doivent en conséquence rester en indivision. Il s'agit de biens affectés, à titre d'accessoires indispensables, à l'usage commun de deux ou plusieurs fonds appartenant à des propriétaires différents, par exemple les parties communes d'une copropriété (Cass. 3e civ. 27-5-2010 n° 09-65.338 FS-PB : BPAT 4/10 inf. 239), le chemin indivis donnant accès aux parcelles divises qui l'entourent (Cass. 1e civ. 28-2-2006 n° 04-15.937 F-PB ; Cass. 3e civ. 19-12-2019 n° 18-21.671 F-D : BPAT 1/20 inf. 33), etc.

Les juges du fond **apprécient souverainement**, mais de façon restrictive, le caractère d'accessoire indispensable (Cass. 1e civ. 12-2-1985 n° 84-10.301 : Bull. civ. I n° 58). Ils doivent caractériser en quoi la division du bien litigieux rendrait impossible l'usage ou l'exploitation des fonds principaux ou les détériorerait notablement (Cass. 3e civ. 27-10-2010 n° 09-13.600 FS-PB : BPAT 6/10 inf. 363).

B. Obstacles au partage

EN BREF

70120 On a déjà exposé les conditions dans lesquelles une **convention** peut organiser le maintien dans l'indivision.

Voyons ici les **autres moyens** de faire obstacle au partage, qui sont au nombre de trois.

> **› Précisions** Le droit à partage ne peut être empêché par une **action paulienne** (Cass. 1e civ. 17-10-2012 n° 11-10.786 F-PBI : BPAT 6/12 inf. 310 dans une espèce où un frère tentait d'empêcher, par cette action, le partage d'une maison en niant le transfert de droits indivis qui était intervenu en fraude de ses droits).

SURSIS AU PARTAGE

Le sursis peut être demandé par l'un des indivisaires dans **deux cas** (C. civ. art. 820) : **70125**
– la réalisation immédiate du partage risquerait de porter atteinte à la valeur des biens indivis, par exemple s'il y a lieu d'espérer une valorisation d'un terrain agricole appelé à devenir constructible ;
– l'un des indivisaires ne peut reprendre l'entreprise dépendant de l'indivision que dans un certain délai, par exemple à la fin de ses études. Il n'est pas nécessaire que l'indivisaire qui demande le sursis ait déjà participé à l'exploitation de l'entreprise. Toutes les entreprises sont concernées, quelles que soient leur activité (agricole, commerciale, industrielle, artisanale ou libérale) et leur forme (individuelle ou société).

La demande de sursis relève de la **compétence** du **tribunal** judiciaire, sous réserve de celle du juge aux affaires familiales qui connaît du partage des intérêts patrimoniaux des époux, des partenaires de Pacs et des concubins, sauf en cas de décès ou de déclaration d'absence (CPC art. 1381 ; C. org. jud. art. L 213-3). **70130**
Le juge apprécie souverainement l'**opportunité du sursis** et les biens concernés. Il peut s'agir d'un bien particulier, d'une catégorie de biens ou de l'ensemble des biens indivis.
La **durée maximale** du sursis est de deux ans, sans renouvellement possible.
Attention, **une fois le partage ordonné** de façon irrévocable, il ne peut pas être sursis à la licitation, laquelle est une modalité du partage (Cass. 1e civ. 3-10-2019 n° 18-21.200 FS-PBI : BPAT 6/19 inf. 260).

MAINTIEN EN INDIVISION

Le partage peut être empêché par une décision judiciaire afin de protéger le **conjoint survivant** ou les **enfants mineurs** en préservant la situation existante au moment du décès. Ces règles sont également applicables en cas de **divorce**, moyennant quelques aménagements (n° 10276). Elles ne le sont pas, en revanche, au partenaire de **Pacs** ou au **concubin** survivant ou séparé (pour une illustration, CA Dijon 15-12-2016 n° 15/01713). **70135**

Biens susceptibles de maintien dans l'indivision

Peuvent faire l'objet d'un maintien en indivision toutes les **entreprises** dont l'exploitation était assurée par le défunt ou son conjoint (C. civ. art. 821, al. 1). L'entreprise peut être agricole, commerciale, industrielle, artisanale ou libérale ; elle peut être individuelle ou sous forme de société. Le maintien en indivision est possible même si l'exploitation comprend des éléments dont l'héritier ou le conjoint était déjà propriétaire ou copropriétaire avant l'ouverture de la succession (C. civ. art. 821, al. 4). **70140**
Le juge statue en fonction des **intérêts en présence** et des revenus que la famille peut tirer des biens indivis (C. civ. art. 821, al. 3). Les tribunaux prennent en considération la perte de revenus qu'impliquerait, pour la famille, un partage immédiat.

Peuvent également faire l'objet d'une demande de maintien en indivision (C. civ. art. 821-1) : **70145**
– la propriété du **local d'habitation ou à usage professionnel** qui, à l'époque du décès (ou du divorce), était effectivement utilisé pour cette habitation ou cet usage professionnel par le défunt ou son conjoint ;
– les **biens mobiliers** servant à l'exercice de la profession et le mobilier garnissant le local d'habitation.

Demande de maintien en indivision

La demande est portée devant le **tribunal** judiciaire (CPC art. 1381 ; voir n° 70130 pour la question du partage des intérêts patrimoniaux en cas de séparation des couples et n° 10276 sur la compétence du juge du divorce). **70150**
En présence d'**un ou plusieurs enfants mineurs**, le maintien en indivision peut être demandé par le conjoint survivant (ou divorcé), par tout héritier ou par le représentant légal des mineurs (C. civ. art. 822, al. 1).
En l'**absence d'enfant mineur**, seul le conjoint survivant (ou divorcé) peut présenter une telle requête et seulement à la condition qu'il ait été avant le décès (ou le divorce) ou soit devenu du fait du décès copropriétaire de l'exploitation ou des locaux d'habitation ou à usage professionnel. S'agissant du local d'habitation, le conjoint doit en outre résider dans les lieux à l'époque du décès (ou du divorce) (C. civ. art. 822, al. 2 et 3).

> **Précisions** La demande de maintien dans l'indivision n'est pas limitée à l'**indivision conventionnelle** pouvant exister **entre le conjoint survivant et la succession** du défunt ; elle permet de maintenir dans l'indivision la totalité du local d'habitation, y compris pour l'**indivision successorale** entre le conjoint en sa qualité de légataire et les autres ayants droit (Cass. 1e civ. 4-7-2007 n° 05-10.254 F-PB : BPAT 5/07 inf. 143).

70155 **Régime de l'indivision** Le tribunal fixe les **conditions de fonctionnement** de l'indivision : il peut limiter l'indivision à certains biens, fixer le montant de l'indemnité d'occupation, etc.

Il détermine sa **durée**, qui ne peut pas excéder cinq ans (C. civ. art. 823 ; Cass. 1e civ. 12-7-2017 n° 16-20.915 F-PB : BPAT 5/17 inf. 200). Le maintien de l'indivision peut être renouvelé :
– en présence d'un ou de plusieurs enfants mineurs, jusqu'à la majorité du plus jeune d'entre eux ;
– en l'absence d'enfant mineur, jusqu'au décès du conjoint.

Ce dernier doit alors procéder par demandes de renouvellement successives, le juge appréciant, à chaque fois, les intérêts en présence (Cass. 1e civ. 12-7-2017 n° 16-20.915 F-PB précité).

ATTRIBUTION ÉLIMINATOIRE OU PARTAGE PARTIEL

70160 À la demande d'un ou plusieurs indivisaires qui entendent demeurer dans l'indivision, le tribunal peut décider d'attribuer sa part à celui qui souhaite le partage (C. civ. art. 824, al. 1). L'allotissement de l'indivisaire sortant de sa part dans l'indivision et le maintien de cette dernière au profit des coïndivisaires qui entendent y demeurer opère ainsi un partage partiel. Le **tribunal compétent** est le tribunal judiciaire (CPC art. 1381 ; voir n° 70130 pour la question du partage des intérêts patrimoniaux en cas de séparation des couples et n° 10283 pour la compétence du juge du divorce).

Les **demandeurs** n'ont pas à justifier d'un intérêt à demeurer dans l'indivision (Cass. 1e civ. 19-3-2008 n° 06-17.805 FS-PB : RJDA 7/08 n° 866).

En revanche, il ne peut y avoir d'attribution éliminatoire que si l'**attributaire** a demandé un partage global, ce qui est le cas s'il a sollicité l'attribution préférentielle de tous les biens dépendant de l'indivision (Cass. 1e civ. 15-5-2008 n° 07-13.179 FS-PB).

> **Précisions** L'attribution éliminatoire ne peut s'appliquer qu'en présence de **trois indivisaires au moins**. Par conséquent, s'agissant d'une indivision entre époux, les conditions d'application de l'attribution éliminatoire ne sont pas réunies (Cass. 1e civ. 1-10-1996 n° 94-19.097 : Bull. civ. I n° 333).

70165 **Office du juge** Le juge statue en fonction des **intérêts en présence**, les règles de l'attribution préférentielle ayant le cas échéant vocation à s'appliquer (C. civ. art. 824, al. 1). Jugé par exemple que l'attribution éliminatoire est justifiée lorsque les immeubles indivis appartiennent depuis 1926 à la famille des demandeurs, alors que l'indivisaire qui souhaite le partage n'en est devenu propriétaire, pour un tiers, qu'en 1981 et que les biens en cause jouxtent d'autres immeubles à usage d'habitation dans lesquels ils sont imbriqués ou enclavés et qui appartiennent à la famille des demandeurs (CA Besançon 11-9-2008 n° 07/364, 1e ch. civ).

Le juge n'est pas systématiquement tenu d'ordonner une mesure d'expertise pour estimer la valeur des biens à partager (Cass. 1e civ. 20-5-2009 n° 08-14.536 FS-PB : RJDA 3/10 n° 305, JCP N 2009 act. n° 426). Il ne peut pas subordonner l'attribution éliminatoire à un accord des parties sur la valeur du bien indivis (Cass. 1e civ. 29-6-2011 n° 10-20.384 F-D).

Si le juge est saisi à la fois d'une demande d'attribution éliminatoire et d'une **demande d'attribution préférentielle**, il doit examiner cette dernière avant celle de maintien dans l'indivision et indépendamment de celle-ci (Cass. 1e civ. 22-5-2007 n° 04-20.205 FS-PB : RJDA 1/08 n° 94).

70167 S'il est fait droit à la demande d'attribution éliminatoire, la **part** est attribuée en numéraire, sauf accord de l'attributaire et de tous les indivisaires pour une attribution en nature.

S'il n'existe pas dans l'indivision une somme suffisante, le complément est versé par les indivisaires qui refusent le partage, sans préjudice de la possibilité pour les autres indivisaires d'y participer, s'ils en expriment la volonté. La part de chacun dans l'indivision est alors augmentée à proportion de son versement (C. civ. art. 824, al. 2).

70170 L'attribution éliminatoire présente l'**inconvénient** de rendre exigible le **droit de partage** de 2,50 % avec pour **assiette** la totalité des biens indivis, c'est-à-dire y compris le surplus de la masse restant dans l'indivision (BOI-ENR-PTG-10-10 n° 200). Quant au passif, il n'est déductible de l'actif brut partagé que pour la fraction qui excède la valeur des biens laissés dans l'indivision, le passif étant censé s'imputer, en priorité, sur les biens non compris dans le partage.

En cas de partage partiel, si une partie des biens partagés est affectée expressément au paiement du passif indivis, celui-ci doit être intégralement déduit de l'actif partagé. Il en est de même si l'acte de partage règle la répartition du passif en stipulant que chaque copartageant le supportera dans une proportion déterminée (BOI précité).

II. OPÉRATIONS DE PARTAGE

A. Établissement des lots

EN RÉSUMÉ

La **masse partageable** est constituée de la masse des biens indivis (C. civ. art. 825 ; nos 69050 s.). **70200**

1. ÉVALUATION DES ÉLÉMENTS D'ACTIF

DATE D'ÉVALUATION

Les biens sont évalués à la date de la « **jouissance divise** », telle qu'elle est fixée par l'acte de partage (C. civ. art. 829, al. 1). Il ne s'agit ni de la date du décès (ou du divorce ou de la dissolution du Pacs) ni de celle du partage lui-même, mais de la date de l'arrêt des comptes de la liquidation (successorale ou autre). Deux dates de jouissance divise différentes pour deux immeubles successoraux peuvent être fixées pour un seul partage (Cass. 1e civ. 3-10-2019 no 18-20.827 F-D). **70220**
Elle doit être la plus proche possible du partage (C. civ. art. 829, al. 2) (pour une illustration, Cass. 1e civ. 22-5-2007 no 06-10.152 F-D).
Le juge peut toutefois fixer la date de la jouissance divise à une date plus ancienne si ce choix paraît plus favorable à la réalisation de l'égalité, sous réserve que l'établissement d'un compte d'administration ne soit nécessaire (Cass. 1e civ. 15-1-2020 no 18-17.324 F-D : BPAT 5/20 inf. 179-7). À l'aune de ce principe d'égalité, il tranche en fonction des circonstances de la cause et des intérêts respectifs des copartageants (Cass. 1e civ. 26-6-2013 no 12-13.366 F-PB : AJ fam. 2013 p. 517).
Le juge peut aussi, s'il y a lieu de craindre que le partage sera retardé, prévoir que la valeur retenue au moment de la jouissance divise sera indexée selon un indice de son choix.
Il est par ailleurs admis que les copartageants s'accordent pour évaluer les biens à une autre date que celle de la jouissance divise (Cass. ass. plén. 22-4-2005 no 02-15.180 : Bull. ass. plén. no 5, RTD civ. 2005 p. 810 note M. Grimaldi).
En tout état de cause, si aucune date n'a été fixée pour la jouissance divise, la valeur des biens à partager retenue dans une décision, même définitive, peut faire l'objet d'une réévaluation (Cass. 1e civ. 8-4-2009 no 07-21.561 F-PB : BPAT 3/09 inf. 119 ; Cass. 1e civ. 3-3-2010 no 09-11.005 F-PB ; Cass. 1e civ. 1-12-2021 no 20-13.563 F-D : BPAT 1/22 inf. 60-18).

ÉVALUATION DE L'ACTIF

Les **biens** sont estimés dans l'état où ils se trouvent à la date de la jouissance divise (bien libre ou occupé, en bon ou mauvais état de réparation, grevé ou non de charges, etc.). Les circonstances suivantes ne sont pas de nature à affecter, entre les copartageants, la valeur vénale des biens partagés : **70225**
– l'état d'indivision existant entre les copartageants et le démembrement de la propriété entre eux (Cass. 1e civ. 22-6-2016 no 15-19.471 F-PB : BPAT 5/16 inf. 200). En effet, les intéressés ont vocation à retrouver la pleine propriété avec le partage ou à l'issue de l'usufruit ;
– l'occupation, par un indivisaire, d'un bien dont il a obtenu l'attribution préférentielle (CA Paris 7-4-2010 no 08/24451, ch. 3-1).
Leur dépréciation ou valorisation des biens durant la période d'indivision est opposable aux copartageants, sauf si elle est due à un indivisaire. Ce dernier sera alors selon le cas débiteur ou créancier de l'indivision.
Une règle particulière d'évaluation s'applique aux immeubles classés ou inscrits au titre des **monuments historiques** qui ont été donnés ou légués avec une clause d'inaliénabilité : l'évaluation de l'immeuble s'estime déduction faite des charges y compris d'entretien nécessaire à sa préservation durant toute la durée de la clause (C. patr. art. L 621-29-7).
Un bien qui a été **cédé durant l'indivision** est pris en compte à hauteur de son prix de vente, sauf cas de faute d'un indivisaire ou de remploi du prix (Cass. 1e civ. 11-3-2009 no 07-21.356 F-PB).
Les **parts sociales** non négociables communes sont prises en compte, dans le partage de l'indivision post-communautaire, pour leur valeur au jour du partage, peu important le prix auquel elles ont été cédées, durant l'indivision, par l'époux associé (Cass. 1e civ. 22-10-2014 no 12-29.265 FS-PBI : BPAT 6/14 inf. 230, RJDA 1/15 no 15 ; cession qui est valable : no 69152).

Les **créances** non indexées de sommes d'argent **envers les tiers** sont inscrites pour leur valeur nominale. Si une indexation est prévue, elle est liquidée au moment du partage. Il en va de même d'une créance libellée en monnaie étrangère. **70226**
S'agissant des créances sur un copartageant, voir nos 70300 s.

70227 L'évaluation des **stock-options** se pose à l'occasion des partages de communauté. En réalité, seules doivent être évaluées les actions qui ont été acquises grâce à des options attribuées et levées durant le mariage car elles seules intègrent l'actif commun à partager (n° 3195).
Si ces actions sont vendues (régulièrement) durant l'indivision post-communautaire, elles sont intégrées à l'actif pour leur prix de cession (Cass. 1e civ. 9-7-2014 n° 13-15.948 FS-PBI : BPAT 5/14 inf. 191).

> **Précisions** **Avant l'arrêt de la Cour de cassation de juillet 2014**, il a été jugé que l'option attribuée durant le mariage avait une valeur (qui entrait en communauté) dès lors qu'elle était effectivement levée par son bénéficiaire, même après la dissolution du mariage. La difficulté était alors de déterminer cette valeur puisque, au moment des opérations de liquidation-partage, on ne savait ni si l'option serait levée ni à quel prix elle le serait.
> Pour contourner la difficulté, la **pratique notariale** procédait de la façon suivante : au moment de la dissolution de la communauté, la valeur de l'option était portée pour mémoire à l'actif de la masse à partager ; un acte de liquidation complémentaire était établi le jour où l'option était exercée.
> Cette façon de faire a été implicitement approuvée par la cour d'appel de Paris, qui a jugé que l'évaluation de l'option doit être réalisée au jour où elle est levée, la valeur de l'option étant alors égale à la différence entre la valeur du titre au jour de son acquisition et le prix d'exercice de l'option (CA Paris 7-5-2004 n° 179, 2e ch. B : RJDA 11/05 n° 1232).
> Pour la liquidation du droit de partage, **l'administration fiscale** admettait avant la mise en ligne de la base Bofip le 12 septembre 2012 que les droits d'option ne figurent pas à l'actif taxable de la communauté conjugale (Rép. de Robien : AN 18-6-2001 p. 3520 n° 58031 ; Rép. Marini : Sén. 23-8-2001 p. 2721 n° 31920). N'ayant pas été reprise au Bofip, cette tolérance n'est plus opposable à l'administration. La valeur de l'option doit à notre avis être portée pour mémoire dans l'acte d'origine et, si un acte complémentaire est établi après la levée de l'option, le droit de partage est exigible sur la valeur de l'option au jour où elle a été levée.

2. FORMATION DES LOTS

VALEUR ET COMPOSITION DES LOTS

70250 Chaque indivisaire doit recevoir un lot égal à ses droits dans l'indivision. Le principe est l'**égalité en valeur**, chaque copartageant recevant des biens pour une valeur égale à ses droits (C. civ. art. 826, al. 1 et 2).
La **nature des biens** reçus est, en principe, indifférente. Un indivisaire peut être alloti d'immeubles tandis que l'autre l'est de meubles.
En présence de titres de sociétés acquis par un époux commun en biens, il faut distinguer selon leur nature. Les actions communes devenues indivises sont partagées entre les deux époux, peu important qu'un seul d'entre eux ait eu la qualité d'associé. Quant aux parts sociales non négociables communes, elles n'entrent pas, en tant que telle, dans le partage ; elles n'entrent donc pas dans la composition des lots et reviennent nécessairement à l'ex-époux associé (Cass. 1e civ. 4-7-2012 n° 11-13.384 FS-PBI : BPAT 5/12 inf. 246). Seule leur valeur est à intégrer dans l'actif à partager (voir n° 69152).
Si la consistance de la masse ne permet de former des lots d'égale valeur, leur inégalité se compense par une **soulte**.

ATTENTION

Même si les lots sont égalitaires dans leur montant, les juges doivent s'interroger sur la consistance des allotissements lorsqu'une **fraude** est alléguée. Il en va ainsi lorsqu'au terme d'un partage de communauté à la suite d'un changement de régime matrimonial, l'épouse se voit attribuer tous les biens immobiliers tandis que le mari ne se voit alloti que de liquidités, mieux à même d'être réparties de façon occulte entre ses seuls enfants issus du mariage (Cass. 1e civ. 11-7-2019 n° 18-20.235 F-D : BPAT 5/19 inf. 171). De la même façon, le partage hâtif d'une séparation de biens, l'épouse recevant les immeubles et le mari les parts sociales de sa société en cessation de paiements, est inopposable au créancier de la société, victime des délits financiers commis par le mari (Cass. 1e civ. 17-2-2021 n° 19-17.571 F-D : BPAT 3/21 inf. 126).

NOMBRE DE LOTS

70255 Il faut en principe autant de lots que de copartageants venant à la succession (ou à l'indivision post-communautaire, par exemple) en vertu de droits propres. C'est le **partage par tête**. Mais en cas de représentation, le partage se fait **par souche** : les représentants de l'héritier prédécédé ne sont pas comptés par tête. Ils reçoivent ensemble le lot revenant à celui qu'ils représentent et qui, ensuite, fait l'objet d'une répartition distincte entre eux (C. civ. 827). Cette règle limite, à ce stade, la division de l'héritage. Ainsi, les petits-enfants venant en représentation de leur père à la succession de leur grand-père reçoivent un lot qu'ils doivent ensuite partager entre eux.

> **Précisions** En **Polynésie française**, le partage judiciaire peut également se faire par souche dès lors que la masse partageable comprend des biens immobiliers dépendant de plusieurs successions, lorsque ces biens :
> **1°** Ne peuvent être facilement partagés ou attribués en nature compte tenu du nombre important d'indivisaires ;
> **2°** Ne peuvent être facilement partagés ou attribués par tête compte tenu de la complexité manifeste à identifier, localiser ou mettre en cause l'ensemble des indivisaires dans un délai et à un coût raisonnables.
> Ce dispositif dérogatoire s'applique aux demandes en partage introduites avant le 31 décembre 2028 et postérieurement au 28 juillet 2019 pour le cas mentionné au 1° ou postérieurement à l'entrée en vigueur des dispositions réglementaires nécessaires à l'application du cas mentionné au 2° (Loi 2019-786 du 26-7-2019).

S'il y a lieu à **tirage au sort**, il doit être constitué autant de lots que nécessaire, c'est-à-dire autant de lots qu'il y a de têtes ou de souches (C. civ. art. 826 al. 3). **70260**
Lorsque les droits des indivisaires sont égaux, il y a autant de lots que d'indivisaires.
En présence de droits inégaux, il faut autant de lots que le plus petit dénominateur commun pour permettre à chacun d'être rempli de ses droits. Cette règle peut conduire à la division de l'héritage en de nombreux lots, voire à sa licitation. Par exemple, si le défunt laisse son père et deux frères dont les droits dans la masse sont de 1/4 pour le père et de 3/8e pour chacun des frères, il faudra constituer 8 lots. Le père en recevra deux et chacun des frères trois.

PROTECTION DES UNITÉS ÉCONOMIQUES

Dans la formation et la composition des lots, il faut éviter de diviser les unités économiques et autres ensembles de biens dont le fractionnement entraînerait la **dépréciation** (C. civ. art. 830). Il peut s'agir d'une entreprise, mais aussi d'une collection de tableaux, d'objets d'art, etc., dès lors que le fractionnement risque d'entraîner une perte de valeur. **70265**
C'est ce principe qui justifie la possibilité d'attribution préférentielle.

TIRAGE AU SORT

Le tirage au sort ne **s'impose**, fût-ce en cas de partage judiciaire, qu'en cas de désaccord des copartageants sur la composition des lots. Mais dans ce cas, il ne peut pas être écarté (Cass. 1e civ. 3-10-2019 n° 18-22.878 F-D : BPAT 6/19 inf. 274-3). Peu importe que le copartageant ne motive pas son opposition (Cass. 1e civ. 31-1-2018 n° 17-15.455 F-D : BPAT 2/18 inf. 83). **70270**
Pour autant, la loi n'autorise le tirage au sort que pour la seule attribution des lots et non pas pour leur composition (Cass. 1e civ. 11-3-1986 n° 84-16.596 : Bull. civ. I n° 63).
En cas de désaccord des copartageants, il n'est pas possible d'écarter le tirage au sort pour des motifs d'équité ou d'opportunité. En ce sens notamment à propos de :
– tableaux qui avaient été mis dans le lot de certains copartageants au motif que, peints par leur grand-père, ils faisaient partie de leur environnement personnel (Cass. 1e civ. 15-2-2012 n° 10-25.425 F-D) ;
– parcelles de terre qui avaient été attribuées en fonction des constructions effectuées par les différents copartageants (Cass. 1e civ. 20-6-2012 n° 10-26.022 F-PBI : BPAT 4/12 inf. 232) ;
– deux bijoux bien que de valeur sentimentale et remis par la défunte à l'une de ses filles, avec la volonté (alléguée mais non attestée par un testament) que cette dernière en soit l'attributaire, charge à elle d'en remettre un à son frère (Cass. 1e civ. 13-1-2016 n° 14-29.651 F-PB).
En revanche, le tribunal peut décider d'**écarter** le tirage au sort, par exemple si :
– les biens concernés sont des souvenirs de famille auxquels les règles du partage ne sont pas applicables (Cass. 1e civ. 29-11-1994 n° 92-21.993 : Bull. civ. I n° 354) ;
– le tirage au sort est inutile car l'actif successoral est uniquement composé de numéraire déposé sur des comptes bancaires (Cass. 1e civ. 9-1-1996 n° 93-20.720 : Bull. civ. I n° 17, RJDA 8-9/96 n° 1076) ou de créances sur des personnes solvables ;
– la demande de tirage au sort constitue un abus de droit, par exemple parce que ce mode d'attribution peut conduire à la dévolution, à chacune des deux branches d'héritiers, du lot situé devant la propriété de l'autre (Cass. 1e civ. 28-11-2007 n° 06-18.490 FS-PB ; Cass. 3e civ. 27-10-2010 n° 09-13.600 FS-PB : BPAT 6/10 inf. 363 ; Cass. 3e civ. 8-6-2023 n° 21-24.732 F-D : RTD civ. 2023 p. 946 obs. M. Grimaldi, pour une confirmation implicite).
Dans ces situations, le tribunal procède par voie d'attribution, en appréciant au cas par cas les intérêts en présence.

LICITATION

70275 Pour permettre la composition des lots, la licitation des **biens qui ne peuvent pas être facilement partagés** et sans perte peut être décidée (C. civ. art. 1686). Cette appréciation relève du pouvoir souverain des juges du fond. Ce sera le cas par exemple si :
– le morcellement du bien est de nature à entraîner sa dépréciation (Cass. 1e civ. 3-5-2000 n° 98-12.137 : Bull. civ. I n° 126) ;
– l'attribution d'un bien contre une soulte n'est pas envisageable compte tenu du montant de celle-ci.

La licitation des immeubles indivis ne peut être ordonnée que s'ils ne peuvent pas être facilement partagés en nature (CPC art. 1377). Ainsi, les juges du fond, pour ordonner une telle licitation, ne peuvent pas se contenter de relever que les indivisaires ne sont pas tenus de rester en indivision et que leur mésentente rend impossible toute tentative de partage amiable. Ils doivent rechercher si les biens indivis sont ou non commodément partageables (Cass. 1e civ. 6-3-2024 n° 22-13.883 F-D).

70280 **Licitation amiable ou judiciaire** La licitation est amiable ou judiciaire, selon la nature du partage. Elle peut se faire **de gré à gré** si elle est amiable ; elle prend la forme d'une **adjudication** si les copartageants en décident ainsi ou si elle est ordonnée dans le cadre d'un partage judiciaire. Dans ce cas, c'est le tribunal qui en détermine les conditions (CPC art. 1377). Il fixe notamment la mise à prix. Notons que des copartageants ne peuvent pas demander au tribunal d'ordonner la licitation d'un bien sans former une demande en partage judiciaire (Cass. 1e civ. 15-6-2017 n° 16-16.031 FS-PB : BPAT 4/17 inf. 163).

Le cahier des charges prévoit, le cas échéant, des modalités particulières, par exemple :
– réserver aux seuls indivisaires la possibilité d'être adjudicataire, à condition que tous soient d'accord, capables et présents ou représentés (CPC. art. 1378) ;
– prévoir que si le dernier enchérisseur est un copartageant, l'adjudication ne prend pas la forme d'une licitation à proprement parler mais de la mise du bien dans le lot du copartageant, pour la valeur déterminée par la licitation ;
– obliger l'adjudicataire d'un immeuble à consentir un bail commercial à l'adjudicataire du fonds de commerce exploité dans cet immeuble.

> **Précisions** Dans le cadre d'une **vente judiciaire après partage**, le jugement d'adjudication statuant sur une contestation est susceptible d'**appel**. La procédure de licitation après partage se définit par renvoi aux textes gouvernant la saisie immobilière (CPC art. 1377 et 1271 à 1281). Mais il n'est pas fait de renvoi exprès à la disposition qui prévoit que les jugements d'adjudication qui statuent sur une contestation sont susceptibles d'appel (C. exécution art. R 322-60). Pour autant, il ne peut en être déduit une dérogation au principe général de l'ouverture de l'appel contre les jugements, dès lors qu'aucun motif tenant à la nature propre de la procédure de licitation ne permettrait de justifier l'absence d'ouverture de cette voie de recours lorsque le jugement d'adjudication a statué sur une contestation (Cass. 2e civ. 19-11-2020 n° 19-18.800 F-PBI ; Cass. 2e civ. 10-12-2020 n° 19-16.691 F-PBI).

70282 **Effets de la licitation** La licitation d'un bien indivis **au profit d'un indivisaire** réalise un partage, partiel ou total selon la composition de l'indivision (C. civ. art. 883). Le prix n'intègre donc pas l'indivision. Il est assimilable à une soulte devant revenir divisément aux coïndivisaires (Cass. 1e civ. 26-2-1975 n° 73-10.146 : Bull. civ. I n° 84). S'il est prévu que le paiement du prix sera différé, les dispositions sur les soultes payables à terme (n° 70290) s'appliquent (Cass. 1e civ. 14-5-2014 n° 13-10.830 FS-PBI : BPAT 4/14 inf. 174). Autre conséquence, l'indemnité d'occupation cesse d'être due à la date de sortie du bien indivis de l'indivision (Cass. 1e civ. 11-4-2018 n° 17-17.495 F-PB : BPAT 3/18 inf. 126). Réalisant un partage, la licitation emporte un effet déclaratif.

La licitation d'un bien indivis **au profit d'un tiers** vaut vente ; elle constitue un acte translatif, l'acquéreur tenant en conséquence ses droits des indivisaires et non du défunt lui-même. Dans les rapports entre indivisaires, il s'agit d'une opération préalable au partage : la créance du prix entre dans l'actif à partager.

SOULTE

70285 Si la consistance de la masse ne permet pas de former des lots d'égale valeur, l'**égalité** est **rétablie** par une soulte (C. civ. art. 826, al. 4). Celui qui reçoit un lot supérieur à ses droits dans l'indivision restitue le trop-perçu sous la forme d'une somme d'argent.

Compensant l'inégalité des lots, la soulte est fixée seulement au moment du partage. En conséquence, un copartageant ne peut se prévaloir d'une obligation non sérieusement contestable pour obtenir en référé une **provision** à valoir sur une soulte (Cass. 1e civ. 6-2-2008 n° 07-13.154 FS-PB).

Sauf accord différent des indivisaires, le **paiement** de la soulte se fait comptant (C. civ. art. 832-4, al. 2). Il est garanti par l'hypothèque légale de copartageant (qui s'est, depuis le 1-1-2022, substitué au privilège de copartageant codifié au C. civ. art. 2374, 3° ancien), pour autant que le débiteur ait reçu un immeuble dans son lot (C. civ. art. 2402, 4° ; voir également n° 69665, précisions).
Son débiteur peut toutefois obtenir des délais de paiement dans certains cas d'attribution préférentielle : c'est le cas notamment du conjoint survivant, mais non du partenaire de Pacs, pour l'attribution préférentielle de son logement et du mobilier qui le garnit (voir n° 11191).
Sur le régime particulier des soultes en cas d'attribution préférentielle suite à un divorce, une séparation de corps ou une séparation de biens, voir n° 10278.

Si des **délais de paiement** ont été consentis, les dispositions relatives à la **revalorisation** des soultes payables à terme s'appliquent. Si à la date du paiement de la soulte, la valeur des biens mis dans le lot de son débiteur a augmenté ou diminué de plus du quart par suite des circonstances économiques, la soulte due augmente ou diminue dans les mêmes proportions, sauf accord contraire des parties, qui peuvent convenir que le montant de la soulte ne variera pas (C. civ. art. 828). La revalorisation de la soulte ne joue que si la variation de la valeur des biens est due aux circonstances économiques. Sont donc notamment exclues les fluctuations dues : **70290**
– aux aléas des transactions commerciales et au choix de vendre en bloc les actions alloties, qui aboutissent à ce que la valeur du bien soit parfois différente de son prix (Cass. 1e civ. 11-9-2013 n° 12-14.843 F-PB : BPAT 6/13 inf. 246) ;
– à l'action du copartageant (bonne ou mauvaise gestion de l'exploitation, amélioration ou abandon du bien, etc.) ;
– à des facteurs extérieurs tels que la modification des règles d'urbanisme, un événement naturel.

Des **intérêts** sont dus lorsque : **70295**
– des délais de paiement sont accordés par les copartageants. Ceux-ci conviennent alors d'un taux d'intérêt applicable ;
– des délais de paiement sont imposés dans le cadre de l'attribution préférentielle du logement au conjoint survivant ou d'une petite exploitation agricole (n° 70520). Sauf convention contraire, les sommes restant dues portent intérêts au taux légal (C. civ. art. 832-4) ;
– il a été fait sommation au débiteur de la soulte de payer ce qu'il doit. Dans un partage amiable, les intérêts ne sont dus que pour la période postérieure à la mise en demeure (Cass. 1e civ. 17-6-2009 n° 08-10.142 FS-PBI : BPAT 5/09 inf. 184). Le taux applicable est le taux légal (C. civ. art. 1231-6). Notons que le défaut de paiement de la soulte n'autorise pas les copartageants à contester le partage. Attention, une sommation de comparaître devant le notaire ne vaut pas sommation de payer ; aussi ne peut-elle faire courir les intérêts dus sur la soulte (Cass. 1e civ. 21-11-2018 n° 17-25.981 F-D : BPAT 1/19 inf. 33).

DETTES DES COPARTAGEANTS

Chaque **copartageant débiteur** est **alloti de sa dette** (après compensation avec ses créances éventuelles). **70300**
Le mécanisme joue pour toutes les dettes contractuelles ou non envers l'indivision (successorale, post-communautaire, conventionnelle, etc.) : dette envers le défunt, dette née pendant l'indivision suite à la détérioration d'un bien indivis, indemnité de rapport ou de réduction due par un indivisaire, etc. Peu importe que la dette ne soit pas exigible pourvu que, au moment du partage, elle soit certaine et liquide.

Sauf si elle est relative aux biens indivis, la **dette** de l'indivisaire n'est pas **exigible** avant la clôture des opérations de partage. A ainsi été jugé que les sommes dues à la succession par un héritier sujettes à rapport, lequel constitue une opération de partage, la dette n'est pas exigible pendant la durée de l'indivision et ne peut se prescrire avant la clôture des opérations de partage (Cass. 1e civ. 30-6-1998 n° 96-13.313 : Bull. civ. I n° 234). Jugé également que l'apport en capital par un époux séparé de biens dans l'achat d'un bien indivis donne naissance à une créance entre époux ; en cas de décès du conjoint « apporteur », la prescription de cette dette du survivant ne court qu'à compter de la clôture des opérations de partage (Cass. 1e civ. 26-5-2021 n° 19-21.302 FS-P : BPAT 4/21 inf. 165). Mais plutôt que d'attendre le partage pour « payer » sa dette par la voie de l'allotissement, le débiteur peut choisir de la régler avant (C. civ. art. 865). **70305**
S'il ne s'est pas acquitté de sa dette avant le partage, la créance de l'indivision contre lui est mise **dans son lot** et s'éteint par confusion.
Si la **dette excède les droits du copartageant** dans la masse, il doit le paiement du solde dans les conditions et délais qui affectaient l'obligation (C. civ. art. 864, al. 2).

70310 La dette de l'indivisaire est inscrite à l'actif de la **masse à partager** pour son **montant** nominal, quel qu'ai été son emploi. La notion de dette de valeur est exclue (pour une illustration, Cass.1e civ. 4-6-2007 no 05-15.253 F-PB). Il y a donc une différence sensible entre le « rapport » d'une dette (toujours pour sa valeur nominale) et le rapport d'une donation de somme d'argent qui peut porter sur la valeur du bien acquis en emploi de la somme.
Sauf stipulation contraire, les sommes rapportables produisent **intérêt** au taux légal. Si l'héritier était débiteur du défunt, les intérêts courent dès le décès ; si la dette est survenue après l'ouverture de l'indivision, les intérêts courent du jour où la dette est devenue exigible (C. civ. art. 866).

B. Attribution préférentielle

BUT DU DISPOSITIF

70350 L'attribution préférentielle a pour objet d'**allotir un copartageant** d'un bien particulier. Elle permet selon le cas de favoriser la transmission d'entreprise ou de maintenir les conditions de vie qui existaient avant le décès.
La condition première est que le bien, objet de la demande, fasse **partie de la masse à partager**. Par suite, il ne peut y avoir attribution par préférence s'il n'y a pas indivision entre les intéressés (voir no 69005).

1. CHAMP D'APPLICATION DE L'ATTRIBUTION PRÉFÉRENTIELLE

BÉNÉFICIAIRES

70355 **Indivision familiale** L'attribution préférentielle n'est possible que dans les cas prévus par la loi. Elle est ainsi admise au profit :
– des **héritiers** (C. civ. art. 831 s.). L'indivision est généralement successorale, mais elle peut aussi résulter d'une donation-partage. L'héritier qui a renoncé à la succession et qui ne vient pas au partage ne peut pas demander l'attribution préférentielle ;
– du **conjoint survivant** (C. civ. art. 831), celui-ci bénéficiant d'un statut avantageux s'agissant de son logement et des biens accessoires avec une attribution de droit et des délais pour le paiement de la soulte due le cas échéant (C. civ. art. 831-2 et 832-4, al. 2 ; nos 11190 s.) ;
– des **époux divorcés ou séparés de corps**, lors de la dissolution du régime matrimonial qu'il soit communautaire ou séparatiste. Dans ce cas, l'attribution préférentielle n'est jamais de droit et il peut toujours être décidé que la totalité de la soulte éventuellement due sera payable comptant (C. civ. art. 1476 et 1542) ;
– des époux **mariés**, soit en cas de dissolution d'une communauté au profit d'une séparation de biens (C. civ. art. 1476), soit en cas de partage d'un bien indivis entre époux séparés de biens (Cass. 1e civ. 9-10-1990 no 89-10.429 : Bull. civ. I no 209, dans un cas où le partage était provoqué par un créancier). Là encore, l'attribution préférentielle n'est pas de droit, ce privilège étant réservé au conjoint survivant (Cass. 1e civ. 26-9-2012 no 11-16.246 F-PBI : BPAT 6/12 inf. 313) ;
– des **partenaires de Pacs** lors de la dissolution du pacte (C. civ. art. 515-6 qui renvoie aux art. 831, 831-2, 832-3 et 832-4 ; voir no 18618). L'attribution n'est pas de droit. Il n'en va autrement, pour le logement du partenaire survivant et ses accessoires (mobilier et véhicule) que si le défunt l'a expressément prévu par testament (C. civ. art. 515-6, al. 2 ; no 19039).
Les simples **concubins**, en l'absence de disposition spécifique à leur profit, ne bénéficient pas de l'attribution préférentielle (Cass. 1e civ. 9-12-2003 no 02-12.884 F-PB ; Cass. 1e civ. 11-02-2009 07-19.562 FS-D).
L'attribution préférentielle est également prévue au profit des associés d'une société (C. civ. art. 1844-9). Mais nous ne l'étudierons pas ici.

70360 **Indivision légale ou conventionnelle** Il importe peu que l'indivision soit d'origine conventionnelle ou légale pourvu qu'elle soit **de nature familiale stricto sensu**. En effet, l'attribution préférentielle peut être demandée dans le partage des indivisions de nature familiale même d'origine conventionnelle, mais uniquement par les bénéficiaires précités (Cass. 1e civ. 23-3-1994 no 92-12.574 : Bull. civ. I no 111 ; Cass. 1e civ. 3-4-2002 no 00-10.211 : Bull. civ. I no 107, RJDA 7/02 no 831).
En conséquence, l'attribution préférentielle peut être revendiquée par le conjoint divorcé même si l'indivision a pris naissance par une convention antérieure au mariage (Cass. 1e civ. 7-6-1988 no 86-15.090 : Bull. civ. I no 174) ou par un époux séparé de biens à propos d'un bien acquis en indivision avec son conjoint (Cass. 1e civ. 9-10-1990 no 89-10.429 : Bull. civ. I no 209).

En revanche, elle est exclue lorsque les copartageants ne sont **pas unis par le mariage ni un héritage commun**. C'est le cas en présence :
– d'une exploitation agricole acquise en indivision par deux couples (deux frères qui avaient épousé deux sœurs), les demandeurs à l'attribution étant l'une des épouses devenue veuve et ses enfants (Cass. 1e civ. 3-4-2002 précité) ;
– d'un bien qui dépend à la fois d'une indivision légale (succession) et d'une indivision conventionnelle (un tiers ayant acquis le bien avec les parents des futurs héritiers) (Cass. 1e civ. 15-1-2014 no 12-25.322 F-PB).
En présence d'une indivision conventionnelle non familiale, l'attribution préférentielle n'est possible que si elle a été prévue par une disposition spécifique (Cass. 1e civ. 26-9-2012 no 11-12.838 FS-PBI : BPAT 6/12 inf. 314).

ENTREPRISES

Toutes les entreprises, quelles que soient leur **activité** (commerciale, industrielle, libérale, agricole ou artisanale) et leur **forme** (individuelle ou sociétaire), peuvent faire l'objet d'une attribution préférentielle (C. civ. art. 831). **70380**
L'**existence de l'entreprise** ne s'apprécie pas uniquement au regard des biens qui font l'objet de la demande, mais en tenant compte de ceux qui sont déjà la propriété du requérant. C'est ce qu'a décidé la Cour de cassation à propos de la notion d'unité économique en vigueur avant la loi de 2006 (Cass. 1e civ. 24-10-2012 no 11-19.326 F-PBI : RJDA 2/13 no 175) et qui nous paraît transposable à la notion d'entreprise. Pour apprécier la consistance de l'entreprise, il peut également être tenu compte des biens appartenant au conjoint de l'héritier demandeur et formant, avec ceux dont cet héritier est copropriétaire, l'entreprise exigée par la loi (Cass. 1e civ. 10-12-1980 no 79-13.059 : Bull. civ. I no 326 ; Cass. 1e civ. 23-3-2022 no 20-22.567 F-D : BPAT 3/22 inf. 153), ainsi que de ceux pour lesquels il bénéficie d'un bail rural (Cass. 1e civ. 18-5-2005 no 02-13.502 FS-PB ; Cass. 1e civ. 23-3-2022 no 20-22.567 F-D précité).
Il faut que les biens soient le siège d'une véritable activité professionnelle. **Tel n'est pas le cas** :
– d'une parcelle sur laquelle les indivisaires, qui ne sont pas exploitants agricoles, se bornent à partager entre eux la récolte de truffes en fonction du travail par eux accompli, ce qui relève du simple « hobby » (Cass. 1e civ. 20-5-2009 no 08-14.536 FS-PB : RJDA 3/10 no 305, JCP N 2009 act. no 426) ;
– de terres dont moins de deux hectares sont encore travaillés, le montant total du fermage ayant été fixé par l'expert à seulement 353 € par an, le bâtiment à usage agricole existant sur l'exploitation familiale ne pouvant plus être affecté qu'à du stockage compte tenu de son état et tout bétail ayant disparu depuis longtemps de l'exploitation (CA Limoges 10-1-2013 no 12/00562, ch. civ. : Sol. Not. 3/13 inf. 79).

L'attribution préférentielle **peut porter sur** : **70381**
– tout ou partie de l'entreprise. Par exemple, l'attribution préférentielle peut concerner l'immeuble dans lequel l'héritier exploite un fonds de commerce, car il s'agit d'une composante de l'entreprise (Cass. 1e civ. 6-2-2008 no 06-19.089 FS-PB : RJDA 7/08 no 865, BPAT 3/08 inf. 102) ;
– une quote-part indivise de l'entreprise, même formée pour partie de biens dont le demandeur était déjà propriétaire ou copropriétaire avant le décès. Cette hypothèse vise le cas où l'entreprise était en copropriété indivise entre le défunt et un tiers ou l'un des héritiers (par exemple, si l'entreprise était un bien commun). Selon les cas, l'attributaire de la quote-part indivise acquiert la pleine propriété du bien (si l'indivision préexistante était constituée avec lui) ou entre dans l'indivision préexistante au décès au lieu et place du défunt.
Si l'entreprise est exploitée sous forme de société, l'attribution des parts ou actions se fait sous réserve de l'application des dispositions légales ou statutaires (clause d'agrément notamment) pouvant restreindre l'entrée de l'attributaire dans le capital social.
Des **règles particulières** sont prévues pour faciliter l'attribution préférentielle des **exploitations agricoles** (voir Mémento Successions Libéralités nos 60795 à 60825).

Conditions à remplir par l'attributaire de l'entreprise Celui qui sollicite l'attribution (no 70355) doit être **copropriétaire en pleine propriété ou en nue-propriété** (C. civ. art. 833, al. 1). L'héritier qui vient à la succession par représentation de son auteur peut y prétendre s'il satisfait personnellement aux conditions requises. Celui qui recueille l'usufruit du bien ne peut pas prétendre à une attribution préférentielle. **70385**
Pour l'application de ces dispositions, sont héritiers ceux qui tiennent leur droit de la loi ainsi que ceux qui ont une vocation universelle ou à titre universel à la succession en vertu d'un testament ou d'une institution contractuelle (C. civ. art. 833, al. 2).

La condition tenant à la propriété est plus rarement remplie par les partenaires de Pacs : elle suppose une propriété indivise durant le Pacs ou un legs du défunt au profit du survivant.

70390 Celui qui revendique l'attribution d'une entreprise doit **participer ou avoir participé effectivement à l'exploitation**.

En principe, cette exploitation doit être **le fait du** requérant lui-même. Mais dans le cas de l'héritier, elle peut être ou avoir été le fait de son conjoint ou de ses descendants (C. civ. art. 831, al. 1). Les juges disposent d'une marge d'appréciation. L'attribution préférentielle a pu être refusée à des héritiers âgés de 61, 66 et 81 ans car, en raison de leur âge, il ne pouvait pas être considéré qu'ils revendiquaient l'attribution préférentielle pour exploiter eux-mêmes (Cass. 1e civ. 7-12-2011 n° 10-23.547 F-D : BPAT 1/12 inf. 36, rendu en application de l'ancien article 832, alinéa 3 du Code civil mais transposable).

Les **conditions juridiques** de l'exploitation importent peu. Ainsi, la mise en société de biens n'interdit pas l'attribution préférentielle de ceux-ci à l'un des associés pourvu qu'il participe effectivement à l'exploitation (Cass. 1e civ. 2-12-2015 n° 14-25.622 F-PB : BPAT 1/06 inf. 34).

De la même façon, il importe peu que l'intéressé :

– ait un statut particulier dans l'entreprise (gérant, salarié, etc.) ou que son intervention soit de pur fait ;

– ait une activité parallèle ou ait cessé de participer à l'exploitation au moment du décès ou de la demande d'attribution.

Le **moment** auquel la participation à l'exploitation doit exister est indifférent : à l'ouverture de la succession ; avant ou après ladite ouverture (notamment Cass. 1e civ. 4-5-1977 n° 75-15.292 : Bull. civ. I n° 207 ; Cass. 1e civ. 29-4-1980 n° 79-11.735 : Bull. civ. I n° 133).

Enfin, la **participation** doit-elle être **utile** pour autoriser l'attribution préférentielle ? Cette exigence était requise avant 2006, le texte visant la « mise en valeur » (C. civ. art. 832 ancien). Elle justifiait le refus d'une attribution préférentielle à l'indivisaire incompétent (par exemple, Cass. 1e civ. 4-7-2007 n° 05-13.334 F-PB).

Aujourd'hui, le texte est plus neutre : il fait état d'une participation effective (C. civ. art. 831). Mais la Cour de cassation continue de se référer à la notion de mise en valeur (par exemple, Cass. 1e civ. 2-12-2015 n° 14-25.622 F-PB : BPAT 1/06 inf. 34). Elle invite ainsi, dans les cas où l'attribution est facultative, à s'assurer que l'exploitation est aussi utile.

LOCAL D'HABITATION ET SES ACCESSOIRES

70450 Le conjoint, le partenaire de Pacs ou tout héritier copropriétaire (au sens indiqué n° 70385) peut demander l'attribution préférentielle du local qui lui sert effectivement d'**habitation principale** (C. civ. art. 831-2). Il doit pour cela en rapporter la preuve. Les juges du fond apprécient souverainement le caractère effectif et continu de sa résidence. A ainsi été jugé que la fourniture d'une simple adresse ne suffisait pas à le prouver (Cass. 1e civ. 29-9-2021 n° 20-21.994 F-D : BPAT 6/21 inf. 274).

Est concerné le local qui constitue sa résidence principale à l'époque du décès ; et aussi à la date à laquelle le juge statue (Cass. 1e civ. 23-3-2011 n° 10-13.995 F-D). Sur l'appréciation de la condition de résidence lorsque l'attribution préférentielle est demandée à l'occasion du divorce des époux, voir n° 10279.

L'attribution préférentielle porte sur la propriété ou le droit au bail du bien considéré. Elle peut concerner :

– un bail emphytéotique (Cass. 1e civ. 12-6-2013 n° 12-11.724 FS-PB : RJDA 11/13 n° 961) ;

– des parts sociales de SCI, à condition que ces parts emportent dévolution du seul local d'habitation et de ses accessoires, à l'exclusion de tout autre bien (Cass. 1e civ. 24-10-2012 n° 11-20.075 FS-PBI : BPAT 6/12 inf. 312).

L'attribution préférentielle est aussi possible pour les accessoires du local d'habitation (C. civ. art. 831-2), à savoir :

– le **mobilier** garnissant le local qui sert effectivement d'habitation au requérant ;

– le **véhicule** du conjoint, du partenaire ou du défunt dès lors que ce véhicule est nécessaire au requérant pour les besoins de la vie courante.

70455 A noter que le **conjoint survivant** bénéficie de règles particulièrement favorables sur sa résidence principale :

– l'attribution du local d'habitation, du mobilier le garnissant et du véhicule du défunt est de droit, le conjoint survivant bénéficiant en outre de délais spéciaux pour le paiement de la soulte (nos 11190 et 11191) ;

– l'attribution préférentielle du logement à un autre héritier ne fait pas obstacle aux droits viagers d'habitation et d'usage du conjoint (n° 11156).

Sur les conditions, moins favorables, dans lesquelles le **partenaire de Pacs survivant** peut bénéficier de l'attribution préférentielle sur son logement et sur le mobilier de ce logement, voir n° 19039.

> **Précisions** En **Polynésie française**, l'attribution préférentielle peut également être admise si le demandeur démontre qu'il réside sur la propriété de manière continue, paisible et publique depuis plus de dix ans au moment de l'introduction de la demande en partage en justice. Cette disposition s'applique aux indivisions et aux successions ouvertes non encore partagées au 28 juillet 2019 (Loi 2019-786 du 26-7-2019 art. 1 modifié par loi 2022-217 du 21-2-2022).

LOCAL À USAGE PROFESSIONNEL ET ACCESSOIRES

L'attribution préférentielle peut porter sur (C. civ. art. 831-2) : **70460**
– la propriété ou le droit au bail du **local à usage professionnel** servant effectivement à l'exercice de la profession du demandeur ;
– les objets mobiliers nécessaires à l'exercice de sa profession. Sont concernés les objets garnissant le local professionnel, le véhicule professionnel, etc.

2. DEMANDE D'ATTRIBUTION PRÉFÉRENTIELLE

MODALITÉS

L'attribution préférentielle n'est jamais automatique. Celui qui la revendique doit la demander à ses copartageants et, à défaut d'accord amiable, au tribunal (C. civ. art. 832-3). **70480**
La demande est portée devant le **tribunal** judiciaire (CPC art. 1381). Sur la compétence en cas de divorce, de séparation de corps ou de séparation de partenaires de Pacs, voir nos 10278 et 10283.
S'agissant d'une **indivision successorale**, la demande peut être présentée dès l'ouverture de la succession et jusqu'à la clôture des opérations de partage. Elle peut l'être à tout **moment** sans avoir à attendre, par exemple, l'issue d'une expertise judiciaire diligentée pour évaluer la valeur des biens à partager et les possibilités de partage (Cass. 1e civ. 9-1-2008 n° 06-20.167 F-PB).
Plusieurs successeurs remplissant les conditions de l'attribution préférentielle et voulant conserver ensemble le bien peuvent former une **demande conjointe** (C. civ. art. 832-3, al. 1). Le bien attribué sort de l'indivision successorale pour entrer dans une nouvelle indivision, conventionnelle celle-là, et exclusivement constituée des attributaires.

Il y a **demandes concurrentes** lorsque les indivisaires (les deux ex-époux, partenaires de Pacs ou concubins, ou plusieurs successeurs) revendiquent une attribution préférentielle pour leur propre compte. Le tribunal doit alors arbitrer en tenant compte (C. civ. art. 832-3, al. 3) : **70481**
– de l'aptitude des différents postulants à gérer les biens en cause et à s'y maintenir ;
– pour une entreprise, de la durée de la participation personnelle à l'activité en particulier.

Le **pouvoir d'appréciation du tribunal** varie selon l'objet de la demande. **70485**
Lorsque l'**attribution préférentielle** demandée est **facultative**, le tribunal statue en fonction des intérêts en présence, qu'il apprécie souverainement (Cass. 1e civ. 23-6-2010 n° 09-13.250 F-PBI). Il peut par exemple :
– refuser une attribution préférentielle à un copartageant, qui ne justifie pas pouvoir payer la soulte qui sera mise à sa charge (par exemple, Cass. 1e civ. 25-9-2013 n° 12-17.574 F-D) ;
– refuser l'attribution préférentielle d'une exploitation, à raison de l'inaptitude du demandeur à la gérer correctement (Cass. 1e civ. 4-7-2007 n° 05-13.334 F-PB) ou de l'âge des requérants (Cass. 1e civ. 7-12-2011 n° 10-23.547 F-D : BPAT 1/12 inf. 36) ;
– attribuer le domicile conjugal à l'épouse, le mari qui en avait reçu la jouissance par l'ordonnance de non-conciliation ne l'occupant pas et ayant obtenu l'attribution préférentielle du fonds de commerce indivis (Cass. 1e civ. 23-6-2010 n° 09-13.250 F-PBI précité) ;
– attribuer un fonds rural aux motifs que la résiliation d'un bail qui avait été consenti au demandeur sur une partie de l'exploitation, pour sous-location prohibée, ne relève pas d'une mauvaise exploitation dès lors que ces biens ont été tenus par lui en bon état et que les parcelles dont il est resté preneur sont correctement cultivées (Cass. 3e civ. 22-3-2018 n° 16-24.052 F-PB : BPAT 3/18 inf. 127).
Lorsque l'attribution préférentielle est **de droit** (n° 70355), le tribunal se borne à vérifier que les conditions légales sont remplies. Si tel est le cas, les copartageants ne peuvent pas s'opposer à l'attribution préférentielle.

3. EFFETS DE L'ATTRIBUTION PRÉFÉRENTIELLE

TRANSFERT DE PROPRIÉTÉ

70510 Une décision d'attribution préférentielle participe à la **composition des lots**, mais ne transfère pas la propriété du bien concerné.

C'est seulement au jour du partage définitif que le bénéficiaire de l'attribution devient **propriétaire exclusif** du bien (C. civ. art. 834, al. 1). En conséquence :

– le bien et donc ses fruits et revenus restent dans l'indivision successorale jusqu'au partage. Il en va de même des charges qu'il occasionne ;

– la valeur du bien est estimée à la date de la jouissance divise (C. civ. art. 832-4, al. 1) ;

– la soulte et les éventuels intérêts sont dus à compter du partage (C. civ. art. 832-4, al. 2).

Notons que l'attribution se fait toujours en propriété, jamais en usufruit.

70515 L'attributaire est tenu de **recevoir le bien revendiqué** (C. civ. art. 834, al. 2).

Par **exception**, il peut renoncer au bien lorsque sa valeur, telle que déterminée au jour de cette attribution, a augmenté de plus du quart au jour du partage indépendamment de son fait personnel. Il s'agit de permettre à l'attributaire de se désengager, notamment s'il se trouve dans l'incapacité de faire face à l'augmentation de la soulte corrélative à celle du bien.

> **Précisions** **a.** En application du droit antérieur à la loi du 23 juin 2006, il a été admis que l'indivisaire qui a fait donation d'un bien dont il a obtenu l'attribution préférentielle reste libre, jusqu'au partage, de **renoncer à cette attribution préférentielle** sans qu'il soit porté atteinte au principe d'irrévocabilité des donations (Cass. 1e civ. 23-10-2013 n° 12-18.170 F-PB : RJDA 2/14 n° 182). Bien qu'aujourd'hui la renonciation ne soit plus totalement libre, la jurisprudence nous paraît transposable : en cas d'augmentation du prix de plus du quart, l'attributaire pourrait exercer son droit de renonciation, même s'il a fait donation du bien concerné. En effet, le principe selon lequel l'efficacité de la cession ou de la donation par un indivisaire d'un bien indivis est subordonnée au résultat du partage demeure.
>
> **b.** Lorsque le **jugement** qui a accueilli la demande d'attribution préférentielle est **frappé d'un appel** général, il n'a pas force de chose jugée. Celui qui a obtenu l'attribution préférentielle d'un bien peut y renoncer même si la valeur du bien n'a pas varié de plus du quart (Cass. 1e civ. 29-5-2019 n° 18-18.823 FS-PB : BPAT 4/19 inf. 158).

PAIEMENT DE LA SOULTE

70520 Le bénéficiaire d'une attribution préférentielle est très souvent conduit à payer une soulte à ses copartageants afin de rétablir l'égalité du partage.

Sauf accord amiable entre les copartageants, la soulte doit en principe être **payée comptant** (C. civ. art. 832-4, al. 2).

Par **exception**, le conjoint survivant qui reçoit son logement, les meubles qui le garnissent et le véhicule nécessaire aux besoins de la vie courante peut exiger des délais de paiement : voir n° 11191. Sauf convention contraire, les sommes restant dues portent intérêt au taux légal.

Cette exception au paiement comptant ne bénéficie pas au partenaire de Pacs survivant (n° 19039).

Elle n'est pas non plus applicable en cas de divorce, séparation de corps ou passage d'une communauté à une séparation de biens, le juge pouvant toujours décider que la totalité de la soulte éventuellement due sera payable comptant (C. civ. art. 1476 et 1542).

III. FORMES DU PARTAGE

A. Partage amiable

RÈGLES GÉNÉRALES

70550 Le partage amiable se **définit** comme celui dont la forme et les modalités ont été choisies par les parties (C. civ. art. 835, al. 1). L'évaluation des biens, la composition et la répartition des lots, le délai de paiement des soultes, etc. sont décidés d'un commun accord.

Le partage amiable n'est soumis à aucune **forme** particulière. Il peut être établi sous signature privée ou par acte authentique. Un acte notarié s'impose lorsque des immeubles ou des droits immobiliers sont concernés (C. civ. art. 835, al. 2 et 710-1). Mais c'est uniquement pour assurer

l'effectivité de la publicité foncière obligatoire. La forme authentique n'est pas une condition de validité du partage immobilier (Cass. 1e civ. 24-10-2012 n° 11-19.855 FS-PBI : Sol. Not. 1/13 inf. 22 note M. Suquet-Cozic).
Ajoutons que le défaut de publicité n'emporte pas l'inopposabilité du partage aux tiers (Décret 55-22 du 4-1-1955 art. 28 et 30 et Cass. 1e civ. 12-4-2012 n° 11-13.456 F-PBI : BPAT 3/12 inf. 155, à propos d'un partage homologué dans le cadre d'un divorce par consentement mutuel mais non publié). Il ouvre seulement droit à des dommages et intérêts au profit du tiers qui en aurait subi un préjudice (Décret 55-22 du 4-1-1955 art. 30, 4 ; pour des illustrations, CA Paris 1-6-2011 n° 10/10411, ch. 1-3 : RJDA 8-9/11 inf. 746, BPAT 5/11 inf. 307 ; décision confirmée par Cass. 1e civ. 24-10-2012 n° 11-19.855 précité).
Le partage verbal est même admis (mais déconseillé, compte tenu des difficultés de preuve qu'il pose).

Le partage amiable peut être **total ou partiel**. Il est partiel s'il laisse subsister l'indivision à l'égard de certains biens ou de certaines personnes (C. civ. art. 838). Certains biens peuvent être attribués privativement, d'autres restant indivis ; certains indivisaires peuvent être remplis de leurs droits, d'autres restant en indivision. Plusieurs partages partiels successifs sont possibles. **70555**
Un partage partiel est définitif et produit, pour les biens et indivisaires qu'il concerne, les mêmes effets qu'un partage total.

En cas de **pluralité d'indivisions** existant exclusivement entre les mêmes personnes, un partage amiable unique peut intervenir, que les indivisions portent sur les mêmes biens ou sur des biens différents (C. civ. art. 839). Mais tous les indivisaires doivent en être d'accord (Cass. 1e civ. 26-1-2011 n° 10-11.016 F-D : BPAT 2/11 inf. 144). **70560**
En pratique, cette hypothèse vise essentiellement le cas où, suite au décès d'un conjoint, une indivision post-communautaire coexiste avec une indivision successorale.

En principe, le partage amiable exige que tous les **indivisaires** soient **présents et capables** (C. civ. art. 835, al. 1). **70565**
Mais, il est possible, moyennant quelques aménagements, d'effectuer un partage amiable si l'un des indivisaires est incapable, défaillant, présumé absent ou incapable de manifester sa volonté.
Un indivisaire en **liquidation judiciaire** ne peut pas signer un acte de partage ; le pouvoir de conclure un tel acte appartient au liquidateur judiciaire (Cass. com. 13-1-2015 n° 13-12.590 F-PB : BRDA 4/15 n° 10).

INDIVISAIRE INCAPABLE

La présence d'un indivisaire incapable ne constitue pas un véritable obstacle à la réalisation d'un partage amiable (C. civ. art. 836, al. 2). **70570**
En présence d'un **mineur** non émancipé **sous le régime de l'administration légale**, il suffit que le partage amiable soit autorisé et l'état liquidatif approuvé par son(ses) responsable(s) légal(aux). Le partage amiable ne figure plus parmi les actes nécessitant l'autorisation du juge des tutelles (C. civ. art. 387-1 ; comparer avec C. civ. art. 389-5, al. 3 ancien pour l'administration légale pure et simple ; C. civ. art. 389-6 ancien pour l'administration légale sous contrôle judiciaire). Mais celle-ci s'impose en cas de désaccord entre les administrateurs légaux (C. civ. art. 387). Le juge peut, par ailleurs, décider que cet acte y sera soumis, notamment à l'occasion du contrôle qu'il exerce avant l'acceptation pure et simple d'une succession au nom du mineur (C. civ. art. 387-3). En pratique, il incombe au notaire chargé du partage de s'assurer que les droits du mineur sont respectés, de veiller à la désignation d'un administrateur ad hoc en cas d'opposition d'intérêts avec le ou les représentants légaux et de saisir, le cas échéant, le juge des tutelles (C. civ. art. 387-3, al. 2).
Depuis le 25 mars 2019, le partage intéressant un mineur **sous tutelle** peut être fait à l'amiable sans autorisation préalable du conseil de famille ou, à défaut, du juge des tutelles. Ce n'est qu'en cas d'opposition d'intérêts entre le mineur et son tuteur que le partage amiable doit être autorisé (C. civ. art. 507 dans sa rédaction issue de la loi Réforme pour la justice 2019-222 du 23-3-2019). Pour les partages régularisés avant le 25 mars 2019, l'autorisation du conseil de famille ou, à défaut, du juge, était obligatoire (C. civ. art. 507 ancien). L'état liquidatif reste quant à lui soumis à l'approbation du conseil de famille ou, à défaut, du juge ; peu importe la date de régularisation de l'acte de partage.
Un partage qui ne respecterait pas ces exigences vaudrait comme partage provisionnel, c'est-à-dire comme un partage provisoire de la jouissance, les biens demeurant indivis.
Le partage intéressant le mineur en tutelle peut toujours être fait en justice.

En présence d'un **majeur sous tutelle**, les règles exposées pour le mineur en tutelle s'appliquent (C. civ. art. 507 ; voir n° 70570). **70575**
S'agissant d'un **majeur en curatelle**, jusqu'à la loi de Réforme pour la justice, il ne pouvait intervenir à un partage amiable qu'avec l'assistance de son curateur (C. civ. art. 836, al. 2 et 467

anciens). Depuis le 25 mars 2019, il doit pouvoir y intervenir seul puisqu'un partage fait en tutelle ne requiert plus, en principe, d'autorisation préalable du conseil de famille ou, à défaut, du juge (C. civ. art. 507 et 467 modifiés par loi Réforme pour la justice ; voir notamment, en ce sens, Flash Cridon de Paris 27-3-2019 et C. Brenner et P. Malaurie : Droit des successions et des libéralités, LGDJ 10e éd. 2022, no 750). Cette solution radicale pose toutefois question. En effet, le partage intéressant un majeur sous tutelle n'est pas exempt de tout contrôle judiciaire : l'état liquidatif reste soumis à l'approbation du conseil de famille ou, à défaut, du juge. Par ricochet, l'assistance du curateur devrait être requise (C. civ. art. 467, al. 1). En outre, la qualification du partage d'acte de disposition par le décret 2008-1484 du 22 décembre 2008 devrait suffire pour imposer l'assistance (en ce sens, Dalloz action Droit patrimonial de la famille 2021/2022, dir. M. Grimaldi, v. Modalités de réalisation du partage, no 271-53 par C. Farge ; D. Noguero, Assistance en habilitation familiale : principe et étendue » : Defrénois 2-7-2020 no 160u3 p. 26). Par ailleurs, en curatelle, l'assistance pourra être requise sur le fondement de l'article 469, alinéa 2 si le curatélaire par son refus ou son inertie compromet manifestement ses intérêts. Il est également possible d'envisager un élargissement de la curatelle afin que la personne protégée soit assistée au cours des opérations de partage ainsi que pour la signature de l'acte (C. civ. art. 471).

Aucune règle particulière n'étant prévue en cas de **sauvegarde de justice**, l'indivisaire sous ce régime de protection peut signer, sans assistance, un acte de partage. Néanmoins, le juge peut désigner un mandataire spécial avec mission de représenter le majeur au partage. Par ailleurs, une fois régularisé, le partage peut être remis en cause à double titre : pour rescision sur lésion ou réduction pour excès (C. civ. art. 435).

En présence d'un **mandat de protection future** activé, on peut s'interroger. Le mandat sous signature privée porte sur les actes qu'un tuteur peut faire sans autorisation (C. civ. art. 493). Depuis le 25 mars 2019, le mandataire devrait donc pouvoir, si cela entre dans sa mission, intervenir à un partage amiable sans avoir à recueillir l'autorisation du juge des tutelles. Mais en cas de mandat notarié, une telle autorisation reste expressément requise puisque le partage est classé dans la catégorie des actes de disposition à titre gratuit (C. civ. art. 490 ; Décret 2008-1484 du 22-12-2008). Il ne serait néanmoins pas cohérent de reconnaître plus d'autonomie en cas de mandat sous signature privée. Dès lors, on pourrait considérer que l'autorisation du juge n'est pas requise (sauf opposition d'intérêts) quelle que soit la forme du mandat, sous la réserve expresse de l'approbation de l'état liquidatif par le juge des tutelles.

En cas d'**habilitation familiale**, il convient de vérifier le champ de cette habilitation : avec représentation ou simple assistance (C. civ. art. 494-1), générale ou spéciale (C. civ. art. 494-6 et 494-8). En cas d'habilitation-représentation spéciale, c'est-à-dire visant le partage amiable, la personne habilitée peut intervenir pour le compte de la personne protégée sans avoir à solliciter une autorisation du juge des tutelles. Il en va de même en cas d'habilitation-représentation générale sauf si l'habilité est en opposition d'intérêts avec la personne protégée. En cas d'habilitation-assistance, les règles de la curatelle s'appliquant, la personne sous habilitation pourrait signer seule l'acte de partage, sous les mêmes réserves exprimées ci-dessus au sujet de la curatelle.

INDIVISAIRE DÉFAILLANT

70580 Il s'agit de l'indivisaire **passif** qui ne participe pas aux opérations de partage et ne fait pas connaître sa volonté. Ses copartageants, tout en restant dans le cadre d'un partage amiable, ont les moyens de passer outre à cette inertie.

En effet, un copartageant peut, par acte extrajudiciaire, **mettre en demeure** l'indivisaire défaillant **de se faire représenter** au partage amiable (C. civ. art. 837, al. 1).

À réception de cette mise en demeure, l'indivisaire passif a trois mois pour désigner un mandataire pour le représenter.

S'il ne le fait pas, le copartageant peut demander au **juge** de désigner toute personne qualifiée pour représenter le défaillant jusqu'à la réalisation complète du partage (C. civ. 837, al. 2). La demande de désignation est portée devant le président du tribunal judiciaire qui statue par ordonnance sur requête (CPC art. 1379, al. 1) ou le juge aux affaires familiales pour le partage des intérêts patrimoniaux en cas de séparation des époux, des personnes liées par un Pacs et des concubins (C. org. jud. art. L 213-3).

La **personne désignée** doit demander au juge l'autorisation de consentir au partage amiable en lui transmettant le projet de partage approuvé par les autres copartageants (C. civ. art. 837, al. 2 ; CPC art. 1358, al. 1). Cette autorisation est rendue en dernier ressort (CPC art. 1358, al. 2).

INDIVISAIRE PRÉSUMÉ ABSENT OU INCAPABLE DE MANIFESTER SA VOLONTÉ

70585 Le partage amiable reste possible en présence d'un indivisaire présumé absent ou hors d'état de manifester sa volonté par suite d'éloignement (C. civ. art. 836, al. 1 et 116, al. 1).

Depuis le 25 mars 2019, le **partage** amiable peut être consenti par le représentant du présumé absent ou de la personne hors d'état de manifester sa volonté par suite d'éloignement. En cas d'opposition d'intérêts entre le représentant et le présumé absent, le partage, même partiel, doit être autorisé par le juge des tutelles. Ce dernier désigne un remplaçant du représentant pour intervenir à l'acte de partage (C. civ. art. 836 et 116 dans leur rédaction issue de la loi Réforme pour la justice 2019-222 du 23-3-2019). Pour les partages antérieurs au 25 mars 2019, le juge devait autoriser un tel partage et désigner un notaire pour y procéder (C. civ. art. 836 et 116 anciens).
L'**état liquidatif** est soumis à l'approbation du juge des tutelles, que le partage intervienne avant ou après le 25 mars 2019 (C. civ. art. 836, al. 1 et 116, al. 3 dans leur rédaction issue de la loi Réforme pour la justice 2019-222 du 23-3-2019).
Évidemment, le partage judiciaire reste possible (C. civ. art. 836, al. 1 et 116, al. 4), notamment en cas de désaccord entre les indivisaires.
En **cas de non-respect** de ces règles, le partage est considéré comme provisionnel (C. civ. art. 836, al. 1 et 116, al. 5).

> **Précisions** Un indivisaire est **présumé absent** lorsqu'il a cessé de paraître au lieu de son domicile ou de sa résidence sans que l'on en ait eu de nouvelles (C. civ. art. 112). Le juge des tutelles peut alors constater qu'il y a présomption d'absence et désigner une personne pour représenter l'absent dans l'exercice de ses droits ou dans tout acte auquel il serait intéressé (C. civ. art. 113).

B. Partage judiciaire

CHAMP D'APPLICATION

Le partage est judiciaire lorsque (C. civ. art. 840) : **70620**
– un des indivisaires refuse de consentir au partage amiable ;
– un des indivisaires élève des contestations sur la manière de procéder au partage ou de le terminer ;
– le partage amiable n'a pas été autorisé ou approuvé, en présence d'un indivisaire mineur ou majeur protégé, défaillant, présumé absent ou hors d'état de manifester sa volonté (nos 70570 s.).
Un partage unique peut intervenir en présence de **plusieurs indivisions** entre les mêmes personnes, que les indivisions portent sur les mêmes biens ou non (C. civ. art. 840-1 ; pour une application, Cass. 1e civ. 4-5-2017 no 16-20.025 F-PB : BPAT 4/17 inf. 162). Il peut être procédé ainsi même si certains indivisaires s'y opposent ou si les indivisions sont d'origine différente, par exemple légale et conventionnelle.
À noter que la demande en partage de l'ensemble d'une succession présentée en première instance inclut la demande en partage de la nue-propriété des biens et droits successoraux formée en cause d'appel : l'une et l'autre tendent aux mêmes fins et dès lors, ne s'agissant pas d'une nouvelle prétention, la demande en partage de l'indivision en nue-propriété ne peut pas être déclarée irrecevable (Cass. 1e civ. 23-6-2021 no 18-26.693 F-D). Rappelons en effet que, si, en cause d'appel, les parties ne peuvent pas présenter de nouvelles prétentions, elles peuvent formuler des prétentions qui tendent aux mêmes fins que celles soumises au premier juge même si leur fondement juridique est différent (CPC art. 564 et 565).

> **Précisions** Le ministère de la justice annonce conduire une réflexion afin de **simplifier les procédures de partage judiciaire des indivisions** (Rép. Belin : Sén. 2-3-2023 no 00979), qui se fonde notamment sur un rapport de l'inspection générale de la justice relatif au traitement des dossiers civils longs et complexes (12-2021 no 127-21 : justice.gouv.fr/34597).
> Ce dernier recommande notamment d'inciter les juridictions à :
> – mettre en place, au niveau de chaque chambre départementale ou interdépartementale des notaires, une liste de notaires volontaires pour accomplir la mission de notaire liquidateur (Recommandation no 22) ;
> – prévoir systématiquement des audiences de proposition de médiation patrimoniale pour les liquidations-partages (Recommandation no 23) ;
> – créer des chambres liquidatives au sein des tribunaux judiciaires sur le même modèle que ce qui est déjà mis en pratique au TJ du Mans (Recommandation no 24).
> Le rapport préconise aussi d'engager une réflexion sur la procédure de partage et sur l'accroissement du rôle du notaire en s'inspirant largement du droit local alsacien-mosellan comme souhaité par le CSN (Recommandation no 25).

70625 **Abandon de la voie judiciaire au profit de la voie amiable** Les copartageants ont la faculté d'abandonner, à tout moment, la voie judiciaire et de poursuivre le partage à l'amiable si les conditions prévues pour un partage de cette nature sont réunies (C. civ. art. 842). Si un notaire a été désigné, il informe le juge qui constate la clôture de la procédure (CPC art. 1372).

TRIBUNAL COMPÉTENT ET AUTRES RÈGLES

70630 S'il s'agit d'un **partage successoral**, le tribunal compétent est le tribunal judiciaire du lieu d'ouverture de la succession, c'est-à-dire du dernier domicile du défunt (C. civ. art. 841 et 720). Il connaît de l'action en partage, des contestations qui s'élèvent à l'occasion du maintien de l'indivision ou au cours des opérations de partage, des demandes de licitations, des demandes relatives à la garantie des lots entre copartageants, des demandes visant à contester le partage.
Cela dit, cette compétence n'est pas exclusive : le tribunal saisi d'une demande d'adjudication peut autoriser qu'elle se déroule devant le tribunal du lieu de situation de l'immeuble ; le tribunal du lieu de la dissolution de la communauté peut connaître d'un partage successoral connexe.

70635 S'il s'agit d'un partage à la suite de la **séparation d'un couple**, le tribunal compétent est le juge aux affaires familiales. Il connaît, en effet, de la liquidation et du partage des intérêts patrimoniaux des époux ainsi que de ceux des personnes liées par un Pacs et des concubins, sauf en cas de décès ou de déclaration d'absence (C. org. jud. art. L 213-3). Cette compétence s'impose au créancier qui provoque le partage d'un bien indivis (Cass. 1e civ. 1-6-2017 n° 15-28.344 FS-PB : BPAT 4/17 inf. 164).
Le juge du divorce a vocation à statuer sur les demandes de liquidation et de partage des intérêts patrimoniaux des époux (C. civ. art. 267 ; voir n° 10275).

70637 **Pour le reste**, les règles applicables au partage judiciaire, qu'il fasse suite à un décès, un divorce ou toute autre cause, sont identiques. Elles sont prévues par les articles 1359 et suivants du Code de procédure civile. Il est expressément prévu que les procédures qui se déroulent devant le juge aux affaires familiales sont soumises aux règles de la procédure écrite ordinaire applicable devant le tribunal judiciaire (CPC art. 1136-1 s.).

ASSIGNATION

70640 L'assignation en partage **doit contenir** un descriptif sommaire du patrimoine à partager et préciser les intentions du demandeur quant à la répartition des biens ainsi que les diligences entreprises en vue de parvenir à un partage amiable (CPC art. 1360). Dans le cadre d'un divorce, cette étape est gommée, mais l'esprit est respecté puisque les époux doivent pour les procédures de divorce engagées depuis le 1er janvier 2021 faire une proposition de règlement de leurs intérêts pécuniaires dans la demande introductive d'instance (C. civ. art. 252 modifié par loi 2019-222 du 23-3-2019), cette exigence étant requise dans l'assignation en divorce pour les procédures de divorce engagées jusqu'au 31 décembre 2020 (C. civ. art. 257-2 abrogé). En outre, s'ils demandent au juge de statuer sur la liquidation et le partage, ils doivent justifier de l'impossibilité d'un partage amiable en établissant les désaccords qui subsistent entre eux (C. civ. art. 267).
La conformité du « **descriptif sommaire** » aux exigences légales est souverainement appréciée par les juges du fond (Cass. 1e civ. 28-1-2015 n° 13-50.049 FS-PBI : BPAT 2/15 inf. 60). La Cour de cassation a néanmoins précisé que l'assignation :
– n'a pas à donner la consistance et la valeur exacte du patrimoine à partager (Cass. 1e civ. 28-1-2015 précité) ;
– n'a pas à indiquer le patrimoine existant à l'ouverture de l'indivision mais celui restant à partager à la saisine du tribunal, ce qui exclut les biens ayant fait l'objet de partages partiels (Cass. 1e civ. 13-4-2016 n° 15-13.312 FS-PB : BPAT 3/16 inf. 126).
Les **intentions du demandeur** quant à la répartition des biens s'entendent de façon « souple ». Ainsi, l'assignation en partage n'est pas lacunaire si elle n'explicite pas une demande d'indemnité de réduction dès lors que celle-ci se déduit nécessairement de la demande de réintégration fictive des libéralités consenties par le défunt (Cass. 1e civ. 10-1-2018 n° 16-27.894 F-PB : AJ fam. 2018 p. 187).
Les **diligences en vue d'un partage amiable** doivent être entreprises avant la délivrance de l'assignation, des initiatives postérieures n'étant pas de nature à régulariser la procédure (Cass. 1e civ. 21-9-2016 n° 15-23.250 FS-PB : BPAT 6/16 inf. 241). A été jugée recevable l'assignation qui justifie des diligences en vue d'un partage amiable en indiquant les courriers envoyés à l'indivisaire occupant, le défaut de comparution des héritiers devant le médiateur et les incidents qui ont nécessité l'intervention de la maréchaussée (Cass. 3e civ. 12-3-2020 n° 18-23.730 F-D : BPAT 3/20 inf. 105).

En conséquence, même s'il est certain de se voir opposer un refus, le demandeur doit au préalable interpeller ses coïndivisaires (Cass. 1e civ. 4-1-2017 n° 15-25.655 F-PB : BPAT 1/17 inf. 44-7). La justification de ces diligences peut résulter d'un procès-verbal de carence dressé par le notaire qui devait établir un projet de partage amiable ou de tout document prouvant que le demandeur a vainement entrepris des démarches pour parvenir à un partage amiable, tels des courriers, attestations d'avocat ou de notaire, etc. (pour une illustration, CA Bastia 25-1-2012 n° 09/01114, ch. civ. A ; Cass. 1e civ. 27-1-2021 n° 19-17.793 F-D : BPAT 2/21 inf. 102-16).

Le défaut des mentions précitées dans l'assignation est **sanctionné** par l'irrecevabilité de la demande (CPC art. 1360). Ce moyen constitue une fin de non-recevoir et non une exception de procédure (Cass. avis 13-2-2012 n° 11-00.008 : Bull. avis n° 1, BPAT 2/12 inf. 131). Il peut donc être invoqué en tout état de cause, sans qu'il soit nécessaire de prouver un grief. Mais l'omission de tout ou partie des mentions requises est susceptible d'être régularisée jusqu'au jour où le juge statue (Cass. 1e civ. 28-1-2015 n° 13-50.049 FS-PBI : BPAT 2/15 inf. 60). Il n'en va pas de même, on l'a vu, des démarches amiables elles-mêmes, qui doivent nécessairement intervenir avant l'assignation.

En **cas de pluralité d'assignations**, le demandeur au partage est celui qui a fait en premier enrôler son assignation au greffe du tribunal judiciaire (CPC art. 1359).

Il semble qu'il soit possible de saisir le tribunal par une **requête conjointe** (CPC art. 750), et ce bien que l'article 1360 du Code de procédure civile ne vise que l'assignation. Mais la requête doit alors avoir le même contenu (S. David, Le partage judiciaire : AJ fam. 2013 p. 94).

ATTENTION

L'**assignation en partage émanant d'un créancier** personnel d'un indivisaire, qui exerce son action oblique, n'a pas à respecter le formalisme de l'article 1360 du Code de procédure civile car le créancier ne dispose que de la faculté de provoquer le partage au nom de son débiteur (Cass. 1e civ. 25-9-2013 n° 12-21.272 FS-PB : BPAT 6/13 inf. 245 ; Cass. 1e civ. 13-1-2016 n° 14-29.534 F-PB : RJDA 12/16 n° 914).

PROCÉDURE DANS LES SITUATIONS SIMPLES

Dans les situations simples, le tribunal (ou le juge aux affaires familiales) prononce immédiatement le partage (CPC art. 1361). 70645

En pratique, cette **hypothèse suppose** qu'il n'est pas nécessaire de procéder aux opérations de liquidation soit parce que l'actif et le passif à partager sont extrêmement limités, soit parce qu'un projet de liquidation a déjà été établi et figure notamment en annexe de l'acte introductif d'instance.

Il faut aussi que les difficultés qui subsistent puissent être réglées par les mesures qui suivent.

Lorsqu'il prononce le partage, le tribunal renvoie le cas échéant les parties devant un notaire pour formaliser l'acte et procéder aux éventuelles publications obligatoires (CPC art. 1361 ; pour une application en matière de divorce, Cass. 1e civ. 12-4-2012 n° 11-20.195 F-D : BPAT 4/12 inf. 209).

À cette fin, le tribunal peut recourir aux services d'un expert, en particulier pour la composition des lots en vue de procéder à leur attribution.

S'il y a lieu au tirage au sort des lots, celui-ci est réalisé devant le notaire commis ou, à défaut, devant le président du tribunal judiciaire ou son délégué (CPC art. 1363, al. 1).

Si un indivisaire est défaillant, le président du tribunal judiciaire ou son délégué peut, d'office, lorsque le tirage au sort a lieu devant lui ou sur transmission du procès-verbal dressé par le notaire, désigner un représentant à l'héritier défaillant (CPC art. 1363, al. 2).

PROCÉDURE DANS LES SITUATIONS COMPLEXES

Si la situation patrimoniale est plus complexe, le tribunal désigne un notaire et un juge chargé de surveiller les opérations (CPC art. 1364). Autrement dit, notaire désigné et juge-commissaire vont de pair lors des opérations de partage judiciaire complexes, de sorte que le tribunal ne peut pas se départir de l'obligation de nommer un juge commis (Cass. 1e civ. 22-11-2023 n° 21-25.833 F-B : BPAT 1/24 inf. 32). Il incombe aussi au tribunal de trancher les difficultés qui lui sont soumises à ce stade (Cass. 1e civ. 3-4-2019 n° 18-14.179 F-PB : BPAT 3/19 inf. 113). 70650

Le **juge commis** est soit un magistrat désigné par le tribunal, soit le juge aux affaires familiales saisi de la demande de partage, sans qu'il ait besoin de se commettre lui-même. Le juge chargé de surveiller les opérations statue sur toutes les demandes relatives à la succession et sur les mesures nécessaires à la bonne conduite des opérations de partage. Il dispose de pouvoirs très importants : fixer des délais, donner des injonctions au notaire et aux parties, remplacer le notaire commis par le tribunal, entendre les parties, tenter la conciliation, etc. (CPC art. 1371). Le juge commis à la surveillance des opérations de liquidation-partage se voit confier les pouvoirs du président du tribunal pour statuer sur les demandes visées aux articles 1379 et 1380 du

Code de procédure civile, dont celles relatives à la gestion de l'indivision en application des articles 815-6 (mesures urgentes) et 815-11 (part annuelle des bénéfices) du Code civil (Cass. avis 18-12-2020 n° 20-70.004 P : BPAT 2/21 inf. 87, AJ fam. 2021 p. 186).

Le **notaire** est choisi par les copartageants ou par le tribunal lui-même, avec pour mission de procéder aux opérations de partage. Le tribunal peut désigner le notaire choisi par l'un des indivisaires sans contrevenir à l'exigence d'impartialité objective (Cass. 1e civ. 4-7-2006 n° 03-16.971 F-PB). Lorsque le notaire initialement désigné cesse entre-temps ses fonctions, les copartageants peuvent choisir d'un commun accord son remplaçant, sous réserve d'être désigné par le tribunal ou le juge commis, à défaut de quoi il ne peut pas poursuivre les opérations de partage (Cass. 1e civ. 9-6-2022 n° 20-22.712 F-B : BPAT 5/22 inf. 249 obs. F. Letellier).

Le notaire a un an pour établir l'état liquidatif, définir la masse partageable, les droits des parties et la composition des lots (CPC art. 1368). À cet effet, il a le pouvoir de (CPC art. 1365) :

– convoquer les parties et de leur réclamer tous documents utiles ;

– s'adjoindre, si la valeur ou la consistance des biens le justifie, un expert qui est choisi par les copartageants ou, faute d'accord entre eux, désigné par le juge commis par le tribunal.

Le délai peut être suspendu dans certaines situations, notamment en cas de désignation d'un expert, et être prolongé d'un an (CPC art. 1369 et 1370).

Si le notaire se heurte à l'**inertie d'un indivisaire**, il peut le mettre en demeure, par acte extrajudiciaire, de se faire représenter. Faute pour l'indivisaire d'avoir constitué mandataire dans les trois mois de la mise en demeure, le notaire peut demander au juge de désigner, suivant la procédure des ordonnances sur requête, toute personne qualifiée qui représentera le défaillant jusqu'à la réalisation complète des opérations (C. civ. art. 841-1 ; CPC art. 1367 et 1379) ; sur les moyens dont dispose le notaire pour poursuivre sa mission, voir F. Meesemaecker, Partage judiciaire, le notaire commis face à l'inertie d'un indivisaire : Defrénois 15-6-2011 n° DEF40022 p. 1031. En revanche, le juge ne peut pas désigner un mandataire successoral pour signer l'acte de partage en lieu et place du copartageant refusant de signer, le mandataire successoral ayant pour mission d'administrer la succession alors que le partage met fin à l'indivision (Cass. 1e civ. 13-5-2020 n° 18-26.702 FS-PB : BPAT 4/20 inf. 131).

70655 Si les **parties arrivent à un accord**, un acte de partage amiable est établi et le juge constate la clôture des opérations (CPC art. 1372).

Dans le **cas contraire**, le notaire établit un procès-verbal reprenant les dires respectifs des parties et le projet d'état liquidatif (CPC art. 1366) ; il le transmet au juge commis. Celui-ci, après éventuellement audition des intéressés et du notaire et tentative de conciliation, fait un rapport au tribunal sur les difficultés subsistantes (CPC art. 1373). Ce rapport est essentiel car il fixe le litige. En effet, toute demande devant le tribunal distincte de celles dont le juge commis a fait rapport, est irrecevable à moins que le fondement des prétentions ne soit né ou ne soit révélé qu'après ce rapport (CPC art. 1374 ; Cass. 1e civ. 7-12-2016 n° 15-27.576 FS-PB : BPAT 1/17 inf. 33 ; Cass. 1e civ. 1-6-2017 n° 16-19.990 F-PB : BPAT 4/17 inf. 165). Sous l'empire de l'ancien article 837 du Code civil, il a été jugé que l'irrégularité ne constituait pas une fin de non-recevoir au sens de l'article 122 du Code de procédure civile pour harmoniser et qu'elle n'avait pas à être relevée d'office par le juge puisque les dispositions n'étaient pas d'ordre public (Cass. 1e civ. 14-1-1981 n° 79-13.023 : Bull. civ. I n° 15). La solution nous semble transposable.

Toutes les demandes, qu'elles émanent du demandeur ou du défendeur, ne constituent qu'une seule instance (CPC art. 1374).

Un procès-verbal de carence ne vaut pas procès-verbal de difficultés. Faute d'un tel procès-verbal et du rapport du juge commis, les demandes formées devant le tribunal par la partie initialement défaillante sont recevables (Cass. 1e civ. 14-3-2018 n° 17-16.045 F-PB : BPAT 3/18 inf. 129).

Le tribunal statue sur les désaccords, homologue l'état liquidatif s'il est conforme à la décision rendue par le tribunal ou renvoie les parties devant le notaire pour que celui-ci établisse un nouvel état liquidatif, qui sera ensuite soumis à l'homologation du tribunal (CPC art. 1375).

> **Précisions a.** Les **dires des copartageants** peuvent valablement prendre la forme d'une lettre de leur conseil (Cass. 1e civ. 25-1-2023 n° 21-15.604 F-D : BPAT 2/23 inf. 92). Dans cette affaire, la contestation, par certains copartageants, de la valorisation des immeubles retenue dans le projet d'état liquidatif établi par le notaire commis, a été formulée via une lettre de leur avocat annexée au procès-verbal de lecture dudit projet, qui vaut dire contestant la date de jouissance divise et, par effet d'entraînement, le projet d'état liquidatif dans son intégralité.
>
> **b.** Lorsque **deux notaires** sont **désignés** pour procéder aux opérations de liquidation et de partage, ils doivent accomplir ensemble leur mission. Mais si l'un d'eux, en s'abstenant d'apporter son concours à l'exécution de leur mission commune, rend impossible le partage, il doit en être rendu compte au juge. Celui-ci

peut alors passer outre et considérer que la validité de la procédure subséquente ne s'en trouve pas affectée, dès lors que l'intéressé a pu faire valoir tous moyens devant le tribunal (Cass. 1e civ. 24-10-2012 n° 11-20.744 F-PBI : BPAT 6/12 inf. 316).

c. Lorsque le notaire désigné transmet un procès-verbal de difficultés **dépourvu d'un projet d'état liquidatif** au juge commis, lequel convoque les parties à une audience de conciliation puis dresse un procès-verbal de non-conciliation, l'indivisaire reste recevable à réclamer une indemnité d'occupation à son coïndivisaire (CPC art. 1373 et 1374 a contrario). En effet, sa demande ne peut pas être déclarée irrecevable au motif qu'elle serait postérieure au rapport du juge commis, faute pour le notaire d'avoir établi un projet d'état liquidatif (Cass. 1e civ. 6-3-2024 n° 22-15.311 F-B).

IV. EFFETS DU PARTAGE

EFFET DÉCLARATIF

Le partage a un effet déclaratif. Il en résulte que chaque cohéritier est **censé être propriétaire depuis** l'ouverture de la succession des biens dont il a été alloti ; corrélativement, il est censé n'avoir jamais eu de droits sur les autres biens. 70680

De la même façon, en cas de divorce, chaque ex-époux est censé être propriétaire des biens qu'il reçoit depuis la date de la dissolution de la communauté ; en cas de partage d'un bien entre époux séparés de biens, partenaires pacsés ou concubins, l'attributaire est censé être propriétaire depuis le jour de l'acquisition du bien.

Ainsi, l'efficacité d'un acte consenti par un indivisaire et engageant un bien indivis est subordonnée au résultat du partage. En matière de droit de la copropriété, il en résulte que l'héritier d'un lot de copropriété est censé, par l'effet déclaratif du partage, être seul propriétaire du lot depuis le décès de son auteur. Dès lors, il a pu agir seul, avant l'acte de partage, en annulation d'une assemblée générale des copropriétaires (Cass. 3e civ. 9-2-2022 n° 20-22.159 FS-B : BPAT 2/22 inf. 100) (voir également n°s 69165, 69550 Attention, 69683 et 70515).

L'effet déclaratif du partage joue pour tout **acte faisant cesser totalement ou partiellement l'indivision** (sur ces actes, voir n° 70000).

Limites à l'effet déclaratif L'effet déclaratif du partage n'est pas absolu, tant entre les indivisaires qu'à l'égard des tiers. 70685

L'**attributaire d'un bien** ne peut pas remettre en cause les actes qui ont été réalisés pendant l'indivision conformément aux règles de celle-ci (C. civ. art. 883, al. 3). Les actes d'administration ou de disposition décidés à la majorité requise ou avec une autorisation judiciaire sont opposables à l'attributaire du bien. Les actes conclus en violation des règles de l'indivision lui sont en revanche inopposables, sauf bien sûr s'il en est l'auteur.

L'effet déclaratif du partage ne s'applique pas aux **fruits et revenus des biens indivis**, qui sont définitivement acquis à l'indivision (pour un exemple, Cass. 1e civ. 10-5-2007 n° 05-12.031 FS-PB). L'attributaire d'un bien ne peut pas les revendiquer.

ILLUSTRATIONS

L'**effet déclaratif** du partage et les attributions indivises qui rétroagissent au jour de la naissance de l'indivision se bornent aux **biens qui composent le lot**. Les frais de notaire liés à un litige sur le bien indivis né après le partage hors frais n'en profitent pas, constitutifs d'une créance autonome extérieure à son lot (Cass. 3e civ. 25-5-2023 n° 22-12.870 FS-B : BPAT 4/23 inf. 187).

L'effet déclaratif ne s'applique qu'aux **droits existants et valablement constitués au jour du partage**. Par conséquent, l'acceptation par un indivisaire d'une offre d'achat d'un bien indivis, devenue caduque en cours d'indivision, ne revit pas si cet indivisaire devient unique propriétaire (Cass. 3e civ. 13-7-2023 n° 22-17.146 FS-B : BPAT 5/23 inf. 237).

Par ailleurs, l'effet déclaratif du partage n'interdit pas au **tiers qui a subi un préjudice** du fait du défaut d'entretien d'un bien indivis d'assigner en réparation, même après le partage de l'indivision, tous les indivisaires et pas seulement l'attributaire du bien à l'origine du sinistre (Cass. 1e civ. 31-10-2007 n° 06-16.228 FS-PB ; RJDA 6/08 n° 732). 70690

GARANTIE DES LOTS

La garantie des lots a pour **objet** d'assurer l'égalité des intéressés (héritiers, ex-époux, ex-concubins, etc.) une fois le partage réalisé : si un copartageant est troublé dans la jouissance des biens qu'il a reçus, les autres doivent rétablir l'égalité en l'indemnisant. 70695

> **Précisions** Outre la garantie des lots, les copartageants doivent s'abstenir de se porter préjudice entre eux. Celui qui trouble la jouissance des biens reçus par un de ses copartageants engage sa responsabilité dans les conditions de droit commun de la **responsabilité délictuelle**.

70700 **Conditions** La garantie des lots est due lorsqu'un copartageant subit un trouble ou une éviction portant sur tout ou partie des biens dont il a été alloti et qui procède d'une **cause antérieure au partage** (C. civ. art. 884, al. 1).
Il doit s'agir d'un **trouble ou** d'une **éviction** de droit et non de pur fait. Le préjudice peut, par exemple, résulter de l'existence d'une servitude non déclarée qui diminue la valeur du lot ou d'une action en revendication qui conduit à la dépossession du copartageant d'un bien reçu dans le partage. Un jugement n'est pas nécessaire pour qu'il y ait éviction. Il suffit que l'allocataire reconnaisse le droit du tiers dès lors que ce droit est incontestable. En cas de doute, soit il obtient de ses copartageants qu'ils reconnaissent eux aussi le droit du tiers et donc l'éviction, soit il conteste les droits du tiers et appelle en garantie ses copartageants.
La garantie peut également être mise en œuvre en cas d'**insolvabilité du débiteur** d'une dette mise dans le lot d'un copartageant, dès lors que cette insolvabilité est intervenue avant le partage (C. civ. art. 884, al. 1 in fine).

70701 La garantie des lots est **exclue** lorsque la perte ou l'éviction résulte d'une faute du copartageant évincé (C. civ. art. 884, al. 2). C'est le cas si l'attributaire du bien ne se fait pas représenter devant le tribunal alors qu'il est saisi d'une action en revendication, ou s'il laisse s'installer une servitude.
La garantie des lots n'est pas d'ordre public : elle peut être **écartée par une clause** expresse de l'acte de partage (C. civ. art. 884, al. 2). Si une telle clause est autorisée, elle doit, pour être valable, désigner précisément le bien et la cause d'éviction exclus de la garantie.
Le délai de **prescription** de l'action en garantie des lots est de deux ans à compter de l'éviction ou de la découverte du trouble (C. civ. art. 886).

70705 **Effet de la garantie** L'effet de la garantie des lots est d'obliger personnellement chaque copartageant, à proportion de son émolument, à **indemniser** le copartageant évincé de la perte qu'il a subie (C. civ. art. 885, al. 1).
La perte est **évaluée** au jour de l'éviction et non au jour du partage (C. civ. art. 885, al. 1 in fine). Le montant du préjudice est ensuite **réparti** entre tous les copartageants, y compris celui qui a été évincé, proportionnellement à ce que chacun a effectivement reçu dans le partage.
En cas d'insolvabilité d'un copartageant, sa part dans l'indemnisation est répartie entre le garanti et les autres copartageants solvables (C. civ. art. 885, al. 2).
Les copartageants ne sont pas tenus d'indemniser l'intéressé avec les biens qu'ils ont reçus dans le partage.
La créance du garanti est assortie de l'hypothèque légale du copartageant (C. civ. art. 2402, 4° ; voir également n° 69665, précisions).

V. CONTESTATION DU PARTAGE

PROPOS LIMINAIRES

70740 Les développements qui suivent valent pour la contestation de **tout acte de partage ou assimilé**, qu'il ait fait cesser une indivision successorale, post-communautaire, entre époux séparés de biens ou en participation aux acquêts (C. civ. art. 1476, 1542 et 1578), entre concubins ou partenaires de Pacs, etc.
Des règles particulières s'appliquent toutefois à la convention de liquidation et de partage homologuée dans le cadre d'un divorce par consentement mutuel (n°s 9081 et 9110 s.).

A. Contestation par les indivisaires

VICES DU CONSENTEMENT

70750 Les partages peuvent être annulés pour cause de **violence** ou de **dol** (C. civ. art. 887, al. 1).
Ils ne peuvent être annulés pour cause d'**erreur** que si celle-ci a porté sur l'existence ou la quotité des droits des copartageants ou encore sur la propriété des biens compris dans la masse partageable (C. civ. art. 887, al. 2). C'est le cas lorsque :
– un partage est réalisé sans tenir compte d'un testament qui modifie l'étendue des droits des héritiers ;

– un bien propre à l'un des copartageants est inclus dans la masse à partager (Cass. 1e civ. 29-9-2004 n° 03-10.766 FS-PB).
En revanche, un partage n'est pas nul pour cause d'erreur en cas d'omission de l'indemnité de réduction éventuellement due par les héritiers réservataires (Cass. 1e civ. 19-3-2014 n° 13-10.033 F-PB : BPAT 3/14 inf. 139). En effet, une telle indemnité étant une créance de la succession, elle peut donner lieu à partage complémentaire ; même solution pour l'omission d'un bien indivis (voir n° 70776).
De même, il n'y a pas nullité en cas :
– d'erreur de calcul, qui donne lieu à rectification ;
– d'erreur sur la valeur des lots, qui est sanctionnée par la lésion. Ainsi le redressement fiscal pour insuffisance de valeur des actifs partagés ne conduit pas à la nullité ou rectification du partage car ce n'est pas la quotité des droits qui est en cause mais l'évaluation des biens (Cass. 1e civ. 7-2-2018 n° 17-12.480 F-PB : BPAT 2/18 inf. 85) ;
– du seul constat d'une différence entre la valeur du lot attribué au copartageant et celles des biens partagés (Cass. 1e civ. 17-10-2018 n° 17-26.945 FS-PB : BPAT 6/18 inf. 247).
– d'erreur sur la propriété d'un bien revendiqué avec succès par un tiers, qui est compensée par la garantie des lots.

La **sanction** d'un vice de consentement est, en principe, la nullité du partage : l'acte de partage est censé n'avoir jamais existé et les copartageants se retrouvent en indivision. 70752
L'action en nullité se prescrit selon les règles du droit commun. Pour un exemple d'interruption de prescription d'une demande en nullité d'un partage amiable par une demande en partage judiciaire, les deux actions tendant au même but (Cass. 1e civ. 5-10-2016 n° 15-25.459 FS-PB : BPAT 6/16 inf. 254-10).
Pour éviter autant que possible la remise en cause du partage vicié, une alternative est prévue : si les conséquences du vice du consentement peuvent être réparées autrement que par l'annulation du partage, le tribunal peut, à la demande de l'une des parties, ordonner un partage complémentaire ou rectificatif (C. civ. art. 887, al. 3). La demande est portée devant le tribunal judiciaire (CPC art. 1381). On peut se demander si le juge aux affaires familiales est compétent s'il s'agit d'un partage entre d'anciens époux, partenaires pacsés ou concubins.

> **Précisions** L'action fondée sur un vice du consentement est interdite au copartageant qui a aliéné tout ou partie de son lot après la découverte du dol ou de l'erreur, ou après la cessation de la violence (C. civ. art. 888). La **vente du lot en toute connaissance de cause** couvre le vice et confirme de façon définitive le partage. La présomption légale de confirmation ne s'applique qu'en cas de dol ou de violence et doit être interprétée restrictivement ; elle ne peut donc pas être étendue à l'action fondée sur une lésion de plus du quart (Cass. 1e civ. 11-2-1981 : Bull. civ. I n° 53).

HÉRITIER OMIS DANS LE PARTAGE

Le partage peut être annulé en cas d'omission d'un cohéritier dans le partage (C. civ. art. 887-1, al. 1). 70755
La nullité du partage peut toutefois être évitée : l'héritier omis peut, s'il préfère, demander à recevoir sa part en nature ou en valeur. Pour déterminer cette part, une nouvelle évaluation des biens partagés doit avoir lieu, comme s'il s'agissait d'un nouveau partage (C. civ. art. 887-1, al. 2 et 3).

> **Précisions** **a.** La protection de l'article 887-1 du Code civil instituée par la **loi du 23 juin 2006** vaut pour les successions ouvertes avant son entrée en vigueur que si elles n'ont pas encore été partagées. Elle ne peut pas être exigée par l'héritier omis dans un partage réalisé en 1996 (Cass. 1e civ. 11-4-2018 n° 17-19.313 FS-PB : BPAT 3/18 inf. 123).
> **b.** En **Polynésie française**, lorsque l'omission résulte de la simple ignorance ou de l'erreur, si le partage judiciaire a déjà été soumis à la formalité de la publicité foncière ou exécuté par l'entrée en possession des lots, l'héritier omis ne peut solliciter qu'à recevoir sa part soit en nature, soit en valeur, sans annulation du partage. En cas de désaccord entre les parties, le tribunal tranche (Loi 2019-786 du 26-7-2019).

PARTAGE LÉSIONNAIRE

Un partage est lésionnaire lorsque le lot d'un copartageant ne correspond pas aux droits qu'il avait dans la masse indivise, autrement dit, lorsqu'un copartageant reçoit moins que ce à quoi il avait droit. La loi du 23 juin 2006 ayant modifié la sanction de la lésion mais non sa définition, nombre de solutions antérieures sont transposables. 70760
La lésion ne peut résulter que de **deux causes**.

Première cause : l'évaluation inexacte des biens à partager ou de la masse partageable. C'est notamment le cas lorsque le compte de liquidation :
– mentionne à tort une récompense au profit de la communauté (Cass. 1e civ. 18-12-1990 n° 89-10.396 : Bull. civ. I n° 302) ou omet une récompense due par la communauté (Cass. 1e civ. 16-6-2011 n° 10-18.562 F-PBI : BPAT 5/11 inf. 308) ;
– omet des fruits et revenus des biens indivis (Cass. 1e civ. 5-3-1991 n° 89-18.311 : Bull. civ. I n° 84) ;
– omet une dette de l'indivision (Cass. 1e civ. 18-3-2015 n° 14-10.730 F-PB : BPAT 3/15 inf. 104, à propos d'un emprunt souscrit par deux époux communs en biens).
Seconde cause : un allotissement d'une valeur inférieure à celle à laquelle le copartageant était en droit de prétendre dans la masse partageable.
Il n'y a **pas de partage lésionnaire** du fait :
– de l'omission d'un élément d'actif dans le partage. Dans ce cas, il suffit de procéder à un supplément de partage (n° 70776) ;
– des conditions d'exécution du partage. Le défaut de paiement d'une partie de la soulte et l'avantage résultant du délai accordé pour le règlement du surplus payable à terme, sans intérêt ni indexation, sont sans incidence sur le calcul de la lésion (Cass. 1e civ. 6-6-2012 n° 11-20.062 F-PBI : BPAT 4/12 inf. 233) ;
– du trouble subi par un copartageant dans la jouissance des biens qu'il a reçus d'un partage régulier. C'est alors la garantie des lots qu'il convient de mettre en œuvre.

70765 La **lésion** n'est sanctionnée que lorsqu'elle prive le copartageant de **plus d'un quart** du lot qu'il aurait dû recevoir. Le demandeur doit donc établir qu'il a reçu un lot inférieur aux trois quarts de ce qu'il aurait dû recevoir et non que l'un de ses cohéritiers a reçu un lot excédant de plus d'un quart ce à quoi il pouvait prétendre.
Pour apprécier la lésion, les biens doivent être estimés à leur valeur à l'époque du partage (C. civ. art. 889, al. 1), c'est-à-dire selon leur état matériel et juridique à la date de la jouissance divise. Les juges du fonds sont souverains pour apprécier cette valeur.
Par exemple, il est tenu compte :
– de l'état des biens et des travaux de réparation nécessaires (Cass. 1e civ. 15-5-2013 n° 11-27.595 F-D) ;
– de l'évolution prévisible des règles d'urbanisme. Si l'aléa chasse la lésion, une valorisation non effective mais prévisible peut être retenue (Cass. 1e civ. 27-2-2013 n° 11-27.523 F-D : BPAT 2/13 inf. 67).
En cas d'adjudication d'un bien, la lésion s'apprécie à partir du prix payé par l'acquéreur et non de celui revenant au vendeur, déduction faite des frais (Cass. 1e civ. 22-10-2014 n° 13-24.227 F-D).
En présence d'une créance d'un indivisaire à l'égard de l'indivision au titre de l'amélioration du bien indivis, celle-ci se calcule selon le profit subsistant (C. civ. art. 815-13) et non au nominal de la dépense faite retenu par les copartageants (Cass. 1e civ. 25-10-2023 n° 21-25.051 F-B : BPAT 1/24 inf. 34 obs. A. Chamoulaud-Trapiers).
Il convient aussi de considérer la liquidation et le règlement d'ensemble des droits des copartageants. Pour un partage de communauté, il faut donc calculer la lésion sur la part dont est alloti le plaignant majorée du montant du solde créditeur de son compte de récompenses (Cass. 1e civ. 16-6-2011 n° 10-18.562 F-PBI : BPAT 5/11 inf. 308). Pour un partage d'une indivision entre époux séparés de biens, il faut calculer la lésion en reconstituant, à la date de l'acte de partage, l'ensemble de la masse à partager, dans tous ses éléments actifs et passifs, sans s'en tenir à la valorisation de la seule créance de l'ex-mari à l'encontre de l'indivision pour avoir financé, de ses deniers personnels, des travaux d'amélioration sur le bien indivis (Cass. 1e civ. 25-10-2023 n° 21-25.051 F-B précité).

70770 En cas de **partages partiels** successifs, la lésion s'apprécie sans tenir compte (C. civ. art. 890, al. 3) :
– des partages partiels déjà intervenus, si ces partages ont rempli les parties de leurs droits par parts égales. A contrario, il y a lieu de tenir compte des partages partiels qui ont créé un avantage au profit d'un copartageant. Cette règle permet, le cas échéant, de compenser les inégalités entre les différents partages partiels (pour un exemple, Cass. 1e civ. 29-4-1975 n° 73-13.890 : Bull. civ. I n° 151) ou au contraire de prendre toute la mesure de la lésion ;
– des biens non encore partagés. Ce principe interdit de compter sur un futur partage inégal pour corriger l'inégalité existante. Il permet de contester un partage partiel sans attendre la réalisation du partage total des biens.

70775 **Sanction de la lésion** Une **action en complément de part** permet de rétablir l'égalité entre les copartageants tout en maintenant le partage (C. civ. art. 889).
L'action permet de **contester tout acte**, quelle que soit sa dénomination, qui a fait cesser l'indivision (C. civ. art. 890, al. 1). Il peut s'agir non seulement d'un acte de partage proprement dit,

qu'il soit partiel ou total, mais aussi de la cession de droits indivis entre les cohéritiers, de la vente des biens successoraux, etc.
Sont également concernés les « transactions » ou « protocoles d'accord » qui attribuent des biens indivis à certains copartageants en vue de la réalisation du partage, dès lors que, par cette opération, les biens sont définitivement sortis de l'indivision (Cass. 1e civ. 17-12-2008 n° 07-15.459 FS-PB, à propos d'un procès-verbal d'état liquidatif de communauté établi en exécution d'un protocole d'accord conclu par les époux au cours de l'instance en divorce).
L'action se **prescrit** par deux ans à compter du partage (C. civ. art. 889, al. 2). Si l'héritier lésé était sous sauvegarde de justice ou sous mandat de protection future, le délai de cinq ans spécifique à l'action en rescision pour lésion dans ces deux cas de figure (C. civ. art. 435 et 488) devrait être applicable (en ce sens, M. Grimaldi, Le partage, état des lieux : Defrénois 30-11-2012 n° 110x5 p. 1123 § 17).
L'héritier peut **renoncer à exercer l'action** en complément de part, mais uniquement après le partage (Cass. 1e civ. 12-1-1994 n° 91-11.221 : Bull. civ. I n° 19). La renonciation peut être tacite, pourvu qu'elle soit dépourvue d'équivoque (en ce sens, par exemple, Cass. 1e civ. 4-5-2011 n° 10-30.505 F-D).

L'**action** en complément de part est **exclue** : 70776
– lorsqu'une transaction est intervenue à la suite du partage ou de l'acte qui en tient lieu sur les difficultés que présentait ce partage ou cet acte (C. civ. art. 890, al. 2). La transaction qui fait cesser l'indivision peut en revanche, en tant qu'acte de partage, faire l'objet d'une action en complément de part (Cass. 1e civ. 9-1-2008 n° 06-16.454 FS-PB rendu à propos de l'ancienne action en rescision pour lésion mais transposable) ;
– contre une vente de droits indivis réalisée sans fraude et comportant un aléa réel défini dans l'acte et expressément accepté par l'acquéreur (C. civ. art. 891). L'aléa chasse la lésion. En conséquence, le copartageant qui accepte dans son lot, en toute connaissance de cause, une créance douteuse ou un immeuble dont la propriété est contestée ne peut pas prétendre avoir été lésé (pour une illustration, Cass. 1e civ. 4-6-2007 n° 05-11.950 F-PB) ;
– lorsqu'un bien indivis a simplement été omis, un partage complémentaire étant suffisant pour réparer cette omission (C. civ. art. 892). Un tel partage s'impose, quel que soit le montant des sommes en jeu, sauf renonciation des copartageants (Cass. 1e civ. 15-5-2008 n° 06-19.416 F-PB).

L'**assignation** en complément de part relatif au partage d'un immeuble n'a pas à être publiée au service de la **publicité foncière** puisque la demande porte, non sur l'annulation du partage, mais sur le paiement d'un complément en numéraire (Cass. 1e civ. 6-11-2013 n° 12-15.393 FS-PB : Sol. Not. 1/14 inf. 15). 70780
Lorsqu'il est fait droit à la demande de complément de part, ce **complément** est versé, au choix du débiteur, en numéraire ou en nature.
Le **montant** dû est égal à celui qui doit être versé pour restaurer le copartageant lésé dans l'intégralité de ses droits. Il est apprécié au jour où il est versé et non au jour du partage (Cass. ass. plén. 9-3-1961 n° 1345 : Bull. civ. ass. plén. n° 1).

B. Contestation par les créanciers

PLURALITÉ DE MOYENS

Pour protéger leurs intérêts, on a vu que les créanciers peuvent agir avant la réalisation du partage en exerçant leur droit d'opposition. 70800
Une fois le partage consommé, ils peuvent, par la voie de l'**action oblique**, exercer les droits et actions de leur débiteur, à savoir demander la nullité du partage pour vice du consentement ou demander un complément de part en cas de lésion de plus d'un quart.

Ils peuvent exercer l'**action paulienne** dans plusieurs cas. Elle est expressément prévue au profit des créanciers non opposants en cas de changement de régime matrimonial fait en fraude de leurs droits (C. civ. art. 1397, al. 9 ; n° 5385). 70805
En outre, cette action est admise pour tous les partages si le créancier demandeur prouve que les copartageants ont fait de façon frauduleuse obstacle à son droit d'opposition (Cass. 1e civ. 3-12-1985 n° 84-11.556 : Bull. civ. I n° 334). C'est par exemple le cas lorsque, pour tenir les créanciers à l'écart, le partage est réalisé de façon précipitée, ou bien les créanciers en sont informés de façon très tardive, ou encore lorsque les copartageants font croire aux créanciers que le partage est déjà consommé.
Lorsque la fraude au droit d'opposition est établie, il restera au demandeur à prouver le caractère frauduleux de l'acte de partage lui-même. Si c'est le cas, le partage lui est alors déclaré inopposable (pour une illustration, Cass. 1e civ. 8-7-2010 n° 09-16.105 F-D : BPAT 5/10 inf. 295).

L'action paulienne est encore possible si le créancier prouve que l'acte de partage doit, en réalité, être requalifié en libéralité ou en cession.

70810 Enfin, en cas de **procédure collective** du copartageant, ses créanciers peuvent, le cas échéant, se prévaloir de la nullité de l'acte de partage intervenu depuis la date de cessation des paiements (C. com. art. L 632-1 s. et L 641-14).

VI. COÛT FISCAL DU PARTAGE

PARTAGES DE SUCCESSIONS ET DE COMMUNAUTÉS CONJUGALES OU ASSIMILÉES

70850 S'ils sont **constatés par un acte**, les partages d'**indivisions successorales** donnent en principe ouverture au droit de partage de 2,50 % sur la valeur nette de l'actif partagé, sans déduction des soultes ou plus-values, à condition qu'ils interviennent uniquement entre les membres d'origine de l'indivision ou leur conjoint, leurs ascendants, leurs descendants ou leurs ayants droit à titre universel (CGI art. 746 et 748). Le même régime s'applique au partage de biens indivis issus d'une donation-partage, dans l'hypothèse où le partage n'est pas immédiatement réalisé.

Les partages consécutifs à une **séparation de corps**, à un **divorce** ou à une **rupture de Pacs**, que les biens aient été acquis avant ou pendant le mariage ou le pacte, réalisés sous les mêmes conditions, donnent ouverture au droit de partage au taux de 1,10 % depuis le 1er janvier 2022 (CGI art. 746). Le taux réduit s'applique lorsque l'acte de partage est signé postérieurement au divorce ou à la rupture du Pacs, mais également lorsque cet acte ne prend effet qu'avec l'homologation par le juge de la convention de divorce (**divorce judiciaire**) ou avec le dépôt de cette convention au rang des minutes d'un notaire (**divorce par consentement mutuel**). En pratique, le taux réduit de 1,10 % s'applique aux partages prenant effet à compter du 1er janvier 2022, même si le divorce ou la rupture de Pacs est antérieur à cette date. En revanche, les partages prenant effet **antérieurement à la rupture du Pacs ou au divorce** et les **partages entre concubins** ne peuvent pas bénéficier du taux réduit (Rép. Renaud-Garabedian : Sén. 22-12-2022 n° 356 : BPAT 1/23 inf. 5).

Même s'ils sont réalisés avec une soulte ou en procurant une plus-value à l'un des attributaires, ces partages ne donnent jamais lieu au droit de vente. Ces partages n'étant pas considérés comme translatifs de propriété, ils n'entrent pas dans le champ d'application de la TVA (BOI-ENR-PTG-10-20 n° 320).

Ce régime de faveur s'applique aussi bien aux partages qui portent sur des immeubles qu'à ceux qui ont pour objet des meubles ou à la fois des meubles et des immeubles. Il s'applique également aux biens **acquis en remploi** de biens provenant d'une succession, d'une communauté conjugale, d'une indivision entre époux ou partenaires pacsés ou d'une indivision issue d'une donation-partage sous réserve qu'il soit justifié du remploi (voir nos 3140 s.).

Le droit de partage est un droit d'acte (CGI art. 635, 1-7°). Il n'est donc pas dû si le **partage** est purement **verbal** (à condition que le partage ne soit pas ultérieurement repris dans un acte).

ATTENTION

Les actes de partage et les licitations de biens héréditaires intervenant au profit de membres originaires de l'indivision, de leur conjoint, de leurs ascendants ou descendants ou des ayants droit à titre universel de l'un ou de plusieurs d'entre eux, sont exonérés du droit de 2,50 % à hauteur des **immeubles situés en Corse** jusqu'au 31 décembre 2027 (CGI art. 750 bis B).

70851 **Assiette du droit de partage** Le droit de partage est calculé sur la **valeur nette** de l'actif partagé, c'est-à-dire sur la valeur vénale nette des biens à la **date** de l'acte de partage ou à la date qui y est indiquée comme étant celle de la jouissance divise (sous réserve selon l'administration que le délai entre la date de la jouissance divise et celle de l'acte de partage soit « peu important » : BOI-ENR-PTG-10-10 n° 180). La Cour de cassation estime que les juges du fond déterminent souverainement la date la plus proche possible de l'acte de partage (Cass. civ. 18-12-1967). L'administration prescrit en conséquence que la date de jouissance divise validée par un juge du fond dans une décision devenue définitive ne peut être remise en cause par l'administration et la taxation des biens doit être assise sur leur valeur à cette date (BOI précité).

Les **frais** de l'acte de partage constituent un passif déductible pour le calcul du droit de partage.

Si l'actif net n'est pas déterminé dans l'**acte** qui constate le partage, les parties doivent fournir une **déclaration estimative** détaillée.

Pour les partages de communautés conjugales, l'administration intègre dans l'assiette du droit de partage les excédents de **récompenses** sur les reprises, mais elle refuse la déduction du solde négatif de compte de récompenses (BOI-ENR-PTG-10-20 n° 360).

S'agissant des partages de succession, rappelons que les **personnes exonérées de droits de succession** ne le sont pas du droit de partage. Il en résulte par exemple que si une succession est partagée entre le conjoint survivant et les enfants du défunt, il n'y a pas lieu d'extourner de l'assiette du droit de partage les biens attribués au conjoint.
Cas particuliers :
– des droits d'**option de souscription ou d'achat d'actions** qui proviennent de l'activité salariée d'un époux marié sous le régime de la communauté : voir n° 70227 ;
– des biens indivis ou communs qui ont servi à fournir une **prestation compensatoire** à un époux en cas de divorce : voir n° 10330. **70852**

EXEMPLE

Dans le cadre de leur rupture, deux ex-partenaires de Pacs prévoient le partage suivant, constaté par un acte en mars 2024.

Biens indivis	
– un appartement estimé à	150 000 €
– des meubles estimés à	+ 15 000 €
– des liquidités	+ 1 500 €
Total brut	166 500 €
Passif	
– solde de l'emprunt bancaire	76 000 €
– dettes diverses et frais de partage	+ 4 500 €
Total passif	80 500 €
Actif net à répartir : 166 500 € – 80 500 € = 86 000 €	
– revenant à chacun des ex-partenaires pour moitié : 43 000 €	
Attribution à l'un des partenaires	
– l'appartement pour	150 000 €
– à charge de régler le passif	– 80 500 €
– et une soulte à son partenaire	– 26 500 €
Soit un lot net de	43 000 €
Attribution à l'autre partenaire	
– le mobilier	15 000 €
– les liquidités	+ 1 500 €
– une soulte à recevoir	+ 26 500 €
Soit un lot net de	43 000 €

Le droit de partage de 1,10 % dû sur 86 000 € s'élève à 946 €.

Cas particulier des époux en instance de divorce En application de la règle selon laquelle le droit de partage est un droit d'acte, l'administration admet que le **partage verbal** entre époux séparés de biens en instance de divorce du prix de vente d'un **immeuble indivis** échappe au droit de partage. Dans ce cas, l'administration ne perçoit pas le droit de partage sur l'acte de vente de l'immeuble indivis contenant une clause de répartition du prix de vente et tolère que la vente soit mentionnée ultérieurement dans un nouvel acte comme une convention ou un jugement de divorce sans donner lieu au droit de partage (BOI-ENR-PTG-10-10 n° 65). **70853**
Cette mesure de tolérance a été étendue à la vente d'un **bien commun** : le droit de partage n'est pas dû lorsque des époux, souhaitant divorcer par consentement mutuel, procèdent par anticipation à la vente d'un immeuble commun, effectuent un partage verbal du prix de vente sans rédaction d'un acte le constatant et ne mentionnent pas cette opération dans la convention réglant les conséquences du divorce (Rép. Valter : AN 22-1-2013 p. 825 n° 9548 : AJ fam. 2015 p. 470 obs. S. David).
En revanche, le droit de partage devient exigible si les époux constatent le partage du prix de vente ou en font mention dans un acte postérieur. Le produit de la vente doit en toute hypothèse être **inclus dans l'état liquidatif** du régime matrimonial annexé à la convention, ce qui rend le partage antérieur taxable (Rép. Descœur : AN 1-9-2020 n° 10159).

AUTRES PARTAGES

Les partages autres que ceux visés au n° 70850 obéissent au régime suivant. **70860**
Si le partage est réalisé **à titre pur et simple** (les biens sont attribués à chaque copartageant dans la proportion de ses droits, sans stipulation de soulte), l'acte de partage donne ouverture au seul droit de partage calculé sur l'actif net partagé, dans les conditions de droit commun.

Si le **partage comporte une soulte** (pour rétablir l'égalité des lots) **ou une plus-value** (l'inégalité des lots n'étant pas compensée), il donne lieu (CGI art. 747) :
– au droit de partage sur l'actif net partagé, déduction faite du passif et des soultes ou plus-values. Si la soulte consiste en l'obligation, pour le copartageant, d'acquitter une part du passif supérieure à celle correspondant à ses droits, seul le passif correspondant à ses droits est déduit (BOI-ENR-PTG-10-20 n° 270) ;
– et au droit de vente sur le montant de la soulte ou plus-value, répartie proportionnellement à la valeur respective des biens compris dans le lot grevé de la soulte ou comportant une plus-value. Si un copartageant reçoit une attribution supérieure à ses droits à charge de payer une plus grande partie des dettes, cette attribution est traitée comme une soulte à concurrence du passif excédentaire (BOI-ENR-PTG-10-20 n° 100). Le droit de vente est liquidé au taux applicable au bien grevé de la soulte ou comportant une plus-value (exemple : droit de vente d'immeuble s'il s'agit d'un immeuble). S'il y a plusieurs biens de nature différente, la soulte est répartie proportionnellement à la valeur des différents biens et l'impôt calculé en conséquence (BOI-ENR-PTG-10-20 n° 200).
Ce régime concerne notamment les partages de biens entre **ex-concubins**, dans l'hypothèse où le partage a été constaté par un acte.

PARTAGES DE BIENS RELEVANT À LA FOIS DU RÉGIME SPÉCIAL ET DU RÉGIME NORMAL

70865 Lorsqu'un partage porte sur des **biens dépendant d'une succession** (ou d'une communauté ou indivision conjugale) et sur des **biens ayant une autre origine** (biens acquis en commun avant le mariage, par exemple) et que l'un ou plusieurs des lots donnent lieu au paiement d'une soulte ou révèlent une plus-value, il convient d'appliquer concomitamment les règles édictées pour les partages de succession (ou de communauté ou indivision conjugale) et les règles relatives aux autres partages.
Si le lot grevé de soulte ou présentant une plus-value ne comprend que **des biens de la première catégorie**, la soulte (ou plus-value) n'est pas taxée comme une vente et elle n'est pas déduite pour la liquidation du droit de partage. Si ce lot ne comprend que des **biens de la seconde catégorie**, la soulte (ou la plus-value) est taxée comme une vente et son montant est déduit pour le calcul du droit de partage.
Lorsque le lot comprend des **biens des deux catégories**, il convient de répartir la soulte (ou la plus-value) proportionnellement à la valeur de chacune de ces deux catégories et chaque fraction est soumise au régime de la catégorie de biens à laquelle elle est rattachée (BOI-ENR-PTG-10-20 n° 390).

LICITATIONS

70870 Les licitations de biens dépendant d'une **succession** ou d'une **communauté conjugale** sont soumises à un droit proportionnel de 2,50 %, exclusif de tout droit de mutation à titre onéreux (CGI art. 750).
Il en va de même des licitations de **biens indivis** issus d'une **donation-partage** et des licitations de biens indivis entre **époux ou partenaires de Pacs**, qu'ils aient été acquis avant ou pendant le mariage ou le pacte.

ATTENTION

La licitation n'étant pas assimilable à un partage, le bénéfice du taux réduit de 1,10 % prévu à l'article 746 du CGI en cas de partage des intérêts patrimoniaux consécutifs à une séparation de corps, un divorce ou une rupture de Pacs, ne s'applique donc pas (Rép. Renaud-Garabedian : Sén. 22-12-2022 n° 356 : BPAT 1/23 inf. 5). Les licitations intervenant entre ex-conjoints ou ex-partenaires pacsés supportent ainsi le taux de 2,50 %.

Ce régime s'applique à la condition que la licitation soit tranchée au profit des membres originaires de l'indivision, de leur conjoint, de leurs ascendants ou descendants, ou des ayants droit à titre universel de l'un ou de plusieurs d'entre eux.
Le droit de 2,50 % est en principe liquidé sur les parts acquises, c'est-à-dire sur le prix stipulé, augmenté des charges, déduction faite de la part de l'adjudicataire dans le bien adjugé à son profit. Toutefois, si la licitation fait cesser l'indivision, le droit est liquidé sur la valeur totale des biens, sans en soustraire la part de l'acquéreur (CGI art. 750, II).
Les **autres licitations** sont taxées comme des ventes. Lorsque la licitation est tranchée au profit d'un tiers à l'indivision, le droit de vente est calculé sur la totalité du prix, d'après la nature des biens licités (CGI art. 750, I).

PARTIE

6

Aspects internationaux

CHAPITRE 1

RÈGLES GÉNÉRALES DU DROIT INTERNATIONAL PRIVÉ

SOMMAIRE

APPLICATION DU DROIT INTERNATIONAL PRIVÉ

L'ouverture des frontières, l'unification européenne, l'intensification des relations économiques internationales entraînent une mobilité géographique toujours grandissante. Le droit de la famille n'échappe pas au phénomène et les situations envisagées comportent de plus en plus souvent un **élément d'extranéité**. Cet élément d'extranéité – il peut évidemment y en avoir plusieurs – sera lié à la nationalité (du conjoint ou des enfants s'ils sont nés à l'étranger ou d'un parent étranger), au lieu de résidence (un Français vivant en Allemagne doit être placé sous un régime de protection après avoir subi un accident vasculaire), au pays où sont situés certains biens (succession comportant un immeuble en Espagne alors que les héritiers sont français et vivent en France), etc. 72000

Chronologiquement, plusieurs questions sont susceptibles de se poser : quel est le **tribunal compétent** en cas de litige ? Quelle est la **loi applicable** à la situation envisagée ? Quel sera le sort réservé par un tribunal français à une décision étrangère ?

La compétence des tribunaux français dans les litiges internationaux et l'effet des jugements étrangers en France constituent traditionnellement ce que l'on nomme les conflits de juridictions ; la détermination de la loi applicable, les conflits de lois.

Les **questions de méthode** tiennent une place essentielle dans ces deux disciplines. Si la connaissance des règles sur les conflits de juridictions intéresse en premier lieu l'avocat, la question de la loi applicable peut se poser hors de toute perspective contentieuse. Pour prendre l'exemple d'une acquisition immobilière par des époux étrangers, le notaire doit être en mesure de déterminer la loi applicable au contrat de vente, à la vérification de la capacité des acheteurs, au régime matrimonial auquel ils sont soumis afin de leur indiquer le sort du bien acheté, au contrat de prêt destiné au financement de leur achat, etc. En outre, certains règlements européens (Successions, Bruxelles II ter) obligent le notaire dans certains cas à appliquer les règles de compétence internationale (voir E. Gallant et M. Farge, De l'intérêt pour le notariat de s'intéresser aux règles de compétence juridictionnelle internationale : JCP N 2018 n° 1164).

SOURCES DU DROIT INTERNATIONAL PRIVÉ

Les sources internationales et européennes du droit tiennent une place aujourd'hui prépondérante dans la plupart des domaines du droit international privé de la famille. Ne seront étudiés dans les chapitres suivants que le droit de l'Union européenne et les **conventions internationales multilatérales**. Nous signalons cependant que la France est partie à un grand nombre de **conventions bilatérales** concernant de manière générale la reconnaissance et l'exécution des jugements étrangers (pour une liste de ces conventions, voir P. Mayer, V. Heuzé et B. Remy : Droit international privé, LGDJ 12e éd. 2019, n° 482 ; J.-Cl. Droit international, v° Divorce-Conventions Internationales fasc. 547-40 par H. Gaudemet-Tallon ; J.-Cl. Droit international, v° Aliments-Exécution en France des décisions étrangères 72003

fasc. 549-60 par L. Célérien, ann. p. 56 s.). La France est également partie aux conventions suivantes, qui intéressent plus spécifiquement le droit international privé de la famille :
– convention conclue avec l'Algérie le 21 juin 1988 relative aux enfants issus de couples mixtes séparés franco-algériens ;
– convention conclue avec le Maroc le 10 août 1981 relative au statut des personnes et de la famille et à la coopération judiciaire ;
– convention conclue avec la Pologne le 5 avril 1967 relative à la loi applicable, la compétence et l'exequatur dans le droit des personnes et de la famille (pour les matières non couvertes par une réglementation européenne) ;
– convention conclue avec la Tunisie le 28 juin 1972 relative à l'entraide judiciaire en matière civile et commerciale et à la reconnaissance et à l'exécution des décisions judiciaires ;
– convention conclue avec la Tunisie le 18 mars 1982 relative à l'entraide judiciaire en matière de droit de garde des enfants, de droit de visite et d'obligations alimentaires ;
– convention conclue avec l'ex-Yougoslavie le 18 mai 1971 relative à la loi applicable et à la compétence en matière de droit des personnes et de la famille, applicable dans nos rapports avec la Bosnie-Herzégovine, le Kosovo, le Monténégro, la Serbie et la Slovénie (pour les matières non couvertes par une réglementation européenne).

> **Précisions a.** La plupart des grandes conventions multilatérales sur le droit international privé ont été élaborées, depuis 1893, sous l'égide de la **conférence de La Haye de droit international privé**. Cette conférence regroupe aujourd'hui 91 membres (90 États et l'Union européenne), dont bien entendu la France (la liste des États membres et le texte des différentes conventions adoptées en son sein sont consultables sur son site internet hcch.net).
> **b.** Le ministère de la justice a lancé une consultation publique sur un **projet de Code de droit international privé**. Indépendamment des mérites du projet (semble-t-il limités), celui-ci n'a pas vocation à réglementer l'ensemble de la matière ; au contraire, il n'aurait vocation à couvrir que les domaines qui ne font pas l'objet d'une réglementation européenne ou d'une convention internationale. Il ne s'agit pas, par ailleurs, d'une codification à droit constant, certaines des dispositions envisagées modifiant les solutions actuellement en vigueur.

72004 **Droit de l'Union européenne** L'Union européenne a adopté un certain nombre de règlements en matière de droit international privé de la famille.

Le règlement 2019/1111 du 25 juin 2019 relatif à la compétence, la reconnaissance et l'exécution des décisions en matière matrimoniale et en matière de responsabilité parentale, ainsi qu'à l'enlèvement international d'enfants, dit « **règlement Bruxelles II ter** », règle la compétence du juge français et la circulation des décisions en matière de divorce, de séparation de corps, de nullité du mariage et de responsabilité parentale depuis le 1er août 2022 et remplace le règlement 2201/2003 du 27 novembre 2003 relatif à la compétence, la reconnaissance et l'exécution des décisions en matière matrimoniale et en matière de responsabilité parentale, dit « règlement Bruxelles II bis ».

Également en matière matrimoniale, le règlement 1259/2010 du 20 décembre 2010 mettant en œuvre une coopération renforcée (et applicable uniquement entre les États membres participants, dont la France) dans le domaine de la loi applicable au divorce et à la séparation de corps, dit « **règlement Rome III** », est entré en application en France le 21 juin 2012.

En matière d'obligations alimentaires, le règlement 4/2009 du 18 décembre 2008 relatif à la compétence, la loi applicable, la reconnaissance et l'exécution des décisions en matière d'obligations alimentaires, dit « **règlement Aliments** », fixe quant à lui l'intégralité des règles de droit international privé en la matière (compétence, loi applicable, reconnaissance et exécution des décisions).

Deux règlements mettant en œuvre une coopération renforcée (et applicables seulement entre les États membres participants, dont la France) sont en application depuis le 29 janvier 2019 relativement aux rapports patrimoniaux des couples. Il s'agit du règlement 2016/1103 du 24 juin 2016 dans le domaine de la compétence, de la loi applicable, de la reconnaissance et de l'exécution des décisions en matière de régimes matrimoniaux, dit « **règlement Régimes matrimoniaux** », et du règlement 2016/1104 du 24 juin 2016 dans le domaine de la compétence, de la loi applicable, de la reconnaissance et de l'exécution des décisions en matière d'effets patrimoniaux des partenariats enregistrés, dit « **règlement EPPE** ».

S'agissant des successions internationales, le règlement 650/2012 du 4 juillet 2012 relatif à la compétence, la loi applicable, la reconnaissance et l'exécution des décisions, et l'acceptation et l'exécution des actes authentiques en matière de successions et à la création d'un certificat successoral européen, dit « **règlement Successions** », est entré en application le 17 août 2015 et remplace les règles de droit commun français jusqu'alors applicables. **72004 (suite)**

Enfin, on signalera que deux nouveaux textes ont vocation à compléter les règles européennes de droit international privé de la famille dans les années à venir. La Commission européenne a d'abord adopté le 7 décembre 2022 une **proposition de règlement** visant à harmoniser au niveau de l'Union européenne les règles de droit international privé relatives à la **filiation** (COM(2022) 695 final). Une seconde proposition de règlement européen concernant cette fois la compétence, la loi applicable, la reconnaissance et l'exécution des mesures et la coopération en matière de **protection des adultes** a été présentée par la Commission le 31 mai 2023 (COM(2023) 280 final).

En raison de la **primauté du droit européen**, les règlements s'appliquent en priorité. Il importe donc de vérifier systématiquement si le litige entre dans leur champ d'application, tant géographique que temporel et matériel. La plupart de ces textes ne réservent d'ailleurs pas l'application à titre subsidiaire des règles nationales et les remplacent de façon pure et simple.

> **Précisions** L'impact du **Brexit** est relativement limité en droit international privé de la famille. En effet, le Royaume-Uni ne participait à aucune des coopérations renforcées ayant permis d'adopter des règles uniformes de conflits de lois en matière de divorce, de régimes matrimoniaux et d'effets patrimoniaux des partenariats enregistrés. Il n'avait pas souhaité non plus participer au règlement Successions. Il était donc déjà traité pour les besoins de l'ensemble de ces règlements comme un État tiers.
Seuls sont touchés le règlement Bruxelles II bis (désormais remplacé par le règlement Bruxelles II ter, qui ne concerne évidemment pas le Royaume-Uni) et le règlement Aliments. Au regard de ces règlements, le Royaume-Uni a cessé d'être un État membre et est devenu un État tiers depuis la date effective de sa sortie de l'UE à l'issue de la période de transition prévue par l'accord sur le retrait du Royaume-Uni de Grande-Bretagne et d'Irlande du Nord de l'Union européenne et de la Communauté européenne de l'énergie atomique, soit le 31 décembre 2020 (Accord de retrait art. 126).
Pour l'ordre juridique français, l'impact sur les règles de compétence est limité (excepté pour les règles de litispendance) et il est quasiment nul sur les règles de conflit de lois. En revanche, il est plus important s'agissant de la reconnaissance et de l'exécution des décisions, même si les règles françaises de reconnaissance des jugements de droit commun sont libérales (n° 72035). Du point de vue britannique, le changement devrait être perceptible sur les règles de compétence directe des tribunaux britanniques en matière de divorce et en cas de litispendance (avec une admission de compétence encore plus facile que par application des règles européennes déjà laxistes, ce qui risque d'encourager une course à la juridiction, défavorable au demandeur situé en France, pour des raisons procédurales). En matière d'obligations alimentaires, le Royaume-Uni continuera d'appliquer la convention de La Haye du 23 novembre 2007 sur le recouvrement international des aliments destinés aux enfants et à d'autres membres de la famille ; celle-ci ne contenant pas de dispositions sur la compétence internationale directe, ni en matière de litispendance, il faudra là aussi s'attendre à des différences avec les règles résultant des textes européens. Enfin, le Royaume-Uni appliquera, s'agissant de la compétence et de la reconnaissance des décisions relatives à la responsabilité parentale, la convention de La Haye du 19 octobre 1996 concernant la compétence, la loi applicable, la reconnaissance, l'exécution et la coopération en matière de responsabilité parentale et de mesures de protection des enfants et la convention de La Haye du 25 octobre 1980 sur les aspects civils de l'enlèvement international d'enfants. Celles-ci contiennent des solutions proches du règlement Bruxelles II ter, avec néanmoins un certain nombre de différences (en cas de transfert de résidence de l'enfant et de prorogation de compétence en cas de divorce, élection de for, suppression de l'exequatur dans certains cas) (I. Rein-Lescastereyres, Brexit et droit de la famille : que reste-t-il de nos amours ? : JCP N 2022 n° 1002).
L'accord de retrait prévoit que bénéficient du mécanisme de reconnaissance et d'exécution les décisions rendues dans le cadre d'actions judiciaires intentées avant la fin de la période de transition, ce qui devrait dès lors permettre d'étendre encore quelques années l'application des règlements européens dans les relations avec le Royaume-Uni (Accord de retrait art. 67). Ceci vaut tant pour la reconnaissance et l'exécution en France d'une décision rendue au Royaume-Uni que pour l'exécution dans ce pays d'une décision rendue en France (ou dans un autre État membre).

SECTION 1

CONFLITS DE JURIDICTIONS

A. Compétence internationale des juridictions françaises

72005 Chaque juge applique, sous réserve du jeu du renvoi, sa propre règle de conflit de lois (nos 72045 s.). Avant de s'interroger sur la teneur de la règle de conflit de lois, il importe donc de déterminer le juge compétent, c'est-à-dire, en pratique, si un **juge français** peut se reconnaître compétent.

DROIT DE L'UNION EUROPÉENNE

72010 Une part importante des règles de compétence internationale en droit de la famille a fait l'objet d'une **harmonisation** au sein de l'Union européenne. Tel est le cas en matière de divorce, de séparation de corps et de responsabilité parentale (règlement Bruxelles II ter), en matière d'obligations alimentaires (règlement Aliments), en matière de régimes matrimoniaux et concernant les effets patrimoniaux des partenariats enregistrés (règlements Régimes matrimoniaux et EPPE), et en matière successorale (règlement Successions).

RÈGLES DE DROIT COMMUN

72015 Lorsque le droit européen n'est pas applicable, la compétence est déterminée par les règles françaises de compétence internationale. Le principe est simple : il s'agit de l'extension à l'ordre international des **critères de compétence territoriale interne** (Cass. 1e civ. 19-10-1959, Pelassa : Rev. crit. DIP 1960 p. 215 note Y. L. ; Cass. 1e civ. 30-10-1962, Scheffel : Rev. crit. DIP 1963 p. 387). Cela signifie que la compétence des tribunaux français sera déterminée en réalité par les mêmes règles que celles qui s'appliquent à leur compétence interne, moyennant quelques adaptations en raison du caractère international de la situation. Par exemple, un défendeur domicilié en France peut être assigné devant le tribunal du lieu de son domicile (CPC art. 42) ; en matière délictuelle, la victime peut agir devant le tribunal du lieu du dommage (CPC art. 46).

Le principe connaît un certain nombre d'exceptions en raison du caractère international du litige, notamment en matière de voies d'exécution pratiquées à l'étranger pour lesquelles les tribunaux français s'estimeront en principe incompétents. La Cour de cassation a récemment ajouté une autre exception, s'agissant d'une action en partage d'un bien immobilier situé en France (propriété indivise d'un couple marié sous le régime de la séparation de biens), exercée sur le fondement de l'article 815-17, alinéa 3 du Code civil. Elle juge que l'extension à l'ordre international des critères de compétence territoriale du juge aux affaires familiales, fondés sur la résidence de la famille ou de l'un des parents ou époux, n'est pas adaptée aux nécessités particulières des relations internationales, qui justifient, tant pour des considérations pratiques de proximité qu'en vertu du principe d'effectivité, de retenir que le critère de compétence territoriale devait être celui du lieu de situation de ce bien (Cass. 1e civ. 4-3-2020 no 18-24.646 FS-PB : BPAT 3/20 inf. 91).

72020 Il existe par ailleurs les **« privilèges de juridiction »** posés par les articles 14 et 15 du Code civil. Ceux-ci donnent le droit à tout Français demandeur de saisir un tribunal français dans un litige l'opposant à un défendeur étranger (art. 14), et au Français défendeur d'être assigné devant les juridictions françaises (art. 15).

En raison de leur caractère exorbitant, ils sont généralement exclus par les conventions internationales en matière de compétence, tout comme par les textes européens (sauf exceptions limitées). Ils revêtent par ailleurs un caractère subsidiaire, ce qui signifie qu'ils ne peuvent être invoqués qu'à la condition qu'aucun critère de compétence « ordinaire » ne permette d'attribuer compétence aux tribunaux français (Cass. 1e civ. 19-11-1985 no 84-16.001, Société Cognacs and Brandies from France : Rev. crit. DIP 1986 p. 712 note Y. Lequette).

En revanche, contrairement à la lettre du texte, la jurisprudence leur a donné une portée générale : ils peuvent être invoqués en toute matière à l'exception des actions réelles immobilières et des demandes en partage portant sur des immeubles situés à l'étranger, ainsi que relativement à des voies d'exécution pratiquées hors de France (Cass. 1e civ. 27-5-1970 no 68-13.643, Weiss : Rev. crit. DIP 1971 p. 113 note Batiffol). L'exclusion s'étend également aux actions relatives au fonctionnement d'un service public étranger (CA Paris 17-10-1990 : Rev. crit. DIP 1991 p. 400 note P.-Y. Gautier) ce qui comprend notamment les demandes en rectification ou en annulation d'un acte de l'état civil dressé par une autorité étrangère, les demandes en nullité de brevets délivrés à l'étranger ou d'un acte public étranger (J.-Cl. Droit international v. Compétence « privilégiée » des tribunaux français ou compétence fondée sur la nationalité française de l'une des parties fasc. 581-31 par A. Huet, n° 22).

La seule nationalité française suffit à établir la compétence des tribunaux français : aucun lien suffisant de l'affaire avec la France n'est exigé et en présence d'une personne possédant à la fois une nationalité étrangère et la nationalité française, peu importe l'absence d'effectivité de celle-ci (Cass. 1e civ. 25-3-2015 n° 13-26.131 : BPAT 3/15 inf. 88).

En revanche, ces privilèges sont susceptibles de renonciation, expresse ou tacite, tant de la part du Français demandeur que de l'étranger demandeur à l'encontre d'un Français (Cass. 1e civ. 25-3-2015 précité).

Il est également possible de paralyser le jeu de l'article 14 du Code civil en cas d'utilisation frauduleuse de celui-ci au détriment du défendeur (Cass. 1e civ. 24-11-1987 n° 85-14.778 : Bull. civ. I n° 304 ; Cass. 1e civ. 4-7-2012 n° 11-11.107, a contrario : Bull. civ. I n° 151, BPAT 5/12 inf. 250).

Si la multiplication des textes internationaux et européens et l'évolution de la jurisprudence de la Cour de cassation (n° 72040) ont restreint le domaine d'application des articles 14 et 15 du Code civil, ils n'en restent pas moins applicables. La Cour de cassation a estimé que l'article 14 ne pouvait « être regardé comme portant atteinte au principe d'égalité et au droit au procès équitable » et a dès lors refusé de transmettre, en raison de l'absence de nouveauté et de caractère sérieux, une question prioritaire de constitutionnalité sur cet article (Cass. 1e civ. QPC 29-2-2012 n° 11-40.101).

La jurisprudence admet enfin que les tribunaux français puissent être compétents en cas de **déni de justice**. L'impossibilité pour une partie d'accéder au juge chargé de se prononcer sur sa prétention et d'exercer un droit qui relève de l'ordre public international constitue un déni de justice fondant la compétence de la juridiction française (Cass. soc. 14-9-2017 n° 15-26.737 FS-PB : RJS 11/17 n° 761, Rev. sociétés 2018 p. 467 note critique O. Boskovic). « Cette impossibilité peut être de fait (guerre ou troubles importants) ou de droit (en raison des règles de compétence des pays avec lesquels la situation présente des liens étroits) » (O. Boskovic, note précitée ; voir aussi Cass. soc. 25-1-2005 n° 04-41.012 FS-PB : impossibilité pour un ancien salarié d'une organisation internationale de saisir un tribunal puisque l'organisation n'avait pas institué en son sein de tribunal pour les litiges l'opposant à ses salariés). Cette impossibilité semble toutefois être appréciée de façon très restrictive. Un arrêt récent relève qu'il n'y a pas d'impossibilité dès lors qu'une juridiction étrangère est saisie du litige alors même que les salariés en cause avaient introduit cette requête devant les juridictions congolaises 25 ans plus tôt et attendaient toujours une décision au fond (Cass. soc. 14-9-2017 n° 15-26.737 FS-PB précité). 72023

Pour que les juridictions françaises soient compétentes, il faut en outre que soit caractérisé un rattachement avec la France, ce que ne constitue pas la seule détention par une société française d'une partie du capital d'une société étrangère (Cass. soc. 14-9-2017 n° 15-26.737 FS-PB précité).

B. Effets en France des jugements étrangers

Il faut distinguer la **reconnaissance** du jugement, qui n'a pour effet que de reconnaître les effets de droit qu'il produit (par exemple, reconnaître que deux époux sont désormais célibataires et peuvent se marier à la suite d'un jugement étranger de divorce), et son **exécution** qui est destinée à lui donner force exécutoire afin de contraindre l'autre partie à l'exécuter. 72025

Pour certains jugements et dans certaines matières, la **reconnaissance** a lieu **de plein droit**, c'est-à-dire sans qu'aucune formalité ne soit requise. Cela ne signifie pas que la reconnaissance n'est pas susceptible d'être contestée, mais cette contestation interviendra dans un second temps, à l'initiative de la partie à qui le jugement est opposé.

JUGEMENT ÉMANANT D'UN ÉTAT MEMBRE DE L'UNION EUROPÉENNE

Reconnaissance et exécution sont considérablement simplifiées par les règlements Aliments, Bruxelles II ter, Successions, Régimes matrimoniaux et EPPE, pour les jugements émanant d'États membres de l'Union européenne dans les matières qu'ils visent (voir n° 72004). 72030

JUGEMENT ÉMANANT D'UN ÉTAT TIERS

Le droit commun, s'il est libéral, pose un certain nombre de conditions. 72035

Les jugements constitutifs et relatifs à l'**état des personnes** sont en principe reconnus de plein droit (Cass. civ. 28-2-1860, Bulkley : S. 1860 I p. 210 concl. Dupin ; Cass. civ. 9-5-1900, De Wrède : JDI 1900 p. 613). Par exemple, un jugement prononçant le divorce de deux époux sera normalement reconnu de plein droit. Si l'un des ex-époux souhaite se remarier, l'officier d'état civil ne pourra le tenir pour bigame. De même, l'établissement d'un lien de filiation par un jugement étranger devra être reconnu de plein droit. En revanche, les jugements déclaratifs relatifs aux **droits patrimoniaux** doivent être reconnus par une décision de justice avant de pouvoir produire des effets en France.

La force exécutoire n'étant jamais attribuée de plein droit à un jugement étranger (sous réserve des textes européens), elle nécessite une décision judiciaire dite « d'**exequatur** ». L'action en exequatur n'est soumise à aucune prescription (Cass. 1e civ. 11-1-2023 n° 21-21.168 FS-D, à propos de la convention de Lugano mais transposable). Ce qui ne signifie pas que le jugement étranger lui-même soit imprescriptible : les règles de prescription de l'État d'origine s'appliquent et si elles prévoient un délai de prescription pour l'exécution du jugement, celui-ci est susceptible d'affecter le caractère exécutoire du jugement et, par conséquent, l'intérêt à agir du demandeur à l'exequatur. Par ailleurs, une fois le jugement étranger déclaré exécutoire, le titre exécutoire qu'est le jugement d'exequatur est soumis aux règles françaises de prescription, la loi française étant applicable en tant que loi du lieu d'exécution.

En outre, la force exécutoire ne sera accordée que si la décision étrangère elle-même en est pourvue selon le droit du juge qui l'a rendue. L'annulation de la décision étrangère dans le pays où elle a été rendue (cassation d'un arrêt d'appel par exemple) emporte ainsi annulation de l'exequatur accordé à cette décision en France (Cass. 1e civ. 23-9-2015 n° 14-14.823 F-PBI). Il en irait de même si le jugement étranger était prescrit (Cass. 1e civ. 11-1-2023 n° 21-21.168 FS-D précité).

L'exequatur aux fins de reconnaissance ou d'exécution d'un jugement étranger peut être demandé par voie incidente dans une instance qui n'a pas pour objet principal ce jugement (Cass. 1e civ 10-1-2018 n° 16-20.416 F-PB : RJDA 6/18 n° 548).

> **Précisions** L'Union européenne a adhéré à la **convention de La Haye du 2 juillet 2019 sur la reconnaissance et l'exécution des jugements étrangers en matière civile ou commerciale**. Celle-ci est entrée en vigueur en France le 1er septembre 2023. Son impact est cependant limité pour l'instant. D'une part, en dehors de l'Union européenne, seuls l'Ukraine et l'Uruguay l'ont également ratifiée et la Convention ne concerne que la reconnaissance de jugements émanant d'États contractants. Or, au sein de l'Union européenne, la reconnaissance des jugements en matière civile et commerciale se fait par application du règlement 1215/2012 du 12 décembre 2012 concernant la compétence judiciaire, la reconnaissance et l'exécution des décisions en matière civile et commerciale (dit « Bruxelles I bis »). D'autre part, à l'instar du règlement Bruxelles I bis, la Convention exclut de son champ d'application l'état et la capacité des personnes physiques, les obligations alimentaires, les autres matières du droit de la famille, y compris les régimes matrimoniaux et les autres droits ou obligations découlant du mariage ou de relations similaires, les testaments et les successions.

72040 **Contrôle des jugements étrangers** Qu'il intervienne au stade de la reconnaissance ou de l'exécution, ce contrôle est limité à certains aspects du jugement. Le juge ne peut pas réviser au fond la décision étrangère, c'est-à-dire qu'il n'est pas habilité à rejuger l'affaire comme un juge d'appel. Trois éléments sont contrôlés : la compétence indirecte du juge étranger, l'absence de fraude et la conformité à l'ordre public international (Cass. 1e civ. 20-2-2007 n° 05-14.082, Cornelissen : Rev. crit. DIP 2007 p. 420 note B. Ancel et H. Muir-Watt).

La **compétence indirecte du juge étranger** est fondée sur le rattachement du litige au juge étranger, c'est-à-dire sur l'existence d'un lien caractérisé entre celui-ci et l'affaire jugée (Cass. 1e civ. 6-2-1985 n° 83-11.241, Simitch : Rev. crit. DIP 1985 p. 369 chron. Francescakis). Cette compétence est admise de façon plutôt libérale par les tribunaux. Cependant, le jugement ne sera pas reconnu s'il existe une compétence exclusive d'un tribunal français pour connaître de l'affaire (ce qui serait le cas, par exemple, du jugement visant à modifier une inscription sur des registres publics ou portant sur un immeuble situé en France). On relèvera à cet égard que le privilège de juridiction de l'article 15 du Code civil n'est plus considéré comme attribuant compétence exclusive aux tribunaux français lorsqu'un Français est défendeur (en l'absence de convention internationale ou de réglementation européenne). Désormais, la compétence établie par l'article 15 est facultative et ne peut pas empêcher la reconnaissance d'un jugement étranger (Cass. 1e civ. 23-5-2006 n° 04-12.777, Prieur : Rev. crit. DIP 2006 p. 870 note H. Gaudemet-Tallon). Il en va de même du privilège de juridiction de l'article 14 du Code civil, tant en cas de litispendance internationale (Cass. 1e civ. 22-5-2007 n° 04-14.716, Fercométal : Bull. civ. I n° 195, Rev. crit. DIP 2007 p. 610 note H. Gaudemet-Tallon) ou de connexité internationale (Cass. soc. 5-12-2018 n° 17-19.820 F-PB : Rev. crit. DIP 2019 p. 816 note D. B.) qu'au stade de la reconnaissance du jugement étranger invoqué de

manière incidente au cours d'une procédure (Cass. 1e civ. 16-12-2009 n° 08-20.305 : Bull. civ. I n° 251, BPAT 1/10 inf. 23).
Dans la mesure où la loi appliquée par le juge étranger n'est pas contrôlée, l'**absence de fraude** ne devrait concerner que la fraude au jugement (en ce sens, P. Mayer, V. Heuzé et B. Remy : Droit international privé, LGDJ 12e éd. 2019, n° 406). Initialement, la jurisprudence visait la fraude à la loi (Cass. 1e civ. 20-2-2007 n° 05-14.082 Cornelissen : Bull. civ. I n° 68) mais cette précision a disparu par la suite (Cass. 1e civ. 30-1-2013 n° 11-10.588, Gazprombank : Bull. civ. I n° 9 ; voir toutefois un arrêt non publié récent y faisant référence : Cass. 1e civ. 3-10-2019 n° 18-21.843 F-D), à juste titre nous semble-t-il. La fraude au jugement réside dans l'obtention d'un jugement à l'étranger apparemment régulier uniquement en vue de lui faire produire des effets en France, alors qu'un tel jugement ne pourrait être obtenu en France (en ce sens, P. Mayer, V. Heuzé et B. Remy : Droit international privé, LGDJ 12e éd. 2019, n° 410). Une décision rendue en 2017 adopte une définition restrictive de la fraude, estimant qu'il n'y a pas de fraude dans le simple fait d'obtenir un jugement à l'étranger pour l'invoquer ensuite en France si le litige présente des liens caractérisés avec le pays dans lequel il est obtenu et que le demandeur n'a pas saisi la juridiction étrangère pour faire échec à une décision ou à une procédure engagée en France (Cass. 1e civ. 4-5-2017 n° 16-13.645 FS-PB : D. 2017 p. 1283 note D. Sindres, où le lien était caractérisé du fait de la double nationalité franco-israélienne du demandeur).
Enfin, la **conformité à l'ordre public international** comprend deux composantes : l'ordre public international de fond, dont le contenu est le même qu'en matière de conflits de lois (P. Mayer, V. Heuzé et B. Remy : Droit international privé, LGDJ 12e éd. 2019, n° 396 ; voir n° 72105) et l'ordre public international de procédure, qui vise principalement le respect des droits de la défense et certaines exigences du droit à un procès équitable (CEDH 20-7-2001, Pellegrini : Rev. crit. DIP 2004 p. 106 note Christians). L'existence d'un jugement français sur le fond fait obstacle à la reconnaissance et à l'exécution en France d'une décision judiciaire rendue à l'étranger incompatible avec lui, dès lors qu'il est doté de l'autorité de la chose jugée à la date de l'introduction de l'instance en exequatur, peu important qu'il ne soit pas encore passé en force de chose jugée (Cass. 1e civ. 9-6-2021 n° 19-25.534 F-D, rattachant ce motif de refus à l'ordre public international).

> **Précisions** Un jugement étranger peut être reconnu partiellement (et faire l'objet d'un exequatur partiel) si le **jugement présente un caractère divisible** ; il faut toutefois que la partie qui s'en prévaut invoque ce caractère divisible, à défaut de quoi la décision ne sera pas reconnue dans son intégralité (Cass. 1e civ. 16-12-2015 n° 14-28.296 F-PB : Bull. civ. I n° 612, BPAT 1/16 inf. 8).

SECTION 2 CONFLITS DE LOIS

A. Définition de la règle de conflit de lois

Dès lors qu'une situation présente un élément d'extranéité, **plusieurs lois** ont vocation à s'appliquer. Prenons l'exemple d'une Française ayant épousé un Italien à Rome ; les époux se sont installés à Marseille après le mariage et y ont vécu 20 ans. Aujourd'hui, le couple divorce. Deux lois sont susceptibles d'intervenir : la loi française et la loi italienne. Or on ne peut pas appliquer toutes les lois à la fois à une même question de droit. Il convient de départager les lois en conflit. **72045**
La règle de conflit de lois a pour **objet** de déterminer la loi applicable à une situation juridique présentant un élément d'extranéité. Elle ne donne pas la solution du problème mais uniquement la loi à appliquer pour y parvenir.
Les règles de conflit de lois trouvent leurs **sources** dans le droit européen, le droit international, la loi (notamment le Code civil) et la jurisprudence (sur l'importance désormais prépondérante des sources européennes et internationales, voir nos 72003 s.). Concernant l'articulation de ces différentes sources, on se contentera ici de signaler la supériorité de principe du Traité sur la loi interne (Constitution du 4-10-1958 art. 55 ; Cass. mixte 24-5-1975 n° 73-13.556, Sté Cafés Jacques Vabre : Bull. ch. mixte n° 4).

STRUCTURE DES RÈGLES DE CONFLIT DE LOIS

La plupart des **règles** de conflit de lois sont dites « **bilatérales** » et comprennent deux éléments : **72050**
– la catégorie de rattachement, c'est-à-dire l'identification du problème posé. Les différentes catégories de rattachement existantes correspondent aux grandes subdivisions du droit civil (état et capacité des personnes, contrats, faits juridiques, etc.) ;

– le facteur de rattachement (par exemple, la nationalité), qui conduit à la désignation de la loi applicable (dans le même exemple, la loi de la nationalité). Le facteur de rattachement, en principe unique et prédéterminé, est de manière croissante remplacé par un choix ou une option. Ainsi, en matière de contrats, les parties ont le choix de la loi applicable. En matière de régimes matrimoniaux, les époux disposent d'une option entre la loi de l'État de la résidence habituelle de l'un des époux ou futurs époux et la loi d'un État dont l'un des époux ou futurs époux a la nationalité.

Par le biais du rattachement, la règle de conflit de lois détermine aussi bien les cas d'application de la loi nationale que de la loi étrangère.

À côté des **règles** de conflit de lois bilatérales, il en existe (mais elles sont beaucoup moins nombreuses) qui sont **unilatérales** : la règle de conflit est amputée du facteur de rattachement conduisant à l'application de la loi étrangère.

72055 Il existe enfin certaines règles, les **« lois de police »**, qui, en raison de leur impérativité particulière, s'appliquent nécessairement à la situation, quelle que soit la loi désignée par la règle de conflit, bilatérale ou unilatérale. À la différence de la règle de conflit de lois, la loi de police ne vise pas une catégorie de rattachement donnée ; il s'agit au contraire d'une approche casuistique.

Les lois de police ne s'appliqueront cependant que si la situation entretient un lien avec le pays qui les a édictées, en général de nature territoriale (Rép. Droit International Dalloz, v. Lois de police par P. Mayer, n° 3). Un juge français saisi appliquera ainsi naturellement les lois de police françaises ; il pourrait tenir compte également des lois de police étrangères, mais les exemples sont rares. Ainsi, quelle que soit la loi applicable à la succession, la loi française s'appliquera à l'attribution préférentielle d'un immeuble de la succession situé en France (n° 73825).

Les lois de police jouent un rôle très similaire à celui de l'ordre public international, qui est d'écarter la loi étrangère désignée par la règle de conflit de lois pour appliquer la loi française.

PRINCIPALES CATÉGORIES DE RATTACHEMENT

72060 Concernant le **statut personnel**, c'est-à-dire les règles relatives à l'état et à la capacité des personnes, la loi traditionnellement applicable est la loi nationale (C. civ. art. 3, al. 3), loi de l'État dont l'intéressé a la nationalité. Toutefois, son champ d'application se réduit considérablement sous l'effet du droit européen et international.

Les immeubles, qui relèvent du **statut réel**, sont soumis à la loi du lieu de leur situation géographique (C. civ. art. 3, al. 2). La règle a été étendue aux meubles.

En principe, les **contrats** sont soumis quant à la forme à la loi locale (loi du lieu où ils sont conclus) ou à la loi qui leur est applicable au fond (Règl. 593/2008 dit « Rome I » du 17-6-2008 art. 11). Sur les questions de fond, la loi applicable est la loi choisie par les parties, dite « loi d'autonomie » (Règl. 593/2008 du 17-6-2008 art. 3). À défaut de choix, le règlement Rome I prévoit des critères de rattachement objectifs.

Les faits juridiques – les **délits** – sont quant à eux soumis en principe à la loi du lieu où le dommage est survenu.

Les règles de conflit de lois concernant le **droit patrimonial de la famille**, notamment les régimes matrimoniaux et les successions, font l'objet de développements détaillés dans les chapitres qui suivent.

B. Mise en œuvre de la règle de conflit de lois

QUALIFICATION

72065 Le **but de la qualification** est de déterminer la règle de conflit de lois applicable. Il s'agit d'analyser en termes juridiques le problème posé afin de déterminer la catégorie de rattachement dont il relève. Si l'on s'interroge sur la capacité d'une personne à conclure un contrat, est-ce un problème de capacité et d'état des personnes ou un aspect de droit des contrats ? Dans le cadre d'un règlement successoral, des parts de société civile immobilière sont-elles des meubles ou des immeubles ? Répondre à ces questions, c'est qualifier.

Difficulté supplémentaire, les catégories juridiques françaises ne correspondent pas toujours avec celles des autres pays. Doit-on qualifier le problème posé selon la loi française ou selon la loi étrangère ? On parle de **conflit de qualifications**. À titre d'exemple, une célèbre affaire opposant un Grec orthodoxe à une Française portait sur la validité de leur mariage civil célébré en France. L'époux invoquait la nullité de l'union au motif qu'il n'y avait pas eu de célébration religieuse comme l'exigeait la loi grecque. Il fallait donc déterminer la catégorie de rattachement dans laquelle rentre la célébration, laïque ou religieuse, du mariage : question de forme (conception de la loi française) ou question de fond, relative à l'état et à la capacité des personnes (conception de la loi grecque) ? La Cour de cassation a retenu que la qualification devait s'opérer d'après le droit français, lequel y voit une question de forme. C'est donc la loi française, loi du lieu du mariage, qui était applicable, et le mariage a été validé (Cass. 1e civ. 22-6-1955, Caraslanis : D. 1956 p. 73).

Les catégories du droit français sont entendues de façon plus souple qu'en droit interne afin de pouvoir qualifier des **institutions inconnues du droit français** : mariage polygamique, répudiation, trust, etc. Nous verrons au cours des développements qui suivent les solutions qu'y apporte le droit international privé. 72070
De manière générale, la **démarche à suivre** est d'étudier le mécanisme étranger dans son système juridique d'origine puis de le confronter avec nos propres catégories juridiques afin de retenir celle qui semble la plus adaptée.

MÉCANISME DU RENVOI

Une fois la qualification effectuée, il convient d'appliquer à la situation envisagée la règle de conflit de lois (par hypothèse, française). Cette règle de conflit de lois va à son tour désigner la loi applicable : ce peut être la loi française ou la loi étrangère. La loi désignée est une loi substantielle, c'est-à-dire qu'elle prévoit des dispositions attribuant des droits ou des obligations à une personne. 72075
Néanmoins, les règles françaises de conflits de lois, dans un certain nombre de matières, prennent en considération la **règle de conflit de lois étrangère**. Si celle-ci prévoit un facteur de rattachement (ou une qualification) différent de celui retenu par la loi française, il en sera tenu compte. Connue sous le nom de « renvoi », cette situation aboutit à ne pas appliquer la loi étrangère, pourtant désignée par la règle de conflit de lois française ; on appliquera finalement la loi désignée par la règle de conflit étrangère, qu'il s'agisse du droit français ou d'un autre droit étranger.

Types de renvois On parle de **renvoi au premier degré** lorsque la règle de conflit de lois étrangère désignée par la règle de conflit de lois française renvoie au droit français. Par exemple, un notaire niçois se voit confier par un Anglais demeurant à Saint-Jean-Cap-Ferrat la rédaction d'un acte de donation d'un appartement situé à Nice au profit de ses deux neveux français. S'interrogeant sur la capacité de son client, le notaire applique la règle de conflit de lois française, laquelle désigne la loi anglaise, loi nationale de l'intéressé. La règle de conflit de lois anglaise en matière d'état et de capacité des personnes adopte quant à elle comme facteur de rattachement le domicile de l'intéressé. Il y a donc ici renvoi de la loi anglaise au droit français. 72080
Il y a **renvoi au second degré** lorsque la règle de conflit de lois étrangère désignée par la règle de conflit de lois française renvoie à la loi d'un pays tiers, laquelle accepte sa compétence. Si la jurisprudence paraît admettre ce type de renvoi, les exemples sont rares en pratique.

Domaine du renvoi Le renvoi ne joue pas dans toutes les **matières**. Il est par exemple admis, sous certaines conditions, en matière successorale (voir n° 73820). 72085
Le renvoi est en revanche exclu lorsque le critère de **rattachement** de la règle de conflit de lois réside dans le choix des parties (Cass. 1e civ. 11-3-1997 n° 94-19.322, Mobil North Sea Ltd : Bull. civ. I n° 84, concernant le droit des contrats) ou encore lorsqu'il s'agit d'un rattachement alternatif, comme pour la forme des actes.
De même, la plupart des **conventions internationales** excluent le jeu du renvoi.

PROBLÈME DU CONFLIT MOBILE

On parle de conflit mobile lorsqu'une même situation se trouve soumise à **deux lois différentes dans le temps** en raison du changement du critère de rattachement. Par exemple, une personne change de nationalité ou de domicile. Dès lors, quelle loi appliquer ? 72090
La réponse se trouve normalement dans la règle de conflit elle-même : par exemple, en matière de succession, le rattachement visé est la « dernière » résidence habituelle du défunt. Sinon, elle devra être recherchée dans l'interprétation de la règle de conflit de lois, en fonction de l'objectif poursuivi par celle-ci et de considérations générales telles que le respect des **droits acquis**. Ainsi, en matière de validité du mariage, il est logique que les conditions de forme et de fond s'apprécient au moment de sa célébration, afin de respecter les droits acquis par les époux quand bien même les éléments de rattachement auraient changé après leur mariage. S'agissant en revanche de la loi applicable aux effets du mariage (loi nationale

commune ou loi du domicile commun), il faudra prendre en compte le **critère de rattachement actuel**, puisque l'objectif recherché est « l'adéquation entre la façon dont les époux doivent vivre à tout moment, et le milieu social dans lequel ils s'intègrent durablement » (P. Mayer, V. Heuzé et B. Remy : Droit international privé, LGDJ 12e éd. 2019, nº 261).

IMPÉRATIVITÉ DE LA RÈGLE DE CONFLIT

72095 L'obligation pour le **juge** de mettre en œuvre la règle de conflit de lois reposait jusqu'à présent sur la distinction entre droits disponibles et droits indisponibles.

Un arrêt récent vient quelque peu brouiller cette construction jurisprudentielle en affirmant que le juge a l'obligation, lorsque les faits dont il est saisi le justifient, de faire application des règles d'ordre public issues du droit de l'Union européenne, telle une règle de conflit de lois lorsqu'il est interdit d'y déroger, même si les parties ne les ont pas invoquées (Cass. 1e civ. 26-5-2021 nº 19-15.102 FS-P). Le juge doit ainsi appliquer d'office toute **règle de conflits de lois impérative de source européenne**. Il s'agit d'un nouveau cas d'application impérative de la règle de conflits de lois, qui s'ajoute à celui existant en matière de droits indisponibles.

La règle de conflit de lois doit en effet être appliquée d'office par le juge en matière de **droits indisponibles** (Cass. 1e civ. 26-5-1999 nº 97-16.684, Belaïd A. : Bull. civ. I nº 174).

En matière de **droits disponibles et** sous réserve que l'on ne soit **pas en présence d'une règle de conflit de lois impérative de source européenne**, le juge conserve la faculté d'appliquer d'office la règle de conflit de lois, mais il n'y est pas obligé (Cass. 1e civ. 22-2-2017 nº 21.828 F-D). La mise en œuvre de la règle de conflit peut par ailleurs être demandée par les parties (Cass. 1e civ. 26-5-1999 nº 96-16.361, Société Mutuelle du Mans : Bull. civ. I nº 172). Si les parties invoquent le droit étranger ou la règle de conflit de lois, le juge a l'obligation d'appliquer la règle de conflit de lois et de rechercher le droit étranger applicable (Cass. 1e civ. 19-9-2018 nº 17-21.191 F-D ; Cass. com. 30-1-2019 nº 17-16.604 F-D : RJDA 5/19 nº 335).

En présence de droits disponibles et sous réserve que l'on ne soit pas en présence d'une règle de conflit de lois impérative de source européenne, les parties peuvent également, par un « **accord procédural** », imposer au juge l'application de la loi française (Cass. 1e civ. 19-4-1988 nº 85-18.715, Roho : Bull. civ. I nº 104 ; Cass. 1e civ. 10-2-2021 nº 19-17.028 FS-P : BPAT 2/21 inf. 65) quand bien même elle ne serait pas la loi applicable au litige d'après la règle de conflit (en revanche, une telle faculté n'existe pas en faveur d'une loi étrangère). Un tel accord procédural peut même résulter simplement du fait que les conclusions des deux parties invoquent le droit français (Cass. 1e civ. 6-5-1997 nº 95-15.309, Hannover International : Bull. civ. I nº 140 ; Cass. 1e civ. 10-2-2021 nº 19-17.028 FS-P : BPAT 2/21 inf. 65).

72096 Le **praticien du droit** (notaire, notamment) confronté à une situation comportant un élément d'extranéité est à notre avis tenu, notamment au titre de son devoir de conseil, de rechercher la règle de conflit de lois applicable et d'indiquer aux parties la loi ainsi désignée. Cela vaut même dans les matières où les parties ont la libre disposition de leurs droits (en ce sens, P. Callé : Le notaire, les actes notariés et le droit international privé, Mélanges à la mémoire de P. Courbe, Dalloz 2012, p. 75 s.).

Les parties, dûment informées par le notaire, peuvent-elles décider, dès lors qu'elles sont capables et maîtres de leurs droits, d'écarter la loi désignée en faveur de la loi française ? Si la jurisprudence ne prévoit un tel accord qu'en présence d'un juge (c'est l'accord procédural visé plus haut), certains auteurs l'admettent aussi devant un notaire (Dalloz action Droit patrimonial de la famille 2021/2022, dir. M. Grimaldi, v. Droit commun : successions ouvertes avant le 17 août 2015 par M. Goré et R. de Gourcy, nº 731.101). D'autres considèrent qu'un tel choix n'est valable que dans la mesure où les parties pouvaient initialement choisir la loi applicable à la situation (P. Callé, précité). À notre sens, la solution ne peut reposer sur la transposition d'une règle procédurale mais doit être donnée par la règle de conflit de lois elle-même. En tout état de cause, le notaire doit être prudent et rappeler aux parties qu'un tel accord n'est pas opposable aux tiers (en ce sens, S. Godechot-Patris, L'évolution de l'office du juge : quelles conséquences pour la pratique notariale ? : SNH 34/21 inf. 13 nº 17).

ÉTABLISSEMENT DU CONTENU DE LA LOI ÉTRANGÈRE

72100 Si la règle de conflit de lois conduit à l'application de la loi étrangère, encore faut-il en connaître le contenu. Plusieurs moyens existent pour déterminer ce contenu.

72101 **Dans le cadre d'un procès** Il incombe au **juge** français qui reconnaît applicable un droit étranger, d'en rechercher, soit d'office soit à la demande d'une partie qui l'invoque, la teneur, avec le concours des parties et personnellement s'il y a lieu, et de donner à la question litigieuse une solution conforme au droit positif étranger (Cass. com 28-6-2005 nº 02-14.686, Itraco : Bull. civ. IV nº 138 ; Cass. 1e civ. 28-6-2005 nº 00-15.734, Aubin : Bull. civ. I nº 289) et ceci, sans qu'il y ait lieu de distinguer selon le caractère disponible ou indisponible des droits en cause. L'établissement du contenu de la loi étrangère est donc une obligation qui incombe au juge, ce dernier pouvant toutefois solliciter le **concours des parties** à cet effet.

La Cour de cassation, par le biais d'un contrôle de la motivation, vérifie que les juges du fond se sont livrés à cette recherche, notamment en précisant les dispositions du droit étranger applicables (Cass. 1e civ. 7-10-2015 n° 14-20.144 F-D). Jugé dans cette affaire que la cour d'appel ne pouvait écarter un certificat de coutume établi par un avocat anglais sans préciser les règles de droit anglais applicables.

Plusieurs moyens existent pour déterminer le contenu de la loi étrangère.

En pratique, le plus connu et le plus utilisé est le **certificat de coutume**. Il s'agit d'un document rédigé en français (ou, le cas échéant, traduit en français) par un juriste ou un service officiel (par exemple, un consul) du pays concerné et qui atteste l'existence et la teneur de la loi étrangère. Le juge est libre d'apprécier la pertinence des informations reçues et a le droit de recourir à tous **autres moyens** à sa disposition afin d'établir le contenu du droit étranger recherché (consultation, expertise, connaissance personnelle de la législation étrangère, etc.). En cas d'impossibilité d'obtenir la preuve du contenu de la loi étrangère (pays désorganisé politiquement, par exemple), le juge se tournera alors vers la loi française qui conserve toujours une vocation subsidiaire à s'appliquer, y compris en matière de droits indisponibles (Cass. 1e civ. 21-11-2006 n° 05-22.002, Enfant Mikhaïl : Bull. civ. I n° 500, à propos de l'impossibilité de prouver le contenu de la loi biélorusse sur la filiation) ; il ne peut se contenter de rejeter la demande de la partie fondée sur la loi étrangère. En outre, « l'impossibilité doit être spécialement motivée et fait l'objet d'un contrôle de la Cour de cassation » : les juges du fond doivent « démontrer qu'ils ont pris des initiatives pour établir le contenu de la loi étrangère et vaincre l'inertie des plaideurs » (M. Farge, Preuve de la loi étrangère : à l'impossible le juge n'est pas tenu : Dr. famille 2007 comm. 135). Ils ne peuvent se borner à constater que les traductions du droit étranger produites par les parties se contredisent et rendent impossible une connaissance précise des dispositions étrangères en cause (Cass. com. 24-6-2014 n° 10-27.648 : Bull. civ. IV n° 112).

La Cour de cassation ne contrôle pas en principe l'interprétation du droit étranger par les juridictions du fond, sous réserve de dénaturation (Cass. 1e civ. 21-11-1961, Montefiore : Bull. civ. I n° 542).

> **Précisions a.** La **convention du Conseil de l'Europe du 7 juin 1968** a mis en place un mécanisme gratuit d'information, passant par les chancelleries, sur le droit des pays signataires. En France, l'organe compétent pour recevoir les demandes de renseignements de l'étranger et inversement transmettre celles d'origine nationale est le bureau du droit européen et international auprès du ministère de la justice. Malheureusement, à ce jour, ce mécanisme n'est ouvert qu'aux magistrats et n'est que peu utilisé par ceux-ci.
>
> **b.** À l'occasion de leur 101e congrès, les notaires de France ont proposé la création, au sein de l'Union européenne, d'un **certificat de coutume européen** qui pourrait librement circuler et être produit sans aucune formalité de reconnaissance au sein des pays membres (J.-F. Sagaut, Le délicat problème de l'accès à la connaissance du droit étranger : JCP N 2006 n° 1277 ; 101e Congrès des notaires de France : Les familles sans frontières en Europe ACNF 2005, travaux de la 3e commission : La dynamique communautaire à la rencontre des familles).

En dehors du cadre contentieux Le praticien qui constate qu'une loi étrangère est applicable à l'acte qu'il dresse doit également se livrer à la recherche de son contenu au titre de son **devoir de conseil**. (P. Callé : Le notaire, les actes notariés et le droit international privé, Mélanges à la mémoire de P. Courbe, Dalloz 2012, p. 75 s.). Selon cet auteur, il faut distinguer selon que le notaire intervient « en amont » (rédaction d'un contrat de mariage, d'un testament ou d'une donation) ou « en aval » (liquidation d'un régime matrimonial ou d'une succession). Dans le premier cas, s'il constate qu'un ou plusieurs droits étrangers sont potentiellement applicables, son devoir de conseil devrait se limiter à indiquer aux parties de consulter un juriste local. Dans le second, sauf lorsque l'accord des parties pour appliquer le droit français est possible (n° 72096), il doit rechercher le contenu du droit étranger. Il devrait lui aussi pouvoir appliquer le droit français s'il lui est impossible de connaître le contenu du droit étranger ou si le coût de la recherche est disproportionné au regard de l'enjeu (P. Callé, précité). Il nous semble alors de bonne pratique d'exposer dans l'acte les difficultés à l'origine de cette impossibilité et qui justifient l'application subsidiaire de la loi française. Le praticien devrait ainsi prouver qu'il n'a pas manqué à son devoir de conseil, en particulier si l'impossibilité d'établir le contenu du droit étranger a disparu au jour où un litige survient sur l'acte qu'il a établi et que le juge français saisi se trouve en mesure d'appliquer la loi étrangère. 72102

› **Précisions** Outre les moyens de preuve utilisables dans le cadre d'un procès (nº 72101), les notaires ont à leur disposition la documentation de droit comparé des **Cridon**. Celle-ci étant le plus souvent très complète, le notaire a peut-être intérêt à préférer ce moyen de recherche au certificat de coutume, dont le coût n'est généralement pas négligeable (M. Revillard : Droit international privé et européen : pratique notariale, Lextenso, 10e éd. 2022, nº 28).

OBSTACLES À L'APPLICATION DE LA LOI ÉTRANGÈRE

72105 **Exception d'ordre public international** Cette exception a pour effet d'écarter la loi étrangère désignée par la règle de conflit de lois lorsque son application conduirait à une solution incompatible avec nos **conceptions juridiques ou sociales fondamentales** : interdiction des discriminations en raison du sexe, de l'appartenance religieuse ou de l'origine, principe de monogamie, protection de la propriété privée, etc. Ainsi, des époux ne pourraient faire célébrer en France un mariage polygamique alors même que le pays de leur nationalité commune l'autorise.

L'ordre public a parfois un **effet atténué** dans le sens où une situation valablement constituée à l'étranger peut produire ses effets en France alors qu'elle n'aurait pu s'y créer, étant contraire à l'ordre public français. Dans le cas d'un mariage polygamique, si ce dernier a été valablement célébré dans un pays étranger qui le prévoit, il pourrait produire certains de ses effets en France mais il n'est pas certain que cette solution soit maintenue (voir nº 73835).

L'ordre public est une notion évolutive : le principe de l'**actualité de l'ordre public** impose au juge de statuer en fonction de la conception de l'ordre public existant au moment où il se prononce et non au moment où les faits qui lui sont soumis se sont produits.

72110 **Fraude à la loi** La fraude à la loi consiste à utiliser volontairement une règle de conflit de lois en modifiant un élément de rattachement à seule fin d'éluder l'application de la **loi normalement compétente**. C'est la célèbre affaire de la princesse de Bauffremont, de nationalité française, qui s'était fait naturaliser allemande dans le seul but de pouvoir divorcer (la loi française de l'époque le lui interdisait) et se remarier ensuite avec le prince roumain Bibesco (Cass. civ. 18-3-1878 : S. 1878 I p. 193).

S'agissant de la **sanction**, la fraude à la loi entraîne l'inopposabilité des actes frauduleux. Dans le cas de la princesse de Bauffremont, son divorce et son remariage ne pouvaient avoir aucun effet en France.

72115 **Difficultés d'application** La loi étrangère sera écartée en cas de **défaillance**, soit parce qu'elle ne peut pas être désignée (critère de rattachement inutilisable, par exemple), soit parce que son contenu est impossible à établir (nos 72100 s.).

Elle peut être également évincée pour des **raisons techniques ou pratiques**, notamment en cas d'urgence ou lorsqu'elle prévoit l'intervention d'une autorité administrative ou religieuse qui n'existe pas en France ou ne possède pas les mêmes attributions.

CHAPITRE 2

INCAPACITÉ ET PROTECTION DES ADULTES EN DROIT INTERNATIONAL PRIVÉ

SOMMAIRE

SECTION 1

INCAPACITÉ

NOTION D'INCAPACITÉ

Les dispositions du Code civil relatives aux conflits de lois visent la capacité de manière générale, sans distinguer entre capacité de jouissance et capacité d'exercice (C. civ art. 3, al. 3). 72300
Il ne fait aucun doute que la capacité envisagée en tant que catégorie de rattachement inclut l'**incapacité** générale **d'exercice**.
En revanche, la plupart des **incapacités spéciales de jouissance** constituent « un aspect particulier d'une institution juridique soumise à une loi propre » (P. Mayer, V. Heuzé et B. Remy : Droit international privé, précis Domat, LGDJ 12e éd. 2019, no 539). Elles doivent donc être soumises à cette loi, encore qu'une partie importante de la doctrine souhaite les soumettre à la loi nationale, comme la capacité d'exercice.
Ces solutions incertaines sont en outre partiellement remises en cause, pour les dispositions à cause de mort, par l'entrée en vigueur du règlement Successions (nos 73500 s.). Il faut désormais distinguer entre les incapacités spéciales de jouissance, selon qu'elles concernent des libéralités entre vifs (voir Mémento Successions Libéralités no 69978) ou à cause de mort (nos 73852 et 73855).
Aux questions de capacité entendues comme telles en droit interne est assimilée en droit international privé la question dite « de l'**incapacité naturelle** », c'est-à-dire des actes passés sous l'empire d'un trouble mental (C. civ. art. 414-1 s. en droit français), alors qu'aucune mesure de protection n'avait été prise à l'égard de la personne concernée (Cass. 1e civ. 25-6-1957, Époux Silvia : Bull. civ. I no 298, Rev. crit. DIP 1957 p. 680 note H. Batiffol).

LOI APPLICABLE

La loi applicable aux questions de capacité est en principe la loi nationale, c'est-à-dire la loi de l'État dont l'intéressé possède la **nationalité**. Initialement formulée à l'égard des seuls nationaux (C. civ. art. 3, al. 3), la règle a été bilatéralisée par les tribunaux. 72310
Si l'intéressé possède **plusieurs nationalités dont** la nationalité **française**, seule cette dernière devra être prise en considération par le juge français. Certains arrêts en matière de reconnaissance des jugements étrangers ont pu faire douter de la pérennité du principe (en particulier, Cass. 1e civ. 23-2-2011 no 10-14.760 : Bull. civ. I no 34 ; reconnaissance d'un jugement marocain dans le cadre

de la convention franco-marocaine du 10-8-1981). Mais la Cour de cassation l'a très clairement réaffirmé dans un arrêt récent : « il résulte des principes généraux du droit international que, lorsqu'une personne possède la nationalité française et celle d'un État tiers, non membre de l'Union européenne, elle reste, par l'effet de sa nationalité française, soumise à la loi française que, sauf convention internationale en sens contraire, le juge français saisi doit prendre seule en considération » (Cass. 1e civ. 30-11-2022 n° 21-17.043 FS-D).

La primauté de la nationalité française est par ailleurs remise en cause par le droit de l'Union européenne en ce qui concerne les personnes possédant la nationalité française et celle d'un autre État membre (voir n° 73115), encore que la solution à donner au problème du conflit de nationalités, s'agissant d'une règle de conflit de lois, n'est pas évidente (un choix de la personne concernée devrait être écarté ; il faudrait faire prévaloir la nationalité la plus effective).

Si la personne possède **plusieurs nationalités étrangères**, la nationalité étrangère la plus effective sera prise en compte.

Le **renvoi** est admis. Il pourra jouer notamment en faveur de la loi du domicile de la personne (Cass. 1e civ. 21-9-2005 n° 04-10.217 : Bull. civ. I n° 336).

72312 **Tempérament** Les tiers qui, se conformant à la loi française, ignoreraient l'état d'incapacité de la personne avec laquelle ils traitent résultant de l'application d'une loi étrangère peuvent prouver que leur **ignorance** est **excusable** s'ils ont agi sans imprudence ni légèreté et s'ils sont de bonne foi (Cass. req. 16-1-1861, Lizardi : DP 1861 I p. 193, S. 1861 I p. 305 note Massé). La règle posée est de portée générale (sauf règle conventionnelle spéciale).

En matière de **contrats**, la règle est bilatérale et légèrement différente : lorsque les deux cocontractants se trouvent dans le même pays, celui qui serait capable selon la loi de ce pays ne peut invoquer son incapacité résultant d'une autre loi que si, au moment de la conclusion du contrat, son cocontractant a connu cette incapacité ou ne l'a ignorée qu'en raison d'une imprudence de sa part (Règl. 593/2008 du 17-6-2008 dit « Rome I » art. 13). Si la transaction est importante, l'ignorance de l'incapacité d'une partie est une imprudence, et l'incapable pourra se prévaloir de son état contre son cocontractant. Une jurisprudence traditionnelle refusait ainsi d'appliquer l'exception d'ignorance excusable à la donation immobilière, qui n'est pas un acte de la vie courante et d'accomplissement instantané, et la solution est certainement transposable au règlement Rome I (en ce sens, Rép. droit international Dalloz, v. Donation, Donation entre époux par B. Ancel, n° 14 : l'auteur semble aussi considérer que l'on peut hésiter à appliquer l'exception à la donation mobilière).

72315 **Domaine de la loi applicable** De manière générale, la loi nationale devrait régir les questions relatives à l'**incapacité**, c'est-à-dire :
– les sources des incapacités (par exemple, la minorité, l'altération des facultés mentales) ;
– le type d'acte que l'incapable peut accomplir (hors tout régime de protection) ;
– la nature de la sanction (nullité, réduction, etc.) ;
– les délais de prescription applicables aux actes passés par l'incapable en violation des règles relatives à l'incapacité.

72320 La question du **régime de protection** est distincte de celle de l'incapacité proprement dite.

Cette distinction est d'importance secondaire lorsque le droit international privé commun français est applicable (pour les adultes, n° 72495 ; pour les enfants, n° 73280). En effet, celui-ci désigne pour les deux questions la loi nationale. Mais cela ne concerne, aujourd'hui, que des hypothèses marginales.

Lorsque les conventions de La Haye des 13 janvier 2000 (nos 72351 s.) ou 19 octobre 1996 (nos 73150 s.) sont applicables, la loi désignée pour le régime de protection est celle de l'autorité saisie (soit en principe celle de la résidence habituelle) et non la loi nationale. Or incapacité et protection sont intimement liées puisque le prononcé d'une mesure de protection nécessite, en règle générale, la constatation préalable de l'incapacité. À quelle loi faut-il soumettre la question préalable de l'incapacité lorsqu'un juge est saisi d'une demande de protection en vertu de l'une de ces conventions ? Le fait qu'une mesure de protection doive être prise absorbe-t-elle la question préalable de l'incapacité, auquel cas celle-ci serait soumise, comme la mesure de protection, à la loi de l'autorité saisie (soit en principe celle de la résidence habituelle) ? La détermination du champ résiduel laissé à la loi nationale ne se fait donc pas sans difficulté et les solutions sont incertaines.

S'agissant des **enfants**, la convention de La Haye du 19 octobre 1996 indique qu'elle s'applique aux enfants de moins de 18 ans. Cela ne signifie pas qu'elle tranche par une règle matérielle la question de l'âge de la majorité pour les États signataires ; il s'agit simplement d'une manière de déterminer son champ d'application. Elle s'appliquera aux enfants jusqu'à cet âge même s'ils

sont majeurs selon la loi applicable ou émancipés (voir Paul Lagarde : Rapport explicatif sur la Convention-Protection des enfants de 1996, p. 544 n° 16). La question de l'émancipation est d'ailleurs exclue du domaine de la Convention et reste donc soumise à la loi nationale (Conv. La Haye du 19-10-1996 art. 4, § d). Reste que la question préalable de l'incapacité n'est pas exclue expressément du champ d'application de la convention de La Haye du 19 octobre 1996 (Paul Lagarde, précité, p. 548 n° 30). Doit-on en déduire qu'elle est soumise à la loi de l'autorité saisie ? Plusieurs interprétations sont possibles (Rép. droit international Dalloz, v. Capacité par E. Gallant, n°s 20 s.). Selon le rapport explicatif, l'absence d'exclusion expresse ne signifie pas que la question préalable de l'incapacité est incluse dans le domaine de la Convention. Si un juge est saisi en vertu de la Convention, la question préalable de la capacité sera tranchée par celui-ci selon la loi désignée par sa règle de conflit de lois (P. Lagarde, précité, p. 548 n° 30). C'est donc toujours en principe la loi nationale qui détermine l'âge de la majorité (Cass. 1e civ. 6-6-1990 : Bull. civ. I n° 137). En revanche, dès lors que la minorité, et donc l'incapacité, est constatée par un juge, si celui-ci en déduit qu'une mesure de protection est nécessaire, il devra appliquer sa propre loi à la mesure de protection (P. Lagarde, précité, p. 548 n° 30).
Pour les **adultes**, la situation est différente puisque la détermination de l'incapacité est incluse dans le champ d'application de la convention de 2000 (n° 72360). Il ne s'agit toutefois que de la détermination de celle-ci pour prendre une mesure de protection. Autrement dit, hors de tout régime de protection, la loi nationale est encore applicable. Ce sera notamment le cas en présence d'une incapacité naturelle (n° 72300) ou, si la loi nationale le prévoit, d'une incapacité de plein droit (représentation automatique par le conjoint en cas d'altération des facultés par exemple, voir Rép. droit international Dalloz, Capacité par E. Gallant, n° 33). Enfin, la loi nationale retrouve son application lorsque la question concerne une matière exclue par la convention de La Haye normalement applicable (formation ou dissolution du mariage, contrat de mariage).

SECTION 2 PROTECTION DES ADULTES

SOURCES

La matière est essentiellement régie par la **convention de La Haye du 13 janvier 2000** sur la protection internationale des adultes, le **droit commun** n'ayant plus qu'une place résiduelle. **72350**
Une **proposition de règlement européen** concernant la compétence, la loi applicable, la reconnaissance et l'exécution des mesures et la coopération en matière de protection des adultes a été présentée par la Commission de l'Union européenne le 31 mai 2003 (COM(2023) 280 final). On signalera notamment que cette proposition renvoie aux dispositions de la convention de La Haye précitée en matière de compétence et de loi applicable, avec la possibilité pour l'adulte de choisir les autorités compétentes lorsque ce choix a été effectué alors qu'il était encore en état de pourvoir à ses intérêts. Elle prévoit également la création d'un certificat de représentation européen qui produira ses effets dans les États membres sans qu'aucune procédure particulière d'accueil ne soit nécessaire ou encore la mise en place de registres nationaux des mesures de protection et leur interconnexion.

A. Convention de La Haye du 13 janvier 2000

La convention de La Haye du 13 janvier 2000 sur la protection des adultes, ratifiée par la France, est **entrée en vigueur** le 1er janvier 2009 (Loi 2008-737 du 28-7-2008 et décret 2008-1547 du 30-12-2008 ; le texte de la Convention est consultable en ligne sur le site internet hcch.net). **72351**
Elle ne s'applique qu'aux mesures prises après son entrée en vigueur (Conv. La Haye du 13-1-2000 art. 50 § 1).
S'agissant de la reconnaissance et de l'exécution des mesures prises par une juridiction d'un État partie à la Convention (n°s 72480 s.), la Convention s'applique aux décisions rendues après l'entrée en vigueur de celle-ci à la fois dans le pays d'origine de la décision et en France (Conv. La Haye du 13-1-2000 art. 50, § 2).
Enfin, une règle spécifique est prévue pour le mandat d'inaptitude (n°s 72455 s.). Un tel mandat, même conclu ou établi antérieurement à l'entrée en vigueur de la Convention, relève de celle-ci, s'il respecte les conditions posées par elle. C'est le cas si la loi choisie pour le régir est l'une de

celles prévues par la Convention ou, en l'absence de choix, si la loi désignée par celle-ci le valide (Conv. La Haye du 13-1-2000 art. 50, § 3). En revanche, les actes passés antérieurement par le représentant désigné restent hors du champ de la Convention (P. Lagarde, Rapport explicatif sur la convention de La Haye du 13 janvier 2000, n° 168).

CHAMP D'APPLICATION DE LA CONVENTION

72355 Les **adultes concernés** par la Convention sont les personnes âgées de plus de 18 ans qui, en raison d'une altération ou d'une insuffisance de leurs facultés personnelles, ne sont pas en état de pourvoir à leurs intérêts (Conv. La Haye du 13-1-2000 art. 1, § 1 et art 2, § 1).

72360 La Convention a pour objet de déterminer l'État dont les autorités ont compétence pour prendre des **mesures de protection**, la loi applicable à ces mesures ainsi qu'à la représentation de l'adulte, ou encore d'assurer la reconnaissance et l'exécution des mesures de protection (Conv. La Haye du 13-1-2000 art. 2, § 2).

Parmi les mesures entrant dans le champ de la Convention se trouvent notamment la détermination de l'incapacité et l'institution d'un régime de protection, la mise de l'adulte sous sauvegarde d'une autorité judiciaire ou administrative, la tutelle, la curatelle et les institutions analogues, la désignation de la personne ou de l'organisme chargé de représenter ou d'assister l'adulte, le placement de l'adulte dans un établissement de protection, l'administration des biens de l'adulte ou encore l'autorisation d'une intervention ponctuelle pour la protection de la personne ou des biens de l'adulte (Conv. La Haye du 13-1-2000 art. 3).

La Convention ne s'applique qu'aux mesures de protection et non aux **incapacités** existant en dehors de tout régime de protection. La validité des actes passés par une personne dont les facultés personnelles sont altérées mais qui n'a pas fait l'objet d'une mesure de protection reste hors du champ de la Convention (P. Lagarde, Rapport explicatif sur la convention de La Haye du 13 janvier 2000, n° 19).

Certaines dispositions conventionnelles visent en outre à instaurer une coopération entre les différents États contractants afin de faciliter notamment l'échange d'informations entre ces États, qu'il s'agisse d'informations factuelles (localisation de l'adulte) ou juridiques (contenu de la législation). Chaque État doit à cette fin désigner une « **autorité centrale** » chargée de satisfaire aux obligations qui lui sont imposées par la Convention et de répondre aux demandes d'information adressées par les autres autorités centrales.

72365 Un certain nombre de **matières** sont **exclues** du champ d'application de la Convention : obligations alimentaires, successions, formation et dissolution du mariage ou d'un partenariat, régimes matrimoniaux, notamment.

Mais ces exclusions sont **à nuancer**. Les effets du mariage, dans la mesure où ils concourent à la protection du conjoint malade, sont en revanche soumis à la Convention. Il s'agit par exemple, en droit français, de la disposition légale permettant à l'un des époux de représenter l'autre, s'il est hors d'état de manifester sa volonté (C. civ. art. 219). Si l'époux valide demande en revanche l'autorisation au tribunal de passer seul un acte pour lequel le concours de son conjoint malade est nécessaire (C. civ. art. 217), il ne s'agit plus de protéger le conjoint malade mais de servir les intérêts de l'époux valide ou de la famille, et la Convention ne devrait donc plus s'appliquer. Il en va de même, en principe, des règles sur l'attribution du logement familial (P. Lagarde, Rapport explicatif sur la convention de La Haye du 13 janvier 2000, n° 35).

De façon plus générale, même dans les matières exclues, si la loi applicable prévoit que l'adulte doit être représenté, la désignation du représentant reste soumise aux règles de la Convention (Conv. La Haye du 13-1-2000 art. 4, § 2). Par exemple, « la question de savoir si un adulte handicapé doit être autorisé par son représentant légal pour contracter mariage est exclue du domaine de la Convention [...] mais la détermination du représentant légal appelé le cas échéant, entre autres attributions, à autoriser le mariage relève de la Convention » (P. Lagarde, Rapport explicatif sur la convention de La Haye du 13 janvier 2000 n° 46). En revanche les pouvoirs du représentant relèvent de la loi régissant la matière exclue, par exemple la loi régissant les conditions de fond du mariage (P. Lagarde, précité).

72370 La Convention s'applique dans les situations à caractère international (Conv. La Haye du 13-1-2000 art. 1, § 1), soit celles impliquant plus de deux États. Elle ne comporte pas de disposition limitant sur le **plan géographique** les personnes auxquelles elle s'applique. Son champ d'application dans l'espace varie donc avec chacune de ses dispositions. Quand une règle donne compétence aux autorités de la résidence habituelle d'un adulte, elle s'applique à tous les adultes ayant leur résidence habituelle dans un État contractant. Quand la Convention pose une règle de conflit de lois relative à la représentation de l'adulte, cette règle est, sauf disposition contraire, une règle de conflit universelle (P. Lagarde, Rapport explicatif sur la convention de La Haye du 13 janvier 2000, n° 17),

c'est-à-dire qu'elle s'appliquera même si la loi désignée n'est pas celle d'un État contractant. Néanmoins, à l'exception de la règle concernant le mandat d'inaptitude, les règles de conflit de lois posées par la Convention sont dans la dépendance des règles de compétence, si bien qu'en réalité le champ d'application de la Convention dépend des critères de compétence qu'elle pose. Enfin, les règles de reconnaissance des décisions ne visent, logiquement, que celles prises dans des États contractants.
Outre en France, la Convention est **entrée en vigueur** dans les **pays** suivants : Allemagne, Autriche, Belgique, Chypre, Écosse, Estonie, Finlande, Grèce, Lettonie, Malte, Monaco, Portugal, République tchèque et Suisse.

1. AUTORITÉS COMPÉTENTES

COMPÉTENCE DE PRINCIPE

Le principe posé par la Convention est la compétence des autorités (judiciaires et administratives) de l'État contractant où se trouve la **résidence habituelle** de l'adulte (Conv. La Haye du 13-1-2000 art. 5, § 1). 72385
En cas de **déplacement de la résidence** dans un autre État contractant, les autorités de cet État deviennent compétentes (Conv. La Haye du 13-1-2000 art. 5, § 2).
S'il est **impossible de déterminer la résidence habituelle**, ou s'il s'agit de réfugiés ou de personnes internationalement déplacées, les autorités de l'État sur le territoire duquel se trouve l'adulte sont compétentes (Conv. La Haye du 13-1-2000 art. 6).

Transfert de compétence Les autorités de l'État de la résidence habituelle peuvent, si elles considèrent que tel est l'intérêt de l'adulte, requérir les **autorités d'un autre État contractant** de prendre des mesures de protection à l'égard de la personne ou des biens de l'adulte, la requête pouvant porter sur tout ou partie de cette protection (Conv. La Haye du 13-1-2000 art. 8). Ce transfert de compétence peut avoir lieu spontanément ou à la demande de l'autorité d'un autre État contractant. 72390

Les **autorités susceptibles d'être requises** sont celles des États suivants (Conv. La Haye du 13-1-2000 art. 8, § 2) : 72395
– un État dont l'adulte possède la nationalité ;
– l'État de la précédente résidence habituelle de l'adulte ;
– un État dans lequel sont situés des biens de l'adulte ;
– l'État dont les autorités ont été choisies par écrit par l'adulte pour prendre des mesures tendant à sa protection ;
– l'État de la résidence habituelle d'une personne proche de l'adulte disposée à prendre en charge sa protection ;
– l'État sur le territoire duquel l'adulte est présent (pour des mesures de protection de la personne uniquement).
Si l'autorité requise n'accepte pas sa compétence, les autorités de l'État de la résidence habituelle restent compétentes.

EXEMPLE

Si un adulte vit dans un État autre que celui de sa nationalité, où sa protection était assurée par une personne qui vient à décéder et alors que le seul parent en mesure d'assurer désormais sa protection a sa résidence habituelle dans un autre État, les autorités de cet autre État sont sans doute les mieux placées pour apprécier l'aptitude de ce parent et pour organiser les conditions dans lesquelles s'exercera la protection (P. Lagarde, Rapport explicatif sur la convention de La Haye du 13 janvier 2000 n° 66).

COMPÉTENCE SUBSIDIAIRE

Les autorités d'un État contractant dont l'adulte possède la **nationalité** sont compétentes (sauf pour les réfugiés et personnes internationalement déplacées) pour prendre des mesures de protection de la personne ou des biens de l'adulte, si elles s'estiment mieux à même d'apprécier son intérêt et à condition d'avoir préalablement avisé les autorités de la résidence habituelle (Conv. La Haye du 13-1-2000 art. 7, § 1). 72400
Les **mesures prises cessent de produire effet** dès que les autorités de la résidence habituelle de l'adulte (ou les autorités d'autres États requises par celles-ci) auront statué sur les mesures à prendre. Les autorités de l'État de la résidence habituelle sont tenues d'en informer les autorités de l'État de la nationalité (Conv. La Haye du 13-1-2000 art. 7, § 3).

Il y a cependant trois **cas où les autorités nationales doivent décliner leur compétence** et, le cas échéant, se dessaisir (Conv. La Haye du 13-1-2000 art. 7, § 2) :
– lorsque les autorités de l'État de la résidence habituelle (ou l'autorité requise par celles-ci) les ont informées qu'elles ont pris toutes les mesures requises par la situation ;
– lorsque ces mêmes autorités ont décidé qu'aucune mesure ne devait être prise ;
– si une procédure est pendante devant les autorités de l'État de la résidence habituelle (ou l'autorité requise par celles-ci).

PROTECTION DES BIENS

72405 Les autorités d'un État contractant sur le territoire duquel se trouvent des biens appartenant à l'adulte sont compétentes pour prendre des mesures de protection relatives à ces biens, à condition que ces **mesures** soient **compatibles** avec celles prises par les autorités ayant une compétence générale pour organiser la protection (Conv. La Haye du 13-1-2000 art. 9).
Ainsi que l'expose le rapport explicatif de la Convention, « lorsque ces biens sont situés dans un État contractant autre que celui dans lequel l'adulte a sa résidence habituelle, la compétence des autorités de l'État de situation des biens permettra de prendre une **mesure de protection adaptée** aux exigences du droit de cet État et facile à mettre en œuvre. Par exemple, si la loi de situation du bien exige une autorisation judiciaire pour vendre le bien ou à l'inverse pour accepter la succession dont il dépend ou pour procéder à un acte de publicité foncière, et que la loi de la résidence habituelle ignore ce type d'autorisation, il est plus expédient de saisir directement les autorités de l'État de situation des biens » (P. Lagarde, Rapport explicatif sur la convention de La Haye du 13 janvier 2000 n° 75).

DURÉE DE VALIDITÉ DES MESURES PRISES

72410 Les mesures prises par les autorités de l'État de la résidence habituelle ou de la nationalité, les autorités des États requises le cas échéant et les autorités de l'État dans lequel l'adulte a des biens restent en vigueur tant qu'elles n'ont pas été **modifiées**, **levées ou remplacées** par une autorité compétente en vertu de la Convention, y compris lorsqu'un changement de circonstances a fait disparaître l'élément sur lequel la compétence était fondée (Conv. La Haye du 13-1-2000 art. 12).

AUTRES COMPÉTENCES

72415 En **cas d'urgence**, les autorités de chaque État contractant sur le territoire duquel se trouve l'adulte ou des biens lui appartenant sont compétentes pour prendre les mesures de protection nécessaires. Elles en informent, dans la mesure du possible, les autorités de l'État de la résidence habituelle de l'adulte, s'il s'agit d'un État contractant (Conv. La Haye du 13-1-2000 art. 10). Cette compétence a vocation à jouer notamment en matière médicale, si des soins doivent être apportés d'urgence à l'adulte.
Lorsque l'adulte a sa résidence habituelle sur le territoire d'un État contractant, les mesures d'urgence cessent de produire leurs effets dès qu'une autorité compétente en vertu de la Convention a pris les mesures exigées par la situation. Si l'adulte n'a pas sa résidence habituelle sur le territoire d'un État contractant, les mesures prises conservent leur efficacité jusqu'à ce que les autorités de l'État non contractant de la résidence habituelle de l'adulte ou, le cas échéant, d'un autre État dont la compétence peut être reconnue aient pris les mesures exigées par la situation.

72420 Les autorités d'un État contractant sur le territoire duquel se trouve l'adulte sont compétentes de manière exceptionnelle pour prendre des **mesures provisoires** concernant uniquement la protection de la personne de l'adulte et dont l'efficacité est limitée au territoire de cet État. Les autorités adoptant ces mesures doivent en aviser les autorités de l'État de la résidence habituelle. Il faut cependant que les mesures prises soient compatibles avec celles adoptées par les autorités ayant une compétence générale pour organiser la protection. Dès que ces autorités se sont prononcées sur les mesures que pourrait exiger la situation, les mesures provisoires adoptées cessent de produire leurs effets.

2. LOI APPLICABLE

PRINCIPE

72450 Les **autorités compétentes** d'un État contractant appliquent en principe **leur propre loi** (Conv. La Haye du 13-1-2000 art. 13, § 1).
Exceptionnellement, elles peuvent toutefois appliquer ou prendre en considération la **loi d'un autre État** avec lequel la situation présente un lien étroit, dans la mesure où la protection de la personne ou des biens de l'adulte le requiert (Conv. La Haye du 13-1-2000 art. 13, § 2).

Lorsqu'une mesure de protection adoptée dans un État contractant est mise en œuvre dans un autre État contractant, les conditions de son application sont régies par la loi de ce dernier État (Conv. La Haye du 13-1-2000 art. 14).

MANDAT D'INAPTITUDE

La Convention prévoit des règles spécifiques pour le mandat d'inaptitude, dont elle donne la **définition** suivante. Il s'agit des « pouvoirs de représentation conférés par un adulte, soit par un accord, soit par un acte unilatéral, pour être exercés lorsque cet adulte sera hors d'état de pourvoir à ses intérêts » (Conv. La Haye du 13-1-2000 art. 15). En droit français, c'est le mandat de protection future (n°s 55000 s.). 72455
Sous certaines conditions, les **mandats conclus ou établis avant l'entrée en vigueur de la convention de La Haye** sont néanmoins régis par cette dernière (n° 72351).

Choix de la loi applicable La Convention consacre le principe du choix de la loi applicable au mandat d'inaptitude. Ce choix est cependant limité, la personne établissant le mandat ou les parties, selon qu'il s'agit d'un acte unilatéral ou conventionnel, devant nécessairement choisir l'**une des lois suivantes** (Conv. La Haye du 13-1-2000 art. 15, § 2) : 72460
– loi d'un État dont l'adulte protégé possède la nationalité (une personne possédant plusieurs nationalités pourra donc choisir l'une de ces lois) ;
– loi de l'État d'une résidence habituelle précédente de l'adulte ;
– loi d'un État dans lequel sont situés des biens appartenant à l'adulte, en ce qui concerne ces biens. Si l'adulte possède des biens dans différents pays, il pourrait soumettre le mandat concernant ces biens à la loi du pays où ils se trouvent. Par exemple, un Belge résidant en France et possédant un appartement à Londres et une villa en Toscane peut choisir la loi belge, tout en soumettant le mandat à la loi anglaise en ce qui concerne l'appartement, et à la loi italienne pour la villa.
Le choix de la loi applicable doit être exprès et établi par écrit.
Le **dépeçage** est implicitement admis : l'adulte peut choisir plusieurs lois pour régir le mandat d'inaptitude, en dépeçant ses éléments pour soumettre chacun d'entre eux à des lois différentes, notamment lorsqu'il possède des biens dans des États différents (P. Lagarde, Rapport explicatif sur la convention de La Haye du 13 janvier 2000, n° 103). Selon le rapport explicatif, la Convention n'interdit pas de soumettre le mandat dans son ensemble à plusieurs lois, soit alternativement (le choix se ferait en faveur de l'une des lois désignées, dans la mesure où elle valide le mandat), soit cumulativement (validité subordonnée à l'accord de toutes les lois désignées) (P. Lagarde, précité). Si l'adulte a choisi une loi qui ignore ou prohibe le mandat, il faut alors tenir les pouvoirs conférés pour inexistants et demander une mesure de protection (P. Lagarde, précité, n° 105).
En l'**absence de choix** de la loi applicable, le mandat sera soumis à la loi de la résidence habituelle de l'adulte au moment de l'établissement du mandat.

Domaine de la loi applicable La **loi applicable au mandat**, qu'elle ait été **choisie ou non**, régit l'ensemble des questions relatives au mandat : son existence, son étendue, sa modification et son extinction. Si la loi applicable au mandat prévoit une formalité de publicité, il faudra normalement procéder à celle-ci, en particulier si elle conditionne sa validité. Si le mandant a choisi la loi de sa nationalité alors qu'il réside dans un autre pays, procéder aux formalités de publicité peut s'avérer délicat dans le pays de la loi choisie, sauf à ce qu'il soit possible de procéder localement à une publicité équivalente. 72465
Les **modalités d'exercice des pouvoirs** de représentation sont en revanche soumises à la loi de l'État où ils sont exercés (Conv. La Haye du 13-1-2000 art. 15, § 3). Selon le rapport explicatif, la notion de modalités d'exercice ne devrait couvrir que des « points de détail » : vérification par une procédure locale de l'existence et de l'étendue des pouvoirs, dépôt de l'acte les conférant ou encore la procédure de l'autorisation lorsque le mandat d'inaptitude prescrit une autorisation.
La mise en œuvre du mandat peut en effet requérir un contrôle formel par une autorité judiciaire ou administrative (en France, ce contrôle est effectué par le greffier, sous le contrôle du juge : CPC art. 1258 s.) ou une homologation judiciaire (c'est le cas au Québec : P. Sanséau, Le mandat de protection future dans l'ordre international – De la théorie...à la pratique : Actes pratiques et stratégie patrimoniale 2019 n° 1 dossier 5).
Il a ainsi été jugé que la mise en œuvre en France d'un mandat régi par une loi étrangère peut être soumise, au titre des modalités d'exercice des pouvoirs de représentation, à une procédure de visa destinée à vérifier que l'altération des facultés du mandant a été médicalement constatée et à fixer la date de prise d'effet du mandat. Pour autant, elle ne saurait être subordonnée à des conditions propres au droit français, telles que l'exigence d'une prévision expresse, dans le

mandat, de modalités de contrôle du mandataire que n'impose pas la loi applicable à cet acte (Cass. 1e civ. 27-1-2021 n° 19-15.059 FS-PI : BPAT 2/21 inf. 64).
Si la loi étrangère applicable au mandat requiert l'intervention d'une autorité judiciaire pour procéder à la vente d'un immeuble situé en France, les modalités d'autorisation relèveront de la loi française et il faudra alors solliciter une telle autorisation auprès du juge des tutelles (P. Sanséau, Le mandat de protection future dans l'ordre international – De la théorie...à la pratique : Actes pratiques et stratégie patrimoniale 2019 n° 1 dossier 5). En revanche, si la loi française exige une telle autorisation mais pas la loi étrangère applicable au mandat, il faudrait respecter celle-ci et l'autorisation n'aurait pas à être demandée (P. Sanséau, précité).
Hors la forme du choix de loi lui-même, la Convention n'indique pas quelle est la loi applicable à la **forme du mandat** d'inaptitude. Dès lors, on peut soit considérer que la forme est régie par la même loi que celle qui régit le fond (en ce sens, P. Sanséau, précité) – mais cette interprétation est discutable en l'absence de toute référence expresse à la forme du mandat dans la Convention –, soit estimer que cette question ne relève pas de la Convention. Dans cette dernière hypothèse, il faudra alors appliquer la règle du droit international privé commun français (F. Brulé-Gadioux et J.-M. Plazy, Les personnes protégées en DIP. La gestion de l'incapacité : JCP N 2013 n° 1111) : loi du lieu de l'acte, sauf option des parties en faveur de leur loi nationale commune ou de la loi qui régit le fond (Cass. 1e civ. 10-12-1974 n° 73-11.238, Pierrucci : Rev. crit. DIP 1975 p. 474 note A. P.).

› Précisions a. S'agissant des ressortissants français résidant à l'étranger, une **curieuse réponse ministérielle** soumet les modalités d'exercice du mandat à la loi de la résidence habituelle de l'adulte. Qualifiant implicitement les formalités prévues par le droit français pour la mise en œuvre du mandat (CPC art. 1258 s. et C. civ. art. 481 : production du mandat et d'un certificat médical circonstancié au greffe) de « modalités d'exercice » du mandat, le ministre estime ainsi que ces formalités ne s'appliquent que si le mandant a sa résidence habituelle en France (Rép. Garriaud-Maylam : Sén. 31-5-2018 n° 3037, BPAT 4/18 inf. 156).
b. La **confirmation des pouvoirs du mandataire** est-elle une mesure de protection au sens de la Convention ? La première version du rapport explicatif, se fondant sur la lettre de l'article 38 de la Convention, estimait que non (P. Lagarde, Rapport explicatif sur la convention de La Haye du 13 janvier 2000, n° 146). « Toutefois, quelques délégations ont fait valoir depuis lors que cette analyse n'est pas celle qui, selon elles, résulterait de la discussion [...]. Selon cette opinion, la confirmation pourrait constituer une mesure de protection au sens de l'article 3 et elle ne pourrait être donnée que par l'autorité compétente selon la Convention. Une conséquence serait que, si l'adulte a [...] soumis le mandat qu'il a conféré à une loi autre que celle dont les autorités sont compétentes selon la Convention, le représentant risque d'être privé de la possibilité de faire confirmer ses pouvoirs, par exemple par l'autorité compétente de l'État dont la loi est applicable au mandat » (P. Lagarde, précité). Le problème est sans doute plus général. Dès lors qu'il est admis que la loi régissant les modalités d'exercice des pouvoirs de représentation a un titre à intervenir et peut requérir l'intervention d'une autorité judiciaire, si une telle intervention était qualifiée de mesure de protection, elle risquerait de ne pas être possible sur la base des critères de compétence de la Convention.

72470 **Contrôle de l'exercice des pouvoirs du mandataire** L'autorité compétente en vertu de la Convention peut **retirer ou modifier les pouvoirs** du mandataire si elle estime que le mandataire n'exerce pas ses pouvoirs de manière à assurer une protection suffisante de la personne ou des biens de l'adulte (Conv. La Haye du 13-1-2000 art. 16). Dans ce cas, l'autorité saisie devra prendre en considération la loi désignée par la Convention (qu'il y ait eu un choix de loi exprimé ou non) dans la mesure du possible. Ce qui signifie que si la loi désignée ne permet pas la révocation du mandataire ou la modification de ses pouvoirs, le tribunal compétent pourra néanmoins passer outre.

PROTECTION DES TIERS

72475 S'il est de bonne foi et normalement diligent, est protégé le **tiers qui a traité avec une personne ayant la qualité de représentant** selon la loi de l'État où l'acte est passé (à condition que les deux personnes aient été présentes sur le territoire du même État), mais non selon la loi désignée par la convention de La Haye. L'acte ne sera annulé que si le tiers savait ou devait savoir quelle était la loi applicable (Conv. La Haye du 13-1-2000 art. 17).
En matière contractuelle, si le tiers a traité avec l'adulte lui-même et non avec son représentant, la situation est régie non plus par la convention de La Haye mais par la convention de Rome et le règlement Rome I (n° 72312).

CORRECTIFS À LA LOI DÉSIGNÉE

La loi étrangère désignée pourra être évincée si elle est manifestement contraire à l'**ordre public** (Conv. La Haye du 13-1-2000 art. 21). 72478
La Convention réserve également l'application des **lois de police** de l'État dans lequel la protection de l'adulte doit être assurée.
Ces limites sont toutefois largement théoriques dans la mesure où le juge applique sa propre loi (sauf cas exceptionnels). Il en va toutefois différemment dans le cas du mandat d'inaptitude, où de telles limites pourraient au contraire avoir un rôle important, notamment en matière médicale. La question s'est ainsi posée de savoir si le mandataire pouvait consentir à un don d'organes au nom de l'adulte. Certaines lois étrangères semblent l'admettre. Néanmoins, en France, les articles du Code de la santé publique ont le caractère de lois de police et s'appliqueront donc à la question du don d'organes quelle que soit la loi désignée dans le mandat (M. Revillard, Protection internationale des adultes et droit international privé des majeurs protégés : Defrénois 2009 art. 38876 p. 35 n° 47).
Le mécanisme du **renvoi** est exclu par la Convention. Si une loi étrangère est désignée comme loi applicable, il s'agit de la loi interne à l'exclusion des règles de conflits de lois (Conv. La Haye du 13-1-2000 art. 19).

3. RECONNAISSANCE ET EXÉCUTION DES MESURES DE PROTECTION

Les mesures prises par les autorités d'un État contractant sont reconnues **de plein droit** dans les autres États contractants (Conv. La Haye du 13-1-2000 art. 22, § 1). Sur la notion de « reconnaissance de plein droit », voir n° 72025. 72480
Si elle comporte des actes d'exécution, par exemple la vente forcée d'un bien, la mesure devra faire l'objet dans le second État d'une déclaration d'**exequatur** ou, selon la procédure applicable dans certains États, d'un enregistrement aux fins d'exécution (Conv. La Haye du 13-1-2000 art. 25).
L'exécution se fera conformément au droit de l'État dans lequel elle a lieu et dans les limites posées par le droit de cet État, la mesure d'exécution devant être traitée comme si elle avait été adoptée par une autorité nationale (Conv. La Haye du 13-1-2000 art. 27).

La **reconnaissance et** l'**exécution** peuvent être **refusées** par l'État requis (Conv. La Haye du 13-1-2000 art. 22, § 2) : 72485
– si la juridiction qui a adopté les mesures n'était pas compétente au regard de la Convention ;
– si l'adulte n'a pu être entendu au cours de la procédure (sauf cas d'urgence), en violation des principes fondamentaux de procédure de l'État requis ;
– si la reconnaissance est contraire à l'ordre public ou à une loi de police de l'État requis ;
– lorsque la décision est incompatible avec une décision postérieure émanant d'un État non contractant qui aurait été compétent selon les critères posés par la Convention et qui réunit les conditions relatives à sa reconnaissance dans l'État requis ;
– si la décision dont la reconnaissance est demandée prévoit le placement de l'adulte dans l'État requis sans avoir préalablement consulté l'autorité centrale ou une autorité compétente de cet État.

CERTIFICAT INTERNATIONAL

L'État contractant dans lequel une mesure de protection a été prise ou un pouvoir de représentation confirmé a la faculté de délivrer un certificat indiquant la **qualité et** les **pouvoirs de la personne à qui est confiée la protection** de l'adulte (Conv. La Haye du 13-1-2000 art. 38, § 1). Ces indications sont tenues pour établies à la date du certificat, sauf preuve contraire (Conv. La Haye du 13-1-2000 art. 38, § 2). 72490
Ce certificat ayant **force probante** dans tous les États contractants, il devrait permettre d'éviter frais et contestations (P. Lagarde, Rapport explicatif sur la convention de La Haye du 13 janvier 2000, n° 144).
Un **modèle** de certificat est disponible sur le site internet de la conférence de La Haye (hcch.net).
En France, l'autorité compétente pour délivrer ce certificat est le directeur de greffe de la juridiction qui a rendu la décision ou visé le mandat de protection future (CPC art. 509-1, I-3°). Un auteur indiquait que ce certificat n'était pas utilisé en pratique, notamment parce qu'aucun État contractant n'avait jusqu'alors procédé à la désignation de cette autorité (P. Sanséau, Le mandat de protection future dans l'ordre international – De la théorie...à la pratique : Actes pratiques et stratégie patrimoniale 2019 n° 1 dossier 5) ; la France y a procédé seulement en 2019.

B. Droit commun

72495 Remplacé en grande partie par la convention de La Haye du 13 janvier 2000, le droit commun de la **compétence** n'a plus vocation à intervenir, excepté dans quelques hypothèses résiduelles. C'est notamment le cas pour les adultes à protéger ayant leur résidence habituelle dans un État non partie à la Convention. L'extension, à l'ordre international, des critères de compétence interne rend compétent le tribunal du domicile du tuteur (CPC art. 1211). La compétence des tribunaux français pourrait donc être établie si le tuteur se trouve en France. Si celle-ci ne peut être établie ainsi, un juge français pourrait également être saisi sur le fondement du privilège de juridiction prévu par l'article 14 du Code civil (Cass. 1e civ. 9-12-2003 n° 01-14.569 : Bull. civ. I n° 547, Defrénois 2004 art. 37901 p. 434 note M. Revillard), à condition que le demandeur de la mesure de protection (et pas nécessairement la personne à protéger) soit français (en ce sens, Rép. Droit international Dalloz, v. Majeur protégé par E. Gallant, n° 100), ou sur le fondement du privilège de juridiction prévu par l'article 15 du Code civil, à condition que la personne à protéger soit française (P. Beaudoin, Problématiques internationales des mesures de protection : Dr. famille 2023 dossier 6).

Le tribunal devra alors désigner comme **loi applicable** aux mesures de protection la loi nationale de la personne protégée, même si la personne chargée de la protection est de nationalité différente (M. Revillard : Droit international privé et européen : pratique notariale, Defrénois, Lextenso 9e éd. 2018, n° 837).

Le jeu du renvoi est admis notamment en faveur de la loi du domicile ou de la résidence habituelle (Cass. 1e civ. 21-9-2005 n° 04-10.217 : Bull. civ. I n° 336). Il ne présentera cependant guère d'intérêt puisque son principal attrait était de permettre au juge français saisi de mettre en œuvre les mesures de protection prévues par la loi française (Cass. 1e civ. 21-9-2005, précité). Or, si l'adulte à protéger a sa résidence habituelle ou son domicile en France, la convention de La Haye du 13 janvier 2000 est désormais applicable (n° 72385). Néanmoins, le renvoi devrait quand même être mis en œuvre.

CHAPITRE 3 LE COUPLE EN DROIT INTERNATIONAL PRIVÉ

SOMMAIRE

SECTION 1 LE MARIAGE

I. CÉLÉBRATION DU MARIAGE

A. Conditions de forme

LOI DU LIEU DE CÉLÉBRATION

72500 Le mariage est valablement célébré s'il l'a été conformément aux formalités prévues par la loi de l'État sur le territoire duquel la célébration a eu lieu (C. civ. art. 202-2). Introduit dans le **Code civil** par la loi 2013-404 du 17 mai 2013, cet article n'a fait que codifier la règle de conflit de lois formulée par la jurisprudence. Les solutions antérieures ne doivent donc pas être modifiées.

72505 **Domaine de la règle** La loi du lieu de **célébration** déterminera si le mariage doit être célébré devant une autorité étatique (officier de l'état civil) ou si une cérémonie purement privée ou religieuse peut être reconnue valable (Cass. 1e civ. 22-6-1955, Caraslanis : Rev. crit. DIP 1955 p. 723 note H. Batiffol).

Cette loi régira également les formalités relatives à la **publicité** de la célébration.

La loi du lieu de célébration déterminera enfin la nature de la **sanction** encourue (inopposabilité, nullité) en cas de violation des conditions qu'elle pose relativement à la forme du mariage.

> **Précisions** La **distinction de la forme et du fond**, s'agissant de la célébration du mariage, est brouillée par les interventions récentes du législateur français. Les conditions de forme sont celles traditionnellement attachées à la forme d'un acte juridique soit « l'ensemble des comportements extérieurs et tangibles imposés à l'auteur d'une manifestation de volonté » (V. Delaporte : Recherche sur la forme des actes en droit international privé, thèse Paris I, 1974, n° 133). Ceci vaut pour un acte purement privé. Or, la célébration du mariage implique souvent, comme c'est le cas en France (n° 72515), l'intervention d'une autorité publique, laquelle applique sa propre loi à la forme des actes qu'elle établit. La volonté de lutter contre les mariages de complaisance (« mariages blancs ») et les mariages forcés a conduit le législateur français à accroître le nombre de formalités entourant la célébration du mariage et le rôle de l'autorité publique (qui ressortissent a priori de la catégorie « forme ») afin de vérifier la réalité et la liberté du consentement des futurs époux (qui appartiennent indiscutablement au « fond »). Certaines règles apparemment de forme sont applicables au mariage d'un Français à l'étranger (n° 72560), ce qui rend leur qualification incertaine, tandis que les règles de fond posées par la loi française et relatives au consentement sont désormais applicables à tout mariage célébré en France ou à l'étranger (n° 72562 s.).

72510 **Caractère impératif** Lorsque le **mariage** est **célébré en France**, la règle de conflit désignant la loi locale en matière de forme du mariage a un caractère impératif. Les époux ne peuvent pas, comme en droit des contrats, décider de soumettre les conditions de forme à la loi applicable au fond. Seule la loi française est applicable et l'officier de l'état civil français est seul compétent pour y procéder, sauf, dans la mesure permise par la loi française, si les époux choisissent une célébration devant une autorité diplomatique ou consulaire. Cela vaut en particulier pour les époux dont la loi nationale admet ou impose une **célébration religieuse** du mariage. Un mariage célébré seulement en la forme religieuse en France, y compris devant une autorité consulaire (alors que celle-ci n'y est pas habilitée) est nul. Les époux devront, conformément à la loi française du lieu de célébration du mariage, se marier selon la forme civile. Rien ne leur interdit en revanche de faire suivre la célébration civile d'une célébration religieuse, s'ils veulent s'assurer que la validité en la forme de leur mariage sera reconnue dans leur pays d'origine.

La jurisprudence semble considérer que la loi locale en matière de forme du mariage est également impérative pour les **mariages célébrés à l'étranger**, sous réserve du jeu du renvoi (Cass. 1e civ. 15-6-1982 n° 81-12.611, Zagha : Rev. crit. DIP 1983 p. 300 ; Rép. droit international Dalloz, v. Mariage par B. Bourdelois, nos 73 s.).

CÉLÉBRATION EN FRANCE

72515 L'officier d'état civil français a une compétence générale pour célébrer les mariages en France, sans égard à la nationalité des futurs époux.

Si l'**un des époux** au moins est **français**, la célébration devra impérativement avoir lieu devant l'officier de l'état civil. Un mariage célébré en France par un consul représentant un État étranger entre un ressortissant de cet État et un Français est nul (TGI Paris 24-2-1975 : D. 1975 p. 379 note J. Massip).

La célébration suivra dès lors les règles du droit français (nos 180 s.). Les dispositions du Code civil visant à vérifier l'intégrité et la réalité du consentement des futurs époux (notamment l'audition des futurs époux (C. civ. art. 63) et le droit d'opposition du ministère public (C. civ. art. 175-2), quoique liées au fond, doivent être considérées comme des règles de forme, impérativement applicables puisque le mariage est célébré en France.

Il faut cependant signaler certaines **difficultés relatives à la publicité du mariage** lorsque l'un des époux (ou les deux) est domicilié à l'étranger ou est de nationalité étrangère.

Le mariage doit faire l'objet d'une double publicité à la mairie du lieu du mariage et à celle du lieu où chacun des futurs époux a son domicile ou, à défaut de domicile, sa résidence (C. civ. art. 166). Lorsque l'un des époux a encore son domicile ou sa résidence habituelle à l'étranger, cette publicité peut s'avérer difficile à réaliser si le droit local ne prévoit pas de formalité équivalente à celle de la publication prévue par le droit français. L'instruction générale relative à l'état civil indique que l'époux doit produire à l'officier d'état civil un certificat de publication émanant de l'officier

consulaire français (s'il est français ou réfugié) ou de l'autorité étrangère (Igec du 11-5-1999 n° 539 : JO 28-7 annexe p. 50001). Si celle-ci refuse ou en ignore l'existence, l'officier de l'état civil peut passer outre et procéder à la célébration du mariage dès qu'il a acquis la conviction que la production de cette pièce est impossible.
Si l'un des époux est étranger, sa loi nationale peut prévoir une publication impérative dans son pays d'origine, alors même qu'il est domicilié ou qu'il réside en France. L'officier de l'état civil peut ignorer cette exigence : il n'a pas à s'assurer que la publication prévue à l'étranger a eu lieu (Igec du 11-5-1999 n° 541). Il faut toutefois noter que, dans ce cas, le mariage risque de n'être pas considéré comme valable dans ce pays.

Si les **deux époux** sont **étrangers** et ressortissants du même État, une célébration devant le consul représentant cet État est possible (C. civ. art. 171-1, al. 2, dont la réciprocité doit être admise), à condition toutefois que la loi de l'État qu'il représente lui octroie un tel pouvoir. En revanche, deux étrangers de nationalité différente ne pourraient être mariés devant le consul de la nationalité de l'un d'eux. **72520**

S'agissant de futurs **époux de même sexe** dont l'un ou les deux sont ressortissants d'un État dans lequel l'homosexualité est un délit ou un crime, le ministère de la justice recommande de saisir le procureur de la République afin qu'il dispense de l'affichage de la publication des bans, conformément à l'article 169 du Code civil (Circ. du 29-5-2013 de présentation de la loi ouvrant le mariage aux couples de personnes de même sexe : BO min. just. 2013-05 du 31-5-2013 p. 6 ; la circulaire dresse la liste des États concernés). **72522**
Sur le lieu de célébration du mariage lorsque l'un des futurs époux est français et que le couple réside dans un pays prohibant le mariage homosexuel, voir n° 200.

CÉLÉBRATION À L'ÉTRANGER

Un Français pourra se marier à l'étranger en suivant les **formes locales** (C. civ. art. 171-1). Il peut ainsi se marier en la forme religieuse si la loi étrangère le prévoit. **72525**
Les **agents diplomatiques et consulaires français** peuvent également marier deux Français à l'étranger (C. civ. art. 48). Dans certains pays, dont la liste est établie par décret, ils peuvent même célébrer un mariage entre un Français et un étranger (C. civ. art. 171-1, al. 3). Il s'agit des pays suivants : Afghanistan, Arabie saoudite, Cambodge, Chine, Egypte, Irak, Iran, Japon, Laos, Maroc (zone de Tanger), Oman (Mascate), Thaïlande, Yémen (Décrets du 26-10-1939 et du 15-12-1958). Cette liste, limitative et inadaptée (la zone de Tanger, par exemple, n'existe plus depuis qu'elle a été intégrée au royaume du Maroc après son indépendance), devrait être actualisée (Rép. Cerisier-ben Guiga : Sén. 15-12-2005 p. 3220 n° 18475).
Cette célébration n'est cependant possible que « pour autant que les **lois et règlements de l'État de résidence** ne s'y opposent pas » (Conv. Vienne du 24-4-1963 sur les relations consulaires art. 5, f).
D'après le ministère de la justice, certains États (notamment la Suisse, les États-Unis et le Royaume-Uni) s'opposent expressément à toute célébration de mariage par les consuls étrangers (Circ. du 29-5-2013 de présentation de la loi ouvrant le mariage aux couples de personnes de même sexe : BO min. just. 2013-05 du 31-5-2013 p. 7-8). En outre, la célébration ne doit pas se faire en violation de l'**ordre public local** ce qui pourra être le cas dans les pays qui ne connaissent pas, interdisent, voire punissent le mariage entre personnes de même sexe (Circ. précitée, p. 8). Dans ces cas, il pourra être procédé à la célébration en France. Il est toutefois soutenu que la position de la circulaire serait contraire au principe d'égalité dans la mesure où elle constituerait une discrimination entre les couples de même sexe et les couples hétérosexuels, d'autant que ce n'est pas le mariage homosexuel qui serait prohibé dans la plupart des cas, mais l'homosexualité en tant que telle (C. Bidaud-Garon, Mariage consulaire... pour tous ? : JCP G 2013 n° 1325). La position défendue par le ministère de la justice nous paraît cependant un compromis raisonnable entre les exigences du principe d'égalité et celle du respect de la convention de Vienne sur les relations consulaires.

FORMALITÉS SPÉCIFIQUES EN CAS DE MARIAGE D'UN FRANÇAIS DEVANT UNE AUTORITÉ ÉTRANGÈRE

Avant la célébration, les formalités suivantes doivent être respectées (C. civ. art. 171-2 et 171-3) : **72530**
– les intéressés doivent constituer un dossier de mariage et sont entendus, le cas échéant individuellement, à la demande de l'autorité diplomatique ou consulaire territorialement compétente au regard du lieu de célébration du mariage, par l'officier de l'état civil du lieu de leur domicile ou de leur résidence en France ou par l'autorité diplomatique ou consulaire territorialement compétente en cas de domicile ou de résidence à l'étranger ;
– sauf dispense, les bans doivent être publiés auprès de l'officier de l'état civil ou de l'autorité diplomatique ou consulaire du lieu où le futur époux français a son domicile ou sa résidence ;

– le ou les Français doivent obtenir la délivrance d'un certificat de capacité à mariage auprès de l'autorité diplomatique ou consulaire compétente au regard du lieu de célébration du mariage. Lorsque des indices sérieux laissent penser que le mariage encourt la nullité pour violation des dispositions de fond de la loi française (âge des futurs époux, présence à la cérémonie, polygamie, célébration non publique, etc.), l'autorité diplomatique ou consulaire doit saisir le procureur de la République et en informer les intéressés. Le procureur dispose d'un délai de deux mois pour faire connaître son **opposition au mariage**. La mainlevée de cette opposition peut être demandée par les époux devant le tribunal judiciaire (C. civ. art. 171-4).

72535 **Après la célébration**, le mariage doit faire l'objet d'une **transcription sur les registres d'état civil français** ; à défaut, le mariage est inopposable aux tiers (C. civ. art. 171-5, al. 1). La transcription n'est soumise à aucune exigence de délai et rend la qualité de conjoint opposable aux tiers depuis la date du mariage (Cass. 1e civ. 7-12-2016 n° 15-22.996 FS-PBI : RJDA 3/17 n° 164, BPAT 1/17 inf. 3). À propos de la demande simultanée de transcription du mariage et du divorce, voir n° 72950.

Les époux devront donc demander à l'autorité diplomatique ou consulaire compétente au regard du lieu de célébration du mariage de transcrire celui-ci (C. civ. art. 171-5, al. 3). Le mariage célébré malgré l'opposition du procureur de la République ne peut toutefois être transcrit tant que les époux n'ont pas obtenu mainlevée de cette opposition (C. civ. art. 171-6).

Le **non-respect des formalités préalables** (n° 72530) ne conduit pas nécessairement à la nullité du mariage. L'absence de publication des bans auprès de l'autorité diplomatique ou consulaire n'entraînera la nullité que si elle est intentionnelle (P. Mayer, V. Heuzé et B. Remy : Droit international privé, LGDJ précis Domat 12e éd. 2019, n° 587). Néanmoins, en l'absence de publication des bans, de constitution d'un dossier de mariage, d'audition commune des futurs époux (sauf impossibilité ou absence de nécessité) ou de certificat de capacité à mariage, la transcription doit être précédée de l'audition commune des époux et, le cas échéant, d'entretiens individuels par l'autorité diplomatique ou consulaire (sauf décision motivée de l'autorité diplomatique ou consulaire, si cette dernière dispose d'informations établissant que le consentement des époux est réel et non vicié) (C. civ. art. 171-7). Si après l'audition l'autorité diplomatique ou consulaire constate qu'il existe des indices sérieux laissant présumer que le mariage encourt la nullité (pour non-respect des conditions de fond), elle sursoit à la transcription et saisit le procureur de la République, qui dispose d'un délai de six mois pour se prononcer sur la transcription. S'il s'oppose ou garde le silence (ce qui vaut opposition), les époux devront saisir le tribunal judiciaire, qui statue dans le mois sur la transcription (C. civ. art. 171-7). En cas d'appel, la cour statue dans le même délai. Le non-respect de ce délai n'est toutefois assorti d'aucune sanction et ne saurait entraîner de plein droit la mainlevée de l'opposition (Cass. 1e civ. 5-4-2023 n° 21-15.196 F-B : BPAT 3/23 inf. 123).

Lorsque les **formalités préalables ont été respectées** (et que les formes locales l'ont également été), la transcription doit être effectuée sauf si des éléments nouveaux fondés sur des indices sérieux laissent présumer que le mariage encourt la nullité au regard de certaines dispositions de la loi française (condition d'âge, consentement, présence, bigamie, inceste et clandestinité). Dans ce cas, il doit être procédé à nouveau à l'audition commune des époux, et le cas échéant à des entretiens individuels, ainsi qu'à l'information du procureur de la République, qui dispose d'un délai de six mois pour agir en nullité. S'il ne s'est pas prononcé à l'expiration de ce délai, la transcription doit être effectuée. Néanmoins, le procureur conserve le droit d'agir ultérieurement en nullité du mariage (C. civ. art. 171-8).

> **Précisions** Un mariage contracté par un Français en Algérie avec une femme de nationalité algérienne, alors qu'il était déjà marié, ne peut être transcrit sur les registres consulaires, quand bien même son divorce avec sa première épouse aurait été prononcé et que l'action en **nullité du mariage pour bigamie** est **prescrite** par l'effet de la prescription trentenaire (Cass. 1e civ. 19-10-2016 n° 15-50.098 FS-PBI : BPAT 6/16 inf. 214).

B. Conditions de fond

PRINCIPE DE LA LOI NATIONALE

72550 Les **qualités et conditions requises pour pouvoir contracter mariage** sont en principe régies, pour chacun des époux, par sa loi personnelle (C. civ. art. 202-1, al. 1) c'est-à-dire sa loi nationale. Cette disposition codifie, à l'instar de celle relative aux conditions de forme, la jurisprudence antérieure à la loi 2013-404 du 17 mai 2013 ouvrant le mariage aux couples de personnes de même sexe. Toutefois, les exceptions à l'application de la loi nationale d'un époux étranger sont de plus en plus nombreuses, le législateur ayant consacré récemment plusieurs cas d'application impérative du droit français aux conditions de fond du mariage.

LOI NATIONALE DE CHACUN DES ÉPOUX

Application distributive En principe, les conditions de fond à la validité du mariage sont appréciées **séparément** au regard de la loi nationale de **chaque époux** au moment du mariage. Par exemple, en cas de mariage d'une Française avec un Espagnol, les conditions de validité du mariage seront appréciées pour la femme au regard de la loi française, et pour le mari au regard de la loi espagnole. En présence d'un époux possédant la nationalité française et celle d'un État tiers à l'Union européenne, seule la nationalité française doit être prise en considération par le juge français (Cass. 1e civ. 30-11-2022 n° 21-17.043 FS-D). 72555

Les conditions de fond régies par la loi personnelle sont désormais essentiellement la capacité matrimoniale, laquelle recouvre à la fois la capacité de se marier sans autorisation parentale (qui se confond le plus souvent avec la capacité civile) et l'âge nubile (Rép. Dalloz droit international, v. Capacité par E. Gallant, n° 39 ; Cass. 1e civ. 30-11-2022 précité : refus de transcription du mariage célébré en Algérie d'une franco-algérienne âgée de 17 ans). L'erreur sur la personne ou les qualités essentielles de la personne continue de relever de la loi nationale de chaque époux (Cass. 1e civ. 18-5-2022 n° 21-11.106 FS-B : SNH 18/22 inf. 6, solution implicite). C'est également à la loi nationale qu'il appartient de décider si certaines prohibitions au mariage tenant à la parenté ou à l'âge sont susceptibles de dispense et de désigner l'autorité pouvant accorder cette dispense (Rép. droit international Dalloz, v. Mariage par B. Bourdelois, n° 29). Il devrait néanmoins être admis que l'autorité étrangère désignée peut être remplacée par une autorité française équivalente. Enfin, la capacité à se remarier est traditionnellement régie par la loi nationale ; cela étant, il n'est pas certain que la loi nationale trouve à s'appliquer sur ce point dans la mesure où il y a de fortes chances que les conditions posées soient contraires à l'ordre public international. Ainsi, l'existence d'un délai de viduité serait très certainement contraire à l'ordre public international (CEDH 27-6-2023 n° 27094/20, estimant que le délai de viduité prévu par le droit civil turc est une violation du droit au respect de la vie privée (art. 8) et du droit au mariage (art. 12)).

› **Précisions** **a.** La disposition selon laquelle le **mariage d'un Français**, même contracté à l'étranger, requiert sa **présence** (C. civ. art. 146-1) est une condition de fond du mariage posée par la loi française (Cass. 1e civ. 15-7-1999 n° 99-10.269 : Bull. civ. I n° 244). Elle devrait par ailleurs être appliquée à tous les époux se mariant en France, quelle que soit leur nationalité, en tant que loi de police, ce qui interdit la célébration en France d'un mariage par procuration, alors que celle-ci est par exemple admise, dans certaines circonstances, en Italie et en Espagne (Rép. Dalloz droit international, v. Mariage par B. Bourdelois nos 54 et 55). De même, le mariage d'un Français par conversion d'un « civil partnership » écossais en mariage par le biais d'une procédure purement administrative ne serait pas valable si les époux n'ont pas comparu (Rép. Dussopt : AN 9-8-2016 n° 95125). En revanche, l'ordre public international ne s'oppose pas à la validité d'un mariage par procuration d'un ressortissant étranger célébré à l'étranger (au Maroc), si la loi nationale de l'intéressé le permet et que son consentement au mariage est réel (Cass. 1e civ. 18-3-2020 n° 19-11.573 FS-PB : BPAT 3/20 inf. 92).

b. La **capacité à se marier** n'est pas couverte par la convention de La Haye du 13 janvier 2000. Il faudra donc appliquer la loi nationale pour déterminer si une autorisation par un représentant légal est nécessaire (Rép. Dalloz droit international, v. Capacité par E. Gallant n° 43). En revanche, la désignation de celui-ci doit se faire en application de la convention de La Haye (P. Lagarde, Rapport explicatif sur la convention de La Haye du 13 janvier 2000 n° 35 : hcch.net).

Empêchements bilatéraux Certaines conditions ne visent pas la personne de chaque époux mais les deux **époux pris ensemble**. Dans ce cas, le mariage ne sera valable que s'il respecte **cumulativement** les prescriptions des lois nationales de chacun des époux, ce qui aboutit en pratique à appliquer la loi la plus restrictive. 72560

Au regard de la loi française, sont notamment considérés comme des empêchements bilatéraux les empêchements dérivant de la prohibition de l'inceste (mariage entre ascendant et descendant, frère et sœur, oncle et nièce). Il en va de même pour la prohibition de la bigamie et donc du mariage polygamique (Cass. 1e civ. 24-9-2002 n° 00-15.789 : Bull. civ. I n° 214). Quand bien même elle serait célibataire (la prohibition de la bigamie du droit français ne lui serait donc pas applicable), une Française ne peut pas épouser un Algérien déjà marié (alors même que du point de vue de la loi nationale de celui-ci, un tel mariage est valable).

CONSENTEMENT

« Quelle que soit la loi personnelle applicable, le mariage requiert le consentement des époux, au sens de l'article 146 et du premier alinéa de l'article 180 » (C. civ. art. 202-1, al. 1). Par cette disposition issue de la loi 2014-873 du 4 août 2014 pour l'égalité réelle entre les femmes et les hommes, le législateur est venu briser la jurisprudence antérieure de la Cour de cassation et 72562 impose désormais l'application systématique de la **loi française** pour apprécier l'existence et la liberté du consentement des époux, quelle que soit leur nationalité. La loi française permettra dès lors de sanctionner l'absence d'intention matrimoniale (« mariage blanc » ; C. civ. art. 146) et le fait que le consentement de l'un des époux n'était pas libre (C. civ. art. 180, al. 1) en cas de contrainte exercée à l'encontre de celui-ci, c'est-à-dire de mariage forcé (on rappellera qu'en droit français du mariage, le vice de violence inclut la crainte révérencielle envers un ascendant). Ces dispositions du Code civil semblent donc appliquées à titre de lois de police (S. Godechot-Patris, Abandon de la méthode conflictuelle pour apprécier la réalité de l'intention matrimoniale : RJPF 2014 n° 11 p. 30 s. ; H. Fulchiron, Règle de conflit de lois contre les mariages forcés – Qui mal embrasse, trop étreint : JCP G doctr. 171 n° 11).

72563 Toutefois, aucune **condition spatiale** n'est ici requise par le législateur à la différence du mécanisme classique des lois de police dont le domaine d'application spatial est déduit du but poursuivi par le législateur et dont l'application est ainsi conditionnée à l'existence d'un lien avec l'ordre juridique français (S. Godechot-Patris, précité). On devrait donc en déduire que « les articles 146 et 180, alinéa 1er ont vocation à s'appliquer à tous les mariages passés (sous réserve des principes généraux du droit transitoire ?), présents et à venir, à ceux dont le juge serait amené à vérifier la conformité comme à ceux que l'officier de l'état civil serait amené à célébrer, aux unions contractées en France comme aux unions contractées à l'étranger » (H. Fulchiron, précité). Il faut donc espérer que les juges appliquant ce texte y adjoignent un critère d'application spatiale, lequel résulterait d'un lien avec la France : nationalité de l'un des époux ou célébration en France (voire étranger résidant habituellement en France selon H. Fulchiron, précité). Autrement, la règle risque de s'appliquer à des mariages célébrés à l'étranger pour lesquels le consentement était vicié (mariage arrangé) mais qui ont duré dans le temps. Il ne paraît pas raisonnable dans ce cas d'annuler ces mariages. D'autant qu'une telle annulation risque de se retourner contre le conjoint dont le consentement était vicié (perte de la qualité de conjoint survivant par exemple, encore que la putativité du mariage, définie selon les critères du droit français, devrait s'appliquer). En tout état de cause, il ne semble pas que cette règle ait vocation à s'appliquer aux mariages célébrés avant l'entrée en vigueur de la loi 2014-873 du 4 août 2014 (Cass. 1e civ. 16-3-2016 n° 15-14.365 F-PB ; en sens contraire, Cass. 1e civ. 18-5-2022 n° 21-11.106 FS-B : SNH 18/22 inf. 6, mais la question n'était pas directement posée par le pourvoi). Un auteur est favorable à l'application immédiate aux procédures en cours (A. Boiché, Annulation du mariage : application d'office de la loi étrangère : AJ fam. 2016 p. 342).

72564 En outre, en présence d'une **convention bilatérale** prévoyant une règle de conflit de lois sur le mariage, il n'est pas certain que la règle posée par l'article 202-1 puisse évincer la règle de conflit conventionnelle. Elle pourra certainement « s'insérer » dans la convention via le jeu de l'ordre public, à l'instar de la jurisprudence sur le mariage homosexuel franco-marocain (n° 72568), mais cela impose néanmoins de mettre en œuvre la règle de conflit de lois prévue par la convention (qui désigne en règle générale la loi nationale), et d'écarter seulement dans un second temps la loi étrangère désignée si elle n'est pas aussi protectrice du consentement des époux que l'est la loi française (Cass. 1e civ. 18-3-2020 n° 19-11.573 FS-PB : BPAT 3/20 inf. 92, où la réserve de l'ordre public international prévue par la convention franco-marocaine du 10 août 1981 est utilisée pour contrôler la réalité du consentement d'un époux marocain). L'« économie de raisonnement » (Ph. Francescakis, Quelques précisions sur les lois d'application immédiate : Rev. crit. DIP 1966 p. 1) voulue par le législateur français via l'article 202-1 du Code civil ne pourra donc pas jouer (en ce sens, A. Devers, Office du juge français en présence de droits indisponibles : Dr. famille 2016 comm. 116 ; pour un avis opposé, voir A. Boiché, précité) sauf, hypothèse sans doute rare, si la convention réserve expressément l'application des lois de police (ce qui n'est pas le cas, par exemple, de la convention franco-marocaine du 10-8-1981).

ORDRE PUBLIC ET MARIAGE CÉLÉBRÉ EN FRANCE

72565 En matière de mariage, l'ordre public international joue souvent un rôle négatif **en s'opposant à la célébration d'un mariage** en France en vertu d'une loi étrangère dont l'application heurterait les conceptions fondamentales du droit français. Il est ainsi impossible de célébrer en France un mariage polygamique, même s'il s'agit de deux époux de nationalité étrangère dont la loi valide une telle union.

L'ordre public s'oppose également à l'application d'une loi étrangère permettant le mariage entre parents et alliés au degré prohibé en France dans un cas où la possibilité d'une dispense n'est pas prévue par notre loi, et alors même qu'une dispense aurait été accordée par l'autorité étrangère (Igec du 11-5-1999 n° 548). Une loi étrangère autorisant des époux à se marier avant l'âge prévu par la loi française (18 ans) est contraire à l'ordre public international.

L'ordre public peut également jouer un rôle positif **en permettant la célébration d'un mariage** qu'une loi étrangère interdit. Notamment, un empêchement à mariage fondé sur une discrimination raciale ou religieuse serait écarté au nom de l'ordre public.
Les **agents diplomatiques ou consulaires étrangers** exercent leurs compétences dans les limites de l'ordre public français (Igec du 11-5-1999 n° 558).

Mariage homosexuel « Deux personnes de même sexe peuvent contracter mariage lorsque, pour au moins l'une d'elles, soit sa loi personnelle, soit la loi de l'État sur le territoire duquel elle a son domicile ou sa résidence le permet » (C. civ. art. 202-1, al. 2). En dépit de sa formulation positive, cette règle, issue de la loi 2013-404 du 17 mai 2013 ouvrant le mariage aux couples de personnes de même sexe (et modifiée par la loi 2014-873 du 4-8-2014), joue comme une **exception d'ordre public international**, tout comme la règle de conflit de lois belge dont le législateur français s'est inspiré, et il convient dès lors de la considérer comme telle (H. Fulchiron, Le mariage entre personnes de même sexe en droit international privé au lendemain de la reconnaissance du « mariage pour tous » : JDI 2013 doctr. 9 ; confirmant cette interprétation : Cass. 1e civ. 28-1-2015 n° 13-50.059 : BPAT 2/15 inf. 44). À l'instar de l'ordre public dit « de proximité », cette exception ne joue que si certains facteurs de rattachement sont réunis. Mais à la différence de l'exception d'ordre public, ces rattachements peuvent être caractérisés avec d'autres pays que la France, dans la mesure où ceux-ci autorisent le mariage homosexuel. Cependant, même si le texte ne le précise pas, seule la loi française devrait s'appliquer en cas de mise en jeu de cette exception. 72566

Les **rattachements** sont définis de manière très large : nationalité, domicile ou résidence. Si l'on se réfère aux travaux préparatoires à la loi du 17 mai 2013, les concepts de domicile et de résidence doivent être interprétés par référence au droit interne et non au sens qu'ils ont en droit international privé (J.-P. Michel : Rapport n° 437 fait au nom de la commission des lois constitutionnelles, de législation, du suffrage universel, du règlement et d'administration générale sur le projet de loi, adopté par l'Assemblée nationale, ouvrant le mariage aux couples de personnes de même sexe p. 55). Un auteur en déduit que la seule hypothèse où le mariage ne peut pas être célébré en France est celle de deux étrangers dont les lois nationales prohibent le mariage homosexuel, ayant leur domicile ou leur résidence dans un (ou des) pays qui le prohibe également, sans que les intéressés aient personnellement la moindre attache avec la France (H. Fulchiron, précité). 72567
Le domicile est défini comme le lieu du principal établissement d'une personne (C. civ. art. 102). La résidence ne serait pas la résidence habituelle mais la résidence au sens des textes sur le mariage, c'est-à-dire une résidence établie par un mois au moins d'habitation continue à la date de la publication prévue par la loi (C. civ. art. 74). En outre, l'instruction générale relative à l'état civil invite l'officier d'état civil à adopter une attitude libérale dans la détermination du domicile et de la résidence pour la célébration du mariage. Elle indique, au sujet de la résidence, que « l'habitation peut d'ailleurs être essentiellement temporaire : rien ne s'oppose à ce qu'elle soit choisie uniquement en vue du mariage » (Igec du 11-5-1999, modifiée par l'instruction générale du 29 mars 2002 relative à l'état civil n° 392), ce dont on déduit qu'une résidence secondaire suffit (S. Godechot-Patris et J. Guillaumé, La loi n° 2013-404 du 17 mai 2013 ouvrant le mariage aux couples de personnes de même sexe. Perspectives de droit international privé : D. 2013 p. 1756). La définition de la résidence paraît donc trop large, et il serait souhaitable que la jurisprudence la cantonne à la résidence habituelle.

La question s'est posée de savoir si **en présence d'une convention internationale bilatérale** définissant des règles de conflit de lois pour le mariage, cette exception d'ordre public devait s'appliquer. Une circulaire ministérielle affirme qu'il est nécessaire d'écarter le jeu de l'article 202-1, alinéa 2 en présence d'une telle convention (Circ. du 29-5-2013 de présentation de la loi ouvrant le mariage aux couples de personnes de même sexe : BO min. just. 2013-05 du 31-5-2013 p. 4-5, précisée sur ce point par une instruction ultérieure : Inst. du 1-8-2013). Les pays concernés seraient la Pologne, le Maroc, la Bosnie-Herzégovine, le Monténégro, la Serbie, le Kosovo et la Slovénie. 72568
La Cour de cassation s'est prononcée en sens contraire à propos de la convention franco-marocaine du 10 août 1981 appliquée à un couple franco-marocain (Cass. 1e civ. 28-1-2015 n° 13-50.059 : BPAT 2/15 inf. 44). Selon cette convention, les conditions de fond du mariage sont régies pour chaque époux par sa loi nationale. La loi marocaine, applicable à l'époux marocain, a cependant été écartée comme manifestement incompatible avec l'ordre public (au sens de l'article 4 de la convention) en ce qu'elle s'oppose au mariage de personnes de même sexe, dès lors que l'une des lois désignées par les rattachements visés à l'article 202-1, alinéa 2 (n° 72566) autorisait le mariage homosexuel. Dans la mesure où les conventions relatives aux conflits de lois prévoient systématiquement la possibilité de faire jouer l'exception d'ordre public international au profit de la loi du juge (ou de l'autorité) saisi, la solution est certainement transposable

aux autres conventions. Tirant les conséquences de cette jurisprudence, une dépêche du garde des Sceaux diffusée le 5 août 2016 invite les parquets à ne plus s'opposer à ce type de mariage dès lors que les conditions de l'article 202-1 du Code civil sont réunies, y compris lorsque l'un des époux est originaire de l'un des pays avec lesquels la France a passé des conventions bilatérales (Rép. Jerretie et Carvounas : AN 21-11-2017 n° 1577).

Signalons par ailleurs que plusieurs conventions bilatérales prévoient des obligations d'information en matière d'état civil. Dans la mesure où certaines sont conclues avec des pays pour lesquels l'homosexualité est un délit ou un crime, la circulaire du 29 mai 2013 demande à l'officier de l'état civil d'alerter le procureur de la République avant tout envoi (la circulaire établit une liste des pays concernés). Il est ainsi suggéré de ne pas procéder à l'information de l'autorité étrangère (C. Bidaud-Garon, Mariage consulaire... pour tous ? : JCP G 2013 n° 1325).

> **Précisions** L'arrêt de la **Cour de cassation du 28 janvier 2015** a été **vivement critiqué** en doctrine (voir par exemple Rev. crit. DIP 2015 p. 402 s. notes D. Boden (favorable), S. Bollée et B. Haftel, P. Hammje, P. de Vareilles-Sommières (critiques)). L'utilisation de la clause d'ordre public de la convention franco-marocaine a été considérée comme un détournement de celle-ci, au mépris de la supériorité du traité sur la loi, en faveur de la règle de conflit dérogatoire de l'article 202-1, alinéa 2 du Code civil (S. Bollée et B. Haftel, P. Hammje, précités).
> Il est vrai que la formulation de cette exception d'ordre public est pour le moins inhabituelle (n° 72566), d'autant que le contenu de l'ordre public international est presque toujours défini de façon prétorienne (l'ordre public étant censé être apprécié de façon concrète à la différence de la loi, générale et abstraite). Rien n'interdit cependant au législateur de le faire. La difficulté résulte du caractère beaucoup trop large des rattachements prévus (n° 72567).
> Si l'arrêt reproduit exactement les termes de l'article 202-1, alinéa 2, le communiqué de la Cour de cassation témoigne de l'embarras de la Haute Juridiction en ce qu'il est rédigé en des termes beaucoup plus restrictifs (A. Devers et M. Farge, Mariage homosexuel franco-marocain : contradiction entre les motifs et le communiqué de la Cour de cassation : Dr. fam. 2015 comm. 63 ; voir aussi P. Hammje, précité). Citant la liberté fondamentale de se marier et insistant sur le fait que le ressortissant marocain avait son domicile en France, le communiqué caractérise davantage à la fois le caractère fondamental des principes en cause et le lien étroit avec l'ordre juridique français. Néanmoins, ainsi que le relèvent à juste titre certains auteurs (A. Devers et M. Farge, précités), il faut s'en tenir à la lettre de l'arrêt.
> Il nous semble qu'en dépit d'une motivation discutable la solution de l'espèce est justifiée. Il ne fait pas de doute qu'une prohibition édictée par une loi étrangère de célébrer un mariage homosexuel en France est contraire à l'ordre public international tel que voulu par le législateur français (en ce sens, H. Fulchiron, précité). Les conditions de son déclenchement devraient, en revanche, être modulées en présence d'une convention internationale. Il devrait en aller ainsi en dépit de la possible différence de traitement entre futurs époux qui en résulterait, pour ne pas déroger à la convention internationale par une règle de portée générale qui paraîtrait incompatible avec celle-ci (en sens contraire, A. Devers et M. Farge, précités, qui approuvent l'arrêt sans réserves).

ORDRE PUBLIC ET MARIAGE CÉLÉBRÉ À L'ÉTRANGER

72570 En présence de situations valablement constituées à l'étranger, et qui n'auraient pu l'être en France, dans la mesure où aucun des deux époux ne possède la nationalité française, ni n'avait de domicile en France au moment du mariage, l'ordre public n'aura qu'un **effet « atténué »** (n° 72105). En particulier, un mariage polygamique, s'il est conforme à la loi nationale des deux époux, sera considéré comme valable (Cass. 1e civ. 28-1-1958, Chemouni : Rev. crit. DIP 1958 p. 110 note Jambu-Merlin ; Cass. 1e civ. 19-2-1963, Chemouni : Rev. crit. DIP 1963 p. 559 note G. H ; Cass. 1e civ. 17-11-2021 n° 20-19.420 F-B : BPAT 1/22 inf. 14). Dans cette dernière affaire, la Cour de cassation censure la cour d'appel déclarant irrecevable la requête en divorce d'une femme de nationalité libyenne ayant épousé un homme de même nationalité déjà marié à une autre femme au motif que la loi française ne reconnaît pas la bigamie, sans rechercher si la loi libyenne n'autorise pas la bigamie.

Néanmoins, l'effet atténué ne joue pas pour les prescriptions les plus fondamentales résultant de l'ordre public international telles que l'âge minimum pour la capacité matrimoniale ou la prohibition de l'inceste. Si le mariage célébré à l'étranger ne les respecte pas, l'ordre public jouera, et le mariage les enfreignant sera tenu pour nul par un juge français, et ce, quelle que soit la nationalité des parties.

72575 Si l'un des époux est français ou domicilié en France, le jeu de l'effet atténué est en principe exclu, et l'ordre public devrait produire son plein effet en raison des liens existant avec la France au moment de la célébration du mariage (**ordre public dit « de proximité »**). Par exemple, un

Algérien domicilié en France et marié à une Française ne pourrait à l'occasion d'un court séjour en Algérie contracter un second mariage avec une Algérienne. Mais pour la Cour de cassation, la validité du second mariage ne s'apprécie qu'au regard des conditions de formation posées par la loi nationale de chacun des époux, même si la première femme de l'époux polygame est française, ce qui aboutit dans notre exemple à conclure à la validité du mariage (Cass. 1e civ. 17-2-1982 n° 80-17.113, Baaziz : Rev. crit. DIP 1983 p. 275 note Y. Lequette). La doctrine critique, à notre avis à juste titre, cette solution et propose, dans le cas où la première épouse serait française, de soumettre la validité du second mariage à la loi des effets du premier mariage (P. Mayer, V. Heuzé et B. Remy : Droit international privé, LGDJ précis Domat 12e éd. 2019, n° 573) ou à la loi personnelle de chacun des « époux » (Y. Lequette, précité). Cette critique doctrinale paraît confortée par l'hostilité manifestée à l'égard de la polygamie par la loi 2021-1109 du 24 août 2021 confortant le respect des principes de la République et cette jurisprudence nous paraît condamnée. En outre, l'épouse de nationalité française est protégée contre les effets produits à son encontre par le second mariage en matière successorale (n° 73835).

S'agissant des mariages célébrés devant une autorité étrangère, l'exception d'ordre public spécifique au **mariage homosexuel** s'appliquera également si la loi nationale de l'un ou des deux époux ne valide pas l'union (nos 72566 et 72567). 72578

Les mariages homosexuels célébrés à l'étranger avant l'entrée en vigueur de la loi du 17 mai 2013, y compris lorsque l'un des époux est français, sont validés directement dans leurs effets à l'égard des époux et des enfants sous réserve qu'ils respectent certaines des conditions de validité au fond posées par la loi française : condition d'âge, de consentement réel, libre et éclairé, de présence lors de la célébration, d'interdiction de bigamie, d'empêchements familiaux à mariage et de publicité de la célébration (Loi 2013-404 du 17-5-2013 art. 21). Quant à l'opposabilité de l'union aux tiers, elle est conditionnée par sa transcription sur les registres de l'état civil français (n° 72535). Le texte de la loi précise : « à compter de la date de transcription, il [le mariage] produit effet à l'égard des tiers » (Loi 2013-404 du 17-5-2013 art. 21). La Cour de cassation a fait cependant prévaloir, à juste titre, la règle générale selon laquelle dès lors qu'il est transcrit, le mariage est opposable aux tiers depuis la date de sa célébration (Cass. 1e civ. 7-12-2016 n° 15-22.996 FS-PBI : RJDA 3/17 n° 164).

SANCTION DES CONDITIONS DE FORMATION DU MARIAGE

La **loi applicable à chaque époux** déterminera la sanction qu'elle attache à la violation des conditions de fond qu'elle pose. Par exemple, si l'un des époux estime avoir été victime d'une erreur sur la personne de son futur conjoint, il faudra consulter sa loi nationale pour savoir quelle conséquence tirer de cette erreur, notamment si la nullité du mariage peut être prononcée. Cela signifie également que, dans le cas des **empêchements bilatéraux**, si les lois nationales des deux époux posent des empêchements similaires, le mariage pourra être annulé en application de l'une ou l'autre des deux lois. 72580

II. EFFETS DU MARIAGE

LOI APPLICABLE

Si les **époux** sont **de même nationalité**, la loi applicable aux effets du mariage est leur loi nationale commune. 72590

À défaut de nationalité commune, les effets du mariage seront régis par la loi du domicile commun des époux.

Enfin, si les époux sont de nationalité différente et n'ont **pas** ou plus **de domicile commun**, la loi applicable sera alors la loi du juge saisi, c'est-à-dire la loi française (Cass. 1e civ. 17-4-1953, Rivière : Rev. crit. DIP 1953 p. 412 note H. Batiffol ; Cass. 1e civ. 15-3-1955, Lewandowsky : Rev. crit. DIP 1955 p. 320 note H. Batiffol ; Cass. 1e civ. 15-5-1961, Tarwid : Rev. crit. DIP 1961 p. 547 note H. Batiffol ; Cass. 1e civ. 19-2-1963, Chemouni : Rev. crit. DIP 1963 p. 559 note G.H.).

S'agissant d'un **mariage homosexuel** valablement célébré selon la règle de conflit de lois française (nos 72566 s.), si la loi désignée par la règle de conflit applicable aux effets du mariage prohibe expressément le mariage homosexuel (Pologne ou Roumanie, par exemple) et refuse de reconnaître les effets d'un mariage homosexuel étranger, faut-il néanmoins l'appliquer aux effets de ce mariage ? Une partie de la doctrine considère qu'il faudrait écarter la loi désignée comme inapplicable et appliquer la loi française au titre de sa vocation subsidiaire (H. Fulchiron, Le mariage entre personnes de même sexe en droit international privé au lendemain de la reconnaissance du « mariage pour tous » : JDI 2013 doctr. 9). Il nous semble néanmoins que la question de droit posée est relative aux effets du mariage, non à sa validité, et que rien n'empêche d'appliquer la loi désignée par la règle de conflit de lois spécifique aux effets du mariage.

DOMAINE DE LA LOI DES EFFETS DU MARIAGE

72595 La loi des effets du mariage régira les **rapports extrapatrimoniaux** des époux. La question des devoirs réciproques (par exemple, devoir de fidélité ou d'assistance) des époux est ainsi soumise à la loi des effets du mariage.

La loi des effets du mariage a un rôle plus limité dans les **rapports patrimoniaux**. Ceux-ci sont en principe soumis à la loi du régime matrimonial. Les contrats entre époux (notamment, les donations de biens présents), dans la mesure où les règles qui les régissent découlent du statut d'époux, devraient cependant être régis par la loi des effets du mariage. En revanche, la vocation successorale d'un époux doit être déterminée par la loi applicable à la succession (n° 73900).

La loi applicable aux **obligations alimentaires** entre époux est déterminée depuis le 18 juin 2011 par le protocole de La Haye du 23 novembre 2007 sur la loi applicable aux obligations alimentaires (n°s 73450 s.). Les obligations alimentaires découlant du devoir de secours ne seront donc pas soumises à la loi des effets du mariage mais à celle désignée par le protocole de La Haye.

ORDRE PUBLIC

72600 L'ordre public s'opposera à toute disposition étrangère qui placerait la **femme dans une situation d'infériorité** par rapport au mari, en la soumettant à l'autorité de celui-ci par exemple ou en l'obligeant à le suivre.

L'**effet atténué** de l'ordre public jouera lorsqu'il s'agira de faire produire des effets à un mariage régulièrement célébré à l'étranger et qui n'aurait pu l'être en France (mariage polygamique).

III. RÉGIMES MATRIMONIAUX

PLURALITÉ DE SOURCES

72610 Le **règlement 2016/1103 du 24 juin 2016** mettant en œuvre une coopération renforcée dans le domaine de la compétence, de la loi applicable, de la reconnaissance et de l'exécution des décisions en matière de régimes matrimoniaux, dit « règlement Régimes matrimoniaux », a vocation à remplacer à terme l'ensemble des **règles de source conventionnelle et française** applicable aux questions de droit international privé posées par les régimes matrimoniaux (Règl. 2016/1103 du 24-6-2016 : JOUE 2016 L 183 p. 1 ; rectificatif du 29-4-2017 : JOUE 2017 L 113 p. 62).

Toutefois, en fonction de la **date du mariage** (ou de la date de modification de la loi applicable au régime matrimonial), pourront encore s'appliquer à la détermination de la loi applicable les solutions issues de la jurisprudence française ou de la convention de La Haye du 14 mars 1978 sur la loi applicable aux régimes matrimoniaux.

RÈGLEMENT RÉGIMES MATRIMONIAUX

72612 **Champ d'application temporel** Le règlement est entré en application le 29 janvier 2019.

S'agissant de la **compétence juridictionnelle et** de la **circulation des actes authentiques**, il s'applique aux procédures engagées, aux actes authentiques formellement dressés ou enregistrés et aux transactions judiciaires approuvées ou conclues depuis le 29 janvier 2019.

Pour les dispositions relatives à la **loi applicable**, le règlement ne s'applique qu'aux époux qui se sont mariés depuis le 29 janvier 2019. Toutefois, même pour les mariages célébrés avant cette date, le règlement s'applique également si les époux procèdent depuis cette date à la désignation (ou à la modification) de la loi applicable à leur régime matrimonial (Règl. 2016/1103 du 24-6-2016 art. 69, § 3).

Enfin, s'agissant de la **reconnaissance des décisions**, celles rendues depuis le 29 janvier 2019, mais relativement à une procédure engagée avant, sont reconnues si elles ont été rendues par une juridiction qui aurait été compétente au sens du règlement.

Ainsi, les procédures engagées depuis le 29 janvier 2019 sont soumises au règlement s'agissant de la compétence et de la reconnaissance des décisions mais pas nécessairement pour la loi applicable, si les époux se sont mariés avant cette date (N. Joubert, La dernière pierre (provisoire ?) à l'édifice du droit international privé européen en matière familiale. Les règlements du 24 juin 2016 sur les régimes matrimoniaux et les effets patrimoniaux des partenariats enregistrés : Rev. crit. DIP 2017 p. 1).

72614 Si le règlement réserve l'application des **conventions internationales existantes**, il prévaut, entre les États membres, sur les conventions conclues entre eux dans la mesure où ces conventions

concernent des matières régies par le règlement (Règl. 2016/1103 du 24-6-2016 art. 62). La convention de La Haye du 14 mars 1978 ayant été ratifiée seulement par des États membres participants (n° 72620), le règlement a vocation à la remplacer purement et simplement. En outre, il remplace aussi les règles de source française qui étaient toujours applicables, relativement à certaines matières exclues de la convention de La Haye (régime primaire).
Dès lors, coexistent sur les questions de loi applicable trois corps de règles selon la date du mariage : les règles françaises de source jurisprudentielle pour les époux mariés avant le 1er septembre 1992 ; les règles de la convention de La Haye pour les époux mariés à compter du 1er septembre 1992 et jusqu'au 28 janvier 2019 ; enfin, les règles issues du règlement pour les époux mariés depuis le 29 janvier 2019. Cette présentation « simpliste » est néanmoins rendue plus complexe en cas de changement de loi : si les époux ont « procédé à un changement de loi entre 1992 et 2019, le praticien pourra être conduit à appliquer le droit commun et le droit conventionnel. Si le couple s'est marié après 1992 et a procédé à un changement de loi après 2019, c'est alors la convention et le règlement qu'il conviendra d'appliquer successivement » (S. Godechot-Patris, Commentaire du règlement du 24 juin 2016 relatif aux régimes matrimoniaux : le changement dans la continuité : D. 2016 p. 2292).

Champ d'application spatial Le règlement a vocation à s'appliquer dans le cadre de régimes matrimoniaux ayant une incidence transfrontière (Règl. 2016/1103 du 24-6-2016 considérant 14). Il concerne aujourd'hui 18 **États membres participants** : Allemagne, Autriche, Belgique, Bulgarie, Chypre, Croatie, Espagne, Finlande, France, Grèce, Italie, Luxembourg, Malte, Pays-Bas, Portugal, République tchèque, Slovénie et Suède. Bien que la précision ne figure pas dans le règlement, il est logique de considérer que les références aux États membres dans le texte des dispositions sont des références aux États membres participants à la procédure de coopération renforcée. 72616
Les décisions rendues dans ces États sont donc concernées par les **règles de reconnaissance**.
S'agissant de la **compétence juridictionnelle**, les règles posées par le règlement ne prévoient pas d'application subsidiaire du droit interne, et il faut donc supposer que les règles issues du règlement remplacent purement et simplement le droit international privé commun applicable jusqu'alors (M. Farge, Les nouvelles règles de compétence juridictionnelle : Dr. famille 2017 dossier 30 ; en sens contraire, S. Godechot-Patris, Commentaire du règlement du 24 juin 2016 relatif aux régimes matrimoniaux : le changement dans la continuité : D. 2016 p. 2292).
Les **règles de conflits de lois** sont appliquées dès lors qu'un juge d'un État membre participant est saisi.

> **Précisions a.** L'Estonie avait annoncé son intention de rejoindre la procédure de coopération renforcée dans ce domaine mais ne l'a pas fait à ce jour.
b. Les règles de compétence ne lient pas les **notaires français**, qui ne sont pas des juridictions au sens du règlement, même lorsqu'ils sont désignés par un tribunal pour procéder à la liquidation du régime matrimonial (en ce sens, Circ. JUSC1911990C du 24-4-2019 : BO justice 2019-06 du 12-6-2019 ; en sens contraire, L. Perreau-Saussine, Le nouveau Règlement européen « Régimes matrimoniaux » : JCP G 2016 n° 1116 ; plus nuancés, E. Gallant et M. Farge, De l'intérêt pour le notariat de s'intéresser aux règles de compétence juridictionnelle internationale : JCP N 2018 n° 1164, estimant que le notaire n'est pas une juridiction lorsqu'il est désigné par un tribunal pour liquider le régime matrimonial en application de l'article 255 du Code civil, mais pourrait l'être lorsqu'il est chargé de dresser l'acte contenant le partage sur le fondement de l'article 1361 du Code de procédure civile). La jurisprudence de la Cour de justice à propos du règlement Successions est en ce sens (n° 73940).
c. Sur la **procédure de coopération renforcée**, voir n° 72918, précisions.

Champ d'application matériel Il couvre l'ensemble des questions de droit international privé relatives aux **régimes matrimoniaux**, définis comme l'ensemble des règles relatives aux rapports patrimoniaux entre époux et dans leurs relations avec des tiers, qui résultent du mariage ou de sa dissolution (Règl. 2016/1103 du 24-6-2016 art. 3, § 1-a). Le règlement a vocation à couvrir l'ensemble des aspects de droit civil des régimes matrimoniaux, ce qui inclut les dispositions impératives du **régime matrimonial primaire** (Règl. 2016/1103 du 24-6-2016 considérant 18 ; confirmant, si besoin en était, cette interprétation : Circ. JUSC1911990C du 24-4-2019 : BO justice 2019-06 du 12-6-2019 fiche 1 p. 1). Il inclut aussi, selon un auteur, le **droit temporaire au logement** prévu à l'article 763 du Code civil (en ce sens, H. Péroz, Le nouveau règlement européen sur les régimes matrimoniaux : JCP N 2016 n° 1241). 72618
Plusieurs **questions** sont expressément **exclues** du champ du règlement. Il s'agit d'abord de celles relatives à la capacité des époux, l'existence ou la validité du mariage, les obligations alimentaires, la succession du conjoint décédé. Le règlement ne s'applique pas non plus aux

questions relatives au droit au transfert ou à l'adaptation entre époux, en cas de divorce, de séparation de corps ou d'annulation du mariage, des droits à la pension de retraite ou d'invalidité acquis au cours du mariage et qui n'ont pas produit des revenus de retraite au cours du mariage (Règl. 2016/1103 du 24-6-2016 art. 1). Toutefois, cette exclusion devrait faire l'objet d'une interprétation stricte, le règlement s'appliquant à la question de la classification des capitaux de retraite et de l'éventuelle indemnisation qui serait octroyée en cas de pension de retraite souscrite avec un capital commun (Règl. 2016/1103 du 24-6-2016 art. 1 et considérant 23).
À l'instar du règlement Successions, sont également exclues les questions relatives à la nature des droits réels portant sur un bien ainsi que les questions relatives à la publicité foncière (Règl. 2016/1103 du 24-6-2016 art. 1).

> **Précisions** Le règlement ne donne pas de **définition du mariage**, qui doit donc être défini par référence au droit national des États membres (Règl. 2016/1103 du 24-6-2016 considérant 17). Sur la possibilité de décliner sa compétence si le juge saisi ne reconnaît pas le mariage, voir n° 72630.

CONVENTION DE LA HAYE DU 14 MARS 1978

72620 La convention de La Haye du 14 mars 1978 sur la **loi applicable** aux régimes matrimoniaux a été ratifiée par la France et est entrée en vigueur le **1er septembre 1992** (Décret 92-1024 du 21-9-1992).
La Convention s'applique en présence d'un élément d'extranéité, même si la nationalité, la résidence habituelle des époux ou la loi désignée ne sont pas celles d'un État contractant (Conv. La Haye du 14-3-1978 art. 2 ; Cass. 1e civ. 12-11-2009 n° 08-18.343 : Bull. civ. I n° 224, BPAT 1/10 inf. 24).
Néanmoins, elle ne s'applique qu'aux époux mariés ou qui ont procédé à la désignation de la loi applicable à leur régime matrimonial après son entrée en vigueur (Conv. La Haye du 14-3-1978 art. 21) et avant le 29 janvier 2019, date d'entrée en vigueur du règlement Régimes matrimoniaux. Les solutions jurisprudentielles de **droit commun** antérieures s'appliquent donc aux époux mariés avant son entrée en vigueur, soit jusqu'au 31 août 1992.
Comme l'indique son objet, la Convention ne traite que de la loi applicable ; les questions de compétence internationale et de reconnaissance des jugements relevaient donc, jusqu'à l'entrée en vigueur du règlement Régimes matrimoniaux, du droit commun.
La Convention ne remet pas en cause les **traités bilatéraux** signés par la France en matière de régimes matrimoniaux (Conv. La Haye du 14-3-1978 art. 20), dont l'existence doit être systématiquement recherchée.

> **Précisions** **a.** À ce jour, seuls trois **États** sont **liés par la convention de La Haye** : la France, le Luxembourg et les Pays-Bas. Signée également par l'Autriche et le Portugal, la Convention n'a pas été ratifiée par ces pays.
> **b.** La question du régime matrimonial d'un **couple homosexuel marié** nous paraît devoir être réglée de manière identique à celle de n'importe quel couple marié. S'agissant du droit commun français, l'adoption de la loi 2013-404 du 17 mai 2013 ouvrant le mariage aux personnes de même sexe entraîne nécessairement l'inclusion du mariage homosexuel dans la catégorie « mariage ». On peut s'interroger dans le cas de la convention de La Haye, dans la mesure où l'inclusion du mariage homosexuel ne pouvait avoir été envisagée par les rédacteurs de la Convention. Rien ne s'y oppose néanmoins : un juge français pourrait décider d'étendre le champ d'application de la Convention au mariage homosexuel sans violer celle-ci. S'agissant des deux autres pays dans lesquels la Convention est en vigueur, on relèvera que les Pays-Bas furent le premier pays à légaliser le mariage homosexuel et que le Luxembourg y a procédé en 2014.

A. Compétence internationale

ARTICULATION DES SOURCES

72622 Les procédures engagées depuis le **29 janvier 2019** dans les États membres participant à la procédure de coopération renforcée sont soumises au règlement Régimes matrimoniaux (nos 72612 s.). Avant cette date, ce sont les principes du droit international privé commun qui s'appliquaient (sur lesquelles, voir l'édition 2018-2019 de ce Mémento).

PRINCIPE DE CONCENTRATION DES COMPÉTENCES

72624 Les litiges relatifs à un régime matrimonial intervenant le plus souvent à l'occasion de sa liquidation, il est rare qu'un juge soit saisi en cette matière autrement que de manière accessoire à un litige successoral ou de divorce. Le règlement prévoit donc que lorsqu'une juridiction d'un État

membre est saisie d'une question relative à la **succession de l'un des époux** en vertu du règlement Successions, les juridictions de cet État sont compétentes pour statuer sur les questions de régime matrimonial en relation avec cette succession (Règl. 2016/1103 du 24-6-2016 art. 4).
De manière symétrique, lorsqu'une juridiction d'un État membre est saisie pour statuer sur une demande de **divorce** en vertu du règlement Bruxelles II ter, les juridictions de cet État sont compétentes pour statuer sur les questions de régime matrimonial en relation avec cette demande en divorce (Règl. 2016/1103 du 24-6-2016 art. 5). Toutefois, les options de compétence offertes par le règlement Bruxelles II ter étant très nombreuses (n° 72905) et certaines ne caractérisant parfois qu'un lien ténu entre le tribunal et les parties, le règlement subordonne à l'accord des époux la compétence du tribunal en matière de régimes matrimoniaux lorsque la compétence de la juridiction du divorce se fonde sur les chefs de compétence suivants : résidence habituelle du demandeur depuis au moins un an, résidence habituelle du demandeur depuis au moins six mois lorsqu'il est ressortissant de cet État, juridiction compétente pour la séparation de corps, compétence en vertu des règles nationales de compétence. Si cet accord est conclu par les époux avant la saisine de la juridiction, il doit respecter les exigences prévues en matière d'accord d'élection de for (n° 72628).
À la lettre du texte, dans ces deux cas, il ne s'agit pas nécessairement du **même tribunal** qui sera saisi des questions successorales ou de divorce et de celles relatives au régime matrimonial, mais seulement des **tribunaux du même État membre** ; la compétence des tribunaux en matière de régimes matrimoniaux est en effet attribuée globalement aux juridictions d'un État membre (dans le même sens, N. Joubert, La dernière pierre (provisoire ?) à l'édifice du droit international privé européen en matière familiale. Les règlements du 24 juin 2016 sur les régimes matrimoniaux et les effets patrimoniaux des partenariats enregistrés : Rev. crit. DIP 2017 p. 1). Il faut espérer qu'il s'agisse d'une erreur de plume ; sinon, l'objectif de concentration des compétences clairement poursuivi par le texte ne sera pas atteint.

AUTRES COMPÉTENCES

À défaut de juridiction compétente en matière successorale ou de divorce, ou dans des cas autres que ceux-ci, le règlement prévoit une **cascade de compétences** possibles (Règl. 2016/1103 du 24-6-2016 art. 6). **72626**
Sont ainsi compétentes les juridictions de :
– l'État dans lequel les époux ont leur résidence habituelle, ou à défaut ;
– l'État de la dernière résidence habituelle des époux si l'un d'eux y réside encore, ou à défaut ;
– l'État de la résidence habituelle du défendeur, ou à défaut ;
– l'État de la nationalité commune des époux.
L'existence de ces critères de compétence s'apprécie à la **date de saisine** de la juridiction.

> **Précisions** Conformément au droit européen, si les **époux ont plus d'une nationalité commune** et qu'il s'agit de nationalités d'États membres participants, ils devraient bénéficier d'une option entre les juridictions de chaque État membre (voir, à propos du divorce, n° 72905).

CHOIX DE LA JURIDICTION

Le règlement prévoit une possibilité limitée de choix par les époux de la juridiction compétente pour trancher les litiges relatifs à leur régime matrimonial (Règl. 2016/1103 du 24-6-2016 art. 7). **72628**
Cette possibilité de choix est toutefois soumise à une **condition** : aucune juridiction ne doit se déclarer compétente en matière successorale ou de divorce conformément au règlement (n° 72624).
S'agissant des **juridictions susceptibles d'être choisies**, les époux pourront décider de donner compétence exclusive aux juridictions de l'État membre dont la loi régit au fond leur régime matrimonial, que celle-ci ait été choisie ou non par les époux, à condition toutefois, en l'absence de choix, qu'il s'agisse de la loi de la première résidence habituelle ou de la nationalité commune. Ils pourront alternativement choisir les juridictions de l'État membre dans lequel le mariage a été célébré.
Sur la **forme**, le choix doit être établi dans un écrit, daté et signé par les parties.

> **Précisions** **L'État membre dans lequel le mariage a été célébré** doit s'entendre comme l'État membre dont les autorités ont célébré le mariage (Règl. 2016/1103 du 24-6-2016 considérant 37). Des Français mariés à l'étranger devant l'autorité consulaire devraient donc être réputés s'être mariés en France ; à l'inverse deux étrangers de même nationalité dont le mariage a été célébré en France par l'autorité consulaire étrangère ne seraient pas considérés comme s'étant mariés en France.

COMPÉTENCE DE SUBSTITUTION

72630 Le règlement prévoit une possibilité de **décliner sa compétence**, à titre exceptionnel, si le droit international privé de la juridiction compétente au titre de l'un des chefs de compétence énumérés ci-dessus (autrement qu'au titre du principe de concentration des compétences en cas de divorce) ne reconnaît pas le mariage concerné. Il s'agit vraisemblablement d'une faculté ouverte pour les États ne reconnaissant pas le mariage homosexuel.

Si la juridiction qui décline était compétente au titre de la succession ou des autres chefs de compétence et que les parties conviennent de désigner les juridictions de l'État membre dont la loi régit au fond le régime matrimonial (sous les mêmes conditions que celles indiquées nº 72628) ou celles de l'État dans lequel le mariage a été célébré, la juridiction désignée est compétente. En d'autres termes, le choix par les époux d'une juridiction devient possible dans ce cas en présence d'un contentieux successoral, alors qu'il est autrement interdit (S. Godechot-Patris, Commentaire du règlement du 24 juin 2016 relatif aux régimes matrimoniaux : le changement dans la continuité : D. 2016 p. 2292). Dans les autres cas, seront compétentes, soit les juridictions d'un État membre où se réalise l'un des autres chefs de compétence, soit une juridiction d'un État membre compétente au titre de la comparution volontaire du défendeur (nº 72632), soit enfin les juridictions de l'État membre dans lequel le mariage a été célébré (Règl. 2016/1103 du 24-6-2016 art. 9). Le préambule indique que « la partie concernée devrait avoir la possibilité de soumettre l'affaire dans tout autre État membre présentant un facteur de rattachement lui conférant compétence, quel que soit l'ordre de ces chefs de compétence, dans le respect de l'autonomie des parties » (Règl. 2016/1103 du 24-6-2016 considérant 38). Bien que la formulation soit ambiguë, cela pourrait laisser penser qu'à la suite du déclinatoire, tous les chefs de compétence, et en particulier les chefs de compétence en cascade de l'article 6 (nº 72626), sont ouverts aux parties, sans hiérarchie entre eux (N. Joubert, La dernière pierre (provisoire ?) à l'édifice du droit international privé européen en matière familiale. Les règlements du 24 juin 2016 sur les régimes matrimoniaux et les effets patrimoniaux des partenariats enregistrés : Rev. crit. DIP 2017 p. 1).

Le cas d'un **déclinatoire de compétence subséquent** est également prévu. Rien n'interdit au tribunal saisi après qu'un premier tribunal a décliné sa compétence, de la décliner à son tour, sauf s'il s'agit de l'État dans lequel le mariage a été célébré (Règl. 2016/1103 du 24-6-2016 considérant 38).

La **faculté de décliner sa compétence** n'est **pas ouverte** à la juridiction d'un État membre si les époux ont obtenu un divorce, une séparation de corps ou une annulation du mariage qui serait susceptible d'être reconnue dans cet État.

COMPARUTION VOLONTAIRE DU DÉFENDEUR

72632 La comparution volontaire du défendeur (autrement que pour contester la compétence de la juridiction) devant une **juridiction d'un État membre dont la loi est applicable au fond** au régime matrimonial en vertu du règlement rend cette juridiction compétente (Règl. 2016/1103 du 24-6-2016 art. 8). La juridiction doit toutefois s'assurer avant de se déclarer compétente que le défendeur est informé de son droit de contester la compétence et des conséquences de sa comparution ou d'une absence de comparution.

Il existe des **cas où la comparution volontaire n'est pas possible** : lorsque s'applique le principe de concentration des compétences au titre d'une succession ou d'un divorce ou encore lorsque la loi régissant le régime matrimonial, en l'absence de choix de loi par les époux, est la loi qui entretient les liens les plus étroits avec celui-ci (nº 72650).

COMPÉTENCE SUBSIDIAIRE

72634 Si aucune juridiction d'un État membre n'est compétente en vertu des chefs de compétence qui précèdent (ou que toutes les juridictions ont décliné leur compétence sans qu'aucune autre ne se reconnaisse compétente au titre des compétences de substitution), les **juridictions d'un État membre où est situé un immeuble** de l'un ou des deux époux sont compétentes, mais leur compétence sera limitée à ce seul immeuble (Règl. 2016/1103 du 24-6-2016 art. 10).

FORUM NECESSITATIS

72636 À l'instar des règlements Aliments et Successions, le règlement instaure un « forum necessitatis », c'est-à-dire une compétence fondée sur l'idée de **déni de justice** (Règl. 2016/1103 du 24-6-2016 art. 11).

Si aucune juridiction n'est compétente selon les critères établis par le règlement, y compris au titre de la compétence subsidiaire (ou que toutes les juridictions ont décliné leur compétence sans qu'aucune autre ne se reconnaisse compétente au titre des compétences de substitution ou de la compétence subsidiaire), une juridiction d'un État membre aura, à titre exceptionnel, la faculté de connaître du litige s'il présente un **lien suffisant** avec cet État (par exemple, la nationalité d'une des parties) et si une procédure ne peut raisonnablement être introduite ou conduite (notamment en raison d'une guerre civile), ou se révèle impossible dans un État tiers avec lequel le litige a un lien étroit.

LIMITATION EN MATIÈRE SUCCESSORALE

Lorsque la juridiction est saisie pour statuer sur le régime matrimonial à l'occasion d'une succes- **72638**
sion relevant du règlement Successions, la juridiction peut limiter sa compétence, à la demande de l'une des parties, si la **masse successorale comprend des biens situés dans un État tiers** (soit un État tiers à l'Union européenne ou un État ne participant pas à la procédure de coopération renforcée). La juridiction peut ainsi décider de ne pas statuer sur l'un ou plusieurs de ces biens si l'on peut s'attendre à ce que la décision qu'elle rendrait sur les biens en question ne soit pas reconnue et, le cas échéant, ne soit pas déclarée exécutoire dans cet État tiers (Règl. 2016/1103 du 24-6-2016 art. 13).

Cette limitation de la portée de la procédure peut également résulter de l'accord des parties, si un tel accord est valable en vertu du droit de l'État membre dont la juridiction est saisie.

> **Précisions** Cette disposition est identique à celle figurant dans le **règlement Successions** (n° 73530). Il est logique qu'elle soit transposée dans le règlement Régimes matrimoniaux puisque, en présence d'une succession, la compétence pour statuer sur le régime matrimonial sera en principe déterminée par extension de la compétence successorale.

MESURES PROVISOIRES ET CONSERVATOIRES

Le règlement permet à un juge qui ne serait pas compétent sur le fond de prendre des mesures **72640**
provisoires ou conservatoires (Règl. 2016/1103 du 24-6-2016 art. 19). À l'instar du règlement Aliments, le texte n'impose aucune condition d'urgence ou de présence sur le territoire de l'État membre (sur de possibles conditions supplémentaires posées par la jurisprudence de la CJUE, voir n° 73440).

B. Loi applicable

1. ÉPOUX MARIÉS DEPUIS LE 29 JANVIER 2019

CHOIX PAR LES ÉPOUX

Les futurs époux peuvent choisir la loi applicable à leur régime matrimonial. Ce choix est toute- **72644**
fois encadré puisque les **lois susceptibles d'être choisies** sont uniquement les suivantes (Règl. 2016/1103 du 24-6-2016 art. 22) :

– loi de l'État de la résidence habituelle de l'un des époux ou futurs époux ;
– loi d'un État dont l'un des époux ou futurs époux a la nationalité.

L'existence de l'élément de rattachement s'apprécie au moment de la conclusion de la convention (et non au moment de la célébration du mariage).

Le règlement, à la différence du règlement Successions, ne règle pas clairement le cas du choix par les **époux** dans l'hypothèse où l'un d'eux (ou les deux) **possède plusieurs nationalités**. S'agissant d'un choix à faire par les époux, la solution la plus simple serait, à l'instar de ce qui est permis par le règlement Successions, de laisser le choix entre les différentes nationalités. Le préambule indique toutefois que cette question n'entre pas dans le champ d'application du règlement ; elle relève du droit national, dans le respect du droit européen (Règl. 2016/1103 du 24-6-2016 considérant 49). Cela implique semble-t-il une possibilité de choix, si les nationalités en cause sont celles d'États membres (L. Perreau-Saussine, Le nouveau Règlement européen « Régimes matrimoniaux » : JCP G 2016 n° 1116). Si une nationalité d'un État tiers est impliquée (il s'agit ici d'États tiers à l'Union européenne seulement et non d'États membres non participants), il faudra transposer le raisonnement traditionnel de la jurisprudence française en matière de conflit de nationalités (n° 72310) (en ce sens, L. Perreau-Saussine, précité). La solution n'est guère satisfaisante.

Le **choix** peut intervenir à tout **moment**, avant le mariage, lors de sa célébration ou au cours de ce dernier (Règl. 2016/1103 du 24-6-2016 considérant 45). Dans ce dernier cas, il pourra s'agir de confirmer la loi applicable désignée par le règlement en l'absence de choix ou d'effectuer en réalité une modification de la loi applicable, permise par le règlement.

> **Précisions** Cette possibilité de choix, combinée à celle prévue par le règlement Successions, permet à un individu de **soumettre à la même loi son régime matrimonial et sa succession** (L. Perreau-Saussine, précité). Néanmoins, les conditions de forme et de fond sur la validité de la clause de choix diffèrent entre les deux règlements et ils ne règlent pas de la même manière le cas d'un individu possédant plusieurs nationalités (L. Perreau-Saussine, précité). En outre, s'agissant du régime matrimonial, ce choix en faveur de la loi nationale d'un époux jouera au détriment de l'autre si les deux époux n'ont pas la même nationalité (N. Joubert, La dernière pierre (provisoire ?) à l'édifice du droit international privé européen en matière familiale. Les règlements du 24 juin 2016 sur les régimes matrimoniaux et les effets patrimoniaux des partenariats : Rev. crit. DIP 2017 p. 1). Il est enfin possible de choisir également la loi nationale comme étant la **loi applicable au divorce** (N. Joubert, précité). Là encore, les conditions de validité au fond de ce choix diffèrent de celles des autres textes.

72646 **Conditions** En la **forme**, le choix doit être établi par un écrit, daté et signé par les deux époux. Ceci est susceptible de générer certaines difficultés lorsque le choix est fait lors de la célébration du mariage et que l'autorité mentionne ce choix dans l'acte de célébration lui-même (c'est le cas en Italie, à Monaco, au Mali et au Sénégal, notamment). Si l'acte de mariage n'est signé que par l'autorité de célébration et non par les époux eux-mêmes, il n'emportera pas choix de loi valable au sens du règlement (G. Khairallah, Les règlements européens du 24 juin 2016 sur les régimes matrimoniaux et les effets patrimoniaux des partenariats : Bull. Cridon Paris 2018 n° 6).
Si la loi de l'État membre de la résidence habituelle des époux (ou de l'un des époux si seul l'un d'eux réside dans un État membre) au moment de la conclusion de la convention impose des règles formelles particulières pour les conventions matrimoniales, la convention de choix de loi doit les respecter. Si les époux ont leur résidence habituelle dans des États membres différents et si les lois de ces États prévoient des règles formelles différentes pour les conventions matrimoniales, il suffit de respecter les règles de forme imposées par l'une d'entre elles (Règl. 2016/1103 du 24-6-2016 art. 23). Les règles sont plus strictes que celles de la convention de La Haye : « si des époux anglais résidant en France optent pour la loi de leur nationalité, ce choix de loi devra être réalisé en la forme notariée, alors qu'auparavant, le respect du formalisme de la loi anglaise suffisait à valider l'acte » (S. Godechot-Patris, Commentaire du règlement du 24 juin 2016 relatif aux régimes matrimoniaux : le changement dans la continuité : D. 2016 p. 2292).
L'existence et la validité au **fond** du choix de loi s'apprécie par rapport à la loi choisie, comme si la convention de choix était valable. Néanmoins, l'un des époux pourra établir son absence de consentement sur le fondement de la loi du pays dans lequel il a sa résidence habituelle au moment où la juridiction est saisie s'il ressort des circonstances qu'il ne serait pas raisonnable de déterminer l'effet du comportement de cet époux conformément à la loi désignée (Règl. 2016/1103 du 24-6-2016 art. 24).

72648 **Choix du régime matrimonial** Le choix porte-t-il nécessairement sur le **régime légal prévu par la loi désignée ou** les époux peuvent-ils, à l'occasion de la désignation, **désigner la nature du régime matrimonial** choisi par eux comme cela est prévu aujourd'hui par le droit français en application de la convention de La Haye ?
Certains auteurs estiment que le **texte du règlement** laisse la place au doute (H. Péroz, Le nouveau règlement européen sur les régimes matrimoniaux : JCP N 2016 n° 1241). Il nous semble cependant que le **préambule** prévoit expressément la faculté pour les époux de fixer les règles régissant leur régime matrimonial conformément à la loi applicable (Règl. 2016/1103 du 24-6-2016 considérant 18 ; en ce sens, L. Perreau-Saussine, Le nouveau Règlement européen « Régimes matrimoniaux » : JCP G 2016 n° 1116 ; Circ. JUSC1911990C du 24-4-2019 : BO justice 2019-06 du 12-6-2019 fiche 3 p. 2), même si l'article 1397-3 du Code civil n'est pas applicable (H. Péroz, précitée). Néanmoins, les modalités (et la forme) du choix devraient logiquement dépendre de la loi désignée.

EXEMPLE

Des Français se marient en France où ils vivent plusieurs années. Ils vont ensuite s'établir en Allemagne. Ils décident alors de choisir la loi applicable à leur régime matrimonial ; ils pourront désigner soit la loi française, soit la loi allemande. S'ils choisissent la loi française, ils pourront opter pour le régime de la séparation de biens.

LOI APPLICABLE EN L'ABSENCE DE CHOIX

72650 En l'absence de choix par les époux, le règlement prévoit une **« cascade » de rattachements** (Règl. 2016/1103 du 24-6-2016 art. 26). La loi applicable sera :
– la loi de l'État de la première résidence habituelle commune des époux après la célébration du mariage, ou à défaut ;

– la loi de l'État de la nationalité commune des époux au moment de la célébration du mariage, ou à défaut ;
– la loi de l'État avec lequel les époux ont ensemble les liens les plus étroits au moment de la célébration du mariage, compte tenu de toutes les circonstances.
Si les **époux ont plus d'une nationalité** commune, au moment de la célébration du mariage, le rattachement à la nationalité commune est inopérant, et, en l'absence de résidence habituelle commune, il faudra donc rechercher la loi des liens les plus étroits.

CONVENTION MATRIMONIALE

Que les époux aient choisi ou non une loi applicable à leur régime matrimonial, la loi désignée par le règlement régit la **validité au fond** de leur contrat de mariage (Règl. 2016/1103 du 24-6-2016 art. 27, g). **72652**

La **validité en la forme** est quant à elle soumise à une superposition de règles (Règl. 2016/1103 du 24-6-2016 art. 25). Le règlement prévoit lui-même une sorte de minimum applicable à toute convention matrimoniale : elle doit être établie par écrit, datée et signée par les deux époux. Si des règles de forme supplémentaires sont prévues par la loi de l'État membre dans lequel les époux ont leur résidence habituelle (ou l'un d'entre eux, si un seul des époux a sa résidence habituelle dans un État membre), ces règles s'appliquent. En cas de résidence habituelle distincte des deux époux dans deux États membres et si ces États prévoient des règles de forme différentes, la convention matrimoniale doit se conformer à la loi de l'un de ces deux États. Enfin, si la loi applicable au fond prévoit des règles formelles supplémentaires, celles-ci doivent s'appliquer. Rien n'est dit sur la manière de trancher un possible conflit entre la loi applicable au fond et la loi de la résidence habituelle : il semblerait qu'il doive être résolu en les appliquant cumulativement, c'est-à-dire en se conformant à la loi la plus restrictive (Règl. 2016/1103 du 24-6-2016 considérant 48, le texte est toutefois peu explicite).

MODIFICATION DE LA LOI APPLICABLE

Demande unilatérale d'un époux Le règlement prévoit, à titre exceptionnel, un rattachement alternatif qui s'apparente à une modification volontaire unilatérale de la loi applicable sous **contrôle judiciaire** (en ce sens, L. Perreau-Saussine, Le nouveau Règlement européen « Régimes matrimoniaux » : JCP G 2016 n° 1116). La **loi de l'État de la dernière résidence habituelle commune** des époux sera applicable à la place de la loi de leur première résidence habituelle, sous réserve que plusieurs **conditions** soient réunies (Régl. 2016/1103 du 24-6-2016 art. 26, § 3) : **72654**
– cette modification ne peut être que judiciaire et faite à la demande de l'un des époux ;
– elle requiert en outre la preuve que les époux avaient leur dernière résidence habituelle commune dans cet autre État pendant une période significativement plus longue que dans l'État de la première résidence habituelle. Ils doivent alors prouver qu'ils s'étaient fondés sur la loi de ce même autre État pour organiser ou planifier leurs rapports patrimoniaux ;
– elle requiert enfin l'absence de convention matrimoniale entre les époux avant leur établissement dans l'État de la dernière résidence habituelle commune. A contrario, la modification de la loi applicable serait possible si les époux ont fait un contrat de mariage soumis à une autre loi dans l'État de leur dernière résidence habituelle commune (G. Khairallah, Les règlements européens du 24 juin 2016 sur les régimes matrimoniaux et les effets patrimoniaux des partenariats : Bull. Cridon Paris 2018 n° 6).
Ce rattachement alternatif ne peut pas jouer si la loi applicable est celle de la nationalité commune des époux, en l'absence de résidence habituelle commune.
S'agissant de l'**application dans le temps** de ce changement, la loi de l'État de la dernière résidence habituelle des époux s'appliquera à leur régime matrimonial à compter de la date de célébration du mariage, sauf opposition de l'un des époux. En cas d'opposition, elle s'appliquera à compter de la date de l'établissement de leur dernière résidence habituelle dans cet État. Le jeu de ce rattachement alternatif ne peut pas porter atteinte aux droits des tiers.

Volonté commune des époux Les époux peuvent décider à tout moment de modifier la **loi choisie** pour régir leur régime matrimonial. Ils peuvent également choisir une loi différente de celle qui régit leur régime **en l'absence de choix** (Règl. 2016/1103 du 24-6-2016 art. 22). Cette modification peut avoir lieu même si les époux se sont mariés avant l'entrée en vigueur du règlement et que leur régime matrimonial est régi par le droit commun ou la convention de La Haye de 1978 (n° 72612). Cette modification est également possible alors que le droit applicable au régime interdit le changement de régime matrimonial pendant la durée du mariage. **72656**

Les époux devraient pouvoir choisir à cette occasion la nature du régime matrimonial (et non pas nécessairement se voir imposer le régime légal de la nouvelle loi désignée), comme le permet le droit français adopté en application de la convention de La Haye et sans avoir à se conformer aux dispositions de la loi applicable au régime matrimonial pour un changement de celui-ci dans une situation purement interne (en ce sens, de manière prudente, G. Khairallah, Les règlements européens du 24 juin 2016 sur les régimes matrimoniaux et les effets patrimoniaux des partenariats : Bull. Cridon Paris 2018 n° 6 ; plus affirmatifs, E. Fongaro et J.-C. Rega, Le changement de loi applicable au régime matrimonial : JCP N 2022 n° 1296 ; en sens contraire, M.-L. de Tejada, Règlement n° 2016/1103 sur les régimes matrimoniaux : difficultés d'application dans le temps : Bull. Cridon Paris 2019 n° 2). Même si, à ce jour, le Code civil ne prévoit de dispositions spécifiques que pour le changement de loi applicable au titre de la convention de La Haye, il devrait être possible de procéder aux mêmes formalités de publicité pour un changement opéré en vertu du règlement (en ce sens, A. Devers et M. Farge, Loi de programmation et de réforme pour la justice. Les conséquences de la réforme en droit international privé : Dr. famille 2019 dossier 16). Sur ces formalités de publicité, voir n° 72735. Les formalités prévues en cas de changement de régime matrimonial en droit français (C. civ. art. 1397), quant à elles, n'ont pas à être appliquées, ni au titre de la loi applicable au fond (on suppose que les époux souhaitent désigner le droit français), ni au titre de la loi applicable à la forme, à l'instar de ce qui est prévu pour la convention de La Haye (E. Fongaro, J.-C. Rega, précité). Seules les exigences relatives à la forme des conventions matrimoniales s'appliquent, dans la mesure où la loi française est applicable à la forme de l'acte (C. civ. art. 1394 : obligation d'établir le contrat de mariage par acte authentique).

S'agissant de l'**application dans le temps**, le changement de la loi applicable au régime matrimonial n'a pas d'effet rétroactif, sauf convention contraire des époux. Même si les époux décident de lui conférer un tel effet, il ne peut porter atteinte aux droits des tiers. L'absence de rétroactivité les conduira à liquider leur régime matrimonial antérieur.

DOMAINE DE LA LOI DÉSIGNÉE

72658 La loi désignée par le règlement régira notamment la **classification des biens** des deux époux ou de chacun d'entre eux en différentes catégories pendant et après le mariage, le transfert de biens d'une catégorie à une autre, les **pouvoirs**, les **droits et** les **obligations** de l'un des époux ou des deux époux à l'égard des biens, les obligations d'un époux qui découlent des engagements pris par l'autre époux et des dettes de ce dernier (Règl. 2016/1103 du 24-6-2016 art. 27).

Elle s'applique également à la dissolution du régime matrimonial et à sa **liquidation**. Rien n'interdit cependant aux époux de convenir à l'amiable de liquider leur régime matrimonial selon la loi d'un autre État membre, si cette loi le permet, quand bien même elle ne serait pas la loi désignée par le règlement pour régir le régime matrimonial (Règl. 2016/1103 du 24-6-2016 considérant 39). Le droit français permet ainsi aux époux de procéder à la liquidation de leur régime matrimonial selon une loi différente de celle qui le régit.

La loi désignée s'appliquera également au **partage** des biens, ce qui exclut donc la loi du lieu de situation des biens à l'exception des questions relatives à la nature des droits réels et au régime de la publicité foncière.

Le règlement prévoit enfin que si la loi désignée accorde à l'un des époux un **droit réel inconnu** du droit de l'État membre dans lequel il est invoqué, ce droit doit être adapté à son équivalent le plus proche en vertu du droit de cet État, en tenant compte des objectifs et des intérêts visés par le droit réel en question et des effets qui y sont liés (Règl. 2016/1103 du 24-6-2016 art. 29).

OPPOSABILITÉ AUX TIERS

72660 La loi désignée par le règlement régit en principe les effets du régime matrimonial sur un rapport juridique entre un époux et des tiers (Règl. 2016/1103 du 24-6-2016 art. 27, f).

Toutefois, le règlement prévoit un mécanisme de **protection du tiers qui ignorerait la loi désignée** : la loi applicable au régime matrimonial ne peut pas être opposée par un époux à un tiers, sauf si le tiers a eu connaissance de cette loi ou aurait dû en avoir connaissance en faisant preuve de la diligence voulue (Règl. 2016/1103 du 24-6-2016 art. 28, § 1).

Le **tiers** est **réputé avoir connaissance de la loi applicable** si cette loi est l'une des lois suivantes ou si l'un des époux a procédé aux formalités requises par l'une d'entre elles (Règl. 2016/1103 du 24-6-2016 art. 28, § 2) :

– loi applicable à la convention conclue entre l'un des époux et le tiers ;

– loi de la résidence habituelle de l'époux contractant et du tiers ;

– en matière immobilière, loi du lieu de situation de l'immeuble.

Le texte ne précise pas si cette présomption est simple ou irréfragable (S. Godechot-Patris, Commentaire du règlement du 24 juin 2016 relatif aux régimes matrimoniaux : le changement dans la continuité :

D. 2016 p. 2292). Il nous semble toutefois que la rédaction du texte ne prévoit pas que le tiers puisse apporter la preuve contraire (voir toutefois, en faveur d'une présomption simple, H. Péroz, Le nouveau règlement européen sur les régimes matrimoniaux : JCP N 2016 n° 1241).

S'agissant des formalités de publicité, la circulaire de présentation publiée par le ministère de la justice estime que les mesures de publicité du choix de loi prévues pour la convention de La Haye pourront également s'appliquer au règlement (Circ. JUSC1911990C du 24-4-2019 : BO justice 2019-06 du 12-6-2019 fiche 3 p. 7) ; voir n° 72656.

Lorsque la **loi applicable** au régime matrimonial entre les époux est **inopposable à un tiers**, les effets du régime matrimonial à l'égard du tiers sont régis par (Règl. 2016/1103 du 24-6-2016 art. 28, § 3) :

– la loi applicable à la convention conclue entre l'époux et ce tiers ;

– ou, en matière immobilière ou dans des affaires concernant des biens ou droits faisant l'objet d'une inscription sur un registre, par la loi de l'État dans lequel le bien immeuble est situé ou dans lequel les biens ou les droits sont inscrits.

Il faut supposer que les dispositions de la loi ainsi désignée seront celles du régime matrimonial légal de celle-ci (G. Khairallah, Les règlements européens du 24 juin 2016 sur les régimes matrimoniaux et les effets patrimoniaux des partenariats : Bull. Cridon Paris 2018 n° 6).

MISE EN ŒUVRE DE LA LOI DÉSIGNÉE

La loi désignée en application du règlement s'applique même si ce n'est pas celle d'un État membre participant (**caractère** dit **« universel »**) (Règl. 2016/1103 du 24-6-2016 art. 20). 72662

La loi désignée s'applique à l'ensemble des biens relevant de ce régime, quel que soit le lieu où ils se trouvent (Règl. 2016/1103 du 24-6-2016 art. 21).

Le **renvoi** est exclu (Règl. 2016/1103 du 24-6-2016 art. 32).

La loi désignée pourra être écartée si elle est manifestement incompatible avec l'**ordre public** (Règl. 2016/1103 du 24-6-2016 art. 31). Toute application de la loi désignée qui reviendrait à créer une inégalité entre les époux, fondée notamment sur le sexe, devrait être déclarée contraire à l'ordre public.

Le règlement prévoit en outre la possibilité pour le juge saisi d'appliquer ses propres **lois de police**, définies comme les dispositions impératives dont le respect est jugé crucial par un État membre pour la sauvegarde de ses intérêts publics, tels que son organisation politique, sociale ou économique, au point d'en exiger l'application à toute situation entrant dans son champ d'application, quelle que soit par ailleurs la loi applicable au régime matrimonial en vertu du règlement (Règl. 2016/1103 du 24-6-2016 art. 30). Le texte vise en particulier certaines dispositions du régime matrimonial dit « primaire » telles que les dispositions relatives à la protection du logement familial (Règl. 2016/1103 du 24-6-2016 considérant 53). Seraient également qualifiées de loi de police les dispositions relatives au droit au logement temporaire (en ce sens, H. Péroz, Le nouveau règlement européen sur les régimes matrimoniaux : JCP N 2016 n° 1241). Il est en revanche douteux que l'intégralité des dispositions des articles 212 à 226 du Code civil se voient qualifiées de lois de police, la jurisprudence française en la matière étant discutable (sur cette discussion, voir n° 72666, précisions). Le préambule du règlement invite en outre à retenir une interprétation stricte de cette exception à l'application de la loi désignée (Règl. 2016/1103 du 24-6-2016 considérant 53). Selon la circulaire de présentation publiée par le ministère de la justice, s'il est acquis que l'article 215 du Code Civil est une loi de police – il nous semble toutefois que seul son alinéa 3, relatif à la protection du logement familial, devrait rentrer dans cette catégorie –, il est moins certain que ce soit le cas pour les règles relatives à la solidarité des dettes ménagères (C. civ. art. 220), aux mesures urgentes en cas de mise en péril de l'intérêt de la famille (C. civ. art. 220-1), aux pouvoirs des époux (C. civ. art. 216, 220, 221, 223 et 225) ou à la sécurité des tiers (C. civ. art. 221 et 222) (Circ. JUSC1911990C du 24-4-2019 : BO justice 2019-06 du 12-6-2019 fiche 3 p. 7).

2. ÉPOUX MARIÉS AVANT LE 29 JANVIER 2019

a. Régime primaire

CHAMP D'APPLICATION

En droit français, il s'agit de l'ensemble des dispositions qui s'imposent aux époux **quel que soit le régime matrimonial** choisi (C. civ. art. 212 à 226). Les règles jurisprudentielles françaises, comme la convention de La Haye de 1978 sur la loi applicable aux régimes matrimoniaux, excluent le régime primaire du domaine de la loi applicable aux régimes matrimoniaux pour le soumettre à la loi des effets du mariage (n° 72595). 72664

LOIS DE POLICE

72666 Les dispositions du régime primaire sont des lois de police et doivent recevoir une **application territoriale** (Cass. 1e civ. 20-10-1987 n° 85-18.877 : Bull. civ. I n° 275).

Dès lors, quelle que soit la loi applicable aux effets du mariage, si les **époux se trouvent en France**, les règles du régime primaire recevront application. Par exemple, deux époux de nationalité espagnole sont installés en France, ayant fixé le domicile familial à Paris. L'un des époux ne pourrait céder ce logement sans le consentement de l'autre (C. civ. art. 215, al. 3), alors même que les effets de leur mariage sont soumis à la loi espagnole.

> **Précisions** Estimant que la solution donnée par la Cour de cassation dans son arrêt du 20 octobre 1987 est excessive, certains auteurs considèrent qu'il faut **distinguer entre les dispositions du régime primaire** selon la finalité poursuivie par la règle en cause. Les articles 220, 221 et 222 relatifs aux pouvoirs des époux devraient recevoir une application territoriale, de même que l'article 215, alinéa 3 sur la vente du logement familial. Les articles 217 et 220-1 à 220-3 concernant les mesures d'interdictions et d'habilitations judiciaires en cas de crise du couple devraient être applicables au titre de l'urgence (P. Mayer, V. Heuzé et B. Remy : Droit international privé, LGDJ précis Domat 12e éd. 2019, n° 839). Les autres dispositions ne devraient en revanche être appliquées que si la loi française est applicable en tant que loi des effets du mariage.

b. Époux mariés entre le 1er septembre 1992 et le 28 janvier 2019

DÉTERMINATION DE LA LOI APPLICABLE AU MOMENT DU MARIAGE

72680 Les époux ont pu procéder au **choix de la loi applicable** à leur régime matrimonial, qu'ils aient ou non rédigé un contrat de mariage. Néanmoins, le choix offert par la convention de La Haye était limité, les époux n'ayant pu désigner que l'une des lois suivantes (Conv. La Haye du 14-3-1978 art. 3) :
– loi nationale de l'un des époux au moment de cette désignation ;
– loi de l'État sur le territoire duquel l'un des époux a sa résidence habituelle au moment de cette désignation ;
– loi du premier État sur le territoire duquel l'un des époux établit une nouvelle résidence habituelle après le mariage.

À l'occasion de la désignation de la loi applicable, les époux pouvaient désigner la **nature du régime matrimonial** choisi par eux (C. civ. art. 1397-3, al. 3).

Le mécanisme du **renvoi** est exclu lorsque les époux ont choisi la loi applicable à leur régime matrimonial.

72685 **Forme du choix des époux** Le choix de la loi applicable doit faire l'objet d'une stipulation expresse ou résulter indubitablement des dispositions d'un contrat de mariage (Conv. La Haye du 14-3-1978 art. 11).

Lorsque **les époux ont fait un contrat de mariage**, le choix intervient normalement sous la forme d'une clause du contrat indiquant qu'il est soumis à une loi donnée. Toutefois, la Convention admet également que le choix puisse être implicite, à condition qu'il soit indubitable. Par exemple, deux époux français vivant en France ont passé un contrat de mariage devant un notaire français ; plusieurs années après leur mariage, ils sont partis vivre en Espagne. Même si leur contrat ne contient pas de clause désignant la loi française, il ne fait pas de doute qu'à l'époque où le contrat a été rédigé, les époux n'envisageaient que l'application de la loi française. De même, la référence à des articles du Code civil devrait établir de façon indubitable le choix de la loi française. En revanche, l'intervention d'un notaire français n'est pas un élément qui, à lui seul, permet de conclure que les parties ont choisi implicitement la loi française.

La Convention ne définit pas le contrat de mariage. Il est néanmoins certain que pour être qualifié de contrat de mariage, « l'acte doit contenir des dispositions sur la gestion des biens des époux », ce qui n'est pas le cas d'un acte de mariage établi par une autorité religieuse qui énonce les conditions de validité du mariage sans envisager les rapports patrimoniaux entre époux (F. Monéger, Premières jurisprudences sur la convention de La Haye en matière de régimes matrimoniaux : JCP N 2014 n° 1294). La jurisprudence est en ce sens ; ainsi jugé à propos d'un acte que le mari nommait « contrat de mariage » mais qui ne désignait que l'autorité religieuse ayant célébré le mariage et dont aucune mention expresse et indubitable ne faisait référence au contrat qui en découlerait ni ne désignait la loi à laquelle il serait soumis (Cass. 1e civ. 19-12-2012 n° 12-16.633 : Bull. civ. I n° 266, BPAT 1/13 inf. 14).

En la forme, le contrat de mariage doit être conforme à la loi du lieu où il est établi ou à celle qui le régit au fond, c'est-à-dire à la loi désignée (Conv. La Haye du 14-3-1978 art. 12). Ainsi, l'intervention d'un notaire (requise par la loi française) n'est pas nécessaire pour un contrat de mariage établi en France mais soumis au fond à la loi anglaise. Cependant, quelle que soit la loi applicable, le contrat doit toujours faire l'objet d'un écrit daté et signé des deux époux (Conv. La Haye du 14-3-1978 art. 12), seule la signature devant être manuscrite (A. E. von Overbeck, Rapport explicatif sur la convention-régimes matrimoniaux de 1978 : Actes et documents de la 13e session 1976 t. II n° 190).

Lorsque **les époux n'ont pas établi de contrat de mariage**, ils peuvent toutefois, avant leur mariage, désigner la loi applicable à leur régime matrimonial, qui sera nécessairement le régime légal imposé par la loi désignée. Le choix doit alors résulter d'une stipulation expresse revêtant la même forme que celle exigée pour le contrat de mariage (n° 72685). **72690**

En l'absence de choix des époux La loi applicable au régime matrimonial des époux est alors la loi du pays où ils ont établi leur **première résidence habituelle** après le mariage (Conv. La Haye du 14-3-1978 art. 4, al. 1). À la différence des solutions antérieures (nos 72740 s.) fondées sur la recherche du premier domicile commun, la référence à la résidence habituelle ne devrait laisser qu'un rôle marginal à la recherche de l'intention des époux de s'installer durablement dans un lieu (F. Monéger, Premières jurisprudences sur la convention de La Haye en matière de régimes matrimoniaux : JCP N 2014 n° 1294). Il suffira de constater l'installation des époux dans un pays donné, la volonté ne jouant le rôle d'indice que dans des cas limites. **72695**

Si les époux établissent leur première résidence habituelle dans des États différents, la loi applicable sera la loi de leur **nationalité commune**.

La loi de la nationalité commune des époux est également applicable dans les cas suivants :

– lorsque les deux époux ont tous deux la nationalité d'un État ayant fait la réserve prévue à l'article 5 de la Convention (à l'heure actuelle, les Pays-Bas). Toutefois, si les époux avaient tous deux, depuis au moins cinq ans avant leur mariage, leur résidence habituelle dans un État autre que celui dont ils sont ressortissants, la loi de cet État s'appliquera (par exemple, la loi française pour des Néerlandais installés en France cinq ans avant leur mariage), sauf si les époux ont établi leur résidence habituelle dans un État non partie à la Convention dont le droit international privé prescrit l'application de la loi nationale commune ;

– lorsque les deux époux sont ressortissants d'un État non partie à la Convention dont la règle de conflit désigne sa propre loi, s'ils ont établi leur première résidence habituelle après le mariage aux Pays-Bas ou dans un État dont la règle de conflit prescrit aussi l'application de la loi nationale commune.

La nationalité commune ne sera cependant pas prise en compte si les époux ont plus d'une nationalité commune ou si elle est le résultat automatique du mariage, la loi d'un des époux attribuant sa nationalité à l'autre, sans qu'il ait la possibilité de la décliner.

À défaut de résidence habituelle et de nationalité communes, la loi applicable sera la loi de l'État qui, compte tenu de toutes les circonstances, présente les liens les plus étroits avec la situation.

Hors les cas envisagés ci-dessus prenant en compte la règle de conflit de lois d'un État non contractant, le **renvoi** est exclu.

Ci-après un **schéma** établi par M. Richard Crône, que ce dernier nous a aimablement communiqué. Il reprend l'ensemble des solutions qui viennent d'être exposées (n° 72695). **72697**

72697 (suite)

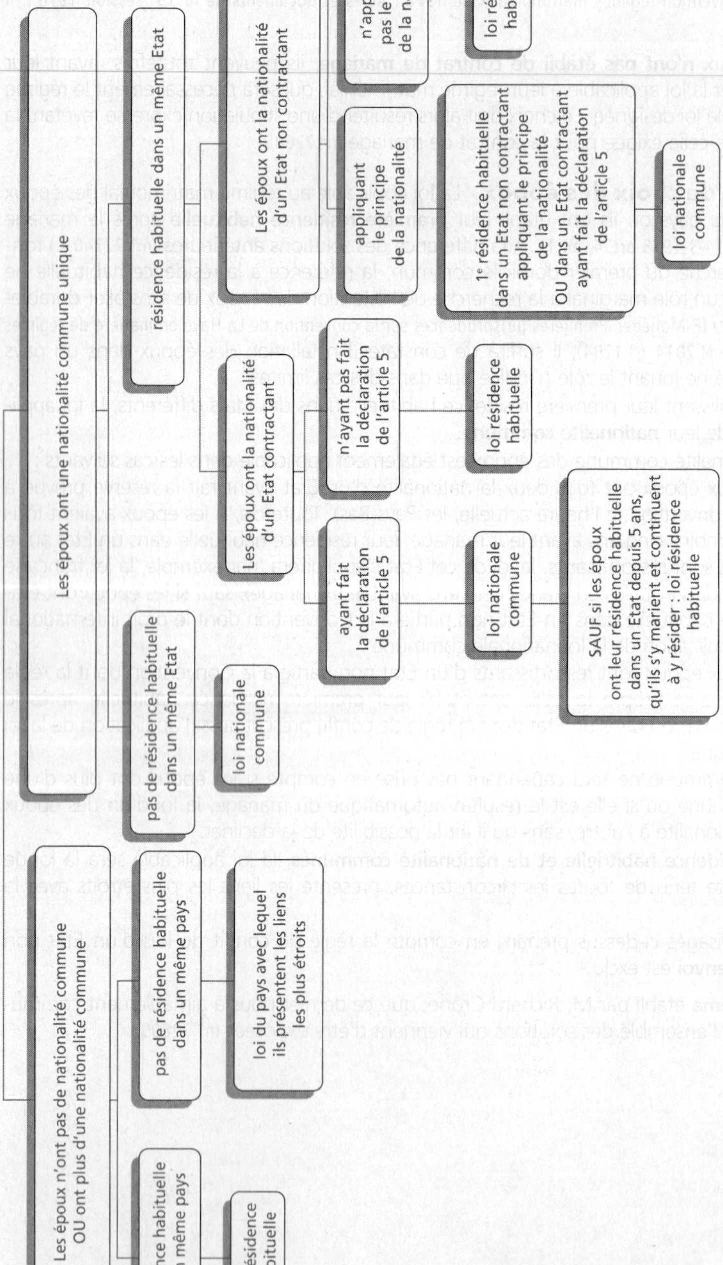
Les époux ont une nationalité commune unique
résidence habituelle dans un même Etat
Les époux ont la nationalité d'un Etat non contractant
n'appliquant pas le principe de la nationalité
loi résidence habituelle
appliquant le principe de la nationalité
1re résidence habituelle dans un Etat non contractant appliquant le principe de la nationalité OU dans un Etat contractant ayant fait la déclaration de l'article 5
loi nationale commune
loi résidence habituelle
Les époux ont la nationalité d'un Etat contractant
n'ayant pas fait la déclaration de l'article 5
SAUF si les époux ont leur résidence habituelle dans un Etat depuis 5 ans, qu'ils s'y marient et continuent à y résider : loi résidence habituelle
ayant fait la déclaration de l'article 5
loi nationale commune
pas de résidence habituelle dans un même Etat
loi nationale commune
Les époux n'ont pas de nationalité commune OU ont plus d'une nationalité commune
pas de résidence habituelle dans un même pays
loi du pays avec lequel ils présentent les liens les plus étroits
1re résidence habituelle dans un même pays
loi résidence habituelle

MODIFICATION DE LA LOI APPLICABLE DURANT LE MARIAGE

Modification volontaire (avant le 29 janvier 2019) Les époux pouvaient, au cours de leur mariage, changer la loi applicable à leur régime matrimonial. 72700

Les **lois susceptibles d'être choisies** par les époux étaient :
– la loi nationale de l'un des époux au moment de la désignation ;
– la loi de l'État sur le territoire duquel l'un des époux avait sa résidence habituelle au moment de la désignation.

Le choix des époux peut résulter d'une stipulation expresse dans un écrit ou d'un contrat de mariage. Il obéit aux règles de **forme** qui s'appliquent à la désignation de la loi initiale (nos 72685 s.). Un tel choix ne peut pas résulter d'une déclaration des époux sur la loi applicable à leur régime matrimonial faite dans des actes notariés poursuivant un autre objet (acte d'achat d'un bien immobilier et acte de donation entre époux). En effet, celle-ci ne traduit pas une volonté non équivoque des époux de soumettre leur régime matrimonial à une autre loi que celle le régissant jusqu'alors (Cass. 1e civ. 13-12-2017 no 16-27.216 FS-PBI : BPAT 1/18 inf. 24).

À l'occasion de la désignation de la loi applicable, les époux pouvaient également désigner la **nature du régime matrimonial** choisi par eux (C. civ. art. 1397-3, al. 3). Les époux pouvaient ainsi opter, au sein de la loi nouvelle, pour le régime matrimonial de leur choix.

Indépendamment de tout choix d'un régime matrimonial spécifique, la modification de la loi applicable pouvait entraîner par voie de conséquence un changement du type de régime matrimonial, tel le passage de la loi française (dont le régime légal est la communauté de biens) à la loi anglaise (dont le régime légal est la séparation de biens).

La Convention ne pose aucune **condition** quant à l'usage de cette faculté. Il faut dès lors considérer que les époux avaient toujours le droit de changer la loi applicable à leur régime matrimonial, alors même que la loi applicable à celui-ci interdisait le changement de régime matrimonial pendant la durée du mariage (ou ne connaissait qu'un seul type de régime matrimonial, imposé à tous les époux, ce qui revient au même). 72705

Selon la Convention, ce changement a un **effet** rétroactif. La loi française paraît cependant considérer que le changement prend effet entre les époux et à l'égard des tiers sans rétroactivité (C. civ. art. 1397-4).

Une telle modification volontaire n'est plus possible en vertu de la Convention **depuis le 29 janvier 2019**, date d'entrée en vigueur du règlement Régimes matrimoniaux ; elle relève désormais de ce dernier texte (no 72656).

Modification automatique En principe, la loi applicable au régime matrimonial reste la même tant que les époux n'ont pas volontairement procédé à une modification de celle-ci. 72710

Toutefois, lorsque les époux n'ont pas désigné la loi applicable à leur régime matrimonial ni fait de contrat de mariage, la loi de leur **résidence habituelle** se substituera de plein droit à la loi jusque-là applicable dans les cas suivants :
– les époux établissent leur résidence habituelle dans l'État de leur nationalité commune (Cass. 1e civ. 12-4-2012 no 10-27.016 : Bull. civ. I no 90, BPAT 3/12 inf. 164) ou acquièrent la nationalité de l'État de leur résidence habituelle (y compris s'ils ont plus d'une nationalité commune) ;
– les époux résident depuis plus de dix ans dans le même État ;
– les deux époux fixent leur résidence habituelle dans le même État alors que leur régime matrimonial était soumis à leur loi nationale commune parce qu'ils ne résidaient pas dans le même État immédiatement après le mariage. C'est notamment le cas où le mari, de nationalité étrangère, déjà installé en France, n'est rejoint qu'après un certain laps de temps par son épouse au titre du regroupement familial (Cass. 1e civ. 12-2-2014 no 12-29.297, époux turcs installés en France et Cass. 1e civ. 14-5-2014 no 12-29.922, époux marocains installés en France).

Ce changement de loi applicable n'a d'**effet** que pour l'avenir et les biens appartenant aux époux antérieurement à ce changement ne sont pas soumis à la loi désormais applicable. Il faudra dès lors considérer que les biens des époux ont été soumis à deux (voire davantage) régimes matrimoniaux successifs, ce qui implique de procéder à la liquidation du régime matrimonial à chaque changement de loi applicable (Cass. 1e civ. 12-4-2012, précité, à l'occasion du divorce d'époux ayant vécu un an à New York, puis sept ans en France, nécessité de liquider un premier régime matrimonial soumis au droit de l'État de New York avant de procéder à la liquidation du second régime de droit français).

Les époux peuvent cependant décider que le changement aura un effet rétroactif, sous réserve des droits des tiers et du respect des règles de forme prévues pour la désignation de la loi applicable par stipulation expresse.

Pour certains auteurs, les époux qui n'ont pas choisi de loi applicable à leur régime matrimonial ni fait de contrat de mariage avaient la possibilité de **s'opposer au changement automatique** de 72715

loi applicable en faisant une déclaration en ce sens (A. E. von Overbeck, Rapport explicatif sur la Convention-Régimes matrimoniaux de 1978 : Actes et documents de la treizième session 1976 t. II p. 351 ; G. Droz, Les nouvelles règles de conflit françaises en matière de régimes matrimoniaux : Rev. crit. DIP 1992 p. 631 ; M. Revillard : Pratique de la convention de La Haye sur la loi applicable aux régimes matrimoniaux, éd. Defrénois, n° 83). Cette déclaration était une sorte de confirmation de la loi applicable à leur régime matrimonial. Sa forme aurait dû être la même que celle suivie pour désigner la loi applicable au régime matrimonial (n°s 72685 s.).
Dans la mesure où les époux relèvent de la convention de La Haye, une telle déclaration de confirmation de la loi applicable faite après l'entrée en application du règlement Régimes matrimoniaux doit désormais relever de celui-ci et non plus de la Convention. Elle est parfaitement possible au regard du règlement. En revanche, en l'absence d'une telle déclaration, le changement automatique aura bien lieu conformément à la Convention, et l'entrée en vigueur du règlement ne change rien à cet égard (M.-L. de Tejada, Règlement n° 2016/1103 sur les régimes matrimoniaux : difficultés d'application dans le temps : Bull. Cridon Paris 2019 n° 2).

EXEMPLE

Deux **Français ayant vécu en France** pendant les années qui ont suivi leur mariage, célébré en 1993, se sont **installés au Maroc après leur retraite** en 2015. Ils n'ont pas choisi de loi applicable à leur régime matrimonial ni fait de contrat de mariage. Ils auraient pu faire une déclaration devant un notaire français indiquant qu'ils souhaitaient rester soumis à la loi française. Une telle déclaration est en revanche impossible depuis l'entrée en vigueur du règlement Régimes matrimoniaux. Rien ne leur interdit cependant de déclarer la loi française applicable en vertu du règlement (n° 72646).

CAS PARTICULIER DES IMMEUBLES

72720 Que les époux aient ou non choisi une loi applicable à leur régime matrimonial, ils pouvaient toujours désigner comme loi applicable aux immeubles qu'ils possédaient ou seulement à certains d'entre eux la **loi du lieu de situation** de l'immeuble. Les époux pouvaient également prévoir que les immeubles acquis par la suite seraient soumis à la loi de leur lieu de situation (Conv. La Haye du 14-3-1978 art. 3, al. 4).
Cette désignation pouvait aussi intervenir en cours de mariage, à l'occasion d'un changement de loi applicable au régime matrimonial ou indépendamment de celui-ci (Conv. La Haye du 14-3-1978 art. 6, al. 3). La désignation doit alors résulter d'une stipulation expresse revêtant la même forme que celle exigée pour le contrat de mariage (n° 72685), étant précisé que dans ce cas, la loi régissant l'acte au fond est la loi du lieu de situation de l'immeuble et non la loi régissant l'ensemble du régime matrimonial.
Une telle modification n'est plus possible en vertu de la Convention **depuis l'entrée en vigueur du règlement Régimes matrimoniaux**, celui-ci ne permettant pas de désigner une loi pour régir seulement certains biens relevant du régime. Dès lors, une telle faculté n'est plus ouverte aux époux depuis le 29 janvier 2019. Si les époux procèdent à une désignation de loi après cette date, ce sera en vertu du règlement et elle vaudra pour l'ensemble de leurs biens. Si les époux avaient procédé à un choix de loi spécifique pour des immeubles et un choix de loi différent pour leurs autres biens conformément à la convention de La Haye, il ne leur sera pas possible de ne changer que la loi applicable aux autres biens, en maintenant la soumission des immeubles à une loi différente (en ce sens, M.-L. de Tejada, Règlement n° 2016/1103 sur les régimes matrimoniaux : difficultés d'application dans le temps : Bull. Cridon Paris 2019 n° 2, l'auteur indiquant toutefois que l'interrogation subsiste tant que la question n'a pas été tranchée par la CJUE).
Même en l'absence de choix d'une loi spécifique à l'immeuble, la loi du lieu de situation de l'immeuble sera applicable, dans le cadre de la liquidation du régime matrimonial, à la question de la liquidation de l'indivision immobilière existant entre les époux (Cass. 1e civ. 22-3-2017 n° 15-28.588 F-D).

EXEMPLE

Un couple dont le **mari** est **français** et la **femme italienne** avait établi sa première résidence habituelle après le mariage à Paris. Les époux étaient donc soumis au régime légal français de communauté réduite aux acquêts. À l'occasion de l'achat d'un **appartement à New York** en 2010, ils ont soumis ce bien à la loi de l'État de New York et l'immeuble relève ainsi du régime de la séparation des biens.

EFFETS À L'ÉGARD DES TIERS

72725 La loi désignée selon la Convention pour régir le régime matrimonial s'applique également dans les rapports entre les époux et les tiers (Conv. La Haye du 14-3-1978 art. 9). Toutefois, la Convention permet à un État signataire de limiter la portée de cette disposition lorsque le tiers ou un époux a sa résidence habituelle sur son territoire ou encore lorsqu'un immeuble appartenant aux époux y est situé. Chacun des États peut ainsi subordonner l'opposabilité aux tiers, soit à des **conditions de publicité ou** d'enregistrement, soit à la connaissance réelle ou supposée par le tiers, de la loi applicable au régime matrimonial.

Publicité La loi française impose des formalités de publicité pour que la désignation de la loi applicable soit opposable aux tiers. 72730

Lorsque le **choix de la loi** a eu lieu **avant le mariage**, l'acte de mariage doit mentionner la déclaration qu'il a été fait un acte de désignation de la loi applicable, ainsi que la date et le lieu de signature de cet acte et, le cas échéant, le nom et la qualité de la personne qui l'a établi (C. civ. art. 76). À cet effet, les futurs époux présentent à l'officier de l'état civil soit l'acte par lequel ils ont opéré cette désignation, soit un certificat délivré par la personne compétente pour établir cet acte (en pratique, il s'agit du notaire). Le certificat énonce les noms et prénoms des futurs époux, le lieu où ils demeurent, la date de l'acte de désignation, ainsi que les nom, qualité et résidence de la personne qui l'a établi (C. civ. art. 1397-3, al. 1).

Lorsque la désignation de la loi applicable a lieu **pendant le mariage**, les époux font procéder aux mesures de publicité dans les conditions et formes prévues au Code de procédure civile (CPC art. 1303-1 s.) : 72735

– mention en marge de l'acte de mariage si celui-ci est conservé par une autorité française ;
– à défaut d'acte de mariage conservé par une autorité française, inscription au répertoire civil annexe au service central d'état civil de Nantes si l'acte de désignation a été reçu en France ou si l'un des époux est français ;
– mention sur la minute du contrat de mariage passé en France.

La désignation de la loi applicable prend effet entre les parties à compter de l'établissement de l'acte de désignation et, à l'égard des tiers, trois mois après que les formalités de publicité ont été accomplies. Toutefois, en l'absence d'accomplissement de ces formalités, la désignation de la loi applicable est opposable aux tiers si, dans les actes passés avec eux, les époux ont déclaré la loi applicable à leur régime matrimonial (C. civ. art. 1397-4).

c. Époux mariés avant le 1er septembre 1992

LOI APPLICABLE

La loi applicable au régime matrimonial est en principe la loi choisie par les époux. Le choix peut être exprès et résulter d'une clause du **contrat de mariage**. Il peut également être implicite, notamment si les époux se sont référés à des articles d'une loi donnée pour rédiger leur contrat de mariage. Selon certaines législations étrangères, le choix du régime matrimonial et celui de la loi qui lui est applicable peuvent, et parfois doivent, être effectués devant l'autorité compétente lors de la célébration du mariage. Dans cette hypothèse, c'est en consultant l'acte de mariage que l'on aura connaissance d'éventuelles mentions quant au choix des époux (M. Revillard : Droit international privé et européen : pratique notariale, Defrénois 9e éd. 2018, nos 477 s.). Pour les mariages confessionnels célébrés à l'étranger, la mention d'une dot dans l'acte de mariage a été interprétée comme valant choix d'un régime matrimonial. Cette jurisprudence est critiquable dans la mesure où la dot est une condition du mariage et non le choix d'un quelconque régime matrimonial (G. Khairallah, La volonté dans le droit international privé commun des régimes matrimoniaux : Mélanges en l'honneur de M. Revillard, Defrénois 2007, p. 197 s.). Elle semble d'ailleurs avoir été abandonnée par la Cour de cassation dans ses arrêts les plus récents (notamment, Cass. 1e civ. 22-5-2007 n° 05-20.953 : Bull. civ. I n° 198). 72740

En la forme, le contrat de mariage est en principe soumis à la loi du lieu de conclusion de l'acte, sauf si les époux ont choisi expressément de le soumettre à la loi régissant au fond le régime matrimonial ou à la loi de leur nationalité commune.

En l'**absence de contrat de mariage**, il faut rechercher la volonté des époux de fixer le centre de leurs intérêts patrimoniaux dans un pays donné ; celui-ci est présumé être le pays dans lequel ils ont fixé leur premier domicile matrimonial (Cass. 1e civ. 4-6-1935, Zelcer : Rev. crit. DIP 1936 p. 755 note Basdevant). Selon la jurisprudence, il ne s'agit que d'une présomption simple, mais la preuve contraire est difficilement admise (voir cependant Cass. 1e civ. 20-9-2023 n° 21-23.661 F-D : BPAT 6/23 inf. 258, relevant que la présomption « peut être détruite par tout autre élément de preuve pertinent »). La grande majorité des arrêts n'admet pas le renversement de cette présomption (rappelant nettement ce principe, Cass. 1e civ. 19-9-2007 n° 06-15.295 : Bull. civ. I n° 282 ; voir également G. Pluyette et F. Monéger, Quelques aspects récents de la jurisprudence de la première chambre civile en matière de droit communautaire international : Mélanges Gaudemet-Tallon, Dalloz 2008, p. 559 s.). Il en va notamment ainsi en cas de célébration religieuse du mariage à l'étranger selon les formes locales (le plus souvent du pays de la nationalité commune des époux) ou devant le consul d'un pays étranger en France dès lors que les époux établissent leur domicile immédiatement après le mariage en

France. De manière critiquable et à rebours de cette tendance, une décision a toutefois retenu la loi de la nationalité commune des époux, à partir d'indices faibles : mariage au consulat turc de Marseille, déclarations faites par les époux dans divers actes juridiques indiquant qu'ils étaient soumis au régime légal turc, déclaration de l'épouse dans un acte de caution indiquant qu'elle était soumise au régime matrimonial de la séparation de biens (Cass. 1e civ. 19-10-2016 n° 15-26.767 F-D ; voir aussi, encore plus critiquable, Cass. 1e civ. 24-5-2018 n° 17-20.110 F-D). Enfin, l'utilisation d'éléments postérieurs au mariage pour éclairer la volonté des époux au moment de celui-ci est admise par la jurisprudence (Cass. 1e civ. 2-12-1997 n° 95-20.308 : Bull. civ. I n° 338). Néanmoins, une clause d'un acte d'acquisition d'immeuble postérieur au mariage indiquant que les époux sont soumis au régime légal marocain n'est pas un indice suffisant que les époux aient eu la volonté d'adopter cette loi pour régir leur régime matrimonial dès lors que la volonté commune des époux avait été de s'établir de façon durable en France (Cass. 1e civ. 8-7-2015 n° 14-19.948 F-D). De même, des circonstances postérieures de plus de 12 ans au mariage sont impropres à révéler la volonté des époux (Cass. 1e civ. 20-9-2023 n° 21-23.661 F-D précité : premier domicile commun établi en France 12 ans après le mariage célébré en Algérie avec l'arrivée de la femme et des enfants au titre du regroupement familial).
Bien entendu, c'est le régime légal en vigueur dans la législation ainsi désignée qui s'appliquera aux époux.
La loi applicable au régime matrimonial régit la liquidation de celui-ci, sauf dans les cas où les époux, capables et maîtres de leurs droits, sont convenus, dans leurs rapports réciproques, d'une liquidation sur des bases différentes (Cass. 1e civ. 4-5-2011 n° 10-16.086). En application des principes généraux relatifs à la mise en œuvre de la règle de conflit de lois, les époux peuvent écarter la loi étrangère applicable à la liquidation de leur régime matrimonial par un accord procédural – lequel peut résulter de conclusions concordantes sur ce point – et choisir de procéder à cette liquidation selon la loi française (Cass. 1e civ. 10-2-2021 n° 19-17.028 FS-P : BPAT 2/21 inf. 65) ; sur l'accord procédural, voir n° 72095.

› Précisions a. Le **premier domicile commun** est le lieu où les époux entendent « fixer et fixent effectivement leur établissement d'une manière stable » (H. Batiffol et P. Lagarde : Droit international privé, LGDJ t. II, n° 620). Pour les Cridon, une durée de 2 ans permet de considérer le domicile comme effectif (J.-Cl. Droit International, v. Régimes matrimoniaux – Droit international privé français, fasc. 556 par M. Revillard, n° 23).
b. Que l'on soit en présence d'un choix de loi par les époux, ou que l'on applique la présomption de rattachement au premier domicile matrimonial, le **mécanisme du renvoi** est exclu (Cass. 1e civ. 1-2-1972 n° 70-11.953, Goutherz : Rev. crit. DIP 1972 p. 644 note G. Wiederkehr).
c. Le **régime matrimonial est indivisible** : la loi qui lui est applicable régit l'ensemble des biens des époux, sans qu'il y ait lieu à distinguer entre les meubles et les immeubles, même s'ils sont situés dans plusieurs pays (Cass. 1e civ. 4-5-2011 n° 10-16.086).

ÉVOLUTION DE LA LOI APPLICABLE

72742 La loi désignée pour régir le régime matrimonial n'est pas figée au **moment de la désignation**. Elle se modifiera selon les évolutions législatives du pays dont la loi a été désignée.
Cependant, à l'égard des **réfugiés**, la loi applicable à leur régime matrimonial est « pétrifiée » au moment où ils ont quitté leur pays d'origine (Cass. 1e civ. 1-12-1969, Paitchadzé : Rev. crit. DIP 1970 p. 95 note P. L. ; Cass. 1e civ. 28-11-2006 n° 04-20.621 : Bull. civ. I n° 523).

CHANGEMENT DE RÉGIME MATRIMONIAL

72744 Si les époux souhaitent **changer de régime matrimonial** durant leur union, ils doivent interroger la loi applicable à leur régime matrimonial et vérifier que celle-ci autorise les changements de régime matrimonial (Cass. 1e civ. 4-6-1935, Zelcer : Rev. crit. DIP 1936 p. 755 note Basdevant).
Le **changement de la loi applicable** au régime matrimonial n'était pas permis selon le droit international privé commun français. Cette question a toutefois perdu son intérêt pratique dès lors que les époux, même mariés avant le 1er septembre 1992, bénéficient des dispositions du règlement Régimes matrimoniaux permettant de changer la loi applicable au régime matrimonial et, par la même occasion, de choisir le régime matrimonial dans la loi ainsi désignée.

EXEMPLE

Des **époux portugais** ont établi leur **premier domicile matrimonial au Portugal** en 1991. Leur régime matrimonial est donc soumis au droit portugais, qui n'autorise pas le changement de régime matrimonial. Ils se sont établis en France en 2001. Ils peuvent demander aujourd'hui à changer la loi applicable à leur régime matrimonial, et choisir la loi française, adoptant à cette occasion l'un des régimes matrimoniaux prévus par celle-ci. Ils pourront ainsi indirectement changer de régime matrimonial.

C. Reconnaissance et exécution des décisions et des actes authentiques

ARTICULATION DES SOURCES

Le règlement Régimes matrimoniaux s'applique aux décisions rendues et aux actes authentiques conclus depuis le **29 janvier 2019** dans l'un des États membres participant à la procédure de coopération renforcée (n°s 72612 s.). Les décisions rendues ou les actes reçus avant cette date dans un État membre participant, de même que les décisions ou les actes émanant d'un État tiers (en ce compris un État membre non participant) quelle que soit leur date, sont soumis au droit commun. 72750

1. RÈGLEMENT RÉGIMES MATRIMONIAUX

RECONNAISSANCE DE PLEIN DROIT DES DÉCISIONS

Les décisions rendues par une **juridiction saisie en application du règlement** Régimes matrimoniaux sont reconnues de plein droit dans les autres États membres (Règl. 2016/1103 du 24-6-2016 art. 36). Sur la notion de reconnaissance de « plein droit », voir n° 72025. 72752

Néanmoins, **en cas de contestation**, toute partie intéressée peut demander la reconnaissance de la décision selon la même procédure que celle suivie pour la déclaration constatant la force exécutoire. Si la décision étrangère fait l'objet d'un recours ordinaire dans l'État d'origine, le juge de l'État requis saisi d'une demande de reconnaissance peut surseoir à statuer (Règl. 2016/1103 du 24-6-2016 art. 41).

La reconnaissance et l'exécution d'une décision rendue dans un État membre en matière de régimes matrimoniaux n'implique pas une obligation de **reconnaître le mariage** qui est à l'origine du régime matrimonial ayant donné lieu à la décision (Règl. 2016/1103 du 24-6-2016 considérant 64).

Le règlement établit une liste limitative de **motifs de non-reconnaissance** des décisions (Règl. 2016/1103 du 24-6-2016 art. 37). Cela sera le cas : 72754

– si la décision est manifestement contraire à l'ordre public ;

– en cas de défaillance du défendeur, si l'acte introductif d'instance n'a pas été signifié à celui-ci en temps utile de manière à ce qu'il puisse se défendre, à moins qu'il n'ait pas exercé de recours à l'encontre de la décision alors qu'il était en mesure de le faire ;

– si la décision est inconciliable avec une décision rendue entre les mêmes parties dans l'État membre requis ;

– si la décision est inconciliable avec une décision rendue antérieurement dans un autre État membre ou dans un État tiers entre les mêmes parties, dans un litige ayant le même objet et la même cause, dès lors que la décision antérieure réunit les conditions nécessaires à sa reconnaissance dans l'État requis.

Les motifs de non-reconnaissance doivent être appliqués dans le respect des **droits et principes fondamentaux** consacrés par la Charte des droits fondamentaux de l'Union européenne, et notamment du principe de non-discrimination (Règl. 2016/1103 du 24-6-2016 art. 38). À la lumière du préambule du règlement, cette référence à la Charte doit être interprétée comme une incitation à ne pas faire jouer l'ordre public, lorsque ce refus serait contraire à la Charte et au principe de non-discrimination, plutôt qu'un rappel des valeurs fondamentales composant l'ordre public (Règl. 2016/1103 du 24-6-2016 considérant 54).

Le règlement ajoute une précision ne figurant pas explicitement dans le règlement Successions, quoique figurant dans la plupart des règlements européens de droit international privé : le juge de l'État requis ne peut procéder au **contrôle de la compétence** du juge de l'État membre d'origine, y compris via le mécanisme de l'ordre public (Règl. 2016/1103 du 24-6-2016 art. 39).

EXÉCUTION DES DÉCISIONS

Les décisions rendues dans un État membre, si elles y sont exécutoires, peuvent être déclarées exécutoires sur le territoire d'un autre État membre sur **requête** de toute partie intéressée (Règl. 2016/1103 du 24-6-2016 art. 42). La procédure est non contradictoire à ce stade. 72756

L'une ou l'autre partie peut toutefois former un **recours** contre la décision prise sur la requête. La déclaration de force exécutoire pourra être refusée pour les mêmes motifs que la reconnaissance (Règl. 2016/1103 du 24-6-2016 art. 51). La juridiction saisie du recours doit surseoir à statuer, à la demande de la partie contre laquelle l'exécution est demandée, si la force exécutoire de la décision est suspendue dans l'État membre d'origine du fait d'un recours (Règl. 2016/1103 du 24-6-2016 art. 52).

> **Précisions** La **demande de déclaration de la force exécutoire** doit être accompagnée d'une copie de la décision réunissant les conditions nécessaires pour en établir l'authenticité et d'une attestation délivrée par la juridiction de l'État membre d'origine au moyen d'un formulaire type (Règl. 2016/1103 du 24-6-2016 art. 45). Ce formulaire type constitue l'annexe I du règlement d'exécution adopté par la Commission (Règl. 2018/1935 du 7-12-2018). Les requêtes aux fins de certification des titres exécutoires français en vue de leur reconnaissance et de leur exécution à l'étranger sont présentées au directeur de greffe de la juridiction qui a rendu la décision (CPC art. 509-1). Sont présentées au directeur de greffe du tribunal judiciaire les requêtes aux fins de reconnaissance ou de constatation de la force exécutoire, sur le territoire de la République, des titres exécutoires étrangers (CPC art. 509-2).

ACTES AUTHENTIQUES

72758 Le règlement reprend très largement les dispositions du règlement Successions sur l'acceptation des actes authentiques. Les actes authentiques établis dans un État membre ont la même **force probante** dans un autre État membre que dans l'État d'origine ou, en tout cas, produisent les effets les plus comparables, sous réserve de contrariété manifeste à l'ordre public de l'État requis (Règl. 2016/1103 du 24-6-2016 art. 58).

Les juridictions de l'État membre d'origine sont saisies de toute **contestation portant sur l'authenticité** de l'acte et statuent sur celle-ci en vertu de la loi de cet État. L'acte authentique contesté n'a aucune force probante dans un autre État membre tant que le recours est pendant devant la juridiction compétente (Règl. 2016/1103 du 24-6-2016 art. 58, § 2).

Si la **contestation porte sur l'acte juridique** (ou les relations juridiques) consigné dans un acte authentique (c'est-à-dire le negotium), la compétence appartiendra aux juridictions compétentes pour trancher le litige au fond (n°s 72624 s.) et celles-ci statueront en application de la loi désignée par le règlement. L'acte authentique contesté ne produit aucune force probante dans un autre État membre que l'État membre d'origine en ce qui concerne la question contestée tant que le recours est pendant devant la juridiction compétente (Règl. 2016/1103 du 24-6-2016 art. 58, § 2).

> **Précisions** Une personne souhaitant utiliser un acte authentique dans un autre État membre peut demander à l'autorité établissant l'acte authentique dans l'État membre d'origine de remplir le **formulaire type** mis au point par la Commission à cet effet (Règl. 2016/1103 du 24-6-2016 art. 58, § 1). En France, la demande sera présentée au notaire ou à la personne morale titulaire de l'office notarial conservant la minute de l'acte (CPC art. 509-3). Le formulaire figure en annexe II du règlement d'exécution adopté par la Commission. Il décrit notamment, s'agissant de la partie relative à l'acceptation de l'acte authentique, la force probante de ce dernier dans l'État membre d'origine (Règl. 2018/1935 du 7-12-2018).

72760 **Force exécutoire** Un acte authentique qui est exécutoire dans l'État membre d'origine est déclaré exécutoire dans un autre État membre, à la demande de toute partie intéressée, suivant la même **procédure** que celle prévue pour les décisions judiciaires (n° 72756).

Un **recours** est possible dans les mêmes conditions, à la différence que la déclaration de force exécutoire ne peut être refusée que si l'exécution de l'acte authentique est manifestement contraire à l'ordre public de l'État membre d'exécution (Règl. 2016/1103 du 24-6-2016 art. 59).

> **Précisions** En pratique, la procédure d'exécution se déroule en deux temps (P. Callé et J. Gasté, Le notaire et l'exécution forcée : JCP N 2019 n° 1128). Dans un **premier temps**, l'autorité ayant établi l'acte authentique dans l'État membre délivre à la demande de toute partie intéressée une **attestation** (Règl. 2016/1103 du 24-6-2016 art. 59, § 2) en vue de son exécution dans un autre État membre. Le formulaire figure en annexe II du règlement d'exécution adopté par la Commission (Règl. 2018/1935 du 7-12-2018). En France, la demande est présentée au notaire ou à la personne morale titulaire de l'office notarial conservant la minute de l'acte (CPC art. 509-3). Dans un **second temps**, une **demande de déclaration constatant la force exécutoire** est présentée à l'autorité compétente de l'État membre d'exécution (Règl. 2016/1103 du 24-6-2016 art. 59, § 1). En France, la demande concernant l'exécution sur le territoire de la République d'un acte authentique notarié étranger est présentée au président de la chambre des notaires ou, en cas d'absence ou d'empêchement, à son suppléant désigné parmi les membres de la chambre (CPC art. 509-3 précité).

2. DROIT COMMUN

La reconnaissance et l'exécution des **jugements** ne posent pas de difficultés particulières et doivent se faire conformément aux principes du droit international privé commun (n° 72025). 72762
Une décision rendue par une **juridiction étrangère qui**, par application de sa loi nationale, **refuse de donner effet à un contrat de mariage reçu en France** n'est pas en soi contraire à l'ordre public international français de fond et ne peut être écartée que si elle consacre de manière concrète, au cas d'espèce, une situation incompatible avec les principes du droit français considérés comme essentiels (Cass. 1e civ. 2-12-2020 n° 18-20.691 FS-P : BPAT 1/21 inf. 9). Dans cette affaire, la Cour de cassation a approuvé la cour d'appel d'avoir relevé que le litige se rattachait de manière caractérisé aux États-Unis et que la décision du juge américain répartissant les biens pour 75 % à l'épouse et 25 % au mari tenait compte des revenus et charges des parties, des conséquences des choix communs faits pendant le mariage, ainsi que des éléments constants du train de vie des époux ; il n'y avait pas d'effet disproportionné sur la situation financière et patrimoniale du mari.

CONSEIL

Afin d'assurer la **reconnaissance du contrat de mariage dans les pays anglo-saxons**, un praticien recommande au notaire français appelé à recevoir le contrat de veiller à ce que chacun des futurs époux bénéficie d'un conseil indépendant, ce rôle pouvant être dévolu à des avocats, et que les conjoints se soient transmis des informations complètes et exhaustives sur leur situation patrimoniale respective (A. Boiché, obs. sous Cass. 1e civ. 2-12-2020 n° 18-20.691 FS-P précité : AJ fam. 2021 p. 134).

SECTION 2 PACS ET PARTENARIATS ENREGISTRÉS

A. Conclusion et validité des partenariats enregistrés

LOI APPLICABLE

Les conditions de formation sont soumises aux dispositions matérielles de l'État de l'**autorité qui a procédé à son enregistrement** (C. civ. art. 515-7-1). Il ne s'agit pas de la loi du lieu d'enregistrement mais bien de celle de l'autorité qui y procède : s'agissant d'un partenariat entre un Français et un Belge enregistré au consulat de Belgique à Londres, c'est la loi belge et non la loi anglaise qui est applicable (Rapport AN n° 1578 p. 18). La référence expresse aux dispositions matérielles exclut le renvoi. 72770

Domaine de la loi applicable La règle vise les **conditions de fond** relatives à la formation du partenariat, ce qui rompt avec la règle traditionnelle soumettant à la loi nationale la matière du statut personnel. Cette solution devrait faciliter la reconnaissance de partenariats conclus dans un pays par des personnes n'en possédant pas la nationalité. La loi désignée s'appliquera également aux **conditions de forme**. 72772
Certaines matières paraissent toutefois devoir être exclues du domaine de la loi d'enregistrement. La **capacité des partenaires** devrait à notre sens rester soumise à la loi nationale, même si la doctrine majoritaire semble se prononcer en faveur de la loi de l'autorité d'enregistrement (P. Hammje, Réflexions sur l'article 515-7-1 du Code civil : Rev. crit. DIP 2009 p. 487 ; plus dubitatifs, N. Joubert et B. Morel, Les partenariats enregistrés en droit international privé depuis la loi du 12 mai 2009 : JCP N 2009 n° 1285).

CONDITIONS POSÉES PAR LA LOI FRANÇAISE

La conclusion d'un Pacs en France devra répondre aux **conditions de fond et de forme** imposées par la loi française (C. civ. art. 515-1 à 515-7-1). Devront ainsi être respectées, notamment, les dispositions prohibant la conclusion d'un pacte entre ascendant et descendant en ligne directe, entre alliés ou entre collatéraux jusqu'au troisième degré inclus (prohibition de l'inceste) ou entre deux personnes dont l'une au moins est déjà mariée (prohibition de la bigamie). 72774

La **capacité** des partenaires à conclure un Pacs sera en revanche soumise à leur loi nationale (n° 72310).

72776 La loi française ne pose aucune condition quant à la **nationalité** des intéressés, ni, à l'instar de certaines législations européennes, quant à la durée de résidence des partenaires en France. La conclusion d'un Pacs par un étranger est d'ailleurs expressément envisagée par plusieurs dispositions du Code civil (C. civ. art. 515-3 et 515-3-1).

72778 Les personnes qui concluent un pacte civil de solidarité en font la **déclaration conjointe** devant l'officier de l'état civil de la commune dans laquelle elles fixent leur résidence commune ou, en cas d'empêchement grave à la fixation de celle-ci, devant l'officier de l'état civil de la commune où se trouve la résidence de l'une des parties (C. civ. art. 515-3, al. 1). En cas de Pacs conclu par acte notarié, c'est le notaire qui recueille cette déclaration, procède à l'enregistrement du pacte et fait procéder aux formalités de publicité (C. civ. art. 515-3, al. 5).

À l'étranger, l'enregistrement de la déclaration conjointe d'un pacte entre deux partenaires dont l'un au moins est français est assuré par les agents diplomatiques et consulaires français (C. civ. art. 515-3, al. 7). La conclusion et l'enregistrement d'un Pacs à l'étranger sont donc possibles, mais l'un des futurs partenaires doit être français. Dès lors, la conclusion d'un Pacs entre deux étrangers n'est possible que s'ils fixent leur résidence commune en France.

72780 La loi pose également une condition tenant à l'absence de conclusion d'un autre Pacs. En effet, le Pacs conclu entre deux personnes dont l'une au moins est déjà liée par un autre Pacs est nul (C. civ. art. 515-2, 3°). S'agissant de l'application de cette règle à une situation internationale, il est logique d'assimiler au Pacs les partenariats enregistrés étrangers. Dès lors, le Pacs conclu par une **personne déjà liée par un partenariat étranger** devrait être nul.

72782 Pour les partenaires de nationalité étrangère nés à l'étranger, la pratique consiste à leur demander de produire un **certificat de coutume** afin de vérifier qu'ils sont célibataires, majeurs et non placés sous un régime de protection. Ce certificat de coutume devra en principe être obtenu auprès des autorités de l'État dont l'intéressé a la nationalité. Si l'obtention d'un tel certificat s'avère impossible, notamment en raison du refus des autorités étrangères, le partenaire pourra produire une attestation sur l'honneur (en ce sens, Circ. Justice 2007-03 CIV du 5-2-2007 p. 6).

72784 Si le **Pacs** est **enregistré en France**, son existence est mentionnée sur un registre spécial tenu au service central d'état civil du ministère des affaires étrangères pour les étrangers nés à l'étranger (C. civ. art. 515-3-1, al. 1). Les modifications ultérieures de la convention, ainsi que sa dissolution sont soumises à la même publicité (C. civ. art. 515-3-1, al. 2 et 515-7, al. 6).

Les mêmes formalités de publicité sont prévues si le **Pacs** est **enregistré à l'étranger** auprès des autorités diplomatiques et consulaires françaises, et ce sont ces dernières qui seront tenues d'y procéder (C. civ. art. 515-3, al. 7 et 515-7, al. 9).

ORDRE PUBLIC INTERNATIONAL

72786 L'admission en France du Pacs paraît interdire d'opposer l'exception d'ordre public à des partenariats étrangers du même type. Le simple fait que le **partenariat étranger attribue davantage de droits aux partenaires**, en alignant parfois leur régime sur celui du mariage, ne saurait être en soi contraire à l'ordre public.

En revanche, les lois étrangères (par exemple, en Belgique) admettant qu'un **partenariat** soit conclu **entre frères et sœurs** devraient tomber sous le coup de l'exception d'ordre public international (en ce sens, Circ. DACS 08-09 du 26-5-2009).

B. Effets personnels des partenariats enregistrés

LOI APPLICABLE

72788 La loi de l'État de l'**autorité ayant procédé à l'enregistrement** s'appliquera aux effets personnels du partenariat, relatifs à l'organisation de la vie commune.

Les questions relatives à la **filiation** (nos 73002 s.) ou aux **obligations alimentaires** (nos 73450 s.) restent soumises à leur loi propre.

Enfin, les causes et les effets de la **dissolution** du partenariat doivent être soumis à la loi d'enregistrement. Cette loi déterminera ainsi la date de la dissolution, notamment à l'égard des tiers.

C. Effets patrimoniaux des partenariats enregistrés

ARTICULATION DES SOURCES

Les effets patrimoniaux des partenariats enregistrés relèvent en principe du **règlement 2016/1104 du 24 juin 2016** mettant en œuvre une coopération renforcée dans le domaine de la compétence, de la loi applicable, de la reconnaissance et de l'exécution des décisions en matière d'effets patrimoniaux des partenariats enregistrés, dit « règlement EPPE » (Règl. 2016/1104 du 24-6-2016 : JOUE 2016 L 183 p. 30 ; rectificatif du 29-4-2017 : JOUE 2017 L 113 p. 62). 72800

On rappellera pour mémoire que les effets patrimoniaux des partenariats enregistrés n'incluent pas les **questions successorales**, qui sont soumises à leur loi propre. Un partenariat étranger qui reconnaîtrait au partenaire une vocation successorale ne produira ses effets que si la loi qui l'institue est la loi applicable à la succession.

CHAMP D'APPLICATION DU RÈGLEMENT EPPE

Champ d'application temporel Le règlement est entré en application depuis le 29 janvier 2019. 72802

S'agissant de la **compétence juridictionnelle et** de la **circulation des actes authentiques**, il ne s'applique qu'aux procédures engagées, aux actes authentiques formellement dressés ou enregistrés et aux transactions judiciaires approuvées ou conclues depuis le 29 janvier 2019.

Pour les dispositions relatives à la **loi applicable**, le règlement ne s'applique qu'aux partenaires enregistrant leur partenariat depuis le 29 janvier 2019. Toutefois, même pour les partenariats enregistrés avant cette date, le règlement s'applique également si les partenaires procèdent après cette date à la désignation (ou à la modification) de la loi applicable aux effets patrimoniaux de leur partenariat. Ainsi, un couple de Français ayant conclu un Pacs en 2018, qui est donc soumis à la loi française, peut, s'il s'est installé en Allemagne, décider de soumettre les effets patrimoniaux de ce partenariat à la loi allemande à compter du 29 janvier 2019.

Enfin, s'agissant de la **reconnaissance des décisions**, celles rendues depuis le 29 janvier 2019, mais relativement à une procédure engagée avant, pourront être reconnues si elles ont été rendues par une juridiction qui aurait été compétente au sens du règlement.

Champ d'application spatial Le règlement a vocation à s'appliquer aux effets patrimoniaux des partenariats enregistrés ayant une incidence transfrontière (Règl. 2016/1104 du 24-6-2016 considérant 14). Il concerne aujourd'hui 18 **États membres participants** : Allemagne, Autriche, Belgique, Bulgarie, Chypre, Croatie, Espagne, Finlande, France, Grèce, Italie, Luxembourg, Malte, Pays-Bas, Portugal, République tchèque, Slovénie et Suède. Bien que la précision ne figure pas dans le règlement, il est logique de considérer que les références aux États membres dans le texte des dispositions sont des références aux États membres participant à la procédure de coopération renforcée (sur cette procédure, voir n° 72918, précisions). 72804

L'Estonie avait annoncé son intention de rejoindre la procédure de coopération renforcée dans ce domaine mais ne l'a pas fait à ce jour.

Les décisions rendues dans ces États seront donc concernées par les **règles de reconnaissance**.

S'agissant de la **compétence juridictionnelle**, les règles posées par le règlement ne prévoient pas d'application subsidiaire du droit interne, et il faut donc supposer que les règles issues du règlement remplacent purement et simplement le droit international privé commun applicable jusqu'alors.

Les **règles de conflits de lois** seront appliquées dès lors qu'un juge d'un État membre participant est saisi.

Champ d'application matériel Il couvre l'intégralité des questions de droit international privé relatives aux **effets patrimoniaux des partenariats enregistrés**, définis comme l'ensemble des règles relatives aux rapports patrimoniaux des partenaires entre eux et à l'égard des tiers, qui résultent du lien juridique créé par l'enregistrement du partenariat ou par la dissolution de celui-ci (Règl. 2016/1104 du 24-6-2016 art. 3, § 1-b). Le règlement a vocation à couvrir l'ensemble des aspects de droit civil des effets patrimoniaux des partenariats enregistrés, concernant tant la gestion quotidienne des biens des partenaires que leur liquidation, du fait notamment de la séparation du couple ou du décès de l'un des partenaires (Règl. 2016/1104 du 24-6-2016 considérant 18). Les règles de conflits de lois prévues par le règlement ne remplacent donc le droit international privé français antérieur que pour les effets patrimoniaux des partenariats, la validité et les effets personnels restant soumis à la règle de conflit de lois française. 72806

Le partenariat enregistré est défini comme le régime régissant la vie commune de deux personnes prévu par la loi, dont l'enregistrement est obligatoire en vertu de cette loi et qui répond aux exigences juridiques prévues par celle-ci pour sa création (Règl. 2016/1104 du 24-6-2016 art. 3, § 1-a). Le règlement ne couvre donc pas, de façon délibérée, les **couples vivant en union de fait**, même si certains États membres prévoient une réglementation spécifique pour le concubinage (Règl. 2016/1104 du 24-6-2016 considérant 16).
Plusieurs **questions** sont **expressément exclues** du champ du règlement. Il s'agit d'abord de celles relatives à la capacité des partenaires, l'existence, la validité ou la reconnaissance d'un partenariat enregistré, les obligations alimentaires, la succession du partenaire décédé. Le règlement ne s'applique pas non plus aux questions relatives au droit au transfert ou à l'adaptation entre partenaires, en cas de dissolution ou d'annulation du partenariat enregistré, des droits à la pension de retraite ou d'invalidité acquis au cours du partenariat et qui n'ont pas produit des revenus de retraite au cours de celui-ci (Règl. 2016/1104 du 24-6-2016 art. 1). Toutefois, cette exclusion devrait faire l'objet d'une interprétation stricte, le règlement s'appliquant à la question de la classification des capitaux de retraite et de l'éventuelle indemnisation qui serait octroyée en cas de pension de retraite souscrite avec un capital commun (Règl. 2016/1104 du 24-6-2016 art. 1 et considérant 23).
À l'instar du règlement Successions, sont également exclues les questions relatives à la nature des droits réels portant sur un bien ainsi que les questions relatives à la publicité foncière (Règl. 2016/1104 du 24-6-2016 art. 1).

> **Précisions** La **définition du partenariat enregistré** donnée par le règlement ne vaut que pour les besoins du règlement mais le contenu spécifique de cette notion doit rester défini par le droit de chaque État membre et le règlement n'impose nullement à un État membre dont la loi ne reconnaît pas l'institution du partenariat enregistré de prévoir cette dernière dans son droit national (Règl. 2016/1104 du 24-6-2016 considérant 17). Sur la possibilité de décliner sa compétence si le juge saisi ne reconnaît pas le partenariat enregistré, voir n° 72816.

1. COMPÉTENCE INTERNATIONALE

ARTICULATION DES SOURCES

72808 Les procédures engagées depuis le **29 janvier 2019** dans les États membres participant à la procédure de coopération renforcée sont soumises au règlement EPPE (nos 72802 s.). Avant cette date, ce sont les principes du droit international privé commun qui s'appliquaient (sur lesquels, voir l'édition 2018-2019 de ce Mémento).

PRINCIPE DE CONCENTRATION DES COMPÉTENCES

72810 Le règlement prévoit que lorsqu'une juridiction d'un État membre est saisie d'une question relative à la **succession de l'un des partenaires** en vertu du règlement Successions, les juridictions de cet État sont compétentes pour statuer sur les effets patrimoniaux du partenariat enregistré en relation avec cette succession (Règl. 2016/1104 du 24-6-2016 art. 4).
De même, lorsqu'une juridiction d'un État membre est saisie pour statuer sur une demande d'**annulation ou** de **dissolution** en vertu de son droit national, les juridictions de cet État sont compétentes pour statuer sur les effets patrimoniaux du partenariat en relation avec cette demande d'annulation ou de dissolution si les partenaires en conviennent ainsi (Règl. 2016/1104 du 24-6-2016 art. 5). Si cet accord est conclu par les partenaires avant la saisine de la juridiction, il doit respecter les exigences prévues en matière d'accord d'élection de for (n° 72814).
À la lettre du texte, dans ces deux cas, il ne s'agit pas nécessairement du **même tribunal** qui sera saisi des questions successorales ou d'annulation/dissolution et des effets patrimoniaux des partenariats, mais seulement des **tribunaux du même État** membre (la compétence des tribunaux en matière partenariale étant attribuée globalement aux juridictions d'un État membre). Il faut espérer qu'il s'agisse d'une erreur de plume ; sinon, l'objectif de concentration des compétences clairement poursuivi par le texte ne sera pas atteint.

AUTRES COMPÉTENCES

72812 À défaut de juridiction compétente en matière successorale ou d'annulation/dissolution, ou dans des cas autres que ceux-ci, le règlement prévoit une **cascade de compétences** possibles (Règl. 2016/1104 du 24-6-2016 art. 6).
Sont ainsi compétentes les juridictions de :
– l'État dans lequel les partenaires ont leur résidence habituelle, ou à défaut ;
– l'État de la dernière résidence habituelle des partenaires si l'un d'eux y réside encore, ou à défaut ;

– l'État de la résidence habituelle du défendeur, ou à défaut ;
– l'État de la nationalité commune des partenaires, ou à défaut ;
– l'État selon le droit duquel le partenariat enregistré a été créé.
Sauf pour ce dernier, l'existence de ces critères de compétence s'apprécie à la date de saisine de la juridiction.

> **Précisions** Conformément au droit européen, si les **partenaires ont plus d'une nationalité commune** et qu'il s'agit de nationalités d'États membres participants, ils devraient bénéficier d'une option entre les juridictions de chaque État membre (voir, à propos du divorce, n° 72905).

CHOIX DE LA JURIDICTION

Le règlement prévoit une possibilité limitée de choix par les partenaires de la juridiction compétente pour trancher les litiges relatifs aux effets patrimoniaux de leur partenariat (Règl. 2016/1104 du 24-6-2016 art. 7). **72814**

Cette possibilité de choix est toutefois soumise à une **condition** : aucune juridiction ne doit se déclarer compétente en matière successorale ou d'annulation/dissolution conformément au règlement (n° 72810).

S'agissant des **juridictions susceptibles d'être choisies**, les partenaires pourront décider de donner compétence exclusive aux juridictions de l'État membre dont la loi est applicable pour régir au fond les effets patrimoniaux de leur partenariat ou aux juridictions de l'État selon la loi duquel le partenariat a été créé.

Sur la **forme**, le choix doit être établi dans un écrit, daté et signé par les parties.

COMPÉTENCE DE SUBSTITUTION

Le règlement prévoit une possibilité de **décliner sa compétence** si la juridiction compétente au titre de l'un des chefs de compétence énumérés ci-dessus considère que son droit ne prévoit pas l'institution du partenariat enregistré. **72816**

Si les parties conviennent alors de désigner les juridictions de l'État membre dont la loi régit au fond les effets patrimoniaux du partenariat ou les juridictions de l'État selon la loi duquel le partenariat a été créé, la juridiction désignée est compétente. Dans les autres cas, seront compétentes soit les juridictions d'un État membre où se réalise l'un des autres chefs de compétence (n° 72812), soit une juridiction d'un État membre compétente au titre de la comparution volontaire du défendeur (n° 72818) (Règl. 2016/1104 du 24-6-2016 art. 9). Le préambule indique que « la partie concernée devrait avoir la possibilité de soumettre l'affaire dans tout autre État membre présentant un facteur de rattachement lui conférant compétence, quel que soit l'ordre de ces chefs de compétence, dans le respect de l'autonomie des parties » (Règl. 2016/1104 du 24-6-2016 considérant 36). Bien que la formulation soit ambiguë, cela pourrait laisser penser qu'à la suite du déclinatoire, tous les chefs de compétence, et en particulier les chefs de compétence en cascade de l'article 6, sont ouverts aux parties, sans hiérarchie entre eux (N. Joubert, La dernière pierre (provisoire ?) à l'édifice du droit international privé européen en matière familiale. Les règlements du 24 juin 2016 sur les régimes matrimoniaux et les effets patrimoniaux des partenariats enregistrés : Rev. crit. DIP 2017 p. 1).

Le cas d'un **déclinatoire de compétence subséquent** est également prévu. Rien n'interdit en effet au tribunal saisi après qu'un premier tribunal a décliné sa compétence, de la décliner à son tour, sauf s'il s'agit de l'État selon la loi duquel le partenariat enregistré a été créé (Règl. 2016/1104 du 24-6-2016 considérant 36).

La **faculté de décliner sa compétence** n'est **pas ouverte** à la juridiction d'un État membre si les partenaires ont obtenu une annulation ou une dissolution du partenariat qui serait susceptible d'être reconnue dans cet État.

> **Précisions** On notera que le texte du règlement ne précise pas, à la différence du règlement Régimes matrimoniaux, qu'un tel déclinatoire de compétence n'est possible qu'« **à titre exceptionnel** ». Le préambule contient en revanche une telle précision (Règl. 2016/1104 du 24-6-2016 considérant 36). Le règlement EPPE est en tout cas plus laxiste que son « jumeau » sur les conditions du refus de statuer : pour les régimes matrimoniaux, il faut que le mariage ne soit pas reconnu par le droit international privé de l'État de la juridiction concernée ; pour les partenariats, il suffit que le droit interne ne prévoie pas l'institution du partenariat enregistré.

COMPARUTION VOLONTAIRE DU DÉFENDEUR

La comparution volontaire du défendeur (autrement que pour contester la compétence de la juridiction) devant une **juridiction d'un État membre dont la loi est applicable au fond** aux effets **72818**

du partenariat en vertu du règlement rend cette juridiction compétente (Règl. 2016/1104 du 24-6-2016 art. 8). La juridiction doit toutefois s'assurer avant de se déclarer compétente que le défendeur est informé de son droit de contester la compétence et des conséquences de sa comparution ou d'une absence de comparution.
Il existe un **cas où la comparution volontaire n'est pas possible** : lorsqu'une juridiction est déjà compétente au titre d'une succession (nº 72810).

COMPÉTENCE SUBSIDIAIRE

72820 Si aucune juridiction d'un État membre n'est compétente en vertu des chefs de compétence qui précèdent (ou que toutes les juridictions ont décliné leur compétence sans qu'aucune autre ne se reconnaisse compétente au titre des compétences de substitution), les **juridictions d'un État membre où est situé un immeuble** appartenant à l'un ou aux deux partenaires sont compétentes, mais leur compétence sera limitée à ce seul immeuble (Règl. 2016/1104 du 24-6-2016 art. 10).

FORUM NECESSITATIS

72822 À l'instar des règlements Aliments et Successions, le règlement instaure un « forum necessitatis », c'est-à-dire une compétence fondée sur l'idée de **déni de justice** (Règl. 2016/1104 du 24-6-2016 art. 11).
Si aucune juridiction n'est compétente selon les critères établis par le règlement, y compris au titre de la compétence subsidiaire (ou que toutes les juridictions ont décliné leur compétence sans qu'aucune autre ne se reconnaisse compétente au titre des compétences de substitution ou de la compétence subsidiaire), une juridiction d'un État membre aura, à titre exceptionnel, la faculté de connaître du litige s'il présente un **lien suffisant** avec cet État (par exemple, la nationalité d'une des parties) et si une procédure ne peut raisonnablement être introduite ou conduite (notamment en raison d'une guerre civile), ou se révèle impossible dans un État tiers avec lequel le litige a un lien étroit.

LIMITATION EN MATIÈRE SUCCESSORALE

72824 Lorsque la juridiction est saisie pour statuer sur les effets patrimoniaux d'un partenariat à l'occasion d'une succession relevant du règlement Successions, la juridiction peut limiter sa compétence, à la demande de l'une des parties, si la **masse successorale comprend des biens situés dans un État tiers** (soit un État tiers à l'Union européenne ou un État ne participant pas à la procédure de coopération renforcée). La juridiction peut décider de ne pas statuer sur l'un ou plusieurs de ces biens si l'on peut s'attendre à ce que la décision qu'elle rendrait sur les biens en question ne soit pas reconnue et, le cas échéant, ne soit pas déclarée exécutoire dans cet État tiers (Règl. 2016/1104 du 24-6-2016 art. 13).
Cette limitation de la portée de la procédure peut également résulter de l'accord des parties, si un tel accord est valable en vertu du droit de l'État membre dont la juridiction est saisie.

> **Précisions** Cette disposition est identique à celle figurant dans le **règlement Successions** (nº 73530). Il est logique qu'elle soit transposée dans le règlement EPPE puisque, en présence d'une succession, la compétence pour statuer sur les effets patrimoniaux du partenariat sera en principe déterminée par extension de la compétence successorale.

MESURES PROVISOIRES ET CONSERVATOIRES

72826 Le règlement permet à un juge qui ne serait pas compétent sur le fond de prendre des mesures provisoires ou conservatoires (Règl. 2016/1104 du 24-6-2016 art. 19). À l'instar du règlement Aliments, le texte n'impose aucune **condition** d'urgence ou de présence sur le territoire de l'État membre (sur de possibles conditions supplémentaires posées par la jurisprudence de la CJUE, voir nº 73440).

2. LOI APPLICABLE

a. Partenariats enregistrés depuis le 29 janvier 2019

CHOIX PAR LES PARTENAIRES

72840 Les futurs partenaires peuvent choisir la loi applicable aux effets patrimoniaux de leur partenariat, à condition que la loi choisie attache des effets patrimoniaux à l'institution du partenariat enregistré. Ce choix est par ailleurs encadré puisque les **lois susceptibles d'être choisies** sont uniquement les suivantes (Règl. 2016/1104 du 24-6-2016 art. 22) :
– loi de l'État de la résidence habituelle de l'un des partenaires ou futurs partenaires ;
– loi d'un État dont l'un des partenaires ou futurs partenaires a la nationalité ;
– loi de l'État selon le droit duquel le partenariat enregistré a été créé.

L'existence de l'élément de rattachement s'apprécie au moment de la conclusion de la convention (et non au moment de l'enregistrement du partenariat). Le règlement EPPE, à la différence du règlement Successions, ne règle pas clairement le cas du choix par les partenaires dans l'hypothèse où l'un d'eux (ou les deux) possède plusieurs nationalités. S'agissant d'un choix à faire par les partenaires, la solution la plus simple serait, à l'instar de ce qui est permis par le règlement Successions, de laisser le choix entre les différentes nationalités. Le préambule indique toutefois que cette question n'entre pas dans le champ d'application du règlement ; elle relève du droit national, dans le respect du droit européen (Règl. 2016/1104 du 24-6-2016 considérant 49). Cela implique semble-t-il une possibilité de choix entre les différentes nationalités, si ce sont des nationalités d'État membres (L. Perreau-Saussine, Le nouveau Règlement européen « Régimes matrimoniaux » : JCP G 2016 n° 1116, à propos des régimes matrimoniaux mais transposable). Si une nationalité d'un État tiers est impliquée (il s'agit ici d'États tiers à l'Union européenne seulement et non d'États membres non participants), il faudra transposer le raisonnement traditionnel de la jurisprudence française en matière de conflit de nationalités (n° 72310) (en ce sens, L. Perreau-Saussine, précité). La solution n'est guère satisfaisante.

Le choix peut intervenir à tout **moment**, avant l'enregistrement du partenariat, lors de son enregistrement ou au cours du partenariat enregistré (Règl. 2016/1104 du 24-6-2016 considérant 44). Dans ce dernier cas, il pourra s'agir de confirmer la loi applicable désignée par le règlement en l'absence de choix ou d'effectuer en réalité une modification de la loi applicable, permise par le règlement (n° 72850).

En la **forme**, le choix doit être établi par un écrit, daté et signé par les deux partenaires. Si la loi de l'État membre de la résidence habituelle des partenaires (ou de l'un des partenaires, si seul l'un d'eux réside dans un État membre) au moment de la conclusion de la convention impose des règles formelles particulières pour les conventions partenariales, la convention de choix de loi doit les respecter. Si les partenaires ont leur résidence habituelle dans deux États membres différents et si les lois de ces États prévoient des règles formelles différentes pour les conventions partenariales, il suffit de respecter les règles de forme imposées par l'une d'elles (Règl. 2016/1104 du 24-6-2016 art. 23). **72842**

L'existence et la **validité au fond** du choix de loi s'apprécie par rapport à la loi choisie, comme si la convention de choix était valable. Néanmoins, l'un des partenaires pourra établir son absence de consentement sur le fondement de la loi du pays dans lequel il a sa résidence habituelle au moment où la juridiction est saisie s'il ressort des circonstances qu'il ne serait pas raisonnable de déterminer l'effet du comportement de ce partenaire conformément à la loi désignée (Règl. 2016/1104 du 24-6-2016 art. 24).

LOI APPLICABLE EN L'ABSENCE DE CHOIX

En l'absence de choix par les partenaires, le règlement prévoit que la loi applicable aux effets patrimoniaux du partenariat enregistré est la loi de l'État selon la loi duquel le partenariat enregistré a été créé (Règl. 2016/1104 du 24-6-2016 art. 26, § 1). **72844**

CONVENTION PARTENARIALE

Que les partenaires aient choisi ou non une loi applicable aux effets patrimoniaux de leur partenariat, la loi désignée par le règlement régit la **validité au fond** de leur contrat de partenariat (Règl. 2016/1104 du 24-6-2016 art. 27, g). **72846**

La **validité en la forme** est quant à elle soumise à une superposition de règles (Règl. 2016/1104 du 24-6-2016 art. 25). Le règlement prévoit lui-même une sorte de minimum applicable à toute convention partenariale : elle doit être établie par écrit, datée et signée par les deux partenaires. Si des règles de forme supplémentaires sont prévues par la loi de l'État membre dans lequel les partenaires ont leur résidence habituelle (ou l'un d'entre eux, si un seul des partenaires a sa résidence habituelle dans un État membre), ces règles s'appliquent. En cas de résidence habituelle distincte des deux partenaires dans deux États membres et si ces États prévoient des règles de forme différentes, la convention partenariale doit se conformer à la loi de l'un de ces deux États. Enfin, si la loi applicable au fond prévoit des règles formelles supplémentaires, celles-ci doivent s'appliquer. Rien n'est dit sur la manière de trancher un possible conflit entre la loi applicable au fond et la loi de la résidence habituelle : il semblerait qu'il doive être résolu en les appliquant cumulativement, c'est-à-dire en se conformant à la loi la plus restrictive (Règl. 2016/1104 du 24-6-2016 considérant 47, toutefois peu explicite).

MODIFICATION DE LA LOI APPLICABLE

72848 **Demande unilatérale d'un partenaire** Le règlement prévoit, à titre exceptionnel, un rattachement alternatif qui s'apparente à une modification volontaire unilatérale de la loi applicable, sous **contrôle judiciaire** (Règl. 2016/1104 du 24-6-2016 art. 26, § 2). La **loi de l'État de la dernière résidence habituelle** commune des partenaires sera applicable à la place de la loi de l'État selon la loi duquel le partenariat enregistré a été créé, sous réserve que plusieurs **conditions** soient réunies. Cette modification du rattachement ne peut être que judiciaire et faite à la demande de l'un des partenaires. Il faut ensuite que cette loi attache des effets patrimoniaux à l'institution du partenariat enregistré. La modification requiert en outre que soit démontré que les partenaires avaient leur dernière résidence habituelle commune dans cet autre État pendant une période d'une durée significative et qu'ils s'étaient fondés sur la loi de ce même autre État pour organiser ou planifier leurs rapports patrimoniaux. À cela s'ajoute une condition négative : l'absence de convention partenariale entre les partenaires avant leur établissement dans l'État de la dernière résidence habituelle commune.

S'agissant de l'**application dans le temps** de ce changement, la loi de l'État de la dernière résidence habituelle des partenaires s'appliquera aux effets patrimoniaux de leur partenariat à compter de la date de création du partenariat enregistré, sauf opposition de l'un des partenaires, auquel cas elle s'appliquera à compter de la date de l'établissement de leur dernière résidence habituelle dans cet État. Le jeu de ce rattachement alternatif ne peut pas porter atteinte aux droits des tiers.

72850 **Volonté commune des partenaires** Les partenaires peuvent décider à tout moment de modifier la **loi choisie** pour régir les effets patrimoniaux de leur partenariat ou lorsqu'ils n'ont pas procédé à ce choix, de choisir une loi différente de celle qui régit leur régime **en l'absence de choix** (Règl. 2016/1104 du 24-6-2016 art. 22). Cette modification peut avoir lieu même si les partenaires ont conclu leur partenariat avant l'entrée en vigueur du règlement.

S'agissant de l'**application dans le temps**, le changement de la loi applicable aux effets patrimoniaux de leur partenariat n'a pas d'effet rétroactif, sauf convention contraire des partenaires. Même si les partenaires décident de lui conférer un tel effet, il ne peut porter atteinte aux droits des tiers. L'absence de rétroactivité les conduira à liquider leur régime patrimonial antérieur.

DOMAINE DE LA LOI DÉSIGNÉE

72852 La loi désignée par le règlement régira notamment la **classification des biens** des deux partenaires ou de chacun d'entre eux en différentes catégories pendant et après le partenariat enregistré, le transfert de biens d'une catégorie à une autre, les **pouvoirs**, les **droits et** les **obligations** de l'un des partenaires ou des deux partenaires à l'égard des biens, les obligations d'un partenaire qui découlent des engagements pris par l'autre partenaire et des dettes de ce dernier (Règl. 2016/1104 du 24-6-2016 art. 27).

Elle s'applique également à la division, la répartition ou la **liquidation** des biens après dissolution du partenariat enregistré. Rien n'interdit cependant aux partenaires de convenir à l'amiable de liquider leur partenariat selon la loi d'un autre État membre, si cette loi le permet, quand bien même elle ne serait pas la loi désignée par le règlement pour régir les effets patrimoniaux de leur partenariat (Règl. 2016/1104 du 24-6-2016 considérant 38).

Le règlement prévoit en outre que si la loi désignée accorde à l'un des partenaires un **droit réel inconnu** du droit de l'État membre dans lequel il est invoqué, ce droit doit être adapté à son équivalent le plus proche en vertu du droit de cet État, en tenant compte des objectifs et des intérêts visés par le droit réel en question et des effets qui y sont liés (Règl. 2016/1104 du 24-6-2016 art. 29).

OPPOSABILITÉ AUX TIERS

72854 La loi désignée par le règlement régit en principe les incidences des effets patrimoniaux du partenariat sur un rapport juridique entre un partenaire et des tiers (Règl. 2016/1104 du 24-6-2016 art. 27, f).

Toutefois, le règlement prévoit un mécanisme de **protection du tiers qui ignorerait la loi désignée** : la loi applicable aux effets patrimoniaux du partenariat ne peut pas être opposée par un partenaire à un tiers, sauf si le tiers a eu connaissance de cette loi ou aurait dû en avoir connaissance en faisant preuve de la diligence voulue (Règl. 2016/1104 du 24-6-2016 art. 28, § 1).

Le **tiers** est **réputé avoir connaissance de la loi applicable** si cette loi est l'une des lois suivantes ou si l'un des partenaires a procédé aux formalités requises par l'une d'entre elles (Règl. 2016/1104 du 24-6-2016 art. 28, § 2) :

– loi applicable à la convention conclue entre l'un des partenaires et le tiers ;
– loi de la résidence habituelle du partenaire contractant et du tiers ;
– en matière immobilière, loi du lieu de situation de l'immeuble.

Le texte ne précise pas si cette présomption est simple ou irréfragable (S. Godechot-Patris, Commentaire du règlement du 24 juin 2016 relatif aux régimes matrimoniaux : le changement dans la continuité : D. 2016 p. 2292, à propos du règlement Régimes matrimoniaux mais transposable). Il nous semble toutefois que la rédaction du texte ne prévoit pas que le tiers puisse apporter la preuve contraire (voir toutefois, en faveur d'une présomption simple, H. Péroz, Le nouveau règlement européen sur les régimes matrimoniaux : JCP N 2016 n° 1241, à propos du règlement Régimes matrimoniaux mais transposable).
Lorsque la **loi applicable** est **inopposable au tiers**, les effets patrimoniaux du partenariat à l'égard du tiers sont régis par (Règl. 2016/1104 du 24-6-2016 art. 28, § 3) :
– la loi de l'État dont la loi est applicable à la convention conclue entre le partenaire et ce tiers ;
– ou en matière immobilière ou dans des affaires concernant des biens ou droits faisant l'objet d'une inscription sur un registre, la loi de l'État dans lequel le bien immeuble est situé ou dans lequel les biens ou les droits sont inscrits.

MISE EN ŒUVRE DE LA LOI DÉSIGNÉE

La loi désignée en application du règlement s'applique même si ce n'est pas celle d'un État membre participant : **caractère** dit **« universel »** (Règl. 2016/1104 du 24-6-2016 art. 20). 72856
La loi désignée s'applique à l'ensemble des **biens** soumis aux effets patrimoniaux du partenariat, quel que soit le lieu où ils se trouvent (Règl. 2016/1104 du 24-6-2016 art. 21).
Le **renvoi** est exclu (Règl. 2016/1104 du 24-6-2016 art. 32).
La loi désignée pourra être écartée si elle est manifestement incompatible avec l'**ordre public** (Règl. 2016/1104 du 24-6-2016 art. 31).
Le règlement prévoit en outre la possibilité pour le juge saisi d'appliquer ses propres **lois de police**, définies comme les dispositions impératives dont le respect est jugé crucial par un État membre pour la sauvegarde de ses intérêts publics, tels que son organisation politique, sociale ou économique, au point d'en exiger l'application à toute situation entrant dans son champ d'application, quelle que soit par ailleurs la loi applicable aux effets patrimoniaux du partenariat en vertu du règlement (Règl. 2016/1104 du 24-6-2016 art. 30). Le texte vise en particulier certaines dispositions relatives à la protection du logement familial (Règl. 2016/1104 du 24-6-2016 considérant 52).

b. Partenariats enregistrés avant le 29 janvier 2019

Les effets patrimoniaux des partenariats enregistrés avant le 29 janvier 2019 sont soumis à la loi désignée par la règle de conflit de lois française de **droit commun**, soit la loi de l'État de l'autorité ayant procédé à l'enregistrement du partenariat (n° 72770), sous réserve d'un changement de loi applicable décidé par les partenaires après cette entrée en vigueur (n° 72850). 72858

3. RECONNAISSANCE ET EXÉCUTION DES DÉCISIONS ET DES ACTES AUTHENTIQUES

ARTICULATION DES SOURCES

Le règlement EPPE s'applique aux décisions rendues et aux actes authentiques conclus depuis le **29 janvier 2019** dans l'un des États membres participant à la procédure de coopération renforcée (n°s 72802 s.). Les décisions rendues ou les actes reçus avant cette date, de même que les décisions ou les actes émanant d'un État tiers (en ce compris un État membre non participant), sont soumis au droit commun. 72870

a. Règlement EPPE

RECONNAISSANCE DE PLEIN DROIT DES DÉCISIONS

Les décisions rendues par une **juridiction saisie en application du règlement** sont reconnues de plein droit dans les autres États membres (Règl. 2016/1104 du 24-6-2016 art. 36). Sur la notion de reconnaissance de « plein droit », voir n° 72025. 72872
Néanmoins, **en cas de contestation**, toute partie intéressée peut demander la reconnaissance de la décision selon la même procédure que celle suivie pour la déclaration constatant la force exécutoire. Si la décision étrangère fait l'objet d'un recours ordinaire dans l'État d'origine, le juge de l'État requis saisi d'une demande de reconnaissance peut surseoir à statuer (Règl. 2016/1104 du 24-6-2016 art. 41).
Le règlement établit une liste limitative de **motifs de non-reconnaissance** des décisions (Règl. 2016/1104 du 24-6-2016 art. 37). Cela sera le cas : 72874
– si la décision est manifestement contraire à l'ordre public ;
– en cas de défaillance du défendeur, si l'acte introductif d'instance n'a pas été signifié à celui-ci en temps utile de manière à ce qu'il puisse se défendre, à moins qu'il n'ait pas exercé de recours à l'encontre de la décision alors qu'il était en mesure de le faire ;

– si la décision est inconciliable avec une décision rendue entre les mêmes parties dans l'État membre requis ;
– si la décision est inconciliable avec une décision rendue antérieurement dans un autre État membre ou dans un État tiers entre les mêmes parties, dans un litige ayant le même objet et la même cause, dès lors que la décision antérieure réunit les conditions nécessaires à sa reconnaissance dans l'État requis.

Les motifs de non-reconnaissance doivent être appliqués dans le respect des **droits et principes fondamentaux** consacrés par la Charte des droits fondamentaux de l'Union européenne, et notamment du principe de non-discrimination (Règl. 2016/1104 du 24-6-2016 art. 38). À la lumière du préambule du règlement, cette référence à la Charte doit être interprétée comme une incitation à ne pas faire jouer l'ordre public, lorsque ce refus serait contraire à la Charte et au principe de non-discrimination, plutôt qu'un rappel des valeurs fondamentales composant l'ordre public (Règl. 2016/1104 du 24-6-2016 considérant 53).

Le règlement ajoute une précision ne figurant pas explicitement dans le règlement Successions, quoique présente dans la plupart des règlements européens de droit international privé : le juge de l'État requis ne peut procéder au **contrôle de la compétence** du juge de l'État membre d'origine, y compris via le mécanisme de l'ordre public (Règl. 2016/1104 du 24-6-2016 art. 39).

EXÉCUTION DES DÉCISIONS

72876 Les décisions rendues dans un État membre, si elles y sont exécutoires, peuvent être déclarées exécutoires sur le territoire d'un autre État membre sur **requête** de toute partie intéressée (Règl. 2016/1104 du 24-6-2016 art. 42). La procédure est non contradictoire à ce stade.

L'une ou l'autre partie peut toutefois former un **recours** contre la décision prise sur la requête. La déclaration de force exécutoire pourra être refusée pour les mêmes motifs que la reconnaissance (Règl. 2016/1104 du 24-6-2016 art. 51). La juridiction saisie du recours doit surseoir à statuer, à la demande de la partie contre laquelle l'exécution est demandée, si la force exécutoire de la décision est suspendue dans l'État membre d'origine du fait d'un recours (Règl. 2016/1104 du 24-6-2016 art. 52).

> **Précisions** La **demande de déclaration de la force exécutoire** doit être accompagnée d'une copie de la décision réunissant les conditions nécessaires pour en établir l'authenticité et d'une attestation délivrée par la juridiction de l'État membre d'origine au moyen d'un formulaire type (Règl. 2016/1104 du 24-6-2016 art. 45). Ce formulaire type constitue l'annexe I du règlement d'exécution adopté par la Commission (Règl. 2018/1990 du 11-12-2018). Les requêtes aux fins de certification des titres exécutoires français en vue de leur reconnaissance et de leur exécution à l'étranger sont présentées au directeur de greffe de la juridiction qui a rendu la décision (CPC art. 509-1). Sont présentées au directeur de greffe du tribunal judiciaire les requêtes aux fins de reconnaissance ou de constatation de la force exécutoire, sur le territoire de la République, des titres exécutoires étrangers (CPC art. 509-2).

ACTES AUTHENTIQUES

72878 Le règlement reprend très largement les dispositions du règlement Successions sur l'acceptation des actes authentiques. Les actes authentiques établis dans un État membre ont la même **force probante** dans un autre État membre que dans l'État d'origine ou, en tout cas, produisent les effets les plus comparables, sous réserve de contrariété manifeste à l'ordre public de l'État requis (Règl. 2016/1104 du 24-6-2016 art. 58).

Les juridictions de l'État membre d'origine sont saisies de toute **contestation portant sur l'authenticité** de l'acte et statuent sur celle-ci en vertu de la loi de cet État. L'acte authentique contesté n'a aucune force probante dans un autre État membre tant que le recours est pendant devant la juridiction compétente (Règl. 2016/1104 du 24-6-2016 art. 58, § 2).

Si la **contestation porte sur l'acte juridique** (ou les relations juridiques) consigné dans un acte authentique (c'est-à-dire le negotium), la compétence appartiendra aux juridictions compétentes pour trancher le litige au fond (nos 72810 s.) et celles-ci statueront en application de la loi désignée par le règlement. L'acte authentique contesté ne produit aucune force probante dans un autre État membre que l'État membre d'origine en ce qui concerne la question contestée tant que le recours est pendant devant la juridiction compétente (Règl. 2016/1104 du 24-6-2016 art. 58, § 2).

› Précisions Une personne souhaitant utiliser un acte authentique dans un autre État membre peut demander à l'autorité établissant l'acte authentique dans l'État membre d'origine de remplir le **formulaire type** mis au point par la Commission à cet effet (Règl. 2016/1104 du 24-6-2016 art. 58, § 1). En France, la demande sera présentée au notaire ou à la personne morale titulaire de l'office notarial conservant la minute de l'acte (CPC art. 509-3). Le formulaire figure en annexe II du règlement d'exécution adopté par la Commission. Il décrit notamment, s'agissant de la partie relative à l'acceptation de l'acte authentique, la force probante de ce dernier dans l'État membre d'origine (Règl. 2018/1990 du 11-12-2018).

Force exécutoire Un acte authentique qui est exécutoire dans l'État membre d'origine est déclaré exécutoire dans un autre État membre, à la demande de toute partie intéressée, suivant la même **procédure** que celle prévue pour les décisions judiciaires (n° 72876). 72880

Un **recours** est possible dans les mêmes conditions, à la différence que la déclaration de force exécutoire ne peut être refusée que si l'exécution de l'acte authentique est manifestement contraire à l'ordre public de l'État membre d'exécution (Règl. 2016/1104 du 24-6-2016 art. 59).

› Précisions En pratique, la procédure d'exécution se déroule en deux temps (P. Callé et J. Gasté, Le notaire et l'exécution forcée : JCP N 2019 n° 1128). Dans un **premier temps**, l'autorité ayant établi l'acte authentique dans l'État membre délivre à la demande de toute partie intéressée une **attestation** (Règl. 2016/1104 du 24-6-2016 art. 59, § 2) en vue de son exécution dans un autre État membre. Le formulaire figure en annexe II du règlement d'exécution adopté par la Commission (Règl. 2018/1990 du 11-12-2018). En France, la demande est présentée au notaire ou à la personne morale titulaire de l'office notarial conservant la minute de l'acte (CPC art. 509-3). Dans un **second temps**, une **demande de déclaration constatant la force exécutoire** est présentée à l'autorité compétente de l'État membre d'exécution (Règl. 2016/1103 du 24-6-2016 art. 59, § 1). En France, la demande concernant l'exécution sur le territoire de la République d'un acte authentique notarié étranger est présentée au président de la chambre des notaires ou, en cas d'absence ou d'empêchement, à son suppléant désigné parmi les membres de la chambre (CPC art. 509-3 précité).

b. Droit commun

La reconnaissance et l'exécution des **jugements** ne pose pas de difficultés particulières et doit se faire conformément au droit commun (n° 72025). 72882

SECTION 3

LE DIVORCE

I. PRONONCÉ DU DIVORCE PAR UN JUGE FRANÇAIS

A. Compétence internationale

CHAMP D'APPLICATION DU RÈGLEMENT BRUXELLES II TER

S'agissant de son **champ d'application temporel**, le règlement 2019/1111 du 25 juin 2019 relatif à la compétence, la reconnaissance et l'exécution des décisions en matière matrimoniale et en matière de responsabilité parentale, ainsi qu'à l'enlèvement international d'enfants, dit « règlement Bruxelles II ter » (JOUE 2019 L 178 p. 1 ; rectificatif : JOUE 2020 L 347 p. 52) est entré en application le 1er août 2022 et remplace depuis cette date le règlement Bruxelles II bis. Plus précisément, les dispositions du règlement Bruxelles II ter s'appliquent aux actions judiciaires intentées, aux actes authentiques dressés ou enregistrés formellement et aux accords enregistrés depuis le 1er août 2022 (Règl. 2019/1111 du 25-6-2019 art. 100). 72900

Le règlement s'applique en principe dès qu'un juge français est saisi. Son **champ d'application spatial** n'est pas limité, mais dépend des règles de compétence elles-mêmes : une juridiction d'un État membre est compétente pour connaître d'une demande en divorce dès lors que l'un des critères alternatifs de compétence énoncés par le règlement est localisé sur le territoire de cet État. Peu importe que les époux soient ressortissants d'États tiers ou que l'époux défendeur soit domicilié dans un État tiers (Cass. 1e civ. 24-6-2020 n° 19-11.714 F-PB : BPAT 5/20 inf. 179-16, à propos de Bruxelles II bis mais transposable). Néanmoins, le règlement ne remplace pas complètement les règles françaises de compétence internationale (droit commun) puisqu'il leur laisse jouer un rôle subsidiaire (n° 72910).

S'agissant de son **champ d'application matériel**, le règlement Bruxelles II ter s'applique au divorce, à la séparation de corps et à l'annulation du mariage des époux (Règl. 2019/1111 du 25-6-2019 art. 1, § 1-a). Il exclut en revanche de son champ d'application les litiges relatifs aux obligations alimentaires (Règl. 2019/1111 du 25-6-2019 art. 1, § 4-e). Par exemple, si la loi applicable prévoit un devoir de secours entre époux séparés de corps ou, dans certains cas, entre époux divorcés, un litige relatif à la détermination du montant de la pension à verser par l'époux débiteur de l'obligation n'est pas soumis au règlement Bruxelles II ter mais au règlement 4/2009 du Conseil du 18 décembre 2008 relatif à la compétence, la loi applicable, la reconnaissance et l'exécution des décisions et la coopération en matière d'obligations alimentaires, dit règlement « Aliments » (nos 73400 s.). Il en va de même de la prestation compensatoire. Les effets patrimoniaux du mariage, et notamment la question de la liquidation du régime matrimonial des ex-époux sont également exclus du champ d'application du règlement (Règl. 2019/1111 du 25-6-2019 considérant 9).

72903 **Divorce non judiciaire** Le divorce (et la convention de séparation de corps) par consentement mutuel non judiciaire par acte sous signature privée contresigné par avocats déposé au rang des minutes d'un notaire, prévu par les articles 229-1 et suivants du Code civil a suscité de nombreux débats. Ceci d'autant plus qu'une décision de la Cour de justice de l'Union européenne avait jugé que le règlement **Bruxelles II bis** ne visait que les divorces prononcés par une juridiction étatique ou par une autorité publique ou sous son contrôle (CJUE 20-12-2017 aff. 372/16, Sahyouni, points 40 à 42 : rendu à propos de Rome III mais transposable).

Le règlement **Bruxelles II ter** règle en grande partie ces difficultés. Celui-ci crée une nouvelle notion, l'« accord », désignant un acte qui n'est pas un acte authentique, qui a été conclu par les parties dans les matières relevant du champ d'application du règlement et qui a été enregistré par une autorité publique notifiée à cet effet à la Commission par un État membre (Règl. 2019/1111 du 25-6-2019 art. 2, § 2, 3°). Cette notion vise en particulier les accords qui ont été enregistrés par une autorité publique habilitée à le faire, notamment les notaires (Règl. 2019/1111 du 25-6-2019 considérant 14). En droit français du divorce, cette notion correspond au divorce par consentement mutuel non judiciaire (Circ. JUSC2315953C du 4-7-2023 : BO min. just. 5-7-2023, fiche 3). Ces accords bénéficient en matière de divorce du même régime de reconnaissance que les actes authentiques (nos 72975 s.). Toutefois, cette reconnaissance n'est possible que si l'autorité publique qui a dressé ou enregistré l'acte authentique ou l'accord est celle d'un État membre dont les juridictions sont compétentes conformément au règlement (Règl. 2019/1111 du 25-6-2019 art. 64). C'est dire que le divorce par consentement mutuel français déposé au rang des minutes d'un notaire français ne pourra circuler que si les tribunaux français étaient par ailleurs compétents pour statuer sur le divorce au sens du règlement (n° 72905). Ceci ne vaut que pour la partie de l'accord relative au divorce ; si des aspects de l'accord concernent les enfants, ils devront se conformer aux règles relatives à la reconnaissance et à l'exécution des accords concernant les enfants (nos 73321 s.). De même, les aspects de la convention relatifs à la prestation compensatoire dépendent des règles relatives aux obligations alimentaires.

ATTENTION

Une décision récente de la Cour de justice vient cependant jeter le trouble (CJUE 15-11-2022 aff. 646/20 : BPAT 1/23 inf. 17 obs. P. Callé, Rev. crit. DIP 2023 p. 409 obs. S. Corneloup) : un **acte de divorce établi par un officier d'état civil italien**, qui comporte un accord de divorce conclu par les époux et confirmé par ceux-ci devant cet officier, est qualifié de décision, et non d'accord exécutoire ou d'acte authentique, au sens du **règlement Bruxelles II bis**. Toute décision de divorce, quelle que soit sa dénomination, qui est prononcée par une autorité d'un État membre compétente, soit par une juridiction étatique, soit par une autorité publique ou sous son contrôle, serait incluse dans la notion de « décision » au sens du règlement. Seuls sont exclus les simples divorces privés, tels que celui résultant d'une déclaration unilatérale d'un des époux devant un tribunal religieux (même arrêt, limitant ainsi la portée de l'arrêt Sahyouni (CJUE 20-12-2017 aff. 372/16)). La Cour indique expressément que la solution est transposable au **règlement Bruxelles II ter**.

Pour qualifier l'acte de décision, l'autorité qui prononce le divorce doit garder le contrôle du prononcé du divorce, ce qui implique, dans le cadre des divorces par consentement mutuel, qu'elle procède à un examen des conditions du divorce au regard du droit national ainsi que de la réalité et de la validité du consentement des époux à divorcer. Dans le cadre de la procédure italienne en cause, l'officier d'état civil s'assure de la réalité du consentement et vérifie le respect des conditions légales. Le contrôle exercé par le notaire français dans le cadre du divorce par consentement mutuel non judiciaire français permettrait-il de qualifier la convention de divorce de « décision » au sens du règlement Bruxelles II ter ? Comme il a été relevé, il s'agit d'un contrôle essentiellement formel et les époux ainsi que leurs avocats n'ont pas à être présents, ce qui rend illusoire la possibilité de s'assurer de la réalité du consentement (S. Corneloup, obs. précitées, où l'auteur cite la circulaire de présentation de la loi introduisant le divorce par consentement mutuel : Circ. JUSC1638274C du 26-1-2017). La majorité de la doctrine considère que le divorce non judiciaire français n'est pas une décision, à la différence du divorce extrajudiciaire italien ou espagnol (L. Perreau-Saussine et Y. Moreau-Cotten, Le divorce extrajudiciaire en droit international privé : JCP N 2023 n° 1235 ; S. Clavel et F. Jault-Seseke, chron. Droit international privé : D. 2023 p. 925). Mais le doute est permis et certains auteurs sont favorables à la qualification de décision (voir P. Callé, obs. précitées ; plus prudente, S. Corneloup, obs. précitées). S'il était qualifié de décision, la catégorie des « accords » perdrait une grande partie de son utilité.

RÈGLES DE COMPÉTENCE

Le règlement Bruxelles II ter prévoit sept **options** de compétence ouvertes aux parties pour statuer sur les questions relatives au divorce, à la séparation de corps et à l'annulation du mariage (Règl. 2019/1111 du 25-6-2019 art. 3). Sont ainsi susceptibles d'être saisis les tribunaux de l'État de : **72905**
- la résidence habituelle des époux ;
- la dernière résidence habituelle des époux si l'un d'eux y réside encore ;
- la résidence habituelle du défendeur ;
- en cas de demande conjointe, la résidence habituelle de l'un ou l'autre époux ;
- la résidence habituelle du demandeur s'il y réside « habituellement » (en ce sens, CJUE 6-7-2023 aff. 462/22, rendu à propos de Bruxelles II bis et du tiret suivant mais transposable) depuis au moins un an au jour de l'introduction de la demande ;
- la résidence habituelle du demandeur s'il y réside « habituellement » (en ce sens, CJUE 6-7-2023 aff. 462/22, rendu à propos de Bruxelles II bis mais transposable) depuis au moins six mois au jour de l'introduction de la demande et qu'il est ressortissant de cet État ;
- la nationalité commune des deux époux.

Lorsque les époux possèdent une double nationalité commune d'un État membre, ils disposent d'une **option supplémentaire** entre les tribunaux des États dont ils ont en commun la nationalité (CJCE 16-7-2009 aff. 168/08, Hadadi ; Cass. 1e civ. 17-2-2010 n° 07-11.648, Hadadi : Bull. civ. I n° 37; BPAT 2/10 inf. 92 ; ces deux décisions ont été rendues à propos de Bruxelles II bis mais sont transposables).

Le fait que la durée de la résidence habituelle exigée soit plus courte lorsque le demandeur est ressortissant de l'État membre ne constitue pas une différence de traitement fondée sur la nationalité prohibée au regard du principe de non-discrimination posé par le droit de l'Union européenne (CJUE 10-2-2022 aff. 522/20 : BPAT 2/22 inf. 72, à propos de Bruxelles II bis mais transposable).

En outre, le règlement prévoit une compétence additionnelle à celles énumérées ci-dessus, si une **séparation de corps** a été prononcée par un tribunal. Celui-ci est alors compétent pour convertir cette décision en divorce, si sa propre loi le prévoit (Règl. 2201/2003 du 27-11-2003 art. 5).

Pour l'application du règlement, la Cour de cassation définit la **notion de résidence habituelle** comme « le lieu où l'intéressé a fixé, avec la volonté de lui conférer un caractère stable, le centre permanent ou habituel de ses intérêts » (Cass. 1e civ. 14-12-2005 n° 05-10.951 : Bull. civ. I n° 506, à propos de Bruxelles II bis mais transposable). Cette définition est reprise par la Cour de justice (CJUE 25-11-2021 aff. 289/20 : BPAT 1/22 inf. 15, à propos de Bruxelles II bis mais transposable). Dans cette décision, la Cour insiste sur la réunion de deux éléments : d'une part, la volonté de l'intéressé de fixer le centre habituel de ses intérêts dans un lieu déterminé et, d'autre part, une présence revêtant un degré suffisant de stabilité sur le territoire de l'État membre concerné. Un époux ne peut avoir qu'une seule résidence habituelle, même s'il partage sa vie entre deux pays (l'un où il travaille en semaine, l'autre où vivent son épouse et ses enfants et où il passe le reste de son temps) (même arrêt). La Cour ne donne toutefois pas de critères permettant de trancher dans les cas limites, renvoyant à l'appréciation des éléments de fait par les juridictions nationales (pour un exemple de cas limite, voir Cass. 1e civ. 30-11-2022 n° 21-15.988 FS-B : BPAT 1/23 inf. 18, à propos de Bruxelles II bis mais transposable). Dans cette affaire, un couple partageait sa vie entre la France et la Belgique ; la cour d'appel, approuvée par la Cour de cassation, fait prévaloir les liens sociaux sur les intérêts économiques. La Cour de justice précise en outre que sa jurisprudence sur la résidence habituelle d'un enfant (nos 73161 s.) n'est pas nécessairement transposable, notamment parce que l'environnement d'un adulte est de nature nécessairement plus varié, composé d'un spectre d'activités sensiblement plus vaste et d'intérêts, notamment professionnels, socioculturels, patrimoniaux ainsi que d'ordre privé et familial, diversifiés (CJUE 25-11-2021 aff. 289/20 précité). **72907**

Le fait que les époux bénéficient d'une immunité diplomatique n'a pas d'incidence sur la détermination de la résidence habituelle au sens du règlement (CJUE 1-8-2022 aff. 501/20 : BPAT 5/22 inf. 224, à propos de Bruxelles II bis mais transposable).

72910 Lorsque aucun tribunal de l'Union européenne (à l'exception du Danemark) n'est compétent au titre de l'un des chefs de compétence énoncés ci-dessus, la compétence est déterminée par application des **règles nationales de compétence** (Règl. 2019/1111 du 25-6-2019 art. 6, § 1).

Toutefois, un **défendeur « intégré » dans l'Union européenne**, c'est-à-dire qui a sa résidence habituelle sur le territoire d'un État membre ou est ressortissant d'un État membre, ne peut être assigné dans un autre État membre que conformément aux critères énumérés n° 72905, lesquels sont alors exclusifs (Règl. 2019/1111 du 25-6-2019 art. 6, § 2). Autrement dit, les règles nationales de compétence, tel l'article 14 du Code civil permettant à un demandeur français de saisir le juge français, ne peuvent pas jouer contre un défendeur intégré (Cass. 1e civ. 15-11-2017 n° 15-16.265 FS-PBI : SNH 11/17 inf. 9 : défendeur belge résidant en Inde, à propos de Bruxelles II bis mais transposable). Une interprétation a contrario de cette règle signifie en revanche qu'un époux peut être assigné dans l'État de sa nationalité, s'il réside dans un État tiers. Par exemple, un époux français peut se voir assigner en France par application de l'article 15 du Code civil dès lors qu'aucun critère de compétence du règlement Bruxelles II ter ou de l'article 1070 du Code de procédure civile ne se réalise en France (Cass. 1e civ. 25-3-2015 n° 13-26.131 : BPAT 3/15 inf. 88, à propos de Bruxelles II bis mais transposable). Cette interprétation est critiquée (M. Fallon, « Article 6 » : Droit européen du divorce, dir. S. Corneloup, LexisNexis 2013). Elle vient cependant d'être confirmée par la Cour de justice (CJUE 1-8-2022 aff. 501/20 : BPAT 5/22 inf. 224).

En outre, tout ressortissant d'un État membre qui a sa résidence habituelle sur le territoire d'un autre État membre peut invoquer, comme les nationaux de cet État, les règles de compétence de cet État contre un **défendeur « non intégré » dans l'Union européenne**, c'est-à-dire qui n'a pas sa résidence habituelle dans un État membre et qui n'a pas la nationalité d'un État membre (Règl. 2019/1111 du 25-6-2019 art. 6, § 3).

L'époux demandeur pourra ainsi invoquer l'article 1070 du Code de procédure civile (étendu à l'ordre international) et subsidiairement le privilège de juridiction de l'article 14 du Code civil. Il le pourra même s'il n'a pas la nationalité française mais est ressortissant d'un État membre et a sa résidence habituelle en France. Le tribunal français saisi qui constate qu'aucun des critères de compétence au titre du règlement visés au n° 72905 n'est réalisé au profit d'un tribunal d'un État membre et que les juridictions françaises ne sont pas compétentes au titre de l'article 1070 du Code de procédure civile doit vérifier d'office s'il n'est pas compétent en vertu de l'article 14 du Code civil (Cass. 1e civ. 25-9-2013 n° 12-16.900 F-D, à propos de Bruxelles II bis mais transposable).

Sur la possible renonciation aux privilèges de juridiction, voir n° 72020.

EXEMPLE

Un **Allemand ayant épousé une Américaine** souhaite demander le divorce. Le couple vivait à New York, mais le **mari** est revenu vivre depuis trois mois en Europe et s'est **installé à Paris**. Sa femme vit toujours à New York. Les tribunaux français seront compétents.

72913 **Mesures provisoires** Le règlement **Bruxelles II ter** a supprimé la possibilité pour un juge qui n'est pas compétent sur le fond de prononcer, en cas d'urgence, des mesures provisoires et conservatoires en matière de divorce et de séparation de corps (cette possibilité n'est ouverte que s'agissant des enfants), alors que ceci était possible sous l'empire du règlement **Bruxelles II bis**. Ceci s'explique par le fait que le règlement ne vise que le relâchement ou la rupture du lien conjugal et non ses conséquences pécuniaires (qui relèvent pour la plupart d'autres règlements, Aliments ou Régimes matrimoniaux). Dès lors, très peu de mesures provisoires, préparatoires à un divorce ou une séparation de corps, peuvent être envisagées (voir Droit européen du divorce, dir. S. Corneloup, « Article 20 » par U. P. Gruber, LexisNexis 2013, n° 10, qui vise l'autorisation de quitter le domicile familial).

72915 **Litispendance** La multiplication des chefs de compétence retenus par le règlement risque d'entraîner fréquemment l'ouverture de procédures parallèles devant différentes juridictions européennes. Dans ce cas, la **juridiction** saisie en second **doit surseoir à statuer** d'office ; dès que la compétence de la juridiction première saisie est établie, elle doit se dessaisir (Règl. 2019/1111 du 25-6-2019 art. 20).

Jusqu'à la réforme du divorce opérée par la loi 2019-222 du 23 mars 2019, une **juridiction française** était **réputée saisie d'une demande en divorce** au moment du dépôt de la requête (Cass. 1e civ. 11-7-2006 n° 04-20.405 FS-PB et Cass. 1e civ. 11-7-2006 n° 05-19.231 FS-PB : Bull. civ. I nos 374 et 375), à condition qu'elle ait été suivie, le cas échéant, d'une assignation en divorce (Cass. 1e civ. 26-6-2013 n° 12-24.001 F-D). La suppression de la tentative de conciliation entrée en vigueur le 1er septembre 2020 (Décret 2019-1380 du 17-12-2019 art. 15) a rendu cette jurisprudence caduque. Désormais, une juridiction est réputée saisie à la date à laquelle l'assignation en divorce est reçue par l'autorité chargée de la signification, à condition que le demandeur n'ait pas négligé par la suite de prendre les mesures nécessaires pour que l'acte soit déposé auprès de la juridiction (CPC art. 1108 ; Règl. 2019/1111 du 25-6-2019 art. 17, b). Cela risque de poser de délicats problèmes de preuve, s'agissant d'une signification internationale (A. Devers et M. Farge, Loi de programmation et de réforme pour la justice. Les conséquences de la réforme en droit international privé : Dr. famille 2019 dossier 16). En principe, la date de saisine devrait être la date à laquelle l'huissier français a reçu l'assignation en divorce, mais il est vrai que le texte ne précise pas que l'autorité chargée de la signification est la première autorité ayant reçu les actes à signifier, à la différence du règlement Bruxelles I bis (A. Devers et M. Farge, précités). En outre, la jurisprudence de la Cour de cassation relative au règlement Bruxelles I (avant la révision de celui-ci) estimait au contraire que cette autorité était l'autorité requise, c'est-à-dire l'autorité en charge de la signification dans l'État où elle doit être effectuée et non l'huissier français (A. Boiché, Réforme de la procédure de divorce. Aspects de droit international privé : AJ fam. 2020 p. 38). Il faut espérer que cette jurisprudence ne sera pas maintenue et qu'elle s'aligne au contraire sur la solution retenue par le règlement Bruxelles I bis.

B. Loi applicable

1. LOI APPLICABLE AU PRINCIPE MÊME DU DIVORCE OU DE LA SÉPARATION DE CORPS

Le règlement 1259/2010 du Conseil du 20 décembre 2010 mettant en œuvre une coopération renforcée dans le domaine de la loi applicable au divorce et à la séparation de corps, dit « **règlement Rome III** », est entré en vigueur en France le 21 juin 2012 et s'applique donc aux procédures engagées depuis cette date (JOUE 2010 L 343 p. 10). Il concerne actuellement 15 autres pays européens participant à la procédure de coopération (Allemagne, Autriche, Belgique, Bulgarie, Espagne, Grèce, Hongrie, Italie, Lettonie, Lituanie, Luxembourg, Malte, Portugal, Roumanie et Slovénie). **72918**

> **Précisions** La **procédure de coopération renforcée**, utilisée pour la première fois pour l'adoption du règlement Rome III, est une procédure particulière permettant à certains États membres d'adopter des règles communes à travers un acte de droit européen, dans des domaines où l'unanimité des États membres est requise mais où elle ne peut être obtenue en raison de divergences entre les États membres (Traité UE art. 20).

CHAMP D'APPLICATION DU RÈGLEMENT ROME III

Le règlement Rome III est d'**application** dite « **universelle** », c'est-à-dire qu'il a vocation à s'appliquer même si la loi désignée est celle d'un État membre ne participant pas à la procédure de coopération renforcée (n° 72918) – par exemple, l'Irlande – ou d'un État tiers à l'Union européenne. La mise en œuvre du règlement n'est pas conditionnée par l'existence d'un lien des époux avec l'Union européenne : le texte s'applique dès lors qu'un juge français (ou de tout autre État membre participant) est saisi. **72935**

Le règlement vise « les situations impliquant un conflit de lois » c'est-à-dire les situations comportant un **élément d'extranéité**.

> **Précisions** Un auteur relève que l'**internationalité de la situation** justifiant l'application du règlement Rome III peut s'apprécier au regard du divorce lui-même mais également de façon plus globale à l'égard du mariage (P. Hammje, Le nouveau règlement (UE) n° 1259/2010 du Conseil du 20 décembre 2010 mettant en œuvre une coopération renforcée dans le domaine de la loi applicable au divorce et à la séparation de corps : Rev. crit. DIP 2011 p. 291). Dans ce dernier cas, l'internationalité de la situation pourra varier selon le **moment choisi pour l'apprécier**. Le caractère international ne fait pas de doute lorsque le divorce est lui-même international : les deux époux ont, au moment du divorce, deux nationalités distinctes, leurs résidences habituelles dans deux États différents ou enfin leur résidence habituelle dans un État différent de celui de leur nationalité. En revanche, si deux époux français ont par le passé fixé leur résidence habituelle à l'étranger, avant de revenir s'établir en France, le divorce ne présente plus d'élément d'extranéité. Faut-il cependant considérer la situation comme internationale ? Le règlement n'apporte pas de réponse claire à cette question. Il semble, bien que la solution soit assez peu satisfaisante du point de vue logique, qu'il faille distinguer selon les

règles de conflit de lois applicables. Si les époux ont choisi la loi de leur résidence habituelle comme loi applicable à leur divorce (n° 72939) alors qu'ils résidaient à l'étranger, il faudra traiter la situation comme internationale puisque la validité du choix de la loi applicable au divorce doit être appréciée au moment de la conclusion de la convention (n° 72941). Si les époux n'ont pas effectué de choix de loi avant de revenir vivre en France, la situation ne présentera plus d'élément d'extranéité et devra être traitée comme une situation purement interne, le règlement ne s'appliquant pas.

72937 **Matières concernées** Le **règlement détermine** la loi applicable au divorce et à la séparation de corps. Il s'appliquera à la question de « l'admissibilité même du divorce » (P. Hammje, Le nouveau règlement (UE) n° 1259/2010 du Conseil du 20 décembre 2010 mettant en œuvre une coopération renforcée dans le domaine de la loi applicable au divorce et à la séparation de corps : Rev. crit. DIP 2011 p. 291) ainsi qu'aux causes de divorce et de séparation de corps (Règl. 1259/2010 du 20-12-2010 considérant 10). Les conditions et l'étendue du relâchement du lien conjugal, dans le cas de la séparation de corps, ainsi que les événements qui y mettent fin, la dissolution même du mariage et la date à laquelle celle-ci intervient doivent également relever du règlement (P. Hammje, précité). En revanche, le **règlement n'inclut pas** dans son champ d'application, à la différence du règlement Bruxelles II ter, l'annulation du mariage. Cette question demeure régie par la règle de conflit de lois de source française (n° 72580). Les questions relatives à l'existence, la validité ou la reconnaissance du mariage sont également exclues et devront être régies par la règle de conflit de lois de source nationale (n°s 72500 s.). La procédure de divorce devrait être exclue du champ d'application du règlement et continuer à relever de la loi du juge saisi, tout comme les mesures provisoires et la publicité du jugement de divorce (P. Hammje, précité).
Sur l'exclusion des conséquences du divorce, voir n° 72949.

72938 S'agissant du **divorce** par consentement mutuel **non judiciaire**, la circulaire d'application invite les époux à choisir la loi française par application du règlement Rome III (Circ. Justice JUSC1638274C du 26-1-2017) ; sur le choix de loi, voir n° 72939. Ce divorce non judiciaire paraît relever du règlement Rome III, dans la mesure où seuls sont exclus de son champ d'application les simples divorces privés, tels que celui résultant d'une déclaration unilatérale d'un des époux devant un tribunal religieux (CJUE 15-11-2022 aff. 646/20 : BPAT 1/23 inf. 17). L'arrêt est rendu à propos du règlement Bruxelles II bis mais est très certainement transposable au règlement Rome III, dans la mesure où la Cour de justice affirme que les règlements Bruxelles II bis et Rome III doivent avoir le même champ d'application (CJUE 20-12-2017 aff. 372/16). En tout état de cause et en vertu de ce même principe selon lequel les règlements européens relatifs à la compétence (Bruxelles II ter aujourd'hui) et à la loi applicable au divorce (Rome III) doivent avoir le même champ d'application, l'inclusion par le législateur européen du divorce non judiciaire français dans la catégorie des accords relevant du règlement Bruxelles II ter (voire celle des décisions : voir n° 72903) milite également pour son inclusion dans le champ d'application de Rome III (voir également, dans le sens de l'application de Rome III aux divorces par consentement mutuel non judiciaires, L. Perreau-Saussine et Y. Moreau-Cotten, Le divorce extrajudiciaire en droit international privé : JCP N 2023 n° 1235).

CHOIX DE LA LOI APPLICABLE

72939 La loi applicable au divorce et à la séparation de corps est déterminée en principe par le choix des époux. Ce choix est cependant **encadré**, les époux ne pouvant désigner que l'une des lois suivantes (Règl. 1259/2010 du 20-12-2010 art. 5) :
– loi de l'État de la résidence habituelle des époux ;
– loi de l'État de la dernière résidence habituelle des époux si l'un d'eux y réside encore ;
– loi de la nationalité de l'un des époux ;
– loi de l'État où se trouve le tribunal saisi.
S'agissant du choix de la loi du tribunal saisi, les époux, s'ils concluent la convention de choix avant la saisine du tribunal, ne peuvent être certains de la validité de leur choix dans la mesure où le règlement Bruxelles II ter offre aux époux de très nombreuses options de compétence (n° 72905). Cette dernière option fait donc en quelque sorte office de clause balai : lorsque les époux choisissent la loi d'un État déterminé, qui n'est pas l'une de celles énumérées dans les trois premiers tirets ci-dessus, ce choix est valide, en tant que choix de la loi du tribunal saisi, lorsqu'elle est celle du juge qui a été ultérieurement saisi de la demande en divorce (Cass. 1e civ. 26-1-2022 n° 20-21.542 FS-B : BPAT 2/22 inf. 73). La validité du choix de loi est donc conditionnelle : il ne sera valide que si le tribunal désigné peut ultérieurement, au moment d'une demande en divorce, établir sa compétence. Si tel n'est pas le cas, le choix n'est pas valide, et il faudra appliquer la loi désignée en l'absence de choix (n° 72945).

S'agissant du **divorce par consentement mutuel non judiciaire** prévu par le droit français, il importe que les époux puissent choisir le droit français comme droit applicable à la convention. Si ce choix n'est pas possible, le notaire devrait refuser le dépôt de la convention de divorce (L. Perreau-Saussine et Y. Moreau-Cotten, Le divorce extrajudiciaire en droit international privé : JCP N 2023 n° 1235). Ces deux auteurs soulignent qu'il appartient au notaire de vérifier le droit applicable à la convention s'il identifie des éléments d'extranéité, quand bien même cet élément ne figure pas dans la liste des éléments qu'il doit contrôler selon l'article 229-1 du Code civil.

> **Précisions** Le cas où l'un voire les deux **époux possèdent plus d'une nationalité** n'est délibérément pas traité par le règlement lequel renvoie au droit national, sous réserve du « plein respect des principes généraux de l'Union européenne ». Cela implique, semble-t-il, une possibilité de choix si les nationalités en cause sont celles d'États membres. Si une nationalité d'un État tiers est impliquée (il s'agit ici d'États tiers à l'Union européenne seulement et non d'États membres non participants), il faudra transposer le raisonnement traditionnel de la jurisprudence française en matière de conflits de nationalités (n° 72310). La solution n'est guère satisfaisante. Il serait préférable d'accorder une (ou plusieurs) options supplémentaires : en cas de pluralité de nationalités, les époux pourraient choisir la loi applicable parmi les lois nationales de tous les États dont ils possèdent la nationalité, que celles-ci soient celles d'États membres participants ou non (en ce sens, P. Hammje, Le nouveau règlement (UE) n° 1259/2010 du Conseil du 20 décembre 2010 mettant en œuvre une coopération renforcée dans le domaine de la loi applicable au divorce et à la séparation de corps : Rev. crit. DIP 2011 p. 291).

Convention de choix de loi applicable La convention de choix de loi applicable peut être conclue et modifiée à tout **moment**, sauf à respecter une date butoir : la saisine du tribunal d'une demande en divorce. Un auteur considère néanmoins qu'en raison de la rédaction du texte (référence aux « époux » : Règl. 1259/2010 du 20-12-2010 art. 5) le choix ne pourrait avoir lieu qu'à compter de la célébration du mariage (Droit européen du divorce, dir. S. Corneloup, « Article 5 » par C. Gonzalez Beilfuss, LexisNexis 2013, n° 27). Outre qu'elle est inopportune, puisqu'elle empêche un tel choix dans un contrat de mariage par exemple, une telle interprétation pèche par un littéralisme excessif et doit être écartée. 72941

La **résidence habituelle et** la **nationalité** des époux doivent s'apprécier au moment de la conclusion de la convention. Il sera dès lors important de préciser cet élément dans la convention de choix et, s'agissant de la résidence habituelle, d'établir une liste des indices permettant de la caractériser, en annexant éventuellement à la convention les documents en apportant la preuve (C. Bidaud-Garon, Les conventions de désignation de loi applicable au divorce prévues par le règlement Rome III : Dr. et patrimoine mai 2013 p. 20 s.). La convention de choix sera donc applicable quand bien même les époux auraient ultérieurement changé de résidence habituelle ou de nationalité et que la loi désignée n'aurait plus aucun lien avec celles-ci au moment où est introduite la demande en divorce. Cet inconvénient est cependant à relativiser en raison de la possibilité de modifier ce choix à tout moment. De plus, il est essentiel (en particulier pour le praticien conseillant les époux) de savoir si la convention est valide au moment où elle est conclue alors que les évolutions ultérieures de la vie du couple ne peuvent évidemment être connues. Le règlement prévoit également la possibilité pour les parties de désigner la loi applicable au cours de la procédure si toutefois cette désignation est admise par la loi du tribunal saisi. S'agissant de droits indisponibles, une telle possibilité est exclue en l'état actuel du droit français (Cass. 1e civ. 6-5-1997 n° 95-15.309, Hannover International : Bull. civ. I n° 140). Mais le règlement Rome III témoignant d'une admission de l'autonomie de la volonté dans des domaines où elle était traditionnellement exclue, il n'est pas impossible que le droit français évolue sur ce point (voir, dans le même sens, la consécration en droit interne d'un divorce conventionnel non judiciaire).

CONSEIL

Le choix de la loi applicable au divorce dans le **contrat de mariage** est recommandé par certains praticiens (X. Guédé et F. Letellier, Désignation de la loi applicable au divorce : quand et comment en toute sécurité juridique : JCP N 2015 p. 35), un tel choix pouvant d'ailleurs être exercé simultanément pour d'autres questions relatives aux aspects pécuniaires du mariage et du divorce (n° 73435). Il présente néanmoins l'inconvénient majeur de rendre ce choix difficile à modifier ultérieurement puisque le contrat de mariage ne peut être modifié qu'en suivant les règles relatives au changement de régime matrimonial (C. Bidaud-Garon, Les conventions de désignation de loi applicable au divorce prévues par le règlement Rome III : Dr. et patrimoine mai 2013 p. 20 s.).

72942 Le règlement pose des exigences minimales relativement à la **validité formelle** de la convention. Celle-ci doit être établie par écrit, datée et signée par les deux époux. La convention pourra dès lors être conclue sous la forme d'un acte sous seing privé. Toutefois, le règlement prévoit l'application de règles formelles supplémentaires si elles sont requises dans l'État de la résidence habituelle des époux (ou de l'un d'eux), mais seulement si cet État est un État membre participant (si chaque époux réside dans un État membre participant différent, il suffit de se conformer à la loi de l'un de ces États) (Règl. 1259/2010 du 20-12-2010 art. 7). La France n'impose aucune forme particulière pour ce type de convention. Si un État membre non participant ou un État tiers à l'Union européenne impose la forme notariée pour ce type de convention, les époux n'auront pas à respecter cette prescription.

72943 L'existence et la **validité au fond** de la convention de choix (notamment, l'existence d'éventuels vices du consentement) s'apprécient par rapport à la loi désignée dans celle-ci (Règl. 1259/2010 du 20-12-2010 art. 6). Toutefois, lorsque l'existence même de son consentement est en cause, un époux peut se prévaloir des dispositions de la loi de l'État de sa résidence habituelle au moment de la saisine de la juridiction si les circonstances indiquent qu'il ne serait pas raisonnable de déterminer l'effet du consentement par la loi désignée dans la convention (Règl. 1259/2010 du 20-12-2010 art. 6).

72944 D'un point de vue pratique, il paraît essentiel de **recommander aux époux** établissant une convention de choix de la loi applicable à leur divorce de se renseigner sur le contenu de celle-ci. Le choix d'une loi d'un État tiers qui serait la loi de la nationalité de l'un des époux par exemple risque de se heurter à l'exception d'ordre public international si elle ne respecte pas l'égalité entre les époux, ou contrevient de manière plus générale aux standards européens en matière de droits fondamentaux. Par ailleurs, les époux concluant une convention de choix de la loi doivent garder à l'esprit que ce type de convention est assez rare en droit comparé et a peu de chances de se voir reconnu en dehors des États membres participants. La validité de la convention ne sera donc assurée que dans la mesure où un État membre participant est compétent d'après le règlement Bruxelles II ter (n°s 72900 s.). Enfin, même au sein des États membres participants, il est possible que le juge ne donne pas effet au choix de loi effectué par les époux. En effet, si les époux saisissent d'une demande en divorce un tribunal d'un État membre participant dont la loi interne ne reconnaît pas le mariage homosexuel, celui-ci pourra refuser de le prononcer et privera d'effet la convention de choix des époux.

> **Précisions** Les époux ne peuvent pas **« cristalliser » la loi choisie**, c'est-à-dire maintenir applicables les dispositions en vigueur au moment de leur choix. Ils n'ont donc pas l'assurance que les dispositions substantielles de la loi de l'État qu'ils choisissent seront bien celles qui leur seront appliquées au moment de leur divorce. La loi choisie peut faire l'objet de réformes et ce sera la loi nouvelle qui sera appliquée, sous réserve bien entendu des dispositions transitoires du droit désigné qui prévoiraient la survie de la loi ancienne. Il importe que le praticien rédigeant l'acte attire l'attention des époux sur ce point (C. Bidaud-Garon, Les conventions de désignation de loi applicable au divorce prévues par le règlement Rome III : Dr. et patrimoine mai 2013 p. 20 s.).

LOI APPLICABLE À DÉFAUT DE CHOIX PAR LES ÉPOUX

72945 En l'absence de choix par les époux, la loi applicable est déterminée en fonction d'une **cascade de rattachements** (Règl. 1259/2010 du 20-12-2010 art. 8) :
– loi de l'État de la résidence habituelle des époux au moment de la saisine du tribunal (voir n° 72915) ;
– à défaut, loi de l'État de la dernière résidence habituelle des époux si l'un d'eux y réside encore et si cette résidence commune n'a pas pris fin plus d'un an avant la saisine du tribunal ;
– à défaut, loi de la nationalité commune des époux au moment de la saisine du tribunal ;
– à défaut, loi de l'État où se trouve le tribunal saisi.

Une difficulté se pose à nouveau au **cas où les époux ont plus d'une nationalité en commun**. La solution de la jurisprudence Hadadi (n° 72905) consistant à laisser choisir les époux entre les deux lois ne paraît pas ici applicable dans la mesure où il s'agit de mettre en œuvre une règle de conflit de lois reposant sur un élément de rattachement objectif, qui doit aboutir à la désignation d'une loi unique (P. Hammje, Le nouveau règlement (UE) n° 1259/2010 du Conseil du 20 décembre 2010 mettant en œuvre une coopération renforcée dans le domaine de la loi applicable au divorce et à la séparation de corps : Rev. crit. DIP 2011 p. 291). Hors les cas où sont en présence la nationalité française et celle d'un État tiers à l'Union européenne (où le juge français peut ne tenir compte que de la nationalité française ; voir n° 72310), le plus logique serait de faire prévaloir la nationalité la plus effective, sauf à considérer alors que les deux époux n'ont pas de nationalité commune et à appliquer la loi du tribunal saisi (P. Lagarde, L'application du règlement Bruxelles II bis en cas de double nationalité : RTD eur. 2010 p. 769). Il est vrai que les éléments permettant de trancher en faveur de l'une ou l'autre des nationalités en conflit risquent d'être parfois peu significatifs (l'un des éléments permettant habituellement de trancher – la résidence habituelle commune dans l'État d'une des deux nationalités communes – fait par hypothèse défaut ici).

MESURES PROVISOIRES

Les mesures provisoires adoptées dans le cadre d'une procédure de divorce ne relèvent pas a priori du règlement Rome III (n° 72937). Elles sont régies par la loi du juge saisi, à condition que celui-ci soit compétent au fond (n° 72913). **72946**

CONVERSION DE LA SÉPARATION DE CORPS EN DIVORCE

La loi applicable à la conversion d'une séparation de corps en divorce doit en principe être la loi qui a été appliquée à la séparation de corps. Toutefois, si la loi applicable à la séparation de corps ne permet pas le divorce, le tribunal devra appliquer la loi désignée par la cascade de rattachements prévue en l'absence de choix par les époux (n° 72945). Dans les deux cas, il faut réserver l'hypothèse où les époux choisissent une autre loi en concluant une convention de choix de loi applicable (Règl. 1259/2010 du 20-12-2010 art. 9) ; sur cette convention, voir n°s 72941 s. Toutefois, le choix des parties ne devrait pouvoir porter que sur une loi qui prévoit le divorce, puisque dans le cas contraire, le juge saisi pourrait écarter la loi choisie par les parties au profit de sa propre loi (n° 72948). **72947**

MISE EN ŒUVRE DE LA RÈGLE DE CONFLIT

Le **renvoi** est exclu par le règlement aussi bien en présence d'un choix de loi par les époux qu'en l'absence d'un tel choix (Règl. 1259/2010 du 20-12-2010 art. 11). **72948**

Le règlement prévoit qu'une disposition de la loi désignée en vertu du règlement peut être écartée par le juge saisi si elle est manifestement incompatible avec son **ordre public international** (Règl. 1259/2010 du 20-12-2010 art. 12).

Sont par ailleurs mis en place des mécanismes curieux et apparemment contradictoires qui s'apparentent également à l'exception d'ordre public. La loi désignée par le règlement est ainsi écartée au profit de la loi du tribunal saisi lorsqu'elle n'accorde pas à l'un des époux en raison de son appartenance à l'un ou l'autre sexe une égalité d'accès au divorce ou à la séparation de corps. Sont notamment ici visées les lois accordant une faculté de répudiation unilatérale au mari sans accorder un droit symétrique à la femme.

La loi du tribunal saisi s'appliquera également à la place de la loi désignée par le règlement si celle-ci ne prévoit pas le divorce (Règl. 1259/2010 du 20-12-2010 art. 10). Le règlement consacre ainsi un véritable **droit au divorce** qui s'impose même contre la volonté des époux, lorsque ceux-ci ont délibérément choisi, en application du règlement, une loi ne permettant pas le divorce. Cette disposition n'est applicable que dans les situations dans lesquelles la loi étrangère applicable ne prévoit le divorce sous aucune forme et non dans le cas où le divorce est possible sous des conditions plus strictes que celles de la loi du tribunal saisi (CJUE 16-7-2020 aff. 249/19 : BPAT 5/20 inf. 151).

Toutefois, de manière quelque peu contradictoire, le règlement prévoit que si la loi du tribunal saisi ne connaît pas le divorce (ce qui concernait Malte à l'époque de l'adoption du règlement mais ce n'est plus le cas aujourd'hui), le tribunal saisi a la faculté de ne pas prononcer le divorce (Règl. 1259/2010 du 20-12-2010 art. 13). Cette même faculté est reconnue au tribunal saisi s'il ne considère pas le mariage en question comme valable (Règl. 1259/2010 du 20-12-2010 art. 13), c'est-à-dire selon le préambule « si un tel mariage n'existe pas dans la loi de cet État membre » (Règl. 1259/2010 du 20-12-2010 considérant 26). Cette disposition a pour objectif de permettre au juge d'un État ne reconnaissant pas la validité du mariage homosexuel de refuser de prononcer le divorce d'époux homosexuels en vertu du règlement. Cependant, elle est excessive en ce qu'elle permet au juge de refuser de prononcer le divorce dès lors que son propre droit ne connaît pas la forme de mariage en question. Ainsi un juge français pourrait refuser de prononcer le divorce d'époux polygames, alors même que ses règles de droit international privé le conduisent à considérer ces mariages comme valables. La disposition est de plus en contradiction avec la définition du champ d'application matériel du règlement (n° 72937).

2. LOI APPLICABLE AUX EFFETS DU DIVORCE

Les conséquences du divorce sont exclues du champ d'application du règlement Rome III. **72949**

La **publicité du jugement** de divorce est régie par la loi du juge qui l'a prononcé. En France, elle implique une mention en marge de l'acte de mariage, ou à défaut de l'acte de naissance, si ceux-ci sont conservés en France.

S'agissant des **effets extrapatrimoniaux** du divorce, les questions relatives au nom des époux sont régies par leur loi propre. La loi applicable à l'autorité parentale relève en principe de la convention de La Haye du 19 octobre 1996 concernant la compétence, la loi applicable, la reconnaissance, l'exécution et la coopération en matière de responsabilité parentale et de mesures de protection des enfants (nos 73253 s.). Quant à l'aptitude du conjoint à se remarier, elle obéit à sa loi nationale, sous réserve que les conditions posées par celle-ci soient conformes à l'ordre public (n° 72555).

S'agissant des **effets patrimoniaux** du divorce, la prestation compensatoire, assimilée à une obligation alimentaire, entre dans le domaine du protocole de La Haye du 23 novembre 2007 sur la loi applicable aux obligations alimentaires (nos 73450 s.). La liquidation du régime matrimonial est soumise à la loi applicable à celui-ci. Enfin, le sort des avantages matrimoniaux relève de la loi applicable au régime matrimonial (sous réserve de l'application éventuelle de la loi successorale au rapport et à la réduction de ceux-ci), tandis que les donations entre époux de biens présents dépendront de la loi des effets du mariage (n° 72595), et les donations de biens à venir, de la loi successorale (E. Fongaro, Le règlement Rome III et les conséquences patrimoniales du divorce : JCP N 2012 n° 1274).

II. RECONNAISSANCE D'UN DIVORCE PRONONCÉ À L'ÉTRANGER

A. Jugement ou acte authentique émanant d'un État membre de l'Union européenne

DÉCISIONS

72950 **Reconnaissance de plein droit** Les décisions rendues en matière de divorce par une juridiction saisie en application du règlement Bruxelles II ter sont reconnues de plein droit dans les autres **États membres** (Règl. 2019/1111 du 25-6-2019 art. 30). Notamment, aucune procédure préalable ne peut être requise pour la **mise à jour des actes d'état civil** sur la base d'une décision rendue dans un autre État membre devenue définitive. Dans le cas où le mariage n'avait pas été transcrit, il faudrait procéder préalablement à sa transcription (n° 72535) avant de procéder à celle du divorce. Selon une réponse ministérielle, les demandes de transcription pourraient être réalisées simultanément auprès de l'officier d'état civil (l'autorité diplomatique ou consulaire compétente) lorsque le mariage et le divorce ont été prononcés dans le même État membre (Rép. Bansard : Sén. 24-3-2022 n° 26638 : BPAT 3/22 inf. 172-13).

Néanmoins, toute partie intéressée peut demander la reconnaissance ou la non-reconnaissance d'une décision. Si la décision étrangère fait l'objet d'un recours dans l'État d'origine, le juge de l'État requis saisi d'une demande de reconnaissance peut surseoir à statuer.

72955 Il existe cependant une liste limitative de **motifs de non-reconnaissance** des décisions rendues en matière de divorce (Règl. 2019/1111 du 25-6-2019 art. 38). Cela sera le cas :

– si la décision est manifestement contraire à l'ordre public ;

– en cas de défaillance du défendeur, si l'acte introductif d'instance n'a pas été signifié ou notifié à celui-ci en temps utile de manière à ce qu'il puisse pourvoir à sa défense, à moins qu'il ait accepté la décision de manière non équivoque ;

– si la décision est inconciliable avec une décision rendue entre les mêmes parties dans l'État membre requis ;

– si elle est inconciliable avec une décision rendue antérieurement dans un autre État membre ou dans un État tiers entre les mêmes parties, dès lors que la décision antérieure réunit les conditions nécessaires à sa reconnaissance dans l'État requis.

72960 On relèvera toutefois que la **reconnaissance ne peut être refusée** aux motifs que le juge qui l'a rendue était incompétent au regard du règlement ou encore que la loi de l'État requis ne permet pas le divorce sur la base de faits identiques. La violation des règles sur la litispendance, le juge second saisi ne se dessaisissant pas de l'affaire au profit du premier juge saisi, ne permet pas aux juridictions de l'État dont les tribunaux ont été saisis en premier de refuser pour ce seul motif la reconnaissance de la décision, notamment en se fondant sur l'exception de contrariété manifeste à l'ordre public (CJUE 16-1-2019 aff. 386/17, Liberato : JDI 2019 p. 31 note critique I. Barrière-Brousse, à propos de Bruxelles II bis mais transposable).

Exécution forcée Le règlement Bruxelles II ter n'étant applicable qu'à la rupture du lien conjugal, les **conséquences pécuniaires du divorce** ou de la séparation (prestation compensatoire, liquidation du régime matrimonial) restent hors de son champ d'application. Dès lors, le prononcé du divorce proprement dit n'est susceptible que de reconnaissance et non d'exécution forcée. 72965
Néanmoins, la **prestation compensatoire** étant assimilée à une obligation alimentaire, elle entre dans le champ d'application du règlement Aliments (nos 73480 s.). L'exécution forcée de la partie de la décision de divorce ou de séparation relative à la prestation compensatoire devra se faire conformément à ce texte. Quant à la **liquidation du régime matrimonial**, elle relève du règlement Régimes matrimoniaux, et les questions d'exécution forcée qui en découleraient seront soumises à ce même règlement (n° 72756).

ACTES AUTHENTIQUES ET ACCORDS EXÉCUTOIRES

Le règlement prévoit des dispositions détaillées sur la reconnaissance des actes authentiques et des accords relatifs à la séparation de corps et au divorce qui ont un effet juridique contraignant dans l'État membre d'origine (cette dernière notion d'accord étant prévue pour accueillir les divorces non judiciaires tels que le divorce par consentement mutuel de droit français : voir n° 72903). 72975
Le règlement pose un principe de **reconnaissance de plein droit** de ces actes dans les autres États membres (Règl. 2019/1111 du 25-6-2019 art. 65). Néanmoins, à l'instar des décisions judiciaires, la reconnaissance d'un acte authentique ou d'un accord pourra être contestée dans un second temps. Elle pourra être **refusée** par un autre État membre **pour les motifs suivants** (Règl. 2019/1111 du 25-6-2019 art. 68 § 1) :
– cette reconnaissance est manifestement contraire à l'ordre public de l'État membre dans lequel la reconnaissance est invoquée ;
– l'acte authentique ou l'accord est inconciliable avec une décision, un acte authentique ou un accord concernant les mêmes parties dans l'État membre dans lequel la reconnaissance est invoquée ;
– l'acte authentique ou l'accord est inconciliable avec une décision, un acte authentique ou un accord antérieur concernant les mêmes parties et établi dans un autre État membre ou dans un État tiers, dès lors que la décision ou l'acte réunit les conditions nécessaires à sa reconnaissance dans l'État membre dans lequel la reconnaissance est invoquée.

Afin de faciliter la circulation dans les autres États membres, il est prévu, à l'instar de ce qui existe pour les décisions judiciaires, qu'un **certificat** puisse être délivré à la demande d'une partie par une autorité de l'État d'origine afin que l'acte authentique ou l'accord puisse être reconnu dans les autres États membres (Règl. 2019/1111 du 25-6-2019 art. 66, § 1-a, renvoyant à l'annexe VIII pour le modèle de certificat). Cette autorité est en France le président, ou son délégué, du tribunal judiciaire dans le ressort duquel l'acte authentique a été reçu, ou dans le ressort duquel l'acte sous signature privée contresigné par avocats a été déposé au rang des minutes d'un notaire, ou dont le greffe a apposé la formule exécutoire sur l'accord (CPC art. 509-1 modifié par décret 2023-25 du 23-1-2023). Le certificat ne peut être délivré qu'à deux conditions : 72977
– l'État membre qui a habilité l'autorité à dresser ou enregistrer formellement l'acte authentique ou à enregistrer l'accord est celui dont les juridictions sont compétentes pour statuer sur le divorce ;
– l'acte authentique ou l'accord a un effet juridique contraignant dans cet État membre.
À défaut de production du certificat, l'acte authentique ou l'accord ne peut être reconnu dans un autre État membre.

ATTENTION

Il en résulte que le **divorce par consentement mutuel non judiciaire** de droit français ne pourra être reconnu dans les autres États membres que si un juge français aurait été compétent en vertu du règlement pour statuer sur le divorce lui-même. Il appartiendra donc au notaire et aux avocats en premier lieu de vérifier que la condition relative à la compétence est remplie ; en tout état de cause, le président du tribunal judiciaire ou son délégué devront contrôler que le notaire qui a dressé l'acte était effectivement compétent avant de délivrer le certificat et refuser de le faire dans le cas contraire. Si l'accord contient des aspects relatifs à l'autorité parentale ou aux obligations alimentaires, il ne pourra circuler que s'il est conforme aux dispositions du règlement Bruxelles II ter relatives aux actes authentiques et accords concernant les enfants (nos 73321 s.) et à celles du règlement Aliments relatives aux actes authentiques. Dans la mesure où la convention de divorce par consentement mutuel n'est pas un acte authentique, un auteur préconise, afin d'assurer la circulation du divorce au moins dans les États européens, de l'établir par acte authentique : selon lui, il suffit que le dépôt au rang des minutes du notaire s'accompagne d'une reconnaissance d'écritures et de signatures des époux et de leurs avocats (G. Khairallah, Le notaire face aux aspects européens et internationaux du nouveau divorce par consentement mutuel : Bull. Cridon Paris 2017 n° 10-11 p. 15 s.). Cela permettra plus facilement la circulation de la convention dans les États membres si elle contient des aspects relatifs à la liquidation du régime matrimonial (nos 72758 s.) et aux obligations alimentaires entre époux ou envers les enfants qui relèvent du règlement Aliments. À noter toutefois qu'un choix de loi n'est pas possible au titre du règlement Aliments s'agissant des obligations alimentaires envers les enfants, ce qui devrait limiter la validité de ces aspects sauf si le droit français est applicable à cette obligation indépendamment de tout choix conformément au règlement Aliments ou si, le cas échéant, les époux utilisent le nouvel accord amiable contresigné par les avocats qui peut être revêtu de la formule exécutoire (CPC art. 1568 : accord auquel sont parvenues les parties à une médiation, une conciliation ou une procédure participative). Celui-ci pourrait en effet être qualifié de transaction judiciaire au sens du règlement Aliments (Règl. 4/2009 du 18-12-2008 art. 2, 2 ; en ce sens, A. Boiché, Un nouveau titre exécutoire en matière familiale : AJ fam. 2022 p. 84).

B. Jugement émanant d'un État tiers

CONDITIONS GÉNÉRALES DE RECONNAISSANCE ET D'EXÉCUTION DES JUGEMENTS ÉTRANGERS

72980 Lorsque le jugement émane d'un État tiers, il sera soumis aux conditions de reconnaissance de droit commun.

En principe, s'agissant des **effets extrapatrimoniaux**, ceux-ci seront reconnus de plein droit, sauf possibilité pour la partie qui conteste la reconnaissance d'exercer un recours en inopposabilité.

Les **effets patrimoniaux** devront, eux, recevoir l'exequatur tant pour la reconnaissance que pour l'exécution forcée ; pour cela, le jugement devra remplir les conditions posées par la jurisprudence (n° 72040). Sur le critère de la compétence indirecte du juge étranger, on signalera le refus de reconnaissance d'une décision de divorce marocaine en raison de l'absence de liens caractérisés avec le Maroc d'un couple ayant sa résidence et ses activités en France où vivent leurs enfants (Cass. 1e civ. 5-4-2023 n° 21-15.081 F-D : BPAT 3/23 inf. 122).

Seuls les motifs de déclenchement de l'exception d'ordre public ainsi que la condition relative à l'absence de fraude présentent une certaine particularité.

ORDRE PUBLIC

72985 **Cas des répudiations** Une répudiation prononcée à l'étranger, en raison de l'effet atténué de l'ordre public, ne devrait pas nécessairement être considérée comme contraire à l'ordre public international, dès lors que les **époux n'ont aucun lien avec la France**.

En revanche, si l'un des **époux** est **domicilié en France** (Cass. 1e civ. 17-10-2007 n° 06-21.962) **ou** si les deux **époux** sont **de nationalité française** (Cass. 1e civ. 10-5-2006 n° 04-19.444 : Bull. civ. I n° 224), la répudiation sera considérée comme contraire à l'ordre public international, puisqu'elle viole le principe de l'égalité des époux lors de la dissolution du mariage (Protocole additionnel à la CEDH n° 7 du 22-11-1984 art. 5). Cette violation du principe d'égalité est caractérisée dès lors que la répudiation ne donne pas d'effet juridique à l'opposition de l'épouse (Cass. 1e civ. 23-10-2013 nos 12-25.802 et 12-21.344 : BPAT 6/13 inf. 218), quand bien même la décision résulterait d'une procédure loyale et contradictoire (Cass. 1e civ. 17-2-2004 n° 01-11.549 : Bull. civ. I n° 47, soulignant également que la répudiation prive l'autorité compétente de tout pouvoir autre que celui d'aménager les conséquences financières de la rupture du lien matrimonial ; le motif a toutefois disparu des décisions les plus récentes : voir BPAT 6/13 inf. 218, précité).

La nationalité française d'un seul des époux paraît également suffisante pour interdire la reconnaissance en France d'une répudiation.

Toutefois, la reconnaissance d'une telle décision ne heurte pas l'ordre public international, dès lors qu'elle est invoquée par celui des époux à l'égard duquel sont prévues les règles les moins favorables, que la procédure suivie n'a pas été entachée de fraude et que l'autre époux a pu faire valoir ses droits (Cass. 1e civ. 17-3-2021 n° 20-14.506 FS-P : BPAT 3/21 inf. 110). Cette affaire concernait une demande de reconnaissance par l'épouse d'un **jugement algérien de divorce par compensation (« Khol'a »)** rendu sur la volonté unilatérale de l'épouse de dissoudre le mariage, sans l'accord du mari, contre versement d'une compensation financière.

La doctrine admettait avant cet arrêt que le **consentement de l'épouse à la répudiation** par acquiescement au cours de la procédure à l'étranger permette de faire produire des effets à la décision en France (B. Ancel et Y. Lequette : Grands arrêts de la jurisprudence française de droit international privé, Dalloz 2006, p. 578). La seule participation de l'épouse à la procédure ne vaut pas acquiescement ; le fait d'accepter la compensation financière qui lui est allouée (Cass. 1e civ. 11-3-1997 n° 94-19.447 : D. 1997 p. 400 note M.-L. Niboyet) ou de demander sa majoration (Cass. 1e civ. 17-2-2004 n° 01-11.549 : JDI 2004 p. 1200 note L. Gannagé), non plus.

Une **faculté de divorcer sur demande unilatérale** n'est pas assimilable à une répudiation unilatérale, accordée au seul mari, dès lors que cette faculté est ouverte de manière identique à chacun des conjoints. Un jugement tunisien prononçant un divorce sur cette base ne peut donc se voir opposer l'exception d'ordre public international (Cass. 1e civ. 12-7-2023 n° 21-21.185 FS-B : BPAT 6/23 inf. 260).

On notera enfin que le fait que le jugement de divorce étranger donnant effet à une répudiation ait été **mentionné en marge de l'acte de mariage** par le service central d'état civil ne vaut nullement reconnaissance de la décision, celle-ci pouvant être contestée ultérieurement (Cass. 1e civ. 14-5-2014 n° 13-17.124 : Bull. civ. I n° 89).

La décision étrangère peut également heurter l'**ordre public international de procédure** (n° 72040) : si l'épouse n'est pas avisée de la procédure de divorce engagée à son encontre devant une juridiction étrangère, le non-respect du contradictoire suffit à écarter le jugement étranger (Cass. 1e civ. 17-3-2021 n° 19-26.071 F-D). En revanche, dès lors qu'un jugement marocain indique que l'épouse était représentée par un avocat, il n'entre pas dans les attributions du juge de l'exequatur de vérifier la réalité des formalités accomplies par la juridiction étrangère et mentionnées dans la décision dont l'opposabilité est invoquée (Cass. 1e civ. 9-6-2022 n° 21-15.791 F-D : cassation de l'arrêt d'appel ayant relevé que l'épouse n'avait pas été convoquée à son domicile réel en France et qu'elle n'était pas présente à l'audience de conciliation).

> **Précisions** **a.** La question de la reconnaissance d'une répudiation prononcée à l'étranger se pose le plus souvent face à des décisions rendues au Maroc ou en Algérie. S'agissant du **Maroc**, la réforme du Code de la famille entrée en vigueur en 2004 visant à donner davantage de droits à l'épouse laisse penser qu'un sort différent pourrait être réservé aux répudiations prononcées dans ce pays. Selon un auteur, la nouvelle procédure de divorce pour discorde accorderait à l'épouse un droit de répudiation symétrique à celui du mari. Quoique non consacrée expressément par les textes, la solution résulterait de la combinaison de certaines dispositions et de leur interprétation par la pratique judiciaire (K. Zaher, Plaidoyer pour la reconnaissance des divorces marocains. À propos de l'arrêt de la première chambre civile du 4 novembre 2009 : Rev. crit. DIP 2010 p. 313). Un arrêt de la Cour de cassation a par ailleurs admis la transcription sur les registres d'état civil français d'un « divorce pour discorde » marocain, dans la mesure où il ne s'agissait pas d'une répudiation unilatérale et alors que le couple vivait en France et que le mari possédait la nationalité française (Cass. 1e civ. 23-2-2011 n° 10-14.760, Diffoullous : BPAT 2/11 inf. 121). La solution paraît implicitement confirmée par un arrêt récent (Cass. 1e civ. 23-10-2013 n° 12-25.802 précité). De même, la Cour de cassation paraît soucieuse d'éviter la confusion entre les différentes procédures de divorce existant en droit marocain, certaines paraissant inégalitaires tandis que d'autres, tel le divorce consensuel auquel les époux consentent d'un commun accord ne paraissent pas encourir ce reproche (Cass. 1e civ. 24-9-2014 nos 13-20.049 et 13-25.556, qui casse pour dénaturation de la loi marocaine en raison de la confusion faite par la cour d'appel entre le divorce par Khol'et le divorce par consentement mutuel).
>
> **b.** Une jurisprudence récente semble prête à faire jouer l'exception d'ordre public dès lors que les époux, même séparés, ont leur **domicile sur le territoire d'un État partie à la convention européenne des droits de l'Homme** (Cass. 1e civ. 4-7-2018 n° 17-16.102 F-D) et non plus seulement en France (même si, en l'espèce, les époux étaient domiciliés en France).

Autorité parentale et respect de la vie privée familiale L'atteinte à l'**égalité des parents** dans l'exercice de l'autorité parentale et l'atteinte au droit au respect de la vie privée et familiale de l'un des parents par le jugement étranger de divorce peuvent conduire à un refus de reconnaissance pour contrariété à l'ordre public international (Cass. 1e civ. 4-11-2010 n° 09-15.302, Eman : Bull. civ. I n° 218, BPAT 6/10 inf. 335, concernant le refus de reconnaissance d'un jugement de divorce texan : en raison du caractère indivisible du jugement, il n'était pas possible de lui octroyer un exequatur partiel dissociant les aspects relatifs au divorce et à la responsabilité parentale). 72987

Autres cas Serait contraire à l'ordre public international un jugement étranger qui caractériserait une **faute de l'épouse** par le seul fait qu'elle demande le divorce (Cass. 1e civ. 11-2-2015 n° 13-25.572 : BPAT 3/15 inf. 89). 72988

S'agissant d'une loi étrangère qui refuserait par principe une **prestation compensatoire** à l'épouse ou qui validerait la renonciation de celle-ci à toute compensation financière en cas de divorce, voir n° 73466.

FRAUDE

72990 La fraude susceptible d'être commise en matière de divorce est le plus souvent une **fraude au jugement** (n° 72040). A ainsi été refusé l'exequatur d'une décision de divorce obtenue en Algérie à l'initiative du mari alors que ce dernier avait délibérément choisi la juridiction algérienne postérieurement à la procédure en divorce engagée en France par son épouse pour échapper aux conséquences financières du divorce prononcé par les juridictions françaises (Cass. 1e civ. 28-3-2006 n° 03-18.934 : Bull. civ. I n° 177).

Cependant, plusieurs arrêts de la Cour de cassation font preuve d'un certain **laxisme** face à ce type de manœuvres. Deux décisions ont admis que le fait que l'un des époux ait saisi une juridiction étrangère alors que l'autre époux avait déjà saisi les juridictions françaises d'une demande similaire n'était pas en soi frauduleux (Cass. 1e civ. 30-9-2009 n° 08-18.769 : Bull. civ. I n° 192 ; Cass. 1e civ. 16-12-2009 n° 08-20.305 : Bull. civ. I n° 251, BPAT 1/10 inf. 23). La fraude ne serait pas caractérisée lorsque la saisine du juge étranger n'a pas pour but de « tirer un bénéfice supérieur à celui procuré par la saisine du juge français » (Cass.1e civ. 30-9-2009 précité). L'obtention d'une décision de divorce plus favorable financièrement permet à l'inverse de caractériser la fraude dans certains cas (Cass. 1e civ. 7-11-2012 n° 11-14.220, concernant la saisine par le mari du juge marocain dans un délai très court après son désistement devant le juge français). De manière plus préoccupante, la Cour de cassation a admis la reconnaissance d'une décision étrangère résultant d'une demande en divorce déposée par le mari devant les juridictions marocaines en réplique à une action en contribution aux charges du mariage intentée par son épouse devant les juridictions françaises, le mari pouvant légitimement souhaiter divorcer devant les juridictions marocaines compétentes en vertu d'une convention bilatérale (Cass. 1e civ. 23-2-2011 n° 10-14.760, Diffoullous : BPAT 2/11 inf. 121).

La jurisprudence la plus récente semble néanmoins renouer avec une **conception plus ferme** de la fraude au jugement (Cass. 1e civ. 20-6-2012 n° 11-30.120 : Bull. civ. I n° 137 caractérisant la fraude lorsque le mari saisit les juridictions algériennes d'une demande en divorce pour échapper à une demande de contribution aux charges du mariage déposée par son épouse). La fraude doit cependant être liée à la procédure de divorce. Celle caractérisée pour un litige relatif à l'autorité parentale ne suffit pas à empêcher la reconnaissance d'une décision étrangère de divorce (Cass. 1e civ. 17-12-2014 nos 13-24.295 et 13-21.365 : Bull. civ. I n° 210, refus d'exequatur d'une décision américaine relative aux enfants pour fraude mais accueil de l'exception de litispendance internationale et dessaisissement en faveur du juge américain s'agissant du divorce).

CONVENTIONS INTERNATIONALES

72992 S'agissant de la reconnaissance et de l'exécution de la partie de la décision de divorce relative à la **prestation compensatoire** (ou aux institutions de droit étranger comparables), cette dernière est qualifiée d'obligation alimentaire. Elle est donc susceptible d'être reconnue et exécutée, lorsque la décision émane de juridictions d'États contractants, par application des conventions internationales relatives à la reconnaissance et l'exécution des décisions en matière d'obligations alimentaires (nos 73492 s.).

CHAPITRE 4

LES ENFANTS EN DROIT INTERNATIONAL PRIVÉ

SOMMAIRE

SECTION 1

FILIATION

SOURCES

73000 Les règles relatives à la compétence comme à la loi applicable et à la reconnaissance des jugements sont aujourd'hui de **source française**.
Toutefois, cette situation a vocation à évoluer dans un futur proche. La Commission européenne a adopté le 7 décembre 2022 une **proposition de règlement** visant à harmoniser au niveau de l'Union européenne les règles de droit international privé relatives à la filiation (COM(2022) 695 final). Le texte contient des règles en matière de compétence, de loi applicable, de reconnaissance des décisions et d'acceptation des actes authentiques. Il prévoit également la création d'un « certificat européen de filiation ». La proposition doit encore être adoptée à l'unanimité par le Conseil, après consultation du Parlement européen.

I. ÉTABLISSEMENT DE LA FILIATION

A. Compétence

73001 Les questions de compétence ne présentent pas de spécificité en cette matière et doivent donc être traitées par application des principes généraux de **droit commun** régissant la compétence (n°s 72015 s.).

B. Loi applicable

PRINCIPE

73002 La loi applicable à l'établissement de la filiation est la **loi nationale de la mère** au jour de la naissance de l'enfant (C. civ. art. 311-14). Si la mère possède plusieurs nationalités, le conflit de nationalités sera réglé suivant les principes généraux applicables à celui-ci (n° 72310).
Lorsque la mère n'est pas connue, la loi applicable sera la **loi nationale de l'enfant** (C. civ. art. 311-14).
Le **renvoi** est admis (Cass. 1e civ. 4-3-2020 n° 18-26.661 FS-PBI : BPAT 3/20 inf. 93, acceptant le renvoi de la loi allemande à la loi française mais la formulation de l'arrêt est générale et n'exclut pas le renvoi au second degré).

> **Précisions** **a.** La **règle de conflit de lois** introduite à l'article 311-14 du Code civil par la loi du 3 janvier 1972 relative à la filiation est applicable aux **enfants nés avant son entrée en vigueur** (Loi 72-3 du 3-1-1972 art. 12 ; Cass. 1e civ. 27-5-2010 n° 09-14.881 : Bull. civ. I n° 121, BPAT 4/10 inf. 219).
> **b.** Lorsque la règle de conflit de lois désigne la **loi d'un État fédéral**, il faut rechercher d'après les règles de conflit de lois internes la loi de l'État fédéré applicable (Cass. 1e civ. 20-4-2017 n° 16-14.349 F-PB : BPAT 3/17 inf. 102).

73005 **Difficultés pratiques** Lorsque l'**enfant agit en recherche de maternité**, on peut s'interroger sur la loi applicable à son action. Puisqu'il n'a pas encore de filiation maternelle établie, la loi applicable à sa filiation doit-elle être sa loi nationale (en considérant que sa mère n'est pas connue) ou la loi de la prétendue mère ? La jurisprudence a tranché en faveur de la loi de la prétendue mère (Cass. 1e civ. 11-6-1996 n° 94-12.926 : Bull. civ. I n° 244). La solution est impraticable s'il existe un conflit de filiation maternelle et il faudra alors appliquer la loi nationale de l'enfant.

73010 **Domaine de la loi applicable** Sous réserve des exceptions qui seront examinées dans les paragraphes suivants, la loi nationale de la mère régira l'ensemble des questions relatives à l'établissement de la filiation de l'enfant tant maternelle que paternelle (ce qui peut surprendre) : actions en recherche ou en contestation de la **filiation paternelle ou maternelle** (Cass. 1e civ. 15-9-2021 n° 19-22.588 F-D, confirmant que l'action en contestation de paternité relève de la loi nationale de la mère), effet de la mention du nom de la mère dans l'acte de naissance. L'admissibilité des modes de preuve (Cass. 1e civ. 24-5-2018 n° 16-21.163 F-PB : BPAT 4/18 inf. 157), la charge et l'objet de la preuve (présomption légale de paternité) seront également soumis à la loi applicable à l'établissement de la filiation tout comme la prescription des actions. En revanche, la **forme des actes de naissance** sera soumise à la loi de l'autorité qui les établit.

POSSESSION D'ÉTAT

73015 **Rattachement exceptionnel** Si l'enfant et ses père et mère ou l'un d'eux ont en France leur résidence habituelle, commune ou séparée, la possession d'état produit toutes les conséquences qui en découlent selon la **loi française**, alors même que les autres éléments de la filiation auraient pu dépendre d'une loi étrangère (C. civ. art. 311-15). La règle ainsi posée n'est pas une règle de conflit de lois mais une exception à l'application de la règle de conflit ordinaire ; elle impose, si certaines conditions sont réunies, d'attacher à la possession d'état les conséquences que lui fait produire la loi française, même lorsque celle-ci n'est normalement pas applicable à la filiation.
La Cour de cassation en déduit (Cass. 1e civ. 23-3-2022 n° 21-12.952 F-B : BPAT 3/22 inf. 134) :
– que ce texte n'a vocation à s'appliquer que lorsque l'article 311-14 du Code civil est lui-même applicable ;
– et que son application n'a de sens que si l'article 311-14 désigne une loi étrangère ; autrement, il n'y aurait aucune raison de ne pas appliquer les règles françaises relatives à la possession d'état.

73020 **Conditions** Pour que le rattachement exceptionnel à la loi française joue, il suffit que l'**un des parents de l'enfant et celui-ci** résident habituellement en France. La question de savoir à quel moment l'existence de cette résidence en France devait être appréciée a été discutée. Il ne semble pas nécessaire que cette résidence existe au moment de l'action ; il suffit qu'elle ait existé par le passé (J.-Cl. Notarial Répertoire v° « Filiation » fasc. 15 par P. Bourel, H. Muir-Watt et E. Gallant n° 60). La jurisprudence existante est toutefois en sens contraire (CA Lyon 31-10-1979 : Rev. crit. DIP

1980 p. 558 note B. Ancel). Par ailleurs, certains auteurs considèrent que si la possession d'état s'est poursuivie à l'étranger, le juge pourra en tenir compte (J.-Cl. Notarial Répertoire v° « Filiation » fasc. 15 précité, n° 60).

Les **éléments constitutifs de la possession d'état** seront ceux retenus en droit français (fama, tractatus, nomen), de même que l'appréciation des qualités de celle-ci (continue, paisible, publique et non équivoque).

Effets Les **effets que la loi française attache à la possession d'état** doivent être entendus aussi bien positivement (établissement du lien de filiation) que négativement (destruction du lien de filiation) (TGI Paris 1-3-1977 : Rev. crit. DIP 1978 p. 110, note Y. Lequette ; P. Mayer, V. Heuzé et B. Remy : Droit international privé, LGDJ précis Domat 12e éd. 2019, n° 644). **73025**

En revanche, puisque cette règle est une exception à la règle de conflit de lois ordinaire, si la **loi française ne fait produire aucun effet à la possession d'état** alors que la loi étrangère désignée lui attache certaines conséquences, la loi désignée doit s'appliquer (P. Mayer, V. Heuzé et B. Remy, précité).

RECONNAISSANCE VOLONTAIRE

Règle de conflit alternative La reconnaissance volontaire de paternité ou de maternité est valable si elle a été faite conformément à la **loi personnelle de son auteur ou** à la loi personnelle **de l'enfant** (C. civ. art. 311-17), appréciées au jour où la reconnaissance est faite (Cass. 1e civ. 11-7-1988 n° 86-17.779 : Bull. civ. I n° 236 ; Rev. crit. DIP 1989 p. 81 note P.-Y. Gautier). L'établissement volontaire de la filiation est donc soumis à une règle de conflit alternative tandis que l'établissement judiciaire de celle-ci n'est soumis qu'à la loi nationale de la mère. **73030**

La règle sur la reconnaissance est une **règle de conflit de lois spéciale** qui prévaut sur la règle de conflit ordinaire en matière de filiation désignant la loi de la mère (Cass. 1e civ. 23-3-2022 n° 21-12.952 F-B : BPAT 3/22 inf. 134). Dans le cas d'une reconnaissance paternelle, si la loi nationale du père comme celle de l'enfant ne permettent pas la reconnaissance, tandis que celle de la mère l'autorise, une telle reconnaissance ne sera pas valable.

Mention du nom de la mère La mention du nom de la mère **dans l'acte de naissance** constitue aujourd'hui un mode d'établissement de la filiation maternelle distinct de la reconnaissance (Ord. 2005-759 du 4-7-2005 portant réforme de la filiation). La question de la portée d'une telle mention devra donc être soumise à la règle de droit commun (loi nationale de la mère) et non plus à la règle spéciale sur la reconnaissance. **73035**

Remise en cause de la reconnaissance La règle de conflit posée par l'article 311-17 du Code civil ne visant que la reconnaissance et non sa remise en cause, la question de savoir si cette dernière tombe dans le champ de cet article ou dans celui de la règle de conflit générale (C. civ. art. 311-14, désignant la loi nationale de la mère) a été discutée. **73040**

La **nullité de la reconnaissance** (fondée sur le défaut d'une condition de validité de l'acte) est soumise à la règle sur la reconnaissance (Cass. 1e civ. 6-7-1999 n° 97-19.453 : Bull. civ. I n° 225, D. 1999 p. 483 concl. J. Sainte-Rose), tout comme la **contestation de la reconnaissance**, c'est-à-dire la remise en cause du lien de filiation (Cass. 1e civ. 15-5-2013 n° 11-12.569 FS-PBI : JDI 2013 comm. 14 par J. Guillaumé ; Cass. 1e civ. 15-5-2019 n° 18-12.602 FS-PBI : BPAT 4/19 inf. 137).

Il faut donc prouver que la reconnaissance est nulle ou contestable à la fois selon la loi de son auteur et selon celle de l'enfant. Peu importe que la loi de la mère (ou la règle complémentaire relative à la possession d'état n° 73015) permette de contester la reconnaissance : si elle est valable selon la loi de son auteur et celle de l'enfant, elle ne pourra pas être remise en cause (Cass. 1e civ. 23-3-2022 n° 21-12.952 F-B : BPAT 3/22 inf. 134).

LÉGITIMATION

Toute distinction entre les filiations légitime et naturelle a été supprimée par l'ordonnance du 4 juillet 2005 portant réforme de la filiation. Le **droit français** ne contient donc plus de règle spécifique à la légitimation. Mais l'institution n'ayant pas nécessairement disparu en **droit comparé**, il faut s'interroger sur la loi applicable à celle-ci (F. Monéger, Brèves remarques sur le droit international privé touché par l'ordonnance du 4 juillet 2005 portant réforme de la filiation : Dr. famille 2005 chron. 19). Sauf à considérer que toute loi étrangère qui établirait une distinction entre enfants légitimes et naturels serait nécessairement contraire à l'ordre public international, ce qui rendrait la loi française applicable, la question de la légitimation n'ayant plus lieu d'être (P. Mayer et V. Heuzé : Droit international privé Montchrestien 2010, n° 611, qui jugent probable que cette interprétation soit retenue par la jurisprudence tout en préférant une approche « moins radicale » consistant à ne pas tirer de conséquences au plan du droit international privé de l'ordonnance du 4-7-2005). **73045**

La France a ratifié la **convention de Rome sur la légitimation par mariage du 10 septembre 1970** (Décret 76-228 du 2-3-1976). Cette Convention pose une règle alternative : la légitimation sera valable dans les États contractants lorsque, selon la loi nationale du père ou de la mère, le mariage a pour conséquence la légitimation d'un enfant naturel (Conv. Rome du 10-9-1970 art. 1, al. 1). Ce résultat se produira même si la loi nationale du père ou de la mère n'est pas celle d'un État contractant (Conv. Rome du 10-9-1970 art. 5). La Convention ne vise que les légitimations par mariage ou post nuptias (Conv. Rome du 10-9-1970 art. 1, al. 2). Les autres formes de légitimation (par autorité de justice, telle que la connaissait le droit français, ou par une autorité administrative) seront soumises à la règle de droit commun, c'est-à-dire à la loi nationale de la mère.

ASSISTANCE MÉDICALE À LA PROCRÉATION

73047 Il faut distinguer trois questions. D'abord, l'accès à l'assistance médicale à la protection (AMP) elle-même, c'est-à-dire la loi régissant le droit de recourir à cette technique. Ensuite, s'agissant d'une AMP réalisée à l'étranger, la question de la transcription de l'acte de naissance étranger résultant de celle-ci. Enfin, la question de la loi applicable au lien de filiation lui-même.

Les **dispositions françaises relatives à l'accès** à l'AMP en France (n°s 80030 s.) sont des lois de police et s'imposent dès lors à toute AMP réalisée en France. Selon la Cour de cassation, ces dispositions ont une portée strictement territoriale (Cass. avis 22-9-2014 n°s 14-70.006 et 14-70.007 : à propos de la restriction de l'AMP aux couples hétérosexuels stérile, aujourd'hui abrogée, mais transposable).

Le fait qu'une femme ait eu recours en Belgique à l'assistance médicale à la procréation sous une forme interdite en droit français ne fait pas obstacle au prononcé de l'adoption, par l'épouse de la mère, de l'enfant né de cette procréation, dès lors que les conditions légales de l'adoption sont réunies et qu'elle est conforme à l'intérêt de l'enfant (même avis).

73048 La jurisprudence de la Cour de cassation admettant la **transcription de l'acte de naissance étranger** d'un enfant né d'une AMP à l'étranger qui désigne la mère ayant accouché et une autre femme en qualité de mère ou de parent (Cass. 1e civ. 18-12-2019 n° 18-14.751 FS-PBRI ; Cass. 1e civ. 18-3-2020 n° 18-15.368 FS-PB : BPAT 3/20 inf. 114-2) devrait être remise en cause par la modification de l'article 47 du Code civil, puisque cette jurisprudence reposait sur une interprétation de ce texte aujourd'hui condamnée par le législateur (n° 73050). Dès lors, s'agissant d'un couple de femmes ayant eu recours à l'AMP à l'étranger, la transcription de l'acte ne devrait être possible qu'à l'égard de celle ayant accouché, la mention de sa conjointe comme mère ne sera pas possible en l'absence de reconnaissance conjointe anticipée conformément au droit français (n°s 27071 s.), et il faudra passer par le biais d'une adoption pour faire figurer la seconde mère dans l'acte de naissance.

73049 Comme le rappelle la Cour de cassation, l'action aux fins de transcription n'est pas une action en établissement ou en reconnaissance de la filiation (Cass. 1e civ. 18-3-2020 n° 18-15.368 FS-PB précité). Dès lors, se pose de manière distincte la question de la **loi applicable au lien de filiation** résultant d'une AMP. S'agissant de la contestation d'une reconnaissance de paternité, la Cour de cassation applique les règles prévues pour les reconnaissances volontaires, hors AMP (Cass. 1e civ. 14-10-2020 n° 19-12.373 FS-PB : application cumulative de la loi de l'auteur – le père – et de l'enfant pour annuler la reconnaissance). Dès lors, on peut en déduire que l'ensemble des règles de conflits de lois relatives à la filiation s'appliqueront, indépendamment du fait que celle-ci résulte d'une AMP : application de principe de la loi de la mère, soit la femme ayant accouché, à la filiation (n° 73002). Un auteur estime cependant que la loi française sera certainement appliquée aux femmes recourant à une AMP en France en tant que loi de police, y compris si leur loi nationale l'interdit (M. Maurice, Les aspects de droit international privé de la loi 2021-1017 du 2 août 2021 relative à la bioéthique : SNH 2022 18/22 inf. 10).

Deux dispositifs transitoires permettant l'établissement d'une filiation en cas d'AMP réalisée à l'étranger par un couple de femmes ont toutefois été adoptés par le législateur. Celui-ci semble partir du principe que la loi française est applicable à ces situations, c'est-à-dire qu'elle a été désignée préalablement par la règle de conflit de lois (ce qui sera le cas s'il s'agit de Françaises ayant réalisé une AMP à l'étranger). À moins qu'il ne raisonne en termes de reconnaissance des situations, hors de toute règle de conflits de lois ; mais dans ce cas, le bénéfice de cette disposition serait ouvert à tous les couples, quelle que soit leur nationalité, voire leur résidence habituelle, ce qui paraît peu souhaitable.

La loi Bioéthique 2021-1017 du 2 août 2021 prévoit une mesure spécifique pour les couples de femmes ayant eu recours à une AMP à l'étranger avant le 3 août 2021. Sont concernés les enfants déjà nés et ceci, sans limite de temps, mais aussi ceux qui naîtront après cette date dès lors que l'AMP est antérieure (A. Gouëzel, Les dispositions relatives à la filiation dans la nouvelle loi de bioéthique : entre ruptures, ajustements et interrogations : Dr. famille 2021 étude 23). Le couple pourra, jusqu'au 3 août 2024, faire devant notaire une reconnaissance conjointe de l'enfant dont la

filiation n'est établie qu'à l'égard de la femme qui a accouché (Loi 2021-1017 du 2-8-2021 art. 6 IV). La reconnaissance conjointe sera inscrite en marge de l'acte de naissance de l'enfant sur instruction du procureur de la République qui devra s'assurer que les conditions prévues par la loi française sont réunies.
Lorsque, sans motif légitime, la mère inscrite dans l'acte de naissance de l'enfant refuse cette reconnaissance conjointe, la loi du 21 février 2022 visant à réformer l'adoption prévoit, à titre exceptionnel, pour une durée de trois ans à compter du 22 février 2022, que la femme qui n'a pas accouché puisse demander à adopter l'enfant, sous certaines conditions (Loi 2022-219 du 21-2-2022 art. 9). Sur ces dispositions, voir n° 27075.

ORDRE PUBLIC

Contrat de maternité pour autrui Le fait que l'enfant soit issu d'un contrat de gestation pour autrui réalisée à l'étranger ne peut être un motif de refus de la **transcription de l'acte de naissance étranger** en France établissant la filiation de l'enfant à l'égard du parent qui est également son père biologique (Cass. ass. plén. 4-10-2019 n° 10-19.053 PBRI, Mennesson : BPAT 6/19 inf. 238). La Cour de cassation admettait également la transcription de l'acte de naissance étranger établissant une filiation à l'égard du parent d'intention (Cass. 1e civ. 18-12-2019 n° 18-12.327 FS-PBRI : SNH 4/20 inf. 4). Mais le législateur est revenu sur cette solution, en modifiant l'article 47 du Code civil relatif à la transcription des actes d'état civil étrangers, qui prévoit désormais que la réalité des faits déclarés dans l'acte d'état civil étranger « est appréciée au regard de la loi française » et non plus, comme le faisait la jurisprudence, au regard de la loi étrangère (Loi 2021-1017 du 2-8-2021 art. 7). 73050
Le parent d'intention ne pourra donc faire établir sa filiation qu'au travers d'une adoption (admise depuis Cass. 1e civ. 5-7-2017 n° 16-16.455 FS-PBRI : BPAT 5/17 inf. 183), sauf lorsque celle-ci est impossible ou ne peut être obtenue avec une célérité suffisante, auquel cas la transcription devrait être admise (Cass. ass. plén. 4-10-2019 n° 10-19.053 PBRI, précité : transcription de l'acte à l'égard du parent d'intention, s'agissant d'un contentieux qui perdure depuis plus de 15 ans, et en l'absence d'autre voie permettant de reconnaître la filiation dans des conditions qui ne porteraient pas une atteinte disproportionnée au droit au respect de la vie privée des enfants). Cela devrait être de plus en plus rare avec la libéralisation des conditions de l'adoption par la loi 2022-219 du 21 février 2022 visant à réformer l'adoption. Dans le cas où l'établissement des actes de naissance étrangers résulte d'une décision judiciaire du pays où a eu lieu la GPA, l'établissement de la filiation pourrait également se faire via l'exequatur de la décision étrangère, sous réserve qu'elle satisfasse les conditions posées en la matière par le droit français (A. Karila-Danziger et F. G. Joly, Transcription à l'état civil français des actes de naissance étrangers dressés dans le cadre d'une GPA, « fin de partie » : AJ fam. 2021 p. 581).
La solution est conforme à la jurisprudence de la Cour européenne des droits de l'Homme (CEDH 26-6-2014 n° 65192/11, Mennesson c/ France et CEDH 26-6-2014 n° 65941/11, Labassée c/ France : BPAT 4/14 inf. 156 ; CEDH avis 10-4-2019 n° P16-2018-001, Mennesson : BPAT 3/19 inf. 97 ; CEDH 12-12-2019 nos 1462/18 et 17348/18 : BPAT 1/20 inf. 11 ; CEDH 16-7-2020 n° 11288/18, D. c/ France : BPAT 5/20 inf. 179-18, où la Cour affirme que le fait que la mère d'intention soit la mère génétique n'impose pas la transcription, tant que la filiation peut être établie via l'adoption ; voir encore à propos de l'Italie : CEDH 31-8-2023 n° 47196/21).

Cette jurisprudence ne traite que de la transcription d'actes de naissance étrangers et ne statue pas à proprement parler sur l'**établissement de la filiation** (faisant clairement la distinction, Cass. 1e civ. 18-12-2019 n° 18-12.327 FS-PBRI, précité). La transcription d'actes d'état civil étrangers n'est en effet pas obligatoire et, quand bien même ceux-ci seraient conformes à la réalité biologique, une telle transcription ne vaut pas « reconnaissance » de la filiation. Rien n'empêche une contestation ultérieure de la validité de la filiation et les droits successoraux des enfants issus d'une GPA pourraient ainsi être contestés. Toutefois, la CEDH ne fait pas de distinction dans sa jurisprudence relative à la GPA, visant simplement la « reconnaissance » de la filiation (CEDH avis 10-4-2019 n° P16-2018-001, Mennesson : BPAT 3/19 inf. 97). On voit mal, dès lors, comment la validité de la filiation pourrait être attaquée si la transcription a été admise. Il en va de même pour leurs droits successoraux. La cour d'appel de Paris a d'ailleurs poussé à son terme cette logique, considérant que deux hommes français pouvaient faire reconnaître et exécuter en France des jugements prénataux américains les désignant comme « parents légaux » à l'issue d'un contrat de gestation pour autrui passé aux États-Unis avec une mère porteuse américaine (CA Paris, 17-1-2023, n° 21/17455, concernant un couple d'hommes mariés ; CA Paris 31-1-2023 n° 21/15747, concernant un couple d'hommes pacsés). Selon la cour, ces jugements produisent les effets d'une adoption plénière prononcée à l'étranger pour lesquels, conformément à la jurisprudence de la Cour de cassation, le consentement du représentant légal de l'enfant prévu par l'article 370-3, alinéa 3 du Code civil n'est pas une condition de reconnaissance du jugement, ni 73053 un élément de l'ordre public international (Cass. 1e civ. 11-5-2023 n° 21-24.178 F-D ; on notera toutefois que la doctrine s'interroge sur le maintien de cette jurisprudence depuis la réécriture du texte à l'issue de la loi 2022-219 du 21-2-2022 et de l'ord. 2022-1292 du 5-10-2022). L'incertitude sur l'existence d'un lien biologique éventuel avec l'un des parents d'intention (les jugements américains ne comportant pas de précisions sur ce point) n'empêche pas selon la cour de reconnaître le jugement d'adoption.

> **Précisions a.** Qu'en est-il si les **deux parents n'ont aucun lien biologique avec l'enfant** ? Dans les affaires jugées par la Cour de cassation ces dernières années, l'un des parents avait toujours des liens biologiques avec l'enfant. Or la Cour européenne des droits de l'Homme avait admis une plus grande sévérité dans le traitement des parents d'intention sans lien biologique avec l'enfant (CEDH gde ch. 24-1-2017 n° 25358/12, P. et C. c/ Italie : D. 2017 p. 1014 obs. H. Gaudemet-Tallon). Dans cette affaire, la grande chambre a estimé que les autorités italiennes étaient en droit de retirer à ses parents d'intention, dont aucun n'était le parent biologique, l'enfant né d'une GPA en Russie pour le placer en famille d'accueil. Mais il n'est pas certain que cette jurisprudence serait maintenue aujourd'hui. Un arrêt plus récent confirme que les États n'ont pas l'obligation de permettre aux parents d'intention dépourvus de lien biologique avec l'enfant d'établir un lien de filiation avec celui-ci ; en revanche, les autorités ont placé l'enfant en accueil familial auprès du couple et lui ont accordé la nationalité islandaise. En outre, le couple a pu présenter une demande d'adoption, retirée par la suite en raison de sa séparation, l'enfant continuant à être accueilli en alternance par chacun des parents d'intention. Dès lors, la CEDH estime qu'il n'y a pas violation du droit au respect de la vie familiale (CEDH 18-5-2021 n° 71552/17, V. F. et a. c/ Islande).
> **b.** Les **autorités administratives** doivent délivrer aux enfants nés à l'étranger par GPA des documents de voyage leur permettant d'entrer sur le territoire national afin de ne pas être séparés de leurs parents, même d'intention (CE ord. 3-8-2016 n° 401924). Ces enfants pourront normalement obtenir un certificat de nationalité française en vertu de la circulaire Taubira (CE 12-12-2014 n° 367324, rejetant le recours contre la circulaire JUSC1301528C du 25-1-2013). La Cour de justice a jugé que s'agissant d'un enfant mineur, citoyen de l'Union européenne dont l'acte de naissance délivré par les autorités compétentes de l'État membre d'accueil désigne comme ses parents deux personnes de même sexe, l'État membre dont cet enfant est ressortissant est obligé, d'une part, de lui délivrer une carte d'identité ou un passeport, sans requérir l'établissement préalable d'un acte de naissance par ses autorités nationales, et d'autre part, de reconnaître, à l'instar de tout autre État membre, le document émanant de l'État membre d'accueil permettant à l'enfant d'exercer, avec chacune de ces deux personnes, son droit de circuler et de séjourner librement sur le territoire des États membres (CJUE 14-12-2021 aff. 490/20).
> **c.** L'existence d'une gestation pour autrui en Inde avec une mère porteuse indienne (qui avait déclaré renoncer à tous ses droits parentaux sur les deux enfants) ne saurait justifier, en l'absence de danger, le **retrait de l'autorité parentale à la mère porteuse** sur le fondement de l'article 378-1, alinéa 1 du Code civil. La Cour juge qu'il n'y a pas d'atteinte au droit au respect de la vie privée et familiale des enfants, prévu par l'article 8 de la Convention de sauvegarde des droits de l'Homme et des libertés fondamentales, dès lors, d'une part, que ce droit n'impose pas de consacrer, par une adoption, tous les liens d'affection, fussent-ils anciens et établis, d'autre part, que la voie de l'adoption des enfants par le conjoint du père demeure ouverte, si les conditions en sont remplies, ce qui suppose en particulier que le juge vérifie la validité et la portée de la déclaration par laquelle la mère a renoncé à ses droits parentaux et qu'il s'assure de sa conformité avec l'intérêt de l'enfant (Cass. 1e civ. 21-9-2022 n° 20-18.687 F-B : BPAT 6/22 inf. 268).

73070 **Action pour établir une filiation** Une **loi étrangère qui interdit à un enfant d'établir sa filiation naturelle** est contraire à l'ordre public international (Cass. 1e civ. 26-10-2011 n° 09-71.369 : Bull. civ. I n° 182, BPAT 6/11 inf. 344 ; Cass. 1e civ. 27-9-2017 n° 16-19.654 F-PB : BPAT 6/17 inf. 221 ; Cass. 1e civ. 16-12-2020 n° 19-20.948 F-PI : BPAT 1/21 inf. 12). Une loi étrangère peut cependant déclarer irrecevable l'action en recherche de paternité parce que l'enfant dispose déjà d'un lien de filiation adoptive (Cass. 1e civ. 14-10-2020 n° 19-15.783 FS-PBI : SNH 36/20 inf. 1, concernant la loi anglaise). Dans cette affaire, l'auteur du pourvoi se plaçait sur le terrain du contrôle de proportionnalité par application de l'article 8 de la convention européenne des droits de l'Homme, mais la solution vaut a fortiori sur le plan de l'ordre public international. La Cour de cassation semble intégrer le contrôle de proportionnalité résultant de la protection des droits prévus par cet article comme un élément de l'ordre public international : dès lors, elle peut être amenée à vérifier si la création d'un lien de filiation, en principe garanti à l'enfant biologique en tant

qu'élément de son identité et protégé par le droit au respect de la vie privée, ne constitue pas une ingérence excessive au regard du droit au respect de la vie privée et familiale des enfants d'un homme décédé et de sa veuve, ni n'est de nature à troubler la paix des familles (Cass. 1e civ. 13-12-2023 n° 22-11.727 F-D : BPAT 1/24 inf. 10, relevant l'absence d'ingérence excessive en l'espèce). Cette décision très contestable a été rendue à propos de la reconnaissance de décisions italiennes, mais le raisonnement est transposable ; le pourvoi prétendait également que la reconnaissance portait atteinte au principe de sécurité juridique dans la mesure où elle entraînait la réouverture d'une succession close depuis plusieurs années.
L'**absence de délai de prescription dans la loi étrangère** pour une action en recherche de paternité n'est pas en soi contraire à l'ordre public international français (Cass. 1e civ. 7-10-2015 n° 14-14.702, à propos de l'action en constatation judiciaire de paternité du droit allemand).

II. EFFETS DE LA FILIATION

MATIÈRES CONCERNÉES

Les effets de la filiation incluent principalement la question de l'autorité parentale (nos 73150 s.), de l'obligation alimentaire (nos 73400 s.) et de la transmission du nom. 73080

DISCUSSION SUR LA LOI APPLICABLE

La question de la loi applicable aux effets de la filiation n'a pas de réponse certaine en raison du faible nombre de décisions rendues et du fait que la catégorie « effets de la filiation » n'a plus qu'un rôle résiduel compte tenu de la multiplication de règles de conflit spéciales, telles celles régissant l'autorité parentale ou l'obligation alimentaire. Avant la **réforme de la filiation** opérée par l'ordonnance 2005-759 du 4 juillet 2005, une majorité d'auteurs s'accordait pour appliquer aux effets de la filiation naturelle la loi nationale de l'enfant, et à ceux de la filiation légitime, la loi des effets du mariage (P. Mayer, V. Heuzé et B. Remy, Droit international privé, LGDJ précis Domat 12e éd. 2019, n° 654 ; B. Audit : Droit international privé Economica 2008 n° 740). 73085
Le fait que la réforme ait fait disparaître en apparence toute distinction entre les deux filiations ne signifie pas qu'une telle différence n'existera pas dans les lois étrangères, ni qu'elle ait totalement disparu même en droit français (présomption de paternité). Dès lors, le maintien des **solutions antérieures** devrait s'imposer.

NOM

Attribution du nom La question de la loi applicable à l'attribution du nom est particulièrement discutée et en évolution constante sous l'effet des impératifs du droit européen. 73115
De l'avis de la **doctrine majoritaire** (J.-Cl. Civil annexes, v° Nom fasc. 60 par A. Devers, n° 16), l'attribution du nom doit être soumise à la loi des effets de la filiation, c'est-à-dire à la loi des effets du mariage pour un enfant issu d'un couple marié (Cass. 1e civ. 7-10-1997 n° 95-16.933 : Bull. civ. I n° 265, Rev. crit. DIP 1998 p. 72 note P. Hammje) et à la loi nationale de l'enfant s'il est né hors mariage, sous réserve de l'éventuelle remise en cause de ces solutions par l'ordonnance du 4 juillet 2005 (dans le sens du maintien des solutions antérieures, voir J.-Cl. Civil annexes, précité, n° 21).
Il semblerait toutefois plus logique d'appliquer dans tous les cas la loi nationale de l'enfant. La **pratique administrative** est en ce sens. Lorsque la loi nationale de l'enfant est une loi étrangère et que les intéressés n'établissent pas le contenu de celle-ci, l'instruction générale relative à l'état civil recommande d'appliquer la loi française (Igec n° 531, actualisé par circ. JUS du 28-10-2011 relative aux règles particulières à divers actes de l'état civil relatifs à la naissance et à la filiation n° 230). Si l'enfant possède plusieurs nationalités, dont la nationalité française et celle d'un autre État membre de l'Union européenne, les autorités françaises ne pourraient pas imposer l'application de la loi française pour la détermination de son nom, alors que son autre loi nationale autoriserait une liberté plus grande (CJCE 2-10-2003 aff. 148/02, Garcia Avello : D. 2004 p. 1476 note Audit, à propos d'un changement de nom d'un enfant issu d'un couple belgo-espagnol ; la solution, critiquable, nous paraît transposable).

Reconnaissance du nom donné à l'étranger Le **droit français** permet à toute personne justifiant d'un nom inscrit sur le registre de l'état civil d'un autre État de demander à l'officier de l'état civil dépositaire de son acte de naissance établi en France son changement de nom en vue de porter le nom acquis dans cet autre État (C. civ. art. 61-3-1). Sur la procédure à suivre, voir n° 32240. Aucune distinction n'est faite suivant que le nom a été transmis à la naissance ou modifié après la naissance en raison d'une évolution du statut personnel (mariage, ou établissement d'une filiation) ou par une décision de justice (en ce sens, J. Guillaumé, Chronique de droit international privé : LPA 12/13-9-2017 p. 13 s.). 73120

Cette solution est conforme au **droit européen et** à la **convention européenne des droits de l'Homme**. En effet, lorsqu'un ressortissant de l'Union européenne né et ayant sa résidence habituelle dans un État membre s'est vu attribuer un nom en application de la loi de celui-ci, les autorités de l'État membre dont il possède la nationalité doivent le reconnaître même s'il n'est pas conforme à la loi applicable selon leur règle de conflit de lois (CJCE 14-10-2008 aff. 353/06, Grunkin et Paul). Jugé également qu'un État membre ne peut refuser de reconnaître le nom légalement obtenu par un ressortissant de cet État membre dans un autre État membre dont il possède également la nationalité, et correspondant à son nom de naissance, sur le fondement d'une disposition du droit national subordonnant la possibilité d'obtenir une telle reconnaissance à la condition que ce nom ait été acquis lors d'un séjour habituel dans cet autre État membre (CJUE 8-6-2017 aff. 541/15, Freitag). En outre, la jurisprudence de la Cour européenne des droits de l'Homme, s'agissant de ressortissants d'États tiers à l'Union européenne, semble imposer la reconnaissance des noms donnés par des États étrangers au titre du respect de la vie privée et familiale protégé par l'article 8 de la Convention. A été considéré comme une violation de cet article le refus d'accorder à un Franco-Algérien, né en France mais ayant passé l'essentiel de sa jeunesse en Algérie avant de revenir vivre en France, le droit de changer le nom sous lequel il est enregistré à l'état civil français afin qu'il puisse porter le nom qui figure sur son état civil algérien (CEDH 5-12-2013 n° 32265/10, Henry Kismoun c/ France, où l'affaire se présentait comme une pure question de droit interne relative à l'application de l'article 61 du Code civil français).
Si l'article 61-3-1 du Code civil ne l'indique pas expressément, il semble toutefois que l'officier d'état civil puisse refuser de reconnaître le nom acquis à l'étranger au nom de l'**ordre public international** (J. Guillaumé, précité), y compris lorsque le nom a été acquis dans un autre État membre (CJUE 22-12-2010 aff. 208/09).

SECTION 2

AUTORITÉ PARENTALE ET PROTECTION DU MINEUR

SOURCES

73150 En matière d'autorité parentale et de protection du mineur, les sources sont les suivantes :
– le **règlement dit « Bruxelles II ter »** relatif à la compétence, la reconnaissance et l'exécution des décisions en matière matrimoniale et en matière de responsabilité parentale, ainsi qu'à l'enlèvement international d'enfants (Règl. 2019/1111 du 25-6-2019 : JOUE 2019 L 178 p. 1 ; rectificatif : JOUE 2020 L 347 p. 52). Il remplace depuis le 1er août 2022 le règlement dit « Bruxelles II bis » relatif à la compétence, la reconnaissance et l'exécution des décisions en matière matrimoniale et en matière de responsabilité parentale (Règl. 2201/2003 du 27-11-2003 : JOUE 2003 L 338 p. 1). Pour l'étude de ce dernier, voir l'édition 2022/2023 du Mémento ;
– la **convention de La Haye du 19 octobre 1996**, ratifiée par la France le 15 octobre 2010, concernant la compétence, la loi applicable, la reconnaissance, l'exécution et la coopération en matière de responsabilité parentale et de mesures de protection des enfants. Cette Convention a vocation à remplacer la convention de La Haye du 5 octobre 1961 sur la compétence des autorités et la loi applicable en matière de protection des mineurs ;
– le **droit commun** d'origine légale et jurisprudentielle.
L'articulation de ces différentes sources ne va pas sans difficulté.

> **Précisions** En dehors de la France, la **convention de La Haye du 19 octobre 1996** est actuellement **en vigueur dans les États suivants** : Albanie, Allemagne, Arménie, Australie, Autriche, Barbade, Belgique, Bulgarie, Cap-Vert, Chypre, Costa Rica, Croatie, Cuba, Danemark, Équateur, Espagne, Estonie, Fidji, Finlande, Géorgie, Grèce, Guyana, Honduras, Hongrie, Irlande, Italie, Lesotho, Lettonie, Lituanie, Luxembourg, Malte, Maroc, Monaco, Monténégro, Nicaragua, Norvège, Paraguay, Pays-Bas, Pologne, Portugal, République dominicaine, République tchèque, Roumanie, Royaume-Uni, Russie, Serbie, Slovaquie, Slovénie, Suède, Suisse, Turquie, Ukraine et Uruguay.
> La Convention a été signée mais non encore ratifiée par les États suivants : Argentine, Canada et États-Unis.

AUTORITÉS CENTRALES

Le règlement Bruxelles II ter, tout comme la convention de La Haye de 1996, prévoit la **désignation par** les États membres/parties d'autorités centrales dont le rôle est d'assurer la coopération entre les États pour la mise en œuvre de l'instrument concerné. 73152

Elles ont à la fois des **missions** générales (notamment s'agissant de l'information sur les législations et procédures nationales) et d'autres plus spécifiques dans le cadre d'une procédure donnée (à la demande d'une autre autorité centrale ou, dans le cadre du règlement Bruxelles II ter, d'un titulaire de la responsabilité parentale). Elles pourront ainsi recueillir des informations sur la situation de l'enfant ou d'une procédure en cours, fournir des informations et une assistance aux titulaires de la responsabilité parentale et faciliter la conclusion d'accords entre les titulaires de la responsabilité parentale en recourant à la médiation. Elles ont également un rôle spécifique en cas de placement d'un enfant dans un autre État membre/partie. Enfin, elles jouent un rôle essentiel en cas d'enlèvement d'enfant dans le cadre de la mise en œuvre de la convention de La Haye du 25 octobre 1980 (n° 73360).

I. COMPÉTENCE

Le règlement Bruxelles II ter prévaut sur la convention de La Haye de 1996 dès lors que l'**enfant a sa résidence habituelle sur le territoire d'un État membre de l'Union européenne**, à l'exception du Danemark (Règl. 2019/1111 du 25-6-2019 art. 97 ; Conv. La Haye du 19-10-1996 art. 52). Les règles de compétence juridictionnelle seront donc déterminées en priorité par application du règlement. 73153

En dépit de sa primauté revendiquée sur la convention de La Haye de 1996, le règlement Bruxelles II ter s'efface dans certains cas où des compétences concurrentes sont exercées par un État tiers partie à la convention de La Haye de 1996 (ce pourrait être notamment le Royaume-Uni ou la Suisse) et par un État membre, alors que l'enfant a sa résidence habituelle dans un État de l'Union européenne : en cas d'élection de for en faveur des tribunaux de cet État tiers partie à la convention de La Haye de 1996, en cas de transfert de compétence en faveur d'un tribunal d'un tel État et en cas de litispendance (le tribunal premier saisi étant un tribunal de l'État tiers partie à la convention de La Haye de 1996). Dans ces trois cas, le règlement prévoit qu'il s'efface au profit des dispositions pertinentes de la convention de La Haye (Règl. 2019/1111 du 25-6-2019 art. 97, § 2).

Lorsque l'**enfant n'a pas sa résidence habituelle sur le territoire d'un État membre**, la convention de La Haye de 1996 doit être interrogée.

Enfin, il subsiste en théorie des hypothèses résiduelles, qui devraient s'avérer extrêmement rares en pratique, dans lesquelles pourrait trouver à s'appliquer le droit commun de source française (Règl. 2019/1111 du 25-6-2019 art. 14).

A. Règlement Bruxelles II ter

CHAMP D'APPLICATION EN MATIÈRE DE PROTECTION DES MINEURS

Le règlement Bruxelles II ter s'applique à l'attribution, l'exercice, la délégation, le retrait total ou partiel de la **responsabilité parentale** définie largement comme « l'ensemble des droits et obligations relatifs à la personne ou aux biens d'un enfant conférés à une personne physique ou une personne morale sur la base d'une décision, d'une attribution de plein droit ou d'un accord en vigueur, y compris le droit de garde et le droit de visite » (Règl. 2019/1111 du 25-6-2019 art. 2, § 2-7°). 73156

Les **matières visées** dans Bruxelles II ter incluent notamment le droit de garde, le droit de visite (y compris le droit de visite des grands-parents : CJUE 31-5-2018 aff. 335/17, Valcheva, rendu à propos de Bruxelles II bis mais transposable), les questions de tutelle, curatelle et institutions analogues, de désignation et des fonctions de toute personne ou organisme chargé de s'occuper de la personne ou des biens de l'enfant, de le représenter ou de l'assister, de placement de l'enfant dans une famille d'accueil ou un établissement, des mesures de protection de l'enfant liées à l'administration, à la conservation ou à la disposition de ses biens (Règl. 2019/1111 du 25-6-2019 art. 1, § 2).

Le règlement Bruxelles II ter est applicable aux **actions judiciaires** intentées, aux **actes authentiques** dressés ou enregistrés formellement et aux **accords enregistrés** depuis le 1er août 2022 (Règl. 2019/1111 du 25-6-2019 art. 100, § 1). Le règlement Bruxelles II bis continue quant à lui de s'appliquer aux décisions rendues à la suite d'actions judiciaires intentées avant cette date, aux 73159 actes authentiques dressés ou enregistrés formellement et aux accords devenus exécutoires dans l'État membre dans lequel ils ont été conclus avant le 1er août 2022 s'ils relèvent de son champ d'application, identique s'agissant de la responsabilité parentale (Règl. 2019/1111 du 25-6-2019 art. 100, § 2).

Le règlement Bruxelles II ter s'applique dès lors que l'un des critères de compétence prévus par le texte (nos 73160 à 73169) se réalise sur le **territoire d'un État membre** de l'Union européenne (à l'exception du Danemark) et que le juge saisi est celui d'un État membre (à l'exception du Danemark). Le règlement ne prévoit pas à proprement parler de limitation à son champ d'application territorial (CJUE 17-10-2018 aff. 393/18 : BPAT 6/18 inf. 234, à propos du règlement Bruxelles II bis mais transposable) ; ceci sous réserve de ses rapports avec la convention de La Haye (n° 73153). Sur l'incidence du Brexit, voir n° 72004, précisions.

Le fait que l'affaire en cause implique seulement un **conflit potentiel de compétences entre les juridictions d'un État membre et celles d'un État tiers** (et non de deux États membres) n'est pas en soi de nature à empêcher l'application du règlement, dès lors que le critère de compétence posé par celui-ci n'est pas soumis à la condition de l'existence d'un rapport juridique impliquant plusieurs États membres (CJUE 17-10-2018 aff. 393/18, précité, à propos de la compétence de principe des juridictions de la résidence habituelle de l'enfant ; cet arrêt a été rendu à propos du règlement Bruxelles II bis mais devrait être transposable). Comme le relève cependant l'arrêt (point 33), certaines dispositions du règlement relatives à la compétence ne s'appliquent qu'entre États membres, notamment s'agissant de l'enlèvement d'enfants. En outre, s'agissant de la France, si l'enfant n'a pas sa résidence habituelle sur le territoire d'un État membre mais que la convention de La Haye de 1996 est applicable, il faudra appliquer celle-ci et non le règlement.

RÉSIDENCE HABITUELLE DE L'ENFANT

73160 Aux termes des dispositions du règlement Bruxelles II ter, les juridictions de l'État membre de la résidence habituelle de l'enfant sont compétentes pour statuer sur les questions de protection du mineur (Règl. 2019/1111 du 25-6-2019 art. 7). Cette **compétence de principe** est cependant écartée dans un certain nombre de cas.

La résidence habituelle s'apprécie à la date à laquelle la juridiction est saisie. Toutefois, en cas de transfert en cours d'instance de la résidence habituelle de l'enfant d'un État membre vers un État tiers mais partie à la convention de La Haye du 19 octobre 1996, le règlement Bruxelles II ter ne serait plus applicable et la compétence des juridictions fixée en application de la convention de La Haye (Cass. 1e civ. 30-9-2020 n° 19-14.761 FS-PB : BPAT 6/20 inf. 189, rendu à propos du règlement Bruxelles II bis mais qui devrait être transposable ; CJUE 14-7-2022 aff. 572/21, rendu également en application de Bruxelles II bis mais transposable). Ce dernier arrêt précise toutefois que la solution ne vaut que si le transfert est réalisé avant que le juge de l'État membre initialement saisi ait statué. Sur la convention de La Haye, voir n° 73203.

Lorsque l'**enfant déménage** légalement dans un autre État membre où il fixe sa nouvelle résidence habituelle, les juridictions de l'État membre de son ancienne résidence habituelle gardent leur compétence pendant une période de trois mois suivant le déménagement pour modifier une décision qu'elles ont rendue concernant le droit de visite ; une condition est toutefois posée : que le détenteur du droit de visite en vertu de cette décision continue de résider habituellement dans l'État membre de l'ancienne résidence habituelle de l'enfant (Règl. 2019/1111 du 25-6-2019 art. 8). Le délai de trois mois débute le jour suivant celui du déménagement effectif de cet enfant, même si celui-ci a été autorisé par une décision judiciaire antérieure (CJUE 27-4-2023 aff. 372/22 : BPAT 3/23 inf. 125, à propos de Bruxelles II bis mais transposable). Selon ce même arrêt, rien n'interdit toutefois au juge saisi en vertu de ce texte de transférer sa compétence au juge de la nouvelle résidence habituelle, si les conditions prévues par le règlement sont réunies (sur ces conditions, voir nos 73170 s.).

Cette exception ne joue pas lorsque le détenteur du droit de visite a participé à une procédure devant les juridictions de l'État membre de la nouvelle résidence habituelle sans contester leur compétence.

En cas d'**enlèvement d'enfant**, voir n° 73376.

73161 **Notion de résidence habituelle** La notion de résidence habituelle a été précisée par la **jurisprudence européenne** (les décisions, rendues en application du règlement Bruxelles II bis, devraient être transposables au règlement Bruxelles II ter). Elle doit correspondre « au lieu qui traduit une certaine intégration de l'enfant dans un environnement social et familial. À cette fin, doivent **notamment** être **pris en considération** la durée, la régularité, les conditions et les raisons du séjour sur le territoire d'un État membre et du déménagement de la famille dans cet État, la nationalité de l'enfant, le lieu et les conditions de scolarisation, les connaissances linguistiques ainsi que les rapports familiaux et sociaux entretenus par l'enfant dans ledit État. » (CJCE 2-4-2009 aff. 523/07, A). Les facteurs pertinents varient en fonction de l'âge de l'enfant concerné (CJUE 1-8-2022 aff. 501/20, point 72 : BPAT 5/22 inf. 224). Il convient toutefois de pondérer l'importance de ces différents éléments de fait. De manière générale, la Cour paraît toujours accorder une importance prépondérante au critère de proximité, et fait prévaloir des « considérations géographiques objectives » (CJUE 17-10-2018 aff. 393/18, point 62 : BPAT 6/18 inf. 234) sur les éléments culturels ou intentionnels (ces derniers sont parfois pris en compte, s'ils sont corroborés par des éléments matériels, comme exposé ci-après). Ainsi, la nationalité de la mère ou sa résidence habituelle avant son mariage sont indifférentes, le lieu de naissance et la nationalité de l'enfant étant à l'inverse des facteurs pertinents mais insuffisants pour caractériser à eux seuls une résidence habituelle (CJUE 1-8-2022, précité, point 72).

Pour de **jeunes enfants**, voire des **nourrissons**, la résidence habituelle sera déterminée par référence avec le parent avec lequel il vit (CJUE 22-12-2010 aff. 497/10, Mercredi). Il est en revanche impossible de caractériser une résidence habituelle de l'enfant dans un pays où il n'a jamais été physiquement présent, même si le parent (la mère en l'espèce) exerçant dans les faits la garde de l'enfant avait l'intention de s'y établir avec l'enfant et que l'autre parent y a sa résidence habituelle (CJUE 17-10-2018 aff. 393/18 précité). Ni la contrainte exercée par le père sur la mère ayant pour conséquence que la mère a accouché de leur enfant dans un État tiers et y réside avec l'enfant depuis la naissance de celui-ci, ni l'atteinte aux droits fondamentaux de la mère ou de l'enfant, n'ont d'incidence à cet égard (même arrêt). **73162**

S'agissant de l'**environnement culturel et** de la **nationalité de l'enfant**, leur importance ne doit pas être exagérée ainsi que le rappelle un arrêt, lequel use d'une formulation légèrement différente de celle habituellement retenue par la Cour : la « résidence habituelle de l'enfant [...] correspond au lieu où se situe, dans les faits, le centre de sa vie » (CJUE 28-6-2018 aff. 512/17). Dans cette affaire, une mère polonaise, fonctionnaire européen vivant et travaillant à Bruxelles avait eu un enfant avec un homme de nationalité belge. Les parents s'étaient séparés peu après la naissance de l'enfant qui avait toujours vécu à Bruxelles et le père s'opposait au projet de la mère de s'établir en Pologne avec leur enfant. La mère avait saisi les juridictions polonaises d'une demande tendant à fixer la résidence de l'enfant au lieu de sa propre résidence, quel qu'il soit, et l'une des juridictions polonaises saisies avait estimé, avec une certaine mauvaise foi, que la résidence habituelle de l'enfant était en Pologne, celui-ci n'étant pas intégré dans l'environnement social belge, son seul environnement familial étant sa mère liée à la tradition et à la culture polonaise. La Cour de justice s'est donc vue obligée de donner les précisions suivantes. **73163**
Sont ainsi des circonstances déterminantes :
– le fait pour l'enfant d'avoir habité, depuis sa naissance jusqu'à la séparation de ses parents, généralement avec eux en un lieu donné ;
– s'agissant du parent qui exerce dans les faits la garde de l'enfant depuis la séparation du couple, la circonstance selon laquelle ce parent séjourne toujours au quotidien avec l'enfant en ce lieu et y exerce son activité professionnelle, laquelle s'inscrit dans le cadre d'une relation de travail à durée indéterminée ;
– le fait pour l'enfant d'avoir, dans ledit lieu, des contacts réguliers avec son autre parent, qui réside toujours en ce même lieu.
À l'inverse, ne sauraient être considérés comme étant des circonstances déterminantes :
– s'agissant du parent qui exerce dans les faits la garde de l'enfant, les séjours que ce parent a effectués, par le passé, avec l'enfant, sur le territoire de l'État membre dont ce parent est originaire dans le cadre de ses congés ou de périodes de fêtes ;
– les origines du parent en question, les attaches d'ordre culturel de l'enfant à l'égard de cet État membre qui en découlent et ses relations avec sa famille résidant dans ledit État membre ;
– l'éventuelle intention dudit parent de s'établir avec l'enfant, à l'avenir, dans ce même État membre.

Afin de distinguer la résidence habituelle d'une **simple présence temporaire**, celle-ci « doit en principe être d'une certaine durée pour traduire une stabilité suffisante. Cependant, le règlement ne prévoit pas de durée minimale. En effet, pour le transfert de la résidence habituelle dans l'État d'accueil, compte surtout la volonté de l'intéressé d'y fixer, avec l'intention de lui conférer un caractère stable, le centre permanent ou habituel de ses intérêts. Ainsi, la durée d'un séjour ne saurait servir que d'indice dans le cadre de l'évaluation de la stabilité de la résidence, cette évaluation devant être effectuée à la lumière de l'ensemble des circonstances de fait particulières du cas d'espèce » (CJUE 22-12-2010 aff. 497/10, Mercredi, précité). Dès lors, un séjour de courte durée peut suffire à fixer une nouvelle résidence habituelle si cela est corroboré **73164** par d'autres éléments (CJUE 22-12-2010 précité ; Cass. 1e civ. 25-3-2015 n° 13-25.225 : BPAT 3/15 inf. 77) et on ne saurait se référer exclusivement à la durée du séjour dans un pays pour déterminer s'il constituait ou non une résidence habituelle (Cass. 1e civ. 4-3-2015 n° 14-19.015 : BPAT 3/15 inf. 77). L'intention des parents (ou du titulaire de la responsabilité parentale) de s'établir avec l'enfant dans un autre État membre, exprimée par certaines mesures tangibles telles que l'acquisition ou la location d'un logement dans l'État membre d'accueil, peut constituer un indice du transfert de la résidence habituelle (CJCE 2-4-2009 aff. 523/07, A).

73165 La **résidence alternée** de l'enfant chez ses deux parents pose par ailleurs des difficultés spécifiques (voir A. Devers, La résidence alternée en droit international privé : Dr. famille 2008 étude 9 ; J.-Cl. Droit international, v° « Autorité parentale – Loi applicable » fasc. 549-10 par E. Gallant, n° 47).

73166 **Prorogation de compétence** Le règlement Bruxelles II ter prévoit une **possibilité générale d'élection de for**. Il permet de manière générale aux parties et à tout autre titulaire de la responsabilité parentale de conclure une convention de choix de la juridiction (Règl. 2019/1111 du 25-6-2019 art. 10). Cette convention peut être conclue à l'avance, alors même qu'aucune procédure n'est pendante ou sur le point d'être introduite.

Ce choix de juridiction est possible sous réserve que plusieurs **conditions** soient réunies. L'enfant doit avoir dans tous les cas un lien étroit avec l'État membre de la juridiction choisie, ce lien résultant en particulier du fait qu'au moins un des titulaires de la responsabilité parentale y a sa résidence habituelle, qu'il s'agit de l'État de l'ancienne résidence habituelle de l'enfant ou que l'enfant est ressortissant de cet État membre. La liste n'est pas exhaustive (E. Gallant, Bruxelles II ter et responsabilité parentale : Dr. famille 2022 chron. 15). Les parties, ainsi que tout autre titulaire de la responsabilité parentale, doivent s'être librement accordés sur la compétence, au plus tard au moment où la juridiction est saisie ou avoir expressément accepté la compétence au cours de la procédure (sous réserve, dans ce dernier cas, que la juridiction se soit assurée que toutes les parties ont été informées de leur droit de ne pas accepter sa compétence). Enfin, l'exercice de la compétence doit être dans l'intérêt supérieur de l'enfant. La jurisprudence de la Cour de justice paraît apprécier celui-ci de manière assez abstraite et pragmatique (CJUE 19-4-2018, aff. 565/16 : BPAT 3/18 inf. 109, rendu en application de Bruxelles II bis mais transposable). Dans cette affaire, qui concerne une renonciation à succession au nom d'un mineur, la Cour juge que la circonstance que la localisation de la résidence du défunt à la date de son décès, son patrimoine, objet de la succession, et le passif de la succession étaient situés dans l'État de la juridiction saisie permet, en l'absence d'éléments tendant à démontrer que la prorogation de compétence risquerait d'avoir une incidence préjudiciable sur la situation de l'enfant, de considérer que cette prorogation est dans l'intérêt supérieur de l'enfant.

Seule l'acceptation de compétence au cours de la procédure confère une **compétence exclusive** à la juridiction désignée. A contrario, une convention conclue avant toute procédure et conférant compétence à une juridiction d'un État membre n'empêcherait pas la saisine d'une autre juridiction (notamment celle de la résidence habituelle) par ceux qui l'ont conclue, ce qui limite considérablement l'intérêt de l'accord sur la compétence « anticipé ». De même, en cas de litispendance, si le juge désigné via une convention conclue avant toute procédure est saisi en second, il ne bénéficie d'aucune priorité (n° 73190).

La **convention des parties relative au choix** de la juridiction doit être conclue par écrit, datée et signée par les parties concernées ou incluse dans les pièces de procédure conformément aux législations et procédures nationales. Il n'est pas certain que la saisine conjointe d'une juridiction par les parents suffisent, sans accord formel d'élection de for, au regard des conditions posées par le texte, alors que ceci était admis sous l'empire du règlement Bruxelles II bis (CJUE 19-4-2018 précité). Il est prévu toutefois que les personnes qui deviennent parties à l'instance après la saisine de la juridiction peuvent exprimer leur accord après cette dernière. En l'absence d'opposition de leur part, leur accord est considéré comme implicite (Règl. 2019/1111 du 25-6-2019 art. 10, § 2-al. 2). Il s'agit de la reprise de la solution dégagée par la CJUE dans son arrêt précité du 19 avril 2018. Dans cette affaire, le ministère public était considéré, par le droit de la juridiction saisie, comme étant de plein droit partie à la procédure. La Cour de justice a jugé que cette acceptation peut être considérée comme implicite s'il ne s'est pas opposé à cette compétence après la date de saisine de la juridiction.

Sauf convention contraire, la **juridiction saisie cesse d'être compétente** lorsque la décision rendue dans le cadre de la procédure n'est plus susceptible de recours ordinaire ou qu'il a été mis fin à la procédure pour une autre raison. On peut imaginer néanmoins que les parties ayant pris soin de conclure à l'avance une convention de choix de juridiction ne limiteront pas nécessairement la compétence à une instance donnée.

Le règlement Bruxelles II ter prévoit également des dispositions sur les « **questions incidentes** ». 73168
Si une question relative à la responsabilité parentale se pose dans une **affaire ne relevant pas du champ d'application du règlement** (par exemple, en matière d'obligation alimentaire), la juridiction de l'État membre saisie de cette affaire est compétente pour trancher la question aux fins de la procédure principale même si elle ne l'est pas en vertu d'un chef de compétence prévu par le règlement. La décision prise ne produit d'effets que dans la procédure dans le cadre de laquelle elle a été prise (Règl. 2019/1111 du 25-6-2019 art. 16, § 1 et 2). Le préambule du règlement donne comme exemple un cas relatif à un litige successoral dans lequel l'enfant est impliqué et où il faut désigner un tuteur « ad litem » pour représenter l'enfant dans le cadre de cette procédure. La juridiction compétente pour connaître du litige successoral devrait être autorisée à désigner le tuteur pour la procédure pendante, qu'elle soit ou non compétente en matière de responsabilité parentale en vertu du règlement (Règl. 2019/1111 du 25-6-2019 considérant 32). Cette disposition a cependant une portée générale, non limitée à la matière successorale, et son interprétation suscitera sans doute du contentieux (E. Gallant, Le nouveau règlement « Bruxelles II ter » : AJ fam. 2019 p. 401).
Le règlement prévoit par ailleurs une règle spécifique qui ne s'applique qu'en matière de **succession**, lorsque la validité d'un acte juridique réalisé ou à réaliser au nom de l'enfant dans une procédure devant une juridiction d'un État membre exige l'autorisation ou l'approbation d'une juridiction, une juridiction de cet État membre peut décider s'il convient d'autoriser ou d'approuver une telle opération même si elle n'est pas compétente en vertu du règlement (Règl. 2019/1111 du 25-6-2019 art. 16, § 3). Ce sera par exemple l'autorisation de procéder au partage pour un mineur, si une autorisation judiciaire est requise. Le règlement Bruxelles II ter permet ainsi de rattacher une telle autorisation au règlement Successions, en dépit de la jurisprudence de la Cour de justice ayant décidé qu'une telle autorisation relevait des matières couvertes par le règlement Bruxelles II bis (n° 73156). Ceci ne vaut que si une juridiction est saisie du règlement de la succession. En cas de règlement amiable, il faudra saisir la juridiction compétente en vertu du règlement Bruxelles II ter, laquelle pourrait être désignée par un accord entre les parents de l'enfant concerné, s'ils sont titulaires de la responsabilité parentale (voir CJUE 19-4-2018 aff. 565/16 : BPAT 3/18 inf. 109) ; sur les conditions de validité de cet accord, voir n° 73166.

Présence de l'enfant Lorsque la résidence habituelle de l'enfant ne peut pas être établie 73169
et qu'une prorogation de compétence s'avère impossible, les juridictions de l'État membre sur le territoire duquel l'enfant est présent sont compétentes (Règl. 2019/1111 du 25-6-2019 art. 11). Il en va de même pour les enfants réfugiés et les enfants internationalement déplacés.

TRANSFERT DE COMPÉTENCE À UNE AUTRE JURIDICTION

Dans des circonstances exceptionnelles, une juridiction d'un État membre qui est compétente 73170
pour connaître du fond de l'affaire peut transférer sa compétence à la **juridiction d'un autre État membre avec lequel l'enfant a un lien particulier** si elle estime que cette juridiction est mieux placée pour apprécier l'intérêt supérieur de l'enfant dans une affaire donnée (au lieu du terme de « transfert », le règlement Bruxelles II bis utilisait celui de « renvoi »). Ce transfert à une autre juridiction a lieu soit d'office, soit sur requête de l'une des parties (Règl. 2019/1111 du 25-6-2019 art. 12). Il est toutefois interdit si la juridiction initialement saisie a été désignée en vertu d'un choix des parties et que cette juridiction a une compétence exclusive (Règl. 2019/1111 du 25-6-2019 art. 12, § 5) ; sur cette compétence exclusive, voir n° 73166. Le transfert peut également avoir lieu à la demande de la juridiction de l'État membre avec laquelle l'enfant a un lien particulier (Règl. 2019/1111 du 25-6-2019 art. 13).
Dans tous les cas, il faudra que la juridiction normalement compétente détermine que le transfert est de nature à apporter une valeur ajoutée réelle et concrète pour l'adoption d'une décision relative à l'enfant, par rapport au maintien de sa compétence (CJUE 27-10-2016 aff. 428/15, à propos de Bruxelles II bis mais transposable).
L'existence de différences entre les règles de droit, notamment les règles de procédure, d'un État membre dont la juridiction est compétente pour connaître du fond d'une affaire et celles d'un autre État membre avec lequel l'enfant concerné entretient un lien particulier, telles que l'examen des affaires à huis clos et par des juges spécialisés, ne saurait constituer de manière générale et abstraite un critère pertinent, au regard de l'intérêt supérieur de l'enfant, pour apprécier si les juridictions de cet autre État membre sont mieux placées pour connaître de cette affaire (CJUE ord. 10-7-2019 aff. 530/18, à propos de Bruxelles II bis mais transposable). Si la juridiction compétente est parvenue à la conclusion que les liens qui unissent l'enfant concerné à l'État membre de sa résidence habituelle sont plus forts que ceux qui l'unissent à un autre État

membre avec lequel l'enfant a un lien particulier, cette conclusion suffit pour écarter l'application du transfert (même ordonnance). Le transfert n'est pas possible lorsque les deux juridictions sont compétentes au fond ; il faudra appliquer les règles relatives à la litispendance (CJUE 4-10-2018 aff. 478/17, à propos de Bruxelles II bis mais transposable).

Le transfert est possible dans le **cas particulier de maintien de la compétence** prévu en cas de déménagement licite de l'enfant pour modifier une décision rendue concernant le droit de visite (nº 73160). Le juge de l'ancienne résidence habituelle de l'enfant qui conserve sa compétence peut transférer sa compétence au juge de la nouvelle résidence habituelle à condition, notamment, que celui-ci ne soit pas compétent en vertu du règlement (CJUE 27-4-2023 aff. 372/22 : BPAT 3/23 inf. 125, à propos de Bruxelles II bis mais transposable).

73174 **Lien particulier** L'enfant est réputé avoir un lien particulier avec un État membre dans les **cas** suivants (Règl. 2019/1111 du 25-6-2019 art. 12, § 4) :
– il a établi sa résidence habituelle dans cet État membre après la saisine de la première juridiction ;
– il a eu sa résidence habituelle dans cet État membre ;
– il possède la nationalité de cet État membre ;
– l'un des titulaires de la responsabilité parentale a sa résidence habituelle dans cet État membre ;
– le litige porte sur des mesures de protection de l'enfant liées à l'administration, à la conservation ou à la disposition de biens qu'il possède sur le territoire de cet État membre.

Cette liste est limitative.

73177 **Procédure** Lorsque le transfert a lieu à l'**initiative de la juridiction initialement compétente ou d'une des parties**, la juridiction sursoit à statuer et invite les parties à saisir, dans un délai déterminé, l'autre juridiction ou demande elle-même à cette dernière de se déclarer compétente. La juridiction de l'autre État membre a six semaines (à compter de sa saisine par les parties ou de la réception de la demande formulée par la juridiction) pour accepter sa propre compétence (Règl. 2019/1111 du 25-6-2019 art. 12, § 2). Si elle ne l'accepte pas, la juridiction initialement saisie « retrouve » sa compétence.

Si le transfert est à l'**initiative d'une juridiction autre que celle initialement saisie**, celle-ci peut accepter dans le même délai de six semaines le transfert de compétence (Règl. 2019/1111 du 25-6-2019 art. 13, § 2). En l'absence d'une telle acceptation dans le délai, la juridiction requérante ne peut exercer la compétence.

> **Précisions a.** Le transfert peut être décidé à l'initiative d'une juridiction sans que les parties ou l'une d'entre elles donnent leur accord, les articles 12 et 13 du règlement Bruxelles II ter ne reprenant pas l'**exigence de l'accord d'au moins une des parties lorsque le transfert est d'initiative juridictionnelle**, qui figurait dans le règlement Bruxelles II bis (Règl. 2201/2003 du 27-11-2003 art. 15, § 3).
b. Le règlement Bruxelles II ter ajoute une précision assez peu claire : la **juridiction initialement saisie continue d'exercer sa compétence** si elle n'a pas reçu d'acceptation de compétence de la part de la juridiction de l'autre État membre dans les sept semaines après que le délai imparti pour que les parties saisissent une juridiction d'un autre État membre d'une demande a expiré ou que cette juridiction a reçu la demande de transfert de l'affaire venant de la juridiction saisie (Règl. 2019/1111 du 25-6-2019 art. 12, § 3). Cette précision ne figure pas lorsque le transfert est à l'initiative d'une juridiction non compétente qui demande que l'affaire lui soit transférée.

MESURES PROVISOIRES ET CONSERVATOIRES

73180 En **cas d'urgence**, les juridictions d'un État membre sont compétentes pour adopter des mesures provisoires ou conservatoires relatives à un enfant ou aux biens de celui-ci présents sur le territoire de cet État, même si une juridiction d'un autre État membre est compétente pour connaître du fond de l'affaire.

Dans la mesure où la protection de l'intérêt supérieur de l'enfant l'exige, la juridiction prenant ces mesures doit en **informer sans retard** la juridiction ou l'autorité de l'État membre qui est compétente au fond (soit directement, soit par l'intermédiaire des autorités centrales).

Les **mesures adoptées cessent de produire leurs effets** lorsque la juridiction compétente pour connaître du fond en vertu du règlement a adopté les mesures qu'elle estime appropriées (Règl. 2019/1111 du 25-6-2019 art. 15). Le règlement ne prévoit cependant pas d'obligation pour cette juridiction d'informer celle qui a pris des mesures provisoires, mais une simple faculté.

LITISPENDANCE

Sauf en cas de saisine d'une juridiction qui n'est pas compétente sur le fond afin qu'elle prononce des mesures provisoires ou conservatoires (n° 73180), lorsque des procédures relatives à la responsabilité parentale à l'égard d'un enfant, ayant le même objet et la même cause, sont introduites auprès de juridictions d'États membres différents, la **juridiction saisie en second** doit surseoir à statuer d'office ; dès que la compétence de la **juridiction première saisie** est établie, elle doit se dessaisir (Règl. 2019/1111 du 25-6-2019 art. 20). 73190

Une **juridiction est réputée saisie** (Règl. 2019/1111 du 25-6-2019 art. 17) :

– à la date à laquelle l'acte introductif d'instance ou un acte équivalent est déposé auprès de la juridiction, à condition que le demandeur n'ait pas négligé par la suite de prendre les mesures qu'il était tenu de prendre pour que l'acte soit notifié ou signifié au défendeur ;

– si l'acte doit être notifié ou signifié avant d'être déposé auprès de la juridiction, à la date à laquelle il est reçu par l'autorité chargée de la notification ou de la signification, à condition que le demandeur n'ait pas négligé par la suite de prendre les mesures qu'il était tenu de prendre pour que l'acte soit déposé auprès de la juridiction ;

– si la procédure est engagée d'office, à la date à laquelle la décision d'engager la procédure est prise par la juridiction ou, si une telle décision n'est pas nécessaire, à la date à laquelle l'affaire est enregistrée par la juridiction.

La Cour de cassation adopte une **interprétation littérale** de ce texte s'agissant de la saisine du juge aux affaires familiales : une juridiction est réputée saisie par la réalisation d'un seul acte, à savoir le dépôt de l'acte introductif d'instance, dès lors que le demandeur n'a pas omis de prendre les mesures qui lui incombaient pour que l'acte initial soit régulièrement notifié ou signifié au défendeur, peu important les négligences commises par le demandeur (Cass. 1e civ. 22-11-2023 n° 21-25.874 FS-B : BPAT 1/24 inf. 11).

ATTENTION

La règle est cependant différente **en cas d'élection de for**, dans le seul cas où celle-ci attribue une compétence exclusive à une juridiction, c'est-à-dire si elle a fait l'objet d'une acceptation expresse au cours de la procédure (n° 73166). Dès lors que la juridiction à qui cette compétence exclusive a été attribuée est saisie, y compris en second, toute autre juridiction d'un État membre saisie du même litige doit suspendre la procédure jusqu'à ce que la juridiction saisie sur le fondement de la convention ou de l'acceptation déclare qu'elle n'est pas compétente en vertu de la convention ou de l'acceptation. Si celle-ci décide qu'elle est compétente, toute juridiction d'un autre État membre doit se dessaisir en sa faveur (Règl. 2019/1111 du 25-6-2019 art. 20, § 4 et 5).

DROIT DE L'ENFANT D'EXPRIMER SON OPINION

Le règlement Bruxelles II ter pose un principe général selon lequel, dans l'exercice de leur compétence en application du règlement, les juridictions des États membres, conformément aux législations et procédures nationales, donnent à un **enfant qui est capable de discernement** une possibilité réelle et effective d'exprimer son opinion, soit directement, soit par l'intermédiaire d'un représentant ou d'un organisme approprié. La juridiction doit prendre dûment en compte l'opinion de l'enfant ainsi exprimée eu égard à son âge et à son degré de maturité (Règl. 2019/1111 du 25-6-2019 art. 21). 73195

Le préambule précise que le fait de savoir si l'enfant doit être entendu par le juge en personne ou par un expert spécialement formé à cet effet qui fait ensuite rapport à la juridiction, ou si cette audition doit avoir lieu en salle d'audience ou ailleurs ou par d'autres moyens, ne relève pas du règlement et relève donc des législations nationales (Règl. 2019/1111 du 25-6-2019 considérant 39). On peut néanmoins douter de la **mise en œuvre effective de ce droit en droit français** dans la mesure où l'obligation d'informer l'enfant de son droit à être entendu repose sur les titulaires de l'autorité parentale (CPC art. 338-1, al. 1) et il appartient aux parties ou au mineur lui-même de solliciter son audition auprès du juge (CPC art. 338-2). Les parents n'auront que peu intérêt à faire participer leurs enfants à la procédure à laquelle ils sont eux-mêmes parties (B. Mallevaey, Décret du 23 janv. 2023 portant application des dispositions du Règlement « Bruxelles II ter » relatives à l'audition de l'enfant : que d'occasions manquées ! : AJ fam. 2023 p. 107). Il appartient cependant au juge de vérifier que l'enfant a bien été informé de son droit à être entendu et assisté par un avocat (C. civ. art. 388-1).

Le principe posé à l'article 21 du règlement ne vaut que pour les **procédures juridictionnelles**, mais il est repris, sous une forme différente, dans les dispositions relatives à la circulation des **actes authentiques et accords** relatifs à la responsabilité parentale (n° 73321).

B. Convention de La Haye du 19 octobre 1996

CHAMP D'APPLICATION

73200 La Convention s'applique aux **enfants** de moins de 18 ans (Conv. La Haye du 19-10-1996 art. 2).
À l'instar de la convention de La Haye du 13 janvier 2000 sur la protection des adultes, à laquelle elle a servi de modèle, elle ne comporte pas de disposition limitant son application sur le **plan géographique** ; son champ d'application dans l'espace varie donc avec chacune de ses dispositions (voir Paul Lagarde : Rapport explicatif sur la Convention-Protection des enfants de 1996 p. 544 n° 17). Ainsi, quand une règle donne compétence aux autorités de la résidence habituelle d'un enfant, elle s'applique à tous les enfants ayant leur résidence habituelle dans un État contractant (sur la liste des États contractants, voir n° 73150, précisions).

S'agissant de son **domaine matériel**, la Convention s'applique aux mesures de protection des biens et de la personne de l'enfant (ce qui inclut notamment l'attribution ou le retrait de la responsabilité parentale, le droit de garde, le droit de visite, les mesures de tutelle, curatelle et les institutions analogues, la désignation et les fonctions de toute personne ou organisme chargé de s'occuper de la personne ou des biens de l'enfant, de le représenter ou de l'assister, le placement de l'enfant dans une famille d'accueil, l'administration, la conservation ou la disposition des biens de l'enfant). Bien que formulé dans des termes différents, il est admis que le domaine matériel visé par la Convention est le même que celui du règlement Bruxelles II ter (J.-Cl. Droit international, v « Autorité parentale – Loi applicable » fasc. 549-10 par E. Gallant, n° 42, à propos du règlement Bruxelles II bis mais transposable).

La Convention est **entrée en vigueur** le 1er février 2011. Elle s'applique aux mesures prises après cette date à condition qu'aucune mesure n'ait été prise relativement à la responsabilité parentale avant cette date (Cass. 1e civ. 20-3-2013 nos 11-24.388 et 11-28.025 : Bull. civ. I nos 45 et 46, BPAT 3/13 inf. 88). Si une mesure avait déjà été prise, la convention de 1996 ne s'applique pas et il faudra mettre en œuvre la règle en vigueur au moment de l'adoption de la mesure, convention de 1961 (Cass. 1e civ. 20-3-2013 n° 11-24.388 précité) ou droit commun jurisprudentiel.

> **› Précisions** Pour l'application de la Convention, l'**expression « responsabilité parentale »** comprend l'autorité parentale ou tout autre rapport d'autorité analogue déterminant les droits, les pouvoirs et les obligations des parents, d'un tuteur ou autre représentant légal à l'égard de la personne ou des biens de l'enfant (Conv. La Haye du 19-10-1996 art. 1-2).

RÈGLES GÉNÉRALES

73203 Une compétence de principe est attribuée aux autorités de l'État contractant où se situe la **résidence habituelle de l'enfant** (Conv. La Haye du 19-10-1996 art. 5). Cette compétence n'aura toutefois pas lieu de jouer au profit des tribunaux français dans la mesure où, lorsque l'enfant a sa résidence habituelle en France, le règlement Bruxelles II ter doit s'appliquer et non la Convention (n° 73153). En cas de changement de la résidence habituelle de l'enfant dans un autre État contractant, sont compétentes les autorités de l'État de la nouvelle résidence habituelle (Conv. La Haye du 19-10-19 art. 5, § 2). Le texte de la Convention ne précise pas que la résidence habituelle s'apprécie à la date de la saisine (à la différence du règlement Bruxelles II ter) ; dès lors, en cas de changement de résidence habituelle de l'enfant en cours d'instance, les tribunaux initialement saisis peuvent devenir incompétents tandis que les tribunaux de la nouvelle résidence habituelle le deviennent (Cass. 1e civ. 30-9-2020 n° 19-14.761 FS-PB : BPAT 6/20 inf. 189, concernant un transfert de la résidence habituelle de la France vers la Suisse). Le rapport explicatif sur la Convention semble confirmer cette interprétation (voir P. Lagarde : Rapport explicatif sur la Convention-Protection des enfants de 1996 p. 574 n° 42).

À titre d'exception, la Convention prévoit néanmoins la possibilité d'un **transfert de compétence** au profit d'autorités d'un autre État contractant si elle estime qu'elles sont mieux à même d'apprécier dans un cas particulier l'intérêt supérieur de l'enfant (Conv. La Haye du 19-10-1996 art. 8) :
- État dont l'enfant possède la nationalité ;
- État dans lequel sont situés des biens de l'enfant ;
- État dont une autorité est saisie d'une demande en divorce des parents de l'enfant ;
- État avec lequel l'enfant présente un lien étroit.

Dans ce cas, l'autorité de la résidence habituelle peut soit demander à cette autorité, directement ou avec le concours de l'autorité centrale, d'accepter la compétence pour prendre les mesures de protection qu'elle estimera nécessaires, soit surseoir à statuer et inviter les parties à saisir d'une telle demande l'autorité de cet autre État.

> Précisions Si l'enfant **change de résidence habituelle**, les mesures de protection restent en principe en vigueur tant qu'elles n'ont pas été modifiées ou remplacées par les autorités de la nouvelle résidence habituelle de l'enfant (Conv. La Haye du 19-10-1996 art. 14).

PROROGATION DE COMPÉTENCE

Si les autorités d'un État contractant autre que celui de la résidence habituelle de l'enfant sont saisies d'une **demande en divorce ou séparation de corps**, elles sont également compétentes, pendant la durée de la procédure et sous certaines conditions, pour prendre des mesures de protection de la personne et des biens de l'enfant (Conv. La Haye du 19-10-1996 art. 10). Le texte devra ici se combiner avec le règlement Bruxelles II ter, qui définit la compétence des juridictions françaises en matière de divorce et de séparation de corps (n°s 72900 s.). **73206**

URGENCE ET MESURES PROVISOIRES

Les autorités de l'**État sur le territoire duquel se trouve l'enfant ou des biens** lui appartenant sont compétentes pour prendre des mesures de protection d'urgence ou, si elles sont compatibles avec les mesures prises par les autorités compétentes en vertu de la Convention, des mesures provisoires ayant une efficacité limitée au territoire de cet État (Conv. La Haye du 19-10-1996 art. 11 et 12). Ces mesures cessent d'avoir effet dès que les autorités compétentes ont pris les mesures nécessaires (urgence) ou se sont prononcées sur celles-ci (mesures provisoires). Elles prennent également fin, lorsque l'enfant n'a pas sa résidence dans un État contractant, dès la reconnaissance des mesures exigées par la situation qui ont été prises par les autorités d'un autre État. **73209**

C. Droit commun

La compétence du juge français est déterminée par extension à l'ordre international des **critères de compétence interne** (n° 72015). Cependant, les critères de compétence du Code de procédure civile reposent sur la résidence habituelle du mineur et dès lors que celui-ci réside en France, le règlement Bruxelles II ter doit s'appliquer. Reste seulement la possibilité d'invoquer les **privilèges de juridiction** des articles 14 et 15 du Code civil si aucun texte de source européenne ou internationale n'est applicable (Cass. 1e civ. 15-9-2021 n° 19-24.779 F-D, concernant Bruxelles II bis mais transposable). Cette affaire concernait un parent demandeur de nationalités française, libanaise et mexicaine et un enfant résidant habituellement au Liban. **73220**

II. LOI APPLICABLE

Le règlement Bruxelles II ter ne contient pas de règles de conflit de lois. Ses rédacteurs ont en revanche pensé les **règles de compétence juridictionnelle** de manière à ce qu'elles s'articulent avec les règles posées par la convention de La Haye du 19 octobre 1996, désormais en vigueur en France (n° 73150). Les règles relatives à la détermination de la loi applicable seront donc à rechercher dans cette Convention (sur son champ d'application, voir n° 73200). Les règles de droit commun conservent une vocation subsidiaire. **73250**

A. Convention de La Haye du 19 octobre 1996

MESURES DE PROTECTION

S'agissant des mesures de protection des biens ou de la personne de l'enfant, les **autorités compétentes** en vertu du règlement Bruxelles II ter ou de la Convention (si l'enfant n'a pas sa résidence habituelle dans un État membre de l'Union européenne) appliquent en principe **leur propre loi**. Elles peuvent toutefois, dans la mesure où la protection de l'enfant ou de ses biens le requiert, appliquer ou prendre en considération de manière exceptionnelle la **loi d'un autre État** avec lequel la situation présente un lien étroit (Conv. La Haye du 19-10-1996 art. 15). Il s'agira notamment du cas de la vente d'un immeuble situé dans un autre pays que celui de la résidence habituelle du mineur, et pour laquelle une autorisation spéciale est requise par la loi du lieu de situation de l'immeuble tandis que la loi de la résidence habituelle ne prévoit rien de particulier. Dans ce cas, les autorités de la résidence habituelle pourront donner l'autorisation de vendre l'immeuble sur le fondement de la loi du lieu de situation de l'immeuble (voir P. Lagarde : Rapport explicatif sur la Convention-Protection des enfants de 1996 p. 574 n° 89). **73253**

En cas de **changement de résidence habituelle** dans un autre État contractant, les mesures prises selon la loi de l'ancienne résidence habituelle restant en vigueur, la loi de la nouvelle résidence régira les conditions d'application de ces mesures (Conv. La Haye du 19-10-1996 art. 15). Par exemple, un enfant résidant en France déménage en Suisse. Un juge français avait désigné un tuteur en application de la loi française. Le tuteur désigné continuera sa mission en Suisse mais c'est la loi suisse qui décidera si une autorisation est nécessaire (F. Brulé-Gadioux et J.-M. Plazy, Les personnes protégées en DIP. La gestion de l'incapacité : JCP N 2013 n° 1111).

> **Précisions** Une difficulté se présente en cas de **discordance entre les critères de compétence du règlement Bruxelles II ter et ceux de la convention de 1996**. Par exemple, un juge s'est reconnu compétent sur le fondement du règlement (lequel prime la Convention lorsque l'enfant a sa résidence habituelle sur le territoire d'un État membre de l'UE) alors qu'il ne le serait pas en application de la Convention. Dans la mesure où compétence et loi applicable sont étroitement liées, le juge appliquant en principe sa propre loi, certains estiment qu'il vaudrait mieux dans ce cas ne pas appliquer la Convention mais en revenir au droit commun (Rép. droit international Dalloz, v. Mineur par S. Godechot-Patris et Y. Lequette, n°s 142 et 143, à propos de Bruxelles II bis mais transposable). Pour un autre auteur, dans la mesure où les règles de compétence sont très proches, rien ne s'oppose à l'application de la Convention (J.-Cl. Droit international, v° « Autorité parentale – Loi applicable » fasc. 549-10 par E. Gallant, n°s 57-58, à propos de Bruxelles II bis mais transposable).

RESPONSABILITÉ PARENTALE

73256 S'agissant de la responsabilité parentale, l'**attribution ou** l'**extinction de plein droit** de celle-ci (sans intervention d'une autorité judiciaire ou administrative) est déterminée par la loi de la résidence habituelle de l'enfant. Si l'enfant change ultérieurement de résidence habituelle dans un autre État, la responsabilité parentale attribuée selon la loi de la résidence antérieure subsiste. Mais le changement de résidence habituelle pourra avoir pour effet qu'une personne qui n'était pas investie de la responsabilité parentale par la loi de l'ancienne résidence se voie attribuer de plein droit cette responsabilité par la loi de la nouvelle résidence (Conv. La Haye du 19-10-1996 art. 16).

L'**exercice** de la responsabilité parentale est toujours régi par la loi de la résidence habituelle de l'enfant ; en cas de changement, la loi de la nouvelle résidence s'appliquera (Conv. La Haye du 19-10-1996 art. 17). Si par exemple cette dernière loi prévoit que certains actes que, selon la loi du premier État, le titulaire de la responsabilité parentale pouvait faire seul, ne peuvent être accomplis qu'avec l'autorisation d'une autorité, cette autorisation devra être demandée (P. Lagarde : Rapport explicatif sur la Convention-Protection des enfants de 1996 p. 580 n° 109).

Enfin, la responsabilité parentale attribuée de plein droit par la loi désignée pourra être **retirée ou** ses **conditions d'exercice modifiées** par des mesures prises en application de la Convention (Conv. La Haye du 19-10-1996 art. 18), lesquelles seront adoptées selon la loi du juge saisi, qui ne sera pas nécessairement la loi de la résidence habituelle de l'enfant (n° 73253).

ARTICULATION ENTRE MESURES DE PROTECTION ET RESPONSABILITÉ PARENTALE

73258 Certaines **questions** se trouvent **à cheval sur les deux notions**. Par exemple, en droit français, si les biens d'un enfant sont en principe soumis à l'administration légale de ses parents par le seul effet de la loi (responsabilité parentale), la vente d'un immeuble de cet enfant nécessite l'autorisation du juge des tutelles, et donc l'intervention d'une autorité (mesure de protection).

Le plus souvent, cela ne pose pas de difficulté car il y a **concordance** entre la loi applicable à la responsabilité parentale et la loi applicable à la mesure de protection, soit la loi de la résidence habituelle de l'enfant.

Il y a en revanche un risque de **distorsion** lorsque la compétence de l'autorité de la résidence habituelle se trouve mise à l'écart. La difficulté est alors résolue par la primauté des mesures prises par l'autorité compétente sur la responsabilité parentale de plein droit (Rép. droit international Dalloz, v. Mineur par S. Godechot-Patris et Y. Lequette, n° 111). Cette primauté découle de l'article 18 de la Convention (n° 73256).

PROTECTION DES TIERS

73259 Une disposition spécifique de protection des **tiers qui ignoreraient légitimement la loi désignée** par la Convention est prévue : si un tiers a passé un acte avec une personne qui aurait eu la qualité de représentant légal selon la loi du lieu de conclusion, mais qui n'a pas cette qualité d'après la loi désignée par la Convention, la validité de l'acte ne peut être contestée, sauf si le tiers savait ou devait savoir que la responsabilité parentale était régie par la loi désignée par la Convention (Conv. La Haye du 19-10-1996 art. 19).

Il faut également signaler que la Convention prévoit la faculté pour les États contractants de délivrer au titulaire de la responsabilité parentale ou à toute personne à qui est confiée la protection de l'enfant, à sa demande, un **certificat** indiquant sa qualité et les pouvoirs qui lui sont conférés. Ce certificat devra être tenu pour exact, sauf preuve contraire (Conv. La Haye du 19-10-1996 art. 40).

MISE EN ŒUVRE DE LA LOI DÉSIGNÉE

Les dispositions de la Convention relatives à la loi applicable ont vocation à jouer même si la loi désignée n'est pas celle d'un État contractant (**caractère** dit **universel**) (Conv. La Haye du 19-10-1996 art. 20). 73262

Le **renvoi** est en principe exclu sauf, s'agissant de l'attribution ou de l'extinction de plein droit de la responsabilité parentale, si la loi désignée est celle d'un État non contractant qui renvoie à la loi d'un autre État non contractant, lequel accepte cette désignation (Conv. La Haye du 19-10-1996 art. 21).

La loi désignée ne peut être écartée que si elle est manifestement contraire à l'**ordre public**, compte tenu de l'intérêt supérieur de l'enfant (Conv. La Haye du 19-10-1996 art. 22).

B. Droit commun

Avec l'entrée en vigueur de la convention de La Haye du 19 octobre 1996, il semble que le domaine subsidiaire du droit commun français soit réduit à presque rien. En effet, cette Convention ne fixe pas son domaine d'application dans l'espace qui varie donc selon les règles en cause. Quand une règle de la Convention pose une règle de conflit de lois relative à l'**attribution ou** l'**extinction de plein droit de la responsabilité parentale**, elle pose une règle de conflit universelle, c'est-à-dire qu'elle s'appliquera même si la loi désignée n'est pas celle d'un État contractant (voir P. Lagarde : Rapport explicatif sur la Convention-Protection des enfants de 1996 p. 544 n° 17). L'application de cette règle n'étant pas conditionnée par un critère spatial, elle doit donc remplacer les règles françaises en la matière. 73280

On peut en revanche hésiter s'agissant des **mesures de protection du mineur ou** en matière de **responsabilité parentale lorsque l'intervention d'une autorité est nécessaire** (Rép. droit international Dalloz, v. Mineur par S. Godechot-Patris et Y. Lequette, n° 163). En effet, les règles de la Convention sont ici dans la dépendance des règles de compétence. Dès lors qu'aucune autorité n'est compétente en vertu de la Convention, et qu'une autre convention internationale ne s'applique pas, le droit commun français devrait trouver à s'appliquer. En matière de tutelle, le principe est l'application de la loi nationale du mineur (Rép. droit international Dalloz précité, n° 170). Pour l'autorité parentale, la solution traditionnelle était d'appliquer la loi des effets du mariage à l'enfant légitime et sa loi nationale à l'enfant naturel (Rép. droit international Dalloz précité, n°s 173 s.). Mais la solution est aujourd'hui incertaine : la distinction entre filiation légitime et naturelle pourrait disparaître en faveur d'une application à tous les enfants de la loi nationale (pour des raisons militant au contraire pour le maintien de la distinction, voir n° 73085). Surtout, le rattachement pourrait être amené à évoluer sous l'influence des conventions internationales (Rép. droit international Dalloz précité, n°s 181 s.).

Lorsque la protection du mineur est prise en charge par l'État (retrait de l'autorité parentale, assistance éducative), l'autorité requise appliquera normalement sa propre loi afin d'adopter les mesures de protection qu'impose la situation. Dans le cas de l'assistance éducative, les règles françaises en la matière sont considérées comme des lois de police (Cass. 1e civ. 27-10-1964 : Bull. civ. I n° 472, Rev. crit. DIP 1965 p. 119 note J. Foyer).

III. RECONNAISSANCE ET EXÉCUTION DES DÉCISIONS ET DES ACTES AUTHENTIQUES

ARTICULATION DES SOURCES

Le **règlement Bruxelles II ter** prévaut dans les rapports entre les États membres sur les conventions internationales éventuellement conclues par ceux-ci. Dès lors que la décision a été rendue par une juridiction d'un État membre, sa reconnaissance et son exécution devront se faire conformément aux dispositions du règlement (sur le champ d'application, voir n°s 73156 s.). 73300

Lorsque la décision émane d'un État tiers, elle pourra se faire en application de la **convention de La Haye de 1996** si cet État y est partie. À défaut, les règles du **droit commun** de la reconnaissance des jugements étrangers s'appliqueront.

> **Précisions** Il existe une contradiction au sujet de la reconnaissance des décisions entre la convention de La Haye de 1996 et le règlement Bruxelles II ter. Ce dernier s'applique à toute **décision rendue dans un État membre de l'Union européenne**, même si l'**enfant concerné a sa résidence habituelle sur le territoire d'un État tiers partie à la convention de 1996** (Règl. 2019/1111 du 25-6-2019 art. 97). Or, dans ce dernier cas, la Convention refuse de s'effacer (Conv. La Haye du 19-10-1996 art. 52, 2). La difficulté semble insurmontable et le règlement paraît bien violer la Convention (E. Pataut, De Bruxelles à La Haye, Droit international privé communautaire et droit international privé conventionnel, Mélanges en l'honneur de Paul Lagarde Dalloz 2005 p. 661, à propos de Bruxelles II bis mais transposable). Elle doit à notre avis se résoudre par application du texte du règlement, plus favorable que celui de la Convention (en ce sens, E. Pataut, précité).

A. Décision ou acte authentique émanant d'un État membre de l'Union européenne

1. RECONNAISSANCE DES DÉCISIONS

RECONNAISSANCE DE PLEIN DROIT

73305 Le règlement Bruxelles II ter pose le **principe** d'une reconnaissance de plein droit des décisions rendues en matière d'autorité parentale (Règl. 2019/1111 du 25-6-2019 art. 30, § 1), comme en matière de divorce (n° 72950). La procédure pour demander ou s'opposer à la reconnaissance d'une décision, ainsi que son éventuelle suspension en cas de recours sont les mêmes qu'en matière de divorce.

MOTIFS DE NON-RECONNAISSANCE

73306 La **reconnaissance doit être refusée** si l'un des motifs de non-reconnaissance suivants est susceptible d'être invoqué (Règl. 2019/1111 du 25-6-2019 art. 39, § 1) :
– la décision est manifestement contraire à l'ordre public, eu égard à l'intérêt supérieur de l'enfant ;
– en cas de défaillance du défendeur, l'acte introductif d'instance n'a pas été signifié à celui-ci en temps utile et de manière qu'il puisse pourvoir à sa défense, à moins qu'il ait accepté la décision de manière non équivoque ;
– à la demande de toute personne faisant valoir que la décision fait obstacle à l'exercice de sa responsabilité parentale, si cette personne n'a pas eu la possibilité d'être entendue ;
– la décision est inconciliable avec une décision rendue ultérieurement dans l'État membre requis ;
– la décision est inconciliable avec une décision rendue ultérieurement dans un autre État membre ou dans l'État tiers où l'enfant a sa résidence habituelle, dès lors que la décision ultérieure réunit les conditions nécessaires à sa reconnaissance dans l'État requis ;
– en cas de décision de placement d'un enfant dans un autre État membre que celui de la juridiction saisie, celle-ci n'a pas obtenu l'approbation préalable (avant toute décision de placement) de l'autorité compétente de l'État membre où l'enfant va être placé (sauf exceptions notifiées par les États membres et sauf en cas de placement auprès d'un parent) (Règl. 2019/1111 du 25-6-2019 art. 82).

Lorsque la décision a été rendue sans que l'enfant capable de discernement n'ait eu la possibilité d'exprimer son opinion, la **reconnaissance peut être refusée** (Règl. 2019/1111 du 25-6-2019 art. 39, § 2). Il s'agit d'une simple faculté qui est en outre écartée dans certains cas. Ainsi, la **reconnaissance ne peut être refusée**, malgré l'absence d'audition de l'enfant :
– si la procédure ne portait que sur les biens de l'enfant et pour autant qu'il n'était pas requis de donner à l'enfant la possibilité de s'exprimer compte tenu de l'objet de la procédure ;
– s'il existait des motifs sérieux d'agir ainsi compte tenu notamment de l'urgence de l'affaire.

INTERDICTION DE CONTRÔLER LA COMPÉTENCE

73308 Comme en matière de divorce, le contrôle de la compétence du juge ayant rendu la décision est interdit. L'exception d'ordre public ne peut être utilisée pour procéder à un tel contrôle (Règl. 2019/1111 du 25-6-2019 art. 69). La solution a même été retenue dans une affaire où la compétence du juge ayant statué sur la garde était pourtant particulièrement discutable (CJUE 19-11-2015 aff. 455/15, rendu en application de Bruxelles II bis mais transposable).

2. EXÉCUTION DES DÉCISIONS

DÉCISIONS « ORDINAIRES »

Suppression de l'exequatur Le règlement Bruxelles II ter prévoit la suppression de l'exequatur pour les décisions rendues en matière de responsabilité parentale (Règl. 2019/1111 du 25-6-2019 art. 34). Elles seront donc non plus seulement reconnues mais également **exécutoires de plein droit**, sans qu'une déclaration constatant leur force exécutoire soit nécessaire. Aux fins de permettre l'exécution dans un État membre d'une décision rendue dans un autre État membre, la juridiction ayant rendu la décision délivre, à la demande d'une partie, un **certificat** rédigé selon un modèle prévu par le règlement (Règl. 2019/1111 du 25-6-2019 art. 36 et ann. III). La partie qui demande l'exécution communique à l'autorité compétente chargée de l'exécution une copie de la décision réunissant les conditions nécessaires pour en établir l'authenticité ainsi que le certificat. Cette autorité pourra exiger une traduction de certains passages du certificat, voire de la décision. Le certificat doit être notifié ou signifié, avant la première mesure d'exécution, à la personne contre laquelle l'exécution est demandée (accompagné de la décision si elle n'a pas été déjà notifiée ou signifiée) (Règl. 2019/1111 du 25-6-2019 art. 55). 73311

La **procédure d'exécution** des décisions rendues dans un autre État membre est régie par le droit de l'État membre d'exécution. Une décision rendue dans un État membre qui est exécutoire dans l'État membre d'origine est exécutée dans l'État membre d'exécution dans les mêmes conditions qu'une décision rendue dans ce dernier.

> **Précisions** **L'autorité compétente pour délivrer les certificats**, s'agissant de **décisions françaises** à faire exécuter à l'étranger, est le directeur de greffe de la juridiction ayant rendu la décision (CPC art. 509-1, I-1° modifié par décret 2023-25 du 23-1-2023).

Contestation de l'exécution La contestation de l'exécution de la décision reste possible dans un second temps pour les mêmes **motifs** qu'un refus de reconnaissance (Règl. 2019/1111 du 25-6-2019 art. 41) ; sur la liste de ces derniers, voir n° 73306. Il faudra alors former une demande de refus d'exécution. Le règlement admet également que les motifs de refus d'exécution prévus par le droit national de l'État d'exécution puissent être invoqués, dans la mesure où ils sont compatibles avec le règlement (Règl. 2019/1111 du 25-6-2019 art. 57). 73312

Bien que le texte du règlement soit peu clair sur ce point, l'autorité ou la juridiction saisie d'une demande de refus d'exécution peut décider de suspendre la procédure, notamment lorsque la décision fait l'objet d'un recours ordinaire dans l'État membre d'origine ou lorsque le délai pour former un recours ordinaire n'est pas expiré (Règl. 2019/1111 du 25-6-2019 art. 63).

> **Précisions** Dans la mesure où l'**absence d'audition du mineur** capable de discernement est un motif pouvant justifier le refus d'exécution, le Code de procédure civile a été modifié et prévoit désormais que « dans toute décision concernant un mineur capable de discernement, mention est faite que le ou les titulaires de l'exercice de l'autorité parentale, le tuteur ou, le cas échéant, la personne ou le service à qui il a été confié, se sont acquittés de leur obligation d'information prévue au premier alinéa » (CPC art. 338-1 modifié par décret 2023-25 du 23-1-2023). Ce qui s'apparente davantage à un toilettage destiné à favoriser la circulation des décisions françaises, plutôt qu'à une mise en œuvre effective du droit de l'enfant d'exprimer son opinion posé par le règlement (dans le même sens, B. Mallevaey, Décret du 23 janv. 2023 portant application des dispositions du Règlement « Bruxelles II ter » relatives à l'audition de l'enfant : que d'occasions manquées ! : AJ fam. 2023 p. 107). Sur cette question, voir également n° 73195.

Suspension de l'exécution Le règlement Bruxelles II ter prévoit, sans qu'il y ait nécessairement eu une demande de refus d'exécution, un certain nombre de **cas de suspension** de l'exécution (Règl. 2019/1111 du 25-6-2019 art. 57). Tout d'abord, l'autorité compétente en matière d'exécution ou la juridiction de l'État membre d'exécution suspend la procédure d'exécution, d'office ou à la demande de la personne contre laquelle l'exécution est demandée ou, si le droit national le prévoit, à la demande de l'enfant concerné, en cas de suspension du caractère exécutoire de la décision dans l'État membre d'origine. 73313

En outre, l'exécution peut être suspendue, intégralement ou partiellement, pour l'une des raisons suivantes :

– la décision fait l'objet d'un recours ordinaire dans l'État membre d'origine ;
– le délai pour former un recours ordinaire n'est pas encore expiré ;
– une demande de refus d'exécution a été présentée sur le fondement des motifs de non-reconnaissance ou en vertu des motifs prévus par le droit national.

Dans des **cas exceptionnels**, l'exécution peut être suspendue si elle risque d'exposer l'enfant à un grave danger physique ou psychique du fait d'empêchements temporaires qui sont apparus après que la décision a été rendue ou de tout autre changement de circonstances significatif. L'exécution reprend dès que le grave danger physique ou psychique cesse d'exister. S'il revêt un caractère durable, l'autorité compétente en matière d'exécution ou la juridiction peut, sur demande, refuser l'exécution de la décision.

Enfin, les **motifs** de suspension de l'exécution **prévus par le droit de l'État membre d'exécution** s'appliquent pour autant qu'ils ne soient pas incompatibles avec le règlement.

73314 **Mesures provisoires ou conservatoires** Le règlement Bruxelles II ter prévoit la possibilité de faire reconnaître et exécuter certaines décisions adoptant des mesures provisoires ou conservatoires (Règl. 2019/1111 du 25-6-2019 art. 2, § 1-b). Il s'agit des décisions rendues par une juridiction qui était par ailleurs compétente au fond ou des mesures prises dans le cadre d'une décision de retour (n°s 73398 s.). Lorsque le défendeur n'a pas été cité à comparaître, la reconnaissance et l'exécution ne sont possibles que si la décision contenant la mesure a été notifiée ou signifiée au défendeur avant exécution. Aux fins de l'exécution, le demandeur devra fournir la copie de la décision réunissant les conditions nécessaires pour en établir l'authenticité et le certificat, lequel devra attester que ces conditions supplémentaires sont remplies.

DÉCISIONS « PRIVILÉGIÉES »

73315 Le règlement Bruxelles II ter prévoit une catégorie de décisions dites « privilégiées », qui bénéficient d'un **régime de faveur** en matière de reconnaissance et d'exécution, si elles ont été certifiées par l'État membre d'origine (Règl. 2019/1111 du 25-6-2019 art. 42). Il s'agit des **décisions accordant un droit de visite et** des décisions statuant au fond sur le droit de garde ordonnant le retour de l'enfant dans le cadre de la **procédure dite du « dernier mot »** (n° 73398).

Ainsi, le règlement prévoit qu'aux fins de l'exécution dans un autre État membre d'une décision accordant un droit de visite, la juridiction d'origine peut déclarer la décision exécutoire par provision, nonobstant un éventuel recours (Règl. 2019/1111 du 25-6-2019 art. 34).

Les décisions privilégiées bénéficient comme les autres décisions de la reconnaissance et de l'exécution de plein droit. Mais il n'est pas possible de s'opposer à leur reconnaissance ou à leur exécution, sauf pour un seul motif (Règl. 2019/1111 du 25-6-2019 art. 43 et 50) : si la décision est inconciliable avec une décision en matière de responsabilité parentale rendue ultérieurement à l'égard du même enfant dans l'État membre dans lequel la reconnaissance est invoquée ou dans un autre État membre ou dans l'État tiers où l'enfant réside habituellement, dès lors que la décision ultérieure réunit les conditions nécessaires à sa reconnaissance dans l'État membre dans lequel la reconnaissance est invoquée.

73316 Le **certificat** est établi en utilisant un modèle annexé au règlement (Règl. 2019/1111 du 25-6-2019 art. 47 et ann. V et VI). Il ne peut être délivré que si :

– toutes les parties concernées ont eu la possibilité d'être entendues ;

– l'enfant a eu la possibilité d'exprimer son opinion conformément aux principes posés par le règlement (n° 73195) ;

– en cas de procédure par défaut, l'acte introductif d'instance ou un acte équivalent a été signifié ou notifié à la personne défaillante en temps utile et de telle manière que cette personne puisse pourvoir à sa défense ou, s'il a été signifié ou notifié sans le respect de ces conditions, il est néanmoins établi qu'elle a accepté la décision de manière non équivoque (Règl. 2019/1111 du 25-6-2019 art. 47).

La délivrance d'un certificat n'est pas susceptible de recours, sauf rectification par la juridiction l'ayant délivré en raison d'une erreur matérielle ou d'une omission (Règl. 2019/1111 du 25-6-2019 art. 47 et 48). Il peut aussi être annulé par cette juridiction s'il a été délivré alors que les conditions n'étaient pas remplies.

L'autorité compétente pour délivrer le certificat, s'agissant de décisions françaises à faire exécuter à l'étranger, est le juge qui a rendu la décision (CPC art. 509-1, II-1° modifié par décret 2023-25 du 23-1-2023).

73317 Les motifs de **suspension de l'exécution** (n° 73313) prévus pour les décisions non privilégiées s'appliquent également aux décisions privilégiées. À ces motifs s'ajoute un motif supplémentaire, propre aux décisions privilégiées : l'exécution peut être suspendue lorsque la personne à l'encontre de laquelle l'exécution est demandée a demandé l'annulation du certificat (Règl. 2019/1111 du 25-6-2019 art. 44 et 56).

3. RECONNAISSANCE ET EXÉCUTION DES ACTES AUTHENTIQUES ET ACCORDS EXÉCUTOIRES

Le règlement comporte des dispositions sur la reconnaissance et l'exécution des actes authentiques et des accords en matière de responsabilité parentale qui ont un effet juridique contraignant dans l'État membre d'origine (sur la définition d'accord : voir n° 72903). 73321
Le règlement pose un **principe** de reconnaissance et d'exécution de plein droit de ces actes et accords dans les autres États membres (Règl. 2019/1111 du 25-6-2019 art. 65, § 2).
Néanmoins, à l'instar des décisions judiciaires, la reconnaissance et l'exécution d'un acte authentique ou d'un accord pourront être contestées dans un second temps. Elles **doivent être refusées** par un autre État membre pour les **motifs** suivants (Règl. 2019/1111 du 25-6-2019 art. 68, § 2) :
– cette reconnaissance est manifestement contraire à l'ordre public de l'État membre dans lequel la reconnaissance est invoquée, eu égard à l'intérêt supérieur de l'enfant ;
– à la demande de toute personne faisant valoir que l'acte authentique ou l'accord fait obstacle à l'exercice de sa responsabilité parentale, si l'acte authentique a été dressé ou enregistré ou si l'accord a été conclu et enregistré sans intervention de cette personne ;
– l'acte authentique ou l'accord est inconciliable avec une décision, un acte authentique ou un accord ultérieur en matière de responsabilité parentale établi dans l'État membre dans lequel la reconnaissance est invoquée ou l'exécution est demandée ;
– l'acte authentique ou l'accord est inconciliable avec une décision, un acte authentique ou un accord ultérieur en matière de responsabilité parentale établi dans un autre État membre ou dans l'État tiers où l'enfant réside habituellement, dès lors que la décision, l'acte authentique ou l'accord ultérieur réunit les conditions nécessaires à sa reconnaissance dans l'État dans lequel la reconnaissance est invoquée ou l'exécution est demandée.
En outre, la reconnaissance ou l'exécution **peuvent être refusées** si l'acte authentique a été dressé ou enregistré formellement ou l'accord a été enregistré sans que l'enfant qui est capable de discernement ait eu la possibilité d'exprimer son opinion, ce motif de refus n'étant assorti d'aucun tempérament, à la différence de ce qui est prévu pour les décisions judiciaires (G. Payan, Règlement Bruxelles II ter et circulation transfontière : Dr. famille 2022 chron. 17). Le préambule précise néanmoins que, tout en demeurant un droit de l'enfant, dans les affaires où il y a accord entre les parties, l'audition de l'enfant ne devrait pas constituer une obligation absolue mais devrait être évaluée compte tenu de l'intérêt supérieur de l'enfant (Règl. 2019/1111 du 25-6-2019 considérant 39). Ce qui semble vouloir dire que l'audition de l'enfant ne devrait être qu'exceptionnelle dans ces cas ; une telle interprétation donnée par le préambule, dépourvu de valeur normative, est contradictoire avec le texte même du règlement (n° 73195) et devrait donc être écartée (S. Corneloup et T. Kruger, Le règlement 2019/1111, Bruxelles II : la protection des enfants gagne du ter(rain) : Rev. crit. DIP 2020 p. 215).

En **droit français**, les accords au sens du règlement concernent deux types d'actes (Circ. JUSC2315953C du 4-7-2023 : BO min. just. 5-7-2023, fiche 3). 73322
Le **divorce par consentement mutuel** (et les conventions de séparation de corps) **par acte sous signature privée contresigné par avocats** déposé au rang des minutes d'un notaire, dès lors qu'il contient des dispositions relatives aux modalités d'exercice de l'autorité parentale par les époux divorcés. Or, celui-ci n'est en réalité pas possible si le mineur souhaite être entendu (C. civ. art. 229-2, 1°) et dans ce cas le divorce redevient judiciaire (C. civ. art. 230). Le Code civil prévoit donc, à peine de nullité de la convention de divorce, la mention obligatoire que le mineur a été informé par ses parents de son droit à être entendu par le juge et qu'il ne souhaite pas faire usage de cette faculté.
L'autre catégorie concerne les **accords amiables contresignés par les avocats** qui peuvent être revêtus de la formule exécutoire (CPC art. 1568 : accords auxquels sont parvenues les parties à une médiation, une conciliation ou une procédure participative). « Lorsque l'accord porte sur les modalités d'exercice de l'autorité parentale, il est fait mention dans l'acte de ce que le mineur capable de discernement a été avisé de son droit à être entendu et, le cas échéant, qu'il n'a pas souhaité faire usage de cette faculté. À défaut, le greffier rejette la demande » (CPC art. 1568-1 créé par décret 2023-25 du 23-1-2023). Comme le relève un auteur, cette disposition laisse sans réponse de nombreuses questions : « si l'enfant souhaite être entendu, comment et à qui le fait-il savoir ? comment et par qui est-il entendu ? quelle doit être la formation de cet auditeur ? l'enfant peut-il être accompagné par un avocat ? comment et par qui sa parole est-elle portée à la connaissance de ses parents et comment ces derniers la prennent-ils en compte ? » (B. Mallevaey, Décret du 23 janv. 2023 portant application des dispositions du Règlement « Bruxelles II ter » relatives à l'audition de l'enfant : que d'occasions manquées ! : AJ fam. 2023 p. 107). Ces dispositions ne permettent donc que de donner une illusion de conformité au règlement du droit français relatif aux accords extrajudiciaires portant sur l'autorité parentale (B. Mallevaey, précité).

73323 Afin de faciliter la circulation dans les autres États membres, il est prévu, à l'instar de ce qui existe pour les décisions judiciaires, qu'un **certificat** puisse être délivré à la demande d'une partie par une autorité de l'État d'origine afin que l'acte authentique ou l'accord puisse être reconnu dans les autres États membres (Règl. 2019/1111 du 25-6-2019 art. 66, § 1-b, renvoyant à l'annexe IX pour le modèle de certificat). Cette autorité est en France le président, ou son délégué, du tribunal judiciaire dans le ressort duquel l'acte authentique a été reçu, ou dans le ressort duquel l'acte sous signature privée contresigné par avocats a été déposé au rang des minutes d'un notaire, ou dont le greffe a apposé la formule exécutoire sur l'accord (CPC art. 509-1 modifié par décret 2023-25 du 23-1-2023). Le certificat doit comprendre un résumé de l'obligation exécutoire figurant dans l'acte authentique ou l'accord.
Le certificat ne peut être délivré qu'à deux conditions :
– l'État membre qui a habilité l'autorité à dresser ou enregistrer formellement l'acte authentique ou à enregistrer l'accord est celui dont les juridictions sont compétentes pour statuer sur la responsabilité parentale ;
– l'acte authentique ou l'accord a un effet juridique contraignant dans cet État membre.
En outre, le certificat ne peut être délivré si des éléments indiquent que le contenu de l'acte authentique ou de l'accord est contraire à l'intérêt supérieur de l'enfant.
À défaut de production du certificat, l'acte authentique ou l'accord ne peut être reconnu dans un autre État membre.

ATTENTION

Il en résulte que, dans le cadre du **divorce par consentement mutuel non judiciaire** de droit français, une convention de divorce en présence d'enfants mineurs ne pourra être reconnue (dans ses aspects relatifs à la responsabilité parentale) dans les autres États membres que si un juge français aurait été compétent en vertu du règlement pour statuer sur la responsabilité parentale. En outre, l'autorité en charge de délivrer le certificat permettant à l'accord d'être reconnu et exécuté dans un autre État membre pourrait refuser de le faire si elle estime que l'accord est contraire à l'intérêt de l'enfant (Règl. 2019/1111 du 25-6-2019 art. 66). Il appartiendra donc au notaire et aux avocats en premier lieu de vérifier que ces conditions relatives à la compétence et à l'intérêt de l'enfant sont remplies ; en tout état de cause, le président du tribunal judiciaire ou son délégué devront contrôler que les conditions sont réunies avant de délivrer le certificat et refuser de le faire dans le cas contraire.

B. Jugement rendu dans un État tiers

73325 S'il s'agit d'un État qui est **partie à la convention de La Haye du 19 octobre 1996**, celle-ci pose le principe d'une reconnaissance de plein droit des décisions prises dans les autres États contractants (Conv. La Haye du 19-10-1996 art. 23). La Convention prévoit toutefois un certain nombre de cas dans lesquels la reconnaissance peut être refusée, notamment lorsque :
– l'autorité n'était pas compétente au titre de la Convention ;
– en l'absence d'urgence, l'enfant n'a pas eu la possibilité d'être entendu, en violation des principes fondamentaux de procédure de l'État requis ;
– une personne prétendant que la mesure porte atteinte à sa responsabilité parentale n'a pas eu la possibilité d'être entendue (hors le cas d'urgence) ;
– la mesure est manifestement contraire à l'ordre public, compte tenu de l'intérêt supérieur de l'enfant.
Si les mesures prises dans un autre État contractant comportent des actes d'exécution, elles devront être déclarées exécutoires ou enregistrées aux fins d'exécution, selon la procédure prévue par l'État requis. L'exequatur ou l'enregistrement ne pourra être refusé que pour les motifs qui auraient conduit à un refus de reconnaissance (Conv. La Haye du 19-10-1996 art. 26).
Si le jugement a été rendu dans un **État qui n'est pas partie à la Convention**, sa reconnaissance et son exécution suivent le droit commun (n°s 72035 s.). S'agissant de la conformité à l'ordre public international, il a été jugé que l'atteinte à l'égalité des parents dans l'exercice de l'autorité parentale peut conduire à un refus de reconnaissance d'un jugement pour contrariété à l'ordre public international (Cass. 1e civ. 4-11-2010 n° 09-15.302 FS-PBI : BPAT 6/10 inf. 335) ; sur cette question, voir n° 72987. Toutefois, la circonstance qu'une décision étrangère réserve à l'un des parents le soin de prendre seul certaines décisions relatives aux enfants (après avoir consulté l'autre parent) ne peut constituer un motif de non-reconnaissance qu'autant qu'elle heurte de manière concrète les principes essentiels du droit français, ce qui ne sera pas le cas s'il est démontré que les mesures relatives aux enfants ont été arrêtées par référence à leur intérêt supérieur et que les droits de l'autre parent ne sont pas méconnus (Cass. 1e civ. 2-12-2020 n° 18-20.691 FS-P : BPAT 1/21 inf. 10).

> **Précisions** Les dispositions relatives à l'exécution ou à la reconnaissance des jugements étrangers de la convention de La Haye du 19 octobre 1996 ne s'appliquent qu'aux décisions rendues après l'**entrée en vigueur** de celle-ci à la fois dans le pays d'origine de la décision et en France. Ainsi une décision rendue en Suisse (où la Convention est entrée en vigueur le 1-2-2009) ne pourra pas être reconnue en France si elle n'a pas été rendue après le 1er février 2011, date de son entrée en vigueur en France (Cass. 1e civ. 24-9-2014 n° 13-18.012 F-D).

SECTION 3 ENLÈVEMENT D'ENFANT

L'instrument de lutte le plus efficace et le plus utilisé contre l'enlèvement international d'enfant est la **convention de La Haye du 25 octobre 1980** sur les aspects civils de l'enlèvement international d'enfants. Entrée en vigueur en France le 1er décembre 1983, cette Convention prévoit principalement une procédure de « restitution » de l'enfant qui vise à faire cesser de façon très rapide la voie de fait commise par le parent auteur de l'enlèvement, sans se prononcer sur le fond. **73330**

Il existe par ailleurs une autre convention multilatérale en la matière, issue du Conseil de l'Europe : la **convention de Luxembourg du 20 mai 1980** sur la reconnaissance et l'exécution des décisions en matière de garde des enfants et le rétablissement de la garde des enfants. Celle-ci repose sur un mécanisme plus classique que la convention de La Haye de 1980. Elle vise à instaurer entre les États parties un mécanisme d'exequatur simplifié des décisions en matière de droit de garde et de droit de visite.

La France est enfin partie à un certain nombre de **conventions bilatérales** (Rép. droit international Dalloz, v. Mineur par S. Godechot-Patris et Y. Lequette, nos 308 s.).

Si la convention de La Haye du 25 octobre 1980 est un instrument très efficace de lutte contre les enlèvements d'enfants, rien n'impose au parent victime de l'enlèvement de recourir à ses dispositions (Conv. La Haye du 25-10-1980 art. 34). En particulier, **au sein de l'Union européenne**, lorsque le **règlement Bruxelles II ter** est applicable, plutôt que de saisir les juridictions de l'État membre où se trouve l'enfant enlevé d'une demande de retour (n° 73370) et de se prévaloir des **dispositions spécifiques** du règlement **renforçant l'efficacité de la convention de La Haye** (n° 73351), le parent victime de l'enlèvement peut saisir les juridictions normalement compétentes au titre des **dispositions générales applicables en matière de responsabilité parentale** – c'est-à-dire celles de l'État de la résidence habituelle de l'enfant avant le déplacement illicite (n° 73160) – d'une demande au fond relative à celle-ci et qu'en conséquence de la décision du juge lui attribuant ou confirmant l'attribution de la responsabilité parentale, le retour des enfants soit ordonné. Cette décision pourra être reconnue et exécutée dans l'État membre où se trouvent les enfants conformément aux dispositions générales du règlement Bruxelles II ter sur la reconnaissance et l'exécution des décisions en matière de responsabilité parentale (CJUE 19-9-2018 aff. 325/18, à propos de Bruxelles II bis mais transposable) ; sur ces dispositions générales, voir nos 73305 s. **73340**

CHAMP D'APPLICATION DE LA CONVENTION DE LA HAYE

La procédure de restitution de l'enfant instaurée par la convention de La Haye du 25 octobre 1980 protège le **droit de garde**, mais non le droit de visite (lequel est néanmoins protégé en droit européen, voir nos 73315 s.). **73350**

La Convention s'applique à tout **enfant** âgé de moins de 16 ans, y compris à un enfant non encore né (Cass. 1e civ. 26-10-2011 n° 10-19.905 : Bull. civ. I n° 178, BPAT 6/11 inf. 345).

L'enfant devait avoir sa résidence habituelle dans un État contractant immédiatement avant l'atteinte portée au droit de garde ou de visite et doit se trouver dans un autre État contractant. Si l'enfant avait sa résidence habituelle dans un État non contractant (la République démocratique du Congo), le fait qu'il ait été déplacé dans un État contractant (la France) ne rend pas la Convention applicable (Cass. 1e civ. 17-1-2019 n° 18-23.849 FS-PB : BPAT 2/19 inf. 49).

En l'absence de **déplacement transfontière**, la Convention ne s'applique pas (J.-Cl. Droit international, v° « Enlèvement international d'enfant » fasc. 549-30 par E. Gallant, n° 15).

> **Précisions** La convention de La Haye de 1980 sur l'enlèvement d'enfants a connu un succès considérable, y compris auprès d'États non membres de la Conférence de La Haye de droit international privé. Les **États ayant ratifié la Convention** sont à ce jour les suivants : Afrique du Sud, Albanie, Allemagne, Andorre, Argentine, Arménie, Australie, Autriche, Bahamas, Barbade, Bélarus, Belgique, Belize, Bosnie-Herzégovine, Botswana, Brésil, Bulgarie, Burkina Faso, Canada, Cap-Vert, Chili, Chypre, Colombie, Corée du Sud, Costa Rica, Croatie, Cuba, Danemark, El Salvador, Équateur, Espagne, Estonie, États-Unis, Fidji, Finlande, Gabon, Géorgie, Grèce, Guatemala, Guinée, Guyana, Honduras, Hongrie, Irak, Irlande, Islande, Israël, Italie, Japon, Kazakhstan, Lesotho, Lettonie, Lituanie, Luxembourg, Macédoine, Malte, Maroc, Île Maurice, Mexique, Moldavie, Monaco, Monténégro, Nicaragua, Norvège, Nouvelle-Zélande, Ouzbékistan, Pakistan, Panama, Paraguay, Pays-Bas, Pérou, Philippines, Pologne, Portugal, République dominicaine, République tchèque, Roumanie, Royaume-Uni, Russie, Saint-Kitts-et-Nevis, Saint-Marin, Serbie, Seychelles, Singapour, Slovaquie, Slovénie, Sri Lanka, Suède, Suisse, Thaïlande, Trinité-et-Tobago, Tunisie, Turkménistan, Turquie, Ukraine, Uruguay, Venezuela, Zambie et Zimbabwe. La Chine n'est pas partie à la Convention ; en revanche, les régions administratives spéciales de Hong Kong et de Macao le sont.
> Signalons par ailleurs que l'**adhésion des États non membres de la conférence de La Haye** (à la date de la Convention) n'a d'effet que dans les rapports entre l'adhérent et les États contractants ayant déclaré accepter cette adhésion. La France n'a pas déclaré accepter l'adhésion des États suivants : Barbade, Bolivie, Botswana, Cap-Vert, Cuba, Guinée, Guyana, Irak, Jamaïque, Lesotho, Pakistan, Philippines, Tunisie et Zambie.

73351 **Règlement Bruxelles II ter** Le règlement Bruxelles II ter (nos 73156 s.) contient des dispositions détaillées sur l'enlèvement d'enfants, destinées à **renforcer l'efficacité** des règles de la convention de La Haye (Règl. 2019/1111 du 25-6-2019 art. 22 à 29).

Elles ne s'appliqueront que lorsque le **déplacement de l'enfant** a lieu **d'un État membre de l'Union européenne à un autre** (Règl. 2019/1111 du 25-6-2019 art. 22 ; Rép. droit international Dalloz, v. Règlement Bruxelles II Bis (Matière matrimoniale et de responsabilité parentale) par E. Gallant, n° 188, transposable ; Cass. 1e civ. 17-1-2019 n° 18-23.849 FS-PB : BPAT 2/19 inf. 49, retenant que le règlement Bruxelles II bis – mais la solution est transposable – n'est pas applicable à un déplacement d'un État tiers vers un État membre). Encore faut-il qu'il soit établi que l'enfant avait sa résidence habituelle dans l'État membre « d'origine » immédiatement avant son déplacement ou son non-retour (CJUE 9-10-2014 aff. 376/14 : BPAT 6/14 inf. 234 concernant Bruxelles II bis mais transposable).

73353 **Notion de résidence habituelle** La caractérisation de l'enlèvement impliquera donc de rechercher quelle était la résidence habituelle de l'enfant **immédiatement avant** son **déplacement**.

Lorsque le règlement **Bruxelles II ter** est applicable, la résidence habituelle devra en outre être définie conformément aux critères dégagés par la Cour de justice (nos 73161 s.), qui sont les mêmes que ceux utilisés pour les règles de compétence générale en matière de responsabilité parentale (CJUE 9-10-2014 aff. 376/14, C. c/ M., point 54 : BPAT 6/14 inf. 234 ; pour une application, voir Cass. 1e civ. 4-3-2015 n° 14-19.015 : BPAT 3/15 inf. 77, retenant que l'ensemble des éléments doivent être pris en compte et non seulement la durée du séjour de la mère et de la fille). Ces décisions, comme celles qui sont exposées ci-après, ont été rendues en application du règlement Bruxelles II bis mais elles devraient être transposables.

Un **nouveau-né** ne peut avoir de résidence habituelle dans l'État dans lequel vivaient ses parents immédiatement avant sa naissance, lorsque la mère a quitté ce pays peu de temps avant l'accouchement (CJUE 8-6-2017 aff. 111/17 ; dans le même sens, à propos de la règle de compétence générale en matière de responsabilité parentale, CJUE 17-10-2018 aff. 393/18 : BPAT 6/18 inf. 234). Le refus de la mère de quitter le pays où elle a accouché et de retourner avec l'enfant dans le premier État ne caractérise pas un non-retour illicite. L'intention initiale des parents quant au retour de la mère, accompagnée de l'enfant, dans l'État membre de leur résidence habituelle ne saurait permettre de considérer que cet enfant y a sa résidence habituelle (Cass. 1e civ. 12-6-2020 n° 19-24.108 FS-PBI : BPAT 4/20 inf. 123, renversant la position affirmée dans deux décisions précédentes : Cass. 1e civ. 26-10-2011 n° 10-19.905 FS-PBI : BPAT 6/11 inf. 345 ; Cass. 1e civ. 7-12-2016 n° 16-20.858 F-PB : BPAT 1/17 inf. 16).

DÉPLACEMENT ET NON-RETOUR ILLICITES

73355 Le déplacement sera considéré comme illicite à une double condition (Conv. La Haye du 25-10-1980 art. 3) :

– il doit avoir eu lieu en **violation d'un droit de garde** attribué par le droit de l'État dans lequel l'enfant avait sa résidence habituelle immédiatement avant son déplacement ou non-retour.

L'infirmation en appel d'une décision fixant la résidence de l'enfant peut créer l'enlèvement. Ainsi, est illicite le non-retour de l'enfant lorsque la décision dotée de l'exécution provisoire, qui fixait la résidence de l'enfant chez sa mère et autorisait celle-ci à s'installer en Irlande, est infirmée et que la résidence habituelle de l'enfant est fixée auprès de son père en France (CJUE 9-10-2014 aff. 376/14 : BPAT 6/14 inf. 234, à propos de Bruxelles II bis mais transposable). L'arrêt rappelle que la procédure spécifique prévue par le règlement en cas d'enlèvement ne s'applique que s'il est établi que l'enfant avait encore sa résidence habituelle en France au moment de l'infirmation de la décision, ce qui est laissé à l'appréciation du juge saisi ;

– ce droit de garde devait être **exercé de manière effective** au moment du déplacement ou non-retour de l'enfant, ou l'eût été si ces événements n'avaient pas eu lieu. Les juges ne sauraient, dans le cadre de la procédure prévue par la Convention, apprécier la conformité de ce droit de garde avec l'**ordre public international** ; ils doivent se contenter de faire respecter le droit de garde existant dans l'État du lieu de résidence habituelle de l'enfant, avant son déplacement (Cass. 1e civ. 7-12-2016 nº 16-21.760 FS-PBI : BPAT 1/17 inf. 15).

À noter qu'en cas de déplacement illicite par un parent, puis de « **contre-enlèvement** » par le parent en fraude des droits duquel cet enlèvement a eu lieu, la Cour de cassation considère que seul le premier déplacement est susceptible d'être qualifié d'enlèvement (Cass. 1e civ. 5-11-2020 nº 19-24.870 F-D, rendue à propos de Bruxelles II bis mais transposable : n'est pas un déplacement illicite le fait de ramener un enfant dans le pays de sa résidence habituelle, après une série d'enlèvements et de contre-enlèvements).

Notion de droit de garde La notion est centrale pour la mise en œuvre de la Convention. Le droit de garde est **défini comme comprenant** le droit portant sur les soins de la personne de l'enfant, et en particulier celui de décider de son lieu de résidence (Conv. La Haye du 25-10-1980 art. 5). Il peut s'exercer seul ou conjointement (Conv. La Haye du 25-10-1980 art. 3) et être attribué à une personne, une institution ou tout autre organisme. 73357

La notion a disparu du **droit interne français** mais l'intention des rédacteurs de la Convention était d'assimiler la garde à l'autorité parentale (J.-Cl. Droit international, vº « Enlèvement international d'enfant » fasc. 549-30 par E. Gallant, nº 24). Lorsque l'autorité parentale est conjointe, la garde l'est également, quand bien même l'enfant réside chez l'un de ses parents seulement (Cass. 1e civ. 14-12-2005 nº 05-12.934 : Rev. crit. DIP 2005 p. 619 note E. Gallant).

Indépendamment des qualifications données par le droit interne, ce qui est essentiel à la qualification de droit de garde **au sens de la Convention** est le droit pour le parent de décider du lieu de résidence de l'enfant. Dès lors qu'un parent a le droit de s'opposer au changement du lieu de résidence de l'enfant (ou, ce qui revient au même, que tout changement de résidence de l'enfant doit être autorisé par les deux parents), il sera réputé titulaire d'un droit de garde au sens de la Convention (Cass. 1e civ. 14-3-2012 nº 11-17.011 : Rev. crit. DIP 2012 p. 886 note C. Chalas). Cette interprétation extensive est également retenue par des juridictions suprêmes étrangères lorsqu'elles appliquent la Convention (Cour Suprême des États-Unis 17-5-2010 : Rev. crit. DIP 2010 p. 519 note H. Muir-Watt). De manière générale, en cas d'assignation géographique assortissant l'exercice du droit de garde, le non-respect de cette assignation par le parent titulaire du droit de garde constitue la violation d'un droit de garde (Cass. 1e civ. 24-6-2015 nº 14-14.909 : BPAT 5/15 inf. 168 à propos du non-respect par la mère d'une autorisation de sortie du territoire de l'enfant), y compris lorsque l'autre parent n'a pas à proprement parler le droit de s'opposer au changement de résidence de l'enfant, mais que celui-ci doit être autorisé par une décision judiciaire. La solution permet indirectement de protéger les droits du parent qui n'aurait qu'un simple droit de visite et ne serait pas cotitulaire de l'autorité parentale (J.-Cl. Droit international, précité, nº 27). En revanche, le fait qu'une décision judiciaire fixe la résidence de l'enfant chez un des parents ne signifie évidemment pas que l'autre parent est privé du droit de garde (Cass. 1e civ. 13-12-2017 nº 17-19.727 F-D : Rev. crit. DIP 2019 p. 117 note C. Chalas).

Le **règlement Bruxelles II ter** reprend cette conception du droit de garde pour les enlèvements internes à l'Union européenne, définissant le droit de garde comme les droits et obligations portant sur les soins de la personne d'un enfant, et en particulier le droit de décider de son lieu de résidence (Règl. 2019/1111 du 25-6-2019 art. 2, § 2-9º). Le préambule du règlement ajoute qu'« une personne devrait être réputée avoir le « droit de garde » lorsque un titulaire de la responsabilité parentale ne peut, sur la base d'une décision, d'une attribution de plein droit ou d'un accord en vigueur en vertu du droit de l'État membre où l'enfant a sa résidence habituelle, décider du lieu de résidence de l'enfant sans le consentement de cette personne, indépendamment des termes utilisés en droit national » (Règl. 2019/1111 du 25-6-2019 considérant 18).

> **Précisions a.** Lorsque le **déplacement de l'enfant** par un parent, même sans l'accord de l'autre parent, **résulte de l'exécution d'une obligation imposée par une autorité administrative**, il ne peut s'agir d'un déplacement illicite (CJUE 2-8-2021 aff. 262/21, à propos de Bruxelles II bis mais transposable). Dans cette affaire qui concernait des réfugiés, il y avait eu déplacement de l'État de résidence habituelle vers un autre État membre en exécution d'une décision de transfert prise par le premier État membre sur le fondement du règlement 604/2013 du 26 juin 2013 dit « Dublin III », puis non-retour après que cette décision de transfert a été annulée, sans pour autant que les autorités du premier État membre aient décidé de reprendre en charge les personnes transférées ou d'autoriser celles-ci au séjour. Jugé qu'une telle situation ne constitue pas un déplacement illicite ou un non-retour illicite de l'enfant
> **b.** L'**absence de recours suspensif au profit de l'autre parent** contre une décision autorisant un parent à déplacer la résidence habituelle de l'enfant est une violation de l'article 6 de la convention de sauvegarde des droits de l'Homme et des libertés fondamentales (CEDH 8-2-2022 n°s 69444/17 et 44101/18). Il s'agit de deux affaires dans lesquelles l'autorité de protection de l'enfant et de l'adulte suisse a refusé de conférer un caractère suspensif aux recours des pères contre la décision autorisant la mère à déplacer la résidence habituelle de l'enfant.

73358 **Source du droit de garde** Le droit de garde peut notamment résulter d'une **attribution de plein droit**, d'une **décision judiciaire ou administrative**, ou encore d'un **accord** en vigueur selon le droit de l'État dans lequel l'enfant avait sa résidence habituelle immédiatement avant son déplacement ou son non-retour (Conv. La Haye du 25-10-1980 art. 3).

L'existence d'un droit de garde ne doit pas nécessairement être prévue par les **règles substantielles en vigueur dans l'État de la résidence habituelle** ; elle peut simplement résulter de la mise en œuvre de ses règles de droit international privé. Par exemple, le droit de garde protégé par la Convention peut être issu d'une décision étrangère reconnue en France, où l'enfant a sa résidence habituelle. Il peut également découler de la loi étrangère désignée par une règle de conflit de lois en vigueur en France. Lorsque le droit de garde trouve sa source dans un accord entre les parents, les juges devraient vérifier que cet accord est valide (au regard de la loi désignée par les règles de conflit de lois applicables par un juge français ou d'une décision française ou étrangère).

AUTORITÉS CENTRALES

73360 La Convention repose sur un mécanisme de **coopération entre les États contractants**. Cette coopération s'effectue par l'intermédiaire d'« autorités centrales », chaque État en désignant une afin de satisfaire aux obligations qui lui sont imposées par la Convention (Conv. La Haye du 25-10-1980 art. 6).

Les autorités centrales doivent prendre toutes les **mesures appropriées** afin, notamment, de localiser l'enfant déplacé ou illicitement retenu, d'assurer la remise volontaire de l'enfant ou de faciliter une solution amiable, de fournir des informations générales concernant le droit de leur État relatives à l'application de la Convention, d'introduire ou de favoriser l'introduction d'une procédure judiciaire ou administrative afin d'obtenir le retour de l'enfant, de favoriser ou d'accorder l'obtention de l'assistance juridique et judiciaire, d'assurer sur le plan administratif, si nécessaire et opportun, le retour sans danger de l'enfant. Les autorités centrales doivent en outre prendre les mesures appropriées afin de permettre l'organisation ou l'exercice effectif du droit de visite.

> **Précisions** L'**autorité centrale désignée par la France** en application de la Convention est le département de l'entraide, du droit international privé et européen (DEDIPE), direction des affaires civiles et du Sceau, ministère de la justice, 13 place Vendôme (75042) Paris Cedex 01 (téléphone : + 33 (1) 4477 6105 ; fax : + 33 (1) 4477 6122 ; e-mail : entraide-civile-internationale@justice.gouv.fr ; site internet : justice.gouv.fr/justice-civile-11861/enlevement-parental-12063/).

73365 **Procédure** La personne qui prétend qu'un enfant a été déplacé en violation d'un droit de garde peut saisir l'**autorité centrale de la résidence habituelle de l'enfant** ou celle de tout autre État contractant afin que celles-ci prêtent leur assistance en vue d'assurer le retour de l'enfant (Conv. La Haye du 25-10-1980 art. 8). Pour les enlèvements intra-européens, le règlement Bruxelles II ter enjoint aux autorités centrales d'agir rapidement, d'accuser réception de la demande dans un délai de cinq jours ouvrables et d'aviser sans retard indu le demandeur ou l'autorité centrale requérante des démarches entreprises ou à entreprendre (Règl. 2019/1111 du 25-6-2019 art. 23).

La demande sera rejetée s'il est manifeste qu'elle n'est pas fondée ou que les conditions requises par la Convention ne sont pas remplies. En France, ce rejet est susceptible de recours devant les juridictions administratives (CE 30-6-1999 : D. 2000 p. 1 note F. Boulanger).

En France, l'autorité centrale saisie d'une demande de retour doit la transmettre au procureur de la République. Ce dernier, dès réception, ordonne tous les actes utiles pour localiser l'enfant ou confirmer sa localisation (CPC art. 1210-4).

En cas de saisine d'une autorité centrale d'un État qui n'est pas celui où se trouve l'enfant, la demande sera transmise par l'autorité centrale saisie à l'**autorité centrale de l'État où l'enfant a été déplacé**.

JURIDICTION COMPÉTENTE

Le principe implicite figurant dans la Convention est que les **autorités judiciaires du pays où se trouve l'enfant** sont compétentes pour statuer sur la demande de retour (J.-Cl. Droit international, v° « Enlèvement international d'enfant » fasc. 549-30 par E. Gallant, n° 11). 73370

Selon la Convention, l'autorité centrale du pays où se trouve l'enfant doit prendre toutes les mesures appropriées pour introduire ou favoriser l'ouverture d'une procédure judiciaire ou administrative afin de voir ordonner son retour. En France, l'autorité centrale n'agit pas directement mais transmet la demande, lorsqu'elle l'estime fondée, au parquet qui agira en son nom. Le parquet a alors la qualité de partie principale au procès et ne représente pas les intérêts de l'un des parents ; dès lors la tierce opposition de ceux-ci est recevable, dès lors qu'ils n'ont été ni appelés ni représentés dans la procédure (Cass. 1e civ. 16-2-2022 n° 21-19.061 F-B : BPAT 2/22 inf. 74).

La personne dont le droit de garde a été violé peut aussi saisir directement les autorités judiciaires ou administratives compétentes du pays où se trouve l'enfant afin qu'elles ordonnent son retour immédiat (Conv. La Haye du 25-10-1980 art. 29). En France, cela peut s'avérer utile en cas d'inertie de l'autorité centrale ou si la demande de retour a été rejetée par celle-ci. Dans de nombreux pays, en particulier de common law, il appartient aux parties d'introduire la procédure (C. Hilpert, La procédure de retour : évolutions procédurales : AJ fam. 2018 p. 523).

La Convention impose aux États contractants d'utiliser leurs **procédures d'urgence** pour traiter les demandes de retour. Le règlement Bruxelles II ter enjoint au juge de rendre sa décision, sauf impossibilité en raison de circonstances exceptionnelles, six semaines après sa saisine (Règl. 2019/1111 du 25-6-2019 art. 24, § 2).

Les **voies de recours** sont également encadrées. Le préambule du règlement (sans valeur normative) recommande aux États membres de limiter à un le nombre de recours possibles sur une décision statuant sur le retour de l'enfant (Règl. 2019/1111 du 25-6-2019 considérant 42), ce que ne fait pas le droit français qui admet l'appel et le pourvoi en cassation. Le règlement Bruxelles II ter impose en revanche aux juridictions de niveau supérieur, sauf si cela se révèle impossible en raison de circonstances exceptionnelles, de rendre leur décision six semaines au plus tard après que tous les actes de procédure nécessaires ont été accomplis et qu'elles sont en mesure d'examiner le recours, en prévoyant une audition ou d'une autre manière (Règl. 2019/1111 du 25-6-2019 art. 24, § 2 et 3). Selon la circulaire de présentation du ministère de la justice, ce délai ne peut commencer à courir qu'à compter de la date de dépôt des conclusions du défendeur ou de l'expiration du délai dont il disposait pour conclure (Circ. JUSC2315953C du 4-7-2023 : BO min. just. 5-7-2023, fiche 4). La Cour de cassation censure cependant une cour d'appel, en se fondant sur le droit au procès équitable de l'article 6 § 1 de la convention de sauvegarde des droits de l'Homme et des libertés fondamentales tel qu'interprété par la Cour européenne des droits de l'Homme, pour avoir fait preuve d'un formalisme excessif en faisant prévaloir dans la procédure de retour immédiat des enfants l'obligation, pour le ministère public, partie principale à la procédure, de remettre sa déclaration d'appel par voie électronique, ce qui a eu pour effet de rendre irrecevables les prétentions tendant au retour des enfants, formées par le père en qualité d'appelant incident (Cass. 1e civ. 5-4-2023 n° 22-21.863 FS-B : BPAT 3/23 inf. 126).

La juridiction peut, à tout stade de la procédure, examiner si des contacts entre l'enfant et la personne qui demande le retour devraient être organisés, compte tenu de l'intérêt de l'enfant et prendre des **mesures provisoires ou conservatoires** à cette fin (Règl. 2019/1111 du 25-6-2019 art. 27, § 2).

> **Précisions** En France, le contentieux de l'enlèvement d'enfant relève de la compétence du tribunal judiciaire, un seul tribunal étant désigné à cet effet dans le ressort de chaque cour d'appel (C. org. jud. art. L 211-12 et D 211-9). Le juge statue selon la procédure accélérée au fond (CPC art. 1210-6).

73372 **Modes alternatifs de règlement des litiges** Le **règlement Bruxelles II ter** encourage par ailleurs le recours aux modes alternatifs de règlement des litiges. La juridiction saisie doit, le plus tôt possible au cours de la procédure et à tout stade de celle-ci, le cas échéant avec l'assistance des autorités centrales, **inviter les parties** à examiner si elles sont disposées à entamer une médiation ou à recourir à tout autre mode alternatif de règlement des litiges. Toutefois, cette obligation disparaît si un tel recours est contraire à l'intérêt supérieur de l'enfant, non approprié en l'espèce (notamment en cas de violence familiale) ou dans le cas où cela conduirait à retarder indûment la procédure (Règl. 2019/1111 du 25-6-2019 art. 25 et considérant 43).

Si les **parents parviennent à un accord** sur le retour ou le non-retour de l'enfant, et aussi sur des questions relevant de la responsabilité parentale, le règlement devrait, dans certaines circonstances, leur donner la possibilité de convenir que la **juridiction saisie en vertu de la convention de La Haye de 1980** est compétente pour donner un effet juridique contraignant à leur accord soit en l'intégrant à une décision en portant approbation, soit par tout autre moyen prévu par les législations et procédures nationales (Règl. 2019/1111 du 25-6-2019 considérant 43). Cet accord devrait pouvoir circuler conformément aux dispositions du règlement (A. Devers, Règlement Bruxelles II ter et enlèvement international d'enfants : Dr. famille 2022 chron. 16) ; sur ces dispositions, voir n°s 73321 s.

DÉCISION DE RETOUR

73375 **Juridictions de l'État où se trouve l'enfant** Les juridictions de l'État où se trouve l'enfant doivent ordonner le **retour immédiat** de l'enfant (Conv. La Haye du 25-10-1980 art. 12), sauf exceptions limitées (n° 73380).

Leur compétence est strictement limitée à la question du retour de l'enfant. La Convention interdit aux juridictions de l'État contractant dans lequel se trouve l'enfant illicitement déplacé ou retenu de statuer sur le fond du droit de garde, avant qu'il n'ait été établi soit que les conditions du retour de l'enfant posées par la Convention n'étaient pas réunies, soit qu'un délai raisonnable s'est écoulé depuis l'enlèvement sans qu'une demande n'ait été formulée en application de la Convention (Conv. La Haye du 25-10-1980 art. 16).

En outre, quand bien même une décision relative à la garde a été rendue ou est susceptible d'être reconnue dans l'État requis, elle ne justifierait pas un refus de renvoyer l'enfant vers le pays de sa résidence habituelle (Conv. La Haye du 25-10-1980 art. 17). Ainsi, le juge du retour n'est pas tenu de prendre en compte une décision postérieure à l'enlèvement illicite relative aux modalités de la garde et fixant provisoirement la résidence de l'enfant avec le parent auteur de l'enlèvement dans l'État de refuge (Cass. 1e civ. 8-7-2021 n° 21-13.556 FS-B : BPAT 5/21 inf. 207, où le fait que la décision sur la garde soit provisoire explique peut-être en partie la solution, même si la motivation de la Cour ne relève pas cet élément). Il en résulte logiquement qu'une décision de retour de l'enfant rendue dans le cadre de la Convention n'affecte pas le fond du droit de garde (Conv. La Haye du 25-10-1980 art. 19).

73376 **Juridictions de l'État de la résidence habituelle de l'enfant** À l'inverse, les juridictions de l'État où l'enfant avait sa résidence habituelle immédiatement avant le déplacement ou le non-retour illicite conservent leur compétence pour statuer sur le **fond du droit de garde**. La solution ne figure pas dans la convention de La Haye de 1980 mais elle est conforme à ses objectifs (Rép. droit international Dalloz, Mineur par S. Godechot-Patris et Y. Lequette, n° 246). Elle a été consacrée par la jurisprudence française (Cass. 1e civ. 9-7-2008 n° 06-22.090 : Bull. civ. I n° 195). Elle est explicitement prévue par le règlement Bruxelles II ter (Règl. 2019/1111 du 25-6-2019 art. 9) et la convention de La Haye du 19 octobre 1996 sur la responsabilité parentale et la protection des enfants (Conv. La Haye du 19-10-1996 art. 7). Dès lors, au moins dans les relations entre États membres de l'Union européenne, le fait qu'une demande de retour immédiat ait été rejetée par les juridictions de l'État requis n'empêche nullement le parent victime de l'enlèvement de demander l'exécution forcée, dans cet État, d'une décision rendue dans l'État d'origine lui attribuant la garde de l'enfant ; le fait qu'au cours de la procédure l'enfant ait pu établir une nouvelle résidence habituelle dans l'État requis n'y change rien (CJUE 9-10-2014, aff. 376/14, C. c/ M : BPAT 6/14 inf. 234, à propos de Bruxelles II bis mais transposable). Le parent victime de l'enlèvement peut également décider de ne pas invoquer la convention de La Haye de 1980 et les dispositions spécifiques du règlement Bruxelles II ter et se fonder uniquement sur les dispositions générales du règlement Bruxelles II ter pour obtenir et faire exécuter une décision de retour lorsque celle-ci résulte d'une décision au fond relative au droit de garde (n° 73340). Les titulaires de la responsabilité parentale peuvent cependant conclure un **accord d'élection de for** au profit de la juridiction de l'État où se trouve l'enfant pour statuer sur le fond du droit de garde (Règl. 2019/1111 du 25-6-2019 art. 9 ; A. Devers, Règlement Bruxelles II ter et enlèvement international d'enfants : Dr. famille 2022 chron. 16, qui estime qu'un tel accord n'est pas contraire avec l'article 16 de la convention de 1980).

Le **règlement Bruxelles II ter** contient des règles précises sur le **moment auquel il faut considérer** que les tribunaux de l'État de refuge deviennent compétents en tant que tribunaux de l'État de la **nouvelle résidence habituelle** de l'enfant. Ainsi, les juridictions de l'État membre de la résidence habituelle de l'enfant avant l'enlèvement conservent leur compétence pour statuer au fond sur la responsabilité parentale jusqu'à (Règl. 2019/1111 du 25-6-2019 art. 9) :
– l'acquiescement du titulaire du droit de garde au déplacement ou au non-retour ;
– ou la réunion des conditions suivantes : l'intégration de l'enfant dans son nouvel environnement et la résidence de l'enfant dans cet État membre pendant au moins un an après que le titulaire du droit de garde a eu (ou aurait dû avoir) connaissance du lieu où se trouvait l'enfant. En outre, l'une des conditions suivantes doit être remplie : l'absence, le retrait ou le rejet (autre que pour danger grave ou opposition de l'enfant) non susceptible de recours d'une demande de retour dans le délai précité d'un an, ou le fait que les autorités de la résidence habituelle statuent sur la garde sans ordonner le retour de l'enfant ou ne sont pas saisies d'une demande au fond sur le droit de garde après le rejet d'une demande de retour.
Le simple fait que l'enfant ait acquis une nouvelle résidence habituelle dans l'État dans lequel il a été déplacé ne suffit pas, si les autres conditions posées par cet article du règlement ne sont pas remplies (CJUE 1-7-2010 C-211/10 PPU, Povse, à propos de Bruxelles II bis mais transposable). Toutefois, ces règles ne s'appliquent pas en cas de déplacement illicite d'un enfant d'un État de l'Union européenne vers un État tiers, lorsque l'enfant a acquis sa résidence habituelle dans cet État tiers à la suite d'un enlèvement (CJUE 24-3-2021 aff. 603/20 : BPAT 3/21 inf. 111, à propos de Bruxelles II bis mais transposable).

› Précisions a. Les juridictions de l'État membre dans lequel l'enfant avait sa résidence habituelle immédiatement avant son enlèvement conservent leur compétence lorsque l'enfant, après avoir été enlevé illicitement, a été ramené sur le territoire de ce pays par un **« contre-enlèvement »** du parent en fraude des droits duquel cet enlèvement a eu lieu (Cass. 1e civ. 5-3-2014 no 12-24.780 : BPAT 2/14 inf. 53, JDI 2014 comm. 11 par E. Gallant). La solution, rendue en application du règlement Bruxelles II bis, est transposable au règlement Bruxelles II ter.
b. Le **transfert de compétence à une juridiction dite « mieux placée »** est susceptible d'être mis en œuvre par la juridiction de la résidence habituelle de l'enfant immédiatement avant l'enlèvement au profit de la juridiction de l'État dans lequel se trouve l'enfant après son enlèvement, sous réserve que les conditions prévues par le texte soient réunies (CJUE 13-7-2023 aff. 87/22 : BPAT 6/23 inf. 261) ; sur ces conditions, voir nos 73170 s. La Cour estime cependant que la juridiction ne saurait être considérée comme mieux placée tant qu'elle n'a pas statué sur la demande de retour ou si elle a pris un retard significatif pour statuer sur la demande de retour. Le transfert de compétence ne saurait en outre avoir pour effet de priver le parent demandant le retour de l'enfant de la possibilité de faire valoir ses arguments d'une façon effective (même arrêt).
c. La **convention de La Haye du 19 octobre 1996** prévoit également le maintien de la compétence des tribunaux du pays de la résidence habituelle de l'enfant avant le déplacement ou non-retour illicite. L'enfant sera réputé avoir acquis une nouvelle résidence habituelle en cas d'acquiescement du titulaire du droit de garde au déplacement ou lorsque les conditions cumulatives suivantes sont remplies : écoulement d'un délai d'un an à compter de la connaissance du lieu où se trouvait l'enfant par le titulaire du droit de garde, aucune demande de retour n'est encore en cours d'examen et l'enfant s'est intégré dans son nouveau milieu (Conv. La Haye du 19-10-1996 art. 7).

OBSTACLES AU RETOUR DE L'ENFANT

Si le **délai écoulé depuis l'enlèvement de l'enfant** (le délai est décompté du déplacement de l'enfant jusqu'à l'introduction de la demande devant les autorités judiciaires ou administratives de l'État où il se trouve, et non la date de saisine de l'autorité centrale) est de plus d'un an, l'autorité ne sera pas tenue d'ordonner le retour s'il est établi que l'enfant s'est intégré dans son nouveau milieu (Conv. La Haye du 25-10-1980 art. 12). Ces deux conditions (délai et intégration) sont cumulatives. Seule l'intégration de l'enfant doit être appréciée, non celle du parent auteur de l'enlèvement (Cass. 1e civ. 13-7-2017 no 17-11.927 FS-PBI : BPAT 5/17 inf. 184). Si l'autorité ordonne le retour après ce délai d'un an, le parent auteur de l'enlèvement ne saurait se prévaloir d'une violation de son droit à la vie privée s'il a lui-même contribué à l'allongement de la procédure en raison de son comportement (CEDH 21-2-2023 no 16205/21, G.K. c/ Chypre : retour ordonné près de 3 ans et demi après le déplacement). 73380
Autre hypothèse, si la preuve est rapportée que le **titulaire du droit de garde n'exerçait pas effectivement ce droit** au moment de l'enlèvement (cette exception est en réalité redondante

avec la définition du déplacement illicite) ou qu'il a consenti ou acquiescé postérieurement au déplacement de l'enfant, l'autorité saisie ne sera pas tenue d'ordonner le retour (Conv. La Haye du 25-10-1980 art. 13).

L'autorité saisie ne sera pas non plus tenue d'ordonner le retour dans le cas où l'enfant serait exposé, en raison du retour, à un **danger physique ou psychique** (n° 73383).

L'**opposition de l'enfant** à son retour, s'il a atteint un âge et une maturité suffisants, est également un motif permettant à l'autorité saisie de refuser le retour (Conv. La Haye du 25-10-1980 art. 13). Il s'agit toutefois d'une simple faculté pour le juge, qui n'est pas tenu d'y céder (Cass. 1e civ. 8-7-2010 n° 09-66.406 : Bull. civ. I n° 160, BPAT 6/10 inf. 337 ; Cass. 1e civ. 14-3-2018 n° 18-10.438 F-D). La jurisprudence de la Cour européenne des droits de l'Homme était dans le même sens (CEDH 1-7-2014 n° 54443/10, Blaga c/ Roumanie ; CEDH 22-7-2014 n° 3592/08, Rouiller c/ Suisse). Un arrêt récent admet cependant, de manière très critiquable, que les autorités nationales n'exécutent pas une décision de retour prise par leur propre juridiction, en raison de l'opposition de l'enfant souhaitant rester avec le parent auteur de l'enlèvement (CEDH 1-2-2018 n° 51312/16, M. K. c/ Grèce : Rev. crit. DIP 2019 p. 111 note C. Chalas). Le règlement Bruxelles II ter pose désormais un principe général selon lequel l'enfant doit être entendu (n° 73195) et précise que ce principe s'applique en cas d'enlèvement (Règl. 2019/1111 du 25-6-2019 art. 26). Cette audition pourrait se faire par visioconférence (Règl. 2019/1111 du 25-6-2019 considérant 53).

Le retour peut être refusé s'il n'est pas permis par les principes fondamentaux de l'État requis sur la sauvegarde des **droits de l'Homme et** des **libertés fondamentales** (Conv. La Haye du 25-10-1980 art. 20).

Dans les rapports entre **États membres de l'Union européenne**, le retour de l'enfant ne peut être refusé si le **parent « victime » n'a pas eu la possibilité d'être entendu** (Règl. 2019/1111 du 25-6-2019 art. 27, § 1). Cette audition pourrait également se faire par visioconférence (Règl. 2019/1111 du 25-6-2019 considérant 53).

73383 **Danger physique ou psychique** S'il existe un **risque grave** que le retour expose l'enfant à un danger physique ou psychique ou le place dans une situation intolérable, le retour peut être refusé (Conv. La Haye du 25-10-1980 art. 13).

Le danger doit normalement s'apprécier au regard du **parent « victime » de l'enlèvement** : sont invoqués à ce titre sa violence à l'égard de l'enfant, sa dépendance à l'égard de l'alcool ou de la drogue, voire son appartenance à une secte (non constitutive à elle seule d'un danger selon la Cour de cassation : Cass. 1e civ. 15-6-1994 n° 93-19.058 : Rev. crit. DIP 1995 p. 96 note H. Muir-Watt).

Toutefois, la jurisprudence apprécie également le danger que représenterait pour l'enfant l'éloignement du **parent auteur de l'enlèvement** et un nouveau changement de ses conditions de vie (Cass. 1e civ. 12-7-1994 n° 93-15.495 : Rev. crit. DIP 1995 p. 96 note H. Muir-Watt). Cette interprétation est contestable car elle conforte la voie de fait commise par le parent coupable de l'enlèvement. La Cour de cassation semblait avoir abandonné cette interprétation (Cass. 1e civ. 26-10-2011 n° 10-19.905 : Bull. civ. I n° 178, BPAT 6/11 inf. 345 ; Cass. 1e civ. 13-2-2013 n° 11-28.424 : Bull. civ. I n° 12, BPAT 2/13 inf. 53 ; Cass. 1e civ. 7-12-2016 n° 16-20.858 F-PB : BPAT 1/17 inf. 16 ; Cass. 1e civ. 30-11-2022 n° 22-16.976 F-D ; voir également en ce sens, R. Le Cotty, Situation de l'enfant déplacé : les exceptions au retour : AJ fam. 2018 p. 529).

Certains arrêts restent cependant à rebours de cette tendance (Cass. 1e civ. 19-11-2014 n° 14-17.493 : Bull. civ. I n° 192 ; Cass. 1e civ. 22-11-2018 n° 18-20.546 F-D). De manière justifiée, lorsque le risque grave consiste dans la privation des droits parentaux du parent auteur de l'enlèvement (Cass. 1e civ. 22-11-2018, précité ; Cass. 1e civ. 21-11-2019 n° 19-19.388 F-D ; Cass. 1e civ. 28-1-2021 n° 20-12.213 F-D). Ces trois arrêts concernent deux couples franco-japonais, les deux premiers étant rendus dans la même affaire. Le risque grave n'a pas été admis alors qu'il semble que le risque de privation des droits parentaux de l'un des parents du fait du particularisme du droit japonais est réel (voir C. Chalas, La convention de La Haye du 25 octobre 1980 à l'épreuve de l'enlèvement international d'enfants franco-japonais : Rev. crit. DIP 2021 p. 799). Cela étant, comme cela a été justement relevé, le retour de l'enfant n'implique pas nécessairement la séparation avec le parent auteur de l'enlèvement, lequel peut accompagner l'enfant dans le pays de sa résidence habituelle une fois que le retour a été ordonné (A. Devers, Règlement Bruxelles II ter et enlèvement international d'enfants : Dr. famille 2022 chron. 16 ; voir CEDH 12-5-2022 n° 64886/19 X. c/ République tchèque : pas de violation de l'article 8, le retour de l'enfant n'impliquant pas une séparation avec sa mère).

De manière générale, le **risque grave doit être démontré par** le parent auteur de l'enlèvement et cette exception au retour est interprétée de manière stricte. Par exemple, le danger grave n'a pas été reconnu à propos de la réserve sud-africaine où vivait le père et où la mère avait vécu pendant sa grossesse et dans les six mois suivant la naissance de l'enfant (Cass. 1e civ. 19-11-2014, précité). La Cour européenne des droits de l'Homme approuve cette interprétation stricte (CEDH

3-5-2022 n° 30560/19, P. D. c/ Russie : l'exception de danger ne comprend pas l'ensemble des désagréments mais seulement ceux qui dépassent ce que l'enfant peut raisonnablement supporter).

Le juge saisi d'une demande de retour n'est en revanche pas tenu de prendre en compte, pour apprécier l'existence d'un risque grave, ni les motifs de la décision étrangère ayant attribué la garde au parent victime de l'enlèvement ni l'appréciation par cette juridiction des éléments de preuve produits devant elle (Cass. 1e civ. 27-6-2019 n° 19-14.464 FS-PB : BPAT 5/19 inf. 183, à propos d'un enlèvement intra-européen).

L'appréciation du danger doit se faire en considération primordiale de l'**intérêt supérieur de l'enfant**, tel qu'il est protégé par l'article 3, 1 de la **convention de New-York** du 26 janvier 1990 relative aux droits de l'enfant, d'application directe devant les juridictions françaises (Cass. 1e civ. 14-6-2005 n° 04-16.942 : Bull. civ. I n° 245). 73385

L'appréciation du risque grave menaçant l'enfant doit également se faire dans le respect des prescriptions de la **convention de sauvegarde des droits de l'Homme** et des libertés fondamentales, et en particulier de son article 8 garantissant un droit au **respect de la vie privée et familiale**. Selon la jurisprudence de la Cour européenne des droits de l'Homme, les juridictions nationales doivent se livrer à un examen approfondi de l'ensemble de la situation familiale et de toute une série d'éléments d'ordre factuel, affectif, psychologique, matériel et médical notamment. Elles doivent également procéder à une appréciation équilibrée et raisonnable des intérêts respectifs de chacun, avec le souci constant de déterminer quelle était la meilleure solution pour l'enfant enlevé dans le cadre d'une demande de retour dans son pays d'origine (CEDH 6-7-2010 n° 41615/07, Neulinger c/ Suisse ; CEDH 10-7-2012 n° 4320/11, B. c/ Belgique). Cela revient à recommander au juge du pays où se trouve l'enfant de statuer sur le fond du droit de garde alors que l'ensemble du système de la convention de La Haye requiert au contraire qu'il s'en abstienne (J.-Cl. Droit international, v° « Enlèvement international d'enfant » fasc. 549-30 par E. Gallant, n° 82). Cette jurisprudence est vivement critiquée (A. Boiché, La Cour strasbourgeoise a-t-elle décidé d'annihiler la convention de La Haye ? : AJ fam. 2012 p. 97). Elle n'a pas été suivie par la Cour de cassation (Cass. 1e civ. 13-2-2013 n° 11-28.424 : Bull. civ. I n° 12, BPAT 2/13 inf. 53 ; Cass. 1e civ. 20-3-2013 n° 12-19.382).

La Cour européenne des droits de l'Homme a semblé ultérieurement refuser le caractère d'arrêt de principe à sa décision Neulinger et reconnaît qu'il doit exister une différence dans l'appréciation du juge selon qu'il est saisi en application de la convention de La Haye d'une demande de retour, ou au fond d'une décision relative au droit de garde. Dès lors, la convention européenne des droits de l'Homme imposerait seulement une obligation de motivation spécifique au juge saisi d'une demande de retour lorsque le parent auteur de l'enlèvement invoque l'une des différentes exceptions au retour prévues par la convention de La Haye, cette appréciation devant se faire au regard de l'article 8 (CEDH 26-11-2013 n° 27853/09, X. c/ Lettonie, retenant néanmoins une violation de l'article 8 en raison de l'absence de prise en compte par la juridiction nationale du danger psychologique qu'aurait pu représenter pour l'enfant sa séparation avec sa mère et ajoutant que la possibilité pour celle-ci de se rendre dans l'État de résidence habituelle de l'enfant aurait dû être « traitée » ; la solution retenue reste donc éminemment contestable).

En outre, l'article 8 impose également aux juges ordonnant le retour de l'enfant de vérifier que les **garanties adéquates** sont assurées **dans l'État d'origine** de manière convaincante et, en cas de risque avéré, que des mesures de protection concrètes y sont prises (même arrêt). La Cour européenne des droits de l'Homme est particulièrement sensible, dans l'appréciation du risque grave, aux violences domestiques, dans lesquelles elle inclut toute forme de châtiment corporel à l'égard des enfants (CEDH 21-5-2019 n° 49450/17, O.C.I et A. c/ Roumanie). Dans cette affaire, la Roumanie a été condamnée pour avoir ordonné le retour des enfants auprès de leur père en Italie, lequel admettait lui-même avoir recours aux châtiments corporels sur ses enfants, les juridictions roumaines ayant estimé que l'existence occasionnelle d'actes violents ne suffisait pas à caractériser le risque grave.

Aux termes du **règlement Bruxelles II ter**, une juridiction ne peut refuser le retour d'un enfant sur le fondement du risque grave encouru par celui-ci, si la partie qui demande le retour garantit à la juridiction, en fournissant des éléments de preuve suffisants, que des **dispositions adéquates** ont été **prises pour assurer la protection de l'enfant** après son retour ou si la juridiction en est convaincue de toute autre manière (Règl. 2019/1111 du 25-6-2019 art. 27, § 3). 73390

Le préambule donne des exemples de dispositions adéquates (Règl. 2019/1111 du 25-6-2019 considérant 45) :

– une décision de la juridiction de l'État membre concerné interdisant au demandeur de s'approcher de l'enfant ;

– une mesure provisoire ou conservatoire prise par l'État membre concerné permettant à l'enfant de rester avec le parent ravisseur qui assume la garde effective jusqu'à ce qu'une décision au fond en matière de droit de garde ait été rendue dans cet État membre après le retour ;
– la preuve que des équipements médicaux sont disponibles pour un enfant qui a besoin d'un traitement.

Le type de disposition considéré comme adéquat en l'espèce devrait être fonction du risque grave réel auquel l'enfant est susceptible d'être exposé du fait du retour en l'absence de telles dispositions.

La **charge de la preuve** repose donc principalement sur le demandeur qui en France est le parquet, sauf si le parent victime de l'enlèvement décide d'agir directement (n° 73370). Mais rien n'interdit à la juridiction de jouer un rôle plus actif. Le règlement précise en particulier qu'aux fins de s'assurer que les dispositions adéquates ont été prises, la juridiction peut entrer en contact avec les autorités compétentes (ce qui inclut les autorités judiciaires selon le préambule) de l'État membre dans lequel l'enfant avait sa résidence habituelle immédiatement avant son déplacement ou son non-retour illicites soit directement, soit avec l'assistance des autorités centrales (Règl. 2019/1111 du 25-6-2019 art. 27, § 4).

Enfin, lorsqu'elle ordonne le retour de l'enfant, la juridiction peut, le cas échéant, prendre des **mesures provisoires ou conservatoires** pour protéger l'enfant contre le risque grave de danger psychique ou physique, pour autant que l'examen et la prise de ces mesures ne retardent pas indûment la procédure de retour. Ces mesures n'ont pas un effet purement territorial et sont donc susceptibles d'être reconnues et exécutées dans d'autres États membres (Règl. 2019/1111 du 25-6-2019 art. 2, § 1-b et considérant 30). Elles pourraient prévoir que l'enfant continue à résider avec la personne qui en assume la garde effective (le parent ravisseur) ou définir la nature des contacts avec l'enfant après son retour (A. Devers, Règlement Bruxelles II ter et enlèvement international d'enfants : Dr. famille 2022 chron. 16). Elles devraient rester applicables jusqu'à ce qu'une juridiction de l'État membre de résidence habituelle de l'enfant ait pris les mesures qu'elle estime appropriées (Règl. 2019/1111 du 25-6-2019 considérant 30).

FORCE EXÉCUTOIRE

73392 En France, la demande aux fins d'obtenir le retour de l'enfant est jugée selon la procédure accélérée au fond et le jugement est **exécutoire de droit à titre provisoire**, à moins que le juge en décide autrement (CPC art. 481-1, 6° et 1210-6). Le règlement Bruxelles II ter prévoit que le juge saisi a la faculté de déclarer une décision exécutoire par provision, nonobstant un éventuel recours, lorsque le retour est requis dans l'intérêt supérieur de l'enfant avant que la décision sur le recours ne soit rendue (Règl. 2019/1111 du 25-6-2019 art. 27, § 6). Dans la mesure où le Code de procédure civile laisse un pouvoir d'appréciation au juge, il ne semble pas contradictoire avec le nouveau règlement (CPC art. 514-1 : le juge peut écarter l'exécution provisoire de droit s'il estime qu'elle est incompatible avec la nature de l'affaire).

La décision ordonnant le retour est susceptible d'être reconnue et exécutée dans les autres États membres, comme n'importe quelle autre décision (n°s 73305 s.). Elle n'est pas, sauf dans le cas particulier de la procédure du dernier mot (n° 73398), une décision privilégiée (n° 73315).

Le **règlement Bruxelles II ter** impose une **obligation de célérité** aux États membres dans l'exécution des décisions de retour (Règl. 2019/1111 du 25-6-2019 art. 28, § 1). Lorsqu'une telle décision n'a pas été exécutée dans un délai de six semaines après la date d'ouverture de la procédure d'exécution, la partie qui demande l'exécution ou l'autorité centrale de l'État membre d'exécution est en droit de demander à l'autorité compétente en matière d'exécution les raisons de ce retard (Règl. 2019/1111 du 25-6-2019 art. 28, § 2). Une réglementation nationale autorisant une autorité n'ayant pas la qualité de juridiction au sens du règlement (médiateur des droits des enfants, procureur général) à demander la suspension de plein droit et pour une durée d'au moins deux mois de l'exécution d'une décision ordonnant le retour, sans être tenue de motiver sa demande, est contraire au règlement (CJUE 16-2-2023 aff. 638/22 : BPAT 2/23 inf. 75, à propos de Bruxelles II bis mais transposable).

La **Cour européenne des droits de l'Homme** veille à l'exécution des décisions de retour et le fait de ne pas y procéder est une violation de l'article 8 de la convention européenne des droits de l'Homme qui protège le droit au respect de la vie privée et familiale (CEDH 7-3-2013 n° 10131/11, Raw et a. c/ France). La condamnation est notamment encourue lorsque les États ne prennent pas de mesures coercitives à l'égard du parent auteur de l'enlèvement (CEDH 26-6-2003 n° 48206/99, Maire c/ Portugal ; CEDH 7-3-2013 précité) ; voir toutefois, en cas d'opposition de l'enfant à son retour, l'arrêt de la CEDH du 1er février 2018 cité n° 73380.

En France, les **pouvoirs du parquet** ont été précisés en la matière. Dès qu'il est informé de la décision de retour, le procureur de la République chargé de son exécution peut procéder ou faire procéder à l'audition de la personne chez qui se trouve l'enfant qui fait l'objet de cette décision (CPC art. 1210-7). Afin de déterminer les modalités d'exécution de la décision de retour les plus adaptées aux circonstances de l'espèce, le parquet peut s'attacher les services de toute personne qualifiée aux fins de favoriser l'exécution amiable de la décision et de déterminer les modalités du retour de l'enfant, requérir toute personne qualifiée afin de vérifier la situation matérielle, familiale et sociale de l'enfant faisant l'objet de la décision de retour et faire procéder à tout examen médical, psychiatrique et psychologique de l'enfant qu'il estime nécessaire (CPC art. 1210-8). En l'absence d'exécution volontaire de la décision de retour, le procureur de la République peut requérir directement la force publique afin de faire exécuter les décisions rendues sur le fondement de la convention de La Haye du 25 octobre 1980 et du règlement Bruxelles II ter (Loi 95-125 du 8-1-1995 art. 34-1 ; CPC art. 1210-9).

> **Précisions** Le **procureur de la République compétent** pour requérir directement la force publique est celui près le tribunal judiciaire spécialement désigné en matière d'enlèvement international d'enfants, dans le ressort duquel se trouve l'enfant (CPC art. 1210-9).

« DERNIER MOT » AU JUGE DE LA RÉSIDENCE HABITUELLE

Dans les relations **entre États membres de l'Union européenne**, lorsqu'une juridiction rend une **décision de non-retour fondée sur le risque grave de danger ou l'opposition de l'enfant**, elle délivre d'office un certificat (dont le modèle figure en annexe I du règlement) (Règl. 2019/1111 du 25-6-2019 art. 29). **73398**

Deux hypothèses sont alors envisagées par le texte :

– soit, au moment où elle a rendu la décision de non-retour, une juridiction de l'État membre dans lequel l'enfant avait sa résidence habituelle immédiatement avant son déplacement ou son non-retour illicites était déjà saisie d'une demande au fond en matière de droit de garde. Dans ce cas, sous réserve qu'elle ait eu connaissance de cette procédure, la juridiction saisie de la demande de retour lui transmet dans un délai d'un mois à compter de la date de sa décision (directement ou via les autorités centrales) une copie de la décision, du certificat qui l'accompagne ainsi que, le cas échéant, un compte-rendu ou un résumé des audiences et tout autre document qu'elle juge pertinent ;

– soit, alors qu'aucune procédure n'était pendante, une des parties saisit, dans un délai de trois mois à compter de la notification de la décision de non-retour, une juridiction de l'État membre dans lequel l'enfant avait sa résidence habituelle immédiatement avant son déplacement ou son non-retour illicites afin que cette juridiction examine des éléments de fond relatifs au droit de garde. Dans ce cas, il appartient à l'auteur de la saisine de transmettre la décision, le certificat et le cas échéant, le compte-rendu ou le résumé des audiences et tout autre document pertinent.

Si la juridiction saisie, dans l'une de ces deux hypothèses, rend une **décision au fond en matière de droit de garde qui implique le retour de l'enfant**, elle est exécutoire dans un autre État membre dans les conditions prévues pour les décisions privilégiées (nos 73315 s.), et ce nonobstant la décision de non-retour rendue initialement. Le règlement précise que le certificat permettant à la décision d'être reconnue et exécutée dans un autre État membre ne peut être délivré que si la juridiction a rendu sa décision en tenant compte des motifs et faits sur la base desquels la décision antérieure a refusé le retour (pour risque grave de danger ou opposition de l'enfant) (Règl. 2019/1111 du 25-6-2019 art. 47, § 4).

Si le **refus d'ordonner le retour** est **fondé sur d'autres motifs** que le risque grave de danger ou l'opposition de l'enfant, les juridictions de l'État membre dans lequel l'enfant avait sa résidence habituelle immédiatement avant son déplacement ou non-retour illicites ne peuvent pas ordonner le retour de l'enfant, à la différence de ce que prévoyait le règlement Bruxelles II bis. **73399**

CHAPITRE 5

LES OBLIGATIONS ALIMENTAIRES EN DROIT INTERNATIONAL PRIVÉ

SOMMAIRE

RÈGLEMENT ALIMENTS

73400 Le règlement dit « Aliments » relatif à la compétence, la loi applicable, la reconnaissance et l'exécution des décisions et la coopération en matière d'obligations alimentaires, est **entré en vigueur** le 18 juin 2011 (Règl. 4/2009 du 18-12-2008).

Il couvre l'ensemble des questions de droit international privé posées par les obligations alimentaires dans les relations entre **États** membres de l'Union européenne. Si le règlement s'applique à l'ensemble des États de l'Union européenne, certaines de ses dispositions ne s'appliquent pas au Danemark.

Les **obligations alimentaires concernées** sont celles qui découlent des relations de famille, de parenté, de mariage ou d'alliance (Règl. 4/2009 du 18-12-2008 art. 1, 1). Cette définition a vocation à couvrir tous types d'obligations alimentaires, y compris s'ils sont inconnus du droit de certains États membres, telles les obligations alimentaires entre conjoints ou partenaires homosexuels ou envers un ascendant (en ce sens, M. Salord, Recouvrement des obligations alimentaires dans l'Union. Présentation générale : AJ fam. 2009 p. 100).

La notion d'obligations alimentaires étant définie largement, elle devrait logiquement inclure :

– l'action à fins de subsides (M. Farge, Promotion transfrontière du droit à obtenir des aliments : l'apport du règlement (CE) n° 4/2009 du 18 décembre 2008 (1e partie) : Dr. famille 2011 étude 18) ;

– la prestation compensatoire (Cass. 1e civ. 8-7-2015 n° 14-17.880 : Bull. civ. I n° 46 ; voir également, à propos de la convention de Bruxelles du 27-9-1968 concernant la compétence judiciaire et l'exécution des décisions en matière civile et commerciale, CJCE 6-3-1980 aff. 120/79, De Cavel, mais transposable).

La contribution aux charges du mariage est traditionnellement considérée par la jurisprudence comme une obligation alimentaire (en ce sens, Cass. 1e civ. 6-11-1990 n° 88-15.496 : Rev. crit. DIP 1991 p. 348 note M. Simon-Depitre, à propos de la convention de La Haye du 2-10-1973 sur la loi applicable aux obligations alimentaires, mais transposable). On peut cependant s'interroger sur la pérennité de cette jurisprudence après l'entrée en vigueur du règlement Régimes matrimoniaux dans l'hypothèse où la contribution serait considérée comme une obligation découlant du régime primaire (voir n° 72618).

En revanche, sont exclues les obligations alimentaires résultant du décès, telle la créance alimentaire des ascendants, autres que les père et mère, qui sont dans le besoin prévue par l'article 758 du Code civil, celles-ci entrant dans le champ d'application du règlement Successions (Règl. 650/2012 du 4-7-2012 art. 1, 2-e).

En principe, le **créancier d'aliments** au titre du règlement ne peut être qu'une personne physique (Règl. 4/2009 du 18-12-2008 art. 2, 1-10). Toutefois, aux fins de la reconnaissance et de l'exécution des décisions, le créancier peut également être un organisme public agissant à la place d'une personne à laquelle des aliments sont dus ou un organisme auquel est dû le remboursement de prestations fournies à titre d'aliments (Règl. 4/2009 du 18-12-2008 art. 64). La Cour de justice interprète largement cette disposition, en ne la limitant pas aux seules fins de la reconnaissance et de l'exécution des décisions : elle admet qu'un organisme public poursuivant, par la voie d'une action récursoire, le recouvrement de sommes versées à titre d'aliments à un

créancier d'aliments, dans les droits duquel il est subrogé à l'égard du débiteur d'aliments, est fondé à se prévaloir de la compétence de la juridiction du lieu de la résidence habituelle dudit créancier (CJUE 17-9-2020 aff. 540/19).
Situées à la croisée de plusieurs matières, les obligations alimentaires justifient qu'un chapitre autonome leur soit consacré.

A. Coopération

EN APPLICATION DU RÈGLEMENT ALIMENTS

Au sein de l'Union européenne, le règlement Aliments prévoit la mise en place d'**autorités centrales** dans chacun des États membres (à l'exception du Danemark, les dispositions du règlement sur les autorités centrales ne lui étant pas applicables). Leur rôle est de faciliter la mise en œuvre du règlement par l'échange d'informations, permettant notamment la localisation du créancier ou du débiteur et la recherche d'informations relatives aux revenus et au patrimoine du débiteur. **73403**
La **compétence territoriale** des autorités centrales est en principe fixée par la résidence du demandeur (débiteur ou créancier) qui s'adresse à elles. Le texte établit en effet une liste de demandes susceptibles d'être présentées par le créancier ou le débiteur à l'autorité centrale de l'État membre de sa résidence en vue d'être transmises à l'autorité centrale d'un autre État membre, l'« État membre requis » (Règl. 4/2009 du 18-12-2008 art. 56).
Pour le **créancier**, ces demandes « disponibles » comprennent notamment :
– la reconnaissance seulement ou la reconnaissance et la déclaration constatant la force exécutoire d'une décision ;
– l'exécution d'une décision rendue ou reconnue dans l'État membre requis ;
– l'obtention d'une décision dans l'État membre requis lorsqu'il n'existe aucune décision, y compris l'établissement de la filiation si nécessaire ;
– la modification d'une décision rendue dans un État membre.
Le créancier d'aliments n'est cependant jamais obligé de saisir l'autorité centrale pour obtenir l'exécution d'une décision obtenue dans un autre État membre et peut présenter sa demande directement à la juridiction compétente. Une législation nationale qui l'obligerait à soumettre sa demande de mise en exécution à une juridiction par le biais de l'autorité centrale de l'État membre d'exécution est contraire au règlement (CJUE 9-2-2017 aff. 283/16).
Le **débiteur** peut quant à lui demander à l'autorité centrale la reconnaissance d'une décision ayant pour effet de suspendre ou de restreindre l'exécution d'une décision antérieure dans l'État membre requis ainsi que la modification d'une décision rendue dans un État membre.
Dans certaines hypothèses, une autorité centrale peut même « s'**autosaisir** » et demander à une autre autorité centrale de prendre certaines mesures afin d'aider un demandeur potentiel à présenter une demande ou déterminer si une demande doit être introduite (Règl. 4/2009 du 18-12-2008 art. 53, 1).
La France a désigné comme autorité centrale le ministère des affaires étrangères, Direction des Français à l'étranger et de l'administration consulaire, service des conventions, des affaires civiles et de l'entraide judiciaire, sous-direction de la protection des droits des personnes, bureau de recouvrement des créances alimentaires (RCA), 27 rue de la Convention, CS 91533, 75732 Paris cedex 15 (obligation.alimentaire@diplomatie.gouv.fr).

À DÉFAUT D'APPLICATION DU RÈGLEMENT ALIMENTS

Lorsque le règlement Aliments n'est pas applicable, la coopération en matière d'obligations alimentaires se fera dans le cadre de la **convention de La Haye du 23 novembre 2007**. Celle-ci prévoit des dispositions relatives à la coopération entre autorités centrales et à l'aide judiciaire (n° 73441) similaires à celles du règlement Aliments puisqu'elle a inspiré dans ces domaines les dispositions de ce dernier. Cette convention s'applique dans les rapports des États membres de l'Union européenne, à l'exclusion du Danemark, avec les États tiers. Elle ne s'applique pas dans les rapports entre États membres, qui sont régis par le règlement. Elle s'applique donc dans les rapports de la France avec les pays suivants : Albanie, Azerbaïdjan, Belarus, Bosnie-Herzégovine, Botswana, Brésil, Canada, Équateur, États-Unis, Guyana, Honduras, Kazakhstan, Monténégro, Nicaragua, Norvège, Nouvelle-Zélande, Philippines, Royaume-Uni, Serbie, Turquie, Ukraine. La Convention entrera en vigueur au Kirghizistan le 1er novembre 2024 et au Cap-Vert le 12 janvier 2025. **73405**
À défaut s'applique la **convention de New York du 20 juin 1956** sur le recouvrement des aliments à l'étranger. Celle-ci reste applicable dans les rapports avec les États suivants : Algérie, Argentine, Australie, Barbade, Burkina Faso, Cap-Vert, Chili, Colombie, Danemark, Guatemala,

Haïti, Israël, Kirghizistan, Liberia, Macédoine du Nord, Maroc, Mexique, Moldavie, Monaco, Niger, Pakistan, République centrafricaine, Saint-Siège, Seychelles, Sri Lanka, Suisse, Surinam, Tunisie, Uruguay.

La convention de New York prévoit la désignation par les États contractants d'autorités expéditrices et d'institutions intermédiaires. Si une personne se trouvant sur le territoire d'un État contractant se prétend créancière d'aliments à l'encontre d'un débiteur se trouvant sur le territoire d'un autre État contractant, elle adresse une demande à l'autorité expéditrice de l'État où elle se trouve, laquelle transmet cette demande à l'institution intermédiaire de l'État du débiteur. Le créancier d'aliments doit fournir un certain nombre d'informations à l'autorité expéditrice qui les transmet à l'institution intermédiaire. Celle-ci peut prendre toutes les mesures propres à assurer le recouvrement des aliments, y compris intenter une action en justice pour obtenir des aliments et poursuivre l'exécution d'un jugement condamnant le débiteur à verser des aliments. Pour la France, l'autorité expéditrice et l'institution intermédiaire sont identiques à l'autorité centrale désignée pour l'application du règlement Aliments (le site des Nations unies, sous l'égide desquelles la Convention a été signée, ne semble cependant pas avoir été mis à jour des coordonnées nouvelles de cette autorité).

B. Compétence

APPLICABILITÉ DU RÈGLEMENT ALIMENTS

73420 Applicable aux procédures engagées depuis le 18 juin 2011 dans tous les **États de l'Union européenne** (sur l'incidence du Brexit, voir nº 72004, précisions), le règlement Aliments abroge les dispositions spécifiques aux obligations alimentaires du règlement 44/2001 du 22 décembre 2000 concernant la compétence judiciaire, la reconnaissance et l'exécution des décisions en matière civile et commerciale, dit « règlement Bruxelles I ». Ce dernier a été remplacé à compter du 10 janvier 2015 par un nouveau règlement 1215/2012 du 12 décembre 2012 concernant la compétence judiciaire, la reconnaissance et l'exécution des décisions en matière civile et commerciale, qui exclut de son champ d'application les obligations alimentaires.

Par ailleurs, l'applicabilité du règlement dans l'espace, en matière de compétence territoriale, n'est pas limitée : les règles de compétence prévues joueront même si le **défendeur réside hors de l'Union européenne**.

COMPÉTENCES À TITRE PRINCIPAL

73422 Le règlement prévoit **deux compétences possibles**. Il désigne, à titre principal, le tribunal du lieu où le défendeur a sa résidence habituelle (Règl. 4/2009 du 18-12-2008 art. 3, a). La Cour de justice considère que la détermination de la résidence habituelle d'un enfant ou de ses parents pour les besoins du règlement Aliments doit se faire selon les mêmes principes que ceux arrêtés à propos du règlement Bruxelles II ter pour la responsabilité parentale (nºs 73161 s.) et le divorce (nº 72905) (CJUE 1-8-2022 aff. 501/20 : BPAT 5/22 inf. 224, à propos de Bruxelles II bis mais transposable). Comme pour ce règlement, le fait que les parents bénéficient d'une immunité diplomatique est sans incidence sur la détermination de la résidence habituelle (même arrêt). Toutefois, la cohérence entre les deux instruments n'est pas parfaite : en cas d'enlèvement d'enfant, le règlement Bruxelles II ter prévoit le maintien de la compétence des tribunaux de la résidence habituelle de l'enfant immédiatement avant son enlèvement. La Cour de justice a jugé, en matière de loi applicable mais le raisonnement est certainement transposable, qu'aucune disposition du règlement Aliments ne prévoit un tel maintien de compétence en cas de changement de résidence habituelle (CJUE 12-5-2022 aff. 644/20 : BPAT 4/22 inf. 182).

Est également compétent le tribunal de la résidence habituelle du créancier d'aliments (Règl. 4/2009 du 18-12-2008 art. 3, b).

L'**option** de compétence ne **bénéficie** en réalité qu'au créancier d'aliments, le débiteur demandeur ne pouvant assigner celui-ci que devant le tribunal de sa résidence habituelle, qui se confond, dans ce cas, avec celle du défendeur (E. Gallant, Le nouveau droit international privé alimentaire de l'Union : du sur mesure pour les plaideurs : Europe 2012 étude nº 2). Un organisme public exerçant une action récursoire contre le débiteur d'aliments peut toutefois invoquer l'option de compétence en faveur de la résidence habituelle du créancier d'aliments (nº 73400).

EXEMPLE

Un enfant résidant habituellement en France pourra agir pour réclamer une pension alimentaire à son père résidant en Italie soit devant le tribunal italien de la résidence habituelle de son père (défendeur à l'action), soit – et plus probablement – devant le tribunal de sa propre résidence habituelle en France.

COMPÉTENCES À TITRE ACCESSOIRE ET SUBSIDIAIRE

Le règlement prévoit, pour statuer en matière d'obligations alimentaires, deux chefs de compétence à titre accessoire. 73426

Peut ainsi être saisie la juridiction de l'État membre compétente pour connaître d'une action relative à l'**état des personnes ou** à la **responsabilité parentale** (sauf si cette compétence est fondée uniquement sur la nationalité de l'une des parties), lorsque la demande relative à une obligation alimentaire est accessoire à cette action (Règl. 4/2009 du 18-12-2008 art. 3, c et d). Dans ce cas, la compétence de la juridiction à titre principal sera fixée, soit par le droit commun (action relative à la filiation), soit par d'autres règlements européens (en matière de divorce ou de responsabilité parentale). En cas d'enlèvement d'enfant, le règlement Bruxelles II ter maintient la compétence de la résidence habituelle de l'enfant immédiatement avant l'enlèvement (n° 73376) ; dès lors, la juridiction de l'État membre où se trouve l'enfant n'étant pas compétente en matière de responsabilité parentale, elle ne saurait par voie de conséquence être compétente à titre accessoire pour statuer sur une obligation alimentaire envers l'enfant (CJUE ord. 10-4-2018 aff. 85/18, PPU, à propos de Bruxelles II bis mais transposable).

La demande relative à une obligation alimentaire concernant un enfant dans le cadre de la procédure de divorce ou de séparation des parents doit être considérée comme étant uniquement accessoire à l'action en responsabilité parentale. Dès lors, lorsque, conformément au règlement Bruxelles II ter, le tribunal compétent pour statuer sur le relâchement ou la dissolution du lien matrimonial est distinct de celui compétent pour statuer sur les questions de responsabilité parentale, seul ce dernier est compétent pour statuer sur une éventuelle obligation alimentaire de l'un des parents envers un enfant (CJUE 16-7-2015, aff. 184/14, A. c/ B, à propos de Bruxelles II bis mais transposable). La juridiction saisie du divorce pourrait néanmoins être compétente à un autre titre : résidence habituelle du défendeur (n° 73422) ou comparution volontaire de celui-ci (n° 73429) (CJUE 5-9-2019 aff. 468/18 : BPAT 6/19 inf. 239).

Cette **option de compétence** à titre accessoire paraît pouvoir être **exercée** aussi bien **par** le créancier d'aliments que par son débiteur (par exemple si celui-ci a pris l'initiative de la procédure de divorce), le texte ne distinguant pas. La Cour de cassation s'est prononcée en ce sens (Cass. 1e civ. 25-3-2015 n° 13-23.377 F-PB : Bull. civ. I n° 73, à propos de la convention de Lugano, mais transposable). Il n'est, toutefois, pas certain que la CJUE, si elle était saisie de la question, adopterait une interprétation identique.

De manière subsidiaire, si aucune juridiction d'un État membre n'est compétente en vertu des critères énoncés ci-dessus, d'une clause de choix de juridiction ou de la comparution volontaire du défendeur, ni aucune juridiction d'un État partie à la convention de Lugano du 30 octobre 2007 concernant la compétence judiciaire, la reconnaissance et l'exécution des décisions en matière civile et commerciale (Suisse, Norvège, Islande), les tribunaux de l'État membre de la **nationalité commune des parties** sont compétents (Règl. 4/2009 du 18-12-2008 art. 6). Cette disposition vise à attraire devant les tribunaux d'un État membre une partie dont la résidence habituelle se situe hors de l'Union européenne.

EXEMPLE

Dans un litige relatif à une obligation alimentaire entre époux, une femme de nationalité française résidant à New York pourrait ainsi assigner son mari résidant au Maroc, s'il est français, devant une juridiction française.

COMPARUTION VOLONTAIRE DU DÉFENDEUR

La comparution volontaire du défendeur (autrement que pour contester la compétence de la juridiction) devant une juridiction d'un État membre suffit à rendre cette juridiction compétente pour trancher le litige relatif à une obligation alimentaire (Règl. 4/2009 du 18-12-2008 art. 5). 73429

FORUM NECESSITATIS

Le règlement instaure un « forum necessitatis », c'est-à-dire une compétence fondée sur l'idée de **déni de justice** (Règl. 4/2009 du 18-12-2008 art. 7). Si aucune juridiction n'est compétente selon les critères établis par le règlement, une juridiction d'un État membre aura, dans des cas exceptionnels, la faculté de connaître du litige s'il présente un lien suffisant avec celle-ci (par exemple, la nationalité d'une des parties) et si une procédure ne peut raisonnablement être introduite ou conduite, ou se révèle impossible dans un État tiers avec lequel le litige a un lien étroit. 73432

La caractérisation de l'existence d'un déni de justice risque d'être délicate. Le texte semble viser des **cas de force majeure**, telle la guerre civile (Règl. 4/2009 du 18-12-2008 considérant 16), et des hypothèses dans lesquelles une partie risquerait d'être exposée à « une défaillance des garanties fondamentales du procès équitable » (B. Ancel et H. Muir Watt, Aliments sans frontières : Rev. crit. DIP 2010 p. 457 n° 25). Selon la Cour de justice, pour considérer, dans des cas exceptionnels, qu'une procédure ne peut raisonnablement être introduite ou conduite dans un État tiers, il importe que, au terme d'une analyse circonstanciée des éléments avancés dans chaque cas d'espèce, l'accès à la justice dans cet État tiers soit, en droit ou en fait, entravé, notamment par l'application de conditions procédurales discriminatoires ou contraires aux garanties fondamentales du procès équitable, sans qu'il soit exigé que la partie qui invoque le forum necessitatis soit tenue de démontrer avoir vainement introduit, ou tenté d'introduire, cette procédure devant les juridictions du même État tiers (CJUE 12-5-2022 aff. 644/20 : BPAT 4/22 inf. 182).

CHOIX DE LA JURIDICTION

73435 Le règlement prévoit une possibilité limitée de choix par les parties de la juridiction compétente pour trancher leurs litiges, déjà nés ou futurs, à l'exception de ceux relatifs à une obligation alimentaire envers un enfant âgé de moins de 18 ans (Règl. 4/2009 du 18-12-2008 art. 4). Les parties pourront désigner une juridiction (ou, de façon globale, les juridictions) d'un État membre si l'une d'elles a sa **résidence habituelle** dans cet État membre **ou** la **nationalité** de celui-ci.

Pour les obligations alimentaires **entre époux ou ex-époux**, les parties pourront également désigner la juridiction compétente pour statuer sur leurs différends en matière matrimoniale ou une juridiction (ou, globalement, les juridictions) de l'État membre où se trouvait leur dernière résidence habituelle commune pendant au moins un an.

Les **conditions de validité au fond** d'un tel choix sont appréciées de manière souple : la convention sera valable si ces conditions étaient réunies au moment de la conclusion de la convention de choix ou si elles le sont au moment de l'introduction de l'instance.

Sur la forme, le choix doit être établi par écrit. Pour des époux, le choix du tribunal compétent pour statuer sur leurs différends futurs en matière d'obligation alimentaire (c'est-à-dire très probablement en cas de divorce) pourrait figurer dans leur contrat de mariage (en ce sens, A. Boiché, Recouvrement des obligations alimentaires dans l'Union. Les règles de compétence judiciaire : AJ fam. 2009 p. 107). Les époux pourraient en outre choisir à cette occasion la loi qui régira leur régime matrimonial, leurs obligations alimentaires réciproques ainsi que la loi applicable à leur divorce ; idéalement, ils devraient désigner une loi unique pour ces trois questions (Du bon usage du règlement Rome III – Entretien avec Paul Lagarde : JCP N 2012 n° 1273) et choisir comme tribunal compétent un tribunal du pays de la loi désignée.

> **Précisions** Signalons que le **choix** par les parties de la juridiction compétente n'est **pas possible** en matière de divorce. Il est en revanche possible en matière de régimes matrimoniaux, mais seulement de manière limitée ; en outre, il ne pourra jamais jouer à l'encontre de la concentration de compétences en faveur du juge du divorce (voir n° 72628). Il peut ainsi arriver que le juge compétent pour statuer sur le divorce ne soit pas celui désigné pour statuer sur l'obligation alimentaire des époux résultant de celui-ci (prestation compensatoire). Dans la mesure où le droit français s'applique à l'obligation alimentaire (notamment s'il a été choisi par les parties n° 73464), il s'ensuit qu'un juge français saisi de cette question statuera nécessairement après le divorce. Or le droit interne français interdit en principe de demander une prestation compensatoire après le prononcé du jugement du divorce. Il serait opportun que les juges écartent cette fin de non-recevoir dès lors que les textes européens relatifs au divorce et aux aliments sont applicables (en ce sens, M.-L. Niboyet, Les remèdes à la fragmentation des instruments européens de droit international privé à la lumière de la porosité des catégories « alimony » et « matrimonial property » en droit anglais : Mélanges en l'honneur du professeur B. Audit : LGDJ 2014 p. 551 s.).

COMPÉTENCE POUR MODIFIER UNE DÉCISION EXISTANTE

73438 Lorsqu'une **décision** a été **rendue dans un État membre ou** un État **partie à la convention de La Haye** du 23 novembre 2007 sur le recouvrement international des aliments destinés aux enfants et à d'autres membres de la famille, dans lequel le créancier a sa résidence habituelle, le débiteur ne peut pas introduire une action visant à modifier cette décision ou à obtenir une nouvelle décision dans un autre État membre (sous réserve de certaines exceptions, notamment en cas de choix par les parties d'un tribunal de cet État comme juridiction compétente ou de comparution volontaire du créancier d'aliments devant les juridictions de cet État) tant que le créancier continue à résider dans l'État membre dans lequel la décision a été rendue (Règl. 4/2009 du 18-12-2008 art. 8).

Le but de cette disposition est de protéger le créancier contre certaines **manœuvres du débiteur** : si la décision doit être modifiée, la demande devra être formée devant la juridiction ayant rendu la première décision. En pratique, cette protection ne devrait jouer que dans l'hypothèse où une juridiction serait compétente à titre accessoire à une action principale relative à l'état des personnes ou à la responsabilité parentale alors que la juridiction de la résidence habituelle du créancier a déjà statué sur une obligation alimentaire (E. Gallant, Le nouveau droit international privé alimentaire de l'Union : du sur mesure pour les plaideurs : Europe 2012 étude n° 2).

EXEMPLE

Deux époux de nationalité française vivent séparés, le mari en France et la femme en Angleterre. Celle-ci a obtenu de son mari le versement d'une pension au titre de la contribution aux charges du mariage, après avoir saisi les juridictions anglaises de sa résidence habituelle. Le mari saisit les juridictions françaises d'une demande en divorce. Il ne pourra pas demander à la juridiction saisie de modifier la décision anglaise le condamnant mais devra saisir les juridictions anglaises à cet effet.

MESURES PROVISOIRES ET CONSERVATOIRES

Le règlement permet à un juge qui ne serait pas compétent sur le fond de prendre des mesures provisoires ou conservatoires (Régl. 4/2009 du 18-12-2008 art. 14). Aucune **condition** d'urgence ou de présence sur le territoire de l'État membre n'est imposée par le texte. La CJUE pourrait néanmoins imposer qu'il existe un « lien de rattachement réel » entre l'objet de la mesure demandée et la compétence territoriale du juge saisi (CJCE 17-11-1998 aff. 391/95, Van Uden Maritime c/ Deco-Line, rendu à propos du règlement Bruxelles I mais transposable). **73440**
En l'absence de jurisprudence en sens contraire, un juge français compétent pour statuer sur le divorce pourrait donc se prononcer sur les obligations alimentaires entre époux et envers les enfants pendant l'instance en divorce, alors même qu'il n'est pas compétent au titre du règlement (notamment pour statuer sur la pension relative aux enfants, n° 73426).
Rien n'interdit bien entendu à un juge compétent sur le fond de prendre des mesures provisoires.

AIDE JUDICIAIRE

Le règlement contient des dispositions spécifiques sur l'octroi de l'aide judiciaire (Règl. 4/2009 du 18-12-2008 art. 44 à 47). **73441**

C. Loi applicable

PROTOCOLE DE LA HAYE DU 23 NOVEMBRE 2007

Sur ce point, le règlement Aliments renvoie purement et simplement au protocole de La Haye du 23 novembre 2007 sur la loi applicable aux obligations alimentaires, pour les États membres liés par cet instrument. **73450**
Le Protocole est **entré en vigueur** le 1er août 2013, à la suite de sa ratification par la Serbie. Toutefois, ses règles s'appliquaient d'ores et déjà dans tous les États membres de l'Union européenne depuis le 18 juin 2011, sauf au Danemark. À l'exception de ce dernier État, l'Union européenne avait en effet indiqué son intention d'appliquer de façon unilatérale les règles prévues par le Protocole si celui-ci n'était pas entré en vigueur à cette date (Décision du Conseil du 30-11-2009 relative à la conclusion par l'Union européenne du protocole de La Haye du 23 novembre 2007 sur la loi applicable aux obligations alimentaires art. 4). Il est aujourd'hui en vigueur dans les pays de l'Union européenne (à l'exception du Danemark), ainsi que dans les pays suivants : Brésil, Équateur, Kazakhstan, Serbie et Ukraine.
Le Protocole ne **s'applique** pas aux aliments réclamés pour une période antérieure à son entrée en vigueur (Protocole La Haye du 23-11-2007 art. 22), soit avant le 18 juin 2011 pour la France. Le critère est donc non pas la date à laquelle la procédure a été initiée, mais la période pour laquelle les aliments sont réclamés. « S'ils sont réclamés pour une période antérieure à l'entrée en vigueur du nouveau texte (par exemple, si le créancier demande le versement d'arriérés), le Protocole ne s'appliquera pas, bien que la demande ait été déposée après son entrée en vigueur. L'obligation alimentaire restera régie, pour cette période, par les règles de droit international privé (de source interne ou conventionnelle) qui étaient applicables [...] avant l'entrée en vigueur du Protocole. À l'inverse, une autorité qui doit trancher après l'entrée en vigueur du Protocole sur des aliments dus pour l'avenir devra appliquer ce texte, même si la demande avait été déposée antérieurement à l'entrée en vigueur. » (A. Bonomi, Rapport explicatif sur le protocole de La Haye du 23-11-2007 sur la loi applicable aux obligations alimentaires n° 206). Le fait que des époux aient conclu antérieurement à l'entrée en vigueur du Protocole une convention de choix de loi applicable (n° 73464) ne s'opposera donc pas à l'application du Protocole à celle-ci dans la mesure où les aliments sont réclamés pour une période postérieure à son entrée en vigueur (Cass. 1e civ. 8-7-2015 n° 14-17.880 FS-PB : Bull. civ. I n° 46).

Les règles de détermination de la loi applicable figurant dans le Protocole s'appliquent dès lors qu'un juge d'un État membre (à l'exception du Danemark) se reconnaît compétent en vertu du règlement Aliments. Un juge français compétent en vertu du règlement Aliments appliquera donc en principe les règles de conflit figurant dans le Protocole.

EXEMPLE

On a pu s'interroger sur la **compétence** de la Cour de justice de l'Union européenne **pour interpréter le Protocole**, dans la mesure où il ne s'agit pas à proprement parler d'un texte législatif de l'Union européenne. La Cour de justice estime cependant qu'un accord conclu par le Conseil de l'Union européenne constitue un acte pris par l'une de ses institutions et s'est donc logiquement estimée compétente (CJUE 7-6-2018 aff. 83/17).

RATTACHEMENT DE PRINCIPE

73453 Le Protocole établit une règle générale de détermination de la loi applicable aux obligations alimentaires : celles-ci sont en principe régies par la loi de l'État de la **résidence habituelle** du créancier d'aliments (Protocole La Haye du 23-11-2007 art. 3). Par exemple, un enfant prétendant être titulaire d'une créance d'aliments contre l'un de ses parents verra la loi de sa résidence habituelle s'appliquer à sa prétention. La résidence habituelle fait l'objet d'une définition autonome par la Cour de justice, très similaire à celle retenue pour Bruxelles II ter : le lieu où se situe le centre habituel de la vie du créancier d'aliments, en tenant compte de son environnement social et familial, en particulier lorsqu'il s'agit d'un enfant en bas âge (CJUE 12-5-2022 aff. 644/20 : BPAT 4/22 inf. 182). Il s'agit d'une appréciation de fait, la résidence habituelle devant présenter un degré suffisant de stabilité (même arrêt).

Toutefois, cette règle ne s'applique pas nécessairement aux **obligations alimentaires issues du mariage ou de la dissolution de celui-ci**. Si l'une des parties s'y oppose et si la loi d'un autre État, en particulier celui de la dernière résidence habituelle commune des époux, présente un lien plus étroit avec le mariage, cette dernière loi s'appliquera (Protocole La Haye du 23-11-2007 art. 5).

RÈGLES SPÉCIFIQUES

73456 Le Protocole prévoit des règles spécifiques en faveur de certaines **catégories de créanciers**. Il s'agit des enfants créanciers de leurs parents et, inversement, des parents créanciers de leurs enfants (Protocole La Haye du 23-11-2007 art. 4). Sont également concernés les créanciers âgés de moins de 21 ans (à l'exception des époux et ex-époux) qui agissent contre d'autres personnes de leur famille que leurs parents (par exemple, grands-parents, frères et sœurs ou oncles et tantes, conjoint de l'un de leurs parents, etc.). Destinées à augmenter les chances du créancier d'obtenir satisfaction, ces règles sont d'une application complexe.

Un **premier rattachement** permet à ces créanciers « privilégiés » de réclamer l'application de la loi du tribunal saisi lorsque la loi de sa résidence habituelle ne lui permet pas d'obtenir des aliments. En principe, le créancier d'aliments agira devant le tribunal de sa résidence habituelle (n° 73422) et la loi applicable sera la loi de l'État de celle-ci, laquelle coïncidera donc avec la loi du tribunal saisi. Toutefois, en cas de compétence à titre accessoire (n° 73426), le tribunal saisi ne sera pas nécessairement celui de la résidence habituelle du créancier et dans ce cas le rattachement subsidiaire pourra jouer.

Le rattachement est **inversé** si le créancier « privilégié » prend l'initiative d'engager son action devant le tribunal de la résidence habituelle du débiteur. Dans ce cas, la loi du tribunal saisi s'appliquera sauf si cette loi ne lui permet pas d'obtenir des aliments, le créancier pouvant alors demander l'application de la loi de sa résidence habituelle. Si le tribunal de la résidence habituelle du débiteur, saisi par le créancier, a appliqué sa propre loi et rendu une décision définitive octroyant des aliments, il ne peut en revanche appliquer sa propre loi lorsqu'il est saisi par le débiteur d'aliments d'une demande de modification de cette décision en vue de réduire la pension alimentaire (CJUE 20-9-2018 aff. 214/17 : le créancier invoquait l'application de la loi de sa résidence habituelle). D'autant que si le tribunal de la résidence habituelle du débiteur est compétent en raison de la comparution volontaire du créancier d'aliments (n° 73429) pour conclure au fond au rejet de la demande, on ne saurait dire que le créancier d'aliments a saisi ce tribunal (même arrêt).

Le créancier d'aliments, selon le tribunal qu'il choisira pour porter sa demande, a ainsi indirectement le choix de la loi applicable à son obligation alimentaire (voir A. Bonomi, Rapport explicatif sur le protocole de La Haye du 23-11-2007 sur la loi applicable aux obligations alimentaires n° 68 : hcch.net). L'intérêt du choix réside dans le fait que l'application subsidiaire du deuxième rattachement n'aura lieu que dans la mesure où le créancier ne peut pas obtenir d'aliments selon la loi désignée par le premier rattachement, c'est-à-dire lorsque la loi applicable ne prévoit pas d'obligation alimentaire (A. Bonomi, Rapport précité n° 61). Il en va de même lorsqu'une telle obligation dépend d'une condition légale qui fait défaut en l'espèce (A. Bonomi, Rapport précité n° 61), y compris si ce défaut

résulte d'une défaillance du créancier (CJUE 7-6-2018 aff. 83/17). Si le montant susceptible d'être obtenu est seulement plus faible, la loi désignée par le premier rattachement devra s'appliquer et le rattachement subsidiaire ne pourra pas jouer (A. Bonomi, Rapport précité n° 62).
Un **dernier rattachement** prévoit enfin que si le créancier « privilégié » ne peut pas obtenir d'aliments en vertu de la loi de sa résidence habituelle ni de celle du tribunal saisi, il pourra invoquer la loi de la nationalité commune des parties, s'il possède une nationalité commune avec le débiteur.

EXEMPLE

Un **enfant allemand** a sa **résidence habituelle en Suisse**. Dans le cadre d'une **action en justice exercée devant les tribunaux français** visant à établir son lien de filiation à l'encontre de son père naturel, également de nationalité allemande mais résidant en France, il forme une demande d'aliments à l'encontre de celui-ci. La loi applicable à l'éventuelle obligation alimentaire du père sera la loi française, loi du tribunal saisi, dans la mesure où le créancier d'aliments agit devant le tribunal de la résidence habituelle du débiteur. Toutefois, s'il ne peut obtenir d'aliments en vertu de la loi française, il pourra demander l'application de la loi de sa résidence habituelle, soit la loi suisse. Si celle-ci ne lui permet toujours pas d'obtenir satisfaction, il pourra invoquer la loi allemande, loi de la nationalité commune des parties. En revanche, si la loi française lui permet d'obtenir des aliments, mais seulement d'un montant plus faible que celui que lui aurait permis d'obtenir la loi suisse, voire la loi allemande, son action restera régie par la loi française.

CONFLIT MOBILE

En cas de **changement de la résidence habituelle** du créancier, la loi de l'État de la nouvelle résidence habituelle s'applique à partir du moment où le changement est survenu (Protocole La Haye du 23-11-2007 art. 3.2), sous réserve pour les obligations entre époux de l'exception prévue en cas d'opposition de l'un d'entre eux (n° 73453). Selon la Cour de justice, le protocole de La Haye ne prévoit aucun tempérament à la règle selon laquelle il faut appliquer la loi de la nouvelle résidence habituelle à compter de la date du changement, à la différence de l'article 9 du règlement Bruxelles II ter qui paralyse le changement de résidence habituelle en cas d'enlèvement international d'enfant (CJUE 12-5-2022 aff. 644/20 : BPAT 4/22 inf. 182). Dès lors, le fait qu'une juridiction d'un État membre ait ordonné le retour d'un enfant enlevé n'empêche pas que cet enfant ait pu acquérir une résidence habituelle sur le territoire de cet État membre aux fins de la détermination de la loi applicable à sa créance alimentaire. Cependant, dans le cadre de son appréciation de l'ensemble des éléments de fait caractérisant la résidence habituelle, la juridiction saisie pourra être amenée à tenir compte du caractère illicite du non-retour pour déterminer si la présence de l'enfant revêt un degré suffisant de stabilité. Elle devra se livrer à cette analyse en se plaçant à la date à laquelle elle statue sur la demande d'aliments (même arrêt). 73457

EXEMPLE

Un couple et leur enfant de nationalité allemande s'installent en Autriche après avoir vécu en Allemagne. Après la séparation de ses parents, une demande est formée par l'enfant contre son père : si elle porte sur une période qui commence à courir avant son déménagement, la demande relative à la période antérieure au déménagement sera soumise à la loi allemande, la demande relative à la période postérieure sera soumise à la loi autrichienne.

S'agissant d'une demande d'aliments relativement à une période antérieure au changement de résidence du créancier, celui-ci devra donc invoquer en principe la loi de son ancienne résidence habituelle. Mais **s'il ne peut obtenir d'aliments** en vertu de celle-ci **et** qu'il est un **créancier « privilégié »**, il pourra invoquer les rattachements exceptionnels exposés n° 73456. Il pourra ainsi invoquer la loi du tribunal saisi, même si celle-ci correspond à l'État de sa nouvelle résidence habituelle, à condition toutefois de prouver que le tribunal saisi était compétent en vertu du règlement pour connaître du litige relativement à cette période antérieure (CJUE 7-6-2018 aff. 83/17). 73458

MOYENS DE DÉFENSE

Le Protocole limite la faveur faite au créancier d'aliments en accordant au débiteur des moyens de défense spécifiques. Ces moyens **ne s'appliquent pas** aux obligations alimentaires entre époux ni aux obligations alimentaires des parents envers leurs enfants. 73459
Pour toutes les autres obligations alimentaires, le débiteur **pourra opposer** à la prétention du créancier le fait qu'une telle obligation « n'existe ni selon la loi de la résidence habituelle du débiteur ni selon la loi de l'État de la nationalité commune des parties, si elles en ont une » (Protocole La Haye du 23-11-2007 art. 6). La tâche du débiteur sera donc plus délicate s'il a une

nationalité commune avec le créancier puisqu'il devra prouver qu'il n'a pas d'obligation à la fois selon la loi de cette nationalité et selon la loi de sa résidence habituelle (A. Bonomi, Rapport explicatif sur le protocole de La Haye du 23-11-2007 sur la loi applicable aux obligations alimentaires n° 105).
Ce même auteur précise que le moyen de défense ne pourra jouer que si le débiteur prouve que l'obligation alimentaire n'existe pas. « En revanche, si la loi de la résidence habituelle du débiteur et, le cas échéant, la loi nationale commune prévoient une obligation d'un montant plus réduit que celui prévu par la loi applicable, cette circonstance ne suffira pas pour s'opposer à la demande, ni pour demander une réduction de la prestation due au créancier » (A. Bonomi, Rapport précité n° 108).

ACCORD PROCÉDURAL

73462 Les parties ont la possibilité de désigner la loi applicable pour les besoins d'une procédure particulière ; on parle alors d'« accord procédural » (Protocole La Haye du 23-11-2007 art. 7). Dans ce cas, le choix doit être exprès et ne peut porter que sur la **loi de l'État dont la juridiction est saisie**.
Les parties peuvent désigner cette loi avant l'**introduction de l'instance**, à condition que cette désignation se fasse par un écrit signé par les deux parties. Aucune protection particulière n'est prévue pour certaines catégories de créanciers d'aliments, y compris les enfants de moins de 18 ans (E. Gallant, Le nouveau droit international privé alimentaire de l'Union : du sur-mesure pour les plaideurs : Europe 2012 étude n° 2).

CHOIX PAR LES PARTIES

73464 La désignation de la loi applicable par les parties peut être faite hors de toute procédure. Les **lois susceptibles d'être choisies** sont les suivantes (Protocole La Haye du 23-11-2007 art. 8) :
– loi de l'État dont l'une des parties a la nationalité au moment de la désignation ;
– loi de l'État de la résidence habituelle de l'une des parties au moment de la désignation ;
– loi désignée par les parties pour régir leurs relations patrimoniales ou loi effectivement appliquée à ces relations (c'est-à-dire régime matrimonial ou équivalent pour les partenariats) ;
– loi désignée par les parties pour régir leur divorce ou leur séparation de corps ou loi effectivement appliquée à ce divorce ou cette séparation.
En la **forme**, le choix doit être établi par un écrit signé par les deux parties.
Les parties **ne peuvent pas désigner** la loi applicable à une obligation alimentaire concernant une personne âgée de moins de 18 ans ou un adulte qui n'est pas à même de pourvoir à ses intérêts en raison d'une insuffisance ou d'une altération de ses facultés personnelles. Le texte vise aussi bien les cas où l'enfant ou l'adulte vulnérable sont créanciers que débiteurs (en ce sens, E. Gallant, Le nouveau droit international privé alimentaire de l'Union : du sur-mesure pour les plaideurs : Europe 2012 étude n° 2).
Enfin, les **effets de ce choix** sont limités. Quelle que soit la loi choisie, seule la loi de la résidence habituelle du créancier (au moment du choix de loi) peut déterminer si la renonciation au droit aux aliments est possible. De plus, le Protocole prévoit qu'« à moins que les parties n'aient été pleinement informées et conscientes des conséquences de leur choix au moment de la désignation, la loi désignée ne s'applique pas lorsque son application entraînerait des conséquences manifestement inéquitables ou déraisonnables pour l'une ou l'autre des parties ». Cette disposition qui paraît devoir s'appliquer tant au créancier qu'au débiteur accorde au juge un pouvoir modérateur de nature à retirer au choix fait par les parties son principal attrait, la prévisibilité.

MESURES PROVISOIRES

73465 Le juge adoptant des mesures provisoires ou conservatoires devrait appliquer sa propre loi à celles-ci, qu'il soit compétent sur le fond (Cass. 1e civ. 13-5-2015 n° 13-21.827 F-D, à propos d'une pension alimentaire entre époux pour la durée de l'instance en divorce) ou non (en ce sens, Règl. 4/2009 du 18-12-2008 art 14 ; Cass. 1e civ. 19-10-2016 n° 13-21.827 F-D, concernant l'affaire précitée, jugée en 2015, mais à propos de la pension alimentaire versée aux enfants).

MISE EN ŒUVRE DE LA LOI DÉSIGNÉE

73466 La loi désignée en application du Protocole s'applique même si ce n'est pas celle d'un État partie (**caractère** dit **« universel »**) (Protocole La Haye du 23-11-2007 art. 2).
Le **renvoi** est exclu (Protocole La Haye du 23-11-2007 art. 12).
La loi désignée pourra être écartée si elle est manifestement contraire à l'**ordre public** (Protocole La Haye du 23-11-2007 art. 13).
La Cour de cassation n'a pas une position parfaitement cohérente à ce sujet.

Traditionnellement elle considère contraire à l'ordre public international une loi étrangère qui ne prévoit ni prestation compensatoire ni pension alimentaire ni dommages-intérêts en cas de divorce. Il en va de même si l'allocation prévue est insuffisante (Cass. 1e civ. 28-11-2006 n° 04-11.520 : Bull. civ. I n° 524). Dans le même sens, elle invite à confronter à l'ordre public international la clause, admise en Allemagne, qui prévoit une renonciation anticipée, par contrat de mariage, à toute pension alimentaire en cas de divorce (Cass. 1e civ. 8-7-2015 n° 14-17.880 FS-PB : Bull. civ. I n° 170). Un autre arrêt de 2015 est toutefois plus nuancé, admettant notamment que le fait qu'une loi étrangère exclue toute pension en cas de divorce aux torts partagés n'est pas contraire à l'ordre public international (Cass. 1e civ. 11-2-2015 n° 13-25.572 : BPAT 3/15 inf. 89).
Cependant, en tout état de cause, cette appréciation de l'ordre public est désormais soumise au contrôle de la Cour de justice de l'Union européenne, qui pourrait remettre en cause la jurisprudence traditionnelle favorable au jeu de l'exception d'ordre public, au moins lorsque la loi désignée est celle d'un État membre.
Le Protocole ne prévoit rien sur l'application d'éventuelles **lois de police**.
Enfin, le Protocole contient une disposition matérielle qui vise à corriger **dans tous les cas** le résultat de l'application de la loi désignée. Quelles que soient les dispositions de la loi applicable, le Protocole impose en effet de tenir compte, dans la fixation du montant des aliments, des besoins du créancier et des ressources du débiteur, ainsi que de toute compensation accordée au créancier à la place d'un paiement périodique d'aliments (Protocole La Haye du 23-11-2007 art. 14). Même s'il procède d'une intention louable, ce correctif d'équité sera difficile à mettre en œuvre.

AUTRES CONVENTIONS INTERNATIONALES

La France est partie à la **convention de La Haye du 2 octobre 1973** sur la loi applicable aux obligations alimentaires, entrée en vigueur en France le 1er octobre 1977. Il peut être soutenu que cette Convention continue à s'appliquer dans les rapports avec les États l'ayant ratifiée mais qui ne sont pas membres de l'Union européenne (Albanie, Japon, Suisse, Turquie). Cependant, la Convention prévoit qu'elle « ne déroge pas aux instruments internationaux auxquels un État contractant est ou sera partie et qui contiennent des dispositions sur les matières réglées par [elle] » (Conv. La Haye du 2-10-1973 art. 19). Cette disposition permettrait d'appliquer le Protocole même dans les rapports avec un État partie à la Convention mais non lié par le Protocole (A. Bonomi, Rapport explicatif sur le protocole de La Haye du 23-11-2007 sur la loi applicable aux obligations alimentaires n° 197). 73468
La **convention de La Haye du 24 octobre 1956** sur la loi applicable aux obligations alimentaires envers les enfants est applicable dans les rapports avec le Liechtenstein et Macao (sur la difficulté de déterminer un critère précis d'application dans ce cas, A. Bonomi, précité n° 196). La convention de 1956, au domaine plus restreint que celle de 1973, retient comme rattachement de principe la résidence habituelle de l'enfant et ne s'applique que si la loi désignée est celle d'un État partie.

D. Reconnaissance et exécution des décisions

Une **distinction** doit être faite entre les décisions rendues dans un État membre lié par le protocole de La Haye du 23 novembre 2007 sur la loi applicable aux obligations alimentaires et celles rendues dans un État membre non lié par celui-ci (Danemark). Enfin sera examiné le cas des décisions rendues dans un État tiers à l'Union européenne. 73480
Sur l'incidence du Brexit, voir n° 72004, précisions.
Le règlement ne s'applique en principe qu'aux décisions rendues à l'issue de procédures engagées depuis le 18 juin 2011. Toutefois, le règlement s'applique également à certaines décisions relevant du champ d'application du règlement Bruxelles I aux fins de la reconnaissance et de l'exécution. En cas de procédures engagées avant le 18 juin 2011, que la décision ait été rendue avant (si la reconnaissance et l'exécution sont demandées après cette date) ou après, la reconnaissance et l'exécution se feront en appliquant les dispositions du règlement Aliments relatives aux décisions rendues par un État non lié par le protocole de La Haye (c'est-à-dire que ces décisions, qu'elles soient rendues au Danemark ou dans n'importe quel autre État membre, ne seront pas dispensées d'exequatur). Encore faut-il que le règlement Bruxelles I ait bien été applicable dans le pays où la décision a été rendue à la date de celle-ci (CJUE 15-4-2021 aff. 729/19 : BPAT 3/21 inf. 112, concernant plusieurs décisions des juridictions polonaises rendues à une époque où la Pologne n'était pas membre de l'UE de sorte que le règlement Bruxelles I n'était pas encore entré en vigueur à cette date dans cet État).

DÉCISION RENDUE DANS UN ÉTAT MEMBRE LIÉ PAR LE PROTOCOLE DE LA HAYE

73483 **Suppression de l'exequatur** Les décisions rendues dans un État membre sont **reconnues de plein droit**, sans qu'aucune procédure ne soit nécessaire. À cela s'ajoute désormais le fait qu'il n'est pas possible de s'opposer, dans un second temps, à la reconnaissance d'une décision pour des motifs tels que le non-respect de l'ordre public international ou la violation des droits fondamentaux.

En outre, l'exequatur est supprimé (Règl. 4/2009 du 18-12-2008 art. 17) : si la décision est pourvue de la **force exécutoire dans l'État membre d'origine**, elle sera exécutoire dans tous les autres États membres, sans qu'aucune déclaration constatant la force exécutoire (exequatur) ne soit nécessaire. Le **critère retenu** étant le pays où la décision a été rendue, cela signifie qu'un État non lié par le Protocole devra exécuter une décision rendue dans un État membre lié par le Protocole. Ainsi une décision relative à des aliments rendue en France pourra être exécutée au Danemark, sans demander l'exequatur, tandis que l'exécution d'une décision danoise en France implique le recours à la procédure simplifiée d'exequatur mise en place par le règlement.

L'exécution est également simplifiée par la fixation d'un nombre limité de **documents à produire** par le demandeur à l'exécution (Règl. 4/2009 du 18-12-2008 art. 20). La traduction intégrale de la décision ne peut pas être exigée par l'État membre d'exécution, sauf si l'exécution est contestée.

73486 **Moyens de contestation** Il n'existe que des moyens très limités de contester la décision rendue dans un autre État membre ou de s'opposer à son exécution.

Le défendeur se voit accorder le droit de demander le **réexamen de la décision** devant une juridiction de l'État membre d'origine s'il n'a pas comparu et si l'acte introductif d'instance ne lui a pas été notifié en temps utile pour qu'il puisse se défendre ou s'il n'a pu contester la créance pour cause de force majeure ou de circonstances extraordinaires, en l'absence de faute de sa part (Règl. 4/2009 du 18-12-2008 art. 19). Le défendeur a alors 45 jours pour agir à compter du moment où il a eu effectivement connaissance de la décision et où il a été en mesure d'agir (au plus tard, le jour où les premières mesures d'exécution rendant indisponibles tout ou partie de ses biens ont été réalisées). Le débiteur peut demander la suspension de l'exécution dans l'État membre d'exécution lorsqu'il a saisi la juridiction d'origine d'une demande de réexamen. Si la juridiction de l'État membre d'origine accepte le réexamen, la décision initiale rendue dans celui-ci est nulle et non avenue ; sinon, elle reste valable.

Le débiteur a le droit de demander que l'**exécution** soit **refusée** (totalement ou partiellement) lorsque le droit d'obtenir l'exécution de la décision est prescrit selon la loi de l'État membre d'origine ou la loi de l'État d'exécution, le plus long délai de prescription étant retenu. L'exécution peut également être refusée si la décision est inconciliable avec une décision rendue dans l'État membre d'exécution ou avec une décision rendue dans un autre État membre ou un État tiers, si cette décision réunit les conditions nécessaires à sa reconnaissance dans l'État membre d'exécution. Les motifs de refus ou de suspension de l'exécution prévus par la loi de l'État membre d'exécution pourront également être invoqués par le débiteur (par exemple, l'acquittement de tout ou partie de la dette par le débiteur : Règl. 4/2009 du 18-12-2008 considérant 30 et CJUE 4-6-2020 aff. 41/19, FX c. GZ : BPAT 4/20 inf. 124). Enfin, l'exécution dans l'État membre requis doit être suspendue lorsque la force exécutoire de la décision est elle-même suspendue dans l'État membre d'origine (Règl. 4/2009 du 18-12-2008 art. 21). Les tribunaux de l'État membre d'exécution sont compétents pour statuer sur ces actions en opposition à exécution (CJUE 4-6-2020 aff. 41/19, précité).

DÉCISION RENDUE AU DANEMARK

73489 La **reconnaissance** a lieu de plein droit mais peut être ultérieurement contestée pour certains motifs limitativement énumérés (contrariété manifeste à l'ordre public, caractère inconciliable avec une décision rendue entre les mêmes parties dans l'État requis ou avec une décision antérieure rendue dans un autre État entre les mêmes parties ayant le même objet et la même cause et susceptible d'être reconnue dans l'État requis, absence de notification au défendeur en temps utile de l'acte introductif d'instance).

La partie poursuivant l'exécution de la décision doit demander à ce que celle-ci soit **déclarée exécutoire** (exequatur) par une autorité compétente de l'État membre d'exécution après un contrôle purement formel. En cas de recours d'une des parties, les motifs de refus d'exécution sont les mêmes que ceux pour lesquels la reconnaissance peut être refusée. Comme dans la plupart des règlements européens portant sur le droit international privé, il est interdit d'appliquer le critère de l'ordre public aux règles de compétence ; la prétendue fraude du demandeur (domicile fictif en Angleterre) pour obtenir que les juridictions anglaises se reconnaissent compétentes ne saurait être un motif pour refuser de déclarer exécutoire la décision en France (Cass. 1e civ. 25-5-2016 n° 15-21.407 FS-PBI, décision concernant le Royaume-Uni mais transposable).

ATTENTION

Le **Royaume-Uni** était, avant le **Brexit**, dans une position similaire au Danemark. Depuis le Brexit, ces dispositions s'appliqueront encore lorsque l'action a été introduite avant le 31 décembre 2020 (n° 72004, précisions). Pour les actions intentées depuis cette date, la reconnaissance et l'exécution sont soumises aux dispositions de la convention de La Haye du 23 novembre 2007 (n° 73495).

DÉCISION RENDUE DANS UN ÉTAT TIERS À L'UNION EUROPÉENNE

Convention de Lugano du 30 octobre 2007 La convention de Lugano du 30 octobre 2007 concernant la compétence judiciaire, la reconnaissance et l'exécution des décisions en matière civile et commerciale est applicable dans nos rapports avec l'Islande, la Norvège et la Suisse. 73492

Elle prévoit un mécanisme simplifié de reconnaissance des décisions. Les décisions rendues dans l'un des pays précités sont **reconnues de plein droit**.

Cette reconnaissance pourra cependant être contestée dans un second temps mais seulement pour des motifs limitativement énumérés : notamment si la décision est manifestement incompatible avec l'ordre public, si l'acte introductif d'instance n'a pas été signifié au défendeur en temps utile ou si elle est inconciliable avec une autre décision rendue entre les mêmes parties dans l'État requis ou avec une décision antérieure rendue dans un autre État entre les mêmes parties ayant le même objet et la même cause et susceptible d'être reconnue dans l'État requis (Conv. Lugano du 30-10-2007 art. 34 et 35).

Si des mesures d'exécution sont nécessaires, la décision pourra être **déclarée exécutoire** à la demande de toute partie intéressée par le directeur de greffe du tribunal judiciaire (CPC art. 509-2) du lieu du domicile de la partie contre laquelle l'exécution est requise ou du lieu d'exécution (Conv. Lugano du 30-10-2007 art. 39). Le greffier ne se livre à ce stade qu'à un contrôle purement formel (vérification du dépôt des pièces requises).

Si l'exequatur est accordé, l'autre partie pourra exercer un recours, qui ne pourra annuler la déclaration constatant la force exécutoire que pour les motifs permettant de refuser la reconnaissance (Conv. Lugano du 30-10-2007 art. 45).

On signalera enfin que la Suisse est également partie à la convention de La Haye du 2 octobre 1973 concernant la reconnaissance et l'exécution des décisions relatives aux obligations alimentaires. Par ailleurs, la Norvège est désormais liée par la convention de La Haye du 23 novembre 2007 sur le recouvrement international des aliments destinés aux enfants et à d'autres membres de la famille. Il est admis que le demandeur à la reconnaissance dispose d'une option entre ces instruments et la convention de Lugano (H. Gaudemet-Tallon : Compétence et exécution des jugements en Europe, LGDJ 2010 4e éd., n° 395). Il aura cependant intérêt à invoquer cette dernière Convention dont les mécanismes sont plus favorables.

CONVENTION DE LA HAYE DU 23 NOVEMBRE 2007

La convention de La Haye du 23 novembre 2007 sur le recouvrement international des aliments destinés aux enfants et à d'autres membres de la famille a été ratifiée par l'Union européenne et est **applicable** dans l'ensemble des États membres (à l'exception du Danemark) depuis le 1er août 2014. Elle n'a pas vocation à s'appliquer aux relations entre les États membres (Conv. La Haye du 23-11-2007 art. 51.4). En conséquence, elle ne s'applique que dans nos rapports avec les États parties non membres de l'Union (voir la liste n° 73405). 73495

Cette convention prévoit un mécanisme de reconnaissance et d'exécution des décisions en matière d'obligations alimentaires (définies cependant de manière plus étroite que dans le règlement Aliments). Une décision doit être **reconnue et déclarée exécutoire** sauf si elle est manifestement incompatible avec l'ordre public de l'État requis (Conv. La Haye du 23-11-2007 art. 23). La déclaration relative à la reconnaissance et à l'exécution pourra être contestée dans un second temps pour des motifs limités, notamment contrariété à l'ordre public, fraude, incompétence du juge ayant rendu la décision, les tribunaux de la résidence habituelle du défendeur ou du créancier étant notamment considérés comme compétents (Conv. La Haye du 23-11-2007 art. 20 pour les règles de compétence et 22 pour les motifs de refus).

Autrement, la reconnaissance et l'exécution se feront conformément au **droit commun** (nos 72035 s.).

73495 (suite) **> Précisions** La **convention de La Haye du 2 octobre 1973** concernant la reconnaissance et l'exécution des décisions relatives aux obligations alimentaires est applicable dans les rapports de la France avec Andorre et l'Australie.
Elle prévoit la reconnaissance et l'exécution des décisions définitives en matière d'aliments ainsi que des mesures provisoires lorsqu'elles ont été rendues par une autorité compétente au sens de la Convention. Sont notamment considérées comme compétentes les autorités de la résidence habituelle ou de la nationalité du débiteur ou du créancier d'aliments. La reconnaissance et l'exécution peuvent être refusées dans des cas limités (par exemple, atteinte manifeste à l'ordre public ou fraude commise dans la procédure).
La **convention de La Haye du 15 avril 1958** concernant la reconnaissance et l'exécution des décisions en matière d'obligations alimentaires envers les enfants, au champ d'application plus restreint, s'applique encore dans nos rapports avec la région administrative spéciale de Macao et le Surinam.

CHAPITRE 6

LES SUCCESSIONS EN DROIT INTERNATIONAL PRIVÉ

SOMMAIRE

PLURALITÉ DE SOURCES

L'entrée en vigueur du **règlement 650/2012 du 4 juillet 2012**, relatif à la compétence, la loi applicable, la reconnaissance et l'exécution des décisions, et l'acceptation et l'exécution des actes authentiques en matière de successions et à la création d'un certificat successoral européen, dit « règlement Successions », a profondément modifié les solutions jusqu'alors applicables (JOUE 2012 L 201 p. 107). L'approche retenue est celle de l'application d'une loi unique à la succession, soit l'opposé de celle jusqu'alors mise en œuvre par le **droit international privé français** (pour une présentation de celui-ci, voir Mémento Successions Libéralités). 73500

Il existe par ailleurs plusieurs **conventions de La Haye** sur les successions internationales : la convention de La Haye du 5 octobre 1961 sur la forme des testaments, dont l'application est réservée par le règlement Successions, la convention du 2 octobre 1973 sur l'administration internationale des successions et celle, plus importante, du 1er août 1989 sur la loi applicable aux successions à cause de mort. La France n'a ratifié que la convention de La Haye du 5 octobre 1961 sur la forme des testaments. Le règlement européen reprend cependant un certain nombre de solutions posées par la convention du 1er août 1989.

La France a également ratifié la **convention de Washington du 26 octobre 1973** portant loi uniforme sur la forme d'un testament international et la **convention de Bâle du 16 mai 1972** relative à l'établissement d'un système d'inscription des testaments.

> **Précisions a.** Sur l'**articulation des conventions internationales avec le règlement**, voir nos 73870 et 73878.
>
> **b.** Le Conseil des notariats de l'Union européenne a mis en place un site internet, disponible en 23 langues, qui renseigne sur le **contenu du droit des successions de 22 États membres** (successions-europe.eu).

CHAMP D'APPLICATION DU RÈGLEMENT SUCCESSIONS

Le règlement est applicable aux successions ouvertes depuis le **17 août 2015**, c'est-à-dire lorsque le décès est intervenu à cette date ou ultérieurement (Règl. 650/2012 du 4-7-2012 art. 83, § 1). Certaines de ses dispositions étaient susceptibles d'être appliquées avant même son entrée en vigueur (nos 73805 et 73855). 73502

Le champ d'application **spatial** du règlement n'est pas assorti de limites particulières et se confond dès lors avec les critères de compétence des tribunaux (ou de reconnaissance des décisions et des actes authentiques). Néanmoins, le règlement ne s'applique pas en Irlande et au

Danemark. Le règlement ne s'applique pas non plus aux situations purement internes mais uniquement à celles ayant un caractère transfrontière en raison de la localisation d'un autre élément relatif à la succession dans un État différent de celui de la dernière résidence habituelle du défunt (CJUE 16-7-2020 aff. 80/19 : BPAT 5/20 inf. 152). Cela sera le cas lorsque la succession comprend des biens situés dans plusieurs États membres et, en particulier, dans un État différent de celui de la dernière résidence du défunt (CJUE 21-6-2018 aff. 20/17, Oberlé : BPAT 4/18 inf. 158). Cela sera aussi le cas lorsque le défunt, ressortissant d'un État membre, résidait dans un autre État membre à la date de son décès, mais n'avait pas rompu ses liens avec le premier de ces États membres, dans lequel se trouvent les biens composant sa succession, tandis que ses successibles ont leur résidence dans ces deux États membres (CJUE 16-7-2020 aff. 80/19, précité).

S'agissant du champ d'application **matériel**, le règlement couvre les « successions à cause de mort » définies comme toute forme de transfert de biens, de droits et d'obligations à cause de mort, qu'il s'agisse d'un acte volontaire de transfert en vertu d'une disposition à cause de mort ou d'un transfert dans le cadre d'une succession ab intestat (Règl. 650/2012 du 4-7-2012 art. 3, § 1-a). Un certain nombre de matières sont toutefois exclues, notamment les questions fiscales, l'état des personnes, les relations de famille au sens large (c'est-à-dire y compris les partenariats enregistrés), la capacité (voir toutefois n° 73908), les questions relatives à l'absence, les régimes matrimoniaux (et le régime des biens des partenaires), les obligations alimentaires autres que celles résultant du décès, la validité quant à la forme des dispositions à cause de mort formulées oralement et les libéralités et autres droits et biens transférés autrement que par succession (notamment par voie d'une clause de tontine ou d'un contrat d'assurance-vie).

Enfin, les questions relatives à la nature des droits réels et à la publicité foncière sont également exclues (Règl. 650/2012 du 4-7-2012 art. 1). Ces exclusions sont toutefois à interpréter de façon restrictive (voir n° 73960 sur la publicité foncière). Seule la définition de la nature des droits réels est exclue du champ d'application du règlement : les modalités de transfert d'un droit réel par l'effet de la succession rentrent dans le champ d'application du règlement (et de la loi successorale) et le fait que la loi de l'État de situation du bien ignore ces modalités de transfert est sans incidence sur la validité de ce transfert par l'effet de la loi successorale (CJUE 12-10-2017 aff. 218/16, Aleksandra Kubicka). Dans cette affaire, la Cour s'oppose au refus de la reconnaissance, par une autorité d'un État membre, des effets réels du legs « par revendication » (c'est-à-dire avec effet réel direct à la date d'ouverture de la succession) connu par le droit applicable à la succession. Le refus reposait sur le motif que ce legs portait sur le droit de propriété d'un immeuble situé dans cet État membre, dont la législation ne connaît pas l'institution du legs « par revendication ».

> **Précisions** Une disposition qui prévoit, lors du décès de l'un des époux, une **répartition des acquêts forfaitaire par majoration de la part successorale du conjoint survivant** est de nature successorale et relève donc du règlement Successions (CJUE 1-3-2018 aff. 558/16 : BPAT 3/18 inf. 110). Pour plus de précisions sur cette disposition du régime légal allemand, voir n° 73922.

SECTION 1 COMPÉTENCE INTERNATIONALE

PRINCIPE

73530 Une compétence générale pour statuer sur l'ensemble de la succession est attribuée aux juridictions de l'État membre dans lequel la **résidence habituelle du défunt** était située au moment du décès (Règl. 650/2012 du 4-7-2012 art. 4). L'attribution de compétence étant générale, il faudra consulter les règles de procédure de chaque État membre pour déterminer quel tribunal particulier est compétent. Si les tribunaux français sont compétents en vertu du règlement, le tribunal compétent sera celui du dernier domicile du défunt (CPC art. 45 ; C. civ. art. 720).

Cette compétence générale peut néanmoins être restreinte à la demande de l'une des parties lorsque la **masse successorale comprend des biens situés dans un « État tiers »** (il s'agit des États non membres de l'Union européenne, auxquels doivent être assimilés pour les besoins du règlement les États membres dans lesquels le texte n'est pas applicable : Irlande et Danemark). La juridiction saisie peut décider de ne pas statuer sur l'un ou plusieurs de ces biens si l'on peut s'attendre à ce que la décision qu'elle rendrait sur les biens en question ne soit pas reconnue ou, le cas échéant, ne soit pas déclarée exécutoire dans cet État tiers (Règl. 650/2012 du 4-7-2012 art. 12). Les parties peuvent également convenir de **limiter la portée de la procédure**, si un tel accord est valable en vertu du droit de l'État membre dont la juridiction est saisie. Selon un auteur, « cette condition doit être considérée comme remplie lorsque ce droit n'interdit pas une telle limitation », ce qui serait le cas du droit français (Rép. Droit international Dalloz, v. Règlement n° 650/2012 sur les successions par P. Lagarde, n° 51).

> **Précisions** L'approbation par le juge des **tutelles d'un accord de partage** successoral conclu **au nom d'enfants mineurs**, même si elle est une mesure de protection de l'enfant relevant a priori des matières couvertes par le règlement Bruxelles II ter (CJUE 6-10-2015 aff. 404/14, à propos de Bruxelles II bis mais transposable), peut désormais être faite par le juge compétent pour régler la succession. Le règlement Bruxelles II ter prévoit en effet que, lorsque la validité d'un acte juridique réalisé ou à réaliser au nom de l'enfant dans une procédure en matière de succession ouverte devant une juridiction d'un État membre exige l'autorisation ou l'approbation d'une juridiction, la juridiction compétente en vertu du règlement Successions peut, même si elle n'est pas compétente au regard du règlement Bruxelles II ter, décider d'autoriser ou d'approuver une telle opération au nom de l'enfant (Règl. 2019/1111 du 25-6-2019 art. 16).

Notion de résidence habituelle À l'instar des conventions de La Haye, les règlements européens relatifs au droit international privé ne définissent pas la notion de « résidence habituelle ». La Cour de justice de l'Union européenne a donné une définition de celle-ci s'agissant de la résidence habituelle de l'enfant (voir nos 73161 s.), mais elle n'est pas forcément adaptée en matière de succession (voir le raisonnement dans CJCE 2-4-2009 aff. 523/07, transposable). 73531

Le **préambule du règlement** donne des indications générales : il faut « procéder à une évaluation d'ensemble des circonstances de la vie du défunt au cours des années précédant son décès et au moment de son décès, prenant en compte tous les éléments de fait pertinents, notamment la durée et la régularité de la présence du défunt dans l'État concerné ainsi que les conditions et les raisons de cette présence », la résidence habituelle devant « révéler un lien étroit et stable avec l'État concerné » (Règl. 650/2012 du 4-7-2012 considérant 23). Une résidence de courte durée (cinq mois avant le décès) au Portugal, combinée avec le fait que le défunt avait conservé d'importantes attaches au lieu de sa précédente résidence en France, a conduit la Cour de cassation à estimer que le défunt avait conservé sa résidence habituelle en France (Cass. 1e civ. 12-7-2023 n° 21-10.905 FS-D : BPAT 5/23 inf. 215). Dans cette affaire, le défunt avait entrepris très tardivement d'apprendre le portugais et, au moment de son décès, il était toujours inscrit sur les listes électorales françaises ; s'il était propriétaire avec son épouse d'au moins un bien immobilier au Portugal, où ils étaient officiellement domiciliés ceux-ci détenaient toujours une maison en France, et la plupart de leurs relations amicales ainsi que les principaux bénéficiaires du contrat d'assurance sur la vie étaient domiciliés en France.

Le caractère supposé purement factuel de la résidence habituelle s'estomperait néanmoins dans certains **cas où** « **il peut s'avérer complexe de déterminer la résidence habituelle** du défunt » (Règl. 650/2012 du 4-7-2012 considérant 24). Ainsi, « lorsque, pour des raisons professionnelles ou économiques, le défunt était parti vivre dans un autre État pour y travailler, parfois pendant une longue période, tout en ayant conservé un lien étroit et stable avec son État d'origine ». Dans ce cas, en fonction des circonstances de l'espèce, l'on pourrait considérer que la résidence habituelle du défunt était située dans « son État d'origine, dans lequel se trouvait le centre des intérêts de sa vie familiale et sociale ».

Il ne peut y avoir qu'une seule résidence habituelle au sens du règlement (CJUE 16-7-2020 aff. 80/19 : BPAT 5/20 inf. 152). Dès lors, si le **défunt résidait de façon alternée dans plusieurs États ou voyageait constamment** d'un État à un autre sans s'être installé de façon permanente dans un État, le préambule du règlement préconise d'utiliser, comme « critère particulier pour l'appréciation globale de toutes les circonstances de fait » permettant la détermination de la résidence habituelle, soit la nationalité du défunt (s'il était ressortissant de l'un des États concernés), soit le lieu de situation de son patrimoine (s'il avait l'ensemble de ses principaux biens dans l'un des États concernés) (Règl. 650/2012 du 4-7-2012 considérant 24). La Cour de cassation utilise ces directives pour apprécier la résidence habituelle d'un défunt partageant sa vie entre Paris et New York (Cass. 1e civ. 29-5-2019 n° 18-13.383 FS-PBI : BPAT 4/19 inf. 139). Dans cette affaire, la Cour se retranche derrière l'appréciation souveraine des juges du fond dans l'appréciation des différents éléments de fait ; en réalité, elle semble admettre l'utilisation d'un faisceau d'indices plutôt que de se focaliser sur la nationalité et la localisation du patrimoine. Pour un autre exemple de mise en œuvre de ces directives, voir la succession Hallyday (TGI Nanterre ord. 28-5-2019 n° 18/01502 : D. 2019 p. 2216 chron. S. Godechot-Patris et C. Grare-Didier).

Le règlement européen se référant au concept de résidence habituelle tandis que le **droit interne français** utilise le concept de domicile, il est théoriquement possible que les tribunaux français soient reconnus globalement compétents en vertu du règlement, tandis qu'aucun tribunal français n'est compétent selon les règles du Code de procédure civile. La solution serait d'adapter le concept de dernier domicile de l'article 720 du Code civil pour l'entendre au sens de dernière résidence habituelle.

RÔLE DE LA VOLONTÉ DES PARTIES

73532 En cas de choix de la loi d'un État membre par le défunt pour régir l'ensemble de sa succession (voir n° 73805), les parties concernées peuvent conclure un **accord d'élection de for** par lequel elles conviennent que les juridictions de cet État membre (ou une juridiction de celui-ci en particulier) seront compétentes exclusivement pour statuer sur toute question concernant la succession (Règl. 650/2012 du 4-7-2012 art. 5, § 1 modifié par rectificatif publié au JOUE 2019 L 243 p. 9 : BPAT 6/19 inf. 240). L'accord devra être conclu par écrit, daté et signé par les parties concernées (Règl. 650/2012 du 4-7-2012 art. 5, § 2). En présence d'un tel accord, tout autre tribunal d'un État membre qui serait normalement compétent au titre du règlement (résidence habituelle ou lieu de situation des biens) doit décliner sa compétence (Règl. 650/2012 du 4-7-2012 art. 6). L'accord sur le for peut être seulement partiel et ne concerner que certaines questions liées à la succession.
En cas d'accord d'élection de for entre certaines des parties à la procédure seulement, le tribunal de l'État membre dont la loi a été choisie par le défunt pour régler sa succession est compétent en cas de comparution volontaire des parties non signataires de l'accord, sans que celles-ci ne contestent sa compétence (Règl. 650/2012 du 4-7-2012 art. 9, § 1).
En l'**absence d'accord** d'élection de for, la compétence du tribunal (ou des tribunaux) de l'État de la loi choisie par le défunt ne pourra être établie que si les parties à la procédure acceptent expressément cette compétence (Règl. 650/2012 du 4-7-2012 art. 7).
Même en l'absence d'accord de l'ensemble des parties concernées, si le défunt avait choisi la loi d'un État membre et qu'un tribunal d'un autre État membre est saisi pour régler sa succession, le tribunal conserve la faculté de se dessaisir au profit des juridictions de l'État dont la loi a été choisie. Il faut pour cela que l'une des parties à la procédure en fasse la demande et que le tribunal estime que les juridictions de l'État membre dont la loi a été choisie sont mieux placées pour statuer sur la succession, compte tenu des circonstances pratiques de celle-ci telles que la résidence habituelle des parties et la localisation des biens (Règl. 650/2012 du 4-7-2012 art. 6).

EXEMPLE

Un **Néerlandais ayant pris sa retraite dans le sud de la France** y décède. Il avait choisi la loi néerlandaise pour régir l'ensemble de sa succession, laquelle comporte une maison en France, un appartement et divers comptes bancaires ou valeurs mobilières à Amsterdam. Ses **héritiers vivent à Amsterdam**. Ils pourront conclure un acte par lequel ils donnent compétence aux tribunaux néerlandais en général (ou à un tribunal d'Amsterdam en particulier) pour régler la succession. S'ils ne parviennent pas à se mettre d'accord, rien n'empêche l'un des héritiers de demander au tribunal français saisi de la succession, en tant que tribunal de la dernière résidence habituelle du défunt, de se dessaisir au profit des tribunaux néerlandais. Il faudra alors qu'il démontre qu'en raison de la résidence de l'ensemble des parties à la procédure et de la localisation de l'essentiel des biens du défunt aux Pays-Bas, un tribunal néerlandais serait mieux placé pour régler la succession.

COMPÉTENCES SUBSIDIAIRES ET EXCEPTIONNELLES

73535 Si la **résidence habituelle du défunt** se trouvait **dans un État tiers** à l'Union européenne (ou dans un État membre non partie au règlement), le règlement prévoit une compétence subsidiaire si des biens sont situés sur le territoire d'un État membre (Règl. 650/2012 du 4-7-2012 art. 10 ; rappelant, si besoin était, que la règle ne s'applique pas lorsque la résidence du défunt se trouve dans un État membre : CJUE ord. 17-7-2023 aff. 55/23 : BPAT 5/23 inf. 252-10).
Ainsi, les tribunaux d'un État membre sur le territoire duquel sont situés des biens successoraux sont compétents pour statuer sur l'ensemble de la succession si le défunt possédait la nationalité de cet État membre au moment du décès (Règl. 650/2012 du 4-7-2012 art. 10, § 1-a). Cette règle doit être appliquée d'office par la juridiction saisie dès lors qu'elle constate qu'elle n'est pas compétente au titre de la règle de compétence générale (CJUE 7-4-2022 aff. 645/20 : BPAT 3/22 inf. 135).
À défaut, les tribunaux de l'État membre où se trouvent des biens successoraux seront compétents pour l'ensemble de la succession si le défunt avait sa résidence habituelle dans celui-ci moins de cinq ans avant la date de saisine de la juridiction (Règl. 650/2012 du 4-7-2012 art. 10, § 1-b).
Si ces conditions ne sont pas remplies, les tribunaux de l'État membre où sont situés des biens sont compétents mais seulement pour statuer sur ces biens (Règl. 650/2012 du 4-7-2012 art. 10, § 2).

Par ailleurs, une compétence exceptionnelle pour statuer sur l'ensemble de la succession est prévue au profit d'un État membre présentant un lien suffisant avec la succession lorsque **aucune juridiction** d'un État membre **n'est compétente** en vertu du règlement et qu'aucune procédure ne peut raisonnablement être introduite ou conduite, ou se révèle impossible, dans un État tiers avec lequel l'affaire a un lien étroit (Règl. 650/2012 du 4-7-2012 art. 11). Il en irait ainsi si l'État tiers où la succession aurait dû être réglée est en proie à la guerre civile (Règl. 650/2012 du 4-7-2012 considérant 31). Quant au « lien étroit », il ne peut consister en la présence de biens sur le territoire d'un État membre, sinon la compétence subsidiaire s'appliquerait (P. Lagarde, Les principes de base du nouveau règlement européen sur les successions : Rev. crit. DIP 2012 p. 691) ; la nationalité du défunt pourrait en revanche être retenue.

OPTION SUCCESSORALE

Lorsqu'un **héritier ou** un **légataire** a sa **résidence habituelle dans un État membre autre que celui dans lequel se trouve la juridiction compétente** pour statuer sur la succession en vertu du règlement, il pourra néanmoins faire une déclaration relative à l'acceptation ou à la renonciation à la succession ou à un legs, ou une déclaration visant à limiter sa responsabilité à l'égard des dettes de la succession (en droit français, c'est l'acceptation à concurrence de l'actif net) devant les juridictions de l'État membre de sa résidence habituelle (Règl. 650/2012 du 4-7-2012 considérant 32). 73538

Cette compétence suppose deux **conditions** : d'une part que la loi applicable à la succession prévoie la possibilité de faire une telle déclaration et d'autre part que la loi de la résidence habituelle de la personne faisant cette déclaration admette qu'elle soit faite devant une juridiction. Dans ce cas, la déclaration devra être faite dans les formes prévues par la loi de la résidence habituelle (Règl. 650/2012 du 4-7-2012 considérant 32). Cette disposition n'empêche pas, si la loi de la résidence habituelle le permet, que ces déclarations soient faites devant une autorité autre qu'une juridiction, par exemple un notaire (Règl. 650/2012 du 4-7-2012 considérant 32).

MESURES PROVISOIRES ET CONSERVATOIRES

Il est toujours possible de demander à une **juridiction d'un État membre** d'adopter des mesures provisoires et conservatoires prévues par son propre droit même si elle n'est pas compétente pour connaître du fond en vertu du règlement (Règl. 650/2012 du 4-7-2012 art. 19). 73540

SECTION 2 LOI APPLICABLE

I. PRINCIPES DE DÉTERMINATION DE LA LOI APPLICABLE

A. Règles générales applicables à toutes les successions

PRINCIPE

La loi applicable à l'ensemble de la succession est celle de l'État dans lequel le défunt avait sa **résidence habituelle** au moment de son décès (Règl. 650/2012 du 4-7-2012, art. 21, § 1). La résidence habituelle doit s'interpréter de la même manière que pour la compétence juridictionnelle, dans la mesure où l'un des objectifs principaux du règlement est de permettre au juge saisi d'appliquer sa propre loi (Règl. 650/2012 du 4-7-2012 considérant 27 ; CJUE 16-7-2020 aff. 80/19 : BPAT 5/20 inf. 152, qui semble considérer que la résidence habituelle doit nécessairement être la même pour les questions de compétence et de loi applicable). 73800

Le règlement prévoit néanmoins une **clause d'exception** : lorsque, à titre exceptionnel, il résulte de l'ensemble des circonstances de la cause que, au moment de son décès, le défunt présentait des **liens manifestement plus étroits avec un autre État** que celui de sa résidence habituelle, la loi applicable à la succession est celle de cet autre État (Règl. 650/2012 du 4-7-2012 art. 21, § 2). Cela serait notamment le cas si le défunt s'était établi dans l'État de sa résidence habituelle relativement peu de temps avant son décès et que toutes les circonstances de la cause indiquent qu'il entretenait manifestement des liens plus étroits avec un autre État (Règl. 650/2012 du 4-7-2012 considérant 25). Néanmoins, le préambule du règlement précise que cette clause d'exception ne devrait pas jouer de façon systématique comme facteur de rattachement subsidiaire dès lors que la détermination de la résidence habituelle du défunt au moment de son décès s'avère complexe (Règl. 650/2012 du 4-7-2012 considérant 25).

CHOIX DE LA LOI

73805 Le règlement prévoit la possibilité pour une personne de choisir la loi applicable à l'ensemble de sa succession (Règl. 650/2012 du 4-7-2012 art. 22). Ce choix ne peut porter que sur une loi dont elle possède la **nationalité** soit au moment où elle fait ce choix, soit au moment de son décès. Si la personne possède plusieurs nationalités, son choix pourra se porter indifféremment sur l'une de ces lois. En raison du caractère universel de la règle de conflit de lois (n° 73810), ce choix peut porter sur la loi d'un État tiers (confirmé si besoin était par CJUE 12-10-2023 aff. 21/22 : BPAT 6/23 inf. 262). La nationalité de l'auteur du choix, qu'il soit ressortissant d'un État membre ou non, est indifférente. En revanche, le règlement réserve l'application des conventions internationales auxquelles un ou plusieurs États membres sont parties au moment de son adoption et qui portent sur des matières régies par le règlement (Règl. 650/2012 du 4-7-2012 art. 75, § 1). Dès lors, il ne s'oppose pas à ce que, lorsqu'un État membre a conclu, avant l'adoption du règlement, un accord bilatéral avec un État tiers qui désigne la loi applicable en matière de successions et ne prévoit pas expressément la possibilité d'en choisir une autre, un ressortissant de cet État tiers résidant dans l'État membre en cause, ne puisse pas choisir la loi dudit État tiers pour régir l'ensemble de sa succession (même arrêt).

La **validité** au **fond** du choix sera appréciée au regard de la loi désignée. En la **forme**, le choix doit être formulé de manière expresse dans une déclaration revêtant la même forme qu'une disposition à cause de mort (nos 73870 s.). Il peut également résulter des termes d'une telle disposition, notamment si le défunt fait référence dans celle-ci à des dispositions spécifiques de la loi de l'État de sa nationalité ou s'il mentionne cette loi d'une autre manière (Règl. 650/2012 du 4-7-2012 considérant 39).

La **modification ou** la **révocation du choix** de loi doit revêtir la même forme que la révocation ou la modification d'une disposition à cause de mort.

> **Précisions** Le règlement permet de valider dans certains cas un **choix de loi intervenu avant le 17 août 2015**, à la condition que le décès soit intervenu depuis cette date. Un tel choix doit remplir les conditions de validité posées par le règlement ou celles du droit international privé en vigueur, au moment où ce choix a été effectué, dans l'État dans lequel l'intéressé avait sa résidence habituelle ou dans tout État dont il possédait la nationalité (Règl. 650/2012 du 4-7-2012 art. 83, § 2). En outre, si une disposition à cause de mort établie avant le 17 août 2015 a été rédigée conformément à la loi que le défunt aurait pu choisir en vertu du règlement, cette loi est réputée avoir été choisie comme loi applicable à l'ensemble de la succession (Règl. 650/2012 du 4-7-2012 art. 83, § 4). En revanche, si cette dernière disposition valide rétroactivement un choix de loi à l'ensemble de la succession, elle n'est pas applicable à un choix de loi fait antérieurement à l'entrée en application du règlement pour régir uniquement une disposition à cause de mort (CJUE 9-9-2021 aff. 277/20, UM c/ HW).

MISE EN ŒUVRE DE LA LOI DÉSIGNÉE

73810 La loi désignée en application du règlement s'applique même si ce n'est pas celle d'un État membre – **caractère** dit **« universel »** (Règl. 650/2012 du 4-7-2012 art. 20).

CAS OÙ LA LOI DÉSIGNÉE S'EFFACE

73815 En dépit de l'objectif d'appliquer une loi unique à l'ensemble de la succession, le règlement prévoit que la loi désignée par la règle générale (loi de la résidence habituelle ou loi nationale choisie) devra s'effacer dans certains cas.

73820 **Renvoi** Le renvoi est exclu lorsque la **loi désignée est celle d'un État membre.**

En revanche, lorsque la **loi désignée est celle d'un État tiers** (auquel doit être assimilé un État membre de l'UE auquel le règlement ne s'applique pas), le renvoi pourra jouer, à condition qu'il se fasse au profit de la loi d'un État membre ou de la loi d'un État tiers qui accepte sa compétence (Règl. 650/2012 du 4-7-2012 art. 34).

Néanmoins, et quelle que soit la loi désignée, le renvoi sera toujours exclu dans les cas suivants :
– mise en œuvre de la clause d'exception en faveur de la loi des liens manifestement plus étroits ;
– en cas de choix de la loi applicable à la succession ;

– s'agissant de la loi applicable à la forme des dispositions à cause de mort établies par écrit ou à la forme de l'option successorale lorsque s'applique la loi de la résidence habituelle de l'optant ;
– en cas d'application des lois de police à certains biens (telle l'attribution préférentielle).

Lois de police Le règlement réserve l'application de la **loi de l'État membre de situation de certains biens** immobiliers, de certaines entreprises ou d'autres catégories particulières de biens, dans la mesure où cette loi, en raison de la destination économique, familiale ou sociale de ces biens, impose des restrictions concernant la succession portant sur ces biens ou ayant une incidence sur celle-ci. Cette loi ne sera applicable que si elle a le caractère de loi de police, c'est-à-dire qu'elle s'applique quelle que soit la loi applicable à la succession (Règl. 650/2012 du 4-7-2012 art. 30). Toute autre application de la loi d'un État membre (autre que celle désignée par le règlement) à titre de loi de police paraît exclue (N. Nord, Les lois de police : une conception classique ou restrictive ? : Dr. et patrimoine n° 236 mai 2014 p. 56 s.). 73825

S'agissant d'une succession comprenant un immeuble situé en France, la jurisprudence qualifie les règles relatives à l'**attribution préférentielle** de lois de police (Cass. 1e civ. 10-10-2012 n° 11-18.345 : Bull. civ. I n° 194). La justification de la solution par la « destination économique et sociale » des règles relatives à l'attribution préférentielle devrait conduire à adopter la même solution au cas où celle-ci porte sur des meubles et non des immeubles. Cette décision, rendue avant l'entrée en application du règlement, est transposable et devrait être mise en œuvre en application du règlement.

Ordre public La loi désignée pourra être écartée si elle est manifestement incompatible avec l'ordre public du juge saisi (Règl. 650/2012 du 4-7-2012 art. 35). 73830

Avant l'entrée en vigueur du règlement, il était admis que certaines causes d'ouverture d'une succession, telle la **mort civile**, étaient contraires à l'ordre public. Le règlement paraît permettre le jeu de l'exception d'ordre public dans un tel cas.

Il était également admis que l'ordre public international devait jouer pour écarter des **lois discriminatoires**. Une loi établissant une incapacité successorale en raison de la non-appartenance à une religion déterminée ou pour un motif racial sera contraire à l'ordre public (pour la non-appartenance à une religion, voir Cass. 1e civ. 17-11-1964 n° 60-11.682 : JCP G 1965 II n° 13978 concl. Lindon). L'ordre public devrait également s'opposer à la validité d'une condition de conversion religieuse figurant dans un legs (Cass. 1e civ. 21-11-2012 n° 10-17.365 FS-PBI : Bull. civ. I n° 243, BPAT 1/13 inf. 15, dont la solution, rendue au regard de l'ordre public interne mais au visa des articles 8 et 9 de la convention européenne des droits de l'Homme, paraît transposable en matière internationale). Le règlement ne paraît pas s'opposer au maintien de cette jurisprudence. 73832

Il en irait de même d'une loi qui établirait un droit d'aînesse. Seraient encore censurées des discriminations fondées sur la distinction entre enfants légitimes et naturels ou sur le sexe de l'héritier, par exemple en accordant une part double aux héritiers de sexe masculin.

Enfin, sous l'influence de la Cour européenne des droits de l'Homme, il faudrait écarter une loi établissant une inégalité à l'encontre de l'enfant adultérin (CEDH 1-2-2000 n° 34406/97, Mazurek : RTD civ. 2000 p. 429 note J.-P. Marguénaud).

Néanmoins, selon un auteur, seul l'ordre public de proximité devrait jouer : une loi étrangère qui introduit une discrimination selon le sexe ou la religion ne serait pas écartée si tous les héritiers sont de nationalité étrangère et résident à l'étranger (Droit européen des successions internationales. Le règlement du 4 juillet 2012, éd. Defrénois 2013, v. La détermination de la loi applicable à la succession par G. Khairallah p. 47), ce qui nous semble contestable. Dès lors qu'un tribunal français est compétent pour statuer sur tout ou partie de cette succession, il ne pourrait appliquer une loi discriminatoire.

Lors du décès d'un **époux polygame**, la jurisprudence française antérieure à l'entrée en vigueur du règlement admettait que l'ordre public ne s'oppose pas à la reconnaissance d'une vocation successorale à chacune de ses épouses. Mais si la loi applicable était la loi française, la part revenant normalement au conjoint était partagée entre les différentes épouses. Là encore, l'entrée en vigueur du règlement ne paraît pas nécessairement s'opposer à la transposition de cette jurisprudence. Néanmoins, la survie de cette solution n'est pas certaine en raison de l'hostilité affichée par le législateur français à l'encontre du mariage polygamique (Loi 2021-1109 du 24-8-2021 art. 29 : BPAT 5/21 inf. 200 nos 8 et 9). Brisant la jurisprudence autorisant le partage d'une pension de réversion entre les différentes épouses (Cass. 2e civ. 5-11-2015 n° 14-25.565 F-D), la loi limite le bénéfice d'une pension de réversion due au titre d'un régime obligatoire à un seul conjoint survivant, hors divorce (CSS art. L 161-23-1 A). La pension ne sera versée qu'au premier conjoint de l'assuré décédé. Quant aux conjoints divorcés, ils continuent de bénéficier de la 73835 pension de réversion (partagée entre les différents ex-conjoints le cas échéant) dès lors que le mariage a été contracté en situation de monogamie ou, dans le cas contraire, pour la durée du mariage au cours duquel ils étaient l'unique conjoint du défunt. Par exception, la pension de réversion peut continuer à être partagée lorsque les époux sont ressortissants d'un État ayant conclu une convention internationale avec la France qui autorise un tel partage (13 conventions de ce type sont aujourd'hui en vigueur).

Pour un auteur, seule la solution relative à la pension de réversion serait remise en cause, mais pas le principe général de partage de la part du conjoint survivant entre les différentes épouses (P. Callé, note sous Cass. 1e civ. 17-11-2021 n° 20-19.420 F-B : BPAT 1/22 inf. 14). L'auteur se fonde sur une interprétation littérale de l'article L 161-23-1 A du CSS ; en effet, si celui-ci limite le bénéfice de la pension de réversion à la première épouse, il admet qu'il puisse y avoir une pluralité de conjoints survivants.

Par ailleurs, si la première épouse est française, il était admis que l'ordre public s'oppose à ce que le second mariage (nécessairement contracté à l'étranger) produise des effets « à son encontre » (Cass. 1e civ. 6-7-1988 n° 85-12.743, Baaziz : Rev. crit. DIP 1989 p. 71 note Y. Lequette). Un arrêt semblait même aller plus loin en excluant tout effet en France (Cass. 2e civ. 1-12-2011 n° 10-27.864, jugeant que « la conception française de l'ordre public international s'oppos[e] à ce que le mariage polygamique, contracté en Algérie par celui qui savait être encore l'époux d'une Française, produise des effets en France »). Cette jurisprudence, qui paraissait remise en cause par l'arrêt rendu à propos du partage de la pension de réversion (Cass. 2e civ. 5-11-2015, précité : la seconde épouse étrangère bénéficie du statut de conjoint survivant tant que son mariage n'a pas été annulé), est aujourd'hui confortée par le législateur. La solution devrait être étendue à toutes les femmes ressortissantes d'un État membre de l'Union européenne, et non seulement à celles de nationalité française.

73840 S'agissant d'une loi ne prévoyant aucune **réserve héréditaire** ou une réserve héréditaire moindre que celle prévue par la loi française, la jurisprudence de la Cour de cassation en droit international privé français des successions paraissait parfaitement transposable au règlement (J. Guillaumé, La loi étrangère qui ne connaît pas la réserve héréditaire n'est pas en soi contraire à l'ordre public international : D. 2017 p. 2185). Selon celle-ci, une loi étrangère qui ignore la réserve héréditaire n'est pas en soi contraire à l'ordre public international français et ne peut être écartée que si son application concrète, au cas d'espèce, conduit à une situation incompatible avec les principes du droit français considérés comme essentiels (Cass. 1e civ. 27-9-2017 n° 16-13.151 FS-PBRI et Cass. 1e civ. 27-9-2017 n° 16-17.198 FS-PBRI : BPAT 6/17 inf. 222). La Cour de cassation semblait cependant subordonner la mise en œuvre de cette loi à deux conditions :

– d'une part, un lien significatif entre le défunt et le pays dont la loi successorale s'applique, sorte d'ordre public de proximité à l'envers (J. Guillaumé, La loi étrangère qui ne connaît pas la réserve héréditaire n'est pas en soi contraire à l'ordre public international : D. 2017 p. 2185) ;

– d'autre part, le fait que les héritiers qui auraient bénéficié de la réserve au sens du droit français ne soient pas dans une situation de précarité économique ou de besoin. Le fait que les héritiers soient majeurs (relevé dans Cass. 1e civ. 27-9-2017 n° 16-17.198 précité) semble d'ailleurs permettre de remplir plus facilement cette condition.

Cette solution paraît remise en cause par la loi confortant le respect des principes de la République, qui a rétabli un droit de prélèvement compensatoire pour protéger les droits des héritiers réservataires tels que définis par la loi française (nos 73915 s.). Quel que soit le sort de ce droit de prélèvement au regard du droit européen et constitutionnel, l'intention du législateur est semble-t-il de consacrer le caractère d'ordre public international de la réserve héréditaire telle que définie par le droit français (également en ce sens, Rép. Habib : AN 21-11-2023 n° 7936 ; et sur cette dernière, voir L. Perreau-Saussine, Commentaire critique de la réponse ministérielle du 21 novembre 2023 relative au droit de prélèvement successoral : à paraître dans SNH). Reste à voir comment cette intention, éminemment critiquable, sera interprétée par les juges. Signalons que, saisie dans les deux affaires ayant donné lieu aux arrêts rendus le 27 septembre 2017 par la Cour de cassation, la Cour européenne des droits de l'Homme a retenu que ni le droit au respect des biens (Protocole 1 art. 1) ni le droit au respect de la vie privée (Conv. EDH art. 8) ne consacrent un droit inconditionnel à hériter d'une partie des biens de ses parents (CEDH 15-2-2024 n° 14925/18, Colombier c/ France ; CEDH 15-2-2024 n° 14157/18, Jarre c/ France).

73842 Il a également été soutenu que la prohibition des **pactes sur successions futures**, en ce qu'ils constituent une atteinte à la liberté testamentaire, principe essentiel du droit français, est une composante de l'ordre public international, sauf pour les pactes acceptés par le droit français (M. Grimaldi, Brèves réflexions sur l'ordre public et la réserve héréditaire : Defrénois 2012 p. 755), ce qui semble excessif (Rép. Droit international Dalloz, v. Règlement n° 650/2012 sur les successions par P. Lagarde, n° 167, estimant que lorsque le pacte est valable selon la loi désignée par le règlement, le droit français doit le reconnaître sans pouvoir opposer l'exception d'ordre public ; dans le même sens, P. Callé, L'anticipation successorale : Travaux comité fr. DIP 2014-2016, p. 143).

Enfin, avant l'entrée en vigueur du règlement, une doctrine éminente estimait que les causes d'**indignité successorale** prévues par la loi française sont d'ordre public et qu'une loi étrangère ne saurait se montrer plus libérale, au moins en cas d'attentat à la vie du de cujus (Rép. droit international Dalloz, v. Successions par P. Lagarde, n° 140 ; voir également J.-Cl. Civil Code, app. art. 718 à 892 fasc. 10 par G. Droz et M. Revillard n° 148). Là encore, il faudrait distinguer : si la loi étrangère est celle d'un État membre, le jeu de l'ordre public international n'est pas forcément exclu mais il devrait être limité ; s'il s'agit d'un État tiers, rien ne paraît s'opposer à l'application de la solution antérieure. 73845

Fraude Si le **règlement** ne comporte aucun article spécifique relatif à la fraude à la loi, le **préambule** précise cependant qu'« aucune disposition du présent règlement ne devrait empêcher une juridiction d'appliquer les mécanismes destinés à lutter contre la fraude à la loi, par exemple dans le cadre du droit international privé » (Règl. 650/2012 du 4-7-2012 considérant 26). Il s'agit semble-t-il d'une référence générale à l'exception de fraude, telle qu'elle existe en droit international privé (n° 72110). À supposer que la Cour de Justice accepte que l'exception de fraude joue de manière générale comme un correctif aux règles de conflits de lois figurant dans le règlement, celui-ci ne pourra jouer que dans des hypothèses limitées. 73850

La fraude peut se réaliser au moyen d'un **trust** : la fraude aux droits des héritiers est caractérisée en présence d'un trust constitué au profit d'entités dont le de cujus avait conservé la maîtrise globale et qui avaient été détournées de leur fonctionnement normal par celui-ci pour des considérations fiscales et familiales illicites. Dès lors, les transferts apparents de droits au profit des entités concernées sont inopposables aux héritiers (Cass. 1e civ. 18-5-2022 n° 20-20.609 : BPAT 4/22 n° 183 obs. S. Godechot-Patris).

B. Libéralités

1. DISPOSITIONS À CAUSE DE MORT

DÉFINITIONS

La définition des **dispositions à cause de mort** comprend le testament, le testament conjonctif (c'est-à-dire un testament établi par deux ou plusieurs personnes dans le même acte) et le pacte successoral (Règl. 650/2012 du 4-7-2012 art. 3). Le pacte successoral est quant à lui défini comme un accord, y compris un accord résultant de testaments mutuels, qui confère, modifie ou retire, avec ou sans contre-prestation, des droits dans la succession future d'une ou de plusieurs personnes parties au pacte. 73852

Le règlement contient des règles spécifiques pour l'ensemble des dispositions à cause de mort et, parmi celles-ci, des dispositions particulières pour le pacte successoral. De manière générale, s'agissant de ces actes, le règlement distingue entre la recevabilité, la validité au fond de ceux-ci et, pour le pacte successoral, ses effets contraignants entre les parties (y compris en ce qui concerne les conditions de sa dissolution).

La **recevabilité** désigne l'« admissibilité », c'est-à-dire le fait de savoir « si la disposition en cause est autorisée dans son principe par le droit de l'État dont la loi est applicable, ce qui vaut surtout pour le pacte successoral » (P. Lagarde, Les principes de base du nouveau règlement européen sur les successions : Rev. crit. DIP 2012 p. 691).

La **validité au fond** comprend la capacité de la personne qui dispose à cause de mort de prendre une telle disposition, les incapacités de disposer en faveur de certaines personnes ou de recevoir pour le bénéficiaire, l'admissibilité de la représentation aux fins de l'établissement d'une disposition à cause de mort, l'interprétation de la disposition et le consentement de la personne qui dispose (Règl. 650/2012 du 4-7-2012 art. 26, § 1). La validité au fond inclut donc l'incapacité générale de tester du mineur de 16 ans (C. civ. art. 904) ainsi que l'incapacité spéciale de tester du mineur en faveur de son tuteur (C. civ. art. 907), de même que les incapacités spéciales de recevoir propres à certaines professions (médecin, ministre du culte : C. civ. art. 909). La capacité de succéder et donc de recevoir à cause de mort (C. civ. art. 906 : l'enfant doit être conçu pour recevoir par testament) relève en revanche de la loi successorale (Rép. droit international Dalloz, v. Capacité par E. Gallant, n° 83).

> **Précisions** **a.** Un contrat (de droit autrichien) par lequel une personne prévoit le transfert futur, lors de son décès, de la propriété d'un bien immobilier lui appartenant à d'autres parties contractantes constitue un pacte successoral (CJUE 9-9-2021 aff. 277/20, UM c/ HW). Il faut en déduire de manière générale que les **donations à cause de mort** qui confèrent un droit au donataire sur des biens qui relèvent du patrimoine du défunt au décès de ce dernier constituent une modalité de transmission de la succession et relèvent donc du règlement Successions (P. Callé, Règlement européen sur les successions internationales : notion de pacte successoral et précision sur les dispositions transitoires : Dalloz Actualité 28-9-2021).
> La **donation-partage** du droit français s'analyse également en un pacte successoral (P. Callé, Les donations-partages en droit international privé : Defrénois 2014 p. 399 s. ; en sens contraire, voir S. Godechot-Patris, D. 2021 p. 2073, interprétant l'arrêt CJUE 9-9-2021 aff. 277/20 comme imposant, pour qualifier un acte de pacte successoral, un transfert de propriété à la date du décès du disposant et non à la date de l'acte). Il en va de même de la **renonciation anticipée à l'action en réduction**. Le **testament conjonctif** sera qualifié de pacte successoral s'il est également un testament mutuel ; autrement, il doit simplement être qualifié de disposition à cause de mort.
> **b.** S'agissant de l'**incapacité de disposer à titre gratuit du mineur de 16 ans** (C. civ. art. 903), qui est une incapacité absolue de jouissance attachée à la personne du mineur, la doctrine admet qu'elle doit être soumise à la même loi que l'incapacité générale d'exercice (P. Mayer, V. Heuzé et B. Remy : Droit international privé, LGDJ précis Domat 12e éd. 2019, no 539) ; sur cette dernière, voir no 72310.

a. Loi applicable au fond

LOI APPLICABLE

73855 La **recevabilité et** la **validité au fond** d'une disposition à cause de mort (autre qu'un pacte successoral) sont régies par la loi qui aurait été applicable à la succession de l'auteur de la disposition s'il était décédé le jour de l'établissement de la disposition (Règl. 650/2012 du 4-7-2012 art. 24, § 1). Il s'agira donc en principe soit de la loi de la résidence habituelle, soit, si la personne a choisi la loi applicable à sa succession, de la loi de sa nationalité (Règl. 650/2012 du 4-7-2012 considérant 51). Toutefois, l'auteur de la disposition peut également désigner, comme loi applicable à celle-ci, la loi qu'il aurait pu choisir pour régir l'ensemble de sa succession (no 73805), c'est-à-dire sa loi nationale (Règl. 650/2012 du 4-7-2012 art. 24, § 2). Il s'agit dans ce cas d'un choix limité à la seule disposition à cause de mort, qui ne vaudra donc pas pour l'ensemble de la succession, laquelle pourra être régie par une loi distincte. Le choix se fait dans les mêmes conditions de fond et de forme qu'un choix global.

La **modification ou** la **révocation** d'une disposition à cause de mort sera régie par la loi choisie ou, à défaut de choix, par la loi qui aurait été applicable à la succession de la personne, au moment de cette modification ou révocation. Par exception, la **capacité de disposer à cause de mort**, qui relève de la validité au fond, s'apprécie toujours par rapport à la loi applicable à l'acte initial : lorsqu'une personne a la capacité de disposer à cause de mort en vertu de la loi applicable à l'acte initial, une modification ultérieure de la loi applicable n'affecte pas sa capacité de modifier ou de révoquer une telle disposition (Règl. 650/2012 du 4-7-2012 art. 26, § 2).

> **Précisions** Comme pour le choix de la loi applicable à la succession, une disposition à cause de mort établie **avant le 17 août 2015** est validée rétroactivement par le règlement si le décès est intervenu depuis cette date (Règl. 650/2012 du 4-7-2012 art. 83, § 3). La disposition doit cependant être recevable et valable sur le fond et en la forme :
> – conformément aux conditions prévues par le règlement ;
> – ou en application des règles de droit international privé qui étaient en vigueur, au moment où la disposition a été prise, dans l'État dans lequel le défunt avait sa résidence habituelle, dans tout État dont il possédait la nationalité ou dans l'État membre de l'autorité chargée de régler la succession.

FORMALITÉS

73858 La loi française prévoit certaines formalités en cas de découverte en France d'un testament (C. civ. art. 1007). Elles seront certainement applicables lorsque la **loi successorale est la loi française**. Mais doit-on les appliquer dès lors que l'on trouve un testament en France même si la loi successorale désignée par le règlement **n'est pas la loi française** ? Si la conservation des testaments paraît effectivement hors du champ du règlement, on peut en revanche douter que l'ouverture du testament ne soit pas une matière successorale. La doctrine se prononce toutefois en faveur de l'application des formalités prévues par la loi française (Rép. droit international

Dalloz, v. Testament par H. Rosoux, n° 81 ; H. Peroz et E. Fongaro, Droit international privé patrimonial de la famille, LexisNexis, 3e éd., 2022, n° 1137).

En revanche, l'obligation de procéder à l'**enregistrement** auprès du service des impôts compétent du **testament fait en pays étranger** pour qu'il puisse être exécuté sur des **biens situés en France** (C. civ. art. 1000) continue à s'appliquer puisqu'elle relève de la matière fiscale, hors du champ d'application du règlement (Cass. 1e civ. 13-4-2022 n° 20-23.530 FS-B : BPAT 3/22 inf. 172-12).

PACTES SUCCESSORAUX

Un pacte successoral qui concerne la succession d'**une seule personne** est régi, quant à sa recevabilité, sa validité au fond et ses effets contraignants entre les parties par la loi qui aurait été applicable à la succession de cette personne si elle était décédée le jour où le pacte a été conclu (Règl. 650/2012 du 4-7-2012 art. 25, § 1). **73861**

Lorsque le pacte successoral concerne la succession de **plusieurs personnes**, sa recevabilité doit être admise par chaque loi qui aurait régi la succession de chacune des personnes concernées si elles étaient décédées le jour où le pacte a été conclu. Parmi ces lois, celle qui entretient les liens les plus étroits avec le pacte régira sa validité au fond et ses effets contraignants entre les parties (Règl. 650/2012 du 4-7-2012 art. 25, § 2).

Néanmoins, que le pacte concerne la succession d'une ou plusieurs personnes, les parties peuvent choisir, comme loi applicable à celui-ci (tant à sa recevabilité qu'à sa validité et ses effets), la loi que la personne concernée ou l'une des personnes concernées aurait pu choisir pour régir l'ensemble de sa succession, c'est-à-dire la loi nationale de la ou des personnes concernées (Règl. 650/2012 du 4-7-2012 art. 25, § 3).

ARTICULATION AVEC LA SUCCESSION

La loi désignée pour régir au fond une disposition à cause de mort ne sera pas nécessairement la **loi appliquée à la succession** au moment du décès. Il revient évidemment à la loi applicable à la succession de déterminer si une personne peut prétendre à une réserve héréditaire ou jouit d'un autre droit dont elle ne peut être privée par le défunt (Règl. 650/2012 du 4-7-2012 considérant 50). **73864**

EXEMPLE

Un **Français résidant habituellement à Londres** rédige un **testament**. Quelques années plus tard, il **retourne s'établir en France où il décède**. En l'absence de choix de loi relatif à la disposition à cause de mort, sa recevabilité et sa validité s'apprécient au regard du droit anglais tandis que la succession sera régie par le droit français. La réserve héréditaire prévue par le droit français devra dès lors s'appliquer et les legs contenus dans le testament seront éventuellement soumis à réduction selon le droit français.

b. Loi applicable à la forme

SOURCES

Le règlement prévoit une règle de conflit de lois alternative (Règl. 650/2012 du 4-7-2012 art. 27), similaire à celle prévue par la convention de La Haye du 5 octobre 1961 sur la forme du testament (voir n° 73872). Dans la mesure où le règlement indique expressément qu'il s'efface devant celle-ci, la France continuera à appliquer la convention de La Haye aux **testaments**, y compris aux testaments conjonctifs (Règl. 650/2012 du 4-7-2012 art. 75, § 1). **73870**

S'agissant en revanche des **pactes successoraux**, ceux-ci étant hors du champ d'application de la Convention (Rép. droit international Dalloz, v. Testament par M. Fallon et J.-L. van Boxstael, n° 11), le règlement s'appliquera.

> **Précisions** À l'instar de la convention de La Haye du 5 octobre 1961, le règlement prévoit que toute disposition légale qui limite les **formes admises** pour les dispositions à cause de mort **en faisant référence à l'âge, à la nationalité ou à d'autres qualités personnelles** du testateur ou des personnes dont la succession est concernée par un pacte successoral est considérée comme relevant du domaine de la forme (Règl. 650/2012 du 4-7-2012 art. 27, § 3). Cela ne signifie pas que la loi applicable à la forme détermine si, par exemple, un mineur a ou non la capacité de disposer à cause de mort mais seulement si une qualité personnelle du disposant telle que, par exemple, la minorité devrait l'empêcher d'effectuer une disposition à cause de mort sous une forme donnée (Règl. 650/2012 du 4-7-2012 considérant 53).

CONVENTION DE LA HAYE DU 5 OCTOBRE 1961

73872 La convention de La Haye du 5 octobre 1961 sur la forme des testaments, ratifiée par la France, contient les règles de conflit de lois françaises applicables en la matière. Son **objectif** affiché est de favoriser la validité formelle des dispositions de dernière volonté du défunt.
Ainsi, une disposition testamentaire est valable en la forme si elle est conforme à l'**une des lois suivantes** (Conv. La Haye du 5-10-1961 art. 1) :
– loi du lieu où le testateur a disposé ;
– loi d'un pays dont le testateur a la nationalité, soit au moment où il a disposé, soit au moment de son décès ;
– loi du lieu dans lequel le testateur a son domicile, soit au moment où il a disposé, soit au moment de son décès (l'existence du domicile en un lieu donné est appréciée selon la loi de ce même lieu) ;
– loi du lieu où le testateur a sa résidence habituelle, soit au moment où il a disposé, soit au moment de son décès ;
– pour les immeubles, loi du lieu de leur situation.
Le **mécanisme du renvoi** est exclu.

73875 Le **domaine de la loi désignée** par la Convention est large puisque sont considérées comme des questions de forme les prescriptions se rattachant à l'âge, à la nationalité ou à d'autres qualités personnelles du testateur qui limitent les formes des dispositions testamentaires admises. La Convention s'applique à la forme des testaments conjonctifs. Elle ne tranche pas cependant la question de savoir si la possibilité même de faire un testament conjonctif est une question de fond ou de forme. Selon la jurisprudence française, il s'agit d'une question de forme (Cass. 1e civ. 21-11-2012 n° 10-17.365 : Bull. civ. I n° 243, BPAT 1/13 inf. 15).
Un **testament** établi seulement en la **forme orale** par un Français n'ayant pas d'autre nationalité ne sera pas reconnu (hors circonstances extraordinaires), la France ayant émis une réserve sur ce point (Conv. La Haye du 5-10-1961 art. 10).
La loi désignée par la Convention peut être écartée si elle est manifestement incompatible avec l'**ordre public** (Conv. La Haye du 5-10-1961 art. 7 ; Cass. 1e civ. 10-7-2013 n° 12-22.983 F-D).

CONVENTION DE WASHINGTON DU 26 OCTOBRE 1973

73878 Le règlement n'affectant pas l'application des conventions internationales auxquelles un ou plusieurs États membres sont parties lors de son adoption et qui portent sur des matières qu'il régit, son adoption est sans incidence sur la convention portant loi uniforme sur la forme d'un **testament international**, faite à Washington, le 26 octobre 1973. En tout état de cause, cette convention a un objet différent du règlement, ne portant pas à proprement parler sur les conflits de lois (Règl. 650/2012 du 4-7-2012 art. 75, 1).
Ratifiée par la France le 1er juin 1994 et entrée en vigueur le 1er décembre suivant, cette Convention crée une forme particulière de testament. Ce testament est appelé de façon impropre « testament international » puisqu'il peut être utilisé dans des situations purement internes ; inversement, le fait que la situation présente un élément d'extranéité n'oblige pas à recourir à cette forme (M. Revillard, L'entrée en vigueur de la convention de Washington du 26 octobre 1973 portant loi uniforme sur la forme d'un testament international : JDI 1995 p. 585).
Le testament sera valable (en la forme seulement) au regard des États signataires dès lors qu'il a été établi en la forme prévue par la Convention. Celle-ci n'établit **pas de règle de conflit de lois** mais une forme de testament susceptible d'être directement reconnue par les États signataires (et indirectement lorsque la règle de conflit du juge saisi désigne la loi d'un État signataire).
La Convention semble peu utilisée **en pratique**.

> **Précisions a.** Les **pays** dans lesquels la convention de Washington du 26 octobre 1973 est en vigueur sont les suivants : Australie, Belgique, Bosnie-Herzégovine, Canada (pour les provinces de Manitoba, Terre-Neuve, Ontario, Alberta, Saskatchewan, île du Prince-Édouard, Nouveau-Brunswick, Nouvelle-Écosse, Colombie-Britannique), Chypre, Croatie, Équateur, Italie, Libye, Niger, Portugal, Slovénie.
> **b.** La jurisprudence récente illustre un avantage pratique méconnu du testament international, utilisé en l'occurrence dans des situations purement internes. Le testament international permet de « sauver » un **testament authentique nul**, à condition que la nullité de celui-ci ne résulte que du non-respect des dispositions des articles 971 à 975 du Code civil (Cass. 1e civ. 12-6-2014 n° 13-18.383 : BPAT 4/14 inf. 171 ; Cass. 1e civ. 1-4-2015 n° 13-22.367). Ce procédé, dit « de conversion par réduction », ne peut en revanche être utilisé si la nullité a été prononcée pour un autre motif (insanité d'esprit par exemple) ; dans ce cas, la nullité du testament ne peut être évitée (Cass. 1e civ. 12-6-2014 nos 13-20.582, 13-21.118, 13-21.119, 13-24.389, 13-24.390 : BPAT 4/14 inf. 171).
> Sur cette question, voir également n° 73880, précision e.

Règles de forme Le testament doit être établi **par écrit**, pas nécessairement de la main du testateur ni manuscrit, dans une langue quelconque. Le testateur doit **déclarer devant deux témoins et une personne habilitée** à instrumenter (en France, un notaire) que le document est son testament et qu'il en connaît le contenu, sans être tenu d'en donner le contenu aux témoins, ni à la personne habilitée. En présence de ceux-ci, il signe le testament ou reconnaît sa signature ; les témoins et la personne habilitée doivent en faire de même. Selon la Cour de cassation, le testateur ne peut affirmer connaître le contenu du testament s'il est dans l'incapacité de lire le document remis au notaire en raison d'une maladie neurodégénérative (Cass. 1e civ. 12-10-2022 n° 21-11.408 FS-B : BPAT 6/22 inf. 286). Jugé par ailleurs que, si un testament international peut être écrit dans une langue quelconque afin de faciliter l'expression de la volonté du testateur, il ne peut l'être dans une langue que le testateur ne comprend pas, même avec l'aide d'un interprète (Cass. 1e civ. 2-3-2022 n° 20-21.068 FS-B : BPAT 3/22 inf. 136, décision contestable qui n'est pas conforme aux intentions des rédacteurs de la Convention). La cour d'appel de Lyon, saisie de l'affaire sur renvoi, affirme au contraire, à juste titre selon nous, qu'aucune disposition n'impose que le testament international soit écrit dans une langue que le testateur comprend, la présence d'un interprète permettant précisément de remédier aux difficultés de compréhension du testateur (CA Lyon 21-3-2023 n° 22/02394 : BPAT 4/23 inf. 176). Il appartiendra dès lors à l'assemblée plénière de la Cour de cassation de trancher. 73880

L'ensemble de ces formalités est prescrit à peine de **nullité** du testament international (M. Revillard, L'entrée en vigueur de la convention de Washington du 26 octobre 1973 portant loi uniforme sur la forme d'un testament international : JDI 1995 p. 585). Si le testament est nul en tant que testament international, il peut toutefois valoir comme testament d'une autre forme.

La personne habilitée délivrera une **attestation** (en trois exemplaires) rédigée selon le modèle établi par la Convention. Cette attestation fera preuve de la validité du testament au regard de la Convention, jusqu'à preuve contraire. Toutefois, l'absence de l'attestation n'affecte pas la validité du testament international.

Le testament est soumis aux règles ordinaires de **révocation** des testaments.

> **Précisions** **a.** La Convention précise que les **signatures** doivent être apposées à la fin du testament et que si celui-ci comporte plusieurs feuillets, chaque feuillet doit être numéroté et signé par le testateur (ou, s'il est dans l'incapacité de signer, par la personne signant en son nom ou, à défaut, par la personne habilitée). Ces modalités de la signature ne sont pas expressément prescrites par la Convention à peine de nullité (Conv. Washington du 26-10-1973 art. 1). La Cour de cassation a cependant jugé, à juste titre, que l'article 5 prévoyant la signature du testateur est indissociable des dispositions de l'article 6 qui déterminent les modalités de la signature ; si celles-ci ne sont pas respectées, le testament est nul en tant que testament international (Cass. 1e civ. 10-10-2012 n° 11-20.702 : Bull. civ. I n° 201, BPAT 6/12 inf. 305, où aucun des feuillets, à l'exception du dernier, n'était signé). Elle a toutefois ultérieurement assoupli sa position, validant le testament dont seul le dernier feuillet était signé, les précédents étant simplement paraphés (Cass. 1e civ. 25-11-2015 n° 14-21.287 FS-PBI : BPAT 1/16 inf. 28).

b. La **date du testament** est celle de sa signature par la personne habilitée et doit être apposée par celle-ci à la fin du testament.

c. La Convention ne s'applique pas au **testament conjonctif**.

d. La nécessité de procéder au **dépôt du testament** olographe ou mystique entre les mains d'un notaire (C. civ. art. 1007) ne devrait pas s'appliquer au testament international, puisque la lettre du texte ne vise pas cette forme de testament (P. Callé, Regards sur un mal-aimé : le testament international : Mélanges en l'honneur du professeur P. Mayer, Lextenso 2015, p. 91 s ; en sens contraire, M. Grimaldi : Libéralités. Partages d'ascendants, Litec 2000, n° 1380).

e. D'une manière contestable, la jurisprudence admet la conversion par réduction d'un **testament authentique en testament international** (n° 73878, précision b) en considérant que l'obligation faite au testateur de déclarer sa volonté et de signer le testament en présence de deux témoins et d'une personne habilitée (un notaire) est satisfaite en ce que ces formalités ont été accomplies en présence de deux notaires, par équivalence des conditions prévues en droit français (Cass. 1e civ. 5-9-2018 n° 17-26.010 FS-PBI : BPAT 6/18 inf. 244). La loi française tient en effet pour équivalente la présence de deux témoins et d'un notaire ou de deux notaires (C. civ. art. 971). Cette interprétation est critiquable : la Convention ne prévoit nullement une telle équivalence et il ressort clairement du rapport explicatif que le testament doit être établi en présence de trois personnes. Le texte de la Convention renvoie à la loi française pour fixer les qualités requises pour être témoin (capacité générale, incompatibilités), mais non pour décider si ces deux témoins peuvent être suppléés par une autre personne.

INSCRIPTION DES TESTAMENTS

73882 Une **convention de Bâle du 16 mai 1972** prévoit un système d'inscription internationale des testaments. Doivent être déposés les testaments établis par acte authentique ou ayant fait l'objet d'un acte officiel de dépôt auprès d'un notaire ou d'une autorité publique, de même que les testaments olographes remis à un notaire ou à une autorité publique (si la loi de l'État concerné le permet), sans qu'un acte officiel de dépôt ait été dressé. Les modifications et révocations des testaments inscrits doivent également l'être si elles interviennent dans l'une des formes prévues pour l'inscription. L'inscription est en principe faite à la demande du notaire ou de l'autorité publique. Elle demeure secrète du vivant du testateur.

En France, les testaments sont inscrits auprès du fichier central des dispositions de dernières volontés tenu par l'ADSN (Association pour le développement du service notarial), 95, avenue des Logissons, 13107 Venelles Cedex.

> **Précisions** Un **réseau européen** des registres de testaments (RERT) a été créé par la Conférence des notariats de l'Union européenne (Association du réseau européen des registres testamentaires (ARERT), 30-34 rue de la Montagne, B-1000 Bruxelles, Belgique).

PACTES SUCCESSORAUX

73885 Le règlement Successions étend les règles prévues par la convention de La Haye pour les testaments. L'**éventail des lois** susceptibles de valider en la forme le pacte successoral est large puisque le pacte sera validé s'il est conforme à la loi (Règl. 650/2012 du 4-7-2012 art. 27, 1) :
– du lieu de sa conclusion ;
– s'agissant des immeubles, du lieu de situation de l'immeuble ;
– de l'État dont l'une des personnes dont la succession est concernée par le pacte possède la nationalité, au moment de la conclusion du pacte ou au moment du décès ;
– de l'État dans lequel l'une des personnes dont la succession est concernée par le pacte a sa résidence habituelle ou son domicile, au moment de la conclusion du pacte ou au moment de son décès.

La **renonciation anticipée à l'action en réduction** s'analysant en un pacte successoral au sens du règlement, elle sera valable en la forme si elle respecte l'une quelconque des lois désignées par le règlement, même si celle-ci ne prévoit pas des dispositions aussi contraignantes que le droit français (C. civ. art. 930). Aucune disposition du règlement ne justifierait que ces formalités soient considérées comme des règles de fond.

2. DONATIONS ET TRUSTS

SOURCES

73888 Les droits et biens créés ou transférés autrement que par succession, par exemple au moyen de libéralités, sont en principe exclus du champ d'application du **règlement Successions** (Règl. 650/2012 du 4-7-2012 art. 1, 2-g), sous réserve du rapport et de la réduction qui relèvent de la loi successorale (n° 73900).

Étant normalement des contrats, les donations devraient entrer dans le champ d'application du règlement 593/2008 du 17 juin 2008 sur la loi applicable aux obligations contractuelles, dit « **règlement Rome I** » (JOUE 2008 L 177 p. 6 ; rectificatif du 24-11-2009 : JOUE 2009 L 309 p. 87), si elles ont été conclues depuis le 17 décembre 2009. Si elles ont été conclues entre le 1er avril 1991 et le 17 décembre 2009, elles entrent dans le champ d'application de la **convention de Rome** du 19 juin 1980 sur la loi applicable aux obligations contractuelles.

Toutefois, toutes les donations ne sont pas incluses dans le champ d'application du règlement Rome I. En effet, le règlement, à l'instar de la convention qu'il remplace et dont il reprend l'essentiel, exclut de son champ d'application les obligations découlant des relations de famille, des régimes matrimoniaux et des successions. Le **rapport Giuliano-Lagarde relatif à la convention de Rome** précisait que cette dernière n'excluait pas les donations dans leur ensemble, comme cela avait été envisagé dans un premier temps ; au contraire, celles-ci étaient incluses dès lors qu'elles dérivent d'un contrat « même lorsqu'elles sont effectuées dans le cadre familial, sans pour autant être couvertes par le droit de la famille. Restent donc en dehors du champ d'application des règles uniformes les seules donations contractuelles affectées par le droit de la famille, des régimes matrimoniaux ou des successions » (Rapport concernant la convention sur la loi applicable aux obligations contractuelles par M. Giuliano et P. Lagarde p. 10).

Dès lors, la doctrine propose de distinguer entre les donations à caractère familial et les autres donations (que l'on désignera par commodité « donations ordinaires »), les premières étant exclues du champ d'application de la convention de Rome puis du règlement Rome I.

DONATIONS « ORDINAIRES »

La **loi applicable à la forme** d'une donation ordinaire résulte d'une règle de conflit alternative : la donation sera valable en la forme si elle est conforme à la loi du lieu de conclusion de l'acte ou à la loi qui lui est applicable au fond (Règl. 593/2008 du 17-6-2008 art. 11). Toutefois, lorsqu'elle porte sur un immeuble, la donation sera soumise aux règles de forme de la loi du lieu de situation de l'immeuble si ces dispositions ont le caractère de loi de police. **73890**

La **loi applicable au fond** est la loi choisie par les parties ou, à défaut, la loi de la résidence habituelle du débiteur de la prestation caractéristique, c'est-à-dire du donateur (ou la loi du lieu de l'immeuble si la donation a pour objet un tel bien).

DONATIONS À CARACTÈRE FAMILIAL

Le régime des donations à caractère familial n'est pas unifié. La **donation-partage** constitue un pacte successoral et relève à ce titre du règlement Successions (n° 73852, précision a). **73892**

Concernant les **donations entre époux**, il faut distinguer entre la donation de biens présents, qui ne relève a priori d'aucun texte européen et pour lesquelles les solutions existantes devraient donc être maintenues. Une telle donation est en principe soumise à la loi des effets du mariage, sous réserve du rapport et de la réduction. La donation de biens à venir relève en revanche du règlement Successions, au titre duquel elle doit s'analyser comme un pacte successoral (P. Callé, La donation de biens à venir entre époux en droit international privé. Le droit à l'épreuve des siècles et des frontières. Mélanges en l'honneur du professeur Bertrand Ancel, LGDJ, 2018).

TRUSTS

Le règlement Successions ne s'applique pas à la **constitution**, au **fonctionnement et** à la **dissolution** des trusts (Règl. 650/2012 du 4-7-2012 art. 1, 2-j). Aucune règle de conflit spécifique n'existe par ailleurs en droit international privé français pour les trusts. Une tendance jurisprudentielle semble admettre que les questions relatives à la validité d'un trust constitué à l'étranger soient soumises à une loi propre (loi d'autonomie). Toutefois, s'agissant de son traitement successoral, la tendance est plutôt d'essayer de l'assimiler à une institution française équivalente (donation, legs). **73895**

S'il s'agit d'un **trust testamentaire**, sa validité et ses effets seront appréciés par rapport à la loi successorale telle que désignée par le règlement. S'il s'agit d'un **trust entre vifs**, la loi successorale désignée par le règlement ne s'appliquera en principe qu'au rapport et à la réduction des libéralités réalisées par le biais du trust. Si la loi successorale est la loi française, les solutions dégagées par la jurisprudence antérieurement au règlement devraient donc être maintenues (Cass. 1e civ. 3-11-1983 n° 82-14.003 : Bull. civ. I n° 252, Rev. crit. DIP 1984 p. 336 note M. Revillard).

II. RÈGLEMENT DE LA SUCCESSION

DOMAINE DE LA LOI DÉSIGNÉE

La loi désignée a vocation à s'appliquer à l'**ensemble de la succession**, de son ouverture au partage. Elle régira notamment les causes et la date d'ouverture de la succession, la vocation successorale des bénéficiaires, la détermination de leurs parts respectives et des charges qui peuvent leur être imposées par le défunt, ainsi que la détermination d'autres droits sur la succession, y compris les droits successoraux du conjoint ou du partenaire survivant, la capacité de succéder, l'exhérédation et l'indignité successorale, le transfert des biens, des droits et des obligations composant la succession aux héritiers et, selon le cas, aux légataires, y compris les conditions et les effets de l'acceptation de la succession ou du legs ou de la renonciation à ceux-ci, les pouvoirs des héritiers, des exécuteurs testamentaires et autres administrateurs de la succession, la responsabilité à l'égard des dettes de la succession, la réserve héréditaire, le rapport et la réduction des libéralités, et enfin le partage successoral. **73900**

Il existe toutefois un certain nombre de **difficultés classiques** sur la détermination du domaine de la loi successorale, soit qu'il s'agisse de déterminer la frontière avec d'autres lois applicables (notamment, la loi applicable au régime matrimonial ou la loi du lieu de situation des biens, dite « loi réelle »), soit de cas pour lesquels le règlement Successions ou le droit français (dans la mesure où le législateur national est en droit de le faire sans violer la primauté du droit européen) pose des règles matérielles internationales directement applicables à la succession en cause, sans passer par la mise en œuvre de la règle de conflits de lois. Certaines sont envisagées dans les développements qui suivent (pour un panorama complet, voir Memento Successions Libéralités).

FUNÉRAILLES

73902 L'organisation des funérailles ne relève pas de la loi successorale. Elle ne relève pas non plus de la loi personnelle du défunt mais des libertés individuelles. La loi du 15 novembre 1887, qui en garantit l'exercice, est une loi de police applicable aux funérailles de toute personne qui décède sur le territoire français (Cass. 1e civ. 19-9-2018 n° 18-20.693 F-PBI : BPAT 6/18 inf. 265).

COMOURANTS

73905 Le règlement prévoit une **règle matérielle subsidiaire** lorsque les successions de deux ou plusieurs personnes, décédées dans des circonstances qui ne permettent pas de déterminer l'ordre des décès, sont régies par des lois différentes qui donnent au problème des comourants des solutions différentes (ou ne prévoient pas de solution spécifique). Dans ce cas, aucune de ces personnes décédées n'a de droit dans la succession de l'autre ou des autres.

CAPACITÉ SUCCESSORALE

73908 Les questions de capacité sont normalement exclues du champ d'application du règlement (n° 73502). Cependant, le règlement Successions inclut dans son champ d'application la « capacité de succéder », ce qui vise très certainement l'aptitude à succéder tenant à l'existence de la personne physique ou morale et les autres conditions de successibilité (survie, non-divorce).

LIENS DE PARENTÉ AVEC LE DÉFUNT

73910 Ceux-ci doivent être établis non en application de la loi successorale, mais de la loi applicable au lien de parenté lui-même (filiation, mariage, adoption), telle que désignée par la règle de conflit française (Cass. 1e civ. 3-1-1980 n° 78-13.762, Bendeddouche : Rev. crit. DIP 1980 p. 331 note Batiffol, Bull. civ. I n° 4 ; Cass. 1e civ. 22-4-1986 n° 85-11.666, Djenangi : Rev. crit. DIP 1988 p. 302 note Bischoff, Bull. civ. I n° 98). Cette solution traditionnelle de la jurisprudence française n'est pas remise en cause par le règlement Successions.

SUCCESSIONS EN DÉSHÉRENCE

73912 Dans la mesure où, en vertu de la loi applicable à la succession, il n'y a, pour aucun bien, d'héritier ou de légataire, ou de personne physique venant au degré successible, un État membre (ou une institution désignée à cet effet par celui-ci) a le droit d'appréhender, en vertu de sa propre loi, les **biens successoraux situés sur son territoire**, pour autant que les créanciers soient habilités à faire valoir leurs créances sur l'ensemble des biens successoraux (Règl. 650/2012 du 4-7-2012 art. 33).

DROIT DE PRÉLÈVEMENT

73915 **Nouveau droit de prélèvement compensatoire** Le législateur français a réintroduit un droit de prélèvement compensatoire avec l'adoption de la loi 2021-1109 du 24 août 2021 confortant le respect des principes de la République (C. civ. art. 913, al. 3) ; sur l'ancien droit de prélèvement, voir n° 73920.

Lorsque le défunt ou au moins l'un de ses enfants est, au moment du décès, ressortissant d'un État membre de l'Union européenne ou y réside habituellement et lorsque la **loi étrangère applicable à la succession ne permet aucun mécanisme réservataire** protecteur des enfants, chaque enfant ou ses héritiers ou ses ayants cause peuvent effectuer un prélèvement compensatoire sur les biens existants situés en France au jour du décès, de façon à être rétablis dans les droits réservataires que leur octroie la loi française, dans la limite de ceux-ci.

Ce texte a pu être interprété comme une clause spéciale d'ordre public définissant les exigences de l'ordre public international français (P. Callé, Droit de prélèvement : le retour : SNH 33/21 inf. 12), mais la règle s'apparente davantage à une règle matérielle de droit international privé (S. Ramaciotti, Le prélèvement compensatoire du projet d'article 913 du code civil à l'épreuve des exigences européennes et constitutionnelles : Rev. crit. DIP 2021 p. 310 ; B. Haftel, Successions internationales : le retour du droit de prélèvement : D. 2021 p. 2012).

Le nouveau droit de prélèvement est applicable aux **successions ouvertes depuis le 1er novembre 2021**, y compris si des libéralités ont été consenties par le défunt avant cette date (Loi 2021-1109 du 24-8-2021 art. 24, II).

Cependant, comme de nombreux auteurs l'ont relevé, la **constitutionnalité** de ce texte est douteuse et surtout il apparaît clairement incompatible avec le **règlement Successions** (voir en particulier P. Lagarde, Une ultime (?) bataille de la réserve héréditaire : Rev. crit. DIP 2021 p. 291 ; S. Ramaciotti, précité ; ainsi que les démonstrations très claires de B. Haftel, précité, et G. Khairallah, Le principe de primauté du droit de l'Union européenne, le notaire et l'article 913 du Code civil : JCP N 2021, n° 1347).

Le conjoint survivant, lorsqu'il est réservataire, ne bénéficie pas de cette disposition ; sont **seuls concernés** les enfants ou leurs héritiers et ayants cause, cette dernière notion n'étant pas définie (H. Peroz, Le droit de prélèvement compensatoire ou la mise à mal de la pratique des successions internationales : JCP N 2021 act. 805). 73918

Le champ des bénéficiaires du texte est très large. Pour reprendre un **exemple** avancé par un auteur, dans le cas d'un défunt américain résidant en Californie et laissant à sa survivance deux enfants, l'un vivant aux États-Unis, l'autre en Roumanie, les deux enfants pourraient prétendre au prélèvement compensatoire. En revanche, si le second enfant vit en Suisse, aucun enfant ne peut y prétendre (P. Callé, précité).

Pour la **liquidation du droit de prélèvement**, un auteur suggère de s'inspirer de la méthode dégagée pour l'ancien droit de prélèvement (N. Levillain, Mise en pratique du nouveau prélèvement compensatoire : JCP N 2022 n° 1057 § 10 s.). Décrite par la cour d'appel de Paris, cette méthode consiste à effectuer une double liquidation des droits des héritiers, d'abord par le jeu des règles de conflit de lois normalement applicables, puis par application fictive de la loi française en tenant compte de l'ensemble des biens du défunt tant en France qu'à l'étranger (CA Paris 16-5-1995 : JDI 1996 p. 83 note M. Revillard).

Abrogation de l'ancien droit de prélèvement L'ancien droit de prélèvement permettait au seul **cohéritier français ab intestat** de réclamer sur les biens situés en France la part successorale que lui octroierait la loi française et dont il a été exclu par la loi successorale étrangère régissant la succession (Loi du 14-7-1819 art. 2). 73920

Ce texte a été déclaré contraire à la Constitution (Cons. const. QPC 5-8-2011 n° 2011-159 : JO 6 p. 13478, BPAT 5/11 inf. 282). L'abrogation a été effective avec la publication de la décision au Journal officiel (Constitution art. 62). Le droit de prélèvement ne pouvait dès lors plus être invoqué dans le règlement des successions ouvertes depuis le **6 août 2011**. Il se trouvait également exclu dans les successions ouvertes mais non encore partagées au 6 août 2011, en l'absence de décision revêtue de l'autorité de la chose jugée ou de reconnaissance de droit antérieure à cette même date (Cass. 1e civ. 27-9-2017 n° 16-17.198 FS-PBRI : BPAT 6/17 inf. 222). En revanche, l'abrogation de l'ancien droit de prélèvement n'a pas remis en cause les successions liquidées sur son fondement avant le 6 août 2011.

ARTICULATION DE LA LOI SUCCESSORALE AVEC LE RÉGIME MATRIMONIAL

Le règlement Successions exclut de son champ d'application les régimes matrimoniaux. La liquidation du régime matrimonial est en principe soumise à la **loi régissant le régime matrimonial**, et non à la **loi successorale**, ce qui peut provoquer quelques difficultés s'agissant des droits du conjoint survivant dans la succession. 73922

En effet, le conjoint survivant peut se voir attribuer des droits au titre du régime matrimonial ou de la loi successorale, chaque législation interne réalisant en règle générale un équilibre entre les droits accordés au titre de l'un ou de l'autre. Si la loi successorale et la loi applicable au régime matrimonial sont différentes, il peut s'ensuivre des résultats incohérents qu'aucune des deux lois n'aurait consacrés si elle avait été applicable à l'ensemble des droits tirés tant du régime matrimonial que de la succession (D. Bureau et H. Muir Watt : Droit international privé, t. I, PUF 4e éd. 2017, n° 488). Il suffit de songer au cas où la loi applicable au régime matrimonial des époux serait celle d'un État ignorant jusqu'à la notion de régime matrimonial parce qu'elle pourvoit aux intérêts du conjoint survivant par des droits successoraux plus élevés. Si, dans ce même cas, la loi successorale est celle d'un État qui accorde au conjoint survivant une vocation successorale restreinte en raison des droits importants que lui confère le droit des régimes matrimoniaux de cet État, le survivant va être pénalisé, voire privé de tout. Dans l'hypothèse inverse, il se trouvera avantagé à l'excès (B. Audit : Droit international privé, Economica 2008, n° 322). Afin de pallier cette difficulté, il a pu être préconisé de n'appliquer qu'une seule loi à la question des droits du conjoint survivant, la loi du régime matrimonial (B. Audit, précité, n° 904). Une telle solution ne paraît cependant pas conforme aux règlements européens applicables.

Une autre difficulté réside dans la **qualification** de certains droits reconnus par la loi étrangère au conjoint survivant. Cette difficulté se rencontre notamment en cas de succession soumise à la loi française alors que les époux étaient soumis au régime matrimonial légal allemand (communauté différée des acquêts ou augments). Les droits du conjoint survivant en droit allemand selon la dévolution légale sont d'un quart dans la succession. En cas de dissolution par décès, la péréquation mathématique des acquêts (obligatoirement applicable en cas de dissolution par divorce) est remplacée par une majoration forfaitaire de la part successorale du conjoint survivant d'un quart supplémentaire lorsque les époux étaient mariés sous le régime légal de la communauté (M. Revillard : Droit international privé et européen : pratique notariale, Defrénois 9e éd. 2018, n° 1070 ; Rép. droit international Dalloz, v. Successions par P. Lagarde n° 151). Ce prélèvement forfaitaire a-t-il une nature matrimoniale ou successorale ? La Cour de justice estime que « cette disposition [du droit allemand] n'apparaît pas avoir pour finalité principale la répartition des éléments du patrimoine ou la liquidation du régime matrimonial, mais plutôt la détermination du quantum de la part de la succession à attribuer au conjoint survivant par rapport aux autres héritiers ». Elle en conclut que ce mécanisme a une nature successorale et qu'il relève donc du règlement Successions (CJUE 1-3-2018 aff. 558/16, Mahnkopf).

OPTION SUCCESSORALE

73925 La loi successorale régit l'option de l'héritier relativement aux **questions de fond** (et notamment la possibilité même d'une option). S'agissant de la **forme de l'option**, le règlement prévoit une règle de conflit alternative : l'option sera valable quant à la forme si elle respecte les prescriptions de la **loi applicable à la succession** (y compris si celle-ci a été choisie par le de cujus) ou de la **loi de la résidence habituelle de l'optant** (Règl. 650/2012 du 4-7-2012 art. 28). Ainsi, une déclaration concernant la renonciation à la succession faite par un héritier devant une juridiction de l'État membre de sa résidence habituelle – comme le règlement le permet – est considérée comme valable quant à la forme dès lors que les exigences de forme applicables devant cette juridiction ont été respectées, sans qu'il soit nécessaire, aux fins de cette validité, qu'elle remplisse les exigences de forme requises par la loi applicable à la succession (CJUE 2-6-2022 aff. 617/20 : BPAT 4/22 inf. 184).

ATTENTION

Quelle loi appliquer à la **capacité d'opter** ? Selon un auteur, il faut appliquer la loi désignée par le règlement soit la loi successorale dans la mesure où les conventions de La Haye du 19 octobre 1996 et du 13 janvier 2000 excluent l'ensemble de la matière successorale (P. Lagarde, Les principes de base du nouveau règlement européen sur les successions : Rev. crit. DIP 2012 p. 691). La loi désignée par ces conventions ne s'appliquerait que pour la détermination du représentant de l'enfant ou de l'adulte, lorsque la loi successorale requiert son intervention. La soumission de la capacité d'opter à la loi successorale nous paraît cependant surprenante (dans le même sens, Droit européen des successions internationales. Le règlement du 4 juillet 2012, éd. Defrénois 2013, v. L'option et la transmission du passif dans les successions internationales au regard du règlement européen du 4 juillet 2012 par F. Sauvage, p. 105). Elle devrait également rester soumise à la loi nationale (Rép. droit international Dalloz, v. Capacité par E. Gallant, n° 66), sauf pour la désignation éventuelle d'un représentant de la personne protégée.

ADMINISTRATION DE LA SUCCESSION

73928 Afin de concilier les exigences des pays de « common law » (dont les principaux ne sont pourtant pas liés par le règlement) et celles des pays de droit civil dont les approches sont radicalement opposées en ce qui concerne l'administration de la succession, le règlement prévoit un système complexe lorsque le **juge compétent en vertu du règlement n'applique pas sa propre loi** (Règl. 650/2012 du 4-7-2012 art. 29). Cela sera notamment le cas lorsque le défunt a choisi sa loi nationale pour régir la succession tandis que le tribunal de sa résidence habituelle est compétent. La situation pourra également se présenter lorsque la compétence du juge est fondée sur la présence de biens du défunt sur son territoire alors que celui-ci avait sa résidence habituelle dans un État tiers.

Le juge compétent peut alors **nommer un ou plusieurs administrateurs** de la succession en vertu de sa propre loi. Les administrateurs nommés doivent cependant être des personnes habilitées à exécuter le testament du défunt et/ou à administrer sa succession au titre de la loi successorale. Si la loi successorale ne prévoit pas que la succession puisse être administrée par d'autres personnes que les bénéficiaires de la succession (héritiers ou légataires), ces derniers devront être nommés administrateurs (Règl. 650/2012 du 4-7-2012 considérant 43). Le juge pourra néanmoins nommer un administrateur tiers conformément à sa propre loi si celle-ci l'exige et s'il existe un grave conflit d'intérêts entre les bénéficiaires ou entre les bénéficiaires et les créanciers ou d'autres personnes ayant garanti les dettes du défunt. Même chose en cas de désaccord entre les bénéficiaires sur l'administration de la succession ou si la succession est difficile à administrer en raison de la nature des biens.

73930 **Pouvoirs des administrateurs** Les pouvoirs des administrateurs ainsi nommés varient selon que la loi successorale est la loi d'un État membre ou la loi d'un État tiers. En principe, ils doivent exercer leurs pouvoirs d'administration conformément à la loi successorale. Lorsque la **loi successorale est la loi d'un État membre**, le tribunal saisi, s'il estime que la loi successorale ne prévoit pas de pouvoirs suffisants pour préserver les biens successoraux ou pour protéger tant les droits des créanciers que ceux d'autres personnes ayant garanti les dettes du défunt, peut

décider de permettre aux administrateurs d'exercer, sur une base résiduelle, les pouvoirs prévus à cet effet dans sa propre loi. Ces pouvoirs résiduels pourraient consister, par exemple, à établir la liste de l'actif et du passif de la succession, à informer les créanciers de l'ouverture de la succession et à les inviter à faire connaître leurs créances, ainsi qu'à prendre toutes les mesures provisoires ou conservatoires visant à préserver les biens successoraux (Règl. 650/2012 du 4-7-2012 considérant 44). Néanmoins, les administrateurs doivent respecter la loi successorale en ce qui concerne le transfert de la propriété des biens successoraux, la responsabilité à l'égard des dettes de la succession, les droits des bénéficiaires, y compris le droit d'accepter ou de renoncer à la succession, ainsi que, le cas échéant, les pouvoirs de l'exécuteur testamentaire de la succession.
Lorsque la **loi successorale est la loi d'un État tiers**, le tribunal saisi peut confier aux administrateurs la totalité des pouvoirs d'administration prévus par sa propre loi. Toutefois, dans l'exercice de ces pouvoirs, les administrateurs doivent respecter la vocation successorale des bénéficiaires et la détermination de leurs droits successoraux, y compris leurs droits à une réserve héréditaire ou leurs droits à l'égard de la succession ou des héritiers en vertu de la loi applicable à la succession.

PARTAGE

La loi successorale régit le partage successoral. Celle-ci régira ainsi la **forme du partage** (amiable ou judiciaire). Elle fixera les modalités de **composition et** d'**attribution des lots**. 73935
L'**effet déclaratif ou translatif** du partage est également soumis à la loi successorale. En revanche, les **formalités de publicité** du partage ne relèvent pas de la loi successorale, mais de la loi de situation des biens.
Échappant en revanche à la loi successorale, la **capacité du mineur** copartageant est soumise à sa loi nationale (Cass. civ. 13-4-1932, Château de Chambord : Rev. crit. DIP 1932 p. 549 concl. Matter) ou à la loi de sa résidence habituelle si la convention de La Haye du 19 octobre 1996 est applicable (voir toutefois en faveur de l'application de la loi successorale, sauf pour désigner le représentant du mineur, M.-L. de Tejada, La protection de l'enfant mineur à l'occasion du règlement d'une succession : loi applicable et tribunal compétent : JCP N 2020 n° 1208). La loi ainsi désignée indiquera notamment si le partage doit être judiciaire ou si l'on peut procéder à un partage amiable. Le règlement Bruxelles II ter attribue compétence au tribunal saisi du règlement de la succession pour donner une éventuelle autorisation de procéder à un partage (voir n° 73530, précisions).

SECTION 3 CERTIFICAT SUCCESSORAL EUROPÉEN

Le règlement prévoit la possibilité de délivrer un certificat successoral européen. Il s'agit d'une **faculté** offerte aux parties : le recours au certificat n'est donc pas obligatoire. 73940
Les parties pourront donc recourir aux **documents existant en droit interne** utilisés à des fins similaires (acte de notoriété en France). Lorsque ces documents sont délivrés par un notaire tel que le notaire français, celui-ci n'a pas à appliquer les règles de compétence prévues par le règlement pour les juridictions (CJUE 23-5-2019 aff. 658/17, WB : BPAT 4/19 inf. 138, à propos d'un notaire polonais ; CJUE 16-7-2020 aff. 80/19 : BPAT 5/20 inf. 152, à propos d'un notaire lituanien). Les parties peuvent donc s'adresser au notaire de leur choix. Si ces documents sont des actes authentiques, ils pourront à ce titre être « acceptés » et exécutés dans les autres États membres (mêmes décisions). Toutefois, lorsque le droit national prévoit que le certificat successoral national est délivré par une juridiction, celle-ci ne peut se reconnaître compétente que selon les critères posés par le règlement. Ainsi, si le défunt avait, au moment de son décès, sa résidence habituelle dans un autre État membre, les juridictions d'un État membre ne peuvent se reconnaître compétentes pour la délivrance des certificats successoraux nationaux, dans le cadre d'une succession ayant une incidence transfrontalière, en se fondant sur la présence de biens successoraux sur le territoire de cet État membre ou sur le fait que le défunt possédait la nationalité de celui-ci (CJUE 21-6-2018 aff. 20/17, Oberlé : BPAT 4/18 inf. 158).

OBJET

Le certificat doit permettre aux **héritiers et légataires** de prouver dans un autre État membre leur qualité et la quote-part qui leur revient dans la succession ainsi que l'attribution à leur profit d'un ou plusieurs biens déterminés faisant partie de la succession. 73945

Il doit également permettre aux **exécuteurs testamentaires ou administrateurs** de prouver leurs pouvoirs dans un autre État membre (Règl. 650/2012 du 4-7-2012 art. 63).

C'est une sorte de « super acte de notoriété » (R. Crône, Le certificat successoral européen, « super acte de notoriété » des successions transfrontalières : Sol. Not. 10/12 inf. 265).

Le certificat ne peut être délivré qu'en vue d'être utilisé dans un **autre État membre**. En revanche, dès lors qu'un certificat a été demandé, il produit l'intégralité de ses effets, y compris dans l'État membre de l'autorité qui l'a délivré (Règl. 650/2012 du 4-7-2012 art. 62).

DÉLIVRANCE

73950 Le certificat est délivré par les autorités de l'État membre dont les juridictions sont compétentes pour régler la succession à l'exception de la compétence reposant sur la comparution volontaire (nº 73532). Le droit interne de chaque État membre détermine si l'**autorité délivrant le certificat** est une juridiction ou une autre autorité compétente en matière de succession, tel un notaire (Règl. 650/2012 du 4-7-2012 art. 64 et considérant 70). En France, l'autorité exclusivement compétente pour délivrer le certificat est le notaire (CPC art. 1381-1), lequel devra donc vérifier sa compétence en appliquant les règles prévues pour les juridictions (nºs 73530 s.).

S'agissant de la **demande de certificat**, le règlement établit une liste des informations à fournir, les éléments à vérifier par l'autorité qui le délivre et les cas dans lesquels elle ne doit pas délivrer de certificat, en particulier si les éléments à certifier sont contestés ou si le certificat s'avère ne pas être conforme à une décision portant sur les mêmes éléments (Règl. 650/2012 du 4-7-2012 art. 65 à 67). En pratique, la demande peut être effectuée au moyen d'un formulaire type (Règl. 1329/2014 du 9-12-2014 ann. 4, formulaire IV), dont l'utilisation est facultative (CJUE 17-1-2019 aff. 102/18 : BPAT 2/19 inf. 50).

Le règlement fixe également le **contenu du certificat** (Règl. 650/2012 du 4-7-2012 art. 68). Un formulaire type a été mis au point (Règl. 1329/2014 du 9-12-2014 ann. 5, formulaire V). L'utilisation de celui-ci est obligatoire (CJUE 17-1-2019 aff. 102/18, précité).

L'autorité qui établit le certificat doit en conserver l'**original** et ne délivrer que des **copies** certifiées conformes au demandeur et à toute personne justifiant d'un intérêt légitime. Le notaire remettra une copie contre émargement ou récépissé ou la notifiera par lettre recommandée avec demande d'avis de réception (CPC art. 1381-2). Ces copies ont une durée de validité de six mois (sauf exception), laquelle doit figurer sous la forme d'une date d'expiration (Règl. 650/2012 du 4-7-2012 art. 70). Si un notaire délivre une copie portant la mention « durée illimitée », celle-ci sera réputée valable pour une durée de six mois à partir de la date de sa délivrance (CJUE 1-7-2021 aff. 301/20 : BPAT 5/21 inf. 208). Lorsqu'une copie certifiée conforme est présentée à un tribunal, sa validité s'apprécie à la date à laquelle la copie est présentée et non au jour où le tribunal rend sa décision (même arrêt).

Une fois cette date expirée, le détenteur de la copie devra en demander la prorogation ou solliciter la délivrance d'une nouvelle copie à l'autorité émettrice. En outre, cette dernière doit tenir une liste des personnes qui se sont vu délivrer des copies certifiées conformes.

En cas de **refus** de délivrer le certificat, le notaire doit informer le demandeur de sa décision, en indiquant les motifs et les voies de recours, par lettre recommandée avec demande d'avis de réception (CPC art. 1381-3).

Toute personne habilitée à présenter une demande de certificat peut exercer un **recours devant les juridictions** de l'État membre dont relève l'autorité émettrice en cas de refus de délivrance. Le recours sera porté, s'agissant d'un refus de délivrance par un notaire français, devant le président du tribunal judiciaire dans le ressort duquel est situé son office dans un délai de 15 jours à compter de la réception de la décision de refus de délivrance (CPC art. 1381-4, al. 1).

Si le recours est fondé, la juridiction procède à la délivrance ou veille à ce que l'autorité émettrice réexamine le dossier et prenne une nouvelle décision (Règl. 650/2012 du 4-7-2012 art. 72 ; CPC art. 1381-4, al. 4).

RECTIFICATION, MODIFICATION OU RETRAIT DU CERTIFICAT

73953 À la demande de toute personne justifiant d'un intérêt légitime ou d'office, l'autorité émettrice rectifie le certificat **en cas d'erreur matérielle** (Règl. 650/2012 du 4-7-2012 art. 71, § 1).

À la demande de toute personne justifiant d'un intérêt légitime ou, lorsque le droit national le permet, d'office, l'autorité émettrice modifie le certificat ou procède à son retrait lorsqu'il a été établi que le **certificat ou certains de ses éléments ne correspondent pas à la réalité** (Règl. 650/2012 du 4-7-2012 art. 71, § 2).

L'autorité émettrice doit alors en informer sans délai toutes les **personnes qui se sont vu délivrer des copies** certifiées conformes du certificat (Règl. 650/2012 du 4-7-2012 art. 71, § 3).

Elle peut par ailleurs, dans l'attente de la modification ou du retrait du certificat, en **suspendre les effets** à la demande de toute personne justifiant d'un intérêt légitime. Dans ce cas, elle cesse d'en délivrer de nouvelles copies et devra en informer sans délai les détenteurs (Règl. 650/2012 du 4-7-2012 art. 73, § 1-a et § 2). La décision de suspension peut elle-même faire l'objet d'un recours (nº 73954).

> **Précisions** En cas de rectification d'erreur matérielle ou de modification d'un certificat successoral européen, une **copie certifiée conforme** du certificat rectifié ou modifié est remise ou notifiée à toutes les personnes qui se sont vu délivrer une copie du certificat initial (CPC art. 1381-2, al. 2).
> En cas de retrait du certificat successoral européen, de suspension de ses effets ou de refus de procéder à sa rectification, à sa modification, à son retrait ou à la suspension de ses effets, le notaire informe, par **lettre recommandée** avec demande d'avis de réception, les personnes qui se sont vu délivrer une copie certifiée conforme du certificat initial en indiquant les motifs de sa décision et les voies de recours (CPC art. 1381-3, al. 2 et 3).

VOIES DE RECOURS

Outre le recours en cas de **refus de délivrance** ouvert à toute personne habilitée à présenter une demande de certificat (voir nº 73950), toute personne justifiant d'un intérêt légitime peut exercer un recours contre la décision prise par l'autorité émettrice relative à la **rectification**, la **modification ou** le **retrait** du certificat ou encore à la suspension de ses effets (nº 73953). Le recours est formé devant les juridictions de l'État membre dont relève l'autorité émettrice (Règl. 650/2012 du 4-7-2012 art. 72). S'agissant d'un certificat délivré par un notaire français, le recours doit être porté devant le président du tribunal judiciaire dans le ressort duquel est situé son office dans un délai de 15 jours à compter de la remise ou notification de la copie certifiée conforme du nouveau certificat ou de la réception de la décision (CPC art. 1381-4, al. 2). 73954

L'autorité judiciaire peut **suspendre les effets du certificat** à la demande de toute partie habilitée à former un recours contre une décision prise par l'autorité émettrice, pendant l'exercice de ce recours (Règl. 650/2012 du 4-7-2012 art. 73, § 1-b). L'autorité émettrice ou, le cas échéant, la juridiction devra informer de cette suspension toutes les personnes qui se sont vu délivrer un certificat, la délivrance de nouvelles copies étant interrompue (Règl. 650/2012 du 4-7-2012 art. 73, § 2). Le notaire doit procéder à cette information par lettre recommandée avec demande d'avis de réception (CPC art. 1381-3, al. 2).

Si le **recours** est **fondé**, la juridiction procède à la rectification, à la modification ou au retrait du certificat, ou veille à ce que l'autorité émettrice y procède (Règl. 650/2012 du 4-7-2012 art. 72, § 2).

EFFETS DU CERTIFICAT

Le certificat produit ses effets dans tous les États membres sans qu'une quelconque procédure soit nécessaire. Il bénéficie d'une **présomption** de véracité puisqu'il est présumé attester fidèlement l'existence d'éléments qui ont été établis en vertu de la loi applicable à la succession ou en vertu de toute autre loi applicable à des éléments spécifiques. Il fera ainsi preuve de la qualité et/ou des droits et pouvoirs de l'héritier, du légataire, de l'exécuteur testamentaire ou de l'administrateur de la succession qui y est mentionné. 73955

Le certificat successoral européen produit des effets à l'égard de toutes les **personnes qui y sont nommément citées**, même si elles n'en ont pas demandé elles-mêmes la délivrance (CJUE 1-7-2021 aff. 301/20 : BPAT 5/21 inf. 208).

Sauf s'il sait que le contenu du certificat ne correspond pas à la réalité ou s'il l'ignore en raison d'une négligence grave, un **tiers** pourra valablement effectuer un paiement ou remettre des biens à une personne mentionnée dans le certificat comme pouvant les recevoir. La Cour de cassation a cependant validé le refus d'une banque française de procéder au déblocage des comptes du défunt en présence d'un CSE prouvant la qualité d'héritier du demandeur, la banque exigeant la preuve de l'enregistrement du testament auprès de l'administration fiscale française en application des articles 1000 du Code civil et 655 du CGI (Cass. 1e civ. 13-4-2022 nº 20-23.530 FS-B : BPAT 3/22 172-12). Selon cet arrêt, le certificat successoral européen a une efficacité probatoire mais ne constitue pas un titre exécutoire, de sorte que, s'il atteste la qualité et les droits d'héritier, il n'épuise pas nécessairement les formalités à mettre en œuvre pour obtenir l'exécution de ces droits. L'exigence d'enregistrement de tout testament établi à l'étranger, qui ne remet pas en cause l'efficacité probatoire du certificat successoral européen et ne constitue pas une condition d'exécution des testaments prohibée par le règlement Successions, ne porte pas atteinte au principe d'application directe du règlement ni ne le prive de son effet utile.

Sauf s'il sait que le contenu du certificat ne correspond pas à la réalité ou s'il l'ignore en raison d'une négligence grave, un tiers pourra acquérir des biens successoraux auprès d'une personne mentionnée dans le certificat comme ayant le pouvoir d'en disposer (Règl. 650/2012 du 4-7-2012 art. 69).

73960 Le règlement précise enfin que le certificat constitue un document valable pour l'inscription d'un bien successoral dans un registre de **publicité foncière** (Règl. 650/2012 du 4-7-2012 art. 69, § 4).

Mais le règlement est ambigu sur les questions de publicité foncière. Celles-ci sont exclues par l'article 1, § 2, et le préambule du règlement précise que c'est « la loi de l'État membre dans lequel le registre est tenu (pour les biens immeubles, la lex rei sitae) qui devrait définir les conditions légales et les modalités de l'inscription, et déterminer quelles sont les autorités, telles que les responsables des cadastres ou les notaires, chargées de vérifier que toutes les exigences sont respectées et que les documents présentés ou établis sont suffisants ou contiennent les informations nécessaires » (Règl. 650/2012 du 4-7-2012 considérant 18). Le caractère obligatoire ou non de la publicité foncière et les sanctions attachées à la non-publicité seront ainsi déterminées par la loi de chaque État membre (P. Lagarde, Les principes de base du nouveau règlement européen sur les successions : Rev. crit. DIP 2012 p. 691).

Toutefois, le même considérant précise qu'« afin d'éviter la duplication des documents, les autorités chargées de l'inscription devraient accepter les documents rédigés par les autorités compétentes d'un autre État membre, dont la circulation est prévue par le présent règlement. En particulier, le certificat successoral européen délivré en vertu du présent règlement devrait constituer un document valable pour l'inscription de biens successoraux dans le registre d'un État membre. Cela ne devrait pas empêcher les autorités chargées de l'inscription de solliciter de la personne qui demande l'inscription de fournir les informations supplémentaires ou présenter les documents complémentaires exigés en vertu du droit de l'État membre dans lequel le registre est tenu, par exemple les informations ou les documents concernant le paiement d'impôts ».

Selon un auteur, le certificat ne pourrait que remplacer l'acte de notoriété mais non être utilisé aux fins de publicité foncière en France dans la mesure où il ne respecte pas les exigences de contenu et de forme de l'attestation notariée (E. Jacoby, Le certificat successoral européen et les registres fonciers : JCP N 2013 n° 343). Une doctrine éminente se prononce toutefois en sens contraire, estimant que le certificat successoral européen peut tenir lieu d'attestation notariée, s'il porte les indications demandées ou si la personne qui demande l'inscription fournit les informations supplémentaires exigées par l'État du registre pour procéder à l'inscription (Rép. Droit international Dalloz, v. Règlement n° 650/2012 sur les successions par P. Lagarde n° 255 ; également en ce sens, semble-t-il, Circ. du 25-1-2016 de présentation des dispositions du règlement : BO min. just. 2016-02 du 29-2-2016). Un arrêt récent de la Cour de justice ne permet pas de trancher : il admet que la demande d'inscription d'un bien immobilier dans le registre foncier d'un État membre peut être rejetée lorsque le seul document présenté à l'appui de cette demande est un certificat successoral européen qui n'identifie pas ce bien immobilier (CJUE 9-3-2023 aff. 354/21 : BPAT 3/23 inf. 128, Dr. famille 2023 comm. 101 par M. Farge). À supposer qu'un certificat successoral européen contienne l'ensemble des éléments requis pour la publicité foncière (ou qu'il soit complété le cas échéant par d'autres documents), pourrait-on le refuser au motif qu'il ne résulte pas, en la forme, d'un acte reçu en la forme authentique par un notaire exerçant en France, d'une décision juridictionnelle ou d'un acte authentique émanant d'une autorité administrative (en ce sens, M. Farge, précité) ?

> **Précisions a.** En tout état de cause, l'article 710-1 du Code civil exigeant un **acte authentique reçu par un notaire français** aux fins de publicité foncière doit être écarté (P. Lagarde, Les principes de base du nouveau règlement européen sur les successions : Rev. crit. DIP 2012 p. 691).
>
> **b.** Le fait que les **modalités du transfert d'un droit réel** par l'effet de la loi successorale soient inconnues de l'État dans lequel la publicité foncière doit être effectuée ne peut être un motif pour refuser cette dernière (CJUE 12-10-2017 aff. 218/16, Aleksandra Kubicka).

SECTION 4

RECONNAISSANCE ET EXÉCUTION DES DÉCISIONS ET DES ACTES AUTHENTIQUES

RECONNAISSANCE DE PLEIN DROIT DES DÉCISIONS

Les décisions rendues par une **juridiction saisie en application du règlement** Successions sont reconnues de plein droit dans les autres États membres (Règl. 650/2012 du 4-7-2012 art. 39). Sur la notion de reconnaissance de « plein droit », voir n° 72025. 73975
Néanmoins, **en cas de contestation**, toute partie intéressée peut demander la reconnaissance de la décision selon la même procédure que celle suivie pour la déclaration constatant la force exécutoire. Si la décision étrangère fait l'objet d'un recours ordinaire dans l'État d'origine, le juge de l'État requis saisi d'une demande de reconnaissance peut surseoir à statuer (Règl. 650/2012 du 4-7-2012 art. 42).

Le règlement établit une liste limitative de **motifs de non-reconnaissance** des décisions (Règl. 650/2012 du 4-7-2012 art. 40). Cela sera le cas : 73980
– si la décision est manifestement contraire à l'ordre public ;
– en cas de défaillance du défendeur, si l'acte introductif d'instance n'a pas été signifié à celui-ci en temps utile de manière à ce qu'il puisse se défendre, à moins qu'il n'ait pas exercé de recours à l'encontre de la décision alors qu'il était en mesure de le faire ;
– si la décision est inconciliable avec une décision rendue entre les mêmes parties dans l'État membre requis ;
– si la décision est inconciliable avec une décision rendue antérieurement dans un autre État membre ou dans un État tiers entre les mêmes parties, dans une procédure ayant le même objet et la même cause, dès lors que la décision antérieure réunit les conditions nécessaires à sa reconnaissance dans l'État requis.

EXÉCUTION DES DÉCISIONS

Les décisions rendues dans un État membre, si elles y sont exécutoires, peuvent être déclarées exécutoires sur le territoire d'un autre État membre sur **requête** de toute partie intéressée (Règl. 650/2012 du 4-7-2012 art. 43). La procédure est non contradictoire à ce stade. 73982
L'une ou l'autre partie peut toutefois former un **recours** contre la décision prise sur la requête. La déclaration de force exécutoire pourra être refusée pour les mêmes motifs que la reconnaissance (Règl. 650/2012 du 4-7-2012 art. 52). La juridiction saisie du recours doit surseoir à statuer, à la demande de la partie contre laquelle l'exécution est demandée, si la force exécutoire de la décision est suspendue dans l'État membre d'origine du fait d'un recours (Règl. 650/2012 du 4-7-2012 art. 53).

> **Précisions** La demande de déclaration constatant la force exécutoire doit être accompagnée d'une **copie de la décision** réunissant les conditions nécessaires pour en établir l'authenticité **et** d'un **formulaire** rempli par la juridiction de l'État membre d'origine qui a rendu la décision attestant le caractère exécutoire de celle-ci et reprenant les informations nécessaires à son exécution (Règl. 650/2012 du 4-7-2012 art. 46, § 3-b ; Règl. 1329/2014 du 9-12-2014 formulaire I). À défaut de production de l'attestation, la juridiction ou l'autorité compétente de l'État membre d'exécution peut impartir un délai pour la produire ou accepter un document équivalent ou, si elle s'estime suffisamment éclairée, en dispenser (Règl. 650/2012 du 4-7-2012 art. 47, § 1).
> Ces différents documents doivent faire l'objet d'une **traduction** si la juridiction ou l'autorité compétente l'exige (Règl. 650/2012 du 4-7-2012 art. 47, § 2).

ACTES AUTHENTIQUES

Le règlement prévoit des dispositions sur « l'acceptation » des actes authentiques. Le terme utilisé, quoique peu clair, vise à distinguer les actes authentiques des décisions. Les actes authentiques établis dans un État membre ont la même **force probante** dans un autre État membre 73985

que dans l'État d'origine ou, en tout cas, produisent les effets les plus comparables, sous réserve de contrariété manifeste à l'ordre public de l'État requis (Règl. 650/2012 du 4-7-2012 art. 59).
Les juridictions de l'État membre d'origine sont saisies de toute **contestation portant sur l'authenticité** de l'acte et statuent sur celle-ci en vertu de la loi de cet État. L'acte authentique contesté n'a aucune force probante dans un autre État membre tant que le recours est pendant devant la juridiction compétente (Règl. 650/2012 du 4-7-2012 art. 59, § 2).
Si la **contestation porte sur l'acte juridique** (ou les relations juridiques) consigné dans un acte authentique (c'est-à-dire le negotium), la compétence appartiendra aux juridictions compétentes pour trancher le litige au fond (n°s 73530 s.), soit le plus souvent la juridiction de l'État de la résidence habituelle, et celles-ci statueront en application de la loi désignée par le règlement.
L'acte authentique contesté ne produit aucune force probante dans un autre État membre que l'État membre d'origine en ce qui concerne la question contestée tant que le recours est pendant devant la juridiction compétente (Règl. 650/2012 du 4-7-2012 art. 59, § 3).

> **Précisions** **a.** Un **notaire français** n'est pas une juridiction au sens du règlement Successions (CJUE 23-5-2019 aff. 658/17, WB : BPAT 4/19 inf. 138 ; CJUE 16-7-2020 aff. 80/19 : BPAT 5/20 inf. 152) ; il n'est donc pas soumis aux mêmes **règles de compétence** que les juridictions, sauf lorsqu'il délivre un certificat successoral européen (n° 73950). Les parties peuvent donc s'adresser au notaire de leur choix et, si celui-ci établit un acte authentique, ce dernier pourra pleinement circuler au sein de l'Union européenne.
> **b.** Afin de faciliter l'acceptation d'un acte authentique en matière de succession au sein de l'Union européenne, il est possible de solliciter l'autorité qui l'a établi pour remplir un **formulaire** décrivant la force probante de l'acte dans l'État membre d'origine (Règl. 650/2012 du 4-7-2012 art. 59, § 1 ; Règl. 1329/2014 du 9-12-2014 formulaire II). En France, cette formalité est réalisée par le notaire instrumentaire de l'acte (CPC art. 509-3, II-1°).

73990 **Force exécutoire** Un acte authentique qui est exécutoire dans l'État membre d'origine est déclaré exécutoire dans un autre État membre, à la demande de toute partie intéressée, suivant la même **procédure** que celle prévue pour les décisions judiciaires (n° 73982).
Un **recours** est possible dans les mêmes conditions, à la différence que la déclaration de force exécutoire ne peut être refusée que si l'exécution de l'acte authentique est manifestement contraire à l'ordre public de l'État membre d'exécution (Règl. 650/2012 du 4-7-2012 art. 60).

> **Précisions** À l'instar de ce qui est prévu pour l'exécution des décisions, la demande de déclaration constatant la force exécutoire d'un acte authentique doit, en principe, être accompagnée d'un **formulaire** rempli par l'autorité ayant établi l'acte (Règl. 650/2012 du 4-7-2012 art. 46, § 3-b sur renvoi de art. 60, § 2 ; Règl. 1329/2014 du 9-12-2014 formulaire II). En ce qui concerne les actes authentiques établis par un notaire français, l'autorité compétente est le notaire ou la personne morale titulaire de l'office notarial conservant la minute de l'acte (CPC art. 509-3, II-1°).

CHAPITRE 7

PATRIMOINE FAMILIAL MIS EN TRUST OU EN FIDUCIE

SOMMAIRE

CONTEXTE

Il peut arriver que le patrimoine familial soit composé d'**actifs mis en trust** ; en pratique, cette situation se rencontre soit lorsqu'un trust a été constitué par des personnes physiques fiscalement domiciliées en France, ce qui est relativement rare, soit lorsqu'un trust a été constitué par des étrangers ou des non-résidents qui deviennent ensuite résidents de France, ce qui est plus fréquent. Tel est notamment le cas des Américains ou des Anglais fortunés domiciliés en France, qui sont souvent constituants et/ou bénéficiaires de trusts étrangers. Des Français ou des étrangers domiciliés en France peuvent également être bénéficiaires de trusts étrangers constitués par des parents non résidents. Cette situation se rencontre fréquemment, par exemple, au sein de familles fortunées américaines, le père ayant constitué un trust dont il est bénéficiaire de son vivant, ses enfants et petits-enfants en devenant bénéficiaires à son décès et ces derniers pouvant être domiciliés en France. **74000**

Ce mode d'organisation patrimoniale pose en France des **problèmes multiples** étant donné que le trust n'a pas son équivalent en droit français même s'il se rapproche de la fiducie introduite en 2007. Cependant, la situation s'est améliorée car, après avoir fait état d'un « vide juridique » qui devrait être comblé (en ce sens, Rapport Woerth sur la lutte contre la fraude et l'évasion fiscales par le biais de paradis fiscaux : FR 19/08 inf. 15), les pouvoirs publics ont finalement mis en place, en juillet 2011, un dispositif fiscal assez complet sur les trusts étrangers (Loi 2011-900 du 29-7-2011 art. 14). Cette législation, qui est surtout destinée à éviter que les trusts soient utilisés à des fins d'évasion fiscale, ne s'applique pas aux **fiducies françaises**, qui font l'objet de règles différentes et qui peuvent parfois apporter des solutions qui restent tout de même limitées faute pour une fiducie de pouvoir être constituée à des fins de transmission à titre gratuit.

A. Traitement en France d'un patrimoine familial mis en trust

Le trust est une **institution juridique originale**, développée par le droit anglais vraisemblablement à partir du vieux droit romain, et reposant sur l'idée qu'un bien peut être détenu par une personne pour le bénéfice d'une autre. On raconte que ce dispositif aurait été mis au point par des croisés anglais qui y auraient vu le moyen de mettre leurs biens à l'abri, en les confiant à un **74010** tiers à charge de les gérer conformément à leur volonté, pendant la période des croisades. On dit aussi que certaines communautés religieuses ayant fait vœu de pauvreté y avaient trouvé le moyen de concilier ce vœu avec la nécessité d'accepter des dons afin de subvenir aux besoins de leur ordre.

Le trust est, en tant que tel, un instrument juridique **inconnu du droit français**, qui repose sur une dissociation entre la propriété juridique et la propriété économique ; dans ce mécanisme, la propriété juridique du bien est transférée mais le propriétaire juridique (trustee) n'en reçoit pas les fruits puisqu'il ne possède le bien qu'à charge de le gérer dans un but précis et d'en faire bénéficier des tiers déterminés ou déterminables.

74012 Dans la pratique de l'organisation d'un **patrimoine familial**, on rencontre des trusts constitués par des personnes fortunées qui confient leurs biens, soit de leur vivant soit à leur décès, à une institution financière spécialisée ou à un gestionnaire de trusts, à charge pour le prestataire de verser les revenus de façon discrétionnaire, en respectant toutefois la liste des bénéficiaires potentiels et, plus généralement, les vœux du constituant ; dans ce cas (trust irrévocable et discrétionnaire), les bénéficiaires peuvent éventuellement demander au trustee d'effectuer des versements à leur profit, mais ils n'ont aucun droit à faire valoir si le trustee le leur refuse.

1. PRÉSENTATION DU MÉCANISME DU TRUST

NOTION

74015 Le trust désigne la situation qui résulte d'un **acte** (« trust deed ») par lequel une personne, dénommée « constituant » (« settlor »), confie un bien à une autre personne, dénommée « trustee », à charge pour celle-ci de le gérer et d'en faire bénéficier une troisième, le « bénéficiaire », avant de le remettre à une quatrième, l'« attributaire en capital ». Il y a aussi des **trusts déclaratifs** qui résultent de la seule déclaration du trustee sans que le constituant apparaisse dans l'acte. Les trusts familiaux sont souvent constitués par les parents au profit de leurs enfants, les biens mis en trust bénéficiant aux enfants au décès de leurs parents et aux petits-enfants au décès des enfants.

En fonction des types de trust, cependant, il peut y avoir moins d'**intervenants**, par exemple si le constituant est également le bénéficiaire et l'attributaire en capital, ou bien si le bénéficiaire et l'attributaire en capital sont les mêmes personnes, ou bien encore davantage, s'il y a plusieurs bénéficiaires ou attributaires en capital.

CONSTITUANT

74020 Il s'agit du **créateur du trust**, c'est-à-dire celui qui décide de remettre son bien à un trustee. Lorsque les biens sont mis en trust, le constituant n'en est juridiquement plus propriétaire ; ces biens sont devenus la propriété légale du trustee, à charge pour lui de respecter l'acte de trust. Le bien mis en trust est, par conséquent, soustrait à l'action des créanciers personnels du constituant, sous la surveillance du juge. Ce dernier, statuant en équité, cherche à éviter qu'il soit fait du trust un usage abusif, par exemple que des personnes ne se soustraient frauduleusement au paiement de leurs propres dettes en utilisant le trust.

TRUSTEE

74025 C'est le **propriétaire juridique du bien**, celui à qui le bien est remis, à charge de le gérer en fonction de l'acte de trust ; le trustee a, au sens de la « common law », la « legal ownership » (propriété juridique). Son droit de propriété est cependant limité par l'existence d'une « beneficial ownership » (ou « equity ownership »), qui est la propriété de jouissance dévolue « en équité » au bénéficiaire.

Les biens mis en trust sont distincts du patrimoine personnel du trustee et sont, par suite, soustraits à l'action de ses propres créanciers ; ils ne font pas partie de sa succession, si le trustee est une personne physique.

74030 Le trustee a, de façon générale, des **pouvoirs de gestion** très étendus. Il doit prendre toutes les dispositions nécessaires à la conservation du bien, y compris parfois le céder, à condition d'en conserver le prix et d'en effectuer le remploi ; il peut disposer du capital et des revenus qu'il produit, conformément à l'acte de trust.

Le trustee peut parfois être révoqué judiciairement lorsqu'il a contrevenu aux dispositions du trust. Il doit gérer le bien (ou les biens) en homme d'affaires raisonnable (« reasonable man of business ») ; c'est un homme de confiance qui, traditionnellement, n'est pas rémunéré. Cependant, avec le développement des trusts, on observe qu'il s'agit de plus en plus souvent d'une personne morale (par exemple, une société gestionnaire de trusts) qui est alors rémunérée.

À l'égard des bénéficiaires, le trustee est chargé de gérer et d'exploiter le trust sans pouvoir en tirer un profit personnel en dehors de sa rémunération normale. Il a une mission d'information à l'égard des bénéficiaires.
Il peut arriver que le trust prévoie l'institution d'un « protector », chargé de **contrôler la gestion du trustee**. Le protector ne doit pas s'immiscer dans la gestion quotidienne du trustee, mais il dispose du pouvoir de nommer ou de révoquer le trustee. L'institution d'un protector est souvent recommandée lorsque le settlor n'est pas familier avec le mécanisme du trust ou lorsqu'il ne connaît pas suffisamment le trustee. En pratique, enfin, même si le trust est discrétionnaire, l'institution d'un protector peut être un moyen pour le constituant de contrôler le trustee, s'il contrôle le protector (si, par exemple, le protector est une société contrôlée par le constituant).

BÉNÉFICIAIRES EN REVENUS

Il s'agit de la ou des personnes qui bénéficient des revenus versés par le trustee dans les conditions fixées par l'acte de trust ; il peut y avoir plusieurs bénéficiaires et le constituant (« settlor ») peut également être bénéficiaire, en cas de constitution d'un trust entre vifs (intervivos). Dans le cas de trusts familiaux, le bénéficiaire de premier rang est souvent le père, constituant, son épouse et/ou ses enfants devenant bénéficiaires à son décès. **74035**
Le bénéficiaire a la **propriété de jouissance** (« beneficial ownership ») mais non la propriété juridique des biens qui constituent le « corpus » du trust (ou le « trust fund ») ; il peut s'agir d'une personne physique ou d'une personne morale qui peut d'ailleurs se plaindre en justice si elle considère que le trust est mal administré par le trustee. Le bénéficiaire peut être gratifié par l'acte de trust d'un **avantage viager ou temporaire**, consistant en l'attribution d'une somme d'un montant fixe ou variable, en fonction des revenus et des produits des biens mis en trust, conformément à l'acte de trust. S'il y a **plusieurs bénéficiaires**, ceux-ci peuvent être servis soit simultanément, soit successivement, dans l'ordre fixé par l'acte de trust ; par exemple, un constituant peut mettre des biens en trust, à charge pour le trustee de les gérer dans l'intérêt de ses petits-enfants, et prévoir qu'au décès de ses petits-enfants, les revenus iront aux enfants de ces derniers.

BÉNÉFICIAIRE EN CAPITAL

Il s'agit de la personne à qui le bien doit être remis par le trustee à l'**expiration du trust**, c'est-à-dire en principe au décès du dernier bénéficiaire ou bien au terme fixé par le constituant. Il peut y avoir un ou plusieurs bénéficiaires en capital. Ceux-ci reçoivent alors la **pleine propriété du bien** ; la propriété « complète » est donc passée du constituant au bénéficiaire final à l'expiration du trust, sans avoir transité par d'autres mains, ce qui constitue l'originalité essentielle de ce mécanisme juridique. **74040**

TRUSTS INTERVIVOS ET TRUSTS TESTAMENTAIRES

Le trust peut être constitué **du vivant du constituant ou** bien **à son décès** ; si le trust est constitué alors que le constituant est en vie, il s'agit d'un trust intervivos, et s'il est constitué à son décès, il s'agit d'un trust testamentaire. **74045**
Le trust intervivos est relativement courant dans le cadre de la **gestion patrimoniale de fortunes privées**. Il prend fin à la date de la réalisation des conditions prévues par le constituant dans l'acte de trust. Le bénéficiaire appréhende alors les biens mis en trust qui lui sont remis par le trustee ; mais il tient ses droits du constituant et non pas du trustee.
Le trust testamentaire est utilisé lorsqu'une personne veut **régler en détail sa succession** pour plusieurs générations. Dans le cas des trusts familiaux, il arrive souvent que le constituant (le ou les parents) mette des biens en trust et en conserve largement le contrôle de fait par l'intermédiaire du trustee qui, même s'il le peut en théorie, n'a pas de raison de s'opposer aux souhaits du constituant ; au décès du constituant, soit ses enfants deviennent bénéficiaires en revenus soit les biens leur sont transmis directement.

TRUSTS DÉFINITIFS OU TEMPORAIRES

Si le trust est définitif, il est dit irrévocable et, s'il est temporaire, il est qualifié de révocable. **74050**
Il existe cependant des trusts hybrides, tels que les « grantor » trusts américains. Ceux-ci sont en principe révocables dans des conditions variables ; le **pouvoir de révocation** appartient au constituant. En règle générale, les « grantor » trusts ne sont pas considérés comme de véritables trusts car le constituant ne s'est pas réellement dessaisi de la propriété du bien puisqu'il garde la faculté de la recouvrer à son gré.

TRUSTS SIMPLES ET TRUSTS DISCRÉTIONNAIRES

Les trusts simples sont ceux dans lesquels les **revenus produits par les biens mis en trust** sont nécessairement distribués au fur et à mesure de leur réalisation et de leur encaissement par le **74055** trustee. Les trusts complexes, ou discrétionnaires, donnent au trustee la faculté d'accumuler les revenus conformément à l'acte de trust et de décider des distributions comme il l'entend, en fonction cependant du désir du constituant matérialisé dans le « trust deed » ; il peut s'agir également de trusts dans lesquels tout ou partie des biens mis en trust sont distribués concurremment avec des revenus. Le caractère discrétionnaire du trust est cependant généralement tempéré par l'existence d'une **« Letter of Wishes »** émise par le constituant, par laquelle il fait état de ses souhaits, notamment en termes de distribution des produits du trust.

2. COMPARAISON DU TRUST AVEC CERTAINES FORMES JURIDIQUES VOISINES

EXÉCUTION TESTAMENTAIRE

74070 Le trustee, qui détient la propriété juridique du bien à charge de le gérer en fonction de l'acte de trust, a parfois été rapproché d'un exécuteur testamentaire, lorsque le **trust** est **constitué à cause de mort** ; cette assimilation, cependant, n'est pas juste dans la mesure où les pouvoirs du trustee sont bien supérieurs à ceux d'un exécuteur testamentaire. Le trustee est, en effet, le propriétaire légal des biens alors que l'exécuteur testamentaire a seulement pour mission de veiller au respect des dernières volontés du testateur.

LEGS UNIVERSEL

74075 Le trustee a été parfois qualifié de légataire universel ; mais cette assimilation n'est pas correcte dans la mesure où le trustee n'est pas le continuateur du défunt.

MANDAT

74080 Le trustee a pu être rapproché d'un mandataire, mais l'assimilation est encore impropre puisque le mandataire n'est pas le **propriétaire légal des biens**, à la différence du trustee ; au surplus, il ne saurait sans doute y avoir de mandat qu'entre le bénéficiaire et le trustee puisque le trustee ne gère les biens que pour les remettre, ensuite, à l'attributaire en capital et, dans l'intervalle, pour en remettre les produits au bénéficiaire en revenus. Or le bénéficiaire n'est pas signataire de l'acte de trust (sauf s'il est en même temps constituant). L'assimilation à un mandat, cependant, peut être quelquefois appropriée si le bénéficiaire a effectivement le droit de révoquer le trustee, dans le cas des trusts intervivos révocables ; dans le cas d'un grantor trust, le trustee est très proche d'un mandataire, même s'il a la propriété des biens, ce que n'a pas normalement un mandataire.

USUFRUIT

74085 On a cherché à rapprocher le trust de l'institution française de l'usufruit, le bénéficiaire en revenus étant assimilé à un usufruitier des biens mis en trust. Cependant, là encore, l'assimilation est impropre puisque le bénéficiaire n'est titulaire d'aucun **droit réel sur les biens** et n'en jouit pas directement (il bénéficie seulement des revenus ou du capital) ; par ailleurs, un usufruitier a normalement la charge de conserver la substance du bien, ce qui, dans le cas d'un bien mis en trust, incombe au trustee et non au bénéficiaire.

DONATION

74090 Actuellement, la **jurisprudence** tend à assimiler la mise en trust irrévocable d'un bien à une donation, même s'il manque un aspect essentiel pour qu'une donation soit caractérisée, à savoir l'acceptation formelle par le donataire (C. civ. art. 894 et 932). Or, le bénéficiaire n'a pas accepté la donation puisqu'il n'est pas signataire de l'acte de trust (quant au trustee, ce n'est évidemment pas lui qui est gratifié). Cela étant, l'objection n'est pas décisive, la Cour de cassation ayant jugé, à propos de la transmission d'une partie du capital d'un trust canadien, que le bénéficiaire, personne physique domiciliée en France, avait implicitement accepté la donation même s'il n'était pas intervenu aux actes, en encaissant les trois virements opérés à son profit par le trustee (Cass. com. 6-11-2019 n° 17-26.985 : RJF 7/20 n° 644). Dans cette affaire, l'assujettissement aux droits de mutation à titre gratuit au taux de 60 % a été confirmé, l'intervention du trustee n'anéantissant pas l'intention libérale exprimée par le constituant (le taux de 60 % a été retenu car l'identité du constituant était demeurée inconnue).

La Cour de cassation traite en effet, traditionnellement, la mise en trust irrévocable d'un bien comme un acte de donation prenant effet au décès du constituant (cas où le trust prend fin au décès) : « Attendu cependant, que la cour d'appel avait constaté que, lors de la constitution du trust le 11 mai 1953, Marie-Louise L. s'était dépouillée d'un capital pour en percevoir les revenus sa vie durant, tout en chargeant le trustee de le remettre, au jour de sa mort, aux bénéficiaires désignés par elle à cette date ; que cette opération, dont, comme le relève la cour d'appel, les parties ne contestaient, ni la régularité au regard du droit américain, ni qu'elle était dictée par une intention libérale en faveur des bénéficiaires, a réalisé une **donation indirecte** qui, ayant reçu effet au moment du décès de la donatrice par la réunion de tous ses éléments, a donc pris date à ce jour » (Cass. 1e civ. 20-2-1996 n° 423 P : JCP G n° 22 p. 233).

La **confirmation de cette analyse** en termes de donation indirecte a été apportée à propos de personnes physiques résidentes de France et bénéficiaires d'un trust américain au décès du constituant (Cass. com. 15-5-2007 n° 05-18.268 : RJF 10/07 n° 1170). Dans cette affaire, un Français vivant alors aux États-Unis avait constitué en 1947 un trust de droit américain en lui apportant un **portefeuille de valeurs mobilières** ; quelques années plus tard, il avait rendu le trust irrévocable en désignant ses enfants comme bénéficiaires à son décès, lui-même continuant à bénéficier de son vivant des revenus du portefeuille. À son décès survenu en France en 1995, ses trois filles ont porté « pour mémoire » le trust dans la déclaration de succession. L'administration a rapporté les valeurs mobilières mises en trust à l'actif successoral sur le fondement de l'article 784 du CGI. Les héritières ont alors prétendu que la propriété des titres leur avait été acquise lorsque le trust était devenu irrévocable et que l'acte n'était pas translatif de propriété de biens français, n'était pas soumis à l'enregistrement et ne donnait pas lieu à déclaration. Cette analyse n'a pas été suivie par la Cour de cassation qui a confirmé les redressements, jugeant « qu'après avoir relevé que le constituant du trust s'était défait irrévocablement de la propriété des biens portés par le trustee pour le compte des bénéficiaires désignés, lesquels avaient acquis cette propriété à la clôture du trust provoquée par son décès, la cour d'appel en a déduit, à bon droit, répondant aux conclusions prétendument délaissées, qu'était ainsi caractérisée une **mutation à titre gratuit** ayant pris effet au jour du décès du constituant et non au jour de la constitution du trust ». 74095

La solution est fondée sur le constat que l'acte par lequel le défunt, lorsqu'il était résident américain, avait bloqué un capital pour en percevoir les fruits sa vie durant, tout en chargeant les fiduciaires de le remettre après sa mort aux bénéficiaires désignés par lui, comportait une intention libérale en faveur des bénéficiaires et qu'il caractérisait une donation indirecte en faveur de ces derniers qui a pris effet au jour du décès ; par suite, les droits de mutation à titre gratuit étaient exigibles sur le fondement de l'article 784 du CGI.

Quant à la **valeur réintégrable** à la masse successorale pour le calcul des droits, elle a été considérée comme égale à la contre-valeur en monnaie française des titres transmis, calculée au jour du décès (le trust comprenait des valeurs mobilières imposables en France, dans la mesure où le constituant était décédé alors qu'il était résident de France).

3. EFFETS EN FRANCE D'UN TRUST ÉTRANGER

VALIDITÉ

74100 La jurisprudence reconnaît la validité des trusts constitués à l'étranger, en fonction du principe de l'autonomie de la volonté qui permet aux parties de soumettre leur acte à une loi connaissant le mécanisme du trust ; ce principe paraît bien établi, même si la France n'a pas ratifié la convention de La Haye du 1er juillet 1985 relative à la loi applicable au trust et à sa reconnaissance et même si elle n'a pas l'intention de le faire, malgré l'institution de la fiducie.

Cependant, la validité des trusts étrangers est soumise, en particulier, aux **conditions** suivantes :

– le trust doit être constitué conformément aux lois en vigueur dans le pays en cause ;

– il ne doit pas heurter **l'ordre public français** et en particulier il ne saurait porter atteinte aux clauses d'inaliénabilité (lorsqu'il existe des biens situés en France et relevant de la loi française), non plus qu'à la réserve héréditaire (limitation des pouvoirs de disposer de ses biens, variable selon la qualité des héritiers légaux ; voir toutefois n° 74102) ou aux règles relatives aux libéralités au profit de personnes futures.

Sous ces réserves, le trust peut être reconnu comme valide en droit français, même s'il se heurte au principe traditionnel de notre droit selon lequel tout patrimoine repose sur la tête d'un propriétaire. En particulier, la constitution de trusts ne relève pas nécessairement de la **fraude fiscale**, bien qu'elle puisse évidemment en être un instrument. Il a ainsi été jugé que lorsque le constituant d'un trust de droit étranger, fût-il, aux termes de l'acte de trust, qualifié de discrétionnaire, irrévocable et ne prenant pas fin à son décès, ne s'est pas irrévocablement et effectivement dessaisi des biens placés dans le trust, ses **héritiers** sont tenus de les déclarer lors de la succession, la méconnaissance de cette obligation déclarative étant susceptible de caractériser le délit de fraude fiscale (Cass. crim. 6-1-2021 n° 18-84.570 : Droit fiscal 2021 n° 7-8, comm. n° 152). Dans le même ordre d'idées, il a été jugé que le transfert apparent de droits au profit d'entités créées dans le cadre de trusts avait caractérisé une fraude aux droits des héritiers (Cass. 1e civ. 18-5-2022 n° 20-20.609 FS-D) ; la Cour de cassation juge que les entités qui avaient été créées par le défunt, qui n'était pas domicilié en France, l'avaient été pour des **considérations fiscales et familiales illicites**, en fraude des droits des héritiers et que, par suite, les transferts étaient inopposables aux héritiers (les biens concernés devaient donc être inclus dans la détermination de la masse des biens dépendant de la succession).

74102 En pratique, la limitation des effets du trust en France concerne souvent l'application des **règles relatives à la réserve** ; le trust permet en effet de gratifier des personnes qui ne sont pas des héritiers du constituant et d'organiser une succession sur plus d'une génération. Mais s'il existe des héritiers réservataires, en cas d'application de la loi successorale française, par exemple lorsque le constituant est décédé alors qu'il était résident de France, ou lorsque la succession d'un non-résident est soumise à la loi française, le trust ne peut s'exécuter dans notre pays que sur la quotité disponible (sauf en cas de renonciation anticipée à l'action en réduction).

Si la loi applicable est étrangère, il n'y a toutefois pas nécessairement lieu de l'écarter ; il en a ainsi été jugé à propos de la loi californienne qui ignore la réserve héréditaire, au cas de la succession de personnes qui avaient organisé, aux États-Unis, la transmission de leur patrimoine au moyen de trusts dont les effets étaient notamment d'exclure certains héritiers réservataires français (Cass. 1e civ. 27-9-2017 n° 16-17.198 FS-PBRI ; Cass. 1e civ. 27-9-2017 n° 16-13.151 FS-PBRI) ; l'état de précarité économique ou de besoin d'un héritier réservataire pourrait toutefois, semble-t-il, permettre d'écarter une loi étrangère qui ignore la réserve héréditaire.

DÉFINITIONS « FISCALES » FRANÇAISES

74110 Dans la mesure où elle a mis en place un régime fiscal autonome concernant les trusts étrangers, la loi 2011-900 du 29 juillet 2011 a dû définir certains termes qui n'auraient pas autrement eu de sens en droit français.

Ainsi, pour l'application du Code général des impôts, on entend par **trust** l'ensemble des relations juridiques créées, dans le droit d'un État autre que la France, par une personne, qui a la qualité de constituant, par acte entre vifs ou à cause de mort, en vue d'y placer des biens ou droits, sous le contrôle d'un administrateur (le « trustee » au sens du n° 74025), dans l'intérêt d'un ou de plusieurs bénéficiaires ou pour la réalisation d'un objectif déterminé (CGI art. 792-0 bis, I-1). Cette définition est assez classique et reprend fidèlement les principes exposés aux nos 74015 et suivants ainsi que ceux posés par la convention de La Haye (n° 74100).

Par ailleurs, la loi précise que, pour l'application des règles relatives aux droits de mutation à titre gratuit, à l'IFI (comme à l'ex-ISF) et au prélèvement « sui generis » (n° 74280), le **constituant du trust** est soit la personne physique qui l'a constitué, soit, lorsqu'il a été constitué par une personne physique agissant à titre professionnel ou par une personne morale, la personne physique qui y a placé des biens et droits (CGI art. 792-0 bis, I-2). Est ainsi notamment visé le cas où, alors que le trust a été constitué, par exemple, par un établissement financier pour un montant nominal, une personne physique y a ensuite placé des biens ou droits en devenant de ce fait un « quasi-constituant. » Selon les travaux parlementaires, le législateur a cherché à couvrir les cas où le constituant est « en apparence » une société alors que le constituant « réel » est une personne physique pour le compte de laquelle le constituant agit et qui n'est qu'une « façade » (BOI-DJC-TRUST n° 90).

> **Précisions a.** La définition du **constituant** ne vaut pas pour l'ensemble des dispositions du Code général des impôts mais seulement pour les droits de mutation à titre gratuit, l'IFI (et l'ex-ISF) et le prélèvement sui generis ; en particulier, elle n'a pas d'impact sur les autres **dispositifs** éventuellement **applicables aux entreprises**.
> **b.** La loi ne donne pas de définition de l'**administrateur du trust**, ce qui est étonnant compte tenu des obligations qui sont mises à sa charge ; elle paraît en outre supposer qu'il n'y aurait qu'un administrateur alors qu'il n'est pas rare que les trusts soient « administrés » par des « cotrustees ».
> **c.** Selon l'administration, les **trusts dotés de la personnalité morale** entrent dans les prévisions de la loi (BOI-DJC-TRUST n° 40). Cette manière de voir serait probablement confirmée au contentieux étant donné l'approche très favorable à l'administration retenue généralement en la matière par la jurisprudence (en ce sens, dans ses conclusions sous CE 5-3-2018 n° 405025 : RJF 6/18 n° C 675, le rapporteur public estimait que « la définition retenue par le législateur n'exclut pas que les relations juridiques qu'il a entendu saisir puissent s'incarner dans une entité dotée de la personnalité morale »). L'administration a, par exemple, assimilé une fondation allemande à un trust (CAA Versailles 9-5-2023 n° 20VE02126).
> **d.** La définition du trust donnée par la loi ne conduit pas à **introduire le trust en droit français** ; elle permet seulement de qualifier certaines structures étrangères de « trust » au regard du droit fiscal français (BOI-DJC-TRUST n° 50).

Trusts exclus Selon l'administration, ne répondent pas à la définition de « trust » au sens de l'article 792-0 bis du CGI (BOI-DJC-TRUST n° 60) : 74115
– les **trusts constitués par une entreprise** ou un groupe d'entreprises pour leur propre compte et dont le constituant n'est pas, directement ou indirectement, une personne physique (par exemple, les trusts créés par des sociétés et dédiés à la gestion des dispositifs d'épargne salariale ou d'actionnariat salarié) ;
– la plupart des « **unit trusts** » qui sont, en réalité, des OPCVM.
Bien entendu, les biens ou droits placés dans ces trusts ou les parts de « unit trusts » n'en constituent pas moins des éléments du patrimoine de leurs détenteurs qui sont assujettis dans les conditions de droit commun aux droits de mutation à titre gratuit et à l'IFI (comme à l'ex-ISF).

4. IMPOSITION EN FRANCE DES REVENUS DES TRUSTS ÉTRANGERS

PRINCIPES

Depuis longtemps, la loi posait le principe de l'imposition des produits des trusts dans la catégorie des **revenus de valeurs mobilières émises hors de France** et revenus assimilés (CGI art. 120, 9°). Depuis la loi 2011-900 du 29 juillet 2011, sont considérés comme tels les produits « distribués » par les trusts quelle que soit la consistance des biens ou droits qui y sont placés. 74150
Lorsqu'un bénéficiaire résident de France reçoit des revenus provenant d'un trust étranger, on doit donc considérer qu'il s'agit d'un produit imposable dans la catégorie des revenus de capitaux mobiliers passible du **prélèvement forfaitaire unique** au taux global de 30 % (n° 74778 ; en cas d'option globale pour le barème progressif de l'impôt sur le revenu, en lieu et place du prélèvement forfaitaire unique, l'abattement de 40 % n'est pas applicable). Il n'y a pas lieu de s'intéresser à l'origine des produits qui sont « distribués » par le trust ; quelle que soit l'origine des produits en cause, revenus de valeurs mobilières, revenus immobiliers, plus-values, leur versement par un trust étranger à un résident de France est qualifié fiscalement de revenus de valeurs mobilières.
Bien entendu, l'**administration** ne peut réclamer l'impôt à ce titre que si elle apporte suffisamment d'éléments sur le trust lui-même.

ILLUSTRATIONS

Les sommes correspondant au prix de cession d'obligations émises hors de France et acquises trois ans plus tôt par l'intermédiaire d'une société dont l'objet social est indéfini et inscrite au registre des sociétés des îles Turques-et-Caïques (Bahamas) ne peuvent pas être regardées comme des produits d'un trust au sens de l'article 120, 9° du CGI dès lors que l'administration n'apporte **pas suffisamment d'éléments** quant à l'acte de trust ni suffisamment de précisions quant aux rôles respectifs joués par la société et les contribuables lors de l'achat et de la cession des actifs financiers en cause pour que puisse être tenue pour apportée la preuve qui pèse sur elle de l'**existence d'un trust** (CAA Bordeaux 10-3-2008 n° 05-1558 : RJF 8-9/08 n° 961).

ATTRIBUTION DU CAPITAL DU TRUST

La notion de « produits » de trusts est relativement imprécise ; on ne sait trop s'il s'agit uniquement des produits régulièrement distribués par le trust ou bien s'il peut s'agir également de la répartition à l'expiration du trust (ou parfois en cours de vie du trust) des biens mis en trust aux différents attributaires en capital. L'attribution du « capital » au bénéficiaire devrait toutefois, nous semble-t-il, relever d'une analyse en termes de **droits de mutation** et non pas d'**impôt sur le revenu** si le bénéficiaire n'est pas le constituant. À ce propos, il avait été jugé, sous l'empire de la législation antérieure à la loi 2011-900 du 29 juillet 2011 (mais la solution n'est pas nécessairement transposable sauf si le bénéficiaire était également constituant) que des sommes provenant de transferts du capital d'un trust britannique et attribuées à une personne fiscalement domiciliée en France ne sauraient être regardées comme un revenu imposable en tant que produit de trust au sens de l'article 120, 9° du CGI ; ces sommes n'ont le caractère de revenu qu'en ce qui concerne la quote-part des intérêts capitalisés des placements qui ont été réalisés au profit du bénéficiaire (CAA Bordeaux 6-9-2012 n° 10BX01374 : RJF 12/12 n° 1123, arrêt définitif). Dans le même sens, il avait été jugé que seuls peuvent être considérés comme produits d'un trust étranger, soumis à l'impôt sur le revenu dans la catégorie des revenus de capitaux mobiliers au nom du bénéficiaire du trust, les sommes correspondant aux fruits générés par le capital affecté au trust, à l'exclusion de celles résultant de transferts portant sur la propriété du **capital lui-même** (TA Cergy-Pontoise 21-5-2013 n° 1105647 : RJF 1/14 n° 33, jugement définitif à propos d'un trust canadien). 74160
Il est toutefois à noter que, sous l'empire de la législation actuelle, les « **produits capitalisés** » sont traités de la même façon que les biens ou droits mis en trust pour l'application des droits

de mutation à titre gratuit et qu'ils devraient donc ressortir également à une analyse en termes de droits de mutation à titre gratuit, dans l'hypothèse où ils seraient attribués à une personne autre que le constituant (alors que les décisions précédentes les faisaient entrer dans le champ de l'impôt sur le revenu).
Ainsi, il a été jugé, à propos d'une personne physique domiciliée en France qui avait reçu des sommes d'un trust américain en 2012 et en 2013, que la loi établit une **distinction** claire entre les produits capitalisés qui, lorsqu'ils sont transmis par donation ou succession sont, comme les droits et titres placés dans le trust, soumis aux droits de mutation et les revenus distribués qui entrent dans le champ de l'article 120, 9° du CGI (CAA Paris 21-4-2023 n° 20PA02868, 5e ch. : RJF 11/23 n° 824) ; la Cour énonce que « seuls peuvent être considérés comme produits de trust étranger, soumis à l'impôt sur le revenu dans la catégorie des revenus de capitaux mobiliers dans le chef du bénéficiaire du trust, les sommes correspondant aux **fruits générés par le capital affecté au trust** qui sont distribués à ce bénéficiaire ».

IMPOSITION DES REVENUS NON DISTRIBUÉS

74170 Le mécanisme d'imposition des **revenus accumulés** dans certaines sociétés de portefeuille étrangères prévu à l'article 123 bis du CGI (nos 74840 s.) est susceptible de s'appliquer aux trusts si les conditions sont remplies (en ce sens, BOI-RPPM-RCM-10-30-20-10 n° 230). L'état du droit sur ce point a été clarifié par la loi et par la jurisprudence.
Sur le plan législatif, il résulte de la loi 2021-1900 du 30 décembre 2021 de finances pour 2022 que, depuis le 1er janvier 2022, la **condition de détention de 10 %** posée par l'article 123 bis est présumée satisfaite par le constituant ou le bénéficiaire réputé constituant d'un trust ; la preuve contraire peut bien sûr être apportée, mais elle ne peut résulter uniquement du caractère irrévocable du trust et du pouvoir discrétionnaire de gestion de son administrateur (CGI art. 123 bis, 4 ter-a). La présomption ainsi établie est de nature à simplifier la tâche de l'administration qui n'a plus désormais à démontrer que la condition de détention est satisfaite, ce qui est toujours difficile en présence d'entités sans capital comme les trusts. Si la présomption est applicable, la totalité des revenus est en principe imposable, mais le contribuable peut apporter des éléments en sens contraire (BOI-RPPM-RCM-10-30-20-10 n° 215).
Sur le plan contentieux, il a été jugé, à propos de trusts situés aux Bermudes, que les actions, parts, droits financiers ou droits de vote détenus dans les trusts entrent par principe dans le champ de l'article 123 bis du CGI (CAA Paris 24-6-2020 n° 19PA00458 : RJF 10/20 n° 791) ; toutefois, dans cette affaire, les requérants ont eu gain de cause au motif qu'il s'agissait de trusts discrétionnaires et irrévocables et que la clause de sauvegarde constitutionnelle était applicable (pour la Cour, la situation ne caractérisait pas un montage artificiel destiné à contourner la loi fiscale française). Cette solution est dans la ligne d'une décision du Conseil d'État jugeant, pour l'application de l'article 123 bis, que la condition de détention de l'entité étrangère est satisfaite lorsque le contribuable exerce sur cette dernière un contrôle, même partagé, quelle que soit sa forme juridique et supérieur à 10 % seulement s'il est quantifiable (CE 10-3-2020 n° 427104 : RJF 6/20 n° 540).
Le principe de l'application de l'article 123 bis aux revenus accumulés dans des trusts étrangers n'est donc plus discutable, à notre avis, sous réserve naturellement que les autres conditions soient remplies, notamment celles qui concernent la composition des actifs du trust et le régime fiscal qui lui est applicable.

INCIDENCES DES CONVENTIONS FISCALES

74180 Les conventions fiscales ne traitent que rarement de l'imposition des produits des trusts. La **convention** fiscale **franco-canadienne** du 2 mai 1975, telle qu'elle a été modifiée par l'avenant du 30 novembre 1995, prévoit dans son article 21 que les revenus provenant d'un trust peuvent être soumis à une retenue à la source de 15 % (solution résultant déjà du texte initial) ; compte tenu de l'avenant précité, qui a modifié la rédaction de l'article 23 relatif à l'élimination des doubles impositions, le résident de France bénéficiaire du trust canadien n'est pas exonéré d'impôt en France, mais bénéficie d'un crédit égal à l'impôt canadien.
Dans le **cadre franco-américain**, la convention fiscale n'apporte pas elle-même de solution. Dans le passé, une note du 25 mars 1981 (BODGI 14 B-2-1981) avait indiqué que l'administration pouvait admettre l'application d'un principe de transparence, mais cette note n'a pas été reprise au Bofip. En outre, saisi d'une demande d'avis, le Conseil d'État a estimé que les revenus provenant de **valeurs mobilières** versés à un trust américain ne peuvent pas être regardés comme directement appréhendés par des citoyens américains résidents de France et qu'ils doivent être traités au titre de l'impôt sur le revenu, dans la mesure où ils sont distribués, comme des revenus de valeurs mobilières émises hors de France (Avis CE sect. finances 18-4-2023 n° 406825 : RJF 2/24 n° 161). Cette situation peut créer des doubles impositions qui ne sont pas réglées (par exemple,

un résident de France bénéficiaire d'un trust américain comprenant des biens immobiliers situés aux États-Unis est imposable aux États-Unis sur les revenus immobiliers et en France sur les produits distribués).

5. DROITS DE MUTATION À TITRE GRATUIT

PRINCIPES

La loi 2011-900 du 29 juillet 2011 a mis en place un régime spécifique destiné à régler la question des transmissions réalisées par l'intermédiaire de trusts ; ces dispositions s'appliquent aux donations consenties et aux décès intervenus depuis le 30 juillet 2011. **74200**

D'une façon générale, c'est un raisonnement « **par transparence** » qui a prévalu. La loi ne pose pas en postulat que le constituant et/ou les bénéficiaires seraient titulaires dans les trusts de droits qu'il y aurait lieu d'imposer en tant que tels ; en revanche, elle appréhende les biens ou droits eux-mêmes, ceux qui ont été mis en trust, en considérant, en quelque sorte par transparence, qu'ils ne sont pas sortis du patrimoine du constituant quels que soient les termes et conditions de l'acte de trust.

TERRITORIALITÉ

Que les transmissions soient ou non susceptibles d'être qualifiées de donation ou de succession (nos 74210 s.), les règles de territorialité suivent les principes traditionnellement retenus en ce qui concerne les droits de mutation à titre gratuit. L'article 750 ter du CGI, qui pose les principes de territorialité des droits de mutation à titre gratuit, inclut en effet, dans sa rédaction issue de la loi du 29 juillet 2011, les biens ou droits composant un trust défini à l'article 792-0 bis du CGI et les produits qui y sont capitalisés : **74205**

– parmi les biens meubles et immeubles situés en France ou hors de France imposables lorsque le **donateur ou** le **défunt a son domicile fiscal en France** au sens de l'article 4 B (CGI art. 750 ter, 1°) ;

– parmi les biens meubles et immeubles imposables lorsque le **donateur ou** le **défunt n'a pas son domicile fiscal en France** et que ces biens ou droits sont situés en France (CGI art. 750 ter, 2°) ;

– parmi les biens meubles et immeubles situés en France ou hors de France imposables lorsqu'ils sont reçus par l'**héritier**, le **donataire**, le **légataire ou** le **bénéficiaire d'un trust** qui **a son domicile fiscal en France**, à condition que le bénéficiaire du trust ait eu son domicile fiscal en France pendant au moins six années au cours des dix dernières années précédant celle au cours de laquelle il reçoit les biens (CGI art. 750 ter, 3°).

Par suite, les droits de mutation peuvent s'appliquer en raison de la résidence fiscale en France du bénéficiaire d'un trust même s'il ne peut être juridiquement qualifié d'héritier, de donataire ou de légataire. Les règles d'imposition des actifs maintenus dans les trusts ou transmis sont donc applicables même lorsque les modalités de transmission ne peuvent autoriser l'assimilation à une donation ou à une succession.

CAS DES TRANSMISSIONS QUALIFIÉES DE DONATION OU DE SUCCESSION

Lorsque les transmissions à titre gratuit réalisées par l'intermédiaire d'un trust peuvent être qualifiées de donation ou succession, elles sont soumises aux droits de mutation correspondants (**droits de donation ou de succession**) compte tenu du lien de parenté entre le constituant et le bénéficiaire. L'article 792-0 bis, II-1 du CGI précise, en effet, que la transmission par donation ou succession de biens ou droits placés dans un trust ainsi que des produits qui y sont capitalisés est, pour la **valeur vénale nette** des biens, droits ou produits concernés à la date de la transmission, soumise aux droits de mutation à titre gratuit en fonction du **lien de parenté existant entre le constituant et le bénéficiaire**. **74210**

L'**administration** n'a pas fourni d'indications sur les situations qui, selon elle, pourraient entrer dans les prévisions de l'article 792-0 bis, II-1 du CGI. Elle paraît estimer que les droits de succession ou de donation s'appliquent lorsque les biens « sortent » du trust pour être attribués aux bénéficiaires, sans qu'il y ait lieu de se poser de questions particulières sur la nature juridique de la mutation, alors que les droits de mutation « sui generis » (n° 74215) s'appliqueraient dans les autres cas selon les liens de parenté ou au taux de 60 % en cas d'indétermination (BOI-ENR-DMTG-30 ; voir en ce sens l'exemple du n° 74222).

À notre avis, si l'on combine les dispositions législatives et la jurisprudence de la Cour de cassation, il y a lieu de considérer que les transmissions effectuées par l'intermédiaire d'un trust sont des donations ou des successions si **les biens « sortent » du trust** pour être attribués aux bénéficiaires, que ce soit ou non lors de la dissolution du trust, ou si les **biens « restent » dans le trust** et s'il n'est pas mis fin au trust au décès du constituant, si ce dernier ne s'est pas, dans les faits, dessaisi des biens, même si le trust est qualifié d'irrévocable et discrétionnaire (Cass. crim. 6-1-2021 n° 18-84.570 : Droit fiscal 2021 n° 7-8, comm. n° 152). Dans cette affaire, la Cour de cassation a en effet jugé que pour déterminer si les droits de succession étaient exigibles sous l'empire de la législation antérieure à la loi du 29 juillet 2011, il convenait de procéder à une **analyse du fonctionnement concret du trust** afin de rechercher si le constituant avait, dans les faits, continué à exercer, à l'égard des biens logés dans le trust, des prérogatives révélatrices de l'exercice du droit de propriété, de telle sorte qu'il ne pouvait être considéré comme s'en étant véritablement dessaisi (la Cour de cassation a ainsi annulé un arrêt de la cour d'appel de Paris qui avait jugé à tort qu'il n'y avait pas, avant la loi du 29 juillet 2011, d'obligation de déclarer, lors d'une succession, des biens placés dans un trust).

> **Précisions a.** La perception des **droits de mutation par décès** est effectuée en ajoutant la valeur des biens, droits et produits qu'ils imposent à celle des autres biens compris dans la **déclaration de succession** pour l'application des barèmes, abattements et réductions de droits.
> **b.** Le **rapport fiscal des donations antérieures** est applicable pour le calcul des droits dus en cas de mutation réalisée par l'intermédiaire d'un trust et les donations réalisées par l'intermédiaire d'un trust sont rapportables en cas de mutation ultérieure.
> **c.** Sous l'empire de la législation applicable avant la loi du 29 juillet 2011, il a été jugé que la remise par un trustee de sommes à une personne physique domiciliée en France entrait bien dans le champ des **droits de donation** dès lors notamment que la nature du trust n'excluait pas la possibilité pour le constituant de transmettre une partie du capital à un ou des bénéficiaires, en dépit du dessaisissement irrévocable opéré au profit du trust (Cass. com. 6-11-2019 n° 17-26.985).

CAS DES TRANSMISSIONS QUI NE PEUVENT ÊTRE QUALIFIÉES DE DONATION OU DE SUCCESSION

74215 Lorsque les transmissions réalisées par l'intermédiaire d'un trust ne peuvent pas être qualifiées de donation ou succession et qu'en conséquence les droits de mutation à titre gratuit ne peuvent pas être appliqués selon les règles de droit commun, la loi crée une règle spécifique de taxation aux **droits de mutation par décès**, applicable au décès du constituant, que les biens, droits ou produits capitalisés soient transmis au décès du constituant ou à une date postérieure. Il s'agit d'une règle fiscale sans incidence sur la qualification de la transmission intervenant au décès ou à une date postérieure et dont les modalités dépendent de la part revenant aux bénéficiaires du trust, vivants ou futurs. Le législateur semble avoir voulu opérer un rapprochement avec les règles de droit commun, en considérant le décès du constituant comme le fait générateur de la mutation.

74220 **Tarif des droits de mutation par décès** Lorsque la qualification de donation ou de succession n'est pas possible, les biens, droits ou produits capitalisés placés dans un trust qui sont transmis aux bénéficiaires au décès du constituant sans être intégrés à sa succession ou qui restent dans le trust après le décès du constituant sont soumis aux droits de mutation par décès dans les conditions suivantes (CGI art. 792-0 bis, II-2).

a. Part déterminée : si, à la date du décès, la part des biens, droits ou produits capitalisés qui est due à un bénéficiaire est déterminée, cette part est soumise aux droits de mutation par décès selon le lien de parenté entre le constituant et le bénéficiaire. La perception des droits de mutation par décès est alors effectuée en ajoutant la valeur des biens, droits et produits qu'ils imposent à celle des autres biens compris dans la déclaration de succession pour l'application des barèmes, abattements et réductions de droits ; les droits sont dans ce cas exigibles dans les conditions de droit commun.

b. Part globalement due à des descendants : si, à la date du décès, une part déterminée des biens, droits ou produits capitalisés est due globalement à des descendants du constituant, cette part est soumise à des droits de mutation à titre gratuit par décès au taux applicable à la dernière tranche du tableau I annexé à l'article 777 du CGI (tarif maximum des droits applicables en ligne directe, soit 45 %) ; il s'agit de droits de mutation à titre gratuit sui generis.

c. Autres cas (par exemple, si les biens demeurent dans le trust ou s'il y a transmission collective incluant des personnes ne descendant pas du constituant décédé) : la valeur des biens, droits ou produits capitalisés placés dans le trust, nette des parts mentionnées aux a. et b. ci-dessus, est soumise à des droits de mutation à titre gratuit par décès au taux applicable à la dernière tranche du tableau III annexé à l'article 777 du CGI (tarif maximum des droits applicables en ligne collatérale et entre non-parents, soit 60 %) ; là encore, il s'agit de droits de mutation à titre gratuit sui generis.

L'**administration** illustre la façon dont elle interprète la loi en prenant l'**exemple** d'un constituant qui décède le 10 janvier 2012 alors qu'il était non-résident et qu'il avait constitué, en 2010, les trois trusts suivants (BOI-ENR-DMTG-30 n° 140) : 74222
– trust A : trust révocable dont les bénéficiaires sont le constituant et l'un de ses deux enfants, fiscalement résident de France ;
– trust B : trust irrévocable dont les bénéficiaires sont les deux enfants du constituant, fiscalement résidents de France ;
– trust C : trust irrévocable dont les bénéficiaires sont pour moitié les petits-enfants du constituant vivants à la date du 1er janvier 2015 ; l'administrateur du trust a toute latitude quant à la disposition de l'autre moitié de l'actif du trust.
Pour l'administration, le décès du constituant est le **fait générateur des taxations** suivantes :
– droits de mutation par décès sur l'actif net de succession qui comprend notamment l'actif net du trust A et l'actif net du trust B ;
– droits de mutation par décès sur l'actif net du trust C : au taux de 45 % pour la moitié de l'actif à la date du décès du constituant, le nombre de bénéficiaires n'étant pas déterminé (« petits-enfants vivants à la date du 1er janvier 2015 ») et au taux de 60 % pour le solde.
Par cet exemple, l'administration veut sans doute signifier que les liens de parenté sont pris en compte même lorsque les **biens restent dans le trust** à partir du moment où l'acte de trust identifie les biens et leurs bénéficiaires au décès du constituant ; alors que la loi ne vise, à l'article 792-0 bis, II-2 du CGI, que les biens « qui sont transmis aux bénéficiaires au décès du constituant », ce qui suppose, à notre avis, un transfert juridique de propriété, l'administration applique les mêmes règles à des biens qui sont, par une sorte de fiction, « réputés transmis » à des bénéficiaires identifiés, même s'ils ne font l'objet d'aucune transmission réelle.
Selon cette interprétation, le taux majoré de 60 % n'est pas systématiquement applicable, contrairement à ce que dit apparemment la loi, lorsque les biens restent dans le trust après le décès du constituant, mais seulement lorsqu'ils y restent, en quelque sorte, « sans affectation ».

Redevable des droits de mutation par décès Dans les cas visés aux b. et c. du n° 74220, les droits de mutation à titre gratuit doivent être acquittés et versés au comptable public compétent par l'**administrateur** du trust dans les délais de droit commun prévus à l'article 641 du CGI, à compter du décès du constituant. À défaut et dans le cas où l'administrateur du trust est soumis à la loi d'un État ou territoire non coopératif (ETNC) au sens de l'article 238-0 A du CGI (n° 74736) ou n'ayant pas conclu avec la France une convention d'assistance mutuelle en matière de recouvrement, les **bénéficiaires** du trust sont solidairement responsables du paiement des droits (sauf application de la clause de sauvegarde « constitutionnelle », en présence d'opérations réelles qui n'ont ni pour objet ni pour effet de permettre, dans un but de fraude fiscale, la localisation de bénéfices dans un ETNC ; BOI-INT-DG-20-50-20 n° 490). 74225

Cas des ETNC et des trusts constitués après le 11 mai 2011 Lorsque l'administrateur du trust est soumis à la loi d'un ETNC au sens de l'article 238-0 A du CGI (n° 74736) ou lorsque le trust a été constitué après le 11 mai 2011 et que, au moment de la constitution du trust, le constituant était fiscalement domicilié en France au sens de l'article 4 B du CGI, les droits de donation et les droits de mutation par décès sont dus au taux applicable à la dernière tranche du tableau III annexé à l'article 777 du CGI (tarif maximum des droits applicables en ligne collatérale et entre non-parents, soit 60 %). Cette règle ne s'applique pas lorsque la mutation peut être qualifiée de donation ou de succession au sens du n° 74210 (BOI-ENR-DMTG-30 n° 190) ni, compte tenu de la clause de sauvegarde « constitutionnelle », en présence d'opérations réelles qui n'ont ni pour objet ni pour effet de permettre, dans un but de fraude fiscale, la localisation de bénéfices dans un ETNC (BOI-INT-DG-20-50-20 n° 490). 74230

CAS DES TRANSMISSIONS SUCCESSIVES

Afin d'appréhender les transmissions successives réalisées par l'intermédiaire de trusts, la loi précise que le **bénéficiaire** est **réputé être un constituant** du trust pour l'application des règles applicables aux transmissions, qu'elles soient ou non qualifiées de donation ou succession, à raison des biens, droits et produits capitalisés placés dans un trust dont le constituant est décédé avant le 31 juillet 2011 et à raison de ceux qui sont imposés dans les conditions prévues au n° 74210 (droits de succession ou de donation) et aux n°s 74215 et suivants (droits de mutation sui generis) et de leurs produits capitalisés (CGI art. 792-0 bis, II-3). L'administration précise que le bénéficiaire est réputé constituant du trust, y compris lorsque les biens et droits placés en trust n'ont pas été effectivement imposés en raison de l'application des **conventions fiscales internationales** (BOI-DJC-TRUST n° 100). 74235

En substance, la loi définit ainsi un « constituant fiscal » qui n'est pas le **constituant initial** afin de permettre l'application des droits de mutation au fil des mutations successives. Le bénéficiaire d'un trust dont le constituant originel est décédé est traité comme un « nouveau » constituant. Ainsi, si les biens et droits restent dans le trust de génération en génération, la taxation est opérée selon les mêmes modalités entre les bénéficiaires successifs.

SORTIE ULTÉRIEURE DES BIENS RESTÉS DANS LE TRUST

74237 Si les attributaires des biens sortis du trust sont les bénéficiaires identifiés lors de la dernière transmission avec une **répartition** entre eux **des biens identique à celle opérée lors de la dernière transmission**, la sortie (totale ou partielle) des biens du trust ne constitue pas une nouvelle mutation ; elle s'effectue donc en franchise de droits de mutation à titre gratuit (BOI-ENR-DMTG-30 n° 150).
En revanche, s'il n'y a **pas identité parfaite** entre les attributaires des droits ou biens sortis du trust et les bénéficiaires identifiés lors de la dernière transmission ou si la répartition des droits ou biens sortis du trust diffère de celle opérée lors de la dernière transmission, une taxation aux droits de donation doit être effectuée en considérant que le premier bénéficiaire a consenti une donation au profit du nouvel attributaire de ces droits ou biens (BOI précité n° 160).
La taxation de l'opération de **dissolution du trust** s'effectue suivant les mêmes modalités (BOI précité n° 180).
Enfin, comme les **produits du trust** sont taxés à l'impôt sur le revenu lors de leur distribution, leur sortie du trust n'entraîne en principe aucune taxation aux droits de mutation à titre gratuit. Toutefois, l'attributaire de ces produits ou l'administrateur du trust doit être en mesure d'apporter à l'administration les éléments permettant de justifier la qualification de produits des sommes concernées ainsi que leur montant (BOI précité n° 170).

INCIDENCES DES CONVENTIONS FISCALES

74240 Dans la mesure où la loi raisonne « par transparence » et dès lors que les droits exigibles entrent dans le champ d'application de l'article 750 ter du CGI, les conventions fiscales sont applicables, lorsqu'elles visent les droits de mutations à titre gratuit en général ou les droits de donation et de succession (cas, par **exemple**, de la convention fiscale franco-américaine du 24-11-1978 modifiée) ; elles devraient donc, dans la généralité des cas, s'opposer à l'imposition en France, au décès du constituant, des biens ou droits composant un trust lorsque le constituant n'est pas domicilié en France et que ces biens ne sont pas situés en France, même si le bénéficiaire est fiscalement domicilié en France.
De son côté, l'administration précise que lorsque les biens mis en trust sont transmis dans les cas visés au II de l'article 792-0 bis du CGI (par conséquent, **que la transmission soit ou non qualifiée de donation ou succession**), l'existence du trust n'a pas d'incidence sur l'application des conventions fiscales internationales en matière de succession ou de donation (BOI-ENR-DMTG-30 n° 40).

6. IMPÔT SUR LA FORTUNE IMMOBILIÈRE

PRINCIPES

74250 Il résulte de l'article 970 du CGI que les **actifs immobiliers** placés dans un trust et entrant dans le champ de l'impôt sur la fortune immobilière (IFI) sont **imposables au nom du constituant ou du bénéficiaire réputé constituant** (n° 74235) ; l'article 31 de la loi 2017-1837 du 30 décembre 2017 de finances pour 2018, créant l'impôt sur la fortune immobilière, a en effet repris le principe antérieurement posé à propos de l'ancien ISF par l'article 14 de la loi 2011-900 du 29 juillet 2011 de finances rectificative pour 2011 (CGI ex-art. 885 G ter).
S'il y a plusieurs bénéficiaires réputés constituants et si l'acte de trust (ou ses éventuelles stipulations complémentaires annexes) ne répartit pas expressément l'actif du trust, celui-ci doit, selon l'administration, être réputé réparti à parts égales entre chacun des bénéficiaires réputés constituants (BOI-PAT-IFI-20-20-30-20 n° 70).
Il en résulte notamment que les actifs immobiliers placés en trust ne sont pas imposables au nom du **bénéficiaire**, sauf s'il est constituant ou s'il est réputé être un constituant au décès du constituant initial. Cette règle est indépendante de la **nature des trusts** et du **contenu de l'acte de trust** (sous réserve de l'exclusion des trusts caritatifs ; n° 74260) ; elle s'applique de la même façon que les trusts soient révocables ou irrévocables, simples ou discrétionnaires.
À propos de l'ancien ISF, mais la décision est transposable à l'IFI, il a certes été jugé que le principe de l'imposition du constituant n'est conforme à la Constitution que sous une réserve d'interprétation permettant aux redevables de prouver que les biens placés en trust ne leur

confèrent aucune **capacité contributive**, résultant notamment des avantages directs ou indirects qu'ils en tirent (Cons. const. 15-12-2017 n° 2017-679 QPC : RJF 3/18 n° 293). Le Conseil d'État en avait tiré les conséquences en annulant la doctrine administrative qui prévoyait le rattachement systématique des avoirs en trust au patrimoine du constituant (CE 7-2-2018 n°s 412027, 412031 et 412412 : RJF 5/18 n° 550). Cette exception n'a cependant guère de conséquences pratiques étant donné que le Conseil constitutionnel a pris soin de préciser que la preuve ne peut résulter uniquement du caractère irrévocable du trust et du pouvoir discrétionnaire de gestion de son administrateur (les commentaires aux Cahiers du Conseil constitutionnel indiquent que la formulation retenue permet de prendre en considération les hypothèses où le dessaisissement du constituant d'un trust irrévocable et discrétionnaire n'est qu'apparent).

Lorsqu'il est exigible, l'IFI est établi dans les conditions de droit commun en fonction de la **valeur nette**, au 1er janvier de chaque année, des **biens ou droits immobiliers** et des **parts ou actions** de sociétés et organismes à hauteur de la valeur représentative de biens ou droits immobiliers détenus directement ou indirectement par ces sociétés ou organismes, dans le respect des règles de territorialité. Le constituant imposable bénéficie, bien entendu, des régimes de faveur éventuellement applicables, notamment de celui prévu pour les **nouveaux résidents de France** qui n'ont pas été domiciliés en France pendant les cinq années précédant leur installation (ces derniers sont imposables à raison de leurs seuls biens situés en France pendant les cinq années suivant celle de leur installation en France).

ILLUSTRATIONS

Sous l'empire de la législation antérieure à la loi du 29 juillet 2011, la Cour de cassation avait retenu le principe de l'imposition du constituant dans une affaire qui concernait une Américaine résidente de France qui avait constitué un trust révocable américain, du type « **grantor trust** » (Cass. com. 31-3-2009 n° 07-20.219 : RJF 7/09 n° 701). En l'espèce, l'acte de trust prévoyait que, du vivant du constituant, les trustees devaient détenir les biens mis en trust à son bénéfice et lui payer les revenus en provenant, ainsi que tout montant en principal qu'il pouvait demander par écrit. En outre, le constituant pouvait révoquer « la convention » à tout moment et rentrer en possession des biens confiés, ou exiger que tout ou partie du portefeuille soit liquidé pour en percevoir le prix, ou même que les titres lui soient remis. La Cour de cassation en a déduit que le constituant avait le droit de jouir et de disposer des titres confiés, et qu'ils devaient être inclus dans l'assiette de l'ISF alors applicable.

De même, il avait été jugé, à propos d'une résidente de France qui recevait des sommes en provenance de trusts discrétionnaires américains, que la bénéficiaire n'était pas imposable faute d'être **titulaire de droits dans le trust** (TGI Nanterre 4-5-2004 n° 03-9350, 2e ch. : RJF 11/04 n° 1201, jugement définitif). L'administration l'avait assujettie à l'ancien ISF sur une assiette théorique déterminée par application d'un taux de capitalisation de 3 % aux revenus des trusts, qu'elle avait déclarés pour l'impôt sur le revenu, mais le tribunal a écarté cette prétention en relevant que l'intéressée n'était pas titulaire d'un quelconque droit réel relatif à ces trusts. Cette solution est toujours valable aujourd'hui, sauf si le bénéficiaire est en même temps le constituant.

TERRITORIALITÉ

Il y a naturellement lieu de combiner le principe de l'imposition du constituant avec les règles de territorialité ; ainsi, les actifs immobiliers entrant dans le champ de l'IFI et placés dans un trust dont le **constituant** est **fiscalement domicilié en France** sont en principe imposables quelle que soit leur localisation, alors que seuls les actifs immobiliers situés en France sont imposables lorsqu'ils sont placés dans un trust dont le constituant n'est **pas fiscalement domicilié en France**. La domiciliation s'apprécie au 1er janvier de l'année, s'agissant du fait générateur de l'impôt (et non pas à la date de la constitution du trust). **74255**

Il y a néanmoins lieu, le cas échéant, de faire application des **conventions fiscales internationales**, comme pour les actifs immobiliers détenus directement, sous réserve qu'elles soient applicables à l'IFI (BOI-PAT-IFI-20-20-30-20 n° 110).

TRUSTS EXCLUS

La règle de l'assujettissement du constituant à l'IFI n'est pas applicable aux **trusts « caritatifs »** ; le principe posé par l'article 970 du CGI (n° 74250) ne s'applique pas, en effet, aux actifs immobiliers qui entrent dans le champ de l'IFI et qui sont placés dans des trusts irrévocables dont les bénéficiaires exclusifs relèvent de l'article 795 du CGI ou sont des organismes de même nature relevant de l'article 795-0 A du même Code et dont l'administrateur est soumis à la loi d'un État ou territoire ayant conclu avec la France une convention d'assistance administrative en vue de lutter contre la fraude et l'évasion fiscales (CGI art. 970, al. 2). **74260**

Autre exception, l'administration admet que, sous réserve que l'administrateur du trust soit soumis à la loi d'un État ou territoire ayant conclu avec la France une convention d'assistance administrative en vue de lutter contre la fraude et l'évasion fiscales, les actifs immobiliers placés dans des **trusts constitués en vue de gérer les droits à pension** acquis, au titre de leur activité professionnelle, par les bénéficiaires dans le cadre d'un régime de retraite mis en place par une entreprise ou un groupe d'entreprises n'ont pas à figurer dans l'actif imposable à l'IFI (BOI-PAT-IFI-20-20-30-20 n° 50).

7. PRÉLÈVEMENT SPÉCIFIQUE

PRINCIPES

74280 La loi du 29 juillet 2011 avait cherché à sanctionner le défaut de déclaration au titre de l'ancien impôt de solidarité sur la fortune en mettant en place un prélèvement spécifique **exigible** si les redevables ne déclaraient pas régulièrement les biens ou droits placés dans un trust. Ce prélèvement, qui était applicable depuis le 1er janvier 2012, a été maintenu pour l'application de l'impôt sur la fortune immobilière (CGI art. 990 J).

Le prélèvement est **assis** selon les règles applicables en matière d'impôt sur la fortune immobilière et **recouvré** selon les règles et sous les sanctions et garanties applicables aux droits de mutation par décès.

CHAMP D'APPLICATION

74285 Le prélèvement concerne les « **personnes physiques** constituants ou bénéficiaires d'un trust » (CGI art. 990 J). L'administration considère, probablement pour réparer une malfaçon du texte, que sont seulement visés les constituants et les bénéficiaires réputés constituants (BOI-PAT-IFI-20-20-30-20 n° 150), ce qui a été confirmé par le Conseil d'État (CE 11-12-2020 n° 442320 : RJF 3/21 n° 324). Comme pour l'IFI, en présence de plusieurs bénéficiaires réputés constituants et en l'absence de répartition expresse de l'actif du trust dans l'acte de trust ou dans ses éventuelles stipulations complémentaires annexes, l'actif du trust doit être réputé réparti à **parts égales** entre chacun des bénéficiaires réputés constituants (BOI précité n° 170).

En tout état de cause, en sont exemptés, lorsque leur administrateur est soumis à la loi d'un État ou territoire ayant conclu avec la France une convention d'assistance administrative en vue de lutter contre la fraude et l'évasion fiscales, les trusts irrévocables dont les bénéficiaires exclusifs relèvent de l'article 795 du CGI ou sont des organismes de même nature relevant de l'article 795-0 A du même Code (**trusts « caritatifs »**) et ceux qui sont constitués en vue de gérer les droits à pension acquis, au titre de leur activité professionnelle, par les bénéficiaires dans le cadre d'un régime de retraite mis en place par une entreprise ou un groupe d'entreprises (**trusts « retraite »**).

TERRITORIALITÉ

74290 Le prélèvement obéit aux règles de territorialité habituelles. Il est donc dû :

– pour les **personnes qui ont en France leur domicile fiscal** au sens de l'article 4 B du CGI, à raison de l'ensemble des actifs immobiliers entrant dans le champ de l'IFI, qu'ils soient situés en France ou hors de France ;

– pour les **personnes qui ne sont pas fiscalement domiciliées en France**, à raison des seuls actifs immobiliers qui entrent dans le champ de l'IFI et qui sont situés en France.

L'administration estime, à juste titre à notre avis, que ce prélèvement n'est pas couvert par les **conventions fiscales internationales** (BOI-PAT-IFI-20-20-30-20 n° 130). Au contentieux, le contraire a cependant été jugé par la cour d'appel de Paris, qui a annulé une rectification notifiée, pour les années 2012 à 2015, à une personne physique domiciliée au Canada qui avait agi en tant que trustee d'un trust canadien et à laquelle l'administration avait réclamé le prélèvement (CA Paris 6-2-2023 n° 21/10189 : RJF 7/23 n° 577) ; la cour juge que l'application du prélèvement devait être écartée par la convention fiscale franco-canadienne du 2 mai 1975 au motif que le trust devait être regardé comme une « personne » éligible au bénéfice de cette convention et que les stipulations conventionnelles relatives à l'imposition de la fortune donnaient le droit d'imposer au Canada exclusivement. La question devra donc être tranchée par la Cour de cassation.

ASSIETTE ET TAUX

74295 Le prélèvement est assis sur la valeur vénale nette au 1er janvier de l'année d'imposition des **actifs immobiliers** qui sont placés dans le trust et qui entrent dans le champ de l'IFI, dans le respect des règles de territorialité ; l'assiette du prélèvement est donc la même que celle de l'IFI.

Le **tarif** est toutefois différent, car le prélèvement est calculé au tarif le plus élevé mentionné au 1 de l'article 977 du CGI (barème de l'IFI, soit actuellement 1,5 %).

NON-CUMUL AVEC L'IFI

Le prélèvement n'est pas dû à raison des actifs immobiliers lorsqu'ils ont été : 74300
– inclus dans le patrimoine, selon le cas, du constituant ou d'un bénéficiaire réputé être un constituant (n° 74235) pour l'application de l'article 970 du CGI et régulièrement **déclarés** à ce titre par ce contribuable (cas où le constituant ou le bénéficiaire réputé être un **constituant** est **redevable de l'IFI**) ;
– déclarés, en application de l'article 1649 AB du CGI (n° 74330), dans le patrimoine d'un constituant (ou d'un bénéficiaire réputé être un constituant) dans les cas où ce dernier n'est **pas redevable de l'IFI** compte tenu de la valeur nette taxable de son patrimoine, celui-ci incluant les actifs immobiliers placés dans le trust.
La **non-déclaration** de biens ou droits à l'IFI **en raison d'une exonération** ne fait pas pour autant entrer ces derniers dans le champ d'application du prélèvement ; il en va de même lorsque la non-déclaration résulte de l'application (éventuelle) des **conventions fiscales internationales** (BOI-PAT-IFI-20-20-30-20 n° 200).
Le prélèvement s'analyse donc comme une imposition alternative à l'IFI, frappant les actifs immobiliers qui n'auraient **pas** été **régulièrement déclarés**. Pour l'application de l'ancien ISF, il a été jugé qu'en l'absence de déclaration, les biens, droits et produits placés en trust (aujourd'hui, les actifs immobiliers seulement) ne sont soumis qu'au prélèvement et non à l'impôt sur la fortune (CE 25-9-2017 n° 412024 : RJF 12/17 n° 1225 ; CE QPC 25-9-2017 n° 412031 : RJF 12/17 n° 1223) ; ils doivent cependant être pris en compte pour déterminer si, compte tenu du seuil d'imposition, le constituant (ou le bénéficiaire réputé constituant) est assujetti à l'impôt sur la fortune. Cette solution est transposable à l'IFI, comme l'administration l'a admis en précisant qu'il n'y a jamais cumul du prélèvement et de l'IFI au titre des mêmes actifs (BOI-PAT-IFI-20-20-30-20 n° 200).

REDEVABLE

La consistance et la valeur des actifs immobiliers qui entrent dans le champ de l'IFI et qui sont placés dans le trust doivent être déclarées et le prélèvement doit être acquitté et versé au comptable public compétent par l'**administrateur du trust** au plus tard le 15 juin de chaque année. 74305
À défaut, le **constituant** et les **bénéficiaires**, autres que ceux qui ont régulièrement déclaré les actifs immobiliers pour l'IFI, ou leurs héritiers, sont solidairement responsables du paiement du prélèvement. Selon la jurisprudence du Conseil d'État (rendue pour l'application de l'ancien ISF mais transposable à l'IFI), la **solidarité de paiement** s'étend à l'ensemble des constituants et bénéficiaires du trust (même les simples bénéficiaires, non réputés constituants), à l'exception des constituants et bénéficiaires réputés constituants pour lesquels ont été respectées, selon les cas, les obligations déclaratives qui leur incombent au titre de l'impôt sur la fortune ou celles qui sont prévues par l'article 1649 AB du CGI (CE 25-9-2017 n° 412024 : RJF 12/17 n° 1225). Cette décision juge, en outre, que la solidarité de paiement ne soulève pas de question de constitutionnalité car elle constitue seulement une garantie pour le recouvrement de la créance du Trésor public et n'a ni pour objet ni pour effet de faire peser une charge ayant vocation à incomber de manière définitive aux personnes visées, celles-ci disposant, conformément aux règles de droit commun en matière de solidarité, d'une action récursoire contre le débiteur principal. Un **simple bénéficiaire**, pourtant non redevable de l'IFI sur les biens mis en trust, pourrait ainsi se voir réclamer le prélèvement par l'administration, en application du mécanisme de solidarité prévu par la loi.

8. OBLIGATIONS DÉCLARATIVES ET CONTRÔLE

DÉCLARATIONS DES TRUSTS

Sous réserve des exceptions posées au n° 74335, tous les trusts répondant à la définition du n° 74110 doivent faire l'objet de déclarations par l'administrateur du trust. 74330
L'article 1649 AB du CGI précise que cette obligation déclarative concerne :
– l'administrateur d'un trust dont le **constituant** (ou un bénéficiaire réputé constituant), ou l'un au moins des **bénéficiaires** (bénéficiaires « réels » et non pas bénéficiaires « réputés constituants »), a son **domicile fiscal en France** ou qui comprend un **bien ou** un **droit** qui y est situé (quel qu'il soit, même s'il ne s'agit pas d'un actif immobilier) ;
– l'**administrateur** d'un trust établi ou résidant en dehors de l'Union européenne lorsqu'il acquiert un **bien immobilier** ou qu'il entre en **relation d'affaires en France** au sens de l'article L 561-2-1 du Code monétaire et financier ;
– l'**administrateur** du trust qui a son **domicile fiscal en France**, indépendamment de la domiciliation du constituant ou des bénéficiaires ou du lieu de situation des biens, c'est-à-dire même si le trust n'a aucun lien avec la France à l'exception de son administrateur.

Dans ces situations, les **informations** suivantes doivent être fournies :
1° La constitution, la modification ou l'extinction, ainsi que le contenu des termes du trust ;
2° Les informations relatives aux nom, prénoms, adresse, date, lieu de naissance et nationalité des bénéficiaires effectifs des trusts (il s'agit de toute personne physique ayant la qualité d'administrateur, de constituant, de bénéficiaire et, le cas échéant, de protecteur ainsi que de toute autre personne physique exerçant un contrôle effectif sur le trust ou exerçant des fonctions équivalentes ou similaires) ;
3° La valeur vénale au 1er janvier de l'année :
– pour les personnes qui ont en France leur domicile fiscal, des biens et droits situés en France ou hors de France et des produits capitalisés placés dans le trust (même s'il ne s'agit pas d'actifs immobiliers) ;
– pour les autres personnes, des seuls biens et droits situés en France et des produits capitalisés placés dans le trust (même s'il ne s'agit pas d'actifs immobiliers).
L'administration appelle « déclaration événementielle », celle due au titre de la constitution, la modification ou l'extinction du trust ; cette **déclaration** doit être **déposée** dans le mois qui suit la survenance de l'événement qui la motive. La déclaration des valeurs vénales au 1er janvier de l'année des biens, droits et produits capitalisés composant le trust est appelée « déclaration annuelle des valeurs » ; elle doit être produite au plus tard le 15 juin de chaque année.
Les administrateurs de trusts doivent souscrire ces déclarations en français sur les **imprimés** établis par l'administration. Ces imprimés, 2181-TRUST1 (déclaration événementielle) et 2181-TRUST2 (déclaration annuelle), sont disponibles sur le site impots.gouv.fr. Les déclarations doivent être déposées par l'administrateur du trust auprès de la recette des non-résidents (10 rue du Centre, 93465 Noisy-le-Grand Cedex).

DISPENSE DE DÉCLARATION

74335 Sont dispensés de toute obligation déclarative, y compris de la déclaration annuelle, les trusts :
– qui sont constitués en vue de gérer les droits à pension acquis, au titre de leur activité professionnelle, par les bénéficiaires dans le cadre d'un régime de retraite mis en place par une entreprise ou un groupe d'entreprises (**trusts « retraite »**), sous réserve que leurs administrateurs soient soumis à la loi d'un État ou territoire ayant conclu avec la France une convention d'assistance administrative en vue de lutter contre la fraude et l'évasion fiscales ;
– ou qui ne répondent pas à la **définition des trusts** au sens de l'article 792-0 bis du CGI (n° 74115).

SANCTIONS

74348 Les infractions aux obligations déclaratives sont passibles d'une **amende fixe** de 20 000 € ; le constituant et les bénéficiaires réputés constituants qui entrent dans le champ du prélèvement (nos 74280 s.) sont solidairement responsables avec l'administrateur du trust du paiement de cette amende (CGI art. 1754 V, 8 ; BOI-CF-INF-20-10-50 n° 80). Cette solidarité n'est pas applicable si l'impôt sur la fortune immobilière a été acquitté.
Les manquements sont également sanctionnés par l'application d'une **majoration de 80 %** calculée sur les droits dus en cas de rectification du fait des actifs immobiliers qui auraient dû être déclarés. Cette majoration ne peut être inférieure à l'amende fixe mais, lorsqu'elle est applicable, elle exclut toute autre majoration.

> **Précisions a.** Les obligations déclaratives prévues à l'article 1649 AB du CGI sont considérées comme non respectées si les **déclarations** n'ont **pas été déposées ou** si elles ont été déposées mais n'ont **pas été complètement remplies** (BOI-CF-PGR-10-50 n° 185).
b. Dans le passé, la loi prévoyait que l'amende puisse atteindre 5 % puis 12,5 % des biens composant le trust. Mais cette **sanction proportionnelle** a été supprimée par l'article 110 de la loi 2016-1918 du 29 décembre 2016 de finances rectificative pour 2016. En tout état de cause, elle était contraire à la Constitution car elle sanctionnait un simple manquement à une obligation déclarative même lorsque les biens ou droits placés en trust n'avaient pas été soustraits à l'impôt (Cons. const. 16-3-2017 n° 2016-618 QPC : RJF 6/17 n° 604).

DROIT DE REPRISE

74350 Le droit de reprise de l'administration est régi par le droit commun applicable aux différents impôts concernés ; il est cependant étendu à dix ans en l'absence de déclaration.
En ce qui concerne l'**impôt sur le revenu**, le droit de reprise de l'administration s'exerce jusqu'à la fin de la dixième année qui suit celle au titre de laquelle l'imposition est due lorsque les obligations déclaratives prévues à l'article 1649 AB du CGI n'ont pas été respectées (LPF art. L 169).

Ce droit de reprise concerne les seuls revenus ou bénéfices afférents aux obligations déclaratives qui n'ont pas été respectées.
En ce qui concerne l'**IFI** (et l'ex-ISF) **et** les **droits de mutation à titre gratuit**, la même solution est applicable. L'administration peut exercer son droit de reprise jusqu'à l'expiration de la dixième année suivant celle du fait générateur de ces impôts ou droits quand ils sont assis sur des biens ou droits mentionnés à l'article 1649 AB du CGI, sauf si l'exigibilité des impôts ou droits relatifs aux biens ou droits correspondants a été suffisamment révélée dans le document enregistré ou présenté à la formalité (LPF art. L 181-0 A).

REGISTRE DES TRUSTS

Les informations transmises par les administrateurs des trusts sont conservées dans un registre placé sous la responsabilité du ministre chargé de l'économie et du budget. Initialement, il était prévu que ce registre soit public (Loi 2013-1117 du 6-12-2013 art. 11), mais le Conseil constitutionnel a invalidé le dispositif en jugeant que les conditions d'accès au registre public des trusts étaient contraires à la Constitution (Cons. const. 21-10-2016 n° 2016-591 QPC : RJF 1/17 n° 56). Les modalités de consultation de ce registre sont actuellement fixées par l'article L 167, I du LPF, issu de l'ordonnance 2020-115 du 12 février 2020, ainsi que par les articles R* 167-1 et suivants du LPF (Décret 2021-1127 du 27-8-2021). Ce texte prévoit que le registre est accessible sans restriction à diverses autorités, dans le cadre de leur mission, notamment les autorités judiciaires, la cellule de renseignement financier nationale (Tracfin), les agents de l'administration des douanes agissant sur le fondement des prérogatives conférées par le Code des douanes, les agents habilités de l'administration des finances publiques chargés du contrôle et du recouvrement en matière fiscale, les officiers habilités de police judiciaire de la police nationale et de la gendarmerie nationale et diverses autorités de contrôle telles que l'ACPR, l'AMF, le Conseil de l'Ordre du barreau auprès duquel les avocats sont inscrits, les Chambres des notaires et l'Ordre des experts-comptables. **74355**

9. TAXE PATRIMONIALE DE 3 %

PRINCIPES

Toute entité juridique, française ou étrangère, qui, directement ou par entité interposée, possède **un ou plusieurs immeubles situés en France** ou qui est titulaire de droits réels portant sur des immeubles, est redevable d'une taxe annuelle égale à 3 % de la valeur vénale de ces immeubles ou droits (CGI art. 990 D). Son exigibilité est assortie de si nombreuses exceptions qu'en pratique cette taxe ne s'applique que lorsque les entités qui détiennent directement ou indirectement les immeubles sont constituées dans des « paradis fiscaux » qui n'ont pas signé avec la France de convention d'assistance administrative permettant un échange complet d'informations notamment pour l'application du droit fiscal français (notamment dans les ETNC au sens du n° 74736), ou lorsque les obligations déclaratives n'ont pas été respectées. **74380**
Depuis l'élargissement de son champ d'application aux organismes sans personnalité morale (Loi 2007-1824 du 25-12-2007 art. 20), la taxe de 3 % s'applique, d'une façon générale, à toutes les **entités juridiques**, y compris les fiducies ou institutions comparables, et donc notamment les trusts. L'administration a d'ailleurs précisé expressément qu'un trust est redevable de la taxe de 3 %, mais qu'il peut prétendre, sous réserve de respecter les conditions requises, au bénéfice des exonérations prévues à l'article 990 E du CGI (BOI-PAT-TPC-10-10 n° 60). Le Conseil d'État a confirmé cette interprétation (CE 9-5-2019 n°s 426431 et 426434 : RJF 8-9/19 n° 861).

OBLIGATIONS DÉCLARATIVES

L'administration indique que, à titre de règle pratique, les obligations déclaratives peuvent être remplies par le **trustee** en sa qualité de représentant légal du trust ou, le cas échéant, par tout autre membre habilité par le trustee. **74385**
Si le trustee demande le **bénéfice des exonérations** visées aux 3°-d et 3°-e de l'article 990 E du CGI, il doit indiquer, dans la déclaration n° 2746 (BOI-PAT-TPC-10-10 n° 120) :
– le ou les membres du trust qui sont les détenteurs réels de droits sur les biens ou droits immobiliers français portés en trust, selon une appréciation qui est faite au cas par cas pour chaque trust par le trustee ou le membre habilité. L'administration estime que, en règle générale et sous réserve du « contrat » de trust, il s'agira du constituant lorsque le trust est révocable, et des bénéficiaires lorsque le trust est irrévocable (cette distinction n'est plus très pertinente depuis la loi du 29 juillet 2011 ; voir n° 74250) ;
– et, à titre d'information, les autres membres du trust ; sont réputés « membres » du trust les constituant(s), trustee(s) et bénéficiaire(s), y compris les attributaires en capital.

Les renseignements relatifs à la **répartition des droits dans le trust** doivent figurer sur la déclaration n° 2746. Ils doivent également être fournis dans le cadre d'une demande d'exécution par l'administration de l'engagement pris en application du 3°-d de l'article 990 E du CGI.
Enfin, l'administration estime que, pour l'application du **critère tenant à la localisation du siège**, les entités juridiques de type fiducie ou trust sont réputées être établies dans l'État ou le territoire de la loi à laquelle elles sont soumises (BOI-PAT-TPC-20-20 n° 50). Là encore, cette manière de voir a été confirmée par le Conseil d'État qui a toutefois précisé qu'il ne s'agit que d'une présomption qui peut être renversée (CE 9-5-2019 n°s 426431 et 426434 : RJF 8-9/19 n° 861).

B. Patrimoine familial mis dans une fiducie française

74400 Le mécanisme de la fiducie a été institué en France par la loi 2007-211 du 19 février 2007. Son régime juridique a été ensuite sensiblement modifié par la loi de modernisation de l'économie du 4 août 2008, qui a notamment ouvert le mécanisme aux personnes physiques dans certaines conditions (Loi 2008-776 du 4-8-2008 art. 18 ; Ord. 2009-112 du 30-1-2009).
Il est à noter d'emblée que la gestion d'un patrimoine familial dans le cadre d'une fiducie n'est pas a priori une solution très intéressante, dans la mesure où, par différence avec le trust, une fiducie ne peut pas être utilisée à des fins de libéralité.

1. PRÉSENTATION DU MÉCANISME DE LA FIDUCIE

PRINCIPES

74410 Traditionnellement, le Code civil ne connaissait pas d'institution analogue au **trust des pays de droit anglo-américain** qui permet à une personne de transférer la propriété de biens lui appartenant à un trustee, avec mission de les administrer non dans l'intérêt propre du trustee mais dans celui des bénéficiaires désignés à l'acte. Le Gouvernement avait néanmoins reconnu que l'internationalisation de la vie économique avait conduit les praticiens de droit français à se familiariser avec cette pratique et à en apprécier l'utilité dans la vie des affaires, notamment dans le domaine des sûretés.
C'est pourquoi un mécanisme spécifique a été introduit dans le Code civil, dont la **portée** est toutefois beaucoup **plus restreinte** que les projets initiaux et que le mécanisme du trust dont il s'inspire, notamment par l'impossibilité d'utiliser ce mécanisme à des fins de transmission à titre gratuit.
Les textes relatifs à la fiducie cherchent à **éviter les fraudes et** les **abus** (y compris en matière de blanchiment et de corruption) par le recours à des mécanismes de transparence et de publication et la limitation du rôle de fiduciaire aux seuls professionnels des services financiers (sous réserve, aujourd'hui, des avocats).

DÉFINITION

74415 La fiducie est définie comme un **contrat** (mais elle peut également résulter de la loi) par lequel un constituant transfère tout ou partie de ses biens ou droits à un fiduciaire, à charge pour celui-ci d'agir dans un but déterminé au profit de bénéficiaires. L'**objet** du contrat est donc un transfert de biens ou droits (qui peuvent être quelconques, situés en France ou hors de France), accompagné d'une mission de gestion ou d'administration définie dans le contrat ; les biens transférés forment un patrimoine séparé, distinct du patrimoine personnel du fiduciaire (c'est-à-dire du trustee en droit anglo-américain ou de l'administrateur du trust pour reprendre l'expression utilisée par la loi 2011-900 du 29-7-2011). Ainsi est reconnue en droit français la notion de « patrimoine d'affectation ».

74416 Si le texte est inspiré des règles relatives au trust, la fiducie n'est **pas un trust** car elle n'emporte pas démembrement de la propriété (en droit anglo-américain, la dissociation des prérogatives réalisée par le trust est inséparable de la distinction entre la « common law » et l'« equity » ; le droit du trustee est un droit légal et celui du bénéficiaire est un droit équitable, plus puissant cependant que le droit légal puisqu'en cas de conflit entre la loi et l'équité, c'est l'équité qui l'emporte). La même distinction n'est pas opérée par la législation relative à la fiducie, étant donné que les bénéficiaires n'ont aucun « droit » dans la fiducie et que le fiduciaire est plein propriétaire (seul le constituant est considéré comme ayant un droit de créance sur le fiduciaire).

74417 En outre, la fiducie ne permet pas de **transmission du patrimoine à titre gratuit**, dans la mesure où toute fiducie constituée dans un tel but est nulle ; la fiducie est réservée à des fins d'**administration** et de **gestion**, ainsi qu'à la **constitution de garanties et sûretés**, dans le souci d'offrir aux opérateurs français un dispositif qui leur évite de recourir aux mécanismes étrangers pour des opérations éventuellement purement françaises.

PARTICIPANTS À L'OPÉRATION DE FIDUCIE

Constituant Le constituant est **partie au contrat** de fiducie. Il est celui qui se dessaisit de partie de ses biens, droits ou sûretés et les transfère au fiduciaire. Plusieurs personnes peuvent être constituants d'un même contrat de fiducie. 74420

Toute **personne physique** peut constituer une fiducie à condition qu'elle ait la capacité de contracter. Conformément au droit commun, un **mineur** ne peut pas être partie à un contrat de fiducie ; la loi interdit purement et simplement aux représentants légaux d'un mineur de transférer les biens ou droits d'un mineur dans un patrimoine fiduciaire (C. civ. art. 408-1). La possibilité de constituer une fiducie est également refusée aux personnes qui font l'objet d'une mesure de **tutelle**, un tuteur ne pouvant transférer les biens du majeur protégé (C. civ. art. 509, 5°). Les personnes sous **curatelle** peuvent en revanche conclure un contrat de fiducie avec l'assistance de leur curateur (C. civ. art. 468).

Dans le cas d'**époux** mariés sous le **régime de la communauté**, les biens communs ne peuvent être transmis dans un patrimoine fiduciaire qu'avec l'accord des deux conjoints (C. civ. art. 1424, al. 2).

Toute **personne morale** (société, association, établissement public, notamment) peut constituer une fiducie.

Bien entendu, la notion de « constituant » définie pour l'application des règles fiscales relatives aux **trusts étrangers** (n° 74110) est sans incidence sur la législation relative à la fiducie.

Fiduciaire Comme le constituant, le fiduciaire est **partie au contrat** de fiducie. Il est celui qui recueille les biens et droits transmis par le constituant et qui est chargé de réaliser l'objectif poursuivi par la fiducie. Plusieurs personnes peuvent être choisies comme fiduciaires. Le contrat de fiducie étant de nature commerciale, l'engagement des fiduciaires est présumé solidaire, ce qui permet au constituant ou au bénéficiaire de se retourner indifféremment contre l'un d'eux pour obtenir satisfaction. 74422

La loi limite l'exercice de la fonction de fiduciaire aux **avocats** et à certains **organismes financiers réglementés**, tels que les établissements de crédit, les entreprises d'investissement et les entreprises d'assurance, qui font l'objet d'un contrôle étroit des autorités de régulation compétentes et répondent à des exigences sévères en matière de lutte contre le blanchiment des capitaux (C. civ. art. 2015).

Les prestations du fiduciaire peuvent être gratuites ou rémunérées. Les parties ont tout intérêt à préciser leur intention dans le contrat de fiducie, même si l'obligation d'y mentionner la **rémunération** du fiduciaire n'est pas prévue par la loi. Compte tenu de la qualité du fiduciaire (avocat, établissement de crédit, entreprise d'investissement ou d'assurance), il n'est pas certain qu'il soit déduit par les tribunaux de leur silence sur la question que leur volonté est d'écarter toute rémunération au profit du fiduciaire. 74424

Au titre de ses **obligations**, le fiduciaire doit agir dans l'intérêt de la fiducie. Il doit éviter tout conflit d'intérêts entre son intérêt personnel et celui de la fiducie (ou des bénéficiaires de la fiducie). La loi lui interdit ainsi d'acheter, par lui-même ou par personne interposée, des biens ou droits composant le patrimoine fiduciaire (C. civ. art. 1596, al. 6). Le fiduciaire est par ailleurs tenu de rendre compte de sa mission au constituant (C. civ. art. 2022, al. 1). En pratique, le constituant aura tout intérêt à faire préciser dans le contrat les modalités de cette obligation (périodicité, information à l'initiative du fiduciaire ou sur demande du constituant, etc.) et les sanctions de sa violation (clause pénale).

Bénéficiaire Contrairement au constituant et au fiduciaire, le bénéficiaire n'est **pas partie au contrat** de fiducie. Il en résulte qu'une personne peut se trouver bénéficiaire d'une fiducie à son insu. En outre, le contrat de fiducie est conclu indépendamment de toute acceptation du bénéficiaire et il ne peut mettre à sa charge aucune obligation. Plusieurs bénéficiaires peuvent être désignés. 74426

Concernant le **choix du bénéficiaire**, la loi précise seulement les qualités qui peuvent se cumuler avec celles de bénéficiaire. Le bénéficiaire peut être aussi bien une personne physique qu'une personne morale, quelle que soit sa forme juridique (société, association, établissement public, etc.), pourvu qu'elle soit dotée de la capacité juridique (ce qui n'est pas le cas par exemple d'une indivision ou d'une société qui n'a pas été immatriculée au registre du commerce et des sociétés).

Le constituant ou le fiduciaire peut être le bénéficiaire ou l'un des bénéficiaires du contrat de fiducie. Le **cumul des qualités** de fiduciaire et de bénéficiaire interviendra par exemple dans le cadre d'une fiducie-sûreté sans entiercement, c'est-à-dire lorsque le fiduciaire est créancier du constituant, les biens étant remis en garantie entre ses mains et non entre les mains d'un tiers ; en cas de défaillance du constituant débiteur, le patrimoine fiduciaire sera alors remis au fiduciaire créancier.

ATTENTION

Tant qu'il n'a pas accepté la fiducie, le bénéficiaire risque de voir son **droit révoqué** (il peut être remplacé). En revanche, une fois qu'il a accepté, le contrat ne peut être modifié ou révoqué qu'avec son accord ou par décision de justice (C. civ. art. 2028).

74428 **Tiers « contrôleur »** Sauf stipulation contraire du contrat de fiducie, le constituant peut, à tout moment, désigner un tiers ayant pour **mission** de s'assurer de la préservation de ses intérêts dans le cadre de l'exécution du contrat et qui peut disposer des pouvoirs que la loi accorde au constituant (C. civ. art. 2017, al. 1).

Sa **nomination** par le constituant n'a qu'un caractère facultatif. Elle peut intervenir à tout moment et pas seulement lors de la conclusion de la fiducie. Sauf lorsque le constituant est une personne physique, une stipulation du contrat empêchant le recours à un tiers est possible, ce qui permet au fiduciaire de s'opposer à la désignation d'un tiers.

Outre les **pouvoirs** qui lui sont reconnus par la loi (faculté de demander au fiduciaire de rendre compte de sa mission, faculté de saisir le juge en vue du remplacement du fiduciaire), le tiers peut être investi par le contrat de fiducie de prérogatives déterminées.

74430 **Condition de résidence** Le **constituant** et le **fiduciaire** doivent être résidents d'un État membre de l'Union européenne ou d'un État ou territoire ayant conclu avec la France une convention fiscale en vue d'éliminer les doubles impositions qui contient une clause d'assistance administrative en vue de lutter contre la fraude ou l'évasion fiscales.

Le **bénéficiaire**, quant à lui, peut être résident ou non de France.

FORME ET CONTENU DU CONTRAT DE FIDUCIE

74432 **Nécessité d'un écrit** Le contrat de fiducie doit être constaté par écrit lorsqu'un bien qui dépend de la **communauté** existant **entre** des **époux ou** un **bien indivis** est transféré dans le patrimoine fiduciaire. Dans un tel cas, le contrat de fiducie doit être établi par acte notarié, à peine de nullité (C. civ. art. 2012, al. 2).

Le contrat doit de même être écrit lorsque figure parmi les biens transférés un bien dont l'acte de transmission doit revêtir la forme écrite : **immeuble**, par exemple, pour lequel le transfert de propriété doit être constaté par acte authentique en vue de procéder aux formalités de publicité foncière (Décret 55-22 du 4-1-1955 art. 28).

Même **en dehors de ces cas**, le contrat doit, à notre avis, être conclu par écrit. Certes, le **principe du consensualisme** milite pour l'absence d'obligation. Néanmoins, la loi prescrit, à peine de nullité, l'insertion de certaines mentions obligatoires dans le contrat (nº 74434) et on voit mal comment faire autrement qu'en ayant recours à un écrit. En outre, elle prévoit, également à peine de nullité, l'enregistrement du contrat (nº 74438) et elle ajoute que « la transmission des droits résultant du contrat de fiducie et, si le bénéficiaire n'est pas désigné dans le contrat de fiducie, sa désignation ultérieure doivent, à peine de nullité, donner lieu à un acte écrit enregistré dans les mêmes conditions ». On voit mal pourquoi ces opérations devraient être conclues par écrit et non le contrat de fiducie lui-même dont elles procèdent.

74434 **Mentions obligatoires du contrat** Certaines mentions doivent figurer, à peine de nullité, dans **tout contrat de fiducie** (C. civ. art. 2018) :

– les biens, droits ou sûretés transférés. S'ils sont futurs, ils doivent être déterminables ;
– la durée du transfert, limitée à 99 ans ;
– l'identité du ou des constituants ;
– l'identité du ou des fiduciaires ;
– l'identité du ou des bénéficiaires ou, à défaut, les règles permettant leur désignation ;
– la mission du ou des fiduciaires et l'étendue de leurs pouvoirs d'administration et de disposition.

En cas de **fiducie conclue à titre de garantie**, le contrat doit de surcroît mentionner, à peine de nullité, la dette garantie et la valeur estimée du bien (meuble ou immeuble) ou du droit transféré dans le patrimoine fiduciaire (C. civ. art. 2372-2 et 2488-2).

74436 **Rechargement d'une fiducie-sûreté** Le constituant, qu'il soit une personne physique ou une personne morale, peut, en cours d'exécution du contrat, affecter les biens ou droits cédés à la **garantie d'autres dettes** que celles prévues dans le contrat d'origine (C. civ. art. 2372-5 et 2488-5). Cette faculté de rechargement doit avoir été prévue expressément dans l'acte constitutif de la fiducie. À défaut, le constituant devra obtenir l'accord du fiduciaire.

La **convention de rechargement** doit être constatée par écrit et comporter les mêmes mentions que le contrat d'origine (nos 74432 et 74434) ; elle est en outre soumise aux mêmes formalités (no 74438). La date d'enregistrement déterminera, entre eux, le rang des créanciers bénéficiaires de la fiducie.

FORMALITÉS

Le contrat de fiducie doit faire l'objet d'un **enregistrement** dans le mois de sa date au service des impôts du siège du fiduciaire (ou à celui des non-résidents si le fiduciaire n'est pas domicilié en France) ; à défaut, le contrat est nul (C. civ. art. 2019, al. 1). La loi ne précise pas où le contrat doit être enregistré lorsqu'il y a plusieurs fiduciaires. **74438**

Le contrat emportant transfert de propriété des biens ou droits mis en fiducie, les formalités de **publicité** propres à la mutation de ces biens ou droits doivent être effectuées. Par exemple, lorsque le contrat porte sur un immeuble ou des droits réels immobiliers, il doit être publié au service chargé de la publicité foncière (C. civ. art. 2019, al. 2).

Enfin, un **registre national des fiducies** a été mis en place. Il a pour finalité de centraliser les informations relatives aux contrats de fiducie nécessaires pour faciliter les contrôles permettant la lutte contre l'évasion fiscale, le blanchiment des capitaux et le financement du terrorisme, notamment en ce qui concerne les bénéficiaires effectifs de la fiducie.

Les informations seront conservées pendant dix ans après la fin du contrat de fiducie. Les modalités de consultation de ce registre sont fixées par les articles L 167, I et R* 167-1 s. du LPF, qui s'appliquent également aux trusts (no 74355).

> **Précisions** L'inscription d'un contrat de fiducie au registre national des fiducies est sans effet sur l'**opposabilité du contrat aux tiers**. Ceux-ci sont informés des transferts fiduciaires à l'occasion des mesures de publicité normalement applicables en cas de mutation de certains éléments (par exemple, publicité foncière en cas de fiducie portant sur un immeuble ou des droits réels immobiliers).

PROTECTION DU PATRIMOINE FIDUCIAIRE

Les biens ou droits transférés par le constituant au fiduciaire doivent former un **patrimoine séparé**, distinct du patrimoine personnel du fiduciaire ; l'ouverture d'une procédure de sauvegarde, de redressement judiciaire ou de liquidation judiciaire au profit du fiduciaire n'affecte pas le patrimoine fiduciaire (C. civ. art. 2024). Le patrimoine fiduciaire ne peut en principe être saisi que par les titulaires de créances nées de la conservation ou de la gestion de ce patrimoine (C. civ. art. 2025, al. 1). Cependant, en cas d'insuffisance du patrimoine fiduciaire, le patrimoine du constituant constitue le gage commun de ces créanciers, sauf stipulation contraire du contrat de fiducie mettant tout ou partie du passif à la charge du fiduciaire (C. civ. art. 2025, al. 2). **74440**

Le contrat de fiducie peut toutefois limiter l'obligation au passif fiduciaire au seul patrimoine fiduciaire, une telle clause n'étant opposable qu'aux créanciers qui l'ont expressément acceptée.

Le constituant peut par ailleurs désigner un **tiers « contrôleur »** chargé de la préservation de ses intérêts dans le cadre de l'exécution du contrat (no 74428).

Fiducie-sûreté Dans le cadre d'une fiducie constituée à titre de garantie, si le constituant (ou le débiteur) n'exécute pas son obligation, le bénéficiaire de la fiducie (qui peut être le fiduciaire lui-même) ne pourra pas conserver un **bien dont la valeur est supérieure à la créance garantie** sans indemniser le constituant en lui versant une somme égale à la différence (C. civ. art. 2372-4 et 2488-4). **74442**

La valeur des biens transférés pouvant avoir évolué pendant la durée de la fiducie, elle sera déterminée par **expertise**, amiable ou judiciaire, sauf si elle résulte d'une cotation officielle sur un marché organisé ou s'il s'agit d'espèces (C. civ. art. 2372-3, al. 3 et 2488-3, al. 3). Si le contrat de fiducie prévoit la vente du bien par le fiduciaire, le calcul de la somme due au constituant se fera sur la base du prix de vente.

EXTINCTION DE LA FIDUCIE

Parmi les **causes d'extinction**, le contrat de fiducie prend fin par le décès du constituant personne physique (sauf en cas de fiducie-sûreté), par la survenance du terme ou par la réalisation du but poursuivi quand celle-ci a lieu avant le terme (C. civ. art. 2029, al. 1). Lorsque la totalité des bénéficiaires renonce à la fiducie, il prend également fin de plein droit, sauf stipulations du **74446** contrat prévoyant les conditions dans lesquelles il se poursuit. Sous la même réserve, il prend fin lorsque le fiduciaire fait l'objet d'une liquidation judiciaire ou d'une dissolution ou disparaît par suite d'une cession ou d'une absorption et, s'il est avocat, en cas d'interdiction temporaire, de radiation ou d'omission du tableau (C. civ. art. 2029, al. 2).

74447 La fin de la fiducie entraîne le **transfert du patrimoine fiduciaire** au bénéficiaire, du moins si le constituant, en cas de fiducie-sûreté, s'est acquitté de sa dette ou si l'exécution du contrat de fiducie n'a pas épuisé les biens et droits transmis par le constituant au fiduciaire. Lorsque le contrat de fiducie prend fin en l'absence de bénéficiaire, les droits, biens ou sûretés mis en fiducie font, de plein droit, retour au constituant (C. civ. art. 2030, al. 1). Lorsqu'il prend fin par le décès du constituant, le patrimoine fiduciaire fait de plein droit retour à la succession (C. civ. art. 2030, al. 2).

DISPOSITIONS COMPTABLES

74448 Les éléments d'actif et de passif transférés forment un patrimoine d'affectation ; les opérations affectant ce patrimoine font l'objet d'une comptabilité autonome chez le fiduciaire. Des comptes annuels doivent être établis.

2. APERÇU DES PRINCIPALES RÈGLES FISCALES

DÉFINITION FISCALE DU CONSTITUANT

74450 Pour l'application du **Code général des impôts**, le « constituant » s'entend de la personne titulaire des droits représentatifs des biens ou droits transférés dans le patrimoine fiduciaire (CGI art. 238 quater A). En effet, comme le constituant doit nécessairement recevoir une contrepartie équilibrée au transfert, il y a lieu de considérer que le contrat de fiducie aboutit pour lui à substituer aux actifs transférés des droits représentatifs de ces actifs (cette solution résultant implicitement de la loi, qui interdit toute fiducie à des fins de libéralité, avait été adoptée par la réglementation comptable avant l'introduction d'une définition fiscale).

La définition « fiscale » du constituant est indépendante de celle donnée par ailleurs à propos des **trusts** étrangers (n° 74110).

En pratique, le constituant doit normalement être l'un des bénéficiaires de la fiducie. Tel est le cas, par exemple, si une fiducie est constituée pour garantir un créancier : le créancier (établissement de crédit) est fiduciaire, propriétaire du bien pendant la durée de la fiducie, puis bénéficiaire si le débiteur (constituant) n'honore pas sa dette ; s'il l'honore, le bien retourne au constituant.

CONSTITUANT PERSONNE PHYSIQUE

74455 Les constituants personnes physiques se voient appliquer un **régime de neutralité fiscale** aux différentes étapes de la fiducie.

74460 **Constituant agissant en tant que simple particulier** Lorsque le constituant est un particulier agissant dans le cadre de la gestion de son patrimoine privé, la mise en fiducie n'est pas retenue pour l'établissement de l'**impôt sur le revenu**, les plus-values étant neutralisées, à condition notamment que le constituant soit le ou l'un des bénéficiaires désignés et que le fiduciaire inscrive, dans les écritures du patrimoine fiduciaire, les biens ou droits transférés pour leur prix ou valeur d'acquisition par le constituant (CGI art. 238 quater N). Le résultat du patrimoine fiduciaire est quant à lui imposé à l'impôt sur le revenu directement au nom du constituant en fonction de la nature de l'activité de la fiducie (CGI art. 238 quater O).

Pour assurer la neutralité en ce qui concerne l'imposition de la **fortune**, les actifs immobiliers entrant dans le champ de l'IFI et transférés dans un patrimoine fiduciaire, ou ceux éventuellement acquis en remploi, sont compris dans le patrimoine du constituant pour leur valeur vénale nette (CGI art. 969).

74465 **Constituant agissant à titre professionnel** Lorsqu'elle intervient dans le cadre d'une activité de nature professionnelle, la **constitution** d'une fiducie et les modalités d'**imposition du résultat** fiduciaire sont soumises, sous réserve de quelques adaptations, au régime fiscal applicable au constituant personne morale soumis à l'impôt sur les sociétés (CGI art. 238 quater B).

74470 **Décès du constituant** Sauf s'il a été conclu à des fins de garantie, le contrat de fiducie prend fin par le décès du constituant personne physique (n° 74446). Le patrimoine fiduciaire fait alors retour de plein droit à la succession du constituant et il est soumis aux **droits de succession** pour sa valeur vénale nette à la date du décès (CGI art. 766 bis).

CONSTITUANT PERSONNE MORALE

Les principes applicables lorsque le constituant est une **personne morale soumise à l'impôt sur les sociétés** reposent sur la volonté de mettre en place un dispositif de neutralité fiscale, en considérant que le constituant dispose sur le fiduciaire d'une créance égale à la valeur comptable des éléments transférés et en l'imposant ensuite sur les résultats de l'exploitation du patrimoine fiduciaire selon un régime analogue à celui des sociétés de personnes. 74475

Constitution du patrimoine fiduciaire La constitution du patrimoine fiduciaire est fiscalement neutre, à condition que le constituant soit désigné comme le ou l'un des bénéficiaire(s) dans le contrat de fiducie (CGI art. 238 quater B). À cet effet, il est prévu que les profits ou les pertes ainsi que les plus ou moins-values résultant du transfert dans un patrimoine fiduciaire de biens et droits inscrits à l'actif du bilan du constituant de la fiducie ne sont pas compris dans le **résultat imposable de l'exercice de transfert**, sous réserve que certaines conditions soient respectées. Notamment, le fiduciaire doit se substituer au constituant et les éléments, autres que les immobilisations, transférés dans le patrimoine fiduciaire doivent être inscrits dans les écritures du patrimoine fiduciaire pour la valeur qu'ils avaient, du point de vue fiscal, dans les écritures du constituant. 74480

Déroulement de la fiducie L'**imposition des résultats** du patrimoine fiduciaire est faite au nom du ou des constituants, considérés comme titulaires d'une créance au titre de la fiducie (au prorata de la valeur réelle des biens transférés en cas de pluralité de titulaires) (CGI art. 238 quater F et 238 quater G). Corrélativement, toute variation ou dépréciation du montant de la créance ou des créances au titre de la fiducie est sans incidence sur le résultat imposable du titulaire de cette créance. 74485

Il est possible de faire en sorte que, sous certaines conditions, les régimes des **sociétés mères** et de l'**intégration fiscale** continuent de s'appliquer aux titres de participation transférés à une fiducie, qu'il s'agisse d'une fiducie-gestion ou d'une fiducie-sûreté (Loi 2014-1655 du 29-12-2014 art. 71 ; en l'absence de texte spécifique, ces avantages ne seraient pas applicables car une entreprise qui transfère des titres dans une fiducie en perd la propriété).

DISPOSITIONS COMMUNES

En matière de **TVA** et de **fiscalité locale**, le principe général est celui de l'imposition du fiduciaire. 74488
S'agissant de la **taxe patrimoniale de 3 %**, l'administration estime que le constituant est fiscalement titulaire de droits sur les actifs mis en fiducie et qu'il est donc redevable de la taxe de 3 % à raison des droits qu'il détient sur les actifs immobiliers mis en fiducie (BOI-PAT-TPC-10-10 n° 70). C'est le constituant qui a la charge de satisfaire les obligations prévues par les articles 990 D et suivants du CGI, notamment dans l'hypothèse où il voudrait se prévaloir d'une possibilité d'exonération (la doctrine administrative n'envisage pas le cas des constituants personnes physiques). L'administration ajoute que, à titre pratique, les obligations déclaratives visées aux d et e du 3° de l'article 990 E du CGI peuvent être remplies par le fiduciaire habilité par le constituant et qu'elle se réserve la faculté de demander au constituant la production du contrat de fiducie (BOI précité).

La fiducie doit faire l'objet d'une déclaration d'existence par le fiduciaire, qui est tenu aux **obligations déclaratives** qui incombent normalement aux sociétés soumises au régime fiscal des sociétés de personnes (CGI art. 238 quater L et 238 quater M). 74490
En ce qui concerne le droit de **contrôle de l'administration**, le principe est que les fiducies, en la personne de leur fiduciaire, sont soumises à vérification de comptabilité et que la procédure de vérification des déclarations déposées par le fiduciaire pour le compte des fiducies est suivie entre l'administration des impôts et le fiduciaire.
Si le constituant et le bénéficiaire du contrat sont des personnes physiques, ils pourront faire l'objet d'un examen contradictoire de leur situation fiscale personnelle.

3. APPRÉCIATION D'ENSEMBLE

La **fiducie**, telle qu'elle est actuellement organisée, est assez différente du **trust** ; en réalité, le texte ayant institué la fiducie manifeste bien la difficulté de faire entrer le concept de « trust » dans nos mentalités et nos catégories juridiques. Pour l'établissement de l'impôt français, il faudra toujours qu'il y ait un propriétaire. 74495
Il est enfin à noter que la législation relative à la fiducie ne s'applique pas aux **trusts étrangers** et que ceux-ci font l'objet de textes spécifiques issus de l'article 14 de la loi 2011-900 du 29 juillet 2011 (n°s 74150 s.).

CHAPITRE 8

OPTIMISATION FISCALE INTERNATIONALE DE LA GESTION DU PATRIMOINE FAMILIAL

SOMMAIRE

CONTEXTE

74500 L'optimisation de la gestion fiscale d'un patrimoine familial peut parfois s'insérer dans un cadre international ; toutefois, sauf à adopter une solution radicale qui consiste, pour un contribuable, à transférer son domicile fiscal hors de France, une telle optimisation n'est pas facile à mettre en place dans des conditions de **sécurité fiscale** suffisantes.

Depuis l'ouverture complète des frontières et la **libération des mouvements de capitaux**, les personnes physiques domiciliées en France peuvent diversifier la gestion de leur patrimoine et placer directement leurs avoirs hors de France en valeurs mobilières, en titres de placement ou bien encore en immeubles ; il n'en résulte aucune infraction, à condition que les conséquences en soient tirées en ce qui concerne les obligations déclaratives (déclarations des comptes étrangers, assujettissement des revenus étrangers à l'impôt français et du patrimoine à l'impôt sur la fortune immobilière, notamment).

Mais, par principe, les **personnes physiques fiscalement domiciliées en France** sont imposables sur l'ensemble de leurs revenus, que ceux-ci soient de source française ou étrangère ; en ce qui concerne les revenus étrangers, il y a lieu de les soumettre à l'impôt en France même s'ils n'ont pas été transférés sur un compte français. 74502

La souscription par une personne fiscalement domiciliée en France de valeurs mobilières ou d'actions ou parts de Sicav ou de FCP étrangers, par exemple, ne procure donc, en tant que telle, aucun avantage fiscal ; les règles de la fiscalité française sont applicables comme à l'égard de leurs revenus de source française. Tout au contraire, dans certains cas, la fiscalité peut s'avérer pénalisante puisqu'il arrive que des dispositifs favorables du droit fiscal français ne s'appliquent qu'aux seuls revenus d'origine française. La fiscalité des **placements réalisés hors de France** par des résidents de France est donc, dans le meilleur des cas, identique à celle qui gouverne les placements réalisés en France, et, dans le pire des cas, pénalisante. Elle ne saurait se traduire par un quelconque avantage fiscal, sauf, bien entendu, à parier sur la plus grande difficulté pour l'administration fiscale française à pratiquer son contrôle dans la mesure où les revenus sont d'origine étrangère, mais ceci est une autre affaire.

STRATÉGIES POSSIBLES

Face à un tel constat, il n'est guère possible au contribuable que d'opter pour l'une ou l'autre des stratégies suivantes : 74503

– **transférer son domicile fiscal hors de France** afin de cesser de devoir l'impôt dans notre pays ; une telle stratégie est parfaitement admissible à condition que le transfert de domicile soit réel, c'est-à-dire qu'il s'accompagne d'un véritable basculement du centre des intérêts vitaux hors de France ; le plus souvent, cela supposera que la famille du contribuable déménage avec lui ;

– chercher à mettre en place des **structures interposées hors de France**, dans des pays convenablement choisis, afin d'y mettre des revenus « à l'abri » de la fiscalité française ; cette stratégie, qui passe par la constitution de sociétés étrangères de gestion de portefeuille, peut être efficace à condition que soient évités les dispositifs anti-abus du droit français, ce qui n'est généralement pas simple.

Délocalisation du domicile Cette première stratégie part du constat que s'il n'est pas permis d'éviter la fiscalité française en tant que résident de France, il est toujours possible de transférer son domicile à l'étranger et d'en retirer un avantage fiscal, quelquefois considérable, si la **fiscalité applicable dans le pays d'accueil** est, compte tenu du profil particulier du patrimoine familial, plus avantageuse que la fiscalité française. Il est ainsi possible à un contribuable de rechercher un avantage à la fois en termes d'impôt sur le revenu, d'impôt sur la fortune immobilière, ou bien encore de droits de mutation, afin de transmettre son patrimoine à ses héritiers dans de meilleures conditions fiscales. 74505

À condition que le transfert du domicile fiscal hors de France soit réel, il n'y a aucune inquiétude particulière à ressentir puisqu'il est toujours possible à toute personne d'aller vivre dans un autre pays, même pour des raisons tenant à un environnement fiscal plus favorable.

Constitution de sociétés holdings hors de France Cette seconde stratégie est une alternative à la première, toutes les fois que le transfert du domicile n'est pas envisageable compte tenu des contraintes qu'il impose en termes de rupture avec le territoire français. Dans ce cas, l'objectif recherché est celui de la constitution d'un **instrument exonéré de capitalisation,** qui peut permettre de gérer un patrimoine de façon dynamique en dehors des contraintes de la fiscalité française. 74506

RÉPONSE DES POUVOIRS PUBLICS

Les pouvoirs publics se sont naturellement préoccupés de cette situation, sous l'angle du contrôle fiscal, d'une part, et de la modification de la législation, d'autre part. 74508

Pour renforcer le **contrôle fiscal** concernant les éventuels avoirs dont les contribuables résidents de France peuvent disposer hors de France, des obligations déclaratives ont été mises en place (notamment, obligation de déclaration annuelle des comptes ouverts, détenus, utilisés ou clos à l'étranger, des contrats d'assurance-vie, etc.) ; se sont également multipliées les **conventions d'assistance administrative** avec les pays étrangers, destinées à permettre à l'administration de disposer d'informations sur les biens ou les revenus dont les résidents de France peuvent disposer hors de France.

En outre, pour donner aux États des moyens supplémentaires de lutte contre la fraude fiscale passant par l'utilisation de comptes étrangers non déclarés, l'OCDE a mis au point, en 2014, un Accord multilatéral entre autorités compétentes concernant l'**échange automatique de renseignements relatifs aux comptes financiers** ; cet accord a été signé par la France le 29 octobre 2014 et ratifié par la loi 2015-1778 du 28 décembre 2015. La France reçoit ainsi automatiquement des autres États signataires des informations sur les comptes détenus à l'étranger par ses résidents (comptes bancaires, contrats d'assurance-vie ou de rente, soldes ou valeurs de rachat et revenus financiers tels que les intérêts, dividendes et les autres revenus issus des actifs détenus sur le compte) ; le contrôle fiscal en est naturellement facilité.

74510 En ce qui concerne les **modifications législatives**, un premier train de mesures avait été adopté dès la fin de l'année 1998 :

– réforme des règles de territorialité des droits de mutation, afin de rendre imposable la transmission à titre gratuit d'un bien situé hors de France par un non-résident au profit d'un résident, dans certaines conditions ;

– assujettissement aux droits de mutation à titre gratuit et à l'impôt sur la fortune des biens immobiliers situés sur le territoire français et possédés indirectement par des non-résidents (en ce qui concerne l'imposition de la fortune, ces règles ont été rendues caduques en 2018 par l'introduction de l'IFI) ;

– imposition des revenus accumulés dans certaines sociétés étrangères de gestion de portefeuille bénéficiant d'un régime fiscal privilégié.

À cette époque, également, un dispositif avait été mis en place afin de rendre imposables les plus-values en report et les plus-values constatées au titre de participations substantielles dans le capital de sociétés françaises ou étrangères au moment du départ hors de France ; ce dispositif a ensuite été abrogé en raison de son incompatibilité avec le droit communautaire mais il a été repris sous une autre forme par l'article 48 de la loi 2011-900 du 29 juillet 2011 de finances rectificative pour 2011 destiné à freiner les « délocalisations fiscales » (n° 74621).

74511 Parallèlement, quelques mesures ont été prises pour **inciter au retour** et tenter d'encourager les non-résidents à venir s'installer en France, comme la définition d'un régime spécial pour les « impatriés » et l'exonération d'impôt sur la fortune immobilière des biens situés hors de France, sous certaines conditions, pour les « nouveaux résidents ».

SECTION 1

OPTIMISATION PAR LE TRANSFERT DU DOMICILE FISCAL HORS DE FRANCE

74515 Le transfert hors de France du domicile fiscal peut être une solution efficace, à condition que soient pris en compte les critères de domiciliation du droit français et que le pays d'accueil ait été correctement choisi, en fonction des règles et des contraintes étrangères et des conventions fiscales.

A. Critères français de domiciliation fiscale

1. EN DROIT INTERNE

PRINCIPES

74520 Depuis la réforme réalisée en 1976, le concept de domicile fiscal, en droit français, ne fait plus référence à la résidence habituelle ni à la nationalité des personnes. Le domicile fiscal d'une personne physique est indépendant de son domicile civil ou de son domicile ordinaire, ou bien encore de sa nationalité ; un Français n'est pas nécessairement domicilié en France et un étranger peut évidemment être domicilié dans notre pays.

Les règles de détermination du domicile fiscal sont actuellement énoncées par l'article 4 B du CGI, qui considère comme fiscalement domiciliés en France :

– les personnes qui ont sur le territoire français leur foyer ou le lieu de leur séjour principal ;

– celles qui exercent en France une activité professionnelle non accessoire ;

– celles qui ont en France le centre de leurs intérêts économiques ;
– les agents de l'État exerçant leur fonction dans un pays où ils ne sont pas soumis à un impôt personnel sur l'ensemble de leurs revenus.

Ces **critères** sont **alternatifs** et non pas cumulatifs ; il suffit qu'un seul soit rempli pour que l'intéressé puisse être considéré comme fiscalement domicilié en France. Par exemple, pourrait être domiciliée en France une personne qui n'aurait en France aucun foyer et qui n'y séjournerait pas, du moment qu'elle y a son centre des intérêts économiques. La portée pratique de ces critères appelle les remarques suivantes.

Foyer Est considérée comme domiciliée en France toute personne qui a en France son « foyer », c'est-à-dire le lieu où elle vit avec sa famille et où elle habite normalement ; c'est, en principe, le lieu de sa résidence habituelle à condition que cette résidence ait un caractère permanent. 74525

La jurisprudence considère que le « foyer » doit s'entendre du lieu où le contribuable habite normalement et a le centre de ses **intérêts familiaux**, sans qu'il soit tenu compte des séjours effectués temporairement ailleurs en raison des nécessités de la profession ou de circonstances exceptionnelles (ce raisonnement vaut également pour un **célibataire** sans charge de famille, la notion de « foyer » ne reposant pas alors, outre le critère du lieu d'habitation normale, sur le centre des intérêts familiaux mais sur le centre de la vie personnelle).

Par exemple, a son foyer en France un contribuable dont l'épouse et les trois enfants, dont deux sont à charge, vivent en permanence en Gironde, dans une résidence dont les époux sont propriétaires, alors même qu'il dispose également d'un appartement au Gabon où il exerce son activité professionnelle et quelle que soit la durée de ses séjours dans ce pays (CE 17-12-2010 n° 316144 : RJF 3/11 n° 268). Autres exemples, un contribuable qui possédait une maison en France, et dont les **enfants** résidaient en France où ils poursuivaient leurs études, avait son foyer en France (CAA Nantes 11-6-2020 n° 18NT02000 ; CE (na) 23-3-2021 n° 442322 : RJF 6/21 n° 554), de même qu'un salarié **détaché aux Émirats arabes unis** dont l'épouse et les enfants résidaient en France, sans qu'importe le fait qu'il ait principalement séjourné aux Émirats arabes unis (CE 20-3-2023 n° 452718 : RJF 6/23 n° 482). Mais un contribuable **divorcé** qui travaillait pour une société de construction en Arabie saoudite n'avait pas son foyer en France au seul motif qu'il était propriétaire d'un appartement à Rennes, qu'il y disposait d'un logement dans lequel il séjournait lors de ses congés et qu'il versait une pension alimentaire à ses deux enfants mineurs qui résidaient en France (CE 11-5-2022 n° 450692 : RJF 8-9/22 n° 698).

Des contribuables ayant conclu un **Pacs** ont, bien entendu, un « foyer » au sens de l'article 4 B du CGI (CAA Bordeaux 12-7-2018 n° 16BX00730 : RJF 12/18 n° 1272) ; il en va de même en cas de relation simplement maritale comme en témoigne une décision rendue à propos d'un contribuable qui exerçait son activité professionnelle en Guinée mais qui faisait des séjours réguliers en France au cours desquels il résidait à Mougins avec sa compagne et leur fils (CE 27-1-2010 n° 319897 : RJF 4/10 n° 310) ; le Conseil d'État met la **concubine** sur le même plan que l'épouse pour qualifier le foyer, alors même qu'une concubine et son concubin constituent deux foyers fiscaux distincts.

Les personnes qui prétendent être domiciliées hors de France doivent impérativement éviter que ce critère soit applicable, car il est le plus immédiat et le plus difficile à écarter, le cas échéant, en présence d'une convention fiscale.

> **Précisions** Pour la détermination du foyer, qui intègre une référence au lieu où le contribuable habite normalement, il n'y a pas lieu de tenir compte des séjours effectués temporairement en raison des nécessités de la profession ou de **circonstances exceptionnelles** ; commet donc une erreur de droit une cour administrative d'appel qui conclut à la présence en France du foyer, sans rechercher si le séjour en France ne résultait pas de circonstances exceptionnelles, alors que l'épouse soutenait que sa présence en France avait été rendue nécessaire par les soins médicaux qu'elle avait dû recevoir à la suite d'un accident vasculaire cérébral survenu à Paris (CE 27-2-2015 n° 367894). Sur renvoi dans cette affaire, il a effectivement été jugé que le séjour en France résultait de circonstances exceptionnelles et que le foyer était bien situé au Royaume-Uni (CAA Paris 2-2-2016 n° 15PA01092 : RJF 12/16 n° 1050).

Lieu de séjour principal Cette notion renvoie à une condition de présence sur le territoire national. Est considérée comme ayant son séjour principal en France toute personne qui est effectivement et personnellement présente à titre principal en France, quels que puissent être, en principe, les circonstances de sa présence dans notre pays ou le lieu et les conditions de séjour de sa famille. 74527

Il importe peu, de la même façon, que l'intéressé vive dans une habitation lui appartenant, ou qu'elle soit louée ou mise à disposition, ou bien encore qu'il réside à l'hôtel. À ce propos, il a été jugé qu'un contribuable qui, au cours d'une année, avait séjourné pendant trois cent deux jours dans une chambre d'hôtel était imposable en France au cours de cette année (CE 5-7-1961 n° 37182 : Dupont, 1961, p. 36 ; solution ancienne mais toujours valable). Il est toutefois à noter que le lieu du séjour principal du contribuable ne peut déterminer son domicile fiscal que dans l'hypothèse où il ne dispose **pas de foyer** (CE sect. 3-11-1995 n° 126513 : RJF 12/95 n° 1332). Par exemple, la circonstance qu'un contribuable aurait eu, pour l'essentiel de la période en litige, le lieu de son séjour principal en Arabie saoudite est sans incidence sur l'établissement de son domicile fiscal en France, qui résulte de ce qu'il a en France le centre de ses intérêts familiaux (CE 21-10-2011 n° 333898 : RJF 1/12 n° 2).

En pratique, le caractère principal du séjour est établi en présence d'un séjour en France d'au moins six mois au cours d'une année donnée, même de façon discontinue. Toutefois, ce critère n'a pas de portée absolue et le séjour peut être principal si l'intéressé a simplement résidé en France pendant une durée nettement supérieure à celle des séjours effectués à l'étranger. Il s'ensuit qu'il faut évidemment éviter d'être trop souvent en France si l'on se prétend non-résident.

ILLUSTRATIONS

À propos de contribuables dont les liens étaient manifestement partagés entre la France, les États-Unis et Anguilla, la domiciliation en France résultait de ce que l'administration avait établi qu'**à défaut de foyer** les intéressés avaient en France le lieu de leur séjour principal (CAA Lyon 30-3-2017 n° 15LY04070 : RJF 12/17 n° 1149 ; CE (na) 24-10-2018 n° 412868 : RJF 1/19 n° 3).

74530 **Exercice en France d'une activité professionnelle** Sont considérées comme domiciliées en France les personnes qui exercent en France une activité professionnelle, salariée ou non, à moins qu'elles ne justifient que cette activité n'est exercée qu'à titre accessoire. En règle générale, il ne s'agit pas d'une véritable difficulté car chacun comprend intuitivement qu'il ne peut guère être non-résident s'il exerce son activité professionnelle en France.

Lorsqu'un contribuable exerce plusieurs professions, ou la même profession dans plusieurs pays, il est considéré comme domicilié en France s'il y exerce son **activité principale**, c'est-à-dire celle à laquelle il consacre le plus de temps effectif, même si elle ne dégage pas l'essentiel de ses revenus. Notamment, la circonstance qu'une personne ne perçoive aucune rémunération directe en contrepartie de la gestion de la société dont elle est associée ne fait pas obstacle à ce que cette gestion soit regardée comme une activité professionnelle au sens de l'article 4 B du CGI (CE 26-5-2010 n° 296808 : RJF 8-9/10 n° 767).

> **Précisions a.** Les **dirigeants des entreprises** dont le siège est situé en France et qui y réalisent un **chiffre d'affaires annuel supérieur à 250 M€** sont considérés comme exerçant en France leur activité professionnelle à titre principal (CGI art. 4 B, 1-b-al. 2) ; ils peuvent cependant apporter la preuve contraire.
>
> **b.** L'existence de **revenus** peut constituer un indice du caractère principal d'une activité si le contribuable ne fournit pas d'indications sur le temps qu'il consacre à ses différentes activités (CE 27-3-2017 n° 389198 : RJF 6/17 n° 523).

74532 **Localisation en France du centre des intérêts économiques** Ce critère est souvent difficile à apprécier. Il s'agit, selon l'administration, du lieu où le contribuable a effectué ses principaux investissements, où il possède le siège de ses affaires et d'où il administre ses biens (BOI-IR-CHAMP-10 n° 230). Il peut s'agir également du lieu où il a le centre de ses activités professionnelles, ou encore de celui d'où il tire la majorité de ses revenus. La détermination du centre des intérêts économiques des contribuables est parfois délicate car elle impose des comparaisons entre les avoirs et les revenus français et étrangers. Cela étant, la jurisprudence du Conseil d'État fait aujourd'hui clairement prévaloir le critère de l'origine des revenus par rapport à celui du lieu de situation du patrimoine ; par exemple, le centre des intérêts économiques d'un contribuable ne peut être établi par la seule constatation qu'un patrimoine est situé en France car il faut que ce patrimoine soit **productif de revenus** (CE 27-1-2010 n° 294784 : RJF 4/10 n° 311).

Pour l'appréciation du critère du centre des intérêts économiques, il y a lieu de faire preuve de **réalisme** ; le Conseil d'État a ainsi considéré qu'un contribuable entretient des liens économiques plus étroits avec la France qu'avec la Belgique lorsque, n'ayant pas de revenus proprement belges, il perçoit, par l'intermédiaire d'une société holding de droit belge qu'il contrôle à 99,99 %, des revenus provenant de deux sociétés françaises et correspondant à l'activité de conseil qu'il exerce au sein de ces sociétés en France, alors même que ces sociétés ne lui versent aucun salaire ou dividende (CE 26-9-2012 n° 346556 : RJF 12/12 n° 1098). Autre exemple de réalisme, il a été jugé qu'un contribuable avait le centre de ses intérêts économiques en France alors même que ses participations dans des sociétés françaises étaient détenues par une société holding luxembourgeoise interposée (CA Reims 4-12-2018 n° 17/03068, à propos de l'assujettissement à l'ancien ISF ; arrêt annulé sur un autre point par Cass. com. 24-11-2021 n° 19-14.013 : RJF 3/22 n° 313).

Cela étant, il est sans importance que les revenus de source française ne présentent pas le caractère d'une rémunération résultant de l'exploitation d'une activité économique en France ; est ainsi fiscalement domicilié en France un contribuable retraité qui réside au Cambodge, État qui n'est pas lié à la France par une convention fiscale, dès lors que la **pension de retraite** qu'il perçoit de source française est sa seule source de revenus (CE 17-6-2015 n° 371412 : RJF 10/15 n° 751). Autre exemple, a le centre de ses intérêts économiques en France un contribuable turc dont les revenus proviennent pour l'essentiel d'allocations versées par **Pôle emploi** et de pensions de retraite payées par des organismes sociaux français au profit de son épouse (CAA Nancy 23-3-2017 n° 15NC01682 : RJF 7/17 n° 733).

ILLUSTRATIONS

A été considérée comme ayant le centre de ses intérêts économiques en France une personne qui vivait sur l'île de la Grenade et y gérait un important patrimoine, constitué notamment de **placements financiers** situés en France, générateurs de revenus substantiels et dont le montant dépassait de loin la valeur totale de ses biens immobiliers, en France et à l'étranger (Cass. com. 3-3-2009 n° 08-12.600 : RJF 6/09 n° 602).

De même, à propos d'un contribuable qui soutenait exercer en Algérie une activité d'ingénieur-conseil et d'éleveur agricole mais qui avait produit des avis d'imposition à l'impôt sur le revenu et à la taxe sur l'activité professionnelle établis par l'administration fiscale algérienne dépourvus de précisions sur la nature et l'origine des sommes imposées et qui ne justifiaient pas de l'existence de **revenus** ou d'un **patrimoine productif de revenus** de source algérienne supérieurs à ceux dont il avait disposé en France (CE 27-4-2011 n° 316082 : RJF 7/11 n° 770).

CONSÉQUENCES SUR L'ÉTENDUE DU DROIT D'IMPOSER

Les règles actuelles de territorialité de l'impôt sur le revenu sont issues d'une loi du 74535
29 décembre 1976, qui affirme le principe selon lequel les **personnes dont le domicile fiscal est situé en France** sont passibles de l'impôt à raison de l'ensemble de leurs revenus, que ceux-ci soient de source française ou étrangère, alors que celles dont le domicile fiscal est situé **hors de France** ne sont passibles de l'impôt qu'à raison de leurs seuls revenus de source française (CGI art. 4 A). On rappelle, à cet égard, que pour l'application de l'impôt sur le revenu, la France s'entend de la France continentale, des îles du littoral, de la Corse et des départements d'outre-mer, mais non des collectivités d'outre-mer.

Ce principe conduit à rendre imposables des **revenus réalisés à l'étranger** même s'ils n'ont pas été transférés en France ; ainsi, le fait d'encaisser un revenu hors de France et de ne pas le rapatrier est sans importance au regard de l'obligation fiscale du bénéficiaire. En revanche, si une personne physique transfère son domicile fiscal hors de France, elle cesse d'être imposable en France, sauf sur ses revenus de source française. Il s'ensuit que si elle transfère son domicile fiscal hors de France et cesse, après son départ, de percevoir des revenus d'origine française, elle n'a plus d'obligation fiscale dans notre pays.

En soi, cette solution ne suscite aucune difficulté particulière, à partir du moment où la législation fiscale française, contrairement à certaines autres comme la législation américaine, ne cherche pas à imposer les personnes en fonction de leur nationalité mais simplement en fonction de leur résidence et de la source de leurs revenus.

Les règles sont voisines en matière d'**impôt sur la fortune immobilière** (IFI), puisque le patri- 74537
moine immobilier imposable des résidents est le patrimoine mondial (biens et droits immobiliers situés en France ou hors de France et parts ou actions de sociétés et organismes établis en France ou hors de France à hauteur de la valeur représentative de biens ou droits immobiliers détenus directement ou indirectement par ces sociétés ou organismes) alors que les personnes physiques domiciliées hors de France ne sont imposables qu'au titre de leurs biens immobiliers français (biens et droits immobiliers situés en France et parts ou actions de sociétés ou organismes français ou étrangers, à hauteur de la fraction de leur valeur représentative de biens et droits immobiliers situés en France).

2. INCIDENCES DES CONVENTIONS FISCALES

a. Principes

74540 Dans la mesure où les critères du droit français sont particulièrement larges, il n'est pas rare qu'une **personne** puisse être considérée comme **domiciliée en France** alors qu'un **autre État** la considère également comme un de ses résidents. Dans ce cas, si la France est liée à l'autre État par une convention fiscale, il est fait application, en principe, des critères discriminants posés par la convention fiscale.

> **Précisions** S'il n'existe **pas de convention fiscale**, le droit interne trouve à s'appliquer intégralement, ce qui peut conduire, le cas échéant, à des doubles impositions. Cette situation ne se rencontre cependant que rarement dans la mesure où la France a signé des conventions fiscales avec de nombreux pays (plus d'une centaine). Le plus souvent, les conventions fiscales entrent en jeu de sorte qu'une résidence unique soit déterminée.

CONDITION PRÉALABLE D'ASSUJETTISSEMENT À L'IMPÔT

74543 D'une façon générale, si la **convention** fiscale reprend le modèle proposé par l'**OCDE**, elle précise que l'expression « résident d'un État contractant » désigne « toute personne qui, en vertu de la législation de cet État, est assujettie à l'impôt dans cet État, en raison de son domicile, de sa résidence, de son siège de direction ou de tout autre critère de nature analogue... ».
Le premier temps du raisonnement consiste donc à établir si l'intéressé est effectivement considéré comme un « résident » de l'État où il est domicilié, par référence à une condition d'assujettissement à l'impôt.
À cette fin, il est indispensable qu'il puisse être en mesure de justifier qu'il est considéré comme un **résident de l'État d'accueil**, ce qui exige notamment qu'il puisse produire un avis d'imposition justifiant de l'acquittement d'un impôt sur le revenu dans cet État, sur la base de différents critères d'assujettissement d'impôt comme le domicile ou la résidence. Mais il faut aussi que cette personne soit effectivement soumise dans l'État d'accueil à une obligation fiscale illimitée, c'est-à-dire en principe à un **impôt sur** ses **revenus mondiaux** et pas seulement sur ceux qui ont leur source dans cet État, au moins lorsque la convention fiscale reprend le modèle proposé par l'OCDE (le comité des affaires fiscales de l'OCDE refuse de considérer comme « résidente » une personne qui n'est assujettie à l'impôt dans un État que pour les revenus de sources situées dans cet État ou pour la fortune qui y est située).
Lorsque tel est le cas, l'application de **critères conventionnels** successifs permet de déterminer de quel État cette personne doit être considérée comme un « résident » pour l'application de la convention et, par suite, pour celle du droit interne des différents États, notamment de la France. En principe, et étant toutefois souligné que chaque convention fiscale est spécifique et que, par conséquent, les remarques qui suivent ne donnent que des indications générales, les critères sont les suivants. Ils doivent être examinés **dans l'ordre** (CE 29-10-2012 n° 346641 : RJF 1/13 n° 83, à propos de la convention fiscale franco-suisse).

> **Précisions a.** Le critère de l'assujettissement à l'impôt en tant que résident s'applique même si la convention fiscale ne le reprend pas expressément ; ainsi, il a été jugé que bien que la **convention fiscale franco-allemande** du 21 juillet 1959 ne précise pas que l'expression « résident d'un État contractant » ne comprend pas les personnes qui ne sont assujetties à l'impôt dans cet État que pour les revenus de sources situées dans cet État ou pour la fortune qui y est située, l'assujettissement à un impôt dans un État ne suffit pas à démontrer que le contribuable serait assujetti à l'impôt dans cet État en raison de son domicile, de sa résidence ou d'un lien personnel analogue et non en raison de la seule existence de revenus trouvant leur source dans cet État (CE 24-1-2011 n° 316457 : RJF 4/11 n° 490).
> **b.** En ce qui concerne la **convention franco-britannique**, le Conseil d'État a retenu une interprétation favorable en considérant qu'une personne physique résidente du Royaume-Uni et imposable sur ses revenus de source étrangère seulement en cas de rapatriement au Royaume-Uni (en application du mécanisme de la « **remittance basis** » ; n° 74628) avait bien la qualité de « résident » du Royaume-Uni et pouvait bénéficier du taux réduit de retenue à la source pour l'imposition en France de dividendes versés par des sociétés françaises (CE 27-7-2012 n°s 337656 et 337810 : RJF 11/12 n° 1012).
> **c.** Dans le sens de la décision précédente, il a été jugé que ne faisait pas obstacle à la qualité de **résident du Japon** la circonstance que des revenus de source française n'aient pas été effectivement assujettis à l'impôt au Japon, soit l'année de leur perception soit, le cas échéant, l'année de leur rapatriement (CAA Versailles 6-12-2012 n° 11VE01695 : RJF 5/13 n° 532, arrêt définitif concernant un résident du Japon qui percevait des pensions de retraite de source française sur un compte en France, sous l'empire de la

convention franco-japonaise dans sa rédaction antérieure à l'avenant du 11-1-2007 introduisant une clause anti-« remittance basis »).

d. Des contribuables, qui font valoir qu'ils exercent en Algérie des activités d'ingénieur indépendant et de médecin mais qui produisent des attestations des autorités fiscales algériennes ne comportant aucune précision sur la nature et le montant des revenus imposés ainsi que sur le **montant des impositions acquittées**, n'établissent pas leur qualité de résident algérien au sens de la convention fiscale (CAA Paris 2-12-2015 n° 13PA04537 ; CE (na) 14-12-2016 n° 396674). Jugé de même à propos d'un contribuable qui se prétendait domicilié aux Philippines et qui n'avait pas justifié y être imposable sur des **revenus de source étrangère** (CAA Marseille 7-3-2019 n° 17MA00769). Compte tenu de la rédaction particulière de l'ancienne convention fiscale franco-chinoise, cependant, était susceptible d'être résident de Chine un contribuable qui n'acquittait l'**impôt en Chine que sur ses seuls salaires** de source chinoise et non sur les dividendes reçus de sociétés françaises (CE 9-6-2020 n° 434972 : RJF 8-9/20 n° 723 ; sur renvoi après annulation, l'intéressé a effectivement été considéré comme résident de Chine par CAA Versailles 10-2-2022 n° 20VE01379).

e. Des personnes physiques domiciliées en **Israël**, où elles étaient exonérées d'impôt sur leurs revenus étrangers pendant dix ans, ont néanmoins été jugées fondées à invoquer le bénéfice de la convention fiscale franco-israélienne du 31 juillet 1995 (CAA Toulouse 13-10-2022 n° 20TL22832 : RJF 1/23 n° 53) ; la solution n'est pas assurée, car, précédemment, le contraire avait été jugé (CAA Marseille 2-5-2019 n° 17MA04563).

PREMIER CRITÈRE : FOYER D'HABITATION PERMANENT

La convention fiscale fait d'abord prévaloir l'État dans lequel la personne a un foyer d'habitation permanent. Cette notion, qui n'est pas définie par les conventions fiscales, recouvre toute forme d'habitation, que l'intéressé soit propriétaire ou locataire, à condition qu'elle ait un caractère permanent, c'est-à-dire qu'elle soit aménagée et réservée à l'usage de l'intéressé d'une manière durable ; elle peut viser, par exemple, une simple résidence secondaire, du moment qu'elle est à la disposition du contribuable (en revanche, un appartement donné en location ne constitue pas un foyer d'habitation au sens des conventions fiscales). **74545**

La définition de base du foyer d'habitation, qui joue même en l'absence d'indices familiaux, est celle de la **possession durable d'une habitation**, sans qu'il y ait lieu de distinguer, en cas de double résidence, selon que l'une est plus importante que l'autre, ou que l'une est louée alors que l'autre est possédée (conclusions Fouquet sous CE 26-1-1990 n° 69853 : RJF 3/90 n° 240). Pour la jurisprudence, toute résidence dont une personne dispose de manière durable est pour elle, au sens des conventions fiscales, un foyer d'habitation permanent (par exemple, CE 17-12-2010 n° 316144 : RJF 3/11 n° 268). Notamment, il n'y a pas lieu, pour déterminer l'existence d'un foyer d'habitation permanent, de prendre en compte la durée effective des séjours et les centres d'intérêt des contribuables (CE 21-10-2016 n° 392997 : RJF 1/17 n° 2).

DEUXIÈME CRITÈRE : CENTRE DES INTÉRÊTS VITAUX

Ce critère n'est applicable que si le premier n'est pas concluant, c'est-à-dire s'il y a un **foyer d'habitation dans les deux États**. Dans ce cas, la convention fiscale fait, le plus souvent, prévaloir celui avec lequel les liens personnels et économiques sont les plus étroits ; il s'agit de l'État dans lequel se trouve le « centre des intérêts vitaux », ce qui exige de prendre en considération non seulement les relations familiales et sociales, les occupations, les activités politiques, culturelles ou autres de la personne concernée, mais également le siège de ses affaires et le lieu d'où elle administre ses biens. **74547**

L'appréciation des liens personnels et économiques repose sur une comparaison entre la France et l'étranger, en pondérant les liens personnels d'un côté et les liens économiques de l'autre. En pratique, pour l'appréciation du centre des intérêts vitaux, les considérations tirées du **comportement personnel** sont essentielles : intégration à la vie sociale locale, dépenses de vie courante, soins médicaux, immatriculation d'une voiture, consommations d'électricité et de téléphone, acquittement de la redevance pour l'utilisation de postes de télévision, distribution du courrier, adresse donnée à différents organismes, notamment sociaux, inscription sur les listes électorales, débits de cartes bancaires qui attestent d'achats fréquents et réguliers aux environs du domicile, etc.

D'une façon générale, la présence de la **famille** (parents et enfants mineurs) est essentielle pour la détermination des liens personnels. En présence de **liens personnels et économiques partagés** entre les deux États, il y a lieu de constater l'indétermination et de recourir au critère suivant, celui du séjour habituel. Par exemple n'est pas déterminé le centre des intérêts vitaux d'un contribuable disposant de foyers d'habitation en France et en Allemagne, dont les liens personnels sont plus importants avec la France et les liens économiques plus importants avec l'Allemagne (TA Nice

11-3-2021 n° 1402822 : RJF 6/21 n° 553, jugeant qu'en l'espèce la domiciliation en France était établie sur le fondement du critère du séjour habituel). Mais lorsque les liens personnels d'un contribuable sont d'égale importance entre les deux États alors que ses intérêts économiques sont situés en France, le centre des intérêts vitaux est situé en France.

> **Précisions a.** Le centre des intérêts vitaux d'un contribuable dont le **foyer familial** était situé en France alors qu'il exerçait son **activité professionnelle** au Gabon n'a pas été considéré comme indéterminé dans la mesure où il disposait également de revenus fonciers de source française, ce qui créait un déséquilibre en faveur de la France (CE 17-12-2010 n° 316144 : RJF 3/11 n° 268).
> **b.** Une personne qui exerce son activité professionnelle principale en France est néanmoins domiciliée aux Pays-Bas sur le fondement du critère du centre des intérêts vitaux dès lors qu'elle dispose aux Pays-Bas d'une **maison d'habitation** acquise avec sa concubine et de locaux professionnels, qu'elle a la nationalité néerlandaise et que le **siège de son entreprise** ainsi que la quasi-totalité de ses fournisseurs se trouvent aux Pays-Bas (CAA Douai 30-11-2010 n° 08-1075 : RJF 5/11 n° 538 ; arrêt définitif).
> **c.** Un contribuable **polygame** possédant des résidences en France et en Algérie a été regardé comme ayant des **liens personnels et économiques prépondérants** avec la France au sens de la convention fiscale franco-algérienne du 17 mai 1982 (CAA Paris 15-1-2015 n° 12PA03956 : RJF 4/15 n° 293 ; CE (na) 26-2-2016 n° 390213 : RJF 8-9/16 n° 680).
> **d.** Un contribuable bulgare qui avait son foyer en France y avait également le centre de ses intérêts vitaux pour l'application de la convention franco-bulgare du 14 mars 1987 dès lors que, s'il exerçait une activité économique liée à la réalisation de centres commerciaux en Bulgarie, cette activité était exercée par l'intermédiaire de sociétés luxembourgeoises ainsi que d'une société établie à Gibraltar, dont l'objet était notamment, selon la Cour, de lui permettre « d'éviter que le centre de ses intérêts économiques se trouve en Bulgarie » (CAA Paris 10-5-2023 n° 21PA06163).

TROISIÈME CRITÈRE : LIEU DE SÉJOUR HABITUEL

74550 S'il est impossible, compte tenu des critères précédents, de déterminer l'État dans lequel se trouve le centre des intérêts vitaux, ou bien si l'intéressé ne dispose d'un foyer d'habitation dans aucun des deux États, il est considéré comme un résident de l'État où il séjourne de façon habituelle. Il y a lieu d'effectuer une comparaison entre la **durée de séjour** en France d'un côté, et dans le pays de résidence de l'autre (on remarquera qu'il ne s'agit pas de comparer la durée des séjours en France avec celle des séjours hors de France mais bien de comparer la résidence effective du contribuable dans les deux États concernés).

En cas de contentieux, le juge de l'impôt ne cherche pas nécessairement à faire le décompte des jours passés (à supposer qu'il le puisse, en pratique) et peut se borner à reconnaître une résidence habituelle dans deux États à un contribuable qui séjourne hors de France pour son activité professionnelle et ne vient en France que pour les vacances et les fins de semaine (voir conclusions Fouquet sous CE 26-1-1990 n° 69853 : RJF 3/90 n° 240).

Le lieu du séjour habituel n'est pas le **lieu du séjour « principal »** ; il peut donc exister un séjour habituel dans chaque État, alors même que le décompte des jours passés dans un État serait supérieur au décompte des jours passés dans l'autre État.

ILLUSTRATIONS

> Pour un exemple d'indétermination du centre des intérêts vitaux et de domiciliation en France sur le fondement du **critère du séjour habituel**, voir CAA Nantes 10-7-2014 n° 12NT03156 : RJF 12/14 n° 1067 (séjours en France de 265 jours en 2002 et 303 jours en 2003 alors qu'aucun élément ne permettait d'établir la durée des séjours en Suisse ; arrêt confirmé par CE 26-4-2017 n° 384872 : RJF 7/17 n° 657).

QUATRIÈME CRITÈRE

74553 Si les critères précédents ne permettent pas de déterminer une résidence unique, il est, enfin, fait référence à un critère de **nationalité** ou bien, à défaut, à un **accord entre les autorités** compétentes dans le cadre de la procédure amiable conventionnelle. L'analyse de la jurisprudence récente montre que le juge recourt assez facilement au critère de la nationalité s'il ne trouve rien de très net pour appliquer les précédents, car il s'agit d'un critère facile d'utilisation et le plus souvent déterminant.

ILLUSTRATIONS

> Par exemple, il a été jugé qu'un contribuable qui exerçait en France son activité professionnelle principale de négoce et d'exportation de véhicules mais qui avait des liens étroits avec le **Mali** était domicilié en France en raison de sa nationalité (CAA Nantes 18-2-2019 n° 17NT02008) ;

de même, un contribuable domicilié en France et en **Suisse** en droit interne et dont il était impossible de déterminer le lieu des relations personnelles les plus étroites ni le lieu du séjour habituel était domicilié en France car il ne disposait que de la nationalité française, alors même qu'il avait obtenu la bourgeoisie de Lausanne, première étape en vue d'obtenir la nationalité suisse (CAA Lyon 11-4-2019 n° 17LY02826).
Le Conseil d'État a, dans le cadre de la **convention fiscale franco-ivoirienne**, fait application du critère de la nationalité pour domicilier un contribuable en France compte tenu de l'impossibilité de déterminer le lieu des relations personnelles les plus étroites et de l'absence de prépondérance d'un lieu de séjour sur un autre (CE 5-7-2010 n° 303676 : RJF 11/10 n° 982).

b. Conséquences pratiques

Si une personne physique cherche à éviter la domiciliation en France, la solution la plus sûre pour elle consiste à faire en sorte de ne remplir aucun des **critères de droit interne** posés par l'article 4 B du CGI (n° 74520) ; cela exige qu'elle n'ait en France ni son foyer ni son lieu de séjour principal ni son activité professionnelle ni le centre de ses intérêts économiques. En effet, à partir du moment où aucun de ces critères n'est satisfait, la France est dans l'incapacité de revendiquer la résidence fiscale. **74555**
En pratique, la situation la plus sûre est celle des contribuables qui quittent le territoire français avec leur **famille** et qui n'ont plus ensuite que marginalement des liens avec la France.
Mais, le plus souvent, les personnes fortunées qui s'expatrient conservent des liens avec la France qui pourraient éventuellement, à s'en tenir seulement au droit interne, en faire des résidents de France dans l'hypothèse où leur situation serait examinée dans le cadre d'un contrôle fiscal. Si tel est le cas, il est alors indispensable de pouvoir faire application d'une convention fiscale, afin que le jeu des critères conventionnels puisse conduire à établir la résidence hors de France.

À supposer que l'intéressé soit effectivement considéré comme un résident du pays d'accueil, et que la France puisse également le considérer comme un de ses résidents sur la base de l'un des critères de l'article 4 B du CGI, il lui faudra être en mesure de faire échec à la domiciliation fiscale sur le fondement des **critères conventionnels**. **74557**
S'il n'a **aucun foyer d'habitation** permanent en France, c'est-à-dire aucune habitation à sa disposition d'aucune sorte, il lui sera probablement assez simple de démontrer qu'il ne saurait être considéré comme un résident de France au sens de la convention fiscale, au moins si celle-ci reprend le modèle de l'OCDE. Le premier critère conventionnel est, en effet, normalement celui du foyer d'habitation permanent, d'où il résulte que s'il n'y en a qu'un seul, situé dans l'autre pays, la France perd le droit de revendiquer le domicile fiscal.

Mais la situation est plus complexe lorsqu'il existe **deux foyers d'habitation** permanents, c'est-à-dire lorsque l'intéressé a conservé une habitation dans notre pays, même si ce n'est pas son habitation réputée principale. Dans ce cas, il convient, le plus souvent, de faire application du critère du **centre des intérêts vitaux**, ce qui conduit à reconnaître comme non résidentes les personnes qui ont véritablement fait basculer hors de France l'ensemble de leurs relations personnelles et économiques. Il est nécessaire, à cet égard, de pouvoir justifier de la réalité de liens sociaux, culturels, politiques ou autres dans le pays d'accueil, ainsi que la présence dans cet État du centre d'intérêts économiques, c'est-à-dire des principaux investissements et sources de revenus. Corrélativement, il importe d'avoir réduit au maximum ses liens de toute nature avec la France. **74560**

En pratique, il peut toutefois arriver que le **centre des intérêts vitaux** soit **indéterminé**, en présence de contribuables qui ont gardé, tout de même, des liens assez forts avec notre pays. Le troisième critère deviendra alors prépondérant, celui du séjour habituel. En ce sens, il ne sera possible de faire échec à la domiciliation dans notre pays que si la durée des séjours en France est significativement inférieure à celle des séjours effectués dans l'autre pays (et non pas hors de France). Toutes les justifications à cet égard seront les bienvenues si elles permettent de convaincre l'administration qu'il n'y a pas matière à la critique. **74565**
En revanche, si le **lieu de séjour principal** doit être considéré comme situé en France, ou bien s'il est indéterminé, les personnes concernées perdent, le plus souvent, toute chance d'échapper à la domiciliation fiscale en France, puisqu'elles sont alors rattrapées par le critère de la nationalité.

La question du transfert du domicile fiscal hors de France est donc à examiner de façon très attentive avant qu'une décision soit prise car s'il est relativement aisé d'être considéré par un autre pays comme un « résident » au sens du droit interne de cet État, puisque ce dernier ne saurait voir d'inconvénient à accueillir un étranger fortuné, il n'en va évidemment pas de même **74570**

du côté français ; comme notre administration cherchera nécessairement à vérifier que celui qui se prétend non-résident l'est effectivement, il faut s'attendre à un **contrôle** et se préparer à pouvoir y résister.
Notamment, un contribuable qui prétendrait être devenu non résident alors que sa **famille** (conjoint et enfants mineurs) est restée en France s'exposerait à des risques de remise en cause. Cela ne signifie pas qu'il soit impératif que l'ensemble de la famille s'expatrie mais simplement que la preuve de la non-domiciliation en France sera moins facile à apporter si la famille proche reste en France.

c. Cas particuliers de certaines conventions fiscales

74580 Certaines conventions fiscales signées par la France ne reprennent pas exactement les critères précédents, qui sont ceux du modèle de convention fiscale de l'OCDE ; en outre, les particularités des législations nationales doivent être prises en compte pour l'application des conventions fiscales.

CONVENTION FRANCO-BRITANNIQUE

74585 Le système de la « **remittance basis** » (n° 74628) sur lequel repose la législation fiscale britannique est susceptible de créer certaines difficultés pour l'application de la convention fiscale franco-britannique du 19 juin 2008 ; cette convention reprend, en effet, le modèle de l'OCDE, en précisant que l'expression « résident d'un État contractant » ne comprend pas les personnes qui ne sont assujetties à l'impôt dans cet État que pour les revenus (la convention ajoute les « gains en capital », ce qui n'est pas prévu par le modèle OCDE) de sources situées dans cet État (art. 4.1).
Si le Conseil d'État a retenu, sur ce point, une interprétation favorable toujours valable sous l'empire de la convention actuelle (n° 74543, précision b), il reste que la convention actuellement applicable contient une règle particulière destinée à éviter les doubles exonérations et à laquelle il convient de prendre garde (n° 74642).

CONVENTION FRANCO-SUISSE

74590 La convention franco-suisse du 9 septembre 1966 modifiée précise, dans son article 4.6 b, que n'est pas considérée comme un résident de Suisse une personne physique « qui n'est imposable dans cet État que sur une base forfaitaire déterminée d'après la valeur locative de la ou des résidences qu'elle possède sur le territoire de cet État ».
Dans le passé, cette restriction devait s'interpréter à la lumière de la doctrine administrative qui reconnaissait tout de même aux personnes assujetties à l'**impôt à forfait** en Suisse la qualité de « résident » à deux conditions : d'une part, si la base d'imposition fédérale, cantonale et communale était supérieure à cinq fois la valeur locative de leur habitation ou à une fois et demie le prix de la pension qu'elles payaient et, d'autre part, si la base d'imposition cantonale et communale ne s'écartait pas notablement de celle qui était déterminante pour l'impôt fédéral pour la défense nationale et, en tout état de cause, si elle était égale ou supérieure aux éléments de leur revenu qui proviennent de Suisse et de France lorsqu'ils sont privilégiés par la convention (ancienne D. adm. 14 B-2211, 10-12-1972). Mais cette solution est caduque depuis le 12 septembre 2012, car elle n'a pas été reprise au Bofip ; l'administration a simplement admis que l'ancienne tolérance a continué à s'appliquer jusqu'aux revenus de l'année 2012 incluse (BOI-INT-CVB-CHE-10-10 n° 70 rapportant formellement la doctrine antérieure).
Désormais, il résulte de la jurisprudence que sont exclus tous les résidents de Suisse bénéficiant de forfaits déterminés d'après la valeur locative (CE 18-9-2023 n° 469789 : RJF 12/23 n° 908) ; cette décision écarte implicitement mais nécessairement l'argument tiré de ce que l'assiette imposable inclut, en droit suisse, les revenus de source étrangère pour lesquels les intéressés demandent le bénéfice des conventions fiscales et ne tire pas de conséquences de ce que la détermination du forfait tient compte de leurs dépenses, et non pas exclusivement de la valeur locative de leur habitation (nos 74690 s.).
Une personne physique qui est **imposable** en Suisse **sur la base d'un forfait** déterminé d'après la valeur locative de l'habitation qu'elle occupe ne peut donc se voir reconnaître la qualité de résident de Suisse. Elle ne peut invoquer la convention franco-suisse pour faire échec à la domiciliation en France, à supposer qu'elle soit considérée comme domiciliée en France en droit interne (par exemple, sur le fondement du critère du centre des intérêts économiques).
Il est également à noter que, par différence avec le modèle de l'OCDE, la convention franco-suisse fusionne les critères du foyer permanent d'habitation et du centre des intérêts vitaux et qu'elle ne renvoie, pour l'application de ce critère, qu'au lieu avec lequel les seules **relations personnelles** sont les plus étroites, sans référence aux relations économiques.

> **Précisions** Autre particularité, l'article 4.5 de la convention franco-suisse précise que n'est pas considérée comme résident de Suisse une personne qui, tout en répondant aux critères conventionnels, n'est que le « **bénéficiaire apparent** » **des revenus**, lorsque ces revenus bénéficient en réalité, soit directement, soit indirectement par l'intermédiaire d'autres personnes physiques ou morales, à une personne qui ne peut être regardée elle-même comme un résident de Suisse. Cette stipulation, cependant, n'a guère de conséquences toutes les fois que le transfert de domicile fiscal en Suisse n'est pas artificiel.

CONVENTION FRANCO-BELGE

La convention franco-belge du 10 mars 1964 ne prend pas appui sur le droit interne et indique d'emblée selon quels critères une personne physique doit être considérée comme résidente de l'un ou l'autre État (une nouvelle convention, reprenant le modèle de l'OCDE, a été signée le 9 novembre 2021 mais elle n'est pas encore en vigueur). **74595**
Il résulte cependant de la jurisprudence du Conseil d'État que l'analyse doit tout de même être conduite d'abord par rapport au droit interne français et que la convention fiscale ne doit être examinée qu'ensuite, en vertu des principes généraux de combinaison du droit interne et des conventions fiscales (CE 11-4-2008 n° 285583 : RJF 7/08 n° 769, avec conclusions Claire Landais au BDCF 7/08 n° 83).

CONVENTION FRANCO-IRLANDAISE

Parmi les autres conventions fiscales comportant des spécificités en matière de résidence, la convention conclue avec l'Irlande le 21 mars 1968 précise, dans son article 2.7, que ne peuvent être considérées comme résidentes d'Irlande que les personnes qui ne sont pas résidentes de France pour l'application de l'impôt français (solution bilatérale). Par suite, une personne considérée comme fiscalement résidente de France au sens de l'article 4 B du CGI (n° 74520) ne peut être considérée comme résidente d'Irlande pour l'application de la convention. Cette solution permet d'éviter les conséquences fiscales d'une domiciliation en Irlande d'une personne physique qui aurait toujours des liens importants avec notre pays. **74600**

B. Choix du pays d'accueil

AVANTAGES RECHERCHÉS

Les personnes physiques qui transfèrent leur domicile fiscal hors de France cessent d'être assujetties à l'impôt en France, sauf, le cas échéant, à l'égard de leurs revenus de source française ou de leurs actifs immobiliers situés en France. Mais elles entrent corrélativement dans le champ d'application de la **loi fiscale du pays d'accueil**. Dans ces conditions, une expatriation ne peut être une solution d'optimisation fiscale que si la législation étrangère est plus avantageuse que la législation française. **74620**
Dans la pratique, les délocalisations « fiscales » tiennent souvent à la volonté d'échapper à l'imposition des **plus-values** ; par exemple, une personne physique détenant la quasi-totalité du capital d'une société anonyme française qu'elle est sur le point de céder peut envisager une expatriation préalablement à la cession. Si cette personne reste fiscalement résidente de France, en effet, les plus-values réalisées à l'occasion de la cession sont imposables en France dans les conditions ordinaires.
Si, en revanche, cette personne transfère, au préalable, son domicile fiscal hors de France, ces mêmes plus-values peuvent être exonérées d'impôt, à la fois dans le nouvel État de résidence et en France (hors le cas, éventuellement, de sociétés à prépondérance immobilière). Dans ces conditions, une plus-value économiquement rattachée au territoire français, dans la mesure où elle trouve sa source dans une activité française, pourrait échapper à l'impôt dans notre pays, sans autre contrainte que celle du transfert effectif du domicile fiscal hors de France du cédant.
C'est précisément afin de faire échec à ces conséquences qu'un mécanisme d'exit tax a été réintroduit en 2011 (n° 74621).

INCIDENCES DE L'EXIT TAX

Le législateur a cherché à éviter que, par le biais de délocalisations « fiscales », des personnes physiques sur le point de réaliser des plus-values ne quittent le territoire français pour réaliser hors de France des plus-values économiquement rattachées au territoire français en profitant des avantages procurés par certaines législations étrangères. Un dispositif d'**exit tax** a ainsi été mis en place par l'article 48 de la loi 2011-900 du 29 juillet 2011 de finances rectificative pour 2011 afin que les personnes physiques qui quittent le territoire français ne bénéficient pas **74621**

74621 (suite) d'une imposition sur leurs plus-values latentes, créances trouvant leur origine dans un complément de prix (« earn out ») et plus-values en report, moindre que si elles étaient restées domiciliées en France (CGI art. 167 bis).

Ce texte est applicable aux transferts du domicile fiscal hors de France intervenus depuis le **3 mars 2011** ; il a été modifié à de nombreuses reprises depuis lors, notamment pour tenir compte des modifications successives apportées au régime d'imposition des plus-values sur valeurs mobilières.

Pour l'essentiel, la loi déclare imposables, lors du transfert de leur domicile fiscal hors de France, les **plus-values latentes** constatées par les contribuables, s'ils ont été domiciliés en France pendant au moins six des dix années précédant leur départ, sur les droits sociaux, valeurs, titres ou droits détenus, directement ou indirectement, par les membres de leur foyer fiscal à la date de ce transfert lorsque ces mêmes droits sociaux, valeurs, titres ou droits représentent **au moins 50 % des bénéfices sociaux** d'une société **ou** lorsque la valeur globale de ces droits sociaux, valeurs, titres ou droits **excède 800 000 €** à cette même date.

La plus-value latente est déterminée par différence entre la valeur réelle des titres à la date du transfert du domicile et leur prix d'acquisition ou, en cas d'acquisition à titre gratuit, leur valeur retenue pour la détermination des droits de mutation ; les moins-values latentes ne sont pas imputables.

Pour les transferts de domicile fiscal hors de France intervenus depuis le 1er janvier 2018, l'imposition est établie en application du **prélèvement forfaitaire unique** ou, sur option globale, au barème progressif. Lorsque cette option est exercée, l'impôt est égal à la différence entre le montant de l'impôt résultant de l'application du barème progressif à l'ensemble des revenus de sources françaises et étrangères (auquel s'ajoutent les plus-values et créances assujetties à l'exit tax) et le montant de l'impôt résultant de l'application de ce même barème aux seuls revenus de sources françaises et étrangères.

Le contribuable peut cependant bénéficier d'un **sursis de paiement**. Pour les transferts de domicile intervenus depuis le 1er janvier 2019, le sursis de paiement est automatique et sans qu'il y ait à présenter de garanties lorsque le contribuable transfère son domicile fiscal dans un État membre de l'**Union européenne** ou dans un autre État ou territoire ayant conclu avec la France une **convention d'assistance administrative** en vue de lutter contre la fraude et l'évasion fiscales ainsi qu'une convention d'assistance mutuelle en matière de recouvrement ayant une portée similaire à celle prévue par la directive 2010/24/UE du Conseil du 16 mars 2010 concernant l'assistance mutuelle en matière de recouvrement des créances relatives aux taxes, impôts, droits et autres mesures, et qui n'est pas un État ou territoire non coopératif au sens de l'article 238-0 A du CGI (n° 74736).

Dans les autres cas, le sursis est accordé sur demande expresse du contribuable, sous réserve qu'il désigne un **représentant** établi en France autorisé à recevoir les communications relatives à l'assiette, au recouvrement et au contentieux de l'impôt et constitue préalablement à son départ, des **garanties** propres à assurer le recouvrement de la créance du Trésor.

Le sursis expirera notamment, en ce qui concerne les plus-values latentes, en cas de **cession ultérieure** des titres ; dans ce cas, l'impôt calculé à la date du transfert du domicile sera exigible sur une assiette qui tiendra compte de la plus-value réelle. Ainsi, si la plus-value constatée lors du départ est inférieure à la plus-value réelle, la plus-value constatée sera imposable en totalité ; dans le cas contraire, l'impôt ne sera exigible que sur l'assiette correspondant à la plus-value réelle. Divers mécanismes d'élimination des doubles impositions sont également prévus.

L'imposition des plus-values latentes pourra tout de même être évitée, après le transfert du domicile hors de France, en cas de **donation**, sans condition particulière en cas de transfert de domicile dans un État éligible au sursis automatique ; dans les autres cas, il faudra que le donateur démontre que le motif principal de la donation n'est pas d'éluder l'impôt (ce qui devrait être facile à démontrer sauf « fictivité ») ; dans ce cas, l'imposition, prélèvements sociaux inclus, est dégrevée (ou restituée si elle a fait l'objet d'un paiement immédiat lors du transfert de domicile) pour sa fraction se rapportant aux droits ou valeurs ayant fait l'objet de la donation hors de France. L'imposition est également écartée en cas de décès.

En outre, si ultérieurement, le contribuable **transfère à nouveau** son domicile fiscal en **France**, l'impôt afférent aux plus-values latentes sera dégrevé d'office (ou restitué s'il a fait l'objet d'un paiement immédiat) à condition que, à la date de ce transfert, le contribuable détienne toujours les titres concernés (le retour en France entraîne également le dégrèvement ou la restitution des prélèvements sociaux).

Enfin, l'impôt établi lors du transfert du domicile est dégrevé (ou restitué s'il a fait l'objet d'un paiement immédiat) à l'expiration d'un **délai** variable selon la date de départ ; pour les départs intervenus depuis le 1er janvier 2019, le délai est de deux ans dans le cas général et de cinq ans pour les contribuables qui détiennent des titres dont la valeur globale excède 2,57 M€ à la date du transfert de domicile. Antérieurement, les délais étaient de huit ans si le transfert de domicile fiscal était intervenu au cours des années 2011 (à compter du 3 mars) à 2013 et de 15 ans s'il était intervenu entre 2014 et 2018 (les prélèvements sociaux additionnels sont également dégrevés ou restitués).

CRITÈRES DE CHOIX

Il existe dans le monde divers « **paradis fiscaux** » qui se caractérisent notamment par une absence ou un très faible niveau d'imposition (nº 74735). Mais ces pays ne sont que très rarement des destinations acceptables pour les personnes physiques ; en effet, il s'agit souvent de territoires très éloignés où la vie quotidienne est difficile, particulièrement pour des personnes habituées à résider en France. De surcroît, l'absence de convention fiscale permet à la France d'appliquer sans limitation ses critères de domiciliation fiscale, ce qui rend plus difficile l'expatriation de personnes qui ont conservé certains liens avec notre pays. En pratique, les paradis fiscaux sont plutôt des refuges pour les capitaux internationalement mobiles que pour les personnes. 74623

Les personnes physiques fiscalement résidentes de France qui cherchent à s'expatrier choisissent donc en général des **pays développés voisins**, qui peuvent offrir des avantages fiscaux significatifs. Parmi ceux-ci, trois destinations se rencontrent en pratique, le Royaume-Uni, la Belgique et la Suisse, qui appellent les remarques suivantes, sans prétendre, en aucune façon, épuiser le sujet.

1. ROYAUME-UNI

DISTINCTION ENTRE « DOMICILE » ET « RÉSIDENCE »

En droit interne britannique, ne sont imposables sur la base de leurs revenus mondiaux que les personnes physiques qui sont à la fois résidentes et domiciliées au Royaume-Uni. Inversement, les contribuables qui ne sont ni résidents ni domiciliés au Royaume-Uni n'y sont imposables que sur leurs revenus de source britannique. 74625

Traditionnellement, n'étaient considérées comme « **domiciliées** » au Royaume-Uni, sous réserve de certaines exceptions, que les personnes de nationalité britannique ; cela étant, afin de durcir un régime qui était finalement apparu trop favorable en raison de son caractère permanent, les personnes qui ont été **résidentes** du Royaume-Uni au cours d'une période de 15 ans sur les vingt dernières années sont, depuis le 6 avril 2017, automatiquement considérées comme domiciliées au Royaume-Uni, pour l'imposition du revenu et des plus-values ainsi que pour l'application des droits de succession.

Les règles relatives à la détermination de la résidence fiscale font l'objet d'une réglementation détaillée, en application, depuis le 6 avril 2013, du « Statutory Residence Test » ; la résidence dépend de nombreux critères tenant au nombre de **jours de présence** sur le territoire britannique, à la présence ou non d'un « substantive home » au Royaume-Uni et à l'existence de liens suffisants (« sufficient ties ») avec le Royaume-Uni. Par exemple, une personne qui est présente sur le territoire britannique pendant au moins 183 jours au cours d'une année fiscale donnée est considérée comme résidente (au Royaume-Uni, l'année d'imposition commence le 6 avril).

PRINCIPE DE LA « REMITTANCE BASIS »

Les personnes qui sont **résidentes mais non « domiciliées »** au Royaume-Uni (« non doms ») ne sont imposables sur leurs revenus de source étrangère (non britannique) que si ceux-ci sont transférés au Royaume-Uni. 74628

Si une personne physique de nationalité française devient résidente du Royaume-Uni, et si ses capitaux sont gérés en dehors du Royaume-Uni, par exemple au moyen de comptes bancaires en Suisse, au Luxembourg, voire même en France, les produits de ces placements ne seront pas imposés au Royaume-Uni tant qu'ils n'y seront pas « rapatriés ». Quoique l'appréciation du **critère du rapatriement** soit parfois délicate, sont, en pratique, considérés comme « rapatriés » au Royaume-Uni les revenus qui sont effectivement utilisés sur le territoire britannique, ce qui, le plus souvent, suppose un virement bancaire vers un compte britannique (sur les conséquences de ce système au regard de la convention fiscale franco-britannique, voir nº 74585).

La législation britannique a toutefois été durcie au cours de ces dernières années, afin de répondre à certaines critiques qui la trouvaient exagérément favorable pour les étrangers qui séjournaient depuis longtemps au Royaume-Uni. Ainsi, une personne qui n'est pas domiciliée au Royaume-Uni, mais qui en a été **résidente pendant au moins sept années** au cours des neuf années précédant l'année en cours et qui a plus de 18 ans, est assujettie à l'impôt britannique

sur ses revenus et plus-values étrangers, même en l'absence de rapatriement au Royaume-Uni, sauf si elle acquitte un impôt forfaitaire de 30 000 £. Cette charge fiscale annuelle (« remittance basis charge ») est de 60 000 £ pour les non-domiciliés qui ont été résidents du Royaume-Uni pendant au moins 12 ans sur les 14 dernières années et qui ont plus de 18 ans. Les personnes qui ont été résidentes du Royaume-Uni pendant au moins 15 des 20 années précédentes ne bénéficient plus de l'avantage de la remittance basis car elles sont réputées domiciliées au Royaume-Uni (« deemed domiciled »).
En sens inverse, et afin d'éviter certaines conséquences négatives du mécanisme lui-même en période de difficultés économiques, ne sont pas considérés comme « rapatriés » au Royaume-Uni des revenus et gains étrangers utilisés à des fins d'investissements « qualifiants » dans des entreprises britanniques.

AUTRES AVANTAGES FISCAUX

74630 Même lorsque les revenus d'origine étrangère sont rapatriés et imposables au Royaume-Uni, ou bien à l'égard des revenus d'origine britannique, la fiscalité britannique présente trois avantages significatifs par rapport à la fiscalité française :
– le **taux** marginal le plus élevé **d'imposition des revenus** est de 45 % pour la tranche supérieure à 125 140 £, ce qui se compare favorablement aux taux d'imposition français actuels si l'on inclut les prélèvements sociaux qui s'ajoutent à l'impôt sur le revenu ; quant à l'impôt sur les **plus-values**, il est d'au maximum 20 % (28 % sur l'immobilier résidentiel) ;
– il n'existe pas d'**impôt sur la fortune** ;
– les **dons manuels** effectués par un résident du Royaume-Uni sont exonérés d'impôt lorsque le donateur ne décède pas dans les sept ans qui suivent la donation.

TRANSMISSION DU PATRIMOINE

74635 La transmission des **biens situés hors du Royaume-Uni** par une personne résidente du Royaume-Uni mais qui n'y est pas domiciliée échappe à l'impôt britannique, selon des règles voisines de celles applicables à l'impôt sur le revenu.
Il est également possible de créer des **trusts**, ce qui permet, dans bien des cas, de transmettre son patrimoine à ses héritiers dans des conditions fiscalement avantageuses (les règles relatives aux « trusts offshore » ont cependant été durcies).

DÉLOCALISATION DESTINÉE À ÉVITER L'IMPOSITION DES PLUS-VALUES

74640 En pratique, le transfert de domicile au Royaume-Uni, pour des résidents de France, répond souvent au désir d'éviter l'imposition des plus-values qui serait autrement exigible ; en effet, la plus-value réalisée par un résident non domicilié au Royaume-Uni lors de la **cession d'actions d'une société française** n'est pas imposable au Royaume-Uni si elle n'y est pas rapatriée, ni en France si la société n'est pas à prépondérance immobilière (sous réserve du n° 74642). Le cas échéant, il est aussi envisageable, sous réserve des situations abusives, que les résidents de France apportent leurs titres à une société étrangère, par exemple luxembourgeoise, en bénéficiant d'un sursis ou d'un report d'imposition, avant de transférer leur domicile fiscal au Royaume-Uni. Cependant, désormais, l'exit tax est de nature à réduire significativement l'attrait de ce genre de stratégies (n° 74621).

74642 Afin de freiner les délocalisations « fiscales » au Royaume-Uni, la France a obtenu de conserver un certain droit d'imposer dans le cadre de la **convention fiscale** conclue entre les deux pays le 19 juin 2008 ; entre autres, cette convention contient de nouveaux **dispositifs anti-abus** :
– pour lutter contre le **transfert de domicile au Royaume-Uni** afin de réaliser des plus-values, il est prévu que chaque État conserve le droit de prélever, conformément à sa législation, un impôt sur les gains tirés de l'aliénation de tout bien par une personne qui est, et qui a été à un moment quelconque pendant les six années fiscales précédentes, un résident de cet État ou par une personne qui est un résident de cet État à un moment quelconque de l'année fiscale au cours de laquelle le bien est aliéné ; il a, par exemple, été jugé qu'une personne physique qui était domiciliée en France de 1995 à 2010 et qui avait cédé en 2011, alors qu'elle était résidente du Royaume-Uni, la totalité des actions d'une société anonyme française était redevable de l'imposition prévue à l'article 244 bis B du CGI et de la contribution exceptionnelle sur les hauts revenus (CAA Versailles 19-10-2021 n° 20VE01265 : RJF 2/22 n° 184) ;
– pour atténuer certaines **conséquences** pratiques **de la « remittance basis »**, la convention précise que lorsqu'en raison de la convention un revenu bénéficie d'un avantage fiscal dans un État, et qu'en application de la législation interne en vigueur dans l'autre État une personne n'y est assujettie à l'impôt que sur le montant de ce revenu qui est transféré ou reçu dans cet autre

État et non sur son montant total, l'avantage fiscal accordé dans le premier État conformément à la convention ne s'applique qu'à la part du revenu qui est imposée dans l'autre État (sauf, notamment, en ce qui concerne les dividendes) ;
– dans le même esprit, il est prévu que lorsqu'en application des règles sur les **plus-values**, des gains ne sont imposables que dans l'un des États et qu'en application de la législation interne en vigueur dans cet État une personne y est soumise à l'impôt sur le montant de ces gains qui est transféré ou reçu dans cet État et non sur leur montant total, l'exonération qui doit être accordée, en application de cet article, par l'autre État ne s'applique qu'à la part des gains imposée dans le premier État.

2. BELGIQUE

Globalement, le système fiscal belge n'est pas particulièrement favorable ; toutefois, il comporte certains traits caractéristiques qui le rendent attrayant pour des personnes fortunées, particulièrement celles qui se contentent de gérer leur **patrimoine mobilier** (pour les salariés qui exercent une activité professionnelle, la Belgique ne présente en général aucun avantage, en raison d'une fiscalité assez lourde). **74650**

FAIBLE IMPOSITION DES PRODUITS DE PLACEMENT

Les **intérêts** ou les **dividendes** perçus par les personnes physiques peuvent être soumis à un précompte mobilier de 30 % libératoire de l'impôt sur le revenu (pour les dividendes d'actions nouvelles de PME, des taux réduits de 15 % ou 20 % peuvent être applicables). Ce précompte est un prélèvement à la source, sans rapport avec l'ancien précompte français, qui est généralement prélevé par les banques et qui constitue un impôt définitif. **74655**

EXONÉRATION DES PLUS-VALUES PRIVÉES

Les plus-values réalisées par les personnes physiques lors de la gestion de leur patrimoine privé ne sont, en règle générale, pas imposables en Belgique. Seules sont imposables, en effet, les plus-values réalisées dans le cadre d'une activité commerciale ou d'une entreprise ainsi que les plus-values de nature spéculative, c'est-à-dire celles qui résultent, par exemple, d'achats/reventes rapides et fréquents d'actions, dans le cadre d'une activité quasi professionnelle (il existe aussi une imposition en cas de plus-value « interne », lors d'une cession à une société contrôlée). **74660**

Lorsqu'une personne physique résidente de Belgique se contente de gérer son patrimoine mobilier (actions ou obligations) dans le cadre d'une **gestion non professionnelle**, elle peut s'attendre, dans la quasi-totalité des cas, à ne pas avoir à acquitter d'impôt au titre des plus-values réalisées. Il y a quelques exceptions, comme en cas de **cession d'une participation substantielle** (seuil de 25 %) dans le capital d'une société belge à une société non résidente de Belgique et n'appartenant pas à l'Espace économique européen. Mais les plus-values réalisées au titre de la cession d'actions de sociétés non belges ne sont généralement pas imposables en Belgique, de même que la cession d'actions de sociétés belges à un résident de Belgique.

DOUBLE EXONÉRATION FRANCO-BELGE

Les plus-values réalisées lors de la cession d'actions de sociétés françaises par une personne physique résidente de Belgique, tout en étant exonérées en Belgique, ne sont pas imposables en France. En effet, la convention fiscale franco-belge du 10 mars 1964 ne contient pas d'article spécifique sur les **gains en capital**, ce qui conduit, en cas de cession réalisée par une personne physique, à appliquer l'article conventionnel sur les revenus « non dénommés » qui donne seulement à l'État du domicile le droit d'imposer. Cette solution a été retenue par le Conseil d'État qui a jugé qu'une personne physique domiciliée en Belgique qui cède des parts d'une SARL française est exonérée d'impôt en France (CE 15-12-2004 n° 259771 : RJF 4/05 n° 289). **74665**

À notre avis, cette solution ne devrait généralement pas être modifiée par l'effet de la convention multilatérale du 7 juin 2017 introduisant des mesures anti-évasion dans de nombreuses conventions fiscales, y compris dans la convention franco-belge ; en effet, si la convention multilatérale précise que les États n'entendent pas créer de possibilités de non-imposition ou d'imposition réduite, elle ne vise que les pratiques d'évasion ou de fraude fiscale. La clause de limitation du droit aux avantages de la convention devrait cependant être désormais prise en compte, dans certaines circonstances probablement exceptionnelles.

Il est à noter que le régime d'imposition des plus-values sera différent lorsque la nouvelle convention franco-belge, du 9 novembre 2021, sera en vigueur.

AUTRES AVANTAGES

74670 Il n'y a pas en Belgique d'**impôt sur la fortune** et il est possible d'obtenir une exonération de droits de mutation à titre gratuit au titre d'un **don manuel non enregistré**, à condition que le donateur ne décède pas dans les trois ans de la donation. Enfin, les **donations enregistrées d'entreprises ou d'actions** peuvent bénéficier de taux relativement faibles (cela dépend des régions). En revanche, les droits de succession peuvent être élevés, allant par exemple jusqu'à 30 % en ligne directe dans la région Bruxelles-capitale.

3. SUISSE

74680 La Suisse est une **destination plus contraignante** que le Royaume-Uni ou la Belgique, dans la mesure où l'entrée et le séjour des étrangers y sont contrôlés de façon stricte et où les avantages réservés par la fiscalité suisse se traduisent par l'obtention de forfaits qui doivent être négociés avec l'administration cantonale alors qu'au Royaume-Uni et en Belgique, il ne s'agit que de l'application des règles de droit commun.

OBTENTION D'UN PERMIS DE SÉJOUR

74685 Les personnes physiques résidentes de France qui désirent s'établir en Suisse doivent d'abord demander le droit de résider sur le territoire suisse et obtenir une autorisation de séjour. Dans la plupart des cas, compte tenu des motifs du changement de résidence, il s'agira de personnes qui désireront n'exercer aucune activité lucrative en Suisse et qui pourront obtenir une autorisation de séjour à **condition** :

– d'être âgées de plus de 55 ans (permis de « retraité » ; mais cette condition d'âge n'est pas systématique car l'essentiel tient à ce que ces personnes n'exercent pas d'activité en Suisse) ;

– de justifier de certaines attaches avec la Suisse, dont l'appréciation est souvent très souple (il convient de pouvoir invoquer, par exemple, des séjours en Suisse au titre de vacances, de la présence en Suisse de parents, ou d'amis ou encore de relations d'affaires, et il est souhaitable de pouvoir joindre des attestations écrites à la demande d'autorisation) ;

– de ne pas exercer d'activité lucrative en Suisse (il est possible d'exercer une activité lucrative hors de Suisse), étant observé que la simple gestion de son propre patrimoine n'est pas considérée comme une activité lucrative ;

– de transférer en Suisse le centre de ses intérêts, c'est-à-dire son domicile et de justifier de ses dépenses de vie courante en Suisse (résidence principale, abonnements au téléphone ou autre, automobile, etc.) ;

– et de disposer des moyens financiers nécessaires au financement de son train de vie, ce qui ne pose, en général, aucune difficulté compte tenu des personnes dont il s'agit.

La **demande** doit être déposée auprès des autorités cantonales du lieu où l'on désire établir sa résidence (l'octroi des autorisations est contrôlé, en définitive, par l'Office fédéral des étrangers). Lorsque l'**autorisation de séjour** est délivrée, elle prend la forme d'un permis B, valable pour une durée d'un an et renouvelé chaque année pendant cinq ans pour un ressortissant français, avant de pouvoir être transformé en **permis d'établissement**, de durée indéterminée (permis C). Dans l'ensemble, ces conditions ne posent pas de difficultés à des Français fortunés à partir du moment où ils ont l'âge requis, désirent effectivement prendre une retraite ou une quasi-retraite en Suisse et peuvent justifier de certaines attaches (même minces) avec le territoire suisse.

NÉGOCIATION D'UN « FORFAIT »

74690 Le candidat à l'installation « fiscale » en Suisse doit, en même temps qu'il demande un permis de séjour, entamer une discussion avec l'administration cantonale du lieu de résidence qu'il a choisi afin que soit fixé un forfait d'imposition. Sont susceptibles, en règle générale, de bénéficier de l'impôt à forfait les **ressortissants étrangers**, par exemple les Français, qui prennent un domicile en Suisse pour la première fois sans y exercer d'activité lucrative, ou bien qui se sont absentés pendant au moins dix ans du territoire suisse, à condition qu'ils n'aient pas travaillé en Suisse pendant cette même période.

Le principe général consiste à fixer un niveau d'imposition d'après la dépense du contribuable, sans rapport avec son revenu imposable réel ; le montant du revenu imposable est déterminé de façon forfaitaire, dans le cadre d'une discussion avec l'administration fiscale cantonale, sur la base d'un montant censé correspondre aux dépenses effectuées en Suisse pour financer le train de vie. Il s'agit de la détermination préalable d'une **assiette imposable** et non pas de l'octroi de taux d'imposition privilégiés, car les barèmes d'imposition ordinaires s'appliquent en principe à l'assiette ainsi déterminée (le caractère forfaitaire de l'impôt tient à la détermination de l'assiette imposable et non pas au taux d'imposition).

En pratique, les **dépenses** sont essentiellement calculées par rapport au montant du loyer annuel du logement occupé par le contribuable, ou bien le loyer qu'il devrait payer à un tiers s'il n'était pas propriétaire. Le forfait annuel doit s'élever à un minimum de 400 000 FS ou à sept fois le montant du loyer versé pour l'occupation du logement du contribuable (ou du montant du loyer théorique en cas de détention du logement) ; ainsi, une personne qui acquitte un loyer mensuel de 5 000 FS doit acquitter un impôt sur une assiette forfaitaire de 420 000 FS (5 000 × 12 × 7).

Les **taux** d'imposition ordinaires sont ensuite appliqués à ce montant (il faut s'attendre, sauf dans certains cantons éloignés, à des taux de l'ordre de 35 % à 40 %). Ce forfait vaut aussi bien pour l'impôt sur le revenu que pour l'**impôt sur la fortune**.

> **Précisions a.** Le système du forfait est applicable au niveau fédéral et cantonal, à l'**exception** des cantons d'Appenzell, Bâle-Ville, Bâle-Campagne, Schaffhausen et Zürich.
> **b.** Une initiative fédérale pour **l'abolition du forfait a été rejetée** en novembre 2014 (le forfait subsiste donc dans les cantons qui ne l'ont pas aboli).
> **c.** Pour les **couples mariés**, les conditions doivent être remplies pour chacun des époux.

FORFAIT « MITIGÉ »

L'**assiette** imposable forfaitaire doit être **corrigée** si elle est inférieure aux revenus de source suisse et à la fortune située en Suisse, ou bien aux revenus d'origine étrangère pour lesquels le bénéfice d'une convention fiscale est demandé. Les lois fiscales, cantonales et fédérales, prévoient, en effet, que l'impôt annuel ne doit pas être inférieur aux impôts calculés sur le montant brut de certains éléments du revenu ou de la fortune du contribuable : **74695**

– revenus de source suisse et fortune située en Suisse : revenus de biens mobiliers ou immobiliers suisses, de valeurs mobilières suisses, droits d'auteur, brevets ou autres droits semblables exploités en Suisse, retraites, rentes, pensions de source suisse, etc. ;

– ou revenus étrangers ayant subi hors de Suisse une imposition à la source dont le contribuable désire obtenir un dégrèvement, en tout ou partie, sur le fondement d'une convention fiscale ; tel est le cas, en pratique, des dividendes d'actions ou intérêts d'obligations d'origine étrangère, lorsque leur bénéficiaire souhaite obtenir une réduction d'impôt à la source en application d'une convention fiscale.

En pratique, l'administration fiscale compare pour chaque période le montant d'impôt qui serait dû sur la somme de ces éléments et le montant de l'impôt dû sur le forfait pour ne retenir que celui qui est le plus élevé. En définitive, l'assiette imposable minimum est donc le montant le plus élevé entre 400 000 FS, sept fois le loyer ou le montant qui résulte du forfait mitigé.

AVANTAGES PRATIQUES EN CE QUI CONCERNE LES PLUS-VALUES

Si une personne physique domiciliée fiscalement en Suisse cède des parts ou actions d'une société française, elle peut échapper à l'impôt en France tout en n'ayant pas d'impôt supplémentaire à acquitter en Suisse en raison du système du forfait. **74700**

En effet, la convention fiscale franco-suisse du 9 septembre 1966 modifiée retire à la France le droit d'imposer une telle plus-value pour l'attribuer à la Suisse, sous réserve du cas des plus-values réalisées lors de la cession de parts ou actions de sociétés à prépondérance immobilière en France. Or, en présence d'un forfait en Suisse, le montant de l'impôt payé à ce titre tient lieu d'impôt définitif, même si les plus-values sont considérables (au demeurant, le droit interne suisse exonère, en principe, les plus-values réalisées par les personnes physiques dans le cadre de la gestion de leur patrimoine privé).

Les intéressés doivent cependant prendre garde à ne pas pouvoir être domiciliés en France en droit interne (n° 74590).

AUTRES AVANTAGES

En matière de **droits de succession et de donation**, il est possible de bénéficier d'impôts très faibles, dans le cadre, cette fois-ci, des **régimes cantonaux** de droit commun. Par exemple, il n'y a pas d'impôt sur les successions et les donations entre époux et en ligne directe à Genève ni dans les cantons de Vaud et du Valais. **74705**

> **Précisions** Une initiative populaire du 15 février 2013 avait proposé d'introduire **une imposition fédérale** sur les donations et les successions au taux de 20 % (« Imposer les successions de plusieurs millions pour financer notre AVS Réforme de la fiscalité successorale ») ; cette initiative a cependant été rejetée par une « votation populaire » du 14 juin 2015.

SECTION 2

OPTIMISATION PAR LA CONSTITUTION DE SOCIÉTÉS ÉTRANGÈRES DE PORTEFEUILLE

OBJECTIFS RECHERCHÉS

74720 Les personnes physiques peuvent être tentées par la constitution de sociétés étrangères de portefeuille pour trois raisons principales :

– créer hors de France un **outil de capitalisation exonéré d'impôt**, ou faiblement imposé ; il est évidemment possible de créer un tel véhicule de capitalisation également en France, mais, sous réserve de certaines exceptions, une telle structure serait imposable dans les conditions de droit commun ;

– bénéficier du mécanisme du **plafonnement** de l'IFI à 75 % du revenu (CGI art. 979), puisque le plafonnement est d'autant plus vite atteint qu'il y a peu de revenus ;

– rechercher une **moindre visibilité** de leur patrimoine (cas des personnes physiques qui ont un souci de discrétion).

Les stratégies de capitalisation des revenus étaient, avant la loi de finances pour 1999, liées aux possibilités d'accumuler des **revenus** dans des pays dont le régime fiscal est privilégié, en franchise d'impôt en France tant qu'ils n'étaient **pas redistribués**. Mais, si cette stratégie n'était pas couplée avec celle d'un transfert ultérieur du domicile fiscal hors de France, elle ne permettait qu'un report d'imposition puisque l'impôt sur le revenu était nécessairement dû en France lors de la distribution des revenus accumulés ou en cas de cession des actions de la société de gestion de portefeuille. L'avantage fiscal a cependant paru suffisamment significatif pour que des stratégies diverses se mettent en place dans ce domaine.

74725 Ces stratégies d'optimisation ne sont pas propres à la France ; elles ont fait l'objet d'analyses internationales, notamment de la part du **comité des affaires fiscales de l'OCDE**, qui a stigmatisé les schémas par lesquels une personne physique (ou une société) crée, dans un pays dont le régime fiscal est privilégié, une société « écran » ou une société « relais », dont la fonction est d'encaisser des revenus et de les mettre « à l'abri » de la fiscalité applicable dans l'État de résidence du bénéficiaire réel. Il peut même exister des montages plus complexes qui mettent en relation plusieurs sociétés écrans (« stepping stone strategies », ou bien encore « stratégies de tremplin »).

Le revenu est naturellement soustrait à l'imposition dans le pays de résidence du bénéficiaire du simple fait de l'interposition d'une société écran entre lui-même et la source des revenus. L'avantage fiscal, toutefois, n'existe que tant que le revenu n'est pas distribué, sous réserve des mécanismes de dissimulation secondaire qui permettent d'éviter de trop lourdes conséquences fiscales :

– réinvestissement localement des sommes ainsi mises à l'abri ;

– utilisation de ces sommes sous forme de prêts à l'actionnaire de la société étrangère ;

– cession de la participation et réalisation d'une plus-value bénéficiant d'une imposition éventuellement plus faible que les revenus courants.

RÉACTION LÉGISLATIVE

74727 Pour lutter contre la constitution de sociétés étrangères de portefeuille, le législateur a, dans le cadre de la loi de finances pour 1999, mis en place un dispositif analogue à celui de l'article 209 B du CGI relatif à l'impôt sur les sociétés, par lequel les revenus accumulés dans certaines structures étrangères bénéficiant de régimes fiscaux de faveur sont, dans certaines conditions, réimposés en France, même en l'absence de distribution (CGI art. 123 bis).

Compte tenu de ce texte, applicable depuis le 1er janvier 1999, il est aujourd'hui plus difficile d'utiliser les sociétés étrangères de gestion de portefeuille. La difficulté est encore accrue, à titre pratique, par l'usage plus fréquent que fait aujourd'hui l'administration des moyens dont elle dispose pour remettre en cause les sociétés qui caractériseraient un abus de droit ou dont elle pourrait démontrer qu'elles sont imposables en France, en tant qu'elles y auraient soit le siège de leur direction effective, soit un établissement stable.

Les stratégies d'optimisation patrimoniale reposant sur la constitution de sociétés étrangères de gestion de portefeuille supposent la détermination de pays d'accueil convenablement choisis pour tenir compte de l'activité future de la société puis la vérification que les **dispositions anti-abus** de droit français ne vont pas annuler les avantages fiscaux recherchés à l'étranger.

A. Choix du pays d'accueil

Lorsqu'une telle stratégie est envisagée, la question immédiate, avant toute autre, consiste à déterminer dans quels pays la société peut être constituée afin de répondre à ces objectifs. À cet égard, il y a sans doute davantage de **flexibilité** qu'en ce qui concerne les transferts de domicile ; en effet, lorsqu'il s'agit de déplacer des capitaux internationalement mobiles, il est évidemment envisageable de les localiser à peu près n'importe où, sans qu'il s'agisse nécessairement d'un pays avec lequel la France a signé une convention fiscale. **74730**

Les pays le plus souvent envisagés à cette fin sont les paradis fiscaux classiques ; mais la constitution, dans certains pays européens, de sociétés qui bénéficient, en raison des règles locales, d'un traitement fiscal privilégié peut permettre de réaliser le même objectif.

1. LES « PARADIS FISCAUX » CLASSIQUES

PRÉSENTATION

On peut imaginer une grande variété de territoires qui pourraient répondre aux caractéristiques nécessaires : Jersey, Guernesey, l'île de Man, le Liechtenstein, les Antilles néerlandaises, les Bermudes, etc. Tous les paradis fiscaux « classiques » peuvent ainsi être envisagés pour créer une société écran ou relais, sous réserve d'en mesurer les contraintes d'utilisation. Ces pays présentent des **caractéristiques communes**, dont les principales sont les suivantes : **74735**

– absence ou très faible niveau d'imposition ;
– absence de contrôle des changes ;
– facilité et extrême rapidité de création de sociétés ;
– sécurité politique et économique.

Parmi les « paradis fiscaux », il y a cependant lieu de distinguer deux groupes, ceux qui sont « coopératifs » et ceux qui ne le sont pas ; en effet, depuis le second semestre 2009, la plupart des paradis fiscaux ont dû se résoudre à accepter la « **norme OCDE** » relative aux échanges de renseignements en matière fiscale, telle qu'elle est actuellement contenue dans l'article 26 du modèle de convention fiscale. Cette norme requiert l'**échange de renseignements** pertinents sur demande dans tous les domaines de la fiscalité en vue de la gestion et de l'application de la législation fiscale nationale, sans condition d'intérêt fiscal national ni de possibilité pour les États d'invoquer le secret bancaire à des fins fiscales.

Pour être considérés comme vraiment « coopératifs », les États ou territoires doivent non seulement accepter cette norme mais également fournir des informations spontanément en matière bancaire et financière, selon les principes du « common reporting standard » (CRS) résultant de l'Accord multilatéral entre autorités compétentes concernant l'**échange automatique de renseignements relatifs aux comptes financiers** (n° 74508). Ils doivent ainsi se procurer divers renseignements auprès de leurs institutions financières et se les échanger automatiquement chaque année afin de pouvoir contrôler plus facilement les avoirs détenus par les contribuables hors de leur pays de résidence.

Ceux qui n'acceptent pas cette norme sont considérés comme « non coopératifs » (d'autres critères sont également pris en compte, notamment, plus généralement, la transparence fiscale, l'équité fiscale, l'absence de mesure fiscale dommageable et la mise en œuvre des mesures anti-Beps minimales proposées par l'OCDE) ; les États ou territoires qui sont récalcitrants font l'objet de mesures de rétorsion de la part des autres pays (n° 74736).

Dans les « paradis fiscaux », la production de comptes annuels n'est généralement pas obligatoire et la législation sur les sociétés se caractérise par un très grand libéralisme qui permet de créer rapidement, et sans **formalités** coûteuses, des sociétés simplement domiciliées, c'est-à-dire enregistrées dans le pays considéré, mais n'y ayant que leur siège sans y exercer aucune activité effective.

Domiciliées souvent dans une banque, un cabinet d'avocats ou un cabinet d'expertise comptable, elles permettent de fixer les bénéfices dans un pays refuge, ou sont utilisées comme écrans afin de rendre plus difficile le contrôle fiscal en augmentant le nombre des sociétés interposées ou en interdisant les recoupements. Ces sociétés sont généralement entièrement exonérées d'impôts et ne doivent acquitter annuellement que de modestes taxes d'abonnement ou assimilées.

Quant à l'**anonymat**, il est préservé, dans les États « non coopératifs », non seulement par les règles relatives au secret mais également par la possibilité de créer des sociétés dont les titres sont au porteur, ou bien encore détenus par des trusts ou des fiducies. À mesure que la pression internationale s'accentue, cependant, les États qui connaissent une législation aussi peu contraignante deviennent résiduels.

ÉTATS ET TERRITOIRES NON COOPÉRATIFS

74736 Depuis 2010, la France dresse, en principe chaque année, une liste des États ou territoires non coopératifs (« ETNC »). Ceux-ci sont définis par l'article 238-0 A du CGI comme étant les États ou territoires qui répondent aux caractéristiques cumulatives suivantes :
– avoir fait l'objet d'un examen par l'OCDE en ce qui concerne leur situation au regard de la transparence et de l'échange d'informations en matière fiscale ;
– ne pas avoir conclu avec la France une convention d'assistance administrative permettant l'échange de tout renseignement nécessaire à l'application de la législation fiscale des parties ;
– ne pas avoir signé avec au moins 12 États ou territoires une convention d'assistance administrative permettant l'échange de tout renseignement nécessaire à l'application de la législation fiscale des parties.
Sont également considérés comme des ETNC, depuis le 1er décembre 2018, les États ou territoires figurant sur la liste européenne des États ou territoires non coopératifs.
La **liste des seize États** et territoires non coopératifs au 18 février 2024 est la suivante : Anguilla, Antigua et Barbuda, Bahamas, Belize, Fidji, Guam, îles Vierges américaines, îles Turques-et-Caïques, Palaos, Panama, Russie, Samoa, Samoa américaines, Seychelles, Trinité-et-Tobago et Vanuatu.
Ces États ou territoires font l'objet de **mesures fiscales dissuasives** qui se traduisent, pour l'essentiel, par la perception de retenues à la source au taux de 75 % sur divers paiements qui leur sont destinés (dividendes, intérêts, redevances, rémunérations de services) et la non-application (sauf exception) de régimes de faveur en ce qui concerne les sociétés qui détiennent des participations dans des entités qui y sont situées (notamment, le régime des sociétés mères et l'exonération des plus-values à long terme de cession des titres de participations).

> **Précisions a.** Le Conseil constitutionnel a confirmé la constitutionnalité des mesures de dissuasion à l'encontre des ETNC mais en formulant une réserve d'interprétation qui revient à une **clause de sauvegarde** ; il est en effet jugé que le contribuable doit pouvoir prouver que la prise de participation dans une société établie dans un ETNC « correspond à des opérations réelles qui n'ont ni pour objet ni pour effet de permettre, dans un but de fraude fiscale, la localisation de bénéfices dans un tel État ou territoire » (Cons. const. 20-1-2015 nº 2014-437 QPC : RJF 4/15 nº 346, à propos du régime des sociétés mères et de l'exonération des plus-values à long terme de cession de titres de sociétés).
>
> **b.** L'**Union européenne** publie également sa liste des États ou territoires non coopératifs et la révise périodiquement (les conclusions du Conseil relatives à la liste de l'Union européenne des pays et territoires non coopératifs à des fins fiscales ont été publiées au JO UE C 438/5 du 19-12-2017). Au 26 février 2024, la liste « noire » européenne est la suivante : Anguilla, Antigua-et-Barbade, Fidji, Guam, îles Vierges américaines, Palaos, Panama, Russie, Samoa, Samoa américaines, Trinité-et-Tobago et Vanuatu.

UTILISATION À DÉCONSEILLER

74737 Compte tenu de la multiplication des mesures contre les « paradis fiscaux », dans le cadre de la lutte contre la **fraude fiscale** et le **blanchiment des capitaux**, la mise en place de telles structures est fortement à déconseiller et peut de moins en moins répondre à des objectifs de dissimulation vis-à-vis de l'administration fiscale. En effet, la France a signé des **accords d'échanges d'informations** avec un grand nombre de ces États ou territoires, à telle enseigne que la liste des États et territoires « non coopératifs » est finalement assez réduite (nº 74736).
Étant donné, en outre, le durcissement des normes internationales en matière d'échange de renseignements, de nombreuses administrations s'échangent aujourd'hui entre elles des renseignements de façon automatique en matière bancaire et financière, ce qui rend de plus en plus illusoire toute recherche d'anonymat à des fins fiscales ; la norme du « CRS » (nº 74735) a, en effet, vocation à s'appliquer à l'ensemble des membres du Forum mondial sur la transparence et l'échange de renseignements à des fins fiscales, enceinte multilatérale de coopération internationale qui rassemble, au 17 janvier 2024, 171 États ou territoires.
Enfin, même lorsqu'ils sont « coopératifs », ces pays présentent l'inconvénient de permettre aux **dispositifs anti-abus** français de s'appliquer aisément, notamment le mécanisme de répression des abus de droit (nos 74805 s.) et l'article 123 bis du CGI (nos 74840 s.).

En raison des inconvénients, les sociétés constituées dans les « paradis fiscaux » ne sont guère utilisables par les contribuables résidents de France. C'est la raison pour laquelle ceux-ci peuvent se tourner vers des structures plus classiques, à constituer dans certains pays d'Europe.

2. LUXEMBOURG

ANCIEN RÉGIME DES HOLDINGS « 1929 »

Dans le passé, un régime spécial avait été créé par une loi du 31 juillet 1929 qui avait exonéré d'impôt les sociétés holdings sous réserve du respect de certaines conditions aisément satisfaites ; ce dispositif a dû être supprimé car il a été considéré par la Commission européenne, le 19 juillet 2006, comme une aide d'État incompatible avec le droit de l'Union européenne. Les holdings « 1929 » qui ne se sont pas transformées en une autre forme sociale avant le 31 décembre 2010 sont automatiquement devenues des sociétés ordinaires régies par le droit commun (« Soparfi », n° 74745). Beaucoup se sont transformées en sociétés de gestion d'un patrimoine familial (« SPF », n° 74742). 74740

SOCIÉTÉS DE GESTION D'UN PATRIMOINE FAMILIAL

Pour pallier la suppression du régime des holdings « 1929 », le Luxembourg a mis en place, par une loi du 11 mai 2007, un régime de substitution, celui des SPF, « sociétés de gestion de patrimoine familial ». Il s'agit de sociétés de capitaux qui doivent avoir pour objet exclusif l'acquisition, la détention, la gestion et la réalisation d'**actifs financiers**, à l'exclusion de toute activité commerciale ; leurs actionnaires doivent être des personnes physiques, résidentes ou non du Luxembourg, et agissant dans le cadre de la gestion de leur patrimoine familial, ou des entités patrimoniales (trusts, fondations privées ou autres). Ces actionnaires doivent former un **cercle restreint d'investisseurs**. Les titres d'une SPF ne peuvent faire l'objet d'un placement public ni être cotés. 74742

Ces sociétés bénéficient d'une exonération d'**impôt sur les sociétés**, d'**impôt sur la fortune et** d'**impôt communal**. Les redistributions de dividendes par les SPF à leurs propres actionnaires sont exonérées de **retenue à la source**. Les plus-values réalisées par des non-résidents lors de la cession d'une participation dans une SPF ne sont pas imposables au Luxembourg et les boni de liquidation ne sont pas non plus imposables.

Comme les autres sociétés, les SPF ne supportent pas de **droit d'apport** proportionnel lors de leur constitution, sauf en cas d'apport d'immeubles.

Elles ne subissent qu'une **taxe d'abonnement** annuelle de 0,25 % (avec un minimum de 100 € et un maximum de 125 000 €) ; la taxe d'abonnement est calculée sur une assiette constituée par le montant du capital libéré augmenté des primes d'émission et de la partie des dettes qui excède huit fois le montant du capital libéré augmenté des primes d'émission.

Seul inconvénient réel de ces sociétés, elles sont exclues du bénéfice des **conventions fiscales** et des **directives** européennes, dès lors qu'elles ne satisfont pas à la condition d'assujettissement à l'impôt.

SOPARFI

Le Luxembourg connaît un régime avantageux de droit commun que l'on a pris l'habitude d'appeler « régime des **sociétés de participations financières** » (souvent appelées « Soparfi »), sur le modèle néerlandais. 74745

Ces sociétés n'ont pas de statut juridique ou fiscal spécifique ; ce sont des sociétés ordinaires soumises aux conditions générales de la fiscalité luxembourgeoise, qui ne bénéficient d'aucun traitement de faveur à la différence des anciennes « holdings 1929 » (n° 74740). Elles ne sont pas exclues du champ d'application des conventions fiscales ni des directives européennes. Simplement, il se trouve que le **régime fiscal ordinaire luxembourgeois** présente trois traits caractéristiques qui le rendent attrayant et qui, en simplifiant, sont les suivants (outre l'absence de droit d'apport proportionnel lors de leur constitution) :

– l'exonération d'impôt sur les **dividendes en provenance des filiales** détenues à au moins 10 %, ou bien lorsque le prix de revient représente au moins 1,2 M€ (et sous réserve d'une détention d'au moins 12 mois) ;

– l'exonération des **plus-values** au titre de la cession de ces mêmes participations, à condition qu'elles aient atteint le seuil de 10 % ou que leur prix d'acquisition ait été d'au moins 6 M€ (et sous réserve d'une détention d'au moins 12 mois) ;

– l'absence de **retenue à la source** lors de la distribution de dividendes à des sociétés résidentes d'un État avec lequel le Luxembourg a signé une convention fiscale à condition que ces sociétés soient passibles, dans leur État de résidence, d'un impôt comparable à l'impôt luxembourgeois

(soit un impôt au taux minimum de 8,5 % sur une assiette comparable à l'assiette imposable luxembourgeoise) et qu'elles détiennent dans la société luxembourgeoise distributrice une participation d'au moins 10 % ou dont le prix de revient est d'au moins 1,2 M€ (la participation doit être détenue pendant au moins 12 mois mais l'exonération est applicable dès le premier jour de détention si un engagement en ce sens est pris).
C'est la réunion de ces caractéristiques de droit commun qui fait le régime dit des « Soparfi », sans que ces sociétés aient à remplir en outre des conditions particulières.
Étant régies par le droit commun, ces sociétés ne sont **pas exonérées d'impôt** sur les produits de placement, ce qui les rend d'une utilisation nettement moins aisée que les anciennes « holdings 1929 », bien qu'elles présentent par ailleurs davantage de sécurité fiscale compte tenu des protections offertes par les conventions fiscales et le droit de l'Union européenne. Elles doivent acquitter un impôt annuel sur la fortune au taux de 0,5 %, sauf sur leurs participations (un taux réduit de 0,05 % est toutefois appliqué à la fraction de la fortune nette qui excède 500 M€).

3. PAYS-BAS

PARTICIPATION-EXEMPTION

74748 Quoiqu'il soit assez peu utilisé par les personnes physiques, le régime néerlandais de droit commun est susceptible de présenter des avantages significatifs en matière de constitution de sociétés de gestion de portefeuille. C'est sans doute le dispositif le plus ancien, qui a servi de modèle aux systèmes luxembourgeois et belges.
Aux Pays-Bas, l'essentiel tient au bénéfice de la participation-exemption, mécanisme par lequel, en simplifiant, une société holding néerlandaise qui dispose d'une participation d'au moins 5 % dans le capital d'une filiale située aux Pays-Bas ou en dehors des Pays-Bas est, en principe, exonérée d'impôt au titre des **dividendes** qu'elle perçoit ou des **plus-values** de cession de ses participations (il n'y a pas de condition de délai de détention mais le régime de la participation-exemption exclut les participations dans les sociétés « de **portefeuille** », sous réserve de certaines exceptions).
De la même façon qu'au Luxembourg (sauf pour les anciennes « holdings 1929 » ; n° 74740), les **intérêts** qui pourraient être générés par des placements financiers sont assujettis à l'impôt néerlandais au taux normal.

REDISTRIBUTIONS

74750 Il n'y a pas de précompte en cas de redistribution des dividendes ou des plus-values mais il existe une **retenue à la source** de 15 % ; son taux est cependant réduit par le jeu des conventions fiscales ou bien lorsque l'actionnaire est une société mère d'un des pays membres de l'Union européenne. En outre, une exonération est applicable en droit interne en ce qui concerne les distributions à des sociétés résidentes d'un État membre de l'**Union européenne** ou de l'Espace économique européen, sous réserve que la société actionnaire, si elle était établie aux Pays-Bas, eût rempli les conditions pour bénéficier du régime de la participation-exemption.

4. BELGIQUE

EXONÉRATION DES DIVIDENDES

74753 Il existe en Belgique un très bon régime des sociétés holdings, moins utilisé par les personnes physiques domiciliées en France que le système luxembourgeois mais davantage que le système néerlandais.
En ce qui concerne les dividendes reçus de filiales, la Belgique applique la méthode de l'exonération, qui permet d'exclure de la base imposable le montant des dividendes perçus, à condition, notamment, que les dividendes soient versés au titre d'une participation d'au moins 10 % dans le capital de la filiale, ou que son prix de revient soit d'au moins 2,5 M€, et que la participation soit détenue pendant au moins 12 mois. En outre, la filiale doit être soumise à un régime normal d'imposition dans le pays où elle est constituée ; cette exigence conduit à exclure les dividendes distribués par des filiales établies dans des États dont les dispositions de droit commun en matière d'impôt sur les sociétés sont notablement plus avantageuses que celles applicables en Belgique (en pratique, un impôt étranger est « notablement plus avantageux » si son taux nominal est inférieur à 15 % ou si la charge fiscale effective est inférieure à 15 % ; cette condition est réputée satisfaite en ce qui concerne les dispositions fiscales de droit commun des pays membres de l'Union européenne). Certaines exclusions spécifiques sont cependant prévues.

En Belgique, de la même façon qu'aux Pays-Bas ou au Luxembourg (sauf les anciennes « holdings 1929 »), il n'y a pas d'exonération totale d'impôt sur les sociétés ; la société belge de gestion de portefeuille reste passible de l'impôt belge sur ses **autres revenus**, notamment les intérêts des placements en obligations ou en titres de créance, par exemple, au taux normal de 25 % (20 % pour les PME).

EXONÉRATION DES PLUS-VALUES

Le dispositif belge de droit commun s'accompagne d'une exonération des plus-values de cession des actions, sous réserve que soient satisfaits les mêmes critères qualitatifs que ceux applicables aux dividendes reçus et, depuis le 1er janvier 2018, que la participation soit d'au moins 10 % ou que son prix de revient soit d'au moins 2,5 M€. Les plus-values réalisées en moins d'un an sont cependant imposables à un taux distinct de 25 % (20 % pour les petites sociétés dont l'assiette imposable est inférieure ou égale à 100 000 €). **74755**

Ce **régime** est donc très avantageux et **peu contraignant** (les conditions à respecter, en ce qui concerne la « qualité » de la participation détenue, pour l'obtention des avantages réservés aux dividendes et aux plus-values ne sont pas, le plus souvent, un inconvénient sérieux).

REDISTRIBUTIONS

En ce qui concerne les distributions de **dividendes**, la Belgique connaît un système de **retenue à la source** (appelé « précompte mobilier », sans rapport avec l'ancien précompte français), calculé au taux de 30 % en général ; mais cette retenue n'est pas exigible si les dividendes sont versés à une société qui réside dans un pays ayant signé avec la Belgique une convention fiscale, si elle détient une participation d'au moins 10 % dans le capital de sa filiale belge pendant au moins un an et si elle est soumise à un impôt sur les sociétés d'au moins 10 % ; pour que l'exonération soit applicable, la convention fiscale doit contenir une clause d'échange d'informations non seulement pour l'application de la convention mais également pour celle du droit interne des États. Une exonération est aussi prévue en cas de distribution à une société d'un pays conventionné qui aurait pu être exonérée si elle avait été établie en Belgique. **74760**

B. Contraintes tenant à la fiscalité internationale des revenus et plus-values

L'interposition d'une société étrangère modifie sensiblement la fiscalité des dividendes, intérêts et plus-values. Les contraintes d'utilisation doivent donc être précisément mesurées pour vérifier l'avantage qu'une structure étrangère de gestion de portefeuille peut présenter dans une situation particulière. Sans prétendre ici à l'exhaustivité, on se concentrera sur quelques difficultés significatives. **74765**

1. MULTIPLICATION DES RETENUES À LA SOURCE

PRINCIPES

La création d'une société étrangère, interposée entre la source des revenus et les actionnaires, par hypothèse résidents de France, a nécessairement pour conséquence de multiplier les retenues à la source aux différents stades. **74767**

Soit, par exemple, une société étrangère dont le capital est investi en actions de sociétés françaises ou étrangères et supposons que les dividendes perçus par la société soient redistribués à un actionnaire résident de France. Il apparaît immédiatement que les mêmes dividendes sont assujettis à deux retenues à la source :

– dans le **pays d'origine des revenus**, lors de la distribution des dividendes à la société ;

– dans le **pays de constitution de la société**, lors de la redistribution de ces mêmes dividendes à l'actionnaire résident de France.

INCIDENCES DU DROIT DE L'UNION EUROPÉENNE

À condition que la société soit constituée dans un pays de l'Union européenne, ces frottements fiscaux peuvent toutefois être significativement réduits. Ainsi, une **directive** du 23 juillet 1990 modifiée par une directive du 22 décembre 2003 (aujourd'hui remplacée par la directive 2011/96/UE du Conseil du 30-11-2011), et très généralement incorporée dans les droits internes des différents pays membres, a prévu une exonération de retenue à la source pour les **dividendes versés** par une société de capitaux **à une société mère européenne** qui détient au moins 10 % de son capital. **74770**

Si, par exemple, une société holding luxembourgeoise, néerlandaise ou belge détient au moins 10 % du capital d'une société française (5 % suffirait ; n° 74771), les distributions effectuées par cette dernière à la holding seront, en principe, exonérées de retenue à la source dans notre pays. La circonstance, au cas particulier, que la holding soit elle-même contrôlée par un actionnaire résident de France est sans incidence.

Cette solution, généralement transposable dans les différents pays d'Europe, suppose toutefois que le **seuil de détention** soit atteint. Dans la négative, en effet, il faut s'attendre à une retenue à la source, qui peut, cependant, être réduite par le jeu des conventions fiscales. Mais, d'une façon générale, les taux ne sont pas réduits, sur le fondement des conventions fiscales, au-delà de 5 % ou 15 % selon les cas.

> **Précisions** La directive mères/filles a été introduite en France sous l'article 119 ter du CGI ; ce texte a été modifié notamment par la loi 2015-1786 du 29 décembre 2015 de finances rectificative pour 2015 (art. 29), qui en a étendu le champ d'application aux sociétés qui ont leur siège de direction effective dans un État partie à l'accord sur **l'Espace économique européen** ayant conclu avec la France une convention d'assistance administrative en vue de lutter contre la fraude et l'évasion fiscales (Islande, Liechtenstein et Norvège). En outre, la **clause anti-abus** a été modifiée pour exclure du bénéfice de l'exonération les dividendes distribués à une société mère dans le cadre d'un montage ou d'une série de montages qui, ayant été mis en place pour obtenir, à titre d'objectif principal ou au titre d'un des objectifs principaux, un avantage fiscal allant à l'encontre de l'objet ou de la finalité de l'exonération, n'est **pas authentique** compte tenu de l'ensemble des faits et circonstances pertinents.

74771 En dehors des directives précitées, des exonérations de retenues à la source peuvent être obtenues sur le fondement des **libertés de circulation** résultant du droit de l'Union européenne, telles qu'elles sont interprétées par la Cour de justice de l'Union européenne. Il a en effet été jugé que la France ne peut prélever de retenue à la source sur des dividendes versés par une filiale française à une société mère néerlandaise, dans la mesure où une société mère française serait presque totalement exonérée d'impôt sur les mêmes dividendes en application du régime des sociétés mères (CJCE 14-12-2006 aff. 170/05 : RJF 3/07 n° 374) ; la Cour a ajouté qu'il en va ainsi même en présence d'une convention fiscale si la société mère est dans l'impossibilité d'imputer un crédit d'impôt dans son pays de résidence. La France avait tiré les conséquences de cette décision par voie d'instruction mais la doctrine administrative est désormais caduque étant donné que l'article 29 de la loi 2015-1786 du 29 décembre 2015 de finances rectificative pour 2015 a abaissé à 5 % le **taux de participation** déclenchant l'exonération prévue par la directive mères/filles (n° 74770) lorsque la personne morale européenne qui est le bénéficiaire effectif des dividendes détient des participations satisfaisant aux conditions prévues à l'article 145 du CGI (régime des sociétés mères) et se trouve privée de toute possibilité d'imputer la retenue à la source française (CGI art. 119 ter, 2-c).

Selon une logique du même ordre et pour les exercices ouverts depuis le 1er janvier 2020, une société holding étrangère qui est en situation fiscale **déficitaire** dans son État de résidence peut, sous certaines conditions, demander la restitution de la retenue à la source prélevée sur les dividendes qui lui sont distribués par des sociétés françaises ; afin de respecter l'arrêt de la CJUE du 22 novembre 2018 dans l'affaire 575/17 (RJF 2/19 n° 230), l'article 235 quater du CGI met en effet en œuvre dans ce cas un mécanisme de report jusqu'à la réalisation de bénéfices.

REDISTRIBUTION DES DIVIDENDES

74773 La redistribution de dividendes par la holding européenne à l'actionnaire résident de France s'accompagne le plus souvent d'une retenue à la source, puisque la **directive européenne** ne trouve pas à s'appliquer, à partir du moment où l'actionnaire n'est pas une société mais une personne physique.

Le seul espoir de réduction des retenues à la source vient alors de l'application des **conventions fiscales**. Dans le cadre franco-belge, franco-néerlandais ou franco-luxembourgeois, les retenues à la source sont ainsi réduites à 15 % en cas de versement à une personne physique résidente de France. Mais, même dans cette situation favorable, l'interposition de la structure holding crée nécessairement un frottement fiscal, par comparaison avec une situation de détention directe. Si une personne physique résidente de France reçoit directement un dividende d'origine française, son montant total est perçu sans retenue à la source puisqu'il n'en existe pas dans un cadre purement interne français (le prélèvement forfaitaire unique n'est pas, à proprement parler, une retenue à la source). Par comparaison, le transit de ce même dividende par la holding étrangère génère un surcoût variable selon les circonstances.

L'interposition de la holding génère donc, avec ces hypothèses, une surcharge fiscale réelle, qui ne peut être réduite ou éliminée que si les taux de retenue à la source applicables au titre de la distribution de dividendes à la société holding sont inférieurs ou nuls. Cette surcharge n'est cependant matérialisée qu'en présence d'une distribution de dividendes par la société holding à son actionnaire, c'est-à-dire en l'absence de capitalisation.

EXEMPLE

Si l'on suppose un dividende de 100 distribué par une société française à une holding étrangère assujettie en France à une retenue à la source de 15 %, la holding reçoit un montant net de 85 (100 – [15 % × 100] = 85). Celle-ci peut, certes, être exonérée d'impôt sur les dividendes reçus mais la redistribution de ces mêmes dividendes à l'actionnaire français s'accompagnera du versement d'une seconde retenue à la source, généralement de 15 %, soit 12,75 (85 × 15 % = 12,75). Le net perçu par l'actionnaire français sera donc de 72,25 (85 – 12,75), assorti d'un crédit d'impôt de 12,75. Aucun crédit d'impôt n'est imputable au titre de la retenue à la source française initiale de 15 %.

FLUX D'INTÉRÊTS

Des questions voisines peuvent se poser en matière de circulation des intérêts, quoique, en pratique avec beaucoup moins d'acuité, dès lors que la plupart des pays développés exonèrent, de façon générale, les **intérêts versés à des non-résidents**. Tel est le cas, par exemple, du côté français, étant donné que les intérêts d'emprunt versés à des non-résidents sont considérés comme exonérés d'impôt en France, sous réserve des paiements effectués hors de France dans un État ou territoire non coopératif (n° 74736). Mais il n'en va pas de même dans tous les pays. **74775**

OBLIGATIONS FORMELLES

Qu'il s'agisse d'intérêts ou de dividendes, il est à souligner qu'il existe diverses contraintes d'ordre administratif, qui tiennent à la nécessité de respecter les règles nationales permettant l'exonération, ou la réduction des retenues à la source au titre des distributions, en général par l'utilisation de **formulaires** conventionnels. **74776**

2. IMPOSITION EN FRANCE DES DIVIDENDES ÉTRANGERS

Le champ d'application du **prélèvement forfaitaire unique** (PFU) de 30 % applicable depuis le 1er janvier 2018, notamment, aux dividendes versés aux personnes physiques domiciliées en France s'étend aux revenus distribués de source étrangère (le taux de 30 % se décompose en 12,8 % au titre de l'impôt sur le revenu et 17,2 % au titre des prélèvements sociaux) ; ce prélèvement s'applique sur le montant brut des dividendes, sans déduction des dépenses engagées pour l'acquisition ou la conservation des revenus ni de la CSG et sans l'abattement de 40 %. **74778**

Sur option annuelle globale, expresse et irrévocable, les revenus mobiliers peuvent cependant être soumis au **barème progressif** de l'impôt sur le revenu, auquel cas les revenus mobiliers sont imposables pour leur montant net et après application de l'abattement de 40 %. En présence de dividendes versés par des sociétés étrangères, le contribuable doit tout de même vérifier que les conditions d'application de l'abattement sont réunies.

L'abattement ne s'applique, en effet, aux dividendes étrangers qu'à condition qu'ils soient distribués en vertu d'une décision régulière des organes compétents des sociétés distributrices, que celles-ci soient passibles dans leur État de constitution d'un impôt équivalent à l'impôt sur les sociétés et qu'elles soient résidentes d'un État membre de l'Union européenne ou d'un État lié à la France par une convention fiscale contenant une **clause d'assistance administrative** en vue de lutter contre la fraude ou l'évasion fiscale (la notion de convention d'assistance administrative, qui n'est définie ni par la loi ni par la doctrine administrative, s'entend en principe d'une convention qui permet l'échange d'informations sans limitation entre les deux États, notamment lorsque le secret bancaire ne peut être opposé pour refuser un échange d'informations ; n° 74735).

La constitution de sociétés holdings étrangères doit tenir compte de ces **contraintes**, ce qui incite encore davantage les résidents de France à n'implanter de sociétés qu'en Europe ou dans un pays lié à la France par une convention fiscale prévoyant un échange de renseignements « large », à l'exclusion des « paradis fiscaux non coopératifs » (ceux qui n'ont pas conclu de conventions d'échange d'informations sur le modèle proposé par le comité des affaires fiscales de l'OCDE ; n° 74736). **74780**

Cela étant, le fait que le prélèvement forfaitaire unique de 30 % s'applique aux dividendes de source étrangère sans condition particulière (n° 74778) est de nature à réduire les contraintes pesant sur les investisseurs domiciliés en France.

> **Précisions** La **retenue à la source** prélevée par la société distributrice étrangère lors de la distribution de dividendes à une personne physique domiciliée en France est imputable sur le prélèvement forfaitaire unique dans les conditions prévues par les conventions fiscales ; à notre avis, la retenue à la source étrangère est imputable non seulement sur la fraction du prélèvement calculée au taux de 12,8 % mais également sur celle calculée au taux de 17,2 % au titre des prélèvements sociaux (ceux-ci sont, en effet, considérés comme des impôts sur le revenu pour l'application des conventions fiscales). En ce sens, une personne physique domiciliée en France qui avait reçu des dividendes de source américaine a été jugée fondée à imputer sur les prélèvements sociaux l'excédent de la retenue à la source américaine non imputable sur l'impôt sur le revenu (TA Cergy-Pontoise 19-3-2021 nº 1803586).

3. IMPOSITION DES PLUS-VALUES EN FRANCE

EN CE QUI CONCERNE L'ACTIONNAIRE

74783 Si une personne physique résidente de France est actionnaire d'une société étrangère, les plus-values de cession des actions qu'elle détient sont, le plus souvent, imposées en France dans les mêmes conditions que si celles-ci avaient été émises par une société française ; il n'y a donc pas, sur ce point, de frottement fiscal particulier.

Depuis le 1er janvier 2018, en effet, le **prélèvement forfaitaire unique** de 30 % (nº 74778) s'applique à l'ensemble des plus-values de cession de valeurs mobilières et droits sociaux réalisées par les particuliers dans le cadre de la gestion de leur patrimoine privé ; ce prélèvement est assis sur le montant des plus-values subsistant après imputation des pertes, sans abattement.

Par exception, un abattement fixe de 500 000 € est applicable aux plus-values de cession de titres réalisées par les dirigeants de **PME** partant à la retraite (cessions et rachats réalisés du 1-1-2018 au 31-12-2024), sous réserve que les titres aient été détenus depuis au moins un an (CGI 150-0 D ter) ; cet abattement est applicable aux cessions de titres d'une **société étrangère** si elle a son siège de direction effective dans un État membre de l'Union européenne ou dans un autre État partie à l'accord sur l'Espace économique européen ayant conclu avec la France une convention d'assistance administrative en vue de lutter contre la fraude et l'évasion fiscales, sous réserve qu'elle soit soumise à l'impôt sur les sociétés dans les conditions de droit commun si elle exerce son activité en France.

En tout état de cause, les plus-values peuvent, sur option globale annuelle, expresse et irrévocable du contribuable, être soumises au **barème progressif** de l'impôt sur le revenu ; les gains concernés sont alors pris en compte dans le revenu net global, pour leur montant net et sous le bénéfice des abattements pour durée de détention sur les plus-values de cession de titres acquis avant le 1er janvier 2018. Pour les plus-values de cession de **titres acquis avant le 1er janvier 2018**, les abattements suivants sont, en effet, applicables :

– abattement de droit commun pour **durée de détention** de 50 % (titres détenus depuis au moins deux ans et moins de huit ans) ou 65 % (titres détenus depuis au moins huit ans) ; cet abattement est applicable sans restriction géographique (CGI art. 150-0 D, 1 ter) ;

– abattement renforcé pour les titres de **PME** de moins de dix ans (CGI art. 150-0 D, 1 quater), aux taux de 50 % (titres détenus depuis au moins un an et moins de quatre ans), 65 % (titres détenus depuis au moins quatre ans et moins de huit ans) et 85 % (titres détenus depuis au moins huit ans) ; cet abattement ne concerne que les titres de sociétés passibles de l'impôt sur les bénéfices ou d'un impôt équivalent et dont le siège social est situé dans un État membre de l'Union européenne ou dans un autre État partie à l'accord sur l'Espace économique européen ayant conclu avec la France une convention d'assistance administrative en vue de lutter contre la fraude et l'évasion fiscales (Islande, Liechtenstein et Norvège).

EN CE QUI CONCERNE LA SOCIÉTÉ ÉTRANGÈRE

74785 Il arrive que les plus-values réalisées par une société étrangère lors de la cession des participations qu'elle détient dans des sociétés françaises soient imposables en France. Outre le cas des sociétés à prépondérance immobilière, il résulte, en effet, de l'article 244 bis B du CGI que les produits de cession des droits sociaux mentionnés à l'article 150-0 A du CGI et détenus dans les conditions du f de l'article 164 B, I du même Code, même réalisés par des personnes morales non résidentes de France, sont imposables dans notre pays. Sauf en ce qui concerne les ETNC, l'imposition est subordonnée à la condition que la société holding étrangère ait détenu, au cours des cinq dernières années, **plus de 25 % du capital de la société française** dont il s'agit (ce texte est également applicable lorsque le cédant est une personne physique).

Dans cette situation, l'impôt est perçu en France au taux normal de l'impôt sur les sociétés (25 %), le cédant étant, par hypothèse, une **personne morale** ou un organisme quelle qu'en soit la forme. À noter que le prélèvement est calculé au taux de 12,8 % lorsqu'il est dû par une **personne physique** et au taux de 75 % lorsqu'il est dû par une personne ou un organisme domicilié, établi ou constitué hors de France dans un **État ou territoire non coopératif** (sauf application de la clause de sauvegarde ; n° 74736), quel que soit le pourcentage de détention.
Cet impôt est exigible au moment de l'enregistrement de l'acte, ou bien, à défaut d'enregistrement, dans le mois de la cession sous la responsabilité d'un représentant fiscal (si le cédant est domicilié au sein de l'Union européenne, en Islande ou en Norvège, il n'a pas à désigner de représentant). Cela étant, pour les exercices ouverts depuis le 1er janvier 2020, les sociétés européennes fiscalement déficitaires dans leur État de résidence peuvent demander la restitution du prélèvement sous certaines conditions (CGI art. 235 quater).

En ce qui concerne les cessions ou rachats de droits sociaux et distributions réalisés depuis le 30 juin 2021, la plupart des **sociétés mères étrangères** peuvent obtenir la restitution de la part du prélèvement qui excède l'impôt sur les sociétés dont elles auraient été redevables si leur siège social avait été situé en France (CGI art. 244 bis B) ; elles sont donc, en pratique, imposables au taux de 25 % sur la quote-part de frais et charges de 12 % si les conditions sont réunies (participation d'au moins 5 % et respect d'un délai de détention de deux ans au moins). 74787
Sont concernés les personnes morales et organismes, quelle qu'en soit la forme, dont le siège social est situé :
– soit dans un État de l'**Union européenne** ou en Islande, au Liechtenstein ou en Norvège ;
– soit dans un État ou territoire ayant conclu avec la France une convention fiscale qui contient une **clause d'assistance administrative** en matière d'échange de renseignements et de lutte contre la fraude et l'évasion fiscales (hors ETNC ; n° 74736), à condition que l'entité cédante ne participe pas de manière effective à la **gestion** ou au **contrôle** de la société dont les titres sont cédés ou rachetés.
Pour bénéficier de la restitution, par voie contentieuse, la personne morale cédante doit fournir, le cas échéant par l'intermédiaire de son représentant fiscal, **les éléments permettant d'établir** (BOI-IS-RICI-30-20 n° 128) :
– qu'elle a acquitté et correctement calculé l'imposition prévue à l'article 244 bis B du CGI ;
– qu'elle est une société soumise à l'étranger à un impôt sur les bénéfices équivalent à l'impôt sur les sociétés, sans en être exonérée ;
– que la cession a été réalisée au titre d'un exercice ouvert depuis le 1er janvier 2006 ;
– qu'elle détient directement et de manière continue les titres cédés depuis au moins deux ans au moment de la cession.
Pour le calcul de cette restitution, la société doit déterminer le montant théorique d'impôt sur les sociétés afférent à la plus-value à long terme déterminée selon les règles de l'impôt sur les sociétés. L'impôt théorique est calculé en appliquant au montant de la quote-part forfaitaire de la plus-value imposable le taux normal de l'impôt sur les sociétés ; la restitution est égale à la différence entre le montant de l'imposition prévue à l'article 244 bis B du CGI et cet impôt théorique.

La **portée pratique** de cette imposition doit cependant être nuancée par les considérations suivantes : 74790
– le prélèvement de l'article 244 bis B du CGI ne s'applique que « sous réserve » des **conventions** internationales qui, en général, retirent à la France le droit d'imposer les plus-values réalisées en France par des non-résidents ; tel est le cas notamment en présence de sociétés holdings belges, luxembourgeoises ou néerlandaises. Mais il n'en va pas ainsi, bien entendu, lorsque aucune convention fiscale ne trouve à s'appliquer, comme par exemple à l'égard des SPF luxembourgeoises (n° 74742) ou bien des sociétés de gestion de portefeuille constituées dans des paradis fiscaux non liés à la France par des conventions fiscales ;
– les non-résidents peuvent bénéficier des mêmes **sursis ou reports d'imposition** que les résidents. Si la société étrangère, au lieu de céder les titres, les apporte à une société passible de l'impôt sur les sociétés, l'impôt peut être différé dans les mêmes conditions que pour les contribuables résidents de France ;
– enfin, sauf en ce qui concerne les ETNC, l'imposition n'est due qu'en présence d'une **participation de plus de 25 %**, ce qui permet d'exclure de tout impôt en France les cessions de participations inférieures ou égales à 25 % dans le capital de sociétés françaises non immobilières (CGI art. 244 bis C).
Il en résulte toutefois que si la société étrangère de gestion de portefeuille est dédiée à la réalisation de plus-values, en tout ou partie, il est impératif soit qu'elle ne détienne que des participations relativement modestes dans le capital de sociétés françaises, soit qu'elle soit située dans

un pays convenablement choisi. Bien entendu, les mêmes contraintes peuvent se rencontrer si la société holding étrangère investit dans des titres de sociétés constituées dans d'autres pays, qui peuvent avoir mis en place une législation proche de celle de la France.

C. Risques de remise en cause

74800 Il n'existe pas de disposition particulière qui interdirait à des personnes physiques, résidentes de France, de créer des sociétés étrangères de gestion de portefeuille. En ce domaine, la liberté est complète ; simplement, il est nécessaire d'en tirer les conséquences du point de vue de la fiscalité française, ce qui impose :
– de **déclarer**, le cas échéant, **les comptes** ouverts, détenus, utilisés ou clos à l'étranger ;
– de soumettre à l'impôt français les **revenus distribués** par la société étrangère, et, dans certaines conditions, les revenus accumulés par cette dernière compte tenu de l'article 123 bis du CGI (n°s 74840 s.) ;
– de soumettre la transmission éventuelle des parts ou actions aux **droits de mutation** en France, dès lors que le donateur ou le défunt est, par hypothèse, domicilié fiscalement en France.
Néanmoins, dès avant la loi de finances pour 1999, l'utilisation de sociétés étrangères de gestion de portefeuille n'était possible (et ne l'est toujours) que dans le respect de certaines conditions. Il y a, dans ce domaine, trois facteurs de risque dont il importe de prendre la mesure.

1. RISQUE D'ABUS DE DROIT

PRINCIPES

74805 On sait que, si l'administration doit, par principe, respecter les situations de droit telles qu'elles se présentent, elle peut aussi restituer leur véritable caractère à des opérations qui, sous couvert de contrats ou d'actes juridiques quelconques, ont pour conséquence de faire échec à la loi fiscale. Sur le fondement de l'article L 64 du LPF, l'administration est ainsi en droit d'écarter comme ne lui étant pas opposables et comme caractérisant un abus de droit :
– soit les **actes** qui ont un **caractère fictif** ;
– soit les actes qui, recherchant le bénéfice d'une application littérale des textes ou de décisions à l'encontre des objectifs poursuivis par leurs auteurs (critère « objectif »), n'ont pu être inspirés par aucun autre motif que celui d'**éluder** ou d'atténuer **les charges fiscales** que l'intéressé, si ces actes n'avaient pas été passés ou réalisés, aurait normalement supportées eu égard à sa situation ou à ses activités réelles (critère « subjectif »).
Pour qu'il y ait abus de droit, il n'est pas seulement nécessaire que l'opération poursuive un but exclusivement fiscal ; il faut encore que ce mobile exclusivement fiscal soit contraire à l'intention du législateur et traduit par un **montage dépourvu de substance** juridique ou économique. Le critère subjectif de la recherche du but exclusivement fiscal doit cependant s'apprécier en fonction des buts intentionnellement poursuivis et non pas de tous les effets du montage, dont certains peuvent éventuellement être non fiscaux (marginalement). Selon la jurisprudence, un abus de droit peut être caractérisé lorsque le texte « contourné » est une convention fiscale internationale, étant donné que, par principe, les États parties à une convention fiscale ne sauraient être regardés comme ayant entendu, pour répartir le pouvoir d'imposer, appliquer ses stipulations à des situations procédant de montages artificiels dépourvus de toute substance économique (CE 25-10-2017 n° 396954 : RJF 1/18 n° 70).
Cela étant, en ce qui concerne les actes passés ou réalisés depuis le 1er janvier 2020, l'administration a encore davantage de latitude, car elle peut, depuis le 1er janvier 2021 et hors procédure de répression des abus de droit, écarter les actes passés par un contribuable qui, poursuivant une motivation principalement (et non pas exclusivement) fiscale, ont recherché le bénéfice d'une application littérale des textes ou de décisions à l'encontre des objectifs poursuivis par leurs auteurs (LPF art. L 64 A).

EXEMPLES

74807 L'abus de droit peut, en fonction des circonstances, être invoqué par l'administration, avec succès ou non, à l'égard de la constitution de sociétés étrangères par des résidents de France.
On relève, par exemple, que le comité de l'abus de droit fiscal a estimé que des personnes physiques qui avaient constitué des **holdings personnelles belges** dans le cadre d'opérations de LBO n'avaient pas commis d'abus de droit (plusieurs avis défavorables à l'abus de droit rendus lors de la séance du 14 mai 2013 ; par exemple, affaire n° 2013-04 : BF 11/13 n° 975) ; dans ses avis, le comité note

que la holding belge en cause n'est pas fictive, que, disposant d'un patrimoine propre, elle a effectivement une substance et que ses titres avaient fait l'objet d'un démembrement de propriété. Dès lors, si elle avait bien poursuivi un but fiscal, l'interposition de cette société ne pouvait, pour le comité, être motivée par un but exclusivement fiscal.
En sens contraire, le comité a considéré qu'un abus de droit était caractérisé au cas d'une personne physique de nationalité italienne et domiciliée à Monaco qui exerçait une **activité occulte de marchand de biens** en France par l'intermédiaire de sociétés établies au Luxembourg, au Danemark, au Royaume-Uni et au Liban (affaire n° 2016-53, séance du 19-1-2017 : BF 6/17 n° 668).
Au contentieux, la fraude à la loi n'a pas été admise concernant une opération d'apport à une société belge dans la mesure où l'administration n'avait pas contesté les éléments circonstanciés apportés par les requérants quant à l'intérêt économique et patrimonial qui s'attachait à la création de la société belge et n'avait pas démontré que cette dernière était dépourvue de toute substance (CAA Nantes 23-3-2009 n° 06-01192 : Droit fiscal 2009 n° 20, comm. n° 319 ; arrêt définitif). De même, une personne physique domiciliée en France qui apporte des titres d'une société française à une société holding luxembourgeoise dont elle est associée unique et qui contracte un prêt auprès de cette dernière ne commet pas un abus de droit dans la mesure où elle n'aurait pas été imposable si le prêt lui avait été octroyé directement par la société française (CE 24-7-2019 n° 411382 : RJF 11/19 n° 1065).
Mais, en sens inverse, il a été jugé qu'un contribuable domicilié en Suisse qui avait fait réaliser une **opération immobilière** par une société interposée luxembourgeoise avait commis un abus de droit dès lors que l'interposition de la société luxembourgeoise n'était justifiée par aucun motif économique, organisationnel ou financier, cette société n'ayant, au demeurant, jamais développé aucune autre activité immobilière (CE plén. 25-10-2017 n° 396954 : RJF 1/18 n° 70). De même avait commis un abus de droit un contribuable qui avait apporté à une **société luxembourgeoise** sans substance les titres d'une société française qui avait ensuite procédé à une réduction de capital (CAA Versailles 17-12-2019 n° 17VE02164 : RJF 5/20 n° 468) ; l'intéressé a été jugé imposable sur les sommes reçues à ce titre par la société luxembourgeoise. Autre exemple, avait commis un abus de droit un cadre dirigeant qui avait constitué une holding personnelle belge afin d'éviter l'imposition d'un gain de cession d'actions dans le cadre d'un mécanisme d'association à une opération d'acquisition/cession réalisée par son groupe (CE 28-1-2022 n° 433965 : RJF 4/22 n° 353). La société était dénuée de substance économique et le fait qu'il ait conservé l'usufruit de ses parts alors que ses trois enfants majeurs en devenaient les nus-propriétaires était sans incidence. Enfin, une personne physique domiciliée en France avait commis un abus de droit en mettant en œuvre une opération d'apport de titres d'une société française à une société holding luxembourgeoise sans substance et qui avait ensuite reçu des dividendes versés par la société française (CAA Lyon 27-10-2022 n° 20LY02679, ayant fait l'objet d'un pourvoi rejeté par CE 12-12-2023 n° 470039 : RJF 3/24 n° 239, et, même jour, n° 20LY02680, ayant fait l'objet d'un pourvoi rejeté par CE 12-12-2023 n° 470038 : RJF 3/24 n° 239) ; dès lors que l'interposition de la société luxembourgeoise était artificielle, le contribuable devait être regardé comme ayant directement perçu les dividendes, à hauteur de sa participation.

PRÉCAUTIONS À PRENDRE

74810 Il est indispensable, afin d'éviter tout reproche en termes d'abus de droit, de prendre les précautions suivantes :
– s'assurer que la structure étrangère n'a pas de caractère fictif, c'est-à-dire en particulier qu'elle existe réellement d'un point de vue juridique, et qu'elle a une vie sociale tangible conforme à ses statuts ;
– veiller à sa substance et à sa réalité économique (personnels, locaux, équipements, etc.) ;
– ne mettre en place une société étrangère de portefeuille que dans la mesure où la justification de sa création n'est pas seulement fiscale mais également d'ordre financier, juridique ou éventuellement patrimonial.
Théoriquement, compte tenu des règles d'imposition des revenus accumulés dans les sociétés étrangères de portefeuille bénéficiant d'un régime fiscal privilégié, le risque au regard de l'abus de droit ne devrait pas être exagéré, même dans des situations relativement agressives ; sauf exception, l'administration dispose, en effet, d'un moyen plus simple d'arriver à des fins voisines. On constate néanmoins que, dans ces situations, elle retient, en pratique, plus souvent l'abus de droit que l'imposition sur le fondement de l'article 123 bis du CGI, sans doute à cause de la pénalité de 80 % qui y est associée et de la possibilité d'entamer d'éventuelles poursuites correctionnelles.

2. RISQUE TENANT AU SIÈGE DE DIRECTION EFFECTIVE

74815 D'une façon générale, il est nécessaire que la **société étrangère** de gestion patrimoniale soit considérée comme un « **résident** » de l'État dans lequel elle est constituée ; il s'agit là, en effet, d'une condition essentielle, notamment pour l'application des directives européennes et des conventions fiscales internationales.

Du point de vue français, il est aussi important qu'elle ne puisse être considérée comme fiscalement résidente de France, quoi qu'elle soit juridiquement constituée sous un droit étranger, au motif que son siège « réel et sérieux » serait situé dans notre pays.

En effet, la plupart des conventions fiscales considèrent comme « résidente » d'un État une personne morale constituée sous la loi de cet État, sous réserve que son siège de direction effective y soit réellement situé. À ce propos, le Conseil d'État juge que le siège de direction effective est le lieu où les personnes exerçant les fonctions les plus élevées prennent les **décisions stratégiques** qui déterminent la conduite des affaires de l'entreprise dans son ensemble (CE 16-4-2012 n° 323592 : RJF 7/12 n° 674). Il a ensuite été ajouté que si le lieu où se tiennent les **conseils d'administration** d'une société peut constituer un indice pour l'identification d'un siège de direction, ce seul élément ne saurait, confronté aux autres éléments du dossier, suffire à le déterminer (CE 7-3-2016 n° 371435 : RJF 6/16 n° 555). Il y a lieu, en la matière, de faire preuve de réalisme et d'écarter les simples apparences pour apprécier la réalité des faits.

De son côté, l'administration souligne que, si le siège social apparaît fictif, il y a lieu de retenir le siège réel, qui s'entend du lieu où sont, en fait, principalement concentrés les **organes de direction, d'administration et de contrôle** de la société (BOI-IS-CHAMP-60-10-20 n° 1, ajoutant que le siège réel correspond au siège de direction effective visé dans la plupart des conventions fiscales). Et, pour ne prendre qu'un autre exemple, l'administration indique, à propos de la convention fiscale franco-suisse, que le lieu du siège de direction effective est celui **où les affaires de l'entreprise sont dirigées et contrôlées** (BOI-INT-CVB-CHE-10-20-20 n° 160).

Ainsi, si une société luxembourgeoise était considérée comme ayant son siège de direction effective en France, parce qu'elle y serait gérée, dirigée et contrôlée par une personne physique résidente de France, elle pourrait, dans le cadre d'un contrôle, être considérée comme, en réalité, résidente de France. Il est évident que si tel était le cas, les conséquences en seraient radicales du point de vue de la fiscalité française puisque ses revenus, au lieu d'être considérés comme imposables au Luxembourg, deviendraient passibles de l'impôt sur les sociétés dans notre pays, en tant que revenus d'un résident.

74817 En pratique, cette solution extrême ne se rencontre que rarement, seulement dans des situations où la réalité de la société étrangère est quasi inexistante. Il est cependant nécessaire de garder cette conséquence potentielle à l'esprit, ce qui impose notamment de faire en sorte que les décisions de gestion soient effectivement prises par la société étrangère dans le pays où elle est constituée et non pas en France.

Autrement dit, il ne doit pas y avoir de confusion des intérêts de la société avec ceux de son actionnaire français, ni prise de décision concernant la gestion de la société uniquement en France.

3. RISQUE TENANT À UN ÉVENTUEL ÉTABLISSEMENT STABLE EN FRANCE

74820 Même si la société étrangère peut être considérée comme gérée, contrôlée et dirigée hors de France, elle peut encore être imposable dans notre pays si elle y dispose d'un établissement stable.

Les conventions fiscales, d'une façon générale, considèrent comme « établissement stable », notamment, « un » siège de direction ; il ne s'agit pas « du » siège de direction effective de la société, mais simplement d'« un » siège de direction, c'est-à-dire d'un endroit où des décisions peuvent être prises concernant la direction de la société, à condition qu'il s'agisse d'une **installation fixe d'affaires**.

Si tel était le cas, les revenus de la société seraient imposables en France, dans la mesure où ils sont attribuables à l'établissement français. Or, il est à craindre qu'à partir du moment où la substance de la société serait, pour l'essentiel, concentrée dans notre pays, la quasi-totalité des revenus y deviendrait imposable. Il est donc important de garder présent à l'esprit cet écueil éventuel, ce qui impose évidemment de réduire au strict minimum les activités de gestion exercées, le cas échéant, sur le territoire français et, si possible, de n'en exercer aucune.

D. Imposition des revenus accumulés dans certaines sociétés étrangères (CGI art. 123 bis)

PRINCIPES

Afin de dissuader les contribuables fiscalement domiciliés en France de gérer leurs avoirs par l'intermédiaire de structures étrangères bénéficiant de régimes fiscaux de faveur, et dans le cadre d'un programme général de lutte « contre l'évasion fiscale des grandes fortunes », la loi 98-1266 du 30 décembre 1998 de finances pour 1999 a prévu d'imposer en France les revenus accumulés dans certaines sociétés étrangères de portefeuille (CGI art. 123 bis). **74840**

L'objectif poursuivi par le législateur était de permettre à l'administration de soumettre à l'impôt en France les **revenus capitalisés** dans une société étrangère de gestion de portefeuille, même si ceux-ci n'ont **pas** été **distribués**, à condition que la société bénéficie d'un régime fiscal privilégié et qu'elle soit détenue, directement ou indirectement, à hauteur d'au moins 10 % par une personne physique fiscalement résidente de France.

Le Conseil constitutionnel a jugé qu'en procédant ainsi le législateur avait bien poursuivi un objectif de valeur constitutionnelle, à savoir la **lutte contre la fraude et l'évasion fiscales** de personnes physiques qui détiennent des participations dans des entités principalement financières localisées hors de France et bénéficiant d'un régime fiscal privilégié (Cons. const. 6-10-2017 n° 2017-659 QPC : RJF 12/17 n° 1220). Le législateur a cependant dû procéder à quelques corrections pour tenir compte des exigences constitutionnelles en ce qui concerne les exceptions à l'application du dispositif (clause de sauvegarde ; n°s 74920 s.).

1. CHAMP D'APPLICATION

CONDITIONS TENANT À L'ACTIONNAIRE

Le dispositif s'inspire très étroitement de l'article 209 B du CGI, qui permet d'imposer, dans certaines conditions, les résultats accumulés dans des sociétés étrangères détenues par des personnes morales passibles de l'impôt sur les sociétés. D'une certaine façon, l'article 123 bis a été calqué sur l'article 209 B, ce qui permet d'ailleurs de penser qu'il doit être interprété de façon identique. L'article 123 bis est ainsi, pour les personnes physiques, le pendant de l'article 209 B pour les personnes morales (avec des conditions d'exonération et des seuils de déclenchement différents). **74842**

L'article 123 bis s'applique à toutes les **personnes physiques** fiscalement domiciliées en France, sous réserve des exceptions prévues par la clause de sauvegarde (n°s 74920 s.).

CONDITIONS TENANT À LA STRUCTURE ÉTRANGÈRE

Le **champ d'application** du dispositif est très général ; sont concernés non seulement les personnes morales, mais également les organismes, fiducies, ou institutions comparables établis ou constitués hors de France et soumis à un régime fiscal privilégié, quelle que soit la date de leur création, avant ou après l'entrée en vigueur de l'article 123 bis. **74845**

La structure étrangère peut donc revêtir une **forme** généralement quelconque, c'est-à-dire, bien entendu, celle d'une société, mais également d'un organisme ou bien encore d'un trust (n° 74170).

Régime fiscal privilégié Sont seulement visées celles des structures étrangères établies ou constituées hors de France qui bénéficient, dans leur État de constitution, d'un régime fiscal privilégié. **74850**

À cet égard, la loi précise que le caractère « privilégié » d'un régime fiscal est déterminé conformément aux dispositions de l'article 238 A du CGI, par **comparaison avec le régime fiscal applicable** à une société ou collectivité mentionnée au 1 de l'article 206 (champ d'application de l'impôt sur les sociétés). Le renvoi par l'article 123 bis à l'article 238 A impose la transposition, au cas particulier, de la jurisprudence du Conseil d'État relative à la notion de régime fiscal privilégié.

Il est donc nécessaire d'effectuer une comparaison entre le régime fiscal qui serait applicable en France si la structure était constituée dans notre pays et le régime fiscal appliqué localement. Plus précisément, il faut comparer l'impôt effectivement acquitté localement avec celui qui serait exigible en France si cette entité, ou cet organisme, était constituée en France. Depuis le

1er janvier 2020, un régime fiscal est considéré comme privilégié en l'absence d'impôt étranger ou si l'impôt étranger est inférieur de 40 % ou plus à l'impôt français théorique calculé sur la même base d'imposition (précédemment, le seuil était de 50 %). Cette condition doit être appréciée exercice par exercice.

La **charge de la preuve** du caractère privilégié du régime fiscal applicable au bénéficiaire incombe à l'administration ; celle-ci doit en apporter une preuve concrète et précise.

74853 La manière dont l'administration interprète la **notion** de « régime fiscal privilégié » est sommairement précisée notamment au BOI-IS-BASE-60-10-20-20. L'administration y fournit une importante précision à propos des sociétés étrangères qui réalisent des **plus-values** lors de la **cession de valeurs mobilières**, comme peuvent être amenées à le faire les sociétés étrangères de gestion de portefeuille.

Elle considère, en effet, qu'un **régime étranger** prévoyant une **exonération équivalente** au régime français applicable aux cessions de titres de participation est réputé ne pas constituer à lui seul un régime fiscal privilégié (BOI précité n° 120) ; ainsi, à supposer que la société étrangère de gestion de portefeuille se borne à réaliser des plus-values exonérées d'impôt dans son État de constitution, deux hypothèses doivent être distinguées :

– soit les mêmes plus-values auraient bénéficié en France d'une quasi-exonération, ce qui suppose notamment une participation d'au moins 5 % et une détention d'au moins deux ans (régime applicable aux titres de participation depuis le 1-1-2007 : imposition au taux zéro, sous réserve de la réintégration d'une quote-part de frais et charges de 12 % ; CGI art. 219, I-a-quinquies). Dans ce cas, l'exonération étrangère ne devrait pas caractériser un régime privilégié puisqu'il n'y a pas d'avantage réel par rapport à la France ; par suite, l'article 123 bis ne serait pas applicable, toutes choses égales par ailleurs (l'incidence de la quote-part de frais et charges est, nous semble-t-il, négligeable ; il est cependant à noter qu'il a été jugé que le dispositif français ne repose pas sur une exonération mais sur une imposition limitée de la plus-value – CE 15-11-2021 n° 454105 : RJF 2/22 n° 183 – et que cette conséquence n'est donc pas certaine) ;

– soit les plus-values auraient été imposables en France parce que les conditions de l'exonération n'auraient pas été remplies (placements de moins de 5 %, plus-values réalisées en peu de temps, etc.). Dans ce cas, l'exonération étrangère caractérise un régime fiscal privilégié par comparaison avec le régime français et l'article 123 bis est applicable, toutes choses égales par ailleurs.

Les mêmes principes sont évidemment transposables aux **dividendes reçus par une société étrangère** de gestion de portefeuille. Par exemple, une holding étrangère ne bénéficie d'aucun régime de faveur lorsqu'elle se borne à encaisser des dividendes qui auraient également été exonérés si elle avait été constituée dans notre pays, en application du régime des sociétés mères ; l'article 123 bis n'est donc pas applicable de ce seul fait. Cette conséquence doit, à notre avis, être considérée comme confirmée par le Conseil d'État puisqu'il a été jugé que l'appréciation même du caractère fiscal privilégié du régime fiscal doit tenir compte de l'incidence du régime des sociétés mères (CE 14-2-2022 n° 442061). L'imposition d'une quote-part de frais et charges de 5 % devrait être considérée comme encore plus négligeable que pour l'imposition des plus-values.

Le principe de la comparaison avec la fiscalité française implique que les OPCVM européens qui fonctionnent conformément à la directive européenne de 1985 n'entrent pas dans le champ de l'article 123 bis. En revanche, des Sicav luxembourgeoises, lorsqu'elles bénéficient d'un régime d'exonération alors que, si elles avaient été constituées en France, elles auraient été passibles de l'impôt sur les sociétés au taux ordinaire, entrent nécessairement dans le champ de l'article 123 bis si les autres conditions sont remplies (cas des fonds d'investissement spécialisés luxembourgeois, par exemple ; n° 74742).

Enfin, il a été jugé que, pour l'appréciation du caractère privilégié du régime fiscal, il n'y a pas lieu de tenir compte du **régime spécial des fusions** (CAA Versailles 26-1-2023 n° 20VE02424 : RJF 7/23 n° 546, au cas d'une société holding luxembourgeoise qui avait apporté les parts d'une SCI française à une filiale luxembourgeoise).

74855 **Composition de l'actif** Toutes les **structures** étrangères bénéficiant d'un régime fiscal privilégié ne sont pas couvertes ; seules sont **visées** celles dont l'actif ou les biens sont principalement constitués de valeurs mobilières, créances, dépôts ou comptes courants. Cette énumération législative a un caractère strictement limitatif ; dès lors, si une entité étrangère détient principalement d'autres éléments d'actifs, elle n'entre pas dans le champ d'application du dispositif. Ce n'est que si l'actif est constitué pour plus de la moitié par les éléments précités que l'article 123 bis a vocation à s'appliquer.

Seuil de détention L'article 123 bis ne concerne que les entités visées précédemment qui sont détenues à **10 % au moins** en termes d'actions, parts, droits financiers, ou droits de vote. 74860
Si la notion de détention de 10 % des actions ou parts n'appelle pas de commentaires particuliers, la loi vise, également, les **droits financiers** ou les **droits de vote** afin de couvrir les cas de démembrement entre nus-propriétaires et usufruitiers. Si, par exemple, une société étrangère est détenue à hauteur de 10 % en termes de droits financiers, sans que les droits de vote y soient attachés, l'article 123 bis a néanmoins vocation à s'appliquer. Il en va de même, corrélativement, en cas de simple détention des droits de vote sans les droits financiers (voir n° 74885 en ce qui concerne les conséquences pratiques).
Le seuil de détention s'apprécie de façon extrêmement large ; il est aussi bien fait référence à une **détention directe** qu'à une **détention indirecte**, par l'intermédiaire d'une chaîne d'actions, de parts, de droits financiers ou de droits de vote ; l'appréciation du pourcentage des actions, parts, droits financiers ou droits de vote détenus indirectement s'opère de façon très simple, en multipliant entre eux les taux de détention successifs. La détention indirecte s'entend, également, des actions, parts, droits financiers ou droits de vote détenus directement ou indirectement par le conjoint de la personne physique, leurs ascendants ou leurs descendants dans le cadre d'une sorte de communauté familiale d'intérêts (sur l'assiette imposable dans ce cas, voir n° 74885).
En ce qui concerne la **date** à laquelle s'apprécie la quotité détenue, il y a lieu de se reporter à la situation à la clôture de l'exercice de l'entité étrangère, ou, en l'absence d'exercice clos au cours d'une année, au 31 décembre. Toutefois, il convient de retenir le pourcentage détenu pendant au moins 183 jours au cours de l'exercice ou de l'année civile, s'il est plus élevé que le pourcentage constaté à la clôture de l'exercice ou de l'année civile (la durée de 183 jours peut correspondre à des périodes de détention discontinues).

> **Précisions** La condition de détention de 10 % est présumée satisfaite lorsqu'une personne physique a transféré des biens ou droits dans une entité juridique située dans un **État ou territoire non coopératif** (n° 74736). La personne physique concernée conserve la possibilité d'apporter la preuve contraire. Il en va de même en présence d'un trust étranger (n° 74170).

2. CONSÉQUENCES

Lorsque l'article 123 bis du CGI s'applique, ses conséquences sont radicales ; le revenu accumulé (ou réputé accumulé) dans la structure étrangère est en effet imposable entre les mains de l'actionnaire, dans des conditions variables selon la localisation de l'entité, même s'il ne lui a pas été distribué. 74870

DÉTERMINATION DU REVENU IMPOSABLE

Il faut distinguer selon que la société étrangère de gestion de portefeuille est, ou non, résidente d'un pays avec lequel la France est liée par une convention d'assistance administrative, c'est-à-dire une convention fiscale ou un autre traité qui lui permet d'obtenir des renseignements sans limitation (ce qui suppose notamment que le secret bancaire ne puisse lui être opposé), notamment sur la consistance de la structure étrangère, la nature de ses actifs et de ses revenus, ainsi que son régime fiscal. 74873

Cas des pays « conventionnés » Dans ce cas, les résultats de l'entité étrangère sont déterminés selon les règles fixées par le Code général des impôts, comme si les personnes en cause (personnes morales, organismes, fiducies ou institutions comparables) étaient imposables à l'impôt sur les sociétés en France. La loi exige une **reconstitution des résultats** imposables, selon les règles du droit fiscal français, comme pour l'article 209 B du CGI. 74875
Il convient donc de se livrer à un calcul du résultat imposable de l'entité étrangère en appliquant les règles françaises relatives à l'impôt sur les sociétés. Dès lors, par exemple, si la structure étrangère reçoit des **dividendes** qui auraient été éligibles au régime des sociétés mères si elle avait été située en France, l'exonération des dividendes est en principe acquise si les conditions sont par ailleurs remplies (n° 74853).
À propos de l'imposition des **plus-values** réalisées par une société étrangère dont les résultats entrent dans le champ de l'article 123 bis, il y a lieu, en principe, d'appliquer un correctif d'assiette et de ne retenir les plus-values que pour 12 % de leur montant, à condition que ces plus-values eussent été exonérées si elles avaient été réalisées par une société française passible de l'impôt sur les sociétés ; la doctrine administrative actuellement applicable ne pose pas littéralement ce principe mais elle indique que la plus-value est incorporée au revenu réputé

constituer un revenu de capitaux mobiliers de la personne physique pour une part de son montant, déterminée en appliquant à la fraction de la plus-value réputée constituer un revenu de capitaux mobiliers, le rapport existant entre le taux réduit des plus-values à long terme et le taux normal en vigueur de l'impôt sur les sociétés (BOI-RPPM-RCM-10-30-20-20 n° 340).
Antérieurement à la parution de la base Bofip (12-9-2012), il était précisé qu'il n'y avait lieu de ne retenir les plus-values que pour 10 % de leur montant, pour les exercices ouverts depuis le 1er janvier 2011, ce qui conduirait à **retenir le taux de 12 %** aujourd'hui si l'on admet qu'il n'y a pas de raison que la solution ait changé sur le fond même si elle n'est pas reprise au Bofip et n'est donc pas opposable (cas où la société étrangère entre dans le champ de l'article 123 bis, compte tenu de sa faible charge fiscale globale, tout en ayant notamment réalisé des plus-values qui auraient bénéficié d'une exonération en France).
Il n'y a bien entendu aucun correctif à appliquer dans le cas où la plus-value aurait été pleinement imposable en cas de réalisation par une société française.

74880 **Cas des pays « non conventionnés »** En présence d'une entité qui n'a pas été constituée dans un pays lié à la France par une convention d'assistance administrative, les règles sont différentes ; le **revenu** imposable de l'actionnaire est, en effet, établi de façon **forfaitaire**, la loi précisant qu'il ne peut être inférieur au produit de la fraction de l'actif net ou de la valeur nette des biens de l'entité concernée par un taux égal à celui mentionné au 3° du 1 de l'article 39 ; il s'agit du taux admissible au titre des intérêts des comptes courants d'associés, égal à 5,57 % pour les exercices de 12 mois arrêtés le 31 décembre 2023. Ce dispositif s'applique notamment à toutes les structures étrangères établies ou domiciliées dans des paradis fiscaux « purs », pays avec lesquels la France n'a pas signé de conventions d'assistance administrative.
Compte tenu de la réserve d'interprétation formulée sur ce point par le Conseil constitutionnel, le contribuable a toujours la possibilité d'apporter la preuve que le revenu réellement perçu par l'intermédiaire de l'entité étrangère est **inférieur au revenu forfaitaire** (Cons. const. 1-3-2017 n° 2016-614 QPC : RJF 5/17 n° 473) ; étant donné que l'article 123 bis du CGI ne taxe pas un revenu « réellement perçu » mais un revenu « présumé distribué », il faut comprendre cette réserve comme visant le revenu réellement perçu « par » l'entité juridique étrangère.
L'actif qui sert de **base** au calcul du revenu imposable est défini comme étant l'actif net ou la valeur nette des biens (excédent des valeurs réelles d'actif sur les créances des tiers, les amortissements et les provisions justifiées) ; il en résulte que, si la structure étrangère s'est endettée auprès d'un tiers ou bien auprès de son actionnaire, la valeur de l'endettement devrait venir en diminution de l'actif à prendre en compte pour le calcul du revenu minimum.

IMPOSITION DE L'ACTIONNAIRE

74885 Les revenus de l'entité étrangère, calculés dans les conditions indiquées précédemment, sont réputés constituer un revenu de capitaux mobiliers de la personne physique actionnaire, dans la **proportion des** actions, parts ou **droits financiers** qu'elle détient, directement ou indirectement, à titre personnel (sauf, bien entendu, si la clause de sauvegarde est applicable ; nos 74920 s.). Les droits détenus dans le cadre d'une communauté familiale d'intérêts ne sont pas pris en considération pour l'assiette de l'impôt, alors qu'ils le sont pour l'appréciation du seuil de 10 %. Le résultat de l'entité étrangère n'est pris en compte qu'à hauteur de la participation de l'actionnaire, sur une base proportionnelle ; si une personne physique ne détient, par exemple, directement ou indirectement, que 50 % du capital de l'entité étrangère, elle ne sera donc imposée que sur 50 % des revenus reconstitués de cette dernière.
L'assiette de l'impôt ne tient pas compte des **droits de vote**. Si, par exemple, une personne physique détient plus de 10 % des droits de vote dans une structure étrangère entrant dans le champ d'application de l'article 123 bis du CGI, mais n'a aucun droit à dividende, le dispositif est applicable, mais ses effets sont nuls, en l'absence de droits financiers. Cette remarque est importante en cas de démembrement de propriété entre un nu-propriétaire et un usufruitier tous deux résidents de France, l'administration ayant précisé qu'il ne pouvait y avoir cumul d'imposition du chef de deux personnes physiques distinctes de bénéfices correspondant à des droits démembrés (BOI-RPPM-RCM-10-30-20-20 n° 70, indiquant que les droits de vote qui sont retenus pour l'appréciation du pourcentage de détention de 10 % ne sont pas pris en compte pour le calcul du revenu de capitaux mobiliers imposable, ce qui empêche tout cumul d'imposition du chef de deux personnes physiques distinctes de bénéfices ou de revenus positifs correspondant à des droits démembrés). L'usufruitier serait imposable mais non, en principe, le nu-propriétaire.

Modalités pratiques Les revenus, réels ou théoriques, de l'entité étrangère sont considérés comme un revenu de capitaux mobiliers imposable entre les mains de son actionnaire français. Ils sont donc soumis, depuis le 1er janvier 2018, au **prélèvement forfaitaire unique** au taux global de 30 %, sauf en cas d'option globale pour l'imposition au barème de l'impôt sur le revenu (n° 74778) ; dans ce dernier cas, l'abattement de 40 % n'est toutefois pas applicable et les revenus sont majorés de 25 % (CGI art. 158, 7-2°), sauf pour la détermination de l'assiette des prélèvements sociaux additionnels (CSS art. L 136-6, I). 74890

Il n'est pas possible de prendre en compte d'éventuelles **pertes** réalisées dans des entités étrangères, ni, en cas de détention de plusieurs entités soumises au dispositif, d'opérer une compensation entre les profits des unes et les pertes des autres.

En ce qui concerne la **date** à laquelle le résultat étranger est imposable, la loi prévoit un décalage d'un mois ; les bénéfices de l'entité étrangère sont réputés acquis le premier jour du mois qui suit la clôture de son exercice, ou bien, en l'absence d'exercice clos au cours d'une année, le 31 décembre.

ÉLIMINATION DES DOUBLES IMPOSITIONS

Pour éviter une double imposition immédiate, les **dividendes éventuellement distribués** par l'entité étrangère à son actionnaire français ne constituent pas des revenus imposables, sauf pour la partie qui excède le revenu imposable reconstitué selon les règles indiquées précédemment. Autrement dit, ce qui est bien naturel, si une personne physique a été imposée sur le **revenu accumulé** par une structure étrangère, elle ne le sera pas une seconde fois en cas de distribution de ces mêmes revenus. 74900

Une autre situation de double imposition a été envisagée par la loi, celle qui viendrait d'une **imposition concomitante en France et dans le pays étranger** ; l'impôt étranger viendra en déduction du revenu de capitaux mobiliers imposable en France, à condition d'être comparable à l'impôt sur les sociétés (imputation sur l'assiette et non pas crédit d'impôt). Quant à la retenue à la source prélevée à l'étranger en cas de distribution de dividendes, elle est imputable sur l'impôt exigible en application de l'article 123 bis (crédit d'impôt, cette fois-ci), à condition que l'entité distributrice soit située dans un pays lié à la France par une convention fiscale.

Enfin, l'administration a admis que les droits financiers détenus par une personne physique par l'intermédiaire d'une société française soumise à l'impôt sur les résultats de l'entité étrangère en application de l'**article 209 B** du CGI ne doivent pas être retenus pour la détermination du revenu imposable au titre de l'article 123 bis, afin d'éviter un cumul d'imposition injustifié (BOI-RPPM-RCM-10-30-20-20 n° 140, précisant que les droits financiers détenus de cette manière ne doivent pas être retenus pour la détermination du revenu de capitaux mobiliers des personnes physiques concernées).

OBLIGATIONS DÉCLARATIVES

Outre les obligations déclaratives tenant à l'application du prélèvement forfaitaire unique (ou à l'impôt sur le revenu en cas d'option globale), une **déclaration spécifique** doit être établie sur papier libre comportant divers renseignements sur chaque structure étrangère concernée (nom, adresse, objet, pourcentage détenu, identité du fiduciaire ou de la personne exerçant des fonctions comparables, le cas échéant). 74905

Doivent également être produits l'ensemble des **documents** exigés des sociétés passibles de l'impôt sur les sociétés, ainsi que les bilans et comptes de résultats fournis aux administrations locales, le cas échéant, et un état des crédits d'impôt imputables et des impôts déductibles.

CONTRÔLE ET DÉLAIS DE REPRISE

Le respect des obligations déclaratives est susceptible d'être vérifié dans le cadre du contrôle fiscal. À ce propos, l'administration a précisé que la **procédure** contradictoire doit être retenue, même en l'absence de déclaration, à condition que la déclaration d'ensemble des revenus ait été produite au plus tard dans les trente jours d'une première mise en demeure. 74910

Si les obligations déclaratives prévues par l'article 123 bis ont été respectées, le **droit de reprise** de l'administration est celui, habituel, qui expire à la fin de la troisième année qui suit celle au titre de laquelle l'imposition est due.

Si elles n'ont **pas** été **respectées**, qu'il s'agisse d'un défaut de déclaration ou d'une déclaration incomplète, le **droit de reprise** de l'administration s'exerce jusqu'à la **fin de la dixième année** qui suit celle au titre de laquelle l'imposition est due. Bien entendu, l'extension du délai de reprise ne concerne que les seuls revenus ou bénéfices afférents aux obligations déclaratives qui n'ont pas été respectées (LPF art. L 169).

3. CLAUSE DE SAUVEGARDE

JURISPRUDENCE CONSTITUTIONNELLE

74920 À l'origine, la loi ne prévoyait pas d'exception même dans le cadre de l'Union européenne ; le texte avait dû évoluer ensuite pour tenir compte du droit de l'Union européenne et il a encore été modifié par la loi 2017-1775 du 28 décembre 2017 de finances rectificative pour 2017, qui a cherché à combiner les deux décisions suivantes du Conseil constitutionnel :

– une décision du 1er mars 2017, jugeant que l'exception européenne alors applicable devait être généralisée à l'ensemble des pays étrangers (Cons. const. 1-3-2017 n° 2016-614 QPC : RJF 5/17 n° 473) ; le dispositif pouvait donc toujours être écarté si l'exploitation de l'entreprise ou la détention des actions, parts, droits financiers ou droits de vote de l'entité juridique étrangère par la personne domiciliée en France ne pouvait être regardée comme constitutive d'un **montage artificiel** dont le but serait de contourner la législation fiscale française ;

– une décision du 6 octobre 2017, jugeant que le contribuable pouvait toujours prouver que la participation qu'il détient dans l'entité établie ou constituée hors de France n'a **ni pour objet ni pour effet** de permettre, dans un but de fraude ou d'évasion fiscales, la localisation de revenus à l'étranger (Cons. const. 6-10-2017 n° 2017-659 QPC : RJF 12/17 n° 1220).

Depuis le 1er janvier 2018, la situation est la suivante, en distinguant selon les États ou territoires d'implantation de l'entité étrangère concernée.

ENTITÉS SITUÉES DANS L'UNION EUROPÉENNE ET DANS LES ÉTATS « CONVENTIONNÉS »

74922 Cette exception vise, outre les États membres de l'Union européenne, ceux qui ont conclu avec la France une **convention d'assistance administrative** en vue de lutter contre la fraude et l'évasion fiscales ainsi qu'une convention d'assistance mutuelle en matière de recouvrement ayant une portée similaire à celle prévue par la directive 2010/24/UE du Conseil du 16 mars 2010 concernant l'assistance mutuelle en matière de recouvrement des créances relatives aux taxes, impôts, droits et autres mesures (à l'exception, le cas échéant, des États et territoires non coopératifs au sens du n° 74736).

Dans ce cas, le dispositif ne s'applique pas si l'exploitation de l'entreprise ou la détention des actions, parts, droits financiers ou droits de vote de l'entité juridique étrangère par la personne domiciliée en France ne peut être regardée comme constitutive d'un **montage artificiel** dont le but serait de contourner la législation fiscale française (CGI art. 123 bis, 4 bis-al. 1). C'est à l'administration qu'il incombe en principe d'apporter la preuve d'un montage artificiel ; à ce propos, la doctrine administrative indique que la notion de montage artificiel s'apprécie au regard de critères objectifs et que les dispositions de l'article 123 bis du CGI ne trouveront pas à s'appliquer lorsque la réalité de l'implantation (existence physique en termes de locaux, personnels et équipements) et l'exercice effectif d'une activité économique seront établis (BOI-INT-DG-20-50-20 nos 70 et 80).

> **Précisions** Sous l'empire de la législation antérieure à 2018, l'article 123 bis a été jugé applicable au titre de la détention par une personne physique domiciliée en France de 99,94 % du capital d'une société luxembourgeoise exonérée d'impôt en application de l'ancienne loi luxembourgeoise du 31 juillet 1929 (n° 74740) ; en l'absence de tout élément relatif à l'exercice par la **société luxembourgeoise**, qui ne disposait ni de locaux ni de personnel, d'une activité économique distincte de la seule gestion de ses propres actifs, cette société a été regardée comme constitutive d'un **montage artificiel** dont le but était de contourner la législation fiscale française en permettant aux revenus des valeurs mobilières et autres actifs qu'elle détenait de bénéficier d'un régime fiscal privilégié (CAA Lyon 1-12-2016 n° 14LY02357). Cet arrêt a été annulé, car les contribuables étaient par principe fondés à soutenir que la société luxembourgeoise était en situation **déficitaire** de sorte que l'imposition forfaitaire pouvait éventuellement être écartée (CE 28-1-2019 n° 407421 : RJF 4/19 n° 348), mais l'imposition a ensuite été confirmée sur renvoi, car les contribuables n'avaient pas établi l'existence des déficits dont ils se prévalaient (CAA Lyon 25-7-2019 n° 19LY00435 ; CE (na) 16-3-2020 n° 434806 : RJF 7/20 n° 606).
> Autre exemple, l'article 123 bis a été jugé applicable au titre de la détention par une personne physique domiciliée en France des parts d'une société établie à **Gibraltar** exonérée d'impôt et supposée effectuer des prestations techniques alors qu'elle ne disposait pas des moyens permettant leur exécution (CE 21-6-2022 n° 449408 : RJF 10/22 n° 816, rejetant le moyen tiré de l'absence de montage purement artificiel, car la société ne disposait pas des moyens permettant l'exécution des prestations qu'elle était censée exécuter et n'exerçait aucune activité autre que la détention de titres et le prêt de trésorerie).

AUTRES ÉTATS

Si l'entité étrangère est établie dans un État qui n'entre pas dans les prévisions du n° 74922, il reste possible au contribuable d'éviter l'article 123 bis du CGI mais les conditions sont un peu différentes (CGI art. 123 bis, 4 bis-al. 2). **74925**

Dans ce cas, le dispositif n'est pas applicable si la personne domiciliée en France démontre que l'exploitation de l'entreprise ou la détention des actions, parts, droits financiers ou droits de vote de cette entité juridique a **principalement un objet et un effet autres** que de permettre la localisation de bénéfices ou de revenus dans un État ou territoire où elle est soumise à un régime fiscal privilégié (BOI-INT-DG-20-50-20 n° 90).

Cette formulation est moins favorable au contribuable que celle du n° 74922, car la loi indique clairement que c'est au contribuable d'effectuer la démonstration requise. Il lui appartient à cette fin de fournir tous éléments de nature à démontrer l'effet principalement autre que fiscal des opérations effectuées, en s'attachant à produire tous les éléments matériels et quantitatifs de nature à permettre une comparaison objective entre le montant du gain résultant des avantages fiscaux tirés de l'implantation et celui tenant aux avantages d'autre nature.

À titre d'exemple, la preuve n'a pas été apportée par une personne physique domiciliée en France qui avait créé en 2006 une société aux **îles Vierges britanniques** exonérée d'impôt sur les sociétés, qu'elle dirigeait et dont elle détenait la totalité du capital et qui n'avait eu aucune activité économique effective depuis sa création (CAA Paris 27-5-2021 n° 19PA00903, ayant fait l'objet d'un pourvoi non admis par CE (na) 17-2-2022 n° 454985).

INCIDENCE DES CONVENTIONS FISCALES

Lorsque l'entité étrangère est constituée dans un pays ayant signé avec la France une convention fiscale, on a pu se demander si l'application de l'article 123 bis ne devrait pas être écartée par la convention. L'interrogation sur ce point viendrait de la transposition éventuelle de la décision favorable rendue par le Conseil d'État en ce qui concerne l'article 209 B du CGI, dans sa version antérieure à la loi du 2004-1484 du 30 décembre 2004 de finances pour 2005 (CE ass. 28-6-2002 n° 232276 : RJF 10/02 n° 1080) ; dans cette affaire, le Conseil d'État avait jugé que la convention fiscale ne permettait pas à la France d'imposer les résultats d'une société suisse qui ne disposait pas d'un établissement stable en France (solution aujourd'hui caduque en raison des modifications législatives apportées à l'article 209 B). **74930**

Il ne nous semble cependant pas que la transposition soit possible, dans la mesure où l'article 123 bis contient, à la différence de l'article 209 B (dans sa rédaction de l'époque), une référence explicite à la notion de revenus de capitaux mobiliers (n° 74890), ce qui devrait conduire à écarter la qualification de revenus d'entreprises pour l'application des conventions fiscales rédigées selon le modèle de l'OCDE, et, par suite, les règles relatives à l'imposition des établissements stables.

PARTIE 7

Dossiers

CHAPITRE 1

FAMILLES RECOMPOSÉES

SOMMAIRE

SECTION 1

NOTION DE FAMILLE RECOMPOSÉE

DÉFINITIONS

Selon l'**Insee**, une **famille** est la partie d'un ménage (ensemble des personnes, apparentées ou non qui partagent de manière habituelle un même logement et qui ont un budget en commun) comprenant au moins deux personnes et constituée : 75000

– soit d'un couple marié, pacsé ou en simple concubinage, avec le cas échéant son ou ses enfant(s) appartenant au même ménage ;

– soit d'un adulte avec son ou ses enfant(s) appartenant au même ménage (famille monoparentale).

Alors que la cellule de base d'une famille classique est un duo, une **famille recomposée** comporte au minimum un trio : deux adultes formant couple et au moins un enfant né d'une union précédente de l'un d'entre eux. À ce trio de base peuvent notamment s'ajouter les enfants du nouveau couple.

Toujours selon l'Insee, un **couple** est composé de deux personnes de sexe différent ou de même sexe, s'inscrivant dans une relation présentant un caractère de continuité et de stabilité quel que soit le lien d'union.

75001 **Précisions terminologiques** Dans ces développements, pour parler de chacune des deux personnes formant un **couple**, on utilisera l'expression de « membre du couple » ou de « partenaire de vie » lorsque le lien d'union est indifférent.

Les termes de conjoint ou d'époux et/ou épouse seront réservés au mariage. Si le lien d'union est un Pacs, on parlera de partenaire, de même que l'on parlera de concubin en cas d'union libre.

S'agissant des **enfants**, les expressions « enfant non issu des deux membres du couple », « enfant non commun », « enfant d'un autre lit » ou « enfant d'une autre union » seront employées indifféremment pour désigner l'enfant dont un seul des membres du couple est le parent. L'enfant dont les deux parents sont en couple sera désigné par cette expression ou par celle d'« enfant commun » ou encore, si ses parents sont mariés, par celle d'« enfant issu des deux époux ».

STATISTIQUES

75003 Selon sa dernière étude publiée en 2020, l'Insee identifie 1,519 million d'enfants de moins de 18 ans vivant dans une famille recomposée contre 1,160 million en 2006 (Insee Première 14-1-2020 n° 1788). Sur 100 enfants mineurs, onze enfants vivent dans une famille recomposée. Parmi eux, sept sont nés d'une union antérieure : ils vivent avec un parent, un beau-parent et éventuellement des demi-frères ou demi-sœurs. Les quatre autres sont des enfants du couple : ils vivent avec leurs deux parents et des demi-frères ou demi-sœurs.

Ainsi, sur les huit millions de familles comportant au moins un enfant mineur, on compte 728 000 familles recomposées. En réalité, les familles recomposées sont beaucoup plus nombreuses que cette approche statistique ne le laisse à penser, ne serait-ce qu'en y incluant les enfants de plus de 18 ans.

DIVERSITÉ DES FAMILLES RECOMPOSÉES

75005 Quelle que soit l'approche retenue, elle ne suffira pas à rendre compte de la diversité des familles recomposées, diversité naturellement plus importante que celle des familles dites « traditionnelles » compte tenu du plus grand nombre de **combinaisons envisageables** :

– il peut exister des **enfants non communs** chez les deux membres du nouveau couple ou chez un seul d'entre eux ;

– les enfants de l'union ou des unions précédentes ne vivent pas forcément avec le nouveau couple, soit qu'ils vivent avec l'autre parent, soit qu'ils soient majeurs et déjà indépendants ;

– la **précédente union** peut avoir été un simple concubinage, un Pacs ou un mariage, et avoir pris fin par décès ou par séparation, cette dernière pouvant avoir été conflictuelle ou au contraire consensuelle ;

– la séparation peut s'accompagner ou non du versement de sommes d'argent : pension alimentaire pour les enfants, prestation compensatoire pour l'ex-conjoint divorcé ;

– la **nouvelle union** peut ou non être la cause de la rupture de la précédente et intervenir rapidement après cette rupture ou au contraire de nombreuses années plus tard (parfois même très tardivement) ;

– les deux membres du nouveau couple peuvent être ou non de la même génération. Il arrive que la différence d'âge soit significative ; on voit ainsi des couples dont l'un des membres est de la même génération que les enfants de la première union de l'autre, les enfants du nouveau couple ayant l'âge des premiers petits-enfants. Le nouveau couple peut aussi être composé de deux adultes de même sexe, ce qui n'exclut désormais plus le mariage ;

– la nouvelle famille peut ou non comporter des **enfants communs**, élevés ou non avec leurs demi-frères et sœurs, avec lesquels la différence d'âge est parfois importante ;

– les **rapports entre les différents membres des différentes familles** (parents et beaux-parents, grands-parents, enfants entre eux) peuvent être excellents ou au contraire tendus ;

– on retrouve même parfois toutes les parties prenantes du trio de base (les deux adultes et l'enfant d'un seul) sans qu'on puisse parler de « famille » au sens commun du terme. Tel est notamment le cas quand la **paternité** n'a **pas été volontaire**, et que sa reconnaissance a été obtenue judiciairement.

DES RAPPORTS FAMILIAUX ET PATRIMONIAUX OBJECTIVEMENT MODIFIÉS

Si les **rapports d'argent** en famille sont en général fortement colorés d'affectif, cette règle est encore plus sensible dans les familles recomposées, où un certain nombre de notions qui « vont de soi » dans les familles classiques perdent leur caractère d'évidence. **75010**

Ainsi, la **notion d'égalité entre les enfants** est questionnée par la différence de leurs situations : les enfants de lits différents n'ont ni les mêmes parents ni les mêmes grands-parents ; ils ne vivent pas forcément ensemble, ils n'appartiennent peut-être pas à la même génération, etc.

Sans présumer d'un éventuel antagonisme avec l'autre membre du nouveau couple, la **spécificité** d'une famille recomposée (par rapport à une famille ne comportant que des enfants communs) est que les enfants non communs n'ont aucun lien de parenté avec la personne avec laquelle leur père ou mère est en couple, et n'ont pas vocation à hériter d'elle. Ce constat est vrai **quel que soit le lien d'union** (mariage, Pacs ou union libre) et pose des difficultés quelle que soit la nature de la transmission : **75012**

– tout **patrimoine transféré en pleine propriété** (par donation, succession, régime matrimonial ou assurance-vie) au profit de l'autre membre du couple reviendra à ses propres héritiers, sauf à organiser une transmission au profit des enfants non communs (sur quelques stratégies envisageables à cette fin, voir n°s 75500 s.) ;

– pour les **dispositions en usufruit**, c'est la question de la différence d'âge entre le nouveau partenaire de vie et les enfants d'une autre union qui est en jeu : entre un parent et ses enfants, il existe par nature une génération d'écart. Rien ne permet de supposer un même intervalle avec les enfants non communs.

SECTION 2 ÉVALUATION DE L'IMPACT DU PASSÉ

Qui dit famille recomposée dit famille antérieure, au moins pour l'un des deux membres du couple. Or, cette précédente histoire familiale peut avoir des conséquences qui se prolongent au-delà de la rupture, et qu'il convient d'intégrer. **75050**

En ce qui concerne l'**ex-membre du couple**, c'est dans l'hypothèse où le lien d'union avait pris la forme d'un mariage qu'il convient d'être le plus attentif. En effet, la loi française prévoit au profit de l'ex-conjoint un droit à recevoir une fraction de réversion de sa pension de retraite, sous certaines conditions. De même, si le règlement du divorce a prévu le versement d'une prestation compensatoire sous forme de rente, l'impact du règlement de cette dernière tant au cours de la vie du débiteur qu'à l'occasion de sa succession est à prendre en compte.

Quel que soit le lien antérieur d'union, l'entretien et l'éducation des **enfants** qui en sont issus demeurent le fruit d'une collaboration avec l'autre parent, de même que la gestion de leur éventuel patrimoine.

A. Droit de l'ex-conjoint à une fraction de la retraite de réversion

Sous réserve du respect de certaines conditions (voir n°s 11402 s. pour la retraite de base, n°s 11430 s. pour le régime complémentaire Agirc-Arrco et n° 11460 pour les non-salariés), le **conjoint survivant** a droit à une pension de réversion au décès de son conjoint. Mais sa situation est affectée par la **présence d'un ex-conjoint divorcé**. Ce dernier (homme ou femme) conserve en effet des droits à réversion, qui réduisent sauf exception ceux du conjoint survivant. **75052**

ATTENTION

Ni le **concubinage** ni le **Pacs** ne permettent d'obtenir une retraite de réversion. Si l'assuré ne s'est pas remarié avec son concubin ou partenaire, c'est le conjoint divorcé qui percevra les pensions (s'il en remplit les conditions).

RÉGIMES SANS CONDITION DE NON-REMARIAGE DU BÉNÉFICIAIRE

75053 Dans le régime de base des **salariés**, un partage de la pension est effectué entre le conjoint survivant et le ou les précédents conjoints divorcés toujours en vie – même s'ils se sont remariés – en fonction de la durée respective de chaque mariage. Pour plus de précisions, voir nos 10456 s. Il en est de même dans les régimes de base des **non-salariés** et dans le régime complémentaire des artisans, industriels et commerçants.

RÉGIMES COMPORTANT UNE CONDITION DE NON-REMARIAGE

75055 **Régime Agirc-Arrco** Le conjoint divorcé non remarié qui remplit les conditions exposées nos 11430 s. perçoit une pension de réversion dont le montant est **proportionnel à la durée du mariage** (rapportée à la durée d'assurance au régime vieillesse de base en l'absence de conjoint survivant et à la durée globale des différents mariages en présence d'un conjoint survivant : voir nos 10471 s.). Les droits de l'ex-conjoint divorcé viennent donc en déduction de ceux du **conjoint survivant** (sauf exception si le remariage a eu lieu avant le 13-1-1998 avec un participant divorcé avant le 1-7-1980).
Dans tous les cas, le **remariage du bénéficiaire** de la pension de réversion (qu'il s'agisse du conjoint survivant ou de l'ex-conjoint divorcé) entraîne la suppression du versement à son profit sans augmenter pour autant la part de l'autre. Cette suppression est définitive et ne peut être rétablie si l'ex-bénéficiaire de la pension de réversion divorce de son nouveau conjoint ou si celui-ci vient à décéder.
La conclusion d'un **Pacs ou** la vie en **concubinage** du bénéficiaire sont en revanche sans effet sur la pension.

75056 En présence d'un ex-conjoint disposant d'un droit sur la retraite de réversion de l'époux de l'actuelle union, il est conseillé en pratique **de maximiser la durée du mariage**, et donc d'éviter de « faire durer » la période de concubinage ou de Pacs qui n'est pas prise en compte pour le calcul de la réversion.

EXEMPLE

(inspiré de ceux présentés dans le guide « pensions de réversion de la retraite complémentaire », disponible sur le site agirc-arrco.fr).
Mme Longchamp laisse à son décès, le 1er février 2024, un **conjoint survivant et** un **ex-conjoint**, M. Kleber, non remarié. Le premier mariage a duré 160 mois et la seconde union seulement 65 mois. La durée globale des mariages est de : 160 + 65 = 225 mois.
Situation actuelle
Mme Longchamp était titulaire de 20 000 points Agirc-Arrco et percevait une pension annuelle au titre de ce régime de 28 318 € (20 000 × 1,4159 €).
M. Longchamp et M. Kleber remplissent l'un comme l'autre les conditions d'âge.
La pension de réversion annuelle Agirc-Arrco (avant prélèvements sociaux) du veuf, M. Longchamp, est égale à : 20 000 points × (65/225) × 60 % × 1,4159 € = 4 908,45 €/an.
La pension de réversion annuelle Agirc-Arrco (avant prélèvements sociaux) de M. Kleber est donc égale à 20 000 points × (160/225) × 60 % × 1,4159 € = 12 082,35 €/an.
Situation avec un mariage dix ans plus tôt
M. et Mme Longchamp ont vécu en concubinage pendant 12 ans avant de se marier, l'un comme l'autre étant réticents à l'idée d'un nouveau mariage compte tenu de leurs divorces difficiles.
S'ils avaient choisi de se marier dix ans plus tôt, la durée totale des mariages se serait établie à 345 mois.
La pension de réversion annuelle Agirc-Arrco (avant prélèvements sociaux) de M. Longchamp aurait alors été égale à : 20 000 points × (185/345) × 60 % × 1,4159 € = 9 111 €, au lieu de 4 908,45 €.
La pension de réversion annuelle Agirc-Arrco (avant prélèvements sociaux) de M. Kleber aurait été de : 20 000 points × (160/345) × 60 % × 1,4159 € = 7 879,80 €, au lieu de 12 082,35 €.
Situation en l'absence de droits au profit de l'ex-conjoint
En l'absence de droits au profit de M. Kleber, M. Longchamp aurait perçu 16 990,80 €.

75057 **Autres régimes** Le bénéfice de la pension de réversion est également soumis à une condition de non-remariage dans le régime complémentaire obligatoire des non-salariés agricoles (C. rur. art. D 732-152).

B. Existence d'une prestation compensatoire sous forme de rente

Lorsque la précédente union était un mariage et que le **divorce** a donné lieu à une prestation compensatoire versée sous forme de **rente viagère ou temporaire**, deux points sont à souligner : **75060**
– le paiement de la rente se traduit par une **ponction sur les ressources** et le train de vie de celui qui doit la verser (sur les conditions de révision de la rente, voir en particulier nos 9961 s. et 10035 s.) ;
– au **décès de son débiteur**, la rente sera en principe convertie en un capital qui sera prélevé sur la succession.

CHARGE DU RÈGLEMENT DE LA RENTE DU VIVANT DU DÉBITEUR

Quel que soit le lien d'union au sein du nouveau couple, la prestation compensatoire versée à l'ex-époux reste une **charge personnelle du débiteur**. **75065**
En cas de **concubinage**, de **Pacs** (même assorti d'une convention d'indivision) **ou** de **mariage** sous le régime de la **séparation de biens**, il n'y a pas de difficulté particulière puisque les revenus de chaque membre du couple sont sa propriété exclusive. Le paiement de la rente affectera tout de même le train de vie du nouveau couple.
Dans l'hypothèse d'un remariage sous le régime de la **communauté légale**, les revenus de chacun des deux membres du couple sont communs. Tout règlement de la prestation compensatoire effectué par prélèvement sur ces derniers suffit à fonder un **droit à récompense** au profit de la communauté (Cass. 1e civ. 28-3-2006 n° 03-11.671 : Bull. civ. I n° 175, BPAT 3/06 inf. 80). Cette récompense permet ici d'accroître les droits du conjoint survivant dans l'actif commun, et donc d'augmenter sa protection. Si tel n'est pas le souhait des époux, ils peuvent écarter tout droit à récompense au titre du versement correspondant à cette prestation compensatoire dans leur contrat de mariage, ou encore stipuler que les revenus de l'époux débiteur seront exclus de la communauté à hauteur de ce versement.
La même logique devrait trouver à s'appliquer dans un régime de **participation aux acquêts**.
En tout état de cause, il est **conseillé** d'évaluer la situation du ou des débirentiers avant le mariage du nouveau couple, afin de prendre une décision éclairée quant au choix du régime matrimonial et à son éventuel aménagement.

CONVERSION DE LA RENTE EN CAPITAL AU DÉCÈS DU DÉBIRENTIER

La charge de la prestation compensatoire ne s'éteint pas avec le décès de son débiteur. Au moment du règlement de la succession, et après déduction, le cas échéant, de la pension de réversion perçue par le créancier de la prestation (C. civ. art. 280-2), la rente fait en principe l'objet d'une conversion en capital (C. civ. art. 280, al. 3). Le montant de ce capital est prélevé sur la succession, dans la limite de l'actif successoral (C. civ. art. 280, al. 1). La conversion s'effectue sur la base du **barème d'évaluation** établi par le décret 2004-1157 du 29 octobre 2004 en fonction de l'âge et du sexe du crédirentier pour une rente viagère (en fonction de la seule durée restant à courir et du sexe pour une rente temporaire). **75070**
Sur le **plan fiscal**, il nous semble que le versement en capital prélevé sur l'actif successoral est déductible pour le calcul des droits de succession car il s'agit d'une dette à la charge de la personne défunte, qui devient exigible du fait de son décès. Corrélativement, elle n'offre aux héritiers aucun avantage complémentaire (sous forme de réduction d'impôt, par exemple). En contrepartie, l'ex-conjoint qui reçoit le capital représentatif de la rente n'est pas redevable de l'impôt sur le revenu à ce titre.

EXEMPLE

M. Fabri est marié en secondes noces sous le régime de la séparation de biens et son patrimoine se compose d'un actif d'une valeur de 200 000 €. Il verse une prestation compensatoire de 1 000 € par mois à son ex-épouse actuellement âgée de 70 ans, lui-même étant âgé de 85 ans. Si son décès intervenait aujourd'hui, et en supposant que la retraite de réversion reçue par cette dernière à la suite du décès de son ex-mari s'établisse à 250 € par mois, sa succession serait redevable d'un capital de 750 € (1 000 € – 250 €) × 12 mois × 11,815 soit 106 335 €.
Pour une rente de 1 200 € par mois (après déduction de l'éventuelle réversion de la pension retraite) et un ex-conjoint âgé de 65 ans, la valeur en capital s'établirait à 198 043 € (1 200 € × 12 mois × 13,753).

Le **maintien du versement d'une rente** viagère ou temporaire peut être décidé par les héritiers, sous condition d'unanimité (C. civ. art. 280-1), la pension de réversion le cas échéant versée suite au décès du débirentier étant préalablement déduite (C. civ. art. 280-2). **75071**

Les héritiers deviennent personnellement engagés mais bénéficient des mêmes possibilités de conversion et de révision que le débiteur initial. Ce **choix peut s'envisager** lorsque les héritiers privilégient la qualité de vie du crédirentier (en général leur mère) en lui assurant le maintien d'un revenu identique via la rente, ce que la conversion de la rente en capital ne permet pas forcément.
Sur le **plan fiscal**, la valeur capitalisée de la rente n'est pas déductible de l'actif successoral, mais les héritiers pourront déduire la rente de leurs revenus dans les mêmes conditions que le débirentier. Le bénéficiaire est corrélativement imposable à l'impôt sur le revenu et aux prélèvements sociaux sur cette rente.

> **Précisions** En l'**absence d'accord des héritiers** pour maintenir le versement d'une rente, les héritiers ne peuvent procéder à une révision unilatérale de la rente et il doit lui être substitué un capital immédiatement exigible (Cass. 1e civ. 4-11-2015 n° 14-20.383 F-PB : D. 2016 p. 680 obs. M. Douchy-Oudot).

75072 **Conseils pratiques** En présence d'un ex-conjoint (en pratique presque toujours une ex-épouse) percevant une prestation compensatoire sous forme de rente, il est souhaitable d'**évaluer la valeur en capital de la rente** pour connaître le montant de la « créance » qui devrait être réglée en cas de prédécès du débiteur.
À cette occasion, il peut être intéressant d'**envisager un règlement du vivant du débirentier** (éventuellement au travers d'un emprunt) pour « solder » définitivement le passé sur ce point (sur la procédure à suivre, voir n°s 10010 s.). Ce règlement anticipé est particulièrement utile si le débiteur de la prestation s'est remarié sous le régime de la communauté universelle avec clause d'attribution intégrale au conjoint survivant ; dans une telle hypothèse, le conjoint survivant reste personnellement tenu au versement de la rente, qui n'est pas convertie en capital (voir n° 10062, précisions).
Restera toutefois, sauf exception mentionnée n° 75055, l'éventualité du partage de la pension de réversion si l'ex-conjoint créancier de la prestation compensatoire ne s'est jamais remarié.

C. Droits de l'autre parent après la séparation en présence d'enfants mineurs

75100 En matière d'**autorité parentale**, le principe est la coparentalité, c'est-à-dire l'exercice conjoint de l'autorité parentale par les deux parents de l'enfant, qu'ils soient en couple ou séparés (C. civ. art. 372).

75101 Au-delà de la séparation, les deux parents doivent contribuer à l'**entretien et** à l'**éducation de leurs enfants** à proportion de leurs ressources et des besoins des enfants (C. civ. art. 371-2). Si la contribution prend la forme d'une pension, elle doit être versée directement entre les mains du parent ayant la charge des enfants (C. civ. art. 373-2-2 ; cas des enfants majeurs, voir n° 36840).
Les pensions alimentaires sont en principe une charge personnelle pour leur débiteur. Toutefois, en cas de mariage sous un régime de communauté, les pensions alimentaires versées pour les enfants au cours du mariage constituent un passif définitif de communauté (C. civ. art. 1409), y compris s'il s'agit d'enfants non communs aux deux époux (Cass. 1e civ. 8-11-2005 n° 03-14.831 : Bull. civ. I n° 403, Dr. famille 2005 n° 274 note B. Beignier). La même logique devrait trouver à s'appliquer dans un régime de participation aux acquêts. Rappelons au contraire que le règlement sur des fonds communs de la prestation compensatoire due à l'ex-époux ouvre droit à récompense (n° 75065).

75102 Les parents exerçant seuls ou en commun l'autorité parentale sont soumis à un **régime unique d'administration légale** (C. civ. art. 382 s. issus de l'ord. 2015-1288 du 15-10-2015). Le parent exerçant seul l'autorité parentale, en cas de décès de l'ex-conjoint ou concubin notamment, n'a plus à solliciter le juge des tutelles pour accomplir la plupart des actes de disposition. L'autorisation du juge reste toutefois obligatoire pour les actes de disposition particulièrement graves, comme par exemple la vente ou l'apport en société d'un immeuble appartenant au mineur, ou encore l'endettement de ce dernier (C. civ. art. 387-1).
Pour l'étude d'ensemble de l'administration légale, voir n°s 40050 s.

75103 Les biens détenus en pleine propriété par le mineur sont soumis jusqu'à ses 16 ans au **droit de jouissance légale** de ses parents administrateurs légaux ou du survivant d'entre eux (C. civ. art. 386-1 s.). Dans ce dernier cas, l'administrateur unique peut, sauf exceptions précitées n° 75102, administrer ou disposer seul des actifs que possède l'enfant. Ce pouvoir de gestion

unique sans contrôle n'est pas sans risque, par exemple lorsque l'enfant hérite d'un patrimoine important à la suite du règlement de la succession de son auteur, séparé de son ex-conjoint.
Certes, l'administrateur légal doit obtenir l'autorisation du juge des tutelles pour accepter purement et simplement une succession revenant au mineur (C. civ. art. 387-1). Et à cette occasion, le juge peut décider qu'un acte ou une série d'actes de disposition seront soumis à son autorisation préalable (C. civ. art. 387-3). Mais ce contrôle reste à l'appréciation du juge et ne peut pas être anticipé par les intéressés. La solution peut alors être de confier l'administration à un tiers comme indiqué ci-dessous.
Pour une étude détaillée du droit de jouissance légale, voir n°s 40250 s.

CONSEILS PRATIQUES

Il est possible de donner ou léguer des biens au mineur sous condition d'**administration par un tiers** (C. civ. art. 384 : voir n° 40115). La clause d'exclusion de l'administration légale emporte privation du droit de jouissance légale (Cass. 1e civ. 11-2-2015 n° 13-27.586 : BPAT 2/15 inf. 42). Elle peut concerner les biens composant la réserve héréditaire de l'enfant (Cass. 1e civ. 6-3-2013 n° 11-26.728 : Bull. civ. I n° 36). **75104**
Cette administration par un tiers peut s'avérer d'une grande utilité notamment dans deux situations. Le parent d'un enfant veut, au cas où il viendrait à décéder, empêcher son ex-conjoint ou concubin de gérer le patrimoine successoral que recevrait son enfant. En cas de conflit entre les parents séparés de l'enfant mineur, les grands-parents veulent transmettre directement un patrimoine à leurs petit(s)-enfant(s) sans y mêler l'ex-conjoint ou concubin, ou encore en présence de titres de sociétés, en vue d'en confier l'administration à une personne de confiance.
La même possibilité s'applique à notre avis aux **capitaux décès** issus d'un contrat d'assurance-vie (voir n°s 65466 s.).
Il sera parfois judicieux de coupler dans la donation ou le legs, cette clause d'administration par un tiers, à une **libéralité résiduelle**, lorsque le disposant voudra que les biens donnés ou légués ne reviennent pas à l'autre parent du mineur, ni à ses demi-frères et sœurs éventuels.
Sur les libéralités résiduelles, voir n°s 63320 s.

SECTION 3

PROTECTION DANS LE COUPLE : SPÉCIFICITÉS DUES À LA PRÉSENCE D'ENFANTS NON COMMUNS

Si tous les **enfants** d'un même parent sont « **égaux** » quant à leurs droits dans la succession de leur auteur, le législateur a prévu une **protection spécifique pour les enfants d'une première union** « en concours » avec la nouvelle épouse ou le nouvel époux de leur parent. **75150**
Quel que soit le lien d'union entre les nouveaux membres du couple, les mêmes **problèmes objectifs** se posent : le survivant n'étant pas le parent des enfants de l'autre, ces derniers n'hériteront pas de lui et leurs rapports, sans être nécessairement mauvais, s'inscrivent dans une logique du strict respect des droits de chacun, tels que la loi les a prévus, et non dans celle de l'affection filiale (sauf exception pour laquelle la loi propose d'ailleurs la possibilité d'une adoption simple).

A. En cas de remariage

À la différence du Pacs et du concubinage, le mariage crée des droits au profit du conjoint survivant même en l'absence de disposition (**dévolution légale**) et permet de lui transmettre volontairement au-delà de la quotité disponible ordinaire (**quotité disponible spéciale**). **75155**
Le Code civil comporte toutefois différentes dispositions qui visent à assurer une **protection spécifique des enfants non issus des deux époux** en « concurrence » avec le conjoint survivant.

1. IMPACT DE LA PRÉSENCE D'ENFANTS NON COMMUNS SUR LES DROITS SUCCESSORAUX DU CONJOINT

DÉVOLUTION LÉGALE

75160 Les droits successoraux du conjoint survivant en présence de descendants sont exposés nos 11007 s.

Rappelons ici que :

– en présence d'**enfants exclusivement communs**, le conjoint survivant a le choix entre l'usufruit de la totalité des biens existants et la propriété du quart des biens ;

– en présence d'un ou plusieurs **enfants du défunt non issus des deux époux**, le conjoint ne reçoit que la propriété du quart, sans possibilité d'option pour l'usufruit.

Ainsi, la loi tranche clairement en faveur d'une « **séparation** » **des patrimoines**, préférant le risque du transfert de biens dans l'autre branche familiale à celui d'un droit en usufruit sur tous les actifs du défunt. En présence de descendant(s) non commun(s), une disposition – testament ou donation entre époux – est indispensable pour transmettre au survivant l'usufruit de tout ou partie de la succession.

75162 **Si un seul des époux a des enfants d'une autre union** La présence d'enfants non issus des deux époux ne s'apprécie pas globalement au niveau de la famille recomposée, mais uniquement à l'égard du défunt. Il convient donc d'être particulièrement attentif aux **distorsions** qui apparaissent lorsqu'un seul des conjoints a des enfants d'un autre lit.

Cette réflexion doit également être menée en cas de Pacs ou de concubinage, lorsque les concubins ou partenaires souhaitent prendre des dispositions en faveur l'un de l'autre. Mais la vie commune hors mariage ne créant pas de droits sur la succession, la réflexion sur la transmission inclura plus naturellement cette problématique.

75163 On prendra l'**exemple** de M. et Mme Colin, mariés sous le régime de la séparation de biens. M. Colin a un enfant de sa première union, Pierre. Mme Colin n'a pas eu d'enfant avant son mariage.

Le tableau ci-après récapitule la vocation légale de chaque époux dans la succession de son conjoint en fonction de l'ordre des décès et en distinguant selon que le couple Colin a eu ou non un enfant commun.

1e situation : les époux ont eu un enfant commun (Anne)	
Premier décès : M. Colin	**Premier décès : Mme Colin**
En présence d'un enfant non commun du défunt, Mme Colin reçoit la propriété du quart et ce patrimoine reviendra ensuite à Anne, enfant commun du couple.	En l'absence d'enfant non commun de la défunte, M. Colin peut choisir entre l'usufruit du tout et la propriété du quart : – s'il choisit l'usufruit, Anne reçoit toute la nue-propriété (et voit se reconstituer la pleine propriété au décès de son père) ; – s'il choisit le quart en pleine propriété, Anne reçoit les 3/4. Au décès de M. Colin, Anne et Pierre se partageront sa succession incluant le 1/4 provenant de Mme Colin.

2e situation : les époux n'ont pas eu d'enfant commun	
Premier décès : M. Colin	**Premier décès : Mme Colin**
En présence d'un enfant non commun du défunt, Mme Colin reçoit la propriété du quart. À son décès, ce patrimoine revient à ses propres héritiers. Pierre ne recevra rien dans la succession de sa belle-mère, sauf si elle a pris des dispositions en sa faveur.	La défunte ne laissant aucun descendant, M. Colin reçoit en principe toute la succession de son épouse en pleine propriété (ou 1/2 en présence de ses deux parents ou 3/4 en présence d'un seul). Ce patrimoine reviendra intégralement à Pierre au décès de son père.

DROIT D'HABITATION VIAGER

75165 Le droit d'habitation viager sur la résidence principale (et droit d'usage sur les meubles) prévu à l'article 764 du Code civil vient en partie contredire le choix du législateur concernant la dévolution légale. En effet, il est ouvert au conjoint survivant même si le défunt avait des **enfants non issus des deux époux**, alors que l'option en usufruit sur la succession est écartée dans une telle situation.

Lorsque la succession est composée exclusivement de la résidence principale (ou que celle-ci représente un pourcentage important du patrimoine), ce droit d'usage et d'habitation prive les enfants de la possibilité de recevoir des droits en pleine propriété.

Tous les enfants, y compris ceux non issus du couple, devront attendre le décès du survivant des époux, sauf à obtenir son accord pour vendre la résidence principale ou convertir son droit viager en rente viagère ou en capital (cette conversion ne pouvant être imposée au conjoint).
De plus, même si le droit viager s'impute effectivement sur les droits successoraux du conjoint, l'absence ou l'insuffisance de ces derniers n'oblige pas le conjoint à récompenser la succession à raison de l'excédent. Il pourra ainsi conserver ce droit sans indemnisation à verser.
En revanche, ce droit viager prévu par la loi peut être retiré au conjoint survivant ou simplement être aménagé, par exemple, quant à la durée ou la possibilité de le donner en location, par l'intermédiaire d'un testament authentique (C. civ. art. 764).
Pour l'étude d'ensemble du droit viager et notamment sa non-application à la résidence principale détenue au travers d'une société, voir nos 11140 s.

EXEMPLE

On suppose que la succession de M. Systor est composée exclusivement de sa résidence principale (bien propre) d'une valeur de 500 000 €. Il a deux enfants non communs avec son épouse et n'a pris aucune disposition en faveur de cette dernière. À son décès, son épouse, âgée de 60 ans, opte pour le droit d'usage et d'habitation viager sur la résidence principale. Si on retient une évaluation fiscale de ce droit pour procéder à son imputation sur les droits légaux du conjoint, il représente 60 % de la valeur de l'usufruit, elle-même fixée à 50 % compte tenu de l'âge du conjoint survivant, soit 30 % de la valeur de la résidence principale (150 000 €), ce qui excède de 25 000 € le quart prévu à l'article 757 du Code civil en présence d'enfant commun (125 000 €). Cependant, Mme Systor ne devra régler aucune indemnité aux enfants. Ces derniers seront imposés sur la base de la valeur du patrimoine de leur auteur, déduction faite de celle du droit d'usage et d'habitation, soit en l'occurrence 350 000 € (500 000 € – 150 000 €). Ce droit d'usage et d'habitation du conjoint se rapproche d'un usufruit, puisque le survivant dispose de la faculté de louer le bien lorsqu'il n'est plus adapté à ses besoins, afin de dégager les ressources nécessaires à de nouvelles conditions d'hébergement.

2. IMPACT DE LA PRÉSENCE D'ENFANTS NON COMMUNS SUR LES LIBÉRALITÉS AU PROFIT DU CONJOINT

QUOTITÉ DISPONIBLE SPÉCIALE ENTRE ÉPOUX

La présence d'un ou plusieurs enfants non issus des deux époux n'a aucune incidence : **une seule et même quotité** disponible spéciale existe « pour le cas où l'époux laisserait des enfants ou descendants, issus ou non du mariage » (C. civ. art. 1094-1). **75170**
Pour l'étude d'ensemble de la quotité disponible spéciale entre époux, voir nos 13505 s.

> **Précisions** À l'occasion du vote de la **réforme des successions** opérée par la loi 2006-728 du 23 juin 2006, il avait été **envisagé** d'instaurer une quotité disponible spéciale entre époux spécifique – et réduite – en présence d'enfants non communs. Ce projet a finalement été écarté.

FACULTÉ DE SUBSTITUTION DES LIBÉRALITÉS EN PLEINE PROPRIÉTÉ

La seule particularité liée à la présence d'**enfants non issus des deux époux** est la possibilité offerte à chacun d'eux d'exiger que la libéralité qui aurait été faite en pleine propriété au conjoint survivant soit convertie en une libéralité en usufruit, l'enfant abandonnant au conjoint la part d'usufruit qu'il aurait recueillie en son absence (C. civ. art. 1098). On comprend la philosophie de cet « **usufruit forcé** » du conjoint : la nue-propriété revenant à l'enfant non commun, il retrouvera la pleine propriété du patrimoine à l'extinction de l'usufruit. **75172**
Toutefois, cette disposition trouve **en pratique** rarement à s'appliquer. Tout d'abord parce que, n'étant pas d'ordre public, elle est généralement écartée par la libéralité ; ensuite parce que ses conditions d'application sont exigeantes : il faut notamment qu'il s'agisse d'une libéralité (les droits du conjoint ab intestat ne sont pas concernés) et que cette libéralité n'ait porté que sur de la pleine propriété (sur ce sujet, N. Levillain, Protéger le survivant en présence d'enfants non communs : JCP N 2008 p. 23). Pour plus de précisions, voir no 13630.

CONVERSION EN RENTE OU CAPITAL D'UN USUFRUIT CONVENTIONNEL

La faculté de demander la conversion de l'usufruit du conjoint en rente viagère ou en capital est ouverte à **tous les enfants**, sans distinction entre ceux qui sont communs et ceux qui ne le sont pas. Les règles sont les mêmes que pour la conversion de l'usufruit légal (C. civ. art. 759 et 761). Sur ces règles, voir nos 11020 s. **75175**

RENONCIATION ANTICIPÉE À L'ACTION EN RÉDUCTION

75176 Pour « couvrir » un dépassement de la quotité disponible consécutif aux **libéralités** effectuées au profit du conjoint, les enfants, communs ou non, peuvent renoncer par avance à leur action en réduction au profit du conjoint, individuellement ou collectivement.

Cette renonciation anticipée aura également pour effet de couvrir les éventuels « excès » qui pourraient être réalisés via l'**assurance-vie**, dans l'hypothèse où les primes versées seraient reconnues comme manifestement exagérées et seraient par conséquent prises en compte pour le règlement de la succession en vue de leur imputation sur la quotité disponible comme une libéralité reçue par le conjoint survivant. La renonciation des enfants protégera là encore le conjoint contre le risque de réduction.

3. IMPACT DE LA PRÉSENCE D'ENFANTS NON COMMUNS SUR LES AVANTAGES MATRIMONIAUX

75180 Pour éviter que le choix initial du contrat de mariage ou sa modification postérieure puisse se faire au détriment des enfants non communs, la loi prévoit un **dispositif particulier** « au cas où il y aurait des enfants qui ne seraient pas issus des deux époux » pour préserver leurs droits en tant qu'héritiers réservataires du risque d'un transfert de patrimoine d'une branche familiale à l'autre.

Alors qu'en présence exclusivement d'enfants communs il n'y a pas de limites aux avantages matrimoniaux que peuvent prévoir les époux (qui peuvent apporter l'intégralité de leur patrimoine à une communauté universelle, cette dernière étant attribuée intégralement au conjoint survivant), il en va différemment en présence d'enfant(s) d'un autre lit (C. civ. art. 1527).

LIBERTÉ DE CHOIX DU RÉGIME MATRIMONIAL

75182 En présence d'un enfant non commun, le fait de prévoir dans le contrat de mariage des conventions se traduisant par des avantages matrimoniaux ne peut en aucune manière constituer une fraude à ses droits. La **présence d'enfants d'une précédente union** de l'un des conjoints ne peut pas constituer un obstacle au libre choix des époux, compte tenu de l'**existence de l'action en retranchement**. Cette position a été régulièrement réitérée par la jurisprudence, que ce soit à l'occasion du choix du régime initial (en ce sens, par exemple, Cass. 1e civ. 28-2-2006 no 03-19.206 : Bull. civ. I no 127, à propos de l'adoption du régime de la communauté universelle avec clause d'attribution intégrale au survivant) ou de l'homologation judiciaire d'un changement de régime matrimonial (Cass. 1e civ. 22-6-2004 no 02-10.528 : JCP G 2004 I 176 note G. Wiederkehr, solution rendue à l'époque où l'homologation du changement de régime était toujours obligatoire).

DÉTERMINATION DES AVANTAGES MATRIMONIAUX « RETRANCHABLES »

75185 Ne sont pas considérés comme des avantages faits au préjudice des enfants d'un autre lit « les simples **bénéfices résultant des travaux communs** et des **économies** faites sur les revenus respectifs quoique inégaux, des deux époux » (C. civ. art. 1527, al. 2).

Concrètement, c'est ici la notion d'acquêts qui est sortie du champ de l'avantage matrimonial. Ainsi, même en présence d'enfant(s) non commun(s), le bénéfice qui peut être tiré de l'adoption d'un régime de communauté réduite aux acquêts, de participation aux acquêts ou de l'adjonction d'une société d'acquêts à un régime séparatiste n'est pas un avantage matrimonial susceptible d'être retranché.

EXEMPLE

Un couple a constitué depuis l'origine de sa vie commune un patrimoine global de 500 000 €. Cette création de valeur est liée aux revenus de Monsieur pour 80 % (soit 400 000 €) et aux revenus de Madame pour 20 % (soit 100 000 €). Chaque conjoint a deux enfants de sa première union, et le couple n'a pas d'enfant commun.

Au décès de Monsieur :

– si le couple a choisi de se marier sous le régime de la séparation de biens, Madame conservera ses biens personnels (100 000 €) ;

– si les époux ont adopté le régime de la communauté réduite aux acquêts, chacun des époux conservera 250 000 € au titre du contrat de mariage. Cet « enrichissement » de Madame à hauteur de 150 000 € (qui se traduit par un appauvrissement corrélatif de Monsieur du même montant) n'est pas constitutif d'un avantage matrimonial susceptible de faire l'objet d'une action en retranchement par les enfants non communs.

Pour déterminer si le régime adopté par les époux crée ou non un avantage matrimonial retranchable, une **double liquidation** doit être effectuée pour comparer la différence entre : 75186
– ce que reçoit le conjoint au titre du **régime matrimonial adopté par les époux** (en fonction éventuellement des choix qu'il a pu opérer si le régime en prévoit, ce qui est notamment le cas lorsqu'une clause de préciput est prévue) ;
– ce qu'il aurait reçu s'il avait été marié sous le **régime matrimonial « de référence »**.
Si un avantage matrimonial est constaté à l'issue de ce calcul, il est susceptible d'être ramené dans les limites de la plus large quotité disponible entre époux.

Difficulté pratique Elle est liée à la **détermination du régime matrimonial de référence**. 75188
Lorsque le régime matrimonial aménagé est choisi **à l'occasion du contrat de mariage d'origine**, la référence n'est pas celle de la communauté réduite aux acquêts alors même que ce régime se serait appliqué en l'absence de contrat. Selon la jurisprudence, le régime de référence doit être apprécié par rapport au régime que les époux ont adopté. S'ils ont adjoint une société d'acquêts à un régime de séparation de biens, c'est par rapport au régime de la séparation de biens qu'il convient d'effectuer le calcul (voir, par exemple, Cass. 1e civ. 29-11-2017 no 16-29.056 F-D). Dans l'hypothèse d'une participation aux acquêts modifiée, c'est par rapport au régime standard de la participation que la comparaison est réalisée (voir, par exemple, Cass. 1e civ. 18-12-2019 no 18-26.337 FS-PBI). La comparaison avec la communauté réduite aux acquêts sera retenue dans tous les cas où les époux ont adopté un régime de communauté aménagé, y compris celui de la communauté universelle.
En cas de **changement de régime matrimonial au profit d'une communauté** (simple ou aménagée), la Cour de cassation estime que le régime de référence est le régime légal et non le régime matrimonial d'origine. Elle ajoute que cette comparaison doit être effectuée à compter du changement de régime matrimonial, et non par rapport au régime adopté à l'origine, du moins lorsque ce dernier n'a pas créé d'avantage matrimonial lors de sa dissolution (Cass. 1e civ. 19-12-2012 no 11-21.703 : Bull. civ. I no 269). Ainsi, en cas de passage d'un régime initial de séparation de biens (ou de tout régime sans avantage matrimonial) à un régime de communauté comportant un avantage matrimonial, la composition de la communauté légale, établie fictivement à titre de comparaison, doit être évaluée au jour du changement de régime matrimonial. À l'inverse, il est vraisemblable que la date de référence serait celle du contrat initial si ce dernier comportait déjà un avantage matrimonial.

On peut estimer que tout **risque de retranchement** est **écarté** tant que le régime matrimonial se limite à partager par moitié les acquêts, cette masse pouvant être augmentée de la plus large quotité disponible sur les actifs dépendant de la succession du défunt, si aucune autre libéralité ne vient s'imputer prioritairement sur cette dernière (donation ou legs hors part successorale à un descendant, donation antérieure en faveur du conjoint, etc.). 75190
À l'inverse, il est certain qu'une communauté universelle avec clause d'attribution intégrale au conjoint survivant comporte un avantage matrimonial qui excède la plus large quotité disponible entre époux.

> **Précisions** Une **donation effectuée** à un époux par ses parents **sous condition d'entrée en communauté** des biens donnés ne constitue pas un avantage matrimonial (Cass. 1e civ. 3-12-2008 no 07-19.348 : BPAT 1/09 inf. 5). Cette solution peut ouvrir un axe stratégique intéressant dans le cadre d'une famille recomposée en vue d'augmenter la part du conjoint survivant sans encourir le risque d'une action en retranchement. La clause d'entrée en communauté est cependant limitée par le jeu de la réserve de l'enfant bénéficiaire, sachant que ce dernier peut renoncer expressément ou tacitement à agir en réduction.

EXERCICE DE L'ACTION EN RETRANCHEMENT

Le principe et les modalités de l'action en retranchement ne sont pas définis en tant que tels par le Code civil. 75194
Généralement analysée comme une forme d'**action en réduction**, elle obéit cependant à des règles spécifiques. Tout d'abord, elle ne peut être **exercée** que **par** les enfants non communs, après le décès de leur auteur. Précisons également que l'action en retranchement est fermée aux enfants non issus des deux époux, mais qui ont été adoptés par le conjoint de leur auteur, même par adoption simple (Cass. 1e civ. 11-2-2009 no 07-21.421 : JCP G 2009 I no 140 § 14 note A. Tisserand-Martin). En effet, la protection de leur réserve héréditaire sur la succession de leur auteur n'est plus justifiée puisqu'ils ont vocation à retrouver leurs droits dans la succession du conjoint dont ils sont devenus héritiers.

La Cour de cassation maintient la solution en cas de révocation de l'adoption après le décès du parent biologique, la nature et l'étendue des droits successoraux des héritiers s'appréciant au regard de leur situation au décès de leur auteur et non après (Cass. 1e civ. 9-7-2014 no 13-19.013 : BPAT 5/14 inf. 195, JCP G 2015 no 101 notre R. le Guidec, Petites affiches 14-5-2015 p. 11 notre G. Yildirim). Dans cette affaire, des époux avaient opté pour une communauté universelle avec clause d'attribution intégrale au survivant. Postérieurement à ce régime, l'épouse a adopté simplement l'enfant de son conjoint. Monsieur est décédé avant Madame, et cette dernière s'est vu attribuer l'intégralité de la communauté. Par la suite, à la demande de l'adoptante, l'adoption simple a été révoquée. Ainsi, l'enfant adopté n'a rien reçu dans la succession de son père, puis dans celle de son ex-mère adoptive. L'information de ce risque, même s'il est faible, gagnerait à être porté à la connaissance de l'adopté majeur, soit à l'occasion du changement de régime matrimonial s'il est postérieur à l'adoption, soit à l'occasion de l'adoption si elle postérieure au contrat de mariage portant avantage matrimonial, qu'il soit initial ou issu d'une modification (S. Gonsard, Famille recomposée : l'adoption simple de l'enfant du conjoint : SNH 7/24 inf. 10).

75195 Lorsque l'action en retranchement est exercée, la **quotité disponible** à laquelle il convient de comparer l'avantage matrimonial est **calculée** en ajoutant à la succession du défunt (telle qu'elle ressort de la liquidation du régime matrimonial adopté) l'ensemble des libéralités qu'il a effectuées, y compris l'avantage matrimonial consenti à son conjoint. A contrario, si aucune action en retranchement n'est exercée, l'avantage matrimonial n'est pas pris en compte pour ce calcul.
En ce qui concerne l'**ordre d'imputation**, l'avantage matrimonial est imputé comme une donation (conséquence de son irrévocabilité), sa date étant celle du contrat de mariage ou du changement de régime matrimonial qui l'a créé (en ce sens, M. Grimaldi, L'avantage matrimonial : remarques d'ordre pratique sur la communauté universelle : JCP N 1999 p. 1083 ; Rép. civ. Dalloz vo Avantage matrimonial par B. Vareille, no 82).
Si le **mode de retranchement** de l'avantage matrimonial excessif n'est pas précisé par les textes, la Cour de cassation retient, à l'instar de l'action en réduction, le principe d'une réduction en valeur, qui ne génère alors aucune indivision entre les enfants non communs et leur beau-parent (Cass. 1e civ. 7-12-2016 no 16-12.216 FS-PB : BPAT 1/17 inf. 25 ; Cass. 1e civ. 19-12-2018 no 18-10.244 F-PB : BPAT 1/19 inf. 25).
En revanche, à la différence d'une action en réduction classique, il ne semble pas possible d'envisager un cantonnement par le conjoint à une fraction des droits qu'il tire de son avantage matrimonial. Le principe d'une réduction en nature de l'avantage matrimonial est en revanche admis en doctrine (voir notamment B. Vareille, précité, nos 101 s.).

75198 **Enfants bénéficiaires de l'action en retranchement** Pour la doctrine majoritaire, l'exercice de l'action en retranchement profite à **tous les enfants**, l'avantage matrimonial étant traité comme une libéralité réductible dans la mesure où il excède la quotité disponible.
Si l'avantage de cette lecture est de mettre tous les enfants sur un pied d'égalité (en l'occurrence, ce sont les droits des enfants communs qui sont alignés sur ceux des enfants non communs), ce caractère collectif se combine difficilement avec la possibilité de renoncer individuellement à l'action en retranchement (no 75200).
Deux analyses peuvent alors s'envisager :
– l'impact de l'action en retranchement est collectif, mais l'action en réduction demeure individuelle : le traitement de l'avantage matrimonial comme une libéralité réductible n'implique pas pour autant sa réduction automatique. Ainsi les enfants communs (à qui l'action en retranchement n'est pas ouverte), et les enfants non communs n'ayant pas exercé l'action en retranchement conserveraient leur liberté, soit de laisser la libéralité s'exécuter pour ce qui les concerne, soit d'en demander la réduction ;
– l'impact de l'action en retranchement est individuel : dans cette hypothèse, qui a notre faveur, ses effets ne profiteront qu'aux **enfants non communs qui l'ont exercée**. Ainsi, le changement de régime matrimonial produirait ses effets vis-à-vis des enfants communs, et les verrait limités vis-à-vis des seuls enfants non communs qui auraient exercé leur action en retranchement.

RENONCIATION ANTICIPÉE À L'ACTION EN RETRANCHEMENT

75200 Les **enfants non communs** ont la faculté de renoncer à demander la réduction de l'avantage matrimonial excessif avant le décès de l'époux survivant (C. civ. art. 1527, al. 3).
Cette faculté ne peut être exercée que du vivant de leur auteur, par des enfants majeurs, et doit prendre la forme d'un acte authentique spécifique, signé séparément par chaque renonçant, dans la forme requise pour la renonciation anticipée à l'action en réduction (voir nos 64166 s.). À la différence de cette dernière, il ne s'agit pas d'une renonciation définitive mais seulement d'un **différé d'exercice**. Leur renonciation des enfants emporte une simple suspension, et non la disparition, de leur droit d'action. Au moment de la **seconde succession**, les enfants de la première

union pourront obtenir la part qui aurait dû leur revenir dans la succession du premier défunt. Dans ce cas, ils bénéficient de plein droit du privilège des copartageants et peuvent demander, nonobstant toute stipulation contraire, qu'il soit dressé un inventaire des meubles et un état des immeubles.

En pratique, pour que les droits de l'enfant du premier lit qui renonce à l'action en retranchement soient préservés, les calculs devront être faits dès le premier décès, et des garanties spécifiques mises en place. Pour autant, et c'est bien l'objectif de la mesure, la renonciation aura permis une augmentation des droits du conjoint survivant sans accroître à terme ceux de ses héritiers puisque les enfants non communs viendront percevoir leurs droits (issus de la succession de leur auteur) au décès de leur beau-parent.

Signalons enfin que, les enfants non communs peuvent aussi, après le décès de leur auteur, accorder à leur beau-parent des délais de règlement de l'indemnité de retranchement, éventuellement moyennant garanties, permettant à ce dernier de ne pas être contraint de céder des actifs de son vivant.

ATTENTION

a. La **fiscalité** applicable au « prélèvement » effectué par l'enfant **au second décès** devrait en toute logique être calculée sur la base de la valeur des biens au jour de ce second décès (en leur état au jour du premier décès), mais en fonction du lien de parenté entre l'époux prédécédé et son enfant (c'est-à-dire avec l'abattement et les tarifs en ligne directe). Ce point mériterait d'être confirmé par l'administration (voir O. Hoareau et P. Van Steenlandt : JCP N 2008 étude 1357).

b. Les enfants non communs peuvent-ils aller plus loin et renoncer **purement et simplement** au retranchement, comme ils le pourraient à la réduction d'une libéralité sur le fondement de l'article 929 du Code civil ? Une réponse ministérielle va dans ce sens (Rép. Delpon : AN 1-1-2019 p. 12456 n° 12380). Il n'y aurait en effet aucune raison que les enfants puissent abdiquer purement et simplement leur droit de demander la réduction d'un legs ou d'une donation de biens à venir faite au conjoint, mais non de l'avantage matrimonial qui lui est consenti.

La renonciation anticipée à l'action en retranchement ne concerne que les avantages matrimoniaux, et non les **libéralités** consenties au conjoint par donation (entre vifs ou au dernier vivant), par testament ou encore via l'assurance-vie. Il faut faire appel à la **renonciation anticipée à l'action en réduction** pour protéger le conjoint (et plus généralement le partenaire de vie) lorsqu'une transmission au-delà de la quotité disponible est envisagée par d'autres moyens qu'un avantage matrimonial : voir nos 75341 s. **75202**

On peut regretter qu'il n'existe pas, pour les libéralités dans les familles recomposées, l'équivalent de la renonciation anticipée à l'action en retranchement prévue pour les avantages matrimoniaux. Il serait en effet souhaitable que les enfants non communs puissent différer l'exercice de leur action en réduction au décès du concubin, partenaire ou conjoint de leur père ou mère. Comme pour l'action en retranchement, la solution pourrait être trouvée par l'octroi de délai de paiement et la mise en place de garanties éventuelles.

B. En cas de Pacs ou de concubinage

En présence d'un simple concubinage ou d'un Pacs, la loi ne prévoit **aucune disposition particulière** en vue de **protéger les enfants non communs**. Ce choix **s'explique** par l'absence de droits successoraux du concubin comme du partenaire pacsé. **75250**

En présence d'un Pacs comportant une **indivision entre les partenaires**, il est intéressant de souligner l'absence d'un dispositif équivalant à l'action en retranchement, alors même que le choix d'une indivision conventionnelle augmente la fraction du patrimoine conservée par le partenaire le plus faiblement contributeur par rapport au régime de base, strictement séparatiste.

1. ABSENCE DE DROITS SUCCESSORAUX LÉGAUX POUR LE CONCUBIN ET LE PARTENAIRE DE PACS

CONCUBINS ET PARTENAIRES NE SONT PAS HÉRITIERS

Contrairement au mariage, ni le concubinage ni le Pacs ne créent de **droits successoraux** réciproques entre les membres du couple. Les concubins et partenaires n'ont pas non plus de droit de **réversion** dans la **retraite** ou la pension de l'autre. Un **testament** (et/ou l'utilisation de l'**assurance-vie**) est donc impératif si l'on veut transmettre à l'autre une fraction, même minime, de son patrimoine. **75253**

CONSEIL

Les partenaires de Pacs et les concubins ne sont pas traités de la même manière sur le plan fiscal : alors que les premiers sont exonérés de **droits de succession**, les seconds sont imposables au taux de 60 % (après un abattement minime).

Si une transmission est souhaitée en cas de décès, la situation de concubinage, au regard de cette fiscalité confiscatoire, ne doit pas perdurer au-delà de la période probatoire du couple. À défaut, mieux vaut se tourner vers l'assurance-vie, exonérée dans certaines limites : voir n°s 66420 s.

UN EMBRYON DE DROIT AU LOGEMENT POUR LE PARTENAIRE DE PACS

75255 Le partenaire de Pacs survivant (mais non le concubin) bénéficie de plein droit, pendant l'**année qui suit le décès de son partenaire**, de la **jouissance gratuite** du logement qu'il occupait de façon effective à titre d'habitation principale à l'époque du décès, ainsi que du mobilier qui le garnit (C. civ. art. 515-6, al. 3). Si l'habitation est louée, les loyers lui seront remboursés par la succession pendant l'année, au fur et à mesure de leur acquittement. Pour plus de précisions, voir n° 19037.

À condition que le défunt l'ait expressément prévu par testament, le partenaire de Pacs survivant (mais non le concubin) peut également bénéficier de l'**attribution préférentielle** de son habitation principale à l'époque du décès et du mobilier (C. civ. art. 515-6, al. 2). Pour plus de précisions, voir n° 19039.

2. DES LIBÉRALITÉS LIMITÉES À LA QUOTITÉ DISPONIBLE ORDINAIRE

75260 Concubins et partenaires pacsés peuvent se consentir des libéralités (donations entre vifs ou legs). Mais si le **défunt laisse des descendants**, ces libéralités seront limitées à la quotité disponible ordinaire (soit la moitié de la succession si le défunt laisse un enfant, le tiers s'il laisse deux enfants et le quart s'il laisse trois enfants ou plus). L'article 1094-1 du Code civil, qui définit une quotité disponible spéciale entre époux, plus large et donc plus protectrice du survivant, ne s'applique en effet qu'aux seuls conjoints mariés.

Précisons enfin qu'**à défaut d'héritier réservataire** (descendants ou conjoint successible) la libéralité au concubin ou partenaire survivant pourra naturellement s'exécuter intégralement.

LIBÉRALITÉS EN PROPRIÉTÉ

75261 Les libéralités consenties en toute propriété au concubin ou au partenaire de Pacs devront s'inscrire dans les limites de la quotité disponible ordinaire, sous la sanction d'y être réduites.

La réduction s'opérant en valeur, l'**excédent de la libéralité** fera l'objet d'une indemnité de réduction à verser par le survivant aux héritiers réservataires, à concurrence de la portion excessive de la libéralité (sauf à ce que le légataire opte pour une réduction en nature lorsqu'une telle option est possible).

Cette indemnité se calcule d'après la valeur des biens donnés ou légués à l'époque du partage (ou de leur aliénation) et selon leur état au jour de la prise d'effet de la libéralité.

LIBÉRALITÉS EN USUFRUIT

75265 En présence d'enfants non communs, le concubin comme le partenaire pacsé auront (plus sensiblement encore qu'en présence d'enfants uniquement communs) le souci de protéger le survivant et notamment de lui assurer un toit jusqu'à la fin de ses jours. Cet **objectif** peut être atteint par une disposition en usufruit (donation entre vifs ou testament) qui portera souvent sur le bien qui constitue la **résidence principale** du couple au jour du décès, mais qui peut aussi concerner toute la succession. L'usufruit s'éteignant au décès du survivant, les enfants du premier défunt jusqu'alors nus-propriétaires recouvreront la toute propriété des biens concernés, sans formalités ni droits de succession (voir aussi n° 75402).

Attention toutefois : le bénéficiaire (concubin ou partenaire pacsé) d'un usufruit n'est **jamais garanti** de la bonne exécution du testament établi en sa faveur. Il recevra l'usufruit en nature mais pourra être amené à payer une indemnité de réduction (n° 75268). Seul le mariage assure avec certitude cette protection, puisque des libéralités (testament ou donation entre époux) permettent de grever en nature la réserve des enfants (communs ou non) sans avoir à les indemniser.

CONSEIL

Du strict point de vue des **droits de mutation à titre gratuit** :

– entre partenaires de **Pacs** (comme entre conjoints), un legs ou un contrat d'assurance-vie (qui sont exonérés) sont préférables à une donation entre vifs (taxable selon le même régime que les donations au profit du conjoint : voir nos 64854 et 64867) ;

– entre **concubins**, une donation avec réserve d'usufruit est préférable à un legs. Si les deux libéralités subissent un même taux d'imposition de 60 % (après l'abattement minime mentionné no 64670 en cas de legs), la réserve d'usufruit permet de faire échapper la valeur fiscale de l'usufruit à toute taxation (sauf exception, voir nos 64320 s.), la pleine propriété se reconstituant au décès. Une donation précoce permet par ailleurs de faire échapper aux droits de succession la plus-value acquise entre la donation et le décès.

Situation des réservataires lorsque l'usufruitier n'est pas le conjoint Lorsque la disposition en usufruit excède l'usufruit de la quotité disponible ordinaire, les héritiers réservataires (en l'occurrence les descendants et éventuellement le conjoint en leur absence) bénéficient de **deux mesures** de protection, dont la philosophie et les conditions de mise en œuvre sont différentes. 75266

La **première mesure de protection**, prévue à l'article **917 du Code civil**, enferme le choix des réservataires entre deux options : 75267

– laisser s'exécuter la disposition en usufruit (ce qui n'est considéré ni civilement ni fiscalement comme une libéralité) ;

– ou parfaire leur réserve en faisant l'abandon de la quotité disponible en pleine propriété. Concrètement, le legs en usufruit est converti en legs de la quotité disponible, créant ainsi une indivision entre le légataire et les héritiers réservataires. Ouverte à tous les enfants, communs ou non communs, cette option sera utilisée principalement par ces derniers qui, par exemple, ne verront pas favorablement le survivant figer le patrimoine à son profit, surtout si la différence d'âge entre les deux membres du couple est importante. Au contraire, si cette différence d'âge est faible, la perspective d'avoir à abandonner la quotité disponible en pleine propriété (le quart, le tiers ou la moitié du patrimoine selon le nombre d'enfants) constitue une pression sur les enfants en vue de les laisser exécuter la libéralité en usufruit.

En pratique, les conditions de mise en œuvre de l'article 917 du Code civil sont particulièrement strictes, ce qui rend son application rare :

– en ce qui concerne l'appréciation de l'excès, l'option offerte à l'enfant peut être exercée lorsque « les revenus donnés à l'usufruitier excèdent ceux de la quotité disponible » (Cass. 1e civ. 10-1-1978 no 76-13.366 : Bull. civ. I no 14), les juges devant « procéder à une estimation de la valeur respective de ces revenus et non à une comparaison de valeur des biens soumis à l'usufruit et de la quotité disponible » (Cass. 1e civ. 21-5-1963 : Bull. civ. I no 266). Porte également atteinte à la réserve le legs de l'usufruit d'un immeuble qui représente à lui seul la quasi-totalité de l'actif de la succession, peu important que, converti en capital selon le barème fiscal, l'usufruit légué puisse avoir une valeur inférieure à la quotité disponible (CA Besançon 16-9-2004 1e ch. civ. : JurisData 2004 264048) ;

– la disposition doit avoir été consentie exclusivement en usufruit et le disposant ne doit avoir consenti aucune autre libéralité en propriété à qui que ce soit (car alors la quotité disponible ordinaire ne pourrait plus être offerte en compensation) ;

– le disposant ne doit pas avoir expressément écarté l'application de l'article 917, qui n'est pas d'ordre public (sur ce sujet, N. Levillain : JCP N 2008 no 21 étude no 1204).

Certains auteurs plaident même pour l'abrogation de l'article 917 du Code civil (H. Leyrat, Les legs en usufruit au profit du partenaire de Pacs ou du concubin survivant : BPAT 5/23 inf. 209). La disposition est jugée anachronique à l'heure de la généralisation de la réduction en valeur ; elle fait aussi échec à la volonté du défunt toutes les fois que les héritiers réservataires optent pour l'abandon de la quotité disponible dans la mesure où le survivant, partenaire ou concubin, ne bénéficiera pas de l'usufruit des biens.

L'article 917 n'est **pas d'ordre public**. Le disposant, soucieux de conforter ses dernières volontés, et bien souvent de préserver la paix familiale après sa disparition, sera donc bien inspiré d'en écarter expressément l'application au sein du testament comportant le legs de l'usufruit viager ou à durée fixe (H. Leyrat, Les conséquences liquidatives des legs en usufruit : Defrénois 2-12-2021 no 200n2 p. 15).

La **seconde mesure de protection**, générale, tient à la faculté dont disposent les héritiers réservataires de demander la **réduction** de toute libéralité portant atteinte à leur réserve. Elle ne prend le relais que lorsque l'article 917 du Code civil ne peut pas être mis en œuvre, par exemple parce que la libéralité porte à la fois sur de l'usufruit et de la pleine propriété (le legs porte sur l'usufruit du 75268 logement et la toute propriété du mobilier qui s'y trouve, par exemple) ou parce que son application a été écartée par le testateur (ce qui n'est pas toujours opportun). Il est également envisageable que les réservataires et l'usufruitier conviennent d'écarter l'application de l'article 917 du Code civil, s'accordant sur une réduction du legs en valeur.

Dans cette configuration, la **difficulté** réside dans la **détermination de l'excédent** et, partant, de l'éventuelle indemnité de réduction à régler aux réservataires par le survivant du couple non marié. Il faut en effet mesurer la libéralité consentie en usufruit à la quotité disponible ordinaire, alors que les droits ne sont pas de même nature : usufruit pour la libéralité, pleine propriété pour la quotité disponible.

75269 La Cour de cassation a confirmé qu'il convient, avant de procéder à une réduction éventuelle, de **raisonner « en assiette »**, c'est-à-dire comparer la libéralité consentie en usufruit à l'usufruit de la quotité disponible ordinaire (Cass. 1e civ. 22-6-2022 n° 20-23.215 FS-B : BPAT 5/22 inf. 236, au sujet d'un legs en usufruit au profit d'un partenaire de Pacs). Ainsi, la libéralité est systématiquement réductible si la valeur en pleine propriété du bien soumis à l'usufruit excède la valeur en pleine propriété de la quotité disponible (exemple : usufruit d'un bien d'une valeur de 500 000 €, et quotité disponible en pleine propriété d'une valeur de 400 000 €). Dans ce cas, l'usufruit légué porte sur une assiette de (500 000 €) et excède l'assiette de la quotité disponible (400 000 €) à hauteur de 100 000 € (500 000 € – 400 000 €). L'indemnité de réduction est égale à la valeur de l'usufruit de ce dépassement, évaluée selon le barème fiscal ou selon la valeur économique. En retenant une valeur de l'usufruit de 30 %, l'indemnité de réduction s'établira à 30 000 € (100 000 € × 30 %).

75270 **Opportunités** En cas de legs, si le bénéficiaire ne souhaite pas ou ne peut pas financièrement régler l'indemnité de réduction, il lui est possible (sauf volonté contraire exprimée par le disposant) de **cantonner l'usufruit légué** de telle sorte à ne pas être redevable d'une indemnité de réduction (C. civ. art. 1002-1). Ce cantonnement ne sera ni civilement ni fiscalement considéré comme une libéralité au profit des héritiers réservataires. L'héritier réservataire ne peut en revanche pas imposer cette réduction en nature à l'usufruitier.

En tout état de cause, le mariage, lorsqu'il est possible, permet d'éliminer tout débat sur la possibilité pour le survivant du couple de rester dans la résidence principale en tant qu'usufruitier (ou en tant que titulaire d'un droit d'usage et d'habitation viager), même si elle constitue le seul actif de la succession.

Dans l'exemple ci-dessus (n° 75269), il aurait été intéressant de léguer au partenaire pacsé une fraction de la résidence principale en pleine propriété (à hauteur de la pleine propriété) en pleine propriété en alternative au legs en usufruit. Ainsi, le partenaire de vie survivant pourra échanger avec les enfants sur les alternatives : s'ils n'acceptent pas l'exécution du legs dans son intégralité, il pourra choisir la pleine propriété et verser une indemnité d'occupation, ou vendre avec les autres héritiers et se reloger dans un nouveau bien. Dans l'exemple ci-dessus, le légataire pourrait recevoir 4/5ème de la valeur du bien immobilier.

3. INTÉRÊT DU PACS AVEC INDIVISION CONVENTIONNELLE

75280 Le Pacs soumet les partenaires à la fois à un régime primaire (ou régime de base impératif : voir nos 16210 s.) très proche de celui issu du mariage et à un **régime des biens** qui est soit le régime « pacsimonial » **légal** de la stricte séparation des patrimoines, applicable à défaut de convention contraire, soit le régime de l'indivision **conventionnelle**.

Le premier de ces régimes n'appelle pas ici de commentaires. En revanche, l'adoption du régime de l'indivision conventionnelle permet d'**avantager le partenaire survivant** sans **recours** possible **des enfants**, communs ou non.

EXEMPLE

Simone et Pierre, pacsés sous le régime de l'indivision conventionnelle, ont acquis une maison financée exclusivement ou de façon prépondérante par Pierre avec des revenus perçus au cours de l'union. Le bien est alors réputé indivis par moitié entre eux et ne peut donner lieu à une quelconque créance entre les partenaires au titre de la contribution inégale (voir notamment n° 16212, Conseil), ou à l'égard de la succession. Le survivant recueillera donc, en toute légalité et sans recours possible des enfants (communs ou non) et sans aucune fiscalité, au seul titre de ce régime « pacsimonial », la moitié du bien. Le bénéfice qui résulte pour le partenaire désargenté de ce mode de financement dans le cadre de ce régime « pacsimonial » est exclusif de toute libéralité. Les enfants (communs ou non) ne pourront pas s'en plaindre. Ce bénéfice ne s'imputera pas sur la quotité disponible ordinaire.

L'adoption de l'indivision conventionnelle permet d'avantager le survivant, qui participera pour moitié aux acquêts sans risquer un quelconque recours des enfants du partenaire pacsé qui aura financé le bien en totalité ou de façon prépondérante. Moins protecteur que le mariage, ce régime qui était auparavant la meilleure alternative pour les couples homosexuels reste toujours une bonne solution pour les couples, hétérosexuels ou homosexuels, qui sont réfractaires au mariage. 75281
Toutefois, **en l'absence d'héritiers réservataires**, il peut être **préférable** d'opter pour un régime séparatiste et d'établir un testament, qui permettra de transmettre l'intégralité de son patrimoine sans aucun droit de succession au partenaire survivant. En effet, le testament demeure librement révocable, à la différence de l'indivision conventionnelle.

SECTION 4

CONSTRUIRE UNE STRATÉGIE SUR MESURE

Compte tenu de la **diversité des situations** (nº 75005), chaque famille recomposée doit être appréhendée en fonction de ses paramètres propres, sur le plan objectif comme sur le plan subjectif. 75300
Plus encore que dans une famille classique, il est essentiel d'effectuer une réflexion particulière en amont de façon à prendre des **dispositions adaptées**.
Sans prétendre à l'exhaustivité, nous avons retenu **quatre thématiques fréquemment rencontrées** dans la pratique :
– maximisation de la protection du survivant des deux membres du couple ;
– organisation d'un retour du patrimoine dans la branche familiale d'origine ;
– intégration de la différence des situations et des besoins des enfants de lits différents ;
– options ouvertes lorsque l'on considère les enfants de l'autre comme les siens.

A. Maximiser la protection du survivant

La qualité de la protection du survivant peut s'analyser sur la base d'un **triptyque** « revenus, patrimoine, logement » : les **revenus** dont disposera le survivant seront-ils suffisants pour lui permettre de faire face à ses besoins de manière indépendante ? Dispose-t-il d'un **patrimoine** de « sécurité » pour les compléter ? Est-il assuré de rester dans le **logement** du couple et à défaut de disposer d'un logement ? 75305

1. PISTES DE RÉFLEXIONS CONCERNANT LES REVENUS

RETRAITES DE RÉVERSION (RÉGIMES DE BASE ET COMPLÉMENTAIRE OBLIGATOIRE)

Lorsque le lien d'union n'est pas un mariage, le survivant du couple n'a aucun droit à la retraite de réversion de l'autre. 75306
En dehors même de tout aspect patrimonial ou successoral, le **mariage** est **à envisager si** la retraite dont la réversion est en jeu doit être d'un montant significatif par rapport aux ressources actuelles du couple. L'intérêt complémentaire de ce transfert de revenus lié au mariage est qu'il ne se fait pas au détriment des enfants, dans la mesure où ils n'ont pas accès à cette réversion.

EXEMPLE

Un revenu supplémentaire de 500 € par mois perçu pendant 10 ans permettra de disposer de 60 000 € avant impôt. 1 500 € par mois sur une durée de 15 ans, représente une valeur de 270 000 €, sans qu'aucun prélèvement ait été effectué sur le patrimoine du défunt pour procurer cet avantage au survivant.

Si le conjoint survivant n'est pas en concurrence avec un ex-conjoint, la **date du mariage** est sans **incidence**, puisque le conjoint voit sa pension de réversion calculée sur la totalité des droits. Dans le cas inverse, la pension sera partagée au prorata de la durée des mariages (voir nº 10456 pour la retraite de base du régime général, nº 11460 pour les régimes non-salariés et nº 10472 pour la retraite complémentaire Agirc-Arrco). Mieux vaut donc se marier rapidement, de façon à augmenter la durée de l'union et donc les droits à réversion du conjoint à protéger (voir exemple chiffré nº 75056). 75307

75308 À l'inverse, si la retraite de réversion escomptée est faible et/ou a vocation à être partagée avec un ex-conjoint (ou, s'agissant de la retraite de base, si le niveau de ressources du conjoint exclut la réversion : voir n°s 11404 s.), ce manque à gagner théorique est à pondérer et le **mariage** sera **sans intérêt** à ce titre.

Si l'un des membres du couple dispose ou est susceptible de disposer de droits importants au titre de la réversion de la retraite de son ex-conjoint décédé ou divorcé, il faut intégrer dans la réflexion qu'un remariage lui ferait définitivement perdre ces droits dans le régime complémentaire Agirc-Arrco (de même pour le régime complémentaire obligatoire des non-salariés agricoles).

COMPLÉMENTS DE RETRAITE VOLONTAIRE ISSUS DE CONTRATS D'ASSURANCE-VIE

75310 Un complément de revenus peut être recherché par la **constitution de rentes viagères** dont la **réversion** sera prévue au profit du survivant (par exemple : PeR individuel, contrat d'assurance-vie avec sortie en rente). À la différence des retraites issues du système par répartition, le bénéficiaire de la réversion est librement choisi et aucun **partage** n'aura vocation à être effectué avec l'**ex-conjoint** sur ces rentes volontaires.

Les **enfants non communs** pourraient chercher à démontrer l'existence de primes manifestement exagérées mais, dans un tel schéma, la question de l'utilité pour le souscripteur n'est pas douteuse (sauf si son âge et son état de santé viennent contredire cette lecture), de même que la légitimité de son souci de protection du survivant du couple (sur les critères jurisprudentiels des primes exagérées, voir n°s 66258 s.). À supposer même que l'existence de primes exagérées soit démontrée, seul le « prix » de la réversion devrait s'analyser comme une libéralité susceptible de réduction, c'est-à-dire la différence entre le taux de rente sans réversion et le taux de rente incluant cette dernière, la différence étant fonction du sexe et de l'âge du bénéficiaire, ainsi que du taux choisi.

STRUCTURER LE PATRIMOINE POUR QU'IL SOIT FRUGIFÈRE

75313 Si les revenus du survivant ont vocation à dépendre en tout ou partie de l'**usufruit des biens de la succession** du prédécédé, il est souhaitable de structurer les actifs de telle manière qu'ils soient d'ores et déjà frugifères (immeubles locatifs, choix de placements à revenus élevés) ou puissent le devenir sans l'accord du ou des nus-propriétaires, accord qui sera requis pour réaffecter les placements dès lors qu'une cession doit être effectuée.

Une **solution** peut consister à localiser les actifs au sein d'une ou plusieurs sociétés civiles. Le démembrement portera alors sur les parts de la société, et non directement sur les biens détenus. Les statuts seront rédigés de manière à donner un maximum de pouvoirs au gérant en vue du choix des placements et des arbitrages à effectuer, la gérance devant revenir au survivant (ou à l'un des enfants communs si cela s'avère plus approprié). Si un placement en produits de capitalisation est envisagé, les statuts devront permettre de comptabiliser la croissance constatée sur le contrat au titre du résultat de la société.

2. DISPOSER D'UN PATRIMOINE DE SÉCURITÉ

a. Partage du patrimoine créé par le couple au travers du contrat d'union et/ou d'un contrat de société

75320 Avant que le couple se pense et s'organise comme tel, il est fréquent qu'un certain temps s'écoule, d'autant plus long que la rupture antérieure a été compliquée. Mais lorsque le couple fonde une nouvelle famille et/ou choisit de développer un patrimoine commun, la **question du lien d'union** doit se poser plus encore que dans une famille traditionnelle, notamment lorsqu'il existe une différence de revenus, de patrimoine ou d'âge entre les deux membres du couple.

75321 Dans une logique de maximisation de la protection du survivant, le mariage sous le régime de la communauté réduite aux acquêts est le **choix le plus adapté** pour partager de manière égalitaire le patrimoine qui sera créé par le couple recomposé, sans tenir compte des financements respectifs (voir exemple chiffré sous le n° 75185). Le Pacs avec convention d'indivision reste moins protecteur, puisqu'il exclut notamment les revenus épargnés et les biens créés, lesquels restent la propriété exclusive de chaque partenaire (C. civ. art. 515-5-2). Et même si le Pacs avec indivision conventionnelle peut s'avérer plus favorable sur le strict plan patrimonial que le mariage sous le régime de la séparation de biens appliqué dans toute sa rigueur, il ne crée pratiquement aucun des droits périphériques attachés au mariage (dévolution légale, droits viagers d'habitation et d'usage, retraite de réversion, étendue des droits en usufruit, etc.).

En cas de mariage et de transfert d'une fraction du patrimoine au travers d'avantages matrimoniaux, la possibilité d'une renonciation anticipée à l'action en retranchement doit aussi être considérée (n° 75200) ; elle le sera d'autant plus volontiers qu'une fraction du patrimoine aura déjà été transmise du vivant de l'époux aux enfants non communs (ou le sera au décès via l'assurance-vie, la désignation bénéficiaire pouvant alors avoir fait l'objet d'une acceptation pour la sécuriser).

b. Transmission par succession

Trois **observations générales** : 75330
– en présence de descendants, la transmission du patrimoine s'inscrit toujours dans la limite d'une **quotité disponible** (spéciale s'agissant du conjoint, ordinaire pour le concubin ou le partenaire de Pacs) ;
– si l'un des membres du couple règle à son ex-conjoint une **prestation compensatoire sous forme de rente**, il faut mesurer l'impact de cette rente sur la future succession (n°s 75070 s.) ;
– sur le plan des **droits de succession**, la loi exonère le partenaire de Pacs et le conjoint, mais le concubin est taxé au taux de 60 % (après un abattement minime). Si le mariage et le Pacs sont exclus par le couple, l'assurance-vie s'impose pour limiter le coût fiscal de la transmission.

INTÉRÊT DES DISPOSITIONS « D'AFFECTATION » EN FAMILLE RECOMPOSÉE

Dans une famille recomposée, il peut être intéressant d'affecter des **droits précis** (pleine propriété, usufruit, nue-propriété, droit d'usage, etc.) **sur certains biens**, ceci pour structurer la répartition du patrimoine tant entre le conjoint survivant et les enfants qu'entre les enfants eux-mêmes. L'affectation peut être réalisée au travers d'un testament (ou d'un testament-partage), d'une ou plusieurs donations et, éventuellement, de contrat(s) d'assurance-vie. 75331

EXEMPLE

Le patrimoine du défunt est composé de la résidence principale du couple, de sa résidence secondaire et d'un portefeuille de titres (dont la valeur représente moins d'un quart du patrimoine). Un testament pourrait prévoir :
– la transmission au conjoint du portefeuille en pleine propriété et des deux biens immobiliers pour l'usufruit ;
– la transmission aux enfants communs de la nue-propriété de la résidence principale (dans laquelle ils vivent encore) ;
– la transmission aux enfants non communs de la résidence secondaire (ils y ont des souvenirs d'enfance).
Au moment de la succession, le conjoint pourra envisager de cantonner son usufruit à la seule résidence principale s'il souhaite laisser la pleine propriété de la résidence secondaire à ses beaux-enfants.

UTILISER LE CARACTÈRE INDIVIDUEL DE L'ACTION EN RÉDUCTION

Dans certaines configurations, il peut être intéressant de **transmettre au survivant** du couple l'intégralité de la **pleine propriété du patrimoine** dépendant de la succession, laissant les enfants de la première union exercer l'action en réduction dont ils sont titulaires (au même titre que les enfants communs). Cette option en apparence conflictuelle (demander la réduction n'est pas perçu comme une action positive) est toutefois porteuse de plus de souplesse et peut s'inscrire dans une **stratégie familiale** apaisée. 75340

Les **enfants communs** peuvent éventuellement choisir de renoncer à exercer leur action en réduction (de manière anticipée ou après le décès) pour laisser « plus » de patrimoine à leur parent survivant. Cette renonciation est toute relative puisqu'ils hériteront au décès de leur second parent. Si le patrimoine auquel ils ont renoncé existe toujours (ou sa contre-valeur), il ne s'agira que d'un différé. En revanche, si le patrimoine est consommé, leurs droits seront diminués. 75341

De leur côté, les **enfants non communs** pourront exercer leur action en réduction pour recevoir leur part de réserve. Si les rapports familiaux sont bons, il faudra même les y inciter car, en ce qui les concerne, la renonciation à l'action en réduction a un effet définitif. N'étant pas héritiers du survivant, ils ne recevront rien dans la succession de l'autre membre du couple, même sur le patrimoine provenant à l'origine de leur auteur (sauf disposition spécifique et volontaire). 75342
La renonciation à l'action en réduction ne peut donc s'envisager que lorsque, ayant déjà reçu l'essentiel de sa réserve par donation, l'enfant non commun accepte l'idée d'un « solde de tout compte » (du moins dans une certaine limite de valeur) pour éviter de compliquer le déroulement des successions futures.

On ne peut que souhaiter un aménagement du dispositif de la renonciation anticipée à l'action en réduction pour les enfants non communs en vue de le rendre temporaire, à l'instar de la renonciation anticipée à l'action en retranchement (dont l'effet différé ne peut concerner que les avantages matrimoniaux : voir nos 75200 s.).

INTÉRÊT DE LA RÉDUCTION EN VALEUR POUR LES ENFANTS NON COMMUNS

75345 La réduction s'effectuant sauf exception en valeur, le conjoint (s'il n'a pas choisi de cantonner son émolument) pourra conserver les biens dépendant de la succession, à condition de régler à chacun des enfant(s) non commun(s) l'**indemnité de réduction** à laquelle il a droit. Ce règlement pourra s'effectuer avec des sommes que le conjoint prélèvera sur la succession ou sur son patrimoine personnel. Cette solution peut s'avérer préférable pour les enfants non communs, qui disposeront de capitaux en pleine propriété plutôt que de droits indivis ou démembrés dans la succession.

c. Assurance-vie

ASSURANCE-VIE PLACEMENT

75350 Sur le plan **fiscal**, l'exonération est acquise au **conjoint** comme au **partenaire de Pacs** pour toute transmission par décès réalisée au travers de l'assurance-vie (CGI art. 796-0 bis pour les droits de succession et 990 I pour le prélèvement de 20 % puis de 31,25 %).

Pour le **concubin** en revanche, la fiscalité applicable dépend de l'âge de l'assuré au jour du versement des primes et du montant des capitaux décès versés au bénéficiaire. Il est donc recommandé de souscrire avant 70 ans pour optimiser la transmission (abattement de 152 500 € par bénéficiaire et taxation au taux de 20 % puis de 31,25 % au-delà). Pour l'étude d'ensemble de la fiscalité des capitaux décès, voir nos 66400 s.

75352 En dehors de l'aspect fiscal, l'assurance-vie a le double mérite de **transmettre des liquidités** (que le bénéficiaire affectera librement à sa stratégie personnelle) et de le faire **hors succession**. Même si on ne peut exclure la possibilité de voir une partie des primes considérées comme manifestement exagérées par le juge, et donc susceptibles de subir une action en réduction (nos 66256 s.), la situation ne sera jamais pire (et sera bien souvent meilleure) que si des actifs de même valeur avaient fait l'objet d'un legs ou d'une donation. En cas de requalification du contrat d'assurance-vie en donation indirecte, l'écart avec une donation « officielle » du vivant des époux se réduit et entraîne le risque d'un surcoût important si l'administration fiscale pouvait appliquer la majoration de 40 % pour manquement délibéré.

L'assurance-vie permet toutefois des marges de manœuvre supplémentaires, même s'il convient de rester dans des limites raisonnables si on veut éviter la quasi-certitude d'un conflit.

CONSEIL

Il peut être intéressant de scinder le poste assurance-vie en **plusieurs contrats** dont l'un au moins désignera le survivant du couple comme **bénéficiaire de premier rang** et les enfants non communs comme bénéficiaires **de second rang**. En fonction du déroulement de la succession, le survivant pourra choisir de refuser sa désignation et laisser ainsi passer les sommes aux enfants du défunt ou, au contraire, d'accepter sa désignation et toucher les capitaux (éventuellement pour financer le coût d'un conflit qui risque de durer plusieurs années).

Dans une approche moins agressive, on peut aussi jouer sur le **démembrement de la clause bénéficiaire** avec dispense de fournir caution et de faire emploi (n° 75405).

Le conjoint bénéficiaire du contrat d'assurance-vie ne doit pas céder à la tentation de cacher l'existence du contrat s'il est questionné à ce propos. En effet, dans l'hypothèse où les primes seraient reconnues manifestement exagérées, cette omission volontaire serait constitutive d'un **recel**. La prise en compte dans la succession (ou la comptabilisation d'une récompense au profit de la communauté) se ferait au profit de tous les héritiers à l'exception du bénéficiaire receleur, qui serait privé de tout droit dans lesdites primes.

ASSURANCE DÉCÈS PURE

75355 En famille recomposée tout spécialement, le recours à des contrats d'assurance **temporaire décès** trouve un sens particulier dans la mesure où le capital en cause ne provient pas du patrimoine du défunt (qui a seulement payé les primes) mais de celui de l'assureur. Bien évidemment, plus l'assuré est âgé, plus le coût de l'assurance décès est élevé (et la souscription d'une assurance parfois impossible, même si on trouve sur le marché des contrats accessibles à des âges avancés, notamment en cas d'achat immobilier), mais l'enjeu vaut souvent la surprime, qu'il s'agisse de protéger le conjoint ou les enfants du couple.

Le risque de voir les primes qualifiées d'exagérées existe en principe de la même manière que pour l'assurance-vie placement, mais avec une acuité moindre dans la mesure où le caractère assurantiel est plus présent, et les primes versées plus faibles pour un même capital décès.
Lorsque le couple avance en âge, la souscription d'une **assurance dépendance** peut permettre en cas de difficultés de procurer des ressources et ainsi de moins prélever sur le patrimoine, ce qui préserve le survivant. Là encore, ces techniques ne sont pas spécifiques aux familles recomposées, mais leur sont tout particulièrement utiles pour trouver les marges de manœuvre qui n'existent pas naturellement, pour « mettre de l'huile dans les rouages ».

3. SÉCURISER LE LOGEMENT

Le couple est locataire Il convient de prévoir le **règlement du loyer** dans le budget prévisionnel, question qui ramène à celle des revenus (nos 75306 s.). Rappelons seulement que le conjoint et le partenaire de Pacs, mais non le concubin, ont droit au remboursement des loyers de leur habitation principale pendant un an (droit qui est d'ordre public pour le conjoint, mais dont le partenaire de Pacs peut être privé par testament). Pour l'étude d'ensemble du droit temporaire à la jouissance gratuite du logement, voir nos 11105 s. 75360
Sur le **transfert du bail** au survivant, voir no 11112 pour le conjoint survivant, no 19070 pour le partenaire de Pacs et no 25010 pour le concubin.

Le couple est propriétaire Si le logement est la **propriété d'un seul** des membres du couple (qu'il l'ait acquis seul au cours de la vie commune ou qu'il en ait déjà été antérieurement propriétaire), sa protection est assurée mais celle du survivant est à établir. 75363
Si le bien est en **indivision** entre les deux membres du couple, chacun est dépendant des dispositions prises par l'autre. Une libéralité portant sur cet actif en pleine propriété (ou à défaut en usufruit) permettra au survivant de conserver le bien, sachant que si la libéralité excède la quotité disponible (générale ou spéciale selon que le couple est marié ou non), une indemnité de réduction (ou de retranchement si le transfert s'opère via un avantage matrimonial) devra être réglée (sauf cantonnement, voir no 13612). On peut aussi prévoir une faculté d'acquisition ou une attribution préférentielle (lorsque la loi ne l'organise pas déjà), qui laisse alors le choix au survivant. Un apport préalable à une société civile peut permettre d'augmenter les pouvoirs du survivant (voir no 75366).

Si le **couple** est **marié**, et à condition que le logement ait été détenu directement (et non via une société civile), le conjoint survivant bénéficie d'un **droit viager d'habitation** sur sa résidence principale (et d'un droit d'usage sur les meubles). Ce droit constitue un « bastion de résistance sécurité » très solide, puisqu'il demeure ouvert au conjoint même lorsque la quotité disponible est épuisée, ce qui n'est pas le cas pour le partenaire pacsé ou le simple concubin dont le droit à rester dans la résidence principale du couple au moment du décès ne peut jamais être garanti sans versement d'une éventuelle indemnité de réduction. 75365
Pour l'étude d'ensemble des droits viagers du conjoint survivant, voir nos 11140 s.

La détention de la résidence principale via une **société civile** ne doit pas pour autant être écartée (et doit même être privilégiée pour les partenaires pacsés ou simples concubins) dans la mesure où une rédaction appropriée des statuts permettra au survivant : 75366
– de conserver le statut de gérant et, éventuellement, la possibilité de vendre la résidence principale et d'effectuer le choix de l'acquisition d'un nouveau bien (sous réserve bien sûr de respecter l'intérêt social) ;
– de contrôler l'entrée de nouveaux associés au travers de clauses d'agrément, le refus impliquant bien évidemment un rachat des parts.

4. PRIVILÉGIER LE CLOISONNEMENT ENTRE LES PATRIMOINES DES DEUX FAMILLES

À l'inverse des stratégies visant à maximiser la protection du survivant, l'objectif du couple est parfois de cloisonner radicalement les patrimoines, tout particulièrement lorsqu'il n'y a **pas d'enfant commun** et que les biens comme les **revenus de chacun** sont **suffisants**. 75380

ÉVITER TOUT TRANSFERT DE PATRIMOINE PAR DÉCÈS

Si le couple est marié, il conviendra de supprimer les droits du conjoint dans la **succession** du survivant, par exemple au travers d'un legs de l'intégralité du patrimoine aux enfants du défunt. Concernant le droit viager d'usage et d'habitation, il ne pourra être écarté que par testament authentique (no 11143). 75382

Une **disposition en usufruit** (sur la résidence principale ou secondaire par exemple) peut néanmoins s'envisager. En effet, dans cette configuration, la pleine propriété reviendra finalement bien aux héritiers du premier défunt (sur cette possibilité et ses limites, voir aussi nos 75402 et 75265). Cependant, le différé au décès de l'usufruitier et la gestion commune qu'implique le démembrement viennent amoindrir la radicalité de l'objectif du « chacun chez soi ».

75383 Il conviendra aussi d'être attentif aux clauses bénéficiaires des contrats d'**assurance-vie** : la clause type, très souvent retenue, désigne toujours le conjoint (et parfois plus largement le concubin ou le partenaire pacsé) comme bénéficiaire de premier rang. Une modification au profit des enfants devra alors être effectuée.

Il ne restera alors que les éventuels droits à **pension de réversion** (pour les couples mariés), mais ils ne posent pas de problème dans la mesure où ces sommes ne seraient pas revenues aux enfants.

ÉVITER LA CONSTITUTION DE PATRIMOINES IMBRIQUÉS

75385 Il est assez simple de cloisonner le **patrimoine financier** : il suffit d'écarter les régimes impliquant un partage des acquêts en choisissant un régime de séparation de biens en cas de mariage, un régime séparatiste pour un Pacs ou un simple concubinage.

Le cloisonnement est en revanche plus difficile s'agissant de la **résidence principale**, qui implique généralement un cofinancement compte tenu des valeurs en jeu. Dans cette hypothèse, l'interposition d'une société civile peut permettre de dissocier l'avoir du pouvoir. Si le couple a un ou plusieurs enfants communs, un legs d'affectation (démembrement entre les enfants communs et leur parent survivant sur la résidence principale : voir n° 75331) est particulièrement opportun.

B. Organiser le retour du patrimoine dans sa famille d'origine

75400 L'objectif prioritaire demeure ici la protection du conjoint, mais avec la volonté qu'elle ne s'opère pas au détriment des enfants non communs. Il s'agit donc d'orchestrer une **transmission en deux temps** : le conjoint d'abord, les enfants d'un autre lit ensuite.

DÉMEMBREMENT DE PROPRIÉTÉ

75402 Le démembrement « classique » est une **technique parfaitement appropriée** pour organiser le retour du patrimoine dans sa branche familiale d'origine, dans la mesure où elle permet la reconstitution de la pleine propriété entre les mains du nu-propriétaire au décès de l'usufruitier.

Le démembrement peut avoir comme **origine** un legs ou une donation (il s'agit souvent d'une donation avec réserve d'usufruit à un enfant, avec réversion au profit du survivant du couple). Attention à bien intégrer le fait que lorsque la transmission est enserrée dans les limites de la quotité disponible ordinaire (absence de mariage), elle peut donner lieu à réduction si elle l'excède.

Pendant la **durée du démembrement**, une « surveillance » naturelle est organisée au travers de l'obligation d'un accord des deux pour vendre et d'un accès à l'information.

Les **pouvoirs de l'usufruitier** peuvent être étendus s'ils portent sur un portefeuille de titres (universalité de biens : voir nos 68000 s.), sur des parts de société civile (par la dissociation entre avoir et pouvoir, voir n° 75366) ou sur la clause bénéficiaire d'un contrat d'assurance-vie (voir ci-après).

75405 **Quasi-usufruit sur le capital décès d'un contrat d'assurance-vie** Sans entrer dans les détails (voir nos 65500 s. pour l'étude d'ensemble), le **démembrement de la clause bénéficiaire** permet d'avantager l'usufruitier sans pour autant léser le nu-propriétaire.

L'**usufruitier** disposera des sommes comme un propriétaire et pourra à son gré les consommer ou les investir dans le placement de son choix, à condition d'avoir été dispensé dans l'acte constitutif de faire emploi des sommes et de fournir caution aux nus-propriétaires pour garantir la restitution de leur créance.

De leur côté, les **nus-propriétaires** deviennent titulaires d'une créance de restitution contre la succession de l'usufruitier, égale au capital versé à ce dernier. L'affectation de la contre-valeur des capitaux décès au profit des nus-propriétaires est assurée (sauf hypothèse de dilapidation), alors qu'elle aurait dépendu des dispositions prises par le bénéficiaire s'il avait été directement désigné comme bénéficiaire en pleine propriété.

Une rédaction adaptée de la clause bénéficiaire peut permettre de renforcer la protection du nu-propriétaire. En effet, la clause bénéficiaire prévoyant le démembrement de propriété peut ne pas dispenser l'usufruitier de son **obligation de fournir caution**. Il devra ainsi donner une garantie de remboursement au nu-propriétaire, sachant que, s'il ne le peut pas, les sommes comprises dans l'usufruit seront placées. Si cette garantie est donnée, par exemple sur un bien immobilier dont l'usufruitier est propriétaire par ailleurs, il sera libre de consommer le capital issu du contrat d'assurance-vie. **75406**

LIBÉRALITÉS GRADUELLES ET RÉSIDUELLES

Ces deux catégories de libéralités (étude d'ensemble nos 63240 s.) trouvent un champ d'application extrêmement approprié en famille recomposée puisqu'elles permettent au propriétaire du patrimoine d'en orchestrer la **double transmission** : **75410**
– **au survivant** du couple d'abord (conjoint, partenaire de Pacs ou concubin), avec la fiscalité applicable à sa situation ;
– **puis au gratifié de second rang**, réputé tenir ses droits du disposant, avec imputation des droits de mutation acquittés lors de la première transmission (ce qui ne constitue un avantage que lorsque le premier gratifié est le concubin, ou si la libéralité a pris la forme d'une donation, puisque le conjoint et le partenaire de Pacs sont exonérés de droits de succession).

La **libéralité graduelle** implique la double charge de conserver les biens ou droits qui en sont l'objet et de les transmettre au second gratifié au décès du premier. **75411**
Cette charge ne peut être imposée que sur la quotité disponible lorsque le premier bénéficiaire est héritier réservataire du disposant, ce qui n'est le cas ni du concubin, ni du partenaire de Pacs, ni même du conjoint (sauf en l'absence de descendants du défunt, ce qui n'est pas la configuration envisagée). Pour autant, la transmission au survivant du couple s'opérant en pleine propriété, elle ne pourra excéder la quotité disponible sauf à ce que les héritiers réservataires l'acceptent. Cette acceptation, sous forme d'une renonciation anticipée à l'action en réduction, sera d'autant plus fondée qu'ils sont assurés de récupérer les biens en cause au décès du survivant.

La **libéralité résiduelle** n'oblige pas le premier gratifié à conserver les biens ou droits transmis ; elle ne promet au second que ce qui subsistera du don ou legs fait au premier gratifié à la mort de celui-ci. **75412**
La libéralité résiduelle est **généralement plus adaptée** à l'objectif poursuivi, dans la mesure où elle donne plus de liberté au conjoint.

CONSEIL

Pour une meilleure efficacité, la libéralité résiduelle peut porter sur les parts d'une **société civile** qui détient les actifs à transmettre, plutôt que sur les actifs eux-mêmes. Ce schéma n'empêche pas le conjoint de vendre ses parts, ni même de procéder à des réductions de capital, mais il lui permet de faire évoluer la composition de l'actif (s'il est gérant de la société et à condition que cette modification entre dans ses pouvoirs) en maintenant le droit du second bénéficiaire à recevoir le « residuum », ce qui ne serait pas le cas sans l'interposition de la société civile. En effet, l'aliénation des biens détenus directement fait perdre son droit au second bénéficiaire, alors qu'il perdure sur les parts de la société (qui constituent l'objet même de la libéralité) même si l'actif de cette dernière est intégralement modifié.

C. Prendre en compte l'impact d'enfants issus d'unions différentes

L'ÉGALITÉ DE PRINCIPE DES ENFANTS

Sous réserve de quelques particularités en cas d'adoption simple (n° 63026), tous les enfants ont les mêmes droits dans la **succession** de leur auteur. En effet, ils « succèdent à leurs père et mère ou autres ascendants, sans distinction de sexe, ni de primogéniture, **même s'ils sont issus d'unions différentes** » (C. civ. art. 735). **75450**
Ainsi, par exemple, si les enfants d'une première union reçoivent une ou plusieurs donations en avancement de part successorale, l'égalité avec les enfants issus d'une seconde union est rétablie au décès au moyen du rapport prévu à l'article 843 du Code civil. Si la transmission a été faite sous forme d'une donation-partage, et que le donateur a un ou plusieurs enfants postérieurement à cette donation, ce(s) dernier(s) dispose(nt) d'une action spécifique pour composer ou compléter sa/leur part héréditaire, avec une évaluation des biens donnés en valeur décès (C. civ. art. 1077-2, al. 3). Cette protection des héritiers réservataires concerne tous les enfants

dont la filiation s'établit postérieurement, y compris par adoption, y compris si cette adoption concerne les enfants du conjoint.

Pour autant, l'égalité de principe des enfants n'est pas nécessairement synonyme d'équité : elle ne tient pas compte de ce qui est reçu du côté de l'**autre branche familiale**, ni des besoins différents des enfants en fonction de leur **âge**.

UN HÉRITAGE OBJECTIVEMENT DIFFÉRENT

75451 Chaque enfant a vocation à recevoir une même fraction du patrimoine de chacun de ses parents, fraction qui constitue sa réserve (sur cette notion, voir nos 64140 s.). Mais dans une famille recomposée, les enfants n'ont par définition **pas tous les mêmes parents**.

EXEMPLE

Madame Cairo a deux fils d'une première union (Jean et Jacques) et une fille, Marie, de son union actuelle. Son patrimoine s'établit à 300 000 € au jour de son décès. Elle n'a pris aucune disposition pour attribuer la quotité disponible, de sorte que chacun de ses enfants reçoit 100 000 €.

Si le père de Jean et Jacques, non remarié pour sa part, transmet à ses fils lors de sa succession un patrimoine de 2 200 000 €, Jean et Jacques recevront chacun 1 200 000 € (100 000 € + 1 100 000 €).

En supposant que le père de Marie, qui n'a pas d'autre enfant, dispose d'un patrimoine de 300 000 €, le patrimoine de cette dernière s'établira finalement à 400 000 € (100 000 € + 300 000 €) soit le tiers de celui de ses demi-frères.

UNE SITUATION DIFFÉRENTE AU REGARD DE L'OBLIGATION ALIMENTAIRE

75453 Des règles qui ne sont pas spécifiques aux familles recomposées peuvent y poser problème dans le cas fréquent où il existe une **différence d'âge importante entre les enfants** issus des différentes unions.

La première tient à ce que le **décès du débiteur de l'obligation alimentaire** met fin à son obligation. Les enfants les plus jeunes et encore à charge n'auront donc aucun recours sur la succession à ce titre, même si l'obligation alimentaire était exécutée sous forme de pension alimentaire dont le montant et la durée avaient été fixés par jugement.

La seconde règle de nature à pénaliser les enfants les plus jeunes vis-à-vis de leurs demi-frères ou sœurs plus âgés est que ces derniers n'auront pas à rapporter à la succession de leur auteur commun les sommes qui auront été dépensées pour leur entretien et leur éducation. En effet, ces sommes ne sont pas rapportables lorsqu'elles correspondent à la simple exécution d'une obligation alimentaire.

Finalement, les enfants les plus jeunes peuvent se trouver avoir reçu moins que les aînés de la part de leur parent commun.

EXEMPLE

En reprenant l'exemple ci-dessus et en supposant que la fille de Mme Cairo a dix ans de moins que Jean et huit de moins que Jacques, ces derniers auront reçu pendant cette période les ressources nécessaires à leur éducation alors que ce ne sera pas le cas de Marie. Sur la base d'un montant moyen de 500 € par mois pour chaque enfant, le capital correspondant s'établit au total à 108 000 € (abstraction faite de l'inflation), soit (500 € × 12 mois × 8 ans) + (500 € × 12 mois × 10 ans).

SOLUTIONS POUR PROTÉGER LES ENFANTS LES PLUS JEUNES

75454 Une **assurance décès** peut permettre de protéger les enfants, notamment les plus jeunes (ceux de la deuxième union), pour le cas de disparition prématurée de l'un de leurs parents (ou des deux). Les enfants pourront ainsi disposer d'un capital hors succession, en complément de leur part de réserve augmentée éventuellement de la quotité disponible (qu'elle leur soit transmise ou qu'elle revienne à leur parent survivant désormais seul en charge de leur éducation).

Le capital décès peut être attribué exclusivement aux enfants (il sera géré par le parent survivant sous le contrôle du juge pendant leur minorité) ou faire l'objet d'un démembrement de propriété (éventuellement temporaire) entre le parent et l'enfant. Il peut aussi prendre la forme d'une rente éducation.

75455 Si la protection des plus jeunes enfants passe par le vecteur de l'**assurance-vie placement** plutôt que par celui de l'assurance décès, il convient d'être particulièrement attentif à la question de l'éventuelle **exagération des primes** (étude d'ensemble : nos 66256 s.). En effet, pour un même capital transmis, les primes sont supérieures en assurance-vie et le caractère assurantiel est naturellement moins marqué qu'avec l'assurance temporaire décès, dont la fonction est de couvrir un risque. Dans une telle configuration, il peut d'ailleurs s'avérer intéressant de commenter l'**objectif de la désignation** des enfants communs **dans la clause** elle-même et, éventuellement, de limiter cette désignation exclusive dans le temps et/ou de faire évoluer les pourcentages d'attribution des capitaux aux différents enfants bénéficiaires.

EXEMPLE

« Dans l'hypothèse où je décéderais avant les 18 ans de ma fille Anne, née de mon union avec [...], le capital décès sera versé à hauteur de 10 % à mon fils Pierre, issu de ma première union et de 90 % à ma fille Anne, afin de lui permettre de financer ses études supérieures et/ou de s'installer dans la vie. Si mon décès intervient au-delà de cette date, le capital décès sera réparti entre mes deux enfants, vivants ou représentés, par parts égales (etc.). »

D. Agir en faveur des enfants de l'autre

Lorsque la vie commune est longue et heureuse, il arrive que l'enfant de l'autre membre du couple soit considéré comme le sien, spécialement lorsque l'autre parent de cet enfant est décédé ou s'est désintéressé de lui et/ou lorsque le couple n'a pas eu d'enfant commun. 75500
Plusieurs **dispositifs légaux** permettent de répondre à cette préoccupation, certains étant réservés aux couples mariés.

DÉLÉGATION-PARTAGE DE L'AUTORITÉ PARENTALE

La délégation-partage de l'autorité parentale peut permettre, sous réserve de l'accord des deux parents et de l'homologation du juge, de partager avec un tiers, en l'occurrence le beau-parent, tout ou partie de l'exercice de l'autorité parentale (étude d'ensemble : voir n°s 38540 s.). Cette disposition, qui ne peut s'envisager que « pour les besoins d'éducation de l'enfant » (C. civ. art. 377-1), permet de répondre à la plupart des situations. Elle reste cependant méconnue, et donc insuffisamment mise en œuvre. 75501

TUTELLE TESTAMENTAIRE

Le droit de choisir un tuteur pour son enfant mineur appartient au survivant des père et mère (C. civ. art. 403, al. 1). Ainsi, lorsque l'autre parent biologique n'est plus en vie (ou pour prévoir l'hypothèse de son prédécès), le parent survivant peut **désigner son conjoint, partenaire ou concubin** comme tuteur de ses enfants mineurs (par testament ou déclaration spéciale devant notaire). À défaut, c'est le conseil de famille qui désignera le tuteur, sans aucune certitude que son choix se portera sur le beau-père ou la belle-mère de l'enfant (étude d'ensemble de la tutelle testamentaire : voir n°s 42150 s.). 75502

DONATION À L'ENFANT DE L'AUTRE

La donation à l'enfant peut être faite par le beau-parent sur ses **biens propres ou personnels**. 75505
Fiscalement, l'opération est très coûteuse : les biens donnés sont taxables au taux de 60 %.
Si le **couple** est **marié** sous le régime de la **communauté**, la **donation** peut être **faite conjointement** par les deux parents, ce qui est plus intéressant fiscalement. Les droits de donation sont calculés pour moitié selon le régime favorable des donations entre parent et enfant, et pour moitié au taux de 60 %.
Sous certaines conditions, il est également possible d'associer enfants communs et non communs dans une **donation-partage conjonctive**, ce qui peut permettre l'allotissement de ses beaux-enfants en biens communs du couple. Sur la donation-partage conjonctive en présence d'enfants de lits différents : voir n° 63796.

TRANSMISSION PAR DÉCÈS

Dans la limite de la quotité disponible, un **legs** est bien évidemment possible en faveur de l'enfant de l'autre membre du couple. Mais compte tenu du tarif applicable (60 %, après l'abattement minime mentionné n° 64670), c'est l'**assurance-vie** (si les primes sont versées avant 70 ans) qui devra être privilégiée. Après abattement de 152 500 €, la taxation sera alors limitée à 20 % puis à 31,25 % (voir n°s 66500 s.). 75507

QUEL STATUT POUR L'EX-BEAU-PARENT EN CAS DE SÉPARATION DU COUPLE ?

Il n'existe pas de règles légales spécifiques permettant à l'ex-beau-parent de maintenir des relations personnelles avec le ou les enfants de l'autre après la séparation. Cependant, le juge aux affaires familiales peut, si tel est l'intérêt de l'enfant, fixer les modalités des relations entre l'enfant et un tiers, parent ou non, « en particulier lorsque ce tiers a résidé de manière stable avec lui et l'un de ses parents, a pourvu à son éducation, à son entretien ou à son installation, et 75508 a noué avec lui des liens affectifs durables » (C. civ. art. 371-4). Cette disposition a naturellement vocation à s'appliquer à l'ex-beau-parent, qu'il ait été marié ou non avec le parent biologique.

ADOPTION DE L'ENFANT DE L'AUTRE

75510 L'adoption fait l'objet d'une étude d'ensemble aux nos 29500 s.
Rappelons seulement ici que :
– l'**adoption de l'enfant du conjoint**, est facilitée et autorisée, y compris dans les couples homosexuels (agrément non requis ; absence de condition d'âge de l'adoptant, versus un âge minimum de 26 ans dans le cadre d'une adoption hors couple ; différence d'âge réduite entre adoptant et adopté : 10 ans au lieu de 15). Sur le plan fiscal, que l'adoption soit simple ou plénière, les **libéralités** faites à l'enfant du conjoint bénéficient du régime fiscal de faveur des mutations entre parents et enfants ;
– en cas de remariage des deux parents biologiques, l'adoption simple n'est possible, qu'**à l'égard d'un seul des beaux-parents** ; l'enfant adopté simplement par le second mari de sa mère ne peut pas l'être ensuite par la seconde femme de son père (Cass. 1e civ. 12-1-2011 no 09-16.527 : BPAT 2/11 inf. 112) ;
– l'adoption (simple ou plénière) a des effets sur le **nom de l'enfant** (voir no 31600 et no 31630), ce qui est porteur d'une dimension symbolique lourde qui peut parfois constituer un frein ;
– sauf cas particuliers, l'adoption est **irréversible**, peu important que les liens entre le parent adoptif et l'enfant se soient distendus (à la suite par exemple de la séparation du couple) ou qu'adopté et adoptant soient d'accord pour y mettre fin ;
– l'adoption confère à l'enfant adopté les mêmes **droits successoraux** sur le plan civil qu'un enfant biologique dans la famille de l'adoptant. Toutefois, s'il s'agit d'une adoption simple, l'adopté n'est pas réservataire dans la succession des ascendants de son parent adoptif s'il venait à l'y représenter. En revanche, en cas d'adoption plénière, il acquiert le statut de réservataire dans le patrimoine des ascendants de l'adoptant.

> **Précisions** Depuis la loi 2022-219 du 21 février 2022 portant **réforme de l'adoption**, l'adoption de l'enfant du **partenaire de Pacs** ou du **concubin** est devenue possible dans les mêmes conditions que celle prévue pour les couples mariés. En cas d'adoption plénière, le régime de faveur des mutations en ligne directe s'applique. En cas d'adoption simple, le régime fiscal de faveur prévu pour les couples mariés n'a pas été étendu : le taux de 60 % applicable entre personnes non parentes s'applique sauf exceptions : voir no 64722.

CHAPITRE 2

PROFESSIONNELS DE LA GESTION DE PATRIMOINE

SOMMAIRE

Dans le cadre d'un Mémento dédié au droit de la famille, il est indispensable de donner un **aperçu des professions qui offrent des services aux familles**. 76000
Nous en avons recensé huit.
Chacun de ces professionnels expose le cadre juridique dans lequel il exerce (réglementation, responsabilité, etc.), les spécificités de son métier, son rôle (ses mérites et ses limites), ainsi que le coût de ses prestations.

SECTION 1

AVOCAT

L'avocat exerce une **profession libérale** et indépendante quel que soit son mode d'exercice : individuel, salarié ou au sein d'une structure d'exercice (société civile professionnelle ou société d'exercice libéral). La profession d'avocat est régie par la loi 71-1130 du 31 décembre 1971 portant réforme de certaines professions judiciaires et juridiques. 76050
Les avocats peuvent exercer leur activité au sein de toute forme de **société** ne conférant pas la qualité de commerçant à ses associés : société civile, société à responsabilité limitée, société anonyme ou société par actions simplifiée (Loi 71-1130 du 31-12-1971 art. 7 ; Décret 91-1197 du 27-11-1991 art. 111 s.). Notons qu'à compter du 1er septembre 2024, les SARL, les SA, les SAS et les SCA de droit commun existantes ou nouvellement créées pour l'exercice de la profession seront « également soumise[s] » à la réglementation des SEL, à l'exception des règles relatives à la dénomination sociale, « qui deviennent facultatives » (Loi 71-1130 art. 8 modifié par ord. 2023-77

du 8-2-2023 art. 132). En pratique, cet alignement sur le régime des SEL revient de facto à supprimer les sociétés commerciales de droit commun. Par ailleurs, les avocats peuvent participer à une société pluriprofessionnelle d'exercice (SPE) ayant pour objet l'exercice en commun de plusieurs des professions d'avocat, d'avocat aux Conseils, de commissaire-priseur judiciaire et d'huissier de justice (commissaire de justice à compter du 1-7-2022), de notaire, d'administrateur judiciaire, de mandataire judiciaire, de conseil en propriété industrielle et d'expert-comptable (Décret 2017-794 du 5-5-2017).

L'avocat est soumis à une **déontologie** stricte qui doit guider son comportement, notamment à l'égard de ses clients (Décret 2023-552 du 30-6-2023 portant Code de déontologie). Il est traditionnellement tenu au respect des principes de dévouement, diligence et prudence. A également été consacrée une obligation de compétence. Par ailleurs, le secret professionnel auquel l'avocat est tenu permet de protéger le client qui peut ainsi lui livrer ses confidences sans craindre de divulgation d'informations à des tiers (n° 76059). L'avocat est tenu de souscrire une assurance obligatoire couvrant sa responsabilité.

INDÉPENDANCE

76053 L'avocat agit pour son client en toute indépendance, celle-ci étant au cœur de l'exercice de sa profession.

Il doit conseiller, **défendre** son client et l'**informer** sur sa situation et les issues judiciaires possibles avec objectivité.

Son mode de **rémunération** garantit un conseil indépendant (voir nos 76077 s.). En effet, il ne perçoit pas un intéressement aux solutions patrimoniales mises en œuvre (ce qui le différencie des établissements financiers et des gestionnaires de patrimoine auxquels il n'est pas interdit d'être intéressés à la souscription des placements qu'ils proposent).

L'avocat ne prend en compte que les intérêts de son client : en effet, il ne peut conseiller ou représenter qu'**un seul client** et ne peut recevoir de rémunération que de celui-ci. Lorsqu'il se trouve en situation de « conflit d'intérêts » (par exemple, il est consulté par plusieurs membres de la même famille dont les intérêts peuvent diverger), il doit renoncer à intervenir, sauf à obtenir l'accord écrit des clients concernés.

COMPÉTENCE

76055 L'avocat suit une **formation initiale** longue : l'accès à la profession nécessite la réussite à un examen d'entrée dans un centre régional de formation professionnelle des avocats (CRFPA), qui se déroule après l'obtention d'un master de droit (en pratique, les élèves avocats sont au moins titulaires d'un master 2). La formation à l'école d'avocats dure 18 mois et est organisée autour d'enseignements et de stages. À l'issue de cette formation, les élèves-avocats sont soumis à un examen en vue d'obtenir le certificat d'aptitude à la profession d'avocat (CAPA).

Pendant sa vie professionnelle, il est soumis à des obligations de **formation continue**.

L'avocat titulaire d'un certificat de **spécialisation**, obtenu à la suite d'un entretien de validation des compétences professionnelles, peut utiliser le titre d'« Avocat spécialiste en... » suivi de la matière dont il peut justifier ; pour le conserver, il doit consacrer une partie de son temps de formation continue à sa spécialité (Décret 91-1197 du 27-11-1991 art. 86 s. ; Arrêté JUSC1130802A du 28-12-2011). Il n'existe pas de mention de spécialisation visant exclusivement le « droit du patrimoine » ou la « fiscalité du patrimoine », les mentions les plus proches étant « droit de famille, des personnes et de leur patrimoine », « droit fiscal et droit douanier » et « droit de la fiducie ». Il est possible pour un avocat qui sollicite la mention « droit de famille, des personnes et de leur patrimoine » de demander la qualification spécifique « droit du patrimoine ». De même, l'avocat qui sollicite la mention de spécialisation « droit fiscal et droit douanier » peut demander la qualification spécifique « fiscalité du patrimoine » précisant ainsi un champ juridique d'intervention privilégiée au sein de la mention de spécialisation de nature à permettre l'information du public. Cette qualification spécifique relève de la publicité personnelle de l'avocat (Décret 2005-790 du 12-7-2005, art. 15 ; RIN, art. 10).

76057 Sa **déontologie** lui impose de n'accepter une affaire que s'il a la compétence requise, sauf collaboration avec un confrère. S'il s'estime incompétent, l'avocat doit diriger le client vers un autre avocat (Décret 2005-790 du 12-7-2005, art. 3).

SECRET PROFESSIONNEL ET CONFIDENTIALITÉ

76059 L'avocat est soumis au secret professionnel le plus strict vis-à-vis de ses clients, des autorités publiques et de ses confrères.

Ce secret professionnel protège les intérêts privés du client et permet d'instaurer avec lui une relation de confiance complète.

Il **couvre** non seulement toutes les confidences que l'avocat reçoit de son client, mais également toutes les informations qu'il reçoit à propos de son client ou à propos de tiers dans le cadre des affaires concernant ledit client.

La protection du secret est assurée par le principe de confidentialité des correspondances échangées entre l'avocat et son client ou destinées à celui-ci. Il est prévu « en toutes matières, que ce soit dans le domaine du conseil ou dans celui de la défense, les consultations adressées par un avocat à son client ou destinées à celui-ci, les correspondances échangées entre le client et son avocat, entre l'avocat et ses confrères » (Loi 71-1130 du 31-12-1971 art. 66-5). En réalité, cette obligation de confidentialité va bien au-delà de ces seules correspondances puisqu'elle s'étend à celles entre l'avocat et ses confrères, aux notes d'entretien et plus généralement à toutes les pièces du dossier, quelle que soit leur nature ou leur forme. Ainsi, le secret de l'ensemble de ces documents est spécifiquement protégé, qu'ils aient été établis ou obtenus dans le cadre d'une mission de conseil ou de rédaction d'actes ou d'une mission d'assistance en matière judiciaire.

Cela étant, le secret professionnel de l'avocat, dans son activité de conseil, connaît des **limites** au regard de certaines infractions pénales.

Certes, ce secret est désormais inscrit en préliminaire dans le Code de procédure pénale et de nouvelles garanties sont posées en cas de perquisitions et de saisies effectuées au cabinet de l'avocat ou à son domicile (CPP art. préliminaire et 56-1-1). Le secret professionnel couvrira désormais les fadettes.

Mais, dans le même temps, distinction est faite entre le secret professionnel de la défense et celui du conseil ; celui-ci est inopposable aux enquêteurs lorsque les mesures d'enquête ou d'instruction sont relatives à certaines infractions (CPP art. 56-1-2). Les infractions concernées sont celles du financement du terrorisme, de la fraude fiscale, de la corruption et du trafic d'influence.

Par ailleurs, dans le cadre de « **dispositifs transfrontières** », des obligations déclaratives pèsent sur l'avocat et son client (CGI art. 1649 AD à 1649 AH). Les informations déclarées doivent ensuite faire l'objet d'un échange automatique entre les administrations fiscales des États membres de l'Union européenne (UE) dans le cadre de la lutte contre le blanchiment des capitaux et le financement du terrorisme. **76060**

Cinq catégories de « marqueurs » ont été créées afin de déterminer ce qui doit faire l'objet d'une déclaration. C'est ainsi le cas des dispositifs transfrontières visant à minorer la base fiscale, transférer des bénéfices, contourner des échanges de renseignements.

Ces obligations déclaratives concernent :

– l'intermédiaire dit « concepteur » ou « promoteur » qui conçoit, commercialise ou organise ces dispositifs ;

– et l'intermédiaire dit « fournisseur de services » ou « sachant » qui sait ou est raisonnablement censé savoir qu'il a apporté une aide, une assistance ou des conseils à un client pour la conception, la commercialisation ou l'organisation d'un dispositif devant faire l'objet d'une déclaration.

L'avocat peut donc être potentiellement considéré comme un intermédiaire. Lorsque plusieurs intermédiaires sont présents, l'obligation de déclaration incombe à chacun d'eux, sous réserve que l'un d'entre eux procède à la déclaration dans les conditions prévues à l'article précité, libérant ainsi les autres.

Enfin, cette obligation repose sur le contribuable concerné lorsqu'aucun intermédiaire n'ayant de présence fiscale française ou qu'aucun d'eux établi au sein de l'UE ne procède à la déclaration auprès de l'administration fiscale française.

Ces dispositions sont entrées en vigueur le 1er janvier 2021 (la date initiale du 1-7-2020 ayant été reportée) avec une application rétroactive pour les dispositifs transfrontières dont la première étape a été mise en œuvre entre le 25 juin 2018 et le 31 décembre 2020. Ces derniers devaient être déclarés au plus tard le 28 février 2021 (la date initiale du 31-8-2020 ayant été reportée). Les sanctions en cas de manquement à ces obligations sont prévues à l'article 1729 C ter du CGI.

Le **Conseil national des barreaux** (CNB) a adopté une résolution par Assemblée générale les 15 et 16 novembre 2019 considérant que l'atteinte portée au secret professionnel de la profession d'avocat est disproportionnée au regard de l'objectif poursuivi par la directive. La question de la compatibilité des obligations déclaratives avec le respect du secret professionnel de l'avocat garanti par les articles 6 et 8 de la Convention européenne de sauvegarde des droits de l'Homme et des libertés fondamentales se pose. Elle a fait l'objet d'une question préjudicielle par le Conseil d'État à la Cour de justice de l'Union européenne (CE 25-6-2021 n° 448486).

> **Précisions** En dehors de ces limites liées à la lutte contre la fraude fiscale, la corruption et le blanchiment, l'obligation au secret professionnel de l'avocat est générale et absolue : il ne peut pas en être délié par son client (Cass. 1e civ. 6-4-2004 n° 00-19.245). En revanche, **le client peut rendre public** un courrier qu'il a adressé à son avocat, lui retirant ainsi son caractère confidentiel (Cass. 1e civ. 30-4-2009 n° 08-13.596). Dans ce dernier arrêt, la Cour de cassation affirme qu'un tiers ne peut pas produire en justice la lettre d'un avocat à son client ; et il importe peu, précise-t-elle, que la lettre ait été communiquée au tiers par l'avocat lui-même dès lors qu'il ne peut pas en autoriser la divulgation. Cela étant, le caractère secret d'une pièce est apprécié concrètement par la jurisprudence : un avocat avait adressé à un expert-comptable un courrier relatant la teneur d'entretiens qui avaient eu lieu au cours d'une réunion. Cette lettre pouvait être produite par l'expert-comptable dans un conflit l'opposant à leur client commun, dès lors que la réunion s'était déroulée avec sa participation et que les informations échangées à cette occasion ne pouvaient avoir aucun caractère secret à l'égard de ce professionnel (Cass. 1e civ. 14-1-2010 n° 08-21.854).
> En pratique, le client peut également **formuler** par l'intermédiaire de son avocat **des propositions transactionnelles** qui ne le lieront pas si le destinataire des propositions ne donne pas suite. Aucun autre professionnel ne dispose d'un atout aussi déterminant dans la réussite d'une négociation.

RESPONSABILITÉ

76061 L'avocat exerce dans le cadre d'une **profession réglementée** (Loi 71-1130 du 31-12-1971 modifiée). Chaque avocat doit appartenir à un barreau qui est présidé par un bâtonnier et administré par un Conseil de l'Ordre.

Le **Conseil de l'Ordre**, dont les membres sont élus par les avocats, veille à l'observation par les avocats de leurs devoirs et à la protection de leurs droits. Il arrête et modifie le règlement intérieur ; il veille au maintien des principes de probité, de désintéressement et de confraternité sur lesquels repose la profession. Il est présidé par le bâtonnier qui représente et gère l'Ordre. Le bâtonnier règle aussi les différends entre les avocats.

La représentation de la profession au niveau national est assurée par le **Conseil national des barreaux** (CNB). Outre sa fonction de représentation de la profession auprès des pouvoirs publics, le CNB est en charge de l'harmonisation des règles et usages de la profession.

Un **conseil de discipline**, institué dans le ressort de chaque cour d'appel est compétent pour toutes les infractions et fautes déontologiques commises par les avocats (Loi 71-1130 art. 22 s. ; Décret 91-1197 du 27-11-1991 art. 180 s.).

76063 **Responsabilité professionnelle** L'avocat est responsable des conséquences dommageables des fautes et négligences commises par lui dans l'exercice de ses fonctions.

Sa responsabilité varie **selon la fonction exercée**. Lorsque l'avocat assiste en justice, il n'a qu'une obligation de moyens, il ne peut pas s'engager à gagner le procès ; sa responsabilité pour faute ne sera engagée qu'en cas d'erreur grossière. En revanche, dans la représentation en justice, le conseil ou la rédaction d'actes, son obligation est proche d'une obligation de résultats ; sa responsabilité sera plus sévèrement engagée, par exemple, dès qu'il n'aura pas assuré les formalités subséquentes d'un acte ou respecté le délai d'exercice d'une voie de recours.

L'avocat doit être **assuré** pour ce risque et justifier de la garantie couvrant sa responsabilité professionnelle. Le plus souvent, le barreau auquel il appartient aura souscrit une assurance collective (Loi 71-1130 du 31-12-1971 art. 27).

76065 Le droit octroyé à l'avocat de **manier des fonds** est contrôlé par le barreau, qui a créé les caisses de règlements pécuniaires des avocats (Carpa) pour centraliser les fonds reçus (Décret 91-1197 du 27-11-1991 art. 236 s.). L'avocat doit faire figurer dans un compte à la Carpa les sommes qu'il détient temporairement, en vue de les transmettre à son client, à son adversaire ou à son contractant. Aucun paiement d'honoraires ne peut avoir lieu par le débit d'un « compte Carpa » sans que l'avocat présente l'autorisation de son client.

Pour protéger le destinataire des fonds, l'avocat doit souscrire une **assurance** de représentation des fonds ou justifier d'une garantie affectée au remboursement de ces sommes. Le barreau peut souscrire, pour le compte des avocats de son ressort, une assurance collective de base auprès d'une compagnie d'assurance garantissant le risque de non-représentation des fonds (Décret 91-1197 du 27-11-1991 art. 210 s.).

ACTIVITÉS JURIDIQUES ET JUDICIAIRES

76067 L'avocat exerce essentiellement deux types d'activités : d'une part, une activité juridique se décomposant entre la consultation et la rédaction d'actes et, d'autre part, l'activité judiciaire avec l'assistance et la représentation en justice. Cette double activité lui permet une approche unique en matière patrimoniale.

Consultation juridique et rédaction d'actes En matière patrimoniale, l'avocat intervient en qualité de conseil, en dehors de tout contentieux, pour aider ses clients à définir, au regard de leurs objectifs propres et en faisant appel aux différentes branches du droit, le mode de structuration et de gestion de leur patrimoine ainsi que les modalités de sa transmission les plus adaptés. Il délivre des avis ou des consultations, rédige des contrats, actes ou transactions **sous seing privé**. 76069

Acte d'avocat Un acte sous signature privée peut porter le contreseing d'avocat(s). Il ne s'agit pas d'une nouvelle catégorie d'acte. L'acte reste un acte sous signature privée, mais le contreseing porté par l'avocat entraîne trois conséquences : 76070
– par son contreseing, l'avocat **atteste avoir éclairé pleinement** la ou les parties qu'il conseille sur ses conséquences juridiques (Loi 71-1130 du 31-12-1971, art. 66-3-1). L'avocat ayant contresigné un acte est donc présumé avoir examiné l'acte, s'il ne l'a pas rédigé lui-même, et avoir conseillé son client. Il assume pleinement la responsabilité qui en découle ;
– l'acte d'avocat **fait pleine foi de** l'écriture et de la signature des parties tant à leur égard qu'à celui de leurs héritiers ou ayants cause (C. civ. art. 1374). Le contreseing d'avocat donne ainsi une force probante renforcée à l'acte qui en est l'objet. Pour contester le contenu de l'acte, les parties ne peuvent se contenter de désavouer leur signature ou leur écriture comme dans un acte sous signature privée ordinaire mais doivent utiliser la procédure de faux en écriture privée (CPC art. 299 s.).
– l'acte d'avocat est **dispensé de toute mention manuscrite** exigée par la loi, sauf disposition légale dérogeant expressément à ce principe. Le contreseing nécessite que toutes les parties à l'acte soient représentées par un avocat soit que chacune des parties ait son propre avocat, soit que l'avocat ait pour mission de conseiller et de représenter toutes les parties. Seul l'avocat dispose de ce pouvoir de contresigner un acte sous seing privé.
L'acte d'avocat peut être **conservé et archivé** auprès du service du CNB, e-Barreau.
Le CNB a créé, le 19 mai 2015, l'acte d'avocat **électronique** qui est entièrement dématérialisé. Une fois la version définitive de l'acte rédigée, son enregistrement, sa signature par les parties et par l'avocat ainsi que son archivage se font par voie électronique sur la plateforme e-Barreau. Cependant, pour les actes d'avocat relatifs au droit de la famille et aux successions, il n'est pas possible de recourir à la forme électronique. La seule exception concerne les divorces ou les séparations de corps par consentement mutuel (C. civ. art. 1175 1°). À noter que dans le cadre de ces deux procédures, la convention de divorce ou de séparation de corps doit être signée par les époux et leurs avocats ensemble, ce qui implique la présence physique des signataires au moment de la signature, excluant en conséquence la signature par voie électronique (Circ. 26-1-2017, NOR JUSC1638274C : BOMJ 2017-06 du 30-6-2017).

> **Précisions** Le contreseing peut trouver à s'appliquer à **tous types d'actes** tels que des baux ou des ventes de biens meubles (Rép. Hunault : AN 19-7-2011, n° 107271). En matière patrimoniale, l'acte d'avocat peut concerner des statuts de société, des partages de biens meubles, des liquidations de communauté, des reconnaissances de dette, ou de don manuel, des pactes d'associés, des actes de remploi a posteriori, etc.
Le **recours alternatif** à l'acte d'avocat, plutôt qu'à l'acte notarié ou à l'acte sous seing privé ordinaire, est parfois légalement prévu. C'est le cas du mandat de protection future établi sous seing privé pour lequel l'article 492 du Code civil précise qu'il est soit contresigné par un avocat, soit établi selon un modèle défini par décret en Conseil d'État. Les pouvoirs susceptibles d'être accordés au mandataire par un mandat établi sous seing privé sont cependant plus limités que dans le cas où le mandat est notarié.
Dans le cas du **divorce par consentement mutuel** et de la **séparation de corps par consentement mutuel**, les époux ne peuvent concrétiser leur entente que sous cette forme. Cette déjudiciarisation du divorce a donné lieu à un transfert de compétence du juge aux avocats pour constater cet accord, chacun des époux devant être assisté par son avocat (C. civ. art. 229-1). C'est le dépôt au rang des minutes d'un notaire, chargé de s'assurer du respect des exigences formelles, qui conférera force exécutoire et date certaine à la convention de divorce.
Enfin, depuis le 24 décembre 2021, certains actes d'avocat constituent des **titres exécutoires**. C'est le cas des transactions et des actes constatant un accord issu d'une médiation, d'une conciliation ou d'une procédure participative, lorsqu'ils sont contresignés par les avocats de chacune des parties et revêtus de la formule exécutoire par le greffe de la juridiction compétente (C. exécution art. L 111-3).

76071 **Monopole d'exercice** L'avocat ayant le monopole de l'assistance et de la représentation en justice, c'est nécessairement à lui que le particulier doit s'adresser dans les **contentieux** civils et fiscaux, pour lesquels la représentation par avocat est obligatoire.
Son rôle dans la défense en justice des intérêts de ses clients lui permet une appréciation du risque, essentielle pour exercer son rôle de conseil et sécuriser les solutions proposées.

76073 Ces activités de **conseil** et de contentieux s'inscrivent notamment dans le cadre des problématiques suivantes.

Structurer et organiser le patrimoine :
– constitution de sociétés pour la réalisation d'investissements et l'optimisation de leur gestion ;
– mise en place de fiducies, gestion des démembrements de propriété et des indivisions ;
– investissements privés en France des non-résidents ;
– accompagnement de l'installation en France et du transfert de la résidence à l'étranger ;
– traitement en France des institutions de droit étranger (trust et fondations).

Organiser les relations patrimoniales avec le conjoint et protéger les proches :
– régime matrimonial : choix initial et changement en cours de mariage ;
– établissement de comptes de créances entre époux ;
– détermination de la nature propre ou commune des biens ;
– liquidation du régime matrimonial ;
– assistance dans la procédure de divorce et traitement des aspects patrimoniaux du divorce ;
– protection du conjoint survivant et des proches ;
– conseil dans la mise en place et le suivi de régimes de protection (tutelle, curatelle, mandat de protection future, etc.).

Gérer les impositions :
– conseils fiscaux pour des opérations d'investissement ou de structuration du patrimoine privé et professionnel, dans un contexte national et international ;
– assistance devant l'administration fiscale et les juridictions.

Transmettre le patrimoine, préparer et régler les successions :
– conseils en matière de transmission familiale d'entreprises et de biens privés ;
– réalisation de dons manuels ;
– rédaction de testaments ;
– mise en place d'engagements de conservation (pactes « Dutreil » transmission) ;
– préparation civile et fiscale de la succession dans un contexte national et international (estate planning) ;
– règlement amiable, transactionnel ou contentieux des successions nationales et internationales.

AUTRES ACTIVITÉS

76075 Outre ses activités traditionnelles en matière juridique et judiciaire, l'avocat peut exercer des missions diverses :
– dans le cadre d'une fiducie, l'avocat peut être **fiduciaire**. Il gère le patrimoine fiduciaire conformément à la mission déterminée par le contrat de fiducie. Il peut également remplir la fonction de tiers protecteur pour veiller aux intérêts du constituant ;
– il peut exercer des mandats spécifiques en qualité de **mandataire** (mandat posthume ; mandat de protection future) ou encore assumer une mission d'**exécuteur testamentaire** ;
– il peut exercer un **mandat au profit d'un sportif** au titre d'une activité accessoire (Loi 71-1130 du 31-12-1971 art. 10, al. 6 et 7). Mais attention, l'avocat, en sa qualité de mandataire, ne peut exercer l'activité de mise en rapport des joueurs et des clubs, qui est une activité commerciale principale ni, donc, intervenir, dans la phase d'élaboration des contrats, avant que les sportifs et les clubs aient été préalablement mis en relation par un agent sportif (CA Paris 14-10-2021 n° 20/11621) ;
– il peut exercer un mandat au profit **d'artistes et auteurs** au titre d'une activité accessoire (RIN 30-9-2021 art. 6.3.5) ;
– il peut exercer une activité de mandataire d'**intermédiaire en assurances**, à titre accessoire. Il ne peut être rémunéré que par son client, l'intermédiaire d'assurance, dans le cadre d'une telle mission (CNB, Décis. du 7 mai 2021 portant modification du règlement intérieur de la profession d'avocat, JO 30 sept. ; Règl. intérieur national de la profession d'avocat 30-9-2021 art. 6.3.6). L'avocat ne peut être ni courtier ni apporteur d'affaires, et son activité ne doit pas relever de la pratique des commissions ;
– il peut être « **tiers de confiance** » (Loi 2010-1658 de finances rectificative pour 2010 du 29-12-2010 art. 68 : JO 30), mission qui consiste exclusivement, sur la base d'un contrat conclu avec son client assujetti à l'obligation de dépôt d'une déclaration annuelle de revenus, à réceptionner les pièces

justificatives déposées et présentées par le contribuable à l'appui de chacune des déductions du revenu global, réductions ou crédits d'impôt, à établir la liste de ces pièces ainsi que des montants y figurant, à attester de l'exécution de ces opérations, à conserver les pièces jusqu'à l'extinction du délai de reprise du fisc. À l'égard de l'administration, il s'engage à lui transmettre les déclarations de revenus de son client et à lui communiquer sur sa demande les pièces justificatives (Décret 2011-1997 du 28-12-2011 : JO 29 p. 22587). Un arrêté a fixé la mise en œuvre de ce dispositif : le tiers de confiance conclut une convention individuelle avec l'administration fiscale et s'engage, entre autres, à établir avec chacun de ses clients, qui le signe, un contrat ou une lettre de mission spécifique (Arrêté du 1-3-2012 : JO 9 p. 4398) ;
– il peut également être **lobbyiste**. Le règlement intérieur national du CNB permet à l'avocat d'exercer une activité de représentation d'intérêts de ses clients auprès d'administrations publiques européennes ou internationales (Décision 2015-001 du 10-7-2015 : JO 4-8 p. 13313).

L'avocat peut être mandaté par son client pour toutes sortes de **missions d'intermédiation** telles **76076**
que la réalisation d'investissements ou la gestion d'actifs patrimoniaux pour le compte de son client et dans le cadre d'une mission de conseil ou accessoirement à la rédaction d'un acte juridique. Il peut être mandaté pour rechercher et prendre contact en son nom avec un acquéreur potentiel ou, à l'inverse, rechercher à l'achat tel ou tel bien ou prestation. En sa qualité de mandataire, il peut être gestionnaire de patrimoine pour le compte de son client, accessoirement à sa mission de conseil en matière juridique et fiscale.

Ces missions d'intermédiation sont compatibles avec la qualité d'avocat si elles sont exercées dans le respect des principes essentiels régissant la profession, ce qui implique que les conditions suivantes soient respectées :
– le mandat doit avoir une nature civile et être distingué de l'opération de courtage qui, étant commerciale par nature, est interdite à l'avocat. Dans le cadre de son mandat, l'avocat ne représente que son client ;
– ce mandat est nécessairement exclusif et l'avocat ne peut donc recevoir un autre mandat ou une autre mission le mettant en position de conflit d'intérêts entre le mandant et le tiers auprès duquel il intervient. Il en découle que l'avocat doit recevoir sa rémunération de son seul client ;
– l'avocat doit avoir la compétence nécessaire pour remplir la mission qui lui est confiée.

Dans la mise en œuvre de son mandat, les activités d'intermédiation doivent garder un caractère accessoire par rapport aux activités traditionnelles juridiques et judiciaires de conseil et de rédaction d'actes. Dans le cas contraire, l'activité de l'avocat pourrait être considérée comme commerciale. L'avocat est assez souvent en position d'exercer de telles missions, car elles se présentent comme le complément de ses missions traditionnelles. S'il conseille un client sur les modalités d'un investissement, il peut être bien placé pour lui trouver un partenaire dans le cadre de cet investissement et négocier les conditions de ce partenariat pour son compte. Il en est de même lorsque, conseillant une indivision familiale, il est missionné à l'effet d'organiser la vente de tel ou tel bien indivis.

L'avocat peut être désigné comme représentant fiscal de son client. Il joue également un rôle essentiel dans les modes alternatifs de règlement des conflits (Marc), qu'il agisse en qualité de **médiateur**, **d'arbitre** ou **d'expert**, ou qu'il assiste son client dans le cadre d'une **procédure participative** ou d'une **conciliation**. Ces procédures amiables peuvent offrir aux litiges une solution plus rapide et moins coûteuse mais nécessitent une formation adéquate de l'avocat. Une spécialisation en « droit de l'arbitrage » existe. Une autre, en « droit des modes amiables de résolution des différends » a été demandée (assemblée générale du CNB, 8-9-2017).

RÉMUNÉRATION LIBRE

Les **honoraires** de postulation, de consultation, d'assistance, de conseil, de rédaction d'actes **76077**
juridiques sous seing privé et de plaidoirie sont librement fixés par l'avocat et son client en fonction de la prestation fournie. Il n'existe aucun tarif. La rémunération de l'avocat est fixée selon les usages et varie en fonction de divers éléments : le temps consacré au dossier, le travail de recherche, la difficulté de l'affaire, l'importance des intérêts en cause, la situation de fortune du client, les frais et charges du cabinet, la notoriété, l'expérience et la spécialisation de l'avocat ou du cabinet auquel il appartient. En pratique, la rémunération est le plus souvent arrêtée en fonction du temps consacré à l'affaire et le tarif est horaire.

Les droits et **émoluments** en matière de saisie immobilière, de partage, de licitation et de sûretés judiciaires sont encadrés (C. com. art. L 444-1 et R 444-71 s.). Ils sont révisés au moins tous les cinq ans.

76079 La rémunération calculée en fonction du temps passé peut être complétée par un honoraire de résultat, souvent fixé en pourcentage du gain financier obtenu par le client grâce à l'intervention de l'avocat. Ce pourcentage peut être dégressif en fonction des intérêts en jeu. L'honoraire de résultat permet d'associer l'avocat aux chances de succès ou aux risques d'échec du dossier. Cette rémunération n'est toutefois admise qu'à titre **complémentaire** et doit être formalisée dans la convention d'honoraires (Cass. 2e civ. 18-5-2017 n° 16-18.294 F-PB : D. 2018 p. 88 note T. Wickers). Le pacte, dit de « quota litis », qui ne fait dépendre les honoraires que du résultat obtenu, est prohibé. L'honoraire de résultat se justifie dans des affaires où une rémunération au temps passé paraîtrait trop lourde au regard de l'incertitude qui s'attache à la réussite de la mission (les contentieux civils et fiscaux offrent un exemple de cette situation).

76081 **Obligation d'information** L'avocat est tenu de conclure avec son client une **convention d'honoraires** écrite quelles que soient la matière et le type de prestation réalisée (C. com. art. L 444-1, al. 3). Celle-ci doit préciser le montant des honoraires qui seront dus à l'avocat ou le mode de détermination de ceux-ci couvrant les diligences prévisibles et les divers frais et débours envisagés. Les agents de la Direction générale de la concurrence, de la consommation et de la répression des fraudes (DGCCRF) contrôlent le respect par l'avocat de cette obligation. Ils se limitent au seul constat de l'existence de la convention dans le respect du secret professionnel.

L'écrit n'est toutefois pas exigé en cas d'urgence ou de force majeure ou lorsque l'avocat intervient au titre de l'aide juridictionnelle totale ou de l'aide juridique dans les procédures non juridictionnelles (prévues à la troisième partie de la loi 91-647 du 10-7-1991).

L'avocat est tenu à un **affichage** des tarifs qu'il pratique, de manière visible et lisible, dans son lieu d'exercice et sur son site internet.

L'avocat se doit d'être **transparent** dans la fixation de ses honoraires : il a une obligation d'information régulière vis-à-vis de son client, dès sa saisine, sur les modalités de détermination des honoraires et leur évolution prévisible.

Selon la nature des dossiers, la prestation demandée et la difficulté à estimer le temps nécessaire à la résolution de l'affaire, l'information sur les honoraires est plus ou moins aisée. Ainsi est-il plus simple d'indiquer un montant d'honoraires pour une déclaration fiscale ou une consultation sur un point déterminé que pour un contentieux ou la recherche d'un accord transactionnel.

Avant tout règlement définitif, l'avocat remet à son client un **compte détaillé** qui fait ressortir tous les éléments composant sa rémunération. L'avocat doit tenir une comptabilité précise des honoraires et de toute somme qu'il a pu recevoir ainsi que de l'affectation qu'il lui a donnée.

SECTION 2 BANQUIER PRIVÉ

GÉNÉRALITÉS

76150 Un banquier privé est un conseiller bancaire dédié à une clientèle de particuliers dont l'importance du patrimoine nécessite des solutions sur mesure et personnalisées. La « surface » patrimoniale requise pour bénéficier des conseils d'un banquier privé diffère selon les établissements financiers, à compter de 500 000 € ou 1 M€ d'actifs financiers.

Le banquier privé conseille ses clients sur les moyens de mettre en place une stratégie pertinente, notamment en réalisant des **opérations de placement et de financement** adéquates. Son portefeuille de clients est restreint pour lui donner les moyens de proposer une stratégie patrimoniale globale adaptée aux besoins d'une famille. Son objectif est de pérenniser le patrimoine familial au travers des générations par l'utilisation de techniques juridique, fiscale, financière ; de le sécuriser en proposant des solutions de diversification (voir nos 76169 s.) ; de financer à crédit certaines opérations (voir n° 76185) et plus généralement de proposer des solutions financières visant à répondre aux besoins d'une famille.

Il ne rédige pas d'acte, ne tient pas de comptabilité, n'effectue pas de démarche auprès des administrations, contrairement à certaines **autres professions** concernées par la gestion de patrimoine (voir n° 76189).

CHOISIR LE BANQUIER PRIVÉ

Les critères fondamentaux Pour choisir un partenaire apte à préserver, faire fructifier et transmettre son patrimoine, il faut privilégier quelques critères. 76153

Il faut accorder sa **confiance** à un interlocuteur qui sait, préalablement à tout conseil, réaliser un diagnostic aussi complet que possible de la situation (famille, revenus, patrimoine personnel et professionnel, projets à court, moyen et long termes). Au fur et à mesure, il doit évoquer concrètement une stratégie patrimoniale et financière conforme aux objectifs du client. C'est la démonstration d'une approche professionnelle. Il doit formaliser la connaissance approfondie qu'il a de la situation patrimoniale, la nature des flux (provenance et destination), le profil investisseur déterminé selon la capacité du client à accepter des pertes momentanées (risque) et à comprendre les différents types de solutions d'investissements disponibles (connaissances).

La **relation** doit s'inscrire **dans la durée**. Évoluant dans une structure de taille importante, le banquier privé est entouré d'une équipe de spécialistes (ingénieur patrimonial, conseil en investissement, spécialiste crédit, assurance, immobilier, private equity, équipes de juristes et de fiscalistes, etc.) et d'un binôme susceptible de prendre le relais en cas d'absence. L'appui d'un établissement financier permet d'assurer une continuité du service à travers les générations.

L'accès à un schéma d'**architecture ouverte** est également un critère déterminant dans le choix de son interlocuteur. Le rôle d'un banquier privé n'est pas de commercialiser ses produits internes, mais de repérer les opportunités d'investissement dans l'intérêt du client. L'établissement doit être en mesure de proposer les services et produits d'autres établissements partenaires, y compris concurrents (voir n° 76179), et de tout professionnel avisé (voir n° 76189).

Le **cadre réglementaire** est déterminant, compte tenu des contraintes qui pèsent sur l'exercice de la profession de banquier.

Enfin, l'interlocuteur doit avoir **accès au crédit** afin d'accompagner les différents besoins des clients (voir n° 76185).

Une équipe expérimentée Entouré d'une équipe de spécialistes auxquels il peut faire appel à tout moment et qu'il coordonne, le banquier privé bénéficie d'une large expérience par le nombre de dossiers auxquels il a accès en interaction avec ces spécialistes : 76155

– les ingénieurs patrimoniaux qui peuvent visiter 200 clients ou prospects chaque année parmi lesquels des chefs d'entreprise, des cadres dirigeants, des particuliers réalisant des opérations de cession ou de transmission d'entreprises ou de patrimoines privés. Les problématiques qu'ils rencontrent sont diverses : situations familiales plus ou moins complexes, cession ou transmission d'entreprises, opérations immobilières de jouissance ou de rendement (en France ou à l'étranger), migration des personnes et des capitaux, etc. ;

– une équipe de conseillers en investissement qui intervient en appui sur les questions d'allocation d'actifs, de diagnostic financier et d'offre financière ;

– des experts qui accompagnent les clients sur des thématiques bien spécifiques (par exemple immobilier, private equity, art, vin, philanthropie).

Par ailleurs, la banque privée, exerçant son activité au sein d'un établissement pluridisciplinaire, permet d'accéder aux autres services de la banque : marchés de capitaux, financements, gestion des flux, export, banque d'affaires, etc.

Diversité des solutions Le banquier privé est capable de proposer ses solutions en toute liberté. Il s'engage à **proposer les solutions les plus adaptées** à la situation du client ou à les rechercher, le cas échéant, auprès de confrères ou de partenaires. 76157

Le banquier privé dispose notamment :

– de moyens pour **observer le marché** ;

– d'outils pour assurer un **suivi des investissements**.

CADRE D'EXERCICE DU MÉTIER

Les établissements de crédit sont autorisés à effectuer des **opérations connexes** à leur activité principale telles que le conseil et l'assistance en matière de gestion de patrimoine (C. mon. fin. art. L 311-2). 76159

Le banquier privé est conduit à faire à ses clients des propositions portant sur l'organisation juridique et fiscale de leur patrimoine ainsi que sur leurs investissements financiers et immobiliers.

L'activité de conseiller en gestion de patrimoine exercée au sein d'une banque est encadrée par diverses dispositions légales et réglementaires. Le banquier privé doit notamment s'assurer du respect de la **réglementation** en matière de : 76161

– démarchage bancaire et financier ;

– intermédiation en assurance (C. ass. art. L 512-1 s.). Ces dispositions imposent diverses obligations de nature à protéger les clients réalisant des placements financiers et souscrivant des produits d'assurance.
Il peut en outre être tenu à des obligations déclaratives spécifiques en tant qu'intermédiaire ayant participé, le cas échéant, à la mise en œuvre de certains dispositifs transfrontaliers (n° 76060).

ÉLABORATION D'UNE STRATÉGIE PATRIMONIALE

76165 Afin de proposer une stratégie patrimoniale pertinente sur la durée, le banquier privé doit respecter certaines étapes. Il détaille et examine :
– la **situation familiale** (régime matrimonial, composition de la famille : nombre d'enfants, âge, etc.), les besoins de la famille, la possibilité et l'utilité d'associer (ou non) ses différents membres à la stratégie patrimoniale, l'historique des donations ;
– les **besoins financiers** et leur couverture. Comment prévoir une allocation d'actifs sans avoir préalablement mesuré les besoins en revenus d'une famille, leur régularité ? À l'inverse, pour mesurer la capacité d'épargne, il y a lieu d'apprécier les revenus disponibles, les revenus après impôts et la capacité d'investissement afin de traduire ces éléments en une épargne financière (« épargne à l'endroit ») ou en capacité à rembourser des crédits immobiliers (« épargne à l'envers ») ;
– les éléments du **patrimoine immobilier** : immobilier de jouissance, immobilier de rendement. Compte tenu des stratégies possibles, il faut connaître les éléments suivants : date et prix d'achat, mode de détention, valeur actuelle, remboursements, régime fiscal, revenus nets après impôts, etc. ;
– les **actifs financiers** (nature et mode de détention, date d'acquisition, plus-values latentes, moins-values reportables, flux de revenus, fiscalité, etc.) ;
– le **patrimoine professionnel** qui représente un actif prépondérant, voire quasi exclusif pour les entrepreneurs (valorisation, perspectives de transmission à un repreneur familial, de cession ou d'intervention au capital d'un investisseur, existence d'immobilier professionnel et mode de détention, comptes courants d'associés et trésorerie de l'entreprise).

76167 Cette analyse ne doit pas ignorer les aspects affectifs. Il est utile de connaître les **conditions d'obtention et de détention du patrimoine** et les objectifs quant à sa transmission au sein d'une famille.
La **stratégie** ne doit **pas** être **figée**. Elle doit au contraire permettre de saisir des opportunités et de présenter différentes options selon les contraintes identifiées. À partir de la situation familiale et patrimoniale, des enjeux et des objectifs, le banquier privé est en mesure d'apporter une vraie valeur ajoutée en proposant une **stratégie écrite**, établie dans le strict respect des réglementations juridiques et fiscales.

EXEMPLE

Un montant de 100 issu de la cession d'une entreprise par un dirigeant de 60 ans (placé, par hypothèse, à 3,5 % l'an pendant 15 ans) n'est plus que d'environ 50 le jour où il est transmis à ses enfants. Il a en effet été « érodé » par les divers prélèvements fiscaux (impôt de plus-value, impôt sur le revenu, IFI le cas échéant et droits de succession).
Ce même patrimoine de 100 peut bénéficier d'une stratégie d'anticipation : donation-partage de la nue-propriété des droits sociaux avant cession, gestion du produit de cession au sein d'une enveloppe fiscale favorable (par exemple, contrat de capitalisation). Ainsi, toujours sur la base d'une rémunération fixée par hypothèse à 3,5 % l'an, le patrimoine transmis, au terme de 15 ans, aux enfants peut être de l'ordre de 100. Soit une valorisation du patrimoine du simple au double en 15 ans seulement !

GESTION DES ACTIFS FINANCIERS

76169 Une fois le diagnostic patrimonial réalisé et la structuration globale du patrimoine effectuée, il convient d'établir avec le client sa stratégie d'allocation d'actifs financiers. Cette analyse doit permettre de définir avec lui ses objectifs de gestion en tenant compte de sa tolérance au risque, du rendement cible souhaité et de sa connaissance sur les différentes classes d'actifs afin d'aboutir à une allocation adaptée à ses compétences et à ses besoins. Cette allocation pouvant évoluer dans le temps en fonction de la situation de marché et du besoin client.
S'adressant à un investisseur privé et non à un professionnel, le banquier privé doit prendre en compte la situation de chaque client et la part de subjectivité, voire « d'irrationnalité », qu'il peut manifester dans son approche de la gestion. Il doit être capable de traduire cette situation en termes d'allocation d'actifs.

Profil du client Le banquier privé doit cerner le profil du client avec une grille de lecture qui peut être la suivante : 76171
– quelle est la **structure actuelle du patrimoine ?** Le but est ici de connaître la nature des investissements du client (actifs partiellement spéculatifs, part d'éventuels investissements extra-financiers tels qu'immobilier, œuvres d'art, etc.) et de déterminer son profil de risque actuel ;
– quelle est la **structure de flux ?** Il est primordial de cerner les besoins financiers futurs (fiscalité, train de vie, investissements programmés), mais aussi les ressources anticipées (salaires, dividendes, earn out, vente de biens) afin de définir précisément **l'horizon d'investissement** du client ;
– quelle est l'**aversion au risque ?** Elle se mesure souvent comme la capacité de l'investisseur à « encaisser des chocs » sur la valorisation de ses investissements, même si l'horizon d'investissement recommandé n'est pas atteint (influence des traumatismes passés liés à des investissements malheureux). Cette étape permet de connaître la perte maximum ou encore la volatilité (amplitude de variation des actifs à la hausse ou à la baisse autour d'une évolution moyenne dans le temps) acceptée par l'investisseur. La volatilité induit le risque de se tromper au moment où l'on investit et représente les variations de valorisation que pourrait constater le client dans ses « reporting » au fil du temps ;
– quel est son **niveau d'expertise ?** Chaque client, par son parcours professionnel et son réseau personnel, a un niveau de connaissance et de compréhension sur les marchés et les produits qu'il convient d'appréhender. En effet, l'investisseur ne peut pas accepter un risque qu'il ne comprend pas. Le banquier privé en déduit le type de solutions d'investissements à privilégier ou à exclure dans la proposition finale ;
– quelles sont ses **convictions** et spécialement quelle est sa sensibilité aux enjeux environnementaux, sociaux et de gouvernance ? De manière rationnelle ou non, certains facteurs influencent la gestion d'actifs financiers, tel que l'intérêt pour un secteur d'activité (ou son rejet). Il s'agit de lister ce qui pourrait s'apparenter à des contraintes de gestion : leur prise en compte est indispensable pour aboutir à une solution adaptée aux besoins exprimés ;
– quelles sont les **attentes en termes de rendement ?** Le client souhaite-t-il conserver son patrimoine et rechercher avant tout une protection ou attend-il que la banque privée l'aide à le faire fructifier ? Cette étape permet de valider les attentes du client au regard du risque qu'il est prêt à prendre et de l'horizon d'investissement qu'il s'accorde.

La combinaison de ces éléments et leur confrontation pour en détecter les incohérences éventuelles permettent de définir le profil de l'investisseur et de « cibler » ses problématiques.

Le banquier doit être en mesure de prouver la bonne conduite de cette phase de découverte du client.

Architecture globale des actifs financiers Le banquier privé traduit en termes financiers les besoins de son client et définit une **allocation stratégique**. 76173

Les critères décisifs sont le risque accepté par le client (voir n° 76171) et le rendement recherché. Selon la priorité du client (préservation et/ou valorisation du capital), l'allocation construite vise soit à optimiser la performance pour un budget de risque donné, soit à minimiser le risque pour un niveau de performance attendue. Cette optimisation du couple Rendement/Risque est réalisée en diversifiant l'allocation sur différentes classes d'actifs avec une faible corrélation dans différents scenarii de marché. Cette diversification est faite au niveau des classes d'actifs (par exemple, actions, obligations, actifs non cotés) mais aussi à l'intérieur de ces classes (diversification géographique et/ou sectorielle).

Les **modèles** permettant une telle optimisation reposent sur des analyses « ex post » (analyse du passé) ou « ex ante » (simulation des futurs possibles) des marchés financiers.

À ce stade, le banquier privé effectue une **recommandation** d'allocation d'actifs à son client. 76175
Cette recommandation est justifiée par les objectifs de gestion, le niveau de compétence et de risque accepté et les différentes contraintes de gestion exprimées.

Sa confrontation avec la situation actuelle alimente un **diagnostic financier** qui doit porter sur l'ensemble des actifs financiers détenus par le client (au sein de l'établissement du banquier privé ou ailleurs). Ce diagnostic a pour vocation de lui expliquer en quoi sa structure d'investissement répond ou ne répond pas à son profil et de lui indiquer les arbitrages à effectuer.

> **Précisions** La structuration patrimoniale du client (recours à des contrats d'assurance-vie ou à d'autres enveloppes, tels des investissements via des sociétés patrimoniales, etc.) impacte le choix de solutions d'investissement et la gestion d'actifs financiers.

76177 **Choix et suivi des solutions d'investissement** Une fois le cadre de gestion établi, tant en termes d'enveloppe et d'horizon d'investissement que d'exposition aux différentes classes d'actifs, il convient de faire une **proposition concrète** au client et de lui délivrer une information claire et précise.

Cette étape se déroule en quatre temps :

Sélectionner les solutions : la banque privée s'est-elle dotée des moyens nécessaires pour sélectionner de manière professionnelle les meilleures solutions sur chaque classe d'actifs ?

Expliquer les solutions/produits sélectionnés : en quoi sont-ils adaptés aux besoins du client, aux conditions de marché et à la capacité de compréhension du client ?

Suivre les solutions/produits sélectionnés : comment le client peut-il suivre et comprendre l'évolution de la valorisation de ses actifs ?

Arbitrer éventuellement les solutions/produits sélectionnés : un bon investissement reposant autant sur la date d'achat que sur la date de revente, comment donner au client les moyens d'arbitrer au moment opportun ?

Tout au long du processus, le banquier s'assure que le conseil prodigué est adapté au profil d'investisseur du client.

76179 Toute banque privée doit intégrer dans son offre un paramètre devenu indispensable : l'**architecture ouverte**. En effet, aucun établissement financier n'est en mesure de proposer les meilleures solutions d'investissement sur toutes les classes d'actifs, zones géographiques, styles d'investissement, etc.

Par conséquent, le choix d'une solution d'investissement doit toujours résulter d'une **sélection** des meilleurs produits à la disposition du banquier.

76181 Un outil permet d'adapter les solutions d'investissement à un scénario ou à l'attente d'un client : la **structuration sur mesure**. Il s'agit de mettre en place des **solutions dédiées** à un client ou à un groupe de clients. Ces produits peuvent être assortis, par exemple, de barrières de protection contre un risque donné ou garantis en capital. Ils peuvent délivrer des revenus (assimilables aux coupons obligataires) ou être indexés sur un marché donné. La création d'un fonds dédié en faveur d'un groupe, souvent familial, est la solution « haute couture » en matière de gestion puisque le schéma repose sur la notion même de personnalisation. Il est en général accessible à partir d'un certain montant d'investissement de cinq millions d'euros environ.

76183 **Services et modalités de gestion** L'analyse des besoins d'un client et des marchés financiers est une matière vivante, les conclusions sont très rapidement périssables. Elle requiert un processus itératif.

La gestion d'actifs financiers peut faire l'objet de trois niveaux de services :

– la **gestion libre** : le banquier privé, garant de la cohérence de l'allocation globale du client, peut également suivre les investissements de son client ;

– la **gestion conseillée** : une part des actifs du client ayant vocation à être investie de manière dynamique, elle peut faire l'objet d'un mandat de gestion conseil. Un spécialiste des marchés apporte des conseils d'arbitrage de manière continue sur ces actifs. Le client reste à l'origine de toute décision d'investissement ;

– la **gestion sous mandat** : par la signature d'un mandat de gestion sur une partie de ses actifs, le client délègue également la passation d'ordres à son gérant, dans le respect d'un cahier des charges formalisé.

Ces trois **prestations** peuvent être **combinées**, le banquier privé restant toujours l'interlocuteur qui assure l'adéquation dans le temps entre la gestion d'actifs financiers et l'évolution de la situation personnelle du client.

> **› Précisions** La réglementation tend à renforcer les exigences vis-à-vis des établissements financiers concernant le mode de gestion des actifs. Les gestionnaires de portefeuille sont notamment soumis à une **obligation d'information** à l'égard de leurs clients non professionnels. À ce titre, le mandat doit indiquer expressément l'objectif de gestion (gestion prudente, équilibrée ou dynamique) souhaité par l'investisseur (Règl. gén. AMF art. 314-60).

FINANCEMENT À CRÉDIT

76185 Si le patrimoine du client doit être source de revenus, l'allocation d'actifs qui en découle doit permettre, quels que soient les aléas du marché, d'obtenir le revenu minimum souhaité. Dans le cas où la production de ce revenu conduit à consommer du capital, la stratégie doit favoriser à terme la reconstitution du capital.

Créer un patrimoine financé par l'**effet de levier** du crédit peut s'avérer fructueux pour le client. Le banquier privé est le mieux placé pour monter ce type d'opération.

EXEMPLE

L'**immobilier de rendement**, dont les revenus peuvent permettre de couvrir un financement à crédit (crédit à remboursement in fine ou crédit amortissable portant sur une quotité de biens financés de 50 à 70 %, voire plus), est un excellent moyen de créer de la valeur sur la durée, de protéger sa famille par le jeu de l'assurance décès couvrant le prêt, de réduire la fiscalité afférente aux revenus fonciers et de bénéficier d'une valorisation de l'investissement immobilier à terme. Dès lors que les **intérêts à payer** à la banque peuvent être **couverts par les loyers**, l'immobilier peut être totalement financé par l'effet de levier. Il convient, dans ce cas, de pouvoir offrir à la banque prêteuse une garantie sur un actif financier de 40 à 50 % (valeur purement indicative) du montant du crédit et d'être vigilant sur les rentrées locatives afin de couvrir la charge d'intérêt. Dans un contexte de taux d'intérêt bas, les revenus immobiliers peuvent permettre de couvrir une large part, voire la totalité, des remboursements (capital et intérêts) dans le cas d'un prêt remboursable sur une durée de 20 ans.

AUTRES OPÉRATIONS

Dans le cadre de la cession de son entreprise, le dirigeant peut être conduit à présenter au repreneur une garantie d'actif et de passif, attestant de la sincérité du bilan de la société. **76186**
Cette **garantie de passif** se formalise par l'ouverture d'un compte-séquestre et/ou par une garantie à première demande ou une caution par laquelle la banque s'engage à verser au repreneur, sur demande de celui-ci, une certaine somme d'argent. Le banquier privé peut mettre en œuvre des moyens pour accompagner le client tout au long du processus de cession.

Private equity La diversification des actifs passe parfois par la prise de participations au capital de sociétés soit par un rachat de titres, soit par l'apport de fonds nouveaux à des sociétés dans le cadre d'une augmentation de capital. Le client peut investir directement en son nom, via un holding ou par l'intermédiaire de fonds d'investissements. Le banquier privé peut proposer de participer à des projets et définir, en amont, le montant de l'enveloppe, la taille de l'entreprise, le secteur d'activité et les objectifs de rendement. Il peut également donner son avis sur l'opportunité de certains investissements ou intervenir dans le financement des opérations. **76187**
Le banquier privé organise des prestations croisées de clients investisseurs et de clients en recherche de capitaux. Certaines opérations peuvent être réalisées en coinvestissement avec la banque.

INTERPROFESSIONNALITÉ

Le banquier privé est un généraliste qui s'inscrit dans une approche interprofessionnelle. Les différents partenaires (notaire, avocat, expert-comptable, CGPI, etc.) doivent entourer leur client commun et travailler ensemble en amont des opérations. **76189**
Une mise en concurrence n'a pas de justification puisque ces métiers sont clairement indépendants. Si un client prend l'avis des uns et des autres sans bénéficier d'une **coordination d'ensemble**, il risque d'être désorienté. Il est préférable de les réunir et de dresser une **stratégie commune**. Dès lors, chacun peut apporter sa contribution à la mise en place de la stratégie retenue.

EXEMPLE

Une famille a travaillé avec un de ses conseils pour transmettre une entreprise. La réflexion conduit à mettre en place une donation-partage portant sur la nue-propriété d'actions. Cette donation-partage donne lieu à des droits de mutation de 2 000 000 € qui seront pris en charge par les parents donateurs. Le bénéfice du paiement différé (cinq ans) et fractionné (dix ans) peut être demandé à l'administration fiscale (moyennant un taux d'intérêt calculé en fonction du taux fixe des prêts immobiliers aux particuliers d'une durée comprise entre dix ans et moins de vingt ans, après réduction des deux tiers sous conditions, soit 0,4 % pour les demandes effectuées en 2021). Pour garantir ce paiement, le banquier, sollicité pour émettre une caution bancaire, cherche à en savoir plus. Comment faire face à ce paiement différé et fractionné ? Grâce à des distributions de dividendes, répond le conseil de famille. Dès lors, il faudrait financer non seulement le coût des droits de donation, mais aussi le coût fiscal des distributions de dividendes. Ce coût s'établit à environ 1 030 000 € : pour générer un revenu net de 2 000 000 €, il faut distribuer 3 030 000 € de dividendes fiscalisés à 30 % (prélèvement forfaitaire unique) + 4 % (contribution exceptionnelle sur les hauts revenus).
Par une observation plus large de la situation patrimoniale, le banquier découvre l'existence d'un immeuble d'une valeur de 2 000 000 €, loué à l'entreprise et détenu par les parents, donateurs, depuis plus de 30 ans. Une stratégie alternative devient possible. Il s'agit de vendre le bien immobilier (en exonération de plus-value) à une SCI constituée par les enfants. La SCI emprunte le montant nécessaire à l'acquisition auprès de la banque (et acquitte les frais de mutation). Les charges du crédit sont couvertes (totalement ou partiellement) par les loyers.

Le produit de cession (2 000 000 € nets) est placé en assurance-vie (unités de compte diversifiées) avec une hypothèse de rendement de 3,5 % l'an. Des retraits partiels sont réalisés afin de faire face au paiement différé et fractionné. Ainsi, au terme du paiement des droits (15 ans), le solde du contrat d'assurance-vie est d'environ 600 000 €, soit un coût final de 1 400 000 € (2 000 000 € – 600 000 €) au lieu de 3 030 000 €.
La valeur ajoutée d'une réflexion menée conjointement permet ici de réduire le coût de l'opération de plus de 50 %.

SECTION 3

CONSEIL EN GESTION DE PATRIMOINE

GÉNÉRALITÉS

76250 Parce que la gestion de patrimoine couvre un spectre extrêmement large d'activités, de nombreux professionnels du conseil ou de l'investissement en revendiquent l'exercice. Cependant, chacun d'entre eux n'est en mesure d'intervenir, le plus souvent, que dans un registre limité en raison de l'étendue des compétences requises ou de considérations réglementaires.
Doit-on parler d'un métier ou d'activités de gestion de patrimoine ? La nécessité d'**interventions plurielles** pour satisfaire aux exigences d'un client favorise la seconde interprétation.
Récente (une cinquantaine d'années) dans son **approche globale** des questions patrimoniales, cette profession est exercée dans un esprit libéral.
Le conseil en gestion de patrimoine (CGP) est fréquemment **issu du secteur bancaire** (notamment réseaux financiers ou gestion privée) ou de celui des assurances, secteurs qu'il a quittés au profit d'un **exercice libéral** et entrepreneurial. Des intervenants formés au sein de cursus universitaires dédiés rejoignent chaque année la profession. La France compte plus de 5 000 cabinets de CGP dont 30 % appartiennent à un réseau.

76253 **Un positionnement généraliste** Le CGP est un généraliste du patrimoine, affranchi de tout lien de subordination à l'égard de tout établissement bancaire, compagnie d'assurances, promoteur ou réseau financier, participant dans un esprit libéral à cette activité dans ses dimensions économique, juridique et fiscale, mais aussi familiale ou professionnelle. Il est en mesure, grâce à ses **compétences transversales**, de mobiliser des ressources et des expertises variées pour adapter les patrimoines aux objectifs de leurs détenteurs. Il peut s'inscrire dans une démarche interprofessionnelle afin de dégager des solutions concertées avec les notaires, avocats, experts-comptables, évaluateurs d'entreprises, banques de financement et d'investissement, sociétés de gestion ou compagnies d'assurances, etc.

76255 Le CGP appréhende de manière globale et synthétique la dimension patrimoniale de chaque client. Il est aussi un référent ou un tiers neutre capable d'assurer une véritable « mémoire patrimoniale ». Il se place **durablement aux côtés de ses clients** pour défendre leurs intérêts.
La **contractualisation** de la relation sous forme de mandat renforce sa position (voir nº 76315).

76257 Par ses connaissances en matière d'investissements, le CGP peut, dans le prolongement de son activité de conseil, accompagner ses clients en qualité d'**intermédiaire** (activité de nature commerciale), à la différence de la plupart des autres professions du conseil (avocats, notaires, experts-comptables) auxquelles ces opérations sont strictement interdites.

A. Cadre d'exercice de la profession

76265 Multi-facettes par excellence, la profession de CGP s'est construite dans le temps à partir d'un **empilement de réglementations** souvent héritées de métiers exercés à part entière. Cette parcellisation explique l'absence de statut qui identifie légalement le CGP en tant que tel.
Malgré diverses tentatives de mise en place d'un statut professionnel global, aucune n'a donné naissance à ce jour à un cadre législatif spécifique.

RÉGLEMENTATIONS

76269 Le CGP peut exercer cumulativement ses activités dans plusieurs domaines d'intervention. Selon l'étendue de ses prestations, il doit respecter les réglementations spécifiques dont relèvent ses actes, notamment en matière de conseil et d'intermédiation.

> **Précisions** Les **obligations** des professionnels ont été **renforcées** avec l'entrée en vigueur de plusieurs textes européens :
> – la directive MIF2 (C. mon. fin. art. L 533-24 et L 533-24-1 ; Règl. AMF art. 313-1 s.) et le règlement du 15 avril 2014 portant sur le document d'informations clés des produits d'investissement, désigné PRIIPs, le 1er janvier 2018 ;
> – la directive DDA (Dir. 2016/97 du 20-1-2016 sur la distribution d'assurances) le 1er octobre 2018.
> Ces textes protègent les consommateurs-épargnants avec une meilleure information précontractuelle, une vigilance accrue quant à l'adéquation des solutions proposées et un renforcement de l'obligation de suivi dans le temps.

Activités de conseil Pour le conseil, il s'agit des dispositions relatives : **76271**
– au **conseil en investissements financiers** – CIF – (C. mon. fin. art. L 541-1 s.), prestation pouvant faire l'objet d'un démarchage bancaire et financier (C. mon. fin. art. L 341-3, 3°) ;
– à la compétence juridique appropriée pour les **consultations juridiques** à titre accessoire (Loi 71-1130 du 31-12-1971 art. 54, 55 et 60 ; C. mon. fin. art. L 541-1, IV) ;

> **Précisions** L'exercice de la profession de conseiller en gestion de patrimoine peut conduire à traiter de questions juridiques et donc à prendre en considération une pratique du droit accessoire à l'activité principale. La **compétence juridique appropriée** est attribuée aux conseils en gestion de patrimoine à la condition qu'ils justifient, pour l'exercice de leur activité, de qualifications ou expériences juridiques (voir n° 76277).

Activités d'intermédiation Pour l'intermédiation, ce sont les dispositions qui régissent : **76273**
– le **courtage d'assurances** (C. ass. art. L 511-1 s.), le CGP devant appartenir aux catégories B (mandataire non exclusif) ou C (courtier) ;
– l'**intermédiation en opérations de banque et en services de paiement** – IOBSP (C. mon. fin. art. L 519-1 s.) en qualité de mandataire non exclusif ou courtier, prestation pouvant faire l'objet d'un démarchage bancaire et financier (C. mon. fin. art. L 341-3, 4°) ;
– la **réception et transmission d'ordres** – RTO (Règl. AMF art. 325-32) exclusivement sur OPC (limitativement énumérés à l'article L 214-1, II du Code monétaire et financier et notamment OPCVM, OPCI, SCPI, FIP, FCPI, etc.) sous condition de fourniture préalable d'une prestation CIF ;
– la **distribution de produits immobiliers** (loi Hoguet) en direct régie par le statut d'agent immobilier.

> **Précisions** En application de la position-recommandation AMF 2006-23 Q/R actualisée le 28 septembre 2023 et afin de prévenir les conflits d'intérêts, l'exercice de l'activité de CIF est **incompatible**, à l'occasion d'une même prestation pour un même client, avec l'activité de démarcheur bancaire ou financier pour le compte d'un producteur ou d'agent lié.

Pour permettre aux consommateurs de s'assurer que le CGP est en règle, le législateur a rendu obligatoires certaines **formalités** : **76275**
– l'inscription au registre unique tenu par l'Orias (consultable en ligne orias.fr) des professionnels se livrant aux activités de CIF (C. ass. art. L 512-1 et R 512-3 s. ; C. mon. fin. art. L 546-1), de courtage d'assurances (C. ass. art. L 512-1 et R 512-1), d'intermédiation en opérations de banque et en services de paiement – IOBSP (C. mon. fin. art. L 519-3-1 et R 519-1 s.) ;
– l'adhésion des conseils en investissements financiers à une association professionnelle agréée par l'Autorité des marchés financiers – AMF (C. mon. fin. art. L 541-4 ; Règl. AMF art. 325-2) ;
– l'adhésion des courtiers en assurance et des intermédiaires en opérations de banque et en services de paiement – IOBSP à une association professionnelle agréée par l'Autorité de contrôle prudentiel et de résolution – ACPR (C. ass. art. L 513-3 ; C. mon. fin. art. L 519-11) ;
– la détention de cartes de démarchage financier délivrées par ses mandants qu'il se doit de présenter (C. mon. fin. art. L 341-8) ;
– la détention d'une carte professionnelle pour la distribution de produits immobiliers (il peut soit en être titulaire direct, soit bénéficier d'une carte délivrée par un établissement distributeur).

HONORABILITÉ, QUALIFICATIONS ET FORMATION

Les réglementations applicables à l'activité de CGP imposent, outre des conditions d'honorabilité, une qualification minimale selon des **critères** propres à l'accès : **76277**
– au conseil en investissements financiers (C. mon. fin. art. L 541-2 et D 541-8 ; Règl. AMF art. 325-1 et 325-24) ;
– à la compétence juridique appropriée (Loi 71-1130 du 31-12-1971 art. 54, 1° ; Arrêté du 19-12-2000 modifié par arrêté du 1-12-2003) ;

– au courtage d'assurances (C. ass. art. L 512-5, A 512-6 et A 512-7) ;
– à l'intermédiation en opérations de banque et en services de paiement – IOBSP (C. mon. fin. art. L 519-3-3 et R 519-6 s.) ;
– au démarchage bancaire et financier (C. mon. fin. art. L 341-4, IV et D 341-2) ;
– à la distribution de produits immobiliers (Loi 70-9 du 2-1-1970 ; Décret 2015-1090 du 28-8-2015).

En pratique, les associations professionnelles assurent aux clients, par leur vigilance et la sélection qu'elles opèrent lors des **délivrances d'agrément**, une entrée en relation avec un CGP disposant d'un niveau de qualification suffisant. Ces exigences de qualification par les associations sont généralement plus strictes et plus homogènes que celles réclamées par les diverses réglementations auxquelles le conseil est soumis. Les obligations de **formation continue** prévues par les textes réglementaires et par les associations professionnelles imposent au conseiller un entretien régulier et suffisant de ses connaissances.

AUTORITÉS DE CONTRÔLE

76280 Le pôle commun constitué entre l'AMF et l'Autorité de contrôle prudentiel et de résolution (ACPR) est en charge du contrôle des CGP.

L'**AMF** a notamment pour mission de veiller à la protection de l'investisseur par l'exigence d'une information et de pratiques appropriées concernant les opérations sur instruments financiers et produits donnant lieu à une offre au public ou à une admission aux négociations sur un marché réglementé, outre le contrôle de ces derniers (C. mon. fin. art. L 621-1).

L'**ACPR**, chargée de l'agrément et de la surveillance des établissements bancaires, d'assurance et de leurs intermédiaires, a notamment pour mission de veiller au respect des obligations en matière de pratiques commerciales vis-à-vis de la clientèle (C. mon. fin. art. L 612-1, II-3°).

> **Précisions** Le **pôle commun** rendu nécessaire par la sophistication des produits d'épargne et leur diffusion multicanaux (au rang desquels les CGP) dispose d'un accueil et d'un service internet « Assurance Banque Épargne Info Service » à destination du public (34 14 ou abe-infoservice.fr).

ASSOCIATIONS PROFESSIONNELLES

76281 **Rôle** En raison du caractère composite de l'activité de CGP, les professionnels en exercice ont depuis longtemps souhaité une clarification de leurs missions et la sécurisation de leurs clients. Face au foisonnement des réglementations applicables et aux carences de certains textes, ils se sont regroupés en associations professionnelles avec pour finalité la sélection des professionnels, l'instauration d'un code de déontologie, la mise en place d'assurances professionnelles et d'un contrôle disciplinaire, le développement de la formation continue, la gestion des relations avec les pouvoirs publics et le législateur, etc.

L'adhésion à une association, tout comme le regroupement de cabinets en groupements, réseaux ou franchises, garantit une certaine qualité des prestations.

Seules les associations regroupant des conseils en investissements financiers ont été agréées (Règl. AMF art. 325-33 s.), ce qui donne une image restrictive du métier.

76283 **Agréments** Les associations professionnelles agréées par l'**AMF** (dont la liste est consultable sur la base Geco sur le site amf-france.org) sont : la Chambre nationale des conseils en gestion du patrimoine (CNCGP), la CNCEF Patrimoine, la Compagnie CIF et l'Association nationale des conseils financiers – CIF (ANACOFI-CIF).

Les associations professionnelles agréées par l'**ACPR** sont la CNCEF Assurance, la CNCEF Crédit, la Compagnie IAS, la Compagnie IOBSP, Votrasso, ANACOFI Courtage, ENDYA, l'Association française des intermédiaires en bancassurance (AFIB), la CNCGP et Courtensia.

> **Précisions** Parmi les **diverses associations agréées**, seule la CNCGP n'accueille que des CGP ; les autres sont plus transversales puisqu'elles regroupent à côté des CGP « libéraux » des salariés de banque ou de réseaux, ou axent leur développement sur l'interprofessionnalité. Certaines ont une activité nationale, d'autres élargissent leurs actions au plan européen (du fait de l'impératif de lobbying dans le cadre des négociations relatives aux directives européennes) ou international.

76285 **Règles de bonne conduite** Les chartes de qualité ou les codes de déontologie des associations professionnelles approuvés par l'AMF (Règl. AMF art. 325-35) et l'ACPR ainsi que les recommandations ou réglementations émises par ces dernières reprennent les **devoirs** suivants.

Évaluation et discernement : le CGP doit s'enquérir du niveau de connaissances du client et de son expérience quant aux solutions ou produits proposés et tenir compte d'éventuelles fragilités (âge, profil psychologique, maladie, contexte familial, etc.). Il doit également bien se renseigner sur la situation patrimoniale et personnelle de son client afin de cerner clairement ses interrogations et ses objectifs, sa tolérance aux risques ainsi que sa capacité à subir des pertes, de manière à lui délivrer des conseils et propositions appropriés. Cette évaluation doit régulièrement être mise à jour dans le cadre du suivi.

Confidentialité : le CGP est tenu de respecter le secret professionnel et doit s'interdire de divulguer des informations de nature à nuire aux intérêts de son client.

Diligence (obligation de moyens) : le conseiller doit mettre en œuvre les moyens et les règles d'organisation nécessaires pour réaliser les prestations au mieux des intérêts du client. Il doit disposer d'outils d'analyse et de bases documentaires suffisantes et recourir, en cas de besoin, à des expertises extérieures. Il doit instaurer une gouvernance active des solutions proposées afin de pouvoir évaluer les marchés cibles et leur compatibilité avec les besoins des clients.

Information et transparence : le CGP doit présenter par écrit son identification et ses services, ses modes de rémunération (voir n° 76335) ainsi que les caractéristiques des solutions ou produits proposés de la manière la plus claire et complète possible et justifier de leur adéquation.

Objectivité : il doit agir de manière honnête, loyale et professionnelle, exposer précontractuellement de manière claire, exacte et non trompeuse, pour toute solution ou produit proposé ses avantages et désavantages et les risques encourus par le client. Il doit prévenir, gérer et traiter tous conflits d'intérêts pouvant porter atteinte aux intérêts de son client. Il doit s'interdire toute politique de rémunération de ses employés susceptible de porter atteinte à la neutralité du conseil délivré.

Traçabilité : il doit disposer de moyens d'archivage pour conserver les écrits formalisant les conseils délivrés et leur actualisation, afin d'assurer un suivi de la relation.

Vigilance : le CGP est soumis aux obligations liées au dispositif de lutte contre le blanchiment d'argent (Règl. AMF art. 325-22 ; voir n° 76321). Il doit déclarer à la cellule Tracfin toute opération présentant un caractère suspect. Dans le cadre des opérations d'intermédiation auxquelles il peut contribuer, il doit se conformer strictement aux procédures établies par les établissements partenaires, se renseigner systématiquement sur l'origine des capitaux et veiller à la cohérence des opérations et disposer à ce titre de procédures internes.

Gestion des réclamations : il doit mettre en place une procédure de gestion des réclamations de clients et agir selon des délais précis fixés par la réglementation (Règl. AMF 325-23).

Ces règles de bonne conduite sont notamment précisées dans les textes suivants : articles L 341-11, L 519-4-1, L 519-4-2 et L 541-8-1 du Code monétaire et financier ; Règlement AMF, articles 325-7 à 325-17 ; articles L 132-27 et L 521-2 du Code des assurances.

RESPONSABILITÉ ET GARANTIES

Son statut n'étant pas globalement réglementé, le CGP doit se conformer aux exigences de chacun des statuts professionnels dont il peut relever en termes : **76287**

– de **responsabilité civile professionnelle** (RCP) afin que ses clients soient dédommagés en cas de défaillance constatée dans ses prestations de conseil ou d'intermédiation ;

– de **garanties financières** pour les activités d'intermédiation. Le CGP ne peut cependant pas encaisser de fonds autres que les honoraires rémunérant ses conseils (C. mon. fin. art. L 341-15, L 519-6, L 541-6 et L 545-3).

Chaque association professionnelle, pour assurer des garanties homogènes et complètes, dispose d'un **contrat groupe** auquel le CGP adhérent de l'association peut ou doit, selon le cas, souscrire. Le cas échéant, l'**agrément** délivré au CGP permet d'assurer aux clients le strict respect de niveaux de couverture réalistes et souvent supérieurs à ceux fixés par les différentes réglementations. En pratique, le contrat doit prendre effet au 1er mars de chaque année pour une durée de 12 mois et être renouvelé tacitement chaque 1er janvier.

Normalisation

La norme internationale ISO 22222 spécifique au conseil en gestion de patrimoine, élaborée en 2005 par le comité technique ISO/TC 222, a pour objectif de réaliser et de promouvoir une **référence** globalement acceptée pour les prestataires qui fournissent à titre professionnel un service de conseil en gestion de patrimoine. **76289**

Elle permet de spécifier un comportement éthique ainsi que les compétences et l'expérience requis.

Des agréments sont délivrés par le biais d'organismes de certification tiers et indépendants. La **certification** que peut obtenir un CGP est un gage complémentaire de professionnalisme.

L'Association française des Conseils en gestion de patrimoine certifiés (**CGPC**) a été agréée pour délivrer la norme internationale. Les conseillers certifiés par la CGPC obtiennent de facto la certification ISO 22222.

B. Prestations

1. SEGMENTATION

76295 Les prestations délivrées par le CGP s'organisent autour de **trois pôles d'activités** : le conseil en organisation et en stratégie patrimoniales, le conseil en investissements et l'intermédiation (comprenant la défiscalisation), l'assistance à la négociation et la médiation.

Cette **répartition** peut paraître artificielle du fait de l'imbrication et de la concomitance des prestations dans la pratique quotidienne du conseil patrimonial et du glissement naturel qui existe entre les phases de conseil et d'intermédiation notamment, la première cautionnant la seconde.

Mais elle répond :

– à des exigences marketing, destinées à donner de la lisibilité et à offrir aux clients des points d'entrée ;

– aux impératifs du législateur, attaché à la formalisation contractuelle des prestations délivrées dans une optique de protection du consommateur.

CONSEIL EN ORGANISATION ET EN STRATÉGIE PATRIMONIALES

76297 Chaque patrimoine s'inscrit dans une dynamique propre (constitution, développement, valorisation, perception de revenus, défiscalisation, transmission, etc.). Le CGP doit, sur le fondement d'une étude détaillée de la situation patrimoniale de son client, définir avec lui les meilleurs moyens pour atteindre les **objectifs** qu'il doit avoir qualifiés et hiérarchisés : sa stratégie patrimoniale.

76299 L'**étude patrimoniale** procède d'une vision statique (bilan), dynamique (projections) et interactive (simulations). Elle explore notamment la composition du patrimoine (actifs et passifs), les aspects budgétaires immédiats ou différés (revenus, droits à la retraite), la prévoyance (incapacité professionnelle, invalidité, décès), la fiscalité (impôt sur le revenu, IFI), la transmission (dispositions prises et coût potentiel), la situation personnelle et les interactions familiales (composition, aspects générationnels, régime matrimonial), la dimension professionnelle (statut, bilans, participations, épargne salariale, pactes), les considérations particulières (tutelle, invalidité, mineurs), les aspects judiciaires (divorce, défaillance d'entreprise), etc.

Les **prestations** peuvent prendre la **forme** de simples consultations pour les questions de portée limitée ne nécessitant pas une connaissance élargie de la situation patrimoniale du client ou bien d'études et de bilans patrimoniaux élaborés. Cet arbitrage s'effectue sous la responsabilité et selon la capacité de discernement du CGP.

76301 **Mise en œuvre de la stratégie** Les solutions dégagées sont mises en œuvre selon l'ordonnancement établi :

– **par des tiers** (par exemple, acte authentique de donation, création de sociétés patrimoniales de type SCI, holding, etc.). Le CGP accompagne alors son client et assure la cohérence des actions ;

– **par le CGP** si la stratégie implique par exemple la réalisation d'investissements.

Elles se prolongent par un **suivi régulier** qui peut donner lieu à l'accomplissement de formalités légales (assistance aux déclarations fiscales, tenue des assemblées générales des structures patrimoniales, etc.), à une actualisation périodique du bilan patrimonial, à un contrôle des actions et à leur ajustement en fonction des évolutions des objectifs du client et de l'environnement patrimonial, juridique, fiscal ou financier.

> **Précisions a.** Ces prestations doivent être systématiquement encadrées par une **lettre de mission** lorsque le CGP intervient en tant que **conseil en investissements financiers** (Règl. AMF art. 325-6).
>
> **b.** Le CGP, en tant qu'intermédiaire ayant participé, le cas échéant, à la mise en œuvre de certains **dispositifs transfrontaliers**, peut être astreint à des obligations déclaratives spécifiques (voir nº 76060).

CONSEIL EN INVESTISSEMENTS ET INTERMÉDIATION

76303 Le **domaine d'intervention** du CGP est très large (liste non exhaustive) : l'assurance-vie (contrat en euros, en unités de comptes ou dédié), les rentes viagères, les produits financiers et bancaires avec accès à la gestion collective (OPC à vocation générale ou spécifique, produits structurés), les placements divers (œuvres d'arts, bois et forêts, etc.), l'immobilier (SCPI, OPCI, accès à une sélection d'investissements locatifs fiscalement avantageux), les opérations de financement et d'investissement (dans les PME non cotées par exemple, capital-risque), les produits de retraite à titre privé ou professionnel, l'épargne salariale, la prévoyance, etc.

Conseils et expertises Le CGP aide les investisseurs à comprendre les subtilités et les limites des **solutions d'investissement** qu'ils détiennent ou qu'ils envisagent et peut leur ouvrir d'autres horizons. Il peut conseiller ses clients dans la conduite de certaines opérations ou dans le suivi régulier des investissements, même non réalisés par son intermédiaire. **76305**

EXEMPLE

Le CGP peut assurer le **suivi des allocations d'actifs** réalisées dans le cadre de contrats d'assurance-vie en unités de compte ou de portefeuilles-titres déposés auprès d'établissements tiers, prendre en charge des **audits** de financement ou de prises de participation ou superviser les opérations de **gestion de parc immobilier**.
Ces prestations supposent qu'il soit conseil en investissements financiers, courtier en assurances ou agent immobilier.

Intermédiation Le CGP peut mettre en avant sa liberté dans le **choix** de solutions d'investissement et de diversification, il place son activité de conseil en investissements dans le cadre d'une « architecture ouverte ». Se voulant traditionnellement très sélectif, il sélectionne les établissements et choisit des modèles d'investissements adaptés aux intérêts de ses clients et en négocie les conditions (qualité et originalité des solutions, conditions d'accès privilégiées, suivi rigoureux). **76307**
Les prestations d'intermédiation requièrent pour le CGP la détention des **statuts** de CIF, d'intermédiaire pour la réception-transmission d'ordres (RTO), de démarcheur financier, d'intermédiaire en opérations de banque et en services de paiement (IOBSP), de courtier en assurances ou d'agent immobilier (voir n° 76273).
À noter que le CGP n'est jamais **dépositaire** des investissements réalisés par ses clients.

> **Précisions** L'activité de conseil comme l'accès aux investissements sont couverts par le **mandat donné par le client**, à l'exception de l'accès aux produits couverts par le statut de démarcheur financier, de RTO ou d'IOBSP qui relèvent d'un mandat donné **par les établissements promoteurs**. Cette incohérence potentiellement porteuse de conflits d'intérêts est critiquée par les CGP, qui appellent depuis longtemps le législateur à instaurer un statut plus global de courtier financier.
> L'AMF a rendu **incompatible**, en pratique, démarchage bancaire et financier et prestations CIF (voir n° 76273).

ASSISTANCE À LA NÉGOCIATION ET MÉDIATION

Ventes ou acquisitions de biens, prise ou cession de participations, rapports entre associés, recherches d'investisseurs, successions, partages familiaux, etc., sont autant d'**événements** qui peuvent influer durablement, voire de manière irréversible, sur l'organisation d'un patrimoine. **76309**
Le CGP peut accompagner et assister son client dans une négociation ou une médiation en veillant au respect de la cohérence de la stratégie personnelle du client.

2. FORMALISME DES PRESTATIONS

CONTRACTUALISATION DE LA RELATION CLIENT

Les avancées réglementaires liées notamment aux activités de CIF, de démarchage financier et de courtage d'assurance ont conforté les exigences des associations professionnelles quant à la conduite de la relation client. Elles donnent désormais un caractère impératif à la contractualisation et à l'établissement d'un **écrit**. Les prestations doivent systématiquement faire l'objet de lettres de missions, de propositions ou de rapports écrits permettant de fixer l'étendue des missions confiées, de démontrer la prise en compte des besoins des clients et de justifier les solutions proposées. Le respect de ces prescriptions fait l'objet d'une vigilance particulière du pôle commun AMF/ACPR. **76315**

L'entrée en relation Dans un souci de transparence, le CGP doit remettre à son client un **document d'entrée en relation** (ou DER) qui mentionne les différents statuts professionnels dont il relève et les liens qu'il entretient, le cas échéant, avec des partenaires financiers (Règl. AMF art. 325-5 ; C. mon. fin. art. L 341-12, L 541-8 et R 519-20 ; C. ass. art. L 521-2). Les circonstances et le lieu de l'entretien, l'origine de l'entrée en relation (initiative du client ou du CGP) doivent également être consignés. **76317**

76319 **La lettre de mission** Elle fixe notamment l'étendue de la mission, les objectifs et contraintes du client, la nature et les modalités de délivrance des prestations (Règl. AMF art. 325-6). Elle permet de clarifier la relation pour les deux parties et de circonscrire l'**étendue des responsabilités**. Cette définition est primordiale car, faute d'une précision suffisante, la responsabilité du professionnel pourrait être engagée sans limitation.

La lettre de mission doit permettre aux clients de connaître les modalités de **rémunération des prestations** du CGP : honoraires fixes (à partir d'un relevé estimatif du temps passé et d'un barème horaire) ou variables (honoraires de résultat), commissions sur les investissements réalisés (fixe ou pourcentage) ou toute autre combinaison.

> **Précisions** Dans le cadre de **missions interprofessionnelles**, chaque intervenant est responsable au titre de ses conseils patrimoniaux et justifie sa propre rémunération. Il semble difficile de pouvoir établir une lettre de mission commune.
> A contrario, la mention explicite dans la lettre de mission du CGP du **recours à une expertise externe** sur des aspects définis faisant l'objet d'une contractualisation séparée doit être encouragée.

CONNAISSANCE DU CLIENT

76321 Aucun conseil de qualité ne peut être délivré sans une connaissance détaillée de la situation personnelle, familiale, patrimoniale, fiscale et professionnelle du client (C. mon. fin. art. L 341-11 et R 519-21 ; C. ass. art. L 521-4). Le **recueil d'informations** nécessite un dialogue ouvert, une confiance réciproque favorisant un exposé exhaustif et sincère. Si elle ne pose pas de difficulté pour des **données objectives** et factuelles (livret de famille, contrat de mariage, statuts, actes d'acquisition, déclaration de succession, avis d'imposition, etc.), la collecte d'informations demande une vigilance particulière concernant la prise en compte des facteurs **subjectifs** tels l'expérience du client, notamment en matière financière, son degré d'aversion au risque et sa capacité à subir des pertes, les relations et influences familiales, etc. En cas de refus du client de transmettre ces informations, le CGP-CIF doit s'abstenir de prodiguer ses conseils (C. mon. fin. art. L 541-8-1, 4°).

> **Précisions** Dans le cadre de sa mission, le CGP est soumis aux obligations relatives à la **lutte contre le blanchiment** des capitaux et le financement des activités terroristes (C. mon. fin. art. L 561-1 s.), notamment aux obligations de vigilance à l'égard de la clientèle et de déclaration de soupçon auprès de Tracfin. Il doit à ce titre disposer de procédures internes.

76323 **Rigueur documentaire** L'établissement de **documents de collecte d'informations**, visés par le CGP et par le client, permet de justifier de cette collecte. Concernant notamment les évaluations de biens immobiliers, fonciers ou professionnels, il est opportun (si les enjeux, le périmètre et les objectifs de la mission le justifient) de disposer d'avis et de **valorisations** réalisés par des professionnels habilités (expert immobilier, notaire, expert-comptable, expert en transmission d'entreprise, etc.) ou validés par l'administration. Les estimations ou indications émanant d'autres sources (notamment du client) doivent être mentionnées comme telles et intégrées avec précaution.

76325 **Confidentialité** Le CGP doit être attentif à la **conservation**, au traitement et à l'utilisation des **informations transmises**. Elles ne doivent pas être **utilisées** à des fins autres que celles spécifiquement décrites dans le cadre de la mission confiée. Elles ne peuvent pas être exploitées ou divulguées à des tiers sans autorisation expresse du client (Règl. AMF art. 325-4). Dans la mesure où le CGP opère un **traitement** informatique de ces données, les fichiers concernés doivent faire l'objet d'une déclaration auprès de la Commission nationale de l'informatique et des libertés (Cnil), le client disposant d'un droit d'accès, de modification ou de suppression étendu.

EXIGENCE D'UN ÉCRIT OBJECTIF ET PÉDAGOGIQUE

76327 Le CGP doit consigner par écrit :
– l'ensemble des informations relatives à la **situation** et au **cahier des charges du client** ;
– les conclusions et les propositions de solution qu'il apporte. Ses **préconisations** doivent être adaptées aux besoins, à la situation, à l'expérience et aux objectifs de son client ;
– la **justification** de l'adéquation des solutions retenues (questionnaire/déclaration) avec le cahier des charges.

76329 Le CGP doit, préalablement aux opérations d'investissements dans le respect d'un délai suffisant, remettre au client sur support durable (papier ou électronique) des **documents obligatoires** (DIC – document d'informations clés, DIS – document d'informations spécifiques, etc.) et lui délivrer une **information** claire, non trompeuse et adaptée à sa capacité de compréhension. Cette information doit être la plus complète possible, adaptée à la particularité et à la complexité des produits proposés (nature du produit souscrit, durée, performances historiques, possibilité ou non pour le client d'exercer un droit de rétractation, etc.). Elle doit explicitement préciser les avantages, limites et risques de chaque solution pour que le client puisse prendre sa décision en toute connaissance de cause (Règl. AMF art. 325-12 ; C. mon. fin. art. L 541-8 et R 519-22 ; C. ass. art. L 132-5-2, L 132-27, L 521-4, A 132-4 à A 132-6).

SUIVI ET ACTUALISATIONS PÉRIODIQUES

Le CGP doit assurer un suivi dans le temps de ses prestations. À l'occasion de toute **opération nouvelle** (arbitrage, investissement ou désinvestissement, etc.) ou en établissant des **rapports écrits périodiques**, au moins annuels, sur l'évolution des solutions retenues ainsi que sur les frais supportés par le client, il devra actualiser sa connaissance du client et contrôler la persistance de l'adéquation des solutions. **76330**

3. RÉMUNÉRATION

Les prestations du CGP font toutes l'objet d'un mode de rémunération transparent : **76335**
– pour les prestations de **conseil**, le plus souvent sous forme d'**honoraires** comportant éventuellement une quote-part variable ;
– pour les prestations d'**intermédiation**, sous forme d'**honoraires d'intermédiation ou commissions/rétrocessions** (souvent ponctuelles lors de la mise en place des investissements et/ou éventuellement perçues sur les encours sous gestion pour les investissements nécessitant un suivi régulier). Pour l'activité de CIF, si le CGP se déclare « conseil indépendant », il lui est interdit de percevoir toute rétrocession ou avantage monétaire ou non monétaire d'un tiers. A contrario, s'il se déclare « conseil non indépendant », ces perceptions sont autorisées sous réserve d'une information précontractuelle du client (mode de calcul a minima) et d'une amélioration du service fourni.

Cette **transparence** des coûts supportés par le client est impérative quelle que soit la réglementation à laquelle est soumise le CGP (pour l'activité de conseil en investissements financiers, C. mon. fin. art. L 541-8-1, 7° ; Règl. AMF art. 325-14 à 325-16 ; pour celle de courtier en assurances, C. ass. art. L 132-5-2 ; pour celle de démarcheur financier, C. mon. fin. art. L 341-12, 5° ; pour celle d'IOBSP, C. mon. fin. art. R 519-25 et R 519-26).

SECTION 4 EXPERT-COMPTABLE

GÉNÉRALITÉS

Qui peut sans hésiter s'enorgueillir d'être un conseil en gestion de patrimoine ? La matière est si vaste, les situations si différentes, la législation si mouvante que la seule voie de sagesse possible semble être celle choisie par Einstein : « L'important est de ne jamais arrêter de se poser des questions. » **76350**

De façon schématique, l'expert-comptable est un professionnel unanimement reconnu pour ses compétences dans l'**accompagnement de l'entreprise**, que ce soit dans la phase de création, de développement ou de transmission. La **mission de l'expert-comptable** consiste à : **76353**
– orienter le client dans la structuration initiale de son entreprise ;
– aider l'entrepreneur à développer harmonieusement cette entreprise en maintenant un juste équilibre entre optimisation et sécurité ;
– anticiper la transmission de l'entreprise que ce soit par la voie de la cession ou par celle de la succession.

Ces **préoccupations** sont strictement identiques à celles du **conseil en gestion de patrimoine** (CGP). Les experts-comptables ont adopté au sein de leur profession depuis fort longtemps les principes et **obligations** imposés aujourd'hui à ce dernier. **76355**
Le parallélisme entre les obligations du CGP et celles de l'expert-comptable dans l'exercice de leur profession est frappant. Rien de plus naturel !
Que ce soit en matière d'information, d'obligation de conseil, d'obligation de discrétion, voire de secret professionnel ou d'organisation, la profession d'expert-comptable s'est dotée de moyens propres à assurer un service de qualité avec le souci constant de la protection du client.

A. Présentation générale de la profession

PROFESSION RÉGLEMENTÉE

76357 La France compte environ 21 000 experts-comptables. Ils exercent leur activité soit à titre individuel, soit au sein de sociétés, ils peuvent également exercer au sein d'associations (AGC).
La profession a été créée en 1945 et elle est réglementée (Ord. 45-2138 du 19-9-1945 ; Décret 2012-432 du 30-3-2012). La loi a confié au ministère du budget le soin de réguler et de surveiller la profession, notamment au travers de la création du Conseil national de l'ordre des experts-comptables, lui-même subdivisé en 16 conseils régionaux en métropole, en Corse, Martinique, Guadeloupe et La Réunion ainsi que 2 comités départementaux en Guyane et Mayotte.

MISSIONS PRINCIPALES

76359 Est expert-comptable ou réviseur comptable celui qui fait profession habituelle de tenir, centraliser, ouvrir, arrêter, surveiller, redresser, consolider, réviser et apprécier les **comptabilités des entreprises** et organismes auxquels il n'est pas lié par un contrat de travail. Il est également habilité à attester la régularité et la sincérité des comptes de résultat (Ord. 45-2138 art. 2 modifié).
Il peut aussi accompagner la **création d'entreprises** sous tous ses aspects comptables ou à finalité économique et financière (Ord. 45-2138 art. 2, al. 5).

AUTRES MISSIONS

76360 L'expert-comptable s'est vu confier d'autres missions par la loi. Il s'agit principalement des missions d'assistance au **Comité d'Entreprise** (CE) et les missions d'établissement des **comptes de campagne**.

76361 Par ailleurs, l'expert-comptable dispose incontestablement d'une **voie d'accès vers le particulier** puisqu'un créateur d'entreprise dont le projet en est au stade de la conception est un particulier.
L'expert-comptable peut se prévaloir d'une compétence d'**assistance déclarative** en matière fiscale. Il aide dans leurs démarches matérielles les personnes physiques qui lui ont confié les éléments justificatifs et comptables nécessaires (Ord. 45-2138 art. 2).
À l'instar de l'avocat ou du notaire, l'expert-comptable peut en tant que « **tiers de confiance** » transmettre dans certains cas à l'administration fiscale les déclarations de revenus et les pièces justificatives d'un client qui l'aura mandaté à cet effet (CGI art. 170 ter ; voir n° 76075).
Il peut également, sans pouvoir en faire l'objet principal de son activité (Ord. 45-2138 art. 22) :
1° effectuer toutes études ou tous travaux d'ordre statistique, économique, administratif, ainsi que tous travaux et études à caractère administratif ou technique, dans le domaine social et fiscal, et apporter, dans ces matières, son **avis** devant toute autorité ou organisme public ou privé qui l'y autorise ;
2° donner des **consultations**, effectuer toutes études ou tous travaux d'ordre juridique, fiscal ou social et apporter, dans ces matières, son avis devant toute autorité ou organisme public ou privé qui l'y autorise, mais seulement s'il s'agit d'entreprises dans lesquelles il assure des missions d'ordre comptable ou d'accompagnement déclaratif et administratif de caractère permanent ou habituel ou dans la mesure où lesdits consultations, études, travaux ou avis sont directement liés aux travaux comptables dont il est chargé.
L'extension du champ de compétence de l'expert-comptable au domaine de la gestion de patrimoine appliqué aux particuliers est évidente. Les **interactions entre le patrimoine professionnel et le patrimoine privé** sont nombreuses et doivent être prises impérativement en compte pour mieux conseiller le client.
Par mesure de simplification, les cabinets bénéficient d'un **mandat implicite de représentation** de leurs clients devant l'administration fiscale et les organismes de sécurité sociale, ce qui signifie qu'ils n'ont plus besoin de justifier de leurs pouvoirs par l'envoi d'un mandat exprès (Ord. 45-2138 art. 22 modifié par loi Pacte 2019-486 du 22-5-2019). Évidemment cela ne dispense pas l'expert-comptable d'être en possession d'une lettre de mission dûment signée par le client.

76362 Le **Code de déontologie** des professionnels de l'expertise comptable régit les relations avec autrui (Décret 2012-432 du 30-3-2012 art. 141 à 169 ; voir également le « Code de déontologie des professionnels de l'expertise comptable », CNOEC, janvier 2023). Il concerne notamment la possibilité d'effectuer des actions de promotion et de communication dans certaines conditions (Décret précité art. 152). Les experts-comptables peuvent recourir au démarchage, notamment par voie numérique, et solliciter des services en ligne (Loi 2016-1547 du 18-11-2016 art. 3), sous réserve du respect de l'article 152 du décret 2012-432 du 30 mars 2012.

La possibilité pour un expert-comptable de communiquer sur ses **domaines de spécialisation** a été simplifiée (Décret 2022-432 précité art. 140 bis abrogé et 154 modifié par décret 2022-1732 du 30-12-2022 art. 14).
Par ailleurs, attendue depuis de nombreuses années, la norme professionnelle relative aux **activités commerciales et actes intermédiaires** ouverts aux experts-comptables a enfin été agréée (Arrêté ECOE2101153A du 12-3-2021 : JO 2-5 texte n° 11). La possibilité d'effectuer ces prestations à titre accessoire a été reconnue dès 2010 (Ord. 45-2138 du 19-9-1945 art. 22 issu de loi 2010-853 du 23-7-2010). Il manquait la norme professionnelle pour en fixer les conditions et limites d'exercice.

INCOMPATIBILITÉS ET RESTRICTIONS

Afin de garantir à l'expert-comptable une totale indépendance dans l'exercice de sa profession, l'exercice de certaines activités et la réalisation de certains actes lui sont interdits (Ord. 45-2138 art. 22). **76363**
L'activité d'expertise comptable est incompatible avec toute occupation ou tout acte de nature à porter atteinte à l'indépendance de celui qui l'exerce, en particulier :
– avec tout **emploi salarié**, sauf chez un autre membre de l'Ordre, chez un membre de la Compagnie nationale des commissaires aux comptes ou dans une association de gestion et de comptabilité ;
– avec tout **acte de commerce ou d'intermédiaire** (**vente de produits financiers** par exemple) autre que ceux que comporte l'exercice de la profession, sauf s'il est réalisé à titre accessoire ;
– avec tout **mandat de recevoir, conserver ou délivrer des fonds ou valeurs** ou de donner quittance.
Il est en outre interdit aux membres de l'Ordre d'agir en tant qu'**agents d'affaires**.

B. Atouts de l'expert-comptable

ÉTHIQUE PROFESSIONNELLE

Anticipant les obligations mises à la charge des conseils en investissements financiers (voir n° 76355), la profession s'est dotée depuis longtemps de **normes** professionnelles. Le Conseil national élabore les règles professionnelles et définit une politique pluriannuelle de contrôle de qualité de l'ensemble des membres de la profession (Décret 2012-432 du 30-3-2012 art. 29 ; Arrêté 3-5-2012 : JO 10 p. 8738). **76375**
L'expert-comptable ne peut exécuter aucune mission sans respecter un « **triptyque** » destiné à renforcer la qualité de ses prestations.
Science : le **diplôme** d'expert-comptable est l'aboutissement d'un cursus de formation particulièrement long et exigeant. Il couvre de nombreuses disciplines et un champ d'activités très vaste, propre à satisfaire l'accompagnement des entreprises ou la gestion de patrimoine. En activité, le Conseil national de l'ordre conseille à l'expert-comptable de suivre une **formation continue** de 40 heures annuelles au moins, minimum souvent largement dépassé dans la pratique pour garder un haut niveau de compétence.
Indépendance : la **déontologie** de l'expert-comptable et la réglementation à laquelle il est soumis l'obligent à éviter toute situation qui pourrait porter atteinte, de quelque façon que ce soit, à son indépendance (voir n° 76363). Pour cette même raison, il ne peut détenir de participation significative dans une société interposée qui pourrait contrevenir à cette interdiction.
Conscience : tout le monde sait depuis Rabelais que « science sans conscience n'est que ruine de l'âme ». L'expert-comptable a, vis-à-vis de ses clients, une **obligation de conseil**. Elle se traduit, par exemple, de la façon suivante : il ne peut établir mécaniquement une déclaration fiscale sans attirer l'attention de son client sur les risques de sa remise en cause ou une possible optimisation.

DÉMARCHE PROFESSIONNELLE ET OBLIGATION D'INFORMATION

Lettre de mission L'expert-comptable définit avec son client le **champ de la mission** qui lui est confiée, s'assure qu'elle correspond aux besoins du client et que la demande est bien comprise. **76377**
La lettre doit préciser les **modalités** pratiques du déroulement de la mission en définissant les objectifs de la mission, son coût et le délai de sa réalisation.

Dossier de travail L'expert-comptable doit pouvoir **justifier** de ses travaux, de leur adéquation avec les besoins exprimés par le client, de leur pertinence et de leur conformité à la législation en vigueur. Il doit en **assurer la traçabilité** en établissant un dossier de travail qui distingue les éléments permanents remis par son client des éléments qu'il a lui-même établis ou fournis. **76379**

76381 **Compte rendu de mission** L'expert-comptable ne se contente pas de simples prescriptions orales ; il rend compte à son client au moyen d'un **rapport écrit**. Ce compte rendu de mission comprend a minima la description de la demande initiale du client, les moyens mis en œuvre par l'expert-comptable dans l'exercice de sa mission, la (les) préconisation(s) finale(s) en attirant l'attention sur les conditions précises de sa (leur) mise en œuvre.

APPROCHE PAR « BILANS »

76383 L'expert-comptable fonde toujours son analyse sur l'**observation d'événements dynamiques** (le compte de résultat d'une entreprise) pour en dresser, à un instant précis, l'image historique et figée (le bilan).

À partir de la combinaison de ces deux éléments, il conseille son client sur la pertinence des choix opérés et des moyens mis en œuvre pour parvenir à l'objectif fixé. Il met à la disposition de son client des moyens chiffrés et irréfutables.

Cette **expérience du chiffre** constitue le point fort de l'expert-comptable, qui met ainsi au service du patrimoine global de son client les techniques et pratiques éprouvées dans le monde des entreprises.

Dans un premier temps, il s'agit essentiellement de **dresser des constats** sur la situation du client à travers différents bilans dont le contenu est directement fonction de l'environnement législatif. Sur le coût des différents bilans à partir de quelques exemples concrets : voir n° 76415.

76385 **Bilan fiscal** Ce bilan est, plus précisément, le bilan de la fiscalité personnelle et patrimoniale. Il se subdivise lui-même en fonction des différents impôts concernés (impôt sur le revenu et impôt sur la fortune immobilière) et consiste avant tout à remplir correctement l'ensemble des obligations déclaratives. Il permet aussi de mesurer l'évolution des différents postes et d'assurer une optimisation efficace et sécurisante.

76387 **Bilan social** Plus personne ne peut aujourd'hui se permettre de négliger la dimension sociale du patrimoine, compte tenu tout spécialement de l'allongement sensible de la durée de la vie.

Il s'agit d'établir un bilan **retraite** et un bilan **prévoyance** destinés l'un à procurer des revenus post-activité professionnelle et l'autre à prévenir la survenance d'un accident susceptible de priver le client de ses revenus professionnels de façon provisoire ou définitive. Il convient, bien sûr, de ne pas le confondre avec le document légal pour les entreprises de plus de 300 salariés.

76389 **Bilan familial** Allongement considérable de la durée de la vie plus recompositions familiales : il est aujourd'hui banal de voir des familles se reconstituer intégralement.

Dans ce cadre, l'**analyse du régime matrimonial** choisi par le client, des **dispositions testamentaires** qu'il a prises et de la rédaction des **clauses bénéficiaires** de ses différents contrats d'assurance-vie revêt une importance capitale.

Le rôle de l'expert-comptable se limite ici à dresser le constat de la situation et à attirer l'attention de son client sur les conséquences des choix opérés, sur leur cohérence par rapport aux objectifs fixés et sur leur compatibilité. Il l'incitera à consulter un notaire.

76391 **Bilan économique et budgétaire** Tout constat sert à tirer des conclusions et à agir. Et il faut des moyens, le plus souvent financiers !

L'expert-comptable dresse la **synthèse financière** des bilans effectués en comparant l'ensemble des revenus de son client à l'ensemble de ses dépenses, qu'il aura pris soin de ventiler entre plusieurs catégories : remboursement d'emprunts, épargne, éducation, loisirs, éléments de train de vie, etc.

Il aide le client à déterminer les dépenses incompressibles pour en déduire les dépenses compressibles, c'est-à-dire celles sur lesquelles il est possible d'agir afin d'atteindre les objectifs fixés.

76393 **Bilan patrimonial** Après avoir établi les bilans précédents, l'expert-comptable obtient une photographie dynamique :

– **photographie** car l'ensemble des bilans a permis d'avoir une image de la situation du client à un instant « t » ;

– dynamique car cet ensemble est établi à partir de l'**analyse de flux** (revenus, emprunts, épargne) dont on peut estimer les variations futures et projeter les conséquences sur le patrimoine futur du client.

76395 Schématiquement, l'**attention des clients** se porte sur trois phases :

– phase de constitution, essentiellement durant l'activité professionnelle ;

– phase de consommation, notamment après leur prise de retraite professionnelle ;

– phase de transmission au moindre coût et dans un environnement juridique sécurisé.

Ces préoccupations peuvent être imbriquées tout au long de la vie.
En pratique, les **questions** qu'ils se posent régulièrement vis-à-vis de leur patrimoine et de leur famille sont :
– aurai-je une retraite suffisante ?
– quelle serait ma situation si survenait un accident grave ?
– comment s'organiserait ma famille en cas de disparition prématurée ?
– dans le cas d'une recomposition familiale, comment s'organiserait la transmission de mon patrimoine entre mes deux familles ? Comment serait gérée l'entreprise familiale, source de l'essentiel de nos revenus ?
Les conseils en gestion patrimoniale, y compris l'expert-comptable, n'ont pas toujours à répondre directement à ces questions. Le bilan patrimonial consistera alors exclusivement à dresser un constat et à vérifier l'adéquation des moyens avec les objectifs.

À ce stade, l'**audit patrimonial** consiste à comparer une situation (les différents bilans) à un référentiel personnel (les objectifs du client). **76397**
L'expert-comptable reste un acteur privilégié de cette pièce qui se joue souvent en trois actes :
– acte 1 : constats et diagnostic ;
– acte 2 : conseils et préconisations ;
– acte 3 : mise en œuvre et suivi.
N'est-il pas essentiel, dans un premier temps, de savoir où l'on va et comment ? Sénèque le pensait, lui qui disait qu'« il n'y a pas de vent favorable pour celui qui ne sait pas où aller ».

C. Points d'amélioration

Aujourd'hui encore, il semble qu'une grande partie des experts-comptables n'ait pas su **détecter le chef de famille** qui se cache derrière chaque client chef d'entreprise. Et c'est sans doute parce que ce chef de famille se dissimule de moins en moins que les professionnels de la comptabilité ont commencé à prendre en compte son besoin en conseil global. **76405**

OFFRE DE SERVICES PAS TOUJOURS STRUCTURÉE

Trop peu de cabinets ont mis officiellement à leur catalogue de missions des interventions pourtant aussi banales que : **76407**
– les déclarations d'impôt sur le revenu et/ou d'IFI et leur optimisation ;
– le calcul prévisionnel de la retraite et son amélioration.
Inhibés par une mauvaise lecture du champ de compétence que leur offre l'ordonnance régissant la profession (voir n°s 76357 s.), certains confrères manifestent encore des **hésitations** à aborder le domaine du conseil patrimonial, qui englobe évidemment le conseil fiscal, le conseil juridique et le conseil social. Avec la loi du 6 août 2015, dite « loi Macron », ce sentiment devrait peu à peu disparaître. En effet, l'expert-comptable peut désormais réaliser toutes études ou travaux dans le domaine fiscal et social, à la condition de délivrer aussi une mission comptable ou administrative récurrente. Ces prestations ne doivent pas, toutefois, devenir les prestations principales du cabinet dans son ensemble.
Les sondages réalisés par la profession et par la presse spécialisée le démontrent : si l'expert-comptable est le professionnel auquel songe le plus souvent le client pour l'ensemble de la sphère entreprise, l'expert-comptable est très largement concurrencé quand il s'agit de la gestion du patrimoine privé, y compris par le banquier de son client !

MARCHÉ ENCORE MAL APPRÉHENDÉ

Le Conseil national de l'ordre des experts-comptables a créé le Club fiscal des experts-comptables chargé de promouvoir les compétences des experts-comptables en matière fiscale, le Club social pour démontrer leur implication dans la gestion des ressources humaines, le Club export pour aider les entreprises à conquérir des marchés hors de nos frontières, mais aucune structure n'est chargée de promouvoir leurs compétences en matière de gestion de patrimoine. Pas un seul congrès annuel n'a été à ce jour consacré à cette matière. **76409**

> **Précisions** Citons toutefois l'initiative de René Ricol, qui a fondé la **Compagnie des conseils et experts financiers** (CCEF), association visant avant tout à promouvoir l'interprofessionnalité entre les différents intervenants en matière patrimoniale.
> En 2017, le **conseil régional de l'Ordre de Paris** a lancé le Club Patrimoine qui compte près de 600 adhérents.

SIGNES POSITIFS D'ÉVOLUTION

76411 De plus en plus d'experts-comptables suivent des formations diplômantes afin d'acquérir ou de **compléter leurs compétences**, entre autres en matière d'assurance-vie et de régimes matrimoniaux.

Une association a été créée, le **Club expert patrimoine** (CEP), pour promouvoir la mise en place du conseil en gestion patrimoniale au sein des cabinets d'expertise comptable et mettre à leur disposition des formations de haut niveau, un suivi opérationnel ainsi que des groupes de travail donnant lieu à des échanges et à l'observation des meilleures pratiques.

Cette association a repris à son compte l'organisation annuelle d'un séminaire consacrant 20 heures de formation de haut niveau, dispensé par des professionnels aguerris.

D. Tarifs

76415 Pour ne pas faillir à notre tradition, il nous a paru utile de présenter sous la forme d'un tableau (ci-dessous) les **prestations** que les experts-comptables peuvent fournir et, à titre indicatif, les **honoraires** qu'ils pratiquent.

Par ailleurs, il est confirmé que l'expert-comptable peut pratiquer des **honoraires de succès**, préalablement négociés avec le client et à la condition que cela ne récompense pas la mission traditionnellement dévolue à l'expert-comptable, comme par exemple des déclarations fiscales et sociales exactes (Ord. 45-2138 du 19-9-1945 art. 24 modifié par loi Pacte 2019-486 du 22-5-2019).

Comment, combien ?					
		BILAN	**ATTENTE DES CLIENTS**	**CONTENU**	**TARIFS** Fourchette en € HT
ACTE N° 1	FISCAL	**IR**	Déclaration correcte Payer le moins possible	Déclaration fiscale Commentaires et conseils	150 750
ACTE N° 1	FISCAL	**IFI**	Déclaration correcte Payer le moins possible	Déclaration fiscale Commentaires et conseils	250 3 000
ACTE N° 1	SOCIAL	**RETRAITE**	Combien vais-je toucher ? Comment l'améliorer ?	Calcul prévisionnel retraite Préconisations, conseils	250 750
ACTE N° 1	SOCIAL	**OPTIMISATION RÉMUNERATION**	Comment arbitrer : – entre salaire et dividende ? – entre revenu actuel et futur ?	Dossier comparatif : analyse et préconisations Conséquences des choix	500 1 000
ACTE N° 1	FAMILIAL	**BILAN SUCCESSORAL**	Ma succession est-elle assurée ?	Calcul droits théoriques Préconisations, conseils	250 750
ACTE N° 1	ÉCONOMIQUE	**CAPACITÉ BUDGETAIRE**	De combien je dispose pour investir ou préparer une stratégie ?	Tableau recettes/dépenses Ventilation entre dépenses compressibles et non compressibles	250 500
ACTE N° 1	GLOBAL	**BILAN PATRIMONIAL**	Ce que je souhaite obtenir	Bilan patrimonial complet Analyse adéquation entre les souhaits et la situation prévisible	500 5 000
ACTE N° 2	CONSEILS	**SOLUTION**	Que faire pour atteindre les objectifs exprimés ?	Mise en place de solutions : création de société, contrat d'assurance-vie, changement de régime, etc.	1 000 au moins
ACTE N° 3	SUIVI	**SERVICE APRÈS-VENTE**	Ce qui a été fait : est-ce toujours pertinent ? Peut-on faire mieux ?	Veille législative et stratégique	500 5 000

CONCLUSION

L'atout de l'expert-comptable dans le conseil en gestion patrimoniale, c'est sa clientèle puisqu'il conseille quotidiennement les entreprises. L'entreprise est l'outil qui procure des revenus aux chefs d'entreprise. C'est à partir de ces revenus que toute stratégie future doit être bâtie, c'est à partir de l'entreprise que la consolidation du patrimoine des entrepreneurs peut être opérée. 76417
Placé au cœur de l'ensemble constitué par la sphère privée et la sphère sociale (au sens de l'entreprise), l'expert-comptable est le mieux à même d'analyser les interactions entre les deux périmètres, familial et professionnel, voire de les provoquer. Avec une législation fiscale instable, l'expert-comptable demeure le partenaire privilégié de l'entreprise, de son dirigeant et de sa famille.

SECTION 5 FAMILY OFFICE

GÉNÉRALITÉS

Le family office est une entité qui est au service d'une ou de plusieurs familles et qui a pour objectif la préservation, sur le long terme, de l'harmonie familiale et des avoirs patrimoniaux. 76450
Il a également pour vocation, à plus court terme, d'assister les membres de la famille dans la recherche de solutions à toute question d'ordre patrimonial.

Une activité récente en France Cette activité est née aux États-Unis à la fin du XIXe siècle. En France, comme dans les autres pays européens, son développement est plus récent. Hormis chez quelques précurseurs parmi les grandes familles entrepreneuriales, la notion même de family office a commencé à se diffuser au début des années 2000, notamment avec la création de l'Association française du family office (voir n° 76491). 76453

COMPARAISON ENTRE MONOFAMILY OFFICES ET MULTIFAMILY OFFICES

Mono (single) family offices Un single family office est dédié à **une seule famille**. Celle-ci assume l'ensemble des frais de fonctionnement et reçoit en contrepartie l'**exclusivité des services** offerts par le family office. Elle recrute les collaborateurs et les sélectionne en fonction de l'orientation souhaitée par elle. 76455
La **taille** du monofamily office peut atteindre 20 à 30 personnes (seulement dans deux ou trois cas en France). La plupart emploient plutôt deux à cinq personnes. Il faut les distinguer des « hommes d'affaires » travaillant seuls pour une famille à temps plein ou à temps partiel.
Chacun est discret et le recensement est difficile, mais l'on compte sans doute 60 à 70 monofamily offices auxquels il faut ajouter environ 150 à 200 hommes d'affaires.

Multifamily offices Les multifamily offices sont en pratique divisés en deux catégories selon la nature des détenteurs du capital : 76457
– les « **indépendants** », créés souvent par d'anciens salariés de banques ou des spécialistes provenant du milieu juridique, fiscal ou notarial ;
– les « **bancaires** », fondés à l'initiative d'établissements financiers avec un statut de société au capital distinct ou de simple département de la banque.
Le nombre de multifamily offices en France est important et il est en augmentation constante ces dernières années.

Seuils d'entrée L'activité de family office exige que des personnes compétentes lui consacrent un nombre d'heures important. 76459
Le coût est donc élevé s'il doit être couvert par **une seule famille** (monofamily office). Celle-ci doit disposer de 500 M€ d'actifs financiers au moins, ce qui limite le nombre de familles potentiellement concernées.
Si le family office travaille pour **plusieurs familles** (multifamily office), les coûts sont mutualisés. On estime en général à 20 M€ le minimum d'actifs financiers détenus pour que le tarif de ces services ne soit pas jugé exorbitant par les membres de la famille.
Sur les modes de rémunération du family office : voir nos 76477 s.

Critères de choix Le niveau de la fortune familiale constitue le principal critère. 76461
En faveur du **monofamily office**, notons le désir de conserver l'exclusivité et la priorité des services ainsi que la recherche d'une plus grande confidentialité.

À l'inverse, le **multifamily office** permet un partage renforcé des expériences acquises lors du traitement d'autres dossiers familiaux. Il dispense également de traiter :
– la difficile question du recrutement (et du maintien dans l'entité) de family officers compétents ;
– et l'actualisation permanente des données, des nouveautés juridiques ou financières, surtout pour un multifamily office bancaire (voir n° 76457).

LES ACTIVITÉS DU FAMILY OFFICE

76463 La **gamme de services** que peut offrir un family office recouvre l'ensemble des questions liées de près ou de loin au patrimoine familial, à la gestion financière et immobilière, à l'assurance-vie, à l'ingénierie patrimoniale (combinaison de juridique et de fiscal), mais aussi à la gouvernance familiale, à la formation des jeunes générations et à la philanthropie.

La **gouvernance familiale** s'étend du conseil dans l'organisation de la famille (pour lui permettre de fonctionner et faciliter ses prises de décision) à la rédaction d'une charte familiale (principalement dans le cas des familles entrepreneuriales).

La **formation des jeunes générations** permet de les préparer à leurs futures responsabilités, non seulement dans l'entreprise, mais aussi dans l'administration et la gestion d'un patrimoine important.

L'**accompagnement philanthropique** consiste en une aide à la définition du projet, à le structurer généralement sous la forme d'une fondation ou d'un fonds de dotation puis à le faire vivre dans le temps. L'objectif étant de fédérer la famille autour d'une action commune donnant du sens au patrimoine.

> **Précisions** À plus court terme, le family office peut aussi s'occuper des assurances des biens et des personnes, du secrétariat personnel, etc. (pour un exposé complet, se reporter à l'ouvrage « Family office et famille » de Bernard Camblain, Gualino éditeur).

76465 **Orientations choisies par la famille** La famille peut souhaiter ou non que le family office s'implique dans l'entreprise familiale, c'est-à-dire par exemple sa gestion ou les contacts avec les cadres dirigeants (dans le but de les sensibiliser à l'esprit de la famille). Dans tous les cas, l'entreprise ne peut être ignorée en raison de son importance dans le patrimoine familial.

Il est rare que le family office couvre pour une famille toutes les activités listées n° 76463. En général, une orientation particulière est donnée au family office (gestion financière avant tout avec un objectif de préservation à long terme ; ingénierie patrimoniale ; gouvernance familiale ; plus rarement simple satisfaction des besoins à court terme).

76467 **Critères indispensables** L'exercice par le family office des missions qui lui sont confiées implique une très grande **confiance** entre les family officers et les membres de la famille : ces derniers doivent livrer aux premiers les éléments leur permettant de répondre aux questions qui leur sont posées, et si possible de les anticiper.

Confiance implique reconnaissance de la compétence mais aussi certitude que les solutions seront apportées par les family officers avec une **objectivité** totale (aucun choix n'est proposé parce qu'il satisfait l'intérêt financier du family office) et une **transparence** absolue (aucune rémunération n'est perçue sans que la famille n'en soit avisée). De cette façon, les éventuels conflits d'intérêts sont surmontés.

DIFFÉRENCES AVEC LES AUTRES MÉTIERS DE LA GESTION DE PATRIMOINE

76469 **Une vision globale du patrimoine familial** En 1980 a eu lieu le passage de la simple gestion de portefeuille à la gestion individuelle de patrimoine. La notion d'« approche patrimoniale globale » a été initiée, incluant l'ensemble des actifs et passifs ainsi que les flux attendus (retraites par exemple).

Le family office exige une vision globale du patrimoine des membres de la famille.

Par exemple, deux frères, héritiers de leur père, vivent dans des pays à fiscalité différente en termes de droits de mutation et d'imposition des plus-values. Dans les limites acceptables par les autorités fiscales, l'un souhaite adopter pour les biens reçus la valorisation la plus élevée possible ; l'autre a la position inverse et retient la valorisation la plus faible pour les actifs entrés dans son patrimoine. L'intervention du family office permet de ne pas raisonner sur deux individus pris séparément mais de rechercher la **solution** fiscalement **optimale pour le groupe familial**, quitte à dédommager celui des deux frères qui sera lésé par l'option choisie.

Une palette d'interventions plus large que celle des autres acteurs Couvrant la totalité des questions liées à la détention d'un patrimoine familial, le family office fait appel à des compétences internes mais aussi externes quand l'expertise professionnelle se trouve chez des spécialistes ou lorsqu'une réglementation spécifique exige des agréments dont il ne dispose pas lui-même (banque, assurance-vie, société de gestion, assurance des biens et des personnes). 76471
L'activité du family office dépasse et englobe celle des prestataires, y compris les avocats, notaires et experts-comptables, qui sont experts dans leur domaine mais ne sont pas équipés pour conseiller objectivement la famille sur tous les sujets (la gestion financière par exemple).

Acheteur aux côtés de la famille La distinction principale entre un family office et les autres acteurs de la gestion patrimoniale tient dans l'**état d'esprit** dans lequel intervient le premier. Il ne s'agit aucunement d'être « vendeur » de produits ou de solutions maximisant le profit de l'entité. À l'opposé, le family office se positionne comme « acheteur » aux côtés de la famille, presque comme partie intégrante de cette dernière. Son rôle est de l'aider à trouver sur le marché les services et produits qui répondent le mieux aux besoins présents et futurs de ses membres en tenant compte de leur coût. 76473
Il est fréquemment nécessaire d'effectuer un **appel d'offres** auprès, entre autres, des gestionnaires et des compagnies d'assurance-vie à partir d'un questionnaire et d'un mode de sélection adaptés aux spécificités de la famille et de son patrimoine (par exemple, patrimoine plutôt français ou déjà très international).
Le family office assure par la suite un rôle de **supervision** des résultats de gestion obtenus **et veille** à ce que l'allocation retenue réponde toujours aux besoins de la famille et à sa tolérance au risque. La finalité de cette prestation est d'assurer la pérennité du patrimoine.

CONTRAT ENTRE LA FAMILLE ET LE FAMILY OFFICE

Dans le cas du **monofamily office** qu'elle contrôle, la famille peut mettre en œuvre ses orientations au fil du temps et diriger ses activités comme toute entreprise avec une vision à long terme et des évolutions à court terme. 76475
Dans le cas du **multifamily office**, la relation est différente. Un contrat fixe préalablement :
– le périmètre familial (quels sont les membres concernés ? qui prend les décisions à signifier au family office ?) ;
– le rôle et la mission du family office, les secteurs d'activité dans lesquels s'inscrit son intervention ;
– le sort des nouvelles demandes formulées après le passage de ce contrat ;
– les modalités de compte rendu à la famille, y inclus le reporting consolidé des avoirs détenus par la famille ;
– le montant et le mode de rémunération du multifamily office.

RÉMUNÉRATION DU FAMILY OFFICE

Dans le cas du **monofamily** office, les coûts de création et d'installation puis les frais annuels sont à la charge de la famille, qui définit la taille du family office et précise son champ d'activité et son périmètre en fonction des montants qu'elle est prête à engager. 76477
Le cas du **multifamily** office est plus complexe. Les frais annuels à la charge de chacune des familles clientes se chiffrent en dizaines de milliers d'euros, fréquemment de l'ordre de 50 000 à 150 000 € selon l'étendue de la mission qui aura été assignée par la famille.

Les « puristes » considèrent qu'il ne peut s'agir que d'**honoraires** réglés par la famille, toute autre source de rémunération étant exclue. 76479
D'autres (la très grande majorité des multifamily offices américains) estiment possible de recevoir des rémunérations sous d'**autres formes** (commissions ou rétrocessions de commissions de la part de prestataires extérieurs tels que les gestionnaires financiers, les sociétés d'assurance-vie).
L'essentiel, dans tous les cas, est que soient respectés les principes de transparence et d'objectivité (voir n° 76467).

Se pose la question de la **gestion d'actifs financiers**, autre source potentielle de rémunération pour l'établissement financier (ou sa filiale d'asset management) auquel est rattaché le multifamily office. Certains écartent cette possibilité pour renforcer la mise en œuvre du principe d'objectivité. Mais dans certains établissements, environ 20 à 33 % des actifs financiers de la famille sont gérés par le groupe financier, ce qui donne lieu parfois à une discrimination dans la facturation des honoraires. 76481

RESPONSABILITÉ

76483 **Responsabilité du monofamily office** Cette responsabilité remonte à la famille puisqu'elle est la véritable responsable des activités du family office.
Seule une faute grave peut engager la responsabilité d'un family officer.

76485 **Responsabilité du multifamily office** Elle n'a jamais été engagée en France, car cette activité y est encore peu développée. La jurisprudence devrait cependant évoluer progressivement de la même manière que pour les professions libérales et les gestionnaires et devrait avoir à connaître des contentieux relatifs à la délivrance de mauvais conseils, au défaut de conseil ou à l'erreur dans la gestion financière.
La responsabilité du multifamily office sera **difficile à mettre en jeu** car :
– les prestations sont effectuées par des intervenants extérieurs (gestionnaires financiers et spécialistes du droit et de la fiscalité dès que les enjeux sont importants) ;
– la famille a validé et le plus souvent réalisé elle-même le choix entre les solutions proposées par le family office.
Les **montants** concernés étant proportionnels aux avoirs détenus par la famille (en général importants), le family office, même sans contrainte réglementaire, tente d'éliminer ces risques en souscrivant une **assurance responsabilité civile** au plafond élevé (en acceptant souvent une franchise également élevée). Les multifamily offices « bancaires » verront leur responsabilité plus volontiers recherchée que les « indépendants » aux fonds propres limités.

UNE ACTIVITÉ EN VOIE DE STRUCTURATION

76487 Le développement récent des family offices n'a été accompagné, pour le moment, d'aucune contrainte (réglementation, contrôle) autres que celle concernant les activités couvertes par le family office (assurance-vie, banque et crédit, immobilier, gestion financière).
Le terme lui-même de family office n'est pas protégé, contrairement à celui de société de gestion de portefeuille par exemple. Toute entité, quel que soit son domaine d'intervention, peut s'intituler family office.
Les multifamily offices « indépendants » ou bancaires (constitués en sociétés indépendantes) adoptent souvent le statut de conseil en investissement financier (CIF) afin de ne pas voir leur domaine d'intervention limité par cette réglementation. Ils délivrent un conseil conforme aux directives de l'Autorité des marchés financiers (AMF) et sont contrôlés par l'Autorité de contrôle prudentiel et de résolution (ACPR). Sur le statut de CIF et les autorités de contrôle : voir n°s 76269 s. et 76280.

76489 La **forme juridique** tant des monofamily offices que des multifamily offices est libre.
Dans le cas d'un monofamily office, il peut s'agir d'un holding familial, d'une SA, SAS, SARL ou même d'un statut de consultant pour les « hommes d'affaires ».
Les multifamily offices peuvent n'être que le département parmi d'autres d'un établissement financier.

76491 **Autorégulation** Il n'existe pas officiellement d'autorité de contrôle désignée, même si, à raison des activités couvertes, l'Autorité des marchés financiers paraît devoir être la plus souvent concernée.
Les professionnels ont commencé à se regrouper au sein de l'**Association française du family office** (AFFO), créée en mai 2001. Plutôt que de se voir imposer par les autorités de tutelle des règles de fonctionnement, d'objectivité et de transparence ainsi qu'une définition claire des relations avec les membres de la famille, etc., les professionnels privilégient la voie de l'autorégulation.

SECTION 6 GÉNÉALOGISTE

GÉNÉRALITÉS

76500 La généalogie est une pratique ancienne qui remonterait au IIIe siècle avant Jésus-Christ, des traces de lignées familiales gravées sur des pierres ayant été retrouvées en Mésopotamie. La généalogie familiale connaît un vif succès depuis les années 70, phénomène qui s'est amplifié avec l'arrivée d'Internet. Près de 60 % des Français disent avoir effectué des recherches sur leur nom ou sur leur famille. Nombreux sont ainsi ceux qui veulent reconstituer leur arbre généalogique ou tracer une branche familiale.

L'évolution des familles au cours du XXe siècle n'a fait qu'accroître le recours aux généalogistes : augmentation du nombre des enfants naturels, des divorces et des familles recomposées, nouvelles formes d'union (le mariage pour tous entraînera des recherches nouvelles), mobilité géographique y compris hors frontières, concentration urbaine, etc. Tous ces facteurs complexifient les travaux de recherche familiale et d'identification des héritiers.

DEUX DOMAINES D'ACTIVITÉ

Les généalogistes **familiaux** aident les particuliers, avec lesquels ils sont en relation directe, à reconstituer l'histoire d'une famille à travers les liens de filiation et d'alliance de ses différents membres. Ils contribuent parfois à prouver l'origine de noms illustres, l'existence de titres de noblesse, effectuent des recherches héraldiques. **76502**

Les généalogistes **successoraux**, saisis habituellement par un notaire, se chargent de rechercher et d'identifier toute personne titulaire de droits sur un bien déterminé ou sur l'universalité d'un patrimoine et d'établir juridiquement ses droits. Ils établissent la dévolution successorale lorsque les héritiers d'une succession sont inconnus ou la valident au profit d'héritiers connus.

Dans le cadre de cette section, seul l'exercice de la profession de généalogiste successoral sera étudié.

A. Organisation de la profession

La profession des généalogistes n'est **pas** une profession dite **réglementée** et ne le sera probablement pas dans un avenir proche, la Chancellerie ayant une position défavorable sur ce point (Rép. Masson : Sén. 20-6-2013 n° 5614 ; Rép. Valenrenberghe : Sén. 26-12-2019 n° 10514). **76505**

Si les cabinets, études ou offices généalogiques ne sont pas soumis à un statut professionnel, leur activité obéit à des règles d'exercice définies par les organismes professionnels.

ORGANISMES PROFESSIONNELS

Les généalogistes se sont structurés au travers de plusieurs **syndicats** professionnels représentatifs : la Chambre des généalogistes successoraux de France créée en 1947, la Chambre syndicale des généalogistes et héraldistes de France fondée en 1980 devenue Sygène, la Chambre des généalogistes professionnels créée en 1997, la Chambre syndicale des généalogistes de France créée en 2016, la Compagnie européenne des généalogistes successoraux et la Chambre internationale des généalogistes professionnels. Ces six syndicats sont membres de Généalogistes de France qui fédère 95 % des acteurs de la profession. **76507**

Ces organismes ont mené des actions d'autorégulation qui ont abouti à l'établissement de **chartes** professionnelles.

QUALIFICATIONS

Aucun diplôme n'est exigé pour exercer la profession, ni aucune condition particulière de capacité ou de moralité. Il n'y a pas de cursus universitaire obligé même s'il existe de rares formations proposées. **76509**

L'exercice du métier exige, selon les fonctions, de solides connaissances dans certaines spécialités du droit ou en histoire avec des aptitudes à la recherche.

FONCTIONS

En termes d'organisation du travail, les généalogistes dissocient au sein de leurs structures deux fonctions différentes : recherches et règlements. **76511**

Les **services de recherches** regroupent tous les collaborateurs qui se consacrent aux travaux de recherches d'héritiers. Ce sont plutôt des historiens qui acquièrent sur le terrain les techniques d'investigation propres au travail d'enquête généalogique (voir n° 76525).

Le **service du règlement** a pour mission de représenter les héritiers auprès du notaire. Les collaborateurs en charge du règlement des dossiers (dits les « régleurs ») sont des juristes spécialisés en droit de la famille, plus particulièrement en droit des successions, et en fiscalité.

> **Précisions** Les généalogistes doivent savoir déterminer les héritiers et leurs droits, donc connaître parfaitement les règles de la dévolution successorale et maîtriser le calcul des droits de mutation à titre gratuit. C'est pourquoi la plupart des études généalogiques **éditent un récapitulatif** des chiffres clés de la fiscalité successorale, sous forme de plaquette, schéma ou brochure, très utile au quotidien.

ÉTHIQUE PROFESSIONNELLE

76513 Les généalogistes s'engagent à respecter les obligations de la charte de déontologie établie par l'organisme professionnel auquel ils se sont, le cas échéant, affiliés. Généalogistes de France s'est en outre doté d'un Code d'éthique. Ces chartes et code définissent les **bonnes pratiques** à mettre en œuvre avec les héritiers, les notaires ou autres mandants et les services d'archives.

76514 Les généalogistes ne sont soumis à aucune restriction particulière en matière de **démarchage** et de publicité. Ils peuvent mener auprès des notaires toute action de communication propre à développer leur activité.

RESPONSABILITÉ ET OBLIGATIONS PROFESSIONNELLES

76515 En adhérant à un organisme professionnel, les généalogistes s'engagent à souscrire une **assurance** de responsabilité civile et une garantie financière auprès de la compagnie d'assurances agréée par l'organisme.

Ils doivent détenir un **compte de tiers**, auprès de la Caisse des dépôts et consignations, destiné à recevoir les fonds revenant aux héritiers.

Les adhérents de Généalogistes de France acceptent en outre un **audit** annuel effectué par un cabinet indépendant.

Les généalogistes ont le devoir d'entretenir et de renouveler leurs connaissances, de participer aux actions de **formation continue**. Ils doivent user de tous les moyens en leur possession et techniques de recherche pour parvenir à établir la dévolution successorale.

Si aucun texte de loi ne soumet les généalogistes à un devoir de **secret**, ils doivent respecter les chartes professionnelles et un code de bonne conduite (voir n° 76513) qui contiennent une obligation de secret professionnel (Rép. Abad : AN 7-6-2016 n° 75887).

Les généalogistes **tiennent informés** les notaires et les héritiers de leurs démarches. Au moment de la révélation, l'acte de notoriété ou la déclaration de succession établis par le notaire contiennent les nom et adresse de l'ensemble des héritiers. L'envoi de ces documents à la clôture du dossier, lors du règlement, permet à chacun de comprendre le montant reçu.

76516 Les généalogistes **s'interdisent** de pratiquer directement ou indirectement toutes opérations (découlant des successions dont ils ont la charge) dont ils pourraient tirer un avantage personnel distinct des honoraires qui leur sont dus.

B. Missions

RECHERCHE D'HÉRITIERS

76520 Le généalogiste a deux missions principales : la recherche d'héritiers et la révélation de la succession. Il travaille en liens étroits avec les notaires qui sont chargés du règlement des successions.

Afin de régler une succession, un notaire peut être conduit à faire appel à un généalogiste pour identifier les héritiers ou vérifier que les renseignements qui lui sont donnés sont fiables et complets.

Le généalogiste est alors saisi sur la base d'un **mandat** donné par toute personne qui a un intérêt direct et légitime à l'identification des héritiers ou au règlement de la succession : notaire chargé de la succession ; héritiers ou légataires du défunt ; créanciers ; etc.

En cas de **succession vacantes ou en déshérence**, le généalogiste peut entamer des recherches, sans mandat, mais à ses risques et périls ; en cas de succès, il propose un contrat de révélation d'héritiers (voir n°s 76530 s.).

76525 Le généalogiste choisi rend compte de l'avancée de ses recherches et difficultés. Au terme de son travail, il dresse un **tableau généalogique** certifié établissant la dévolution successorale accompagné des actes d'état civil correspondants.

Si un héritier présumé n'est pas identifié ou localisé, le généalogiste établit un **certificat de vaines recherches**.

Si l'un des héritiers manque, le généalogiste envoie une sommation par huissier à la dernière adresse connue, ou fait nommer un administrateur judiciaire.

Une fois la dévolution successorale déterminée, le généalogiste doit **localiser** les héritiers, c'est-à-dire trouver leurs coordonnées puis les contacter. Commence alors l'enquête de terrain, pour rencontrer sur place les proches, interroger en cas de besoin les voisins, postiers, commerçants, etc.

RÉVÉLATION DE SUCCESSION

Le généalogiste qui découvre l'existence d'héritiers leur propose la signature d'un contrat de révélation de succession : en contrepartie de la révélation des droits dont ils n'auraient pas eu connaissance sans son intervention, il fixe le montant de sa rémunération (voir n°s 76546 s.). **76530**

Le **contrat** n'est pas réglementé. Il repose donc sur le droit général des contrats, la jurisprudence est venue préciser son contenu et la rémunération du généalogiste.

Les parties doivent être **capables** et disposer des pouvoirs nécessaires pour s'engager.

Le contrat est soumis aux règles de **protection des consommateurs** et, selon le cas, à la réglementation applicable aux prestations de services à distance ou à celle applicable au démarchage à domicile.

Pour être valable, le contrat doit avoir une **cause**. Autrement dit, les démarches entreprises par le généalogiste sont inutiles et le contrat de révélation de succession nul si les héritiers étaient connus et/ou facilement localisables.

En principe, le généalogiste s'engage à faire l'avance des **frais** nécessaires à la liquidation de la succession.

En cas d'insuccès ou de dettes absorbant l'actif, il supporte à titre définitif l'ensemble des frais d'enquête et charges de ladite succession de manière à ce que l'héritier n'ait aucune somme à débourser.

Une fois le contrat convenu, le généalogiste informe les héritiers de leurs droits dans la succession. S'il a reçu mandat en ce sens, ce qui est très généralement le cas, il les représente dans la succession. Le mandat est soumis au droit commun. **76541**

Pour obtenir le remboursement de ses dépenses utiles ou nécessaires, le généalogiste peut agir sur le fondement de la **gestion d'affaires** contre les héritiers qui n'ont pas signé de contrat de révélation de succession (Cass. 1e civ. 29-5-2019 n° 18-16.999 FS-PB : BPAT 4/19 inf. 150). Dans ce cas, il a cinq ans pour se faire payer. **76543**

RÉMUNÉRATION

Pendant la phase de recherches, aucune rémunération, sous quelque forme que ce soit, et aucun remboursement de frais n'est dû au généalogiste. Cela vaut que le professionnel soit titulaire d'un mandat ou pas. **76545**

Lors de la révélation, aucun tarif réglementé ne s'applique pour déterminer la rémunération du généalogiste mandaté par un notaire. **76546**

Le montant des honoraires et leurs modalités de paiement sont librement convenus entre le généalogiste et l'héritier. La commission des clauses abusives a recommandé l'élimination des clauses contractuelles laissant penser au « consommateur » que les bases de calcul de la rémunération du généalogiste sont impérativement fixées par la loi ou par une autorité et ne sauraient faire l'objet d'une libre négociation (Recommandation 96-03 du 20-9-1996 : BOCCRF du 6-11-1996).

La rémunération peut être **forfaitaire**, notamment lorsque le notaire demande une vérification des éléments fournis par les héritiers connus. Elle est alors à la charge de l'ensemble des héritiers. **76547**

Elle peut aussi être **proportionnelle** en fonction de la quotité de la succession reçue. C'est la pratique la plus répandue pour les contrats de révélation de succession. Le pourcentage pratiqué est très variable selon les contrats. En moyenne, il est de 33 % toutes taxes comprises de l'actif successoral perçu, soit 10 % à 15 % de l'actif brut de la succession.

SECTION 7

NOTAIRE

QUELQUES CHIFFRES

En 2023, ce sont plus de 17 500 notaires et 70 000 collaborateurs qui sont répartis sur l'ensemble du territoire français. Le nombre d'offices est proche de 7 000. Environ 90 % des notaires exercent en société et 10 % en entreprise individuelle. Le pourcentage de SCP reste encore majoritaire, mais le nombre de sociétés de capitaux croît rapidement. Le nombre de notaires augmente principalement par le double effet de la nomination croissante de notaires salariés, plusieurs centaines chaque année, et de l'installation de nouveaux notaires dans le cadre de la loi du 6 août 2015, dite **76550**

« loi Croissance » (Loi 2015-990 du 6-8-2015 art. 52 et 53 : JO 7). Ce texte a conduit à la création, par tirage au sort, en plusieurs vagues, de plus de 1 500 nouveaux offices et à l'installation de plus de 2 200 notaires.
La profession comprend 56 % de notaires femmes et 44 % de notaires hommes. Chaque année, les notaires reçoivent près de 25 millions de personnes, établissent plus de 5,5 millions d'actes authentiques, dont plus de 4 millions sont électroniques et collectent 37 milliards d'euros d'impôts.
Exerçant une activité diversifiée dans le domaine juridique et fiscal, le notaire est au cœur de l'organisation patrimoniale.

A. Organisation de la profession

ACTIVITÉS

76555 Nommé par le ministre de la justice et investi de l'autorité publique, le notaire confère aux actes qu'il rédige un gage de sérieux et d'**authenticité**. Les informations qui y sont portées sont vérifiées par le notaire, le consentement des parties est éclairé par le notaire qui signe l'acte à leur côté, ce qui donne à l'acte un caractère incontestable et assure la sécurité des opérations réalisées. Le notaire assure parallèlement la conservation des actes notariés (voir n° 76563).
Le notaire détient le **monopole** d'établissement des actes authentiques qui, revêtus de la formule exécutoire, peuvent être exécutés sans avoir recours aux tribunaux. Il n'en est pas moins un professionnel libéral.
Le notariat s'est adapté à l'**évolution de la technologie** tout en renforçant la sécurité et la pérennité de la conservation des actes. Il est passé au cours des 15 dernières années à la réception des actes authentiques sur support électronique. Plus de 90 % des offices sont équipés et plus des deux tiers des actes sont désormais reçus sous la forme dématérialisée. Parallèlement, les datarooms électroniques se développent pour les dossiers immobiliers complexes et leur utilisation s'étend aux divorces et aux appels d'offres. La visioconférence se développe, dans les relations notaires, clients et partenaires et pour la signature à distance des actes électroniques, toujours en présence des notaires. Plus de 85 % des offices sont équipés de ce système répondant aux normes de qualité et de sécurité fixées par la profession.

76557 Le notaire intervient dans des **domaines** très diversifiés :
– le droit de la famille (contrat de mariage, Pacs, changements de régime matrimonial, volet patrimonial des divorces, donations et successions) ;
– l'immobilier d'habitation et professionnel (achat, vente, apport, construction, promotion, lotissement, urbanisme) ;
– le volet juridique et fiscal du financement ;
– le droit de l'entreprise (création de sociétés, transmission à titre onéreux et à titre gratuit, rédaction de pactes d'actionnaires, engagements Dutreil, cession de fonds de commerce, etc.) ;
– la philanthropie (création de fonds de dotation, de fondation, organisation de transmission au profit de ces organismes ou de fondations abritées).
Ces activités s'inscrivent dans un environnement national et international (voir n° 76605).

76559 L'ensemble de ces activités et la multitude d'occasions qu'il a de rencontrer ses clients font du notaire l'interlocuteur privilégié dans l'organisation et la mise en œuvre des stratégies patrimoniales. En effet, le notaire les assiste quotidiennement dans le domaine patrimonial. Le notaire est le **conseil des familles**. Il intervient aux côtés d'autres professionnels (voir n° 76607).

76561 Au sein de l'activité patrimoniale, il convient de **distinguer** la **gestion des actifs**, qui est l'apanage des banquiers, assureurs et conseillers en gestion de patrimoine, de l'**organisation juridique et fiscale**, qui est du domaine du notaire, de l'expert-comptable et, le cas échéant, de l'avocat.
L'activité notariale se concentre ainsi sur l'organisation de l'acquisition, de la détention et de la transmission des actifs mobiliers et immobiliers en intégrant les préoccupations familiales de leurs détenteurs.

> **Précisions** À l'instar de l'avocat ou de l'expert-comptable, le notaire peut en tant que « **tiers de confiance** » transmettre dans certains cas au fisc les déclarations de revenus et les pièces justificatives d'un client qui l'aura mandaté à cet effet (Loi 2010-1658 du 29-12-2010 art. 68 : JO 30 ; Arrêté du 1-3-2012 : JO 9 ; voir n° 76075).

Outre la sécurité juridique et fiscale des solutions mises en œuvre, le notaire assure la **conservation des actes** et des dispositions prises. Il conserve pendant 75 ans au sein de son office l'ensemble des actes notariés de ses clients. Ils sont ensuite regroupés au sein d'archives départementales ou nationales. L'acte sous signature électronique étant opérationnel, les actes dématérialisés sont conservés au sein d'un fichier central sécurisé. 76563

Le notariat a également mis en place le **Fichier central des dispositions des dernières volontés** 76565
(FCDDV), qui est un fichier national géré par le notariat que tous les notaires ont l'obligation d'interroger dans le cadre du règlement des successions. Ce fichier regroupe non seulement les informations sur les testaments mais également sur tout autre document qu'il peut être utile de retrouver au décès d'une personne. Il est ainsi possible d'y mentionner l'existence d'une donation entre époux, de clauses bénéficiaires de contrats d'assurance-vie ou d'un engagement Dutreil souscrit pour permettre une réduction de base imposable de 75 % de la valeur de l'entreprise en cas de transmission par décès. Ce fichier est un véritable atout pour le notariat, car mettre en place des dispositions applicables en cas de décès est une chose, les retrouver effectivement lors du décès en est une autre.

Cette faculté de conservation est assurée par le notariat avec une parfaite **sécurité**. L'ensemble des offices dispose de moyens d'interrogation informatique dématérialisés.

Pour répondre à un besoin croissant lié à l'internationalisation des successions, les notaires développent l'interconnexion des **registres testamentaires en Europe**. Les États disposant d'un registre de dispositions de dernières volontés adhérents de l'Association du Réseau européen des registres testamentaires (ARERT) peuvent interconnecter ces registres, permettant ainsi à tout citoyen européen de découvrir les dispositions testamentaires laissées par un défunt quel que soit le pays membre de l'association où cette disposition a été inscrite. Chaque année, au sein de l'Union européenne, plus de 450 000 successions présentent un élément d'extranéité.

Afin de renforcer le développement de l'activité notariale dans le domaine patrimonial, le 76567
Conseil supérieur du notariat (CSN) a mis en place depuis longtemps une **formation patrimoniale** approfondie ; elle a été suivie, à ce jour, par plus de 1 500 notaires.

Dans le cadre de l'Institut d'études juridiques (IEJ), les travaux de l'ancien Institut notarial du patrimoine et de la famille (INPF) se poursuivent. Des notaires représentant la France entière approfondissent des thèmes en relation avec le patrimoine et transmettent le fruit de leurs travaux (fiches techniques, notes de synthèse) à l'ensemble des notaires. Des colloques réguliers sont en outre organisés, en partenariat avec des universités, à destination principale des notaires et des étudiants sur les sujets d'actualité en matière patrimoniale.

RÉMUNÉRATION

La rémunération du notaire en matière de conseil patrimonial doit faire l'objet d'une convention 76571
d'honoraires signée entre le notaire et son client. En pratique, le conseil délivré par le notaire ne donne pas toujours lieu à une facturation spécifique.

Deux situations peuvent se rencontrer selon que le notaire intervient dans le cadre :

– d'un acte relevant de son monopole. Il délivre généralement un conseil couvert par la **rémunération tarifée** par l'État qu'il perçoit au titre de cet acte. Le client n'a aucun coût supplémentaire au titre du conseil ;

– d'une mission plus large consistant à effectuer une consultation en vue d'une opération juridique, à analyser la réorganisation du patrimoine de son client ou à mener une étude « ciblée » autonome par rapport à un acte. Il propose dans ce cas une facturation spécifique. C'est le mode de rémunération « libre » par **honoraires** qui est retenu dans le cadre des activités de conseil patrimonial. Forfaitaires ou fixés en fonction du temps passé, le notaire doit préciser ces frais dans la convention d'honoraires qu'il fait signer au client avant de commencer sa consultation. Le coût horaire d'une consultation s'établit généralement entre 120 et 400 € HT. En pratique, après un premier rendez-vous d'une à deux heures donnant lieu à une estimation globale des prestations de conseil, le notaire envoie une proposition de mission définissant l'étendue de celle-ci et son coût, celui-ci étant généralement forfaitaire afin d'éviter toute mauvaise surprise pour le client. La facturation effective du notaire est subordonnée à l'accord préalable du client (C. com. art. L 444-1, al. 3).

Le notaire **ne peut pas** être rémunéré par les banques ou par les assureurs auprès desquels le client décide d'investir ses fonds à la suite de l'analyse patrimoniale globale réalisée par le notaire.

MODES D'EXERCICE

76575 Le notaire peut exercer **à titre individuel ou** au sein d'une **société**. Ce dernier mode d'exercice est le plus courant désormais en raison de la complexité des matières à traiter et de la spécialisation nécessaire.

Lorsqu'il est associé, le notaire peut exercer au sein d'une société civile professionnelle (SCP), ou d'une société d'exercice libéral (Selarl, Selas, Selca, etc.) ou encore d'une société revêtant la forme d'une société de droit commun (SA, SAS, SARL, etc.), à l'exception des formes qui confèrent la qualité de commerçant à leurs associés (SNC, par exemple). À compter du 1er septembre 2024, les sociétés de droit commun existantes ou nouvellement créées pour l'exercice de la profession seront « également soumise[s] » à la réglementation des SEL, à l'exception des règles relatives à la dénomination sociale, « qui deviennent facultatives » (Ord. 45-2590 art. 1 bis modifié par ord. 2023-77 du 8-2-2023, art. 132).

76576 La loi dite « Croissance » a assoupli les modalités d'exercice de la profession et les conditions relatives à la détention du capital (Ord. 45-2590 du 2-11-1945 art. 1 bis et 1 bis A).

Une même société peut détenir **un ou plusieurs offices** notariaux. Le nombre de sociétés titulaires de plusieurs offices, appelées sociétés multi-offices, augmente pour être proche de 500 désormais. Quatre-vingt pour cent d'entre elles détient deux offices.

La **structure d'exercice** peut être **monoprofessionnelle**. En ce cas, la majorité de son capital doit être détenue par des notaires (qu'ils soient en exercice dans la structure ou dans d'autres structures) ou par toute personne physique ou morale, légalement établie dans un État membre de l'Union européenne, de l'Espace économique européen ou de Suisse, exerçant une profession juridique ou judiciaire (avocat, huissier, etc.). Toute société doit au moins comprendre, parmi ses associés, un notaire remplissant les conditions requises pour exercer ses fonctions. Au moins un membre de la profession de notaire exerçant au sein de la société doit être membre du conseil d'administration ou du conseil de surveillance de la société. La nouvelle législation confère plus de souplesse ainsi que l'illustre le schéma suivant.

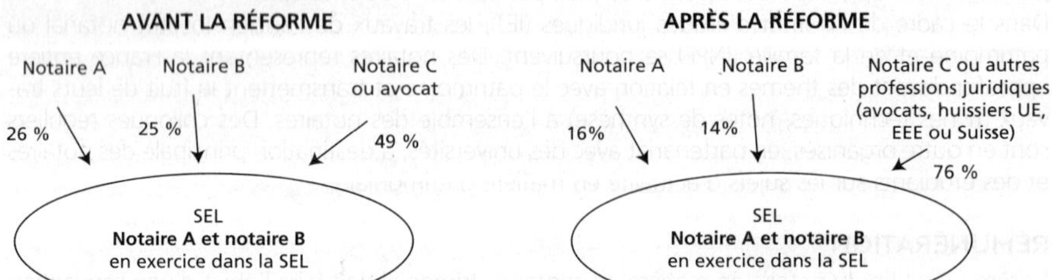

La structure d'exercice peut être **pluriprofessionnelle** (société pluriprofessionnelle d'exercice, SPE). La SPE permet l'association de plusieurs professionnels au sein d'une seule et même structure : notaire, avocat (y compris aux Conseils), commissaire de justice (ex commissaire-priseur judiciaire et huissier de justice), administrateur judiciaire, mandataire judiciaire, conseil en propriété industrielle, commissaire aux comptes et expert-comptable. À compter du 1er septembre 2024, les géomètres experts pourront également intégrer une SPE. L'objet social ne peut prévoir l'exercice d'une profession s'il n'y a pas dans le capital un professionnel exerçant ladite profession (peu importe le pourcentage de capital détenu). Les modalités de constitution, de fonctionnement et de contrôle ont été définies par voie réglementaire (Loi 90-1258 du 31-12-1990 modifiée par ord. du 31-3-2016 ; Décrets 2017-794 à 801 du 5-5-2017 : JO 7). Ces structures peuvent désormais exister. Elles n'ont cependant pas un grand succès et sont moins d'une dizaine à ce jour.

Le notaire peut également être associé de **sociétés de participations financières de professions libérales** (SPFPL), ces structures permettant de prendre des participations dans des sociétés monoprofessionnelles ou pluriprofessionnelles.

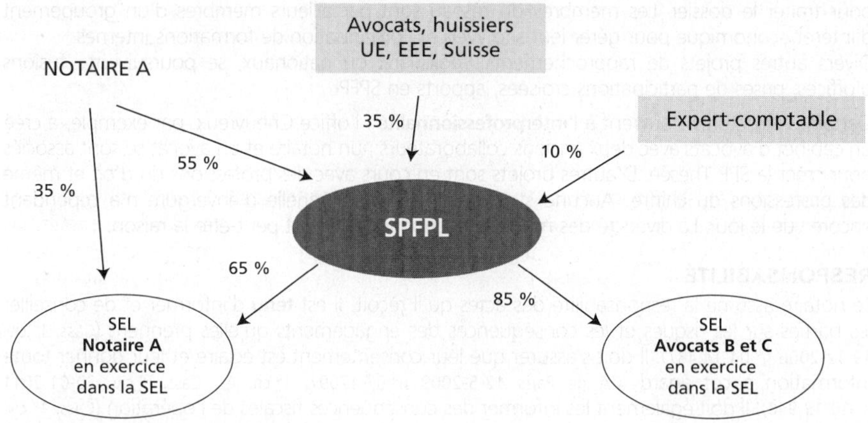

L'interprofessionnalité est désormais possible au sein d'une même structure (SPE) ou capitalistiquement par le biais d'une SPFPL.

Au-delà des nouvelles possibilités offertes, la loi « Croissance » a surtout eu pour effet de modifier les mentalités et de conduire les notaires à repenser leurs structures d'exercice. De nombreux offices sont passés à l'impôt sur les sociétés ou ont été transformés **en sociétés d'exercice libéral** ou même en sociétés de droit commun. Des rapprochements entre offices commencent à voir le jour.

Les offices notariaux peuvent travailler en réseau, formel ou informel. **76577**

Certains **réseaux** sont **spécialisés** tels que Pharmétudes, spécialisé en cessions et acquisitions de pharmacies, et Notel en cessions et acquisitions d'hôtels. Notaires Conseil d'Entreprise (NCE) a pour objet l'échange et le développement des compétences de ses membres dans le domaine du droit des affaires. Avec l'obtention d'un label « Notaire Juriste d'entreprise » à l'issue d'un parcours de formation au secrétariat juridique des sociétés, les notaires peuvent mettre en avant le conseil apporté aux chefs d'entreprise par leur office.

D'autres réseaux ou **structures généralistes** couvrent tous les domaines du droit et de la fiscalité. Ils s'investissent dans l'immobilier, le patrimoine, l'entreprise et sa transmission, l'international. Certains sont intégrés, d'autres mettent des moyens en commun pour développer leur activité. Le groupe Althémis, première SPFPL notariale regroupant des participations dans différents offices, a fait le choix de partager le résultat global entre tous les offices membres. Très développé en région parisienne depuis près de 15 années, il développe désormais son implantation en régions, Aix-en-Provence en 2019, Nantes en 2020, Lyon en 2021, le Genevois français en 2024. Althémis est membre fondateur de Lexunion, réseau international de spécialistes du droit et de la fiscalité, créé il y a près de 20 ans. Lexunion regroupe plus de 1 500 experts juridiques et fiscaux, notaires et avocats en Europe et dispose par ailleurs d'une liste de correspondants dans une trentaine d'autres pays. Concrètement, ce réseau de notaires et d'avocats permet à ses membres d'apporter aux clients une compétence internationale dans les dossiers présentant des éléments d'extranéité (investissements immobiliers en France par des ressortissants étrangers ou à l'étranger par des résidents français, planification successorale internationale, problématiques familiales ou patrimoniales impliquant plusieurs pays, etc.).

Le Groupe Monassier développe également depuis longtemps le partage de l'expertise et du savoir-faire entre ses membres. Il déploie un réseau de partenaires étrangers. Les études du réseau sont membres d'une association loi 1901 et demeurent indépendantes sur le plan capitalistique. Les notaires membres ont signé les statuts d'une société de participations financières de professions libérales simplifiée (SPFPLAS) pour prendre des participations dans des offices notariaux et dans des structures appartenant aux autres professions du droit et du chiffre.

Par ailleurs, des structures bien implantées, telle que l'étude Cheuvreux, poursuivent leur développement en province par des prises de participation limitées.

Enfin, des groupes de notaires régionaux se développent, tels que Excen en région Aix-Marseille.

D'autres réseaux, non intégrés, voient le jour comme Notalis. L'objectif du réseau est de permettre de cumuler les compétences en permettant à un notaire membre de celui-ci de faire intervenir un autre notaire du réseau lorsqu'il ne dispose pas dans son étude de la compétence

pour traiter le dossier. Les membres du réseau sont par ailleurs membres d'un groupement d'intérêt économique pour gérer leur site Web et l'organisation de formations internes.
Divers autres projets de rapprochements, régionaux ou nationaux, se poursuivent : fusions d'offices, prises de participations croisées, apports en SPFPL.

76578 Certaines structures s'ouvrent à l'**interprofessionnalité** : l'office Cheuvreux, par exemple, a créé un cabinet d'avocats avec deux anciens collaborateurs ; un notaire et un avocat se sont associés pour créer la SPE Thésée. D'autres projets sont en cours avec des professions du droit et même des professions du chiffre. Aucune structure interprofessionnelle d'envergure n'a cependant encore vue le jour. La diversité des modèles économiques en est peut-être la raison.

RESPONSABILITÉ

76579 Le notaire assume la responsabilité des actes qu'il reçoit. Il est **tenu** d'informer et de conseiller les parties sur les risques et les conséquences des engagements qu'elles prennent (Cass. 1e civ. 19-12-2006 n° 04-14.487). Il doit s'assurer que leur consentement est éclairé et leur donner toute information à cet égard (CA de Paris 12-5-2009 n° 07-17097, 1e ch. A ; Cass. 1e civ. 20-01-2011 n° 10-13.948). Il doit également les informer des conséquences fiscales de l'opération (Cass. 1e civ. 15-1-2015 n° 14-10.256). S'il a connaissance de l'aspect économique de l'opération envisagée, il doit s'assurer que les droits et obligations contractés par les parties correspondent aux objectifs qu'elles ont exprimés, sont adaptés à leurs capacités et assortis des stipulations propres à les rendre efficaces (Cass. 1e civ. 28-5-2009 n° 07-14.075). Pour autant, le notaire n'est pas tenu de conseiller les parties sur leur solvabilité ou l'opportunité économique d'une opération (Cass. 1e civ. 26-9-2019 nos 18-21.402, 18-21.403, 18-21.404 et 18-21.405 F-D).
Enfin, une fois les clients informés des risques juridiques, voire économiques de l'acte projeté, le notaire ne peut **pas** être **tenu** de les garantir contre un aléa financier qu'ils ont accepté (Cass. 1e civ. 8-12-2009 n° 08-16.495).

> **Précisions** En cas de **litige** avec un notaire, le client peut déposer une réclamation devant le conseil régional ou interrégional dont relève le professionnel ou choisir une tentative de **médiation**, à sa seule initiative. Il se rapproche alors du médiateur du notariat. Le site internet mediateur-notariat.notaires.fr lui permet de formuler sa demande. La médiation est gratuite et le notaire peut en refuser le principe (Circ. 2018-3 du CSN, 14-3-2018).

RESPONSABILITÉ SOCIÉTALE ET ENVIRONNEMENTALE (RSE)

76580 La démarche environnementale s'accroît et de très nombreuses études se sont lancées depuis des années dans le recyclage du **papier** qu'elles utilisent. Parallèlement, la consommation de cette ressource s'est réduite drastiquement avec le développement des actes électroniques et de la démarche « zéro papier ».
Enfin, des expériences régionales se développent, telle que la mise en place du **label** « étude verte » développée par la Chambre des notaires du Rhône et l'association Conscience et Impact Écologique. Cette certification, créée pour les notaires, a pour but de valoriser les études notariales dans leurs démarches environnementales.

B. Diversité des domaines d'intervention

ACQUISITION IMMOBILIÈRE

76585 Lorsqu'un client envisage l'achat d'un bien immobilier, le notaire ayant une approche patrimoniale s'intéresse à l'usage envisagé. S'il s'agit d'un **usage** locatif, il présente les différents régimes d'incitation fiscale qui peuvent exister avec leurs caractéristiques, leurs avantages et leurs contraintes.
Le notaire intègre également la problématique de la **transmission** en suggérant, si cela s'y prête, l'acquisition par une société civile familiale plutôt qu'une acquisition directe. Le volet de la transmission est anticipé en étudiant l'opportunité de faire détenir dès l'origine ou à terme une fraction des parts par les descendants, cette détention pouvant être envisagée en nue-propriété ou en pleine propriété.
Le notaire peut assister son client :
– dans le choix du **régime fiscal** à retenir : impôt sur le revenu (revenus fonciers) ou impôt sur les sociétés (IS). L'importance de ce choix est renforcée par la majoration des prélèvements sociaux, d'une part, et la baisse de l'IS et la mise en place du prélèvement forfaitaire unique (PFU), d'autre part ;

– sur les **modalités d'acquisition**. L'acquisition du bien immobilier peut se faire en pleine propriété ou en démembrement de propriété, la nue-propriété être acquise par le client directement ou par une société civile familiale semi-transparente (impôt sur le revenu), l'usufruit étant acquis par une société soumise à l'impôt sur les sociétés (société civile ayant opté pour cet impôt, SARL, SAS, etc.).
Le notaire met en évidence les meilleures stratégies juridiques, fiscales et financières qui peuvent être atteintes grâce aux modalités de financement retenues : financement par prêt amortissable ou par prêt in fine avec adossement sur un contrat de capitalisation ou d'assurance-vie plutôt que financement par fonds propres.

VENTE IMMOBILIÈRE

Ayant à connaître de la vente d'un bien immobilier, le notaire s'intéresse notamment à son incidence au regard de l'**impôt sur la plus-value** (impôt sur le revenu et prélèvements sociaux). **76587**
Dans l'hypothèse où la cession est de nature à déclencher une imposition à ce titre (cession d'un bien – autre que la résidence principale – détenu depuis moins de 30 ans, étant rappelé que la cession d'un bien détenu entre 22 et 30 ans est exonérée d'impôt sur le revenu mais reste soumise aux prélèvements sociaux), le notaire peut interroger le client sur sa **volonté de transmettre** une fraction de son patrimoine à ses descendants. Si tel est le cas, le client peut envisager la donation du bien immobilier dont la cession est projetée préalablement à la vente afin de « purger » la plus-value latente à hauteur de la fraction transmise. Cette opération permet de substituer à l'impôt qui s'applique à la plus-value (19 % au titre de l'impôt sur le revenu et 17,2 % au titre des prélèvements sociaux) les droits de donation applicables au montant donné. Les abattements en ligne directe permettent à un couple avec deux enfants de donner un montant de 400 000 € tous les 15 ans sans impôt, ce qui permet de purger cette plus-value à due concurrence tout en ayant initié la transmission aux enfants. Cette stratégie présente encore plus d'intérêt lorsque la plus-value latente excède 50 000 €, car elle permet d'éviter la taxe supplémentaire qui serait due en cas de cession (au taux de 2 à 6 %), ou encore lorsque le client bénéficie du plafonnement d'impôt sur la fortune immobilière (IFI) et que la cession du bien conduirait au déplafonnement. Lorsque le **vendeur** est **internationalement mobile**, le notaire l'informe de la différence de taux de taxation entre la France et un éventuel autre lieu de résidence fiscale. Cette information permet au vendeur de choisir la date de la cession en fonction de l'évolution de sa résidence fiscale et de la fiscalité applicable dans son futur pays de résidence.

ADAPTATION DU RÉGIME MATRIMONIAL

Le régime matrimonial définit notamment les effets patrimoniaux entre époux. Le choix du régime est déterminant et son adaptation au fil des ans l'est tout autant. Le notaire accompagne ses clients dans cette réflexion en fonction de leur évolution personnelle et de leurs objectifs. Il peut les **orienter vers un régime séparatiste** (séparation, participation aux acquêts) si les époux souhaitent protéger le patrimoine du conjoint contre leurs créanciers éventuels, le choix entre un régime de séparation de biens ou de participation aux acquêts dépendant de leur volonté de participer ou non à l'enrichissement de l'autre. **76589**
Inversement, le **passage en communauté** ou la mise en communauté de certains biens propres et l'insertion de certaines clauses protectrices (attribution de communauté, préciput) peuvent être retenus dans le souci de renforcer la protection du conjoint survivant en cas de décès de l'un des époux.
L'adaptation du régime matrimonial peut se conjuguer avec une stratégie de transmission. Outre le renforcement de la protection du conjoint, la mise en communauté permet de favoriser la transmission aux enfants des biens qui n'appartenaient qu'à un seul des époux. À la suite de leur mise en communauté, une donation peut alors être réalisée par les deux époux avec un doublement des abattements et une progressivité moins forte.

> **Précisions** Dans un cadre présentant des **éléments d'extranéité**, le notaire assiste ses clients dans le choix de la procédure à retenir : modification de régime matrimonial dans le cadre du droit français, déclaration de loi applicable conformément au règlement européen (UE) 2016/1103 du Conseil du 24 juin 2016 entré en vigueur le 29 janvier 2019, modification de régime matrimonial en application d'un droit étranger qui pourrait être « compétent », détermination dans le contrat de mariage (ou dans un acte séparé) de la loi applicable au divorce (conformément à la possibilité offerte depuis le 21-6-2012 par le règlement 1259/2010 du 20-12-2010 relatif aux divorces).

TRANSMISSION DU PATRIMOINE PRIVÉ

76591 L'organisation de la transmission de leur patrimoine, de leur vivant ou après leur décès, est une préoccupation majeure des clients. Le notaire les assiste dans leur réflexion sous l'angle juridique, fiscal, financier et social. Il permet à ceux qui souhaitent transmettre une partie de leur patrimoine de se placer dans une **perspective globale**.
Par sa parfaite connaissance des transmissions familiales et des incidences qu'elles peuvent avoir sur le comportement des donataires, héritiers ou légataires, le notaire intègre la dimension psychologique, écoute et pose des **questions**. Son approche est prudente et raisonnée.

EXEMPLE

Leur patrimoine sera-t-il suffisant après cette donation pour subvenir à leurs besoins actuels et futurs ? Ont-ils intégré la baisse de revenus qu'ils subiront lors de leur départ à la retraite et lors de la réversion au décès des membres du couple ? Convient-il de procéder à une donation à certains des enfants ou à tous simultanément ? Faut-il recourir à une donation simple ou à une donation-partage pour figer les valeurs ? Ne peut-on envisager une transmission directement aux petits-enfants si le patrimoine des donateurs le permet et si le patrimoine des enfants est déjà suffisant (ce qui permet de réaliser un saut de génération bénéfique fiscalement et sûr civilement depuis que les donations transgénérationnelles peuvent avoir le caractère de donation-partage) ? Quel contrôle les donateurs souhaitent-ils exercer sur les actifs transmis : interdiction de mise en communauté sans leur accord, interdiction de vendre les actifs ou de les donner en garantie, clause de retour en cas de décès du donataire sans enfant (ou même avec enfant) ?
La donation doit-elle être réalisée en toute propriété ou en nue-propriété et, dans ce dernier cas, les donateurs souhaitent-ils conserver le pouvoir de céder l'actif donné avec remploi du prix de cession dans l'acquisition d'un nouvel actif sur lequel se reportera le démembrement ?

76593 Le notaire aide son client :
– à utiliser au mieux les **abattements fiscaux** par l'étalement dans le temps des donations ;
– à bénéficier des **régimes de faveur** selon la nature des actifs détenus (Loi Dutreil, GFA, monuments historiques, etc.) ;
– à transmettre la **pleine propriété**, la **nue-propriété** ou l'**usufruit**, en fonction de l'importance du patrimoine à transmettre, des besoins, de l'âge des donateurs et des donataires ;
– après une analyse patrimoniale et des simulations financières, à **choisir** et à mettre en œuvre la solution répondant aux objectifs poursuivis ;
– à gérer la transmission de son patrimoine par décès, parallèlement à l'organisation de la transmission par donation. Il assiste son client dans la rédaction de son **testament** en lui précisant les limites de sa liberté en présence d'héritiers réservataires et l'accompagne dans la rédaction afin qu'elle ne soit pas ambiguë et ne fasse pas l'objet de contestation ;
– à rédiger les **clauses bénéficiaires** de ses contrats d'assurance-vie afin d'éviter les clauses types qui n'ont que peu de chances de répondre parfaitement aux objectifs poursuivis et qui, de surcroît, peuvent entraîner un régime fiscal moins favorable. Le notaire peut proposer que la rédaction de la clause offre aux bénéficiaires des options qu'ils arrêteront en fonction de leurs besoins au jour du dénouement du contrat (choix en usufruit ou en toute propriété, passage à ses propres enfants en propriété ou en nue-propriété avec ou sans quasi-usufruit, etc.). Cette souplesse est appréciable afin de pouvoir s'adapter aux besoins des bénéficiaires et à l'évolution de la législation.

TRANSMISSION DU PATRIMOINE PROFESSIONNEL

76595 La transmission du patrimoine professionnel peut se réaliser à titre gratuit (donation, succession) ou à titre onéreux (vente). Dans les deux cas, le notaire peut assister utilement son client dans la **planification** de la transmission et le **choix** de la meilleure stratégie par rapport aux problématiques patrimoniales soulevées.

> **Précisions** Le notaire intervient auprès du chef d'entreprise en jouant à la fois son rôle de **technicien du droit et de la fiscalité** et celui de **conseil psychologique** des familles et d'**accompagnateur** à long terme. Le dirigeant traite parfois son entreprise comme son enfant, ce qui peut le conduire à perdre un peu d'objectivité. La moitié des chefs d'entreprise pensent que la compétence de dirigeant est héréditaire et l'autre moitié n'a pas d'enfant ! Le notaire aide ainsi parfois le chef d'entreprise à envisager la cession à un tiers lorsqu'aucun repreneur sérieux n'apparaît dans le cadre familial.

76597 **Transmission anticipée** Lorsque le chef d'entreprise a parmi ses enfants un repreneur potentiel, il peut souhaiter organiser à son profit la transmission **à titre gratuit**. La difficulté va tenir au fait que l'entreprise représente fréquemment l'essentiel du patrimoine familial et qu'il y a d'autres enfants à doter. Le nécessaire respect des règles de la réserve héréditaire conjugué au souhait des parents (sauf exception) d'assurer l'égalité entre leurs enfants empêche la transmission simple et directe de l'entreprise au profit de l'un ou de certains des enfants.

76599 Plusieurs solutions sont envisageables, parmi lesquelles la donation-partage avec soulte conduisant à l'attribution de l'entreprise à l'un (ou plusieurs) des enfants, à charge pour lui (eux) de verser une soulte (c'est-à-dire une compensation) aux autres enfants.

EXEMPLE

Un époux divorcé est propriétaire d'une SAS exerçant une activité dans le développement de l'énergie photovoltaïque d'une valeur de 4 000 000 €. Il a quatre enfants, parmi lesquels un repreneur potentiel. Il peut **donner l'entreprise** à cet enfant, à charge pour lui de verser 1 000 000 € à chacun des trois autres :

– le repreneur reçoit 4 000 000 € – (3 × 1 000 000 €) = 1 000 000 € ;

– chacun des autres enfants reçoit à titre de soulte 1 000 000 €.

Afin de faciliter les reprises familiales, le législateur a mis en place un régime de faveur permettant de transmettre les titres de la société d'exploitation (dispositif Dutreil réduisant la base imposable de 75 %). Le bénéfice du régime de faveur est maintenu en cas d'apport par le donataire à une société holding soumise à l'impôt sur les sociétés des titres reçus par donation et de la soulte due aux frères et sœurs. Ce dispositif permet ainsi à l'enfant repreneur d'indemniser les autres donataires à l'aide du résultat futur de la société sans être obligé de le distribuer préalablement. Cette mesure augmente donc la capacité d'autofinancement du repreneur puisqu'elle supprime l'impôt sur le revenu qui aurait été dû par lui en cas de distribution des sommes préalablement au règlement de la soulte aux autres donataires.

Une **autre solution** consiste pour le chef d'entreprise à apporter 50,1 % des titres de la société d'exploitation à une société holding puis à procéder à une donation-partage entre les quatre enfants. Le contrôle de la holding (50,1 %) est attribué au repreneur. Le tiers du solde des titres de la holding et des titres conservés par le donateur dans la filiale d'exploitation est attribué à chacun des trois autres enfants.

À l'issue de l'opération, la situation est la suivante :

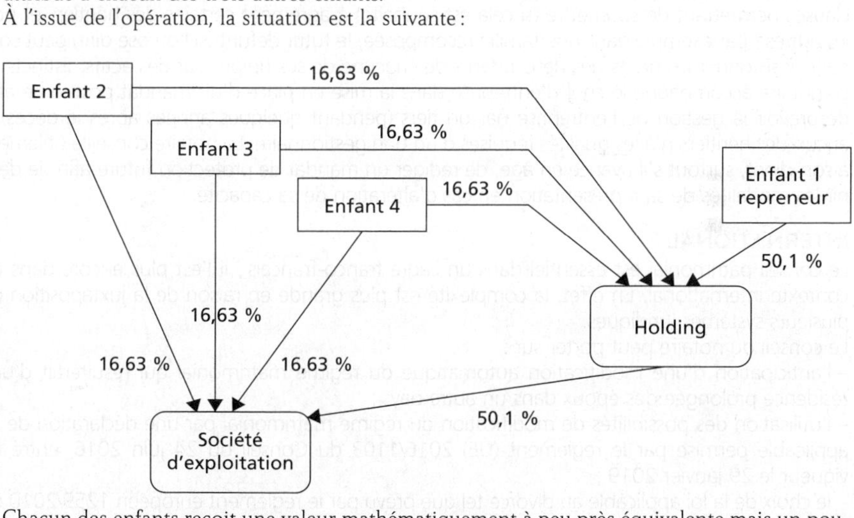

Chacun des enfants reçoit une valeur mathématiquement à peu près équivalente mais un pouvoir plus large est réservé à l'enfant repreneur.

Parallèlement à cette organisation de la transmission, les statuts de la société sont adaptés et un pacte d'actionnaires est signé afin de protéger les enfants minoritaires. Il peut être prévu, par exemple, qu'à défaut d'une distribution minimale annuelle du résultat de la société d'exploitation et de la société holding, l'enfant repreneur a l'obligation de racheter les titres des minoritaires qui le souhaitent sur une valeur à dire d'expert. Des clauses de cessions conjointes et/ou des clauses de « buy or sell » peuvent être prévues selon des modalités visant à assurer un équilibre entre les pouvoirs du repreneur et la protection des minoritaires.

Si la société d'exploitation est également propriétaire de ses actifs immobiliers, il peut être envisagé de sortir l'immobilier de la société d'exploitation préalablement à la transmission ou dans le cadre de celle-ci. Cela permet d'attribuer l'entreprise à certains des enfants et l'immobilier à d'autres et de réduire ainsi la compensation éventuelle due par les premiers aux seconds.

76601 Lorsqu'il est envisagé de procéder à la transmission **à titre onéreux** de l'entreprise, le notaire doté d'un service compétent en droit des sociétés intervient patrimonialement tant pour rédiger, le cas échéant, le protocole d'accord, les garanties d'actif passif, la structuration de la garantie sécurisant l'effectivité de la garantie d'actif passif que pour optimiser simultanément la transmission. Le notaire étudie avec son client les possibilités de « purge » de l'impôt sur la plus-value par la réalisation de donations avant cession ou d'apports en sursis d'imposition. Les solutions retenues panachent souvent les différentes options.

EXEMPLE

Le chef d'entreprise peut apporter les titres de la société qu'il détient à une société holding seulement pour une fraction s'il envisage de poursuivre ultérieurement une activité professionnelle. Il peut parallèlement donner une autre fraction des titres aux enfants. Cette donation peut être réalisée en pleine propriété et/ou en nue-propriété. La fraction donnée en pleine propriété permet aux enfants de disposer d'un certain capital après la cession pour la réalisation de projets personnels. La fraction donnée en nue-propriété peut être apportée à une société civile avec report du démembrement de propriété sur les parts. Le donateur peut être gérant de cette société et conserver ainsi un large pouvoir de gestion sur ce capital. En sa qualité d'usufruitier, il bénéficie de l'usage et des revenus des biens acquis par la société.
Les actes de donation intègrent les clauses de contrôle souhaitées, le cas échéant, par le donateur (clause d'interdiction d'aliéner et de mise en garantie, clause d'interdiction de mise en communauté, clause de retour, etc.). Un pacte de famille peut être signé par les parties afin de préciser l'esprit de la donation, les règles de solidarité familiale souhaitées par les donateurs, etc.

76603 **Transmission subie** Le notaire assiste ses clients dans l'élaboration de solutions destinées à faciliter la poursuite de l'activité de l'entreprise en cas d'**incapacité** ou de **décès** du chef d'entreprise :
– rédaction d'un testament attribuant l'entreprise ou répartissant les titres de la société qui l'exploite entre les descendants ;
– adaptation des statuts (si l'entreprise est exploitée sous une forme sociale) afin de rédiger les clauses permettant de soumettre (si cela est souhaité) à agrément certains des héritiers et non les autres ; par exemple dans une famille recomposée, le futur défunt (si l'on ose dire) peut souhaiter cantonner les droits des descendants de chacune de ses unions sur des actifs distincts.
Le notaire accompagne le chef d'entreprise dans la mise en place d'un mandat posthume afin de prévoir la gestion de l'entreprise par un tiers (pendant quelques années après le décès) si aucun des héritiers n'a les qualités requises d'un bon gestionnaire. Le notaire conseille utilement à son client, surtout s'il avance en âge, de rédiger un mandat de protection future afin de définir les modalités de sa représentation en cas d'altération de sa capacité.

INTERNATIONAL

76605 Le conseil patrimonial est essentiel dans un cadre franco-français ; il l'est plus encore dans un contexte international. En effet, la complexité est plus grande en raison de la juxtaposition de plusieurs systèmes juridiques.
Le conseil du notaire peut porter sur :
– l'anticipation d'une modification automatique du régime matrimonial qui résulterait d'une résidence prolongée des époux dans un autre pays ;
– l'utilisation des possibilités de modification du régime matrimonial par une déclaration de loi applicable permise par le règlement (UE) 2016/1103 du Conseil du 24 juin 2016, entré en vigueur le 29 janvier 2019 ;
– le choix de la loi applicable au divorce tel que prévu par le règlement européen 1259/2010 du 20 décembre 2010 ;
– l'organisation successorale par le choix de loi successorale applicable (loi de résidence ou loi nationale du défunt comme le permet le règlement européen 650/2012 du 4-7-2012 applicable aux successions ouvertes à compter du 17-8-2015) ou par une utilisation judicieuse des règles de conflit de lois entre les pays concernés.
À côté de cette approche civile, le notaire aide ses clients à gérer au mieux leur situation fiscale en analysant les dispositions des conventions fiscales internationales afin de structurer le patrimoine dans un cadre adapté.
Il intervient lors de l'acquisition de biens immobiliers par des non-résidents pour structurer cette opération sur le plan civil et fiscal. L'acquisition par une société civile financée largement par emprunt et compte courant plutôt qu'en capital est une stratégie souvent attractive au regard de l'impôt sur la fortune immobilière (IFI) et de l'impôt sur la transmission. La méthode d'évaluation fiscale des parts de SCI détenues par les non-résidents impose une technicité et une

attention accrues. De même, une vigilance particulière sera apportée à l'analyse des risques de double imposition en matière de fiscalité des revenus et des plus-values en cas d'interposition d'une société civile semi-transparente.
Enfin, le notaire étudie avec ses clients les attraits réels d'une délocalisation. Ce service est d'autant plus efficace que le notaire a intégré un réseau international avec d'autres juristes fiscalistes, ce qui permet une analyse internationale pertinente des problématiques.

> **Précisions** Afin de répondre aux situations présentant un élément d'extranéité, les **relations internationales** sont développées par les instances professionnelles (Conseil supérieur du notariat, Union Internationale du Notariat Latin, Association des notaires des métropoles européennes par exemple) ou par des réseaux professionnels (Lexunion regroupe autour du réseau notarial Althémis pour la France des réseaux de notaires et/ou d'avocats de différents pays, principalement européens ; le Groupe Monassier renforce d'année en année son réseau de correspondants étrangers) ou par les offices qui établissent des liens informels avec des partenaires étrangers.

C. Synergies

Le notaire est au cœur de l'élaboration et de la mise en œuvre des stratégies patrimoniales et travaille en étroite synergie avec d'autres professionnels. 76607
Il collabore avec les **experts-comptables** lorsque l'organisation patrimoniale touche l'entreprise. Il se rapproche du banquier en matière de financement. Il travaille avec les services d'ingénierie patrimoniale des **banques** et, le cas échéant, des **compagnies d'assurance** lorsqu'il s'agit de procéder à la réflexion globale qui accompagne la cession de l'entreprise ou la réorganisation globale du patrimoine mobilier et immobilier.
Le notaire apporte son expertise aux **conseils en patrimoine** qui, dans la proximité de leur relation avec le client, ont souvent identifié des besoins auxquels il convient d'apporter des solutions adaptées.
Le notaire n'hésite pas non plus à intervenir conjointement avec les **avocats** lorsqu'un domaine d'expertise particulier le justifie (développement judiciaire d'un dossier, gestion d'un divorce, etc.).

SECTION 8 MANDATAIRE JUDICIAIRE À LA PROTECTION DES MAJEURS

PLUS QU'UN PROFESSIONNEL DE LA GESTION DU PATRIMOINE

Le mandataire judiciaire à la protection des majeurs (MJPM) **n'est pas**, à proprement parler, un professionnel de la gestion du patrimoine puisque sa mission de protection ne se limite pas à la protection des biens ; il a aussi vocation à protéger la personne. 76800
Néanmoins, le MJPM peut être amené à faire des **arbitrages patrimoniaux**. À ce titre notamment, pour toute question délicate, il a vocation à travailler avec des professionnels de la gestion du patrimoine, notaires, avocats, etc.
Le MJPM est un chef d'orchestre, chargé d'appliquer la partition du juge des tutelles (c'est le mandat de protection juridique), mais il ne joue pas des instruments de l'orchestre.
La qualité d'un MJPM se mesure à la richesse de son réseau.

A. Statut professionnel

PROFESSIONNEL AU STATUT HYBRIDE

La profession de mandataire judiciaire à la protection des majeurs (MJPM) a été **créée** en 2007, avec une entrée en vigueur le 1er janvier 2009 (Loi 2007-308 du 5-3-2007 réformant la protection juridique des majeurs). Dans les travaux préparatoires de la loi, la professionnalisation est le moyen de 76810 garantir aux personnes les plus vulnérables une prise en charge sécurisée de leurs intérêts patrimoniaux dans le respect de leurs droits fondamentaux (E. Blessig, Rapport au nom de la commission des Lois sur le projet de loi 3462, Ass. Nat. 10-1-2007 n° 3557, p. 66, 248 et 291).

76815 Il s'agit de véritables **professionnels** puisqu'ils exercent une activité « à titre habituel » et rémunérée (CASF art. L 471-1 ; C. civ. art. 420).
Leur **titre** est protégé contre l'usurpation (CASF art. L 473-1). Il est attribué à des personnes physiques ou morales et découle de leur inscription sur la liste départementale des MJPM (n° 76825).

76820 Le mandataire judiciaire à la protection des majeurs exerce une **profession sociale** mais il est aussi un **auxiliaire de justice**. Son activité est régie tant par le Code de l'action sociale et des familles que le Code civil. De cette double qualification découle un double lien avec l'autorité préfectorale (n° 76845) et l'autorité judiciaire (n° 76850), aussi bien dans l'accès à la profession et la désignation par jugement que dans l'exercice des contrôles par le préfet, le juge des tutelles ou le procureur de la République.
Les MJPM sont soumis à des **règles spécifiques** dans l'exercice de leurs missions.

LISTES DES MJPM

76825 Les MJPM sont inscrits sur une liste dressée et tenue à jour par le préfet de département (CASF L 471-2). Sont inscrits sur cette **liste départementale** :
– les personnes morales, à savoir les associations tutélaires ou les services mentionnés au 14° du I de l'article L 312-1 du CASF. Elles reçoivent une autorisation préfectorale pour 15 ans ;
– les personnes physiques qui exercent à titre individuel. Elles doivent recevoir un agrément préalablement à leur inscription sur la liste des MJPM (CASF art. L 472-1 ; voir n° 76840) ;
– les personnes physiques, agissant en qualité de préposé d'un établissement médical ou médico-social d'au moins 80 lits, qui accueille ou aide à domicile des personnes âgées ou handicapées (CASF art. L 472-5 et L 472-6, qui visent les établissements mentionnés à l'art. L 312-1, I 6° et 7° du CASF ; sur le nombre de lits, CASF art. D 472-13). Ces personnes sont désignées par le directeur de l'établissement, après déclaration auprès du préfet de département qui en informe sans délai le procureur de la République.
Dans les six mois de leur inscription, les mandataires judiciaires à la protection des majeurs prêtent **serment** d'exercer leurs mandats loyalement, dans le respect de leurs devoirs et du secret professionnel attaché à leur fonction (CASF art. R 471-2).
Seul un service MJPM ou un autre préposé mandataire judiciaire à la protection des majeurs peut **remplacer**, par délégation, un autre MJPM (CASF art. L 472-5).

ATTENTION

Si la **fonction** de MJPM peut désigner une personne morale, le **mandat** n'est exercé que par des personnes physiques (Sur la distinction de la fonction et de la profession, V. G. Raoul-Cormeil, mandataire judiciaire à la protection des majeurs : une profession méconnue au statut incertain, Mélanges Annick Batteur, 2021, p. 463 à 500). Les mandataires judiciaires à la protection des majeurs reçoivent en leur nom chaque mandat de protection juridique (C. civ. art. 450 ; voir nos 76875 s.).
Ils succèdent aux gérants de tutelle et associations tutélaires qui, jusqu'au 1er janvier 2009, exerçaient les mesures de curatelle et de tutelle déférées à l'État (C. civ. art. 433 ancien), au nom duquel ils intervenaient (Décret 74-930 du 6-11-1974, mod. Décr. 88-762 du 17-6-1988).

76830 Les services et personnes physiques qui perdent leur autorisation ou agrément sont répertoriés dans une **liste nationale**, tenue à jour et consultable par le préfet de département et le procureur de la République (CASF art. L 471-3 et D 471-13 s.).

CONDITIONS D'ENTRÉE DANS LA PROFESSION

76835 L'accès à la profession est subordonné à quatre conditions légales, à savoir (CASF art. L 471-4) :
– la **moralité** qui est susceptible d'être vérifiée par le procureur de la République, son avis favorable étant exigé pour l'agrément des personnes physiques (voir n° 76840) ;
– l'**âge** du candidat. Il doit avoir au moins 25 ans s'il exerce à titre individuel et 21 ans s'il est salarié d'un service mandataire judiciaire à la protection des majeurs ou préposé d'un établissement public médico-social (respectivement CASF art. D 471-3, al. 3 et 4) ;
– la **formation**, justifiée par un certificat national de compétences (CASF art. D 471-3). Travailleurs sociaux ou juristes de formation, les MJPM suivent une formation obligatoire sanctionnée par ce certificat (Arrêté MTSA0900276A du 2-1-2009 modifié en dernier lieu par arrêté NOR : SSAA2136698A du 7-12-2021). Le législateur de 2007 a souhaité que les MJPM soient des professionnels, avec des compétences homogénéisées. Il a voulu rompre avec l'exercice occasionnel de mandats de protection juridique confiés à d'autres professionnels (notaire, directeur de la Ddass, ou des personnes de confiance à la retraite) ;

– l'**expérience** dans un des domaines de la protection juridique des majeurs. Elle doit être de trois ans pour une personne exerçant à titre individuel et d'une année seulement pour les salariés d'un service mandataire judiciaire à la protection des majeurs ou d'un établissement public médico-social (CASF art. D 471-3, al. 3 et 4).

Les personnes exerçant à titre individuel doivent recevoir un **agrément individuel** (CASF art. L 472-1 s. et R 472-1). Après appel à candidature, le préfet de département classe et sélectionne les candidats sur la base de critères garantissant la qualité, la proximité et la continuité des prises en charge. Notamment, il analyse leur projet professionnel et les auditionne, à l'occasion d'un grand oral devant une commission qu'il préside (CASF art. D 472-5-2, 11° et D 472-5-3). **76840**
Le préfet du département délivre l'agrément après avis conforme du procureur de la République (CASF art. L 472-1-1 et R 472-3).
La modification de l'agrément (CASF art. R 472-6) et la cessation des fonctions sont également soumises à des conditions (CASF art. R 472-6 et R 472-7).

LIEN AVEC L'AUTORITÉ PRÉFECTORALE

Outre l'**accès** à la profession, le préfet de département contrôle aussi l'**exercice** de l'activité des MJMP, spécialement en cas d'atteinte avérée à la sécurité de la personne ou en cas de violation des règles impératives (CASF art. L 472-10). **76845**
Pour l'aider dans sa tâche, il a pu disposer d'une direction départementale de la cohésion sociale et de la protection de la population, dite DDCSPP (Décret 2009-1484 du 3-12-2009). Dix ans plus tard, cette organisation départementale a été reconfigurée et une direction départementale de l'emploi, du travail et des solidarités et de la protection de la population, dite DDETSPP lui a été substituée (Décret précité modifié par décret 2020-1545 du 9-12-2020 ; M. Borgetto et R. Lafore, Droit de l'aide et de l'action sociales, LGDJ, coll. Domat droit public, 11e éd., 2021, n° 106). La modification de l'organisation administrative des services déconcentrés de l'État ne facilite pas la connaissance de l'activité spécifique des mandataires judiciaires à la protection des majeurs qui dépendent autant des services du préfet que de l'autorité judiciaire.

LIEN AVEC L'AUTORITÉ JUDICIAIRE

Selon la doctrine et la jurisprudence, le mandataire judiciaire à la protection des majeurs est un **auxiliaire de justice** (L. Raschel, Le mandataire judiciaire à la protection des majeurs est-il un auxiliaire de justice ? : Dr. famille, 2012, étude 14, p. 21 ; N. Peterka et al., Droit de la personne vulnérable : Dalloz action, 5e éd., 2020, n° 312-41 ; CA Angers, 10-2-2014, n° 13/01004). Cette qualification découle tant de la forme de sa désignation que de l'objet spécifique de sa mission : **76850**
a. il est désigné par le juge des contentieux de la protection exerçant les fonctions de juge des tutelles. Il est ainsi dépositaire de la confiance du juge ;
b. il concourt à la réalisation d'une mission du service public de la justice. Ainsi, cette circonstance justifie que celui qui menace un MJPM dans l'exercice de ses fonctions et commet des violences à son encontre soit plus sévèrement puni (T. corr. Lyon 6-10-2015, n° 15/7018).

Directeur du mandat de protection juridique des majeurs, le juge des tutelles peut **contrôler** l'exercice du mandat judiciaire ; il dispose comme le procureur de la République de prérogatives pour exercer cette mission de surveillance générale (C. civ. art. 416). **76855**
Le juge peut prononcer des injonctions, condamner le MJPM à l'amende civile, le décharger de tous ses mandats (Cass. 1e civ. 4-12-2019 n° 18-25.867 F-D : D. 2020 pan. p. 1493 note J.-J. Lemouland, Dr. famille 2020 comm. 31, I. Maria).
Le juge et le procureur de la République ont même le pouvoir de demander au préfet sa radiation de la liste des mandataires judiciaires à la protection des majeurs (C. civ. art. 417).

B. Cadre d'intervention

CHAMP D'INTERVENTION

Le MJPM peut intervenir dans le cadre d'une **curatelle, tutelle ou sauvegarde de justice** avec mandat spécial (C. civ. art. 450 et 437). Il peut aussi être désigné curateur ou tuteur ad hoc (C. civ. art. 455). Il reçoit ainsi, en son nom personnel, le mandat de protection juridique d'une personne physique placée dans l'impossibilité de sauvegarder ses intérêts personnels et patrimoniaux. Dépositaire de la confiance du juge, il tire de sa désignation la légitimité de sa mission d'entrer dans la vie privée d'une personne et de prendre en main la gestion de ses comptes bancaires et de ses biens. **76870**
Les mandataires professionnels reçoivent également les **mandats d'accompagnement judiciaire** (C. civ. art. 495 à 495-9).

Ils peuvent aussi être désignés comme mandataire d'un **mandat de protection future** (C. civ. art. 480 et 445).
Ils n'ont aucun rôle à jouer en cas d'**habilitation familiale** (C. civ. art. 494-1 à 494-12).

MANDATS

76875 Les mandataires judiciaires à la protection des majeurs sont titulaires d'un **monopole** : ils sont les seuls professionnels à pouvoir recevoir du juge des tutelles un mandat de protection juridique (C. civ. art. 450). Toutefois, leur désignation est subsidiaire conformément au principe de préférence familiale (n°s 76890 s.)
Le monopole vaut aussi pour les mesures d'accompagnement judiciaire qui ne peuvent être confiées qu'à un MJPM (C. civ. art. 495-6).

76880 La spécificité de la profession de MJPM ne réside pas dans l'exercice d'un mandat de protection juridique puisque tout membre de la famille peut l'exercer, avec les mêmes pouvoirs. L'identité de leur profession et la difficulté de son exercice résident dans l'exercice d'une **pluralité de mandats** de protection juridique. Cela suppose d'apprécier le temps et les moyens qui doivent être attribués à chaque personne protégée.

76885 L'exercice du mandat est une **charge personnelle, mais** le mandataire professionnel peut recourir à tout professionnel de santé ou de gestion du patrimoine pour assurer la qualité et la continuité dans l'exercice de son mandat judiciaire.
Parmi les mandataires professionnels, les préposés doivent exercer leur mission en toute **indépendance**, au sens où ils doivent obéir aux directives du juge des tutelles plutôt qu'à celles de leur hiérarchie hospitalière (CASF art. L 472-6).
Les MJPM doivent aussi garder le silence sur la **vie privée** des majeurs protégés et ne sont autorisés qu'à renseigner l'autorité judiciaire.

PRINCIPE DE SUBSIDIARITÉ

76890 **Étendue** Les mandataires judiciaires à la protection des majeurs interviennent à titre subsidiaire, en raison du principe de **préférence familiale** (C. civ. art. 450 ; n° 53382). Le juge doit d'abord rechercher le protecteur parmi les membres de la famille qui, par solidarité familiale, exerce à titre gratuit, le mandat de protection juridique (C. civ. art. 449 et 419).
Ce n'est qu'en cas d'**impossibilité de la famille** de prendre en charge la protection qu'un MJMP peut être désigné. Le juge apprécie souverainement cette impossibilité et il doit la caractériser.
Il peut **diviser la mesure** entre un protecteur aux biens et un autre à la personne (C. civ. art. 447, al. 2). Cette modalité permet d'attribuer à la famille la protection de la personne lorsqu'aucun de ses membres n'est en mesure de protéger les biens, par exemple en raison de leur illettrisme ou de leur propre précarité (Cass. 1e civ. 8-4-2009 n° 08-11.417 F-D ; Cass. 1e civ. 28-5-2014 n° 13-24.324 F-D : AJ fam. 2014 p. 503 obs. T. Verheyde, D. 2014 p. 2268 obs. J.-J. Lemouland, RTD civ. 2014 p. 858 obs. J. Hauser).
L'inverse se rencontre aussi en jurisprudence (Cass. 1e civ. 11-1-2017 n° 15-27.784 FS-PBI : AJ fam. 2017 p. 145 obs. G. Raoul-Cormeil, D. 2017 p. 1493 obs. D. Noguéro, RTD civ. 2017 p. 101 obs. J. Hauser).
La désignation d'un mandataire judiciaire à la protection des majeurs en qualité de subrogé tuteur permet de laisser le conjoint exercer pleinement la charge tutélaire (voir l'affaire Lambert : Cass. 1e civ. 8-12-2016 n° 16-20.298 : AJ fam. 2017 p. 68 obs. G. Raoul-Cormeil, JCP G. 2017 n° 79 note J. Hauser, RGDM 2017 n° 62 p. 133 étude G. Raoul-Cormeil). En pratique, il arrive aussi que la défaillance de la famille soit imprévisible et qu'il faille la constater pour désigner un mandataire judiciaire à la protection des majeurs (Cass. 1e civ. 18-12-2019 n° 19-10.929 F-D : Defrénois 2020 (1e esp.) n° 10 p. 43 obs. J. Combret, D. 2020 p. 1485 obs. J.-J. Lemouland).

76900 **Fondement** La subsidiarité se justifie par le **coût** de la mesure de protection juridique, qui repose sur l'intéressé lorsqu'elle est exercée par un mandataire professionnel (C. civ. art. 419, al. 2 ; CASF art. L 471-5 ; n° 76905).
À l'inverse, les membres de la famille qui exercent la mesure de protection juridique le font à titre gratuit (C. civ. art. 419, al. 1 et 494-1, al. 2 ; n°s 53410 s.). Il est, en effet, dans leur devoir de se montrer solidaire à l'égard des majeurs vulnérables (C. civ. art. 415, al. 4).

PRINCIPE DE PROBITÉ RENFORCÉ

76903 Alors que le principe de nécessité gouverne l'existence de la mesure, le principe de probité gouverne l'exercice de la mesure et, partant, l'activité du protecteur dans la protection des biens. Ce principe de probité est plus intense lorsque la mesure est confiée à un mandataire professionnel que lorsqu'elle est confiée à un membre de la famille du majeur protégé.

La rémunération des MJPM et leur interdiction de recevoir un bien à titre gratuit font l'objet de dispositions propres (respectivement C. civ. art. 419, al. 4 et 420, al. 1 ; C. civ. art. 909, al. 2).

Rémunération La rémunération du mandataire judiciaire à la protection des majeurs est à **la charge** totale ou partielle de la personne protégée (C. civ. art. 419, al. 2 ; CASF art. L 471-5, al. 1). 76905
Le financement par la collectivité n'est que subsidiaire au cas où la personne protégée ne peut pas assumer intégralement le coût de la mesure (C. civ. art. 419, al. 3). Cette prise en charge est déterminée selon un barème progressif appliqué au montant annuel des ressources (incluant certains bénéfices, revenus et allocations) dont la personne protégée a bénéficié l'avant-dernière année civile (CASF art. R 471-5-2 et R 471-5-3 modifiés par décret 2018-767 du 31-8-2018 : JO 1 texte n° 13).
La rémunération du MJPM est nécessairement **forfaitaire** ; elle est fixée par les textes (C. civ. art. 420, al. 1 ; CASF art. R 471-5-1). Elle lui est en principe versée par douzième tous les mois échus, un ajustement étant effectué au plus tard le 31 décembre de l'année de sa perception (CASF art. R 471-5-5 modifié par décret 2018-767 du 31-8-2018 : JO 1 texte n° 13).
Le juge ne peut en aucun cas accepter un dépassement du forfait en raison de diligences particulières accomplies par le mandataire (Cass. 1e civ. 30-9-2020 n° 19-17.620 F-PB : BPAT 6/20 inf. 187). De telles diligences ne peuvent être prises en compte que par l'allocation d'une **indemnité complémentaire**, accordée à titre exceptionnel. Les conditions pour en bénéficier sont draconiennes (C. civ. 419, al. 4). Non seulement le MJPM doit en faire la demande au juge des tutelles mais il doit préalablement solliciter l'avis du ministère public (CASF art. L 471-5, al. 2). Il doit justifier de l'accomplissement d'un ou de plusieurs actes impliquant des diligences particulièrement longues ou complexes : règlement d'une succession, suivi de procédures judiciaires ou administratives, vente d'un bien, etc. Le juge des tutelles a pour mission de vérifier l'existence et l'étendue de la créance d'indemnité complémentaire. Il est seul compétent pour le faire, même après le décès du majeur protégé (Cass. 1e civ. 15-1-2020 n° 18-22.503 FS-PBI : SNH 8/20 inf. 4, AJ fam. 2020 p. 136 obs. V. Montourcy, D. 2020 p. 810 note G. Raoul-Cormeil, Defrénois 2020 n° 10 du 5-3-2020 p. 44 obs. D. Noguéro). C'est la nature gracieuse de son office qui l'oblige à vérifier que la dette est certaine, liquide et exigible, c'est-à-dire qu'elle est arrêtée dans son fondement et dans son étendue au regard du taux horaire de la charge de travail exceptionnel (CASF art. D 471-6) et qu'elle est échue.
L'indemnité est fixée selon un barème national et est intégralement à la charge du majeur protégé (C. civ. art. 419, al. 4 ; CASF art. L 471-5, al. 2).

Incapacité de jouissance et opposition d'intérêts Le mandataire judiciaire à la protection est frappé d'un certain nombre d'empêchements de contracter : 76910
– une interdiction d'acheter les immeubles du majeur protégé ou de les prendre à bail (C. civ. art. 508, al. 1) ;
– une incapacité de recevoir à titre gratuit des biens du majeur protégé (C. civ. art. 909, al. 2 ; n° 63172). Cette incapacité spéciale de jouissance ne s'applique pas au protecteur familial – tuteur, curateur, mandataire spécial, etc. – (Cass. 1e civ. 17-10-2018 n° 16-24.331 FS-PB : SNH 35/18 inf. 3, D. 2019 p. 682 note G. Raoul-Cormeil). Ce dernier est soumis à une présomption d'opposition d'intérêts qui peut être levée par le juge des tutelles ; ainsi, un curateur peut demander au juge des tutelles la désignation d'un curateur ad hoc pour assister le curatélaire et lui permettre de lui faire une donation en qualité de donataire (C. civ. art. 470, al. 3 ; n° 53760). Il est habituel de recourir aux services d'un mandataire judiciaire à la protection des majeurs pour rechercher l'intention libérale du majeur protégé. La possibilité de rechercher une telle intention a été confortée par un avis rendu par la Cour de cassation en matière d'habilitation familiale selon lequel, l'impossibilité de la personne de consentir à la donation ne constitue pas un obstacle à la réalisation de l'acte dès lors que des indices de sa volonté peuvent être décelés et qu'il soit vérifié que la « libéralité est conforme à ses intérêts personnels et patrimoniaux, en particulier que sont préservés les moyens lui permettant de maintenir son niveau de vie et de faire face aux conséquences de sa vulnérabilité » (Cass. 1e civ. avis 15-12-2021 n° 21-70.022 : SNH 1/22 inf. 1).
La différence de traitement du tuteur familial et du tuteur professionnel marque une différence d'intensité du principe de probité. Tandis que le MJPM est frappé d'une interdiction absolue de contracter, le tuteur familial est exposé à une présomption d'opposition d'intérêts qui peut être levée par le juge en désignant un autre tuteur qui, si les conditions sont réunies, permettra au tutélaire de conclure l'acte.
Cette différence de traitement joue également pour la souscription d'une assurance-vie et la modification de la clause bénéficiaire (Cass. 1e civ. 4-11-2010 n° 07-21.303 FS-PBI : RTD civ. 2011 p. 163 obs. M. Grimaldi, JCP N 2011 p. 1054 note J. Massip, RDC 2011 p. 555 obs. Ch. Goldie-Genicon).

DOCUMENT INDIVIDUEL DE PROTECTION DES MAJEURS

76915 Autre spécificité de l'activité des mandataires judiciaires à la protection des majeurs, ils sont soumis à l'obligation de rédiger, avec le majeur protégé, un document individuel de protection des majeurs (CASF art. L 471-6). Ce document a vocation à **organiser la protection** de la personne, recueillir ses préférences sur son lieu de vie, l'entourage qui le visite, ses projets de voyage ou de déménagement. La préparation de cet acte permet aussi de :

– recueillir les volontés funéraires et d'organiser les obsèques (C. ass. art. L 132-4-1, al. 2 à propos des formules de financement d'obsèques) ;

– créer les conditions de rédaction de directives anticipées (CSP art. L. 1111-11, al. 1 et 7) ;

– envisager le prélèvement d'organe et exprimer, le cas échéant, le refus de prélèvement posthume (CSP art. L. 1232-1).

RESPONSABILITÉ PROFESSIONNELLE

76920 Le MJPM engage sa responsabilité s'il manque à ses obligations. Les personnes de droit privé doivent d'ailleurs contracter une **assurance** « Responsabilité civile professionnelle » pour prendre en charge le risque de sinistre (CASF art. L 472-2).

Toutefois, le MJPM intervient, sur décision d'un juge de l'ordre judiciaire, au nom de la collectivité publique (C. civ. art. 415, al. 4). Aussi l'**État** expose-t-il sa responsabilité civile en cas de manquement du mandataire professionnel à ses obligations (C. civ. art. 422).

CHAPITRE 3

FIN DE VIE ET DÉCÈS

SOMMAIRE

SECTION 1

FIN DE VIE : LES DIRECTIVES ANTICIPÉES

OBJET DES DIRECTIVES ANTICIPÉES

Toute personne peut, pour le cas où elle serait un jour **hors d'état d'exprimer sa volonté**, rédiger des directives anticipées relatives à sa fin de vie en ce qui concerne les conditions de la poursuite, de la limitation, de l'arrêt ou du refus de traitement ou d'actes médicaux (CSP art. L 1111-11, al. 1). Ces directives sont parfois désignées sous le terme impropre de « testament de fin de vie ». Cependant, elles ne constituent pas un testament au sens de l'article 895 du Code civil dans la mesure où elles produisent leurs effets du vivant de leur auteur et non après son décès. **77900**

L'**intérêt** des directives anticipées est de permettre aux médecins et aux proches de connaître les souhaits de leur auteur quant aux décisions médicales à prendre lors de sa fin de vie s'il est hors d'état d'exprimer sa volonté à la suite d'un accident ou d'une maladie incurable en phase avancée ou terminale.

Ces directives s'imposent aux médecins. Ils ne peuvent passer outre qu'en cas d'urgence vitale, pendant le temps nécessaire à une évaluation complète de la situation, ou si les directives paraissent inappropriées ou non conformes à la situation médicale du patient (CSP art. L 1111-11, al. 3). Cette possibilité d'écarter les directives anticipées dans les hypothèses précitées a été jugée constitutionnelle (Cons. const. 10-11-2022 n° 2022-1022 QPC : BPAT 1/23 inf. 66).

En l'**absence de directives** anticipées, les médecins recueillent l'avis de la « personne de confiance » désignée par le patient en application de l'article L 1111-6 du Code de la santé publique ou, à défaut, de la famille ou des proches (CSP art. L 1111-12).

RÉDACTION DES DIRECTIVES DE FIN DE VIE

Pour pouvoir rédiger des directives anticipées, il faut être **majeur**. Les personnes placées sous un régime de protection juridique avec représentation relative à la personne (tutelle, habilitation familiale en représentation, mandat de protection future) doivent obtenir l'autorisation du juge ou du conseil de famille s'il a été constitué. S'agissant d'un acte strictement personnel, elles ne peuvent être en aucun cas représentées ni même assistées par la personne chargée de la mesure de protection lors de la rédaction (CSP art. L 1111-11, dernier al.). **77905**

Les directives prennent impérativement la forme d'un document **écrit**, daté et signé, qui précise les nom, prénom, date et lieu de naissance de leur auteur (CSP art. R 1111-17, al. 1). Le texte peut être manuscrit ou dactylographié. Il peut être rédigé sur papier libre ou sur un formulaire dont le contenu a été fixé par décret. Deux modèles sont proposés selon que la personne est bien portante ou atteinte d'une maladie grave au moment de la rédaction. Ils sont disponibles sur le site service-public.fr (service-public.fr/particuliers/vosdroits/R44952).

Si la personne est dans l'**impossibilité d'écrire** et de signer, elle peut demander à deux témoins (dont la personne de confiance s'il en a été désigné une) d'attester que le document qu'elle n'a pas pu rédiger elle-même est l'expression de sa volonté libre et éclairée. Les témoins indiquent leurs nom et qualité et leur attestation est jointe aux directives (CSP art. R 1111-17, al. 2).

Pour la rédaction, mieux vaut se faire aider d'un médecin afin que les directives soient les plus précises possibles et adaptées à la situation. Des **conseils** peuvent également être recherchés sur le site de la Haute Autorité de santé (has-sante.fr).

EXEMPLE

En cas de **maladie grave**, les directives peuvent prévoir les traitements qui sont refusés pour la fin de vie, les attentes en matière de soins palliatifs, les conditions dont on espère pouvoir bénéficier (présence de proches, lieu de fin de vie). Les directives peuvent exprimer également les souhaits en cas d'**accident très grave**, d'état de coma prolongé, de séquelles ou handicap sévères, etc.

CONSERVATION DES DIRECTIVES

77910 Afin que les directives anticipées soient prises en compte et mises en œuvre le moment venu, il est nécessaire qu'elles soient facilement **accessibles**. Il est donc conseillé d'informer les proches et le médecin traitant de leur existence et de leur lieu de conservation.

Les textes prévoient que les directives peuvent être conservées dans le « dossier médical partagé » prévu à l'article R 1111-42,1-g du Code de la santé publique. Elles peuvent être confiées à son médecin, à la « personne de confiance » visée à l'article L 1111-6 du Code de la santé publique s'il en a été désigné une ou à un proche, notamment (CSP art. R 1111-19).

DURÉE DES DIRECTIVES

77915 Les directives anticipées sont valables sans limite de temps. Mais elles peuvent être **modifiées** en respectant les modalités suivies pour leur élaboration. En présence de plusieurs écrits, le document le plus récent l'emportera (CSP art. R 1111-17, dernier al.). Les directives peuvent également être **révoquées** à tout moment.

SECTION 2 FORMALITÉS CONSÉCUTIVES AU DÉCÈS

A. Les premières démarches

1. CONSTATATION OFFICIELLE DU DÉCÈS

78000 La première formalité à accomplir après un décès est l'établissement d'un **certificat médical de décès**. Ce document servira à effectuer la déclaration de décès qui permettra aux services d'état civil de la mairie de dresser l'acte de décès.

Certificat, déclaration et acte de décès doivent être établis quelles que soient les circonstances du décès. Mais les **démarches incombent** ou non à l'entourage, selon le lieu et les circonstances du décès.

CERTIFICAT MÉDICAL DE DÉCÈS

78010 Lorsqu'une personne **décède** à son **domicile** ou au domicile d'une autre personne, l'entourage doit appeler un médecin pour faire établir le certificat de décès (CGCT art. L 2223-42 et R 2213-1-1 s.).

Si le décès s'est produit dans un établissement – **hôpital, clinique ou maison de retraite** –, c'est l'établissement qui fait établir le certificat médical de décès.

Si une personne décède sur la **voie publique** ou dans un lieu ouvert au public, le décès est constaté par un médecin commis par les autorités de police ou de gendarmerie (CGCT art. R 2223-77, al. 2). Celles-ci établissent un procès-verbal relatant les circonstances de la mort.

ATTENTION

En cas de **mort violente**, par exemple suicide ou décès accidentel, il faut immédiatement avertir le commissariat de police ou la gendarmerie. Le décès sera constaté par un officier de police assisté par un médecin commis par lui. Il dressera un procès-verbal des circonstances de la mort (C. civ. art. 81).

DÉCLARATION DE DÉCÈS

Si la personne est **décédée à** son **domicile**, à celui d'une autre personne ou dans une **maison de retraite non médicalisée**, la déclaration de décès doit être faite au plus tôt à la mairie du lieu du décès, en principe dans les 24 heures de la constatation du décès, hors week-ends et jours fériés. L'officier public doit autoriser l'inhumation, l'absence de déclaration préalable est constitutive d'une contravention susceptible d'être punie par une amende de 1 500 € (C. pén. art. R 645-6). 78015

La déclaration est faite par un parent de la personne décédée ou par toute autre personne possédant des renseignements sur son état civil, par exemple un préposé de l'entreprise de pompes funèbres (C. civ. art. 78).

La personne qui effectue la déclaration de décès doit se munir des **documents** suivants :

– pièce d'identité personnelle ;

– certificat de décès ou procès-verbal dressé par la police en cas de mort violente, par exemple suicide ou décès accidentel ;

– livret de famille de la personne décédée ou toute autre pièce qu'elle aura pu trouver contenant des éléments d'état civil, par exemple copie ou extrait de l'acte de naissance ou de mariage, carte d'identité, passeport ou permis de conduire du défunt.

Si le décès s'est produit à l'**hôpital**, dans une **clinique** ou un **établissement social ou médico-social** accueillant des personnes âgées (maison de retraite, Ehpad, foyer-logement, etc.), c'est en principe l'établissement qui effectue la déclaration de décès (C. civ. art. 80, al. 2). Les proches du défunt doivent lui communiquer dès que possible les documents d'état civil pour que l'établissement puisse accomplir la formalité. 78025

Si le décès s'est produit sur la **voie publique** ou dans un **lieu ouvert au public**, les autorités de police ou de gendarmerie prennent les dispositions nécessaires pour que l'acte de décès soit dressé sur les registres de l'état civil du lieu de décès (C. civ. art. 82). 78030

ACTE DE DÉCÈS

L'acte de décès est établi par les **services d'état civil** de la commune où a eu lieu le décès. Il est **nécessaire** aux proches du défunt pour accomplir de nombreuses démarches : organisation des obsèques, obtention de capitaux décès, d'allocations ou de pensions, liquidation de la succession. Il est donc conseillé d'en demander plusieurs exemplaires (environ une dizaine). 78040

Il est toujours possible de se procurer une ou plusieurs **copies** de l'acte de décès si le nombre d'actes initialement demandé se révèle insuffisant. La démarche peut s'effectuer en ligne (service-public.fr/particuliers/vosdroits/R42838).

Énonciations L'acte de décès doit contenir les informations suivantes (C. civ. art. 79) : 78045

– date, heure et lieu du décès ;

– prénoms et nom, date et lieu de naissance, profession et adresse de la personne décédée ;

– prénoms et noms, professions et adresses des parents ;

– prénoms et nom de l'époux, même si la personne décédée était veuve ou divorcée (lorsque celle-ci a eu plusieurs conjoints successifs, seul le dernier est mentionné) ;

– prénoms et nom du partenaire d'un pacte civil de solidarité ;

– prénoms, nom, âge, profession et domicile du déclarant avec, le cas échéant, son lien de parenté avec le défunt.

L'acte de décès ne mentionne ni les circonstances ni la cause de la mort (C. civ. art. 85).

Il est signé par l'officier d'état civil et par la personne qui a déclaré le décès.

> **Précisions** L'acte de décès doit être dressé même si le **déclarant ne dispose pas de tous les éléments** nécessaires. S'il ignore le nom des parents, l'acte mentionnera que les noms des parents ne sont pas connus du déclarant. S'il ne connaît pas le nom du conjoint, l'acte précisera simplement « marié », « veuf » ou « divorcé ».

78050 **Démarches des services d'état civil consécutives à l'acte de décès** Une fois établi l'acte de décès, les services d'état civil :
– mettent à jour le **livret de famille** de la personne décédée, si la personne qui a fait la déclaration de décès l'a apporté (Décret 74-449 du 15-5-1974 art. 3) ;
– font le nécessaire pour que le décès soit mentionné en marge de l'**acte de naissance** du défunt (C. civ. art. 79) ;
– s'assurent de la transcription de l'acte de décès sur les **registres d'état civil de la commune du domicile** du défunt si le décès a eu lieu dans une autre commune (C. civ. art. 80) ;
– informent le notaire qui a enregistré la convention initiale de **Pacs** afin qu'il prenne acte de sa dissolution.

2. OPÉRATIONS PRÉALABLES AUX OBSÈQUES

78100 Entre le décès et les obsèques, diverses opérations vont être accomplies : **transport du corps**, avant sa mise en bière, du lieu du décès à un autre lieu où il reposera jusqu'aux funérailles ; **mise en bière** ; **fermeture du cercueil** ; **transport du cercueil** vers le lieu de l'inhumation ou de l'incinération.
Pour l'essentiel, les pompes funèbres se chargent de ces opérations. Certaines d'entre elles, notamment les opérations de transport avant mise en bière et la fermeture du cercueil lorsque le corps du défunt est transporté hors de la commune de décès ou de dépôt, nécessitent l'intervention des familles.

> **› Précisions** Des règles particulières s'appliquent lorsque le défunt est décédé des suites de certaines **maladies contagieuses** ou en cas de risque sanitaire : le corps ne peut pas être transporté avant la mise en bière, qui doit être immédiate (CGCT art. R 2213-8-1 s. et R 2213-12). Aucun soin de conservation ne peut être pratiqué.

DÉCÈS À DOMICILE

78105 Si une personne décède à son domicile ou à celui d'un proche, son corps peut **demeurer à domicile** jusqu'aux obsèques, c'est-à-dire pendant six jours au maximum, non compris les dimanches et jours fériés (CGCT art. R 2213-33). Il est également possible – c'est en pratique le cas le plus fréquent – de faire procéder au transport du corps avant mise en bière dans une **chambre funéraire** (funérarium, athanée, maison ou salon funéraire) après déclaration écrite au maire du lieu de dépôt du corps (CGCT art. L 2223-38 et R 2213-7).
Le transport du corps en chambre funéraire doit être effectué dans les 48 heures du décès (CGCT art. R 2213-11 et R 2223-76). Une fois ce délai écoulé, le transport du corps n'est plus possible.
La déclaration préalable et les opérations de transport sont effectuées par les pompes funèbres.
Le transport et le séjour du corps en chambre funéraire sont payants.

> **› Précisions** Les **soins de présentation et de conservation** (appelés aussi soins de thanatopraxie) visent à préserver pendant un certain temps l'aspect extérieur du défunt. Ils sont effectués par des professionnels spécialisés au domicile du défunt ou en chambre funéraire après déclaration écrite auprès du maire de la commune où sont pratiqués les soins (CGCT art. R 2213-2-2), à Paris du préfet de police (CGCT art. R 2512-35). Celui qui dépose une telle déclaration doit détenir une demande de la personne qui a qualité pour pourvoir aux funérailles ou un écrit énumérant les dernières volontés du défunt (CGCT art. R 2213-2-2). Un document écrit officiel lui est au préalable remis, l'informant de l'objet et de la nature des soins de conservation et des alternatives à ces soins (toilette mortuaire, funéraire et rituelle). Les soins de conservation sont dans certains cas interdits (voir n° 78100, précisions). Ils sont obligatoires en cas de transport international du corps ou lors d'un transport du corps en cercueil dont la durée est supérieure à deux heures et inférieure à quatre heures.

DÉCÈS À L'HÔPITAL, EN CLINIQUE PRIVÉE OU EN MAISON DE RETRAITE

78110 **Transport à résidence** Si une personne décède dans un hôpital, une clinique ou un établissement social ou médico-social accueillant des personnes âgées (maison de retraite, Ehpad, foyer-logement, etc.), il est possible de faire transporter son corps à son domicile ou à la résidence d'un membre de la famille dans les conditions suivantes (CGCT art. R 2213-7 s.).
Le transport doit être effectué dans un **délai** de 48 heures après le décès.
Il est précédé d'une **déclaration** à la mairie du lieu de dépôt du corps, à Paris du préfet de police (CGCT art. R 2512-35). La déclaration est effectuée en pratique par les pompes funèbres. La personne ayant qualité pour pourvoir aux funérailles doit au préalable rédiger une demande écrite

de transport à résidence. Il faut aussi que les formalités d'état civil aient déjà été accomplies et que le directeur de l'établissement ait donné son accord.
Les **frais** de transport du corps sont à la charge de la famille.

Transfert en chambre mortuaire ou en chambre funéraire Si les proches ne souhaitent pas que le corps soit transporté au domicile du défunt ou à celui d'un proche, le corps est transféré dans la **chambre mortuaire** (amphithéâtre, dépositoire, morgue) de l'hôpital, de la clinique ou de la maison de retraite médicalisée (Ehpad). Seuls les établissements de santé d'une certaine taille sont tenus d'avoir une chambre mortuaire dans leur enceinte (CGCT art. L 2223-39 et R 2223-90). Elles font partie du service public hospitalier, contrairement aux **chambres funéraires** (funérariums, athanées, maisons ou salons funéraires) qui sont des structures privées. 78115
Si l'établissement ne possède pas de chambre mortuaire, ou si la famille ne veut pas que le corps demeure dans celle de l'établissement, le transfert a lieu vers une chambre funéraire.
Concernant les **frais**, les règles sont les suivantes :
– les trois premiers jours de séjour dans la chambre mortuaire sont gratuits (CGCT art. R 2223-89) ;
– en cas de transport vers une chambre funéraire, les frais de transport du corps ainsi que les trois premiers jours de séjour sont à la charge de l'établissement si le transfert a eu lieu à la demande de son directeur (CGCT art. R 2223-79) ; si c'est la famille qui a réclamé le transfert, elle doit en supporter le coût. L'établissement doit informer la famille des différentes solutions envisageables ; à défaut, il engage sa responsabilité et doit indemniser la famille du préjudice subi, qui inclut notamment le coût du transport et du séjour en chambre funéraire (Juge proximité Fontainebleau 26-4-2005 n° 05-04).

> **Précisions** Si le **décès** est **survenu en maison de retraite**, médicalisée ou non, celle-ci ne peut, à défaut de disposer d'équipement particulier (reposoir), imposer le transfert du corps vers une chambre funéraire ou son retour au domicile du défunt (s'il en a encore un...) ou de l'un de ses proches. Le corps peut rester dans la chambre de l'établissement occupée par le défunt avant son décès jusqu'aux obsèques car il s'agit juridiquement de son domicile (Rép. Baudot : Sén. 2-1-2003 n° 1816 p. 78).
> En pratique, certains contrats d'admission en maison de retraite imposent abusivement aux familles le transfert du défunt en chambre funéraire. Afin de ne pas avoir à supporter le coût de ce transfert, le signataire de la demande d'admission en chambre funéraire ou de la demande de transport du corps doit indiquer sur ce document que le transfert est effectué à la demande du directeur de l'établissement, sans frais pour les familles.

DÉCÈS SUR LA VOIE PUBLIQUE

Si le décès a eu lieu sur la voie publique ou dans un lieu ouvert au public, le corps est **transporté** à l'institut médico-légal ou en chambre funéraire par la police ou la gendarmerie (CGCT art. R 2223-77, al. 1). 78120
Les **frais** de transport et de séjour sont à la charge de la famille.

CAS PARTICULIERS

Quel que soit le lieu de survenance du décès, en cas de signes ou indices de **mort violente** ou en cas de **découverte d'un corps** et si la cause de la mort est inconnue ou suspecte, l'admission en chambre funéraire après autopsie dans un institut médico-légal doit être autorisée par le procureur de la République (CGCT art. R 2223-77, al. 3). 78125
Si le décès a une origine criminelle ou délictuelle, les **frais** de transport et de séjour sont pris en charge par l'État. Si la mort s'avère en définitive naturelle ou en cas de suicide, les frais sont en revanche à la charge de la famille. Toutefois, en l'absence de famille susceptible de prendre en charge les frais de transport (famille inexistante, introuvable ou sans ressources suffisantes), ceux-ci sont assumés par les services communaux ou préfectoraux (Rép. Hillmeyer : AN 20-6-2006 p. 6636 n° 92497).

B. Organismes à prévenir

1. ÉTABLISSEMENTS FINANCIERS

Lorsqu'une personne décède, tout ce qu'elle avait déposé en banque – sommes d'argent, contenu du coffre, portefeuille-titres – entre dans sa **succession**. En principe, ces **dépôts** ne seront **remis aux héritiers** qu'une fois la liquidation de la succession effectuée. Jusqu'à cette 78200 date, la **banque** en est **responsable**, tant vis-à-vis des héritiers du défunt que de l'administration fiscale. Aussi est-elle amenée, lorsqu'elle est informée du décès, à prendre une série de **précautions**.

En principe, l'établissement bancaire n'est tenu de prendre des mesures qu'à compter du moment où il est saisi par un proche du défunt, ses héritiers ou le notaire. En pratique, il agit dès qu'il a connaissance du décès.

Ces règles peuvent ne pas être applicables lorsque le défunt était marié sous le régime de la communauté universelle avec clause d'attribution intégrale de la communauté au survivant puisque, en principe dans un tel cas, il n'y a pas de succession à liquider en l'absence de libéralités.

78205 Les opérations consécutives au décès (blocage des comptes et des coffres, virements, liquidation des avoirs entre les héritiers, etc.) sont facturées par les banques. Les **tarifs pratiqués par les banques** comme la dénomination des prestations varient selon les établissements, qui les fixent librement : frais de dossier ou de traitement, de clôture ou de liquidation d'actifs, commission annuelle de gestion, etc.

Le blocage, la clôture et la liquidation des **comptes courants** sont le plus souvent facturés sur la base d'un pourcentage des avoirs en compte du défunt (entre 0,5 et 1 % de leur montant), ils sont en moyenne de 303 € (UFC Que Choisir, comm. 13 févr. 2024).

> **Précisions** À noter, une proposition de loi est en cours de discussion, au 15 mars 2024, pour réduire et encadrer les frais bancaires sur succession (Proposition n° 2056 déposée le 16-1-2024).

COMPTES BANCAIRES

78210 Dès que la banque est informée du décès d'un client, elle procède au **blocage** de ses comptes bancaires. La mesure ne touche pas que les comptes courants. Elle concerne aussi les comptes sur livret (livret de développement durable, livret A, livret B, etc.), les plans d'épargne populaire et les comptes épargne logement.

Le recensement des comptes du défunt est facilité par leur inscription au fichier des comptes bancaires et assimilés (**Ficoba**), tenu par l'administration fiscale. Le notaire chargé d'établir l'actif successoral dispose d'un accès web sécurisé afin d'obtenir les informations complètes sur les comptes du défunt (LPF art. L 151 B, 1).

78215 **Comptes dont le défunt était seul titulaire** Le blocage des comptes entraîne l'annulation à la date du décès de toutes les **procurations** que la personne décédée avait consenties sur ses comptes ou livrets.

Il ne signifie pas que toute opération sur ces comptes est interdite.

Des **virements** peuvent être effectués en faveur du titulaire du compte, même après son décès : par exemple, les sommes que l'employeur devait au défunt ou les pensions de retraite qui ne lui ont pas encore été payées.

À l'inverse, la banque pourra effectuer certains **prélèvements**.

D'une part, elle réglera les **dépenses engagées** par son client **avant le décès** : chèques, débits de carte bancaire, prélèvements, etc.

D'autre part, elle pourra payer certaines **dettes postérieures au décès** dans la limite des fonds disponibles sur les comptes courants du défunt :

– les frais funéraires, à la demande de la personne ayant qualité pour pourvoir aux funérailles ou des héritiers (voir n° 78653), et si leur montant est peu important par rapport à l'actif en dépôt ;

– les impôts dus par le défunt au titre de l'année du décès, les frais de dernière maladie et autres dépenses à régler rapidement, à la demande des héritiers (C. civ. art. 784). Lorsque les sommes demandées ne dépassent pas 5 000 €. Pour demander le règlement, les héritiers en ligne directe (c'est-à-dire ascendants et descendants) peuvent prouver leur qualité d'héritier de manière simplifiée, sans avoir à faire intervenir un notaire (C. mon. fin. art. L 312-1-4 ; Arrêté FCPT1508536A du 7-5-2015). Il faut fournir une attestation signée par l'ensemble des héritiers et indiquant qu'il n'existe pas de testament ni d'autre héritier, qu'il n'existe pas de contrat de mariage, qu'ils autorisent le porteur du document à percevoir pour leur compte les sommes figurant sur le compte et enfin qu'il n'y a ni procès ni contestation en cours concernant la qualité d'héritier ou la composition de la succession. Celui qui demande le paiement doit aussi remettre à la banque un extrait d'acte de naissance de chaque héritier et du défunt, une copie intégrale de l'acte de décès, un extrait d'acte de mariage si le défunt était marié et un certificat d'absence d'inscription de dispositions de dernières volontés.

Enfin, en cas d'**échéances** découlant d'**engagements pris par le défunt avant son décès**, la banque pourra remettre au notaire les fonds correspondants, à condition que celui-ci lui adresse un courrier la déchargeant de toute responsabilité et qu'aucun des héritiers ne soit domicilié à l'étranger. S'agissant du paiement des charges d'exploitation si le défunt était entrepreneur individuel, il ne sera, en principe, pas possible si les charges sont échues après le décès (voir le Mémento Transmission d'entreprise n° 5012). La banque ne pourra les régler qu'avec l'accord de tous les héritiers.

Pour **clôturer le compte** du défunt, il faut attendre en principe que le notaire adresse à la banque un acte de notoriété. Toutefois, lorsque le montant total des sommes détenues par la banque n'excède pas 5 000 €, tout héritier en ligne directe peut demander la clôture des comptes du défunt et le versement des sommes y figurant. Les justificatifs à fournir à la banque sont les mêmes que ceux nécessaires au paiement des dettes postérieures au décès (voir n° 78215), avec une mention supplémentaire sur l'attestation signée par les héritiers : il faut préciser que la succession ne comporte aucun immeuble. 78217

ATTENTION

La banque peut clôturer les comptes du défunt lorsque ses **ayants droit ne se sont pas manifestés** dans les trois années suivant le décès. Passé ce délai, les avoirs sont déposés à la Caisse des dépôts et consignations. Ils peuvent être réclamés par les héritiers pendant 27 ans (C. mon. fin. art. L 312-19 s.).

Comptes joints Les comptes joints ne sont pas bloqués. Le **cotitulaire du compte** (conjoint, concubin, etc.) peut continuer à le faire fonctionner, notamment effectuer des retraits, sous sa seule signature et sans formalité. 78220

Mais les **droits** du cotitulaire du compte ont des **limites**.

Le contenu du compte joint au jour du décès est présumé n'appartenir que pour moitié au cotitulaire survivant (il s'agit d'une présomption simple susceptible de preuve contraire). L'autre moitié est la propriété de la succession. Si le cotitulaire a retiré davantage que la part qui lui revient, les héritiers pourront lui demander de rembourser les sommes correspondantes.

En outre, tout héritier du défunt (ou le notaire au nom d'un ou de plusieurs héritiers) peut demander le blocage du compte. Il semble que, dans un tel cas, les professionnels de la banque recommandent aux établissements bancaires de s'exécuter, afin de ne pas engager leur responsabilité.

Cas particulier du plan d'épargne logement Le souscripteur d'un PEL peut le transmettre par **testament** à toute personne de son choix, à condition que le transfert soit effectué au profit d'un bénéficiaire unique (Circ. 11-7-1986 art. 43 : JO 24 p. 9129). Si le bénéficiaire de la libéralité est déjà titulaire d'un PEL, il peut le conserver. 78225

En l'**absence de testament**, il faut distinguer selon que le PEL est parvenu ou non à terme (maximum dix ans). 78230

Dans le cas d'un **PEL non parvenu à terme** au décès de son titulaire, l'héritier unique (ou l'un des héritiers du défunt, en accord avec les autres) peut lui être substitué comme souscripteur du PEL mais, en contrepartie, il doit s'engager à reprendre à son nom l'ensemble des engagements du défunt sans en modifier les dispositions, en particulier celles qui concernent la durée ou le montant des versements périodiques (Rép. Narquin : AN 19-7-1982 p. 3006 n° 12341). S'il a déjà un PEL ouvert à son nom, il peut le conserver. Si aucun héritier ne reprend le PEL, celui-ci est clôturé automatiquement.

Si le **PEL** est **parvenu à terme** au décès du titulaire, le plan n'est pas transmis aux héritiers mais est clôturé (Cass. com. 19-1-2016 n° 14-12.806 FS-D). L'héritier unique peut retirer les fonds et se prévaloir des droits à prêt et à prime. En présence de plusieurs héritiers, ceux-ci doivent désigner l'un d'entre eux pour bénéficier du droit à prêt ou demander conjointement un prêt. Les fonds sont répartis entre eux selon les règles successorales de droit commun.

COFFRES

Lorsque le défunt avait loué un coffre, la banque applique les mêmes règles que pour les comptes bancaires. Si le **défunt** était **seul locataire** du coffre, celui-ci est inaccessible. Si une autre personne avait une procuration, celle-ci est annulée. 78240

En cas de **colocation** du coffre, les règles sont celles exposées n° 78220 à propos des comptes joints. En pratique, les professionnels de la banque recommandent aux établissements bancaires que l'accès au coffre soit interdit au colocataire du coffre.

COMPTE-TITRES

78250 Les comptes-titres (ou portefeuilles de titres) sont **bloqués** au jour du décès. En particulier, et bien que cela puisse nuire à la bonne gestion du portefeuille, la banque ne peut effectuer ni ventes ni achats de titres sans l'accord de tous les héritiers.

> **Précisions** Il est impossible de transmettre par donation ou par testament un **plan d'épargne en actions (PEA)**. Cette impossibilité joue même pour le conjoint ou les enfants. Le plan est automatiquement fermé à la date du décès du titulaire et la banque procède à un arrêté comptable du plan à cette date. Celui qui recueille les titres peut soit les conserver sur un compte-titres ordinaire, soit les céder, mais en aucun cas les transférer sur son propre PEA.

2. AUTRES ORGANISMES À PRÉVENIR

78300 Le tableau qui suit donne la liste des principaux organismes ou personnes à avertir (autres que la banque du défunt : voir n°s 78200 s.), en précisant pour chacun dans quel but il faut prendre contact.

Sauf rares exceptions (par exemple en matière de déblocage de la participation ou pour les bénéficiaires prioritaires du capital décès de la sécurité sociale), la loi ne fixe pas de délai. Il est cependant **conseillé en pratique** :

– d'avertir rapidement l'employeur et la banque du défunt ;

– de saisir le plus rapidement possible les organismes qui versent des prestations en raison du décès (caisse primaire d'assurance maladie, le cas échéant caisses de retraite et d'allocations familiales) ; le versement de certaines prestations peut prendre du temps ;

– de ne pas tarder à prévenir les organismes qui versaient des prestations au défunt, par exemple Pôle emploi ou, lorsque le défunt était retraité, ses caisses de retraite : à défaut, il peut y avoir des problèmes de trop-perçu, qui sont toujours compliqués à résoudre.

Organismes ou personnes à prévenir	Pour quoi faire ?
Fournisseurs d'énergie (gaz et électricité), opérateur de téléphonie, service des eaux et entreprises auxquelles le défunt était abonné (journaux, chaînes de télévision payantes, fournisseur d'accès Internet)	Si les abonnements étaient au nom du défunt : – faire interrompre les contrats – ou, si l'on souhaite les prolonger au moins temporairement, les faire transférer sur un autre nom (si les factures faisaient l'objet de prélèvements automatiques sur le compte du défunt, ne pas oublier de les faire transférer également)
Opérateur de messagerie électronique, réseaux sociaux utilisés par le défunt	Demander la mise à jour du profil ou le verrouillage du compte de messagerie ou du profil du défunt afin que ses données personnelles ne soient plus accessibles sur Internet
Propriétaire du logement du défunt	Faire constater, selon les cas, soit le transfert du bail, soit sa résiliation au jour du décès
Employeur du défunt	– le prévenir – s'informer sur les prestations de l'organisme de prévoyance complémentaire (garantie obsèques par exemple) – demander le versement des sommes dues au défunt (salaires, remboursement de frais, etc.) – demander, si on le souhaite, le déblocage anticipé de sa participation et des sommes qu'il a versées sur un dispositif d'épargne salariale
France Travail (ancien Pôle emploi)	Si le défunt était chômeur indemnisé ou préretraité : – obtenir le versement de l'allocation décès – faire cesser le versement des allocations chômage ou préretraite
Caisse d'allocations familiales	Si le défunt bénéficiait de prestations familiales ou pour obtenir l'allocation de soutien familial et les autres prestations soumises à condition de ressources
Assureurs	– régler les formalités relatives à la voiture du défunt – s'informer de l'existence d'un contrat d'assurance décès
Caisse primaire d'assurance maladie (CPAM)	Si le défunt était salarié, chômeur indemnisé, préretraité ou invalide, pour obtenir le capital décès de la sécurité sociale

Organismes ou personnes à prévenir	Pour quoi faire ?
Caisse de retraite de base du régime général de la sécurité sociale	– si le défunt était salarié ou ex-salarié et si le conjoint survivant a un âge minimal et des ressources personnelles peu élevées, pour obtenir la pension de réversion – si le défunt percevait du régime général une retraite personnelle et/ou de réversion, pour faire cesser leur versement
Caisse de retraite Agirc-Arrco	– si le défunt était salarié ou ex-salarié et si le conjoint a au moins 55 ou 60 ans selon les cas, ou a deux enfants à charge, pour obtenir une pension de réversion – si le défunt percevait de l'Arrco ou de l'Agirc une retraite personnelle et/ou de réversion, pour faire cesser leur versement
Institution de prévoyance complémentaire	Si le défunt était salarié, pour obtenir le capital décès auquel il peut ouvrir droit (c'est toujours le cas s'il était cadre ou assimilé cadre)
Caisse de retraite de base de la sécurité sociale (guichet des commerçants et artisans)	Si le défunt était commerçant ou artisan, pour avertir la caisse du décès de l'assuré et : – si le défunt était commerçant ou artisan en activité, pour obtenir le capital décès – si le défunt était commerçant ou ex-commerçant, artisan ou ex-artisan, et que le conjoint a atteint un âge minimum, pour obtenir la pension de réversion – si le défunt ex-commerçant ou artisan percevait une retraite personnelle et/ou de réversion, pour faire cesser leur versement
Caisse de retraite de base des professions libérales (Cnavpl, CNBF si le défunt était avocat) et caisse de retraite complémentaire de la profession libérale concernée	Si le défunt exerçait une profession libérale ou en avait exercé une, pour : – obtenir le versement des capitaux ou rentes prévus en cas de décès – obtenir les pensions de réversion du régime de retraite de base (mêmes conditions que le régime général de la sécurité sociale) et du régime complémentaire – si le défunt percevait des retraites personnelles et/ou de réversion, pour faire cesser leur versement

SECTION 3

FUNÉRAILLES ET MODE DE SÉPULTURE

A. Organisation des funérailles

DÉLAIS

L'inhumation ou l'incinération d'une **personne décédée en France** doit avoir lieu au plus tard six jours après le décès (CGCT art. R 2213-33). Les dimanches et jours fériés ne sont pas décomptés dans ce délai. **78400**

En cas de **décès à l'étranger** et si le défunt doit reposer en France, le délai d'inhumation ou d'incinération est également de six jours, mais il démarre à compter de l'arrivée du corps sur le territoire français.

> **Précisions** **a.** En cas de **problème médico-légal** (mort accidentelle, suicide), le délai ne court qu'après l'autorisation donnée par le procureur de la République.

b. Lorsque des circonstances particulières le justifient, une **dérogation** à ces délais peut être obtenue auprès du préfet du département du lieu de l'inhumation.

1. CHOIX DU MODE DE FUNÉRAILLES

LE DÉFUNT A EXPRIMÉ SA VOLONTÉ

78450 Si le défunt a laissé des indications sur la manière dont ses obsèques doivent être organisées et sur le mode et le lieu de sa sépulture, ses proches n'ont **pas de décision à prendre** : sa volonté doit être respectée, dès lors que le défunt était majeur ou mineur émancipé (Loi du 15-11-1887 art. 3). À cet égard, peu importe la nationalité du défunt : la liberté d'organiser ses funérailles s'applique à toute personne décédée en France (Cass. 1e civ. 19-9-2018 n° 18-20.693 F-PBI : BPAT 6/18 inf. 265, pour un marocain vivant en France et souhaitant être incinéré).

Le fait de donner à des funérailles un caractère contraire à la volonté du défunt est **sanctionné pénalement** : au plus six mois de prison et/ou 7 500 € d'amende (C. pén. art. 433-21-1).

Si le défunt a **désigné une ou plusieurs personnes** pour veiller à l'exécution de ses funérailles, sa volonté doit aussi être respectée, même si cette personne n'appartient pas à la famille. Attention : ce n'est pas parce qu'une personne a été choisie comme exécuteur testamentaire qu'elle peut organiser les funérailles et décider du mode et du lieu de la sépulture. Il faut que le pouvoir lui en ait été expressément conféré.

78455 La volonté exprimée de son vivant par le défunt n'a pas besoin de revêtir une **forme** particulière (Cass. 1e civ. 9-11-1982 n° 81-15.305 : Bull. civ. I n° 326 ; Cass. 1e civ. 26-4-1984 n° 83-11.117 : Bull. civ. I n° 142). Le respect de la volonté du défunt s'impose, quelle que soit la manière dont il l'a exprimée : simple lettre laissée à un proche ou déposée dans le livret de famille, déclaration verbale faite en présence de témoins, conclusion d'un contrat prévoyance obsèques.

Lorsque le défunt a exprimé plusieurs **souhaits contradictoires**, il faut se référer au plus récent, quelle qu'en soit la forme (Cass. 1e civ. 31-5-2017 n° 17-13.663 F-D : BPAT 4/17 inf. 176).

CONSEIL

En pratique, et notamment vis-à-vis des pompes funèbres, la **preuve des dernières volontés** sera facilitée si celles-ci ont été consignées dans un écrit confié à la personne désignée pour organiser les funérailles. Mieux vaut éviter de consigner ses souhaits dans un testament déposé chez un notaire, son ouverture ayant souvent lieu après les obsèques.

LE DÉFUNT N'A LAISSÉ AUCUNE INDICATION

78460 **Consensus sur l'organisation** En l'absence de différend sur l'organisation des funérailles, la famille du défunt **organise ses obsèques** de façon consensuelle. S'il n'y a pas de famille, ou si celle-ci ne se manifeste pas ou reste introuvable, c'est la commune ou le proche qui prend en charge financièrement les funérailles qui décide.

> **Précisions** Si un différend naît **après les funérailles** et à condition de justifier de motifs graves et sérieux, l'exhumation et le transfert du défunt vers une autre concession est possible, sur décision du tribunal judiciaire (CA Douai n° 18/04302 1e ch. : RJPF 2020-3/7).

78463 **Désaccord des proches** En cas de différend entre les proches du défunt sur l'organisation de ses funérailles, il faut saisir le juge. Le juge compétent est le **tribunal judiciaire** du lieu du décès ou, en cas de décès à l'étranger, du lieu du dernier domicile du défunt en France (C. org. jud. art. R 211-3-3 et R 211-14). Saisi par la partie la plus diligente, le tribunal statue dans les 24 heures (CPC art. 1061-1). La saisine prend la forme d'une assignation ou d'une requête conjointe ; une requête unilatérale n'est pas admise (Cass. 1e civ. 7-9-2021 n° 21-21.745 F-D : AJ fam. 2021 p. 516).

Il est possible de faire **appel** de sa décision, dans les 24 heures, auprès du premier président de la cour d'appel. Celui-ci est saisi « sans forme » et il n'est pas obligatoire de demander l'assistance d'un avocat. Il a ainsi été jugé qu'une veuve qui s'était présentée à la cour d'appel un jour de fermeture, accompagnée d'un huissier pour constater les faits, avait valablement formé appel (Cass. 1e civ. 1-6-2005 n° 05-15.476 : Bull. civ. I n° 240). Le premier président (ou son délégué) statue immédiatement.

78465 Le principe est que la décision appartient à la **personne la mieux qualifiée pour organiser les funérailles** (en ce sens, notamment, Cass. 1e civ. 15-6-2005 n° 05-15.839 : Bull. civ. I n° 267). Le juge doit rechercher à ce titre « la personne la mieux placée pour rapporter l'intention (du défunt) quant à ses funérailles » (Cass. 1e civ. 27-5-2009 n° 09-66.589).

L'administration précise de son côté qu'il s'agit de la « personne qui, par le lien stable et permanent qui l'unissait à la personne défunte, apparaît ou peut être présumée la meilleure interprète des volontés du défunt » (Rép. Reynaud : AN 16-6-2009 p. 5936 n° 48153).

Outre les liens affectifs, les juges peuvent aussi **tenir compte** du mode de vie du défunt, de ses habitudes et de ses attaches avec un territoire ou un lieu (Cass. 1e civ. 13-4-2016 n° 15-14.296 F-D :

BPAT 3/16 inf. 141). La désignation d'un proche comme « personne de confiance » (voir n° 77900) peut aussi emporter la conviction du juge (CA Poitiers n° 20/02077 1e ch. : RJPF 2021-4/6). Les parties peuvent produire des attestations de l'entourage rapportant la volonté du défunt. Même irrégulières, car ne comportant pas certaines mentions (date, lieu de naissance et profession de leur auteur ainsi que leur lien avec les parties), leur valeur probante doit être appréciée par le juge (Cass. 1e civ. 14-2-2023 n° 23-11.641 F-D : BPAT 3/23 inf. 164).

Même si la solution est exceptionnelle, la **personne ayant qualité pour rapporter l'intention du défunt** peut être différente de celle désignée par le juge pour organiser les funérailles (CA Paris 19-5-2009 n° 09-10639, ch. 1-3 approuvé par Cass. 1e civ. 27-5-2009 n° 09-66.589). En l'espèce, compte tenu de dissensions conjugales et familiales, le juge avait estimé que la personne la plus qualifiée pour rapporter les intentions de la défunte était l'une de ses amies. Celle-ci ayant indiqué que la défunte, convertie à l'islam, souhaitait être enterrée selon le rite musulman, le juge avait confié au conjoint survivant, de confession musulmane lui aussi, le soin d'organiser les funérailles. **78467**

Le **conjoint survivant** a traditionnellement priorité sur les autres membres de la famille (voir, par exemple, Cass. 1e civ. 31-3-1981 n° 81-11.761 : Bull. civ. I n° 114 ; Cass. 1e civ. 4-6-2007 n° 06-13.807 ; Cass. 1e civ. 2-2-2010 n° 10-11.295 ; CA Paris 2-4-2021 n° 21/05884 : RJPF 2021-6/5). Mais il en va autrement en cas de mésentente entre les époux, par exemple s'ils étaient séparés ou en instance de divorce, ou de désintérêt du conjoint survivant. La durée de la vie maritale peut aussi être prise en compte : après sept mois de mariage, jugé que la mère du défunt est mieux placée que son épouse pour organiser les obsèques de son fils, en raison de l'existence d'une relation forte et constante avec lui (Cass. 1e civ. 30-4-2014 n° 13-18.951 : BPAT 4/14 inf.185). **78470**

De plus en plus souvent, la justice reconnaît au **concubin** les mêmes droits qu'au conjoint survivant, surtout lorsque le concubinage était stable et que des enfants en sont issus (par exemple, CA Reims 1-2-2001 n° 01-254, ch. 2e civ. sect.).

En l'absence de conjoint ou de concubin survivant, les tribunaux estiment en général que la décision appartient aux **parents** du défunt en l'absence d'enfants, et à ces derniers si les parents sont décédés ; si le défunt a laissé à la fois des parents et des **enfants**, la solution diffère selon les tribunaux, qui accordent la préférence tantôt aux premiers, tantôt aux seconds. Lorsque les enfants sont en désaccord, les juges donnent à celui qui leur semble le plus proche du défunt le dernier mot (Cass. 1e civ. 18-12-2019 n° 19-11.929 F-D : BPAT 1/20 inf. 49). **78475**

Ce n'est que si le défunt n'a laissé ni conjoint survivant, ni parents, ni enfants ou s'il vivait en mésintelligence avec eux que la décision appartient aux **collatéraux** (frères et sœurs, neveux et nièces, cousins).

Si le juge estime qu'aucun membre de la famille n'est qualifié pour rapporter l'intention du défunt, en raison par exemple de différends familiaux, il peut s'en référer à une **personne étrangère à la famille**, par exemple un ami du défunt (Cass. 1e civ. 27-5-2009 n° 09-66.589). **78485**

2. POMPES FUNÈBRES

CHOIX D'UNE ENTREPRISE DE POMPES FUNÈBRES

Trois **types d'organismes** peuvent assurer le service des pompes funèbres, entre lesquels le choix est libre : les entreprises privées, les régies communales ou intercommunales et les associations. **78600**

La **liste des entreprises** installées dans la circonscription territoriale est affichée au service d'état civil de la mairie, ainsi que dans les locaux d'accueil des chambres mortuaires, des chambres funéraires et des crématoriums et dans le local de conservation du cimetière communal. Lorsque cette liste est trop importante, elle fait l'objet d'une brochure et un avis affiché indique l'endroit où elle peut être consultée. Les établissements de santé publics et privés doivent la tenir à la disposition du public (CGCT art. R 2223-31, R 2223-32 et R 2223-71).

> **Précisions** Le service des pompes funèbres est une **mission de service public comprenant** (CGCT art. L 2223-19) :
> – le transport des corps avant et après mise en bière ;
> – l'organisation des obsèques ;
> – les soins de conservation ;
> – la fourniture des housses, des cercueils et de leurs accessoires intérieurs et extérieurs ainsi que des urnes cinéraires ;
> – la gestion et l'utilisation des chambres funéraires ;
> – la fourniture des corbillards et des voitures de deuil ;
> – la fourniture de personnel et des objets et prestations nécessaires aux obsèques, inhumations, exhumations et crémations, à l'exception des plaques funéraires, emblèmes religieux, fleurs, travaux divers d'imprimerie et de marbrerie funéraire.

OBLIGATIONS DES ENTREPRISES DE POMPES FUNÈBRES

78605 **Documentation générale** Les entreprises de pompes funèbres sont tenues de présenter constamment à la vue du public une documentation générale faisant notamment apparaître le prix et les conditions de vente de leurs prestations et fournitures (CGCT art. L 2223-20, 1° et R 2223-24 s. ; Arrêté ECOC9800191A du 11-1-1999 art. 1). Prix et conditions de vente, le cas échéant regroupés par rubriques, doivent être détaillés élément par élément. Les prestations et fournitures obligatoires doivent être distinguées de celles qui ne le sont pas, à la fois sur la première page de la documentation générale et dans le détail des prix.

78610 **Devis** Les entreprises de pompes funèbres doivent fournir, avant toute prestation ou fourniture, un **devis individuel** gratuit, détaillé et chiffré. Ce devis doit être conforme à un modèle établi par arrêté ministériel (CGCT art. L 2223-21-1, al. 1 ; Arrêté IOCB1012529A du 23-8-2010).
Présenté selon les mêmes rubriques que la documentation générale, le devis doit mentionner les prix TVA comprise de chaque fourniture ou prestation ainsi que le prix de l'ensemble (CGCT art. R 2223-29 ; Arrêté ECOC9800191A du 11-1-1999 art. 4).
Les entreprises de pompes funèbres doivent aussi établir des **devis types**, correspondant aux cérémonies d'obsèques les plus courantes et dont le montant est actualisé tous les trois ans (CGCT art. L 2223-21-1, al. 2). Ces devis types peuvent être consultés par les familles selon des modalités définies par le maire ; dans les communes de plus de 5 000 habitants, ils devront être publiés sur le site internet de la commune (CGCT art. L 2223-21-1, al. 4).

78615 Le devis doit faire apparaître de manière distincte les **informations** suivantes (CGCT art. R 2223-26 s. ; Arrêté ECOC9800191A du 11-1-1999 art. 4) :
– les prestations courantes et les prestations complémentaires optionnelles ;
– les prestations de l'entreprise elle-même, les sommes versées à des tiers en rémunération de prestations assurées par eux et les taxes.
Le devis doit mentionner :
– que seules sont obligatoires les prestations suivantes : fourniture d'un véhicule agréé pour le transport du corps et du cercueil, opérations nécessaires à l'inhumation ou à la crémation ;
– la commune du décès, de la mise en bière, du service funéraire, de l'inhumation ou de la crémation ;
– le nombre d'agents affectés aux funérailles : chauffeur, porteurs, maître de cérémonie ;
– sa durée de validité.

78620 **Bon de commande** Lorsque le devis est accepté par la famille, l'entreprise de pompes funèbres doit établir un bon de commande. Ce bon comporte une série de **mentions obligatoires**, parmi lesquelles le détail chiffré et le montant total TVA comprise des prestations et fournitures sur lesquelles l'entreprise et la famille sont tombées d'accord, ainsi que le lieu, la date et l'heure de la mise en bière, du service funéraire, de l'inhumation ou de l'incinération (CGCT art. R 2223-30).
Le bon de commande n'est signé valablement que s'il comporte toutes les mentions obligatoires. Toute **modification** du bon de commande ayant une incidence sur les prix du devis doit être mentionnée sur le devis initial ou faire l'objet d'un nouveau devis (Arrêté ECOC9800191A du 11-1-1999 art. 5).

ATTENTION

Le fait qu'un bon de commande de prestations funéraires **ne comporte pas** toutes les mentions obligatoires et qu'il ait été signé en même temps que le devis établi par les pompes funèbres n'emporte pas nullité du contrat ; le prix des prestations doit bien être réglé (Cass. 1e civ. 27-6-2018 n° 17-23.264 FS-PB : BPAT 5/18 inf. 218).

3. FINANCEMENT DES FUNÉRAILLES

78650 Les frais funéraires constituent une **charge de la succession** dont le coût doit être réparti entre les différents héritiers. Si l'un d'entre eux a payé sur ses deniers personnels, il aura droit au remboursement des frais à hauteur de la quote-part qui ne lui incombe pas.

78651 Quelle que soit l'option successorale choisie par le conjoint survivant, celui-ci doit régler les frais funéraires, à raison du **devoir de secours et d'assistance** existant entre époux (TI Maubeuge 26-2-1993 : Defrénois 1996 art. 36434 p. 1340 note J. Massip). La même solution doit selon nous s'appliquer au partenaire qui était lié par un Pacs au défunt.

78652 Même s'ils ont renoncé à la succession, les ascendants et descendants doivent régler les frais funéraires à proportion de leurs moyens (C. civ. art. 806). Il s'agit d'une conséquence de l'**obligation alimentaire** à laquelle ils sont tenus envers le défunt. Il a même été jugé que l'enfant qui n'avait jamais connu son père décédé avant sa naissance devait régler ses frais d'obsèques (Cass. 1e civ. 28-1-2009 n° 07-14.272 : Bull. civ. I n° 12). L'enfant peut toutefois être déchargé de cette dette en tout ou partie lorsque son ascendant a manqué gravement à ses obligations envers lui (Cass. 1e civ. 31-3-2021 n° 20-14.107 FS-P : BPAT 3/21 inf. 160).

Si le défunt a suffisamment d'argent sur ses comptes de paiement, la personne ayant qualité pour pourvoir aux funérailles peut obtenir de sa **banque**, sur présentation de la facture des obsèques, le déblocage des fonds nécessaires au financement des frais funéraires **dans la limite de 5 000 €** (C. mon. fin. art. L 312-1-4 ; Arrêté FCPT1508536A du 7-5-2015). Les héritiers en ligne directe (ascendants et descendants) peuvent eux aussi obtenir le déblocage des fonds dans la limite de 5 000 € en remettant à la banque (C. mon. fin. art. L 312-1-4 ; Arrêté FCPT1508536A du 7-5-2015) : **78653**

– le bon de commande de l'entreprise de pompes funèbres ;

– une attestation de l'ensemble des héritiers indiquant qu'il n'existe pas de testament ni d'autres héritiers, qu'il n'existe pas de contrat de mariage, qu'ils autorisent le porteur du document à percevoir pour leur compte les sommes figurant sur les comptes du défunt et qu'il n'y a ni procès ni contestation en cours concernant la qualité d'héritier ou la composition de la succession ;

– un extrait d'acte de naissance de chaque héritier ;

– un extrait d'acte de naissance du défunt, une copie intégrale de son acte de décès et, le cas échéant, un extrait de son acte de mariage ;

– un certificat d'absence d'inscription de dispositions de dernières volontés.

Au-delà de 5 000 €, la banque ne pourra en principe débloquer les fonds correspondants aux frais funéraires qu'avec l'autorisation du notaire ou sur présentation d'un acte de notoriété.

Certaines **mutuelles** d'entreprise prévoient le versement immédiat d'une somme d'argent destinée à couvrir les frais d'obsèques de l'assuré. Si le défunt était salarié, il convient de se renseigner auprès de son entreprise sur l'existence d'une garantie de ce type. **78655**

Lorsque le décès est la conséquence certaine d'un accident du travail ou d'une maladie professionnelle, la caisse primaire d'assurance maladie (**CPAM**) prend en charge les frais d'obsèques dans la limite de 1 932 €, soit 1/24e du Pass en 2024 (CSS art. L 435-1 s.). À cette somme s'ajoute le remboursement des frais de transport du corps jusqu'au lieu de sa sépulture si le décès est survenu au cours d'un déplacement professionnel effectué à la demande de l'employeur. La personne ayant payé les obsèques doit faire une demande à la caisse de sécurité sociale du défunt en joignant les factures acquittées et un relevé d'identité bancaire. **78656**

La Caisse nationale d'assurance vieillesse (**Cnav**) rembourse une partie des frais d'obsèques des retraités sur présentation de la facture des obsèques et d'un extrait d'acte de décès. La somme est versée à la personne qui a réglé les frais funéraires ; il n'est pas nécessaire qu'elle soit héritière ou légataire. Elle est prélevée sur la pension due par la caisse au moment du décès, sans pouvoir dépasser 2 286,74 € (Circ. Cnav 2013-3 du 25-1-2013). Les frais funéraires constituent une créance privilégiée, leur remboursement est prioritaire sur le versement aux ayants droit du défunt des pensions restant dues par la caisse (C. civ. art. 2331). **78657**

Si le défunt était sans ressources ou si son corps n'a pas été réclamé, la **commune** ou, à défaut, le préfet le fait inhumer ou, si le défunt en a exprimé la volonté, incinérer (CGCT art. L 2213-7 et L 2223-27, al. 2). C'est elle qui choisit l'entreprise de pompes funèbres. Le cas échéant, elle pourra se retourner contre la famille du défunt pour obtenir le remboursement des frais engagés (Rép. Masson : Sén. 27-3-2008 p. 619 n° 2397 ; Rép. Zimmermann : AN 25-3-2008 p. 2657 n° 9805). **78660**

CONTRATS OBSÈQUES

Avantages du contrat de prestations d'obsèques La formule du contrat de prestations d'obsèques à l'avance permet à toute personne de régler de son vivant le déroulement et le coût de ses funérailles dans un écrit qui a la même valeur juridique qu'un testament. Les proches du défunt se trouvent ainsi déchargés du **financement des obsèques** et, au moins en partie, des soucis liés à leur **organisation**. De plus, la personne qui a souscrit le contrat est certaine d'avoir des funérailles conformes à sa volonté. **78665**

ATTENTION

À côté des contrats de prestations d'obsèques à l'avance, il existe aussi des **contrats souvent dénommés « en capital »**. Il s'agit de simples contrats d'assurance-vie en cas de décès qui ne prévoient aucune prestation funéraire. Ils permettent de constituer un capital qui sera versé lors du décès du souscripteur au bénéficiaire désigné par celui-ci ou à une société de pompes funèbres, également désignée par lui. Le contrat d'assurance ne s'accompagne donc d'aucune prestation et le souscripteur ne désigne pas forcément un opérateur funéraire. De tels contrats doivent prévoir expressément l'affectation des sommes versées à la réalisation des obsèques du souscripteur (CGCT art. L 2223-33-1). Une information détaillée doit être fournie au souscripteur sur l'utilisation du capital décès, le délai et les conditions de versement des prestations ou encore la rédaction de la clause bénéficiaire (Recommandation ACP 2011-R-04 du 15-6-2011, applicable aux contrats commercialisés depuis le 1-11-2011).

78670 **Réglementation applicable aux contrats obsèques** Ces contrats doivent respecter certaines règles. La clause du contrat prévoyant les **prestations** obsèques doit donner le contenu détaillé de ces prestations (CGCT art. L 2223-34-1). Le contrat obsèques doit explicitement prévoir que le souscripteur conserve jusqu'à sa mort la possibilité de **modifier son contenu** (CGCT art. L 2223-35-1) : nature des obsèques, mode de sépulture, contenu des prestations, fournitures funéraires, société de pompes funèbres choisie pour exécuter les obsèques, mandataire désigné pour veiller à la bonne exécution des volontés du défunt. En cas de modification, seuls les frais de gestion prévus par les conditions générales du contrat peuvent être facturés à l'intéressé. L'entreprise qui ne respecte pas la liberté de modification du souscripteur, ou propose un contrat ne la prévoyant pas, est passible d'une amende.

78675 Les **modalités de paiement** diffèrent selon le contrat : versement d'une somme unique au moment de la souscription du contrat, paiement étalé sur plusieurs années, par mois ou par trimestre, ou encore cotisations versées jusqu'au décès. Dans les deux derniers cas, il y aura souvent un délai de carence, c'est-à-dire que la garantie ne jouera pas si la personne décède avant une certaine date.

L'argent n'est pas versé directement à l'entreprise de pompes funèbres, mais à une **compagnie d'assurance**. Ce n'est qu'au moment du décès que celle-ci verse à l'entreprise de pompes funèbres la somme nécessaire pour financer les funérailles, conformément à la volonté exprimée par le défunt.

> **Précisions a.** La **commission des clauses abusives** recommande l'élimination de 16 clauses qu'elle juge abusives au sein des contrats de prestations d'obsèques à l'avance (Recommandation 10-02 du 15-4-2010 : BOCCRF du 25-5-2010). Sont concernées **par exemple** les clauses :
> – laissant croire que certaines prestations, en réalité facultatives, sont obligatoires ;
> – autorisant le professionnel à modifier ou supprimer unilatéralement certaines prestations ;
> – permettant au professionnel de modifier de façon discrétionnaire les clauses du contrat en cas de changement de domicile de l'assuré.
> **b.** L'association pour la gestion du risque en assurance (Agira) a mis en place un service permettant de **vérifier si une personne décédée avait souscrit un contrat** obsèques. La demande peut être réalisée en ligne (formulaireobseques.agira.asso.fr) ou par courrier (Agira – recherche des contrats obsèques, TSA 20179, 75441 Paris cedex 09). Il faut produire un certificat de décès à l'appui de sa demande.

B. Inhumation

1. LIEU DE L'INHUMATION

ENTERREMENT DANS UN CIMETIÈRE

78700 L'inhumation a lieu le plus souvent dans un cimetière **communal ou intercommunal**, c'est-à-dire créé et géré par une ou plusieurs communes.

À l'intérieur de certains de ces cimetières, il existe des **carrés confessionnels** : juifs, musulmans et protestants, dont la création est admise même si la loi pose en principe que le maire ne peut pas établir des distinctions ou des prescriptions particulières à raison des croyances ou du culte du défunt (CGCT art. L 2213-9 ; Circ. INT/A/08/00038/C du 19-2-2008 sur la police des lieux de sépultures p. 7 ; Rép. Gagnaire : AN 14-4-2009 p. 3621 n° 44010).

Il existe aussi des cimetières **privés** (israélites, protestants, musulmans, etc.), des cimetières **d'hôpitaux** et des cimetières **militaires**.

> **Précisions a.** L'**inhumation dans un cimetière privé** est assimilée à une inhumation dans une propriété privée (voir n° 78720). Elle nécessite donc une autorisation du préfet et non du maire (Circ. 08-38 du 19-2-2008 sur la police des lieux de sépultures p. 7).
> **b.** La **création** ou l'**agrandissement** d'un **cimetière privé** est interdit (CA Aix 1-2-1971 : AJDA 1972 II p. 111 n° 8), sauf en Alsace-Moselle (CGCT art. L 2542-12).

Choix du cimetière L'inhumation est **de droit** dans le cimetière de la commune (CGCT art. L 2223-3) : 78705
– où a eu lieu le décès ;
– où le défunt avait son domicile ;
– où il dispose d'une sépulture familiale (caveau) ;
– où il était inscrit sur les listes électorales, s'il était de nationalité française mais résidait à l'étranger.

Dans tous les cas qui précèdent, le maire est tenu de délivrer le permis d'inhumer. Mais sauf si le défunt dispose d'une sépulture familiale, c'est le maire qui choisit l'emplacement de la sépulture à l'intérieur du cimetière. L'inhumation au sein d'un carré confessionnel dépend des places disponibles. La décision du maire ne peut se fonder uniquement sur l'appartenance du défunt à une religion donnée (TA Grenoble 5-7-1993 n° 922676).

L'inhumation dans une **autre commune** est possible, par exemple dans la commune où le défunt avait sa résidence secondaire ou dans une commune où il a vécu longtemps et où plusieurs membres de sa famille sont enterrés. Mais il lui faut alors une **autorisation du maire**, qui n'est pas tenu de la délivrer (CE 16-11-1992 n° 107857 ; Rép. Détraigne : Sén. 22-1-2004 p. 179 n° 6152). En pratique, il l'accorde souvent, à défaut, il doit motiver son refus. 78710

ENTERREMENT DANS UNE PROPRIÉTÉ PRIVÉE

En principe, toute personne peut se faire inhumer dans une propriété privée, à **deux conditions** (CGCT art. L 2223-9 et R 2213-32) : la propriété doit être située à une distance minimale de toute agglomération ; une autorisation du préfet du département où la propriété est située est nécessaire (donnée après avis d'un hydrogéologue agréé). 78720

Ce type d'autorisation :
– ne peut être accordé à l'avance ; elle est donnée au vu de l'autorisation de fermeture du cercueil ;
– est purement individuel : si un proche de la personne inhumée souhaite être enterré à ses côtés, il faudra demander, après son décès, une nouvelle autorisation.

En pratique, l'autorisation d'inhumer une personne décédée dans une propriété privée est rarement accordée. Si tel est le cas, le transfert ultérieur de la dépouille dans le cimetière communal est soumis à autorisation du maire (CGCT art. L 2213-10).

> **Précisions** Si le **terrain change de propriétaire**, la famille de la personne inhumée conserve un droit d'accès à la sépulture (Rép. Pérat : AN 23-8-2011 p. 9041 n° 101820). Le nouveau propriétaire ne peut déplacer celle-ci, sauf à se rendre coupable du délit de violation de sépulture (pour un exemple de rejet d'une demande de transfert de la sépulture formée par les nouveaux propriétaires, voir Cass. 3e civ. 1-3-2006 n° 05-11.327 FS-D).

2. CONCESSIONS FUNÉRAIRES

DÉFINITION

Une concession funéraire est un emplacement de terrain nu situé à l'intérieur d'un cimetière que la commune attribue à un **particulier**, moyennant le versement d'une somme d'argent (CGCT art. L 2223-15, al. 1), afin qu'il puisse s'y faire inhumer, ainsi le cas échéant que d'autres personnes, le plus souvent les membres de sa famille (CGCT art. L 2223-13). Les **personnes morales**, et notamment les associations, ne peuvent être titulaires d'une concession funéraire (Rép. Dussopt : AN 6-5-2014 p. 3728 n° 1158). 78730

ATTENTION

Il n'est pas possible de placer dans son caveau la dépouille de son **animal de compagnie** (CE 17-4-1963 n° 56746). Lorsque l'animal a été incinéré, les cendres de l'animal ne peuvent pas non plus être déposées dans la concession : les maires sont tenus de refuser une telle autorisation, en raison du respect dû aux morts (Rép. Magnier : AN 22-5-2018 p. 4263 n° 5929).

a. Types de concessions

CONCESSIONS INDIVIDUELLES ET COLLECTIVES

La concession individuelle ne peut accueillir qu'**une seule personne**, celle au profit de laquelle elle a été acquise. Personne d'autre ne peut y être inhumé, même si l'intéressé a finalement été enterré ailleurs. La seule possibilité qu'auront les héritiers sera de rétrocéder la concession à la commune. 78735

Une concession est collective lorsque l'acte de concession (c'est-à-dire le contrat conclu avec la commune) contient une **liste nominative de plusieurs personnes** pouvant y être inhumées (pour le coût de chaque inhumation, voir n° 78745). Par exemple, la concession achetée par un couple afin de reposer côte à côte est une concession collective. Mais l'acte de concession peut aussi mentionner des personnes sans lien de famille avec le titulaire de la concession.

CONCESSIONS FAMILIALES

78740 **Personnes pouvant y être inhumées** En **principe**, une concession familiale a vocation à accueillir, outre le fondateur lui-même :
- son conjoint ;
- ses ascendants (parents et grands-parents) ;
- ses descendants (enfants, petits-enfants et ainsi de suite), ainsi que leurs conjoints ;
- ses alliés.

Ces règles s'appliquent sauf **volonté contraire du défunt**. Ce dernier peut exclure certains membres de sa famille du droit de reposer dans la sépulture familiale pour quelque raison que ce soit, par exemple pour mésentente familiale ou manque de place dans la sépulture. Dans ce cas, ses successeurs ne peuvent modifier l'acte de concession et, notamment, la liste des personnes susceptibles d'y être inhumées (Rép. Bazin-Malgras : AN 29-10-2019 p. 9605 n° 21035).

> **Précisions** Le fondateur peut autoriser l'inhumation de **personnes étrangères à la famille** (par exemple, Cass. 1e civ. 13-5-1980 n° 78-13.485 : Bull. civ. I n° 148). Notamment de personnes qui lui sont liées par des liens d'affection et de reconnaissance, à condition de ne pas violer la morale ou l'ordre public et de ne pas poursuivre un but lucratif (Rép. Dell'Agnola : AN 15-2-2005 p. 1728 n° 51365). Le fondateur d'une concession de famille ne peut ainsi pas imposer l'inhumation de sa maîtresse aux côtés de son épouse.

78745 **Inhumation dans une concession existante** L'inhumation dans une concession familiale existante est subordonnée à la **preuve** des liens familiaux de la personne décédée avec le fondateur ou de la volonté de ce dernier que celle-ci y soit enterrée. Cette preuve peut être faite par tout moyen, notamment par la production du livret de famille, d'un certificat d'hérédité ou de l'acte de concession (Rép. Dell'Agnola : AN 15-2-2005 p. 1728 n° 51365).

Le **coût de l'inhumation** varie selon le cimetière. Certaines communes perçoivent, à partir de la deuxième inhumation et à l'occasion de chaque inhumation dans une sépulture familiale (ou collective), une taxe de superposition des corps. Dans les autres communes, l'inhumation est gratuite ; elles considèrent que le prix réglé lors de l'acquisition de la concession, fixé en fonction du nombre de places qu'elle contient, tenait compte des inhumations à venir.

78750 **Transmission de la concession au décès de son fondateur** La **volonté du fondateur** prévaut : il peut réserver la concession à une branche de la famille ou à certains membres de celle-ci (en ce sens, par exemple, Cass. 1e civ. 17-12-2008 n° 07-17.596). Il peut aussi la transmettre à son conjoint (Cass. 1e civ. 2-3-1999 n° 97-13.910). Il peut enfin charger un héritier de choisir les membres de la famille qui pourront y être inhumés.

Mais sa liberté n'est pas illimitée : il ne peut léguer la concession à une personne étrangère à la famille que si aucune inhumation n'y a encore été effectuée, sauf accord de tous les intéressés. Si une inhumation a déjà eu lieu, il ne peut la transmettre qu'à l'intérieur de la famille (Rép. Remiller : AN 20-3-2007 p. 2937 n° 70602).

Si le fondateur n'a exprimé **aucune volonté** à ce sujet, la concession est transmise à ses descendants. À la mort des descendants du fondateur, la concession est transmise à leurs propres descendants.

La concession est **hors du partage successoral** ; s'il y a plusieurs héritiers, elle reste indivise entre eux (par exemple, CA Paris 16-9-2008 n° 07-5942, 1e ch. A). Si l'un d'entre eux renonce à la succession, il conserve néanmoins ses droits à être enterré dans la sépulture de famille (pour un rappel de l'ensemble des règles gouvernant la transmission des concessions, voir Circ. 91-43 du 26-2-1991 relative à la transmission des concessions funéraires et Rép. Rodet : AN 26-10-1992 p. 4920 n° 47007). L'héritier peut toutefois renoncer à ses droits sur la concession, une telle renonciation devant être constatée par acte notarié (Rép. Sueur : Sénat 25-4-2013 p. 1359 n° 588).

Un legs portant sur une concession n'est pas taxable aux **droits de succession** : étant hors commerce, une concession n'a pas de valeur vénale (Rép. Sueur : Sénat 26-6-2014 p. 1562 n° 7524).

78755 **Droits du conjoint du fondateur** Sauf si le fondateur a exprimé une volonté contraire, son conjoint a le droit d'être inhumé dans la sépulture familiale au même titre que les descendants du fondateur (CA Paris 19-1-1939 : DH 1939 p. 88). Mais, contrairement aux descendants du fondateur, son **droit** est **purement individuel** : il n'hérite pas de la concession (sauf

donation au dernier vivant ou legs par son conjoint) ; il ne peut pas y imposer l'inhumation de ses propres enfants issus d'un autre lit.
Lorsque la **concession** a été **acquise par les deux époux**, ils sont cofondateurs et ont les mêmes droits. En cas de divorce, la concession ne peut pas être partagée et reste en indivision entre eux. Tout au plus l'un des deux époux peut-il renoncer à ses droits en faveur de l'autre.

Droits des descendants du fondateur Tout descendant du fondateur d'une concession familiale a le droit de s'y faire inhumer, ainsi que son conjoint et leurs enfants communs. Il est interdit aux descendants du fondateur d'exclure un autre membre de la famille (CA Paris 16-9-2008 n° 07-5942, 1e ch. A). Ceux-ci ne peuvent pas non plus imposer une personne étrangère à la famille, sauf accord de tous les autres coïndivisaires (en ce sens, notamment, Cass. 1e civ. 15-5-2001 n° 99-12.363 : Bull. civ. I n° 138 ; Rép. Dell'Agnola : AN 15-2-2005 p. 1728 n° 51365). Les mêmes règles s'appliquent aux descendants des descendants du fondateur. 78760

Attribution des places Les inhumations dans une sépulture familiale interviennent dans l'**ordre des décès**. Peu importe que le renouvellement de la concession n'ait été effectué que par un seul coïndivisaire, les autres n'en supportant pas la charge : le fait de renouveler une concession ne confère aucun droit particulier à celui qui la renouvelle (CAA Nancy 2-3-2006 n° 03-739, 1e ch.). Par conséquent, si un coïndivisaire porte un nom différent de celui du fondateur, il ne peut pas faire graver ce nom sur la pierre tombale par anticipation, même s'il a financé seul les travaux de réfection de la tombe (Cass. 1e civ. 12-1-2011 n° 09-17.373 : BPAT 2/11 inf. 166). 78765
Cette priorité aux « prémourants » n'est pas systématique. S'il ne reste plus qu'une ou deux places dans le caveau, les juges font prévaloir les liens du sang.

Lorsqu'il n'y a plus de place dans une concession familiale, la seule solution possible est de procéder à une réunion ou réduction de corps. L'opération consiste à réunir les restes mortels de deux personnes ou plus afin de libérer au moins une place supplémentaire. Non prévue par la loi, la **réduction de corps** est assimilée par les tribunaux judiciaires à une exhumation. Elle est subordonnée tant à l'accord des plus proches parents des défunts qu'à l'autorisation du maire de la commune (Cass. 1e civ. 16-6-2011 n° 10-13.580 : BPAT 5/11 inf. 325). 78770
En pratique, les réunions de corps ne sont pas réalisées dans toutes les communes et ne peuvent avoir lieu qu'à l'issue d'un certain délai. Elles peuvent donner lieu à la perception par la commune d'une taxe spécifique.

b. Durée des concessions

LES DIFFÉRENTES DURÉES

Les concessions funéraires peuvent être accordées pour une durée illimitée – on parle alors de concessions **perpétuelles** – ou pour une période de temps déterminée : elles sont alors **temporaires, trentenaires** ou **cinquantenaires** (CGCT art. L 2223-14). 78780
Variable selon les communes, la durée des concessions temporaires est nécessairement supérieure à 5 ans et au plus égale à 15 ans. En pratique, elles sont souvent de 10 ou 15 ans.
Comme leur nom l'indique, les concessions trentenaires et cinquantenaires sont accordées respectivement pour 30 et 50 ans.
Les communes ne peuvent plus créer de concessions **centenaires** depuis 1959, mais celles instituées avant cette date subsistent encore dans certains cimetières.
En règle générale, les cimetières ne proposent pas les quatre types de concessions. En outre, la commune peut décider à tout moment de **supprimer une catégorie de concession**. Dans ce cas, la décision prise ne vaut que pour l'avenir ; les concessions perpétuelles subsistent ; les concessions temporaires, trentenaires ou cinquantenaires restent renouvelables.

RENOUVELLEMENT OU CONVERSION DES CONCESSIONS À DURÉE LIMITÉE

Renouvellement Les concessions temporaires, trentenaires et cinquantenaires peuvent être renouvelées, c'est-à-dire reconduites pour une **durée** identique à leur durée initiale (CGCT art. L 2223-15, al. 2). Les communes ont également la faculté de proposer le renouvellement pour une durée plus courte (Rép. Masson : Sén. 20-8-2009 p. 2005 n° 9563). 78785
Le renouvellement est un droit (par exemple, CE 9-5-2005 n° 262977 : Lebon p. 186). Il est nécessairement accordé à condition que la demande soit faite dans le **délai** de deux ans de la date d'expiration de la concession (CGCT art. L 2223-15, al. 3 et 4). Les communes doivent informer par tout moyen les concessionnaires et leurs ayants cause de l'existence de ce droit de renouvellement (CGCT art. L 2223-15, al. 4).
Le **tarif** du renouvellement est celui applicable à la date du renouvellement (CGCT art. L 2223-15).

> **Précisions a.** Le renouvellement de la concession ne peut pas porter atteinte au droit des héritiers du fondateur (ou des éventuels autres bénéficiaires désignés par le fondateur) d'y être inhumés. Il s'ensuit que le bénéfice de la concession renouvelée ne peut pas être réservé à l'**héritier qui a effectué le renouvellement** (CAA Nancy 2-3-2006 n° 03-739, 1e ch. ; Rép. Masson : Sén. 9-2-2017 n° 24746).
> **b.** Même si le **renouvellement** a été **obtenu par une personne sans qualité pour le demander**, la concession reste indivise entre les héritiers qui peuvent en demander le renouvellement ultérieur (CE 9-5-2005 n° 262977 : Lebon p. 186).

78790 **Conversion** Les concessions à durée limitée peuvent parfois faire l'objet d'une conversion, c'est-à-dire être transformées en **concessions de plus longue durée** (CGCT art. L 2223-16) : une concession temporaire peut être convertie en concession trentenaire, cinquantenaire ou perpétuelle, une concession trentenaire en concession cinquantenaire ou perpétuelle et une concession cinquantenaire en concession perpétuelle. La transformation d'une concession peut impliquer un déplacement de la sépulture.

Le maire ne peut refuser la conversion, sauf si la durée demandée ne correspond pas à une catégorie de concessions proposée par la commune (TA Strasbourg 19-10-2011 n° 1001127).

REPRISE DES CONCESSIONS EN ÉTAT D'ABANDON

78795 Si les **héritiers** d'une concession ont des droits, ils ont aussi un devoir : celui d'entretenir la concession. Le fait de manquer à ce devoir, c'est-à-dire de laisser une concession à l'état d'abandon, peut être sanctionné par la reprise de celle-ci par la commune.

Dans la mesure où elle porte atteinte au respect dû aux morts, la reprise d'une concession ne peut être engagée que si les **conditions** suivantes sont réunies (CGCT art. L 2223-17 s. et R 2223-12 s.) :
– la concession doit avoir une durée d'existence minimale : au moins 30 ans (ou, si une personne morte pour la France y a été inhumée, 50 ans à compter de son inhumation) ; il en résulte que seules les concessions trentenaires, cinquantenaires, centenaires et perpétuelles peuvent être reprises par la commune (Rép. Hage : AN 26-9-1994 p. 4787 n° 11166) ;
– la dernière inhumation doit avoir eu lieu depuis au moins 10 ans ;
– la concession doit être en état d'abandon.

EXEMPLE

L'**état d'abandon** se caractérise par des signes extérieurs nuisant au bon ordre et à la décence du cimetière (Circ. du 22-3-1962 ; Rép. Zimmermann : AN 21-2-2006 p. 1896 n° 75562).
A ainsi été jugée en état d'abandon une concession délabrée, envahie par les ronces et autres plantes parasites (CE 24-11-1971 n° 79385 : Lebon p. 704) ou recouverte d'herbe et sur laquelle poussait un arbuste sauvage (CAA Nancy 3-11-1994 n° 93-482, 2e ch.).
L'administration estime qu'en l'**absence de signes extérieurs** d'abandon, la reprise ne peut pas être effectuée, quelle que soit l'ancienneté de la concession et même si le maire est certain de son abandon, en raison par exemple de l'extinction complète de la famille (Rép. Zimmermann précitée).

78800 **Procédure de reprise** La reprise d'une concession ne peut être menée à bien qu'une fois accomplie une procédure dont les principales étapes sont les suivantes (CGCT art. L 2223-17 s. et R 2223-12 s.).

L'état d'abandon doit être constaté par **deux procès-verbaux**, espacés d'un an, dressés par le maire ou son délégué.

Avant l'établissement de chaque procès-verbal, la commune doit convoquer les descendants ou successeurs du fondateur de la concession, si elle les connaît, et éventuellement la personne chargée de l'entretien de la tombe, en leur indiquant la date et le jour de la constatation de l'état d'abandon. Si la commune ne connaît personne, un avis doit être affiché à la mairie et à la porte du cimetière.

Une fois établi, chaque procès-verbal fait l'objet :
– d'une notification aux descendants ou successeurs du fondateur (s'ils sont connus). La notification du premier procès-verbal doit être accompagnée d'une mise en demeure de rétablir la concession en bon état d'entretien, la notification du second de l'indication des mesures à prendre ;
– d'un affichage à la mairie et au cimetière.

78805 Une **liste des concessions en état d'abandon** doit être tenue à la disposition du public (CGCT art. R 2223-17).

La reprise de la concession doit donner lieu à un **arrêté du maire** pris après avis favorable du conseil municipal (CGCT art. L 2223-17). La commune peut reprendre la concession 30 jours après

sa publication et sa notification. Les **restes mortels** sont exhumés (CGCT art. R 2223-20). Le maire fait alors procéder à leur réinhumation immédiate dans un ossuaire ou, en l'absence de volonté contraire du défunt, à leur incinération. Même si aucun reste n'a été retrouvé, les noms des défunts sont inscrits sur un registre tenu à la disposition du public. Ils peuvent aussi être gravés sur une plaque située au-dessus de l'ossuaire.
Le maire peut faire enlever les **monuments et signes funéraires** restés sur la concession. Si la famille ne les récupère pas, la commune en dispose librement : elle peut les détruire, les vendre ou les entretenir à ses frais (pour leur intérêt historique ou artistique par exemple).

SORT DES MONUMENTS FUNÉRAIRES MENAÇANT RUINE

Le maire peut prescrire la **réparation** ou la **démolition** des monuments funéraires construits sur une concession qui menacent ruine, et dont l'effondrement compromettrait la sécurité, ou qui, d'une façon générale, n'offrent pas les garanties de solidité nécessaires au maintien de la sécurité publique (CCH art. L 511-3 s.). **78810**
Après une **procédure** contradictoire permettant l'information préalable des titulaires de la concession et de leurs ayants droit, le maire met en demeure, par arrêté municipal, les titulaires de la concession de réaliser dans un délai déterminé les travaux de démolition ou les travaux nécessaires pour mettre durablement fin au danger, tout en préservant les monuments mitoyens (CCH art. L 511-11). L'arrêté est notifié aux titulaires de la concession ou, si leur adresse actuelle est inconnue ou leur identification impossible, affiché à la mairie et au cimetière.
Si les travaux ne sont pas effectués dans le délai imparti, le maire prend un nouvel arrêté imposant leur exécution dans un délai d'au minimum un mois. Une astreinte pouvant aller jusqu'à 1 000 € par jour de retard peut être prononcée (au maximum 50 000 €) (CCH art. L 511-15). En cas de carence des titulaires de la concession à l'issue de ce second délai, le maire fait procéder d'office aux travaux ou ordonne la démolition du monument funéraire après autorisation du juge.
La commune peut réclamer aux titulaires de la concession le remboursement de l'ensemble des **frais** supportés pour l'exécution des travaux. Le refus délibéré et sans motif légitime d'exécuter les travaux prescrits est passible de **sanctions** pénales.

c. Acquisition d'une concession

Les municipalités ne sont tenues d'accorder des concessions que dans la limite des **places disponibles** (CGCT art. L 2223-13 ; CE 5-12-1997 n° 112888 : Lebon p. 463). Si l'espace nécessaire existe, le maire doit en principe accorder la concession demandée (CAA Nantes 27-12-2006 n° 05-1355, 2e ch.). Mais le fait d'être domicilié dans une commune ne crée pas de droit automatique à l'attribution d'une concession dans le cimetière de cette commune, notamment lorsque celui-ci est de petite taille (Rapp. Défenseur des droits 28-10-2021). **78815**
En cas de **refus**, le maire doit motiver sa décision : contraintes résultant du plan d'aménagement du cimetière (CE 26-10-1994 n° 133244) ; superficie de la concession demandée (CE 25-6-2008 n° 297914) ; absence d'utilité de la concession demandée (CAA Douai 14-2-2001 n° 97-2255, 3e ch.). Il semble en revanche que le maire ne puisse se fonder sur la seule absence de droit à être inhumé dans le territoire de la commune pour refuser la concession (CE 25-5-1990 n° 71412 ; CE 5-12-1997 précité ; Rép. Zimmermann : AN 20-11-2000 p. 6626 n° 51586 ; voir cependant CE 16-11-1992 n° 107857 et Rép. Perrut : AN 30-3-2004 p. 2658 n° 32960).

L'acquisition d'une concession, de quelque nature qu'elle soit, fait l'objet d'un **acte de concession**. Ce document contient nécessairement les **mentions** suivantes : caractère individuel, collectif ou familial de la concession ; durée ; superficie ; prix. Il est établi en **trois exemplaires**, dont l'un est remis au titulaire de la concession, l'autre déposé dans les archives de la commune, le troisième étant destiné au receveur municipal, auquel est payé le prix de la concession. **78820**

Le **règlement** du prix d'une concession doit être effectué d'avance. Son **montant** dépend de la durée de la concession, du nombre de personnes qui peuvent être inhumées, de sa superficie, de sa situation et surtout du cimetière dans lequel elle se trouve (CGCT art. R 2223-11 ; Rép. Demange : AN 8-11-1993 p. 3944 n° 5976). Il n'inclut pas le coût des caveaux, monuments et tombeaux qui peuvent y être construits, sauf dans certaines formules le précisant. Le prix des concessions est fixé par le conseil municipal (CGCT art. L 2223-15 et R 2223-11). Celui-ci a toute liberté en la matière, sous réserve de respecter le principe d'égalité des citoyens devant les services publics. Le prix d'une concession familiale perpétuelle située dans un cimetière de Paris « intra muros » peut atteindre 15 000 €. Celui d'une concession temporaire dans un cimetière de province peut ne pas dépasser quelques dizaines d'euros. Pour une concession trentenaire, le coût moyen se situe en général entre 150 et 700 €. **78825**

3. INHUMATION EN TERRAIN COMMUN

MODALITÉS

78830 Toute personne décédée sur le territoire d'une commune ou qui y était domiciliée ou encore qui, n'ayant pas de sépulture de famille dans la commune, était inscrite sur les listes électorales de celle-ci a le droit d'être inhumée en terrain commun dans le cimetière communal.
L'inhumation en terrain commun (on dit aussi en service ordinaire ou normal) est **gratuite**.
Malgré son nom, elle a lieu dans un **emplacement individuel** (CGCT art. R 2223-3). Les proches du défunt peuvent placer une pierre tombale, des emblèmes religieux, ainsi qu'une plaque indiquant le nom de la personne, sa date de naissance et celle de sa mort (CGCT art. L 2223-12).
Comparée à la concession funéraire, la sépulture en terrain commun se caractérise :
– par sa **durée** relativement brève, celle-ci ne pouvant cependant être inférieure à cinq ans (CGCT art. R 2223-5) ;
– par l'absence de **droit au renouvellement** ou à la conversion.

REPRISE DU TERRAIN

78835 A l'expiration du délai fixé, la commune peut en principe procéder à la reprise du terrain.
Avant, le maire doit prendre un **arrêté** faisant connaître la date de reprise et le délai dont disposent les familles pour retirer les objets ou signes funéraires qui y sont déposés. Cet arrêté doit être affiché à la mairie et à la porte du cimetière.
La famille peut faire procéder à la réinhumation des **restes mortels** dans une concession funéraire. Il lui faudra alors demander une autorisation de transport du corps après mise en bière.
Elle peut aussi décider leur incinération : outre l'autorisation de transport du corps après mise en bière, une autorisation de crémation sera nécessaire. Si une urne avait été inhumée, elle est remise à la famille. Toutes ces opérations sont payantes.
En cas de silence de la famille, les restes mortels sont déposés à l'ossuaire où ils sont réinhumés.
En l'absence de volonté contraire du défunt, les restes peuvent aussi être incinérés avant d'être déposés à l'ossuaire ; les restes des défunts qui avaient manifesté leur opposition à la crémation doivent être distingués au sein de l'ossuaire (CGCT art. L 2223-4 et R 2223-6).

C. Incinération

FORMALITÉS

78850 Pour faire procéder à une incinération ou crémation, il faut obtenir une **autorisation** du maire de la commune où le décès a eu lieu ou, s'il y a eu transport du corps avant mise en bière, de la commune de la mise en bière (CGCT art. R 2213-34).
Si le décès a eu lieu à l'étranger ou dans un territoire d'outre-mer, la demande est faite au maire de la commune de crémation ; s'il s'agit de la crémation de restes des corps exhumés, il faut saisir le maire de la commune du lieu d'exhumation.
L'autorisation est accordée sur production :
– de l'expression écrite des dernières volontés du défunt ou de la demande de la personne qui a qualité pour s'occuper des funérailles ;
– d'un certificat médical affirmant que le décès ne pose pas de problème médico-légal ; dans le cas contraire, l'incinération doit être autorisée par le procureur de la République, qui peut la subordonner à une autopsie préalable.
Dans certaines communes, les incinérations donnent lieu non seulement à des **frais** de crémation, mais aussi à la perception d'une taxe spécifique.

SORT DES CENDRES

78855 Les cendres sont recueillies dans une **urne** munie d'une plaque portant l'identité du défunt et le nom du crématorium (CGCT art. L 2223-18-1, al. 1). Les métaux issus de la crémation sont séparés des cendres du défunt et récupérés par le gestionnaire du crématorium (CGCT art. L 2223-18-1-1).
L'urne est ensuite remise à la personne qui a pourvu aux funérailles.
Celle-ci peut se ménager un **temps de réflexion** avant de décider de la **destination des cendres**.
Elle peut ainsi demander que l'urne soit conservée, pendant une durée maximale d'un an, soit au crématorium, soit dans un lieu de culte avec l'autorisation de l'association chargée de l'exercice du culte. Si à l'expiration de ce délai, elle n'a pas pris de décision, les cendres sont dispersées dans un jardin du souvenir, celui de la commune où a eu lieu le décès ou, à défaut, celui de la commune qui en est la plus proche (CGCT art. L 2223-18-1, al. 2 et 3). En cas de désaccord entre les proches, c'est la personne la mieux qualifiée pour organiser les funérailles qui a le dernier mot (Cass. 1e civ. 18-12-2019 n° 19-11.929 F-D : BPAT 1/20 inf. 49 ; voir nos 78465 s.).

Les cendres peuvent être « recueillies » dans un **espace public** : soit l'urne est inhumée dans une sépulture classique ou dans un petit caveau spécifique (parfois dénommé « cavurne »), déposée dans un columbarium ou scellée sur un monument funéraire à l'intérieur d'un cimetière ou d'un site cinéraire, soit les cendres sont dispersées dans un jardin du souvenir (CGCT art. L 2223-18-2). **78855** (suite)

Les familles ne peuvent ni se partager les cendres du défunt ni conserver l'urne à leur domicile. En revanche, l'urne peut être inhumée dans une **propriété privée** selon la procédure visée n° 78720, exception faite de l'avis de l'hydrogéologue agréé qui n'est pas requis (CGCT art. R 2213-32). La même servitude de passage permet à ceux qui le souhaitent de se recueillir sur le lieu de l'inhumation de l'urne après la vente de la propriété (Rép. Pérat : AN 23-8-2011 p. 9041 n° 101820).

Les cendres peuvent aussi être dispersées en **pleine nature**, sauf sur les voies publiques. En pareil cas, il faut effectuer une déclaration à la mairie du lieu de naissance du défunt (CGCT art. L 2223-18-3). La déclaration doit préciser l'identité du défunt, la date et le lieu de dispersion de ses cendres. Ces indications sont reportées sur un registre municipal spécial.

› Précisions a. **L'interdiction de conserver l'urne au domicile** d'un membre de la famille (ou d'un tiers) ne s'applique qu'aux incinérations effectuées depuis le 21 décembre 2008 (Loi 2008-1350 du 19-12-2008). Selon nous, les personnes qui détenaient déjà une urne à cette date peuvent la conserver. Si elles souhaitent s'en séparer, elles devront en revanche respecter les prescriptions nouvelles.

b. Avant de transporter une urne funéraire à l'**étranger**, il faut obtenir une autorisation du préfet du département du lieu de crémation du défunt ou du lieu de résidence du demandeur (CGCT art. R 2213-24). L'autorisation obtenue mentionne la date, l'horaire et le numéro de vol : sa durée de validité est par conséquent limitée. L'autorisation est nécessaire pour les vols depuis la métropole ou un département d'outre-mer vers l'étranger, une collectivité d'outre-mer ou la Nouvelle-Calédonie, les vols vers la Corse n'étant pas concernés (Guide de recommandations relatif aux urnes cinéraires du ministère de la cohésion des territoires du 6-12-2018).

c. La **récupération des métaux** issus de la crémation par le crématorium a été jugée conforme à la Constitution (Cons. const. QPC 8-1-2024 n° 2023-1075). Les griefs tirés de l'atteinte à la dignité humaine et à la privation des héritiers de leur droit de propriété sur ces métaux sont écartés considérant d'une part que les métaux sont dissociables des cendres et que le retraitement des métaux par un service compétent relève de l'intérêt général. Le produit de cession des métaux est ensuite reversé à une ou plusieurs communes chargées d'affecter la somme au financement des frais d'obsèques des personnes dépourvues de ressources suffisantes (CGCT art. R 2223-3-103-1 créé par décret 2022-1127 du 5-8-2022).

CHAPITRE 4

DROIT PÉNAL DE LA FAMILLE

SOMMAIRE

INFRACTIONS PÉNALES SPÉCIFIQUES OU DE DROIT COMMUN

79000 Le droit pénal de la famille regroupe les délits dont l'objet consiste à **protéger spécifiquement la famille**. Le déclenchement des poursuites pénales est parfois le dernier recours pour sanctionner un parent ou un conjoint qui demeure défaillant malgré des décisions civiles ou des tentatives de médiation. Plusieurs infractions pénales ont ainsi pour objet de protéger les membres de la famille les plus vulnérables, enfants ou ascendants âgés notamment.

Il existe par ailleurs des **infractions générales dont la répression est aggravée** lorsqu'elles sont commises dans un cadre familial (atteintes à l'intégrité physique ou violences et agressions sexuelles, notamment).

Nous présentons ici les principales infractions applicables (éléments constitutifs, faits justificatifs susceptibles d'être retenus), leurs sanctions et les particularités de leur répression (prescription, action civile ou spécificités procédurales).

IMMUNITÉ FAMILIALE

Les liens familiaux peuvent conduire à l'impunité de l'auteur d'un délit ; on parle alors d'immunité familiale. Sont concernés : 79003

– les **délits d'appropriation des biens d'autrui** (vol, extorsion, chantage, escroquerie, abus de confiance), quand le bien appartient à son ascendant, descendant ou époux, à l'exception des objets et documents indispensables à la vie quotidienne tels les papiers d'identité, titres de séjour, moyens de paiement ou de télécommunication, à condition que les époux ne soient pas séparés de corps ou autorisés à résider séparément ou que l'auteur des faits ne soit pas le tuteur, le curateur, le mandataire spécial désigné dans le cadre d'une sauvegarde de justice, la personne habilitée dans le cadre d'une habilitation familiale ou le mandataire exécutant un mandat de protection future de la victime (C. pén. art. 311-12) ;

– les **délits d'atteinte portée à la justice** (non-dénonciation de crime, recel de criminel, omission de témoigner en faveur d'un innocent) ; la protection concerne les conjoints et concubins, ascendants, descendants, frères et sœurs de la personne poursuivie (C. pén. art. 434-1 s.).

ILLUSTRATIONS

Le **fils** qui utilise la carte bancaire de ses parents peut être condamné pour escroquerie ; en effet, le bénéfice de l'immunité familiale est exclu lorsque l'infraction commise porte, notamment, sur des moyens de paiement comme une carte bancaire, ce qui couvre le cas où ces moyens de paiement constituent l'objet du délit d'escroquerie (Cass. crim. 14-6-2023 n° 22-84.591 F-D : BPAT 5/23 inf. 251).

Même si l'immunité légale ne s'applique pas aux **concubins**, la jurisprudence peut s'appuyer sur l'existence d'une vie commune pour estimer qu'il existe un doute raisonnable sur l'intention frauduleuse de celui qui a commis l'élément matériel d'une infraction (Cass. crim. 17-2-2016 n° 15-80.634 FS-PB : BPAT 2/16 inf. 55).

SECTION 1

LES ATTEINTES À L'AUTORITÉ PARENTALE

A. Non-représentation d'enfant

Commet le délit de non-représentation d'enfant celui qui refuse indûment de représenter un enfant mineur à la personne en droit de le réclamer (C. pén. art. 227-5). 79010

Si de nombreuses **plaintes** sont enregistrées par les services de police chaque année, des poursuites pénales ne sont engagées que pour une minorité d'affaires.

1. ÉLÉMENTS CONSTITUTIFS

L'infraction est retenue dès que trois éléments sont réunis : 79012

– une obligation de représentation d'un mineur (condition préalable) ;

– un refus de représenter ce mineur (élément matériel) ;

– une intention de ne pas représenter l'enfant (élément moral).

CONDITION PRÉALABLE

Le délit de non-représentation ne concerne que les enfants **mineurs**, à l'exclusion de ceux émancipés ou mariés. 79015

L'infraction suppose qu'une personne soit en **droit de réclamer l'enfant**. Ce droit résulte le plus souvent d'une décision de justice ou d'une convention judiciairement homologuée, mais il peut aussi avoir pour origine une disposition légale.

Lorsque l'obligation de représenter le mineur figure dans une **décision de justice**, dans une **convention** judiciairement homologuée ou une convention de divorce établie par acte d'avocat et déposée chez un notaire, encore faut-il que celle-ci soit exécutoire. Les ordonnances rendues par le juge aux affaires familiales sont exécutoires de plein droit ; une décision étrangère non revêtue de l'exequatur ne l'est pas. 79016

L'auteur du délit doit avoir eu connaissance de la décision. En général, cette connaissance se déduit de la signification de la décision, mais les juges peuvent tenir compte d'autres éléments. Ainsi jugé que le parent ayant fait appel d'une ordonnance du juge aux affaires familiales en

avait effectivement connaissance, sans qu'il soit besoin de vérifier si elle avait effectivement été notifiée (Cass. crim. 23-6-1999 n° 98-87.147 P : Bull. crim. n° 155).
La **modification** ultérieure des modalités de garde de l'enfant n'a pas d'incidence sur les poursuites pénales, y compris lorsque la résidence du mineur est modifiée avec effet rétroactif (Cass. crim. 14-3-2012 n° 11-85.421 P : Bull. crim. n° 74).

ATTENTION

La décision de justice ou la convention sont également déterminantes pour la compétence du juge français. En effet, le **lieu de commission** du délit est celui où l'enfant doit être remis ; en l'absence de précision sur ce point dans la décision fixant l'obligation de représentation, ce lieu est le domicile du parent en droit de le réclamer (Cass. crim. 14-4-1999 n° 98-82.853 P : Bull. crim. n° 85). Le juge français peut ainsi condamner un père qui retient son enfant à l'étranger alors qu'il réside habituellement chez sa mère en France (Cass. crim. 21-6-2023 n° 23-80.031 F-B : BPAT 5/23 inf. 252-2).

79018 La **loi** confère aux titulaires de l'exercice de l'autorité parentale le droit d'exiger que leur enfant leur soit remis. Le tiers qui s'opposerait à cette remise pourrait être poursuivi sans que les titulaires de cette autorité ne disposent d'une décision de justice. Mais tel n'est pas le cas des grands-parents, aucune disposition légale ne leur permettant de réclamer un enfant sans décision de justice (CA Riom 11-6-2003 : JurisData n° 2003-21-8898).

ÉLÉMENT MATÉRIEL

79020 Le délit de non-représentation est constitué par le **fait** :
– de ne pas remettre un enfant à la personne titulaire d'un droit de visite et d'hébergement ;
– de ne pas ramener un enfant à la personne chez qui l'enfant doit résider.
Le délit de non-représentation peut être retenu à la suite de celui de **soustraction** d'enfant (Cass. crim. 11-5-2023 n° 22-82.144 F-D).

79021 Les tribunaux se réfèrent aux **modalités concrètes** d'exercice du droit de visite et d'hébergement prévues par la décision civile. Le non-respect de ces modalités, qu'il s'agisse de la date ou de l'heure de la remise de l'enfant, du lieu de la remise ou encore de la personne habilitée à venir chercher l'enfant, suffit à caractériser l'élément matériel du délit. Encore faut-il que ces modalités soient suffisamment détaillées pour pouvoir fonder une condamnation. L'infraction n'est pas constituée en présence d'une ordonnance imprécise du juge aux affaires familiales, par exemple une décision ordonnant un droit de visite et d'hébergement un week-end sur deux, sans préciser le rang de ces week-ends dans le mois (CA Aix-en-Provence 17-4-2002 : Dr. pén. 2002 comm. n° 122).

ILLUSTRATIONS

L'infraction a été **retenue** dans les situations suivantes :
– impossibilité pour une mère de prendre ses enfants chez son ex-mari en raison de l'absence de ce dernier à l'heure convenue pour réclamer les enfants (CA Rouen 24-11-1980 : Gaz. Pal. 1981 somm. 206) ;
– mensonge de la mère consistant à faire croire au père que sa fille était malade afin qu'il ne vienne pas chercher l'enfant à son domicile (Cass. crim. 18-12-2002 n° 02-83.667 P : Bull. crim. n° 237) ;
– refus de remettre l'enfant le 5e week-end du mois, ce que prévoyait la décision judiciaire, au prétexte que le week-end commençait le dernier jour d'un mois mais se terminait le premier jour du mois suivant (CA Douai 8-11-1990 : Dr. pén. 1991 chron. n° 4 note M. Véron) ;
– refus de la mère de laisser sa fille prendre le train pour rejoindre son père en étant accompagnée par le service jeune voyageur de la SNCF, au motif qu'il ne s'agissait pas d'un tiers digne de confiance (Cass. crim. 10-12-2014 n° 13-85.038 : BPAT 1/15 inf. 7).
Elle a été **écartée** dans une affaire où la mère avait justifié son refus de remettre l'enfant par le non-respect par le père des dispositions de l'ordonnance du juge aux affaires familiales, en l'espèce l'obligation de lui communiquer à l'avance le nom du tiers de confiance présent lors de l'exercice du droit de visite (Cass. crim. 3-10-2012 n° 12-80.569 P : Bull. crim. n° 212).

ÉLÉMENT INTENTIONNEL

79023 L'auteur de l'infraction doit avoir eu la **volonté** de ne pas remettre l'enfant à la personne en droit de le réclamer. L'intention ne se présume pas : un refus délibéré ou indu de remettre l'enfant doit être constaté par les juges du fond. Par exemple, a été relaxée la mère qui s'est opposée à l'exercice du droit de visite accordé au père sur la base d'informations erronées fournies par son avocat, dans la mesure où elle avait agi de bonne foi (CA Douai 26-9-1996 : Dr. pén. 1997 comm. n° 60).

L'infraction de non-représentation d'enfant est constituée quel que soit le **mobile** qui a guidé son auteur (Cass. crim. 3-9-1996 n° 94-85.046 P : Bull. crim. n° 311).

2. FAITS JUSTIFICATIFS

Le refus de représenter l'enfant n'est pas punissable lorsqu'il est justifié par certaines circonstances. Peuvent être invoqués la contrainte, l'état de nécessité ou la résistance de l'enfant. **79028**

CONTRAINTE

La contrainte est une pression extérieure qui justifie les agissements de l'auteur d'une infraction, conduisant à son irresponsabilité pénale (C. pén. art. 122-2). **79030**

La contrainte morale a été retenue par la jurisprudence en cas de **menace d'enlèvement international** de l'enfant par le titulaire du droit de visite et d'hébergement ; dans cette affaire, le père exerçant le droit de visite et d'hébergement avait conservé des liens familiaux en Algérie et l'état de santé de l'enfant nécessitait une surveillance médicale régulière (CA Dijon 19-12-1984 : Rev. sc. crim. 1985 p. 812). La crainte suscitée par la menace d'enlèvement doit être suffisamment importante pour justifier la non-représentation de l'enfant ; elle est appréciée au cas par cas par les juges du fond.

ÉTAT DE NÉCESSITÉ

N'est pas punissable non plus celui qui a refusé de remettre un enfant pour le préserver d'un danger grave, actuel et imminent. L'état de nécessité n'est retenu qu'à la condition que le **risque encouru** par l'enfant soit prouvé. Par exemple, un certificat médical établi par un expert psychiatre, faisant état d'une menace sur l'équilibre psychique d'une enfant de quatre ans, a emporté la conviction de juges d'appel en faveur de la relaxe d'une mère (CA Colmar 18-6-2014 n° 14/00493 : AJ pénal 2014 p. 416). **79031**

La jurisprudence a été amenée à se prononcer dans plusieurs affaires où la mère refusait de représenter l'enfant à son père en prétendant que celui-ci avait commis des **abus sexuels** sur l'enfant. Les condamnations pour non-représentation d'enfant ont été maintenues lorsque les faits invoqués n'étaient pas formellement établis (pour un exemple, voir Cass. crim. 7-5-2008 n° 07-87.211 : plainte pour attouchements classée sans suite).

› **Précisions a.** Des **soupçons** considérés comme **plausibles** par le juge aux affaires familiales peuvent conduire ce dernier à aménager le droit de visite et d'hébergement, sans pour autant dénier ce droit au père. Dans ce cas, le délit reste caractérisé (Cass. crim. 2-9-2004 n° 04-81.037 : Dr. pén. 2004 comm. n° 172 ; en l'espèce le juge aux affaires familiales avait organisé un droit de visite et d'hébergement du père au domicile des grands-parents, la mère refusant de s'y plier).

b. Si la personne mise en cause justifie son refus par des allégations de violences sur le mineur relevant de l'article 706-47 du Code de procédure pénale par la personne en droit de le réclamer, des **vérifications** doivent être accomplies à la demande du procureur avant la décision de mise en mouvement de l'action publique ou, en cas de citation directe, avant l'audience du tribunal correctionnel (CPP art. D 47-11-3).

c. La relaxe d'une mère pour **dénonciation calomnieuse** et non-représentation d'enfant, à la suite de la dénonciation de faits de viols sur sa fille par le père afin de faire obstacle à son droit de visite et d'hébergement, empêche la condamnation ultérieure de cette mère pour faute civile dès lors qu'il n'est pas prouvé qu'elle avait connaissance de la fausseté des faits de viol (Cass. 2e civ. 24-11-2022 n° 21-17.167 F-B : BPAT 2/23 inf. 107-15).

RÉSISTANCE DE L'ENFANT

En **principe**, celui qui a l'obligation de représenter l'enfant ne peut invoquer le refus du jeune de voir son autre parent. Il doit faire preuve d'autorité afin de l'y contraindre (Cass. crim. 17-6-1992 n° 91-86.814 P : Bull. crim. n° 245 ; Cass. crim. 27-10-1993 n° 93-81.362 D). La simple réticence d'un enfant n'est donc ni un fait justificatif, ni une excuse légale, ni une circonstance exceptionnelle empêchant le parent d'exécuter son obligation (Cass. crim. 9-5-2019 n° 18-83.840 F-D, pour un droit de visite accordé au grand-père de l'enfant). **79033**

La solution est différente lorsque le parent justifie de **circonstances exceptionnelles** : une circonstance d'exonération légitime peut alors être retenue (Cass. crim. 9-5-2019 n° 18-83.840 F-D). Tel est le cas du refus catégorique de deux fillettes de suivre leur père, celui-ci les ayant cachées pendant 47 jours sans qu'elles puissent recevoir de nouvelles de leur mère lors des vacances précédentes, les juges du fond constatant que les enfants étaient de ce fait gravement perturbées (Cass. crim. 15-12-1976 n° 76-90.325 P : Bull. crim. n° 368).

À ce titre, les tribunaux tiennent parfois compte de l'**âge de l'enfant**, la résistance d'un adolescent étant plus difficile à vaincre que celle d'un jeune enfant.

ILLUSTRATIONS

S'agissant des **adolescents**, la jurisprudence situe en général autour de 15/16 ans l'âge auquel il devient difficile voire impossible pour un parent d'imposer à son enfant d'accepter de voir l'autre parent. Encore faut-il que le parent se soit conformé aux modalités du droit de visite et d'hébergement et ait tenté de convaincre son enfant.
La mère d'un jeune de 13 ans a ainsi été condamnée, les juges ayant estimé que l'enfant était encore suffisamment jeune pour qu'elle soit à même de vaincre son refus (Cass. crim. 21-10-2015 n° 14-85.095 F-D : BPAT 6/15 inf. 213).
En revanche, ont été relaxées :
– la mère d'un adolescent de 15 ans refusant catégoriquement de suivre son père (CA Toulouse 8-9-2003 : JCP G 2003 IV n° 1669) ;
– une mère qui a conduit ses filles âgées de 14 et 16 ans au rendez-vous fixé dans un espace rencontre puis les a gardées à son domicile pour voir leur père, dès lors que ces dernières ont refusé de le rencontrer et ont exprimé ce refus dans une lettre adressée au JAF (Cass. crim. 24-5-2018 n° 17-83.682 F-D : BPAT 4/18 inf. 154).
À noter que lorsqu'un parent invoque la résistance de ses adolescents alors qu'il est poursuivi pour non-représentation d'enfants et demande aux juges un supplément d'information afin de procéder à l'**audition** des jeunes, la cour ne peut pas refuser sans motiver spécialement sa décision (Cass. crim. 18-5-2022 n° 21-85.220 F-D : BPAT 4/22 inf. 217-8).

3. SANCTIONS

PEINES PRINCIPALES

79035 La non-représentation d'enfant est punie au maximum d'un an d'emprisonnement et de 15 000 € d'amende.

Les sanctions maximales sont de trois ans de prison et 45 000 € d'amende en présence de l'une de ces circonstances aggravantes (C. pén. art. 227-9 s.) :
– rétention du mineur au-delà de cinq jours sans que ceux qui ont le droit de réclamer l'enfant ne sachent où il se trouve ;
– rétention indue du mineur à l'étranger ;
– l'autorité parentale de l'auteur de l'infraction lui a été retirée.

› **Précisions** **a.** La **résistance de l'enfant** n'est pas une cause légale d'exemption ou de diminution de la peine (Cass. crim. 28-5-1997 n° 95-85.142 D). Le juge pénal dispose cependant de larges pouvoirs dans la personnalisation de la peine qu'il prononce et peut en tenir compte. Sur la question de savoir si la résistance de l'enfant constitue un fait justificatif : voir n° 79033.
b. Le tribunal peut prononcer une peine assortie d'un **sursis probatoire**, avec obligation de remettre ses enfants entre les mains de ceux auxquels la garde a été confiée (C. pén. art. 132-45, 17°). Cette obligation de remise bénéficie au parent qui ne bénéficie que d'un simple droit de visite dans un lieu neutre, droit prévu dans l'ordonnance initiale de non-conciliation (Cass. crim. 23-3-2022 n° 21-80.885 F-B : BPAT 3/22 inf. 172-20).
c. Si les juges prononcent rarement une peine d'**emprisonnement ferme**, la récidive ainsi que l'absence devant le tribunal du parent qui refuse de remettre l'enfant à son autre parent peuvent conduire les juges à lui refuser le sursis ou l'aménagement de la peine et prononcer son incarcération (Cass. crim. 16-10-2019 n° 18-86.533 F-D).

PEINES COMPLÉMENTAIRES

79036 Elles sont communes à toutes les atteintes aux mineurs et à la famille (C. pén. art. 227-29) :
– interdiction des droits civiques, civils et de famille ;
– suspension ou annulation du permis de conduire ;
– interdiction de quitter le territoire ;
– confiscation de la chose qui a servi à commettre l'infraction ;
– interdiction d'exercer une activité impliquant un contact habituel avec les mineurs.

› **Précisions** **a.** En principe, la peine complémentaire est prononcée en plus de la peine principale. Mais le juge peut décider de prononcer une ou plusieurs peines complémentaires en **remplacement** d'une peine principale (C. pén. art. 131-11).
b. Le tribunal peut également, à la place ou en même temps que l'emprisonnement, ordonner l'accomplissement d'un stage adapté à la nature et aux circonstances du délit (C. pén. art. 131-5-1). Le stage doit être exécuté dans les six mois suivant la condamnation définitive.

Son coût est supporté par le condamné dans la limite de 450 €, sauf décision contraire de la juridiction. Un **stage de responsabilité parentale** peut ainsi être prescrit. Il a pour objet de rappeler au condamné les obligations juridiques, économiques, sociales et morales qu'implique l'éducation des enfants (CPP art. R 131-35). En pratique, il s'effectue auprès d'associations intervenant dans le soutien éducatif aux parents.

4. PARTICULARITÉS DE LA RÉPRESSION

TENTATIVE ET COMPLICITÉ

La tentative de non-représentation n'est pas sanctionnée en tant que telle. Certains des **actes préparatoires** à la non-représentation d'enfant tombent toutefois sous le coup de la loi pénale, un délit spécifique sanctionnant le défaut de notification d'un changement de domicile aux personnes titulaires d'un droit de visite et d'hébergement (voir nos 79070 s.). 79038

Celui qui a fourni **aide et assistance** à l'auteur de l'infraction peut être déclaré complice. Un grand-père a ainsi été sanctionné pour avoir encouragé les agissements de son fils, s'être opposé à l'huissier venu chercher l'enfant et avoir fourni des subsides à son fils pour qu'il emmène son petit-fils à l'étranger (Cass. crim. 19-2-1963 n° 62-92.764 : Bull. crim. n° 82). En revanche, une même personne ne peut pas être condamnée pour complicité de non-représentation d'enfant et pour complicité de délit de soustraction d'enfants pour les mêmes faits (Cass. crim. 8-1-2020 n° 19-80.809 F-D).

PRESCRIPTION

Comme tout délit, l'infraction est prescrite au bout de six années. Le point de **départ** du délai est fixé au jour où l'enfant a finalement été remis à la personne en droit de le réclamer. 79041

Un nouveau délit est constitué à chaque refus de représenter l'enfant, faisant partir un **nouveau délai** de prescription (Cass. crim. 14-2-1957 : Bull. crim. n° 150).

PLAINTE DE LA VICTIME

La non-représentation d'enfant est un délit successif, qui se renouvelle chaque fois que le parent refuse de remettre l'enfant. Il peut donc donner lieu à **plusieurs** dépôts de plaintes (jurisprudence constante). 79042

ATTENTION

Si le parent qui réclame l'enfant se **désiste de sa plainte**, les poursuites pénales ne sont pas pour autant suspendues. La plainte de la victime n'est pas une condition nécessaire à la poursuite du délit de non-représentation d'enfant (Cass. crim. 23-6-2010 n° 09-83.063 F-D).

B. Soustraction de mineur

1. SOUSTRACTION COMMISE PAR UN ASCENDANT

Se rend coupable de soustraction d'enfant l'ascendant qui soustrait un enfant mineur des mains de ceux qui exercent l'autorité parentale, auxquels il a été confié ou chez qui il a sa résidence habituelle (C. pén. art. 227-7). 79045

ÉLÉMENTS CONSTITUTIFS

L'**élément matériel** consiste à déplacer l'enfant alors qu'il se trouvait soit auprès du titulaire de l'autorité parentale, soit auprès d'une autre personne à qui il avait été confié ou chez qui il avait sa résidence habituelle. 79048

Il faut un acte positif. Les tribunaux entendent largement cette notion de déplacement : peu importe que le mineur ait lui-même quitté son domicile, du moment qu'il a agi sur les conseils ou les instructions de l'ascendant. Sur la durée du déplacement, voir n° 79064 (solutions rendues pour la soustraction par un tiers mais à notre avis transposables à la soustraction par ascendant).

ILLUSTRATIONS

Constitue une soustraction de mineur le fait pour une mère titulaire de l'autorité parentale en vertu d'une décision des autorités turques d'avoir **déplacé son enfant à l'étranger**, alors que l'enfant résidait habituellement chez son père en France (Cass. crim. 1-6-2022 n° 21-81.813 F-B : BPAT 4/22 inf. 217-9).

Un père, à qui la **résidence habituelle des enfants** est **retirée par le JAF**, peut être poursuivi pour soustraction de mineur s'il conduit ses enfants dans un lieu différent de leur nouveau lieu de résidence (Cass. crim. 25-1-2023 n° 21-86.595 F-D : BPAT 2/23 inf. 107-14).

79049 Il n'est pas nécessaire que la **personne à laquelle le mineur est soustrait** exerce l'autorité parentale. C'est ce qu'a rappelé la Cour de cassation dans une affaire où un enfant avait été amené à l'étranger par sa grand-mère pendant des vacances chez sa mère, alors que le père était le seul titulaire de l'autorité parentale (Cass. crim. 16-2-2005 n° 04-82.955 D : Dr. pén. 2005 comm. n° 87). L'existence d'un lien de filiation entre le mineur et la personne à qui il était confié au moment de la soustraction n'est pas nécessaire non plus. La Commission de révision de la Cour de cassation a ainsi refusé de revenir sur la condamnation d'une mère qui avait soustrait sa fille des mains de son ex-mari à qui la garde de l'enfant avait été confiée, alors qu'un jugement postérieur avait annulé la reconnaissance de l'enfant par son père (Cass. com. de révision 11-3-2002 n° 01-99.158 : Bull. crim. n° 1).

79051 L'**ascendant** auteur de la soustraction peut être l'un des parents, voire l'un des grands-parents de l'enfant. Par exemple, la grand-mère d'une fillette a été condamnée pour avoir amené puis gardé l'enfant avec elle pendant cinq ans en Autriche, à la demande de sa fille mais en contradiction avec les droits du père de l'enfant à qui les juridictions françaises en avaient confié la garde (Cass. crim. 16-2-2005 précité).

79052 Enfin, le déplacement du mineur doit être volontaire. L'auteur doit aussi avoir conscience de porter atteinte aux droits du titulaire de l'autorité parentale ou de la personne à qui le mineur a été confié. Faute d'**élément intentionnel**, l'infraction n'est pas caractérisée.
En revanche, peu importe le mobile poursuivi par l'auteur de la soustraction. De même, le fait que le mineur accepte de partir avec l'ascendant n'empêche pas de retenir le délit.

ILLUSTRATIONS

Dans le cas d'un père qui a accepté que sa fille ne réintègre pas le domicile de sa mère à l'issue de son droit de visite, puis l'a accueillie après sa fugue du foyer où elle avait été placée, la chambre criminelle a écarté la soustraction **à défaut d'élément moral** (Cass. crim. 29-10-1991 n° 90-86.747 D : D. 1993 som. p. 131).

PEINES

79055 L'ascendant encourt un emprisonnement d'un an et une amende de 15 000 €. Les circonstances aggravantes et les peines complémentaires sont les mêmes que celles prévues pour la non-représentation d'enfant (voir n°s 79035 s.).

PARTICULARITÉS DE LA RÉPRESSION

79058 La **tentative** de soustraction de mineur est réprimée (C. pén. art. 227-11).
La répression peut s'étendre aux **complices** de l'infraction, du moment que ces derniers apportent leur aide au déplacement de l'enfant en connaissance de cause (pour un exemple, Cass. crim. 29-9-2004 n° 03-86.437 D).

79059 La soustraction est un **délit continu**, qui se poursuit aussi longtemps que son auteur persévère dans sa volonté de porter atteinte à l'exercice de l'autorité parentale ou aux droits de la personne à qui le mineur a été confié (Cass. crim. 23-2-2000 n° 99-84.739 P : Bull. crim. n° 83). Cette qualification a deux conséquences :
– la prescription de six ans ne commence à courir qu'à partir du jour où la soustraction a cessé ;
– le juge français est compétent pour connaître des soustractions de mineurs enlevés à l'étranger mais transitant par la France.
L'infraction **se renouvelle** chaque fois que son auteur démontre par son comportement sa volonté de persévérer dans son attitude (Cass. crim. 30-6-1991 n° 80-91.173 P : Bull. crim. n° 223).

2. SOUSTRACTION COMMISE PAR UN TIERS

79062 Commet le délit de soustraction par une personne autre qu'un ascendant celui qui, sans fraude ni violence, soustrait un mineur des mains de ceux qui exercent l'autorité parentale ou auxquels il a été confié ou chez qui il a sa résidence habituelle (C. pén. art. 227-8).

ÉLÉMENTS CONSTITUTIFS

79064 Hormis la qualité d'ascendant de l'auteur, les éléments matériel et moral de l'infraction sont identiques à la soustraction réprimée à l'article 227-7 du Code pénal (voir n°s 79048 s.). Deux points méritent cependant une attention particulière.
À propos de la **durée** minimale de la soustraction, il a été jugé qu'une simple promenade en voiture ne constitue pas un acte matériel d'enlèvement (Cass. crim. 3-2-1972 n° 71-92.033 P : Bull. crim. n° 45). En revanche, des rencontres très régulières de plusieurs heures, exerçant sur la mineure une emprise destinée à la soustraire de l'autorité de ses parents, sont condamnables (Cass. crim. 21-1-2009 n° 08-81.674 D).

La **connaissance** par le tiers **de la minorité** de l'intéressé est nécessaire pour caractériser l'élément moral de l'infraction. Une erreur sur l'âge du mineur, pour autant que l'auteur ait pu raisonnablement se tromper, fait disparaître le délit (Cass. crim. 6-11-1963 n° 63-90.664 P : Bull. crim. n° 311).

Le délit de soustraction de mineur par un tiers a été reproché à des dirigeants d'**associations de placement de mineurs et d'adoption** dans deux situations différentes. 79065
Dans la première, l'association avait **repris un enfant placé** dans une famille en vue de son adoption. Or, si l'enfant placé par une association agréée reste pendant six mois sous son contrôle, il ne peut pour autant plus être repris (C. civ. art. 352). Les responsables associatifs qui se font remettre par les futurs parents adoptifs un enfant placé en violation de cette règle, alors même qu'ils auraient la qualité de tuteur de cet enfant, se rendent coupables du délit de soustraction d'enfant (Cass. crim. 18-11-1980 n° 79-92.026 P : Bull. crim. n° 303).
Dans la seconde, le président d'une association avait **placé illégalement** à l'étranger un enfant en vue de son adoption. N'ayant pu rendre l'enfant à ses parents qui le réclamaient, il a été condamné pour soustraction d'enfant (Cass. crim. 24-5-1982 n° 80-92.490 P : Bull. crim. n° 133).

PEINES

Le juge pénal peut prononcer un emprisonnement de cinq ans au maximum et une amende pouvant aller jusqu'à 75 000 €. 79067
Si l'auteur de l'infraction est une personne morale (association, par exemple), le montant maximal de l'amende est multiplié par cinq.

C. Défaut de notification d'un changement de domicile

Se rend coupable d'un délit spécifique celui qui transfère son domicile en un autre lieu alors que ses enfants résident habituellement chez lui, sans notifier son changement de domicile, dans un délai d'un mois à compter de ce changement, à ceux qui peuvent exercer à l'égard des enfants un droit de visite ou d'hébergement en vertu d'un jugement, d'une convention judiciairement homologuée ou d'une convention de divorce établie par acte d'avocat et déposée chez un notaire (C. pén. art. 227-6). 79070
Le délit de défaut de notification d'un changement de domicile a été créé afin de prévenir celui de non-représentation d'enfant : il s'agit d'un **délit-obstacle**.

ÉLÉMENTS CONSTITUTIFS

L'élément **matériel** de l'infraction consiste en une abstention : ne pas notifier au titulaire d'un droit de visite et d'hébergement son changement de domicile dans le mois suivant son déménagement. À notre avis, la loi ne visant que le titulaire d'un droit de visite et d'hébergement, l'incrimination ne s'applique pas en cas de résidence alternée. 79072
L'élément **moral** est caractérisé lorsque celui qui s'abstient a eu la volonté de faire obstacle au droit de visite ou d'hébergement.

ILLUSTRATIONS

Jugé que l'**élément moral** de l'infraction **fait défaut** lorsque l'ex-épouse a notifié son changement de domicile au père de son ex-mari, les ex-époux ayant convenu en raison des violences exercées par le mari que le beau-père servirait d'intermédiaire entre eux (Cass. crim. 20-2-1991 n° 90-80.061 P : Bull. crim. n° 87).

RÉPRESSION

L'auteur du délit encourt six mois d'emprisonnement et 7 500 € d'amende, ainsi que les peines complémentaires prévues pour la non-représentation d'enfant (voir n° 79036). 79073

SECTION 2

LE NON-PAIEMENT DES CRÉANCES FAMILIALES

A. Abandon de famille

DÉFINITION DE L'ABANDON DE FAMILLE

79080 L'abandon de famille est le fait de ne pas exécuter intégralement, durant plus de deux mois, une décision judiciaire ou l'un des titres mentionnés aux 2e à 6e du I de l'article 373-2-2 du Code civil (notamment : convention de divorce par consentement mutuel, acte reçu en la forme authentique par un notaire, convention ayant reçu force exécutoire par les CAF, transaction revêtue de la force exécutoire) imposant de verser au profit d'un enfant mineur, d'un descendant, d'un ascendant ou du conjoint une pension, une contribution, des subsides ou des prestations de toute nature dues en raison de l'une des obligations familiales prévues par le Code civil (C. pén. art. 227-3, al. 1).

L'infraction est également constituée si le parent débiteur ne s'acquitte pas des sommes dues auprès de l'organisme débiteur des prestations familiales assurant une intermédiation financière des pensions alimentaires (C. pén. art. 227-3, al. 2).

1. ÉLÉMENTS CONSTITUTIFS

79082 Le délit consiste à ne pas exécuter, volontairement, une décision de justice ou un titre fixant une créance familiale. Il suppose que soient réunies une condition préalable, une abstention et une volonté consciente.

CONDITION PRÉALABLE

79083 **Nature et bénéficiaire de la créance** Sont concernées les pensions, contributions, subsides ou prestations de toute nature, du moment que la créance résulte d'une **obligation familiale prévue par le Code civil**. L'infraction a donc vocation à sanctionner le non-respect des créances alimentaires, mais pas seulement. Par exemple, une avance sur la part de l'un des époux dans la communauté, fixée par le jugement de divorce, constitue bien une prestation de toute nature résultant d'une obligation familiale (Cass. crim. 19-10-1981 n° 80-92.574 P : Bull. crim. n° 275, rendu sous l'empire de l'ancien Code pénal mais à notre avis transposable à la rédaction actuelle de l'article 227-3 du Code pénal).

Le **bénéficiaire** de la créance doit être un descendant, un ascendant ou un conjoint. Le délit n'est pas constitué lorsque la créance protège un allié, un concubin ou les frères et sœurs du créancier.

> **Précisions** **a.** Peu importe que la créance soit due sous **forme** de rente ou de capital.
> **b.** Les créances à caractère alimentaire n'ont pas à être déclarées au passif du débiteur soumis à **procédure collective**, ce dernier restant tenu de payer sa dette sur les revenus dont il conserve la disposition (Cass. crim. 9-6-2004 n° 03-84.029 P : Bull. crim. n° 158).
> **c.** Le non-paiement des sommes dues aux CAF ou à la MSA en vertu du dispositif **d'intermédiation des pensions** alimentaires est aussi visé depuis le 1er mars 2022 (C. pén. art. 227-3, al. 2 créé par loi 2021-1754 du 23-12-2021).

79085 **Créance imposée par une décision de justice ou un titre** Le jugement pénal doit mentionner expressément la décision ou le titre qui a reconnu la créance et constater son **caractère exécutoire** (jurisprudence constante). Il peut s'agir d'un jugement, d'une ordonnance, d'une convention judiciairement homologuée, d'une convention de divorce ou de séparation de corps établie par acte d'avocat et déposée chez un notaire selon les modalités prévues à l'article 229-1, d'un acte reçu en la forme authentique par un notaire, d'une convention à laquelle l'organisme débiteur des prestations familiales a donné force exécutoire en application de l'article L 582-2 du Code de la sécurité sociale, etc. En revanche, le jugement qui se borne à donner acte d'une offre de prestation compensatoire ou de pension alimentaire n'a pas de caractère exécutoire et ne peut fonder de condamnation pour abandon de famille (Cass. crim. 10-1-1984 n° 82-92.378 P : Bull. crim. n° 10 ; Cass. crim. 13-12-2017 n° 16-83.256 F-D : BPAT 1/18 inf. 11).

La preuve du **caractère exécutoire** de la décision a donné lieu à une jurisprudence abondante. Il a été posé que la décision judiciaire doit être définitive ou être assortie de l'exécution provisoire. À noter que les ordonnances du juge aux affaires familiales sont exécutoires de plein droit (CPC art. 1074-1, al. 2). 79086

Les tribunaux exigent aussi que la décision de justice fixant l'obligation alimentaire ait été portée dans les formes légales à la connaissance du débiteur. En principe, la décision doit avoir été **notifiée** au débiteur selon les règles du Code de procédure civile. Une signification irrégulière justifie la relaxe du chef d'abandon de famille (Cass. crim. 29-4-1985 n° 84-90.680 P : Bull. crim. n° 160, remise de l'acte de signification en mairie sans vérification de l'adresse du débiteur).

Cependant, s'il est certain que le prévenu a eu **connaissance de la décision** civile, le délit est constitué sans qu'il soit besoin de vérifier si elle a été notifiée. Tel est le cas lorsque le jugement a été exécuté volontairement par le débiteur (Cass. crim. 23-10-1991 n° 90-81.452 D : Dr. pén. 1992 comm. n° 60) ou lorsque ce dernier était présent lors de l'audience fixant la pension alimentaire mise à sa charge (Cass. crim. 28-5-2015 n° 14-84.879 F-D : BPAT 4/15 inf. 130).

La décision doit être exécutoire à la **date** des faits incriminés, c'est-à-dire au moment du défaut de paiement. Dans le cas où la juridiction des affaires familiales ordonne le paiement de la prestation compensatoire sous forme de **versements périodiques** pendant une période déterminée, le délit d'abandon de famille ne peut être constitué pour les défauts de paiement postérieurs à cette période (Cass. crim. 7-9-2016 n° 14-82.076 F-PB : BPAT 6/16 inf. 223). 79087

La **modification ultérieure** de l'obligation contenue dans la décision ou de la situation familiale du débiteur et du créancier ne fait pas disparaître l'infraction.

ILLUSTRATIONS

La **condamnation** pour abandon de famille a été **maintenue** malgré les circonstances suivantes :
- annulation, avec effet rétroactif, de la reconnaissance de complaisance d'un enfant naturel (Cass. cour de révision 2-3-1998 n° 98-97.091 : Bull. crim. n° 78) ;
- nullité du mariage (Cass. crim. 23-3-1981 n° 74-94.340 P : Bull. crim. n° 101) ;
- jugement suspendant, supprimant ou réduisant, avec effet rétroactif, l'obligation alimentaire (Cass. crim. 20-2-2002 n° 01-84.527 D ; Cass. crim. 4-6-2008 n° 07-87.697 P : Bull. crim. n° 139 ; Cass. crim. 29-1-2014 n° 13-81.918 D) ;
- réconciliation des époux après une ordonnance de non-conciliation, si elle n'est pas constatée dans les formes légales par la juridiction compétente (Cass. crim. 12-10-1971 n° 71-90.072 P : Bull. crim. n° 256) ;
- caducité de la décision judiciaire fixant la créance (Cass. crim. 7-10-1992 n° 91-85.138 P : Bull. crim. n° 306) ;
- majorité de l'enfant, l'obligation de contribuer à la charge d'entretien et d'éducation des enfants étant due par le débiteur jusqu'à sa suppression par le juge (Cass. crim. 7-2-2007 n° 06-84.771 P : Bull. crim. n° 34).

ÉLÉMENT MATÉRIEL

Le délit d'abandon de famille suppose un défaut de paiement entre les mains du créancier durant plus de deux mois. 79090

Le **défaut de paiement** est retenu même en cas de paiement partiel de la créance (par exemple, pour un père ayant payé la moitié de la pension directement à son fils étudiant, Cass. crim. 26-10-2005 n° 05-81.053 D : Dr. pén. 2006 comm. n° 19). Il l'est aussi lorsque le débiteur refuse d'indexer la créance (Cass. crim. 26-10-1987 n° 86-94.943 P : Bull. crim. n° 367).

Peu importe également que le créancier ait obtenu les sommes par un autre moyen, ou que le débiteur se soit acquitté de son obligation en d'autres mains.

En revanche, le paiement par anticipation de la dette fait disparaître l'infraction (Cass. crim. 20-3-1984 n° 83-90.946 P : Bull. crim. n° 114).

L'inexécution de l'obligation doit durer **plus de deux mois**. Une carence de deux mois seulement est insuffisante pour fonder une condamnation pénale. 79092

Ce délai s'entend de deux mois consécutifs (Cass. crim. 20-1-1993 n° 92-82.538 D). Par conséquent, payer une pension alimentaire un mois sur deux n'est pas condamnable pénalement.

Les tribunaux apprécient le délai à la date des poursuites pénales (Cass. crim. 14-1-1991 n° 89-84.056 D : Dr. pén. 1991 comm. n° 172, date de la citation devant le tribunal correctionnel). En pratique, cela autorise le créancier à porter plainte avant que le délai ne soit totalement écoulé.

À noter enfin que le paiement ultérieur de la dette n'exonère pas le débiteur de sa responsabilité pénale (Cass. crim. 23-3-1981 n° 74-94.340 P : Bull. crim. n° 101).

ÉLÉMENT INTENTIONNEL

79095 Le débiteur coupable d'un abandon de famille doit s'être **abstenu sciemment** de payer sa créance. Une condamnation qui ne décrit pas suffisamment l'élément intentionnel peut être censurée par la Cour de cassation. Par exemple, dans une affaire où la cour d'appel s'était contentée de relever que le prévenu n'avait pas engagé de procédure de réduction ou de suppression de la pension devant le juge aux affaires familiales pour caractériser son intention de ne pas payer la créance, la décision a été cassée (Cass. crim. 9-6-2004 n° 02-87.820 D : Dr. pén. 2004 comm. n° 154).

L'élément intentionnel fait défaut lorsque le non-paiement est le **fait d'un tiers**. Tel est le cas lorsque la société réglant les créances en raison d'une procédure de saisie-arrêt est mise en faillite (Cass. crim. 28-6-1995 n° 94-84.811 P : Bull. crim. n° 243) ou lorsque la banque a commis une erreur lors du versement de la somme (CA Aix-en-Provence 26-10-2005 : JurisData n° 2004-024612).

Très souvent, le prévenu invoque des **difficultés financières** pour s'exonérer de sa responsabilité pénale, difficultés liées par exemple à une maladie, une perte d'emploi ou encore un remariage. À moins d'une insolvabilité totale qui s'apparente alors à la contrainte (voir n° 79098), ce type d'argument est systématiquement écarté par les juges.

2. FAITS JUSTIFICATIFS

CONTRAINTE

79098 N'est pas responsable pénalement celui qui agit en raison d'une contrainte à laquelle il lui est impossible de résister (C. pén. art. 122-2). Appliquée au délit d'abandon de famille, la contrainte revient à l'impossibilité absolue de régler la créance : le débiteur totalement insolvable est exonéré de sa responsabilité pénale. Il lui appartient toutefois de le prouver, en apportant des éléments permettant de conclure à une impécuniosité totale et non à de simples difficultés financières (Cass. crim. 19-1-2022 n° 20-84.287 FS-B : BPAT 2/22 inf. 119).

Encore faut-il que cette **insolvabilité** ne soit pas due à un comportement fautif (démission, défaut d'inscription à l'assurance chômage, etc.). En cas d'organisation volontaire de son insolvabilité, un délit spécifique peut d'ailleurs être retenu (voir n°s 79125 s.).

ILLUSTRATIONS

A été **relaxé** le débiteur d'une contribution à l'entretien et à l'éducation de sa fille pour les motifs suivants (CA Montpellier 15-11-2007 n° 07/00568) :
– les sociétés dont il tirait ses revenus avaient été liquidées ;
– en sa qualité de dirigeant social, il ne pouvait prétendre à l'assurance chômage ;
– il faisait l'objet de nombreuses poursuites de la part de créanciers divers ;
– sa situation financière était telle qu'il lui était matériellement impossible de faire face au paiement de la contribution mise à sa charge.

ERREUR SUR LE DROIT

79099 L'erreur sur le droit efface les faits délictueux à condition qu'elle trouve son origine dans une **décision de justice**. Par exemple, a été relaxé le débiteur d'une pension alimentaire qui s'était référé au jugement de divorce pour arrêter de verser à son ex-femme une pension décidée par une ordonnance de non-conciliation, croyant que ce jugement était devenu définitif au vu d'un certificat de non-appel qui lui avait été délivré par erreur (Cass. crim. 31-5-2000 n° 99-87.540 D).

En revanche, l'**avis** donné par un professionnel du droit ne peut fonder l'irresponsabilité pénale du débiteur. Jugé ainsi que le défaut de paiement d'une pension alimentaire, sur les recommandations du représentant des créanciers du débiteur placé en redressement judiciaire, tombe sous le coup de la loi pénale (Cass. crim. 7-1-2004 n° 03-82.337 P : Bull. crim. n° 5).

3. SANCTIONS

PEINES ENCOURUES

79105 L'abandon de famille est réprimé au maximum de deux ans d'emprisonnement et 15 000 € d'amende. Le juge peut prononcer les peines complémentaires énumérées à l'article 227-29 du Code pénal (voir n° 79036).

Le **choix** de la peine doit être motivé par la juridiction correctionnelle en tenant compte de trois critères : les circonstances de l'infraction, la personnalité de l'auteur et sa situation personnelle (C. pén. art. 132-1). La seule mention que le prévenu a persisté dans la méconnaissance de ses obligations ne suffit pas (Cass. crim. 28-6-2017 n° 16-87.469 FS-PB : BPAT 5/17 inf. 180).

PROBATION

Le recours au juge pénal est destiné à contraindre le débiteur à s'acquitter de sa dette autant qu'à le sanctionner pour sa mauvaise volonté. C'est pourquoi l'exécution de la peine est souvent conditionnée au non-paiement de la créance par le condamné. Pour cela, le tribunal correctionnel dispose de deux possibilités. 79106

Il peut décider **l'ajournement du prononcé de la peine** avec probation ou avec injonction de s'acquitter des pensions alimentaires dont le condamné est débiteur. Le tribunal renvoie le prononcé de la peine à une audience ultérieure dans un délai maximum d'un an (C. pén. art. 132-65). À l'issue du délai fixé dans le premier jugement, le juge correctionnel se prononce sur la sanction. Si le condamné a respecté ses obligations, il peut décider de le dispenser de toute sanction pénale ou ne prononcer qu'une sanction légère.

Le juge correctionnel peut aussi prononcer une sanction assortie d'un **sursis probatoire**. Le tribunal fixe la peine mais son exécution est suspendue tant que le condamné justifie qu'il contribue aux charges familiales ou s'acquitte régulièrement des pensions alimentaires dont il est le débiteur (C. pén. art. 132-40). À défaut, le sursis est révoqué et le condamné se voit appliquer la peine prononcée, totalement ou partiellement.

4. PARTICULARITÉS DE LA RÉPRESSION

ACTION PUBLIQUE

La **tentative** d'abandon de famille n'est pas incriminée. Cependant, préparer son insolvabilité afin d'échapper au paiement de ses créances est passible des sanctions prévues au titre de l'organisation frauduleuse de l'insolvabilité (voir n°s 79125 s.). 79110

Le délit est successif : il se **renouvelle** chaque fois que son auteur démontre par son comportement sa volonté de persévérer dans son attitude. Le débiteur condamné une première fois pour non-paiement d'une pension peut être condamné une seconde fois s'il reste à nouveau plus de deux mois sans s'acquitter de son obligation. Le redevable d'une prestation compensatoire en capital peut lui aussi être condamné plusieurs fois, du moment qu'il n'a pas réglé l'intégralité de sa dette (Cass. crim. 2-12-1998 n° 97-83.671 P : Bull. crim. n° 326).

Enfin, l'abandon de famille se **prescrit** par six ans à compter du constat de chaque carence du débiteur.

ACTION CIVILE

Elle est **exercée par** toute personne qui subit un préjudice résultant directement de l'infraction d'abandon de famille. En matière de pension alimentaire, le parent assumant l'entretien d'un enfant, même majeur, peut se prévaloir d'un tel préjudice et par conséquent se constituer partie civile (Cass. crim. 6-12-1983 n° 83-90.408 P : Bull. crim. n° 328). 79113

> **Précisions** **a.** L'action civile n'a pas pour objet le règlement des **sommes dues** au titre de la pension alimentaire, mais l'obtention de dommages et intérêts à la suite du défaut de paiement et pour la période visée par les poursuites pénales (Cass. crim. 31-1-2024 n° 23-81.704 F-B : BPAT 2/24).
>
> **b.** La prescription de l'action visant la **saisie des rémunérations** du débiteur est interrompue par les citations de ce même débiteur devant le tribunal correctionnel pour abandon de famille (Cass. 1e civ. 19-6-2007 n° 06-13.086 : Bull. civ. I n° 243).

B. Organisation frauduleuse de son insolvabilité

Se rend coupable d'organisation frauduleuse de son insolvabilité le débiteur qui organise ou aggrave son insolvabilité, même avant la décision judiciaire constatant sa dette, soit en augmentant le passif ou en diminuant l'actif de son patrimoine, soit en diminuant ou en dissimulant tout ou partie de ses revenus, soit en dissimulant certains de ses biens, en vue de se soustraire à l'exécution d'une condamnation de nature patrimoniale prononcée par une juridiction répressive ou, en matière délictuelle, quasi délictuelle ou d'aliments, prononcée par une juridiction civile (C. pén. art. 314-7). 79125

Il s'agit d'une infraction générale qui vaut quelle que soit la nature de la dette à laquelle son auteur essaie d'échapper. Mais les dettes alimentaires sont concernées au premier chef, la préparation de l'insolvabilité ayant souvent pour but d'échapper à une condamnation pour abandon de famille.

1. ÉLÉMENTS CONSTITUTIFS

UNE CONDAMNATION JUDICIAIRE

79128 Pour être punissable, l'organisation de l'insolvabilité doit nécessairement avoir pour but de se soustraire à l'exécution de l'une des condamnations **énumérées par le Code pénal**. En matière familiale, il s'agit :
– des condamnations prononcées en matière d'aliments par une juridiction civile (C. pén. art. 314-7). Y sont assimilées les décisions judiciaires et les conventions judiciairement homologuées portant obligation de verser des prestations, subsides ou contributions aux charges du mariage (C. pén. art. 314-9). Toutes les obligations alimentaires sont donc protégées ;
– des condamnations civiles délictuelles, et notamment des sanctions prononcées à la suite du recel d'effets de la communauté (pour un exemple, Cass. crim. 24-3-2004 n° 03-82.077 P : Bull. crim. n° 78).
En revanche, ne donne **pas lieu à sanction** pénale l'insolvabilité organisée pour échapper à l'aide matérielle prévue dans un Pacs enregistré par un greffier.

79129 Il faut en outre, une véritable **condamnation pécuniaire**. A ainsi été relaxé le mari qui s'était simplement engagé, dans une ordonnance de non-conciliation, à prendre en charge la totalité des remboursements d'emprunts de la communauté (Cass. crim. 7-9-1999 n° 98-83.506 P : Bull. crim. n° 178). Ou encore celui qui avait dissipé ses biens avant la liquidation de son régime matrimonial pour ne pas avoir à verser à son épouse la provision à valoir sur ses droits dans la communauté (Cass. crim. 18-12-1997 n° 96-86.371 D).

DES ACTES AYANT POUR BUT D'ORGANISER OU D'AGGRAVER L'INSOLVABILITÉ

79133 L'infraction nécessite un ou plusieurs **actes matériels** d'appauvrissement. Un mensonge par omission sur une partie de son patrimoine ne suffit pas à rendre le débiteur coupable (Cass. crim. 9-9-2020 n° 19-84.295 F-PBI : BPAT 6/20 inf. 184, mensonge sur l'existence d'un compte lors de l'état liquidatif du régime matrimonial).
L'acte peut **consister** en :
– une augmentation de son passif ;
– une dissipation de ses biens ;
– une dissimulation de son patrimoine ou de ses revenus ;
– une diminution de ses revenus.
Il doit avoir pour **but** l'insolvabilité du débiteur, de telle sorte que sa créance ne puisse plus être payée. Mais si ce résultat n'est pas atteint, que les manœuvres s'avèrent insuffisantes pour aboutir à l'insolvabilité souhaitée, le débiteur demeure punissable.

ILLUSTRATIONS

Les actes suivants sont **suffisants** pour caractériser l'infraction :
– donation par un ex-époux de ses biens, meubles et immeubles, avant de former une requête en suppression de la pension alimentaire dont il était redevable (Cass. crim. 29-5-1989 n° 87-84.630 P : Bull. crim. n° 217) ;
– cession par un époux en instance de divorce de ses deux cabinets de courtage et de gestion patrimoniale, au profit d'une société créée par sa concubine et pour un prix très inférieur à leur valeur réelle (Cass. crim. 6-10-2010 n° 09-85.766 D : Dr. pén. 2011 comm. n° 3) ;
– versement de sommes d'argent sur un compte bancaire ouvert au nom de la sœur du débiteur, sur lequel il disposait d'une procuration, afin d'échapper au versement d'une pension alimentaire (Cass. crim. 25-4-2001 n° 00-86.428 D) ;
– démission d'un emploi rémunéré du débiteur d'une prestation compensatoire versée sous la forme d'une rente mensuelle (Cass. crim. 1-2-1990 n° 88-83.998 P : Bull. crim. n° 55).
En revanche, l'infraction a été **écartée** dans les cas suivants :
– silence gardé, lors d'une audience civile relative à la suspension d'une pension alimentaire, sur une activité de gérant de fait d'une société commerciale et de disponibilités pour travailler et par conséquent servir une pension au bénéfice de ses enfants (Cass. crim. 25-4-2006 n° 05-80.931 P : Bull. crim. n° 108) ;
– retrait par un mari, trois semaines avant sa convocation devant le JAF, de près d'un million d'euros sur un compte bancaire commun aux époux alors qu'ils étaient mariés sous le régime de la communauté universelle de biens, un tel retrait diminuant le patrimoine des deux époux et non du seul mari (CA Aix-en-Provence 13-2-2008, 5e ch. corr. : Dr. pén. 2008 comm. n° 95) ;
– dissimulation, par le débiteur d'une pension alimentaire, de son adresse, de ses relevés de comptes à l'étranger et de son état de propriétaire de plusieurs biens immobiliers, dès lors qu'à la suite d'une saisie sur un autre de ses comptes bancaires la créancière avait pu obtenir le paiement de sa dette sans difficulté (Cass. crim. 25-11-1992 n° 91-86.490 D).

LIEN ENTRE L'ORGANISATION DE L'INSOLVABILITÉ ET LA CONDAMNATION JUDICIAIRE

Peu importe le **moment** choisi par l'auteur des faits pour organiser son insolvabilité : le Code pénal prévoit explicitement que les agissements commis avant la décision constatant la dette sont incriminés. Les tribunaux exigent tout de même que la condamnation soit prévisible au moment des actes organisant l'insolvabilité, ce qui revient à exclure de l'incrimination les actes trop anciens. Tel est le cas d'agissements commis plus de trois ans avant le divorce (Cass. crim. 9-9-2003 n° 02-87.708 P). **79135**

Enfin, le délit suppose la **volonté consciente** d'échapper à une condamnation judiciaire. Cette volonté est souvent déduite des faits, et plus particulièrement de la proximité des actes organisant l'insolvabilité avec la condamnation.

2. SANCTIONS

PEINES ENCOURUES

Les peines **principales** sont un emprisonnement de trois ans au maximum et une amende de 45 000 €. **79140**

Le juge peut également prononcer, à titre de peine **complémentaire**, une confiscation ou encore l'affichage ou la diffusion de la condamnation (C. pén. art. 314-11).

CUMUL AVEC L'ABANDON DE FAMILLE

En présence du débiteur d'une pension devenu insolvable à la suite de diverses manœuvres, les poursuites peuvent être engagées sous la **double qualification** pénale d'organisation frauduleuse de l'insolvabilité et d'abandon de famille, la première ayant été commise afin de préparer la seconde. Lorsque le juge retient les deux délits, on parle de concours réel d'infractions (pour un exemple, Cass. crim. 4-11-1999 n° 98-87.300 D). **79142**

Dans pareille situation, le tribunal ne peut prononcer qu'**une seule peine** de même nature (amende et/ou emprisonnement), dans la limite du maximum légal le plus élevé (C. pén. art. 132-3). Le débiteur s'expose ainsi à un emprisonnement de trois ans et à une amende de 45 000 €.

3. PARTICULARITÉS DE LA RÉPRESSION

COMPLICITÉ

L'organisation de l'insolvabilité nécessite très souvent l'assistance d'une tierce personne qui achète ou reçoit le bien dont le débiteur veut fictivement se défaire ou encore sert de prête-nom pour percevoir ses revenus. **79146**

Ce tiers qui a sciemment aidé ou encouragé le débiteur à organiser son insolvabilité peut voir sa **responsabilité** engagée **à un double titre** :

– pénalement, il encourt une sanction pénale comme s'il avait été l'auteur de l'infraction ;

– civilement, il est solidaire des dettes du débiteur. La solidarité joue non seulement pour la condamnation civile du débiteur (dommages et intérêts versés à la victime) mais aussi, si le tribunal le décide, pour la dette à laquelle le débiteur a voulu se soustraire. Dans ce cas, elle est limitée à la somme d'argent ou à la valeur vénale des biens reçus à titre gratuit ou onéreux par le complice (C. pén. art. 314-8, al. 1).

En pratique, sont souvent concernés la concubine, des parents, des frères et sœurs ou des enfants du débiteur. La responsabilité de professionnels du droit qui ont conseillé le débiteur ou sont intervenus pour la réalisation de l'acte peut aussi être recherchée. Par exemple a été jugé complice de l'organisation frauduleuse de l'insolvabilité de son client l'avocat ayant perçu sur son compte professionnel des sommes d'argent afin de l'aider à dissimuler une partie de son patrimoine (Cass. crim. 10-3-2010 n° 09-83.914 D ; les juges du fond avaient pris soin de relever le caractère amical des relations du débiteur avec son conseil).

Sur les précautions à observer par les notaires auprès des clients débiteurs d'aliments, voir B. Abry, L'article 404-1 du Code pénal et le notariat : JCP N 1990 prat. n° 1235.

ACTION PUBLIQUE

Même si l'insolvabilité du débiteur a été organisée avant sa condamnation, les **poursuites pénales** doivent être **engagées après** le prononcé de la décision judiciaire. À défaut, l'infraction ne pourrait être caractérisée par le tribunal. **79149**

Le point de départ du délai de **prescription** de six ans est fixé selon une règle particulière. En principe, le délai démarre à compter de la condamnation à l'exécution de laquelle le débiteur a voulu se soustraire. Mais lorsque le dernier agissement organisant ou aggravant l'insolvabilité est accompli après cette condamnation, le délai court à compter de ce dernier acte (C. pén. art. 314-8, al. 3).

C. Absence de notification d'un changement de domicile

79155 Le débiteur d'une obligation familiale qui ne notifie pas son changement de domicile au créancier ou, en cas d'intermédiation financière d'une pension, à l'organisme débiteur des prestations familiales, dans le mois suivant son déménagement commet un délit (C. pén. art. 227-4).
Il s'agit d'une infraction complémentaire à l'abandon de famille.

ÉLÉMENTS CONSTITUTIFS

79157 Les **créances** visées sont les mêmes que celles protégées par le délit d'abandon de famille, un renvoi exprès étant fait à l'article 227-3 du Code pénal. L'élément **matériel** de l'infraction est caractérisé dès que le débiteur déménage sans prévenir le créancier dans le délai d'un mois suivant son changement de domicile. Il est également rempli en cas de non-notification d'un changement d'adresse à l'organisme débiteur des prestations familiales lorsque le versement de la pension fait l'objet d'une intermédiation financière. L'élément **moral** consiste dans la volonté de ne pas communiquer sa nouvelle adresse.
À noter que l'infraction peut être retenue même si le débiteur s'est **acquitté de la pension** dont il est redevable (Cass. crim. 19-11-1997 n° 96-85.025 D).
Élire **domicile chez son avocat** ne dispense pas de notifier son domicile réel (même arrêt).

> **Précisions** Lorsque le versement de la pension fait l'objet d'une **intermédiation financière**, le délit est aussi constitué en cas de non-transmission à la CAF ou à la MSA des informations nécessaires à l'instruction et à la mise en œuvre de l'intermédiation financière et en l'absence d'information de tout changement de situation ayant des conséquences sur cette mise en œuvre (C. pén. art. 227-4).

RÉPRESSION

79158 L'auteur du délit peut être puni au maximum de six mois d'emprisonnement et 7 500 € d'amende. Les peines complémentaires énumérées à l'article 227-29 du Code pénal sont aussi encourues (voir n° 79036).

SECTION 3 LE NON-RESPECT DES OBLIGATIONS PARENTALES

79170 Plusieurs infractions ont pour finalité de sanctionner les parents qui négligent les obligations résultant de leur **autorité parentale**. Dans certains cas, sont aussi concernés les adultes à qui le mineur a été confié. Les sanctions sont proportionnelles au préjudice causé à l'enfant, allant de simples carences éducatives à la mise en danger du mineur.

A. Délaissement de mineur

DÉFINITION DU DÉLAISSEMENT DE MINEUR

79172 L'infraction consiste à abandonner un enfant de 15 ans au plus en un lieu quelconque, dans des circonstances ne permettant pas d'assurer sa santé et sa sécurité (C. pén. art. 227-1).

ÉLÉMENTS CONSTITUTIFS

79174 En premier lieu, l'auteur du délaissement doit avoir commis un acte d'**abandon définitif** de l'enfant de 15 ans. Il faut un acte positif, ce qui exclut les situations dans lesquelles les parents

ont manqué à leur devoir de surveillance, sans pour autant se défaire complètement de leur enfant. Si l'infraction est généralement reprochée aux parents de l'enfant, elle peut aussi être commise par une personne chez qui le mineur réside.
Il faut ensuite que l'enfant abandonné ait été exposé à un **danger**. Le juge examinera ainsi les circonstances du délaissement au cas par cas.
Enfin, le délit suppose que son auteur ait souhaité abandonner l'enfant en ayant **conscience** des risques auxquels il l'exposait.

ILLUSTRATIONS

Ne **constituent pas** le délit de délaissement de mineur :
– le défaut de signalement de la disparition d'un enfant de trois ans qui avait échappé à la surveillance de sa mère (CA Paris 2-7-1982 : Rev. pénit. 1984 p. 100) ;
– le fait de laisser pendant deux heures et sans surveillance à son domicile deux enfants âgés de trois ans et 18 mois (CA Montpellier 22-2-2007 n° 06/01297) ;
– le fait pour une mère, à la suite d'un malentendu avec son ex-mari, d'avoir laissé seuls ses enfants à l'arrivée d'un bateau en Corse et de ne les avoir récupérés que quatre jours plus tard (Cass. crim. 23-2-2000 n° 99-82.817 P : Bull. crim. n° 84) ;
– le refus, par une association, de prendre en charge un mineur étranger isolé puisque l'association n'assumait pas jusqu'à présent la prise en charge du mineur (Cass. crim. 23-5-2018 n° 17-84.067 F-PB : BPAT 4/18 inf. 182).

SANCTIONS

Le délaissement est puni d'un emprisonnement maximum de sept ans et d'une amende de 100 000 €. Les sanctions sont aggravées lorsque l'abandon a entraîné une mutilation ou une infirmité : l'infraction devient un crime puni de 20 ans de réclusion (30 ans si l'enfant est décédé). **79175**
Les peines complémentaires de l'article 227-29 du Code pénal peuvent être prononcées (voir n° 79036).

B. Privation d'aliments ou de soins

DÉFINITION DE L'INFRACTION DE PRIVATION D'ALIMENTS OU DE SOINS

Le délit de privation d'aliments ou de soins réprime une omission commise par un ascendant ou toute autre personne exerçant l'autorité parentale ou ayant autorité sur un mineur de 15 ans au plus. Est sanctionné celui qui prive un enfant d'aliments ou de soins au point de compromettre sa santé (C. pén. art. 227-15). **79178**

ÉLÉMENTS CONSTITUTIFS

Le champ de l'incrimination recouvre la plupart des cas de **maltraitance par abstention** : non-respect des besoins vitaux de l'enfant, défaut de soins médicaux, manque d'hygiène, etc. Seules les privations concernant les enfants de **15 ans** au plus sont concernées. **79180**
Le Code pénal **assimile** au défaut de soins le maintien d'un enfant de moins de six ans sur la voie publique.
Encore faut-il que la privation ait causé une **atteinte à la santé** de l'enfant. La jurisprudence exige que l'atteinte se soit effectivement réalisée, et non que l'enfant ait couru un risque (Cass. crim. 12-10-2005 n° 05-81.191 : Bull. crim. n° 259).

L'**auteur** de la privation peut être un ascendant, peu important qu'il exerce ou non l'autorité parentale (parents, grands-parents ou arrières grands-parents). **79181**
Il peut s'agir aussi d'une autre personne exerçant une autorité, de droit ou de fait, sur l'enfant : personne à qui il a été confié (famille d'accueil, tuteur) ; époux ou concubins des parents, à condition pour ces derniers qu'ils cohabitent avec l'enfant.

L'**élément moral** de l'infraction correspond à la conscience de priver l'enfant de soins et d'aliments de telle sorte que sa santé s'en trouve menacée. **79182**
En principe, peu importe le **mobile** des parents : convictions religieuses, mode de vie ou encore difficultés financières. Cependant, certaines décisions ont écarté l'incrimination, faute d'élément moral, en tenant compte des convictions personnelles des parents. Tel est le cas de témoins de Jéhovah ayant refusé une transfusion pour leur enfant (CA Nouméa 10-12-2002) ou de parents ayant recouru à un thaumaturge pour soigner leur enfant (Cass. crim. 29-6-1963 : Bull. crim. n° 149).
Les juges peuvent aussi préférer requalifier les faits en homicide involontaire (CA Grenoble 9-4-1954 : D. 1954 p. 375).

RÉPRESSION

79185 L'infraction est punie de sept ans de prison et 100 000 € d'amende. Cette peine est portée à 30 ans de réclusion criminelle lorsque l'enfant est décédé.
Les peines complémentaires de l'article 227-29 sont aussi encourues (voir n° 79036).

> **Précisions** **a.** Le point de départ de la **prescription** est fixé au jour de la dernière abstention de donner des soins au mineur.
> **b.** Le fait d'avoir connaissance de l'infraction sans la **révéler** à l'autorité judiciaire ou administrative constitue un délit (pour un exemple de condamnation d'un père, la privation de soins ayant été retenue à l'encontre de sa compagne sur ses enfants, CA Caen 11-10-2010 n° 10/739).

C. Soustraction aux obligations légales

79190 Moins grave que la privation d'aliments ou de soins, la soustraction aux obligations légales sanctionne les seuls père et mère d'un enfant. Est incriminé le fait de se soustraire, sans motif légitime, à ses obligations légales au point de compromettre la santé, la sécurité ou l'éducation de son enfant mineur (C. pén. art. 227-17).

ATTENTION

Une infraction spécifique réprime le responsable de l'enfant lorsqu'il omet d'**inscrire** le mineur dans un **établissement d'enseignement**, sans excuse valable et en dépit d'une mise en demeure préalable de l'autorité compétente en matière d'éducation (C. pén. art. 227-17-1).

ÉLÉMENTS CONSTITUTIFS

79192 Le délit sanctionne spécifiquement le **non-respect des obligations** résultant de l'autorité parentale (C. civ. art. 371-1 et 371-2) :
– devoir de protection de l'enfant dans sa sécurité, sa santé et sa moralité (l'autorité devant elle-même s'exercer sans violence physique ni psychologique) ;
– devoir d'assurer son éducation et permettre son développement ;
– obligation de contribuer à l'entretien et à l'éducation des enfants.
Seuls les **parents** du mineur peuvent être poursuivis, à l'exclusion de tout autre titulaire de l'autorité parentale. Même si l'enfant ne réside qu'avec l'un d'entre eux, la répression peut toucher le père et la mère (Cass. crim. 27-2-1964 n° 63-91.197 : Bull. crim. n° 72, rendu sous l'empire de l'ancien Code pénal mais transposable).
La soustraction doit avoir eu pour **conséquence de compromettre** la santé, la sécurité, la moralité ou l'éducation du mineur. Cette condition est appréciée au cas par cas par les juges du fond.

79193 Pour être punissable, le parent doit avoir eu **conscience** à la fois qu'il ne remplissait pas ses obligations et des conséquences dommageables de ce non-respect pour son enfant. Une simple négligence de l'un des parents ne suffit pas pour le condamner. Le fait de quitter le domicile familial n'est pas non plus suffisant, du moment que le parent qui part vivre ailleurs demeure en contact avec ses enfants et contribue financièrement à leur entretien et leur éducation. Le parent qui n'exerce pas son droit de visite et d'hébergement et se désintéresse totalement et durablement de son enfant pourrait-il être poursuivi ? Les conditions de la soustraction aux obligations légales pourraient être remplies dans une telle situation, mais à notre connaissance aucune condamnation n'a été prononcée par les tribunaux.
Enfin, la soustraction incriminée ne doit pas être justifiée par un **motif légitime**. Seules les circonstances suffisamment sérieuses sont prises en compte par les juges.

ILLUSTRATIONS

Les éléments suivants ont justifié la **condamnation** d'un parent pour soustraction à ses obligations légales :
– le fait, pour une mère, de laisser ses deux enfants ne pas se rendre au collège de façon régulière, sans les forcer à y retourner, les adolescents étant livrés à eux-mêmes à leur domicile (CA Douai 15-2-2006 : JCP 2006 IV n° 2874) ;
– le fait, pour des parents, de laisser leur enfant de trois ans seul dans leur voiture par forte chaleur (CA Poitiers 15-4-2004 : JurisData n° 2004-246862) ;
– le fait, pour un père, de garder ses enfants chez lui, sans les scolariser ni les faire examiner par un médecin (CA Paris 30-6-2006 n° 06/02635) ;
– le fait, pour un père, de laisser ses deux enfants de 12 et 17 ans sur une aire d'autoroute sans intention de retourner les chercher, en raison de leurs chamailleries incessantes (CA Douai 17-11-2004 : JurisData n° 2004-275001) ;
– le fait, pour une mère, d'adhérer à une idéologie radicale et de rejoindre avec ses enfants les combattants islamistes en Syrie (Cass. crim. 20-8-2018 n° 17-84.128 F-PB).

Ont été **relaxés** :
– les parents qui avaient scolarisé leur enfant de six ans dans une école du Sahaja Yoga en Inde, mais qui l'avaient récupéré sur injonction du procureur au bout de dix mois, l'enfant ne présentant aucun trouble physique et psychique (Cass. crim. 17-10-2001 n° 01-82.591 P : Bull. crim. n° 214) ;
– le père d'un enfant qui avait découvert par hasard des clichés pornographiques dans une enveloppe rangée dans un placard, dans la mesure où il n'avait pas souhaité placer les photos à la portée du mineur (Cass. crim. 21-10-1998 n° 98-83.843 P : Bull. crim. n° 274).

RÉPRESSION

Le parent encourt deux ans d'emprisonnement et 30 000 € d'amende, ainsi que les peines complémentaires énumérées par l'article 227-29 du Code pénal (voir n° 79036). **79195**

L'**action civile** peut être exercée par toute personne ayant souffert directement et personnellement de l'infraction. Lorsque la soustraction a consisté à éloigner l'enfant hors de France, le juge pénal peut accorder une indemnisation aux **grands-parents** privés de leurs liens privilégiés avec leur petit-fils (Cass. crim. 11-7-1994 n° 93-81.881 P : Bull. crim. n° 269).

SECTION 4

LA VIOLATION DES RÈGLES RELATIVES AU MARIAGE ET À LA FILIATION

A. Non-respect des dispositions relatives au mariage

BIGAMIE

Le délit réprime le fait, pour une personne engagée dans les liens du mariage, d'en contracter un autre avant la dissolution du précédent (C. pén. art. 433-20). **79200**

Sur les conditions de **validité** du premier comme du second **mariage**, voir n°s 100 s. et, pour les mariages célébrés et dissous à l'étranger, n°s 72550 s. À noter que la nullité du second mariage produisant ses effets au jour de sa célébration, elle empêche de retenir l'incrimination de bigamie (CA Toulouse 27-6-2002 : Dr. pén. 2003 comm. n° 1).

L'infraction suppose la **volonté** de se marier une seconde fois tout en sachant être encore engagé dans une précédente union. L'époux ne peut pas se retrancher derrière son statut personnel ou sa religion pour se croire autorisé à avoir plusieurs épouses (TGI Paris 8-4-1987 : Gaz. Pal. 1987 somm. p. 474).

Les **peines** encourues par l'époux bigame sont un an de prison et 45 000 € d'amende.

CÉLÉBRATION DU MARIAGE

Les **ministres du culte** qui célèbrent de manière habituelle des mariages religieux sans détenir l'acte de mariage civil sont passibles d'un an d'emprisonnement et 7 500 € d'amende (C. pén. art. 433-21). Les condamnations sont aujourd'hui rarissimes. **79205**

Les **maires** qui refusent de célébrer un mariage en raison de l'orientation sexuelle des époux peuvent faire l'objet de sanctions pénales soit pour la mise en place de mesures destinées à faire échec à la loi par une personne dépositaire de l'autorité publique (C. pén. art. 432-1), soit pour discrimination (C. pén. art. 432-7). Selon l'administration, ces deux infractions peuvent notamment fonder la condamnation des maires qui refuseraient de célébrer des mariages de deux personnes du même sexe (Circ. du 29-5-2013 n° JUSC1312445C ; pour des arguments juridiques contraires, voir J. Regard, Mariage pour tous : des circulaires aux fondements juridiques très approximatifs : Dr. pén. 2013 chron. n° 14). Les juridictions du premier degré ont ainsi condamné un maire qui n'avait pas voulu marier une transsexuelle (CA Papeete 1-9-2011 n° 292-133 : JCP G 2011 n° 42, n° 1132, condamnation fondée sur l'article 432-7 du Code pénal) ou encore une adjointe au maire pour refus de célébrer le mariage de deux personnes du même sexe (T. corr. Marseille 29-9-2015 n° 15125000055, condamnation fondée sur l'article 432-1).

> **Précisions** Les **mariages musulmans** sont des contrats civils faisant l'objet d'une cérémonie privée, l'intervention d'un imam n'étant que facultative. L'article 433-21 du Code pénal ne leur est pas applicable. En revanche, l'enregistrement d'une telle union par une mosquée en France oblige l'autorité religieuse à demander la production d'un acte d'état civil préalable (Rép. Mourrut : AN 8-5-2007 p. 4319 n° 118221).

MARIAGE FORCÉ

79207 Le fait d'obliger une personne à se marier contre sa volonté est sanctionné par le droit pénal dans certaines circonstances.
Un délit spécifique réprime le fait, dans le but de contraindre une personne à contracter un mariage ou à conclure une union à l'étranger, d'user à son égard de manœuvres dolosives afin de la déterminer à **quitter la France** (C. pén. art. 222-14-4). Les peines sont de trois ans d'emprisonnement et 45 000 € d'amende.
Par ailleurs, lorsque des **violences** sont commises envers une personne en raison de son refus de contracter un mariage ou de conclure une union, les sanctions sont aggravées (C. pén. art. 222-8, 222-10, 222-12 et 222-13).

B. Non-respect des règles régissant la filiation

INCITATIONS À L'ABANDON OU FRAUDES À L'ADOPTION

79210 Trois **comportements** sont réprimés par le Code pénal (C. pén. art. 227-12) :
– provoquer l'un des parents (ou les deux) d'un enfant né ou à naître à l'abandonner, soit dans un but lucratif, soit par don, promesse, menace ou abus d'autorité ;
– mettre en relation une personne désireuse d'adopter un enfant avec une autre qui souhaite abandonner son enfant né ou à naître, dans un but lucratif ;
– s'entremettre entre une personne ou un couple désireux d'accueillir un enfant et une femme acceptant de porter cet enfant en vue de le leur remettre.
Les **sanctions** sont de six mois d'emprisonnement et 7 500 € d'amende pour la provocation à l'abandon, d'un an et 15 000 € pour les cas d'entremise. Au cas particulier de l'entremise en vue d'un accord avec une mère porteuse, si elle a lieu à titre habituel et dans un but lucratif, les peines sont portées à deux ans de prison et 30 000 € d'amende.

> **Précisions a.** Lorsque les faits sont commis **à l'étranger** par des français, la loi pénale française ne leur est applicable qu'à la condition que l'incrimination soit aussi réprimée dans le pays où l'infraction a été commise. Conclure un accord de procréation pour autrui en Californie ne peut donc pas être réprimé par un tribunal français (TGI Créteil 30-9-2004 : D. 2005 p. 476).
> **b.** Quant au **démarchage en France** de couples intéressés par la gestation pour le compte d'autrui par des entreprises étrangères, la caractérisation d'un délit pénal est incertaine (B. Chapleau, Le délit d'entremise en vue de la maternité pour autrui, difficultés d'application dans l'espace : D. 2015 p. 1775).
> **c.** Pour caractériser une provocation à l'abandon, les promesses doivent être suffisamment précises et les dons intervenir avant l'abandon de l'enfant. Tel n'est pas le cas lorsqu'un couple distribue dans une maternité des cartes indiquant leur souhait d'adopter un enfant selon les **traditions locales polynésiennes**, ce qui se traduisait par une reconnaissance anticipée de l'enfant avant sa naissance par le mari et non par le père biologique, et dès lors que la remise de l'enfant à sa naissance était motivée par la volonté de lui offrir une vie meilleure et non le don d'une somme d'argent (Cass. crim. 27-9-2023 n° 21-83.673 FS-B : BPAT 6/23 inf. 293-28). Dans cette affaire, la qualification pénale de faux a aussi été écartée au sujet de la reconnaissance de paternité anticipée, dont la validité n'est pas subordonnée à sa conformité à la réalité biologique de la filiation.

ATTEINTES À L'ÉTAT CIVIL D'UN ENFANT

79215 Sont **incriminées**, à condition qu'elles aient entraîné une atteinte à l'état civil d'un enfant (C. pén. art. 227-13) :
– la substitution volontaire, qui consiste à échanger deux enfants, en général à la maternité ;
– la simulation, à savoir le fait pour une femme de faire croire qu'elle a accouché d'un enfant ;
– la dissimulation d'une maternité et d'un accouchement (hors hypothèse d'accouchement sous X).

Les **peines** encourues sont trois ans d'emprisonnement et 45 000 € d'amende. Les peines complémentaires de l'article 227-29 peuvent être prononcées (voir n° 79036).

> **Précisions** Le délai de **prescription** de ces infractions est de six ans. Les délits de l'article 227-13 sont clandestins par nature (Cass. crim. 23-6-2004 n° 03-82.371 P : Bull. crim. n° 173) : le délai ne commence à courir qu'à partir du moment où l'infraction a été découverte dans des conditions permettant l'exercice de l'action publique. Les faits sont toutefois prescrits passés 12 ans après leur commission (CPP art. 9-1).

SECTION 5 L'ABUS DE FAIBLESSE

DÉFINITION DE L'ABUS DE FAIBLESSE

79250 Le délit d'abus de faiblesse prévu par le **Code pénal** sanctionne le fait de conduire une personne en situation d'ignorance ou de faiblesse à réaliser un acte qui lui est gravement préjudiciable ou à s'abstenir d'en effectuer un (C. pén. art. 223-15-2). Il permet notamment de réprimer les captations du patrimoine des personnes affaiblies par l'âge ou la maladie par des proches leur prodiguant soins ou attentions, captations intervenant de leur vivant (donations) ou après leur mort (testament).

Les abus de faiblesse peuvent également être sanctionnés lorsqu'ils constituent des pratiques commerciales interdites. Si la terminologie est la même, il s'agit d'infractions différentes, prévues par le **Code de la consommation** et qui ne sont pas traitées ici.

ÉLÉMENTS CONSTITUTIFS

79255 Le délit d'abus de faiblesse protège uniquement les **personnes en état d'ignorance ou de faiblesse**. Sont visés (C. pén. art. 223-15-2) :

– les mineurs ;

– les majeurs particulièrement vulnérables (en raison de l'âge, de la grossesse, d'une maladie ou d'une déficience physique ou psychique apparente et connue de l'auteur) ;

– les personnes en état de sujétion psychologique ou physique (par exemple, sous l'emprise d'un mouvement sectaire).

L'âge de la victime est un critère de vulnérabilité **suffisant** : nul besoin de rechercher, au besoin d'une expertise notamment, si la victime présentait une altération de ses facultés mentales (Cass. crim. 11-7-2017 n° 17-80.421 F-PB : Dr. pén. 2017 comm. n° 143).

Cet état de vulnérabilité est apprécié **au moment** de l'accomplissement de l'acte préjudiciable (Cass. crim. 26-5-2009 n° 08-85.601 F-PFI).

79258 L'infraction suppose qu'une personne **abuse** volontairement de cette vulnérabilité, qui doit donc être apparente ou connue de son auteur. Les tribunaux ne peuvent pas se contenter de présumer de cette connaissance, ils doivent la caractériser ; par exemple, la connaissance de la vulnérabilité par le prévenu ne peut être déduite de son seul lien d'amitié avec une femme atteinte de la maladie d'Alzheimer (Cass. crim. 2-12-2020 n° 20-80.619 F-D : BPAT 1/21 inf. 50). La victime est amenée à accomplir quelque chose dont elle n'aurait pas voulu si elle n'avait pas été fragilisée. Autrement dit, il est reproché à l'auteur du délit d'avoir exercé une certaine contrainte morale envers la victime afin de parvenir à ses fins.

L'acte (ou l'abstention) résultant de cette contrainte doit porter un **préjudice** grave à la personne vulnérable. Lorsque la personne vulnérable a été placée en curatelle renforcée, aucun acte de disposition ne pouvant plus être accompli par elle seule, le délit ne peut être retenu (Cass. crim. 24-1-2018 n° 17-80.778 F-D). En revanche, ce préjudice n'a pas à s'accompagner nécessairement d'un enrichissement de l'auteur de l'infraction (Cass. crim. 20-3-2019 n° 18-81.691 F-D : BPAT 3/19 inf. 130).

Faut-il pour autant que les conséquences dommageables de l'abus se produisent immédiatement ? La Cour de cassation a répondu à plusieurs reprises par la négative. Ainsi, le fait de disposer de ses biens par **testament** entre dans les prévisions de l'article 223-15-2 du Code pénal, malgré son caractère révocable (Cass. crim. 16-12-2014 n° 13-86.620 F-PB : AJ pénal 2015 p. 252).

ILLUSTRATIONS

Ont été condamnés pour abus de faiblesse :

– la **gouvernante** d'une veuve âgée de 90 ans, qui a convaincu celle-ci de lui donner la nue-propriété de son logement ainsi que diverses sommes d'argent (Cass. crim. 4-9-2007 n° 06-87.997 D) ;

– le **médecin** généraliste qui a obtenu d'un patient dont la santé physique et psychique s'était dégradée la signature d'un acte de vente pour un prix dérisoire, même si l'acte n'a pas été réitéré par le tuteur (Cass. crim. 12-1-2000 n° 99-81.057 P : D. 2001 p. 813) ;

– l'**employée de banque** gérant les comptes d'une personne âgée, qui avait modifié à son profit les clauses bénéficiaires de ses contrats d'assurance-vie (Cass. crim. 20-12-2017 n° 17-84.235 FS-D) ;

– l'**amie** d'une personne atteinte de la maladie d'Alzheimer et placée sous sauvegarde de justice qui l'a amenée à rédiger un testament l'instituant légataire universelle au détriment de ses héritiers, même non réservataires (Cass. crim. 21-10-2008 n° 08-81.126 P : D. 2009 p. 911) ;

– le **petit-fils** d'un couple de personnes âgées de 85 et 92 ans qui a obtenu de leur part des dons en espèces répétés et d'un montant important (Cass. crim. 11-12-2013 n° 12-86.489 F-D : Dr. pén. 2014 comm. 20) ;

– le **notaire** qui met en place un montage destiné à faire signer par sa cliente vulnérable des actes de donation et de vente au profit de son aide-ménagère (Cass. crim. 20-3-2019 n° 18-81.691 F-D : BPAT 3/19 inf. 130).

RÉPRESSION DE L'ABUS DE FAIBLESSE

79270 **Peines encourues** Les **peines** encourues sont trois ans d'emprisonnement et 375 000 € d'amende. Des peines complémentaires peuvent également être prononcées, notamment la confiscation (pour un exemple de confiscation d'un contrat d'assurance-vie, Cass. crim. 19-4-2017 n° 16-80.718 F-PB : Rev. sc. crim. 2017 p. 283).

La durée de la peine complémentaire d'interdiction d'exercer une fonction publique, une activité professionnelle ou sociale dans l'exercice ou à l'occasion de laquelle l'infraction a été commise est limitée à cinq ans (C. pén. art. 223-15-3, 2°). Un notaire complice d'abus de faiblesse ne peut donc pas être condamné à une peine définitive d'exercer la profession de notaire (Cass. crim. 24-11-2021 n° 20-87.083 F-D : BPAT 1/22 inf. 58).

La **tentative** n'est pas répréhensible.

79272 **Prescription** Les poursuites pénales peuvent être déclenchées dans la limite de six ans après les faits. En principe, ce délai de prescription **commence à courir** dès la commission des faits car il ne s'agit pas d'une infraction occulte par nature (Cass. crim. 8-3-2023 n° 22-84.651 F-D : BPAT 3/23 inf. 163).

Toutefois, si l'infraction demeure dissimulée en raison de manœuvres caractérisées de son auteur, le délai court à compter de sa découverte dans des conditions permettant l'exercice de l'action publique par la victime, sans pouvoir aller au-delà de 12 ans après la commission des faits (CPP art. 9-2). À noter que cette **dissimulation** s'apprécie au regard de la victime de l'abus, et non de ses ayants droit (Cass. crim. 20-12-2017 n° 17-84.235 FS-D, rendu sous l'empire des anciennes règles de prescription mais transposable au nouvel article 9-2). Les héritiers peuvent donc seulement invoquer la dissimulation s'ils parviennent à prouver qu'ils sont des victimes du délit, s'ils en ont personnellement et directement souffert (sur cette question controversée, voir n° 79280).

Quand l'infraction se réalise au moyen de **plusieurs actes relevant d'un mode opératoire unique**, le délai de prescription ne démarre qu'à compter du dernier prélèvement sur le patrimoine de la victime. Il en est ainsi en cas de remise de chèques étalée dans le temps (Cass. crim. 5-10-2004 n° 02-86.522 FS-PF : Dr. pén. 2005 comm. 1), ou de la modification de la clause relative au bénéficiaire d'une assurance-vie six ans après la souscription du contrat (Cass. crim. 18-9-2019 n° 18-85.038 FS-PBI : BPAT 6/19 inf. 272).

> **Précisions** **a.** Lorsque le délit d'abus de faiblesse est commis au moyen d'une **vente immobilière**, la prescription de l'action publique court à compter du jour de l'acte de vente, sans possibilité de report à la date du transfert de propriété ou du paiement intégral du prix (Cass. crim. 24-5-2018 n° 17-83.780 F-D : BPAT 4/18 inf. 183). Cette solution ne vaut toutefois qu'en l'absence de dissimulation de l'infraction aux yeux de sa victime.

b. Lorsque l'acte préjudiciable est un **testament**, le délai de prescription de l'action publique démarre à compter de sa rédaction et non de l'ordonnance d'envoi en possession du legs (Cass. crim. 19-10-2022 n° 22-81.975 F-D : BPAT 1/23 inf. 65).

c. La prescription est suspendue en cas d'obstacle de droit ou de fait, insurmontable et assimilable à la force majeure, plaçant la partie poursuivante dans l'impossibilité d'agir et de mettre en mouvement ou d'exercer l'action publique. Lorsque l'abus est réalisé au moyen de **versements sur un contrat d'assurance-vie**, la clause de confidentialité insérée dans un tel contrat et opposé par l'assureur aux proches de la personne vulnérable lui demandant des renseignements est susceptible de faire obstacle à la preuve de détournements (Cass. crim. 13-1-2021 n° 20-80.636 F-D : BPAT 2/21 inf. 99).

Action civile L'infraction étant souvent découverte après la mort de la victime, au moment du règlement de la succession, s'est posée la question de savoir si ses **héritiers** ou de précédents légataires privés de la succession peuvent agir au pénal contre l'auteur. En procédure pénale, il est de principe constant que seule la victime directe d'un délit a la possibilité de se constituer partie civile. La Cour de cassation a jugé que le préjudice subi par les héritiers d'une personne victime d'un abus de faiblesse n'est qu'indirect. Leur **constitution de partie civile** est irrecevable et ils ne peuvent pas déclencher les poursuites devant le tribunal correctionnel ou le juge d'instruction (Cass. ass. plén. 9-5-2008 n° 06-85.751 PBRI : D. 2008 p. 1415 ; Cass. crim. 20-5-2008 n° 06-88.261 FS-PFI : D. 2008 p. 1696). Un héritier a cependant réussi à démontrer qu'il avait personnellement souffert de l'infraction, ce qui lui permettait de se constituer partie civile (Cass. crim. 22-1-2020 n° 19-82.173 F-D : BPAT 2/20 inf. 80-5). **79280**

Toutefois, même si la qualité de partie civile ne leur est pas reconnue, les héritiers peuvent porter les faits à la connaissance du procureur de la République qui décidera s'il est opportun de poursuivre l'auteur. Si un procès pénal a lieu, ils peuvent y **demander réparation** civile à l'auteur du délit (Cass. crim. 10-11-2009 n° 09-82.028 F-PF : Dr. pén. 2010 chr. 1 ; Cass. crim. 17-1-2024 n° 22-86.326 F-B : BPAT 2/23). Lorsque le procureur ne déclenche pas les poursuites, la seule option pour les héritiers est la saisine d'une juridiction civile d'une action en responsabilité.

SECTION 6

LES VIOLENCES FAMILIALES

A. Atteintes à l'intégrité physique ou morale

DÉFINITIONS DES VIOLENCES INTRAFAMILIALES

Les violences intrafamiliales ne sont pas sanctionnées par des délits spécifiques mais entrent dans la **qualification générale** des violences volontaires. Elles supposent qu'une atteinte volontaire ait été portée à l'intégrité physique ou psychique d'une personne, l'infraction retenue dépendant du degré de gravité de l'atteinte subie par la victime (décès, mutilation ou infirmité permanente, ITT de plus ou moins huit jours). Les liens familiaux aggravent toutefois la sanction encourue par l'auteur. Ils **influencent** également le régime des poursuites, notamment le calcul de la prescription. **79400**

Les situations de violences intrafamiliales font l'objet d'un traitement spécifique depuis la création de **pôles spécialisés** dans les tribunaux judiciaires et les cours d'appel (Décret 2023-1077 du 23-11-2023). Ces pôles sont également compétents pour les mesures de nature civile (sur ces mesures, voir nos 26610 s.), des circuits de traitement adaptés devant être définis dans chaque juridiction.

> **Précisions** **L'inaction des autorités** publiques, qui n'ont pas protégé la victime de violences conjugales malgré ses plaintes répétées, peut constituer une violation du droit à la vie protégé par l'article 2 de la convention européenne des droits de l'Homme lorsque la victime des violences a par la suite été tuée (CEDH 22-3-2022 aff. 9077/18 ; CEDH 7-4-2022 aff. 10929/19).

ÉLÉMENTS CONSTITUTIFS

Élément matériel L'infraction de violence volontaire est constituée par tout acte ou comportement de nature à causer une atteinte à l'intégrité physique ou psychique d'une personne. L'élément matériel suppose donc un **acte positif**. La jurisprudence estime traditionnellement qu'une abstention n'est pas punissable (CA Poitiers 20-11-1901 : DP 1902. 2. 81, célèbre affaire de la séquestrée de Poitiers). **79410**

Les violences sont réprimées quelle que soit leur **nature**, y compris s'il s'agit de violences psychologiques (C. pén. art. 222-14-3). L'acte n'implique donc pas forcément un contact physique, direct ou indirect, entre l'auteur et la victime. Il suffit que l'auteur ait fortement impressionné la victime, provoquant un choc émotionnel. Par exemple, asséner des coups violents sur une paroi derrière laquelle se trouve une personne est un acte de violence envers elle. Un comportement consistant à insulter et impressionner une personne par des mouvements bruyants et menaçants en est un également (Cass. crim. 4-6-2019 nº 18-84.720 F-PBI).

En principe, un acte **unique** de violence suffit pour caractériser l'infraction. Il existe toutefois une infraction spécifique de violences habituelles (voir nº 79433).

79413 Pour être condamnable, l'acte de violence doit avoir provoqué une atteinte effective à la victime, soit à son **intégrité physique** (simple dommage, incapacité ponctuelle de travail, mutilation, infirmité, voire décès), soit à son intégrité **psychique** (choc émotif, perturbation psychologique). Il s'agit d'une infraction matérielle, l'atteinte à l'intégrité étant un élément constitutif de l'infraction.

Le préjudice n'a en revanche pas à être concomitant de l'acte violent, de telle sorte qu'il sera possible de l'apprécier, pour pouvoir retenir la qualification de violences, **au jour** où il aura produit tous ses effets. Par exemple, lorsqu'un premier certificat médical, établi le jour des faits, estime la durée de l'incapacité résultant de l'agression à sept jours et qu'un second certificat, dressé quatre jours plus tard, évalue cette durée à dix jours, c'est cette dernière durée qui servira à qualifier le délit (Cass. crim. 20-2-1995 nº 94-83.049 D : Dr. pénal 1995. comm. 138).

79416 Enfin, il doit exister un **lien de causalité** certain, mais pas nécessairement direct ou immédiat, entre l'acte positif et le dommage. Ce lien n'est pas écarté lorsque le résultat de la violence est aggravé par la pathologie dont souffrait déjà la victime (jurisprudence constante).

79420 **Élément moral** L'élément moral **consiste** à vouloir l'acte violent, même si l'atteinte en résultant dépasse l'intention initiale.

Le fait d'avoir agi volontairement suffit, quel que soit le **mobile** qui justifie l'acte violent, y compris la plaisanterie ou le jeu. A ainsi été condamné un concubin qui a frappé sa partenaire dans le cadre de relations sexuelles ludiques, dès lors qu'il a dépassé les limites du jeu en assénant des coups nombreux et violents (CA Toulouse 8-2-2001 : JCP 2001 IV 2071).

Se pose également la question du droit de correction des parents sur leurs enfants. Si, par le passé, ce droit a pu **justifier** certaines violences limitées par leur nature et leurs conséquences, cela n'est plus le cas aujourd'hui. L'autorité parentale doit en effet s'exercer sans violences physiques ou psychologiques (C. civ. art. 371-1).

> **Précisions** Les parents ne peuvent pas non plus invoquer l'absence d'élément moral s'ils font pratiquer une **excision** sur leur fille, conformément à leurs pratiques ancestrales. L'ablation du clitoris, résultant de violences volontairement exercées, constitue une mutilation (Cass. crim. 20-8-1983 nº 83-92.616 P : Bull. crim. nº 229), voire un traitement inhumain et dégradant au sens de l'article 3 de la Convention EDH (TA Lyon 12-6-1996 nº 9600127 : D. 1998 p. 304). De plus, est passible de cinq ans de prison celui qui incite ou contraint un mineur à se soumettre à une mutilation sexuelle ou encore celui qui incite autrui à commettre une mutilation sexuelle sur un mineur (C. pén. art. 227-24-1).

SANCTIONS

79425 La peine encourue **dépend** de la qualification de l'infraction de violences et des circonstances de sa commission. La tentative n'est donc pas punissable. Les violences intrafamiliales sont visées par différentes circonstances aggravantes, en raison de leur caractère habituel et/ou de la qualité de leur auteur ou de la victime.

79427 **Atteintes modérées** Lorsque les violences n'ont pas entraîné d'incapacité temporaire de travail (ITT) ou en cas d'ITT inférieure ou égale à huit jours, une simple contravention est constituée en principe (C. pén. art. R 625-1). Cependant, dans le cadre familial, les violences sont **aggravées**, les sanctions maximales encourues étant les suivantes (C. pén. art. 222-13) :

– violences sur un mineur, une personne vulnérable, un ascendant : trois ans d'emprisonnement et 45 000 € d'amende ;

– violences par le conjoint, le partenaire de Pacs ou le concubin de la victime : trois ans d'emprisonnement et 45 000 € d'amende ;

– violences sur un mineur de moins de 15 ans par un ascendant légitime, naturel ou adoptif ou par toute autre personne ayant autorité sur le mineur : cinq ans de prison et 75 000 € d'amende ;

– violences auxquelles un mineur assiste, commises par le conjoint, le partenaire de Pacs ou le concubin de la victime ou, si la victime est mineure, par un ascendant ou par toute autre personne ayant autorité sur le mineur victime : cinq ans de prison et 75 000 € d'amende.

> **Précisions a.** L'aggravation liée à la qualité de conjoint, partenaire de Pacs ou concubin peut être retenue même en l'**absence de cohabitation** (C. pén. art. 132-80). Elle suppose néanmoins une certaine stabilité et continuité de la relation ; elle est donc exclue lorsque la victime et le prévenu ne se connaissaient que depuis un mois et demi (CA Montpellier 6-4-2011 n° 11/00004 : JCP G 2011 n° 952). Pour apprécier l'existence d'une situation de concubinage, actuelle ou passée, le juge pénal doit ainsi se référer à l'article 515-8 du Code civil (Cass. crim. 14-2-2024 n° 22-87.142 F-D).
> **b.** La circonstance aggravante est également constituée après une **séparation**, lorsque les violences sont l'œuvre de l'ancien conjoint, l'ancien concubin ou l'ancien partenaire de Pacs, dès lors que l'infraction est commise en raison des relations ayant existé entre l'auteur des faits et la victime (même art.). Tel n'est pas le cas de relations intimes occasionnelles (Cass. crim. 12-10-2011 n° 11-85.474 F-P : Bull. crim. n° 210). Le délai important écoulé entre la rupture et les violences ne permet pas d'écarter la circonstance aggravante (Cass. crim. 7-4-2009 n° 08-87.480 F-P : AJ pénal 2009 p. 313).
> **c.** Les peines peuvent être assorties d'un **sursis probatoire**. Dans ce cas, diverses mesures peuvent être ordonnées (C. pén. art. 132-45), dont l'obligation pour l'auteur de résider hors de la résidence du couple (voir n° 79450), de s'abstenir de paraître dans ce domicile ou aux abords immédiats, l'interdiction de se rapprocher de sa victime, contrôlée par un dispositif électronique (voir n° 79455) et de faire l'objet, si nécessaire, d'une prise en charge sanitaire, sociale ou psychologique.
> **d.** La peine de **suivi socio-judiciaire** peut également être décidée en cas de violences intrafamiliales (C. pén. art. 222-48-1). Elle est même obligatoire s'agissant de violences habituelles commises sur des mineurs de 15 ans par un ascendant ou une personne ayant autorité sur lui, à moins qu'un sursis probatoire n'ait été prononcé ou que le tribunal considère qu'elle ne doit pas être prononcée par décision spécialement motivée. À ce titre, des mesures de surveillance et d'assistance sont fixées en fonction de la personnalité de l'auteur, notamment l'injonction de soin ou le placement sous surveillance électronique mobile si la dangerosité du condamné est avérée (C. pén. art. 131-36-1 s.).

Atteintes graves **À partir de neuf jours d'ITT**, les sanctions maximales sont les suivantes (C. pén. art. 222-12) : **79430**
– cinq ans d'emprisonnement et 75 000 € d'amende pour les violences sur un mineur, une personne vulnérable, un ascendant ou celles commises par le conjoint, le partenaire de Pacs ou le concubin de la victime ;
– dix ans d'emprisonnement et 150 000 € d'amende pour les violences sur un mineur de moins de 15 ans par un ascendant légitime, naturel ou adoptif ou par toute autre personne ayant autorité sur le mineur, ainsi que celles auxquelles un mineur assiste, commises par le conjoint, le partenaire de Pacs ou le concubin de la victime ou, si la victime est mineure, par un ascendant ou par toute autre personne ayant autorité sur le mineur victime.

En cas de **mutilation ou d'infirmité permanente**, la qualification devient criminelle et les peines passent à 15 ans de réclusion pour la première catégorie de circonstances aggravantes, et à 20 ans pour la seconde (C. pén. art. 222-10).

Enfin, en cas de **mort** sans intention de la donner, une réclusion criminelle de 20 ans ou de 30 ans est encourue, en fonction des mêmes circonstances aggravantes (C. pén. art. 222-8).

Sur la définition de la qualité de conjoint, concubin ou partenaire et la possibilité de sursis ou de suivi socio-judiciaire, voir n° 79427, précisions.

Atteintes habituelles Il existe une qualification spécifique de violences habituelles, lorsqu'elles sont commises (C. pén. art. 222-14) : **79433**
– soit sur un **mineur** de moins de 15 ans ou sur une personne dont la particulière **vulnérabilité**, due à son âge, à une maladie, à une infirmité, à une déficience physique ou psychique ou à un état de grossesse, est apparente ou connue de leur auteur ;
– soit par le **conjoint**, le concubin ou le partenaire de Pacs de la victime.

Les sanctions encourues sont alors de 30 ans en cas de décès, 20 ans pour une mutilation ou une infirmité permanente, dix ans en cas d'ITT de plus de huit jours et cinq ans si l'ITT est inférieure ou égale à huit jours.

Sur la définition de la qualité de conjoint, concubin ou partenaire et la possibilité de sursis ou de suivi socio-judiciaire, voir n° 79427, précisions.

PARTICULARITÉS DE LA RÉPRESSION

79440 **Prescription** En principe, le **délai** de prescription de l'action publique est de six ans pour les violences délictuelles (CPP art. 8) et de 20 ans pour les violences criminelles (CPP art. 7).
Lorsque la victime est un **mineur**, le délit de violences aggravées se prescrit une fois écoulé un délai de 20 ans à compter de la majorité de la victime. Le délai est de 30 ans pour les crimes envers les mineurs listés à l'article 706-47 du Code de procédure pénale (parmi lesquels les violences les plus graves et les crimes sexuels), toujours à compter de la majorité de la victime.

79443 **Action civile** Peuvent se constituer partie civile et obtenir réparation les personnes ayant subi un **préjudice personnel**, direct et certain du fait de l'infraction (CPP art. 2). Tel n'est pas le cas du fils de la victime de violences, pour des faits commis par sa sœur, dès lors que l'infraction ne lui a pas causé de préjudice personnel et que sa mère n'a pas mis en mouvement l'action publique (Cass. crim. 27-4-2004 n° 03-87.065 P : RSC 2004 p. 904).
Lorsque le **mineur est le témoin de violences** commises au sein du couple, le procureur doit veiller à ce qu'il puisse se constituer partie civile et à ce que le dossier contienne des éléments sur l'appréciation de son préjudice, sur le retrait de l'autorité parentale ou de son exercice ou sur la suspension du droit de visite et d'hébergement, éventuellement en faisant procéder à une expertise psychologique du mineur (CPP art. D 1-11-1).
Les droits de la partie civile peuvent être exercés par des **associations** ou fondations déclarées depuis cinq ans à la date de l'infraction. Il s'agit notamment :
– des associations de lutte contre les violences sexuelles ou contre les violences familiales en cas d'agression contre une personne majeure, à condition que cette dernière en soit d'accord (CPP art. 2-2) ;
– des associations de défense ou d'assistance de l'enfant en danger et victime de toute forme de maltraitance, lorsque l'action publique a été mise en mouvement par le ministère public ou la partie civile (CPP art. 2-3).
Les victimes de violences intrafamiliales peuvent également obtenir une indemnisation auprès de la commission d'indemnisation des victimes d'infraction (**Civi**) sans condition de ressources (CPP art. 706-3 modifié par loi 2023-1059 du 20-11-2023 art. 25).

ATTENTION

Une fois les poursuites pénales engagées par le ministère public, le **retrait de la plainte de la victime** n'a aucun effet sur le procès pénal. Il a même été souligné par des juges d'appel que le fait que la victime de coups portés par son petit ami souhaite retirer sa plainte, loin de minimiser la gravité des faits, pourrait au contraire attester de sa peur de représailles (CA Montpellier 6-4-2011 n° 11/00004 : JCP G 2011 n° 952).

79444 Les **victimes mineures** étant dépourvues de capacité juridique, il leur est impossible d'exercer les droits de la partie civile (Cass. crim. 16-6-1992 n° 92-80.414 P : D. 1993 p. 75). C'est pourquoi, pour les violences graves ou les agressions sexuelles, le juge d'instruction peut désigner un administrateur ad hoc lorsqu'il y a un risque que l'un des représentants légaux du mineur n'assure pas complètement la protection de ses intérêts. Ce risque ne peut pas être déduit des circonstances de commission des faits, par exemple en cas d'inceste commis par un frère sur sa sœur puisque dans ce cas la mère de la victime était également la mère de l'auteur, dès lors qu'elle a accompagné sa fille dans ses démarches et n'a pas cherché à minimiser les agissements de son fils (Cass. crim. 11-10-2022 n° 22-81.126 F-B : BPAT 6/22 inf. 305). En cas d'inertie du juge d'instruction, le juge des tutelles peut également procéder à cette désignation (Cass. 1e civ. 25-10-2005 n° 03-14.404 F-PBI : Dr. famille 2006 comm. 77).
L'**administrateur** désigné peut être un proche de l'enfant ou d'un professionnel (CPP art. 706-51). Il exerce au nom du mineur les droits reconnus à la partie civile (CPP art. 706-50). Le représentant légal ne peut alors plus intervenir dans l'exercice de ces droits (Cass. crim. 12-9-2000 n° 00-81.971 P : D. 2000 p. 275). À noter que le juge des enfants doit aussi être prévenu par le juge d'instruction ou le procureur de la République (CPP art. 706-49).

79445 **Procédure** La victime de violences a le droit de demander une copie du **certificat médical** rédigé sur réquisitions de la police judiciaire (CPP art. D 1-12). Si elle est mineure, le médecin n'est pas tenu d'effectuer cette remise aux représentants légaux, notamment en cas de suspicion de violences intrafamiliales.
Lorsque le certificat médical ne suffit pas à prouver les violences, le **témoignage des enfants** est admis, contrairement à la règle applicable au contentieux du divorce (Cass. crim. 21-2-2006 n° 05-84.0156 P : AJ pénal 2006 p. 264 ; Cass. crim. 2-6-2015 n° 14-85.130 P : AJ fam. 2015 p. 403).

79448 Pour les infractions les plus graves, le mineur peut être assisté lors de ses **auditions ou confrontations** par la personne de son choix (CPP art. 706-53), ou par l'administrateur ad hoc désigné si c'est le cas. Lors des auditions devant le juge d'instruction, l'assistance par un avocat est obligatoire (CPP art. 706-51-1). Par ailleurs, toutes ses auditions font l'objet d'un enregistrement audiovisuel (CPP art. 706-52).

Protection des victimes Le procureur, avant de prendre sa décision sur la mise en mouvement de l'action publique, peut demander à l'auteur des faits de **résider hors du domicile** ou de la résidence du couple et, le cas échéant, de s'abstenir de paraître dans ce domicile ou cette résidence ou aux abords immédiats de celui-ci, ainsi que, si nécessaire, de faire l'objet d'une prise en charge sanitaire, sociale ou psychologique (CPP art. 41-1, 6°). **79450**

La mesure peut être **mise en œuvre par** le procureur lui-même, un officier de police judiciaire, un délégué du procureur ou un médiateur. Il recueille au préalable l'avis de la victime. Une **évaluation approfondie** de la victime peut être réalisée au préalable par une association d'aide aux victimes (CPP art. D1-10 modifié par décret 2022-656 du 25-4-2022).

Cette mesure peut être prise si les **conditions** suivantes sont remplies :

– il existe un risque de renouvellement des violences ;

– elle répond à une demande de la victime ;

– les violences sont commises soit contre son conjoint, son concubin ou son partenaire de Pacs, soit contre ses enfants ou ceux de son conjoint, concubin ou partenaire, soit par l'ancien conjoint ou concubin de la victime, ou par la personne ayant été liée à elle par un Pacs, le domicile concerné étant alors celui de la victime.

Les deux premières conditions peuvent toutefois être écartées en cas de circonstances particulières.

Le procureur précise aussi les modalités de prise en charge des **frais afférents à ce logement** pendant une durée qu'il fixe et qui ne peut excéder six mois.

En cas de violences au sein du couple relevant de l'article 132-80 du Code pénal, la **médiation** est exclue (CPP art. 41-1, 5°).

Pendant l'instruction, la personne mise en examen pour des violences commises contre son conjoint, son concubin, son partenaire de Pacs ou ses enfants ou ceux de son conjoint, concubin ou partenaire peut être assignée à résidence sous le régime du placement sous **surveillance électronique mobile** (CPP art. 142-12-1). Cette mesure de sûreté peut aussi être prononcée à l'encontre des condamnés à un suivi socio-judiciaire (voir n° 79427, précision d). **79455**

Autre dispositif, le **bracelet anti-rapprochement** (BAR) permet de contrôler le respect par le prévenu ou le condamné de l'interdiction de se rapprocher d'une victime de violences commises au sein du couple (C. pén. art. 132-45-1). Le port du bracelet est ordonné pour six mois renouvelables et ne peut pas dépasser deux ans. La distance minimale déclenchant l'alerte est comprise entre 1 et 10 km, une « pré-alerte » étant prévue au franchissement d'une distance égale au double de celle prévu pour l'alerte (CPP art. R 24-14 s.). Les distances sont déterminées par le juge, qui tient compte des domiciles, lieux de travail et modes de déplacement des personnes concernées par le dispositif.

La victime peut également si elle le souhaite, bénéficier d'un dispositif de **téléprotection**. Un « téléphone grave danger » lui est remis, permettant d'alerter les autorités publiques en cas de menace et, si elle y consent, de permettre sa géolocalisation. Il est attribué pour une durée de six mois renouvelable. Les conditions pour en bénéficier sont les suivantes (CPP art. 41-3-1) :

– existence d'un grave danger menaçant une personne victime de violences ou de viol de la part de son conjoint, de son concubin ou de son partenaire de Pacs (ou de son ancien partenaire, concubin ou conjoint) ;

– absence de cohabitation entre l'auteur des violences et la victime ;

– l'auteur des violences s'est vu interdire d'entrer en contact avec la victime dans le cadre d'une ordonnance de protection, d'une alternative aux poursuites, d'une composition pénale, d'un contrôle judiciaire, d'une assignation à résidence sous surveillance électronique, d'une condamnation, d'un aménagement de peine ou d'une mesure de sûreté ou, si une telle interdiction n'a pas encore été prononcée ou que l'auteur n'a pas été interpellé, en cas de danger avéré et imminent.

> **Précisions a.** En cas de **libération d'une personne incarcérée** à la suite de violences intrafamiliales (personne condamnée ou en détention provisoire), l'autorité judiciaire prévient la victime et prononce, si c'est opportun, une interdiction de contact avec la victime ou de se rendre dans certains lieux, éventuellement avec recours à la téléprotection ou à un dispositif mobile anti-rapprochement (CPP art. D 1-11-2 modifié par décret 2022-656 du 25-4-2022). Pour les personnes condamnées, une évaluation approfondie de la victime peut être décidée préalablement par le juge d'application des peines.

b. L'interdiction de rapprochement peut être décidée après la libération d'une personne condamnée même si la décision de condamnation ne mentionnait pas la **circonstance aggravante** de violences commises sur conjoint, concubin ou partenaire de Pacs (Cass. crim. 11-5-2023 n° 22-84.480 F-B).

c. La possibilité offerte au juge de l'application des peines d'obliger l'auteur de violences familiales sous suivi socio-judiciaire à porter un bracelet anti-rapprochement ne s'applique que pour les **faits commis depuis** le 30 décembre 2019 (Cass. crim. 6-9-2023 n° 22-84.919 F-B : BPAT 6/23 inf. 293-29).

B. Harcèlement

79460 Une incrimination **spécifique** réprime les faits de harcèlement moral commis au sein du couple ou par un ancien partenaire. On peut rapprocher de cette infraction celle d'appels téléphoniques et de messages malveillants, dont la répression est aggravée lorsqu'ils émanent du conjoint ou partenaire.

HARCÈLEMENT MORAL

79463 L'infraction spécifique de harcèlement moral peut être retenue lorsque les **éléments constitutifs** suivants sont réunis (C. pén. art. 222-33-2-1 et 132-80) :
– des propos ou comportements répétés, qui isolément ne pourraient être retenus au titre des violences ;
– ayant eu pour objet ou pour effet une dégradation des conditions de vie du conjoint, concubin ou partenaire, dégradation qui a entraîné une altération de sa santé physique ou mentale ;
– et émanant du conjoint, du partenaire de Pacs ou du concubin de la victime ou de l'ancien conjoint, partenaire ou concubin, s'ils sont motivés par les relations ayant existé entre l'auteur et la victime.

La **peine** encourue dépend de la gravité de l'altération de la santé qui a résulté des agissements répréhensibles. Elle va de trois ans d'emprisonnement et 45 000 € d'amende pour une ITT inférieure ou égale à huit jours à dix ans de prison et 150 000 € d'amende lorsque le harcèlement a conduit la victime à se suicider ou à tenter de se suicider. À noter que les peines sont aggravées lorsqu'un mineur a assisté aux agissements réprimés.

ATTENTION

Les comportements constitutifs d'un harcèlement doivent être répétés et ne peuvent pas **provenir d'un fait unique**. Ne commet donc pas un harcèlement l'ex-conjoint qui envoie la même lettre à plusieurs collègues de son ex-femme afin de leur faire part des détails du contentieux les opposant dans le cadre de leur divorce (Cass. crim. 9-5-2018 n° 17-83.623 P : AJ pénal 2018 p. 367).

APPELS ET MESSAGES MALVEILLANTS

79468 Sont sanctionnés pénalement les appels téléphoniques et les messages envoyés par la voie des communications électroniques lorsqu'ils sont **réitérés** et qu'ils ont pour objectif de troubler la tranquillité d'autrui (C. pén. art. 222-16). L'infraction suppose une pluralité d'actes de nature identique.

Lorsque ces faits sont commis **par le conjoint**, le concubin ou le partenaire de Pacs, ils sont punis de trois ans de prison et 45 000 € d'amende.

SECTION 7 LES VIOLENCES SEXUELLES

A. Viol et agressions sexuelles

VIOL

79482 **Éléments matériels** Le viol suppose la réunion de deux éléments **matériels** (C. pén. art. 222-3) :
– un acte de pénétration sexuelle, de quelque nature qu'il soit, ou tout acte bucco-génital commis sur autrui ou sur la personne de l'auteur ;
– commis par violence, contrainte (physique ou morale), menace ou surprise.

La définition de l'élément matériel a été **élargie** au fil des réformes pour désormais couvrir la plupart des situations de violences sexuelles, et non plus le seul coït vaginal. L'utilisation d'objets tombe sous le coup de la loi pénale, tout comme la fellation ou la pénétration anale.

Le plus délicat reste de caractériser l'**absence de consentement** de la victime, question centrale même si elle n'est pas un élément constitutif de l'infraction. À cet égard, la présomption de consentement des **époux** aux actes sexuels accomplis dans l'intimité de la vie privée a progressivement été écartée au pénal, malgré le fait que le refus de toute relation sexuelle peut être une cause de divorce pour faute au civil (voir n° 9317). Le viol peut désormais être retenu quelle que soit la nature des relations existant entre l'agresseur et sa victime, y compris s'ils sont unis par les liens du mariage (C. pén. art. 222-22).

Quant aux **mineurs**, la preuve est facilitée par l'existence d'une présomption applicable à toutes les agressions sexuelles. Pour les moins de 15 ans, la contrainte morale ou la surprise résultent nécessairement de l'absence de discernement de la victime (C. pén. art. 222-22-1, al. 3). Pour les mineurs plus âgés, la contrainte morale ou la surprise peuvent résulter de la différence d'âge existant entre la victime et l'auteur et de l'autorité de droit ou de fait que ce dernier a sur elle (C. pén. art. 222-22-1, al. 2). L'existence d'une autorité de fait peut être caractérisée par une différence d'âge significative entre la victime mineure et l'auteur majeur (même art.). Par ailleurs, tout acte de pénétration sexuelle ou bucco-génital est un viol quand il est commis par un majeur sur la personne d'un mineur de 15 ans ou commis sur l'auteur par le mineur, lorsque la différence d'âge entre le majeur et le mineur est d'au moins cinq ans (C. pén. art. 222-23-1). Cette incrimination spécifique n'exige pas que ces actes soient commis avec violence, contrainte, menace ou surprise et ne repose pas sur une présomption d'absence de consentement de la victime (Cons. const. 21-7-2023 n° 2023-1058 QPC).

> **Précisions** **a.** Les **relations entre adolescents** sont exclus de la présomption de non-consentement du mineur : lorsque la différence d'âge entre le majeur et le mineur est inférieure à cinq ans, la relation consentie ne sera incriminée qu'en cas d'inceste (C. pén. art. 222-23-2).
> **b.** L'**inceste** est caractérisé lorsque le viol est commis par l'une des personnes suivantes : ascendant, frère, sœur, oncle, tante, grand-oncle, grand-tante, neveu, nièce, ou encore le conjoint, partenaire de Pacs ou concubin de l'une de ces personnes, à condition pour ce dernier qu'il ait sur la victime une autorité de droit ou de fait (C. pén. art. 222-22-3 ; Cass. crim. 15-3-2023 n° 21-87.389 FP-B : BPAT 3/23 inf. 164-8).

Intention L'auteur du crime de viol doit être **conscient d'imposer** des rapports sexuels non désirés à son ou sa partenaire. L'attitude de la victime qui ne s'est pas opposée à la relation est donc souvent invoquée comme moyen de défense pour obtenir la relaxe de l'agresseur. 79485

Sanctions Le viol est un crime puni de 15 ans de réclusion. La peine est **aggravée** et portée à 20 ans lorsque l'auteur est le conjoint, le concubin ou le partenaire de Pacs, y compris s'ils ne cohabitent pas et même une fois la relation rompue dès lors que les faits ont un lien avec cette ancienne relation (C. pén. art. 222-24 et 132-80). La présence d'un mineur est une circonstance aggravante. La peine est également aggravée si la victime a moins de 15 ans, si le viol est commis par un ascendant ou par toute autre personne ayant sur la victime une autorité de droit ou de fait ou s'il est incestueux. 79488

En cas de viol incestueux commis par le titulaire de l'**autorité parentale**, la cour d'assises doit se prononcer sur le retrait partiel ou total de cette autorité ou de l'exercice de cette autorité (C. pén. art. 228-1 ; voir n°s 39070 s.). Sur la définition de l'inceste, voir n° 79482.

Une mesure de **suivi socio-judiciaire**, avec injonction de soins, est aussi prévue.

ILLUSTRATIONS

S'agissant des **personnes ayant autorité** sur la victime, il a été jugé :

– que l'agression commise par le parrain de la victime entre dans le champ de la circonstance aggravante (Cass. crim. 9-4-2008 n° 08-80.365 D) ;

– que l'ancien concubin de la mère des victimes n'a plus autorité sur elles, la persistance de sentiments des victimes envers l'agresseur n'étant pas suffisante (Cass. crim. 21-6-2017 n° 16-82.861 D : Dr. pénal 2017 comm. 118).

AGRESSIONS SEXUELLES

L'incrimination d'agression sexuelle regroupe tous les **autres actes** que ceux visés par le crime de viol, commis sans le consentement de la victime (C. pén. art. 222-27). Elle se distinguait auparavant du viol par l'absence de pénétration sexuelle sur la personne de la victime. Avec l'élargissement de la définition du viol, l'infraction est devenue plus résiduelle. Il peut s'agir par exemple de caresses de nature érotique. 79500

L'**absence de consentement** de la victime et l'intention de l'auteur répondent aux mêmes conditions que celles du viol (voir n° 79482).

79505 Peut aussi être qualifié d'agression sexuelle le fait de contraindre une personne par la violence, la menace ou la surprise à subir une **atteinte sexuelle de la part d'un tiers** (C. pén. art. 222-22-2). Tel est le cas de parents qui se livreraient à l'exploitation sexuelle de leurs enfants ou bien d'un concubin, d'un partenaire ou d'un conjoint qui obligerait l'autre à avoir des relations sexuelles avec un tiers.

79510 L'auteur encourt une **peine** de cinq ans d'emprisonnement. Les causes d'aggravation sont les mêmes que pour le viol, la peine passant alors à sept ans de prison pour les agressions commises par un conjoint, concubin, partenaire (C. pén. art. 222-28) ou à dix ans pour les mineurs de 15 ans. Sur les conséquences relatives à l'autorité parentale, voir n°s 39070 s.

B. Particularités des poursuites

79520 Le délai de **prescription** de l'action publique est de six ans pour les agressions sexuelles (CPP art. 8) et de 20 ans pour le viol (CPP art. 7).
Lorsque la victime est un mineur, le délit d'agression sexuelle se prescrit une fois écoulé un délai de 20 ans à compter de la majorité de la victime. Le délai est de 30 ans pour le viol d'un mineur, toujours à compter de la majorité de la victime.
Le délai peut être suspendu en cas d'obstacle de fait insurmontable et assimilable à la force majeure (CPP art. 9-3). Tel n'est pas le cas d'une amnésie traumatique provoquée par le viol (Cass. crim. 17-10-2018 n° 17-86.161 FS-PB : RSC 2019 p. 144).
À noter qu'en cas de viol d'un majeur sur un mineur, des mesures de justice restaurative (rencontres encadrées par un tiers entre l'auteur et la victime, participation à des groupes de soutiens, etc.) peuvent être décidées même si l'infraction est prescrite (CPP art. D 1-1-1).

79525 Des règles particulières peuvent s'appliquer en matière d'**action civile**, notamment pour les mineurs victimes (voir n° 79443). Comme pour les violences conjugales, les victimes peuvent bénéficier de dispositifs de **protection** (voir n° 79450 s.). Enfin, des adaptations de la procédure pénale sont prévues pour les mineurs victimes (voir n° 79445 s.).

79530 Lorsqu'une instruction ouverte à la suite d'une plainte pour viol n'aboutit pas faute de charges suffisantes, le mis en cause peut être tenté de se retourner contre le plaignant. L'infraction de **dénonciation calomnieuse** est souvent utilisée dans un tel dessin. Elle réprime celui qui dénonce une personne d'un fait qui est de nature à entraîner des sanctions judiciaires, administratives ou disciplinaires et que l'on sait totalement ou partiellement inexact (C. pén. art. 226-10). La dénonciation doit avoir été adressée soit à un officier de justice ou de police administrative ou judiciaire, soit à une autorité ayant le pouvoir d'y donner suite ou de saisir l'autorité compétente, soit aux supérieurs hiérarchiques ou à l'employeur de la personne dénoncée. Elle est punie de cinq ans d'emprisonnement et de 45 000 € d'amende.
Cependant, le délit ne peut pas être retenu si la fausseté du fait dénoncé n'est pas établie par une décision, devenue définitive, d'acquittement, de relaxe ou de non-lieu, déclarant que le fait n'a pas été commis ou que celui-ci n'est pas imputable à la personne dénoncée. La Cour de cassation interprète strictement le texte : le non-lieu dont bénéficie un mari pour charges insuffisantes qu'il a commis un viol n'entre pas dans ses prévisions (Cass. crim. 11-7-2017 n° 16-83.932 P : Dr. pénal 2017 comm. 160).

CHAPITRE 5

PROCRÉATION MÉDICALEMENT ASSISTÉE

SOMMAIRE

DÉFINITION

La procréation est dite médicalement assistée lorsque la rencontre des gamètes résulte d'une **intervention chirurgicale**. Rendue possible depuis le milieu des années 1970 grâce aux progrès spectaculaires réalisés par les sciences biomédicales, elle permet chaque année, en France, près de 50 000 naissances. **80000**

RÉGLEMENTATION

La procréation médicalement assistée (PMA), encore appelée assistance médicale à la procréation (AMP), est réglementée par un ensemble de dispositions qui sont inscrites dans le Code civil et le Code de la santé publique (C. civ. art. 16-1 s. et 342-9 s. ; CSP art. L 1244-6 s., L 2141-1 s. et L 2143-1 s.). Ces dernières résultent initialement de la **loi bioéthique** du 29 juillet 1994 relative au don et à l'utilisation des éléments et produits du corps humain, à l'assistance médicale à la procréation et au diagnostic prénatal. **80010**

Cette loi a fait l'objet de plusieurs **réformes**, lesquelles ont été opérées, notamment, par les lois bioéthiques du 6 août 2004, du 7 juillet 2011 et du 2 août 2021.

La **loi du 2 août 2021** relative à la bioéthique, dont la plupart des dispositions sont d'application immédiate, a **profondément modifié** le droit applicable à la procréation médicalement assistée. En particulier, elle redéfinit l'objectif assigné à l'assistance médicale à la procréation, laquelle est désormais destinée à répondre à un projet parental. Par ailleurs, les femmes non mariées ainsi que les couples composés de deux femmes peuvent aujourd'hui y accéder. Pour ces dernières, un mode spécifique d'établissement de la filiation a été créé (voir n° 27071 s.). Enfin, elle instaure au profit des enfants nés d'un don de gamètes ou issus de l'accueil d'un embryon un droit à la connaissance de leurs origines personnelles. En revanche, la gestation pour autrui reste interdite en France (pour une présentation complète de cette réforme : AJ fam. 2021 n° 519 s. (1e partie) et n° 581 s. (2e partie) ; Dr. famille 2021 n° 10, étude n° 23 s.). **80020**

Cette loi a été précisée par une circulaire (Circ. JUSC2127286C du 21-9-2021 : J.-R. Binet, D'utiles précisions sur l'AMP dans les couples de femmes, Dr. famille 2022 n° 1, étude n° 11) complétée par un décret qui fixe les conditions d'organisation et de prise en charge des parcours d'assistance médicale à la procréation (Décret 2021-1243 du 29-9-2021 : J.-R. Binet, L'âge de procréer, Dr. famille 2021 n° 11, étude n° 10).

La question des **effets** produits par la procréation artificielle renvoie principalement à celle de la filiation de l'enfant qui en est issu. Les règles qui gouvernent son établissement ainsi que sa contestation sont développées dans le chapitre sur la filiation ordinaire aux nos 27000 s. **80025**

Seront étudiées ici les techniques d'accès à la procréation médicalement assistée puis ses conditions d'accès.

SECTION 1

TECHNIQUES DE PMA

80030 Il existe de très nombreuses techniques de procréation médicalement assistée. Le législateur n'a cependant pas souhaité les rendre toutes licites.

A. Techniques autorisées

80040 La loi énonce les techniques de procréation médicalement assistée qui sont autorisées (CSP art. L 2141-1, al. 1 modifié). Il en est ainsi, pour l'essentiel, des pratiques cliniques et biologiques permettant la conception in vitro, le transfert d'embryons et l'insémination artificielle. Cette liste n'est cependant pas exhaustive. En effet, le législateur a pris soin de préciser qu'elle était susceptible d'évolution en fonction des découvertes biomédicales à venir.

80050 Le pouvoir de compléter cette liste n'appartient qu'au seul ministre chargé de la santé qui devra intervenir par voie d'arrêté ministériel, après avoir sollicité l'avis de l'Agence de la biomédecine. L'inscription de **nouveaux procédés de procréation** sur cette liste suppose, dans tous les cas, le respect des principes fondamentaux de la bioéthique (C. civ. art. 16 à 16-8), l'efficacité, la reproductibilité du procédé ainsi que la sécurité de son utilisation pour la femme et l'enfant à naître (CSP art. L 2141-1, al. 1 modifié).

1. INSÉMINATION ARTIFICIELLE

DÉFINITION

80060 L'insémination artificielle est une technique de procréation médicalement assistée qui consiste à féconder l'ovocyte de la femme avec les gamètes de l'homme.

PROCRÉATION SANS DONNEUR

80070 Lorsque les gamètes proviennent de l'homme avec lequel la femme mène une communauté de vie, la procréation médicalement assistée est dite **endogène**. Elle ne se démarquera de la procréation naturelle que par le seul fait que la rencontre des gamètes résulte non d'un rapport charnel mais d'une intervention chirurgicale. Pour cette raison, la réglementation de cette forme d'insémination n'est guère contraignante. En particulier, la procréation médicalement assistée endogène n'est pas soumise au monopole des établissements agréés par le ministère de la santé. Elle peut donc être réalisée par tout établissement de santé.

PROCRÉATION AVEC DONNEUR

80080 Lorsque les gamètes sont issus d'un tiers donneur, la procréation médicalement assistée est dite **exogène**. L'insémination artificielle se réalisera en dehors d'un couple, raison pour laquelle sa réglementation est plus stricte.

Il n'existe plus **aucune hiérarchie** entre la procréation endogène et la procréation exogène. Le couple ou la femme non mariée peut se tourner immédiatement vers l'insémination artificielle avec tiers donneur si tel est son souhait.

80090 Les conditions dans lesquelles un homme ou une femme est autorisé à donner ses gamètes sont fixées avec précision par le législateur (CSP art. L 1244-1 s.). Le donneur doit être **majeur**. Un mineur même émancipé ne peut être donneur (CSP art. L 1244-2, al. 1). Dans tous les cas, le **consentement** du donneur est recueilli par écrit et peut être révoqué à tout moment jusqu'à l'utilisation des gamètes (CSP art. L 1244-2, al. 3 et L 2143-1, al. 2).

80095 Depuis la loi du 2 août 2021, les personnes qui souhaitent procéder à un don de gamètes ou proposer leur embryon à l'accueil doivent également consentir expressément et au préalable à la **communication de leur identité et des données non identifiantes** à l'enfant qui en sera issu lorsque ce dernier, devenu majeur, souhaite y avoir accès. En cas de refus, ces personnes ne peuvent procéder à ce don ou proposer cet accueil (CSP art. L 2143-2, al. 2).

Leur identité ainsi que leurs données non identifiantes (âge, état général, caractéristiques physiques, situation familiale et professionnelle, pays de naissance, motivations de leur don) sont collectées par le médecin chargé de recueillir leur consentement au don, et conservées par l'Agence de la biomédecine (CSP art. L 2143-3 et L 2143-4).

80110 Le don de sperme est **gratuit**, la loi précisant expressément qu'aucune rémunération ne peut être allouée à une expérimentation sur sa personne, au prélèvement d'éléments de son corps ou à la collecte de produits de celui-ci (C. civ. art. 16-6).

Dans les **relations entre donneur et receveur**, le don est en principe anonyme. Cela signifie que le donneur ne peut connaître le receveur et ne peut être connu par lui. Aucune information permettant d'identifier à la fois celui qui a fait don d'un élément ou d'un produit de son corps et celui qui l'a reçu ne peut être divulgué (C. civ. art. 16-8, al. 1 ; CSP art. L 1211-5). 80120

Le bénéfice d'un don de gamètes ne peut en aucune manière être subordonné à la désignation par le couple receveur d'une personne ayant volontairement accepté de procéder à un tel don en faveur d'un couple tiers anonyme (CSP art. L 1244-7, al. 1).

Il ne peut être dérogé au principe d'anonymat qu'en cas de **nécessité thérapeutique** (CSP art. L 1211-5, al. 2). Dans pareille hypothèse, les médecins du donneur et du receveur pourront avoir accès aux informations permettant l'identification de ceux-ci (C. civ. art. 16-8, al. 2).

À plusieurs reprises, la règle de l'anonymat a été jugée conforme aux exigences posées par la convention européenne des droits de l'Homme, et notamment à son article 8 (en ce sens, notamment : CE 9e-10e ch. réunies 28-12-2017 n° 396571 : BPAT 1/18 inf. 15, AJ fam. 2018 p. 181-182 note J. Houssier).

Dans les **relations entre donneur et enfant issu du don**, le don n'est anonyme que durant la minorité de cet enfant. En revanche, il ne l'est plus à compter de sa majorité (C. civ. art. 16-8-1). En effet, depuis le 1er septembre 2022 (Décret 2022-1187 du 25-8-2022), les enfants conçus par assistance médicale à la procréation avec tiers donneur ont un **droit à la connaissance de leurs origines personnelles** qui leur permet d'accéder à leur majorité à l'identité et aux données non identifiantes du donneur (CSP art. L 2143-1 s.). Si tel est leur souhait, ils devront s'adresser à la commission d'accès aux données non identifiantes et à l'identité du tiers donneur (CSP art. L 2143-5 s. nouveaux). 80125

Dans ce cas, **deux situations** doivent être distinguées. Si le don est antérieur au 1er septembre 2022, la commission d'accès aux données du tiers donneur est autorisée à contacter son auteur pour solliciter et recueillir leur consentement à la communication de leurs données. Le donneur aura le droit d'accepter ou non la diffusion de son identité. Si le don est effectué à compter du 1er septembre 2022, le donneur aura préalablement accepté que son identité et ses données non identifiantes (âge, situation familiale et professionnelle lors du don, etc.) soient révélées aux enfants issus de ses dons quand ils seront majeurs et s'ils en font la demande.

> **Précisions a.** Le recours aux gamètes d'un même donneur ne peut conduire à la naissance de plus de **dix enfants** (CSP art. L 1244-4). Ces gamètes doivent être de bonne **qualité**, ce que vérifiera le Centre d'études et de conservation des œufs et du sperme humains (Cecos). Lorsque le donneur est un homme, son sperme doit être utilisé en l'état et ne peut être mélangé à d'autres spermes (CSP art. L 1244-3).
>
> **b.** La possibilité de contacter les donneurs « ancien régime » (dons anonymes lorsqu'ils sont effectués avant le 1-9-2022) sans qu'ils puissent s'y opposer ne viole pas le **droit au respect de leur vie privée et familiale**. La communication des données étant subordonnée à leur consentement, ce nouveau dispositif ne remet pas en cause l'anonymat, si bien que leurs droits sont garantis et leur vie privée respectée. Une réserve toutefois : ce dispositif ne saurait avoir pour effet, en cas de refus, de soumettre le donneur à des demandes répétées émanant d'une même personne (Cons. const. 9-6-2023 n° 2023-1052 QPC).
>
> **c.** Le fait de **refuser** aux personnes nées d'un don effectué sous l'ancien régime (dons antérieurs au 1-9-2022) **l'accès à l'identité et aux données non identifiantes du donneur** n'a pas été jugé contraire à la convention européenne des droits de l'Homme (CEDH 7-9-2023 nos 21424/16 et 45728/17).
>
> **d.** À compter du 31 mars 2025 (Décret 2023-785 du 16-8-2022 : JO 17 texte n° 30), seuls les **gamètes et embryons non anonymes** pour lesquels les donneurs ont consenti à la transmission de leurs données non identifiantes et à la communication de leur identité si l'enfant né du don le demande à sa majorité pourront être utilisés pour une tentative d'AMP. Il s'agit concrètement des dons effectués depuis le 1er septembre 2022 (CSP art. L 2143-2 et R 2143-1 s.).

2. CONCEPTION IN VITRO

DÉFINITION

La conception in vitro – encore appelée fécondation in vitro – consiste à implanter dans l'utérus d'une femme vivant en couple ou d'une femme seule non mariée un **embryon** obtenu par la fécondation en laboratoire d'ovocytes par des spermatozoïdes. Pour augmenter les chances de grossesse, l'équipe médicale procède très souvent à la fécondation de plusieurs ovules. Les embryons ainsi obtenus sont ensuite congelés pour être ultérieurement utilisés afin de pallier l'échec d'une implantation. Ce procédé est autorisé par la loi (CSP art. L 2141-3, al. 2). 80130

Il suppose le consentement écrit des membres du couple ou de la femme non mariée. Par ailleurs, le nombre d'embryons ainsi conservés doit être limité à ce qui est strictement nécessaire à la réussite de l'assistance médicale à la procréation compte tenu du procédé mis en œuvre.

80140 Lorsque la grossesse est constatée, le sort des embryons qui ne sont finalement pas utilisés est fixé par les deux membres du couple ou par la femme non mariée, selon le cas. Ces derniers peuvent consentir à ce que ces **embryons surnuméraires** soient accueillis par un autre couple (CSP art. L 2141-4, II, 1° modifié et 2141-5). Ils peuvent également consentir à ce qu'ils fassent l'objet d'une recherche (CSP art. L 2141-3, al. 3 modifié et 2141-4, II, 2° modifié). Enfin, ils peuvent mettre fin à leur conservation (CSP art. L 2141-4, II, 3° modifié). Dans tous les cas, leur consentement écrit est exigé, lequel doit être confirmé à l'issue d'un délai de réflexion de trois mois. L'absence de révocation par écrit du consentement dans ce délai vaut confirmation.

FORMES

80150 À l'instar de l'insémination artificielle, la fécondation in vitro peut elle aussi prendre deux formes.

Elle peut tout d'abord être **endogène** : l'embryon implanté dans l'utérus de la femme est obtenu par la fécondation en laboratoire d'ovocytes de cette femme par les spermatozoïdes provenant de l'homme avec qui elle mène une communauté de vie.

Elle peut également être **exogène**. L'un des gamètes (ovules ou spermatozoïdes) que le médecin a fait se rencontrer en laboratoire provient d'un tiers donneur, qui peut donc être aussi bien un homme qu'une femme. Lorsqu'intervient un tiers donneur, homme ou femme, l'ensemble des règles qui régissent le don en matière d'insémination artificielle s'appliquent (voir n°s 80080 s.).

> **Précisions** Dans les faits, les **dons d'ovocytes** sont beaucoup moins fréquents que les dons de sperme pour deux raisons : d'une part, le don d'ovocyte suppose une intervention médicale beaucoup plus lourde que le simple don de sperme ; d'autre part, pendant longtemps, la science ne permettait de conserver les ovocytes ainsi prélevés que pour une très courte durée. Depuis quelques années, les scientifiques savent conserver les ovocytes grâce, notamment, à la technique de la vitrification. Un nombre grandissant de femmes décide ainsi de faire prélever leurs ovocytes tant qu'ils sont « de bonne qualité » et de les faire vitrifier ; elles se laissent ainsi la possibilité de les utiliser à un moment où leur fertilité aura certes baissé mais où leur projet parental pourra se concrétiser (futur père rencontré, situation plus adaptée pour accueillir un enfant, etc.).

3. TRANSFERT D'EMBRYON

DÉFINITION

80160 Le transfert d'embryon – encore appelé don d'embryon ou accueil d'embryon – consiste à concevoir in vitro un embryon avec les gamètes d'un couple puis à le réimplanter dans l'utérus soit d'une femme membre d'un couple (marié ou non), soit d'une femme non mariée.

Cette technique de procréation médicalement assistée est **autorisée** par le droit français, la loi du 2 août 2021 ayant supprimé l'ancienne règle qui interdisait la conception in vitro d'un embryon avec des gamètes ne provenant pas d'un au moins des membres du couple. Toutefois, un embryon ne peut être conçu in vitro que dans le cadre et selon les objectifs d'une assistance médicale à la procréation (CSP art. L 2141-3, al. 1). En particulier, il ne peut être ni conçu, ni constitué par clonage, ni utilisé à des fins commerciales ou industrielles (CSP art. L 2141-8 et L 2151-4). La loi interdit également la conception in vitro d'un embryon par fusion de gamètes ou la constitution par clonage d'embryon humain à des fins de recherche (CSP art. L 2151-2, al. 1).

CONDITIONS

80170 Pour pouvoir être réalisé, le don d'embryon suppose tout d'abord le **consentement écrit** des deux membres du **couple dont il est issu**. En cas de décès d'un membre de ce couple, le membre survivant est consulté par écrit sur le point de savoir s'il consent à ce que les embryons conservés soient accueillis par un autre couple (CSP art. L 2141-5).

Il suppose également le **consentement devant notaire** des deux membres du **couple receveur** ou, s'il s'agit d'une **femme seule** non mariée, le consentement de celle-ci. Les conditions et les effets de ces consentements sont régis par l'article 342-10 du Code civil (CSP art. L 2141-6, al. 2).

80180 Le transfert d'embryon est également subordonné à des règles de **sécurité sanitaire** qui comprennent, notamment, des tests de dépistage des maladies infectieuses. Seuls les établissements publics et privés à but non lucratif autorisés à cet effet peuvent conserver les embryons destinés à être accueillis et mettre en œuvre la procédure d'accueil (CSP art. L 2141-6, al. 6 et 7).

Seuls les embryons conçus dans le respect des principes fondamentaux énoncés aux articles 16 à 16-8 du Code civil et des dispositions des articles L 2141-1 et suivants du Code de la santé publique peuvent entrer ou sortir du territoire français. Ces **déplacements d'embryons**, qui sont soumis à l'autorisation préalable de l'Agence de la biomédecine, sont exclusivement destinés à permettre la poursuite du projet parental du couple ou de la femme non mariée concernés (CSP art. L 2141-9). 80190

B. Techniques interdites

Toutes les techniques de procréation artificielle qui ne sont pas expressément autorisées par la loi sont interdites. Il en est notamment ainsi de la procréation et de la gestation pour le compte d'autrui. 80200

1. NOTIONS

PROCRÉATION POUR LE COMPTE D'AUTRUI

Dans le système de la procréation pour le compte d'autrui (encore appelé « maternité de substitution »), une femme accepte d'être inséminée artificiellement avec les gamètes d'un homme qui n'est ni son mari ni son compagnon de vie. À la naissance de l'enfant, la femme l'abandonne à l'homme qui l'a préalablement reconnu et qui, de ce fait, en est biologiquement et juridiquement le père. 80210

Le recours à cette technique de procréation est réalisé soit par un couple hétérosexuel dont la femme est stérile, soit par un couple homosexuel. En toute hypothèse, dans le schéma de la procréation pour le compte d'autrui, la mère qui porte l'enfant est tout à la fois **la mère génitrice** (ce sont ses propres ovocytes qui ont été fécondés) **et la mère gestatrice** (c'est elle qui porte l'enfant).

GESTATION POUR LE COMPTE D'AUTRUI

Rien de tel dans le système de la gestation pour le compte d'autrui puisqu'ici, la mère qui porte l'enfant n'en est pas la même génitrice (l'enfant n'est pas issu de la fécondation de ses ovocytes) mais **uniquement la mère gestatrice** (c'est elle qui porte l'enfant). En effet, la gestation pour le compte d'autrui consiste, pour une femme, de porter l'embryon conçu par un couple hétérosexuel dont la femme ne peut pas ou ne veut pas porter l'enfant. Un embryon est donc spécialement conçu in vitro avec les gamètes de ce couple pour être implanté dans l'utérus d'une autre femme qui accepte de porter l'enfant. 80220

2. PROHIBITION

Tant la procréation que la gestation pour le compte d'autrui (GPA) sont **interdites** en droit français. Sur ce fondement, il a par exemple été jugé, à propos d'un site internet espagnol accessible en français proposant des services de GPA à l'attention des ressortissants français, que l'hébergeur du site devait le rendre inaccessible en France (Cass. 1e civ. 23-11-2022 n° 21-10.220 FS-B : BPAT 1/23 inf. 68-1). 80230

Sur un plan **pénal**, le fait de provoquer, soit dans un but lucratif, soit par don, promesse, menace ou abus d'autorité, les parents ou l'un d'entre eux à abandonner un enfant né ou à naître est puni de six mois d'emprisonnement et de 7500 € d'amende. Par ailleurs, servir d'entremetteur entre un couple qui désire un enfant et une femme susceptible de le porter pour finalement l'abandonner à la naissance est puni d'un an d'emprisonnement et de 15 000 € d'amende (C pén. art. 227-12). Enfin, la substitution volontaire, la simulation ou dissimulation ayant entraîné une atteinte à l'état civil d'un enfant est punie de trois ans d'emprisonnement et de 45 000 € d'amende (C pén. art. 227-13). Les condamnations sont cependant rares (pour un exemple : T. corr. Bordeaux 1-7- 2015 : AJ fam. 2015 p. 433). 80240

Sur un plan civil, toute convention portant sur la procréation ou la gestation pour le compte d'autrui est **nulle** (C. civ. art. 16-7). Le texte, qui est d'ordre public (C. civ. art. 16-9), vise toute convention, qu'elle ait été conclue à titre gratuit ou à titre onéreux. La nullité est absolue. 80250

Cette interdiction emporte plusieurs conséquences juridiques. Puisqu'une telle convention est nulle, **aucun recours juridictionnel** n'est ouvert en cas d'inexécution. Ainsi, si le couple demandeur refuse de verser à la mère de substitution la rémunération fixée contractuellement, cette dernière n'aura aucun recours. À l'inverse, si la mère de substitution refuse finalement de remettre l'enfant au couple demandeur, celui-ci ne pourra saisir aucun juge. 80260

À titre d'exemple, les parents d'intention ne peuvent invoquer la convention de gestation pour autrui qu'ils ont conclue pour tenter d'obtenir l'annulation d'une reconnaissance de paternité souscrite par un homme à l'égard de l'enfant issu de cette gestation (Cass. 1e civ. 12-9-2019 n° 18-20.472 : BPAT 6/19 inf. 232).

80270 Une telle convention étant nulle, elle ne devrait pouvoir produire, en principe, **aucun effet juridique**. En particulier, l'établissement d'un lien de filiation entre les parents d'intention et l'enfant issu de l'une de ces techniques devrait être impossible, quel que soit le mode d'établissement retenu. Ainsi, dans le cadre d'un contrat de gestation pour autrui **conclu en France**, l'action du père biologique destinée à lui permettre d'établir sa propre filiation sur l'enfant est irrecevable car reposant sur une convention illicite (Cass. 1e civ. 12-9-2019 n° 18-20.472 : BPAT 6/19 inf. 232). Le refus des juridictions françaises d'établir juridiquement la paternité du père biologique d'un enfant né d'une GPA en France ne porte pas atteinte à l'article 8 de la convention européenne des droits de l'Homme (CEDH 7-4-2022 n° 13344/20, A. L. c/ France). Dans cette affaire, un couple d'hommes avait conclu une GPA avec une mère porteuse en France. À la naissance de l'enfant, elle le déclare mort et le confie à un autre couple dont la paternité est établie. La réalité biologique n'apparaît pas comme une raison suffisante pour accueillir la demande au regard du vécu de l'enfant, qui vit depuis sa naissance au domicile du père déclaré. Sur la reconnaissance en France de filiations établies à la suite de contrats de gestation pour autrui **conclus à l'étranger**, voir nos 73050 s.

S'agissant enfin des **prestations familiales**, la Cour de cassation a jugé que le bénéfice de la prime à la naissance ne peut être ouvert qu'à la mère de l'enfant à naître appartenant au ménage auquel la prime est attribuée, de sorte qu'un allocataire ayant eu recours à une convention de gestation pour le compte d'autrui ne peut pas en obtenir le versement (Cass. 2e civ. 30-11-2023 n° 22-10.559 FS-B : RJS 3/24 n° 183). Selon la Haute Juridiction, cette interdiction n'engendre **aucune discrimination directe ou indirecte** fondée sur le sexe ou l'orientation sexuelle de l'allocataire, au sens des articles 14 de la convention européenne des droits de l'Homme et 1er du Protocole additionnel n° 1 à ladite Convention ni ne méconnaissent l'article 3 § 1 de la convention internationale des droits de l'enfant.

SECTION 2

CONDITIONS D'ACCÈS À LA PMA

80280 Le couple ou la femme non mariée qui souhaite recourir à la procréation artificielle doit obligatoirement se rendre dans un **établissement de santé** public ou privé qui a été autorisé par l'administration à pratiquer des activités cliniques et biologiques d'assistance médicale à la procréation (CSP art. L 2142-1, al. 1). L'accès à la procréation médicalement assistée suppose la réunion de plusieurs conditions qui, au fil des réformes, ne cessent de s'assouplir.

> **Précisions** La **salariée** engagée dans un parcours de PMA bénéficie d'une **autorisation d'absence** pour les actes médicaux nécessaires. Le conjoint salarié de la femme en PMA, son partenaire de Pacs ou la personne vivant maritalement avec elle est autorisé(e) à s'absenter pour se rendre à trois des actes médicaux nécessaires pour chaque protocole du parcours (C. trav. art. L 1225-16, al. 2). De même, la salariée donneuse d'ovocyte bénéficie d'une autorisation d'absence pour se rendre aux examens et se soumettre aux interventions nécessaires à la stimulation ovarienne et au prélèvement ovocytaire (CSP art. L 1244-5).

A. Conditions de fond

1. PERSONNES POUVANT ACCÉDER À LA PMA

80290 Depuis la réforme opérée par la loi du 2 août 2021, l'assistance médicale à la procréation est ouverte à tout couple, marié ou non, formé d'un homme et d'une femme ou de deux femmes ou à une femme non mariée (CSP art. L 2141-2, al. 1 modifié).

Son accès est ainsi **refusé** au couple composé de deux hommes, à un homme agissant seul ainsi qu'à la femme mariée agissant seule. En revanche, rien n'interdit à une femme vivant en couple

avec un homme ou avec une autre femme de recourir seule à la procréation médicalement assistée. S'agissant des hommes transgenres ayant gardé leurs capacités gestationnelles, leur interdire l'accès à l'AMP avec tiers donneur n'est pas inconstitutionnel (Cons. const. 8-7-2022 n° 2022-1003 QPC : BPAT 5/22 inf. 263-13).
Dans tous les cas, l'accès à l'assistance médicale à la procréation ne peut faire l'objet d'aucune différence de traitement, notamment au regard du statut matrimonial ou de l'orientation sexuelle des demandeurs (CSP art. L 2141-2, al. 2).

Les deux personnes qui forment le couple doivent par ailleurs mener une **communauté de vie**. **80300**
Pour que celle-ci soit reconnue, la jurisprudence exige, outre une cohabitation, une mise en commun de leurs intérêts affectifs et matériels. Elle peut être prouvée par tous moyens. Aucune durée minimale de vie commune n'est exigée.
De l'exigence d'une communauté de vie, il découle que font **obstacle** à la PMA (CSP art. L 2141-2, al. 4 modifié ; C. civ. art. 342-10, al. 3 nouveau) :
– le décès d'un des membres du couple ;
– l'introduction d'une demande en divorce ou en séparation de corps ;
– la signature d'une convention de divorce ou de séparation de corps par consentement mutuel ;
– la cessation de la communauté de vie.
Sur la révocation du consentement, voir n° 80410.

> **Précisions a.** N'est pas contraire à la convention européenne des droits de l'Homme et ne viole pas le droit au respect de la vie privée d'une veuve le fait de rejeter sa demande d'autorisation d'être fécondée dans le cadre d'une PMA, grâce au **sperme cryoconservé de son mari décédé** (CEDH 8-12-2022 n° 14889/19, P. c/ République tchèque).
b. N'est pas contraire au droit au respect de la vie privée (Conv. EDH art. 8) le fait pour les juridictions françaises d'interdire à deux veuves le **transfert**, pour l'une des gamètes de son partenaire de Pacs décédé, pour l'autre des embryons conçus avec son mari défunt, **vers l'Espagne** qui autorise l'insémination ou le transfert d'embryon posthume (CEDH 14-9-2023 n°s 22296/20 et 37138/20, B. et C. c/ France). Toutefois, la Cour de Strasbourg relève que l'ouverture depuis 2021 de l'assistance médicale à la procréation (AMP) aux couples de femmes et aux femmes seules questionne sur la pertinence du maintien de cette interdiction absolue de procréation post-mortem. Il résulte en effet de ces textes qu'une veuve, donc une femme seule, peut avoir un enfant grâce à une AMP avec tiers donneur, mais non avec les gamètes de son conjoint, partenaire ou concubin décédé (C. civ. art. 342-10 s. ; CSP art. L 2141-2, L 2141-9 et L 2141-11-1).

2. EXIGENCE D'UN CONSENTEMENT

PMA ENDOGÈNE

Les deux membres du couple ou la femme non mariée doivent consentir préalablement à **80310**
l'assistance médicale à la procréation. Ce consentement peut prendre n'importe quelle forme, pourvu qu'il soit certain. La plupart du temps, il prendra la forme d'un simple écrit adressé à l'équipe médicale chargée de la mise en œuvre de l'assistance médicale à la procréation (CSP art. L 2141-2, al. 3).

PMA EXOGÈNE

Dans certaines hypothèses particulières, les deux membres du couple ou la femme non mariée **80320**
doivent préalablement donner leur consentement **devant notaire**. Il en est ainsi lorsque la technique envisagée nécessite l'intervention d'un tiers donneur (C. civ. art. 342-10) ou consiste en un transfert d'embryon (CSP art. L 2141-6, al. 2). Il appartient à l'officier public de vérifier que les conditions légales d'accès à ces techniques de procréation médicalement assistées sont bien remplies.
Par ailleurs, avant de recueillir leur consentement, le notaire doit **informer** le couple ou la femme non mariée (C. civ. 342-10 nouveau ; CPC art. 1157) :
– des conséquences de leur acte au regard de la filiation ;
– des conditions dans lesquelles l'enfant pourra, s'il le souhaite, accéder à sa majorité aux données non identifiantes et à l'identité du tiers donneur ;
– de l'impossibilité d'établir un lien de filiation entre l'enfant issu de la procréation et l'auteur du don, ou d'agir en responsabilité à l'encontre de celui-ci ;
– de l'interdiction d'exercer une action aux fins d'établissement ou de contestation de la filiation au nom de l'enfant, à moins qu'il ne soit soutenu que celui-ci n'est pas issu de la procréation médicalement assistée ou que le consentement a été privé d'effet ;
– des cas où le consentement est privé d'effets (voir n° 80300) ;

– de la possibilité de faire déclarer judiciairement la paternité hors mariage de celui qui, après avoir consenti à l'assistance médicale à la procréation, ne reconnaît pas l'enfant qui en est issu, et d'exercer contre lui une action en responsabilité de ce chef ;
– pour les couples de femmes, de ce que la femme qui fait obstacle à la remise de la reconnaissance conjointe engage sa responsabilité, et de la possibilité de faire apposer cette reconnaissance sur l'acte de naissance de l'enfant sur instruction du procureur de la République à la demande de l'enfant majeur, de son représentant légal s'il est mineur ou de toute personne ayant intérêt à agir en justice.
La déclaration est recueillie par acte authentique hors la présence de tiers (CPC art. 1157-2).
Quelle que soit la technique envisagée, l'acte authentique est exonéré de droits d'enregistrement (CGI art. 847 bis).
Lorsque la procréation médicalement assistée exogène est envisagée par un couple de femmes, ces dernières sont tenues de **reconnaître conjointement** l'enfant lors du recueil de leur consentement par le notaire (C. civ. art. 342-11, al. 1 nouveau). Pour plus de précisions, voir nos 27071 s.

3. CONDITIONS D'ÂGE

80330 Les conditions d'âge requises pour **bénéficier d'une assistance médicale à la procréation** prennent en compte les risques médicaux de la procréation liés à l'âge ainsi que l'intérêt de l'enfant à naître (CSP art. L 2141-2, al. 6).
L'insémination artificielle, l'utilisation de gamètes ou de tissus recueillis, prélevés ou conservés à des fins d'assistance médicale à la procréation, ainsi que le transfert d'embryons peuvent être réalisés (CSP art. R 2141-38) :
– jusqu'à son 45e anniversaire chez la femme, non mariée ou au sein du couple, qui a vocation à porter l'enfant ;
– jusqu'à son 60e anniversaire chez le membre du couple qui n'a pas vocation à porter l'enfant.

80340 Les conditions d'âge pour **bénéficier d'un prélèvement ou recueil de ses gamètes** en vue d'une assistance médicale à la procréation sont ainsi fixées (CSP art. R 2141-36) :
– le prélèvement d'ovocytes peut être réalisé chez la femme jusqu'à son 43e anniversaire ;
– le recueil de spermatozoïdes peut être réalisé chez l'homme jusqu'à son 60e anniversaire.

80350 Enfin, les conditions d'âge requises pour **bénéficier de l'autoconservation des gamètes** en vue de la réalisation ultérieure d'une procréation médicalement assistée sont fixées de la façon suivante (CSP art. R 2141-37) :
– le prélèvement d'ovocytes peut être réalisé chez la femme à compter de son 29e anniversaire et jusqu'à son 37e anniversaire ;
– le recueil de spermatozoïdes pourra être réalisé chez l'homme à compter de son 29e anniversaire et jusqu'à son 45e anniversaire.

4. NÉCESSITÉ D'UN PROJET PARENTAL

80360 La loi du 2 août 2021 a mis fin au critère médical d'infertilité ainsi qu'à celui tenant à la volonté de ne pas transmettre une maladie d'une particulière gravité. Désormais, l'assistance médicale à la procréation est destinée à répondre à un projet parental (CSP art. L 2141-2, al. 1).

B. Conditions de forme

1. ENTRETIENS

INFORMATIONS PRÉALABLES

80370 La mise en œuvre de l'assistance médicale à la procréation est précédée d'**entretiens avec l'équipe médicale** prenant en charge les intéressés. Les médecins de cette équipe doivent (CSP art. L 2141-10 al. 1) :
– vérifier la motivation des deux membres du couple ou de la femme non mariée ;
– procéder à une évaluation médicale des deux membres du couple ou de la femme non mariée ;
– informer complètement, au regard de l'état des connaissances scientifiques, les deux membres du couple ou la femme non mariée des possibilités de réussite ou d'échec des techniques d'assistance médicale à la procréation, de leurs effets secondaires et de leurs risques à court et à long termes ainsi que de leur pénibilité et des contraintes qu'elles peuvent entraîner ;

– en cas d'assistance médicale à la procréation avec tiers donneur, informer les deux membres du couple ou la femme non mariée des modalités de l'accès aux données non identifiantes et à l'identité du tiers donneur par la personne majeure issue du don ;
– lorsqu'il s'agit d'un couple, informer celui-ci de l'impossibilité de réaliser un transfert des embryons conservés en cas de rupture du couple ainsi que des dispositions applicables en cas de décès d'un des membres du couple.
Le nombre des entretiens est laissé à la libre appréciation de l'équipe médicale.

Lors de ces entretiens, l'équipe médicale doit également remettre aux demandeurs un **dossier-guide** comportant, notamment, le rappel des dispositions législatives et réglementaires relatives à l'assistance médicale à la procréation, un descriptif de ces techniques ainsi qu'un rappel des dispositions législatives et réglementaires relatives à l'adoption avec l'adresse des associations et organismes susceptibles de compléter leur information à ce sujet (CSP art. L 2141-10). **80380**

DÉLAI DE RÉFLEXION

Après le dernier entretien s'ouvre un délai de réflexion d'**un mois** au cours duquel aucune démarche ne peut être entreprise (CSP art. L 2141-10, al. 3). **80390**
Il est toutefois possible au médecin, après concertation au sein de son équipe, d'imposer aux demandeurs un **délai de réflexion supplémentaire** dont il fixe la durée, dans l'intérêt de l'enfant à naître (CSP art. L 2141-10, al. 5).

2. CONSENTEMENTS

RÉITÉRATION DES CONSENTEMENTS

À l'expiration du délai de réflexion fixé par la loi ou le médecin, il appartient au couple ou à la femme non mariée de **confirmer par écrit** son consentement à l'assistance médicale à la procréation (CSP art. L 2141-10, al. 3). Cette confirmation peut prendre la forme d'un simple écrit adressé à l'équipe médicale. **80400**

RÉVOCATION DU CONSENTEMENT

Tant que la procréation artificielle n'a pas été réalisée, qu'elle soit endogène ou exogène, chacun des membres du couple peut librement révoquer son consentement (CSP art. L 2141-2, al. 4 modifié ; C. civ. art. 342-10, al. 3 nouveau). **80410**
Quant au **formalisme** à respecter, il suffit que la révocation soit faite par écrit auprès du médecin chargé de mettre en œuvre l'insémination ou le transfert d'embryon, ou du notaire qui a reçu le consentement initial. Aucun motif particulier n'est exigé.

CADUCITÉ DU CONSENTEMENT

La loi prévoit également des situations dans lesquelles le consentement donné à une PMA, endogène ou exogène, est frappé de caducité. **80420**
Ces hypothèses sont limitativement énumérées (C. civ. art. 342-10, al. 3 ; CSP art. L 2141-2 al. 4 modifié) :
– lorsque l'un des deux membres du couple décède avant la réalisation de la procréation médicalement assistée ;
– lorsqu'une demande en divorce ou en séparation de corps a été introduite avant la réalisation de la procréation médicalement assistée ;
– lorsqu'une convention de divorce ou de séparation de corps par consentement mutuel a été signée avant la réalisation de la procréation médicalement assistée ;
– en cas de cessation de la vie commune survenue avant la réalisation de la procréation médicalement assistée.
Les **actions** qui, selon le droit commun de la filiation (voir n° 27800 s.), permettent d'établir judiciairement la maternité de la femme non mariée (action en recherche de maternité, action en constatation de la possession d'état), et la paternité de l'homme non marié (action en recherche de paternité qui aboutira nécessairement puisque l'enfant a bien été conçu avec les gamètes de l'homme qui refuse de le reconnaître, action en constatation de la possession d'état) sont également ouvertes, dans les mêmes conditions (en ce sens, Cass. 1e civ. 16-3-2016 n° 15-13.427 : BPAT 3/16 inf. 100, AJ fam. 2016 p. 212-213 obs. M. Saulier).

Table alphabétique

Utilisation de la table

Les chiffres renvoient aux paragraphes. La mention « s. » signifie que l'étude de la question se prolonge sur le ou les numéros suivants.

Pour diriger les recherches, les références sont accompagnées, lorsque c'est utile, d'une mention explicite ou d'une abréviation. On trouvera ci-dessous le sens de certaines abréviations.

DIP droit international privé
FCP fonds commun de placement
IR impôt sur le revenu
IS impôt sur les sociétés
IFI impôt sur la fortune immobilière
PMA procréation médicalement assistée
SCI société civile immobilière
Soparfi société de participations financières
SPF société de gestion de patrimoine familial

A

M

P

T

Usufruit (suite)

d'enregistrement) ; 63220, 65240 (plus-value) ; 68525 (IFI).

Assurance-vie : 65500 s. (démembrement de la clause bénéficiaire, étude d'ensemble).

Avantages matrimoniaux : 13205, 13220, 13231 (attribution intégrale de la communauté en usufruit : régime juridique) ; 13235 (attribution intégrale de la communauté en usufruit : régime fiscal) ; 13310 (préciput en usufruit).

Droits de donation et de succession : 51175, 64320 s. (présomption fiscale de propriété de l'usufruitier) ; 64537 s. (barème fiscal) ; 64804 s. (biens recueillis en nue-propriété : paiement différé des droits de succession) ; 65515 (assurance-vie : démembrement de la clause bénéficiaire).

Indivision : 67060 (droit de demander le partage) ; 69005 (conditions de l'indivision en cas de démembrement de propriété) ; 69110 (mesures conservatoires : pouvoirs des indivisaires) ; 69280 (indivision en nue-propriété : limitation des pouvoirs du juge) ; 69557 s. (cession des droits indivis en usufruit et droit de préemption du nu-propriétaire) ; 69505 s. (convention d'indivision entre nus-propriétaires et usufruitiers).

Libéralités : 67150 s. (étude d'ensemble) ; 1770 (protection du logement familial des époux en cas de donation avec réserve d'usufruit) ; 63758 (donation-partage avec réserve d'usufruit sur une somme d'argent : conséquences sur le calcul de la réserve).

Partage : 70055 s. (étude d'ensemble) ; 70285 (attribution préférentielle).

Prestation compensatoire en usufruit : 9820 s. (régime juridique) ; 9855, 9860 (régime fiscal).

Usufruit du conjoint survivant : 11015 s. (usufruit légal) ; 13515 s. (usufruit conventionnel) ; 15016 (usufruit forcé du conjoint en présence d'enfants non communs) ; 7550, 68515 (IFI).

Autre rubrique : Quasi-usufruit.

V

Véhicule : 63872 (don manuel) ; 70450 s. (attribution préférentielle : étude d'ensemble).

Veuf, veuve : voir Conjoint (survivant).

Vice du consentement

Libéralités : 65110 s. (étude d'ensemble) ; 63664 (donation-partage transgénérationnelle : ascendant qui a un enfant unique).

Mariage : 120 s. (étude d'ensemble) ; 280 s. (opposition au mariage) ; 345 s. (nullité du mariage).

Vice du consentement (suite)

Option successorale : 53052 (application de la théorie des vices du consentement).

Partage : 70750 s.

[illegible] (conjoint ou partenaire de Pacs collaborateur, salarié ou associé).

Viol : 53008 (indignité successorale de l'héritier) ; 79482 s. (sanctions pénales).

Autre rubrique : Violence.

Violence (comportement violent) : 26600 s. (violences familiales : mesures civiles : étude d'ensemble) ; 79400 s. (violences familiales : sanctions pénales, étude d'ensemble) ; 9124 (mesures urgentes dans le cadre d'un divorce) ; 9310 (cause de divorce pour faute) ; 9323 (divorce pour faute : preuve de la violence du conjoint) ; 11403 (droit à pension de réversion) ; 31930 (changement de nom en cas de parent violent) ; 36075 s. (conséquence sur l'exercice de l'autorité parentale du parent violent) ; 36700 (conséquence sur le droit de visite et d'hébergement) ; 36840 (modalités d'exercice de l'autorité parentale : obstacle à l'injonction d'une médiation) ; 36757 (organisation de la remise d'un enfant à l'autre parent) ; 36765 (conséquence sur le droit de visite et d'hébergement) ; 36840 (conséquences sur le versement d'une pension alimentaire) ; 38760 (mesure de placement d'un enfant) ; 39060 s. (retrait de l'autorité parentale) ; 45074 (décharge de l'obligation alimentaire) ; 53008 (indignité successorale de l'héritier) ; 79031 (non-représentation d'enfant, état de nécessité) ; 79207 (mariage forcé).

Autre rubrique : Vice du consentement.

Visite (droit de) : 36725 s. (étude d'ensemble) ; 26650 (ordonnance de protection en cas de violences familiales) ; 28730 (en cas d'annulation du lien de filiation) ; 36350 (en cas d'exercice unilatéral de l'autorité parentale) ; 38030 (droit de visite d'un tiers avec un enfant : étude d'ensemble) ; 38520 (en cas de délégation de l'autorité parentale) ; 38535 (en cas de révocation de la délégation de l'autorité parentale) ; 38530 (en cas de placement d'un enfant) ; 39160 (en cas de retrait partiel de l'autorité parentale) ; 73150 s. (DIP : étude d'ensemble) ; 73350 (enlèvement international d'enfant) ; 79010 s. (sanctions pénales en cas de non-respect).

Voiture : voir Véhicule.

Vol : 79003 (immunité familiale).

Photocomposé par LUMINESS SAS
561, rue Saint Léonard, 53100 MAYENNE
N° 5028330V - Dépôt légal : Avril 2024

Photocomposé par LUMINESS SAS
53, rue Saint Léonard 53100 MAYENNE
N° 1023530Y - Dépôt légal : Avril 2024

Certifié PEFC

Ce produit est issu de forêts gérées durablement et de sources contrôlées

PEFC

PEFC/04-31-0658

www.pefc.de

36893-690 (I) - PRL 39 g - J (LC)
Achevé d´imprimer en avril 2024 sur les presses de C.H.BECK
Dépôt légal : avril 2024
Imprimé en Allemagne